DUDEN
Band 8

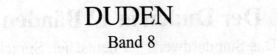

Der Duden in 12 Bänden

Das Standardwerk zur deutschen Sprache

Herausgegeben vom Wissenschaftlichen Rat
der Dudenredaktion:
Prof. Dr. Dr. h. c. Günther Drosdowski,
Dr. Werner Scholze-Stubenrecht,
Dr. Matthias Wermke

DUDEN

Sinn- und sachverwandte Wörter

Synonymwörterbuch der deutschen Sprache

Herausgegeben
und bearbeitet von Wolfgang Müller
Nach den Regeln der
neuen deutschen Rechtschreibung
überarbeiteter Neudruck
der 2. Auflage

DUDEN BAND 8

DUDENVERLAG
Mannheim · Leipzig · Wien · Zürich

Die Deutsche Bibliothek – CIP-Einheitsaufnahme
Der **Duden:** in 12 Bänden; das Standardwerk zur deutschen Sprache/
hrsg. vom Wissenschaftlichen Rat der Dudenredaktion:
Günther Drosdowski ... – [Ausg. in 12 Bd.]. –
Mannheim; Leipzig; Wien; Zürich: Dudenverl.
Bd. 8. Duden, Sinn- und sachverwandte Wörter. –
Duden, Sinn- und sachverwandte Wörter: Synonymwörterbuch
der deutschen Sprache/hrsg. und bearb. von Wolfgang Müller. –
Nach den Regeln der neuen deutschen Rechtschreibung
überarb. Neudr. der 2. Aufl. –
Mannheim; Leipzig; Wien; Zürich: Dudenverl., 1997
(Der Duden; Bd. 8)
ISBN 3-411-20908-9

© Bibliographisches Institut & F. A. Brockhaus AG,
Mannheim 1997
Satz: Bibliographisches Institut & F. A. Brockhaus AG,
(PageOne Siemens Nixdorf)
Druck und Bindearbeit: Graphische Betriebe Langenscheidt,
Berchtesgaden
Printed in Germany
ISBN 3-411-20908-9

Vorwort

Der Duden-Band »Sinn- und sachverwandte Wörter« ist ein Wörterbuch, das dem Benutzer bei der Wahl des passenden Ausdrucks helfen will, indem es Wörter aus allen Bereichen unserer Lebenswelt – in sinn- und sachverwandten Gruppen geordnet – zur Verfügung stellt. Wer ein aussagekräftiges Wort sucht, wem ein bestimmtes Wort, das ihm »auf der Zunge liegt«, doch nicht einfällt, wer seine Ausdrucksweise abwechslungsreich gestalten will – für sie alle ist dieser Duden-Band bestimmt.

Welches Wort in einer bestimmten Situation angemessen ist, hängt von den allgemeinen Gegebenheiten und von der Einstellung des Sprechers oder Schreibers ab. Ein Urteil über ein und dieselbe Person oder Sache kann recht unterschiedlich ausfallen. Eine kräftig rote Krawatte kann lobend *farbenprächtig* oder *leuchtend*, aber auch abwertend *knallig* genannt werden. Will man einen nervös-unruhigen Menschen nicht als *hektisch* bezeichnen, wählt man vielleicht eine freundliche Umschreibung und bezeichnet ihn als *temperamentvoll*. Da nicht immer das normalsprachliche Wort auch das treffende und angemessene Wort ist, enthalten die Wortgruppen Wörter aus allen Stilschichten, denn in bestimmten Situationen kann beispielsweise *krepieren* der Situation angemessener sein als *sterben* oder *dahingehen*.

Neben diesen Wortwahlangeboten gibt das Duden-Synonymwörterbuch auch Antwort auf mancherlei sachliche Fragen. Wer beispielsweise die alten Monatsnamen wissen oder sich wieder in Erinnerung rufen möchte, bekommt unter dem Stichwort *Monat* entsprechende Auskunft, z. B. *Hartung, Jänner, Eismond* für *Januar*. In zahlreichen Fällen finden sich in den Wortgruppen auch erklärende

Zwischentexte, die Hinweise auf den Gebrauch und auf die spezielle Bedeutung eines Wortes geben (z. B. Arzt: *für innere Krankheiten:* Internist; *operierender:* Chirurg usw.).

Auch beim Rätselraten kann dieses Wörterbuch zurate gezogen werden. Werden beispielsweise andere Wörter für *Preisgericht, Geldinstitut* oder *Abscheu* gesucht – dieser Duden-Band hält die Lösung bereit: *Jury, Bank, Ekel.*

Das Duden-Synonymwörterbuch ist für die Praxis bestimmt, für den täglichen Umgang mit der Sprache; es ist so aufgebaut, dass der Benutzer schnell Auskunft erhält. Wer z. B. nicht auf das Wort *Aprikose* kommt, sich aber an den *Pfirsich* erinnert, wird von dort durch einen Pfeil (↑) auf *Obst* verwiesen, wo er dann neben mancherlei Obstsorten auch die *Aprikose,* die österreichisch *Marille,* schweizerisch *Barelle* genannt wird, findet.

Dass man mit einer bewussten Wortwahl Sachverhalte treffend charakterisieren und nuancieren kann, hat Tucholsky sehr schön gezeigt, als er die gesellschaftlichen Verhältnisse im alten Berlin mit sinnverwandten Ausdrücken vor Augen führte:
»Berlin S arbeitet, Berlin N jeht uff Arbeet, Berlin O schuftet, Berlin W hat zu tun.«

Mannheim, den 4. September 1986
Der Wissenschaftliche Rat der Dudenredaktion

P. S. (Mai 1997): In der Rechtschreibung folgt dieser Neudruck den am 1. Juli 1996 in Wien verabschiedeten neuen Regeln.

Zur Anlage und Benutzung des Buches

1. Die Wortgruppen

Die sinn- oder sachverwandten Wörter sind jeweils unter einem Leitwort — das ist das erste Wort — in Gruppen zusammengestellt. Als Leitwort steht in der Regel das Wort mit dem allgemeinsten Inhalt. Innerhalb oder am Ende einer Gruppe finden sich oft Verweise (↑) auf andere Gruppen, die weitere Auswahlmöglichkeiten bieten. Diese Verweise beziehen auch andere Wortarten mit ein (z.B. bei **trinken** Verweise auf *austrinken, feiern, trunksüchtig, Durst, Getränk* usw.). Wenn möglich, werden auch Gegensatzwörter genannt, oder es wird auf Gruppen mit gegensätzlichen Wörtern verwiesen, die wiederum — z.B. durch Verneinung — bei der Wahl des passenden Ausdrucks zur Verfügung stehen.

2. Verweise

Die Wörter, die nicht Leitwort sind, finden sich an der alphabetisch entsprechenden Stelle des Wörterbuchs, von wo aus der Benutzer auf das Leitwort mit den dazugehörenden sinnverwandten Wörtern verwiesen wird, unter denen das betreffende Wort dann auch zu finden ist. Kommt das Wort in mehreren Gruppen vor, dann sind entsprechend viele Verweise unter dem Verweisstichwort angegeben, die in alphabetischer Folge genannt werden. Wendungen, in denen das Verweisstichwort vorkommt, befinden sich am Ende der aufgezählten Verweise (z.B. Herz: ↑Eingeweide, ↑Mittelpunkt, ↑Seele, ↑Spielkarte; sein Herz verlieren ↑verlieben (sich) usw.).

3. Angaben zum Wortgebrauch

Um anzudeuten, dass ein bestimmtes Wort eine Emotion oder eine Wertung enthält oder enthalten kann, sind den Wörtern oftmals entsprechende Angaben beigegeben:

dichterisch (z. B. Antlitz): feierliche, poetische, oft altertümliche Ausdrucksweise;

bildungssprachlich (z. B. interpretieren): gebildete, mehr in Fachkreisen übliche, meist fremdsprachliche Ausdrucksweise, aber trotzdem kein Fachwort;

gehoben (z. B. erbleichen): nicht alltägliche Ausdrucksweise; kann – besonders in mündlicher Alltagssprache – gespreizt klingen;

umgangssprachlich (z. B. knipsen = fotografieren): zwanglose, alltagssprachliche Ausdrucksweise; meist in der gesprochenen Sprache;

familiär (z. B. Daddy);

Jargon (z. B. Kapo): in einer bestimmten sozialen oder Berufsgruppe übliche umgangssprachliche Ausdrucksweise;

salopp (z. B. jmdn. aufs Kreuz legen): nachlässig-burschikose Ausdrucksweise; überwiegend in der gesprochenen Sprache;

derb (z. B. Fresse): als grob geltende Ausdrucksweise;

vulgär (z. B. scheißen): als anstößig, unanständig geltende Ausdrucksweise.

Ferner:

abwertend (z. B. Liederjan): enthält Kritik, emotionale Ablehnung des Sprechers / Schreibers;

scherzhaft (z. B. Benzinesel): lustig-bildhafte Ausdrucksweise;

emotional (z. B. Unsumme): nicht sachlich-neutrale Ausdrucksweise, die die gefühlsbetonte – positive oder negative – Wertung durch den Sprecher / Schreiber widerspiegelt;

landschaftlich (z. B. schnaukig): regional begrenzte Ausdrucksweise;

verhüllend (z. B. Vorneverteidigung): Ausdrucksweise, die etwas harmloser erscheinen lassen oder mit der etwas schonender, weniger direkt gesagt werden soll.

4. Die im Wörterbuch verwendeten Zeichen, Zahlen, Klammern

↑ Der Pfeil weist auf ein in der alphabetischen Reihenfolge stehendes Leitwort, d. h. auf das erste Wort einer Gruppe, hin.

[ ] Die eckigen Klammern schließen entweder weglassbare Buchstaben innerhalb eines Wortes (fried[e]voll) oder weglassbare bzw. austauschbare Wörter in einer Wendung ([von der Bildfläche] verschwinden, [Menschen] jeder Couleur) ein.

( ) In den runden Klammern stehen Angaben und Erläuterungen zu den Wörtern, z. B. Stilhinweise.

· Der Punkt auf Mitte soll das danach Folgende vom Vorhergehenden abheben. Er dient zur Gliederung innerhalb der Gruppen. Bei stärkerer Untergliederung werden zwei oder mehr Punkte verwendet, wobei die mit einem Punkt zusammengefassten Wörter am engsten zusammengehören. Der Punkt findet sich auch vor Bedeutungshinweisen und vor den Gegensatzangaben.

/ Der Schrägstrich wird verwendet, um reflexible Verben oder um Wendungen, die in einigen Bestandteilen übereinstimmen, zusammenzufassen, z. B. sich in etwas schicken / ergeben / finden / fügen.

® Das Zeichen ® macht als Markenzeichen geschützte Wörter (Bezeichnungen, Namen) kenntlich. Sollte dieses Zeichen einmal fehlen, so ist das keine Gewähr dafür, dass das Wort als Handelsname frei verwendet werden darf.

Hochgestellte Zahlen (z. B. [1] berühren ..., [2] berühren ...): Wenn das gleiche Wort mehr als einmal in der alphabetischen Folge vorkommt, erhalten die Wörter vorangestellte Indizes (hochgestellte Zahlen), um den Benutzer auf das mehrfache Vorhandensein aufmerksam zu machen. Auch die Wörter, die zwar gleich geschrieben werden, aber verschiedenen Wortarten angehören oder sich durch den Artikel unterscheiden, sind mit Indizes versehen, z. B. [1] vermessen (Verb), [2] vermessen (Adjektiv); [1] Tor (das), [2] Tor (der). Da es in dem Buch nie zwei Wortgruppen mit dem gleichen Leitwort gibt, erübrigen sich

Indizes bei den mit einem Pfeil versehenen Wörtern, denn diese weisen stets auf das Leitwort einer Gruppe hin, also auf das erste bei zwei gleichen Wörtern in der alphabetischen Abfolge.

5. In diesem Buch verwendete Abkürzungen

aleman. .... alemannisch	Med. .... Medizin
Amtsspr. ...... Amtssprache	mundartl. ..... mundartlich
bayr. .... bayrisch	niederd. .... niederdeutsch
berlin. .... berlinisch	nordd. .... norddeutsch
bes. .... besonders	o.Ä. .... oder Ähnliches
bildungsspr. ... bildungs-	oberd. .... oberdeutsch
sprachlich	österr. .... österreichisch
dichter. .... dichterisch	pfälz. .... pfälzisch
ev. .... evangelisch	Rel. .... Religion
fachspr. .... fach-	scherzh. .... scherzhaft
sprachlich	schweiz. .... schweizerisch
fam. .... familiär	Soldatenspr. ... Soldaten-
geh. .... gehoben	sprache
Ggs. .... Gegensatz	südd. .... süddeutsch
iron. .... ironisch	südwestd. ..... südwest-
jidd. .... jiddisch	deutsch
jmd. .... jemand	u.a. .... und andere
jmdm. .... jemandem	ugs. .... umgangs-
jmds. .... jemandes	sprachlich
kath. .... katholisch	verhüll. .... verhüllend
Kinderspr. ..... Kinder-	volkst. .... volkstümlich
sprache	westmitteld. ... westmittel-
landsch. .... landschaft-	deutsch
lich	z.B. .... zum Beispiel

A

à, zu, Stück; ↑je.

¹A: von A bis Z, ungekürzt, von vorn bis hinten *(ugs.)*, von Anfang bis Ende; ↑alle, ↑ganz.

²A: das A und O ↑Hauptsache.

Aa: ↑Exkrement; Aa machen ↑defäkieren.

Aachen: -er Printe ↑Gebäck.

Aal: ↑Fisch; sich winden wie ein A. ↑sprechen.

aalen: sich a. ↑liegen, ↑räkeln (sich), ↑wohl fühlen (sich); sich in der Sonne a. ↑sonnen (sich).

aalglatt ↑höflich.

Aar ↑Adler.

¹Aas, Kadaver, Luder *(Jägerspr.);* ↑Toter.

²Aas: kein A. ↑niemand; ein A. auf der Bassgeige / Geige sein ↑Schlaukopf.

aasen ↑verschwenden.

ab: ↑abwärts; ab jetzt ↑zukünftig; ab die Post / nach Kassel ↑weg!; ab und zu, ab und an ↑manchmal.

Abade ↑Orientteppich.

abändern ↑ändern.

Abänderung ↑Änderung.

abarbeiten (sich) ↑anstrengen (sich).

Abart ↑Abweichung.

abartig ↑pervers.

Abartigkeit: ↑Abweichung, ↑Perversität.

abbalgen ↑abziehen.

Abbau ↑Zerlegung.

abbauen: ↑abmontieren, ↑entlassen, ↑ohnmächtig [werden], ↑zerlegen; abgebaut haben ↑abgewirtschaftet [haben].

abbeeren ↑pflücken.

abbeißen: ↑kauen; einen a. ↑trinken; sich eher die Zunge a., als ... ↑mitteilen; da beißt die Maus keinen Faden ab ↑unabänderlich [sein].

abbekommen: sein Fett a. ↑bestrafen; Frost a. ↑erfrieren; keinen Mann a. ↑heiraten.

abberufen: zur großen Armee a. werden ↑sterben.

abbestellen, kündigen; ↑absagen.

abbetteln: ↑ablisten; sich etwas a. ↑geben.

abbeuteln ↑abschütteln.

abbezahlen ↑zahlen.

¹abbiegen, abschwenken, einbiegen, einschwenken, um die Ecke biegen / schwenken, die Richtung ändern, einen Bogen machen; ↑umkehren; ↑Kurve.

²abbiegen: ↑hindern, ↑verhindern.

Abbiegung ↑Kurve.

Abbild ↑Bild.

¹abbilden, abformen, nachbilden, nachformen, abgießen, nachgießen, einen Abguss machen, reproduzieren, darstellen, wiedergeben; ↑darstellen; ↑Abguss, ↑Bild.

²abbilden: auf etwas ist jmd. / etwas abgebildet ↑darstellen.

Abbildung: ↑Abguss, ↑Bild.

abbinden: ↑ausziehen, ↑eindicken.

Abbitte: ↑Entschuldigung; A. leisten / tun ↑entschuldigen (sich).

abbitten: jmdm. etwas a. ↑entschuldigen (sich).

abblasen: ↑absagen; abgeblasen werden ↑ausfallen.

abblassen ↑verblassen.

abblättern ↑lösen (sich).

abblenden ↑verdunkeln.

Abblendung ↑Verdunkelung.

abblitzen: a. lassen ↑ablehnen.

abblocken ↑verhindern.

Abblockung ↑Vereitelung.

abblühen ↑welken.

abbrauchen ↑abnutzen.

abbrechen: ↑abmachen, ↑beenden, ↑niederreißen, ↑pflücken; abgebrochen ↑stumpf; abgebrochener Riese ↑Mann; alle Brücken hinter sich a. ↑abwenden (sich); sich einen a. ↑äußern (sich), ↑tun; seine Zelte a. ↑übersiedeln.

abbremsen ↑bremsen.

abbrennen: ↑verbrennen; sich [in / von der Sonne] a. lassen ↑sonnen (sich).

Abbreviatur ↑Abkürzung.

abbringen: a. von ↑abraten, ↑entwöhnen; sich von etwas nicht a. lassen ↑bestehen (auf); nicht von etwas / seinem Ziel abzubringen sein ↑zielstrebig [sein]; jmdn. vom rechten Weg a. ↑verleiten.

abbröckeln: ↑lösen (sich), ↑zerfallen.

abbrocken ↑pflücken.

¹Abbruch, Abriss, Demolierung *(österr.);* ↑niederreißen.

²Abbruch: ↑Einschnitt, ↑Entwöhnung, ↑Zerlegung; A. tun ↑schaden.

abbrühen: ↑blanchieren, ↑sieden.

abbrummen ↑abbüßen.

abbürsten ↑säubern.

abbüßen, eine Strafe verbüßen, einsitzen, gefangen sitzen, im Gefängnis / in Haft / im Zuchthaus / hinter schwedischen Gardinen / hinter Schloss und Riegel / hinter Gittern / auf Nummer Sicher sitzen, im Kerker liegen, brummen *(ugs.),* [bei Wasser und Brot] sitzen *(ugs.),* seine Zeit / Strafe absitzen *(ugs.),* abbrummen *(ugs.),* abreißen *(salopp),* Arrest / Knast schieben *(salopp),* Tüten drehen / kleben *(ugs.),* gesiebte Luft atmen *(ugs., scherzh.);* ↑Bewährungsfrist, ↑Strafanstalt.

Abc: ↑Alphabet; nach dem A. ↑alphabetisch; nach dem A. anordnen / einordnen / einreihen / ordnen ↑alphabetisieren.

Abcdarier ↑Schulanfänger.

Abcdarius ↑Schulanfänger.

abchecken: ↑durchschleusen, ↑prüfen.

Abc-Schütze ↑Schulanfänger.

ABC-Waffen ↑Waffen.

abdämmen ↑abschwächen.

abdampfen ↑weggehen.

¹abdanken, abtreten, den Dienst quittieren; ↑entlassen [werden].

²abdanken: ↑bestatten, ↑kündigen.

Abdankung: ↑Kündigung, ↑Trauerfeier.

abdarben: sich etwas a. ↑erübrigen.

abdecken: ↑abziehen, ↑bedecken; den Tisch a. ↑abservieren.

Abdecker, Wasenmeister, Schinder, Hundschlager *(landsch.),* Keibenschinder *(landsch.),* Fallmeister.

abdingen: jmdm. etwas a. ↑abhandeln (jmdm. etwas).

Abdomen ↑Bauch.

Abdominalgravidität ↑Schwangerschaft.

Abdominoskopie ↑Ausspiegelung.

abdrehen: ↑abstellen, ↑filmen; jmdm. das Gas a. ↑ausbeuten, ↑töten.

abdrohen ↑abnötigen.

Abdruck: ↑Abguss, ↑Auflage, ↑Druck, ↑Spur; einen A. machen ↑vervielfältigen.

abdrucken ↑edieren.

abdrücken: ↑liebkosen; jmdm. etwas a. ↑abhandeln (jmdm. etwas); etwas drückt jmdm. [fast] das Herz ab ↑bekümmern.

Abduktor ↑Muskel.

abdunkeln ↑verdunkeln.

Abdunkelung ↑Verdunkelung.

Abdunklung ↑Verdunkelung.

Abe ↑Toilette.

abebben ↑abnehmen.

Abece: ↑Alphabet; nach dem A. ↑alphabetisch; nach dem A. anordnen / einordnen / einreihen / ordnen ↑alphabetisieren.

Abecedarier ↑Schulanfänger.

Abecedarius ↑Schulanfänger.

abecelich: [in -er Ordnung / Reihenfolge] ↑alphabetisch; in eine -e Ordnung bringen, a. anordnen / einordnen / einreihen / ordnen ↑alphabetisieren.

Abeceschütze ↑Schulanfänger.

abeceweise ↑alphabetisch.

abeisen ↑abtauen.

¹Abend, Abendstunde, Abendzeit; ↑Dämmerstunde, ↑Mitternacht, ↑Tageszeit.

²Abend: ↑Himmelsrichtung; jeden A., alle -e, A. für Abend, immer am A. ↑allabendlich; es ist noch nicht aller Tage A. ↑ungewiss [sein]; guten A.! ↑Gruß; des -s, am A. ↑abends; du kannst mich am A. besuchen! ↑unwichtig [sein]; zu A. essen ↑Abendessen [einnehmen].

Abendakademie ↑Volkshochschule.

Abendblatt ↑Zeitung.

Abendbrot: ↑Abendessen; A. essen ↑Abendessen [einnehmen].

Abendbummel ↑Bummel.

Abenddämmerung ↑Abendlicht.

Abendessen, Abendmahlzeit *(bes. ostd.),* Abendmahl *(geh., veralt., landsch.),* Abendbrot *(nordd., ostd.),* Nachtessen *(südwestd., schweiz.),* Zabig *(schweiz.),* Znacht *(schweiz.),* Nachtmahl *(österr.),* Abendtafel *(geh.),* Souper; Dinner; ↑Essen; **das A. einnehmen,** zu Abend essen, Abendbrot essen *(nordd., ostd.),* zu / zur Nacht essen *(bes. südwestd., schweiz.),* nachtmahlen *(österr.);* ↑essen.

Abendfrieden ↑Abendruhe.

Abendgebet ↑Gebet.

Abendgesellschaft, Abendunterhaltung, Abendvorstellung, Soiree; ↑Fest.

Abendgymnasium ↑Schule.

Abendhauch ↑Luft.

Abendkasse ↑Kasse.

Abendkleid ↑Kleid.

Abendland ↑Europa.

abendländisch, europäisch, okzidental, okzidentalisch, westlich; ↑Europa · Ggs. ↑orientalisch.

abendlich ↑allabendlich.

Abendlicht, Abenddämmerung, Abendrot, Abendröte, Sonnenuntergang; ↑Abendruhe, ↑Dämmerung · Ggs. ↑Morgengrauen.

Abendluft ↑Luft.

¹Abendmahl, Kommunion, Abendmahlsfeier, Altarsakrament, Tisch des Herrn, Eucharistie · *als Substanz:* Leib und Blut [des Herrn], Brot und Wein; ↑Altargerät, ↑Gottesdienst, ↑Konfirmation, ↑Oblate, ↑Sakrament, ↑Wandlung; **zum A. gehen,** zur Kommunion gehen, das Abendmahl empfangen / nehmen, die Kommunion empfangen, kommunizieren; **das A. spenden,** das Abendmahl reichen / erteilen.

²Abendmahl: ↑Abendessen, ↑Gottesdienst; das A. auf etwas nehmen ↑versprechen.

Abendmahlsfeier: ↑Abendmahl, ↑Gottesdienst.

Abendmahlsgerät ↑Altargerät.

Abendmahlskelch ↑Altargerät.

Abendmahlzeit ↑Abendessen.

Abendmantel ↑Mantel.
Abendmusik: ↑Musikveranstaltung, ↑Serenade.
Abendnebel ↑Nebel.
Abendoberschule ↑Schule.
Abendrobe ↑Kleid.
Abendrot ↑Abendlicht.
Abendröte ↑Abendlicht.
Abendruhe, Abendstille, Abendfriede, Dämmerstündchen, Schummerstündchen; ↑Abendlicht, ↑Dämmerung.
¹abends, am Abend, des Abends *(geh.),* spät; ↑allabendlich; ↑Tageszeit · Ggs. ↑morgens.
²abends: immer a. ↑allabendlich; von morgens bis a. ↑Tag.
Abendschuh ↑Schuh.
Abendsonne ↑Sonnenlicht.
Abendspaziergang ↑Spaziergang.
Abendstern ↑Planet.
Abendstille ↑Abendruhe.
Abendstunde ↑Abend.
Abendtafel ↑Abendessen.
Abendtasche ↑Tasche.
Abendunterhaltung ↑Abendgesellschaft.
Abendvorstellung ↑Abendgesellschaft.
Abendwind ↑Wind.
Abendzeit ↑Abend.
Abendzeitung ↑Zeitung.
Abendzug ↑Eisenbahnzug.
Abenteuer: ↑Ereignis, ↑Eskapade, ↑Liebelei; ein A. mit jmdm. haben ↑koitieren.
Abenteuerfilm ↑Kinofilm.
abenteuerlich: ↑außergewöhnlich, ↑gefährlich.
Abenteuerlust, Erlebnishunger, Erlebnisgier, Unternehmungslust, Unternehmungsgeist, Unternehmungsfreude; ↑Abenteurer, ↑Entschlusskraft; ↑aktiv, ↑lebenshungrig.
abenteuerlustig ↑mutig.
Abenteuerroman ↑Roman.
Abenteuerspielplatz ↑Spielplatz.
Abenteurer, Glücksritter, Glücksjäger; ↑Abenteuerlust, ↑Betrüger, ↑Glücksspiel, ↑Spieler.
¹aber, jedoch, doch, jedennoch *(veraltend),* indes, indessen, dabei, immerhin, mindestens, zum mindesten, wenigstens, dagegen, dahingegen, hingegen, hinwieder, hinwiederum, wiederum, allerdings, freilich, and[e]rerseits, anderseits, nur, höchstens, sondern, allein, im Gegensatz dazu, demgegenüber; ↑also, ↑auch, ↑dennoch, ↑gegensätzlich, ↑nein, ↑verschieden, ↑zwar.
²aber: a. eben ↑eben; a. ja ↑ja.
Aber: ohne Wenn und A. ↑vorbehaltlos.
Aberglaube, Köhlerglaube, Volksglaube, Gespensterglaube, Geisterglaube, Wunderglaube, Mystizismus; ↑Astrologie, ↑Geisterbeschwörung, ↑Handlesekunst, ↑Ketzerei, ↑Zauberei; ↑beschreien.
abergläubisch ↑ängstlich.

aberhundert ↑viele.
Aberhunderte ↑viele.
aberkennen, absprechen, entziehen, einstellen *(schweiz.);* ↑Aberkennung.
Aberkennung, Entzug, Entziehung, Absprechung; ↑Entlassung; ↑aberkennen, ↑entlassen.
abermalig, erneut, nochmalig, wiederholt, mehrmalig; ↑oft, ↑wieder.
abermals ↑wieder.
abernten ↑ernten.
Aberration ↑Abweichung.
abertausend ↑viele.
Abertausende ↑viele.
Aberwitz ↑Absurdität.
abfahren: ↑abgehen, ↑abnutzen, ↑abreisen, ↑sterben; a. lassen ↑ablehnen; auf jmd. / etwas a. ↑begierig; der Zug ist abgefahren ↑versäumen.
Abfahrt: ↑Abwärtsfahrt, ↑Piste, ↑Start.
Abfahrtsflagge ↑Fahne.
Abfahrtslauf: ↑Skirennen, ↑Wintersport.
Abfahrtsläufer ↑Skifahrer.
¹Abfall, Kehricht, Mist *(österr.),* Müll, Unrat; ↑Altmaterial, ↑Müll, ↑Müllablageplatz, ↑Umweltverschmutzung, ↑Wärme.
²Abfall: ↑Abkehr, ↑Gefälle, ↑Müll, ↑Rückgang, ↑Steilabfall, ↑Untreue.
Abfallbehälter ↑Abfalleimer.
Abfalleimer, Abfallbehälter, Mülltonne, Container, Mülleimer, Müllbeutel, Ascheimer, Ascheneimer, Dranktonne *(nordd.),* Mistkübel *(österr.),* Coloniakübel *(österr.),* Koloniakübel *(österr.),* Kutterfass *(südd.),* Kütterkessel *(schweiz.),* Ochsnerkübel *(schweiz.)* ·· *für Papierabfälle:* Papierkorb, Abfallkorb · *der auf dem Tisch steht:* Tischpapierkorb; ↑Behälter.
abfallen: ↑lösen (sich), ↑untreu [werden]; etwas fällt ab ↑einträglich [sein].
abfallend ↑schräg.
Abfallgrube ↑Müllablageplatz.
Abfallhaufen ↑Müllablageplatz.
abfällig ↑abschätzig.
Abfälligkeit ↑Nichtachtung.
Abfallkorb ↑Abfalleimer.
abfangen: ↑federn, ↑töten.
¹abfärben, ausgehen, auslaufen, Farbe verlieren / abgeben, nicht farbecht / nicht waschecht sein · Ggs. ↑farbecht.
²abfärben ↑beeinflussen.
abfassen: ↑aufschreiben, ↑ergreifen; in Geheimschrift a. ↑chiffrieren.
abfaulen ↑faulen.
abfedern ↑federn.
abfegen ↑säubern.
abfeilen: ↑absehen, ↑glätten, ↑plagiieren.
abfeilschen: jmdm. etwas a. ↑abhandeln (jmdm. etwas).
abferkeln ↑gebären.
abfertigen: ↑ablehnen, ↑bedienen; [der Reihe nach ablehnen] ↑durchschleusen.
Abfertigung ↑Versandabteilung.

Abfertigungsgebäude, Terminal; ↑Flugplatz.
Abfertigungsstelle ↑Versandabteilung.
abfeuern ↑schießen.
abfiedeln ↑abmachen.
abfinden: jmdn. a. ↑befriedigen; sich a. mit ↑ertragen.
¹Abfindung, Belohnung, Nachzahlung, Entschädigung, Pauschale; ↑Ersatz, ↑Vergütung.
²Abfindung: ↑Ersatz; jmdm. eine A. zahlen ↑befriedigen.
abflauen ↑abnehmen.
abfliegen: ↑abgehen, ↑abreisen.
abfließen, ablaufen, abströmen, abtropfen, abtröpfeln, abrieseln, absickern, abrinnen; ↑ausfließen, ↑ausströmen, ↑fließen.
abfluchten ↑ausrichten.
Abflug ↑Start.
Abfluss: ↑Abwasserkanal, ↑Ausguss.
Abflussgraben ↑Graben.
Abflussrinne, Gosse; ↑Regenrinne, ↑Rinnstein.
abfohlen ↑gebären.
Abfolge ↑Reihenfolge.
abformen ↑abbilden.
abfragen ↑abhören.
¹abfressen, abnagen, kahl fressen, ratzekahl fressen *(ugs.);* ↑annagen.
²abfressen ↑grasen.
abfretten: sich a. ↑anstrengen (sich).
¹abfrottieren, abreiben, abrubbeln *(ugs.),* abtrocknen.
²abfrottieren ↑reiben.
Abfuhr: ↑Ablehnung; eine A. erteilen ↑ablehnen.
¹abführen, zur Wache bringen, mit auf die Wache nehmen, [auf die Wache] mitnehmen, insistieren; ↑ergreifen, ↑verhaften.
²abführen ↑defäkieren.
Abführmittel · *leichtes:* Aperitivum, Laxans, Laxativ, Laxativum · *stärkeres:* Purgans, Purgativ, Purgativum · *starkes:* Drastikum; ↑defäkieren; ↑Stuhlverstopfung.
Abführtee ↑Tee.
Abführung ↑Satzzeichen.
abfüllen ↑füllen.
abfüttern ↑ernähren.
¹Abgabe, Tribut, Zoll, Ausfuhrzoll, Einfuhrzoll, Gebühr ·· Steuer · direkte Steuer, Maßsteuer, Lohnsteuer, Einkommen[s]steuer, Vermögen[s]steuer, Erbschaft[s]steuer, Kirchensteuer, Körperschaft[s]steuer, Grundsteuer, Gewerbesteuer, Umsatzsteuer, Maschinensteuer, Mehrwertsteuer, Hundesteuer, Kraftfahrzeugsteuer · indirekte Steuer, Marktsteuer, Verbrauch[s]steuer, Akzise, Verkehrssteuer, Getränkesteuer, Tabaksteuer · *für die Benutzung von Straßen o. Ä.:* Maut *(bayr., österr.);* ↑Beitrag, ↑Gebührenmarke, ↑Preis, ↑Staatskasse, ↑Steuererklärung, ↑Zollverschluss; ↑besteuern, ↑versteuern · Ggs. ↑Gebührenfreiheit.
²Abgabe ↑Lieferung.

Abgang: ↑Fehlbetrag, ↑Samenerguss.
Abgänger ↑Schüler.
abgängig ↑verschollen.
Abgängigkeitsanzeige ↑Vermisstenanzeige.
Abgangszeugnis ↑Zeugnis.
Abgas, Auspuffgas, Emission; ↑Gas, ↑Giftgas, ↑Umweltverschmutzung.
abgaukeln: jmdm. etwas a. ↑ablisten (jmdm. etwas).
abgaunern: jmdm. etwas a. ↑ablisten (jmdm. etwas).
abgearbeitet ↑erschöpft.
abgebaut ↑pensioniert.
¹abgeben, aushändigen, geben, überstellen, übereignen, übertragen, einhändigen, aus der Hand geben, überreichen, einlegen *(schweiz.),* überbringen, zuteil werden / zukommen lassen, rausrücken *(ugs.),* abliefern, ablassen, abtreten, zur Verfügung stellen, überlassen, anvertrauen, überantworten, [zu treuen Händen] übergeben, sich einer Sache entäußern / begeben, nicht ↑aufbewahren · *etwas Wertvolles für etwas Wertloses:* etwas für ein Linsengericht hergeben; ↑einreichen, ↑geben, ↑leihen, ↑opfern, ↑schenken, ↑schicken, ↑spenden, ↑teilen, ↑überantworten, ↑widmen; ↑Lieferung, ↑Zuteilung.
²abgeben: ↑absondern, ↑verursachen, ↑vorlegen; Farbe a. ↑abfärben; einen Posten a. ↑kündigen; seine Stimme a. / einen weißen Stimmzettel abgeben ↑wählen; ein Urteil a. ↑beurteilen; sich a. mit ↑befassen; sich a. mit jmdm. ↑koitieren.
abgeblasst, verblasst, ausgebleicht, verwaschen, verschossen; ↑farblos.
abgeblüht ↑verwelkt.
abgebrannt: ↑gebräunt, ↑zahlungsunfähig.
abgebrochen: ↑abgehackt, ↑losgelöst.
abgebrüht ↑unempfindlich.
Abgebrühtheit ↑Abgestumpftheit.
abgebunden ↑legiert.
abgedankt ↑pensioniert.
abgedreht ↑rücksichtslos.
abgedroschen ↑phrasenhaft.
abgefedert ↑gefedert.
abgefeimt ↑schlau.
abgeflacht, flach, abgeplattet, platt; ↑niedrig.
abgefuckt: ↑abgewirtschaftet; -e Type ↑Rauschgiftsüchtiger.
abgegriffen ↑abgenutzt.
¹abgehackt, abgerissen, abgebrochen, kurzatmig, stotternd, stotterig *(ugs.),* stöckerig *(ugs.),* gacksend *(ugs.),* stockend, mit stockender Stimme, nicht ↑fließend; ↑heiser, ↑leise, ↑unartikuliert; ↑flüstern, ↑sprechen, ↑stottern.
²abgehackt ↑diskontinuierlich.
abgehalftert ↑pensioniert.
abgehangen ↑abgelagert.
abgehärmt ↑unzufrieden.
abgehärtet ↑widerstandsfähig.
Abgehärtetsein ↑Widerstandsfähigkeit.

abgeheilt, verheilt, heil geworden, vernarbt, verschorft; ↑abheilen; ↑Wunde.

¹abgehen, abfahren, wegfahren, losfahren, abfliegen, wegfliegen · *vom Schiff:* ablegen, auslaufen, in See stechen, die Anker lichten; ↑abreisen, ↑entfernen, ↑transportieren.

²abgehen: ↑gabeln (sich), ↑lösen (sich); sich nichts a. lassen ↑leben; etwas geht jmdm. ab ↑mangeln; jmdm. geht einer ab ↑ejakulieren, ↑Samenerguss [haben]; jmdm. geht jeder Sinn / jedes Verständnis für etwas ab ↑unzugänglich [sein]; mit Tod a. ↑sterben; a. von etwas ↑abschreiben; von einer Gewohnheit a. ↑abgewöhnen (sich etwas).

abgehetzt ↑erschöpft.

abgeklappert ↑phrasenhaft.

abgeklärt ↑ruhig.

Abgeklärtheit ↑Gesetztheit.

abgekühlt: ↑gekühlt, ↑kalt.

abgekürzt ↑kurz.

abgelagert, abgehangen; ↑mürbe, ↑reif.

abgelebt: ↑altmodisch, ↑verlebt.

abgelegen, abseitig, entlegen, abgeschieden, einsam, verlassen, menschenleer, öde, einschichtig *(südd., österr.),* gottverlassen, jwd (janz weit draußen; *salopp*); ↑einsam, ↑fern, ↑zurückgezogen; **a. sein,** dort ist die Welt mit Brettern vernagelt, am Ende der Welt sein, dort sagen sich Fuchs und Hase gute Nacht *(scherzh.),* am Arsch der Welt sein *(derb);* **nicht a. sein,** verkehrsgünstig / günstig gelegen sein, leicht erreichbar / zu erreichen sein, eine gute / günstige Geschäftslage haben.

abgeleiert ↑phrasenhaft.

abgelenkt ↑unaufmerksam.

Abgelenktheit ↑Zerstreutheit.

abgelöst ↑losgelöst.

abgelten ↑einstehen (für).

Abgeltung ↑Ersatz.

abgemacht ↑okay.

abgemagert ↑abgezehrt.

abgemergelt ↑abgezehrt.

abgeneigt: ↑widerwillig; einer Sache a. sein ↑mögen (etwas).

Abgeneigtheit: ↑Abneigung, ↑Widerwille.

abgenutzt, abgenützt *(landsch.),* abgegriffen, abgewetzt, blank, abgeschabt, verschabt, vertragen, schäbig, verschlissen, zerschlissen, durchgewetzt *(ugs.),* fadenscheinig, dünn, blöd *(landsch.),* abgetragen, überspielt *(österr.),* ausgedient; ↑defekt; **a. sein:** etwas ist abgenutzt / hat seine Schuldigkeit getan, etwas ist durch viele Hände gegangen.

abgenützt ↑abgenutzt.

Abgeordnetenhaus ↑Volksvertretung.

Abgeordneter, Volksvertreter, Delegierter, Deputierter, Parlamentarier, Mandatar *(österr.),* Repräsentant · Nationalrat (Österreich, Schweiz), Bundesrat (Österreich), Ständerat (Schweiz), Mitglied des Bundestags / Bundesrats (BRD), MdB (BRD), Bundestagsabgeord-

neter, Landtagsabgeordneter, MdL (BRD) · *wenig hervortretender:* Hinterbänkler *(abwertend),* Kanalarbeiter *(Jargon);* ↑Abgesandter, ↑Abordnung, ↑Ausschuss, ↑Beauftragter, ↑Bote, ↑Diplomat, ↑Volksvertretung, ↑Wahl, ↑Wähler; ↑abordnen.

¹abgepackt, gebündelt, verpackt, eingepackt, eingewickelt, verschnürt, verschlossen, eingeschweißt; ↑versiegelt; ↑füllen; ↑Folie · Ggs. ↑unverpackt.

²abgepackt nicht a. ↑unverpackt.

abgeplattet ↑abgeflacht.

abgerechnet ↑abzüglich.

abgerissen: ↑abgehackt, ↑abgewirtschaftet, ↑losgelöst.

abgerundet ↑abgestimmt.

Abgesandter, Beauftragter, Bevollmächtigter, Parlamentär, Kurier, Sendbote, Sendling *(schweiz.),* Melder, Ordonnanz, Unterhändler, Emissär, Delegat, Verkünder, Apostel; ↑Abgeordneter, ↑Abordnung, ↑Anhänger, ↑Ausschuss, ↑Beauftragter, ↑Bote, ↑Diplomat, ↑Schrittmacher; ↑abordnen.

Abgesang ↑letzte.

abgeschabt ↑abgenutzt.

abgeschafft ↑erschöpft.

abgeschieden: ↑abgelegen, ↑tot, ↑zurückgezogen.

Abgeschiedener ↑Toter.

Abgeschiedenheit ↑Einsamkeit.

abgeschlafft ↑erschöpft.

abgeschlagen: a. sein ↑erschöpft [sein].

Abgeschlagenheit ↑Erschöpfung.

abgeschlossen: ↑fertig, ↑geschlossen, ↑komplett, ↑versiegelt.

Abgeschlossenheit ↑Exklusivität.

abgeschmackt ↑taktlos.

Abgeschmacktheit ↑Taktlosigkeit.

abgesehen: a. von ↑ausgenommen; es auf jmdn. a. haben ↑schikanieren.

abgesetzt ↑pensioniert.

abgesondert ↑einzeln.

abgespannt ↑erschöpft.

Abgespanntheit ↑Erschöpfung.

abgesperrt ↑geschlossen.

abgestanden, schal, fade, fad, labberig, lasch, flau, verbraucht (Luft); ↑fade, ↑langweilig, ↑ungewürzt.

abgestimmt, abgerundet, wohl gegliedert, harmonisch, passend, zusammenpassend, zusammenstimmend, stilgerecht, stilvoll, geschmackvoll, einwandfrei; ↑ebenmäßig, ↑passend, ↑schön; ↑harmonieren.

abgestorben: ↑blutleer, ↑trocken.

abgestoßen ↑defekt.

abgestuft: ↑differenziert, ↑hierarchisch, ↑stufenweise.

Abgestumpftheit, Stumpfheit, Dumpfheit, Abgebrühtheit *(salopp, abwertend);* ↑Teilnahmslosigkeit; ↑unempfindlich.

abgetan ↑überlebt.
abgetönt ↑differenziert.
abgetragen ↑abgenutzt.
abgetrennt ↑einzeln.
abgewetzt ↑abgenutzt.
abgewinnen: einer Sache kein Gefallen / keinen Geschmack / nichts a. können ↑gefallen.
abgewirtschaftet, ruiniert, heruntergekommen, abgefuckt *(salopp),* abgerissen, in üblem Zustand; ↑defekt, ↑zahlungsunfähig; **a. haben,** verloren / am Ende / *(ugs.)* abgewrackt / *(salopp)* geliefert sein, kein [ganzes] Hemd [mehr] am / auf dem Leibe haben *(ugs.),* *(salopp)* kein Hemd auf dem Hintern / *(derb)* auf dem Arsch haben, bessere Tage gesehen haben, abgebaut haben, auf / aus dem letzten Loch pfeifen *(ugs.);* ↑verwahrlosen; ↑Zahlungsunfähigkeit.
abgewöhnen (sich etwas), sich einer Sache entwöhnen / enthalten, einstellen, abstellen, aufgeben, ablassen von, aufhören, [eine Gewohnheit] ablegen, mit einer Gewohnheit brechen, von einer Gewohnheit abgehen; ↑abschreiben, ↑beenden, ↑entwöhnen; ↑überlebt; ↑Entwöhnung.
Abgewöhnung ↑Entwöhnung.
abgewrackt: a. sein ↑abgewirtschaftet [haben].
abgezehrt, ausgemergelt, abgemergelt, abgemagert, hohlwangig, eingefallen; ↑erschöpft, ↑schlank, ↑verlebt; **a. sein,** jmdm. kann man das Vaterunser durch die Backen blasen; ↑Abmagerung.
abgezogen ↑abzüglich.
abgießen ↑abbilden.
Abglanz ↑Spiegelung.
abgleiten: ↑abschweifen, ↑gleiten.
¹Abgott, Angebeteter, Ideal, Idol, Götze, Götzenbild; ↑Amulett, ↑Anhänger, ↑Fan, ↑Geliebte, ↑Geliebter, ↑Gott, ↑Liebling, ↑Muster, ↑Schicksal.
²Abgott ↑Publikumsliebling.
abgöttisch, übertrieben, übersteigert, übermäßig, blind; ↑anormal, ↑ausgeprägt, ↑begierig, ↑überspannt.
abgraben: jmdm. das Wasser a. ↑Konkurrenz [machen].
abgrämen: sich a. ↑sorgen (sich).
¹abgrasen, abweiden, abfressen, kahl fressen, leer / ratzekahl fressen; ↑essen.
²abgrasen ↑absuchen.
abgrenzen: ↑verringern; sich a. ↑abrücken, a. gegeneinander ↑unterscheiden.
Abgrenzung, Umgrenzung, Begrenzung, Grenze, Grenzlinie, Grenzscheide, Grenzwall, Grenzfluss, Grenzbach; ↑Einfassung, ↑Grenze.
Abgrund, Tiefe, Kessel, Kluft, Krater, Schlucht, Schlund, Tal; ↑Abhang, ↑Schlucht, ↑Steilabfall.
abgrund-: ↑erz-.
abgründig: ↑hintergründig, ↑sehr.

Abgründigkeit ↑Doppelbödigkeit.
abgrundtief ↑tief.
abgruppieren ↑degradieren.
abgucken ↑absehen.
Abgunst ↑Neid.
abgünstig ↑neidisch.
¹Abguss, Abdruck, Abbildung, Gipsabguss, Gipsabdruck; ↑Nachahmung; ↑abbilden.
²Abguss: ↑Ausguss; einen A. machen ↑abbilden.
abhacken: ↑abmachen; sich die Hand a. lassen ↑einstehen (für).
abhaken ↑markieren.
¹abhalftern, ausschirren, abschirren, absträngen, absatteln, abspannen, ausspannen.
²abhalftern ↑entlassen.
Abhalfterung ↑Entlassung.
¹abhalten, fern halten, schützen vor, abschirmen, bewahren vor; ↑aufbewahren, ↑behüten, ↑eingreifen, ↑entfernen, ↑hindern.
²abhalten: ↑hindern, ↑veranstalten; jmdn. a. von ↑abschrecken; etwas hält jmdn. ab, etwas zu tun ↑anfreunden (sich mit).
¹Abhaltung, Veranstaltung, Durchführung, Ausrichtung, Arrangierung, Inszenierung, Organisierung, Organisation; ↑Bewerkstelligung; ↑veranstalten
²Abhaltung ↑Verhinderung.
¹abhandeln (jmdm. etwas), jmdm. etwas abfeilschen / abschachern / abpressen / *(veraltet)* abmarkten / *(selten)* abdingen / *(selten)* abdrücken; ↑ablisten, ↑handeln.
²abhandeln: ↑ablisten, ↑erörtern.
abhanden: ↑verloren; a. kommen ↑verloren gehen.
Abhandlung ↑Aufsatz.
Abhang, Hang, Böschung, Halde, Bord *(schweiz.),* Leite *(südd., österr.),* Lehne *(oberd.);* ↑Abgrund, ↑Berg, ↑Gefälle, ↑Steilabfall; ↑steil.
¹abhängen (von): etwas hängt ab von / kommt an auf, etwas steht / liegt bei jmdm., etwas untersteht / obliegt jmdm.
²abhängen: ↑entlassen; a. von ↑abhängig [sein von].
¹abhängig, unselbstständig; **a. sein von,** abhängen von, angewiesen sein / *(österr.)* anstehen auf, jmds. Sklave / jmdm. untertan sein · *in sexueller Hinsicht:* jmdm. hörig / verfallen sein.
²abhängig: ↑unselbstständig; a. sein ↑selbstständig; a. sein von ↑zusammenhängen (mit).
Abhängigkeit: ↑Sucht, ↑Unselbstständigkeit, ↑Verhältnis.
abhärmen: sich a. ↑sorgen (sich).
abhärten ↑widerstandsfähig [machen].
Abhärtung, Festigung, Kräftigung, Stählung; ↑Widerstandsfähigkeit.
abhaspeln: ↑abwickeln, ↑vortragen.
abhauen: ↑abmachen, ↑fliehen, ↑weggehen; hau ab! ↑weg!
abhausen ↑zahlungsunfähig [werden].
abhäuteln ↑abziehen.

abhäuten ↑abziehen.

¹abheben (Geld), auszahlen lassen, beheben *(österr.)* · *mehr von einem Konto, als darauf gutgeschrieben ist:* sein Konto überziehen; ↑entnehmen; ↑Abhebung, ↑Dispositionskredit.

²abheben: sich a. ↑abzeichnen (sich); a. auf ↑abzielen (auf), ↑vorhaben; sich a. von ↑entgegenstellen (sich), ↑kontrastieren.

Abhebung, Abholung, Behebung *(österr.);* ↑abheben.

abheften ↑ablegen.

abheilen, heilen, verheilen, heil werden, vernarben, verschorfen; ↑abgeheilt; ↑Wunde.

abhelfen, Abhilfe schaffen, für Abhilfe sorgen, einer Sache steuern / begegnen; ↑verhindern, ↑reparieren.

abhetzen: sich a. ↑beeilen (sich).

abheucheln: jmdm. etwas a. ↑ablisten (jmdm. etwas).

Abhilfe: A. schaffen, für A. sorgen ↑abhelfen.

abhin ↑vorig.

abhobeln ↑glätten.

Abhobelung ↑Operation.

abhold: einer Sache a. sein ↑mögen (etwas).

abholen ↑verhaften.

Abholung ↑Abhebung.

abholzen, absägen, fällen, umlegen, umhauen, roden, schlagen, schlägern *(österr.);* ↑bebauen, ↑urbar [machen]; ↑kahl.

Abhörapparat ↑Abhörgerät.

abhorchen ↑horchen.

¹abhören, abfragen, examinieren; ↑prüfen.

²abhören ↑horchen.

Abhörgerät, Abhörapparat, Spion, Minispion, Wanze *(ugs.);* ↑Tonbandgerät, ↑Überwachung; ↑horchen.

Abhub ↑Abschaum.

Abi ↑Abitur.

abirren: ↑abschweifen; vom Wege a. ↑verirren (sich).

Abirrung ↑Abweichung.

Abitur, Reifeprüfung, Abiturientenexamen, Abiturium, Abi *(ugs.),* Maturum, Matur, Matura *(österr., schweiz.),* Maturität *(schweiz.)* · *in Kriegszeiten vorzeitig gegebenes:* Notabitur, Kriegsabitur · *das nur zu eingegrenzten Studiengängen berechtigt:* Fachabitur · *hauswirtschaftliches, das nicht zum Hochschulstudium berechtigt:* Puddingabitur *(scherzh., abwertend);* ↑Prüfung; **A. machen,** die Reifeprüfung ablegen, Matura machen *(österr., schweiz.),* maturieren *(österr.),* sein Abitur bauen *(ugs.),* im Abitur stehen / sein; ↑bewältigen, ↑versagen.

Abiturient ↑Schüler.

Abiturientenball ↑Ball.

Abiturientenexamen ↑Abitur.

Abiturientenklasse ↑Schulklasse.

Abiturium ↑Abitur.

Abiturzeugnis ↑Reifezeugnis.

abjagen: ↑wegnehmen; jmdm. etwas a. ↑ablisten.

abkalben ↑gebären.

abkanzeln ↑schelten.

abkapiteln ↑schelten.

abkapseln (sich), sich abschließen / absondern / separieren / isolieren / einspinnen / verschließen / *(ugs.)* verkriechen / *(ugs.)* [in sein Schneckenhaus] zurückziehen / *(ugs.)* einpuppen / *(ugs.)* einigeln, sich von der Außenwelt abschließen, sich vor der Welt verschließen, im Elfenbeinturm / Wolkenkuckucksheim leben, Kontakt meiden, der Welt entsagen, das Leben fliehen, ins Kloster gehen; ↑ausweichen, ↑einkreisen, ↑entziehen (sich); ↑unrealistisch, ↑unzugänglich; ↑Abkapselung, ↑Einsamkeit.

Abkapselung, Selbstisolierung, Isolierung; ↑Einzelgängertum; ↑abkapseln (sich).

abkassieren ↑kassieren.

abkauen: jmdm. einen a. ↑koitieren.

abkaufen ↑kaufen.

Abkehr, Umkehr, Abwendung, Abfall, Absage, Lossagung, Bruch; ↑abwenden (sich).

abkehren: ↑säubern; sich a. ↑abwenden (sich).

abklappern ↑absuchen.

abklären: ↑berichtigen, ↑enträtseln.

Abklärung ↑Aufklärung.

Abklatsch ↑Nachahmung.

abklemmen ↑abmachen.

abklingen: ↑abnehmen, ↑verhallen.

abklopfen: ↑abschütteln; a. auf ↑nachforschen.

abknallen ↑töten.

abknappen ↑erübrigen.

abknapsen ↑erübrigen.

¹abkneifen, abklemmen, abknipsen, entfernen; ↑abmachen.

²abkneifen ↑abmachen.

abknicken ↑abmachen.

Abknickung ↑Kurve.

abknipsen ↑abmachen.

abknöpfeln ↑abmachen.

abknöpfen: ↑ablisten, ↑abmachen.

abknutschen ↑küssen.

abkochen: ↑betrügen, ↑sieden.

abkommandieren ↑abordnen.

Abkommandierung ↑Abordnung.

Abkomme ↑Angehöriger.

abkommen: ↑abschweifen; a. von etwas ↑abschreiben; vom Thema a. ↑abschweifen; vom Wege a. ↑verirren (sich); vom rechten Weg a. ↑verwahrlosen.

Abkommen ↑Abmachung.

abkömmlich ↑nutzlos.

Abkömmling ↑Angehöriger.

abkönnen: etwas nicht a. ↑ertragen.

abkrageln ↑töten.

abkratzen: ↑glätten, ↑sterben.

abkriegen: sein Fett a. ↑bestrafen; Frost a. ↑erfrieren.

abkühlen (etwas), kälter / kühler werden lassen, kalt stellen, überkühlen *(österr.);* ↑tiefkühlen; ↑Abkühlung.

¹**Abkühlung,** Kühlung, Temperatursenkung, Temperaturabnahme, Temperaturrückgang, Wärmeabnahme; ↑Kälteeinbruch, ↑Wärmeentzug, ↑Wetterumschwung; ↑abkühlen (etwas).

²**Abkühlung** ↑Entfremdung.

abkündigen ↑mitteilen.

Abkündigung ↑Nachspann.

¹**Abkunft,** Herkommen, Abstammung, Herkunft, Geburt, Ursprung, Stammbaum, Geschlecht, Provenienz, Stemma, Stamm: ↑Adelskalender, ↑Anfang, ↑Angehöriger, ↑Art, ↑Familie, ↑Generation, ↑Tradition; ↑stammen (von).

²**Abkunft:** von edler / hoher A. sein ↑adlig [sein].

abkupfern ↑plagiieren.

abkürzen, abschneiden, den kürzeren Weg (oder:) eine Abkürzung nehmen / gehen / fahren; ↑Weg.

¹**Abkürzung,** Abbreviatur, Sigel, Kürzel, Kurzwort, Stummelwort, Aküwort, Abkürzungszeichen, Akronym, Initialwort; ↑Aküsprache, ↑Kurzschrift.

²**Abkürzung:** eine A. nehmen / gehen / fahren ↑abkürzen.

Abkürzungszeichen ↑Abkürzung.

abküssen ↑küssen.

Ablad ↑Verladung.

¹**abladen,** ausladen, entladen · *eine Schiffsladung:* löschen; ↑ausladen, ↑ausschiffen; ↑Verladung · Ggs. aufladen ↑laden.

²**abladen:** Müll a. ↑Müll.

Abladung ↑Verladung.

¹**Ablage,** Aktenablage, Briefablage, Rechnungsablage; ↑Aktenordner, ↑Aktenständer.

²**Ablage:** ↑Annahmestelle, ↑Gestell, ↑Zweigstelle.

¹**ablagern** (sich); sich absetzen / setzen / niederschlagen, sintern; ↑Rückstand.

²**ablagern** ↑lagern.

Ablagerung: ↑Bodensatz, ↑Lagerung.

ablaichen ↑gebären.

Ablaktation ↑Entwöhnung.

ablandig, vom Lande her wehend · Ggs. ↑auflandig.

ablassen: ↑abgeben; nicht a. ↑bestehen (auf); Dampf a. ↑abreagieren (sich); a. von ↑abgewöhnen (sich etwas), ↑abschreiben.

Ablasstag ↑Gründonnerstag.

Ablation ↑Operation.

Ablativ ↑Kasus.

Ablauf: ↑Ausguss, ↑Start, ↑Reihenfolge, ↑Vorgang.

¹**ablaufen,** verfallen, ungültig / fällig werden, auslaufen; ↑Geltung.

²**ablaufen:** ↑abfließen, ↑abnutzen, ↑absuchen; -des Wasser ↑Ebbe; a. lassen ↑ablehnen; jmds. Uhr ist abgelaufen ↑sterben.

ablauschen ↑nachgestalten.

ablausen ↑ablisten.

ableben ↑sterben.

Ableben ↑Exitus.

ablecken ↑lecken.

Ablederung ↑Verletzung.

¹**ablegen,** abheften, wegordnen, einordnen, einstoßen; ↑einordnen.

²**ablegen:** ↑abgehen, ↑ausziehen, ↑hinstellen, ↑lagern; nicht a. ↑anbehalten; den alten Adam a. ↑bessern (sich); das Gelübde / die Gelübde a. ↑Mönch [werden], ↑Nonne [werden]; Zeugnis a. ↑zeugen (für, gegen); sich Rechenschaft a. über ↑klar werden (sich über); etwas legt Zeugnis ab von etwas ↑zeigen.

¹**Ableger,** Absenker, Setzling, Schoss, Schössling, Steckling, Senker; ↑Samen.

²**Ableger** ↑Sohn.

¹**ablehnen,** zurückweisen, desavouieren, ausschlagen, abweisen, abwimmeln *(ugs., abwertend),* [kurz] abfertigen, verschmähen, jmdn. abschlägig bescheiden, aus Abschied und Traktanden fallen lassen *(schweiz.),* abschlagen, etwas verweigern, versagen, abwinken, eine Abfuhr erteilen, abfahren / abblitzen / ablaufen lassen *(salopp),* jmdm. einen Korb geben / die kalte Schulter zeigen, jmdm. die Tür vor der Nase zuschlagen, verachten, jmd. / etwas kann jmdm. gestohlen bleiben *(ugs.),* jmdm. etwas husten / niesen *(salopp),* nicht ↑billigen; ↑beanstanden, ↑entledigen (sich jmds. / einer Sache), ↑ignorieren, ↑missachten, ↑verabscheuen, ↑verbieten, ↑verweigern (sich jmdm.); **abgelehnt werden,** auf Ablehnung stoßen; ↑nein; ↑Ablehnung.

²**ablehnen:** ↑verabscheuen; -de Antwort / Haltung ↑Ablehnung.

¹**Ablehnung,** Zurückweisung, Abweisung, Weigerung, Verweigerung, Versagung, Absage, Ausstieg, ablehnende Haltung, abschlägiger Bescheid, ablehnende / abschlägige Antwort, Abfuhr *(salopp);* ↑Unsinn; ↑ablehnen; ↑nein.

²**Ablehnung:** auf A. stoßen ↑ablehnen.

ableiern ↑vortragen.

ableisten: den Militärdienst / Präsenzdienst / Wehrdienst a. ↑Soldat [sein].

ableitbar: ↑zurückführbar; nicht a. ↑irreduktibel.

ableiten ↑folgern.

¹**Ableitung,** Derivation, Herleitung; ↑Folgerung, ↑Wortbildung.

²**Ableitung** ↑Folgerung.

ablenken: ↑erheitern; sich a. ↑zerstreuen (sich); sich nicht a. lassen ↑versenken (sich in); sich durch nichts a. lassen ↑zielstrebig [sein].

Ablenkung ↑Unterhaltung.

ablesbar ↑erkennbar.

ablesen: ↑vortragen; jmdm. jeden Wunsch von den Augen a. ↑verwöhnen.

Ableser ↑Gasmann.

ableugnen ↑abstreiten.

Ableugnung ↑Widerruf.

ablichten, fotokopieren, xerokopieren, pausen, lichtpausen, abwärmen, Lichtpausen herstellen, eine Fotokopie / Xerokopie / Ablichtung machen, telekopieren; ↑vervielfältigen.

Ablichtung ↑Reproduktion.

abliefern: ↑abgeben, ↑einliefern.

Ablieferung ↑Lieferung.

ablisten (jmdm. etwas), jmdm. etwas ablocken / herauslocken / abschwindeln / herausschwindeln / abjagen / abheucheln / abschmeicheln / abbetteln / abschmarotzen / *(ugs.)* abgaunern / abgaukeln / *(ugs.)* abknöpfen / *(ugs.)* abzwacken / *(salopp)* abluchsen / *(salopp)* ablotsen / *(salopp)* ablausen / *(salopp)* abzapfen /*(salopp)* aus dem Kreuz leiern / *(landsch.)* abschwätzen / *(ugs.)* abhandeln / *(landsch.)* herausschwätzen / *(landsch.)* rausschwätzen / *(nordd.)* abschnacken, schröpfen, zur Ader lassen, ausziehen *(ugs.)*, rupfen, jmdn. ausnehmen *(salopp)*, jmdn. Maß nehmen *(salopp)*, [von jmdm.] etwas schlauchen *(salopp)*; ↑abhandeln, ↑betrügen, ↑entlocken (jmdm. etwas), ↑handeln, ↑wegnehmen.

ablocken: ↑ablisten; jmdm. etwas a. ↑entlocken (jmdm. etwas).

ablöschen ↑säubern.

ablösen: ↑abmachen, ↑abwechseln, ↑entlassen; sich a. ↑lösen (sich).

Ablösung: ↑Abtrennung, ↑Alternation, ↑Entlassung.

ablotsen ↑ablisten.

abluchsen ↑ablisten.

ablutschen: jmdm. einen a. ↑koitieren.

¹abmachen, entfernen, machen von, losmachen, losbinden, abreißen, reißen von, losreißen, abbrechen, abknicken, ablösen, lösen von, loslösen, abknöpfen, abknöpfeln *(österr.)*, abschlagen, schlagen von, losschlagen, abhauen, hauen von, abhacken, abschneiden, absäbeln *(ugs.)*, abfiedeln *(ugs.)*, abtrennen, trennen von, lostrennen, abkneifen, abklemmen, abknipsen *(ugs.)*, abzwicken *(ugs.)*; ↑abmontieren, ↑aufbinden, ↑beschneiden, ↑pflücken, ↑ziehen; ↑Abtrennung · Ggs. anmachen ↑befestigen.

²abmachen: ↑abmontieren, ↑mähen, ↑übereinkommen.

Abmachung, Absprache, Verabredung, Abrede, Übereinkunft, Übereinkommen, Abschluss, Festsetzung, Arrangement, Vereinbarung, Papier, Vertrag, Stipulation, Kontrakt, Pakt, Traité, Konvention, Abkommen, gangbarer Weg, Verkommnis *(schweiz.)*, Agreement, Akkord, Konkordat · *die nur Teilgebiete regelt:* Teilabkommen, Zusatzabkommen · *vertrauliche:* Geheimabkommen, Geheimabsprache · *politische:* Militärabkommen, Beistandspakt, Freundschaftsabkommen, Neutralitätsabkommen · *die die Wirtschaftsbeziehungen zwischen Staaten regelt:* Wirtschaftsabkommen, Handelsabkommen, Handelsvertrag, Warenabkommen, Zahlungsabkommen · *die kulturelle Beziehungen zwischen Staaten regelt:* Kulturab-

kommen · *auf Treu und Glauben:* Gentleman's Agreement · *inoffizielle, in einem gegebenen Fall keine Maßnahmen ergreifen zu wollen:* Stillhalteabkommen · *mit beiderseitigem Nachgeben:* Ausgleich, Vergleich, Kompromiss, Mittelweg, Packelei *(abwertend, österr.)* · *erträgliche, leidliche:* Modus Vivendi · *durch längeres Verhandeln um [politische] Vorteile zustande gekommene:* Kuhhandel *(abwertend)* · *betrügerische:* Kollusion; ↑Aufgabe, ↑Begrüßung, ↑Bund, ↑Einigung, ↑Erlaubnis, ↑Klausel, ↑Nichtangriffspakt, ↑Protokoll, ↑Testament, ↑Urkunde, ↑Verabredung, ↑Weisung; ↑übereinkommen; ↑handelseinig.

abmagern ↑schlank [werden].

Abmagerung, Auszehrung, Gewichtsabnahme, Gewichtsverlust; ↑abgezehrt, ↑krank, ↑schlank.

Abmagerungsdiät ↑Diät.

Abmagerungskur ↑Schlankheitskur.

abmähen ↑mähen.

abmahnen: ↑abraten, ↑mahnen.

¹abmalen, abzeichnen, kopieren.

²abmalen ↑schreiben.

abmarkten: jmdm. etwas a. ↑abhandeln.

Abmarsch ↑Start.

abmarschbereit ↑verfügbar.

abmarschieren ↑weggehen.

abmelden (sich) · *von der Hochschule:* exmatrikulieren; ↑kündigen, ↑trennen (sich) · Ggs. ↑anmelden (sich).

abmessen: ↑einteilen, ↑messen.

Abmessung ↑Ausmaß.

abmieten ↑mieten.

abmildern ↑abschwächen.

abmindern ↑verringern.

Abminderung ↑Verminderung.

abmontieren, abschrauben, abmachen, abbauen; ↑zerlegen.

abmühen (sich) ↑anstrengen (sich).

abmurksen ↑töten.

abnabeln ↑selbstständig [werden].

abnagen ↑abfressen.

Abnahme: ↑Kontrolle, ↑Verminderung.

Abnegation ↑Teilnahmslosigkeit.

¹abnehmen, nachlassen, schwinden, dahinschwinden, im Schwinden begriffen sein, aussterben, abklingen, zurückgehen, sinken, absinken, fallen, nachgeben (Kurse, Preise), sich verringern / vermindern / verkleinern, zusammenschrumpfen, abflauen, abebben, verebben, erkalten, einschlafen, schwächer / weniger / geringer werden, etwas beruhigt sich, sich dem Ende zuneigen, ausgehen, zu Ende / zur Neige / *(dichter.)* zur Rüste gehen, zu Ende / *(ugs.)* alle sein (oder:) werden; ↑beenden, ↑nachlassen, ↑schlank [werden], ↑verringern; ↑Abwanderung · Ggs. ↑vermehren, ↑zunehmen.

²abnehmen: ↑ausziehen, ↑fotografieren, ↑kaufen, ↑schlank [werden], ↑wegnehmen, ↑welken; der Teilnehmer nimmt nicht ab ↑telefonieren (mit jmdm.); jmdm. etwas nicht a. ↑glauben; das Baugerüst a. ↑Baugerüst; jmdm. Blut a. ↑Blut; den Hut a. ↑begrüßen.

abnehmend: -er Mond ↑Mond.

Abnehmer ↑Kunde.

Abneigung, Abgeneigtheit, Ungeneigtheit, Widerwille, Antipathie, Vorurteil, Voreingenommenheit, Feindschaft, Feindseligkeit, Hostilität, Abscheu, Ekel, Degout, Aversion, Hass, Odium, Animosität · *gegen alles Weibliche:* Gynäkophobie · *gegen Frauen:* Misogynie · *gegen die Ehe:* Misogamie · *gegen Kinder:* Misopädie; ↑Abscheulichkeit, ↑Angst, ↑Arglist, ↑Bosheit, ↑Entsetzen, ↑Gegner, ↑Gehässigkeit, ↑Neid, ↑Unduldsamkeit, ↑Unzuträglichkeit, ↑Vorurteil, ↑Widerwille; ↑hassen; ↑gegnerisch · Ggs. ↑Zuneigung.

abnibbeln ↑sterben.

abnorm ↑anormal.

abnormal ↑anormal.

Abnormität: ↑Abweichung.

Abnormitätenkabinett ↑Jahrmarktsbude.

abnötigen, abtrotzen, abringen, abdrohen, abdringen, abzwingen; ↑aufnötigen, ↑nötigen, ↑wegnehmen.

¹abnutzen, abnützen, abbrauchen, abscheuern, abwetzen, abtragen, verschleißen, auswerkeln *(österr.),* abwerkeln *(österr.),* ausweiten (Schuhe), austreten (Schuhe), auslatschen (Schuhe; *ugs.*), abfahren (Reifen), ablaufen (Schuhe), abtreten (Absätze), aufbrauchen, verbrauchen; ↑beschädigen, ↑opfern; ↑Verschleiß.

²abnutzen ↑entkräften.

abnützen ↑entkräften.

Abnutzung: ↑Kräfteverschleiß, ↑Verschleiß.

Abnützung: ↑Kräfteverschleiß, ↑Verschleiß.

Abnutzungserscheinung ↑Kräfteverschleiß.

abolieren ↑begnadigen.

abominabel ↑abscheulich.

Abonnement, Zeitungsabonnement, Zeitschriftenabonnement, Konzertabonnement, Theaterabonnement, Miete, Theatermiete, Platzmiete, Dauermiete, Anrecht, Theateranrecht, Jahresabonnement, Jahresmiete, Monatsabonnement, Wochenabonnement; ↑Abonnent, ↑Anspruch, ↑Reservierung; ↑bestellen.

Abonnent, Abonnentin, Bezieher, Bezieherin, Bezüger *(schweiz.),* Leser, Leserin; ↑Abonnement; ↑bestellen.

Abonnentin ↑Abonnent.

abonnieren ↑bestellen.

abordnen, delegieren, deputieren, entsenden, schicken, beordern, detachieren, abkommandieren, kommandieren zu, jmdn. abstellen; ↑anordnen, ↑auswählen, ↑schicken; ↑Abgeordneter, ↑Abgesandter, ↑Abordnung, ↑Ausschuss.

Abordnung, Delegation, Deputation, Abkommandierung, Entsendung, Gesandtschaft;

↑Abgeordneter, ↑Abgesandter, ↑Ausschuss; ↑abordnen.

Abort: ↑Fehlgeburt, ↑Toilette.

abortieren, eine Fehlgeburt haben, fehlgebären; ↑gebären; ↑Abtreibung, ↑Fehlgeburt.

Abortus ↑Fehlgeburt.

ab ovo ↑Anfang.

abpachten ↑mieten.

abpaschen ↑weggehen.

abpassen ↑auflauern.

abpfählen ↑abstecken.

abpflocken ↑abstecken.

abpflücken: ↑ernten, ↑pflücken.

abpinnen ↑absehen.

abplacken: sich a. ↑anstrengen (sich).

abplagen: sich a. ↑anstrengen (sich).

abplanken ↑abstecken.

abplatzen ↑lösen (sich).

abprallen ↑federn.

abpressen: jmdm. etwas a. ↑abhandeln.

abprotzen ↑defäkieren.

abpumpen ↑absaugen.

abputzen: den Baum / Weihnachtsbaum a. ↑Weihnachtsbaum.

abquälen: sich a. ↑anstrengen (sich).

abqualifizieren ↑schlecht machen.

abrackern: sich a. ↑anstrengen (sich).

Abraham: wie in -s Schoß ↑sicher.

abrahmen ↑entrahmen.

Abrasio: [A. uteri] ↑Kürettage.

Abrasion ↑Kürettage.

abraten, abmahnen, zu bedenken geben, widerraten, abreden, abbringen von, warnen, ausreden, nicht ↑zuraten; ↑bitten, ↑entmutigen, ↑mahnen, ↑verleiden; ↑Alarm, ↑Warnung.

abräumen: ↑abservieren, ↑Erfolg [haben].

Abraumhalde ↑Müllabladeplatz.

abreagieren (sich), sich beruhigen / *(ugs.)* abregen, Dampf ablassen *(salopp),* zur Ruhe kommen, die Wogen glätten sich; ↑beruhigen.

abrebeln ↑pflücken.

¹abrechnen, Kasse / *(scherzh.)* Kassensturz machen, Rechnung legen; ↑Abrechnung.

²abrechnen ↑bestrafen.

¹Abrechnung, Bilanz, Kassensturz *(scherzh.);* ↑Quittung; ↑abrechnen.

²Abrechnung ↑Vergeltung.

Abrede ↑Abmachung; in A. stellen ↑abstreiten.

abreden ↑abraten.

abreiben: ↑abfrottieren, ↑glätten, ↑reiben.

Abreibung: ↑Massage, ↑Schläge.

Abreise ↑Reise.

abreisen, abfahren, wegfahren, abfliegen, wegfliegen, in See stechen *(scherzh.)* · *bald:* jmds. Tage / Stunden sind gezählt; ↑abgehen.

abreißen: ↑abbüßen, ↑abmachen, ↑niederreißen, ↑pflücken, ↑Wucher [treiben]; die Verbindung nicht a. lassen ↑Kontakt; jmdm. die Maske a. ↑entlarven.

Abreißkalender ↑Kalender.
Abreißung ↑Verletzung.
abrichten ↑erziehen.
Abrichtung ↑Erziehung.
abriegeln ↑abschließen.
Abriegelung ↑Absperrung.
abrieseln ↑abfließen.
abringen: ↑abnötigen; jmdm. etwas a. ↑entlocken (jmdm. etwas).
abrinnen ↑abfließen.
Abriss: ↑Abbruch, ↑Betrug, ↑Ratgeber, ↑Verletzung, ↑Zusammenfassung.
Abrissbirne ↑Handwerkszeug.
Abrissheck ↑Autoheck.
abrollen ↑abwickeln.
abrubbeln: ↑abfrottieren, ↑reiben.
¹abrücken (von jmdm.), sich distanzieren von, sich abgrenzen, nicht mehr zu jmdm. halten, sich jmdn. vom Leibe halten, jmdn. fallen lassen wie eine heiße Kartoffel; ↑entfernen.
²abrücken: ↑weggehen; a. von ↑zurückziehen (sich); a. von etwas ↑absagen.
abrufen: [in die Ewigkeit] abgerufen werden ↑sterben.
abrunden ↑vervollständigen.
Abrundung ↑Ergänzung.
abrupfen ↑pflücken.
abrupt ↑plötzlich.
¹abrüsten, demobilisieren; ↑Abrüstung · Ggs. ↑rüsten.
²abrüsten ↑Baugerüst.
Abrüstung, Demobilisierung, Entwaffnung, Truppenreduzierung; ↑Entspannung; ↑abrüsten · Ggs. ↑Aufrüstung.
Abrutsch ↑Erdrutsch.
¹abrutschen, den Boden unter den Füßen verlieren, auf die schiefe Bahn (oder:) Ebene kommen / geraten, den Halt verlieren, absinken; ↑verwahrlosen.
²abrutschen ↑gleiten.
absäbeln ↑abmachen.
absacken ↑untergehen.
Absage: ↑Abkehr, ↑Ablehnung, ↑Nachspann, ↑Widerruf.
¹absagen, eine Zusage zurücknehmen, abrücken von etwas, rückgängig machen, abblasen *(salopp);* ↑abbestellen, ↑abschaffen, ↑widerrufen.
²absagen ↑abschreiben.
absägen: ↑abholzen, ↑entlassen; den Ast a., auf dem man sitzt ↑schaden.
absahnen: ↑entrahmen, ↑nehmen, ↑verdienen.
absammeln ↑sammeln.
absatteln ↑abhalftern.
¹Absatz, Umsatz, Verkauf, Vertrieb, Verschleiß *(veraltend, österr.);* ↑Geschäft, ↑Verkauf.
²Absatz: ↑Abschnitt, ↑Treppenabsatz; reißenden A. finden ↑verkaufen.
Absatzforschung ↑Marktforschung.
Absatzgebiet, Markt, Marktanteil, Absatz-

markt · Inlandsmarkt, Binnenmarkt · Auslandsmarkt, Weltmarkt; ↑Export, ↑Import, ↑Wirtschaft.
Absatzmarkt ↑Absatzgebiet.
absaufen: ↑sterben, ↑untergehen.
absaugen, abpumpen, abziehen, wegsaugen, wegpumpen, herauspumpen; ↑entfernen.
abschaben ↑glätten.
abschachern: jmdm. etwas a. ↑abhandeln (jmdm. etwas).
¹abschaffen, aufheben, auflösen, einstellen, beseitigen, annullieren, für ungültig / nichtig / null und nichtig erklären, kassieren *(Rechtsspr.),* außer Kraft setzen · *Veraltetes:* die alten Zöpfe abschneiden; ↑absagen, ↑ausstreichen, ↑stilllegen; ↑Aufhebung.
²abschaffen ↑ausweisen.
Abschaffung ↑Aufhebung.
¹abschälen (sich), sich schälen / schuppen / abschuppen, abschilfern, abschilfern, abschelfern *(landsch.),* schelfern *(landsch.),* abschelbern *(landsch.);* ↑lösen (sich).
²abschälen ↑abziehen.
abschalten: ↑abstellen; abgeschaltet haben ↑unaufmerksam [sein].
abschatten: ↑nuancieren, ↑verdunkeln.
abschattieren ↑nuancieren.
abschattiert ↑differenziert.
Abschattung ↑Nuance.
abschätzen: ↑beurteilen, ↑schätzen.
abschätzig, pejorativ, abfällig, geringschätzig, bagatellmäßig *(österr.),* en canaille, verächtlich, missfällig, wegwerfend, despektierlich; ↑abwertend, ↑ehrlos.
Abschätzigkeit ↑Nichtachtung.
Abschätzung ↑Kalkulation.
abschauen ↑absehen.
Abschaum *(abwertend)* Auswurf *(abwertend),* Abhub *(abwertend),* Bodensatz *(abwertend),* Hefe *(abwertend),* Pöbel *(abwertend),* Plebs *(abwertend),* Janhagel *(abwertend),* Gesindel *(abwertend),* Pack *(abwertend),* Bagage *(abwertend),* Lumpengesindel *(abwertend),* Lumpenpack *(abwertend),* Lumpenbagage *(abwertend),* Lumpenproletariat *(abwertend),* Gelichter *(abwertend),* Brut *(abwertend),* Geschmeiß *(abwertend),* Gezücht *(abwertend),* Sippschaft *(abwertend),* Gesocks *(salopp, abwertend),* Grobzeug *(salopp, abwertend),* Kroppzeug *(salopp, abwertend),* Geschlücht *(abwertend),* Kanaille *(abwertend),* Sakramenter *(abwertend),* Blase *(salopp, abwertend),* Zores *(südwestdt., abwertend);* ↑Abteilung, ↑Bande, ↑Bund, ↑Familie.
abscheiden: ↑absondern, ↑sterben.
abschelbern ↑abschälen (sich).
abschilfern ↑abschälen (sich).
abscheren ↑beschneiden.
Abscherung ↑Verletzung.
Abscheu: ↑Abneigung, ↑Überdruss; A. empfinden ↑verabscheuen; mit A. zurückweisen ↑Angst [haben vor].

abscheuern: ↑abnutzen, ↑säubern.
Abscheu erregend ↑abscheulich.
¹abscheulich, scheußlich, hässlich, unschön, gräulich, verabscheuenswert, verabscheuenswürdig, zum Kotzen *(derb emotional),* Abscheu erregend, widerlich, abdominabel, verwerflich, nicht ↑hübsch; ↑böse, ↑ekelhaft, ↑geschmacklos; ↑Abscheulichkeit; ↑verabscheuen.
²abscheulich: a. finden ↑verabscheuen.
Abscheulichkeit, Scheußlichkeit, Verabscheuenswürdigkeit, Widerwärtigkeit, Widerlichkeit, Ekelhaftigkeit; ↑Abneigung; ↑verabscheuen; ↑abscheulich, ↑ekelhaft.
abschicken ↑schicken.
abschieben: ↑entlassen, ↑weggehen; a. auf ↑aufbürden.
Abschiebung ↑Entlassung.
Abschied: ↑Exitus, ↑Kündigung; den A. bekommen ↑entlassen [werden]; A. nehmen ↑trennen (sich); den A. nehmen ↑kündigen; aus A. und Traktanden fallen lassen ↑ablehnen.
Abschiedsbrief ↑Schreiben.
¹abschießen, niederschießen, zusammenschießen *(ugs.),* abknallen *(salopp);* ↑töten.
²abschießen: ↑entlassen, ↑schießen, ↑töten, ↑verblassen; den Vogel a. ↑siegen, ↑übertreffen.
abschilfern ↑abschälen (sich).
abschinden: sich a. ↑anstrengen (sich).
Abschirmdienst: Militärischer A. ↑Geheimpolizei.
abschirmen: ↑abhalten; [gegen] die Sonne / das Tageslicht a. ↑verdunkeln.
Abschirmung: ↑Schutz, ↑Verdunkelung.
abschirren ↑abhalftern.
abschlachten: ↑schlachten, ↑töten.
Abschlag ↑Preisnachlass.
abschlagen: ↑ablehnen, ↑abmachen, ↑abschütteln; sich die Hand a. lassen ↑einstehen (für).
abschlägig: -e Antwort, -er Bescheid ↑Ablehnung; a. bescheiden ↑ablehnen.
Abschlagszahlung: ↑Abzahlung, ↑Zahlung.
abschlecken ↑lecken.
abschleifen ↑glätten.
abschleppen: ↑ziehen; etwas a. ↑mitnehmen; jmdn. a. ↑koitieren; sich a. ↑anstrengen (sich).
¹abschließen (etwas), schließen, zumachen, absperren *(landsch.),* sperren *(landsch.),* zuschließen, zusperren *(landsch.),* verschließen, versperren *(landsch.),* abriegeln, zuriegeln, verriegeln, den Riegel vorschieben / vorlegen; ↑verbarrikadieren; ↑Riegel, ↑Schlüssel.
²abschließen: ↑beenden; sich a. ↑abkapseln; noch nicht abgeschlossen sein ↑wandeln (sich); erfolgreich a. ↑absolvieren; etwas a. ↑abschneiden (bei etwas); einen Prämiensparvertrag abgeschlossen haben ↑prämiensparen; eine Versicherung a. ↑versichern (sich); einen Vertrag a. ↑aushandeln; eine Wette a. ↑wetten; a. von ↑ausschließen; sich von der Außenwelt a. ↑abkapseln (sich).

abschließend, zusammenfassend, resümierend, zum Schluss / Abschluss; ↑folgern.
Abschluss: ↑Abmachung, ↑Ende; vor dem A. stehen, zum A. gelangen / kommen ↑fertig [werden]; zum A. bringen ↑beenden; zum A. ↑abschließend.
Abschlussball ↑Ball.
Abschlusszeugnis ↑Zeugnis.
abschmarotzen ↑ablisten.
abschmatzen ↑küssen.
abschmecken ↑kosten.
abschmeicheln ↑ablisten.
abschmieren, schmieren, ölen, fetten; ↑einreiben.
abschmirgeln ↑glätten.
abschmücken: den Baum / Weihnachtsbaum a. ↑Weihnachtsbaum.
abschmulen ↑absehen.
abschnacken: jmdm. etwas a. ↑ablisten (jmdm. etwas).
abschnallen ↑nachgeben.
abschnappen ↑sterben.
¹abschneiden (bei etwas), etwas [erfolgreich] abschließen, ([gut] bei etwas) wegkommen *(ugs.).*
²abschneiden: ↑abkürzen, ↑abmachen, ↑beschneiden, ↑mähen; jmdm. die Ehre a. ↑schlecht machen; jmdm. den Hals a. ↑ausbeuten; sich jmdm. eine Scheibe a. können ↑Vorbild; jmdm. das Wort a. ↑dazwischenreden; die alten Zöpfe a. ↑abschaffen.
¹Abschnitt, Absatz, Kapitel, Artikel, Passus, Passage, Paragraph, Teil, Stück, Ausschnitt · Bibelabschnitt, Perikope · *innerhalb einer Sendung beim Funk oder Fernsehen:* Block, Wortblock, Showblock; ↑Aufsatz, ↑Pensum, ↑Rubrik.
²Abschnitt: ↑Teilstrecke; in -en ↑stufenweise.
Abschnitzel ↑Span.
abschöpfen: die Milch / den Rahm / die Sahne a. ↑entrahmen; den Rahm a. ↑nehmen.
abschrauben ↑abmontieren.
abschrecken, jmdn. zurückhalten, jmdn. abhalten von etwas.
abschreckend: -es Beispiel ↑Warnung.
Abschreckung ↑Warnung.
¹abschreiben, abstreichen, Abstriche machen, abtun, fallen lassen, verzichten, Verzicht leisten, sich einer Sache entschlagen, seine Rechte abtreten, resignieren, aufgeben, verloren geben, nicht mehr rechnen mit, sich trennen von, sich einer Sache begeben, einer Sache entsagen / entraten / abschwören / ablassen / zurücktreten / absehen / lassen / ablassen / abgehen / abkommen / abstehen / Abstand nehmen von, Umgang nehmen von *(schweiz.),* sich etwas versagen / aus dem Kopf (oder:) Sinn schlagen, etwas zu Grabe tragen, an den Nagel hängen *(ugs.),* in den Mond / in den Kamin / in den Schornstein / in die Esse / in den Wind schreiben *(ugs.),* fahren lassen

(ugs.), bleiben lassen *(ugs.),* lassen, schießen lassen *(salopp);* ↑abgewöhnen (sich etwas), ↑amortisieren, ↑beenden, ↑ermäßigen, ↑sitzen lassen, ↑unterdrücken, ↑unterlassen, ↑verzagen; ↑Entsagung.

²abschreiben: ↑absehen, ↑plagiieren, ↑schreiben.

Abschreibung ↑Abzahlung.

abschreiten ↑messen.

Abschrift, Zweitschrift, Duplikat, Duplum, Doppel, Durchschlag, Durchschrift, Kopie; ↑Dublette, ↑Kohlepapier, ↑Nachahmung, ↑Original; ↑verdoppeln.

abschrubben ↑reiben.

abschuften: sich a. ↑anstrengen (sich).

abschuppen: sich a. ↑abschälen (sich).

Abschürfung ↑Verletzung.

abschüssig ↑steil.

Abschüssigkeit ↑Steilabfall.

Abschussliste: auf der A. stehen ↑Entlassung.

abschütteln, runterschütteln *(ugs.),* schütteln von, abschlagen, abklopfen, abbeuteln; ↑ausschütteln, ↑schütteln.

abschwächen, dämpfen, dämmen, eindämmen, abdämmen, mildern, abmildern, den Schaden begrenzen, eine Schadensbegrenzung anstreben, herunterspielen · *durch Worte:* abwiegeln; ↑lindern, ↑verringern.

abschwächend ↑beschönigend.

Abschwächung ↑Euphemismus.

abschwarten ↑schlagen.

abschwätzen ↑ablisten.

abschweifen, abweichen, abgleiten, abirren, abkommen · *beim Sprechen:* vom Hundertsten ins Tausendste kommen *(abwertend),* sich ins Uferlose verlieren, vom Thema abkommen, den Faden verlieren; **nicht a.,** beim Thema bleiben.

abschweifend ↑unsachlich.

Abschweifung, Gedankensprung, Exkurs; ↑Abweichung, ↑Richtungsänderung; ↑abschweifen.

abschwenken: ↑abbiegen, ↑säubern.

abschwimmen ↑weggehen.

abschwindeln: jmdm. etwas a. ↑ablisten (jmdm. etwas).

abschwirren ↑weggehen.

abschwören ↑abschreiben.

absegeln ↑weggehen.

absegnen ↑billigen.

¹absehbar, voraussehbar, vorauszusehen, vorhersehbar, vorherzusehen, berechenbar, vorausberechenbar, erkennbar, voraussagbar, vorhersagbar; ↑erkennbar; ↑voraussehen.

²absehen: in -er Zeit ↑später.

¹absehen: ↑abschreiben, ↑abgucken, abschauen, abpinnen *(ugs.),* abschmulen *(ugs., berlin.),* spicken *(landsch.),* eine Übersetzung / eine Klatsche / einen Schlauch / *(österr.)* einen Schmierer / einen Spickzettel benutzen *(ugs.),* abfeilen *(landsch.);* ↑vorsagen.

²absehen: ↑voraussehen; a. von etwas ↑abschreiben.

abseifen: sich a. ↑waschen (sich / jmdn.).

abseilen, herunterlassen, herablassen, hinunterlassen, hinablassen; ↑abwärts.

ab sein ↑erschöpft [sein].

Abseite ↑Rückseite.

abseitig ↑abgelegen.

abseits: ↑fern; a. stehen, sich a. halten ↑teilnehmen.

Abseits ↑Regelverstoß.

Absence ↑Zerstreutheit.

absenden ↑schicken.

Absender, Adressant; ↑Briefschreiber · Ggs. ↑Empfänger.

Absendung ↑Versand.

absenken ↑ermäßigen.

Absenker ↑Ableger.

absentieren: sich a. ↑weggehen.

¹abservieren, abtragen, den Tisch abdecken, abräumen · Ggs. ↑servieren.

²abservieren ↑entlassen.

Abservierung ↑Entlassung.

absetzbar: ↑marktgerecht, ↑verkäuflich.

absetzen: ↑ausziehen, ↑entlassen, ↑entwöhnen, ↑hinstellen, ↑verkaufen; sich a. ↑ablagern (sich), ↑weggehen; abgesetzt werden ↑ausfallen; sich a. gegen ↑entgegenstellen (sich).

Absetzung: ↑Entlassung, ↑Operation.

absichern ↑sichern.

¹Absicht, Plan, Vorhaben, Projekt, Intention, Zweck, Vorsatz, Ziel, Fernziel, Nahziel, Zielsetzung, Bestreben, Streben, Strebungen, Bestrebungen · *böse:* Dolus; ↑Arglist, ↑Ehrgeiz, ↑Einfall, ↑Entwurf, ↑Muster, ↑Neigung, ↑Versuch, ↑Zweck; ↑entwerfen, ↑vorhaben; ↑absichtlich.

²Absicht: ↑Absichtlichkeit, ↑Zweck; [böse] A. ↑Übelwollen; die A. haben ↑vorhaben; ernste -en haben ↑heiraten [wollen]; in böser A. ↑böswillig; mit A. ↑absichtlich; ohne A. ↑unabsichtlich.

¹absichtlich, geflissentlich, wissentlich, absichtsvoll, beabsichtigt, vorsätzlich, gewollt, bewusst, mit Willen / Bedacht / Absicht, willentlich, wohlweislich, mit Fleiß *(oberd.),* zum Trotz, erst recht, nun gerade, aus Daffke *(salopp, berlin.),* zufleiß *(österr.),* justament *(österr.),* nicht ↑unabsichtlich; ↑freiwillig; ↑Absicht, ↑Absichtlichkeit; ↑vorhaben.

²absichtlich ↑böswillig.

Absichtlichkeit, Absicht, Vorsätzlichkeit, Bewusstheit, Bedacht; ↑absichtlich · Ggs. ↑Unabsichtlichkeit.

absichtslos ↑unabsichtlich.

Absichtslosigkeit ↑Unabsichtlichkeit.

Absichtssatz ↑Satz.

absichtsvoll ↑absichtlich.

absickern ↑abfließen.

Absiedelung ↑Geschwulst.

absieden ↑sieden.

Absiedlung ↑Geschwulst.

absinken: ↑abnehmen, ↑abrutschen, ↑sinken, ↑untergehen.

Absinth ↑Alkohol.

absitzen: seine Zeit / Strafe a. ↑abbüßen.

absocken ↑weggehen.

absolut: ↑gereinigt, ↑grundlegend, ↑selbstständig, ↑unbedingt; a. nicht ↑nein; -e Leere ↑Vakuum; -e Mehrheit ↑Mehrheit; -es Verb ↑Verb.

Absolution: ↑Begnadigung; A. erteilen ↑lossprechen.

Absolutismus ↑Herrschaft.

absolutistisch ↑totalitär.

Absolvent ↑Prüfling.

absolvieren, durchlaufen, erfolgreich beenden / abschließen, hinter sich bringen, seinen [Meister] machen; ↑bewältigen; ↑Prüfung.

absonderlich ↑seltsam.

Absonderlichkeit ↑Seltsamkeit.

¹absondern, abgeben, abscheiden, ausscheiden, auswerfen, eitern · *in Bezug auf Harz:* harzen; ↑Absonderung.

²absondern: ↑abkapseln, ↑ausschließen.

Absonderung, Sekret, Schleim, Exkret, Exkretion, Ausfluss, Ausscheidung, Eiter; ↑Auswurf, ↑Exkrement, ↑Meltau; ↑absondern.

absorbieren: ↑aufsaugen, ↑beanspruchen.

absorgen: sich a. ↑sorgen (sich).

Absorption, Aufnahme, Aufsaugung, Ansaugung, Einsaugung, Resorption; ↑aufsaugen; ↑saugfähig.

absorptionsfähig ↑saugfähig.

Absorptionskühlschrank ↑Kühlschrank.

absorptiv ↑saugfähig.

Abspaltung ↑Ketzerei.

abspänen ↑entwöhnen.

Abspann ↑Nachspann.

abspannen ↑abhalftern.

Abspannung ↑Erschöpfung.

absparen: sich etwas [am / vom Munde] a. ↑erübrigen.

abspeisen: mit [leeren] Worten a. ↑vertrösten.

abspenstig: a. machen ↑abwerben.

absperren ↑abschließen.

¹Absperrung, Sperrung, Abriegelung · *von Truppen, Polizei gebildete:* Kordon; ↑Blockierung, ↑Hürde, Einfluss [ausüben].

²Absperrung ↑Hürde.

abspielen: sich a. ↑geschehen.

absplittern ↑lösen (sich).

Absprache: ↑Abmachung; nach A. mit ↑Erlaubnis.

absprechen: ↑aberkennen, ↑abstreiten, ↑übereinkommen.

Absprechung ↑Aberkennung.

¹abspreizen, spreizen, wegstrecken, von sich / zur Seite strecken, ausstrecken.

²abspreizen ↑abstehen.

abspringen: ↑hinunterspringen, ↑lösen (sich), ↑untreu [werden].

abspritzen: ↑ejakulieren, ↑töten.

Absprung ↑Sprung.

abspulen ↑abwickeln.

abspülen ↑säubern.

abstammen ↑stammen (von).

Abstammung ↑Abkunft.

¹Abstand, Distanz, Entfernung, Luftlinie · *den der Autofahrer zum Vordermann halten muss:* Sicherheitsabstand; ↑Strecke.

²Abstand: ↑Ersatz, Spanne, ↑Strecke; A. nehmen von etwas ↑abschreiben, ↑zurückziehen (sich); in bestimmten / regelmäßigen Abständen ↑periodisch.

Abstandszahlung ↑Ersatz.

abstatten: Dank a. ↑danken.

¹abstauben, entstauben, von Staub befreien, Staub wischen, Staub saugen, staubsaugen; ↑säubern.

²abstauben ↑wegnehmen.

Abstauber ↑Tor (das).

Abstaubertor ↑Tor (das).

abstechen: ↑schlachten, ↑töten; a. gegen ↑kontrastieren.

Abstecher ↑Reise.

¹abstecken, abpfählen, abpflocken, abplanken; ↑einfassen, ↑einzäunen.

²abstecken: eine Fluchtlinie a. ↑ausrichten.

¹abstehen, wegstehen, abgespreizt sein, in die Luft stehen / ragen, zur Seite ragen; ↑überstehen.

²abstehen: a. von etwas ↑abschreiben.

Abstehohren ↑Ohr.

absteifen ↑abstützen.

Absteifung ↑Abstützung.

Absteige: ↑Hotel, ↑Unterkunft.

absteigen: ↑besuchen, ↑hinuntergehen, ↑übernachten.

absteigend: ↑schräg; auf dem -en Ast sein ↑nachlassen.

Absteigequartier: ↑Hotel, ↑Unterkunft.

¹abstellen, ausschalten, abschalten, ausmachen, ausdrehen, ausknipsen *(ugs.),* abdrehen · Ggs. ↑anstellen.

²abstellen: ↑abgewöhnen (sich etwas), ↑abordnen, ↑hinstellen, ↑parken, ↑verhindern; a. ↑abzielen (auf).

Abstellgleis: ↑Gleisanlage; aufs A. schieben ↑entlassen.

Abstellkammer ↑Abstellraum.

Abstellraum, Besenkammer, Rumpelkammer *(abwertend),* Abstellkammer, Vorratskammer, Vorratsraum, Kabuff *(ugs., abwertend);* ↑Boden, ↑Raum, ↑Remise, ↑Warenlager.

Abstelltisch ↑Tisch.

abstempeln, stempeln, siegeln, mit einem Stempel / Siegel / Amtssiegel versehen; ↑Siegel.

¹absterben, einschlafen, gefühllos / taub werden; ↑blutleer.

²absterben: ↑eingehen, ↑verhallen.

Abstieg, Talmarsch; ↑hinuntergehen · Ggs. ↑Besteigung.

abstillen: ↑entwöhnen; das Abstillen ↑Entwöhnung.

¹abstimmen (auf etwas), anpassen, in Übereinstimmung / Einklang bringen, einander annähern, aufeinander einstellen; ↑anpassen; ↑Anpassung.

²abstimmen: ↑wählen; sich a. ↑übereinkommen.

Abstimmung: ↑Anpassung, ↑Wahl.

abstimmungsberechtigt ↑wahlberechtigt.

Abstimmungsberechtigter ↑Wahlberechtigter.

abstinent ↑enthaltsam.

Abstinent ↑Antialkoholiker.

Abstinenz ↑Enthaltsamkeit.

Abstinenzler ↑Antialkoholiker.

abstoppen ↑anhalten (etwas / jmdn.).

abstoßen: ↑verkaufen; sich die Hörner a. ↑erleben; die Nadeln a. ↑nadeln.

abstoßend: ↑ekelhaft, ↑hässlich; ↑[nicht] anziehend.

abstottern ↑zahlen.

abstrafen: ↑schlagen, ↑verurteilen.

abstrahieren, verallgemeinern, generalisieren, zum Begriff erheben; ↑verallgemeinern; ↑abstrakt, ↑begrifflich; ↑Abstraktion.

¹abstrakt, ungegenständlich, gegenstandslos; ↑begrifflich, ↑übernatürlich; ↑Abstraktion; ↑abstrahieren · Ggs. ↑konkret.

²abstrakt: ↑unwirklich; -e Kunst ↑Malerei.

¹Abstraktion, Begriffsbildung, Verallgemeinerung, Generalisierung; ↑abstrahieren; ↑abstrakt, ↑begrifflich.

²Abstraktion ↑Einbildung.

absträngen ↑abhalftern.

abstreichen ↑abschreiben.

abstreifen: ↑abziehen, ↑ausziehen; die Fesseln a. ↑entledigen (sich jmds. / einer Sache).

Abstreifer ↑Fußabstreifer.

abstreiten, bestreiten, in Abrede stellen, leugnen, ableugnen, zurückweisen, verneinen, negieren, sich verwahren gegen, von sich weisen, dementieren, als unrichtig / unwahr / unzutreffend / falsch bezeichnen, absprechen; ↑antworten, ↑äußern (sich), ↑berichtigen, ↑schweigen, ↑verleugnen, ↑widerlegen, ↑widerrufen; ↑Widerruf.

Abstrich: -e machen ↑abschreiben, ↑zurückstecken, ↑verringern.

abströmen ↑abfließen.

abstrus ↑verworren.

abstufen: ↑degradieren, ↑nuancieren.

Abstufung ↑Nuance.

abstumpfen ↑verwahrlosen.

Abstumpfung ↑Teilnahmslosigkeit.

Absturz: ↑Steilabfall, ↑Unglück.

abstürzen ↑hinunterfallen.

¹abstützen, stützen, verschalen, ausmauern, absteifen *(fachspr.),* pölzen *(österr.);* ↑Abstützung.

²abstützen ↑stützen.

Abstützung, Verschalung, Absteifung *(fachspr.),* Pölzung *(österr.);* ↑abstützen.

absuchen, [nacheinander] aufsuchen, abklappern *(ugs.),* abgrasen *(ugs.),* ablaufen *(ugs.),* durchsuchen, durchstreifen, durchstöbern, durchstreichen *(geh.);* ↑durchsuchen.

Absud ↑Extrakt.

absurd: ↑lächerlich, ↑unsinnig; -es Drama / Theater ↑Drama.

Absurdität, Wahnwitz, Unvernunft, Aberwitz, Irrwitz, Wahnsinn, Irrsinn, Unsinn, Unsinnigkeit, Dummheit, Betise, Sottise, Widersinnigkeit, Sinnwidrigkeit, Sinnlosigkeit, Torheit, Narrheit, Blödsinn *(ugs.),* Blödsinnigkeit, Hirnverbranntheit *(ugs.),* Witzlosigkeit, Hirnrissigkeit *(österr., ugs.),* Quatsch *(salopp);* ↑Unsinn, ↑Zusammenhanglosigkeit; ↑lächerlich, ↑unsinnig.

Abszess, Geschwür, Fistel, Ass *(mundartl., österr.),* Helkose, Furunkel, Karbunkel; ↑Beule, ↑Eiter, ↑Geschwulst, ↑Hautausschlag, ↑Magengeschwür.

abtakeln ↑zerlegen.

abtasten ↑durchsuchen.

abtauchen ↑weggehen.

abtauen, abeisen *(österr.);* ↑tauen; ↑Kühlschrank.

abtauschen ↑wechseln.

Abtei ↑Kloster.

Abteikirche ↑Gotteshaus.

Abteil ↑Eisenbahnabteil.

abteilen ↑unterteilen.

¹Abteilung, Truppe, Einheit, Geschwader, Pulk, Zug, Trupp, Vorhut, Vorausabteilung, Nachhut, Schar, Kolonne, Haufen, Harst *(schweiz.),* Ansammlung · *die Spionage oder Sabotage ausübt:* die fünfte Kolonne; ↑Partisan · *undisziplinierte:* Löffelgarde *(scherzh.);* ↑Abschaum, ↑Bande, ↑Heeresverband, ↑Herde, ↑Mannschaft, ↑Menge.

²Abteilung: ↑Bereich, ↑Klasse; geschlossene A. ↑Krankenhaus.

Abteilungsleiter ↑Leiter (der).

Äbtissin ↑Anrede.

abtönen ↑nuancieren.

Abtönung ↑Nuance.

abtöten ↑unterdrücken.

Abtrag: A. tun ↑schaden.

abtragen: ↑abnutzen, ↑abservieren, ↑amortisieren; ↑niederreißen, ↑zahlen.

abträgig ↑unerfreulich.

abträglich ↑unerfreulich.

Abtragung: ↑Abzahlung, ↑Operation.

Abtransport ↑Beseitigung.

abtransportieren ↑entfernen.

abtreiben: ↑rühren; jmdm. die Würmchen a. ↑zusetzen (jmdn.).

Abtreibung, Schwangerschaftsunterbrechung, Schwangerschaftsabbruch, Interruptio; ↑Engelmacher, ↑Fehlgeburt, ↑Hebamme, ↑Kürettage.

¹**abtrennen,** trennen, lostrennen; ↑abmachen.

²**abtrennen** ↑abmachen.

Abtrennung, Lostrennung, Trennung, Spaltung, Teilung, Entfernung, Lösung, Loslösung, Ablösung; ↑Beseitigung; ↑abmachen, ↑entfernen; ↑geteilt.

abtreten: ↑abdanken, ↑abgeben, ↑abnutzen; [einen Posten] a. ↑kündigen; seine Rechte a. ↑abschreiben; von der Bühne / vom Schauplatz a. ↑sterben.

¹**Abtretung,** Übertragung, Zession; ↑Delegierung; ↑übertragen.

²**Abtretung** ↑Entäußerung.

Abtrieb ↑Teig.

ab trimo! ↑weg!

Abtritt ↑Toilette.

Abtrockentuch: ↑Handtuch, ↑Putzlappen.

abtrocknen: ↑abfrottieren, ↑trocken [werden], ↑trocken [machen], ↑trocknen.

abtröpfeln ↑abfließen.

abtropfen ↑abfließen.

abtrotzen: ↑abnötigen; jmdm. etwas a. ↑entlocken (jmdm. etwas).

abtrünnig: ↑untreu; a. werden ↑überwechseln.

Abtrünniger, Wortbrüchiger, Treubrüchiger, Treuloser, Renegat, Apostat; ↑Bekehrter, ↑Deserteur, ↑Ketzer, ↑Revolutionär, ↑Untreue, ↑Verräter; ↑konvertieren, ↑überreden; ↑untreu.

Abtrünnigkeit ↑Untreue.

abtun: ↑abschreiben, ↑ausziehen, ↑weglegen; von sich a. ↑entledigen.

Abulie ↑Antriebsschwäche.

Abundanz ↑Pleonasmus.

aburteilen ↑verurteilen.

Aburteilung ↑Verurteilung.

Abverkauf ↑Ausverkauf.

abverkaufen ↑verkaufen.

abverlangen (sich etwas): ↑(sich) anstrengen, ↑verlangen.

abvermieten ↑vermieten.

abwägen ↑vergleichen.

Abwägung ↑Vergleich.

abwälzen: a. auf ↑aufbürden.

abwandeln: ↑ändern, ↑flektieren, ↑verändern.

abwandern, weggehen, wegziehen; ↑auswandern, ↑weggehen; ↑Abwanderung.

Abwanderung, Weggang, Wegzug, Exodus, Auszug; ↑Rückgang; ↑abnehmen, ↑abwandern, ↑verringern, ↑weggehen.

¹**Abwandlung,** Modulation, Modifikation, Variante, Variation, Varietät; ↑Änderung, ↑Umwandlung, ↑Veränderung; ↑ändern; ↑variativ.

²**Abwandlung** ↑Beugung.

Abwärme ↑Wärme.

abwärmen ↑ablichten.

Abwart ↑Hausmeister.

abwarten, sich abwartend verhalten, geduldig sein, sich in Geduld fassen / üben, etwas an sich herankommen lassen; ↑warten; **erst einmal a.!,** abwarten und Tee trinken! *(ugs.);* es wird nichts so heiß gegessen, wie es gekocht wird; ↑ruhig.

¹**abwärts,** ab, herab, hinab, nach unten, hernieder, nieder, herunter, hinunter, bergab, stromab, talab, talabwärts, talwärts, flussabwärts; ↑hin; ↑abseilen, ↑hinunterfallen, ↑hinuntergehen, ↑hinunterspringen, ↑sinken · Ggs. ↑aufwärts.

²**abwärts:** a. gehen / steigen / klettern ↑hinuntergehen; mit jmdm. geht es a. ↑nachlassen.

Abwärtsfahrt, Talfahrt, Abfahrt · *ungebremste:* Schussfahrt; ↑Skirennen.

Abwärtsschielen ↑Schielen.

Abwasch: ↑Ausguss; das ist ein A. ↑zugleich.

abwaschen ↑säubern.

¹**Abwaschwasser,** Spülicht, Spülwasser; ↑Abwasser; ↑Ausguss.

²**Abwaschwasser** ↑Kaffee.

Abwasser, Schmutzwasser, Abwässer, Hausabwässer, Industrieabwässer; ↑Abwaschwasser.

Abwasserkanal, Abfluss, Gully, Senkloch, Senkgrube, Senke; ↑Abflussrinne, ↑Jauchegrube, ↑Rinnstein.

abwechseln, ablösen, alternieren; ↑fluktuieren; ↑abwechselnd, ↑wechselseitig; ↑Alternation.

abwechselnd, umschichtig, alternierend, im Wechsel mit; ↑periodisch, ↑wahlweise, ↑wechselseitig; ↑Alternation; ↑abwechseln.

Abwechslung: ↑Alternation, ↑Bewerkstelligung, ↑Veränderung; für A. sorgen ↑zerstreuen (sich).

abwechslungsreich ↑kurzweilig.

abwechslungsvoll ↑kurzweilig.

Abweg: auf -e kommen / geraten ↑verwahrlosen.

abwegig, ungereimt, unzusammenhängend, verfehlt, irrig, unsinnig, seltsam, merkwürdig; ↑anormal, ↑falsch, ↑pervers, ↑seltsam, ↑unsinnig, ↑unzusammenhängend.

¹**Abwehr,** Gegenwehr, Widerstand, Notwehr, Verteidigung, Defensive · *letzte, schwache:* Rückzugsgefecht; ↑Widerstand · Ggs. ↑Angriff.

²**Abwehr:** ↑Geheimpolizei, ↑Vereitelung.

abwehrbereit ↑kampfbereit.

Abwehrbereitschaft ↑Kampfbereitschaft.

abwehren ↑verhindern.

Abwehrkrieg ↑Krieg.

Abwehrschlacht ↑Kampf.

Abwehrspieler ↑Fußballspieler.

Abwehrstoff ↑Antikörper.

Abwehrzauber ↑Zaubermittel.

abweichen: ↑abschweifen, ↑kontrastieren; keinen Fingerbreit a. ↑beharrlich [sein].

abweichend ↑verschieden.

Abweichler ↑Ketzer.

Abweichlertum ↑Ketzerei.

¹**Abweichung,** Ausnahme, Sonderfall, Irregularität, Regelverstoß, Abirrung, Abnormität, Anomalität, Anomalie, Normwidrigkeit, Regelwidrigkeit, Unstimmigkeit, Aberration, De-

viation, Unterschied, Unterschiedlichkeit, Divergenz, Differenz, Änderung, Variation, Variante, Varietät, Spielart, Abart, Lesart, Diskrepanz, Derivation, Verschiedenartigkeit, Verschiedenheit, Ungleichheit, Ungleichmäßigkeit, Missverhältnis, Disproportion, Ametrie; ↑Abschweifung, ↑Änderung, ↑Gegensätzlichkeit, ↑Kontrast, ↑Missklang, ↑Nichtübereinstimmung, ↑Richtungsänderung, ↑Unausgeglichenheit; ↑gleichen, ↑unterscheiden; ↑anormal, ↑entgegen, ↑krank, ↑ungleich, ↑unüblich · Ggs. ↑Regel.

²Abweichung: ↑Ketzerei; keine A. zulassend ↑bürokratisch.

abweiden ↑abgrasen.

abweisen ↑ablehnen.

abweisend ↑unhöflich.

Abweisung ↑Ablehnung.

¹abwenden (sich), sich abkehren / wegkehren / wenden, den Rücken kehren / wenden, mit jmdm. / etwas brechen, sich lösen, alle Brücken hinter sich abbrechen, die Schiffe hinter sich verbrennen; ↑Abkehr · Ggs. ↑hinwenden (sich).

²abwenden ↑verhindern.

Abwendung: ↑Abkehr, ↑Vereitelung.

abwerben, abspenstig machen, ausspannen *(ugs.),* losbekommen *(ugs.),* loseisen *(salopp);* ↑überreden.

abwerfen: ↑einträglich [sein]; die Blätter / das Laub a. ↑entlauben *(ugs.);* Bomben a. ↑beschießen; die Nadeln a. ↑nadeln.

abwerkeln ↑abnutzen.

¹abwerten (die Währung), eine Abwertung vornehmen, den Wert herabsetzen, die Kaufkraft herabsetzen / vermindern; ↑entwerten; ↑Geldentwertung · Ggs. ↑aufwerten.

²abwerten ↑verleumden.

abwertend, pejorativ; ↑abschätzig.

Abwertung: ↑Geldentwertung; eine A. vornehmen ↑abwerten.

abwesend, nicht greifbar; ↑anderwärts, ↑aushäusig, ↑weg; **a. sein,** fehlen, schwänzen *(ugs.),* vermisst werden, ausgeblieben / weggeblieben / ferngeblieben sein, jmd. fällt aus, durch Abwesenheit glänzen *(iron.),* nicht ↑anwesend [sein]; ↑faulenzen, ↑kommen; ↑Abwesenheit.

¹Abwesenheit, Fehlen, Absenz; ↑abwesend.

²Abwesenheit: durch A. glänzen ↑abwesend [sein].

abwetzen ↑abnutzen.

abwichsen: sich einen a. ↑masturbieren.

¹abwickeln, wickeln von, abspulen, spulen von, abhaspeln, abrollen · Ggs. ↑aufwickeln.

²abwickeln ↑verwirklichen.

Abwicklung ↑Auflösung.

abwiegeln: ↑abschwächen, ↑bagatellisieren, ↑beruhigen.

Abwiegelung ↑Beschwichtigung.

abwiegen, wiegen, auswiegen, einwiegen *(österr.),* wägen *(fachspr.),* das Gewicht feststellen, auf die Waage legen · *wobei man das Gewicht der Verpackung von der Waage ausgleichen lässt:* austarieren; ↑einteilen, ↑messen, ↑wiegen; ↑Gewicht, ↑Gewichtseinheit, ↑Waage.

Abwieglung ↑Beschwichtigung.

abwimmeln ↑ablehnen.

abwinkeln ↑beugen (sich).

abwinken ↑ablehnen.

abwirtschaften: ↑verwahrlosen, ↑zahlungsunfähig [sein].

abwischen ↑säubern.

abwürgen: ↑lahm legen; den Motor a. ↑bremsen.

Abyssus ↑Hölle.

abzahlen: ↑amortisieren, ↑zahlen.

abzählen: ↑zählen; sich etwas an den fünf / zehn Fingern a. können ↑klar [sein], ↑voraussehen.

¹Abzahlung, Abschlagszahlung, Ratenzahlung, Teilzahlung, Abtragung, Schuldentilgung, Amortisierung, Amortisation, Abschreibung; ↑Anzahlung, ↑Ersatz; ↑amortisieren.

²Abzahlung ↑Zahlung.

abzapfen: ↑ablisten; jmdm. Blut a. ↑Blut; sich einen a. lassen ↑koitieren.

abzäunen ↑einzäunen.

Abzehrung ↑Altersschwäche.

¹Abzeichen, Emblem, Hoheitszeichen, Wahrzeichen, Insignien, Kokarde, Distinktion *(österr.);* ↑Etikett, ↑Fahne, ↑Merkmal, ↑Plakette, ↑Warenzeichen, ↑Zeichen.

²Abzeichen: ↑Plakette, ↑Zepter.

¹abzeichnen (sich), sich abheben, sichtbar werden, in Sicht sein / kommen.

²abzeichnen: ↑abmalen, ↑unterschreiben, ↑zeichnen.

Abzeichnung ↑Unterzeichnung.

Abziehbild ↑Versager.

¹abziehen, häuten, abhäuten, abhäuteln *(österr.),* enthäuten, abbalgen, abstreifen, schälen, abschälen, pellen *(ugs.),* abdecken; ↑abkneifen, ↑abmachen, ↑herausreißen, ↑wegnehmen.

²abziehen: ↑absaugen, ↑glätten, ↑subtrahieren, ↑vervielfältigen; -der Muskel ↑Muskel; eine Schau a. ↑prahlen; etwas von etwas a. ↑verringern; seine / die Hand von jmdm. a. ↑[jmdm. nicht mehr] helfen.

Abziehen ↑Rechenverfahren.

¹abzielen (auf), zielen / abheben / abstellen / anspielen auf, etwas mit etwas meinen / ansprechen; ↑meinen; ↑Hinweis.

²abzielen: a. auf ↑vorhaben.

abzirkeln ↑messen.

abzischen ↑weggehen.

abzittern ↑weggehen.

Abzug: ↑Preisnachlass, ↑Reproduktion; freien A. gewähren ↑freilassen; einen A. machen ↑vervielfältigen.

abzüglich, abgerechnet, abgezogen, ohne, exklusive; ↑ausgenommen · Ggs. ↑zuzüglich.

Abzugsgraben ↑Graben.
abzupfen ↑pflücken.
abzwacken: ↑ablisten, ↑erübrigen.
abzweigen: ↑erübrigen, ↑gabeln (sich).
Abzweigung ↑Gabelung.
abzwicken ↑abmachen.
abzwingen ↑abnötigen.
abzwitschern ↑weggehen.
Accent aigu ↑Zeichen.
Accent circonflexe ↑Zeichen.
Accent grave ↑Zeichen.
Accessoires: ↑Schmuck, ↑Zubehör.
Accouchement ↑Geburt.
Acetat ↑Chemiefaser.
Acetylenlampe ↑Grubenlampe.
Ach: mit A. und Krach / Weh ↑kaum.
Achat ↑Schmuckstein.
acheln ↑essen.
Acheron ↑Lethe.
Achillesferse, Lindenblattstelle, Schwachstelle, schwache / empfindliche / verwundbare / verletzbare Stelle, schwacher / empfindlicher / neuralgischer / wunder Punkt; ↑Empfindsamkeit, ↑Verwundbarkeit.
achromatisch ↑farblos.
Achse: ↑Bund, ↑Mittelpunkt; auf A. ↑unterwegs.
¹Achsel, Achselhöhle; ↑Schulter.
²Achsel: ↑Schulter; etwas auf die leichte A. nehmen ↑missachten; jmdn. über die A. ansehen ↑umgehen (mit jmdm.).
Achselhöhle ↑Achsel.
Achselklappe, Schulterklappe, Achselstück, Schulterstück, Epaulette; ↑Kleidung.
Achselstück ↑Achselklappe.
Achselzucken ↑Nichtachtung.
acht (Zahlwort): acht Tage ↑Zeitraum; Passahfest achter Tag ↑Feiertag.
Acht: außer A. lassen ↑missachten; sich in A. nehmen ↑vorsehen (sich); [A. und Bann] ↑Bann; in A. und Bann tun ↑brandmarken.
achtbar: ↑anerkennenswert, ↑ehrenhaft.
Achtbarkeit ↑Rechtschaffenheit.
Achtel ↑Notenzeichen.
Achtelnote ↑Notenzeichen.
Achtelpetit ↑Schriftgrad.
¹achten, hoch achten, ehren, in Ehren halten, adorieren (geh.), jmdm. Ehre erzeigen / erweisen, schätzen, verehren, bewundern, würdigen, anbeten, vergöttern, jmdm. zu Füßen liegen, ästimieren, respektieren, anerkennen, honorieren, große Stücke auf jmdn. halten (salopp), viel für jmdn. übrig haben (ugs.), nicht ↑ignorieren, nicht ↑missachten; ↑lieben, ↑loben, ↑Ansehen, ↑Fan.
²achten: ↑Acht geben; geachtet sein ↑Achtung [genießen]; der Gefahr nicht a. ↑mutig [sein]; auf die schlanke Linie a. ↑schlank [sein wollen].
ächten ↑brandmarken.
achtenswert ↑ansehnlich.

Achterbahn, Gebirgsbahn, Berg-und-Tal-Bahn; ↑Jahrmarkt, ↑Karussell.
Achterfront ↑Hinterseite.
Achterknoten ↑Knoten.
achtern ↑hinten.
Achtersteven ↑Hinterteil.
Acht geben, achten [auf], aufpassen, Obacht geben, zuhören, sich konzentrieren / sammeln, seine Gedanken sammeln / zusammennehmen, seine fünf Sinne zusammennehmen, aufpassen wie ein Heftelmacher / Haftelmacher (landsch.), bei der Sache sein (ugs.), aufmerksam sein, ganz Ohr sein (ugs.), die Ohren spitzen (ugs.), ganz Auge und Ohr sein (ugs.), an jmds. Mund hängen, die Augen aufmachen / offen halten, aufmerken, Acht haben, sein Augenmerk auf jmdn. / etwas richten, ein Auge haben auf (ugs.), passen auf (ugs.), [einen Rat] annehmen, beachten, Notiz nehmen von, zur Kenntnis nehmen, sich merken, bemerken, zu notam nehmen (geh.), beobachten, Beachtung schenken, nicht ↑ignorieren, nicht ↑missachten · und warnen, wenn jmd. kommt: Schmiere stehen (ugs.); ↑Komplice · auf das, was sich hinter einer Äußerung verbirgt: zwischen den Zeilen lesen, hören mit dem dritten Ohr (Psychol.); ↑befolgen, ↑beobachten, ↑berücksichtigen, ↑erwägen, ↑gehorchen, ↑versenken (sich in); ↑aufmerksam, ↑wachsam.
Acht haben ↑Acht geben.
achtkantig: jmdn. a. rausschmeißen ↑hinauswerfen.
achtlos ↑unachtsam.
Achtlosigkeit ↑Unachtsamkeit.
achtsam ↑wachsam.
Achtsamkeit, Behutsamkeit, Fingerspitzengefühl, Wachsamkeit, Vorsicht; ↑Ahnung, ↑Verschwiegenheit; ↑behutsam, ↑wachsam.
¹Achtung, Hochachtung, Respekt, Verehrung, Ehrfurcht, Ehrerbietung, Anerkennung, Wertschätzung, Bewunderung, Rücksicht, Pietät; ↑Ansehen, ↑Geneigtheit, ↑Gunst, ↑Nächstenliebe, ↑Zuneigung · Ggs. ↑Nichtachtung; **A. genießen,** geachtet sein; **A. haben vor jmdm. / etwas,** vor jmdm. / etwas den Hut ziehen; ↑billigen.
²Achtung: alle A.! ↑anerkennenswert [sein].
Ächtung: ↑Bann, ↑Vergeltungsmaßnahmen.
Achtung gebietend ↑erhaben.
Achtungsapplaus ↑Beifall.
ächzen ↑stöhnen.
Acid ↑Rauschgift.
¹Acker, Feld, Feldstück, Stück (landsch.), Land (schweiz.) · unbebauter: Brachfeld, Brache; ↑Feld.
²Acker ↑Flächenmaß.
Ackerbau ↑Landwirtschaft.
Ackerbaukunde ↑Agronomie.
Ackerbohne ↑Saubohne.
Ackergaul ↑Pferd.
Ackerland ↑Feld.

Ackermann ↑Bauer.
ackern: ↑anstrengen (sich), ↑pflügen.
Ackersalat ↑Feldsalat.
Ackersmann ↑Bauer.
Ackja ↑Schlitten.
Action ↑Vorgang.
Actionpainting ↑Malerei.
A. D. ↑Jahr.
Adabei ↑Zuschauer.
ad absurdum führen ↑widerlegen.
ad acta legen ↑beenden, ↑weglegen.
adagio ↑langsam.
Adam: den alten A. ablegen / ausziehen / von sich werfen ↑bessern (sich); bei A. und Eva anfangen ↑äußern (sich); etwas stammt von A. und Eva ↑altmodisch [sein].
Adamsfeige ↑Südfrucht.
Adamskostüm: im A. sein ↑nackt [sein].
Adaptation ↑Anpassung.
adaptieren ↑anpassen.
Adaptierung ↑Umbau.
Adaption: ↑Anpassung, ↑Umbau.
adäquat ↑passend.
ad calendas graecas ↑niemals.
addieren, zusammenzählen, hinzuzählen; ↑Rechenverfahren.
Addition ↑Rechenverfahren.
ade: ade! ↑Gruß; A. sagen ↑trennen (sich); a. sein ↑verloren [sein].
¹Adel, Adelsstand, Fürstenstand, Adelskaste, Aristokratie, Geburtsadel, Geburtsaristokratie, Erbadel, alter Adel, Hochadel, Hocharistokratie, hoher Adel, Feudaladel, Feudalaristokratie, Landadel, Landaristokratie, Hofadel, Hofaristokratie, niederer / niedriger Adel, Beamtenadel, Bürgeradel, Stadtadel, Neuadel, Briefadel, Verdienstadel, Dienstadel, Reichsadel *(hist.),* Lehensadel *(hist.);* ↑Adelsbrief, ↑Adelstitel, ↑Adlige, ↑Adliger, ↑Oberschicht; ↑adlig.
²Adel: ↑Adelsgeschlecht, ↑Adelsprädikat; ↑Dünger, ↑Unrat; A. des Geistes ↑Oberschicht, von A. sein ↑adlig [sein].
¹adeln, in den Adelsstand erheben ↑Adel, ↑Gunst.
²adeln ↑düngen.
¹Adelsbrief, Adelspatent; ↑Adel, ↑Adelsgeschlecht, ↑Adelstitel, ↑Adlige, ↑Adliger; ↑adlig.
²Adelsbrief ↑Urkunde.
Adelsfamilie ↑Adelsgeschlecht.
Adelsgeschlecht, Adelsfamilie, Adel, Aristokratengeschlecht, Aristokratenfamilie, Fürstengeschlecht, Fürstenhaus, Königshaus, Kaiserhaus; ↑Adel, ↑Adelsbrief, ↑Adelstitel, ↑Adlige, ↑Adliger; ↑adlig.
Adelskalender, gothaischer Kalender / Hofkalender, Gotha; ↑Abkunft.
Adelskaste ↑Adel.
Adelspatent ↑Adelsbrief.
Adelsprädikat ↑Adelstitel.
Adelsstand: ↑Adel; in den A. erheben ↑adeln.

Adelstitel, Adelsprädikat, Adel; ↑Adel, ↑Adelsbrief, ↑Adelsgeschlecht, ↑Adlige, ↑Adliger; ↑adlig.
Adenom ↑Geschwulst.
Adept ↑Helfer.
¹Ader, Blutgefäß, Blutader, Blutbahn · *vom Herzen wegführende:* Arterie, Schlagader · *zum Herzen hinführende:* Vene; ↑Blut, ↑Arterienerkrankung, ↑Embolie, ↑Gefäßverstopfung, ↑Venenentzündung.
²Ader: eine A. für etwas haben ↑begabt [sein für etwas]; eine leichte A. haben ↑unbesonnen [sein]; blaues Blut in den -n haben ↑adlig [sein]; zur A. lassen ↑ablisten, ↑Blut.
Adhäsion, Saugkraft, Klebekraft, Aneinanderhaften, Haftfähigkeit; ↑Klebrigkeit, ↑Kohäsion, ↑Verklebung.
ad hoc ↑hierfür.
adieu ↑Gruß.
ad infinitum ↑unaufhörlich.
adios ↑Gruß.
Adjektiv ↑Wortart.
adjustieren ↑einkleiden.
Adjustierung ↑Kleidung.
Adjutant ↑Helfer.
Adjutum ↑Gehalt (das).
adjuzieren ↑zuerkennen.
Adlatus ↑Helfer.
¹Adler, Aar *(dichter.),* König der Lüfte *(dichter.);* ↑Vogel.
²Adler: ↑Sinnbild, ↑Sternbild.
Adlerauge ↑Scharfsichtigkeit.
adleräugig ↑scharfsichtig.
Adlerblick ↑Scharfsichtigkeit.
Adlernase ↑Nase.
ad libitum ↑beliebig.
adlig, adelig, altad[e]lig, hochad[e]lig, aristokratisch, hocharistokratisch, blaublütig, hochgeboren · kaiserlich, königlich, herzoglich, fürstlich, gefürstet, gräflich; **a. sein,** von Adel / aus ad[e]ligem Hause sein, von hoher / edler Abkunft (oder:) Geburt sein, blaues Blut in den Adern haben *(scherzh.);* **nicht a. sein,** nicht die richtige Blutgruppe haben *(scherzh.);* ↑Adel, ↑Adelsbrief, ↑Adelsgeschlecht, ↑Adelstitel, ↑Adlige, ↑Adliger.
Adlige, Aristokratin *(selten)* · Kaiserin, Königin, Herzogin, Duchesse, Fürstin, Königliche Prinzessin, Prinzessin, Gräfin, Freifrau, Freiin, Baronin, Baronesse, Freifräulein, Edle; ↑Adel, ↑Adelsbrief, ↑Adelsgeschlecht, ↑Adelstitel, ↑Adliger; ↑adlig.
Adliger, Aristokrat, Edelmann, Edeling *(hist.),* Standesherr *(hist.)* · Kaiser, König, Herzog, Fürst, Fürstlichkeit *(veraltend),* Königlicher Prinz, Prinz, Reichsgraf, Graf, Freiherr, Baron, Ritter, Edler; ↑Adel, ↑Adelsbrief, ↑Adelsgeschlecht, ↑Adelstitel, ↑Adlige, ↑Ritter; ↑adlig.
Administration: ↑Amt, ↑Herrschaft.
administrativ: ↑behördlich, ↑bürokratisch.

Administrator ↑Verwalter.

administrieren: ↑anordnen, ↑regieren.

Admiral: ↑Dienstgrad, ↑Schmetterling, ↑Seeoffizier.

ad notam nehmen ↑Acht geben.

ad oculos demonstrieren ↑anschaulich [machen].

Adoleszenz ↑Pubertät.

Adonai ↑Gott.

Adonis, Schönling *(iron.),* Frauenschwarm, Märchenprinz, Beau, Paris, Feschak *(ugs., österr.);* ↑Frauenheld, ↑Mann; ↑geschmackvoll; ↑schönmachen.

adoptieren, an Kindes statt annehmen, affiliieren *(veraltet);* ↑Adoption, ↑Kind.

Adoption, Affiliation *(veraltet);* ↑adoptieren.

Adoptiveltern, Wahleltern, Pflegeeltern, Stiefeltern; ↑Eltern.

Adoptivkind ↑Kind.

Adoptivsohn ↑Sohn.

Adoptivtochter ↑Tochter.

adorieren ↑achten.

Adrenalin ↑Hormon.

Adressant ↑Absender.

Adressat ↑Empfänger.

Adressbuch, Anschriftenbuch, Adressenverzeichnis, Anschriftenverzeichnis, Einwohnerverzeichnis; ↑Einwohnermeldeamt.

Adresse: ↑Anschrift; mit einer A. versehen ↑Anschrift.

Adressenverzeichnis ↑Adressbuch.

adressieren: jmdn. a. ↑ansprechen; etwas a. ↑Anschrift.

Adresskalender ↑Kalender.

¹adrett, ordentlich, gepflegt, sauber, frisch, appetitlich *(ugs.),* knusprig *(ugs.),* wie aus dem Ei gepellt *(scherzh.),* wie aus dem Schächtelchen *(ugs., scherzh.);* ↑anziehend, ↑aufgeputzt; **a. sein,** zum Anbeißen / zum Fressen sein *(ugs.).*

²adrett ↑geschmackvoll.

ad usum Delphini: Ausgabe ad u. D. ↑Edition.

Advent: ↑Adventszeit. 1. / 2. / 3. / 4. A. ↑Adventssonntag, ↑Kirchenjahr.

Adventist ↑Angehöriger [einer Glaubensgemeinschaft].

Adventssonntag · 1. / 2. Advent · 3. Advent, Silberner Sonntag · 4. Advent, Goldener Sonntag; ↑Adventszeit, ↑Kirchenjahr.

Adventszeit, Advent, Vorweihnachtszeit; ↑Adventssonntag, ↑Weihnachten.

Adverb ↑Wortart.

adversativ ↑gegensätzlich.

Advertising ↑Werbung.

Advocatus Dei ↑Fürsprecher.

Advocatus Diaboli ↑Fürsprecher.

Advokat: ↑Fürsprecher, ↑Jurist.

Advokaturskanzlei ↑Anwaltsbüro.

Aerenchym ↑Lebensraum.

Aerial ↑Lebensraum.

Aerobic ↑Training.

Aeronautik ↑Luftfahrt.

Aeroplan ↑Flugzeug.

Aerotaxe ↑Flugzeug.

Aerotaxi ↑Flugzeug.

Affäre: ↑Angelegenheit, ↑Liebelei; sich aus der A. ziehen ↑Lage.

¹Affe, Menschenaffe, Anthropoide, Gorilla, Orang-Utan, Schimpanse · Gibbon, Rhesusaffe, Pavian, Mantelpavian, Drill, Mandrill, Meerkatze, Kapuzineraffe, Brüllaffe, Klammeraffe, Miriki, Pinchéäffchen, Totenkopfäffchen, Totenköpfchen · Halbaffe, Lemure, Potto, Lori, Indri, Maki.

²Affe: ↑Tornister; eitler A. ↑Geck, [ich denke] mich laust der A. ↑überrascht [sein]; wie ein A. auf dem Schleifstein sitzen ↑sitzen; an jmdm. einen -n gefressen haben ↑lieben; einen A. haben ↑betrunken [sein]; sich einen -n kaufen ↑betrinken (sich); dem -n Zucker geben ↑spielen; nicht um einen Wald voll / von -n ↑nein.

Affekt ↑Erregung.

Affekthandlung ↑Tat.

affektiert ↑geziert.

Affektiertheit ↑Geziertheit.

affektisch ↑dionysisch.

affektiv: ↑gefühlsbetont.

äffen ↑anführen.

Affen-: ↑Erz-.

affenartig: mit -er Geschwindigkeit ↑schnell.

Affenhitze ↑Wärme.

Affenkäfig ↑Käfig.

Affenkasten ↑Gefängniswagen.

Affenschande: das ist eine A. ↑unerhört.

Affenschaukeln ↑Frisur.

Affentempo: mit einem A. ↑schnell.

Affentheater ↑Getue.

Affenzahn: mit einem A. ↑schnell.

Affenzeck ↑Getue.

Affiche ↑Plakat.

affig ↑eitel.

Affiliation ↑Adoption.

affiliieren ↑adoptieren.

Affinität: ↑Anziehungskraft, ↑Gemeinsamkeit.

affirmativ ↑bejahend.

¹Affix, Wortbildungsmittel, Formans, Bildungselement · · *vor dem Wortstamm:* Präfix, Vorsilbe · Präverb, Verbzusatz · · *in den Wortstamm eingefügtes:* Infix · · *hinter dem Wortstamm stehendes:* Suffix, Nachsilbe; ↑Silbe, ↑Verkleinerungsform (Diminutiv).

²Affix ↑Silbe.

affixoid: -es Kompositum ↑Kompositum.

Affixoid, Halbaffix, Wortbildungsmittel · *vor dem Basiswort:* Präfixoid, Halbpräfix · *hinter dem Basiswort:* Suffixoid, Halbsuffix; ↑Affix, ↑Wortbildung.

Affodil ↑Liliengewächs.

Affront: ↑Beleidigung; etwas ist ein A. ↑beleidigend [sein].

Afghan ↑Orientteppich.

Afghane ↑Wind.

¹Afrika, Schwarzer Erdteil, Schwarzafrika; ↑Kontinent.

²Afrika ↑Kontinent.

Afrikaner ↑Schwarzer.

Afrikanistik ↑Philologie.

Afrolook ↑Frisur.

Afscharie ↑Orientteppich.

After ↑Darmausgang.

Afterlecken ↑Koitus.

Aftermieter ↑Untermieter.

Aftersausen ↑Darmwind.

Aftershavelotion ↑Rasierwasser.

Aftervorfall ↑Eingeweidesenkung.

Agamist ↑Junggeselle.

Agape ↑Nächstenliebe.

Agent: ↑Beauftragter, ↑Geschäftsvermittler, ↑Handelsvertreter, ↑Spion.

Agentie ↑Zweigstelle.

Agent provocateur ↑Auskundschafter.

Agentur: ↑Presseagentur, ↑Vermittlungsstelle, ↑Zweigstelle.

Aggiornamento ↑Anpassung.

Agglutination ↑Verklebung.

Aggression: ↑Angriff, ↑Okkupation.

aggressiv: ↑streitbar; -es Fahren ↑Fahrverhalten.

Aggressivität ↑Streitbarkeit.

Aggressor ↑Angreifer.

Ägidius ↑Nothelfer.

¹agieren, handeln, tätig sein, wirken, agitieren; ↑arbeiten, ↑verfahren; ↑Wirkungsbereich.

²agieren: ↑spielen, ↑verfahren.

agil ↑geschickt.

Agilität ↑Wendigkeit.

Agioteur ↑Börsenmakler.

agiotieren ↑spekulieren.

Agitation ↑Propaganda.

Agitator ↑Propagandist.

agitieren: ↑agieren, ↑aufwiegeln.

Agitprop ↑Propaganda.

Agitpropstück ↑Schauspiel.

Agitproptheater ↑Schauspiel.

Agnostizismus ↑Pessimismus.

agnoszieren ↑erkennen.

Agonie ↑Todeskampf.

Agoraphobie ↑Phobie.

Agorot ↑Zahlungsmittel.

Agraffe ↑Brosche.

Agrammatismus ↑Aphasie.

Agraphie ↑Aphasie.

Agrarier ↑Bauer.

Agrasel ↑Stachelbeere.

Agreement: [Gentleman's A.] ↑Abmachung.

Agrikultur ↑Landwirtschaft.

Agronom ↑Bauer.

Agronomie, Landwirtschaftswissenschaft, Ackerbaukunde; ↑Bauer, ↑Landwirtschaft.

ägyptisch: -e Finsternis ↑Dämmerung; -es Kreuz ↑Kreuzzeichen.

Ägyptologie ↑Philologie.

Ahasver ↑Umherirrender.

ahasverisch ↑ruhelos.

Ahasverus ↑Umherirrender.

Ahn ↑Angehöriger.

ahnden ↑bestrafen.

Ahndung ↑Vergeltung.

¹ähneln, ähnlich sein / sehen, etwas gemeinsam haben, jmdm. [aufs Haar] gleichen, sich gleichen wie ein Ei dem andern, nach jmdm. kommen / arten / geraten / schlagen, jmdm. nachschlagen, in die Art schlagen, der Apfel fällt nicht weit vom Stamm; wie die Alten sungen, so zwitschern auch die Jungen; jmdm. wie aus dem Gesicht geschnitten sein, ganz jmd. sein (er ist ganz der Vater); jmd. sein, wie er leibt und lebt; ↑gleichen, ↑übereinstimmen (mit jmdm.); **jmdm. nicht ä.,** aus der Art schlagen, ein Kuckucksei / das schwarze Schaf [in der Familie] sein; ↑geistesverwandt.

²ähneln: ↑gleichen; sich / einander -d ↑gleichartig.

ahnen: ↑vermuten; nichts Böses -d ↑ahnungslos; Böses / nichts Gutes -d ↑ahnungsvoll.

Ahnenforschung ↑Genealogie.

Ahnherr ↑Angehöriger.

Ahnl ↑Großmutter.

ähnlich: [von -er Art] ↑gleichartig; ä. sein / sehen ↑ähneln, ↑gleichen.

ähnlichbedeutend ↑synonym.

Ähnlichkeit: ↑Gemeinsamkeit, ↑Gleichartigkeit.

¹Ahnung, Vorahnung, Vorgefühl, Vorherwissen, Vermutung, Gefühl, Annahme, Besorgnis, Befürchtung, innere Stimme, sechster Sinn *(ugs.),* Animus *(ugs.);* ↑Achtsamkeit, ↑Ansicht, ↑Gefühl, ↑Hoffnung, ↑Verdacht; **eine A. haben,** sich etwas denken können / seinen Vers drauf machen, die richtige Nase / den richtigen Riecher haben *(ugs.),* die richtige Antenne haben *(ugs.),* mein kleiner Finger sagt mir das *(ugs.);* ↑vermuten, ↑voraussehen.

²Ahnung: keine A. haben ↑wissen.

ahnungslos, nichts ahnend, nichts Böses ahnend, unwissend, unvorbereitet; ↑kindisch, ↑plötzlich, ↑überrascht, ↑Ahnungslosigkeit · Ggs. ↑ahnungsvoll.

Ahnungslosigkeit, Unwissenheit, Unvorbereitetsein, Unkenntnis, Nichtwissen; ↑Arglosigkeit, ↑Unkenntnis, ↑Unkenntnis; ↑ahnungslos.

ahnungsvoll, vorausahnend, vorahnend, Böses / nichts Gutes ahnend; ↑prophetisch; ↑voraussehen · Ggs. ↑ahnungslos.

Ahorn ↑Laubhölzer.

Ähre ↑Blütenstand.

Ai ↑Faultier.

Aide-mémoire ↑Niederschrift.

¹Aids, Intimkrankheit, Immunschwäche, Lustseuche, Geißel Gottes; ↑Krankheit.

²Aids ↑Seuche.

Aikido ↑Selbstverteidigung.

Air ↑Ausstrahlungskraft.

Airbus: ↑Flugzeug, ↑Taxe.

Airconditioning ↑Klimagerät.
Airedaleterrier ↑Hunderassen.
Airfresh ↑Spray.
Airport ↑Flugplatz.
Aitel ↑Fisch.
Ajatollah ↑Geistlicher.
Akademie: ↑Hochschule, ↑Vormittagsveranstaltung.
Akademiker ↑Gelehrter.
akademisch: ↑langweilig, ↑wissenschaftlich.
Akanthusfries ↑Fries.
Akazie: [falsche A.] ↑Robinie.
Akazienhonig ↑Honig.
Akazius ↑Nothelfer.
Aki ↑Kino.
Akklamation ↑Beifall.
akklamieren ↑applaudieren.
Akklimatisation ↑Anpassung.
akklimatisieren ↑anpassen.
Akklimatisierung ↑Anpassung.
akkompagnieren ↑musizieren.
¹Akkord, Zusammenklang · · · Dreiklang · Vierklang, Septimenakkord, Dominantseptakkord· Fünfklang, Nonenakkord · · Hauptakkord, Grundakkord · Nebenakkord · · Durakkord · Mollakkord · · gebrochener Akkord, Arpeggio; ↑Tonabstand.
²Akkord: ↑Abmachung; im A. arbeiten ↑arbeiten.
Akkordarbeit ↑Arbeit.
Akkordeon ↑Tasteninstrument.
Akkordeonmacher ↑Musikinstrumentenbauer.
Akkordlohn ↑Lohn.
akkreditieren ↑anerkennen.
Akkreditierung ↑Bevollmächtigung.
Akkreditiv ↑Beglaubigungsschreiben.
Akku ↑Stromspeicher.
Akkumulation ↑Anhäufung.
Akkumulator ↑Stromspeicher.
akkumulieren ↑aufbewahren.
Akkumulierung ↑Anhäufung.
akkurat ↑gewissenhaft.
Akkuratesse ↑Sorgfalt.
Akkusativ, vierter Fall, Wenfall; ↑Kasus.
Akme ↑Höhepunkt.
Akne, Finnen, Hautfinnen, Finnenausschlag; ↑Hautausschlag.
Akonto ↑Vorauszahlung.
Akontozahlung ↑Zahlung.
akquirieren ↑kaufen.
¹Akquisiteur, Akquisitor *(österr.),* Kundenwerber, Werbevertreter.
²Akquisiteur ↑Handelsvertreter.
Akquisition ↑Neuerwerbung.
Akquisitor ↑Akquisiteur.
Akribie ↑Sorgfalt.
Akrobat, Artist, Zirkusartist, Zirkuskünstler, Gaukler *(dichter.),* Varieteekünstler, Jahrmarktskünstler · Zirkusakrobat, Bodenakrobat, Kaskadeur, Athlet, Schlangenmensch ·

Geschicklichkeitskünstler, Messerwerfer, Jongleur, Balancekünstler · Seilkünstler, Seiltänzer, Hochseilartist, Hochseilakrobat, Trapezkünstler · Kunstfahrer, Todesfahrer, Steilwandfahrer · Dompteur, Dresseur, Tierbändiger · Schwertschlucker, Degenschlucker, Feuerschlucker, Feuerfresser · Clown, dummer August, Imitator, Tierstimmenimitator, Bauchredner, Mimiker, Pantomime, Verwandlungskünstler, Travestiekünstler, Travestiekomiker · Illusionist, Zauberkünstler, Zauberer, Schwarzkünstler, Taschenspieler, Kartenkünstler, Magier, Gedankenleser, Wahrsager, Hellseher; ↑Double, ↑Jahrmarkt, ↑Schausteller, ↑Spaßmacher, ↑Wahrsager, ↑Zauberer, ↑Zirkus.
Akrobatik: ↑Körperbeherrschung, ↑Schwerathletik.
Akronym: ↑Abkürzung, ↑Wort.
Akrostichon ↑Gedicht.
¹Akt, Aufzug; ↑Auftritt.
²Akt: ↑Akte, ↑Bildnis, ↑Tat; [ehelicher A.] ↑Koitus; weiblicher A. ↑Nackte; den A. vollziehen ↑koitieren.
Aktaufnahme ↑Fotografie.
Aktbild ↑Bildnis.
¹Akte, Akt *(landsch.);* ↑Aktenbündel, ↑Urkunde.
²Akte: zu den -n legen ↑weglegen.
Aktenablage ↑Ablage.
Aktenbock ↑Aktenständer.
Aktenbündel, Dossier, Faszikel, Konvolut; ↑Akte, ↑Urkunde.
Aktendeckel ↑Aktenordner.
Aktenknecht ↑Aktenständer.
Aktenköfferchen ↑Aktentasche.
aktenkundig ↑belegbar.
Aktenmappe ↑Aktentasche.
Aktenordner, Ordner, Briefordner, Aktendeckel, Hefter, Schnellhefter; ↑Ablage, ↑Aktenständer.
Aktenschrank ↑Aktenständer.
Aktenständer, Aktenschrank, Aktenbock, Bock, Aktenknecht; ↑Ablage, ↑Aktenordner, ↑Untergestell.
Aktentasche, Aktenmappe, Tasche, Mappe, Aktenköfferchen, Diplomatenköfferchen, Diplomatentasche; ↑Schultasche.
Akteur ↑Schauspieler.
Aktfoto ↑Fotografie.
Aktfotografie: ↑Fotografie.
Aktie: ↑Claim, ↑Wertpapier.
Aktienbörse ↑Börse.
Aktienkurs ↑Börsenkurs.
¹Aktion, Unternehmung, Unternehmen, Maßnahme, Vorgehen, Verfahren; ↑Maßnahme, ↑Schutzmaßnahme, ↑Selbsthilfe, ↑Tat.
²Aktion ↑Tat.
Aktionismus ↑Aktivität.
Aktionsbereich ↑Wirkungsbereich.
aktionsfähig ↑handlungsfähig.

Aktionspreis ↑Preis.

Aktionsradius ↑Wirkungsbereich.

aktionsunfähig ↑handlungsunfähig.

¹aktiv, unternehmend, unternehmungslustig, handlich *(schweiz.),* tätig, rührig, regsam; ↑betriebsam, ↑fleißig · Ggs. passiv; **a. sein,** Hansdampf in allen Gassen sein *(abwertend),* ein Gschaftlhuber / Vereinsmeier sein *(abwertend);* **a. werden können,** zum Zuge kommen; ↑beteiligen (sich), ↑Abenteuerlust, ↑Aktivität, ↑Entschlusskraft.

²aktiv: ↑fleißig; **-er** Offizier ↑Offizier; a. werden ↑unternehmen.

Aktiv, Tatform; ↑Genera Verbi · Ggs. ↑Passiv.

Aktive ↑Zigarette.

aktivieren ↑mobilisieren.

Aktivist ↑Reformer.

¹Aktivität, Tätigkeitsdrang, Aktionismus, Betätigungsdrang, Tatkraft, Unternehmungsgeist, Unternehmungslust, Regsamkeit, Betriebsamkeit, Gschaftlhuberei *(ugs., abwertend)* · *in vielen Vereinen:* Vereinsmeierei *(ugs., abwertend);* ↑Entschlusskraft, ↑Fleiß, ↑Tatkraft; ↑aktiv, ↑betriebsam.

²Aktivität ↑Anstrengung.

Aktivurlaub ↑Urlaub.

Aktmodell ↑Fotomodell.

Aktrice ↑Schauspielerin.

Aktstudie ↑Bildnis.

aktualisieren: ↑machen, ↑mobilisieren.

Aktualität ↑Bedeutsamkeit.

Aktualitätenkino ↑Kino.

Aktuar ↑Schriftführer.

aktuell, akut, brisant, spruchreif, ausgegoren *(ugs.);* ↑fertig, ↑jetzt, modern; **etwas ist noch nicht a.,** das sind ungelegte Eier *(ugs.);* **etwas ist nicht mehr a.,** das ist Schnee von gestern, das ist out / nicht mehr in; ↑altmodisch; ↑[nicht mehr] angesehen [sein].

Akupressur ↑Behandlung.

Akupunktur ↑Behandlung.

Aküsprache, Abkürzungssprache; ↑Abkürzung.

Akustik ↑Raumakustik.

akustisch, klangmäßig *(ugs.),* phonetisch, auditiv, gehörsmäßig *(ugs.);* ↑laut, ↑leise, ↑verständlich; ↑Raumakustik; ↑hören.

akut ↑aktuell.

Akut: ↑Betonungszeichen, ↑Zeichen.

Aküwort ↑Abkürzung.

Akzeleration ↑Entwicklung.

Akzent: ↑Betonungszeichen, ↑Tonfall; [neue] **-e setzen** ↑richtungweisend [sein].

akzentuieren ↑betonen.

akzentuiert ↑zugespitzt.

Akzept ↑Wechsel.

akzeptabel ↑annehmbar.

akzeptieren: ↑billigen; **ein Angebot a.** ↑überreden.

akzidentell ↑unwichtig.

Akzidenzsatz ↑Schriftsatz.

Akzidenzsetzer ↑Schriftsetzer.

Akzise ↑Abgabe.

à la, in der / nach Art von, ebenso / genau wie, ... lässt grüßen (z. B. Brecht lässt grüßen; *iron.*).

Alabaster: ↑Kalkstein, ↑Murmel.

alabasterfarben ↑weiß.

Alabasterstein ↑Kalkstein.

à la bonne heure! ↑bravo!

à la carte ↑Speisekarte.

à la longue ↑allmählich.

à la mode ↑modern.

Aland ↑Fisch.

¹Alarm, Alarmierung, Warnung, Warnruf · Probealarm, Feueralarm, Luftalarm, Fliegeralarm, ABC-Alarm; ↑Warnung; ↑abraten.

²Alarm: blinder A. ↑Erregung; A. schlagen ↑alarmieren.

alarmieren, Alarm / Lärm schlagen, aufmerksam machen auf.

Alarmierung ↑Alarm.

Alb: etwas liegt wie ein A. auf der Brust / Seele ↑schwer nehmen.

Alba ↑Lied.

Albatros ↑Vogel.

Albdruck ↑Traum.

Albdrücken ↑Traum.

Albenportefeuiller ↑Täschner.

Alberei ↑Albernheit.

¹albern, herumalbern, kalbern *(ugs.),* dalbern *(ugs.),* kaspern, Dummheiten machen; ↑spaßen.

²albern: ↑kindisch, ↑lächerlich.

¹Albernheit, Clownerie, Gealbere, Alberei, das Herumalbern, Blödelei *(ugs.),* Geblödel *(ugs.),* Kinderei, kindisches Wesen, Puerilität; ↑Infantilität; ↑kindisch.

²Albernheit: ↑Plattheit; **-en** ↑Laune.

Albigenser ↑Ketzer.

Albion ↑Großbritannien.

Albtraum ↑Traum.

Album · Sammelbuch, Fotoalbum, Briefmarkenalbum, Markenalbum · Gedenkbuch, Poesiealbum, Erinnerungsalbum, Andenkenbuch · Stammbuch, Gästebuch, Ehrenbuch, Goldenes Buch; ↑Buch, ↑Sammlung; ↑aufbewahren.

Alcantara ↑Leder.

Ale ↑Bier.

alea iacta est ↑entschließen (sich).

alemannisch: a. sprechen ↑Mundart [sprechen].

alemannisch ↑Mundart.

Alençon ↑Spitzenstickerei.

alert: ↑lebhaft, ↑schlau.

Alexandriner ↑Vers.

Alexandrit ↑Schmuckstein.

Alfapapier ↑Papier.

Alge, Grünalge, Fadenalge · Geißelalge, Augentierchen · Kieselalge · Braunalge, Tang, Kelp; ↑Lagerpflanze.

Algebra ↑Mathematik.

algebraisch: -e Gleichung ↑Gleichung.

Algenpilz, Strahlenpilz, Schimmelpilz, Schimmel, Braunschimmel; ↑Pilz, ↑Schlauchpilz, ↑Ständerpilz.

-algie ↑Schmerz.

Algo-: ↑Schmerz.

ALGOL ↑Sprache.

Algonkin ↑Indianer.

Algonkium ↑Erdzeitalter.

alias, mit anderem Namen, [auch] ... genannt, [oder] auch, außerdem [... genannt], sonst [... genannt], anders, eigentlich; ↑genannt.

Alibi ↑Nachweis.

Alimentation ↑Lebensunterhalt.

Alimente, Pflichtbeitrag, Unterhaltsbeitrag, Unterhalt, Unterhaltszahlung; ↑Kind, ↑Lebensunterhalt;

Alk ↑Vogel.

¹Alkohol, alkoholisches / geistiges Getränk, Spirituosen, Alkoholika, scharfe Getränke / *(ugs.)* Sachen, Krambambuli *(Studenterspr.)* · *vor dem Essen:* Aperitif · *nach dem Essen:* Digestif · Kognak, Cognac, Weinbrand, Branntwein, Feuerwasser, Zielwasser *(ugs.),* Schnaps *(ugs.),* Schabau *(rhein.),* Fusel *(abwertend),* Rachenputzer *(scherzh., abwertend)* · Klarer, Kurzer, Shortdrink, Korn, Doppelkorn, Aquavit, Ouzo (Anisschnaps), Absinth, Genever, Whisky, Whiskey *(irischer, amerikanischer),* Kümmel, Köm *(niederd.),* Wacholder, Gin, Kranewitter *(bayr., österr.),* Enzian, Obstler *(landsch.)* · Aprikosenschnaps, Marillenschnaps *(österr.),* Barack · Kirschwasser · Himbeergeist · Zwetschgenwasser, Slibowitz · Wodka ·· *aus Zuckerrohr:* Rum · *mit heißem Wasser:* Grog ·· *aus Reis:* Arrak ·· *süßer:* Likör, Kräuterlikör, Benediktiner, Chartreuse®, Eierlikör, Advokat, Kirschlikör, Cherrybrandy ·· *aus schwarzen Johannisbeeren:* Cassis · *mit Sekt:* Cassis royal ·· *mit Honig:* Bärenfang · *aus Apfelsinen:* Curaçao® ·· Spiritus, Sprit *(ugs.);* ↑Bier, ↑Getränk, ↑Mixgetränk, ↑Prohibition, ↑Wein.

²Alkohol: ohne / frei von A. ↑alkoholfrei.

Alkoholdelir ↑Säuferwahn.

¹alkoholfrei, frei von Alkohol, ohne Alkohol; ↑Antialkoholiker, ↑Enthaltsamkeit · Ggs. ↑alkoholhaltig.

²alkoholfrei: -es Restaurant ↑Gaststätte.

Alkoholgegner ↑Antialkoholiker.

alkoholhaltig, alkoholisch · *sehr:* hochprozentig, berauschend; ↑Alkohol; ↑trinken · Ggs. ↑alkoholfrei.

Alkoholika ↑Alkohol.

Alkoholiker ↑Trinker.

alkoholisch: ↑alkoholhaltig; -es Getränk ↑Alkohol.

alkoholisiert ↑betrunken.

Alkoholisierung ↑Betrunkenheit.

Alkoholismus: ↑Anankasmus, ↑Sucht, ↑Trunksucht.

Alkoholthermometer ↑Thermometer.

Alkoholverbot ↑Prohibition.

Alkoholvergiftung, alkoholischer Exzess; ↑Ausschweifung, ↑Säuferwahn, ↑Trunksucht.

Alkoven, Bettnische; ↑Bett.

all: -es paletti ↑Ordnung; auf -en vieren ↑kriechen; -e Abende ↑allabendlich; bis in -e Ewigkeit, für -e Zeiten ↑bleibend; in -er Frühe / Herrgottsfrühe ↑morgens; aus -en Himmeln / Wolken fallen ↑überrascht [sein]; -e Jubeljahre ↑selten; -e Mittage ↑allmittäglich; -es Mögliche ↑allerlei; -e Morgen ↑allmorgendlich; -e Nächte ↑allnächtlich; -e naselang ↑unaufhörlich; -e Seiten berücksichtigend, nach -en Seiten hin, von -en Seiten ↑allseitig; -e Tage ↑täglich; aus -er Herren Länder[n], aus -en Himmelsrichtungen, von -en Seiten / Richtungen / Orten ↑überallher; in -e Richtungen / Himmelsrichtungen, in -e Teile der Welt, in -e [vier] Winde, nach -en Orten / Seiten / Richtungen ↑überallhin; trotz -em ↑dennoch; unter -er Sau ↑schlecht; vor -em ↑besonders, ↑jedenfalls.

All ↑Weltall.

alla: a. Wiedersehen ↑Gruß.

allabendlich, abendlich, jeden Abend, alle Abende, Abend für Abend, immer abends / am Abend; ↑abends.

¹alle, sämtliche, allesamt, allerseits, vollzählig, jeder, jedermann, jedweder, jeglicher *(geh., veraltend),* wer auch immer, ausnahmslos, ohne Ausnahme, durch die Bank *(ugs.),* samt und sonders, mit Kind und Kegel, mit Mann und Maus, groß und klein, jung und alt, arm und reich, hoch und nieder, jeden Alters, aller Altersstufen, Freund und Feind, Hinz und Kunz *(abwertend),* Krethi und Plethi *(abwertend),* alle Welt, alle Möglichen, die Verschiedensten, [Menschen] aller / jeder Couleur, jeder Sorte, jeden Standes und Ranges; alles, was Beine hat; geschlossen wie ein Mann, bis zum letzten Mann; ↑A (von A bis Z); ↑allgemein, ↑allseitig, ↑durchgängig, ↑einschließlich.

²alle: a. werden / sein ↑abnehmen.

Allee ↑Straße.

Allegorie ↑Sinnbild.

allegorisch ↑sinnbildlich.

allegorisieren ↑versinnbildlichen.

allegro ↑lebhaft.

¹allein (in Bezug auf eine Entscheidung o. Ä.), für sich, im stillen Kämmerlein; ↑einsam, ↑einzeln, ↑repressiv, ↑solo, ↑totalitär, ↑tyrannisch.

²allein: ↑aber, ↑einsam, ↑Hilfe, ↑solo; für sich a. ↑selbstständig; von a. ↑freiwillig, ↑per se.

Alleinerbe · *bäuerlicher:* Anerbe *(veraltet);* ↑Erbe (der), ↑Thronfolger.

Alleinerziehender ↑Alleinstehender.

Alleingang: ↑Tat; im A. ↑Hilfe.

Alleinherrschaft ↑Herrschaft.

Alleinherrscher: ↑Gewaltherrscher, ↑Oberhaupt.

alleinig: ↑ausschließlich, ↑ledig.

Alleinsein ↑Einsamkeit.
allein stehend ↑ledig.
Alleinstehender, Alleinerziehender, Single.
Alleinunterhalter ↑Unterhalter.
allemal, auf jeden Fall, dicke *(salopp);* ↑ja.
Allemande ↑Tanz.
allenfalls ↑vielleicht.
allenthalben ↑überall.
allerbarmend ↑göttlich.
Allerbarmer: der A. ↑Gott.
allerbeste ↑beste.
allerdings: ↑aber, ↑ja, ↑zwar.
allererste ↑erste.
Allergie ↑Überempfindlichkeit.
allergisch: ↑empfindlich; -e Reaktion ↑Unzu-
träglichkeit.
allerhand: ↑allerlei; das ist ja a. ↑unerhört
[sein].
Allerheiligen: ↑Feiertag, ↑Kirchenjahr.
allerlei, mancherlei, manches, alles Mögliche,
Verschiedenes, vieles, verschiedenerlei, vielerlei, allerhand *(ugs.);* ↑ausreichend, ↑einige, ↑ge-
gensätzlich, ↑mannigfaltig, ↑verschieden.
Allerlei ↑Mischung.
allerletzte ↑letzte.
allerliebst ↑hübsch.
allerorten ↑überall.
allerorts ↑überall.
Allerseelen ↑Kirchenjahr.
allerseits: ↑alle, ↑überall.
allerwärts ↑überall.
allerwege ↑unaufhörlich.
Allerwelts-, Dutzend-, Nullachtfünfzehn-,
08/15-, Serien-, von der Stange, Durch-
schnitts-, Alltags-, Feld-Wald-und-Wiesen-;
↑Allgemeingeschmack, ↑Durchschnittsbürger.
Allerweltsgeschmack ↑Allgemeinge-
schmack.
Allerweltsgesicht ↑Gesicht.
Allerweltsmittel ↑Allheilmittel.
Allerwertester ↑Gesäß.
alles: nicht a. mitmachen ↑entgegenstellen
(sich).
allesamt ↑alle.
Alleskleber ↑Bindemittel.
Alleswisser ↑Besserwisser.
Alleswisserei ↑Wichtigtuerei.
alleweil ↑unaufhörlich.
allezeit ↑unaufhörlich.
allfällig: ↑etwaig, ↑vielleicht.
Allgegenwart ↑Gotteseigenschaften.
allgegenwärtig ↑göttlich.
allgemach ↑allmählich.
¹allgemein, universal, universell, gesamt, umfassend, weltweit, weltumspannend, weltumfassend, erdumfassend, global, supranational,
international, interdisziplinär; ↑alle, ↑durch-
gängig, ↑eigens, ↑generell, ↑insgesamt, ↑üblich.
²allgemein: ↑überall; -e Anerkennung / Geltung ↑Allgemeingültigkeit; ganz a. ↑schlecht-
hin; im Allgemeinen ↑generell, ↑prinzipiell.

Allgemeinbegriff: -e ↑Universalien.
Allgemeinbesitz ↑Gemeinbesitz.
Allgemeinbildung ↑Bildung.
Allgemeingeschmack, Durchschnittsge-
schmack, Dutzendgeschmack, Allerweltsge-
schmack, Massengeschmack, Publikumsge-
schmack, Nullachtfünfzehngeschmack; ↑Aller-
welts-, ↑Durchschnittsbürger; ↑mäßig.
Allgemeingültigkeit, [allgemeine] Geltung,
[allgemeine] Anerkennung; ↑Ansehen.
Allgemeingut ↑Gemeinbesitz.
Allgemeinheit: ↑Öffentlichkeit; -en ↑Plattheit.
Allgemeinmedizin: Arzt für A. ↑Arzt.
Allgemeinplätze ↑Plattheit.
allgemein verständlich ↑populär.
allgütig ↑göttlich.
Allgütige: der A. ↑Gott.
Allheilmittel, Universalmittel, Allerweltsmit-
tel, Patentmedizin *(ugs.)*, Mittelchen *(ugs., ab-
wertend);* ↑Medikament.
Allianz ↑Bund.
Alligation ↑Mischung.
Alligator ↑Krokodil.
alliieren: sich a. ↑verbünden (sich).
alliiert ↑vereinigt.
Alliierter: ↑Bundesgenosse; die Alliierten
↑Westmächte (die).
Alliteration ↑Reim.
Allmacht ↑Gotteseigenschaften.
allmächtig: ↑göttlich, ↑mächtig.
Allmächtige: der A. ↑Gott.
allmählich, sukzessive, langsam, allgemach
(veraltet), bei kleinem *(selten)*, nach und nach,
schrittweise, schrittweis *(bayr., österr.)*, zizerlweis *(bayr., österr.)*, auf die Dauer / *(österr.)*
Länge, auf die Länge hin gesehen, à la
longue, Schritt um Schritt, Schritt für
Schritt, mit der Zeit, anfangs *(südwestd.,
schweiz.)*, im Laufe der Zeit, der Reihe nach,
nacheinander, peu à peu; ↑behutsam, ↑lang-
sam, ↑planmäßig, ↑ruhig, ↑stufenweise.
Allmende ↑Gemeinbesitz.
allmittäglich, mittäglich, jeden Mittag, alle
Mittage, Mittag für Mittag, immer mittags / am
Mittag / zu Mittag / über Mittag / in der Mittagszeit / um die Mittagszeit; ↑mittags.
allmorgendlich, jeden Morgen, alle Morgen,
Morgen für Morgen, immer morgens / am Morgen · immer vormittags / am Vormittag.
allnächtlich, nächtlich, jede Nacht, alle Nächte, Nacht für Nacht, immer nachts / in der
Nacht / während der Nacht; ↑nachts.
Allongeperücke ↑Perücke.
Allonym ↑Pseudonym.
Allopath ↑Arzt.
Allopathie ↑Heilkunde.
Allotria ↑Unsinn.
allsehend ↑göttlich.
allseitig, von allen Seiten, nach allen Seiten
hin, alle Seiten berücksichtigend, in jeder Beziehung; ↑alle.

allseits ↑überall.
Allstrom ↑Elektrizität.
Alltag ↑Werktag.
alltäglich: ↑täglich, ↑üblich.
Alltäglichkeit: ↑Trivialität, ↑Üblichkeit.
alltags ↑wochentags.
Alltags- ↑Allerwelts-.
Alltagskleid ↑Kleid.
Alltagsmensch, Durchschnittsmensch, Dutzendmensch, Normalverbraucher, Herdentier; ↑Durchschnittsbürger, ↑Spießer.
Alltagssprache ↑Ausdrucksweise.
Allüren: ↑Benehmen, ↑Laune.
Allvater ↑Gott.
allweil ↑unaufhörlich.
allweise ↑göttlich.
allwissend ↑göttlich.
Allwissende: der A. ↑Gott.
Allwissenheit ↑Gotteseigenschaften.
allzeit ↑unaufhörlich.
Alm, Alpe; ↑Bergwiese, ↑Milchwirtschaft; **eine A. bewirtschaften,** schwaigen *(bayr., tirol.),* sennen.
Alma Mater ↑Hochschule.
Almanach ↑Jahrbuch.
Almandin ↑Schmuckstein.
almen ↑beaufsichtigen.
Almer ↑Hirt.
Almerin ↑Sennerin.
¹Almhütte, Sennhütte, Schwaige *(bayr., tirol),* Kaser *(tirol.);* ↑Berghütte, ↑Hirt.
²Almhütte ↑Berghütte.
Almosen ↑Gabe.
Almrausch ↑Alpenrose.
Almrosen ↑Alpenrose.
Almwirtschaft ↑Milchwirtschaft.
Alpakawolle ↑Wolle.
Alpe ↑Alm.
Alpendollar ↑Schilling.
Alpenkrähe ↑Vogel.
Alpenrepublik ↑Österreich.
Alpenrose, Rhododendron, Almrausch *(österr.),* Almrosen *(südd., österr.);* ↑Blume.
Alpenstraße ↑Straße.
Alpha ↑Buchstabe.
¹Alphabet, Abc, Abece, Buchstabenreihe, Buchstabenfolge; ↑alphabetisieren; ↑alphabetisch.
²Alphabet: nach dem A. ↑alphabetisch; nach dem A. anordnen / einordnen / einreihen / ordnen ↑alphabetisieren.
¹alphabetisch, abecelich, abeceweise, in alphabetischer / abecelicher Ordnung (oder:) Reihenfolge, nach dem Alphabet / Abc / Abece, nach der Buchstabenfolge / Buchstabenreihe; ↑Alphabet; ↑alphabetisieren.
²alphabetisch: in eine -e Ordnung bringen, a. anordnen / einordnen / einreihen / ordnen ↑alphabetisieren.
¹alphabetisieren, in eine alphabetische / abeceliche Ordnung bringen, alphabetisch / abece-

lich / nach dem Alphabet / Abc / Abece ordnen (oder:) anordnen (oder:) einordnen (oder:) einreihen; ↑alphabetisch; ↑Alphabet.
²alphabetisieren ↑lehren.
Alphorn ↑Blasinstrument.
¹alpin, gebirgs-, hochgebirgs-, ↑bergig.
²alpin ↑bergig.
Alpinist ↑Bergsteiger.
Alpinistik, Hochtouristik, Bergsteigen; ↑Berghütte, ↑Bergsteiger.
Älpler: ↑Hirt, ↑Bergbewohner.
Alpweide ↑Bergwiese.
Alraune, Mandragola, Mandragora, Mandragore; ↑Aufputschmittel, ↑Zaubermittel.
¹als (temporal), nachdem, wenn, wie, da, wo *(ugs.);* ↑während.
²als: a. sei ↑gleichsam; a. da sind ↑nämlich; a. Erstes / Nächstes ↑zunächst, mehr a. ↑wenigstens; a. ob ↑gleichsam.
alsbald ↑gleich.
alsfort ↑unaufhörlich.
also, mithin, jedenfalls, infolgedessen, danach, folglich, demnach, ergo, demzufolge, demgemäß, dementsprechend, somit, sonach; ↑aber, ↑deshalb.
¹alt, älter, bejahrt, betagt, hochbetagt, bestanden *(schweiz.),* uralt, steinalt, senil, verkalkt *(abwertend),* verknöchert *(abwertend),* verknorzt *(abwertend, schweiz.),* greis, ältlich, nicht ↑jung; ↑älter, ↑altmodisch, ↑hinfällig; **a. sein,** im vorgerückten Alter sein, schon viele Jahre auf dem Rücken / Buckel haben *(ugs.),* alt wie Methusalem sein *(ugs.),* bei jmdm. rieselt [schon] der Kalk *(salopp, abwertend);* **a. werden,** zu [hohen] Jahren kommen, es zu Jahren bringen, ein langes Leben haben; ↑altern; ↑Greis, ↑Lebensalter.
²alt: ↑antiquarisch, ↑gewesen, ↑langjährig, ↑morsch, ↑ungenießbar; a. aussehen ↑[nichts] bekommen; den -en Adam ablegen / ausziehen ↑Adel; -e Dame ↑Mutter; zum -en Eisen werfen ↑entlassen, ↑wegwerfen; -er Fuchs / Hase ↑Fachmann; -er Gegenstand / Kunstgegenstand, -es Stück ↑Antiquität; das älteste Gewerbe der Welt ↑Prostitution; a. [geworden] ↑altbacken; -es Haus ↑Student; Einfälle haben wie ein -es Haus ↑Einfall; -er Herr ↑Vater; die -en Herrschaften ↑Eltern; das ist ein -er Hut ↑langweilig [sein]; -er Knacker ↑Greis; ein -er Mann ist [doch] kein D-Zug! ↑ruhig; ältester Sohn ↑Ältester; Altes Testament ↑Bibel; älteste Tochter ↑Älteste; die Alte Welt ↑Europa; die gute -e Zeit ↑Gründerzeit; die -en Zöpfe abschneiden ↑abschaffen; ebenso / genauso a. sein wie ... ↑gleichaltrig [sein]; a. genug sein, um ... ↑erwachsen [sein]; a. werden ↑altern, ↑vergessen; jung und a. ↑alle; a. und zitterig ↑hinfällig; wie die Alten sungen, so zwitschern auch die Jungen ↑ähneln; alles beim Alten lassen ↑verändern.
Alt: ↑Sängerin, ↑Singstimme.

altadelig ↑adlig.

altadlig ↑adlig.

Altan ↑Veranda.

¹Altar, Tisch des Herrn · Hauptaltar, Mittelaltar, Hochaltar, Fronaltar · Nebenaltar, Seitenaltar · Tischaltar, Kastenaltar, Schnitzaltar, Flügelaltar, Wandelaltar, Barockaltar, Sarkophagaltar · Tragaltar, Feldaltar, Hausaltar; ↑Altarbild, ↑Altargerät, ↑Gotteshaus, ↑Kirche, ↑Kultstätte, ↑Opferstätte.

²Altar: ↑Opferstätte, ↑Sternbild; zum A. führen ↑heiraten.

Altarbekleidung ↑Parament.

Altarbild, Altargemälde, Flügelaltar · *zweiteiliges:* Diptychon · *dreiteiliges:* Triptychon · *mit mehr als zwei Flügeln:* Polyptychon; ↑Altar, ↑Altargerät, ↑Parament.

Altardecke ↑Parament.

Altargemälde ↑Altarbild.

Altargerät, Abendmahlsgerät, Messgerät · Abendmahlskelch, Kelch · Hostienbehälter, Ziborium · Kreuz, Kruzifix · Monstranz · Messbuch, Missale, Missal; ↑Abendmahl, ↑Altar, ↑Altarbild, ↑Parament, ↑Tabernakel.

Altarkerze ↑Kerze.

Altarsakrament ↑Abendmahl.

Altartuch ↑Parament.

¹altbacken, alt [geworden], nicht [mehr] frisch, trocken, hart, vergammelt *(ugs.),* gammelig *(ugs.);* ↑ungenießbar.

²altbacken ↑altmodisch.

altbacksch ↑altmodisch.

altbekannt ↑langweilig.

altbewährt ↑erprobt.

Alte: ↑Ehefrau, ↑Mutter.

altehrwürdig: ↑erhaben, ↑herkömmlich.

alteingeführt ↑eingeführt.

alteingesessen ↑einheimisch.

Alteisen ↑Altmaterial.

Alten: die A. ↑Eltern.

Altenheim ↑Altersheim.

Altenpflegerin ↑Fürsorgerin.

Altensilo ↑Altersheim.

¹Altenteil, Ausgedinge, Altgedinge, Stöckli *(schweiz.),* Ausnahme *(südd., österr.),* Austrag *(südd., österr.),* Austragstübchen *(südd.),* Austragstüberl *(südd., österr.);* ↑Altenteiler.

²Altenteil: sich aufs A. setzen / zurückziehen ↑pensionieren.

Altenteiler, Auszugsbauer *(landsch.),* Auszügler *(südd., österr.),* Austrägler *(österr.),* Ausnehmer *(österr.);* ↑Altenteil.

Altenwohnheim ↑Altersheim.

¹älter, nicht mehr ganz jung; ↑alt; **ä. sein,** nicht mehr der Jüngste / ein Mann in den besten Jahren / ein Herr mit grauen Schläfen / *(ugs.)* aus dem Schneider [raus] sein; ↑Lebensalter; ↑altern.

²älter: ↑alt; die Älteren ↑Erwachsener; -es Semester ↑Student.

¹Alter: ↑Ehemann, ↑Vater.

²Alter: ↑Bejahrtheit, ↑Generation, ↑Lebensabend, ↑Lebensalter; gefährliches A. ↑Lebensalter; kritisches A. ↑Klimakterium; im gleichen A. sein, in jmds. A. sein ↑gleichaltrig [sein]; gleichen -s, im A. übereinstimmend ↑gleichaltrig; Person gleichen -s ↑Altersgenosse; jeden -s ↑alle; im vorgerückten A. sein ↑alt [sein]; ↑Jugend.

altererbt ↑herkömmlich.

alterieren: sich a. ↑ärgern.

altern, alt werden, aus den besten Jahren heraus sein, in die Jahre kommen, Moos ansetzen *(ugs.),* ergrauen, grau werden, vergreisen, verkalken *(ugs.);* ↑alt, ↑älter; ↑Greis, ↑Lebensabend.

Alternanz ↑Alternation.

Alternation, Wechsel, Abwechslung, Ablösung, Alternanz; ↑abwechseln; ↑abwechselnd.

alternativ: ↑verschieden, ↑wahlweise; -e Energie ↑Energie; -e Gruppe ↑Selbsthilfe; -e Medizin ↑Heilkunde.

Alternative: ↑Entscheidung,   ↑Gegenvorschlag.

Alternativfrage ↑Frage.

alternieren ↑abwechseln.

alternierend ↑abwechselnd.

alterprobt ↑erprobt.

alters: seit a., von a. [her] ↑unaufhörlich; von a. ↑unaufhörlich.

Altersasyl ↑Heim.

Altersaufbau, Altersgliederung, Bevölkerungsgliederung / Bevölkerungsstufung nach dem Lebensalter; ↑Gliederung.

Alterserscheinung ↑Kräfteverschleiß.

Altersfleck ↑Muttermal.

Altersforschung, Alterskunde, Alterspsychologie, Gerontologie; ↑Heilkunde.

Altersfürsorge ↑Sozialhilfe.

Altersgenosse, Gleichaltriger, Person gleichen Alters; ↑Generation; ↑gleichaltrig.

Altersgliederung ↑Altersaufbau.

Altersheilkunde ↑Heilkunde.

Altersheim, Altenheim, Altenwohnheim, Feierabendheim *(landsch.),* Seniorenheim, Seniorenhotel, Pflegeheim; Altensilo *(abwertend);* ↑Heim.

Altersjahr ↑Jahr.

Altersklasse ↑Generation.

Alterskrankheit ↑Altersschwäche.

Alterskunde ↑Altersforschung.

Alterspräsident ↑Vorsitzender.

Alterspsychologie ↑Altersforschung.

Altersrente ↑Rente.

altersschwach: ↑hinfällig, ↑morsch.

Altersschwäche, Alterskrankheit, Kräfteverfall, Hinfälligkeit, Gebrechlichkeit, Abzehrung, Auszehrung, Inanition, Phthise, Kachexie; ↑Kräfteverschleiß, ↑Krankheit, ↑Verkalkung; ↑hinfällig.

Altersicherung ↑Altersversorgung.

Alterssichtigkeit ↑Fehlsichtigkeit.

Altersstar ↑Katarakt.
Altersstufe: ↑Generation; aller -n ↑alle.
Altersversicherung ↑Altersversorgung.
Altersversorgung, Versorgung, Altersversicherung, Versicherung, Alterssicherung; ↑Rente, ↑Versicherung.
Altersvorsitz ↑Vorsitz.
Altersvorsitzender ↑Vorsitzender.
Altersweisheit ↑Gesetztheit.
Altersweitsichtigkeit ↑Fehlsichtigkeit.
Alterswerk ↑Werk.
Alterswürde ↑Gesetztheit.
Altertum: ↑Geschichtsepoche, ↑Lebensalter; Altertümchen, Altertümer ↑Antiquität.
altertümlich: ↑altmodisch; -er Gegenstand / Kunstgegenstand, -es Stück ↑Antiquität.
Altertümlichkeit ↑Antiquität.
Altertumsforscher ↑Archäologe.
Altertumsforschung ↑Archäologie.
Altertumskunde ↑Archäologie.
Altertumskundler ↑Archäologe.
Altertumsstück ↑Antiquität.
Altertumswissenschaft ↑Archäologie.
Altertumswissenschaftler ↑Archäologe.
Älteste, älteste Tochter, Größte, Große; ↑Ältester, ↑Kind, ↑Tochter · Ggs. ↑Jüngste.
Ältester, ältester Sohn, Erstgeborener *(geh.)*, Erstgeburt, Erstling *(selten)*, Größter, Großer; ↑Älteste, ↑Kind, ↑Sohn · Ggs. ↑Jüngster.
altfränkisch ↑altmodisch.
Altgedienter ↑Soldat.
Altgedinge ↑Altenteil.
Altglas ↑Altmaterial.
Altgut ↑Altmaterial.
Althändler ↑Trödler.
althergebracht ↑herkömmlich.
Althergebrachtes ↑Brauch.
althochdeutsch: -e Literatur ↑Literaturepochen.
Althochdeutsch ↑Deutsch.
Altistin ↑Sängerin.
Altjahrstag ↑Silvester.
altjüngferlich ↑tantenhaft.
altklug ↑unkindlich.
Altklugheit, Frühreife, Unkindlichkeit; ↑unkindlich.
Altlage: Tenor in A. ↑Sänger.
ältlich ↑alt.
Altmaterial, Altstoff, Altgut, Altmetall, Sekundärrohstoff, Alteisen, Altwaren, Schrott · Altpapier, Makulatur · Altglas; ↑Abfall, ↑Schredder, ↑Trödler, ↑Wiederverwertung.
Altmaterialhändler ↑Trödler.
Altmeister ↑Nestor.
Altmetall ↑Altmaterial.
altmodisch, unmodern, veraltet, gestrig, zöpfig *(ugs.)*, uralt, aus der Mottenkiste *(ugs.)*, aus grauer Vorzeit, Opas ..., obsolet, abgelebt, vorsintflutlich *(abwertend)*, antediluvianisch, altväterisch, altfränkisch, altbacken *(ugs.)*, altbacksch *(ugs., landsch.)*, aus dem Jahre Schnee

(österr.), antiquiert, altertümlich, antiquarisch, archaisch, nicht ↑modern, nicht ↑fortschrittlich; ↑alt, ↑antik, ↑erhaben, ↑rückschrittlich, ↑überlebt, ↑vorig; **a. sein,** ein Altmodischmuffel (z. B. Modemuffel) sein, an der Mode vorübergehen, nicht modisch eingestellt sein, eine Mode nicht mitmachen, etwas stammt von Adam und Eva *(ugs.)*, etwas ist von Anno dazumal / Anno Tobak *(ugs.);* ↑Rückständigkeit.
Alto ↑Singstimme.
Altöl ↑Erdöl.
Altpapier ↑Altmaterial.
Altphilologe ↑Philologe.
Altphilologie ↑Philologie.
altrosa ↑rosa.
Altruismus ↑Selbstlosigkeit.
Altruist: kein A. sein ↑Egoist [sein].
altruistisch ↑selbstlos.
Altschlüssel ↑Notenschlüssel.
Altschnee ↑Schnee.
Altsprachler ↑Philologe.
Altstadt ↑Innenstadt.
Altstimme ↑Singstimme.
Altstoff ↑Altmaterial.
Alttier ↑Hirsch.
altüberliefert ↑herkömmlich.
altüblich ↑herkömmlich.
Altus ↑Singstimme.
altväterisch ↑altmodisch.
altväterlich ↑erhaben.
Altvordere: die -n ↑Angehöriger.
Altwaren ↑Altmaterial.
Altwarenhändler ↑Trödler.
Altweibersommer, Spätsommer, Nachsommer, Marienfäden *(veraltend)*, Indianersommer (Amerika), Fadensommer *(österr., veraltend);* ↑Jahreszeit, ↑Spinnwebe.
Alufolie ↑Folie.
aluminiumfarben ↑grau.
Aluminiumfolie ↑Folie.
Aluminiumhochzeit ↑Hochzeitstag.
Alumnat ↑Heim.
Alwegbahn ↑Verkehrsmittel.
Alzerl: ein A. ↑bisschen.
Alzheimerkrankheit ↑geistige Behinderung.
am: am ... sein ↑tun, ↑Verlaufsform.
Amalientrakt: A. der Hofburg ↑Regierung.
Amant ↑Geliebter.
amarantrot ↑rot.
Amarelle ↑Obst.
Amateur: ↑Fotograf, ↑Nichtfachmann, ↑Sportler.
Amateur- ↑Hobby-.
Amateurartistik ↑Schwerathletik.
Amateurfoto ↑Fotografie.
Amateurfotograf ↑Fotograf.
Amateurreiter ↑Reiter.
Amateurreiterin ↑Reiterin.
Amateursportler ↑Sportler.
Amateurtheater ↑Theater.
Amati ↑Streichinstrument.

Amazone: ↑Mädchen, ↑Reiterin.
Amazonit ↑Schmuckstein.
Ambassadeur ↑Diplomat.
Ambassador ↑Diplomat.
Ambiente ↑Umwelt.
Ambiguität ↑Mehrdeutigkeit.
Ambition ↑Ehrgeiz.
ambitioniert ↑fleißig.
ambivalent ↑mehrdeutig.
Ambivalenz ↑Mehrdeutigkeit.
Ambo: ↑Hauptgewinn.
Ambosswolken ↑Wolken.
[1]ambulant, umherziehend, herumziehend, wandernd, nicht stationär / ortsgebunden, ohne festen Sitz, nicht ↑ortsfest.
[2]ambulant: -es Gewerbe ↑Einzelhandel, ↑Prostitution.
Ambulanz: ↑Krankenhaus, ↑Unfallwagen.
Ambulanzwagen ↑Unfallwagen.
Ambulatorium ↑Krankenhaus.
Ameise: ↑Hautflügler; -n in den Hosen haben ↑lebhaft [sein].
Amelie ↑Gliedmaßenfehlbildung.
Amelioration ↑Bodenverbesserung.
Amelus ↑Gliedmaßenfehlbildung.
Amen: zu etwas Ja und Amen sagen, sein Amen zu etwas geben ↑billigen.
Amenorrhö ↑Menstruation.
American Football ↑Fußballspiel.
Amerika, Nordamerika, die Neue Welt, die westliche Hemisphäre, die [Vereinigten] Staaten, die USA, Onkel / Uncle Sam *(scherzh.),* das Land der unbegrenzten Möglichkeiten · ↑Amerikaner, ↑Südamerika; **in A.,** jenseits des großen Teiches.
[1]Amerikaner, Nordamerikaner, Yankee *(iron.),* Ami *(ugs.);* ↑Amerika, ↑Südamerikaner.
[2]Amerikaner ↑Gebäck.
amerikanisch: Amerikanisches Mittelmeer ↑Atlantik.
Amerikanistik ↑Philologie.
Amethyst ↑Schmuckstein.
amethystfarben ↑violett.
amethystviolett ↑violett.
Ametrie ↑Abweichung.
Ami ↑Amerikaner.
Amman ↑Vollziehungsbeamter.
Amme ↑Kindermädchen.
Ammenbier ↑Bier.
Ammenmärchen ↑Lüge.
Ammer: ↑Obst, ↑Vogel.
Ammoniak ↑Gas.
Amnesie ↑Gedächtnisstörung.
Amnestie: ↑Begnadigung; eine A. erlassen ↑begnadigen.
amnestieren ↑begnadigen.
Amöbe ↑Einzeller.
Amokfahrer ↑Tobsüchtiger.
Amoklauf ↑Raserei.
Amoklaufen ↑Raserei.
Amokläufer ↑Tobsüchtiger.

Amor: ↑Cupido, ↑Gott, ↑Liebe; von -s Pfeil getroffen sein ↑verliebt [sein].
Amorces ↑Feuerwerkskörper.
Amorette ↑Cupido.
amorph, gestaltlos, formlos, strukturlos, ungegliedert, unstrukturiert, nicht gegliedert / strukturiert, ohne Gliederung / Struktur · Ggs. ↑gegliedert.
Amortisation ↑Abzahlung.
amortisieren, tilgen, abzahlen, abtragen; ↑abschreiben; ↑Abzahlung.
Amortisierung ↑Abzahlung.
Amos ↑Prophet.
Amouren ↑Liebelei.
Ampel: ↑Lampe, ↑Verkehrszeichen.
Amphibien ↑Lurch.
Amphibienflugzeug ↑Flugzeug.
Amphibolie: ↑Mehrdeutigkeit, ↑Wortspiel.
amphibolisch ↑mehrdeutig.
Amphitheater ↑Theatergebäude.
Amphora ↑Kanne.
Amphore ↑Kanne.
Ampulle, Glasröhrchen, Röhrchen, Proberöhrchen *(österr.),* Eprouvette *(österr.),* Reagenzglas; ↑Behälter.
Amputation ↑Operation.
amputieren ↑operieren.
Amsel ↑Vogel.
[1]Amt, Behörde, Dienststelle, Verwaltung, Administration, Verweserei *(schweiz.),* Magistrat, Senat, Ministerium, [zuständige] Stelle, Organ; ↑Amtsweg, ↑Amtsstunden, ↑Büro, ↑Dezernat, ↑Regierung; ↑amtlich, ↑behördlich.
[2]Amt: ↑Anstellung, ↑Beruf, ↑Gottesdienst; sein A. zur Verfügung stellen / zurücklegen ↑kündigen; jmds. A. übernehmen ↑nachfolgen; des -es entheben / entkleiden ↑entlassen; bestimmen / vorsehen für ein A. ↑designieren; in seinem A. bestätigen ↑anerkennen; in A. und Würden sein ↑Anstellung; von -s wegen ↑dienstlich.
amten ↑innehaben.
amtieren ↑innehaben.
[1]amtlich, behördlich, offiziell, öffentlich, halbamtlich, offiziös; ↑behördlich, ↑verbürgt; ↑Amt · Ggs. ↑inoffiziell.
[2]amtlich: ↑behördlich; ohne -e Genehmigung ↑heimlich; -es Grundstücksverzeichnis ↑Grundbuch.
Amtsanwalt ↑Jurist.
Amtsarzt ↑Arzt.
Amtsbote ↑Amtsdiener.
Amtsbruder ↑Kollege.
Amtsdeutsch, Behördendeutsch, Behördensprache, Verwaltungssprache, Papierdeutsch, Amtsstil, Behördenstil, Kanzleistil; ↑Hochsprache, ↑Landessprache, ↑Sprache.
Amtsdiener, Gerichtsdiener, Amtsbote, Weibel *(schweiz.);* ↑Hilfskraft.
Amtseinführung, Amtseinsetzung, Ordination, Investitur, Installation *(österr., schweiz.);* ↑Geistlicher, ↑Priesterweihe.

Amtseinsetzung: ↑Amtseinführung, ↑Nominierung.
Amtsenthebung ↑Entlassung.
Amtsentsetzung ↑Entlassung.
Amtsgeheimnis ↑Geheimnis.
Amtsgericht ↑Gericht.
Amtsgerichtsrat ↑Jurist.
Amtsgewalt ↑Befehlsgewalt.
Amtsmiene ↑Miene.
Amtsmissbrauch ↑Pflichtvergessenheit.
Amtsnachfolge ↑Nachfolge.
Amtsnachfolger ↑Nachfolger.
Amtsperson ↑Respektsperson.
Amtspflicht: seiner A. entbinden ↑pensionieren.
Amtsrichter ↑Jurist.
Amtsschimmel: ↑Bürokratie; den A. reiten ↑bürokratisch [sein].
Amtssiegel: ↑Siegel; mit einem A. versehen ↑abstempeln.
Amtssprache ↑Landessprache.
Amtsstil ↑Amtsdeutsch.
Amtsstube: ↑Büro, ↑Bürokratie.
Amtsstunden, Dienststunden, Parteienverkehr *(österr.);* ↑Amt.
Amtsverzicht ↑Kündigung.
Amtsweg, Instanzenweg, Instanzenzug *(österr.);* ↑Amt.
Amtszimmer ↑Büro.
Amulett, Fetisch, Talisman, Maskottchen, Glücksbringer, Totem, Götzenbild; ↑Abgott, ↑Zaubermittel.
amüsant ↑lustig.
Amüsement ↑Unterhaltung.
Amüsierbetrieb ↑Nachtlokal.
amüsieren: etwas amüsiert jmdn. ↑belustigen, ↑erfreuen; sich a. ↑schadenfroh [sein], ↑vergnügen (sich).
Amüsierlokal ↑Nachtlokal.
amusisch, unmusisch, unkünstlerisch, unschöpferisch; ↑banausisch, ↑prosaisch, ↑unoriginell · Ggs. ↑musisch, ↑schöpferisch.
an: Substantiv + an + gleiches Substantiv ↑dicht, ↑nacheinander; an die [100 Personen] ↑einigermaßen; an sich ↑per se; an und für sich ↑gewissermaßen; von nun an ↑zukünftig.
...ana ↑Werk.
Anabolie ↑Stoffwechsel.
Anabolismus ↑Stoffwechsel.
Anachoret ↑Einsiedler.
anachronistisch ↑überlebt.
Anakoluth ↑Satzbruch.
Anakonda ↑Schlange.
Anakreontik ↑Lyrik.
anal: ↑rektal; -e Phase ↑Entwicklungsphase.
Analeptikum ↑Aufputschmittel.
Analgetikum ↑Linderungsmittel.
analog: ↑gleichartig, ↑übereinstimmend.
Analogie: ↑Gleichartigkeit, ↑Parallele.
analogisch ↑übereinstimmend.
Analogrechner ↑Computer.

Analoguhr ↑Uhr.
Analverkehr: ↑Koitus; A. haben ↑koitieren.
Analyse, Zergliederung, Aufgliederung, Zerlegung.
analysieren ↑zergliedern.
analytisch: -e Geometrie ↑Mathematik.
Anämie: ↑Blutarmut.
Anamnese ↑Entstehung.
Ananas ↑Südfrucht.
Anankasmus, Obsession, Impulsion *(selten),* Zwangsneurose, Zwangshandlung, Zwangsvorstellung, Denkzwang, Monomanie · Zählzwang, Arithmomanie · Stehlzwang, Stehltrieb, Kleptomanie, Kleptophobie *(selten),* Esszwang, Phagomanie · periodische Trunksucht, Dipsomanie, Alkoholismus · Waschzwang, Reinigungszwang, Sauberkeitsfimmel · Wandertrieb, Reisetrieb, Vagabondage *(selten),* planloses Davonlaufen, Lauftrieb, motorische Unruhe · Lachzwang, Gelasma, Lachkrampf · Namenszwang, Onomatomanie, Koprolalie, Koprolalomanie · Schenkzwang · Brandstiftungszwang, Pyromanie; ↑Arbeitstier, ↑Komplex, ↑Zwang.
Ananke ↑Zwang.
Ananym ↑Pseudonym.
Anapäst ↑Versfuß.
Anaplastik ↑Transplantation.
Anarchie, Chaos, Gesetzlosigkeit, Herrschaftslosigkeit; ↑Verschwörung; ↑anarchisch.
anarchisch, anarchistisch, gesetzlos, chaotisch, destruktiv; ↑Anarchie.
Anarchist ↑Revolutionär.
anarchistisch ↑anarchisch.
anastatisch: -er Nachdruck / Neudruck ↑Reproduktion.
Anästhesie ↑Betäubung.
anästhesieren ↑betäuben.
Anästhesiologe ↑Arzt.
Anästhesist ↑Arzt.
Anästhetikum ↑Medikament.
Anatas ↑Schmuckstein.
Anathema ↑Bann.
Anatolien ↑Türkei.
Anatomie ↑Leichenschauhaus.
¹anbahnen (etwas), einleiten, vorbereiten, in die Wege leiten, Beziehungen / Verbindungen anknüpfen, Fühlung nehmen, Kontakt aufnehmen; ↑anfangen, ↑anschicken (sich, etwas zu tun).
²anbahnen: etwas bahnt sich an ↑entstehen; eine Verständigung / Versöhnung a. ↑Frieden [stiften].
¹anbandeln (mit), anbändeln mit, jmdn. anmachen *(ugs.),* anbinden mit, ein Gespräch anknüpfen, schäkern, tändeln, sich jmdn. anlachen, sich jmdn. anschaffen / zulegen / ankratzen / angeln *(salopp),* aufreißen, auf Männerfang gehen · *von Prostituierten:* auf den Strich gehen, anschaffen; ↑aufziehen, ↑koitieren, ↑lieben; ↑verliebt.

²**anbandeln:** mit jmdm. a. ↑Streit [anfangen].

anbändeln: a. mit ↑anbandeln (mit).

Anbau ↑Bebauung.

anbauen: sich a. ↑niederlassen (sich).

anbaufähig ↑urbar.

anbegehren ↑bestellen.

Anbeginn ↑Anfang.

anbehalten, anlassen, nicht ablegen, nicht ↑ausziehen, aufbehalten.

anbei, beiliegend, anliegend, inliegend, im Innern, innen, als (oder:) in der Anlage / *(österr.)* Beilage, beigeschlossen; ↑beifügen.

anbeißen: ↑billigen; zum Anbeißen sein ↑adrett [sein].

anbelangen: was das anbelangt ↑hinsichtlich.

¹**anberaumen,** einberufen, festsetzen.

²**anberaumen** ↑ansetzen.

anbeten: ↑achten; das Goldene Kalb a. ↑habgierig [sein].

Anbeter ↑Geliebter.

anbiedern: sich a. ↑nähern (sich jmdm.).

¹**anbieten** (jmdm. etwas), offerieren, antragen, sich erbieten, sich anheischig machen, andienen.

²**anbieten:** ↑aufnötigen, ↑bereitstellen; jmdm. Geld a. ↑bestechen; [zum Kauf] a. ↑feilhalten.

Anbieter ↑Unternehmer.

¹**anbinden,** festbinden, zusammenbinden · *von Personen:* fesseln; ↑binden.

²**anbinden:** ↑befestigen; a. mit ↑anbandeln (mit), ↑Streit [anfangen].

anblaffen ↑schelten.

anblasen ↑schelten.

anblättern ↑lesen.

¹**Anblick,** Optik, Sicht, Ansicht, Augenschein.

²**Anblick:** ↑Ausblick, ↑Gesichtspunkt.

anblicken ↑ansehen.

Anbot ↑Angebot.

anbrauchen ↑gebrauchen.

anbrechen: ↑gebrauchen; etwas bricht an ↑anfangen.

anbrennen ↑anzünden.

anbringen: ↑befestigen, ↑verkaufen, ↑verraten.

Anbruch ↑Anfang.

anbrüllen ↑schelten.

anbuffen ↑schwängern.

anbumsen ↑schwängern.

Andacht: ↑Gottesdienst, ↑Konzentration.

andächtig ↑aufmerksam.

Andachtsbild, Heiligenbild, Gnadenbild, Kultbild · *der Ostkirche:* Ikone; ↑Malerei; ↑Votivbild.

Andachtsort ↑Gotteshaus.

Andalusit ↑Schmuckstein.

andante ↑langsam.

andauern: etwas dauert an / dauert / währt / hält an / besteht fort / dauert fort / zieht sich hin.

andauernd ↑unaufhörlich.

¹**Andenken,** Souvenir, Erinnerungsstück; ↑Gabe.

²**Andenken:** ↑Gedächtnis; sich ein bleibendes A. erwerben ↑verewigen (sich).

Andenkenbuch ↑Album.

andere: ↑weitere; einen -n Beruf ergreifen ↑umsatteln; mit -n Worten ↑klar; von der -n Fakultät / vom anderen Ufer sein ↑gleichgeschlechtlich [sein]; im andern Fall ↑oder; die Kameraden von der -n Feldpostnummer ↑Russe; ein oder das a. Mal ↑manchmal; a. Möglichkeit ↑Gegenvorschlag; jmdn. eines -n belehren ↑berichtigen; mit -m Namen ↑alias; die a. Seite ↑Gegner; auf der -n Seite ↑umseitig; auf der -n / andern Seite ↑gegenüber; auf der -n / andern Seite, am -n / andern Ufer ↑jenseits.

andererseits ↑aber.

¹**ändern,** abändern, umändern, umkrempeln *(ugs.),* etwas auf den Kopf stellen, modifizieren, korrigieren, revidieren, umarbeiten, überarbeiten, umwandeln, umformen, umsetzen, transformieren, ummodeln, modeln, verändern, abwandeln, wandeln, variieren, umfunktionieren, ummünzen, verwandeln, anders machen / werden, etwas schlägt um / wechselt · *grundlegend:* die Welt aus den Angeln heben · *ein Gesetz:* novellieren; ↑berichtigen, ↑lenken, ↑verändern, ↑verbessern, ↑variativ; ↑Abwandlung, ↑Umwandlung, ↑Veränderung.

²**ändern:** ↑verändern; sich ä. ↑wandeln (sich); seine Meinung ä. ↑umschwenken; die Richtung ä. ↑abbiegen; etwas ändert gar nichts ↑nutzlos [sein], ↑wirkungslos [sein].

andernfalls ↑oder.

anders: ↑alias, ↑verschieden.

andersartig ↑verschieden.

anderseits ↑aber.

andersgeschlechtlich, heterosexuell, straight, stinknormal *(emotional),* gegengeschlechtlich, nicht ↑gleichgeschlechtlich; ↑sexuell.

andersgläubig ↑ketzerisch.

Andersgläubiger, Ungläubiger · *bei den Moslems:* Giaur *(abwertend)* · *bei den Juden:* Goi *(abwertend),* Gojim *(abwertend).*

andersherum ↑gleichgeschlechtlich [sein].

anderswo ↑anderwärts.

¹**Änderung,** Abänderung, Umänderung, Veränderung, Abwandlung, Umwandlung, Verwandlung, Umarbeitung, Ummodelung, Umkrempelung *(ugs.),* Modifizierung, Variierung, Variation, Korrektur; ↑Abwandlung, ↑Abweichung, ↑Korrektur, ↑Reform, ↑Umwandlung, ↑Veränderung; **mit den nötigen Änderungen,** mutatis mutandis.

²**Änderung** ↑Abweichung.

Änderungsschneider ↑Schneider.

anderwärts, anderswo, anderweitig, sonstwo, woanders; ↑abwesend, ↑auch, ↑aushäusig.

anderweitig ↑anderwärts.

andeuten: ↑Hinweis, ↑hinweisen (auf).

andichten: jmdm. etwas a. ↑schlecht machen.

andicken ↑eindicken.

andienen ↑anbieten.

andiniert: a. sein ↑angeekelt [sein].
andonnern ↑schelten.
Andradit ↑Schmuckstein.
Andrang ↑Zustrom.
Andreas ↑Apostel.
Andreaskreuz ↑Kreuzzeichen.
andrehen: ↑aufbürden, ↑anstellen, ↑betrügen; jmdm. etwas a. ↑aufschwatzen (jmdm. etwas); die Heizung a. ↑heizen.
andrerseits ↑aber.
andressieren ↑erziehen.
andressiert ↑anerzogen.
Androgen ↑Hormon.
androgyn ↑zwittrig.
Androgynie ↑Zwittertum.
Androgynismus ↑Zwittertum.
androhen (jmdm. etwas), mit etwas drohen, ankündigen, in Aussicht stellen; ↑drohen, ↑mitteilen, ↑versprechen.
Androloge ↑Arzt.
Andrologie ↑Heilkunde.
Andromanie ↑Mannstollheit.
Andromeda ↑Sternbild.
Androphanie ↑Zwittertum.
Androphiler ↑Homosexueller.
Androphobie ↑Misandrie.
anecken ↑anstoßen.
aneifern ↑anstacheln.
aneignen: sich etwas a. ↑annektieren, ↑anverwandeln (sich etwas), ↑lernen, ↑nehmen.
Aneignung: widerrechtliche A. ↑Diebstahl.
aneinander fügen ↑zusammenfügen.
aneinander geraten ↑zanken (sich).
Aneinanderhaften ↑Adhäsion.
aneinander kleben ↑kleben (etwas).
Anekdote ↑Erzählung.
anekeln: ↑anwidern; etwas ekelt jmdn. an ↑schmecken.
Anemone, Buschwindröschen; ↑Blume.
anempfehlen ↑vorschlagen.
anempfinden ↑einfühlen (sich).
anenergisch ↑schmerzunempfindlich.
Anerbe ↑Alleinerbe.
Anerbieten ↑Angebot.
Anergie: ↑Antriebsschwäche, ↑Energie.
anergisch ↑schmerzunempfindlich.
anerkannt: ↑bekannt, ↑eingeführt, ↑erprobt; a. sein ↑angesehen [sein].
¹anerkennen, [in seinem Amt] bestätigen, beglaubigen, akkreditieren, bevollmächtigen; ↑beglaubigen; ↑Bekräftigung, ↑Bevollmächtigung.
²anerkennen: ↑achten, ↑billigen, ↑honorieren, ↑loben.
anerkennend: ↑beifällig.
anerkennenswert, lobenswert, verdienstvoll, verdienstlich, löblich, rühmlich, rühmenswert, achtbar, ehrenvoll, ruhmreich, glorreich; ↑angesehen; **a. sein,** etwas gereicht jmdm. zur Ehre, jmdm. ist etwas hoch anzurechnen, alle Achtung!, allen Respekt!, Hut ab [vor jmdm. / et-

was]!, das muss der Neid ihm / ihr lassen; ↑beifällig; ↑Beifall.
Anerkenntnis ↑Schuldschein.
¹Anerkennung, Bewunderung, Wertschätzung, Anwert *(bayr., österr.)*, Würdigung; ↑Beifall, ↑Erlaubnis, ↑Gunst, ↑Lob, ↑Lobrede, **A. finden,** Anklang finden, etwas gelten (er gilt in seinem Fach etwas), Resonanz haben; **A. erzwingen,** zur Anerkennung bringen, jmdm. / einer Sache zur Anerkennung verhelfen.
²Anerkennung: ↑Achtung, ↑Belohnung, ↑Bevollmächtigung, ↑Dank; [allgemeine] A. ↑Allgemeingültigkeit.
anerziehen ↑erziehen.
anerzogen, erworben, angenommen, äußerlich, andressiert, nicht ↑angeboren; ↑oberflächlich.
anfachen: ↑anregen, ↑anzünden.
anfahren: ↑ansteuern, ↑schelten, ↑servieren, ↑zusammenstoßen.
Anfahrt ↑Fahrt.
Anfall, Kollaps, Schock, Attacke, Paroxysmus, Schlaganfall, Herzanfall, Insult, Insultation · *kleiner epileptischer:* Petit Mal; ↑Herzinfarkt, ↑Ohnmacht, ↑Schock, ↑Wutanfall.
anfallen ↑auflauern.
anfällig, schwächlich, schwach, labil, nicht ↑widerstandsfähig, nicht ↑stark; ↑kraftlos, ↑machtlos, ↑willensschwach; **a. sein,** neigen zu.
Anfälligkeit: ↑Anlage, ↑Beeinflussbarkeit.
¹Anfang, Beginn, Anbeginn, Eröffnung, Anbruch, Ausbruch, Eintritt, Auftakt, Startschuss, erster Schritt; ↑Abkunft, ↑Grundlage, ↑Start; **am A.,** zu Anfang, anfangs, anfänglich, eingangs; **von A. an,** ab ovo; **am A. sein,** am Beginn sein, noch in den Kinderschuhen stecken; ↑anfangen.
²Anfang: ↑Entstehung; seine Anfänge haben in ↑stammen (von); an den A. stellen ↑vorausschicken; von A. bis Ende ↑Anfang.
¹anfangen, beginnen, in die Wege leiten, etwas angehen, anpacken, in Angriff nehmen, einer Sache zu Leibe gehen / rücken, den Stier bei den Hörnern fassen / packen, eröffnen, starten, loslegen *(ugs.)*, einsteigen *(ugs.)*, sich an etwas machen, etwas nimmt seinen Anfang / hebt an / setzt ein / bricht an / läuft an / lässt sich an / *(ugs.)* geht an / *(ugs.)* geht los / kommt in Schwung · *mit Singen, Musizieren:* anstimmen, intonieren, den Ton angeben; ↑anbahnen, ↑anschicken (sich, etwas zu tun), ↑anstacheln, ↑ausbrechen, ↑einspielen (sich), ↑entstehen, ↑erörtern, ↑gebrauchen; ↑Anfang · Ggs. ↑beenden.
²anfangen: mit etwas nichts a. können ↑unzugänglich; Streit mit jmdm. a. ↑Streit.
¹Anfänger, Anfängerin, Neuling, Novize, Novizin, Debütant, Debütantin, Greenhorn, Newcomer, Grünschnabel *(abwertend)*, Kiekindiewelt *(ugs.)*, Unerfahrener; **A. sein,** noch feucht / noch nicht trocken hinter den Ohren

sein; ↑[noch nicht] erwachsen [sein], ↑jung;
↑Jüngster, ↑Schulanfänger, ↑Schüler.

²Anfänger: ↑Neuer; blutiger A. sein ↑Nicht-
fachmann [sein].

Anfängerin ↑Anfänger.

anfänglich ↑Anfang.

anfangs: ↑allmählich, ↑Anfang.

Anfangssilbe ↑Silbe.

anfärben ↑anmalen.

anfassen: ↑berühren, ↑greifen; etwas falsch /
verkehrt a. ↑verkehrt [machen]; geschickt a.
↑bewerkstelligen; jmdn. / etwas nicht mit der
Zange a. mögen ↑verabscheuen; zum Anfassen
↑leibhaftig.

anfauchen ↑schelten.

anfechten: ↑beanstanden; sich durch nichts a.
lassen ↑zielstrebig [sein].

Anfechtung, Versuchung, Versuch *(schweiz.),*
Verlockung, Verführung; ↑Angriff.

Anfechtungsklage ↑Anklage.

anfeinden ↑hassen.

Anfeindung, Angriff, Feindseligkeit, Attacke,
Offensive, Kreuzfeuer, Kritik, Beschuss *(ugs.);*
↑Angriff, ↑Verhör.

¹anfertigen, fertigen, verfertigen, herstellen,
bereiten, zubereiten, machen *(ugs.),* etwas in
der Mache haben *(salopp),* fabrizieren, basteln,
arbeiten [an] · *aus weichem Material durch Drücken:* kneten, modellieren · *aus Holz mit schar-
fem Gegenstand:* schnitzen · *aus Metall:*
schmieden · *mithilfe eines Meißels:* meißeln ·
beim Schiffsbau: auf Kiel / Stapel legen · *eine
schriftliche Arbeit o. Ä.:* sitzen / *(ugs.)* brüten
über; ↑anstrengen, ↑arbeiten, ↑bauen, ↑befas-
sen (sich mit), ↑bosseln, ↑formen, ↑malen, ↑pro-
duzieren, vertonen; ↑Herstellung; ↑vorgefer-
tigt.

²anfertigen ↑nähen.

Anfertigung ↑Herstellung.

anfeuchten: ↑nass [machen], ↑sprengen; sich
die Kehle a. ↑trinken.

anfeuern: ↑anstacheln; -d ↑zugkräftig.

anfinden: etwas findet sich an ↑finden.

anflehen ↑bitten.

anfliegen ↑ansteuern.

Anflug ↑Nuance.

anfordern ↑bestellen.

Anforderung ↑Anspruch.

Anfrage ↑Frage, ↑Gesuch.

anfragen ↑fragen.

anfressen ↑annagen.

anfreunden (sich mit), Freundschaft schließen, befreundet sein mit; **sich mit etwas nicht a.
können,** sich mit etwas nicht befreunden können, sich an etwas nicht gewöhnen können; etwas hält jmdn. ab, etwas zu tun; ↑Freund,
↑Freundin.

¹anführen (jmdn.), äffen, narren, nasführen,
an der Nase herumführen, anschmieren *(ugs.),*
foppen, jmdn. zum Besten (oder:) zum Narren
haben / halten, jmdn. in den April schicken, an-

kohlen *(ugs.),* verkohlen *(ugs.),* jmdm. einen Bären aufbinden *(ugs.),* jmdm. am Seil herunterlassen *(schweiz.),* jmdn. am Schmäh ʼhalten *(österr.),* veräppeln *(salopp),* vergackeiern *(salopp),*
verhohnepipeln *(salopp),* verarschen *(derb);*
↑aufziehen, ↑betrügen, ↑lügen, ↑schäkern,
↑übertreiben, ↑verzerren, ↑vortäuschen; ↑Lü-
ge.

²anführen: ↑begleiten, ↑erwähnen; die Tabelle
a. ↑Höchstleistung [erzielen].

¹Anführer, Rädelsführer, Bandenführer, Gangleader, Haupt, Chef, Boss, King *(Jargon),* Leiter, Räuberhauptmann *(scherzh.);* ↑Arbeitge-
ber, ↑Befehlshaber.

²Anführer: ↑Führer, ↑Oberhaupt.

Anführungsstriche ↑Satzzeichen.

Anführungszeichen: ↑Satzzeichen; in A.
↑wirklich.

anfüllen ↑anreichern.

¹Angabe, Nachweis, Aussage, Nennung; ↑Auf-
klärung, ↑Auslegung, ↑Darlegung, ↑Hinweis,
↑Lösung, ↑Nachricht.

²Angabe ↑Vorauszahlung.

Angaben, Daten, Tatsachen, Fakten; ↑Lauf-
bahn.

angaffen ↑ansehen.

angattigen ↑bewerkstelligen.

angeben: ↑erwähnen, ↑prahlen, ↑verraten; angegeben werden mit ↑betragen.

Angeber, Gernegroß, Möchtegern, Großsprecher, Maulheld *(derb),* Aufschneider, Prahlhans, Renommist, Schaumschläger, Großtuer,
Zampano, Großkotz *(derb),* Prahler, Großschnauze *(derb),* Märchenerzähler, Märchenonkel, Lügenbaron, Großmaul *(derb),* Großgoscherter *(salopp, österr.),* Faselhans, Tulifäntchen *(veraltet),* Windbeutel, Münchhausen;
↑Besserwisser, ↑Betrüger, ↑Geck, ↑Leichtfuß.

Angeberei ↑Übertreibung.

angeberisch ↑protzig.

Angebertum ↑Großspurigkeit.

angebetet ↑angesehen.

Angebetete ↑Geliebte.

Angebeteter ↑Abgott.

Angebinde ↑Gabe.

angeblich, vorgeblich, so genannt, wie man behauptet / vorgibt, zu [können] glauben, scheinbar; ↑anscheinend.

angeboren, eingeboren, ererbt, erblich, vererbbar, hereditär, kongenital, angestammt,
nicht ↑anerzogen; ↑gefühlsmäßig.

¹Angebot, Offerte, Anbot *(österr.),* Offert *(österr.),* Ausschreibung, Anerbieten, Anzeige, Inserat, Insertion, Annonce; ↑Bestellung, ↑Ge-
such, ↑Neuerwerbung, ↑Vorschlag; ↑annoncie-
ren, ↑vorschlagen.

²Angebot: ein A. annehmen / akzeptieren
↑überreden; ein A. machen ↑Gebot [machen];
im A. sein ↑billig [sein]; A. und Nachfrage ↑Ar-
beitsmarkt.

angebracht: ↑befindlich; es ist a. ↑nötig.

angedeihen: jmdm. Hilfe a. lassen ↑helfen.

Angedenken ↑Gedächtnis.

angedickt ↑legiert.

angeekelt, angewidert; **a. sein,** gelangweilt sein, null Bock haben auf *(Jargon),* jmds. (oder:) einer Sache überdrüssig sein / müde sein, etwas ist jmdm. über *(ugs.),* jmd. hat etwas über *(ugs.),* genug haben [von jmdm. / etwas], etwas satt / dick[e] haben *(ugs.),* die Faxen dicke haben *(salopp, landsch.),* eine Sache leid / *(ugs.)* satt sein, bedient sein *(ugs.),* etwas reicht jmdm. *(ugs.),* etwas stinkt jmdm. *(salopp),* die Nase voll haben *(salopp),* die Schnauze / den Kanal voll haben *(derb),* das große Kotzen kriegen *(derb),* etwas steht jmdm. bis oben / bis an den Hals *(salopp),* etwas hängt / wächst jmdm. zum Hals heraus *(salopp),* jmdm. dreht sich der Magen um, angespeist / angefressen / andiniert sein *(österr.);* ↑anwidern, ↑langweilen, ↑unerträglich [sein].

angefressen: a. sein ↑angeekelt [sein].

angegangen ↑ungenießbar.

angegossen: wie a. sitzen ↑Passform.

angegriffen ↑erschöpft.

angeheiratet ↑verwandt.

angeheitert ↑betrunken.

Angeheiterter ↑Betrunkener.

angehen: etwas a., etwas geht an ↑anfangen; etwas geht jmdn. an ↑betreffen; was mich angeht ↑ich; Außenstehende nichts -d ↑intern; a. gegen ↑ankämpfen (gegen etwas), ↑beanstanden, ↑hindern; a. um ↑bitten.

¹angehören, zugehören, gehören, zählen / rechnen zu; ↑aufweisen; ↑Mitglied.

²angehören: der Marine a. ↑Seemann [sein].

Angehöriger, Verwandter, Anverwandter, Blutsverwandter, Familienmitglied, Familienangehöriger · *in aufsteigender Linie:* Aszendent, Vorfahr, Ahn, Ahnherr, Urvater, Väter, die Altvorderen · *in absteigender Linie:* Deszendent, Nachkomme, Abkömmling, Abkomme, Nachfahr[e], Spross; ↑Abkunft, ↑Eltern, ↑Familie, ↑Mitglied, ↑Nachfolger, ↑Verwandter, ↑Vorangegangener · *einer bestimmten religiösen Gemeinschaft, einer Freikirche o.Ä.:* Anthroposoph · Adventist · Bahai · Baptist · Ernster Bibelforscher · Methodist · Mormone · Quäker · Zeuge Jehovas; ↑Religionsgemeinschaft.

Angeklagter, Beklagter, Beschuldigter; ↑Anklage, ↑Kläger; ↑prozessieren.

angekleckert: a. kommen ↑kommen.

angeknackst: a. sein ↑krank [sein].

angekränkelt: ↑krank, ↑morbid.

Angel: die Welt aus den -n heben ↑ändern; zwischen Tür und A. ↑Hast.

Angeld: ↑Anzahlung, ↑Handgeld.

Angelegenheit, Sache, Affäre, Fall, Kasus, Geschichte *(ugs.),* Ding *(ugs., schweiz.),* Chose *(salopp),* Mist *(derb, abwertend),* Scheißdreck *(vulgär, abwertend);* ↑Ereignis, ↑Gegenstand, ↑Tat, ↑schwierig [sein].

Angelegenheiten ↑Belange.

angelegentlich, interessiert, geflissentlich; ↑bemühen (sich um).

Angelei ↑Angelsport.

angelernt: -er Arbeiter ↑Arbeiter.

Angelfischerei ↑Fischerei.

angeln: ↑fangen, ↑nehmen; sich jmdn. a. ↑anbandeln; sich einen Goldfisch a. ↑heiraten; das Angeln ↑Angelsport.

angeloben: ↑vereidigen; sich dem Himmel a. ↑Nonne [werden].

Angelobung ↑Vereidigung.

Angelsport, das Angeln, Angelei, Anglerei, Sportfischerei · Flussangelei, Meeresangelei, Küstenangelei, Hochseeangelei, Nachtangelei · *mit natürlichen und mit lebenden Ködern:* Grundangelei · *meist mit künstlichen Insekten:* Flugangelei · *mit künstlichen oder toten Ködern:* Spinnangelei; ↑Angler.

Angelsportler ↑Angler.

Angelus: ↑Angelusläuten, ↑Gebet.

Angelusläuten, Angelus, Gebetläuten *(österr.).*

angemaßt ↑eigenmächtig.

¹angemessen, gebührend, gebührlich, ordentlich, gehörig, geziemend, nicht unbillig, geziemlich, gerecht, schuldig, schicklich; ↑anständig, ↑ausreichend, ↑erprobt, ↑geeignet, ↑höflich, ↑nötig, ↑sehr, ↑tunlichst; ↑ziemen (sich).

²angemessen: ↑gleichwertig, ↑treffend, ↑zweckmäßig.

angenähert ↑einigermaßen.

angenehm: ↑behaglich, ↑erfreulich, ↑gemütlich, ↑hübsch, ↑sympathisch; jmdm. a. sein ↑gefallen.

angenommen ↑anerzogen, ↑erfunden.

angeordnet ↑gegliedert.

angepasst: ↑etabliert; nicht a. sein ↑[ein] Aussteiger [sein].

Angepasster ↑Jasager.

Angepasstheit ↑Gehorsam.

Anger ↑Wiese.

Angerdorf ↑Dorf.

angesagt: a. sein ↑modern.

angesäuselt ↑betrunken.

Angesäuselter ↑Betrunkener.

angeschissen: a. kommen ↑kommen.

angeschlagen: ↑defekt, ↑erschöpft.

angeschlossen ↑zugehörig.

angeschmutzt ↑schmutzig.

angeschrieben: nicht gut a. sein ↑unbeliebt [sein].

¹angesehen, geachtet, bewundert, geehrt, verehrt, verdient, hoch geschätzt, geschätzt, beliebt, geliebt, angebetet, vergöttert, gefeiert, populär, volkstümlich, volksverbunden, renommiert; ↑anerkennenswert, ↑anständig, ↑außergewöhnlich, ↑begehrt, ↑bekannt, ↑ehrenhaft, ↑gediegen, ↑modern, ↑gelten (als jmd. / etwas); ↑Erfolg [haben], ↑Glück [haben]; **a.**

sein, einen Namen / guten Ruf haben, anerkannt sein, Zulauf / Zuspruch haben, willkommen sein, gut angeschrieben sein *(ugs.)*, einen Stein bei jmdm. im Brett haben *(ugs.)*, Anklang finden, gut ankommen *(ugs.)*, wohlgelitten / gut gelitten sein bei jmdm., bei jmdm. in hohen Gnaden stehen *(iron.)*, begehrt sein, hoch im Kurs bei jmdm. stehen *(ugs.)* · **nicht mehr a. sein,** nicht mehr gefragt sein, aufs tote Gleis geschoben sein *(ugs.)*, weg vom Fenster sein *(ugs.)*; · **nicht a.** ↑anrüchig.

²angesehen: bei jmdm. schlecht a. sein ↑unbeliebt [sein].

Angesehensein: das A. ↑Bekanntheit.

Angesicht ↑Gesicht.

angesichts ↑wegen.

angespannt ↑aufmerksam.

angespeist: a. sein ↑angeekelt [sein].

angespitzt ↑spitz.

angestammt ↑angeboren.

angestaubt ↑schmutzig.

Angestellte: kaufmännische A. ↑Büroangestellte[r].

Angestelltenschaft ↑Personal.

Angestelltenversicherung ↑Versicherung.

Angestellter: ↑Arbeitnehmer, ↑Führungskraft; kaufmännischer A. ↑Büroangestellte[r].

angestoßen ↑defekt.

angestrahlt ↑beleuchtet.

angestrengt ↑aufmerksam.

angetan: ↑bekleidet (mit); a. sein von ↑anschwärmen.

Angetraute ↑Ehefrau.

Angetrauter ↑Ehemann.

angetrunken ↑betrunken.

Angetrunkener ↑Betrunkener.

angewackelt: a. kommen ↑kommen.

angewandt: -e Mathematik ↑Mathematik.

angewidert ↑angeekelt.

angewiesen: a. sein auf ↑abhängig [sein von]; nicht auf etwas a. sein ↑brauchen.

Angewohnheit ↑Brauch.

angezeigt: a. sein ↑nötig; es ist a. ↑zweckmäßig [sein].

angezogen: ↑verfügbar; gut a. ↑geschmackvoll.

Angina ↑Halsentzündung.

Angina pectoris, Stenokardie, Herzbräune, Herzangst, Herzbeklemmung, Herzenge, Brustbräune, Heberdenkrankheit; ↑Herzleiden.

Angiogramm ↑Röntgenogramm.

Angiographie ↑Röntgenographie.

Angiokardiogramm ↑Röntgenogramm.

Angiokardiographie ↑Röntgenographie.

Angiologe ↑Arzt.

Angiologie ↑Heilkunde.

angleichen: ↑anpassen, ↑eingliedern, ↑gleichsetzen; dem Deutschen a. ↑eindeutschen.

Angleichung: ↑Anpassung, ↑Eingliederung.

Angler, Fischer, Petrijünger *(scherzh.)*, Sport-

angler, Angelsportler, Sportfischer, Hobbyangler; ↑Angelsport, ↑Fischer, ↑Fischerei.

Anglerei ↑Angelsport.

angliedern ↑annektieren.

Anglistik ↑Philologie.

Anglizismus ↑Spracheigentümlichkeit.

anglotzen ↑ansehen.

anglupschen ↑ansehen.

Angora ↑Pelz.

Angorakaninchen ↑Kaninchen.

Angorakatze ↑Katzenrassen.

Angorawolle ↑Wolle.

Angoraziege ↑Ziege.

angrapschen ↑berühren.

¹angreifen, überfallen, herfallen über, überrumpeln *(ugs.)*, losschlagen, zum Angriff übergehen, überraschen, zu Leibe rücken; ↑Angreifer.

²angreifen: ↑attackieren, ↑berühren, ↑schelten, ↑vorrücken; etwas greift an ↑beschwerlich [sein], ↑zehren; es greift die Substanz an ↑ernst [werden], mit Bomben a. ↑bombardieren.

Angreifer, Aggressor; ↑Gegner; ↑angreifen.

¹Angriff, Attacke, Aggression, Erstschlag, Schlag, Offensive, Vorneverteidigung *(verhüllend)*, Gegenangriff, Konterattacke · *aus der Luft:* Luftangriff, Fliegerangriff · *aus dem Gefühl der Angst heraus:* Angstangriff; ↑Anfechtung, ↑Anfeindung, ↑Beleidigung, ↑Kampf, ↑Luftangriff, ↑Überfall, ↑Vergeltung, ↑Versuch · Ggs. ↑Abwehr.

²Angriff: ↑Anfeindung; etwas stellt einen A. auf / gegen etwas dar ↑verstoßen (gegen etwas); in A. nehmen ↑anfangen.

angriffsbereit ↑kampfbereit.

Angriffsbereitschaft ↑Kampfbereitschaft.

Angriffskrieg ↑Krieg.

Angriffslust ↑Streitbarkeit.

angriffslustig ↑streitbar.

Angriffsspitze ↑Fußballspieler.

Angry Young Men ↑Lostgeneration.

angst: jmdm. ist a., jmdm. ist a. und bange ↑Angst [haben]; jmdm. wird a. und bange ↑Angst [bekommen].

¹Angst, Urangst, Ängstlichkeit, Bangigkeit, Bänglichkeit, Befangenheit, Unsicherheit, Beklemmung, Beklommenheit, Hemmungen, Scheu, Phobie, Furcht, Furchtsamkeit, Panik · *den Anschluss zu verpassen:* Torschlusspanik; ↑Abneigung, ↑Bescheidenheit, ↑Entsetzen, ↑Feigheit, ↑Hypochondrie, ↑Neigung, ↑Phobie, ↑Verlegenheit; **ohne A.,** angstfrei; ↑mutig; **A. haben [vor],** fürchten, scheuen, sich ängstigen / *(ugs.)* graulen, es graut / graust / gruselt jmdm. (oder:) jmdn., jmdm. ist die Kehle wie zugeschnürt, Furcht hegen / haben, Pusch haben *(salopp)*, einen Horror haben, zurückscheuen, zurückschrecken, perhorreszieren, mit Abscheu zurückweisen, jmdm. ist angst / himmelangst / bange, jmdm. ist angst und bange / *(schweiz.)* wind und weh, Bange /

Bammel / Manschetten / Heidenangst haben *(ugs.)*, Lampenfieber haben, Fracksausen / Frackschoßsausen haben *(salopp)*, die Hose [gestrichen] voll / Schiss haben *(derb)*, jmdm. ist schwumm[e]rig *(salopp)*, jmdm. sitzt die Angst im Nacken, vor Angst mehr tot als lebendig sein, vor Angst sterben / *(ugs.)* eingehen, Blut und Wasser schwitzen, nicht ↑mutig [sein]; ↑ärgern, ↑aufgeregt [sein], ↑deprimiert [sein], ↑entziehen (sich), ↑fremdeln, ↑schämen (sich); **jmdm. A. machen,** ängstigen, erschrecken, Angst / einen Schreck[en] einjagen, Panik machen, den Schimmel wild machen *(ugs.)*, die Katze den Buckel hinaufjagen *(schweiz.)*; ↑einschüchtern, ↑entmutigen, ↑mutlos [machen]; **A. bekommen,** Angst kriegen *(ugs.)*, jmdm. bricht der Angstschweiß aus, kalte Füße / eine Gänsehaut bekommen (oder:) kriegen *(ugs.)*, in den Knien weich werden *(ugs.)*, jmdm. fällt / rutscht das Herz in die Hose[n] *(ugs.)*, jmdm. wird angst und bange / *(schweiz.)* wind und weh; ↑ängstlich.
²Angst: A. kriegen ↑Angst [bekommen]; in tausend Ängsten schweben ↑sorgen (sich).
Angstangriff ↑Angriff.
angstbebend ↑ängstlich.
angsterfüllt ↑ängstlich.
angstfrei: ↑[ohne] Angst, ↑ungezwungen.
angsthaft ↑ängstlich.
Angsthase ↑Feigling.
ängstigen: ↑Angst [haben, machen]; sich ä. um ↑sorgen (sich).
Angstkauf ↑Kauf.
ängstlich, furchtsam, schreckhaft, phobisch, bang, besorgt, angsterfüllt, angstvoll, angsthaft *(veraltend)*, angstbebend, angstschlotternd, angstverzerrt (vom Gesicht), zähneklappernd *(ugs.)*, bänglich, beklommen, scheu, schüchtern, verschüchtert, eingeschüchtert, verschreckt, dasig *(südd., österr.)*, verängstigt, zaghaft, zag, abergläubisch, gehemmt, befangen, verklemmt *(abwertend)*, neurotisch, nicht ↑ungezwungen; ↑argwöhnisch, ↑aufgeregt, ↑behutsam, ↑bescheiden, ↑betroffen, ↑deprimiert, ↑feige, ↑schwermütig, ↑unzugänglich, ↑verkrampft, ↑widerwillig; **ä. sein,** Komplexe haben, sich vor seinem eigenen Schatten fürchten; ↑sorgen (sich); ↑Angst, ↑Entsetzen.
Ängstlichkeit ↑Angst.
Angstmache ↑Pessimismus.
Angstmacherei ↑Pessimismus.
Angstneurose ↑Phobie.
Angströhre ↑Kopfbedeckung.
angstschlotternd ↑ängstlich.
Angstschweiß: jmdm. bricht der A. aus ↑Angst [bekommen].
Angsttraum ↑Traum.
angstverzerrt ↑ängstlich.
angstvoll ↑ängstlich.
angucken: ↑ansehen, ↑lernen; jmdn. nicht [mehr] a. ↑ignorieren.

¹anhaben, tragen, bekleidet sein mit, aufhaben, auf dem Leib[e] / Kopf tragen (oder:) haben; ↑anbehalten; ↑anziehen; ↑bekleidet.
²anhaben: nichts a. ↑nackt [sein]; jmdm. nichts a. können ↑schaden.
anhaften, innewohnen, inhärieren; ↑einschließen; ↑inhärent.
anhaftend: ↑inhärent, ↑klebrig.
anhaken ↑markieren.
Anhalt ↑Fahrtunterbrechung.
¹anhalten (etwas / jmdn.), aufhalten, zum Stehen / Stillstand bringen, abstoppen, stoppen; **etwas a. lassen,** die Notbremse ziehen; ↑bremsen, ↑eingreifen, ↑halten.
²anhalten: ↑andauern, ↑halten, ↑mahnen; um jmdn. a. ↑werben; a. zu ↑einprägen.
anhaltend ↑unaufhörlich.
Anhalter: per A. fahren ↑mitfahren.
Anhaltspunkt: ↑Anzeichen, ↑Gedächtnisstütze.
Anhang: ↑Familie, ↑Freundeskreis.
anhängen: jmdm. den Bart a. ↑verdächtigen; jmdm. etwas / ein Maul a. ↑schlecht machen; jmdm. einen Prozess a. ↑prozessieren.
Anhänger, Jünger, Schüler [von], Parteigänger, Sympathisant, Parteigenosse, Parteimann, Mitstreiter, Mitläufer, Fußvolk *(ugs.)*, Fan, Groupie, Verehrer, Freak, Gefolgschaft, Gemeinde; ↑Abgesandter, ↑Abgott, ↑Anfänger, ↑Diener, ↑Eiferer, ↑Fan, ↑Freund, ↑Gefolgsmann, ↑Helfer, ↑Jasager, ↑Komplize, ↑Linientreuer, ↑Mannschaft, ↑Menge, ↑Mitläufer, ↑Nachahmer, ↑Opportunist, ↑Publikum, ↑Publikumsliebling, ↑Schmeichler, ↑Wähler, ↑Zuschauer; ↑etabliert.
¹anhängig, schwebend, hängig *(schweiz.)*, pendent *(schweiz.)*; ↑unerledigt.
²anhängig: eine Klage a. machen ↑prozessieren.
anhänglich ↑treu.
Anhänglichkeit: ↑Treue, ↑Zuneigung.
anhauchen ↑schelten.
anhauen: ↑ansprechen, ↑bitten; angehaut ↑defekt.
anhäufen: ↑aufbewahren, ↑aufhäufen.
Anhäufung, Häufung, Aufhäufung, Akkumulation, Akkumulierung, Kumulation, Kumulierung, Ansammlung, Sammlung, Stapelung, Aufstapelung, Aufschichtung; ↑Lagerung; ↑aufbewahren, ↑aufhäufen, ↑lagern.
anheben: ↑aufbessern, ↑heraufsetzen; etwas hebt an ↑anfangen.
Anhebung ↑Heraufsetzung.
anheften ↑befestigen.
anheimelnd ↑gemütlich.
anheim fallen: nicht der Vergessenheit a. lassen ↑wachhalten.
anheim geben: jmdm. etwas a. ↑überlassen (jmdm. etwas).
anheim stellen: jmdm. etwas a. ↑überlassen (jmdm. etwas).

anheischig: sich a. machen ↑anbieten.
anheizen: ↑ankurbeln, ↑aufwiegeln, ↑heizen.
anher ↑her.
anherrschen ↑schelten.
anheuern ↑einstellen.
Anhieb: auf A. ↑gleich.
anhimmeln ↑anschwärmen.
anhin: ↑nächst, ↑später; bis a. ↑bisher.
Anhöhe ↑Berg.
anholen: sich etwas a. ↑einhandeln (sich etwas).
anhören ↑horchen.
Anhörung ↑Verhör.
anhusten ↑schelten.
änigmatisch ↑rätselhaft.
Anilingus: ↑Koitus, ↑Perversität.
animalisch: ↑kreatürlich, ↑triebhaft.
Animateur: ↑Begleiter, ↑Betreuer.
Animierdame ↑Bardame.
animieren ↑anregen.
Animiermädchen ↑Bardame.
Animo ↑Temperament.
animos ↑gegnerisch.
Animosität ↑Abneigung.
Animus: ↑Ahnung; einen A. haben ↑merken.
Anis ↑Gewürz.
Anisbrot ↑Gebäck.
¹ankämpfen (gegen etwas), bekämpfen, befehden, angehen / vorgehen gegen, Front machen, zu Felde ziehen gegen, entgegentreten, begegnen, entgegenwirken, entgegenarbeiten, kämpfen · *gegen etwas schon Bewilligtes o. Ä.:* offene Türen einrennen · *gegen etwas Eingebildetes oder Aussichtsloses:* gegen Windmühlen / Windmühlenflügel kämpfen; ↑einschreiten, ↑verhindern.
²ankämpfen: a. gegen ↑hindern.
Ankauf ↑Kauf.
ankaufen: ↑kaufen, ↑niederlassen.
Ankäufer ↑Händler.
Anke ↑Nacken.
ankeilen ↑bitten.
anken ↑buttern.
Anken ↑Fett.
Anker: die A. lichten ↑abgehen; A. werfen, vor A. gehen / liegen ↑ankern; vor A. gehen ↑heiraten.
Ankerkreuz ↑Kreuzzeichen.
ankern, anlegen, Anker werfen, vor Anker gehen / liegen; ↑landen; ↑Anlegebrücke, ↑Hafen, ↑Schiff.
Ankerplatz ↑Anlegebrücke.
Ankerwinde ↑Winde.
¹Anklage, Klage, Zivilklage, Privatklage, Hauptklage, Nebenklage, Gegenklage, Widerklage, Feststellungsklage, Anfechtungsklage, Beleidigungsklage, Schadenersatzklage; ↑Angeklagter, ↑Kläger; ↑prozessieren.
²Anklage: soziale A. ↑Gesellschaftskritik; A. erheben ↑prozessieren.
anklagen ↑verdächtigen.

Ankläger ↑Kläger.
Anklagezustand: jmdn. in A. versetzen ↑prozessieren.
Anklang: A. finden ↑Anerkennung [finden], ↑Beifall [finden]; angesehen [sein] ↑gefallen.
ankleben ↑befestigen.
ankleiden ↑anziehen.
Ankleidetisch, Toilette[n]tisch, Frisiertoilette, Toilette, Frisiertisch, Psyche *(österr.).*
anklingeln ↑anrufen.
anklingen, mitschwingen, mitklingen, mit hereinspielen; ↑gleichen.
anknipsen ↑anstellen.
anknüpfen: Beziehungen a. ↑Kontakt [aufnehmen]; Beziehungen / Verbindungen a. ↑anbahnen (etwas); ein Gespräch a. ↑anbandeln, ↑ansprechen.
anknurren ↑schelten.
ankohlen ↑anführen.
ankommen: ↑geboren [werden], ↑kommen; ein Kind ist angekommen ↑gebären; etwas kommt an, gut a. ↑angesehen [sein]; bei jmdm. [gut] a. ↑gefallen; nicht a. ↑spielen, ↑Erfolg, ↑Misserfolg [haben]; etwas kommt jmdn. an ↑überkommen; etwas kommt an auf ↑abhängen; a. gegen ↑beikommen.
ankoppeln ↑einrasten.
ankotzen ↑anwidern.
ankratzen: sich jmdn. a. ↑anbandeln.
ankreiden ↑übel nehmen.
ankreuzen ↑markieren.
ankümmeln: sich einen a. ↑betrinken (sich).
ankünden: ↑Anzeichen [sein für etwas], ↑mitteilen.
ankündigen: ↑androhen (jmdm. etwas), ↑mitteilen.
Ankündigung ↑Nachricht.
¹Ankunft, das Eintreffen, Einfahrt, das Einlaufen, Landung, Arrival; ↑Landung.
²Ankunft: ↑Geburt.
ankurbeln, vorantreiben, in Gang / Schwung bringen, anheizen, Dampf hinter etwas machen / setzen *(ugs.),* durchstarten, Gas geben, grünes Licht geben, mit Volldampf voraus!; ↑anstacheln, ↑verstärken, ↑verwirklichen.
ankuscheln: sich a. ↑anschmiegen (sich).
anlachen: sich jmdn. a. ↑anbandeln.
¹Anlage, Disposition, Empfänglichkeit, Anfälligkeit, Neigung [zu].
²Anlage: ↑Begabung, ↑Investition, ↑Park, ↑Struktur, ↑Veranlagung, ↑Wesen; als / in der A. ↑anbei.
anlangen: ↑berühren, ↑kommen.
anlappen ↑schelten.
¹Anlass, Beweggrund, Triebfeder, Grund, Daseinsberechtigung, Existenzberechtigung, Ursache, Verursachung, Motiv, Veranlassung, Handhabe, Gelegenheit, Rücksichten · *zum Streit:* Casus Belli *(bildungsspr.)* · *mit dem eine allgemeine [journalistische] Darstellung verbunden werden kann:* Aufhänger, Einstieg; ↑Argu-

ment, ↑Entstehung, ↑Grundlage, ↑Impuls, ↑Reiz; ↑veranlassen, ↑verursachen.

²Anlass: jmd. nimmt etwas zum A. ↑veranlassen.

anlassen: ↑anbehalten; etwas lässt sich an ↑anfangen.

anlasten, zur Last legen, belasten; ↑übel nehmen, ↑verdächtigen.

anlaufen: etwas läuft an ↑anfangen.

anläuten ↑anrufen.

Anlegebrücke, Anlegestelle, Landungssteg, Landesteg, Steg, Schiffsgelände, Lände, Landebrücke, Landungsbrücke, Anlegeponton, Steiger, Bootssteg, Schiffsbrücke, Ankerplatz, Reede; ↑Brücke, ↑Hafen, ↑Treppe; ↑ankern.

anlegen: ↑ankern, ↑anziehen, ↑entwerfen, ↑zahlen; ein Lager a. ↑lagern; Trauer angelegt haben ↑Trauerkleidung [tragen]; einen Verband a. ↑verbinden; Zügel a. ↑bändigen; keine Zügel a. ↑einschränken; sich mit jmdm. a. ↑Streit [anfangen].

Anlegeponton ↑Anlegebrücke.

Anlegestelle ↑Anlegebrücke.

anlehnen, lehnen, stützen; ↑anschmiegen (sich), ↑berühren, ↑stützen.

anlehnungsbedürftig, anschmiegsam, liebebedürftig, Kontakt suchend, Schutz suchend; ↑folgsam, ↑treu.

¹Anleihe, Darleh[e]n, Darleihen *(schweiz.)*, Kredit, Dispositionskredit, Überziehungskredit, Hypothek, Aushilfe, Vorschuss, Vorauszahlung, Pump *(salopp)*, Borg *(ugs.)*; ↑Guthaben, ↑Hypothek, ↑beleihen.

²Anleihe: ↑Schuld, ↑Wertpapier.

anleiten ↑einarbeiten.

Anleiter: ↑Berater, ↑Instrukteur.

Anleitung: ↑Gebrauchsanweisung, ↑Unterricht.

anlernen: ↑einarbeiten; sich etwas a. ↑lernen.

Anlernling ↑Lehrling.

anliefern ↑liefern.

Anlieferung ↑Lieferung.

anliegen: sich etwas angelegen sein lassen ↑bestreben (sich); jmdm. a. [mit etwas] ↑bitten; jmdm. liegt etwas an ↑wichtig [sein].

Anliegen: ↑Bitte; etwas ist jmds. A. ↑wichtig.

anliegend ↑anbei.

Anlieger ↑Anwohner.

Anliegerverkehr, Anrainerverkehr *(bes. südd., österr.)*, Anwänderverkehr *(schweiz.)*; ↑Anwohner.

anlocken, heranlocken, anziehen; ↑verleiten.

anlöten ↑löten.

anlügen ↑lügen.

Anmache: ↑Kontakt, ↑Zudringlichkeit.

anmachen: ↑anbandeln, ↑ansprechen, ↑anstellen, ↑befestigen, ↑begeistern, ↑behelligen, ↑kochen, ↑reizen; Feuer / den Ofen a. ↑heizen.

Anmahnung ↑Ermahnung.

¹anmalen, bemalen, übermalen, bestreichen, anpinseln *(ugs.)*, bepinseln *(ugs.)*, überpinseln

(ugs.), färben, anfärben, einfärben, umfärben; ↑malen, ↑schminken, ↑streichen, ↑zeichnen; ↑Malerei.

²anmalen: sich a. ↑schminken.

anmarschieren ↑kommen.

anmaßen: sich etwas / ein Urteil a. ↑erdreisten (sich).

Anmaßung ↑Überheblichkeit.

anmeiern ↑betrügen.

Anmeldebestätigung, polizeiliche Anmeldung, Meldeschein, Meldezettel *(österr.)*, Anmeldeformular, Meldebogen; ↑Einwohnermeldeamt.

Anmeldeformular ↑Anmeldebestätigung.

¹anmelden (sich), sich einschreiben / eintragen · an einer Hochschule: sich immatrikulieren, inskribieren *(österr.)*; ↑ausschließen, ↑mitteilen · Ggs. ↑abmelden (sich).

²anmelden: ↑mitteilen; Konkurs a. ↑zahlungsunfähig [sein].

Anmelderaum ↑Vorzimmer.

Anmelderolle ↑Nebenrolle.

¹Anmeldung, Einschreibung, Eintragung · an einer Hochschule: Immatrikulation, Inskription *(österr.)*; ↑anmelden.

²Anmeldung: ↑Vorzimmer; polizeiliche A. ↑Anmeldebestätigung.

anmerken ↑aufschreiben; jmdm. etwas anmerken ↑bemerken.

¹Anmerkung, Marginalie, Glosse, Randbemerkung, Zusatz · unter einem Text: Fußnote; ↑Auslegung, ↑Darlegung; ↑auslegen.

²Anmerkung ↑Bemerkung.

anmieten ↑mieten.

anmit ↑hiermit.

Anmoderation ↑Einleitung.

anmontieren ↑befestigen.

Anmut, Liebreiz, Reiz, Lieblichkeit, Schmelz, Zartheit, Zauber, Grazie, Charme, Liebenswürdigkeit, Sexappeal, das gewisse Etwas; ↑Anziehungskraft, ↑Zuneigung; ↑anziehend, ↑hübsch.

anmuten: etwas mutet jmdn. an [wie] ↑vermuten.

anmutig ↑hübsch.

annadeln ↑befestigen.

annagen ↑befestigen.

annagen, zernagen, anfressen, zerfressen; ↑abfressen, ↑kauen.

annähern: einander a. ↑abstimmen (auf etwas).

annähernd: ↑einigermaßen, ↑ungefähr; a. gleich ↑gleichartig.

Annäherung: ↑Anpassung, ↑Kontakt.

Annäherungsversuch ↑Zudringlichkeit.

Annahme: ↑Ahnung, ↑Behauptung, ↑Entgegennahme; man geht wohl nicht fehl in der A., dass ... ↑Recht.

Annahmestelle, Übernahmestelle *(österr.)*, Ablage *(schweiz.)* · für das Lotto: Lottokollektur *(österr.)*, Kollektur *(österr.)*; ↑Zweigstelle.

Annähung ↑Operation.

Annalen: ↑Chronik, ↑Jahrbuch.

Annalist ↑Chronist.

annehmbar, akzeptabel, passabel, leidlich, erträglich, auskömmlich, zufriedenstellend; ↑ausreichend, ↑notdürftig, ↑zweckmäßig; **a. sein,** tragbar sein; **als a. darstellen,** jmdn. etwas schmackhaft machen; ↑gewinnen (jmdn. für etwas).

¹annehmen (sich einer Sache), sich kümmern um, sich einsetzen für, einer Sache das Wort reden; ↑eintreten (für), ↑erwirken, ↑sorgen (sich); **sich einer Sache nicht a.,** sich den Teufel (oder:) den Henker um etwas kümmern / scheren *(ugs.);* ↑vernachlässigen; ↑Teilnahmslosigkeit.

²annehmen: ↑entgegennehmen, ↑vermuten; angenommen ↑erfunden; man kann kaum a., dass ↑ungewiss [sein]; es darf doch als sicher angenommen werden, dass ↑zweifellos; stramme Haltung a. ↑strammstehen; [einen Rat] a. ↑Acht geben; [einen Vorschlag] a. ↑billigen; sich etwas a. ↑lernen; an Kindes statt a. ↑adoptieren.

Annehmlichkeit ↑Bequemlichkeit.

annektieren, einverleiben, sich etwas aneignen, angliedern; ↑beschlagnahmen, ↑usurpieren, ↑wegnehmen; ↑Verschwörung.

Anniversarium ↑Jahrestag.

Anno: A. dazumal / Tobak / dunnemals ↑damals; A. [Domini] ... ↑Jahr; von A. dazumal / Tobak sein ↑altmodisch [sein], ↑überlebt [sein].

Annomination ↑Wortspiel.

Annonce: ↑Angebot; eine A. aufgeben ↑annoncieren.

annoncieren, inserieren, anzeigen, eine Anzeige / eine Annonce / ein Inserat aufgeben; ↑Angebot, ↑Werbung.

annullieren ↑abschaffen.

Annullierung ↑Aufhebung.

anöden: ↑aufziehen; von etwas angeödet sein ↑langweilen.

anomal ↑anormal.

Anomalie ↑Abweichung.

Anomalität ↑Abweichung.

Anomie ↑Aphasie.

¹anonym, ungenannt, namenlos, ohne Namensnennung, N. N. (nomen nescio *lat.* = „den Namen weiß ich nicht" oder: nomen nominandum *lat.* = „der zu nennende Name"), unter einem Pseudonym, inkognito, privat; ↑Anschrift, ↑Deckname.

²anonym: -er Anruf ↑Telefongespräch; -er Brief, -es Schreiben ↑Schreiben.

Anorak, Parka, Windjacke, Windbluse, Blouson, Lumberjack; ↑Jacke, ↑Kleidung.

¹anordnen, befehlen, erlassen, [ein Gesetz] verkünden, bestimmen, reglementieren, administrieren *(landsch. abwertend),* jmdn. etwas heißen, lassen (jmdn. etwas tun lassen), jmdn. auf etwas ansetzen, verfügen, festlegen, in die Wege leiten, Vorkehrungen / *(schweiz.)* Vorkeh-

ren treffen, veranlassen, jmdn. zu etwas bringen, anweisen, Auftrag / Anweisung / Befehl geben, anschaffen *(südd., österr.),* schaffen *(bayr., österr.),* Auflage erteilen, auftragen, auferlegen, jmdm. etwas auf die Seele binden *(ugs.),* überbinden *(schweiz.),* aufgeben, beauftragen, jmdn. mit etwas befassen; ↑abordnen, ↑anstacheln, ↑befolgen, ↑beordern, ↑bestellen, ↑designieren, ↑ernennen, ↑erwirken, ↑festschreiben, ↑übertragen, ↑verleiten, ↑vorschlagen, ↑wünschen, ↑zuraten; ↑Befehlsgewalt, ↑Mitbestimmung.

²anordnen: ↑betrauen, ↑gliedern; abecelich / alphabetisch / nach dem Abc / Abece / Alphabet a. ↑alphabetisieren; eine gerichtliche Untersuchung a. ↑belangen.

Anordnung: ↑Gliederung, ↑Weisung; auf A. ↑befehlsgemäß.

anormal, abnorm, abnormal, anomal, regelwidrig, normwidrig, unnormal; ↑abgöttisch, ↑außergewöhnlich, ↑krankhaft, ↑pervers, ↑unüblich; ↑Abweichung.

anpacken: ↑anfangen, ↑ergreifen.

¹anpassen, angleichen, harmonisieren, assimilieren, adaptieren, sich gewöhnen an / eingewöhnen / akklimatisieren / einfügen / fügen / einordnen / unterordnen / einleben · *an die allgemeine Entwicklung:* dynamisieren; ↑abstimmen, ↑eingliedern; **sich nicht a.,** das schwarze Schaf sein; ↑anpassungsfähig, ↑unzugänglich; ↑Anpassung, ↑Außenseiter.

²anpassen: ↑abstimmen (auf etwas); sich a. ↑verbürgerlichen.

Anpassung, Abstimmung auf, Angleichung, Annäherung, Harmonisierung, Assimilierung, Assimilation, Gewöhnung, Eingewöhnung, Akklimatisierung, Akklimatisation, Einordnung, Unterordnung, Opportunismus, Adaption, Adaptation, Mimikry · *an die allgemeine Entwicklung:* Dynamisierung · *der katholischen Kirche an die modernen Lebensverhältnisse:* Aggiornamento; ↑Brauch, ↑Eingliederung, ↑Einordnung, ↑Gesinnungswandel, ↑Zugeständnis; ↑anpassen; ↑anpassungsfähig.

anpassungsfähig, flexibel, geschmeidig, rückgratlos *(abwertend),* ohne Rückgrat *(abwertend);* ↑Anpassung; ↑anpassen.

anpatzen ↑beschmutzen.

anpellen ↑anziehen.

anpfeifen ↑schelten.

Anpfiff ↑Vorwurf.

anpflanzen ↑bebauen.

Anpflanzung: ↑Bebauung, ↑Park.

anpflaumen ↑aufziehen.

anpicken ↑befestigen.

anpinseln ↑anmalen.

anpöbeln ↑ansprechen.

Anprall ↑Zusammenstoß.

anprangern ↑brandmarken.

anpreisen: ↑feilhalten; etwas wie sauer / saures Bier a. ↑feilhalten.

Anpreisung, Schlagwort, Werbespruch, Slogan, Fernsehspot, Spot, Werbetext, Werbespot; ↑Werbung.

anpumpen ↑leihen.

anquasseln ↑ansprechen.

anquatschen ↑ansprechen.

Anrainer ↑Anwohner.

Anrainerverkehr ↑Anliegerverkehr.

anranzen ↑schelten.

anraten ↑beraten.

anrechnen: ↑berücksichtigen; jmdm. ist etwas hoch anzurechnen ↑anerkennenswert.

Anrecht:↑Abonnement,↑Anspruch; sich das A. sichern auf etwas ↑Anspruch [geltend machen].

¹Anrede, Titulierung, Betitelung · *an einen regierenden König, Kaiser bzw. an eine Königin, Kaiserin:* Euer Majestät · *an einen königlichen Prinzen, regierenden Herzog bzw. an eine königliche Prinzessin, regierende Herzogin:* Königliche Hoheit (mündlich), Euer Königlichen Hoheit (schriftlich), Eure Königliche Hoheit (schriftlich) · *an einen nicht regierenden Herzog bzw. an eine nicht regierende Herzogin:* Hoheit (mündlich), Euer Herzoglichen Hoheit (schriftlich), Eure Herzogliche Hoheit (schriftlich) · *an fürstliche Personen:* Durchlaucht (mündlich), Euer / Eure Durchlaucht (schriftlich) · *an einen Prinzen bzw. eine Prinzessin aus nicht regierendem Hause:* Hoheit (mündlich), Euer / Eure Hoheit (schriftlich) · *an einen Grafen bzw. an eine Gräfin von hohem Adel:* Erlaucht (mündlich), Euer / Eure Erlaucht (schriftlich) · *an einen algerischen Herrscher:* Dey *(hist.),* Dei *(hist.)* · *an einen Angehörigen der türkischen Oberschicht:* Bei, Bej, Beg · *an den Rektor einer Universität:* [Eure / Euer] Magnifizenz · *an den Dekan einer Universität:* [Eure / Euer] Spektabilität · *an den Papst:* [Eure / Euer] Heiligkeit · *an einen Kardinal, an den Nuntius:* [Eure / Euer] Exzellenz · *an Patriarchen allgemein:* Eure Seligkeit · *an Erzbischöfe allgemein:* Eure Eminenz · *an einen Abt, an einen Prälaten:* Euer Gnaden · *an einen Generalvikar:* Monsignore · *an katholische Geistliche:* Ehrwürden · *an katholische und höhere evangelische Geistliche:* [Euer] Hochwürden · *an Geistliche in England und Amerika:* Reverend · *beim Gerichtsprozess:* Hohes Gericht · *an einen Richter in England und in den USA:* Euer Ehren · *an einen Generaloberen:* [Euer] Paternität · *an einen Prior:* Hochwürdiger Herr ... · *an einen Pater, an einen Ordenspriester:* Hochwürden, Pater ... · *an einen Mönch, an einen Ordensbruder:* Ehrwürden, Ehrwürdiger Bruder · *an eine Äbtissin, Priorin oder Generaloberin:* Wohlehrwürdige Frau Äbtissin / Priorin / Generaloberin · *an eine Oberin:* Ehrwürdige Schwester Oberin / Frau Oberin · *an eine Nonne, an eine Ordensschwester:* Schwester (mündlich) Ehrwürdige Schwester (schriftlich); ↑Diplomat, ↑Geistlicher, ↑Titel; ↑anreden; ↑verehrt.

²Anrede ↑Rede.

¹anreden, titulieren, benennen, mit einem Titel versehen; ↑Anrede, ↑Titel.

²anreden ↑ansprechen.

¹anregen, innervieren, aufregen, beleben, aufpulvern, aufpeitschen, anturnen *(ugs.),* antörnen *(ugs.),* aufmöbeln *(ugs.),* Auftrieb geben, aufputschen, animieren, anreizen, anfachen, motivieren, stimulieren, den Anstoß geben zu, den Stein ins Rollen bringen, initiieren · *zu hoher sportlicher Leistung:* dopen; ↑anstacheln, ↑begeistern, ↑erheitern, ↑erregen, ↑reizen, ↑überreden, ↑verleiten, ↑verursachen, ↑vorschlagen, ↑verwirren, ↑zuraten; ↑Impuls.

²anregen ↑vorschlagen.

¹anregend, belebend, aufputschend, stimulierend; ↑anregen.

²anregend ↑charmant, ↑interessant.

Anreger ↑Gründer.

Anregung: ↑Impuls; die / eine A. geben ↑vorschlagen.

¹anreichern, anfüllen, auffüllen, füllen mit, bereichern, reicher machen.

²anreichern: mit Vitaminen a. ↑vitaminieren.

Anreise ↑Reise.

anreißerisch ↑reißerisch.

Anreiz: ↑Reiz, ↑Zugkraft.

anreizen: ↑anregen, ↑reizen.

anreizend ↑zugkräftig.

Anrichte ↑Möbel.

¹anrichten, anstellen, [eine Dummheit] machen, ausfressen *(salopp),* pekzieren *(landsch.),* verbrechen *(salopp),* verzapfen *(salopp);* ↑ausfressen, ↑tun, ↑zuraten.

²anrichten ↑kochen.

Anrichtetisch, Serviertisch, stummer Diener · *fahrbarer:* Servierwagen, Teewagen; ↑Speiseplatte, ↑Tisch.

anrüchig, berüchtigt, verschrien, übel beleumdet, in üblem Geruch stehend, einen schlechten Leumund habend, halbseiden, verrufen, fragwürdig, bedenklich, verdächtig, undurchsichtig, unheimlich, lichtscheu, nicht ganz hasenrein / astrein *(ugs.),* zweifelhaft, dubios, ominös, notorisch, obskur, suspekt, nicht ↑unverdächtig; nicht ↑angesehen; ↑anstößig, ↑bekannt, ↑gewöhnlich; ↑ungewiss; ↑gelten (als jmd. / etwas).

Anrüchigkeit, Hautgout, übler Beigeschmack, Odium, Makel; ↑Makel.

anrücken ↑kommen.

Anruf ↑Telefongespräch.

anrufbar: -e Telefonzelle ↑Telefonzelle.

¹anrufen, telefonieren, sich an die Strippe hängen *(salopp),* anläuten, anklingeln *(ugs.),* antelefonieren *(ugs.)* · *später noch einmal anrufen:* [jmdn.] zurückrufen; ↑telefonieren (mit jmdm.); ↑Fernsprech, ↑Fernsprecher, ↑Telefonverbindung, ↑Telefonzelle.

²anrufen: ↑bitten, ↑Lebenszeichen; jmdn. a. ↑herantreten (an); das Gericht / die Gerichte a. ↑prozessieren; Gott a. ↑beten.

Anrufung: A. Gottes ↑Gebet.

anrühren: ↑berühren, ↑rühren; etwas rührt jmdn. an ↑überkommen; keinen Bissen a. ↑essen.

anrüsten ↑Baugerüst.

ansäen ↑bebauen.

¹Ansager, Showmaster, Conférencier · *für Nachrichten:* Nachrichtensprecher · *für Zwischentexte beim Fernsehen:* Moderator · *bei Schallplattendarbietungen:* Schallplattenjockey, Diskjockey; ↑Revue, ↑Schallplatte, ↑Sprecher, ↑Unterhalter, ↑Vergnügungsindustrie, ↑Vortragskünstler, ↑Vortragskünstlerin.

²Ansager ↑Sprecher.

ansammeln: ↑aufbewahren; [Geld] sammelt sich an ↑zusammenkommen.

¹Ansammlung, Auflauf, Zusammenrottung, Aufmarsch, Gedränge, Getümmel, Gewimmel, Gewühl, Gewusel, Gewurl *(österr.);* ↑Demonstration, ↑Menge, ↑Zustrom.

²Ansammlung: ↑Abteilung, ↑Anhäufung.

ansässig ↑einheimisch.

ansaufen: sich einen a. ↑betrinken (sich).

Ansaugung ↑Absorption.

Anschaffe: auf die A. gehen ↑prostituieren (sich).

anschaffen: ↑anordnen, ↑kaufen, ↑prostituieren (sich), ↑verdienen; [sich jmdn.] a. ↑anbandeln; sich ein Kind a. ↑schwanger [sein].

Anschaffung ↑Kauf.

Anschaffungspreis ↑Neuwert.

Anschaffungswert ↑Neuwert.

anschalten ↑anstellen.

anschauen: ↑ansehen, ↑lernen; nicht mehr a. ↑ignorieren.

¹anschaulich, eidetisch, bildhaft, ikonisch, sinnfällig, deutlich, verständlich, sprechend, lebendig, wirklichkeitsnah, bilderreich, farbig, einprägsam, drastisch, plastisch, demonstrativ, veranschaulichend, illustrativ, praxisnah, nicht theorielastig, nicht praxisfern; nicht ↑lebensfremd; ↑bildlich, ↑konkret, ↑metaphorisch, ↑sinnbildlich; **a. machen,** ad oculos demonstrieren, deutlich vor Augen führen, illustrieren; ↑auslegen, ↑veranschaulichen; ↑Anschaulichkeit, ↑Veranschaulichung.

²anschaulich: ↑klar; a. machen ↑veranschaulichen.

Anschaulichkeit, Bildhaftigkeit, Einprägsamkeit, Sinnfälligkeit, Deutlichkeit, Verständlichkeit, Lebendigkeit, Wirklichkeitsnähe, Farbigkeit; ↑Veranschaulichung; ↑veranschaulichen; ↑anschaulich.

Anschauung ↑Ansicht.

Anschauungsmaterial ↑Lehrmittel.

¹Anschein, Aussehen, Erscheinungsbild, Schein, Augenschein; ↑Eigenschaft.

²Anschein: dem A. nach ↑anscheinend.

anscheinend, dem Anschein nach, wie es scheint, vermutlich, vermeintlich, es sieht so aus, es ist denkbar / möglich, es kann sein, es ist

nicht ausgeschlossen, dass ..., mutmaßlich, wahrscheinlich, höchstwahrscheinlich, aller Wahrscheinlichkeit nach, voraussichtlich, aller Voraussicht nach, wenn nicht alle Zeichen trügen, wohl; ↑angeblich, ↑offenbar, ↑ungewiss, ↑vielleicht; ↑Anschein; ↑meinen, ↑vermuten.

anscheißen: ↑betrügen, ↑schelten; angeschissen kommen ↑kommen.

anschicken (sich, etwas zu tun); sich rüsten / sich fertig machen / Anstalten machen / Miene machen / im Begriff sein / dabei sein / ansetzen, etwas zu tun; zu etwas rüsten, in etwas begriffen sein, Vorbereitungen zu etwas treffen; ↑anbahnen, ↑anfangen.

anschießen: ↑beschießen, ↑schwängern; jmdn. a. ↑beanstanden.

Anschiss: ↑Vorwurf; einen A. verpassen ↑schelten.

Anschlag: ↑Plakat, ↑Überfall; in A. bringen ↑berücksichtigen.

Anschlagbrett, Anschlagtafel, Schaukasten, Aushang, schwarzes Brett; ↑Schaufenster; ↑brandmarken, ↑mitteilen, ↑veröffentlichen.

anschlagen: ↑anzapfen, ↑bellen; einen Ton / eine Tonart a. ↑sprechen; einen anderen Ton a. ↑eingreifen.

Anschlagsäule ↑Litfaßsäule.

Anschlagtafel ↑Anschlagbrett.

anschließen: ↑nachrücken; sich a. ↑beitreten; sich jmdm. a. ↑begleiten; sich nicht der herrschenden Meinung a. ↑entgegenstellen (sich).

anschließend ↑hinterher.

Anschluss: ↑Kontakt, ↑Okkupation, ↑Telefonanschluss, ↑Verkehrsverbindung; A. finden ↑Kontakt [finden]; A. suchen ↑Kontakt [aufnehmen]; den A. verpassen ↑heiraten, ↑versäumen; den A. verpasst haben ↑ledig [sein]; keinen A. bekommen / kriegen ↑telefonieren (mit jmdm.); im A. ↑hinterher.

anschmettern ↑lügen.

anschmiegen (sich), sich ankuscheln / schmiegen an / kuscheln an; ↑anlehnen.

anschmiegsam ↑anlehnungsbedürftig.

anschmieren: ↑anführen, ↑betrügen; sich a. ↑schminken; angeschmiert werden ↑hereinfallen.

anschnauben ↑schelten.

anschnauzen ↑schelten.

Anschnauzer ↑Vorwurf.

anschneiden ↑erwähnen.

Anschoppung ↑Blutandrang.

anschrauben ↑anbringen.

¹anschreiben, Kredit geben, auf Borg geben; ↑leihen.

²anschreiben: jmdn. a. ↑herantreten (an); gut angeschrieben sein ↑angesehen [sein].

anschreien ↑schelten.

Anschrift, Adresse, Aufenthaltsort, Wohnungsangabe · *wenn die richtige nicht bekannt werden soll:* Deckanschrift, Deckadresse; ↑Absender, ↑Empfänger; **mit einer A. versehen,** mit einer Adresse versehen, etwas adressieren; ↑Wohnung.

Anschriftenbuch ↑Adressbuch.

Anschriftenverzeichnis ↑Adressbuch.

anschuldigen ↑verdächtigen.

Anschuldigung ↑Beschuldigung.

anschüren ↑anzünden.

anschwärmen, schwärmen für, anhimmeln, verhimmeln, sich begeistern für, begeistert sein von, Feuer und Flamme sein, schmachten nach, angetan sein von *(ugs.),* sich erwärmen für; ↑begeistern, ↑loben, ↑streben; ↑Abgott, ↑Publikumsliebling.

anschwärzen ↑schlecht machen.

anschweißen ↑löten.

anschwellen: ↑steif [werden], ↑zunehmen.

Anschwemmungsküste ↑Ufer.

anschwindeln ↑lügen.

¹ansehen, anschauen, anblicken, betrachten, besichtigen, beschauen, beobachten, studieren, in Augenschein nehmen, beaugenscheinigen *(scherzh.),* beaugapfeln *(scherzh.),* beäugeln, beäugen *(ugs., scherzh.),* mustern, kein Auge von jmdn. / etwas wenden, jmdn. [mit Blicken] messen, fixieren, anstarren, anglotzen *(abwertend),* anstieren, angaffen, *(abwertend),* besehen, beglotzen *(abwertend),* begaffen *(abwertend),* angucken, begucken, blicken auf, den Blick heften auf, den Blick nicht abwenden können, kein Auge von jmdn. / etwas lassen, jmdn. einen Blick zuwerfen / schenken / gönnen, einen Blick werfen auf, anglupschen *(abwertend)* · *voll Staunen und Begierde:* jmdn. / etwas mit den Augen verschlingen, Stielaugen machen *(ugs.),* jmdn. gehen die Augen über · *besonders scharf:* jmdn. mit Blicken durchbohren, jmdn. scharf ins Auge fassen; ↑begutachten, ↑blicken, ↑blinzeln, ↑forschen, ↑sehen · **jmdn. nicht a.** ↑ignorieren; ↑Anblick, ↑Auge, ↑Besichtigung, ↑Vernissage, ↑Zuschauer.

²ansehen: als selbstverständlich a. ↑voraussetzen; angesehen werden als ↑gelten (als jmd. / etwas); jmdm. etwas an der Nase / Nasenspitze a. ↑bemerken; a. für ↑beurteilen; etwas nicht mit a. können ↑betroffen [sein]; jmdn. / etwas mit scheelen Augen a. ↑neiden; jmdn. über die Achsel a. ↑umgehen (mit jmdm.).

¹Ansehen, Ehre, Würde, Stolz, Höhe, Größe, Format, Bedeutung, Wichtigkeit, Geltung, Nimbus, Ruf, Prestige, Sozialprestige, Unbescholtenheit, [guter] Name, Leumund, Renommee, Reputation, Autorität, Gewicht, Einfluss, Rang, Profil, Stand, Image, Gesichtskosmetik *(ugs., scherzh.),* Persönlichkeitsbild, Visitenkarte; ↑Achtung, ↑Allgemeingültigkeit, ↑Ausstrahlungskraft, ↑Autorität, ↑Einfluss, ↑Fähigkeit, ↑Gunst, ↑Lob, ↑Stellung; sein **A. verlieren,** das Gesicht verlieren; **sein A. nicht verlieren,** das Gesicht wahren; ↑billigen, ↑unterdrücken, ↑vortäuschen; ↑ehrenhaft · Ggs. ↑Nichtachtung.

²Ansehen: ↑Autorität; sein A. aufs Spiel setzen ↑bloßstellen (sich).

¹ansehnlich, stattlich, beachtlich, achtenswert *(schweiz.),* ziemlich [groß, hoch], statiös, ordentlich, recht *(schweiz.),* artig *(schweiz.);* ↑reichlich, ↑sehr.

²ansehnlich ↑außergewöhnlich.

an sein ↑funktionieren.

¹ansetzen, anberaumen, auf das Programm / den Spielplan setzen, vorsehen, ins Auge fassen; ↑entwerfen, ↑planen, ↑vorhaben.

²ansetzen: ↑verlängern; a., etwas zu tun ↑anschicken (sich, etwas zu tun); Daumenschrauben a. ↑nötigen; den Rotstift a. ↑verringern; Fett / Speck a. ↑dick [werden]; Moos a. ↑altern; [den Preis] zu hoch a. ↑Wucher; Rost a. ↑rostig [werden]; jmdn. auf etwas a. ↑anordnen; zur Landung a. ↑landen.

¹Ansicht, Meinung, Stellungnahme, Standpunkt, Überzeugung, Anschauung, Auffassung, Vorstellung, Präsum[p]tion, Hypothese, Supposition · *in der Öffentlichkeit herrschende:* Communis Opinio · *die nur aus Trotz oder Prinzip, ohne sachliche Gründe beibehalten wird:* Justamentstandpunkt *(österr.);* ↑Ahnung, ↑Behauptung, ↑Denkweise, ↑Einbildung, ↑Expertise, ↑Gesichtspunkt, ↑Lehre, ↑Urteil; ↑beurteilen; **nach jmds. A.,** nach jmds. Meinung / Dafürhalten, meines Erachtens; **der gleichen A. sein,** mit jmdm. einer Meinung sein, gleichen Sinnes / eines Sinnes sein, ins gleiche Horn blasen / stoßen / tuten *(salopp),* in dieselbe / die gleiche Kerbe hauen *(salopp);* **merkwürdige Ansichten haben,** ein sonniges Gemüt haben *(iron.);* ↑meinen, ↑umschwenken; ↑beliebig.

²Ansicht: ↑Anblick, ↑Bild, ↑Meinungsverschiedenheit; der A. sein ↑meinen.

ansichtig: a. werden ↑wahrnehmen.

Ansichtskarte ↑Schreiben.

ansiedeln: sich a. ↑niederlassen (sich).

Ansiedler ↑Einwanderer.

ansinnen: jmdm. etwas a. ↑verlangen.

Ansinnen ↑Vorschlag.

Ansitz ↑Haus.

ansonsten ↑außerdem.

anspannen: etwas spannt an ↑beschwerlich [sein]; alle Kräfte a. ↑anstrengen (sich).

Anspannung ↑Anstrengung.

ansparen ↑sparen.

anspazieren: anspaziert kommen ↑kommen.

anspielen: a. auf ↑abzielen (auf), ↑Hinweis [geben].

Anspielung: ↑Spitze; etwas ist eine A. auf jmdn. ↑münzen.

anspinnen: sich a. ↑entstehen.

anspitzen: ↑schärfen, ↑spitz [machen]; angespitzt ↑geschärft, ↑spitz; jmdn. a. ↑lenken.

anspornen: ↑anstacheln; -d ↑zugkräftig.

Ansprache: ↑Kontakt, ↑Rede; eine A. halten ↑vortragen.

ansprechbar ↑aufgeschlossen.

¹ansprechen, ein Gespräch beginnen / anknüpfen, das Wort an jmdn. richten, jmdn. adressieren, jmdn. apostrophieren, anreden, anquatschen *(salopp),* anquasseln *(salopp),* anhauen *(salopp),* anmachen *(abwertend),* anpöbeln *(abwertend);* ↑begrüßen, ↑bezeichnen (als), ↑bitten, ↑unterhalten (sich).

²ansprechen: ↑reagieren; jmdn. a. ↑herantreten (an); jmdn. a. auf ↑auskundschaften; etwas mit etwas a. ↑abzielen (auf); a. um ↑bitten.

ansprechend ↑interessant.

Ansprecher ↑Antragsteller.

Ansprechpartner: ↑Freund, ↑Freundin.

Ansprechpartnerin ↑Freundin.

¹Anspruch, Anrecht, Recht [auf], Anwartschaft, Gewohnheitsrecht, Anforderung, Mindestforderung, Forderung; ↑Abonnement, ↑Berechtigung, ↑Bitte, ↑Recht, ↑Vorrecht; **Ansprüche geltend machen,** Anspruch machen / erheben auf, sein Recht geltend machen auf, beanspruchen, sich etwas sichern, sich das Anrecht sichern auf etwas, vormerken lassen, vorbestellen, besetzen (Platz), belegen (Platz).

²Anspruch: ↑Claim; Ansprüche erheben / stellen ↑bestehen (auf); Ansprüche stellen ↑fordern; in A. nehmen ↑beanspruchen; viel Zeit in A. nehmend ↑zeitraubend.

anspruchslos ↑bescheiden.

Anspruchslosigkeit ↑Bescheidenheit.

¹anspruchsvoll, wählerisch, unbescheiden, prätentiös, nicht ↑bescheiden; ↑arrogant; ↑Fachmann.

²anspruchsvoll: ↑hochtrabend; nicht a. ↑bescheiden.

anstacheln, anspornen, aufstacheln, anstiften, anzetteln, ins Werk setzen, anfeuern, aneifern *(südd., österr.),* beflügeln, befeuern, antreiben, in Gang bringen, jmdn. zu etwas bringen / bewegen / inspirieren / begeistern; schaffen, dass ...; jmdn. auf Trab bringen *(ugs.),* jmdm. Beine machen *(salopp),* jmdm. Dampf machen *(salopp),* jmdm. einheizen *(ugs.),* mennen *(schweiz.),* jmdn. auf Touren bringen *(salopp) · ein Pferd [vor einem Hindernis]:* aufnehmen, versammeln; ↑anfangen, ↑ankurbeln, ↑anordnen, ↑anregen, ↑aufwiegeln, ↑begeistern, ↑beseelen, ↑bitten, ↑mobilisieren, ↑überreden, ↑verleiten, ↑verstärken, ↑verursachen, ↑zuraten; ↑Reiz.

Anstalt: ↑Institut; -en machen, etwas zu tun ↑anschicken (sich, etwas zu tun).

Anstaltsarzt ↑Arzt.

Anstand: ↑Benehmen, ↑Hochsitz, ↑Höflichkeit; ohne Anstände ↑anstandslos.

¹anständig, grundanständig, unbescholten, tugendhaft, züchtig, sittsam, nicht ↑anstößig; ↑angemessen, ↑angesehen, ↑artig, ↑ehrenhaft, ↑lauter, ↑sittlich, ↑zurückhaltend; **a. sein,** auf dem Pfad der Tugend wandeln *(geh.);* **a. bleiben,** die Ehre bewahren, jmdm. keine Schande machen; ↑ziemen (sich); ↑Bloßstellung, ↑Sitte.

²anständig: ↑entgegenkommend, ↑jungfräulich; sich a. benehmen ↑benehmen (sich).

Anständigkeit, Wohlanständigkeit, Fairness, Fairplay; ↑Treue.

Anstandsbesuch ↑Besuch.

anstandslos, ohne weiteres, ohne Bedenken / Anstände, ungeprüft, unbesehen, bedenkenlos, blanko, selbstverständlich, selbstredend, natürlich, bereitwillig, gern, mit Vergnügen, kritiklos, kurzerhand; ↑rundheraus, ↑ungefähr.

anstarren ↑ansehen.

anstatt, anstelle, für, dafür, ersatzweise, stellvertretend, im Austausch.

anstauen ↑aufstauen.

anstaunen ↑bestaunen.

anstecken: ↑anzapfen, ↑anzünden, ↑beeinflussen, ↑befestigen; sich a. ↑krank [werden]; sich eine a. ↑rauchen.

ansteckend ↑virulent.

Anstecknadel: ↑Brosche, ↑Plakette.

Ansteckung, Infekt, Übertragung, [Schmier]-infektion; ↑Krankheit; ↑verseuchen; ↑krank.

anstehen: ↑unerledigt [sein], ↑vormerken, ↑warten; nicht a., etwas zu tun ↑zögern; a. auf ↑abhängig [sein von].

anstehend ↑unerledigt.

ansteigen ↑zunehmen.

anstelle ↑anstatt.

¹anstellen (ein Gerät o. Ä.), einstellen, einschalten, anschalten, andrehen *(ugs.),* aufdrehen *(österr.),* anmachen, anknipsen *(ugs.) · * Ggs. ↑abstellen.

²anstellen: ↑anrichten, ↑bewerkstelligen, ↑einstellen; sich a. ↑schämen (sich), ↑warten; angestellt sein ↑funktionieren; Ermittlungen a. ↑nachforschen; die Heizung a. ↑heizen; ein Verhör a. ↑vernehmen; Reflexionen a. ↑denken.

anstellig, gelehrig, brauchbar, verwendbar, ankehrig *(schweiz.),* geschickt, praktisch, fingerfertig; nicht ↑unzugänglich; ↑bereit, ↑geschickt, ↑zweckmäßig.

Anstellleiter ↑Leiter (die).

¹Anstellung, Stellung, Stelle, Posten, Position, Amt, Pfründe, Funktion · *gesicherte, für immer:* Lebensstellung, Dauerstellung · *in einem festen Beamtenverhältnis:* Beamter auf Lebenszeit, Pragmatisierung *(österr.);* ↑Beamtenlaufbahn, ↑Beruf; **eine A. haben,** in Amt und Würden sein.

²Anstellung: ohne A. ↑arbeitslos; eine A. finden ↑einstellen.

¹ansteuern, anfliegen, anfahren, anlaufen, Kurs nehmen auf, berühren; ↑fahren.

²ansteuern ↑vorhaben.

Anstieg ↑Steigerung.

anstieren ↑ansehen.

anstiften ↑anstacheln.

Anstifter ↑Gründer.

anstimmen: ↑anfangen; ein Loblied a. ↑loben.

Anstoß: ↑Impuls, ↑Verkehrsverbindung; den

A. geben ↑anregen; A. nehmen ↑beanstanden; A. erregen ↑anstoßen.

¹anstoßen (bei jmdm.), Anstoß / Missfallen / Missbilligung / Ärgernis erregen, der Stein des Anstoßes sein, Unwillen hervorrufen, anecken *(ugs.);* ↑kränken, ↑schockieren; ↑anstößig, ↑ärgerlich; ↑Ärger.

²anstoßen: ↑stoßen; auf jmdn. / etwas a. ↑begehen; auf jmds. Wohl a. ↑zutrinken.

Anstößer ↑Anwohner.

anstößig, unschicklich, ungehörig, unziemlich, shocking, ungebührlich, unanständig, zweideutig, nicht salonfähig / *(scherzh.)* stubenrein, pikant, lasziv, schlüpfrig, schmutzig, unsittlich, unmoralisch, schlecht, wüst, liederlich, zuchtlos, verdorben, verderbt, verrucht, ruchlos, verworfen, unzüchtig, pornographisch, tierisch, zotig, schweinisch *(abwertend),* lasterhaft, sittenlos, unkeusch, unsolide, ausschweifend, obszön, nicht ↑anständig; ↑anrüchig, ↑begierig, ↑frech, ↑gemein, ↑gewöhnlich, ↑hemmungslos, ↑pervers, ↑unhöflich; **a. reden,** schweinigeln *(abwertend),* sauigeln *(abwertend),* die Sau rauslassen *(abwertend);* ↑anstoßen, ↑verwahrlosen; ↑Anstößigkeit, ↑Inzest, ↑Sittenlosigkeit, ↑Unzucht.

Anstößigkeit, Unschicklichkeit, Ungehörigkeit, Unziemlichkeit, Ungebührlichkeit, Unanständigkeit, Zweideutigkeit; ↑Sittenlosigkeit; ↑anstößig.

anstreben: ↑streben; eine Schadensbegrenzung a. ↑abschwächen.

anstreichen ↑markieren, ↑streichen; sich anstreichen ↑schminken; etwas muss im Kalender rot angestrichen werden ↑betonen.

Anstreicher ↑Maler.

¹anstrengen (sich), alle Kräfte anspannen, sich fordern, sich etwas abverlangen, seine ganze Kraft aufbieten, seinen Stolz dareinsetzen, sich ins Zeug legen *(ugs.),* nichts unversucht lassen, alle Hebel / *(ugs.)* Himmel und Hölle in Bewegung setzen, sich ins Geschirr legen, sich bemühen / befleißigen / befleißen / mühen / abmühen / abarbeiten / abschleppen / strapazieren / *(ugs.)* auf den Hosenboden setzen / *(ugs.)* abrackern / plagen / abplagen / *(ugs., landsch.)* placken / *(ugs., landsch.)* abplacken / *(österr.)* abfretten / *(ugs.)* abschuften / quälen / abquälen / *(ugs.)* schinden / *(ugs.)* abschinden /aufreiben / Mühe geben, es sich sauer werden lassen, bemüht sein, einen Versuch machen, sein Möglichstes / Bestes / das Menschenmögliche tun, sich zusammenreißen *(salopp),* versuchen / suchen + zu + Infinitiv (z. B. zu [schaffen] suchen); zusehen, dass ...; zu strampeln haben *(ugs.),* schuften *(salopp),* puckeln *(salopp),* ackern *(salopp),* asten *(salopp),* sich verausgaben *(ugs.),* krebsen *(salopp),* herumkrebsen *(salopp),* rumkrebsen *(salopp)* · *geistig:* sich in geistige Unkosten stürzen *(iron.);* ↑anfertigen, ↑arbeiten, ↑befassen (sich), ↑lernen, ↑streben,

↑übernehmen (sich), ↑wünschen, ↑zehren; **sich nicht a.,** sich Zeit lassen, sich kein Bein ausreißen *(ugs.),* eine ruhige Kugel schieben *(ugs.),* lahmarschig sein *(derb)* · nach Erfolgen: [sich] auf seinen Lorbeeren ausruhen *(ugs.),* sich zur Ruhe setzen; ↑tüchtig; ↑Anstrengung.

²anstrengen: sich a. ↑schenken; etwas strengt an ↑beschwerlich [sein].

anstrengend: ↑beschwerlich; etwas ist a. ↑zehren.

¹Anstrengung, Arbeit, Heidenarbeit *(ugs.),* Mordsarbeit *(emotional),* Sauarbeit *(derb),* Mistarbeit *(derb),* Dreck[s]arbeit *(ugs.),* Scheißarbeit *(derb),* Anspannung, Kraftanstrengung, Kraftaufwand, Kraftakt, Aktivität, Mühsal, Mühe, Bemühung, Strapaze, Mühseligkeit, G[e]frett *(südd., österr.),* Gfrött *(südd., österr.),* Mühewaltung *(gespreizt),* Beschwerlichkeit, Beschwerde, Beschwer *(veraltend),* Beschwernis, Belastung, Belastungsprobe, Zerreißprobe, Stress, Eustress (positiv), Distress (negativ), Plackerei, Knorz *(schweiz.),* Schinderei, Schufterei *(ugs.)* · *unnötige:* Kraftvergeudung, Kraftverschwendung · *für die Augen (aufgrund seiner Kleinheit):* Augenpulver *(ugs.);* ↑Arbeit, ↑Last; ↑anstrengen (sich); ↑beschwerlich.

²Anstrengung: ↑Versuch; etwas bedeutet eine große A. für jmdn. ↑beschwerlich [sein]; mit letzter A. ↑kaum.

Anstrich: sich den A. geben ↑vortäuschen.

anstückeln ↑verlängern.

Ansturm ↑Zustrom.

ansuchen ↑bitten.

Ansuchen: ↑Bitte, ↑Gesuch.

Antagonismus ↑Kontrast.

Antagonist ↑Gegner.

Antagonistin ↑Gegner.

antanzen ↑kommen.

Antarktika ↑Kontinent.

antasten: ↑berühren; etwas a. ↑verstoßen (gegen).

antatschen ↑berühren.

antauchen ↑drücken.

antediluvianisch ↑altmodisch.

anteigen ↑schwängern.

¹Anteil, Teil, Portion, Stück, Hälfte, Ration · *größter:* Hauptteil, Löwenanteil, das größte Stück, das größte Stück vom Kuchen *(ugs.),* die größere Hälfte *(ugs.),* der größte Brocken *(ugs.)* · *als Arbeit geleisteter:* Beitrag; ↑Anzahl, ↑Dosis, ↑Erbe.

²Anteil: ↑Claim, ↑Rate; A. nehmen ↑mitfühlen.

Anteilnahme: ↑Beileid, ↑Engagement, ↑Mitgefühl.

antelefonieren ↑anrufen.

¹Antenne, Radioantenne, Fernsehantenne, Außenantenne, Hausantenne, Dachantenne, Gemeinschaftsantenne, Zimmerantenne, Stabantenne, Autoantenne; ↑ausstrahlen, ↑empfangen.

²Antenne: keine A. für etwas haben ↑unzugänglich; die richtige A. haben ↑Ahnung.

Antependium ↑Parament.
Anthologie ↑Auswahl.
anthrazit ↑grau.
Anthrazit ↑Kohle.
Anthropoide ↑Affe.
Anthropologie ↑Menschenkunde.
Anthropophagie ↑Menschenfresserei.
Anthropophobie ↑Menschenverachtung.
Anthroposoph ↑Angehöriger.
Anthroposophie ↑Wissenschaft.
Anthurie, Anthurium, Flamingoblume; ↑Blume.
Antialkoholiker, Abstinenzler, Abstinent, Alkoholgegner, Nichttrinker, Mäßigkeitsapostel *(iron.),* Blaukreuzler, Guttempler, Temperenzler; ↑Enthaltsamkeit; ↑alkoholfrei, ↑enthaltsam.
antiautoritär ↑freiheitlich.
Antibabypille ↑Ovulationshemmer.
antichambrieren ↑unterwürfig [sein].
Antichrist ↑Teufel.
Antidepressivum ↑Psychopharmakon.
Antidot ↑Gegenmittel.
Antidoton ↑Gegenmittel.
Antifaschist ↑Gegner.
¹antik, griechisch-römisch; ↑altmodisch.
²antik: -er Gegenstand / Kunstgegenstand, -es Stück ↑Antiquität.
Antikommunismus ↑Faschismus.
Antikommunist ↑Gegner.
antikonzeptionell: -e Mittel ↑Empfängnisverhütungsmittel.
Antikörper, Abwehrstoff, immunisierender Blutstoff, Immunkörper, Alexine (Plural), Komplement, Zytase, Ambozeptor, Kopula, Immunisin, Intermediärkörper, Immunkörper, Sensitizer · *bei Überempfindlichkeit gegen artfremdes Eiweiß auftretender:* Reagin, Reaktionskörper, Sensibilin, Sensibilisin · *gegen tierische oder pflanzliche Giftstoffe:* Antitoxin.
Antikriegsfilm ↑Kinofilm.
Antineuralgetikum ↑Linderungsmittel.
Antinomie ↑Gegensätzlichkeit.
antinomisch ↑gegensätzlich.
Antipathie ↑Abneigung.
Antipharmakon ↑Gegenmittel.
Antipode ↑Gegner.
antippen: ↑erwähnen, ↑fragen.
Antiqua: [freie / klassizistische A.] ↑Schrift.
Antiquar ↑Buchhändler.
Antiquariat ↑Buchhandlung.
¹antiquarisch, alt, gebraucht, secondhand, nicht mehr neu, aus zweiter Hand, übertragen *(österr.),* nicht ↑neu; ↑Antiquität, ↑Laden.
²antiquarisch: ↑altmodisch; -er Gegenstand / Kunstgegenstand, -es Stück ↑Antiquität.
antiquiert ↑altmodisch.
Antiquität, Altertümer (Plural), Altertumsstück, Altertümlichkeit *(selten),* Altertümchen *(landsch.),* alter / altertümlicher / antiker / antiquarischer Gegenstand *(oder:)* Kunstgegen-

stand, altes / altertümliches / antikes / antiquarisches Stück; ↑Kunsthändler; ↑antiquarisch.
Antiquitätenhändler ↑Kunsthändler.
¹Antisemit, Judenhasser; ↑Antisemitismus, ↑Israel, ↑Israelit; ↑antisemitisch.
²Antisemit ↑Gegner.
antisemitisch, judenfeindlich; ↑Antisemit, ↑Antisemitismus.
Antisemitismus, Judenhass, Judenfeindlichkeit; ↑Antisemit; ↑antisemitisch.
Antithese ↑Gegenteil.
antithetisch ↑gegensätzlich.
Antitoxin ↑Antikörper.
antizipieren ↑vorwegnehmen.
Antlitz ↑Gesicht.
Anton: blauer A. ↑Anzug.
antönen ↑Hinweis [geben].
Antoniuskreuz ↑Kreuzzeichen.
Antonym ↑Gegensatz.
antörnen ↑anregen.
Antrag ↑Gesuch.
antragen ↑anbieten.
Antragsteller, Bittsteller, Supplikant, Petent, Ansprecher *(schweiz.).*
¹antreffen, vorfinden; ↑finden; **niemanden a.,** aufs leere Nest kommen *(ugs.);* ↑aushäusig [sein].
²antreffen: ↑finden; nicht anzutreffen sein ↑aushäusig [sein].
antreiben ↑anstacheln.
antrenzen ↑beschmutzen.
antreten: einen Gang nach Canossa a. ↑erniedrigen (sich); die Nachfolge a. ↑nachfolgen; den Rückzug a. ↑nachgeben; eine Schiffsreise a. ↑einschiffen (sich); seinen letzten Weg a. ↑sterben.
Antreten ↑Appell.
Antrieb: ↑Impuls, ↑Motor, ↑Reiz; aus eigenem A. ↑freiwillig.
Antriebsschwäche, Willensschwäche, Willensschwächung, Willenslähmung, Willenslosigkeit, Dysbulie, Abulie, Hypobulie, Anergie, Energielosigkeit; ↑Unfähigkeit, ↑Willenlosigkeit; ↑willensschwach.
antrinken: sich einen a. ↑betrinken (sich).
Antrittsbesuch ↑Besuch.
¹antrocknen, eintrocknen, verkleben, verkrusten, verschorfen; ↑trocknen.
²antrocknen ↑trocknen.
antun: ↑anziehen; sich etwas a. ↑ärgerlich [sein]; sich etwas / ein Leid a. ↑entleiben (sich); jmdm. etwas a. ↑schaden; es jmdm. angetan haben ↑gefallen, ↑verliebt [machen].
antunen ↑Rausch.
anturnen: ↑anregen, ↑begeistern, ↑Rausch.
¹Antwort, Rückantwort, Erwiderung, Entgegnung, Beantwortung, Gegenrede, Replik, Retourkutsche; ↑Reaktion; ↑antworten · Ggs. ↑Frage.
²Antwort: ↑Lösung; ablehnende / abschlägige A. ↑Ablehnung; das ist die A.! ↑Folge; die / kei-

ne A. schuldig bleiben, Rede und A. stehen, zur A. bekommen / geben ↑antworten; die A. schuldig bleiben / unterdrücken ↑schweigen.
Antwortbrief ↑Schreiben.

antworten, zur Antwort geben / bekommen, Bescheid geben, beantworten, entgegnen, erwidern, versetzen, zurückgeben, eingehen auf, reagieren, dagegenhalten, widersprechen, Widerspruch erheben, jmdm. in die Parade fahren, einwenden, einwerfen, entgegenhalten, begegnen, Einwände erheben / machen, replizieren, nichts / keine Antwort schuldig bleiben, Rede und Antwort stehen, kontern, Kontra geben · *barsch oder schnippisch:* jmdm. über den Mund fahren *(ugs.)* · *gleich:* wie aus der Pistole geschossen antworten · *mit Heftigkeit, zornig:* aufflammen, aufbegehren · *scharf:* zurückschießen; ↑abstreiten, ↑ausfüllen, ↑äußern (sich), ↑berichtigen, ↑mitteilen, ↑widerlegen, ↑widerrufen, ↑zweifeln; **nicht a.,** die Antwort schuldig bleiben, schweigen; **nicht a. können,** passen müssen *(ugs.);* ↑Antwort, ↑Reaktion · Ggs. ↑fragen.
Antwortschreiben ↑Schreiben.
Anus ↑Darmausgang.
Anus praeter ↑Darmausgang.
anvertrauen: ↑abgeben, ↑mitteilen.
anverwandeln (sich etwas), sich etwas zu Eigen machen, aneignen; ↑anpassen.
Anverwandter ↑Angehöriger.
anvettermicheln: sich a. ↑nähern (sich jmdm.).
anwachsen ↑zunehmen.
Anwalt: ↑Fürsprecher, ↑Jurist, ↑Verwalter.
¹Anwaltsbüro, Rechtsanwaltsbüro, Kanzlei, Anwaltskanzlei *(oberd.),* Rechtsanwaltskanzlei *(oberd.),* Advokaturskanzlei *(veraltend, österr.);* ↑Jurist.
²Anwaltsbüro ↑Büro.
Anwaltskanzlei: ↑Anwaltsbüro, ↑Büro.
anwandeln ↑befallen.
Anwänderverkehr ↑Anliegerverkehr.
Anwärter, Aspirant, Reflektant, Bewerber, Kandidat, Spitzenkandidat, Prätendent, Assessor, Exspektant, Postulant.
Anwartschaft ↑Anspruch.
anweisen ↑anordnen.
Anweisung: ↑Gebrauchsanweisung, ↑Weisung; A. geben ↑anordnen.
¹anwenden, verwenden, Verwendung haben für, gebrauchen, Gebrauch machen von, in Gebrauch nehmen, einsetzen, zum Einsatz bringen, verwerten, ausschlachten *(ugs.),* sich einer Sache bedienen, sich etwas dienstbar machen, benutzen, nutzen, nützen, sich etwas zunutze machen · *alle Mittel:* alle Minen springen lassen *(ugs.),* alle Register ziehen *(ugs.);* ↑ausnutzen, ↑brauchen, ↑erdreisten (sich), ↑gebrauchen, ↑verarbeiten; ↑Anwendung.
²anwenden: Gewalt a. ↑einschreiten; eine bestimmte Methode a. ↑verfahren; eine Politik der kleinen Schritte a. ↑stufenweise [vorgehen].

¹Anwendung, Verwendung, Gebrauch, Einsatz; **A. finden,** Verwendung finden, in Verwendung stehen *(österr.),* zum Einsatz kommen; ↑anwenden.
²Anwendung: ↑Kurmittel, ↑Verabreichung.
anwerben ↑einstellen (jmdn.).
Anwesen: ↑Bauernhof, ↑Besitztum.
anwesend, greifbar *(ugs.);* ↑daheim; **a. sein,** zugegen / gegenwärtig / gekommen sein, da sein, zur Stelle sein, hier bin ich, hier / sie *(ugs., berlin.),* hier!, dabei sein, vertreten sein, nicht ↑abwesend (sein); ↑existieren, ↑kommen.
Anwesenheit, Gegenwart, Zugegensein, Dabeisein; **in A. von,** im Beisein / in Gegenwart von.
anwidern, anekeln, ankotzen *(derb),* widerlich / zuwider sein, Ekel erregen; ↑angeekelt [sein], ↑nervös [machen], ↑schmecken, ↑unzugänglich [sein], ↑verabscheuen.
anwinkeln ↑beugen (sich).
Anwohner, Anlieger, Anrainer, Anstößer *(schweiz.),* Nachbar; ↑Anliegerverkehr, ↑Bewohner; ↑gegenüber.
Anwurf ↑Vorwurf.
¹Anzahl, Zahl, Vielzahl, Mehrzahl, Mehrheit, Quantum, Quantität, Unzahl, Menge, Unmenge, Masse, eine Reihe von, eine Fülle von, ein Heer von, Legion, Myriade, Unmasse · *nicht genau bekannte:* Dunkelziffer; ↑Anteil, ↑Ausmaß, ↑Dosis, ↑Rate, ↑Stück, ↑Summe; ↑zählen; ↑einige, ↑reichlich.
²Anzahl: eine A. ↑einige, ↑viele.
anzahlen ↑Anzahlung.
¹Anzahlung, Einzahlung, Angeld, Aufgeld, Handgeld; ↑Abzahlung; **eine A. leisten,** anzahlen, beangaben *(österr.);* ↑zahlen.
²Anzahlung: ↑Vorauszahlung, ↑Zahlung.
anzapfen, anstechen, anschlagen *(österr.);* ↑Behälter.
Anzeichen, Zeichen, Anhaltspunkt, Vorbote, Symptom, Erscheinung, Auspizien, Vorzeichen, Mahnung, Omen · *drohenden Unheils:* Menetekel; ↑Merkmal, ↑Nachweis, ↑Symptom; **A. sein für etwas,** anzeigen, ankünden, signalisieren, hindeuten auf.
anzeichnen ↑markieren.
Anzeige: ↑Angebot, ↑Nachricht; eine A. aufgeben ↑annoncieren; A. erstatten ↑anzeigen.
¹anzeigen, Strafanzeige / Anzeige erstatten, zur Anzeige kommen, melden, Meldung machen, zur Polizei gehen; ↑belangen, ↑bestrafen.
²anzeigen: ↑annoncieren, ↑verraten, ↑Werbung [treiben]; ↑Anzeichen [sein für etwas].
anzetteln ↑anstacheln.
¹anziehen, ankleiden, bekleiden, ausstaffieren, sich bedecken, anlegen *(geh.),* antun, sich kleiden, hineinschlüpfen, steigen in [die Hosen] *(ugs.),* in die Kleider fahren / steigen *(ugs.),* einmummeln *(fam.),* anpellen *(salopp),* aufsetzen (Hut), aufstülpen (Hut), überstülpen (Hut),

umbinden (Kopftuch, Schürze), überwerfen, überziehen, überstreifen, umhängen; ↑anhaben, ↑einhüllen (sich), ↑einkleiden, ↑schönmachen · Ggs. ↑ausziehen; **sich gut a.**, sich in Schale werfen *(salopp)*, sich stadtfein / landfein machen *(scherzh.)*; **gut angezogen sein,** in Schale sein *(salopp)* · *zu festlich:* overdressed sein; ↑geschmackvoll, ↑hübsch; ↑Anzug, ↑Kleid, ↑Kleidung.

²anziehen: ↑anlocken, ↑aufschlagen (Preis), ↑beziehen, ↑heranziehen; sich eine Jacke nicht a. ↑betreffen; sich warm a. ↑einhüllen (sich); die Zügel straffer a. ↑streng.

¹anziehend, attraktiv, anmutig, geschmeidig, lieblich, charmant, bestrickend, berückend, aufreizend, toll *(ugs.)*, doll *(salopp)*, bezaubernd, betörend, dämonisch, gewinnend, sympathisch, liebenswert, angenehm, lieb · *in erotisch-sexueller Hinsicht:* sexy, knackig, sinnlich, lasziv; ↑adrett, ↑begehrt, ↑geschmackvoll, ↑hübsch, ↑interessant, ↑zugkräftig; **a. sein,** Rasse / Klasse sein *(salopp)*; **nicht a. sein,** die Grazien haben nicht an jmds. Wiege gestanden, abstoßend / hässlich sein; ↑Anmut, ↑Anziehungskraft, ↑Zuneigung.

²anziehend ↑sympathisch.

Anziehung ↑Glanzpunkt.

¹Anziehungskraft, Magnetismus, Zugkraft, Sog, Attraktivität, Affinität; ↑Anmut, ↑Köder; ↑anziehend.

²Anziehungskraft ↑Zugkraft.

Anziehungspunkt: ↑Köder; A. sein ↑beliebt.

anzischen schelten.

Anzucht ↑Züchtung.

¹Anzug, Gesellschaftsanzug, Kleid *(schweiz.)*, Fulldress, Gala, Smoking, Gehrock, Frack, Cut, Cutaway, Dinnerjacket · *für die Arbeit:* Arbeitsanzug, Monteuranzug, blauer Anton *(ugs.)*, Schutzanzug, Overall, Kombination · *für den Sport:* Dress, Trainingsanzug, Jogginganzug, Traineranzug *(schweiz.)*; ↑Kleid, ↑Kleidung; ↑anziehen, ↑schönmachen.

²Anzug: ↑Bezug, ↑Gesuch; dumm aus dem A. gucken, aus dem A. kippen ↑überrascht [sein]; im A. sein ↑kommen; etwas ist im A. ↑bevorstehen, ↑heraufziehen.

anzüglich: ↑spöttisch; -e Bemerkung ↑Spitze.

Anzüglichkeit ↑Spitze.

Anzugsspezialist ↑Schneider.

anzünden, zünden, anstecken, zündeln, gokeln *(landsch.)*, kokeln *(landsch.)*, pösern *(landsch.)*, in Brand stecken / setzen, entzünden, anbrennen, anfachen, schüren, anschüren, entfachen, Feuer legen, den roten Hahn aufs Dach setzen; ↑heizen, ↑verbrennen; ↑Brandstifter, ↑Brandstiftung.

anzweifeln ↑zweifeln.

Äolsharfe, Windharfe; ↑Musikinstrument.

Äon ↑Zeitraum.

Apache: ↑Indianer, ↑Verbrecher.

Apanage ↑Einkünfte.

apart: ↑einzeln, ↑geschmackvoll.

Apartheid ↑Rassentrennung.

Apartment ↑Wohnung.

Apathie ↑Teilnahmslosigkeit.

apathisch ↑träge.

Apatit ↑Schmuckstein.

aper ↑schneefrei.

Aperçu ↑Ausspruch.

Apéritif ↑Alkohol.

Aperitivum ↑Abführmittel.

apern ↑tauen.

¹Apfel · Granny Smith, Gravensteiner, James Grieve, Cox' Orange, Goldparmäne, Boskop, Jonathan, Delizius, Golden Delicious, Morgenduft, Renette, Klarapfel, Glockenapfel, Winterapfel, Daurenapfel, Essapfel · *mit Schale im Backofen bis zum Weichwerden erhitzter:* Bratapfel; ↑Obst.

²Apfel: ↑Obst; A. im Schlafrock ↑Gebäck; kein A. kann zur Erde fallen ↑voll [sein]; der A. fällt nicht weit vom Stamm ↑ähneln; für einen A. und ein Ei kaufen ↑billig [kaufen]; in den sauren A. beißen ↑tun.

Apfelbäckchen ↑Wange.

apfelgrün ↑grün.

Apfelkern ↑Kern.

Apfelkraut ↑Brotaufstrich.

Apfelkuchen ↑Gebäck.

Apfelrose ↑Rose.

Apfelsaft ↑Fruchtsaft.

Apfelscheibe, Scheibe, Apfelspalte *(österr.)*, Spalte *(österr.)*; ↑Apfelsinenscheibe.

Apfelschimmel ↑Pferd.

Apfelschorf ↑Schlauchpilz.

Apfelsine *(nordd.)*, Orange *(südd.)*, Pomeranze *(mundartl., südd.)* · Saftorange · Blutorange, Blutapfelsine; ↑Mandarine, ↑Orangeat, ↑Pampelmuse, ↑Südfrucht, ↑Zitrone.

apfelsinenfarben ↑orange.

Apfelsinenschale: kandierte A. ↑Orangeat.

Apfelsinenscheibe, Scheibe, Orangenspalte *(österr.)*, Spalte *(österr.)*; ↑Apfelscheibe.

Apfelspalte ↑Apfelscheibe.

Apfelstrudel ↑Gebäck.

Apfelwein ↑Obstwein.

Apfelwickler ↑Schmetterling.

Aphasie, [zentrale] Sprachstörung · Aphemie, Dysphasie, Sprechstörung, Dysphrasie, Sprachhemmungen · *mit Wortvertauschungen beim Sprechen:* Paraphasie, Paraphrasie, Wortbildungsstörung · *mit Schwierigkeiten bei der Objektbenennung:* Anomie, Dysnomie, Paranomie · *mit Schwierigkeiten beim Lesen:* Dyslexie, Dysanagnosie, Lesestörung, Leseschwäche, Legasthenie, Paralexie, Alexie, Buchstabenblindheit, Schriftblindheit, Wortblindheit · *mit Schwierigkeiten beim Schreiben:* Agraphie, Paragraphie, Schreibschwäche · *mit Schwierigkeiten bei der Satzbildung:* Agrammatismus, Aphrasie, Paragrammatismus · *mit Vergessen und Verdrehen von Wörtern:* Logasthenie · *mit*

Störungen in der Verständigung durch Zeichen und Gebärden: Asemie, Amimie, Dysmimie, Asymbolie, Apraxie · *mit Störungen des Rechenvermögens:* Akalkulie, Rechenstörung.
Aphemie ↑Aphasie.
Aphorismus ↑Ausspruch.
aphoristisch ↑kurz.
Aphrasie ↑Aphasie.
Aphrodisiakum ↑Aufputschmittel.
Aphrodisie ↑Geschlechtstrieb.
Aphrodite ↑Göttin.
Aphthe ↑Hautausschlag.
Apodie ↑Gliedmaßenfehlbildung.
apodiktisch ↑klar.
Apokalypse, Offenbarung Johannis / des Johannes; ↑Bibel.
Apokoinu ↑Konstruktion.
apokryph ↑unecht.
Apokryph: -en ↑Bibel.
Apoll ↑Gott.
apollinisch ↑harmonisch.
Apollo: ↑Gott, ↑Schmetterling.
Apollofalter ↑Schmetterling.
Apologetik ↑Theologie.
Apophthegma ↑Ausspruch.
Apoplexie ↑Schlaganfall.
Aporinosis ↑Avitaminose.
Apostasie ↑Untreue.
Apostat ↑Abtrünniger.
¹Apostel, Jünger [Jesu] · [Simon] Petrus, Andreas, Jakobus der Ältere, Johannes, Philippus, Bartholomäus, Thomas, Matthäus, Jakobus der Jüngere, Judas Thaddäus, Simon, Judas [Ischariot], Matthias; ↑Evangelist.
²Apostel ↑Abgesandter.
Apostroph ↑Auslassungszeichen.
apostrophieren: jmdm. a. ↑ansprechen; a. als ↑bezeichnen (als).
Apotheker, Pharmazeut, Arzneikundiger, Pillendreher *(scherzh.)* · Provisor *(veraltet);* ↑Medikament, ↑Pharmazeutik.
Apothekerwaage ↑Waage.
Apotheose: ↑Bild, ↑Verherrlichung.
¹Apparat, Maschine, Kraftmaschine, Arbeitsmaschine (z. B. Bagger), Gerät, Apparatur, Vorrichtung, Maschinerie · *mit Lautstärkereglern und Messinstrumenten für Einzel- oder Zusammenschaltungen verschiedener Mikrofone, Bandgeräte o. Ä.:* Mischpult; ↑Computer, ↑Gerätschaft, ↑Motor, ↑Rüstzeug.
²Apparat: ↑Bücherbestand, ↑Exemplar, ↑Fernsprecher, ↑Penis, ↑Radio, ↑Telefonanschluss; [fotografischer] A. ↑Fotoapparat; am A. sein ↑Fernsprecher.
Apparatemedizin ↑Heilkunde.
Apparatschik ↑Beauftragter.
Apparatur ↑Apparat.
Appartement ↑Wohnung.
Appartementhaus ↑Haus.
Appeasement ↑Entspannung.
Appelkahn: ↑Schiff, ↑Schuh.

¹Appell, Antreten, Weckruf, Hauptverlesen *(schweiz.),* Stubenappell, Zimmerverlesen *(schweiz.);* ↑Militär; ↑strammstehen.
²Appell ↑Aufruf.
appellieren: a. an ↑berufen (sich auf).
Appendix ↑Darm.
Apperzeption ↑Wahrnehmung.
apperzipieren ↑erkennen.
Appetenz ↑Leidenschaft.
Appetenzverhalten ↑Verhaltensweise.
¹Appetit, Esslust, Fresslust, Gusto *(veraltend, österr.);* ↑Gefräßigkeit, ↑Hunger; **A. haben,** jmdm. läuft das Wasser im Munde zusammen; ↑esslustig.
²Appetit: jmdm. ist der A. vergangen ↑bereit; einen gesegneten A. haben ↑esslustig [sein].
¹appetitlich, lecker, fein, delikat, köstlich, deliziös, schnuddelig *(berlin.),* schnuckelig *(berlin.),* gustiös *(österr.);* ↑auserwählt, ↑kostbar, ↑knusprig, ↑schmackhaft; ↑Leckerbissen.
²appetitlich ↑adrett.
applaudieren, klatschen, Beifall spenden / zollen, beklatschen, mit Beifall überschütten, da capo / bravo rufen, akklamieren, paschen *(bayr., österr.);* ↑Beifall.
Applaus ↑Beifall.
Applikation ↑Verabreichung.
Applizierung ↑Verabreichung.
Appoint ↑Wechsel.
Apportierhunde ↑Hunderassen.
appretieren, stärken, imprägnieren, ausrüsten, zurüsten; ↑Appretur, ↑Stärke.
Appretur, Imprägnierung, Ausrüstung, Zurüstung; ↑Stärke; ↑appretieren.
Approbation ↑Imprimatur.
approximativ ↑einigermaßen.
Apraxie ↑Aphasie.
Aprikose, Marille *(österr.),* Barelle *(schweiz.),* Barille *(schweiz.);* ↑Obst.
aprikosenfarben ↑orange.
Aprikosenkern ↑Kern.
¹April, Ostermond, Wandelmonat; ↑Monat, ↑Zeitraum.
²April: in den A. schicken ↑anführen.
Aprilschauer ↑Niederschlag.
Aprilwetter ↑Wetter.
apropos ↑nebenbei.
Aprosdokese ↑Formelbruch.
Apus ↑Gliedmaßenfehlbildung.
Aqua destillata ↑Wasser.
Aquamarin ↑Schmuckstein.
Aquaplaning, Wasserglätte; ↑Fahrverhalten.
Aquarell ↑Malerei.
aquarellieren ↑malen.
Aquarellmalerei ↑Maltechnik.
Aquarium ↑Vivarium.
Aquatinta ↑Grafik.
Äquativ: ↑Kasus, ↑Vergleichsstufe.
Aquavit ↑Alkohol.
Äquinoktium ↑Tagundnachtgleiche.
äquipollent ↑übereinstimmend.

äquivalent ↑gleichwertig.

Äquivalent ↑Ersatz.

Äquivalenzwörterbuch ↑Nachschlagewerk.

äquivok ↑mehrdeutig.

Äquivokation ↑Mehrdeutigkeit.

Ar ↑Flächenmaß.

Ara ↑Vogel.

Ära ↑Zeitraum.

Araber ↑Pferd.

arabisch: -e Zahl ↑Zahl.

Arancini ↑Orangeat.

Aranzini ↑Orangeat.

Arapaho ↑Indianer.

Ärar ↑Staatskasse.

Arazzo ↑Wandteppich.

¹Arbeit, Maloche *(ugs.),* Tätigkeit, Beschäftigung, Betätigung, Wirksamkeit, Fron, Fabrikarbeit, Leiharbeit, Akkordarbeit, Büroarbeit, Halbtagsarbeit, Jobsharing, Teilzeitarbeit, Heimarbeit, Hausarbeit · Schwarzarbeit, Untergrundwirtschaft, Schattenwirtschaft · *einer Gruppe:* Zusammenarbeit, Gruppenarbeit, Gemeinschaftsarbeit, Koproduktion, Kooperation, Teamwork, Kollektivarbeit · *freiwillige unbezahlte für Gemeinde, Nachbarn usw.:* Subbotnik *(DDR),* Frondienst *(schweiz.),* Fronarbeit *(schweiz.),* Robot *(bes. österr.)* · *dringende:* Postarbeit *(österr.);* ↑Anstrengung, ↑Aufgabe, ↑Beruf, ↑Last, ↑Liebhaberei, ↑Mitarbeit, ↑Überstunden, ↑Zwangsarbeit; streiken; ↑arbeitslos.

²Arbeit ↑Anstrengung, ↑Klassenarbeit, ↑Werk; langwierige / umständliche Arbeiten ↑Umstände; viel Arbeit haben ↑arbeiten; ganze Arbeit leisten ↑tun; ohne Arbeit ↑arbeitslos; von der Arbeit [nach Hause] kommen ↑Feierabend [haben].

¹arbeiten, tätig sein, werken, werkeln, sich zu schaffen machen, herumpusseln *(ugs.),* pusseln *(ugs.),* wirken, hantieren, sich beschäftigen / betätigen / regen / rühren, fleißig sein, tun, schaffen *(landsch.),* ausüben, betreiben, treiben, [einer Beschäftigung] nachgehen · *bis spät in die Nacht:* die Nacht zum Tage machen · *unaufhörlich:* in der Tretmühle sein *(ugs.),* den ganzen Tag eingespannt sein · *länger:* Überstunden machen · *schwer:* schuften, malochen *(ugs.),* roboten *(ugs.),* sich Schwielen / Blasen an die Hände arbeiten, barabern *(österr.)* · *im Stücklohn:* im Akkord arbeiten; ↑anstrengen (sich) · *langsam, wenig* ↑faulenzen · *unsorgfältig* ↑pfuschen · *gegen geringe Bezahlung:* für ein Butterbrot arbeiten; ↑agieren, ↑anfertigen, ↑befassen (sich mit), ↑funktionieren, ↑verwirklichen; **viel zu a. haben,** viel Arbeit haben, alle Hände voll zu tun haben, keine Zeit haben für etwas, nicht zu etwas kommen; nicht wissen, wo einem der Kopf steht; den Kopf voll / *(ugs.)* viel um die Ohren haben, viel auf dem / am Hals haben; **nicht a.,** blaumachen, feiern, krankfeiern, seine Grippe nehmen *(ugs., scherz.);* ↑faulenzen; ↑fleißig, ↑vollbeschäftigt; ↑Wirkungsbereich.

²arbeiten: ↑anfertigen; etwas arbeitet ↑funktionieren; als Kellner a. ↑kellnern; als Schauspieler a. ↑schauspielern; a. [an] ↑anfertigen; an der Doktorarbeit / Dissertation a. ↑dissertieren; aus dem Rohen a. ↑behauen; in die eigene Tasche a. ↑bereichern (sich).

¹Arbeiter, Facharbeiter, Leiharbeiter, angelernter Arbeiter · Hilfsarbeiter, ungelernter Arbeiter · Fabrikarbeiter, Fabriksarbeiter *(österr.),* Schwerarbeiter, Baraber *(österr.)* · *der zu seinem Arbeitsplatz fahren muss:* Pendler *(ugs.);* ↑Arbeiterin, ↑Arbeitnehmer, ↑Berufsstand.

²Arbeiter ↑Arbeitnehmer.

Arbeiterdenkmal: ein A. machen ↑faulenzen.

Arbeiterdichtung ↑Dichtung.

Arbeiterforelle ↑Hering.

Arbeitergroschen ↑Ersparnisse.

¹Arbeiterin, Facharbeiterin, Hilfsarbeiterin, Fabrikarbeiterin, Fabrikmädchen *(veraltend, abwertend);* ↑Arbeiter.

²Arbeiterin ↑Biene.

Arbeiterschaft ↑Personal.

Arbeiterzug ↑Eisenbahnzug.

¹Arbeitgeber, Lohnherr *(veraltet),* Dienstherr, Dienstgeber *(österr.),* Brotherr, Brötchengeber *(ugs.);* ↑Anführer, ↑Beauftragter, ↑Befehlshaber, ↑Führungskraft, ↑Kapitalist, ↑Leiter, ↑Oberhaupt, ↑Sozialpartner, ↑Stellvertreter, ↑Vorstand; ↑vorstehen · Ggs. ↑Arbeitnehmer.

²Arbeitgeber ↑Sozialpartner.

Arbeitgeberhut ↑Kopfbedeckung.

¹Arbeitnehmer, Lohnabhängiger, Ausgebeuteter *(emotional),* Lohnsklave *(emotional),* Lohnarbeiter, Untergebener, Arbeiter, Saisonarbeiter, Proletarier, Prolet *(abwertend),* Dienstnehmer *(österr.),* Angestellter, Stehkragenprolet *(abwertend),* Stehkragenproletarier *(abwertend),* Betriebsangehöriger, Bediensteter, Beamter · Belegschaft, Tarifpartner; ↑Arbeiter, ↑Arbeitnehmervertretung, ↑Arbeitstier, ↑Beamtenlaufbahn, ↑Berufsstand, ↑Diener, ↑Gastarbeiter, ↑Gehaltsstufe, ↑Handelsgehilfe, ↑Kollege, ↑Lehrling, ↑Lohnkampf, ↑Personal, ↑Sozialpartner, ↑Streik · Ggs. ↑Arbeitgeber.

²Arbeitnehmer: ↑Sozialpartner; ausländischer A. ↑Gastarbeiter.

Arbeitnehmerorganisation ↑Arbeitnehmervertretung.

Arbeitnehmerverband ↑Arbeitnehmervertretung.

Arbeitnehmervertretung, Arbeitnehmerorganisation, Arbeitnehmerverband, Gewerkschaft · *innerhalb eines Betriebes:* Betriebsrat; ↑Arbeitnehmer, ↑Gehaltsstufe, ↑Lohn, ↑Mitbestimmung.

arbeitsam ↑fleißig.

Arbeitsanzug ↑Anzug.

Arbeitsbereich ↑Beruf.

Arbeitseifer, Arbeitsfreude, Arbeitslust, Arbeitswille, Emsigkeit, Tatenlust, Tatendurst,

Tatendrang, Schaffenslust; ↑Fleiß; **A. zeigen,** mit Lust und Liebe dabei sein.

arbeitserleichternd, arbeitssparend · pflegeleicht · bügelfrei.

Arbeitsethos ↑Pflichtbewusstsein.

Arbeitsfeld ↑Beruf.

arbeitsfrei: -er Tag ↑Ruhetag.

Arbeitsfreude ↑Arbeitseifer.

Arbeitsgebiet ↑Beruf.

Arbeitsgemeinschaft ↑Arbeitskreis.

Arbeitsgericht ↑Gericht.

Arbeitsgruppe: ↑Arbeitskreis, ↑Team.

Arbeitshaus ↑Strafanstalt.

Arbeitsimmigrant ↑Gastarbeiter.

Arbeitskalender ↑Kalender.

Arbeitskamerad ↑Kollege.

Arbeitskampf ↑Lohnkampf.

Arbeitskleid ↑Kleid.

Arbeitskleidung ↑Kleidung.

Arbeitskollege ↑Kollege.

Arbeitskreis, Arbeitsgruppe, Arbeitsgemeinschaft, Projektgruppe, Workshop · *links orientierter, politisch aktiver (von Studenten), der auf einem bestimmten Gebiet progressive Ideen durchzusetzen versucht:* Basisgruppe, rote Zelle; ↑Unterricht.

Arbeitslager ↑Gefangenenlager.

Arbeitslast ↑Last.

Arbeitslohn ↑Lohn.

arbeitslos, ohne Arbeit, erwerbslos, beschäftigungslos, unbeschäftigt, ohne Beschäftigung, Arbeitsplatz / Erwerb / Gelderwerb, stellenlos, stellungslos, ohne Anstellung, brotlos, nicht erwerbstätig; **a. sein,** stempeln gehen *(ugs.),* Arbeitslosenunterstützung beziehen, auf der Straße liegen *(ugs.);* ↑entlassen, ↑pensionieren; ↑Arbeit, ↑Beruf.

Arbeitslosenunterstützung: A. beziehen ↑arbeitslos [sein].

Arbeitslosenversicherung ↑Versicherung.

Arbeitsloser, Erwerbsloser, Stellungsloser, Stellungsucher, Sozialhilfeempfänger; ↑arbeitslos.

Arbeitslosigkeit, Erwerbslosigkeit, Jugendarbeitslosigkeit; ↑arbeitslos.

Arbeitslust ↑Arbeitseifer.

Arbeitsmarkt, Angebot und Nachfrage.

Arbeitsmaschine ↑Apparat.

Arbeitsmoral: mangelnde A. ↑Faulheit; keine A. haben ↑faulenzen.

Arbeitsniederlegung ↑Streik.

Arbeitspferd ↑Pferd.

Arbeitsplatz: ohne A. ↑arbeitslos.

Arbeitsplatzcomputer ↑Computer.

Arbeitspsychologie ↑Psychologie.

Arbeitsraum ↑Werkstatt.

Arbeitsrecht ↑Rechtsgebiet.

arbeitsscheu ↑faul.

Arbeitsscheu ↑Faulheit.

arbeitssparend ↑arbeitserleichternd.

Arbeitstag ↑Werktag.

Arbeitsteilung ↑Mitarbeit.

Arbeitstier, Roboter, Kuli, Kärrner, Packesel, Workaholic; ↑Arbeitnehmer.

Arbeitstisch ↑Tisch.

Arbeitsüberlastung ↑Überanstrengung.

arbeitsunfähig ↑krank.

Arbeitsweise ↑Verfahren.

Arbeitswille ↑Arbeitseifer.

arbeitswillig ↑fleißig.

Arbeitswilliger ↑Streikbrecher.

Arbeitszeitformen · Jobsharing; ↑Arbeit · *Anpassung der Arbeitszeit an den Arbeitsanfall:* KAPOVAZ · *Langzeiturlaub:* Sabbatical, Sabbatjahr · gleitender Übergang in den Ruhestand; ↑Lebensabend.

arbiträr, unmotiviert, willkürlich, undurchsichtig, nicht durchsichtig; ↑eigenmächtig.

Archaikum ↑Erdzeitalter.

archaisch ↑altmodisch.

Archäologe, Altertumswissenschaftler, Altertumskundler, Altertumsforscher; ↑Archäologie, ↑Bodenfund.

Archäologie, Altertumswissenschaft, Altertumskunde, Altertumsforschung · *in Bezug auf ältere technische Anlagen:* Industriearchäologie; ↑Archäologe, ↑Bodenfund, ↑Wissenschaft.

Archetyp ↑Muster.

Architekt, Baumeister, Baukünstler, Erbauer; ↑Baukunst, ↑Künstler.

Architektonik ↑Baukunst.

Architektur ↑Baukunst.

Archiv, Dokumentensammlung, Urkundensammlung · Rundfunkarchiv · Filmarchiv, Filmothek, Kinemathek, Cinemathek; ↑Bibliothek, ↑Datenbank, ↑Dokumentensammlung.

archivieren ↑buchen.

Archivknoten ↑Knoten.

Ardabil ↑Orientteppich.

Ardennenschinken ↑Schinken.

Areal ↑Gebiet.

Ares ↑Gott.

arg: ↑schlimm, ↑sehr; etwas liegt im Argen ↑vernachlässigen (etwas).

Arg: ohne A. ↑arglos.

Argentan ↑Spitzenstickerei.

Argentella ↑Spitzenstickerei.

argentinisch: -er Peso ↑Zahlungsmittel.

¹Ärger, Zorn, Wut, Stinkwut *(emotional),* Rage *(ugs.),* Täubi *(schweiz.),* Grimm, Ingrimm, Jähzorn, Raserei, Furor; ↑Einspruch, ↑Erregung, ↑Laune, ↑Launenhaftigkeit, ↑Raserei, ↑Streit, ↑Unannehmlichkeiten, ↑Unzufriedenheit, ↑Verstimmung, ↑Wutanfall; ↑anstoßen (bei jmdm.).

²Ärger: ↑Unannehmlichkeiten; das gibt Ä. ↑Unannehmlichkeiten [bekommen]; seinen Ä. runterschlucken ↑schweigen.

¹ärgerlich, böse, aufgebracht, verärgert, entrüstet, empört, peinlich / unangenehm berührt, unwillig, ungehalten, unwirsch, fünsch *(niederd.),* indigniert, erbost, erzürnt, erbittert, zornig, fuchtig, wütend, rabiat, wutentbrannt, wutschäumend, wutschnaubend, fuchsteufelswild, zähneknirschend, grimmig, ingrimmig, tücksch, mürrisch, verdrossen, bärbeißig, grämlich, verdrießlich, griesgrämig, hässig *(schweiz.)*, mauserig *(schweiz.)*, sauertöpfisch, brummig, missmutig, missvergnügt, missgestimmt, misslaunig, missgelaunt, vergnatzt *(ugs.)*, gnatzig *(ugs.)*, vergrätzt *(ugs.)*, gereizt, übellaunig, muffig, grantig, leid *(schweiz.)*, maßleidig *(südd.)*; ↑aufgelegt, ↑aufgeregt, ↑blindwütig, ↑geharnischt, ↑gekränkt, ↑launisch, ↑unerfreulich, ↑unzufrieden, ↑widerwillig: **ä. werden**, ungemütlich werden, krötig werden *(ugs.)*, aufbrausen, die Beherrschung / Geduld verlieren, jmds. Geduld ist zu Ende, jmdm. reicht es / langt es *(ugs.)*, jmdm. reißt der Geduldsfaden *(ugs.)*, jetzt ist Schluss / ist der Ofen aus / ist der Bart ab! *(ugs.)*, jetzt ist aber Sense! *(salopp)*, in Harnisch geraten / kommen, in Fahrt / in Rage kommen *(ugs.)*, wütend / *(ugs.)* wild werden, in Wut kommen / geraten, ergrimmen, Zustände kriegen *(ugs.)*, jmdm. kommt der Kaffee hoch *(salopp)*, aufdrehen *(österr.)*, hochgehen *(ugs.)*, in die Luft /an die Decke gehen *(ugs.)*, explodieren *(ugs.)*, vor Wut bersten / *(ugs.)* platzen / *(ugs.)* aus der Haut fahren, jmdm. platzt der Kragen *(salopp)*, jmdm. läuft die Galle über *(ugs.);* ↑aufbegehren; nervös [werden]; **ä. sein**, jmdm. ist eine Laus über die Leber gelaufen, jmd. ist mit dem linken Fuß aufgestanden, das Barometer steht auf Sturm, auf jmdn. einen Rochus haben *(ugs.)*, zürnen, sich alterieren / aufregen / erregen / enragieren, ausflippen *(ugs.)*, ausrasten *(ugs)*, ich könnte mir vor Wut in den Hintern beißen *(salopp)*, sich schwarz ärgern, sich fuchsen / giften *(ugs.)*, sich etwas antun *(österr.)*, rotsehen *(ugs.)*, geladen / sauer sein *(salopp)*, der fehlt mir noch zu meinem Glück / in meiner Raupensammlung! *(ugs.)*, das / der hat mir [gerade] noch gefehlt! *(ugs.)*, auf jmdn. böse / nicht gut zu sprechen sein, jmdm. böse / *(ugs., bayr., österr.)* harb sein, wüten, toben, rasen, sich entladen, den wilden Mann spielen, Terror machen · *über jede Kleinigkeit:* jmdn. stört / ärgert die Fliege an der Wand; ↑schikanieren; **jmdn. ä. machen**, in Rage bringen *(ugs.);* ↑anstoßen (bei jmdm.), ↑grollen, ↑kränken, ↑lärmen, ↑schockieren; ↑Griesgram, ↑Stimmung, ↑Überraschung, ↑Unannehmlichkeiten.

²ärgerlich ↑unerfreulich.

¹ärgern (jmdn.), verärgern, aufbringen, hochbringen *(salopp)*, reizen, wütend / rasend machen, in Harnisch / Wut bringen, ertäuben *(schweiz.)*, jmdm. das Blut in Wallung bringen, Unfrieden stiften, böses Blut machen, jmdn. bis aufs Blut peinigen / quälen / reizen, auf die Palme bringen *(salopp)*, zur Weißglut bringen, jmdm. die Freude verderben / die Lust nehmen, etwas erbost / erzürnt / empört / erbittert / ver-

drießt / ärgert / kränkt / verstimmt / verwundet / bekümmert / deprimiert / betrübt / *(ugs.)* fuchst / *(ugs.)* wurmt / bedrückt / bedrängt /belästigt jmdn., jmdm. auf die Nerven / *(salopp)* auf den Wecker fallen (oder:) gehen, jmdm. den letzten Nerv rauben / töten *(ugs.)*, auf jmds. Nerven herumtrampeln, etwas wird jmdm. zu viel, eine Landplage sein, lästig sein, ein rotes Tuch für jmdn. sein, wie ein rotes Tuch auf jmdn. wirken; ↑Angst [haben], ↑sorgen (sich); ↑nervös [machen]; **sich nicht über etwas ä.**, sich nichts aus etwas machen.

²ärgern: ↑aufziehen; sich ä. ↑ärgerlich [sein]; Mensch, ärgere dich nicht ↑Würfelspiel; jmdn. ärgert die Fliege an der Wand ↑ärgerlich [sein].

Ärgernis ↑Ereignis.

Arglist, Verrat, Falschheit, Unaufrichtigkeit, Hinterhältigkeit, Doppelzüngigkeit, Hinterfotzigkeit *(derb)*, Schliche, List, Tücke, Malice, Heimtücke, Hinterlist, Überlistung, Winkelzug, Intrige, Ränke, Ränkespiel, Fallstrick, Fußangel, Doppelspiel, Kabale; ↑Abneigung, ↑Absicht, ↑Ausflucht, ↑Betrug, ↑Bosheit, ↑Hintergedanke, ↑Hinterhalt, ↑Lüge, ↑Trick, ↑Untreue, ↑Verschwörung; ↑treu, ↑unaufrichtig.

arglistig ↑unaufrichtig.

arglos, ohne Arg / Argwohn / Falsch, harmlos, leichtgläubig, einfältig, treuherzig, naiv, blauäugig; ↑aufrichtig, ↑dumm, ↑ehrenhaft, ↑einfach, ↑friedfertig, ↑gutgläubig, ↑harmlos, ↑unbesorgt, ↑ungefährlich, ↑unrealistisch; **etwas a. tun**, etwas in gutem Glauben *(schweiz.)* / in guten Treuen tun; ↑Arglosigkeit.

Arglosigkeit, Gutgläubigkeit, Vertrauensseligkeit, Leichtgläubigkeit, Gläubigkeit, Harmlosigkeit, Einfältigkeit, Einfalt, Treuherzigkeit, Naivität, Kinderglaube, Kritiklosigkeit; ↑Ahnungslosigkeit, ↑Güte, ↑Rechtschaffenheit, ↑Schlichtheit, ↑Unkenntnis; ↑arglos, ↑gutgläubig.

Argon; ↑Edelgas, ↑Gas.

Argot ↑Ausdrucksweise.

¹Argument, Grund, Erklärung, Begründung, Argumentation, Argumentierung *(bes. schweiz.)*, Beweisführung, Beweisgrund; ↑Anlass, ↑Gesichtspunkt, ↑Hinderungsgrund, ↑Hinweis, ↑Nachweis; ↑unsachlich.

²Argument; -e vorbringen ↑begründen.

Argumentation ↑Argument.

argumentieren ↑begründen.

Argumentierung ↑Argument.

Argusaugen: mit A. ↑argwöhnisch.

Argwohn: ↑Verdacht; A. fassen / schöpfen ↑argwöhnisch [werden]; A. haben / heben ↑argwöhnisch [sein]; ohne A. ↑arglos.

argwöhnen ↑argwöhnisch [sein].

argwöhnisch, misstrauisch, mit Argusaugen, skeptisch, kritisch, ungläubig; ↑ängstlich, ↑behutsam; **a. sein**, argwöhnen, beargwöhnen, Argwohn (oder:) Verdacht hegen / haben, misstrauen, dem Frieden nicht trauen *(ugs.)*, jmdm. nicht über den Weg trauen *(ugs.)*, etwas kommt jmdm. spanisch vor *(ugs.)*, ein ungläubiger Thomas sein; **a. werden,** stutzen *(ugs.)*, stutzig werden *(ugs.)*, Argwohn (oder:) Verdacht fassen / schöpfen; ↑befremden, ↑verdächtigen; ↑Verdacht.

Ari ↑Waffengattung.

Arianismus ↑Ketzerei.

arid ↑unfruchtbar.

Aridität ↑Kargheit.

Arie ↑Lied.

Arioso ↑Lied.

Aristokrat ↑Adliger.

Aristokratenfamilie ↑Adelsgeschlecht.

Aristokratengeschlecht ↑Adelsgeschlecht.

¹Aristokratie, Adel, Adelsstand, Fürstenstand, Adelskaste, Geburtsadel, Geburtsaristokratie, Erbadel, alter Adel, Hochadel, Hocharistokratie, hoher Adel, Feudaladel, Feudalaristokratie, Landadel, Landaristokratie, Hofadel, Hofaristokratie, niederer / niedriger Adel, Beamtenadel, Bürgeradel, Stadtadel, Neuadel, Briefadel, Verdienstadel, Dienstadel, Reichsadel *(hist.)*, Lehensadel *(hist.);* ↑Adelsbrief, ↑Adelsgeschlecht, ↑Adelstitel, ↑Adliger, ↑Oberschicht; ↑adlig.

²Aristokratie ↑Herrschaft.

Aristokratin ↑Adlige.

aristokratisch ↑adlig.

Arithmetik ↑Mathematik.

Arkade ↑Bogen.

Arkadien ↑Fabelland.

arkadisch: -e Poesie ↑Dichtung.

arktisch: -es Eis ↑Polareis; Arktischer Ozean ↑Weltmeer.

Arlecchino ↑Spaßmacher.

¹arm, mittellos, unbemittelt, unvermögend, Not leidend, notig *(südd., österr.)*, verarmt, bedürftig, bettelarm, nicht ↑reich; ↑einkommensschwach, ↑hinfällig, ↑karg, ↑machtlos; **a. sein,** arm wie eine Kirchenmaus sein, kein Geld haben, schwach auf der Brust sein, Geldsorgen haben, in Geldverlegenheit sein, in finanziellen Schwierigkeiten sein, knapp bei Kasse sein *(ugs.)*, von der Hand in den Mund leben, jmdm. fehlt es am Notwendigsten; **a. werden,** verarmen, an den Bettelstab kommen; ↑ausbeuten, ↑behelfen (sich), ↑Hunger [leiden], ↑leben; ↑Armer, ↑Armut, ↑Not.

²arm: ärmer ↑einkommensschwach; -er Irrer ↑Dummkopf; ach, du -er Körper! ↑überrascht [sein]; -er Schlucker / Teufel ↑Armer; a. machen ↑ausbeuten; Arm und Reich ↑alle.

Arm: ↑Gliedmaße; einen langen A. haben ↑mächtig [sein]; die -e verwerfen, mit den -en fuchteln ↑gestikulieren; jmdn. am steifen A. verhungern lassen ↑unzugänglich [sein]; auf den A. nehmen ↑aufziehen; A. in Arm, per A. ↑untergehakt; jmdm. in den A. fallen ↑verhindern; A. in Arm / per Arm gehen ↑unterhaken;

jmdm. in die -e laufen ↑finden; jmdm. in die -e sinken ↑umfassen; mit offenen -en aufgenommen werden ↑willkommen [sein]; mit verschränkten -en zusehen / dabeistehen ↑faulenzen; über / unter den A. genommen haben, sich etwas unter den A. geklemmt haben ↑tragen; unter die -e greifen ↑helfen; die Beine unter den A. nehmen ↑fortbewegen (sich).

-arm ↑ohne.

Armbanduhr ↑Uhr.

Armbrust ↑Schusswaffe.

Armee: ↑Heeresverband, ↑Militär; bei der A. sein ↑Soldat [sein]; zur A. gehen ↑Soldat.

Armeekorps ↑Heeresverband.

Ärmel: etwas aus dem Ä. schütteln ↑mühelos.

Ärmelbrett ↑Bügelbrett.

Ärmelkusine ↑Geliebte.

Ärmelplättbrett ↑Bügelbrett.

Armenanwalt ↑Jurist.

Armenbibel ↑Bibel.

Armenpflege ↑Sozialhilfe.

Armenrecht ↑Prozesskostenhilfe.

Armenrechtszeugnis ↑Armutszeugnis.

Armenverteidiger ↑Jurist.

Armenviertel, Elendsviertel, Slums · *am Rand nordafrikanischer Städte;* Bidonville.

Armer, Mittelloser, Habenichts, Bettler, Clochard, Klinkenputzer *(abwertend)*, Schnorrer *(abwertend)*, Schnörri *(schweiz.)*, Hungerleider, armer Schlucker / Teufel, Besitzloser; ↑Mann, ↑Vagabund; ↑arm.

Armgelenk ↑Gelenk.

Armleuchter: ↑Dummkopf, ↑Kerzenleuchter.

Armleuchteralge ↑Alge.

ärmlich ↑karg.

armselig ↑karg.

Armstuhl ↑Stuhl.

Armut, Mittellosigkeit, Bedürftigkeit, Dürftigkeit, Kärglichkeit, Spärlichkeit, Knappheit, Verknappung, Geldmangel, Geldnot, Mangel, Armutei *(schwäb.)*, Elend, Verelendung, Verarmung; ↑Bescheidenheit, ↑Not; ↑arm.

Armutei ↑Armut.

¹Armutszeugnis, Armenrechtszeugnis *(österr.)*, Mittellosigkeitszeugnis.

²Armutszeugnis: sich ein A. ausstellen ↑bloßstellen (sich).

Arom: ↑Geruch, ↑Geschmack.

Aroma: ↑Geruch, ↑Geschmack, ↑Gewürz; ohne A. ↑ungewürzt.

Arpeggio ↑Akkord.

Arrak ↑Alkohol.

Arrangement ↑Abmachung.

Arrangeur ↑Komponist.

arrangieren: ↑bewerkstelligen, ↑veranstalten, ↑vertonen, ↑verwirklichen; sich arrangieren ↑übereinkommen.

Arrangierung: ↑Abhaltung, ↑Bewerkstelligung.

Arrektor ↑Muskel.

Arrest: ↑Freiheitsentzug; A. schieben ↑abbüßen; in A. bringen / stecken ↑verhaften; in A. halten ↑festsetzen.

Arrestant ↑Gefangener.

Arrestantenwagen ↑Gefängniswagen.

Arrestlokal ↑Strafanstalt.

arretieren ↑verhaften.

Arretierung ↑Verhaftung.

Arrival: ↑Ankunft, ↑Landung.

arrivederci ↑Gruß.

arrivieren ↑avancieren.

arrogant ↑dünkelhaft.

Arroganz: ↑Frechheit, ↑Überheblichkeit; A. der Macht ↑Herrschaft.

arrondieren ↑vervollständigen.

Arsch: ↑Gesäß; A. mit Ohren ↑Gesicht; Himmel, A. und Wolkenbruch / Zwirn! ↑verflucht!; einen kalten A. kriegen, den A. zukneifen ↑sterben; jmdm. den A. aufreißen ↑schikanieren; am A. der Welt sein ↑abgelegen [sein]; Pfeffer im A. haben ↑lebhaft [sein]; jmdm. in den A. kriechen ↑unterwürfig [sein].

Arschfick ↑Koitus.

arschficken ↑koitieren.

Arschficker ↑Homosexueller.

Arschkriecher ↑Schmeichler.

Arschlecker ↑Schmeichler.

Arschloch ↑Dummkopf.

Arsenal ↑Warenlager.

Arsenik ↑Gift.

Arsenvergiftung ↑Vergiftung.

¹Art, Sorte, Couleur, Gattung, Zweig, Kategorie, Marke, Schlag, Genre, Spezies, Kaliber; ↑Abkunft, ↑Exemplar, ↑Modell.

²Art: Manier, ↑Wesen; A. und Weise ↑Beschaffenheit, ↑Modalität; die A. erhalten ↑fortpflanzen (sich); auf diese A. ↑so; stets auf dieselbe A. ↑schematisch; aus der / in die A. schlagen ↑ähneln; in der / nach A. von ↑à la ...; von ähnlicher / gleicher A. ↑gleichartig.

Art brut ↑Malerei.

Art director ↑Zeichner.

Artemis ↑Göttin.

arten: nach jmdm. a. ↑ähneln.

Arterhaltung ↑Fortpflanzung.

Arterie ↑Ader.

Arterienerkrankung · *infolge Stoffwechselstörungen:* Arteriosklerose, Arterienverkalkung, Verkalkung; ↑Ader, ↑Embolie, ↑Gefäßverstopfung, ↑Venenentzündung.

Arterienverkalkung ↑Arterienerkrankung.

Arteriosklerose ↑Arterienerkrankung.

Arthritis, Arthrose, Gicht, Rheumatismus, Rheuma, rheumatischer Formenkreis, Ischias, Gutta *(veraltet),* Reißen *(ugs.),* Zipperlein *(ugs., scherzh.),* Gelenkrheumatismus, Gelenksrheumatismus *(österr.),* Gelenkgicht, Gelenksgicht *(österr.)* · Fußgicht, Podagra · Kniegicht, Kniegelenkrheumatismus, Gonagra · Handgicht, Fingergicht, Chiragra · Schultergicht, Omagra; ↑Bandscheibenschaden.

Arthrose ↑Arthritis.

¹artig, brav, folgsam, fügsam, gehorsam, lieb, manierlich, gesittet, wohlerzogen, nicht ↑frech, nicht ↑unzugänglich; ↑anständig, ↑bereit, ↑folgsam, ↑bescheiden, ↑zahm; ↑gehorchen; ↑Gehorsam.

²artig: ↑ansehnlich, ↑höflich.

Artigkeit: ↑Höflichkeit, ↑Kompliment.

Artikel: ↑Abschnitt, ↑Aufsatz, ↑Ware, ↑Wortart.

Artikulation, Artikulierung, Aussprache; ↑Tonfall; ↑artikulieren; ↑verständlich.

¹artikulieren, aussprechen, Laute erzeugen; ↑Artikulation, ↑Tonfall.

²artikulieren: ↑formulieren, ↑mitteilen.

artikuliert ↑verständlich.

Artikulierung ↑Artikulation.

Artillerie ↑Waffengattung.

Artillerist ↑Soldat.

Artischocke ↑Gemüse.

Artist, Zirkusartist, Zirkuskünstler, Gaukler *(dichter.),* Varieteekünstler, Jahrmarktskünstler · Akrobat, Zirkusakrobat, Bodenakrobat, Kaskadeur, Athlet, Schlangenmensch · Geschicklichkeitskünstler, Messerwerfer, Jongleur, Balancekünstler · Seilkünstler, Seiltänzer, Hochseilartist, Hochseilakrobat, Trapezkünstler · Kunstfahrer, Todesfahrer, Steilwandfahrer · Dompteur, Dresseur, Tierbändiger · Schwertschlucker, Degenschlucker, Feuerschlucker, Feuerfresser, Fakir · Clown, dummer August, Imitator, Tierstimmenimitator, Bauchredner, Mimiker, Pantomime, Verwandlungskünstler · Illusionist, Zauberkünstler, Zauberer, Schwarzkünstler, Taschenspieler, Eskamoteur, Kartenkünstler, Magier, Gedankenleser, Wahrsager, Hellseher; ↑Akrobat, ↑Double, ↑Jahrmarkt, ↑Revue, ↑Schausteller, ↑Spaßmacher, ↑Wahrsager, ↑Zauberer, ↑Zirkus.

Artistik ↑Schwerathletik.

Art nouveau ↑Jugendstil.

Artung ↑Veranlagung.

Arznei ↑Medikament.

Arzneikundiger ↑Apotheker.

Arzneimittel ↑Medikament.

Arzneimittelkunde ↑Pharmazeutik.

Arzneischrank ↑Schrank.

¹Arzt, Ärztin, Humanmediziner, Doktor, Hausarzt, Landarzt, praktischer Arzt *(veraltend),* Praktiker, Arzt für Allgemeinmedizin, Mediziner, Männer / Götter in Weiß, Therapeut, Facharzt, Spezialarzt, Kassenarzt, Spezialist, Modearzt, Wunderdoktor, Wunderarzt, Medikus *(scherzh.),* Heilkundiger, Heiler, Naturheiler, Barfußarzt, Medizinmann *(scherzh.),* Kurpfuscher *(abwertend),* Medikaster *(abwertend),* Quacksalber *(abwertend),* Physikus *(veraltet),* Bader *(hist.)* · *noch in der Ausbildung befindlicher:* Medizinalpraktikant, Famulus, Assistenzarzt · *eines Krankenhauses:* Krankenhausarzt, Stationsarzt, Kliniker, Oberarzt,

Chefarzt, Primararzt *(österr.),* Primar *(österr.),* Primarius *(österr.)* · *allopathisch behandelnder:* Allopath, Schulmediziner · *in einem Kurbad praktizierender:* Kurarzt, Badearzt · *homöopathisch behandelnder:* Homöopath, Naturheilkundiger · *ohne akademische Ausbildung:* Heilpraktiker · *mit Augendiagnose arbeitender:* Augendiagnostiker · *beim Militär:* Militärarzt, Truppenarzt, Stabsarzt, Oberstabsarzt, Flotillenarzt, Oberfeldarzt, Flottenarzt, Oberstarzt, Admiralarzt, Generalarzt, Generalstabsarzt, Generaloberstabsarzt, Feldscherer *(veraltet),* Feldscher *(veraltet)* · *in größeren Betrieben tätiger:* Betriebsarzt, Werksarzt · *vom Gesundheitsamt bestellter, der den Gesundheitszustand der Schüler überwacht:* Schularzt · *mit sportmedizinischer Ausbildung:* Sportarzt, Sportmediziner · *als Berater einer Krankenkasse:* Vertrauensarzt · *als Leiter eines Gesundheitsamts:* Amtsarzt · *für Notfälle:* Bereitschaftsarzt, Notarzt, Unfallarzt · *operierender:* Chirurg, Wundarzt *(veraltet),* Operateur · *für Augenkrankheiten:* Augenarzt, Ophthalmologe · *für Ohrenkrankheiten:* Ohrenarzt, Otiater, Otologe · *für Nasenkrankheiten:* Rhinologe · *für Kehlkopfleiden:* Laryngologe · *für Hals, Nase und Ohren:* Hals-Nasen-Ohren-Arzt, HNO-Arzt, Otorhinolaryngologe · *für innere Krankheiten:* Facharzt für innere Krankheiten *(veraltend),* Internist · *für Herzkrankheiten:* Kardiologe, Herzspezialist · *für Gefäßleiden:* Angiologe · *mit Spezialkenntnissen in Bezug auf den Mastdarm:* Proktologe · *für Magen- und Darmkrankheiten:* Gastroenterologe · *für Endoskopie (Ausleuchtung und Ausspiegelung der Körperhöhlen):* Endoskop · *für Leiden im Bereich des Zentralnervensystems:* Neurologe, Neurochirurg · *für Lungenkrankheiten:* Lungenarzt, Pulmologe, Pneumologe · *für Leberkrankheiten:* Leberspezialist, Hepatologe · *für Nierenkrankheiten:* Nephrologe · *für Zuckerkrankheiten:* Diabetologe · *für Blutkrankheiten:* Hämatologe · *für Hautkrankheiten:* Hautarzt, Dermatologe · *in Bezug auf Körpergewebe:* Histologe · *für Krankheiten der Harnorgane:* Urologe · *für Frauenkrankheiten, Geburtshilfe o. Ä.:* Frauenarzt, Geburtshelfer, Gynäkologe · *für Männerkrankheiten:* Androloge · *mit Spezialisierung auf dem Gebiet der Sexualpathologie:* Sexologe · *für psychische, geistige u. a. Krankheiten:* Nervenarzt, Psychotherapeut, Neurologe, Psychiater, Anstaltsarzt, Seelenarzt *(scherzh.)* · *für Kinderkrankheiten:* Kinderarzt, Pädiater · *für Krankheiten Neugeborener:* Neonatologe · *für die Behandlung von Sprachstörungen:* Phoniater · *für Zahnbehandlung:* Zahnarzt, Dentist, Odontologe, Kieferchirurg, Zahnchirurg · *für Behandlung [von Fehlbildungen] der Bewegungsorgane:* Orthopäde · *für Röntgenologie und Strahlenheilkunde:* Röntgenologe, Röntgenarzt, Radiologe · *für altersbedingte Krankhei-*

ten: Gerontologe · *für Geschlechtskrankheiten:* Venerologe · *für die Behandlung von Tumoren:* Onkologe, Karzinologe, Kanzerologe, Krebsarzt *(ugs.)* · *auf dem Gebiet der Virusforschung:* Virologe, Retrovirologe · *auf dem Gebiet der Anästhesie ausgebildeter:* Narkosefacharzt, Narkosearzt, Narkotiseur, Anästhesist, Anästhesiologe · *der für die Klärung von Rechtsfragen vom medizinischen Standpunkt aus tätig ist:* Gerichtsmediziner · *für Tierkrankheiten:* Tierarzt, Veterinär, Viehdoktor *(ugs.);* ↑Behandlung, ↑Diagnose, ↑Hebamme, ↑Heilkunde, ↑Krankenhaus, ↑Medikament, ↑Sprechstunde, ↑Sprechzimmer, ↑Veterinär; ↑gesund [machen].

²Arzt: ↑Therapeut; von den Ärzten aufgegeben sein ↑unheilbar [krank sein].

Ärztin: ↑Arzt, ↑Therapeut.

Arztroman ↑Roman.

Asbestlunge ↑Staublungenerkrankung.

Ascenseur ↑Aufzug.

Aschantinuss ↑Nuss.

aschblond ↑blond.

Asche: ↑Geld; sich A. aufs Haupt streuen ↑bereuen; wie Phönix aus der A. steigen ↑wieder erstehen; in Schutt und A. legen ↑verbrennen.

Äsche ↑Fisch.

Ascheimer ↑Abfalleimer.

Aschenbahn ↑Sportfeld.

Ascheneimer ↑Abfalleimer.

¹Aschenputtel, Cinderella, Cenerentola; ↑Diener.

²Aschenputtel ↑Diener.

Aschenschimmel ↑Pferd.

Aschermittwoch: ↑Fastnacht, ↑Kirchenjahr.

aschfahl ↑blass.

Aschfalb ↑Pferd.

aschgrau: ↑blass, ↑grau.

Aschkuchen ↑Napfkuchen.

äsen ↑essen.

aseptisch ↑keimfrei.

asiatisch: -e Grippe ↑Grippe.

Asien ↑Kontinent.

Askese ↑Enthaltsamkeit.

Asket, Säulenheiliger, Stylit, Märtyrer, Geißler, Geißelbruder, Flagellant, Kostverächter *(scherzh.);* ↑Einsiedler.

asketisch ↑enthaltsam.

Äskulapschlange ↑Schlange.

asozial, gemeinschaftsfeindlich, gemeinschaftsschädigend, unsozial, dissozial; ↑selbstsüchtig, ↑unredlich · Ggs. ↑gemeinnützig, ↑menschlich.

Asozialer ↑Außenseiter.

Aspekt: ↑Gesichtspunkt; -e ↑Aussichten.

Asphalt ↑Straßenpflaster.

Asphaltdachpappe ↑Pappe.

asphaltieren ↑pflastern.

Asphaltstraße ↑Straße.

Aspirant ↑Anwärter.

Aspiration ↑Hoffnung.
Ass ↑Abszess, ↑Fachmann, ↑Sportler.
Assekuranz ↑Versicherung.
Assembler: ↑Dolmetscher, ↑Sprache.
Assentierung ↑Musterung.
Assentkommission ↑Musterungskommission.
Assertion ↑Feststellung.
Assessor: ↑Anwärter, Lehrer.
Assiette: ↑Teller, ↑Lage.
Assignate ↑Papiergeld.
Assimilation ↑Anpassung.
assimilieren ↑anpassen.
Assimilierung ↑Anpassung.
Assistent ↑Helfer.
Assistentin: medizinisch-technische A. ↑Sprechstundenhilfe.
Assistenzarzt ↑Arzt.
Assistenzprofessor ↑Hochschullehrer.
assistieren ↑helfen.
Assonanz ↑Reim.
Assortiment ↑Auswahl.
Assoziation ↑Gedankengang.
assoziativ ↑wechselseitig.
assoziieren: ↑verknüpfen; sich a. ↑verbünden.
assoziiert: ↑vereinigt, ↑zugehörig.
Ast: ↑Höcker, ↑Zweig; auf dem absteigenden A. sein ↑nachlassen; den A. absägen, auf dem man sitzt ↑schaden.
asten ↑anstrengen.
Asteroid ↑Himmelskörper.
Asteronym ↑Pseudonym.
Astgabel, Gabel, Astgabelung, Gabelung, Zwiesel *(landsch.)*; ↑Zweig; ↑gabeln (sich).
Astgabelung ↑Astgabel.
Astheniker ↑Körperbautyp.
asthenisch ↑schlank.
ästimieren ↑achten.
Astralwesen ↑Gespenst.
astrein: ↑trefflich; ↑unverdächtig; nicht ganz a. ↑anrüchig; etwas ist nicht ganz a. ↑seltsam [sein].
Astrologe ↑Wahrsager.
Astrologie, Sterndeutung; ↑Aberglaube, ↑Astronomie, ↑Tierkreiszeichen, ↑Voraussage; ↑voraussehen.
Astrologin ↑Wahrsagerin.
Astronaut *(amerik.)* Astronautin *(amerik.)*, Weltraumfahrer, Weltraumfahrerin, Raumfahrer, Raumfahrerin, Kosmonaut *(russ.)*, Kosmonautin *(russ.)*, Lunaut *(schweiz.)*, Selenonaut *(poln.)*; ↑Weltall.
Astronautik ↑Raumfahrt.
Astronautin ↑Astronaut.
Astronomie, Sternkunde, Himmelskunde; ↑Astrologie.
astronomisch: -e Einheit ↑Längenmaß; das sind -e Preise ↑teuer [sein]; -e Summe ↑Summe.
Astwerk ↑Zweig.
Asyl: ↑Heim, ↑Unterkunft, ↑Zuflucht.
Asylant ↑Auswanderer.

Aszendent ↑Angehöriger.
Atelier ↑Werkstatt.
Atelierfenster ↑Fenster.
Atelierkamera ↑Fotoapparat.
¹Atem, Luft, Puste *(ugs.)*, Odem *(dichter.)*; ↑Luft; **A. schöpfen**, Luft schöpfen / *(ugs.)* schnappen, wieder zu Atem kommen, verpusten (ugs.), verschnaufen *(landsch.)*, ausschnaufen *(südd., österr.)*; ↑Wiederbelebung; ↑atmen.
²Atem: einen langen A. haben ↑beharrlich [sein]; A. holen ↑atmen; etwas verschlägt jmdm. den A. ↑überrascht [sein]; in A. halten ↑Spannung; mit verhaltenem A. ↑erwartungsvoll.
atemlos: in -er Spannung ↑erwartungsvoll.
Atemluft, Luft, Sauerstoff, Ozon; ↑Atem.
Atempause: ↑Erholung, ↑Pause.
a tempo ↑schnell.
Atemwurzel ↑Wurzel.
Atemzug: bis zum letzten A. kämpfen ↑verteidigen (sich).
Atheismus, Gottesleugnung, Gottlosigkeit, Glaubenslosigkeit, Unglaübigkeit, Unglaube, Heidentum; ↑Atheist, ↑Deismus, ↑Rationalismus · Ggs. ↑Theismus.
Atheist, Gottesleugner, Ungläubiger, Heide; ↑Freidenker, ↑Ketzer.
atheistisch ↑ungläubig.
Athen: Eulen nach A. tragen ↑tun.
Athene ↑Göttin.
Äther ↑Luft.
Ätherrausch ↑Betäubung.
Äthiopien ↑Nacktbadestrand.
Äthiopier ↑Nudist.
Athlet: ↑Artist, ↑Kraftmensch, ↑Olympiakämpfer, ↑Sportler.
Athletiker: ↑Körperbautyp, ↑Kraftmensch.
athletisch, muskulös, herkulisch, kraftstrotzend; ↑anziehend, ↑dick, ↑männlich, ↑plump, ↑sportlich, ↑stark; ↑Kraftmensch.
Ätiologie: ↑Entstehung, ↑Krankheitsentstehung.
ätiologisch ↑ursächlich.
Atlant ↑Säule.
¹Atlantik, Atlantischer Ozean · Nordatlantischer Ozean, Nordatlantik · Südatlantischer Ozean, Südatlantik · *seine Nebenmeere:* Nordpolarmeer · Nordsee, der Blanke Hans *(dichter.)* · Ostsee, Irische See, Mittelmeer; Hudsonbai, Sankt-Lorenz-Golf, Amerikanisches Mittelmeer; ↑Meer, ↑Weltmeer.
²Atlantik ↑Ozean.
atlantisch: Atlantischer Ozean ↑Atlantik.
Atlas, Handatlas, Autoatlas, Weltatlas, Geschichtsatlas, historischer Atlas · Sprachatlas; ↑Landkarte.
Atlasschimmel ↑Pferd.
Atlasseide ↑Seide.
atlasweiß ↑weiß.
¹atmen, Luft / Atem holen, frische Luft schnappen *(ugs.)*, einatmen, ausatmen, schnau-

fen, schnauben, schnieben, keuchen, hecheln, japsen *(ugs.)*, röcheln · *um den Geruch von etwas festzustellen:* riechen, wittern, schnuppern, schnobern, schnofeln *(ugs., österr.)*, schnüffeln, schmecken *(landsch.);* ↑blasen, ↑inhalieren, ↑riechen, ↑stöhnen; ↑Atem, ↑Geruch, ↑Wiederbelebung.

²atmen: ↑leben, ↑tot; gesiebte Luft a. ↑abbüßen.

Atmosphäre: ↑Fluidum, ↑Luft, ↑Stimmung, ↑Umwelt.

Atmosphärenüberdruck ↑Maßeinheit.

atmungsaktiv ↑luftdurchlässig.

atmungsfreundlich ↑luftdurchlässig.

Atoll ↑Insel.

atomar: -e Waffen ↑Waffen.

Atombombe ↑Bombe.

Atombunker ↑Bunker.

Atombusen ↑Busen.

Atomenergie ↑Kernenergie.

Atomkrieg ↑Krieg.

Atommine ↑Mine.

Atommüll ↑Müll.

Atommüllbeseitigung ↑Entsorgung.

Atomreaktor, Kernreaktor, Atommeiler, Atomofen, schneller Brüter, Hochtemperaturreaktor.

Atom-U-Boot ↑Kriegsschiff.

Atomzeitalter, technisches Zeitalter, Massenzeitalter, Postmoderne; ↑Belle Époque, ↑Gegenwart, ↑Geschichtsepoche, ↑Gründerzeit, ↑Vergangenheit.

Atriumbungalow ↑Haus.

Atrophie ↑Ernährungsstörung.

Atropos ↑Schicksalsgöttin.

ätsch: ä.! ↑Folge.

Attaché ↑Diplomat.

Attachement ↑Zuneigung.

attachiert: jmdm. a. sein ↑lieben.

Attacke: ↑Anfall, ↑Anfeindung, ↑Angriff.

¹attackieren, angreifen, kritisieren, mit jmdm. [scharf] ins Gericht gehen, jmdn. ins Kreuzverhör / auf die Hörner nehmen, ein schweres / grobes Geschütz auffahren *(ugs.)* · *in einer Notsituation:* die Flucht nach vorn[e] antreten · *in beleidigender Weise:* persönlich werden, nicht mehr sachlich bleiben; **attackiert werden,** ins Kreuzfeuer geraten, im Kreuzfeuer stehen; ↑beanstanden, ↑schelten.

²attackieren ↑schelten.

Attentat ↑Überfall.

¹Attentäter · *aus politischer Überzeugung:* Gesinnungstäter, Überzeugungstäter, ↑Verbrecher.

²Attentäter ↑Mörder.

Attest ↑Bescheinigung.

Ätti ↑Vater.

Attika ↑Aufbau.

attisch: -e Tragödie ↑Tragödie.

Attitüde ↑Stellung.

Attraktion: ↑Glanzpunkt, ↑Zugkraft.

Attraktionskapelle ↑Orchester.

attraktiv: ↑anziehend, ↑hübsch.

Attraktivität ↑Anziehungskraft.

Attrappe: ↑Nachahmung, ↑Packung.

Attribut: ↑Eigenschaft, ↑Merkmal; -e Gottes ↑Gotteseigenschaften.

Attributsatz ↑Satz.

atü ↑Maßeinheit.

Atze ↑Bruder.

Atzel ↑Perücke.

atzeln ↑wegnehmen.

atzen ↑ernähren.

Ätzkunst ↑Grafik.

Atzung: ↑Ernährung, ↑Nahrung.

Au: ↑Insel, ↑Sumpf.

aubergine ↑violett.

Aubergine, Melanzane, Melanzani *(österr.)*, Eierfrucht; ↑Gemüse.

¹auch, ebenfalls, desgleichen, gleichermaßen, in gleichem Maße, gleicherweise, in gleicher Weise, sowohl ... als auch, gleichfalls, genauso, ebenso, dito, detto *(bayr., österr.)*, selbst, sogar; ↑aber, ↑anderwärts, ↑außerdem, ↑denn, ↑erwartungsgemäß, ↑und, ↑oder, ↑übrigens, ↑wirklich; **a. so einer,** ebenso / genauso einer, der gleiche, derselbe, das gleiche Kaliber.

²auch: ↑und; a. ... genannt, [oder] a. ↑alias; a. wenn, ob -; so / wie ... a. ..., [so] ...; wenn a. ↑obgleich; wie a. immer, wie dem a. sei ↑gleichviel.

Audienz ↑Empfang.

audiovisuell: -e Systeme ↑Kassettenfernsehen; -er Unterricht ↑Unterrichtsmethode.

Audit ↑Kontrolle.

auditiv ↑akustisch.

Auditorium ↑Publikum.

Aue: ↑Insel, ↑Sumpf.

Auerhahn ↑Auerhuhn.

Auerhenne ↑Auerhuhn.

Auerhuhn, Auerhahn, Auerhenne; ↑Vogel.

Auerochse ↑Bison.

auf: ↑aufwärts, ↑geöffnet, ↑offen; a. dass ↑damit; a. und davon sein ↑weg [sein]; aufhaben ↑geöffnet [sein]; a. ... hin ↑wegen.

aufarbeiten, auffrischen, aufmöbeln *(salopp)*, aufpolieren, aufpolstern; ↑erneuern.

Aufarbeitung ↑Bewältigung.

aufatmen, erleichtert / erlöst / befreit / *(ugs.)* heilfroh / beruhigt / froh und dankbar sein, drei Kreuze machen *(ugs.)*, jmdm. fällt ein Stein vom Herzen, aufschnaufen *(südd., österr.);* ↑glücklich.

aufbammeln: ↑töten; sich a. ↑entleiben (sich).

¹Aufbau (an Portalen, Schränken o. Ä.), Aufsatz, Bekrönung, Verzierung, Verkleidung, Giebelaufsatz, Giebel, Attika.

²Aufbau: ↑Karosserie, ↑Struktur, ↑Überbau, ↑Wiederaufbau.

aufbauen: ↑bauen, ↑fördern, ↑niederlassen, ↑managen (jmdn.); -d ↑nützlich.

aufbaumeln: ↑töten; sich a. ↑entleiben (sich).

aufbäumen: sich a. ↑aufbegehren.

aufbauschen ↑übertreiben.

¹aufbegehren, sich empören / auflehnen / aufbäumen / erheben / widersetzen / sträuben / wehren / zur Wehr setzen, auftrumpfen, Sperenzchen / Mätzchen / Kaleika machen *(ugs.),* einen Tanz aufführen *(ugs.),* sich mit Händen und Füßen wehren / sträuben *(ugs.),* jmdm. die Stirn bieten / die Zähne zeigen / *(schweiz.)* die Stange halten, protestieren, opponieren, Protest erheben / einlegen, revoltieren, rebellieren, meutern, Krach schlagen *(ugs.),* eine [dicke] Lippe riskieren *(ugs.),* auf die Barrikaden steigen / gehen, Sturm laufen gegen, wider / gegen den Stachel löcken, Widerpart bieten, in Aufruhr geraten, trotzen, mucken, murren, aufmucken, aufmucksen, sich auf die Hinterbeine stellen, sich etwas nicht gefallen lassen; ↑ärgerlich [werden], ↑demonstrieren, ↑entgegenstellen (sich), ↑gekränkt [sein], ↑streiken, ↑unzugänglich [sein], ↑wehren (sich); ↑Demonstration, ↑Verschwörung.

²aufbegehren ↑antworten.

aufbehalten ↑anbehalten.

aufbekommen, aufbringen, aufkriegen *(ugs.);* ↑öffnen.

aufbereiten ↑bearbeiten.

Aufbereitung ↑Verarbeitung.

aufbersten ↑platzen.

aufbessern, verbessern, erhöhen, anheben, nachbessern, draufsatteln; ↑berichtigen, ↑verbessern; ↑Gehalt.

aufbewahren, aufheben, verwahren, bewahren, behalten, versorgen *(schweiz.),* zurückbehalten, zurückhalten, jmdm. etwas vorenthalten, unter Verschluss halten, in Verwahrung / an sich nehmen, sammeln, ansammeln, häufen, anhäufen, akkumulieren, speichern, aufspeichern, beiseite legen / bringen, um die Ecke bringen *(ugs.),* horten, hamstern *(ugs.),* kuten *(berlin.),* nicht ↑abgeben; ↑abhalten, ↑aufhäufen, ↑aufstauen, ↑behüten, ↑lagern, ↑unterbringen, ↑verstecken, ↑zurücklegen; ↑Album, ↑Anhäufung, ↑Aufbewahrung, ↑Lagerung, ↑Tresor.

¹Aufbewahrung, Verwahrung, Gewahrsam; ↑Lagerung; ↑aufbewahren.

²Aufbewahrung ↑Lagerung.

Aufbewahrungsort, Verwahrungsort, Verwahrungsplatz · *geheimer:* Versteck; ↑Schließfach, ↑Warenlager.

aufbieten: seine ganze Kraft a. ↑anstrengen (sich).

¹aufbinden, aufknoten, aufknüpfen, aufmachen *(ugs.),* lösen; ↑abmachen.

²aufbinden: jmdm. einen Bären a. ↑anführen.

aufblähen: ↑vermehren; sich a. ↑bauschen (sich), ↑prahlen.

Aufblähung ↑Vermehrung.

¹aufblasen, aufpusten *(ugs.),* mit Luft / mit Gas füllen, aufpumpen.

²aufblasen: ↑vermehren; sich a. ↑prahlen, ↑übertreiben; blas mich auf! ↑unwichtig [sein].

aufblättern, aufschlagen, öffnen, aufmachen; ↑nachschlagen (in).

aufbleiben ↑wach [sein].

aufblicken ↑aufsehen.

aufblinken ↑aufleuchten.

aufblitzen ↑aufleuchten.

¹aufblühen, erblühen, aufgehen, zur Blüte kommen, die Knospe bricht auf / entfaltet sich; ↑blühen.

²aufblühen: ↑entwickeln (sich); aufgeblüht sein ↑blühen.

aufbraten ↑aufwärmen.

aufbrauchen: ↑abnutzen, ↑durchbringen, ↑verbrauchen.

aufbrausen ↑ärgerlich [werden].

aufbrausend ↑unbeherrscht.

aufbrechen: ↑einbrechen, ↑öffnen, ↑weggehen; die Knospe bricht auf ↑aufblühen.

aufbrennen: ↑brennen; jmdm. eins a. ↑schlagen.

aufbringen: ↑ärgern, ↑aufbekommen, ↑aufschrecken, ↑beschaffen, ↑kapern.

Aufbruch ↑Start.

aufbrühen ↑aufwärmen.

aufbrüllen ↑schreien.

aufbrummen: eine Strafe a. ↑bestrafen.

aufbügeln ↑bügeln.

¹aufbürden, aufladen, überbürden *(schweiz.),* andrehen *(ugs.),* zuschieben, abwälzen / abschieben auf, jmdm. den schwarzen Peter zuspielen / zuschieben, unterbuttern *(ugs.),* unterjubeln *(ugs.),* jmdm. etwas unter die Weste jubeln *(ugs.),* aufpelzen *(österr.),* jmdm. ein Kuckucksei ins Nest legen; ↑Prügelknabe.

²aufbürden ↑laden.

¹aufdecken, bloßlegen, exhibieren, vorzeigen, zur Schau stellen, durchschauen, nachweisen, aufrollen, hinter etwas kommen, Licht in etwas bringen, etwas ans Licht bringen, enthüllen, entschleiern, den Schleier lüften, entlarven, demaskieren; ↑aufweisen, ↑enträtseln, ↑offenbar [werden], ↑öffnen, ↑zergliedern.

²aufdecken: die Karten a. ↑gestehen.

Aufdeckung: ↑Enthüllung, ↑Taktlosigkeit.

aufdonnern: sich a. ↑schönmachen.

aufdrängen ↑aufnötigen.

aufdrehen: ↑anstellen, ↑ärgerlich [werden], ↑aufdröseln, ↑aufschrauben; den Gashahn a. ↑entleiben (sich); die Heizung a. ↑heizen.

¹aufdringlich, penetrant, zudringlich, plumpvertraulich, sekkant, lästig, indiskret, nicht ↑dezent, nicht ↑höflich, nicht ↑zurückhaltend; ↑dünkelhaft, ↑unhöflich; **a. sein,** jmdm. zu nahe treten. auf die Pelle rücken *(salopp);* ↑Taktlosigkeit, ↑Zudringlichkeit.

²aufdringlich: nicht a. ↑dezent.

Aufdringlichkeit ↑Zudringlichkeit.

aufdröseln, auftrennen, aufmachen, aufdrehen.

aufdrücken: jmdm. einen a. ↑küssen.

Aufeinanderfolge: ↑Reihenfolge; in A. ↑nacheinander.

aufeinander folgend ↑nacheinander.

aufeinander rumsen ↑zusammenstoßen.

Aufenthalt: ↑Einschnitt, ↑Fahrtunterbrechung, ↑Unterbrechung; A. nehmen ↑niederlassen (sich).

Aufenthalter ↑Bewohner.

Aufenthaltsort ↑Anschrift.

auferlegen: ↑anordnen; sich etwas a. ↑entschließen (sich).

auferstehen ↑wieder erstehen.

Auferstehen ↑Neubelebung.

Auferstehung: ↑Neubelebung; Fest der A. Christi ↑Ostern.

Auferstehungsfest ↑Ostern.

aufessen, verspeisen, aufzehren, vertilgen, verschmausen, verschlingen, verschlucken, konsumieren, verkonsumieren *(ugs.)*, verdrücken *(ugs.)*, auffuttern *(ugs.)*, verputzen *(ugs.)*, wegputzen *(ugs.)*, verspachteln *(ugs.)*, seinen Teller leer essen, leer spachteln *(ugs.)*, ratzekahl essen *(ugs.)* · *von Tieren:* auffressen; ↑essen.

auffa ↑her.

auffächern ↑gliedern.

Auffächerung ↑Gliederung.

auffädeln, aufziehen, aufreihen; ↑durchziehen.

auffahren: ↑zusammenstoßen; [a. lassen] ↑servieren; großes / schweres Geschütz a. ↑attackieren.

auffahrend ↑unbeherrscht.

Auffahrt, Rampe, Zufahrt, Zugang, Aufgang · *in einem Parkhaus:* Spindel.

Auffahrunfall ↑Zusammenstoß.

Auffall ↑Misserfolg.

auffallen, sich einer Sache bewusst werden, ins Bewusstsein dringen, Beachtung finden, bemerkt werden, in die Augen fallen / springen, von sich reden machen, die Aufmerksamkeit / alle Augen auf sich ziehen (oder:) lenken, alle Blicke auf sich lenken, Aufsehen erregen / verursachen / *(ugs.)* machen, Staub aufwirbeln, Furore / Schlagzeilen machen, beeindrucken, Eindruck machen / *(ugs.)* schinden, hervortreten, hervorragen, hervorstechen, in Erscheinung treten · *in angenehmer Weise:* in gutem Licht erscheinen, etwas vorstellen, eine glänzende / blendende Figur machen; ↑gefallen; ↑Aufsehen.

auffallend ↑außergewöhnlich.

auffällig: ↑ausgeprägt, ↑außergewöhnlich.

Auffangbecken: ↑Sammelbecken, ↑Tummelplatz.

auffangen ↑ertragen.

auffassen: ↑auslegen; falsch a. ↑missverstehen; a. als beurteilen.

Auffassung: ↑Ansicht, ↑Beurteilung.

Auffassungsgabe: ↑Begabung, ↑Vernunft.

auffegen ↑säubern.

auffetzen ↑öffnen.

auffi ↑hin.

auffinden, finden, stoßen auf, entdecken, sehen, antreffen, vorfinden, treffen [auf], begegnen, wieder sehen, aufspüren, orten, Standort bestimmen, ausfindig machen, ausfinden, ausmachen, ermitteln, in Erfahrung bringen, feststellen, auf die Spur kommen, herausfinden, herausbekommen, herausbringen *(ugs.)*, herauskriegen *(salopp)*, rausbringen *(salopp)*, ausklamüsern *(ugs.)*, aufstöbern, auftreiben *(ugs.)*, auflesen *(ugs.)*, aufgabeln *(salopp)*, auffischen *(salopp)*; ↑beschaffen, ↑erfahren, ↑erfinden, ↑fragen, ↑nachforschen, ↑sehen, ↑suchen, ↑wahrnehmen; **aufgefunden werden,** jmdm. in die Arme / Beine / über den Weg laufen *(ugs.)*, etwas findet sich an; ↑Auskundschafter, ↑Fundbüro.

auffischen ↑finden.

aufflackern ↑brennen.

aufflammen: ↑antworten, ↑brennen.

auffliegen: a. lassen ↑ergreifen; etwas fliegt auf ↑scheitern.

¹auffordern (zum Tanz), engagieren, um einen / den nächsten Tanz bitten, mit jmdm. tanzen wollen; ↑tanzen.

²auffordern ↑zuraten.

Aufforderung: ↑Aufruf, ↑Weisung; ohne A. ↑freiwillig.

Aufforderungscharakter: etwas hat A. ↑verführen.

Aufforderungssatz ↑Satz.

auffressen: ↑aufessen, ↑beanspruchen.

auffrischen: ↑aufarbeiten, ↑erneuern; jmds. Gedächtnis a. ↑mahnen.

auffrischend ↑luftig.

Auffrischungsimpfung ↑Impfung.

¹aufführen, zur Aufführung bringen, herausbringen, spielen, [ein Stück] geben / zeigen, auf die Bühne bringen, auf den Spielplan setzen · *zum ersten Mal:* uraufführen, erstaufführen, zur Uraufführung / Erstaufführung bringen; ↑verwirklichen; **aufgeführt werden,** über die Bretter / über die Bühne gehen; ↑Aufführung, ↑Schauspiel.

²aufführen: ↑bauen, ↑erwähnen, ↑vollführen; sich a. ↑benehmen (sich); sich unanständig a. ↑Darmwind [entweichen lassen] / Freudentänze / Indianertänze a. ↑freuen (sich); einen Tanz a. ↑aufbegehren.

¹Aufführung, Vorstellung, Darbietung · *erste:* Premiere, Erstaufführung, Uraufführung; ↑Auftreten, ↑Schauspiel, ↑Souffleur, ↑Theater, ↑Vernissage; ↑aufführen.

²Aufführung: zur A. bringen ↑aufführen.

auffüllen: ↑anreichern, ↑tanken, ↑vervollständigen.

Auffüllung ↑Ergänzung.

auffuttern ↑aufessen.

¹Aufgabe, Herausforderung, Obliegenheit, Pflicht, Funktion, Verpflichtung, Schuldigkeit, Auftrag, Bestimmung, Destination

Kinder oder bestimmte andere Personen zu beaufsichtigen: Aufsichtspflicht; ↑Abmachung, ↑Arbeit, ↑Beruf, ↑Last, ↑Schuld; ↑dienen.

²Aufgabe: ↑Entäußerung, ↑Entwöhnung, ↑Pensum; ungelöste A. ↑Schwierigkeit; etwas erfüllt die A. ↑dienen.

aufgabeln: ↑finden, ↑krank [werden].

Aufgabenstellung ↑Gegenstand.

Aufgang: ↑Auffahrt, ↑Treppe.

¹aufgeben (Geschäft), auflösen, schließen, liquidieren, ausverkaufen, nicht ↑beibehalten; ↑beenden, ↑verkaufen; ↑zahlungsunfähig.

²aufgeben: ↑abgewöhnen (sich etwas), ↑abschreiben, ↑anordnen, ↑beenden, ↑einliefern, ↑nachgeben; nicht a. ↑durchhalten; von den Ärzten aufgegeben sein ↑unheilbar [krank sein]; eine Anzeige / eine Annonce / ein Inserat a. ↑annoncieren; den Geist a. ↑sterben; die Hoffnung a. ↑Mut; die Hoffnung nicht a. ↑Hoffnung; die bürgerliche Lebensweise a. ↑Lebensweise; jmdm. Rätsel a. ↑rätselhaft [sein]; das Rauchen a. ↑rauchen; einen Standpunkt a. ↑umschwenken; seine Wohnung a. ↑übersiedeln.

aufgebläht ↑aufgedunsen.

aufgeblasen: ↑aufgedunsen, ↑dünkelhaft.

Aufgeblasenheit ↑Überheblichkeit.

aufgebracht ↑ärgerlich.

aufgedonnert ↑aufgeputzt.

aufgedreht: a. sein ↑lustig [sein].

aufgedunsen, aufgequollen, verquollen, aufgeschwollen, verschwollen, gedunsen, pastös · *vom Körper:* aufgeschwemmt, schwammig · *vom Hefeteig:* aufgegangen · *vom Leib:* aufgetrieben, aufgebläht · *vom Vogel:* aufgeblasen, aufgeplustert; ↑dick; ↑Fettleibigkeit, ↑Gedunsenheit, ↑Wohlgenährtsein.

Aufgedunsenheit ↑Gedunsenheit.

aufgefächert ↑gegliedert.

aufgegangen ↑aufgedunsen.

aufgegliedert ↑gegliedert.

aufgeheitert ↑sonnig.

aufgehen: ↑aufblühen; das Land der -den Sonne ↑Japan; etwas / ein Licht / ein Seifensieder geht jmdm. auf ↑erkennen; a. in ↑verschmelzen (mit); in Flammen a. ↑brennen.

aufgeilen ↑reizen.

aufgeklärt, vorurteilsfrei, vorurteilslos, freisinnig, liberal, lax *(abwertend),* wissend, erfahren, unterrichtet, eingeweiht, esoterisch; ↑klug, ↑modern, ↑selbstständig, ↑tolerant, ↑unparteiisch; ↑Duldsamkeit, ↑billigen.

aufgekratzt ↑lustig.

Aufgeld: ↑Anzahlung, ↑Handgeld, ↑Zuschlag.

¹aufgelegt, gestimmt, gelaunt; **gut a. sein,** gut gelaunt / guter Dinge sein; ↑lustig [sein]; **schlecht a. sein,** schlecht gelaunt / schlechter Laune / in schlechter Stimmung / missgestimmt / missgelaunt / übel gelaunt sein, mit dem linken Fuß aufgestanden sein, seine Tour

haben *(ugs.),* jmdm. ist eine Laus über die Leber gelaufen *(ugs.);* ↑ärgerlich [sein].

²aufgelegt: ↑aufgeschlossen, ↑offenbar.

¹aufgelockert, gelockert, entspannt, gelöst, flockig, locker.

²aufgelockert ↑sonnig.

aufgelöst: ↑geschieden; a. sein ↑aufgeregt [sein].

aufgemacht ↑aufgeputzt.

aufgemascherlt ↑aufgeputzt.

aufgenordet ↑blond.

aufgeplustert ↑aufgedunsen.

aufgeputzt, herausgeputzt, aufgedonnert *(abwertend),* overdressed, aufgemascherlt *(österr.),* gstatzt *(österr.),* zurechtgemacht, aufgemacht *(ugs.),* in großer Toilette, gestriegelt *(ugs.),* geschniegelt und gebügelt *(scherzh.),* wie geleckt *(scherzh.),* geputzt / geschmückt wie ein Pfingstochse *(ugs., scherzh.),* ↑adrett; ↑schönmachen.

aufgequollen ↑aufgedunsen.

Aufgequollenheit ↑Gedunsenheit.

aufgeräumt ↑lustig.

aufgeregt, erregt, nervös, neurasthenisch, nervenschwach, hysterisch, gereizt, ruhelos, unruhig, ungeduldig, unstet, bewegt, fahrig, tumultuarisch, turbulent, hektisch, fiebrig, schusslig *(ugs.),* huschlig *(ugs.),* zapplig *(ugs.),* kribblig *(ugs.),* fickrig *(ugs., landsch.),* nicht ↑ruhig; ↑ängstlich; ↑ärgerlich, ↑bewegt, ↑empfindlich, ↑erwartungsvoll, ↑fleißig, ↑lebhaft, ↑nervös, ↑reizbar, ↑unaufmerksam, ↑unbeherrscht; **a. sein,** außer sich / aufgelöst / außer Fassung / *(ugs.)* ganz aus dem Häuschen / ein Nervenbündel sein, Herzklopfen / Lampenfieber haben, jmdm. schlägt das Herz bis zum Hals, den Kopf / die Nerven verlieren, seiner selbst / seiner Sinne nicht mehr (oder:) kaum noch mächtig sein, kopflos sein, durchdrehen *(ugs.),* mit jmdm. gehen die Nerven durch, jmdm. brennen / gehen die Sicherungen durch *(salopp);* ↑Angst [haben], ↑pfuschen; ↑Choleriker, ↑Nervenbündel, ↑Unrast.

Aufgeregtheit ↑Erregung.

aufgerissen ↑wund.

aufgerüstet ↑kampfbereit.

aufgescheuert ↑wund.

¹aufgeschlossen, offen, interessiert, ansprechbar, aufnahmefähig, aufnahmsfähig *(österr.),* aufnahmebereit, empfänglich, geneigt, gestimmt, aufgelegt, disponiert, zugänglich, geweckt, nicht ↑unzugänglich; **a. sein,** zu haben sein für *(ugs.),* interessiert sein an; [ein] Interesse haben für; Interesse zeigen [für], sich interessiert zeigen, vielseitig sein, einen weiten Horizont haben; ↑entgegenkommen.

²aufgeschlossen: ↑offen, ↑tolerant.

aufgeschmissen ↑ratlos.

aufgeschürft ↑wund.

aufgeschwemmt ↑aufgedunsen.

Aufgeschwemmtheit ↑Gedunsenheit.

aufgeschwollen ↑aufgedunsen.
aufgesperrt ↑offen.
aufgetaut ↑flüssig.
aufgeteilt ↑gegliedert.
aufgetrieben ↑aufgedunsen.
aufgeweckt ↑klug.
aufgewühlt ↑bewegt.
aufgliedern: ↑entflechten, ↑gliedern, ↑unterteilen.
Aufgliederung: ↑Analyse, ↑Gliederung.
aufgreifen ↑ergreifen.
aufgrund ↑wegen.
aufgucken ↑aufsehen.
Aufgusstierchen ↑Einzeller.
aufhaben ↑anhaben.
aufhalsen ↑laden.
aufhalten: ↑anhalten, ↑behindern; sich a. ↑weilen; etwas ist nicht aufzuhalten ↑verhindern; etwas hält auf ↑zeitraubend [sein]; die Hand a. ↑erwarten; sich a. über ↑reden
aufhängen ↑töten; sich aufhängen ↑entleiben (sich); jmdm. etwas aufhängen ↑aufschwatzen (jmdm. etwas).
Aufhänger ↑Anlass.
aufhauen ↑verschwenden.
aufhäufen, anhäufen, kumulieren, aufschichten, stapeln, aufstapeln, beigen (südd., schweiz.), aufrichten (österr.), aufschobern (bes. österr.), schöbern (bes. österr.), türmen, auftürmen; ↑aufbewahren, ↑lagern; ↑Anhäufung, ↑Lagerung, ↑Stapel.
Aufhäufung ↑Anhäufung.
¹aufheben, aufraffen, aufnehmen, hochnehmen, aufklauben, auflesen, aufsammeln.
²aufheben: ↑abschaffen, ↑aufbewahren, ↑heben, ↑zurücklegen; die Hand a. ↑Handzeichen [geben].
Aufheben: -[s] machen ↑übertreiben; ohne viel -s zu machen ↑unbemerkt.
Aufhebung, ↑Auflösung, Einstellung, Abschaffung, Beseitigung, Annullierung, Außerkraftsetzung, Ungültigkeitserklärung; ↑abschaffen.
aufheitern: ↑erheitern; sich a. ↑aufhellen (sich).
aufhelfen: ↑gesund [machen].
¹aufhellen (sich), heller werden, sich aufheitern / lichten, aufklaren; ↑Wetter.
²aufhellen ↑tönen.
aufhetzen ↑aufwiegeln.
Aufhetzer ↑Hetzer.
aufhetzerisch, aufwieglerisch, demagogisch; ↑aufwiegeln.
Aufhetzung ↑Aufwiegelung.
aufhissen ↑flaggen.
aufholen, [Boden] gutmachen (Sport), einholen, nachholen, wettmachen, nachziehen, ausgleichen, das Gleichgewicht herstellen, gleichziehen · versäumte Arbeitszeit: nacharbeiten, einarbeiten (österr.).
aufhorchen ↑überrascht [sein].

¹aufhören, unterlassen; **hör auf!**, gleich knallt es [im Karton]! / gibt es etwas! / gibt es Schläge! / setzt es etwas! / raucht es! (ugs.).
²aufhören: ↑abgewöhnen (sich etwas), ↑beenden, ↑enden, ↑kündigen; da hört sich doch alles auf ↑unerhört [sein]; da hört der Spaß auf ↑unerhört [sein]; nicht a. mit ↑zusetzen (jmdm.).
aufhucken ↑tragen.
Aufhupfer ↑Koitus.
aufhussen ↑aufwiegeln.
aufjagen ↑aufscheuchen.
aufjauchzen: ↑jubeln, ↑schreien.
aufjubeln: ↑jubeln, ↑schreien.
aufjuchzen: ↑jubeln, ↑schreien.
aufkaufen ↑kaufen.
Aufkäufer ↑Händler.
Aufkaufhandel ↑Großhandel.
aufkehren ↑säubern.
aufklaren ↑aufhellen (sich).
aufklären: ↑auskundschaften, ↑mitteilen.
Aufklärer: ↑Flugzeug, ↑Propagandist.
¹Aufklärung, Erklärung, Abklärung (schweiz.), Aufschluss, Schlüssel; ↑Lösung; ↑enträtseln.
²Aufklärung: ↑Literaturepochen, ↑Rationalismus.
Aufklärungsfilm ↑Kinofilm.
Aufklärungsflug ↑Flug.
Aufklärungsflugzeug ↑Flugzeug.
Aufklärungsmaschine ↑Flugzeug.
Aufklärungstruppe: technische A. ↑Waffengattung.
aufklauben ↑aufheben.
Aufklebeetikett ↑Etikett.
aufkleben: ↑befestigen; eine Briefmarke a. ↑frankieren; ein Pflaster a. ↑verbinden.
Aufkleber ↑Etikett.
Aufklebetikett ↑Etikett.
Aufklebezettel ↑Etikett.
aufknoten ↑aufbinden.
aufknüpfen: ↑aufbinden, ↑töten; sich a. ↑entleiben (sich).
aufkochen: ↑brodeln, ↑sieden.
aufkommen: ↑entstehen, ↑gesund [werden], ↑herumsprechen (sich); etwas kommt auf ↑heraufziehen; a. für ↑einstehen (für); [für die Kosten] a. ↑zahlen; für jmds. Lebensunterhalt a. ↑ernähren; das Aufkommen ↑Entstehung.
Aufkommen ↑Entstehung.
aufkreischen ↑Laut.
aufkreuzen ↑kommen.
aufkriegen ↑aufbekommen.
aufkündigen: jmdm. die Freundschaft a. ↑brechen (mit jmdm.).
auflachen ↑lachen.
aufladen: ↑aufbürden, ↑laden.
¹Auflage, Ausgabe, Fassung, Druck, Abdruck, Druckauflage · abzüglich der Makulaturexemplare: Verlagsauflage · in Bezug auf die Anzahl der Exemplare, die zur Deckung der Herstellungskosten verkauft werden müssen: De-

ckungsauflage; ↑Druck, ↑Edition, ↑Nachdruck.

²**Auflage:** ↑Vorbehalt; A. erteilen ↑anordnen.

auflandig, auf das Land zu wehend · Ggs. ↑ablandig.

auflassen ↑stilllegen.

Auflassung ↑Stilllegung.

auflasten ↑laden.

auflauern, belauern, auf der Lauer liegen, sich auf die Lauer legen, abpassen, passen *(ugs., österr.),* auf der Pass sein / stehen *(ugs., österr.),* anfallen, überfallen, sich heranschleichen.

Auflauf ↑Ansammlung.

Auflaufbremse ↑Bremse.

auflaufen: -des Wasser ↑Flut.

aufleben ↑entwickeln (sich).

Aufleben ↑Neubelebung.

auflegen: Farbe / Rouge / Schminke a. ↑schminken; ein Pflaster a. ↑verbinden.

auflehnen: sich a. ↑aufbegehren.

Auflehnung ↑Widerstand.

auflesen: ↑aufheben, ↑finden.

aufleuchten, aufblinken, aufblitzen, aufscheinen · *wenn Licht darauf fällt:* fluoreszieren, phosphoreszieren; ↑brennen, ↑leuchten.

aufliefern ↑einliefern.

aufliegen ↑ausliegen.

auflodern ↑brennen.

auflösen: ↑abschaffen, ↑aufgeben, ↑dechiffrieren, ↑enträtseln, ↑trennen (sich), ↑zerlegen; sich a. ↑schmelzen; die Ehe a. ↑scheiden (jmdn.); seinen Haushalt a. ↑übersiedeln; sich in seine Bestandteile / sich in Wohlgefallen a. ↑defekt [werden]; sich in Luft a. ↑eintreffen.

¹**Auflösung,** Abwicklung, Liquidation, Stralzierung, Stralzio *(österr.);* ↑Versteigerung.

²**Auflösung:** ↑Aufhebung, ↑Ehescheidung, ↑Lösung, ↑Verfall, ↑Zerlegung.

aufmachen: ↑aufbinden, ↑aufblättern, ↑aufdröseln, ↑eröffnen, ↑öffnen; sich a. ↑schönmachen, ↑weggehen; die Augen a. ↑Acht geben, ↑wach [werden]; ein Fass a. ↑feiern; jmdm. eine Rechnung a. ↑Unkosten; jmdm. a. ↑einlassen.

Aufmarsch: ↑Ansammlung, ↑Parade.

aufmascherln: sich a. ↑schönmachen.

¹**aufmerksam,** gespannt, angespannt, angestrengt, konzentriert, andächtig; ↑erwartungsvoll; ↑Konzentration; ↑Acht geben, ↑versenken (sich in) · Ggs. ↑unaufmerksam.

²**aufmerksam:** ↑höflich, ↑wachsam; a. machen auf ↑alarmieren, ↑hinweisen (auf); a. sein ↑Acht geben.

Aufmerksamkeit: ↑Gabe, ↑Höflichkeit, ↑Konzentration; die A. auf sich ziehen ↑exponieren (sich); die A. auf sich ziehen / lenken ↑auffallen; etwas entgeht jmds. A. ↑merken.

aufmöbeln: ↑anregen, ↑aufarbeiten.

aufmontieren ↑befestigen.

aufmucken: ↑aufbegehren, ↑wehren (sich).

aufmucksen ↑aufbegehren.

aufmuntern: ↑erheitern, ↑zuraten.

Aufmunterung ↑Impuls.

aufmüpfig ↑unzugänglich.

Aufmüpfigkeit ↑Eigensinn.

aufmutzen ↑übel nehmen.

¹**Aufnahme,** Empfang; **A. finden,** Eingang finden, aufgenommen werden in, eingehen in.

²**Aufnahme:** ↑Absorption, ↑Aufzeichnung, ↑Fotografie, ↑Rezeption, ↑Sendung, ↑Willkomm; A. finden ↑Unterkunft [finden]; eine A. machen ↑fotografieren.

aufnahmebereit ↑aufgeschlossen.

aufnahmefähig: ↑aufgeschlossen, ↑saugfähig.

Aufnahmefähigkeit ↑Fassungsvermögen.

Aufnahmeraum ↑Rezeption.

aufnahmsfähig ↑aufgeschlossen.

aufnehmen: ↑anstacheln, ↑aufheben, ↑aufschreiben, ↑beherbergen, ↑buchen, ↑einstellen, ↑fotografieren, ↑lernen, ↑säubern; aufgenommen werden ↑Unterkunft [finden]; aufgenommen werden in ↑Aufnahme [finden]; nicht wieder a. ↑ruhen lassen; ein Darlehen / einen Kredit a. ↑leihen; es mit jmdm. a. ↑erreichen; die Fährte / die Spur / die Witterung a. ↑wittern; Kontakt a. ↑anbahnen (etwas); Verbindung a. ↑Kontakt [aufnehmen]; [auf Band / Schallplatten / Tonband a.] ↑aufzeichnen; [in sich] a. ↑aufsaugen; jmdn. in die christliche Gemeinschaft a. ↑taufen; das Aufnehmen ↑Wahrnehmung.

Aufnehmer ↑Putzlappen.

äufnen ↑vermehren.

aufnotieren ↑aufschreiben.

aufnötigen, anbieten, aufdrängen, aufzwingen, oktroyieren, aufoktroyieren; ↑abnötigen, ↑nötigen.

aufoktroyieren ↑aufnötigen.

aufopfern ↑opfern.

aufopfernd ↑selbstlos.

Aufopferung: ↑Opfer, ↑Selbstlosigkeit.

aufpacken: ↑auspacken, ↑laden.

aufpäppeln ↑großziehen.

aufpassen: ↑Acht geben, ↑vorsehen (sich); auf ↑beaufsichtigen; das Aufpassen ↑Koitus.

aufpeitschen ↑anregen.

aufpelzen ↑aufbürden.

aufpflanzen: sich a. ↑aufstellen (sich).

aufpicken ↑befestigen.

aufplatzen ↑platzen.

aufplustern: sich a. ↑prahlen, ↑reden (über jmdn., etwas).

aufpolieren ↑aufarbeiten.

aufpolstern ↑aufarbeiten.

Aufprall ↑Zusammenstoß.

Aufpreis ↑Zuschlag.

aufpulvern ↑anregen.

aufpumpen ↑aufblasen.

aufpusten ↑aufblasen; sich a. ↑übertreiben.

aufputschen: ↑anregen, ↑aufwiegeln; -d ↑anregend.

Aufputschmittel, Stimulans, Psychotonikum,

Weckamin, Exzitans, Analeptikum, Weckmittel, Schnellmacher *(ugs.)* · *Anwendung eines Aufputschmittels beim Sport:* Doping · *in Bezug auf die Sexualität:* Aphrodisiakum, Liebestrank, Liebeselixier, Poppers; ↑Alraune, ↑Kokainvergiftung, ↑Medikament, ↑Opiumvergiftung, ↑Psychopharmakon, ↑Rauschgift, ↑Zigarette; ↑[in einen] Rausch [versetzen] · Ggs. ↑Beruhigungsmittel.

Aufputschung ↑Aufwiegelung.

aufputzen ↑schönmachen.

aufraffen: ↑aufheben; sich a. ↑überwinden (sich).

aufragen, sich auftürmen, sich erheben.

aufragend ↑hoch.

aufranken ↑ranken.

aufrappeln: sich a. ↑überwinden (sich), ↑gesund [werden].

¹aufräumen, in Ordnung bringen, Ordnung machen, ausmisten *(salopp),* zusammenstellen, richten; ↑säubern.

²aufräumen ↑eingreifen.

aufrecht: ↑ehrenhaft, ↑gerade, ↑standhaft.

aufrechterhalten: ↑beibehalten, ↑wach halten.

aufrecken: sich a. ↑erheben (sich).

aufreden: jmdm. etwas a. ↑aufschwatzen.

aufregen: ↑anregen, ↑erregen; sich a. ↑ärgerlich [sein]; sich a. über ↑reden (über).

aufregend: ↑beschwerlich, ↑bezaubernd; nicht a. ↑mäßig.

Aufregung: ↑Erregung; nur keine A.! ↑ruhig [bleiben].

aufreiben (sich): ↑(sich) anstrengen, ↑besiegen; sich aufreiben ↑ärgerlich [sein]; etwas reibt auf ↑zehren.

aufreibend ↑beschwerlich.

Aufreibfetzen ↑Putzlappen.

aufreihen ↑auffädeln.

Aufreiße ↑Kontakt.

aufreißen: ↑kennen lernen, ↑öffnen; die Fenster a. ↑lüften; sich jmdn. a. ↑anbandeln; jmdm. den Arsch a. ↑schikanieren.

aufreiten ↑koitieren.

aufreizen: ↑aufwiegeln, ↑reizen.

aufreizend: ↑anziehend, ↑provozierend.

Aufrichte ↑Richtfest.

Aufrichtefest ↑Richtfest.

aufrichten: ↑aufhäufen, ↑bauen, ↑trösten; sich a. ↑erheben (sich); -der Muskel ↑Muskel.

Aufrichter ↑Muskel.

¹aufrichtig, ehrlich, vertrauenswürdig, zuverlässig, geradlinig, gerade, offen, offenherzig, freimütig, frank und frei, unverhüllt, unverhohlen, wahrhaftig, wahr, wahrhaft, nicht ↑unaufrichtig; arglos, ↑echt, ↑klar, ↑rundheraus; **a. sein,** ohne Falsch / eine ehrliche Haut sein, mit der Wahrheit nicht hinterm Berg halten, mit offenen Karten spielen, die Wahrheit sagen, der Wahrheit die Ehre geben, nicht ↑lügen; ↑Aufrichtigkeit.

²aufrichtig: -en Dank! ↑danke!; in -er Verbundenheit ↑hochachtungsvoll.

Aufrichtigkeit, Freimut, Offenherzigkeit, Offenheit, Ehrlichkeit, Unverblümtheit, Lauterkeit, Geradlinigkeit, Geradheit; ↑Deutlichkeit, ↑Pflichtbewusstsein, ↑Schlichtheit, ↑Treue; ↑aufrichtig.

Aufrichtung ↑Trost.

Aufriss ↑Grundriss.

¹aufrollen, wieder aufnehmen, behandeln.

²aufrollen: ↑aufdecken, ↑aufwickeln.

aufrücken: ↑avancieren, ↑kommen, ↑nachrücken; a. lassen ↑befördern.

Aufruf, Appell, Ruf [nach], Aufforderung, Mahnung, Mahnruf, Proklamation, Memento, Ultimatum; ↑Mitteilung, ↑Programm, ↑Verschwörung, ↑Vorwurf, ↑Weisung.

aufruhen, gestützt werden von, gehalten werden von.

Aufruhr: ↑Erregung, ↑Verschwörung; in A. geraten ↑aufbegehren.

aufrühren ↑aufwirbeln.

Aufrührer ↑Revolutionär.

aufrührerisch, aufständisch, rebellisch; ↑umstürzlerisch, ↑unzugänglich.

aufrunden ↑vervollständigen.

Aufrundung ↑Ergänzung.

aufrüsten ↑rüsten.

Aufrüstung, Rüstung, Nachrüstung, Nachnachrüstung, Mobilmachung, Mobilisierung, Bewaffnung; ↑rüsten · Ggs. ↑Abrüstung, ↑Entspannung.

¹aufrütteln, wachrütteln, rufen, zur Besinnung / Vernunft / Einsicht bringen; ↑mahnen, ↑wachrufen.

²aufrütteln: etwas rüttelt jmdn. auf ↑erschüttern.

aufsacken: ↑laden; sich etwas a. ↑einhandeln (sich etwas).

aufsagen ↑vortragen.

aufsammeln ↑aufheben.

aufsässig ↑unzugänglich.

Aufsässigkeit ↑Eigensinn.

¹Aufsatz, Essay, Niederschrift, Aufzeichnung, Artikel, Beitrag, Traktat, Abhandlung, Studie, Miszellen, Vermischtes · *schlechter:* Elaborat *(abwertend);* ↑Abschnitt, ↑Mitteilung, ↑Niederschrift, ↑Schulaufsatz, ↑Werk.

²Aufsatz: ↑Aufbau, ↑Schulaufsatz.

Aufsatzheft ↑Heft.

aufsaugen, absorbieren, [in sich] aufnehmen, resorbieren, einsaugen, reinziehen *(Jargon)* · ansaugen, anlagern, adsorbieren; ↑trocknen; ↑saugfähig; ↑Absorption.

Aufsaugung ↑Absorption.

aufschauen ↑aufsehen.

aufscheinen: ↑aufleuchten, ↑vorkommen.

aufscheuchen, hochscheuchen, in die Höhe jagen, aufjagen.

aufschichten ↑aufhäufen.

Aufschichtung ↑Anhäufung.

aufstehen

aufschieben ↑verschieben.

¹Aufschlag, Umschlag, Stulpe · *am Ärmel:* Manschette · *am Kragen:* Revers; ↑Besatz.

²Aufschlag: ↑Revers, ↑Zusammenstoß, ↑Zuschlag.

¹aufschlagen (Preis), teurer werden, im Preis steigen, anziehen *(ugs.);* ↑teuer.

²aufschlagen: ↑aufblättern, ↑öffnen; die Augen a. ↑Ohnmacht; sein Lager a. ↑übernachten; sein Quartier / seine Wohnung a. ↑niederlassen; seine Zelte a. ↑einziehen, ↑niederlassen.

aufschließen: ↑nachrücken, ↑öffnen.

Aufschluss ↑Aufklärung.

aufschlüsseln ↑dechiffrieren.

Aufschlüsselung ↑Gliederung.

aufschlussreich ↑interessant.

aufschmeißen ↑kompromittieren.

aufschnallen ↑koitieren.

aufschnappen: ↑hören; etwas a. ↑krank [werden].

aufschnaufen ↑aufatmen.

aufschneiden: ↑prahlen, ↑zerlegen; sich die Pulsader[n] a. ↑entleiben (sich).

Aufschneider ↑Angeber.

Aufschneiderei ↑Übertreibung.

aufschnellen ↑erheben (sich).

Aufschnitt ↑Brotbelag.

aufschobern ↑aufhäufen.

¹aufschrauben, aufdrehen, öffnen; ↑öffnen; ↑Verschluss; · Ggs. zuschrauben ↑verschließen.

²aufschrauben ↑befestigen.

aufschrecken, aufscheuchen, aufbringen, erregen, provozieren; ↑Revolutionär.

aufschreiben, aufnotieren, notieren, hinschreiben, zur Feder greifen, aufnehmen, festhalten, über etwas Buch führen, vermerken, anmerken, niederschreiben, aufzeichnen, verzeichnen, zusammenstellen, eintragen, mitschreiben, protokollieren, stenografieren, zu Papier bringen, aufs Papier werfen, aufsetzen, formulieren, entwerfen, verfassen, abfassen, texten, ins Unreine schreiben; ↑ausfertigen, ↑ausfüllen, ↑buchen, ↑dichten, ↑entwerfen, ↑Maschine schreiben, ↑schreiben; ↑Schriftsteller.

aufschreien ↑schreien.

Aufschrift, Inschrift, Schrift, Beschriftung, Unterschrift, Überschrift · Grabschrift, Epitaph · *antike:* Epigraph; ↑Schlagzeile, ↑Wandspruch.

Aufschub: ↑Stundung; ohne A. ↑gleich; keinen A. duldend ↑dringend.

aufschwatzen (jmdm. etwas), jmdm. etwas aufreden / *(ugs.)* aufhängen / *(salopp)* andrehen; ↑überreden.

aufschwingen: sich a. ↑überwinden (sich).

¹Aufschwung, Blüte, Boom, Hausse, Hochkonjunktur, Konjunktur, Welle, Schwemme, Lawine, ein Berg von; ↑Preisanstieg · Ggs. ↑Rückgang.

²Aufschwung ↑Turnübung.

aufsehen, aufschauen, hochsehen, aufblicken, hochblicken, aufgucken, hochgucken.

¹Aufsehen, Eklat, Hallo *(ugs.),* Kladderadatsch *(ugs.),* Donnerwetter *(ugs.);* ↑Bloßstellung, ↑Ereignis, ↑Lärm, ↑Streit; ↑auffallen.

²Aufsehen: A. erregen / verursachen / machen ↑auffallen.

Aufsehen erregend ↑außergewöhnlich.

Aufseher: ↑Aufsichtführender, ↑Wächter.

¹auf sein, aufgestanden / *(ugs.)* zugange / *(ugs.)* aus den Federn sein; ↑wach [sein].

²auf sein: ↑geöffnet [sein], ↑offen [sein], ↑wach [sein]; früh a. ↑aufstehen.

aufsetzen: ↑anziehen, ↑aufschreiben, ↑landen; einen Dickkopf a. ↑unzugänglich [sein].

aufseufzen ↑stöhnen.

Aufsicht: ↑Aufsichtführender, ↑Überwachung; unter A. stehen ↑beobachten; unter A. stellen ↑beobachten, ↑entmündigen.

Aufsichtführender, Aufsicht, Aufseher · *in einem Straflager:* Kapo *(Jargon);* ↑Beauftragter, ↑Kontrolleur.

Aufsichtsbeamter ↑Kontrolleur.

Aufsichtsbehörde ↑Kuratorium.

Aufsichtspflicht ↑Aufgabe.

Aufsichtsrat ↑Überwachungsorgan.

aufsieden ↑sieden.

aufsitzen: ↑wach [sein]; jmdm. a. ↑hereinfallen.

Aufsitzer ↑Misserfolg.

aufsparen ↑zurücklegen.

aufspeichern ↑aufbewahren.

Aufspeicherung ↑Lagerung.

aufsperren: ↑öffnen; Mund und Nase a. ↑überrascht [sein]; die Ohren a. ↑horchen.

¹aufspielen, spielen, Musik / Tanzmusik machen; ↑Orchester.

²aufspielen: sich a. ↑prahlen.

aufsprengen ↑öffnen.

aufspringen ↑erheben (sich).

aufspulen ↑aufwickeln.

aufspüren ↑auskundschaften, ↑finden.

aufstacheln ↑anstacheln.

Aufstand ↑Verschwörung.

aufständisch ↑aufrührerisch.

Aufständischer ↑Revolutionär.

aufstapeln ↑aufhäufen.

Aufstapelung ↑Anhäufung.

aufstauen, anstauen, zurückhalten, speichern; ↑aufbewahren.

aufstecken: ↑beenden, ↑erwirken; jmdm. ein Licht a. ↑mitteilen.

¹aufstehen, sich erheben, aus dem Bett kommen, aus den Federn kommen / kriechen *(ugs.),* das Bett verlassen, aufsteigen *(ugs., landsch.)* · *früh:* [ein] Frühaufsteher sein, aus den Federn sein · *sehr früh:* mit dem Hahnenschrei / wenn die Hähne krähen aufstehen; ↑aufwecken, ↑erheben (sich); **früh aufgestanden sein,** früh auf sein / auf den Beinen sein, aus dem Bett gefallen sein *(scherzh.)* · Ggs. ↑schlafen [gehen].

²**aufstehen:** ↑erheben (sich); nicht mehr a.
↑sterben; aufgestanden sein ↑auf sein; mit dem
linken Fuß aufgestanden sein ↑ärgerlich [sein].
aufsteigen: ↑aufstehen, ↑avancieren, ↑bestei-
gen, ↑versetzen; einen Versuchsballon a. lassen
↑vorfühlen.
aufsteigend ↑schräg.
Aufsteiger ↑Emporkömmling.
¹**aufstellen** (sich), sich hinstellen / stellen / postieren / formieren / *(ugs.)* aufpflanzen; ↑statio-
nieren.
²**aufstellen:** ↑platzieren; das Baugerüst a.
↑Baugerüst; als Kandidat aufgestellt sein / werden ↑kandidieren; eine Behauptung a. ↑be-
haupten; die Patschen a. ↑sterben.
Aufstellung ↑Verzeichnis.
¹**Aufstieg,** Vorwärtskommen, Avancement,
Beförderung · *sehr schneller:* Blitzkarriere;
↑Karrieremacher, ↑Laufbahn; ↑avancieren.
²**Aufstieg** ↑Besteigung.
aufstöbern ↑finden.
aufstocken ↑vermehren.
Aufstockung ↑Vermehrung.
aufstöhnen ↑stöhnen.
aufstoßen: ↑eruktieren; etwas stößt jmdm.
sauer auf ↑Folge; das Aufstoßen ↑Eruktation.
aufstreben ↑erheben (sich).
aufstreichen ↑bestreichen.
aufstülpen ↑anziehen.
Aufstützen ↑Regelverstoß.
aufsuchen: ↑besuchen; [nacheinander] a. ↑ab-
suchen; etwas in etwas a. ↑nachschlagen (in).
auftafeln ↑servieren.
auftakeln: sich a. ↑schönmachen.
Auftakt ↑Anfang.
auftanken: ↑erholen (sich), ↑tanken.
auftauchen: ↑entstehen, ↑vorkommen; aus der
Versenkung a. ↑wieder erstehen.
auftauen: ↑herausgehen (aus sich), ↑[die]
Scheu [verlieren], ↑tauen.
aufteilen: ↑entflechten, ↑teilen.
Aufteilung ↑Gliederung.
auftischen: ↑mitteilen, ↑servieren; Lügen a.
↑lügen.
Auftrag: ↑Aufgabe, ↑Beruf, ↑Bestellung, ↑Wei-
sung; A. geben ↑anordnen; jmdm. einen A. geben ↑bestellen; im A. von ↑namens; in A. geben
↑bestellen; ohne A. ↑eigenmächtig, ↑selbst ernannt.
Auftragebrett ↑Tablett.
auftragen: ↑anordnen, ↑servieren; dick a.
↑übertreiben, ↑prahlen; Farbe / Rouge /
Schminke a. ↑schminken.
Auftraggeber ↑Kunde.
auftreiben: ↑beschaffen, ↑finden.
auftrennen ↑aufdröseln.
auftreten: ↑benehmen (sich), ↑vorkommen; a.
als ↑figurieren (als), ↑spielen; als Zeuge a. ↑zeu-
gen (für, gegen); regelmäßig -d ↑periodisch.
¹**Auftreten,** Auftritt · *erstes:* Debüt, Rollendebüt, Start · *nach längerer Pause:* Come-back ·

auf einer fremden Bühne als Gast: Gastspiel,
Gastrolle, Gastvorstellung; ↑Aufführung.
²**Auftreten:** ↑Benehmen; sicheres A. ↑Weltge-
wandtheit.
Auftrieb: A. geben ↑anregen.
¹**Auftritt,** Szene, Bild; ↑Akt.
²**Auftritt:** ↑Auftreten; einen A. haben mit ↑zan-
ken (sich).
auftrocknen ↑trocknen.
auftrumpfen ↑aufbegehren.
auftun: ↑öffnen; den Mund a. ↑äußern (sich);
den Mund nicht a. ↑schweigen.
auftürmen: ↑aufhäufen; sich a. ↑aufragen.
aufwachen: ↑Ohnmacht, ↑wach [werden].
aufwachsen, heranwachsen, groß werden, seine Kindheit verbringen; ↑erziehen, ↑großzie-
hen.
aufwallen: ↑brodeln; a. lassen ↑sieden.
Aufwand: ↑Prunk; ohne großen A. ↑einfach.
Aufwandsentschädigung: ↑Spesen, ↑Vergü-
tung.
¹**aufwärmen,** wärmen, warm / heiß machen,
heiß werden lassen, [im Wasserbad] erhitzen,
aufbrühen, aufbraten; sieden.
²**aufwärmen:** sich a. ↑wärmen (sich); das ist
aufgewärmter Kohl ↑langweilig [sein].
Aufwartefrau ↑Putzfrau.
aufwarten: mit etwas a. können ↑vorweisen.
¹**aufwärts,** empor *(geh.),* auf, hoch, herauf, hinauf, nach oben, bergan, stromauf, talauf, bergauf, bergwärts, stromaufwärts, flussaufwärts;
↑hin; ↑hinaufgehen · Ggs. ↑abwärts.
²**aufwärts:** a. gehen / steigen / klettern ↑hi-
naufgehen.
aufwärts gehen: es geht aufwärts ↑Schwierig-
keit.
Aufwärtshaken ↑Fausthieb.
Aufwartung: ↑Putzfrau; seine A. machen ↑be-
suchen.
Aufwasch: in einem A. ↑zugleich.
aufwaschen: ↑säubern; in einem Aufwaschen
↑zugleich.
aufwecken, wecken, erwecken *(geh.),* aus dem
Schlaf reißen, munter / wach machen; ↑aufste-
hen.
aufweichen: ↑untergraben, ↑weichen.
Aufweichung: ideologische A. ↑Trotzkismus.
aufweisen, zeigen, sich kennzeichnen durch,
in sich tragen / begen, demonstrieren, jmdm.
(oder:) einer Sache eigen sein / eigentümlich
sein / eignen; ↑angehören, ↑aufdecken, ↑bekun-
den, ↑haben, ↑wissen.
aufwenden ↑zahlen.
aufwendig ↑prunkvoll, ↑teuer.
Aufwendung ↑Unkosten.
aufwerfen: sich zum Richter a. ↑erdreisten
(sich).
¹**aufwerten** (die Währung), eine Aufwertung
vornehmen · Ggs. ↑abwerten.
²**aufwerten** ↑steigern.
Aufwertung: eine A. vornehmen ↑aufwerten.

¹**aufwickeln,** wickeln auf, aufrollen, aufspulen, spulen [auf]; ↑drehen, ↑rollen · Ggs. ↑abwickeln.

²**aufwickeln** ↑auspacken.

aufwiegeln, hetzen, aufhetzen, agitieren, hussen *(ugs., österr.),* aufhussen *(ugs., österr.),* verhetzen, aufreizen, aufputschen, anheizen. Öl ins Feuer gießen, fanatisieren, Zwietracht säen, scharfmachen *(ugs.),* stänkern *(salopp),* pesten *(ugs.);* ↑anstacheln, ↑bitten, ↑propagieren, ↑überreden, ↑verleiten, ↑verursachen, ↑zuraten; ↑aufhetzerisch; ↑Aufwiegelung, ↑Hetzer.

Aufwiegelung, Aufwieglung, Aufhetzung, Fanatisierung, Aufputschung; ↑aufwiegeln · Ggs. ↑Beschwichtigung.

aufwiegen: nicht mit Geld aufzuwiegen sein ↑unersetzlich [sein].

Aufwiegler ↑Hetzer.

aufwieglerisch ↑aufhetzerisch.

Aufwieglung ↑Aufwiegelung.

¹**aufwirbeln,** aufrühren, hochwirbeln, in die Höhe wirbeln.

²**aufwirbeln:** Staub a. ↑auffallen.

aufwischen ↑säubern.

Aufwischlappen ↑Putzlappen.

aufwühlen: etwas wühlt jmdn. auf ↑erschüttern.

aufzahlen ↑zahlen.

aufzählen ↑erwähnen.

Aufzahlung ↑Zuschlag.

aufzäumen: das Pferd am / beim Schwanz a. ↑verkehrt [machen].

aufzehren: ↑aufessen, ↑verbrauchen.

¹**aufzeichnen,** [auf Tonband / Band / Schallplatten] aufnehmen, eine Tonbandaufnahme / Schallplattenaufnahme machen; ↑Direktsendung, ↑Diskette, ↑Schallplatte, ↑Tonbandgerät.

²**aufzeichnen:** ↑aufschreiben, ↑zeichnen.

¹**Aufzeichnung,** Aufnahme, Bandaufnahme, Tonbandaufnahme, Magnetbildaufzeichnung, Fernsehkassette, Videoclip · *bei der die Bildaufnahme nachträglich mit der vorliegenden Tonaufnahme abgestimmt wird:* Playback; ↑Direktsendung, ↑Fernsehfilm; ↑ausstrahlen.

²**Aufzeichnung:** ↑Aufsatz, ↑Niederschrift, ↑Sendung.

aufzeigen ↑nachweisen.

¹**aufziehen** (jmdn.), necken, mit jmdm. seinen Schabernack / seinen Scherz treiben, hänseln, veralbern *(ugs.),* anöden *(salopp),* ärgern, frotzeln, verulken *(ugs.),* hochnehmen *(ugs.),* uzen *(ugs., landsch.),* auf den Arm nehmen *(ugs.),* auf die Schippe nehmen *(salopp),* durch den Kakao ziehen *(salopp),* witzeln, spötteln, spotten, jmdn. dem Gelächter preisgeben, verspotten, ausspotten *(oberd.),* pflanzen *(österr.),* höhnen, verhöhnen, foppen, ulken *(ugs.),* flachsen *(ugs.),* anpflaumen *(salopp);* ↑anbandeln, ↑anführen, ↑aussetzen (sich einer Sache), ↑schadenfroh [sein]; ↑Scherz.

²**aufziehen:** ↑auffädeln, ↑füllen, ↑großziehen,

↑veranstalten; etwas zieht auf ↑heraufziehen; andere Saiten a. ↑eingreifen.

Aufzucht ↑Züchtung.

¹**Aufzug,** Fahrstuhl, Lift, Ascenseur, Paternoster, Proletenbagger *(scherzh.),* Beamtenbagger *(scherzh.),* Bonzenheber *(scherzh.);* ↑Treppe, ↑Winde.

²**Aufzug:** ↑Akt, ↑Kleidung, ↑Winde.

aufzwicken ↑kennen lernen.

aufzwingen ↑aufnötigen.

Augapfel: ↑Liebling; etwas wie seinen A. hüten ↑schonen (etwas).

¹**Auge,** Pupille · *bei Tieren:* Seher (Plural; Hase, Murmeltier), Lichter (Plural; Rotwild, Schwarzwild u. a.); ↑Augenlicht, ↑Bindehautentzündung, ↑Scharfsichtigkeit, ↑Sinnesorgan.

²**Auge:** ↑Sinnesorgan; scharfes A. ↑Scharfsichtigkeit; jmdm. gehen die -n auf ↑erkennen; da bleibt kein A. trocken ↑verschonen; das A. bricht ↑sterben; so weit das A. reicht ↑überall, ↑überallhin; ganz A. und Ohr sein ↑Acht geben; jmdm. gehen die -n über ↑ansehen; jmdm. jeden Wunsch von den -n ablesen ↑verwöhnen; die -n aufmachen / offen halten ↑Acht geben, ↑wach [werden]; die -n aufschlagen ↑Ohnmacht; ein A. haben auf ↑Acht geben, ↑lieben; jmd. hat seine -n überall / hat vorn und hinten Augen ↑sehen; gute / scharfe -n haben ↑scharfsichtig [sein]; -n wie ein Luchs haben ↑sehen; keine -n im Kopf haben ↑erkennen; kein A. von jmdm. / etwas lassen, jmdn. scharf ins A. fassen, jmdn. / etwas mit den -n verschlingen ↑ansehen; alle -n auf sich lenken / ziehen ↑auffallen; [große] -n machen ↑überrascht [sein]; jmdm. schöne -n machen ↑flirten; [vor Scham] die -n niederschlagen ↑schämen; jmdm. die -n öffnen ↑mitteilen; ein A. riskieren ↑blicken; seinen [eigenen] -n nicht trauen ↑überrascht [sein]; vor etwas die -n verschließen ↑erkennen; ein / das A. werfen auf ↑verlieben (sich); ein A. / beide Augen zudrücken ↑nachgeben, ↑tolerant [sein]; die -n zumachen / [für immer] schließen ↑sterben; kein A. zutun können ↑wach [sein]; an seinem geistigen A. vorüberziehen lassen ↑vorstellen (sich etwas); etwas passt wie die Faust aufs A. ↑harmonieren, ↑passen; geh mir aus den -n! ↑weg!; eine Beleidigung fürs A. sein ↑hässlich [aussehen]; im A. behalten, nicht aus den -n verlieren / lassen ↑beobachten; im A. haben ↑vorhaben; einen Knick im A. haben ↑blicken; jmdm. ein Dorn im A. sein ↑unbeliebt [sein]; in die -n fallen / springen ↑auffallen; jmdm. Sand in die -n streuen ↑betrügen; etwas ins A. fassen ↑ansetzen, ↑erwägen; ein Ziel ins A. fassen ↑zielen; der Gefahr ins A. schauen / sehen ↑mutig [sein]; jmdm. zu tief ins A. / in die Augen sehen ↑verlieben (sich); etwas sticht jmdm. ins A. / in die Augen ↑wünschen; jmdn. / etwas mit scheelen -n ansehen ↑neiden; mit einem blauen A. davonkommen ↑entrinnen; mit offenen -n schlafen ↑unaufmerksam [sein]; etwas mit

[ganz] anderen -n sehen ↑umschwenken; nicht um jmds. schöner -n willen / wegen jmds. schöner Augen ↑Zuneigung; unter vier -n ↑Verschwiegenheit; jmdm. unter die -n kommen / treten ↑sehen; es fällt jmdm. wie eine Binde / wie Schuppen von den -n ↑erkennen; vor jmds. -n keine Gnade finden ↑gefallen; sich etwas vor -n führen / halten ↑vorstellen (sich etwas); deutlich vor -n führen ↑anschaulich [machen]; einen Schleier vor den -n haben ↑sehen; ein Ziel vor -n haben ↑zielstrebig [sein]; jmdm. etwas vor -n halten ↑vorwerfen (jmdm. etwas); man kann die Hand nicht vor den -n sehen ↑dunkel [sein]; etwas steht jmdm. noch klar vor -n ↑erinnern (sich); vor den -n verschwimmen ↑unscharf [werden]; jmdm. wird schwarz vor den -n ↑ohnmächtig [werden].
äugen ↑blicken.
Augenarzt ↑Arzt.
Augenbank ↑Zentrale.
¹Augenblick, Moment, Zeitpunkt, Zeit; **im richtigen A.,** im richtigen Moment, zu gegebener / zu seiner Zeit, wenn die Zeit dafür reif / gekommen ist; ↑Weile.
²Augenblick: ↑Gegenwart, ↑Weile; keinen A. ↑niemals; keinen A. verlieren ↑beeilen (sich); auf / für einen A. ↑vorübergehend; im A. ↑jetzt; im letzten A. kommen ↑spät [kommen]; im A. tun ↑tun.
augenblicklich: ↑jetzig, ↑jetzt.
Augendiagnostiker ↑Arzt.
augenfällig: ↑einleuchtend, ↑offenbar.
Augenfalter ↑Schmetterling.
Augengläser ↑Brille.
¹Augenheilkunde, Ophthalmiatrie, Ophthalmiatrik; ↑Bindehautentzündung.
²Augenheilkunde ↑Heilkunde.
Augenklinik ↑Krankenhaus.
Augenkontakt ↑Kontakt.
¹Augenlicht, Sehvermögen, Sehkraft, Sehschärfe, Gesicht (selten); ↑Auge, ↑Katarakt, ↑Scharfsichtigkeit, ↑Sinnesorgan, ↑Star; ↑sehen, ↑wahrnehmen; ↑optisch.
²Augenlicht: das A. verlieren ↑blind [werden].
Augenmerk ↑Acht geben.
Augenpflege: A. machen ↑schlafen.
Augenpulver ↑Anstrengung.
Augenschein: ↑Anblick, ↑Anschein; in A. nehmen ↑ansehen.
augenscheinlich ↑offenbar.
Augenstern ↑Liebling.
Augentierchen ↑Alge, ↑Einzeller.
Augenweide ↑Labsal.
Augenwischerei ↑Selbstbetrug.
Augenzahn ↑Zahn.
Augenzeuge: ↑Zeuge, ↑Zuschauer.
Augiasstall: den A. ausmisten ↑Ordnung [schaffen].
Augsburg, Fuggerstadt; ↑Stadt.
Augur ↑Wahrsager.
Augurenlächeln ↑Lächeln (das).

¹August, Erntemonat, Ernting, Erntemond; ↑Monat, ↑Zeitraum.
²August: dummer A. ↑Artist, ↑Spaßmacher.
Augustapfel ↑Apfel.
Augustmond ↑Monat.
Auktion ↑Versteigerung.
Auktionator, Versteigerer; ↑Versteigerung.
Aule ↑Auswurf.
Aupair ↑Student.
Aupairmädchen: ↑Haushaltshilfe, ↑Student.
Aura ↑Ausstrahlungskraft.
Aurar ↑Zahlungsmittel.
Aureole ↑Heiligenschein.
Auris ↑Sinnesorgan.
aurora ↑rot.
Aurora ↑Göttin.
Aurorafalter ↑Schmetterling.
aus: ↑wegen; a. Versehen ↑unabsichtlich; [a. und vorbei] ↑vorüber.
ausarbeiten ↑entwerfen.
Ausarbeitung: ↑Herstellung, ↑Skript, ↑Verarbeitung.
ausarten ↑überhand nehmen.
ausatmen ↑atmen.
ausbaden ↑einstehen (für).
ausbaldowern ↑auskundschaften.
Ausbau ↑Umbau.
ausbauen ↑erweitern.
ausbedingen: sich etwas a. ↑ausbitten (sich etwas).
ausbeinen ↑zerlegen.
ausbessern ↑reparieren.
ausbeulen ↑ausweiten.
Ausbeute: ↑Ertrag, ↑Profit.
ausbeuteln ↑ausschütteln.
¹ausbeuten, [jmdn. bis aufs Blut] aussaugen, jmdm. das Mark aus den Knochen saugen, arm machen, jmdn. an den Bettelstab bringen, ruinieren, zugrunde richten, jmdm. das Gas abdrehen (salopp), jmdm. den Rest geben (ugs.), auspowern (abwertend), jmdm. die Gurgel zuschnüren / zudrücken (ugs.), jmdm. den Hals abschneiden (ugs.), jmdm. das Fell über die Ohren ziehen (ugs.), ausnutzen, ausnützen (landsch.); ↑arm [werden], ↑auswerten, ↑betrügen, ↑vermarkten, ↑Wucher.
²ausbeuten ↑auswerten.
Ausbeuter: ↑Erpresser, ↑Kapitalist.
Ausbeutung ↑Lohnabhängigkeit.
ausbiegen ↑ausweichen.
ausbieten: ↑feilhalten, ↑Gebot [machen].
ausbilden: ↑erziehen; ausgebildet werden ↑Ausbildung.
Ausbilder ↑Instrukteur.
Ausbildner ↑Instrukteur.
¹Ausbildung, Berufsausbildung, Erziehung, Schulbildung, Vorbereitung, Lehre, Lehrzeit, Lehrjahr; ↑Bildung, ↑Erziehung, ↑Lehrling, ↑Lehrplan, ↑Unterricht, ↑Weisung; **eine [gründliche] A. erhalten,** eine [gründliche] Ausbildung erfahren / genießen / finden, ausgebil-

det werden, in die Lehre gehen, eine Lehre / Ausbildung durchmachen *(ugs.)*, eine Lehre / Ausbildung durchlaufen; ↑erziehen, ↑lehren; **ohne volle A.**, ohne Vollstudium, Schmalspur-, im Nebenfach, nicht vollwertig.
²Ausbildung ↑Erziehung.
Ausbildungsstätte ↑Institut.
¹ausbitten (sich etwas), sich etwas vorbehalten / ausbedingen / *(österr.)* austragen, etwas zur Bedingung machen; ↑verlangen; ↑Bedingung.
²ausbitten: sich etwas a. ↑bitten.
¹ausblasen, auspusten *(ugs.)*, auslöschen, löschen; ↑löschen; ↑Kerze.
²ausblasen: das Lebenslicht a. ↑töten.
ausblassen ↑verblassen.
ausbleiben: ↑eintreffen, ↑kommen; ausgeblieben sein ↑abwesend [sein].
ausbleichen ↑verblassen.
Ausblick, Aussicht, Anblick, Panorama, Fernsicht, Fernblick, Bild, Sicht, Blick; ↑Gesichtspunkt.
ausblicken: a. nach ↑suchen.
ausbluten ↑bluten.
ausbooten ↑entlassen.
Ausbootung ↑Entlassung.
ausborgen ↑leihen.
¹ausbrechen, zum Ausbruch kommen; ↑anfangen.
²ausbrechen: ↑fliehen, ↑schleudern; jmdm. bricht der Angstschweiß aus ↑Angst [bekommen]; in Klagen a. ↑klagen; in Tränen a. ↑weinen.
¹ausbreiten (sich), sich verbreiten, übergreifen, an Boden gewinnen, sich durchsetzen.
²ausbreiten: ↑ausdehnen; sich a. ↑äußern.
Ausbreitung: ↑Ausdehnung, ↑Ausmaß.
Ausbrennung ↑Verätzung.
ausbringen: einen Trinkspruch / einen Toast / ein Hoch auf jmdn. a. ↑zutrinken.
Ausbruch: ↑Anfang, ↑Vulkanausbruch; zum A. kommen ↑ausbrechen.
ausbrüten ↑ausdenken, ↑krank [werden].
Ausbuchtung: ↑Rundung.
ausbuddeln ↑graben.
ausbügeln ↑bereinigen.
ausbuhen ↑auspfeifen.
ausbürgern ↑ausweisen.
ausbürsten ↑säubern.
ausbüxen ↑weggehen.
Ausdauer ↑Beharrlichkeit.
ausdauernd ↑beharrlich.
¹ausdehnen, ausweiten, ausbreiten, ↑entwerfen, ↑strecken, ↑überhand nehmen, ↑vermehren, ↑vervollständigen, ↑zunehmen; ↑weit verzweigt; ↑Ausdehnung.
²ausdehnen: ↑ausweiten, ↑vermehren; sich a. ↑erstrecken (sich), ↑expandieren, ↑recken.
¹Ausdehnung, Ausweitung, Vermehrung, Expansion, Entwicklung, Ausbreitung, Erweiterung, Verbreiterung, Verlängerung, Vergröße-

rung; ↑Steigerung, ↑Zunahme; ↑ausdehnen, ↑erweitern, ↑zunehmen; ↑weit verzweigt.
²Ausdehnung ↑Ausmaß.
ausdenken (sich etwas), erfinden, konstruieren, erdenken, ersinnen, erdichten, aussinnen, ausgrübeln, ergrübeln, ausklügeln, austüfteln, ertüfteln, ausknobeln *(ugs.)*, ausixen *(ugs., landsch.)*, ausbrüten *(ugs., abwertend)*, aushecken *(salopp, abwertend)*; ↑denken, ↑entwerfen, ↑erfinden.
ausdeuten ↑auslegen.
ausdeutschen ↑auslegen.
Ausdeutung ↑Auslegung.
ausdiskutieren: noch nicht ausdiskutiert sein ↑offen bleiben.
ausdörren ↑trocknen.
ausdrehen ↑abstellen.
Ausdruck: ↑Begriff, ↑Bekundung, ↑Miene, ↑Wort; [unanständiger] A. ↑Vulgärausdruck; A. verleihen ↑mitteilen; einem Wunsch A. verleihen ↑gratulieren; mit A. ↑ausdrucksvoll; mit dem A. tiefster Verehrung ↑hochachtungsvoll; zum A. bringen ↑aussagen, ↑bekunden, ↑mitteilen; seine Dankbarkeit zum A. bringen ↑danken.
¹ausdrücken, ausquetschen, auspressen, auswringen *(nordd.)*, auswinden *(landsch.)*, ausringen *(landsch.)*, ausreiben *(österr.)*.
²ausdrücken: ↑bedeuten, ↑formulieren, ↑mitteilen; seinen Dank a. ↑danken.
ausdrücklich: ↑besonders, ↑nachdrücklich, ↑namentlich; -e Feststellung / Erwähnung / Nennung ↑Hervorhebung; a. erwähnen ↑betonen.
Ausdrücklichkeit ↑Nachdrücklichkeit.
Ausdruckslyrik ↑Lyrik.
Ausdrucksmittel, Stilmittel, Redefigur, Stilfigur; ↑Konstruktion, ↑Sprachgefühl, ↑Sprachpflege.
Ausdruckspsychologie ↑Psychologie.
ausdrucksstark ↑ausdrucksvoll.
Ausdruckstanz ↑Tanz.
ausdrucksvoll, ausdrucksstark, expressiv, mit Ausdruck, bilderreich, dichterisch, poetisch, hymnisch, rednerisch, rhetorisch, metaphorisch; ↑gefühlsbetont, ↑geziert, ↑hochtrabend.
Ausdrucksweise, Stil, Schreibweise, Diktion, Sprechweise, Redeweise, Darstellungsweise, Sprache · *knappe:* Lapidarstil, Telegrammstil · *fehlerhafte, unverständliche:* Kauderwelsch *(abwertend)* · *eines Künstlers:* Handschrift, Feder, Schreibe *(salopp)* · *eines bestimmten Einzelnen:* Idiolekt · *einer bestimmten Gruppe oder Schicht:* Jugendsprache, Fachsprache, Fachchinesisch *(abwertend)*, Soziolekt, Parteijargon *(abwertend)*, Parteichinesisch *(abwertend)* · *verschlüsselte:* Geheimsprache · *im täglichen Umgang gebrauchte:* Alltagssprache, Umgangssprache, Gemeinsprache, Koine *(bildungsspr.)* · *ungepflegte, niedrige:* Gossensprache, Vulgärsprache, Fäkalsprache, skatologische

Ausdrucksweise, Jargon, Slang, Argot, Cant; ↑Begriff, ↑Formelbruch, ↑Gaunersprache, ↑Hochsprache, ↑Manier, ↑Mischsprache, ↑Mundart, ↑Satzbruch, ↑Spracheigentümlichkeit, ↑Stilblüte, ↑Vulgärausdruck, ↑Wortschatz, ↑Wortspiel.

ausdünnen ↑beschneiden.

ausdünsten ↑schwitzen.

Ausdünstung: ↑Körpergeruch, ↑Transpiration.

auseinander: ↑geteilt; a. schreiben ↑schreiben.

auseinander brechen ↑defekt [werden].

auseinander bringen ↑ausschließen.

auseinander bröckeln ↑zerfallen.

auseinander gehen: ↑dick [werden], ↑trennen (sich).

auseinander halten ↑unterscheiden.

auseinander kennen ↑unterscheiden.

auseinander leben: sich a. l. ↑entfremden (sich).

auseinander nehmen ↑besprechen, ↑zerlegen.

auseinander schneiden ↑zerlegen.

auseinander schweigen: sich a. s. ↑entfremden [sich].

auseinander setzen ↑erörtern.

Auseinandersetzung: ↑Streit, ↑Tauziehen; bewaffnete A. ↑Krieg.

auserkoren ↑auserwählt.

auserlesen ↑auserwählt, ↑kostbar.

Auserlesenheit ↑Kostbarkeit.

¹ausersehen (Verb): ↑auswählen, ↑erwählen.

²ausersehen (Adjektiv): ↑auserwählt.

auserwählen ↑erwählen.

auserwählt, erwählt, elitär, berufen, ausersehen, auserlesen, auserkoren; ↑appetitlich, ↑geeignet, ↑geschmackvoll, ↑kostbar, ↑selten, ↑trefflich.

Ausfahrer ↑Bote.

Ausfall ↑Mangel.

¹ausfallen: etwas fällt aus / findet statt / fällt ins Wasser / wird abgesetzt / wird abgeblasen / (Jargon) wird gekippt, etwas fällt aus wegen Nebel (scherzh.), nicht ↑geschehen.

²ausfallen: ↑geraten; jmd. fällt aus ↑abwesend [sein]; etwas fällt aus ↑funktionieren; jmdm. fallen die Haare aus ↑Glatze.

ausfällen: über jmdn. eine Strafe a. ↑bestrafen.

ausfallend ↑gewöhnlich.

Ausfallstraße ↑Straße.

ausfegen ↑säubern.

ausfertigen, ausschreiben, ausstellen; ↑aufschreiben, ↑ausfüllen, ↑vervollständigen.

ausfinden ↑finden.

ausfindig: a. machen ↑finden.

ausflaggen ↑beflaggen.

ausflicken ↑reparieren.

ausfliegen: ausgeflogen sein ↑abwesend [sein]; der Vogel ist ausgeflogen ↑weg [sein].

¹ausfließen, fließen aus, herausfließen, entfließen, entströmen, entquellen, auslaufen, herauslaufen, rauslaufen (ugs.), rausfließen (ugs.), leer fließen, leer laufen, ausrinnen (südd., österr.); ↑abfließen, ↑ausströmen, ↑fließen.

²ausfließen ↑ausströmen.

ausflippen: ↑ärgerlich [sein], ↑freuen (sich), ↑Lebensweise; ausgeflippte Type ↑Rauschgiftsüchtiger.

Ausflucht, Ausrede, Alibifunktion, Vorwand, Finte (abwertend), Fickfack (landsch.), Fisimatenten (ugs., abwertend), Sperenzchen (ugs.); eine A. gebrauchen, sich herausreden, sich hinter etwas verschanzen (ugs.), sich auf jmdn. / etwas ausreden (österr., schweiz.); ↑Arglist, ↑Lüge, ↑Ziererei.

¹Ausflug, Partie, Betriebsausflug, Familienausflug, Kaffeefahrt, Butterfahrt, Klassenausflug, Schulausflug, Sonntagsausflug, Wochenendausflug, Landpartie, Segelpartie, Kahnpartie, Schlittenpartie; ↑Fahrt, ↑Reise, ↑Spaziergang; ↑spazieren gehen.

²Ausflug ↑Reise.

Ausflügler ↑Urlauber, ↑Wanderer.

Ausflugsdampfer ↑Fahrgastschiff.

Ausfluss ↑Absonderung.

ausfolgen ↑überantworten.

Ausfolgung ↑Aushändigung.

ausformen ↑bearbeiten.

Ausformung ↑Gestaltung.

ausforscheln ↑fragen.

ausforschen: ↑fragen, ↑nachforschen.

Ausforschung ↑Nachforschung.

ausfragen ↑fragen.

Ausfragerei ↑Verhör.

ausfratscheln ↑fragen.

ausfressen (ugs.): verbocken (ugs.), falsch machen; ↑anrichten.

Ausfuhr ↑Export.

ausführbar ↑möglich.

ausführen: ↑verwirklichen, ↑wegnehmen; ausgeführt ↑fertig.

Ausführender, Vollstrecker · Testamentsvollstrecker, Willensvollstrecker (schweiz.); ↑verwirklichen.

Ausfuhrhafen ↑Hafen.

ausführlich, eingehend, in extenso, breit, langatmig (abwertend), weitschweifig, prolix, umständlich, weitläufig, wortreich, lang und breit (ugs., abwertend), des Langen und Breiten (ugs., abwertend), langstielig (ugs., abwertend), nicht ↑kurz; ↑ganz, ↑langweilig, ↑minuziös; **zu a. machen,** komplizieren, verumständlichen (schweiz.).

Ausführung: ↑Bewerkstelligung, ↑Darlegung.

Ausfuhrzoll ↑Abgabe.

ausfüllen, einsetzen, eintragen; ↑antworten, ↑aufschreiben, ↑ausfertigen.

ausfüttern ↑bespannen.

Ausgabe: ↑Auflage, ↑Edition, ↑Zuteilung; -n ↑Unkosten; gekürzte A. ↑Kurzfassung.

Ausgabekurs ↑Börsenkurs.

Ausgang: ↑Ende, ↑Tür; seinen A. nehmen ↑ausgehen.

Ausgangspunkt: Grundlage, ↑Stützpunkt.

ausgeapert ↑schneefrei.

ausgearbeitet ↑ausgewogen.

¹ausgeben, sein Geld unter die Leute bringen *(ugs.),* verbraten *(salopp)* · viel für Getränke: [sein Geld] vertrinken / *(ugs.)* durch die Gurgel jagen / *(salopp)* versaufen · viel für Essen: [sein Geld] verfressen *(salopp)* · viel für Kleidung: sich alles an / auf den Leib hängen *(ugs.)* · eine verhältnismäßig große Summe für Telefongespräche: vertelefonieren *(ugs.);* ↑zahlen.

²ausgeben: ↑teilen, ↑zahlen; sein Gehalt schon ausgegeben haben ↑Gehalt [das]; a. als ↑behaupten; einen a. ↑spendieren; [sein Geld] mit vollen Händen a. ↑verschwenden; etwas gibt viel / nicht viel aus ↑hergeben.

ausgebeult ↑ausgeweitet.

Ausgebeuteter ↑Arbeitnehmer.

ausgeblasst: ↑verblasst.

ausgebleicht ↑abgeblasst.

ausgeblichen ↑verblasst.

ausgebucht: ↑vergriffen, ↑vollbeschäftigt.

ausgebufft ↑schlau.

Ausgeburt: ↑Hervorbringung, ↑Übersteigerung; A. der Fantasie ↑Einbildung.

ausgedacht: ↑erfunden.

ausgedehnt: ↑geräumig, ↑umfangreich, ↑weit verzweigt.

ausgedient: ↑abgenutzt, ↑defekt, ↑pensioniert.

Ausgedinge ↑Altenteil.

ausgedörrt ↑trocken.

ausgefallen: ↑außergewöhnlich, ↑überspannt, ↑unüblich.

Ausgefallenheit, Extravaganz, Übertriebenheit, Überspanntheit, Verstiegenheit, Überspitztheit, Skurrilität, Verdrehtheit *(ugs.),* Verrücktheit *(ugs.),* närrischer Einfall, Hirnrissigkeit *(österr.);* ↑Seltsamkeit; ↑überspannt.

ausgefeilt ↑ausgewogen.

Ausgefeiltheit: ↑Ausgereiftheit, ↑Gewähltheit.

ausgeflippt ↑euphorisch.

Ausgeflippter ↑Außenseiter.

ausgeflogen ↑aushäusig.

ausgefranst, zerfranst, fusslig, fusselig; ↑defekt; ↑zerlegen.

ausgefuchst ↑schlau.

ausgeführt ↑fertig.

ausgeglichen: ↑gemäßigt, ↑harmonisch, ↑ruhig.

Ausgeglichenheit ↑Gelassenheit.

ausgegoren ↑aktuell.

¹ausgehen: etwas geht von etwas aus / nimmt seinen Ausgang / *(österr.)* erfließt.

²ausgehen: ↑abfärben, ↑abnehmen, ↑enden, ↑stocken; es geht sich aus ↑passen; leer a. ↑bekommen; straffrei a. ↑verurteilen; a. wie das Hornberger Schießen ↑wirkungslos [bleiben]; jmdm. gehen die Haare aus ↑Glatze; jmdm.

geht die Luft aus ↑zahlungsunfähig [werden]; bei jmdm. ein- und a. ↑verkehren (mit); a. von ↑voraussetzen.

Ausgeher ↑Bote.

ausgehungert: a. sein ↑Hunger [haben].

ausgeknobelt ↑ausgewogen.

ausgekocht ↑schlau.

ausgekühlt ↑kalt.

ausgelassen ↑übermütig.

Ausgelassenheit, Übermut, Unbekümmertheit, Leichtsinn, Draufgängertum · in einer gefährlichen Situation: Tanz auf dem Vulkan; ↑Heiterkeit, ↑Lust; ↑wagen.

ausgelastet ↑vollbeschäftigt.

ausgelatscht ↑ausgeweitet.

ausgelaugt ↑erschöpft.

ausgeleiert ↑ausgeweitet.

ausgeliefert: ↑schutzlos, ↑unsicher.

Ausgeliefertsein ↑Ungesichertheit.

ausgemergelt ↑abgezehrt.

ausgenommen, außer, ohne, sonder, ausschließlich, mit Ausnahme, bis auf, abgesehen von, exklusive, nicht inbegriffen / einbegriffen, nicht ↑einschließlich; ↑abzüglich, ↑ausschließlich, ↑zuzüglich.

ausgepicht ↑schlau.

¹ausgeprägt, krass, extrem, hochgradig, stark, auffällig; ↑abgöttisch.

²ausgeprägt: ↑profiliert, ↑zugespitzt.

ausgepumpt ↑erschöpft.

ausgereift: ↑ausgewogen, ↑reif.

Ausgereiftheit, Überlegtheit, Durchdachtheit, Ausgefeiltheit, Ausgewogenheit; ↑Gewähltheit; ↑ausgewogen.

ausgerüstet: a. sein mit ↑haben.

ausgeschlossen: ↑nein; es ist nicht a., dass ... ↑anscheinend.

ausgeschnitten, dekolletiert, offenherzig *(scherzh.);* ↑nackt; ↑Ausschnitt.

ausgesetzt: ↑schutzlos, ↑unsicher.

Ausgesetztsein ↑Ungesichertheit.

ausgespielt: [seine Rolle] a. haben ↑Einfluss.

ausgesprochen ↑typisch.

ausgestorben: [wie a.] ↑menschenleer.

Ausgestoßener ↑Außenseiter.

ausgesucht: ↑kostbar, ↑sehr.

Ausgesuchtheit: ↑Gewähltheit, ↑Kostbarkeit.

ausgetreten: ↑ausgeweitet; die -en Pfade verlassen ↑schöpferisch [sein].

ausgetrocknet ↑trocken.

ausgetüftelt ↑ausgewogen.

ausgewachsen: -er Mensch ↑Erwachsener.

ausgewählt ↑kostbar.

Ausgewähltheit ↑Kostbarkeit.

ausgewalzt: breit a. ↑gedehnt.

ausgeweitet, ausgeleiert *(ugs.),* ausgebeult *(ugs.),* verbeult *(ugs.),* ausgetreten, ausgelatscht *(salopp),* verlatscht *(salopp),* verhatscht *(ugs., österr.);* ↑abgenützt; ↑ausweiten.

ausgewiesen ↑bekannt.

Ausgewiesener ↑Auswanderer.

¹**ausgewogen,** ausgereift, überlegt, wohl überlegt, [gut] durchdacht, ausgearbeitet, ausgetüftelt *(ugs.),* ausgefeilt, ausgeknobelt *(ugs.),* durchgeknobelt *(ugs.);* ↑ebenmäßig; **a. sein,** Hand und Fuß haben; ↑denken, ↑stimmen; ↑Ausgereiftheit, ↑Verhältniswahl.

²**ausgewogen** ↑ebenmäßig.

Ausgewogenheit: ↑Ausgereiftheit, ↑Ebenmäßigkeit, ↑Gewähltheit.

ausgezählt: a. werden ↑besiegen.

ausgezeichnet: ↑bravo!, ↑preisgekrönt, ↑trefflich; mit dem Ausdruck meiner -sten Hochachtung ↑hochachtungsvoll.

ausgezogen ↑nackt.

ausgießen: ↑leeren, ↑schütten.

Ausgleich: ↑Abmachung, ↑Ersatz; etwas ist ein A. / stellt einen Ausgleich dar ↑Korrektiv.

ausgleichen: ↑aufholen, ↑belohnen, ↑nivellieren, ↑überbrücken.

Ausgleicher ↑Beauftragter.

Ausgleichszahlung ↑Ersatz.

ausgleiten ↑gleiten.

ausglitschen ↑gleiten.

ausgraben: ↑ausmachen (Kartoffeln), ↑graben; das Kriegsbeil a. ↑bekriegen; einen Span a. ↑Streit [anfangen mit jmdm.].

Ausgrabung ↑Bodenfund.

Ausgrabungsfund ↑Bodenfund.

ausgrübeln ↑ausdenken.

Ausguss, Abguss, Spülstein, Spülbecken, Spüle, Schüttstein *(schweiz.),* Spültisch *(schweiz.),* Abwasch, Ablauf, Abfluss; ↑Abwaschwasser.

aushacken ↑zerlegen.

aushallen ↑verhallen.

aushalten: ↑durchhalten, ↑ernähren; ↑ertragen; etwas ist nicht auszuhalten ↑unerträglich [sein]; nichts a. können ↑wehleidig [sein]; es vor Schmerzen nicht a. können ↑Schmerz.

¹**aushandeln,** [einen Vertrag] schließen / abschließen / *(ugs.)* machen, vereinbaren; ↑übereinkommen.

²**aushandeln** ↑übereinkommen.

aushändigen ↑abgeben.

Aushändigung, Übergabe, Überantwortung, Auslieferung, Ausfolgung, Einantwortung *(österr.);* ↑Lieferung, ↑Vergabe, ↑Zuteilung; ↑überantworten.

Aushang: ↑Anschlagbrett, ↑Plakat.

Aushängeschild ↑Glanzpunkt.

ausharren: ↑durchhalten, ↑warten.

aushauchen: den Geist / sein Leben / die Seele a. ↑sterben.

aushäusig, ausgeflogen *(ugs.);* ↑abwesend, ↑anderwärts, ↑weg; **a. sein,** nicht zu Hause / *(scherzh.)* nicht momentan / nicht anzutreffen sein; ↑antreffen.

ausheben: ↑ausleeren, ↑einberufen, ↑ergreifen.

Aushebung ↑Einberufung.

aushecken ↑ausdenken.

ausheilen ↑gesund [werden].

aushelfen ↑vertreten.

ausheulen: sich a. ↑weinen.

Aushilfe: ↑Anleihe, ↑Hilfskraft.

Aushilfskraft ↑Hilfskraft.

Aushobelung ↑Operation.

aushöhlen: jmdn. a. ↑beanspruchen.

ausholen: ↑fragen; weit a. ↑äußern (sich).

aushorchen ↑fragen.

ausixen: ↑ausdenken (sich etwas), ↑ausstreichen.

auskegeln: sich etwas a. ↑verstauchen (sich etwas).

auskehren: ↑säubern; mit eisernem Besen a. ↑eingreifen.

auskennen (sich), kennen, zu Hause sein in etwas, in- und auswendig kennen *(ugs.),* vom Bau sein · *in einer Stadt o. Ä.:* etwas wie seine Westentasche kennen *(ugs.)* · *auf allen Gebieten:* in allen Sätteln gerecht sein; ↑verstehen, ↑wissen; ↑firm.

auskippen ↑leeren.

ausklamüsern ↑finden.

Ausklang ↑Ende.

auskleiden: ↑ausziehen, ↑bespannen.

ausklingen: ↑verhallen; etwas klingt aus ↑stocken.

ausklopfen ↑ausschütteln.

Ausklopfer ↑Teppichklopfer.

ausklügeln ↑ausdenken.

ausknautschen ↑fragen.

auskneifen ↑weggehen.

ausknipsen ↑abstellen.

ausknobeln ↑ausdenken.

auskochen ↑desinfizieren.

¹**auskommen,** sein Auskommen / *(österr.)* Drauskommen haben, mit etwas hinkommen *(ugs.),* sein Auslangen finden *(österr.);* ↑leben.

²**auskommen:** ↑entkommen; mit jmdm. a. ↑vertragen (sich); mit etwas a. ↑ausreichen; mit jmdm. ist schwer auszukommen ↑böse [sein].

Auskommen: sein A. haben ↑auskommen.

auskömmlich ↑annehmbar.

auskosten ↑genießen.

auskratzen ↑weggehen.

Auskratzung ↑Kürettage.

auskriechen ↑schlüpfen.

auskugeln: sich etwas a. ↑verstauchen (sich etwas).

Auskugelung ↑Verrenkung.

Auskuglung ↑Verrenkung.

Auskühlung ↑Unterkühlung.

auskultieren ↑horchen.

auskundschaften, erkunden, erfragen, jmdn. ansprechen auf, ausspüren, aufspüren, ausspionieren, rekognoszieren, aufklären, ausschnüffeln *(ugs., abwertend),* ausbaldowern *(salopp);* ↑finden, ↑forschen, ↑fragen, ↑nachforschen, ↑neugierig [sein], ↑vorfühlen; ↑Auskundschafter, ↑Detektei, ↑Spion.

Auskundschafter, Späher, Lauscher, Privatdetektiv, V-Mann, Konfident *(österr.),* Spitzel,

Lockspitzel, Agent provocateur, Undercover-agent, Haderer *(veraltet, österr.);* ↑Kontrolleur, ↑Kriminalbeamter, ↑Rechercheur; ↑Spion; ↑auskundschaften, ↑finden, ↑überwachen.

Auskunft: ↑Nachricht; A. geben / erteilen ↑mitteilen.

Auskunftei ↑Detektei.

auskurieren ↑gesund [machen].

auslachen ↑schadenfroh [sein].

Auslad ↑Verladung.

¹ausladen, entladen, ausleeren, leeren, entleeren · *in Bezug auf einen Briefkasten:* leeren, ausheben *(österr.);* ↑abladen, ↑auspacken, ↑ausschiffen, ↑laden; ↑Verladung.

²ausladen ↑abladen.

ausladend ↑gebogen.

Ausladung ↑Verladung.

Auslage ↑Schaufenster.

auslagern ↑verlagern.

Auslagerung ↑Verlagerung.

¹Ausland, Fremde; ↑Verbannung.

²Ausland: ins A. gehen ↑auswandern.

ausländerfeindlich ↑national.

ausländisch: ↑fremd; -er Arbeitnehmer ↑Gastarbeiter; -es Geld, -e Währung, -e Zahlungsmittel ↑Devisen.

Auslandskorrespondent ↑Berichter.

Auslandsmarkt ↑Absatzgebiet.

Auslandspresse ↑Presse.

Auslandsreise ↑Reise.

Auslangen: sein A. finden ↑auskommen.

auslassen: ↑aussparen, ↑freilassen, ↑zerlassen; nichts a. ↑genießen; [seine Wut] an jmdm. a. ↑schikanieren; sich a. über ↑äußern (sich).

Auslassung, Lücke, Ersparung, Einsparung · Ellipse, Vorwärtsellipse (z. B. der neue und der alte Minister), Rückwärtsellipse (z. B. der neue Minister und der alte).

Auslassungen ↑Darlegung.

Auslassungszeichen, Apostroph; ↑Satzzeichen.

auslasten ↑auswerten.

auslatschen: ↑abnutzen, ↑ausweiten.

Auslauf: ↑Hühnerhof; A. haben ↑toben.

auslaufen: ↑abfärben, ↑abgehen, ↑ablaufen, ↑ausfließen.

¹Ausläufer, Verästelung, Zweig.

²Ausläufer ↑Bote.

ausleeren: ↑ausladen, ↑leeren, ↑schütten.

¹auslegen, deuten, deuteln, erklären, erläutern, klarmachen, explizieren, exemplifizieren, ausdeuten, ausdeutschen *(ugs., südd., österr.),* hineingeheimnissen *(abwertend),* interpretieren *(bildungsspr.),* kommentieren, auffassen · *jmds. Aussage falsch:* jmdm. das Wort im Mund herumdrehen; ↑anschaulich [machen], ↑begründen, ↑beurteilen, ↑enträtseln, ↑folgern, ↑merken, ↑übersetzen, ↑voraussehen, ↑Auslegung, ↑Dolmetscher, ↑Randbemerkung.

²auslegen: ↑bespannen, ↑dick [werden], ↑zahlen; falsch a. ↑missverstehen.

Ausleger ↑Interpret.

Auslegeware ↑Teppichboden.

Auslegung, Ausdeutung, Lesart, Deutung, Erklärung, Worterklärung, Erläuterung, Kommentar, Bestimmung, Definition, Begriffsbestimmung, Denotation, Sinndeutung, Stellungnahme, Urteil, Grundsatzurteil, Interpretation, Explikation, Hermeneutik; ↑Angabe, ↑Darlegung, ↑Exegese, ↑Randbemerkung, ↑Verarbeitung, ↑Wortbedeutung; ↑auslegen.

ausleiern ↑ausweiten.

ausleihen ↑leihen.

Auslese ↑Auswahl.

¹auslesen, verlesen, lesen aus; ↑auswählen, ↑aussortieren.

²auslesen: ↑auswählen, ↑lesen.

ausleuchten ↑nachforschen.

¹ausliefern (jmdn.), überantworten, übergeben, preisgeben, ans Messer liefern; ↑austauschen, ↑schutzlos [sein].

²ausliefern: ↑aussetzen (sich einer Sache), ↑liefern; sich a. ↑stellen (sich); ausgeliefert sein ↑machtlos [sein].

Auslieferung: ↑Aushändigung, ↑Entäußerung, ↑Lieferung.

ausliegen, aufliegen *(südd., österr.),* bereitliegen, ausgestellt sein.

ausloben ↑versprechen.

Auslobung ↑Belohnung.

auslöffeln: die Suppe [die man sich eingebrockt hat] a. [müssen] ↑einstehen (für).

auslöschen: ↑ausblasen, ↑säubern.

auslosen ↑losen.

auslösen: ↑verursachen, ↑zerlegen; Bestürzung a. ↑schockieren.

Auslosung ↑Ziehung.

ausloten, loten, ↑Lot.

auslüften ↑lüften.

auslugen: a. nach ↑suchen.

¹ausmachen (Kartoffeln), roden, buddeln, austun, ausgraben; ↑ernten.

²ausmachen: ↑abstellen, ↑bedeuten, ↑betragen, ↑finden, ↑schlecht machen, ↑sehen, ↑übereinkommen; etwas macht jmdm. nichts aus ↑dickfellig [sein].

ausmahlen ↑mahlen.

ausmalen: ↑schildern, ↑streichen; sich etwas a. ↑vorstellen (sich etwas).

ausmären: sich a. ↑langsam [arbeiten].

Ausmärz ↑Frühling.

Ausmaß, Größe, Größenordnung, Maß, Abmessung, Ausbreitung, Dimension, Ausdehnung, Umkreis, Reichweite, Spielraum, Höhe, Breite, Länge, Tiefe, Weite, Dichte, Fülle, Umfang, Grad, Stärke; ↑Anzahl, ↑Bedeutung.

ausmauern ↑abstützen.

ausmerzen ↑ausrotten.

ausmessen ↑messen.

ausmieten ↑vermieten.

ausmisten: ↑aufräumen; den Augiasstall a. ↑Ordnung [schaffen].

Ausnahme: ↑Abweichung, ↑Altenteil, ↑Vorrecht; mit A. ↑ausgenommen; ohne A. ↑alle.

Ausnahmefall, Ausnahmsfall *(österr.),* Einzelfall, Sonderfall, Extremfall, Notfall; ↑Lage, ↑Not; **im A.,** wenn Not am Mann ist, wenn alle Stricke / Stränge reißen, zur Not, notfalls, in der Not frisst der Teufel Fliegen.

Ausnahmeverkauf ↑Ausverkauf.

Ausnahmezustand, Ausnahmszustand *(österr.),* Kriegsrecht, Belagerungszustand, Notstand; ↑Belagerung.

Ausnahmsfall ↑Ausnahmefall.

ausnahmslos: ↑alle, ↑durchgängig.

Ausnahmszustand ↑Ausnahmezustand.

ausnehmen: ↑ablisten, ↑ausweiden, ↑fragen, ↑wahrnehmen.

ausnehmend ↑sehr.

Ausnehmer ↑Altenteiler.

ausnüchtern ↑nüchtern [machen]; [sich ausnüchtern] ↑nüchtern [werden].

¹ausnutzen, ausnützen, sich etwas zunutze machen, sich einer Sache bedienen, jmdn. zu etwas gebrauchen, aus etwas / jmdm. Vorteil ziehen · *einen günstigen Augenblick:* die Gelegenheit beim Schopfe packen / fassen / greifen / nehmen · *jmds. Gutmütigkeit:* jmdm. auf der Nase herumtanzen.

²ausnutzen: ↑ausbeuten, ↑auswerten; für seine Zwecke a. ↑vermarkten.

ausnützen: ↑ausbeuten, ↑ausnutzen, ↑auswerten.

¹auspacken, auswickeln, aufwickeln, aufpacken, enthüllen; ↑ausladen, ↑entfernen, ↑entnehmen, ↑schütten.

²auspacken: ↑gestehen, ↑mitteilen.

auspeitschen ↑schlagen.

auspellen ↑ausziehen.

auspfeifen, pfeifen, ein Pfeifkonzert anstimmen / veranstalten, auszischen, zischen, Buh rufen, buhen, seinen Unwillen kundtun, ausbuhen, niederschreien.

Auspflanzung ↑Explantation.

Auspizien: ↑Anzeichen, ↑Schirmherrschaft.

ausplappern ↑mitteilen.

ausplaudern ↑mitteilen.

ausplauschen ↑mitteilen.

ausplündern ↑wegnehmen.

ausposaunen ↑verbreiten.

auspowern ↑ausbeuten.

¹auspressen, entsaften; ↑Saftpresse.

²auspressen ↑ausdrücken.

ausprobieren ↑probieren.

Auspuffgas ↑Abgas.

auspusten ↑ausblasen.

ausputzen ↑säubern.

Ausputzer ↑Fußballspieler.

ausquasseln ↑mitteilen.

ausquatschen: ↑mitteilen; sich a. ↑äußern (sich).

ausquetschen: ↑ausdrücken, ↑fragen.

ausradieren: ↑ausstreichen, ↑zerstören.

ausrangieren ↑wegwerfen.

¹ausrasten, sich lösen aus, herausspringen; · Ggs. ↑einrasten.

²ausrasten: ↑ärgerlich [sein]; sich a. ↑ruhen.

ausratschen ↑mitteilen.

ausrauben: ↑bestehlen, ↑wegnehmen.

ausräubern ↑wegnehmen.

ausrauchen ↑verfliegen.

ausraufen ↑herausreißen.

ausräumen: ↑entfernen, ↑wegnehmen.

Ausräumung ↑Beseitigung.

¹ausrechnen, rechnen, berechnen, errechnen, vorausberechnen, kalkulieren, ermitteln; ↑bearbeiten, ↑einteilen, ↑mitrechnen, ↑schätzen, ↑vermuten, ↑verrechnen; ↑Kalkulation.

²ausrechnen: sich etwas a. können ↑voraussehen.

Ausrede ↑Ausflucht.

ausreden: ↑abraten; nicht a. lassen ↑dazwischenreden; sich auf jmdn. / etwas a. ↑Ausflucht.

ausreiben ↑ausdrücken.

Ausreibfetzen ↑Putzlappen.

Ausreibtuch ↑Putzlappen.

ausreichen, reichen, hinreichen, genügen, mit etwas auskommen, etwas zur Genüge haben, der Bedarf ist gedeckt, den Sättigungsgrad ist erreicht, langen *(ugs.),* nicht ↑hapern; ↑ausreichend; ↑Bedarf.

¹ausreichend, genug, genügend, befriedigend, gut, hinreichend, zureichend, hinlänglich; ↑allerlei, ↑angemessen, ↑annehmbar, ↑einigermaßen, ↑sattsam; ↑ausreichen.

²ausreichend ↑gehörig.

ausreißen: ↑fliehen, ↑herausreißen, ↑weggehen; Bäume a. [können] ↑stark [sein]; sich kein Bein a. ↑anstrengen (sich).

Ausreißer ↑Seltenheit.

ausrenken: sich etwas a. ↑verstauchen (sich etwas).

Ausrenkung ↑Verrenkung.

¹ausrichten, gerade richten, richten, fluchten, abfluchten, in eine Fluchtlinie bringen, eine Fluchtlinie festlegen / abstecken; ↑messen.

²ausrichten: ↑erwirken, ↑mitteilen, ↑schlecht machen, ↑veranstalten, ↑zahlen.

Ausrichtung ↑Abhaltung.

ausringen ↑ausdrücken.

ausrinnen ↑ausfließen.

Ausritt ↑Ritt.

ausrollen (Teig), auswalken, austreiben *(österr.);* ↑Nudelholz.

¹ausrotten, tilgen, austilgen, vertilgen, ausmerzen; ↑besiegen, ↑töten, ↑zerstören.

²ausrotten: mit Stumpf und Stiel a. ↑zerstören.

Ausrottung ↑Austilgung.

ausrücken: ↑fliehen, ↑weggehen.

Ausrufesatz ↑Satz.

Ausrufewort ↑Wortart.

Ausrufezeichen ↑Satzzeichen.

Ausrufungszeichen ↑Satzzeichen.

Ausrufzeichen ↑Satzzeichen.
ausruhen: ↑ruhen; [sich] auf seinen Lorbeeren a. ↑anstrengen (sich).
ausrupfen ↑herausreißen.
ausrüsten: ↑appretieren, ↑geben.
Ausrüstung: ↑Appretur, ↑Mobiliar, ↑Rüstzeug.
ausrutschen ↑gleiten.
aussa ↑her.
aussäen ↑bebauen.
Aussage: ↑Angabe, ↑Darlegung; eine A. machen ↑gestehen; stark in der A. ↑inhaltsreich.
Aussagekraft: etwas enthält A. / ist von großer A. ↑aussagen.
aussagekräftig: ↑inhaltsreich; etwas ist a. ↑aussagen.
¹aussagen: etwas sagt etwas über etwas aus / enthält Aussagekraft / ist von großer Aussagekraft / ist aussagekräftig, schildern, darstellen, eine Darstellung / eine Vorstellung / ein Bild geben von, einen Eindruck geben / vermitteln von, zum Ausdruck / zur Darstellung bringen, informieren über, bekannt machen mit, veranschaulichen, sichtbar machen; ↑mitteilen.
²aussagen: ↑bedeuten, ↑gestehen; als Zeuge a. ↑zeugen (für, gegen); unter Eid a. ↑beschwören.
Aussagesatz ↑Satz.
aussagestark ↑inhaltsreich.
Aussageweise ↑Modus.
Aussagewort: [vorgangsschilderndes / zustandsschilderndes A.] ↑Verb.
Aussatz, Lepra, Elephantiasis Graecorum, Hansen-Krankheit; ↑Hautkrankheit, ↑Krankheit.
aussätzig ↑ekelhaft.
aussaufen ↑austrinken.
aussaugen ↑ausbeuten.
Ausschabung ↑Kürettage.
ausschalten: ↑abstellen, ↑ausschließen.
Ausschälung ↑Operation.
Ausschank ↑Schanktisch.
Ausschau: A. halten ↑suchen.
ausschauen: ↑aussehen; a. nach ↑suchen.
ausscheiden: ↑absondern, ↑aufhören, ↑ausschließen, ↑kündigen, ↑unterscheiden; das Ausscheiden ↑Kündigung.
Ausscheidung: ↑Absonderung, ↑Exkrement.
ausscheißen: wie ausgeschissen aussehen ↑blass [sein].
ausschelten ↑schelten.
ausschenken, zapfen, schenken; ↑schütten.
ausschießen ↑verblassen.
ausschiffen, von Bord / an Land bringen; ↑abladen, ↑ausladen · Ggs. ↑einschiffen; **sich a.,** von Bord / an Land gehen, das Schiff verlassen.
Ausschilderung ↑Beschilderung.
ausschimpfen ↑schelten.
ausschirren ↑abhalftern.
ausschlachten: ↑anwenden, ↑auswerten, ↑verwerten; für seine Zwecke a. ↑vermarkten.

ausschlafen: ausgeschlafen ↑wach; sich den Rausch a. ↑nüchtern [werden].
Ausschlag: ↑Hautausschlag; den A. geben ↑maßgeblich [sein].
ausschlagen: ↑ablehnen, ↑ausschütteln, ↑bespannen, ↑sprießen, ↑stoßen.
ausschlaggebend: ↑maßgeblich; -er Einfluss ↑Autorität.
ausschleichen ↑verringern.
¹ausschließen, absondern, isolieren, abschließen / scheiden / trennen / sondern von, dirimieren, auseinander bringen, einsperren, ausstoßen, verstoßen, jmdn. für vogelfrei erklären, ausschneiden, nicht in Betracht ziehen, verweisen, separieren, ausschalten, allein lassen · von der Hochschule: relegieren · aus der Kirche: exkommunizieren · beim Sport: disqualifizieren, vom Platz stellen / verweisen; ↑anmelden, ↑auswählen, ↑ausweisen, ↑brandmarken, ↑entfernen, ↑entlassen, ↑festsetzen (jmdn.), ↑ignorieren, ↑kündigen, ↑sitzen lassen, ↑unterscheiden; ↑Außenseiter, ↑Verbannung.
²ausschließen: ausgeschlossen sein ↑bekommen; es ist nicht auszuschließen ↑vielleicht; einander -d ↑gegensätzlich; vom Erbe / von der Erbschaft a. ↑enterben.
¹ausschließlich, alleinig, uneingeschränkt, nur, bloß, pur, lediglich, nichts anderes / nicht mehr als; ↑ausgenommen, ↑besonders · Ggs. ↑einschließlich.
²ausschließlich ↑ausgenommen.
Ausschließung ↑Aussperrung.
ausschlüpfen ↑schlüpfen.
ausschlürfen ↑austrinken.
Ausschluss, Entfernung, Ausstoßung · missliebiger Personen aus einer Partei o. Ä.: Parteiausschluss, Säuberungsaktion · von der Hochschule: Relegation, Relegierung · aus der Kirche: Exkommunikation, Exkommunizierung · beim Sport: Disqualifikation, Disqualifizierung; ↑anregen; ↑Verbannung, ↑Verfolgung; ↑ausschließen.
ausschmieren: ↑betrügen, ↑schelten.
ausschmücken: ↑beschönigen, ↑schmücken; mit Bildern a. ↑bebildern.
Ausschmückung ↑Zubehör.
ausschnauben ↑schnäuzen (sich).
ausschnaufen ↑Atem [schöpfen].
ausschneiden ↑beschneiden.
Ausschneidung ↑Operation.
¹Ausschnitt, Halsausschnitt, Kleiderausschnitt · V-Ausschnitt · tiefer: Dekolleté, Rückendekolleté, Rückenausschnitt; ↑ausgeschnitten, ↑nackt.
²Ausschnitt: ↑Abschnitt, ↑Detail, ↑Segment, ↑Zitat.
ausschnüffeln ↑auskundschaften.
ausschoppen ↑präparieren.
ausschreiben ↑ausfertigen.
Ausschreibung: ↑Angebot, ↑Konkurrenz.
ausschreien ↑feilhalten.

Ausschreitung ↑Verschwörung.

ausschroten ↑zerlegen.

¹Ausschuss, Komitee, [wissenschaftlicher] Rat, Kommission, Gremium, Kreis, Zirkel; ↑Abgeordneter, ↑Abgesandter, ↑Abordnung, ↑Berater, ↑Kuratorium, ↑Preisgericht; ↑abordnen.

²Ausschuss: ↑Pfuscherei, ↑Schleuderware.

ausschütteln, ausschlagen, ausklopfen, ausbeuteln; ↑abschütteln, ↑schütteln.

ausschütten: ↑leeren, ↑schütten, ↑zahlen; das Kind mit dem Bade a. ↑reagieren; das Kind nicht mit dem Bade a. ↑[nicht] übertreiben.

ausschweifend ↑anstößig.

Ausschweifung, Exzess, Orgie, Debauche, Unmäßigkeit, Zügellosigkeit, Dissolution, Libertinage; ↑Alkoholvergiftung, ↑Steigerung, ↑Trunksucht.

ausschweigen: sich a. ↑schweigen.

Ausschwingmaschine ↑Wäscheschleuder.

Aussegnung ↑Viatikum.

¹aussehen, ausschauen, dreinschauen *(ugs.)*, dreinblicken · *verdrießlich:* ein ... Gesicht machen / ziehen, ein Gesicht wie drei / sieben Tage Regenwetter machen *(ugs.)*.

²aussehen: alt a. ↑[nichts] bekommen; elend / schlecht / wie eine wandelnde Leiche / wie eine Leiche auf Urlaub / wie das Leiden Christi a. ↑krank [aussehen]; gut -d ↑hübsch; hässlich / unvorteilhaft a. ↑hässlich; es sieht so aus ↑anscheinend; es sieht finster aus ↑aussichtslos, wie ausgeschissen / wie ausgespuckt / wie Braunbier mit Spucke / wie gekotzt / wie der Tod [von Basel] a. ↑blass [sein].

Aussehen ↑Anschein.

aus sein: ↑fertig [sein]; a. auf ↑begierig [sein]; mit jmdm. ist es aus ↑sterben; das Aus sein auf Wirkung ↑Effekthascherei.

¹außen, an der Außenseite / der äußeren Seite · Ggs. ↑innen.

²außen ↑draußen.

Außenantenne ↑Antenne.

Außenbackenbremse ↑Bremse.

Aussendung ↑Umlaufschreiben.

Außenhafen ↑Hafen.

¹Außenhandel, Außenwirtschaft, Überseehandel; ↑Export, ↑Import, ↑Marktform · Ggs. ↑Binnenhandel.

²Außenhandel Handel.

Außenmauer ↑Mauer.

Außenseite: an der A. ↑außen.

Außenseiter, Einzelgänger, Eigenbrötler, Kauz, Original, Sonderling, Individualist, Subjektivist, Nonkonformist, Außenstehender, Mauerblümchen, Outsider, Outcast, Drop-out, Aussteiger, Freak, Ausgeflippter, Marginalexistenz, Paria, Ausgestoßener, Geächteter, Verfemter, Asozialer, Unterprivilegierter, Entrechteter · Randsiedler, Randgruppe; ↑Einzelgänger, ↑Ketzer, ↑Nichtfachmann, ↑Optimist; ↑anpassen, ↑ausschließen; ↑schöpferisch, ↑seltsam.

Außenseitertum ↑Einzelgängertum.

außen stehend: Außenstehende nicht betreffend ↑intern.

Außenstehender: ↑Außenseiter, ↑Dritter, ↑Nichtfachmann.

Außenstelle ↑Zweigstelle.

Außenstürmer ↑Fußballspieler.

Außenwand ↑Mauer.

Außenwelt: sich von der A. abschließen ↑abkapseln (sich).

Außenwirtschaft ↑Außenhandel.

außer: ↑ausgenommen; a. Kraft setzen ↑abschaffen; a. Kurs gesetzt sein ↑Geltung; a. Obligo ↑Sicherheit; a. der Reihe ↑zusätzlich; a. sich sein ↑aufgeregt [sein].

Außerachtlassung, Nichtbeachtung, Nichteinhaltung, Missachtung, Verletzung, Zuwiderhandlung, Überschreitung, Übertretung; ↑Verstoß; ↑missachten, ↑übertreten.

¹außerdem, überdies, obendrein, zudem, weiter, weiters *(österr.)*, weiterhin, des Weiteren, ferner, fernerhin, im Übrigen, ansonsten, sonst, dazu, daneben, nebstdem *(schweiz.)*, erst noch *(schweiz.);* ↑auch.

²außerdem: [a. ... genannt] ↑alias.

außerdienstlich ↑inoffiziell.

äußere: an der -n Seite ↑außen.

außerehelich: -es Kind ↑Kind.

außergewöhnlich, ungewöhnlich, ausgefallen, ungeläufig, außerordentlich, exzeptionell, extraordinär, groß, erstaunlich, überraschend, entwaffnend, umwerfend, bewundernswert, bewunderungswürdig, großartig, feudal, formidabel, ersten Ranges, brillant, kapital, stupend, hervorragend, überragend, himmelsstürmerisch, prometheisch, eminent, überwältigend, hinreißend, eindrucksvoll, unschätzbar, beeindruckend, beträchtlich, erklecklich, stattlich, ansehnlich, nennenswert, bedeutend, unvergleichlich, ohnegleichen, sondergleichen, einzigartig, ungleich + Komparativ (ungleich [besser]), bedeutungsvoll, bedeutsam, erheblich, grandios, imponierend, imposant, phänomenal, beachtlich, enorm, sensationell, epochal, Epoche machend, spektakulär, Aufsehen erregend, auffallend, auffällig, flippig, abenteuerlich, frappant, verblüffend, fabelhaft, sagenhaft, märchenhaft, pyramidal *(ugs.);* ↑angesehen, ↑anormal, ↑bahnbrechend, ↑beispiellos, ↑bekannt, ↑besonders, ↑bleibend, ↑gewaltig, ↑groß, ↑inhaltsreich, ↑interessant, ↑meisterhaft, ↑offenbar, ↑sehr, ↑trefflich, ↑unsagbar, ↑unschlagbar, ↑unüblich, ↑unwahrscheinlich, ↑wichtig; **a. sein,** etwas übersteigt alle Begriffe, das ist super / klasse, (auch:) Klasse / spitze, (auch:) Spitze *(ugs.)*.

außerhalb: a. der Legalität ↑gesetzwidrig.

Außerkraftsetzung ↑Aufhebung.

äußerlich ↑anerzogen.

¹äußern (sich), sprechen / reden über, etwas von sich geben, sich verbreiten / ausbreiten /

auslassen über, sich ergehen in / über, Stellung nehmen, seine Meinung kundtun, den Mund auftun, meinen, erklären, behaupten, sich ausquatschen *(salopp)* · *zu ausführlich:* weit ausholen, bei Adam und Eva / beim Urschleim anfangen *(ugs.);* ↑ausführlich · *umständlich und geziert:* sich verkünsteln, sich einen abbrechen *(ugs.);* ↑abstreiten, ↑antworten, ↑sprechen, ↑verbreiten, ↑vortäuschen; · **sich nicht ä.**, kein Kommentar, sich bedeckt halten, nichts sagen, nicht Stellung nehmen, schweigen, sich zurückhalten; **jmdn. sich ä. lassen,** jmdn. zu Wort kommen lassen; jmdm. Gelegenheit geben / bieten, sich zu ä.; **sich nicht ä. können,** keine Gelegenheit erhalten, sich zu ä.; nicht zu Wort kommen; ↑Bemerkung.

²äußern ↑mitteilen.
außerordentlich ↑außergewöhnlich.
außerparlamentarisch: Außerparlamentarische Opposition ↑Widerstandsbewegung.
außerpersönlich: -es Verb ↑Verb.
außerplanmäßig ↑folgewidrig.
äußerst: [aufs Äußerste] ↑sehr; bis zum Äußersten ↑ganz.
außerstande: a. sein ↑können.
außertourlich ↑zusätzlich.
Äußerung: ↑Darlegung, ↑Nachricht.
¹aussetzen (sich einer Sache), preisgeben, ausliefern · *im Vorbeigehen den Blicken anderer:* Spießrutenlaufen; ↑aufziehen.
²aussetzen: ↑aufhören; sich a. ↑exponieren (sich); -der Puls ↑Pulsschlag; sich einer Gefahr a. ↑Gefahr; [eine Belohnung] a. ↑versprechen; etwas auszusetzen haben ↑beanstanden; ausgesetzt sein ↑machtlos [sein].
aussi ↑hin.
Aussicht: ↑Ausblick; etwas in A. nehmen ↑vorhaben; in A. stellen ↑androhen (jmdm. etwas), ↑versprechen.
Aussichten, Perspektiven, Erwartungen, Aspekte; ↑Hoffnung, ↑Möglichkeit.
¹aussichtslos, ausweglos, hoffnungslos, no future!, verfahren, unhaltbar, verbaut, verstellt, verschlossen; ↑fern, ↑wirkungslos · Ggs. ↑aussichtsreich; **a. sein,** etwas ist im tot geborenes Kind, die Karre ist heute [total] verfahren *(ugs.),* es ist zappenduster *(salopp),* es sieht finster aus; ↑Ausweglosigkeit.
²aussichtslos ↑unausführbar.
Aussichtslosigkeit: ↑Auswegigkeit, ↑Einbahnstraße, ↑Unerreichbarkeit.
aussichtsreich, viel versprechend, günstig, Erfolg versprechend · Ggs. ↑aussichtslos.
Aussichtsturm ↑Turm.
Aussichtswagen ↑Eisenbahnwagen.
aussiedeln: ↑ausweisen, ↑verlagern.
Aussiedler ↑Auswanderer.
Aussiedlerhof ↑Bauernhof.
Aussiedlung: ↑Deportation, ↑Verlagerung.
aussinnen ↑ausdenken.
aussitzen ↑passiv [sein].

aussöhnen: ↑bereinigen; sich a. ↑einigen (sich).
aussondern: ↑aussortieren, ↑wegwerfen.
aussortieren, aussondern, die Spreu vom Weizen trennen / sondern / scheiden; ↑auslesen, ↑wegwerfen.
ausspähen: a. nach ↑suchen.
ausspannen: ↑abhalftern, ↑abwerben, ↑erholen (sich).
Ausspannung ↑Erholung.
aussparen, auslassen, weglassen, fortlassen, beiseite lassen; ↑sparen.
ausspeien ↑spucken.
ausspeisen ↑ernähren.
Aussperrung, Ausschließung, Zutrittsverbot, Lockout; ↑Kurzarbeit · Ggs. ↑Streik; ↑streiken.
Ausspiegelung, Spiegelung, Endoskopie, Entoskopie *(selten)* · *des Rachens:* Pharyngoskopie, Rachenspiegelung · *des Kehlkopfs:* Laryngoskopie, Kehlkopfspiegelung · *der Luftröhrenäste:* Bronchoskopie, Tracheoskopie, Luftröhrenspiegelung · *des Naseninnenraums:* Rhinoskopie, Nasenspiegelung · *des Gehörgangs:* Otoskopie, Ohrspiegelung · *der Speiseröhre:* Ösophagoskopie, Speiseröhrenspiegelung · *des Magens:* Gastroskopie, Stomachoskopie *(selten),* Magenspiegelung · *des Darms:* Enteroskopie, Darmspiegelung · *des Mastdarms:* Rektoskopie, Proktoskopie *(selten),* Mastdarmspiegelung · *des Grimmdarms:* Koloskopie · *der Harnblase:* Zystoskopie, Blasenspiegelung · *der Harnröhre:* Urethroskopie, Harnröhrenspiegelung · *der Scheide:* Kolposkopie, Vaginoskopie, Scheidenspiegelung · *der Gebärmutter:* Hysteroskopie, Uteroskopie, Gebärmutterspiegelung · *des Douglas-Raumes:* Douglasskopie, Douglasoskopie, Kuldoskopie · *der freien Bauchhöhle:* Laparoskopie, Abdominoskopie, Zölioskopie, Bauchhöhlenspiegelung · *der Gallenwege:* Choledochoskopie, Gallengangsspiegelung · *der Brustfellhöhle:* Thorakoskopie, Pleurahöhlenspiegelung, Mediastinoskopie; ↑Röntgenographie; ↑röntgen.
ausspielen: jmdn. gegen jmdn. a. ↑intrigieren.
Ausspielung ↑Ziehung.
ausspionieren ↑auskundschaften.
ausspotten aufziehen (jmdn.).
Aussprache: ↑Artikulation, ↑Gespräch, ↑Tonfall.
¹aussprechen, [mündlich / schriftlich] sagen; **etwas nicht a.,** etwas nicht sagen / in den Mund nehmen, ein Wort nicht gebrauchen, etwas kommt nicht über jmds. Lippen.
²aussprechen: ↑artikulieren, ↑formulieren, ↑mitteilen; Dank a. ↑danken; die Scheidung a. ↑scheiden (jmdn.).
aussprengen ↑verbreiten.
Ausspruch, Zitat, geflügeltes Wort, Sprichwort, Diktum, Apophthegma, Philosophem, Denkspruch, Parömie, Wahlspruch, Kern-

spruch, Losung, Devise, Sentenz, Gnome, Aphorismus, Gedankensplitter, Gedankenblitz, Aperçu, Bonmot, Maxime, Lebensregel; ↑Einfall, ↑Epigramm, ↑Gegenstand, ↑Losung, ↑Motto, ↑Pointe, ↑Regel, ↑Vernunft, ↑Versenkung, ↑Voraussage, ↑Witz.

ausspucken: ↑spucken; wie ausgespuckt aussehen ↑blass [sein].

ausspülen: ↑säubern; die Gurgel a. ↑trinken; [den Mund a.] ↑gurgeln.

ausspüren ↑auskundschaften.

ausstaffieren ↑anziehen.

Ausstand: ↑Streik; in den A. treten ↑streiken.

ausständig: etwas ist a. ↑ausstehen.

ausstatten: ↑einrichten, ↑geben; ausgestattet sein mit ↑haben; mit einer Federung ausgestattet ↑gefedert.

Ausstattung ↑Rüstzeug.

Ausstattungsfilm ↑Kinofilm.

ausstechen ↑übertreffen.

Ausstecherle ↑Gebäck.

Ausstechform ↑Backform.

¹ausstehen: etwas steht noch aus / fehlt noch / *(österr.)* ist ausständig / ist noch zu erwarten / ist noch nicht eingetroffen / ist noch nicht eingetreten · *in Bezug auf das Schwierigste, Schlimmste:* das dicke Ende kommt noch / nach *(ugs.);* ↑bevorstehen.

²ausstehen: ↑ertragen, ↑kündigen; etwas ausgestanden haben ↑überstanden; nicht a. können ↑hassen.

aussteigen: ↑beenden, [die bürgerliche] Lebensweise [aufgeben]; [aus einem Geschäft] a. ↑Geschäft.

¹Aussteiger, Freak; ↑Außenseiter, ↑Gammler; **ein A. sein,** nicht angepasst sein.

²Aussteiger: ein A. sein ↑[die bürgerliche] Lebensweise [aufgeben].

ausstellen: ↑ausfertigen, ↑beanstanden; ausgestellt sein ↑ausliegen; sich ein Armutszeugnis a. ↑bloßstellen (sich); jmdm. einen Freibrief a. ↑billigen; eine Urkunde a. ↑Urkunde.

¹Ausstellung, Exposition *(veraltet),* Messe, Schau, Salon (z. B. Auto[mobil]salon); ↑Ausstellungsstück, ↑Messe, ↑Museum, ↑Vernissage.

²Ausstellung: ↑Kunstausstellung, ↑Vorwurf.

Ausstellungskatalog ↑Prospekt.

Ausstellungsstück, Museumsstück, Exponat; ↑Ausstellung, ↑Museum.

aussterben ↑abnehmen.

Aussteuer, Mitgift, Dotation, Heiratsgut, Morgengabe *(veraltet),* Eingebrachtes *(veraltet);* ↑Gabe.

aussteuern ↑beenden.

aussticken ↑besticken.

Ausstieg: ↑Ablehnung, ↑Tür.

ausstopfen ↑präparieren.

Ausstoß ↑Produktionsmittel (die).

ausstoßen: ↑ausschließen; einen Seufzer a. ↑stöhnen.

Ausstoßung: ↑Ausschluss, ↑Verbannung.

ausstrahlen, senden, funken, morsen, übertragen; ↑Antenne, ↑Aufzeichnung · Ggs. ↑empfangen.

Ausstrahlung: ↑Ausstrahlungskraft, ↑Sendung.

Ausstrahlungskraft, Ausstrahlung, Charisma, Wirkung, Fluidum, Air, Aura; ↑Ansehen, ↑Fluidum.

ausstrecken: ↑abspreizen; die Fühler a. ↑vorfühlen.

ausstreichen, streichen, tilgen, durchstreichen, ausixen, übertippen, ausradieren, radieren; ↑abschaffen, ↑säubern.

ausstreuen ↑verbreiten.

¹ausströmen, sich verbreiten, ausfließen, austreten; ↑abfließen, ↑ausfließen, ↑fließen.

²ausströmen: Duft -d ↑duftend; einen üblen / merkwürdigen / unangenehmen Geruch a. ↑riechen.

Ausstülpung ↑Rundung.

aussuchen: ↑auswählen, ↑durchsuchen.

Austage ↑Frühling.

austarieren ↑abwiegen.

Austausch: einen A. vornehmen ↑austauschen; im A. ↑anstatt.

austauschbar, auswechselbar, konvertibel, substituierbar, kommutierbar, kommutabel, kommutativ, reversibel, nicht irreversibel; ↑Substitution.

¹austauschen, einen Austausch vornehmen, auswechseln, ersetzen, Ersatz schaffen; ↑erneuern, ↑tauschen, ↑verwechseln, ↑wechseln.

²austauschen: über etwas Gedanken a. ↑unterhalten (sich).

Austauschstudent ↑Student.

austeilen: ↑teilen; den Segen a. ↑segnen.

Austeilung ↑Zuteilung.

Auster ↑Muschel.

austilgen ↑ausrotten.

Austilgung, Ausrottung · *eines ganzen Volkes:* Genozid, Völkermord; ↑Tötung, ↑Vernichtung; ↑töten.

austoben: sich a. ↑toben.

austollen: sich a. ↑toben.

austönen ↑verhallen.

Austrag ↑Altenteil.

¹austragen, zustellen, vertragen *(schweiz.),* verteilen; ↑Bote, ↑Zusteller.

²austragen: sich etwas a. ↑ausbedingen (sich etwas); einen Kampf a. ↑Kampf; einen Wettkampf a. ↑kämpfen.

Austräger ↑Bote.

Austrägler ↑Altenteiler.

Austragstübchen ↑Altenteil.

Austragstüberl ↑Altenteil.

Austragung ↑Spiel.

Australien ↑Kontinent.

austreiben: ↑ausrollen, ↑sprießen, ↑vertreiben.

¹austreten, seine Notdurft / sein Bedürfnis

verrichten, sein Geschäft erledigen / machen, machen *(ugs.)* · *unfreiwillig bei Krankheit, Gebrechlichkeit:* unter sich machen; **a. gehen,** laufen / rennen müssen *(ugs.),* aufs Töpfchen gehen *(ugs.),* sich [seitwärts] in die Büsche schlagen *(scherzh.),* verschwinden müssen *(ugs.),* mal müssen *(salopp),* ein menschliches Rühren fühlen / verspüren *(ugs., scherzh.),* retirieren, ein Örtchen aufsuchen *(ugs.);* ↑Darmwind [entweichen lassen], ↑defäkieren, ↑urinieren; ↑Exkrement, ↑Urin.

²austreten: ↑abnützen, ↑ausströmen, ↑trennen (sich); aus einem Geschäft a. ↑Geschäft.

Austria ↑Österreich.

Austriazismus ↑Spracheigentümlichkeit.

austricksen ↑betrügen.

austrinken, [bis zur Neige] leeren, leer trinken, ausschlürfen, ex trinken · *vom Tier:* aussaufen; ↑trinken.

Austritt: ↑Kündigung, ↑Veranda.

austrocknen: ↑trocknen, ↑versanden.

austüfteln ↑ausdenken.

austun ↑ausmachen (Kartoffeln).

ausüben: ↑arbeiten, ↑handhaben, ↑innehaben; Druck / Zwang a. ↑nötigen; Geschlechtsverkehr a. ↑koitieren; Zwang -d ↑repressiv.

¹Ausverkauf, Schlussverkauf, Räumungsverkauf, Sommerschlussverkauf, Winterschlussverkauf, Inventurverkauf, Ausnahmeverkauf *(schweiz.)* · *der gesamten Waren wegen Geschäftsaufgabe o. Ä.:* Totalausverkauf, Abverkauf *(österr.);* ↑Preisnachlass.

²Ausverkauf ↑Entäußerung.

ausverkaufen: ↑aufgeben, ↑verkaufen.

ausverkauft ↑vergriffen.

ausverschämt ↑frech.

¹auswachsen (sich zu etwas), werden zu, sich entwickeln zu.

²auswachsen: es ist zum Auswachsen ↑unerträglich [sein].

¹Auswahl, Wahl, Auslese, das Beste, Digest, Assortiment, Kollektion · *von Gedichten oder Prosastücken:* Anthologie, Chrestomathie, Brevier; ↑Exzerpt, ↑Mischung, ↑Sammlung, ↑Verzeichnis.

²Auswahl ↑Sortiment.

Auswahlausgabe ↑Edition.

auswählen, wählen, auslesen, lesen aus, heraussuchen, herausklauben *(ugs., landsch.),* klauben aus *(ugs., landsch.),* selektieren, aussuchen, suchen, finden, die Wahl treffen, Auswahl treffen / vornehmen, ausersehen, nehmen, jmds. Wahl fällt auf · *männliches Haustier für die Zucht:* kören; **gut ausgewählt haben,** einen guten / glücklichen Griff getan haben, mit jmdm. / etwas das große Los gezogen haben; ↑abordnen, ↑auslesen, ↑ausschließen, ↑bevorzugen, ↑entschließen, ↑ernennen, ↑erwählen, ↑wegnehmen, ↑wegwerfen.

auswalken ↑ausrollen.

auswalzen: ↑mitteilen; breit ausgewalzt ↑gedehnt.

Auswanderer, Aussiedler, Umsiedler, Flüchtling, Asylant, Emigrant, Vertriebener, Heimatvertriebener, Ausgewiesener, Verbannter; ↑Flüchtlingszug, ↑Gast; ↑auswandern; ↑einwandern; ↑heimatverbunden · Ggs. ↑Einwanderer.

auswandern, emigrieren, ins Ausland / in die Fremde gehen; ↑weggehen; ↑Ausland, ↑Auswanderer · Ggs. ↑einwandern; ↑Einwanderer.

Auswärts ↑Frühling.

Auswärtsspiel ↑Spiel.

auswaschen: ↑säubern, ↑waschen.

auswechselbar ↑austauschbar.

auswechseln: ↑austauschen, ↑erneuern, ↑wechseln.

Ausweg: keinen A. finden ↑Lösung.

ausweglos ↑aussichtslos.

¹Ausweglosigkeit, Sackgasse, Aussichtslosigkeit, Hoffnungslosigkeit, Unmöglichkeit, Unlösbarkeit, Aporie, Trostlosigkeit; ↑Not, ↑Teufelskreis; ↑aussichtslos.

²Ausweglosigkeit ↑Verzweiflung.

¹ausweichen, ausbiegen, aus dem Wege / zur Seite gehen, Platz machen; ↑abbiegen.

²ausweichen ↑entziehen (sich).

ausweichend ↑hinhaltend.

ausweiden, ausnehmen; ↑schlachten.

ausweinen: sich a. ↑weinen.

¹Ausweis, fälschungssicherer / computerlesbarer / maschinenlesbarer Ausweis, Personalausweis, Reisepass, Pass, Kennkarte, Passierschein, Papiere, Propusk, Passeport, Legitimation, Studentenausweis · *für Autofahrer:* Führerschein, Fahrerlaubnis *(veraltet),* Fahrausweis (Schweiz), Führerausweis (Schweiz); ↑Berechtigung, ↑Bescheinigung, ↑Fahrkarte, ↑Urkunde, ↑Visum; ↑legitimieren (sich).

²Ausweis: ↑Zeugnis; seinen A. zeigen ↑legitimieren (sich).

¹ausweisen, des Landes verweisen, expatriieren, abschaffen *(veraltend, österr.),* ausbürgern, aussiedeln, umsiedeln, verbannen; ↑ausschließen, ↑brandmarken, ↑verlagern, ↑verschleppen, ↑vertreiben; ↑Verbannung.

²ausweisen: sich a. ↑legitimieren (sich).

Ausweisung ↑Verbannung.

¹ausweiten (sich), sich ausdehnen / ausleiern *(ugs.),* / ausbeulen *(ugs.),* verbeulen *(ugs.),* auslatschen *(salopp);* ↑ausgeweitet.

²ausweiten: ↑abnutzen, ↑ausdehnen; sich a. ↑expandieren, ↑überhand nehmen, ↑zunehmen.

Ausweitung ↑Ausdehnung, ↑Steigerung.

auswendig: in- und a. kennen ↑auskennen (sich); a. lernen ↑lernen; a. spielen ↑musizieren; etwas a. wissen ↑Gedächtnis.

auswerfen ↑absondern.

auswerkeln ↑abnutzen.

¹auswerten, verwerten, nützen, ausnutzen, ausnützen, ausbeuten, ausschlachten, auslasten, exploitieren, die Gelegenheit wahrnehmen, sich etwas zunutze machen, nutzbar machen; ↑anwenden, ↑ausbeuten, ↑erwirken, ↑missbrauchen, ↑überprüfen (Manöverkritik üben), ↑vermarkten · *in Bezug auf den Unterricht:* nachbereiten.

²**auswerten:** ↑ausnutzen, ↑heranziehen.

Auswertung ↑Verarbeitung.

auswetzen: eine Scharte [wieder] a. ↑einstehen (für).

auswichsen ↑weggehen.

auswickeln ↑auspacken.

auswiegen ↑abwiegen.

auswinden ↑ausdrücken.

auswintern ↑erfrieren.

auswirken: sich a. ↑wirken.

Auswirkung: ↑Erfolg, ↑Folge; zur A. kommen ↑wirken.

auswischen: jmdm. eins a. ↑schaden.

auswringen ↑ausdrücken.

Auswuchs: ↑Hautblüte, ↑Übersteigerung; Auswüchse ↑Verschwörung; Auswüchse der Fantasie ↑Einbildung.

¹**Auswurf,** Schleim, Sputum, Aule *(vulgär)*, Qualster *(derb)*, Rotz *(derb);* ↑Absonderung, ↑Speichel; ↑spucken.

²**Auswurf** ↑Abschaum.

auszahlen: a. lassen ↑abheben; sich a. ↑einträglich [sein], ↑lohnend [sein].

Auszahlung ↑Zahlung.

auszanken ↑schelten.

Auszehrung: ↑Abmagerung, ↑Altersschwäche, ↑Tuberkulose.

auszeichnen: ↑loben; a. mit ↑Gunst.

auszeichnend ↑kennzeichnend.

Auszeichnung: ↑Gunst, ↑Lob, ↑Orden.

¹**ausziehen** (sich / jmdn.), auskleiden, entkleiden, der Kleider berauben *(geh.)*, [sich] freimachen, entblößen, entblättern, die Hüllen fallen lassen, enthüllen, Striptease machen *(ugs., scherzh.)*, ablegen, *(sich* bequem machen *(ugs.),* abtun, auspellen *(salopp)*, abnehmen (Hut), absetzen (Hut), abbinden (Kopftuch, Schürze), abstreifen (Strümpfe, Slip usw.), nicht ↑anbehalten; ↑umziehen (sich); ↑nackt; ↑Umkleideraum · Ggs. ↑anziehen.

²**ausziehen:** ↑ablisten, ↑übersiedeln, ↑weggehen; den alten Adam a. ↑bessern (sich); bis aufs Hemd ausgezogen werden ↑zahlen [müssen].

Ausziehmädchen ↑Stripteasetänzerin.

Ausziehtisch ↑Tisch.

auszischen ↑auspfeifen.

Auszubildender ↑Lehrling.

Auszug: ↑Abwanderung, ↑Extrakt, ↑Exzerpt, ↑Zitat.

Auszügler ↑Altenteiler.

Auszugsbauer ↑Altenteiler.

auszupfen ↑herausreißen.

autark ↑selbstständig.

authentisch ↑verbürgt.

Authentizität, Echtheit, Zuverlässigkeit,

Glaubwürdigkeit, Gesichertheit, Gewährleistetsein; ↑Glaubwürdigkeit; ↑verbürgt.

autistisch ↑selbstbezogen.

Autler ↑Autofahrer.

Auto, Wagen, Automobil, Kraftwagen, Kraftfahrzeug, Fahrzeug, Personenkraftwagen, Pkw, fahrbarer Untersatz *(scherzh.)*, Benzinkutsche *(scherzh.)*, Benzinesel *(scherzh.)*, Schlitten *(salopp)*, Kraftpaket *(salopp)*, Ofen *(salopp)*, Töfftöff *(Kinderspr.)*, Nuckelpinne *(scherzh., abwertend)*, Blechgeliebte *(scherzh.)*, Lastkraftwagen, Lkw, Nutzkraftwagen, Nkw, Laster, Brummi *(scherzh.)*, Kipper, Kettenfahrzeug, Raupenschlepper, Sattelschlepper, Fourgon, Lieferwagen, Camion *(schweiz.)*, Lieferungsauto *(schweiz.)*, Lieferungswagen *(schweiz.)*, Kombi, Kombiwagen · *umweltfreundliches:* Katalysatorauto, Katy *(ugs.)*, Umweltauto · *das schon einen Unfall gehabt hat:* Unfallwagen · *das nach einem Jahr weiterverkauft wird:* Jahreswagen · *geschlossenes, sportlich gebautes mit versenkbaren Seitenfenstern:* Coupé · *offenes, sportlich gebautes mit zwei Sitzen:* Sportwagen, Roadster, Spider · *geschlossenes, auch mit Schiebedach:* Limousine · *mit zurückklappbarem Stoffverdeck:* Kabriolett · *schnelles:* Flitzer · *altes [schlechtes]:* Karosse, Vehikel, Kiste, Schnauferl, Oldtimer, Karre, Klapperkasten, Chaise, Mühle, Rostlaube · *großes:* Straßenkreuzer · *kleineres:* Käfer, Straßenfloh, Chausseewanze *(scherzh.)*, Stoppelhopser *(scherzh.)*, Leukoplastbomber *(scherzh.)* · *geländegängiges:* Jeep, Landrover · *für Rennen:* Rennwagen, Bolid, Gokart · *gegen Entgelt zu leihendes:* Leihwagen, geleaster Wagen; ↑mieten · *noch nicht in Serie produziertes Versuchsmodell:* Erlkönig; ↑Autodach, ↑Autofahrer, ↑Autoheck, ↑Chassis, ↑Fahrrad, ↑Karosserie, ↑Motodrom, ↑Motorrad, ↑Omnibus, ↑Prellbock, ↑Tachometer, ↑Tanksäule, ↑Tankstelle, ↑Taxe, ↑Wagen, ↑Wohnwagen.

Autoantenne ↑Antenne.

Autoatlas ↑Atlas.

Autobahn: ↑Skooterbahn, ↑Straße.

Autobahnbrücke ↑Brücke.

Autobahnraststätte ↑Gaststätte.

Autobahnzubringer ↑Straße.

Autobiographie ↑Biographie.

Autobus: ↑Omnibus, ↑Verkehrsmittel; A. fahren ↑fahren.

Autocar ↑Omnibus.

autochthon ↑bodenständig.

AUTOCODE ↑Sprache.

Autodach, Verdeck · *das man öffnen kann:* Schiebedach, Rollverdeck, Klappverdeck · *abnehmbares:* Hardtop; ↑Auto.

Autodafé ↑Bücherverbrennung.

Autodidakt: ↑Gelehrter, ↑Künstler.

Autodrom: ↑Motodrom, ↑Skooterbahn.

Autodroschke ↑Taxi.

autoerotisch ↑selbstbezogen.

Autoerotismus ↑ Selbstverliebtheit.
Autofahrer, Fahrer, Lenker, Pkw-Fahrer, Automobilist, Fernfahrer, Fernlastfahrer, Lastwagenfahrer, Lkw-Fahrer, Autler *(veraltet)* · *ohne genügende Fahrpraxis:* Sonntagsfahrer *(abwertend)* · *rücksichtslos fahrender im großen Auto:* Herrenfahrer *(abwertend);* ↑ Auto, ↑ Beifahrer, ↑ Verkehrsteilnehmer.
Autofahrt ↑ Fahrt.
Autofeuerlöscher ↑ Feuerlöscher.
Autofriedhof ↑ Müllabladeplatz.
autogen: -es Training ↑ Entspannungsübung.
Autogramm ↑ Unterschrift.
Autogrammjäger ↑ Fan.
Autoheck, Heck, Fließheck, Abrissheck, Fastback; ↑ Auto, ↑ Chassis, ↑ Karosserie.
Autokarte ↑ Landkarte.
Autokino ↑ Kino.
Autoknacker ↑ Dieb.
Autokoffer ↑ Gepäck.
Autokrankheit ↑ Bewegungskrankheit.
Autokratie ↑ Herrschaft.
autokratisch ↑ totalitär.
Automarder ↑ Dieb.
¹Automat, Roboter · Geldautomat, Bankautomat, Bankomat · Spielautomat, Flipper · Buchungsautomat, Rechenautomat · Zigarettenautomat · *der fremde Währungen in Landeswährung umtauscht:* Changeomat.
²Automat: wie ein A. ↑ automatisch.
Automatenknacker ↑ Dieb.
Automation ↑ Automatisierung.
¹automatisch, selbsttätig, wie ein Automat, unwillkürlich, von selbst, zwangsläufig, mechanisch; ↑ ohnehin, ↑ schematisch.
²automatisch ↑ geisttötend.
Automatisierung, Automation, Mechanisierung, Computerisierung.
Automobil ↑ Auto.
Automobilist ↑ Autofahrer.
Automobilreifen ↑ Autoreifen.
Automobilsalon ↑ Ausstellung.
autonom, selbstständig; -es Nervensystem ↑ Nervensystem.
Autonomie, Selbstbestimmung, Selbstbestimmungsrecht, Selbstverwaltung, Eigengesetzlichkeit, Selbstbefreiung, Mündigwerden, Unabhängigkeit; ↑ Freiheit, ↑ Mitbestimmung.
Autophilie ↑ Selbstverliebtheit.
Autoplastik ↑ Transplantation.
Autopsie ↑ Obduktion.
Autor ↑ Schriftsteller.
Autoradio ↑ Radio.
Autoreferat ↑ Besprechung.
Autoreifen, Reifen, Pneumatik, Pneu, Automobilreifen, Gürtelreifen, Vollgummireifen, Luftreifen, Ballonreifen · Sommerreifen, Winterreifen · Ersatzreifen, Reservereifen; ↑ Reifendefekt, ↑ Winterreifen.
Autoreisezug ↑ Eisenbahnzug.
Autoreißwolf ↑ Schredder.

Autorennbahn ↑ Motodrom.
Autorennen ↑ Rennen.
Autorenreferat ↑ Besprechung.
Autorisation ↑ Berechtigung.
autorisieren ↑ ermächtigen.
autorisiert ↑ befugt.
Autorisierung ↑ Berechtigung.
autoritär: ↑ repressiv, ↑ totalitär; a. erziehen ↑ lenken.
¹Autorität, Maßgeblichkeit, maßgeblicher / entscheidender / ausschlaggebender Einfluss, Macht, Prestige, Geltung, Ansehen, Wichtigkeit; ↑ Ansehen, ↑ Einfluss, ↑ Macht, ↑ Machtposition, ↑ Respektsperson; ↑ maßgeblich.
²Autorität: ↑ Ansehen, ↑ Fachmann, ↑ Macht, ↑ Respektsperson.
autoritativ ↑ maßgeblich.
Autoritätslosigkeit ↑ Machtlosigkeit.
Autorreferat ↑ Besprechung.
Autosalon ↑ Ausstellung.
Autoscheinwerfer ↑ Scheinwerfer.
Autoschlange ↑ Verkehrsstauung.
Autoschlosser ↑ Schlosser.
Autosilo ↑ Parkhaus.
Autoskooterbahn ↑ Skooterbahn.
Autospengler ↑ Schlosser.
Autostop: per A. fahren ↑ mitfahren.
Autostraße ↑ Straße.
Autotelefon ↑ Fernsprecher.
Autotransport ↑ Transport.
Autounfall ↑ Unglück.
Autoverkehr ↑ Straßenverkehr.
Auwald ↑ Sumpf.
Auxiliarverb ↑ Verb.
Avance: jmdm. -n machen ↑ Entgegenkommen [zeigen].
Avancement ↑ Aufstieg.
avancieren, aufrücken, steigen, befördert werden, klettern *(ugs.),* arrivieren, hochkommen, emporsteigen, aufsteigen, emporkommen, etwas werden, es zu etwas bringen, Karriere machen, sein Fortkommen finden, vorwärts kommen, die Treppe rauffallen *(ugs.),* auf die Beine fallen *(ugs.);* ↑ befördern, ↑ vorangehen, ↑ Erfolg [haben]; **avanciert sein,** fest im Sattel sitzen; **nicht a.,** auf keinen grünen Zweig kommen, auf der Stelle treten; ↑ nutzlos; ↑ Aufstieg, ↑ Karrieremacher.
Avantgarde ↑ Schrittmacher.
Avantgardist ↑ Schrittmacher.
avantgardistisch ↑ fortschrittlich.
Ave-Maria ↑ Gebet.
Avenida ↑ Straße.
Aventurin ↑ Schmuckstein.
Avenue ↑ Straße.
Avers ↑ Vorderseite.
Aversion ↑ Abneigung.
Avis ↑ Hinweis.
avisieren ↑ mitteilen.
Aviso ↑ Hinweis.
Avitaminose, Vitaminmangelkrankheit, Apo-

rinosis, Hypovitaminose; ↑Beriberi, ↑Krankheit, ↑Pellagra, ↑Skorbut.
Avocado ↑Frucht.
Avocat ↑Jurist.
à votre santé ↑prost.
Avoué ↑Jurist.
Avulsion ↑Verletzung.
awa ↑nein.
Awayspiel ↑Spiel.
Axel ↑Eislauf.
Axinit ↑Schmuckstein.
axiomatisch ↑zweifellos.
Axolotl ↑Salamander.
Axt: ↑Beil; sich benehmen wie die A. im Walde ↑benehmen (sich).
Azetylen ↑Glas.
Aztekenstein ↑Schmuckstein.
Azubi ↑Lehrling.
azur ↑blau.
azurblau ↑blau.
Azurit ↑Schmuckstein.

Baas ↑Leiter.
babbeln ↑sprechen.
Babbelwasser: B. getrunken haben ↑sprechen.
Bäbe ↑Napfkuchen.
Babusche ↑Schuh.
Baby: ↑Kind; ein B. bekommen / erwarten / kriegen ↑schwanger [sein].
babyblau ↑blau.
Babydoll ↑Nachtgewand.
Baby-Irish ↑Spitzenstickerei.
Babykorb ↑Bett.
Babylace ↑Spitzenstickerei.
babyleicht: ↑mühelos; etwas ist b. ↑schwierig.
Babypro: ↑Prostituierte, ↑Strichjunge.
Babypuppe ↑Puppe.
Babyschuh ↑Schuh.
Babyseife ↑Seife.
babysitten ↑beaufsichtigen.
Babysitter ↑Kindermädchen.
Babyspeck ↑Fettleibigkeit.
Babywaage ↑Waage.
Bacchanal ↑Trinkgelage.
Bacchantin ↑Mänade.
Bacchus ↑Gott.
¹Bach, Wildbach, Gießbach, Sturzbach, Gletscherbach, Mühlbach, Quell[e], Born, Rinnsal; ↑Fluss, ↑See; ↑fließen.

²Bach ↑Fluss.
bachab: b. gehen ↑verloren gehen; b. sein ↑verloren [sein].
Bache ↑Schwein.
Bachforelle ↑Fisch.
Bächlein: ein B. machen ↑urinieren.
Bachneunauge ↑Fisch.
Bachschmerle ↑Fisch.
Bachstelze ↑Vogel.
Bachtiari ↑Orientteppich.
Back ↑Fußballspieler.
Bäck ↑Bäcker.
Backblech ↑Backform.
backbord ↑links.
backbords ↑links.
Backe: ↑Wange; jmdm. kann man das Vaterunser durch die -n blasen ↑abgezehrt [sein].
backen: ↑braten, ↑fest [sein]; kleine / kleinere Brötchen b. ↑zurückstecken.
Backen ↑Wange.
Backenbart ↑Bart.
Backenbremse ↑Bremse.
Backenstreich ↑Ohrfeige.
Backenzahn: [großer / hinterer / kleiner / vorderer B.] ↑Zahn.
Bäcker, Bäck *(mundartl., österr.)* · Feinbäcker, Konditor, Konfiseur *(schweiz.),* Patissier *(schweiz.),* Zuckerbäcker *(landsch.),* Lebkuchenbäcker, Zeltler *(veraltet, österr.);* ↑Brötchen, ↑Gebäck, ↑Teegebäck.
Backerbsensuppe ↑Suppe.
Bäckerei, Feinbäckerei · Konditorei, Konfiserie *(schweiz.),* Patisserie *(selten, schweiz.),* Zuckerbäckerei *(landsch.);* ↑Gebäck.
Backfeige ↑Ohrfeige.
Backfisch ↑Mädchen.
Backform, Kuchenform, Springform, Kastenform, Napfkuchenform, Form, Blech, Backblech, Kuchenblech · Ausstechform; ↑Gebäck.
Background ↑Hintergrund.
Backhähnchen ↑Huhn.
Backhendl ↑Huhn.
Backhendlfriedhof ↑Bauch.
Backhendlstation ↑Gaststätte.
Backhuhn ↑Huhn.
backig ↑klebrig.
Backlist ↑Verzeichnis.
Backobst ↑Obst.
¹Backofen, Bratröhre, Backröhre, Backrohr *(österr.),* Rohr *(österr.);* ↑Herd.
²Backofen: es ist wie im B. ↑warm [sein].
Backpfeife ↑Ohrfeige.
Backpfeifengesicht ↑Gesicht.
Backpulver ↑Treibmittel.
Backrezept ↑Kochrezept.
Backrohr ↑Backofen.
Backröhre ↑Backofen.
Backstein ↑Ziegelstein.
Backsteinmauer ↑Mauer.
Backsteinraster ↑Raster.
Backtrog ↑Gefäß.

Backvorschrift ↑Kochrezept.
Backware ↑Gebäck.
Backwerk ↑Gebäck.
Backzahn ↑Zahn.
¹Bad, Schwimmbad, Freibad, Hallenbad, Strandbad, Badeanstalt · *nur für Brause- und Wannenbäder:* Volksbad, Tröpferlbad *(wiener.);* ↑Sauna, ↑Schwimmen, ↑See (der); ↑baden, ↑schwimmen.
²Bad: ↑Badeort, ↑Nasszelle; das B. in der Menge ↑Beliebtheit; ein B. nehmen ↑baden; das Kind mit dem -e ausschütten ↑reagieren; das Kind nicht mit dem -e ausschütten ↑übertreiben.
Badeanstalt ↑Bad.
Badeanzug, Damenbadeanzug, Badekostüm, Einteiler, Badkleid *(schweiz.)* · *zweiteiliger:* Bikini, Minibikini, Tanga; ↑Badehose.
Badearzt ↑Arzt.
Badehandtuch ↑Handtuch.
Badehose, Schwimmhose, Badeshorts, Shorts, Bermudas; ↑Badeanzug.
Badekappe, Bademütze; ↑Badeanzug, ↑Badehose.
Badekostüm ↑Badeanzug.
Badekur ↑Hydrotherapie.
Badelaken ↑Handtuch.
Bademütze ↑Badekappe.
¹baden, sich erfrischen, ein Bad nehmen, in die Wanne steigen *(ugs.)* · sich brausen / duschen / unter die Brause stellen, unter die Brause treten; ↑saunieren, ↑schwimmen, ↑Badezimmer, ↑Schwimmen.
²baden: ↑schwimmen; den Wurm b. ↑fangen; zu heiß gebadet haben ↑verrückt [sein]; zu heiß gebadet worden sein ↑dumm [sein].
baden gehen ↑zahlungsunfähig [werden].
Badeort, Bad, Kurbad, Heilbad, Weltbad, Modebad, Seebad, Moorbad, Schwefelbad, Solebad, Thermalbad, Stahlbad, Kneippbad, Herzbad, Rheumabad, Nierenbad, Frauenbad; ↑Bäderkunde, ↑Kurort.
Bader: ↑Arzt, ↑Friseur.
Bäderbehandlung ↑Hydrotherapie.
Bäderkunde, Heilquellenkunde, Balneologie; ↑Badeort.
Bäderkur ↑Hydrotherapie.
Badeschuh ↑Schuh.
Badeschwamm ↑Schwamm.
Badeseife ↑Seife.
Badeshorts ↑Badehose.
Badestrand ↑Strand.
Badestube ↑Badezimmer.
Badetuch ↑Handtuch.
Badewetter: ↑Schönwetter, ↑Wetter.
Badezimmer, Bad, Badestube *(veraltend);* ↑baden.
Badhur ↑Prostituierte.
Badkleid ↑Badeanzug.
Badminton ↑Federballspiel.
Badtrip ↑Rausch.

Bafel ↑Gewäsch.
baff: b. sein ↑überrascht [sein].
Bag: Citybag ↑Tasche.
Bagage ↑Abschaum.
Bagatelle: ↑Kleinigkeit; als B. behandeln ↑bagatellisieren.
¹bagatellisieren, abwiegeln, als Bagatelle behandeln, als geringfügig / unbedeutend hinstellen, verniedlichen, verharmlosen, vernünigen *(schweiz.),* herunterspielen; ↑beschönigen, ↑verringern; ↑klein, ↑unwichtig · Ggs. ↑übertreiben.
²bagatellisieren ↑untertreiben.
bagatellmäßig ↑abschätzig.
Bagger ↑Gerätschaft.
baggern ↑graben.
Bagno ↑Strafanstalt.
Bagstall ↑Säule.
Baguette ↑Brot.
Bahai ↑Angehöriger.
bähen ↑braten, ↑Laut.
Bahn: ↑Bahnlinie, ↑Straßenbahn, ↑Verkehrsmittel; einer Sache B. brechen ↑unterstützen (etwas); jmdm. die B. ebnen ↑fördern; freie B. haben ↑selbstständig [sein]; B. schlagen ↑schlittern; auf die schiefe B. kommen / geraten ↑abrutschen, ↑verwahrlosen.
Bahnbeamter, Bahnbediensteter, Eisenbahner, Bähnler *(schweiz.),* Bahner *(ugs.);* ↑Bahnhofsvorsteher, ↑Bahnwärter.
Bahnbediensteter ↑Bahnbeamter.
bahnbrechend, umwälzend, genial; ↑außergewöhnlich, ↑schöpferisch, ↑vorbildlich.
Bahnbrecher ↑Schrittmacher.
Bahnbus ↑Verkehrsmittel.
Bahndamm ↑Bahnkörper.
Bahner ↑Bahnbeamter.
Bahnfahrt ↑Fahrt.
Bahngleis ↑Gleis.
¹Bahnhof, Station, Zielbahnhof, Hauptbahnhof, Zentralbahnhof, Bestimmungsbahnhof · *an einem Grenzübergang:* Grenzbahnhof · *zum Rangieren:* Rangierbahnhof, Verschiebebahnhof · *für Güter:* Güterbahnhof, Frachtenbahnhof *(österr.),* Frachtbahnhof, Verladebahnhof, Containerterminal, Containerbahnhof · *ohne durchlaufende Gleise:* Kopfbahnhof, Sackbahnhof; ↑Bahnsteig, ↑Haltestelle, ↑Kopfgleis.
²Bahnhof: großer B. ↑Willkomm; ich verstehe immer nur B. ↑unverständlich.
Bahnhofsbuchhandlung ↑Buchhandlung.
Bahnhofsbüfett ↑Gaststätte.
Bahnhofsmission ↑Betreuung.
Bahnhofsuhr ↑Uhr.
Bahnhofsvorplatz ↑Platz.
Bahnhofsvorstand ↑Bahnhofsvorsteher.
Bahnhofsvorsteher, Bahnhofsvorstand *(österr., schweiz.),* Stationsvorsteher, Stationsvorstand *(österr., schweiz.);* ↑Bahnbeamter.
¹Bahnkörper, Gleisanlage, Bahndamm, Strecke; ↑Bahnlinie.

²**Bahnkörper** ↑Gleisanlage.
Bähnler ↑Bahnbeamter.
Bahnlinie, Eisenbahnlinie, Eisenbahnstrecke, Straßenbahnlinie, Linie, Zubringerlinie, Bahnstrecke, Bahnnetz, Strecke, Bahn, Netz; ↑Linienführung.
Bahnnetz ↑Bahnlinie.
Bahnreise ↑Reise.
Bahnrennen ↑Rennen.
Bahnschaffner ↑Schaffner.
Bahnschranke, Schranke, Bahnschranken *(oberd.),* Schranken *(oberd.),* Schlagbaum,Fallbaum; ↑Hürde.
Bahnschranken ↑Bahnschranke.
Bahnsteig, Perron, Plattform, Gleis; ↑Bahnhof, ↑Haltestelle.
Bahnstrecke ↑Bahnlinie.
Bahntransport ↑Transport.
Bahnversand ↑Versand.
Bahnwächter ↑Bahnwärter.
Bahnwärter, Bahnwächter *(veraltend, österr.);* ↑Bahnbeamter.
Bahöl ↑Lärm.
Bahre, Tragbahre, Trage; ↑tragen.
Baht ↑Zahlungsmittel.
Bai ↑Meerbusen.
bairisch: b. sprechen ↑Mundart [sprechen].
Baiser ↑Gebäck.
Baisse ↑Preissturz.
Bajass ↑Spaßmacher.
Bajazzo ↑Spaßmacher.
Bajuware ↑Bayer.
Bakchos ↑Gott.
Bake ↑Warnzeichen.
Bakkarat: ↑Glücksspiel, ↑Kartenspiel.
Bakschisch ↑Trinkgeld.
Bakterie: ↑Krankheitserreger, ↑Spaltpflanze.
Balalaika ↑Zupfinstrument.
Balancekünstler ↑Artist.
balancieren ↑lavieren.
Balaton ↑Plattensee.
Balchen ↑Fisch.
bald: ↑beinahe, ↑früh, ↑später; bis b.! ↑Gruß; so b. wie / als möglich, möglichst b. ↑früh.
Bälde: in B. ↑später.
baldigst ↑früh.
Baldriantee ↑Tee.
Baldur ↑Gott.
¹**Balg** (das): ↑Kind.
²**Balg** (der): ↑Fell.
balgen: sich b. ↑schlagen.
Balken: ↑Brett; lügen, dass sich die B. biegen ↑lügen.
Balkenbrücke ↑Brücke.
Balkendecke ↑Zimmerdecke.
Balkenüberschrift ↑Schlagzeile.
Balkenwerk, Strebewerk, Gebälk, Verstrebung; ↑Säule.
Balkon: ↑Busen, ↑Veranda.
Balkonloge ↑Loge.
Balkonsitz ↑Sitzplatz.

¹**Ball,** Festball, Prunkball, Bal paré, Presseball, Filmball, Opernball, Hofball, Hausball, Sommerball, Sommerfest, Tanzkränzchen, Kränzchen, Tanzstundenball, Abschlussball, Abiturientenball, Maturaball *(österr.);* ↑Maskerade, ↑Tanz, ↑Tanzvergnügen; ↑tanzen.
²**Ball:** ↑Fußball; den B. in die Maschen setzen ↑Tor [schießen]; am B. bleiben ↑fortsetzen.
Ballade ↑Gedicht.
Balladensänger ↑Moritatensänger.
Ballawatsch ↑Unsinn.
Ballbub ↑Balljunge.
Bällchen ↑Fleischkloß.
ballen: die Faust b. ↑unzufrieden [sein].
Ballen: ↑Packen; Berliner B. ↑Pfannkuchen.
Ballerei ↑Schusswechsel.
Ballerina ↑Balletttänzerin.
Ballerinaschuh ↑Schuh.
Ballerino ↑Balletttänzer.
Ballermann ↑Schusswaffe.
ballern ↑schießen.
Ballesterer ↑Fußballspieler.
ballestern ↑Fußballspiel.
Ballett ↑Tanz.
Ballettdirektor ↑Leiter (der).
Balletteuse ↑Balletttänzerin.
Ballettmädchen ↑Balletttänzerin.
Ballettmeister ↑Leiter (der).
Ballettmusik ↑Musik.
Ballettratte ↑Balletttänzerin.
Ballettröckchen ↑Rock.
Ballettschuh ↑Schuh.
Balletttänzer, Tänzer, Ballerino, Solotänzer, Solist, Ensembletänzer; ↑Balletttänzerin, ↑Künstler.
Balletttänzerin, Tänzerin, Ballerina, Solotänzerin, Solistin, Ensembletänzerin, Balleteuse, Ballettmädchen *(ugs.),* Ballettratte *(salopp);* ↑Balletttänzer, ↑Künstler.
Ballhausplatz ↑Regierung.
¹**Balljunge,** Ballbub, Ballschani *(österr.);* ↑Fußball, ↑Spiel.
²**Balljunge:** ↑Junge, ↑Tennisspiel.
Ballkleid ↑Kleid.
Ballkünstler ↑Fußballspieler.
Ballon: ↑Kopf, ↑Luftballon, ↑Luftschiff.
Ballon d'essai ↑Experiment.
Ballonmantel ↑Mantel.
Ballonmütze ↑Kopfbedeckung.
Ballonreifen ↑Autoreifen.
Ballsaal ↑Saal.
Ballschani ↑Balljunge.
Ballschuh ↑Schuh.
Ballspiel ·· Fußballspiel, Fußball · Soccer · Rugby, [American] Football · Wasserball · Handball, Feldhandball, Hallenhandball · Faustball, Volleyball · Korbball, Basketball · Völkerball · Treib[e]ball · Schlagball, Baseball, Kricket · Hockey, Hallenhockey, Feldhockey, Eishockey, Polo · Golf, Krocket, Minigolf, Kleingolf.

Balltreter ↑Fußballspieler.
Ballungsgebiet ↑Industriegebiet.
Ballungszentrum ↑Industriegebiet.
Balneologie ↑Bäderkunde.
Balneotherapie ↑Hydrotherapie.
Bal paradox ↑Tanzvergnügen.
Bal paré ↑Ball.
Balsam: ↑Linderungsmittel, ↑Trost.
balsamieren ↑einreiben.
balsamisch ↑duftend.
Balustrade ↑Geländer.
Balz ↑Koitus.
balzen: ↑flirten, ↑Laut.
Bambi: ↑Filmpreis, ↑Reh.
Bambino: ↑Kind, ↑Rauschgift.
Bambusvorhang ↑Grenze.
Bammel: B. haben ↑Angst [haben].
bammeln ↑hängen.
Bampeletsch ↑Kind.
Bams ↑Kind.
bamstig ↑protzig.
Ban ↑Zahlungsmittel.
banal ↑phrasenhaft.
Bananasfeige ↑Südfrucht.
Banane: ↑Südfrucht; fliegende B. ↑Hubschrauber.
Bananendampfer ↑Schiff.
bananengelb ↑gelb.
Bananenrepublik ↑Staat.
Banause ↑Ungebildeter.
banausisch, ungeistig, unkünstlerisch, ungebildet, philiströs, spießig, spießbürgerlich, kleinlich, kleinkariert, eng, muckerhaft; ↑amusisch, ↑engherzig; ↑Spießer, ↑Ungebildeter.
¹Band (das): ↑Bindeglied, ↑Gurt, ↑Haarschleife, ↑Schnur; deutsches Band ↑Fries; am laufenden Band ↑unaufhörlich; auf Band aufnehmen ↑aufzeichnen; außer Rand und Band sein ↑lebhaft [sein]; durchs Band [weg] ↑generell.
²Band (der): ↑Buch.
³Band (die): ↑Orchester.
Bandage ↑Verband.
bandagieren ↑verbinden.
Bandaufnahme ↑Aufzeichnung.
Bandblitz ↑Blitz.
Bandbreite ↑Spektrum.
¹Bande, Rotte, Horde, Korona, Brüder *(ugs., abwertend),* Gesellschaft *(abwertend),* Platte *(österr.),* Gang, Duo, Trio, Quartett; ↑Abschaum, ↑Abteilung, ↑Clique, ↑Familie, ↑Gruppe, ↑Herde, ↑Mannschaft.
²Bande ↑Einfassung.
Bandeau ↑Oberteil.
Bändel ↑Schnur.
Bandelei ↑Liebelei.
Bandenführer ↑Anführer.
Banderillero ↑Stierkämpfer.
Banderole ↑Zollverschluss.
¹bändigen, zügeln, zurückhalten, im Zaum / in Schranken halten, Zügel anlegen, mäßigen, zähmen, bezähmen; ↑beruhigen.

²bändigen: ↑zähmen; sich b. ↑ruhig [bleiben]; gebändigt ↑zahm.
Bandit ↑Dieb.
Bandleader ↑Dirigent.
Bandmaß ↑Metermaß.
Bandnagel ↑Nagel.
Bandnudeln ↑Teigwaren.
Bandoneon ↑Tasteninstrument.
Bandonium ↑Tasteninstrument.
Bandsäge ↑Säge.
Bandscheibenprolaps ↑Bandscheibenschaden.
Bandscheibenschaden, Hexenschuss, Spondylose, Bandscheibenprolaps, Bandscheibenvorfall; ↑Arthritis, ↑Lumbago.
Bandscheibenvorfall ↑Bandscheibenschaden.
Bändsel ↑Schnur.
Bandwurm ↑Wurm.
Bandwurmsatz ↑Satz.
Bandy ↑Hockey.
bang ↑ängstlich.
Bangbüx ↑Feigling.
bange: jmdm. ist [angst und] b. ↑Angst [haben]; jmdm. Bange machen ↑entmutigen; jmdm. wird angst und b. ↑Angst [bekommen]; Bangemachen gilt nicht ↑einschüchtern.
Bange: B. haben ↑Angst [haben].
Bangigkeit ↑Angst.
Bangladesch ↑Bengalenland.
bänglich ↑ängstlich.
Bänglichkeit ↑Angst.
Banjo ↑Zupfinstrument.
Bank: ↑Geldinstitut, ↑Sitzbank; auf die lange B. schieben ↑verschieben; durch die B. ↑generell, ↑alle; über die B. ↑bargeldlos.
-bank ↑Zentrale.
Bankautomat ↑Automat.
Bankeinlage ↑Ersparnisse.
Bänkelsänger ↑Moritatensänger.
Banker ↑Bankier.
Bankerl: ein B. reißen ↑sterben.
Bankert ↑Kind.
Bankett ↑Festmahl.
Bankettsaal ↑Saal.
Bankfach ↑Tresor.
Bankfurt ↑Frankfurt.
Bankgeheimnis ↑Geheimnis.
Bankhaus ↑Geldinstitut.
Bankier, Bankinhaber, Banker; ↑Geldinstitut.
Bankinhaber ↑Bankier.
Bankkaufmann ↑Büroangestellte[r].
Bankkonto, Sparkonto, Girokonto, Gehaltskonto, laufendes Konto, Konto; ↑Geldinstitut, ↑Guthaben.
Banknote ↑Papiergeld.
Bankomat ↑Automat.
bankrott: ↑zahlungsunfähig; b. werden ↑zahlungsunfähig [werden].
Bankrott: ↑Misserfolg, ↑Zahlungsunfähigkeit; B. gehen / machen ↑zahlungsunfähig [werden].
Bankrotterklärung ↑Zahlungsunfähigkeit.

Bankscheck ↑Scheck.

¹Bann, Bannfluch, Bannstrahl, Bannspruch, Bannbrief, Bannbulle *(hist.),* Acht [und Bann], Ächtung, Verfemung, Proskription, Bulle, Urteil, Urteilsspruch, Fluch, Verfluchung, Kirchenbann, Exkommunikation, Cherem *(jüd.),* Verurteilung, Verwünschung, Verdammung, Verdikt, Anathema, Exsekration; ↑Ansicht, ↑Ausschluss, ↑Verbannung, ↑Verbot, ↑Vergeltungsmaßnahmen, ↑Verurteilung; ↑brandmarken.

²Bann: den B. brechen ↑Scheu [nehmen], ↑tun; in Acht und B. tun ↑brandmarken.

Bannbrief ↑Bann.

Bannbulle ↑Bann.

¹bannen, beschwören, besprechen, behexen, verhexen, verzaubern, bezaubern *(veraltet),* feien; ↑zaubern.

²bannen: eine Gefahr b. ↑Gefahr.

Banner ↑Fahne.

Bannfluch ↑Bann.

bannig ↑sehr.

Bannmeile ↑Vorort.

Bannspruch ↑Bann.

Bannstrahl ↑Bann.

Bannware ↑Schmuggelware.

Banse ↑Warenlager.

Bantamgewicht ↑Ringen.

Bantamgewichtler ↑Boxer.

Bantu ↑Schwarzer.

Baptist ↑Angehöriger.

Baptisterium ↑Gotteshaus.

bar, in Münzen / Scheinen, in klingender Münze, mit Bargeld, cash · Ggs. ↑bargeldlos.

bar: -es Geld ↑Bargeld; für -e Münze nehmen ↑möglich.

Bar: ↑Gaststätte, ↑Nachtlokal.

-bar: etwas ist [erklär]bar usw. ↑lassen (sich); etwas ist [trag]bar ↑können.

¹Bär, [Meister] Petz, Zottelbär *(Kinderspr.),* Brummbär *(Kinderspr.),* Mutz *(schweiz.),* Braunbär, Zeidelbär, Beutelbär, Nasenbär, Kleinbär, Schwarzbär, Graubär, Brillenbär, Höhlenbär · Waschbär, Schupp · Eisbär, Polarbär · Grislibär, Grisli, Kragenbär, Lippenbär, Malaienbär · *dressierter:* Tanzbär, Zeiselbär *(landsch.);* ↑Raubtier.

²Bär: ↑Raubtier, ↑Schwein, ↑Teddybär; Brauner B. ↑Schmetterling; Goldener / Silberner B. ↑Filmpreis; Großer / Kleiner B. ↑Sternbild; jmdm. einen -en aufbinden ↑anführen.

Baraber ↑Arbeiter.

barabern ↑arbeiten.

Barack ↑Alkohol.

Baracke ↑Haus.

barattieren ↑tauschen.

Barbar ↑Rohling.

Barbara ↑Nothelfer.

Barbarei ↑Zerstörungswut.

barbarisch ↑unbarmherzig.

Barbe ↑Fisch.

Barbecue: ↑Fest, ↑Grill.

bärbeißig: ↑ärgerlich, ↑unhöflich.

Barbier ↑Friseur.

barbusig ↑nackt.

Barbutsch ↑Friseur.

Barbuttkäfer ↑Marienkäfer.

Barbutz ↑Friseur.

Barch ↑Schwein.

Bärchen ↑Teddybär.

Barchent ↑Stoff.

Bardame, Animierdame, Animiermädchen, Büfettdame · *in japanischen Teehäusern:* Geisha; ↑Barkeeper, ↑Go-go-Girl, ↑Nachtlokal, ↑Stripteasetänzerin.

Barde: ↑Minnesänger, ↑Schauspieler, ↑Schriftsteller.

Barelle ↑Aprikose.

bären-: ↑erz-.

Bären-: ↑Erz-.

Bärendienst: jmdm. mit etwas einen B. erweisen ↑schaden.

Bärenfang ↑Alkohol.

Bärenführer ↑Begleiter.

Bärenhaut: auf der B. liegen ↑faulenzen.

Bärenhunger ↑Hunger.

Bärenhüter ↑Sternbild.

Bärenjagd ↑Jagd.

Bärenkräfte ↑Kraft.

bärenstark ↑stark.

Bärenzwinger ↑Freigehege.

Barett ↑Kopfbedeckung.

barfuß: ↑barfüßig; b. bis an den Hals ↑nackt.

Barfußarzt ↑Arzt.

Barfußerorden ↑Mönchsorden.

barfüßig, barfuß, bloßfuß, mit nackten / bloßen Füßen, ohne Schuhe und Strümpfe; ↑nackt.

Barg ↑Schwein.

¹Bargeld, Barmittel, Barschaft, bares Geld; ↑Geld, ↑Wirtschaftsgeld.

²Bargeld: ↑Geld; mit B. ↑bar.

bargeldlos, unbar, durch / per Scheck, über die Bank / das Konto, durch Überweisung; ↑Wechsel · Ggs. ↑bar.

barhaupt ↑barhäuptig.

barhäuptig, barhaupt, mit unbedecktem Kopf, mit entblößtem Haupt *(geh.),* ohne ↑Kopfbedeckung.

bärig: ↑sehr, ↑trefflich.

Barille ↑Aprikose.

Baringel ↑Obst.

Bariton: ↑Sänger, ↑Singstimme.

Baritonstimme ↑Singstimme.

Bark: ↑Schwein, ↑Segelschiff.

Barkarole: ↑Boot, ↑Lied.

Barkasse: ↑Beiboot, ↑Boot.

Barke ↑Boot.

Barkeeper, Barmixer, Mixer; ↑Bardame.

Bärlapp ↑Bärlappgewächs.

Bärlappgewächs, Bärlapp, Schlangenmoos, Schweizer Moosfarn, tropischer Moosfarn; ↑Farnpflanze.

Bärme ↑Gärstoff.

barmen ↑klagen.

barmherzig: ↑göttlich, ↑gütig.

Barmherzigkeit: ↑Gotteseigenschaften, ↑Nächstenliebe.

Barmittel ↑Bargeld.

Barmixer ↑Barkeeper.

barock ↑überladen.

Barock: ↑Baustil, ↑Literaturepochen.

Barockaltar ↑Altar.

Barockmusik ↑Musik.

Barockperle ↑Perle.

Barockuhr ↑Uhr.

¹Barometer, Luftdruckmesser; ↑Thermometer.

²Barometer: das B. steht auf Sturm ↑ärgerlich [sein].

Baron ↑Adliger.

Baronesse ↑Adlige.

Baronin ↑Adlige.

Barpianist ↑Musikus.

Barras: ↑Militärdienst; beim B. sein ↑Soldat [sein].

Barre ↑Insel.

Barren: ↑Gefäß, ↑Sportgerät.

Barriere: ↑Behinderung, ↑Hindernis, ↑Hürde.

Barrikade: ↑Hürde; auf die -n gehen ↑aufbegehren.

Barrister ↑Jurist.

barsch ↑unhöflich.

Barsch ↑Fisch.

Barschaft ↑Bargeld.

Barscheck ↑Scheck.

Barschheit ↑Unhöflichkeit.

Barsel ↑Handschelle.

Barsoi ↑Hunderassen.

¹Bart, Bartwuchs, Bartstoppeln, Stoppeln, Stoppelbart, Sauerkohl *(scherzh.)* · *erstmals wachsender:* Milchbart, Flaum · *nur am Ohr:* Koteletten · *auf der Oberlippe:* Lippenbärtchen, Oberlippenbärtchen, Schnurrbart, Schnauzbart, Schnäuzer, Schnauzer, Knebelbart, Bürste, Menjoubärtchen, Fliege · *auf den Wangen:* Backenbart, Favoris (Plural; *veraltet*), Kaiserbart, Schifferfräse, Fräse, Schifferkrause, Vollbart, Rauschebart · *am Kinn:* Spitzbart, Kinnbart, Ziegenbart, Geißbart *(oberd.),* Zickenbart, Zwirbelbart · *von roter Farbe:* Rotbart; ↑Bartflechte; ↑bärtig, ↑bartlos.

²Bart: jetzt ist der B. ab ↑ärgerlich [werden]; jmdm. den B. anhängen ↑verdächtigen; einen B. haben / tragen ↑bärtig [sein]; einen B. haben ↑überlebt [sein]; beim -e des Propheten! ↑versprechen; ↑wahrlich; mit B. ↑bärtig; ohne B. ↑bartlos; jmdm. um den B. gehen ↑schmeicheln; Streit um des Kaisers B. ↑Streit.

Bartenwal ↑Wal.

Barterl ↑Serviette.

Bartflechte, Kinnflechte, Sykose; ↑Bart, ↑Flechte, ↑Haarbalgentzündung, ↑Impetigo.

Barthel: jmdm. zeigen, wo B. den Most holt ↑rankriegen.

Bartholomäus ↑Apostel.

bärtig, mit Bart, unrasiert, stoppelbärtig, stoppelig, stopplig, schnurrbärtig, schnauzbärtig, rotbärtig, graubärtig · *in Bezug auf den ersten Bartwuchs:* milchbärtig, flaumbärtig; ↑behaart · Ggs. ↑bartlos; **b. sein,** einen Bart haben / tragen; ↑Bart.

Bartl ↑Knecht Ruprecht.

bartlos, ohne Bart, glatt rasiert, glattbärtig; ↑Bart · Ggs. ↑bärtig.

Bartscher ↑Friseur.

Bartscherer ↑Friseur.

Bartstoppeln ↑Bart.

Barttasse ↑Tasse.

Bartwisch ↑Handfeger.

Bartwuchs ↑Bart.

Barwesiger ↑Nudist.

Baryton ↑Streichinstrument.

Barzahlung ↑Zahlung.

Basar ↑Laden.

baschgen ↑besiegen.

Baschlik ↑Kopfbedeckung.

Base: ↑Kusine, ↑Tante.

Baseball ↑Schlagball.

Basedow ↑Schilddrüsenüberfunktion.

Basedow-Krankheit ↑Schilddrüsenüberfunktion.

Basel: wie der Tod von B. aussehen ↑blass [sein].

Basement ↑Geschoss.

bashed: b. sein ↑Rausch.

Basic English ↑Grundwortschatz.

Basicsprache ↑Sprache.

Basilika ↑Gotteshaus.

Basilikum ↑Küchengewürz.

Basilisk ↑Meduse.

Basiliskenei ↑Gabe.

Basis: ↑Fundament, ↑Grundlage, ↑Stützpunkt.

Basisdemokratie ↑Herrschaft.

basisdemokratisch ↑volksnah.

Basisgruppe ↑Arbeitskreis.

Baskenmütze ↑Kopfbedeckung.

Basketball ↑Korbball.

Basotho ↑Schwarzer.

Basrelief ↑Relief.

bass ↑sehr.

Bass: ↑Sänger, ↑Singstimme, ↑Streichinstrument.

Bäss ↑Kuss.

Bassbauer ↑Musikinstrumentenbauer.

Bassbuffo ↑Sänger.

Basse ↑Schwein.

Bassena ↑Waschbecken.

Bassenatratsch ↑Klatsch.

Bassetthorn ↑Blasinstrument.

Bassgeige: ↑Streichinstrument; ein Aas auf der B. sein ↑Schlaukopf.

Bassin, Becken, Schwimmbecken, Schwimmerbecken *(schweiz.),* Swimmingpool, Plansch-

becken; ↑Bad, ↑Waschbecken; ↑baden, ↑schwimmen.
Bassist ↑Sänger.
Bassklarinette ↑Blasinstrument.
Bassschlüssel ↑Notenschlüssel.
Bassstimme ↑Singstimme.
Basstrompete ↑Blasinstrument.
Bastard: ↑Kind, ↑Mischling.
Bastei ↑Befestigungsanlage.
basteln ↑anfertigen.
Bastelraum ↑Werkraum.
Bastelzimmer ↑Werkraum.
bastfarben ↑beige.
Bastille ↑Festung.
Bastion ↑Befestigungsanlage.
Bataillon ↑Heeresverband.
Batak ↑Pferd.
Batik ↑Stoff.
Batist ↑Stoff.
Batisthemd ↑Oberhemd.
Batterie: ↑Heeresverband, ↑Stromspeicher.
Batzen: ↑Klumpen, ↑Münze, ↑Summe.
Bau: ↑Haus, ↑Höhle, ↑Strafanstalt, ↑Struktur; vom B. sein ↑auskennen (sich).
Bauart ↑Modell.
Baubiologie ↑Baukunst.
Baubude ↑Bauhütte.
Baubudenrülps ↑Flegel.
¹Bauch, Leib, Abdomen, Unterleib, Ranzen, Wanst *(derb)*, Wampe *(derb)*, Wamme *(derb)* · *dicker:* Schmerbauch, Embonpoint, Bierbauch, Mollenfriedhof *(scherzh., berlin.)*, Backhendlfriedhof *(scherzh., österr.)*, Güggelifriedhof *(scherzh., schweiz.)* · *spitzer:* Spitzbauch, Spitzkühler *(scherzh.);* ↑Bauchspeicheldrüse, ↑Dicker, ↑Magengrube; ↑dick.
²Bauch: ↑Leib, ↑Rundung; sich den B. vor Lachen halten ↑lachen; sich den B. vollschlagen ↑essen; sich die Sonne auf den B. scheinen lassen ↑sonnen (sich); auf dem B. ↑bäuchlings; vor jmdm. auf dem B. rutschen / liegen ↑unterwürfig; jmdm. ein Kind in den B. reden ↑einreden; jmdm. ein Loch in den B. fragen ↑fragen; sich die Beine in den B. stehen ↑warten.
Bauchbruch ↑Bruch.
Baucheingeweide ↑Eingeweide.
Bauchfleck ↑Sprung.
Bauchgrimmen ↑Kolik.
Bauchhöhlenschwangerschaft ↑Schwangerschaft.
Bauchhöhlenspiegelung ↑Ausspiegelung.
bauchig ↑gebogen.
Bauchklatscher ↑Sprung.
Bauchladen ↑Laden.
Bauchlandung ↑Landung.
bäuchlings, auf dem Bauch [liegend], kriechend · Ggs. ↑rücklings.
Bauchnabel ↑Nabel.
Bauchpilz: ↑Pilz, ↑Ständerpilz.
bauchpinseln: sich gebauchpinselt fühlen ↑schmeicheln.

Bauchplatscher ↑Sprung.
Bauchredner ↑Artist.
Bauchriemen ↑Gürtel.
Bauchschmerzen ↑Kolik.
Bauchspeicheldrüse, Pankreas; ↑Bauch, ↑Eingeweide.
Bauchtyphus ↑Typhus.
Bauchwandbruch ↑Bruch.
Bauchweh ↑Kolik.
Bauchwelle ↑Turnübung.
Baude: ↑Berghütte, ↑Haus.
¹bauen, biologisch bauen, erbauen, errichten, aufbauen, erstellen, bebauen, hochziehen, aufführen, aufrichten, zimmern; ↑anfertigen; ↑Baugerüst, ↑Ingenieur, ↑Wiederaufbau · Ggs. ↑niederreißen.
²bauen: ↑bebauen; sein Abitur b. ↑Abitur [machen]; jmdm. eine goldene Brücke / goldene Brücken b. ↑entgegenkommen; seinen Kohl b. ↑leben; Mist b. ↑falsch [machen]; ↑vortäuschen; [dicht] am / ans Wasser gebaut haben ↑weinen; b. auf ↑glauben (jmdm.), ↑verlassen (sich auf etwas); jmd. hat auf Sand gebaut / etwas ist auf Sand gebaut ↑unsicher.
Bauen: Neues B. ↑Baustil.
¹Bauer, Landwirt, Diplomlandwirt, Ökonom, Agrarier, Großagrarier, Großbauer, Agronom, Acker[s]mann, Landmann, Bauersmann, Pflanzer, Farmer · *der Viehzucht betreibt:* Hörndlbauer *(österr.)* · *der Getreide anbaut:* Körndlbauer *(österr.)* ·· *des Vorderen Orients:* Fellache; ↑Agronomie, ↑Bäuerin, ↑Bergbewohner, ↑Bewohner, ↑Feld, ↑Großgrundbesitzer, ↑Gut, ↑Kleinbauer, ↑Landwirtschaft; ↑ländlich.
²Bauer (der): ↑Kegel, ↑Narr, ↑Schachfigur; kalter Bauer ↑Samenerguss; was der Bauer nicht kennt, das frisst er nicht ↑wählerisch [sein].
³Bauer (das oder der): ↑Käfig.
Bäuerchen: B. machen ↑eruktieren.
Bäuerin, Bäurin, Bauersfrau, Landfrau; ↑Bauer; ↑ländlich.
bäuerlich ↑ländlich.
Bauernbrot ↑Brot.
Bauernbühne ↑Theater.
Bauerndichtung ↑Dichtung.
Bauerndorf ↑Dorf.
Bauernfang ↑Überlistung.
Bauernfänger ↑Betrüger.
Bauerngut ↑Bauernhof.
Bauernhof, Hof, Landwirtschaft, landwirtschaftlicher Betrieb, Ökonomie *(österr.)*, Gehöft, Bauerngut, Anwesen, Klitsche *(ugs., abwertend)*, Heimwesen *(schweiz.)*, Heimen *(schweiz.)*, Heimet *(schweiz.)*, Hofstatt *(schweiz.)*, Gewerbe *(schweiz.)*, Umschwung *(schweiz.)*, Liegenschaft *(schweiz.)*, Hofreite *(südd., schweiz.)* · *in der Einöde:* Einödhof *(südd., österr.)*, Einschichthof *(südd., österr.)*, Einöd *(südd., österr.)* · *gepachteter:* Pachthof ›

aus beengter Dorflage im Rahmen der Flurbereinigung und Rationalisierung mit staatlichen Subventionen in die Feldmark verlegter: Aussiedlerhof; ↑Gut.
Bauernkalender ↑Kalender.
Bauernkaro ↑Stoffmuster.
Bauernleinen ↑Stoff.
Bauernroman ↑Roman.
Bauernrose ↑Pfingstrose.
Bauernschaft, Bauernstand, Bauersame *(schweiz.);* ↑Bauer.
Bauernschinken ↑Schinken.
bauernschlau ↑schlau.
Bauernschläue ↑Klugheit.
Bauernschrank ↑Schrank.
Bauernstand ↑Bauernschaft.
Bauerntheater ↑Schauspiel.
Bauernwetzel ↑Ohrspeicheldrüsenentzündung.
Bauersame ↑Bauernschaft.
Bauersfrau ↑Bäuerin.
Bauersmann ↑Bauer.
baufällig ↑morsch.
Baufläche ↑Grundstück.
Baugelände ↑Grundstück.
Baugerüst, Gerüst; **das B. aufstellen,** anrüsten, einrüsten, berüsten; **das. B. abnehmen,** abrüsten; ↑bauen.
Bauglas ↑Glas.
Baugrund ↑Grundstück.
Baugrundstück ↑Grundstück.
Bauherr, Bauträger; ↑Hausbesitzer.
Bauhütte, Baubude, Bauwagen; ↑Unterkunft.
Bauingenieur ↑Ingenieur.
Bauklammer, Klampfe *(österr.),* Maurerklampfe *(österr.).*
Bauklotz: Bauklötzer staunen ↑überrascht [sein].
Baukunst, Architektur, Architektonik · Bauwesen · Baubiologie; ↑Architekt, ↑Baustil, ↑Bogen, ↑Kapitell, ↑Säule.
Baukünstler ↑Architekt.
Bauland ↑Grundstück.
Baulichkeit ↑Haus.
¹Baum, Zwergbaum, Bonsai; ↑Pflanze.
²Baum: ↑Pflanze; ein Kerl wie ein B. ↑Mann; Bäume ausreißen [können] ↑stark [sein]; dafür sorgen, dass die Bäume nicht in den Himmel wachsen ↑einschränken; das ist, um auf die Bäume zu klettern ↑unerträglich [sein]; den Wald vor lauter Bäumen nicht sehen ↑erkennen; zwischen B. und Borke stecken ↑Lage, ↑Not [leiden]; den Wald vor lauter Bäumen nicht sehen ↑[nicht] verstehen.
Baumaterial, Baustoff; ↑Baustein, ↑Glas.
Baumblatt ↑Blatt.
Baumblüte, Obstbaumblüte, Obstblüte, Blüte, Blütezeit, Blust *(südd., schweiz.),* Blühet *(schweiz.);* ↑blühen.
Bäumchenwechseln: ↑Fangspiel, ↑Koitus.
Baumeister ↑Architekt.

baumeln ↑hängen.
baumgroß ↑groß.
bäumig: ↑sehr, ↑stark.
Baumkrone ↑Wipfel.
Baumkuchen ↑Gebäck.
baumlang ↑groß.
Baumläufer ↑Vogel.
baumlos ↑kahl.
Baumsäge ↑Säge.
Baumsarg ↑Sarg.
Baumschere ↑Gartenschere.
Baumschnecke ↑Schnecke.
Baumschule, Pflanzschule, Pepiniere, Schonung, Gärtnerei, Blumenzüchterei, Saatzuchtbetrieb; ↑Garten.
Baumstamm ↑Stamm.
baumstark ↑stark.
Baumwipfel ↑Wipfel.
Baumwolle: ↑Hochzeitstag, ↑Stoff.
Baumwollfaser ↑Faser.
Baumwollhochzeit ↑Hochzeitstag.
Baunzerl ↑Brötchen.
Bauplan, Plan, Skizze, Bauriss, Bauskizze; ↑Grundriss.
Bauplastik ↑Plastik.
Bauplatz ↑Grundstück.
baureif, bebaubar, erschlossen; ↑bauen.
Bäurin ↑Bäuerin.
bäurisch ↑unhöflich.
Bauriss ↑Bauplan.
Bausch: in B. und Bogen ↑ungefähr.
bauschen (sich), sich blähen / wölben / vorwölben / aufblähen.
Bauskizze ↑Bauplan.
Bausoldat ↑Wehrdienstverweigerer.
bausparen, einen Bausparvertrag haben / abgeschlossen haben; ↑sparen.
Bausparvertrag: einen B. haben / abgeschlossen haben ↑bausparen.
Baustätte ↑Grundstück.
Baustein, Mauerstein, Kunststein, Naturstein, Hohlstein, Hohlblockstein, Vollstein, Bimsstein, Tuffstein, Pressstein, Nasspressstein, Schamottestein, Glasbaustein, Sandstein, Kalksandstein, Bruchstein, Quaderstein, Quader, Leichtbaustein, Ziegelstein, Ziegel, Backstein, Klinker, Klinkerstein, Mauerziegel, Vollziegel, Lochziegel, Lehmziegel · *Bruchstück eines zertrümmerten:* Klamotte *(abwertend);* ↑Baumaterial, ↑Glas.
Baustelle ↑Grundstück.
Baustil · *der griechischen Antike:* dorischer / ionischer / korinthischer Stil · *der römischen Antike:* römischer / frühchristlicher / byzantinischer Stil · *ab 750 n. Chr. in Deutschland:* karolingischer, ottonischer Stil · *1050–1230 in Deutschland:* Romanik · *1230–1500 in Deutschland:* Gotik · *1500–1650 in Deutschland:* Renaissance · *1650–1730 in Deutschland:* Barock · *1730–1770 in Deutschland:* Rokoko · *1770–1830 in Deutschland:* Klassizismus ·

1830–1900 in Deutschland: Neugotik, Neuromanik, Neurenaissance, Neubarock · *ab 1900 in Deutschland:* Jugendstil, Neues Bauen; ↑Baukunst, ↑Fries, ↑Jugendstil, ↑Kapitell, ↑Kuppel.

Baustoff ↑Baumaterial.

Bautischler ↑Tischler.

Bauträger ↑Bauherr.

Bauwagen ↑Bauhütte.

Bauwerk ↑Haus.

Bauwesen ↑Baukunst.

Bauxerl ↑Kind.

Bauzaun ↑Zaun.

Bauzeichner ↑Zeichner.

Bayer, Bajuware *(scherzh.),* Bazi *(abwertend);* ↑Deutscher.

bayerisch: -e Leberknödel ↑Fleischgericht; b. sprechen ↑Mundart [sprechen].

Bayerisch ↑Mundart.

Bayeux ↑Spitzenstickerei.

bayrisch: b. sprechen ↑Mundart [sprechen].

Bazi ↑Bayer, ↑Betrüger, ↑Freund.

Bazille ↑Krankheitserreger.

Bazillenfurcht ↑Hypochondrie.

Bazillophobie ↑Hypochondrie.

Bazillus ↑Krankheitserreger.

Bazooka ↑Panzerabwehrkanone.

beabsichtigen: [das ist nicht beabsichtigt] ↑vorhaben.

beabsichtigt ↑absichtlich.

beachten: ↑Acht geben, ↑befolgen, ↑berücksichtigen; nicht b. ↑ignorieren, ↑übertreten; nicht mehr beachtet werden ↑Einfluss.

beachtenswert ↑interessant.

beachtlich: ↑ansehnlich, ↑außergewöhnlich, ↑sehr.

Beachtung: B. finden ↑auffallen; B. schenken ↑Acht geben; keine B. schenken ↑ignorieren.

Beamtenadel ↑Adel.

Beamtenbagger ↑Aufzug.

Beamtenbürokratie ↑Bürokratie.

Beamtenherrschaft ↑Bürokratie.

Beamtenlaufbahn, Dienstordnung *(österr.),* Dienstpragmatik *(österr.),* Pragmatik *(österr.);* ↑Anstellung, ↑Arbeitnehmer.

Beamter: ↑Arbeitnehmer, ↑Polizist; B. auf Lebenszeit ↑Anstellung.

Beamtung ↑Beruf.

beangaben ↑Anzahlung.

beängstigend: ↑schrecklich, ↑schlimm.

¹beanspruchen (jmdn.), in Anspruch nehmen, mit Beschlag belegen, überbeanspruchen, absorbieren, aushöhlen, ruinieren, auffressen *(salopp).*

²beanspruchen: ↑Anspruch [geltend machen], ↑bestehen (auf); etwas beansprucht etwas ↑erfordern; wenig b. ↑schonen.

beanstanden, bemängeln, kritisieren, jmdn. anschießen / beschießen, beanständen *(österr.),* unmöglich finden, verhackstücken *(ugs.),* kein gutes Haar an jmdm. lassen, jmdm. etwas am

Zeug flicken, auf jmdm. herumhacken, etwas auszusetzen haben, reklamieren, monieren, ausstellen, missbilligen, sich stoßen / stören an, Anstoß nehmen, Kritik üben, mit jmdm. [scharf] ins Gericht gehen, sich beschweren / beklagen, klagen über, Klage führen, Beschwerde einlegen / einreichen / führen, Beschwerden haben / vorbringen, Einspruch erheben, anfechten, angehen gegen, rekurrieren, herumnörgeln, nörgeln, herumkritteln, bekritteln, bemäkeln, kritteln, herummäkeln, rummäkeln *(ugs.),* mäkeln, mit nichts zufrieden sein, ein Haar in der Suppe / in etwas finden, raunzen *(landsch.),* meckern *(ugs.),* brabbeln *(ugs.),* nicht ↑billigen; ↑ablehnen, ↑attackieren, ↑Berufung [einlegen], ↑besprechen, ↑brandmarken, ↑erörtern, ↑klagen, ↑kontrollieren, ↑mahnen, ↑murren, ↑schelten, ↑sprechen, ↑verabscheuen, ↑verurteilen, ↑zweifeln; **beanstandet werden,** unter jmds. Kritik zu leiden haben, unter Beschuss geraten *(ugs.);* gekürzt; ↑unzugänglich; ↑Einspruch.

beanständen ↑beanstanden.

Beanstandung: ↑Einspruch, ↑Vorwurf.

Beanständung ↑Vorwurf.

beantragen ↑einreichen.

beantworten: ↑antworten; eine Quizfrage / Rätselfrage b. ↑raten.

Beantwortung ↑Antwort.

¹bearbeiten, verarbeiten, aufbereiten, ausformen; ↑formen, ↑verbessern; ↑Verarbeitung.

²bearbeiten: ↑überreden, nicht b. ↑ruhen lassen; mit dem Meißel b. ↑behauen.

Bearbeiter: ↑Referent, ↑Schriftleiter.

Bearbeitung: ↑Beeinflussung, ↑Bühnenbearbeitung, ↑Erledigung, ↑Verarbeitung.

Bearbeitungsgebühr, Schreibgebühr, Manipulationsgebühr *(österr.).*

beargwöhnen ↑argwöhnisch [sein].

Beat ↑Unterhaltungsmusik.

Beatgeneration ↑Lostgeneration.

Beatle ↑Gammler.

Beatmusik ↑Unterhaltungsmusik.

Beatnik ↑Gammler.

Beatschuppen ↑Gaststätte.

Beau ↑Frauenheld.

¹beaufsichtigen, aufpassen auf, sehen nach, sich kümmern um, hüten, bewachen · *kleine Kinder:* babysitten, gaumen *(bes. schweiz.),* kindsen *(mundartl., österr.)* · *Vieh:* weiden, hirten *(schweiz.),* almen *(österr.),* halten *(österr.);* ↑beobachten.

²beaufsichtigen ↑überwachen.

Beaufsichtigung ↑Überwachung.

beauftragen: ↑anordnen, ↑betrauen (jmdn. mit).

¹Beauftragter, Veranstalter, Funktionär, Politiker *(abwertend),* Apparatschik *(abwertend),* Bonze *(abwertend),* Agent, Kommissar, Kommissär *(oberd.)* · *beim Galoppsport:* Ausgleicher, Handikapper · *beim Boxsport:* Promoter;

↑Abgeordneter, ↑Abgesandter, ↑Arbeitgeber, ↑Betreuer, ↑Chef, ↑Diplomat, ↑Geschäftsvermittler, ↑Gönner, ↑Stellvertreter, ↑Vermittler; ↑erwirken, ↑zuraten.

²Beauftragter: ↑Abgesandter, ↑Geschäftsvermittler.

beaugapfeln ↑ansehen.

beäugeln ↑ansehen.

beäugen ↑ansehen.

beaugenscheinigen ↑ansehen.

Beaujolais ↑Wein.

Beauté ↑Frau.

Beauty ↑Frau.

bebaubar ↑baureif.

¹bebauen, bauen, bewirtschaften, kultivieren, bepflanzen, anpflanzen, bestellen, pflanzen, setzen, aussäen, säen, ansäen, legen, stecken; ↑abholzen, ↑düngen, ↑pflügen, ↑umpflanzen; ↑Bebauung.

²bebauen: ↑bauen; nicht bebaut sein ↑brachliegen.

bebaut, besiedelt, bewohnt; ↑Besiedlung.

¹Bebauung, Anbau, Anpflanzung, Bepflanzung, Bestellung, Feldbestellung, Bewirtschaftung, Kultivierung; ↑Landwirtschaft; ↑bebauen.

²Bebauung ↑Besiedlung.

Bébé ↑Kind.

beben ↑zittern.

Beben ↑Erdbeben.

bebildern, illustrieren, mit Bildern versehen / ausschmücken; ↑veranschaulichen; ↑Illustration.

Bebilderung ↑Illustration.

beblättert ↑belaubt.

Bebop ↑Jazz.

Becher: ↑Sternbild, ↑Trinkgefäß; den B. bis zur Neige leeren ↑genießen.

bechern ↑trinken.

Becken: ↑Bassin, ↑Hüften, ↑Schlaginstrument, ↑Schüssel.

Beckenendlage ↑Kindslage.

Beckengurt ↑Sicherheitsgurt.

Beckenlage ↑Kindslage.

Beckmesser ↑Nörgler.

Beckmesserei ↑Pedanterie.

Becquerel ↑Maßeinheit.

bedachen, überdachen, mit einem Dach versehen; ↑Bedachung, ↑Dach.

bedacht ↑umsichtig.

Bedacht: ↑Absichtlichkeit, ↑Umsicht; mit B. ↑absichtlich, ↑umsichtig.

Bedachtheit ↑Umsicht.

bedächtig: ↑ruhig, ↑umsichtig.

bedachtsam: ↑ruhig, ↑umsichtig.

Bedachtsamkeit: ↑Umsicht; aus B. ↑vorsorglich.

Bedachtsein: das B. auf Wirkung ↑Effekthascherei.

Bedachung, Überdachung, Dach, Überdeckung · Personning; ↑Dach; ↑bedachen.

bedanken: ↑danken; ich bedanke mich! ↑danke!

¹Bedarf, Bedürfnis, Nachfrage; ↑Bedarfsartikel; ↑ausreichen, ↑brauchen.

²Bedarf: der B. ist gedeckt ↑ausreichen.

Bedarfsartikel, Bedarfsgegenstand, Gebrauchsgegenstand, Bedarfsgüter, Gebrauchsgüter, Konsumgüter; ↑Bedarf, ↑Konsument, ↑Verbrauch.

Bedarfsgegenstand ↑Bedarfsartikel.

Bedarfsgüter ↑Bedarfsartikel.

Bedarfsträger ↑Konsument.

¹bedauerlich, betrüblich, traurig; ↑schade.

²bedauerlich ↑kläglich.

bedauerlicherweise ↑schade.

¹bedauern (etwas), bereuen, etwas tut / ist jmdm. Leid; untröstlich / traurig / betrübt sein, dass ...; ↑entschuldigen, ↑mitfühlen; ↑Entschuldigung.

²bedauern: ↑beklagen; jmdn. b. ↑bemitleiden; etwas b. ↑bereuen.

Bedauern: ↑Entschuldigung; zu meinem B. ↑schade.

bedauernswert ↑kläglich.

bedauernswürdig ↑kläglich.

¹bedecken, zudecken, verdecken, abdecken, decken [auf / über], überdecken, überziehen; ↑umhüllen; ↑Bedachung.

²bedecken: ↑decken, ↑koitieren; sich b. ↑anziehen; mit dem Mantel der christlichen Nächstenliebe b. ↑vertuschen; mit Blut bedeckt ↑blutig; mit Flecken bedeckt ↑schmutzig; mit Schnee bedeckt ↑verschneit; mit Sternen bedeckt ↑gestirnt; von Rost bedeckt ↑rostig; sich bedeckt halten ↑[sich nicht] äußern.

bedeckt ↑bewölkt.

Bedeckung ↑Geleit.

bedenken: ↑erwägen; sich b. ↑denken; zu b. geben ↑abraten; nicht bedacht werden mit ↑leer [ausgehen].

¹Bedenken, Skepsis, Reserve, Zurückhaltung; ↑Pessimismus, ↑Verdacht, ↑Vorbehalt; **keine B. haben,** nichts dabei finden.

²Bedenken: ↑Verdacht; man muss in dieser Frage seine B. anmelden ↑ungewiss [sein]; keine B. haben, etwas zu tun ↑zögern; ohne B. sein ↑rücksichtslos [sein]; B. tragen ↑zögern; ohne B. ↑anstandslos, ↑kritiklos.

bedenkenlos: ↑anstandslos, ↑kritiklos, ↑rücksichtslos.

Bedenkenlosigkeit ↑Gewissenlosigkeit.

bedenklich: ↑anrüchig, ↑schlimm.

Bedenkzeit, Frist, Überlegung; ↑Frist; **B. erfordern:** etwas erfordert Bedenkzeit, etwas muss / will überlegt sein, etwas erfordert Überlegung / [genaues] Nachdenken, etwas muss durchdacht werden; ↑erwägen.

bedeppert ↑verlegen.

¹bedeuten, heißen, die Bedeutung haben, besagen, sagen, kennzeichnen, charakterisieren, aussagen, ausdrücken, sein, darstellen, vorstel-

len, repräsentieren, bilden, ausmachen, ergeben (etwas ergibt etwas); **nichts b.**, etwas will
nichts heißen; ↑beurteilen, ↑lauten, ↑wichtig
[sein]; ↑viel sagend.

²bedeuten: jmdm. etwas b. ↑Hinweis.

bedeutend ↑außergewöhnlich.

bedeutsam: ↑außergewöhnlich; b. sein ↑wich-
tig [sein].

Bedeutsamkeit, Bedeutung, Wichtigkeit, Relevanz, Signifikanz, Gewichtigkeit · *für die un-
mittelbare Gegenwart:* Aktualität, Brisanz;
↑wichtig · Ggs. ↑Bedeutungslosigkeit.

¹Bedeutung, Sinn, Intension, Hintersinn, Nebensinn, Konnotation, Beiklang, Gehalt (der),
Inhalt, Substanz, Essenz, Idee, Tenor; ↑Aus-
maß, ↑Begriff, ↑Sinnbild, ↑Wesen.

²Bedeutung: ↑Ansehen, ↑Bedeutsamkeit,
↑Wortbedeutung; eine B. haben, von B. sein
↑wichtig [sein]; etwas ist von untergeordneter
B. ↑unwichtig [sein].

bedeutungsähnlich ↑synonym.

Bedeutungselement ↑Bedeutungsmerkmal.

Bedeutungslehre ↑Wortbedeutungslehre.

bedeutungslos ↑unwichtig.

Bedeutungslosigkeit, Unwichtigkeit, Wertlosigkeit, Nichtigkeit, Belanglosigkeit, Nebensächlichkeit, Trivialität, Unerheblichkeit, Unwesentlichkeit, Unbedeutendheit, Irrelevanz;
↑Kleinigkeit, ↑Trivialität; ↑unwichtig · Ggs.
↑Bedeutsamkeit.

Bedeutungsmerkmal, Merkmal, Bedeutungselement, Sem; ↑Spracheinheit.

bedeutungsverwandt ↑synonym.

bedeutungsvoll: ↑außergewöhnlich, ↑nach-
drücklich, ↑viel sagend, ↑wichtig.

Bedfordspitze ↑Spitzenstickerei.

¹bedienen, abfertigen, fertig machen; ↑helfen,
↑servieren; ↑Kundendienst, ↑Schaffner; **sich
b.,** zuschlagen *(salopp)*, hinlangen *(salopp).*

²bedienen: ↑diskriminieren, ↑kellnern; bedient sein ↑Not [leiden]; [der Reihe nach] b.
↑durchschleusen; die Bremse b. ↑bremsen; sich
einer Sache b. ↑anwenden, ↑ausnutzen.

Bedienerin: ↑Hausangestellte, ↑Putzfrau.

Bediensteter ↑Arbeitnehmer.

bedient: b. sein ↑angeekelt [sein]; mit etwas gut
b. gewesen sein ↑Erfahrung.

Bedientenrolle ↑Nebenrolle.

Bedienter ↑Diener.

¹Bedienung, Kellner, Garçon *(veraltet),* Oberkellner, Ober, Zahlkellner, Zimmerkellner, Ganymed *(scherzh.),* Pikkolo, Piccolo *(österr.),*
Markör *(veraltet)* · *weibliche:* Kellnerin, Serviererin, Saaltochter *(schweiz.),* Serviertochter
(schweiz.), Servierfräulein, Hebe *(scherzh.)* ·
auf Schiffen, in Flugzeugen: Steward, Stewardess; ↑Betreuerin, ↑Putzfrau, ↑Schaffner,
↑Trinkgeld; ↑kellnern.

²Bedienung: ↑Handhabung, ↑Kundendienst,
↑Personal, ↑Putzfrau.

Bedienungsgeld ↑Trinkgeld.

Bedienungsvorschrift ↑Gebrauchsanwei-
sung.

Bedienungszuschlag ↑Trinkgeld.

bedingen: sich b. ↑Wechselbeziehung; etwas
bedingt etwas ↑verursachen.

Bedingnis ↑Bedingung.

bedingt: ↑Bewährungsfrist, ↑vorbehaltlich.

¹Bedingung, Vorbedingung, Voraussetzung,
Kondition, Bedingnis *(Amtsspr., österr.)* · *uner-
lässliche:* Conditio sine qua non; ↑Modalität,
↑Vorbehalt; ↑ausbitten (sich etwas).

²Bedingung: ↑Grundlage, ↑Modalität, ↑Vorbe-
halt; -en stellen ↑bestehen (auf); ohne -en ↑vor-
behaltlos; unter keiner B. ↑nein; etwas zur B.
machen ↑ausbitten (sich etwas).

bedingungslos: ↑vorbehaltlos; jmdm. b. ergeben sein ↑folgsam [sein].

Bedlingtonterrier ↑Hunderassen.

bedrängen: ↑bitten, ↑unterdrücken, ↑zuset-
zen; etwas bedrängt jmdn. ↑ärgern.

Bedrängnis: ↑Beengung, ↑Not.

bedrängt, beengt, eingeengt, eingezwängt;
↑Beengung, ↑Zwang.

Bedrängung ↑Beengung.

bedripst ↑verlegen.

bedrohen: ↑drohen, ↑nötigen.

bedrohlich ↑ernst.

bedroht: etwas ist b. ↑Gefahr.

Bedrohung ↑Gefahr.

bedrücken: ↑bekümmern, ↑unterdrücken; etwas bedrückt jmdn. ↑ärgern.

bedrückend: als b. empfinden ↑schwer nehmen.

bedrückt: ↑schwermütig, ↑sorgenvoll.

Bedrücktheit: ↑Melancholie, ↑Trauer.

Bedrückung ↑Unfreiheit.

bedürfen: ↑brauchen; etwas bedarf einer Sache ↑erfordern.

Bedürfnis: ↑Bedarf; sein B. verrichten ↑aus-
treten.

Bedürfnisanstalt ↑Toilette.

bedürfnislos ↑bescheiden.

Bedürfnislosigkeit: ↑Bescheidenheit, ↑Besitz-
losigkeit.

bedürftig ↑arm.

Bedürftigkeit ↑Armut.

beduselt ↑betrunken.

Beefeater ↑Wächter; Beefeaters ↑Leibwache.

Beefsteak: ↑Fleischgericht; [deutsches] B.
↑Fleischkloß.

¹beehren (sich), sich die Ehre geben, sich erlauben; ↑erdreisten (sich).

²beehren: b. mit ↑Gunst; mit einem Besuch b.
↑besuchen.

beeiden: ↑beschwören, ↑versprechen.

beeidigen ↑versprechen.

beeilen (sich), sich sputen / tummeln / abhetzen *(ugs.),* sich eilen *(landsch.),* sich überstürzen, schnell / rasch / fix machen *(ugs.),* keinen
Augenblick verlieren, sich dazuhalten / ranhalten *(salopp);* zusehen, dass ... *(ugs.);* dazuschau-

en *(österr.)* · *bei der Arbeit:* hinschauen *(österr.);* **sich b. müssen,** es eilig haben, jmdm. brennt der Boden unter den Füßen, in Hetze sein, keine Zeit verlieren / versäumen dürfen, keine Zeit [zu verlieren] haben, unter Zeitdruck / *(ugs.)* unter Dampf stehen, [mach] Tempo! *(ugs.),* mach schnell! *(ugs.);* los, Tempo! *(ugs.);* Beeilung, bitte!; dalli [dalli]!; ↑eilen, ↑fortbewegen (sich), ↑spät [sein]; ↑Hast.
Beeilung: B., bitte! ↑beeilen.
beeindrucken: ↑auffallen; sich nicht b. lassen, etwas beeindruckt jmdn. nicht ↑ungerührt [bleiben].
beeindruckend ↑außergewöhnlich.
beeindruckt ↑bewegt.
beeinflussbar ↑labil.
Beeinflussbarkeit, Anfälligkeit, Labilität, Unbeständigkeit; ↑labil.
¹beeinflussen, Einfluss nehmen auf, Einfluss haben / gewinnen, einwirken / *(ugs.)* abfärben auf, einflüstern, einflößen, eingeben, infizieren, anstecken, insinuieren, suggerieren, hinlenken auf · *in Bezug auf eine Antwort:* jmdm. etwas in den Mund legen; ↑anstacheln, ↑bitten, ↑dirigieren, ↑lenken, ↑mahnen, ↑überreden, ↑verleiten, ↑vorschlagen, ↑wirken, ↑zuraten; ↑Beeinflussung.
²beeinflussen: [entscheidend] b. ↑Einfluss [ausüben]; sich b. lassen ↑umschwenken.
¹Beeinflussung, Suggestion, Bearbeitung, Manipulation, Seelenmassage, Berieselung *(abwertend);* ↑Einfluss; ↑beeinflussen, ↑überreden.
²Beeinflussung ↑Überlagerung.
beeinträchtigen: ↑behindern; durch nichts beeinträchtigt ↑ungetrübt.
Beeinträchtigung, Schädigung, Minderung, Wertminderung; ↑schaden.
Beelzebub ↑Teufel.
¹beenden, beendigen, abbrechen, aufgeben, aufstecken, aussteigen *(ugs.),* begraben *(ugs.),* einstellen, es dabei bewenden lassen, Feierabend / Schluss / ein Ende machen, aufhören, ein Ende setzen, ad acta legen, einen Strich (oder:) Schlussstrich unter etwas ziehen / machen, einen Punkt machen, abschließen, zum Abschluss / unter Dach und Fach / *(ugs.)* über die Bühne bringen, schließen, beschließen, mit etwas zu Ende sein / gehen · *einen Boxkampf:* das Handtuch werfen · *jmds. Unterstützung aus einer Versicherung:* aussteuern · *eine Verbindung:* das Tischtuch zwischen sich und jmdm. zerschneiden · *ein Gespräch über etwas Unerfreuliches:* Schwamm drüber! *(ugs.),* reden wir nicht mehr darüber!; ↑abgewöhnen (sich etwas), ↑abnehmen, ↑abschreiben, ↑aufgeben, ↑bewältigen, ↑enden, ↑Feierabend [haben], ↑kündigen, ↑stilllegen, ↑stecken, ↑unterbrechen, ↑vollenden · Ggs. ↑anfangen, ↑fortsetzen; **etwas nicht b.,** kein Ende finden.
²beenden: beendet ↑fertig.

beendigen ↑beenden.
Beendigung ↑Ende.
beengen ↑einengen.
beengt ↑bedrängt.
Beengung, Einengung, Bedrängung, Bedrängnis; ↑Zwang; ↑bedrängt.
beerdigen ↑bestatten.
Beerdigung ↑Begräbnis.
Beerdigungsinstitut ↑Bestattungsunternehmen.
Beerdigungsunternehmen ↑Bestattungsunternehmen.
Beerenauslese ↑Wein.
Beerenernte ↑Ernte.
Beerenlese ↑Weinlese.
Beerenobst · Stachelbeere, Heckenbeere, Agrasel *(mundartl., bayr., österr.)* · Johannisbeere, Ribisel *(österr.)* · Himbeere · Brombeere, Moldbeere *(landsch.),* Multbeere *(landsch.),* Torfbeere, Zwergbrombeere · Erdbeere, Monatserdbeere, Walderdbeere, Rotbeere *(oberd.),* Brestli *(oberd.),* Bresling *(oberd.),* Brästling *(oberd.)* · Blaubeere, Heidelbeere, Bickbeere *(nordd.),* Schwarzbeere, Zechbeere *(österr.),* Mollbeere *(landsch.)* · Preiselbeere, Cranberry, Kronsbeere; ↑Obst.
Beerentang ↑Alge.
Beet ↑Rabatte.
Beete: Rote B. ↑Salatrübe.
Beethovenstadt ↑Bonn.
befähigen ↑möglich [machen].
befähigt ↑tüchtig.
Befähigung ↑Begabung.
Befähigungsnachweis, Referenzen, Zeugnis.
befahrbar, passierbar · *per Schiff:* schiffbar; ↑fahren.
befahren ↑bereisen.
befallen, heimsuchen, verfolgen, beschleichen, ankommen, anwandeln, überfallen, sich jmds. bemächtigen.
befangen: ↑ängstlich, ↑parteiisch, ↑verlegen.
Befangenheit: ↑Angst, ↑Schamhaftigkeit, ↑Vorurteil.
¹befassen (sich mit), sich beschäftigen / tragen / abgeben mit, sich jmdm. / einer Sache widmen, sich in etwas hineinknien *(ugs.),* einer Sache frönen / huldigen, umgehen mit, schwanger gehen mit *(ugs., scherzh.);* ↑anfertigen, ↑anstrengen, ↑arbeiten, ↑vollführen.
²befassen: jmdn. mit etwas b. ↑anordnen, ↑betrauen.
befehden: ↑ankämpfen (gegen etwas), ↑bekriegen.
Befehdung ↑Bekämpfung.
Befehl: ↑Weisung; B. geben ↑anordnen; auf B. ↑befehlsgemäß.
befehlen ↑anordnen.
befehligen ↑führen.
Befehlsempfänger: B. sein ↑unselbstständig [sein].
Befehlsform ↑Imperativ.

befehlsgemäß, weisungsgemäß, auf Befehl / Weisung / Anordnung; ↑Weisung.

Befehlsgewalt, Amtsgewalt, Staatsgewalt, Regierungsgewalt · *höchste militärische:* Oberbefehl; ↑Weisung; ↑anordnen.

¹Befehlshaber, Kommandeur, Kommandant, Heerführer · Kapitän, Kommodore; ↑Anführer, ↑Arbeitgeber, ↑Dienstgrad, ↑Oberhaupt, ↑Seeoffizier.

²Befehlshaber ↑Oberhaupt.

¹befestigen, festmachen, anmachen, anbringen, verstäten *(schweiz.)* · annageln, anbinden, anheften, anstecken, annadeln *(österr.),* aufspendeln *(österr.),* anschnallen, anschrauben, ankleben, anpicken *(österr.),* aufkleben, aufpicken *(österr.),* festnageln, festschrauben, aufschrauben, schrauben an / auf, anmontieren, montieren, aufmontieren, legen, verlegen.

²befestigen ↑festigen.

Befestigung: ↑Befestigungsanlage; operative B. ↑Operation.

Befestigungsanlage, Verteidigungsanlage, Befestigung, Befestigungsbau, Festungsbau, Befestigungssystem, Befestigungswerk, Bastion, Bastei, Bollwerk; ↑Festung, ↑Stützpunkt.

Befestigungsbau ↑Befestigungsanlage.

Befestigungssystem ↑Befestigungsanlage.

Befestigungswerk ↑Befestigungsanlage.

befeuchten: ↑nass [machen], ↑klimatisieren, ↑sprengen.

befeuern ↑anstacheln.

Beffchen ↑Kragen.

¹befinden (sich), stehen, liegen, sitzen; ↑existieren, ↑knien, ↑weilen, ↑wohnen.

²befinden: ↑weilen; sich -d ↑befindlich; sich in jmds. Besitz b. ↑gehören; sich in einer Sackgasse b. ↑Lösung.

Befinden: ↑Verfassung; gutes B. ↑Gesundheit; schlechtes B. ↑Krankheit.

¹befindlich, sich befindend, angebracht, gelegen, belegen *(jurist.).*

²befindlich: im / in Umlauf b. ↑eingeführt.

befingern ↑berühren.

beflaggen, bewimpeln, mit Fahnen / Wimpeln schmücken; ↑ausflaggen; ↑flaggen; ↑Beflaggung, ↑Fahne.

Beflaggung, Fahnenschmuck; ↑Fahne, ↑Nationalflagge; ↑beflaggen.

beflecken: ↑beschmutzen; mit Blut befleckt ↑blutig.

Befleckung ↑Verunreinigung.

beflegeln ↑schelten.

befleißen: sich b. ↑anstrengen (sich).

befleißigen: sich b. ↑anstrengen (sich).

beflissen, eifrig bemüht / beschäftigt, betulich, übereifrig, diensteifrig, pflichteifrig, dienstwillig; ↑etabliert, ↑fleißig, ↑übereifrig; ↑Beflissenheit.

Beflissenheit, Diensteifrigkeit, Übereifer, Übereifrigkeit, Pflichteifrigkeit, Dienstwilligkeit; ↑Unterwürfigkeit; ↑beflissen, ↑übereifrig.

beflügeln ↑anstacheln.

beflügelt ↑beschwingt.

befolgen, beherzigen, beachten, einhalten, sich [den Anordnungen] fügen / unterwerfen / beugen / unterordnen / *(schweiz.)* unterziehen, [den Anordnungen] Folge leisten; ↑anordnen, ↑Acht geben, ↑behalten, ↑gehorchen, ↑nachgeben.

beförderbar ↑transportabel.

beförderlich ↑schnell.

beförderlichst ↑schnell.

¹befördern (jmdn.), höherstufen, aufrücken lassen; ↑avancieren; ↑Aufstieg · Ggs. ↑degradieren; **nicht befördert werden,** in der falschen Partei sein; ↑Beziehung, ↑Vetternwirtschaft.

²befördern: ↑transportieren; befördert werden ↑avancieren; ins Jenseits b., vom Leben zum Tode b. ↑töten.

Beförderung: ↑Aufstieg, ↑Transport.

Beförderungsfahrzeug ↑Verkehrsmittel.

befrachten ↑laden.

befrackt ↑bekleidet (mit).

befragen ↑fragen.

Befragung: ↑Frage, ↑Umfrage.

¹befreien (von), beurlauben, dispensieren, entbinden von, etwas enthebt jmdn. einer Sache *(geh.),* jmdm. etwas erlassen / *(ugs.)* schenken; ↑begnadigen, ↑entledigen (sich jmds. / einer Sache), ↑lossprechen, ↑selbstständig [machen], ↑[das kannst du] vergessen (geschenkt); ↑Befreiung, ↑Begnadigung.

²befreien: ↑entlasten, ↑retten; sich aus einer unangenehmen Lage b. ↑Lage; sich b. von ↑entledigen (sich jmds. / einer Sache); von den Kernen b. ↑entkernen; von einer Schuld b. ↑lossprechen, ↑verzeihen; jmdn. von seinen Hemmungen b. ↑enthemmen; von Staub b. ↑abstauben.

Befreier ↑Retter.

befreit: b. sein ↑aufatmen.

¹Befreiung, Beurlaubung, Dispens; ↑Erlaubnis; ↑befreien (von).

²Befreiung ↑Rettung.

Befreiungsschlag ↑Vergeltung.

Befreiungstheologie ↑Theologie.

befremden, in Verwunderung / Erstaunen setzen, stutzig machen, zu denken geben, etwas nimmt jmdn. wunder, etwas erstaunt jmdn., Staunen erregen; ↑beschäftigen; ↑argwöhnisch, ↑schwermütig, ↑überrascht.

Befremden ↑Überraschung.

befremdend ↑seltsam.

befremdet: b. sein ↑überrascht [sein].

befremdlich ↑seltsam.

Befremdlichkeit ↑Seltsamkeit.

befreunden: mit jmdm. befreundet sein ↑vertraut; sich mit etwas nicht b. können, befreundet sein mit ↑anfreunden (sich mit).

befrieden ↑Frieden [stiften].

¹befriedigen, etwas stillen, [einer Forderung] entsprechen, erfüllen, jmdn. zufrieden stellen, jmdn. abfinden, jmdm. eine Abfindung / jmdm. Schmerzensgeld zahlen, jmdm. Genüge tun;

↑berücksichtigen, ↑entgegenkommen, ↑gehorchen; **befriedigt werden,** zufrieden gestellt werden, auf seine Kosten / Rechnung kommen; ↑Befriedigung.

²befriedigen: [eine Frau] b. ↑koitieren; sich selbst b. ↑masturbieren.

befriedigend ↑ausreichend.

befriedigt ↑zufrieden.

Befriedigung, Zufriedenheit, Erfüllung; ↑befriedigen.

befristen, terminieren, [zeitlich] begrenzen, eine Frist / ein Ziel setzen; ↑Frist.

¹befruchten, besamen; ↑fortpflanzen (sich), ↑koitieren; ↑schwanger.

²befruchten: befruchtet werden ↑schwanger [werden].

Befruchtung, Besamung, Insemination, Fekundation, Fertilisation, Kopulation, Imprägnation, Zeugung, Begattung, Schwängerung, Konzeption, Empfängnis · *auf künstlichem Wege:* Insemination, künstliche Befruchtung, Inseminatio artificialis, extrakorporale Befruchtung; ↑Kind (Retortenbaby), ↑Mutter (Leihmutter), ↑Zentrale (Samenbank) · *von verschiedenen Eizellen aus aufeinander folgenden Zyklen:* Superfekundation, Superfetation, Überbefruchtung, Überschwängerung, Nachempfängnis, Superimprägnation; ↑Fertilität, ↑Fortpflanzung, ↑Koitus; ↑schwanger.

befugen: etwas befugt jmdn. ↑ermächtigen.

Befugnis: ↑Berechtigung; ohne B. ↑eigenmächtig.

befugt, berechtigt, mit Fug und Recht, mit gutem Recht / guten Gründen, in guten Treuen *(schweiz.),* kompetent, maßgebend, verantwortlich, zuständig, ermächtigt, bevollmächtigt, autorisiert; ↑bejahend, ↑maßgeblich, ↑rechtmäßig; **b. sein,** dürfen; ↑billigen, ↑ermächtigen, ↑können; ↑Vorrecht, ↑Zuständigkeit.

befühlen: ↑berühren, ↑tasten.

befummeln ↑berühren.

Befund ↑Diagnose.

befürchten: ↑Angst [haben], ↑vermuten; b. müssen, dass ... ↑Gefahr [laufen].

Befürchtung ↑Ahnung.

befürsorgen ↑kümmern (sich um jmdn.).

befürworten: ↑fördern; etwas b. ↑zuraten.

Beg ↑Anrede.

¹begabt, talentiert, genial, genialisch, begnadet, gottbegnadet · *künstlerisch:* musisch · *in Bezug auf schulische Anforderungen:* leistungsstark; ↑klug, ↑musisch · Ggs. ↑unbegabt; **b. sein,** etwas können / verstehen / *(ugs.)* loshaben / *(salopp)* auf dem Kasten haben; **für etwas b. sein,** er ist der geborene ... (z. B. Architekt), etwas liegt jmdm. / liegt jmdm. im Blut / kommt jmds. Neigungen entgegen / entspricht jmds. Fähigkeiten / *(ugs.)* ist jmds. starke Seite / ist jmdm. auf den Leib geschrieben, eine Ader für etwas haben, das Zeug zu etwas haben *(ugs.)* · *auf musikalischem Gebiet:* Musik im Blut haben; ↑Begabung.

²begabt: ↑tüchtig; künstlerisch b. ↑musisch.

Begabung, Fähigkeiten, Befähigung, Ingenium, Anlage, Veranlagung, Gaben, Intelligenz, Auffassungsgabe, Klugheit, Geistesgaben, Talent, Genialität, Genie, Charisma, Berufung, das Berufensein; ↑Fachmann, ↑Genie, ↑Intelligenzquotient, ↑Klugheit, ↑Vernunft; ↑begabt, ↑klug.

begaffen ↑ansehen.

begatten ↑koitieren.

Begattung: ↑Befruchtung, ↑Koitus.

begaunern ↑bestehlen.

begeben: sich b. ↑geschehen; sich einer Sache b. ↑abgeben, ↑abschreiben; sich auf den Rückweg / Heimweg / Nachhauseweg b., sich nach Hause b. ↑zurückbegeben (sich); sich in Gefahr b. ↑Gefahr; sich in die Schusslinie b. ↑exponieren (sich).

Begebenheit ↑Ereignis.

Begebnis ↑Ereignis.

¹begegnen: etwas begegnet / widerfährt jmdm., etwas stößt jmdm. zu / erwartet jmdn. / *(salopp)* blüht jmdm. / wird jmdm. zuteil / kommt auf jmdn. zu / fällt jmdm. in den Schoß, jmd. erlebt etwas; ↑geschehen, ↑unterkommen, ↑vorkommen.

²begegnen: ↑abhelfen, ↑ankämpfen, ↑antworten, ↑finden, ↑unterkommen.

Begegnung: ↑Spiel, ↑Wiedersehen.

begehbar, betretbar, zugänglich; ↑betreten.

¹begehen, feiern, begießen *(ugs.),* auf jmdn. / etwas trinken (oder:) anstoßen.

²begehen: Betrug b. ↑betrügen; geistigen Diebstahl / ein Plagiat b. ↑plagiieren; Ehebruch b. ↑untreu [sein]; Hausfriedensbruch b. ↑eindringen; Missbrauch b. ↑missbrauchen.

Begehr ↑Wunsch.

begehren: ↑koitieren, ↑lieben, ↑verlangen, ↑wünschen; begehrt sein ↑angesehen [sein].

Begehren ↑Leidenschaft.

begehrenswert ↑begehrt.

begehrlich ↑begierig.

Begehrlichkeit ↑Leidenschaft.

begehrt, gefragt, gesucht, gängig, marktgängig, leicht verkäuflich, erwünscht, wünschenswert, erstrebenswert, begehrenswert, wünschbar *(schweiz.),* verlangt; ↑angesehen, ↑anziehend, ↑marktgerecht, ↑verkäuflich, ↑wünschen.

Begehungsort ↑Tatort.

¹begeistern, in Begeisterung versetzen, mit Begeisterung erfüllen, entzücken, berauschen, trunken machen, hinreißen, entflammen, mitreißen, anmachen *(salopp),* anturnen *(Jargon),* jmdn. mit sich reißen, fesseln, enthusiasmieren *(bildungsspr.);* ↑anregen, ↑anschwärmen, ↑anstacheln, ↑beseelen, ↑bezaubern, ↑erfreuen, ↑erregen; ↑begeistert; ↑Begeisterung.

²begeistern: begeistert sein von, sich b. für ↑anschwärmen; jmdn. zu etwas b. ↑anstacheln.

¹begeistert, leidenschaftlich, glühend, glutvoll, feurig, schwärmerisch, orgiastisch, enthusiasmiert *(bildungsspr.)*, hingerissen, mitgerissen, entflammt, berauscht, entzückt, trunken, inbrünstig, brünstig *(veraltet)*, eifrig, übereifrig, fanatisch; ↑begierig, ↑besessen (von), ↑hemmungslos, ↑lebhaft; ↑Begeisterung · **b. sein**, mitgehen; ↑begeistern.

²begeistert: b. sein ↑freuen (sich); b. sein von ↑besessen (von); nicht gerade b. sein von etwas ↑murren, ↑notgedrungen [etwas tun müssen].

Begeisterung, Enthusiasmus, Leidenschaft, Inbrunst, Glut, Feuer, Überschwang, Gefühlsüberschwang, Überschwänglichkeit, Schwärmerei, Eifer, Übereifer · *rasch verfliegende:* Strohfeuer · *blinde:* Fanatismus; ↑Beifall, ↑Erregung, ↑Heimat, ↑Jubel, ↑Leidenschaft, ↑Lust, ↑Patriot, ↑Patriotismus, ↑Temperament, ↑Zuneigung; **mit B.,** mit Leib und Seele, mit ganzer Seele; **ohne B.,** lau, mit halbem Herzen, halbherzig, lustlos, die Luft ist raus; ↑begeistern; ↑begeistert, ↑fanatisch.

begeisterungsfähig, entflammbar; ↑begeistert; ↑begeistern.

Begier ↑Leidenschaft.

Begierde ↑Leidenschaft.

¹begierig, begehrlich, sinnlich, gierig, lüstern, wollüstig, gieprig, scharf [wie Nachbars Lumpi], geil; ↑anstößig, ↑brünstig, ↑lebenshungrig, ↑süchtig; **b. machen,** jmdm. einen Floh ins Ohr setzen *(ugs.);* ↑anregen; **b. sein auf / nach,** Bock haben auf *(ugs.)*, hungrig sein nach, erpicht / versessen / aus sein / scharf sein auf, sich spitzen auf, wild sein auf / nach, auf jmdn. spitz sein, voll drauf sein, auf jmdn. / etwas abfahren, geil sein auf jmdn. / etwas, auf jmdn. / etwas stehen, sich die Finger nach etwas lecken, jmdm. / jmdn. jucken die Finger nach etwas, verrückt sein auf / nach, sich reißen um, hinter etwas her sein wie der Teufel hinter der armen Seele; ↑Effekthascherei; ↑beharrlich [sein], ↑haben [wollen], ↑liebäugeln, ↑streben, ↑wünschen.

²begierig ↑erwartungsvoll.

begießen: ↑begehen, ↑sprengen; sich die Nase b. ↑betrinken (sich); dastehen wie ein begossener Pudel ↑verlegen [sein].

Beginn: ↑Entstehung; [am B. sein] ↑Anfang.

beginnen: ↑anfangen; zu gebrauchen b. ↑gebrauchen.

Beginnen ↑Tun.

¹beglaubigen, bestätigen, bekräftigen, versichern, bezeugen, als wahr / echt bescheinigen; ↑anerkennen; ↑bezeugt; ↑Bekräftigung, ↑Bevollmächtigung.

²beglaubigen ↑anerkennen, ↑bescheinigen.

beglaubigt: ↑bezeugt, ↑wahr.

Beglaubigung: ↑Bekräftigung, ↑Bescheinigung, ↑Bevollmächtigung.

Beglaubigungsschreiben, Beglaubigungsurkunde, Akkreditiv; ↑Diplomat.

Beglaubigungsurkunde ↑Beglaubigungsschreiben.

begleichen: ↑zahlen; mit jmdm. eine Rechnung zu b. haben ↑schelten.

Begleichung ↑Zahlung.

Begleit ↑Geleit.

¹begleiten, geleiten, führen, leiten, anführen, das Geleit geben, eskortieren, flankieren, jmdn. [nach Hause] bringen, mitgehen, gehen mit, sich jmdm. beigesellen / zugesellen / anschließen; ↑Begleiter, ↑Geleit.

²begleiten ↑musizieren.

¹Begleiter, Betreuer, Führer · *auf Reisen:* Reiseleiter, Guide, Fremdenführer, Animateur, Cicerone *(scherzh.)*, Bärenführer *(scherzh.);* ↑Stadtrundfahrt; ↑begleiten.

²Begleiter: ↑Beifahrer, ↑Ratgeber; ständiger B. ↑Geliebter.

Begleiterscheinung ↑Umstand.

Begleittext ↑Übersetzung.

Begleitumstand ↑Umstand.

Begleitung: ↑Geleit; ohne B. ↑solo.

beglotzen ↑ansehen.

beglücken ↑erfreuen.

beglückend ↑glücklich.

beglückt ↑glücklich.

beglückwünschen ↑gratulieren.

Beglückwünschung ↑Glückwunsch.

begnadet ↑begabt.

¹begnadigen, amnestieren, eine Amnestie erlassen, abolieren *(veraltet)*, pardonieren *(veraltet);* ↑befreien, ↑lossprechen, ↑verschonen, ↑verzeihen; ↑Begnadigung.

²begnadigen ↑befreien (von).

Begnadigung, Gnade, Vergebung, Verzeihung, Absolution, Pardon, Amnestie, Straferlass; ↑Duldung, ↑Gunst; ↑befreien (von), ↑begnadigen.

¹begnügen (sich), sich zufrieden geben, sich behelfen; ↑arm.

²begnügen: sich b. ↑behelfen (sich); ↑zufrieden geben (sich); sich mit der Rolle des Zuschauers b. ↑teilnehmen.

begossen: wie ein -er Pudel ↑verlegen.

begraben: ↑beenden, ↑bestatten; unter Schnee b. ↑verschneit.

Begräbnis, Beerdigung, Bestattung, Beisetzung, Leichenbegängnis, Leichenfeier, Leich *(ugs., südd., österr.)*, Trauerfeier, Einsegnung *(kath.)*, Funeralien, Exequien · *einer hochgestellten Persönlichkeit auf Staatskosten:* Staatsbegräbnis; ↑Feuerbestattung, ↑Leichenschauhaus, ↑Leichenschmaus, ↑Leichenzug, ↑Totenmesse, ↑Trauerfeier; ↑bestatten.

Begräbnisplatz ↑Grab.

¹Begräbnisstätte · *altchristliche, unterirdische:* Katakombe, Zömeterium; ↑Friedhof, ↑Grab.

²Begräbnisstätte: ↑Friedhof, ↑Grab.

begradigen ↑kanalisieren.

Begradigung ↑Kanalisierung.

begrapschen ↑berühren.

begreifen: ↑verstehen; in sich b. ↑einschließen.

begreiflich ↑einleuchtend.

begreiflicherweise ↑verständlicherweise.

¹begrenzen, limitieren, einschränken, kontingentieren.

²begrenzen: ↑einengen, ↑einfassen, ↑einzäunen, ↑verringern; [zeitlich] b. ↑befristen; den Schaden b. ↑abschwächen.

Begrenztheit ↑Kleinheit.

Begrenzung: ↑Abgrenzung, ↑Einfassung.

¹Begriff, Terminus, Term, Wort, Vokabel, Ausdruck, Benennung, Bezeichnung; ↑Ausdrucksweise, ↑Bedeutung, ↑Fachausdruck, ↑Homonym, ↑Sinnbild.

²Begriff: ein B. sein ↑bekannt [sein]; sich einen B. machen von ↑vorstellen (sich etwas); etwas übersteigt alle -e ↑außergewöhnlich [sein]; im B. sein, etwas zu tun ↑anschicken (sich, etwas zu tun); schwer von B. sein ↑begriffsstutzig [sein]; zum B. erheben ↑abstrahieren.

begriffen: in etwas b. sein ↑anschicken (sich, etwas zu tun).

¹begrifflich, abstrakt, [nur] gedacht, gedanklich, theoretisch, vom Dinglichen gelöst; ↑abstrakt; ↑Abstraktion; ↑abstrahieren.

²begrifflich ↑theoretisch.

Begriffsbestimmung ↑Auslegung.

Begriffsbildung ↑Abstraktion.

begriffsstutzig, epimetheisch, begriffsstützig *(österr.);* ↑dumm; **b. sein,** schwer von Begriff / *(salopp)* von Kapee sein, Mattscheibe / Kurzschluss / Ladehemmung / eine lange Leitung haben *(salopp),* langsam schalten *(salopp),* spät zünden *(salopp),* im Spätzünder sein *(salopp),* auf dem Schlauch stehen *(salopp),* auf der Leitung stehen *(salopp),* bei jmdm. fällt der Groschen langsam / pfennigweise *(ugs.),* geistig weggetreten sein *(salopp);* ↑Beschränktheit.

begriffsstützig ↑begriffsstutzig.

Begriffsstutzigkeit ↑Beschränktheit.

Begriffssymbol ↑Bildsymbol.

¹begründen, verdeutlichen, deutlich machen, motivieren, argumentieren, Argumente vorbringen; ↑auslegen, ↑erörtern, ↑nachweisen, ↑veranschaulichen; ↑ursächlich.

²begründen ↑gründen.

begründend ↑ursächlich.

Begründer ↑Gründer.

begründet: ↑fundiert, ↑rechtmäßig, ↑zurückführbar.

Begründung ↑Argument.

begrünen: sich b. ↑sprießen.

begrünt ↑belaubt.

¹begrüßen, grüßen, guten Tag sagen, die Zeit bieten / *(geh.)* entbieten, willkommen heißen, bewillkommnen, die Honneurs machen, empfangen, salutieren, eine Ehrenbezeigung machen, jmdm. die Hand geben / reichen / schütteln / drücken, Pfötchen geben *(ugs., scherzh.),* mit Handschlag / Handkuss begrüßen, jmdm. Reverenz erweisen, seine / die Ehrerbietung erweisen, das Haupt entblößen *(geh.),* den Hut abnehmen / lüften / ziehen; ↑ansprechen, ↑knicksen, ↑trennen

(sich), ↑verneigen (sich); ↑Empfang, ↑Gruß, ↑Knicks, ↑Kuss, ↑Salut, ↑Willkomm.

²begrüßen: ↑billigen, ↑fragen.

¹Begrüßung, Händedruck, Handschlag, Händeschütteln, Shakehands, Handkuss; ↑Abmachung, ↑Verbeugung, ↑Willkomm.

²Begrüßung: ↑Salut, ↑Willkomm; mit freundlicher B. ↑hochachtungsvoll.

Begrüßungsschuss ↑Salut.

begucken, ansehen, anschauen, anblicken, betrachten, besichtigen, beschauen, beobachten, studieren, in Augenschein nehmen, beaugenscheinigen *(scherzh.),* beaugapfeln *(scherzh.),* beäugeln, beäugen *(ugs., scherzh.),* mustern, fixieren, anstarren, anglotzen *(salopp, abwertend),* anstieren, angaffen *(salopp, abwertend),* besehen, beglotzen *(salopp, abwertend),* begaffen *(salopp, abwertend),* angucken, blicken auf, den Blick heften auf, den Blick nicht abwenden können, jmdm. einen Blick zuwerfen / schenken / gönnen, einen Blick werfen auf, anglupschen *(abwertend),* jmdn. / etwas mit den Augen verschlingen, Stielaugen machen *(ugs.),* jmdm. gehen die Augen über, jmdn. mit Blicken durchbohren; ↑begutachten, ↑blicken, ↑blinzeln, ↑forschen, ↑sehen; ↑Besichtigung, ↑Vernissage.

Beguine ↑Tanz.

begünstigen ↑fördern.

Begünstigung ↑Vetternwirtschaft.

¹begutachten, beurteilen, jurieren, ein Urteil fällen / abgeben, urteilen / denken über, werten, bewerten, abschätzen, einschätzen, würdigen, etwas von jmdm. / etwas halten, halten / ansehen / erachten für, stehen zu, eine bestimmte Einstellung haben zu, charakterisieren, beleuchten, durchleuchten, betrachten / empfinden / auffassen / nehmen / verstehen als, etwas in jmdm. (oder:) in etwas sehen / erblicken; ↑auslegen, ↑ausrechnen, ↑bedeuten, ↑denken, ↑folgern, ↑kontrollieren, ↑schätzen, ↑vermuten, ↑werten; ↑Beurteilung, ↑Preisgericht.

²begutachten ↑ansehen.

Begutachtung: ↑Beurteilung, ↑Expertise.

begütert ↑reich.

begütigen ↑beruhigen.

behaart, haarig, borstig, struppig; ↑bärtig; ↑Behaarung.

Behaartheit ↑Behaarung.

Behaartsein ↑Behaarung.

Behaarung, das Behaartsein, Behaartheit; ↑Fell; ↑behaart.

behäbig: ↑dick, ↑reich.

behaften: ↑haftbar [machen]; jmdn. bei etwas b. ↑festlegen (jmdn. auf etwas).

behagen: etwas behagt jmdm. nicht ↑gefallen.

Behagen ↑Heiterkeit.

¹behaglich, bequem, angenehm, komfortabel, wohnlich, heimelig, heimisch, lauschig; ↑gemütlich; ↑Bequemlichkeit, ↑Gemütlichkeit.

²behaglich: ↑gemütlich; sich b. fühlen ↑wohl fühlen (sich).

Behaglichkeit: ↑Bequemlichkeit, ↑Gemütlichkeit.

¹**behalten,** beherzigen, sich etwas merken; **etwas b.** müssen, sich etwas hinter die Ohren schreiben müssen *(ugs.)*, sich etwas hinter den Spiegel stecken können *(ugs.)*, sich etwas ins Stammbuch schreiben können *(ugs.);* ↑befolgen.

²**behalten:** ↑aufbewahren, ↑beibehalten, ↑zurückhalten; die Oberhand b. ↑durchsetzen (sich); für sich b. ↑schweigen; im Auge b. ↑beobachten.

Behälter, Behältnis, Gefäß, Röhrchen, Röhre · *großer:* Fass, Tonne, Stande *(schweiz.),* Reservoir, Silo · *für Flüssigkeiten:* Kanister, Hobbock · *röhrenförmiger, biegsamer, dessen Inhalt herausgedrückt wird:* Tube · *für Tabak, Zigaretten:* Tabakdose, Zigarettendose, Tabatiere *(österr.)* · *für Frachtgüter:* Container; ↑Ampulle, ↑Büchse, ↑Fass, ↑Fasshahn, ↑Flasche, ↑Gepäck, ↑Hülle, ↑Kanne, ↑Kochtopf, ↑Sarg, ↑Schachtel, ↑Schubfach, ↑Schultasche, ↑Schlüssel, ↑Steige, ↑Tabernakel, ↑Tresor, ↑Vivarium; ↑anzapfen.

Behältnis ↑Behälter.

behämmert ↑dumm.

behände ↑schnell.

¹**behandeln,** laborieren an, herumdoktern an *(ugs.),* doktern an *(ugs.),* verarzten *(ugs.);* ↑gesund [machen], ↑verbinden; ↑Behandlung, ↑Kompresse, ↑Verband.

²**behandeln:** ↑aufrollen, ↑erörtern, ↑gesund [machen], ↑Gegenstand; etwas gut / pfleglich / schonend / sorgsam b. ↑pflegen; noch nicht b. ↑verschieben; schlecht b. ↑schikanieren; sorgsam b. ↑schonen; stiefmütterlich b. ↑kümmern (sich um jmdn.); ungerecht / unterschiedlich b. ↑diskriminieren; vertraulich b. ↑weitererzählen.

behändigen ↑nehmen.

¹**Behandlung,** Heilbehandlung, Krankheitsbehandlung, Krankenbehandlung, Therapie, Bewegungstherapie, Methode, Heilmethode, Phytotherapie · Akupunktur, Akupressur, Reflexzonenmassage · Frischzellentherapie, Zelltherapie, Zellulartherapie · *mit drastischen, groben Mitteln arbeitende:* Pferdekur, Rosskur · *zusätzliche nach der eigentlichen:* Nachbehandlung, Nachsorge, Nachkur, Nachfürsorge *(schweiz.)* · *psychotherapeutische, bei der mehrere Patienten gleichzeitig behandelt werden:* Gruppentherapie, Familientherapie · *psychotherapeutische durch sinnvoll gelenkte Beschäftigung:* Beschäftigungstherapie; *durch Gedankenkräfte:* Geistheilung; ↑Arzt, ↑Diagnose, ↑Massage, ↑Therapeut, ↑Vorsorgeuntersuchung; ↑behandeln; ↑gesund.

²**Behandlung:** physikalische B. ↑Naturheilverfahren.

Behandlungsräume ↑Sprechzimmer.

Behandlungsweise ↑Handhabung.

Behang: ↑Ohr, ↑Schmuck.

behängen: sich mit Schmuck b. ↑schönmachen.

beharken: ↑beschießen; sich b. ↑zanken (sich).

beharren: b. auf ↑bestehen (auf).

beharrend ↑rückschrittlich.

¹**beharrlich,** unentwegt, unverdrossen, unbeirrbar, unbeirrt, ausdauernd, hartnäckig, ingrimmig, zäh, verbissen, krampfhaft, verzweifelt; ↑fleißig, ↑standhaft, ↑stark, ↑unaufhörlich, ↑unzugänglich, ↑zielstrebig; **b. sein,** nicht locker lassen, keinen Fingerbreit abweichen, einen langen Atem haben, sich etwas in den Kopf setzen, nicht ↑nachgeben; **nicht b. sein,** kein Sitzfleisch haben *(ugs.);* ↑begierig [sein], ↑bestehen (auf), ↑warten; ↑untreu.

²**beharrlich** ↑unaufhörlich.

Beharrlichkeit, Beharrung, Beharrungsvermögen, Entschiedenheit, Entschlossenheit, Festigkeit, Standhaftigkeit, Unbeugsamkeit, Unerschütterlichkeit, Zielstrebigkeit, Zielbewusstsein, Ausdauer, Geduld, Unermüdlichkeit, Unverdrossenheit, Stetigkeit, Zähigkeit, Durchhaltevermögen, Stehvermögen, Konstanz, Konsequenz, Perseveranz; ↑Demut, ↑Durchsetzungskraft, ↑Eigensinn, ↑Entschlusskraft, ↑Fähigkeit, ↑Fleiß, ↑Selbstbewusstsein, ↑Tatkraft, ↑Verharren; ↑warten; ↑beharrlich, ↑tolerant · Ggs. ↑Inkonsequenz, ↑Ungeduld.

Beharrung ↑Beharrlichkeit.

Beharrungsvermögen ↑Beharrlichkeit.

behauen, mit dem Meißel bearbeiten, aus dem Rohen arbeiten; ↑Bildhauer, ↑Bildnerei.

¹**behaupten,** felsenfest / steif und fest behaupten, unterstellen, hinstellen als, ausgeben als, eine Behauptung aufstellen; ↑feststellen; ↑Behauptung.

²**behaupten:** ↑äußern (sich), ↑beibehalten; sich b. ↑durchsetzen (sich); sich [im Leben] b. ↑tüchtig [sein]; wie man behauptet ↑angeblich; das Feld b. ↑standhalten; sein Recht b. ↑bestehen (auf).

¹**Behauptung,** Unterstellung, Hypothese, Annahme; ↑Ansicht, ↑Feststellung; ↑behaupten.

²**Behauptung:** ↑Feststellung, ↑Lehre; eine B. aufstellen ↑behaupten.

Behausung ↑Wohnsitz.

behavioristisch ↑Erfahrung.

beheben: ↑abheben, ↑reparieren.

Behebung ↑Abhebung.

beheimatet ↑einheimisch.

beheizen ↑heizen.

Behelf: ↑Ersatz, ↑Hilfsmittel.

¹**behelfen** (sich), sich forthelfen, sich fretten *(österr.),* fortwursteln, weiterwursteln; ↑beschwerlich.

²**behelfen:** sich b. ↑begnügen (sich).

Behelfs-: ↑notdürftig.

Behelfsheim ↑Haus.

behelfsmäßig ↑notdürftig.

behelligen, belästigen, anmachen *(salopp),* jmdm. lästig fallen, insultieren, genieren, sekkieren *(österr.)*, inkommodieren *(veraltet)*, molestieren *(veraltet)*; **jmdn. nicht mehr b.,** jmdn. in Ruhe lassen; ↑bitten, ↑herantreten (an), ↑kommen, ↑schikanieren, ↑umwerben, ↑zusetzen (jmdm.).

¹beherbergen, unterbringen, aufnehmen, Unterkunft gewähren / geben, Asyl / Obdach geben, Unterschlupf gewähren, Quartier geben, kasernieren; ↑einmieten (sich), ↑einquartieren, ↑übernachten, ↑übersiedeln, weilen; ↑Unterbringung, ↑Wohnsitz.

²beherbergen ↑Unterkunft [finden].

Beherbergung ↑Unterbringung.

¹beherrschen, herrschen / gebieten über, [jmdn.] dominieren; ↑beruhigen, ↑besiegen, ↑bewältigen, ↑unterdrücken.

²beherrschen: ↑Einfluss [ausüben]; sich b. ↑ruhig [bleiben]; sich nicht b. ↑unbeherrscht [sein]; etwas b. ↑firm [sein]; das Feld b. ↑überwiegen; die Szene b. ↑Mittelpunkt [sein].

beherrschend ↑dominant, ↑maßgeblich.

beherrscht ↑ruhig; b. von ↑besessen (von).

Beherrschtheit ↑Gelassenheit.

Beherrschung: ↑Gelassenheit; die B. verlieren ↑ärgerlich [werden].

beherzigen ↑befolgen, ↑behalten.

beherzt ↑mutig.

Beherztheit ↑Mut.

behexen ↑bannen, ↑bezaubern.

Behexung ↑Faszination.

behilflich: b. sein ↑helfen.

¹behindern, hindern, hinderlich sein, aufhalten, obstruieren, hemmen, lähmen, stören, querschießen, verzögern, beeinträchtigen, trüben, erschweren, im Wege stehen, ein Handikap haben, etwas ist ein Handikap, gehandikapt sein; **nicht mehr behindert werden,** freie Fahrt / grünes Licht haben; ↑einschränken, ↑hindern, ↑stören, ↑verhindern; ↑eingeschränkt.

²behindern: den Zugang / die Zufahrt b. ↑verstellen.

behindert ↑eingeschränkt.

Behinderter: ↑Körperbehinderter, ↑geistig Behinderter.

Behinderung, Hindernis, Erschwernis, Erschwerung, Fessel, Hemmschuh, Hemmung, Barriere, Handikap, Stolperstein · *im Produktionsablauf:* Engpass, Flaschenhals; ↑Beschlagnahme, ↑Blockierung, ↑Hindernis, ↑Hürde, ↑Rückgang, ↑Sperre, ↑Unberechenbarkeit, ↑Vereitelung, ↑Verhinderung; ↑eingeschränkt.

Behmlot ↑Lot.

behobeln ↑glätten.

behorchen ↑horchen.

Behörde ↑Amt.

Behördendeutsch ↑Amtsdeutsch.

Behördensprache ↑Amtsdeutsch.

Behördenstil ↑Amtsdeutsch.

¹behördlich, amtlich, verwaltungsmäßig, administrativ; ↑amtlich; ↑Amt.

²behördlich: ↑amtlich; ohne -e Genehmigung ↑heimlich.

behost ↑bekleidet (mit).

Behuf: zu diesem B. ↑deshalb.

behumsen ↑betrügen.

¹behüten, beschützen, schützen, Schutz gewähren, seine [schützende / helfende] Hand über jmdn. halten, verteidigen, decken, jmdm. den Rücken decken, bewahren, beschirmen; ↑abhalten, ↑aufbewahren, ↑beobachten, ↑helfen, ↑kümmern (sich um jmdn.), ↑wehren (sich); ↑sicher; ↑Bewacher, ↑Fürsprecher.

²behüten: ↑schonen; behüt' dich Gott! ↑Gruß.

behütet ↑sicher.

Behütetheit ↑Geborgenheit.

Behütetsein ↑Geborgenheit.

behutsam, sanft, schonend, schonungsvoll, gnädig, glimpflich, sacht, mild, lind, vorsichtig, sorgsam, pfleglich, sorgfältig, eigen; ↑allmählich, ↑ängstlich, ↑argwöhnisch, ↑gewissenhaft, ↑klug, ↑langsam, ↑planmäßig, ↑ruhig; **b. sein müssen** · *in seinen Äußerungen:* bei jmdm. jedes Wort auf die Goldwaage legen müssen; ↑Achtsamkeit; ↑schonen.

Behutsamkeit ↑Achtsamkeit.

¹bei, in Untermiete bei · *in Briefanschriften:* c/o, care of.

²bei: ↑einigermaßen, ↑während; b. euch / ihnen ↑dort; b. sich ↑Privatleben; b. uns ↑hier.

Bei ↑Anrede.

beibehalten, festhalten an etwas, bei etwas bleiben, bei der Stange bleiben *(ugs.)*, eingeschworen sein auf etwas, erhalten, halten, behalten, bestehen lassen, aufrechterhalten, behaupten, nicht ↑aufgeben; **b. werden,** bestehen bleiben.

beibenannt ↑genannt.

beibiegen ↑vorschlagen.

Beiblatt ↑Zeitungsbeilage.

Beiboot, Dingi, Rettungsboot, Rettungszille *(österr.)*, Geleitboot, Barkasse, Schaluppe, Gig, Jolle; ↑Boot, ↑Rettungsgerät.

beibringen ↑beschaffen, ↑lehren, ↑vorschlagen; jmdm. etwas b. ↑schaden; [nicht wissen, wie man jmdm. etwas b. soll] ↑mitteilen; jmdm. die Flötentöne b. ↑schelten; eine Wunde b. ↑verletzen.

Beibringung ↑Beschaffung.

¹Beichte, Ohrenbeichte, Generalbeichte, Gewissenserleichterung, Schuldbekenntnis; **die B. abnehmen,** die Beichte hören, beichthören *(landsch.)*.

²Beichte: ↑Bekenntnis; eine B. ablegen ↑gestehen.

beichten ↑gestehen.

Beichtgeheimnis ↑Geheimnis.

beichthören ↑Beichte.

Beichtiger ↑Beichtvater.

Beichtvater, Beichtiger; ↑Geistlicher, ↑Klerus.

beide: ↑zwei; auf -n Seiten ↑beiderseits.

beiderhalb ↑beiderseits.

beiderlei ↑zweierlei.

beiderseits, auf beiden Seiten, beiderhalb *(schweiz.)*, beidseits *(schweiz.)*.

beidseits ↑beiderseits.

¹beieinander, beisammen, zusammen, vereint; ↑gemeinsam.

²beieinander: eng b. ↑dicht; gut b. sein ↑dick [sein].

beiern ↑läuten.

Beifahrer, Mitfahrer, Sozius, Begleiter; ↑Autofahrer, ↑Motorradfahrer.

¹Beifall, Applaus, Beifallsäußerung, Beifallsbezeugung, Beifallsgeschrei *(abwertend)*, das Klatschen, Ovation, Beifallskundgebung, Beifallsdonner, Beifallssturm, Beifallsorkan, Jubel, Huldigung, Hosiannarufe, Akklamation · *nur aus Achtung:* Achtungsapplaus; ↑Anerkennung, ↑Begeisterung, ↑Ehrerbietung, ↑Erlaubnis, ↑Jubel; **B. finden,** Zustimmung finden, gutgeheißen werden, Gegenliebe finden, auf Gegenliebe stoßen, Anklang finden; ↑applaudieren, ↑billigen; ↑anerkennenswert.

²Beifall: B. spenden ↑applaudieren; B. zollen, mit B. überschütten ↑applaudieren.

beifällig, zustimmend, anerkennend, lobend; ↑anerkennenswert; ↑loben.

Beifallsäußerung ↑Beifall.

Beifallsbezeugung ↑Beifall.

Beifallsdonner ↑Beifall.

Beifallsgeschrei ↑Beifall.

Beifallskundgebung ↑Beifall.

Beifallsorkan ↑Beifall.

Beifallssturm ↑Beifall.

Beifilm ↑Kinofilm.

¹beifügen, beischließen, beilegen, beigeben; ↑anbei.

²beifügen ↑beimischen.

Beifuß ↑Küchengewürz.

Beigabe, Beiwerk, Beilage, Zutat, Zulage; ↑Beilage, ↑Zubehör, ↑Zugabe.

beige, beigefarben, falb, sandfarben, drapp *(österr.)*, drappfarben *(österr.)*, drappfarbig *(österr.)*, lehmfarben, bastfarben, cremefarben, creme, elfenbeinfarben, eierschalenfarben, chamois; ↑braun, ↑bunt, ↑gelb, ↑einfarbig, ↑weiß.

Beige ↑Stapel.

beigeben: ↑beifügen, ↑beimischen; klein b. ↑nachgeben.

beigefarben ↑beige.

Beigel ↑Keule.

beigen ↑aufhäufen.

Beigericht ↑Vorgericht.

beigeschlossen ↑anbei.

Beigeschmack: übler B. ↑Anrüchigkeit.

beigesellen: sich jmdm. b. ↑begleiten.

¹Beihilfe, Vorschubleistung, Gehilfenschaft *(schweiz.)*; ↑Hilfe; ↑unterstützen.

²Beihilfe ↑Zuschuss.

Beiklang ↑Bedeutung.

Beiköchin ↑Koch.

¹beikommen, ankommen gegen, zu fassen bekommen, einer Sache (Genitiv, z. B. seines Unmuts) Herr werden, in den Griff / unter Kontrolle bekommen / kriegen, im Griff haben; ↑bewältigen, ↑erwirken; **nicht b.,** etwas läuft aus dem Ruder, die Kontrolle über etwas verlieren.

²beikommen: jmdm. nicht b. können ↑schaden.

Beikost ↑Beilage.

Beil, Axt, Hacke *(österr.)*; ↑Spitzhacke.

¹Beilage, Zukost, Zubrot, Beikost · Gemüse, Salat; ↑Beigabe, ↑Gemüse.

²Beilage: ↑Beigabe, ↑Zeitungsbeilage; als / in der B. ↑anbei.

Beilager: ↑Koitus, ↑Vermählung.

beiläufig: ↑nebenbei, ↑ungefähr.

beilegen: ↑beifügen, ↑beimessen, ↑bereinigen.

Beilegung ↑Einigung.

beileibe: b. nicht ↑nein.

¹Beileid, Beileidsbezeigung, Anteilnahme, Kondolenz; ↑Mitgefühl, ↑Trost.

²Beileid: sein B. ausdrücken / aussprechen / bezeigen ↑kondolieren.

Beileidsbezeigung ↑Beileid.

Beileidsbrief ↑Schreiben.

¹Beileidskarte, Trauerkarte, Kondolenzkarte, Leidkarte *(schweiz.)*; ↑Nachricht.

²Beileidskarte ↑Schreiben.

Beileidsschreiben ↑Schreiben.

Beileidstelegramm ↑Schreiben.

beiliegen ↑koitieren.

beiliegend ↑anbei.

beimengen ↑beimischen.

Beimengung ↑Vermischung.

Beimengungen ↑Zutaten.

beimessen, beilegen; ↑zuschreiben.

beimischen, beimengen, beigeben, beifügen, zusetzen, zugeben, hinzugeben, zufügen, hinzufügen, einrühren, unterrühren, dranrühren *(ugs., landsch.)*, ranrühren *(ugs., landsch.)*, verschneiden *(Fachspr.)*; ↑mischen, ↑rühren, ↑vermischen (mit); ↑Vermischung.

Beimischung ↑Vermischung.

Beimischungen ↑Zutaten.

Bein: ↑Gliedmaße, ↑Knochen; kein B. ↑niemand; sich kein B. ausreißen ↑anstrengen (sich); es friert Stein und B. ↑frieren; alles, was -e hat ↑alle; -e kriegen ↑reif [sein], ↑verloren gehen; jmdm. -e machen ↑anstacheln; die -e in die Hand / unter den Arm nehmen ↑fortbewegen (sich); sich die -e in den Bauch stehen ↑warten; jmdm. ein B. stellen ↑umstoßen (jmdn.); die -e unter jmds. Tisch strecken ↑ernähren; sich die -e vertreten ↑spazieren gehen; jmdm. ein Klotz am B. sein ↑Last; ans B. binden ↑zahlen; wieder auf die -e bringen ↑gesund [machen]; auf die -e fallen ↑avancieren, ↑Glück [haben]; sich nicht mehr auf den -en halten können ↑krank [sein], ↑müde [sein]; wieder auf die -e kommen ↑gesund [werden]; früh auf den -en sein ↑aufstehen; auf eigenen -en stehen ↑selbstständig [sein]; etwas steht auf schwachen -en ↑unsicher [sein]; etwas auf die -e stellen ↑verwirklichen; durch Mark und B. gehend ↑laut; der Storch hat sie ins B. gebissen ↑schwanger [sein]; mit beiden -en auf der Erde stehen ↑realistisch [sein]; jmdm. Knüppel / einen Knüppel zwischen die -e werfen ↑einschränken.

beinahe, beinah, fast, etwas droht zu [+ Infinitiv, z. B. fallen], nahezu, bereits *(bes. schweiz.),* bald, um ein Haar *(ugs.),* um ein kleines, schier *(ugs.),* so gut wie *(ugs.),* praktisch, kaum, knapp; ↑einigermaßen, ↑selten, ↑ungefähr.

Beiname ↑Spitzname.

Beinbruch: das ist kein B. ↑schlimm.

beinhalten ↑einschließen.

beinhart ↑fest.

Beinkleid ↑Hose.

Beinvieh ↑Vieh.

Beintastler ↑Insekt.

beiordnen ↑verknüpfen.

Beipackzettel ↑Gebrauchsanweisung.

beipflichten ↑billigen.

Beirat ↑Berater.

beirren ↑verwirren.

beisammen ↑beieinander.

beisammenhaben: nicht alle b. ↑verrückt [sein].

Beisammensein: ↑Wiedersehen; [geselliges] B. ↑Runde.

beischießen ↑beitragen.

Beischlaf ↑Koitus.

Beischläfer, Lover, Ficker *(derb),* Beschäler, Zuchthengst *(ugs.);* ↑Geliebter, ↑Koitus, ↑koitieren.

Beischlafunfähigkeit ↑Impotenz.

beischließen ↑beifügen.

beiseite: b. bringen / legen ↑aufbewahren; b. bringen / schaffen ↑wegnehmen; b. lassen ↑aussparen; b. legen ↑sparen, ↑weglegen, ↑zurücklegen; b. schaffen ↑entfernen, ↑töten; b. stehen ↑teilnehmen; b. stellen ↑wegstellen.

Beisel ↑Gaststätte.

beisetzen ↑bestatten.

Beisetzung ↑Begräbnis.

Beisitzer ↑Schöffe.

Beispiel: ↑Exempel, ↑Vorbild; abschreckendes B. ↑Warnung; sich an jmdm. ein B. nehmen ↑nachahmen; ohne B. ↑beispiellos.

beispielgebend ↑vorbildlich.

beispielhaft ↑vorbildlich.

Beispielhaftigkeit ↑Musterhaftigkeit.

¹beispiellos, einmalig, einzig, einzigartig, ohne Beispiel, ohnegleichen, sondergleichen, noch nie da gewesen; ↑außergewöhnlich.

²beispiellos ↑vorbildlich.

Beispiellosigkeit ↑Musterhaftigkeit.

beispringen ↑eintreten (für).

¹beißen, zubeißen, zuschnappen *(ugs.),* bissig sein.

²beißen: ↑kauen, ↑kribbeln; etwas beißt sich ↑harmonieren; bei jmdm. auf Granit b. ↑unzugänglich [sein]; in den sauren Apfel b. ↑tun; ins Gras b. ↑sterben; ich könnte mir vor Wut in den Hintern b. ↑ärgerlich [sein]; da beißt sich die Katze / die Schlange in den Schwanz ↑Teufelskreis.

beißend: ↑durchdringend, ↑scharf, ↑schmerzhaft, ↑spöttisch, ↑würzig.

Beißer ↑Brechstange.

Beißerchen ↑Zahn.

Beißzange: ↑Frau, ↑Kneifzange.

Beistand: ↑Helfer, ↑Hilfe, ↑Stütze; seelischer B. ↑Lebenshilfe; B. leisten ↑helfen.

Beistandspakt ↑Abmachung.

beistehen: ↑helfen; jmdm. mit seinem Rat / mit Rat und Tat b. ↑beraten.

Beistellung ↑Beschaffung.

beisteuern ↑beitragen.

beistimmen ↑bejahen.

Beistrich ↑Satzzeichen.

Beitel ↑Stemmeisen.

¹Beitrag, Betrag, Summe, Spende, Opfer, Scherflein, Obolus, Kontingent; ↑Abgabe, ↑Ersatz, ↑Gabe, ↑Kollekte, ↑Vorrat; ↑beitragen.

²Beitrag: ↑Anteil, ↑Aufsatz, ↑Zeitungsartikel, ↑Zuschuss.

beitragen, beisteuern, zugeben, beischießen, hinzutun, sich einbringen, etwas von sich mitteilen / zum Einsatz (oder:) zur Geltung bringen; ↑spenden, ↑vervollständigen; ↑Beitrag.

beitreiben ↑kassieren.

Beitreibung ↑Eintreibung.

¹beitreten, eintreten, Mitglied werden, sich anschließen; ↑Beitritt.

²beitreten: das Beitreten ↑Beitritt.

Beitritt, Eintritt, das Eintreten / Beitreten, Mitgliedschaft; ↑beitreten.

Beiwerk ↑Beigabe.

beiwilligen ↑billigen.

beiwohnen: ↑koitieren, ↑teilnehmen.

Beiwohnung ↑Koitus.

Beiwort ↑Wortart.

Beiz ↑Gaststätte.

Beize ↑Gaststätte.

beizeiten ↑früh.

beizen ↑jagen.

Beizer ↑Wirt.

beiziehen ↑heranziehen.

Beizjagd ↑Jagd.

Bej ↑Anrede.

bejahen ↑billigen.

bejahend, bekräftigend, bestätigend, affirmativ; ↑befugt, ↑statthaft; ↑Erlaubnis, ↑billigen.

bejahrt ↑alt.

Bejahrtheit, Betagtheit, Alter; ↑Lebensabend, ↑Lebensalter.

bejammern ↑beklagen.

bejammernswert ↑kläglich.

bekakeln ↑erörtern.

bekämpfen ↑ankämpfen (gegen etwas), ↑bekriegen, ↑hindern.

Bekämpfung, Bekriegung, Befehdung, Kampf, Streit.

¹bekannt, wohl bekannt, namhaft, ausgewiesen, berühmt, prominent, anerkannt, weltbekannt, weltberühmt, von Weltruf / Weltgeltung / Weltrang, nicht ↑fremd; ↑angesehen, ↑anrüchig, ↑außergewöhnlich, ↑einheimisch · Ggs. ↑unbekannt; **b. sein,** ein Begriff sein; **sehr b. sein,** in aller Munde sein, die Spatzen pfeifen es von den Dächern, etwas ist ein offenes Geheimnis; **überall b. sein,** in aller Leute Munde sein, stadtbekannt sein, bekannt sein wie ein bunter Hund *(salopp);* **b. werden,** sich einen Namen machen, groß herauskommen *(ugs.),* im Kommen sein; ↑Bekanntheit, ↑Mittelpunkt [sein]; ↑verewigen (sich).

²bekannt: b. sein ↑kennen; nicht b. sein ↑fremd; etwas ist jmdm. b. ↑Gedächtnis; mit jmdm. gut b. sein ↑vertraut; wie b. ist ↑denn; b. werden ↑herumsprechen (sich); miteinander b. werden ↑kennen lernen; b. gemacht werden ↑kennen lernen; b. machen mit ↑aussagen.

Bekanntenkreis ↑Freundeskreis.

Bekannter ↑Geliebter.

¹bekanntermaßen, erfahrungsgemäß, bekanntlich; ↑denn.

²bekanntermaßen ↑denn.

Bekanntgabe ↑Mitteilung.

bekannt geben ↑mitteilen.

¹Bekanntheit, Berühmtheit, Weltberühmtheit, Weltruf, Weltgeltung, Weltrang, Namhaftigkeit, Prominenz, Angesehensein; ↑bekannt.

²Bekanntheit ↑Offenkundigkeit.

bekanntlich: b. ↑bekanntermaßen, ↑denn.

bekannt machen: ↑mitteilen, ↑veröffentlichen.

Bekanntmachung ↑Mitteilung.

Bekanntschaft: ↑Freundeskreis; jmds. B. machen ↑kennen lernen.

Bekassine ↑Vogel.

bekatern ↑erörtern.

bekaufen: sich b. ↑kaufen.

bekehren: ↑überreden; sich b. ↑bessern (sich), ↑konvertieren.

Bekehrter, Konvertit, Proselyt; ↑Abtrünniger, ↑Ketzer; ↑konvertieren, ↑überwechseln.

¹Bekehrung, Umkehr, Neubeginn; ↑Konversion, ↑Läuterung, ↑Selbstbesinnung.

²Bekehrung ↑Konversion.

bekennen: ↑gestehen; Farbe b. ↑gestehen; sich b. zu ↑eintreten (für); sich nicht zu jmdm. / etwas b. ↑verleugnen.

Bekenner ↑Märtyrer.

¹Bekenntnis, Geständnis, Offenbarung, Konfession, Eingeständnis, Beichte · *das nicht der inneren Einstellung entspricht:* Lippenbekenntnis; ↑Läuterung, ↑Lehre, ↑Zugeständnis; ↑gestehen.

²Bekenntnis: ↑Glaube, ↑Steuererklärung.

Bekenntnisdichtung ↑Dichtung.

Bekenntnisfreiheit ↑Freiheit.

Bekenntnisschule ↑Schule.

¹beklagen, bedauern, bejammern, betrauern, beweinen, beseufzen, nachtrauern, nachweinen; ↑mitfühlen; **nicht b.,** jmdm. / einer Sache keine Träne nachweinen *(ugs.).*

²beklagen: sich b. ↑beanstanden.

beklagenswert ↑kläglich.

beklagenswürdig ↑kläglich.

Beklagter ↑Angeklagter.

beklatschen ↑applaudieren.

bekleben: ↑verbinden, ↑zukleben.

bekleckern: ↑beschmutzen; sich b. ↑besudeln (sich).

beklecksen: ↑beschmutzen; sich b. ↑besudeln (sich).

bekleiden: ↑anziehen, ↑innehaben.

¹bekleidet (mit), angetan (mit) · behost *(scherzh.)* · beschuht *(scherzh.)* · bestrumpft *(scherzh.)* · befrackt *(scherzh.)* · berockt *(scherzh.);* ↑anhaben.

²bekleidet: b. sein mit ↑anhaben.

Bekleidung ↑Kleidung.

Bekleidungsstrand ↑Textilstrand.

beklemmend ↑unheimlich.

Beklemmung ↑Angst.

beklieren ↑beschreiben.

beklommen ↑ängstlich.

Beklommenheit ↑Angst.

bekloppt: b. sein ↑verrückt [sein].

beknien ↑bitten.

bekochen ↑ernähren.

bekohlen ↑lügen.

¹bekommen, erhalten, kriegen, teilhaftig werden; **nichts b.,** leer ausgehen, schlechte Karten haben, alt aussehen *(ugs.),* das Nachsehen haben, in den Mond / in die Röhre gucken, totgeteilt werden; **nichts b. können,** ausgeschlossen sein, zusehen müssen · *obgleich es in greifbarer Nähe ist:* Tantalusqualen leiden; ↑zurückstehen, ↑zustehen.

²bekommen: ↑verdienen; etwas [angeboten] b. ↑Passiv; etwas zu hören b. ↑schelten; Beine b. ↑verloren gehen; als Draufgabe b. ↑zubekommen; Farbe b. ↑gebräunt [werden]; Frost b. ↑erfrieren; kalte Füße b. ↑Angst [bekommen]; eine Erektion b. ↑steif [werden]; eine Geschlechtskrankheit b. ↑Geschlechtskrankheit; ein Gesicht b. ↑profilieren (sich); Kontakt mit jmdm. b. ↑Kontakt [mit jmdm. finden]; Kraft b. ↑kräftigen (sich); eine Krankheit b. ↑krank [werden]; nichts b. ↑leer [ausgehen]; Post b. ↑Nachricht [erhalten]; einen Schreck[en] b. ↑erschrecken; Unannehmlichkeiten b. ↑Unannehmlichkeiten; seinen Willen b. ↑durchsetzen (sich); als Zugabe b. ↑zubekommen; etwas bekommt jmdm. ↑bekömmlich [sein]; jmdn. b. ↑bekommen; unter Kontrolle b. ↑beikommen; zu Gesicht b. ↑sehen; zur Antwort b. ↑antworten.

¹bekömmlich, zuträglich, verträglich, gesund, labend, leicht / gut verdaulich, leicht, nicht schwer; ↑essbar, ↑gesund, ↑nahrhaft, ↑nützlich.

↑ungefährlich · Ggs. ↑unverdaulich; **schwer b.,** schwer verdaulich, wehrsam *(landsch.)*, mächtig *(landsch.)*; **b. sein,** vertragen, etwas bekommt jmdm.; **schwer b. sein,** schwer / wie Blei im Magen liegen *(ugs.)*; ↑essen; ↑Fett, ↑Unschädlichkeit.

²**bekömmlich:** nicht b. ↑unverdaulich.

Bekömmlichkeit ↑Unschädlichkeit.

beköstigen ↑ernähren.

Beköstigung ↑Ernährung.

bekrabbeln: sich [wieder] b. ↑gesund [werden].

bekräftigen: ↑beglaubigen, ↑festigen; durch Eid b. ↑beschwören.

bekräftigend ↑bejahend.

bekräftigt ↑bezeugt.

¹**Bekräftigung,** Bestätigung, Versicherung, Beglaubigung, Bezeugung, das Bescheinigen; ↑Berechtigung, ↑Bevollmächtigung, ↑Erlaubnis; ↑anerkennen, ↑beglaubigen.

²**Bekräftigung** ↑Erlaubnis

bekrakeln ↑beschreiben.

bekränzen, mit Kränzen schmücken, jmdm. einen Kranz aufs Haupt setzen; ↑schmücken.

bekreuzigen (sich), das Kreuz schlagen / *(ugs.)* machen, das Kreuzzeichen machen; ↑Frömmigkeit.

bekriegen, bekämpfen, befehden, Krieg führen gegen, in Fehde liegen mit, das Kriegsbeil ausgraben *(scherzh.)*; ↑ankämpfen (gegen etwas) · Ggs. ↑Frieden.

Bekriegung ↑Bekämpfung.

bekritteln ↑beanstanden.

bekritzeln ↑beschreiben.

Bekrönung ↑Aufbau.

¹**bekümmern,** bedrücken, beunruhigen, quälen, betrüben, jmdm. Kummer machen / bereiten, jmdm. Sorge machen / bereiten, jmdm. zu schaffen machen, jmdm. [schwer] im Magen liegen, jmdm. mit Kummer / Sorge erfüllen, jmdm. Kopfzerbrechen machen / bereiten, ein Nagel zu jmds. Sarg sein, etwas bricht jmdm. das Herz / drückt jmdm. [fast] das Herz ab; ↑Leid.

²**bekümmern:** etwas bekümmert jmdn. ↑ärgern; sich nicht um etwas b. ↑vernachlässigen (etwas).

Bekümmernis ↑Trauer.

bekümmert ↑schwermütig; bekümmert sein ↑sorgen (sich).

Bekümmertheit ↑Trauer.

¹**bekunden,** erkennen lassen, an den Tag legen, zeigen, zum Ausdruck bringen, dartun, dokumentieren, kundgeben, offenbaren; ↑aufweisen, ↑mitteilen; ↑Bekundung.

²**bekunden:** Dank b. ↑danken.

Bekundung, Ausdruck, Zeichen, Kundgabe, das Dartun *(geh.)*; ↑Mitteilung; ↑bekunden.

belächeln ↑lachen.

belachen ↑lachen.

¹**beladen,** schwer beladen, [schwer] bepackt, [voll] bepackt, mit Sack und Pack; ↑laden, ↑tragen.

²**beladen** ↑laden.

Beladung ↑Verladung.

¹**Belag,** Überzug · *durch Oxidieren auf Eisen und Stahl entstehender:* Rost · *auf Kupfer entstehender:* Patina, Edelrost · *auf Kupfer und Messing entstehender:* Grünspan; ↑rostig.

²**Belag:** ↑Brotbelag, ↑Teppichboden.

belagern, einschließen, einkesseln, einkreisen, umzingeln; ↑Belagerung.

Belagerung, Einschließung, Einkesselung, Einkreisung, Umzingelung, Blockade; ↑Ausnahmezustand; ↑belagern.

Belagerungskrieg ↑Krieg.

Belagerungszustand ↑Ausnahmezustand.

Belami ↑Frauenheld.

belämmert ↑dumm, ↑unerfreulich.

Belang: ohne B. ↑unwichtig.

Belange, Angelegenheiten, Interessen.

belangen, gerichtlich belangen, eine gerichtliche Untersuchung anordnen, verklagen, zur Rechenschaft / zur Verantwortung ziehen, verantwortlich machen; ↑anzeigen, ↑bestrafen, ↑verraten; **nicht b. können,** selber Dreck am Stecken haben, eine gemeinsame Leiche im Keller haben.

belanglos ↑unwichtig.

Belanglosigkeit ↑Bedeutungslosigkeit.

belangvoll ↑wichtig.

belassen, lassen; ↑ruhen lassen.

Belastbarkeit ↑Durchsetzungskraft.

belasten ↑anlasten.

belastend: ↑gravierend; als b. empfinden ↑schwer nehmen.

belastet ↑schuldig.

belästigen: ↑behelligen; etwas belästigt jmdn. ↑ärgern.

¹**Belästigung,** Plage, Quälerei, Sekkatur *(österr.)*, Sekkiererei *(ugs., österr.)*; ↑Misshandlung.

²**Belästigung** ↑Zudringlichkeit.

Belastung: ↑Anstrengung, ↑Beschuldigung.

Belastungsmaterial ↑Nachweis.

Belastungsprobe ↑Anstrengung.

Belastungszeuge ↑Zeuge.

belatschern ↑überreden.

belaubt, begrünt, grün, beblättert, blattreich.

Belaubung ↑Laub.

belauern: ↑auflauern, ↑beobachten.

belaufen: sich b. auf ↑betragen.

belauschen ↑beobachten.

beleben ↑anregen.

belebend ↑anregend.

¹**belebt,** verkehrsreich, lebhaft, bevölkert; ↑Straßenverkehr, ↑Verkehrsteilnehmer.

²**belebt** ↑lebendig.

¹**Beleg,** Quelle, Zitat; ↑Zitat.

²**Beleg** ↑Bescheinigung.

belegbar, belegt, aktenkundig, urkundlich, nachweisbar, beweisbar, beweisfähig; ↑nachweislich, ↑stichhaltig.

¹**belegen:** ↑Anspruch [geltend machen], ↑ko-

itieren, ↑nachweisen; eine Vorlesung belegt haben ↑Unterricht [erhalten]; mit Beschlag b. ↑beanspruchen

²belegen (Adjektiv): ↑befindlich.

Belegschaft ↑Arbeitnehmer.

Belegschaftsaktie ↑Wertpapier.

belegt: ↑belegbar, ↑besetzt, ↑bezeugt, ↑wahr; -es Brot / Brötchen ↑Sandwich; mit -er Stimme ↑heiser.

belehren: ↑lehren; [jmdn. eines anderen / eines Besseren b.] ↑berichtigen.

belehrend ↑informativ.

Belehrung ↑Weisung.

beleibt ↑dick.

Beleibtheit ↑Fettleibigkeit.

beleidigen: ↑kränken; etwas beleidigt den Gaumen ↑schmecken.

beleidigend, verletzend, kränkend, gehässig, ehrenrührig, unzumutbar; ↑böse, ↑ehrlos, ↑gegnerisch, ↑schadenfroh, ↑spöttisch; **b. sein:** etwas ist beleidigend, etwas ist ein Schlag ins Gesicht / ein Affront; ↑Beleidigung.

beleidigt: die -e Leberwurst spielen ↑gekränkt [sein].

¹Beleidigung, Beschimpfung, Tort, üble / böse Nachrede, Diskriminierung, Verleumdung, Rufmord, Verunglimpfung, Schmähung, Invektive, Erniedrigung, Kränkung, Affront, Injurie, Insult, Insultierung (bes. österr.), Diffamie · durch Worte: Verbalinjurie · Gottes: Gotteslästerung, Blasphemie; ↑Angriff, ↑Bloßstellung, ↑Fluch, ↑Nichtachtung, ↑Spitze, ↑Verstoß; ↑kränken.

²Beleidigung: eine B. fürs Auge sein ↑hässlich [aussehen].

Beleidigungsklage ↑Anklage.

beleihen, eine Beleihung / ein Darlehen / eine Hypothek geben; ↑Anleihe.

Beleihung: eine B. geben ↑beleihen.

belesen: ↑firm, ↑gebildet.

Beletage ↑Geschoss.

beleuchten: ↑bescheinen, ↑beurteilen; kritisch b. ↑überprüfen.

beleuchtet, erleuchtet, erhellt, hell, hell erleuchtet, taghell erleuchtet, lichtdurchflutet, von Licht durchflutet, angestrahlt; ↑Lampe, ↑Licht; ↑leuchten.

Beleuchtung, Licht; ↑Lampe, ↑Licht.

Beleuchtungskörper ↑Lampe.

beleumdet: übel b. ↑anrüchig.

belfern: ↑Laut, ↑schelten.

belichten ↑bescheinen.

belieben: ↑billigen; wie -? ↑bitte.

Belieben: nach B. ↑beliebig.

beliebig, irgendein, nach Wunsch / Wahl / Gutdünken / (schweiz.) Gutfinden / Belieben / jmds. Ermessen, ad libitum, wunschgemäß; ↑Ansicht.

¹beliebt, umschwärmt, gern gesehen, wohlgelitten; ↑sympathisch · Ggs. ↑unbeliebt; **b. sein,** Hahn im Korb / Persona grata / Persona gratis-

sima / Anziehungspunkt / Mittelpunkt sein, Speck in der Tasche haben (ugs.); ↑Beliebtheit, ↑Mittelpunkt, ↑Unterhalter.

²beliebt ↑angenehm.

Beliebtheit, Popularität, Volkstümlichkeit · das Bad in der Menge; ↑Anhänger, ↑Berühmtheit, ↑Publikumsliebling, ↑Unterhalter; ↑beliebt.

beliefern ↑liefern.

Belieferung ↑Lieferung.

Belle Époque, die goldenen Zwanzigerjahre, die goldenen Zwanziger, die Roaring / Golden Twenties; ↑Atomzeitalter, ↑Gegenwart, ↑Geschichtsepoche, ↑Gründerzeit, ↑Vergangenheit.

¹bellen, kläffen (abwertend), anschlagen, Laut geben, blaffen, knurren, winseln, jaulen, heulen; ↑schelten; ↑Hund, ↑Laut.

²bellen: ↑husten, ↑schelten.

Belletristik ↑Literatur.

Bello ↑Hund.

beloben ↑loben.

belobigen ↑loben.

Belobigung ↑Lob.

Belobung ↑Lob.

belohnen, lohnen, belöhnen (schweiz.), vergelten, entschädigen, sich erkenntlich zeigen / erweisen, wieder gutmachen, sich revanchieren, ausgleichen, wettmachen; ↑danken, ↑einstehen (für), ↑loben, ↑zahlen; ↑Belohnung · Ggs. ↑bestrafen.

belöhnen ↑belohnen.

¹Belohnung, Lohn, Vergeltung, Erkenntlichkeit, Dank, Anerkennung · für die Aufklärung eines Verbrechens: Auslobung (jurist.); ↑belohnen.

²Belohnung: ↑Abfindung; eine B. aussetzen ↑versprechen.

beluchsen ↑beobachten.

belüften: ↑klimatisieren, ↑lüften.

Belüftung, Lüftung, Luftzufuhr, Luftzuführung, Luftschacht; ↑Ventilator, ↑lüften.

belügen ↑lügen.

¹belustigen: etwas belustigt / amüsiert / lächert jmdn., etwas erregt jmds. Heiterkeit; ↑erfreuen.

²belustigen ↑erfreuen.

belustigt: b. sein ↑lustig [sein].

Belustigung ↑Unterhaltung.

Belutsch ↑Orientteppich.

Belzenickel: ↑Knecht Ruprecht, ↑Nikolaus.

Belzernickel: ↑Knecht Ruprecht, ↑Nikolaus.

Belznickel: ↑Knecht Ruprecht, ↑Nikolaus.

bemächtigen: sich jmds. b. ↑befallen; sich einer Sache b. ↑nehmen.

bemäkeln ↑beanstanden.

bemalen ↑anmalen.

Bemalung ↑Malerei.

bemängeln ↑beanstanden.

Bemängelung ↑Vorwurf.

bemänteln ↑beschönigen.

Bemäntelung ↑Beschönigung.
Bembel ↑Kanne.
Bembelkrug ↑Kanne.
bemerkbar: sich b. machen ↑winken.
¹bemerken, feststellen, entdecken, konstatieren, registrieren, jmdm. etwas anmerken / ansehen, jmdm. etwas an der Nase / Nasenspitze ansehen; ↑beobachten, ↑erkennen, ↑sprechen, ↑unterdrücken.
²bemerken: ↑Acht geben, ↑wahrnehmen; bemerkt werden ↑auffallen; einleitend b. ↑vorausschicken; nebenbei bemerkt ↑übrigens; nicht b. ↑übersehen.
bemerkenswert: ↑interessant, ↑sehr.
¹Bemerkung, Feststellung, Randbemerkung, Anmerkung, Kommentar, Glossen; ↑Darlegung, ↑Feststellung; **eine B. zu etwas machen,** seinen Kommentar zu etwas geben, etwas kommentieren, überall seinen Senf dazugeben müssen *(abwertend)*; ↑äußern (sich).
²Bemerkung: ↑Darlegung; [spitze] B. ↑Spitze.
bemessen ↑messen.
Bemessung ↑Zuteilung.
bemitleiden, Mitleid haben / empfinden mit, jmdn. bedauern; ↑mitfühlen, ↑trösten.
bemitleidenswert ↑kläglich.
bemitleidenswürdig ↑kläglich.
bemittelt ↑reich.
Bemme ↑Schnitte.
bemoost: -es Haupt ↑Student.
¹bemühen (sich um), sich bewerben um, buhlen um, sich interessieren für, interessiert sein an, Wert legen auf, sich interessiert zeigen · *um die Gunst der Wähler:* auf Stimmenfang gehen; ↑bitten, ↑verlangen, ↑verlieben (sich), ↑vorfühlen, ↑wünschen; ↑Bewerbungsschreiben, ↑Wähler.
²bemühen: sich b. ↑anstrengen; eifrig bemüht ↑beflissen; bemüht sein ↑bestreben (sich); jmdn. b. ↑bitten.
bemühend ↑unerfreulich.
Bemühung ↑Anstrengung.
bemuttern ↑kümmern (sich um jmdn.).
benachbart ↑nahe.
benachrichtigen ↑mitteilen.
Benachrichtigung ↑Nachricht.
benachteiligen: ↑diskriminieren; benachteiligt werden ↑zurückstehen.
benachteiligt ↑vernachlässigt.
Benachteiligung, Zurücksetzung, Vernachlässigung, Übervorteilung, Übertölpelung *(abwertend)*; ↑Betrug, ↑Nichtachtung; ↑vernachlässigt.
benamsen ↑bezeichnen (als).
benamst ↑genannt.
benannt ↑genannt.
benebelt ↑betrunken.
Benediktiner ↑Alkohol, ↑Mönchsorden.
Benediktinerorden ↑Mönchsorden.
Benefiz, ↑Wohltätigkeitsveranstaltung.
Benefizveranstaltung ↑Wohltätigkeitsveranstaltung.

¹benehmen (sich), sich verhalten / geben / zeigen / betragen / aufführen / gehaben / gebärden / gebaren / gerieren, auftreten, sein · *gut, richtig:* Lebensart haben / zeigen, Schliff haben *(ugs.);* ↑etabliert, ↑höflich · *schlecht, falsch:* keine gute Kinderstube gehabt haben, im D-Zug durch die Kinderstube gefahren / gerast sein, einen Fauxpas begehen, entgleisen, aus der Rolle fallen, sich vorbeibenehmen / danebenbenehmen, sich im Ton vergreifen, sich benehmen wie die Axt im Walde; ↑kränken; ↑tölpelhaft, ↑unhöflich · *ungeschickt:* Porzellan zerschlagen *(ugs.);* ↑Benehmen, ↑Fehler.
²benehmen: sich b. wie ein Elefant im Porzellanladen ↑tölpelhaft [sein].
¹Benehmen, Betragen, Konduite *(veraltet)*, Allüren, Starallüren, Auftreten, Haltung, Gebaren, Anstand, Lebensart, Erziehung, Kinderstube, Umgangsformen, Manieren, Weltläufigkeit, Wohlverhalten, Verhalten, Benimm *(ugs.)*, Schliff, Zucht, Disziplin, Ordnung · *förmliches, vorgeschriebenes:* Etikette, Protokoll, Zeremoniell · *unechtes, geziertes, albernes:* Getue *(abwertend)*, Gehabe *(abwertend)* · *sehr auf äußere Wirkung gerichtetes:* Imponiergehabe[n] *(abwertend)* · *vorsichtiges:* Eiertanz; ↑Brauch, ↑Einordnung, ↑Lebensweise, ↑Niveau, ↑Sitte; ↑benehmen (sich); ↑diszipliniert, ↑formell, ↑pädagogisch.
²Benehmen: kein B. haben ↑unhöflich [sein]; ohne [jedes] B. ↑unhöflich.
beneiden ↑neiden.
benennen: ↑anreden, ↑bezeichnen, ↑taufen.
Benennung ↑Begriff.
benetzen: ↑nass [machen], ↑sprengen.
Bengalenland, Bangladesch, Ostpakistan *(hist.)*, Ost-Bengal *(hist.)*.
bengalisch: -es Feuer ↑Feuerwerkskörper.
Bengalrose ↑Rose.
Bengel: ↑Junge, ↑Penis, ↑Stock; den B. [zu hoch] werfen ↑fordern.
benigne: ↑gutartig; -r Tumor ↑Geschwulst.
Benimm ↑Benehmen.
Benjamin ↑Jüngster.
Benne ↑Schubkarre.
benommen, betäubt, dumpf, taumlig, schwindlig, schwumm[e]rig *(landsch.)*, rammdösig *(landsch.)*, sturm *(schweiz.)*, zwirbelig *(schweiz.);* ↑müde, ↑ohnmächtig; ↑betäuben.
Benommenheit, Schwindel, Betäubtheit, Dumpfheit · *starke:* Sopor; ↑Bewusstlosigkeit, ↑Bewusstseinstrübung, ↑Schläfrigkeit.
benoten ↑zensieren.
benötigen ↑brauchen.
Benotung ↑Zensur.
benummern ↑nummerieren.
benutzen: ↑anwenden, ↑gebrauchen, ↑heranziehen, ↑verarbeiten; wenig b. ↑schonen; zum ersten Mal b. ↑gebrauchen.
benützen ↑heranziehen.
Benutzung: in B. haben / nehmen ↑gebrauchen.

Benutzungsvorschrift ↑Gebrauchsanweisung.

benzen ↑bitten.

Benzenickel: ↑Knecht Ruprecht, ↑Nikolaus.

Benzin ↑Treibstoff.

Benzinesel ↑Auto.

Benzinfass ↑Fass.

Benzinfeuerzeug ↑Feuerzeug.

Benzinkutsche ↑Auto.

Benzinpumpe ↑Tanksäule.

¹beobachten, beschatten, bespitzeln, bewachen, überwachen, verfolgen, im Auge behalten, nicht aus den Augen verlieren / lassen, unter Aufsicht stellen, beluchsen *(ugs.),* jmdm. auf die Finger sehen / gucken, jmdn. aufs Korn / unter die Lupe nehmen, jmdn. auf dem Kieker haben *(salopp),* belauern, lauschen, belauschen; **beobachtet werden,** unter Aufsicht / Kontrolle stehen, der Überwachung unterliegen; ↑Acht geben, ↑beaufsichtigen, ↑behüten, ↑bemerken, ↑blicken, ↑nachforschen, ↑überwachen, ↑zuschauen; ↑Abhörgerät, ↑Überwachung, ↑Zeuge.

²beobachten: ↑Acht geben, ↑ansehen, ↑sehen, ↑überwachen.

Beobachter: ↑Berichter, ↑Zuschauer.

Beobachtung ↑Überwachung.

Beobachtungsaufsatz ↑Schulaufsatz.

¹beordern, berufen, bestellen, rufen, [zu sich] bitten, kommen lassen, [zu sich] bescheiden, laden, vorladen, [vor jmdn.] zitieren, jmdn. zu sich entbieten *(geh.);* ↑anordnen, ↑bestellen, ↑einladen, ↑ernennen; ↑Vorladung.

²beordern ↑abordnen.

bepacken: ↑laden; bepackt ↑beladen.

bepflanzen ↑bebauen.

Bepflanzung ↑Bebauung.

bepinseln ↑anmalen.

bepudern ↑pudern.

bepummeln ↑verwöhnen.

bequem: ↑behaglich, ↑faul, ↑mühelos; b. sein ↑nützlich [sein]; sichs b. machen ↑ausziehen.

bequemen: sich b. ↑entgegenkommen.

¹Bequemlichkeit, Annehmlichkeit, Behaglichkeit, Komfort; ↑Gemütlichkeit; ↑behaglich, ↑gemütlich.

²Bequemlichkeit: ↑Leichtigkeit; mit B. ↑mühelos.

berappen ↑zahlen.

¹beraten, anraten, raten, einen Rat geben / erteilen, jmdm. mit seinem Rat / mit Rat und Tat beistehen; ↑beratschlagen, ↑helfen.

²beraten: [sich b.] ↑beratschlagen; schlecht b. sein ↑irren (sich).

¹Berater, Ratgeber, Mentor, Tutor, Anleiter, Vordenker, Beirat; ↑Ausschuss, ↑Freund, ↑Fürsprecher, ↑Gönner, ↑Instrukteur, ↑Schrittmacher; ↑helfen.

²Berater ↑Helfer.

beratschlagen, ratschlagen, [sich] beraten, Kriegsrat halten *(scherzh.),* gemeinsam überlegen; ↑beraten.

Beratschlagung ↑Gespräch.

Beratung ↑Tagung.

berauben: ↑bestehlen, ↑wegnehmen; der Kleider b. ↑ausziehen; der Sehkraft b. ↑blind [machen]; der Manneskraft b. ↑kastrieren.

Beraubung ↑Diebstahl.

berauschen ↑begeistern.

berauschend: ↑alkoholhaltig; nicht b. ↑mäßig.

berauscht: ↑begeistert, ↑betrunken.

Berauschter ↑Betrunkener.

Berber ↑Vagabund.

Berceuse ↑Lied.

berechenbar ↑absehbar.

berechnen: ↑ausrechnen, ↑messen.

berechnend ↑eigennützig.

Berechnung: ↑Kalkulation, ↑Kalkül, ↑Selbstsucht; mit in die / in seine -en einbeziehen ↑mitrechnen.

berechtigen: etwas berechtigt jmdn. ↑ermächtigen.

berechtigt: ↑befugt; b. sein ↑Richtigkeit.

berechtigterweise ↑füglich.

¹Berechtigung, Befugnis, Vollmacht, Auftrag, Generalvollmacht, Pleinpouvoir, Blankovollmacht, Machtvollkommenheit, Verfügungsgewalt, Bevollmächtigung, Ermächtigung, Autorisierung, Autorisation, Recht; ↑Anspruch, ↑Ausweis, ↑Bekräftigung, ↑Bevollmächtigung, ↑Copyright, ↑Erlaubnis, ↑Recht, ↑Zugeständnis, ↑Zuständigkeit; ↑ermächtigen; ↑rechtmäßig.

²Berechtigung: die B. geben ↑ermächtigen.

bereden: ↑erörtern, ↑überreden, ↑schlecht machen.

beredsam ↑beredt.

Beredsamkeit: [forensische] B. ↑Redegewandtheit.

beredt, beredsam, zungenfertig, wortgewandt, redegewandt, sprachgewaltig, redegewaltig, eloquent, deklamatorisch; ↑einleuchtend, ↑geistreich, ↑gesprächig; ↑Redegewandtheit, ↑Rhetorik, ↑Tirade.

beregnen ↑sprengen.

Beregnung ↑Berieselung.

¹Bereich, Sparte, Sphäre, Sektor, Sektion, Ressort, Gebiet, Fachgebiet, Abteilung, Distrikt, Branche, Geschäftszweig, Wirtschaftszweig · *in einer Hochschule:* Fakultät, Fachbereich · Fachrichtung, Disziplin; ↑Gebiet.

²Bereich: ↑Gebiet; etwas liegt im B. der Möglichkeiten ↑möglich [sein].

¹bereichern (sich), sich Vorteile verschaffen, sich die Taschen füllen, in die eigene Tasche arbeiten / wirtschaften, sein Süppchen am Feuer anderer kochen; ↑betrügen, ↑übrigen; ↑Profit [machen].

²bereichern: ↑anreichern; sich b. ↑habgierig [sein].

bereinigen, schlichten, beilegen, Frieden / einen Burgfrieden schließen, das Kriegsbeil / den Zwist begraben, die Friedenspfeife rauchen *(scherzh.)*, Urfehde schwören *(geh.)*, ins Reine / in Ordnung / ins Lot bringen, etwas kommt in Ordnung, [einen Streit] aus der Welt schaffen, aussöhnen, versöhnen, einrenken, zurechtrücken, geradebiegen *(salopp)*, zurechtbiegen *(salopp)*, hinbiegen *(salopp)*, ausbügeln *(salopp)*, ↑berichtigen, ↑beruhigen, ↑bewerkstelligen, ↑eingreifen, ↑einigen (sich), ↑übereinkommen.

bereisen, befahren, besuchen, reisen durch, trampen durch, durchqueren, durchreisen, durchkreuzen, durchziehen, durchwandern, durchstreifen; ↑reisen; ↑Reise.

¹bereit, gewillt, geneigt, gesonnen, willig, gutwillig, gefügig, gefüge, willfährig; ↑artig, ↑bereitwillig, ↑gefällig, ↑willensschwach, ↑zielstrebig; **b. sein,** in der Lage sein, sich jmdm. / einer Sache gewachsen fühlen, willens / erbötig sein, wollen, Lust haben; **nicht b. sein,** keine Lust mehr haben, jmdm. ist der Appetit vergangen; verweigern (sich jmdm.); ↑ärgerlich [sein]; ↑Bereitschaft.

²bereit: ↑verfügbar; ohne weiteres b. ↑bereitwillig.

bereiten: ↑anfertigen, ↑kochen; etwas bereitet jmdm. Kummer / schlaflose Nächte ↑sorgen (sich); jmdm. Kummer / Sorge b. ↑bekümmern; jmdm. ein Morgarten b. ↑besiegen; Schmerz b. ↑schmerzen; etwas bereitet Schwierigkeiten ↑schwierig [sein].

bereitliegen ↑ausliegen.

¹bereits, schon, [schon] längst / lange; ↑damals, ↑vorher.

²bereits ↑beinahe.

¹Bereitschaft, Bereitwilligkeit, Willigkeit, Willfährigkeit; ↑bereit.

²Bereitschaft: in B. haben ↑haben.

Bereitschaftsarzt ↑Arzt.

Bereitschaftsdienst, Tagesdienst, Journaldienst *(österr.)*, Nachtdienst, Sonntagsdienst.

Bereitschaftspolizei ↑Polizeibehörde.

bereitstellen, vorbereiten, anbieten, bieten; ↑erwähnen, ↑geben, ↑planen; ↑verfügbar.

¹bereitwillig, ohne Zögern, ohne zu zögern / zu überlegen, gern / ohne weiteres bereit; ↑bereit.

²bereitwillig ↑anstandslos.

Bereitwilligkeit ↑Bereitschaft.

Berenice: Haupthaar der B. ↑Sternbild.

berenten ↑pensionieren.

¹bereuen, Reue empfinden, in sich gehen, etwas reut / gereut jmdn., etwas tut / ist jmdm. Leid, etwas bedauern; untröstlich / traurig / betrübt sein, dass ...; sich an die Brust schlagen, sein Haupt mit Asche bestreuen, sich Asche aufs Haupt streuen; ↑bessern (sich), ↑einstehen (für), ↑entschuldigen; ↑Entschuldigung, ↑Schuldgefühl.

²bereuen ↑bedauern.

¹Berg, Gebirge, Bergmassiv, Bergrücken, Massiv, Hügel, Buckel, Bühel *(oberd.)*, Anhöhe, Steigung, Erhebung, Mugel *(ugs., österr.)*, Höhe; ↑Abhang, ↑Gipfel, ↑Grat; ↑bergig.

²Berg: ein B. von ↑Aufschwung; Feuer speiender B. ↑Vulkan; bis dahin fließt noch viel Wasser den B. hinab / hinunter ↑dauern; mit der Wahrheit nicht hinterm B. halten ↑aufrichtig [sein]; über alle -e sein ↑weg [sein]; über den B. bringen ↑gesund [machen]; überm / übern B. sein ↑Schwierigkeit, ↑überstanden; wie der Ochs vorm B. stehen ↑ratlos [sein]; jmdm. stehen die Haare zu -e ↑betroffen [sein].

bergab: ↑abwärts; b. gehen / steigen / klettern ↑hinuntergehen.

bergabwärts: b. gehen / steigen / klettern ↑hinuntergehen.

Bergakademie ↑Hochschule.

Bergama ↑Orientteppich.

Bergamasca ↑Tanz.

bergan: ↑aufwärts; b. gehen / steigen / klettern ↑hinaufgehen.

bergauf: ↑aufwärts; b. gehen / steigen / klettern ↑hinaufgehen.

bergaufwärts: b. gehen / steigen / klettern ↑hinaufgehen.

Bergbahn ↑Verkehrsmittel.

Bergbauer ↑Bergbewohner.

Bergbewohner, Gebirgler, Bergler, Älpler, Bergbauer; ↑Bauer.

bergen: ↑retten; in sich b. ↑aufweisen.

Bergendahlbindung ↑Skibindung.

Bergfest ↑Fest.

Bergfeste ↑Burg.

Bergfreund ↑Bergsteiger.

Bergfried ↑Turm.

Berggipfel ↑Gipfel.

Berghütte, Hütte, Baude *(landsch.)*, Almhütte; ↑Alpinistik, ↑Bergsteiger.

bergig, gebirgig, alpin, hüg[e]lig, wellig; ↑alpin, ↑buckelig; ↑Berg.

Bergingenieur ↑Ingenieur.

Bergkraxler ↑Bergsteiger.

Bergkristall ↑Schmuckstein.

Bergkuppe ↑Gipfel.

Bergler ↑Bergbewohner.

Bergmann, Kumpel, Hauer, Häuer, Knappe, Steiger, Mineur; ↑Bergwerk, ↑Grubenlampe.

Bergmannssprache ↑Gruppensprache.

Bergmassiv ↑Berg.

Bergpartie ↑Spaziergang.

Bergrücken ↑Berg.

Bergrutsch ↑Erdrutsch.

Bergschlucht ↑Schlucht.

Bergschuh ↑Schuh.

Bergspitze ↑Gipfel.

Bergsteigen: ↑Alpinistik, ↑Klettern.

Bergsteiger, Bergkraxler *(ugs.)*, Gipfelstürmer, Kletterer, Bergfreund, Alpinist, Hochtourist; ↑Alpinistik, ↑Berghütte, ↑Klettern.

Bergstock ↑Spazierstock.

Bergsturz ↑Erdrutsch.

Bergtour ↑Spaziergang.

Bergübergang ↑Pass.

Berg-und-Tal-Bahn: ↑Achterbahn, ↑Karussell.

Bergung ↑Rettung.
Bergungsschlitten ↑Schlitten.
Bergwanderung ↑Spaziergang.
bergwärts ↑aufwärts.
Bergwerk, Hütte, Montan-, Grube, Zeche, Mine, Stollen, Gang; ↑Bergmann.
Bergwiese, Bergweide, Alpweide, Stafel *(schweiz.)*, Matte *(schweiz.)*, Mahd *(österr., schweiz.)* · *im Frühling:* Maiensäß *(schweiz.)*; ↑Wiese.
Bergwind ↑Wind.
Beriberi, Vitamin-B₁-Mangel-Krankheit, Vitamin-B₁-Avitaminose, Avitaminose B₁, Kacke, Inchacao *(selten)*, Perneiras *(selten)*, Loempe *(selten)*; ↑Avitaminose.
¹Bericht, Rapport, Bulletin, Report, Dokumentarbericht, Bericht zur Lage, Lagebericht, Situationsbericht, Reportage, Sportreportage, Sportbericht, Reisereportage, Reisebericht · *unglaubhafter, der abschreckend wirken soll:* Schauergeschichte, Schauermärchen; ↑Beschreibung, ↑Chronik, ↑Darlegung, ↑Direktsendung, ↑Fernsehsendung, ↑Lügenmärchen, ↑Mitteilung, ↑Niederschrift, ↑Rundfunksendung, ↑Zeitungsartikel.
²Bericht: ↑Protokoll; B. erstatten / geben ↑mitteilen.
berichten ↑mitteilen.
Berichter, Berichterstatter, Pressevertreter, Zeitungsmensch *(ugs.)*, Reporter, Beobachter, Rechercheur, Bildreporter, Bildberichterstatter, Zeitungsmann, Journalist, Wissenschaftsjournalist, Fachjournalist, Musikjournalist, Reisejournalist, Feuilletonjournalist, Wirtschaftsjournalist, Fernsehjournalist, Sportjournalist, Korrespondent, unser Mann in ..., Auslandskorrespondent, Kommentator, Leitartikler, Lokalreporter, Chefreporter, Publizist, Kolumnist, Zeitungsschreiber, Schmierfink *(abwertend)*, Schmock *(abwertend)*; ↑Chronik, ↑Chronist, ↑Herausgeber, ↑Kritiker, ↑Schriftleiter, ↑Schriftsteller, ↑Zeitungswesen.
Berichterstatter: ↑Berichter, ↑Referent.
berichtigen, verbessern, korrigieren, korrektionieren *(schweiz.)*, richtig stellen, revidieren, emendieren, abklären, klären, klarstellen, jmdn. [eines anderen / eines Besseren] belehren, klarlegen, einer Klärung zuführen, dementieren; ↑abstreiten, ↑ändern, ↑antworten, ↑bereinigen, ↑enträtseln, ↑kontrollieren, ↑stornieren, ↑widerrufen.
Berichtigung ↑Korrektur.
¹beriechen, beschnuppern, beschnobern, beschnüffeln, riechen / schnuppern / schnobern / schnüffeln an; ↑wittern; ↑Witterung.
²beriechen: sich b. ↑kennen lernen.
berieseln ↑sprengen.
¹Berieselung, Beregnung, Besprühung, Bewässerung, Bewässrung; ↑Bewässerungsanlage; ↑sprengen.
²Berieselung ↑Beeinflussung.

Berieselungsanlage ↑Bewässerungsanlage.
Beringmeer ↑Pazifik.
beritten, zu Pferde, hoch zu Ross; ↑Gangart, ↑Reiter, ↑Rennplatz, ↑Ritt; ↑reiten.
Berlin, Bundeshauptstadt, Spreemetropole, Spreestadt, Spree-Athen *(scherzh.)*, Reichshauptstadt *(hist.)*, Hauptstadt des Deutschen Reiches *(hist.)*, die geteilte Stadt *(hist.)* · Westsektor *(hist.)*, Inselstadt *(hist.)* · Ostsektor *(hist.)*, demokratischer Sektor *(DDR)*, Hauptstadt der DDR *(DDR)*; ↑Stadt.
Berline ↑Kutsche.
Berliner: ↑Pfannkuchen; die B. Mauer ↑Grenze; B. Weiße [mit Schuss] ↑Bier.
berlinern ↑Mundart [sprechen].
Bermudas: ↑Badehose, ↑Hose.
Bernhardiner ↑Hunderassen.
Bernstein ↑Schmuckstein.
bernsteinfarben ↑gelb.
bernsteingelb ↑gelb.
Bernsteinkette ↑Halskette.
Bernsteinschnecke ↑Schnecke.
berockt ↑bekleidet (mit).
Berolinismus ↑Spracheigentümlichkeit.
Berserker ↑Tobsüchtiger.
bersten: ↑platzen, ↑zerbrechen; vor Neid b. ↑neiden; [vor Wut] b. ↑ärgerlich [werden].
berüchtigt: ↑anrüchig; b. sein als ↑gelten (als jmd. / etwas).
berücken ↑bezaubern.
berückend ↑hübsch.
¹berücksichtigen, einbeziehen, mitberücksichtigen, nicht vorübergehen an, beachten, Rechnung tragen, anrechnen, in Rechnung stellen / setzen, in Anschlag bringen, nicht ↑missachten; ↑Acht geben, ↑befriedigen, ↑einschließen, ↑erwägen; **nicht b.,** unter den Tisch fallen lassen, fallen lassen, zur Tagesordnung übergehen.
²berücksichtigen: ↑einkalkulieren; nicht mehr b. ↑weglegen; alle Seiten b. ↑allseitig.
Berückung ↑Faszination.
¹Beruf, Arbeit, Arbeitsfeld, Arbeitsgebiet, Arbeitsbereich, Wirkungskreis, Wirkungsreich, Tätigkeitsbereich, Broterwerb, Metier, Dienst, Gewerbe, Handwerk, Berufung, Job, Stellung, Stelle, Anstellung, Engagement, Amt, Beamtung *(schweiz.)*, Posten, Position, Mission, Auftrag, Sendung; ↑Anstellung, ↑Anstrengung, ↑Arbeit, ↑Aufgabe, ↑Dienstgrad, ↑Liebhaberei, ↑Stellenangebote; ↑umsatteln; ↑arbeitslos.
²Beruf: einen anderen B. ergreifen, den B. wechseln ↑umsatteln; einen B. wählen ↑werden [etwas].
¹berufen (sich auf), sich stützen / beziehen auf, appellieren an, geltend machen; ↑Muster, ↑Vorlage.
²berufen (Verb): ↑beordern, ↑Berufung [einlegen], ↑einstellen, ↑ernennen; etwas nicht berufen ↑beschreien.
³berufen (Adjektiv): ↑auserwählt, ↑geeignet.

Berufensein: das B. ↑Begabung.
beruflich, berufsmäßig, professionell; ↑Beruf.
Berufs-: nicht B. ↑Hobby-.
Berufsausbildung ↑Ausbildung.
Berufsdemonstrant ↑Demonstrant.
Berufsfeuerwehr ↑Feuerwehr.
Berufsfotograf ↑Fotograf.
Berufsgeheimnis ↑Geheimnis.
Berufsgenosse ↑Kollege.
Berufsgenossenschaft ↑Genossenschaft.
Berufskleidung ↑Kleidung.
Berufskollege ↑Kollege.
Berufskrankheit ↑Krankheit.
Berufsmann ↑Fachmann.
berufsmäßig: ↑beruflich, ↑dienstlich.
Berufsreiter ↑Reiter.
Berufsreiterin ↑Reiterin.
Berufsschule ↑Schule.
Berufssoldat ↑Soldat.
Berufssportler ↑Sportler.
Berufssprache ↑Gruppensprache.
Berufsstand · Arbeiter, Angestellter, Beamter, Selbstständiger, Gewerbetreibender, Handwerker, Freischaffender; ↑Arbeiter, ↑Arbeitnehmer, ↑Handwerker, ↑Komponist, ↑Künstler, ↑Lehrling; ↑Musizierender; ↑berufstätig.
berufstätig, werktätig, tätig; ↑Berufsstand.
Berufsverband ↑Genossenschaft.
Berufsverbrecher ↑Verbrecher.
Berufsverkehr ↑Straßenverkehr.
[1]Berufung, Rekurs; ↑Einspruch; **B. einlegen,** rekurrieren, berufen *(österr.);* ↑beanstanden.
[2]Berufung: ↑Beruf, ↑Begabung, ↑Einspruch; B. einlegen ↑beanstanden.
beruhen: b. auf ↑stammen (von); etwas nicht auf sich b. lassen ↑unternehmen.
[1]beruhigen, zur Ruhe bringen, besänftigen, begütigen, beschwichtigen, einlullen, einschläfern, abwiegeln, Öl auf die Wogen gießen, vermitteln, die Wogen glätten; ↑abreagieren (sich), ↑bändigen, ↑beherrschen, ↑bereinigen, ↑besiegen, ↑betäuben; ↑ruhig, ↑zahm; ↑Beschwichtigung, ↑Ordnung (in O. sein).
[2]beruhigen: sich b. ↑abreagieren (sich), ↑ruhig [werden]; etwas beruhigt sich ↑abnehmen.
beruhigend ↑tröstlich.
beruhigt: ↑unbesorgt; b. sein ↑aufatmen.
Beruhigung: ↑Beschwichtigung, ↑Entspannung.
[1]Beruhigungsmittel, Beruhigungspille *(ugs.),* Tranquillans, Tranquilizer, Downer, Ataraktium, Temperans, Temperantium, Sedativ[um], Mitigans, Kalmans, Kalmativum, Quietivum; ↑Kokainvergiftung, ↑Medikament, ↑Opiumvergiftung, ↑Psychopharmakon, ↑Rauschgift · Ggs. ↑Aufputschmittel.
[2]Beruhigungsmittel ↑Linderungsmittel.
Beruhigungspille: ↑Beruhigungsmittel, ↑Ersatz.
berühmt: ↑bekannt; nicht b. ↑mäßig, ↑unbekannt.

[1]Berühmtheit, Prominenz, VIP, V. I. P. (very important person), Zelebrität, Größe, Star, Shootingstar, Topstar, Stern; ↑Fachmann, ↑Fan, ↑Held, ↑Oberschicht, ↑Publikumsliebling, ↑Schauspieler, ↑Schauspielerin.
[2]Berühmtheit: ↑Fachmann, ↑Bekanntheit.
[1]berühren, anrühren, in die Hand nehmen, hinlangen *(ugs., landsch.),* an etwas fassen, anfassen, an etwas greifen, angreifen, befühlen, befingern *(salopp),* antasten, anlangen *(ugs., landsch.),* betasten, befummeln *(salopp),* antatschen *(salopp, abwertend),* betatschen *(salopp, abwertend),* angrapschen *(salopp, abwertend),* begrapschen *(salopp, abwertend),* an etwas fummeln *(salopp, abwertend),* streifen; ↑anlehnen, ↑durchsuchen, ↑rücken (an), ↑zusammenstoßen.
[2]berühren: ↑ansteuern, ↑erwähnen, ↑tasten; etwas berührt jmdn. ↑betreffen.
Berührung ↑Kontakt.
Berührungsangst: keine B. haben ↑Kontakt [aufnehmen].
Berührungspunkt ↑Gemeinsamkeit.
berüsten ↑Baugerüst.
besabbern ↑beschmutzen.
besagen ↑bedeuten.
besagt ↑obig.
besamen ↑befruchten.
besammeln: sich b. ↑versammeln (sich).
Besamung ↑Befruchtung.
besänftigen ↑beruhigen.
Besänftigung ↑Beschwichtigung.
Besatz, Borte, Saum, Rand, Bordüre, Paspel, Passepoil *(bes. österr.),* Einfassung, Bord *(schweiz.),* Endel *(österr.),* Rüsche, Volant, Tresse, Litze · *aus einzelnen Fäden bestehender:* Fransen · *an Trachtenkleidern:* Goscherl *(österr.),* Froschgoscherl *(österr.);* ↑Quaste, ↑Jabot, ↑Posamenter, ↑Rand, ↑Verzierung.
Besatzer: ↑Besatzung, ↑Soldat.
[1]Besatzung, Besatzer *(ugs.),* Okkupant, Besatzungsmacht, Fremdherrschaft, Feindherrschaft, Okkupationsmacht *(schweiz.);* ↑Besitznahme, ↑Soldat.
[2]Besatzung: ↑Personal, ↑Schiffsbesatzung.
Besatzungskind ↑Kind.
Besatzungsmacht ↑Besatzung.
besaufen: sich b. ↑betrinken (sich).
besäuseln: sich b. ↑betrinken (sich).
besäuselt ↑betrunken.
Besäuselter ↑Betrunkener.
beschädigen, lädieren, ruinieren, ramponieren *(ugs.);* ↑abnutzen, ↑defekt [werden], ↑verunstalten, ↑zerstören.
beschädigt ↑defekt.
Beschädigung, Schaden, Folgeschaden, Schadhaftigkeit, Defekt, Fehler, Macke *(ugs.),* Lädiertheit, Ramponiertheit · *von Schiffen und ihrer Ladung:* Havarie · *eines Grundstücks, Feldes:* Flurschaden, Landschaden *(schweiz.);* ↑Beule, ↑Mangel, ↑Riss, ↑Verschleiß; ↑defekt.

¹**beschaffen,** besorgen, herbeischaffen, bringen, holen, verhelfen zu etwas, verschaffen, aufbringen, beibringen, zusammenbringen, zusammenkratzen, auftreiben, haben; ↑beschlagnahmen, ↑erwerben, ↑finden, ↑kapern, ↑kaufen; ↑Beschaffung.

²**beschaffen:** ↑veranlagt; sich etwas b. ↑kaufen.

¹**Beschaffenheit,** Eigenschaft, Art [und Weise], Form, Bildung, Qualität, Zustand · Format, Hochformat, Querformat, Großfolio, Großformat, Kleinformat · *örtliche:* Geographie; ↑Gebilde, ↑Modalität, ↑Qualität, ↑Struktur.

²**Beschaffenheit:** ↑Eigenschaft, ↑Veranlagung.

Beschaffensein ↑Veranlagung.

Beschaffung, Beibringung, Beistellung *(österr.),* Vorlage, Besorgung; ↑beschaffen.

¹**beschäftigen:** etwas beschäftigt jmdn. / geht jmdm. nach / stimmt (oder:) macht jmdn. nachdenklich / gibt [jmdm.] zu denken; ↑befremden.

²**beschäftigen:** ↑einstellen (jmdn.); sich b. ↑arbeiten; sich b. mit ↑befassen (sich mit).

beschäftigt: eifrig b. ↑beflissen.

Beschäftigung ↑Arbeit.

beschäftigungslos ↑arbeitslos.

Beschäftigungstherapie ↑Behandlung.

beschälen ↑koitieren.

Beschäler: ↑Beischläfer, ↑Pferd.

beschämen (jmdn.), glühende Kohlen auf jmds. Haupt sammeln; ↑erniedrigen.

beschämend, schimpflich, demütigend, erniedrigend; ↑unerhört; ↑Bloßstellung.

beschämt ↑verlegen.

Beschämung ↑Bloßstellung.

beschatten: ↑beobachten, ↑überwachen.

beschattet ↑schattig.

Beschattung ↑Überwachung.

beschauen ↑ansehen.

Beschauer ↑Zuschauer.

beschaulich, besinnlich, erbaulich, erhebend, kontemplativ; ↑erfreulich, ↑ruhig, ↑unbesorgt; ↑Beschaulichkeit, ↑Versenkung.

¹**Beschaulichkeit,** Besinnlichkeit, Ruhe; ↑Muße, ↑Versenkung; ↑beschaulich.

²**Beschaulichkeit** ↑Versenkung.

Bescheid: ↑Nachricht; B. geben ↑antworten, ↑mitteilen; jmdm. B. sagen / stoßen ↑schelten; jmdm. B. tun ↑zutrinken; B. wissen ↑wissen.

¹**bescheiden,** genügsam, bedürfnislos, anspruchslos, eingeschränkt, einfach, spartanisch; ↑ängstlich, ↑artig, ↑einfach, ↑enthaltsam; **b. sein,** sich zurückhalten, Zurückhaltung üben, von Luft und Liebe leben; ↑Bescheidenheit, ↑Untertreibung; **nicht b. sein,** sein Licht leuchten lassen / nicht unter den Scheffel stellen; ↑anspruchsvoll.

²**bescheiden** (Adjektiv): ↑karg, ↑zufrieden, ↑zurückhaltend; bescheiden leben ↑sparen; bescheiden sein ↑untertreiben; bescheiden werden ↑zurückstecken.

³**bescheiden** (Verb): sich bescheiden ↑zufrieden geben (sich), ↑zurückstecken; jmdn. [zu sich] bescheiden ↑beordern; [nicht] bescheiden sein ↑gewähren; abschlägig bescheiden ↑ablehnen.

Bescheidenheit, Einfachheit, Genügsamkeit, Selbstbescheidung, Selbstbeschränkung, Anspruchslosigkeit, Zufriedenheit, Bedürfnislosigkeit, Eingeschränktheit, Schüchternheit, Zurückhaltung; ↑Angst, ↑Besitzlosigkeit, ↑Enthaltsamkeit, ↑Entsagung, ↑Passivität, ↑Verschwiegenheit; ↑bescheiden.

bescheinen, scheinen über, beleuchten, belichten *(Fachspr.),* bestrahlen; ↑sonnen (sich); ↑Sonne, ↑Sonnenlicht.

¹**bescheinigen,** testieren, attestieren, beglaubigen, bestätigen; ↑unterschreiben; ↑Bescheinigung.

²**bescheinigen:** als echt / wahr b. ↑beglaubigen; als echt / wahr bescheinigt ↑bezeugt; das Bescheinigen ↑Bekräftigung.

Bescheinigung, Beglaubigung, Bestätigung, Empfangsbestätigung, Empfangsbescheinigung, Quittung, Erklärung, Nachweis, Fähigkeitsnachweis, Fähigkeitsausweis · Steuerbescheinigung, Zollbescheinigung, Bollette *(österr.)* · Schein, Zeugnis, Diplom, Beleg, Testat, Zertifikat · *vom Arzt:* Attest · *über eine Garantie:* Garantieschein · *polizeiliche, die die Prostitution genehmigt:* Bockschein *(Jargon);* ↑Ausweis, ↑Erlaubnis, ↑Expertise, ↑Nachweis, ↑Rechnung, ↑Urkunde, ↑Zensur, ↑Zeugnis, ↑Zitat; ↑bescheinigen.

bescheißen ↑betrügen.

beschenken ↑schenken.

Bescherung: ↑Folge, ↑Unglück.

bescheuert ↑dumm.

beschickert ↑betrunken.

¹**beschießen,** schießen auf, anschießen, torpedieren, bombardieren, mit Bomben angreifen / belegen, Bomben abwerfen, beharken *(ugs.),* bestreichen, unter Beschuss / Feuer nehmen; ↑schießen.

²**beschießen:** jmdn. b. ↑beanstanden.

beschildern ↑beschriften.

Beschilderung, Ausschilderung, Markierung, Kennzeichnung; ↑Schild, ↑Verkehrszeichen.

beschimpfen ↑schelten.

Beschimpfung ↑Beleidigung.

Beschir ↑Orientteppich.

beschirmen ↑behüten.

beschirmt ↑sicher.

Beschirmtsein ↑Geborgenheit.

Beschiss ↑Betrug.

beschissen ↑unerfreulich.

beschlabbern: sich b. ↑besudeln (sich).

beschlafen: ↑koitieren, ↑erwägen.

Beschlag: mit B. belegen ↑beanspruchen.

¹**beschlagen** (Adjektiv): ↑firm, ↑matt, ↑nass.

²**beschlagen** (Verb): ↑koitieren; etwas beschlägt jmdn. ↑betreffen.

Beschlagenheit ↑Erfahrung.

¹Beschlagnahme, Beschlagnahmung, Konfiskation, Konfiszierung, Sicherstellung, Sicherung, Einziehung, Embargo, Pfändung, Exekution *(österr.);* ↑Behinderung.

²Beschlagnahme: ↑Enteignung, ↑Sequestration.

¹beschlagnahmen, einziehen, konfiszieren, sicherstellen, sichern, pfänden, exekutieren *(österr.);* ↑annektieren, ↑beschaffen, ↑usurpieren, ↑wegnehmen.

²beschlagnahmen ↑enteignen.

Beschlagnahmung ↑Beschlagnahme.

Beschlagschmied ↑Schmied.

¹beschleichen, umschleichen, schleichen um; ↑verfolgen.

²beschleichen ↑befallen.

beschleunigen: ↑verstärken; das Beschleunigen ↑Beschleunigung.

beschleunigt: -e Verdauung ↑Durchfall.

Beschleunigung, das Beschleunigen / Schnellerwerden, Tempozunahme, Temposteigerung, Geschwindigkeitszunahme; ↑Geschwindigkeit.

beschließen: ↑beenden, ↑entschließen (sich); [ein Gesetz] b. ↑erwirken.

Beschließerin ↑Verwalterin.

beschlossen ↑präskriptiv.

Beschluss: ↑Ende, ↑Entschließung; einen B. fassen ↑entschließen (sich).

beschmieren: ↑beschmutzen, ↑beschreiben, ↑bestreichen.

¹beschmutzen, verunreinigen, beschmieren, voll schmieren, besudeln, beklecksern, besabbern, beklecksen, anpatzen *(österr.),* antrenzen *(österr.),* beflecken, einen Fleck machen, sich verewigen *(scherzh.),* bespritzen, voll spritzen, schmutzig / *(salopp)* dreckig machen, versauen *(derb),* einsauen *(derb);* ↑besudeln (sich); ↑schmutzig; ↑Schmutz, ↑Verunreinigung · Ggs. ↑säubern, ↑waschen; ↑sauber.

²beschmutzen: das eigene / sein eigenes Nest b. ↑schlecht machen.

Beschmutzung ↑Verunreinigung.

beschnarchen: etwas b. ↑erwägen.

¹beschneiden, abschneiden, ausschneiden, lichten, schneiden, kürzen, zurückschneiden, zurechtstutzen, stutzen · ausdünnen, efflieren · *beim Tier:* scheren, abscheren, trimmen, kupieren; ↑abmachen, ↑entfernen, ↑verringern, ↑wegnehmen.

²beschneiden: ↑beschränken; jmdm. die Flügel b. ↑einschränken.

Beschneidung ↑Verminderung.

beschneit ↑verschneit.

beschnobern ↑beriechen.

beschnüffeln ↑beriechen.

beschnuppern ↑beriechen; sich b. ↑kennen lernen.

beschönigen, schönfärben, ausschmücken, frisieren, bemänteln, verbrämen; ↑bagatellisieren, ↑betrügen; **etwas nicht b.,** etwas / das Kind beim [rechten (oder:) richtigen] Namen nennen; ↑Beschönigung.

beschönigend, euphemistisch, abschwächend, verhüllend; ↑Euphemismus.

¹Beschönigung, Verbrämung, Verhüllung, Tarnung, Bemäntelung, Vorwand, Deckmantel; ↑Mittel; ↑beschönigen.

²Beschönigung ↑Euphemismus.

¹beschränken, einschränken, beschneiden, kürzen, verringern, vermindern; ↑einengen, ↑einschränken.

²beschränken: ↑einengen, ↑verringern.

beschränkend, einschränkend, restriktiv; ↑Einschränkung; ↑einschränken.

beschränkt: ↑karg, ↑kurzsichtig, ↑stumpfsinnig.

¹Beschränktheit, Unbedarftheit, Begriffsstutzigkeit, Unbegabtheit, Unverständigkeit, Dummheit, Doofheit *(salopp),* Blödheit *(ugs.),* Borniertheit, Engstirnigkeit, Vernageltheit, Stupidität; ↑Kirchturmpolitik; ↑banausisch, ↑begriffsstutzig, ↑stumpfsinnig.

²Beschränktheit ↑Kleinheit.

Beschränkung: ↑Einschränkung, ↑Sperre, ↑Verminderung.

¹beschreiben, voll schreiben, bekritzeln, voll kritzeln, bekrakeln, voll krakeln, beschmieren, beklieren *(landsch.);* ↑beschriften, ↑schreiben.

²beschreiben: ↑mitteilen, ↑schildern.

beschreibend ↑deskriptiv.

¹Beschreibung, Deskription, Übersicht, Schilderung, Darstellung, Beschrieb *(schweiz.);* ↑Bericht.

²Beschreibung: eine B. geben ↑mitteilen, etwas spottet jeder B. ↑minderwertig [sein].

beschreien: etwas nicht b. / nicht berufen, auf Holz klopfen; ↑Aberglaube.

beschreiten: den zweiten Bildungsweg b. ↑weiterbilden (sich); den Rechtsweg b. ↑prozessieren; einen neuen Weg / neue Wege b. ↑richtungweisend [sein].

Beschrieb ↑Beschreibung.

beschriften, beschildern, etikettieren, signieren; ↑beschreiben, ↑unterschreiben, ↑Etikett.

Beschriftung ↑Aufschrift.

beschuht ↑bekleidet (mit).

beschuldigen ↑verdächtigen.

Beschuldigter ↑Angeklagter.

Beschuldigung, Bezichtigung, Verdächtigung, Anschuldigung, Inkriminierung, Belastung, Inzicht *(selten);* ↑verdächtigen.

beschummeln ↑betrügen.

beschupsen ↑betrügen.

¹Beschuss, Bombardierung, Kugelhagel, Kugelregen, Trommelfeuer, Stahlbad; ↑Schusswechsel.

²Beschuss: ↑Anfeindung; unter B. geraten ↑beanstanden; unter B. nehmen ↑beschießen, ↑besprechen.

beschützen ↑behüten.

Beschützer ↑Gönner.

Beschütztsein ↑Geborgenheit.
Beschützung ↑Schutz.
beschwatzen ↑überreden.
Beschwer ↑Anstrengung.
Beschwerde: ↑Anstrengung, ↑Einspruch; -n
↑Krankheit; B. einlegen / einreichen / führen,
-n haben / vorbringen ↑beanstanden.
beschweren: sich b. ↑beanstanden.
beschwerlich, aufreibend, nervenaufreibend,
nervig *(ugs.),* aufregend, ermüdend, anstrengend, arbeitsintensiv, arbeitsreich, arbeitsauf-
wendig, streng *(schweiz.),* strapaziös, stressig,
mühevoll, mühsam, strub *(schweiz.),* mühselig;
↑hinderlich, ↑langweilig, ↑schwierig · Ggs.
↑mühelos; **b. sein,** etwas kostet Nerven / bedeutet eine große Anstrengung für jmdn. / greift
an / strengt an / spannt an / nimmt mit /
schlaucht / *(österr.)* nimmt her, etwas ist Knochenarbeit; ↑behelfen (sich), ↑zehren; ↑An-
strengung; ↑kaum.
Beschwerlichkeit ↑Anstrengung.
Beschwernis ↑Anstrengung.
beschwichtigen ↑beruhigen.
Beschwichtigung, Besänftigung, Beruhigung,
Abwieg[e]lung; ↑beruhigen · Ggs. ↑Aufwiege-
lung; ↑aufwiegeln.
beschwindeln ↑lügen.
beschwingt, beflügelt, leichtfüßig, schwungvoll, voll Schwung; ↑Temperament.
beschwipst ↑betrunken.
¹beschwören, beeiden, vereidigen, durch Eid
bekräftigen, unter Eid aussagen, versichern.
²beschwören: ↑bannen, ↑bitten, ↑verspre-
chen.
beschwörend ↑nachdrücklich.
Beschwörungsformel ↑Zaubermittel.
beseelen: etwas beseelt / erfüllt / bewegt
jmdn.; ↑anstacheln, ↑begeistern, ↑erheitern.
beseelt: ↑empfindsam; b. von ↑besessen (von).
besehen: ↑ansehen; sich die Radieschen von
unten b. ↑tot [sein].
beseitigen: ↑abschaffen, ↑entfernen, ↑entsor-
gen, ↑töten; einen Schaden b. ↑reparieren.
¹Beseitigung, Entfernung, Eliminierung,
Fortschaffung, Wegschaffung, Ausräumung,
Forträumung, Wegräumung, Fortbringung,
Wegbringung, Abtransport; ↑Abtrennung,
↑Transport; ↑entfernen.
²Beseitigung ↑Aufhebung.
beseligen ↑erfreuen.
¹Besen, Kehrbesen, Bodenwischer *(schweiz.),*
Reisigbesen, Reiserbesen *(landsch.),* Rutenbesen, Strauchbesen, Drahtbesen; ↑Handfeger,
↑Mopp, ↑Staubsauger.
²Besen: ↑Penis; ich fresse einen B., dass ...
↑versprechen; ich fresse einen B., wenn ...
↑zweifeln; mit eisernem B. auskehren ↑eingrei-
fen.
Besenkammer ↑Abstellraum.
Besenstiel: gehen, als ob man einen B. verschluckt hätte ↑gerade [gehen].

Besenwirtschaft ↑Gaststätte.
Beserlpark ↑Park.
¹besessen (von), erfüllt / beherrscht / beseelt /
begeistert von · *von einer fixen Idee:* monoman;
↑begeistert; ↑Neigung.
²besessen ↑fanatisch.
Besessenheit: ↑Neigung, ↑Raserei.
besetzen: ↑Anspruch [geltend machen], ↑er-
obern, ↑verstellen; die Leitung ist besetzt ↑tele-
fonieren (mit jmdm.).
besetzt, voll besetzt, überbesetzt, voll, belegt,
nicht frei; ↑voll; ↑Reservierung; ↑reservieren.
¹Besetzung, Okkupation · Hausbesetzung, Kirchenbesetzung, Betriebsbesetzung; ↑Zwangs-
räumung; ↑erobern.
²Besetzung: ↑Eroberung, ↑Okkupation, ↑Rol-
lenverteilung; die zweite B. sein ↑vertreten.
Besetzungsliste ↑Teilnehmerliste.
beseufzen ↑beklagen.
besichtigen ↑ansehen.
Besichtigung, Inaugenscheinnahme, Musterung; ↑ansehen.
Besichtigungsfahrt ↑Stadtrundfahrt.
Besichtigungstour ↑Stadtrundfahrt.
besiedeln, bevölkern; ↑wohnen; ↑bevölkert.
besiedelt: bebaut.
Besiedelung: ↑Bebauung, ↑Besiedlung.
Besiedlung, Besiedelung, Bebauung; Urbanisierung, Urbanisation; ↑bebaut.
besiegeln ↑festigen.
¹besiegen, überwinden, unterwerfen, unterjochen, unter das Joch zwingen, sich jmdn. untertan machen, vernichten, schlagen, bezwingen,
überwältigen, niederringen, bodigen *(schweiz.),*
baschgen *(schweiz.),* jmdm. ein Morgarten bereiten *(schweiz.),* jmdn. außer Gefecht setzen,
jmdn. zur Strecke bringen *(ugs.),* jmdn. kampfunfähig machen, aufreiben, ruinieren, fertig
machen *(salopp),* jmdn. in die Knie zwingen /
(salopp) in die Pfanne hauen; ↑[zur] Vernunft
[bringen]; **sich nicht b. lassen,** sich nicht unterkriegen lassen, den Nacken steif halten, nicht
umzubringen / totzukriegen / kleinzukriegen /
ein Stehaufmännchen sein *(ugs.);* **besiegt werden,** unterliegen, verlieren, eine Niederlage einstecken müssen, eine Niederlage / Schlappe
erleiden · *im Boxsport:* zu Boden gehen, ausgezählt werden, k. o. gehen; ↑ausrotten, ↑be-
herrschen, ↑beruhigen, ↑siegen, ↑übertreffen,
↑töten, ↑unterdrücken, ↑zerstören · Ggs.
↑nachgeben.
²besiegen: sich b. lassen ↑nachgeben.
¹besingen, in Verse bringen, in einer Dichtung
verherrlichen; ↑dichten.
²besingen: im Lied b. ↑lobpreisen.
besinnen: sich b. ↑denken, ↑erinnern (sich).
besinnlich ↑beschaulich.
Besinnlichkeit ↑Beschaulichkeit.
Besinnung: ohne B. ↑ohnmächtig; zur B. bringen ↑aufrütteln.
Besinnungsaufsatz ↑Schulaufsatz.

besinnungslos ↑ohnmächtig.

¹Besitz, Besitztum, Vermögen, Gesamtvermögen, Vermögenswerte, Sachwerte, Eigentum, Habe, Habseligkeiten, [Hab und] Gut, Geld und Gut, Haus und Hof, irdische Güter; ↑Besitzer, ↑Gemeinbesitz, ↑Immobilien, ↑Vermögen; ↑haben.

²Besitz: ↑Besitztum; B. nehmen / ergreifen von ↑nehmen; sich in jmds. B. befinden, in jmds. B. sein ↑gehören; in B. haben ↑haben; in B. nehmen ↑erobern; etwas geht in jmds. B. über ↑zufallen; in weltlichen B. umwandeln ↑säkularisieren.

besitzen: ↑haben; die Dreistigkeit / Vermessenheit / Kühnheit / Frechheit b. ↑erdreisten (sich); Macht b. ↑mächtig [sein].

Besitzer, Eigentümer, Inhaber, Eigner, Herr, Herrin, Halter, Nutznießer; ↑Besitz, ↑Großgrundbesitzer, ↑Hausbesitzer; ↑haben.

Besitzergreifung ↑Besitznahme.

Besitzgier ↑Habgier.

Besitzloser ↑Armer.

Besitzlosigkeit, Bedürfnislosigkeit, Genügsamkeit; ↑Armut, ↑Bescheidenheit.

Besitznahme, Inbesitznahme, Okkupation, Besitzergreifung; ↑Besatzung; ↑nehmen.

Besitztitel ↑Claim.

¹Besitztum, Landbesitz, Länderei, Latifundien, Besitzung, Besitz, Anwesen; ↑Gut, ↑Haus.

²Besitztum ↑Besitz.

Besitzung ↑Besitztum.

besoffen ↑betrunken.

Besoffener ↑Betrunkener.

Besoffenheit ↑Betrunkenheit.

besohlen, sohlen, doppeln *(südd., österr.);* ↑Schuh, ↑Sohle.

besolden ↑zahlen.

Besoldung ↑Gehalt (das).

Besoldungsgruppe ↑Gehaltsstufe.

besondere: das ist nichts Besonderes ↑schwierig; sich für etwas Besonderes halten ↑überschätzen (sich).

Besonderheit: ↑Ereignis, ↑Exklusivität, ↑Merkmal, ↑Seltenheit.

¹besonders, insbesondere, hauptsächlich, in der Hauptsache, namentlich, vorzugsweise, ausdrücklich, vor allem, in erster Linie, vornehmlich; ↑ausschließlich, ↑außergewöhnlich, ↑jedenfalls, ↑namentlich, ↑Exklusivität.

²besonders: ↑eigens, ↑sehr; nicht b. ↑mäßig; b. stark ↑konzentriert.

besonnen: ↑ruhig, ↑umsichtig.

Besonnenheit: ↑Umsicht; mit B. ↑umsichtig.

besorgen: ↑beschaffen, ↑wegnehmen; es jmdm. b. ↑koitieren.

Besorger ↑Bote.

Besorgnis ↑Ahnung.

Besorgnis erregend ↑schlimm.

besorgt: ↑ängstlich; b. sein um ↑bestreben.

Besorgung: ↑Beschaffung; -en machen ↑kaufen.

bespannen, auskleiden, ausschlagen, verkleiden, verschalen, auslegen, ausfüttern, füttern; ↑schmücken.

bespitzeln: ↑beobachten, ↑überwachen.

Bespitzelung ↑Überwachung.

¹besprechen, rezensieren, würdigen, eine Besprechung / Kritik schreiben · *schlecht:* verreißen *(abwertend),* heruntermachen *(abwertend),* verhackstücken *(ugs., abwertend),* durch die Mangel / den Wolf drehen *(ugs., abwertend),* auseinander nehmen *(abwertend),* unter Beschuss nehmen; ↑beanstanden, ↑loben; **gut besprochen werden,** eine gute Kritik bekommen / erhalten, gute Kritiken / eine gute Presse haben; ↑Besprechung.

²besprechen: ↑bannen, ↑erörtern, ↑gesund [machen]; sich b. ↑übereinkommen.

Besprecher ↑Kritiker.

¹Besprechung, Buchbesprechung, Rezension, Referat, Autorreferat, Autoreferat, Autorenreferat, Kritik, Filmkritik, Buchkritik, Theaterkritik, Literaturkritik, Kunstkritik, Konzertkritik, Würdigung · *schlechte:* Verriss *(abwertend);* ↑Kritiker, ↑Ratgeber, ↑Werk; ↑besprechen, ↑mitteilen.

²Besprechung: ↑Gespräch, ↑Tagung; eine B. schreiben ↑besprechen.

besprengen ↑sprengen.

bespringen ↑koitieren.

bespritzen: ↑beschmutzen, ↑sprengen.

besprühen ↑sprengen.

Besprühung ↑Berieselung.

¹besser: es ist b. / mir ist es lieber / es ist vorteilhafter, wenn ...

²besser: -e Hälfte ↑Ehefrau, ↑Ehemann; ein -er Mensch werden ↑bessern (sich); etwas b. können ↑übertreffen; in Ermangelung eines Besseren ↑notgedrungen; jmdn. eines Besseren belehren ↑berichtigen; -e Tage gesehen haben ↑abgewirtschaftet [haben].

¹bessern (sich), sich läutern / bekehren / wandeln, aus einem Saulus ein Paulus werden, Einkehr halten, umkehren, in sich gehen, ein neues Leben beginnen, ein besserer / neuer Mensch werden, den alten Adam ausziehen / von sich werfen / ablegen; ↑bereuen, ↑einstehen, ↑erniedrigen.

²bessern: ↑lindern; sich b. ↑gesund [werden].

Besserung: ↑Läuterung; B. tritt ein ↑gesund [werden]; auf dem Wege der B. sein, sich auf dem Wege der B. befinden ↑gesund [werden].

Besserungsanstalt ↑Erziehungsanstalt.

Besserwisser, Neunmalkluger, Neunmalschlauer, Neunmalgescheiter, Oberlehrer, Alleswisser, Rechthaber, Sprüchemacher, Sprücheklopfer, Klugscheißer *(derb),* Klugschnacker *(nordd.),* Wichtigtuer, Wichtigmacher, Gschaftlhuber *(südd., österr.);* ↑Angeber, ↑Nörgler, ↑Schlaukopf, ↑Wichtigtuerei.

Besserwisserei ↑Wichtigtuerei.

bestallen: ↑einstellen, ↑ernennen.

Bestallung ↑Nominierung.

Bestallungsurkunde ↑Urkunde.

Bestand: ↑Grundlage, ↑Miete, ↑Vorrat; von B. ↑bleibend.

bestanden ↑alt.

beständig: ↑treu, ↑unaufhörlich.

Beständigkeit: ↑Fortbestand, ↑Haltbarkeit, ↑Treue.

Bestandsaufnahme ↑Inventur.

Bestandsvertrag ↑Mietvertrag.

¹Bestandteil, Komponente, Element, Seite, integrierender Teil; ↑Segment, ↑Zutaten.

²Bestandteil: -e ↑Zutaten; sich in seine -e auflösen ↑defekt [werden].

bestärken: ↑festigen; jmdn. in etwas b. ↑zuraten.

bestätigen: ↑beglaubigen, ↑bescheinigen, ↑festigen; [in seinem Amt b.] ↑anerkennen; sich b. ↑bewahrheiten.

bestätigend ↑bejahend.

bestätigt ↑bezeugt.

Bestätigung: ↑Bekräftigung, ↑Bescheinigung, ↑Bevollmächtigung, ↑Erlaubnis.

bestatten, beisetzen, begraben, beerdigen, abdanken *(schweiz.),* der Erde übergeben, zur letzten Ruhe betten, in die Grube senken, zu Grabe tragen, jmdn. das letzte Geleit geben, zur letzten Ruhe geleiten, jmdm. die letzte Ehre erweisen · *ohne Feierlichkeit, primitiv, heimlich:* verscharren, einscharren, vergraben, verlochen *(schweiz.);* ↑einäschern, ↑vergraben; ↑Begräbnis, ↑Bestattungsunternehmen, ↑Friedhof, ↑Grab.

Bestattung ↑Begräbnis.

Bestattungsinstitut: ↑Bestattungsunternehmen.

Bestattungsunternehmen, Beerdigungsunternehmen, Beerdigungsinstitut, Bestattungsinstitut; ↑bestatten.

bestaunen, bewundern, anstaunen, staunen über; ↑überrascht [sein].

bestbemittelt ↑reich.

¹beste, allerbeste, erste, Haupt-, Spitzen-, oberste, Top-, Führungs-, Chef-, Klasse-, Meister-, Super- · *Vertreter einer Gruppe:* erste Garnitur *(ugs.)* · *Sängerin:* Primadonna · *Tänzerin:* Primaballerina; ↑erste, ↑optimal.

²beste: -n Dank ↑danke!; mit den -n Empfehlungen / Grüßen ↑hochachtungsvoll; nicht die -n Erfahrungen mit jmdm. / etwas gemacht haben ↑Erfahrung [haben]; im -n Falle ↑bestenfalls; das kommt in den -n Familien vor ↑verzeihlich [sein]; das b. Pferd im Stall sein ↑unersetzlich [sein]; ein Mann in den -n Jahren ↑älter [sein]; das Beste ↑Auswahl; das Beste aus etwas machen ↑bewältigen; sein Bestes tun ↑anstrengen (sich); zum Besten geben ↑vortragen; zum Besten haben / halten ↑anführen.

bestechen, korrumpieren, jmdn. kaufen *(ugs.),* spicken *(ugs.),* schmieren *(salopp),* sein Geld spielen lassen, jmdm. Geld anbieten, jmdm. Ge-

schenke machen, Schweigegeld geben, Handgeld geben; ↑überreden; ↑bestechlich; ↑Bestechung, ↑Bestechungsgeld, ↑Trinkgeld.

bestechend ↑einleuchtend.

bestechlich, korrupt, verführbar, feil *(abwertend, veraltet),* käuflich; ↑unredlich, ↑unzuverlässig; ↑bestechen.

Bestechung, Korruption, Korrumpierung; ↑Bestechungsgeld, ↑Betrug, ↑Vetternwirtschaft; ↑bestechen.

Bestechungsgeld, Schmiergeld *(ugs.),* Bestechungssumme, Schweigegeld, Schmiermittel, Handgeld · Spende, Parteispende · Geldwaschanlage, Spendenwaschanlage; ↑Bestechung, ↑Trinkgeld; ↑bestechen.

Bestechungssumme ↑Bestechungsgeld.

Besteck ↑Essbesteck.

¹bestehen (auf), pochen auf, sein Recht geltend machen / erzwingen / behaupten, von seinem Recht Gebrauch machen, beanspruchen, Ansprüche stellen / erheben, Bedingungen stellen, beharren auf, persistieren, insistieren, bleiben bei, verharren bei, nicht lockerlassen, sich von etwas nicht abbringen lassen, nicht ablassen, sich versteifen, nicht ↑nachgeben; ↑beharrlich [sein], ↑erwirken, ↑prozessieren, ↑verlangen, ↑unzugänglich [sein], ↑zusetzen (jmdm.); ↑standhaft.

²bestehen: ↑bewältigen, ↑ertragen, ↑existieren, ↑herrschen; zu Recht b. ↑Richtigkeit; es besteht die Möglichkeit, dass ... ↑vielleicht; die Prüfung nicht b. ↑versagen; b. aus ↑zusammensetzen (sich aus).

Bestehen ↑Lage.

bestehen bleiben ↑beibehalten.

bestehend ↑wirklich.

bestehen lassen ↑beibehalten.

bestehlen, berauben, begaunern *(ugs.),* ausrauben, fleddern, erleichtern *(ugs.);* ↑wegnehmen.

¹besteigen, einsteigen, zusteigen, aufsteigen; ↑betreten.

²besteigen: ↑koitieren, ↑steigen (auf); den Pegasus b. ↑dichten.

Besteigung, Ersteigung, Aufstieg, Bezwingung, Erstbesteigung; ↑steigen (auf) · Ggs. ↑Abstieg.

¹bestellen, in Auftrag geben, jmdm. einen Auftrag geben / erteilen, ordern, kommen lassen, anfordern, anbegehren *(schweiz.),* abonnieren, beziehen · *Bücher vor dem Erscheinen:* vorausbestellen, subskribieren; ↑anordnen, ↑kaufen, ↑reservieren; ↑Abonnent, ↑Abonnement, ↑Bestellung.

²bestellen: ↑bebauen, ↑beordern, ↑mitteilen.

¹Bestellung, Auftrag, Order · *von Büchern vor dem Erscheinen:* Subskription; ↑Angebot, ↑Reservierung; ↑bestellen.

²Bestellung ↑Bebauung.

bestenfalls, im besten / günstigsten Falle, wenns hoch kommt, höchstens; ↑kaum.

bestens ↑trefflich.

besteuern, mit einer Steuer belegen; ↑versteuern; ↑Abgabe.

bestgehasst ↑unbeliebt.

Bestialität ↑Grausamkeit.

besticken, aussticken, mit einer Stickerei versehen; ↑Stickerei.

Bestie ↑Rohling.

bestimmbar ↑zurückführbar.

bestimmen: ↑anordnen; b. für ein Amt ↑designieren.

bestimmend: ↑dominant, ↑maßgeblich.

¹bestimmt, gewiss, unweigerlich, sicher, unfehlbar; ↑entschieden.

²bestimmt: ↑klar, ↑streng, ↑vorgeschrieben, ↑wahrlich; in -er Folge, in -en Abständen / Intervallen ↑periodisch; eine -e Methode anwenden, einen -en Weg einschlagen ↑verfahren.

Bestimmtheit ↑Deutlichkeit.

Bestimmung: ↑Aufgabe, ↑Auslegung, ↑Schicksal, ↑Weisung; B. sein ↑vorgeschrieben [sein]; seiner B. übergeben ↑einweihen.

Bestimmungsbahnhof: ↑Bahnhof, ↑Ziel.

Bestimmungsgleichung ↑Gleichung.

Bestimmungshafen: ↑Hafen, ↑Ziel.

Bestimmungsort ↑Ziel.

bestirnt ↑gestirnt.

Bestleistung ↑Höchstleistung.

bestmöglich ↑optimal.

¹bestrafen, jmdn. zur Verantwortung / zur Rechenschaft ziehen, strafen, mit einer Strafe belegen, jmdm. eine Strafe auferlegen / zudiktieren / *(salopp)* aufbrummen, jmdm. einen Denkzettel verpassen *(salopp),* über jmdn. eine Strafe verhängen / *(schweiz.)* ausfällen, maßregeln, ahnden, züchtigen, rächen, vergelten, Rache üben / nehmen, Vergeltung üben, lynchen, teeren und federn *(hist.),* [mit gleicher Münze] heimzahlen, es jmdm. [gehörig] eintränken, abrechnen, sich revanchieren, jmdn. beim Kanthaken nehmen / an den Kanthaken kriegen *(ugs.);* ↑anzeigen, ↑belangen, ↑festsetzen, ↑schikanieren, ↑schlagen, ↑töten, ↑wehren (sich) · Ggs. ↑belohnen; **bestraft werden,** jmds. Stunde hat geschlagen, sein Fett kriegen / abkriegen / wegbekommen / abbekommen *(salopp);* ↑demütigen; ↑Maßregelung, ↑Rechenschaft, ↑Strafe, ↑Vergeltung, ↑Züchtigung.

²bestrafen: nicht bestraft werden ↑verurteilen; schon einmal bestraft ↑vorbestraft.

Bestrafung: ↑Strafe, ↑Vergeltung, ↑Züchtigung.

bestrahlen ↑bescheinen.

Bestrahlung ↑Radiotherapie.

bestreben, (sich), bestrebt / bemüht sein, besorgt sein um, sich etwas angelegen sein lassen; ↑anstrengen (sich).

Bestreben ↑Absicht.

Bestrebung: -en ↑Absicht.

¹bestreichen, aufstreichen, streichen auf, beschmieren, schmieren auf, raufschmieren *(ugs.).*

²bestreichen: ↑anmalen, ↑beschießen.

bestreiken ↑streiken.

bestreiten: ↑abstreiten, ↑zahlen.

bestreuen: sein Haupt mit Asche b. ↑bereuen; mit Zucker b. ↑zuckern.

bestricken ↑bezaubern.

bestrickend: ↑charmant, ↑hübsch.

Bestrickung ↑Faszination.

bestrumpft ↑bekleidet (mit).

Bestseller: ↑Buch, ↑Verkaufsschlager.

Bestsellerliste ↑Hitliste.

bestsituiert ↑reich.

bestücken: bestückt sein mit ↑haben.

Bestückung ↑Mobiliar.

bestürmen ↑bitten.

bestürzend ↑schrecklich.

bestürzt ↑betroffen.

Bestürzung: ↑Entsetzen; B. auslösen / hervorrufen ↑schockieren.

¹Besuch, das Kommen, Höflichkeitsbesuch, Anstandsbesuch, Antrittsbesuch · *kurzer:* Stippvisite *(ugs.)* · *des Arztes beim Kranken:* Visite; ↑besuchen.

²Besuch: ↑Gast; mit einem B. beehren ↑besuchen; zu B. kommen ↑besuchen.

¹besuchen, Besuch machen / abstatten, jmdn. [mit einem Besuch] beehren, zu Besuch kommen, einkehren, absteigen, vorbeikommen *(ugs.),* vorsprechen, aufsuchen, jmdm. seine Aufwartung machen, hereinschauen, gehen / hingehen zu, Visite machen · *für kurze Zeit:* auf einen Sprung vorbeikommen / kommen, zukehren *(österr.)* · *unverhofft:* hereinschneien *(ugs.),* ins Haus platzen *(ugs.)* · *in größeren Abständen:* sich selten blicken lassen, sich rar machen *(ugs.)* · *nachts die Geliebte:* fensterln *(bayr., österr.)* · *Lokale:* bummeln, einen Lokalbummel machen *(ugs.),* von Lokal zu Lokal ziehen *(ugs.),* die Gegend unsicher machen *(scherzh.),* einen Gang / Zug durch die Gemeinde machen *(ugs.);* ↑frequentieren, ↑verkehren (mit); ↑Besuch, ↑Visitenkarte.

²besuchen: ↑bereisen; häufig b. ↑frequentieren; die Schule b. ↑Schule; die Universität / Hochschule b. ↑studieren; den Unterricht b. ↑Unterricht [erhalten]; sich gegenseitig b. ↑verkehren (mit); du kannst mich am Abend / im Mondschein b.! ↑unwichtig [sein].

Besucher: ↑Gast, ↑Publikum.

Besuchskarte ↑Visitenkarte.

Besuchsritze: auf der B. schlafen ↑schlafen.

¹besudeln (sich), sich beschlabbern / bekleckern / beklecksen / voll schlabbern / voll machen / voll kleckern / eindrecken *(ugs.)* / eindreckern *(ugs.),* sich einsauen *(derb);* ↑beschmutzen.

²besudeln: ↑beschmutzen; mit Blut besudelt ↑blutig.

Besudelung ↑Verunreinigung.

Beta ↑Buchstabe.

betagt ↑alt.

Betagtheit ↑Bejahrtheit.
betakeln ↑betrügen.
betamt ↑klug.
betasten ↑berühren, ↑tasten.
betätigen: sich b. ↑arbeiten; sich sportlich b. ↑turnen.
Betätigung ↑Arbeit.
Betätigungsdrang ↑Aktivität.
betatschen ↑berühren.
betäuben, einschläfern, narkotisieren, schmerzunempfindlich machen, chloroformieren, anästhesieren; ↑beruhigen, ↑töten; ↑Betäubung.
betäubt ↑benommen.
Betäubtheit ↑Benommenheit.
Betäubung, Narkose, Anästhesie, Ätherrausch · *örtliche:* Lokalanästhesie; ↑Heilschlaf; ↑betäuben.
Betäubungsmittel: ↑Medikament, ↑Rauschgift.
Betbruder: ein B. sein ↑fromm [sein].
Bete: Rote B. ↑Salatrübe.
beteilen ↑schenken.
¹beteiligen (sich), handeln, mitmischen *(salopp)*, die Finger / die Hände im Spiel haben; ↑aktiv.
²beteiligen: sich b. ↑teilnehmen.
beteiligt: b. sein ↑teilnehmen.
Beteiligter ↑Mitglied.
Beteiligtsein ↑Engagement.
Beteiligung ↑Engagement.
beten, die Hände falten, niederknien, auf die Knie fallen / sinken, Gott anrufen, sich im Gebet an Gott wenden, meditieren; ↑Gebet, ↑Gotteshaus, ↑Versenkung.
beteuern ↑versprechen.
Beteuerung ↑Zusicherung.
Bethaus ↑Gotteshaus.
Bethmännchen ↑Gebäck.
Betise ↑Absurdität.
betiteln ↑bezeichnen (als).
Betitelung ↑Anrede.
Beton, Zement, Mörtel, Speis *(südd.)*, Malter *(ugs., österr.);* ↑Bindemittel.
betonen, hervorheben, [mit Nachdruck] herausstellen, unterstreichen, pointieren, akzentuieren, feststellen, auf die Feststellung Wert legen; ausdrücklich erwähnen, Gewicht legen auf; ↑hinweisen (auf), ↑prahlen; **betont werden müssen,** etwas verdient [besondere] Erwähnung / muss im Kalender rot angestrichen werden *(iron.);* ↑wichtig; ↑Hervorhebung, ↑Nachdrücklichkeit.
Betonkopf ↑Konservativer.
Betonmauer ↑Mauer.
betont: ↑nachdrücklich, ↑zugespitzt; nicht b. modisch ↑zeitlos.
Betonung: ↑Hervorhebung, ↑Tonfall.
Betonungszeichen, Akzent, Akut; ↑Tonfall.
betören: ↑bezirzen, ↑verliebt [machen].
betörend ↑hübsch.

Betracht: in B. kommen ↑eignen (sich); erst in zweiter Linie in B. kommen ↑sekundär [sein]; in B. ziehen ↑erwägen.
betrachten: ↑ansehen; b. als ↑beurteilen; als erledigt b. ↑weglegen; als selbstverständlich b. ↑voraussetzen; mit der Lupe / mit dem Vergrößerungsglas / unter dem Mikroskop b. ↑vergrößern.
Betrachter ↑Zuschauer.
beträchtlich: ↑außergewöhnlich, ↑sehr.
Betrachtung: ↑Darlegung, ↑Versenkung.
Betrachtungsweise ↑Gesichtspunkt.
Betrag ↑Beitrag.
¹betragen, sich belaufen auf / beziffern auf, ausmachen, angegeben werden mit.
²betragen: sich b. ↑benehmen (sich); jmds. Gewicht (oder:) das Gewicht von etwas beträgt ... ↑wiegen.
Betragen ↑Benehmen.
¹betrauen (jmdn. mit), beauftragen, jmdn. befassen mit; ↑anordnen, ↑bitten.
²betrauen: [mit einem Amt] b. ↑ernennen; [mit einer Arbeit] b. ↑einstellen.
betrauern ↑beklagen.
¹betreffen: etwas betrifft / trifft / berührt / tangiert / *(schweiz.)* beschlägt jmdn. (oder:) etwas, etwas geht jmdn. an, etwas dreht sich um jmdn. / etwas *(ugs.),* es handelt sich um, etwas hat zu tun mit, etwas hat Bezug zu, etwas bezieht sich auf etwas / hängt zusammen mit; ↑bezeichnen (als), etwas involviert jmdn.; **jmdn. nicht b.,** jmdn. nichts angehen, das ist nichts für kleine Kinder, das ist nicht mein Bier *(salopp),* sich nicht betroffen fühlen, sich eine Jacke nicht anziehen, sich etwas nicht zuziehen, mit etwas nichts am Hut haben; ↑hinsichtlich.
²betreffen: was das betrifft ↑hinsichtlich; was mich betrifft ↑ich; Außenstehende nicht -d ↑intern; die Gemeinde / Stadt -d ↑kommunal.
betreffend: ↑einschlägig, ↑hinsichtlich, ↑obig.
betreffs ↑hinsichtlich.
¹betreiben: ↑arbeiten, ↑kassieren; Jogging b. ↑trainieren; Zauberei b. ↑zaubern.
Betreibung ↑Eintreibung.
betretbar ↑begehbar.
¹betreten, eintreten, treten in, hereintreten, hereinkommen, hineingehen, gehen in, hineinkommen, hineingelangen, hineinspazieren, hereinspazieren, einziehen, Einzug halten; ↑besteigen, ↑einmarschieren; ↑begehbar · Ggs. ↑hinausgehen.
²betreten ↑verlegen.
betreuen: ↑kümmern (sich um jmdn.), ↑managen (jmdn.).
¹Betreuer, Fürsorger, Manager · *bei Reiseveranstaltungen:* Animateur; ↑Unterhalter · *in erotischer Hinsicht:* Papagallo, Gigolo, Latin Lover; ↑Geliebter, ↑Liebhaber · *sozialer:* Bewährungshelfer, Sozialarbeiter · *eines Künst-*

lers: Impresario · *eines Sportlers:* Trainer, Sportlehrer, Coach; ↑Beauftragter, ↑Gönner, ↑Helfer, ↑Unternehmer; ↑helfen, ↑managen.

²Betreuer ↑Begleiter.

Betreuerin *auf Reisen:* Reiseleiterin, Fremdenführerin · *auf Ausstellungen:* Hostess · *auf Flughäfen:* Groundhostess · *eines Kindes:* Tagesmutter; ↑Bedienung.

¹Betreuung, Sozialstation, Bahnhofsmission, Rotes Kreuz.

²Betreuung: ↑Pflege; seelische B. ↑Lebenshilfe.

¹Betrieb, Geschäft, Firma, Unternehmen · *schlecht geführter:* Saftladen *(ugs., abwertend);* ↑Büro, ↑Fabrik, ↑Laden, ↑Unternehmen.

²Betrieb: ↑Büro, ↑Fabrik; landwirtschaftlicher B. ↑Bauernhof; in B. sein ↑funktionieren; in B. nehmen ↑einweihen.

¹betriebsam, geschäftig, rührig; **b. sein,** ein Hansdampf in allen Gassen / *(ugs.)* eine Betriebsnudel / *(ugs.)* ein Geschäftlhuber (oder:) Gschaftlhuber sein, Gott und die Welt kennen; ↑aktiv, ↑fleißig; ↑Aktivität.

²betriebsam ↑fleißig.

Betriebsamkeit: ↑Aktivität, ↑Fleiß, ↑Hast.

Betriebsangehöriger ↑Arbeitnehmer.

Betriebsarzt ↑Arzt.

Betriebsausflug ↑Ausflug.

Betriebsbesetzung ↑Besetzung.

Betriebsferien ↑Urlaub.

Betriebsfeuerwehr ↑Feuerwehr.

Betriebsingenieur ↑Ingenieur.

Betriebskollege ↑Kollege.

Betriebsleiter ↑Leiter.

Betriebsnudel: ↑Unterhalter; eine B. sein ↑betriebsam [sein].

Betriebsprüfung ↑Buchprüfung.

Betriebsrat ↑Arbeitnehmervertretung.

Betriebsrente ↑Rente.

Betriebswirtschaft ↑Wirtschaftswissenschaft.

betrinken (sich), sich bezechen / besäuseln, zu tief ins Glas gucken, einen über den Durst trinken, sich einen antrinken / ankümmeln *(ugs.),* sich die Nase begießen *(ugs.),* sich die Hucke voll saufen *(salopp),* sich den Kanal voll laufen lassen *(salopp),* sich einen Affen kaufen *(salopp),* sich einen ansaufen *(derb),* sich besaufen / voll laufen lassen *(derb);* ↑betrunken, ↑trinkfest; ↑Trinker.

betrocknen ↑trocknen.

¹betroffen, bestürzt, entsetzt, verstört, verwirrt, konsterniert, erschrocken, entgeistert, starr, fassungslos, verdattert *(ugs.);* ↑ängstlich, ↑überrascht, ↑verlegen; **b. sein,** sich entsetzen / erschrecken, die Fassung verlieren, Kopf stehen, wie vor den Kopf geschlagen sein, etwas nicht mit ansehen / mit anhören können, jmdm. stehen die Haare zu Berge, jmdm. dreht sich das Herz im Leibe herum, jmdm. blutet das Herz, jmd. ist wie vom Donner gerührt *(ugs.),*

jmd. ist wie vom Schlag gerührt / getroffen *(ugs.),* jmdm. läuft es [heiß und] kalt über den Rücken / den Rücken herunter, die Hände über dem Kopf zusammenschlagen, in die Fraisen fallen *(ugs., südd., österr.);* ↑überrascht [sein]; ↑erschrecken, ↑verwirren.

²betroffen ↑obig.

Betroffener ↑Leidtragender.

betrüben: ↑bekümmern; sich b. ↑sorgen (sich); etwas betrübt jmdn. ↑ärgern.

betrüblich ↑bedauerlich.

Betrübnis ↑Trauer.

betrübt: ↑schwermütig; b. sein ↑sorgen (sich); b. sein, dass... ↑bedauern, ↑bereuen.

¹Betrug, Unregelmäßigkeit, Durchstecherei, Beschiss *(derb),* Gaunerei, Täuschung, Urkundenfälschung, Machenschaft, Schiebung, Manipulation, Machination, Irreführung, Desinformation, Köpenickiade, Hintergehung, Nepp *(abwertend),* Abriss *(schweiz.),* Mogelei *(ugs.)* · *in Bezug auf Steuerabgaben:* Steuerhinterziehung, Steuerflucht, Steueroase, Geldwaschanlage, Spendenwaschanlage, Umwegfinanzierung *(verhüllend)* · Wirtschaftskriminalität, Weiße-Kragen-Kriminalität, White-Collar-Crime; ↑Arglist, ↑Benachteiligung, ↑Bestechung, ↑Diebstahl, ↑Einbildung, ↑Fälschung, ↑Lüge, ↑Mystifikation, ↑Schlaukopf, ↑Schleichhandel, ↑Selbstbetrug, ↑Verdrehung.

²Betrug: B. begehen ↑betrügen.

¹betrügen, Betrug begehen, prellen, hintergehen, corriger la fortune, jmdn. um etwas bringen, Schmu machen *(ugs.),* tricksen *(ugs.),* anschmieren *(salopp),* andrehen *(salopp),* ausschmieren *(salopp),* bescheißen *(derb),* anscheißen *(derb),* beschummeln, schummeln, betakeln *(österr.),* mogeln, täuschen, mit jmdm. ein falsches Spiel treiben, mit falschen / gezinkten Karten spielen, hintergehen, hereinlegen *(ugs.),* reinlegen *(ugs.),* überlisten, jmdm. eine Falle stellen, abkochen *(salopp),* einkochen *(salopp, österr.),* anmeiern *(salopp),* überfahren, überverteilen, austricksen *(ugs.),* über den Tisch ziehen *(ugs.),* übernützen *(schweiz.),* übernehmen *(österr.),* übertölpeln *(abwertend),* neppen *(abwertend),* übers Ohr hauen *(salopp),* ums Haxel hauen *(ugs., österr.),* papierln *(ugs., österr.),* einseifen *(ugs.),* einwickeln *(ugs.),* behumsen *(salopp),* beschupsen *(salopp),* bluffen, düpieren, jmdn. hinters Licht / aufs Glatteis führen, jmdm. Sand in die Augen streuen, jmdn. aufs Kreuz legen / über den Löffel balbieren *(salopp),* jmdn. für dumm verkaufen *(ugs.),* jmdm. ein X für ein U vormachen, verschaukeln *(salopp);* ↑ablisten, ↑anführen, ↑aufsitzen (jmdm.), ↑ausbeuten, ↑beschönigen, ↑hereinfallen, ↑lügen, ↑wegnehmen; ↑unaufrichtig; ↑Betrug, ↑Schlaukopf, ↑Überlistung.

²betrügen: betrogen werden ↑hereinfallen; [seine Frau, seinen Mann] b. ↑untreu [sein].

Betrüger, Scheckbetrüger, Scheckbetrügerin,

Trickbetrüger, Trickbetrügerin, Trickdieb[in], Schwindler, Defraudant, Falott, Fallot, Schieber, Gauner, Bauernfänger, Rosstäuscher, Bazi *(scherzh., bayr., österr.)*, Hochstapler, Fälscher, Urkundenfälscher, Heiratsschwindler, Falschmünzer, Pülcher *(österr., ugs.)*, Scharlatan · *der seine Zeche nicht bezahlt:* Zechpreller; ↑Angeber, ↑Dieb, ↑Geck, ↑Leichtfuß, ↑Lügner, ↑Schuft, ↑Verbrecher, ↑Wucherer.
betrügerisch ↑unredlich.
betrunken, angetrunken, angeheitert, berauscht, trunken, volltrunken, bezecht, kopflastig *(landsch., scherzh.)*, alkoholisiert *(österr.)*, sternhagelvoll *(salopp)*, stockbetrunken *(ugs.)*, stockbesoffen *(derb)*, stinkbesoffen *(derb)*, angesäuselt (ugs.), besäuselt *(ugs.)*, beschwipst *(ugs.)*, benebelt *(ugs.)*, beschickert *(ugs.)*, betütert *(ugs.)*, beduselt *(salopp)*, voll *(salopp)*, blau *(salopp)*, fett, besoffen *(derb)*, nicht ↑nüchtern; ↑feuchtfröhlich, ↑trinkfest; ↑Trinker; **b. sein,** in gehobener Stimmung sein, grottenvoll *(landsch.)*, im Tran sein *(ugs.)*, selig / *(salopp)* dun sein, einen sitzen / hängen / intus / in der Krone haben *(ugs.)*, Schlagseite / einen Affen haben *(salopp)*, [schwer / schön] geladen haben *(salopp)*, mehr als genug haben, voll wie eine Haubitze (oder:) Strandhaubitze / bis an die Kiemen sein *(ugs.)*, den Kanal voll haben *(salopp)*, im Jum sein *(berlin.)*, einen über den Durst getrunken haben, zu tief ins Glas geschaut haben, einen im Tee haben *(ugs.)*, blau [wie ein Veilchen] sein *(ugs.)*, stockvoll sein *(landsch.)*, granatenvoll sein *(salopp)*, molum sein *(landsch.)*; **b. machen:** etwas macht jmdn. betrunken / steigt jmdm. in den Kopf; ↑betrinken (sich); ↑Betrunkener, ↑Betrunkenheit, ↑Trinker.
Betrunkener, Besoffener *(salopp)*, Berauschter *(geh.)*, Trunkener *(geh.)*, Volltrunkener, Stockbetrunkener *(ugs.)*, Schnapsleiche *(salopp)*, Bierleiche *(salopp)*, Angetrunkener, Angeheiterter, Angesäuselter, Besäuselter, Bezechter *(geh.)*; ↑Trinker; ↑betrunken.
Betrunkenheit, Trunkenheit, Rausch, Schwips, Besoffenheit *(salopp)*, Suff *(salopp)*, Dusel *(ugs.)*, Alkoholisierung *(österr.)*, Fetzen *(salopp, österr.)*, Dulliäh *(ugs., österr.)*; ↑betrunken.
Betschwester: eine B. sein ↑fromm [sein].
¹**Bett,** Bettstatt, Lager, Lagerstatt, Liegestatt, Schlafstätte, Schlafgelegenheit, Furzmolle *(derb)*, Furzmulde *(derb)*, Bettgestell, Feldbett, Klappbett, Wandbett, Schrankbett, Bettstelle, Bettlade *(oberd.)*, Lotterbett *(scherzh.)* · *prunkvolles:* Paradebett, Himmelbett, Prunkbett · *primitives:* Pritsche, Notbett · *für Soldaten:* Kavalett *(veraltet)* · *auf dem Schiff:* Koje · *für Kinder:* Wiege, Babykorb, Stubenwagen, Kinderbett, Gitterbett, Stockbett, Etagenbett · *für zwei Personen:* Doppelbett, Ehebett, französisches Bett; ↑Alkoven, ↑Liege, ↑Möbel, ↑Sitzgelegenheit; ↑schlafen.

²**Bett:** das B. hüten, ans B. gefesselt sein, im / zu B. liegen ↑krank [sein]; das B. nass machen ↑urinieren; Frau Holle schüttelt die -en ↑schneien; das B. verlassen, aus dem B. kommen ↑aufstehen; aus dem B. gefallen sein ↑aufstehen; ins / zu B. gehen ↑schlafen [gehen]; nicht ins B. finden ↑[nicht] müde [sein]; mit jmdm. ins B. gehen ↑koitieren; sich ins gemachte B. legen ↑einheiraten; getrennt von Tisch und B. leben ↑geschieden [sein]; mit den Hühnern zu B. gehen ↑schlafen [gehen].
Bettag: Buß- und B. ↑Feiertag, ↑Kirchenjahr.
Bettbank ↑Liege.
Bettbezug ↑Bezug.
Bettcouch ↑Liege.
¹**Bettdecke,** Zierdecke, Tagesdecke, Überwurf *(österr.)*; ↑Decke, ↑Federbett, ↑Tischtuch.
²**Bettdecke** ↑Federbett.
Bettel: den ganzen B. hinschmeißen ↑kündigen.
bettelarm ↑arm.
Bettelbrief: ↑Gesuch, ↑Schreiben.
Bettelei, das Betteln / Hausieren, Bettlerei *(ugs.)*, Gebettel *(abwertend)*, Schnorrerei *(salopp, abwertend)*, Schnurrerei *(salopp, abwertend)*; ↑Bettler, ↑Bettlerin; ↑betteln.
Bettelkor ↑Bettler.
Bettelkores ↑Bettler.
Bettelleute ↑Bettler.
Bettelmann ↑Bettler.
Bettelmönch ↑Mönch.
Bettelmusikant ↑Bettler, ↑Straßenmusikant.
¹**betteln,** schnorren *(ugs.)*, fechten *(ugs.)*, die Klinken putzen *(ugs.)*; ↑bitten, ↑geben; ↑Bettelei, ↑Bettler, ↑Bettlerin.
²**betteln:** ↑bitten; das Betteln ↑Bettelei.
Bettelorden ↑Mönchsorden.
Bettelstab: jmdn. an den B. bringen ↑ausbeuten; an den B. kommen ↑arm [werden].
Bettelvolk ↑Bettler.
Bettelweib ↑Bettlerin.
betten: weich gebettet sein ↑leben; jmdn. auf Rosen b. ↑verwöhnen; nicht auf Rosen gebettet sein ↑leben.
Bettfedern, Federn, Daunen, Rupf *(schweiz.)*; ↑Federbett.
Bettgeher ↑Untermieter.
Bettgenossin ↑Geliebte.
Bettgestell ↑Bett.
Betthase ↑Geliebte.
Betthupferl ↑Süßigkeiten.
Bettlade ↑Bett.
bettlägerig: b. sein ↑krank [sein].
Bettlägeriger ↑Kranker.
Bettlägerigkeit ↑Krankheit.
Bettlaken ↑Laken.
Bettlektüre ↑Lektüre.
¹**Bettler,** Hausierer, Handwerksbursche *(landsch.)*, Bettelmann *(veraltend)*, Fechtbruder *(abwertend)*, Klinkenputzer *(abwertend)*, Schnorrer *(salopp, abwertend)*, Schnurrer *(sa-*

lopp, abwertend), Bettelmusikant, Schnurrant *(selten)*, Bettelvolk, Bettelleute, Bettelkor *(landsch.)*, Bettelkores *(landsch.)* · Pflastermaler; ↑Bettelei, ↑Bettlerin, ↑Straßenmusikant, ↑Vagabund; ↑betteln.

²Bettler ↑Armer.

Bettler ↑Bettelei.

Bettlerin, Hausiererin, Bettelweib *(veraltet, abwertend)*, Schnorrerin *(salopp, abwertend)*, Schnurrerin *(salopp, abwertend)*; ↑Bettelei, ↑Bettler; ↑betteln.

Bettlerlatein ↑Gaunersprache.

Bettnässen, Einnässen, Enurese, Enuresis nocturna, Akonurese, Bettpissen *(derb)*, Hosenpissen *(derb)*; ↑urinieren.

Bettnässer: B. sein ↑urinieren.

Bettnische ↑Alkoven.

Bettpissen ↑Bettnässen.

bettreif ↑müde.

Bettruhe ↑Ruhe.

Bettschwere: die nötige B. haben ↑müde [sein].

Bettstatt ↑Bett.

Bettstelle ↑Bett.

Betttuch ↑Laken.

Bettumrandung ↑Teppich.

Bettvorlage ↑Teppich.

Bettvorleger ↑Teppich.

Bettwanze ↑Ungeziefer.

Bettzieche ↑Bezug.

Bettzipfel: der B. winkt, nach dem B. schielen ↑müde [sein].

betucht ↑reich.

betulich: ↑beflissen, ↑tantenhaft.

betütert ↑betrunken.

Beugehaft ↑Freiheitsentzug.

Beugel ↑Hörnchen.

Beugemuskel ↑Muskel.

¹beugen (sich), sich bücken / niederbeugen / ducken / neigen / biegen, sich lehnen über, sich klein / krumm machen, sich krümmen, anwinkeln (Arm, Bein), abwinkeln (Arm, Bein).

²beugen: ↑flektieren; sich b. ↑nachgeben; sich [den Anordnungen] b. ↑befolgen; sich einem Joch b. ↑nachgeben; sich nicht der herrschenden Meinung b. ↑entgegenstellen (sich).

Beuger ↑Muskel.

¹Beugung, Biegung, Abwandlung *(veraltet)*, Flexion · *des Substantivs und Adjektivs:* Deklination · *des Verbs:* Konjugation; ↑Wortart; ↑flektieren.

²Beugung ↑Flexion.

Beule, Schwellung, Delle, Brüsche *(niederd.)*, Horn, Tippel *(südd., österr.)*, Knutsche *(schles.)*; ↑Abszess, ↑Beschädigung, ↑Geschwulst.

Beulenpest ↑Pest.

beunruhigen: ↑bekümmern, ↑verwirren; etwas beunruhigt jmdn. ↑sorgen (sich).

Beunruhigung ↑Spannung.

beurkunden: etwas b. ↑Urkunde.

beurlauben ↑befreien.

Beurlaubung ↑Befreiung.

¹beurteilen, ein Urteil fällen / abgeben, urteilen / denken über, werten, bewerten, begutachten, abschätzen, einschätzen, würdigen, etwas von jmdm. / etwas halten / ansehen / erachten für, stehen zu, eine bestimmte Einstellung haben zu, charakterisieren, beleuchten, durchleuchten, betrachten / empfinden / auffassen / nehmen / verstehen als, etwas in jmdm. (oder:) in etwas sehen / erblicken · *die Lage falsch / richtig:* aufs falsche / richtige Pferd setzen *(ugs.)* · *als Preisgericht:* jurieren · *ungerecht:* mit zweierlei Maß messen, parteiisch / nicht unparteiisch sein; ↑auslegen, ↑ausrechnen, ↑bedeuten, ↑denken, ↑folgern, ↑kontrollieren, ↑schätzen, ↑vermuten, ↑werten; **etwas nicht b. können**, sich kein Urteil gebildet haben, kein Urteil haben, keine Meinung zu etwas haben, über etwas nichts zu sagen wissen; ↑Beurteilung, ↑Nichtfachmann, ↑Preisgericht.

²beurteilen: ↑prüfen; vergleichsweise b. ↑vergleichen.

¹Beurteilung, Bewertung, Begutachtung, Einschätzung, Auffassung · *falsche:* Fehleinschätzung; ↑Vorurteil · *unterschiedliche eines Tatbestandes in moralischer Hinsicht:* doppelte Moral; ↑beurteilen.

²Beurteilung ↑Diagnose.

Beuschel ↑Lungenhaschee.

Beute: ↑Bienenstock, ↑Raub.

Beutel: ↑Einkaufstasche, ↑Papiertüte; die Hand auf den B. halten ↑geizig [sein].

Beutelbär ↑Bär.

Beutelmeise ↑Vogel.

Beutelschneider ↑Wucherer.

Beutelschneiderei ↑Wucher.

bevogten ↑bevormunden.

Bevogteter ↑Mündel.

bevölkern ↑besiedeln.

¹bevölkert, besiedelt, bewohnt · *dicht:* volkreich, dicht besiedelt, dicht bevölkert · *wenig:* schwach besiedelt, dünn bevölkert, dünn besiedelt; ↑besiedeln, ↑weilen.

²bevölkert: ↑belebt, ↑besiedelt.

Bevölkerung: ↑Öffentlichkeit, ↑Bewohner.

Bevölkerungsschicht ↑Gesellschaftsschicht.

bevollmächtigen: ↑anerkennen, ↑ermächtigen.

bevollmächtigt ↑befugt.

Bevollmächtigter: ↑Abgesandter, ↑Verwalter.

¹Bevollmächtigung, Anerkennung, Bestätigung, Beglaubigung, Akkreditierung; ↑Bekräftigung, ↑Berechtigung, ↑Erlaubnis; ↑anerkennen, ↑beglaubigen.

²Bevollmächtigung ↑Berechtigung.

bevormunden ↑lenken.

¹bevorstehen: etwas steht bevor / naht heran / kommt heran / droht / nähert sich / ist zu erwarten / ist im Anzug / ist im Verzug / liegt in der Luft / wirft seine Schatten voraus / steht ins Haus / steht vor der Tür / kommt auf jmdn. zu, mit etwas ist zu rechnen; ↑ausstehen, ↑heraufziehen.

²**bevorstehen:** jmds. Entlassung steht bevor ↑Entlassung.

bevorzugen, vorziehen, den Vorzug / Vorrang geben, den Vorrang haben, höher einschätzen, eine Vorliebe für etwas haben; **bevorzugt werden,** bei jmdm. einen Stein im Brett haben, jmds. große Liebe sein; ↑auswählen, ↑fördern, ↑mögen (etwas); ↑bevorzugt, ↑lieber.

¹**bevorzugt,** präferiert, Lieblings-, Leib-und-Magen-, heiß geliebt; ↑bevorzugen.

²**bevorzugt** ↑üblich.

bewachen: ↑beaufsichtigen, ↑beobachten.

Bewacher, Leibwächter, Gorilla *(Jargon)* · *in einer Gaststätte:* Rausschmeißer · *eines Anwesens bei Nacht:* Nachtwächter; ↑Gefolgsmann, ↑Portier; ↑behüten.

bewaffnen: sich b. ↑rüsten.

bewaffnet: ↑kampfbereit; -e Auseinandersetzung, -er Konflikt ↑Krieg.

Bewaffnung ↑Aufrüstung.

bewahren: ↑aufbewahren, ↑behüten; b. vor ↑abhalten.

bewähren: sich b. ↑tüchtig [sein].

bewahrheiten (sich), sich als wahr / richtig herausstellen (oder:) erweisen, sich bestätigen; ↑erweisen (sich als), ↑stimmen.

bewährt: ↑erprobt, ↑probat.

Bewährungsfrist, Probezeit *(schweiz.);* **mit B.,** bedingt *(schweiz., österr.);* **ohne B.,** unbedingt *(schweiz., österr.);* ↑Strafe.

Bewährungshelfer ↑Betreuer.

Bewährungsprobe, Feuerprobe, Feuertaufe; ↑prüfen.

bewältigen, meistern, lösen, schaffen, erringen, vollbringen, es bringen (der bringt es; *ugs.*), jmdm. / einer Sache gewachsen sein, fertig werden / zurande kommen / *(salopp)* klarkommen mit, eine Schwierigkeit überwinden, eine Hürde nehmen, mit etwas einig werden, die Vergangenheit bewältigen, das Beste aus etwas machen, sich zu helfen wissen, über die Runden kommen, aus der Not eine Tugend machen, [das Ziel] erreichen; erreichen, dass ...; gelangen zu / an, bestehen, [eine Prüfung mit „gut"] machen *(ugs.)*, [mit Rückenwind] durchkommen, nicht ↑versagen · *sehr leicht, mühelos:* etwas fliegt jmdm. zu, sich spielen mit etwas *(österr.);* ↑absolvieren, ↑beenden, ↑beherrschen, ↑beikommen, ↑bewerkstelligen, ↑durchsetzen (sich), ↑ertragen, ↑erwirken, ↑können, ↑versagen, ↑verwirklichen, ↑vollenden; ↑Abitur; **nicht b.,** etwas wächst jmdm. über den Kopf / schlägt über jmdm. zusammen; ↑nachgeben.

Bewältigung, Aufarbeitung · *von seelischen Problemen:* Trauerarbeit · Traumarbeit.

bewandert ↑firm.

bewässern ↑sprengen.

Bewässerung ↑Berieselung.

Bewässerungsanlage, Berieselungsanlage, Rieselfeld, Sprinkleranlage; ↑Berieselung; ↑sprengen.

Bewässerungsgraben ↑Graben.

Bewässrung ↑Berieselung.

¹**bewegen (sich),** sich rühren / regen, herumwuseln *(ugs.);* ↑flattern, ↑fortbewegen (sich).

²**bewegen:** hin und her b. ↑schütteln; etwas bewegt jmdn.; beseelen; etwas bewegt jmdn., etwas zu tun ↑veranlassen; sich im Kreis b. ↑kreisen; jmdn. zu etwas b. ↑anstacheln.

Beweggrund ↑Anlass.

beweglich: ↑biegsam, ↑geschickt, ↑lebhaft, ↑transportabel; -e und unbewegliche Feste / Tage ↑Kirchenjahr.

Beweglichkeit: ↑Biegsamkeit, ↑Körperbeherrschung, ↑Mobilität, ↑Wendigkeit.

¹**bewegt,** beeindruckt, gerührt, ergriffen, überwältigt, erschüttert, aufgewühlt; ↑betroffen, ↑empfindsam, ↑schwermütig; ↑erschüttern; ↑Ergriffenheit.

²**bewegt:** ↑aufgeregt; leicht / mäßig -e See ↑Seegang.

Bewegung: ↑Handbewegung; gleichmäßig gegliederte B. ↑Rhythmus; in B. bringen ↑mobilisieren; in B. kommen ↑verursachen; etwas in B. setzen ↑verursachen; alle Hebel in B. setzen ↑anstrengen (sich); B. von einer Stelle zur andern ↑Ortsveränderung.

Bewegungsbehandlung ↑Heilgymnastik.

¹**Bewegungsfreiheit,** Spielraum, Ell[en]bogenfreiheit, Unabhängigkeit, Freizügigkeit; ↑Freiheit.

²**Bewegungsfreiheit** ↑Freiheit.

Bewegungskrankheit, Kinetose, Reisekrankheit · *auf See:* Seekrankheit, Nausea marina *(Med.)* · *im Flugzeug:* Höhenkrankheit, Luftkrankheit, Flugzeugkrankheit · *im Auto:* Autokrankheit; ↑übergeben (sich).

Bewegungskrieg ↑Krieg.

bewegungslos, regungslos, reglos, unbewegt; ↑Bewegungslosigkeit.

Bewegungslosigkeit, Reglosigkeit, Regungslosigkeit, Unbewegtheit, Starrheit, Steifheit; ↑bewegungslos, ↑ruhig.

Bewegungsnerv ↑Nerv.

Bewegungstherapie: ↑Behandlung, ↑Heilgymnastik.

beweiben: sich b. ↑heiraten.

beweihräuchern ↑loben.

beweinen ↑beklagen.

Beweis: ↑Nachweis, ↑Unterpfand; etwas ist B. für etwas ↑zeigen; den B. erbringen ↑nachweisen.

beweisbar: ↑belegbar, ↑nachweislich.

beweisen: ↑nachweisen; etwas beweist etwas ↑zeigen; das Gegenteil b. ↑entkräften.

beweisfähig ↑belegbar.

Beweisführung ↑Argument.

Beweisgrund: ↑Argument, ↑Nachweis.

beweiskräftig ↑stichhaltig.

Beweismaterial ↑Nachweis.
Beweismittel ↑Nachweis.
Beweisstück ↑Nachweis.
bewenden: es dabei b. lassen ↑beenden.
bewerben: sich b. um ↑bemühen (sich um);
sich um jmdn. b. ↑umwerben, ↑werben.
Bewerber ↑Anwärter.
Bewerbung ↑Bewerbungsschreiben.
Bewerbungsschreiben, Bewerbung, Stellen-
bewerbung; ↑Empfehlungsschreiben, ↑bemü-
hen (sich um).
¹bewerfen, werfen auf, bombardieren *(ugs.).*
²bewerfen: jmdn. mit Dreck / Schmutz b.
↑schlecht machen.
bewerkstelligen, bewirken, etwas in die Hand
nehmen, anstellen, [geschickt] anfassen, angattigen *(schweiz.),* in die Wege leiten, einleiten,
einfädeln, arrangieren, deichseln *(salopp),* hinkriegen *(salopp),* managen *(ugs.),* [den Laden]
schmeißen *(salopp),* fingern *(salopp),* drehen
(salopp); ↑bereinigen, ↑bewältigen, ↑können,
↑verwirklichen, ↑vollführen; ↑Bewerkstelli-
gung, ↑Weg.
Bewerkstelligung, Verwirklichung, Arrange-
rung, Ausführung, Durchführung, Realisierung, Erledigung, Tätigung, Abwick[e]lung,
Organisierung, Organisation, Einrichtung, Inszenierung; ↑Abhaltung; ↑bewerkstelligen,
↑verwirklichen.
bewerten: ↑beurteilen, ↑werten.
Bewertung: ↑Beurteilung, ↑Zensur.
bewiesenermaßen: ↑nachweislich.
bewilligen ↑gewähren.
bewillkommnen ↑begrüßen.
Bewillkommnung ↑Willkomm.
bewimpeln ↑beflaggen.
bewirken: ↑bewerkstelligen, ↑verursachen; etwas b. ↑wirken.
bewirten ↑servieren.
bewirtschaften: ↑bebauen; bewirtschaftet
sein ↑Gaststätte.
Bewirtschaftung ↑Bebauung.
bewohnen ↑wohnen.
¹Bewohner, Bevölkerung, Zivilbevölkerung,
Population, Einwohner, Ureinwohner, Bürger,
Staatsangehöriger, Landeskind, Eingeborener,
Einheimischer, Eingesessener, Niedergelassener *(schweiz.),* Pfahlbürger, Landbewohner,
Dorfbewohner · *sich nur vorübergehend an einem Ort aufhaltender: Aufenthalter (schweiz.)* ·
des Festlandes: Binnenländer, Landratte
(scherzh.); ↑Anwohner, ↑Bauer, ↑Einwanderer,
↑Hausbewohner, ↑Landbewohner, ↑Staatsbür-
ger, ↑Städter, ↑Volk; ↑einheimisch · Ggs. ↑Gast.
²Bewohner ↑Hausbewohner.
bewohnt: ↑bebaut, ↑besiedelt, ↑bevölkert.
bewölken (sich), sich verfinstern / verdunkeln /
verdüstern / beziehen / eintrüben, wolkig wer-
.den; ↑einnebeln, ↑verfinstern (sich).
bewölkt, wolkig, bedeckt, bezogen, grau, verhangen, nicht ↑sonnig; ↑dunstig, ↑schattig.

Bewölkung ↑Wolken.
bewuchern ↑Wucher.
Bewunderer ↑Fan.
bewundern: ↑achten, ↑bestaunen; auf etwas
ist jmd. / etwas zu b. ↑darstellen.
bewundernswert ↑außergewöhnlich.
bewundert ↑angesehen.
Bewunderung: ↑Achtung, ↑Anerkennung.
bewunderungswürdig ↑außergewöhnlich.
Bewurf ↑Verputz.
bewusst: ↑absichtlich, ↑obig; etwas wird
jmdm. b. ↑merken; sich einer Sache b. werden
↑auffallen; etwas macht jmdm. etwas b. ↑erhel-
len; nicht b. ↑unterbewusst; seiner Schuld b.
↑schuldbewusst.
Bewusstheit: ↑Absichtlichkeit; ohne B. ↑un-
terbewusst.
bewusstlos ↑ohnmächtig.
¹Bewusstlosigkeit, Ohnmacht · *todesähnli-
che:* Koma; ↑Benommenheit, ↑Bewusstseins-
trübung, ↑Todeskampf.
²Bewusstlosigkeit ↑Ohnmacht.
bewusst machen ↑klar werden.
Bewusstsein: sich etwas ins B. bringen ↑vor-
stellen (sich etwas); ins B. bringen / rufen
↑wachrufen; ins B. dringen ↑auffallen; ohne B.
↑ohnmächtig; zum B. kommen ↑merken.
Bewusstseinseinengung ↑Bewusstseinstrü-
bung.
bewusstseinserweiternd ↑euphorisch.
Bewusstseinsstörung ↑Bewusstseinstrü-
bung.
Bewusstseinstrübung, Bewusstseinsstörung,
Ermüdungserscheinung, Bewusstseinseinengung, Verwirrtheit, Mattscheibe *(ugs.),*
Black-out, Delirium, Delir, deliranter Zustand · · Wahnvorstellung, Wahnidee · Verfolgungswahn · Größenwahn, Megalomanie;
↑Benommenheit, ↑Bewusstlosigkeit, ↑Einbil-
dung, ↑Erschöpfung, ↑Todeskampf.
bezahlen: ↑zahlen; nicht zu b. ↑teuer; sich bezahlt machen ↑einträglich [sein], ↑lohnend
[sein]; [seine Schulden] b., etwas aus der eigenen / aus eigener Tasche b. ↑zahlen; Steuer /
Zoll b. ↑versteuern; die Zeche b. müssen ↑Fol-
ge; b. für ↑einstehen; für alles [im Leben] b.
müssen ↑Opfer [bringen müssen]; nicht mit
Geld zu b. sein ↑unersetzlich [sein].
Bezahlung: ↑Gehalt (das), ↑Zahlung.
bezähmen: ↑bändigen; sich b. ↑ruhig [bleiben].
¹bezaubern, bestricken, berücken, behexen,
verhexen, verzaubern, faszinieren, blenden,
umgarnen; ↑bezirzen, ↑begeistern, ↑überreden,
↑verleiten; ↑hübsch; ↑Faszination.
²bezaubern ↑bannen.
¹bezaubernd, aufregend, schwungvoll, faszinierend, swinging (z. B. swinging London).
²bezaubernd: ↑charmant, ↑hübsch.
Bezauberung ↑Faszination.
bezechen: sich b. ↑betrinken (sich).
bezecht ↑betrunken.

Bezechter ↑Betrunkener.

¹bezeichnen (als), apostrophieren als, nennen, benennen, benamsen *(ugs.)*, betiteln; ↑ansprechen, ↑betreffen, ↑designieren, ↑nennen; ↑genannt.

²bezeichnen: ↑markieren; als unrichtig / unwahr / unzutreffend / falsch b. ↑abstreiten.

bezeichnend ↑kennzeichnend.

Bezeichnung: ↑Begriff, ↑Wort.

Bezeichnungslehre, Onomasiologie; ↑Namenkunde, ↑Sprachwissenschaft, ↑Wortgeschichte · Ggs. ↑Wortbedeutungslehre.

bezeigen: Dank b. ↑danken.

bezeugen: ↑beglaubigen; etwas b. ↑zeugen (für, gegen); Dank b. ↑danken.

bezeugt, belegt, beglaubigt, als wahr / echt bescheinigt, bekräftigt, bestätigt; ↑verbürgt; ↑beglaubigen.

Bezeugung ↑Bekräftigung.

bezichtigen: ↑verdächtigen; sich selbst b. ↑stellen (sich).

Bezichtigung ↑Beschuldigung.

beziehbar ↑bezugsfertig.

¹beziehen, überziehen, anziehen *(schweiz.)*; ↑Bezug.

²beziehen: ↑bestellen, ↑einziehen, ↑verdienen; Arbeitslosenunterstützung b. ↑arbeitslos [sein]; einen geistigen Standort / Stellung b. ↑eintreten (für); sich b. ↑bewölken (sich); sich b. auf ↑berufen; etwas bezieht sich auf ↑betreffen.

Bezieher ↑Abonnent.

Bezieherin ↑Abonnent.

¹Beziehung, Verbindung; ↑Gönner, ↑Vetternwirtschaft; **Beziehungen haben,** Verbindungen / *(scherzh.)* den Papst zum Vetter haben, das richtige Parteibuch / Gesangbuch haben, Vitamin B haben *(scherzh.)*.

²Beziehung: ↑Folgerung, ↑Lebensgemeinschaft, ↑Verhältnis; freundschaftliche B. ↑Freundschaft; intime -en ↑Koitus; mitmenschliche / zwischenmenschliche -en ↑Kontakt; -en anknüpfen ↑anbahnen (etwas), ↑Kontakt [aufnehmen]; eine B. herstellen ↑verknüpfen; durch -en ↑heimlich; in dieser B. ↑diesbezüglich; in jeder B. ↑allseitig, ↑ganz, ↑vollinhaltlich.

Beziehungskiste ↑Lebensgemeinschaft.

beziehungslos ↑unzusammenhängend.

Beziehungslosigkeit ↑Zusammenhanglosigkeit.

beziehungsreich ↑komplex.

beziehungsweise ↑oder.

Beziehungswort ↑Wortart.

beziffern: ↑nummerieren; sich b. auf ↑betragen.

Bezirk: ↑Gebiet, ↑Stadtteil, ↑Verwaltungsbezirk.

Bezirksammann ↑Oberhaupt.

Bezirkshauptmann ↑Oberhaupt.

Bezirksstatthalter ↑Oberhaupt.

bezirzen, betören, jmdn. einwickeln *(ugs.)*, jmdn. um den Finger wickeln *(ugs.)*; ↑bezaubern, ↑überreden, ↑verleiten.

Bezoarziege ↑Ziege.

bezogen ↑bewölkt.

Bezug: in B. auf ↑hinsichtlich; in B. darauf ↑diesbezüglich.

¹Bezug, Überzug, Bettbezug, Kissenbezug, Anzug *(schweiz.)*, Zieche *(südd., österr.)*, Bettzieche *(südd., österr.)*, Tuchentzieche *(österr.)*, Polsterzieche *(österr.)*; ↑beziehen.

²Bezug: ↑Folgerung, ↑Verhältnis; Bezüge ↑Einkünfte; hierauf B. nehmen, mit B. darauf ↑diesbezüglich; etwas hat B. zu ↑betreffen.

Bezüger ↑Abonnent.

bezüglich ↑hinsichtlich.

bezugsfertig, schlüsselfertig, beziehbar, fertig, fertig gestellt; ↑Haus.

Bezugsperson ↑Eltern.

Bezugsquelle, Quelle *(ugs.)*, Kaufgelegenheit; ↑Laden.

Bezugswortsatz ↑Satz.

bezuschussen ↑zahlen.

bezwecken ↑vorhaben.

bezweifeln: ↑zweifeln; es kann doch wohl nicht bezweifelt werden, dass ... ↑zweifellos.

bezwingen: ↑besiegen; ↑steigen (auf).

Bezwingung ↑Besteigung.

BGB ↑Gesetzessammlung.

BH ↑Büstenhalter.

Bhang ↑Rauschgift.

bi ↑sexuell.

Bias ↑Verdrehung.

Biathlon ↑Wintersport.

bibbern: ↑frieren, ↑zittern.

Bibel, Heilige Schrift, Schrift, Buch der Bücher, Wort Gottes, Armenbibel, Biblia Pauperum, Bilderbibel, Altes Testament, Neues Testament · *nicht anerkannte Schriften:* Apokryphen; ↑Apokalypse, ↑Bibelabschnitt, ↑Bibelübersetzung, ↑Evangeliar, ↑Gebetbuch, ↑Psalter, ↑Theologie.

Bibelabschnitt, Bibeltext, Schrifttext, Schriftwort, Wort, Bibelwort, Predigttext · *zu gottesdienstlicher Verlesung vorgeschriebener:* Perikope; ↑Abschnitt, ↑Bibel.

Bibelauslegung ↑Exegese.

Bibeldeutung ↑Exegese.

Bibelerklärung ↑Exegese.

Bibeleskäs ↑Weißkäse.

Bibelforscher: Ernster B. ↑Angehöriger.

Bibelforschung ↑Theologie.

Bibelkritik ↑Theologie.

Bibelot ↑Nippsache.

Bibeltext ↑Bibelabschnitt.

Bibelübersetzung *griechische:* Septuaginta, Hexapla · *lateinische:* Vetus Latina, Prävulgata, Itala, Vulgata · *syrische:* Peschitta, Harclensis, Syro-Hexaplaris · *gotische:* Ulfilasbibel · *deutsche:* Mentelbibel, Lutherbibel; ↑Bibel, ↑Evangeliar.

Bibelwort ↑Bibelabschnitt.

¹Biber, Sumpfbiber, [Meister] Bockert; ↑Nagetier.

²Biber ↑Pelz.

biberln ↑trinken.

Biberschwanz ↑Dachziegel.

Bibi ↑Kopfbedeckung.

Biblia Pauperum ↑Bibel.

Bibliographie ↑Verzeichnis.

Bibliomane ↑Bücherfreund.

bibliophil ↑kostbar.

Bibliophile ↑Bücherfreund.

¹Bibliothek, Bücherei · Stadtbibliothek, Stadtbücherei, Staatsbibliothek, Landesbibliothek, Universitätsbibliothek, UB, Volksbibliothek, Volksbücherei, Leihbibliothek, Leihbücherei; ↑Archiv, ↑Bücherbestand.

²Bibliothek ↑Bücherbestand.

Bickbeere ↑Blaubeere.

Bickel ↑Murmel.

Bidonville ↑Armenviertel.

Bidschar ↑Orientteppich.

bieder ↑ehrenhaft.

Biederkeit: ↑Rechtschaffenheit, ↑Schlichtheit.

Biedermeier ↑Literaturepochen.

Biedersinn: ↑Rechtschaffenheit, ↑Schlichtheit.

Biegel ↑Keule.

biegen: ↑falten, ↑flektieren; sich b. ↑beugen (sich); lügen, dass sich die Balken b. ↑lügen; um die Ecke b. ↑abbiegen; auf Biegen oder Brechen ↑unbedingt.

biegsam, geschmeidig, beweglich, elastisch, federnd, zügig *(schweiz.),* flexibel, dehnbar; ↑gefedert, ↑gelenkig, ↑schlaff, ↑weich; **b. sein,** nachgeben, sich dehnen; ↑federn; ↑Biegsamkeit.

¹Biegsamkeit, Geschmeidigkeit, Beweglichkeit, Elastizität, Federkraft, Dehnbarkeit; ↑Körperbeherrschung, ↑Wendigkeit; ↑federn; ↑biegsam.

²Biegsamkeit ↑Körperbeherrschung.

¹Biegung, Bogen, Kurve, Krümmung; ↑Linie, ↑Rundung.

²Biegung: ↑Beugung, ↑Falte, ↑Kurve.

Bien ↑Bienenvolk.

¹Biene, Honigbiene, Imme, Imp *(bayr., österr.)* · Arbeiterin, Arbeitsbiene, Stockbiene, Trachtbiene · Drohne, Bienenmännchen · Bienenkönigin, Königin, Weisel, Weiser, Stockmutter · Drohnenmütterchen; ↑Bienenstock, ↑Bienenvolk, ↑Bienenweide, ↑Bienenzucht, ↑Honig, ↑Imker.

²Biene: ↑Hautflügler, ↑Mädchen.

Bienenbeute ↑Bienenstock.

Bienenbiete ↑Bienenstock.

Bienenfamilie ↑Bienenvolk.

bienenfleißig ↑fleißig.

Bienenfresser ↑Vogel.

Bienengift ↑Gift.

bienenhaft ↑fleißig.

Bienenhaltung ↑Bienenzucht.

Bienenhaus ↑Bienenstand.

Bienenhonig: ↑Brotaufstrich, ↑Honig.

Bienenhütte ↑Bienenstand.

Bienenkar ↑Bienenstock.

Bienenkasten ↑Bienenstock.

Bienenkaube ↑Bienenstock.

Bienenkönigin ↑Biene.

Bienenkorb ↑Bienenstock.

Bienenküppe ↑Bienenstock.

Bienenmann ↑Imker.

Bienenmännchen ↑Biene.

Bienenschwarm ↑Bienenvolk.

Bienenstand, Bienenhaus, Bienenwohnung, Bienenhütte; ↑Bienenstock.

Bienenstich ↑Gebäck.

Bienenstock, Bienenkorb, Bienenbeute, Beute, Klotzbeute *(landsch.),* Bienenbiete *(landsch.),* Bienenkasten *(landsch.),* Bienenkar *(landsch.),* Bienenkaube *(landsch.),* Bienenküppe *(landsch.);* ↑Biene, ↑Bienenstand, ↑Bienenvolk, ↑Bienenweide, ↑Bienenzucht, ↑Imker.

Bienenvater ↑Imker.

Bienenvolk, Volk, Bienenfamilie, Bienenstaat, Bien *(Imkerspr.)* · *schwärmender Teil:* Bienenschwarm, Schwarm; ↑Biene, ↑Bienenstock.

Bienenweide, Weide, Trachtbezirk; ↑Biene, ↑Bienenzucht.

Bienenwohnung ↑Bienenstand.

Bienenzucht, Imkerei, Bienenhaltung; ↑Biene, ↑Bienenstock, ↑Bienenweide, ↑Imker.

Bienenzüchter ↑Imker.

¹Bier, Gerstensaft *(scherzh.),* Bier vom Fass, Fassbier, Schankbier, Flaschenbier, Dosenbier, Exportbier, Export, Pils, Pils[e]ner · *starkes:* Starkbier, Bockbier, Märzen, Märzenbier, Doppelbock · *nicht sehr alkoholreiches:* Dünnbier · *obergäriges, kohlensäurereiches:* Weißbier · Weizenbier, Weizen · *obergäriges englisches:* Ale · *untergäriges:* Lagerbier, Lager · *malzhaltiges dunkles:* Malzbier, Braunbier, Ammenbier *(scherzh.)* · *ausgeschenktes:* ein Helles / Dunkles / [kühles] Blondes *(ugs.),* eine Molle *(berlin.),* [Berliner] Weiße [mit Schuss]; ↑Alkohol, ↑Bierbrauer, ↑Brauerei, ↑Getränk; **ein Glas B. trinken,** eine Molle zischen *(salopp).*

²Bier: das ist nicht mein B. ↑betreffen; etwas wie sauer / saures B. anpreisen ↑feilhalten.

Bierarsch ↑Gesäß.

Bierbass ↑Singstimme.

Bierbauch ↑Bauch.

Bierbrauer, Brauer, Braumeister; ↑Bier, ↑Brauerei.

Bierbrauerei ↑Brauerei.

Bierbricken ↑Untersatz.

Bierdeckel ↑Untersatz.

bierernst ↑humorlos.

Bierernst ↑Humorlosigkeit.

Bierfass ↑Fass.

Bierfilz ↑Untersatz.

Biergarten ↑Gaststätte.

Bierglas ↑Trinkgefäß.

Bierhefe: ↑Gärstoff, ↑Schlauchpilz.

Bierkrug ↑Trinkgefäß.
Bierkrügel ↑Trinkgefäß.
Bierleiche ↑Betrunkener.
Bierreise ↑Bummel.
Bierruhe: ↑Gelassenheit; mit einer B. ↑dickfellig.
Bierseidel ↑Trinkgefäß.
Bierstange ↑Gebäck.
Biertippler ↑Trinker.
Biertrinker ↑Trinker.
Biet ↑Gebiet.
bieten: ↑bereitstellen, ↑Gebot [machen]; sich etwas b. lassen ↑ertragen; eine Blöße b. ↑bloßstellen (sich); jmdm. Gelegenheit b., sich zu äußern ↑äußern (sich); jmdm. Paroli b. ↑einschränken; Paroli geboten bekommen ↑übertreffen; jmdm. die Stirn / Widerpart b. ↑aufbegehren.
bifokal: -e Brille ↑Brille.
Bifokalbrille ↑Brille.
Bigamie ↑Ehe.
bigott ↑fromm.
Bigotterie ↑Frömmigkeit.
Bijouterie ↑Schmuck.
Bikini ↑Badeanzug.
Bilanz: ↑Abrechnung; B. ziehen ↑überprüfen.
bilanzieren ↑überprüfen.
bilateral, zweiseitig, zwischenstaatlich, zwei Staaten betreffend, zwischen zwei Staaten; ↑multilateral.
¹Bild, Gemälde, Bildnis, Studie, Skizze, Abbild, Abbildung, Illustration, Figur, Darstellung, Ansicht, Schinken *(salopp, abwertend),* Helgen *(schweiz.),* Historienbild, Landschaftsbild, Landschaft, Seestück, Tierbild, Blumenbild, Blumenstück · *rundes:* Medaillon · *aus buntem Papier oder anderem Material geklebtes:* Collage · *mit Blumen, Früchten, erlegtem Wild:* Stilleben · *mit Szenen aus dem Alltag:* Genrebild · *einen Innenraum darstellendes:* Interieur · *Maria mit dem Leichnam Christi darstellendes:* Pieta · *Christus als Schmerzensmann darstellendes:* Erbärmdebild, Miserikordienbild · *die Verklärung eines Menschen darstellendes:* Apotheose; ↑Bilderrahmen, ↑Bildnis, ↑Malerei, ↑Zeichnung, ↑fotografieren.
²Bild: ↑Auftritt, ↑Ausblick, ↑Einbildung, ↑Fotografie, ↑Malerei, ↑Sinnbild; schwaches B. ↑Leistung; ein B. für [die] Götter sein ↑lächerlich [wirken]; ein B. geben von ↑aussagen; -er gebrauchen / verwenden, in -ern reden / sprechen ↑versinnbildlichen; ein B. machen / schießen ↑fotografieren; sich ein B. machen von ↑vorstellen (sich etwas); im -e sein ↑wissen; ins B. setzen ↑mitteilen; mit -ern versehen ↑bebildern.
Bildbeigabe ↑Illustration.
Bildberichterstatter ↑Berichter.
Bildbeschreibung ↑Schulaufsatz.
Bildbruch, Katachresis, Katachrese; ↑Satzbruch.
bilden: ↑bedeuten, ↑erziehen, ↑formen; sich b.

↑entstehen; gebildet werden von ↑zusammensetzen (sich aus); einen Kontrast b. zu ↑kontrastieren; Queue b. ↑warten.
Bilderausstellung ↑Kunstausstellung.
Bilderbibel ↑Bibel.
Bilderbuch: wie im B. ↑ideal.
Bilderkapitell ↑Kapitell.
Bilderrahmen, Rahmen, Passepartout; ↑Bild, ↑Fotografie.
Bilderrätsel ↑Rätsel.
bilderreich: ↑anschaulich, ↑ausdrucksvoll, ↑metaphorisch.
Bilderschrift ↑Schrift.
Bilderstürmer ↑Revolutionär.
Bildfläche: auf der B. erscheinen ↑kommen; von der B. verschwinden ↑weggehen.
bildhaft: ↑anschaulich, ↑klar, ↑metaphorisch.
Bildhaftigkeit ↑Anschaulichkeit.
Bildhauer, Bildschnitzer, Steinschneider, Steinmetz, Holzschneider, Elfenbeinschnitzer, Herrgottsschnitzer, Gemmenschneider; ↑Bildnerei, ↑Künstler; ↑behauen.
Bildhauerei ↑Bildnerei.
Bildhauerkunst ↑Bildnerei.
Bildhauerwerkstatt ↑Sternbild.
bildhübsch ↑hübsch.
Bildkalender ↑Kalender.
¹bildlich, übertragen, figürlich, figurativ; ↑metaphorisch, ↑sinnbildlich.
²bildlich: ↑konkret, ↑sinnbildlich.
Bildnerei ·· Bildhauerkunst, Bildhauerei · Holzschnitzerei · Elfenbeinschnitzerei · Steinschneidekunst, Lithoglyphie, Lithoglyptik, Lithoglyphtik; ↑Bildhauer, ↑Relief; ↑behauen.
¹Bildnis, Porträt, Selbstbildnis, Ganzporträt, Vollporträt, Porträtstudie, Kopfbild, Brustbild, Kniestück ·· *eines nackten Menschen:* Akt, Aktbild, Aktstudie · *zur sexuellen Erregung:* Pornobild, Wichsvorlage *(salopp);* ↑Bild, ↑Fotografie, ↑Malerei.
²Bildnis ↑Bild.
Bildreporter ↑Berichter.
bildsam ↑bildungsfähig.
Bildschirm: ↑Fernsehgerät, ↑Monitor.
Bildschnitzer ↑Bildhauer.
bildschön ↑hübsch.
Bildstock ↑Votivbild.
Bildstörung ↑Unterbrechung.
Bildsymbol, Begriffssymbol, Piktogramm; ↑Schild, ↑Verkehrszeichen, ↑Warenzeichen.
Bildtelefon ↑Fernsprecher.
Bildteppich ↑Wandteppich.
¹Bildung, Gebildetsein, Allgemeinbildung, Gelehrsamkeit, Gelahrtheit *(scherzh.)* · *ohne Bezug zur Realität:* Buchgelehrsamkeit, Buchwissen, Buchweisheit; ↑Träumer; ↑abkapseln; ↑unrealistisch · *unzureichende, nur halb verarbeitete:* Halbbildung; ↑Ausbildung, ↑Bildungsdrang, ↑Intellektueller; ↑gebildet, ↑klug.
²Bildung: ↑Beschaffenheit, ↑Entstehung, ↑Erfahrung.

Bildungsanstalt: ↑Institut, ↑Schule.
bildungsbeflissen ↑bildungshungrig.
Bildungsbeflissenheit ↑Bildungsdrang.
Bildungsbürgertum ↑Oberschicht.
Bildungsdrang, Bildungshunger, Bildungsbeflissenheit, Lerneifer, Wissbegierde, Wissensdurst; ↑Bildung; ↑bildungshungrig, ↑begierig.
bildungseifrig ↑bildungshungrig.
Bildungselement ↑Affix.
bildungsfähig, bildsam, formbar; ↑formen.
Bildungsgrad ↑Niveau.
Bildungshunger ↑Bildungsdrang.
bildungshungrig, bildungsbeflissen, bildungseifrig, lernbegierig, lernwillig, wissbegierig, wissensdurstig; ↑Bildung, ↑Bildungsdrang.
Bildungslehre ↑Didaktik.
Bildungslücke ↑Unkenntnis.
Bildungsphilister ↑Intellektueller.
Bildungspolitik ↑Erziehungswesen.
Bildungsreise ↑Reise.
Bildungsroman ↑Roman.
Bildungsschicht ↑Oberschicht.
Bildungsstand ↑Niveau.
Bildungsstätte ↑Institut.
Bildungstheorie ↑Didaktik.
Bildungsweg: zweiter B. ↑Schule; den zweiten B. beschreiten / wählen ↑weiterbilden (sich).
Bildungswesen ↑Erziehungswesen.
Bildwerfer ↑Projektionsapparat.
Bildwerk ↑Malerei.
Bilgerbindung ↑Skibindung.
Bilingualismus ↑Zweisprachigkeit.
Billard, Billardspiel, Karambolagebillard *(franz.)* · *mit 15 Bällen:* Chasse.
Billardspiel ↑Billard.
Billardtisch ↑Tisch.
Billetdoux ↑Schreiben.
Billett: ↑Eintrittskarte, ↑Fahrkarte, ↑Schreiben.
¹billig, preiswert, preisgünstig, kostengünstig, herabgesetzt, im Preis gesenkt, fast umsonst, [halb] geschenkt, preiswürdig, günstig, zu zivilen Preisen, wohlfeil, spottbillig, nicht ↑teuer; **b. sein,** wenig kosten, im Angebot sein, unter Billigflagge fahren (Schifffahrt); **b. verkaufen,** zu einem Schleuderpreis / zum halben Preis / unter Preis verkaufen; **b. kaufen,** vorteilhaft / für einen Apfel und ein Ei / für einen Pappenstiel / für ein Butterbrot kaufen; ↑Preis.
²billig: ↑minderwertig, ↑recht; -er Jakob ↑Händler; etwas ist recht und b. ↑recht [sein].
Billiganbieter ↑Preisbrecher.
Billigangebot ↑Kauf.
billigen, gutheißen, akzeptieren, absegnen, [einen Vorschlag] annehmen, bejahen, Ja sagen zu, sanktionieren, legitimieren, goutieren, Geschmack finden an, anerkennen, zulassen, genehmigen, beistimmen, etwas richtig / nicht falsch finden, etwas für richtig / nicht für falsch halten, beipflichten, beiwilligen *(schweiz.)*, zustimmen, belieben *(schweiz.)*, seine Zustim-

mung geben, sein Amen / seinen Segen zu etwas geben, die Genehmigung erteilen / geben, jmdm. einen Freibrief ausstellen / geben, begrüßen, übereinstimmen / sympathisieren mit, einig gehen, konform gehen, unterschreiben, einverstanden sein, zu etwas Ja und Amen sagen, dafür sein, nichts dagegen / dawider haben, dulden, tolerieren, respektieren, geschehen lassen, erlauben, zubilligen, einräumen, konzedieren, einwilligen, jmdm. etwas freistellen, auf einen Vorschlag eingehen, anbeißen *(ugs.)*, die Erlaubnis geben, gestatten, zugeben, verstatten, jmdm. freie Hand lassen, grünes Licht geben für etwas, jmdn. gewähren / schalten und walten lassen, etwas in jmds. Hände legen, nicht ↑ablehnen, nicht ↑beanstanden, nicht ↑verbieten; ↑Beifall [finden], ↑ermächtigen, ↑ertragen, ↑gewähren, ↑überlassen (jmdm. etwas), ↑wünschen; ↑aufgeklärt, ↑befugt, ↑bejahend, ↑statthaft; ↑Achtung, ↑Ansehen, ↑Erlaubnis, ↑Übereinstimmung · Ggs. ↑Nichtachtung.
Billigflagge: unter B. fahren ↑billig [sein].
Billigpreis ↑Preis.
Billigung ↑Erlaubnis.
Bimbam: heiliger B.! ↑überrascht [sein].
Bimmel ↑Glocke.
Bimmelbahn ↑Eisenbahnzug.
bimmeln: ↑läuten; das Bimmeln ↑Gebimmel.
bimsen ↑glätten.
Bimsstein ↑Baustein.
Binde: ↑Verband; es fällt jmdm. wie eine B. von den Augen ↑erkennen; sich einen hinter die B. gießen ↑trinken.
Bindegewebsmassage ↑Massage.
¹Bindeglied, Glied, Band, Verbindendes.
²Bindeglied ↑Gemeinsamkeit.
Bindehautentzündung, Konjunktivitis; ↑Auge, ↑Augenheilkunde.
Bindekraft ↑Kohäsion.
Bindemittel · Leim, Kleister, Kleb[e]stoff, Kleber, Alleskleber, Klebe *(landsch.)*, Papp *(landsch.)*, Pick *(ugs., österr.)*, Knochenleim, Tafelleim, Tischlerleim, Papierleim, Gummiarabikum, Gummilösung · Kitt, Porzellankitt, Fensterkitt, Glaserkitt, Mauerkitt, Maurerkitt · Gips, Zement; ↑Beton, ↑Klebrigkeit; ↑kleben (etwas); ↑fest, ↑klebrig.
¹binden, flechten, zusammenflechten, knüpfen, zusammenknüpfen, schnüren, knoten, zusammenknoten; ↑anbinden, ↑broschieren, ↑einpacken, ↑festigen, ↑verknüpfen; ↑Geflecht, ↑Gurt, ↑Knoten.
²binden: ↑bündeln, ↑eindicken; jmdm. sind die Hände gebunden ↑machtlos [sein]; gebunden sein an ↑zusammenhängen (mit); aus Bein b. ↑zahlen; jmdm. etwas auf die Nase b. ↑mitteilen; jmdm. etwas auf die Seele b. ↑anordnen.
bindend: ↑verbindlich; nicht b. ↑unverbindlich.
Binder: ↑Böttcher, ↑Krawatte.

Bindeschuh ↑Schuh.
Bindestrich ↑Satzzeichen.
Bindewort ↑Wortart.
Bindfaden: ↑Schnur; es regnet Bindfäden ↑regnen.
Bindung: ↑Freundschaft, ↑Skibindung.
bindungsfähig ↑geschlechtsreif.
Bingo ↑Glücksspiel.
Binkel ↑Packen.
binnen, innerhalb, in, im Laufe / im Verlauf / in der Zeit von, von Mal zu Mal, innert *(schweiz.);* ↑in.
Binnenfischerei ↑Fischerei.
Binnengewässer ↑Gewässer.
Binnenhafen ↑Hafen.
Binnenhandel ↑Handel.
Binnenländer ↑Bewohner.
binnenländisch ↑kontinental.
Binnenmarkt ↑Absatzgebiet.
Binnenmeer ↑Gewässer.
Binnenreim ↑Reim.
Binnenschiff ↑Schiff.
Binnenschiffer ↑Schiffer.
Binnenschifffahrt ↑Schifffahrt.
Binnensee ↑Gewässer.
Binnenwasser ↑Gewässer.
Binse: in die -n gehen ↑defekt [werden].
Binsenwahrheit ↑Plattheit.
Binsenweisheit ↑Plattheit.
Biofeedback, Rückkopplung.
Biogas: ↑Energie, ↑Gas.
Biograph ↑Schriftsteller.
Biographie, Autobiographie, Memoiren, Lebensgeschichte, Lebensbeschreibung, Lebensbild, Erinnerungen, Lebenserinnerungen, Denkwürdigkeiten; ↑Laufbahn, ↑Roman.
Bioladen ↑Laden.
Biologe, Naturkundler; ↑Naturkunde.
Biologie ↑Naturkunde.
biologisch: b. bauen ↑bauen; -e Waffen ↑Waffen.
Biosprit ↑Treibstoff.
Biotechnologie ↑Technik.
Biotop ↑Lebensraum.
Biowissenschaft ↑Wissenschaft.
Birett ↑Kopfbedeckung.
Birke ↑Laubbaum.
Birkenoxer ↑Hindernis.
Birkenpilz ↑Ständerpilz.
Birkenreizker ↑Ständerpilz.
Birkenrick ↑Hindernis.
Birkenwald ↑Wald.
Birkfuchs ↑Fuchs.
Birkhuhn ↑Vogel.
Birma ↑Katzenrassen.
Birne: ↑Glühbirne, ↑Kopf, ↑Obst.
Birnenmuster ↑Stoffmuster.
bis: b. auf ↑ausgenommen, ↑einschließlich; b. dato / heute / zur Stunde / zum heutigen Tage / anhin ↑bisher; b. hierher und nicht weiter ↑halt; b. und mit ↑einschließlich.

Bisam ↑Pelz.
Bisamratte ↑Nagetier.
Bischof ↑Geistlicher.
Bischofskirche ↑Gotteshaus.
bischofslila ↑violett.
Bischofsmütze ↑Kopfbedeckung.
Bise ↑Wind.
Bisette ↑Spitzenstickerei.
bisexuell ↑sexuell.
bisher, bislang, bis jetzt / dato / heute / zum heutigen Tage / zur Stunde / *(veraltend, schweiz.)* anhin; ↑seither.
Biskotte ↑Gebäck.
Biskuit ↑Gebäck.
Biskuitplätzchen ↑Gebäck.
Biskuitporzellan ↑Porzellan.
Biskuitteig ↑Teig.
bislang ↑bisher.
Bismarckhering ↑Hering.
Bison, Wisent, Auerochse, Indianerbüffel; ↑Rind.
Biss: Temperament; einer Sache fehlt der B. ↑[nicht] geistreich [sein].
¹bisschen: ein b., ein bisserl *(ugs.),* ein wenig, ein Alzerl *(ugs., österr.);* ↑klein; **kein b.,** kein Fatz *(salopp),* nicht die Bohne *(salopp);* ↑nichts.
²bisschen: ein b. ↑etwas; kein b. ↑nichts.
Bissen: keinen B. anrühren ↑essen; jmdm. keinen B. gönnen ↑neidisch [sein]; jmdm. die B. in den Mund zählen ↑geizig [sein].
bisserl: ein b. ↑bisschen.
bissig: ↑spöttisch; -e Bemerkung ↑Spitze; b. sein ↑beißen.
Bissigkeit ↑Spitze.
Bisswunde ↑Wunde.
Bistro ↑Gaststätte.
bisweilen ↑manchmal.
Biswind ↑Wind.
Bittadresse ↑Gesuch.
Bittbrief ↑Schreiben.
¹bitte!, bitte schön! / sehr!, bittschön! *(ugs.),* darf ich [Sie] bitten ...?, dürfte ich [Sie] bitten ...?, seien Sie so gut!, haben Sie / hätten Sie die Güte (oder:) die Freundlichkeit, wären Sie so freundlich ...?, würden Sie mir den Gefallen tun?, tun Sie mir den [einen (oder:) einzigen] Gefallen ...!; ↑bitten.
²bitte?, wie [bitte]?, was? *(ugs.),* was haben Sie gesagt? *(ugs.),* was meinen Sie? *(ugs.),* wie meinen? *(ugs., scherzh.),* wie beliebten? *(ugs., scherzh.),* Pardon?, ich habe [Sie] nicht verstanden, wie war das? *(salopp),* hä? *(salopp),* he? *(salopp).*
³bitte: verzeihen Sie / entschuldigen Sie b.! ↑Verzeihung!
Bitte, Wunsch, Anliegen, Ersuchen, Ansuchen; ↑Anspruch, ↑Gesuch, ↑Schreiben, ↑Sehnsucht, ↑Wunsch; **eine B. haben,** etwas auf dem Herzen haben; ↑bitten, ↑wünschen.
¹bitten, erbitten, sich etwas ausbitten, ersuchen, ansuchen, nachsuchen, einkommen um,

vorstellig werden, jmdm. anliegen [mit etwas], ansprechen um, flehen, erflehen, anflehen, winseln um *(abwertend)*, anrufen, jmdn. bemühen, bestürmen, beschwören, betteln, angehen um *(ugs.)*, sich wenden an, jmdm. mit etwas kommen, über jmdn. herfallen, anhauen *(salopp)*, ankeilen *(salopp)*, löchern *(salopp)*, bohren *(ugs.)*, drängen, bedrängen, jmdm. zusetzen, jmdm. auf der Seele knien *(ugs.)*, jmdm. die Hölle heiß machen *(ugs.)*, drängeln, dremmeln *(ugs.)*, quengeln *(ugs.)*, knauen *(ostpr.)*, quesen *(nordd.)*, keine Ruhe geben, jmdn. keine Ruhe lassen, jmdn. nicht in Ruhe lassen, jmdm. in den Ohren liegen *(salopp)*, jmdm. auf die Pelle / auf die Bude rücken *(salopp)*, jmdm. auf der Pelle sitzen *(salopp)*, benzen *(österr.)*, penzen *(österr.)*, jmdn. beknien *(salopp)*; ↑abraten,↑ansprechen, ↑anstacheln, ↑beeinflussen, ↑behelligen, ↑bemühen (sich um), ↑betrauen, ↑betteln, ↑bitte!, ↑herantreten (an), ↑mahnen, ↑überreden, ↑verlangen, ↑verleiten, ↑wünschen, ↑zuraten, ↑zusetzen (jmdm.); ↑Bitte.

²**bitten:** darf ich / dürfte ich [Sie] b. ...? ↑bitte!; ich bitte [tausendmal] um Entschuldigung / um Verzeihung ↑Verzeihung!; um einen / den nächsten Tanz b. ↑auffordern; b. zu ↑einladen; [zu sich] b. ↑beordern; zur Kasse gebeten werden ↑zahlen [müssen]; das Bitten ↑Gebet.

bitter: ↑sauer, ↑sehr, ↑spöttisch.

bitterböse ↑böse.

Bitterkeit ↑Unzufriedenheit.

Bitterling ↑Fisch.

Bitternis ↑Unzufriedenheit.

bittersüß ↑süß.

bitterwenig ↑wenig.

Bittgebet ↑Gebet.

Bittgesuch ↑Gesuch.

bittschön ↑bitte!

Bittschreiben ↑Gesuch.

Bittschrift ↑Gesuch.

Bittsteller ↑Antragsteller.

bitzeln ↑perlen.

Biwak: ↑Campinglager, ↑Schuft.

biwakieren ↑zelten.

bizarr: ↑launisch, ↑seltsam.

Bizarrerie ↑Seltsamkeit.

Blabla ↑Gewäsch.

Blache ↑Plane.

Black-and-tan ↑Hunderassen.

Blackbottom ↑Tanz.

Blackfoot ↑Indianer.

Black-out ↑Bewusstseinstrübung.

blad ↑dick.

Blader ↑Dicker.

blädern: ↑fortbewegen (sich), ↑sprechen.

blaffen ↑bellen.

Blag: ↑Kind; die -en ↑Kinder (die).

Blahe ↑Plane.

blähen: sich b. ↑bauschen (sich).

Blähsucht, Flatulenz, Meteorismus · bei Tieren: Tympanie, Tympanitis; ↑Darmwind.

Blähung ↑Darmwind.

blaken ↑rußen.

Blamage ↑Bloßstellung.

blamieren: sich b. ↑bloßstellen (sich); [die ganze Innung b.] ↑kompromittieren (jmdn.).

Blanche ↑Rauschgift.

blanchieren, abbrühen, mit kochendem Wasser übergießen; ↑sieden.

¹**blank,** spiegelblank, spiegelnd, glänzend · Ggs. ↑matt.

²**blank:** ↑abgenutzt, ↑zahlungsunfähig; der Blanke Hans ↑Atlantik; b. machen / polieren / reiben ↑polieren.

blanko ↑anstandslos.

Blankoakzept ↑Wechsel.

Blankoscheck ↑Scheck.

Blankovollmacht ↑Berechtigung.

Blankvers ↑Vers.

Bläschen ↑Hautblüte.

Blase: ↑Abschaum, ↑Harnblase, ↑Hautblüte; -n werfen ↑brodeln; sich -n an die Hände arbeiten ↑arbeiten.

¹**blasen,** pusten, hauchen; ↑atmen.

²**blasen:** ↑fauchen, ↑koitieren, ↑musizieren, ↑stürmen, ↑tuten; Trompete b. ↑trompeten; Trübsal b. ↑schwermütig [sein]; jmdm. kann man das Vaterunser durch die Backen b. ↑abgezehrt [sein]; ins gleiche Horn b. ↑Ansicht.

Blasen ↑Koitus.

Blasenblutung ↑Blutung.

Blasenheulen: etwas ist zum B. ↑unerträglich [sein].

Blasenkeim ↑Leibesfrucht.

Blasenspiegelung ↑Ausspiegelung.

Blasenstein ↑Harnstein.

Blasentee ↑Tee.

Bläser ↑Musizierender.

Bläserensemble ↑Orchester.

blasiert ↑dünkelhaft.

Blasiertheit ↑Überheblichkeit.

Blasinstrument ·· Blechblasinstrument, Trompete, Basstrompete, Aidatrompete, Jazztrompete, Fanfare, Kornett, Flügelhorn, Piston, Horn, Alphorn, Tuba, Bombardon, Helikon, Posaune, Trombone · Holzblasinstrument, Flöte · Blockflöte, Schnabelflöte · Querflöte, Pikkoloflöte, Flautino, Flageolett, Hirtenflöte, Panflöte, Syrinx, Okarina, Oboe [d'Amore / da Caccia], Heckelphon, Sarrusophon, Fagott, Kontrafagott, Englischhorn, Klarinette, Bassetthorn, Bassklarinette, Saxophon, Schalmei, Sackpfeife, Dudelsack · Mundharmonika, Maulorgel *(schweiz.)*, Fotzhobel *(bayr., österr.)*; ↑Musikinstrument; ↑trompeten.

Blasius ↑Nothelfer.

Blaskapelle ↑Orchester.

Blasmusik ↑Musik.

Blasorchester ↑Orchester.

Blasphemie ↑Beleidigung.

¹**blass,** blässlich, blassgesichtig, bleichgesich-

tig, blasswangig, blutleer, blutarm, bleichsüchtig, fahl, grau, bleich, käseweiß *(ugs.)*, käsig *(ugs.)*, weiß, kreidebleich, kreideweiß, kalkweiß, kalkig, wachsbleich, totenblass, leichenblass, geisterbleich, totenbleich, grau, aschgrau, aschfahl; ↑weiß; **b. sein**, weiß wie die Wand sein, wie der Tod [von Basel] / *(salopp)* wie ausgespuckt / *(salopp)* wie Braunbier mit Spucke / *(derb)* wie gekotzt / *(vulgär)* wie ausgeschissen aussehen; **b. werden**, die Farbe wechseln, erblassen *(geh.)*, erbleichen *(geh.)*; ↑Blässe.

²**blass**: ↑farblos, ↑gedeckt; keinen -en Schimmer haben ↑wissen.

blassblau ↑blau.

Blässe, Blasssein, Blässlichkeit, Blassgesichtigkeit, Blasswangigkeit, Bleichgesichtigkeit, Bleichsüchtigkeit, Bleichheit, Fahlheit, Durchsichtigkeit, Totenblässe, Leichenblässe; ↑blass.

Blässgans ↑Vogel.

blassgesichtig ↑blass.

Blassgesichtigkeit ↑Blässe.

blassgrün ↑grün.

Blässhuhn ↑Vogel.

blässlich ↑blass.

Blässlichkeit ↑Blässe.

blassorange ↑orange.

blassrosa ↑rosa.

blassrot ↑rot.

Blasssein ↑Blässe.

Blassspötter ↑Vogel.

blassviolett ↑violett.

blasswangig ↑blass.

Blasswangigkeit ↑Blässe.

Blastula ↑Leibesfrucht.

¹**Blatt** · Baumblatt, Blumenblatt, Blütenblatt, Hüllblatt, Kelchblatt, Kronblatt, Keimblatt, Hochblatt, Speicherblatt, Oberblatt, Unterblatt, Schuppenblatt, Fiederblatt · *bei Nadelbäumen:* Nadel; ↑Pflanze.

²**Blatt**: ↑Seite, ↑Zeitung; Blätter ↑Laub; illustriertes B. ↑Zeitschrift; die Blätter fallen / werden gelb ↑herbsten; ein unbeschriebenes B. sein ↑unbekannt [sein]; kein unbeschriebenes B. mehr sein ↑Erfahrung [haben]; bei der Polizei kein unbeschriebenes B. mehr sein ↑vorbestraft [sein]; die Blätter abwerfen / fallen lassen ↑entlauben (sich); kein B. vor den Mund nehmen ↑sprechen.

Blättchen ↑Zeitung.

Blätterkapitell ↑Kapitell.

Blattern ↑Pocken.

blättern: in etwas b. ↑lesen.

Blätterpilz: ↑Pilz, ↑Ständerpilz.

Blätterteig ↑Teig.

Blätterteiggebäck ↑Gebäck.

Blätterwald ↑Presse.

Blattgemüse ↑Gemüse.

Blattgewächs ↑Blattpflanze.

Blattkapitell ↑Kapitell.

Blattkohl ↑Grünkohl.

Blattlaushonig ↑Meltau.

Blattpflanze, Blattgewächs, nicht blühende Pflanze; ↑Pflanze.

blattreich ↑belaubt.

Blattsäge ↑Säge.

Blattwerkfries ↑Fries.

Blattwurzel ↑Wurzel.

¹**blau**, bläulich, bleu, indigo, indigoblau, azur, azurblau, saphirblau, zyanblau, kobaltblau, ultramarin, ultramarinblau, marineblau, chinablau, königsblau, hellblau, dunkelblau, lichtblau, blassblau, livid[e], wasserblau, himmelblau, babyblau, vergissmeinnichtblau, veilchenblau, enzianblau, lavendelblau, kornblumenblau, pflaumenblau, taubenblau, pfauenblau, graublau, grünblau, tintenblau, preußischblau, nachtblau, tiefblau, schwarzblau, stahlblau, rauchblau; ↑bunt, ↑einfarbig, ↑grün, ↑violett.

²**blau**: ↑betrunken; mit einem -en Auge davonkommen ↑entrinnen; -es Blut in den Adern haben ↑adlig [sein]; -e Bohne ↑Munition; -er Brief ↑Schreiben; jmdm. -en Dunst vormachen ↑lügen; -er Anton ↑Anzug; -er Fleck ↑Bluterguss; -er Husten ↑Keuchhusten; die -en Jungs ↑Matrose; der blaue Peter ↑Fahne; der Blaue Planet ↑Erdball; die -e Stunde ↑Dämmerstunde; -er Wiener ↑Kaninchen; sein -es Wunder erleben ↑überrascht [sein]; der Himmel ist b. ↑sonnig [sein]; b. [wie ein Veilchen] sein ↑betrunken [sein]; das Blaue vom Himmel herunter lügen ↑lügen; ins Blaue ↑Gewissheit; Fahrt ins Blaue ↑Reise.

Blaualge ↑Spaltpflanze.

blauäugig ↑arglos.

Blaubart ↑Mörder.

Blaubeere, Heidelbeere, Bickbeere *(nordd.)*, Schwarzbeere *(landsch.)*, Zechbeere *(österr.)*, Mollbeere *(landsch.)*; ↑Beerenobst.

Blaubeerwein ↑Obstwein.

Blaublindheit ↑Farbenblindheit.

blaublütig ↑adlig.

Blaubuch ↑Dokumentensammlung.

Blaudruck ↑Druckverfahren.

Blauer: ↑Papiergeld, ↑Polizist.

Blaufelchen ↑Fisch.

Blaufuchs ↑Fuchs.

Blaugelbblindheit ↑Farbenblindheit.

blaugrün ↑grün.

Blauhai ↑Fisch.

Blaujacke ↑Matrose.

Blaukehlchen ↑Vogel.

Blaukohl ↑Grünkohl.

Blaukraut ↑Rotkohl.

Blaukreuz ↑Giftgas.

Blaukreuzgas ↑Giftgas.

Blaukreuzler ↑Antialkoholiker.

bläulich ↑blau.

Blaulicht: ↑Lichtzeichen, ↑Signallicht.

blaumachen ↑arbeiten.

Blaumal ↑Bluterguss.

Blaumeise ↑Vogel.
Blaumerle ↑Vogel.
Blaunagel ↑Nagel.
Blaupapier ↑Schreibpapier.
Blaupinne ↑Nagel.
blaurot ↑rot.
Blausäure ↑Gift.
Blauschwanz ↑Vogel.
blauschwarz: ↑schwarz, ↑schwarzhaarig.
Blaustift ↑Schreibstift.
Blaustrumpf: ↑Frau; ↑Frauenrechtlerin; ↑Intellektueller.
Blautanne ↑Nadelhölzer.
Blauveilchen ↑Milch.
blauviolett ↑violett.
Blauwal ↑Wal.
Blazer ↑Jacke.
Blech: ↑Backform, ↑Essgeschirr, ↑Geld, ↑Unsinn.
Blechblasinstrument ↑Blasinstrument.
Blechbüchse ↑Büchse.
Blechdose ↑Büchse.
blechen ↑zahlen.
blechern: -e Hochzeit ↑Hochzeitstag.
Blechgeliebte ↑Auto.
Blechlawine ↑Verkehrsstauung.
Blechmusik ↑Musik.
Blechnapf ↑Essgeschirr.
Blechner ↑Installateur.
Blechschaden ↑Unfallschaden.
Blechschmied: ↑Installateur, ↑Schmied.
blecken: die Zähne b. ↑fletschen (die Zähne).
Blei: ↑Fisch, ↑Lot, ↑Schreibstift; wie B. im Magen liegen ↑bekömmlich.
Bleibe ↑Unterkunft.
bleiben: ↑weilen; senkrecht b. ↑fallen; -d ↑ortsfest; fest -d ↑standhaft; -der Zahn ↑Zahn; jmd. ist draußen geblieben ↑sterben; etwas bleibt erhalten / in der Familie ↑verloren gehen; zu lange b. ↑hängen bleiben; sachlich / auf dem Boden der Tatsachen / auf dem Teppich / im Rahmen b. ↑übertreiben; nicht verschont b. ↑da bleibt kein Auge trocken ↑verschonen; wach b. ↑wach [bleiben]; er soll b., wo der Pfeffer wächst ↑willkommen; am Leben b. ↑sterben; jmdm. auf den Fersen b. ↑verfolgen; auf dem Laufenden b. ↑mitkommen (mit); b. bei ↑bestehen (auf); bei etwas / bei der Stange b. ↑beibehalten; etwas bleibt in der Familie / unter uns ↑weitererzählen; in Form / Übung b. ↑trainieren (sich); ohne Folgen / Wirkung b. ↑wirkungslos [bleiben].
¹bleibend, dauerhaft, fest, Stamm- (z. B. Stammkundschaft), unvergänglich, von Bestand, wertbeständig, krisenfest, unauflöslich, unauflösbar, unzerstörbar, unwandelbar, für immer, zeitlebens, für Zeit und Ewigkeit, für alle Zeiten, bis in alle Ewigkeit; ↑außergewöhnlich, ↑ewig, ↑gediegen, ↑langfristig, ↑unaufhörlich, ↑unvergessen, ↑zeitlos; ↑Haltbarkeit.
²bleibend ↑ewig.
bleiben lassen: ↑abschreiben, ↑unterlassen.

bleich ↑blass.
bleichen ↑tönen.
Bleichgesicht: ↑Gesicht, ↑Weißer.
bleichgesichtig ↑blass.
Bleichgesichtigkeit ↑Blässe.
Bleichheit ↑Blässe.
Bleichsucht ↑Blutarmut.
bleichsüchtig ↑blass.
Bleichsüchtigkeit ↑Blässe.
bleiern ↑schwer.
bleifarben ↑grau.
Bleifigur ↑Zinnfigur.
bleifrei: -es Benzin ↑Treibstoff.
Bleifuß: mit B. fahren ↑fahren.
Bleiglas ↑Glas.
Bleiglasur ↑Glasur.
bleigrau ↑grau.
Bleikristall ↑Glas.
Bleilot ↑Lot.
bleischwer ↑schwer.
Bleisoldat ↑Zinnfigur.
Bleistift ↑Schreibstift.
Bleivergiftung ↑Vergiftung.
Bleiweiß ↑Gift.
Blend ↑Kontamination.
blenden: ↑bezaubern, ↑blind [machen].
¹blendend, glänzend, hervorragend, prachtvoll, prächtig; ↑außergewöhnlich, ↑meisterhaft, ↑trefflich.
²blendend: eine -e Figur machen ↑auffallen.
Blendgiebel ↑Giebel.
Blendwerk ↑Hokuspokus.
blessieren ↑verletzen.
Blessur ↑Wunde.
bleu ↑blau.
Blick: ↑Anblick; jmdm. einen B. gönnen / schenken / zuwerfen, den B. heften auf, einen B. werfen auf, jmdn. mit -en durchbohren ↑ansehen; alle -e auf sich lenken ↑auffallen, ↑exponieren (sich); keines -es würdigen ↑ignorieren; Liebe auf den ersten B. ↑Zuneigung; jmdn. mit -en verfolgen, jmdm. mit den -en folgen ↑nachschauen (jmdm.).
¹blicken, sehen, schauen, gucken, kucken *(nordd.),* kieken *(salopp),* starren, spähen, peilen *(ugs.),* ein Auge riskieren *(ugs.),* äugen, glotzen *(salopp, abwertend),* stieren *(abwertend),* glubschen *(abwertend),* linsen *(ugs.),* lugen, luchsen, sperbern *(schweiz.)* · mit fehlerhafter Augenstellung: schielen, einen Silberblick / *(ugs.)* einen Knick im Auge / in der Optik haben *(scherzh.);* ↑ansehen, ↑beobachten, ↑blinzeln, ↑herausschauen, ↑sehen, ↑stier; ↑Schielen.
²blicken: b. auf ↑ansehen; b. aus ↑herausschauen; sich b. lassen ↑präsentieren (sich); sich selten b. lassen ↑besuchen; hinter die Kulissen b. ↑erkennen; jmdm. nicht ins Gesicht b. können ↑verlegen [sein]; nicht nach rechts und links b. ↑verwirren.
Blickfang ↑Köder.
Blickfeld ↑Gesichtskreis.

Blickkontakt ↑Kontakt.
Blickpunkt: ↑Gesichtspunkt; im B. stehen ↑exponieren (sich).
Blickrichtung ↑Gesichtspunkt.
Blickwinkel ↑Gesichtspunkt.
¹blind, sehbehindert, nachtblind · *vorübergehend durch vom Schnee reflektiertes Sonnenlicht:* schneeblind; **b. werden,** das Augenlicht verlieren; **b. machen,** blenden, der Sehkraft berauben.
²blind: ↑abgöttisch, ↑matt; -er Alarm ↑Erregung; -er Hesse ↑Hesse; -er Passagier ↑Passagier; b. für etwas sein ↑merken; b. gegenüber einer Sache ↑parteiisch.
Blindband ↑Buch.
Blindboden ↑Fußboden.
Blinddarm ↑Darm.
Blindekuh ↑Fangspiel.
Blindenhund ↑Hund.
Blindenschrift ↑Schrift.
Blinder: das sieht doch ein B. mit [dem] Krückstock ↑klar [sein].
Blindflug ↑Flug.
Blindgänger ↑Versager.
blindgläubig ↑fanatisch.
¹Blindheit, Erblindung, Blindsein, Amaurose, Ablepsie *(selten),* schwarzer Star; ↑Farbenblindheit, ↑Fehlsichtigkeit, ↑Schielen, ↑Sehstörung.
²Blindheit: [wie] mit B. geschlagen sein ↑merken.
Blindlandung ↑Landung.
blindlings ↑kritiklos.
Blindpackung ↑Packung.
Blindschleiche ↑Eidechse.
Blindsein ↑Blindheit.
¹blindwütig, wild, wütend, fanatisch; ↑ärgerlich.
²blindwütig ↑fanatisch.
blinken: ↑leuchten; -d ↑glänzend.
Blinklicht: ↑Lichtzeichen, ↑Signallicht.
Blinzelbienchen ↑Schlafmütze.
blinzeln, zwinkern, kneisten *(salopp, landsch.);* ↑ansehen, ↑blicken, ↑sehen.
¹Blitz, Blitzstrahl, Blitzschlag. · Zickzackblitz, Flammenblitz, Wolkenblitz, Erdblitz, Flächenblitz, Linienblitz, Bandblitz, Perlschnurblitz, Strahlenblitz, Kugelblitz; ↑Blitzableiter, ↑Gewitter.
²Blitz: B. und Donner ↑Wetter; potz B.! ↑überrascht; wie ein B. aus heiterem Himmel ↑plötzlich; wie ein geölter B. ↑schnell; wie vom B. getroffen sein ↑überrascht [sein].
blitz-: ↑erz-.
Blitzableiter, Blitzschutzanlage, Blitzschutz; ↑Blitz, ↑Gewitter.
blitzartig ↑schnell.
blitzblank ↑sauber.
blitzen: ↑leuchten; es blitzt und donnert ↑Gewitter.
blitzend ↑glänzend.

Blitzgespräch ↑Telefongespräch.
Blitzkaffee ↑Pulverkaffee.
Blitzkarriere ↑Aufstieg.
Blitzkrieg ↑Krieg.
Blitzlichtaufnahme ↑Fotografie.
blitzrasch ↑schnell.
blitzsauber ↑sauber.
Blitzschlag ↑Blitz.
blitzschnell ↑schnell.
Blitzschutz ↑Blitzableiter.
Blitzschutzanlage ↑Blitzableiter.
Blitzstar ↑Katarakt.
Blitzstrahl ↑Blitz.
Blizzard ↑Wind.
Bloch ↑Stamm.
blochen ↑bohnern.
Blocher ↑Bohnerbesen.
¹Block, Brocken, Klotz; ↑Klumpen, ↑Pfahl.
²Block ↑Abschnitt.
Blockade: ↑Belagerung, ↑Blockierung.
blocken ↑bohnern.
Blocker ↑Bohnerbesen.
Blockflöte ↑Blasinstrument.
Blockhaus ↑Haus.
blockieren: ↑verhindern, ↑verstellen; die L◦ tung ist blockiert ↑telefonieren (mit jmdm.).
¹Blockierung, Blockade, Sperre; ↑Absper◦ rung, ↑Behinderung, ↑Einschränkung, ↑Hürd◦ ↑Sperre.
²Blockierung ↑Vereitelung.
Blockschrift ↑Schrift.
Blockwagen ↑Wagen.
blöd: ↑abgenutzt, ↑dumm, ↑unerfreulich; -◦ Heini ↑Dummkopf.
blödeln ↑sprechen.
Blödhammel ↑Dummkopf.
Blödheit ↑Beschränktheit.
Blödian ↑Dummkopf.
Blödling ↑Dummkopf.
Blödmann ↑Dummkopf.
Blödsinn: ↑Absurdität, ↑Unsinn.
blödsinnig: ↑dumm, ↑lächerlich, ↑unsinnig.
Blödsinnigkeit ↑Absurdität.
blöken: ↑Laut, ↑schreien.
¹blond, blondhaarig, dunkelblond, mitte◦ blond, aschblond, hellblond, flachsblon◦ strohblond, rotblond, teakblond, goldblon◦ semmelblond, silberblond, blond gefärbt, e◦ blondet, platinblond, wasserstoffblond *(ugs.◦ drogerieblond (ugs.),* aufgenordet *(scherzh.),* i◦ dustrieblond *(scherzh.),* gewaltblond *(scherzh.◦* ↑braun, ↑rothaarig; ↑Haar.
²blond: ein [kühles] Blondes ↑Bier.
Blonde ↑Spitzenstickerei.
blond gefärbt ↑blond.
blondhaarig ↑blond.
blondieren ↑tönen.
Blondine ↑Frau.
bloody ↑gar.
bloß: ↑ausschließlich, ↑nackt; mit -en Füße◦ ↑barfüßig.

¹**Blöße**, Nacktheit, Nudität; ↑nackt.

²**Blöße:** eine B. bieten, sich eine B. geben ↑bloßstellen (sich).

bloßfüßig ↑barfüßig.

bloßlegen ↑aufdecken.

¹**bloßstellen** (sich), sich eine Blöße geben, eine Blöße bieten, zum Gespött werden, keine gute Figur machen, sich dekolletieren, sich kompromittieren, seinen Namen / seinen Ruf / sein Ansehen aufs Spiel setzen, sich lächerlich machen, sich blamieren, seinem Namen keine Ehre machen, sich ein Armutszeugnis ausstellen; ↑erniedrigen, ↑kompromittieren (jmdn.); ↑Bloßstellung, ↑Entblößung.

²**bloßstellen:** ↑entlarven, ↑kompromittieren (jmdn.).

Bloßstellung, Blamage, Schande, Beschämung, Desavouierung, Kompromittierung, Schmach, Unehre, Schimpf, Reinfall, Pleite *(ugs.);* ↑Aufsehen, ↑Beleidigung; ↑bloßstellen; ↑kompromittieren; ↑anständig, ↑beschämend, ↑ehrlos, ↑gemein.

Blouson: ↑Anorak, ↑Bluse.

blubbern ↑brodeln.

Blücher: rangehen wie B. ↑zielstrebig [sein].

Bluejeans ↑Hose.

Bluemovie ↑Kinofilm.

Blues: ↑Musik, ↑Tanz.

Bluff ↑Lüge.

bluffen ↑betrügen.

¹**blühen**, in [voller] Blüte sein / stehen, aufgeblüht sein, Blüten haben / tragen; ↑Baumblüte, ↑Blüte.

²**blühen:** b. [und gedeihen] ↑gedeihen; [wachsen] b. und gedeihen ↑florieren; aussehen wie das -de Leben ↑gesund [aussehen]; jmds. Weizen blüht ↑Erfolg [haben]; etwas blüht jmdm. ↑begegnen; -de Pflanze ↑Blume.

Blühet ↑Baumblüte.

Blümchenkaffee ↑Kaffee.

¹**Blume**, blühende Pflanze, Waldblume, Gebirgsblume, Wiesenblume, Feldblume, Gartenblume · Frühlingsblume, Frühjahrsblume, Frühjahrsbote · Sommerblume, Herbstblume; ↑Alpenrose, ↑Anemone, ↑Blumenbinderin, ↑Flieder, ↑Gartentulpe, ↑Kornblume, ↑Kunstblume, ↑Heidekraut, ↑Liliengewächs, ↑Löwenzahn, ↑Maßliebchen, ↑Mohn, ↑Nelke, ↑Orchidee, ↑Pfingstrose, ↑Rose, ↑Schlüsselblume, ↑Stiefmütterchen, ↑Storchschnabelgewächs, ↑Thymian, ↑Veilchen.

²**Blume:** ↑Blüte, ↑Geruch, ↑Pflanze, ↑Schwanz; gebackene / künstliche B. ↑Kunstblume; Königin der -n ↑Rose; jmdm. etwas durch die B. sagen ↑Hinweis; vielen Dank für die -n! ↑danke!; ein Meer von -n ↑Blumenflor.

Blumenampel ↑Blumenvase.

Blumenarrangement ↑Blumenstrauß.

Blumenbeet ↑Rabatte.

Blumenbild ↑Bild.

Blumenbinderin, Blumenverkäuferin, Floristin; ↑Blume.

Blumenblatt ↑Blatt.

Blumenbukett ↑Blumenstrauß.

Blumendraht ↑Draht.

Blumenerde ↑Erde.

Blumenfenster ↑Fenster.

Blumenflor, Blumenpracht, Blumenmeer, Blütenmeer, Blütenflor, Blütenpracht, ein Meer von Blumen; ↑Blumenstrauß.

Blumengarten ↑Garten.

Blumengefäß ↑Blumenvase.

Blumengewinde ↑Blumenstrauß.

Blumengruß ↑Blumenstrauß.

Blumenkind ↑Gammler.

Blumenkohl, Karfiol *(südd., österr.)*, Spargelkohl; ↑Gemüse, ↑Grünkohl, ↑Kohl, ↑Rosenkohl, ↑Rotkohl, ↑Wirsing.

Blumenkranz ↑Blumenstrauß.

Blumenkübel ↑Blumentopf.

Blumenmarkt ↑Markt.

Blumenmeer ↑Blumenflor.

Blumenpracht ↑Blumenflor.

Blumenrabatte ↑Rabatte.

blumenreich ↑geziert.

Blumensamen ↑Samen.

Blumenschale ↑Blumentopf.

Blumenstrauß, Strauß, Blumensträußchen, Sträußchen, Buschen *(südd., österr.)*, Blumenbukett, Bukett, Bouquet *(österr.)*, Gebinde *(geh.)*, Blumengruß, Blumenarrangement, Gesteck, Steckschale, Maien *(schweiz.)* · Blumenkranz, Blumengewinde *(geh.);* ↑Blumenflor, ↑Blumentopf, ↑Blüte.

Blumensträußchen ↑Blumenstrauß.

Blumenstück ↑Bild.

Blumentisch ↑Tisch.

¹**Blumentopf**, Blumenschale, Blumenkübel, Scherbe *(landsch.)*, Scherben *(landsch.);* ↑Blumenstrauß, ↑Blumenvase, ↑Topfpflanze.

²**Blumentopf:** mit etwas ist kein B. zu gewinnen ↑Erfolg.

Blumenvase, Vase, Blumengefäß, Blumenampel, Porzellanvase, Glasvase, Kristallvase · *große, auf dem Boden stehende:* Bodenvase · *an die Wand zu hängende:* Wandvase · *in die Erde zu steckende:* Steckvase; ↑Blumentopf.

Blumenverkäuferin ↑Blumenbinderin.

Blumenzüchterei ↑Baumschule.

blümerant: jmdm. ist / wird b. ↑unwohl.

blumig ↑würzig.

Blunze: ↑Frau, ↑Wurst.

Bluse, Hemdbluse, Damenbluse, Dirndlbluse, Spitzenbluse, Seidenbluse, Baumwollbluse, Flanellbluse, Polobluse, Matrosenbluse, Russenkittel, Blouson, Kasack; ↑Kleidung, ↑Oberhemd.

Blust ↑Baumblüte.

¹**Blut**, Sanguis *(selten)*, Lebenssaft *(geh.)*, roter Saft *(scherzh.)*, rote Tinte *(scherzh.)* · · *geronnenes:* Blutgerinnsel, Gerinnsel, Blutkoagulum, Koagulum · Cruor, Blutkuchen, Blutklumpen · Thrombus, Blutpfropf; **jmdm. B. abnehmen,**

jmdm. Blut abzapfen, jmdn. zur Ader lassen *(veraltet);* ↑bluten; ↑blutig; ↑Ader, ↑Blutarmut, ↑Blutbank, ↑Blutkörperchen, ↑Blutübertragung, ↑Blutuntersuchung, ↑Hämoglobin.

²Blut: das eigene / sein eigen Fleisch und B. ↑Sohn, ↑Tochter; rot wie B. ↑rot; Leib und B. [des Herrn] ↑Abendmahl; an jmds. Händen klebt B. ↑Mörder; aussehen wie Milch und B. ↑gesund [aussehen]; nur ruhig B., kaltes B. bewahren ↑ruhig [bleiben]; das B. in Wallung bringen ↑erregen; das B. in Wallung bringen, böses B. machen ↑ärgern; blaues B. in den Adern haben ↑adlig [sein]; jmd. hat B. geleckt ↑gefallen; B. und Wasser schwitzen ↑Angst [haben]; sein B. vergießen für ↑einstehen (für); B. verlieren ↑bluten; jmdn. bis aufs B. aussaugen ↑ausbeuten; bis aufs B. peinigen / quälen / reizen ↑ärgern; Musik im B. haben, etwas liegt jmdm. im B. ↑begabt; in Fleisch und B. übergehen ↑üblich [werden]; mit B. bedeckt / befleckt / besudelt, voll B. ↑blutig.

blut-: ↑erz-.

Blutader ↑Ader.

Blutandrang, Blutwallung, Blutfülle, vermehrte Durchblutung, Hyperämie, Hyperämisierung, Fluxion, Kongestion · *im ersten Stadium einer Entzündung:* Anschoppung, Engouement · *auf die Gesamtblutmenge im Körper bezogen:* Polyämie, Vollblütigkeit, Plethora; ↑steif · Ggs. ↑Blutleere.

Blutapfelsine ↑Apfelsine.

blutarm ↑blass.

Blutarmut, Anämie · *bei Hämoglobinmangel:* hypochrome Anämie, Eisenmangelanämie · *bes. bei jungen Mädchen:* Chlorose, Bleichsucht · *bes. bei Frauen:* Chloranämie · *in Verbindung mit Leukämie:* Leukanämie; ↑Blut, ↑Blutkörperchen, ↑Blutübertragung, ↑Blutuntersuchung, ↑Krankheit, ↑Leukämie, ↑Perniziosa.

Blutaussauger ↑Erpresser.

Blutbad, Massaker, Blutvergießen, Schlächterei *(abwertend),* Metzelei *(abwertend),* Gemetzel *(abwertend);* ↑Kampf, ↑Schlachtfeld, ↑Streit, ↑Verfolgung.

Blutbahn ↑Ader.

¹Blutbank, Blutzentrale, Blutspendezentrale, Blutkonservendepot, Blutkonservenlager; ↑Blut, ↑Blutübertragung.

²Blutbank ↑Zentrale.

Blutbeule ↑Bluterguss.

Blutbild ↑Blutuntersuchung.

Blutblättchen ↑Blutkörperchen.

Blutbruch ↑Bluterguss.

Blutdurst ↑Grausamkeit.

¹Blüte, Kelch, Blume; ↑Blumenstrauß, ↑Blütenstand; ↑blühen.

²Blüte: ↑Aufschwung, ↑Baumblüte, ↑Geld, ↑Kelch; -n tragen, in [voller] B. sein / stehen ↑blühen; zur B. kommen ↑aufblühen.

Blutegel ↑Wurm.

¹bluten, Blut verlieren · *sehr stark:* bluten wie ein Schwein; **zu Ende b.,** ausbluten; ↑sterben; ↑Blut.

²bluten: b. für ↑einstehen (für); -d ↑blutig; b. wie ein Schwein ↑bluten; jmdm. blutet das Herz ↑betroffen [sein].

Blütenblatt ↑Blatt.

Blütenflor ↑Blumenflor.

Blütenhonig ↑Honig.

Blütenlese ↑Exzerpt.

Blütenmeer ↑Blumenflor.

Blütenpracht ↑Blumenflor.

Blütenstand · Ähre, Kolben, Körbchen, Köpfchen, Traube, Doldentraube, Dolde, Rispe, Doldenrispe, Dichasium, Wickel, Schraubel, zusammengesetzte Dolde / Ähre · *Teil einer zusammengesetzten Ähre:* Ährchen; ↑Blüte.

Blütenstar ↑Katarakt.

blütenweiß ↑weiß.

Bluterguss, Erguss, Blutgeschwulst, Blutbeule, blauer Fleck, Blaumal *(landsch.),* Hämatom, Hämatozele, Blutbruch, Blutunterlaufung, Purpura, Petechien (Plural); ↑Blutgefäßgeschwulst, ↑Blutung, ↑Verrenkung; ↑verstauchen (sich etwas).

Bluterkrankheit, Hämophilie, Haemophilia, Hämatophilie; ↑Krankheit.

Blütezeit ↑Baumblüte.

Blutfarbstoff: [roter] B. ↑Hämoglobin.

Blutfülle ↑Blutandrang.

Blutgefäß ↑Ader.

Blutgefäßgeschwulst, Blutschwamm, Hämangiom *(Med.),* Kavernom *(Med.);* ↑Bluterguss, ↑Muttermal.

Blutgerinnsel ↑Blut.

Blutgeschwulst ↑Bluterguss.

Blutgruppe: nicht die richtige B. haben ↑adlig.

Bluthund ↑Rohling.

¹blutig, blutend, blutüberströmt, bluttriefend, blutverschmiert, mit Blut bedeckt / befleckt / *(abwertend)* besudelt, voll Blut; ↑Blut.

²blutig: ↑gar; -er Anfänger / Laie sein ↑Nichtfachmann [sein].

blutjung ↑jung.

Blutkörperchen, Blutzellen, Hämozyten, Hämatozyten · · rote Blutkörperchen, Erythrozyten, Normozyten · weiße Blutkörperchen, Leukozyten, Phagozyten, Fresszellen, Granulozyten, Monozyten, Lymphozyten · Blutblättchen, Thrombozyten; ↑Blut, ↑Blutarmut, ↑Hämoglobin.

Blutkrebs ↑Leukämie.

Blutkuchen ↑Blut.

¹blutleer, abgestorben, eingeschlafen, empfindungslos, gefühllos, fühllos *(geh.),* taub; ↑absterben.

²blutleer ↑blass.

Blutleere, örtliche Blutleere, verminderte Durchblutung, Ischämie, Spanämie; ↑Bewusstlosigkeit · Ggs. ↑Blutandrang.

Blutorange ↑Apfelsine.
Blutpfropf ↑Blut.
Blutrausch ↑Grausamkeit.
blutrot ↑rot.
Blutsauger: ↑Erpresser, ↑Vampir.
Blutschande ↑Inzest.
Blutschwamm ↑Blutgefäßgeschwulst.
Blutschwitzen ↑Transpiration.
Blutspendezentrale ↑Blutbank.
Blutstatus ↑Blutuntersuchung.
Blutstropfen: bis zum letzten B. kämpfen ↑verteidigen (sich).
Blutsturz ↑Blutung.
blutsverwandt ↑verwandt.
Blutsverwandter: ↑Angehöriger, ↑Verwandter.
Bluttat: ↑Tötung, ↑Verbrechen.
Bluttransfusion ↑Blutübertragung.
bluttriefend ↑blutig.
blutüberströmt ↑blutig.
Blutübertragung, Bluttransfusion, Transfusion · *als weitgehend vollständiger Ersatz der Gesamtblutmenge durch Spenderblut:* Austauschtransfusion; ↑Blut, ↑Blutarmut, ↑Blutbank, ↑Blutuntersuchung, ↑Verabreichung.
¹Blutung, Hämorrhagie, Extravasation, Hämatorrhö, Blutsturz · · Arterienblutung, Schlagaderblutung · Venenblutung, Phleborrhagie · Kapillarblutung · · Hirnblutung, Gehirnblutung · Augenblutung, Ophthalmorrhagie, Ophthalmorrhö · Nasenbluten, Epistaxis, Rhinorrhagie · Ohrbluten, Ohrenbluten, Otorrhagie · Mundblutung, Stomatorrhagie · Zahnblutung, Odontorrhagie · Zahnfleischbluten, Ulorrhagie · Herzblutung, Kardiorrhagie · Lungenblutung, Pneumorrhagie · Magenblutung, Gastrorrhagie · Darmblutung, Enterorrhagie · Leberblutung, Hepatorrhagie · Milzblutung, Splenorrhagie · Nierenblutung, Nephrorrhagie · Blasenblutung, Zystorrhagie · Rückenmarksblutung, Hämatomyelie, Hämatorrhachis; ↑Bluterguss.
²Blutung: monatliche B. ↑Menstruation.
Blutunterlaufung ↑Bluterguss.
Blutuntersuchung, Blutstatus, Blutbild, Hämatogramm, Hämogramm; ↑Blut, ↑Blutarmut.
Blutvergießen ↑Blutbad.
Blutvergiftung, Sepsis, Sept[h]ämie, Septik[h]ämie, Saprämie, Tox[h]ämie, Toxik[h]ämie, Toxinämie · *weniger stark ausgeprägte:* Bakteriämie, Bazillämie; ↑Vergiftung.
blutverschmiert ↑blutig.
blutvoll ↑lebhaft.
Blutwallung ↑Blutandrang.
blutwenig ↑wenig.
Blutwurst ↑Wurst.
Blutzelle: -n ↑Blutkörperchen.
Blutzentrale ↑Blutbank.
Blutzeuge ↑Märtyrer.
BND ↑Geheimpolizei.
Bö ↑Wind.

Boa: [B. constrictor] ↑Schlange.
Bob ↑Schlitten.
Bobby ↑Polizist.
Bobsleigh ↑Schlitten.
Boche ↑Deutscher.
Bock: ↑Aktenständer, ↑Frauenheld, Garbenstand, ↑Gämse, ↑Holzbock, ↑Kaninchen, ↑Reh, ↑Schaf, ↑Sportgerät, ↑Untergestell, ↑Ziege; B. haben auf ↑begierig [sein auf / nach]; null B. haben auf ↑angeekelt [sein], stur wie ein B. sein ↑unzugänglich [sein]; den B. zum Gärtner machen ↑einstellen (jmdn.); den B. melken ↑tun; einen B. schießen ↑unterlaufen.
bockbeinig ↑unzugänglich.
Bockbeinigkeit ↑Eigensinn.
Bockbier ↑Bier.
böckeln ↑riechen.
bocken ↑gekränkt [sein].
Bockert ↑Biber.
bockig ↑unzugänglich.
Bockigkeit ↑Eigensinn.
Bockmist ↑Unsinn.
Bocksbart ↑Gemüse.
Bockschein ↑Bescheinigung.
Bockshorn: jmdn. ins B. jagen ↑einschüchtern.
Bockwurst ↑Würstchen.
Boddenküste ↑Ufer.
¹Boden, Speicher *(südd.),* Estrich *(landsch.),* Dachboden, Heuboden, Bühne *(schwäb., schweiz.);* ↑Abstellraum.
²Boden: ↑Erde, ↑Fußboden; [Grund und B.] ↑Feld; Grund und B. ↑Immobilien; jmdm. brennt der B. unter den Füßen ↑beeilen (sich); jmdm. brennt der B. unter den Füßen / wird der Boden zu heiß ↑gefährlich [werden]; B. gutmachen ↑aufholen; [einem Verdacht] den B. entziehen ↑widerlegen; B. verlieren ↑Rückgang; den B. unter den Füßen verlieren ↑abrutschen; Verbesserung des -s ↑Bodenverbesserung; am B. zerstört sein ↑erschöpft [sein]; an B. gewinnen ↑ausbreiten (sich); auf dem B. der Tatsachen bleiben ↑übertreiben; auf fruchtbaren B. fallen ↑wirken; auf dem B. der Tatsachen stehen ↑realistisch [sein]; sich auf den B. werfen ↑knien; auf den B. der Wirklichkeit zurückbringen ↑ernüchtern; wie Pilze aus dem B. schießen ↑entstehen; aus dem B. stampfen ↑erschaffen; wie aus dem B. gewachsen ↑plötzlich; durch alle Böden, in Grund und B. ↑ganz; ein Fass ohne B. sein ↑teuer [sein]; zu B. gehen ↑besiegen; bei hundert zu B. gehen ↑überrascht [sein]; zu B. sinken ↑sinken, ↑umfallen.
Bodenakrobat ↑Artist.
Bodenbelag ↑Teppichboden.
Bodenentwässerung ↑Dränage.
Bodenfenster ↑Dachfenster.
Bodenfrost ↑Kälte.
Bodenfund, Ausgrabung, Ausgrabungsfund, Vorgeschichtsfund, vorgeschichtlicher / archäologischer Fund, Grabfund, Grabbeigabe; ↑Archäologe, ↑Archäologie.

Bodenkultur ↑Landwirtschaft.
bodenlos: ↑tief, ↑unerhört.
Bodenluke ↑Dachfenster.
Bodenpersonal ↑Personal.
Bodenrenke ↑Fisch.
¹Bodensatz, Satz, Rückstand, Sediment, Ablagerung; ↑ablagern (sich).
²Bodensatz ↑Abschaum.
¹bodenständig, autochthon, erdgebunden; ↑einheimisch.
²bodenständig ↑echt.
Bodensterben ↑Umweltverschmutzung.
Bodenvase ↑Blumenvase.
Bodenverbesserung, Verbesserung [des Bodens], Amelioration, Melioration; ↑Feld.
Bodenwichse ↑Bohnerwachs.
Bodenwischer ↑Besen.
bodigen ↑besiegen.
Bodybuilding, Körperbildung, Muskeltraining; ↑Kraftmensch, ↑Selbstverteidigung, ↑Sport.
Bodycheck: B. an der Bande ↑Regelverstoß.
Bodystocking ↑Mieder.
Bofist ↑Ständerpilz.
¹Bogen, Fensterbogen, Türbogen · Arkade, Säulenbogen · Rundbogen, Flachbogen, Parabelbogen, Hufeisenbogen, Spitzbogen, Dreipassbogen, Konvexbogen, Vorhangbogen, Kielbogen, Tudorbogen, Halbkreisbogen, gestelzter Rundbogen, [einhüftiger] Korbbogen, gleichseitiger / gedrückter / überhöhter Spitzbogen, Lanzettbogen, Kleeblattbogen, Zackenbogen, Schulterbogen, Karniesbogen, Eselsrücken, Schwanenhals; ↑Baukunst, ↑Säule.
²Bogen: ↑Biegung, ↑Seite; Pfeil und B. ↑Schusswaffe; den B. heraushaben / raushaben ↑geschickt [sein]; einen B. abbiegen; einen B. machen um ↑entziehen (sich); den B. überspannen ↑fordern; im hohen B. hinausfliegen / rausfliegen, jmdn. in hohem B. hinauswerfen / rauswerfen ↑hinauswerfen.
Bogenachter ↑Eislauf.
Bogenfries ↑Fries.
Bogenpeitsche ↑Peitsche.
Bohea ↑Tee.
Boheme ↑Lebensweise.
Bohle ↑Brett.
Böhmak ↑Tscheche.
böhmakeln ↑sprechen.
Böhme ↑Tscheche.
böhmisch: ↑tschechisch; das sind mir / für mich -e Dörfer ↑verstehen; Böhmische Kappe ↑Kuppel; -e Spitze ↑Spitzenstickerei.
Bohne: blaue B. ↑Munition; grüne B. ↑Gemüse; nicht die B. ↑bisschen, ↑nein, ↑nichts.
bohnen ↑bohnern.
Bohnenkaffee ↑Kaffee.
Bohnenkraut ↑Küchengewürz.
Bohnenstange: ↑Mädchen, ↑Riese.
Bohnensuppe ↑Suppe.

Bohnenvergiftung ↑Lebensmittelvergiftung.
Bohner ↑Bohnerbesen.
Bohnerbesen, Bohner *(landsch.),* Blocker *(landsch.),* Blocher *(schweiz.);* ↑bohnern, ↑wachsen.
¹bohnern, bohnen *(landsch.),* blocken *(landsch.),* blochen *(schweiz.),* wachsen, wichsen *(landsch.),* raschen *(landsch.);* ↑polieren, ↑wachsen; ↑Bohnerbesen.
²bohnern ↑koitieren.
¹Bohnerwachs, Bodenwichse; ↑Bohnerbesen.
²Bohnerwachs ↑Wachs.
bohren: ↑bitten, ↑fragen, ↑stochern, ↑zusetzen (jmdm.); das Brett an der dünnsten Stelle b. ↑entziehen (sich); in der Nase b. ↑popeln.
bohrend ↑schmerzhaft.
Bohrer: ↑Handwerkszeug, ↑Sprung.
böig ↑luftig.
Boiler ↑Heißwasserbereiter.
Boje ↑Warnzeichen.
Bolero ↑Tanz.
Bolid ↑Auto.
Bolivar ↑Zahlungsmittel.
Bolle: ↑Gemüse, ↑Schöpfkelle, ↑Zwiebel; Räuber und B. ↑Versteckspiel.
Bölle ↑Zwiebel.
Böller ↑Feuerwerkskörper.
böllern ↑krachen.
Böllerschuss ↑Salut.
Bollerwagen ↑Wagen.
Bollette ↑Bescheinigung.
Bollwerk ↑Befestigungsanlage.
Bolschewik ↑Sozialist.
Bolschewismus ↑Marxismus.
Bolschewist ↑Sozialist.
bolschewistisch ↑kommunistisch.
Bolzano ↑Bozen.
bolzen ↑Fußballspiel.
Bolzen: ↑Munition, ↑Nagel.
Bolzenplätte ↑Bügeleisen.
Bolzenplätteisen ↑Bügeleisen.
Bolzplatz ↑Spielplatz.
Bombardement ↑Luftangriff.
bombardieren: ↑beschießen, ↑bewerfen.
Bombardierung: ↑Beschuss, ↑Luftangriff.
Bombardon ↑Blasinstrument.
bombastisch ↑hochtrabend.
¹Bombe, Fliegerbombe, Brandbombe, Sprengbombe, Phosphorbrandbombe, Kernbombe, Wasserstoffbombe, Neutronenbombe, H-Bombe, Atombombe, Napalmbombe; ↑Munition.
²Bombe: ↑Eis, ↑Sprengkörper; Liegnitzer B. ↑Gebäck; wie eine B. einschlagen ↑wirken; -n abwerfen, mit -n angreifen / belegen ↑beschießen.
bombed: b. sein ↑Rausch.
bomben ↑Fußball.
bomben-: ↑erz-.
Bomben-: ↑Erz-.
Bombenangriff ↑Luftangriff.
Bombenerfolg ↑Erfolg.

Bombenrolle ↑Rolle.
bombensicher: b. sein ↑gewiss [sein].
Bombenstimmung ↑Stimmung.
Bombs ↑Bonbon.
Bommel ↑Quaste.
bommelig ↑schlaff.
bommlig ↑schlaff.
¹Bon, Marke, Chip, Jeton, Gutschein, Coupon, Abschnitt, Gut *(schweiz.);* ↑Vergütung.
²Bon ↑Vergütung.
bona fide ↑gutgläubig.
Bonbon, Zuckerzeug, Zuckerwerk, Klümpchen *(landsch.),* Zuckerstein *(landsch.),* Zeltlein *(landsch.),* Bombs *(landsch.),* Gutsel *(südd.),* Guetzli *(schweiz.),* Zeltli *(schweiz.),* Zuckerl *(österr.)* · Fruchtbonbon, Drops · *auf einem Stäbchen:* Lolli, Lutscher · *mit Zusatz von Milch:* Toffee, Sahnebonbon, Karamellbonbon; ↑Süßigkeiten, ↑Zucker; ↑lutschen.
Bonbonniere, Pralinenpackung, Konfektschachtel, Konfektkasten, ein Kasten Konfekt, eine Packung [mit] Pralinen / Konfekt; ↑Praline.
Bondage ↑Koitus.
Bongos ↑Schlaginstrument.
Bonhomie ↑Rechtschaffenheit.
Bonifikation ↑Vergütung.
Bonität ↑Zahlungsfähigkeit.
Bonmot ↑Ausspruch.
Bonn, Bundeshauptstadt *(hist.),* Bundesdorf *(scherzh.),* Bundesstadt, Beethovenstadt; ↑Stadt.
Bonne ↑Kindermädchen.
Bonneterie ↑Laden.
Bonsai ↑Baum.
Bonus: ↑Vergütung, ↑Vorteil.
Bonvivant ↑Frauenheld.
Bonze ↑Beauftragter.
Bonzenheber ↑Aufzug.
Bonzenherrschaft ↑Herrschaft.
Bonzokratie ↑Herrschaft.
Boogie-Woogie ↑Tanz.
Boom ↑Aufschwung.
¹Boot, Kahn, Ruderboot, Schinakel *(österr.),* Paddelboot, Einer, Zweier, Motorboot, Elektroboot, Tretboot, Nachen, Nauen *(schweiz.),* Barke *(dichter.),* Zille *(landsch.),* Gondel, Kanu, Kanadier, Kajak, Faltboot, Einbaum, Schaluppe, Schute, Gig, Jolle, Barkasse, Barkarole, Nussschale · Floß; ↑Beiboot, ↑Kajak, ↑Regatta, ↑Segelboot, ↑Schiff, ↑Segelschiff, ↑Wassersport; **B. fahren,** rudern, paddeln, pullen, wriggen, staken, rennen, rojen, segeln · surfen; ↑fahren, ↑fortbewegen (sich).
²Boot: in einem B. sitzen ↑Lage.
Bootlegger ↑Händler.
Boots ↑Schuh.
Bootsfahrt ↑Fahrt.
Bootshafen ↑Hafen.
Bootsmann: ↑Dienstgrad, ↑Matrose.
Bootsrennen ↑Regatta.

Bootssteg ↑Anlegebrücke.
Bootswettfahrt ↑Regatta.
Bootswettkampf ↑Regatta.
Bora ↑Fallwind.
Borch ↑Schwein.
Bord: ↑Abhang, ↑Besatz, ↑Brett, ↑Bücherbord, ↑Einfassung, ↑Gestell; an B. bringen / gehen ↑einschiffen; von B. bringen / gehen ↑ausschiffen.
Bordcase ↑Gepäck.
Bordeaux ↑Wein.
bordeauxrot ↑rot.
Bordell, Eroscenter, Etablissement, Freudenhaus, öffentliches Haus, Liebessilo *(scherzh.),* Massageinstitut *(verhüllend),* Hurenhaus *(salopp),* Knallhütte *(salopp),* Puff *(derb)* · Kontakthof; ↑Prostituierte, ↑Prostitution; ↑prostituieren (sich).
Bordingenieur ↑Ingenieur.
Bordkante ↑Rinnstein.
Bordschwelle ↑Rinnstein.
Bordstein ↑Rinnstein.
Bordüre ↑Besatz.
Borg: ↑Anleihe, ↑Schwein; auf B. ↑leihweise; auf B. geben ↑anschreiben; auf B. nehmen ↑leihen.
borgen ↑leihen.
Borgis ↑Schriftgrad.
Bork ↑Schwein.
Borke: ↑Hautblüte, ↑Schale, ↑Schorf; zwischen Baum und B. stecken ↑Lage.
Born: ↑Bach, ↑Quelle.
borniert: ↑kurzsichtig, ↑stumpfsinnig.
Borniertheit ↑Beschränktheit.
Borosilicatglas ↑Glas.
Borretsch ↑Küchengewürz.
Borschtsch ↑Suppe.
¹Börse, Wertpapierbörse, Aktienbörse, Effektenbörse; ↑Börsenkurs, ↑Börsenmakler, ↑Claim, ↑Wertpapier; ↑spekulieren.
²Börse ↑Portemonnaie.
Börsenjobber ↑Börsenmakler.
Börsenkurs, Kurs, Aktienkurs, Effektenkurs, Emissionskurs, Ausgabekurs; ↑Börse, ↑Claim, ↑Wertpapier.
Börsenmacher ↑Täschner.
Börsenmakler, Börsenjobber, Jobber, Börsenspekulant, Spekulant, Haussier, Agioteur; ↑Börse, ↑Vermittler; ↑spekulieren.
Börsenspekulant ↑Börsenmakler.
Borstentier ↑Schwein.
Borstenvieh ↑Schwein.
borstig ↑behaart.
Borstwisch ↑Handfeger.
Borte: ↑Besatz; mit einer B. besetzen / vernähen ↑nähen.
Bortenmacher ↑Posamenter.
Borzelbock ↑Purzelbaum.
bösartig ↑böse.
Bösartigkeit ↑Bosheit.
Boschhorn ↑Hupe.

Böschung ↑Abhang.

¹böse, bitterböse, boshaft, maliziös, übel gesinnt, übel wollend, bösartig, gemeingefährlich, schlimm, übel, garstig, unausstehlich, unleidlich, wüst *(schweiz.),* widrig, haarig *(ugs.)* · *vom Krankheitsverlauf:* perniziös, maligne, nicht ↑gutartig; ↑abscheulich, ↑beleidigend, ↑böswillig, ↑ekelhaft, ↑frech, ↑gefährlich, ↑gegnerisch, ↑gemein, ↑schadenfroh, ↑schlau, ↑spöttisch, ↑unaufrichtig, ↑unbarmherzig, ↑unbeliebt, ↑unerfreulich; **b. sein,** nicht mit Mostrich zu genießen sein *(salopp),* den Teufel im Leib / eine schwarze Seele haben, mit jmdm. ist schwer auszukommen / nicht gut Kirschen essen / nicht zu spaßen; ↑zanken (sich).

²böse: ↑ärgerlich; b. Absicht, -r Wille ↑Übelwollen; in -r Absicht ↑böswillig; -s Blut machen ↑ärgern; b. Fee ↑Zauberin; der -e Mann ↑Schreckgestalt; b. Zungen ↑Lästerer; jmdm. b. sein ↑ärgerlich [sein]; Böses ahnend ↑ahnungsvoll; nichts Böses ahnend ↑ahnungslos; jenseits von Gut und Böse sein ↑impotent [sein].

Böse: Der B. ↑Teufel.

Bösewicht ↑Schuft.

boshaft ↑böse.

Boshaftigkeit ↑Bosheit.

Bosheit, Bösartigkeit, Garstigkeit, Niedertracht, Boshaftigkeit, Häme, Gemeinheit, Schurkerei, Hundsfötterei *(veraltet),* Infamie, Unverschämtheit, Schadenfreude, Gehässigkeit, Übelwollen, Rachsucht, Ranküne; ↑Abneigung, ↑Frechheit, ↑Neid, ↑Übeltat, ↑Untreue; ↑intrigieren.

Boskoop ↑Apfel.

Bosniak ↑Brötchen.

Bosnickel ↑Junge.

Boss: ↑Leiter, ↑Manager.

Bossa Nova ↑Tanz.

bosseln, herumbasteln, priemen *(ugs.),* herumpriemen *(ugs.),* rumpriemen *(salopp);* ↑anfertigen.

Bossenmauer ↑Mauer.

Boston ↑Kartenspiel.

böswillig, mutwillig, absichtlich, in böser Absicht; ↑böse.

Böswilligkeit ↑Übelwollen.

Bot ↑Tagung.

Botanik: ↑Obst, ↑Pflanzenkunde.

botanisch: -er Garten ↑Garten.

Bote, Lieferant, Laufbursche, Botenjunge, Besorger, Austräger, Verträger *(schweiz.),* Ausläufer, Ausfahrer, Ausgeher, Überbringer, Kurier, Herold *(hist.)* · Gerichtsbote, Büttel *(veraltet);* ↑Abgeordneter, ↑Abgesandter, ↑Diplomat, ↑Zusteller; ↑austragen.

Botel: ↑Fahrgastschiff, ↑Hotel.

Botenjunge ↑Bote.

Botokude: ↑Indianer, ↑Ungebildeter.

¹Botschaft, Gesandtschaft, Konsulat, Wahlkonsulat, Handelsmission; ↑Diplomat.

²Botschaft: ↑Gesuch, ↑Nachricht.

Botschafter ↑Diplomat.

Bott ↑Tagung.

Böttcher *(nordd.),* Kübler *(südwestd.),* Küfer *(westd., südwestd.),* Schäffler *(südd.),* Weißbinder *(südostd.),* Binder *(südd., österr.),* Fassbinder *(landsch.).*

Botten ↑Schuh.

Bottich ↑Gefäß.

Bottleparty ↑Fest.

Botulismus ↑Lebensmittelvergiftung.

Bouclé ↑Stoff.

Boudoir ↑Raum.

Bouillon ↑Suppe.

Bouillontasse ↑Tasse.

Boulevard ↑Straße.

Boulevardblatt ↑Zeitung.

Boulevardpresse ↑Presse.

Boulevardstück ↑Schauspiel.

Bouquinist ↑Buchhändler.

Bourbonrose ↑Rose.

Bourettseide ↑Seide.

bourgeois ↑konservativ.

Bourgeois ↑Konservativer.

Bourgeoisie ↑Bürgertum.

Bourrée ↑Tanz.

Bouteille ↑Flasche.

Boutique ↑Laden.

Bowle ↑Gewürzwein.

Bowler ↑Kopfbedeckung.

Bowling: ↑Kegelspiel; B. spielen ↑kegeln.

Bowlingbahn ↑Kegelbahn.

Box: ↑Fotoapparat, ↑Schließfach.

boxen: ↑kämpfen, ↑schlagen.

Boxen, Boxkampf, Faustkampf, Pugilistik, Fight · *als Training:* Sparring, Schattenboxen, Spiegelboxen; ↑Boxer, ↑Fausthieb, ↑Judo, ↑Ringen; ↑kämpfen.

¹Boxer, Faustkämpfer, Pugilist, Fighter, Puncher, Preisboxer · *der sich rechts verteidigt, links schlägt:* Rechtsausleger, Southpaw · *der sich links verteidigt, rechts schlägt:* Linksausleger · *bis zu 48 kg Körpergewicht:* Papiergewichtler · *bis zu 51 kg Körpergewicht:* Fliegengewichtler · *bis zu 54 kg Körpergewicht:* Bantamgewichtler · *bis zu 57 kg Körpergewicht:* Federgewichtler · *bis zu 60 kg Körpergewicht:* Leichtgewichtler · *bis zu 63,5 kg Körpergewicht:* Halbweltergewichtler · *bis zu 67 kg Körpergewicht:* Weltergewichtler · *bis zu 71 kg Körpergewicht:* Halbmittelgewichtler · *bis zu 75 kg Körpergewicht:* Halbschwergewichtler · *über 81 kg Körpergewicht:* Schwergewichtler; ↑Boxen, ↑Fausthieb.

²Boxer: ↑Faustschlag, ↑Hunderassen.

Boxhieb ↑Fausthieb.

Boxkalf ↑Leder.

Boxkampf ↑Boxen.

Boy: ↑Diener, ↑Jüngling.

Boykott ↑Vergeltungsmaßnahmen.

boykottieren ↑verhindern.

Boykottierung ↑Vereitelung.

Boyscout ↑Pfadfinder.

Bozen, Bolzano *(ital.);* ↑Stadt.
Brabant: -er Kreuz ↑Kreuzzeichen.
brabbeln: ↑beanstanden, ↑sprechen.
Brabbelwasser: B. getrunken haben ↑sprechen.
Brachacker ↑Brache.
Brache, Brachland, Brachfeld, Brachacker, Brachflur, brachliegendes Land, Egart *(bayr., österr.);* ↑Wiese; ↑brachliegen.
Brachet ↑Juni.
Brachfeld ↑Brache.
Brachflur ↑Brache.
Brachialgewalt ↑Gewalt.
Brachland ↑Brache.
¹brachliegen, nicht bebaut / unbebaut / ungenutzt sein; ↑urbar; ↑Brache.
²brachliegen: -des Land ↑Brache.
Brachmonat ↑Juni.
Brachmond ↑Juni.
Brachsen ↑Fisch.
Bracke ↑Hunderassen.
brägeln ↑braten.
Brägen: ↑Gehirn, ↑Hirn.
Brailleschrift ↑Schrift.
Braintrust ↑Mannschaft.
bramarbasieren ↑prahlen.
Bramburi ↑Kartoffeln.
Branche ↑Bereich.
¹Brand, Schwelbrand, Feuer, Feuersbrunst, Feuersturm, Feuermeer, Flammenmeer; ↑Brandstifter, ↑Brandstiftung, ↑Feuerlöscher, ↑Feuerwehr, ↑Feuerwehrauto, ↑Feuerwehrmann, ↑Flamme, ↑Funkenflug, ↑Schadenfeuer; ↑löschen; ↑feuergefährlich.
²Brand: ↑Durst, ↑Schadenfeuer; den B. unter Kontrolle bringen ↑löschen; in B. setzen / stecken ↑anzünden.
brand-: ↑erz-.
Brandaltar ↑Opferstätte.
Brandbombe ↑Bombe.
Brandbrief ↑Schreiben.
brandeln: ↑riechen, ↑zahlen.
branden ↑fließen.
Brandgrab ↑Grab.
Brandkatastrophe ↑Schadenfeuer.
Brandleger ↑Brandstifter.
Brandlegung ↑Brandstiftung.
Brandleiter ↑Leiter (die).
Brandmal ↑Kennzeichen.
brandmarken, ächten, verfemen, verpönen, in Acht und Bann tun, verfluchen, verwünschen, verdammen, verurteilen, etwas / das Kind beim [rechten (oder:) richtigen] Namen nennen, den Stab brechen über, geißeln, anprangern, an den Pranger stellen; ↑ausschließen, ↑ausweisen, ↑beanstanden, ↑verurteilen; ↑Bann, ↑Gesellschaftskritik.
Brandmauer ↑Mauer.
Brandmeister ↑Feuerwehrmann.
brandneu ↑neu.
brandrot: ↑rot, ↑rothaarig.

brandschatzen ↑wegnehmen.
Brandstifter, Brandleger *(österr.),* Zundelfrieder *(landsch.),* Feuerteufel, Pyromane; ↑Brand, ↑Verbrecher; ↑anzünden.
Brandstiftung, Brandlegung *(österr.);* ↑Brand; ↑anzünden.
Brandstiftungszwang ↑Anankasmus.
Brandteig ↑Teig.
¹Brandung, Brandungswelle, Gischt, Gäscht *(landsch.),* Feim *(landsch.),* Seeschaum, Schaum, Schaumkrone; ↑Flut, ↑Woge.
²Brandung ↑Welle.
Brandungswelle ↑Brandung.
Brandversicherung ↑Versicherung.
Brandwunde ↑Wunde.
Branntwein ↑Alkohol.
Branntweiner ↑Wirt.
Brasil ↑Zigarre.
Brasilzigarre ↑Zigarre.
Brasselett ↑Handschelle.
Brästling ↑Erdbeere.
Bratapfel ↑Apfel.
¹braten, rösten, schmoren, schmurgeln, brägeln *(landsch.),* bregeln *(landsch.),* brutzeln, grillen, backen, kücheln *(schweiz.),* toasten, bähen *(südd., österr.),* dämpfen, dünsten, garen; ↑kochen, ↑sieden, ↑würzen; ↑Grill.
²braten: eine Extrawurst geb. haben wollen ↑eingliedern; da brat mir einer einen Storch ↑überrascht [sein]; in der Sonne b., sich in der Sonne / von der Sonne b. lassen ↑sonnen (sich).
Braten: [faschierter B.] ↑Fleischgericht; den B. riechen ↑merken.
Bratenschmalz ↑Fett.
Bratensoße ↑Soße.
Bratenwein ↑Wein.
Brater ↑Uhr.
Bräter ↑Kochtopf.
Brathähnchen ↑Huhn.
Brathendl ↑Huhn.
Bratkartoffeln ↑Kartoffeln.
Bratkartoffelverhältnis ↑Liebelei.
Bratklops ↑Fleischkloß.
Brätling ↑Ständerpilz.
Bratpfanne, Pfanne; ↑Kochtopf.
Bratröhre ↑Backofen.
Bratrost ↑Grill.
Bratsche ↑Streichinstrument.
Bratscher ↑Musizierender.
Bratschist ↑Musizierender.
Bratwurst ↑Würstchen.
Bräu ↑Gaststätte.
Brauch, Sitte, Regel, Brauchtum, Gebräuche, Althergebrachtes, Herkommen, Mode, Übung, Tradition, Konvention, Zeremonie, Zeremoniell, Protokoll, Vorschrift, Etikette, Förmlichkeit, Form, Angewohnheit, Gewohnheit, Gepflogenheit, Usance, Usus · kirchlicher: Ritus, Ritual · *studentischer:* Komment · *schlechter:* Unart; ↑Anpassung, ↑Benehmen, ↑Lebensweise, ↑Tradition.

brauchbar: ↑anstellig, ↑lohnend, ↑zweckmä-ßig.

Brauchbarkeit, Geeignetsein, Eignung, Verwendbarkeit; ↑zweckmäßig.

¹brauchen, nötig haben, bedürfen, benötigen, gebrauchen, können, nicht entbehren / nicht missen können · *dringend:* etwas nötig haben wie das tägliche Brot; ↑anwenden, ↑erfordern, ↑mangeln; **etwas nicht b.,** etwas nicht nötig haben, etwas entbehren / auf etwas verzichten können, nicht auf etwas angewiesen sein, auf etwas nicht zu warten brauchen; ↑nutzlos [sein]; ↑Bedarf.

²brauchen: ↑müssen; eine feste Hand b. ↑übermütig [sein]; jmds. Rat b. ↑Schwierigkeit.

Brauchtum ↑Brauch.

Brauchwasser ↑Wasser.

brauen: ↑produzieren; die Füchse b. ↑nebeln.

Brauer ↑Bierbrauer.

Brauerei, Bierbrauerei, Brauhaus; ↑Bier, ↑Bierbrauer.

Braumeister ↑Bierbrauer.

¹braun, bräunlich, ocker, umbra, siena, khakifarben, hellbraun, fahlbraun, dunkelbraun, kaffeebraun, schokolade[n]braun, schokolade[n]farben, nussbraun, haselnussbraun, rehbraun, zimtfarben, erdfarben, erdbraun, rotbraun, goldbraun, ziegelbraun, kastanienbraun, terrakottafarben, teakholzfarben, mahagonibraun, mahagonifarben, graubraun, schwarzbraun · *auf die Haut bezogen:* brünett, sonnenbraun, ↑gebräunt; ↑beige, ↑blond, ↑braunhaarig, ↑bunt, ↑einfarbig, ↑gelb, ↑rot (braunrot); ↑schwarz (braunschwarz).

²braun: ↑braunhaarig, ↑gebräunt; Brauner Bär ↑Schmetterling; -e Kuchen ↑Lebkuchen; b. Mehl ↑Mehlschwitze.

Braunalge ↑Alge.

Braunbär ↑Bär.

Braunbier: ↑Bier; wie B. mit Spucke aussehen ↑blass [sein].

Bräune: häutige B. ↑Diphtherie.

bräunen: in der Sonne b., sich [in der Sonne, von der Sonne] b. lassen ↑sonnen (sich).

Brauner: ↑Kaffee, ↑Pferd.

braunhaarig, braun, bräunlich, hellbraun, dunkelbraun, schwarzbraun, rotbraun, kastanienbraun, mittelbraun, brünett; ↑rothaarig, ↑schwarzhaarig; ↑Haar.

Braunhemd ↑Nationalsozialist.

Braunkehlchen ↑Vogel.

Braunkohl ↑Grünkohl.

Braunkohle ↑Kohle.

bräunlich: ↑braun, ↑braunhaarig, ↑gebräunt.

braunorange ↑orange.

braunrot ↑rot.

Braunschimmel ↑Algenpilz.

braunschwarz ↑schwarz.

Braunschweig, die Stadt Heinrichs des Löwen; ↑Stadt.

Braunsenf ↑Senf.

Bräunungsstudio ↑Solarium.

braun verbrannt ↑gebräunt.

Braus: in Saus und B. leben ↑leben.

Brause: ↑Limonade; sich unter die B. stellen, unter die B. treten ↑baden.

Brausekopf ↑Choleriker.

Brauselimonade ↑Limonade.

¹brausen, toben, wüten, tosen.

²brausen: ↑rauschen, ↑stürmen; sich b. ↑baden; einen unter das Jackett b. ↑trinken.

Brausewind: ↑Choleriker, ↑Wind.

Bräustüberl ↑Gaststätte.

¹Braut, Verlobte, Zukünftige; ↑Bräutigam, ↑Brautjungfer, ↑Verlobung.

²Braut: ↑Freundin; B. Christi ↑Nonne.

Bräuterich ↑Bräutigam.

Bräutigam, Verlobter, Heiratskandidat *(scherzh.),* Freier *(veraltet),* Zukünftiger, Hochzeiter *(oberd.),* Bräuterich *(landsch., scherzh.);* ↑Braut, ↑Geliebter, ↑Verlobung.

Brautjungfer, Kranzjungfer *(veraltend),* Kranzeljungfer *(bayr., österr.);* ↑Braut.

Brautkleid ↑Kleid.

Brautschau: B. halten / auf B. gehen ↑werben.

Brautschleier ↑Schleier.

brav: ↑artig, ↑ehrenhaft.

Bravheit ↑Gehorsam.

bravissimo ↑bravo!

¹bravo!, bravissimo!, à la bonne heure!, vortrefflich!, ausgezeichnet!; ↑trefflich.

²bravo: Bravo rufen ↑applaudieren.

Bravo ↑Mörder.

Bravour: ↑Meisterhaftigkeit, ↑Mut.

bravourös ↑meisterhaft.

BRD ↑Deutschland.

Break ↑Tennisspiel.

Break-even-Point ↑Kostendeckung.

brechbar ↑zerbrechlich.

Brechbohne ↑Gemüse.

Brecheisen ↑Brechstange.

¹brechen (mit jmdm.), jmdm. die Freundschaf[t] aufkündigen / kündigen, mit jmdm. Schlus[s] machen, jmdm. den Laufpass geben, sitzen las[sen]; ↑sitzen lassen, ↑trennen (sich), ↑verfeinde[n] [sein].

²brechen: ↑falten, ↑fließen, ↑übergeben (sich)[;] ↑zerbrechen; das Auge bricht ↑sterben; -d vo[ll] ↑voll; einer Sache Bahn b. ↑unterstützen (e[t]was); den Bann b. ↑Scheu [nehmen], ↑tun; di[e] Ehe b. ↑untreu [sein]; etwas bricht jmdm. da[s] Genick ↑Unglück; jmdm. die Gräten b. ↑sch[i]kanieren; Herzen b. ↑verliebt [machen]; etwa[s] bricht jmdm. das Herz ↑bekümmern; jmdm[.] das Rückgrat b. ↑unterdrücken; Schweige[n] b. ↑Schweigen; den Stab b. über ↑verurteile[n] jmds. Widerstandskraft b. ↑zermürben; m[it] jmdm. / etwas b. ↑abwenden (sich); mit eine[r] Gewohnheit b. ↑abgewöhnen (sich etwas)[,] übers Knie b. ↑übereilen; einen Streit vo[m] Zaun b. ↑Streit; auf Biegen oder Brechen ↑un[be]dingt.

Brecher ↑Welle.
Brechstange, Brecheisen, Beißer *(österr.);* ↑Handwerkszeug.
Bredouille ↑Not.
Breeches ↑Hose.
Breecheshose ↑Hose.
Breedertulpe ↑Gartentulpe.
bregeln ↑braten.
Bregen: ↑Gehirn, ↑Hirn.
bregenklüterig ↑schwermütig.
¹Brei, Püree, Koch *(südd., österr.),* Mus, Papp *(landsch.),* Paps *(ugs., abwertend),* Pamps *(ugs., abwertend),* Pamp *(landsch.),* Pampf *(landsch.),* Stock *(schweiz.)* · Grießbrei, Grießkoch *(südd., österr.)* · Haferflockenbrei, Haferbrei, Haferschleim · Reisbrei, Milchbrei · Mehlbrei · Hirsebrei · Müsli · *dünnflüssiger:* Schleim; ↑Pflaumenmus, ↑Suppe.
²Brei: ↑Schlamm; B. um den Mund schmieren ↑schmeicheln; um den B. herumreden, wie die Katze um den heißen B. herumgehen / herumschleichen ↑sprechen; zu B. machen ↑zermalmen; jmdn. zu B. schlagen ↑schlagen.
breiig: ↑flüssig, ↑weich.
Breiigkeit ↑Flüssigsein.
Brein ↑Getreide.
breit: ↑ausführlich, ↑dick, ↑geräumig, ↑plump; -e Masse ↑Menge; -e Öffentlichkeit ↑Öffentlichkeit; eine -e Palette von ↑viele; einen -en Rücken haben ↑dickfellig [sein]; -e Streuung habend ↑weit verzweigt; zu b. sein ↑überstehen; -er werden ↑dick [werden]; b. ausgewalzt ↑gedehnt; weit und b. ↑überall, ↑weitum; des Langen und Breiten ↑ausführlich.
breitblättrig: -e Endivie ↑Gemüse.
breitdrücken ↑zermalmen.
Breite: ↑Ausmaß; in die B. gehen ↑dick.
breiten: den Schleier des Vergessens / der Vergessenheit über etwas b. ↑vertuschen.
breit machen: sich b. ↑einnisten (sich).
breitquetschen ↑zermalmen.
breitschlagen ↑überreden.
Breitschwanz ↑Pelz.
breittreten ↑verbreiten.
breitwalzen ↑zermalmen.
Breitwandfilm ↑Kinofilm.
Breiumschlag ↑Wickel.
¹Bremse, Handbremse, Fußbremse, Vorderradbremse, Hinterradbremse, Vierradbremse, Auflaufbremse, Öldruckbremse, Luftdruckbremse, Differenzialbremse, Kardanbremse, Scheibenbremse, Backenbremse, Felgenbremse, Doppelbackenbremse, Innenbackenbremse, Außenbackenbremse, Motorbremse, Reibungsbremse, Kupplungsbremse, Flüssigkeitsbremse, Luftbremse; ↑bremsen.
²Bremse: die B. bedienen, auf die B. latschen / treten ↑bremsen.
¹bremsen, abbremsen, auf die Bremse treten / *(salopp)* latschen, die Bremse bedienen, den Motor abwürgen; ↑anhalten, ↑halten; ↑Bremse.

²bremsen: ↑einschränken, ↑halten.
Bremser ↑Zauderer.
Bremsleuchte ↑Rückleuchte.
Bremslicht: ↑Rückleuchte, ↑Signallicht.
brennbar: leicht b. ↑feuergefährlich.
Brennbarkeit: leichte B. ↑Feuergefährlichkeit.
¹brennen, schmoren, sengen, schwelen, glühen, glimmen, glosen *(landsch.),* glosten *(schweiz.),* aufflammen, aufbrennen, in Flammen aufgehen / stehen, lodern, auflodern, lohen, wabern, flackern, aufflackern, versengen, verbrennen, ein Raub der Flammen werden, verglimmen, verglühen, verkohlen; ↑aufleuchten, ↑einäschern, ↑leuchten, ↑rußen, ↑verbrennen; ↑Flamme, ↑Wärme.
²brennen: ↑begleichen, ↑kribbeln, ↑produzieren, ↑scheinen; sich die Sonne auf den Bauch b. lassen ↑sonnen (sich); etwas brennt jmdm. auf den Nägeln ↑dringend [sein]; jmdm. brennt der Boden unter den Füßen ↑beeilen (sich), ↑gefährlich [werden].
brennend: ↑brisant, ↑schmerzhaft.
Brenngas ↑Brennstoff.
Brennholz: ↑Brennstoff, ↑Kleinholz.
Brennmaterial ↑Brennstoff.
Brennöl ↑Brennstoff.
¹Brennpunkt, Fokus; ↑Linse.
²Brennpunkt ↑Mittelpunkt.
Brennstoff, fester / flüssiger / gasförmiger Brennstoff, Brennmaterial, Feuerung · Heizmaterial, Öl, Gas, Brenngas, Brennöl, Brennholz, Heizstoff, Heizöl, Heizgas, Spiritus, Petroleum; ↑Erdöl, ↑Gas, ↑Heizung, ↑Kerze, ↑Kleinholz, ↑Kohle; ↑heizen.
Brennsuppe ↑Suppe.
Brente ↑Gefäß.
brenzlig ↑gefährlich.
Bresche: einer Sache eine B. schlagen ↑unterstützen (etwas); für jmdn. in die B. springen ↑vertreten.
Breslau, Wrocław *(poln.);* ↑Stadt.
Bresling ↑Erdbeere.
Bresthaftigkeit ↑Krankheit.
Brestli ↑Erdbeere.
Bretonne ↑Spitzenstickerei.
¹Brett, Planke, Bohle, Diele, Riemen, Leiste, Latte, Bord, Daube, Sparren, Scheit, Träger, Balken; ↑Pfahl, ↑Span.
²Brett: -er ↑Bühne, ↑Ski; schwarzes B. ↑Anschlagbrett; die -er, die die Welt bedeuten ↑Theater; das B. an der dünnsten Stelle bohren ↑entziehen (sich); ein B. vor dem Kopf haben ↑dumm [sein]; bei jmdm. einen Stein im B. haben ↑bevorzugen; dort ist die Welt mit -ern vernagelt ↑abgelegen [sein]; über die -er gehen ↑aufführen.
Brettchen ↑Frühstücksbrett.
Bretteln ↑Ski.
Bretterboden ↑Fußboden.
Bretterbude ↑Haus.
Bretterbühne ↑Bühne.

Bretterwand ↑Mauer.
Bretterzaun ↑Zaun.
Brettl ↑Kabarett.
Brettspiel · Halma · Puff, Tricktrack · Salta · Go · Mühle, Zwickmühle *(landsch.)* · Dame · Schach, das königliche Spiel; ↑Kartenspiel, ↑Schachfigur, ↑Würfelspiel.
Brevier: ↑Auswahl, ↑Gebetbuch.
Brezel ↑Gebäck.
Bricken ↑Frühstücksbrett.
Bridge ↑Kartenspiel.
Brief: ↑Postsendung, ↑Schreiben; anonymer / blauer B. ↑Schreiben; jmdm. B. und Siegel darauf geben, dass ... ↑zweifeln; einen B. schreiben, -e wechseln ↑korrespondieren.
Briefablage ↑Ablage.
Briefadel ↑Adel.
Briefaustausch ↑Schriftwechsel.
Briefbogen ↑Briefpapier.
Briefbote ↑Zusteller.
Brieffreundschaft ↑Schriftwechsel.
Briefgeheimnis, Schriftgeheimnis *(schweiz.);* ↑Schreiben.
Briefkarte: ↑Briefpapier, ↑Schreiben.
Briefkasten: in den B. werfen, zum B. tragen ↑einwerfen.
brieflich; b. verkehren ↑korrespondieren.
¹Briefmarke, Freimarke, Marke, Postwertzeichen, Wertzeichen, Wohlfahrtsmarke, Sondermarke · *im Voraus vom Absender entwertete:* Precancel; ↑frankieren.
²Briefmarke: platt sein wie eine B. ↑überrascht [sein]; eine B. aufkleben ↑frankieren.
Briefmarkenalbum ↑Album.
Briefmarkensammler, Philatelist, Markensammler, Briefmärkler *(schweiz.).*
Briefmärkler ↑Briefmarkensammler.
Briefordner ↑Aktenordner.
¹Briefpapier, Schreibpapier, Schreibbogen, Briefbogen, Briefkarte, Luftpostpapier, Florpostpapier, Florpost, Trauerpapier; ↑Schreiben, ↑Schreibpapier.
²Briefpapier ↑Schreibpapier.
Briefpartner ↑Briefschreiber.
Briefroman ↑Roman.
Briefschreiber, Schreiber, Absender, Korrespondent, Briefpartner, Partner; ↑Absender, ↑Empfänger, ↑Schreiben.
Briefsiegel ↑Siegel.
Brieftasche ↑Portemonnaie.
Brieftaschenmacher ↑Täschner.
Brieftaube, Reisetaube; ↑Geflügel, ↑Vogel.
Briefträger ↑Zusteller.
Briefumschlag ↑Umschlag.
Briefverbindung ↑Schriftwechsel.
Briefverkehr; ↑Schriftwechsel; in B. stehen ↑korrespondieren.
Briefwaage ↑Waage.
Briefwechsel; ↑Schriftwechsel; mit jmdm. einen B. führen, in B. stehen ↑korrespondieren (mit).

Briefzusteller ↑Zusteller.
Briekäse ↑Käse.
Bries ↑Innereien.
Brieschen ↑Innereien.
Briesel ↑Innereien.
Brigade: ↑Heeresverband, ↑Mannschaft.
Brigadegeneral ↑Dienstgrad.
Brigg ↑Segelschiff.
Brikett ↑Kohle.
brillant ↑außergewöhnlich.
Brillantine ↑Haarpflegemittel.
Brillantkollier ↑Halskette.
Brillantring ↑Ring.
¹Brille, Augengläser, Gläser, Nasenfahrrad *(scherzh.),* Fahrrad *(scherzh.),* Spekuliereisen *(scherzh.),* Intelligenzprothese *(scherzh.)* · Hornbrille, Lesebrille, Fernbrille · *mit eingebautem Hörapparat:* Hörbrille · *zum Schutz gegen Sonnenlicht:* Sonnenbrille · *mit Stiel:* Stielbrille, Lorgnon, Lorgnette · *deren Gläser zwei verschiedene Linsen für Nah- und Fernsicht haben:* Bifokalbrille, bifokale Brille, Gleitsichtgläser; ↑Einglas, ↑Fehlsichtigkeit, ↑Kneifer, ↑Kontaktlinse.
²Brille: ↑Toilette; etwas durch eine rosa B. sehen ↑zuversichtlich [sein]; etwas durch eine schwarze B. sehen ↑schwermütig [sein].
Brillenbär ↑Bär.
Brillenente ↑Vogel.
Brillenschlange ↑Schlange.
brillieren, glänzen, [glänzend] in Form sein, in Hochform sein; ↑Erfolg [haben].
Brimborium: ↑Nebenumstände; ohne viel B. ↑einfach.
Brimsen ↑Schafkäse.
Brimsenkäse ↑Schafkäse.
¹bringen, herbringen, herbeibringen, daherbringen *(südd., österr.),* verbringen, schaffen, einliefern; ↑beschaffen.
²bringen: ↑begleiten, ↑beschaffen, ↑bewältigen, ↑einweisen, ↑liefern; etwas hinter sich gebracht haben ↑überstanden; beiseite b. ↑wegnehmen; beiseite / um die Ecke b. ↑aufbewahren; heimlich über die Grenze b. ↑einschmuggeln; sich nicht aus dem Gleichgewicht b. lassen ↑ruhig [bleiben]; [den Beweis] b. ↑nachweisen; das Blut in Wallung b. ↑ärgern, ↑erregen; einen bestimmten Ertrag b. ↑ergeben; das bringt es ↑einträglich [sein]; es über sich / übers Herz b. ↑überwinden (sich); es zu etwas b. ↑avancieren, ↑Erfolg [haben]; ein bestimmtes Gewicht auf die Waage b. ↑wiegen; Leben in die Bude b. ↑erheitern; den Stein ins Rollen b. ↑anregen; eine Strecke hinter sich b. ↑Strecke; Truppen an einen Ort b. ↑stationieren; an sich b. ↑kaufen; an Bord b. ↑einschiffen; an Land / von Bord b. ↑ausschiffen; an den Mann b. ↑verheiraten, ↑verkaufen; an einen bestimmten Platz b. ↑platzieren; auf andere Gedanken b. ↑erheitern; auf den Scheiterhaufen b. ↑töten; auf Vordermann b. ↑lenken; auf

Tisch b. ↑servieren; aufs Tapet / zur Sprache b. ↑erörtern, ↑vorschlagen; auf die Seite b. ↑wegnehmen; aus der Fassung / aus dem Gleichgewicht / aus dem Konzept / aus dem Text b. ↑verwirren; aus der Form b. ↑deformieren; hinter sich b. ↑absolvieren; hinter Schloss und Riegel b. ↑festsetzen; b. in ↑hineinbringen; in Bewegung / Schwung b. ↑mobilisieren; in Einklang / Übereinstimmung b. ↑abstimmen; in Erinnerung / ins Bewusstsein b. ↑wachrufen; in eine Fluchtlinie b. ↑ausrichten; in Gang b. ↑anstacheln; in Gefahr b. ↑Gefahr; in Harnisch / in Wut b. ↑ärgern; jmdn. / sich in eine unangenehme Lage (oder:) Situation b. ↑hineinmanövrieren (jmdn. / sich in etwas); in Misskredit / Verruf b. ↑schlecht machen; in eine abeceliche / alphabetische Ordnung b. ↑alphabetisieren; in Rage b. ↑ärgerlich; in Schuss b. ↑reparieren; in Schwung b. ↑propagieren; in Verse b. ↑besingen; in Vorschlag b. ↑vorschlagen; ins Geschäft b. ↑fördern; etwas ins Lot b. ↑Ordnung; ins Wanken b. ↑untergraben; über die Bühne b. ↑verwirklichen; nicht über die Lippen b. ↑mitteilen; jmdn. um etwas b. ↑betrügen; um die Ecke b. ↑durchbringen; etwas bringt jmdn. um den Schlaf ↑sorgen (sich); unter Dach und Fach b. ↑beenden; unter dem Hammer b. ↑versteigern; unter den Hammer / zur Versteigerung b. ↑Versteigerung; unter einen Hut b. ↑vereinigen; unter die Leute b. ↑popularisieren, ↑veröffentlichen; vor Gericht b. ↑prozessieren; jmdn. zu etwas b. ↑anordnen, ↑anstacheln; jmdn. zu Fall b. ↑umstoßen (jmdn.); zu Gehör b. ↑singen; zum Ausdruck b. ↑bekunden; zum Ausdruck / zur Darstellung b. ↑aussagen; zum Einsatz b. ↑anwenden, ↑beitragen; zum Erlöschen b. ↑löschen; zum Kochen / Sieden b. ↑sieden; zum Versand b. ↑schicken; zur Anerkennung b. ↑Anerkennung [erzwingen]; zur Besinnung / Einsicht / Vernunft b. ↑aufrütteln; zur Erstaufführung / Uraufführung b. ↑aufführen; zur Geltung b. ↑beitragen; zur Post b. ↑einliefern, ↑einwerfen; zur Ruhe b. ↑beruhigen; zur Verlesung b. ↑sprechen; zur Verzweiflung b. ↑Verzweiflung; zur Wache b. ↑abführen; zur Weißglut b. ↑ärgern.
Bringschuld ↑Schuld.
¹brisant, explosiv, hochexplosiv, heiß, hochaktuell, brennend, drängend; ↑schwierig; **b. sein:** etwas ist brisant, etwas enthält Zündstoff / Brisanz / Sprengkraft.
²brisant ↑aktuell.
Brisanz: ↑Bedeutsamkeit; etwas enthält B. ↑brisant [sein].
Brise: ↑Wind; frische / leichte / mäßige / schwache B. ↑Windstärke.
Brissago ↑Zigarre.
Brite ↑Engländer.
Britschka ↑Kutsche.
Bröckchen ↑Krümel.
brocken ↑pflücken.
Brocken: ↑Block, ↑Dicker, ↑Klumpen, ↑Krü-

mel; der größte B. ↑Anteil; etwas ist ein harter B. ↑schwierig [sein]; mit gelehrten B. um sich werfen ↑prahlen.
brockenweise ↑diskontinuierlich.
Bröckerl ↑Dicker.
bröcklig ↑mürbe.
¹brodeln, blubbern, Blasen werfen, kochen, wallen, aufwallen, aufkochen, wabern; ↑perlen, ↑sieden; ↑überkochen.
²brodeln: ↑langsam [arbeiten], ↑perlen.
Brodem ↑Nebel.
Broiler ↑Huhn.
Brokat ↑Seide.
Brom: ↑Gas, ↑Gift.
Brombeerblättertee ↑Tee.
Brombeere, Moldbeere *(landsch.),* Multbeere *(landsch.),* Torfbeere, Zwergbrombeere; ↑Beerenobst.
Brombeerhecke ↑Hecke.
Bronchogramm ↑Röntgenogramm.
Bronchographie ↑Röntgenographie.
Bronchoskopie ↑Ausspiegelung.
Bronze: ↑Hochzeitstag, ↑Mischung.
Bronzefuchs ↑Pferd.
bronzen ↑gebräunt.
bronzerot ↑rot.
Brosame ↑Krümel.
Brosche, Nadel, Anstecknadel, Spange, Agraffe, Schmuckspange, Busennadel, Vorstecknadel; ↑Plakette, ↑Schmuck.
Bröschen ↑Innereien.
broschieren, heften, holländern, lumbecken; ↑binden; ↑Buch.
Broschur ↑Buch.
Broschüre ↑Buch.
Brösel: ↑Krümel, ↑Paniermehl.
¹Brot *rundes:* Rundbrot, -laib *(bes. südd., österr.),* Laib [B.] *(bes. südd., österr.) · flaches [rundes:]* Fladenbrot · *längliches:* Langbrot, -wecken *(bes. österr.),* Wecken *(bes. österr.),* -laib *(mitteld.),* Laib [B.] *(mitteld.) · aus Roggenmehl:* Roggenbrot, Schwarzbrot, Bauernbrot, Landbrot, Ruchbrot *(schweiz.),* Kornbrot *(südd.),* Vollkornbrot, Pumpernickel · *aus Weizenmehl:* Weizenbrot, Baguette, Stangenbrot, Weizenschrotbrot, Grahambrot, Weißbrot, Rosinenbrot, Stuten *(niederd.),* Klöben *(niederd.),* Semmelwecken *(österr.) · aus Roggen- und Weizenmehl:* Mischbrot · *in flachen Scheiben gebackenes aus Roggen- oder Weizenvollkornschrot:* Knäckebrot · *mit getrockneten Früchten:* Früchtebrot, Früchtenbrot *(österr.),* Kletzenbrot *(österr.) · mit Leinsamen:* Leinsamenbrot · *ungesäuertes der Juden:* Matze[n]; ↑Brötchen, ↑Brotende, ↑Gebäck, ↑Kaviarbrot, ↑Schnitte.
²Brot: ↑Schnitte; belegtes B. ↑Sandwich; Russisch B. ↑Gebäck. B. und Wein ↑Abendmahl; ein hartes B. haben, sein B. sauer verdienen ↑verdienen; etwas nötig haben wie das tägliche B. ↑brauchen; bei Wasser und B. sitzen ↑abbüßen; in Lohn und B. nehmen / stehen ↑einstel-

len; sich nicht die Butter vom B. nehmen lassen ↑wehren (sich).

Brotaufstrich · Marmelade, Konfitüre, Gelee, Jam, Pflaumenmus, Rübenkraut *(landsch.)*, Apfelkraut, Zwetschenkraut, Mus, Powidl *(österr.)*, Gesälz *(bes. schwäb.)*, Latwerge *(landsch.)*, Sirup, Kreude *(nordd.)* · Honig, Bienenhonig, Kunsthonig · Butter, Margarine, Fett, Schmalz; ↑Brotbelag, ↑Honig, ↑Käse, ↑Weißkäse, ↑Wurst; ↑gelieren.

Brotbelag, Belag, Wurstaufschnitt, Käseaufschnitt, Aufschnitt; ↑Brotaufstrich, ↑Wurst.

¹Brötchen, Semmel *(landsch.)*, Schrippe *(berlin.)*, Weck *(südd.)*, Wecken *(südd.)*, Weggen *(schweiz.)*, Weggli *(schweiz.)*, Laibchen *(österr.)*, Laberl *(mundartl., österr.)* · *längliches:* Knüppel *(berlin.)*, Weckerl *(bayr., österr.)*, Baunzerl *(österr.)*, Bosniak *(österr.)* · *großes, rundes:* Rundstück *(nordd.)*, Schusterlaibchen *(österr.)*, Wachauer *(österr.)* · *mit mehreren Einschnitten an der Oberseite:* Kaiserbrötchen, Kaisersemmel *(österr.)*, Franzbrötchen, Rosenbrötchen *(bes. nordd.)*, Rosensemmel, Brötchen *(berlin.)* · *langes, mit Salz bestreutes:* Salzstange, Salzstangerl *(österr.)*, Salzkuchen *(nordd.)* · *aus Roggen- und Weizenmehl:* Salzkuchen *(berlin.)*, Schusterjunge *(berlin.)* · *aus verschiedenen Getreidesorten:* Sechskornbrötchen · *salziges aus Hefeteig, das vor dem Backen in kochende Sodalauge getaucht wird:* Laugenbrötchen *(südd.)* · *gebogenes:* Hörnchen, Kipfel *(südd., österr.)*, Kipferl *(südd., österr.)*, Kipf *(südd.)*, Gipfel *(schweiz.)*, Beugel *(österr.)* · *mit Rosinen:* Rosinenbrötchen, Stutenweck *(rhein.)*; ↑Brot, ↑Gebäck, ↑Sandwich, ↑Schnitte.

²Brötchen: belegtes B. ↑Sandwich; kleine / kleinere B. backen ↑zurückstecken.

Brötchengeber ↑Arbeitgeber.

Brotende, Brotkanten, Kanten *(landsch.)*, Knust *(niederd.)*, Knörzel *(südd.)*, Knaus *(schwäb.)*, Ranft *(südd.)*, Kruste *(westd.)*, Krüstchen *(westd.)*, Kappe *(ostfries.)*, Kapel *(ostfries.)*, Korste *(westf.)*, Scherz *(österr.)*, Scherzel *(österr.)*; ↑Brot, ↑Brotkruste, ↑Schnitte.

¹Broterwerb, Lebenserwerb, Verdienst, Einkommen; ↑Ertrag, ↑Lohn.

²Broterwerb ↑Beruf.

Brotherr ↑Arbeitgeber.

Brotkanten ↑Brotende.

Brotkorb: jmdm. den B. höher hängen ↑einschränken.

Brotkrume ↑Krümel.

Brotkruste, Kruste, Kürste *(nordd.)*, Brotrinde, Rinde; ↑Brotende.

Brotlaib ↑Brot.

brotlos ↑arbeitslos.

Brotmesser ↑Messer.

Brotneid: ↑Konkurrenz, ↑Neid.

Brotrinde ↑Brotkruste.

Brotschimmel ↑Schlauchpilz.

Brotschnitte ↑Schnitte.

Brotteller ↑Teller.

Brotwecken ↑Brot.

Brotzeit ↑Zwischenmahlzeit.

Brouillon ↑Entwurf.

Browning ↑Schusswaffe.

brubbeln ↑sprechen.

¹Bruch, Hernie, Prolaps, Protrusion · Eingeweidebruch, Eingeweidevorfall, Enterozele, Darmbruch, Dünndarmbruch, Mastdarmbruch, Mastdarmvorfall, Rektozele, Proktozele · Leistenbruch, Hernia inguinalis · Hodensackbruch, Oscheozele, Hernia scrotalis · Netzbruch, Epiplozele, Hernia omentalis · Zwerchfellbruch, Diaphragmatozele, Hiatushernie · Bauchbruch, Bauchwandbruch, Laparozele, Hernia abdominalis, Oberbauchbruch, Eventration, Nabelbruch, Omphalozele, Paromphalozele; ↑Eingeweidesenkung.

²Bruch (der): ↑Abkehr, ↑Bügelfalte, ↑Einbruch, ↑Einschnitt, ↑Knochenbruch, ↑Untreue, ↑Zahl; sich einen Bruch lachen ↑lachen; in die Brüche gehen ↑scheitern.

³Bruch (das): ↑Sumpf.

Bruchbude ↑Raum.

brüchig ↑morsch.

Bruchlandung ↑Landung.

Bruchrechnung ↑Mathematik.

Bruchstein ↑Baustein.

Bruchsteinmauer ↑Mauer.

Bruchstück ↑Fragment.

bruchstückhaft ↑unvollständig.

Bruchstückhaftigkeit ↑Unvollständigkeit.

Bruchzahl ↑Zahl.

¹Brücke, Hängebrücke, Kettenbrücke, Pfeilerbrücke, Bogenbrücke, Seilbrücke, Balkenbrücke, Holzbrücke, Pontonbrücke, Schiffbrücke, Zugbrücke, Drehbrücke, Notbrücke, Straßenbrücke, Autobahnbrücke, Eisenbahnbrücke · Viadukt, Steg, Übergang, Passerelle, Überweg, Überführung; ↑Anlegebrücke, ↑Brückenpfeiler, ↑Straße · Ggs. ↑Unterführung.

²Brücke: ↑Teppich, ↑Zahnersatz; alle -n hinter sich abbrechen ↑abwenden (sich); jmdm. eine goldene B. / goldene Brücken bauen ↑entgegenkommen (jmdm.).

Brückenangst ↑Phobie.

Brückengeländer ↑Geländer.

Brückenpfeiler, Pfeiler, Pylon; ↑Brücke.

Brückenschlag ↑Kontakt.

Brückenwaage ↑Waage.

¹Bruder, der leibliche / eigene Bruder, Bruderherz, Keule *(ugs.)*, Atze *(ugs., berlin.)*; ↑Verwandter.

²Bruder: ↑Mann, ↑Mönch; Brüder ↑Bande; Ehrwürdiger B. ↑Anrede; lustiger B. ↑Mensch (der); B. und Schwester ↑Geschwister; unter Brüdern ↑Entgegenkommen.

Bruderherz ↑Bruder.

Bruderkind ↑Verwandter.

Bruderkrieg ↑Krieg.

Bruderkuss ↑Kuss.

brüderlich: ↑einträchtig, ↑freundschaftlich.
Brüderlichkeit ↑Übereinstimmung.
Bruderliebe ↑Familienanhänglichkeit.
Brudermord ↑Tötung.
Bruderpartei ↑Partei.
Bruderschaft: ↑Kongregation, ↑Mannschaft.
Brüderschaft: mit jmdm. B. getrunken haben ↑duzen.
Brudervolk ↑Bundesgenosse.
Bruderzwist ↑Streit.
Brügger: B. Spitze ↑Spitzenstickerei.
Brühe: ↑Flüssigkeit, ↑Getränk, ↑Nebel, ↑Suppe.
brühen ↑sieden.
Brühl ↑Sumpf.
brühwarm: etwas b. weitererzählen ↑gleich, ↑mitteilen.
Brüllaffe ↑Affe.
brüllen ↑schreien.
Brummbär: ↑Bär, ↑Griesgram.
Brumme ↑Fliege.
brummeln ↑flüstern.
brummen: ↑abbüßen, ↑flüstern, ↑murren, ↑singen, ↑surren; das Brummen ↑Geräusch.
Brummer ↑Fliege.
Brummi ↑Auto.
brummig ↑ärgerlich.
Brummigkeit ↑Launenhaftigkeit.
Brummschädel ↑Kopfschmerz.
Brunch ↑Essen.
brünett: ↑braun, ↑braunhaarig.
Brünette ↑Frau.
brunftig ↑brünstig.
¹Brunnen, Zisterne, Reservoir, Ziehbrunnen, Sod *(schweiz.);* ↑Quelle.
²Brunnen ↑Heilquelle.
Brunnenkresse ↑Gemüse.
Brunnenlebermoos ↑Moos.
Brunnenvergifter ↑Hetzer.
Brunnenvergiftung ↑Propaganda.
Brunnenwasser ↑Wasser.
Brunst ↑Geschlechtstrieb.
¹brünstig, brunftig *(Jägerspr.),* läufig, heiß, rollig; ↑begierig; **b. sein,** stieren.
²brünstig ↑begeistert.
Brunzdippe ↑Nachtgeschirr.
brunzen ↑urinieren.
Brunzkachel ↑Nachtgeschirr.
Brüsch ↑Heidekraut.
Brüsche ↑Beule.
brüsk ↑unhöflich.
brüskieren ↑kompromittieren.
Brüskierung ↑Herausforderung.
Brüssel, Bruxelles *(franz.);* ↑Stadt.
Brüsseler: B. Spitze ↑Spitzenstickerei.
Brüsselerkohl ↑Rosenkohl.
¹Brust, Brustkorb, Thorax, Brustkasten; ↑Busen.
²Brust: ↑Busen, ↑Seele; Brüste ↑Busen; die B. geben ↑stillen; jmds. B. entringt sich ein Seufzer ↑stöhnen; sich an die B. schlagen ↑bereuen;

etwas liegt jmdm. wie ein Alb auf der B.
↑schwer nehmen; schwach auf der B. sein ↑arm [sein]; jmdm. die Pistole auf die B. setzen ↑nötigen; zwei Seelen in seiner B. haben ↑zwiespältig [sein]; sich in die B. werfen ↑prahlen.
Brustbeutel ↑Portemonnaie.
Brustbild: ↑Bildnis, ↑Fotografie.
brüsten: sich b. ↑prahlen.
Brustfellentzündung, Rippenfellentzündung, Pleuritis, Pleuresie · *in Verbindung mit einer Lungenentzündung:* Pleuropneumonie, Pneumopleuritis; ↑Krankheit.
Brustgefieder ↑Gefieder.
Brustkasten ↑Brust.
Brustkorb ↑Brust.
Brustlatz ↑Jabot.
Brustorden ↑Orden.
brustschwimmen ↑schwimmen.
Brustschwimmen ↑Schwimmen.
Bruststimme ↑Stimme.
Brusttee ↑Tee.
Brustton: im B. der Überzeugung ↑nachdrücklich.
Brüstung ↑Geländer.
Brustwarze, Mamille, Knospe, Mamilla, Papille, Himbeere, Nippel, Dutterl *(österr.);* ↑Busen, ↑Zitze.
brut ↑sauer.
Brut ↑Abschaum.
brutal ↑unbarmherzig.
brutalisieren, verrohen; ↑unbarmherzig.
Brutalität ↑Unbarmherzigkeit.
Brutalo: ↑Kinofilm, ↑Mann.
Brutanstalt ↑Geflügelfarm.
¹brüten, hecken, glucken, sitzen, nisten, horsten; ↑gebären, ↑schlüpfen.
²brüten: ↑denken; b. über ↑anfertigen.
Brüter: schneller B. ↑Atomreaktor.
Bruthitze ↑Wärme.
Brutplatz ↑Vogelnest.
Brutstelle ↑Vogelnest.
Bruttolohn ↑Lohn.
Bruttopreis ↑Preis.
brutzeln ↑braten.
Bruxelles ↑Brüssel.
Bruyèrepfeife ↑Tabakspfeife.
Btx ↑Fernsehen, ↑Kommunikationstechnik.
Bub ↑Junge.
Bübchen ↑Junge.
Bube ↑Schuft.
Bübel ↑Junge.
Bubenstück ↑Übeltat.
Büberei ↑Übeltat.
Bubi ↑Junge.
Bubikopf ↑Frisur.
¹Buch, Band, Einzelband, Titel, Schmöker *(ugs.),* Wälzer *(ugs.),* Schwarte *(salopp),* Schinken *(ugs.),* Scharteke *(abwertend),* Foliant, Druckerzeugnis, Werk, Schrift · *nicht gebundenes:* Broschur, Taschenbuch, Paperback, Broschüre · *das harmonikaartig gefaltet ist:* Lepo-

rello, Leporellobuch · *das nur zu Ausstellungs-zwecken dient:* Blindband · *gebundenes:* Hardcover · *mit Auszügen aus der [wissenschaftlichen] Literatur und verbindendem Text:* Reader · *mit großem Absatz:* Bestseller, Longseller, Steadyseller, Seller, Erfolgsbuch; ↑Album, ↑Bücherei, ↑Druck, ↑Lektüre, ↑Literatur, ↑Ratgeber, ↑Verkaufsschlager, ↑Zeitschrift, ↑Zeitung; ↑broschieren.

²Buch: Bücher ↑Geschäftsbücher; Goldenes B. ↑Album; B. der Bücher ↑Bibel; B. der Psalmen ↑Psalter; etwas ist jmdm. / für jmdn. ein B. mit sieben Siegeln ↑verstehen; etwas ist für jmdn. ein B. mit sieben Siegeln ↑unzugänglich; reden wie ein B. ↑sprechen; über etwas B. führen ↑aufschreiben, ↑buchen; sich mit etwas in das B. der Geschichte eintragen ↑verewigen (sich); zu B. schlagen ↑wichtig [sein].

Buchara ↑Orientteppich.

Buchbesprechung ↑Besprechung.

Buchdrama ↑Drama.

¹Buche, Heister *(landsch.)* · Hagebuche, Hainbuche · Rotbuche, Blutbuche · Weißbuche · Hängebuche · Süntelbuche · Hahnenkammbuche · Säulenbuche; ↑Laubhölzer.

²Buche ↑Laubbaum.

buchen, verbuchen, über etwas Buch führen, registrieren, verzeichnen, erfassen, sammeln, dokumentieren, aufnehmen, fortschreiben, laufend ergänzen, kodifizieren, archivieren, in Evidenz halten *(österr.);* ↑aufschreiben, ↑erwähnen, ↑festschreiben, ↑zusammenkommen.

Buchenhecke ↑Hecke.

Buchenwald ↑Wald.

Bücherbestand, Büchersammlung, Bücherschatz, Bibliothek, Bücherei · Fachbibliothek, Handbibliothek, Seminarbibliothek, Präsenzbibliothek, Schulbibliothek, Werksbibliothek · *zu einem bestimmten Zweck zusammengestellter:* Apparat; ↑Bibliothek, ↑Buch.

Bücherbord, Bücherregal, Bord, Regal, Bücherbrett, Bücherschrank, Bücherkasten *(österr.),* Bücherschaft *(schweiz.),* Bücherwand; ↑Gestell, ↑Möbel.

Bücherbrett ↑Bücherbord.

Bücherei: ↑Bibliothek, ↑Bücherbestand.

¹Bücherfreund, Büchernarr, Bibliomane · *von kostbaren und schönen Büchern:* Bibliophile; ↑Buch, ↑Bücherei, ↑Leser.

²Bücherfreund ↑Liebhaber.

Bücherkarren ↑Buchhandlung.

Bücherkasten ↑Bücherbord.

Bücherladen ↑Buchhandlung.

Büchernarr ↑Bücherfreund.

Bücherregal ↑Bücherbord.

Büchersammlung ↑Bücherbestand.

Bücherschaft ↑Bücherbord.

Bücherschatz ↑Bücherbestand.

Bücherschrank: ↑Bücherbord, ↑Schrank.

Bücherverbrennung, Autodafé; ↑Vernichtung; ↑zerstören.

Bücherverzeichnis ↑Verzeichnis.

Bücherwand ↑Bücherbord.

Bücherwurm ↑Leser.

Buchfink ↑Vogel.

¹Buchführung, kameralistische Buchführung, einfache / doppelte Buchführung, Doppik.

²Buchführung ↑Geschäftsführung.

Buchführungskontrolle ↑Buchprüfung.

Buchgelehrsamkeit ↑Bildung.

Buchhändler, Sortimenter · *der gebrauchte Bücher verkauft:* Antiquar · *am Seineufer in Paris:* Bouquinist; ↑Buchhandlung.

Buchhandlung, Buchladen, Bücherladen, Sortiment · Bücherkarren · *für antiquarische Bücher:* Antiquariat, Bahnhofsbuchhandlung · *mit einem Café kombinierte:* Libresso; ↑Buchhändler, ↑Laden.

Buchhülle ↑Umschlag.

Buchkartei ↑Kartei.

Buchkritik ↑Besprechung.

Buchladen ↑Buchhandlung.

Buchmesse ↑Messe.

Buchprüfer ↑Wirtschaftsprüfer.

Buchprüfung, Buchführungskontrolle, Betriebsprüfung, Gebarungskontrolle *(österr.);* ↑Geschäftsführung, ↑Kontrolle.

Buchsbaum ↑Laubholz.

Buchsbaumhecke ↑Hecke.

¹Büchse, Dose, Konserve, Konservenbüchse, Konservendose, Blechdose, Blechbüchse; ↑Behälter, ↑Einmachglas, ↑Konserve.

²Büchse: ↑Schusswaffe, ↑Vagina.

Büchsengemüse ↑Gemüse.

Büchsenlauf ↑Gewehrlauf.

Büchsenmilch ↑Milch.

¹Buchstabe, Letter, Schriftzeichen, Charaktere (Plural) · *kleiner:* Minuskel · *großer:* Majuskel · *großer [am Wortanfang]:* Versal · *großer in der Größe des kleinen Buchstaben:* Kapitälchen · *kunstvoller am Anfang eines Textes:* Initiale · *aus einer anderen Schrift oder einem anderen Schriftgrad als der übrige Satz fehlerhaft gesetzter:* Zwiebelfisch · *auf dem Kopf stehender, fehlerhaft gesetzter:* Fliegenkopf · *griechischer:* Alpha (α), Beta (β), Gamma (γ), Delta (δ), Epsilon (ε), Zeta (ζ), Eta (η), Theta (θ), Jota (ι), Kappa (κ), Lambda (λ), My (μ), Ny (ν), Xi (ξ), Omikron (o), Pi (π), Rho (ρ), Sigma (σ, Σ), Tau (τ), Ypsilon (υ), Phi (φ), Chi (χ), Psi (ψ), Omega (ω); ↑Auslassungszeichen, ↑Betonungszeichen, ↑Diphthong, ↑Dehnungs-h, ↑Eszett, ↑Konsonant, ↑Satzzeichen, ↑Schrift, ↑Schriftgrad, ↑Vokal, ↑Zeichen.

²Buchstabe: die vier -n ↑Gesäß.

Buchstabenblindheit ↑Aphasie.

Buchstabenfahne: ↑Fahne.

Buchstabenfolge: ↑Alphabet; nach der B. ↑alphabetisch.

buchstabengetreu: ↑bürokratisch, ↑wortwörtlich.

Buchstabenmensch ↑Pedant.

Buchstabenrätsel ↑Rätsel.
Buchstabenrechnung ↑Mathematik.
Buchstabenreihe: ↑Alphabet; nach der B. ↑alphabetisch.
Buchstabensatz ↑Schriftsatz.
Buchstabenschrift ↑Schrift.
buchstäblich: ↑erwartungsgemäß, ↑regelrecht, ↑wortwörtlich.
Bucht ↑Meerbusen.
Buchtel ↑Gebäck.
Buchungsautomat ↑Automat.
Buchweisheit ↑Bildung.
Buchwissen ↑Bildung.
Buck ↑Zahlungsmittel.
Buckel: ↑Berg, ↑Höcker, ↑Rücken; den B. voll Schulden haben ↑schulden (jmdm. etwas); jmdm. die Katze den B. hinaufjagen ↑Angst; den B. hinhalten [müssen] ↑einstehen (für); vor jmdm. einen krummen B. machen ↑unterwürfig [sein]; rutsch mir den B. runter! ↑unwichtig [sein]; schon viele Jahre auf dem B. haben ↑alt [sein].
buckelig ↑bergig.
Buckelkraxe ↑Tragekorb.
buckelkraxen: b. nehmen / tragen ↑tragen.
buckeln ↑tragen.
bücken: sich b. ↑beugen (sich).
Buckerl: ↑Verbeugung; ein B. machen ↑verneigen (sich).
Buckingham Palace ↑Regierung.
Buckinghamshirespitze ↑Spitzenstickerei.
bucklig: ↑bergig, ↑verwachsen.
Bückling ↑Verbeugung.
Buddel ↑Flasche.
¹buddeln, im Sand spielen, sandeln *(landsch.);* ↑graben.
²buddeln ↑ausmachen (Kartoffeln).
Buddhismus ↑Weltreligion.
Bude: ↑Haus, ↑Raum, ↑Verkaufsstand; eine sturmfreie B. haben ↑wohnen; die B. dichtmachen ↑zumachen; jmdm. die B. einlaufen / einrennen ↑frequentieren; jmdm. auf die B. rücken ↑bitten; mit jmdm. auf die B. gehen ↑koitieren; Leben in die B. bringen ↑erheitern.
Budel ↑Ladentisch.
Budenzauber ↑Fest.
Budget ↑Etat.
Budo ↑Selbstverteidigung.
Büfett: ↑Möbel, ↑Schanktisch.
Büfettdame ↑Bardame.
Büfettwagen: ↑Eisenbahnwagen, ↑Gaststätte.
Büffel ↑Grobian.
Büffelhaut: eine B. haben ↑dickfellig [sein].
Büffelleder ↑Leder.
büffeln ↑lernen.
Bug ↑Vorderteil.
Bügel ↑Kleiderbügel.
Bügelbrett, Plättbrett, Bügelladen *(österr.)* · *kleines zum Bügeln von Ärmeln:* Ärmelplättbrett, Ärmelbrett; ↑Bügeleisen.
Bügeleisen, Plätteisen, Plätte *(nordd.),* Holz-

kohlenbügeleisen, Bolzenplätte, Bolzenplätteisen *(veraltet),* Gasbügeleisen, elektrisches Bügeleisen, Schneiderbügeleisen, Dampfbügeleisen, Glätteisen *(schweiz.)* · *besonders kleines und leichtes:* Reisebügeleisen; ↑Bügelbrett, ↑Bügelmaschine; ↑bügeln.
Bügelfalte, Bruch *(landsch.);* ↑Falte; ↑falten.
bügelfrei ↑arbeitserleichternd.
Bügelladen ↑Bügelbrett.
Bügelmaschine, Mangel, Mange, Rolle, Wäscherolle; ↑Bügeleisen; ↑bügeln.
bügeln, aufbügeln, plätten, glätten *(landsch.)* · mangeln, mangen *(landsch.),* rollen *(landsch.);* ↑Bügeleisen, ↑Bügelmaschine.
Bügelsäge ↑Säge.
Bugger ↑Murmel.
Buggy ↑Kutsche.
Buh: B. rufen ↑auspfeifen.
Bühel ↑Berg.
buhen ↑auspfeifen.
buhlen: ↑bemühen (sich um), ↑umwerben.
Buhmann ↑Schreckgestalt.
Buhne ↑Wehr.
¹Bühne, Bretterbühne, Bretter, Schiebebühne, Drehbühne, Drehzylinderbühne, Versenkbühne, Dekorationsbühne, Kulissenbühne, Doppelstockbühne · *im 15. Jahrhundert ausgebildete, als flaches Podium mit Andeutung von Hausfassaden an der Rückwand:* Terenzbühne, Badezellenbühne · *seit Beginn des 16. Jahrhunderts bekannte, bei der Vorderbühne als Spielort benutzt wurde:* Winkelrahmenbühne, Telaribühne · *seit dem 16. / 17. Jahrhundert in England, mit drei Spielebenen:* Shakespearebühne · *mit gerahmter Bühnenöffnung:* Guckkastenbühne; ↑Theater.
²Bühne: ↑Boden, ↑Plattform, ↑Theater; an der B. sein ↑schauspielern; auf die B. bringen, über die B. gehen ↑aufführen; über die B. bringen ↑beenden, ↑verwirklichen; über die B. geschehen ↑geschehen; von der B. abtreten ↑sterben.
Bühnenbearbeitung, Bühnenfassung, Bearbeitung, Fassung; ↑Theater.
Bühnendekoration, Dekorationen, Kulisse, Versatzstück, Versatz; ↑Zubehör.
Bühnendichtung: ↑Dichtung, ↑Schauspiel.
Bühnenfassung ↑Bühnenbearbeitung.
Bühnenloge ↑Loge.
Bühnenmusik ↑Musik.
Bühnensprache ↑Hochsprache.
Bühnenstück ↑Schauspiel.
Bühnenwerk ↑Schauspiel.
Bukanier ↑Seeräuber.
Bukett: ↑Blumenstrauß, ↑Geruch.
bukkal, sublingual; ↑oral, ↑rektal; ↑einnehmen.
Bukolik ↑Dichtung.
bukolisch: -e Dichtung ↑Dichtung.
Bulette: ↑Fleischkloß; rangehen wie Hektor an die -n ↑zielstrebig [sein].
Bull: John B. ↑Engländer.

Bulla ↑Hautblüte.

Bullauge: ↑Fenster, ↑Rundfenster.

Bulldoggengesicht ↑Gesicht.

Bulldozer ↑Traktor.

Bulle: ↑Bann, ↑Kriminalbeamter, ↑Polizist, ↑Rind.

Bullenbeißer ↑Mann.

Bullenbeißergesicht ↑Gesicht.

bullenheiß ↑warm.

Bullenhitze: ↑Wärme; hier drin ist eine B. ↑überheizt [sein].

Bulletin: ↑Bericht, ↑Mitteilung.

bullig ↑untersetzt.

Bulligkeit ↑Stämmigkeit.

Bullterrier ↑Hunderassen.

¹Bummel, Streifzug, Abendbummel, Stadtbummel, Schaufensterbummel, Einkaufsbummel, Windowshopping, Lokalbummel, ein Gang / Zug durch die Gemeinde *(ugs., scherzh.)*, Bierreise *(ugs., scherzh.)*; ↑Spaziergang, ↑Trinkgelage; ↑spazieren gehen.

²Bummel: einen B. machen ↑spazieren gehen.

Bummelei: ↑Langsamkeit, ↑Unpünktlichkeit.

bummeln: ↑besuchen, ↑langsam [arbeiten], ↑spazieren gehen.

Bummelstreik ↑Streik.

Bummelzug ↑Eisenbahnzug.

Bums: ↑Gaststätte, ↑Koitus.

bumsen: ↑koitieren, ↑lärmen.

Bumser ↑Extremist.

Bumslandung ↑Landung.

Bumslokal ↑Gaststätte.

Bumtrip ↑Rausch.

¹Bund, Bündnis, Schutz- und Trutzbündnis, Verbindung, Liaison, Vereinigung, Koalition, Allianz, Entente [cordiale], Achse, Föderation, Konföderation, Zusammenschluss, Fusion, Kartell, Mafia, Imperium, Clan · *in Bezug auf Wissenschaftler, die sich gegenseitig zitieren:* Zitierkartell *(ironisch)* · *zweier großer Unternehmen:* Elefantenhochzeit; ↑Abmachung, ↑Abschaum, ↑Familie, ↑Freundschaft, ↑Kongregation, ↑Kontakt, ↑Vereinigung, ↑Zweckverband; ↑verbünden (sich).

²Bund: ↑Garbe, ↑Militär, ↑Packen; der B. ↑Staat; B. fürs Leben ↑Ehe; den B. fürs Leben schließen ↑heiraten; beim B. sein ↑Soldat [sein].

Bündel: ↑Garbe, ↑Packen; ein B. machen ↑bündeln; sein B. schnüren müssen ↑entlassen [werden].

bündeln, zusammenbinden, binden, zusammenfassen, büscheln *(schweiz.)*, ein Bündel / einen Strauß / ein Büschel machen.

Bündelpfeiler ↑Säule.

Bundesbruder, Kommilitone; ↑Student.

Bundesdorf ↑Bonn.

Bundesgenosse, Verbündeter, Alliierter, Brudervolk; ↑Komplize, ↑Westmächte (die).

Bundeshauptstadt ↑Bonn.

Bundeskanzler ↑Ministerpräsident.

Bundesland *in Bayern:* Freistaat · *in der*

Schweiz: Kanton, Staat, Stand; ↑Verwaltungsbezirk.

Bundesnachrichtendienst ↑Geheimpolizei.

Bundesrat: ↑Abgeordneter, ↑Minister, ↑Volksvertretung; Mitglied des -s ↑Abgeordneter.

Bundesrepublik ↑Deutschland.

Bundesschatzbriefe ↑Wertpapier.

Bundesstaat ↑Staat.

Bundestag: ↑Volksvertretung; Mitglied des -s ↑Abgeordneter.

Bundestagsabgeordneter ↑Abgeordneter.

Bundestagswahl ↑Wahl.

Bundesverdienstkreuz ↑Orden.

Bundeswehr ↑Militär.

bündig: ↑stichhaltig; kurz und b. ↑kurz.

bündisch: -e Jugend ↑Jugendbewegung.

Bündnerfleisch ↑Schinken.

Bündnis ↑Bund.

Bündnistreue ↑Treue.

Bundsäge ↑Säge.

Bundschuh ↑Schuh.

Bungalow ↑Haus.

¹Bunker, Unterstand · Luftschutzbunker, Luftschutzkeller, Luftschutzraum, Schutzraum, Atombunker.

²Bunker ↑Strafanstalt.

¹bunt, in Farbe, mehrfarbig, buntscheckig, scheckig, farbig, farbenfroh, buntschillernd, farbenprächtig, leuchtend, lebhaft, poppig, kräftig, satt, grell, knallig *(abwertend)*, schreiend *(abwertend)*, nicht ↑einfarbig; ↑beige, ↑blau, ↑braun, ↑gelb, ↑grau, ↑grün, ↑orange, ↑rosa, ↑rot, ↑schwarz, ↑violett, ↑weiß.

²bunt: -er Abend ↑Fest; b. durcheinander ↑durcheinander; bekannt sein wie ein -er Hund ↑bekannt; -er Rock ↑Kleidung; es wird jmdm. zu b. [mit etwas] ↑überhand nehmen; es wird jmdm. zu b. ↑unerhört [sein].

Buntbuch ↑Dokumentensammlung.

Buntdruck ↑Druckverfahren.

Buntfeuer ↑Feuerwerkskörper.

Buntheit ↑Vielfalt.

Buntpapier, Glanzpapier, Goldpapier, Silberpapier, Krepppapier, Dekorationspapier, Marmorpapier; ↑Einwickelpapier, ↑Papier.

buntscheckig ↑bunt.

Buntspecht ↑Vogel.

Buntstift ↑Zeichenstift.

Burano ↑Spitzenstickerei.

Bürde ↑Last.

Burenwurst ↑Würstchen.

¹Burg, Feste · Höhenburg, Niederburg, Wasserburg, Bergfeste, Abschnittsburg, Ganerbenburg, Ordensburg, Klosterburg, Zwingburg, Reichsburg, Reichsfeste, Kaiserburg, Königsburg, Ritterburg; ↑Festung, ↑Fluchtburg, ↑Wall.

²Burg ↑Festung.

Bürge, Haftpflichtiger, Garant, Sponsor; ↑Sicherheit.

bürgen: b. für ↑einstehen (für), ↑gewährleisten.

Bürger: ↑Bewohner, ↑Staatsbürger; B. in Uniform ↑Soldat.
Bürgeradel ↑Adel.
bürgerfreundlich ↑volksnah.
Bürgerheer ↑Militär.
Bürgerinitiative ↑Selbsthilfe.
Bürgerkrieg ↑Krieg.
bürgerlich: ↑etabliert, ↑konservativ; -e Ehrenfähigkeit / Ehrenrechte ↑Ehrenrechte; -e Gesellschaft ↑Bürgertum, ↑Gesellschaft; Bürgerliches Gesetzbuch ↑Gesetzessammlung; -es Jahr ↑Kalenderjahr; die -e Lebensweise aufgeben ↑Lebensweise; -es Recht ↑Rechtsgebiet; -es Trauerspiel ↑Tragödie; b. werden ↑verbürgerlichen.
¹Bürgermeister, Gemeindevorsteher, Stadtoberhaupt · *in Stadtkreisen:* Oberbürgermeister, Regierender Bürgermeister · *in der Schweiz:* Gemeindepräsident, Gemeindeammann, Stadtpräsident, Präsi *(ugs.);* ↑Gemeindevertretung, ↑Oberhaupt, ↑Volksvertretung.
²Bürgermeister ↑Minister.
Bürgermiliz ↑Militär.
bürgernah ↑volksnah.
Bürgerschaft ↑Volksvertretung.
Bürgerschreck ↑Revolutionär.
Bürgerschule ↑Schule.
Bürgersteig ↑Gehsteig.
Bürgertum, dritter Stand *(hist.),* bürgerliche Gesellschaft, Establishment, Großbürgertum, Bourgeoisie, Kleinbürgertum, Mittelstand, Mittelschicht; ↑Gesellschaftsschicht, ↑Kaste, ↑Konservativer, ↑Oberschicht; ↑etabliert, ↑konservativ.
Bürgerwehr ↑Militär.
Burgfriede: einen -n schließen ↑bereinigen.
Burggraben ↑Graben.
Burgkapelle ↑Gotteshaus.
Bürgschaft: ↑Sicherheit; B. leisten / stellen / übernehmen ↑einstehen (für).
Burgunder: [weißer B.] ↑Wein.
burgunderrot ↑rot.
burgundisch: -es Kreuz ↑Kreuzzeichen.
burlesk ↑spaßig.
Burleske ↑Komödie.
Burmakatze ↑Katzenrassen.
Burnus ↑Mantel.
¹Büro, Kanzlei, Kontor, Office *(schweiz.),* Amtsstube, Amtszimmer, Schreibstube, Großraumbüro, Anwaltsbüro, Anwaltskanzlei; ↑Amt, ↑Betrieb, ↑Büroangestellte[r], ↑Unternehmen, ↑Vorzimmer.
²Büro: aus dem B. [nach Hause] kommen ↑Feierabend [haben].
Büroangestellte[r], kaufmännische[r] Angestellte[r], Bürokaufmann, Industriekaufmann, Exportkaufmann, Werbekaufmann, Finanzkaufmann, Bankkaufmann, Versicherungskaufmann, Verwaltungskaufmann, -kauffrau, Kaufmann, Kauffrau, Kontorist, Kontoristin; ↑Büro, ↑Führungskraft, ↑Stenotypistin.

Büroarbeit ↑Arbeit.
Bürokaufmann ↑Büroangestellte[r].
Bürokraft ↑Stenotypistin.
Bürokrat ↑Pedant.
Bürokratie, Bürokratismus, Verwaltungsbürokratie, Beamtenbürokratie, Beamtenherrschaft, Amtsschimmel *(abwertend),* Amtsstube; ↑Erledigung, ↑Pedanterie; ↑bürokratisch.
bürokratisch, buchstabengetreu, administrativ *(landsch. abwertend),* [streng] nach Vorschrift, keine Abweichung zulassend; ↑schematisch; **b. sein,** den Amtsschimmel reiten *(abwertend);* ↑Bürokratie, ↑Erledigung, ↑Pedant.
Bürokratismus ↑Bürokratie.
Büroschluss ↑Feierabend.
burren ↑surren.
Bursa ↑Orientteppich.
Bursch ↑Jüngling.
Bürschchen ↑Junge.
Bursche: ↑Diener, ↑Jüngling, ↑Mann.
Burschenschaft ↑Verbindung.
Burschenschaftler ↑Student.
burschikos ↑ungezwungen.
Burschikosität ↑Ungezwungenheit.
Bürste ↑Bart.
bürsten: ↑frisieren, ↑koitieren, ↑säubern; Zähne b. ↑säubern.
Bürstenabzug ↑Probedruck.
Bürstenschnitt ↑Frisur.
Bürzel ↑Schwanz.
Bus: ↑Verkehrsmittel; [doppelstöckiger B.] ↑Omnibus.
Busbahnhof ↑Haltestelle.
¹Busch, Strauch, Staude; ↑Dickicht, ↑Kornelkirsche, ↑Pflanze.
²Busch: ↑Urwald; auf den B. klopfen ↑fragen; sich [seitwärts] in die Büsche schlagen ↑weggehen.
Buschbohne ↑Gemüse.
Büschel: ein B. machen ↑bündeln.
büscheln ↑bündeln.
Buschen ↑Blumenstrauß.
Buschenschenke ↑Straußwirtschaft.
Buschrose ↑Rose.
Buschwald ↑Wald.
Buschwerk ↑Dickicht.
Buschwindröschen ↑Anemone.
¹Busen, Brust, Brüste, Büste, Nuggel *(schweiz.),* Kurven *(scherzh.),* Titte *(derb),* Gspaßlaberln *(österr.)* · Memme, Milchfabrik, Milchladen, Milchgebirge, Milchwirtschaft, Paradiesäpfel, Lollo *(ugs.)* · *üppiger:* Atombusen, Holz vor der Hütte, Vorbau, Balkon; ↑Brust, ↑Brustwarze.
²Busen ↑Meerbusen.
busenfrei ↑nackt.
Busenfreund ↑Freund.
Busennadel ↑Brosche.
Busenstar ↑Schauspielerin.
Busfahrt ↑Fahrt.
Büsi ↑Katze.

Businessman ↑Geschäftsmann.
busper: b. sein ↑gesund [sein].
Bussard ↑Vogel.
Buße: ↑Strafe, ↑Sühne.
Bussel ↑Kuss.
busseln ↑küssen.
büßen: b. für ↑einstehen (für).
Bußenzettel ↑Strafzettel.
Busserl: ↑Gebäck, ↑Kuss.
Büßerschnee ↑Schnee.
bußfertig ↑schuldbewusst.
Bußgebet ↑Gebet.
Bussi ↑Kuss.
Bußsakrament ↑Sakrament.
Bußtag: ↑Kirchenjahr, ↑Feiertag.
Büste ↑Busen.
Büstenhalter, BH; ↑Mieder, ↑Oberteil.
Busverbindung ↑Verkehrsverbindung.
Butan ↑Gas.
Butler ↑Diener.
Butt ↑Fisch.
Butte ↑Tragekorb.
Bütte: ↑Gefäß, ↑Tragekorb.
Büttel ↑Bote.
Bütten ↑Papier.
Büttenpapier ↑Papier.
Büttenrede ↑Rede.
Butter: ↑Fett; B. auf dem Kopf haben ↑verlegen [sein]; sich nicht die B. vom Brot nehmen lassen ↑wehren (sich); Kamm bei der B. ↑ungeordnet [sein]; es ist alles in B. ↑Ordnung.
Butterbrot: ↑Schnitte; jmdm. etwas aufs B. schmieren ↑vorwerfen; für ein B. arbeiten ↑arbeiten; für ein B. hergeben / verkaufen ↑verkaufen; für ein B. kaufen ↑billig [kaufen].
Butterbrotpapier ↑Einwickelpapier.
Butterfahrt ↑Ausflug.
Butterfly ↑Eislauf.
buttergelb ↑gelb.
Butterkäse ↑Käse.
Butterkremtorte ↑Gebäck.
Butterkuchen ↑Gebäck.
Buttermesser ↑Messer.
Buttermilch ↑Milch.
buttern, Butter rühren *(veraltend),* anken *(schweiz.);* ↑Fett.
Butterpilz ↑Ständerpilz.
Buttersachse ↑Sachse.
Butterschmalz ↑Fett.
butterweich ↑weich.
Button ↑Plakette.
Button-down-Hemd ↑Oberhemd.
Bützchen ↑Kuss.
bützen ↑küssen.
Butzenscheibe ↑Fensterscheibe.
Butzenscheibenfenster ↑Fenster.
Butzenscheibenlyrik ↑Lyrik.
Buxe ↑Hose.
bye-bye ↑Gruß.
Bypass, Umleitung; ↑Operation.
byzantinisch: -er Stil ↑Baustil.

Byzantinismus ↑Unterwürfigkeit.
byzantinistisch ↑unterwürfig.
Byzanz ↑Istanbul.

C ↑Rauschgift.
ca. ↑ungefähr.
Caballero ↑Herr.
Caboclo ↑Mischling.
Cachenez ↑Halstuch.
Cachua ↑Tanz.
CAD-Arbeitsplatz ↑Computer.
Cadaverin ↑Gift.
Caddie: ↑Golfspiel, ↑Junge.
Caenspitze ↑Spitzenstickerei.
Café, Kaffeehaus *(österr.),* Cafeteria, Espresso, Gartenlokal, Estaminet, Eisdiele, Eissalon *(bes. österr.),* Milchbar, Teestube, Tearoom *(schweiz.);* ↑Eis, ↑Gaststätte; **ins C. gehen,** Kaffee trinken gehen, konditern gehen *(ugs.).*
Cafeteria ↑Café.
Cafetier ↑Wirt.
Cafuso ↑Mischling.
Cakewalk ↑Tanz.
calando ↑Lautstärke.
Calembour ↑Witz.
Callboy ↑Strichjunge.
Callgirl ↑Prostituierte.
Calypso ↑Tanz.
CAM-Arbeitsplatz ↑Computer.
Camembert ↑Käse.
Camera obscura ↑Fotoapparat.
Camion ↑Auto.
Camouflage ↑Tarnung.
¹Camp (das) ↑Campinglager.
²Camp (der) ↑Geck.
campen ↑zelten.
Camper, Zeltler *(landsch.),* Campeur *(schweiz.);* ↑Campinglager, ↑Campingplatz; ↑campen.
Campeur ↑Camper.
campieren ↑zelten.
¹Camping, das Zelten; ↑Campinglager, ↑Campingplatz; ↑zelten.
²Camping: C. machen ↑zelten.
Campingbeutel ↑Tornister.
Campinghemd ↑Oberhemd.
Campinglager, Camp, Zeltlager, Biwak; ↑Camper, ↑Camping, ↑Campingplatz, ↑Wohnwagen.
Campingliege ↑Luftmatratze.

Campingplatz, Zeltplatz, Rheumawiese *(scherzh.),* Gichtwiese *(scherzh.);* ↑Camping, ↑Campinglager, ↑Camper, ↑Wohnwagen.
Campingzelt ↑Zelt.
Campmeeting ↑Gottesdienst.
Campus ↑Universitätsgelände.
Canasta ↑Kartenspiel.
Cancan ↑Tanz.
Canneloni ↑Teigwaren.
Canossa: einen Gang nach C. antreten ↑erniedrigen (sich).
Cant ↑Ausdrucksweise.
Cape ↑Umhang.
Cappuccino ↑Kaffee.
Car ↑Omnibus.
Caravan ↑Wohnwagen.
care of ↑bei.
Carepaket ↑Gabe.
Caritas ↑Nächstenliebe.
Cartoon ↑Zeichnung.
Cartoonist ↑Zeichner.
Casanova ↑Frauenheld.
Cäsar ↑Oberhaupt.
Cäsarenwahn ↑Selbsteinschätzung.
cash ↑bar.
Cassata ↑Eis.
Cassiopeia ↑Sternbild.
Cassis ↑Alkohol.
Cassis royal ↑Alkohol.
Castize ↑Mischling.
Castle ↑Palast.
Casus Belli ↑Anlass.
Catch ↑Lied.
Catch-as-catch-can ↑Ringen.
catchen: ↑kämpfen, ↑ringen.
Catcher ↑Ringer.
Caudillo ↑Oberhaupt.
Causerie ↑Gespräch.
Cayennepfeffer ↑Gewürz.
CD ↑Schallplatte.
CD-Platte ↑Schallplatte.
Cedille ↑Zeichen.
Cedrat ↑Zitronat.
Celesta ↑Tasteninstrument.
Cellist ↑Musizierender.
Cello ↑Streichinstrument.
Cellophan ↑Folie.
Cellophanpapier ↑Folie.
Cellosonate ↑Sonate.
Celsius ↑Temperaturskala.
Cembalo ↑Tasteninstrument.
Cembalosonate ↑Sonate.
Cenerentola ↑Aschenputtel.
Cent ↑Zahlungsmittel.
Centavo ↑Zahlungsmittel.
Center ↑Mittelpunkt.
Centesimo ↑Zahlungsmittel.
Centifolie ↑Rose.
Centime ↑Zahlungsmittel.
Céntimo ↑Zahlungsmittel.
Cepheus ↑Sternbild.

Cerebellum ↑Gehirn.
Ceres ↑Göttin.
cerise ↑rot.
cetera: etc. ↑und so weiter.
Chablis ↑Wein.
Cha-Cha-Cha ↑Tanz.
Chagrin: ↑Leid, ↑Verstimmung.
Chairman ↑Vorsitzender.
Chaise: ↑Auto, ↑Kinderwagen, ↑Kutsche.
Chaiselongue ↑Liege.
Chalet ↑Haus.
Chalodermie, Cholodermie, Faltenhaut, Schlaffhaut · Kautschukhaut, Gummihaut, Dackelhaut; ↑Runzel, ↑Zerfurchtheit; ↑faltig.
Chamäleon: ↑Opportunist, ↑Sternbild.
Chambre séparée ↑Raum.
chamois ↑beige.
Champagner ↑Wein.
champagnerfarben ↑weiß.
Champignon ↑Ständerpilz.
Champion ↑Sieger.
Chamsin ↑Wind.
Chance: ↑Erfolg, ↑Möglichkeit.
Chandoo ↑Rauschgift.
Changeomat ↑Automat.
Chanson ↑Lied.
Chansonette ↑Vortragskünstlerin.
Chansonnier: ↑Moritatensänger, ↑Vortragskünstler.
Chansonniere ↑Vortragskünstlerin.
Chansonsängerin ↑Vortragskünstlerin.
Chantillyspitze ↑Spitzenstickerei.
Chanukkaleuchter ↑Kerzenleuchter.
Chaos: ↑Anarchie, ↑Verwirrung.
Chaot ↑Demonstrant.
chaotisch: ↑anarchisch, ↑durcheinander.
Chapeauclaque ↑Kopfbedeckung.
Charakter: ↑Titel, ↑Wesen; -e ↑Buchstabe.
Charakterbariton ↑Sänger.
Charakterbeschreibung: ↑Charakteristik, ↑Schulaufsatz.
Charakterdrama ↑Drama.
charakterfest ↑ehrenhaft.
¹charakterisieren, darstellen, gestalten · *als Typ:* typisieren.
²charakterisieren: ↑bedeuten, ↑beurteilen.
charakterisierend ↑kennzeichnend.
Charakterisierung ↑Charakteristik.
Charakteristik, Charakterisierung, Charakterbeschreibung, Personenbeschreibung ·· *in grafischer Darstellung:* Psychogramm · *eines Politikers:* Politogramm.
Charakteristikum ↑Merkmal.
charakteristisch ↑kennzeichnend.
Charakterkopf ↑Kopf.
Charakterkunde, Charakterologie; ↑Menschenkunde.
charakterlos ↑ehrlos.
Charakterlosigkeit ↑Untreue.
Charakterologie ↑Charakterkunde.
Charakterrolle ↑Rolle.

Charcotkrankheit ↑Entmarkungskrankheit.
Charge: ↑Dienstgrad, ↑Nebenrolle, ↑Serie.
Chargébrief ↑Postsendung.
Chargenrolle ↑Nebenrolle.
Chargenspieler ↑Schauspieler. ˈ
Charisma: ↑Ausstrahlungskraft, ↑Begabung.
Charité ↑Krankenhaus.
Charleston ↑Tanz.
Charley ↑Rauschgift.
¹charmant, entzückend, freundlich, liebenswürdig, gewinnend, zauberhaft, bezaubernd, unterhaltend, anregend, bestrickend; **c. sein,** alle seine Reize / alle seine Künste / seinen ganzen Charme spielen lassen.
²charmant: ↑anziehend, ↑hübsch.
Charme: ↑Anmut; seinen ganzen C. spielen lassen ↑charmant [sein].
Charmeur: ↑Frauenheld, ↑Schmeichler.
Charmeuse ↑Stoff.
Chart ↑Hitliste.
Chartermaschine ↑Flugzeug.
chartern ↑einstellen.
Chartreuse ↑Alkohol.
Charybdis: zwischen Scylla und C. sein ↑Lage.
Chasse ↑Billard.
Chassis, Fahrgestell; ↑Auto, ↑Karosserie.
Chasuble ↑Strickweste.
Chateaubriand ↑Fleischgericht.
Chaudeau ↑Soße.
Chauffeur ↑Fahrer.
chauffieren ↑steuern.
Chaussee ↑Straße.
Chausseewanze ↑Auto.
Chauvinismus: ↑Patriotismus; männlicher C. ↑Überheblichkeit.
¹Chauvinist, Macho, Macker *(Jargon);* ↑Mann · Ggs. Softie.
²Chauvinist ↑Patriot.
chauvinistisch: ↑dominant, ↑national.
checken: ↑kontrollieren, ↑prüfen, ↑verstehen.
Checken ↑Kontrolle.
Checkpoint ↑Grenzstation.
Cheddar ↑Käse.
cheerio: ↑Gruß, ↑prost.
cheers ↑prost.
Chef ↑Leiter.
Chef- ↑beste.
Chefarzt ↑Arzt.
Chefdirigent ↑Dirigent.
Chefetage ↑Leitung.
Chefingenieur ↑Ingenieur.
Chefkoch ↑Koch.
Chefredaktion ↑Leitung.
Chefreporter ↑Berichter.
Chefsekretariat ↑Vorzimmer.
Chefsekretärin ↑Sekretärin.
Chemie ↑Wissenschaft.
¹Chemiefaser, Kunstfaser · Dralon® · Nylon® · Perlon® · Diolen® · Trevira ↑Stoff.
²Chemiefaser ↑Faser.
Chemin de Fer ↑Glücksspiel.

Cheminée ↑Kamin.
chemisch: -e Keule ↑Kampfmittel; -er Ofen ↑Sternbild; -e Reinigung ↑Reinigungsanstalt; -e Waffen ↑Waffen; c. reinigen ↑säubern.
Chemisett ↑Jabot.
Chemisette ↑Jabot.
Chemnitz ↑Karl-Marx-Stadt.
Chemokeule ↑Kampfmittel.
Cherem ↑Bann.
Cherokee ↑Indianer.
Cherrybrandy ↑Alkohol.
Cherub ↑Engel.
Chesterfield ↑Mantel.
Chevreauleder ↑Leder.
Cheyenne ↑Indianer.
Chi ↑Buchstabe.
Chianti ↑Wein.
Chiastolith ↑Schmuckstein.
Chicago ↑Jazz.
Chicorée ↑Gemüse.
Chiffon ↑Stoff.
Chiffonniere ↑Schrank.
Chiffre: ↑Zahl, ↑Zeichen.
Chiffreschrift ↑Geheimschrift.
chiffrieren, verschlüsseln, codieren, kodieren, encodieren, enkodieren, in Geheimschrift / Geheimsprache abfassen; ↑Geheimschrift, ↑Zeichen · Ggs. ↑dechiffrieren; ↑Klartext.
Chignon ↑Dutt.
chilenisch: -er Escudo ↑Zahlungsmittel.
Chimäre ↑Einbildung.
China, Reich der Mitte · Rotchina, Volksrepublik China, Festlandchina, Chung-Hua Jen-Min Kung-Ho Kuo · Nationalchina, Republik China, Taiwan, Formosa, Ta Chung-hua Min-kuo.
chinablau ↑blau.
Chinakohl ↑Gemüse.
Chinapapier ↑Papier.
Chinarestaurant ↑Gaststätte.
chinarot ↑rot.
Chinatee ↑Tee.
Chinchilla ↑Pelz.
Chinchillakaninchen ↑Kaninchen.
chin-chin ↑prost.
chinesisch: Chinesische Mauer ↑Grenze; -e Stachelbeere ↑Frucht; -er Tee ↑Tee; etwas ist für jmdn. c. ↑verstehen.
chinesisch rot ↑rot.
Chintz ↑Stoff.
¹Chip, Mikrochip; ↑Computer.
²Chip ↑Bon.
¹Chips, Kartoffelchips, Paprikachips.
²Chips ↑Kartoffeln.
Chiragra ↑Arthritis.
Chirognomie ↑Handlesekunst.
Chirologie ↑Handlesekunst.
Chiromantie ↑Handlesekunst.
Chirurg ↑Arzt.
Chirurgie ↑Heilkunde.
chirurgisch: -er Eingriff ↑Operation.

Chiton ↑Kleidung.
Chiwa ↑Orientteppich.
Chlamys ↑Mantel.
Chlor: ↑Gas, ↑Gift.
chloroformieren ↑betäuben.
Chlucker ↑Murmel.
Chochonnerie ↑Unflat.
Choledochoskopie ↑Ausspiegelung.
Cholelith ↑Gallenstein.
Cholelithiasis ↑Gallenerkrankung.
Choleopus hoffmani ↑Faultier.
Cholera ↑Seuche.
¹Choleriker, Hitzkopf, Himmelsstürmer, Heißsporn, Stürmi *(schweiz.)*, Feuerkopf *(ugs.)*, Brausekopf *(ugs.)*, Brausewind *(ugs.)*; ↑aufgeregt.
²Choleriker ↑Typ.
cholerisch ↑unbeherrscht.
Chor, Singgemeinschaft, Chorgemeinschaft, Singverein, Gesangverein, Singkreis, Kurrende, Frauenchor, Männerchor, Knabenchor, Jugendchor, Kinderchor, Schülerchor, Schulchor, Kirchenchor; ↑Singstimme; ↑singen.
Choral ↑Lied.
Choralnotation ↑Notenschrift.
Choralnote ↑Notenzeichen.
Chordirigent ↑Dirigent.
Choreograph ↑Regisseur.
Chorgemeinschaft ↑Chor.
Chorkonzert ↑Musikveranstaltung.
Chorleiter ↑Dirigent.
Chormusik ↑Musik.
Chornichon ↑Gurke.
Chorturmkirche ↑Gotteshaus.
Chose ↑Angelegenheit.
Chotan ↑Orientteppich.
Chow-Chow ↑Hunderassen.
Chrestomathie ↑Auswahl.
Christabend ↑Weihnachtsabend.
Christbaum ↑Weihnachtsbaum.
Christbaumkerze ↑Kerze.
¹Christentum · Urchristentum, Urgemeinde; ↑Glaube, ↑Theologie.
²Christentum ↑Weltreligion.
Christfest ↑Weihnachten.
Christian Science ↑Religionsgemeinschaft.
Christkind: ↑Heiland, ↑Weihnachtsgeschenk, ↑Weihnachtsmann.
Christkindchen: ↑Heiland, ↑Schlafmütze, ↑Weihnachtsgeschenk, ↑Weihnachtsmann.
Christkindl ↑Weihnachtsmann.
Christkindle ↑Weihnachtsgeschenk.
Christkindlein ↑Heiland.
Christkindlmarkt ↑Jahrmarkt.
christlich: jmdn. in die -e Gemeinschaft aufnehmen ↑taufen; -e Kirche ↑Kirche; mit dem Mantel der -en Nächstenliebe bedecken / zudecken ↑vertuschen; -e Religion ↑Weltreligion; Christliche Wissenschaft ↑Religionsgemeinschaft.
Christmascarol ↑Lied.

Christmastree ↑Rauschgift.
Christmette ↑Gottesdienst.
Christmond ↑Dezember.
Christophorus ↑Nothelfer.
Christstollen ↑Gebäck.
Christtag: 1./2. C. ↑Weihnachten.
Christus: ↑Heiland; Fest der Auferstehung Christi ↑Ostern; Braut Christi ↑Nonne; Fest der Erscheinung Christi ↑Epiphanias; ... nach / vor Christi Geburt, ... vor / nach C. ↑Jahr; Christi Himmelfahrt ↑Feiertag, ↑Himmelfahrt; Kirche Christi ↑Kirche; wie das Leiden Christi aussehen ↑krank [aussehen]; Stellvertreter Christi [auf Erden] ↑Oberhaupt.
Christuskind ↑Heiland.
Chromleder ↑Leder.
Chromopapier ↑Druckpapier.
chromorange ↑orange.
Chromziegenleder ↑Leder.
Chronik, Annalen, Familienchronik, Kirchenchronik, Stadtchronik; ↑Bericht, ↑Berichter, ↑Genealogie.
chronisch ↑lange.
Chronist, Annalist, Geschichtsschreiber, Stadtschreiber; ↑Berichter.
Chronometer ↑Uhr.
Chrysanthemenhochzeit ↑Hochzeitstag.
Chrysoberyll ↑Schmuckstein.
Chrysokoll ↑Schmuckstein.
Chrysolith ↑Schmuckstein.
Chrysopras ↑Schmuckstein.
Chung-Hua Jen-Min Kung-Ho Kuo ↑China.
Chutneysoße ↑Soße.
Chuzpe ↑Frechheit.
CIA ↑Geheimpolizei.
Cicero ↑Schriftgrad.
Cicerone ↑Begleiter.
Cicisbeo ↑Geliebter.
Cidre ↑Obstwein.
Cigan ↑Zigeuner.
Cigány ↑Zigeuner.
Cinderella ↑Aschenputtel.
Cinemascopefilm ↑Kinofilm.
Cinemathek ↑Archiv.
Circe: ↑Vamp, ↑Zauberin.
Circulus vitiosus ↑Teufelskreis.
City ↑Innenstadt.
Citybag ↑Tasche.
Claim, Anspruch, Anteil, Besitztitel; ↑Wertpapier.
Clairette ↑Wein.
Clairobscurschnitt ↑Holzschnitt.
Clan: ↑Bund, ↑Clique, ↑Familie.
Claustrum virginale ↑Hymen.
Clavicembalo ↑Tasteninstrument.
clean: ↑[nicht mehr] süchtig; c. sein ↑[nicht mehr] trunksüchtig [sein].
Clerk ↑Handelsgehilfe.
clever: ↑lebenstüchtig, ↑schlau.
Cleverle ↑Schlaukopf.
Cleverness ↑Klugheit.

Clinch ↑Kampf.

Clique, Gruppe, Clan, Klüngel *(abwertend),* Phalanx, geschlossene Front; ↑Bande, ↑Freundschaft, ↑Personenkreis.

Clochard: ↑Armer, ↑Vagabund.

Clou ↑Glanzpunkt.

Clown: ↑Artist, ↑Spaßmacher, ↑Spaßvogel.

Clownerie ↑Albernheit.

c/o ↑bei.

Coach ↑Betreuer.

Coast ↑Rausch.

Cobbler ↑Mixgetränk.

COBOL ↑Sprache.

Cockerspaniel ↑Hunderassen.

Cockney ↑Mundart.

Cockpit ↑Raum.

Cocktail ↑Mixgetränk.

Cocktailkleid ↑Kleid.

Cocktailparty ↑Fest.

Cocktailschürze ↑Schürze.

Coco ↑Rauschgift.

Code: ↑Geheimschrift, ↑Zeichen.

Code Napoléon ↑Gesetzessammlung.

codieren ↑chiffrieren.

Coemetrialkirche ↑Gotteshaus.

Coeur ↑Spielkarte.

Coffein ↑Koffein.

Cognac ↑Weinbrand.

Coiffeur ↑Friseur.

Coiffeuse ↑Friseur.

Coincidentia Oppositorum ↑Zusammenfall.

Coitus ↑Koitus.

Coke ↑Rauschgift.

Col ↑Pass.

Colinde ↑Lied.

Collage ↑Bild.

Collie ↑Hunderassen.

Collum ↑Hals.

Colonia Agrippina ↑Köln.

Coloniakübel ↑Abfalleimer.

Colorfilm ↑Film.

Colourpoint-Langhaar ↑Katzenrassen.

Colt ↑Schusswaffe.

Comanche ↑Indianer.

Combo ↑Orchester.

Come-back: ↑Auftreten, ↑Neubelebung.

Comestibles ↑Feinkost.

Coming-out ↑Homosexualität.

Commedia dell'Arte ↑Komödie.

comme il faut ↑korrekt.

Commonsense ↑Klugheit.

Commonwealth ↑Großbritannien.

Communis Opinio ↑Ansicht.

Compactdisc ↑Schallplatte.

Compiler ↑Dolmetscher.

Computer, Minicomputer, Mikrocomputer, Homecomputer, Heimcomputer, Personalcomputer, PC, persönlicher Computer, Workstation, Arbeitsplatzcomputer · Computeranlage, Rechenanlage, Hollerithmaschine, Lochkartenmaschine, Nachrichtenverarbeitungsma-

schine, Rechner, Horter, Elektronengehirn, Datenverarbeitungsmaschine, [elektronische] Datenverarbeitungsanlage, EDVA, Analogrechner, Digitalrechner · Computerterminal, CAP/CAD/CAM-Arbeitsplatz (rechnergestützt) · *dessen apparative Bestandteile:* Hardware · *dessen nichtapparative Funktionsbestandteile:* Software, Einsatzanweisung, Programm, Menü · *in Bezug auf die Möglichkeit, selbstständig auszuwählen:* künstliche Intelligenz; ↑Automatisierung, ↑Chip.

Computeranlage ↑Computer.

Computerisierung ↑Automatisierung.

Computerkriminalität ↑Kriminalität.

computerlesbar: -er Ausweis ↑Ausweis.

Computerterminal ↑Computer.

Conamen ↑Selbstmordversuch.

Conatus ↑Selbstmordversuch.

Concierge ↑Hausmeister.

Conditio sine qua non ↑Bedingung.

Conférencier ↑Ansager.

Confoederatio Helvetica ↑Schweiz.

Conga ↑Schlaginstrument.

Consommé ↑Suppe.

Consonataorgel ↑Elektroorgel.

Container ↑Behälter.

Containerbahnhof ↑Bahnhof.

Containerschiff ↑Schiff.

Containerterminal ↑Bahnhof.

cool ↑ruhig.

Cooler ↑Mixgetränk.

Cooljazz ↑Jazz.

Cop ↑Polizist.

Copilot ↑Rauschgift.

Copyright, Urheberrecht; ↑Berechtigung.

Coquero ↑Rauschgiftsüchtiger.

Cor ↑Herz.

Coralino ↑Spitzenstickerei.

coram publico ↑öffentlich.

Cord: ↑Kord, ↑Stoff.

Cordierit ↑Schmuckstein.

Cordon bleu ↑Fleischgericht.

Corner ↑Eckball.

Cornflakes: ↑Getreideflocken, ↑Mais.

Corps ↑Verbindung.

Corpus Delicti ↑Nachweis.

corriger la fortune ↑betrügen.

Cottage: ↑Haus, ↑Stadtteil.

Couch ↑Liege.

Couchdecke ↑Decke.

Couchtisch ↑Tisch.

Couleur: ↑Art, ↑Farbe; [Menschen] jeder C., aller C. ↑alle.

Couleurmütze ↑Kopfbedeckung.

Couleurstudent ↑Student.

Couloir ↑Schlucht.

Count-down ↑Start.

Counter ↑Kasse.

Countrymusic ↑Musik.

Coup: einen C. landen ↑Verbrechen.

Coupé: ↑Auto, ↑Eisenbahnabteil, ↑Kutsche.

Couplet ↑Lied.
Coupon ↑Bon.
Cour: ↑Empfang; jmdm. die C. machen / schneiden ↑umwerben.
Courage ↑Mut.
couragiert ↑mutig.
Courante ↑Tanz.
Courmacher ↑Frauenheld.
Courtoisie ↑Höflichkeit.
Couscous ↑Mahlzeit.
Cousin, Vetter; ↑Verwandter.
Cousine ↑Kusine.
Cover: ↑Plattenhülle, ↑Schallplattenhülle, ↑Titelbild.
Covercoat ↑Mantel.
¹Cowboy, Wildwestheld, Troubleshooter; ↑Mann.
²Cowboy: ↑Hirt; C. [und Indianer] ↑Versteckspiel.
Cox' Orange ↑Apfel.
Crack ↑Sportler.
Cracker ↑Gebäck.
Cranberry ↑Beerenobst.
Crasher ↑Dieb.
Credo ↑Glaubensbekenntnis.
Creek ↑Indianer.
creme ↑beige.
Creme: ↑Sahne, ↑Salbe, ↑Oberschicht.
cremefarben ↑beige.
cremen ↑einreiben.
Creolsprache ↑Sprache.
Crêpe de Chine ↑Seide.
Crêpe Georgette ↑Seide.
Crêpe marocain ↑Seide.
Crêpe Satin ↑Seide.
crescendo ↑Lautstärke.
Crew: ↑Mannschaft, ↑Personal, ↑Schiffsbesatzung.
Crochetlace ↑Spitzenstickerei.
Crosscheck ↑Regelverstoß.
Cruising ↑Kontakt.
Cruor ↑Blut.
Crusta: ↑Mixgetränk; C. [lamellosa] ↑Hautblüte.
Crux ↑Not.
Cruzeira ↑Zahlungsmittel.
Csárdás ↑Tanz.
C-Schlüssel ↑Notenschlüssel.
Cumberlandsoße ↑Soße.
cum grano salis ↑vorbehaltlich.
Cunnilingus: ↑Koitus, ↑Liebesspiel.
¹Cupido, Amor, Amorette · Engel, Putte; ↑Plastik, ↑Säule.
²Cupido ↑Gott.
Cuprama ↑Chemiefaser.
Curaçao ↑Alkohol.
Curare ↑Gift.
Curettage ↑Kürettage.
Curettement ↑Kürettage.
Curie ↑Maßeinheit.
Curling ↑Eisschießen.

Curriculum ↑Lehrplan.
Curriculum Vitae ↑Laufbahn.
Curry ↑Gewürz.
Custodian ↑Treuhänder.
Cut ↑Anzug.
Cutaway ↑Anzug.
Cyanit ↑Schmuckstein.
Cymbal ↑Saiteninstrument.
Cyriakus ↑Nothelfer.

da: ↑als, ↑damals, ↑weil; der da ↑jener; hie / hier und da ↑manchmal; als da sind ↑nämlich.
dabei: ↑aber, ↑hierbei; nichts d. finden ↑Bedenken.
dabeibleiben ↑fortsetzen.
dabei sein: ↑anwesend, ↑teilnehmen; d., etwas zu tun ↑anschicken (sich, etwas zu tun); mit Lust und Liebe d. ↑Arbeitseifer [zeigen]; das Dabeisein ↑Anwesenheit.
dabeistehen: tatenlos / untätig d. ↑zögern; mit verschränkten Armen d. ↑faulenzen.
da capo: ↑nieder; d. rufen ↑applaudieren.
¹Dach: Flachdach · Überdach · Vordach ··· Hausdach · Pultdach, Halbdach, Ringpultdach · Satteldach, Giebeldach, Paralleldach · Walmdach, Halbwalmdach, Krüppelwalmdach, Schopfwalmdach, Fußwalmdach · Sägedach, Sheddach · Mansardendach, Mansardgiebeldach, Mansardwalmdach, Mansarddach mit Schopf / Fußwalm · Zeltdach · Tonnendach · Grabendach · Schindeldach · Schilfdach · Strohdach · Ziegeldach · *dessen First quer zum First des Hauptdachs verläuft:* Querdach, Zwerchdach · *das über einen Anbau herabgezogen ist:* Schleppdach · *über die Trauflinie des Hauptdaches vorstehendes:* Kragdach, Konsoldach · *durchhängendes:* Seildach, Hängedach · Turmdach · Kreuzdach · Rhombendach, Rautendach · Faltdach · Pyramidendach, Zeltdach · Kegeldach · Zwiebeldach, Kaiserdach · Kuppeldach · Haubendach, Welsche Haube, Glockendach; ↑Bedachung, ↑Gewölbe, ↑Giebel.
²Dach: ↑Bedachung, ↑Giebel, ↑Kopf, ↑Schirm; das D. der Welt ↑Tibet; bei jmdm. sitzt der Pleitegeier auf dem D. ↑zahlungsunfähig [werden]; eins aufs D. bekommen / kriegen, jmdm. aufs D. steigen ↑schelten; mit einem D. versehen ↑bedachen; unter D. und Fach bringen ↑beenden; unter D. und Fach sein ↑fertig [sein]; mit

jmdm. unter einem D. wohnen; die Spatzen pfeifen es von den Dächern ↑bekannt.

Dachantenne ↑Antenne.

Dachboden ↑Boden.

Dachfenster, Dachgaube, Gaube, Gaupe, Gauke, Dachluke, Bodenluke, Bodenfenster, Giebelfenster; ↑Fenster, ↑Fensterscheibe, ↑Rundfenster.

Dachfirst, First; ↑Giebel.

Dachgarten ↑Veranda.

Dachgaube ↑Dachfenster.

Dachgesellschaft ↑Unternehmen.

Dachgiebel ↑Giebel.

Dachgleiche ↑Richtfest.

Dachhase ↑Katze.

Dachjuchhe: unterm D. wohnen ↑wohnen.

Dachkandel ↑Regenrinne.

Dachluke ↑Dachfenster.

Dachorganisation: ↑Genossenschaft, ↑Unternehmen.

Dachpappe ↑Pappe.

Dachpfanne ↑Dachziegel.

Dachrinne ↑Regenrinne.

¹Dachs, Grimbart; ↑Raubtier, ↑Wild.

²Dachs: junger D. ↑Jüngling.

Dachsbau ↑Höhle.

Dachschaden: einen D. haben ↑verrückt [sein].

Dachschiefer ↑Dachziegel.

Dachschindel ↑Dachziegel.

dachsen ↑schlafen.

Dachshund: -e ↑Hunderassen.

Dachstuhlbrand ↑Schadenfeuer.

Dachtel ↑Ohrfeige.

dachteln: jmdm. eine d. ↑schlagen.

Dachtraufe ↑Regenrinne.

Dachverband ↑Genossenschaft.

Dachziegel, Dachpfanne, Ziegel, Dachschiefer, Schiefer, Biberschwanz, Hohlpfanne, Falzpfanne, Flachdachpfanne, Mönch, Nonne, Gratziegel, Walmziegel, Firstziegel · *aus Holz:* Schindel, Dachschindel, Holzpfanne.

Dackel ↑Hunderassen.

Dackelhaut ↑Chalodermie.

Dadaismus: ↑Literaturepochen, ↑Malerei.

Dädl ↑Mann.

dadurch: ↑deshalb, ↑hierdurch; d. dass ↑indem.

Daffke: aus D. ↑absichtlich.

dafür: ↑anstatt, ↑hierfür; d. sein ↑billigen.

dafürhalten ↑meinen; nach jmds. Dafürhalten ↑Ansicht.

dafür können: nichts d. ↑schuldlos [sein].

dafürstehen ↑einträglich [sein].

dagegen: ↑aber, ↑hiergegen; nichts d. haben ↑billigen; ich habe nichts d. [einzuwenden] ↑ja.

dagegenhalten ↑antworten.

Dagestan ↑Orientteppich.

Daguerreotypie ↑Fotografie.

¹daheim *(bes. südd.)* zu Hause, am häuslichen Herd, in seinen vier Wänden / Pfählen, im trau-

ten Heim, im Schoß der Familie, in der Heimat, im eigenen Land; ↑anwesend, ↑heim.

²daheim ↑Privatleben.

Daheim ↑Wohnsitz.

daher: ↑deshalb, ↑hierher.

daherbringen ↑bringen.

daherein ↑her.

daherkommen ↑kommen.

daherreden ↑sprechen.

¹dahin, dorthin, an diese / jene Stelle, an diesen / jenen Ort (oder:) Platz.

²dahin: d. sein ↑verloren [sein].

dahingegen ↑aber.

dahingehen ↑vergehen.

dahingestellt: es bleibt d., ob; man muss es d. sein lassen, ob ↑ungewiss [sein]; d. sein lassen ↑offen lassen.

dahinscheiden ↑sterben.

dahinschwinden ↑abnehmen.

dahinsiechen: ↑krank [sein], ↑verkümmern.

dahinstehen: etwas steht dahin ↑ungewiss.

dahinter klemmen (sich) ↑betreiben.

dahinter kommen: ↑enträtseln, ↑erkennen.

Daisy ↑Mixgetränk.

Dakapo ↑Zugabe.

Dakota ↑Indianer.

Daktylo ↑Stenotypistin.

Daktylographin ↑Stenotypistin.

Daktylomegalie ↑Großwuchs.

Daktyloskript ↑Skript.

Daktylus ↑Versfuß.

dalbern ↑albern.

daliegen ↑liegen.

Dalk ↑Dummkopf.

Dalke ↑Gebäck.

dalli: [d. dalli!] ↑beeilen (sich).

Dalmatiner ↑Hunderassen.

Daltel ↑Nachschlüssel.

Daltonismus ↑Farbenblindheit.

¹damals, früher, seinerzeit, in / zu der (oder:) jener Zeit, in jenen Tagen, da, dazumal, einst, einstens, einmal, ehemals, einstmals, derzeit, vormals, vordem, ehedem, weiland *(veraltet),* zu Olims Zeiten, anno dazumal / *(ugs.)* dunnemals / *(ugs.)* Tobak, im Jahre / anno Schnee *(österr.),* vor Zeiten, vor alters, nicht ↑jetzt, nicht ↑später; ↑bereits, ↑vorher; ↑Jahr.

²damals: d., als man nichts zu essen hatte ↑Nachkriegszeit; seit d. ↑seither.

Damast ↑Stoff.

Dambock ↑Hirsch.

¹Dame (als Anrede), gnädige Frau, meine Dame · *in England:* Madam, Mistress, Mylady *(veraltet)* · *in Frankreich:* Madame · *in Italien:* Signora · *in Spanien:* Señora · *in Portugal:* Senhora; ↑Fräulein · Ggs. ↑Herr.

²Dame: ↑Brettspiel, ↑Frau, ↑Kegel, ↑Schachfigur; alte D. ↑Mutter; Erste D. ↑First Lady.

Dämel ↑Dummkopf.

Damenbadeanzug ↑Badeanzug.

Damenbekleidung ↑Kleidung.

Damenbluse ↑Bluse.
Damenfahrrad ↑Fahrrad.
Damenfriseur ↑Friseur.
damenhaft, ladylike, damig *(schweiz.);* ↑höflich.
Damenhandtasche ↑Tasche.
Damenkapelle ↑Orchester.
Damenkleid ↑Kleid.
Damenkleidung ↑Kleidung.
Damenkränzchen ↑Kränzchen.
Damenmantel ↑Mantel.
Damenpferd ↑Pferd.
Damenpulli ↑Pullover.
Damenpullover ↑Pullover.
Damenrad ↑Fahrrad.
Damenrock ↑Rock.
Damenschirm ↑Schirm.
Damenschneider ↑Schneider.
Damenschuh ↑Schuh.
Damenstift ↑Heim.
Damentaschentuch ↑Taschentuch.
Damentoilette ↑Toilette.
Damenuhr ↑Uhr.
Damenwahl ↑Tanzvergnügen.
Damenwein ↑Wein.
Damenwelt ↑Frauen (die).
Damenweste ↑Strickweste.
Damenwinker ↑Haarlocke.
Damgeiß ↑Hirsch.
Damhirsch ↑Hirsch.
Damian ↑Dummkopf.
damig ↑damenhaft.
damisch ↑dumm.
damit, auf dass, um + Infinitiv (z. B. arbeiten) + zu + können.
Damkitz ↑Hirsch.
Dämlack ↑Dummkopf.
dämlich ↑dumm.
¹Damm, Hafendamm, Pier, Mole, Molo *(österr.),* Kai, Deich; ↑Anlegebrücke, ↑Hafen, ↑Wall, ↑Wehr; ↑ankern.
²Damm ↑Fahrbahn, ↑Staudamm; nicht auf dem Damm sein ↑krank [sein]; wieder auf dem Damm sein ↑gesund [sein].
dämmen ↑abschwächen.
Dämmer ↑Schlaf.
Dämmerdunkel ↑Dämmerung.
dämmergrau ↑grau.
Dämmergrau ↑Dämmerung.
dämmerig ↑dunkel.
Dämmerlicht ↑Dämmerung.
dämmern ↑dunkel [werden]; es dämmert jmdm. ↑erinnern (sich), ↑erkennen.
Dämmerschlaf: ↑Heilschlaf, ↑Schlaf.
Dämmerschoppen ↑Umtrunk.
Dämmerstündchen ↑Abendruhe.
Dämmerstunde, Dämmerung, die blaue Stunde, Dämmerungszeit; ↑Abend, ↑Mitternacht, ↑Tageszeit.
¹Dämmerung, Dämmerlicht, Dämmergrau, Dämmerdunkel, Halbdunkel, Halblicht,

Schummer, Schatten, Zwielicht, Dunkel, Dunkelheit, Düsternis, [ägyptische] Finsternis, Finstere *(schweiz.);* ↑Abendlicht, ↑Abendruhe, ↑Morgengrauen; ↑dunkel.
²Dämmerung ↑Dämmerstunde.
Dämmerungsblindheit ↑Sehstörung.
Dämmerungszeit ↑Dämmerstunde.
Dämmerzustand: ↑Schlaf, ↑Trancezustand.
dämmrig ↑dunkel.
dämonisch ↑anziehend, ↑gespenstisch, ↑teuflisch.
Dampf ↑Nebel; Dampf ablassen ↑abreagieren (sich); jmdm. Dampf machen ↑anstacheln; Dampf hinter etwas machen / setzen ↑ankurbeln; unter Dampf stehen ↑beeilen (sich).
Dampf- ↑überlebt.
Dampfbad ↑Sauna.
Dampfbügeleisen ↑Bügeleisen.
dämpfen: ↑abschwächen, ↑braten; den Schmerz d. ↑lindern.
Dampfer: ↑Schiff; auf dem falschen D. sitzen ↑irren (sich).
Dämpfer: jmdm. einen D. geben ↑ernüchtern.
Dampfheizung ↑Heizung.
Dampfkartoffeln ↑Kartoffeln.
Dampfkur ↑Hydrotherapie.
Dampflok ↑Lokomotive.
Dampflokomotive ↑Lokomotive.
Dampfnudel: ↑Gebäck; aufgehen wie eine D. ↑dick [werden].
Dampfradio ↑überlebt.
Dampfross ↑Lokomotive.
Dampfschiff ↑Schiff.
Damspießer ↑Hirsch.
Damtier ↑Hirsch.
Damwild ↑Wild.
danach: ↑also, ↑hinterher; die Pille d. ↑Ovulationshemmer.
Danaergeschenk ↑Gabe.
Danaide: das Fass der -n füllen ↑tun.
Dancing ↑Gaststätte.
Dandy ↑Geck.
daneben ↑außerdem.
danebenbenehmen: sich d. ↑benehmen (sich).
danebengehen ↑scheitern.
danebengreifen: ↑verspielen (sich), ↑treffen.
danebenhauen: ↑irren (sich), ↑treffen.
danebenschießen ↑treffen.
danebenschlagen ↑treffen.
danebentreffen ↑treffen.
danebenzielen ↑treffen.
Danebrog ↑Nationalflagge.
Dänemark: etwas ist faul im Staate D. ↑Ordnung.
daniederliegen ↑krank.
Daniel ↑Prophet.
dänisch: -e Krone ↑Zahlungsmittel.
dank ↑wegen.
¹Dank, Dankbarkeit, Dankesschuld, Anerkennung, Gratias, Dankgebet, Danksagung, Verdankung *(schweiz.).*

²**Dank:** ↑Belohnung; Gott / dem Himmel sei D.!, ↑glücklicherweise; herzlichen / meinen D.!, hab / habt / haben Sie D.!, vielen D. für die Blumen! ↑danke!; D. abstatten / bezeugen / sagen / wissen / zollen ↑danken; D. schulden, zu D. verpflichtet fühlen ↑verdanken.

dankbar: ↑nützlich; d. sein ↑gedeihen; d. sein, sich d. erweisen ↑danken; froh und d. sein ↑aufatmen.

Dankbarkeit: seine D. zeigen / zum Ausdruck bringen ↑danken; in D. ↑hochachtungsvoll.

Dankbrief ↑Schreiben.

danke!, danke schön!, danke sehr!, ich danke Ihnen!, danke vielmals!, herzlichen / schönen / vielen / besten / aufrichtigen / innigsten / wärmsten / tausend Dank!, hab / habt / haben Sie Dank!, meinen Dank!, man dankt! *(ugs.)*, ich danke [auch] schön, ich bin Ihnen sehr verbunden!, ich bedanke mich!, vergelts Gott! · *als Antwort auf die Frage nach dem Befinden:* danke der [gütigen] Nachfrage! · *als ironische Antwort auf eine kränkende Äußerung o. Ä.:* vielen Dank für die Blumen!; ↑danken.

¹**danken,** sich bedanken, Dank wissen / sagen / abstatten / bezeigen / bezeugen / aussprechen / ausdrücken / *(geh.)* zollen / bekunden, dankbar sein, sich dankbar erweisen, jmdm. verbunden / verpflichtet sein, seine Dankbarkeit zeigen / zum Ausdruck bringen, jmdn. / etwas verdanken *(schweiz.),* jmdn. / etwas bedanken *(südd., österr.);* ↑belohnen, ↑danke!, ↑loben, ↑verdanken, ↑zahlen; ↑glücklicherweise.

²**danken:** jmdm. etwas d. ↑honorieren; jmdm. etwas d. / zu danken haben ↑verdanken; danke schön / sehr / vielmals!, ich danke [auch] schön!, man dankt!, ich danke Ihnen!, danke der [gütigen] Nachfrage! ↑danke!, Gott / dem Himmel / dem Schöpfer seis gedankt! ↑glücklicherweise.

Dankgebet: ↑Dank, ↑Gebet.

Danksagung ↑Dank.

Dankschreiben ↑Schreiben.

dann: ↑hinterher; d. und wann ↑manchmal.

dannen: von d. gehen ↑weggehen; von d. gegangen sein ↑weg [sein].

dannzumalig ↑später.

Danzig, Freie Stadt Danzig *(hist.),* Gdansk *(poln.);* ↑Stadt.

daran, hieran, darauf, hierauf; ↑hinterher, ↑nacheinander.

darauf ↑daran.

darauf folgend ↑nacheinander.

darben ↑Hunger [leiden].

darbieten ↑geben.

Darbietung: ↑Aufführung, ↑Darlegung.

darlegen ↑erörtern.

Darlegung, Darstellung, Demonstration, Demonstrierung, Illustration, Illustrierung, Darbietung, Ausführung, Auslassungen, Einlassungen *(Rechtsw.),* Aussage, Äußerung, Bemerkung, Überlegung, Betrachtung; ↑Angabe,

↑Anmerkung, ↑Auslegung, ↑Bemerkung, ↑Bericht, ↑Mitteilung, ↑Nachricht, ↑Sammlung, ↑Veranschaulichung, ↑Verarbeitung, ↑Versenkung; ↑erörtern, ↑mitteilen; ↑unsachlich.

Darlehen: ↑Anleihe; ein D. aufnehmen ↑leihen; ein D. geben ↑beleihen.

Darlehenskasse ↑Geldinstitut.

Darlehn ↑Anleihe.

Darlehnskasse ↑Geldinstitut.

darleihen: ↑leihen; das Darleihen ↑Anleihe.

Darleiher ↑Verleiher.

Darling ↑Liebling.

¹**Darm,** Darmkanal, Darmtrakt, Enteron, Gedärm[e] ·· Dünndarm · Zwölffingerdarm, Duodenum · Leerdarm, Jejunum · Krummdarm, Ileum ·· Dickdarm, Enddarm · Blinddarm, Wurmfortsatz, Appendix · Grimmdarm, Kolon · Mastdarm, Rektum, Proktos; ↑Arzt (Proktologe), ↑Ausspiegelung (Rektoskopie), ↑Darmausgang, ↑Eingeweide.

²**Darm:** Därme ↑Eingeweide.

Darmausgang, After, Anus, Kimme *(vulgär)* · *Knoten, der sich aus krankhaft erweiterten Mastdarmvenen am Darmausgang gebildet hat:* Hämorrhoide · *wegen Krankheit an eine andere Stelle verlegter:* Anus praeter, Anus praeternaturalis; ↑Gesäß; ↑rektal.

Darmblutung ↑Blutung.

Darmbruch ↑Bruch.

Darmeinlauf ↑Einlauf.

Darmkanal ↑Darm.

Darmkatarrh ↑Durchfall.

Darmsausen ↑Darmwind.

Darmsenkung ↑Eingeweidesenkung.

Darmspiegelung ↑Ausspiegelung.

Darmspülung ↑Einlauf.

Darmträgheit ↑Stuhlverstopfung.

Darmtrakt ↑Darm.

Darmverschluss ↑Stuhlverstopfung.

Darmwind, Blähung, Flatus, Windchen, Wind, Pups *(salopp),* Pup *(salopp),* Puh *(Kindersprache, österr.),* Schas *(derb, österr.),* Furz *(derb),* Fist *(derb),* Aftersausen *(scherzh.),* Darmsausen *(scherzh.);* ↑Blähsucht; **D. entweichen lassen,** sich unanständig aufführen, einen fahren / streichen / ziehen / fliegen / gehen lassen *(salopp),* pup[s]en *(salopp),* furzen *(derb),* scheißen *(vulgär);* ↑austreten.

darreichen ↑geben.

¹**darstellen:** etwas (z. B. ein Bild) stellt jmdn. (oder:) etwas dar / gibt jmdn. (oder:) etwas wieder / zeigt jmdn. (oder:) etwas, auf etwas (z. B. auf einem Bild) ist jmd. (oder:) etwas dargestellt / abgebildet / zu sehen / zu bewundern.

²**darstellen:** ↑abbilden, ↑aussagen, ↑bedeuten, ↑charakterisieren, ↑erörtern, ↑figurieren (als), ↑mitteilen, ↑schildern, ↑spielen; -d ↑konkret; als annehmbar d. ↑annehmbar; filmisch d. ↑verfilmen.

Darsteller ↑Schauspieler.

Darstellerin ↑Schauspielerin.

dazuschauen

Darstellung: ↑Beschreibung, Bild, ↑Darlegung, ↑Gestaltung; grafische D. ↑Graph, ↑Schautafel; eine D. geben von ↑aussagen; zur D. bringen ↑aussagen, ↑mitteilen.
Darstellungsweise ↑Ausdrucksweise.
dartun ↑bekunden; das Dartun ↑Bekundung.
darum ↑deshalb.
darunter ↑unterhalb.
darunter setzen: seinen [Friedrich] Wilhelm / seinen Servus d. s. ↑unterschreiben.
Darwintulpe ↑Gartentulpe.
da sein: ↑anwesend; etwas ist dazu da ... ↑dienen; noch nie da gewesen sein ↑beispiellos.
Dasein: ↑Lage, ↑Leben; sein D. fristen, ein D. führen ↑leben.
Daseinsberechtigung ↑Anlass.
Daseinsform ↑Eigenschaft.
Daseinsfreude ↑Lust.
daseinshungrig ↑lebenshungrig.
Daseinszustand ↑Eigenschaft.
dasig: ↑ängstlich; d. machen ↑einschüchtern, ↑verwirren.
dastehen: ↑erweisen (sich als); d. und glotzen ↑zuschauen; d. wie ein Ölgötze ↑dumm [sein]; d. wie Piksieben ↑überrascht [sein]; d. wie ein begossener Pudel ↑verlegen [sein].
Date ↑Verabredung.
Datei ↑Datenbank.
Daten ↑Angaben.
¹Datenbank, Datei; ↑Computer.
²Datenbank ↑Zentrale.
Datenmissbrauch ↑Kriminalität.
Datenschutz ↑Schutz.
Datentypistin ↑Stenotypistin.
Datenverarbeitungsanlage: [elektronische D.] ↑Computer.
Datenverarbeitungsmaschine ↑Computer.
datieren: d. von ↑stammen (von).
Dating: ↑Liebesspiel, ↑Verabredung.
Dativ, dritter Fall, Wemfall; ↑Kasus.
dato: bis d. ↑bisher.
Datscha ↑Haus.
Datsche ↑Haus.
Dattel ↑Südfrucht.
Dattelpalme ↑Palme.
Datumstempel ↑Stempel.
Daube ↑Brett.
Daubel ↑Fischnetz.
¹Dauer, Länge, Zeitdauer, Verweildauer.
²Dauer: ↑Fortbestand, ↑Weile; einer Sache D. verleihen ↑festigen; auf D. ↑[nicht nur] vorübergehend; auf die D. ↑allmählich; etwas ist ohne / von kurzer / nicht von langer D. ↑kurzlebig [sein]; nicht von [langer] D. sein ↑vorübergehend.
Dauerapfel ↑Apfel.
Dauerbrenner ↑Kuss.
dauerhaft ↑bleibend.
Dauerhaftigkeit: ↑Haltbarkeit, ↑Lebensdauer.
Dauerkarte ↑Fahrkarte.
Dauerkonserve ↑Konserve.

Dauerkrause ↑Frisur.
Dauermiete ↑Abonnement.
Dauermieter ↑Mieter.
¹dauern, sich hinziehen; noch lange d., bis dahin vergeht noch einige Zeit, das ist noch eine Weile hin, bis dahin fließt noch viel Wasser den Berg (oder:) den Rhein hinunter / hinab.
²dauern: ↑andauern; etwas dauert seine Zeit ↑vorangehen.
dauernd: ↑unaufhörlich; nicht für d. ↑vorübergehend.
Dauerregen ↑Niederschlag.
Dauerstellung ↑Anstellung.
Dauerwelle ↑Frisur.
Dauerwurst ↑Wurst.
Däumchen: D. drehen ↑faulenzen, ↑langweilen (sich).
Daumen: ↑Finger; dort wo der D. links ist ↑rechts; dort wo der D. rechts ist ↑links; D. drehen ↑faulenzen, ↑langweilen (sich); den D. drücken / halten ↑mitfühlen; auf etwas den D. haben / halten ↑zurückhalten; Brot belegt mit D. und Zeigefinger ↑Schnitte; über den D. peilen ↑schätzen; über den D. gepeilt ↑ungefähr.
Daumennagel ↑Fingernagel.
Daumenschraube: -n ansetzen ↑nötigen.
Däumling ↑Zwerg.
Daune: ↑Feder; -n ↑Bettfedern.
Daunendecke ↑Federbett.
Dauphin ↑Thronfolger.
Dausch ↑Schwein.
David: Sohn -s ↑Heiland; König D. ↑Nachschlüssel.
Davidschild ↑Davidsstern.
Davidsstern, Davidstern, Davidschild, Judenstern; ↑Sinnbild, ↑Zeichen.
Davidstern ↑Davidsstern.
davon: ↑hiervon; auf und d. sein ↑weg [sein].
davongehen ↑weggehen.
davonjagen ↑entlassen.
davonkommen: [noch einmal d.] ↑sterben; [mit einem blauen Auge / mit heiler Haut d.] ↑entrinnen.
davonlaufen: ↑weggehen; planloses Davonlaufen ↑Anankasmus; etwas ist zum Davonlaufen ↑unerträglich [sein].
davonmachen: sich d. ↑weggehen.
davonstehlen: sich d. ↑weggehen.
davor ↑vorher.
dawider: nichts d. haben ↑billigen.
dazu: ↑außerdem, ↑diesbezüglich.
dazugeben: überall seinen Senf d. müssen ↑Bemerkung.
dazugehören: ↑teilnehmen; nicht d. ↑überflüssig [sein].
dazugehörend: ↑einschlägig, ↑zugehörig.
dazugehörig ↑einschlägig.
dazuhalten: sich d. ↑beeilen (sich).
dazumal: [anno d.] ↑damals; von anno d. sein ↑altmodisch [sein], ↑überlebt [sein].
dazuschauen ↑beeilen (sich).

Dazutun: ohne jmds. D. ↑Hilfe.

dazwischenfunken ↑eingreifen.

dazwischenreden, jmdm. ins Wort fallen / das Wort abschneiden / über den Mund fahren, jmdn. nicht ausreden lassen, jmdn. unterbrechen.

dazwischentreten ↑eingreifen.

DDR: ↑Deutschland.

Deal ↑Geschäft.

dealen ↑[mit] Rauschgift [handeln].

Dealer: ↑Händler; D. sein ↑[mit] Rauschgift [handeln].

Debakel, Zusammenbruch, Niederlage, Untergang, Waterloo, Schlappe; ↑Unglück.

Debatte: ↑Gespräch; zur D. stehen / stellen ↑erörtern.

debattieren ↑erörtern.

Debauche ↑Ausschweifung.

Debet ↑Fehlbetrag.

debil ↑geistig behindert.

Debiler ↑geistig Behinderter.

Debilitas: [D. mentalis] ↑geistige Behinderung.

Debilität ↑geistige Behinderung.

Debüt: ↑Auftreten, ↑erste.

Debütant ↑Anfänger.

Debütantin: ↑Anfänger, ↑Mädchen.

Dechant: ↑Dekan, ↑Geistlicher.

Dechantei ↑Verwaltungsbezirk.

Decher ↑Stück.

¹dechiffrieren, entschlüsseln, aufschlüsseln, auflösen, entziffern, decodieren, dekodieren; ↑enträtseln; ↑Klartext, ↑Zeichen · Ggs. ↑chiffrieren; ↑Geheimschrift.

²dechiffrieren ↑enträtseln; dechiffrierter Text ↑Klartext.

Deck ↑Geschoss.

Deckadresse ↑Anschrift.

Deckanschrift ↑Anschrift.

Deckbett ↑Federbett.

¹Decke, Wolldecke, Couchdecke, Kamelhaardecke, Reisedecke, Plaid · Schlafsack · Pferdedecke, Woilach; ↑Bettdecke, ↑Federbett.

²Decke: ↑Fell, ↑Zimmerdecke; jmdm. fällt die D. auf den Kopf ↑deprimiert [sein]; an die D. gehen ↑ärgerlich [werden]; vor Freude [fast] an die D. springen ↑freuen (sich); sich nach der D. strecken müssen ↑sparen [müssen]; unter einer D. stecken ↑konspirieren.

Deckel: ↑Kopfbedeckung, ↑Verschluss; eins auf den D. bekommen / kriegen ↑schelten, ↑schlagen; jmdm. eins auf den D. geben ↑schelten.

Deckelkorb ↑Korb.

deckeln ↑schelten.

Deckelschnecke ↑Schnecke.

¹decken (Defizit), bedecken *(österr.);* ↑Fehlbetrag.

²decken: ↑bedecken, ↑koitieren; sich d. ↑gleichen; sich -d ↑kongruent; der Bedarf ist gedeckt ↑ausreichen; [jmdm. den Rücken] d. ↑behüten.

Deckenbeleuchtung ↑Lampe.

Deckengemälde ↑Malerei.

Deckenheizung ↑Heizung.

Deckenlampe ↑Lampe.

Deckenleuchte ↑Lampe.

Deckenlicht ↑Lampe.

Deckfeder ↑Feder.

Deckmantel ↑Beschönigung.

Deckname ↑Pseudonym.

Deckung: ↑Schutz, ↑Schützengraben.

Deckungsauflage ↑Auflage.

deckungsgleich ↑kongruent.

Deckungsgleichheit ↑Kongruenz.

decodieren ↑dechiffrieren.

Décollement ↑Verletzung.

decouragiert ↑deprimiert.

decrescendo ↑Lautstärke.

Dederon ↑Chemiefaser.

Dedikation ↑Zuneigung.

dedizieren ↑widmen.

Deduktion ↑Folgerung.

deduktiv ↑theoretisch.

deduzieren ↑folgern.

de facto ↑wirklich.

defäkieren, Stuhlgang / Stuhl haben, koten, abführen, sich entleeren, groß machen *(ugs.),* Aa machen *(Kinderspr.),* abprotzen *(derb),* kacken *(derb),* einen Haufen machen *(derb),* ein Ei legen *(vulgär),* scheißen *(vulgär)* · unfreiwillig: sich einkoten; ↑austreten, ↑urinieren; ↑Abführmittel, ↑Exkrement, ↑Stuhlverstopfung, ↑Toilette.

Defätismus ↑Pessimismus.

Defätist ↑Pessimist.

defätistisch, schwarzseherisch, pessimistisch, nihilistisch, verzagt; ↑schwermütig.

defekt, beschädigt, schadhaft, angeschlagen, angestoßen, abgestoßen, angehauen, lädiert, ramponiert, havariert, leck, schrottreif, mitgenommen, zerrissen, zerbrochen, durchlöchert, wurmstichig, kaputt, kapores, futsch, futschikato *(scherzh.),* aus dem Leim gegangen, nicht ↑heil; ↑abgenutzt, ↑abgewirtschaftet, ↑durchlässig, ↑geteilt, ↑lose; **d. sein,** einen Sprung / Loch haben, durchgebrannt sein, entzwei sein, hin sein *(ugs.),* hinüber sein *(ugs.),* im Eimer sein *(salopp);* **d. werden,** entzweigehen, kaputtgehen, aus dem Leim gehen, auseinander brechen, in die Binsen gehen *(ugs.),* draufgehen *(ugs.),* tscharigehen *(salopp, österr.),* das Zeitliche segnen *(scherzh.),* aus den Fugen gehen / geraten, sich in seine Bestandteile / sich in Wohlgefallen auflösen, dran glauben müssen *(ugs.);* **leicht d. werden,** störanfällig sein; ↑beschädigen, ↑zerlegen, ↑zerstören; ↑Beschädigung.

Defekt: ↑Beschädigung, ↑Mangel.

defensiv: -es Fahren ↑Fahrverhalten.

Defensive ↑Abwehr.

Defensivkrieg ↑Krieg.

Defilee ↑Parade.

Definition ↑Auslegung.

definitiv: ↑unabänderlich, ↑verbindlich.
Definitivum ↑Endgültigkeit.
Defizit ↑Fehlbetrag.
defizitär ↑Fehlbetrag.
Deflation ↑Einschränkung.
deflorieren, entjungfern, entehren *(geh.)*,
jmdm. die Ehre nehmen *(geh.)*, jmdm. die Jungfräulichkeit / die Unschuld rauben; ↑koitieren,
↑schwängern, ↑vergewaltigen; ↑jungfräulich;
↑Hymen, ↑Koitus, ↑Virginität.
Deformation ↑Missbildung.
deformieren, verformen, aus der Form bringen; ↑Deformation.
¹Deformierung, Verformung; ↑deformieren.
²Deformierung ↑Missbildung.
Defraudant ↑Betrüger.
Defraudation ↑Diebstahl.
deftig ↑nahrhaft.
Degen ↑Hiebwaffe.
Degeneration ↑Rückgang.
degenerieren, verkommen zu; ↑verfallen.
Degenschlucker ↑Artist.
Degout ↑Abneigung.
¹degradieren, im Dienstgrad / Rang herabsetzen, zurückstufen, abgruppieren, abstufen;
↑Dienstgrad · Ggs. ↑befördern.
²degradieren ↑demütigen.
Degression ↑Verminderung.
degressiv ↑nachlassend.
degustieren ↑kosten.
dehnbar ↑biegsam.
Dehnbarkeit ↑Biegsamkeit.
dehnen: sich d. ↑biegsam [sein], ↑recken (sich).
Dehnungs-h, stummes h *(bes. österr.)*; ↑Buch-
stabe.
Dei ↑Anrede.
Deich ↑Damm.
Deichhufendorf ↑Dorf.
Deichselkreuz ↑Kreuzzeichen.
deichseln ↑bewerkstelligen.
deiktisch, demonstrativ, hinweisend.
Deismus, Freidenkertum · Heidentum ·
Materialismus; ↑Atheismus, ↑Pantheismus,
↑Rationalismus, ↑Theismus.
Dejeuner ↑Frühstück.
de jure ↑rechtmäßig.
Deka ↑Gewichtseinheit.
Dekadenz ↑Rückgang.
Dekagramm ↑Gewichtseinheit.
¹Dekan, Fachbereichssprecher · *in der Anrede:*
Spektabilität · *stellvertretender:* Prodekan;
↑Hochschullehrer, ↑Rektor.
²Dekan ↑Geistlicher.
Dekanat ↑Verwaltungsbezirk.
Deklamator ↑Vortragskünstler.
deklamatorisch ↑beredt.
deklamieren ↑vortragen.
Deklination ↑Beugung.
deklinieren ↑flektieren.
dekodieren ↑dechiffrieren.
Dekolleté ↑Ausschnitt.

dekolletieren: sich d. ↑bloßstellen (sich).
dekolletiert ↑ausgeschnitten.
dekomponieren ↑zerlegen.
Dekomposition ↑Zerlegung.
Dekorateur: ↑Raumausstatter, ↑Schaufenster-
gestalter.
Dekoration: ↑Orden, ↑Schaufensterdekora-
tion; -en ↑Bühnendekoration.
Dekorationsbühne ↑Bühne.
Dekorationspapier ↑Buntpapier.
dekorieren: ↑schmücken; jmdn. d., dekoriert
werden ↑Orden.
Dekort ↑Preisnachlass.
Dekret ↑Weisung.
dekuvrieren ↑aufdecken.
Dekuvrierung ↑Enthüllung.
Delegat ↑Abgesandter.
Delegation: ↑Abordnung, ↑Delegation.
Delegationschef ↑Diplomat.
delegieren: ↑abordnen, ↑übertragen.
Delegierter ↑Abgeordneter.
Delegierung, Delegation, Übertragung, Wei-
tergabe, Ermächtigung; ↑Abtretung; ↑übertra-
gen.
delektieren: sich d. an ↑freuen (sich).
deletär ↑todbringend.
delikat ↑appetitlich.
Delikatesse ↑Leckerbissen.
Delikatessen ↑Feinkost.
Delikt: ↑Verbrechen, ↑Verstoß.
deliktisch ↑gesetzwidrig.
Delinquent ↑Verbrecher.
delinquieren ↑sündigen.
Delir ↑Bewusstseinstrübung.
delirant: -er Zustand ↑Bewusstseinstrübung.
Delirium: ↑Bewusstseinstrübung; [D. tremens]
↑geistige Behinderung.
deliziös ↑appetitlich.
Delizius ↑Apfel.
Delle ↑Beule.
delogieren ↑nötigen.
Delphin: ↑Sternbild, ↑Wal.
Delphinschwimmen ↑Schwimmen.
delphisch ↑rätselhaft.
Delta: ↑Buchstabe, ↑Mündung.
Deltaküste ↑Ufer.
de Luxe ↑kostbar.
Demagoge: ↑Hetzer, ↑Redner.
demagogisch ↑aufhetzerisch.
Demantoid ↑Schmuckstein.
Demarche ↑Einspruch.
Demarkationslinie ↑Grenze.
demaskieren: ↑aufdecken, ↑entlarven; sich d.
↑erkennen.
Demaskierung ↑Enthüllung.
dement ↑geistig behindert.
Dementi ↑Widerruf.
Dementia ↑geistige Behinderung.
dementieren: ↑abstreiten, ↑berichtigen, ↑wi-
derrufen.
dementsprechend ↑also.

Demenz ↑geistige Behinderung.
Demeter ↑Göttin.
demgegenüber ↑aber.
demgemäß ↑also.
Demimonde ↑Unterwelt.
Deminutiv ↑Verkleinerungsform.
Demission ↑Kündigung.
demissionieren ↑kündigen.
Demivierge ↑Mädchen.
demnach ↑also.
demnächst ↑später.
demobilisieren ↑abrüsten.
Demobilisierung ↑Abrüstung.
Demoiselle ↑Fräulein.
Demokratie ↑Herrschaft.
demokratisch: ↑volksnah; -er Sektor ↑Berlin.
Demokratur ↑Herrschaft.
demolieren: ↑niederreißen, ↑zerstören.
Demolierung: ↑Abbruch, Vernichtung.
Demonstrant, Protestierer, Manifestant *(schweiz.),* Chaot, Berufsdemonstrant *(abwertend);* ↑Demonstration; ↑demonstrieren.
¹Demonstration, Protest, Protestaktion, Sitzstreik, Sitzblockade, Sit-in, Go-in, Protestmarsch, Fackelzug, Massenprotest, Massenkundgebung, Kundgebung, Mahnwache, Menschenkette, Menschenkreuz, Manifestation *(schweiz.),* Massenversammlung, [politische] Versammlung, Umzug · *in Verbindung mit Diskussionen:* Teach-in · *deren Teilnehmer sich durch sexuelle Handlungen in der Öffentlichkeit gegen die bürgerliche Moral wenden:* Love-in · *der Atomwaffengegner in Deutschland:* Kasernenumarmung, Ostermarsch; ↑Ansammlung, ↑Demonstrant, ↑Streik, ↑Verschwörung; ↑aufbegehren, ↑demonstrieren.
²Demonstration: ↑Darlegung, ↑Veranschaulichung.
demonstrativ: ↑anschaulich, ↑deiktisch, ↑provozierend, ↑nachdrücklich, ↑zugespitzt.
¹demonstrieren, protestieren, manifestieren *(schweiz.),* auf die Straße gehen, vor das Haus treten *(schweiz.);* ↑aufbegehren; ↑Demonstrant, ↑Demonstration.
²demonstrieren: ↑aufweisen; ad oculos d. ↑anschaulich [machen].
Demonstrierung: ↑Darlegung, ↑Veranschaulichung.
Demontage ↑Zerlegung.
demontieren ↑zerlegen.
demoralisiert ↑zermürbt.
Demoskopie, Meinungsforschung, Meinungsbefragung; ↑Marktforscher, ↑Marktforschung, ↑Umfrage.
demoskopisch: -e Untersuchung ↑Umfrage.
Demulzens ↑Linderungsmittel.
dem ungeachtet ↑dennoch.
Demut, Ergebung, Hingabe, Opfermut, Opferbereitschaft, Unterwürfigkeit; ↑Beharrlichkeit, ↑Selbstlosigkeit.
demütig ↑unterwürfig.

¹demütigen (jmdn.), erniedrigen, herabsetzen, herabwürdigen, entwürdigen, degradieren, diffamieren, diskreditieren, diskriminieren; ↑schlecht machen.
²demütigen: sich d. ↑erniedrigen (sich).
demütigend ↑beschämend.
Demütigkeit ↑Unterwürfigkeit.
Demütigung ↑Nichtachtung.
demzufolge ↑also.
denaturieren, vergällen, ungenießbar machen.
Dene ↑Indianer.
Denkakt ↑Denkvorgang.
Denkanstoß ↑Impuls.
Denkarbeit ↑Denkvorgang.
denkbar: ↑möglich, ↑sehr; es ist d. ↑anscheinend, ↑vielleicht; kaum d. ↑unwahrscheinlich.
¹denken, überlegen, nachdenken, Reflexionen anstellen über, reflektieren, durchdenken, fragen / Gedanken machen, einem Gedanken / seinen Gedanken nachhängen, sich besinnen / bedenken, mit sich zurate gehen, seine Gedanken zusammennehmen, nachsinnen, nachgrübeln, sinnen, grübeln, staunen *(schweiz.),* werweißen, *(schweiz.),* tüfteln, sinnieren, brüten, rätseln, herumrätseln, sich den Kopf zerbrechen, sich einen Kopf machen *(Jargon),* sich das Hirn zermartern, knobeln *(ugs.),* meditieren, philosophieren, den Verstand gebrauchen, seinen Geist anstrengen · *dasselbe:* denselben Gedanken haben, zwei Seelen und ein Gedanke; ↑ausdenken, ↑beurteilen, ↑entwerfen, ↑erwägen, ↑folgern, ↑versenken (sich); ↑ausgewogen; ↑Denker, ↑Denkvorgang, ↑Einfall, ↑Gedankengang, ↑Vernunft.
²denken: ↑meinen; denkste!, typischer Fall von denkste ↑irren (sich); es lässt sich d. ↑vielleicht; zu d. geben ↑befremden; etwas gibt jmdm. zu d. ↑beschäftigen; solange ich d. kann ↑unaufhörlich; d. [zu tun] ↑vorhaben; als Wirklichkeit d. ↑hypostasieren; sich etwas d. ↑vorstellen (sich etwas); sich etwas d. [können] ↑Ahnung, ↑voraussehen; ich denke, mich laust der Affe ↑überrascht [sein]; d. an ↑erinnern (sich); es ist daran gedacht, daran ist nicht gedacht ↑vorhaben; nicht d. an ↑vergessen; etwas lässt d. an ↑gemahnen; auch einmal an sich selber / selbst d. ↑gönnen (sich etwas); an seine Gesundheit d. ↑Gesundheit; nicht im Traum daran d. ↑tun; daran ist nicht zu d., denkste!, man kann du dir so gedacht ↑nein; ohne zu d. ↑schematisch; d. über ↑beurteilen.
Denken: ↑Denkvorgang; kaufmännisches D. ↑Geschäftssinn.
Denker, Philosoph, Weiser, Gefühlsdenker; ↑denken.
¹Denkmal, Monument, Ehrenmal, Gedenkstein, Memorial, Denkstein, Siegessäule; ↑Grabstein, ↑Säule.
²Denkmal: ↑Plastik; sich ein D. setzen ↑verewigen (sich).
Denkmodell ↑Entwurf.

Denkmünze ↑Gedenkmünze.

Denkplaner ↑Schrittmacher.

Denkschrift ↑Mitteilung.

Denkspruch ↑Ausspruch.

Denkstein ↑Denkmal.

Denkvermögen ↑Vernunft.

Denkvorgang, Denkakt, Denken, Denkarbeit, Gedankenarbeit, das Nachdenken, Überlegung, Gedankenexperiment · Zwiedenken; ↑Kalkül; ↑Versenkung; ↑denken.

Denkweise, Denkart, Denkungsart, Denkungsweise, Mentalität, Gesinnung, Einstellung, Weltanschauung, Lebensanschauung, Ideologie, Sinnesart · *einer Epoche:* Zeitgeist; ↑Ansicht, ↑Gesichtspunkt, ↑Weltbild, ↑Wesen.

denkwürdig ↑unvergessen.

Denkwürdigkeiten ↑Biographie.

Denkzettel: ↑Erinnerung; jmdm. einen D. verpassen ↑bestrafen.

Denkzwang ↑Anankasmus.

denn, nämlich, bekanntermaßen, bekanntlich, wie bekannt ist, wie man weiß, du musst / ihr müsst / Sie müssen wissen; ↑auch, ↑bekanntermaßen.

dennoch, doch, trotzdem, gleichwohl, nichtsdestoweniger, dessen ungeachtet, dem ungeachtet, jedenfalls, trotz allem, nichtsdestotrotz *(scherzh.);* ↑aber, ↑obgleich.

Denotation: ↑Auslegung, ↑Wortbedeutung.

Dens ↑Zahn.

Dentist ↑Arzt.

Denunziant, Judas *(abwertend),* Petzer *(abwertend),* Zuträger, Zwischenträger; ↑Drahtzieher, ↑Hetzer, ↑Verleumder.

denunzieren ↑verraten.

Deodorant ↑Desodorans.

Deodorantspray ↑Desodorans.

Deodorantstift ↑Desodorans.

deontologisch: -e Ethik ↑Sitte.

Deostick ↑Desodorans.

Departement: ↑Ministerium, ↑Verwaltungsbezirk; Vorsteher eines -s ↑Minister.

Departure ↑Start.

Dependance ↑Hotel.

Dependenzgrammatik ↑Grammatik.

Depesche ↑Telegramm.

depeschieren ↑telegrafieren.

deplatziert: ↑taktlos, ↑unerfreulich.

Deplatziertheit ↑Taktlosigkeit.

deplorabel ↑kläglich.

Deponie ↑Müllabladeplatz.

deponieren: ↑hinstellen, ↑lagern.

Deportation, Verschleppung, Zwangsverschickung, Aussiedlung; ↑Verbannung; ↑verschleppen.

Deportationslager ↑Gefangenenlager.

deportieren ↑verschleppen.

Depot: ↑Remise, ↑Warenlager.

Depp ↑Dummkopf.

deppert: d. sein ↑verrückt [sein].

Deprekation ↑Entschuldigung.

Depression: ↑Melancholie, ↑Trauer.

depressiv: ↑gemütskrank, ↑schwermütig.

Depressor ↑Muskel.

deprezieren ↑entschuldigen (sich).

¹deprimiert, niedergeschlagen, gedrückt, niedergedrückt, down *(ugs.),* resigniert, decouragiert, geknickt *(ugs.),* mutlos, flügellahm *(ugs.),* entmutigt, verzagt, kleinmütig, verzweifelt, gebrochen, lebensmüde, niedergeschmettert *(ugs.);* ↑schwermütig, ↑unzufrieden; **d. sein,** Weltschmerz haben, in Weltuntergangsstimmung sein, den Kopf / die Flügel hängen lassen, jmdm. fällt die Decke auf den Kopf, jmdm. ist die Petersilie / die ganze Ernte verhagelt *(ugs.);* **d. werden,** das heulende Elend / einen Moralischen kriegen *(ugs.);* ↑Angst [haben]; ↑Katerstimmung, ↑Verzweiflung.

²deprimiert: etwas d. jmdn. ↑ärgern.

Deputation ↑Abordnung.

deputieren ↑abordnen.

Deputierter ↑Abgeordneter.

der: d. da / dort ↑dieser, ↑jener; d. Gleiche / Nämliche, eben d. ↑derselbe.

derangieren ↑verwirren.

derart ↑so.

derartige ↑solche.

derb: d.komisch ↑spaßig; -es Wort ↑Vulgärausdruck.

Derbent ↑Orientteppich.

Derby ↑Rennen.

Derbyhut ↑Kopfbedeckung.

Derbyrennen ↑Rennen.

dereinst ↑später.

dergestalt ↑so.

Derivation: ↑Ableitung, ↑Abweichung.

dermaleinst ↑später.

dermalen ↑jetzt.

dermaßen ↑so.

Dermatologe ↑Arzt.

Dermatologie ↑Heilkunde.

Dermatomykose ↑Hautpilzkrankheit.

Dermatophytie ↑Hautpilzkrankheit.

Dermatose ↑Hautkrankheit.

Dermatospasmus ↑Gänsehaut.

Dernier Cri: das ist der D. ↑modern [sein].

¹derselbe, der Gleiche / Nämliche, eben der, eben derselbe, der vorher Genannte, der Obengenannte.

²derselbe ↑auch [so einer].

derweil ↑inzwischen.

derweise ↑so.

Derwischerles ↑Fangspiel.

derzeit: ↑damals, ↑jetzt.

derzeitig ↑jetzig.

Desaster ↑Unglück.

desavouieren: ↑ablehnen, ↑kompromittieren (jmdn.).

Desavouierung ↑Bloßstellung.

Deserteur, Fahnenflüchtiger, Überläufer; ↑Abtrünniger, ↑Ketzer; ↑überwechseln.

desertieren ↑überwechseln.

desgleichen ↑auch.

Déshabillé ↑Morgenrock.

deshalb, deswegen, daher, darum, dadurch, dieserhalb, aus diesem Grunde, zu diesem Zweck / *(veraltet)* Behuf, insofern; ↑also, ↑wegen, ↑wenn.

Desiderat ↑Mangel.

Design ↑Form.

Designation ↑Nominierung.

Designer ↑Zeichner.

designieren, bestimmen / vorsehen für ein Amt; ↑anordnen, ↑bezeichnen, ↑ernennen.

designiert: -er Amtsnachfolger ↑Nachfolger.

Desillusion ↑Enttäuschung.

desillusionieren ↑ernüchtern.

Desillusionierung ↑Enttäuschung.

Desinfektion, Entkeimung, Keimtötung, Entseuchung, Vernichtung von Krankheitserregern; ↑desinfizieren; ↑keimfrei.

desinfizieren, sterilisieren, keimfrei machen, auskochen, entseuchen; ↑keimfrei; ↑Desinfektion.

Desinformation: ↑Betrug, ↑Falschmeldung, ↑Lüge.

Desinteresse ↑Teilnahmslosigkeit.

desinteressieren: sich d. ↑langweilen (sich).

desinteressiert ↑träge.

Deskription ↑Beschreibung.

deskriptiv, beschreibend; ↑gleichzeitig · Ggs. ↑präskriptiv.

Desodorans, Deodorant, Deodorantspray, Deodorantstift, Deostick · Körperspray, Intimspray, Fußspray; ↑Seife, ↑Spray; ↑duftend.

Desodorantspray ↑Spray.

desolat: ↑schlecht, ↑schwermütig.

despektierlich ↑abschätzig.

Despektierlichkeit ↑Nichtachtung.

Desperado ↑Kämpfer.

Despot ↑Gewaltherrscher.

Despotie ↑Herrschaft.

despotisch ↑tyrannisch.

dessen ungeachtet ↑dennoch.

Dessert, Süßspeise, Speise, Nachspeise, Nachtisch, Pudding, Kompott, Panaschee, Gelee, Flammeri, Götterspeise, Glibberpudding *(scherzh.),* Wackelpeter *(scherzh.);* ↑Eis, ↑Essen, ↑Nahrung, ↑Omelett · Ggs. ↑Vorgericht.

Dessertlöffel ↑Löffel.

Dessertmesser ↑Messer.

Dessertteller ↑Teller.

Dessertwein ↑Wein.

Dessin: ↑Stoffmuster, ↑Zeichnung.

Dessous ↑Unterwäsche.

Destillat ↑Extrakt.

Destille ↑Gaststätte.

destillieren ↑produzieren.

destilliert: -es Wasser ↑Wasser.

Destination ↑Aufgabe.

destruieren ↑zerstören.

Destruktion: ↑Vernichtung, ↑Zerstörung.

destruktiv: ↑anarchisch, ↑umstürzlerisch.

deswegen ↑deshalb.

Deszendent ↑Angehöriger.

Deszensus ↑Eingeweidesenkung.

detachieren ↑abordnen.

Detail, Einzelheit, Ausschnitt, Teilstück; ↑einzeln.

Detailhandel ↑Einzelhandel.

Detaillist ↑Einzelhändler.

Detektei, Auskunftei, Detektivbüro, Detektivinstitut, Ermittlungsbüro; ↑Auskundschafter, Rechercheur; ↑auskundschaften, ↑überwachen.

Detektiv ↑Kriminalbeamter.

Detektivbüro ↑Detektei.

Detektivinstitut ↑Detektei.

Detektivroman ↑Roman.

Détente ↑Entspannung.

Determinante ↑Hilfsmittel.

Detonation ↑Explosion.

detonieren ↑platzen.

Detsche ↑Ohrfeige.

detto ↑auch.

Deus ex Machina ↑Lösung.

deutbar ↑erklärlich.

deuteln: ↑auslegen; daran ist nichts zu drehen und zu d. ↑klar [sein].

deuten: ↑auslegen; falsch d. ↑missverstehen; die Zukunft d. ↑voraussehen.

Deuter: ↑Gebärde, ↑Interpret.

Deuteranopie ↑Farbenblindheit.

Deuteroskopie ↑Hellsehen.

deutlich: ↑anschaulich, ↑klar, ↑offenbar, ↑nachdrücklich, ↑verständlich; d. machen ↑begründen; etwas wird d. aus ↑erhellen.

¹Deutlichkeit, Klarheit, Eindeutigkeit, Genauigkeit, Exaktheit, Präzision, Bestimmtheit, Unmissverständlichkeit, Unverblümtheit, Ungeschminktheit; ↑Aufrichtigkeit; ↑klar.

²Deutlichkeit: ↑Anschaulichkeit, ↑Nachdrücklichkeit.

deutsch: -es Band ↑Fries; -es Beefsteak ↑Fleischkloß; Tag der deutschen/Deutschen Einheit ↑Feiertag; d. Kurzhaar / Langhaar / Stockhaar, Deutscher Schäferhund ↑Hunderassen; Deutsche Mark ↑Zahlungsmittel; -er Michel ↑Deutschland; Deutscher Orden ↑Ritterorden; Deutsche Demokratische Republik ↑Deutschland; -e Schrift ↑Schrift; -e Sprache ↑Deutsch; in die -e Sprache übernehmen ↑eindeutschen; mit jmdm. d. reden ↑schelten.

¹Deutsch, deutsche Sprache · *in verschiedenen sprachgeschichtlichen Epochen:* Althochdeutsch, Mittelhochdeutsch, Frühneuhochdeutsch, Neuhochdeutsch, Gegenwartsdeutsch, Gegenwartssprache, Neudeutsch *(iron.);* ↑Ausdrucksweise, ↑Gruppensprache, ↑Hochsprache, ↑Mischsprache, ↑Muttersprache, ↑Provinzialismus, ↑Sprache; ↑gesamtdeutsch.

²Deutsch: dem -en angleichen, ins -e übernehmen ↑eindeutschen.

Deutscher, Michel *(abwertend),* Teutone *(abwertend),* Boche *(abwertend; in Frankreich),* Fritz *(abwertend; in England),* Hunne *(abwertend; in England),* Kraut *(abwertend; in Amerika),* Fritzki *(abwertend; in Russland),* Mof *(abwertend; in Holland),* Piefkinese *(abwertend; in Österreich),* Piefke *(abwertend; in Österreich);* ↑Bayer, ↑Deutschland, ↑Hesse, ↑Pfälzer, ↑Preuße, ↑Sachse, ↑Schlesier, ↑sprechen, ↑Schwabe.

¹Deutschland, deutscher Michel *(iron.),* BRD, Bundesrepublik [Deutschland] · *reiches, materiell orientiertes:* Germoney *(iron.)* · DDR, Deutsche Demokratische Republik (bis 1990).

²Deutschland: Junges D. ↑Literaturepochen.

Deutung ↑Auslegung.

Deuxpièces ↑Kleid.

Deviation ↑Abweichung.

Deviationist ↑Ketzer.

Devise ↑Ausspruch.

Devisen, ausländische Zahlungsmittel, ausländisches Geld, ausländische Währung, Geldsorten, Sorten; ↑Geld, ↑Geldinstitut, ↑Zahlungsmittel.

Devon ↑Erdzeitalter.

devot ↑unterwürfig.

Devotion ↑Unterwürfigkeit.

Dextrinleim ↑Bindemittel.

Dextropur ↑Traubenzucker.

Dextrose ↑Traubenzucker.

Dey ↑Anrede.

Dez ↑Kopf.

¹Dezember, Heiligmond, Heilmond, Christmond, Wintermonat, Wintermond, Julmond; ↑Monat, ↑Zeitraum.

²Dezember: 31. D. ↑Silvester.

Dezennium ↑Zeitraum.

¹dezent, verschwiegen, taktvoll, diskret; nicht ↑aufdringlich.

²dezent ↑zurückhaltend.

dezentralisieren ↑entflechten.

Dezenz ↑Verschwiegenheit.

Dezernat, Geschäftsbereich; ↑Amt.

Dezernent ↑Referent.

Dezi ↑Hohlmaß.

dezidiert ↑entschieden.

Deziliter ↑Hohlmaß.

Dezimalwaage ↑Waage.

Dezimalzahl ↑Zahl.

Dezime ↑Tonabstand.

Dezimeter ↑Längenmaß.

dezimieren ↑verringern.

Dezimierung ↑Einschränkung.

Dia ↑Fotografie.

Diabetologe ↑Arzt.

diabolisch ↑teuflisch.

Diabolus ↑Teufel.

diachronisch ↑geschichtlich.

¹Diagnose, Befund, Feststellung, Erkennung, das Erkennen, Beurteilung; ↑Arzt, ↑Behandlung, ↑Punktion, ↑Elektrogramm, ↑Röntgenogramm, ↑Röntgenographie.

²Diagnose: die D. stellen ↑erkennen, ↑untersuchen.

diagnostizieren: ↑erkennen, ↑untersuchen.

diagonal: d. lesen ↑lesen.

Diagonale ↑Linie.

Diagramm ↑Graph.

Diakonie ↑Sozialhilfe.

diakritisch: -es Zeichen ↑Zeichen.

Dialekt ↑Mundart.

Dialektausdruck ↑Provinzialismus.

Dialektdichtung ↑Dichtung.

dialektisch: -er Materialismus ↑Marxismus.

Dialektwort ↑Provinzialismus.

Dialog ↑Gespräch.

dialogunfähig ↑unzugänglich.

Diamant: ↑Hochzeitstag, ↑Schmuckstein, ↑Schriftgrad.

diamanten: -e Hochzeit ↑Hochzeitstag.

Diamantfries ↑Fries.

Diamantspitze ↑Spitzenstickerei.

Diamat ↑Marxismus.

diametral: d. entgegengesetzt ↑gegensätzlich.

Diana ↑Göttin.

Diapositiv ↑Fotografie.

Diarium: ↑Heft, ↑Tagebuch.

Diarrhö ↑Durchfall.

Diaskop ↑Projektionsapparat.

Diaspora ↑Minderheit.

Diät, Schonkost, Krankenkost · Fasten, Heilfasten · *zur Abmagerung:* Abmagerungsdiät, Schlankheitsdiät, Punktdiät, Nulldiät, FdH *(scherzh.* Friss die Hälfte); ↑Essen, ↑Fasttag, ↑Schlankheitskur.

Diäten ↑Tagegeld.

Diathermie ↑Elektrotherapie.

Diathermotherapie ↑Elektrotherapie.

Diätköchin ↑Koch.

Diavortrag ↑Lichtbildervortrag.

Dichasium ↑Blütenstand.

dichotomisch ↑gegensätzlich.

¹dicht, eng beieinander / nebeneinander, Substantiv + an + gleiches Substantiv (Wand an Wand, Buch an Buch); ↑undurchlässig, ↑voll.

²dicht: ↑undurchdringlich, ↑undurchlässig; *nicht* [ganz] d. sein ↑verrückt [sein]; d. am / ans Wasser gebaut haben ↑weinen; d. an / nahe; d. bei dicht ↑voll.

dicht besiedelt ↑bevölkert.

dicht bevölkert ↑bevölkert.

Dichte ↑Ausmaß.

dichten, schreiben, reimen, Verse schmieden / machen, Reime schmieden, fabulieren, den Pegasus reiten / besteigen *(scherzh.),* schriftstellern; ↑aufschreiben, ↑besingen, ↑edieren; **d. können,** von der Muse geküsst sein *(scherzh.);* ↑Dichtung, ↑Epigramm, ↑Erzählung, ↑Gedicht, ↑Schriftsteller, ↑Versmaß.

Dichter ↑Schriftsteller.

dichterisch ↑ausdrucksvoll.

Dichterling: ↑Schriftsteller, ↑Stümper.
Dichtersmann ↑Schriftsteller.
dicht gedrängt ↑voll.
dichthalten: ↑schweigen; nicht d. ↑mitteilen.
Dichtkunst ↑Dichtung.
dichtmachen ↑zumachen.
¹**Dichtung,** Dichtkunst, Poesie · *verschiedener Gattung:* Lyrik, Dramatik, Epik, Versdichtung, Prosadichtung, Bühnendichtung · *in Bezug auf Inhalt und Form:* geistliche Dichtung, Bauerndichtung, Arbeiterdichtung, Freiheitsdichtung, Kriegsdichtung, Tendenzdichtung, Bildungsdichtung, Dialektdichtung, Mundartdichtung, Bekenntnisdichtung, Erlebnisdichtung, Spielmannsdichtung, Kreuzzugsdichtung, Schäferdichtung, Hirtendichtung, arkadische Poesie, Bukolik, bukolische Dichtung, Epigonendichtung; ↑Epigramm, ↑Erzählung, ↑Gedicht, ↑Literatur, ↑Schriftsteller, ↑Versmaß; ↑dichten.
²**Dichtung:** frühmittelhochdeutsche / mittelhochdeutsche / spätmittelhochdeutsche D. ↑Literaturepochen; lyrische D. ↑Lyrik; D. und Wahrheit ↑Lüge; reine D. sein ↑unwahrscheinlich [sein]; in einer D. verherrlichen ↑besingen.
Dichtungswissenschaft ↑Literaturwissenschaft.
¹**dick,** wohl beleibt, beleibt, stark, korpulent, vollschlank, fest *(schweiz.),* breit, behäbig, füllig, dicklich, mollig, mollert *(ugs., österr.),* wuzerldick *(Kinderspr., österr.),* rundlich, rund, kugelrund, üppig, drall, knubbelig, wohlgenährt, voluminös, umfangreich, pummelig, fett, feist, feiß *(südwestd., schweiz.),* fleischig, blad *(ugs., österr.),* dickwanstig, dickleibig, fettleibig · *vom Gesicht:* pausbäckig; ↑athletisch, ↑aufgedunsen, ↑untersetzt · Ggs. ↑schlank; **d. sein,** gut im Futter / gut bei Sache / gut beieinander / gut gepolstert sein *(ugs.);* **zu d. sein,** zu viel wiegen, Übergewicht haben, aus allen Nähten platzen *(salopp);* **d. werden,** zunehmen, auslegen, breiter werden, in die Breite / aus dem Leim gehen *(salopp),* auseinander gehen *(salopp),* [Fett / Speck] ansetzen *(ugs.),* aufgehen wie eine Dampfnudel / wie ein Pfannkuchen / wie ein Hefekloß *(ugs.)* · *leicht:* zur Fülle neigen, ein guter Futterverwerter sein *(ugs.);* ↑Dicker, ↑Fettleibigkeit, ↑Gedunsenheit, ↑Wohlgenährtsein; ↑zunehmen.
²**dick:** -e Eier haben ↑Geschlechtskrankheit; das -e Ende ↑Schwierigkeit; das -e Ende kommt nach / kommt noch ↑ausstehen; ein -es Fell haben ↑dickfellig [sein]; -e Freunde sein ↑vertraut [sein]; etwas ist ein -er Hund ↑unerhört; eine -e Lippe riskieren ↑aufbegehren; es herrscht -e Luft ↑Stimmung; -e Milch ↑Milch; über den -en Onkel gehen ↑fortbewegen (sich); einen -en Schädel haben ↑unzugänglich [sein]; -e Suppe ↑Suppe; etwas ist klar wie -e Tinte ↑klar [sein]; ach, du -er Vater! ↑überrascht [sein]; d. auftragen ↑prahlen; etwas ist nicht d. gesät ↑selten [sein]; jmdn. d. haben ↑hassen; etwas d. haben,

etwas / die Faxen -e haben ↑angeekelt [sein]; d. machen ↑schwängern; d. sein ↑schwanger [sein]; d. werden ↑sauer [werden]; mit jmdm. durch d. und dünn gehen ↑treu [sein].
Dick ↑Fisch.
Dickbauch ↑Dicker.
Dickbaucher ↑Dicker.
Dickdarm ↑Darm.
Dickdarmgekröse ↑Eingeweide.
Dickdarmsenkung ↑Eingeweidesenkung.
dicke ↑allemal.
dicken ↑eindicken.
Dicker, Dickerchen, Fettsack *(abwertend),* Fettwanst *(abwertend),* Marzipanschweinchen *(scherzh.),* Mops *(scherzh.),* Fettmops *(scherzh.),* Dickwanst *(abwertend),* Dickbauch *(abwertend),* Dickbaucher *(ugs.),* Brocken *(ugs.),* Bröckerl *(ugs., österr.),* Blader *(abwertend, österr.);* ↑Bauch, ↑Mann; ↑dick.
Dickerchen ↑Dicker.
dicketun: sich d. ↑prahlen.
¹**dickfellig,** dickhäutig, robust, unempfindlich, mit einer Bierruhe; ↑ruhig, ↑träge, ↑unempfindlich; **d. sein,** ein dickes Fell / eine Elefantenhaut / eine Büffelhaut / einen breiten Rücken haben *(ugs.),* nicht empfindlich sein, nicht leicht / durch nichts zu erschüttern sein, gute Nerven haben, Nerven wie Drahtseile / wie Stricke *(ugs.),* hart im Nehmen sein *(ugs.),* viel vertragen [können], aus hartem Holz geschnitzt sein *(ugs.),* die Ruhe weghaben *(ugs.),* etwas macht jmdm. nichts aus; ↑Dickfelligkeit, ↑Gelassenheit.
²**dickfellig** ↑träge.
Dickfelligkeit, Dickhäutigkeit, Unempfindlichkeit; ↑Gelassenheit; ↑dickfellig, ↑ruhig, ↑träge.
dickflüssig ↑flüssig.
Dickflüssigkeit ↑Flüssigsein.
Dickfuß: Lila D. ↑Ständerpilz.
Dickglas ↑Glas.
dickhäutig ↑dickfellig.
Dickhäutigkeit ↑Dickfelligkeit.
Dickicht, Dickung, Gebüsch, Buschwerk, Unterholz, Gestrüpp, Geäst, Gesträuch; ↑Busch, ↑Wald.
Dickkopf: ↑Trotzkopf; einen D. haben / aufsetzen ↑unzugänglich [sein].
Dickkopffalter ↑Schmetterling.
dickköpfig ↑unzugänglich.
Dickköpfigkeit ↑Eigensinn.
dickleibig ↑dick.
Dickleibigkeit ↑Fettleibigkeit.
dicklich ↑dick.
Dicklichkeit ↑Wohlgenährtsein.
Dickmilch: ↑Milch; zu D. werden ↑sauer [werden].
Dickrübe ↑Rübe.
Dickschädel ↑Trotzkopf.
dickschädelig ↑unzugänglich.
Dickschädeligkeit ↑Eigensinn.

Dickung ↑Dickicht.
Dickwanst ↑Dicker.
dickwanstig ↑dick.
Dickwanstigkeit ↑Fettleibigkeit.
Dickwurz ↑Rübe.
Dickwurzel ↑Rübe.
Didaktik, Methodik, Unterrichtslehre, Unterrichtstheorie, Bildungslehre, Bildungstheorie; ↑Pädagogik.
didaktisch ↑pädagogisch.
Didymus ↑Hoden.
¹Dieb, Räuber, Wegelagerer, Strauchdieb, Strauchritter, Einbrecher, Klingelgangster, Fassadenkletterer, Klettermaxe *(ugs., scherz.),* Bandit *(abwertend),* Spitzbube, ...knacker (Autoknacker, Geldschrankknacker, Automatenknacker), ...marder (Automarder, Holzmarder), Langfinger, Taschendieb, Taschelzieher *(ugs., österr.)* · *in Bezug auf Computersysteme:* Hacker, Crasher; ↑Betrüger, ↑Mörder, ↑Schuft, ↑Seeräuber, ↑Plünderer, ↑Verbrecher, ↑Wilderer; ↑einbrechen.
²Dieb: Gelegenheit macht -e ↑verleiten.
Diebesgut ↑Raub.
Diebessprache ↑Gaunersprache.
diebisch ↑sehr.
Diebshaken ↑Nachschlüssel.
Diebsschlüssel ↑Nachschlüssel.
Diebssprache ↑Gaunersprache.
¹Diebstahl, Einbruch[s]diebstahl, Entwendung, Eigentumsdelikt, Eigentumsvergehen, widerrechtliche Aneignung, Raub, Beraubung, Unterschlagung, Defraudation, Veruntreuung, Hinterziehung, Unterschleif, Mundraub · *geistigen Eigentums:* Plagiat; ↑Betrug, ↑Einbruch, ↑Lüge, ↑Raub; ↑einbrechen, ↑plagiieren, ↑unterschlagen, ↑wegnehmen; ↑unoriginell.
²Diebstahl: D. begehen ↑wegnehmen; geistigen D. begehen ↑plagiieren.
¹Diele, Flur, Vorraum, Vorzimmer *(österr.),* Entree, Gang, Korridor, Windfang, Vorhalle, Halle, Vorhaus *(bes. österr.),* Vestibül; ↑Foyer, ↑Hausflur, ↑Treppenhaus, ↑Tür.
²Diele: ↑Brett, ↑Fußboden.
dienen: etwas dient dazu ... / erfüllt die Aufgabe ... / hat den Zweck ... / ist dazu da ...; ↑Aufgabe.
¹Diener, Dienerin, Bedienter, Butler, Lakai, Groom, Page, Boy, Bursche, Hausdiener, Lohndiener, Dienstbote, Domestik, Faktotum, Kalfaktor *(ugs.),* Kalfakter *(ugs.),* Mädchen für alles, Aschenputtel, dienstbarer Geist; ↑Arbeitnehmer, ↑Dienstmann, ↑Gefolgsmann, ↑Hausangestellte, ↑Helfer, ↑Knecht, ↑Putzfrau.
²Diener: ↑Verbeugung; gehorsamster / ergebenster D.! ↑Gruß; stummer D. ↑Anrichtetisch, ↑Kleiderbügel, ↑Speiseplatte; einen D. machen ↑verneigen (sich).
Dienerin ↑Diener.
dienern ↑unterwürfig [sein].
Dienerschaft ↑Personal.

dienlich: d. sein ↑nützlich [sein].
¹Dienst, Dienstleistung, Gefälligkeit, Gefallen, Liebesdienst, Freundschaftsdienst, Hilfe, Mithilfe, Unterstützung; ↑Höflichkeit, ↑Kundendienst; **jmdm. einen D. erweisen,** jmdm. einen Gefallen tun / eine Gefälligkeit erweisen; ↑helfen; ↑dienstlich.
²Dienst: ↑Beruf, ↑Säule; [D. am Kunden] ↑Kundendienst; D. nach Vorschrift ↑Streik; jmdm. einen guten / einen schlechten D. erweisen ↑schaden; gute -e leisten ↑nützlich [sein]; den D. quittieren ↑abdanken; D. tun als ↑innehaben; aus dem / vom D. [nach Hause] kommen ↑Feierabend [haben].
Dienstabteil ↑Eisenbahnabteil.
Dienstadel ↑Adel.
Dienstag: an jedem D., jeden D., immer am D., alle -e ↑dienstags.
dienstags, an jedem Dienstag, jeden Dienstag, immer am Dienstag, alle Dienstage; ↑wochentags.
Dienstältester ↑Primus inter pares.
dienstbar: -er Geist ↑Diener; sich etwas d. machen ↑anwenden.
dienstbeflissen ↑gefällig.
Dienstbolzen ↑Hausangestellte.
Dienstbote ↑Diener.
diensteifrig: ↑beflissen, ↑gefällig.
Diensteifrigkeit ↑Beflissenheit.
dienstfertig ↑gefällig.
Dienstgeber ↑Arbeitgeber.
Dienstgeheimnis ↑Geheimnis.
¹Dienstgrad, Grad, Rangstufe, Stufe, Charge
· · · *bei Heer und Luftwaffe* · · *von Mannschaften:* Schütze, Flieger, Funker, Panzerfunker, Pionier, Panzerpionier, Kanonier, Panzerkanonier, Grenadier, Jäger, Panzerschütze, Panzergrenadier, Panzerjäger, Gemeiner *(ugs.),* Schütze Arsch *(scherzh., derb)* · Gefreiter, Schnäpser *(ugs.)* · Obergefreiter, Oberschnäpser *(ugs.),* Oberbremser *(ugs.)* · Stabsgefreiter · Hauptgefreiter · · *von Unteroffizieren ohne Portepee:* Unteroffizier, Sergeant, Korporal, Kapo *(ugs.)* · Stabsunteroffizier · Fahnenjunker, Offiziersanwärter · · *Unteroffiziere mit Portepee:* Feldwebel, Feld *(Jargon),* Feldi *(ugs.),* Spieß *(ugs.),* Mutter der Kompanie *(scherzh.)* · Oberfeldwebel · Hauptfeldwebel, Hauptfeld *(ugs.)* · Stabsfeldwebel · Oberstabsfeldwebel · Fähnrich, Kornett *(hist.)* · · *von Leutnanten:* Leutnant · Oberleutnant · · *von Hauptleuten:* Stabsingenieur · Hauptmann · · *von Stabsoffizieren:* Major · Oberstleutnant · Oberst, Obrist *(veraltet)* · · *von Generälen:* Brigadegeneral · Generalmajor · Generalleutnant · General · Generalfeldmarschall · Feldmarschall · Marschall · · *bei der Marine* · · *von Mannschaften:* Matrose · Gefreiter, Obergefreiter · Hauptgefreiter · · *von Unteroffizieren ohne Portepee:* Maat · Obermaat · Seekadett · · *von Unteroffizieren mit Portepee:* Bootsmann · Oberboots-

mann · Hauptbootsmann, Stabsbootsmann · Oberstabsbootsmann · Fähnrich zur See ·· *von Leutnanten:* Leutnant zur See · Oberleutnant zur See ·· *von Hauptleuten:* Stabsingenieur · Kapitänleutnant ·· *von Stabsoffizieren:* Korvettenkapitän · Fregattenkapitän · Kapitän zur See ·· *von Generalen:* Flottillenadmiral · Konteradmiral · Vizeadmiral · Admiral; ↑Befehlshaber, ↑Beruf, ↑Leitung, ↑Matrose, ↑Offizier, ↑Seeoffizier, ↑Soldat, ↑Titel, ↑Waffengattung; ↑degradieren.

²Dienstgrad: im D. herabsetzen ↑degradieren.

Dienstherr: ↑Arbeitgeber, ↑Leiter (der).

Dienstleistung ↑Dienst.

dienstlich, geschäftlich, berufsmäßig, von Amts wegen; ↑Dienst.

Dienstmädchen ↑Hausangestellte.

Dienstmann, Gepäckträger, Träger; ↑Diener, ↑Gepäck.

Dienstnehmer ↑Arbeitnehmer.

Dienstordnung ↑Beamtenlaufbahn.

Dienstpragmatik ↑Beamtenlaufbahn.

Dienstreise ↑Reise.

Dienstschluss ↑Feierabend.

Dienstsiegel ↑Siegel.

Dienststelle ↑Amt.

Dienststempel ↑Siegel.

Dienststrafverfahren ↑Gerichtsverfahren.

Dienststunden ↑Amtsstunden.

dienstwillig: ↑beflissen, ↑gefällig.

Dienstwilligkeit ↑Beflissenheit.

Die-Pferde-sind-gesattelt-Rolle ↑Nebenrolle.

Dies ater ↑Unglückstag.

diesbezüglich, hierzu, hiezu *(oberd.),* dazu, in / zu diesem Punkt, in dieser Beziehung, hierauf Bezug nehmend, in Bezug / mit Bezug darauf.

diese: ↑solche; in -m Land, an -m Ort, an -r Stelle ↑hier.

Diesel ↑Treibstoff.

Dieselbigkeit ↑Identität.

Dieselkraftstoff ↑Treibstoff.

Diesellok ↑Lokomotive.

Diesellokomotive ↑Lokomotive.

Dieselöl ↑Treibstoff.

Diesenkalb ↑Rind.

dieser, dieser da / dort, der da / dort; ↑jener, ↑welch.

dieserart ↑so.

dieserhalb ↑deshalb.

diesig ↑dunstig.

diesjährig, heurig *(oberd.);* ↑Jahr.

diesseitig ↑weltlich.

diesseits, auf dieser Seite, herüben *(südd., österr.)* · Ggs. ↑jenseits.

Diesseits: das D. ↑Welt.

Dietrich ↑Nachschlüssel.

dieweil ↑inzwischen.

Diffamie ↑Beleidigung.

diffamieren: ↑demütigen (jmdn.), ↑schlecht machen.

Differenz: ↑Abweichung, ↑Meinungsverschiedenheit, ↑Saldo; -en ↑Streit.

Differenzialbremse ↑Bremse.

Differenzialgleichung ↑Gleichung.

Differenzialrechnung ↑Mathematik.

differenzieren: ↑gliedern, ↑nuancieren.

differenziert, elaboriert, nicht restringiert, nuanciert, schattiert, abschattiert, getönt, abgetönt, gestuft, abgestuft; ↑gegliedert; ↑nuancieren.

Differenzierung ↑Gliederung.

diffizil ↑schwierig.

Digest ↑Auswahl.

Digestif ↑Alkohol.

Digestion ↑Verdauung.

Digitalrechner ↑Computer.

Digitaluhr ↑Uhr.

Diktat ↑Weisung.

Diktator: ↑Gewaltherrscher, ↑Oberhaupt.

diktatorisch: ↑totalitär, ↑tyrannisch.

Diktatur ↑Herrschaft.

Diktion ↑Ausdrucksweise.

Diktionär ↑Nachschlagewerk.

Diktum ↑Ausspruch.

Dilatator ↑Muskel.

dilatorisch: ↑hinhaltend.

Dildo ↑Penis.

Dilemma ↑Not.

Dilettant ↑Nichtfachmann.

dilettantisch, laienhaft, stümperhaft, nicht ↑fachmännisch; ↑mäßig, ↑oberflächlich, ↑unzulänglich; ↑Nichtfachmann · Ggs. ↑Fachmann.

Diligence ↑Kutsche.

¹Dill, Dille *(österr.),* Dillenkraut *(österr.).*

²Dill ↑Küchengewürz.

Dille ↑Dill.

Dillenkraut ↑Dill.

Dime ↑Zahlungsmittel.

Dimension ↑Ausmaß.

diminuendo ↑Lautstärke.

diminutiv: -es Verb ↑Verb.

Diminutiv ↑Verkleinerungsform.

Diminutivform ↑Verkleinerungsform.

Diminutivum ↑Verkleinerungsform.

Dinar: [algerischer / jugoslawischer / tunesischer D.] ↑Zahlungsmittel.

Diner ↑Festmahl.

¹Ding, Sache, Gegenstand, Objekt · *nicht näher bezeichnetes:* Dings *(salopp),* Dingsda *(salopp),* Dingsbums *(salopp);* ↑Exemplar, ↑Klumpen, ↑Prachtexemplar.

²Ding, Angelegenheit, ↑Exemplar, ↑Mädchen, ↑Penis, ↑Vagina; gut D. will Weile haben ↑vorangehen; wie die -e liegen, nach Lage / Stand der -e ↑Lage; etwas ist ein D. der Unmöglichkeit ↑unausführbar [sein]; ein D. drehen ↑Verbrechen; jmdm. ein D. verpassen ↑schlagen; guter -e sein ↑aufgelegt, ↑zuversichtlich [sein]; etwas geht nicht mit rechten -en zu ↑unfassbar.

dingen ↑einstellen.

Dingerich ↑Mann.
dingfest: d. machen ↑verhaften.
Dingi ↑Beiboot.
dinglich, gegenständlich, real; vom Dinglichen gelöst ↑begrifflich.
Dings: ↑Ding, ↑Mensch.
Dingsbums: ↑Ding, ↑Mensch.
Dingsda: ↑Ding, ↑Mensch.
Dingwort ↑Wortart.
Dinner ↑Abendessen.
Dinnerjacket ↑Anzug.
Dinophobie ↑Phobie.
Diolen ↑Chemiefaser.
dionysisch, rauschhaft, ekstatisch, affektisch · Ggs. ↑harmonisch.
Dionysius ↑Nothelfer.
Dionysos ↑Gott.
Dioptas ↑Schmuckstein.
Diözese ↑Verwaltungsbezirk.
Diparese ↑Lähmung.
Diphtherie, Diphtheritis *(veraltend),* häutige Bräune, Halsbräune, Rachenbräune; ↑Krankheit.
Diphtheritis ↑Diphtherie.
Diphthong, Doppellaut, Zwielaut; ↑Buchstabe, ↑Vokal.
Diplegie ↑Lähmung.
Diplom ↑Bescheinigung.
Diplomarbeit ↑Prüfungsarbeit.
Diplomat, Botschafter, Gesandter, Missionschef, Ambassadeur *(veraltet),* Delegationschef, Regierungsvertreter, Geschäftsträger, Resident, Doyen, Nuntius, Legat, Attaché, Konsul, Wahlkonsul · *gegen dessen Aufenthalt in einem fremden Staat vonseiten der betreffenden Regierung keine Einwände erhoben werden:* Persona grata · *dessen Aufenthalt von der Regierung des betreffenden Staates nicht mehr erwünscht ist:* Persona ingrata; ↑Abgeordneter, ↑Abgesandter, ↑Beauftragter, ↑Beglaubigungsschreiben, ↑Bote, ↑Botschaft.
Diplomatenköfferchen ↑Aktentasche.
Diplomatenloge ↑Loge.
Diplomatentasche ↑Aktentasche.
diplomatisch: ↑schlau; d. vorgehen ↑lavieren; die -e Grippe nehmen ↑kommen.
Diplomingenieur ↑Ingenieur.
Diplomlandwirt ↑Bauer.
Dippelbalkendecke ↑Zimmerdecke.
Dipsomane ↑Trinker.
Dipsomanie: ↑Anankasmus, ↑Trunksucht.
Diptychon ↑Altarbild.
dir: mir nichts, d. nichts ↑kurzerhand.
direkt: ↑geradewegs, ↑regelrecht, ↑rundheraus; -e Steuer ↑Abgabe.
Direktion: ↑Leitung, ↑Ministerium.
Direktionsloge ↑Loge.
Direktive ↑Weisung.
Direktor: ↑Leiter, ↑Schulleiter.
Direktorium ↑Leitung.
Direktsendung, Direktübertragung, Original-

übertragung, Livesendung; ↑Bericht, ↑Nachricht, ↑Sendung; ↑aufzeichnen · Ggs. ↑Aufzeichnung.
Direktübertragung ↑Direktsendung.
Direktwahlrecht ↑Wahlrecht.
Dirham ↑Zahlungsmittel.
Dirigent, Kapellmeister, Orchesterleiter, Orchesterchef, Chefdirigent, Gastdirigent, Generalmusikdirektor, Musikdirektor, Chordirigent, Chorleiter, Bandleader; ↑Kantor, ↑Orchester; ↑dirigieren.
¹dirigieren, leiten, taktieren, den Takt schlagen, den Taktstock schwingen *(scherzh.),* den Stab führen; ↑beeinflussen; ↑Dirigent, ↑Orchester.
²dirigieren ↑vorstehen.
Dirigismus ↑Zwang.
Dirimentien ↑Scheidungsgrund.
dirimieren ↑ausschließen.
Dirn: ↑Mädchen, ↑Magd.
Dirndl: ↑Kleid, ↑Kornelkirsche, ↑Mädchen.
Dirndlbaum ↑Kornelkirsche.
Dirndlbluse ↑Bluse.
Dirndlkleid ↑Kleid.
Dirndlstrauch ↑Kornelkirsche.
Dirne ↑Prostituierte.
Dirnenwelt, Strich, Halbseide, Galerie *(wiener.),* Milieu *(schweiz.);* ↑Prostituierte, ↑Unterwelt.
Dirt-Track-Rennen ↑Rennen.
Discounter ↑Kaufmann.
Discountgeschäft ↑Laden.
Discountladen ↑Laden.
Disengagement ↑Entspannung.
Diseur ↑Vortragskünstler.
Diseuse ↑Vortragskünstlerin.
Disharmonie: ↑Missklang, ↑Unausgeglichenheit.
disharmonisch ↑misstönend.
disjunktiv ↑gegensätzlich.
¹Diskette, Floppydisk, Floppy, Magnetplatte; ↑Schallplatte, ↑Tonbandgerät.
²Diskette ↑Film.
Diskjockey ↑Ansager.
Disko ↑Gaststätte.
Diskont ↑Preisnachlass.
diskontieren ↑kaufen.
diskontinuierlich, unterbrochen, mit Unterbrechungen, zusammenhanglos, abgehackt, brockenweise *(ugs.),* stückweise, tröpfchenweise *(ugs.),* häppchenweise, kleckerweise *(salopp);* ↑unzusammenhängend · Ggs. ↑nacheinander.
Diskontsatz ↑Zinssatz.
Diskordanz ↑Missklang.
Diskothek ↑Gaststätte.
diskreditieren: ↑demütigen (jmdn.), ↑schlecht machen.
Diskrepanz ↑Abweichung.
diskret ↑dezent.
Diskretion ↑Verschwiegenheit.
¹diskriminieren, benachteiligen, zurückset-

zen, unterschiedlich / ungerecht behandeln, bedienen *(ugs., österr.);* ↑kränken, ↑missachten; ↑verschieden.

²diskriminieren: ↑demütigen (jmdn.), ↑schlecht machen, ↑unterscheiden.

Diskriminierung ↑Beleidigung.

Diskurs ↑Gespräch.

diskursiv ↑Erfahrung.

Diskus ↑Sportgerät.

Diskussion: ↑Gespräch; zur D. stehen / stellen ↑erörtern.

Diskussionsfrage ↑Frage.

Diskussionspartner ↑Gesprächsteilnehmer.

Diskussionsteilnehmer ↑Gesprächsteilnehmer.

Diskuswerfen: ↑Fünfkampf, ↑Leichtathletik, ↑Zehnkampf.

Diskutant ↑Gesprächsteilnehmer.

diskutieren ↑erörtern.

disloyal ↑unredlich.

disparat ↑gegensätzlich.

Disparität ↑Gegensätzlichkeit.

Dispens ↑Befreiung.

dispensieren ↑befreien.

disponieren ↑einteilen.

disponiert ↑aufgeschlossen.

Disposition: ↑Anlage, ↑Entwurf, ↑Gliederung.

¹Dispositionskredit, Überziehungskredit; ↑abheben.

²Dispositionskredit: ↑Anleihe, ↑Guthaben.

Disproportion ↑Abweichung.

Disput ↑Streit.

disputieren ↑erörtern.

Disqualifikation ↑Ausschluss.

disqualifizieren ↑ausschließen.

Disqualifizierung ↑Ausschluss.

Dissens ↑Meinungsverschiedenheit.

Dissertation: ↑Doktorarbeit; an der D. schreiben / arbeiten, eine D. schreiben ↑dissertieren.

dissertieren, an der Doktorarbeit / Dissertation schreiben (oder:) arbeiten, eine Doktorarbeit / Dissertation schreiben ↑promovieren; ↑Doktorarbeit.

Dissident: ↑Freidenker, ↑Gegner.

Dissidentin ↑Gegner.

Dissolution ↑Ausschweifung.

dissonant ↑misstönend.

Dissonanz ↑Missklang.

dissozial ↑asozial.

Disstress ↑Anstrengung.

Distanz: ↑Abstand, ↑Strecke.

distanzieren: sich d. von ↑abrücken (von jmdm.), ↑zurückziehen (sich).

distanziert ↑unzugänglich.

Distanziertheit ↑Verschlossenheit.

Distanzritt ↑Ritt.

Distanzwaffe ↑Kampfmittel.

Distelfalter ↑Schmetterling.

Distelöl ↑Speiseöl.

Distichon: ↑Epigramm, ↑Strophe.

distinguiert ↑geschmackvoll.

Distinktion: ↑Abzeichen, ↑Vornehmheit.

Distorsion ↑Verrenkung.

Distributivzahl ↑Zahl.

Distrikt: ↑Bereich, ↑Verwaltungsbezirk.

¹Disziplin, Zucht, Drill, Ordnung, Moral; ↑Erziehung; ↑anerzogen.

²Disziplin ↑Bereich.

Disziplinarverfahren ↑Gerichtsverfahren.

diszipliniert, zuchtvoll, ordentlich, gesittet; ↑anerzogen, ↑Benehmen, ↑Erziehung.

Dithyrambe ↑Lobrede.

Dithyrambus ↑Gedicht.

dito ↑auch.

Diurnum ↑Spesen.

Diva ↑Schauspielerin.

divergent ↑verschieden.

Divergenz: ↑Abweichung, ↑Kontrast, ↑Nichtübereinstimmung.

Divergenzschielen ↑Schielen.

divergieren ↑kontrastieren.

divergierend ↑ungleich.

divers: -e ↑einige.

Diversant ↑Spion.

Diversifikation ↑Vielfalt.

Dividende ↑Gewinnanteil.

dividieren, teilen; ↑Rechenverfahren.

divinatorisch ↑prophetisch.

Divis ↑Satzzeichen.

Division: ↑Heeresverband, ↑Rechenverfahren.

Diwan ↑Liege.

Dixieland ↑Jazz.

DM ↑Zahlungsmittel.

D-Mark ↑Zahlungsmittel.

Döbel ↑Fisch.

Dobermann ↑Hunderassen.

doch: ↑aber, ↑ja, ↑dennoch.

Docht: etwas / jmd. geht einem auf den D. ↑nervös [machen].

Dockarbeiter ↑Schauermann.

Docke: ↑Puppe, ↑Schwein.

Dockhafen ↑Hafen.

Dodel ↑Dummkopf.

Dogcart ↑Kutsche.

Dogge ↑Hunderassen.

Dogma ↑Lehre.

Dogmatik ↑Theologie.

Dogmengeschichte ↑Theologie.

Dohle ↑Vogel.

doktern ↑behandeln.

Doktor: ↑Arzt; den D. machen ↑promovieren.

¹Doktorarbeit, Inauguraldissertation, Dissertation; ↑Prüfung, ↑Prüfungsarbeit, ↑Werk; ↑dissertieren.

²Doktorarbeit: eine / an der D. schreiben ↑dissertieren.

Doktorgrad: den D. erlangen ↑promovieren.

doktorieren ↑promovieren.

Doktorprüfung ↑Prüfung.

Doktorwürde: die D. erlangen ↑promovieren.

Doktrin ↑Lehre.

doktrinär ↑unzugänglich.

Dokument ↑Urkunde.
Dokumentarbericht ↑Bericht.
Dokumentarfilm: ↑Fernsehfilm, ↑Kinofilm.
Dokumentarfilmer ↑Filmer.
Dokumentarist ↑Filmer.
Dokumentation: ↑Fernsehsendung, ↑Sammlung.
¹Dokumentensammlung, Urkundensammlung ·· *von der Regierung herausgegebene mit diplomatischem Material:* Farbbuch, Buntbuch · *in der Bundesrepublik:* Weißbuch · *in Österreich:* Rotbuch · *in Großbritannien:* Blaubuch · *in Frankreich:* Gelbbuch · *in Italien:* Grünbuch; ↑Archiv, ↑Mitteilung, ↑Veröffentlichung.
²Dokumentensammlung ↑Archiv.
dokumentieren: ↑bekunden, ↑buchen.
Dolantin ↑Rauschgift.
dolcamente ↑langsam.
dolce ↑langsam.
Dolcefarniente ↑Muße.
Dolce Vita ↑Lebensweise.
Dolch ↑Stichwaffe.
Dolde ↑Blütenstand.
Doldenkapitell ↑Kapitell.
Doldenrispe ↑Blütenstand.
Doldentraube ↑Blütenstand.
doll: ↑anziehend; -e Mina ↑Frauenrechtlerin; das ist ja d. ↑unerhört [sein]; nicht d. ↑mäßig.
Dollar: [kanadischer D.] ↑Zahlungsmittel.
Dolmen ↑Grab.
dolmetschen ↑übersetzen.
Dolmetscher, Übersetzer, Simultandolmetscher, Konferenzdolmetscher, Konsekutivdolmetscher · *im Nahen Osten:* Dragoman · *maschineller, der Programmiersprachen übersetzt:* Compiler, Assembler, Interpreter; ↑auslegen, ↑übersetzen; ↑polyglott.
Dolor ↑Schmerz.
Dolores ↑Geburtswehen.
Dolus ↑Absicht.
Dom: ↑Gewölbe, ↑Gotteshaus, ↑Jahrmarkt.
Domäne ↑Gut, ↑Vorrecht.
Domestik: ↑Diener; die -en ↑Personal.
Domestikation, Zähmung, das Zähmen, Domestizierung; ↑Erziehung; ↑zähmen.
domestizieren ↑zähm.
domestiziert ↑zahm.
Domestizierung ↑Domestikation.
Domina ↑Prostituierte.
dominant, beherrschend, bestimmend, dominierend · *als Mann:* chauvinistisch; ↑beherrschen.
Dominanz ↑Vorherrschaft.
dominieren: ↑beherrschen, ↑überwiegen; das Dominieren ↑Prävalenz.
dominierend ↑dominant.
Dominikalgewölbe ↑Gewölbe.
Dominikaner ↑Mönchsorden.
Dominikanerinnen ↑Nonnenorden.
Dominikanerorden ↑Mönchsorden, ↑Nonnenorden.

Dominostein ↑Gebäck.
Domizil ↑Wohnsitz.
Domkirche ↑Gotteshaus.
Domplatz ↑Platz.
Dompteur ↑Tierbändiger.
Domstadt ↑Köln.
Donar ↑Gott.
Donaumetropole ↑Wien.
Donaumonarchie ↑Österreich.
Donaustadt ↑Wien.
Donja ↑Geliebte.
Don Juan ↑Frauenheld.
Donner: Blitz und D. ↑Wetter; wie vom D. gerührt sein ↑betroffen [sein], ↑überrascht [sein].
Donnerbalken ↑Toilette.
Donnerbüchse ↑Schusswaffe.
Donnerkeil ↑verflucht!
donnern: ↑krachen, ↑schelten; es blitzt und donnert ↑Gewitter.
Donnerschlag ↑verflucht!
Donnerstag: D. vor Ostern ↑Gründonnerstag; an jedem D., jeden D., immer am D., alle -e ↑donnerstags.
donnerstags, an jedem Donnerstag, jeden Donnerstag, immer am Donnerstag, alle Donnerstage; ↑wochentags.
Donnerwetter: ↑Aufsehen; da soll doch das D. dreinschlagen!, zum D. noch mal! ↑verflucht!; ein D. loslassen ↑schelten.
doof: ↑dumm; -e Nuss ↑Dummkopf.
Doofheit ↑Beschränktheit.
Doofkopp ↑Dummkopf.
dopen ↑anregen.
Doping ↑Aufputschmittel.
Doppel ↑Abschrift.
Doppelbackenbremse ↑Bremse.
Doppelbett ↑Bett.
Doppelbock ↑Bier.
doppelbödig ↑hintergründig.
Doppelbödigkeit, Hintergründigkeit, Abgründigkeit; ↑Tiefsinn; ↑hintergründig.
Doppelcicero ↑Schriftgrad.
Doppeldecker: ↑Flugzeug, ↑Omnibus.
doppeldeutig: ↑mehrdeutig, ↑rätselhaft.
Doppeldildo ↑Penis.
Doppeldreier ↑Eislauf.
Doppelehe ↑Ehe.
Doppelfalte ↑Falte.
Doppelfenster ↑Fenster.
¹Doppelgänger, Double, Zwilling *(scherzh.);* ↑Double.
²Doppelgänger ↑Double.
doppelgeschlechtig ↑zwittrig.
Doppelgeschlechtlichkeit ↑Zwittertum.
Doppelgrab ↑Grab.
Doppelhochzeit ↑Vermählung.
Doppelkinn, Fettkinn, Goder *(bayr., österr.),* Goderl *(bayr., österr.),* Kader *(niederd.).*
Doppelkopf ↑Kartenspiel.
Doppelkorn ↑Alkohol.
Doppelkreuz ↑Kreuzzeichen.

Doppellasso ↑Eislauf.
Doppellauf ↑Gewehrlauf.
Doppellaut ↑Diphthong.
Doppelmittel ↑Schriftgrad.
doppeln: ↑besohlen, ↑verdoppeln.
Doppelname ↑Familienname.
Doppelrick ↑Hindernis.
Doppelsalchow ↑Eislauf.
Doppelschnepfe ↑Vogel.
Doppelschwanz ↑Insekt.
Doppelsinn ↑Mehrdeutigkeit.
doppelsinnig: ↑mehrdeutig, ↑rätselhaft.
Doppelsinnigkeit ↑Mehrdeutigkeit.
Doppelspiel ↑Arglist.
Doppelstockbühne ↑Bühne.
doppelstöckig: -er Bus ↑Omnibus.
Doppelstockomnibus ↑Omnibus.
Doppelstrategie ↑Strategie.
Doppelstück ↑Dublette.
doppelt: d. gemoppelt ↑pleonastisch; -e Buchführung ↑Buchführung; -e Moral ↑Beurteilung.
Doppeltreffer ↑Hauptgewinn.
doppelwertig ↑mehrdeutig.
Doppelwertigkeit ↑Mehrdeutigkeit.
Doppelwürfelkapitell ↑Kapitell.
Doppelzaun ↑Hindernis.
Doppelzentner ↑Gewichtseinheit.
doppelzüngig ↑unaufrichtig.
Doppelzüngigkeit ↑Arglist.
Doppik ↑Buchführung.
Doppler ↑Sohle.
Dorado: ↑Fabelland, ↑Tummelplatz.
¹Dorf, Bauerndorf, Kuhdorf *(salopp, abwertend),* Weiler · *in Form einer kleinen Ansammlung von Häusern um ein urbar gemachtes Wald- oder Heidestück:* Eschflurdorf, Drubbel · *nicht nach einem bestimmten Plan angelegtes:* Haufendorf, Gewanndorf, Etterdorf *(südd.)* · *entlang einer Leitlinie angelegtes:* Reihendorf, Zeilendorf, Gassendorf, Sackgassendorf, Straßendorf, Angerdorf, Hufendorf, Waldhufendorf, Deichhufendorf, Moorhufendorf, Marschhufendorf · *radial um den Dorfplatz angeordnetes:* Runddorf, Rundling, Platzdorf, Rundplatzdorf, Rundweiler; ↑Ort.
²Dorf: ↑Ort; das sind mir / für mich böhmische Dörfer ↑verstehen; die Kirche im D. lassen ↑übertreiben.
Dorfbewohner: ↑Bewohner, ↑Dorfgemeinschaft, ↑Landbewohner.
Dörfergemeinschaftsschule ↑Schule.
Dorfgemeinde ↑Dorfgemeinschaft.
Dorfgemeinschaft, Dorfgemeinde, Dorfbewohner, Dorfschaft *(schweiz.),* Dorfsame *(schweiz.).*
Dorfkapelle ↑Gotteshaus.
Dorfkirche ↑Gotteshaus.
Dorflehrer ↑Lehrer.
dörflich ↑ländlich.
Dorflinde ↑Linde.
Dorfsame ↑Dorfgemeinschaft.

Dorfschaft ↑Dorfgemeinschaft.
Dorfschullehrer ↑Lehrer.
Dorfstraße ↑Straße.
Dorftrottel ↑Dummkopf.
dorisch: -es Kapitell ↑Kapitell; -er Stil ↑Baustil.
¹Dorn, Stachel, Spitze, Piker *(salopp).*
²Dorn: jmdm. ein D. im Auge sein ↑unbeliebt.
Dornbusch ↑Hecke.
Dornenhecke ↑Hecke.
Dornenstrauch ↑Hecke.
Dornsavanne ↑Steppe.
Dornschwanz ↑Eidechse.
Doromanie ↑Anankasmus.
dorren ↑eingehen.
Dörrfleisch ↑Fett.
Dörrgemüse ↑Gemüse.
Dörrobst ↑Obst.
Dorsch ↑Fisch.
Dorschfisch ↑Fisch.
Dorschöl ↑Speiseöl.
¹dort, an jenem Ort, an jener Stelle, in jenem Land, bei ihnen / euch · Ggs. ↑hier.
²dort: der d. ↑jener.
dorthin: ↑dahin, ↑hin.
Dose: ↑Büchse, ↑Vagina.
dösen ↑schlafen.
Dosenbier ↑Bier.
Dosenmilch ↑Milch.
dosieren: ↑einteilen, ↑messen.
dösig ↑müde.
Dosis, Quantum, Quantität, Menge · *zu große:* Überdosis; ↑Anteil, ↑Anzahl.
Döskopp ↑Dummkopf.
Dossier ↑Aktenbündel.
Dotation ↑Aussteuer.
dotieren ↑stiften.
Dotter, Eidotter, Eigelb, Gelbei *(ugs., landsch.);* ↑Eiweiß.
dottergelb ↑gelb.
doubeln ↑spielen.
¹Double, Doppelgänger, Ersatzmann · *das berufsmäßig gefährliche und akrobatische Szenen für den Hauptdarsteller bzw. die Hauptdarstellerin spielt:* Stuntman, Stuntwoman; ↑Artist, ↑Doppelgänger, ↑Strohmann.
²Double ↑Doppelgänger.
doucement ↑langsam.
Douceur ↑Trinkgeld.
Douglasfichte ↑Nadelhölzer.
Douglasie ↑Nadelhölzer.
Douglasoskopie ↑Ausspiegelung.
Douglasskopie ↑Ausspiegelung.
down ↑deprimiert.
Downer ↑Beruhigungsmittel.
Downing Street ↑Regierung.
Downsyndrom ↑geistige Behinderung.
Doyen ↑Diplomat.
Dozent ↑Hochschullehrer.
dozieren ↑lehren.
Drache: ↑Sternbild, ↑Ungeheuer.

Drachen: ↑Ehefrau, ↑Frau, ↑Segelboot.
Drachenballon ↑Luftschiff.
Drachenboot ↑Segelboot.
Drachenfliegen ↑Fliegen.
Drachenschiff ↑Kriegsschiff.
Drachme: ↑Gewichtseinheit, ↑Zahlungsmittel.
Dragee ↑Medikament.
Dragoman ↑Dolmetscher.
Dragoner: ↑Frau, ↑Soldat.
Drahdiwaberl ↑Frau.
Draherei ↑Trinkgelage.
drahn ↑feiern.
¹Draht, Maschendraht, Stacheldraht, Kupferdraht, Kabeldraht, Glühdraht, Blumendraht, Telefondraht; ↑Drahtseil, ↑Geflecht, ↑Seil, ↑Zaun.
²Draht: ↑Geld; heißer D. ↑Telefonverbindung; auf D. sein ↑schlau [sein].
Drahtbesen ↑Besen.
Drahtbinder ↑Kesselflicker.
drahten ↑telegrafieren.
Drahtesel ↑Fahrrad.
Drahtglas ↑Glas.
drahtig ↑sportlich.
Drahtkäfig ↑Käfig.
Drahtkommode ↑Tasteninstrument.
Drahtkorb: ↑Einkaufstasche, ↑Korb.
drahtlos: d. übermitteln ↑funken.
Drahtnagel ↑Nagel.
Drahtpuppe ↑Marionette.
Drahtschere ↑Schere.
¹Drahtseil, Kabel, Stahltrosse; ↑Draht, ↑Seil.
²Drahtseil: Nerven haben wie -e ↑dickfellig [sein].
Drahtseilbahn ↑Seilbahn.
Drahtstift ↑Nagel.
Drahtverhau ↑Zaun.
Drahtzaun ↑Zaun.
Drahtzieher, Hintermann, Dunkelmann, Obskurant, graue Eminenz, Hinterbänkler *(abwertend),* Kanalarbeiter *(salopp, abwertend);* ↑Denunziant, ↑Hetzer, ↑Schlüsselfigur, ↑Verleumder; ↑intrigieren.
drall ↑dick.
Drallheit ↑Wohlgenährtsein.
Dralon ↑Chemiefaser.
¹Drama · Zieldrama, analytisches Drama · Ideendrama, Tendenzdrama, Schicksalsdrama, Charakterdrama, historisches Drama, Geschichtsdrama, Milieudrama, Künstlerdrama · geistliches Drama, Osterspiel, Passionsspiel, Fronleichnamsspiel, Weihnachtsspiel, Krippenspiel, Hirtenspiel · Schuldrama, Jesuitendrama, Barockdrama, Märtyrerdrama · Einakter, Dreiakter, Fünfakter · Buchdrama, Lesedrama · episches Theater · absurdes Drama / Theater; ↑Literaturepochen, ↑Schauspiel.
²Drama ↑Schauspiel.
Dramatik ↑Dichtung.
Dramatiker ↑Schriftsteller.
dramatisch: -er Sopran ↑Sängerin.

dramatisieren ↑übertreiben.
Dramensatz ↑Schriftsatz.
Dramolett ↑Schauspiel.
dran: d. glauben müssen ↑Reihe; gut d. sein ↑Glück [haben]; spät d. sein ↑spät [sein]; an jmdm. ist nichts d. ↑schlank [sein].
Dran: das [ganze] Drum und D. ↑Nebenumstände.
Dränage, Dränierung, Dränung, Bodenentwässerung, Entwässerung; ↑dränieren.
dränen ↑dränieren.
Drang: ↑Neigung; Sturm und D. ↑Literaturepochen.
Drangabe ↑Entäußerung.
drangeben ↑opfern.
Drängelei ↑Unleidlichkeit.
drängeln: ↑bitten, ↑drücken.
drängelnd ↑unleidlich.
drängen: ↑bitten, ↑drücken, ↑zusetzen (jmdm.); etwas drängt ↑eilen.
drängend ↑brisant.
Drangsal ↑Leid.
drangsalieren: ↑schikanieren, ↑unterdrücken.
Drangsalierung ↑Unfreiheit.
dränieren, dränen, entwässern; ↑Dränage · Ggs. ↑sprengen.
Dränierung ↑Dränage.
drankommen ↑Reihe.
Dranktonne ↑Abfalleimer.
dranrühren ↑beimischen.
dran sein: ↑menstruieren; ↑Reihe.
Dränung ↑Dränage.
drapp ↑beige.
drappfarben ↑beige.
drappfarbig ↑beige.
Drastik ↑Nachdrücklichkeit.
Drastikum ↑Abführmittel.
drastisch: ↑anschaulich, ↑nachdrücklich, ↑streng.
dräuen: etwas dräut ↑heraufziehen.
drauf: einen d.machen ↑feiern.
draufbekommen: eins d. ↑schelten, ↑schlagen.
Draufgabe: ↑Handgeld, ↑Zugabe; als D. bekommen ↑zubekommen.
¹Draufgänger, Tausendsassa, Teufelskerl, Malefizkerl *(südd.);* ↑Kämpfer, ↑Mann, ↑Schlaukopf; ↑mutig.
²Draufgänger ↑Kämpfer.
draufgängerisch ↑mutig.
Draufgängertum: ↑Ausgelassenheit, ↑Mut.
draufgehen: ↑defekt [werden], ↑sterben.
Draufgeld ↑Handgeld.
draufhaben ↑können.
draufkommen ↑merken.
draufkriegen: eines d. ↑schelten, ↑schlagen.
drauflegen: ↑zahlen, ↑zuzahlen.
drauflosgehen: ↑exponieren (sich).
drauflosreden ↑sprechen.
draufsatteln ↑aufbessern.
drauf sein: ↑wohl fühlen (sich); voll d. s. ↑begierig.

draufsetzen ↑sitzen lassen.
draufzahlen: ↑einbüßen, ↑zahlen, ↑zuzahlen.
drausbringen ↑verwirren.
Drauskommen: sein D. haben ↑auskommen.
¹**draußen,** im Freien, heraußen *(südd., österr.),* außen *(veraltend, österr.)* · Ggs. ↑drinnen.
²**draußen:** nach d. gehen ↑hinausgehen; mach die Tür von d. zu! ↑weg!
drechseln: gedrechselt ↑verziert.
Dreck: ↑Kram, ↑Schmutz; der letzte D. ↑Schleuderware; jmdn. wie [den letzten] D. behandeln ↑umgehen (mit jmdm.); Geld wie D. haben ↑reich [sein]; D. am Stecken haben ↑ehrenhaft; selber D. am Stecken haben ↑belangen; sich einen D. daraus machen ↑missachten; einen D. wert sein ↑wertlos [sein]; voller D. und Speck sein ↑schmutzig [sein]; die Karre aus dem D. ziehen ↑Ordnung; im D. sitzen / stecken ↑Not; die Karre in den D. fahren ↑verderben; in den D. ziehen, mit D. bewerfen ↑schlecht machen; mit D. und Speck ↑schmutzig; sich um jeden D. kümmern ↑neugierig [sein].
¹**Dreck-** *(derb;* Drecknest), Drecks- *(derb;* Dreckskerl), Scheiß- *(derb;* Scheißarbeit), Mist- *(derb;* Mistaufsatz), Sau- *(derb;* Sauwetter); ↑erz-.
²**Dreck-:** ↑Erz-.
Dreckarbeit ↑Anstrengung.
Dreckfink ↑Schmutzfink.
dreckig: ↑schmutzig; d. grinsen ↑schadenfroh [sein]; d. machen ↑beschmutzen.
Drecks-: ↑Dreck-.
Drecksarbeit ↑Anstrengung.
Drecksau ↑Schmutzfink.
Dreckschaufel ↑Müllschaufel.
Dreckschleuder ↑Lästerer, ↑Mund.
Dreckschwein ↑Schmutzfink.
Dreckspatz ↑Schmutzfink.
Dreckwetter ↑Wetter.
Dreh: ↑Trick; den D. heraushaben / raushaben ↑geschickt [sein].
drehbar: -e Platte ↑Speiseplatte.
Drehbleistift ↑Schreibstift.
Drehbrücke ↑Brücke.
Drehbuchautor ↑Schriftsteller.
¹**drehen,** kurbeln, leiern *(ugs.),* nuddeln *(salopp);* ↑aufwickeln, ↑kreisen, ↑rollen.
²**drehen:** ↑bewerkstelligen, ↑filmen; sich d. ↑kreisen, ↑rollen, ↑weggehen; gedreht ↑verziert; daran ist nicht zu d. und zu deuteln ↑klar [sein]; Däumchen / Daumen d. ↑faulenzen, ↑langweilen (sich); ein Ding d. ↑Verbrechen; einen Film d. ↑filmen; einen Film d. über ↑verfilmen; jmdm. eine Nase d. ↑schadenfroh [sein]; Tüten d. ↑abbüßen; durch den Fleischwolf / Wolf d. ↑Fleischwolf; durch die Mangel / den Wolf d. ↑besprechen; sich im Kreis d. ↑kreisen; etwas dreht sich um jmdn. / etwas ↑betreffen.
Dreher ↑Muskel.
Drehflügelflugzeug ↑Hubschrauber.

Drehflügler ↑Hubschrauber.
Drehmuskel ↑Muskel.
¹**Drehorgel,** Leierkasten, Karussellorgel; ↑Musikinstrument.
²**Drehorgel** ↑Leierkasten.
Drehorgelspieler ↑Leierkastenmann.
Drehpunkt ↑Pol.
Drehstrom ↑Elektrizität.
Drehstuhl ↑Stuhl.
Drehtür ↑Tür.
Drehzylinderbühne ↑Bühne.
drei: Heilige Drei Könige ↑Feiertag; Heilige Drei Könige, Fest der Heiligen Drei Könige ↑Epiphanias; d. Kreuze machen ↑aufatmen; in d. Schichten ↑unaufhörlich; die d. tollen Tage ↑Fastnacht; nicht bis d. zählen können ↑dumm [sein].
Dreiachteltakt ↑Takt.
Dreiakter ↑Drama.
Drei-D-Film ↑Kinofilm.
dreidimensional: -er Film ↑Kinofilm.
Dreieck: [Südliches D.] ↑Sternbild.
Dreiecksgeschichte ↑Ehebruch.
Dreieckstuch ↑Umhang.
Dreiecksverhältnis ↑Ehebruch.
Dreieinigkeit ↑Trinität.
Dreier: ↑Eislauf, ↑Koitus.
Dreierle Dreierless ↑Eszett.
dreifach: -e Kombination ↑Hindernis.
Dreifaltigkeit: ↑Trinität, ↑Trinitatis.
Dreifaltigkeitsfest: ↑Kirchenjahr, ↑Trinitatis.
Dreifaltigkeitssonntag: ↑Kirchenjahr, ↑Trinitatis.
Dreifarbentiefdruck ↑Druckverfahren.
Dreifingerfaultier ↑Faultier.
Dreifuß ↑Untergestell.
Dreigespann ↑Mannschaft.
Dreigliederung ↑Dreiheit.
Dreihalbetakt ↑Takt.
Dreiheit, Dreigliederung, Dreiteilung, Trias, Dreiklang, Triade.
Dreikäsehoch ↑Kind.
Dreiklang: ↑Akkord, ↑Dreiheit.
Dreiklassenwahlrecht ↑Wahlrecht.
Dreikönige ↑Epiphanias.
Dreikönigsfest: ↑Epiphanias; die Zeit zwischen Weihnachten und D. ↑Raunächte.
Dreikönigstag ↑Epiphanias.
dreinblicken ↑aussehen.
Dreingabe ↑Zugabe.
dreinreden ↑eingreifen.
dreinschauen ↑aussehen.
dreinschlagen: da soll doch das Donnerwetter d.! ↑verflucht!
Dreipassbogen ↑Bogen.
Dreiphasenstrom ↑Elektrizität.
Dreipunktgurt ↑Sicherheitsgurt.
Dreirad ↑Fahrrad.
Dreisatzrechnung ↑Mathematik.
Dreispitz ↑Kopfbedeckung.
Dreisprung ↑Leichtathletik.

dreist: ↑frech; so d. sein ↑erdreisten (sich).
Dreistigkeit: ↑Frechheit; die D. haben / besitzen ↑erdreisten (sich).
Dreiteilung ↑Dreiheit.
Dreivierteltakt ↑Takt.
dreizehn: jetzt schlägts aber d. ↑unerhört [sein].
Drell ↑Stoff.
dremmeln ↑bitten.
Dresche ↑Schläge.
dreschen: ↑schlagen; Phrasen / leeres Stroh d. ↑sprechen.
Dreschflegel, Drischel *(oberd.);* ↑Getreide.
Dresden, Elb-Florenz; ↑Stadt.
Dresdner: D. Stollen ↑Gebäck.
Dress ↑Anzug.
Dresseur ↑Tierbändiger.
dressieren: ↑erziehen, ↑garnieren.
Dressing ↑Soße.
Dressman: ↑Mannequin, ↑Strichjunge.
Dressur ↑Erziehung.
Dressurpferd ↑Pferd.
Dressurreiter ↑Reiter.
Dressurreiterin ↑Reiterin.
Drift: ↑Neigung, ↑Wirbel.
Drilch ↑Leinen.
Drill: ↑Affe, ↑Erziehung, ↑Disziplin.
drillen ↑erziehen.
Drillich: ↑Leinen, ↑Stoff.
Drillinge ↑Geschwister.
Drillingslilie ↑Liliengewächs.
drin: [hier] d. ↑drinnen; das ist nicht d. ↑möglich; es ist noch alles d. ↑ungewiss [sein].
dringen: ins Bewusstsein d. ↑auffallen.
¹dringend, eilig, keinen Aufschub duldend; ↑nötig, ↑schnell; **d. sein,** etwas brennt jmdm. auf den Nägeln; ↑eilen; ↑Erfordernis.
²dringend: ein Gespräch ↑Telefongespräch; etwas ist d. ↑eilen.
dringlich ↑nötig.
Dringlichkeit: etwas ist von großer D. ↑eilen.
Drink ↑Getränk.
drinnen, [hier] drin, herinnen *(südd., österr.);* ↑innen · Ggs. ↑draußen.
drin sein: etwas ist nicht drin ↑möglich.
drinsitzen: man sitzt nicht drin ↑Einfluss.
drinstecken: man steckt nicht drin ↑Einfluss.
drippeln ↑regnen.
Drischel ↑Dreschflegel.
dritt: Ehe zu d. ↑Ehe.
dritte: -r Advent ↑Kirchenjahr; -r Fall ↑Dativ; -r Stand ↑Bürgertum; d. Vergangenheit ↑Tempus; d. Zähne ↑Zahnersatz; die Dritte Welt ↑Entwicklungsländer; der lachende Dritte ↑Nutznießer; hören mit dem -n Ohr ↑Acht geben.
Drittenabschlagen ↑Fangspiel.
Dritter, Drittperson *(schweiz.),* Unbeteiligter, Außenstehender.
Dritte-Welt-Laden ↑Laden.
Drittperson ↑Dritter.

Drive-in-Filmtheater ↑Kino.
Drive-in-Kino ↑Kino.
droben ↑oberhalb.
Droge: ↑Medikament; [harte / weiche D.] ↑Rauschgift; unter -n stehen ↑Rausch.
dröge ↑lebensfremd.
drogenabhängig ↑süchtig.
Drogenabhängiger ↑Rauschgiftsüchtiger.
Drogentoter ↑Toter.
drogerieblond ↑blond.
Drohbrief ↑Schreiben.
¹drohen, bedrohen, mit dem Säbel rasseln; ↑androhen, ↑nötigen; ↑wehe!
²drohen: etwas droht ↑bevorstehen, ↑heraufziehen; etwas droht zu [+ Infinitiv] ↑beinahe; mit etwas d. ↑androhen (jmdm. etwas).
Drohne: ↑Biene; eine D. sein ↑faulenzen.
dröhnen: ↑schallen; mit -der Stimme ↑laut.
Dröhnen: das D. ↑Lärm.
Drohnendasein: ein D. führen ↑faulenzen.
Drohnenmütterchen ↑Biene.
Drohung: ↑Fluch, ↑Zwang.
Drohwort ↑Fluch.
Drolerie ↑Komik.
drollig ↑spaßig.
Drolligkeit ↑Komik.
Dromedar ↑Kamel.
Dromone ↑Kriegsschiff.
Drontheim, Trondheim *(norw.),* Trondhjem *(norw.);* ↑Stadt.
Drop-out: ↑Außenseiter, ↑Student.
Drops ↑Bonbon.
Droschke: ↑Mietwagen, ↑Taxi.
Drossel ↑Vogel.
Drosselgrube ↑Hals.
Drosselkehle ↑Hals.
drosseln ↑verringern.
Drosselung ↑Verminderung.
Drosslung ↑Verminderung.
Drubbel ↑Dorf.
drüben ↑jenseits.
¹Druck, Abdruck · *erster:* Erstdruck · *zweiter:* Zweitdruck · *früher:* Inkunabel, Wiegendruck, Frühdruck; ↑Auflage, ↑Buch, ↑Druckverfahren, ↑Fehler, ↑Imprimatur, ↑Nachdruck, ↑Probedruck, ↑Reproduktion, ↑Sonderdruck; ↑edieren, ↑reproduzieren.
²Druck: ↑Auflage, ↑Druckverfahren, ↑Kunstdruck, ↑Vergeltungsmaßnahmen, ↑Zwang; D. ausüben, ↑nötigen; in D. geben ↑edieren; jmdn. unter D. setzen ↑einschüchtern, ↑nötigen.
Druckauflage ↑Auflage.
Druckbewilligung ↑Imprimatur.
Drückeberger ↑Feigling.
drucken: ↑edieren; lügen wie gedruckt ↑lügen.
¹drücken: ↑edieren, stoßen ↑drängen; drängeln, schieben, antauchen *(österr.),* sich durchzwängen / *(ugs., österr.)* durchwuzeln / *(ugs., österr.)* wuzeln, schliefen *(südd., österr.).*
²drücken: ↑quetschen, ↑rauchen, ↑umfassen; jmdm. die Hand d. ↑begrüßen, ↑gratulieren;

drückend 182

den Preis d. ↑handeln; die Schulbank d. ↑Schule; auf die Tube d. ↑Geschwindigkeit, ↑verstärken; in die Hand d. ↑geben; sich d. vor ↑entziehen (sich).
drückend: ↑schwer, ↑schwül.
Drücker: ↑Handelsvertreter; am D. sein, die Hand am D. haben ↑mächtig; auf den letzten D. kommen ↑spät [kommen].
Druckerlaubnis ↑Imprimatur.
Druckerzeichen ↑Warenzeichen.
Druckerzeugnis ↑Buch.
Druckfehler ↑Fehler.
Druckgrafik, Gebrauchsgrafik, Werbegrafik, Modegrafik; ↑Grafik, ↑Zeichner.
Druckmine ↑Mine.
Druckmittel ↑Vergeltungsmaßnahmen.
Druckpapier, Werkdruckpapier, Zeitungsdruckpapier, Kunstdruckpapier, Illustrationsdruckpapier, Lithographiepapier, Chromopapier, Offsetpapier, Flachdruckpapier, Pigmentpapier, Umdruckpapier, Kreideumdruckpapier, Rotationspapier, Durchschusspapier, Dünndruckpapier; ↑Papier.
Druckpuls ↑Pulsschlag.
Druckpumpe ↑Wasserpumpe.
Drucksache ↑Postsendung.
Druckschrift ↑Schrift.
drucksen ↑sprechen.
Drucksorten ↑Formular.
Druckspritze ↑Spritze.
Druckverband ↑Verband.
Druckverfahren, Druck, Tiefdruck, Flachdruck, Reliefdruck, Offsetdruck, Blaudruck, Buntdruck, Farbdruck, Golddruck, Mehrfarbendruck, Vierfarbendruck, Dreifarbentiefdruck; ↑Druck, ↑Raster, ↑Schrift, ↑Schriftgrad, ↑Schriftsatz, ↑Schriftsetzer.
Druckwaage ↑Waage.
Drude ↑Zauberin.
Drudel ↑Zeichnung.
Drudenfuß ↑Zaubermittel.
Drugstore ↑Laden.
drum: seis d. ↑ja.
Drum: das [ganze] D. und Dran ↑Nebenumstände; mit allem D. und Dran ↑Zubehör.
Drummer ↑Schlagzeuger.
drunten ↑unterhalb.
druntersetzen: seinen [Friedrich] Wilhelm / seinen Servus d. ↑unterschreiben.
Druschel ↑Stachelbeere.
druseln ↑schlafen.
Drüsenpest ↑Pest.
Dschami ↑Gotteshaus.
Dschebrail ↑Orientteppich.
Dschungel ↑Urwald.
Dschunke ↑Segelschiff.
Dschuschegan ↑Orientteppich.
du: Du sagen, [mit jmdm.] per Du sein ↑duzen; mit jmdm. auf Du und Du stehen ↑vertraut.
dualisieren ↑verdoppeln.
Dübel ↑Nagel.

dubios ↑anrüchig.
Dublette, Doppelstück; ↑Abschrift, ↑Reproduktion.
dublieren ↑verdoppeln.
Dublone ↑Münze.
Duce ↑Oberhaupt.
Duchesse: ↑Adlige, ↑Stoff.
ducken: ↑lenken; sich d. ↑beugen (sich), ↑gehorchen.
Duckmäuser: ↑Feigling, ↑Heimlichtuer, ↑Heuchler, ↑Schmeichler.
dudeln: ↑musizieren, ↑tuten.
Dudelsack ↑Blasinstrument.
Dudu ↑Schnuller.
Duell ↑Zweikampf.
Dufflecoat ↑Mantel.
Duft: ↑Geruch, ↑Parfum; D. ausströmend ↑duftend.
dufte: ↑hübsch, ↑trefflich.
duften ↑riechen.
duftend, wohlriechend, Duft ausströmend, balsamisch, aromatisch, parfümiert, geruchsaktiv; ↑würzig; ↑Geruch, ↑Geschmack, ↑Rasierwasser.
Duftessenz ↑Parfum.
duftig, fein, zart, hauchzart, hauchfein.
Duftstoff ↑Parfum.
Duftwasser ↑Parfum.
Dukaten ↑Münze.
Duktus, Linienführung, Schriftzüge; ↑Handschrift.
dulden: ↑billigen, ↑ertragen; nicht geduldet werden können ↑statthaft; keinen Aufschub -d ↑dringend.
duldsam ↑tolerant.
Duldsamkeit, Toleranz, Nachgiebigkeit, Großzügigkeit, Großmut, Hochherzigkeit, Liberalität, duldsames Wesen, weiche Welle · *bemängelte:* Laxheit *(abwertend);* ↑Nachlässigkeit · *als Mittel der politischen Unterdrückung angewandte:* repressive Toleranz; ↑Duldung, ↑Erfahrung, ↑Freundlichkeit; ↑aufgeklärt · Ggs. ↑Unduldsamkeit.
Duldung, Geduld, Nachsicht, Milde, Einsehen, Langmut, Engelsgeduld, Indulgenz, Konnivenz; Laisser-faire, Laisser-aller; Gewährenlassen, Treibenlassen, Hinnahme; ↑Begnadigung, ↑Duldsamkeit, ↑Erfahrung, ↑Verständnis; ↑ertragen; ↑tolerant.
dulliäh ↑lustig.
Dulliäh ↑Betrunkenheit.
Dult ↑Jahrmarkt.
Dulzinea ↑Geliebte.
¹dumm, unbedarft, unerfahren, unbedeutend, strohdumm *(abwertend),* dumm wie Bohnenstroh *(abwertend),* unintelligent, unverständig, töricht, idiotisch *(abwertend),* dümmlich *(salopp, abwertend),* doof *(salopp, abwertend),* dusslig *(salopp, abwertend),* bescheuert *(salopp),* behämmert *(salopp),* damisch *(salopp, südd., österr.),* unterbelichtet *(salopp),* blödsin-

nig *(salopp)*, blöde *(salopp, abwertend)*, blöd *(salopp, abwertend)*, saudumm *(derb, abwertend)*, saublöd *(derb, abwertend)*, tappert *(abwertend, österr.)*, tappicht *(abwertend, landsch.)*, tappich *(abwertend, landsch.)*, nicht ↑klug; ↑arglos, ↑begriffsstutzig, ↑gutgläubig, ↑stumpfsinnig, ↑überspannt, ↑unbegabt, ↑unklug; **d. sein**, nicht bis drei zählen können, aus / von Dummsdorf sein (oder:) stammen *(ugs.)*, zu heiß gebadet worden sein *(salopp)*, mit dem Klammerbeutel gepudert sein *(salopp)*; dümmer sein, als die Polizei erlaubt *(ugs., scherzh.)*; die Weisheit nicht mit Löffeln gegessen / *(salopp)* gefressen haben, ein Brett vor dem Kopf / ein Spatzenhirn haben *(abwertend)*, jmd. hat das Pulver [auch] nicht [gerade] erfunden *(ugs.)*; **nicht d. sein**, nicht auf den Kopf gefallen sein; **d. dastehen**, dastehen wie ein Ölgötze *(abwertend)*; **für d. halten**, für dumm verkaufen *(ugs.)*; **d. machen**, verdummen; ↑Spleen.

²**dumm:** ↑unerfreulich; -er August ↑Artist, ↑Spaßmacher; -e Gans / Kuh / Ziege, -er Kerl / Sack, -es Huhn / Luder ↑Dummkopf; -es Zeug ↑Unsinn; d. aus der Wäsche / dem Anzug gucken ↑überrascht [sein]; jmdm. d. kommen ↑frech [werden]; für d. verkaufen ↑betrügen; sich nicht für d. verkaufen lassen ↑schlau [sein]; der Dumme sein ↑hereinfallen.

Dummenfang ↑Überlistung.

Dummerjan ↑Dummkopf.

dummerweise ↑schade.

Dummheit: ↑Absurdität, ↑Beschränktheit, ↑Unkenntnis, -en ↑Unsinn; eine D. machen ↑anrichten; -en machen ↑albern.

Dummian ↑Dummkopf.

Dummkopf, Idiot, Vollidiot, Kretin *(abwertend)*, armer Irrer *(salopp)*, Blödling, Blödian, Dummrian, Dummian *(landsch., österr.)*, Dummerjan, dummer Kerl *(salopp)*, Doofkopp *(salopp, nordd.)*, Dämel *(salopp, landsch.)*, Damian *(salopp)*, Dussel *(salopp)*, Holzkopf *(ugs.)*, Kohlkopf *(ugs.)*, Quatschkopf *(salopp)*, Gipskopf *(ugs.)*, Knallkopp *(salopp)*, Döskopp *(salopp, nordd.)*, Depp *(ugs., oberd.)*, Tepp *(ugs., oberd.)*, Dodel *(ugs., oberd.)*, Löli *(schweiz.)*, Schwachkopf, trübe Tasse *(salopp)*, doofe Nuss *(salopp)*, Gescherter *(salopp, südd., österr.)*, Hirnöderl *(salopp, österr.)*, Tocker *(österr.)*, Kineser *(österr.)*, Trottel, Dorftrottel, Bezirkstrottel *(österr.)*, Dalk *(südd., österr.)*, Karpf *(österr.)*, Fetzenschädel *(derb, österr.)*, Gauch *(veraltet)*, Dümmling, Schaf *(ugs.)*, Schafsnase *(ugs.)*, Schafskopf *(derb)*, Rindvieh *(derb)*, Esel *(derb)*, Hammel *(derb)*, Armleuchter *(salopp)*, Pinscher *(ugs.)*, Arschloch *(vulgär)*, blöder Heini *(salopp)*, Saftsack *(derb)*, Saftheini *(derb)*, Piesepampel *(derb)*, Weihnachtsmann *(ugs.)*, dummer Sack *(derb)*, Hornochse *(derb)*, Hornvieh *(derb)*, Heuochse *(derb)*, Ochse *(derb)*, Kamel *(derb)*, Kamuffel *(ugs.)*, Mondkalb *(derb)*, Blödmann *(salopp)*, Blödhammel *(derb)*, Dämlack

(derb), Rhinozeros *(derb)*, Hohlkopf *(derb)*, Strohkopf *(derb)*, dummes Luder *(derb)*, dummes Huhn *(ugs.)*, dumme Ziege / Kuh / Gans *(salopp)*; ↑Narr, ↑Schimpfwort, ↑Spaßvogel.

dümmlich ↑dumm.

Dümmling ↑Dummkopf.

Dummrian ↑Dummkopf.

Dummsdorf: aus / von D. sein (oder:) stammen ↑dumm [sein].

Dummy ↑Packung.

dumpf: ↑benommen, ↑unempfindlich.

Dumpfheit: ↑Abgestumpftheit, ↑Benommenheit.

Dumping ↑Preisunterbietung.

Dumpingpreis ↑Preis.

dun: d. sein ↑betrunken [sein].

Dune ↑Feder.

Düne ↑Wall.

Dung ↑Dünger.

Düngemittel: ↑Dünger, ↑Schüttgut.

düngen, Mist streuen · *mit Jauche:* jauchen, güllen *(südwestd., schweiz.)*, adeln *(mundartl., österr.)*; ↑bebauen; ↑Dünger.

Dünger, Düngemittel, Naturdünger, Fäkaldünger, Mineraldünger, Kunstdünger, Dung, Düngung, Stalldung, Stalldünger, Stallmist, Mist, Kuhmist, Pferdemist, Hühnermist, Guano · *pflanzlicher:* Kompost, Gründung · *flüssiger:* Jauche, Pfuhl *(westmitteld.)*, Gülle *(südd., schweiz.)*, Mistgülle, Adel *(bayr., österr. mundartl.)*, Odel *(bayr., österr. mundartl.)*, Pudel *(westd.)*, Puddel *(westd.)*, Suter *(hess.)*, Sutter *(hess.)*; ↑Jauchegrube, ↑Misthaufen; ↑düngen.

Düngung ↑Dünger.

¹**dunkel**, finster, halbdunkel, dämm[e]rig, zwielichtig, düster, trübe, schumm[e]rig, duster *(landsch., salopp)*, zappenduster *(landsch., salopp)*, stockdunkel, stockfinster, nicht ↑hell; ↑dunstig, ↑nachts, ↑undurchsichtig; **d. werden**, dämmern, eindämmern *(schweiz.)*, sich verdunkeln, eindunkeln *(schweiz.)*, nachten *(dichter.)*, die Nacht sinkt herab / senkt sich auf die Erde / bricht herein *(dichter.)*, einnachten *(schweiz.)*, zunachten *(schweiz.)*; **d. sein:** es ist dunkel, man kann die Hand vor [den] Augen sehen;

²**dunkel:** ↑rätselhaft, ↑undurchsichtig, ↑unklar; ↑verworren; d. machen ↑verdunkeln; ein Dunkles ↑Bier; im Dunkeln liegen ↑rätselhaft [sein]; im Dunkeln tappen ↑wissen.

Dunkel: ↑Dämmerung; im D., im -n ↑nachts; etwas mit der linken Hand im -n machen ↑mühelos [schaffen].

Dünkel: ↑Überheblichkeit, ↑Standesbewusstsein; einen D. haben ↑dünkelhaft [sein].

dunkelblau ↑blau.

dunkelblond ↑blond.

dunkelbraun: ↑braun, ↑braunhaarig.

dunkelgrau ↑grau.

dunkelgrün ↑grün.

dünkelhaft, eingebildet *(abwertend)*, stolz,

selbstbewusst, selbstsicher, selbstüberzeugt, selbstüberzogen *(ugs., abwertend),* wichtigtuerisch *(abwertend),* aufgeblasen *(abwertend),* selbstgefällig *(abwertend),* überheblich, hybrid, anmaßend, präpotent *(österr.),* arrogant, süffisant, hochmütig, hoffärtig, hochfahrend, blasiert *(abwertend),* herablassend, gnädig, snobistisch, spleenig, hochnäsig *(ugs.);* ↑aufdringlich, ↑eitel, ↑protzig, ↑selbstbewusst, ↑selbstbezogen, ↑selbstsüchtig; **d. sein,** die Nase hoch tragen, einen Dünkel haben, sich als Halbgott fühlen, jmd. kennt sich kaum selbst vor Stolz, jmdm. schwillt der Kamm; auf dem hohen Ross sitzen; **d. werden,** etwas steigt jmdm. zu Kopf / in die Krone *(ugs.);* ↑prahlen, ↑überschätzen (sich); ↑Standesbewusstsein, ↑Überheblichkeit.
Dunkelheit: ↑Dämmerung; im Schutze der D. ↑heimlich; bei D. ↑nachts.
Dunkelmann ↑Drahtzieher.
dunkelorange ↑orange.
dunkelrot ↑rot.
dunkelrubin ↑rot.
dunkelviolett ↑violett.
Dunkelziffer ↑Anzahl.
dünken: es dünkt jmdm. / jmdn. ↑vermuten.
dünn: ↑abgenutzt, ↑durchsichtig, ↑schlank, ↑schütter; das Brett an der -sten Stelle bohren ↑entziehen (sich); -er werden ↑schlank [werden]; mit jmdm. durch dick und d. gehen ↑treu [sein]; etwas ist d. gesät ↑selten [sein].
dünn besiedelt ↑bevölkert.
dünn bevölkert ↑bevölkert.
Dünnbier ↑Bier.
Dünnbrettbohrer: ein D. sein ↑entziehen (sich).
Dünndarm ↑Darm.
Dünndruckausgabe ↑Edition.
Dünndruckpapier ↑Druckpapier.
dunnemals: anno d. ↑damals.
Dünnglas ↑Glas.
dünnhäutig ↑empfindlich.
dünnmachen: sich d. ↑weggehen.
Dünnpfiff ↑Durchfall.
Dünnschiss ↑Durchfall.
Dunst: ↑Nebel, ↑Rauch; leerer D. ↑Einbildung; jmdm. blauen D. vormachen ↑lügen.
dünsten: ↑braten, ↑riechen.
Dunstglocke ↑Umweltverschmutzung.
¹dunstig, diesig, neblig; ↑bewölkt, ↑dunkel; ↑Nebel; ↑nebeln.
²dunstig ↑stickig.
Dunstkiepe ↑Kopfbedeckung.
Dünung ↑Seegang.
Duo ↑Mannschaft.
Duodenum ↑Darm.
düpieren ↑betrügen.
Duplexkarton ↑Karton.
duplieren ↑verdoppeln.
Duplikat ↑Abschrift.
duplizieren ↑verdoppeln.
Duplizität ↑Zusammentreffen.

Duplum ↑Abschrift.
Dupont-Lerche ↑Vogel.
Dura ↑Meninx.
Durakkord ↑Akkord.
Dura mater ↑Meninx.
durativ: -es Verb ↑Verb.
durch: ↑gar, ↑vermittels, ↑wegen; d. sich ↑per se; nicht d. ↑halb gar; nicht ganz d. ↑gar.
durchaus: ↑ganz, ↑ja, ↑unbedingt; d. nicht ↑keineswegs, ↑nein.
durchbeißen: sich d. ↑durchsetzen (sich).
durchbläuen ↑schlagen.
Durchblick ↑Scharfsinn.
durchblicken: ↑erkennen, ↑verstehen; d. lassen ↑mitteilen; durch etwas nicht mehr d. ↑verstehen.
Durchblutung: vermehrte D. ↑Blutandrang; verminderte D. ↑Blutleere.
durchbohren: ↑durchlöchern; jmdn. mit Blicken d. ↑ansehen.
durchboxen: ↑erwirken; sich d. ↑durchsetzen (sich).
durchbrechen ↑durchschimmern.
durchbrennen: ↑weggehen; etwas ist durchgebrannt ↑defekt [sein]; jmdm. brennen die Sicherungen durch ↑aufgeregt [sein].
¹durchbringen, verbrauchen, aufbrauchen, vertun, verwirtschaften, verbringen, um die Ecke bringen *(ugs.),* verprassen, verplempern *(ugs.),* verläppern *(ugs.),* verjubeln *(ugs.),* verjuxen *(ugs.),* verpulvern *(ugs.),* das Geld auf den Kopf hauen / kloppen *(salopp),* das Geld zum Fenster hinauswerfen / *(salopp)* hinausschmeißen, vermöbeln *(salopp),* verklötern *(salopp, nordd.);* ↑verschwenden, ↑zahlen.
²durchbringen ↑erwirken; sich d. ↑durchsetzen (sich).
Durchbruch: ↑Erfolg; zum D. verhelfen ↑unterstützen (etwas).
Durchbruchsschlacht ↑Kampf.
durchchecken: ↑kontrollieren, ↑prüfen.
durchdacht: ↑ausgewogen, ↑planmäßig.
Durchdachtheit ↑Ausgereiftheit.
durchdenken: ↑denken; etwas muss durchdacht werden ↑Bedenkzeit [erfordern].
durchdrehen: ↑aufgeregt [sein], ↑Fleischwolf.
durchdringen: ↑durchschimmern, ↑herumsprechen (sich).
¹durchdringend (Geruch), stechend, beißend, streng, scharf, stark, intensiv, penetrant; ↑laut.
²durchdringend ↑laut.
durchdrücken: ↑erwirken; seinen Willen d. ↑durchsetzen (sich).
¹durcheinander, ungeordnet, wirr, chaotisch, bunt / *(ugs.)* kunterbunt durcheinander, vermischt, vermengt, wie Kraut und Rüben *(ugs.).*
²durcheinander: etwas ist d. ↑ungeordnet [sein].
Durcheinander: ↑Mischung, ↑Verwirrung.
durcheinander bringen: ↑verquicken, ↑verwechseln, ↑verwirren.

durchschimmern

durcheinander reden ↑lärmen.
durcheinander werfen ↑verquicken.
durchexerzieren: ↑lernen, ↑probieren.
¹Durchfahrt, Passage, Meerenge, Straße (z. B.
von Gibraltar); ↑Reise, ↑Straße.
²Durchfahrt ↑Transit.
¹Durchfall, Darmkatarrh, Diarrhö, überschnelle / beschleunigte Verdauung *(scherzh.),*
Ruhr, Dysenterie, Enteritis, Renneritis
(scherzh.), Durchmarsch *(salopp),* Dünnpfiff
(derb), Dünnschiss *(vulgär),* Scheißerei *(vul-*
gär), Scheißeritis *(vulgär),* flotter Heinrich
(scherzh.), schnelle Kathrin *(scherzh.),* Flitzeritis *(scherzh.);* ↑Verdauungsstörung · Ggs.
↑Stuhlverstopfung; **D. haben,** laufen müssen.
²Durchfall ↑Misserfolg.
durchfallen: ↑Misserfolg [haben], ↑versagen.
durchfechten ↑erwirken.
durchfeiern: die Nacht d. ↑feiern.
durchfliegen ↑versagen.
durchfluten: von Licht durchflutet ↑beleuchtet.
durchforsten ↑prüfen.
durchfretten: sich d. ↑durchsetzen (sich).
Durchfuhr ↑Transit.
durchführbar ↑möglich.
durchführen: ↑veranstalten, ↑verwirklichen;
eine Impfung d. ↑impfen.
Durchfuhrhandel ↑Transithandel.
Durchführung: ↑Abhaltung, ↑Bewerkstelli-
gung; zur D. gelangen ↑verwirklichen.
durchfüttern ↑ernähren.
Durchgang, Passage; ↑Straße, ↑Weg.
¹durchgängig, durchgehend, ausnahmslos;
↑alle, ↑allgemein.
²durchgängig ↑generell.
Durchgangsstraße ↑Straße.
Durchgangsverkehr ↑Straßenverkehr.
durchgebacken ↑gar.
durchgeben: einen Funkspruch d. ↑funken.
durchgehen: ↑kontrollieren, ↑weggehen; mit
jmdm. gehen die Nerven durch, jmdm. gehen
die Sicherungen durch ↑aufgeregt [sein].
durchgehend ↑durchgängig.
durchgeknobelt ↑ausgewogen.
durchgeschwitzt ↑verschwitzt.
durchgreifen ↑eingreifen.
durchgreifend ↑einschneidend.
durchgucken ↑verstehen.
¹durchhalten, aushalten, standhalten, ausharren, nicht aufgeben / nachgeben / schlappmachen; ↑durchsetzen (sich), ↑erwirken.
²durchhalten ↑standhalten.
Durchhaltevermögen ↑Beharrlichkeit.
durchhauen: ↑schlagen; den gordischen Knoten d. ↑Lösung.
Durchhaus ↑Haus.
durchhecheln ↑reden (über jmdn. / etwas).
durchkämmen ↑durchsuchen.
durchkämpfen: sich d. ↑durchsetzen (sich).
durchkauen ↑erörtern.
durchkommen: ↑einsickern; nicht d. ↑telefo-

nieren (mit jmdm.); [mit Rückenwind d.] ↑be-
wältigen.
durchkosten ↑genießen.
durchkreuzen: ↑bereisen, ↑hindern, ↑verhin-
dern.
Durchkreuzung ↑Vereitelung.
durchkriegen ↑erwirken.
durchlassen: etwas lässt den Regen durch
↑durchlässig [sein].
durchlässig, porös, löcherig, durchlöchert,
leck, undicht, perforiert; ↑luftdurchlässig ·
Ggs. ↑undurchlässig; **d. sein,** etwas lässt den
Regen durch, es regnet durch; ↑durchlöchern,
↑durchschimmern.
Durchlaucht: Euer / Eure D. ↑Anrede.
durchlaufen: ↑absolvieren; eine Ausbildung /
Lehre d. ↑Ausbildung.
Durchlauferhitzer ↑Heißwasserbereiter.
durchlesen ↑lesen.
durchleuchten: ↑beurteilen, ↑durchschim-
mern, ↑röntgen.
Durchleuchtung ↑Röntgenographie.
durchlöchern, perforieren, lochen, durchbohren, durchstoßen; ↑durchlässig.
durchlöchert: ↑defekt, ↑lässig.
durchlüften ↑lüften.
durchmachen: ↑ertragen; eine Ausbildung /
Lehre d. ↑Ausbildung; die Nacht d. ↑feiern;
eine Verwandlung d. ↑Passiv.
Durchmarsch ↑Durchfall.
Durchmesser ↑Linie.
durchmustern ↑durchsuchen.
durchnässt: [bis auf die Haut d.] ↑nass.
durchnummerieren ↑nummerieren.
durchpauken ↑erwirken.
durchpausen ↑vervielfältigen.
durchpeitschen ↑erwirken.
durchplumpsen ↑versagen.
durchprobieren ↑probieren.
durchprügeln ↑schlagen.
durchqueren: ↑bereisen, ↑passieren.
durchrasseln ↑versagen.
durchregnen: es regnet durch ↑durchlässig.
durchreisen: ↑bereisen, ↑passieren.
durchreitern ↑filtern.
durchrühren ↑rühren.
Durchrüttelung ↑Massage.
durchsäuern ↑sauer.
durchsausen ↑versagen.
durchschaubar: ↑vordergründig; schwer d.
↑hintergründig.
Durchschaubarkeit, Durchsichtigkeit, Transparenz, Vordergründigkeit, Fadenscheinigkeit
(abwertend); ↑vordergründig.
durchschauen: ↑aufdecken, ↑entlarven
(jmdn.), ↑erkennen, ↑lesen, ↑verstehen.
durchscheinen ↑durchschimmern.
durchscheinend ↑durchsichtig.
durchschimmern, durchscheinen, durchleuchten, durchbrechen, durchdringen;
↑durchlässig.

Durchschlafmittel ↑Schlafmittel.

Durchschlag: ↑Abschrift, ↑Reproduktion; einen D. machen ↑vervielfältigen.

durchschlagen: sich d. ↑durchsetzen (sich), ↑leben.

Durchschlagpapier ↑Schreibpapier.

durchschleusen, [der Reihe nach] bedienen / abfertigen, abchecken, einchecken; ↑einliefern, ↑prüfen.

durchschmecken ↑vorschmecken.

¹durchschneiden, zerschneiden, durchtrennen, trennen, kappen.

²durchschneiden: die Nabelschnur d. ↑selbstständig [werden].

durchschnittlich ↑mäßig.

Durchschnitts-: ↑Allerwelts-.

Durchschnittsbürger, Durchschnittsmensch, der gemeine / kleine / einfache Mann, der Mann auf der Straße, Menschen wie du und ich, der gewöhnliche Sterbliche, Lieschen Müller, Otto Normalverbraucher · *der sich durch höhere geistige Ansprüche von der Masse abzuheben glaubt:* Dr. Lieschen Müller; ↑Allerwelts-, ↑Allgemeingeschmack, ↑Alltagsmensch, ↑Mensch.

Durchschnittsernte ↑Ernte.

Durchschnittsgeschmack ↑Allgemeingeschmack.

Durchschnittsgesicht ↑Gesicht.

Durchschnittslohn ↑Lohn.

Durchschnittsmensch: ↑Alltagsmensch, ↑Durchschnittsbürger.

Durchschreibepapier ↑Schreibpapier.

Durchschrift ↑Abschrift.

Durchschusspapier ↑Druckpapier.

durchschütteln: es durchschüttelt jmdn. ↑zittern.

Durchschüttelung ↑Massage.

durchsehen: ↑kontrollieren, ↑nachschlagen (in); durch etwas nicht mehr d. ↑verstehen.

durchseihen ↑filtern.

durch sein ↑reif [sein].

¹durchsetzen (sich), sich behaupten / durchkämpfen / durchbringen / *(ugs.)* durchboxen / *(ugs.)* durchschlagen / *(österr.)* durchfretten / durchs Leben schlagen, seinen Willen durchsetzen / durchdrücken / bekommen / haben, die Oberhand gewinnen / behalten · *rücksichtslos:* die Ellenbogen gebrauchen; ↑bewältigen, ↑ertragen, ↑erwirken, ↑siegen, ↑standhalten; ↑unbarmherzig; ↑Durchsetzungskraft, ↑Schlaukopf.

²durchsetzen: ↑erwirken, ↑infiltrieren; sich d. ↑ausbreiten (sich).

¹Durchsetzungskraft, Stehvermögen, Belastbarkeit, Widerstandsfähigkeit, Widerstandskraft; ↑Beharrlichkeit, ↑Widerstandsfähigkeit; ↑durchsetzen (sich).

²Durchsetzungskraft ↑Selbstbewusstsein.

Durchsetzungsvermögen ↑Selbstbewusstsein.

Durchsicht ↑Kontrolle.

¹durchsichtig, durchscheinend, dünn, transparent, luzid, transluzent *(veraltet),* transluzid *(veraltet).*

²durchsichtig: ↑vordergründig; nicht d. ↑arbiträr.

Durchsichtigkeit: ↑Blässe, ↑Durchschaubarkeit.

durchsickern: ↑einsickern, ↑herumsprechen (sich).

durchsieben ↑filtern.

durchsprechen ↑erörtern.

durchstarten ↑ankurbeln.

Durchstecherei ↑Betrug.

durchstehen ↑ertragen.

durchstöbern: ↑absuchen, ↑durchsuchen.

durchstoßen ↑durchlöchern.

durchstreichen: ↑absuchen, ↑ausstreichen.

durchstreifen: ↑absuchen, ↑bereisen.

¹durchsuchen, aussuchen *(landsch.),* nachsuchen, absuchen, abtasten, durchstöbern, durchwühlen, durchmustern, durchkämmen, mustern, filzen *(ugs.),* lustrieren *(veraltet),* perlustrieren *(bes. österr.),* eine Haussuchung / *(österr.)* Hausdurchsuchung machen (oder:) vornehmen; ↑absuchen, ↑berühren, ↑kontrollieren, ↑nachforschen, ↑suchen; ↑Durchsuchung.

²durchsuchen: ↑absuchen; etwas nach etwas d. ↑suchen.

Durchsuchung, Haussuchung, Hausdurchsuchung *(österr.)* · *durch eine Polizeistreife (nach verdächtigen Personen):* Razzia, Perlustrierung *(österr.),* Perlustration *(österr.);* ↑Polizeistreife; ↑durchsuchen.

durchsumpfen: die Nacht d. ↑feiern.

durchtrennen: ↑durchschneiden; die Nabelschnur d. ↑selbstständig [werden].

durchtrieben ↑schlau.

Durchtriebenheit ↑List.

durchtrinken: die Nacht d. ↑feiern.

durchwachsen: ↑mäßig; -er Speck ↑Fett.

durchwalken ↑schlagen.

durchwandern ↑bereisen.

durchwaschen ↑waschen.

durchweg ↑generell.

durchwegs ↑generell.

durchweichen: [bis auf die Haut] durchweicht ↑nass.

durchwetzen: durchgewetzt ↑abgenutzt.

durchwichsen ↑schlagen.

durchwühlen ↑durchsuchen.

durchwuzeln: sich d. ↑drücken.

durchzählen ↑zählen.

durchzechen: die Nacht d. ↑feiern.

¹durchziehen, einfädeln, einziehen; ↑auffädeln.

²durchziehen: ↑bereisen, ↑veranstalten, ↑verwirklichen, ↑waschen; einen Joint d. ↑rauchen.

Durchzug, Zug, Zugluft, Luftzug; **es herrscht D.,** es zieht, es zieht wie Hechtsuppe *(salopp);* ↑luftig.

durchzwängen: sich d. ↑drücken.

Dürerstadt ↑Nürnberg.

dürfen: ↑befugt [sein], ↑müssen; das darf nicht sein ↑nein; das darf doch nicht wahr sein! ↑überrascht [sein]; von etwas darf nicht gesprochen werden, an etwas darf man nicht rühren ↑tabu; darf ich / dürfte ich Sie bitten ...? ↑bitte!

dürftig ↑karg.

Dürftigkeit ↑Armut.

dürr: ↑geräuchert, ↑schlank, ↑trocken, ↑unfruchtbar.

Dürre: ↑Kargheit, ↑Trockenheit.

Dürrfleisch ↑Fett.

Dürrobst ↑Obst.

¹Durst, Brand *(ugs.),* Riesendurst, Mordsdurst *(salopp);* D. **haben,** durstig sein, jmdn. durstet / dürstet *(geh.),* jmdm. klebt die Zunge am Gaumen, eine trockene Kehle haben *(ugs.);* ↑trinken.

²Durst: einen über den D. trinken ↑betrinken (sich); einen über den D. getrunken haben ↑betrunken [sein].

dursten: jmdn. durstet ↑Durst [haben].

dürsten: [d. nach] ↑streben; jmdn. dürstet ↑Durst [haben].

durstig: -e Seele ↑Trinker; d. sein ↑Durst [haben].

Durststrecke ↑Wartezeit.

Dusche: goldene D. ↑Koitus; kalte D. ↑Enttäuschung; wie eine kalte D. wirken ↑ernüchtern.

duschen: sich d. ↑baden.

Dusel: ↑Betrunkenheit; D. haben ↑Glück [haben].

düsen: ↑fliegen, ↑fortbewegen (sich).

Düsenflugzeug ↑Flugzeug.

Düsenjäger ↑Flugzeug.

Düsenklipper ↑Flugzeug.

Düsenlärm ↑Lärm.

Düsenmaschine ↑Flugzeug.

Düsentreibstoff ↑Treibstoff.

Dussel ↑Dummkopf.

Düsseldorf, Rhein-Ruhr-Metropole, Klein-Paris, Landeshauptstadt [von Nordrhein-Westfalen]; ↑Stadt.

dusslig ↑dumm.

duster: ↑dunkel, ↑makaber.

düster: ↑dunkel, ↑makaber; etwas in den -sten Farben malen ↑schildern.

Düsternis ↑Dämmerung.

Dutchman ↑Holländer.

Dutt, Knoten, Nest, Chignon, Portierzwiebel *(salopp, scherzh.),* Zwiebel *(salopp, scherzh.);* ↑Frisur, ↑Haar.

Dutte ↑Zitze.

Dutterl ↑Brustwarze.

Dutyfreeshop ↑Laden.

Dutzend ↑Stück.

Dutzend-: ↑Allerwelts-.

Dutzendgeschmack ↑Allgemeingeschmack.

Dutzendgesicht ↑Gesicht.

Dutzendmensch ↑Alltagsmensch.

Dutzendware ↑Ware.

Duvet ↑Federbett.

Duvetine ↑Stoff.

duzen, Du sagen, mit jmdm. per Du sein; **sich d.,** per Du sein, mit jmdm. auf [dem] Duzfuß stehen *(ugs.),* mit jmdm. Brüderschaft getrunken haben, sich nicht mehr siezen; ↑kennen.

Duzfreund ↑Freund.

Duzfreundin ↑Freundin.

Duzfuß: mit jmdm. auf [dem] D. stehen ↑duzen.

Dynamik: ↑Lautstärke, ↑Tatkraft.

dynamisch ↑lebhaft.

dynamisieren ↑anpassen.

Dynast ↑Oberhaupt.

Dynastie, Herrschergeschlecht, Herrscherhaus, Herrscherfamilie, Geschlecht, Haus.

-dynastie ↑Unternehmen.

Dysbulie ↑Antriebsschwäche.

Dysenterie ↑Durchfall.

Dysfunktion ↑Funktionsstörung.

Dyslexie ↑Aphasie.

Dysmelie ↑Gliedmaßenfehlbildung.

Dysmenorrhö ↑Menstruation.

Dysopie ↑Sehstörung.

Dysopsie ↑Sehstörung.

Dyspepsie ↑Verdauungsstörung.

Dysphasie ↑Aphasie.

Dysphrasie ↑Aphasie.

Dysplastiker ↑Körperbautyp.

Dysregulation ↑Funktionsstörung.

Dystrophie ↑Ernährungsstörung.

dystropisch: -er Zahnbettschwund ↑Parodontose.

Dysurie ↑Harnentleerung.

D-Zug: ↑Eisenbahnzug; ein alter Mann ist [doch] kein D.! ↑ruhig; im D. durch die Kinderstube gefahren / gerast sein ↑benehmen (sich).

D-Zug-Wagen ↑Eisenbahnwagen.

E 605 ↑Gift.

East-Coast-Jazz ↑Jazz.

Eau de Cologne ↑Parfum.

Eau de Toilette ↑Parfum.

¹Ebbe, Tiefwasser, Niedrigwasser, Hollebbe; ↑Gezeiten, ↑Wattenmeer · Ggs. ↑Flut.

²Ebbe: ↑Mangel; E. und Flut ↑Gezeiten.

¹eben, nun einmal, halt *(oberd.),* aber eben *(schweiz.),* man *(berlin.)*

²eben: ↑jetzt; e. der / derselbe ↑derselbe; zu -er Erde ↑parterre; e. erst / noch ↑kürzlich; e. noch ↑kaum; [gerade] e. ↑kaum, ↑soeben.

Ebenbild: E. Gottes ↑Mensch.

ebenbürtig: ↑geistesverwandt; jmdm. e. sein ↑erreichen.

Ebene: schiefe E. ↑Gefälle; auf die schiefe E. kommen ↑abrutschen, ↑verwahrlosen.

ebenerdig: ↑niedrig, ↑parterre.

ebenfalls ↑auch.

Ebenholz: schwarz wie E. ↑schwarz.

Ebenmaß ↑Ebenmäßigkeit.

¹ebenmäßig, gleichmäßig, symmetrisch, regelmäßig, harmonisch, ausgewogen, proportioniert, wohlproportioniert, wohlgeformt; ↑abgestimmt, ↑ausgewogen, ↑schön, ↑symmetrisch; ↑Wohlgestaltetheit.

²ebenmäßig ↑schön.

¹Ebenmäßigkeit, Ebenmaß, Gleichmäßigkeit, Gleichmaß, Regelmäßigkeit, Harmonie, Ausgewogenheit, Proportioniertheit, Wohlproportioniertheit, Wohlgeformtheit; ↑Herrlichkeit, ↑Wohlgestaltetheit.

²Ebenmäßigkeit ↑Wohlgestaltetheit.

ebenso: ↑auch; e. wie ↑à la ...; e. alt sein wie ... ↑gleichaltrig [sein]; e. ein ↑auch [so ein].

Eber ↑Schwein.

ebereschenrot ↑rot.

Eberraute ↑Küchengewürz.

ebnen: jmdm. die Bahn / die Wege e. ↑fördern.

Echarpe ↑Halstuch.

echauffiert ↑erhitzt.

Echo ↑Widerhall.

echoen ↑nachsprechen.

Echolot ↑Lot.

¹echt, natürlich, ungekünstelt, rein, ursprünglich, genuin, originell, urwüchsig, urchig *(schweiz.),* unverfälscht, [wie] aus dem Leben gegriffen, typisch, waschecht, in Reinkultur *(ugs.),* nicht ↑unecht; ↑aufrichtig, ↑organisch, ↑rein, ↑ursprünglich; ↑Ursprünglichkeit.

²echt: ↑gediegen, ↑verbürgt; -e Grippe ↑Grippe; -e Perle ↑Perle; Echter Reizker ↑Ständerpilz; -er Rocken ↑Fisch; -er Teppich ↑Orientteppich; -es Kompositum ↑Kompositum; -es reflexives Verb ↑Verb; als e. bescheinigen ↑beglaubigen; als e. bescheinigt ↑bezeugt.

Echthaarperücke ↑Perücke.

Echtheit: ↑Authentizität, ↑Ursprünglichkeit.

Eck: ↑Rand; im E. sein ↑Verfassung.

Eckball, Ecke, Eckstoß, Corner *(bes. österr.);* ↑Fußballspiel.

Eckbank ↑Sitzbank.

Ecke: ↑Eckball, ↑Rand, ↑Stelle, ↑Zipfel; das ist eine ganze E. ↑fern [sein]; an allen -n und Enden ↑überall; [gleich] um die E. ↑nahebei; um die E. biegen / schwenken ↑abbiegen; um die E. bringen ↑aufbewahren, ↑durchbringen, ↑töten; um die E. [herum] / um sieben Ecken verwandt ↑verwandt.

eckig: ↑kantig, ↑linkisch.

Ecklohn ↑Lohn.

Eckpfeiler ↑Säule.

Eckschrank ↑Schrank.

Eckstein ↑Spielkarte.

Eckstoß ↑Eckball.

Eckstück ↑Zipfel.

Eckzahn ↑Zahn.

Eclair ↑Gebäck.

Edamer: E. Käse ↑Käse.

edel: ↑kostbar; von edler Abkunft / Geburt sein ↑adlig [sein]; edler Spender ↑Gönner.

Edelfalter ↑Schmetterling.

Edelfresswelle ↑Verbrauch.

¹Edelgas · Neon, Argon, Radon, Xenon, Helium, Krypton.

²Edelgas ↑Gas.

Edelhirsch ↑Hirsch.

Edeling ↑Adliger.

Edeljacquard ↑Stoff.

Edelkastanie ↑Kastanie.

Edelkoralle ↑Hohltier.

Edelmann ↑Adliger.

¹Edelmetall · Gold · Silber · Quecksilber · Platin, Ruthenium, Rhodium, Palladium, Osmium, Iridium; ↑Metall.

²Edelmetall ↑Metall.

Edelmetallschmied, Goldschmied, Silberschmied, Gold- und Silberschmied, Juweliergoldschmied, Juwelier, Silberbesteckschmied; ↑Künstler, ↑Schmied.

Edelmut ↑Selbstlosigkeit.

edelmütig ↑selbstlos.

Edelnutte ↑Prostituierte.

Edelobst ↑Obst.

Edelopal ↑Schmuckstein.

Edelpilz: ↑Pilz, ↑Steinpilz.

Edelpilzkäse ↑Käse.

Edelreizker ↑Ständerpilz.

Edelrose ↑Rose.

Edelrost ↑Belag.

Edelsinn ↑Selbstlosigkeit.

Edelskapolith ↑Schmuckstein.

Edelstein ↑Schmuckstein.

Edeltanne ↑Nadelhölzer.

Edeltier ↑Hirsch.

Edeltopas ↑Schmuckstein.

Edelwein ↑Wein.

Edelwestern ↑Wildwestfilm.

Eden ↑Paradies.

edieren, herausgeben, herausbringen, editieren, verlegen, drucken, in Satz / Druck geben, veröffentlichen, publizieren, abdrucken; ↑dichten, ↑erscheinen; ↑Druck, ↑Edition.

Edikt ↑Weisung.

¹Edition, Ausgabe · Erstausgabe, Originalausgabe · Gesamtausgabe, historisch-kritische Ausgabe, Ausgabe letzter Hand · Auswahlausgabe, Festausgabe, Jubiläumsausgabe, Einzelausgabe, Taschenausgabe · Schulausgabe · Ausgabe ad usum Delphini · Volksausgabe, Lizenzausgabe · Dünndruckausgabe, Miniaturausgabe, Folioausgabe · Loseblattausgabe; ↑Auflage, ↑Druck, ↑Nachdruck, ↑Sonderdruck; ↑edieren.

²Edition ↑ Veröffentlichung.

Editor ↑ Herausgeber.

Editorial: ↑ Einleitung, ↑ Zeitungsartikel.

Edle ↑ Adlige.

Edler ↑ Adliger.

Edukation ↑ Erziehung.

EDVA ↑ Computer.

Eeg ↑ Elektrogramm.

EEG ↑ Elektrogramm.

Efendi ↑ Herr.

efeugrün ↑ grün.

Efeulaube ↑ Laube.

Effeff: etwas aus dem E. können ↑ firm [sein].

Effekt: ↑ Erfolg; einen E. erzielen / haben ↑ wirken.

Effekten ↑ Wertpapier.

Effektenbörse ↑ Börse.

Effektenkurs ↑ Börsenkurs.

Effekthascherei, Effektmacherei, Wirkungssucht, das Bedachtsein / Aussein auf Wirkung; ↑ Angeber, ↑ Übertreibung; ↑ begierig, ↑ protzig.

effektiv: ↑ nachhaltig, ↑ wirklich.

effektivieren ↑ machen.

Effektivlohn ↑ Lohn.

Effektmacherei ↑ Effekthascherei.

effektvoll ↑ kunstvoll.

Efficiency ↑ Wirtschaftlichkeit.

effilieren ↑ beschneiden.

Effilierschere ↑ Schere.

effizient: ↑ nachhaltig, ↑ zugkräftig.

Effizienz ↑ Wirtschaftlichkeit.

Efflation ↑ Eruktation.

Effloreszenz ↑ Hautblüte.

egal: ↑ gleichviel, ↑ unaufhörlich; etwas ist e. ↑ einerlei; jmdm. ist etwas e. ↑ unwichtig [sein].

egalisieren ↑ nivellieren.

egalweg ↑ unaufhörlich.

Egart ↑ Brache.

Egel ↑ Wurm.

eggen ↑ pflügen.

Egghead ↑ Intellektueller.

Egoist, Ichmensch, Egozentriker; **ein E. sein,** kein Altruist sein.

egoistisch ↑ selbstsüchtig.

Egotrip ↑ Selbsterfahrung.

Egozentriker ↑ Egoist.

egozentrisch ↑ selbstsüchtig.

egressiv: -es Verb ↑ Verb.

Egyptienne ↑ Schrift.

eh: ↑ ohnehin; seit / wie eh und je ↑ unaufhörlich.

¹Ehe, Ehebund, Verbindung, Zweisamkeit, Bund fürs Leben, Heirat, Mariage, Liebesheirat, Neigungsehe, Liebesehe, Monogamie · *durch elektronische Datenverarbeitung zustande gekommene:* Computerehe · *auf gutem Verständnis beruhende:* Kameradschaftsehe · *vorbildliche:* Musterehe, Idealehe · *standesgemäße:* Standesheirat, Standesehe · *die auf Vernunftgründen basiert:* Vernunftehe, Verstan-

desehe, Versorgungsehe · *aus materiellen Erwägungen geschlossene:* Geldheirat · *zum Schein aufrechterhaltene:* Scheinehe · *zwischen Kindern (bei Naturvölkern):* Kinderehe · *zwischen Studenten:* Studentenehe · *von Angehörigen verschiedener Konfessionen:* Mischehe · *nur vor dem Standesamt, nicht kirchlich geschlossene:* Zivilehe · *nicht standesgemäße:* Missheirat, Mesalliance, morganatische Ehe, Ehe zur linken Hand, Kebsehe · *die geschlossen worden ist, weil ein Kind erwartet wurde:* Mussehe · *innerhalb eines Stammes, einer Kaste:* Endogamie · *außerhalb eines Stammes, einer Kaste:* Exogamie · *auf Probe:* Volambite (bei den Madagassen) · *mit zwei Partnern:* Doppelehe, Bigamie · *mit mehreren Partnern:* Gruppenehe, Gemeinschaftsehe, Mehrehe, Vielehe · *mit mehreren Frauen:* Polygamie · *mit mehreren Männern:* Polyandrie · *nicht legalisierte:* Lebensgemeinschaft, wilde Ehe, Ehe ohne Trauschein, Ehe auf Probe, Konkubinat, Onkelehe · Ehe zu dritt; ↑ Eheanbahnungsinstitut, ↑ Ehebruch, ↑ Ehepaar, ↑ Flitterwochen, ↑ Hochzeit, ↑ Koitus, ↑ Kommune, ↑ Lebensgemeinschaft, ↑ Misogamie, ↑ Vermählung; ↑ heiraten.

²Ehe: schwule E. ↑ Lebensgemeinschaft; die E. auflösen ↑ scheiden (jmdn.), ↑ trennen (sich); die E. brechen ↑ untreu [sein]; eine E. eingehen / schließen ↑ heiraten; eine [glückliche] E. führen ↑ verheiratet; eine E. stiften ↑ verkuppeln; jmdm. die E. versprechen ↑ verloben (sich); zur E. geben ↑ verheiraten.

Eheanbahnungsinstitut, Ehevermittlungsinstitut, Kuppelbörse *(ugs., scherzh.);* ↑ Ehe; ↑ verkuppeln, ↑ vermitteln.

ehebaldig ↑ früh.

ehebaldigst ↑ früh.

Ehebett ↑ Bett.

Ehebrecher ↑ Ehemann.

Ehebrecherin ↑ Ehefrau.

¹Ehebruch, Seitensprung, Dreiecksverhältnis, Dreiecksgeschichte; ↑ Ehe, ↑ Untreue.

²Ehebruch: ↑ Untreue; E. begehen ↑ untreu [sein].

Ehebund ↑ Ehe.

ehedem ↑ damals.

Ehefrau, Frau, Gattin, Gemahlin, Ehepartner, Angetraute, Lebensgefährtin, Weggefährtin, Lebenskamerad, Lebenskameradin, Weib, Eheliebste, Ehegespons *(ugs.),* Ehegenossin, bessere / schönere Hälfte *(ugs.),* Hauszierde *(scherzh.),* Alte *(salopp),* Olle *(derb),* Drachen *(abwertend),* Xanthippe *(abwertend)* · *deren Mann verreist ist:* Strohwitwe · *tagsüber in ihrer Wohnung am Stadtrand sich allein fühlende:* grüne Witwe · *untreue:* Ehebrecherin; ↑ Ehegemeinschaft, ↑ Ehepaar, ↑ Frau, ↑ Mädchen, ↑ Witwe, ↑ untreu · Ggs. ↑ Ehemann.

Ehegemeinschaft · *in der das Gesamtgut von dem Ehemann, von der Ehefrau oder von beiden gemeinschaftlich verwaltet wird:* Gütergemeinschaft · *in der das in der Ehe hinzugewonnene Gut gemeinschaftlicher Besitz ist:* Zugewinngemeinschaft · *in der die Ehepartner nicht in güterrechtliche Beziehungen treten:* Gütertrennung; ↑Ehefrau, ↑Ehemann.

Ehegenosse ↑Ehemann.

Ehegenossin ↑Ehefrau.

Ehegespann ↑Ehepaar.

Ehegespons: ↑Ehefrau, ↑Ehemann.

Ehehindernis ↑Scheidungsgrund.

Ehekrieg ↑Streit.

Ehekrüppel ↑Ehemann.

Eheleute ↑Ehepaar.

ehelich: -er Akt ↑Koitus; die -en Pflichten erfüllen ↑koitieren.

ehelichen ↑heiraten.

Eheliebste ↑Ehefrau.

Eheliebster ↑Ehemann.

Ehelosigkeit, Zölibat · *in der Tierwelt:* Ungepaartheit, Azygie.

ehemalig ↑gewesen.

ehemals ↑damals.

Ehemann, Mann, Gatte, Gemahl, Ehepartner, Angetrauter, Lebensgefährte, Weggefährte, Lebenskamerad, Herr und Gebieter *(scherzh.),* Ehewirt *(veraltet),* Eheliebster, Ehegenosse, Ehegespons *(ugs.),* bessere Hälfte *(ugs.),* Göttergatte *(ugs.),* Gatterich *(ugs., scherzh.),* Alter *(salopp),* Oller *(derb),* Ehekrüppel *(abwertend),* Pantoffelheld *(abwertend),* Simandl *(abwertend, österr.),* Tyrann *(abwertend),* Haustyrann *(abwertend)* · *vorbildlicher:* Mustergatte · *der den Haushalt macht:* Hausmann · *betrogener:* Hahnrei · *untreuer:* Ehebrecher; *untreu* · *der erst kurze Zeit verheiratet ist:* Flitterwöchner · *dessen Frau verreist ist:* Strohwitwer · *einer regierenden Fürstin:* Prinzgemahl; ↑Ehegemeinschaft, ↑Ehepaar, ↑Junggeselle, ↑Mann, ↑Witwer · Ggs. ↑Ehefrau.

Ehepaar, Eheleute, Paar, Mann und Frau, Vermählte, Verheiratete, Ehegespann; ↑Ehe, ↑Ehefrau, ↑Ehemann, ↑Lebensgemeinschaft, ↑Mutter, ↑Vater.

Ehepartner: ↑Ehefrau, ↑Ehemann, ↑Vater.

eher: ↑vielmehr; nicht e. als ↑frühestens.

Ehering ↑Ring.

Ehesakrament ↑Sakrament.

Ehescheidung, Scheidung, Trennung, Auflösung · *zeitweilige:* Saodranto (bei den Madagassen); ↑Scheidungsgrund; ↑scheiden, ↑trennen (sich); ↑geschieden.

Ehescheu ↑Misogamie.

Eheschließung ↑Vermählung.

ehest: ↑früh, ↑frühestens.

Ehestand: in den E. treten ↑heiraten.

Ehestandslokomotive ↑Kinderwagen.

ehestens ↑früh, ↑frühestens.

Ehevermittlungsinstitut ↑Eheanbahnungsinstitut.

Ehewirt ↑Ehemann.

Ehnel ↑Großvater.

Ehrabschneider ↑Denunziant.

ehrbar ↑ehrenhaft.

Ehrbarkeit ↑Rechtschaffenheit.

Ehre: ↑Ansehen, ↑Gunst, ↑Lob; Euer -n ↑Anrede; jmdm. die E. abschneiden ↑schlecht machen; die E. bewahren ↑anständig [bleiben]; die letzte E. erweisen ↑bestatten; jmdm. E. erweisen / erzeigen, in -n halten ↑achten; jmdm. eine E. erweisen / zuteil werden lassen ↑Gunst; sich die E. geben ↑beehren (sich); der Wahrheit die E. geben ↑aufrichtig [sein]; habe die E.! ↑Gruß; seinem Namen keine E. machen ↑bloßstellen (sich); jmdm. die E. nehmen ↑deflorieren; auf dem Feld der E. ↑Schlachtfeld; auf dem Feld der E. fallen, den Tod auf dem Feld der E. finden ↑sterben; auf E. und Gewissen ↑wahrlich; etwas gereicht jmdm. zur E. ↑anerkennenswert.

ehren: ↑achten, ↑loben.

Ehrenbezeigung ↑begrüßen.

Ehrenbuch ↑Album.

Ehrenbürgerbrief ↑Urkunde.

Ehrenbürgerurkunde ↑Urkunde.

Ehrenfähigkeit: [bürgerliche E.] ↑Ehrenrechte.

ehrenfest ↑ehrenhaft.

Ehrenfriedhof ↑Friedhof.

Ehrengeleit ↑Geleit.

Ehrengruß ↑Salut.

ehrenhaft, ehrenwert, honorabel *(veraltet),* rühmenswert, achtbar, reputierlich, reputabel, ordentlich, rechtschaffen, loyal, unbestechlich, honett, gentlemanlike, fair, sauber, hochanständig, honorig, wacker, brav, bieder, charakterfest, ehrenfest, aufrecht, senkrecht *(schweiz.),* ehrbar, ehrsam, redlich, nicht ↑ehrlos, nicht ↑unfair, nicht ↑unredlich; ↑angesehen, ↑anständig, ↑arglos, ↑erhaben, ↑lauter, ↑menschlich, ↑trefflich, ↑unverdächtig; **e. sein,** eine weiße / reine Weste haben *(ugs.);* **nicht e. sein,** Dreck am Stecken haben *(salopp),* etwas auf dem Kerbholz haben *(ugs.);* ↑glauben (jmdm.); ↑Ansehen, ↑Gunst, ↑Ehrenrechte, ↑Rechtschaffenheit, ↑Treue.

Ehrenkreuz ↑Orden.

Ehrenmal ↑Denkmal.

Ehrennadel ↑Orden.

Ehrenplakette ↑Orden.

Ehrenpräsidium: ↑Schirmherrschaft, ↑Vorsitz.

Ehrenpredigt ↑Rede.

Ehrenrechte, bürgerliche Ehrenrechte, [bürgerliche] Ehrenfähigkeit *(schweiz.);* ↑ehrenhaft.

Ehrenrettung ↑Wiederherstellung.

ehrenrührig ↑beleidigend.

Ehrensalut ↑Salut.

Ehrensalve ↑Salut.

Ehrenschuss ↑Salut.

Ehrentag ↑Geburtstag.

Ehrenurkunde ↑Urkunde.

ehrenvoll ↑anerkennenswert.

Ehrenvorsitz: ↑Schirmherrschaft, ↑Vorsitz.
Ehrenvorsitzender ↑Vorsitzender.
ehrenwert ↑ehrenhaft.
Ehrenwort: ↑Zusicherung; sein E. geben ↑versprechen.
Ehrenzeichen ↑Orden.
ehrerbietig ↑unterwürfig.
¹Ehrerbietung, Huldigung, Hommage; ↑Beifall, ↑Lob, ↑Vernissage.
²Ehrerbietung: ↑Achtung; seine E. erweisen ↑begrüßen.
Ehrfurcht ↑Achtung.
ehrfürchtig, ehrfurchtsvoll, respektvoll; ↑unterwürfig.
ehrfurchtsvoll ↑ehrfürchtig.
Ehrgeiz, Streben, Ambition, Profilneurose, Ruhmsucht, Ehrsucht; ↑Absicht, ↑Fleiß, ↑Geltungsdrang, ↑Machtgier, ↑Neigung, ↑Tatkraft.
¹ehrgeizig, ehrsüchtig, ruhmsüchtig, streberhaft *(abwertend),* karrieresüchtig, karrieregeil, machtgierig, machtsüchtig, machtgeil; ↑fleißig; **e. sein,** ein Streber sein *(abwertend),* hoch hinauswollen *(iron.).*
²ehrgeizig ↑fleißig.
ehrlich: ↑aufrichtig; eine -e Haut sein ↑aufrichtig [sein]; sich e. machen ↑zahlen; [e. wahr] ↑wahrlich.
Ehrlichkeit ↑Aufrichtigkeit.
ehrlos, charakterlos, verächtlich, nichtswürdig, würdelos, ehrvergessen, nicht ↑ehrenhaft; ↑abschätzig, ↑beleidigend, ↑gemein, ↑unfair, ↑unredlich; ↑Bloßstellung, ↑Untreue.
Ehrlosigkeit ↑Untreue.
ehrpusselig ↑engherzig.
ehrpusslig ↑engherzig.
ehrsam ↑ehrenhaft.
Ehrsamkeit ↑Rechtschaffenheit.
Ehrsucht ↑Ehrgeiz.
ehrsüchtig: ↑ehrgeizig, ↑geltungssüchtig.
Ehrung ↑Lob.
ehrvergessen: ↑ehrlos, ↑unzuverlässig.
Ehrvergessenheit ↑Pflichtvergessenheit.
Ehrwürden ↑Anrede.
ehrwürdig: ↑erhaben, ↑herkömmlich; Ehrwürdiger Bruder ↑Anrede.
ei: ei, ei machen ↑liebkosen.
Ei: ↑Hühnerei, ↑Keimzelle; -er ↑Geld, ↑Hoden; Nürnbergisch Ei ↑Uhr; pochierte / verlorene -er ↑Eierspeise; das Ei des Kolumbus ↑Lösung; etwas / jmd. geht einem auf die -er ↑nervös [machen]; etwas ist ein faules Ei ↑seltsam [sein]; das sind ungelegte -er ↑aktuell; sich gleichen wie ein Ei dem andern ↑ähneln, ↑gleichen; jmdn. wie ein rohes Ei behandeln ↑umgehen (mit jmdm.); ein Ei legen ↑defäkieren; jmdm. die -er polieren ↑schlagen; russische -er füttern ↑koitieren; wie auf -ern gehen ↑fortbewegen (sich), wie aus dem Ei gepellt ↑adrett; für einen Apfel und ein Ei kaufen ↑billig [kaufen].
Eibe ↑Nadelhölzer.
Eiche ↑Laubhölzer.

Eichel ↑Glans.
Eichelhäher ↑Vogel.
Eichenprozessionsspinner ↑Schmetterling.
Eichensarg ↑Sarg.
Eichenseidenspinner ↑Schmetterling.
Eichenspinner ↑Schmetterling.
Eichenwald ↑Wald.
Eichert ↑Eichhörnchen.
¹Eichhörnchen, Eichkätzchen, Eichkatzl *(südd.),* Eichkater, Eichert *(landsch.);* ↑Nagetier.
²Eichhörnchen: mühsam baut sich das E. sein Nest, mühsam nährt sich das E. ↑vorangehen.
Eichkater ↑Eichhörnchen.
Eichkätzchen ↑Eichhörnchen.
Eichkatzl ↑Eichhörnchen.
Eichpilz ↑Steinpilz.
¹Eid, Schwur, Gelübde · *falscher:* Meineid; ↑beschwören, ↑vereidigen, ↑versprechen.
²Eid: einen E. leisten, an -es statt erklären ↑versprechen; auf seinen E. nehmen ↑versprechen; durch E. bekräftigen ↑beschwören; durch E. verpflichten, unter E. nehmen ↑vereidigen; unter E. aussagen ↑beschwören.
Eidam ↑Schwiegersohn.
eidbrüchig ↑untreu.
¹Eidechse, Zauneidechse, Bergeidechse, Mauereidechse, Perleidechse, Smaragdeidechse, Blindschleiche, Apothekerskink, Erzschleiche, Dornschwanz, Waran, Leguan, Kammeidechse, Gilatier, Scheltopusik, Krötenechse, Flugdrache, Gecko, Blattschwanzgecko, Mauergecko, Taggecko, Tokee; ↑Kriechtiere.
²Eidechse ↑Sternbild.
Eiderdaune ↑Feder.
Eiderente ↑Vogel.
eidetisch ↑anschaulich.
Eidgenosse ↑Schweizer.
Eidgenossenschaft ↑Schweiz.
eidgenössisch ↑schweizerisch.
Eidotter ↑Dotter.
Eier ↑Kohle.
Eierflechte ↑Flechte.
Eierfrucht ↑Aubergine.
Eierklar ↑Eiweiß.
Eierkohle ↑Kohle.
Eierkopf ↑Intellektueller.
Eierkuchen: ↑Omelett; Friede, Freude, E. ↑Ordnung.
Eierlikör ↑Alkohol.
Eierlöffel ↑Löffel.
eiern ↑schwingen.
Eierpampe ↑Schlamm.
Eierpunsch ↑Löwenzahn.
Eierschale: noch die -n hinter den Ohren haben ↑erwachsen, ↑jung [sein].
eierschalenfarben ↑beige.
Eierschmalz ↑Rührei.
Eierschmarren ↑Omelett.
Eierschwamm ↑Pfifferling.

Eierschwammerl ↑Pfifferling.

Eierspeis ↑Rührei.

¹Eierspeise · Rührei, Eierspeis[e] *(österr.)*, Omelett *(landsch.)*, aufgeschlagene / eingeschlagene Eier *(bes. bayr.)* ·· Spiegelei, Setzei *(bes. nordd.)*, Ochsenauge, Stierenauge *(schweiz.)* ·· Omelett, Omelette *(fachspr. und österr.)*, Eierkuchen *(bes. nordd.)*, Pfannkuchen *(bes. südd.)*, Plinse *(nordostd.)*, Flinse *(nordostd.)*, Palatschinke *(österr.)*, Eierschmalz *(südd., österr.)*, Schmarren *(bayr., österr.)*, Eierschmarren *(südd.)*, Kaiserschmarren *(österr.)*, Sterz *(österr.)*.

²Eierspeise ↑Rührei.

Eiertanz ↑Benehmen.

Eiertätsch ↑Omelett.

Eieruhr ↑Uhr.

Eifer: ↑Begeisterung, ↑Fleiß.

Eiferer, Fanatiker, Zelot, Streiter / Fechter / Kämpfer für, Verfechter [einer Idee], Schwärmer, Schwarmgeist *(abwertend);* ↑fanatisch.

Eifersucht ↑Neid.

Eifersüchtelei ↑Neid.

Eiffelturm ↑Turm.

eiförmig ↑oval.

eifrig: ↑begeistert, ↑fleißig; e. bemüht ↑beflissen.

Eigelb ↑Dotter.

eigen: ↑behutsam, ↑gewissenhaft, ↑ordnungsliebend, ↑seltsam; der -e Bruder ↑Bruder; nach -em Ermessen / Gutdünken ↑eigenmächtig; das -e / sein eigen Fleisch und Blut ↑Sohn, ↑Tochter; auf -en Füßen stehen ↑erwachsen [sein]; sich sein -es Grab schaufeln ↑schaden; sein -er Herr sein ↑selbstständig; im -en Land ↑daheim; auf den -en Vorteil bedacht ↑eigennützig; jmds. Eigen sein ↑gehören; sein Eigen nennen ↑haben; sich etwas zu Eigen machen ↑anverwandeln (sich etwas), ↑lernen.

Eigenart: ↑Seltsamkeit, ↑Wesen.

eigenartig ↑seltsam.

Eigenartigkeit ↑Seltsamkeit.

Eigenbau: ↑Tabak, ↑Zigarette.

Eigenbericht ↑Zeitungsartikel.

Eigenblutübertragung ↑Blutübertragung.

Eigenbrötelei: ↑Einzelgängertum, ↑Individualismus, ↑Seltsamkeit.

Eigenbrötler ↑Außenseiter.

eigenbrötlerisch: ↑individuell, ↑seltsam.

eigengeschlechtlich ↑gleichgeschlechtlich.

Eigengesetzlichkeit ↑Autonomie.

Eigengewicht ↑Gewicht.

Eigengoal ↑Tor (das).

eigenhändig ↑persönlich.

Eigenheim ↑Haus.

Eigenheit ↑Seltsamkeit.

eigenlebig ↑selbstständig.

¹eigenmächtig, unberechtigt, unbefugt, ohne Auftrag / Befugnis, angemaßt, selbst ernannt, nach eigenem Ermessen / Gutdünken, auf eigene Faust, nicht ↑befugt; ↑arbiträr, ↑gesetzwidrig, ↑selbstständig.

²eigenmächtig ↑selbstständig.

Eigenname ↑Familienname.

Eigennutz ↑Selbstsucht.

¹eigennützig, berechnend, auf den eigenen Vorteil bedacht; ↑selbstsüchtig; ↑Selbstsucht.

²eigennützig ↑selbstsüchtig.

¹eigens, extra, speziell, exklusiv, besonders, in jedem Einzelfall, von Fall zu Fall, fallweise *(österr.)*, gesondert, gegebenenfalls; ↑allgemein, ↑manchmal.

²eigens: e. zu diesem Zweck ↑hierfür.

¹Eigenschaft, Merkmal, Attribut, Beschaffenheit, Daseinszustand, Daseinsform, Erscheinungszustand, Erscheinungsform; ↑Beschaffenheit ↑Gotteseigenschaften, ↑Merkmal.

²Eigenschaft: ↑Beschaffenheit; göttliche -en, -en Gottes ↑Gotteseigenschaften.

Eigenschaftswort ↑Wortart.

Eigensinn, Eigensinnigkeit, Halsstarrigkeit, Starrsinn, Starrsinnigkeit, Rechthaberei, Unnachgiebigkeit, Intransigenz, Starrköpfigkeit, Dickschädeligkeit, Steifnackigkeit, Unbelehrbarkeit, Störrischkeit, Sturheit, Bockbeinigkeit *(ugs.)*, Bockigkeit *(ugs.)*, Kratzbürstigkeit, Aufsässigkeit, Aufmüpfigkeit, Unbotmäßigkeit, Trotz, Widersetzlichkeit, Widerspenstigkeit, Renitenz, Protesthaltung, Widerborstigkeit, Ungehorsam, Unlenksamkeit, Eigenwilligkeit, Verbohrtheit, Hartgesottenheit, Hartnäckigkeit, Verstocktheit, Uneinsichtigkeit, Dickköpfigkeit, Obstination; ↑Beharrlichkeit, ↑Trotzkopf, ↑Unduldsamkeit, ↑Verschlossenheit, ↑Widerstand.

eigensinnig ↑unzugänglich.

Eigensinnigkeit ↑Eigensinn.

eigenständig ↑selbstständig.

eigentlich: ↑alias, ↑gewissermaßen, ↑ursprünglich; im -en Sinne ↑schlechthin.

Eigentor ↑Tor (das).

Eigentum: ↑Besitz; sein E. nennen ↑haben; jmds. E. sein ↑gehören.

Eigentümer ↑Besitzer.

eigentümlich: ↑seltsam; etwas ist jmdm. e. ↑aufweisen.

Eigentümlichkeit ↑Seltsamkeit.

Eigentumsdelikt ↑Diebstahl.

Eigentumsvergehen ↑Diebstahl.

Eigentumswohnung ↑Wohnung.

eigenwillig ↑selbstständig.

Eigenwilligkeit ↑Eigensinn.

¹eignen (sich), geeignet sein für, passen, in Betracht kommen, infrage / in Frage kommen, zu gebrauchen sein; ↑passen.

²eignen: etwas eignet jmdm. ↑aufweisen.

Eigner: ↑Besitzer, ↑Reeder.

Eignung ↑Brauchbarkeit.

Eiklar ↑Eiweiß.

Eiland ↑Insel.

Eilbote ↑Zusteller.

Eilbrief ↑Postsendung.

Eile: ↑Geschwindigkeit; übergroße E. ↑Überstürzung; etwas hat keine E. ↑eilen; [in aller] E. ↑Hast; in [fliegender / größter / höchster / rasender] E. ↑schnell.

Eileiterschwangerschaft ↑Schwangerschaft.

¹eilen: etwas eilt / ist eilig / hat Eile / *(ugs.)* pressiert / drängt / ist dringend / ist von großer Dringlichkeit; **nicht eilen:** etwas eilt nicht / hat noch Zeit / hat keine Eile, damit hat es keine Not, mit etwas hat es noch gute Weile / Wege; ↑beeilen (sich), ↑spät [sein]; ↑dringend, ↑schnell; ↑Geschwindigkeit.

²eilen: ↑fortbewegen (sich); sich e. ↑beeilen (sich); eile mit Weile ↑ruhig.

eilends ↑schnell.

eilfertig ↑gefällig.

Eilgüterzug ↑Eisenbahnzug.

eilig: ↑dringend, ↑schnell, ↑Hast; es e. haben ↑beeilen (sich).

Eiligkeit: übergroße E. ↑Überstürzung.

Eilmarsch ↑Marsch (der).

Eilpäckchen ↑Postsendung.

Eilpaket ↑Postsendung.

Eilsendung ↑Postsendung.

Eiltriebwagen ↑Eisenbahnzug.

Eilzug ↑Eisenbahnzug.

Eimer: ↑Gefäß; im E. sein ↑defekt [sein]; vom E. fallen ↑überrascht [sein].

ein: e. oder das andere Mal ↑manchmal; e. für alle Mal ↑unabänderlich; mit -em Mal ↑plötzlich; unter -em ↑zugleich.

eina ↑her.

Einakter ↑Drama.

einantworten ↑überantworten.

Einantwortung ↑Aushändigung.

¹einarbeiten, anlernen, einweisen, einführen, anleiten; ↑lehren, ↑lernen.

²einarbeiten: ↑aufholen, ↑einfügen.

¹einäschern, verbrennen, kremieren; ↑bestatten, ↑brennen, ↑verbrennen; ↑Feuerbestattung.

²einäschern ↑verbrennen.

Einäscherung ↑Feuerbestattung.

einatmen: ↑atmen, ↑inhalieren.

Einatmung ↑Verabreichung.

einäugig ↑parteiisch.

¹Einbahnstraße, Ausweglosigkeit, Hoffnungslosigkeit, Aussichtslosigkeit, Verzweiflung, ↑deprimiert.

²Einbahnstraße ↑Straße.

einbalsamieren: ↑einreiben, ↑mumifizieren.

Einband ↑Umschlag.

einbauen: ↑einfügen; eine Klimaanlage e. ↑klimatisieren.

Einbaum ↑Boot.

Einbauschrank ↑Schrank.

einbegriffen: ↑einschließlich; nicht e. ↑ausgenommen.

einbehalten ↑zurückhalten.

einbekennen ↑gestehen.

¹einberufen, einziehen, ausheben, rekrutieren

(veraltet), zu den Fahnen / Waffen rufen, mobil machen; ↑Einberufung, ↑Musterung, ↑Soldat.

²einberufen ↑anberaumen.

Einberufung, Einziehung, Aushebung, Rekrutierung *(veraltet);* ↑Musterung; ↑einberufen.

einbetten ↑einfügen.

einbeziehen: ↑berücksichtigen, ↑eingliedern, ↑einkalkulieren, ↑einschließen; mit in die / in seine Berechnungen e. ↑mitrechnen.

einbiegen ↑abbiegen.

einbilden: sich etwas e. ↑überschätzen (sich), ↑vermuten; bilde dir nur keine Schwachheiten ein! ↑Hoffnung.

¹Einbildung, Einbildungskraft, Vorstellung, Vorstellungskraft, Spekulation, Abstraktion, Kopfgeburt, Theorie, Fiktion, Erdichtung, Irrealität, Unwirklichkeit, Fantasie, Auswüchse / *(abwertend)* Ausgeburt der Fantasie, Schimäre, Chimäre, Halluzination, Imagination, Täuschung, Sinnestäuschung, Bild, Vision, Zukunftsvision, Gesicht, Fata Morgana, Wahn, Trugbild, Gaukelei, Gaukelspiel, Gaukelwerk, Phantom, Utopie, Hirngespinst *(abwertend),* Phantasmagorie, Illusion, Wunschtraum, Seifenblase *(ugs.),* Wolkenkuckucksheim, Luftschloss, leerer Dunst; ↑Ansicht, ↑Betrug, ↑Bewusstseinstrübung, ↑Fata Morgana, ↑Gespenst, ↑Hokuspokus, ↑Lüge, ↑Muster, ↑Traum, ↑Träumer; **in der E.,** in der Vorstellung, idealiter; ↑unwirklich.

²Einbildung ↑Unerheblichkeit.

Einbildungskraft ↑Einbildung.

einbinden: ↑schenken, ↑verbinden.

einblasen ↑vorsagen.

Einblasung ↑Verabreichung.

einbläuen ↑einprägen.

einblenden ↑einfügen.

Einblick: ↑Erfahrung; E. gewinnen [in] ↑wissen.

einbohnern ↑wachsen.

einbrechen, einen Einbruch begehen / ausführen / verüben, einsteigen in · *in ein Auto:* aufbrechen · *in ein Computersystem:* hacken, ↑anzapfen; ↑eindringen, ↑einmarschieren; ↑Dieb.

Einbrecher ↑Dieb.

Einbrenn ↑Mehlschwitze.

Einbrenne ↑Mehlschwitze.

Einbrennsuppe ↑Suppe.

einbringen: ↑einträglich [sein], ↑ernten, ↑vorschlagen; sich e. ↑beitragen.

einbrocken: jmdm. / einem eine schöne Suppe e. ↑hineinmanövrieren (jmdn. / sich in etwas); die Suppe auslöffeln [müssen], die man sich eingebrockt hat ↑einstehen [für].

¹Einbruch, Bruch *(Jargon);* ↑Diebstahl, ↑Überfall; ↑einbrechen, ↑wegnehmen.

²Einbruch: einen E. begehen ↑einbrechen.

Einbruchdiebstahl ↑Diebstahl.

Einbruchfalz ↑Falte.

Einbruchsdiebstahl ↑Diebstahl.

einbuchten ↑festsetzen.

Einbuchtung ↑Rundung.

Einbund ↑Gabe.

einbunkern: ↑festsetzen, ↑lagern.

einbürgern: ↑naturalisieren; sich e. ↑üblich [werden].

Einbuße: ↑Mangel; E. erleiden ↑einbüßen.

einbüßen, zusetzen, reinbuttern *(salopp),* zubuttern *(salopp),* zuschustern *(salopp),* verunschicken *(schweiz.),* Haare / Federn lassen müssen *(ugs.),* draufzahlen *(ugs.),* Einbuße / Schaden / Nachteile erleiden, zum Handkuss kommen *(österr.);* ↑verlieren; ↑Mangel.

einchecken: ↑durchschleusen, ↑kontrollieren.

eincremen ↑einreiben.

eindämmen: ↑abschwächen, ↑einschränken.

eindämmern ↑dunkel [werden].

eindecken: ↑einschneien; sich e. mit ↑kaufen.

Eindellung ↑Verletzung.

eindeutig ↑klar.

Eindeutigkeit ↑Deutlichkeit.

eindeutschen, in die deutsche Sprache / ins Deutsche übernehmen, dem Deutschen angleichen; ↑Wort.

¹eindicken, andicken, dicken, binden, abbinden, legieren; ↑legiert.

²eindicken ↑konservieren.

eindimensional: -e Gesellschaft ↑Gesellschaft.

eindösen ↑einschlafen.

eindrecken: sich e. ↑besudeln (sich).

eindreckern: sich e. ↑besudeln (sich).

¹eindringen, sich Zutritt / Zugang verschaffen, Hausfriedensbruch begehen; ↑einbrechen, ↑einmarschieren.

²eindringen: ↑einmarschieren, ↑einsickern, ↑penetrieren.

Eindringen (das): ↑Okkupation, ↑Penetration.

eindringlich ↑nachdrücklich.

Eindringlichkeit ↑Nachdrücklichkeit.

Eindringling ↑Störenfried.

Eindruck: ↑Impression, ↑Wahrnehmung; einen E. geben von ↑aussagen; E. machen / schinden ↑auffallen.

eindrucksvoll: ↑außergewöhnlich, ↑nachhaltig.

Eindruckswort ↑Wortart.

eindruseln ↑einschlafen.

eindrusseln ↑einschlafen.

eindunkeln ↑dunkel [werden].

einebnen ↑nivellieren.

einen ↑vereinigen.

¹einengen, beengen, einschnüren, einschränken, beschränken, begrenzen; ↑beschränken.

²einengen: ↑frustrieren; -d ↑repressiv.

Einengung: ↑Beengung, ↑Zwang.

einenweg ↑obgleich.

Einer: ↑Boot, ↑Kajak.

Einerkajak ↑Kajak.

¹einerlei: etwas ist e., etwas ist egal / gleich / *(österr.)* Powidl, das ist Jacke wie Hose *(salopp),* das ist gehupft / gehopst wie gesprungen *(ugs.);* ↑unwichtig.

²einerlei: ↑gleichviel; jmdm. ist etwas e. ↑unwichtig [sein].

¹einfach, schlicht, kunstlos, schmucklos, unauffällig, unscheinbar, farblos, primitiv, ohne großen Aufwand, ohne viel Brimborium *(ugs.)* · vom Essen: frugal; ↑arglos, ↑bescheiden · Ggs. ↑üppig; **e. sein,** eine graue Maus sein *(ugs., abwertend);* ↑Unauffälligkeit.

²einfach: ↑bescheiden, ↑kurzerhand, ↑mühelos, ↑rundheraus; -e Buchführung ↑Buchführung; der -e Mann ↑Durchschnittsbürger; ganz e. ↑schlechthin.

Einfachheit: ↑Bescheidenheit, ↑Schlichtheit, ↑Unauffälligkeit.

einfädeln: ↑bewerkstelligen, ↑durchziehen; sich e. ↑fahren.

einfahren ↑ernten.

Einfahrt: ↑Ankunft, ↑Tür.

¹Einfall, Gedanke, Idee, Eingebung, Erleuchtung, Intuition, Inspiration, Geistesblitz *(ugs.)* · witziger: Gag, Slapstick · eigenartiger, verrückter: Schnapsidee *(salopp),* Kateridee *(salopp),* Schnurrpfeiferei *(veraltet);* **einen [guten] E. haben,** auf eine Idee / auf einen Gedanken kommen, einen Gedanken / eine Idee haben, jmdm. fällt etwas ein, sich etwas einfallen lassen, erfinderisch sein, einen lichten Moment haben *(scherzh.);* **einen verrückten E. bekommen,** einen Rappel bekommen / kriegen *(salopp);* verrückte Einfälle haben, Einfälle haben wie ein altes Haus *(ugs.);* ↑Absicht, ↑Ausspruch, ↑Entwurf, ↑Eskapade, ↑Pointe; ↑denken, ↑entwerfen.

²Einfall: ↑Laune, ↑Okkupation; närrischer E. ↑Ausgefallenheit; schöpferischer E. ↑Erfindung.

einfallen: ↑einmarschieren, ↑einstürzen; sich etwas e. lassen, jmdm. fällt etwas ein ↑Einfall; sich etwas nicht im Traum e. lassen ↑tun; etwas fällt jmdm. ein ↑erinnern (sich).

einfallslos ↑unoriginell.

Einfallslosigkeit, Fantasielosigkeit, Unoriginalität, Gedankenarmut, Eklektizismus; ↑unoriginell · Ggs. ↑Einfallsreichtum.

einfallsreich ↑schöpferisch.

Einfallsreichtum, Ideenreichtum, Fantasie, Originalität, Ingeniosität, Erfindungsgabe, schöpferischer Geist, Kreativität, Produktivität; ↑schöpferisch, ↑selbstständig · Ggs. ↑Einfallslosigkeit.

Einfallstraße ↑Straße.

Einfalt: ↑Arglosigkeit, ↑Schlichtheit.

einfältig: ↑arglos, ↑stumpfsinnig, ↑tölpelhaft.

Einfältigkeit ↑Arglosigkeit.

Einfaltspinsel ↑Narr.

Einfamilienhaus ↑Haus.

einfangen ↑fangen.

einfärben ↑anmalen.

einfarbig, einfärbig *(österr.),* farbig, färbig *(österr.),* uni, monochrom, nicht ↑bunt; ↑beige, ↑blau, ↑braun, ↑gelb, ↑grau, ↑grün, ↑orange,

↑rosa, ↑rot, ↑schwarz, ↑violett, ↑weiß · Ggs.
↑gemustert.

einfärbig ↑einfarbig.

einfaschen ↑verbinden.

¹einfassen, einrahmen, umrahmen, umranden, säumen, umsäumen, einsäumen, umgürten, umschließen, einschließen, begrenzen, umgeben; ↑abstecken, ↑einzäunen; ↑Einfassung, ↑Rand.

²einfassen ↑nähen.

¹Einfassung, Rahmung, Einrahmung, Umrahmung, Begrenzung · *einer Wiese, eines Ackers:* Rain, Bord *(schweiz.)* · *des Billardtisches, der Reitbahn:* Bande; ↑Abgrenzung, ↑Rand, ↑Zaun; ↑einfassen.

²Einfassung ↑Besatz.

Einfassungsmauer ↑Mauer.

einfetten ↑einreiben.

einfinden: sich e. ↑kommen.

einflößen: ↑beeinflussen, ↑trinken.

¹Einfluss, Macht, Geltung, Gewicht, Einwirkung, Wirkung; ↑Ansehen, ↑Autorität, ↑Beeinflussung, ↑Machtposition, ↑wirken; **E. ausüben,** [entscheidend] beeinflussen, die Puppen tanzen lassen, etwas zu sagen haben *(ugs.),* seinen Einfluss geltend machen, sein ganzes Gewicht in die Waagschale werfen, etwas / jmdn. in der Gewalt haben, beherrschen, kontrollieren; **keinen E. haben,** nichts zu melden / zu sagen haben *(ugs.);* **jmdm. jeden E. nehmen,** jmdn. entmachten, jmdn. unterbuttern *(salopp),* jmdn. aus seiner Stellung verdrängen, jmdn. aus dem Sattel heben, jmdn. an die Wand spielen *(ugs.);* ↑entlassen; **seinen E. verloren haben,** nichts mehr zu sagen haben, [seine Rolle] ausgespielt haben, es ist still um jmdn. geworden, in den Hintergrund treten, nicht mehr beachtet werden; **unter jmds. E. geraten,** in jmds. Fahrwasser geraten *(ugs.);* **bei etwas von E. gewesen sein,** bei etwas Pate gestanden haben; **auf etwas keinen E. haben,** etwas nicht in der Hand haben, etwas steht nicht in jmds. Macht, man steckt / sitzt nicht drin *(ugs.);* ↑expandieren; ↑mächtig.

²Einfluss: ↑Ansehen, ↑Macht; ausschlaggebender / entscheidender / maßgeblicher E. ↑Autorität; E. gewinnen / haben / nehmen auf ↑beeinflussen.

Einflussbereich: seinen E. vergrößern / erweitern ↑expandieren.

Einflusslosigkeit ↑Machtlosigkeit.

einflussreich ↑mächtig.

einförmig ↑langweilig.

einfrieden ↑einzäunen.

einfriedigen ↑einzäunen.

Einfriedung ↑Zaun.

einfrieren ↑tiefkühlen.

einfrosten ↑tiefkühlen.

¹einfügen, einbetten, einpassen, einarbeiten, einschieben, einbauen, integrieren · *in ein Programm:* einblenden, einspielen; ↑vervollständigen; ↑Eingemeindung.

²einfügen: sich e. ↑anpassen.

einfühlen (sich), sich hineinversetzen in, sich in jmds. Rolle versetzen, sich hineindenken in, sich einleben in, etwas anempfinden / nachvollziehen / nachempfinden; ↑empfindlich.

einfühlend ↑rücksichtsvoll.

Einfühlungsgabe ↑Verständnis.

Einfühlungsvermögen ↑Verständnis.

Einfuhr ↑Import.

einführen: ↑einarbeiten, ↑penetrieren; heimlich e. ↑einschmuggeln.

einführend: e. Worte ↑Einleitung.

Einfuhrhafen ↑Hafen.

Einführung: ↑Einleitung, ↑Ratgeber.

Einfuhrzoll ↑Abgabe.

einfüllen ↑füllen.

Eingabe ↑Gesuch.

Eingang: ↑Tür; E. finden ↑Aufnahme [finden].

eingangs ↑Anfang.

eingeärmelt ↑untergehakt.

eingearmt ↑untergehakt.

¹eingeben, einspeisen, füttern; ↑Computer.

²eingeben ↑beeinflussen.

eingebildet: ↑dünkelhaft, ↑unwirklich; -e Schwangerschaft ↑Scheinschwangerschaft.

Eingebildetheit ↑Überheblichkeit.

Eingebinde ↑Gabe.

eingeboren: ↑angeboren, ↑einheimisch.

Eingeborener ↑Bewohner.

Eingebrachtes ↑Aussteuer.

Eingebung ↑Einfall.

eingebürgert ↑einheimisch.

eingedickt ↑legiert.

eingeengt ↑bedrängt.

eingefallen ↑abgezehrt.

eingefleischt, überzeugt, unbekehrbar, unverbesserlich; ↑übereifrig, ↑unzugänglich.

eingefrieren ↑tiefkühlen.

eingefroren ↑gekühlt.

eingefuchst ↑fachmännisch.

eingeführt, alteingeführt, anerkannt, gültig, geltend, im / in Umlauf befindlich; ↑üblich.

eingegeben ↑gefühlsmäßig.

eingehäkelt ↑untergehakt.

eingehakt ↑untergehakt.

eingehängt ↑untergehakt.

¹eingehen, absterben, verdorren, dorren, vertrocknen, kaputtgehen *(salopp),* nicht anwachsen, nicht angehen, nicht weitergehen; ↑sterben, ↑welken; ↑Pflanze.

²eingehen: ↑einlaufen, ↑sterben; etwas will jmdm. nicht e. ↑verstehen; [Geld] geht ein ↑zusammenkommen; eine Fusion / eine Koalition e. ↑verbünden (sich); eine Verbindung e. mit ↑verschmelzen (mit); Verbindlichkeiten e. ↑leihen; e. auf ↑antworten, ↑überreden; auf jmds. Forderungen / Wünsche e. ↑entgegenkommen (jmdm.), ↑nachgeben; auf einen Vorschlag e. ↑billigen; bei jmdm. ein- und ausgehen ↑verkehren (mit); e. in ↑Aufnahme [finden]; in die Geschichte / Unsterblichkeit e. ↑verewigen (sich);

vor Angst e. ↑Angst [haben]; zum ewigen Frieden / zur ewigen Ruhe e. ↑sterben.

eingehend: ↑ausführlich, ↑gewissenhaft.

eingehenkelt ↑untergehakt.

Eingekochtes ↑Eingemachtes.

eingeladen ↑gebeten.

¹Eingemachtes, Eingekochtes, Eingewecktes, Konserviertes, Haltbargemachtes; ↑Büchse, ↑Einmachglas, ↑Konserve; ↑konservieren.

²Eingemachtes: es geht ans Eingemachte ↑ernst [werden].

eingemeindet ↑zugehörig.

Eingemeindung, Eingliederung, Rückgliederung, Rückführung, Einverleibung, Integration; ↑Okkupation; ↑einfügen; ↑zugehörig.

eingepackt ↑abgepackt.

eingerostet: ↑linkisch, ↑rostig.

Eingesandt ↑Leserzuschrift.

eingeschlafen ↑blutleer.

eingeschnappt ↑gekränkt.

eingeschneit ↑verschneit.

¹eingeschränkt, behindert, gehandikapt; ↑behindern, ↑einschränken; ↑Behinderung, ↑Hürde.

²eingeschränkt: ↑bescheiden, ↑vorbehaltlich.

Eingeschränktheit ↑Bescheidenheit.

eingeschrieben: -e Sendung ↑Postsendung.

eingeschüchtert ↑ängstlich.

eingeschweißt ↑abgepackt.

eingesessen ↑einheimisch.

Eingesessener ↑Bewohner.

eingespannt: den ganzen Tag e. sein ↑arbeiten.

Eingeständnis ↑Bekenntnis.

eingestehen ↑gestehen.

eingewachsen: -er Nagel ↑Nagelkrankheit.

Eingewecktes ↑Eingemachtes.

¹Eingeweide, Baucheingeweide, Innereien, Gedärm[e], Därme, Gekröse, Dünndarmgekröse, Dickdarmgekröse, Magengekröse; ↑Bauchspeicheldrüse, ↑Darm, ↑Innereien.

²Eingeweide: essbare E. ↑Innereien.

Eingeweidebruch ↑Bruch.

Eingeweidenervensystem ↑Nervensystem.

Eingeweidesenkung, Senkung, Deszensus, Ptosis, Enteroptose, Splanchnoptose, Viszeroptose, Darmsenkung · Magensenkung, Gastroptose, Gastroenteroptose · Lebersenkung, Hepatoptose, Senkleber, Wanderleber · Nierensenkung, Nephroptose, Senkniere, Wanderniere · Milzsenkung, Splenoptose, Wandermilz · Dickdarmsenkung, Koloptose · Mastdarmvorfall, Aftervorfall, Rektozele, Proktozele · Gebärmuttersenkung, Gebärmuttervorfall, Hysteroptose, Metroptose; ↑Bruch.

Eingeweidevorfall ↑Bruch.

eingeweiht ↑aufgeklärt.

Eingeweihter: ↑Fachmann, ↑Komplice.

eingewickelt ↑abgepackt.

eingewöhnen ↑anpassen.

Eingewöhnung ↑Anpassung.

eingewurzelt ↑üblich.

eingezogen ↑zurückgezogen.

eingezwängt ↑bedrängt.

eingießen ↑schütten.

Eingießung ↑Verabreichung.

Einglas, Monokel; ↑Brille, ↑Kneifer.

eingleisig ↑einseitig.

¹eingliedern, einordnen, einbeziehen, angleichen, resozialisieren; ↑anpassen; **sich nicht e.,** aus der Reihe tanzen *(ugs., abwertend),* eine Extrawurst gebraten haben wollen *(ugs., abwertend);* ↑Eingliederung.

²eingliedern ↑einstufen.

¹Eingliederung, Angleichung, Resozialisierung; ↑Anpassung, ↑Institution; ↑eingliedern.

²Eingliederung: ↑Eingemeindung, ↑Einordnung, ↑Einstufung.

eingraben: ↑einschneiden, ↑vergraben.

eingravieren, gravieren in, einmeißeln, meißeln in, einhauen, hauen in, einschleifen, schleifen in, einritzen, ritzen in, ziselieren; ↑einschneiden.

eingreifen, durchgreifen, einschreiten, dazwischentreten, ein Machtwort sprechen, mit der Faust auf den Tisch schlagen / *(ugs.)* hauen, dazwischenfunken *(ugs.),* sich einmischen / *(ugs.)* einmengen, sich mischen / *(ugs.)* mengen in, dreinreden, andere Maßnahmen ergreifen, andere Register ziehen, andere Saiten aufziehen, strenger werden / vorgehen, einen anderen Ton anschlagen, aufräumen *(ugs.),* reinen Tisch / Tabula rasa machen, Ordnung schaffen, [gewaltsam] aufräumen / Schluss machen mit etwas, zuschlagen, kurzen Prozess machen, nicht lange fackeln *(ugs.),* mit eisernem Besen auskehren · in ein Gespräch: einhaken *(ugs.);* ↑abhalten, ↑anhalten, ↑bereinigen, ↑einschreiten, ↑helfen, ↑verhindern, ↑vermitteln, ↑zanken (sich); ↑streng; ↑Maßnahme · Ggs. ↑zögern.

eingrenzen: ↑einzäunen, ↑verringern.

Eingriff: ↑Operation; einen E. machen / vornehmen ↑operieren.

einhagen ↑einzäunen.

einhaken: ↑eingreifen, ↑einrasten; sich bei jmdm. e. ↑unterhaken.

Einhalt: E. gebieten ↑verhindern.

einhalten: ↑befolgen, ↑unterbrechen; nicht e. ↑übertreten.

einhämmern ↑einprägen.

einhandeln (sich etwas), sich etwas zuziehen / *(ugs., landsch.)* anholen / *(ugs.)* aufsacken.

einhändigen ↑abgeben.

einhängen ↑unterhaken.

einhauen ↑eingravieren.

einheben ↑kassieren.

Einhebung ↑Eintreibung.

Einhebungsbeamter ↑Kassierer.

einhegen ↑einzäunen.

einheimisch, ansässig, heimisch, heimatet, zu Hause, alteingesessen, eingesessen, eingeboren, wohnhaft, niedergelassen, heimatberechtigt, heimatgenössisch *(schweiz.),* eingebürgert, verbürgert *(schweiz.),* zuständig nach *(österr.);* ↑bekannt, ↑bodenständig, ↑heimatlich; ↑Bewohner; ↑wohnen.

Einheimischer: ↑Bewohner; kein E. ↑Fremder.

einheimsen: ↑kassieren, ↑nehmen.

einheiraten, sich ins warme / ins gemachte Nest setzen *(ugs.),* sich ins gemachte Bett legen *(ugs.);* heiraten.

Einheit: ↑Abteilung, ↑Gotteseigenschaften, ↑Heeresverband, ↑Struktur; astronomische E. ↑Längenmaß; Tag der deutschen E. ↑Feiertag.

einheitlich: ↑organisch, ↑übereinstimmend.

Einheitspartei ↑Partei.

Einheitsschule ↑Schule.

einheizen: ↑heizen; jmdm. e. ↑anstacheln.

einhellig: ↑einmütig, ↑übereinstimmend.

einhenkeln: sich e. ↑unterhaken.

einhenken: sich e. ↑unterhaken.

¹einholen (jmdn.), erreichen, ereilen, einkriegen *(ugs.);* ↑fangen.

²einholen: ↑aufholen, ↑kaufen; Erlaubnis e. ↑[um] Erlaubnis [ersuchen].

Einholtasche ↑Einkaufstasche.

Einhorn: ↑Fabelwesen, ↑Sternbild.

einhüftig: -er Korbbogen ↑Bogen.

¹einhüllen (sich), sich einmummen, sich einmummeln, sich einwickeln / verpacken *(ugs., scherzh.),* sich gut zudecken, sich warm anziehen; ↑anziehen, ↑umhüllen.

²einhüllen: ↑einnebeln, ↑umhüllen.

eini ↑hin.

einig: ↑einträchtig, ↑handelseinig; sich e. werden ↑übereinkommen; mit etwas e. werden ↑bewältigen.

einige, etliche, verschiedene, ein paar, mehrere, diverse, eine Anzahl / Reihe; ↑allerlei, ↑reichlich, ↑verschieden, ↑viele; ↑Anzahl.

einigeln: sich e. ↑abkapseln (sich).

¹einigen (sich), [mit jmdm.] einen Vergleich schließen, sich vergleichen / versöhnen / aussöhnen / [wieder] vertragen, jmdm. die Hand [zur Versöhnung] reichen, einen Schritt zur Versöhnung tun; ↑bereinigen, ↑übereinkommen.

²einigen: sich e. ↑übereinkommen.

einigermaßen, annähernd, etwelchermaßen *(schweiz.),* angenähert, approximativ, ungefähr, bei / gegen / an die [100 Personen], ziemlich, erheblich, halbwegs *(ugs.),* mittel *(ugs.);* ↑ausreichend, ↑beinahe, ↑mäßig, ↑notdürftig, ↑sehr.

einig gehen ↑billigen.

Einigkeit ↑Übereinstimmung.

¹Einigung, Versöhnung, Vergleich, Schlichtung, Beilegung; ↑Abmachung, ↑Übereinstimmung.

²Einigung: eine E. erzielen ↑übereinkommen.

einimpfen ↑einprägen.

Einjähriges, mittlere Reife, Primareife; ↑Prüfung.

¹einkalkulieren, [bei seinen Überlegungen] berücksichtigen, [in seine Überlegungen] einbeziehen, einplanen · den Einfluss eines Ereignisses auf den Börsenkurs: eskomptieren.

²einkalkulieren ↑vermuten.

einkassieren ↑kassieren.

Einkassierung ↑Eintreibung.

einkasteln ↑festsetzen.

Einkauf: ↑Kauf; Einkäufe machen ↑kaufen.

einkaufen: ↑kaufen; böhmisch e. ↑wegnehmen.

Einkaufsbeutel ↑Einkaufstasche.

Einkaufsbummel ↑Bummel.

Einkaufsnetz ↑Einkaufstasche.

Einkaufspassage ↑Geschäftsviertel.

Einkaufspreis ↑Preis.

Einkaufstasche, Einkaufsnetz, Einkaufsbeutel, Einholtasche *(landsch.),* Markttasche, Netz, Beutel, Plastikbeutel, Tasche, Jutebeutel, Jutetasche, Jutesack · Drahtkorb · Einkaufswagen; ↑Tasche.

Einkaufswagen ↑Einkaufstasche.

Einkaufszentrum ↑Geschäftsviertel.

Einkehr: ↑Selbstbesinnung; E. halten ↑bessern (sich), ↑Pause [machen].

einkehren: ↑besuchen, ↑Pause [machen].

einkerben ↑einschneiden.

einkerkern ↑festsetzen.

einkesseln: ↑belagern, ↑einkreisen.

Einkesselung ↑Belagerung.

einklagen: etwas e. ↑prozessieren.

Einklang: in E. bringen ↑abstimmen (auf etwas).

Einklassenschule ↑Schule.

einkleiden, einpuppen *(ugs., berlin.)* · dienstmäßig: adjustieren *(österr.);* ↑anziehen; ↑Kleidung.

einklinken: ↑einrasten, ↑schließen.

einklopfen ↑einrammen.

einkochen: ↑betrügen, ↑konservieren.

einkommen: e. um ↑bitten, ↑einreichen; [Geld] kommt ein ↑zusammenkommen.

Einkommen: ↑Broterwerb, ↑Einkünfte.

einkommensschwach, finanzschwach, sozial schwächer, schlechter gestellt, ärmer, nicht vermögend; ↑arm, ↑verdienen.

Einkommenssteuer ↑Abgabe.

Einkommensteuer ↑Abgabe.

Einkommensteuererklärung ↑Steuererklärung.

einkoten: sich e. ↑defäkieren.

einkrachen ↑einstürzen.

einkratzen ↑einschneiden.

¹einkreisen, umzingeln, einschließen, einkesseln, umstellen, umgeben, umringen, zernieren; ↑abkapseln (sich).

²einkreisen: ↑belagern, ↑markieren.

Einkreisung ↑Belagerung.

Einkriege ↑Fangspiel.

einkriegen ↑einholen.

Einkriegezeck ↑Fangspiel.

einkringeln ↑markieren.
Einkunft: Einkünfte haben ↑verdienen.
Einkünfte, Einkommen, Bezüge, Einnahmen, Honorar, Erträge, Rente, Pension, Revenuen, Rendite · *nicht regierender Angehöriger regierender Fürsten:* Apanage, Jahrgeld; ↑Gehalt (das), ↑Wehrsold.
Einlad ↑Verladung.
¹einladen (jmdn.), laden / bitten zu; ↑beordern.
²einladen: ↑laden; jmdn. e. ↑spendieren; jmdn. zu etwas e. ↑zuraten.
Einladung ↑Verladung.
einlagern ↑lagern.
Einlagerung ↑Lagerung.
einlangen ↑kommen.
Einlass: E. gewähren ↑einlassen.
¹einlassen (jmdn.), jmdm. öffnen / *(ugs.)* aufmachen, hereinkommen lassen, Einlass gewähren.
²einlassen: ↑polieren, ↑wachsen; sich e. auf ↑teilnehmen, ↑überreden; sich mit jmdm. e. ↑koitieren.
Einlasskarte ↑Eintrittskarte.
einlässlich ↑minutiös.
Einlassung: -en ↑Darlegung.
Einlauf, Klistier, Spülung, Klysma, Darmspülung, Darmeinlauf, Irrigation, Enema; ↑Spritze.
¹einlaufen, eingehen *(ugs.),* [beim Waschen (oder:) bei der Wäsche] zusammenschrumpfen / schrumpfen / kürzer / enger / kleiner werden, zusammenschnurren · *so präparieren, dass es nicht einläuft:* krumpfen.
²einlaufen: ↑kommen; jmdm. die Bude e. ↑frequentieren; das Einlaufen ↑Ankunft.
einleben: sich e. ↑anpassen (sich); sich e. in ↑einfühlen (sich).
Einlegearbeit, Intarsia, Intarsie, Intarsien, Marketerie.
einlegen: ↑abgeben, ↑frisieren, ↑hineinbringen, ↑konservieren; Berufung e. ↑Berufung; Berufung / Beschwerde e. ↑beanstanden; eine Pause e. ↑unterbrechen; eine Erholungspause / Ruhepause / Zigarettenpause e. ↑Pause [machen]; Protest e. ↑aufbegehren; ein gutes Wort e. für ↑fördern.
Einlegetisch ↑Tisch.
einleiten: ↑anbahnen, ↑bewerkstelligen.
Einleitung, Einführung, vorangestellte / einführende Worte, Vorbemerkung, Editorial · *eines Buches o.Ä.:* Vorwort, Geleitwort, zum Geleit, Vorrede; ↑Anfang, ↑Folge, ↑Motto, ↑Zwischenspiel · *eines Theaterstückes:* Vorspiel, Vorspruch, Prolog, Exposition · *eines musikalischen Werkes:* Ouvertüre, Präludium, Intrada, Introduktion, Vorspiel · *einer Sendung:* Anmoderation · *eines Films:* ↑Vorspann · Ggs. ↑Nachspann; **keine lange E. machen,** geradewegs auf sein Ziel losgehen, zum Thema kommen, sich nicht lange mit der Vorrede aufhalten, zur Sache kommen, in medias res gehen; ↑kurzerhand; ↑Mann (Quickie).
Einleitungswissenschaft ↑Theologie.
einlenken ↑nachgeben.
einleuchtend, glaubhaft, augenfällig, evident, überzeugend, bestechend, einsichtig, verständlich, verstehbar *(schweiz.),* begreiflich, fasslich, fassbar, plausibel *(ugs.);* ↑beredt, ↑erklärlich, ↑klar, ↑stichhaltig, ↑verständlicherweise, ↑zugkräftig, ↑zweifellos.
¹einliefern, hinbringen, zur Post bringen, aufliefern, aufgeben, abliefern, hinschaffen, verbringen *(schweiz.);* ↑durchschleusen, ↑einwerfen, ↑schicken.
²einliefern: ↑bringen, ↑einweisen.
Einlieger ↑Mieter.
Einliegerwohnung ↑Wohnung.
einlochen ↑festsetzen.
einlogieren: sich e. ↑einmieten (sich).
einlullen ↑beruhigen.
Einmach ↑Mehlschwitze.
Einmache ↑Mehlschwitze.
einmachen ↑konservieren.
Einmachglas, Einsiedeglas *(südd., österr.),* Weckglas, Rexglas *(österr.);* ↑Büchse, ↑Eingemachtes, ↑Konserve; ↑konservieren.
Einmachsuppe ↑Suppe.
einmal: ↑damals, ↑später; auf e. ↑plötzlich; für e. ↑zunächst; noch e. ↑wieder; nun e. ↑eben.
einmalig: ↑beispiellos, ↑unersetzlich.
Einmaligkeit: ↑Ereignis, ↑Unentbehrlichkeit.
Einmanndemokratie ↑Herrschaft.
Einmarkstück ↑Münze.
Einmarsch ↑Okkupation.
einmarschieren, einrücken, einziehen, eindringen, einfallen; ↑betreten, ↑eindringen, ↑einbrechen.
einmeißeln ↑eingravieren.
einmengen: sich e. ↑eingreifen.
¹einmieten (sich), einwohnen, eine Wohnung nehmen, sich einquartieren / einlogieren / einnisten; ↑beherbergen, ↑einziehen, ↑mieten, ↑niederlassen (sich), ↑übernachten, ↑übersiedeln, ↑wohnen; ↑Unterkunft.
²einmieten: ↑übersiedeln; sich e. ↑mieten.
einmischen: sich e. ↑eingreifen.
einmotten ↑verschieben.
einmummeln: ↑anziehen; sich e. ↑einhüllen.
einmummen: sich e. ↑einhüllen (sich).
Einmündung ↑Mündung.
¹einmütig, einstimmig, einhellig, einvernehmlich *(österr.),* einverständlich *(österr.),* im Einvernehmen mit, in gegenseitigem Einverständnis; ↑einträchtig, ↑übereinstimmend.
²einmütig ↑einträchtig.
Einmütigkeit ↑Übereinstimmung.
einnachten ↑dunkel [werden].
Einnahme: ↑Eroberung; -n ↑Einkünfte.
Einnahmequelle ↑Profit.
einnässen: sich e. ↑urinieren.
Einnässen ↑Bettnässen.

einnebeln, unsichtbar machen, einhüllen, tarnen; ↑bewölken (sich).

¹einnehmen (Medizin), nehmen, schlucken *(ugs.),* futtern *(salopp);* ↑spritzen; ↑bukkal, ↑oral, ↑rektal; ↑Medikament.

²einnehmen: ↑erobern, ↑innehaben, ↑kassieren, ↑trinken, ↑verdienen; [das Essen] e. ↑essen; stramme Haltung e. ↑strammstehen; die erste Stelle / den ersten Platz e. ↑Höchstleistung [erzielen].

einnehmend ↑sympathisch.

einnicken ↑einschlafen.

¹einnisten (sich), sich breit machen, sich nicht vertreiben lassen, nicht ↑weggehen.

²einnisten: sich e. ↑einmieten (sich), ↑einschleichen (sich).

Einöd ↑Bauernhof.

Einöde, Öde, Einschicht *(südd., österr.),* Ödland, Wüste, Wüstenei; ↑Einsamkeit, ↑Kargheit, ↑Steppe.

Einödhof ↑Bauernhof.

einölen ↑einreiben.

¹einordnen, einräumen, hineinlegen, hineinstellen, einrichten, justieren, einstellen, einreihen, an seinen Platz stellen; ↑ablegen.

²einordnen: ↑ablegen, ↑eingliedern, ↑einstufen, ↑subsumieren, sich e. ↑anpassen, ↑fahren; abecelich / alphabetisch / nach dem Abc (oder:) Abece (oder:) Alphabet e. ↑alphabetisieren.

¹Einordnung, Unterordnung, Subsumtion, Subsumption, Zusammenfassung, Eingliederung, Sozialisation; ↑Anpassung, ↑Benehmen; ↑erziehen, ↑subsumieren.

²Einordnung: ↑Anpassung, ↑Einstufung.

einpacken, verpacken, einwickeln, einrollen, einschlagen, einschweißen, zuschweißen, in Papier wickeln / hüllen / rollen; ↑binden, ↑verschnüren; ↑abgepackt; ↑Folie, ↑Packung, ↑Verpackung.

Einpackung ↑Wickel.

Einparteienregierung ↑Regierung.

einpassen ↑einfügen.

einpauken ↑lehren.

Einpauker ↑Repetitor.

einpennen ↑einschlafen.

Einpflanzung ↑Implantation.

einplanen ↑einkalkulieren.

einpökeln: ↑konservieren, ↑pökeln.

einprägen, einschärfen *(ugs.),* einhämmern *(ugs.),* einimpfen *(ugs.),* einbläuen *(salopp),* anhalten zu; ↑lehren, ↑lernen.

einprägsam ↑anschaulich.

Einprägsamkeit ↑Bildhaftigkeit.

einpudern ↑pudern.

einpuppen: ↑abkapseln (sich), ↑einkleiden.

¹einquartieren (jmdn.), einweisen, Quartier zuweisen, unterbringen; ↑beherbergen, ↑einweisen.

²einquartieren: sich e. ↑einmieten (sich).

Einquartierung ↑Unterbringung.

einrahmen ↑einfassen.

Einrahmung ↑Einfassung.

einrammen, rammen in, einschlagen, schlagen in, einklopfen, klopfen in, hineinstoßen, stoßen in, hineintreiben, treiben in, pilotieren; ↑Rammpfahl.

einrangieren ↑einstufen.

¹einrasten, einklinken, einhaken, ankoppeln · Ggs. ↑ausrasten.

²einrasten ↑gekränkt [sein].

einräumen: ↑billigen, ↑einordnen, ↑gestehen.

¹einreden (jmdm. etwas), weismachen *(abwertend),* jmdm. ein Kind in den Bauch reden *(salopp);* ↑vortäuschen.

²einreden ↑zuraten.

¹einreiben, einfetten, einschmieren, eincremen, cremen, salben, einsalben, ölen, einölen, balsamieren, einbalsamieren; ↑abschmieren.

²einreiben: mit Wachs e. ↑wachsen.

Einreibung: ↑Massage, ↑Verabreichung.

¹einreichen, einkommen um, ein Gesuch stellen, beantragen; ↑abgeben.

²einreichen: ↑vorlegen; Beschwerde e. ↑beanstanden.

einreihen: ↑einordnen, ↑einstufen; abecelich / alphabetisch / nach dem Abc (oder:) Abece (oder:) Alphabet e. ↑alphabetisieren.

Einreihung ↑Einstufung.

einreisen ↑einwandern.

einreißen: ↑einschleichen (sich), ↑niederreißen.

einrenken ↑bereinigen.

einrennen: jmdm. die Bude e. ↑frequentieren; offene Türen e. ↑ankämpfen (gegen etwas).

einrexen ↑konservieren.

¹einrichten, möblieren, ausstatten, mit Möbeln vollstopfen *(ugs., abwertend);* ↑Mobiliar.

²einrichten: ↑einordnen, ↑gründen, ↑verwirklichen; sich e. müssen ↑sparen [müssen]; es so e., dass ... ↑verursachen.

Einrichtung: ↑Bewerkstelligung, ↑Institution, ↑Mobiliar.

Einrichtungsgegenstand ↑Möbel.

Einrichtungsgegenstände ↑Mobiliar.

einringeln ↑markieren.

einritzen: ↑eingravieren, ↑einschneiden.

einrollen ↑einpacken.

einrosten: ↑unbeweglich [werden]; nicht e. ↑trainieren (sich).

einrücken: ↑einmarschieren, ↑Soldat [werden].

einrühren ↑beimischen.

einrüsten ↑Baugerüst.

eins: zehn gegen e. wetten, dass ... ↑zweifeln.

einsacken ↑wegnehmen.

einsagen: ↑vorsagen, ↑vorsprechen.

Einsager ↑Souffleur.

Einsagerin ↑Souffleuse.

einsalben ↑einreiben.

Einsalbung ↑Verabreichung.

einsalzen ↑pökeln.

¹einsam, allein, verlassen, mutterseelenallein,

vereinsamt; ↑abgelegen, ↑allein, ↑einzeln, ↑solo.

²einsam: ↑abgelegen, ↑zurückgezogen; etwas ist -e Klasse ↑trefflich [sein].

Einsamkeit, Alleinsein, Vereinsamung, Zurückgezogenheit, Abgeschiedenheit, Isolierung, Verlassenheit; ↑Einöde, ↑Einsiedelei, ↑Kloster; ↑abkapseln (sich).

einsammeln: ↑kassieren, ↑sammeln.

Einsatz: ↑Anwendung; zum E. bringen ↑anwenden, ↑beitragen; zum E. kommen ↑Anwendung [finden].

Einsatzanweisung ↑Computer.

einsatzbereit, einsatzfähig, startbereit, startklar.

einsatzfähig: ↑handlungsfähig, ↑einsatzbereit.

einsauen: ↑beschmutzen; sich e. ↑besudeln (sich).

einsaugen: ↑aufsaugen; etwas mit der Muttermilch eingesogen haben ↑firm [sein].

Einsaugung ↑Absorption.

einsäumen: ↑einfassen, ↑nähen.

einschalten: ↑anstellen, ↑vermitteln; ↑Netz.

einschärfen ↑einprägen.

einscharren ↑bestatten.

einschätzen: ↑beurteilen; zu gering e. ↑unterschätzen; ↑bevorzugen.

Einschätzung: ↑Beurteilung.

Einscheibensicherheitsglas ↑Glas.

einschenken: ↑schütten; jmdm. reinen Wein e. ↑mitteilen.

Einschicht ↑Einöde.

Einschichthof ↑Bauernhof.

einschichtig: ↑abgelegen, ↑einzeln.

einschieben: ↑einfügen, ↑vervollständigen.

Einschiebung ↑Ergänzung.

Einschienenbahn ↑Eisenbahnzug.

¹einschiffen, verschiffen, an Bord bringen, aufs Schiff verladen · Ggs. ↑ausschiffen; **sich e.,** an Bord gehen, eine Schiffsreise antreten; ↑Schiff.

²einschiffen ↑laden.

¹einschlafen, in Schlaf sinken, einschlummern, entschlummern, vom Schlaf übermannt werden, einnicken *(fam.)*, eindrus[s]eln *(ugs., nordd.)*, eindösen *(ugs.)*, einpennen *(ugs.)*; ↑schlafen · Ggs. ↑wach [werden].

²einschlafen: ↑abnehmen, ↑absterben, ↑sterben; fast e. bei etwas ↑langweilen (sich).

einschläfern: ↑beruhigen, ↑betäuben, ↑töten.

einschläfernd ↑langweilig.

Einschläferung ↑Euthanasie.

Einschlafmittel ↑Schlafmittel.

Einschlag ↑Neigung.

einschlagen: ↑einpacken, ↑einrammen, ↑zerstören; einen bestimmten Weg e. ↑verfahren; einen neuen Weg / neue Wege e. ↑richtungsweisend [sein]; auf jmdn. e. ↑schlagen; wie eine Bombe e. ↑wirken; eine härtere Gangart e. ↑verlangen.

einschlägig, betreffend, entsprechend, dazugehörend, dazugehörig; ↑gemäß.

Einschlagpapier ↑Einwickelpapier.

¹einschleichen (sich), sich einnisten / festsetzen, einreißen; ↑überhand nehmen.

²einschleichen ↑steigern.

einschleifen ↑eingravieren.

einschleusen: ↑einschmuggeln, ↑infiltrieren.

¹einschließen: etwas schließt etwas ein / enthält etwas / begreift etwas in sich / hat etwas zum Inhalt / beinhaltet etwas / involviert etwas / impliziert etwas / bezieht etwas ein; ↑anhaften, ↑berücksichtigen; ↑einschließlich.

²einschließen: ↑belagern, ↑einfassen, ↑einkreisen.

einschließlich, inklusive, einbegriffen, inbegriffen, plus, zuzüglich, bis auf, mit *(bayr.)*, bis und mit *(schweiz.)*; ↑alle; ↑einschließen · Ggs. ↑ausgenommen, ↑ausschließlich.

Einschließung: ↑Belagerung, ↑Freiheitsentzug.

einschlummern ↑einschlafen.

Einschlussthermometer ↑Thermometer.

einschmeicheln: sich e. ↑nähern (sich jmdm.).

einschmieren ↑einreiben.

einschmuggeln: ↑einschleusen, heimlich einführen / über die Grenze bringen.

einschnappen ↑gekränkt [sein].

einschneiden (seinen Namen o. Ä.), eingraben, einritzen, einkerben, einkratzen, sich verewigen *(ugs.)*; ↑eingravieren.

einschneidend, fühlbar, merklich, empfindlich, spürbar, nachhaltig, durchgreifend, scharf, streng; ↑gravierend, ↑offenbar, ↑streng.

einschneien, verschneien, zuschneien, zudecken, eindecken; ↑schneien.

¹Einschnitt, Schnitt, Zäsur, Bruch, Abbruch, Unterbrechung, Aufenthalt; ↑Unterbrechung; ↑unterbrechen.

²Einschnitt: [operativer E.] ↑Operation.

einschnüren ↑einengen.

¹einschränken, eindämmen, bremsen *(ugs.)*, zurückpfeifen *(ugs.)*, zurückrufen, zurückholen, zurückkommandieren, wehren, hemmen, jmdm. Steine in den Weg legen, jmdm. Knüppel / einen Knüppel zwischen die Beine werfen, jmdm. die Flügel stutzen / beschneiden, jmdm. Paroli bieten; dafür sorgen, dass die Bäume nicht in den Himmel wachsen; ↑behindern, ↑beschränken, ↑verhindern, ↑verringern · *in finanzieller Hinsicht:* jmdn. knapp halten, jmdm. den Brotkorb höher hängen; **nicht e.,** freien Lauf lassen, keine Zügel anlegen, jmdm. keinen Stein in den Weg legen; ↑beschränkend, ↑eingeschränkt.

²einschränken: ↑begrenzen, ↑beschränken, ↑einengen, ↑verringern; sich e. ↑sparen; nicht eingeschränkt sein ↑selbstständig [sein].

einschränkend ↑beschränkend.

¹Einschränkung, Beschränkung, Restriktion, Rezession, Einsparung, Dezimierung, Streichung, Verringerung, Verminderung, Reduzierung · *des Geldumlaufs:* Deflation; ↑Blockierung, ↑Geldentwertung, ↑Sperre, ↑Verminderung; ↑beschränkend.

²Einschränkung: ↑Klausel, ↑Verminderung, ↑Vorbehalt; mit -en ↑vorbehaltlich; ohne E. ↑vorbehaltlos.

Einschreibebrief ↑Postsendung.

einschreiben: sich e. ↑anmelden (sich); sich e., sich in die Matrikel e. lassen ↑immatrikulieren (sich).

Einschreiben ↑Postsendung.

Einschreibung ↑Anmeldung.

¹einschreiten, vorgehen gegen · *unter Anwendung von Gewalt:* Gewalt anwenden, mit Gewalt gegen jmdn. vorgehen, zu Paaren treiben, in die Flucht schlagen; ↑ankämpfen, ↑eingreifen, ↑nötigen, ↑vertreiben; ↑Kampfmittel, ↑Polizeigriff.

²einschreiten ↑eingreifen.

Einschrieb ↑Postsendung.

einschrumpeln ↑schrumpfen.

einschrumpfen ↑schrumpfen.

Einschub ↑Ergänzung.

einschüchtern, verschüchtern, unter Druck setzen, jmdn. ins Bockshorn jagen, verwirren, dasig machen *(südd., österr.);* ↑Angst [machen], ↑entmutigen, ↑verwirren; **sich nicht e. lassen,** du kannst mich nicht einschüchtern, Bangemachen gilt nicht *(ugs.).*

einschütten ↑schütten.

einschweißen ↑einpacken.

einschwenken ↑abbiegen.

einsegnen ↑weihen.

Einsegnung: ↑Begräbnis, ↑Konfirmation.

einsehen: ↑erkennen, ↑kontrollieren, ↑prüfen, ↑verstehen; nicht e. ↑verstehen.

Einsehen: ↑Duldung; ein E. haben ↑tolerant [sein].

einseifen: ↑betrügen, ↑schmeicheln.

¹einseitig, eingleisig, einsträngig, einspurig; ↑parteiisch.

²einseitig: ↑gefärbt, ↑parteiisch.

Einseitigkeit ↑Vorurteil.

einsenken, senken in, eintauchen, versenken; ↑tauchen.

einsetzen: ↑anwenden, ↑ausfüllen, ↑einstellen, ↑hineinbringen; etwas setzt ein ↑anfangen; sein Leben e. ↑wagen; sich e. für ↑annehmen (sich einer Sache), ↑eintreten (für).

Einsicht: ↑Erfahrung, ↑Selbsteinschätzung; zur E. bringen ↑aufrütteln; zur E. kommen ↑Vernunft [annehmen].

einsichtig: ↑einleuchtend, ↑tolerant.

einsickern, eindringen, durchsickern, durchkommen *(ugs.).*

Einsiedeglas ↑Einmachglas.

Einsiedelei, Klause, Eremitei, Eremitage; ↑Einsamkeit, ↑Kloster.

einsieden ↑konservieren.

¹Einsiedler, Eremit, Klausner, Anachoret; ↑Asket.

²Einsiedler ↑Einzelgänger.

einsiedlerisch ↑zurückgezogen.

Einsiedlerkrebs: ↑Einzelgänger, ↑Krebs.

Einsiedlerorden ↑Mönchsorden.

einsilbig ↑wortkarg.

Einsilbigkeit ↑Wortkargheit.

Einspänner: ↑Einzelgänger, ↑Junggeselle, ↑Kutsche, ↑Würstchen.

einsparen: ↑erübrigen, ↑sparen.

¹Einsparung, Ersparung, Kostendämpfung, Sparmaßnahme, Ersparnis; ↑sparen; ↑sparsam.

²Einsparung: ↑Auslassung, ↑Einschränkung.

einspeisen ↑eingeben.

einsperren: ↑ausschließen, ↑festsetzen.

¹einspielen (sich): etwas spielt sich ein / kommt in Gang; ↑anfangen; ↑reibungslos.

²einspielen: ↑einfügen, ↑einträglich [sein].

einspinnen ↑abkapseln.

Einsprache ↑Einspruch.

einsprengen ↑sprengen.

einspringen: ↑helfen, ↑vertreten.

einspritzen: ↑sprengen, ↑spritzen.

¹Einspritzung, Injektion, Injizierung, Spritze *(ugs.)* ·· *von Drogen:* Schuss *(salopp),* Mainlining, Hypo *(salopp),* Junk *(salopp),* Fix *(salopp)* · *mit tödlichem Ausgang:* goldener Schuss *(Jargon);* ↑Einlauf, ↑Rauschgift, ↑Rauschgiftsüchtiger, ↑Spritze; ↑spritzen.

²Einspritzung ↑Verabreichung.

¹Einspruch, Beschwerde, Klage, Reklamation, Mängelrüge, Beanstandung, Einwand, Einwendung, Einsprache, Protest, Gegenstimme, Veto · *im Rechtswesen:* Rekurs, Berufung · *diplomatischer:* Demarche; ↑Ärger, ↑Herausforderung, ↑Hinderungsgrund, ↑Verbot, ↑Verhinderung, ↑Veto · Ggs. ↑Erlaubnis.

²Einspruch: E. erheben ↑beanstanden.

Einspruchsrecht ↑Veto.

einspurig ↑einseitig.

einst: ↑damals, ↑später.

einstampfen ↑zerstören.

Einstand ↑Trinkgelage.

einstauben ↑pudern.

einstäuben ↑pudern.

einstecken: ↑besiegen, ↑einwerfen, ↑kassieren, ↑wegnehmen; etwas e. müssen ↑ertragen.

Einsteckschloss ↑Schloss.

Einstecktuch ↑Taschentuch.

einstehen (für), verantworten, die Verantwortung tragen / übernehmen, auf seine Kappe nehmen *(ugs.),* stehen zu, büßen / zahlen / bezahlen / aufkommen / geradestehen / bluten für, sich opfern / ein Opfer bringen / sein Blut vergießen für, seine Haut zu Markte tragen, den Kopf / den Buckel hinhalten [müssen] *(ugs.),* die Folgen tragen [müssen]; die Suppe auslöffeln [müssen] [die man sich eingebrockt hat]; sich die Haxen abhauen lassen *(salopp, österr.),* sich die Hand abschlagen / abhacken lassen *(ugs.),* ausbaden *(ugs.),* für jmdn. die Kastanien aus dem Feuer holen, herhalten müssen *(salopp)*, ersetzen, erstatten, abgelten, bürgen / haften / garantieren / sich verbürgen / gutsagen / die Hand ins Feuer legen für, Bürgschaft leisten / stellen, die Bürgschaft / Garantie übernehmen, Garantie leisten, entschädigen, Schadenersatz leisten, sühnen, gutmachen, wieder gutmachen, eine Scharte [wieder] auswetzen *(ugs.);* ↑belohnen, ↑bereuen, ↑bessern (sich), ↑eintreten (für), ↑reparieren; **jmdn. e. lassen für,** etwas auf jmds. Verantwortung tun; ↑Prügelknabe, ↑Sicherheit.

einsteigen: ↑anfangen, ↑besteigen, ↑einbrechen; [in ein Geschäft] e. ↑Geschäft; [groß] ins Geschäft e. ↑Profit [machen].

¹einstellen (jmdn.), anstellen, in Lohn und Brot nehmen, beschäftigen, aufnehmen *(österr.),* anwerben, dingen, bestallen, einsetzen, chartern, [mit einer Arbeit] betrauen · *einen Ungeeigneten:* den Bock zum Gärtner machen *(ugs.)* · *in Bezug auf Seeleute:* heuern, anheuern · *in Bezug auf Künstler:* engagieren, verpflichten · *in ein hohes Amt:* berufen · *in ein festes Beamtenverhältnis:* pragmatisieren *(österr.);* **eingestellt sein,** in Lohn und Brot stehen; **eingestellt werden,** eine Anstellung / Stellung / Stelle finden; ↑ernennen; ↑Nominierung.

²einstellen: ↑aberkennen, ↑abgewöhnen (sich etwas), ↑abschaffen, ↑anstellen, ↑beenden, ↑einordnen, ↑entlassen; sich e. ↑kommen; sich auf etwas e. ↑wappnen (sich); aufeinander e. ↑abstimmen (auf etwas); [ein Fahrzeug e.] ↑garagieren; die Feindseligkeiten e. ↑Frieden [schließen].

Einstellung: ↑Aufhebung, ↑Denkweise, ↑Entwöhnung; E. der Feindseligkeiten ↑Waffenstillstand; eine bestimmte E. haben zu ↑beurteilen.

einstens ↑damals.

Einstieg: ↑Anlass, ↑Tür; keinen E. in etwas finden ↑unzugänglich.

einstimmig ↑einmütig.

Einstimmigkeit ↑Übereinstimmung.

einstippen ↑tauchen.

einstmals ↑damals.

einstoßen ↑ablegen.

einsträngig ↑einseitig.

einstreichen ↑kassieren.

einstudieren, studieren, einüben, proben, probieren; ↑lernen.

einstufen, einordnen, rubrizieren, eingliedern, einreihen, einrangieren; ↑einteilen, ↑gliedern; ↑Einstufung.

Einstufung, Einordnung, Rubrizierung, Eingliederung, Einreihung; ↑Gliederung; ↑einstufen.

einstuppen ↑pudern.

einstürzen, einfallen, zusammenstürzen, zusammenfallen, einkrachen *(salopp),* zusammenkrachen *(salopp);* ↑zusammensinken.

einstweilen ↑inzwischen.

einsuren ↑pökeln.

eins werden ↑koitieren.

Eintagsfieber, Entzündungsfieber, ephemeres Fieber, Ephemera, Febricula, Synocha *(veraltet),* Tagesfieber *(veraltet);* ↑Fieber, ↑Krankheit.

Eintagsfliege: ↑Insekt; etwas ist eine E. ↑kurzlebig [sein].

Eintänzer, Gigolo, ↑Betreuer (Papagallo), ↑Mann, ↑Tanz, ↑Tanzvergnügen; ↑tanzen.

eintauchen: ↑einsenken, ↑tauchen.

eintauschen: ↑einwechseln, ↑tauschen.

¹einteilen, zuteilen, rationieren, zumessen, zuhalten *(schweiz.),* abmessen, dosieren, disponieren, verplanen, planen, zuweisen, zusprechen; ↑abwiegen, ↑ausrechnen, ↑einstufen, ↑gliedern, ↑messen.

²einteilen: ↑gliedern, ↑haushalten, ↑teilen, ↑unterteilen.

Einteiler ↑Badeanzug.

eintönig ↑langweilig.

Eintönigkeit, Öde, Trostlosigkeit, Tristheit, Fadheit, Gleichförmigkeit, Lang[e]weile; ↑langweilig.

Eintopf, Eintopfgericht · Labskaus, Irishstew, Pichelsteiner Fleisch, Risi-Pisi, Rumfordsuppe, Olla podrida; ↑Mischung, ↑Suppe.

Eintopfgericht ↑Eintopf.

Eintracht ↑Übereinstimmung.

einträchtig, brüderlich, einig, einmütig, harmonisch, friedlich · *nach einem Streitfall o. Ä.:* schiedlich-friedlich; ↑einmütig, ↑friedfertig, ↑übereinstimmend; ↑Übereinstimmung.

eintragen: ↑aufschreiben, ↑ausfüllen, ↑einträglich [sein], ↑ergeben; sich e. ↑anmelden (sich); sich in die Matrikel e. lassen ↑immatrikulieren (sich); sich in das Buch der Geschichte e. ↑verewigen (sich).

einträglich, Gewinn bringend, rentabel, lukrativ; ↑zugkräftig; **e. sein,** sich bezahlt machen / lohnen / rentieren / auszahlen, etwas einbringen / erbringen / eintragen / abwerfen, dafürstehen *(österr.),* reiche Frucht / Früchte tragen, etwas kommt heraus / *(landsch.)* schaut heraus / springt heraus *(ugs.),* etwas fällt dabei ab *(salopp),* das bringt es *(salopp)* · *von Theaterstücken und Filmen:* [Unkosten] einspielen; ↑lohnend; ↑ergeben, ↑profitieren.

Eintragung ↑Anmeldung.

eintränken: es jmdm. [gehörig] e. ↑bestrafen.

Einträufelung ↑Verabreichung.

¹eintreffen: etwas trifft ein / wird wahr / geht in Erfüllung, etwas verwirklicht / realisiert / erfüllt sich; **nicht e.,** ausbleiben, flachfallen *(salopp),* etwas gibt es nicht, sich in Luft auflösen *(ugs.),* etwas fällt aus *(salopp);* ↑geschehen, ↑verwirklichen, ↑wegfallen.

²eintreffen: ↑kommen; etwas ist noch nicht eingetroffen ↑ausstehen; das Eintreffen ↑Ankunft.

eintreiben ↑kassieren.

Eintreiber ↑Kassierer.

Eintreibung, Einkassierung, Inkasso, Einziehung, Einhebung *(oberd.)* · *zwangsweise, ge-*

richtlich: Beitreibung, Betreibung *(schweiz.),* Pfändung; ↑Kassierer, ↑Vorauszahlung, ↑Zahlung; ↑kassieren.

¹eintreten (für), sich einsetzen / stark machen für, sich bekennen zu, sich engagieren, Flagge zeigen, Stellung / einen geistigen Standort beziehen, plädieren für, Partei ergreifen / nehmen für, kämpfen für / um, einen Kampf führen, sich zerreißen für *(salopp),* sich zerspragen *(ugs., österr.),* ringen um, etwas verteidigen / vertreten, jmdn. in Schutz nehmen, eine Lanze brechen für, für jmdn. in die Schranken treten, jmdm. beispringen, sich vor jmdn. stellen, jmdm. den Rücken stärken, jmdm. die Stange halten; ↑annehmen (sich einer Sache), ↑einstehen (für), ↑erwirken, ↑fördern, ↑helfen, ↑identifizieren (sich mit etwas / jmdm.); ↑streitbar; ↑Engagement, ↑Tauziehen.

²eintreten: ↑beitreten, ↑betreten, ↑geschehen, ↑zerstören; das Eintreten ↑Beitritt; etwas ist noch nicht eingetreten ↑ausstehen; Besserung tritt ein ↑gesund [werden]; Stille tritt ein ↑still [werden]; ein Stillstand ist eingetreten ↑vorangehen; für jmdn. e. ↑vertreten; in ein Geschäft e. ↑Geschäft; in die / in eine Versicherung e. ↑versichern (sich); ins Kloster e. ↑Mönch [werden], ↑Nonne [werden].

eintrichtern ↑lehren.

Eintritt: ↑Anfang, ↑Beitritt; kostenloser E. ↑Gebührenfreiheit.

Eintrittskarte, Karte, Einlasskarte, Billett · *gratis ausgegebene:* Freikarte.

eintrocknen: ↑antrocknen, ↑trocknen.

eintrüben: sich e. ↑bewölken (sich).

eintrudeln ↑kommen.

eintunken ↑tauchen.

einüben ↑einstudieren.

einunddreißig: 31. Dezember ↑Silvester.

einverleiben: ↑annektieren; sich etwas e. ↑essen.

Einverleibung ↑Eingemeindung.

Einvernahme ↑Verhör.

einvernehmen ↑vernehmen.

Einvernehmen: im E. mit ↑einmütig, ↑Erlaubnis.

einvernehmlich ↑einmütig.

einverstanden: ↑okay; e. sein ↑billigen.

einverständlich ↑einmütig.

Einverständnis: ↑Erlaubnis; in gegenseitigem E. ↑einmütig.

einwachsen ↑wachsen.

Einwand: ↑Einspruch, ↑Hinderungsgrund; hier muss E. erhoben werden, dass ... ↑ungewiss [sein]; Einwände erheben / machen ↑antworten; ich habe keine Einwände ↑ja.

Einwanderer, Immigrant, Siedler, Kolonist, Ansiedler; ↑Bewohner; ↑einwandern · Ggs. ↑Auswanderer; ↑auswandern.

einwandern, immigrieren, zuziehen, einreisen; ↑Einwanderer · Ggs. ↑auswandern; ↑Auswanderer.

einwandfrei: ↑abgestimmt, ↑essbar, ↑richtig, ↑vollkommen.

Einwärts ↑Jahreszeit.

Einwärtsdreher ↑Muskel.

Einwärtsschielen ↑Schielen.

einwechseln, eintauschen, wechseln.

einwecken ↑konservieren.

Einweg-, Wegwerf-, ex und hopp; ↑wegwerfen.

Einwegflasche ↑Flasche.

¹einweihen, seiner Bestimmung übergeben, aus der Taufe heben, eröffnen, in Betrieb nehmen; ↑Einweihung.

²einweihen: eingeweiht sein ↑wissen.

Einweihung, Inbetriebnahme, Indienststellung; ↑einweihen.

¹einweisen, einliefern, hospitalisieren *(schweiz.),* bringen, versorgen *(schweiz.);* ↑einquartieren.

²einweisen: ↑einarbeiten, ↑einquartieren.

einwenden: ↑antworten; ich habe nichts dagegen einzuwenden ↑ja.

Einwendung ↑Einspruch.

¹einwerfen (Post), einstecken, zur Post bringen, zum Briefkasten tragen, in den Briefkasten werfen; ↑einliefern, ↑schicken.

²einwerfen ↑antworten.

einwickeln: ↑betrügen, ↑einpacken; sich e. ↑einhüllen (sich); jmdn. e. ↑bezirzen.

Einwickelpapier, Packpapier, Einschlagpapier, Umschlagpapier, Geschenkpapier, Weihnachtspapier, Seidenpapier, Wachspapier, Butterbrotpapier · *minderwertiges:* Schrenzpapier *(veraltet);* ↑Folie, ↑Papier.

einwiegen ↑abwiegen.

einwilligen ↑billigen.

Einwilligung ↑Erlaubnis.

einwirken: ↑beeinflussen, ↑wirken; e. lassen ↑wirken [lassen].

Einwirkung: ↑Einfluss; zur E. kommen lassen ↑wirken.

einwohnen ↑einmieten (sich).

Einwohner: ↑Bewohner, ↑Hausbewohner.

Einwohnermeldeamt, Meldestelle, Einwohnermeldestelle, Meldeamt; ↑Adressbuch, ↑Anmeldebestätigung.

Einwohnermeldestelle ↑Einwohnermeldeamt.

Einwohnerverzeichnis ↑Adressbuch.

Einzahl, Singular · Ggs. ↑Mehrzahl.

Einzahlung ↑Anzahlung, ↑Zahlung.

Einzahlungsschein ↑Zahlkarte.

einzäunen, umzäunen, abzäunen, mit einem Zaun versehen, einfriedigen, einfrieden, umfrieden, umfriedigen, begrenzen, eingrenzen, umgrenzen, umhecken, einhegen, einhagen *(schweiz.);* ↑abstecken, ↑einfassen; ↑Zaun.

Einzäunung ↑Zaun.

einzeichnen: ↑markieren, ↑zeichnen.

Einzel ↑Spiel.

Einzelausgabe ↑Edition.

Einzelband ↑Buch.

Einzelfall: ↑Ausnahmefall; in jedem E. ↑eigens.
¹Einzelgänger, Einsiedler *(scherzh.),* Einspänner *(ugs.),* Einsiedlerkrebs *(ugs.);* ↑Außenseiter.
²Einzelgänger ↑Außenseiter.
einzelgängerisch ↑individuell.
¹Einzelgängertum, Eigenbrötelei, Außenseitertum; ↑Abkapselung.
²Einzelgängertum ↑Individualismus.
Einzelgrab ↑Grab.
¹Einzelhandel, Kleinhandel, Detailhandel *(veraltend),* ambulantes Gewerbe; ↑Einzelhändler, ↑Handel, ↑Händler, ↑Transithandel · Ggs. ↑Großhandel.
²Einzelhandel: im E. ↑en détail.
Einzelhandelsgeschäft ↑Laden.
Einzelhandelspreis ↑Preis.
Einzelhandelsunternehmer ↑Einzelhändler.
Einzelhändler, Kleinhändler, Wiederverkäufer, Detaillist *(veraltend),* Einzelhandelsunternehmer; ↑Einzelhandel, ↑Geschäftsmann, ↑Händler, ↑Kaufmann, ↑Laden, ↑Trödler · Ggs. ↑Großhändler.
Einzelheit ↑Detail.
Einzelkind ↑Kind.
Einzeller, Protozoon, Infusorium, Infusionstierchen, Urtierchen, Wechseltierchen, Amöbe, Aufgusstierchen, Wimpertierchen, Geißeltierchen, Flagellat, Sonnentierchen, Strahlentierchen, Pantoffeltierchen, Glockentierchen, Trompetentierchen, Augentierchen.
¹einzeln, gesondert, abgesondert, vereinzelt, einzelweis *(ugs., österr.),* getrennt, abgetrennt, apart, isoliert, separat, extra, für sich · *als Teil eines Paares:* einschichtig *(südd., österr.);* ↑allein, ↑einsam, ↑solo; ↑Detail.
²einzeln: der -e ↑Mensch; im Einzelnen ↑namentlich.
Einzelspiel ↑Spiel.
Einzeltäter ↑Verbrecher.
einzelweis ↑einzeln.
¹einziehen, beziehen, seine Zelte aufschlagen *(ugs.);* ↑einmieten (sich), ↑wohnen; ↑Wohnung.
²einziehen: ↑beschlagnahmen, ↑betreten, ↑durchziehen, ↑einberufen, ↑einmarschieren, ↑kassieren; Erkundigungen e. ↑fragen; den Schwanz e. ↑nachgeben.
Einzieher ↑Kassierer.
Einziehung: ↑Beschlagnahme, ↑Einberufung, ↑Eintreibung, ↑Enteignung.
einzig: ↑beispiellos, ↑göttlich, ↑unersetzlich.
einzigartig: ↑außergewöhnlich; ↑beispiellos.
Einzimmerwohnung ↑Wohnung.
Einzug: E. halten ↑betreten.
Einzüger ↑Kassierer.
Einzugsgebiet ↑Vorort.
eirund ↑oval.
¹Eis, Speiseeis, Eiskrem, Gefror[e]nes *(südd., österr.),* Glace *(schweiz.)* · Halbgefrorenes · Fruchteis, Milcheis, Softeis, Eistorte, Eisbombe, Bombe, Eisbecher, Panaschee, Cassata, Fürst-Pückler-Eis; ↑Café, ↑Dessert, ↑Gefrierpunkt.

²Eis: ewiges / arktisches / antarktisches E. ↑Polareis; auf E. legen ↑verschieben.
Eisbahn, Schlitterbahn, Schlidderbahn *(landsch.),* Schlidder *(landsch.),* Klenner *(landsch.),* Glenne *(landsch.);* ↑Rutschbahn; ↑gleiten, ↑schlittern.
Eisbär ↑Bär.
Eisbecher ↑Eis.
¹Eisbein *(bes. nordd.)* Schweinsfüße *(westd., südwestd.),* Schweinebein[chen] *(westd.),* Schweinshaxe *(südd.),* Schweinsknochen *(bes. sächs.),* Schweinsstelze *(österr.),* Stelze *(österr.),* Wädli *(schweiz.);* ↑Rippchen.
²Eisbein ↑Fleischgericht.
Eisbeine: E. haben ↑frieren.
Eisberg ↑Eisscholle.
Eisbombe ↑Eis.
Eisboßeln ↑Eisschießen.
Eisdecke ↑Polareis.
Eisdiele ↑Café.
Eisen: ↑Hochzeitstag; mehrere E. im Feuer haben ↑verlassen (sich auf etwas); zum alten E. werfen ↑entlassen, ↑wegwerfen.
Eisenbahn: ↑Eisenbahnzug, ↑Verkehrsmittel; es ist höchste E. ↑spät.
Eisenbahnabteil, Abteil, Coupé, Großraumwagen · *für Raucher:* Raucherabteil, Raucher · *für Nichtraucher:* Nichtraucherabteil, Nichtraucher · *der ersten Wagenklasse:* Erster-Klasse-Abteil · *der zweiten Wagenklasse:* Zweiter-Klasse-Abteil · *mit Liege- oder Schlafmöglichkeit:* Liegewagenabteil, Schlafwagenabteil · *für den Aufenthalt des Zugpersonals:* Dienstabteil; ↑Eisenbahnwagen.
Eisenbahnbrücke ↑Brücke.
Eisenbahner ↑Bahnbeamter.
Eisenbahnfahrt ↑Fahrt.
Eisenbahngleis ↑Gleis.
Eisenbahnlinie ↑Bahnlinie.
Eisenbahnschaffner ↑Schaffner.
Eisenbahnschiene ↑Gleis.
Eisenbahnschranke ↑Hindernis.
Eisenbahnstrecke ↑Bahnlinie.
Eisenbahnwagen, Waggon · Personenzugwagen, D-Zug-Wagen, Erster-Klasse-Wagen, Zweiter-Klasse-Wagen, Aussichtswagen · *mit Restaurantbetrieb:* Speisewagen, Büfettwagen, Restaurationswagen · *mit Liege- oder Schlafmöglichkeit:* Liegewagen, Schlafwagen · *luxuriös ausgestatteter:* Salonwagen · *der, um seinen Zielort zu erreichen, an andere Züge angehängt wird:* Kurswagen · *für die Beförderung von Gepäck:* Gepäckwagen · *für die Beförderung von Gütern:* Güterwagen · *für die Beförderung von flüssigen Gütern:* Kesselwagen · *mit Kühleinrichtungen für leicht verderbliche Güter:* Kühlwagen; ↑Eisenbahnabteil, ↑Eisenbahnzug, ↑Gleis, ↑Gleisanlage.
Eisenbahnzug, Eisenbahn, Zug · Personenzug, Bimmelbahn *(ugs.),* Bummelzug *(ugs.)* · Eilzug, Schnellzug, D-Zug, Fernschnellzug,

ektopisch

F-Zug · Trans-Europ-Express, TEE, Express-zug, durchgehender Zug · Nahverkehrszug, Vorortzug, Städteschnellverkehrszug, Inter-cityzug, IC, Interregiozug, IR, Lokalzug, Arbeiterzug · Sonderzug, Extrazug · Frühzug, Nachtzug, Abendzug · Autoreisezug · Güter-zug, Eilgüterzug, Postzug · Entlastungszug, Vorzug · Triebwagen, Eiltriebwagen, Schie-nenbus · Einschienenbahn, Alwegbahn; ↑Ei-senbahnwagen, ↑Gleis, ↑Gleisanlage, ↑Loko-motive, ↑Prellbock, ↑Verkehrsmittel; ↑entglei-sen.

Eisendrahtstift ↑Nagel.

Eisenkitt ↑Bindemittel.

Eisenlunge ↑Staublungenerkrankung.

Eisenmangelanämie ↑Blutarmut.

Eisennagel ↑Nagel.

Eisenradierung ↑Kunstdruck.

Eisenstaublunge ↑Staublungenerkrankung.

Eisente ↑Vogel.

eisern: ↑unzugänglich; mit -em Besen auskeh-ren ↑eingreifen; -e Hochzeit ↑Hochzeitstag; -e Ration ↑Proviant; -er Schaffner ↑Stempeluhr; Eiserner Vorhang ↑Grenze; Länder hinter dem Eisernen Vorhang ↑Osten.

Eiseskälte ↑Kälte.

Eisfeld ↑Eisscholle.

Eisflarr ↑Eisscholle.

Eisheilige, Mamertus, Pankratius, Servatius, Eismänner *(südd., österr.),* Kalte Sophie; ↑Wet-ter.

Eishockey ↑Hockey.

Eishockeyschläger ↑Sportgerät.

Eishockeyschlittschuh ↑Schlittschuh.

eisig ↑kalt.

eiskalt ↑kalt.

Eiskappe ↑Polareis.

Eiskasten ↑Kühlschrank.

Eisklima: -te ↑Klimazone.

Eiskristall ↑Hagelkorn.

Eiskunstlauf ↑Eislauf.

Eiskunstläufer ↑Schlittschuhläufer.

Eislauf, Eiskunstlauf, Kunstlauf, das Figuren-laufen, Eistanz ·· *in Bezug auf Figuren und Sprünge · bei der Pflicht auszuführende:* Bogen-achter, Schlangenbogen, Dreier, Doppeldreier, Schlinge, Gegendreier, Wende, Gegenwende · *bei der Kür auszuführende:* Axel, Butterfly, Flip, Lasso, Salchow, Waage, Mond · *bei der Pflichtkür auszuführende:* Doppellasso, Dop-pelsalchow, Waagepirouette, Todesspirale, Sitzpirouette; ↑Schlittschuhläufer.

Eisläufer ↑Schlittschuhläufer.

Eislawine ↑Lawine.

Eismänner ↑Eisheilige.

Eismeer: Nördliches / Südliches E. ↑Weltmeer.

Eismond ↑Januar.

Eismöwe ↑Vogel.

Eisprung ↑Ovulation.

Eissalon ↑Café.

Eisschießen, Eisstockschießen, Eisboßeln

(niederd.), Curling · *dessen Mannschaft:* Moar-schaft *(südd.);* ↑Sport.

Eisschnellläufer ↑Schlittschuhläufer.

Eisscholle, Treibeis, Packeis · Eisflarr, Flarr, Eisfeld · Eisberg; ↑Gletscher, ↑Polareis, ↑Schneewehe.

Eisschrank ↑Kühlschrank.

Eisstockschießen ↑Eisschießen.

Eissturmvogel ↑Vogel.

Eistanz ↑Eislauf.

Eistänzer ↑Schlittschuhläufer.

Eistaucher ↑Vogel.

Eistorte ↑Eis.

Eisvogel ↑Vogel.

Eiswein ↑Wein.

¹eitel, kokett, geckenhaft, stutzerhaft, putz-süchtig *(abwertend),* gefallsüchtig *(abwertend),* affig *(ugs., abwertend);* ↑dünkelhaft, ↑hübsch; ↑Gefallsucht; ↑überschätzen (sich).

²eitel: eitler Affe ↑Geck.

Eitelkeit ↑Gefallsucht.

Eiter ↑Absonderung.

Eiterbläschen ↑Hautblüte.

Eiterflechte ↑Impetigo.

Eitergrind ↑Impetigo.

eitern ↑absondern.

Eiterpustel: -n ↑Impetigo.

Eiweiß, Eiklar *(österr.),* Eierklar *(österr., sel-ten),* Klar *(österr.),* Weißei *(ugs., landsch.);* ↑Dotter.

Eizelle: ↑Keimzelle, ↑Körperzelle.

Ejakulat ↑Sperma.

Ejakulation ↑Samenerguss.

ejakulieren, spritzen, abspritzen, ihm geht ei-ner ab, feucht träumen, mit Erfolg träumen, es kommt ihm; ↑masturbieren; ↑Koitus, ↑Penis, ↑Samenerguss, ↑Sperma.

Ekarté ↑Kartenspiel.

ekel ↑ekelhaft.

Ekel (der): ↑Abneigung, ↑Überdruss; Ekel er-regen ↑anwidern.

Ekel erregend ↑ekelhaft.

ekelhaft, widerlich, eklig, Ekel erregend, wi-derwärtig, ekel, abstoßend, räudig, aussätzig, grauslich *(österr.),* unappetitlich, ungustiös *(ös-terr.);* ↑abscheulich, ↑böse; ↑Abscheulichkeit.

Ekg ↑Elektrogramm.

EKG ↑Elektrogramm.

Eklat ↑Aufsehen.

eklatant ↑offenbar.

eklektisch ↑unoriginell.

Eklektizismus ↑Einfallslosigkeit.

eklektizistisch ↑unoriginell.

eklig: ↑ekelhaft, ↑sehr.

Ekossaise ↑Tanz.

Ekstase: ↑Lust, ↑Rausch.

ekstatisch ↑dionysisch.

Ekthym ↑Impetigo.

Ektomie ↑Operation.

ektopisch: -e Schwangerschaft ↑Schwanger-schaft.

Ektoplasma ↑Protoplasma.

¹Ekzem, Juckflechte; ↑Hautblüte.

²Ekzem ↑Hautausschlag.

Elaborat: ↑Aufsatz, ↑Werk.

elaboriert ↑differenziert.

Elan ↑Temperament.

Eläolith ↑Schmuckstein.

elastisch ↑biegsam.

Elastizität: ↑Biegsamkeit, ↑Tatkraft.

Elativ: ↑Kasus, ↑Superlativ.

Elbe-Metropole ↑Hamburg.

Elben ↑Fisch.

Elb-Florenz ↑Dresden.

Elchwild ↑Wild.

Eldorado: ↑Fabelland, ↑Tummelplatz.

Electronic-Video-Recording ↑Kassettenfernsehen.

Elefant: sich benehmen wie ein E. im Porzellanladen ↑tölpelhaft [sein].

Elefantenfuß: ↑Fußbank, ↑Podium.

Elefantenhaut: eine E. haben ↑dickfellig [sein].

Elefantenhochzeit ↑Bund.

elegant: ↑geschmackvoll, ↑schnittig.

Elegant ↑Geck.

Elegie: ↑Gedicht, ↑Klage, ↑Lied.

elegisch ↑schwermütig.

elektrisch: -es Bügeleisen ↑Bügeleisen; -es Licht ↑Licht; -er Stuhl ↑Hinrichtung; -e Verkochung ↑Verätzung; -e Zahnbürste ↑Zahnbürste.

Elektrische ↑Straßenbahn.

Elektrizität, elektrischer Strom, Strom · Gleichstrom, Wechselstrom, Starkstrom, Schwachstrom, Normalstrom, Allstrom, Drehstrom, Induktionsstrom, Dreiphasenstrom, Zweiphasenstrom, Heizstrom, Batteriestrom; ↑Energie, ↑Stromspeicher.

Elektrizitätsbehandlung ↑Elektrotherapie.

Elektroboot ↑Boot.

Elektrodermatogramm ↑Elektrogramm.

Elektrodermogramm ↑Elektrogramm.

Elektrodiagnose ↑Elektrogramm.

Elektroenzephalogramm ↑Elektrogramm.

Elektrogramm · Elektrodiagnose ·· *des Herzens:* Elektrokardiogramm, EKG, Ekg, Kardiogramm, Herzstromkurve · *der Herzrandbewegungen:* Elektrokymogramm ·· *des Gehirns:* Elektroenzephalogramm, EEG, Eeg · Wachelektroenzephalogramm, Wach-EEG, Wach-Eeg · Schlafelektroenzephalogramm, Schlaf-EEG, Schlaf-Eeg, Elektrohypnogramm *(selten)* · *mit Ableitung an der freigelegten Hirnrinde:* Elektrokortigogramm ·· *eines Muskels:* Elektromyogramm, EMG, Emg · *während eines Bewegungsablaufs:* Elektromyokinesigramm · *der Haut:* Elektrodermatogramm, Elektrodermogramm ·· *des Auges:* Elektrookulogramm, EOG · *des belichteten Auges:* Elektroretinogramm, ERG ·· *des Riechepithels:* Elektroolfaktogramm; ↑Diagnose, ↑Röntgenogramm.

Elektroherd ↑Herd.

Elektroingenieur ↑Ingenieur.

Elektrokardiogramm ↑Elektrogramm.

Elektrokaustik ↑Verätzung.

Elektrokauterisation ↑Verätzung.

Elektrokoagulation ↑Verätzung.

Elektrokution ↑Hinrichtung.

Elektrokymogramm ↑Elektrogramm.

Elektrolokomotive ↑Lokomotive.

Elektromassage ↑Massage.

Elektromyogramm ↑Elektrogramm.

Elektromyokinesigramm ↑Elektrogramm.

Elektronengehirn ↑Computer.

Elektronenorgel ↑Elektroorgel.

Elektronik ↑Technik.

elektronisch: -e Datenverarbeitungsanlage ↑Computer; -e Musik ↑Musik; -e Orgel ↑Elektroorgel.

Elektroorgel, elektronische Orgel, Keyboard, Synthesizer, Elektronenorgel, Hammondorgel, Kinoorgel, Consonataorgel, Polychordorgel, Wurlitzer-Orgel, Welte-Lichtton-Orgel; ↑Tasteninstrument.

Elektropunktur ↑Verätzung.

Elektrorasierer ↑Rasierapparat.

Elektrorasur ↑Rasur.

Elektrotechnik ↑Technik.

Elektrotherapeutik ↑Elektrotherapie.

Elektrotherapie, Elektrotherapeutik, Elektrizitätsbehandlung, Reizstromtherapie · *mittels Gleichstroms:* Galvanotherapie, Galvanisation, Galvanotherapeutik, Gleichstrombehandlung · *mittels faradischen Stroms:* Faradotherapie, Faradisation, Faradismus · *mittels Hochfrequenzstroms:* Diathermie, Diathermotherapie; ↑Naturheilverfahren.

Element: etwas ist ein ausgleichendes E. / stellt ein ausgleichendes Element dar ↑Korrektiv; in seinem E. sein ↑wohl fühlen (sich).

Elementar-: ↑grundsätzlich.

Elementarlehrer ↑Lehrer.

Elementarschule ↑Schule.

Elementarsprache ↑Sprache.

elend: ↑hinfällig, ↑kläglich, ↑schlecht, ↑schwermütig; e. aussehen ↑krank [aussehen].

Elend: ↑Armut, ↑Unglück; langes E. ↑Riese; das heulende E. kriegen ↑deprimiert [werden].

Elendsviertel ↑Armenviertel.

Elephantiasis Graecorum ↑Aussatz.

Elevator ↑Winde.

Eleve ↑Schüler.

¹Elf (der): ↑Elfe.

²Elf (die): ↑Mannschaft.

Elfe, Elf, Sylphide, Sylphe; ↑Fabelwesen.

Elfenbein ↑Hochzeitstag.

elfenbeinfarben ↑beige.

Elfenbeinschnitzer ↑Bildhauer.

Elfenbeinschnitzerei ↑Bildnerei.

elfenbeinschwarz ↑schwarz.

Elfenbeinturm: ↑Weltfremdheit; im E. leben ↑abkapseln (sich).

Elfer ↑Elfmeter.

Elfmeter, Strafstoß, Elfer, Penalty *(bes. österr.);* ↑Fußballspiel.
Elfsilbler ↑Vers.
elfte: der e. Finger ↑Penis.
eliminieren ↑entfernen.
Eliminierung ↑Beseitigung.
Elisenlebkuchen ↑Gebäck.
elitär ↑auserwählt.
Elite: [geistige E.] ↑Oberschicht.
Ellbogen: seine E. brauchen / gebrauchen ↑rücksichtslos [sein].
Ellbogencheck ↑Regelverstoß.
Ellbogengesellschaft: ↑Gesellschaft, ↑Unbarmherzigkeit.
Elle: ↑Längenmaß, ↑Metermaß.
Ellenbogen: die E. gebrauchen ↑durchsetzen (sich); bis zum E. reinlangen ↑prahlen.
Ellenbogenfreiheit ↑Bewegungsfreiheit.
Ellenbogengelenk ↑Gelenk.
Ellennerv, Musikantenknochen *(ugs., scherzh.),* Mäuschen *(ugs.),* Nervus ulnaris *(Med.).*
Ellipse: ↑Auslassung, ↑geometrische Figur.
ellipsenförmig ↑oval.
Eloge ↑Lobrede.
E-Lok ↑Lokomotive.
eloquent ↑beredt.
Eloquenz ↑Redegewandtheit.
Elritze ↑Fisch.
[1]Elsässer, Schangel *(scherzh.),* Wackes *(abwertend).*
[2]Elsässer ↑Franzose.
Elster ↑Vogel.
Elter ↑Eltern.
[1]Eltern, Vater und Mutter, die Alten *(ugs.),* die alten Herrschaften · *schlechte:* Rabeneltern · *einer von beiden:* Elternteil, Erziehungsberechtigter, Elter *(das und der; fachspr.),* Bezugsperson; ↑Adoptiveltern, ↑Angehöriger, ↑Elterngeneration, ↑Mutter, ↑Vater, ↑Verwandter.
[2]Eltern: in der Wahl seiner E. vorsichtig gewesen sein ↑reich [sein]; nicht von schlechten E. sein ↑unterschätzen.
Elterngeneration, Parentalgeneration, Paternalgeneration; ↑Eltern.
Elternhaus ↑Umwelt.
Elternliebe ↑Familienanhänglichkeit.
Elternteil ↑Eltern.
Elysee-Palast ↑Regierung.
Elysium ↑Paradies.
Emailmalerei ↑Maltechnik.
Emanze ↑Frauenrechtlerin.
[1]Emanzipation, Selbstbefreiung, Gleichstellung; ↑Frauenrechtlerin, ↑Gleichberechtigung; ↑selbstständig.
[2]Emanzipation ↑Feminismus.
emanzipieren ↑selbstständig [machen].
emanzipiert ↑selbstständig; Emanzipierte ↑Frauenrechtlerin.
Emaskulation ↑Kastration.
Emballage ↑Verpackung.

Embargo ↑Beschlagnahme.
Emblem: ↑Abzeichen, ↑Sinnbild.
[1]Embolie, Gefäßverstopfung, Gefäßverschluss, Embolismus · *durch einen Thrombus:* Thromb[o]embolie, Thrombembolismus · *durch Luft- oder Gasbläschen:* Luftembolie, Aerembolie, Gasembolie · *durch Fetttröpfchen in der Blutbahn:* Fettembolie · *im Bereich der Lungenarterie:* Lungenembolie; ↑Ader, ↑Arterienerkrankung, ↑Gefäßverstopfung, ↑Venenentzündung.
[2]Embolie ↑Gefäßverstopfung.
Embonpoint ↑Bauch.
Embryo ↑Leibesfrucht.
Emd ↑Heu.
Emdet ↑Ernte.
emendieren ↑berichtigen.
emeritieren ↑pensionieren.
Emeritus ↑Hochschullehrer.
Emesis ↑Erbrechen.
Emeute ↑Verschwörung.
Emg ↑Elektrogramm.
EMG ↑Elektrogramm.
Emigrant ↑Auswanderer.
Emigrantenliteratur ↑Literatur.
emigrieren ↑auswandern.
Emil: ich will E. heißen, wenn ... ↑versprechen.
eminent ↑außergewöhnlich.
Eminenz: Eure E. ↑Anrede; graue E. ↑Drahtzieher.
Emissär ↑Abgesandter.
Emission ↑Abgas.
Emissionskurs ↑Börsenkurs.
Emmentaler ↑Käse.
Emotion: ↑Erregung; frei von -en ↑sachlich.
emotional ↑gefühlsbetont.
emotionell ↑gefühlsbetont.
[1]Empfang, Staatsempfang, Neujahrsempfang, Audienz, Privataudienz, Cour, Gratulationscour; ↑begrüßen.
[2]Empfang: ↑Aufnahme, ↑Entgegennahme, ↑Essen, ↑Rezeption, ↑Willkomm; in E. nehmen ↑entgegennehmen.
[1]empfangen · *Rundfunk:* hören · *Fernsehen:* sehen, Fernsehen gucken *(nordd.)* kucken *(ugs.)* · Ggs. ↑ausstrahlen; ↑Antenne, ↑Direktsendung.
[2]empfangen: ↑begrüßen, ↑entgegennehmen, ↑erwerben, ↑schwanger [werden]; das Abendmahl / die Kommunion e. ↑Abendmahl.
[1]Empfänger, Adressat; ↑Briefschreiber · Ggs. ↑Absender.
[2]Empfänger ↑Radio.
empfänglich ↑aufgeschlossen.
Empfänglichkeit ↑Anlage.
Empfängnis: Mariä E. ↑Marienfest.
Empfängnisverhütung, Kontrazeption; ↑Geburtenregelung; ↑Präservativ.
Empfängnisverhütungsmittel, Präventivmittel, antikonzeptionelle Mittel · · Pessar · Okklusivpessar, Intrauterinpessar; ↑Ovulationshemmer, ↑Präservativ.

Empfangsbescheinigung ↑Bescheinigung.
Empfangsbestätigung ↑Bescheinigung.
Empfangsbüro ↑Rezeption.
Empfangsgerät: ↑Fernsehgerät, ↑Radio.
Empfangshalle: ↑Foyer, ↑Rezeption.
Empfangsraum: ↑Foyer, ↑Rezeption.
Empfangsschalter ↑Rezeption.
empfehlen: ↑vorschlagen; sich e. ↑trennen
(sich); empfohlener Richtpreis ↑Preis; auf
französisch e. ↑weggehen; es empfiehlt sich
↑zweckmäßig [sein]; ich empfehle mich ↑Gruß.
empfehlenswert: e. sein ↑zweckmäßig [sein].
Empfehlung: ↑Empfehlungsschreiben, ↑Förderung, ↑Vorschlag; mit freundlicher E. ↑hochachtungsvoll.
Empfehlungsbrief ↑Schreiben.
¹Empfehlungsschreiben, Empfehlung, Referenzen; ↑Bewerbungsschreiben; ↑vorschlagen.
²Empfehlungsschreiben ↑Schreiben.
empfinden: ↑fühlen; e. als ↑beurteilen; fein -d
↑feinsinnig; Reue -d ↑schuldbewusst.
Empfinden ↑Gefühl.
¹empfindlich, empfindsam, dünnhäutig, überempfindlich, zart besaitet, fein besaitet, verletzbar, verletzlich, feinfühlig, sensibel, allergisch, sensitiv, suszeptibel, reizbar, schwierig,
übelnehmerisch, nachtragend, mimosenhaft;
↑aufgeregt, ↑empfindsam, ↑gekränkt, ↑humorlos, ↑reizbar, ↑sensibel, ↑wählerisch, ↑wehleidig, ↑zart; ↑Empfindsamkeit, ↑Überempfindlichkeit; ↑einfühlen (sich).
²empfindlich: ↑einschneidend, ↑wehleidig; -er
Punkt, -e Stelle ↑Achillesferse; nicht e. sein
↑dickfellig [sein]; gegen Wetter e. ↑wetterfühlig.
Empfindlichkeit: ↑Empfindsamkeit, ↑Überempfindlichkeit, ↑Verwundbarkeit, ↑Zimperlichkeit.
¹empfindsam, sentimental, gemütvoll, gemüthaft, sinnenhaft, gefühlstief, gefühlvoll, innerlich, verinnerlicht, beseelt, seelenvoll, überschwänglich, schwärmerisch, exaltiert *(abwertend),* überspannt *(abwertend),* gefühlsselig,
rührselig, tränenselig, gefühlsduselig *(salopp,
abwertend),* schmalzig *(abwertend),* lyrisch, romantisch; ↑bewegt, ↑empfindlich, ↑gedankenvoll, ↑gefühlsbetont, ↑reizbar, ↑weinerlich;
↑Empfindsamkeit, ↑Gefühlsleben, ↑Rührseligkeit.
²empfindsam ↑empfindlich.
¹Empfindsamkeit, Sensibilität, Innerlichkeit,
Gemütstiefe, Gemüthaftigkeit, Sensitivität,
Überempfindlichkeit, Verletzlichkeit, Verletzbarkeit, Empfindlichkeit, Feinfühligkeit;
↑Achillesferse, ↑Rührseligkeit, ↑Verwundbarkeit, ↑Zimperlichkeit; ↑empfindlich, ↑empfindsam.
²Empfindsamkeit ↑Literaturepochen.
Empfindung: ↑Gefühl, ↑Impression.
empfindungslos ↑blutleer.
Empfindungslosigkeit ↑Gefühlskälte.
Empfindungsnerv ↑Nerv.

Empfindungswort ↑Wortart.
Emphase: ↑Nachdruck, ↑Nachdrücklichkeit;
mit E. ↑nachdrücklich.
emphatisch ↑nachdrücklich.
Empirekleid ↑Kleid.
empirisch ↑Erfahrung.
Empirismus ↑Pragmatismus.
empor: ↑aufwärts, ↑hin, ↑hoch.
Empore, Galerie, Rang, Olymp *(scherzh.),*
Juchhe *(ugs., bes. österr.),* Heuboden *(salopp,
scherzh.),* Hahnenbalken *(salopp);* ↑Tribüne,
↑Veranda.
empören: sich e. ↑aufbegehren; etwas empört
jmdn. ↑ärgern.
Emporenbasilika ↑Gotteshaus.
empörend ↑unerhört.
Emporenkirche ↑Gotteshaus.
Empörer ↑Revolutionär.
emporgehen ↑hinaufgehen.
emporklettern: ↑hinaufgehen, ↑steigen (auf).
emporklimmen ↑steigen (auf).
emporkommen ↑avancieren.
Emporkömmling, Aufsteiger, Yuppie, Neureicher, Parvenü, Raffke *(landsch., abwertend),*
Wirtschaftswunderknabe *(abwertend),* Konjunkturritter *(abwertend),* Moneymaker, Selfmademan; ↑Frau (Karrierefrau), ↑Karrieremacher.
emporragend ↑hoch.
emporranken: sich e. ↑ranken.
emporsteigen: ↑avancieren, ↑hinaufgehen,
↑steigen (auf).
empört ↑ärgerlich.
Empörung ↑Verschwörung.
emsig ↑fleißig.
Emsigkeit: ↑Arbeitseifer, ↑Fleiß.
Emton ↑Mann.
Emu ↑Vogel.
Emulsion ↑Mischung.
E-Musik ↑Musik.
Enanthem ↑Hautausschlag.
en bloc: ↑insgesamt, ↑ungefähr.
en canaille ↑abschätzig.
encanaillieren ↑verbrüdern (sich).
encodieren ↑chiffrieren.
End-: ↑letzte.
Endbetrag ↑Summe.
Enddarm ↑Darm.
¹Ende, Ausgang, Schlusspunkt, Schluss, Endstadium, Abschluss, Beschluss *(veraltend),*
Rüste *(dichter.),* Neige *(dichter.),* Ausklang, Beendigung, Finale · *glückliches:* Happyend · *eines Alarmzustandes:* Entwarnung; ↑Ertrag,
↑Exitus, ↑Nachwort, ↑Pointe; ↑fertig.
²Ende: ↑Exitus, ↑Zipfel; das dicke E. ↑Schwierigkeit; das dicke E. kommt noch / kommt noch
↑ausstehen; das ist das E. der Fahnenstange
↑[nicht] möglich [sein]; langes E. ↑Riese; kein
E. finden ↑beenden; ein E. haben / machen /
setzen, zu E. gehen, zu einem E. kommen ↑enden; seinem Leben ein E. setzen ↑entleiben

(sich); letzten -s ↑letztlich; am E. ↑spät; am E. sein ↑erschöpft [sein]; am E. der Welt ↑abgelegen [sein]; mit seiner Kunst am E. sein ↑Lösung; an allen Ecken und -n ↑überall; ohne E. ↑unaufhörlich, ↑unendlich; zu E. ↑vorüber; zu welchem E. ↑warum; zu E. führen ↑vollenden; nicht zu E. geführt ↑unerledigt; zu E. gehen ↑abnehmen; mit jmdm. geht es zu E. ↑sterben; zu E. sein ↑fertig [sein]; jmds. Geduld ist zu E. ↑ärgerlich [werden].

Endeffekt: im E. ↑letztlich.

Endel ↑Besatz.

endeln: ↑einfassen, ↑nähen.

¹enden, endigen, ausgehen, auf etwas hinauslaufen, herauskommen *(schweiz.)*, ein Ende / Ergebnis haben, zu einem Ende / Ergebnis kommen, zu Ende sein / gehen, aufhören, zum Erliegen kommen; ↑beenden.

²enden: ↑beenden, ↑sterben; in der Gosse e. ↑verwahrlosen.

Endergebnis ↑Ergebnis.

en détail, im Kleinen, im Einzelhandel; ↑Laden · Ggs. ↑en gros.

endgültig: ↑unabänderlich, ↑verbindlich.

Endgültigkeit, Unabänderlichkeit, Unumstößlichkeit, Unwiderruflichkeit, Definitivum; ↑unabänderlich.

Endhaltestelle ↑Haltestelle.

Endhirn ↑Gehirn.

endigen ↑enden.

Endivie ↑Gemüse.

Endkampf, Endspurt, Finish, Finale.

endlagern ↑entsorgen.

Endlagerung ↑Entsorgung.

endlich: ↑spät, ↑vergänglich; schließlich und e. ↑letztlich.

Endlichkeit ↑Vergänglichkeit.

endlos: ↑ewig, ↑unaufhörlich, ↑unendlich.

Endlosigkeit: ↑Ewigkeit, ↑Unbegrenztheit.

Endlösung ↑Tötung.

Endogamie ↑Ehe.

endogen: -e Toxikose ↑Vergiftung.

Endoplasma ↑Protoplasma.

Endoskop ↑Arzt.

Endoskopie ↑Ausspiegelung.

Endpreis ↑Preis.

Endreim ↑Reim.

Endsilbe ↑Silbe.

Endspurt ↑Endkampf.

Endstadium ↑Ende.

Endstation: ↑Haltestelle, ↑Ziel.

Endverbraucher ↑Konsument.

Endverbraucherpreis ↑Preis.

¹Energie, Energieträger, Strom, Elektrizität · Öl, schwarzes Gold, Heizöl · Kraft, Wasserkraft, Gas · *der Anteil der Energie, der in wirtschaftlich verwertbare Form umgewandelt wird:* Exergie · *der Anteil der Energie, der wirtschaftlich wertlos ist, der praktischen Nutzung verloren geht:* Anergie · *alternative:* Sonnenenergie, Solarenergie · Windenergie, Klewian (kleine Wind-

energieanlage), Growian (große Windenergieanlage) · Biogas; ↑Brennstoff, ↑Elektrizität.

²Energie ↑Tatkraft.

Energiebündel ↑Mensch.

energielos ↑willensschwach.

Energielosigkeit: ↑Antriebsschwäche, ↑Willenlosigkeit.

Energietechnik ↑Technik.

Energieträger ↑Energie.

energisch: ↑streng, ↑zielstrebig.

enervieren ↑entkräften.

enervierend ↑geisttötend.

Enervierung ↑Kräfteverschleiß.

en face ↑frontal.

¹eng, schmal, knapp, fipsig *(ugs.)*, stramm, knalleng *(ugs.)*, hauteng · Ggs. ↑geräumig.

²eng: ↑banausisch, ↑kurzsichtig; e. beieinander / nebeneinander ↑dicht; einen -en Horizont haben ↑stumpfsinnig [sein]; beim Waschen / bei der Wäsche -er werden ↑einlaufen.

¹Engagement, Beteiligung, Beteiligtsein, Teilnahme, Anteilnahme; ↑eintreten (für).

²Engagement ↑Beruf.

engagieren: ↑auffordern, ↑einstellen; sich e. ↑eintreten (für).

engagiert ↑streitbar.

Enge: in die E. treiben ↑fragen.

¹Engel, Erzengel, Seraph, Cherub, himmlische Heerscharen · *der jmdn. beschützt:* Schutzengel; ↑Erzengel, ↑Gott, ↑Gottheit, ↑Schutzpatron, ↑Trinität.

²Engel: ↑Cupido, ↑Sinnbild; die gelben E. ↑Straßenwacht; rettender E. ↑Retter; die E. im Himmel singen hören ↑Schmerz.

Engelmacher, Zweihundertachtzehner *(ugs.)*, Engelmacherin; ↑Abtreibung, ↑Fehlgeburt, ↑Hebamme, ↑Kürettage.

Engelmacherin ↑Engelmacher.

Engelsgeduld ↑Duldung.

Engelsgesicht ↑Gesicht.

Engelszungen: mit E. reden ↑zuraten.

Engerling ↑Larve.

engherzig, kleinlich, unduldsam, intolerant, spießbürgerlich *(abwertend)*, kleinbürgerlich, kleinstädtisch, spießig, provinziell, hinterwäldlerisch, krähwinklig, ehrpusselig, ehrpusslig, muckerhaft, muffig *(abwertend)*, plüschen, philiströs, pedantisch, kleinkariert *(abwertend)*, pinslig *(ugs.)*, pingelig *(ugs. landsch.)*, übergenau, nicht ↑entgegenkommend, nicht ↑tolerant · *in sexueller Hinsicht:* zimperlich, spröde, prüde; ↑ängstlich · *in finanzieller Hinsicht:* ↑geizig, ↑sparsam; ↑banausisch, ↑gewissenhaft, ↑lehrhaft, ↑spitzfindig, ↑tantenhaft; e. sein, päpstlicher als der Papst sein; ↑Pedant, ↑Pedanterie, ↑Spießer, ↑Vorurteil.

Engherzigkeit ↑Vorurteil.

England ↑Großbritannien.

Engländer, Brite, Englischmann, Tommy *(ugs.)*, Jonny, John Bull *(scherzh.)*; ↑Großbritannien.

englisch: ↑gar; -es Gewürz ↑Piment; Englische Fräulein ↑Nonnenorden; Englischer Gruß ↑Gebet; -e Krankheit ↑Rachitis; Englischer Pointer ↑Hunderassen; -er Teekuchen ↑Napfkuchen; Englischtüll ↑Stoff.

Englischfangen ↑Fangspiel.

Englischhorn ↑Blasinstrument.

Englischmann ↑Engländer.

englisch rot ↑rot.

Engouement ↑Blutandrang.

Engpass ↑Behinderung.

en gros, im Großen, in großen Mengen, im Großhandel; ↑Laden · Ggs. ↑en détail.

Engroshandel ↑Großhandel.

Engrospreis ↑Preis.

Engrossist ↑Großhändler.

engstirnig: ↑kurzsichtig, ↑stumpfsinnig.

Engstirnigkeit: ↑Beschränktheit, ↑Unkenntnis.

enigmatisch ↑rätselhaft.

Enkaustik ↑Maltechnik.

Enkel ↑Enkelkind.

Enkelin ↑Enkelkind.

Enkelkind, Kindeskind · *männliches:* Enkelsohn, Enkel · *weibliches:* Enkeltochter, Enkelin; ↑Verwandter.

Enkelsohn ↑Enkelkind.

Enkeltochter ↑Enkelkind.

Enklave ↑Gebiet.

enkodieren ↑chiffrieren.

en masse ↑reichlich.

ennet ↑jenseits.

Ennui ↑Überdruss.

ennuyant ↑langweilig.

ennuyieren: sich e. ↑langweilen (sich).

enorm: ↑außergewöhnlich, ↑gewaltig.

en passant ↑nebenbei.

Enquete: ↑Nachforschung, ↑Umfrage.

enragieren: sich e. ↑ärgerlich [sein].

Ensemble: ↑Kostüm, ↑Mannschaft.

Ensembletänzer ↑Balletttänzer.

Ensembletänzerin ↑Balletttänzerin.

entäußern: sich einer Sache e. ↑abgeben.

Entäußerung, Preisgabe, Aufgabe, Ausverkauf, Abtretung, Weggabe, Hergabe, Hingabe, Drangabe, Verzicht, Überlassung, Auslieferung; ↑Entsagung; ↑opfern.

entbehren: ↑mangeln; etwas [nicht] e. können ↑brauchen; etwas entbehrt jeder Grundlage ↑erfunden [sein].

entbehrlich: ↑nutzlos, ↑überflüssig.

entbieten: die Zeit e. ↑begrüßen; jmdn. zu sich e. ↑beordern.

entbinden: ↑entlasten, ↑gebären; seiner Amtspflicht e. ↑pensionieren; e. von ↑befreien (von).

Entbindung ↑Geburt.

Entbindungsabteilung ↑Krankenhaus.

Entbindungsheim ↑Krankenhaus.

Entbindungspfleger ↑Hebamme.

Entbindungsstation ↑Krankenhaus.

entblättern ↑ausziehen.

entblöden: sich nicht e. ↑erdreisten (sich).

entblößen ↑ausziehen.

entblößt: ↑nackt; mit -em Haupt ↑barhäuptig.

Entblößung, Exhibition, Zurschaustellung; ↑Perversität; ↑bloßstellen.

entbrennen: entbrannt ↑verliebt; in Liebe e. ↑verlieben (sich).

Entchen: ein hässliches E. sein ↑hässlich [aussehen].

entdecken: ↑bemerken, ↑finden; entdeckt werden ↑herumsprechen (sich); jmdm. etwas e. ↑gestehen.

Entdecker ↑Erfinder.

Entdeckung ↑Erfindung.

¹Ente · *männliche:* Erpel, Enterich; ↑Geflügel, ↑Wild.

²Ente: ↑Falschmeldung, ↑Nachtgeschirr, ↑Vogel; kalte E. ↑Gewürzwein; eine lahme E. sein ↑temperamentlos [sein].

entehren: ↑deflorieren, ↑vergewaltigen.

enteignen, beschlagnahmen, verstaatlichen, nationalisieren, vergesellschaften, in Volkseigentum überführen · Ggs. ↑privatisieren · *von geistlichen Gütern:* säkularisieren, verweltlichen; ↑Enteignung, ↑Sequestration.

Enteignung, Verstaatlichung, Kollektivierung, Nationalisierung, Beschlagnahme, Einziehung · Ggs. ↑privatisieren · *von geistlichen Gütern:* Säkularisation; ↑Sequestration; ↑enteignen.

Entente ↑Bund.

Entente cordiale ↑Bund.

enterben, vom Erbe / von der Erbschaft ausschließen; ↑Erbe (das), ↑Erbe (der).

Enterich ↑Ente.

Enteritis ↑Durchfall.

entern ↑kapern.

Enteron ↑Darm.

Enteroskopie ↑Ausspiegelung.

Entertainer ↑Unterhalter.

entfachen ↑anzünden.

entfallen: jmdm. entfällt etwas ↑vergessen; etwas entfällt auf jmdn. ↑zufallen.

entfalten: sich e. ↑entstehen; die Knospe entfaltet sich ↑aufblühen; Pracht e. ↑prunken.

Entfaltung ↑Entwicklung.

entfärbt ↑farblos.

¹entfernen, fortbringen, wegbringen, fortschaffen, wegschaffen, ausräumen, aus dem Weg räumen, forträumen, wegräumen, transportieren, abtransportieren, ferggen *(schweiz.),* beiseite / aus den Augen schaffen, zum Verschwinden bringen, beseitigen, eliminieren · *in Bezug auf Krampfadern:* veröden; ↑abgeben, ↑abhalten, ↑abrücken, ↑absaugen, ↑auspacken, ↑ausschließen, ↑beschneiden, ↑entlassen, ↑herausholen, ↑kündigen, ↑mitnehmen, ↑reparieren, ↑töten, ↑verlagern, ↑vertreiben, ↑wegnehmen, ↑wegwerfen; ↑Abtrennung, ↑Beseitigung.

²entfernen: ↑abkneifen, ↑abmachen, ↑entlassen, ↑entsorgen, ↑herausholen, ↑herausreißen;

sich e. ↑weggehen; operativ e. ↑operieren; die Keimdrüsen e. ↑kastrieren; die Kerne e. ↑entkernen; sich innerlich e. von ↑zurückziehen (sich).

entfernt: ↑fern; e. verwandt ↑verwandt; nur einen Katzensprung / eine Sekunde e. ↑nahe, ↑nahebei; weit e. ↑nein.

Entfernung: ↑Abstand, ↑Abtrennung, ↑Ausschluss, ↑Beseitigung, ↑Entlassung, ↑Strecke, ↑Weite; operative E. ↑Operation.

entfesseln ↑verursachen.

Entfettungskur ↑Schlankheitskur.

entfeuchten ↑klimatisieren.

entflammbar: ↑begeisterungsfähig; leicht e. ↑feuergefährlich.

Entflammbarkeit: leichte E. ↑Feuergefährlichkeit.

entflammen: ↑begeistern, ↑reizen.

entflammt: ↑begeistert, ↑verliebt.

entflechten, aufgliedern, zergliedern, teilen, aufteilen, dezentralisieren; ↑gliedern, ↑unterteilen · Ggs. ↑zentralisieren.

entfliehen ↑fliehen.

entfließen ↑ausfließen.

entfremden (sich), sich auseinander leben, sich fremd werden, sich nichts mehr zu sagen haben, sich auseinander schweigen, nebeneinanderher leben; ↑Streit [anfangen]; ↑Entfremdung.

Entfremdung, Abkühlung, das Sich-auseinander-leben, das Sich-fremd-werden; ↑entfremden (sich).

entführen ↑verschleppen.

Entführer, Kidnapper, Kindesentführer · *eines Flugzeugs:* Luftpirat, Hijacker, Highjacker, Skyjacker; ↑Kidnapping.

Entführung: [gewaltsame E.] ↑Kidnapping.

entgegen, wider, gegen, im Widerspruch / Gegensatz zu; ↑Widerspruch, ↑Gegensätzlichkeit.

entgegenarbeiten ↑ankämpfen (gegen etwas).

entgegengesetzt ↑gegensätzlich.

entgegenhalten ↑antworten.

¹entgegenkommen (jmdm.), mit sich reden lassen, kein Unmensch sein *(ugs.),* nicht so sein *(ugs.),* auf jmds. Forderungen / Wünsche eingehen, Verständnis zeigen für, jmdm. etwas erleichtern / ermöglichen, jmdm. goldene Brücken / eine goldene Brücke bauen, konzessionsbereit / verhandlungsbereit sein, geruhen, sich herbeilassen / herablassen / bequemen; ↑aufgeschlossen [sein], ↑befriedigen, ↑ermäßigen, ↑möglich [machen], ↑nachgeben; ↑Entgegenkommen.

²entgegenkommen: etwas kommt jmds. Neigungen entgegen ↑begabt; sich auf halbem Weg e. ↑übereinkommen; jmdm. [auf halbem Wege] e. ↑nachgeben.

¹Entgegenkommen, Konzilianz, Freundlichkeit, Gefälligkeit; ↑Zugeständnis; ↑Preisnachlass; **als E.,** entgegenkommenderweise, freundlicherweise · *in Bezug auf einen Kaufpreis:*

unter Brüdern *(ugs.);* E. zeigen, jmdm. Hoffnungen / Avancen machen; ↑entgegenkommen; ↑Konzessionsbereitschaft.

²Entgegenkommen ↑Zugeständnis.

entgegenkommend, verbindlich, freundlich, liebenswürdig, nett, anständig, tak *(ugs., österr.),* großzügig, konziliant, großmütig, leutselig, gönnerhaft, wohlwollend, wohlgesinnt, gut gesinnt, wohlsinnig *(schweiz.),* huldvoll, huldreich, jovial, wohl meinend, kulant, nicht ↑engherzig; ↑freigebig, ↑gefällig, ↑gesellig, ↑gütig, ↑höflich, ↑lustig, ↑sympathisch, ↑tolerant; **e. sein,** ein offenes Ohr haben für; ↑vertuschen; ↑Helfer, ↑Höflichkeit.

entgegenkommenderweise ↑Entgegenkommen.

Entgegennahme, Annahme, Empfang, Erhalt; ↑entgegennehmen.

¹entgegennehmen, annehmen, übernehmen, empfangen, in Empfang nehmen, fassen *(milit.;* z. B. Uniform f.); ↑Entgegennahme.

²entgegennehmen ↑nehmen.

entgegenschlagen ↑sympathisch.

entgegensehen: ↑hoffen; Mutterfreuden e. ↑schwanger [sein]; Vaterfreuden e. ↑schwängern; einer Sache voll Spannung e. ↑erwartungsvoll [sein].

entgegenstehen, zuwiderlaufen, etwas ist jmdm. unangenehm / kommt jmdm. ungelegen / *(ugs.)* geht jmdm. gegen den Strich / *(ugs.)* passt jmdm. nicht [in den Kram] / *(ugs.)* kommt jmdm. verquer / *(ugs.)* schmeckt jmdm. nicht, etwas widerspricht einer Sache / steht in Widerspruch zu etwas; ↑passen, ↑unzugänglich [sein].

entgegenstellen (sich), gegen den Strom schwimmen, sich nicht der herrschenden Meinung beugen / anschließen, sich absetzen gegen, sich abheben von, nicht alles mitmachen, nicht mit den Wölfen heulen; ↑aufbegehren.

entgegentreten ↑verhindern.

entgegenwirken ↑ankämpfen (gegen etwas).

entgegnen ↑antworten.

Entgegnung ↑Antwort.

entgehen: ↑entkommen, ↑entrinnen; sich etwas e. lassen ↑versäumen; etwas entgeht jmdm. ↑übersehen; etwas entgeht jmdm. / jmds. Aufmerksamkeit ↑merken; jmdm. entgeht nichts ↑sehen.

entgeistert ↑betroffen.

Entgelt, Vergütung, Provision; ↑Gehalt, ↑Lohn, ↑Spesen.

¹entgleisen, aus dem Gleis / den Geleisen / den Schienen springen; ↑Eisenbahnzug, ↑Gleis, ↑Gleisanlage, ↑Unglück.

²entgleisen ↑benehmen (sich).

Entgleisung ↑Fehler.

enthalten: ↑einschließen; sich einer Sache e. ↑abgewöhnen (sich etwas); sich der Stimme e. ↑wählen.

Enthaltener ↑Gefangener.

enthaltsam, abstinent, mäßig, maßvoll, gemäßigt, entsagend, asketisch; ↑bescheiden, ↑nüchtern, ↑zurückhaltend; ↑Antialkoholiker, ↑Enthaltsamkeit.

Enthaltsamkeit, Enthaltung, Abstinenz, Askese; ↑Antialkoholiker, ↑Bescheidenheit, ↑Entsagung, ↑Entwöhnung, ↑Prohibition; ↑alkoholfrei, ↑enthaltsam.

Enthaltung: ↑Enthaltsamkeit, ↑Entwöhnung.

enthaupten ↑töten.

enthäuten ↑abziehen.

entheben: etwas enthebt jmdn. einer Sache ↑befreien.

Enthebung ↑Entlassung.

entheiligen ↑entweihen.

enthemmen: etwas enthemmt jmdn., jmdm. seine Hemmungen nehmen, jmdn. von seinen Hemmungen befreien, etwas lässt jmdn. seine Hemmungen / jede Hemmung verlieren.

enthüllen: ↑aufdecken, ↑auspacken, ↑ausziehen; sich e. ↑offenbar [werden]; enthüllt ↑nackt.

Enthüllung, Aufdeckung, Entschleierung, Dekuvrierung, Demaskierung; ↑aufdecken.

enthusiasmieren ↑begeistern.

enthusiasmiert ↑begeistert.

Enthusiasmus ↑Begeisterung.

Entität ↑Tatsache.

entjungfern: ↑deflorieren.

Entkeimung ↑Desinfektion.

entkernen, kernen, entsteinen, die Kerne entfernen, von den Kernen befreien; ↑Kern, ↑Kerngehäuse.

entkleiden: ↑ausziehen; entkleidet ↑nackt; des Amtes e. ↑entlassen.

Entkleidungskünstlerin ↑Stripteasetänzerin.

Entkleidungsnummer ↑Striptease.

Entkleidungstanz ↑Striptease.

¹entkommen, entwischen, auskommen *(südd., österr.),* entschlüpfen, entgehen, entrinnen, das Weite gewinnen, jmdm. durch die Lappen gehen *(salopp),* jmdm. durch die Finger schlüpfen *(ugs.);* ↑fliehen, ↑weggehen.

²entkommen ↑entrinnen.

¹entkräften, entnerven, enervieren, verschleißen, verbrauchen, abnutzen, abnützen; ↑Kräfteverschleiß.

²entkräften: ↑widerlegen, ↑zehren.

entkräftet ↑kraftlos.

Entkräftung ↑Kraftlosigkeit.

Entkrampfung ↑Entspannung.

Entlad ↑Verladung.

entladen: ↑ausladen; sich e. ↑ärgerlich [sein], ↑platzen.

Entladung: ↑Explosion, ↑Verladung.

¹entlarven (jmdn.), bloßstellen, demaskieren, jmdm. die Maske abreißen / vom Gesicht reißen, durchschauen, jmdm. auf die Schliche kommen *(ugs.);* ↑erkennen.

²entlarven: ↑aufdecken; sich e. ↑erkennen.

¹entlassen, jmdm. kündigen, jmdn. fristlos entlassen, fortschicken, abservieren *(ugs.),*

jmdm. den Laufpass geben, abhängen *(ugs.),* abschieben *(ugs.),* kaltstellen *(ugs.),* jmdm. den Stuhl vor die Tür setzen, jmdn. auf die Straße setzen / werfen, davonjagen, schassen *(ugs.),* ablösen, hinauswerfen *(ugs.),* rauswerfen *(ugs.),* hinausschmeißen *(ugs.),* rausschmeißen *(salopp),* hinauskatapultieren *(salopp),* rauspfeffern *(salopp),* feuern *(salopp),* rausfeuern *(salopp),* absetzen, entsetzen *(schweiz.),* abhalftern *(salopp),* absägen *(salopp),* des Amtes entheben / entkleiden, suspendieren, einstellen *(schweiz.),* stürzen, entthronen, entmachten, entfernen, abbauen, ausbooten *(ugs.),* abschießen *(salopp),* über die Klinge springen lassen *(ugs.),* in die Wüste schicken, aufs Abstellgleis schieben *(ugs.),* zum alten Eisen werfen *(ugs.) · in feierlicher Form:* verabschieden; **e. werden,** gegangen werden *(ugs., scherzh.),* fliegen *(salopp),* seinen Hut nehmen / gehen / zurücktreten / sein Bündel schnüren / seine Koffer packen müssen, freisetzen *(verhüllend),* den Abschied bekommen; ↑ausschließen, ↑entfernen, ↑entmündigen, ↑hinauswerfen, ↑kündigen, ↑trennen (sich), ↑vertreiben; ↑arbeitslos, ↑pensioniert; ↑Aberkennung, ↑Einfluss, ↑Entlassung, ↑Kündigung · Ggs. ↑einstellen.

²entlassen: ↑freilassen, ↑pensioniert.

Entlassschüler ↑Schüler.

Entlassung, Kündigung, Hinauswurf *(ugs.),* Rauswurf *(ugs.),* Rausschmiss *(salopp),* Abservierung *(ugs.),* Abschiebung *(ugs.),* Abhalfterung *(salopp),* Ablösung, Entfernung, Amtsenthebung, Amtsentsetzung *(schweiz.),* Enthebung, Entsetzung *(schweiz.),* Suspendierung, Entthronung, Ausbootung *(ugs.),* Kaltstellung, Entmachtung, Absetzung, Zwangspensionierung, Zwangsbeurlaubung, Kassation *(veraltet),* Sturz, Fall; ↑Aberkennung, ↑Kündigung; **zur E. vorgesehen sein,** jmds. Entlassung steht bevor, auf der Abschussliste stehen *(ugs.);* ↑entlassen, ↑kündigen.

entlasten, befreien, entpflichten, entbinden; ↑pensionieren.

Entlastungsmaterial ↑Nachweis.

Entlastungszeuge: ↑Nachweis, ↑Zeuge.

Entlastungszeugnis ↑Freibrief.

Entlastungszug ↑Eisenbahnzug.

entlauben (sich), das Laub / die Blätter abwerfen, die Blätter fallen lassen; ↑herbsten, ↑nadeln; ↑Laub.

entledigen (sich jmds. / einer Sache), sich befreien von, die Fesseln abstreifen, loskommen / freikommen von, loswerden, von sich tun / abtun, sich jmdn. / etwas vom Halse schaffen *(salopp);* ↑ablehnen, ↑befreien (von).

entleeren: ↑ausladen, ↑leeren; sich e. ↑defäkieren.

entlegen ↑abgelegen.

entleiben (sich), Selbstmord (oder:) Suizid begehen / verüben, suizidieren, sich das Leben nehmen, [freiwillig] aus dem Leben scheiden, seinem Leben ein Ende setzen, Schluss machen *(ugs.),* sich umbringen, sich töten, sich ums Leben bringen, sich etwas / ein Leid antun, Hand an sich legen, den Freitod wählen, den Gashahn aufdrehen, sich die Pulsader[n] aufschneiden · *nach einer meist schweren kriminellen Handlung:* sich selbst richten, sich dem irdischen Richter entziehen · *im Wasser:* sich ertränken, ins Wasser gehen · *durch Gift:* sich vergiften, Schlaftabletten / Tabletten nehmen, eine Überdosis nehmen · *durch Schießen:* sich erschießen, sich eine Kugel durch den Kopf jagen · *durch Hängen:* sich aufhängen, sich erhängen, sich aufknüpfen, sich aufbammeln *(salopp),* sich aufbaumeln *(salopp);* ↑sterben, ↑töten; ↑Exitus, ↑Selbstmord, ↑Selbstmörder, ↑Toter, ↑Tötung.

entleihen ↑leihen.

entlocken (jmdm. etwas), etwas aus jmdm. herauslocken / herausbringen, jmdm. etwas ablocken / abringen / abtrotzen; ↑ablisten (jmdm. etwas), ↑erwirken.

entlohnen ↑zahlen.

entlöhnen ↑zahlen.

Entlohnung ↑Gehalt (das).

entlüften ↑klimatisieren.

entmachten: ↑entlassen; jmdn. e. ↑Einfluss.

Entmachtung ↑Entlassung.

entmannen ↑kastrieren.

entmannt ↑kastriert.

Entmannter ↑Kastrat.

Entmannung ↑Kastration.

Entmarkungskrankheit, multiple Sklerose, MS, Polysklerose, Charcotkrankheit, disseminierte Herdsklerose; ↑Krankheit.

Entmaterialisation ↑Verfeinerung.

entmaterialisieren ↑verfeinern.

Entmaterialisierung ↑Verfeinerung.

entmenscht ↑unbarmherzig.

entmieten ↑nötigen.

entmündigen, für unzurechnungsfähig / unmündig erklären, unter Aufsicht / Kuratel stellen; ↑entlassen.

¹entmutigen, verängstigen, jmdm. den Mut / das Selbstvertrauen nehmen, jmdm. alle Hoffnung nehmen / rauben, jmdm. Bange machen, schrecken; ↑abraten, ↑Angst [machen], ↑einschüchtern.

²entmutigen: ↑mutlos [machen]; sich nicht e. lassen ↑Mut.

entmutigt ↑deprimiert.

¹entnehmen, herausnehmen, wegnehmen, nehmen aus / von; abheben, ↑auspacken.

²entnehmen: e. aus ↑erkennen.

entnerven ↑entkräften.

entnervt ↑zermürbt.

Entomologie ↑Insektenkunde.

Entoskopie ↑Ausspiegelung.

entpflichten ↑entlassen, ↑pensionieren.

entpuppen: sich e. ↑offenbar [werden]; sich e. als ↑erweisen (sich als).

entquellen ↑ausfließen.

entrahmen, abrahmen, entsahnen, absahnen, die Milch abschöpfen, den Rahm / die Sahne abschöpfen; ↑Sahne.

entraten (einer Sache): ↑abschreiben.

enträtseln, entwirren, entschlüsseln, entziffern, dechiffrieren, auflösen, lösen, dahinter kommen *(ugs.),* abklären *(schweiz.),* entscheiden, klarstellen; ↑aufdecken, ↑auslegen, ↑dechiffrieren; ↑Aufklärung.

Entrechteter ↑Außenseiter.

Entrecote ↑Steak.

Entree: ↑Diele, ↑Vorgericht.

Entrefilet ↑Zeitungsartikel.

entreißen ↑wegnehmen.

entrichten: ↑zahlen; Steuer / Zoll e. ↑versteuern; jmd. hat der Natur seinen Tribut entrichtet ↑tot [sein].

entringen: jmds. Brust entringt sich ein Seufzer ↑stöhnen.

¹entrinnen (einer Sache), entkommen, entgehen, sich retten können, noch einmal Glück haben, [mit einem blauen Auge / mit heiler Haut] davonkommen; ↑Glück [haben].

²entrinnen ↑entkommen.

entrisch ↑unheimlich.

entrückt ↑gedankenvoll.

entrußen ↑säubern.

entrüsten: sich e. über ↑reden (über jmdn. / etwas).

entrüstet ↑ärgerlich.

Entrüstung: E. verursachen, in [sittliche] E. versetzen ↑schockieren.

entsaften ↑auspressen.

Entsafter ↑Saftpresse.

entsagen: -d ↑enthaltsam; einer Sache e. ↑abschreiben; der Welt e. ↑abkapseln (sich), ↑Mönch [werden], ↑Nonne [werden].

Entsagung, Verzicht, Preisgabe, Resignation, Askese; ↑Bescheidenheit, ↑Entäußerung; ↑abschreiben.

entsahnen ↑entrahmen.

Entsatz ↑Rettung.

entschädigen: ↑belohnen, ↑einstehen.

Entschädigung: ↑Abfindung, ↑Ersatz, ↑Spesen.

entschärfen ↑Gefahr.

Entscheid ↑Urteil.

entscheiden: ↑enträtseln; sich e. ↑entschließen (sich); noch nicht e. ↑offen lassen; das Los e. lassen ↑losen; jmdn. selbst e. lassen ↑überlassen (jmdm. etwas); etwas ist noch zu e. ↑ungewiss [sein]; sich e. für ↑auswählen.

entscheidend: ↑maßgeblich, ↑nachhaltig; -er Einfluss ↑Autorität.

¹Entscheidung, Alternative, Entweder-oder · *richtige:* Schritt in die richtige Richtung; ↑geeignet; **vor einer E. stehen,** am Kreuzweg / Scheideweg stehen; **an einer E. beteiligt sein,** gefragt werden müssen, ein Wörtchen mitzureden haben *(ugs.);* ↑entschließen (sich), ↑überwinden (sich).

²**Entscheidung:** ↑Urteil; die E. ist gefallen, eine E. fällen ↑entschließen (sich).

Entscheidungsfrage ↑Frage.

Entscheidungsschlacht ↑Kampf.

Entscheidungsträger ↑Führungskraft.

¹**entschieden,** bestimmt, dezidiert; ↑bestimmt.

²**entschieden** ↑streng.

Entschiedenheit ↑Beharrlichkeit.

entschlafen ↑sterben.

Entschlafener ↑Toter.

entschlagen: sich einer Sache e. ↑abschreiben.

entschleiern ↑aufdecken.

Entschleierung ↑Enthüllung.

entschließen (sich), sich schlüssig werden / entscheiden, einen Entschluss / Beschluss fassen, zu einem Entschluss kommen, eine Entscheidung treffen / fällen, beschließen, sich etwas vornehmen · *zu etwas Riskantem:* den Sprung wagen; **sich e. müssen,** nicht auf zwei Hochzeiten tanzen können; **sich nicht e.,** sich zwischen zwei Stühle setzen; **sich nicht e. können,** hin- und hergerissen sein *(ugs.)*; **sich entschlossen haben,** die Entscheidung ist / die Würfel sind gefallen, alea iacta est; ↑auswählen, ↑erwirken, ↑offen lassen, ↑planen, ↑überwinden (sich), ↑vorhaben, ↑wagen, ↑wählen; ↑Entscheidung, ↑Entschließung.

Entschließung, Entschluss, Beschluss, Resolution, Willenserklärung, Willensäußerung, Willensbestimmung · *als Ergebnis einer langen Überlegung:* der Weisheit letzter Schluss; ↑Urteil; ↑entschließen (sich), ↑überwinden (sich).

entschlossen: ↑kurzerhand, ↑zielstrebig.

Entschlossenheit: ↑Beharrlichkeit, ↑Entschlusskraft.

entschlummern: ↑einschlafen, ↑sterben.

entschlüpfen ↑entkommen.

Entschluss: ↑Entschließung; einen E. fassen / zu einem Entschluss kommen ↑entschließen (sich).

entschlüsseln: ↑dechiffrieren, ↑enträtseln.

Entschlussfähigkeit ↑Entschlusskraft.

Entschlussfreudigkeit ↑Entschlusskraft.

¹**Entschlusskraft,** Entschlussfähigkeit, Entschlossenheit, Entschlussfreudigkeit, Unternehmungsgeist, Initiative; ↑Abenteuerlust, ↑Aktivität, ↑Beharrlichkeit, ↑Fleiß, ↑Tatkraft, ↑Wille; ↑aktiv.

²**Entschlusskraft** ↑Geistesgegenwart.

entschlusslos ↑unentschlossen.

entschuldbar: etwas ist e. ↑verzeihlich [sein].

¹**entschuldigen** (sich), um Entschuldigung / Verzeihung bitten, jmdm. etwas abbitten, Abbitte tun / leisten, deprezieren; ↑bedauern, ↑bereuen; ↑Entschuldigung, ↑Verzeihung!

²**entschuldigen:** ↑lossprechen, ↑verzeihen; e. Sie bitte! ↑Verzeihung!

¹**Entschuldigung,** Verzeihung, Vergebung, Pardon, Nachsicht, Abbitte, Deprekation, Bedauern; ↑Verzeihung!; ↑bedauern, ↑bereuen, ↑entschuldigen (sich); ↑schade.

²**Entschuldigung:** ich bitte [tausendmal] um E.! ↑Verzeihung!

entseelt ↑tot.

Entseelter ↑Toter.

entsenden ↑abordnen.

Entsendung ↑Abordnung.

entsetzen: ↑entlassen, ↑retten; sich e. ↑betroffen [sein].

Entsetzen, Horror, Grausen, Grauen, Schauder, Schreck, Schrecken, Schock, Bestürzung; ↑Abneigung, ↑Angst, ↑Schrecklähmung; ↑schrecklich.

entsetzlich ↑schrecklich.

entsetzt ↑betroffen.

Entsetzung ↑Entlassung.

entseuchen ↑desinfizieren.

Entseuchung ↑Desinfektion.

entsinnen: sich e. ↑erinnern (sich).

entsorgen, endlagern, beseitigen, vernichten, fortschaffen, entfernen, wegschaffen, wegbringen, fortbringen; ↑Müllablageplatz, ↑Wiederverwertung.

Entsorger ↑Ingenieur.

Entsorgung, Atommüllbeseitigung, Endlagerung; ↑Müllablageplatz.

entspannen: sich e. ↑ruhen.

entspannt: ↑aufgelockert, ↑schlaff.

¹**Entspannung,** Entkrampfung, Beruhigung · *zwischen politischen Machtblöcken:* Disengagement, Appeasement, Détente; ↑Abrüstung; ↑ruhen.

²**Entspannung:** männliche E. ↑Samenerguss.

Entspannungsübung, Meditationsübung, autogenes / isometrisches Training, Jogaübung, Yogaübung; ↑Gymnastik, ↑Versenkung.

entspinnen: sich e. ↑entstehen.

entsprechen: ↑befriedigen, ↑gleichen, ↑passen; -d, von -dem Wert ↑gleichwertig; sich / einander -d ↑gleichartig; sich / einander genau -d ↑kongruent; etwas hat jmds. Erwartungen entsprochen ↑Erfahrung; etwas entspricht jmds. Fähigkeiten ↑begabt; den Tatsachen -d ↑wahr; einem Wunsch e. ↑billigen, ↑gewähren.

entsprechend: ↑einschlägig, gemäß, ↑passend, ↑prozentual.

Entsprechung: ↑Gegenstück, ↑Gleichartigkeit, ↑Parallele; genaue E. ↑Kongruenz.

entspringen: ↑fliehen, ↑stammen (von).

entstammen ↑stammen (von).

entstauben ↑abstauben.

¹**entstehen,** werden, sich entfalten / erheben / entwickeln / bilden / anspinnen / entspinnen / regen, erwachsen, aufkommen, erscheinen, sich zeigen, zum Vorschein kommen, hervorgerufen werden, auftauchen *(ugs.)*, herauskommen, in Schwang kommen *(ugs.)*, wie Pilze aus dem Boden / der Erde schießen, üblich werden, in Gebrauch kommen, etwas bahnt sich an; ↑edieren, ↑gedeihen, ↑geraten, ↑zusammensetzen (sich aus); ↑offenbar.

²**entstehen** ↑stammen (von).

Entstehen ↑Entstehung.

Entstehung, Entstehen, Werden, Ursprung, Genese, Genesis, Entwicklung, Bildung, Aufkommen, Beginn, Anfang · *einer Krankheit:* Vorgeschichte, Anamnese, Pathogenese, Pathogenie *(selten),* Nosogenese, Nosogenie *(selten),* Ätiologie; ↑Anlass, ↑Krankheitsentstehung; ↑ursächlich.

entsteinen ↑entkernen.

entstellen: ↑verfälschen, ↑verunstalten; durch nichts entstellt ↑ungetrübt.

entstellt: ↑hässlich, ↑verschandelt.

¹Entstellung, Verunstaltung, Verschandelung, Verunzierung, Verstümmelung, Verhunzung; ↑verunstalten; ↑verschandelt.

²Entstellung: ↑Verdrehung, ↑Verfälschung, ↑Zerrbild.

entströmen ↑ausfließen.

enttäuschen: ↑frustrieren; enttäuscht sein ↑unzufrieden [sein].

enttäuscht ↑unzufrieden.

Enttäuschung, Desillusion, Desillusionierung, Ernüchterung, kalte Dusche *(ugs.),* Katzenjammer *(ugs.),* Versagung, Frustration, Frust *(ugs.);* ↑Überraschung; ↑ernüchtern, ↑versagen; ↑unzufrieden.

entthronen ↑entlassen.

Entthronung ↑Entlassung.

entvölkert ↑menschenleer.

entwachsen: den Kinderschuhen e. sein ↑erwachsen [sein].

entwaffnen ↑widerlegen.

entwaffnend ↑außergewöhnlich.

Entwaffnung ↑Abrüstung.

Entwarnung ↑Ende.

entwässern ↑dränieren.

Entwässerung ↑Dränage.

Entwässerungsgraben ↑Graben.

Entweder-oder: ↑Entscheidung, ↑Tauziehen.

entweichen: ↑fliehen; Darmwind e. lassen ↑Darmwind.

entweihen, entheiligen, schänden, entwürdigen; ↑vergewaltigen.

entwenden ↑wegnehmen.

Entwendung ↑Diebstahl.

¹entwerfen, anlegen, planen, projektieren, erarbeiten, erstellen, ausarbeiten, skizzieren, umreißen, konzipieren, projektieren; ↑ausdenken, ↑ausdenken, ↑denken, ↑planen, ↑vorhaben; ↑Absicht, ↑Einfall, ↑Entwurf.

²entwerfen ↑aufschreiben.

entwerten (Fahrschein), stempeln, lochen, knipsen *(ugs.),* zwicken *(ugs., österr.),* wertlos machen; ↑abwerten; ↑Fahrkarte, ↑Schaffner.

Entwerter ↑Stempeluhr.

¹entwickeln (sich), reifen, heranreifen, heranwachsen, sich mausern / *(ugs.)* herausmachen / wandeln / [zu seinem Vorteil] verändern, aufblühen, aufleben, wachsen; ↑florieren, ↑frech [werden].

²entwickeln: ↑erfinden; sich e. ↑entstehen,

↑wandeln (sich); sich e. zu ↑auswachsen (sich zu); Ruß e. ↑rußen.

¹Entwicklung, Entwicklungsprozess, Entfaltung, Reife, Wachstum · *beschleunigte des Jugendlichen:* Akzeleration · *verzögerte des Jugendlichen:* Spätentwicklung; ↑Entwicklungsphase, ↑Fortschritt, ↑Pubertät; **eine E. nicht aufhalten können,** das Rad der Geschichte lässt sich nicht zurückdrehen; ↑gedeihen, ↑verstärken, ↑wandeln (sich); ↑unkindlich.

²Entwicklung: ↑Ausdehnung, ↑Entstehung, ↑Kultur, ↑Neigung; in der E. sein ↑wandeln (sich).

Entwicklungsgang ↑Laufbahn.

Entwicklungsgeschichte ↑Laufbahn.

entwicklungsgeschichtlich ↑geschichtlich.

Entwicklungshilfe ↑Zuschuss.

Entwicklungsjahre ↑Pubertät.

Entwicklungsländer, junge Völker, unterentwickelte Länder, die Dritte Welt; ↑Hilfe, ↑Zuschuss · Ggs. ↑Industrienation.

Entwicklungsphase, Entwicklungsstadium · *von der Geburt bis zum Ende des ersten Lebensjahres durch Lustgewinn im Bereich der Mundzone gekennzeichnete:* orale Phase · *im zweiten und dritten Lebensjahr durch Lustgewinn im Bereich der Afterregion gekennzeichnete:* anale Phase · *im Alter von zwei bis drei Jahren durch Beziehung zum gegengeschlechtlichen Elternteil gekennzeichnete:* ödipale Phase · *um das vierte Lebensjahr beginnende, durch gesteigertes Interesse an den Genitalien gekennzeichnete:* phallische Phase · *als Endstadium der sexuellen Entwicklung durch das Interesse am anderen Geschlecht gekennzeichnete:* genitale Phase; ↑Entwicklung, ↑Pubertät, ↑Trotzalter.

Entwicklungspsychologie ↑Psychologie.

Entwicklungsroman ↑Roman.

Entwicklungsstadium ↑Entwicklungsphase.

Entwicklungszeit ↑Pubertät.

entwinden ↑wegnehmen.

entwirren: ↑enträtseln, ↑zergliedern.

entwischen ↑entkommen.

¹entwöhnen, jmdm. etwas abgewöhnen, abbringen von · *ein Kind der Mutterbrust:* abstillen · *ein Kalb der Muttermilch:* absetzen, abspänen *(südd., österr.);* ↑abgewöhnen (sich etwas); ↑Entwöhnung.

²entwöhnen: sich einer Sache e. ↑abgewöhnen (sich etwas).

Entwöhnung, Abgewöhnung, Einstellung, Abbruch, Aufgabe, Enthaltung · *von der Muttermilch:* das Abstillen, Ablaktation; ↑Enthaltsamkeit; ↑abgewöhnen (sich etwas), ↑entwöhnen.

entwürdigen: ↑demütigen (jmdn.), ↑entweihen, ↑schlecht machen.

Entwürdigung ↑Nichtachtung.

Entwurf, Konzept, Denkmodell, Konzeption, Plan, Schlachtplan *(ugs.),* Disposition, Exposé, Treatment, Skizze, Brouillon, Kladde *(nordd.),*

Sudel *(schweiz.),* Sudelbuch *(landsch.),* Sudelheft *(landsch.)* · Organisationsplan, Organigramm, Organogramm · *von Text- und Bildgestaltung:* Lay-out; ↑Absicht, ↑Einfall, ↑Erzählung, ↑Experiment, ↑Form, ↑Gliederung, ↑Grundriss, ↑Herstellung, ↑Werk; ↑entwerfen.

entzaubern ↑ernüchtern.

¹entziehen (sich), meiden, fliehen *(geh.),* vermeiden, ausweichen, umgehen, aus dem Weg gehen, einen Bogen machen um *(ugs.),* sich drücken vor *(ugs.),* kneifen *(ugs.),* den Kopf in den Sand stecken, Vogel-Strauß-Politik treiben, scheuen · *einer Schwierigkeit:* den Weg des geringsten Widerstandes gehen, das Brett an der dünnsten Stelle bohren, ein Dünnbrettbohrer sein; ↑Angst [haben], ↑ausweichen, ↑fliehen; ↑feige; ↑Feigling · Ggs. ↑teilnehmen.

²entziehen: ↑aberkennen; sich e. ↑ausweichen; [einem Verdacht] den Boden e. ↑widerlegen; sich dem irdischen Richter e. ↑entleiben (sich); etwas entzieht sich jmds. Kenntnis ↑wissen.

Entziehung ↑Aberkennung.

Entziehungserscheinung ↑Entzugserscheinung.

Entziehungskur ↑Kur.

entziffern: ↑dechiffrieren, ↑enträtseln, ↑lesen.

entzücken ↑begeistern.

Entzücken ↑Lust.

entzückend: ↑charmant, ↑hübsch.

entzückt ↑begeistert.

Entzug ↑Aberkennung.

Entzugserscheinung, Entziehungserscheinung; **Entzugserscheinungen haben,** auf Turkey sein *(Jargon);* ↑süchtig.

entzündbar: leicht e. ↑feuergefährlich.

Entzündbarkeit: leichte E. ↑Feuergefährlichkeit.

entzünden ↑anzünden.

entzündet ↑wund.

entzündlich: leicht e. ↑feuergefährlich.

Entzündlichkeit: leichte E. ↑Feuergefährlichkeit.

Entzündungsfieber ↑Eintagsfieber.

entzwei: e. sein ↑defekt [sein].

entzweibrechen ↑zerbrechen.

entzweien (sich), sich veruneinigen / verfeinden / überwerfen / verzanken / zerstreiten, uneins werden; ↑entfremden (sich); ↑verfeindet; ↑Streit.

entzweigehen ↑defekt [werden].

entzweihacken ↑spalten.

entzweihauen ↑spalten.

entzweit ↑verfeindet.

Entzweiung ↑Streit.

Enurese ↑Bettnässen.

en vogue: e. sein ↑modern [sein].

Enzephalogramm ↑Röntgenogramm.

Enzephalographie ↑Röntgenographie.

Enzephalon ↑Gehirn.

Enzian ↑Alkohol.

enzianblau ↑blau.

Enzyklika ↑Rundschreiben.

Enzyklopädie ↑Nachschlagewerk.

Enzym ↑Gärstoff.

EOG ↑Elektrogramm.

Eos ↑Göttin.

Epaulette ↑Achselklappe.

Epheliden ↑Sommersprossen.

ephemer: ↑kurzlebig, ↑vorübergehend; -es Fieber ↑Eintagsfieber.

Ephorus ↑Geistlicher.

Epidemie ↑Krankheit.

epidemisch: -es Fleckfieber ↑Fleckfieber; -e Gelbsucht / Hepatitis ↑Leberkrankheit; -e Grippe ↑Grippe.

Epidermis, Oberhaut, Haut, Korium, Lederhaut, Pelle *(ugs., landsch.),* Teint; ↑Fell, ↑Schönheitspflegemittel, ↑Sinnesorgan, ↑Speckschwarte, ↑Zellulitis.

Epidiaskop ↑Projektionsapparat.

Epigastrium ↑Magengrube.

Epigone ↑Nachahmer.

Epigonendichtung ↑Dichtung.

Epigramm, Sinngedicht, Distichon, Zweizeiler, Xenion, Sinnspruch, Spruch; ↑Ausspruch, ↑Dichtung, ↑Erzählung, ↑Gedicht, ↑Schriftsteller, ↑Versmaß; ↑dichten.

Epigraph ↑Aufschrift.

Epik ↑Dichtung.

Epikureer ↑Genussmensch.

Epilepsie, Fallsucht, hinfallende Krankheit *(südd., österr.),* Morbus sacer *(Med.);* ↑Krankheit.

Epilog ↑Nachwort.

epimetheisch ↑begriffsstutzig.

Epinglé ↑Stoff.

¹Epiphanias (am 6. Januar), Epiphanienfest, Dreikönigsfest, Dreikönige, Heilige Drei Könige, Fest der Heiligen Drei Könige, Dreikönigstag, Fest der Erscheinung [Christi], Fest der Erscheinung des Herrn; ↑Kirchenfest, ↑Kirchenjahr.

²Epiphanias: [1.-6. Sonntag nach E.] ↑Kirchenjahr.

Epiphanienfest ↑Epiphanias.

episch: -es Theater ↑Drama.

Episkop ↑Projektionsapparat.

Episode: ↑Ereignis, ↑Liebelei, ↑Nebenrolle, ↑Zwischenspiel.

Episodendarsteller ↑Schauspieler.

Episodenfilm ↑Kinofilm.

Episodenrolle ↑Nebenrolle.

Episodenspieler ↑Schauspieler.

episodisch ↑nebenbei.

Epistaxis ↑Blutung.

Epistel ↑Schreiben.

Epitaph: ↑Aufschrift, ↑Denkmal.

Epitasis ↑Höhepunkt.

Epithema ↑Wickel.

epochal ↑außergewöhnlich.

Epoche ↑Zeitraum.

Epoche machend ↑außergewöhnlich.

Epopöe ↑Erzählung.
Epos ↑Erzählung.
Eprouvette ↑Ampulle.
Epsilon ↑Buchstabe.
Equinus ↑Fußdeformität.
Equipage ↑Kutsche.
Equipe ↑Mannschaft.
Er ↑Mann.
erachten: e. für ↑beurteilen.
Erachten: meines -s ↑Ansicht.
erarbeiten ↑entwerfen.
Erarbeitung ↑Herstellung.
Erasmus ↑Nothelfer.
Erato ↑Muse.
eräugen ↑sehen (jmdn. / etwas).
Erbadel ↑Adel.
Erbärmdebild ↑Bild.
erbarmen: jmd. erbarmt jmdn. ↑mitfühlen.
Erbarmen ↑Mitgefühl.
erbärmlich ↑kläglich.
erbarmungslos ↑unbarmherzig.
Erbarmungslosigkeit ↑Unbarmherzigkeit.
erbauen ↑bauen.
Erbauer ↑Architekt.
erbaulich ↑beschaulich.
Erbauungsliteratur ↑Literatur.
Erbbegräbnis ↑Grab.
Erbberechtigter ↑Erbe (der).
¹Erbe (der), Erbberechtigter, Haupterbe, Alleinerbe, Universalerbe, Anerbe, Miterbe, Vorerbe, Nacherbe · *der sich eine Erbschaft erschleicht:* Erbschleicher; ↑Erbe (das); ↑enterben.
²Erbe (das), Erbteil, Pflichtteil, Erbschaft, Schenkung, Hinterlassenschaft, Nachlass, Verlassenschaft *(österr.),* Vermächtnis, Legat, Vergabung *(schweiz.);* ↑Anteil, ↑Erbe (der), ↑Testament; ↑enterben, ↑hinterlassen.
³Erbe (das): vom Erbe ausschließen ↑enterben.
erbeben ↑zittern.
erbetteln: sich etwas e. ↑geben.
erbeuten ↑kapern.
Erbfeind: ↑Feind, ↑Teufel.
Erbfolge ↑Nachfolge.
Erbgang ↑Nachfolge.
erbieten: sich e. ↑anbieten.
erbitten ↑bitten.
erbittern: etwas erbittert jmdn. ↑ärgern.
erbittert ↑ärgerlich.
Erbitterung ↑Verstimmung.
erblassen ↑blass [werden].
Erblast ↑Hypothek.
erbleichen ↑blass [werden].
erblich ↑angeboren.
erblicken: ↑sehen; etwas in jmdm. / etwas e. ↑beurteilen.
Erblindung ↑Blindheit.
erblondet ↑blond.
erblühen ↑aufblühen.
erborgen ↑leihen.
erbosen: etwas erbost jmdn. ↑ärgern.

erbost ↑ärgerlich.
erbötig: e. sein ↑bereit [sein].
Erbprinz ↑Thronfolger.
erbrechen: ↑öffnen, ↑übergeben (sich).
Erbrechen, Übelkeit, Vomitio, Vomitus, Emesis; ↑übergeben (sich).
Erbrecht ↑Rechtsgebiet.
erbringen: ↑erträglich [sein], ↑ergeben; [den Beweis / Nachweis e.] ↑nachweisen.
Erbschaft: ↑Erbe (das); von der E. ausschließen ↑enterben.
Erbschaftssteuer ↑Abgabe.
Erbschaftsteuer ↑Abgabe.
Erbschleicher ↑Erbe (der).
Erbschleichersendung ↑Wunschsendung.
erbsengrün ↑grün.
Erbsensuppe ↑Suppe.
Erbsenzählerei ↑Pedanterie.
Erbstüll ↑Stoff.
Erbteil ↑Erbe (das).
Erbwort ↑Wort.
erdacht ↑erfunden.
Erdaltertum ↑Erdzeitalter.
Erdapfel: Erdäpfel [in der Montur] ↑Kartoffeln.
Erdäpfelknödel ↑Kloß.
Erdäpfelkoch ↑Kartoffelpüree.
Erdäpfelpüree ↑Kartoffelpüree.
erdauern ↑kontrollieren.
¹Erdball, Erde, Erdkugel, Weltkugel, Globus, Mutter Erde *(dichter.),* der Blaue Planet; ↑Erdoberfläche, ↑Mond, ↑Planet, ↑Welt.
²Erdball ↑Welt.
Erdbeben, Beben, Erdstoß, Erschütterung · Seebeben; ↑Unglück.
Erdbeere, Monatserdbeere, Walderdbeere, Rotbeere *(oberd.),* Brestli *(oberd.),* Bresling *(oberd.),* Brästling *(oberd.);* ↑Beerenobst.
erdbeerrot ↑rot.
Erdbevölkerung ↑Menschheit.
Erdbiberli ↑Zwerg.
Erdblitz ↑Blitz.
Erdboden: ↑Erde; wie vom E. verschluckt sein ↑sehen.
erdbraun ↑braun.
¹Erde, Boden, Erdboden, Grund, Scholle, Erdreich, Krume · Sand, Mergel, Schlier *(bayr., österr.),* Schliersand *(bayr., österr.)* · · *besonders nährstoffreiche:* Humus, Humuserde, Komposterde, Mutterboden, Muttererde, Gartenerde, Blumenerde · Lehm, Leim *(südd.),* Laimen *(oberd.),* Letten *(südd.),* Löss, Lösslehm, Geschiebelehm, Hanglehm, Auelehm, Ton, Tonerde; ↑Feld, ↑Fußboden.
²Erde: ↑Erdball, ↑Planet, ↑Welt, ↑Schüttgut; die Völker der E. ↑Volk; Stellvertreter Christi auf -n ↑Oberhaupt; den Himmel auf -n haben ↑Glück [haben]; die Nacht senkt sich auf die E. ↑dunkel [werden]; mit beiden Beinen auf der E. stehen ↑realistisch [sein]; wie Pilze aus der E. schießen ↑entstehen; zu ebener E.

↑parterre; kein Apfel kann zur E. fallen ↑voll [sein].
Erdenbürger: ↑Mensch; junger / kleiner E. ↑Kind.
erdenken ↑ausdenken.
erdenklich ↑möglich.
Erdenrund ↑Welt.
Erdenwurm ↑Mensch.
erdfarben ↑braun.
Erdfrühzeit ↑Erdzeitalter.
Erdgas ↑Gas.
erdgebunden ↑bodenständig.
Erdgeschoss: ↑Geschoss; im E. ↑parterre.
Erdhunde ↑Hunderassen.
erdichten: ↑ausdenken (sich etwas), ↑lügen; erdichtet ↑erfunden.
Erdichtung: ↑Einbildung, ↑Verdrehung.
Erdkreis ↑Welt.
Erdkröte ↑Frosch.
Erdkruste ↑Erdoberfläche.
Erdkugel ↑Erdball.
Erdkunde, Geographie, Länderkunde; ↑Erdzeitalter, ↑Gesteinskunde, ↑Landkarte.
Erdmännchen ↑Zwerg.
Erdmarder ↑Raubtier.
Erdmittelalter ↑Erdzeitalter.
Erdneuzeit ↑Erdzeitalter.
Erdnuss ↑Nuss.
Erdnussfett ↑Fett.
Erdnussöl ↑Speiseöl.
Erdoberfläche, Erdkruste, Erdrinde; ↑Erdball.
Erdöl, Mineralöl, Naphtha, Heizöl, Öl, Petroleum, Petrol *(schweiz.);* · Altöl; ↑Energie, ↑Treibstoff.
erdolchen ↑töten.
Erdölleitung ↑Rohrleitung.
Erdreich ↑Erde.
¹erdreisten (sich), sich vermessen / erkühnen / erfrechen, die Dreistigkeit / Vermessenheit / Kühnheit / Stirn / Frechheit haben (oder:) besitzen, so dreist / vermessen / kühn sein, sich etwas erlauben / anmaßen, sich nicht scheuen / *(abwertend)* entblöden, nicht zurückschrecken / Halt machen / zurückscheuen vor; ↑anwenden, ↑beehren (sich) · *in Bezug auf ein Urteil über andere:* sich ein Urteil anmaßen, sich zum Richter aufwerfen; ↑frech.
²erdreisten: sich e. ↑wagen.
Erdrinde ↑Erdoberfläche.
erdröhnen ↑schallen.
erdrosseln ↑töten.
erdrückend ↑überladen.
Erdrutsch, Bergrutsch, Felsrutsch, Abrutsch, Rutsch, Bergsturz, Felssturz, Steinschlag, Erdschlipf *(schweiz.),* Schlipf *(schweiz.),* Steinlawine · *durch Wasser verursachter:* Rüfe *(schweiz.),* Mure; ↑Lawine.
Erdschlipf ↑Erdrutsch.
Erdstern ↑Ständerpilz.
Erdstoß ↑Erdbeben.

Erdteil: ↑Kontinent; Schwarzer E. ↑Afrika.
Erdtrabant ↑Mond.
erdulden ↑ertragen.
erdumfassend ↑allgemein.
Erdurzeit ↑Erdzeitalter.
Erdvermessung ↑Geodäsie.
Erdwall ↑Wall.
Erdwichtel ↑Zwerg.
Erdzeitalter ·· Erdurzeit, Sternzeitalter ·· Erdfrühzeit, Präkambrium · Archaikum · Algonkium ·· Erdaltertum, Paläozoikum · Kambrium · Ordovizium · Silur · Devon · Karbon · Perm ·· Erdmittelalter, Mesozoikum · Trias · Jura · Kreide ·· Erdneuzeit, Känozoikum · Tertiär · Quartär; ↑Erdkunde.
Erebos ↑Hölle.
ereignen: sich e. ↑geschehen.
¹Ereignis, Begebenheit, Begebnis, Geschehen, Geschehnis, Vorkommnis, Vorfall, Zufall, Erlebnis, Abenteuer, Sensation, Nervenkitzel *(ugs.),* Wirbel, Phänomen, Einmaligkeit, Kuriosum, Besonderheit, Zwischenspiel, Episode, Zwischenfall, Intermezzo · *ärgerliches, Aufsehen erregendes:* Ärgernis, Skandal; ↑Angelegenheit, ↑Aufsehen, ↑Liebelei, ↑Schock, ↑Tatsache, ↑Unglück, ↑Vorgang; ↑erleben, ↑geschehen; ↑vorübergehend.
²Ereignis: freudiges E. ↑Geburt.
ereilen ↑einholen.
Erektion: eine E. bekommen ↑steif [werden]; eine E. haben ↑steif [sein].
Erektor ↑Muskel.
Eremit ↑Einsiedler.
Eremitage ↑Einsiedelei.
Eremitei ↑Einsiedelei.
Eren ↑Hausflur.
ererbt: ↑angeboren, ↑herkömmlich.
¹erfahren, in Erfahrung bringen, hören, jmdm. kommt / gelangt etwas zu Ohren, Kenntnis / *(salopp)* Wind bekommen von; ↑finden, ↑wahrnehmen, ↑wissen.
²erfahren (Verb): ↑erleben; eine [gründliche] Ausbildung erfahren ↑Ausbildung · Bestätigung erfahren ↑Passiv; erfahren haben von ↑wissen.
³erfahren (Adjektiv): ↑aufgeklärt, ↑firm.
Erfahrenheit ↑Kunstfertigkeit.
¹Erfahrung, Einsicht, Einblick, Wissen, Bildung, Kenntnis, Vertrautheit, Überblick, Weitblick, Weitsicht, Beschlagenheit, Praxis, Knowhow, Erkenntnis, Weisheit, Lebenserfahrung, Menschenkenntnis, Weltkenntnis, Weltläufigkeit, Weltgewandtheit · *die der Mensch im Laufe des Lebens erworben hat:* Humankapital; ↑Duldsamkeit, ↑Duldung, ↑Erkenntnislehre, ↑Erziehung, ↑Fachmann, ↑Heiterkeit, ↑Pragmatismus, ↑Umsicht, ↑Vernunft, ↑Weltgewandtheit, ↑Wendigkeit; **E. haben,** gewitzigt / kein unbeschriebenes Blatt mehr sein, nichts Menschliches ist jmdm. fremd, keine guten Erfahrungen / schlechte Erfahrungen / nicht die besten Erfahrungen mit jmdm. (oder:) etwas

gemacht haben; **mit etwas gute Erfahrungen gemacht haben,** mit etwas gut gefahren sein / gut bedient gewesen sein / zufrieden gewesen / gut zurecht gekommen sein, etwas hat jmds. Erwartungen erfüllt, etwas hat jmds. Erwartungen entsprochen; **auf E. beruhend,** empirisch, pragmatisch, induktiv, diskursiv, behavioristisch, nicht ↑gefühlsmäßig; ↑scharfsinnig, ↑schlau, ↑weit blickend; ↑wirklich · Ggs. ↑theoretisch.
²Erfahrung: ↑Kunstfertigkeit; in E. bringen ↑erfahren, ↑finden; -en sammeln ↑erleben.
erfahrungsgemäß ↑bekanntermaßen.
erfallen ↑fallen.
erfassen: ↑buchen, ↑verstehen; etwas erfasst jmdn. ↑überkommen; das Erfassen ↑Wahrnehmung.
Erfassung ↑Sammlung.
¹erfinden, entwickeln, verbessern; ↑ausdenken, ↑finden; ↑Erfinder, ↑Erfindung.
²erfinden: ↑ausdenken (sich etwas), ↑lügen.
Erfinder, Entdecker; ↑Erfindung, ↑Gründer; ↑erfinden.
erfinderisch: ↑schöpferisch; e. sein ↑Einfall.
¹Erfindung, Entdeckung, schöpferischer Einfall; ↑erfinden.
²Erfindung ↑Lüge.
Erfindungsgabe ↑Einfallsreichtum.
Erfindungsschutz ↑Patent.
erflehen ↑bitten.
erfließen: etwas erfließt ↑ausgehen.
¹Erfolg, Durchbruch, Wirksamkeit, Auswirkung, Folge, Effekt, Ergebnis, Resultat, Fazit · *großer:* Bombenerfolg *(emotional)* · dreimaliger im Sport: Hat-Trick, Hattrick; ↑Ergebnis, ↑Folge, ↑Glück, ↑Reaktion, ↑Widerhall · Ggs. ↑Misserfolg; **E. haben,** ein Kassenschlager / erfolgreich sein, die Nase vorn haben, brillieren, glänzen, die Kurve kriegen *(ugs.),* reüssieren, jmds. Weizen blüht, zum Handkuss kommen *(schweiz.),* seinen Weg machen, es zu etwas bringen, etwas hat / zeitigt ein gutes Ergebnis, abräumen *(ugs.),* etwas trägt Frucht / Früchte, etwas ist von Erfolg gekrönt; ↑angesehen [sein], ↑avancieren, ↑brillieren, ↑erwirken, ↑gelingen, ↑verursachen; **keinen E. haben,** erfolglos sein, unverrichteter Dinge weggehen, einen Metzgergang / *(schweiz.)* Narrengang machen, etwas verfängt nicht, mit etwas ist kein Blumentopf zu gewinnen *(ugs.),* bei jmdm. Pech haben *(ugs.),* nicht ankommen *(ugs.),* kein Glück / keine Chancen haben, erfolglos / ohne Resonanz bleiben; ↑ablehnen, ↑nutzlos, ↑wirkungslos.
²Erfolg: ↑Sieg, ↑Verkaufsschlager; keinen E. zeitigen ↑wirkungslos [bleiben]; mit E. träumen ↑ejakulieren.
erfolgen ↑geschehen.
erfolglos ↑wirkungslos; e. sein / bleiben ↑Erfolg, ↑Misserfolg [haben].
Erfolglosigkeit ↑Unwirksamkeit.
erfolgreich: e. abschließen / beenden ↑absolvieren; e. sein ↑Erfolg [haben].

Erfolgsbuch ↑Buch.
Erfolgsmeldung ↑Nachricht.
Erfolgsmensch ↑Karrieremacher.
Erfolg versprechend ↑aussichtsreich.
erforderlich: ↑nötig; unbedingt e. ↑unveräußerlich.
¹erfordern: etwas erfordert / verlangt / beansprucht / kostet etwas, etwas setzt etwas voraus / bedarf einer Sache; ↑brauchen.
²erfordern: etwas erfordert Bedenkzeit / [genaues] Nachdenken / Überlegung ↑Bedenkzeit [erfordern]; einen Krankenhausaufenthalt / eine Krankenhausbehandlung -d ↑stationär.
Erfordernis, Notwendigkeit, Unentbehrlichkeit, Unumgänglichkeit, notwendiges Übel, Unerlässlichkeit; ↑Zwang; ↑dringend, ↑nötig.
erforschen ↑forschen.
Erforschung, Forschung, Ermittlung, Untersuchung, Sondierung, Erkundung; ↑Nachforschung, ↑Verhör; ↑forschen.
erfragen ↑auskundschaften.
erfrechen: sich e. ↑erdreisten (sich).
¹erfreuen: etwas erfreut / freut / beglückt / belustigt / beseligt / amüsiert jmdn., etwas macht jmdn. glücklich / froh, etwas macht jmdm. Spaß / Freude, Freude / Spaß an etwas haben; ↑begeistern, ↑belustigen, ↑freuen (sich), ↑gefallen; ↑Lust.
²erfreuen: sich e. ↑freuen (sich).
erfreulich, angenehm, günstig, positiv, vorteilhaft, willkommen, gut, gefreut *(schweiz.),* nicht ↑unerfreulich; ↑beschaulich, ↑glücklich, ↑lustig, ↑nützlich, ↑zweckmäßig; **e. sein,** etwas ist für jmdn. erfreulich, etwas ist Musik / klingt wie Musik in jmds. Ohren; ↑lohnend; ↑Vorteil.
erfrieren, verfrieren, Frost bekommen / abbekommen / *(ugs.)* abkriegen, auswintern; ↑Erfrierung, ↑Kälte.
Erfrierung, Frostschaden, Kongelation, Perniose, Frostbeule, Pernionen (Plural); ↑erfrieren.
Erfrierungstod, Kältetod, der weiße Tod; ↑Unterkühlung.
erfrischen: ↑erquicken; sich e. ↑baden, ↑schwimmen, ↑waschen (sich / jmdn.).
Erfrischungsbude ↑Verkaufsstand.
Erfrischungsstand ↑Verkaufsstand.
erfüllen: ↑befriedigen, ↑beseelen; etwas erfüllt sich ↑eintreffen; etwas erfüllt jmdn. ↑überkommen; etwas hat jmds. Erwartungen erfüllt ↑Erfahrung; etwas erfüllt die Aufgabe ↑dienen; jmdn. mit Kummer / Sorge e. ↑bekümmern; die Luft mit üblem Geruch e. ↑verpesten; erfüllt von ↑besessen (von).
Erfüllung: ↑Befriedigung; etwas geht in E. ↑eintreffen.
Erfüllungsgehilfe ↑Jasager.
Erfüllungspolitiker ↑Jasager.
erfunden, erdichtet, erdacht, ausgedacht, vorgetäuscht, angenommen, vorausgesetzt, fingiert, fiktiv, hypothetisch, erstunken und erlo-

gen *(salopp, abwertend);* ↑falsch, ↑grundlos; **e.**
sein: etwas ist erfunden / entbehrt jeder Grundlage / ist nicht wahr / ist reine Fantasie / ist reine
Fiktion / schlägt der Wahrheit ins Gesicht, an
etwas ist kein wahres Wort; ↑Lüge.
ergänzen: ↑tanken, ↑vervollständigen; laufend
e. ↑buchen.
ergänzend, supplementär; ↑vervollständigen.
¹Ergänzung, Abrundung, Aufrundung, Auffüllung, Hinzufügung, Einschiebung, Einschub,
Nachtragung, Nachtrag, Komplettierung, Vervollständigung, Perfektionierung, Vervollkommnung; ↑Vermehrung; ↑vervollständigen.
²Ergänzung ↑Novelle.
ergattern ↑erwerben.
¹ergeben, erbringen, eintragen, machen *(ugs.),*
einen bestimmten Ertrag bringen; ↑einträglich
[sein].
²ergeben (Verb): ↑bedeuten; sich ergeben
↑nachgeben; sich ergeben aus ↑erhellen, ↑stam-
men (von); sich in etwas ergeben ↑ertragen.
³ergeben (Adjektiv): ↑folgsam; ↑geduldig,
↑treu; jmdm. bedingungslos ergeben sein ↑folg-
sam [sein]; Ihr [sehr] ergebener ↑hochachtungs-
voll.
ergebenst ↑hochachtungsvoll.
¹Ergebnis, Endergebnis, Resultat, Gesamtergebnis · Teilergebnis, Zwischenergebnis ·
Zufallsergebnis · Wahlergebnis.
²Ergebnis: ↑Erfolg, ↑Folge; ein E. haben, zu einem E. kommen ↑enden; etwas hat / zeitigt ein
gutes E. ↑Erfolg [haben].
ergebnislos ↑wirkungslos.
Ergebung ↑Demut.
ergehen: sich e. ↑spazieren gehen; sich e. in /
über ↑äußern (sich); etwas über sich e. lassen
↑ertragen.
ergiebig: etwas ist e. ↑hergeben; nicht e. sein
↑nützlich.
Ergiebigkeit, Fruchtbarkeit, Produktivität,
Häufigkeit; ↑Häufigkeit; ↑hergeben.
ergießen: sich e. ↑fließen.
erglühen: in Liebe e. ↑verlieben (sich).
ergo ↑also.
ergötzen: sich e. ↑freuen (sich).
Ergötzen ↑Lust.
ergrauen ↑altern.
ergraut ↑grauhaarig.
¹ergreifen (jmdn.), aufgreifen, abfassen, jmds.
habhaft werden, erwischen, [auf frischer Tat]
ertappen, anpacken, packen, fassen, [beim
Wickel / am Schlafittchen / zu fassen] kriegen
(ugs.), schnappen *(salopp),* ausheben, hochnehmen, hochgehen / auffliegen lassen *(ugs.),*
hoppnehmen *(salopp);* ↑abführen, ↑fangen,
↑festsetzen, ↑nehmen, ↑verhaften; ↑Freiheits-
entzug, ↑Verhaftung.
²ergreifen: etwas ergreift jmdn. ↑erschüttern;
einen Beruf e. ↑werden (etwas); einen anderen
Beruf e. ↑umsatteln; die Flucht / das Hasenpanier e. ↑fliehen; die Initiative e. ↑unternehmen;

andere Maßnahmen e. ↑eingreifen; das Wort e.
↑vortragen.
ergreifend: ↑interessant, ↑nachdrücklich,
↑rührend.
Ergreifung ↑Verhaftung.
ergriffen ↑bewegt.
Ergriffenheit, Rührung, Erschütterung; ↑Er-
griffenheit, ↑Feierlichkeit; ↑erschüttern; bewegt.
ergrimmen ↑ärgerlich [werden].
ergrübeln ↑ausdenken.
ergründen ↑forschen.
Erguss: ↑Bluterguss, ↑Gerede, ↑Samenerguss.
¹erhaben, hehr, sublim, verfeinert, erlaucht,
honorig, Achtung gebietend, festlich, feierlich,
solenn, würdig, ehrwürdig, altehrwürdig, altväterlich, patriarchalisch; ↑altmodisch, ↑ehren-
haft; ↑Feierlichkeit; ↑verfeinern.
²erhaben: etwas ist über jeden Verdacht /
Zweifel e. ↑wahr [sein].
Erhabenheit: ↑Feierlichkeit, ↑Herrlichkeit,
↑Vornehmheit.
Erhalt ↑Entgegennahme.
erhalten: ↑beibehalten, ↑bekommen, ↑ernäh-
ren, ↑konservieren, ↑verdienen; etwas bleibt e.
↑verloren gehen; etwas [angeboten] e. ↑Passiv;
die Art e. ↑fortpflanzen (sich); eine [gründli-
che] Ausbildung e. ↑Ausbildung; Unterricht e.
↑Unterricht [erhalten]; Kontakt mit jmdm. e.
~~↑Kontakt [mit jmdm. finden].~~
Erhalter ↑Gott.
Erhaltung: ↑Instandhaltung, ↑Lebensunter-
halt.
erhängen: ↑töten; sich e. ↑entleiben (sich).
erhärten ↑festigen.
erhaschen: ↑fangen, ↑nehmen.
erhausen: sich etwas e. ↑sparen.
¹erheben (sich), sich von den Plätzen erheben,
aufstehen, sich aufrichten / aufrecken, aufstreben, aufspringen, aufschnellen; ↑aufstehen,
↑steif [werden] · Ggs. ↑setzen (sich).
²erheben: ↑heben, ↑kassieren, ↑nachforschen;
sich e. ↑anfragen, ↑aufbegehren, ↑aufstehen,
↑entstehen; erhobenen Hauptes ↑selbstbe-
wusst; mit erhobenem Zeigefinger ↑streng; Anklage e. ↑prozessieren; Ansprüche e. ↑bestehen
(auf); Anspruch e. auf ↑Anspruch [geltend ma-
chen]; zum Begriff e. ↑abstrahieren; Einspruch
e. ↑beanstanden; die Hand e. ↑Handzeichen
[geben]; Protest e. ↑aufbegehren; in den Adelsstand e. ↑adeln; in die zweite / dritte Potenz e.
↑potenzieren; ins Geistige e. ↑verfeinern; ins
Quadrat e. ↑quadrieren.
erhebend ↑beschaulich.
erheblich: ↑außergewöhnlich, ↑einigermaßen,
↑sehr.
Erhebung: ↑Berg, ↑Nachforschung, ↑Umfrage,
↑Verschwörung.
erheischen ↑verlangen.
erheitern, aufheitern, aufmuntern, zerstreuen,
ablenken, auf andere Gedanken bringen, Stim-

mung machen, Leben in die Bude bringen *(salopp);* ↑anregen, ↑anstacheln, ↑beseelen.

¹erhellen: etwas erhellt / geht hervor / wird deutlich / ergibt sich aus, etwas macht jmdm. etwas bewusst.

²erhellen: erhellt ↑beleuchtet; von Sternen erhellt ↑gestirnt.

erhitzen: [im Wasserbad e.] ↑aufwärmen.

erhitzt, echauffiert, warm, heiß.

erhoffen: ↑hoffen, ↑wünschen.

erhöhen: ↑aufbessern, ↑heraufsetzen, ↑steigern, ↑verfeinern.

erhöht: -e Temperatur ↑Fieber; -e Temperatur haben ↑fiebern.

Erhöhung: ↑Heraufsetzung, ↑Podium, ↑Preisanstieg, ↑Steigerung, ↑Verfeinerung, ↑Zuschlag.

erholen (sich), wieder zu Kräften kommen, auftanken *(ugs.),* sich regenerieren, ausspannen, Ferien / Urlaub machen; ↑faulenzen, ↑gesund [werden], ↑ruhen; ↑Urlaub.

¹Erholung, Ausspannung, Regeneration, Verschnaufpause *(ugs.),* Atempause; ↑erholen (sich).

²Erholung ↑Urlaub.

erholungsbedürftig ↑erschöpft.

Erholungsheim: ↑Sanatorium, ↑Strafanstalt.

Erholungspause: eine E. einlegen ↑Pause [machen].

Erholungsreise ↑Reise.

Erholung Suchender ↑Urlauber.

Erholungszentrum ↑Sportfeld.

erhören ↑nachgeben.

Eridanus: Fluss E. ↑Sternbild.

erigieren ↑steif [werden].

Erika ↑Heidekraut.

Erikahonig ↑Honig.

erinnerlich: etwas ist jmdm. e. ↑Gedächtnis.

¹erinnern (sich), sich entsinnen / besinnen / zurückerinnern, es dämmert jmdm. *(ugs.),* sich etwas ins Gedächtnis zurückrufen / rufen, jmds. / einer Sache gedenken, denken an, etwas fällt jmdm. ein / kommt jmdm. in den Sinn, etwas geht / fährt jmdm. durch den Sinn, zehren von, zurückdenken, zurückblicken, zurückschauen, Rückschau halten · *deutlich:* etwas steht jmdm. noch klar vor Augen; ↑gemahnen, ↑mahnen, ↑überprüfen; ↑Erinnerung.

²erinnern: ↑mahnen; sich nicht e. können ↑vergessen; etwas erinnert an ↑gemahnen; sich [gut] an etwas e. [können] ↑Gedächtnis.

¹Erinnerung, Gedächtnisauffrischung, Rückschau, Rückblick, Rückblende, Reminiszenz · *unangenehme:* Denkzettel; ↑Gedächtnis; ↑erinnern (sich).

²Erinnerung: ↑Erinnerungsvermögen, ↑Ermahnung; ↑in ↑Biographie; keine E. [mehr] an etwas haben ↑vergessen; in E. bringen / rufen ↑wachrufen; etwas [noch] in [guter] / gut in E. haben ↑Gedächtnis.

Erinnerungsalbum ↑Album.

Erinnerungsfähigkeit ↑Erinnerungsvermögen.

Erinnerungsfälschung ↑Gedächtnisstörung.

Erinnerungslücke ↑Gedächtnisstörung.

Erinnerungsstück ↑Andenken.

Erinnerungstäuschung ↑Gedächtnisstörung.

¹Erinnerungsvermögen, Erinnerungsfähigkeit, Erinnerung, Gedächtnis, Gedächtniskraft, Mneme *(fachspr.)* · *besonders für Personen:* Personengedächtnis · *besonders für Zahlen:* Zahlengedächtnis · *besonders für Namen:* Namengedächtnis; ↑Gedächtnisstütze, ↑Mnemotechnik.

²Erinnerungsvermögen: krankhaft / pathologisch gesteigertes E. ↑Gedächtnisstörung.

Erinnye ↑Rachegöttin.

Eriwan ↑Orientteppich.

erkalten ↑abnehmen.

erkälten (sich), sich verkühlen *(bes. österr.),* sich verkälten *(südd.),* sich eine Erkältung zuziehen; ↑kalt; ↑Erkältung.

¹Erkältung, Verkühlung *(österr.),* Schnupfen, Husten, Strauchen *(österr.),* Strauken *(österr.);* ↑Grippe, ↑Schnupfen; ↑erkälten (sich).

²Erkältung: sich eine E. zuziehen ↑erkälten (sich).

Erkältungskatarrh ↑Schnupfen.

Erkanntnis ↑Urteil.

¹erkennbar, ersichtlich, ablesbar; ↑absehbar, ↑kenntlich, ↑offenbar; **e. machen,** ↑markieren.

²erkennbar: ↑absehbar, ↑kenntlich.

¹erkennen, feststellen, identifizieren, agnoszieren *(österr.),* einsehen, sehen, ersehen / entnehmen aus, zu der Erkenntnis kommen / gelangen, durchblicken, dahinter kommen, hinter etwas kommen, hinter die Kulissen blicken, es dämmert jmdm. *(ugs.),* etwas / ein Licht / ein Seifensieder geht jmdm. auf *(ugs.),* es fällt jmdm. wie Schuppen *(veraltet)* wie eine Binde von den Augen, jmdm. gehen die Augen auf, durchschauen; sehen, was mit jmdm. los ist; apperzipieren, der Groschen fällt *(salopp),* es hat gefunkt / geschnackelt *(ugs.),* es hat gezündet · *eine Krankheit:* diagnostizieren, die Diagnose stellen, prognostizieren; **nicht e.,** keine Augen im Kopf haben, den Wald vor [lauter] Bäumen nicht sehen; **nicht e. wollen,** etwas nicht wahrhaben wollen, vor etwas die Augen verschließen; **zu e. geben,** signalisieren; **sich zu e. geben,** sein wahres Gesicht zeigen, die Maske fallen lassen, sich demaskieren / entlarven, die Sau rauslassen *(salopp);* ↑bemerken, ↑entlarven, ↑klar werden (sich über), ↑merken, ↑untersuchen, ↑verstehen, ↑vorstellen (sich etwas).

²erkennen: ↑koitieren, ↑sehen; zu e. geben ↑mitteilen; e. lassen ↑bekunden; das Erkennen ↑Diagnose.

erkenntlich: sich e. zeigen ↑belohnen.

Erkenntlichkeit ↑Belohnung.

Erkenntnis: ↑Erfahrung, ↑Urteil.

Erkenntnisdrang ↑Neugier.

Erkenntnislehre, Erkenntnistheorie, Gnoseologie; ↑Erfahrung.

erkenntnismäßig ↑kognitiv.

Erkenntnistheorie ↑Erkenntnislehre.

Erkennung ↑Diagnose.

Erkennungsmarke ↑Erkennungszeichen.

Erkennungsmelodie ↑Pausenzeichen.

¹Erkennungszeichen, Schibboleth, Erkennungsmarke, Marke, Merkmal; ↑Zeichen.

²Erkennungszeichen: ↑Losung, ↑Pausenzeichen.

Erker ↑Veranda.

Erkerfenster ↑Fenster.

erkiesen ↑erwählen.

erklärbar ↑erklärlich.

erklären: ↑auslegen, ↑äußern, ↑lehren; ↑zergliedern; sich solidarisch e. ↑teilnehmen, ↑verbrüdern (sich); an Eides statt e. ↑versprechen; für unmündig e. ↑entmündigen.

Erklärer ↑Interpret.

erklärlich, erklärbar, deutbar; ↑einleuchtend, ↑klar, ↑verständlicherweise, ↑zurückführbar.

Erklärung: ↑Argument, ↑Aufklärung, ↑Auslegung, ↑Bescheinigung.

erklecklich ↑außergewöhnlich.

erklettern ↑steigen (auf).

erklimmen ↑steigen (auf).

erklingen ↑schallen.

erkranken ↑krank [werden].

Erkrankung ↑Krankheit.

erkühnen: sich e. ↑erdreisten (sich), ↑wagen.

erkunden: ↑auskundschaften, ↑nachforschen.

erkundigen: sich e. ↑fragen.

Erkundigung: ↑Frage; -en einziehen ↑fragen.

Erkundung ↑Erforschung.

Erkundungsflug ↑Flug.

erkünstelt ↑geziert.

erküren ↑erwählen.

Erlag ↑Hinterlegung.

Erlagschein ↑Zahlkarte.

erlahmen ↑stocken.

erlangen: ↑erwerben; den Doktorgrad / die Doktorwürde e. ↑promovieren; die Lehrberechtigung / Venia Legendi e. ↑habilitieren.

Erlass ↑Weisung.

erlassen: ↑anordnen; eine Amnestie e. ↑begnadigen; jmdm. etwas e. ↑befreien (von).

erlauben: ↑billigen; sich e. ↑beehren (sich); sich etwas e. ↑erdreisten (sich).

¹Erlaubnis, Genehmigung, Billigung, Zustimmung, Einwilligung, Bestätigung, Bekräftigung, Einverständnis, Sondergenehmigung, Extrawurst *(salopp),* Lizenz, Permiss, Option, Sanktion, Konsens, Plazet, Ratifizierung, Ratifikation; ↑Abmachung, ↑Anerkennung, ↑Befreiung, ↑Beifall, ↑Bekräftigung, ↑Berechtigung, ↑Bescheinigung, ↑Bevollmächtigung, ↑Freibrief, ↑Lehrberechtigung, ↑Unterzeichnung, ↑Vorrecht, ↑Zugeständnis, ↑Zusicherung · Ggs. ↑Einspruch; **mit E. von,** im Einvernehmen / nach Übereinkunft / nach Vereinba-

rung / in Übereinstimmung / im Einverständnis / nach Absprache mit, mit Zustimmung von; ↑ermächtigen; ↑bejahend, ↑gemäß, ↑statthaft; **um E. ersuchen,** Erlaubnis einholen; ↑bitten.

²Erlaubnis: E. geben ↑billigen.

erlaubt: bis zur Grenze des Erlaubten ↑ganz; [über das Maß des Erlaubten hinausgehen] ↑statthaft.

erlaucht ↑erhaben.

Erlaucht: Euer / Eure E. ↑Anrede.

erläutern: ↑auslegen, ↑lehren.

Erläuterung ↑Auslegung.

Erle ↑Laubbaum.

¹erleben, erfahren, kennen lernen, Erfahrungen sammeln, sich die Hörner abstoßen *(ugs.),* sich den Wind um die Nase wehen lassen *(ugs.),* die Erfahrung machen; ↑ertragen, ↑haben, ↑weilen; ↑Ereignis.

²erleben: ↑begegnen; sein blaues Wunder e. ↑überrascht [sein].

Erlebnis: ↑Ereignis, ↑Liebelei.

Erlebnisbericht ↑Schulaufsatz.

Erlebnisdichtung ↑Dichtung.

Erlebnisgier ↑Abenteuerlust.

Erlebnishunger ↑Abenteuerlust.

erlebnishungrig ↑lebenshungrig.

Erlebnislyrik ↑Lyrik.

erledigen: ↑töten, ↑verwirklichen; etwas erledigt sich ↑Ordnung.

erledigt: ↑fertig; e. sein ↑erschöpft [sein]; als e. betrachten ↑weglegen; der ist für mich e. ↑verfeindet [sein]; etwas e. ↑Ordnung.

¹Erledigung, Bearbeitung · *durch zu viel Formulare oder lange Korrespondenz erschwerte:* Papierkrieg; ↑Bürokratie; ↑bürokratisch.

²Erledigung: ↑Bewerkstelligung; auf E. warten ↑vormerken.

erleichtern: ↑bestehlen, ↑lindern, ↑wegnehmen; jmdm. etwas e. ↑entgegenkommen (jmdm.); sich / sein Herz e. ↑mitteilen; sein Gewissen e. ↑gestehen.

erleichtert: e. sein ↑aufatmen.

Erleichterungsmittel ↑Linderungsmittel.

erleiden: ↑ertragen; Einbuße / Nachteile / Schaden e. ↑einbüßen; eine Niederlage / Schlappe e. ↑besiegen; Schiffbruch e. ↑Misserfolg, ↑scheitern; eine Veränderung e. ↑Passiv.

erlernen: ↑einstudieren, ↑lernen; einen Beruf e. ↑werden (etwas).

erlesen ↑kostbar.

Erlesenheit ↑Kostbarkeit.

erleuchten: [taghell] erleuchtet ↑beleuchtet.

Erleuchtung ↑Einfall.

erliegen: seinen Verletzungen e. ↑sterben; zum Erliegen bringen ↑lahm legen; zum Erliegen kommen ↑enden.

Erlkönig ↑Auto.

erlogen: ↑unredlich; erstunken und e. ↑erfunden.

Erlös ↑Ertrag.

erlöschen: zum Erlöschen bringen ↑löschen.
erlösen: ↑retten; erlöst werden ↑sterben.
Erlöser: ↑Heiland, ↑Retter.
erlöst: e. sein ↑aufatmen.
¹ermächtigen, bevollmächtigen, autorisieren,
Vollmacht erteilen / verleihen, die Berechtigung geben, etwas berechtigt / befugt jmdn;
↑billigen, ↑ernennen; ↑übertragen; ↑befugt;
↑Berechtigung, ↑Erlaubnis.
²ermächtigen: ermächtigt ↑befugt.
Ermächtigung: ↑Berechtigung, ↑Delegierung.
Ermächtigungsgesetz ↑Vollmacht.
ermahnen ↑mahnen.
Ermahnung, Mahnung, Anmahnung, Erinnerung; ↑mahnen.
ermangeln ↑mangeln.
Ermangelung: in E. eines Besseren ↑notge-
drungen.
ermannen: sich e. ↑überwinden (sich).
ermäßigen, verringern, nachlassen, verbilligen, herabsetzen, heruntersetzen, [mit dem
Preis] heruntergehen, die Preise senken, absenken *(schweiz.),* Rabatt / Prozente geben; ↑ab-
schreiben; ↑Preisnachlass.
Ermäßigung ↑Preisnachlass.
ermattet ↑kraftlos.
Ermattung: ↑Erschöpfung, ↑Kraftlosigkeit.
Ermessen: nach eigenem E. ↑eigenmächtig;
nach jmds. E. ↑beliebig.
ermitteln: ↑ausrechnen; ↑finden; ↑nachfor-
schen.
Ermittler ↑Rechercheur.
Ermittlung: ↑Erforschung, ↑Nachforschung,
↑Verhör; -en anstellen ↑nachforschen.
Ermittlungsbüro ↑Detektei.
Ermittlungsverfahren ↑Nachforschung.
ermöglichen: ↑möglich [machen]; jmdm. etwas e. ↑entgegenkommen (jmdn.).
ermorden ↑töten.
Ermordung ↑Tötung.
ermüdend: ↑beschwerlich, ↑langweilig.
ermüdet ↑müde.
Ermüdung ↑Erschöpfung.
Ermüdungserscheinung   ↑Bewusstseins-
trübung.
ermuntern ↑zuraten.
Ermunterung ↑Impuls.
ermutigen ↑zuraten.
ermutigend ↑tröstlich.
Ern: ↑Hausflur, ↑Treppenhaus.
ernähren, nähren, für jmdn. sorgen, für jmds.
Lebensunterhalt sorgen / aufkommen, unterhalten, erhalten, aushalten, durchfüttern *(ugs.),*
zu essen geben, beköstigen, verköstigen, in
Kost haben, verkostgelden *(schweiz.),* bekochen
(scherzh.), verpflegen, ausspeisen *(österr.),* herausfüttern *(ugs.),* abfüttern *(ugs.),* überfüttern
(ugs.), sättigen, satt machen, den Hunger stillen · *von Tieren:* zu fressen geben, füttern, Futter geben, atzen, mästen, nudeln, schoppen
(bayr., österr.); ↑essen, ↑servieren, ↑stillen,

↑zahlen; **ernährt werden,** die Beine unter jmds.
Tisch strecken, Kostgänger sein, Freitisch haben *(veraltet);* **sich selbst e. müssen,** auf sich gestellt sein; ↑satt; ↑Ernährung, ↑Mast, ↑Nah-
rung.
¹Ernährung, Verköstigung, Beköstigung · *bei
Tieren:* Fütterung, Atzung; ↑Essen, ↑Nahrung;
↑ernähren.
²Ernährung: ↑Lebensunterhalt; Anhänger der
pflanzlichen E. ↑Vegetarier.
¹Ernährungsstörung, Dystrophie, Ansatzstö-
rung, Fehlernährung · *aufgrund mangelnder
Ernährung:* Unterernährung, Hypotrophie,
Oligotrophie, Atrophie, Organschwund; ↑Ver-
dauungsstörung.
²Ernährungsstörung ↑Verdauungsstörung.
Ernährungswissenschaft: Hauswirtschaft
und E. ↑Ökotrophologie.
ernennen, nominieren, berufen, [mit einem
Amt] betrauen, einsetzen, bestallen; ↑anord-
nen, ↑auswählen, ↑beordern, ↑designieren,
↑einstellen, ↑ermächtigen; ↑Nominierung.
Ernennung ↑Nominierung.
Ernennungsurkunde ↑Urkunde.
erneuen ↑erneuern.
¹erneuern, erneuen, auffrischen, renovieren,
wiederherstellen, restaurieren, modernisieren,
auswechseln;   ↑aufarbeiten,   ↑austauschen,
↑mobilisieren, ↑reparieren, ↑verbessern.
²erneuern ↑reparieren.
Erneuerung: ↑Neubelebung, ↑Reform, ↑Reno-
vierung, ↑Umgestaltung, ↑Wiederherstellung.
erneut ↑wieder.
¹erniedrigen (sich), sich demütigen, Kotau
machen, zu Kreuze kriechen, einen Gang nach
Canossa antreten; ↑beschämen, ↑bessern
(sich), ↑bloßstellen (sich), ↑unterwürfig [sein],
↑verbrüdern (sich); **sich nicht e.,** sich nichts vergeben, jmdm. fällt kein Stein / bricht kein Zacken aus der Krone.
²erniedrigen ↑demütigen (jmdn.).
erniedrigend ↑beschämend.
Erniedrigung ↑Beleidigung.
¹ernst, kritisch, bedrohlich, folgenschwer; ↑ge-
fährlich; **e. sein:** etwas (die Lage) ist ernst, es
kriselt / knistert im Gebälk *(ugs.),* mit etwas ist
nicht zu spaßen; **e. werden:** es geht ums Letzte /
geht hart auf hart / ums Letzte / *(salopp)* um die
Wurst, es geht ans Eingemachte / an die Substanz / greift die Substanz an.
²ernst: ↑ernsthaft; Ernster Bibelforscher ↑An-
gehöriger; -e Musik ↑Musik; es e. meinen ↑hei-
raten [wollen]; nicht e. nehmen ↑missachten.
¹Ernst, ↑Ernsthaftigkeit, Feierlichkeit, Würde;
↑Humorlosigkeit; ↑ernsthaft.
²Ernst: tierischer E. ↑Humorlosigkeit; E. machen ↑verwirklichen; mit feierlichem E. ↑ma-
jestätisch.
ernsthaft, seriös, ernst, ernstlich; ↑ernst, ↑hu-
morlos; ↑schwermütig; ↑Ernst, ↑Trauer.
Ernsthaftigkeit ↑Ernst.

ernstlich ↑ernsthaft.

¹Ernte · Obsternte · Beerenernte · Traubenernte, Weinlese, Lese, Wimmet *(schweiz.)* · Getreideernte, Getreideschnitt, Schnitt · Heuernte, Grasschnitt, Heumahd, Heuet *(südd., schweiz.)* · Grünmahd, Grummet, Grumt, Grummeternte, Öhmernte *(südwestd.),* Emdet *(schweiz.)* · Haupternte, Rekordernte, Durchschnittsernte, Missernte; ↑Weinlese, ↑ernten, ↑mähen.

²Ernte: ↑Ertrag; jmdm. ist die ganze E. verhagelt ↑deprimiert [sein].

¹Erntedankfest, Laubhüttenfest *(jüd.),* Hüttenfest *(jüd.),* Sukkoth *(jüd.);* ↑Kirchenjahr.

²Erntedankfest ↑Kirchenjahr.

Erntemonat ↑August.

Erntemond ↑August.

¹ernten, abernten, einbringen, einfahren, pflücken (Obst), abpflücken (Obst), lesen (Wein); ↑ausmachen (Kartoffeln), ↑mähen; ↑Ernte.

²ernten: Lorbeeren e. ↑Erfolg [haben]; sie säen nicht, aber sie e. doch ↑Trittbrettfahrer [sein].

Erntewetter ↑Wetter.

Ernting ↑August.

¹ernüchtern, desillusionieren, entzaubern, wie eine kalte Dusche wirken, jmdm. den Zahn ziehen *(salopp),* jmdn. auf den Boden der Wirklichkeit zurückbringen, jmdm. einen Dämpfer geben *(ugs.),* Wasser in den Wein gießen; **ernüchtert sein,** geheilt sein von, durch Schaden wird man klug; ↑Enttäuschung.

²ernüchtern ↑nüchtern [machen].

Ernüchterung ↑Enttäuschung.

¹erobern, einnehmen, stürmen, besetzen, okkupieren, nehmen, in Besitz nehmen, Besitz ergreifen von; ↑nehmen; **erobert werden,** fallen; ↑Besetzung, ↑Eroberung.

²erobern: alle Herzen im Sturm e. ↑sympathisch [sein].

Eroberung, Einnahme, Besetzung, Okkupation; ↑erobern.

Eroberungskrieg ↑Krieg.

¹eröffnen (Laden), aufmachen *(ugs.),* ein Geschäft / eine Firma gründen.

²eröffnen: ↑anfangen, ↑einweihen; ein Geschäft e. ↑niederlassen (sich); jmdm. etwas e. ↑gestehen.

Eröffnung: ↑Anfang, ↑Mitteilung, ↑Vernissage; [operative E.] ↑Operation.

erörtern, abhandeln, verhandeln, behandeln, auseinander setzen, darstellen, darlegen, untersuchen, diskutieren, disputieren, die Klingen kreuzen, sich streiten über, debattieren, zur Debatte / Diskussion stellen, zur Sprache bringen / kommen, polemisieren, beraten, bereden, [am Konferenztisch / Verhandlungstisch] besprechen, sprechen über, durchsprechen, kakeln über *(ugs.),* bekakeln *(ugs.),* bekatern *(ugs.),* durchkauen *(ugs.),* nicht ↑ruhen lassen · *missliche private Angelegenheiten:* seine schmutzige Wäsche [vor anderen Leuten] waschen; erör-

tert **werden,** zur Debatte / Diskussion stehen; ↑anfangen, ↑beanstanden, ↑begründen, ↑erwähnen, ↑mitteilen, ↑tagen, ↑zanken (sich); ↑unsachlich; ↑Darlegung, ↑Gespräch, ↑Kampf, ↑Streit.

Erörterung ↑Gespräch.

Eros: ↑Gott, ↑Liebe.

Eroscenter ↑Bordell.

Erosion ↑Zerstörung.

Erotica ↑Literatur.

Erotik ↑Liebe.

Erotikon ↑Literatur.

erotisch ↑sexuell.

erotisieren ↑machen.

Erotomanie ↑Geschlechtstrieb.

Erpel ↑Ente.

erpicht: e. sein auf ↑begierig [sein].

erpressen ↑nötigen.

Erpresser, Blutsauger *(abwertend),* Blutaussauger *(abwertend),* Ausbeuter; ↑Kapitalist, ↑Wucherer.

Erpresserbrief ↑Schreiben.

erproben ↑prüfen.

¹erprobt, bewährt, alterprobt, altbewährt, anerkannt, zuverlässig, verlässlich, geeignet, fähig; ↑angemessen, ↑geeignet, ↑gewissenhaft, ↑pünktlich, ↑verbürgt; ↑können.

²erprobt ↑probat.

erquicken, erfrischen, laben, letzen *(dichter.);* ↑essen, ↑trinken.

Erquickung: ↑Labsal, ↑Trost.

errechnen ↑ausrechnen.

¹erregbar: leicht e. ↑reizbar.

¹erregen, aufregen, das Blut in Wallung bringen; ↑anregen, ↑begeistern, ↑reizen; ↑Rausch.

²erregen: ↑aufschrecken; sich e. ↑ärgerlich [sein]; Anstoß / Ärgernis / Missbilligung / Missfallen e. ↑anstoßen; Ekel e. ↑anwidern; etwas erregt jmds. Heiterkeit ↑belustigen; eine Krankheit -d ↑virulent.

erregt ↑aufgeregt.

Erregung, Aufregung, Gemütsbewegung, Aufgeregtheit, Emotion, Affekt, Exaltation, Überreizung, Überspannung, Überspanntheit, Hysterie, Aufruhr, die kochende Volksseele, Stimulierung, Stimulation, Irritation · *unnötige:* blinder Alarm · *über etwas Geringfügiges:* Sturm im Wasserglas · *vor einer Reise:* Reisefieber · *vor einem öffentlichen Auftritt als Künstler o. Ä.:* Lampenfieber; ↑Ärger, ↑Begeisterung, ↑Getue, ↑Lampenfieber, ↑Leidenschaft, ↑Lust, ↑Temperament, ↑Unrast; ↑gefühlsbetont, ↑unbesonnen.

erreichbar: leicht e. sein ↑abgelegen.

¹erreichen (jmds. Leistung), an jmds. Leistung heranreichen / herankommen, jmdm. gleichkommen / ebenbürtig sein, es mit jmdm. aufnehmen [können], jmdm. an etwas / in etwas nicht nachstehen; **jmds. Leistung nicht e.,** sich mit jmdm. nicht messen können, unterlegen sein, ein / der reine / der reinste Waisenknabe gegen jmdn. sein *(ugs.)*, jmdm. das Wasser nicht reichen können.

²erreichen: ↑einholen, ↑erwirken; leicht zu e. sein ↑abgelegen; zu e. suchen ↑streben; e., dass … ↑bewältigen; der Sättigungsgrad ist erreicht ↑ausreichen; den Gipfel / Höhepunkt / Kulminationspunkt / Zenit e. ↑gipfeln; den Teilnehmer nicht e. ↑telefonieren (mit jmdm.); das Klassenziel e. ↑versetzen; das Ziel e. ↑treffen.

erretten ↑retten.

Erretter ↑Retter.

Errettung ↑Rettung.

errichten: ↑bauen, ↑gründen; ein Testament e. ↑Testament [machen].

Errichtung ↑Herstellung.

erringen: ↑bewältigen, ↑erwirken; den Sieg / die Siegespalme e. ↑siegen.

erröten ↑schämen (sich).

Errungenschaft ↑Kauf.

¹Ersatz, Gegenwert, Gegendienst, Gegenleistung, Entschädigung, Trostpflaster *(scherzh.)*, Trostpreis, Beruhigungspille *(ugs.)*, Äquivalent, Wiedergutmachung, Reparationen, Kriegsentschädigung, Ausgleich, Lösegeld, Ausgleichszahlung, Lastenausgleich, Schadenersatz, Schmerzensgeld, Abfindung, Abgeltung, Abstand, Abstandszahlung, Rekompens, Rekompenz *(österr.)*, Behelf; ↑Abfindung, ↑Abzahlung, ↑Beitrag, ↑Gabe, ↑Sühne, ↑Surrogat, ↑Verwechslung, ↑Vorrat; ↑gleichwertig.

²Ersatz: ↑Substitution, ↑Zahnersatz; E. schaffen ↑austauschen.

Ersatzbefriedigung ↑Selbstbefriedigung.

Ersatzdienst: E. leisten ↑Wehrdienstverweigerer [sein].

Ersatzkaffee ↑Kaffee.

Ersatzmann: ↑Double, ↑Stellvertreter.

Ersatzmittel ↑Surrogat.

ersatzpflichtig ↑haftbar.

Ersatzrad ↑Rad.

Ersatzreifen ↑Autoreifen.

Ersatzstoff: ↑Kunststoff, ↑Surrogat.

ersatzweise ↑anstatt.

ersaufen ↑ertrinken.

ersäufen ↑töten.

erschaffen, schöpfen, schaffen, ins Leben rufen, kreieren · *aus dem Nichts:* aus dem Boden stampfen; ↑produzieren; ↑Herstellung.

Erschaffung ↑Herstellung.

erschallen ↑schallen.

erscheinen: ↑kommen, ↑vorkommen; etwas erscheint jmdm. ↑vermuten; als e. ↑erweisen (sich als), ↑figurieren (als), ↑spielen; auf der Bildfläche e. ↑kommen; das lässt die Sache in anderem Licht e. ↑Gesichtspunkt; in gutem Licht e. ↑auffallen.

Erscheinung: ↑Anzeichen, ↑Gespenst; Fest der E. [Christi / des Herrn] ↑Epiphanias; in E. treten ↑auffallen.

Erscheinungsbild ↑Anschein.

Erscheinungsform ↑Eigenschaft.

Erscheinungszustand ↑Eigenschaft.

erschießen: ↑töten; sich e. ↑entleiben (sich).

Erschlaffung ↑Erschöpfung.

¹erschlagen (Verb): ↑töten.

²erschlagen (Adjektiv): erschlagen sein ↑erschöpft [sein].

erschlossen ↑baureif.

erschöpft, abgespannt, angegriffen, mitgenommen, angeschlagen *(ugs.)*, ausgelaugt, ausgepumpt, abgehetzt, abgearbeitet, kreuzlahm, abgeschafft *(ugs., landsch.)*, erholungsbedürftig, urlaubsreif *(ugs.)*, abgeschlafft *(ugs.)*; ↑abgezehrt, ↑krank, ↑müde, ↑überanstrengt, ↑zermürbt; e. sein, am Ende / schachmatt / zerschlagen / abgeschlagen sein, [wie] gerädert / gliederlahm sein *(ugs.)*, fußmüde sein, ab sein *(ugs.)*, erledigt / groggy / kaputt / erschossen / [fix und] fertig / erschlagen / geschafft / k. o. sein *(ugs.)*, mit den Nerven runter sein *(salopp)*, am Boden zerstört sein *(ugs.)*, am Sand sein *(salopp, österr.)*, auf dem Zahnfleisch gehen *(ugs.)*; ↑Erschöpfung.

Erschöpfung, Erschöpfungszustand, Ermüdung, Müdigkeit, Müde *(schweiz.)*, Übermüdung, Ruhebedürfnis, Mattheit, Mattigkeit, Abgespanntheit, Zerschlagenheit, Abgeschlagenheit, Schlappheit, Ermattung, Erschlaffung, Abspannung, Schwächung, Schwäche, Schwächeanfall, Schwächezustand; ↑erschöpft, ↑müde.

Erschöpfungszustand ↑Erschöpfung.

erschossen: e. sein ↑erschöpft [sein], ↑überrascht [sein].

¹erschrecken, sich erschrecken, einen Schreck / Schrecken bekommen (oder:) kriegen, zusammenfahren, zusammenzucken, sich verfieren *(ugs., niederd.)*; ↑betroffen.

²erschrecken: ↑Angst [machen]; sich e. ↑betroffen [sein].

erschreckend ↑schrecklich.

erschrocken ↑betroffen.

¹erschüttern: etwas erschüttert / ergreift / packt / schockt / etwas rührt jmdn., wühlt / rüttelt jmdn. auf, etwas geht zu Herzen / unter die Haut / an die Nieren, etwas versetzt jmdm. einen Schock; ↑fühlen, ↑schockieren, ↑überkommen; ↑bewegt; ↑Ergriffenheit.

²erschüttern: ↑untergraben; nicht leicht / durch nichts zu e. sein ↑dickfellig [sein].

erschütternd ↑rührend.

erschüttert ↑bewegt.

Erschütterung: ↑Erdbeben, ↑Ergriffenheit, ↑Schock, ↑Verletzung.

erschweren ↑behindern.

erschwerend ↑gravierend.

Erschwernis ↑Behinderung.

Erschwerung ↑Behinderung.

ersehen: e. aus ↑erkennen.

ersehnen ↑wünschen.

ersehnt, gewünscht, Wunsch- (Wunschkandidat), Traum- (Traumreise), erträumt.

ersetzen: ↑austauschen, ↑einstehen (für).
Ersetzung ↑Substitution.
ersichtlich: ↑erkennbar; e. sein ↑offenbar [werden].
ersinnen ↑ausdenken.
erspähen ↑sehen.
ersparen: sich etwas e. ↑sparen; jmdm. bleibt nichts erspart ↑ertragen.
Ersparnis: ↑Einsparung; -se machen ↑sparen.
Ersparniskasse ↑Geldinstitut.
Ersparnisse, Sparguthaben, Bankeinlage, Spargeld, Spargroschen, Arbeitergroschen; ↑Geld, ↑Guthaben.
Ersparung: ↑Auslassung, ↑Einsparung.
ersprießlich ↑nützlich.
erst: e. einmal abwarten! ↑abwarten; e. noch ↑außerdem; e. recht ↑absichtlich; eben e. ↑kürzlich.
erstarken ↑kräftigen (sich).
erstarren ↑steif [werden].
erstatten: ↑einstehen (für), ↑zahlen; Anzeige / Strafanzeige e. ↑anzeigen.
erstaufführen ↑aufführen.
Erstaufführung: ↑Aufführung; zur E. bringen ↑aufführen.
erstaunen: etwas erstaunt jmdn. ↑befremden.
Erstaunen: ↑Überraschung; in E. setzen ↑befremden.
erstaunlich ↑außergewöhnlich.
erstaunt ↑überrascht.
Erstausgabe ↑Edition.
Erstausstrahlung ↑Sendung.
Erstbesteigung ↑Besteigung.
Erstdruck ↑Druck.
¹erste, allererste, ur-· · *erste Fahrt eines Schiffes:* Jungfernfahrt · *erste Rede eines Parlamentariers:* Jungfernrede · *erste Aufführung:* Premiere · *erstes Auftreten:* Debüt, Rollendebüt; ↑Neubelebung (Come-back) · *erste Messe eines neu geweihten Priesters:* Primiz; ↑beste · Ggs. ↑letzte.
²erste: ↑beste; 1. Advent ↑Kirchenjahr; 1. Christtag / Feiertag / Festtag / Weihnachtsfeiertag / Weihnachtsfesttag / Weihnachtstag ↑Weihnachten; Erste Dame ↑First Lady; e. Etage, -r Stock ↑Geschoss; -r Fall ↑Nominativ; e. Fassung ↑Original; -s Futur, e. Vergangenheit ↑Tempus; e. Garnitur ↑beste; die e. Geige spielen ↑maßgeblich [sein]; -r Geiger ↑Musizierender; -r Hahnenschrei ↑Morgengrauen; beim -n Hahnenschrei ↑morgens; -r Handabzug ↑Probedruck; 1. Januar ↑Jahresbeginn; e. Liebe ↑Zuneigung; 1. Mai ↑Feiertag; Passahfest -r Tag ↑Feiertag; in -r Linie ↑besonders; zum -n Mal benutzen ↑eröffnen; 1. Ostertag ↑Ostern; 1. Pfingsttag ↑Pfingsten; den -n Platz / die erste Stelle einnehmen, an -r Stelle stehen ↑Höchstleistung [erzielen]; -r Preis ↑Hauptgewinn; -n Ranges ↑außergewöhnlich; -r Schritt ↑Anfang; -r Spatenstich ↑Grundsteinlegung; e. Tageshälfte ↑Morgen; -s Viertel ↑Mond; Erster unter

Ranggleichen ↑Primus inter pares; als Erstes, fürs Erste ↑zunächst.
erstechen ↑töten.
erstehen ↑kaufen.
ersteigen ↑steigen (auf).
Ersteigung ↑Besteigung.
erstellen: ↑bauen, ↑entwerfen.
Erstellung ↑Herstellung.
ersterben ↑verhallen.
Erster-Klasse-Abteil ↑Eisenbahnabteil.
Erster-Klasse-Wagen ↑Eisenbahnwagen.
Erstgeborener ↑Ältester.
Erstgeburt ↑Ältester.
Erstgeburtsrecht ↑Recht.
ersticken: ↑töten, ↑unterdrücken; die Flammen / das Feuer e. ↑löschen; im Geld fast e. ↑reich [sein]; im Keim e. ↑lahm legen.
Erstklässer ↑Schulanfänger.
erstklassig ↑trefflich.
Erstklassler ↑Schulanfänger.
Erstklässler ↑Schulanfänger.
Erstkommunion ↑Konfirmation.
Erstling: ↑Ältester, ↑Werk.
Erstlingswerk ↑Werk.
erstrahlen: im Sternenglanz -d ↑gestirnt.
Erstrangigkeit ↑Vorrang.
erstreben ↑streben.
erstrebenswert ↑begehrt.
Erstrecht ↑Vorrecht.
¹erstrecken (sich), sich ausdehnen / hinziehen, reichen, gehen *(ugs.);* ↑Ausmaß, ↑Strecke.
²erstrecken: [eine Frist] e. ↑stunden.
Erstreckung ↑Ausmaß.
Erstschlag ↑Angriff.
Erstsendung ↑Sendung.
Ersttäter ↑Verbrecher.
erstunken: e. und erlogen ↑erfunden.
ersuchen: ↑bitten; um Erlaubnis e. ↑Erlaubnis.
Ersuchen ↑Bitte.
ertappen: ↑ergreifen; auf frischer Tat e. ↑ergreifen (jmdn.); sich e. bei ↑merken.
ertäuben ↑ärgern.
Ertaubter ↑Schwerhöriger.
erteilen: ↑mitteilen; das Abendmahl e. ↑Abendmahl; Absolution e. ↑lossprechen; Auskunft e. ↑antworten; einen Auftrag e. ↑bestellen; einen Rat e. ↑beraten; Unterricht e. ↑lehren; Vollmacht e. ↑ermächtigen.
ertönen ↑schallen.
¹Ertrag, Gewinn, Profit, Ausbeute, Ernte, Erlös, Losung *(österr.)* · *an Milchprodukten:* Mulchen *(österr.)* · *bei Lotterien, Kegeln o. Ä.:* Gabe *(schweiz.)* · ↑Broterwerb, ↑Ende, ↑Fruchtbarkeit, ↑Gewinnspanne, ↑Möglichkeit, ↑Vorteil.
²Ertrag: Erträge ↑Einkünfte; einen bestimmten E. bringen ↑ergeben.
¹ertragen, erdulden, dulden, leiden, erleiden, auf sich nehmen, sich in etwas schicken / ergeben / finden / fügen, sein Kreuz tragen / auf sich nehmen, durchmachen, mitmachen, durchstehen, bestehen, aushalten, stillhalten, ausstehen,

überstehen, überwinden, verwinden, überleben, vertragen, verkraften, verarbeiten, tragen, hinnehmen, in Kauf nehmen, auffangen, verschmerzen, hinwegkommen über, verdauen *(ugs.)*, fertig werden mit, sich etwas gefallen / bieten lassen, sich abfinden mit, sich in seine Rolle finden, etwas über sich ergehen lassen, jmdm. bleibt nichts erspart, etwas einstecken / schlucken müssen *(ugs.)* · *gleiche Unannehmlichkeiten:* Leidensgenossen / Leidensgefährten / Schicksalsgenossen / Schicksalsgefährten sein; ↑bewältigen, ↑billigen, ↑durchsetzen (sich), ↑erleben, ↑nachgeben, ↑standhalten, ↑überdauern; **etwas nicht e. können,** etwas nicht abkönnen *(ugs.);* ↑hassen; ↑überstanden; ↑Duldung.
²ertragen: etwas ist nicht zu e. ↑unerträglich [sein].
Ertragenheit ↑Fruchtbarkeit.
erträglich: ↑annehmbar; -er machen ↑lindern.
ertragsarm ↑unfruchtbar.
Ertragsarmut ↑Kargheit.
Ertragsfähigkeit ↑Fruchtbarkeit.
ertränken: ↑töten; sich e. ↑entleiben (sich).
erträumen: ↑wünschen; erträumt ↑ersehnt.
ertrinken, ersaufen *(derb),* versaufen *(derb),* absaufen *(derb),* auf See bleiben, mit Mann und Maus umkommen / untergehen, sein Grab in den Wellen finden, ein feuchtes / nasses Grab finden; ↑sterben, ↑untergehen.
ertrotzen ↑erwirken.
ertüchtigen: sich [körperlich] e. ↑turnen.
ertüfteln ↑ausdenken.
¹erübrigen, abzweigen, abzwacken *(ugs.),* abknappen *(ugs.),* abknapsen *(ugs.),* einsparen, sich etwas [am / vom Munde] absparen / abdarben · *unbemerkt und nicht ganz rechtmäßig:* Schmu machen; ↑bereichern, ↑sparen, ↑sparsam [sein].
²erübrigen ↑zurücklegen.
eruieren ↑forschen.
Eruktation, Efflation, Aufstoßen *(ugs.),* Rülpsen *(salopp);* ↑eruktieren.
eruktieren, aufstoßen, rülpsen *(salopp)* · *beim Baby:* Bäuerchen machen *(fam.);* ↑Eruktation.
Eruption: ↑Hautausschlag, ↑Vulkanausbruch.
Eruptivgestein ↑Gestein.
erwachen: ↑Ohnmacht, ↑wach [werden].
¹erwachsen, herangewachsen, groß *(fam.),* flügge, selbstständig; ↑geschlechtsreif, ↑jung, ↑volljährig; **e. sein,** auf eigenen Füßen stehen, kein Kind / *(abwertend)* kein Wickelkind mehr sein; alt genug sein, um ...; den Kinderschuhen entwachsen sein; **noch nicht e. sein,** noch ein [halbes] Kind sein; noch zu jung sein, um ...; zu jung sein, zu ...; noch feucht / noch nicht trocken hinter den Ohren sein *(ugs.),* noch die Eierschalen hinter den Ohren haben *(ugs.),* noch ein grüner Junge sein *(ugs.),* noch zum jungen Gemüse gehören *(ugs.),* der Mutter an der Schürze hängen; ↑Anfänger, ↑Erwachsener.
²erwachsen (Verb): ↑entstehen.

³erwachsen (Adjektiv): erwachsener Mensch ↑Erwachsener; noch nicht erwachsen ↑minderjährig; erwachsen sein ↑groß [sein].
Erwachsenenbildung: ↑Erziehung, ↑Fortbildung.
Erwachsener, erwachsener / ausgewachsener Mensch, die Älteren, die Großen *(fam.);* ↑erwachsen.
erwägen, ventilieren, etwas geht jmdm. durch · den Kopf, etwas geistert / spukt in jmds. Kopf herum *(ugs.),* in Erwägung / Betracht ziehen, mit dem Gedanken spielen / umgehen, bedenken, überdenken, nachdenken über, ins Auge fassen, mit sich zurate gehen, wägen, überlegen, prüfen, sich etwas durch den Kopf gehen lassen, [sich] etwas beschlafen *(ugs.),* etwas überschlafen / *(salopp)* beschnarchen; ↑Acht geben, ↑berücksichtigen, ↑denken, ↑liebäugeln (mit), ↑vorhaben; ↑Bedenkzeit.
Erwägung: in E. ziehen ↑erwägen.
erwählen, wählen, auserwählen, küren *(geh.),* erküren *(geh.),* erkiesen *(veraltet),* aussersehen, stimmen / sich entscheiden für, jmdm. seine Stimme geben; ↑auswählen, ↑wählen.
erwählt ↑auserwählt.
¹erwähnen, berühren, anschneiden, antippen *(ugs.),* anführen, ins Treffen / Feld führen, zitieren, aufführen, aufzählen, nennen, angeben · *etwas Unangenehmes:* an eine alte Wunde rühren; ↑bereitstellen, ↑buchen, ↑erörtern, ↑vorschlagen.
²erwähnen: ausdrücklich e. ↑betonen.
erwähnenswert: ↑interessant; nicht e. ↑unwichtig.
Erwähnung: ausdrückliche E. ↑Hervorhebung; etwas verdient besondere E. ↑betonen.
erwärmen: ↑heizen; sich e. für ↑anschwärmen.
¹erwarten, warten auf, rechnen mit, spekulieren auf, reflektieren auf; **Bezahlung e.,** die Hand aufhalten *(ugs.),* etwas haben wollen; ↑warten; ↑Gehalt.
²erwarten: ↑hoffen, ↑vermuten, ↑warten; etwas erwartet jmdn. ↑begegnen; etwas ist zu e. ↑bevorstehen; etwas ist noch zu e. ↑ausstehen; wie erwartet ↑erwartungsgemäß.
Erwartung: -en ↑Aussichten; etwas hat jmds. -en erfüllt / entsprochen ↑Erfahrung.
Erwartungsangst ↑Phobie.
erwartungsgemäß, wie erwartet, tatsächlich, natürlich, naturgemäß, gesetzmäßig, buchstäblich, denn auch; ↑auch, ↑gleich, ↑verständlicherweise, ↑wahrlich, ↑wirklich.
erwartungsvoll, gespannt, interessiert, begierig, ungeduldig, fieberhaft, fiebrig, mit verhaltenem Atem, in atemloser Spannung; ↑aufgeregt, ↑aufmerksam, ↑überrascht; **e. sein,** einer Sache voll Spannung entgegensehen.
erwecken: ↑aufwecken, ↑verursachen; Misstrauen e. ↑[nicht mehr] glaubwürdig [sein].
erweichen: ↑überreden; sich e. lassen ↑nachgeben.

¹**erweisen** (sich als), erscheinen / dastehen / sich herausstellen / sich entpuppen als, sein; ↑bewahrheiten (sich), ↑offenbar [werden].

²**erweisen:** sich dankbar e. ↑danken; jmdm. mit etwas einen Bärendienst / keinen guten Dienst / einen schlechten Dienst e. ↑schaden; jmdm. einen Dienst / eine Gefälligkeit e. ↑Dienst; jmdm. Ehre e. ↑achten; jmdm. eine Ehre e. ↑Gunst; die letzte Ehre e. ↑bestatten; jmdm. Reverenz e. ↑begrüßen; sich als Nachteil e. ↑ungünstig [sein]; sich als richtig / wahr e. ↑bewahrheiten (sich).

erweislich ↑nachweislich.

Erweiterer ↑Muskel.

¹**erweitern,** vergrößern, verbreitern, ausbauen; ↑Ausdehnung.

²**erweitern:** -der Muskel ↑Muskel; seinen Einflussbereich e. ↑expandieren.

Erweiterung ↑Ausdehnung.

Erwerb: ↑Kauf; ohne E. ↑arbeitslos.

¹**erwerben,** gewinnen, erlangen, gelangen zu, empfangen, erwischen, ergattern; ↑beschaffen, ↑erwirken, ↑fangen, ↑geben, ↑gelingen, ↑verdienen, ↑zufallen.

²**erwerben:** [käuflich e.] ↑kaufen; Kenntnisse e. ↑lernen; die Lehrberechtigung / Venia Legendi e. ↑habilitieren (sich); sich Meriten / Verdienste e. ↑verdient.

Erwerbskampf ↑Konkurrenz.

erwerbslos ↑arbeitslos.

Erwerbsloser ↑Arbeitsloser.

Erwerbslosigkeit ↑Arbeitslosigkeit.

erwerbstätig: nicht e. ↑arbeitslos.

Erwerbung: ↑Kauf, ↑Neuerwerbung.

erwidern ↑antworten.

Erwiderung ↑Antwort.

erwiesen ↑offenbar.

erwiesenermaßen ↑nachweislich.

erwirken, durchsetzen, durchbringen, zum Durchbruch verhelfen, einer Sache Bahn brechen, [ein Gesetz] verabschieden / beschließen, durchkriegen *(ugs.),* durchdrücken *(ugs.),* erreichen; schaffen, dass ...; erzielen, erringen, ertrotzen, aufstecken *(ugs., südd., österr.),* durchpeitschen, erzwingen, durchfechten *(ugs.),* durchpauken *(ugs.),* durchboxen *(ugs.),* ausrichten, können, vermögen, herausholen *(ugs.),* herausschlagen *(salopp),* herausschinden *(salopp),* bei jmdm. landen *(salopp);* ↑annehmen (sich einer Sache), ↑anordnen, ↑ausnutzen, ↑beikommen, ↑bestehen (auf), ↑bewältigen, ↑durchsetzen (sich), ↑eintreten (für), ↑entlocken (jmdm. etwas), ↑entschließen (sich), ↑erwerben, ↑können, ↑streben; ↑Beauftragter, ↑Erfolg.

erwischen: ↑ergreifen, ↑erwerben; sich e. bei ↑merken.

erworben ↑anerzogen.

erwünscht: ↑begehrt, ↑willkommen.

erwürgen ↑töten.

Erythrozyten ↑Blutkörperchen.

Erythrozytoblasten ↑Blutkörperchen.

erz- (erzfaul), **ur-** (urgemütlich), **hoch-** (hochanständig), **höchst-** (höchstpersönlich), **bären-** (bärenstark), **himmel-** (himmelangst), **tief-** (tieftraurig), **grund-** (grundehrlich), **kreuz-** (kreuzfidel), **abgrund-** (abgrundtief), **stock-** (stockfinster), **brand-** (brandneu), **knall-** *(emotional;* knallheiß), **stein-** (steinalt), **blitz-** (blitzgescheit), **blut-** (blutjung), **tod-** (todunglücklich), **mords-** *(emotional;* mordsstark), **hunde-** *(emotional;* hundeelend), **sau-** *(derb, emotional;* saukalt), **bomben-** *(emotional;* bombensicher), **stink-** *(salopp, emotional;* stinkvornehm), **scheiß-** *(derb, emotional;* scheißegal); ↑Dreck-, ↑Erz-.

Erz ↑Schüttgut.

Erz- (Erzfeind), **Bären-** (Bärenhunger), **Höllen-** (Höllenspektakel), **Mords-** *(salopp;* Mordsdurst), **Hunde-** *(salopp;* Hundekälte), **Sau-** *(derb;* Saukälte), **Mammut-** (Mammutprogramm), **Riesen-** (Riesenskandal), **Bomben-** *(ugs.;* Bombenerfolg), **Heiden-** (Heidenangst), **Affen-** *(salopp;* Affenhitze); ↑Dreck-; ↑erz-.

erzählen: ↑mitteilen; der erzählt auch, im Himmel ist Jahrmarkt! ↑glauben; Romane e. ↑lügen; sich nichts e. lassen ↑schlau [sein]; Witze e. ↑spaßen.

erzählend ↑erzählerisch.

Erzähler ↑Schriftsteller.

erzählerisch, erzählend, narrativ.

Erzählung, Roman, Novelle, Rahmenerzählung, Kurzgeschichte, Shortstory, Humoreske, Fabel, Legende, Anekdote, Sage, Märchen, Fantasy, Geschichte, Mythos, Versroman, Verserzählung, Epos, Epopöe, Volksepos, Kunstepos, Götterepos, Heldenepos, höfisches Epos; ↑Dichtung, ↑Entwurf, ↑Epigramm, ↑Fabel, ↑Fabelwesen, ↑Gedicht, ↑Legende, ↑Literatur, ↑Lüge, ↑Märchen, ↑Roman, ↑Sage, ↑Versmaß, ↑Witz; ↑dichten.

erzeigen: jmdm. Ehre e. ↑achten.

¹**Erzengel** · Michael, Gabriel, Raphael, Uriel.

²**Erzengel** ↑Engel.

erzeugen: ↑produzieren; Laute e. ↑artikulieren.

Erzeuger: ↑Unternehmer, ↑Vater.

Erzeugerpreis ↑Preis.

Erzeugnis: ↑Hervorbringung, ↑Ware.

Erzeugung ↑Herstellung.

Erzeugungsgrammatik ↑Grammatik.

Erzfeind ↑Feind.

¹**erziehen,** bilden, schulen, ausbilden, drillen, anerziehen, andressieren, trainieren, stählen · *von Tieren:* abrichten, dressieren; ↑aufwachsen ↑aufziehen, ↑einordnen, ↑festigen, ↑lehren, ↑lernen; ↑Ausbildung, ↑Erziehung, ↑Erziehungsanstalt.

²**erziehen** ↑lenken.

Erzieher ↑Lehrer.

Erzieherin ↑Kindermädchen.

erzieherisch ↑pädagogisch.

erziehlich ↑pädagogisch.

¹Erziehung, Ausbildung, Schulung, Drill, innere Führung (Militär), Edukation *(veraltet)* · *gemeinschaftliche von Knaben und Mädchen:* Koedukation · *von Erwachsenen:* Erwachsenenbildung · *von Tieren:* Abrichtung, Dressur; ↑Ausbildung, ↑Erfahrung, ↑Erziehungsanstalt, ↑Erziehungswesen; ↑erziehen.

²Erziehung: ↑Ausbildung, ↑Benehmen.

Erziehungsanstalt, Erziehungsheim, Heim für Schwererziehbare, Besserungsanstalt, Fürsorgeheim; ↑Erziehung; ↑erziehen.

Erziehungsberechtigter ↑Eltern.

Erziehungsdirektor ↑Kultusminister.

Erziehungsheim ↑Erziehungsanstalt.

Erziehungswesen, Bildungswesen, Bildungspolitik, Schulwesen, Schule; ↑Erziehung.

Erziehungswissenschaft ↑Pädagogik.

erzielen: ↑erwirken; eine Einigung e. ↑übereinkommen; einen Effekt / eine Wirkung e. ↑wirken; Gewinn e. ↑verdienen.

erzittern ↑zittern.

Erzschleiche ↑Eidechse.

erzürnen: etwas erzürnt jmdn. ↑ärgern.

erzürnt ↑ärgerlich.

erzwingen: ↑erwirken; Anerkennung e. ↑Anerkennung [erzwingen]; sein Recht e. ↑bestehen (auf).

Es: ↑Kind, ↑Schilling.

Eschflurdorf ↑Dorf.

Escudo ↑Zahlungsmittel.

¹Esel, Grautier, Langohr · *Kreuzung von Eselhengst und Pferdestute:* Maultier, Mulus, Muli *(österr.)* · *Kreuzung von Pferdehengst und Eselstute:* Maulesel.

²Esel ↑Dummkopf.

Eselsbrücke ↑Gedächtnisstütze.

Eselsbrückenliteratur ↑Nachschlagewerk.

Eselsrücken ↑Bogen.

Eskalation ↑Steigerung.

eskalieren: ↑steigern, ↑zunehmen.

Eskalierung ↑Steigerung.

Eskamoteur ↑Zauberkünstler.

Eskapade, Unternehmung, Abenteuer, Seitensprung; ↑Einfall.

Eskariol ↑Gemüse.

Eskimokajak ↑Kajak.

Eskompte ↑Preisnachlass.

eskomptieren: ↑einkalkulieren, ↑kaufen.

Eskorte ↑Geleit.

eskortieren ↑begleiten.

Esmeralda ↑Orchidee.

Esoterik ↑Weltfremdheit.

Esoteriker ↑Fachmann.

esoterisch ↑aufgeklärt.

Espada ↑Stierkämpfer.

Espenlaub: wie E. zittern ↑zittern.

Esperanto ↑Sprache.

Esplanade ↑Platz.

Espresso: ↑Café, ↑Kaffee.

Espressomaschine ↑Kaffeemaschine.

Esprit ↑Vernunft.

Essapfel ↑Apfel.

Essay: ↑Aufsatz, ↑Rundfunksendung.

Essayist ↑Schriftsteller.

¹essbar, genießbar, einwandfrei, koscher *(ugs.),* nicht ↑verdorben; ↑bekömmlich, ↑nahrhaft, ↑schmackhaft, ↑ungefährlich.

²essbar: -e Eingeweide ↑Innereien; -er Pilz ↑Pilz.

Essbesteck, Besteck, Essgerät, Tafelbesteck, Silberbesteck, Fischbesteck, Kinderbesteck; Messer, Gabel und Löffel; Messer und Gabel; ↑Gabel, ↑Löffel, ↑Messer.

Essblech ↑Essgeschirr.

Esse: ↑Schornstein; in die E. schreiben ↑abschreiben.

¹essen, speisen, sich stärken, tafeln, Tafel halten *(geh.),* schmausen, futtern *(ugs.),* schnabulieren *(ugs.),* löffeln, schwelgen, schlemmen, prassen, [in Saus und Braus / gut] leben, sich den Bauch / den Wanst voll schlagen *(salopp),* sich voll fressen *(derb),* essen (oder:) fressen wie ein Scheunendrescher / wie ein Halter *(österr. salopp),* reinhauen *(salopp),* herfallen über, spachteln *(ugs.),* stopfen *(ugs.),* präpeln *(ugs., landsch.),* acheln *(ugs., landsch.),* mampfen, pampfen *(österr.),* habern *(salopp, österr.),* schlingen, sich überessen / *(ugs.)* überfuttern / *(salopp)* überfressen, des Guten zu viel tun, verzehren, das Essen einnehmen, etwas [zu sich] nehmen, genießen, knabbern, sich verlustieren, sich gütlich tun an, naschen, schlecken *(landsch.),* sich etwas zu Gemüte führen / einverleiben · *mit Widerwillen:* hinunterwürgen · *von Tieren:* fressen, äsen, weiden, grasen · *morgens:* frühstücken, Kaffee trinken · *am Vormittag oder Nachmittag:* frühstücken, Brotzeit machen *(bayr.),* vespern *(bes. südwestd.),* jausen *(österr.),* jausnen *(österr.),* Kaffee / Tee trinken · *mittags:* Mittag essen *(bes. nordostd.),* Mittagbrot essen *(bes. ostd.),* zu Mittag essen, mittagmahlen *(österr.),* lunchen, dinieren · *abends:* Abendbrot essen *(nordd.),* zu Abend / *(bes. südwestd., schweiz.)* zu Nacht essen, nachtmahlen *(österr.),* soupieren · *im Freien:* Picknick halten / *(ugs.)* machen, picknicken, **wenig e.,** wie ein Spatz essen; ↑Hunger [leiden] (fasten); ↑Diät; **nichts e.,** das Essen stehen lassen, keinen Bissen anrühren *(ugs.);* **noch nichts gegessen haben,** nüchtern / *(ugs.)* ungefrühstückt sein, einen leeren Magen / noch nichts im Magen haben; ↑abgrasen, ↑aufessen, ↑ernähren, ↑erquicken, ↑kauen, ↑schmecken, ↑servieren; ↑bekömmlich, ↑esslustig, ↑genießerisch, ↑naschhaft, ↑Essen, ↑Feinschmecker.

²essen: ratzekahl e. ↑aufessen; zu e. geben ↑ernähren; nichts zu e. haben ↑Hunger [leiden]; damals, als man nichts zu e. hatte ↑Nachkriegszeit; es wird nichts so heiß gegessen, wie es gekocht wird ↑abwarten; die Weisheit nicht mit Löffeln gegessen haben ↑dumm [sein]; mit jmdm. ist nicht gut Kirschen e. ↑böse [sein]; ohne etwas gegessen zu haben ↑Magen.

¹**Essen,** Nahrungsaufnahme, Mahlzeit, Mahl, Gericht, Speise · *reichliches:* Schmaus, Gelage, Fressgelage *(salopp)* · *schlechtes:* Fraß *(derb, abwertend),* Schlangenfraß *(derb, abwertend),* Schweinefraß *(derb, abwertend),* Saufraß *(derb, abwertend),* Saufutter *(derb, abwertend)* · *festliches:* Festmahl, Festessen, Bankett, Empfang, Galaempfang, Frühstück, Diner, Galadiner, Tafel · *in bestimmter Folge zusammengestelltes:* Menü, Gedeck, Speisenfolge, Gang · *kleines:* Imbiss, Snack, Kleinigkeit, Gabelbissen · *im Freien:* Picknick · *während dem Verhandlungspartner geschäftliche o. Ä. Gespräche führen:* Arbeitsessen · · *am Morgen:* Frühstück, Kaffee, Morgenkaffee, Morgenessen *(schweiz.),* Zmorgen *(schweiz.)* · *am Vormittag:* [zweites] Frühstück, Gabelfrühstück, Brotzeit *(bayr.),* Jause, Zehnerjause *(österr.),* Marende *(tirol.),* Znüni *(schweiz.),* Brunch, Sektfrühstück · *zu Mittag:* Mittagessen, Mittagbrot *(bes. ostd.),* Mittag *(bes. nordostd.),* Mittagsmahl, Mittagmahl, Zmittag *(schweiz.),* Lunch · *am Nachmittag:* Vesper *(bes. südwestd.),* Jause *(österr.),* Zvieri *(schweiz.),* Zfünfi *(schweiz.),* Kaffee, Nachmittagskaffee, Tee, Fünfuhrtee, Five o'clock · *am Abend:* Abendessen, Abendmahlzeit, Supper, Abendmahl *(landsch., veraltet),* Abendbrot *(nordd.),* Nachtessen *(südwestd., schweiz.),* Zabig *(schweiz.),* Znacht *(schweiz.),* Nachtmahl *(österr.),* Souper, Dinner; ↑Dessert, ↑Diät, ↑Ernährung, ↑Kaffeekränzchen, ↑Nahrung, ↑Sandwich, ↑Vorgericht; ↑ernähren, ↑essen, ↑schmecken.

²**Essen:** E. [und Trinken] ↑Nahrung; E. machen, das E. zubereiten ↑kochen; das E. stehen lassen ↑essen; jmdm. fällt das E. aus dem Gesicht ↑übergeben (sich).

Essenfeger ↑Schornsteinfeger.

Essenkehrer ↑Schornsteinfeger.

Essenz: ↑Bedeutung, ↑Extrakt.

essenziell ↑wichtig.

Essgerät ↑Essbesteck.

Essgeschirr, Kochgeschirr, Essnapf, Blechnapf, Paartopf, Menage, Blech *(landsch.),* Essblech *(landsch.),* Henkelmann *(landsch.),* Gamelle *(schweiz.).*

Essig: etwas wird zu E. ↑scheitern.

Essigälchen ↑Wurm.

Essiggemüse ↑Gemüse.

Essiggurke ↑Gurke.

Essigrose ↑Rose.

essigsauer ↑sauer.

Esskastanie ↑Kastanie.

Esslöffel ↑Löffel.

Esslust ↑Appetit.

¹**esslustig,** gefräßig *(abwertend),* verfressen *(salopp)* ↑genießerisch; **e. sein,** einen gesegneten / gesunden / guten Appetit haben; ↑essen; ↑Appetit.

²**esslustig** ↑unersättlich.

Essmantel ↑Serviette.

Essnapf ↑Essgeschirr.

Esstisch ↑Tisch.

Esswaren ↑Lebensmittel.

Esszwang ↑Anankasmus.

Establishment: ↑Bürgertum, ↑Oberschicht; zum E. gehörend ↑etabliert.

Estaminet ↑Café.

Estomihi ↑Kirchenjahr.

Estradenkonzert ↑Musikveranstaltung.

Estragon ↑Küchengewürz.

Estrich: ↑Boden, ↑Fußboden.

Eszett, ß, scharfes s *(bes. österr.),* Dreierle-s *(schwäbisch),* Schleifen-s *(schweiz.);* ↑Buchstabe.

Eta ↑Buchstabe.

etablieren: ↑gründen; sich e. ↑niederlassen (sich), ↑verbürgerlichen.

etabliert, angepasst, konform, zum Establishment gehörend, verbürgerlicht, bürgerlich; ↑Bürgertum, ↑Jasager; ↑verbürgerlichen · Ggs. ↑Subkultur.

Etablissement: ↑Bordell, ↑Unternehmen.

Etage: [erste E.] ↑Geschoss.

Etagenbett ↑Bett.

Etagenheizung ↑Heizung.

Etagere ↑Gestell.

¹**Etappe,** Heimat · Ggs. ↑Front; **in der E.,** hinter der Front.

²**Etappe:** ↑Teilstrecke; in -n ↑stufenweise.

Etappenhengst ↑Soldat.

Etappenschwein ↑Soldat.

etappenweise ↑stufenweise.

Etat, Budget, Haushaltsplan, Staatshaushaltsplan, Haushalt, Staatshaushalt, Finanzplan, Voranschlag · Nachtragshaushalt; ↑Unkosten, ↑Vermögen; ↑zahlen.

etc. ↑und so weiter.

et cetera ↑und so weiter.

et cetera pp. ↑und so weiter.

etc. pp. ↑und so weiter.

etepetete ↑tantenhaft.

Ethik: ↑Sitte, ↑Theologie.

ethisch ↑sittlich.

Ethnologie ↑Völkerkunde.

Ethologie ↑Verhaltensforschung.

Ethos ↑Pflichtbewusstsein.

Etikett, Aufklebezettel, Schildchen, Schild, Aufkleb[e]etikett, Label, Aufkleber; ↑Abzeichen, ↑Plakette; ↑beschriften.

Etikette: ↑Benehmen, ↑Brauch.

etikettieren ↑beschriften.

etliche ↑einige.

Etterdorf ↑Dorf.

Etui ↑Hülle.

Etuimacher ↑Täschner.

¹**etwa,** vielleicht, gar, leicht *(bayr., österr.).*

²**etwa:** in e. ↑ungefähr.

etwaig, allfällig *(österr., schweiz.);* ↑plötzlich, ↑vielleicht.

etwas, ein wenig, ein bisschen, ein [ganz] klein wenig, eine Winzigkeit / Kleinigkeit / Spur, ein Geringes, ein Kleines · Ggs. ↑nichts.

Etwas: das gewisse E. ↑Anmut.
etwelchermaßen ↑einigermaßen.
Etymologie ↑Wortgeschichte.
etymologisch: -es Wörterbuch ↑Nachschlagewerk.
Etymon ↑Wortstamm.
Eucharistie ↑Abendmahl.
Eukalyptustee ↑Tee.
Euklas ↑Schmuckstein.
Eukodal ↑Rauschgift.
Eule: ↑Handfeger, ↑Kauz, ↑Schmetterling, ↑Vogel; -n nach Athen tragen ↑tun.
Eulenfalter ↑Schmetterling.
Eulenspiegelei ↑Scherz.
Eulenspiegelstreich ↑Scherz.
Eumenide ↑Rachegöttin.
Eumenorrhö ↑Menstruation.
Eunuch: ↑Kastrat, ↑Wächter; -en ↑Geld.
Euphemismus, Hüllwort, Beschönigung, Abschwächung, Verhüllung; ↑beschönigend.
euphemistisch ↑beschönigend.
Euphonie ↑Wohlklang.
euphonisch ↑wohlklingend.
Euphorie ↑Rausch.
Euphorikum ↑Psychopharmakon.
euphorisch, high, happy, ausgeflippt, psychedelisch, tranceartig, in Trance, bewusstseinserweiternd; ↑Rausch, ↑Trancezustand.
Eurokommunismus ↑Kommunismus.
¹Europa, Abendland, Okzident, die Alte Welt, Hesperien *(dichter.);* ↑Kontinent; ↑abendländisch · Ggs. ↑Orient.
²Europa: ↑Abendland, ↑Kontinent.
Europäer ↑Weißer.
Europaflagge ↑Nationalflagge.
europäisch: ↑abendländisch; -es Fleckfieber, -er Typhus ↑Fleckfieber; Europäisch Kurzhaar ↑Katzenrassen.
Europameister ↑Sieger.
Euroscheck ↑Scheck.
Eustachius ↑Nothelfer.
Eustress ↑Anstrengung.
Euterpe ↑Muse.
Euthanasie, Gnadentod, Sterbehilfe, Tötung auf Verlangen, Einschläferung; ↑Exitus.
Eutokie ↑Geburt.
eutroph ↑nahrhaft.
Eva: ↑Frau; bei Adam und E. anfangen ↑äußern (sich); etwas stammt von Adam und E. ↑altmodisch [sein].
evakuieren ↑verlagern.
Evakuierung ↑Verlagerung.
Evangeliar, Evangeliarium, Evangelienbuch · Evangelienharmonie; ↑Bibel, ↑Bibelübersetzung.
Evangeliarium ↑Evangeliar.
Evangelienbuch ↑Evangeliar.
Evangelienharmonie ↑Evangeliar.
evangelisch: -e Kirche ↑Kirche; -e Verbindung ↑Verbindung.
Evangelist · Matthäus (Symbol: Engel) · Mar-

kus (Symbol: geflügelter Löwe) · Lukas (Symbol: Stier) · Johannes (Symbol: Adler); ↑Apostel.
Evaskostüm: im E. sein ↑nackt [sein].
Evastochter ↑Frau.
Eventration ↑Bauch.
eventuell ↑vielleicht.
Everglaze ↑Stoff.
Evergreen ↑Schlager.
Evidement ↑Kürettage.
evident ↑einleuchtend.
Evidenz: ↑Verzeichnis; in E. halten ↑buchen.
evozieren ↑verursachen.
EVR ↑Kassettenfernsehen.
¹ewig, unvergänglich, unzerstörbar, unwandelbar, unveränderlich, bleibend, zeitlos, raumund zeitlos, jenseits von Raum und Zeit, unendlich, endlos, immerdar *(geh.);* ↑bleibend, ↑unaufhörlich; ↑Ewigkeit, ↑Unbegrenztheit.
²ewig: ↑göttlich, ↑unaufhörlich; -es Eis ↑Polareis; zum -en Frieden / zur ewigen Ruhe eingehen ↑sterben; e. Gestriger ↑Konservativer; in die -en Jagdgründe eingehen ↑sterben; der Ewige Jude ↑Umherirrender; -e Seligkeit ↑Himmel; die Ewige Stadt ↑Rom.
Ewige: der E. ↑Gott.
¹Ewigkeit, Unvergänglichkeit, Unzerstörbarkeit, Unwandelbarkeit, Unveränderlichkeit, Zeitlosigkeit, Raum- und Zeitlosigkeit, Unendlichkeit, Endlosigkeit; ↑Unbegrenztheit; ↑ewig.
²Ewigkeit: ↑Gotteseigenschaften; für Zeit und E. ↑bleibend; bis in alle E. ↑bleibend; in die E. abgerufen werden ↑sterben.
Ewigkeitssonntag ↑Kirchenjahr.
ex: ex sein ↑tot [sein]; ex trinken ↑austrinken; ex und hopp ↑Einweg-.
Exaggeration ↑Steigerung.
exakt ↑klar.
Exaktheit ↑Deutlichkeit.
Exaltation ↑Erregung.
exaltiert ↑empfindsam.
Examen ↑Prüfung.
Examensarbeit ↑Prüfungsarbeit.
Examenskandidat ↑Prüfling.
Examinand ↑Prüfling.
examinieren: ↑abhören, ↑prüfen.
Exanthem ↑Hautausschlag.
Exaudi ↑Kirchenjahr.
Exchange ↑Wechselstube.
¹Exegese, Bibelauslegung, Bibeldeutung, Bibelerklärung; ↑Auslegung, ↑Theologie.
²Exegese ↑Theologie.
exekutieren: ↑beschlagnahmen, ↑töten.
Exekution: ↑Beschlagnahme, ↑Hinrichtung.
Exekutive ↑Polizeibehörde.
Exekutor ↑Vollziehungsbeamter.
¹Exempel, Beispiel, Paradebeispiel, Musterbeispiel, Schulbeispiel; ↑Muster.
²Exempel: die Probe aufs E. machen ↑probieren.
Exemplar, Muster, Stück, Ding *(ugs.)* · beson-

ders großes, schönes: Prachtexemplar, Prachtstück, Kaventsmann *(ugs.),* Apparat *(ugs.);* ↑Art, Otto *(ugs.),* Jonny *(ugs.);* ↑Modell, ↑Muster.

exemplarisch ↑vorbildlich.

exemplifizieren ↑auslegen.

Exequien: ↑Begräbnis, ↑Trauerfeier.

Exergie ↑Energie.

exerzieren ↑lernen.

exhibieren ↑aufdecken.

Exhibition ↑Entblößung.

Exhibitionismus ↑Perversität.

exhibitionistisch ↑hemmungslos.

Exil ↑Verbannung.

Exilliteratur ↑Literaturepochen.

existent ↑wirklich.

Existenz: ↑Lage, ↑Leben, ↑Vorkommen; verkrachte E. ↑Versager; eine E. aufbauen ↑niederlassen (sich).

[1]Existenzberechtigung, Daseinsberechtigung, Daseinsrecht, Lebensberechtigung.

[2]Existenzberechtigung ↑Anlass.

Existenzkampf ↑Konkurrenz.

Existenzpsychologie ↑Psychologie.

[1]existieren, bestehen, vorhanden sein, vorkommen, herrschen, sein, es gibt / *(salopp, landsch.)* hat [hier keine Bäume]; ↑anwesend [sein], ↑befinden (sich).

[2]existieren ↑leben.

Exitus, [natürlicher] Tod, gewaltsamer Tod, Ableben, das Sterben, das Hinscheiden, Hinschied *(schweiz.),* Sterbet *(schweiz.),* Heimgang, Ende, Abschied, Todesfall; ↑Ende, ↑Euthanasie, ↑Tod, ↑Toter, ↑Tötung; ↑entleiben (sich), ↑sterben, ↑töten; ↑tot.

Exklave ↑Gebiet.

exklusiv ↑eigens.

exklusive: ↑ausgenommen, ↑abzüglich.

Exklusivität, Besonderheit, Abgeschlossenheit, Vornehmheit; ↑besonders.

Exkommunikation: ↑Ausschluss, ↑Bann.

exkommunizieren ↑ausschließen.

Exkommunizierung ↑Ausschluss.

Exkoriation ↑Verletzung.

Exkrement, Fäkalien, Fäzes, Ausscheidung, Stuhlgang, Stuhl, Kot, Aa *(Kinderspr.),* Schiet *(salopp),* Kacke *(derb),* Scheiße *(vulgär)* · von Hund und Wild: Losung; ↑Absonderung, ↑Urin; ↑austreten, ↑defäkieren, ↑urinieren.

Exkret ↑Absonderung.

Exkretion ↑Absonderung.

exkulpieren: ↑lossprechen, ↑verzeihen.

Exkurs ↑Abschweifung.

Exkursion ↑Reise.

[1]exmatrikulieren, aus der Matrikel streichen · Ggs. ↑immatrikulieren (sich).

[2]exmatrikulieren ↑abmelden (sich).

exmittieren ↑hinauswerfen.

Exmittierung ↑Zwangsräumung.

Exodus ↑Abwanderung.

Exogamie ↑Ehe.

exogen: -e Toxikose ↑Vergiftung.

exorbitant ↑gewaltig.

Exorzist ↑Teufelsbeschwörer.

Exoteriker ↑Nichtfachmann.

exotisch ↑fremd.

Expander ↑Sportgerät.

expandieren, sich ausdehnen / ausweiten, seinen Einflussbereich vergrößern / erweitern; ↑Einfluss.

Expansion ↑Ausdehnung.

Expansionsstreben ↑Imperialismus.

expatriieren ↑ausweisen.

expedieren ↑transportieren.

Expedierung ↑Transport.

Expedit ↑Versandabteilung.

Expedition: ↑Reise, ↑Transport, ↑Versandabteilung.

Expektoration ↑Gefühlsäußerung.

[1]Experiment, Versuch, Test, Voruntersuchung, Pretest, Probe, Versuchsballon, Ballon d'essai, Untersuchung, Pilottest, Pilotstudie, Pilotprojekt, Probebefragung, Planspiel; ↑Nachforschung, ↑Versuch, ↑Versuchsleiter, ↑Wagnis.

[2]Experiment: ↑Wagnis; keine -e machen ↑wagen.

Experimentalfilm ↑Kinofilm.

Experte ↑Fachmann.

Expertise, Gutachten, Begutachtung, Parere; ↑Aktenbündel, ↑Ansicht, ↑Bescheinigung.

Explantation, Auspflanzung, Gewebsauspflanzung, Organauspflanzung; ↑Transplantation · Ggs. ↑Implantation.

Explikation ↑Auslegung.

explizieren ↑auslegen.

explizit ↑namentlich.

explizite ↑namentlich.

explodieren: ↑ärgerlich [werden], ↑platzen.

exploitieren ↑auswerten.

Exploration ↑Umfrage.

explorieren ↑forschen.

[1]Explosion, Implosion, Detonation, Entladung; ↑platzen.

[2]Explosion ↑Streit.

explosiv: ↑brisant, ↑spannungsgeladen.

Exponat ↑Ausstellungsstück.

Exponent, Vertreter; ↑Muster.

Exponentialgleichung ↑Gleichung.

exponieren (sich), sich aussetzen / stellen / hervorwagen / in den Vordergrund schieben / in die Schusslinie begeben, hervortreten, ins Licht der Öffentlichkeit / ins Rampenlicht / ins Scheinwerferlicht treten, die Aufmerksamkeit auf sich ziehen, alle Blicke auf sich lenken, drauflosgehen *(ugs.);* ↑wagen; **exponiert sein,** im Rampenlicht / im Licht der Öffentlichkeit / im Scheinwerferlicht / im Blickpunkt stehen; **sich nicht e.,** das Rampenlicht scheuen; ↑ängstlich.

[1]Export, Ausfuhr; ↑Absatzgebiet, ↑Außenhandel · Ggs. ↑Import.

²**Export** ↑Bier.
Exportartikel ↑Ware.
Exportbier ↑Bier.
Exportkaufmann ↑Büroangestellte[r].
Exportware ↑Ware.
Exposé ↑Entwurf.
Exposition: ↑Ausstellung, ↑Einleitung.
Expositur ↑Zweigstelle.
express ↑namentlich.
Expressbrief ↑Postsendung.
Expressionismus: ↑Literaturepochen, ↑Malerei.
expressis verbis ↑namentlich.
expressiv: ↑ausdrucksvoll, ↑gefühlsbetont.
Expresskaffee ↑Pulverkaffee.
Expresssendung ↑Postsendung.
Expresszug ↑Eisenbahnzug.
exquisit ↑kostbar.
Exsanguinationstransfusion   ↑Blutübertragung.
Exsekretion ↑Bann.
Exspektant ↑Anwärter.
Exstirpation ↑Operation.
Extemporale ↑Klassenarbeit.
ex tempore ↑improvisiert.
¹**extemporieren,** aus dem Stegreif reden / schreiben; ↑vortragen; ↑Gedächtnis.
²**extemporieren** ↑musizieren.
Extensor ↑Muskel.
exterminieren ↑vertreiben.
Externist ↑Schüler.
extra: ↑eigens, ↑einzeln, ↑wählerisch; etwas e. kriegen ↑zubekommen.
Extra ↑Zubehör.
Extra-: ↑zusätzlich.
Extraausgabe ↑Zeitung.
Extrablatt ↑Zeitung.
extrakorporal: -e Befruchtung ↑Befruchtung.
¹**Extrakt,** Essenz, Auszug, Absud, Destillat.
²**Extrakt** ↑Zusammenfassung.
extraordinär ↑außergewöhnlich.
Extraordinarius ↑Hochschullehrer.
Extrapost ↑Kutsche.
Extrauteringravidität ↑Schwangerschaft.
extravagant ↑überspannt.
Extravaganz ↑Ausgefallenheit.
Extravasation ↑Blutung.
extravertiert ↑gesellig.
Extrawurst: ↑Erlaubnis, ↑Wurst, eine E. gebraten haben wollen ↑eingliedern.
Extrazimmer ↑Raum.
Extrazug ↑Eisenbahnzug.
¹**extrem,** extremistisch, radikal, radikalistisch, übersteigert, maßlos, scharf, rücksichtslos.
²**extrem** ↑ausgeprägt.
Extrem: von einem E. ins andere fallen ↑labil [sein].
Extremer ↑Extremist.
Extremfall ↑Ausnahmefall.
Extremist, Extremer, Radikaler, Rechtsradikaler, Rechtsextremist, Neonazi, Linksradika-

ler, Linksextremist, Vertreter des Radikalismus, Radikalist, Radikalinski *(abwertend) · in Südtirol:* Bumser *(ugs., österr.);* ↑Konservativer, ↑Revolutionär, ↑Sozialist; ↑rechtsradikal.
extremistisch ↑extrem.
Extremität ↑Gliedmaße.
extrovertiert ↑gesellig.
Ex-und-hopp-Flasche ↑Flasche.
Exvoto ↑Votivbild.
exzellent ↑trefflich.
Exzellenz: [Eure E.] ↑Anrede.
exzentrisch ↑launisch.
exzeptionell ↑außergewöhnlich.
Exzerpt, Auszug, Lesefrucht, Blütenlese, Florilegium; ↑Auswahl.
Exzess: ↑Ausschweifung; alkoholischer E. ↑Alkoholvergiftung.
Exzision ↑Operation.
Exzitans ↑Aufputschmittel.
Ezzes ↑Vorschlag.

¹**Fabel,** Handlung, Stoff, Idee, Inhalt, Handlungsgerüst; ↑Erzählung.
²**Fabel:** ↑Erzählung; ins Reich der F. gehören ↑unwahrscheinlich [sein].
fabelhaft ↑außergewöhnlich.
Fabelland, Wunderland, Märchenland, Utopia, Utopien, Dorado, Eldorado, Arkadien, Schlaraffenland; das Land, wo Milch und Honig fließt; Thule, Atlantis, Orplid; ↑Paradies.
fabeln ↑lügen.
Fabelwesen · *weibliches:* Meduse, Gorgo, Sphinx, Harpyie, Elfe, Nixe, Sylphide, Sylphe, Sirene · *männliches:* Kentaur, Zentaur, Elf, Riese, Zwerg · *in Gestalt eines Reptils:* Drache, Lindwurm, Tatzelwurm, Basilisk, Leviathan, Hydra · *in Gestalt eines Vogels:* Greif, Phönix, Roch, Rok · *in Gestalt eines Pferdes:* Einhorn, Pegasus; ↑Erzählung.
Fabismus ↑Lebensmittelvergiftung.
Fabrik, Werk, Werkstätte, Betrieb, Fabrikationsstätte, Manufaktur · *kleinere:* Gewerbebetrieb, Handwerksbetrieb, Kleinbetrieb; ↑Betrieb, ↑Unternehmen, ↑Wirtschaft, ↑Zweigstelle.
Fabrikant ↑Unternehmer.
Fabrikarbeit ↑Arbeit.
Fabrikarbeiter ↑Arbeiter.
Fabrikarbeiterin ↑Arbeiterin.
Fabrikat ↑Ware.

Fabrikation ↑Herstellung.
Fabrikationsstätte ↑Fabrik.
Fabrikbesitzer ↑Unternehmer.
Fabrikdirektor ↑Unternehmer.
Fabrikherr ↑Unternehmer.
Fabrikmädchen ↑Arbeiterin.
fabrikneu ↑neu.
Fabriksarbeiter ↑Arbeiter.
Fabriksbesitzer ↑Unternehmer.
Fabriksdirektor ↑Unternehmer.
Fabriksherr ↑Unternehmer.
fabriksneu ↑neu.
Fabrikzigarette ↑Zigarette.
Fabrikzucker ↑Zucker.
fabrizieren ↑anfertigen.
fabulieren: ↑dichten, ↑lügen.
facettenreich ↑mannigfaltig.
¹Fach, Lade, Kasten · Schubfach, Schublade, Schubkasten, Schiebfach, Schieblade, Schiebkasten; ↑Behälter, ↑Möbel.
²Fach: ↑Fachrichtung, ↑Schließfach, ↑Schublade.
Fachabitur ↑Abitur.
Facharbeiter ↑Arbeiter.
Facharbeiterin ↑Arbeiterin.
Facharzt ↑Arzt.
Fachausdruck, Fachwort, Fachbegriff, Fachbezeichnung, Fachterminus, Kunstwort, Terminus technicus; ↑Begriff.
Fachbau ↑Fachwerkbau.
Fachbegriff ↑Fachausdruck.
Fachbereich: ↑Bereich, ↑Fachrichtung.
Fachbereichssprecher ↑Dekan.
Fachbezeichnung ↑Fachausdruck.
Fachbibliothek ↑Bücherbestand.
Fachblatt ↑Zeitschrift.
Fachbuch ↑Literatur.
Fachchinesisch ↑Ausdrucksweise.
fächeln ↑wehen.
Fächer ↑Feuerwerkskörper.
Fächergewölbe ↑Gewölbe.
Fächerpalme ↑Palme.
Fachfrau ↑Fachmann.
Fachgebiet ↑Bereich.
Fachgenosse ↑Kollege.
fachgerecht ↑fachmännisch.
Fachgeschäft ↑Laden.
Fachgröße ↑Fachmann.
Fachidiot ↑Fachmann.
Fachjargon ↑Gruppensprache.
Fachjournalist ↑Berichter.
Fachkollege ↑Kollege.
Fachkraft ↑Fachmann.
Fachlehrer ↑Lehrer.
Fachlexikon ↑Nachschlagewerk.
Fachmann, Profi, Sachverständiger, Sachkenner, Sachkundiger, Fachkraft, Kenner, Kundiger, Eingeweihter, Esoteriker, Fachidiot *(abwertend),* Experte, Könner, Fachfrau, Berufsmann *(schweiz.),* Professionist *(bes. österr.),* Meister, Routinier, Praktiker, Ass *(ugs.),* Kano-

ne *(ugs.),* alter Fuchs / Hase *(ugs.),* Koryphäe, Kapazität, Berühmtheit, Fachgröße, Größe, Autorität, Fachmannpapst (z. B. Kultur-, Literaturpapst), Spezialist; ↑Begabung, ↑Berühmtheit, ↑Gelehrter, ↑Helfer, ↑Sportler, ↑Talent; ↑Erfahrung [haben]; ↑anspruchsvoll, ↑fachmännisch · Ggs. ↑Nichtfachmann; ↑dilettantisch.
fachmännisch, fachgerecht, sachgerecht, sachgemäß, kunstgerecht, gekonnt, routiniert, sachverständig, sachkundig, kundig, eingefuchst *(ugs.),* kennerisch *(schweiz.),* gut, qualifiziert, zünftig, nicht ↑dilettantisch; ↑firm, ↑gebildet, ↑meisterhaft; ↑Fachmann · Ggs. ↑Nichtfachmann.
Fachmesse ↑Messe.
Fachorgan ↑Zeitschrift.
Fachpresse ↑Presse.
¹Fachrichtung, Fach, Schulfach, Gegenstand *(österr.),* Fachschaft, Wissenszweig, Disziplin · Fakultät, Fachbereich; ↑Hochschule.
²Fachrichtung ↑Bereich.
Fachschaft ↑Fachrichtung.
Fachschule ↑Schule.
Fachsprache: ↑Ausdrucksweise, ↑Gruppensprache.
Fachterminus ↑Fachausdruck.
Fachwerk, Fachwerkbauweise, Rahmenbau, Riegelbau *(schweiz.);* ↑Fachwerkbau.
Fachwerkbau, Fachwerkhaus, Fachbau *(veraltet),* Riegelhaus *(schweiz.);* ↑Fachwerk.
Fachwerkbauweise ↑Fachwerk.
Fachwerkhaus ↑Fachwerkbau.
Fachwerkmauer ↑Mauer.
Fachwissenschaftler ↑Gelehrter.
fachwissenschaftlich ↑wissenschaftlich.
Fachwort ↑Fachausdruck.
Fachzeitschrift ↑Zeitschrift.
Fachzeitung ↑Zeitschrift.
Fackel, Pechfackel, Kienfackel, Kienspan; ↑Lampion.
fackeln: nicht lange f. ↑eingreifen; ohne lange zu f. ↑kurzerhand.
Fackelzug ↑Demonstration.
Facultas Docendi ↑Lehrberechtigung.
fad: ↑abgestanden, ↑langweilig, ↑ungewürzt.
Fädchen ↑Fluse.
¹fade, geschmacklos, ungewürzt, wässrig, ohne Geschmack, ohne Saft und Kraft, kraftlos, nüchtern; ↑abgestanden.
²fade: ↑abgestanden, ↑langweilig.
¹Faden, Nähfaden, Reihfaden, Seidenfaden, Nähseide, Garn, Nähgarn, Stopfgarn, Stickgarn, Zwirn; ↑Schnur; ↑nähen.
²Faden: ↑Faser, ↑Längenmaß; der rote F. ↑Leitgedanke; da beißt die Maus keinen F. ab ↑unabänderlich [sein]; keinen trockenen F. mehr am Leibe haben ↑nass [sein]; alle Fäden in der Hand haben / halten ↑führen; an jmdm. keinen guten F. lassen ↑schlecht machen; den F. verlieren ↑abschweifen; etwas hängt an einem

seidenen F. ↑ungewiss [sein]; mit Nadel und F.
umgehen können ↑nähen [können]; nach Strich
und F. ↑gehörig, ↑sehr.
Fadenalge ↑Alge.
fadenförmig: -er Puls ↑Pulsschlag.
Fadenmolch ↑Molch.
Fadennudeln ↑Teigwaren.
fadenscheinig: ↑abgenutzt, ↑vordergründig.
Fadenscheinigkeit ↑Durchschaubarkeit.
Fadenschlag ↑Naht.
Fadensommer ↑Altweibersommer.
Fadenwurm ↑Wurm.
Fadheit ↑Eintönigkeit.
Fadian ↑Muffel.
fadisieren ↑langweilen (sich).
Fado ↑Lied.
Fagott ↑Blasinstrument.
Fagottist ↑Musizierender.
fähig: ↑erprobt, ↑tüchtig; -er Kopf ↑Talent; f.
sein zu ↑können.
-fähig: etwas ist tragfähig ↑können.
¹Fähigkeit, Kraft, Macht, Gewalt, Stärke, das
Können, Leistung, Leistungsfähigkeit, Power
(Jargon), das Vermögen, Tüchtigkeit, Tauglich-
keit, Qualifikation · *sexuelle:* Manneskraft,
Zeugungsfähigkeit, Zeugungskraft, Liebeskraft, Liebesfähigkeit, Potenz; ↑Ansehen, ↑Be-
harrlichkeit, ↑Fertilität, ↑Höchstleistung,
↑Kraftprobe, ↑Kunstfertigkeit; ↑geschlechts-
reif · Ggs. ↑Unfähigkeit.
²Fähigkeit: -en ↑Begabung; an jmds. F. glauben ↑zutrauen (jmdm. etwas); etwas entspricht
jmds. -en ↑begabt.
Fähigkeitsausweis ↑Bescheinigung.
Fähigkeitsnachweis ↑Bescheinigung.
fahl: ↑blass, ↑farblos.
fahlbraun ↑braun.
Fahlheit ↑Blässe.
Fahlsegler ↑Vogel.
Fähnchen: ↑Kleid; sein F. nach dem Wind
hängen ↑Opportunist [sein].
fahnden ↑suchen.
Fahndung ↑Nachforschung.
Fahndungsfoto, Phantombild, PIKbild.
Fahndungsstreife ↑Polizeistreife.
¹Fahne, Flagge, Banner, Standarte, Stander,
Wimpel, Gösch · · Olympiaflagge · · Friedens-
fahne, die weiße Fahne · · Signalflagge, Buch-
stabenflagge · der blaue Peter *(scherzh.),*
Abfahrtsflagge · die gelbe Fahne, Quaran-
täneflagge · Seuchenflagge · Zahlenwimpel ·
Zollflagge · Pulverflagge · *der kommunistischen Partei:* die rote Fahne; ↑Abzeichen,
↑Beflaggung, ↑Merkmal, ↑Nationalflagge,
↑Sinnbild; ↑beflaggen, ↑flaggen.
²Fahne: ↑Probedruck, ↑Schwanz, ↑Taschen-
tuch; eine F. haben ↑riechen; die F. nach dem
Wind hängen ↑Opportunist [sein]; die weiße
F. hissen ↑nachgeben; die F. raushängen
↑flaggen; etwas auf seine F. schreiben ↑Pro-
gramm; mit -n schmücken ↑beflaggen; mit

fliegenden / wehenden -n zum Gegner (oder:)
in das andere Lager übergehen ↑umschwen-
ken; unter der F. stehen ↑Soldat [sein]; zu
den -n eilen ↑Soldat [werden]; zu den -n rufen
↑einberufen.
fahnenflüchtig: f. werden ↑überwechseln.
Fahnenflüchtiger ↑Deserteur.
Fahnenjunker ↑Dienstgrad.
Fahnenschmuck ↑Beflaggung.
Fahnenstange: das ist das Ende der F. ↑[nicht]
möglich [sein].
Fahnenwort ↑Leitwort.
Fähnrich: [F. zur See] ↑Dienstgrad.
Fahrausweis ↑Fahrkarte.
Fahrbahn, Fahrdamm, Damm *(landsch.);*
↑Straße.
fahrbar: ↑transportabel; -er Untersatz ↑Auto.
Fahrdamm ↑Fahrbahn.
Fähre, Rollfähre, Überfuhr *(österr.);* ↑Schiff.
¹fahren · *langsam:* [im] Schritt fahren, schlei-
chen *(ugs.)* · *langsam und dicht hintereinander:*
Kolonne / im Schlange fahren · *schnell:* aufs
Gaspedal treten, mit Bleifuß fahren, einen
[guten] Zahn draufhaben *(salopp)* · *ohne Ziel:*
spazieren fahren, herumkutschieren *(ugs.),*
herumkariolen *(ugs.)* · *in die richtige Spur:*
sich einordnen / einfädeln · *ohne Fahrschein:*
schwarzfahren · *mit der Straßenbahn:* Straßenbahn / mit der Linie X fahren · *mit dem Autobus:*
Autobus / mit der Linie X fahren · *mit dem
Schiff:* schiffen, kreuzen, auf Kreuzfahrt / auf
großer Fahrt sein; ↑ansteuern, ↑fortbewegen
(sich), ↑Rad fahren, ↑transportieren; ↑befahr-
bar; ↑Boot, ↑Fahrer, ↑Fahrt, ↑Geschwindigkeit,
↑Steuer, ↑Strecke.
²fahren: ↑reisen, ↑steuern, ↑verwirklichen;
heimwärts / nach Hause f. ↑zurückbegeben
(sich); -der Sänger ↑Minnesänger; -der Schüler
↑Vagabund; einen f. lassen ↑Darmwind
[entweichen lassen]; Schlitten f. ↑rodeln; eine
Strecke f. ↑Strecke; Velo f. ↑Rad fahren; f. auf
↑zusammenstoßen; sich durch das Haar / die
Haare f. ↑frisieren; im D-Zug durch die Kinderstube gef. sein ↑benehmen (sich); in die / zur
Grube f. ↑sterben; in die Kleider f. ↑anziehen;
jmdm. in die Parade f. ↑antworten; mit etwas
gut gef. sein ↑Erfahrung; [mit dem Schiff] f.
↑fahren; unter Billigflagge f. ↑billig [sein]; per
Anhalter / Autostopp f. ↑mitfahren; über den
Haufen f. ↑überfahren; über den Mund f. ↑ant-
worten; ↑dazwischenreden; zur See f. ↑See-
mann [sein].
Fahren: [aggressives / defensives F.] ↑Fahrver-
halten.
Fahrender ↑Vagabund.
Fahrenheit ↑Temperaturskala.
fahren lassen: ↑abschreiben; alle Hoffnung f.
↑Mut.
Fahrensmann ↑Seemann.
¹Fahrer, Chauffeur, Schofför, Lenker, Führer ·
eines Fuhrwerks: Fuhrwerker *(landsch.)* · *eines*

Taxis: Taxifahrer, Taxler *(ugs., österr.);* ↑Schaffner, ↑Steuer; ↑fahren.
²Fahrer ↑Autofahrer.
Fahrerflucht, Unfallflucht, Führerflucht *(schweiz.);* ↑Verkehrsteilnehmer.
Fahrerlaubnis ↑Ausweis.
Fahrgast ↑Passagier.
Fahrgastschiff, Passagierschiff, Passagierdampfer, Personendampfer, Linienschiff, Schnelldampfer, Riverboat, Musikdampfer, Vergnügungsdampfer, Ausflugsdampfer, Kreuzfahrtschiff, Traumschiff, Salondampfer, Salonschiff, Luxusdampfer, Luxusschiff, schwimmendes Hotel, Botel; ↑Schiff.
Fahrgestell: ↑Chassis, ↑Fahrwerk, ↑Gliedmaße.
Fährhafen ↑Hafen.
fahrig ↑aufgeregt.
¹Fahrkarte, Karte, Fahrausweis, Fahrtausweis, Fahrschein, Billett · *für einen Flug:* Ticket, Flugkarte · *für einen bestimmten Zeitraum:* Zeitkarte, Dauerkarte, Sichtkarte, Tagesrückfahrkarte, Wochenkarte, Monatskarte, Jahreskarte · *für mehrere Fahrten:* Rückfahrkarte, Retourfahrkarte *(österr.),* Retourkarte *(österr.),* Sechserkarte · *für Reisen innerhalb eines bestimmten Gebietes:* Netzkarte; ↑Ausweis, ↑Schaffner; ↑entwerten.
²Fahrkarte: eine F. schießen ↑schießen.
Fahrkunst: Fahrkünste ↑Fahrverhalten.
fahrlässig: ↑unbesonnen; -e Krida ↑Misserfolg.
Fahrpeitsche ↑Peitsche.
¹Fahrrad, Rad, Damenfahrrad, Damenrad, Herrenfahrrad, Herrenrad, Kinderfahrrad, Kinderrad, Dreirad, Klapprad, Stahlross *(ugs., scherzh.),* Drahtesel *(ugs., scherzh.),* Velo *(schweiz.)* · *mit Motor:* Mofa, Motorfahrrad · *für Rennen:* Rennrad, Tourenrad, Sportrad · *mit zwei Sitzen:* Tandem; ↑Auto, ↑Motorrad, ↑Radfahrer.
²Fahrrad ↑Brille.
Fahrradfahrer ↑Radfahrer.
Fahrradlampe ↑Lampe.
Fahrradlenker ↑Steuer.
Fahrradweg ↑Weg.
Fahrschein ↑Fahrkarte.
Fahrscheinentwerter ↑Stempeluhr.
Fährschiff ↑Schiff.
Fahrstraße ↑Straße.
Fahrstuhl: ↑Aufzug, ↑Rollstuhl.
¹Fahrt, Hinfahrt, Herfahrt, Rückfahrt, Heimfahrt, Anfahrt, Weiterfahrt, Probefahrt, Gratisfahrt, Tagfahrt, Nachtfahrt, Spazierfahrt, Vergnügungsfahrt, Lustfahrt, Rundfahrt, Überlandfahrt, Geländefahrt, Querfeldeinfahrt, Irrfahrt, Wagenfahrt, Autofahrt, Taxifahrt, Omnibusfahrt, Busfahrt, Straßenbahnfahrt, Eisenbahnfahrt, Bahnfahrt, Motorradfahrt, Schlittenfahrt, Kahnfahrt, Bootsfahrt, Schiffsfahrt · *erste eines Schiffes:* Jungfernfahrt · *mit einem*

Segelboot: Segeltörn, Törn; ↑Ausflug, ↑Reise, ↑Rennen, ↑Stadtrundfahrt; ↑fahren; ↑erste.
²Fahrt: [F. ins Blaue] ↑Reise; seine F. mit etwas fortsetzen ↑umsteigen; freie F. haben ↑behindern; auf großer F. sein ↑fahren; in F. kommen ↑ärgerlich [werden]; in F. geraten / kommen / sein ↑Stimmung.
Fahrtausweis ↑Fahrkarte.
Fährte: ↑Spur; die F. aufnehmen ↑wittern; auf der falschen / richtigen F. sein ↑vermuten.
Fahrtenmesser ↑Taschenmesser.
Fahrtenschreiber ↑Tachograph.
Fahrtreppe ↑Treppe.
Fahrtschreiber ↑Tachograph.
¹Fahrtunterbrechung, Aufenthalt, Halt, Unterbrechung, Anhalt *(schweiz.)* · *im Flugverkehr:* Zwischenlandung · **ohne F.,** Nonstop-.
²Fahrtunterbrechung ↑Unterbrechung.
Fahrverhalten, [defensives / aggressives] Fahren, Fahrkünste; ↑Aquaplaning.
Fahrwasser: in jmds. F. geraten ↑Einfluss.
Fahrweg: ↑Straße, ↑Weg.
Fahrwerk, Fahrgestell; ↑Flugzeug.
Fahrzeug ↑Auto.
Fahrzeughalter ↑Kraftfahrer.
Fahrzeuginsasse ↑Passagier.
Fahrzeuglenker ↑Kraftfahrer.
Faible: ↑Zuneigung; ein F. haben für ↑mögen (etwas).
fair ↑ehrenhaft.
Fairness ↑Anständigkeit.
Fairplay ↑Anständigkeit.
Fait accompli ↑Tatsache.
Fäkaldünger ↑Dünger.
Fäkalien ↑Exkrement.
Fäkalsprache: ↑Ausdrucksweise, ↑Vulgärausdruck.
Fakir ↑Artist.
Faksimile: ↑Nachahmung, ↑Reproduktion.
Fakt ↑Tatsache.
Fakten ↑Angaben.
faktisch ↑wirklich.
Faktizität ↑Tatsache.
Faktor ↑Umstand.
Faktotum ↑Diener.
Faktum ↑Tatsache.
Faktur ↑Rechnung.
Faktura ↑Rechnung.
Fakturist ↑Wirtschaftsprüfer.
Fakultas ↑Lehrberechtigung.
Fakultät: ↑Bereich, ↑Fachrichtung; von der anderen F. [sein] ↑gleichgeschlechtlich [sein].
fakultativ ↑freiwillig.
Falangist ↑Nationalsozialist.
falb ↑beige.
Falbe ↑Pferd.
Falke: ↑Vogel; kein F. sein ↑Pazifist [sein].
Falkenauge ↑Scharfsichtigkeit.
Fall: ↑Angelegenheit, ↑Entlassung, ↑Kasus; erster F. ↑Nominativ; zweiter F. ↑Genitiv; dritter F. ↑Dativ; vierter F. ↑Akkusativ; typischer

F. von denkste ↑irren (sich); vergleichbarer F.
↑Parallele; jmd. / etwas ist jmds. F. ↑gefallen;
ein hoffnungsloser F. sein ↑nutzlos [sein], ↑un-
heilbar [krank sein]; etwas ist ein klarer F. ↑klar
[sein]; einen F. tun, zu F. kommen ↑fallen; auf
jeden F. ↑allemal, ↑ja, ↑ohnehin; auf keinen F.
↑keineswegs, ↑nein; für alle Fälle ↑vorsichtshal-
ber; für den F., dass ... ↑wenn; im anderen F.
↑oder; im besten / günstigsten -e ↑bestenfalls;
in jedem -e ↑jedenfalls; von F. zu Fall ↑eigens;
zu F. bringen ↑scheitern, ↑verhindern; jmdn.
zu F. bringen ↑umstoßen (jmdn.); zu F. kommen ↑scheitern.
Falläpfel ↑Obst.
Fallbaum ↑Bahnschranke.
Fallbeil, Guillotine; ↑Hinrichtung; ↑töten.
¹Falle, Fallgrube, Wildfalle, Mausefalle, Mäusefalle, Mausfalle *(österr.),* Rattenfalle, Fuchsfalle, Wolfsfalle, Kaninchenfalle, Vogelfalle;
↑Fischnetz, ↑Wilderer.
²Falle: ↑Hinterhalt; jmdm. eine F. stellen ↑be-
trügen; in die F. gehen ↑hereinfallen; in die F.
gehen, sich in die F. hauen ↑schlafen [gehen].
¹fallen, hinstürzen, stürzen, hinfallen, zusammenfallen *(bes. österr.),* einen Fall tun, zu Fall
kommen, erfallen *(oberd.),* sinken, hinsinken,
hinschlagen, schlagen auf etwas, hinpurzeln
(ugs.), purzeln *(ugs.),* hinplumpsen *(ugs.),*
plumpsen auf etwas *(ugs.),* hinfliegen *(salopp),*
fliegen auf etwas *(salopp),* hinknallen *(salopp),*
knallen auf etwas *(salopp),* hinsausen *(salopp),*
sausen auf etwas *(salopp),* hinsegeln *(salopp),* segeln auf etwas *(salopp),* einen Stern reißen *(ugs.,*
österr.); nicht f., senkrecht bleiben; ↑fliegen,
↑gleiten, ↑hinunterfallen, ↑schwanken, ↑stol-
pern, ↑umfallen, ↑umstoßen (jmdn.).
²fallen: ↑abnehmen, ↑erobern, ↑sterben; gefallenes Mädchen ↑Mädchen; jmdm. lästig f. ↑be-
helligen; jmdn. f. lassen wie eine heiße Kartoffel ↑abrücken (von jmdm.); die Hüllen f. lassen
↑ausziehen; die Blätter f. ↑herbsten; die Blätter
f. lassen ↑entlauben (sich); die Entscheidung
ist / die Würfel sind gefallen ↑entschließen
(sich); der Nebel fällt ↑nebeln; etwas fällt an
jmdn. ↑zufallen; auf fruchtbaren Boden f. ↑wir-
ken; auf dem Feld der Ehre f. ↑sterben; auf die
Knie f. ↑beten; jmdm. fällt die Decke auf den
Kopf ↑deprimiert [sein]; nicht auf den Kopf gefallen sein ↑dumm; nicht auf den Mund gefallen sein ↑geistreich [sein]; jmdm. auf die Nerven / auf den Wecker f. ↑ärgern; aus Abschied
und Traktanden f. lassen ↑ablehnen; aus dem
Bett gefallen sein ↑aufstehen; jmdm. fällt das
Essen aus dem Gesicht ↑übergeben (sich); aus
allen Himmeln / Wolken f., vom Stängel / Eimer f. ↑überrascht [sein]; aus den Kleidern f.
↑schlank [werden]; jmdm. fällt kein Stein aus
der Krone ↑erniedrigen (sich); aus der Wertung f. ↑werten; jmdm. in den Arm f. ↑verhin-
dern; in die Augen f. ↑auffallen; in die Fraisen
f. ↑betroffen [sein]; an der Tür ins Haus f.

↑mitteilen; jmdm. fällt das Herz in die Hose /
Hosen ↑Angst [bekommen], ↑Mut; jmdm. in
den Rücken f. ↑helfen; etwas fällt jmdm. in den
Schoß ↑mühelos [erringen]; in die Tiefe f. ↑hi-
nunterfallen; etwas fällt ins Wasser ↑ausfallen,
↑scheitern; jmdm. um den Hals f. ↑umfassen;
unter den Tisch f. ↑wegfallen; vom Fleisch f.
↑schlank [werden]; jmdm. fällt ein Stein vom
Herzen ↑aufatmen; es fällt jmdm. wie Schuppen von den Augen ↑erkennen; von einem Extrem ins andere f. ↑labil [sein]; zum Opfer f. ↑op-
fern; kein Apfel kann zur Erde f. ↑voll [sein];
zur Last f. ↑Last.
fällen: ↑abholzen; eine Entscheidung f. ↑ent-
scheiden (sich); ein Urteil f. ↑beurteilen; das
Urteil / einen Spruch f. ↑verurteilen.
fallen lassen: ↑abschreiben, ↑berücksichtigen,
↑weglegen.
Fallgrube ↑Falle.
fallieren ↑zahlungsunfähig [werden].
fällig: f. werden ↑ablaufen.
Fälligkeitstag ↑Zahltag.
Fallmasche ↑Masche.
Fallmeister ↑Abdecker.
Fallobst ↑Obst.
Fallot ↑Betrüger.
Fall-out ↑Müll.
Fallreep ↑Treppe.
Fallreepsknoten ↑Knoten.
falls ↑wenn.
Fallstrick ↑Arglist.
Fallsucht ↑Epilepsie.
Falltreppe ↑Treppe.
Falltür ↑Tür.
fallweise: ↑eigens, ↑manchmal.
Fallwind, Föhn, Jauk *(österr.),* Tauwind, Süd-
wind, Lahnwind *(bayr., österr.),* Frühlingswind ·
an der dalmatinischen Küste: Bora · *im Rhone-*
tal: Mistral; ↑Wind, ↑Wirbelwind.
Falott ↑Betrüger.
¹falsch, unrichtig, unwahr, unzutreffend, irrig,
fehlerhaft, verfehlt, grundfalsch, grundverkehrt *(ugs.),* verkehrt *(ugs.),* letz *(schweiz.),*
nicht ↑richtig, nicht ↑wahr; **etwas f. machen,**
Mist bauen *(salopp);* ↑abwegig, ↑erfunden, ↑ver-
sehentlich; ↑lügen; ↑Lüge.
²falsch: ↑misstönend, ↑unaufrichtig, ↑unecht,
↑unredlich, ↑verkehrt; auf dem -en Dampfer
sitzen ↑irren (sich); auf der -en Fährte / Spur
sein ↑vermuten; -er Fuffziger / Fünfziger
↑Mann; -es Gebiss, -e Zähne ↑Zahnersatz; -e
Haare ↑Perücke; etwas in den -en Hals / die falsche Kehle bekommen ↑übel nehmen; -er Hase
↑Fleischgericht; mit -en Karten spielen ↑betrü-
gen; Falscher Mehltau ↑Algenpilz; aufs -e Pferd
setzen ↑beurteilen; Falscher Pfifferling ↑Stän-
derpilz; -er Prophet ↑Hetzer; mit jmdm. ein -es
Spiel treiben ↑betrügen; -er Wilhelm / Zopf
↑Haarzopf; -er Zungenschlag ↑Versprecher; etwas f. anfassen / machen ↑verkehrt [machen]; f.
auffassen / auslegen / deuten / verstehen, etwas

in den -en Hals / die falsche Kehle bekommen
↑missverstehen; als f. bezeichnen ↑abstreiten;
etwas nicht f. finden / nicht für falsch halten
↑billigen; in der -en Partei sein ↑befördern;
jmd. liegt f. ↑irren (sich); f. machen ↑ausfres-
sen; f. rechnen ↑verrechnen (sich).
Falsch: ohne F. ↑arglos, ↑aufrichtig [sein].
fälschen, falsifizieren, eine Fälschung herstellen; ↑Fälschung.
Fälscher ↑Betrüger.
Falschgeld ↑Geld.
Falschheit ↑Arglist.
falschherum ↑verkehrt.
fälschlich ↑versehentlich.
Falschmeldung, Ente *(ugs.);* Desinformation;
↑Betrug, ↑Lüge, ↑Mitteilung, ↑Nachricht.
Falschmünzer ↑Betrüger.
Falschparker ↑Parksünder.
Falschschreibung ↑Fehler.
¹Fälschung, Falsifikat, Falsifikation; ↑Betrug,
↑Geld, ↑Zahlungsmittel; ↑fälschen.
²Fälschung: eine F. herstellen ↑fälschen.
fälschungssicher: -er Ausweis ↑Ausweis.
Falsett ↑Kopfstimme.
Falsettstimme ↑Kopfstimme.
Falsifikat ↑Fälschung.
Falsifikation ↑Fälschung.
falsifizieren ↑fälschen.
Falt ↑Falte.
Faltboot ↑Boot.
Faltdach ↑Dach.
¹Falte, Falt *(schweiz.),* Knick, Kniff, Stoffbruch, Biegung, Falz, Doppelfalte, Quetschfalte · Plisseefalte, Pressfalte, Waffelplissee,
Rosenplissee, Sonnenplissee · *bei Papier:* Einbruchfalz, Parallelfalz, Wickelfalz, Leporellofalz, Zickzackfalz, Kreuzfalz; ↑Bügelfalte; ↑fal-
ten.
²Falte ↑Runzel.
fälteln ↑falten.
¹falten · *von Stoff:* fälteln, plissieren · *von Papier:* falzen, knicken, kniffen, biegen, brechen,
umbiegen; ↑zerknittern, ↑zusammenfalten;
↑Bügelfalte, ↑Falte.
²falten: ↑zusammenfalten; die Hände f. ↑beten.
Faltenhaut ↑Chalodermie.
Faltenkapitell ↑Kapitell.
Faltenrock ↑Rock.
Faltenschnecke ↑Schnecke.
Falter ↑Schmetterling.
faltig, runz[e]lig, zerknittert, zerfurcht, nicht
glatt, zerklüftet, knitt[e]rig, schlaff, welk; ↑tro-
cken, ↑verschrumpelt; ↑Chalodermie, ↑Runzel,
↑Zerfurchtheit.
Faltigkeit ↑Zerfurchtheit.
Faltkuppel ↑Kuppel.
Faltschachtelkarton ↑Karton.
Faltstuhl ↑Stuhl.
Falz ↑Falte.
falzen ↑falten.
Falzpfanne ↑Dachziegel.

Fama ↑Gerücht.
familiär ↑vertraut.
¹Familie, Verwandtschaft, Anhang, Sippe, die
Meinen, Sippschaft *(abwertend),* Weib und
Kind *(scherzh.),* Parentel, Mischpoke *(salopp,
abwertend)* · *weit verzweigte:* Clan, Geschlecht,
Großfamilie; ↑Abkunft, ↑Angehöriger, ↑Ban-
de, ↑Bund, ↑Eltern, ↑Kommune, ↑Sohn.
²Familie: im Schoß der F. ↑daheim; etwas
bleibt in der F. ↑verloren gehen, ↑weitererzäh-
len; das liegt in der F. ↑kennzeichnend [sein
für jmdn.]; das kommt in den besten -n vor
↑verzeihlich [sein]; zur F. gehörend ↑ver-
wandt.
Familienangehöriger ↑Angehöriger.
Familienanhänglichkeit · Elternliebe, Kindesliebe, Gattenliebe, Geschwisterliebe, Vater-
liebe, Mutterliebe, Bruderliebe, Schwester-
liebe, Sohnesliebe, Tochterliebe; ↑Verwandter,
↑Zuneigung; ↑lieben.
Familienausflug ↑Ausflug.
Familienchronik ↑Chronik.
Familienforschung ↑Genealogie.
Familienfoto ↑Fotografie.
Familiengrab ↑Grab.
Familienmitglied ↑Angehöriger.
Familienname, Zuname, Nachname, Eigenna-
me, Vatersname, Name, Doppelname · *frühe-
rer einer verheirateten Frau:* Mädchenname,
Geburtsname; ↑Pseudonym; ↑Spitzname,
↑Vorname; ↑namens.
Familienoberhaupt ↑Vater.
Familienplanung ↑Geburtenregelung.
Familienrezept ↑Kochrezept.
Familienroman ↑Roman.
Familienstand ↑Personenstand.
Familientherapie ↑Behandlung.
Familienvater ↑Vater.
famos ↑meisterhaft.
Famulus: ↑Arzt, ↑Helfer.
¹Fan, Anhänger, Bewunderer, Autogramm-
jäger · *weiblicher:* Groupie; ↑Berühmtheit,
Helfer; ↑achten.
²Fan: ↑Anhänger, Freak.
Fanatiker ↑Eiferer.
¹fanatisch, besessen, blindgläubig, blindwütig;
↑übereifrig; ↑Begeisterung, ↑Eiferer.
²fanatisch: ↑begeistert, ↑blindwütig.
fanatisieren: ↑aufwiegeln, ↑machen.
Fanatisierung ↑Aufwiegelung.
Fanatismus ↑Begeisterung.
Fandango ↑Tanz.
Fanfare ↑Blasinstrument, ↑Signal.
Fanfarenstoß ↑Signal.
Fang ↑Raub.
Fangball: mit jmdm. F. spielen ↑umgehen (mit
jmdm.).
Fangemandl ↑Fangspiel.
Fangemann ↑Fangspiel.
¹fangen, einfangen, haschen, erhaschen · *Fi-
sche:* fischen, angeln, den Wurm baden *(ugs.,*

scherzh.); †einholen, †ergreifen, †erwerben, †fischen.

²fangen: Fang den Hut †Würfelspiel; eine Ohrfeige / ein paar / eine Watsche / eine f. †schlagen; etwas f. †krank [werden]; Feuer f. †verlieben (sich).

Fangen †Fangspiel.

Fangerl †Fangspiel.

Fangerle †Fangspiel.

Fangerlspiel †Fangspiel.

Fangfrage †Frage.

Fanggebiet †Fischwasser.

Fanggründe †Fischwasser.

Fangheuschrecke †Heuschrecke.

Fangis †Fangspiel.

Fangplatz †Fischwasser.

Fangschiff †Fischereischiff.

Fangschrecke †Insekt.

Fangschuss: den F. geben †töten.

Fangspiel, Fangen, Nachlaufen, Greifen, Greifchen *(ostniederd.),* Kriegen *(ugs.),* Jagen *(ostmitteld.),* Haschen *(mitteld.),* Kregen *(niedersächsisch),* Fangemann *(landsch.),* Haschemann *(mitteld.),* Fangerle *(südd.),* Fangemandl *(bayr.),* Derwischerles *(österr.),* Tapperln *(österr.),* Fangerlspiel *(österr.),* Fangerl *(österr.),* Fangis *(schweiz.),* Einkriegezeck *(berlin.),* Einkriege *(berlin.),* Kriegezeck *(berlin.),* Zeck *(berlin.),* Greifzeck *(berlin.),* Greife *(berlin.)* · Englischfangen · Drittenabschlagen · Bäumchenwechseln · *mit verbundenen Augen:* Blindekuh; †Geländespiel, †Hüpfspiel, †Kinderspiel, †Kippel-Kappel, †Spiel, †Versteckspiel.

Fant: †Geck, †Jüngling.

Fantasie: †Einbildung, †Einfallsreichtum; etwas ist reine F. †erfunden [sein].

fantasielos: †prosaisch, †unoriginell.

Fantasielosigkeit †Einfallslosigkeit.

¹fantasieren, Wahnvorstellungen haben, im Fieber reden, Halluzinationen haben.

²fantasieren: †lügen, †musizieren, †vorstellen (sich etwas).

fantasievoll †schöpferisch.

Fantast †Träumer.

fantastisch: †schön, †überspannt, †unwirklich; -er Realismus †Malerei.

Fantasy †Erzählung.

Faradisation †Elektrotherapie.

Faradismus †Elektrotherapie.

Faradotherapie †Elektrotherapie.

Farbaufnahme †Fotografie.

Farbbuch †Dokumentensammlung.

Farbdruck †Druckverfahren.

¹Farbe, Färbung, Couleur, Kolorit, Kolorierung, Schattierung, Nuance, Tönung, Farbton, Ton, Schimmer; †Nuance.

²Farbe: F. auflegen / auftragen †schminken; F. bekennen †gestehen; F. bekommen / kriegen †gebräunt [werden]; F. verlieren / abgeben †abfärben; die F. wechseln †blass [werden]; in F.

†bunt; etwas in den düstersten / in schwarzen / in den schwärzesten -n malen †schildern; ohne F. †farblos.

¹farbecht, waschecht, lichtecht, indanthrenfarben; †kochecht; †abfärben.

²farbecht: nicht f. sein †abfärben.

färben: †anmalen, †lügen, †tönen; in der Wolle gefärbt †verbürgt.

Farbenblindheit, Chromatodysopsie, Dyschromatopsie, Daltonismus · · *totale:* Zapfenblindheit, Achromatopsie, Monochromatopsie, Achromasie, Monochromasie · · *partielle:* Dichromasie, Dichromatopsie, Dyschromatopsie · *für Rot:* Rotblindheit, Protanopsie, Anerythropsie · *für Grün:* Grünblindheit, Deuteranopie, Deuteranopie, Achloropsie · *für Violett:* Violettblindheit, Blaublindheit, Tritanopie, Azyanopsie · *für Rot und Grün:* Rotgrünblindheit, Xanthozyanopie · *für Blau und Gelb:* Blaugelbblindheit, Erythrochloropie; †Blindheit, †Fehlsichtigkeit, †Schielen, †Sehstörung.

farbenfreudig †bunt.

farbenfroh †bunt.

Farbenholzschnitt †Holzschnitt.

Farbenkasten †Farbkasten.

Farbenkleckser †Kunstmaler.

farbenprächtig †bunt.

Farben tragend: Farben tragende Verbindung †Verbindung.

Farbentragender †Student.

Farbfernsehempfänger †Fernsehgerät.

Farbfernseher †Fernsehgerät.

Farbfernsehkamera †Kamera.

Farbfilm †Film.

Farbfoto †Fotografie.

Farbfotografie †Fotografie.

Farbglas †Glas.

farbig: †anschaulich, †bunt, †einfarbig.

färbig †einfarbig.

Farbiger †Schwarzer.

Farbigkeit †Anschaulichkeit.

Farbkasten, Farbenkasten, Malkasten, Palette; †Malerei.

Farblichtbildervortrag †Lichtbildervortrag.

Farblitho †Kunstdruck.

Farblithographie †Kunstdruck.

¹farblos, ohne Farbe, achromatisch (Optik), ungefärbt, unbemalt, entfärbt, matt, blass, fahl; †abgeblasst.

²farblos †einfach.

Farblosigkeit †Unauffälligkeit.

Farbstich †Kunstdruck.

Farbstift †Zeichenstift.

Farbton †Farbe.

Färbung: †Farbe, †Neigung.

Farce: †Füllung, †Komödie.

Farm †Gut.

Farmer †Bauer.

¹Farn, Farnkraut, Farnpflanze · Adlerfarn, Wurmfarn, Tüpfelfarn, Rippenfarn, Königsfarn, Natterzunge, Mondraute, Mauerraute,

Hirschzunge · Zierfarn, Haarfarn, Frauenhaar, Hautfarn, Krullfarn, Venushaar, Vogelnestfarn, Geweihfarn · Baumfarn, Kletterfarn · Wasserfarn, Schwimmfarngewächs,
Schwimmfarn, Schwimmblatt, Kleefarn, Pillenfarn; ↑Farnpflanze.
²Farn ↑Farnpflanze.
farnartig: -e Pflanze ↑Farnpflanze.
Farnkraut ↑Farn.
¹Farnpflanze, farnartige Pflanze · Bärlapp-
gewächs · Schachtelhalmgewächs, Schachtel-
halm · Farn; ↑Bärlappgewächs, ↑Farn,
↑Schachtelhalm.
²Farnpflanze ↑Farn.
Farre ↑Rind.
Farren ↑Rind.
Färse ↑Rind.
Fasan: ↑Vogel, ↑Wild.
Fasche ↑Verband.
faschen ↑verbinden.
faschieren ↑Fleischwolf.
Faschiermaschine ↑Fleischwolf.
faschiert: -e Laibchen ↑Fleischkloß; -er
Braten ↑Fleischgericht.
Faschiertes ↑Hackfleisch.
Fasching ↑Fastnacht.
Faschingsball ↑Maskerade.
Faschingskrapfen ↑Gebäck.
Faschingsprinz ↑Faschingszug.
Faschingsprinzessin ↑Faschingszug.
Faschingsumzug ↑Faschingszug.
Faschingszeit ↑Fastnacht.
Faschingszug, Fastnachtszug, Faschingsum-
zug, Fastnachtsumzug, Karnevalszug · *dazu
gehörende Figuren:* Karnevalsprinz, Faschings-
prinz, Prinz Karneval, Seine Tollität · Karne-
valsprinzessin, Faschingsprinzessin, Ihre Lieb-
lichkeit · Funkenmariechen · Prinzengarde;
↑Fastnacht.
Faschismus, Neofaschismus, Nationalsozialismus, Nazismus *(abwertend),* Antikommunismus; ↑Nationalsozial.
Faschist ↑Nationalsozialist.
faschistisch ↑rechtsradikal.
faschistoid ↑rechtsradikal.
Faselhans: ↑Angeber, ↑Schwätzer.
Faselhengst ↑Pferd.
faseln ↑sprechen.
¹Faser, Fiber, Faden · Kunstfaser, Chemie-
faser, Naturfaser, Baumwollfaser, Wollfaser;
↑Fluse, ↑Gewebe.
²Faser: ↑Fluse; -n verlieren ↑fusseln.
Fäserchen ↑Fluse.
fasern ↑fusseln.
¹Fass, Tonne · Bierfass, Weinfass, Ölfass, Benzinfass, Heringsfass, Krautfass ↑Behälter.
²Fass: ↑Behälter; ein F. ohne Boden sein ↑teuer
[sein]; ein F. aufmachen ↑feiern; das F. der
Danaiden füllen ↑tun; das schlägt dem F. den
Boden aus / die Krone ins Gesicht ↑unerhört
[sein]; Bier vom F. ↑Bier.

Fassade: ↑Maske, ↑Vorderseite.
Fassadenkletterer ↑Dieb.
fassbar ↑einleuchtend.
Fassbier ↑Bier.
Fassbinder ↑Böttcher.
fassen: ↑entgegennehmen, ↑ergreifen (jmdn.),
↑greifen, ↑verstehen; nicht zu f.! ↑überrascht
[sein]; zu f. bekommen ↑beikommen; zu f. kriegen ↑ergreifen (jmdn.), ↑Gewalt; etwas fasst
jmdn. ↑überkommen; einen Beschluss f. / Entschluss f. ↑entschließen (sich); Fuß f. ↑nieder-
lassen (sich); den Stier bei den Hörnern f. ↑an-
fangen; ein Ziel ins Auge f. ↑zielen; an etwas f.
↑berühren; sich an den Kopf f. ↑verstehen; sich
in Geduld f. ↑abwarten; in Worte f. ↑formulie-
ren; ins Auge f. ↑ansetzen; jmdn. scharf ins
Auge f. ↑ansehen.
Fasshahn, Hahn, Pipe; ↑Behälter.
Fassion ↑Steuererklärung.
fasslich ↑einleuchtend.
Fasson ↑Machart.
Fassonschnitt ↑Frisur.
Fassung: ↑Auflage, ↑Bühnenbearbeitung,
↑Gelassenheit, ↑Wortlaut; erste F. ↑Original;
gekürzte F. ↑Kurzfassung; die F. verlieren ↑be-
troffen [sein]; außer F. sein ↑aufgeregt [sein];
aus der F. bringen ↑verwirren.
Fassungskraft ↑Fassungsvermögen.
fassungslos ↑betroffen.
Fassungslosigkeit ↑Überraschung.
Fassungsvermögen, Kapazität, Aufnahme-
fähigkeit, Volumen, Fassungskraft; ↑Vorrat.
fast: ↑beinahe; f. immer ↑generell; vor Freude
f. an die Decke springen ↑freuen (sich).
Fastback ↑Autoheck.
Fastelabend ↑Fastnacht.
fasten ↑Hunger [leiden].
Fasten ↑Diät.
Fastenkur ↑Schlankheitskur.
Fastensonntag: 1.–6. F. ↑Kirchenjahr.
Fastenzeit ↑Passionszeit.
Fastfood ↑Gaststätte.
fastidiös ↑langweilig.
Fastnacht, Karneval *(rhein.),* Fasching *(südd.),*
Fastelabend *(rhein.),* die drei tollen Tage · die
fünfte Jahreszeit *(scherzh.),* Faschingszeit,
Faschingszeit, die närrische Zeit · Rosenmon-
tag, Güdelmontag *(schweiz.),* Güdismändig
(schweiz.) · Fastnachtsdienstag, Fastnacht ·
Aschermittwoch; ↑Faschingszug.
Fastnachter, Fastnachtsnarr, Fastnachtsgeck,
Jeck; ↑Maske, ↑Maskerade; ↑verkleiden (sich).
Fastnachtsdienstag ↑Fastnacht.
Fastnachtsgeck ↑Fastnachter.
Fastnachtsgesicht ↑Maske.
Fastnachtskräppel ↑Pfannkuchen.
Fastnachtsküchlein ↑Gebäck.
Fastnachtsnarr ↑Fastnachter.
Fastnachtsspiel ↑Schauspiel.
Fastnachtsumzug ↑Faschingszug.
Fastnachtszeit ↑Fastnacht.

Fastnachtszug ↑Faschingszug.
Fasttag, Obsttag, Safttag, Reistag; ↑Diät,
↑Schlankheitskur, ↑Tag; ↑Hunger.
Faszikel ↑Aktenbündel.
Faszination, Bezauberung, Verzauberung, Be-
strickung, Berückung, Behexung, Verhexung,
Geblendetsein, Umgarnung; ↑bezaubern.
faszinieren ↑bezaubern.
faszinierend ↑bezaubernd.
fatal ↑unerfreulich.
Fatalismus ↑Pessimismus.
Fatalist ↑Pessimist.
¹Fata Morgana, Luftspiegelung, Gaukelbild
(dichter.); ↑Einbildung.
²Fata Morgana ↑Einbildung.
fatieren ↑Steuererklärung [abgeben].
Fatierung ↑Steuererklärung.
fatigant ↑langweilig.
fatschen ↑verbinden.
Fatum ↑Schicksal.
Fatz: kein F. ↑bisschen.
Fatzke ↑Geck.
fauchen, pfauchen *(südd., österr.),* schnauben,
schnoben, zischen, blasen; ↑Laut.
¹faul, arbeitsscheu, tatenlos, untätig, müßig,
bequem, stinkfaul *(salopp, abwertend),* nicht
↑fleißig; ↑träge; **f. sein,** vor Faulheit stinken *(salopp, abwertend);* **f.** ↑faulenzen; ↑Faulenzer.
²faul: ↑ungenießbar; etwas ist ein -es Ei / eine
faule Sache ↑seltsam [sein]; -er Zauber ↑Hokus-
pokus; etwas ist f. ↑Ordnung.
faulen, verfaulen, abfaulen, modern, vermodern, verwesen, sich zersetzen, verrotten,
schimmeln, verschimmeln, schlecht werden,
umkommen, verderben, vergammeln *(ugs.),* etwas (z. B. gekochter Schinken) hält sich nicht /
darf nicht lange liegen, möpseln, in Fäulnis
übergehen, den Weg alles Irdischen gehen
(scherzh.); ↑umschlagen; ↑ungenießbar; ↑Fäul-
nis.
faulenzen, nichts tun, auf der faulen Haut / auf
der Bärenhaut liegen *(salopp),* ein Arbeiterdenkmal machen *(ugs., scherzh.),* mit verschränkten Armen zusehen / dabeistehen, Daumen / Däumchen drehen *(ugs.),* die Hände in
den Schoß legen, ein Drohnendasein führen
(abwertend), eine Drohne sein *(abwertend),* keinen Strich tun *(ugs.),* krankfeiern *(ugs.),* dem
lieben Gott die Zeit / den Tag stehlen, die Zeit
totschlagen *(ugs., abwertend),* keine / eine
schlechte Arbeitsmoral haben; ↑abwesend
[sein], ↑erholen (sich), ↑langsam [arbeiten], ↑ru-
hen; ↑faul; ↑Faulenzer, ↑Faulheit.
¹Faulenzer *(abwertend),* Faulpelz *(abwertend),*
Faultier *(abwertend),* Faulsack *(abwertend),*
Nichtstuer *(abwertend),* Müßiggänger, Tagedieb *(abwertend),* Tagdieb *(oberd.),* Tachinierer
(österr.); ↑Faulheit, ↑Mensch, ↑Versager; ↑fau-
lenzen; ↑faul.
²Faulenzer ↑Linienblatt.
Faulenzerei ↑Faulheit.

Faulenzerurlaub ↑Urlaub.
¹Faulheit, Faulenzerei *(abwertend),* Trägheit,
Müßiggang, Arbeitsscheu, mangelnde Arbeitsmoral, chronische Tachinose *(scherzh., österr.);*
aus **F.,** nach dem Trägheitsgesetz; ↑Faulenzer;
↑faulenzen.
²Faulheit: vor F. stinken ↑faul [sein].
faulig ↑ungenießbar.
¹Fäulnis, Schimmel, Moder; ↑Verwesung.
²Fäulnis: ↑Verfall, ↑Verwesung; in F. übergehen ↑faulen.
Faulpelz ↑Faulenzer.
Faulsack ↑Faulenzer.
¹Faultier, Bradypodida ·· Zweifingerfaultier,
Choloepus · Unau ·· Dreifingerfaultier, Bra-
dypus · Ai · Kapuzenfaultier · Kragenfaultier.
²Faultier ↑Faulenzer.
Fauna ↑Tierreich.
Faust: etwas passt wie die F. aufs Auge ↑har-
monieren, ↑passen; die F. ballen ↑unzufrieden
[sein]; auf eigene F. ↑eigenmächtig; mit der F.
auf den Tisch hauen / schlagen ↑eingreifen,
↑streng [werden].
Faustball, Volleyball; ↑Ballspiel.
Fäustchen: sich ins F. lachen ↑schadenfroh
[sein].
faustdick: ↑sehr; es f. hinter den Ohren haben
↑schlau [sein].
Fäustel ↑Handschuh.
Fauster ↑Handschuh.
Faustfick ↑Koitus.
faustficken ↑koitieren.
Faustfucking ↑Koitus.
Fausthandschuh ↑Handschuh.
Fausthieb, Faustschlag, Boxer, Boxhieb,
Kinnhaken · *im Boxsport:* Schwinger, rechte
Gerade, Rechte, linke Gerade, Linke, Auf-
wärtshaken, Uppercut, Jab, Leberhaken, Heu-
holer *(ugs.)* · *unerlaubter:* Tiefschlag; ↑Boxen,
↑Boxer; ↑unfair.
faustisch: ↑neugierig; -es Streben ↑Neugier.
Faustkampf ↑Boxen.
Faustkämpfer ↑Boxer.
Fäustling ↑Handschuh.
Faustpfand ↑Pfand.
Faustrecht, Recht des Stärkeren, rohe Gewalt;
↑Gewaltherrscher, ↑Unbarmherzigkeit; ↑un-
barmherzig.
Faustregel ↑Regel.
Faustschlag ↑Fausthieb.
Fauteuil ↑Sessel.
Fauvismus ↑Malerei.
Fauxpas ↑Fehler; einen F. begehen ↑beneh-
men (sich).
Favismus ↑Lebensmittelvergiftung.
Favoris ↑Bart.
favorisieren ↑fördern.
Favorit: ↑Günstling, ↑Sieger.
Favoritin ↑Geliebte.
Faxen: ↑Unsinn; die F. dicke haben ↑angeekelt
[sein].

Fayence ↑Steingut.

Fäzes ↑Exkrement.

Fazit ↑Erfolg.

FdH ↑Diät.

FDJ ↑Vereinigung.

Feature: ↑Bericht, ↑Fernsehsendung.

Feber ↑Februar.

Febricula ↑Eintagsfieber.

febril ↑fieberhaft.

Februar, Hornung, Feber *(österr.),* Sporkel *(landsch.);* ↑Monat, ↑Zeitraum.

Fechtbruder ↑Bettler.

fechten: ↑betteln, ↑kämpfen.

Fechten ↑Fünfkampf.

Fechter: F. für ↑Eiferer.

Fechterflanke ↑Turnübung.

Fechterkehre ↑Turnübung.

Fechterwende ↑Turnübung.

¹Feder, Schwungfeder, Schwanzfeder, Deckfeder · *unter dem äußeren Gefieder sitzend:* Daune, Flaum, Dune *(niederd.),* Eiderdaune; ↑Gefieder.

²Feder: ↑Ausdrucksweise, ↑Schreibstift; -n ↑Bettfedern, ↑Gefieder; Mann der F. ↑Schriftsteller; -n lassen müssen ↑einbüßen; die -n verlieren / wechseln ↑mausern (sich); aus den -n kommen / kriechen ↑aufstehen; aus den -n sein ↑auf sein; aus der F. von ↑von; sich mit fremden -n schmücken ↑plagiieren; zur F. greifen ↑aufschreiben.

Federball: ↑Federballspiel; zum F. gehen ↑schlafen [gehen].

Federballspiel, Federball, Badminton; ↑Tennisspiel.

Federbett, Deckbett, Oberbett, Überbett, Federdecke *(landsch.),* Federdeckbett, Bettdecke, Steppdecke, Daunendecke, Flaumdecke *(schweiz.),* Zudeck *(landsch.),* Tuchent *(österr.),* Duvet *(schweiz.)* · *meist kleineres:* Plumeau; ↑Bettdecke, ↑Bettfedern, ↑Decke, ↑Laken.

Federbüchse ↑Federtasche.

Federdeckbett ↑Federbett.

Federdecke ↑Federbett.

Federfuchser: ↑Pedant, ↑Schriftsteller, ↑Stümper.

federführend ↑maßgeblich.

Federgeistchen ↑Schmetterling.

Federgewicht ↑Ringen.

Federgewichtler ↑Boxer.

Federhalter ↑Schreibstift.

Federkasten ↑Federtasche.

Federkissen ↑Kissen.

Federkleid ↑Gefieder.

Federkohl ↑Gemüse.

Federkraft ↑Biegsamkeit.

federkräftig ↑gefedert.

federleicht: leicht, ohne Gewicht, gewicht[s]los, nicht ↑schwer; **f. sein,** ein Fliegengewicht sein, eine halbe Portion sein, nicht viel wiegen; ↑wiegen.

Federlesen: ohne viel -s ↑kurzerhand.

Federmappe ↑Federtasche.

Federmesser ↑Taschenmesser.

¹federn, abfedern, abfangen (einen Stoß o. Ä.), abprallen, zurückprallen, zurückschnellen, zurückspringen, rikoschettieren *(veraltet);* ↑biegsam; ↑Biegsamkeit.

²federn: teeren und f. ↑bestrafen.

federnd: ↑biegsam, ↑gefedert.

Federpennal ↑Federtasche.

Federschachtel ↑Federtasche.

Federstiel ↑Schreibstift.

Federtasche, Federmappe, Federkasten *(veraltend),* Federschachtel *(veraltend),* Federbüchse, Federpennal *(österr.),* Pennal *(österr.);* ↑Schreibstift, ↑Schultasche.

Federung: mit einer F. versehen / ausgestattet ↑gefedert.

Federvieh ↑Geflügel.

Federwaage ↑Waage.

Federweißer ↑Wein.

Federwolke: -n ↑Wolken.

Fee: böse F. ↑Zauberin.

Feeling ↑Gefühl.

Feenmärchen ↑Märchen.

Fegefeuer, Purgatorium, Vorhölle; ↑Hölle, ↑Paradies.

fegen: ↑fortbewegen (sich), ↑säubern.

Feh ↑Pelz.

Fehde: ↑Kampf; in F. liegen mit ↑bekriegen.

Fehdehandschuh: jmdm. den F. hinwerfen ↑provozieren.

fehl: f. am Platze ↑unerfreulich; f. am Platze sein ↑passen.

Fehlalarm ↑Alarm.

fehlbar ↑schuldig.

Fehlbetrag, Defizit, Manko, Schulden, Soll, Mindereinnahme, Minderertrag, Rückschlag *(schweiz.),* Abgang *(bes. österr.),* Debet; ↑Mangel; **einen F. ergebend,** defizitär; **einen F. haben,** in den roten Zahlen sein / stecken; **keinen F. haben,** schwarze Zahlen haben; ↑decken · Ggs. ↑Guthaben.

Fehleinschätzung ↑Beurteilung.

fehlen: ↑abwesend [sein], ↑sündigen; etwas fehlt noch ↑ausstehen; das / der hat mir [gerade] noch gefehlt!, der fehlt mir noch in meiner Raupensammlung / zu meinem Glück! ↑ärgerlich [sein]; jmdm. fehlt etwas ↑krank [sein], ↑mangeln; etwas fehlt einer Sache ↑kranken; es fehlt an ↑hapern; jmdm. fehlt es am Notwendigsten ↑arm [sein]; jmdm. fehlt die Übung ↑Verfassung.

Fehlentscheidung ↑Fehlurteil.

¹Fehler, Versehen, Fehlgriff, Missgriff, Missverständnis, Irrtum, Milchmädchenrechnung, Lapsus, Schnitzer, Patzer, Unterlassungssünde · *ärztlicher:* Kunstfehler · *im Benehmen:* Fauxpas, Entgleisung · · *in der Wirtschaft:* Fehlplanung, Missmanagement, Misswirtschaft · · *beim Schreiben:* Falschschreibung, Fehlschreibung, Verschrieb *(schweiz.),* Rechtschreibfehler · · *beim Schriftsatz:* Druckfehler, Satzfehler · *in Gestalt einer Drucktype aus einer anderen Schrift oder einem anderen Schriftgrad als der übrige Satz:* Zwiebelfisch · *in Gestalt einer auf dem Kopf stehenden Drucktype:* Fliegenkopf · *in Gestalt eines doppelten Wortes oder Schriftzeichens:* Hochzeit · *in Gestalt von fehlenden Wörtern:* Leiche · *in Gestalt von mitdruckenden Wortzwischenräumen:* Spieß; ↑Mangel, ↑Taktlosigkeit, ↑Versprecher, ↑Verstoß, ↑Zeile; ↑benehmen (sich), ↑unterlaufen; ↑verkehrt, ↑versehentlich.

²Fehler: ↑Beschädigung, ↑Mangel; einen F. machen ↑irren (sich), ↑unterlaufen.

fehlerfrei ↑richtig.

fehlerhaft ↑falsch.

Fehlerhaftigkeit ↑Unvollständigkeit.

fehlerlos ↑vollkommen.

Fehlerlosigkeit ↑Untadeligkeit.

Fehlernährung ↑Ernährungsstörung.

fehlgebären ↑abortieren.

¹Fehlgeburt, Abort, Abortus, Partus immaturus · *medizinisch indizierte:* Schwangerschaftsunterbrechung, Schwangerschaftsabbruch, Interruptio (graviditatis); ↑Abtreibung, ↑Engelmacher, ↑Kürettage, ↑Leibesfrucht; ↑abortieren, ↑gebären.

²Fehlgeburt: eine F. haben ↑abortieren.

fehlgehen: ↑verirren (sich); f. in ↑irren (sich); man geht wohl nicht fehl in der Annahme, dass ... ↑Recht.

fehlgeschlagen ↑verfehlt.

Fehlgriff ↑Fehler.

fehlhaft ↑schuldig.

Fehlplanung ↑Fehler.

Fehlregulation ↑Funktionsstörung.

Fehlschlag: ↑Misserfolg, ↑Pech.

fehlschlagen: fehlgeschlagen ↑verfehlt; etwas schlägt fehl ↑scheitern.

Fehlschreibung ↑Fehler.

Fehlsichtigkeit, Ametropie · · Stabsichtigkeit, Astigmatismus, Astigmie *(selten)* · · Kurzsichtigkeit, Myopie · · Weitsichtigkeit, Hypermetropie, Hyperopie · *altersbedingte:* Altersweitsichtigkeit, Alterssichtigkeit, Presbyopie; ↑Blindheit, ↑Brille, ↑Farbenblindheit, ↑Schielen, ↑Sehstörung, ↑Star.

Fehlsteuerung ↑Funktionsstörung.

Fehltritt: einen F. begehen / tun ↑sündigen.

Fehlurteil, Fehlentscheidung, Justizirrtum; ↑Jurist, ↑Justiz; ↑verurteilen.

feien ↑bannen.

¹Feier, Feierstunde, Festakt, Festveranstaltung, Festsitzung, Festabend.

²Feier ↑Fest.

¹Feierabend, Dienstschluss, Geschäftsschluss, Büroschluss; ↑Muße; **F. haben,** von der Arbeit / vom Dienst / aus dem Dienst / aus dem Büro / aus dem Geschäft [nach Hause] kommen; ↑beenden.

²Feierabend: F. machen ↑beenden.

Feierabendheim ↑Altersheim.

Feierabendlektüre ↑Lektüre.

feierlich: ↑erhaben, ↑majestätisch.

¹Feierlichkeit, Erhabenheit, Pathos; ↑Ergriffenheit; ↑erhaben.

²Feierlichkeit ↑Ernst.

¹feiern, festen *(schweiz.),* eine Party / ein Fest / eine Gesellschaft geben, die Puppen tanzen lassen, eine Fete / eine Sause machen *(ugs.),* auf die Pauke hauen *(ugs.),* die Nacht durchfeiern / durchtrinken / durchzechen / durchsumpfen / durchmachen *(ugs.),* ein Fass aufmachen *(ugs.),* das Haus auf den Kopf stellen, drahn *(ugs., österr.),* mulattieren *(österr.),* lumpen *(ugs.),* sumpfen *(ugs.),* einen draufmachen *(salopp),* auf den Putz hauen *(salopp);* ↑trinken; ↑Fest, ↑Trinkgelage.

²feiern: ↑arbeiten, ↑begehen; ein Jubiläum f. ↑Jahrestag.

Feierschicht: ↑Kurzarbeit, ↑Schicht.

Feierstunde ↑Feier.

¹Feiertag, Festtag · · *gesetzlicher:* Neujahr (1.1.) · Heilige Drei Könige (6.1., nur in einigen Ländern) · Karfreitag · Ostern · 1. Mai, Maifeiertag · Christi Himmelfahrt · Pfingsten · Fronleichnam (nur in einigen Ländern) · Tag der deutschen Einheit, nationaler Gedenktag (17.6.; *hist.*); Tag der Deutschen Einheit, nationaler Gedenktag (3.10; seit 1990) · Friedensfest (8.8., nur im Stadtkreis Augsburg / Bayern) · Mariä Himmelfahrt (15.8., nur in einigen Ländern) · Tag der Republik (DDR, 7.10.) · Allerheiligen (1.11., nur in einigen Ländern) · Buß- und Bettag · Weihnachten (25./26.12.) · · *jüdischer:* Passahfest erster Tag · Passahfest achter Tag · Wochenfest · Neujahr · Jom Kippur, Versöhnungstag, Versöhnungsfest · Laubhüttenfest · Laubhüttenende · Gesetzesfreude · Purim.

²Feiertag: ↑Ruhetag; 1. / 2. F. ↑Weihnachten; kirchlicher F. ↑Kirchenfest.

Feiertagskleid ↑Kleid.

¹feige, memmenhaft *(abwertend),* feigherzig, hasenherzig, hasenfüßig, nicht ↑mutig; ↑ängstlich, ↑mutlos, ↑willensschwach; **f. sein,** kein Held sein; ↑entziehen (sich); Feigheit, ↑Feigling · Ggs. ↑Mut.

²feige ↑gemein.

Feige: ↑Südfrucht, ↑Vagina.

Feigenkaffee ↑Kaffee.

Feigheit, Furchtsamkeit, Bangigkeit, Zaghaftigkeit, Mutlosigkeit; ↑Angst, ↑Feigling; ↑feige.

feigherzig ↑feige.

Feigling, Drückeberger, Duckmäuser, Angsthase, Hasenfuß, Memme, Hasenherz, Bangbüx *(nordd.),* Waschlappen, Flasche, Schlappschwanz, Scheißkerl *(derb),* Scheißer *(derb),* Hosenscheißer *(derb),* Hosenkacker *(derb),* Traumind *(ugs., österr.);* ↑Feigheit, ↑Mann, ↑Schimpfwort; ↑entziehen (sich); ↑feige.

feil ↑verkäuflich.

feilbieten ↑feilhalten.

¹feilhalten, feilbieten, ausbieten, ausschreien, [zum Kauf] anbieten, anpreisen · *in Bezug auf etwas schwer Verkäufliches:* etwas wie sauer / saures Bier anpreisen *(ugs.);* ↑aufschwatzen, ↑handeln, ↑überreden, ↑verkaufen.

²feilhalten: Maulaffen f. ↑zuschauen.

feilschen ↑handeln.

Feim ↑Brandung.

Feimen ↑Schober.

fein: ↑appetitlich, ↑duftig, ↑kostbar, ↑trefflich; [f. empfindend] ↑feinsinnig; -er Pinkel ↑Geck; f. raus sein ↑Glück [haben].

Feinbäcker ↑Bäcker.

Feinbäckerei ↑Bäckerei.

feinbesaitet ↑empfindlich.

feind: einer Sache f. sein ↑mögen (etwas).

¹Feind, Intimfeind, Todfeind, Erzfeind, Urfeind, Erbfeind, Hauptfeind, Landesfeind, Staatsfeind; ↑Gegner · Ggs. ↑Freund.

²Feind: ↑Gegner; ein F. sein von ↑mögen.

Feindbild ↑Vorurteil.

Feindherrschaft ↑Besatzung.

feindlich ↑gegnerisch.

Feindschaft ↑Abneigung.

feindschaftlich ↑gegnerisch.

feindselig ↑gegnerisch.

Feindseligkeit: ↑Abneigung, ↑Anfeindung; -en ↑Kampf; die -en beenden ↑Frieden [schließen]; Einstellung der -en ↑Waffenstillstand.

feinfühlig: ↑empfindlich, ↑feinsinnig.

Feinfühligkeit ↑Empfindsamkeit.

Feingefühl: ↑Höflichkeit; Mangel an F. ↑Taktlosigkeit; ohne F. ↑taktlos.

feingliedrig ↑zart.

Feinheit ↑Kostbarkeit.

¹Feinkost, Delikatessen, Komestibilien, Comestibles *(schweiz.);* ↑Leckerbissen.

²Feinkost ↑Leckerbissen.

Feinkostgeschäft ↑Laden.

Feinkosthandlung ↑Laden.

fein machen ↑schönmachen.

Feinsalz ↑Salz.

Feinschmecker, Gourmet, Schlemmer, Gourmand, Genießer, Schwelger, Leckermaul *(ugs.),* Genussspecht *(österr.)* · Weinkenner, Weinbeißer *(österr.);* ↑Genussmensch; **ein F. sein,** einen feinen Gaumen haben; ↑essen, ↑genießen; ↑naschhaft.

Feinschmeckerlokal ↑Gaststätte.

Feinschnitt ↑Tabak.

Feinseife ↑Seife.

feinsinnig, feinfühlig, fein [empfindend].

Feintäschner ↑Täschner.

feiß: ↑dick, ↑reich.

feist: ↑dick, ↑fett.

feixen ↑lachen.

Fekundation ↑Befruchtung.

¹Feld, Ackerland, Land, Grund, [Grund und] Boden, Flur; ↑Acker, ↑Bauer, ↑Bodenverbesserung, ↑Erde, ↑Flurbereinigung, ↑Gut, ↑Land.

²Feld: ↑Acker, Dienstgrad, ↑Gebiet, ↑Sportfeld; das F. behaupten ↑standhalten; das F. beherrschen ↑überwiegen; das F. räumen ↑standhalten; auf dem F. der Ehre ↑Schlachtfeld; auf dem F. der Ehre fallen, den Tod auf dem F. der Ehre finden ↑sterben; aus dem -e schlagen ↑übertreffen; in F. und Wald ↑Natur; ins F. führen ↑erwähnen; zu -e ziehen gegen ↑ankämpfen (gegen etwas).

Feldahorn ↑Ahorn.

Feldaltar ↑Altar.

Feldarbeit ↑Umfrage.

Feldbau ↑Landwirtschaft.

Feldbereinigung ↑Flurbereinigung.

Feldbestellung ↑Bebauung.

Feldbett ↑Bett.

Feldblume ↑Blume.

Feldbohne ↑Saubohne.

Feldchampignon ↑Ständerpilz.

Feldforschung ↑Umfrage.

Feldgendarmerie ↑Polizeibehörde.

feldgrau ↑grau.

Feldhandball ↑Handball.

Feldhase: ↑Hase, ↑Kaninchen.

Feldheuschrecke ↑Heuschrecke.

Feldhockey ↑Hockey.

Feldhuhn ↑Vogel.

Feldhüter ↑Flurwächter.

Feldi ↑Dienstgrad.

Feldjäger ↑Polizist.

Feldjägertruppe ↑Waffengattung.

Feldküche, Gulaschkanone *(scherzh.);* ↑Koch.

Feldkurat ↑Geistlicher.

Feldlazarett ↑Lazarett.

Feldlerche ↑Vogel.

Feldmarschall ↑Dienstgrad.

Feldmaus ↑Maus.

Feldmesse ↑Gottesdienst.

Feldmohn ↑Mohn.

Feldmusik ↑Musik.

Feldpolizei ↑Polizeibehörde.

Feldrose ↑Rose.

Feldsalat, Rapunzel, Rapünzchen, Ackersalat, Schafmaul, Lämmersalat, Vogerlsalat *(österr.),* Nüsslisalat *(schweiz.),* Mausohr *(landsch.),* Mausöhrchen *(landsch.);* ↑Gemüse, ↑Kopfsalat.

Feldscher ↑Arzt.

Feldscherer ↑Arzt.

Feldschlacht ↑Kampf.

Feldschütz ↑Flurwächter.

Feldsperling ↑Sperling.

Feldstecher ↑Fernglas.

Feldsteinmauer ↑Mauer.

Feldstück ↑Acker.

Feldtyphus ↑Fleckfieber.

Feldvermesser ↑Landvermesser.

Feldwächter ↑Flurwächter.

Feld-Wald-und-Wiesen- ↑Allerwelts-.

Feldwebel ↑Dienstgrad.

Feldweg ↑Weg.

¹Feldzug, Kriegszug, Kampagne *(veraltet),* Sommerfeldzug, Winterfeldzug; ↑Krieg, ↑Kampf.
²Feldzug ↑Vorstoß.
Felgenbremse ↑Bremse.
Felgumschwung ↑Turnübung.
¹Fell, Pelz, Decke, Balg, Haarkleid *(geh.),* Vlies *(dichter.);* ↑Behaarung, ↑Epidermis.
²Fell: ein dickes F. haben ↑dickfellig [sein]; jmdm. schwimmen die -e weg ↑Misserfolg [haben]; jmdm. das F. über die Ohren ziehen ↑ausbeuten.
Fellache ↑Bauer.
Fellatio ↑Koitus.
fellationieren ↑koitieren.
Fellatrix ↑Prostituierte.
Felleisen ↑Tornister.
fellieren ↑koitieren.
Felonie ↑Untreue.
Fels: ↑Felswand, ↑Gestein.
Felsabhang ↑Felswand.
Felsen ↑Gestein.
felsenfest: f. von etwas überzeugt sein ↑gewiss.
Felsenkirche ↑Gotteshaus.
Felsenlandschaft ↑Landschaft.
Felsenmauer ↑Hindernis.
Felsenschlange ↑Schlange.
Felsenschlucht ↑Schlucht.
Felsenschwalbe ↑Vogel.
Felsentaube ↑Vogel.
Felsentempel ↑Gotteshaus.
Felslandschaft ↑Landschaft.
Felsrutsch ↑Erdrutsch.
Felsschlucht ↑Schlucht.
Felsspalte ↑Schlucht.
Felswand, Fels, Steilwand, Fluh *(schweiz.),* Felsabhang, Gewände *(österr.);* ↑Schlucht.
Felszeichnung, Höhlenmalerei, Wandmalerei · *eingemeißelte:* Petroglyphen (Plural) · *gemalte:* Petrogramm; ↑Malerei, ↑Zeichnung.
feminin ↑weiblich.
Feminismus, Emanzipation, Frauenbewegung, Frauenfragen, Frauenrecht; ↑Frauenrechtlerin, ↑Gleichberechtigung.
Feministin ↑Frauenrechtlerin.
Femme fatale ↑Vamp.
Fenchel ↑Gewürz.
Fencheltee ↑Tee.
Fendant ↑Wein.
Fenn ↑Sumpf.
¹Fenster, Luke, Fliegenfenster, Gazefenster, Schiebefenster, Doppelfenster, Klappfenster, Kippfenster, Blumenfenster, Erkerfenster, Atelierfenster, Butzenscheibenfenster · *an Schiffen:* Bullauge; ↑Dachfenster, ↑Fenstereinfassung, ↑Fenstergriff, ↑Fensterscheibe, ↑Rundfenster.
²Fenster: ↑Schaufenster; die F. aufreißen / öffnen ↑lüften; weg vom F. sein ↑angesehen; [sein Geld] zum F. hinauswerfen ↑verschwenden.

Fensterbank, Fensterbrett, Fensterbord *(landsch.),* Fensterstock *(ostmitteld.),* Latteibrett *(landsch.)* · *an der Außenwand:* Sims, Fenstersims; ↑Fenstereinfassung, ↑Fensterscheibe.
Fensterbogen ↑Bogen.
Fensterbord ↑Fensterbank.
Fensterbrett ↑Fensterbank.
Fenstereinfassung, Fensterstock *(österr.)* · Fensterrahmen, Fensterverkleidung · *oberer waagerechter Teil:* Fenstersturz · *seitlicher senkrechter Teil:* Fensterlaibung, Fensterleibung · · *unterer waagerechter Teil:* Fensterbrett, Fensterbank, Fensterbord *(landsch.),* Fensterstock *(ostmitteld.),* Latteibrett *(landsch.)* · *an der Außenwand:* Sims, Fenstersims; ↑Fenster, ↑Türrahmen.
Fensterglas ↑Glas.
Fenstergriff, Fensterschnalle *(österr.);* ↑Fenster, ↑Griff.
Fensterkitt ↑Bindemittel.
Fensterladen, Jalousie, Jalousette, Markise, Rollladen, Laden, Rollo, Rouleau, Rollbalken *(österr.),* Spalett *(österr.),* Spalettladen *(österr.).*
Fensterlaibung ↑Fenstereinfassung.
Fensterleibung ↑Fenstereinfassung.
fensterln: ↑besuchen; das Fensterln ↑Verabredung.
Fensterputzer, Glas- und Gebäudereiniger.
Fensterrahmen ↑Fenstereinfassung.
Fensterrose ↑Rundfenster.
Fensterscheibe, Scheibe, Butzenscheibe, Rundscheibe; ↑Dachfenster, ↑Fenster, ↑Fensterbank.
Fensterschnalle ↑Fenstergriff.
Fenstersims ↑Fensterbank.
Fensterstock: ↑Fensterbank, ↑Fenstereinfassung.
Fenstersturz ↑Fenstereinfassung.
Fensterverkleidung ↑Fenstereinfassung.
ferggen ↑entfernen.
Fergger ↑Spediteur.
Ferialtag ↑Ruhetag.
Ferialzeit ↑Urlaub.
¹Ferien, Schulferien, große / kleine Ferien, Semesterferien, Parlamentsferien, Theaterferien, Winterferien, Sommerferien, Herbstferien, Kartoffelferien *(landsch.),* Hitzeferien, Kälteferien, Weihnachtsferien, Osterferien, Pfingstferien; ↑Ferienheim, ↑Urlaub.
²Ferien: ↑Urlaub; F. machen ↑erholen (sich).
Feriengast ↑Urlauber.
Feriengruß ↑Kartengruß.
Ferienhaus ↑Haus.
Ferienheim, Landschulheim, Landheim, Schülerheim, Schulheim; ↑Ferien.
Ferienlektüre ↑Lektüre.
Ferienparadies ↑Urlaubsort.
Ferienreise ↑Reise.
Ferientag ↑Ruhetag.
Ferienzeit ↑Urlaub.

Ferkel: ↑Schmutzfink, ↑Schwein.
Ferkelei ↑Unflat.
ferkeln ↑gebären.
Ferment ↑Gärstoff.
Fermentation ↑Verwesung.
¹fern, weit, himmelweit, abseits, entfernt, fern liegend; ↑abgelegen, ↑aussichtslos, ↑weg; **f. sein,** fernab / weitab / weit weg sein, in der Ferne liegen, das ist das nächste Ende von hier *(ugs., ironisch),* das ist eine ganze Ecke *(ugs.),* nicht ↑nahe; ↑nahebei.
²fern: Ferner Orient / Osten ↑Orient; etwas liegt jmdm. f. ↑tun; von f. und nah ↑überallher.
fernab: f. sein ↑fern [sein].
fernbleiben: ↑kommen; ferngeblieben sein ↑abwesend [sein].
Fernblick ↑Ausblick.
Fernbrille ↑Brille.
¹Ferne, Weite, Entfernung; ↑Strecke.
²Ferne: in der F. [liegen] ↑fern [sein].
ferner ↑außerdem.
Ferner ↑Gletscher.
fernerhin ↑außerdem.
Fernfahrer ↑Autofahrer.
Fernfühlen ↑Telepathie.
Ferngespräch ↑Telefongespräch.
Fernglas, Fernrohr, Sehrohr, Feldstecher, Opernglas, Theaterglas, Refraktor, Teleskop · *kleines:* Perspektiv · *winkelförmiges zum Entfernungsmessen:* Scherenfernrohr · *für Unterseeboote:* Periskop · *das als Visiergerät an Gewehren angebracht ist:* Zielfernrohr; ↑Lupe.
fern halten ↑abhalten.
Fernheizung ↑Heizung.
Fernkopierer ↑Kopierer.
Fernkursus ↑Unterricht.
Fernlastfahrer ↑Autofahrer.
fern liegen: etwas liegt jmdm. fern ↑tun.
fern liegend ↑fern.
Fernmeldetruppe ↑Waffengattung.
fernöstlich ↑orientalisch.
Fernrohr: ↑Fernglas, ↑Sternbild.
Fernruf ↑Telefongespräch.
Fernschnellzug ↑Eisenbahnzug.
Fernschreiben ↑Telegramm.
Fernsehansager ↑Sprecher.
Fernsehantenne ↑Antenne.
Fernsehapparat ↑Fernsehgerät.
Fernsehempfänger ↑Fernsehgerät.
fernsehen, glotzen *(salopp),* in die Röhre schauen / *(ugs.)* gucken / *(ugs.)* kucken /*(salopp)* glotzen, Fernsehen gucken / *(nordd.)* kucken *(ugs.),* schwarzsehen.
¹Fernsehen, Television, Frühstücksfernsehen · Privatfernsehen · Kabelfernsehen, Btx, Satellitenfernsehen; ↑Fernsehgerät, ↑Kassettenfernsehen, ↑Massenmedien, ↑Rundfunk, ↑Sendung.
²Fernsehen: F. gucken / kucken ↑fernsehen, ↑empfangen.
Fernseher: ↑Fernsehen, ↑Fernsehgerät.

Fernsehfilm, Dokumentarfilm, Spielfilm, Fernsehserie, Seifenoper, Videoclip; ↑Aufzeichnung, ↑Kinofilm.
Fernsehgerät, Gerät, Fernsehapparat, Fernseher, Fernsehempfänger, Empfangsgerät, Kasten *(ugs., abwertend),* Schwarzweißempfänger, Schwarzweißgerät, Farbfernsehempfänger, Farbfernseher, Fernsehen, Flimmerkiste *(scherzh.),* Heimkino *(scherzh.),* Bildschirm, Mattscheibe *(ugs.),* Pantoffelkino *(salopp, scherzh.),* Glotze *(berlin., salopp)* · *tragbares:* Portable; ↑Fernsehen, ↑Massenmedien, ↑Radio; ↑fernsehen.
Fernsehjournalist ↑Berichter.
Fernsehkamera ↑Kamera.
Fernsehkassette ↑Aufzeichnung.
¹Fernsehsendung, Dokumentation, Nachrichten, Feature, Magazinsendung, Unterhaltungssendung, Show, Fernsehspiel · *mit hoher Einschaltquote:* Straßenfeger; ↑Bericht, ↑Nachricht, ↑Ratesendung, ↑Rundfunksendung, ↑Sendung.
²Fernsehsendung ↑Sendung.
Fernsehserie ↑Fernsehfilm.
Fernsehsessel ↑Sessel, ↑Sitzgelegenheit.
Fernsehspiel ↑Fernsehsendung.
Fernsehspot ↑Anpreisung.
Fernsehsprecher ↑Sprecher ·
Fernsehturm ↑Turm.
Fernsicht ↑Ausblick.
Fernsprechbuch ↑Telefonbuch.
¹Fernsprecher, Telefon, Apparat, schnurloses Telefon, Bildtelefon, Quasselstrippe *(salopp)* · *im Auto:* Autotelefon · *im Zug:* Zugtelefon; ↑Telefonanschluss, ↑Telefongespräch, ↑Telefonbuch, ↑Telefonzelle; **am F. sein,** am Apparat sein, an der Strippe sein *(salopp);* ↑anrufen.
²Fernsprecher: öffentlicher F. ↑Telefonzelle.
Fernsprechnummer ↑Telefonnummer.
Fernsprechvermittlung ↑Telefonzentrale.
Fernsprechzelle ↑Telefonzelle.
Fernsprechzentrale ↑Telefonzentrale.
fern stehen: jmdm. fern stehen ↑fremd.
Fernstraße ↑Straße.
Fernstudium ↑Unterricht.
Ferntransport ↑Transport.
ferntrauen: sich f. lassen ↑heiraten.
Ferntrauung ↑Vermählung.
Fernverkehr ↑Straßenverkehr.
Fernverkehrsstraße ↑Straße.
Fernwärme ↑Heizung.
Fernweh ↑Reiselust, ↑Sehnsucht.
Fernziel ↑Absicht.
ferrarirot ↑rot.
¹Ferse, Hacke, Hacken; ↑Fuß.
²Ferse: jmdm. auf den -n bleiben ↑verfolgen.
Fersengeld: F. geben ↑weggehen.
¹fertig, fix und fertig, fixfertig *(schweiz.),* beendet, erledigt, abgeschlossen, ausgeführt; ↑aktuell, ↑bereit · Ggs. ↑unerledigt; **f. sein,** zu Ende

sein, unter Dach und Fach sein, vom Tisch sein, aus sein, gar sein *(ugs., südd., österr.);* **f. werden,** zum Abschluss kommen / gelangen, zu Stuhle kommen *(ugs.),* vor dem Abschluss stehen; ↑weglegen; ↑vorüber; ↑Ende.

²fertig: ↑bezugsfertig, ↑komplett, ↑verfügbar; f. sein ↑erschöpft [sein]; mit jmdm. f. sein ↑verfeindet [sein]; f. werden mit ↑bewältigen, ↑ertragen.

fertig bringen ↑verwirklichen.

fertigen ↑anfertigen.

Fertigkeit ↑Kunstfertigkeit.

Fertigkleidung ↑Kleidung.

fertig lesen ↑lesen.

fertig machen: ↑bedienen, ↑besiegen, ↑schelten, ↑schikanieren, ↑vollenden; sich fertig machen, etwas zu tun ↑anschicken (sich, etwas zu tun).

fertig stellen ↑vollenden; fertig gestellt ↑bezugsfertig.

Fertigstellung ↑Herstellung.

Fertigung ↑Herstellung.

fertil ↑fruchtbar.

Fertilisation ↑Befruchtung.

Fertilität, Fruchtbarkeit, Fekundität, Fortpflanzungsfähigkeit, Vermehrungsfähigkeit, Zeugungsfähigkeit; ↑Befruchtung, ↑Fähigkeit, ↑Fortpflanzung, ↑Schwangerschaft; ↑fruchtbar.

Fes ↑Kopfbedeckung.

fesch ↑geschmackvoll.

Feschak ↑Adonis.

Fessel: ↑Behinderung, ↑Handschelle; die -n abstreifen ↑entledigen (sich jmds. / einer Sache).

Fesselballon ↑Luftschiff.

fesseln: ↑anbinden, ↑begeistern; ans Bett / Zimmer gefesselt sein ↑krank [sein].

fesselnd ↑interessant.

¹fest, hart, steinhart, knochenhart, beinhart *(südd., österr.),* glashart, nicht ↑schlaff, nicht ↑weich; ↑knorrig, ↑knusprig, ↑steif; **f. sein,** festkleben, kleben, zusammenkleben, zusammenpappen *(ugs.),* festbacken *(landsch.),* backen *(landsch.),* festsitzen, halten, haften, picken *(österr.),* pappen *(ugs.),* heben *(südd.);* ↑kleben (etwas); ↑klebrig; **f. werden,** sich verfestigen; ↑Bindemittel, ↑Verklebung.

²fest: ↑bleibend, ↑dick, ↑firm, ↑unvergänglich; f. bleibend ↑standhaft; -er Brennstoff ↑Brennstoff; eine -e Hand brauchen ↑übermütig [sein]; in -en Händen sein, ein -es Verhältnis haben ↑gebunden [sein], ↑ledig; ohne -en Sitz ↑ambulant; nicht f. stehend ↑wacklig; f. umrissen ↑klar; f. verbunden ↑unzertrennlich; -er Wechselkurs ↑Wechselkurs; -e Wendung ↑Redewendung; steif und f. behaupten ↑behaupten; es jmdm. -e geben ↑schlagen; nicht f. ↑lose, ↑unverbindlich; Person ohne -en Wohnsitz ↑Vagabund.

¹Fest, Feier, Festlichkeit, Festivität, Festveranstaltung, bunter Abend, Veranstaltung, Anlass *(schweiz.),* Vergnügen, Party, Budenzauber *(ugs.),* Sause *(salopp),* Cocktailparty, Gesellschaft, Gesellschaftsabend, Fete *(ugs.),* Gartenfest, Gardenparty, Remmidemmi *(ugs.),* Ringelpiez *(salopp)* · zu dem die geladenen Gäste die alkoholischen Getränke selbst mitbringen: Bottleparty · *das gefeiert wird, nachdem die halbe Zeit von etwas verbracht ist:* Bergfest · *bei dem ganze Tiere am Spieß gebraten werden:* Barbecue (bes. in Amerika) · *der Wiederkehr des Gründungstages einer studentischen Vereinigung o. Ä.:* Stiftungsfest; ↑Abendgesellschaft, ↑Ball, ↑Feier, ↑Festival, ↑Festmahl, ↑Jahrestag, ↑Runde; ↑feiern.

²Fest: bewegliche und unbewegliche -e ↑Kirchenjahr; F. der Auferstehung Christi ↑Ostern; F. der Ausgießung des Heiligen Geistes ↑Pfingsten; F. der Erscheinung [Christi / des Herrn], F. der Heiligen Drei Könige ↑Epiphanias; ein F. geben ↑feiern.

Festabend ↑Feier.

Festakt ↑Feier.

Festausgabe ↑Edition.

festbacken ↑fest [sein].

Festball ↑Ball.

Festbankett ↑Festmahl.

festbinden ↑anbinden.

Feste: ↑Burg, ↑Festung.

festen ↑feiern.

Festessen ↑Festmahl.

festfahren: etwas ist festgefahren ↑stocken.

festgelegt ↑präskriptiv.

festgesetzt ↑präskriptiv.

festhalten: ↑aufschreiben, ↑beibehalten, ↑festigen; das Festhalten an ↑Verharren.

festigen, bestärken, stärken, einer Sache Dauer verleihen, bekräftigen, kräftigen, konsolidieren, erhärten, stabilisieren, stabil machen, bestätigen, besiegeln, unterstützen, stützen, festhalten, halten, heben *(südd.),* steifen, befestigen, vertiefen, verankern, festlegen, zementieren; ↑binden, ↑erziehen, ↑stützen, ↑versprechen; ↑Festigung.

¹Festigkeit, Stabilität.

²Festigkeit: ↑Beharrlichkeit, ↑Unerbittlichkeit.

¹Festigung, Sicherung, Konsolidierung; ↑festigen.

²Festigung ↑Abhärtung.

Festival, Festspiel, Festwochen; ↑Fest.

Festivität ↑Fest.

festkleben ↑fest [sein].

Festkleid ↑Kleid.

Festland ↑Kontinent.

Festlandchina ↑China.

festländisch ↑kontinental.

¹festlegen (jmdn. auf etwas), jmdn. beim Wort nehmen, festnageln *(ugs.),* jmdn. bei etwas behaften *(schweiz.).*

²festlegen: ↑anordnen, ↑festigen, ↑festschreiben, ↑normen; festgelegt ↑vorgeschrieben; sich nicht f. ↑offen lassen; im Voraus f. ↑planen.

Festlegung ↑Normung.

festlich ↑erhaben.

Festlichkeit ↑Fest.

festmachen ↑befestigen.

¹Festmahl, Festessen, Festbankett, Bankett, Frühstück, Diner, Tafel, Galadiner; ↑Essen.

²Festmahl ↑Essen.

Festmeter ↑Raummaß.

festnageln: ↑befestigen, ↑festlegen.

festnehmen ↑verhaften.

festonieren ↑nähen.

Festplatz ↑Jahrmarktsplatz.

Festpredigt ↑Rede.

Festpreis ↑Preis.

Festrede ↑Rede.

Festsaal ↑Saal.

festschrauben ↑befestigen.

festschreiben, festlegen, festsetzen; ↑anordnen, ↑normen.

¹festsetzen (jmdn.), gefangen halten, in Arrest / Haft halten, einkerkern, in Gewahrsam nehmen, internieren, ins Gefängnis / in den Kerker werfen, hinter Schloss und Riegel bringen, unschädlich machen, einsperren *(ugs.),* jmdn. in etwas sperren, ins Loch stecken / stoßen *(salopp),* einlochen *(salopp),* einbunkern *(salopp),* einkasteln *(ugs.),* einbuchten *(salopp);* ↑ausschließen, ↑bestrafen, ↑ergreifen, ↑verhaften; ↑Strafanstalt, ↑Strafe · Ggs. ↑freilassen.

²festsetzen: ↑anberaumen, ↑normen; sich f. ↑einschleichen (sich); festgesetzt ↑vorgeschrieben.

Festsetzung: ↑Abmachung, ↑Verhaftung.

festsitzen: ↑fest [sein], ↑ratlos [sein].

Festsitzung ↑Feier.

Festspiel: ↑Festival, ↑Schauspiel.

Festspielhaus ↑Theatergebäude.

Festspielstadt ↑Salzburg.

feststecken ↑ratlos [sein].

¹feststehend, stehend, unveränderlich, stereotyp, erstarrt; ↑formelhaft.

²feststehend ↑verbindlich.

feststellen: ↑bemerken, ↑betonen, ↑erkennen, ↑finden, ↑nachforschen; sein Gewicht f. ↑Gewicht.

¹Feststellung, Behauptung, Schutzbehauptung, Statement, Assertion; ↑Ausflucht; ↑Behauptung, ↑Bemerkung.

²Feststellung: ↑Bemerkung, ↑Diagnose; ausdrückliche F. ↑Hervorhebung; auf die F. Wert legen ↑betonen.

Feststellungsklage ↑Anklage.

Feststiege ↑Treppe.

Festtag: ↑Feiertag, ↑Ruhetag; 1. / 2. F. ↑Weihnachten.

Festung, Burg, Fort, Bastille, Kastell, Zitadelle, Feste *(veraltet);* ↑Befestigungsanlage, ↑Burg, ↑Palast, ↑Stützpunkt, ↑Wall.

Festungsbau ↑Befestigungsanlage.

Festungshaft ↑Freiheitsentzug.

Festungswall ↑Wall.

Festveranstaltung: ↑Feier, ↑Fest.

festverzinslich: -e Renten ↑Wertpapier.

Festwiese ↑Jahrmarktsplatz.

Festwoche: -n ↑Festival.

Fete: ↑Fest; eine F. machen ↑feiern.

Fetisch ↑Amulett.

Fetischismus ↑Perversität.

fett: ↑betrunken, ↑dick; das macht den Kohl nicht f. ↑nutzlos [sein], ↑wirkungslos [sein].

¹Fett, Speisefett, Pflanzenfett, Kokosfett, Erdnussfett, Schweinefett, Nierenfett, Gänsefett, Schmalz, Bratenschmalz, Griebenschmalz, Grammelschmalz *(österr.),* Schinkenschmalz, Schweineschmalz, Gänseschmalz, Butterschmalz, Schmer *(landsch.),* Schmutz *(südwestd., schweiz.),* Talg, [durchwachsener] Speck, Dörrfleisch, Dürrfleisch *(landsch.),* Flomen *(landsch.),* Flom *(landsch.),* Filz *(österr.)* · Butter, Markenbutter, Molkereibutter, Grasbutter, Kräuterbutter, Teebutter *(österr.),* Anken *(schweiz.)* · Margarine · Öl; ↑Brotaufstrich, ↑Fettgewebe, ↑Speiseöl; ↑buttern; ↑bekömmlich.

²Fett: sein F. abbekommen / kriegen / wegbekommen ↑bestrafen; F. ansetzen ↑dick [werden].

Fettembolie ↑Embolie.

fetten: ↑abschmieren, ↑einreiben.

Fettgas ↑Gas.

Fettgerber ↑Gerber.

Fettgeschwulst ↑Fettgewebe.

Fettgewebe · *der Unterhaut:* Fettpolster · *als geschwulstartige Neubildung:* Fettgeschwulst, Lipom; ↑Fett.

fettig ↑schmutzig.

Fettkinn ↑Doppelkinn.

Fettkreide ↑Kreide.

Fettleber ↑Leberkrankheit.

fettleibig ↑dick.

Fettleibigkeit, Dickleibigkeit, Obesität, Polypionie, Pimelose, Dickwanstigkeit *(ugs.),* Fettsucht, Beleibtheit, Leibesfülle, Korpulenz, Feistheit, Kummerspeck *(ugs., scherzh.),* Babyspeck *(ugs., scherzh.);* ↑Gedunsenheit, ↑Wohlgenährtsein; ↑aufgedunsen, ↑dick.

Fettmops ↑Dicker.

Fettnäpfchen: ins F. treten ↑kränken.

Fettpolster ↑Fettgewebe.

Fettsack ↑Dicker.

Fettsucht ↑Fettleibigkeit.

Fettwanst ↑Dicker.

Fettwerden: das ist nicht zum F. ↑wenig.

Fettzelle ↑Körperzelle.

Fetus ↑Leibesfrucht.

fetzen: das fetzt ↑trefflich [sein].

Fetzen: ↑Betrunkenheit, ↑Flicken, ↑Putzlappen; F. [Papier] ↑Papierschnitzel.

Fetzenball ↑Maskerade.

Fetzenschädel ↑Dummkopf.

fetzig ↑seriös.

feucht: ↑nass; f. werden ↑versumpfen; noch f. hinter den Ohren sein ↑jung [sein]; f. träumen ↑ejakulieren.

Feuchte ↑Feuchtigkeit.

feuchtfröhlich, heiter, fidel, mopsfidel *(ugs., landsch.);* ↑betrunken, ↑lustig; ↑Trinkgelage.

Feuchtigkeit, Feuchte, Nass, Nässe; ↑Nebel, ↑Niederschlag, ↑Wasser.

Feuchtigkeitscreme ↑Schönheitspflegemittel.

Feuchtsavanne ↑Steppe.

feuchtwarm ↑schwül.

feudal: ↑außergewöhnlich, ↑üppig.

Feudaladel ↑Adel.

Feudalaristokratie ↑Adel.

Feudalgesellschaft ↑Gesellschaft.

Feudalherr ↑Großgrundbesitzer.

Feudalherrschaft ↑Herrschaft.

Feudalismus ↑Herrschaft.

Feudalität ↑Lebensweise.

Feudalkapitalismus ↑Kapitalismus.

Feudel ↑Putzlappen.

feudeln ↑säubern.

¹Feuer · offenes Feuer, Kohlenfeuer, Holzfeuer, Herdfeuer, Kaminfeuer, Lagerfeuer, Hirtenfeuer, Wachfeuer; ↑Flamme.

²Feuer: ↑Begeisterung, Brand, ↑Schusswechsel, ↑Temperament; bengalisches F. ↑Feuerwerkskörper; offenes F. ↑Kamin; F. und Flamme sein ↑anschwärmen; F. anmachen / machen ↑heizen; F. anmachen / legen / machen ↑anzünden; das F. unter Kontrolle bringen ↑löschen; das F. ersticken ↑löschen; F. fangen ↑verlieben (sich); F. geben ↑schießen; sein Süppchen am F. anderer kochen ↑bereichern (sich); für jmdn. die Kastanien aus dem F. holen ↑einstehen (für); mehrere Eisen im F. haben ↑verlassen (sich auf etwas); Öl ins F. gießen ↑aufwiegeln, ↑verschärfen; für jmdn. die Hand ins F. legen ↑einstehen (für); etwas ist ein Spiel mit dem F. ↑gefährlich [sein]; mit dem F. spielen ↑unbesonnen [sein]; unter F. nehmen ↑beschießen.

Feueralarm ↑Alarm.

Feuerbake ↑Warnzeichen.

Feuerbauch ↑Salamander.

Feuerbestattung, Verbrennung, Einäscherung, Kremierung, Kremation; ↑Begräbnis, ↑Krematorium; ↑bestatten, ↑einäschern, ↑verbrennen.

Feuerblume ↑Mohn.

Feuerbohne ↑Gemüse.

Feuerfresser ↑Artist.

Feuergas ↑Gas.

feuergefährlich, leicht brennbar / entzündbar / entflammbar / entzündlich; ↑Brand, ↑Feuergefährlichkeit, ↑Flamme, ↑Schadenfeuer.

Feuergefährlichkeit, leichte Brennbarkeit / Entzündbarkeit / Entflammbarkeit / Entzündlichkeit; ↑feuergefährlich.

Feuergefecht: ↑Kampf, ↑Schusswechsel.

Feuerhaken, Schürhaken; ↑Ofen; ↑heizen.

Feuerkatastrophe ↑Schadenfeuer.

Feuerkopf ↑Choleriker.

Feuerleiter ↑Leiter (die).

Feuerlilie ↑Liliengewächs.

Feuerlöscher, Feuerlöschgerät, Handfeuerlöscher · Autofeuerlöscher · Wasserlöscher, Nasslöscher · Trockenlöscher, Schaumlöscher; ↑Brand, ↑Feuerwehr, ↑Feuerwehrauto, ↑Feuerwehrmann; ↑löschen.

Feuerlöschgerät ↑Feuerlöscher.

Feuermal ↑Muttermal.

Feuermauer ↑Mauer.

Feuermeer ↑Brand.

Feuermelder: ein F. sein ↑rothaarig; ein Gesicht wie ein F. ↑Gesicht.

feuern: ↑entlassen, ↑heizen, ↑schießen, ↑werfen.

Feueropal ↑Schmuckstein.

Feuerprobe ↑Bewährungsprobe.

Feuerrad ↑Feuerwerkskörper.

feuerrot: ↑rot, ↑rothaarig.

Feuersalamander ↑Salamander.

Feuersbrunst ↑Brand.

Feuerschiff ↑Leuchtfeuer.

Feuerschlucker ↑Artist.

Feuer speiend: Feuer speiender Berg ↑Vulkan.

Feuerstar ↑Katarakt.

Feuerstelle: ↑Herd; [offene F.] ↑Kamin.

Feuerstoß ↑Salut.

Feuerstuhl ↑Motorrad.

Feuersturm ↑Brand.

Feuertaufe ↑Bewährungsprobe.

Feuerteufel ↑Brandstifter.

Feuerturm ↑Leuchtfeuer.

Feuerüberfall ↑Kampf.

Feuerung ↑Brennstoff.

Feuerversicherung ↑Versicherung.

Feuerwaffe ↑Schusswaffe.

Feuerwasser ↑Alkohol.

Feuerwechsel ↑Schusswechsel.

¹Feuerwehr · *öffentliche:* Berufsfeuerwehr, freiwillige Feuerwehr, Pflichtfeuerwehr, Hilfsfeuerwehr · *private:* Werkfeuerwehr, Betriebsfeuerwehr; ↑Brand, ↑Feuerlöscher, ↑Feuerwehrauto, ↑Feuerwehrmann; ↑löschen.

²Feuerwehr: ↑Feuerwehrauto; wie die F. ↑schnell.

Feuerwehrauto, Feuerwehr, Löschzug, Spritzenwagen *(veraltet);* ↑Brand, ↑Feuerwehr, ↑Feuerlöscher, ↑Feuerwehrmann; ↑löschen.

Feuerwehrhauptmann ↑Feuerwehrmann.

Feuerwehrleiter ↑Leiter (die).

Feuerwehrmann · *der die Löscharbeiten leitet:* Brandmeister, Spritzenmeister *(veraltet),* Feuerwehrhauptmann *(veraltend);* ↑Brand, ↑Feuerwehr, ↑Feuerwehrauto, ↑Feuerlöscher; ↑löschen.

Feuerwerkerei ↑Pyrotechnik.

Feuerwerkskörper, pyrotechnischer Körper ·

Knallkörper, Kanonenschlag, Knaller, Kracher, Böller, Knallfrosch, Frosch, Knallbonbon, Knallerbse, Zündblättchen, Amorces (Plural), Schwärmer, Heuler, Luftheuler, Rakete, Leuchtkugel, Wunderkerze, Feuerrad, Sputnik, Sonne, Fächer, Wasserfall, bengalisches Feuer, Buntfeuer, Flammenfeuer; ↑Pyrotechnik.

Feuerwerkskunst ↑Pyrotechnik.
Feuerzangenbowle ↑Gewürzwein.
Feuerzeichen ↑Lichtzeichen.
Feuerzeug, Taschenfeuerzeug, Tischfeuerzeug, Gasfeuerzeug, Benzinfeuerzeug, Flammenwerfer *(scherzh.)* · *das nur ab und zu funktioniert:* Peut-être *(scherzh.);* ↑Streichholz.
Feuilleton, Unterhaltungsteil, Kulturteil; ↑Zeitung, ↑Zeitungsbeilage.
Feuilletonist ↑Schriftsteller.
Feuilletonjournalist ↑Berichter.
feurig: ↑begeistert, ↑lebhaft, ↑würzig.
Fez ↑Unsinn.
Fiaker ↑Kutsche.
Fiasko ↑Misserfolg.
Fiber ↑Faser.
Fibrom ↑Geschwulst.
Fichte ↑Nadelhölzer.
Fichtenwald ↑Wald.
Fichtenzapfen ↑Tannenzapfen.
Fichu ↑Halstuch.
Fick ↑Koitus.
ficken ↑koitieren.
Ficker ↑Beischläfer.
Fickfack ↑Ausflucht.
fickrig ↑aufgeregt.
Fiction ↑Literatur.
fidel: ↑feuchtfröhlich, ↑lustig.
Fiduz: kein F. haben ↑wagen.
¹Fieber, Pyrexie · *leichtes* (37,4° bis 38°): Temperatur, erhöhte / subfebrile Temperatur · *starkes* (über 38°): hohes Fieber, Hyperthermie, Hyperpyrexie; ↑Eintagsfieber, ↑Krankheit; ↑fiebern; ↑fieberhaft · Ggs. ↑Untertemperatur.
²Fieber: ↑Eintagsfieber; F. haben ↑fiebern; im F. reden ↑fantasieren.
Fieberbläschen, Herpes, Reizbläschen; ↑Hautausschlag.
¹fieberhaft, fiebrig, febril *(Med.); noch nicht f.,* subfebril (37,4° bis 38°; *Med.*); ↑krank; ↑Fieber; ↑fiebern.
²fieberhaft ↑erwartungsvoll.
fiebern, fiebrig sein, Fieber haben · *leicht:* [erhöhte] Temperatur haben; ↑krank [sein]; ↑fieberhaft; ↑Fieber, ↑Krankheit.
Fiebertherapie ↑Thermotherapie.
Fieberthermometer ↑Thermometer.
Fiebertraum ↑Traum.
Fieberwahn ↑Traum.
fiebrig: ↑aufgeregt, ↑erwartungsvoll, ↑fieberhaft, ↑krank; f. sein ↑fiebern.
Fiedel ↑Streichinstrument.
fiedeln ↑musizieren.

Fiederblatt ↑Blatt.
Fiederpalme ↑Palme.
Fiedle ↑Gesäß.
fies: -er Kerl ↑Mann.
Fieselregen ↑Niederschlag.
Fiesling ↑Mann.
Fiffi ↑Hund.
fifty-fifty: f. machen ↑teilen.
Figaro ↑Friseur.
Fight ↑Boxen.
fighten ↑kämpfen.
Fighter ↑Boxer.
Figur: ↑Bild, ↑Gestalt, ↑Mensch, ↑Plastik, ↑Schachfigur; lustige F. ↑Spaßmacher; eine blendende / glänzende F. machen ↑auffallen; keine gute F. machen ↑bloßstellen (sich).
Figurant ↑Schauspieler.
figurativ: ↑bildlich, ↑konkret.
Figurenkapitell ↑Kapitell.
Figurenlaufen ↑Eislauf.
¹figurieren (als), sein, erscheinen / auftreten / fungieren als, darstellen, machen *(ugs.),* mimen *(ugs., abwertend);* ↑spielen.
²figurieren: f. als ↑spielen.
figürlich: ↑bildlich, ↑konkret.
Fiktion: ↑Einbildung; etwas ist reine F. ↑erfunden [sein].
fiktiv ↑erfunden.
Fil-a-Fil ↑Stoffmuster.
Filet ↑Rinderbraten.
Filetbraten ↑Rinderbraten.
Filet mignon ↑Fleischgericht.
Filetspitze ↑Spitzenstickerei.
Filetsteak ↑Steak.
Filia ↑Tochter.
Filiale ↑Zweigstelle.
Filius ↑Sohn.
Filler ↑Zahlungsmittel.
¹Film, Rollfilm, Kassettenfilm, Umkehrfilm, Farbfilm, Colorfilm, Schwarzweißfilm, Kleinfilm, Mikrofilm, Schmalfilm, Negativfilm, Positivfilm · Diskette · Super-8-Film; ↑filmen, ↑fotografieren.
²Film: ↑Kinofilm; einen F. drehen / machen ↑filmen; einen F. machen über ↑verfilmen; Welt des ~↑Traumfabrik.
Filmarchiv ↑Archiv.
Filmatelier, Filmstudio, Studio, Traumfabrik *(scherzh.);* ↑Kinofilm.
Filmaufnahme · *in verlangsamtem Tempo:* Zeitlupe · *in beschleunigtem Tempo:* Zeitraffer; ↑Fotografie; ↑filmen.
Filmball ↑Ball.
Filmdiva ↑Schauspielerin.
filmen, einen Film drehen / *(ugs.)* machen, drehen · *bis zum Ende:* abdrehen · *und den Gegenstand näher heranholen:* zoomen; ↑fotografieren, ↑verfilmen; ↑Film, ↑Filmatelier, ↑Filmaufnahme, ↑Kino, ↑Kinofilm, ↑Lichtbildervortrag.
Filmer, Jungfilmer, Dokumentarfilmer, Dokumentarist.

Filmgroteske ↑ Kinofilm.
filmisch: f. darstellen / gestalten / umsetzen ↑ verfilmen.
Filmkamera ↑ Kamera.
Filmkomödie ↑ Kinofilm.
Filmkritik ↑ Besprechung.
Filmkritiker ↑ Kritiker.
Filmkünstler ↑ Schauspieler.
Filmlet ↑ Kinofilm.
Filmlustspiel ↑ Kinofilm.
Filmmusik ↑ Musik.
Filmothek ↑ Archiv.
Filmpalast ↑ Kino.
Filmplakat ↑ Plakat.
Filmpreis · *in Hollywood:* Oscar · *in Venedig bis 1968:* Goldener Löwe · *in Cannes:* Goldene Palme, Großer Preis von Cannes · *in der Bundesrepublik:* Bundesfilmpreis, Deutscher Filmpreis, Bundesfilmprämie, Bambi, Großer Preis von Mannheim · *in Berlin:* Goldener / Silberner Bär.
Filmriss: einen F. haben ↑ vergessen.
Filmrolle ↑ Rolle.
Filmschauspieler ↑ Schauspieler.
Filmschauspielerin ↑ Schauspielerin.
Filmstar: ↑ Schauspieler, ↑ Schauspielerin.
Filmsternchen ↑ Schauspielerin.
Filmstudio ↑ Filmatelier.
Filmtheater ↑ Kino.
Filmvorführgerät ↑ Projektionsapparat.
Filmvortrag ↑ Lichtbildervortrag.
Filou ↑ Schlaukopf.
Fils ↑ Zahlungsmittel.
Filter ↑ Sieb.
Filterkaffee ↑ Kaffee.
filtern, filtrieren, sieben, durchsieben, seihen, durchseihen, klären, reitern *(österr.),* durchreitern *(österr.);* ↑ Sieb.
Filterzigarette ↑ Zigarette.
filtrieren ↑ filtern.
Filz: ↑ Fett, ↑ Stoff, ↑ Untersatz, ↑ Vetternwirtschaft.
filzen: ↑ durchsuchen, ↑ schlafen, ↑ wegnehmen.
Filzhut ↑ Kopfbedeckung.
filzig ↑ geizig.
Filzlaus ↑ Laus.
Filzokratie: ↑ Herrschaft, ↑ Vetternwirtschaft.
Filzstift: ↑ Schreibstift, ↑ Zeichenstift.
Fimmel ↑ Spleen.
Finale: ↑ Ende, ↑ Endkampf.
Finalsatz ↑ Satz.
Finanzen: ↑ Geld, ↑ Vermögen.
Finanzer ↑ Zöllner.
Finanzgericht ↑ Gericht.
Finanzhyäne ↑ Wucherer.
¹finanziell, pekuniär, geldlich, geldmäßig, geschäftlich, wirtschaftlich; ↑ monetär; ↑ Geld, ↑ Vermögen, ↑ Zahlungsmittel; ↑ zahlen.
²finanziell: in -en Schwierigkeiten sein ↑ arm [sein].
finanzieren ↑ zahlen.

Finanzkaufmann ↑ Büroangestellte[r].
Finanzplan ↑ Etat.
finanzschwach ↑ einkommensschwach.
Finanzspritze ↑ Zuschuss.
Findelkind ↑ Waise.
¹finden, stoßen auf, entdecken, sehen, antreffen, auffinden, vorfinden, treffen [auf], begegnen, wieder sehen, aufspüren, orten, den Standort bestimmen, ausfindig machen, ausfinden, ausmachen, lokalisieren, ermitteln, in Erfahrung bringen, feststellen, auf die Spur kommen, herausfinden, herausbekommen, herausbringen *(ugs.),* herauskriegen *(salopp),* rausbringen *(ugs.),* ausklamüsern *(ugs.),* aufstöbern, auftreiben *(ugs.),* auflesen *(ugs.),* aufgabeln *(salopp),* auffischen *(salopp);* ↑ antreffen, ↑ beschaffen, ↑ erfahren, ↑ erfinden, ↑ fragen, ↑ sehen, ↑ wahrnehmen; **gefunden werden,** jmdm. in die Arme / Beine / über den Weg laufen *(ugs.),* etwas findet sich an; ↑ Auskundschafter, ↑ Fundbüro · Ggs. ↑ suchen.
²finden: ↑ auswählen, ↑ meinen; ein gefundenes Fressen sein ↑ willkommen [sein]; zu f. sein ↑ vorkommen; nicht zu f. sein ↑ sehen; abscheulich / verabscheuenswert / verabscheuenswürdig / widerwärtig f. ↑ verabscheuen; etwas nicht falsch / etwas richtig f. ↑ billigen; schön f., Gefallen / Geschmack f. an, nichts f. können an ↑ gefallen; unmöglich f. ↑ beanstanden; nicht ins Bett f. ↑ [nicht] müde [sein]; reißenden Absatz f. ↑ verkaufen; Anerkennung / Anklang f. ↑ Anerkennung [finden]; Anklang f. ↑ angesehen [sein], ↑ gefallen; Anschluss f. ↑ Kontakt [finden]; eine Anstellung / Stellung / Stelle f. ↑ einstellen; Anwendung / Verwendung f. ↑ Anwendung [finden]; Aufnahme / Eingang f. ↑ Aufnahme [finden]; Aufnahme / Obdach / Unterkunft f. ↑ Unterkunft [finden]; Beachtung f. ↑ auffallen; Beifall / Zustimmung f. ↑ Beifall [finden]; keine Frau f. ↑ heiraten; Gegenliebe f. ↑ Beifall [finden]; ein Haar in etwas / in der Suppe f. ↑ beanstanden; ein Seemannsgrab / den Seemannstod f. ↑ sterben; Kontakt mit jmdm. f. ↑ Kontakt [mit jmdm. finden]; seinen Meister f. ↑ übertreffen; nichts dabei f. ↑ Bedenken; Verständnis f. ↑ Verständnis; Vollendung f. ↑ Passiv; keine Worte f. [können] ↑ überrascht [sein]; sich in etwas f. ↑ ertragen.

Fin de Siècle ↑ Gründerzeit.
findig ↑ schlau.
Findigkeit ↑ Klugheit.
Findling ↑ Waise.
Finesse ↑ Trick.
¹Finger, Griffel *(ugs., landsch.),* Wichsgriffel *(derb)* ·· Daumen, Zeigefinger, Mittelfinger · Ringfinger, Goldfinger ·· kleiner Finger; ↑ Fingernagel, ↑ Gliedmaße.
²Finger: der elfte F. ↑ Penis; jmdm. / jmdn. jucken die F. nach etwas ↑ begierig [sein nach]; mein kleiner F. sagt mir das ↑ Ahnung; die F. im Spiel haben ↑ beteiligen (sich); die F. lassen von,

sich die F. schmutzig machen / verbrennen ↑heraushalten (sich); sich die F. nach etwas lecken ↑begierig [sein auf / nach]; den F. auf die Wunde legen ↑hinweisen (auf); krumme / lange F. machen ↑wegnehmen; keinen F. krumm machen / rühren ↑träge [sein]; den F. strecken ↑Handzeichen [geben]; sich die F. verbrennen ↑schaden; das kann man sich an fünf / zehn -n abzählen ↑klar [sein]; jmdm. auf die F. gucken / sehen ↑beobachten; jmdm. auf die F. klopfen ↑schelten; etwas aus den -n saugen ↑lügen; sich etwas durch die F. gehen lassen ↑versäumen; jmdm. durch die F. sehen ↑nachsichtig [sein]; jmdm. durch die F. schlüpfen ↑entkommen; etwas im kleinen F. haben ↑firm [sein]; sich in den F. schneiden ↑irren (sich); etwas mit dem kleinen F. machen ↑mühelos [schaffen]; mit dem F. auf jmdn. zeigen ↑schlecht machen; jmdn. um den F. wickeln ↑bezirzen; jmdn. unter die F. kommen ↑Gewalt.

Fingerbreit: keinen F. abweichen ↑beharrlich [sein].

fingerfertig ↑anstellig.

Fingerfertigkeit ↑Kunstfertigkeit.

Fingergelenk ↑Gelenk.

Fingergicht ↑Arthritis.

Fingerhakeln ↑Schlagabtausch.

Fingerhandschuh ↑Handschuh.

Fingerling ↑Handschuh.

fingern ↑bewerkstelligen.

Fingernagel, Nagel, Daumennagel, Kralle *(ugs., abwertend);* ↑Finger.

Fingerreif ↑Ring.

Fingerring ↑Ring.

Fingerspitzengefühl ↑Achtsamkeit.

Fingersprache ↑Zeichensprache.

Fingerzeig ↑Hinweis.

fingieren ↑vortäuschen.

fingiert ↑erfunden.

Finish ↑Endkampf.

Fink ↑Vogel.

Finken ↑Schuh.

Finn-Dingi ↑Segelboot.

Finnen ↑Akne.

Finnenausschlag ↑Akne.

Finnendolch ↑Taschenmesser.

Finnenmesser ↑Taschenmesser.

Finnland, Suomen Tasavalta, Suomi, das Land der tausend Seen.

Finnmark ↑Zahlungsmittel.

Finnougristik ↑Philologie.

Finnwal ↑Wal.

finster: ↑dunkel, ↑unzugänglich; es sieht f. aus ↑aussichtslos; f. werden ↑verfinstern (sich).

Finstere ↑Dämmerung.

Finsternis, Dunkelheit; ↑Dämmerung; Ort der F. ↑Hölle.

Finte: ↑Ausflucht, ↑Fisch.

fipsig: ↑eng, ↑klein.

Firenze ↑Florenz.

Firlefanz: ↑Flitter, ↑Unsinn.

firm, sicher, fest, belesen, sattelfest, bewandert, erfahren, versiert, beschlagen; ↑fachmännisch, ↑mühelos; **f. sein,** etwas beherrschen / aus dem Effeff können / *(ugs.)* im kleinen Finger haben / mit der Muttermilch eingesogen haben, einer Sache mächtig sein, seine Sache verstehen, Kenntnisse haben in, etwas gelernt haben; **in etwas nicht f. sein,** kein Held / schwach in etwas sein *(ugs.),* etwas ist jmds. schwache Seite, mit etwas auf [dem] Kriegsfuß stehen; ↑auskennen (sich).

Firma: ↑Betrieb, ↑Unternehmen; eine F. gründen ↑eröffnen.

Firmament, Himmel, Horizont, Himmelsgewölbe, Sternenhimmel, Sternenzelt; ↑Luft.

Firmpate ↑Pate.

Firmpatin ↑Patin.

Firn ↑Schnee.

Firner ↑Gletscher.

Firnis ↑Politur.

Firnschnee ↑Schnee.

First ↑Dachfirst.

Firstfeier ↑Richtfest.

First Lady, Erste Dame; ↑Frau, ↑Oberhaupt.

Firstziegel ↑Dachziegel.

¹Fisch · Speisefisch · · Zierfisch · Neonfisch · · Neunauge · Seeneunauge, Lamprete, Flussneunauge, Bachneunauge · · Stör · Hausen, Waxdick, Glattdick, Dick, Sterlet, Sternhausen · · Hering · Maifisch, Finte, Elben, Sprotte, Sardine · · Lachs · Salm, Rheinlachs, Lachsforelle, Meerforelle, Forelle, Seeforelle, Bachforelle, Huchen, Wandersaibling · · Renke, Renken · Maräne, Kilch, Bodenrenke, Balchen, Sandfelchen, Blaufelchen, Schnäpel, Gangfisch, Weißlachs · Äsche · Stint · Karpfenfisch, Weißfisch · Plötze, Rotauge, Frauenfisch, Frauennerfling, Perlfisch, Moderlieschen, Hasel, Döbel, Aitel, Strömer, Orfe, Aland, Stumpfelritze, Elritze, Rotfeder, Rapfen, Schied, Schlei, Schleie, Lau, Gründling, Steingressling, Barbe, Ukelei, Laube, Blei, Brachsen, Güster, Zobel, Pleinzen, Zope, Zährte, Ziege, Sichling, Bitterling, Karausche, Goldfisch, Moorkarpfen, Giebel, Karpfen · · Schmerle · Bachschmerle, Wetterfisch, Schlammbeißer, Steinbeißer · Wels · Waller, Wallerfisch, Aal, Flussaal · · Hundsfisch · · Hecht · · Kärpfling · Zebrakärpfling, Spanienkärpfling, Valenciakärpfling · · Ährenfisch · Meeräsche · Goldäsche, Großkopfmeeräsche, Springmeeräsche · · Sägebarsch · Seebarsch, Wolfsbarsch, Flussbarsch, Barsch, Zander, Schill, Fogosch *(österr.),* Sandart, Kaulbarsch, Schratz, Schrätzer, Streber, Zingel, Schützenfisch · · Grundel · Schleimfisch · · Groppe, Kaulkopf · Stichling · Zwergstichling, Neunstachler · · Scholle · Flunder, Butt · · Dorschfisch · Dorsch, Kabeljau, Schellfisch, Quapp, Rutte, Trüsche · · Seenadel · · Holostei · Kaimanfisch, Knochenhecht, Kahlhecht · · Flösselhecht, Flösselaal ·· Hai, Haifisch, Menschenhai, Blauhai ·· Rochen · Sägefisch, Stechfisch, Teufelsfisch, Zitterrochen · Echter Rochen, Glattrochen, Nagelrochen, Sternrochen ·· Seedrachen, Meerdrachen, Meerkatze, Seeratte, Chimäre · Fugu; ↑Hering, ↑Krebs, ↑Wal.

²Fisch: -e ↑Tierkreiszeichen; -e, Fliegender / Südlicher F. ↑Sternbild; das sind kleine -e ↑mühelos; stumm wie ein F. ↑wortlos; sich fühlen wie der F. im Wasser ↑wohl fühlen (sich); munter wie ein F. im Wasser sein ↑gesund [sein].

Fischadler ↑Vogel.

Fischbesteck ↑Essbesteck.

fischblütig ↑gefühlskalt.

Fischbrühe ↑Suppe.

Fischdampfer ↑Fischereischiff.

fischeln ↑riechen.

¹fischen, auf Fischfang / auf Heringsfang gehen, die Netze auswerfen; ↑Fischwasser.

²fischen ↑fangen.

¹Fischer, Fischersmann *(selten)* · Flussfischer, Küstenfischer, Hochseefischer, Seefischer · Heringsfischer, Aalfischer · Netzfischer; ↑Fischerei.

²Fischer ↑Angler.

Fischerbarke ↑Fischerboot.

Fischerboot, Fischerkahn, Fischernachen, Fischerbarke *(geh.);* ↑Fischereischiff.

Fischerei, Fischfang · Binnenfischerei, Flussfischerei, Küstenfischerei, Hochseefischerei, Meeresfischerei, Seefischerei, Flottillenfischerei, Netzfischerei, Angelfischerei, Fliegenfischerei, Reusenfischerei; ↑Angler, ↑Fischer.

Fischereihafen ↑Hafen.

Fischereischiff, Fischdampfer, Fischkutter, Hochseekutter, Trawler, Walfangschiff, Fangschiff, Fischverarbeitungsschiff; ↑Fischerboot.

Fischerkahn ↑Fischerboot.

Fischernachen ↑Fischerboot.

Fischersmann ↑Fischer.

Fischfang: ↑Fischerei; auf F. gehen ↑fischen.

Fischgabel ↑Gabel.

Fischgrätenmuster ↑Stoffmuster.

Fischgründe ↑Fischwasser.

Fischkonserve ↑Konserve.

Fischkraftbrühe ↑Suppe.

Fischkutter ↑Fischereischiff.

Fischleim ↑Bindemittel.

Fischmesser ↑Messer.

Fischnetz, Netz, Daubel *(österr.)* · Reuse, Fischreuse · Schleppnetz; ↑Falle.

Fischotter ↑Raubtier.

Fischplatz ↑Fischwasser.

Fischreiher ↑Vogel.

Fischreuse ↑Fischnetz.

Fischsterben ↑Umweltverschmutzung.

Fischsuppe ↑Suppe.

Fischverarbeitungsschiff ↑Fischereischiff.

Fischvergiftung ↑Lebensmittelvergiftung.

¹Fischwasser, Fischgründe, Fanggründe, Fanggebiet, Fischplatz, Fangplatz; ↑fischen.

²Fischwasser ↑Jagdgebiet.

Fisimatenten ↑Ausflucht.

Fiskus: ↑Staat, ↑Staatskasse.

Fisole ↑Gemüse.

fispeln ↑flüstern.

fispern ↑flüstern.

Fisselregen ↑Niederschlag.

Fissur: ↑Hautblüte, ↑Knochenbruch.

Fissura ↑Hautblüte.

Fist ↑Darmwind.

Fistel: ↑Abszess, ↑Kopfstimme.

Fistelstimme ↑Kopfstimme.

¹fit, topfit, in Form, in guter körperlicher Verfassung, leistungsfähig; ↑gesund; **f. sein,** in Kondition sein, Kondition haben; **sich f. machen;** ↑trainieren; ↑Training.

²fit: f. sein ↑gesund [sein]; [nicht] f. sein ↑Verfassung; sich f. halten ↑trainieren (sich).

Fitis ↑Vogel.

Fitness: ↑Gesundheit, ↑Temperament, ↑Verfassung.

Fitnesstraining: ↑Training; F. machen ↑trainieren.

Fittich: ↑Flügel; jmdn. unter seine -e nehmen ↑kümmern (sich um jmdn.).

Five o'clock ↑Zwischenmahlzeit.

fix: ↑schnell, ↑verflucht!; f. machen ↑beeilen (sich); -e Idee ↑Spleen; f. und fertig ↑fertig; f. und fertig sein ↑erschöpft [sein].

Fix ↑Einspritzung.

Fixation ↑Operation.

Fixe ↑Spritze.

fixen ↑spritzen.

Fixer ↑Rauschgiftsüchtiger.

fixfertig ↑fertig.

fixieren: ↑ansehen, ↑befestigen.

Fixigkeit ↑Geschwindigkeit.

Fixlaudon ↑verflucht!

Fixstern ↑Himmelskörper.

Fixum ↑Gehalt (das).

Fizz ↑Mixgetränk.

Fjordküste ↑Ufer.

Fjordpferd ↑Pferd.

FKK ↑Freikörperkultur.

FKK-Anhänger ↑Nudist.

FKK-Gelände ↑Nacktbadestrand.

FKKler ↑Nudist.

FKK-Strand ↑Nacktbadestrand.

flach: ↑niedrig, ↑oberflächlich, ↑seicht; -er Teller ↑Teller.

Flachbogen ↑Bogen.

Flachdach ↑Dach.

Flachdachpfanne ↑Dachziegel.

Flachdruck ↑Druckverfahren.

Flachdruckpapier ↑Druckpapier.

Fläche ↑Gebiet.

Flächenalge ↑Alge.

Flächenblitz ↑Blitz.

Flächenmaß · Quadratmeter, Ar, Hektar, Quadratkilometer · *nichtmetrisches:* Fuß, Rute, Morgen, Joch *(österr.),* Juchart *(südwestd.),* Ju-

charte *(schweiz.)*, Acker *(sächs.);* ↑Gewichtseinheit, ↑Hohlmaß, ↑Längenmaß, ↑Raummaß, ↑Stück; ↑messen.
flachfallen: ↑eintreffen, ↑wegfallen.
¹Flachheit, Seichtheit, Untiefe; ↑niedrig, ↑seicht.
²Flachheit ↑Trivialität.
Flachkartei ↑Kartei.
Flachkuppel ↑Kuppel.
Flachküste ↑Ufer.
Flachmeer ↑Wattenmeer.
Flachmoor ↑Sumpf.
Flachrelief ↑Relief.
flachsblond ↑blond.
flachsen ↑aufziehen.
Flachtonne ↑Gewölbe.
flackern ↑brennen.
Fladenbrot ↑Brot.
fladern ↑wegnehmen.
Flagellant ↑Asket.
Flagellantismus ↑Perversität.
Flagellat ↑Einzeller.
Flagellomanie ↑Perversität.
Flageolett ↑Blasinstrument.
Flagge: ↑Fahne; F. zeigen ↑eintreten (für), ↑mitteilen.
flaggen, hissen, heißen, aufhissen, aufheißen, die Fahne raushängen *(salopp)* · *bei Staatstrauer u. Ä.:* halbmast flaggen; ↑beflaggen; ↑Fahne.
flagrant ↑offenbar.
Flair: ↑Fluidum, ↑Gefühl.
Flajani-Krankheit ↑Schilddrüsenüberfunktion.
Flakon ↑Flasche.
Flambeau ↑Kerzenleuchter.
Flamenco ↑Tanz.
Flamingo ↑Vogel.
Flamingoblume ↑Anthurie.
flamingorosa ↑rosa.
flamingorot ↑rot.
¹Flamme, Lohe, Stichflamme; ↑Brand, ↑Feuer; ↑brennen; ↑feuergefährlich.
²Flamme: ↑Geliebte; Feuer und F. sein ↑anschwärmen; die -n ersticken ↑löschen; ein Raub der -n werden ↑brennen; in -n aufgehen / stehen ↑brennen; in -n aufgehen lassen ↑verbrennen.
Flammenblitz ↑Blitz.
flammend rot: ↑rot, ↑rothaarig.
Flammenfeuer ↑Feuerwerkskörper.
Flammenmeer ↑Brand.
Flammenmuster ↑Stoffmuster.
Flammentod: dem F. übergeben ↑töten.
Flammeri ↑Dessert.
flandrisch: -e Spitze ↑Spitzenstickerei.
Flanell ↑Stoff.
Flanellbluse ↑Bluse.
flanieren ↑spazieren gehen.
¹Flanke, Weiche, Seite; ↑Hüften, ↑Taille.
²Flanke ↑Turnübung.
flankieren ↑begleiten.
Flansch ↑Rohr.

Flappe ↑Mund.
flapsig ↑frech.
Flarr ↑Eisscholle.
Fläschchen ↑Säuglingsflasche.
¹Flasche, Flakon, Korbflasche, Bouteille, Buddel *(ugs.),* Pulle *(ugs.)* · *zum Wegwerfen nach dem Gebrauch:* Einwegflasche, Wegwerfflasche, Ex-und-hopp-Flasche; ↑Behälter, ↑Gefäß, ↑Kanne.
²Flasche: ↑Feigling, ↑Nachtgeschirr, ↑Versager.
Flaschenbier ↑Bier.
Flaschenbofist ↑Ständerpilz.
Flaschenglas ↑Glas.
flaschengrün ↑grün.
Flaschenhals ↑Behinderung.
Flaschenöffner, Korkenzieher, Stopfenzieher *(landsch.),* Pfropfenzieher, Zapfenzieher *(schweiz.),* Stoppelzieher *(österr.).*
Flaschenpfand ↑Leihgebühr.
Flaschenstäubling ↑Ständerpilz.
Flaschenzug ↑Winde.
Flaschner ↑Installateur.
Flash ↑Rausch.
Flat ↑Wohnung.
Flatter: die F. machen ↑weggehen.
flatterhaft ↑untreu.
Flatterhaftigkeit: ↑Untreue, ↑Zerfahrenheit.
Flattermine ↑Mine.
¹flattern, knattern, wehen; ↑bewegen (sich).
²flattern: ↑fliegen, ↑wehen.
Flattersatz ↑Schriftsatz.
flattieren ↑schmeicheln.
Flatulenz ↑Blähsucht.
Flatus ↑Darmwind.
flau: ↑abgestanden; jmdm. ist f. [im Magen] ↑Hunger [haben].
Flaum: ↑Bart, ↑Feder, ↑Haar.
flaumbärtig ↑bärtig.
Flaumdecke ↑Federbett.
flaumen ↑säubern.
Flaumer ↑Mopp.
flaumig ↑flaumweich.
flaumweich, flauschig, flaumig *(österr.);* ↑weich.
flauschig ↑flaumweich.
Flausen ↑Laune.
Flaute: ↑Mangel, ↑Ruhe, ↑Windstärke, ↑Windstille.
Flautino ↑Blasinstrument.
Fläz ↑Mensch.
fläzen: sich f. ↑räkeln (sich).
fläzig ↑unhöflich.
Flechtarbeit ↑Handarbeit.
Flechtband ↑Fries.
¹Flechte, Laubflechte, Moosflechte, Krustenflechte, Rindenflechte, Bartflechte, Isländisch Moos, Becherflechte, Lackmusflechte, Rentierflechte; ↑Lagerpflanze.
²Flechte: ↑Haarzopf, ↑Impetigo, ↑Lagerpflanze.

flechten: ↑binden, ↑handarbeiten; aufs Rad f. ↑töten.

Flechtschuh ↑Schuh.

Flechtwerk ↑Geflecht.

¹Fleck, Flecken, Klecks, Spritzer, Patzen *(bayr., österr.);* ↑Fleckentferner.

²Fleck: ↑Hautblüte; blauer F. ↑Bluterguss; weißer F. ↑Sperma; einen F. machen ↑beschmutzen; das Herz auf dem rechten F. haben ↑lebenstüchtig [sein], ↑mutig [sein]; mach dir doch keinen F. ins Hemd ↑[nicht] übertreiben; mit -en übersät / bedeckt ↑schmutzig; vom F. kommen ↑vorangehen; vom F. weg ↑gleich.

Flecke ↑Innereien.

flecken: etwas fleckt ↑vorangehen.

Flecken: ↑Fleck, ↑Ort.

Fleckenentferner ↑Fleckentferner.

Fleckenentfernungsmittel ↑Fleckentferner.

Fleckenfalter ↑Schmetterling.

fleckenlos ↑sauber.

Fleckenlosigkeit ↑Sauberkeit.

Fleckentferner, Fleckenentferner, Fleck[en]entfernungsmittel, Fleck[en]wasser; ↑Fleck; ↑säubern.

Fleckentfernungsmittel ↑Fleckentferner.

Fleckenwasser ↑Fleckentferner.

Fleckerlteppich ↑Teppich.

¹Fleckfieber, epidemisches / klassisches / europäisches Fleckfieber, europäischer Typhus, Petechialfieber, Petechialtyphus, Läusefleckfieber, Läusetyphus, Kriegstyphus, Hungertyphus, Feldtyphus, Lagertyphus, Lagerfieber, Hospitalfieber, Kriegsfieber, Gefangenentyphus, Gefangenenfieber, ungarische Krankheit; ↑Krankheit, ↑Typhus.

²Fleckfieber: das reinste F. sein ↑lebhaft [sein]; er ist das reinste F. ↑kommen.

fleckig ↑schmutzig.

Fleckwasser ↑Fleckentferner.

fleddern: ↑bestehlen, ↑wegnehmen.

Fledermausohren ↑Ohr.

Flederwisch ↑Mopp.

¹Flegel, Rüpel, Lümmel, Schnösel *(salopp, nordd.),* Stiesel *(salopp, nordd., ostd.),* Strolch, Baubudenrülps *(derb, landsch.),* Gfrast *(ugs., österr., abwertend),* Lackel *(südd., österr.);* ↑Mann, ↑Raufbold; ↑unhöflich.

²Flegel ↑Mensch.

Flegelalter ↑Lebensalter.

Flegelei ↑Unhöflichkeit.

flegelhaft ↑unhöflich.

Flegelhaftigkeit ↑Unhöflichkeit.

flegelig ↑unhöflich.

Flegeljahre: ↑Lebensalter, ↑Pubertät.

flegeln: sich f. ↑räkeln (sich).

flehen ↑bitten.

flehend ↑nachdrücklich.

flehentlich ↑nachdrücklich.

¹Fleisch, Geschlachtetes · Hackfleisch, Kochfleisch, Suppenfleisch, Gefrierfleisch, Freibankfleisch · Kalbfleisch, Kälbernes *(südd.,* österr.), Rindfleisch, Ochsenfleisch, Schweinefleisch, Schweinernes *(österr.),* Pferdefleisch, Hammelfleisch, Schaffleisch, Ziegenfleisch, Lammfleisch, Lämmernes *(österr.),* Schöpsernes *(österr.)* · · *geräuchertes:* Rauchfleisch, Räucherfleisch, Selchfleisch *(bayr., österr.),* Geselchtes *(bayr., österr.)* · Schweinebauch, Kaiserfleisch *(österr.);* ↑Fleischer, ↑Fleischgericht, ↑Hackfleisch, ↑Keule, ↑Pökelfleisch, ↑Schinken.

²Fleisch: gemahlenes F. ↑Hackfleisch; das eigene / sein eigen F. und Blut ↑Sohn, ↑Tochter; Pfahl im -e ↑Leid; den Weg allen / alles -es gehen ↑sterben; in F. und Blut übergehen ↑üblich [werden]; sich ins eigene F. schneiden ↑schaden; vom -e fallen ↑schlank [werden].

Fleischbank ↑Fleischerei.

Fleischbrötel ↑Fleischkloß.

Fleischbrühe ↑Suppe.

Fleischer, Schlachter *(nordd.),* Schlächter *(nordd.),* Metzger *(südd., schweiz., westd.),* Metzler *(mittelrhein.),* Selcher *(bayr., österr.),* Fleischselcher *(bayr., österr.),* Wurster *(südd.),* Katzoff *(landsch.),* Knochenhauer *(veraltet),* Fleischhauer *(österr.),* Fleischhacker *(ugs., österr.);* ↑Fleisch, ↑Fleischerei, ↑Schlachtbank.

Fleischerei, Schlachterei *(nordd.),* Schlächterei *(nordd.),* Metzgerei *(südd., schweiz., westd.),* Selcherei *(bayr., österr.),* Fleischhauerei *(österr.),* Fleischbank *(österr., veraltet),* Fleischerladen, Metzgerladen *(südd.),* Schlächterladen *(nordd.),* Schlachterladen *(nordd.)* · Wursterei; ↑Fleischer.

Fleischerladen ↑Fleischerei.

Fleischeslust ↑Geschlechtstrieb.

Fleischgang ↑Fleischgericht.

Fleischgemüse ↑Gemüse.

Fleischgericht, Fleischgang · Braten, Ragout, Voressen *(schweiz.),* Gulasch, Gulyas, Haschee, Kotelett, Karbonade *(landsch.),* Schnitzel · Fleischkloß, [deutsches] Beefsteak, Bulette *(berlin.),* Frikadelle *(nordd.),* Karbonade *(mitteld.),* Fleischklößchen *(mitteld.),* Fleischküchlein *(schwäb.),* Bratklops *(nordd.),* Klops *(nordd.),* Bällchen *(westfäl.),* Königsberger Klops, Hackbraten, falscher Hase, faschierter Braten *(österr.),* bayerische Leberknödel · Geflügelklein, Gänseklein, Hasenpfeffer, Schaschlik, Herrücken · · · *vom Rind:* Rinderbraten, Rindsbraten, Filetbraten, Rostbraten, Rinderschmorbraten, Sauerbraten, Rinderroulade, Rindsroulade, Rindsvögerl *(österr.),* spanisches Vögerl *(österr.),* Fleischvogel *(schweiz.),* Tatarbeefsteak · · Steak, Beefsteak · *vom Rücken:* Rumpsteak · *Lendenstück:* Filetsteak · *Mittellendenstück:* Chateaubriand · *Lendenschnitte:* Tournedos · *Lendenspitze:* Filet mignon · *Zwischenrippenstück mit Filet und Knochen:* Porterhousesteak · · · · *vom Kalb:* Kalbsbraten, Kalbsrollbraten, Kalbsnierenbraten, Kalbshachse, Kalbshaxe, gefüllte Kalbsbrust,

Kalbsfrikandeau, Kalbsfrikassee, Kalbsmedaillon, eingemachtes Kalbsfleisch *(schwäb.)*
··· Kalbsschnitzel ·· Paprikaschnitzel, Zigeu-
nerschnitzel, Wiener Schnitzel, Rahmschnit-
zel, Jägerschnitzel · *mit Käse und Schinken:*
Cordon bleu ···· *vom Schwein:* Schweine-
braten, Schweinerollbraten, Schweinefilet,
Schweinebauch, Schweinehachse, Schweineha-
xe, Schweinshaxe, Eisbein, Kasseler, Kassler,
Kasseler Rippenspeer; ↑Fleisch, ↑Fleischkloß,
↑Hackfleisch, ↑Keule, ↑Kotelett, ↑Lendenbra-
ten, ↑Lungenhaschee, ↑Rinderbraten, ↑Steak.
Fleischhacker: ↑Fleischer, ↑Fußballspieler.
Fleischhauer ↑Fleischer.
Fleischhauerei ↑Fleischerei.
fleischig ↑dick.
Fleischkloß · *gebratener:* deutsches Beefsteak,
Bulette *(berlin.)*, Frikadelle *(nordd.)*, Bällchen
(westfäl.), Bratklops *(nordd.)*, Klops *(nordd.)*,
Karbonade *(mitteld.)*, Fleischklößchen *(mit-
teld.)*, Fleischküchlein *(schwäb.)*, Fleischbrötel
(schwäb.), Fleischlaibchen *(österr.)*, faschierte
Laibchen *(österr.)*, Fleischlaberl *(ugs., österr.)* ·
gekochter: [Königsberger] Klops; ↑Fleischge-
richt, ↑Hackfleisch, ↑Kloß.
Fleischklößchen ↑Kloß.
Fleischkonserve ↑Konserve.
Fleischküchlein ↑Fleischkloß.
Fleischlaberl ↑Fleischkloß.
Fleischlaibchen ↑Fleischkloß.
fleischlich ↑weltlich.
fleischlos ↑vegetarisch.
Fleischmaschine ↑Fleischwolf.
Fleischmesser ↑Messer.
fleischrot ↑rot.
Fleischsalat ↑Salat.
Fleischschaf ↑Schaf.
Fleischschnitte ↑Steak.
Fleischselcher ↑Fleischer.
Fleischsuppe ↑Suppe.
Fleischvergiftung   ↑Lebensmittelvergiftung.
Fleischvogel ↑Rinderbraten.
Fleischwolf, Wolf, Fleischmaschine *(südd.,
österr.)*, Faschiermaschine *(österr.)*; ↑Hack-
fleisch; **durch den F. drehen**, durch den Wolf
drehen, durchdrehen, faschieren *(österr.)*.
¹Fleiß, Eifer, Emsigkeit, Strebsamkeit, Betriebsamkeit, Geschäftigkeit, Rastlosigkeit, Unermüdlichkeit; ↑Aktivität, ↑Arbeitseifer, ↑Be-
harrlichkeit, ↑Ehrgeiz, ↑Entschlusskraft, ↑Tat-
kraft; ↑fleißig.
²Fleiß: mit F. ↑absichtlich.
Fleißarbeit ↑Werk.
¹fleißig, arbeitsam, tätig, tüchtig, arbeitswillig,
strebsam, ehrgeizig, ambitioniert *(österr.)*, eifrig, emsig, bienenhaft, bienenfleißig, geschäftig, betriebsam, schaffig *(schweiz.)*, rastlos, unermüdlich, nimmermüde, nicht ↑faul; ↑aktiv,
↑aufgeregt, ↑beflissen, ↑beharrlich, ↑ehrgeizig,
↑lebhaft, ↑übereifrig, ↑unaufhörlich, ↑vollbe-
schäftigt; ↑Fleiß.

²fleißig: f. sein ↑arbeiten.
flektieren, beugen, biegen, abwandeln *(veraltet)* · *von Substantiv und Adjektiv:* deklinieren ·
vom Verb: konjugieren; ↑Beugung, ↑Wortart.
flennen ↑weinen.
fletschen (die Zähne), die Zähne blecken / zei-
gen; ↑lachen (grinsen).
fletschern ↑kauen.
Fletz ↑Hausflur.
flexibel: ↑anpassungsfähig, ↑biegsam; flexibler
Wechselkurs ↑Wechselkurs.
Flexibilität: ↑Biegsamkeit, ↑Wendigkeit.
Flexion ↑Beugung.
Flexionslage ↑Kindslage.
Flexor ↑Muskel.
Flibustier ↑Seeräuber.
Flic ↑Polizist.
flicken: ↑reparieren; jmdm. etwas am Zeug f.
↑beanstanden.
Flicken, Fetzen, Stück, Lumpen, Flicklappen,
Lappen, Schnipsel, Schnippel *(ugs.)*.
Flicklappen ↑Flicken.
Flickschneider ↑Schneider.
Flickschuster ↑Schuhmacher.
Flickwerk ↑Pfuscherei.
Flickwort ↑Wort.
flieder ↑violett.
¹Flieder, Syringe, Zirene *(landsch.)*, Nagelblume *(landsch.)*, Nägelchen *(landsch.)*; ↑Blume.
²Flieder ↑Holunder.
fliederfarben ↑violett.
Fliedermotte ↑Schmetterling.
Fliedertee ↑Tee.
¹Fliege, Mücke *(südwestd.)* · *große:* Brummer
(ugs.), Brumme *(ugs.)*; ↑Insektenkunde, ↑Mü-
cke, ↑Stechmücke.
²Fliege: ↑Bart, ↑Insekt, ↑Krawatte, ↑Sternbild;
in not frisst der Teufel -n ↑Ausnahmefall;
jmdn. ärgert / stört die F. an der Wand ärgerlich [sein]; wie die -n sterben ↑sterben; wie die
-n umfallen ↑ohnmächtig [werden]; zwei -n mit
einer Klappe schlagen ↑schlau [handeln]; keiner F. etwas zuleide tun [können] ↑friedfertig
[sein].
¹fliegen, flattern, schweben, segeln, schwirren,
flirren, gaukeln *(dichter.)*; ↑fallen, ↑gleiten · *mit
dem Flugzeug:* jetten; ↑Jet, ↑Jetset.
²fliegen: ↑entlassen [werden], ↑fallen, ↑reisen;
-de Banane ↑Hubschrauber; mit -den Fahnen in
das andere Lager / zum Gegner übergehen
↑umschwenken; Fliegender Fisch ↑Sternbild;
-der Händler ↑Händler; -des Personal ↑Perso-
nal; -de Untertasse ↑Flugkörper; einen f. lassen
↑Darmwind [entweichen lassen]; auf jmdn. f.
↑verlieben (sich).
Fliegen (das), Segelfliegen, Drachenfliegen;
↑Flug.
Fliegenfenster ↑Fenster.
Fliegenfischerei ↑Fischerei.
Fliegengewicht: ↑Ringen; ein F. sein ↑feder-
leicht [sein].

Fliegengewichtler ↑Boxer.
Fliegenkopf: ↑Buchstabe, ↑Fehler.
Fliegenmücke ↑Mücke.
Fliegenpilz ↑Ständerpilz.
Fliegenschimmel ↑Algenpilz.
Flieger: ↑Dienstgrad, ↑Flugzeug, ↑Flugzeugführer.
Fliegeralarm ↑Alarm.
Fliegerangriff: ↑Angriff, ↑Luftangriff.
Fliegerbombe ↑Bombe.
Fliegerei ↑Luftfahrt.
Fliegerhorst ↑Flugplatz.
Fliehburg ↑Fluchtburg.
¹fliehen, die Flucht ergreifen, sein Heil in der Flucht suchen, flüchten, entfliehen, entweichen, retirieren *(scherzh.),* ausbrechen, ausrücken *(ugs.),* ausreißen *(ugs.),* Reißaus nehmen, entspringen, das Hasenpanier ergreifen *(salopp),* abhauen *(salopp),* türmen *(salopp);* ↑entziehen (sich), ↑weggehen.
²fliehen: ↑entziehen (sich); das Leben f. ↑abkapseln (sich).
¹Fliese, Kachel, Platte, Plättchen *(südd.)* · *gusseiserne bebilderte Platte am gemauerten Küchenherd:* Takenplatte (Eifel usw.); ↑Fliesenleger.
²Fliese: -n ↑Fußboden.
Fliesenleger, Plattenleger, Mosaikleger, Mosaikplattenleger; ↑Fliese.
Fließblatt ↑Löschpapier.
Fließei ↑Hühnerei.
¹fließen, herausströmen, strömen, treiben, schwimmen, wogen, wallen, fluten, branden, heranbrechen, sich ergießen, herausschießen, schießen, laufen, herausrinnen, rinnen, herausquellen, quellen, plätschern, gluckern, glucksen, gurgeln, sickern, heraustropfen, tropfen, tröpfeln, triefen, rieseln, wegfließen, versickern, heraussprudeln, sprudeln, etwas leckt / ist leck / hat ein Leck; ↑abfließen, ↑ausfließen, ↑ausströmen, ↑perlen, ↑prasseln, ↑schmelzen, ↑träufeln; ↑Bach, ↑Fluss, ↑Laut.
²fließen: f. aus ↑ausfließen; das Land, wo Milch und Honig fließt ↑Fabelland.
fließend, geläufig, flüssig, ohne Unterbrechung, ohne steckenzubleiben, ohne zu stocken, nicht ↑abgehackt; ↑sprechen.
Fließheck ↑Autoheck.
Fließpapier ↑Löschpapier.
Fließsatz ↑Schriftsatz.
Flimmerkiste: ↑Fernsehgerät, ↑Kino.
flimmern ↑leuchten.
flink ↑schnell.
Flinse: ↑Kartoffelpuffer, ↑Omelett.
Flinte: ↑Schusswaffe; die F. ins Korn werfen ↑Mut [verlieren], ↑nachgeben.
Flintenlauf ↑Gewehrlauf.
Flintenschuss ↑Schuss.
Flip: ↑Eislauf, ↑Mixgetränk.
Flipper ↑Automat.
flippig ↑außergewöhnlich.

flirren: ↑fliegen, ↑leuchten.
Flirt ↑Liebelei.
flirten, jmdm. schöne Augen machen, poussieren, liebeln, kokettieren · *vom Federwild:* balzen; ↑lieben, ↑schmeicheln, ↑umwerben, ↑werben; ↑Liebelei.
Flitscherl ↑Prostituierte.
Flittchen ↑Prostituierte.
Flitter, Flitterkram *(abwertend),* Pailletten, Tand *(abwertend),* Tandwerk *(veraltet),* Talmi, Zierrat, Firlefanz *(abwertend),* Kinkerlitzchen *(abwertend);* ↑Stickerei, ↑Unsinn.
Flitterkram ↑Flitter.
Flitterwochen, Honigmond, Honigwochen, Honeymoon; ↑Ehe; ↑heiraten.
Flitterwöchner ↑Ehemann.
Flitz ↑Spleen.
Flitzbogen ↑Schusswaffe.
flitzen ↑fortbewegen (sich).
Flitzer: ↑Auto, ↑Soldat.
Flitzeritis ↑Durchfall.
Floating ↑Wechselkurs.
Flocken ↑Geld.
flockig: ↑aufgelockert, ↑ungezwungen; f. werden ↑gerinnen.
Floh: ↑Insekt, ↑Ungeziefer; Flöhe ↑Geld; die Flöhe husten hören ↑wissen; jmdm. einen F. ins Ohr setzen ↑begierig [machen].
Flohkiste ↑Kino.
Flohmarkt ↑Markt.
Flohmuster ↑Stoffmuster.
Flomen ↑Fett.
Flop ↑Misserfolg.
Floppy: -[disk] ↑Diskette.
Flor ↑Stoff.
Flora ↑Vegetation.
Florentiner: ↑Gebäck, ↑Kopfbedeckung; F. Salat ↑Gemüse.
Florentinertüll ↑Stoff.
Florenz, Firenze *(ital.);* ↑Stadt.
Florett ↑Stichwaffe.
florieren, gedeihen, blühen, gut gehen *(ugs.),* [wachsen] blühen und gedeihen, in Schwung sein; ↑entwickeln (sich).
Florileg ↑Exzerpt.
Florilegium ↑Exzerpt.
Floristin ↑Blumenbinderin.
Florpostpapier: ↑Briefpapier, ↑Schreibpapier.
Floskel ↑Redensart.
Floß ↑Boot.
Flosse ↑Gliedmaße.
Flösselhecht ↑Fisch.
Flöte: ↑Blasinstrument, ↑Penis.
¹flöten, pfeifen; ↑tuten.
²flöten: ↑singen, ↑sprechen; f. sein ↑verloren [sein].
flöten gehen ↑verloren gehen.
Flötentöne: jmdm. die F. beibringen ↑schelten.
Flötist ↑Musizierender.
flott: ↑geschmackvoll, ↑schwungvoll; f. leben ↑üppig [leben]; -er Heinrich ↑Durchfall.

Flott ↑Sahne.

Flotte · Geschwader, Kriegsflotte, Flottenverband, Flottille · Handelsflotte; ↑Kriegsschiff, ↑Schiff.

Flottenarzt ↑Arzt.

Flottenverband ↑Flotte.

Flottille ↑Flotte.

Flottillenadmiral: ↑Dienstgrad, ↑Seeoffizier.

Flottillenarzt ↑Arzt.

Flottillenfischerei ↑Fischerei.

Flowery-Orange-Pekoe ↑Tee.

¹Fluch, Verwünschung, Drohwort, Drohung, Gotteslästerung; ↑Beleidigung, ↑Schimpfwort.

²Fluch ↑Bann.

fluchen ↑schelten.

Flucht: die F. nach vorn[e] antreten ↑attackieren; die F. ergreifen ↑fliehen; in die F. schlagen ↑einschreiten; sein Heil in der F. suchen ↑fliehen.

Fluchtburg, Fliehburg, Kirchenburg, Wehrkirche; ↑Burg.

flüchten: ↑fliehen; sich f. in / unter ↑unterstellen (sich).

flüchtig: ↑nachlässig, ↑vorübergehend.

Flüchtigkeit: ↑Nachlässigkeit, ↑Unzulänglichkeit, ↑Vergänglichkeit.

Flüchtling ↑Auswanderer.

Flüchtlingsstrom ↑Flüchtlingszug.

Flüchtlingstreck ↑Flüchtlingszug.

Flüchtlingszug, Flüchtlingsstrom, Flüchtlingstreck, Treck; ↑Auswanderer.

¹Flug, Gleitflug, Segelflug, Sturzflug, Blindflug, Kunstflug, Looping, Schauflug, Rückenflug, Normalflug, Zielflug, Tiefflug, Überschallflug, Unterschallflug, Schlechtwetterflug, Nonstopflug, Ohnehaltflug, Nachtflug, Langstreckenflug, Transozeanflug, Ozeanflug, Überlandflug, Aufklärungsflug, Erkundungsflug, Übungsflug, Werkstattflug · *erster eines Flugzeugs:* Jungfernflug; ↑Flugplatz, ↑Flugzeug, ↑Flugzeugführer.

²Flug ↑Herde.

Flugangelei ↑Angelsport.

Flugasche ↑Schüttgut.

Flugbegleiter ↑Steward.

Flugbenzin ↑Treibstoff.

Flugblatt ↑Flugschrift.

Flugdatenschreiber ↑Tachograph.

Flugdrache ↑Eidechse.

¹Flügel, Schwinge *(geh.),* Fittich *(geh.);* ↑Vogel.

²Flügel: ↑Fußballspieler, ↑Seitentrakt, ↑Tasteninstrument; die F. hängen lassen ↑deprimiert [sein]; jmdm. die F. beschneiden / stutzen ↑einschränken.

Flügelaltar: ↑Altar, ↑Altarbild.

flügellahm ↑deprimiert.

Flügelmann: ↑Mann, ↑Pianist.

Flügelpumpe ↑Wasserpumpe.

Flügelschnecke ↑Schnecke.

Flügelstürmer ↑Fußballspieler.

Flügeltür ↑Tür.

flügge: ↑erwachsen; kaum f. sein ↑jung.

Flughafen ↑Flugplatz.

Flughuhn ↑Vogel.

Flugkapitän ↑Flugzeugführer.

Flugkarte ↑Fahrkarte.

Flugkörper, Flugobjekt · *unbekannter:* unbekanntes Flugobjekt, UFO, fliegende Untertasse.

Flugobjekt: [unbekanntes] F. ↑Flugkörper.

Flugplatz, Flughafen, Airport, Lufthafen, Landeplatz, Verkehrsflughafen, Zivilflughafen, Militärflughafen, Militärflugplatz, Fliegerhorst; ↑Abfertigungsgebäude, ↑Flug, ↑Flugzeug, ↑Flugzeugführer, ↑Rollbahn.

Flugreise ↑Reise.

flugs ↑schnell.

Flugschrauber ↑Hubschrauber.

Flugschreiber ↑Tachograph.

Flugschrift, Flugblatt, Handzettel, Streitschrift, Flugzettel *(österr.),* Schmähschrift, Pamphlet; ↑Plakat, ↑Satire.

Flugsicherungsturm ↑Kontrollturm.

Flugverbindung ↑Verkehrsverbindung.

Flugzettel ↑Flugschrift.

¹Flugzeug, Aeroplan *(veraltet),* Maschine, Flieger *(ugs.),* Kiste *(ugs.),* Mühle *(salopp, abwertend),* Kurzstreckenflugzeug, Mittelstreckenflugzeug, Langstreckenflugzeug, Propellerflugzeug, Turbopropflugzeug, Propellermaschine, Düsenflugzeug, Jetliner, Düsenjäger, Düsenklipper, Düsenmaschine, Überschallflugzeug, Raketenflugzeug, Jet, Senkrechtstarter, Großflugzeug, Jumbojet, Amphibienflugzeug, Sportflugzeug, Schulflugzeug, Jagdflugzeug, Jäger, Transportflugzeug, Verkehrsflugzeug, Verkehrsmaschine, Passagierflugzeug, Passagiermaschine, Chartermaschine, Militärflugzeug, Militärmaschine, Aufklärungsflugzeug, Aufklärungsmaschine, Aufklärer, Intruder, Kampfflugzeug, Sturzkampfflugzeug, Stuka, Segelflugzeug, Gleitflugzeug, Gleiter, Segelflieger *(ugs.),* Doppeldecker, Lufttaxi, Luftaxe, Aerotaxi, Aerotaxe, Airbus, Kabinenflugzeug; ↑Fahrwerk, ↑Flug, ↑Flugplatz, ↑Flugzeugführer, ↑Hubschrauber, ↑Luftfahrt, ↑Luftschiff, ↑Verkehrsmittel; ↑reisen.

²Flugzeug ↑Verkehrsmittel.

Flugzeugabsturz ↑Unglück.

Flugzeugbesatzung ↑Personal.

Flugzeugentführung ↑Kidnapping.

Flugzeugführer, Pilot, Verkehrspilot, Flugkapitän, Flieger · *zweiter:* Kopilot · *der neue Flugzeugtypen einfliegt:* Testpilot; ↑Flug, ↑Flugplatz, ↑Flugzeug.

Flugzeugkatastrophe ↑Unglück.

Flugzeugkrankheit ↑Bewegungskrankheit.

Flugzeugträger ↑Kriegsschiff.

Fluh ↑Felswand.

Fluidtechnik, Ölhydraulik, Pneumatik.

¹Fluidum, Flair, Atmosphäre; ↑Ansehen ↑Ausstrahlungskraft.

²Fluidum ↑Ausstrahlungskraft.

Fluktuation ↑Veränderung.

fluktuieren, schwanken, wechseln; ↑abwechseln; ↑veränderlich; ↑Veränderung.

Flunder: ↑Fisch; platt sein wie eine F. ↑überrascht [sein].

Flunkerei ↑Lüge.

flunkern ↑lügen.

Fluor ↑Gas.

Fluoreszenzlampe ↑Glühbirne.

fluoreszieren ↑aufleuchten.

Flur: ↑Diele, ↑Feld, ↑Hausflur, ↑Treppenhaus.

Flurbereinigung, Feldbereinigung, Zusammenlegung; ↑Feld, ↑Geometer.

Flurbuch ↑Grundbuch.

Flurgarderobe ↑Garderobe.

Flurhüter ↑Flurwächter.

Flurlampe ↑Lampe.

Flurleuchte ↑Lampe.

Flurlicht ↑Lampe.

Flurschaden ↑Beschädigung.

Flurschütz ↑Flurwächter.

Flurwächter, Feldhüter, Flurhüter, Feldwächter, Flurschütz, Schütz, Feldschütz.

Fluse, Wollfluse, Fussel, Wollfussel, Faser, Fäserchen, Fädchen, Wollfädchen, Zaser *(landsch.),* Zasel *(landsch.),* Zase *(landsch.);* ↑Faser, ↑Staubflocke; ↑fusseln.

¹Fluss, Wasserlauf, Flusslauf, Strom, Wasserarm, Flussarm, Seitenarm, Nebenarm, Nebenfluss, Grenzfluss, Quellfluss, Bach, Rinnsal; ↑Bach, ↑Kanal, ↑Meer, ↑Pfütze, ↑See, ↑Ufer; ↑fließen.

²Fluss: im F. sein ↑wandeln (sich); in F. kommen ↑verursachen.

Flussaal ↑Fisch.

flussabwärts ↑abwärts.

Flussangelei ↑Angelsport.

Flussarm ↑Fluss.

flussaufwärts ↑aufwärts.

Flussbarsch ↑Fisch.

Flussdiagramm ↑Graph.

Flussfischer ↑Fischer.

Flussfischerei ↑Fischerei.

Flusshafen ↑Hafen.

¹flüssig, dickflüssig, zähflüssig, viskos, viskös, leimartig, breiig, schleimig, seimig, sämig (Suppe), geschmolzen, verflüssigt, aufgetaut, getaut; ↑klebrig, ↑legiert; ↑Flüssigkeit, ↑Flüssigsein.

²flüssig: ↑fließend, ↑zahlungsfähig; -er Brennstoff ↑Brennstoff; f. machen ↑zerlassen; -er Zustand ↑Flüssigsein.

¹Flüssigkeit, Lösung, Lauge, Tinktur, Sud, Brühe, Lotion; ↑Flüssigsein, ↑Getränk; ↑flüssig.

²Flüssigkeit: ↑Flüssigsein; F. zu sich nehmen ↑trinken.

Flüssigkeitsbremse ↑Bremse.

flüssig machen: sich f. ↑weggehen.

Flüssigsein, Flüssigkeit *(selten),* flüssiger Zu-

stand, Dickflüssigkeit, Zähflüssigkeit, Viskosität, Breiigkeit, Schleimigkeit, Seimigkeit, Sämigkeit (Suppe); ↑Flüssigkeit, ↑Klebrigkeit; ↑flüssig, ↑legiert.

Flusskies ↑Splitt.

Flusskrebs ↑Krebs.

Flusslandschaft ↑Landschaft.

Flusslauf ↑Fluss.

Flusslotse ↑Lotse.

Flussmarsch ↑Marsch.

Flussmündung ↑Mündung.

Flussmuschel ↑Muschel.

Flussschiff ↑Schiff.

Flussschiffer ↑Schiffer.

Flussschifffahrt ↑Schifffahrt.

Flussschotter ↑Splitt.

Flusswasser ↑Wasser.

¹flüstern, wispern, pispern, pispeln, fispern, fispeln, lispeln, zischeln, zischen, tuscheln, hauchen, murmeln, munkeln, raunen, brummeln, brummen; ↑mitteilen, ↑sprechen, ↑stottern; ↑abgehackt, ↑heiser, ↑leise, ↑unartikuliert; ↑Laut.

²flüstern: jmdm. was f. ↑schelten; -d ↑leise.

Flüsterpropaganda ↑Gerücht.

Flüsterstimme ↑Stimme.

Flüsterton: im F. ↑leise.

Flüstertüte ↑Lautsprecher.

¹Flut, auflaufendes Wasser, Hochwasser · *mit dem geringsten Hub:* taube Flut, Nipptide · *mit mittlerem Hub:* mittlere Tide · *mit großem Hub:* Springflut, Springtide, Sturmflut; ↑Brandung, ↑Gezeiten · Ggs. ↑Ebbe.

²Flut: Ebbe und F. ↑Gezeiten; taube F. ↑Flut.

fluten ↑fließen.

Fluthafen ↑Hafen.

Flutlicht ↑Scheinwerferlicht.

flutschen: etwas flutscht ↑vorangehen.

Flutwelle ↑Welle.

Fluxion ↑Blutandrang.

Flying Dutchman ↑Segelboot.

Fly-over ↑Straße.

Föderation: ↑Bund, ↑Staat.

Fog ↑Nebel.

Fogosch ↑Fisch.

fohlen ↑gebären.

Fohlen: ↑Pelz, ↑Pferd.

¹Föhn, Haartrockner, Heißlufttrockner, Föhnkamm; ↑Haarwäsche; ↑föhnen.

²Föhn ↑Fallwind.

föhnempfindlich ↑wetterfühlig.

Föhnempfindlichkeit ↑Wetterfühligkeit.

föhnen, die Haare trocknen; ↑Föhn, ↑Haarwäsche.

Föhnfrisur ↑Frisur.

föhnig ↑schwül.

Föhnkamm ↑Föhn.

Föhnkrankheit ↑Wetterfühligkeit.

Föhre ↑Nadelhölzer.

Fokus ↑Brennpunkt.

¹Folge, Wirkung, Ergebnis, Auswirkung, Spätfolgen, Spätschäden, Langzeitfolgen, Langzeitwirkung, Konsequenz, Folgerung, Weiterung, Nachspiel, Tragweite; ↑Einleitung, ↑Erfolg, ↑Zwischenspiel; **die F.** von etwas sein: etwas ist die Folge von etwas, das ist die Quittung / die Antwort / die Strafe, da hast du die Bescherung / den Salat! *(ugs.)*, das kommt davon! *(ugs.);* siehst du, da hast dus!; ätsch! *(Kinderspr.);* die Folgen tragen müssen, die Zeche bezahlen müssen *(ugs.);* unangenehme Folgen haben, etwas rächt sich / *(ugs.)* stößt jmdm. sauer auf.

²**Folge:** ↑Erfolg, ↑Reihenfolge, ↑Zyklus; eine [endlose] F. ↑viele; [den Anordnungen] F. leisten ↑befolgen; die -n tragen [müssen] ↑einstehen (für); in rascher F. ↑schnell; in steter F. ↑unaufhörlich; in bestimmter / regelmäßiger F. ↑periodisch; ohne -n bleiben ↑wirkungslos [bleiben]; das Verhältnis blieb nicht ohne -n ↑schwanger [sein]; zur F. haben ↑verursachen.

folgen: ↑gehorchen, ↑nachfolgen, ↑nachgehen, ↑nachkommen; [geistig] f. können ↑verstehen; jmdm. mit den Blicken f. ↑nachschauen (jmdm.); der Stimme der Natur f. ↑koitieren.

folgend ↑nacheinander.

folgendermaßen ↑so.

folgenreich ↑wichtig.

folgenschwer: ↑ernst, ↑wichtig.

folgerichtig ↑planmäßig.

folgern, schließen, zurückführen auf, urteilen, den Schluss ziehen, zu dem Schluss kommen, schlussfolgern, die Schlussfolgerung ziehen, seine Schlüsse ziehen, resümieren, ableiten, herleiten, deduzieren; ↑auslegen, ↑beurteilen, ↑denken, ↑stammen (von); ↑abschließend, ↑irreduktibel, ↑zurückführbar; ↑Folgerung.

¹**Folgerung,** Schlussfolgerung, Schluss, Konklusion, Zurückführung, Zuweisung, Bezug, Beziehung, Ableitung, Herleitung, Deduktion; ↑Ableitung, ↑Folge; ↑folgern, ↑stammen (von); ↑zurückführbar.

²**Folgerung** ↑Folge.

Folgesatz ↑Satz.

Folgeschaden ↑Beschädigung.

Folgetonhorn ↑Hupe.

folgewidrig, außerplanmäßig, unvorschriftsmäßig, inkonsequent; ↑gegensätzlich; ↑Inkonsequenz · Ggs. ↑planmäßig.

folglich ↑also.

¹**folgsam,** fügsam, ergeben; ↑anlehnungsbedürftig, ↑artig, ↑treu; **f. sein,** jmdm. aus der Hand fressen *(ugs.)*, jmdm. bedingungslos ergeben sein.

²**folgsam** ↑artig.

Folgsamkeit ↑Gehorsam.

Foliant ↑Buch.

¹**Folie,** Kunststofffolie, Plastikfolie, Cellophanpapier®, Cellophan®, Klarsichtfolie, Metallfolie, Metallpapier, Goldfolie, Silberfolie, Silberpapier, Alufolie, Aluminiumfolie, Zinnfolie, Stanniolpapier; ↑Einwickelpapier, ↑Papier; ↑abgepackt.

²**Folie** ↑Hintergrund.

Folienkartoffeln ↑Kartoffeln.

Folioausgabe ↑Edition.

Folkeviser ↑Lied.

Folklore: ↑Musik, ↑Volkskunde.

folkloristisch: -e Musik ↑Musik.

Folliculitis ↑Haarbalgentzündung.

Follikelhormon ↑Hormon.

Follikelsprung ↑Ovulation.

follikelstimulierend: -es Hormon ↑Hormon.

Follikulitis ↑Haarbalgentzündung.

Folter: ↑Misshandlung; jmdn. auf die F. spannen ↑neugierig [machen].

foltern: ↑misshandeln, ↑schikanieren.

Fomentation ↑Wickel.

Fomentum ↑Wickel.

Fond ↑Hintergrund.

Fondant ↑Praline.

Fonds ↑Vorrat.

Fontäne ↑Springbrunnen.

foppen: ↑anführen, ↑aufziehen.

Fopper ↑Schnuller.

forcieren ↑verstärken.

Förde ↑Meerbusen.

Förderer ↑Gönner.

förderlich ↑nützlich.

¹**fordern,** Forderungen / Ansprüche stellen, den Bengel [zu hoch] werfen *(schweiz.)*, postulieren, ein Postulat aufstellen · *zu viel:* den Bogen überspannen, jmdn. überfordern; ↑verlangen.

²**fordern:** ↑verlangen, ↑vorschreiben; sich f. ↑anstrengen (sich).

fördern, begünstigen, protegieren, favorisieren, lancieren, aufbauen, herausstellen, herausbringen, ins Geschäft bringen *(ugs.)*, Königsmacher sein *(Politik)*, jmdm. in den Sattel helfen, jmdm. in den Sattel heben, jmdm. den Steigbügel halten, sich verwenden für, jmdm. die Bahn / die Wege ebnen, befürworten, ein gutes Wort einlegen für; ↑bevorzugen, ↑eintreten (für), ↑helfen, ↑steigern, ↑unterstützen (etwas), ↑vermehren, ↑verstärken; ↑Bestechung, ↑Förderung, ↑Gönner, ↑Helfer, ↑Steigerung, ↑Vetternwirtschaft; ↑nützlich.

Forderung: ↑Anspruch, ↑Rechnung; -en stellen ↑fordern; auf jmds. -en eingehen ↑nachgeben; in seinen -en zurückgehen ↑zurückstecken.

¹**Förderung,** Empfehlung, Fürsprache, Gönnerschaft, Protektion; ↑Gönner, ↑Vetternwirtschaft; ↑fördern.

²**Förderung** ↑Hilfe.

Forelle ↑Fisch.

forensisch: -e Beredsamkeit ↑Redegewandtheit; -e Medizin ↑Gerichtsmedizin.

Forint ↑Zahlungsmittel.

Forke *(nordd.)*, Heuforke *(nordd.)*, Mistforke *(nordd.)*, Heugabel, Mistgabel; ↑Harke.

Forleule ↑Schmetterling.

¹**Form,** Zuschnitt, Schnitt, Muster, Design, Styling; ↑formen.

²Form: ↑Backform, ↑Beschaffenheit, ↑Brauch, ↑Gebilde, ↑Manier; gekürzte F. ↑Kurzfassung; [nur] der F. halber ↑wirklich; aus der F. bringen ↑deformieren; außer / [nicht] in F. sein ↑Verfassung; in F. ↑fit; in F. bleiben ↑trainieren (sich); in F. sein ↑gesund [sein]; [glänzend] in F. sein ↑brillieren.

Formans ↑Affix.

¹Format, Niveau, Qualität, Rang.

²Format: ↑Ansehen, ↑Beschaffenheit.

Formation ↑Heeresverband.

formbar ↑bildungsfähig.

Formblatt ↑Formular.

Formel: ↑Redensart; magische F. ↑Zaubermittel.

Formelbruch, Aprosdokese; ↑Ausdrucksweise, ↑Satzbruch.

formelhaft, stereotyp, ständig, [immer] wiederkehrend, gleich bleibend, sich wiederholend; ↑feststehend.

formell, förmlich, steif, zeremoniell, zeremoniös, konventionell; ↑herkömmlich, ↑höflich; ↑Benehmen.

Formelsatz ↑Schriftsatz.

formen, gestalten, bilden, nachbilden; ↑anfertigen, ↑bearbeiten, ↑lenken, ↑verbessern; ↑bildungsfähig; ↑Form.

Formenkreis: rheumatischer F. ↑Arthritis.

Formgeber ↑Zeichner.

Formgestalter ↑Zeichner.

formidabel: ↑außergewöhnlich, ↑schrecklich.

formieren: sich f. ↑aufstellen (sich).

förmlich: ↑formell, ↑namentlich, ↑regelrecht.

Förmlichkeit ↑Brauch.

formlos: ↑amorph, ↑ungezwungen.

Formosa ↑China.

formrein ↑schön.

formschön ↑schön.

Formschönheit ↑Wohlgestaltetheit.

Formular, Vordruck, Formblatt, Fragebogen, Drucksorten *(österr.)* · *für Personalangaben:* Nationale *(österr.).*

¹formulieren (ein Anliegen o. Ä.), artikulieren, ausdrücken, aussprechen, in Worte fassen / *(geh.)* kleiden · *nicht exakt:* ins Unreine sprechen *(scherzh.);* ↑mitteilen.

²formulieren ↑aufschreiben.

Formulierung ↑Wortlaut.

Formung ↑Gestaltung.

Formwort ↑Wortart.

forsch ↑schnell.

forschen, ergründen, erforschen, eruieren, hinterfragen, explorieren, studieren, sondieren; ↑ansehen, ↑auskundschaften, ↑nachforschen, ↑zergliedern; ↑Erforschung.

Forscher ↑Gelehrter.

Forschergeist ↑Neugier.

Forschung ↑Erforschung.

Forschungsanstalt ↑Institut.

Forschungseifer ↑Neugier.

Forschungsinstitut ↑Institut.

Forschungsreise ↑Reise.

Forschungstrieb ↑Neugier.

Forst ↑Wald.

Förster, Forstmann, Wildschütz *(veraltet),* Wildhüter; ↑Jäger.

Forstgeometer ↑Landvermesser.

Forstmann ↑Förster.

Forsythie ↑Zierstrauch.

fort: ↑unterwegs, ↑weg; f. sein ↑verloren [sein]; in einem f. ↑unaufhörlich; und so f. ↑und so weiter.

Fort ↑Festung.

fortab ↑später.

fortan ↑später.

fortbegeben: sich f. ↑weggehen.

Fortbestand, Fortdauer, Weiterbestehen, Dauer, Beständigkeit; ↑Fortsetzung.

fortbestehen ↑andauern.

fortbewegen (sich), gehen, laufen *(landsch.),* zu Fuß gehen, marschieren, schreiten, wandeln, wallen, stolzieren, stelzen, stöckeln, tänzeln, tippeln *(ugs.),* tappeln *(ugs.),* trippeln, trotten, zotteln, zuckeln, zockeln, schwärmen, stak[s]en, gehen wie ein Storch im Salat *(ugs.),* stapfen, tappen, waten, stiefeln, schlappen *(salopp),* latschen *(abwertend),* schlurfen, schlurren *(ugs., nordd.),* hatschen *(ugs., österr.),* watscheln · *leise:* schleichen, auf Zehen / Zehenspitzen / Fußspitzen gehen · *mit einwärts gerichteten Fußspitzen:* über den [großen / dicken] Onkel gehen *(ugs.),* onkeln *(ugs.)* · *schnell:* rennen, springen *(landsch.),* spurten, sprinten, eilen, hasten, huschen, jagen, stieben, stürmen, stürzen *(ugs.),* rasen, sausen, fegen, pesen *(ugs.),* wetzen *(ugs.),* düsen *(ugs.),* presten, bläddern *(ugs., österr.),* pledern *(ugs., österr.),* flitzen, spritzen, die Beine in die Hand / unter den Arm nehmen, laufen wie eine gesengte Sau *(derb)* · *vorsichtig:* wie auf Eiern gehen *(ugs.)* · *in einer Stadt:* Pflaster treten *(ugs.);* ↑beeilen (sich), ↑bewegen (sich), ↑Boot [fahren], ↑fahren, ↑herumtreiben (sich), ↑hinken, ↑kommen, ↑kriechen, ↑pilgern, ↑spazieren gehen, ↑treten, ↑weggehen; ↑Fortbewegung, ↑Fußgänger, ↑Marschroute, ↑Ortsveränderung, ↑Strecke.

¹Fortbewegung, Gang, Gangart; ↑Ortsveränderung; ↑fortbewegen (sich).

²Fortbewegung ↑Ortsveränderung.

fortbilden: sich f. ↑weiterbilden (sich).

Fortbildung, Weiterbildung, Erwachsenenbildung; ↑Schule, ↑Volkshochschule; ↑weiterbilden (sich).

fortbringen: ↑entfernen, ↑entsorgen; von hier bringen mich keine zehn Pferde fort ↑weilen.

Fortbringung ↑Beseitigung.

Fortdauer ↑Fortbestand.

fortdauern: ↑andauern, -d ↑unaufhörlich; unvermindert -d ↑ungetrübt.

forte ↑Lautstärke.

Fortentwicklung ↑Fortschritt.

fortfahren ↑fortsetzen.

Fortfall: in F. kommen ↑wegfallen.
fortfallen ↑wegfallen.
fortführen ↑fortsetzen.
Fortführung ↑Fortsetzung.
Fortgang ↑Fortschritt.
fortgehen ↑weggehen.
fortgesetzt ↑unaufhörlich.
forthelfen: sich f. ↑behelfen (sich).
fortissimo: ↑laut, ↑Lautstärke.
fortjagen ↑vertreiben.
Fortkommen: sein F. finden ↑avancieren.
fortlassen ↑aussparen.
fortlaufend: ↑kursorisch, ↑unaufhörlich.
fortmachen: sich f. ↑weggehen.
fortpflanzen (sich), sich vermehren, die Art erhalten; ↑befruchten, ↑gebären, ↑koitieren; ↑Fortpflanzung.
Fortpflanzung, Vermehrung, Arterhaltung · ungeschlechtliche Fortpflanzung, Jungfernzeugung, Parthenogenese, Parthenogenesis, Monogenese, Monogenesis, Monogenismus, Monogonie, Schizogonie; ↑Befruchtung, ↑Fertilität, ↑Koitus; ↑fortpflanzen (sich).
fortpflanzungsfähig ↑fruchtbar.
Fortpflanzungsfähigkeit ↑Fertilität.
Fortpflanzungstrieb ↑Geschlechtstrieb.
FORTRAN ↑Sprache.
forträumen ↑entfernen.
Forträumung ↑Beseitigung.
fortschaffen: ↑entfernen, ↑entsorgen.
Fortschaffung ↑Beseitigung.
fortscheren: sich f. ↑weggehen.
fortschicken ↑entlassen.
fortschleichen: sich f. ↑weggehen.
fortschreiben ↑buchen.
fortschreiten: das Fortschreiten ↑Steigerung.
¹Fortschritt, Progress, Fortentwicklung, Fortgang; ↑Entwicklung, ↑Steigerung, ↑Vorgang · Ggs. ↑Rückschritt; ↑Steigerung.
²Fortschritt: ↑Kultur; -e machen ↑vorangehen.
fortschrittlich, progressiv, avantgardistisch, vorkämpferisch, zeitgemäß, lebensnah, gegenwartsbezogen, gegenwartsnah, nicht ↑altmodisch, nicht ↑rückschrittlich; ↑modern; **f. sein,** mit der Zeit gehen / Schritt halten; ↑Rückschritt; ↑Schrittmacher.
fortschrittsfeindlich ↑rückschrittlich.
Fortschrittsfeindlichkeit ↑Rückschritt.
fortschrittsgläubig ↑zuversichtlich.
Fortschrittsgläubigkeit ↑Optimismus.
¹fortsetzen, fortfahren, weitermachen, fortführen, weiterführen, weiterfahren *(schweiz.),* dabeibleiben, weiterverfolgen, am Ball bleiben *(ugs.),* nicht ↑beenden; ↑wach halten; ↑Fortsetzung · Ggs. ↑unterbrechen.
²fortsetzen: seine Fahrt mit etwas f. ↑umsteigen.
Fortsetzung, Fortführung, Weiterführung; ↑Fortbestand; ↑fortsetzen.
Fortsetzungsroman ↑Roman.
fortstehlen: sich f. ↑weggehen.

forttragen: das kann eine Katze auf dem Schwanz f. ↑wenig.
Fortuna: F. lächelt / lacht jmdm. ↑Glück [haben].
fortwährend ↑unaufhörlich.
fortweg ↑unaufhörlich.
fortwerfen ↑wegwerfen.
fortwursteln ↑behelfen (sich).
fortziehen ↑übersiedeln.
Forum ↑Platz.
Forward ↑Fußballspieler.
Fose ↑Prostituierte.
Fossil ↑Versteinerung.
Foto: ↑Fotografie; ein F. schießen ↑fotografieren.
Fotoalbum ↑Album.
Fotoapparat, fotografischer Apparat, Apparat, Kamera, Stehbildkamera, Kasten *(ugs.),* Fotokasten *(ugs.)* · Lochkamera, Camera obscura, Boxkamera, Box, Spiegelreflexkamera, Mattscheibenkamera, Sucherkamera · Großbildkamera, Studiokamera, Atelierkamera, Laufbodenkamera · Kleinbildkamera, Kleinstbildkamera, Miniaturkamera · Unterwasserkamera, Luftbildkamera, Panoramakamera, Superweitwinkelkamera, Stereokamera; ↑Fotografie, ↑Kamera, ↑Projektionsapparat; ↑fotografieren.
Fotograf, Lichtbildner, Porträtfotograf, Landschaftsfotograf, Modefotograf, Werbefotograf, Pressefotograf, Berufsfotograf · *nicht berufsmäßig fotografierender:* Amateurfotograf, Amateur, Liebhaberfotograf; ↑Fotografie; ↑fotografieren.
Fotografie, Lichtbild, Aufnahme, Foto, Bild, Schnappschuss, Porträtaufnahme, Porträt, Konterfei, Daguerreotypie, Schwarzweißfotografie, Schwarzweißfoto, Schwarzweißaufnahme, Farbfotografie, Farbfoto, Farbaufnahme, Freilichtaufnahme, Blitzlichtaufnahme, Großaufnahme, Nahaufnahme, Nachtaufnahme, Amateurfoto, Landschaftsaufnahme, Gruppenbild, Gruppenaufnahme, Gruppenfoto, Familienfoto, Klassenfoto, Klassenbild, Passfoto, Ganzfoto, Brustbild · *mittels Laserstrahlen aufgenommene:* Holographie · *mit kurzer Belichtungszeit:* Momentaufnahme · *mit längerer Belichtungszeit:* Zeitaufnahme · *eines nackten menschlichen Körpers:* Aktfotografie, Aktfoto, Aktaufnahme · *zur sexuellen Erregung:* Pornobild, Wichsvorlage *(salopp)* · *vergrößerte:* Vergrößerung · *nicht abgezogene:* Negativ · *auf einer Diapositivplatte:* Diapositiv, Dia; ↑Bilderrahmen, ↑Bildnis, Filmaufnahme, ↑Fotoapparat, ↑Fotograf, ↑Raster; ↑filmen; ↑fotografieren.
fotografieren, aufnehmen, eine Aufnahme / ein Bild machen, knipsen *(ugs.),* abnehmen, ein Bild / Foto schießen *(salopp),* ablichten *(scherzh.);* ↑filmen; ↑unscharf; ↑Bild, ↑Film, ↑Fotoapparat, ↑Fotograf, ↑Fotografie.

fotografisch: -er Apparat ↑Fotoapparat.
Fotokasten ↑Fotoapparat.
Fotokopie ↑Reproduktion.
fotokopieren ↑ablichten.
fotomechanisch: -er Nachdruck ↑Reproduktion.
Fotomodell, Modell · Malermodell, Aktmodell; ↑Glamourgirl, ↑Mannequin.
Fotosafari ↑Reise.
Fötus ↑Leibesfrucht.
Fotze: ↑Mund, ↑Ohrfeige, ↑Vagina.
Fotzhobel ↑Blasinstrument.
Foul ↑Regelverstoß.
Fourgon ↑Auto.
Fox ↑Hunderassen.
Foxterrier ↑Hunderassen.
Foxtrott ↑Tanz.
Foyer, Wandelhalle, Wandelgang, Vestibül, Hotelhalle, Lounge, Gesellschaftsraum, Vorraum, Empfangshalle, Empfangsraum; ↑Diele.
Fra ↑Mönch.
Fracht ↑Ladung.
Frachtbahnhof ↑Bahnhof.
Frachtdampfer ↑Schiff.
Frachtenbahnhof ↑Bahnhof.
Frachter ↑Schiff.
Frachtgut ↑Ladung.
Frachtschiff ↑Schiff.
Frachtschiffer ↑Schiffer.
Frachtschifffahrt ↑Schifffahrt.
Frachtstück ↑Packen.
Frack: ↑Anzug; jmdm. den F. vollhauen / vollschlagen ↑schlagen.
Frackhemd ↑Oberhemd.
Fracksausen: F. haben ↑Angst [haben vor].
Frackschoß: an jmds. Frackschößen hängen ↑verwöhnt [sein].
Frackschoßsausen: F. haben ↑Angst [haben vor].
¹Frage, Erkundigung, Anfrage, Nachfrage, Befragung, Gegenfrage, Rückfrage, Zwischenfrage, Querfrage, Teilfrage, Nebenfrage, Diskussionsfrage, Entscheidungsfrage, Alternativfrage, Prüfungsfrage, Intelligenzfrage, Rätselfrage, Scherzfrage, Konsultation, Interview · *die dem Befragten die Antwort bereits durch die Art der Frage in den Mund legt:* Suggestivfrage · *mit der man etwas herauszubekommen versucht:* Fangfrage, Gretchenfrage · *auf die es nur eine Antwort gibt, die durch Erfahrung nicht kontrolliert werden kann:* Scheinfrage *(Philos.);* ↑Umfrage; ↑fragen · Ggs. ↑Antwort.
²Frage: ↑Schwierigkeit; es gibt noch viele -n ↑offen bleiben; eine F. richten an / stellen / vorbringen / vorlegen, mit -n überschütten ↑fragen; infrage kommen ↑eignen [sich]; infrage stellen ↑zweifeln; man muss sehr infrage stellen, ob ... ↑ungewiss [sein]; infrage kommend ↑potenziell; kommt nicht infrage ↑nein; etwas kommt nicht infrage ↑tun.
Fragebogen ↑Formular.

frägeln ↑fragen.
Fragelust ↑Neugier.
fragelustig ↑neugierig.
¹fragen, eine Frage richten an / stellen / vorlegen / vorbringen, jmdn. mit Fragen überschütten, ausfragen, jmdm. ein Loch in den Bauch fragen *(ugs.),* jmdm. die Seele aus dem Leib fragen *(ugs.),* bohren *(ugs.),* aushorchen, ausforschen, nachfassen, ausförscheln *(schweiz.),* frägeln *(schweiz.),* fratscheln *(ugs., österr.),* ausfratscheln *(ugs., österr.),* auf den Busch klopfen *(ugs.),* ausholen *(ugs.),* das Letzte aus jmdm. herausholen *(ugs.),* ausquetschen *(salopp),* ausknautschen *(salopp),* ausnehmen *(salopp),* befragen, interviewen, umfragen, herumfragen, eine Umfrage halten / veranstalten, sich erkundigen / informieren / orientieren / unterrichten / *(ugs.)* umhören / umtun, Erkundigungen einziehen, konsultieren, um Rat fragen, begrüßen *(Amtsspr., schweiz.),* anfragen, nachfragen · *vorsichtig:* antippen *(ugs.)* · *hartnäckig:* jmdn. in die Enge treiben, insistieren; ↑auskundschaften, ↑bitte?, ↑finden, ↑nachforschen, ↑prüfen, ↑zusetzen (jmdm.); ↑Frage, ↑Gespräch, ↑Rechercheur, ↑Umfrage · Ggs. ↑antworten.
²fragen: sich f. ↑denken; gefragt werden müssen ↑Entscheidung; danach fragt niemand ↑unwichtig [sein]; wenn Sie mich f. ↑ich.
Fragerei ↑Neugier.
Fragesatz ↑Satz.
Fragezeichen ↑Satzzeichen.
fragil: ↑zart, ↑zerbrechlich.
fraglich: ↑obig, ↑ungewiss.
Fraglichkeit ↑Ungewissheit.
fraglos ↑zweifellos.
Fragment, Bruchstück, Rest, Überrest; ↑Unvollständigkeit; ↑unvollständig.
fragmentarisch ↑unvollständig.
Fragner ↑Kaufmann.
fragwürdig ↑anrüchig.
Frais: in die -en fallen ↑betroffen [sein].
fraise ↑rot.
Fraktion ↑Partei.
Fraktur: ↑Knochenbruch; F. reden ↑schelten.
Frakturschrift ↑Schrift.
Franc: [belgischer / luxemburgischer F.] ↑Zahlungsmittel.
Française ↑Tanz.
Français élémentaire ↑Grundwortschatz.
Français fondamental ↑Grundwortschatz.
frank: f. und frei ↑aufrichtig.
¹Franken, Schweizer Franken, Fränkli · Frankenstück, Fränkler, Stein *(salopp),* Stutz *(salopp)* · Zweifrankenstück, Zweifränkler · Fünffrankenstück, Fünfliber, Liber *(selten);* ↑Münze, ↑Zahlungsmittel.
²Franken: Schweizer F. ↑Zahlungsmittel.
Frankenstück ↑Franken.
Frankfurt, Frankfurt am Main, Mainmetropole, Goethestadt, Messestadt, Mainhattan *(scherzh.),* Bankfurt *(scherzh.);* ↑Stadt.

Frankfurter: F. Kranz ↑Gebäck; [F. Würstchen] ↑Würstchen.

frankfurterisch: f. sprechen ↑Mundart [sprechen].

frankieren, freimachen, eine Briefmarke aufkleben; ↑Briefmarke.

fränkisch: f. sprechen ↑Mundart [sprechen].

Fränkler ↑Franken.

Fränkli ↑Franken.

franko ↑kostenlos.

Frankosendung ↑Postsendung.

¹Frankreich, Grande Nation, der gallische Hahn *(ironisch),* Marianne *(scherzh.);* ↑Franzose.

²Frankreich: wie Gott in F. leben ↑leben.

Franktireur ↑Partisan.

Franse: -n ↑Besatz, ↑Ponys.

Franzbrötchen ↑Brötchen.

Franziskaner ↑Mönchsorden.

Franziskanerorden ↑Mönchsorden.

Franzmann ↑Franzose.

Franzose, Franzmann *(ugs.),* Poilu *(Spitzname)* · Elsässer; ↑Frankreich.

Franzosenkrankheit ↑Geschlechtskrankheit.

Franzosensuppe ↑Suppe.

Französin ↑Prostituierte.

französisch: -es Bett ↑Bett; -er Kuss ↑Kuss; -er Pfefferschinken ↑Schinken; -e Suppe ↑Suppe; -es Weißbrot ↑Kaviarbrot; f. lieben ↑koitieren; sich auf f. empfehlen ↑weggehen.

frappant: ↑außergewöhnlich, ↑treffend.

Frappé ↑Mixgetränk.

Fräse ↑Bart.

fräsen ↑glätten.

Fraß ↑Essen.

Frater ↑Mönch.

Fraternisation ↑Verbrüderung.

fraternisieren ↑verbrüdern (sich).

fratscheln ↑fragen.

Fratz: ↑Kind, ↑Mädchen.

Fratze: ↑Gesicht, ↑Miene, ↑Zerrbild.

frau ↑man.

¹Frau, Sie, Dame, Lady, Traumfrau, Eva *(scherzh.),* Evastochter *(scherzh.),* Weib, weibliches Wesen, Hausfrau, Heimchen am Herd *(abwertend)* · negativ beurteilte: Weibsbild *(derb),* Weibstück *(derb),* Frauenzimmer, das Mensch *(salopp),* Frauensperson *(abwertend),* Person *(salopp),* Klatschweib *(salopp),* Blunze *(salopp, österr.),* Bissgurn *(bayr., österr.),* Waberl *(salopp, österr.),* Drahdiwaberl *(salopp, österr.),* Kepplerin *(österr.),* Keppelweib *(österr.),* Urschel *(bayr., österr.),* Fuchtel *(österr.),* alte Schachtel *(salopp),* Schreckschraube *(ugs.),* Schrapnell *(derb),* Zimtziege *(salopp),* Zimtzicke *(salopp),* Schrulle *(salopp)* · *in Bezug auf das Verhältnis zu ihrem Hund:* Frauchen · *zänkische:* Beißzange, Drachen *(abwertend),* Dragoner *(abwertend)* · *große, starke, männlich wirkende:* Walküre, Hünenweib, · *intellektuelle, unfrauliche:* Blaustrumpf *(veraltet, abwertend)* · *im Beruf erfolg-*

reiche: Karrierefrau · *schöne:* Schönheit, Beauté, Beauty · *besonders attraktiv wirkende:* Rasseweib, Klassefrau, Klasseweib · *ältere:* Matrone, Scharteke *(abwertend),* Oma *(ugs.),* Mütterchen, Muttchen *(ugs.)* · *braunhaarige:* Brünette · *blonde:* Blondine, Rauschgoldengel · *nur als Objekt sexueller Begierde:* Lustobjekt; ↑Ehefrau, ↑First Lady, ↑Frauenrechtlerin, ↑Identifikationsfigur, ↑Lesbierin, ↑Mädchen, ↑Mensch, ↑Mutter, ↑Vamp · Ggs. ↑Mann.

²Frau: ↑Ehefrau; gnädige F. ↑Dame; Unsere Liebe F. ↑Madonna; weise F. ↑Hebamme; F. Welt ↑Welt; Mann und F. ↑Ehepaar; Mann und F. sein ↑verheiratet; jmds. F. sein ↑verheiratet; keine F. finden ↑heiraten; sich eine F. suchen ↑werben; an die F. bringen ↑verkuppeln; zur F. geben ↑verheiraten.

Frauchen ↑Frau.

Frauen (die), Damenwelt, das schöne / schwache Geschlecht, die [holde] Weiblichkeit; ↑Frau · Ggs. ↑Männer (die).

Frauenarzt ↑Arzt.

Frauenbad ↑Badeort.

Frauenbeilage ↑Zeitungsbeilage.

Frauenbewegung ↑Feminismus.

Frauenchor ↑Chor.

Frauenfilm ↑Kinofilm.

Frauenfrage ↑Feminismus.

Frauenhaar ↑Farn; Goldenes F. ↑Moor.

Frauenhass, Misogynie.

Frauenhasser, Misogyn.

Frauenhaus ↑Heim.

Frauenheilkunde ↑Heilkunde.

Frauenheld, Frauenliebling, Frauenmann, Belami, Liebesmann, Playboy, Suitier *(veraltend),* Salonlöwe, Bonvivant, Luftikus, Verführer, Charmeur, Ladykiller, Poussierstängel *(ugs.),* Windhund, Bock *(derb),* Hurenbock *(derb),* Lüstling, Lustmolch *(ugs.),* Wüstling, Roué, Schürzenjäger, Witwentröster, Schmachtlappen *(ugs.),* Schwerenöter, Herzensbrecher, Casanova, Don Juan, Sexprotz *(ugs.),* Courmacher *(veraltet);* ↑Adonis, ↑Betreuer (Papagallo, Latin Lover); ↑Junggeselle, ↑Leichtfuß, ↑Mann, ↑Schmeichler; **ein F. sein,** ein Schürzenjäger / *(ugs.)* Poussierstängel sein, allen Mädchen nachlaufen, hinter jeder Schürze herlaufen; ↑beliebt [sein].

Frauenkleid ↑Kleid.

Frauenklinik ↑Krankenhaus.

Frauenliebling ↑Frauenheld.

Frauenmann ↑Frauenheld.

Frauenmörder ↑Mörder.

Frauenorden ↑Nonnenorden.

Frauenrecht ↑Feminismus.

Frauenrechtlerin, Feministin, Emanzipierte, Emanze *(abwertend),* Blaustrumpf *(veraltet, abwertend),* Suffragette *(veraltet);* ↑Emanzipation, ↑Frau; ↑selbstständig.

Frauenroman ↑Roman.

Frauenschlüssel ↑Schlüsselblume.

Frauenschuh ↑Orchidee.
Frauenschwarm ↑Adonis.
Frauensperson ↑Frau.
Frauenstimmrecht ↑Wahlrecht.
Frauenwahlrecht ↑Wahlrecht.
Frauenzimmer: ↑Frau, ↑Fräulein.
Frau Holle: F. H. schüttelt die Betten ↑schneien.
¹Fräulein (veraltete Anrede), Frauenzimmer *(veraltet)*, Mamsell *(veraltet)* · *in England:* Miss · *in Frankreich:* Mademoiselle, Demoiselle · *in Italien:* Signorina · *in Spanien:* Señorita · *in Portugal:* Senhorita; ↑Dame · Ggs. ↑Herr.
²Fräulein: Englische F. ↑Nonnenorden.
fraulich ↑weiblich.
Freak: ↑Anhänger, ↑Außenseiter, ↑Aussteiger, ↑Fan.
Freak-out ↑Rausch.
frech, keck, vorlaut, vorwitzig, naseweis, dreist, kess, ungezogen, unartig, ungesittet, unmanierlich, unverfroren, unverschämt, pampig *(salopp)*, rotzfrech *(salopp)*, rotzig *(salopp)*, flapsig *(abwertend)*, geschert *(salopp, österr.)*, nassforsch *(ugs.)*, ausverschämt, impertinent, frivol, schamlos, kiebig *(landsch.)*, nicht ↑artig; ↑anstößig, ↑böse, ↑gewöhnlich, ↑mutig, ↑spöttisch, ↑unhöflich, ↑unkindlich, ↑unzugänglich; **f. sein,** mit dem Mund vorneweg sein *(ugs.);* frech wie Oskar / Rotz sein *(ugs.);* **f. werden,** sich mausig machen *(ugs.),* jmdm. dumm kommen *(ugs.);* ↑erdreisten (sich); ↑Frechheit.
Frechdachs ↑Junge.
¹Frechheit, Unverschämtheit, Dreistigkeit, Arroganz, Impertinenz, Insolenz, Vorwitz, Ungezogenheit, Chuzpe *(jidd.)*, Unverfrorenheit, Kaltschnäuzigkeit; ↑Bosheit, ↑Überheblichkeit; ↑frech.
²Frechheit: die F. haben / besitzen ↑erdreisten (sich); etwas ist eine F. ↑unerhört [sein].
Freeclimbing ↑Klettern.
Fregatte: ↑Kriegsschiff, ↑Segelschiff.
Fregattenkapitän: ↑Dienstgrad, ↑Seeoffizier.
frei: ↑kostenlos, ↑nackt, ↑selbstständig, ↑ungezwungen; -en Abzug / freies Geleit gewähren ↑freilassen; -e Antiqua ↑Schrift; -e Bahn / Hand haben ↑selbstständig [sein]; -e Fahrt haben ↑behindern; auf -en Fuß setzen ↑freilassen; f. konvertierbare Währung ↑Zahlungsmittel; -en Lauf lassen ↑einschränken; -er Mann ↑Fußballspieler; in Gottes -er Natur ↑Natur; -e Rhythmen ↑Vers; Freie Stadt Danzig ↑Danzig; Freie und Hansestadt Hamburg ↑Hamburg; die -e Welt ↑Westmächte (die); f. von Alkohol ↑alkoholfrei; f. von der Leber weg reden ↑sprechen; frank und f. ↑aufrichtig; im Freien ↑draußen; nicht f. ↑besetzt; Freie Deutsche Jugend ↑Vereinigung.
-frei ↑ohne.
Freibad ↑Bad.
Freiballon ↑Luftschiff.
Freibankfleisch ↑Fleisch.

Freibeuter ↑Seeräuber.
Freibeuter- ↑Raub-.
Freibeuterausgabe ↑Nachdruck.
¹Freibrief, Entlastungszeugnis, Persilschein *(ugs.);* ↑Erlaubnis; **einen F. haben,** Narrenfreiheit haben.
²Freibrief: jmdm. einen F. ausstellen / geben ↑billigen.
Freidenker, Freigeist, Religionsverächter, Glaubensloser, Konfessionsloser, Dissident; ↑Atheist, ↑Ketzer; ↑religionslos.
freidenkerisch ↑religionslos.
Freidenkertum ↑Deismus.
Freideutsch: -e Jugend ↑Jugendbewegung.
Freie: im -n ↑Natur; ins F. treten ↑hinausgehen.
freien: ↑heiraten, ↑werben.
Freier: ↑Bräutigam, ↑Kunde.
Freiersfüße: auf -n gehen ↑werben.
Freifrau ↑Adlige.
Freifräulein ↑Adlige.
freigeben: ↑freilassen, ↑zurückhalten.
freigebig, großzügig, generös, hochherzig, large *(schweiz.)*, nobel, honorig, splendid, gebefreudig, weitherzig, verschwenderisch, verschwendungssüchtig *(abwertend)*, spendabel *(ugs.)*, nicht ↑geizig, nicht ↑sparsam; ↑entgegenkommend, ↑üppig; **f. sein,** sich nicht lumpen lassen *(ugs.),* eine milde / offene Hand haben; ↑verschwenden; ↑Gastfreundschaft, ↑Großzügigkeit.
Freigebigkeit ↑Großzügigkeit.
¹Freigehege, Wildgehege, Gehege, Zwinger, Bärenzwinger, Löwenzwinger; ↑Käfig, ↑Tiergarten.
²Freigehege ↑Naturschutzgebiet.
Freigeist ↑Freidenker.
freigeistig ↑religionslos.
freigemacht ↑kostenlos.
Freigericht ↑Gericht.
freigestellt ↑freiwillig.
Freihafen ↑Hafen.
freihalten: ↑reservieren; jmdn. f. ↑spendieren.
¹Freiheit, Unabhängigkeit, Ungebundenheit, Bewegungsfreiheit, Ungezwungenheit, Selbstbestimmung, Zwanglosigkeit, Meinungsfreiheit, Gedankenfreiheit · Freiraum, Selbstverwirklichung · *in Bezug auf Informationen:* Redefreiheit, Pressefreiheit · *im religiösen Bereich:* Bekenntnisfreiheit, Glaubensfreiheit; ↑Autonomie, ↑Bewegungsfreiheit; ↑freiheitlich, ↑ungezwungen · Ggs. ↑Zwang.
²Freiheit: ↑Ungezwungenheit; jmdm. die F. geben / schenken ↑freilassen.
freiheitlich, liberal, antiautoritär, repressionsfrei, ohne Zwang, nicht ↑repressiv; ↑ungezwungen; ↑Freiheit.
Freiheitsberaubung ↑Freiheitsentzug.
Freiheitsdichtung ↑Dichtung.
Freiheitsentzug, Haft, Arrest, [polizeilicher] Gewahrsam, Hausarrest, Stubenarrest, Zimmerarrest, [lebenslange / lebenslängliche] Frei-

heitsstrafe, Gefängnisstrafe, Gefängnis, Zuchthausstrafe, Zuchthaus, Einschließung, Sicherungsverwahrung, Zet *(salopp)* · *bei dem der Kontakt des Häftlings zur Außenwelt und zu Mithäftlingen eingeschränkt ist:* Isolationshaft, Isolationsfolter *(emotional)* · *nicht entehrender bei politischen Vergehen:* Festungshaft · *um Gewalttaten gegen den Häftling zu verhindern:* Schutzhaft · *vorläufiger:* Untersuchungshaft, U-Haft *(ugs.),* Schubhaft *(österr.)* · *für kurze Zeit,um einen Zeugen zur Aussage oder zur Abgabe eines Eides zu zwingen:* Beugehaft · *vor der Aburteilung, um weitere Straftaten vorzubeugen:* Vorbeugungshaft · *widerrechtlicher:* Freiheitsberaubung; ↑Strafanstalt; ↑ergreifen, ↑festsetzen.
Freiheitsstrafe: ↑Freiheitsentzug; lebenslange / lebenslängliche F. ↑Freiheitsentzug.
freiheraus ↑rundheraus.
Freiherr ↑Adliger.
Freiin ↑Adlige.
Freikarte ↑Eintrittskarte.
freikaufen (sich / jmdn.), loskaufen, Lösegeld zahlen · freipressen; ↑nötigen, ↑retten.
Freiklettern ↑Klettern.
freikommen: f. von ↑entledigen (sich jmds. / einer Sache).
Freikörperkultur, FKK, Nacktkultur, Nudismus, Naturismus; ↑Nacktbadestrand, ↑Nudist.
Freiland ↑Treibhaus.
Freilandgemüse ↑Gemüse.
freilassen, freigeben, loslassen, auslassen *(südd., österr.),* entlassen, freisetzen, auf freien Fuß setzen, jmdm. die Freiheit schenken / geben, gehen / laufen / springen lassen, freies Geleit / freien Abzug gewähren · Ggs. ↑freisetzen.
freilich: ↑aber, ↑ja, ↑zwar.
Freilichtaufnahme ↑Fotografie.
Freilichtkino ↑Kino.
Freilichtmalerei ↑Malerei.
Freiluftgymnastik ↑Gymnastik.
freimachen: ↑frankieren; [sich] f. ↑ausziehen.
Freimarke ↑Briefmarke.
Freimaurer ↑Vereinigung.
Freimut ↑Aufrichtigkeit.
freimütig ↑aufrichtig.
freipressen ↑freikaufen.
Freiraum ↑Freiheit.
Freisamrose ↑Pfingstrose.
Freischaffender ↑Berufsstand.
Freischärler ↑Partisan.
freischreiben: sich f. ↑selbstständig.
freischwimmen: sich f. ↑selbstständig [werden].
freisetzen: ↑entlassen, ↑freilassen.
freisinnig ↑aufgeklärt.
freisprechen: ↑lossprechen; freigesprochen werden ↑verurteilen.
Freistaat ↑Bundesland.
Freistatt ↑Zuflucht.
freistehen: etwas steht jmdm. frei / ist jmdm. unbenommen, jmd. kann ungehindert etwas

tun, niemand hindert jmdn. daran; ↑ungezwungen · Ggs. ↑hindern.
freistellen: jmdm. etwas f. ↑billigen, ↑überlassen (jmdm. etwas).
Freistilringen ↑Ringen.
Freistilringkampf ↑Ringen.
Freistunde, Springstunde, unterrichtsfreie Stunde; ↑Pause.
Freitag: schwarzer F. ↑Unglückstag; Stiller F. ↑Karfreitag; an jedem F., jeden F., immer am F., alle -e ↑freitags.
freitags, an jedem Freitag, jeden Freitag, immer am Freitag, alle Freitage; ↑wochentags.
Freite: auf die F. gehen ↑werben.
Freitisch: F. haben ↑ernähren.
Freitod: ↑Selbsttötung; den F. wählen ↑entleiben (sich).
Freitreppe ↑Treppe.
Freiübung: -en ↑Gymnastik.
freiweg ↑rundheraus.
Freiwild: F. sein ↑schutzlos [sein].
¹freiwillig, fakultativ, spontan, von selbst, von sich aus, aus sich heraus, von allein *(ugs.),* unaufgefordert, ungeheißen, ohne Aufforderung, aus eigenem Antrieb, aus freiem Willen, aus freien Stücken, etwas ist freigestellt, nicht ↑verbindlich; ↑absichtlich.
²freiwillig: -e Feuerwehr ↑Feuerwehr; f. aus dem Leben scheiden ↑entleiben (sich).
Freizeit ↑Muße.
Freizeitbeschäftigung ↑Liebhaberei.
Freizeithemd ↑Oberhemd.
Freizeitkleidung ↑Kleidung.
freizügig ↑tolerant.
Freizügigkeit ↑Bewegungsfreiheit.
¹fremd, fremdländisch, fremdartig, wildfremd, unbekannt, ausländisch, exotisch, nicht ↑bekannt, nicht ↑einheimisch; **jmdm. f. sein,** jmdm. unbekannt / nicht bekannt sein, jmdm. fern stehen, jmdn. nicht kennen; ↑Gast · Ggs. ↑kennen.
²fremd: sich f. werden ↑entfremden (sich); sich mit -en Federn schmücken ↑plagiieren.
Fremdarbeiter ↑Gastarbeiter.
Fremdarbeiterheim ↑Heim.
fremdartig ↑fremd.
Fremde: ↑Ausland; in die F. gehen ↑auswandern.
fremdeln, fremden *(schweiz.),* schüchtern / scheu / ängstlich sein; ↑Angst [haben].
fremden ↑fremdeln.
Fremdenführer ↑Begleiter.
Fremdenführerin ↑Betreuerin.
Fremdenheim ↑Heim.
Fremdenlegionär ↑Soldat.
Fremdenzimmer ↑Raum.
Fremder, Fremdling *(oft abwertend),* Pimock *(rhein., abwertend),* Zugereister *(ugs.),* kein Einheimischer / *(ugs.)* Hiesiger, Ortsunkundiger, Tschusch *(österr., abwertend)* · *in Südamerika:* Gringo; ↑Ausland, ↑Gast.

fremdgehen ↑untreu [sein].
Fremdherrschaft ↑Besatzung.
fremdländisch ↑fremd.
Fremdling ↑Fremder.
Fremdsprachensatz ↑Schriftsatz.
Fremdwort ↑Wort.
Fremdwörterbuch ↑Nachschlagewerk.
Fremdwortjagd ↑Sprachpflege.
Fremdwortjäger ↑Sprachpfleger.
Fremdwortjägerei ↑Sprachpflege.
frequentieren, häufig besuchen, jmdm. die
Bude einlaufen / einrennen *(salopp)*; **frequen-
tiert werden,** Zulauf haben; ↑angesehen [sein].
Frequenz ↑Häufigkeit.
Freske ↑Malerei.
Fresko: ↑Malerei, ↑Stoff.
Freskomalerei ↑Maltechnik.
Fressalien: ↑Lebensmittel, ↑Nahrung.
Fressbarren ↑Gefäß.
Fresse: ↑Gesicht; ach du meine F.! ↑über-
rascht [sein]; in die F. knallen, jmdm. eine in die
F. geben, jmdm. die F. polieren ↑schlagen.
fressen: ↑essen; zu f. geben ↑ernähren; leer f.
↑abgrasen; ratzekahl f. ↑abfressen; ich fresse
einen Besen, dass ... ↑versprechen, ↑zweifeln;
jmdm. aus der Hand f. ↑folgsam [sein]; was der
Bauer nicht kennt, das frisst er nicht ↑wähle-
risch [sein]; die Weisheit nicht mit Löffeln gef.
haben ↑dumm [sein]; f. wie ein Scheunendre-
scher ↑essen; jmdn. zum Fressen gern haben
↑lieben; zum Fressen sein ↑adrett [sein]; in der
Not frisst der Teufel Fliegen ↑Ausnahmefall;
Kreide gef. haben ↑[sich] zahm [geben].
Fressen: ↑Essen, ↑Nahrung; ein gefundenes F.
sein ↑willkommen [sein].
Fressgelage ↑Essen.
Fressgier ↑Gefräßigkeit.
Fresslust ↑Appetit.
Fresspaket: ↑Gabe, ↑Nahrung.
Fresswelle ↑Verbrauch.
Fresswerkzeuge ↑Mund.
Fresszellen ↑Blutkörperchen.
Freteur ↑Reeder.
fretten: sich f. ↑behelfen (sich).
¹Freude, Wonne, Seligkeit, Glückseligkeit,
Glück · *die eine junge Mutter empfindet:* Mut-
terglück; ↑Lust; ↑freuen (sich).
²Freude: ↑Lust; Friede, F., Eierkuchen ↑Ord-
nung; jmd. hat F. an etwas ↑erfreuen; jmdm. die
F. verderben ↑ärgern; jmdm. die F. an etwas
verderben ↑verleiden; mit -n ↑ja; jmdm. hüpft
das Herz vor F., vor F. [fast] an die Decke sprin-
gen ↑freuen (sich).
freudelos ↑schwermütig.
Freudengeheul: ↑Jubel, ↑Lache.
Freudengeschrei ↑Jubel.
Freudenhaus ↑Bordell.
Freudenmädchen ↑Prostituierte.
Freudenpfriem ↑Penis.
Freudenruf: einen F. ausstoßen ↑jubeln.
Freudenschrei: einen F. ausstoßen ↑jubeln.

Freudensprung ↑Sprung.
Freudentag ↑Jahrestag.
Freudentanz: Freudentänze aufführen ↑freu-
en (sich).
Freudentaumel ↑Jubel.
Freudenträne ↑Träne.
freudestrahlend ↑glücklich.
freudig: ↑lustig; in -er Erregung sein ↑Vor-
freude.
freudlos ↑schwermütig.
Freudlosigkeit ↑Trauer.
¹freuen (sich), sich erfreuen / ergötzen, genießen, Freude / Wohlgefallen haben, Freude empfinden an, Gefallen finden an, sich delektieren /
weiden an, das Herz geht jmdm. auf, hurra
schreien *(ugs.),* ausflippen *(ugs.),* begeistert
sein, etwas nicht erwarten können, vor Freude
[fast] an die Decke springen, Freudentänze / Indianertänze aufführen *(ugs.),* sich freuen wie
ein Schneekönig, jmdm. hüpft das Herz vor
Freude / lacht das Herz im Leibe; ↑erfreuen,
↑genießen, ↑vergnügen (sich); ↑Freude, ↑Lust,
↑Vorfreude, ↑Zuneigung.
²freuen: etwas freut jmdn. ↑erfreuen; sich f.
[über] ↑lachen; sich des Lebens f. ↑leben; sich f.
auf ↑Vorfreude.
¹Freund, Schulfreund, Jugendfreund, Jugendgespiele, Duzfreund, Herzensfreund *(dichter.),*
Herzensbruder *(dichter.),* Studienfreund, Kamerad, Schulkamerad, Spezi *(oberd.),* Bazi
(wiener.), Geschäftsfreund, Parteifreund, Weggefährte, Weggenosse, Gefährte, Getreuer, Intimus, Ansprechpartner, Vertrauter, Busenfreund, Konfident, Gespan *(oberd.),* Kumpel
(ugs.), Haberer *(salopp, österr.),* Kampl *(bayr.,
österr.),* Gespiele; ↑Berater, ↑Freundeskreis,
↑Freundin, ↑Freundschaft, ↑Gesinnungsgenos-
se, ↑Gesprächsteilnehmer, ↑Helfer, ↑Kamerad,
↑Kollege, ↑Komplize, ↑Zecher; ↑anfreunden
(sich mit) · Ggs. ↑Feind.
²Freund: ↑Geliebter, ↑Liebhaber; F. Hein
↑Tod; F. und Feind ↑alle; als F. ↑freundschaft-
lich; -e / jmds. Freund / dicke Freunde sein
↑vertraut.

Freundeskreis, Bekanntenkreis, Bekanntschaft, Anhang; ↑Freund, ↑Freundschaft;
↑freundschaftlich.
¹Freundin, Schulfreundin, Braut *(Jargon),* Jugendfreundin, Jugendgespielin, Gespielin,
Duzfreundin, Vertraute, Herzensfreundin
(dichter.), Ansprechpartnerin, Studienfreundin, Kamerad, Kameradin, Schulkameradin,
Kumpel *(ugs.);* ↑Freund, ↑Kamerad, ↑Mäd-
chen; ↑anfreunden (sich mit).
²Freundin ↑Geliebte.
freundlich: ↑charmant, ↑entgegenkommend;
mit -er Empfehlung, mit -en Grüßen ↑hochach-
tungsvoll; wären Sie so -? ↑bitte!
freundlicherweise ↑Entgegenkommen.
¹Freundlichkeit, Liebenswürdigkeit, Verbindlichkeit, Nettigkeit, Herzlichkeit, Kordialität

(veraltet), Warmherzigkeit, Wärme; ↑Duldsamkeit, ↑Höflichkeit; ↑gütig.

²Freundlichkeit: ↑Entgegenkommen; haben / hätten Sie die F. ...? ↑bitte!

freundnachbarlich ↑freundschaftlich.

¹Freundschaft, Kameradschaft, Philia, Bindung, freundschaftliche Beziehung, Kameraderie *(abwertend);* ↑Bund, ↑Clique, ↑Freund, ↑Freundeskreis, ↑Mitgefühl, ↑Zuneigung; ↑freundschaftlich.

²Freundschaft: jmdm. die F. aufkündigen / kündigen ↑brechen (mit jmdm.); F. schließen ↑anfreunden (sich mit); in aller F. ↑freundschaftlich.

¹freundschaftlich, brüderlich, als Freund, in aller Freundschaft, freundnachbarlich, kameradschaftlich, partnerschaftlich; ↑gefällig; ↑Freundeskreis, ↑Freundschaft.

²freundschaftlich: mit jmdm. auf -em Fuß stehen ↑vertraut.

Freundschaftsabkommen ↑Abmachung.

Freundschaftsdienst ↑Dienst.

Freundschaftspreis ↑Preis.

Freundschaftsring ↑Ring.

Frevel ↑Verstoß.

frevelhaft ↑lästerlich.

freveln ↑sündigen.

Freveltat ↑Verstoß.

Frevler ↑Verbrecher.

Freyja ↑Göttin.

Friede: ↑Frieden; F., Freude, Eierkuchen ↑Ordnung.

Friedefürst ↑Heiland.

¹Frieden, Friede, Friedenszustand, Friedenszeit; ↑Friedenssymbol, ↑Waffenstillstand; F. **stiften,** befrieden, eine Verständigung / Versöhnung anbahnen; F. **schließen,** den Kriegszustand beenden, die Feindseligkeiten einstellen *(geh.),* die Waffen ruhen lassen *(geh.),* das Schwert in die Scheide stecken *(geh., veraltend),* die Friedenspfeife rauchen *(scherzh.);* ↑bereinigen · Ggs. ↑bekriegen.

²Frieden: ↑Stille, ↑Waffenstillstand; F. schließen ↑bereinigen; dem F. nicht trauen ↑argwöhnisch [sein]; lass mich in F.! ↑unwichtig [sein]; mit jmdm. in F. leben ↑vertragen (sich); um des lieben -s willen ↑Streit; voll F. ↑friedlich; zum ewigen F. eingehen ↑sterben.

Friedensbereitschaft ↑Verhandlungsbereitschaft.

Friedensbewegung: ↑Pazifismus, ↑Selbsthilfe.

Friedensengel ↑Friedenssymbol.

Friedensfahne ↑Fahne.

Friedensfest ↑Feiertag.

Friedensfreund ↑Pazifist.

Friedenspalme ↑Friedenssymbol.

Friedenspfeife: die F. rauchen ↑bereinigen, ↑Frieden [schließen].

Friedensschluss ↑Waffenstillstand.

Friedenssymbol · Friedenstaube, Friedens-

palme, Friedensengel; ↑Frieden, ↑Pazifist, ↑Waffenstillstand; ↑nachgeben.

Friedenstaube ↑Friedenssymbol.

Friedenszeit ↑Frieden.

Friedenszustand ↑Frieden.

friedevoll: ↑friedlich, ↑ruhig.

friedfertig, verträglich, friedliebend, friedlich, friedsam *(geh., veraltend);* **f. sein,** keiner Fliege etwas zuleide tun [können], niemandem ein Haar krümmen [können]; ↑arglos, ↑einträchtig, ↑friedlich, ↑gesellig, ↑gütig; ↑vertragen (sich); ↑Gelassenheit, ↑Pazifismus, ↑Übereinstimmung.

Friedhof, Begräbnisstätte, Kirchhof, Gottesacker, Totenacker, Gräberfeld, Nekropole, Zömeterium, Soldatenfriedhof, Ehrenfriedhof, Waldfriedhof, Urnenfriedhof; ↑Begräbnisstätte; ↑bestatten, ↑sterben.

Friedhofskapelle ↑Gotteshaus.

Friedhofsmauer ↑Mauer.

¹friedlich, fried[e]voll *(geh.),* friedsam *(geh., veraltend),* voll Frieden, ruhig, still; ↑friedfertig, ↑ruhig, ↑still.

²friedlich: ↑einträchtig, ↑friedfertig, ↑harmlos.

friedliebend ↑friedfertig.

Friedrich: seinen F. Wilhelm d[a]runter setzen ↑unterschreiben.

friedsam: ↑friedfertig, ↑friedlich, ↑ruhig.

friedvoll: ↑friedlich, ↑ruhig.

frieren, unter der Kälte leiden, frösteln, schaudern, schauern, bibbern *(ugs.),* schlottern, mit den Zähnen klappern, jmdm. schlagen die Zähne aufeinander, jmdm. ist ↑kalt, jmdm. ist schuckrig *(bes. berlin.),* jmdn. schuddert *(bes. nordd.),* eine Gänsehaut haben / bekommen / *(ugs.)* kriegen, wie ein Schneider / wie ein junger Hund frieren *(ugs.),* es kalt haben, kalte Füße / *(ugs.)* Eisbeine haben, an den Ohren o. Ä. frieren, jmdm. / jmdn. frieren die Füße o. Ä. · *leicht:* eine Frostbeule sein *(ugs.);* **es friert,** es herrscht Frost, es friert Stein und Bein, die Temperatur sinkt unter Null; ↑erfrieren, ↑wärmen *(sich),* ↑zittern; ↑Gänsehaut, ↑Kälte.

Fries, Bogenfries, Kreuzbogenfries, Spitzbogenfries, Blattwerkfries, Lilienfries, deutsches Band, Scheibenfries, Kugelfries, Plattenfries, Hundszahn, Wolkenornament, Sägezahnfries, Rautenfries, Diamantfries, Würfelfries, Rollenfries, Schuppenfries, Zickzackfries, Zinnenfries, Flechtband, Zangenfries, laufender Hund, Mäander, Anthemion, Akanthusfries, Bukranienfries; ↑Baustil.

Frieselausschlag ↑Frieseln.

Frieselfieber ↑Frieseln.

Frieseln, Miliaria, Sudamina, Schweißfrieseln, Schweißdrüsenfrieseln, Frieselausschlag, Frieselfieber; ↑Hautausschlag.

Friesennerz ↑Mantel.

friesisch: f. sprechen ↑Mundart [sprechen].

friesisch ↑Mundart.

Frigg ↑Göttin.

frigid ↑gefühlskalt.
Frigidaire ↑Kühlschrank.
Frigidität ↑Gefühlskälte.
Frigotherapie ↑Kryotherapie.
Frikadelle ↑Fleischkloß.
Friktion ↑Massage.
frisch: ↑adrett, ↑gesund, ↑kalt, ↑neu; -e Brise ↑Windstärke; wieder f. ↑verjüngt; -e Luft ↑Luft; -e Luft hereinlassen ↑lüften; -e Luft schnappen ↑atmen; -e Luft schnappen gehen ↑spazieren gehen; an der -en Luft ↑Natur; an die -e Luft setzen ↑hinauswerfen; nicht f. ↑schmutzig, ↑ungenießbar, ↑verwelkt; nicht [mehr] f. ↑altbacken.
Frische ↑Kälte.
Frischei ↑Hühnerei.
frischen ↑gebären.
Frischgemüse ↑Gemüse.
Frischkäse ↑Käse.
Frischling ↑Schwein.
Frischluft ↑Luft.
Frischobst ↑Obst.
Frischzellentherapie ↑Behandlung.
Friseur, Frisör, Coiffeur, Haarkünstler, Damenfriseur, Herrenfriseur, Figaro *(scherzh.),* Haarschneider *(ugs.),* Haarkräusler *(veraltet),* · Barbier *(veraltet),* Bartscher *(veraltet),* Bartscherer *(veraltet),* Barbutsch *(ugs.),* Bader *(veraltet)* · weiblicher: Friseuse, Friseurin, Coiffeuse *(schweiz.);* ↑Frisur, ↑Haar, ↑Kamm, ↑Perückenmacher.
Friseurin ↑Friseur.
Friseuse ↑Friseur.
Frisiercreme ↑Haarpflegemittel.
¹frisieren, kämmen, bürsten, strählen *(geh.),* das Haar ordnen / machen, sich durch das Haar / die Haare fahren · einlegen, ondulieren, wellen, [Wellen] legen, toupieren; ↑fönen, ↑zerzausen; ↑lockig, ↑strubbelig; ↑Föhn, ↑Friseur, ↑Frisur, ↑Kamm.
²frisieren: ↑beschönigen, ↑steigern.
Frisierkamm ↑Kamm.
Frisiertisch ↑Ankleidetisch.
Frisiertoilette ↑Ankleidetisch.
Frisör ↑Friseur.
¹Frist, Zeit, Ziel, Zeitpunkt, Stichtag, Termin · *die jmdm. bleibt vor einer unangenehmen Angelegenheit:* Galgenfrist, Gnadenfrist; ↑Bedenkzeit, ↑Weile, ↑Zeitraum; ↑befristen.
²Frist: ↑Bedenkzeit; eine F. setzen ↑befristen.
fristlos: f. kündigen ↑entlassen.
Frisur, Haarfrisur, Haartracht, Haarschnitt · Fassonschnitt · Föhnfrisur · Punkerfrisur, Irokesenschnitt · Popperfrisur, Afrolook, Dauerkrause · Pagenkopf, Bubikopf *(veraltend, scherzh.),* Ponyfrisur · Herrenschnitt, Kurzhaarschnitt, Bürstenschnitt, Stiftenkopf, Stoppelkopf · Zöpfe, Mozartzopf, Pferdeschwanz, Rossschwanz · Affenschaukeln, Schnecken · Kranz, Gretchenfrisur · Dauerwelle, Dauerkrause, Kaltwelle, Wasserwelle, Ondulation;

↑Dutt, ↑Friseur, ↑Haar, ↑Haarschleife, ↑Perückenmacher, ↑Ponys; ↑frisieren, ↑tönen.
Frittatensuppe ↑Suppe.
Frittenporzellan ↑Porzellan.
Fritz ↑Deutscher.
Fritze ↑Mann.
-fritze ↑Kaufmann.
Fritzki ↑Deutscher.
frivol ↑frech.
Frnak ↑Nase.
froh: ↑lustig; etwas macht jmdn. f. ↑erfreuen; f. und dankbar sein ↑aufatmen; -en Herzens ↑unbesorgt.
frohgemut ↑lustig.
fröhlich: ↑lustig; [miteinander] f. sein ↑vergnügen (sich).
Fröhlichkeit ↑Lust.
frohlocken ↑schadenfroh [sein].
Frohlocken ↑Lust.
Frohnatur ↑Optimist.
Frohsinn ↑Lust.
frohsinnig ↑lustig.
¹fromm, kirchlich, religiös, gottesfürchtig, gottgläubig, gläubig, strenggläubig, orthodox · *nur äußerlich:* frömmelnd, frömmlerisch, bigott; **f. sein,** in die Kirche gehen · *nur äußerlich:* frömmeln, ein Betbruder / eine Betschwester sein *(abwertend);* ↑Frömmigkeit, ↑Glaube, ↑Glaubensbekenntnis.
²fromm ↑zahm.
Frömmelei ↑Frömmigkeit.
frömmeln ↑fromm [sein].
frömmelnd ↑fromm.
frommen ↑nützlich [sein].
Frömmigkeit, Religiosität, Gottesfürchtigkeit, Gläubigkeit, Gottesglaube, Glauben · *nur äußerliche:* Bigotterie, Frömmelei; ↑Glaube, ↑Glaubensbekenntnis; ↑bekreuzigen (sich); ↑fromm.
Frömmler ↑Heuchler.
frömmlerisch ↑fromm.
Fron: ↑Arbeit, ↑Zwangsarbeit.
Fronaltar ↑Altar.
Fronarbeit: ↑Arbeit, ↑Zwangsarbeit.
Frondeur ↑Gegner.
Frondienst: ↑Arbeit, ↑Zwangsarbeit.
frönen: einer Sache f. ↑befassen (sich mit); dem Mammon f. ↑habgierig [sein].
Fronleichnam, Fronleichnamstag, Fronleichnamsfest, Herrgottstag *(schweiz.),* Prangtag *(landsch.),* Herrleichnamstag *(landsch., veraltet),* Leichnamstag *(landsch., veraltet);* ↑Feiertag, ↑Kirchenfest, ↑Kirchenjahr.
Fronleichnamsfest ↑Fronleichnam.
Fronleichnamsspiel ↑Drama.
¹Front, Frontlinie, Kampfzone, Frontabschnitt, Hauptkampffeld, Kampflinie, Hauptkampflinie, vorderste Linie; ↑Kampf, ↑Kriegsschauplatz; ↑Schützengraben · Ggs. ↑Etappe; **an der F. sein,** bei der Truppe sein, im Schützengraben liegen.

²Front: ↑Vorderseite; geschlossene F. ↑Clique;
F. machen ↑ankämpfen (gegen etwas); hinter
der F. ↑Etappe.
Frontabschnitt ↑Front.
frontal, von vorne, en face, frontseitig; ↑vorn;
↑Vorderseite.
Frontalzusammenstoß ↑Zusammenstoß.
Frontgiebel ↑Giebel.
Frontispiz: ↑Giebel, ↑Vorderseite.
Frontlinie ↑Front.
Frontschwein ↑Soldat.
frontseitig ↑frontal.
Frontstadt ↑Berlin.
Frontwechsel ↑Gesinnungswandel.
¹Frosch, Froschlurch, Kröte, Unke, Pogg *(nie-
derd.),* Pogge *(niederd.),* Padde *(berlin.),*
Hütschke *(landsch.),* Hetschke *(landsch.),* Het-
sche *(landsch.),* Gecke *(landsch.),* Kecke
(landsch.), Lork[e] *(landsch.),* Ütze *(landsch.),*
Krot *(bayr., österr.),* Krott[e] *(pfälz.)* · Wasser-
frosch, Seefrosch, Moorfrosch, Grasfrosch,
Laubfrosch, Springfrosch, Goliathfrosch,
Ochsenfrosch, Schmuckhornfrosch · Erdkröte, Kreuzkröte, Wechselkröte, Geburtshelferkröte, Knoblauchkröte, Riesenkröte · Gelbbauchunke, Rotbauchunke; ↑Lurch.
²Frosch: ↑Feuerwerkskörper, ↑Lurch; einen F.
im Hals haben ↑heiser [sein].
Froschgoscherl ↑Besatz.
Froschlurch ↑Frosch.
Froschmann ↑Taucher.
Frost: ↑Kälte; es herrscht F. ↑frieren; F. abbe-
kommen / abkriegen / bekommen ↑erfrieren;
Väterchen F. ↑Weihnachtsmann.
Frostbeule: ↑Erfrierung; eine F. sein ↑frieren.
frösteln ↑frieren.
frosten ↑tiefkühlen.
frostig: ↑kalt, ↑unzugänglich.
Frostigkeit ↑Verschlossenheit.
frostklar ↑kalt.
Frostklima ↑Klimazone.
frostklirrend ↑kalt.
Frostschaden ↑Erfrierung.
Frostspanner ↑Schmetterling.
froststarr ↑kalt.
Frostwetter: ↑Kälte, ↑Wetter.
Frottage ↑Koitus.
Frottee ↑Stoff.
Frotteetuch ↑Handtuch.
frottieren ↑reiben.
Frottierhandtuch ↑Handtuch.
Frottola ↑Lied.
frotzeln ↑aufziehen.
¹Frucht · Avocado · Kiwi, chinesische Stachelbeere · Mango · Kaki; ↑Obst, ↑Südfrucht.
²Frucht: ↑Getreide, ↑Leibesfrucht; Früchte
↑Obst; reiche F. / Früchte tragen ↑einträglich
[sein]; etwas trägt F. / Früchte ↑Erfolg [haben].
¹fruchtbar, fertil, fortpflanzungsfähig, vermehrungsfähig, zeugungsfähig; ↑geschlechts-
reif; ↑Fertilität · Ggs. ↑impotent; ↑kastrieren.

²fruchtbar: ↑nützlich, ↑urbar; auf -en Boden
fallen ↑wirken.
¹Fruchtbarkeit, Ertragsfähigkeit, Ertragenheit *(schweiz.),* Halt *(schweiz.),* Tragbarkeit
(schweiz.); ↑Ertrag.
²Fruchtbarkeit: ↑Ergiebigkeit, ↑Fertilität.
Fruchtbaum ↑Obstbaum.
Fruchtbonbon ↑Bonbon.
Früchtchen ↑Junge.
¹Früchtebrot, Früchtenbrot *(österr.),* Kletzenbrot *(österr.),* Hutzelbrot *(südd.);* ↑Brot.
²Früchtebrot: ↑Brot, ↑Gebäck.
Fruchteis ↑Eis.
fruchten: nicht f. ↑nützlich.
Früchtenbrot: ↑Brot, ↑Früchtebrot.
Fruchtjoghurt ↑Milch.
fruchtlos: f. sein ↑nutzlos [sein].
Fruchtpresse ↑Saftpresse.
Fruchtsaft, Saft, Juice, Obstsaft · Himbeersaft, Johannisbeersaft, Ribiselsaft *(österr.),*
Kirschsaft, Apfelsaft, Traubensaft, Ananas-
juice, Grapefruitjuice, Orangeade · *eingedick-
ter:* Sirup; ↑Obst, ↑Südfrucht.
Fruchtschimmel ↑Schlauchpilz.
Fruchtzucker ↑Traubenzucker.
Fruchtzünsler ↑Schmetterling.
Fru-Fru ↑Milch.
frugal: ↑einfach; nicht f. ↑üppig.
¹früh, zeitig, bald, frühzeitig, rechtzeitig, beizeiten, zur rechten Zeit, zurzeit, so bald wie /
als möglich, möglichst bald, lieber heute als
morgen *(ugs.),* baldigst, ehetunlichst *(veraltet),*
ehebaldig *(österr.),* ehebaldigst *(österr.),* ehest
(österr.), ehestens *(österr.),* nicht ↑spät; ↑pünkt-
lich, ↑vorzeitig.
²früh: seit -ester Jugend ↑klein; -e Kindheit
↑Lebensalter; der -e Morgen / Tag ↑Tagesan-
bruch; am -en Morgen / früh [am Tag] ↑mor-
gens; f. auf sein / auf den Beinen sein ↑aufste-
hen; von f. bis spät ↑Tag; nicht zu f. und nicht zu
spät ↑pünktlich.
Frühaufsteher: [ein] F. sein ↑aufstehen.
Frühbeet, Mistbeet; ↑Treibhaus.
frühchristlich: -e Musik ↑Musik; -er Stil ↑Bau-
stil.
Frühdruck ↑Druck.
Frühe: ↑Tagesanbruch; in der / in aller F.
(oder:) Früh ↑morgens.
Frühehe, Kinderehe; ↑Jüngling; ↑heiraten.
früher: ↑damals, ↑gewesen; -e Tage, -e Zeit /
Zeiten ↑Vergangenheit; nicht f. als ↑frühestens.
frühestens, ehestens, ehest, nicht vor, nicht
eher / nicht früher als; ↑jetzt.
Frühgebet ↑Gebet.
Frühgeburt ↑Geburt.
Frühgemüse ↑Gemüse.
Frühgeschichte ↑Geschichte.
Frühgymnastik ↑Gymnastik.
Frühjahr ↑Frühling.
Frühjahrsblume ↑Blume.
Frühjahrsbote ↑Blume.

Frühjahrskleid ↑Kleid.
Frühjahrskostüm ↑Kostüm.
Frühjahrsmantel ↑Mantel.
Frühjahrsmesse ↑Messe.
frühjahrsmüde ↑↑temperamentlos.
Frühjahrsputz ↑Hausputz.
Frühjahrssonne ↑Sonnenlicht.
Frühkapitalismus ↑Kapitalismus.
Frühkartoffeln ↑Kartoffeln.
Frühlicht ↑Morgengrauen.
¹**Frühling,** Frühjahr, Lenz *(dichter.),* Ausmärz *(landsch.),* Langes *(landsch.),* Lanzing *(landsch.),* Lassing *(landsch.),* Langis *(landsch.),* Austage *(landsch.),* Auswärts *(landsch.),* Vorjahr *(landsch.); ↑Jahreszeit; es wird F.,* es lenzt *(dichter.).*
²**Frühling:** später / zweiter F. ↑Geschlechtstrieb.
Frühlingsblume ↑Blume.
Frühlingsgefühl: -e ↑Zuneigung.
Frühlingsluft ↑Luft.
Frühlingsmonat ↑März.
Frühlingsregen ↑Niederschlag.
Frühlingssonne ↑Sonnenlicht.
Frühlingstag ↑Tag.
Frühlingswetter ↑Wetter.
Frühlingswind ↑Fallwind.
Frühmittelalter ↑Geschichtsepoche.
frühmittelhochdeutsch: -e Dichtung ↑Literaturepochen.
frühmorgens ↑morgens.
Frühnebel ↑Nebel.
Frühneuhochdeutsch ↑Deutsch.
frühreif ↑unkindlich.
Frühreife ↑Altklugheit.
Frührot ↑Morgengrauen.
Frühschicht ↑Schicht.
Frühschoppen ↑Umtrunk.
Frühsommer ↑Jahreszeit.
Frühsommertag ↑Tag.
¹**Frühstück,** Dejeuner *(veraltet),* Kaffee, Morgenessen *(schweiz.),* Zmorgen *(schweiz.); ↑*Essen; **das F. einnehmen,** frühstücken, Kaffee trinken; ↑essen.
²**Frühstück:** ↑Festmahl, ↑Zwischenmahlzeit.
frühstücken: ↑Frühstück, ↑Zwischenmahlzeit.
Frühstücksbrett, Frühstücksbrettchen, Holzbrettchen, Brettchen, Holzteller, Bricken *(nordd.); ↑*Schüssel.
Frühstücksbrettchen ↑Frühstücksbrett.
Frühstücksfernsehen ↑Fernsehen.
Frühstücksteller ↑Teller.
Frühsymptom ↑Symptom.
Frühwerk ↑Werk.
frühzeitig ↑früh.
Frühzug ↑Eisenbahnzug.
Fruktose ↑Traubenzucker.
Frust ↑Enttäuschung.
Frustration ↑Enttäuschung.
¹**frustrieren,** enttäuschen, verprellen, vor den Kopf stoßen, einengen; ↑repressiv.

²**frustrieren:** -d ↑repressiv.
F-Schlüssel ↑Notenschlüssel.
Fu ↑Rauschgift.
¹**Fuchs,** Rotfuchs, Birkfuchs, Brandfuchs, Kohlfuchs, Kreuzfuchs, Blaufuchs, Silberfuchs, Polarfuchs, Steppenfuchs, Korsak, Reineke Fuchs *(dichter.)* · *weiblicher:* Füchsin; ↑Wild.
²**Fuchs:** ↑Münze, ↑Pelz, ↑Pferd, ↑Raubtier, ↑Schlaukopf, ↑Sternbild; alter F. ↑Fachmann; Großer / Kleiner F. ↑Schmetterling; die Füchse brauen ↑nebeln; dort sagen sich F. und Hase gute Nacht ↑abgelegen [sein].
Fuchsbau ↑Höhle.
fuchsen: sich f. ↑ärgerlich [sein]; etwas fuchst jmdn. ↑ärgern.
Fuchsfalle ↑Falle.
Füchsin ↑Fuchs.
Fuchsloch ↑Höhle.
fuchsrot: ↑rot, ↑rothaarig.
Fuchsschwanz ↑Säge.
fuchsteufelswild ↑ärgerlich.
Fuchtel: ↑Frau; unter jmds. F. stehen ↑unterdrückt [werden].
fuchteln: mit den Armen / Händen f. ↑gestikulieren.
fuchtig ↑ärgerlich.
fudeln: ↑pfuschen, ↑säubern.
Fuder: ↑Hohlmaß, ↑Ladung.
fuffzehn: Fuffzehn machen ↑unterbrechen.
Fuffziger: falscher F. ↑Mann.
Fug: mit F. und Recht ↑befugt, ↑füglich.
Fuge: ↑Riss; aus den -n gehen / geraten ↑defekt [werden].
fügen: sich f. ↑anpassen, ↑nachgeben; sich [den Anordnungen] f. ↑befolgen; sich in etwas f. ↑ertragen.
fugenlos, nahtlos, [wie] aus einem Guss; ↑passend, ↑übereinstimmend.
Fügewort ↑Wortart.
Fuggerstadt ↑Augsburg.
füglich, mit / zu Recht, mit Fug und Recht, berechtigterweise, richtigerweise; ↑recht.
fügsam: ↑artig, ↑folgsam.
Fügsamkeit ↑Gehorsam.
Fugu ↑Fisch.
Fügung ↑Schicksal.
fühlbar: ↑einschneidend, ↑tastbar.
¹**fühlen,** empfinden, spüren, verspüren, ergriffen werden von, zu spüren bekommen ↑erschüttern, ↑merken, ↑überkommen.
²**fühlen:** ↑tasten; sich behaglich / heimisch / pudelwohl / wie zu Hause f. ↑wohl fühlen (sich); sich nicht betroffen f. ↑betreffen; sich jmdm. / einer Sache gewachsen f. ↑bereit [sein]; sich selbstständig f. ↑selbstständig; sich sicher f. ↑sicher; sich verletzt f. ↑unzufrieden [sein]; sich in seiner Haut wohl f. ↑zufrieden [sein]; sich in seiner Haut wohl f. ↑unzufrieden [sein]; sich als Halbgott f. ↑dünkelhaft [sein]; jmdm. auf den Zahn f. ↑prüfen.

Fühler: die F. ausstrecken ↑vorfühlen.

fühllos ↑blutleer.

Fühllosigkeit ↑Gefühlskälte.

Fühlung: F. nehmen ↑anbahnen (etwas), ↑Kontakt [aufnehmen].

Fühlungnahme ↑Kontakt.

Fuhrbetrieb ↑Spedition.

Fuhre ↑Ladung.

¹führen (einen Betrieb o. Ä.), lenken, verwalten, gebieten über, befehligen, herrschen über, an der Spitze stehen, alle Fäden in der Hand halten / haben, das Heft / das Steuer / die Zügel / fest in der Hand haben; ↑mächtig [sein].

²führen: ↑begleiten, ↑Höchstleistung [erzielen], ↑lenken, ↑vorstehen; ad absurdum f. ↑widerlegen; Beschwerde f. ↑beanstanden; mit jmdm. einen Briefwechsel f. ↑korrespondieren (mit); über etwas Buch f. ↑aufschreiben, ↑buchen; eine [glückliche] Ehe f. ↑verheiratet; ein großes Haus f. ↑leben; ein offenes Haus f. ↑gastfrei [sein]; einen Kampf f. ↑eintreten (für); Krieg f. gegen ↑bekriegen; den Nachweis f. ↑nachweisen; das Regiment f. ↑maßgeblich [sein]; einen Schmäh f. ↑spaßen; den Vorsitz f. ↑vorstehen; jmdn. aufs Glatteis f. ↑verwirren; bei sich / mit sich f. ↑mitführen; ins Feld / Treffen f. ↑erwähnen; deutlich vor Augen f. ↑anschaulich [machen]; zu weit f. ↑statthaft; nicht zu Ende geführt ↑unerledigt.

führend: ↑wichtig; f. sein ↑Höchstleistung [erzielen]; die -en Kreise ↑Oberschicht.

¹Führer, Leiter, Guru, Anführer, Leithammel *(abwertend),* Lenker, Spiritus Rector; ↑Führungskraft, ↑Leiter.

²Führer: ↑Begleiter, ↑Fahrer, ↑Oberhaupt, ↑Ratgeber.

Führerflucht ↑Fahrerflucht.

Führerschein ↑Ausweis.

Fuhrgeschäft ↑Spedition.

Fuhrhalter ↑Spediteur.

Fuhrherr ↑Spediteur.

Fuhrknecht ↑Fuhrmann.

¹Fuhrmann, Kutscher, Fuhrknecht, Kärrner *(veraltend),* Karrer *(schweiz.),* Pferdelenker, Schwager *(veraltet),* Rosselenker *(hist.);* ↑Kutsche.

²Fuhrmann: ↑Spediteur, ↑Sternbild.

Führung: ↑Leitung, ↑Regie; innere F. ↑Erziehung; in F. liegen ↑Höchstleistung [erzielen].

Führungs-: ↑beste.

Führungsgremium ↑Leitung.

Führungsinstanz ↑Leitung.

Führungskraft, Manager, Kader, leitender Angestellter, Entscheidungsträger, Macher *(ugs.),* Wirtschaftsführer; ↑Arbeitgeber, ↑Büroangestellte[r], ↑Führer, ↑Leiter, ↑Nachwuchskraft.

Führungsrolle ↑Machtposition.

Führungsstab ↑Leitung.

Fuhrunternehmer ↑Spediteur.

fuhrwerken ↑hantieren.

Fuhrwerker ↑Fahrer.

Fulbe ↑Schwarzer.

Füllbleistift ↑Schreibstift.

Fulldress ↑Anzug.

Fülle: ↑Ausmaß, ↑Füllung; eine F. von ↑Anzahl; in Hülle und F. ↑reichlich; zur F. neigen ↑dick [werden].

¹füllen, abfüllen, einfüllen · *eine Spritze:* aufziehen; ↑tanken; ↑abgepackt.

²füllen: gefüllte Kalbsbrust ↑Fleischgericht; das Fass der Danaiden f. ↑tun; sich die Taschen f. ↑bereichern (sich); f. mit ↑anreichern; mit Gas / mit Luft f. ↑aufblasen.

Füllen: ↑Pferd, ↑Sternbild.

Füller ↑Schreibstift.

Füllfeder ↑Schreibstift.

Füllfederhalter ↑Schreibstift.

Füllhalter ↑Schreibstift.

füllig ↑dick.

Fülligkeit ↑Wohlgenährtsein.

Füllmauer ↑Mauer.

Füllsel: ↑Füllung, ↑Wort.

¹Füllung (von Kuchen usw.), Fülle *(landsch.),* Füllsel *(landsch.),* Farce *(Kochk.),* Nussfüllung, Nussfülle, Topfenfülle *(bayr., österr.).*

²Füllung ↑Zahnersatz.

Füllwort ↑Wort.

fulminant ↑meisterhaft.

Fulminanz ↑Meisterhaftigkeit.

Fummel ↑Kleid.

fummeln: ↑koitieren; an etwas f. ↑berühren.

Fummeltrine ↑Homosexueller.

Fund: ↑Fundsache; archäologischer / vorgeschichtlicher F. ↑Bodenfund.

¹Fundament, Basis, Unterbau, Grundfeste, Grundmauer; ↑Sockel · Ggs. ↑Überbau.

²Fundament ↑Grundlage.

fundamental: ↑grundlegend, ↑grundsätzlich.

Fundamentmauer ↑Mauer.

Fundamt ↑Fundbüro.

Fundbüro, Fundamt *(österr.);* ↑Leihhaus; ↑finden.

Fundgrube ↑Grundlage.

fundieren ↑begründen.

fundiert, begründet, gesichert, hieb- und stichfest, unangreifbar; ↑bestimmt, ↑gewiss, ↑verbürgt, ↑zweifellos.

Fundsache, Fund, herrenloses Gut; ↑Treibgut, ↑Versteigerung.

Fundus ↑Grundlage.

Funeralien ↑Begräbnis.

fünf: das kann man sich an den f. Fingern abzählen ↑klar [sein]; es ist f. Minuten vor zwölf ↑spät; f. grade sein lassen ↑nachlässig [sein].

Fünfakter ↑Drama.

Fünfer ↑Münze.

Fünffrankenstück ↑Franken.

Fünfkampf ·· *für Frauen:* 100-m-Hürdenlauf, Kugelstoßen, Hochsprung, Weitsprung, 200-m-Lauf ·· *für Männer:* Weitsprung, Speerwerfen, 200-m-Lauf, Diskuswer-

fen, 1500-m-Lauf · *moderner:* Reiten, Fechten, Schießen, Schwimmen, Laufen; ↑Zehnkampf.
Fünfklang ↑Akkord.
Fünfliber ↑Franken.
Fünflinge ↑Geschwister.
Fünfmarkstück ↑Münze.
Fünfminutenbrenner ↑Kuss.
Fünfpfennigstück ↑Münze.
fünft: die -e Jahreszeit ↑Fastnacht.
Fünftausendmeterlauf: 5000-m-Lauf ↑Lauf.
fünfte: die f. Kolonne ↑Abteilung; das f. Rad am Wagen sein ↑überflüssig [sein].
Fünfuhrtee ↑Zwischenmahlzeit.
Fünfvierteltakt ↑Takt.
Fünfzehnhundertmeterlauf: 1500-m-Lauf ↑Fünfkampf, ↑Lauf, ↑Zehnkampf.
Fünfziger: falscher F. ↑Mann.
Fünfzigmarkschein ↑Papiergeld.
Fünfzigpfennigroman ↑Roman.
Fünfzigpfennigstück ↑Münze.
fungieren: f. als ↑figurieren (als).
Funk: ↑Musik, ↑Radio; durch F. übermitteln ↑funken.
Funke: der F. ist übergesprungen ↑vertraut.
funkeln: ↑leuchten; -d ↑glänzend.
funkelnagelneu ↑neu.
[1]funken, einen Funkspruch durchgeben, durch Funk / drahtlos übermitteln; ↑Sprechfunkgerät, ↑Telegramm.
[2]funken: ↑ausstrahlen; es hat gefunkt ↑erkennen.
Funkenflug, Funkenwurf *(schweiz.);* ↑Brand.
Funkenmariechen ↑Faschingszug.
Funkenwurf ↑Funkenflug.
Funker ↑Dienstgrad.
Funkerzählung ↑Rundfunksendung.
Funkgymnastik ↑Gymnastik.
Funksprechgerät ↑Sprechfunkgerät.
Funkspruch: ↑Telegramm; einen F. durchgeben ↑funken.
Funkstreife ↑Polizeiwagen.
Funktaxe ↑Taxe.
Funktaxi ↑Taxe.
Funktion: ↑Anstellung, ↑Aufgabe, ↑Zweck; eine wichtige F. haben ↑maßgeblich [sein].
funktional: -e Grammatik ↑Grammatik.
Funktionalismus ↑Zweck.
Funktionär: ↑Beauftragter; staatsanwaltlicher F. ↑Jurist.
funktionell: -e Angina pectoris / Herzbeschwerden / Stenokardie ↑Herzbeschwerden.
funktionieren: etwas funktioniert / ist in Betrieb / ist in [vollem] Gange / ist angestellt / *(ugs.)* ist an / arbeitet / *(ugs.)* geht / läuft [auf vollen Touren], etwas tut es noch / wieder *(ugs.);* ↑anstrengen, ↑arbeiten; **nicht f.,** es ist Sand im Getriebe *(ugs.),* etwas streikt / fällt aus / hat [seine] Mucken *(ugs.).*
Funktionsschwäche ↑Funktionsstörung.
Funktionsstörung, Dysfunktion, Regulationsstörung, Fehlregulation, Fehlsteuerung, Dysre-

gulation · Überfunktion, Hyperfunktion · Unterfunktion, Hypofunktion, Insuffizienz, Funktionsschwäche, ungenügende Organleistung; ↑Krankheit, ↑Unfähigkeit.
Funktionsverb ↑Verb.
Funktionsverbgefüge ↑Verb.
Funkturm ↑Turm.
fünsch ↑ärgerlich.
Funzel ↑Lampe.
für: ↑anstatt; f. einmal ↑zunächst; f. mich ↑meinetwegen; f. sich ↑allein; f. sich [lebend] ↑zurückgezogen; an und f. sich ↑gewissermaßen; f. nass / nichts ↑kostenlos; Substantiv + f. + gleiches Substantiv ↑nacheinander; das Für und Wider ↑Vorteil.
füra ↑her.
fürbass ↑weiter.
Fürbitte ↑Gebet.
Furche: ↑Riss, ↑Runzel.
Furcht: ↑Angst; ohne F. und Tadel sein ↑mutig [sein].
furchtbar: ↑schrecklich, ↑sehr; das ist ja f. ↑unerträglich [sein].
Furcht einflößend ↑schrecklich.
fürchten: ↑Angst [haben], ↑vermuten; weder Tod noch Teufel f. ↑mutig [sein]; sich vor seinem eigenen Schatten f. ↑ängstlich [sein].
fürchterlich: ↑schrecklich, ↑sehr.
Furcht erregend ↑schrecklich.
furchtlos ↑mutig.
Furchtlosigkeit ↑Mut.
furchtsam ↑ängstlich.
Furchtsamkeit ↑Angst.
fürder ↑später.
fürderhin ↑später.
füri ↑hin.
Furie ↑Rachegöttin.
furios ↑streitbar.
fürliebnehmen: f. mit ↑zufrieden geben.
Furor ↑Ärger.
Furore: F. machen ↑auffallen.
[1]Fürsorge, Sorge, Sorgfalt, Fürsorglichkeit, Obsorge, Obhut; ↑Pflege; ↑kümmern (sich um jmdn.).
[2]Fürsorge ↑Sozialhilfe.
Fürsorgeheim ↑Erziehungsanstalt.
Fürsorger ↑Betreuer.
Fürsorgerin, Sozialfürsorgerin, Pflegerin, Altenpflegerin, Sozialarbeiterin; ↑Betreuer, ↑Krankenschwester.
Fürsorglichkeit ↑Fürsorge.
Fürsprache ↑Förderung.
Fürsprech: ↑Fürsprecher, ↑Jurist.
[1]Fürsprecher, Fürsprech *(selten),* Anwalt, Advokat, Verteidiger · *geistlicher Fürsprecher, der die Gründe für die Heilig- oder Seligsprechung darlegt: Advocatus Dei · der die Meinung der Gegenpartei zur Belebung der Diskussion vertritt, ohne innerlich selbst diese Ansicht zu vertreten:* Advocatus Diaboli; ↑Berater, ↑Helfer, ↑Vertrauensmann.

²**Fürsprecher** ↑Jurist.
Fürst: ↑Adliger, ↑Oberhaupt; F. dieser Welt ↑Teufel.
Fürstengeschlecht ↑Adelsgeschlecht.
Fürstenhaus ↑Adelsgeschlecht.
Fürstenkrone ↑Krone.
Fürstenstand ↑Adel.
Fürstin ↑Adlige.
fürstlich: ↑adlig, ↑üppig.
Fürstlichkeit ↑Adliger.
Fürst-Pückler-Eis ↑Eis.
Fürtuch ↑Schürze.
Furunkel ↑Abszess.
fürwahr: [traun f.] ↑wahrlich.
Fürwort ↑Wortart.
Furz ↑Darmwind.
furzen ↑Darmwind [entweichen lassen].
Furzmolle ↑Bett.
Furzmulde ↑Bett.
Fusel ↑Alkohol.
füsilieren ↑töten.
Fusion: ↑Bund; eine F. eingehen ↑verbünden (sich).
fusionieren ↑verbünden (sich).
¹**Fuß,** Quadratlatschen *(salopp, abwertend),* Quanten *(salopp, abwertend),* Mauken *(salopp, abwertend),* Schweißfüße, Käsefüße *(salopp)* · *deformierter:* Senkfuß, Plattfuß, Spreizfuß, Knickfuß, Hohlfuß, Spitzfuß, Pferdefuß, Hackenfuß, Klumpfuß, Teufelsfuß; ↑Fußdeformität, ↑Gliedmaße, ↑Spann, ↑Zeh.
²**Fuß:** ↑Gliedmaße, ↑Flächenmaß, ↑Längenmaß; kalte Füße bekommen ↑Angst [bekommen]; F. fassen ↑niederlassen (sich); kalte Füße haben ↑frieren; Hand und F. haben ↑stimmen; sich die Füße in den Bauch stehen, von einem F. auf den anderen treten ↑warten; sich die Füße vertreten ↑spazieren gehen; stehenden -es ↑gleich; immer wieder auf die Füße fallen ↑Glück [haben]; auf großem F. leben ↑leben, ↑üppig [leben]; jmdn. auf freien F. setzen ↑freilassen; auf eigenen Füßen stehen ↑erwachsen [sein], ↑selbstständig [sein]; mit jmdm. auf freundschaftlichem F. stehen ↑vertraut; etwas steht auf schwachen / schwankenden / tönernen / wackligen Füßen ↑glaubwürdig, ↑unsicher [sein]; von Kopf bis F. ↑ganz; sich von Kopf bis F. waschen ↑waschen (sich / jmdn.); mit bloßen / nackten Füßen ↑barfüßig; jmd. ist mit dem linken F. aufgestanden ↑ärgerlich [sein], ↑aufgelegt; mit jmdm. auf gespanntem F. leben / stehen ↑vertragen (sich); mit einem F. im Grab stehen ↑krank [sein]; mit Füßen treten ↑missachten; mit dem F. umknicken ↑stolpern; sich mit Händen und Füßen sträuben / wehren ↑aufbegehren; den Boden unter den Füßen verlieren ↑abrutschen; jmdm. brennt der Boden unter den Füßen ↑beeilen (sich); jmdm. wird der Boden unter den Füßen zu heiß, jmdm. brennt der Boden unter den Füßen ↑gefährlich [sein]; jmdm. den ganzen Kram / Krempel vor

die Füße werfen ↑kündigen; dort sein, wo [auch] der Kaiser zu F. hingeht ↑Toilette; zu F. kommen ↑kommen; jmdm. etwas zu Füßen legen ↑schenken; jmdm. zu Füßen liegen ↑achten; gut zu F. sein ↑marschfähig [sein]; sich jmdm. zu Füßen werfen ↑knien.
Fußabdruck ↑Spur.
Fußabstreifer, Abstreifer, Fußabtreter, Fußmatte, Matte, Türvorleger, Vorleger, Türvorlage *(schweiz.);* ↑säubern.
Fußabtreter ↑Fußabstreifer.
Fußangel ↑Arglist.
Fußball, Ball, Leder, Pille *(salopp),* Wuchtel *(salopp, österr.);* ↑Balljunge, ↑Fußballspiel, ↑Spielball; **den F. schlagen,** schießen, bomben *(ugs.)* · *mit dem Kopf:* köpfen, köpfeln *(schweiz., österr.)* · *sodass der Ball über den Kopf nach rückwärts fliegt:* einen Rückzieher machen; ↑Tor.
Fußballer ↑Fußballspieler.
Fußballplatz: ↑Spielplatz, ↑Sportfeld.
Fußballschuh ↑Schuh.
Fußballspiel, Fußball · *bei aufgeweichtem Boden:* Schlammschlacht · Rugby, [American] Football · Soccer · Wasserball; ↑Ballspiel, ↑Corner, ↑Elfmeter, ↑Fußball, ↑Fußballspieler; **das F. betreiben,** Fußball spielen, kicken, knödeln *(ugs.),* ballestern *(ugs., österr.)* · *in unfairer Weise:* holzen, klotzen, hacken, bolzen.
Fußballspieler, Fußballer, Kicker *(ugs.),* Ballkünstler *(ugs.),* Balltreter *(ugs.),* Ballesterer *(ugs., österr.)* · *unfairer:* Holzer, Holzhacker, Knüppler *(landsch., bes. nordwestd.),* Fleischhacker *(österr.),* Hacker *(österr.)* · · *im Tor:* Torwart, Torsteher, Torhüter, Torwächter, Tormann, Goalkeeper *(schweiz., österr.),* Keeper, Goalmann *(bes. schweiz., österr.),* Goaler *(landsch.),* Goali *(schweiz.),* Schlussmann, der Mann zwischen den Pfosten *(ugs.),* elfter Mann *(ugs.),* Nummer Eins *(ugs.)* · · *in der Verteidigung:* Verteidiger, Abwehrspieler, Stopper, Back *(veraltend),* Libero, Ausputzer, freier Mann · · *im Mittelfeld:* Mittelfeldspieler, Läufer, Half *(veraltend)* · Mittelläufer *(veraltend),* Zenterhalf *(veraltet)* · · *im Sturm:* Stürmer, Forward, Angriffsspitze, Sturmspitze · Mittelstürmer, Zenterstürmer *(veraltet)* · Verbinder, Verbindungsstürmer, Halblinker, Halbrechter · Außenstürmer, Linksaußen, Rechtsaußen, Flügelstürmer, Flügel · · *der ein Tor geschossen hat:* Torschütze, Goalgetter, Torjäger; ↑Fußball, ↑Sportler, ↑Tor (das).
Fußballstiefel ↑Schuh.
¹**Fußballtor,** Tor, Kasten, Gehäuse; ↑Tor (das).
²**Fußballtor** ↑Tor (das).
Fußbank, Fußschemel, Hitsche *(landsch.),* Hutsche *(landsch.),* Rutsche *(landsch.),* Elefantenfuß; ↑Leiter (die), ↑Sitzgelegenheit.
Fußboden, Boden, Unterboden, Blindboden, Estrich · Holzfußboden, Bretterboden, Dielen,

Parkettboden, Parkett, Tafelparkett, Stabfuß-
boden · Steinfußboden, Steinboden, Zement-
boden, Fliesen, Terrazzoboden, Terrazzo ·
Kunstharzspachtelboden · Linoleum; ↑Erde,
↑Teppichboden.
Fußbodenheizung ↑Heizung.
Fußbodenwachs ↑Wachs.
Fußbremse ↑Bremse.
Fußdeformierung ↑Fußdeformität.
Fußdeformität, Fußdeformierung ·· *mit Ab-*
flachung des Fußgewölbes: Plattfuß, Plattfüßig-
keit, Senkfuß, Pes planus, Platypodie · *mit*
gleichzeitiger Verbreiterung des Vorfußes:
Spreizfuß, Platt-Spreiz-Fuß, Pes transverso-
planus ·· *mit abnorm hohem Längsgewölbe:*
Hohlfuß, Pes excavatus · *mit gleichzeitiger Aus-*
bildung eines Spitzfußes: Hohl-Spitz-Fuß, Pes
equinocavus ·· *mit Biegung des Fußes nach der*
Sohle zu, sodass nur Ballen und Zehen den Boden
berühren: Spitzfuß, Pferdefuß, Pes equinus,
Equinus, Equinismus, Strephopodie · *mit*
gleichzeitiger Ausbildung eines Klumpfußes:
Spitz-Klump-Fuß, Pes equinovarus, Equinovarus ·· *mit Abknickung der Ferse nach außen:*
Knickfuß, Pes valgus, Strephexopodie · *Ver-*
krümmung des Vorfußes, wobei die Sohle nach
innen und der äußere Fußrand nach unten ge-
kehrt ist: Klumpfuß, Teufelsfuß, Pes varus, Talipes ·· *mit Biegung des Vorfußes nach dem Fuß-*
rücken zu, sodass nur die Ferse den Boden be-
rührt: Hackenfuß, Pes calcaneus · *mit gleichzei-*
tiger Ausbildung eines Knickfußes: Knick-Ha-
cken-Fuß, Pes calcaneovalgus; ↑Fuß, ↑Glied-
maßenmissbildung.
Fussel: ↑Fluse, ↑Staubflocke; -n verlieren ↑fus-
seln.
fusselig: ↑ausgefranst; sich den Mund f. reden
↑sprechen.
fusseln, fasern, haaren, Fusseln / Fasern /
Haare verlieren; ↑Fluse, ↑Staubflocke.
fußen: f. auf ↑stammen (von).
fußfällig ↑unterwürfig.
fußfrei: -er Sitz ↑Sitzplatz.
¹Fußgänger, Passant, Fußgeher *(österr.);* ↑fort-
bewegen (sich).
²Fußgänger ↑Passant.
Fußgängersteig ↑Gehsteig.
Fußgängerübergang, Fußgängerüberweg,
Zebrastreifen, Schutzweg *(bes. österr.);*
↑Straße.
Fußgängerüberweg ↑Fußgängerübergang.
Fußgängerweg ↑Gehsteig.
Fußgängerzone ↑Straße.
Fußgeher ↑Fußgänger.
Fußgelenk ↑Gelenk.
Fußgestell: ↑Sockel, ↑Untergestell.
Fußgicht ↑Arthritis.
fußhoch ↑niedrig.
Fußlage ↑Kindslage.
Fußleiste, Scheuerleiste, Lambrie *(landsch.),*
Lamperie *(südd.).*

fusslig: ↑ausgefranst; sich den Mund f. reden
↑sprechen.
Fußmarsch ↑Spaziergang.
Fußmatte ↑Fußabstreifer.
fußmüde ↑erschöpft.
Fußnagelpflege: ↑Kosmetik, ↑Pediküre.
Fußnote ↑Anmerkung.
Fußpflege: ↑Kosmetik, ↑Pediküre.
Fußpilz, Mykose; ↑Hautpilzkrankheit,
↑Krankheit.
Fußpuder ↑Puder.
Fußreise ↑Spaziergang.
Fußschemel ↑Fußbank.
Fußsoldat ↑Soldat.
Fußspitze: auf -n gehen ↑fortbewegen (sich).
Fußspray ↑Desodorans.
Fußsprung ↑Sprung.
Fußspur ↑Spur.
Fußstapfe: ↑Spur; in jmds. -n treten ↑nachfol-
gen.
Fußstapfen ↑Spur.
Fußsteig ↑Gehsteig.
Fußtapfe ↑Spur.
Fußtapfen ↑Spur.
Fußtour ↑Spaziergang.
Fußvolk ↑Anhänger.
Fußwalm: Mansarddach mit F. ↑Dach.
Fußwalmdach ↑Dach.
Fußwanderung ↑Spaziergang.
Fußweg ↑Gehsteig.
Fusti ↑Preisnachlass.
Fut ↑Vagina.
futsch: ↑defekt; f. sein ↑verloren [sein].
futschikato: ↑defekt; f. sein ↑verloren [sein].
Futter ↑Nahrung.
Futterage ↑Nahrung.
Futteral ↑Hülle.
Futterbarren ↑Gefäß.
Futtergetreide ↑Getreide.
Futterluke ↑Mund.
Futtermauer ↑Mauer.
Futtermittel ↑Schüttgut.
futtern: ↑einnehmen, ↑essen.
füttern: ↑bespannen, ↑eingeben, ↑ernähren;
die Fische f. ↑übergeben (sich); russische Eier f.
↑koitieren.
Futternapf ↑Gefäß.
Futterneid ↑Neid.
futterneidisch ↑neidisch.
Futterrübe ↑Rübe.
Futtertrog ↑Gefäß.
Fütterung ↑Ernährung.
Futterverwerter: ein guter F. sein ↑dick.
Futur: [zweites F.] ↑Tempus.
Futurismus ↑Malerei.
Futurologie ↑Wissenschaft.
Futurum exactum ↑Tempus.
Fuzel ↑Staubflocke.
fuzeln ↑schreiben.
Fyng ↑Zahlungsmittel.
F-Zug ↑Eisenbahnzug.

G

Gabardine ↑Stoff.

Gabardinemantel ↑Mantel.

¹Gabe, Geschenk, Präsent, Angebinde, Aufmerksamkeit, Mitbringsel, Liebesgabe, Liebesgabenpäckchen, Carepaket, Fresspaket *(salopp),* Geschenksendung, Almosen · *des Paten für den Täufling:* Patengeschenk, Eingebinde *(schweiz.),* Einbund *(schweiz.)* · *unwillkommene:* Danaergeschenk, Trojanisches Pferd, Basiliskenei; ↑Andenken, ↑Aussteuer, ↑Beitrag, ↑Blumenstrauß, ↑Ersatz; ↑schenken.

²Gabe ↑Gewinn.

¹Gabel, Vorlegegabel, Fischgabel, Kuchengabel; ↑Essbesteck, ↑Löffel, ↑Messer.

²Gabel: ↑Astgabel; Messer und -; Messer, G. und Löffel ↑Essbesteck.

Gabelbissen ↑Imbiss.

Gabelfrühstück ↑Zwischenmahlzeit.

Gabelgelenk ↑Gelenk.

Gabelkreuz ↑Kreuzzeichen.

gabeln (sich), sich verzweigen / teilen / *(landsch.)* zwieseln, abzweigen, abgehen; ↑Astgabel, ↑Gabelung.

Gabelschwanz ↑Schmetterling.

¹Gabelung, Weggabelung, Verzweigung, Abzweigung, Scheideweg, Wegscheid; ↑Kreuzung, ↑Kurve; ↑gabeln (sich).

²Gabelung ↑Astgabel.

Gaben ↑Begabung.

Gabriel ↑Erzengel.

gackern: ↑krächzen, ↑lachen.

gacksen: -d ↑abgehackt.

gaffen ↑zuschauen.

Gaffer ↑Zuschauer.

Gag: ↑Einfall; das ist der G. [bei] der Sache ↑Hauptsache.

Gagat ↑Schmuckstein.

Gage: ↑Gehalt (das), ↑Rauschgift.

Gähling ↑Pfifferling.

gähnen: ↑offen [sein]; -de Leere ↑Leere.

Gaillarde ↑Tanz.

Gala: ↑Anzug; sich in G. schmeißen / werfen ↑schönmachen.

Galadiner ↑Festmahl.

Galaempfang ↑Essen.

Galan ↑Geliebter.

galant ↑höflich.

Galanterie ↑Höflichkeit.

Galanterietäschner ↑Täschner.

Galeere ↑Kriegsschiff.

Galeone ↑Kriegsschiff.

Galerie: ↑Dirnenwelt, ↑Empore, ↑Museum, ↑Orientteppich.

Galeriebesitzer ↑Kunsthändler.

Galeriegrab ↑Grab.

Galeriewald ↑Urwald.

Galerist ↑Kunsthändler.

Galeristin ↑Kunsthändler.

Galgen ↑Hinrichtung.

Galgenfrist ↑Frist.

Galgengesicht ↑Gesicht.

Galgenhumor ↑Humor.

Galgenstrick ↑Junge.

Galgenvogel ↑Junge.

Galgenvogelgesicht ↑Gesicht.

Galimathias ↑Unsinn.

Galionsfigur ↑Identifikationsfigur.

Galle: jmdm. läuft die G. über ↑ärgerlich [werden]; Gift und G. speien / spucken ↑schelten.

gallebitter ↑sauer.

gallenbitter ↑sauer.

Gallenblasenentzündung ↑Gallenerkrankung.

Gallenblasenerkrankung ↑Gallenerkrankung.

Gallenblasenkonkrement ↑Gallenstein.

Gallenblasenleiden ↑Gallenerkrankung.

Gallenerkrankung, Gallenblasenerkrankung, Gallenblasenleiden, Cholezystopathie · *entzündliche:* Cholezystitis, Gallenblasenentzündung · *degenerative:* Cholezystose · *durch Gallensteine verursachte:* Cholelithiasis, Gallensteinerkrankung, Gallensteinleiden, Gallensteinkolik, Gallenkolik *(ugs.);* ↑Gallenstein, ↑Gelbsucht, ↑Krankheit, ↑Leberkrankheit.

Gallengangsspiegelung ↑Ausspiegelung.

Gallengangsstein ↑Gallenstein.

Gallenkolik ↑Gallenerkrankung.

Gallenkonkrement ↑Gallenstein.

Gallenröhrling ↑Ständerpilz.

Gallenstein, Gallenkonkrement, Gallenblasenkonkrement, Cholelith, Calculus felleus, Cholezystolith, Gallengangsstein, Choledocholith; ↑Gallenerkrankung, ↑Harnstein, ↑Krankheit.

Gallensteinerkrankung ↑Gallenerkrankung.

Gallensteinkolik ↑Gallenerkrankung.

Gallensteinleiden ↑Gallenerkrankung.

Gallert: zu G. werden ↑gelieren.

Gallerte: zu G. werden ↑gelieren.

gallig ↑spöttisch.

gallisch: der -e Hahn ↑Frankreich.

Gallizismus ↑Spracheigentümlichkeit.

Galluschel ↑Pfifferling.

Galopp: ↑Tanz; [versammelter G.] ↑Gangart; G. reiten ↑reiten.

galoppieren ↑reiten.

Galopprennen ↑Rennen.

Galosche ↑Schuh.

Galtvieh ↑Vieh.

Galvanisation ↑Elektrotherapie.
Galvanokaustik ↑Verätzung.
Galvanokauterisation ↑Verätzung.
Galvanotherapeutik ↑Elektrotherapie.
Galvanotherapie ↑Elektrotherapie.
Gambe ↑Streichinstrument.
Gamelle ↑Essgeschirr.
Gamellenriemliinspizient ↑Pedant.
Gamet ↑Keimzelle.
Gamma ↑Buchstabe.
Gammaeule ↑Schmetterling.
gammelig ↑altbacken.
Gammler, Beatle, Beatnik, Provo, Hippie, Blumenkind, Jeanstyp, Langhaariger *(abwertend),* Langmähniger *(abwertend);* ↑Halbstarker, ↑Rauschgift, ↑Vagabund.
Gamophobie ↑Misogamie.
Gampiross ↑Schaukelpferd.
Gams ↑Gämse.
Gämse, Gams *(fachspr. u. landsch.)* ·· *männliche:* Bock, Gämsbock, Gamsbock ·· *weibliche:* Geiß · *dreijährige, die noch nicht gesetzt hat:* Schmalgeiß · *die kein Junges hat:* gelte Geiß · *die ein Junges führt:* Kitzgeiß ·· *junge:* Kitz · *männliche:* Bockkitz · *weibliche:* Geißkitz; ↑Hirsch, ↑Reh.
Gämsleder ↑Leder.
Gamswild ↑Wild.
Ganeff ↑Verbrecher.
Ganerbenburg ↑Burg.
gang: g. und gäbe sein ↑üblich [sein].
¹Gang (der): ↑Bergwerk, ↑Diele, ↑Essen, ↑Fortbewegung, ↑Hausflur, ↑Spaziergang, ↑Vorgang; ein Gang durch die Gemeinde ↑Bummel; einen Gang durch die Gemeinde machen ↑besuchen; einen Gang nach Canossa antreten ↑erniedrigen (sich); im Gang sein ↑wandeln (sich); in Gang bringen ↑ankurbeln, ↑anstacheln; in Gang kommen ↑verursachen; etwas kommt in Gang ↑einspielen (sich); etwas ist in [vollem] Gang ↑funktionieren; in Gang setzen ↑verursachen.
²Gang (die) ↑Bande.
¹Gangart · *langsame:* Schritt · *beschleunigte:* Tölt, Trab, Galopp, Mittelgalopp, versammelter Galopp · *bei der beide Beine einer Seite gleichzeitig vorgesetzt werden:* Passgang · *gemächlich trabende:* Zotteltrab; ↑Pferd, ↑Reiter, ↑Reiterin, ↑Rennplatz, ↑Ritt; ↑reiten; ↑beritten.
²Gangart: ↑Fortbewegung, eine härtere G. einschlagen ↑verlangen.
gangbar: ↑möglich; -er Weg ↑Abmachung.
Gängelband: jmdn. am G. führen / haben ↑lenken.
gängeln ↑lenken.
Gangesgavial ↑Krokodil.
Gangfisch ↑Fisch.
Ganggrab ↑Grab.
gängig: ↑begehrt, ↑marschfähig, ↑üblich.
Gängigkeit ↑Üblichkeit.

Gangleader ↑Anführer.
Ganglienblocker ↑Psychopharmakon.
Ganglienzelle ↑Körperzelle.
Ganglioplegikum ↑Psychopharmakon.
Gangspill ↑Winde.
Gangsteig ↑Gehsteig.
Gangster ↑Verbrecher.
Gangsterfilm ↑Kinofilm.
Gangway ↑Treppe.
Ganove ↑Verbrecher.
Ganovensprache ↑Gaunersprache.
Ganoventrick ↑Trick.
¹Gans · *männliche:* Ganter, Gänserich, Ganser *(österr.);* ↑Geflügel, ↑Wild.
²Gans: ↑Vogel; dumme G. ↑Dummkopf.
Gänseblümchen ↑Maßliebchen.
Gänsefett ↑Fett.
Gänsefüßchen ↑Satzzeichen.
Gänsegeier ↑Vogel.
¹Gänsehaut, Hühnerhaut *(österr., schweiz.),* Cutis anserina *(Med.),* Dermatospasmus *(Med.),* Horripilatio *(Med.);* ↑frieren.
²Gänsehaut: G. bekommen / haben / kriegen ↑frieren; eine G. bekommen / kriegen ↑Angst [bekommen].
Gänsekeule ↑Keule.
Gänseklein ↑Fleischgericht.
Gänsemarsch: im G. ↑nacheinander.
Ganser ↑Gans.
Gänserich ↑Gans.
Gänsesäger ↑Vogel.
Gänseschmalz ↑Fett.
Gänsewein ↑Wasser.
Gant: ↑Versteigerung; auf die G. kommen ↑zahlungsunfähig [werden].
Ganter ↑Gans.
Ganymed ↑Bedienung.
¹ganz, ganz und gar, gänzlich, zur Gänze *(österr.),* völlig, voll, voll und ganz, vollkommen, hundertprozentig, lückenlos, vollständig, in extenso, in Grund und Boden, vollauf, komplett, restlos, total, in toto, pauschal, in jeder Hinsicht / Beziehung, an Haupt und Gliedern, über und über, von oben bis unten, mit Stumpf und Stiel, mit Haut und Haar / Haaren, von Kopf bis Fuß, vom Scheitel bis zur Sohle, vom Wirbel bis zur Zehe, voll und ganz, bis zum Äußersten / Letzten / Tezett, bis aufs Messer, bis an die Grenze des Erlaubten, durch alle Böden *(schweiz.),* von Grund auf / aus, überhaupt, schlechterdings, platterdings, schlechtweg, durchaus, geradezu, nachgerade; ↑A (von A bis Z), ↑allgemein, ↑ausführlich, ↑insgesamt, ↑meisterhaft, ↑regelrecht, ↑schlechthin, ↑unbedingt, ↑vollinhaltlich, ↑wirklich; ↑Ganzheit; ↑vervollständigen · Ggs. ↑unvollständig
²ganz: ↑heil; g. allgemein / einfach ↑schlechthin; nicht g. dicht sein ↑verrückt [sein]; im -en Gäu ↑weitum; die -e Innung blamieren ↑kompromittieren (jmdn.); -e Note, Ganze ↑Notenzeichen; den -en Tag ↑Tag; -e Zahl ↑Zahl; g.

jmd. sein ↑gleichen; etwas wieder g. machen ↑reparieren; g. Ohr sein ↑Acht geben, ↑hören; g. und gar ↑ganz, ↑regelrecht; g. und gar nicht ↑keineswegs, ↑nein; das Ganze ↑Totalität; im -en ↑insgesamt; im großen Ganzen ↑generell.

Gänze: ↑Ganzheit; zur G. ↑ganz.

Ganzfoto ↑Fotografie.

¹Ganzheit, Gesamtheit, Gänze; ↑Totalität, ↑Vollständigkeit; ↑ganz, ↑insgesamt.

²Ganzheit ↑Totalität.

Ganzheitspsychologie ↑Psychologie.

gänzlich ↑ganz.

Ganzmassage ↑Massage.

Ganzperücke ↑Perücke.

Ganzportrait ↑Bildnis.

Ganzporträt ↑Bildnis.

Ganztagsschule ↑Schule.

¹gar, gar gekocht, durchgebacken, durch (ugs.) · well done · **nicht ganz g.,** medium, nicht ganz durch, innen noch roh · halbgar · klitschig (landsch.), klinschig (landsch.), speckig (landsch.) · **nicht g.,** blutig, bloody, rare, englisch; ↑Essen, ↑Nahrung.

²gar: ↑etwa, ↑sehr; g. nichts ↑nichts; g. niemand ↑niemand; g. sein ↑fertig [sein]; g. kochen / machen ↑sieden; ganz und g. ↑ganz, ↑regelrecht; ganz und g. nicht ↑keineswegs; nicht g. ↑halbgar.

Garage ↑Parkhaus; in die Garage bringen / fahren / stellen ↑garagieren.

garagieren (österr.) in die Garage fahren / stellen / bringen, [ein Fahrzeug] einstellen; ↑parken.

Garant ↑Bürge.

Garantie: ↑Gewissheit, ↑Sicherheit; G. leisten / übernehmen ↑einstehen (für).

garantieren: ↑einstehen (für); garantiert ↑verbrieft, ↑verbürgt.

Garantieschein ↑Bescheinigung.

Garaus: den G. machen ↑töten.

Garbe, Getreidegarbe, Strohgarbe, Garbenbündel, Strohbündel, Strohbund, Bündel, Bund; ↑Garbenstand.

Garbenbündel ↑Garbe.

Garbenstand, Puppe, Hocke (nordd.), Kasten (südwestd.), Kornkasten (südwestd.), Hausten (südwestd.), Klobben (südwestd.), Hücker (südwestd.), Hückel (südwestd.), Ritter (südwestd.), Bock (südwestd.), Haufen (westd.), Gast (westd.), Kupp (westd.), Häuchel (westd.); ↑Garbe, ↑Schober.

Garçon ↑Bedienung.

Garçonniere ↑Wohnung.

Garde ↑Leibwache.

Gardeducorps ↑Leibwache.

Gardenparty ↑Fest.

¹Garderobe, Flurgarderobe, Kleiderablage, Kleiderständer, Garderobenständer, Kleiderhaken, Haken, Kleiderrechen (österr.), Vorzimmerwand (österr.); ↑Garderobiere, ↑Kleiderbügel.

²Garderobe: ↑Kleidung, ↑Umkleideraum.

Garderobenfrau ↑Garderobiere.

Garderobenschrank ↑Schrank.

Garderobenständer ↑Garderobe.

Garderobiere, Garderobenfrau; ↑Garderobe.

¹Gardine, Vorhang, Store ·· Übergardine, Rideau (schweiz.) · seitlicher Teil: Schal · querverlaufender Teil: Querbehang, Schabracke ·· unmittelbar am Fenster: Spanngardine, Scheibengardine, Küchengardine ·· vor der Türöffnung: Türvorhang, Portiere; ↑Gardinenleiste.

²Gardine: hinter schwedischen -n sitzen ↑abbüßen.

Gardinenleiste, Karniese (österr.), Karnische (österr.) · Gardinenstange, Vorhangstange; ↑Gardine.

Gardinenmull ↑Stoff.

Gardinenpredigt: eine G. halten ↑schelten.

Gardinenstange ↑Gardinenleiste.

Gardinenstoff ↑Stoff.

Gardist ↑Soldat.

garen: ↑braten, ↑sieden.

gären, säuern, in Gärung übergehen / geraten, übergehen (ugs.), sauer werden; ↑ungenießbar; ↑Gärstoff.

gar gekocht ↑gar.

gärig ↑ungenießbar.

Garküche ↑Gaststätte.

Garmond ↑Schriftgrad.

Garn: ↑Faden; ins G. gehen ↑hereinfallen; G. spinnen ↑lügen.

Garnele ↑Krebs.

¹garnieren, verzieren, dressieren (Kochk.); ↑kochen.

²garnieren ↑schmücken.

Garnierung ↑Verzierung.

Garnison, Truppenstandort; ↑Militär.

Garnisonkirche ↑Gotteshaus.

Garnitur: erste G. ↑beste; zweite G. ↑Stellvertreter; die zweite G. sein ↑vertreten.

Garnsträhne ↑Strähne.

Garrotte ↑Hinrichtung.

garstig ↑böse.

Garstigkeit ↑Bosheit.

Gärstoff, Hefe, Bierhefe, Weinhefe, Germ (bayr., österr.), Gest (landsch.), Ferment, Enzym, Katalysator, Zyma, Bärme (nordd.), Sauerteig; ↑Treibmittel; ↑gären.

¹Garten, Schrebergarten, Hausgarten, Gemüsegarten, Obstgarten, Grundstück, Nutzgarten · Ziergarten, Blumengarten, Vorgarten, Schanigarten (österr.), Steingarten, Grotte · botanischer Garten · Schulgarten; ↑Baumschule; ↑Grundstück, ↑Kleingärtner, ↑Treibhaus.

²Garten: ↑Park; botanischer G. ↑Garten; G. Eden ↑Paradies.

Gartenampfer ↑Gemüse.

Gartenamt ↑Gartenbauamt.

Gartenbank ↑Sitzbank.

Gartenbauamt, Gartenamt, Grünflächenamt.

Gartenblume ↑Blume.
Gartenbohne ↑Gemüse.
Gartenerde ↑Erde.
Gartenfest ↑Fest.
Gartengemüse ↑Gemüse.
Gartenhaus ↑Haus.
Gartenkalender ↑Kalender.
Gartenkresse ↑Gemüse.
Gartenlaube: ↑Haus, ↑Laube.
Gartenlokal ↑Café.
Gartenmauer ↑Mauer.
Gartenmelde ↑Gemüse.
Gartenportulak ↑Gemüse.
Gartenrettich ↑Rettich.
Gartenrose ↑Rose.
Gartenschere, Rosenschere, Heckenschere, Zaunschere, Baumschere; ↑Schere.
Gartenschirm ↑Schirm.
Gartenschlauch ↑Schlauch.
Gartenschnecke ↑Schnecke.
Gartenseite ↑Hinterseite.
Gartenstuhl ↑Stuhl.
Gartentisch ↑Tisch.
Gartentulpe, Tulpe · Darwintulpe, Breedertulpe, Rembrandttulpe, Mendeltulpe, Triumphtulpe, Papageientulpe; ↑Blume.
Gartenwirtschaft ↑Gaststätte.
Gartenzaun: ↑Hindernis, ↑Zaun.
Gartenzwerg ↑Mann.
Gartenzwiebel ↑Zwiebel.
Gärtner: den Bock zum G. machen ↑einstellen (jmdn.).
Gärtnerei ↑Baumschule.
Gärung: in G. geraten / übergehen ↑gären.
¹Gas ·· Sauerstoff, Ozon, Wasserstoff, Stickstoff, Stickgas, Kohlenoxid, Kohlendioxid, Kohlenmonoxid, Kohlenwasserstoff, Schwefelwasserstoff, Azetylen, Ammoniak, Chlor, Fluor, Brom, Jod · Naturgas, Erdgas, Sumpfgas, Grubengas, Methan, Methangas, Rauchgas, Feuergas · Industriegas, Generatorgas, Wassergas, Luftgas, Holzgas, Ölgas, Fettgas · Leuchtgas, Heizgas, Stadtgas, Kohlengas, Mondgas, Propan, Butan, Äthan · Gasgemisch, Gasgemenge, Mischgas, Knallgas · Edelgas, Helium, Neon, Argon, Krypton, Xenon, Radon · Biogas; ↑Abgas, ↑Giftgas, ↑Kampfmittel, ↑Lachgas, ↑Luft.
²Gas: ↑Brennstoff, ↑Energie; jmdm. das G. abdrehen ↑ausbeuten, ↑töten; G. geben ↑ankurbeln, ↑Geschwindigkeit; mit G. füllen ↑aufblasen.
Gasableser ↑Gasmann.
Gasbügeleisen ↑Bügeleisen.
Gäscht ↑Brandung.
Gasel ↑Gedicht.
Gasembolie ↑Embolie.
Gaserer ↑Gasmann.
Gasfeuerzeug ↑Feuerzeug.
gasförmig: -er Brennstoff ↑Brennstoff.
Gasgemenge ↑Gas.

Gasgemisch ↑Gas.
Gashahn: den G. aufdrehen ↑entleiben (sich).
Gasheizung ↑Heizung.
Gasherd ↑Herd.
Gaskammer ↑Hinrichtung.
Gaskampfstoff ↑Giftgas.
Gaskrieg ↑Krieg.
Gaslaterne ↑Straßenbeleuchtung.
Gaslicht ↑Licht.
Gasmann, Gasableser, Ableser, Gaserer (wiener.).
Gaspedal: aufs G. treten ↑fahren.
Gasse: ↑Straße; Hansdampf in allen -n sein ↑aktiv [sein], ↑betriebsam [sein].
Gassenbub ↑Junge.
Gassendorf ↑Dorf.
Gassenhauer ↑Schlager.
Gassenjunge ↑Junge.
¹Gast, Besuch, Besucher · häufiger in Gaststätten: Stammgast, Habitué (bes. österr.); ↑Publikum · Ggs. ↑Bewohner; G. sein, Gastrecht genießen.
²Gast: ↑Garbenstand, ↑Hospitant, ↑Schauspieler, ↑Urlauber.
Gastarbeiter (veraltend), ausländischer Arbeitnehmer, Arbeitsimmigrant, Fremdarbeiter (veraltet); ↑Arbeitnehmer.
Gastdirigent ↑Dirigent.
Gästebuch ↑Album.
Gästehandtuch ↑Handtuch.
Gästehaus ↑Hotel.
Gaster ↑Magen.
Gästezimmer ↑Raum.
gastfrei, gastfreundlich, gastlich; g. sein, ein offenes Haus haben / führen; ↑Gastgeber.
gastfreundlich ↑gastfrei.
Gastfreundlichkeit ↑Gastfreundschaft.
Gastfreundschaft, Gastlichkeit, Gastfreundlichkeit; ↑Großzügigkeit; ↑freigebig.
Gastgeber, Wirt, Hausherr; ↑gastfrei.
Gasthaus: ↑Gaststätte, ↑Hotel.
Gasthof ↑Hotel.
Gasthörer ↑Hospitant.
gastlich ↑gastfrei.
Gastlichkeit ↑Gastfreundschaft.
Gastmannschaft ↑Mannschaft.
Gastrecht: G. genießen ↑Gast [sein].
Gastrektomie ↑Operation.
Gastritis, Magenschleimhautentzündung, Magenkatarrh · in Bezug auf die Magendrüsen: Gastroadenitis, Gastradenitis, Magendrüsenentzündung · mit Entzündung des Zwölffingerdarms: Gastroduodenitis · mit Entzündung des Dünndarms: Gastroenteritis, Enterogastritis, Magen-Darm-Entzündung · mit Entzündung des Dickdarms: Gastroenterokolitis, ↑Magen, ↑Magengeschwür.
Gastroenterologe ↑Arzt.
Gastroenterologie ↑Heilkunde.
Gastrolle: ↑Auftreten, ↑Rolle; eine G. geben ↑teilnehmen.

Gastronom ↑Koch.

Gastroskopie ↑Ausspiegelung.

Gastspiel: ↑Auftreten, ↑Spiel.

Gastspielreise ↑Reise.

Gaststätte, Restaurationsbetrieb, Lokal, Restaurant, Speiserestaurant, Nobelrestaurant, Feinschmeckerlokal, Grillrestaurant, Grillroom, Rotisserie, Steakhouse, Restauration *(veraltend),* Gasthaus, Gastwirtschaft, Beisel *(abwertend),* Wirtschaft, Wirtshaus, Krug *(nordd.),* Pizzeria, Bistro, Trattoria, Chinarestaurant, Bar · Weinstube, Schenke, Straßwirtschaft, Besenwirtschaft *(landsch.),* Heckenwirtschaft *(landsch.),* Buschenschenke *(österr.),* Heuriger *(österr.)* · Schnellimbiss, Fastfood, Stehbierhalle · Bräu *(bayr.),* Bräustüberl *(bayr.),* Gartenwirtschaft, Biergarten, Taverne, Schwemme *(ugs.),* Pinte *(ugs.),* Kneipe *(salopp),* Studentenkneipe, Schuppen *(abwertend),* Destille *(salopp),* Beize *(landsch.),* Beiz *(schweiz.),* Kretscham *(ostmitteld.),* Tschecherl *(wiener.),* Speisehaus, Speisewirtschaft, Garküche *(selten),* Schnellgaststätte, Schnellbuffet *(österr.),* Backhendlstation *(bes. österr.),* Hähnchengrill, Jausenstation *(österr.),* Imbissstube, Snackbar, Pizzeria, Pub · *nicht gute, üble:* Stampe *(ugs.),* Kaschemme *(salopp),* Spelunke *(salopp)* · *mit Tanz:* Tanzlokal, Tanzdiele, Tanzbar, Dancing, Tingeltangel *(abwertend),* Bums *(ugs., abwertend),* Bumslokal *(ugs., abwertend),* Beatschuppen *(salopp),* Schüttelschuppen *(salopp),* Pressluftschuppen *(salopp),* Diskothek, Disko, Saloon · *im Zug:* Speisewagen, Büfettwagen · *im Bahnhof:* Bahnhofsbüfett · *an der Autobahn:* Autobahnraststätte, Raststätte, Rasthaus · *in der Hochschule:* Mensa · *im Betrieb:* Kantine · *in der kein Alkohol ausgeschenkt wird* (in der Schweiz): alkoholfreies Restaurant, Schwachstrombeiz *(scherzh.);* ↑Café, ↑Hotel, ↑Nachtlokal, ↑Speiseraum, ↑Straßwirtschaft, ↑Wirt, ↑Wohnung; **als G. geöffnet sein,** bewirtschaftet sein.

Gastvorstellung ↑Auftreten.

Gastwirt ↑Wirt.

Gastwirtschaft ↑Gaststätte.

Gaszähler ↑Zähler.

Gate ↑Unterhose.

Gatehose ↑Unterhose.

Gatinger ↑Unterhose.

Gatte ↑Ehemann.

Gattenliebe ↑Familienanhänglichkeit.

Gatter: ↑Hindernis, ↑Zaun.

Gatterich ↑Ehemann.

Gattin ↑Ehefrau.

Gattung: ↑Art, ↑Klasse.

Gau ↑Stelle.

GAU ↑Unglück.

Gäu: das G. hinauf und hinab, im ganzen G. ↑weitum; jmdm. ins G. kommen ↑Rivale.

Gaube ↑Dachfenster.

Gauch ↑Dummkopf.

Gaucho ↑Hirt.

Gauchohose ↑Hose.

Gaudee ↑Unterhaltung.

Gaudi ↑Unterhaltung.

Gaudibursch ↑Unterhalter.

Gaudium ↑Unterhaltung.

Gauke ↑Dachfenster.

Gaukelbild ↑Fata Morgana.

Gaukelei: ↑Einbildung, ↑Hokuspokus.

gaukeln ↑fliegen.

Gaukelspiel ↑Einbildung.

Gaukelwerk ↑Einbildung.

Gaukler ↑Artist.

Gauklerbude ↑Jahrmarktsbude.

Gaul ↑Pferd.

gaumen ↑beaufsichtigen.

Gaumen: den G. kitzeln, dem G. schmeicheln, etwas beleidigt den G. ↑schmecken; einen feinen G. haben ↑Feinschmecker [sein]; etwas für einen verwöhnten G. sein ↑schmecken; jmdm. klebt die Zunge am G. ↑Durst.

Gaumenfreude ↑Leckerbissen.

Gaumenkitzel ↑Leckerbissen.

Gaumenreiz ↑Leckerbissen.

Gauner: ↑Betrüger, ↑Schuft.

Gaunerei ↑Betrug.

Gaunersprache, Verbrechersprache, Ganovensprache, Diebssprache, Diebessprache, Spitzbubensprache, Rotwelsch, Krämerlatein, Bettlerlatein, Kundensprache, Jenisch; ↑Ausdrucksweise.

Gaupe ↑Dachfenster.

gautschen: gegautschter Karton ↑Karton.

Gavial ↑Krokodil.

Gavotte ↑Tanz.

gay ↑gleichgeschlechtlich.

Gay ↑Homosexueller.

Gaykino ↑Kinofilm.

Gaysauna ↑Sauna.

Gaze ↑Stoff.

Gazefenster ↑Fenster.

Gazette ↑Zeitung.

Gdansk ↑Danzig.

geachtet ↑angesehen.

Geächteter ↑Außenseiter.

Gealbere ↑Albernheit.

geartet ↑veranlagt.

Geartetheit ↑Veranlagung.

Geartetsein ↑Veranlagung.

Geäst: ↑Dickicht, ↑Zweig.

Gebäck, Backware, Backwerk · Brezel, Breze *(bes. österr.),* Laugenbrezel *(südd.),* Striezel *(landsch.),* Strutzel *(landsch.),* Straube *(bayr., österr.),* Zwieback, Anisbrot, Bierstange, Laugenstange *(südd.),* Salzstange · Kuchen, Torte, Mehlspeise *(österr.),* Obstkuchen, Apfelkuchen, Pflaumenkuchen, Kirschkuchen, Streuselkuchen, Butterkuchen, Zuckerkuchen, Quarkkuchen, Hefe[n]kranz, Hefe[n]zopf, Frankfurter Kranz, Haselnusskranz, Mohnstriezel, Napfkuchen, Gugelhupf *(südd.),* Bäbe *(landsch.),* Aschkuchen *(landsch.),* Marmorkuchen, Königskuchen, Reindling *(österr.),* Sandkuchen, Mohnkuchen, Baumkuchen, Butterkremtorte, Schwarzwälder Kirschtorte, Käsekremtorte, Käsesahnetorte, Linzer Torte, Sandtorte, Sachertorte, Obsttorte · Kleingebäck, Patisserie, Petits Fours, Teegebäck, Konfekt *(oberd.),* Plätzchen, kleine Kuchen *(landsch.),* Bäckerei *(österr.),* Teebäckerei *(österr.),* Keks, Waffel, Schnitten *(österr.),* Busserl *(österr.),* Kokusbusserl *(österr.),* Makrone, Biskuit, Löffelbiskuit, Biskotten *(österr.),* Weinbeißer *(österr.),* Biskuitplätzchen, Russischbrot, Käsegebäck, Cracker, Salzstange · Amerikaner, Florentiner, Nussknacker, Baiser, Meringe, Quäkerbrötchen, Dampfnudel, Schnecke, Schneckennudel, Buchtel *(österr.),* Dalke *(österr.),* Kolatsche *(österr.),* Eclair, Liebesknochen, Plundergebäck, Blätterteiggebäck, Schweineohr *(nordd.),* Schweinsohr *(südd.),* Schweinsöhrchen *(südd.),* Schuhsohle *(landsch.),* Apfel im Schlafrock, Schinkenhörnchen, Schinkenröllchen · Mascapone · Strudel *(oberd.),* Apfelstrudel, Quarkstrudel · Früchtebrot, Hutzelbrot *(südd.),* Schnitzbrot *(südd., bes. schwäb.)* · *mit Schmalz gebackenes:* Pfannkuchen *(berlin.),* Berliner [Pfannkuchen / Ballen] *(bes. südd.),* Fastnachtsküchlein *(landsch.),* Fastnachtskräppel *(landsch.),* Kräppel *(landsch.),* Faschingskrapfen, Krapfen, Raderkuchen *(landsch.),* Nonnenfürzchen *(landsch.),* Liebesschleife *(landsch.),* Spritzkuchen · *mit Sahne, Pudding oder Krem gefülltes:* Mohrenkopf, Windbeutel, Schillerlocke, Bienenstich, Sahnebaiser · *als Gericht gegessenes:* Pizza, Zwiebelkuchen *(südd., bes. schwäb.)* ·· *zu Weihnachten:* Weihnachtsgebäck, Weihnachtsbäckerei *(österr.)* · Lebkuchen, Nürnberger Lebkuchen, Elisenlebkuchen, Aachener Printe, Lebzelten *(bayr., österr.),* Pfefferkuchen *(bes. nordd.),* Pfeffernuss, Honigkuchen *(nordd.),* braune Kuchen *(nordd.),* Liegnitzer Bombe, Zimtstern, Spekulatius, Dominostein, Spitzbube *(schwäb.),* Springerle *(schwäb.),* Ausstecherle *(schwäb.),* Vanillekipferl *(österr.)* · Bethmännchen; ↑Marzipan · Christstollen, Quarkstollen, Dresdner Stollen, Stolle[n] ·· *nicht durchgebackenes:* Klitsch *(landsch.),* Klinsch *(landsch.);* ↑Bäcker, ↑Bäckerei, ↑Backform, ↑Brot, ↑Brötchen, ↑Guss, ↑Napfkuchen, ↑Pfannkuchen, ↑Teig.

Gebälk ↑Balkenwerk.
Gebälkträger ↑Säule.
geballt ↑konzentriert.
Gebärde, Geste, Pantomime, Zeichen, Wink, Handzeichen, Deuter *(österr.);* ↑Handzeichen, ↑Hinweis; ↑winken.
gebärden: sich g. ↑benehmen (sich).
Gebärdensprache ↑Zeichensprache.
gebaren ↑benehmen (sich).
Gebaren: ↑Benehmen, ↑Geschäftsführung.

gebären, ein Kind bekommen / *(ugs.)* kriegen / in die Welt setzen / zur Welt bringen, einem Kind das Leben schenken, niederkommen, ein Kind ist angekommen, der Klapperstorch ist gekommen, kreißen, entbinden, eines Kindes genesen, Mutter werden · *von Säugetieren:* hecken, werfen, jungen, Junge bekommen / *(ugs.)* kriegen, setzen (Haarwild), schütten (Hund, Wolf), kalben (Kuh), abkalben (Kuh), kälbern *(österr.,* Kuh), fohlen (Pferd), abfohlen (Pferd), ferkeln (Schwein), abferkeln (Schwein), frischen (Wildschwein), lammen (Schaf), kitzen (Reh u. a.), wölfen (Wolf u. a.) · *von Fischen:* laichen, ablaichen; ↑abortieren, ↑brüten, ↑fortpflanzen (sich), ↑koitieren, ↑schwängern; ↑geboren, ↑schwanger; ↑Fehlgeburt, ↑Frau, ↑Geburt, ↑Hebamme.
Gebärklinik ↑Krankenhaus.
Gebärmutterauskratzung ↑Kürettage.
Gebärmutterausschabung ↑Kürettage.
Gebärmuttersenkung ↑Eingeweidesenkung.
Gebärmutterspiegelung ↑Ausspiegelung.
Gebärmuttervorfall ↑Eingeweidesenkung.
Gebarung ↑Geschäftsführung.
Gebarungsbericht ↑Geschäftsbericht.
Gebarungsjahr ↑Geschäftsjahr.
Gebarungskontrolle ↑Buchprüfung.
gebauchpinselt: sich g. fühlen ↑schmeicheln.
gebaucht ↑gebogen.
Gebäude ↑Haus.
Gebäudereiniger: Glas- und G. ↑Fensterputzer.
gebaut: gut g. ↑sportlich.
gebefreudig ↑freigebig.
Gebefreudigkeit ↑Großzügigkeit.
¹Gebeine, Totengebeine, Totenskelett, Skelett, Gerippe, Knochen (Plural); ↑Knochen, ↑Knochengerüst.
²Gebeine ↑Toter.
¹geben, darreichen, reichen, darbieten, jmdm. etwas hinreichen / *(ugs.)* langen, versehen / versorgen / ausrüsten / ausstatten mit, an / in die Hand geben, übergeben, nicht ↑zurückhalten (mit) · *unauffällig:* zustecken, in die Hand drücken; ↑abgeben, ↑bereitstellen, ↑erwerben, ↑haben, ↑kümmern (sich um jmdn.), ↑schenken, ↑stiften, ↑verabreichen, ↑vergeben, ↑verleihen, ↑zubekommen, **sich etwas g. lassen,** etwas schnorren *(salopp),* etwas schnurren *(salopp),* sich etwas abbetteln / erbetteln; ↑betteln, ↑zuschieben; ↑Zuteilung.
²geben: ↑abgeben, ↑geschehen, ↑passieren, ↑servieren, ↑spenden, ↑verabreichen, ↑veranstalten, ↑verleihen; sich g. ↑benehmen (sich); heimlich g. ↑zuspielen; verloren g. ↑abschreiben; es gibt ↑existieren; etwas gibt es nicht ↑eintreffen; es gibt jmdn. noch ↑tot; sich den Anstrich g. ↑vortäuschen; es gibt Ärger ↑Unannehmlichkeiten [bekommen]; jmdm. einen Auftrag g. ↑bestellen; Auskunft / Bescheid / Nachricht g. ↑mitteilen; eine Beleihung / ein Darle-

hen / eine Hypothek g. ↑beleihen; Bescheid g.
↑antworten; ein Bild / eine Darstellung / einen
Eindruck / eine Vorstellung g. von ↑aussagen;
sich eine Blöße g. ↑bloßstellen (sich); jmdm.
Brief und Siegel darauf g., dass ... ↑zweifeln;
das gibt es nicht ↑möglich; sich die Ehre g.
↑beehren (sich); der Wahrheit die Ehre g. ↑auf-
richtig [sein]; jmdm. eine [in die Schnauze] g.,
es jmdm. [ordentlich / tüchtig / feste] g., es gibt
Prügel / Schläge / Senge ↑schlagen; jmdm. eins
auf den Deckel g., es jmdm. g. ↑schelten; gleich
gibt es etwas / gibt es Schläge ↑aufhören; Feuer
g. ↑schießen; ein Flötenkonzert g. ↑koitieren;
jmdm. einen Freibrief g. ↑billigen; Gas g. ↑Ge-
schwindigkeit; den Genickschuss g. ↑töten;
jmdm. das Jawort g. ↑heiraten; Kredit / auf
Borg g. ↑anschreiben; jmdm. den Laufpass g.
↑brechen (mit jmdm.); grünes Licht g. für etwas
↑billigen; den Namen g. ↑nennen; eine Note g.
↑zensieren; kein Pardon g. ↑verschonen; Pfötchen g. ↑begrüßen; einen Platz g. ↑platzieren;
jmdm. einen Rat g. ↑beraten; Sachen gibts, die
gibts gar nicht ↑überrascht [sein]; den letzten
Schliff g. ↑vollenden; es gibt Schnee ↑schneien;
den Segen g. ↑segnen; jmdm. Starthilfe g. ↑hel-
fen; jmdm. seine Stimme g. ↑erwählen; [ein
Stück g.] ↑aufführen; ein Zeichen g. ↑winken;
jmdm. den Zuschlag g. ↑vergeben; jmdm. etwas
an die Hand g. ↑zuschieben (jmdm. etwas); aus
der Hand g. ↑abgeben; in Druck / Satz g. ↑edie-
ren; etwas von sich g. ↑äußern (sich); zu bedenken g. ↑abraten; zu verstehen g. ↑Hinweis; zur
Ehe / Frau g. ↑verheiraten.
Geberlaune: in G. sein ↑spendieren.
¹Gebet, Bittgebet, Dankgebet, Bußgebet,
Frühgebet, Morgengebet, Abendgebet, Nachtgebet, Tischgebet, Stoßgebet, Anrufung Gottes, Fürbitte, Bitten · Rosenkranz · Vaterunser, Paternoster, Gebet des Herrn · Ave-Maria · Englischer Gruß, Angelus; ↑Klagelaut.
²Gebet: sich im G. an Gott wenden ↑beten; ins
G. nehmen ↑schelten.
Gebetbuch, Brevier; ↑Bibel.
gebeten, geladen, eingeladen, willkommen,
gern gesehen; ↑willkommen · Ggs. ↑ungela-
den.
Gebetläuten ↑Angelusläuten.
Gebetsstätte ↑Kultstätte.
Gebetsteppich ↑Orientteppich.
Gebettel ↑Bettelei.
¹Gebiet, Land, Bereich, Bezirk, Biet *(schweiz.)*,
Feld, Fläche, Areal, Raum, Komplex, Rayon
(bes. österr.), Gemarkung, Region, Revier, Terrain, Territorium, Zone · *vom eigenen Staatsgebiet eingeschlossenes eines fremden Staates:* Enklave · *von fremdem Staatsgebiet eingeschlossenes des eigenen Staates:* Exklave · *das sich in einer politischen, wirtschaftlichen Krise befindet:*
Krisengebiet, Krisenherd · *das von mehreren
Staaten beherrscht wird:* Kondominium · *durch
einen fremden Staat verwaltetes:* Treuhandge-

biet, Mandatsgebiet, Mandat; ↑Bereich, ↑In-
dustriegebiet, ↑Staat, ↑Stelle; ↑regional.
²Gebiet ↑Bereich.
gebieten: g. über ↑beherrschen, ↑führen, ↑re-
gieren.
Gebieter: ↑Oberhaupt; Herr und G. ↑Ehe-
mann.
gebieterisch ↑herrisch.
gebietsweise ↑regional.
Gebilde, Form, Gestalt; Beschaffenheit,
↑Struktur.
¹gebildet, studiert, gelehrt, kenntnisreich, belesen; ↑fachmännisch, ↑geistreich, ↑gewandt,
↑lebensfremd, ↑wissenschaftlich; ↑Bildung.
²gebildet: die Gebildeten ↑Oberschicht.
Gebildetsein ↑Bildung.
Gebimmel, das Bimmeln, Geläute, das Läuten,
Geklingel, das Klingeln; ↑Glocke; ↑läuten.
Gebinde ↑Blumenstrauß.
Gebirge ↑Berg.
gebirgig ↑bergig, ↑steil.
Gebirgler ↑Bergbewohner.
gebirgs-: ↑alpin.
Gebirgsbahn: ↑Achterbahn, ↑Verkehrsmittel.
Gebirgsblume ↑Blume.
Gebirgslandschaft ↑Landschaft.
Gebirgsluft ↑Luft.
Gebirgsschlucht ↑Schlucht.
Gebirgsschweißhund: bayrischer G. ↑Hun-
derassen.
Gebirgsstelze ↑Vogel.
Gebirgsstraße ↑Straße.
Gebiss: ↑Kauwerkzeuge, ↑Zahn, ↑Zahnersatz.
Geblendetsein ↑Faszination.
geblümt: ↑gemustert, ↑geziert.
gebogen, krumm, geschwungen, geschweift,
halbrund, gekrümmt, verkrümmt, verbogen,
gewölbt, bauchig, gebaucht, ausladend, nicht
gerade; ↑rund.
¹geboren, gebürtig, **g. werden,** zur Welt / auf
die Welt kommen, das Licht der Welt erblicken,
ankommen; ↑Geburt.
²geboren: wohl im Neubau g. sein ↑schließen;
mit einem silbernen Löffel im Mund g. sein
↑reich [sein]; unter einem guten / glücklichen /
günstigen Stern g. sein ↑Glück [haben]; er ist
der -e ... ↑begabt [sein für].
geborgen ↑sicher.
¹Geborgenheit, Sicherheit, Gesichertheit,
Gesichertsein, Behütetheit, Behütetsein,
Beschütztsein, Beschirmtsein; ↑sicher · Ggs.
↑Ungeborgenheit, ↑Ungesichertheit; ↑ungebor-
gen, ↑unsicher.
²Geborgenheit ↑Schutz.
¹Gebot, Angebot, Höchstgebot; **ein G. machen,**
bieten, ausbieten, ein Angebot machen; ↑Ver-
steigerung.
²Gebot ↑Weisung.
geboten ↑nötig.
Gebotsschild ↑Schild.
Gebräu ↑Getränk.

Gebrauch: ↑Anwendung; Gebräuche ↑Brauch; für den G. nicht mehr zulassen ↑gebrauchen; in G. kommen ↑entstehen; in G. nehmen ↑anwenden, ↑gebrauchen; G. machen von ↑anwenden; von seinem Recht G. machen ↑bestehen (auf); von seinem Züchtigungsrecht G. machen ↑schlagen.

¹gebrauchen, benutzen, in Benutzung haben / nehmen, verwenden, nutzen, nützen; ↑anwenden; **zu g. beginnen,** anbrechen, anbrauchen *(ugs.),* in Gebrauch / *(österr.)* Verwendungnehmen, zum ersten Mal benutzen; **nicht gebraucht werden,** unnütz sein, etwas steht nur herum / *(ugs.)* rum; **nicht mehr g.,** aus dem Verkehr ziehen, für den Gebrauch nicht mehr zulassen; ↑anfangen; ↑nutzlos; ↑Nippsache.

²gebrauchen: ↑anwenden; g. können ↑brauchen; zu g. sein ↑eignen (sich); kaum gebraucht ↑neu; jmdn. zu etwas g. ↑ausnutzen; Bilder / Gleichnisse / Metaphern g. ↑versinnbildlichen; ein Wort nicht g. ↑aussprechen.

gebräuchlich ↑üblich.

Gebräuchlichkeit ↑Üblichkeit.

Gebrauchsanleitung: ↑Gebrauchsanweisung, ↑Ratgeber.

Gebrauchsanweisung, Gebrauchsanleitung, Benutzungsvorschrift, Anweisung, Anleitung, Bedienungsvorschrift, Beipackzettel; ↑Mitteilung, ↑Nachricht, ↑Ratgeber, ↑Weisung; ↑anwenden.

Gebrauchsgegenstand ↑Bedarfsartikel.

Gebrauchsgrafik ↑Druckgrafik.

Gebrauchsgrafiker ↑Zeichner.

Gebrauchsgüter ↑Bedarfsartikel.

Gebrauchsmusik ↑Musik.

gebraucht ↑antiquarisch.

Gebrauchtwarenhändler ↑Trödler.

Gebrauchtwarenladen ↑Laden.

gebräunt, braun, bräunlich, braun verbrannt, sonn[en]verbrannt, abgebrannt *(österr.),* bronzen; **g. werden,** braun werden, Farbe bekommen / *(ugs.)* kriegen; ↑sonnen (sich).

gebrechen: etwas gebricht jmdm. ↑mangeln.

Gebrechen: ↑Krankheit, ↑Unzulänglichkeit.

gebrechlich ↑hinfällig.

Gebrechlichkeit ↑Altersschwäche, ↑Unzulänglichkeit.\

Gebrest ↑Krankheit.

gebrochen: ↑deprimiert; -er Akkord ↑Akkord; -e Zahl ↑Zahl.

Gebrüder ↑Geschwister.

Gebrumm ↑Geräusch.

Gebrumme ↑Geräusch.

gebügelt: g. sein ↑überrascht [sein]; geschniegelt und g. ↑aufgeputzt.

Gebühr: ↑Abgabe; ↑Leihgebühr.

gebühren: etwas gebührt jmdm. ↑zustehen.

gebührend: ↑angemessen, ↑gehörig.

gebührenfrei ↑kostenlos.

Gebührenfreiheit, kostenloser Eintritt, Nulltarif; ↑kostenlos · Ggs. ↑Abgabe.

Gebührenmarke, Stempelmarke *(österr.);* ↑Abgabe; ↑gebührenpflichtig.

¹gebührenpflichtig, stempelpflichtig *(österr.),* nicht ↑kostenlos; ↑Gebührenmarke.

²gebührenpflichtig: -e Verwarnung ↑Strafzettel.

gebührlich ↑angemessen.

gebündelt ↑abgepackt.

¹gebunden, verpflichtet; **g. sein,** liiert / versprochen / verlobt sein, ein festes Verhältnis haben, in festen Händen sein; ↑lieben.

²gebunden: ↑legiert; -e Suppe ↑Suppe.

Gebundenheit ↑Zwang.

¹Geburt, Niederkunft, Entbindung, freudiges Ereignis, Ankunft, Partus, Parturitio, Accouchement · *zu Hause:* Hausgeburt · *in der Klinik:* Klinikgeburt · *weit vor dem errechneten Termin:* Frühgeburt, Partus praematurus · *erheblich nach dem errechneten Termin:* Spätgeburt, Partus serotinus · *sehr schnelle:* Sturzgeburt · *leichte:* Eutokie · *mithilfe der Geburtszange:* Zangengeburt · *operative:* Schnittgeburt, Kaiserschnitt; ↑Geburtswehen, ↑Hebamme, ↑Kindslage, ↑Schwangerschaft; ↑gebären.

²Geburt: ↑Abkunft; von edler / hoher G. sein ↑adlig [sein]; Mariä G. ↑Marienfest.

Geburtenbeschränkung ↑Geburtenregelung.

Geburtenkontrolle ↑Geburtenregelung.

Geburtenregelung, Geburtenkontrolle, Familienplanung, Geburtenbeschränkung; ↑Empfängnisverhütung.

gebürtig ↑geboren.

Geburtsadel ↑Adel.

Geburtsanzeige ↑Nachricht.

Geburtsaristokratie ↑Adel.

Geburtshelfer ↑Arzt.

Geburtshelferin ↑Hebamme.

Geburtshelferkröte ↑Frosch.

Geburtslage ↑Kindslage.

Geburtsland ↑Heimat.

Geburtsmal ↑Muttermal.

Geburtsname ↑Familienname.

Geburtsort ↑Heimatort.

Geburtsstadt ↑Heimatort.

Geburtsstätte ↑Heimatort.

Geburtstag, Wiegenfest, Ehrentag; ↑Jahrestag; **G. haben,** ein Jahr älter werden, nullen (wenn jmd. 30, 40, 50 usw. Jahre wird; *ugs.*).

Geburtstagsgruß ↑Kartengruß.

Geburtsurkunde ↑Urkunde.

Geburtswehen, Wehen, Dolores *(Med.),* Labores *(Med.);* ↑Geburt, ↑Schmerz; ↑gebären.

Gebüsch ↑Dickicht.

Geck, Laffe *(abwertend),* Fant, Stutzer, Gent *(abwertend, veraltend),* Zierbengel *(veraltet),* Fatzke *(abwertend),* eitler Affe *(abwertend),* feiner Pinkel *(abwertend),* Dandy, Snob, Camp, Elegant, Stenz, Lackaffe *(abwertend),* Geschwuf *(wiener.),* Zieraffe, Grasaffe *(abwertend),* Gigerl *(österr., abwertend);* ↑Angeber.

Gecke ↑Frosch.

geckenhaft ↑eitel.

Gecko ↑Eidechse.

¹gedacht, vorgestellt, gedanklich, ideell, immateriell, nicht ↑materiell; ↑immateriell; ↑vorstellen (sich etwas).

²gedacht: ↑theoretisch; [nur g.] ↑begrifflich.

¹Gedächtnis, Gedenken, Andenken, Angedenken, Jubiläum, Gedenktag; ↑Erinnerung; **im G. haben,** im Kopf / gegenwärtig haben, etwas aus dem Gedächtnis / aus dem Kopf sagen können, auswendig wissen, etwas ist jmdm. bekannt / erinnerlich / gegenwärtig / präsent, sich [gut] an etwas erinnern [können], etwas [noch] in [guter] Erinnerung / gut in Erinnerung haben; ↑extemporieren: ↑improvisiert.

²Gedächtnis: ↑Erinnerungsvermögen; jmds. G. auffrischen, jmdm. etwas ins G. rufen ↑mahnen; ein kurzes / schlechtes G. haben, ein G. wie ein Sieb haben, aus dem G. verlieren ↑vergessen; nicht im G. behalten ↑vergessen, ↑versäumen; etwas ruft jmdm. etwas ins G. ↑gemahnen.

Gedächtnisauffrischung ↑Erinnerung.

Gedächtnisbrücke ↑Gedächtnisstütze.

Gedächtnishilfe ↑Gedächtnisstütze.

Gedächtnisillusion ↑Gedächtnisstörung.

Gedächtniskraft ↑Erinnerungsvermögen.

Gedächtnislücke: ↑Gedächtnisschwäche, ↑Gedächtnisstörung.

Gedächtnisrede ↑Nachruf.

Gedächtnisschulung ↑Mnemotechnik.

¹Gedächtnisschwäche, Vergesslichkeit, Vergessen, Gedächtnisschwund, Gedächtnisstörung, Gedächtnislücke; ↑Verkalkung; ↑vergessen.

²Gedächtnisschwäche ↑Gedächtnisstörung.

Gedächtnisschwund: ↑Gedächtnisschwäche, ↑Gedächtnisstörung.

¹Gedächtnisstörung, Dysmnesie · Gedächtnisschwäche, Gedächtnisschwund, Hypomnesie, Gedächtnisverlust, Gedächtnislücke, Erinnerungslücke, Amnesie · pathologisch gesteigertes Erinnerungsvermögen, Hypermnesie, Kalendergedächtnis · Gedächtnisillusion, Erinnerungsfälschung, Erinnerungstäuschung, Paramnesie, Pseudomnesie, Allomnesie; ↑Verkalkung.

²Gedächtnisstörung ↑Gedächtnisschwäche.

Gedächtnisstütze, Gedächtnishilfe, Gedächtnisbrücke, Lernhilfe, Merkhilfe, Anhaltspunkt, Eselsbrücke *(ugs.)* · gereimte: Merkspruch, Merkvers, Versus memoriales · *für Schauspieler o. Ä.:* Stichwort, Merkwort; ↑Erinnerungsvermögen; ↑Mnemotechnik.

Gedächtnistraining ↑Mnemotechnik.

Gedächtnisübung ↑Mnemotechnik.

Gedächtnisverlust ↑Gedächtnisstörung.

gedämpft, halblaut, mit verhaltener Stimme, in Zimmerlautstärke; ↑leise.

Gedanke: ↑Einfall; zwei Seelen und ein G. ↑denken; kein G. [daran] ↑nein; über etwas ↑aus-

tauschen ↑unterhalten (sich); einen -n haben, auf einen -n kommen ↑Einfall; -n lesen ↑voraussehen; sich -n machen ↑sorgen (sich); seine -n sammeln / zusammennehmen ↑Acht geben; seine -n zusammennehmen, sich -n machen, einem / seinen -n nachhängen ↑denken; sich wegen etwas -n machen ↑schwer nehmen; seine -n zu Sachen machen ↑hypostasieren; auf andere -n bringen ↑erheitern; ganz in -n / mit den Gedanken weit fort sein, in -n verloren / versunken / vertieft sein ↑unaufmerksam [sein]; in -n versunken ↑gedankenvoll; mit dem -n spielen / umgehen ↑erwägen; sich mit dem -n tragen ↑liebäugeln (mit), ↑vorhaben; sich warme -n machen ↑wärmen [sich].

Gedankenarbeit ↑Denkvorgang.

Gedankenarmut ↑Einfallslosigkeit.

Gedankenaustausch ↑Gespräch.

Gedankenblitz ↑Ausspruch.

Gedankenexperiment ↑Denkvorgang.

Gedankenfolge ↑Gedankengang.

Gedankenfreiheit ↑Freiheit.

Gedankenfülle ↑Tiefsinn.

Gedankengang, Gedankenreihe, Gedankenfolge, Ideenfolge, Gedankenkette, Ideenkette, Gedankenverbindung, Gedankenverknüpfung, Assoziation, Vorstellungsablauf; ↑Denkvorgang; ↑denken.

Gedankenkette ↑Gedankengang.

Gedankenlesen ↑Hellsehen.

Gedankenleser ↑Artist.

gedankenlos: ↑unachtsam, ↑unbesonnen.

¹Gedankenlosigkeit, Schusseligkeit *(ugs.)*, Schussligkeit *(ugs.)*, Vergesslichkeit; ↑Unbesonnenheit, ↑Zerfahrenheit, ↑Zerstreutheit · Ggs. ↑gewissenhaft.

²Gedankenlosigkeit ↑Unachtsamkeit.

Gedankenlyrik ↑Lyrik.

Gedankenreihe ↑Gedankengang.

Gedankensammler ↑Kopfbedeckung.

Gedankensplitter ↑Ausspruch.

Gedankensprung ↑Abschweifung.

Gedankenstrich ↑Satzzeichen.

Gedankentiefe ↑Tiefsinn.

Gedankenübertragung ↑Telepathie.

Gedankenverbindung ↑Gedankengang.

Gedankenverknüpfung ↑Gedankengang.

gedankenverloren ↑gedankenvoll.

gedankenvoll, nachdenklich, versonnen, vertieft, [in Gedanken] versunken, gedankenverloren, selbstvergessen, entrückt, verträumt, träumerisch; ↑empfindsam, ↑unrealistisch.

Gedankenwelt ↑Gesichtskreis.

gedanklich: ↑begrifflich, ↑gedacht, ↑theoretisch.

Gedärm: ↑Darm, ↑Eingeweide; -e ↑Darm, ↑Eingeweide.

Gedeck: ↑Essen, ↑Geschirr.

gedeckt (von Farben), blass, matt, nicht leuchtend, nicht ↑hell; ↑undurchsichtig.

gedehnt, zerdehnt, breit ausgewalzt, in die Länge gezogen; ↑langweilig.

Gedeih: auf G. und Verderb ↑vorbehaltlos.

¹gedeihen, wachsen, blühen, blühen und gedeihen · *(von Pflanzen) ohne viel Pflege zu benötigen, gut gedeihen:* dankbar sein; ↑entstehen, ↑ranken, ↑wuchern; ↑wieder; ↑Entwicklung, ↑Vegetation.

²gedeihen: [wachsen, blühen und g.] ↑florieren.

gedeihlich ↑nützlich.

Gedenkbuch ↑Album.

gedenken: jmds. / einer Sache g. ↑erinnern (sich); g. [zu tun] ↑vorhaben.

Gedenken ↑Gedächtnis.

Gedenkmünze, Denkmünze, Schaumünze, Medaille; ↑Münze.

Gedenkstein ↑Denkmal.

Gedenktag: ↑Jahrestag; Nationaler G. ↑Feiertag.

¹Gedicht, Poem, Vers, Verschen, Lied · Scherzgedicht, Gelegenheitsgedicht, Stegreifgedicht · *von bestimmter Form:* Triolett, Rondeau, Kanzone, Sestine, Ballade, Romanze, Rhapsodie, Dithyrambus, Hymnus, Ode, Elegie, Sonett · *aus drei bis zehn Verspaaren, wobei der Reim des ersten Paares in allen geraden Zeilen wiederholt wird:* G[h]asel · *bei dem die Anfangsbuchstaben der Zeilen ein Wort oder einen Satz ergeben:* Akrostichon · *bei dem die an bestimmter Stelle der Zeilenmitte stehenden Buchstaben, von oben nach unten gelesen, ein Wort oder einen Satz ergeben:* Mesostichon · *bei dem die Endbuchstaben der Zeilen ein Wort oder einen Satz ergeben:* Telestichon · *englisches von grotesk-komischem Inhalt:* Limerick; ↑Dichtung, ↑Epigramm, ↑Erzählung, ↑Schriftsteller, ↑Vers, ↑Versmaß; ↑dichten.

²Gedicht: etwas ist ein G. ↑trefflich [sein].

Gedichtinterpretation ↑Schulaufsatz.

Gedichtsatz ↑Schriftsatz.

gedickt ↑legiert.

gediegen, seriös, solide, solid, echt, wertbeständig, ordentlich, währschaft *(schweiz.),* reell; ↑angesehen, ↑bleibend.

Gedöns: ↑Gerede, ↑Getue.

Gedränge ↑Ansammlung.

gedrängt: ↑kurz; dicht g. ↑voll.

Gedrängtheit ↑Kleinheit.

gedrechselt ↑verziert.

gedreht ↑verziert.

Gedröhn ↑Lärm.

gedrückt: ↑deprimiert, ↑schwermütig; -er Spitzbogen ↑Bogen.

Gedrücktheit ↑Trauer.

gedrungen ↑untersetzt.

Gedrungenheit ↑Stämmigkeit.

Gedudel ↑Lärm.

Geduld: ↑Beharrlichkeit, ↑Duldung; jmds. G. ist zu Ende ↑ärgerlich [werden]; G. haben ↑warten; die G. verlieren ↑ärgerlich [werden]; sich in G. fassen / üben ↑abwarten; sich mit G. wappnen ↑warten [können].

gedulden: sich g. ↑warten.

¹geduldig, gottergeben, ergeben, quietistisch; ↑ruhig, ↑tolerant.

²geduldig: ↑nachsichtig, ↑tolerant; g. sein ↑abwarten, ↑warten.

Geduldsfaden: jmdm. reißt der G. ↑ärgerlich [werden].

Geduldspiel, Geduldsspiel, Zusammensetzspiel, Puzzlespiel, Puzzle; ↑Rätsel.

Geduldsprobe: das ist eine G. ↑warten.

Geduldsspiel ↑Geduldspiel.

gedunsen ↑aufgedunsen.

Gedunsenheit, Aufgedunsenheit, Aufgequollenheit, Verquollenheit, Verschwollenheit, Aufgeschwemmtheit, Schwammigkeit; ↑Fettleibigkeit, ↑Wohlgenährtsein; ↑aufgedunsen, ↑dick.

¹geeignet, passend, gegeben, berufen, ideal, wie geschaffen für, richtig, recht, goldrichtig *(ugs.);* ↑ideal, ↑auserwählt, ↑erprobt, ↑ideal, ↑zweckmäßig.

²geeignet: ↑erprobt; g. sein für ↑eignen (sich).

Geeignetsein ↑Brauchbarkeit.

geeist ↑gekühlt.

¹Gefahr, Gefährlichkeit, Gefährdung, Bedrohung, Unsicherheit, Sicherheitsrisiko; ↑Not; **sich / jmdn.** / etwas **in G. bringen,** sich in Gefahr begeben, gefährden, aufs Spiel setzen, einer Gefahr aussetzen; **in G. kommen,** in Gefahr geraten, gefährdet werden; **G. laufen,** damit rechnen müssen, dass ...; befürchten müssen, dass ...; **in G. sein,** gefährdet / bedroht sein, auf dem / einem Pulverfass sitzen; **eine G. bannen,** entschärfen; ↑wagen.

²Gefahr: die G. verachten, der G. nicht achten / ins Auge schauen (oder:) trotzen ↑mutig [sein]; außer G. sein ↑sicher [sein].

gefährden: ↑Gefahr; etwas ist gefährdet ↑ungewiss [sein].

Gefährdung ↑Gefahr.

Gefahrenherd ↑Krisenherd.

Gefahrenzone ↑Krisenherd.

¹gefährlich, gewagt, kritisch, brenzlig, riskant, gefahrvoll, abenteuerlich, halsbrecherisch, lebensgefährlich, selbstmörderisch, tödlich, nicht ungefährlich; ↑böse, ↑ernst; **g. sein:** etwas ist gefährlich / ist ein Spiel mit dem Feuer / *(ugs.)* ist der reine / reinste Mord; **g. werden,** etwas wird für jmdn. gefährlich, jmdm. brennt der Boden unter den Füßen, jmdm. wird der Boden unter den Füßen zu heiß.

²gefährlich: ↑schwierig; -es Alter ↑Lebensalter; das ist nicht [weiter] g. ↑schlimm.

Gefährlichkeit ↑Gefahr.

gefahrlos ↑ungefährlich.

Gefährt ↑Wagen.

Gefährte ↑Freund.

gefahrvoll ↑gefährlich.

¹Gefälle, Abfall, Neigungswinkel, Steigungswinkel, schiefe Ebene; ↑Abhang, ↑Schräge, ↑Steilabfall.

²**Gefälle:** ein gutes G. haben ↑trinkfest [sein].

¹**gefallen,** zusagen, behagen, imponieren, Gefallen / Geschmack finden an, auf den Geschmack kommen, jmd. hat Blut geleckt *(ugs.),* schön finden, jmdm. sympathisch / angenehm / genehm sein, jmds. Typ sein, jmd. / etwas ist jmds. Fall *(ugs.),* nach jmds. Herzen sein, auf jmdn. / etwas stehen *(salopp),* Anklang finden, konvenieren *(veraltet),* bei jmdm. [gut] ankommen *(ugs.),* es jmdm. angetan haben, jmd. liegt jmdm., nicht ↑unbeliebt [sein]; **nicht g.,** missfallen, etwas lässt jmdn. kalt, etwas behagt / *(ugs.)* schmeckt jmdm. nicht, einer Sache keinen Geschmack / kein Gefallen / nichts abgewinnen können, nichts finden können an, sich nichts aus etwas machen *(ugs.),* vor jmds. Auge / vor jmdm. keine Gnade finden, jmd. / etwas ist nicht jmds. Kragenweite *(salopp);* ↑auffallen, ↑erfreuen, ↑lieben, ↑mögen, ↑passen, ↑schmecken, ↑verleiden [machen]; ↑geschmacklos.

²**gefallen:** ↑wohl tun (jmdm.); sich etwas g. lassen ↑ertragen; sich etwas nicht g. lassen ↑aufbegehren; sich nichts g. lassen ↑wehren (sich); jmdm. gefällt jmds. Nase nicht ↑hassen; sich g. in, sich in seiner Rolle g. ↑prahlen.

Gefallen: ↑Zuneigung; G. finden an, einer Sache keinen G. abgewinnen können ↑gefallen; [jmdm. einen G. tun] ↑Dienst; tun Sie mir den G. / den einen (oder:) einzigen Gefallen ...!, würden Sie mir den G. tun ...? ↑bitte!

Gefallener ↑Toter.

¹**gefällig,** hilfsbereit, hilfreich, diensteifrig, eilfertig, dienstfertig, dienstbeflissen, dienstwillig; ↑bereit, ↑entgegenkommend, ↑freundschaftlich, ↑menschlich; ↑Höflichkeit.

²**gefällig** ↑geschmackvoll.

Gefälligkeit, ↑Entgegenkommen; jmdm. eine G. erweisen ↑Dienst.

gefälligst ↑tunlichst.

Gefallsucht, Eitelkeit, Putzsucht, Koketterie; ↑eitel.

gefallsüchtig ↑eitel.

gefälscht ↑unecht.

Gefangenenaufseher ↑Wächter.

Gefangenenauto ↑Gefängniswagen.

Gefangenenfieber ↑Fleckfieber.

Gefangenenhaus ↑Strafanstalt.

Gefangenenlager, Arbeitslager, Konzentrationslager, KZ, Massenvernichtungslager, Deportationslager, Straflager; ↑Gefangenschaft, ↑Strafanstalt.

Gefangenentyphus ↑Fleckfieber.

Gefangenenwärter ↑Wächter.

Gefangener, Strafgefangener, Kriegsgefangener, Häftling, Inhaftierter, Gefängnisinsasse, Knastologe *(scherzh.),* Knasti *(Jargon),* Knacki *(Jargon),* Machulke *(Gaunerspr.),* Häfenbruder *(salopp, österr.),* der Enthaltene *(schweiz.),* Arrestant, Zuchthäusler *(veraltet)* · *als Pfand für die Erfüllung bestimmter Forderungen:* Geisel; ↑Gefangenschaft, ↑Strafanstalt, ↑Verbrecher.

gefangen halten ↑festsetzen.

Gefangenhaus ↑Strafanstalt.

Gefangennahme ↑Verhaftung.

gefangen nehmen ↑verhaften.

Gefangenschaft, Kriegsgefangenschaft; ↑Freiheitsentzug, ↑Gefangenenlager, ↑Gefangener.

gefangen sitzen ↑abbüßen.

Gefängnis: ↑Freiheitsentzug, ↑Strafanstalt; im G. sitzen ↑abbüßen; ins G. werfen ↑festsetzen.

Gefängnisaufseher ↑Wächter.

Gefängnisinsasse ↑Gefangener.

Gefängniskrankenhaus ↑Krankenhaus.

Gefängnisstrafe ↑Freiheitsentzug.

Gefängniswagen, Gefangenenauto, Arrestantenwagen, grüne Minna *(ugs.),* grüner Heinrich *(ugs., österr.),* Affenkasten *(ugs., schweiz.);* ↑Strafanstalt.

Gefängniswärter ↑Wächter.

gefärbt, tendenziös, einseitig; ↑parteiisch, ↑planmäßig.

Gefasel ↑Gewäsch.

¹**Gefäß** · *für Flüssigkeiten:* Kübel, Eimer, Tank, Zuber, Bottich, Bütte *(landsch.),* Brente *(schweiz.),* Tansé *(schweiz.),* Melchter *(schweiz.),* Schaff *(südd., österr.),* Sechter *(österr.)* · *längliches, ovales oder rechteckiges:* Trog, Wanne, Backtrog, Mulde *(landsch.),* Futtertrog, Napf, Futternapf, Barren *(südd., österr.),* Futterbarren *(südd., österr.),* Fressbarren *(südd., österr.),* Grand *(bayr., österr.)* · *für Blumen:* Vase; ↑Flasche, ↑Kanne, ↑Schüssel, ↑Trinkgefäß.

²**Gefäß** ↑Behälter.

Gefäßmal ↑Muttermal.

gefasst: ↑ruhig; g. sein / sich gefasst machen auf ↑gewärtigen, ↑vermuten.

Gefasstheit ↑Gelassenheit.

Gefäßverschluss: ↑Embolie, ↑Gefäßverstopfung.

¹**Gefäßverstopfung,** Gefäßverschluss, Obturation, Embolie, Thrombose, Infarkt, Stauung; ↑Ader, ↑Arterienerkrankung, ↑Venenentzündung.

²**Gefäßverstopfung** ↑Embolie.

Gefecht: [sich ein G. liefern] ↑Kampf; jmdn. außer G. setzen ↑besiegen.

Gefechtsübung ↑Manöver.

gefedert, abgefedert, federnd, federkräftig *(selten),* mit einer Federung versehen / ausgestattet; ↑biegsam.

gefehlt ↑verfehlt.

gefeiert ↑angesehen.

gefeit ↑widerstandsfähig.

Gefeitsein ↑Widerstandsfähigkeit.

Gefieder, Federkleid, Federn, Bauchgefieder, Brustgefieder, Schwanzgefieder; ↑Feder.

Gefilde: G. der Seligen ↑Paradies.

gefinkelt ↑schlau.

Geflecht, Flechtwerk, Netz, Maschenwerk; ↑Draht, ↑Gewebe; ↑binden.

gefleckt ↑gemustert.

Geflimmer ↑Schein.

geflissentlich: ↑absichtlich, ↑angelegentlich.

¹**Geflügel**, Federvieh, Nutzvögel; ↑Brieftaube, ↑Ente, ↑Gans, ↑Geflügelfarm, ↑Haustier, ↑Huhn, ↑Hühnerhof.

²**Geflügel** ↑Kleinvieh.

Geflügelfarm, Hühnerfarm, Legebatterie, Brutanstalt; ↑Hühnerhof, ↑Geflügel.

Geflügelhof ↑Hühnerhof.

Geflügelklein ↑Fleischgericht.

Geflügelkraftbrühe ↑Suppe.

Geflügelsalat ↑Salat.

Geflügelsuppe ↑Suppe.

geflügelt: -er Löwe ↑Sinnbild; -e Worte ↑Nachschlagewerk; -es Wort ↑Ausspruch.

Geflunker ↑Lüge.

Geflüster ↑Klatsch.

Gefolge ↑Geleit.

Gefolgschaft ↑Anhänger.

Gefolgsmann, Satellit, Statthalter, Satrap, Paladin, Lehnsmann, Vasall, Trabant, Leibwächter, Lakai *(abwertend)*, Marionette *(abwertend);* ↑Bewacher, ↑Hilfskraft, ↑Schmeichler.

Gefrage ↑Neugier.

gefragt: ↑begehrt; nicht mehr g. sein ↑angesehen.

gefräßig ↑esslustig.

Gefräßigkeit, Fressgier *(ugs.),* Verfressenheit *(salopp);* ↑Appetit; ↑esslustig.

Gefreiter ↑Dienstgrad.

gefressen: g. haben ↑hassen.

Gefrett ↑Anstrengung.

gefreut ↑erfreulich.

Gefrierbehandlung ↑Kryotherapie.

gefrieren ↑tiefkühlen.

Gefrierfleisch ↑Fleisch.

Gefrierobst ↑Obst.

Gefrierpunkt, Nullpunkt, null Grad, 0 °C; ↑Eis, ↑Temperaturskala; ↑gekühlt.

Gefrierschrank ↑Kühlschrank.

Gefriertruhe ↑Kühlschrank.

Gefrieß ↑Gesicht.

gefroren ↑gekühlt.

Gefrorenes ↑Eis.

Gefrornes ↑Eis.

gefüge ↑bereit.

Gefüge ↑Struktur.

gefügig: ↑bereit; g. machen ↑lenken.

Gefügigkeit ↑Gehorsam.

¹**Gefühl**, Empfindung, Empfinden, Feeling, Spürsinn, Flair, Instinkt, Organ, Gespür, Witterung *(geh.),* Riecher *(salopp);* ↑Ahnung, ↑Erregung, ↑Gefühlsäußerung, ↑Gefühlsleben, ↑Seele; ↑merken.

²**Gefühl**: ↑Ahnung; -e haben ↑verliebt; für jmdn. zärtliche -e hegen ↑lieben.

Gefühligkeit ↑Rührseligkeit.

gefühllos: ↑blutleer, ↑gefühlskalt, ↑unbarmherzig; g. werden ↑absterben.

Gefühllosigkeit: ↑Gefühlskälte, ↑Ungerührtheit.

Gefühlsausbruch ↑Gefühlsäußerung.

Gefühlsausdruck ↑Gefühlsäußerung.

Gefühlsäußerung, Gefühlsausdruck, Expektoration · *plötzliche, ungehemmte:* Gefühlsausbruch, Gefühlserguss, Gefühlswallung; ↑Gefühl, ↑Rührseligkeit, ↑Streit; ↑empfindsam, ↑gefühlsbetont.

gefühlsbetont, emotional, emotionell, affektiv, expressiv, irrational; ↑ausdrucksvoll, ↑empfindsam, ↑gefühlsmäßig; ↑Erregung, ↑Gefühlsäußerung.

Gefühlsdenker ↑Denker.

Gefühlsduselei ↑Rührseligkeit.

gefühlsduselig ↑empfindsam.

Gefühlseindruck ↑Impression.

Gefühlserguss ↑Gefühlsäußerung.

gefühlskalt, gefühllos, hartherzig, kaltherzig, kaltsinnig, verhärtet, fischblütig · *im Sexuellen:* frigid · g. sein, Fischblut haben, ein Herz von Stein haben; ↑impotent, ↑unbarmherzig, ↑unempfindlich, ↑ungerührt, ↑unzugänglich; ↑Gefühlskälte, ↑Unbarmherzigkeit.

Gefühlskälte, Kälte, Gefühllosigkeit, Fühllosigkeit, Empfindungslosigkeit, Herzlosigkeit, Mitleidlosigkeit, Herzensverhärtung, Kaltherzigkeit, Lieblosigkeit, Härte · *im sexuellen Bereich:* Frigidität; ↑Grausamkeit, ↑Impotenz, ↑Unbarmherzigkeit, ↑Ungerührtheit; ↑gefühlskalt, ↑unbarmherzig.

Gefühlsleben, Innenleben, Seelenleben; ↑Gefühl; ↑empfindsam.

gefühlsmäßig, triebmäßig, eingegeben, intuitiv, instinktiv; ↑angeboren, ↑gefühlsbetont.

Gefühlsrohheit ↑Unbarmherzigkeit.

gefühlsselig ↑empfindsam.

Gefühlsseligkeit ↑Rührseligkeit.

gefühlstief ↑empfindsam.

Gefühlsüberschwang ↑Begeisterung.

Gefühlswallung ↑Gefühlsäußerung.

gefühlvoll ↑empfindsam.

Gefunkel ↑Schein.

gefürstet ↑adlig.

gegeben: ↑geeignet, ↑zweckmäßig; zu -er Zeit ↑Augenblick.

gegebenenfalls: ↑eigens, ↑vielleicht.

Gegebenheit ↑Tatsache.

¹**gegen**, Kampf dem ..., wehrt den Anfängen.

²**gegen**: ↑ungefähr; g. [100 Personen] ↑einigermaßen.

Gegenaktion ↑Tat.

Gegenangriff ↑Angriff.

Gegenantrag ↑Gesuch.

Gegenargument ↑Hinderungsgrund.

Gegenbesuch ↑Besuch.

Gegenbewegung ↑Reaktion.

¹**Gegend**, Landstrich, Landschaft, Gau; ↑Gebiet, ↑Landschaft, ↑Stelle.

²**Gegend**: ↑Stadtteil; die G. unsicher machen ↑besuchen.

Gegendarstellung ↑Korrektur.

Gegendienst ↑Ersatz.

Gegenfrage ↑Frage.

gegengeschlechtlich ↑andersgeschlechtlich.

Gegengewicht ↑Kontrast.

Gegengift ↑Gegenmittel.

Gegengrund ↑Hinderungsgrund.

Gegenklage ↑Anklage.

Gegenkläger ↑Ankläger.

Gegenleistung ↑Ersatz.

Gegenliebe: G. finden, auf G. stoßen ↑Beifall.

Gegenmaßnahme: -n ↑Vergeltungsmaßnahmen.

Gegenmittel, Gegengift, Giftgegenmittel, Antidot, Antidoton, Antipharmakon *(selten),* Kontravenenum *(selten);* ↑Gift, ↑Medikament.

Gegenpartei ↑Opposition.

Gegenpol ↑Kontrast.

Gegenrede ↑Antwort.

¹Gegensatz, Gegenwort, Antonym, Opposition, Dichotomie; ↑Konkurrenz · Ggs. ↑synonym.

²Gegensatz: ↑Kontrast; im G. dazu ↑aber; im G. zu ↑entgegen; in G. stehen zu ↑kontrastieren.

gegensätzlich, widerspruchsvoll, widersprüchlich, widersprechend, schizophren, einander ausschließend, paradox, widersinnig, unlogisch, disjunktiv, [diametral] entgegengesetzt, gegenteilig, umgekehrt, konvers, oppositionell, dichotomisch, unvereinbar, ungleichartig, disparat, konträr, polar, kontradiktorisch, komplementär, korrelativ, antithetisch, antinomisch, adversativ; ↑folgewidrig, ↑verschieden; ↑wechselseitig; ↑Gegensätzlichkeit; ↑aber, ↑allerlei · Ggs. ↑gleichen.

Gegensätzlichkeit, Widersprüchlichkeit, Widerspruch, Schizophrenie, Janusköpfigkeit, Gegenteiligkeit, Ungleichartigkeit, Unvereinbarkeit, Polarisierung, Disparität, Polarität, Antinomie; ↑Abweichung, ↑Kontrast; ↑entgegen, ↑gegensätzlich.

Gegenschlag ↑Vergeltung.

Gegenseite ↑Opposition.

gegenseitig: ↑wechselseitig; in -em Einverständnis ↑einmütig.

Gegenseitigkeit ↑Wechselseitigkeit.

Gegenspieler[in] ↑Gegner.

¹Gegenstand, Objekt, Sujet, Thema, Reizthema, Thematik, Themenstellung, Aufgabenstellung, Stoff; **zum G. haben,** zum Inhalt / Thema haben, handeln von, behandeln; **nicht zum G. haben,** kein Thema sein; ↑Angelegenheit, ↑Ausspruch.

²Gegenstand: ↑Ding, ↑Fachrichtung; alter / altertümlicher / antiker / antiquarischer G. ↑Antiquität; G. des Streites ↑Streitobjekt.

gegenständlich: ↑dinglich, ↑konkret, ↑wirklich; g. machen ↑veranschaulichen.

gegenstandsfrei: -e Kunst ↑Malerei.

gegenstandslos: ↑abstrakt, ↑grundlos; -e Kunst ↑Malerei.

Gegenstimme ↑Einspruch.

Gegenstoß ↑Vergeltungsmaßnahmen.

Gegenstrom ↑Verkehrsstrom.

¹Gegenstück, Pendant, Entsprechung, Korrelat; ↑Übereinstimmung; ↑gleichen; ↑übereinstimmend.

²Gegenstück: ↑Gegenteil, ↑Parallele.

¹Gegenteil, Gegenstück, Antithese; ↑gegensätzlich.

²Gegenteil: das G. beweisen ↑entkräften; im G. ↑vielmehr.

gegenteilig ↑gegensätzlich.

Gegenteiligkeit ↑Gegensätzlichkeit.

¹gegenüber, vis-a-vis, auf der anderen / andern / gegenüberliegenden Seite; ↑jenseits; ↑Anwohner.

²gegenüber ↑verhältnismäßig.

gegenüberliegend: auf der -en Seite ↑gegenüber.

gegenüberstellen: ↑konfrontieren, ↑vergleichen.

Gegenüberstellung ↑Vergleich.

Gegenvorschlag, Alternative, Zweitmöglichkeit, andere Möglichkeit; ↑Vorschlag.

¹Gegenwart, gegenwärtige / unsere Zeit, Augenblick, Jetztzeit, das Hier und Heute / Hier und Jetzt / *(bildungsspr.)* Hic et Nunc, Moderne, Postmoderne; ↑Atomzeitalter, ↑Belle Époque, ↑Gründerzeit · Ggs. ↑Vergangenheit.

²Gegenwart: ↑Tempus; [in G. von] ↑Anwesenheit.

gegenwärtig: ↑jetzig, ↑jetzt, ↑zeitgenössisch; -e Zeit ↑Gegenwart; g. sein ↑anwesend [sein]; g. haben, etwas ist jmdm. g. ↑Gedächtnis.

Gegenwarts-: ↑zeitgenössisch.

gegenwartsbezogen ↑fortschrittlich.

Gegenwartsdeutsch ↑Deutsch.

Gegenwartsfrage ↑Schwierigkeit.

Gegenwartskunde ↑Geschichtsunterricht.

gegenwartsnah ↑fortschrittlich.

Gegenwartsproblem ↑Schwierigkeit.

Gegenwartssprache ↑Deutsch.

Gegenwehr: ↑Abwehr; ohne G. ↑widerstandslos.

Gegenwert ↑Ersatz.

Gegenwind ↑Wind.

Gegenwirkung: ↑Reaktion; G. zeigen ↑reagieren.

Gegenwort ↑Gegensatz.

gegenzeichnen ↑unterschreiben.

Gegenzeichnung ↑Unterzeichnung.

¹gegliedert, aufgegliedert, untergliedert, unterteilt, aufgeteilt, klassifiziert, gestaffelt, aufgefächert, segmentiert, strukturiert, systematisiert, geordnet, angeordnet; ↑differenziert; ↑Gliederung, ↑Struktur; ↑gliedern · Ggs. ↑amorph.

²gegliedert: nicht g. ↑amorph.

Geglitzer ↑Schein.

¹Gegner, Gegnerin, Kontrahent, Kontrahentin, Oppositionsführer, Intimfeind, Widersacher, Widerpart, Antagonist, Antagonistin, Antipode, Gegenspieler, Gegenspielerin

Feind, Opponent, Opponentin, Regimekritiker, Dissident, Dissidentin, Frondeur, Neinsager, Neinsagerin, die andere Seite · *sich gefährlich gebärdender, aber nicht wirklich ernst zu nehmender:* Papiertiger, Gummilöwe · *des Faschismus:* Antifaschist · *des Kommunismus:* Antikommunist, kalter Krieger *(ugs.),* Kommunistenfresser *(ugs., abwertend);* ↑Abneigung; ↑Angreifer, ↑Feind, ↑Kämpfer, ↑Konkurrenz, ↑Querulant, ↑Revolutionär, ↑Rivale, ↑Störenfried; ↑gegnerisch · Ggs. ↑Freund, ↑Jasager, ↑Kollaborateur.

²Gegner: mit fliegenden / wehenden Fahnen zum G. übergehen ↑umschwenken.

Gegnerin ↑Gegner.

gegnerisch, feindlich, feindselig, feindschaftlich, animos, hasserfüllt; ↑beleidigend; ↑Abneigung, ↑Gegner.

Gegnerschaft ↑Konkurrenz.

Gegrinse ↑Lächeln (das).

Gegröle ↑Geschrei.

Gehabe: ↑Benehmen, ↑Ziererei.

gehaben: sich g. ↑benehmen (sich); g. Sie sich wohl! ↑Gruß.

Gehacktes ↑Hackfleisch.

¹Gehalt (das), Besoldung, Bezahlung, Entlohnung, Lohn, Verdienst, Salär *(schweiz.)* · *festes:* Fixum · *vorläufiges:* Adjutum *(schweiz.)* · *des Künstlers:* Gage; **sein G. schon ausgegeben haben,** bei jmdm. ist Matthäi am Letzten *(ugs.);* ↑Entgelt, ↑Gehaltsstufe, ↑Lohn, ↑Spesen, ↑Wehrsold; ↑aufbessern, ↑erwarten, ↑zahlen.

²Gehalt (der) ↑Bedeutung.

gehalten: ↑zurückhalten; g. sein ↑müssen.

gehaltlos ↑oberflächlich.

Gehaltlosigkeit ↑Trivialität.

Gehaltserhöhung ↑Heraufsetzung.

Gehaltskonto ↑Bankkonto.

Gehaltssperre ↑Sperre.

Gehaltsstufe, Besoldungsgruppe, Tarif; ↑Arbeitnehmer, ↑Arbeitnehmervertretung, ↑Gehalt.

Gehaltsvorrückung ↑Heraufsetzung.

gehaltvoll: ↑inhaltsreich, ↑nahrhaft.

gehandikapt ↑eingeschränkt.

Gehänge ↑Lampe.

geharnischt, polemisch, scharf, gepfeffert *(salopp),* gesalzen *(salopp);* ↑ärgerlich, ↑spöttisch.

gehässig: ↑beleidigend, ↑schadenfroh.

Gehässigkeit ↑Bosheit.

gehäuft ↑konzentriert.

Gehäuse ↑Fußballtor.

gehaut ↑schlau.

Gehbahn ↑Gehsteig.

gehbehindert ↑lahm.

Gehege: ↑Freigehege; jmdm. ins G. kommen ↑Rivale.

geheiligt ↑sakral.

geheim: ↑heimlich, ↑intern; Geheime Staatspolizei ↑Geheimpolizei; im Geheimen ↑unbemerkt.

Geheimabkommen ↑Abmachung.

Geheimabsprache ↑Abmachung.

Geheimagent ↑Geheimpolizist.

Geheimauftrag ↑Weisung.

Geheimbefehl ↑Weisung.

Geheimbund, Geheimorganisation, Untergrundorganisation, Terrororganisation; ↑Verschwörung, ↑Widerstandsbewegung; ↑umstürzlerisch.

Geheimcode ↑Geheimschrift.

Geheimdienst ↑Geheimpolizei.

Geheimdienstler ↑Geheimpolizist.

Geheimer ↑Geheimpolizist.

Geheimfach ↑Tresor.

geheim halten ↑schweigen.

Geheimhaltung, Verheimlichung, Geheimniskrämerei *(abwertend),* Geheimnistuerei *(abwertend);* ↑Geheimnis; ↑schweigen.

Geheimkode ↑Geheimschrift

Geheimkonferenz, Geheimversammlung, Geheimsitzung; ↑Gipfeltreffen, ↑Tagung; ↑tagen.

Geheimlehre, Geheimwissenschaft · Rosenkreuzertum · Kabbala; ↑Geisterbeschwörung.

¹Geheimnis, Amtsgeheimnis, Berufsgeheimnis, Dienstgeheimnis, Bankgeheimnis, Beichtgeheimnis, Postgeheimnis, Staatsgeheimnis; ↑Bund, ↑Geheimhaltung, ↑Mönchsorden, ↑Vereinigung; ↑schweigen.

²Geheimnis: ↑Mysterium; etwas ist ein offenes G. ↑bekannt; ein süßes G. haben ↑schwanger [sein]; ins G. gezogen sein ↑wissen.

Geheimniskrämer ↑Heimlichtuer.

Geheimniskrämerei ↑Geheimhaltung.

geheimnisumwittert ↑unfassbar.

geheimnisvoll: ↑hintergründig, ↑rätselhaft, ↑unfassbar.

Geheimorganisation ↑Geheimbund.

Geheimpolizei, Geheimdienst, Spionageabwehr, Abwehr, politische Polizei · *in den Vereinigten Staaten:* CIA · *in Großbritannien:* Secret Service · *im Iran:* SAVAK · *in Russland:* GPU (bis 1934), NKWD, KGB, GRU · *während der Zeit der nationalsozialistischen Herrschaft in Deutschland:* Geheime Staatspolizei, Gestapo · *in der DDR (bis 1989/90):* Staatssicherheitsdienst, SSD, Stasi · *in der BRD:* Bundesnachrichtendienst, BND, Militärischer Abschirmdienst, MAD, Verfassungsschutz; ↑Geheimpolizist, ↑Polizeibehörde.

Geheimpolizist, Geheimagent, Geheimdienstler *(ugs.),* Geheimer *(ugs.);* ↑Auskundschafter, ↑Geheimpolizei, ↑Gewährsmann, ↑Spion.

Geheimratsecken: G. bekommen ↑Glatze.

¹Geheimschrift, Chiffreschrift, Geheimcode, Geheimkode, Code, Kode; ↑chiffrieren · Ggs. ↑Klartext; ↑dechiffrieren.

²Geheimschrift: in G. abfassen ↑chiffrieren.

Geheimsender ↑Rundfunksender.

Geheimsitzung ↑Geheimkonferenz.

Geheimsprache: ↑Ausdrucksweise; in G. abfassen ↑chiffrieren.

Geheimtipp ↑Hinweis.
Geheimtür ↑Tür.
Geheimversammlung ↑Geheimkonferenz.
Geheimwissenschaft ↑Geheimlehre.
Geheimzeichen ↑Zeichen.
Geheiß ↑Weisung.
gehemmt ↑ängstlich.
Gehemmtheit ↑Verlegenheit.

gehen: ↑erstrecken (sich), ↑fortbewegen (sich), ↑geschehen, ↑kündigen, ↑weggehen; etwas geht ↑funktionieren; gegangen kommen ↑kommen; gut g. ↑florieren, ↑verkaufen; es geht hart auf hart / um die Wurst / ums Letzte ↑ernst (werden); heidi g. ↑verloren gehen; heimwärts / nach Hause g. ↑zurückbegeben (sich); etwas geht nicht so schnell ↑vorangehen; g. lassen ↑freilassen; einen g. lassen ↑Darmwind [entweichen lassen]; sich g. lassen ↑unbeherrscht (sein); g. müssen, gegangen werden ↑entlassen [werden]; bis es nicht mehr geht ↑Überdruss; das geht nicht ↑möglich; an etwas g. ↑wegnehmen; etwas geht an jmdm. ↑zufallen; etwas geht auf / gegen jmdn. ↑münzen; g. aus ↑hinausgehen; g. in ↑betreten; in sich g. ↑bereuen; ↑bessern (sich); g. mit ↑begleiten, ↑lieben; etwas draußen g. ↑hinausgehen; g. zu ↑besuchen.
Gehen ↑Leichtathletik.
geheuer: nicht g. ↑unheimlich.
Geheul ↑Klagelaut.
Gehilfe: ↑Helfer, ↑Handelsgehilfe.
Gehilfenschaft ↑Beihilfe.
Gehirn, Zerebrum, Hirn, graue Zellen, Bregen *(landsch.),* Brägen *(landsch.),* Großhirn, Enzephalon ·· Vorderhirn, Prosencephalon · Zwischenhirn, Diencephalon, Thalamushirn, Sehhügelhirn · Endhirn, Telencephalon, Akrenzephalon ·· Mittelhirn, Mesencephalon ·· Rautenhirn, Rhombencephalon · Hinterhirn, Metencephalon, Cerebellum, Kleinhirn · Nachhirn, Myelencephalon, Medulla, Markhirn, verlängertes Rückenmark / Mark; ↑Gehirnhautentzündung, ↑Gehirnrinde, ↑Hirn, ↑Hypophyse, ↑Kopf, ↑Meninx, ↑Vernunft.
Gehirnakrobat ↑Intellektueller.
Gehirnanhang ↑Hypophyse.
Gehirnanhangsdrüse ↑Hypophyse.
Gehirnblutung ↑Blutung.
Gehirnerschütterung, Hirnerschütterung *(bes. schweiz.),* Kommotio, Kommotion.
Gehirnhautentzündung, Hirnhautentzündung, Meningitis, Perienzephalitis · *auf die harte Hirnhaut beschränkte:* Pachymeningitis, Duritis · *auf die weiche Hirnhaut beschränkte:* Leptomeningitis, Piitis · *auf die Spinngewebshaut beschränkte:* Arachnitis, Arachnoiditis · *auf das Hirn übergreifende:* Meningoenzephalitis · *auf das Rückenmark fortgeleitete:* Meningomyelitis; ↑Gehirn, ↑Meninx.
Gehirnjogging ↑Mnemotechnik.
Gehirnmantel ↑Gehirnrinde.
Gehirnrinde, Hirnrinde, Gehirnmantel, Hirn-

mantel, Pallium, Großhirnrinde, Kleinhirnrinde; ↑Gehirn, ↑Hypophyse, ↑Meninx.
Gehirnschlag ↑Schlaganfall.
Gehirnwäsche: jmdn. einer G. unterziehen ↑lenken.
Gehling ↑Pfifferling.
gehoben: ↑gewählt; in -er Stimmung sein ↑betrunken [sein].
Gehöft ↑Bauernhof.
Gehölz ↑Wald.
¹Gehör, Gehörsinn, Hörvermögen; ↑Ohr.
²Gehör: bei jmdm. kein G. finden ↑sprechen; jmdm. G. schenken ↑horchen; zu G. bringen ↑singen; etwas zu G. bringen ↑vortragen.
¹gehorchen, gehorsam sein, folgen, nachkommen, Folge leisten, auf jmdn. hören, parieren *(ugs.),* kuschen *(ugs.),* sich ducken *(ugs.),* nach jmds. Pfeife tanzen *(ugs.),* spuren *(salopp);* ↑Acht geben, ↑befolgen, ↑befriedigen, ↑artig.
²gehorchen: der Not -d ↑notgedrungen.
¹gehören, in jmds. Besitz sein / sich befinden, jmds. eigen / Eigentum sein, jmdm. sein *(ugs., landsch.;* das Buch ist mir), jmdm. zur Verfügung stehen; ↑haben.
²gehören: ↑angehören, ↑haben; jmd. / etwas gehört + 2. Partizip ↑müssen; nicht wissen, was sich gehört ↑unhöflich [sein]; wie es sich gehört ↑höflich; einander g. ↑koitieren; etwas gehört sich ↑ziemen (sich); dazu gehört nicht viel ↑schwierig.
Gehörfehler ↑Gehörstörung.
Gehörgebrechlicher ↑Schwerhöriger.
¹gehörig, gründlich *(ugs.),* gebührend *(ugs.),* ordentlich *(ugs.),* tüchtig *(ugs.),* nach Strich und Faden *(ugs.),* ausreichend, nicht zu knapp; ↑sehr.
²gehörig ↑angemessen.
gehörlos ↑taub.
Gehörloser ↑Schwerhöriger.
Gehörlosigkeit ↑Gehörstörung.
Gehörn ↑Geweih.
Gehörnte: der G. ↑Teufel.
Gehörorgan: ↑Ohr, ↑Sinnesorgan.
gehorsam ↑artig.
Gehorsam, Folgsamkeit, Bravheit, Fügsamkeit, Angepasstheit, Unterordnung, Gefügigkeit, Willfährigkeit, Unterwürfigkeit, Subordination, Kadavergehorsam *(abwertend)* · eines Geistlichen gegenüber einer höheren Instanz: Obedienz; ↑Jasager; ↑artig.
Gehorsamsverweigerung ↑Widerstand.
Gehörsinn ↑Gehör.
gehörsmäßig ↑akustisch.
Gehörstörung, Hörsturz, Hörstörung, Gehörfehler, Schwerhörigkeit, Dysakusis · *mit vollständigem Verlust des Hörvermögens:* Gehörlosigkeit, Taubheit, Anakusis · *in Verbindung mit dem Verlust des Sprechvermögens:* Taubstummheit, Surdomutitas; ↑Schwerhöriger; ↑taub.
Gehrock ↑Anzug.
Gehsteig, Bürgersteig, Gehweg, Fußgänger

weg, Fußweg, Fußgängersteig, Fußsteig, Gangsteig *(südd., österr.)*, Gehbahn, Trottoir; ↑Straße.

gehupft: das ist g. wie gesprungen ↑einerlei.

Gehweg: ↑Gehsteig, ↑Weg.

Geier: ↑Vogel; hols der G.! ↑verflucht!

Geierauge ↑Scharfsichtigkeit.

Geierblick ↑Scharfsichtigkeit.

Geifer ↑Speichel.

geifern ↑spucken.

Geige: ↑Streichinstrument; die erste G. spielen ↑maßgeblich [sein]; jmdm. hängt der Himmel voller -n ↑glücklich [sein]; ein Ass auf der G. sein ↑Schlaukopf.

geigen: ↑koitieren, ↑musizieren.

Geigenbauer ↑Musikinstrumentenbauer.

Geiger: [erster / zweiter G.] ↑Musizierender.

Geigerzähler ↑Messgerät.

geil: ↑begierig; g. auf jmd. / etwas sein ↑begierig [sein auf / nach]; geil werden ↑wuchern.

Geilheit ↑Geschlechtstrieb.

Geiltrieb ↑Schößling.

Geisel: ↑Gefangener; -n nehmen ↑nötigen.

Geisha ↑Bardame.

Geiß: ↑Gämse, ↑Reh, ↑Ziege.

Geißbart ↑Bart.

Geißblattlaube ↑Laube.

Geißbock ↑Ziege.

Geißel: ↑Peitsche; G. Gottes ↑Aids.

Geißelalge ↑Alge.

Geißelbruder ↑Asket.

geißeln: ↑brandmarken; sich g. ↑kasteien (sich).

Geißeltierchen ↑Einzeller.

Geißkitz ↑Gämse.

Geißler ↑Asket.

Geist: ↑Gespenst, ↑Vernunft; dienstbarer G. ↑Diener; großer G. ↑Talent; Adel des -es ↑Oberschicht; Vater, Sohn und Heiliger G. ↑Trinität; schöpferischer G. ↑Einfallsreichtum; der G., der stets verneint ↑Querulant; Fest der Ausgießung des Heiligen -es ↑Pfingsten; etwas / jmd. geht einem auf den G. ↑nervös [machen]; von allen guten -ern verlassen sein ↑verrückt [sein].

-geist ↑Medikament.

Geistchen ↑Schmetterling.

Geisterbahn ↑Karussell.

Geisterbeschwörer ↑Spiritist.

Geisterbeschwörung, Spiritismus, Okkultismus, Parapsychologie, Xenologie, Spökenkiekerei *(nordd., scherzh.)*, Tischrücken, Telekinese, Psychokinese, Nekromantie; ↑Aberglaube; ↑Hellsehen, ↑Séance, ↑Spiritist, ↑Telepathie, ↑Trancezustand, ↑Wahrsager; ↑okkult.

geisterbleich ↑blass.

Geistererscheinung ↑Gespenst.

Geisterglaube ↑Aberglaube.

geisterhaft ↑gespenstisch.

geistern ↑spuken.

Geisterseher ↑Spiritist.

Geisterstunde: ↑Mitternacht; in der / zur G. ↑mitternachts.

geistesabwesend ↑unaufmerksam.

Geistesabwesenheit: ↑Teilnahmslosigkeit, ↑Zerstreutheit.

Geistesadel ↑Oberschicht.

Geistesarbeiter ↑Intellektueller.

Geistesblitz ↑Einfall.

Geistesgaben ↑Begabung.

Geistesgegenwart, Reaktionsvermögen, Reaktionsschnelligkeit, Entschlusskraft; ↑Gelassenheit; ↑geistesgegenwärtig.

geistesgegenwärtig, reaktionsschnell, kaltblütig; ↑ruhig; ↑Geistesgegenwart, ↑Gelassenheit · Ggs. ↑aufgeregt.

geisteskrank ↑geistig behindert.

Geisteskranker ↑geistig Behinderter.

Geisteskrankheit: ↑geistige Behinderung; an einer G. leiden ↑geistig behindert [sein].

geistesverwandt, ebenbürtig, wesensgleich, kongenial; ↑gleichrangig, ↑übereinstimmend; ↑ähneln.

Geistesverwandtschaft ↑Gemeinsamkeit.

Geisteswissenschaft ↑Wissenschaft.

Geisteswissenschaftler ↑Gelehrter.

Geistheilung ↑Behandlung.

geistig: ↑psychisch; an seinem -en Auge vorüberziehen lassen ↑vorstellen (sich etwas); -en Diebstahl begehen ↑plagiieren; -e Elite / Oberschicht ↑Oberschicht; -es Getränk ↑Alkohol; g. minderbemittelt / zurückgeblieben ↑stumpfsinnig; g. rege ↑lebhaft; sich in -e Unkosten stürzen ↑anstrengen (sich); -er Vater ↑Gründer; g. verkommen ↑stumpfsinnig [werden]; g. weggetreten sein ↑begriffsstutzig [sein], ↑unaufmerksam [sein]; g. folgen können ↑verstehen; ins Geistige erheben ↑verfeinern.

geistig behindert, geisteskrank, debil, imbezil[l], paranoid, schizophren, kretinoid *(fachspr.)*, mongoloid, idiotisch *(fachspr.)*, dement, monoman; **geistig behindert sein,** an einer Geisteskrankheit leiden, nicht zurechnungsfähig / unzurechnungsfähig sein *(auch abwertend)*; ↑gemütskrank.

geistig Behinderter, Geisteskranker, Idiot *(fachspr.)*, Monomane, Debiler, Kretin, Paranoiker, Psychopath; ↑Gemütskrankheit.

geistige Behinderung, Geisteskrankheit, Paranoia, Idiotie *(fachspr.)*, Idiotismus *(fachspr.)*, Oligophrenie, Phrenasthenie, Imbezillität, Debilität, Debilitas [mentalis], Downsyndrom, Kretinismus, Schizophrenie, Monomanie, Alzheimerkrankheit, Demenz, Dementia praecox, Dementia senilis, Delirium tremens; ↑Aphasie, ↑Gemütskrankheit.

geistig-seelisch: rein g. ↑platonisch.

geistlich: ↑sakral, ↑seelsorgerisch; -e Dichtung ↑Dichtung; -es Drama ↑Drama; -er Herr ↑Geistlicher; -e Lyrik ↑Lyrik; -e Musik ↑Musik; -er Stand ↑Klerus.

Geistlicher, Pfarrer, geistlicher Würdenträger,

Pastor, Prediger, Priester, Kleriker, Theologe, Pfaffe *(abwertend)*, Seelsorger, Seelenhirt[e], Pfarrherr, geistlicher Herr, Vikar, Pfarrvikar, Kaplan, Kooperator *(bayr., österr.)*, Pfarrgeistlicher, Militärseelsorger, Militärgeistlicher, Himmelskomiker *(Jargon)*, Feldkurat *(österr.)*, Kirchenmann, Gottesmann, Schwarzrock *(abwertend)*, Pater, Gemeindepfarrer, Stadtpfarrer, Prälat, Missionar · *der selbst in einer Fabrik arbeitet:* Industriepfarrer · *der einen Pfarrer o. Ä. vertritt:* Provisor *(österr.)* · *höherer:* Dekan, Ephorus, Superintendent, Dechant, Präses, Bischof, Kardinal · *des jüdischen Glaubens:* Rabbiner, Rabbi, Rebbe · *des griechisch-orthodoxen Glaubens:* Pope · *bei den Schiiten:* Ajatollah; ↑Amtseinführung, ↑Beichtvater, ↑Klerus, ↑Oberhaupt, ↑Seelsorge; ↑seelsorgerisch.
Geistlichkeit ↑Klerus.
geistlos ↑oberflächlich.
Geistlosigkeit: ↑Stumpfsinn, ↑Trivialität.
geistreich, geistvoll, sprühend, spritzig, launig, witzig, schlagfertig; ↑gebildet, ↑geziert, ↑klug, ↑spaßig, ↑spöttisch, ↑wissenschaftlich; **g. sein,** geistreicheln *(abwertend)*, nicht auf den Mund gefallen sein; **nicht g. sein:** etwas ist nicht geistreich, es fehlt das Salz an der Suppe *(ugs.)*, einer Sache fehlt die rechte Würze / *(ugs.)* der Biss / *(ugs.)* der Pep.
geistreicheln ↑geistreich [sein].
geisttötend, stumpfsinnig, enervierend, mechanisch, automatisch, stupid; ↑langweilig; **g. sein,** etwas nervt; ↑Stumpfsinn.
geistvoll ↑geistreich.
Geiz, Sparsamkeit, Knauserei *(abwertend)*, Knickrigkeit *(abwertend)*, Pfennigfuchserei *(abwertend)*; ↑Geizhals, ↑Habgier; ↑sparsam.
geizen: ↑geizig [sein], ↑sparen.
Geizhals, Geizkragen *(ugs.)*, Knauser *(ugs.)*, Knicker *(ugs.)*, Knickstiebel *(ugs., bes. berlin.)*, Pfennigfuchser *(ugs.)*, Rappenspalter *(schweiz.)*; ↑Geiz, ↑Mann; ↑sparen, ↑geizig, ↑sparsam.
geizig, filzig *(ugs.)*, knauserig *(ugs.)*, knick[e]rig *(ugs.)*, knickig *(ugs., landsch.)*, knickstiebelig *(salopp)*, kniepig *(ugs., landsch.)*, schäbig *(abwertend)*, pop[e]lig *(ugs., abwertend)*, schofel *(ugs., abwertend)*, netig *(ugs., landsch.)*, gnietschig *(ugs., landsch.)*, hartleibig *(veraltend)*, schmafu *(ugs., österr.)*, sparsam, nicht ↑freigebig; ↑engherzig, ↑habgierig, ↑sparsam; **g. sein,** den Pfennig dreimal / zehnmal herumdrehen (oder:) umdrehen (oder:) rumdrehen *(ugs.)*, die Hand auf die Tasche / den Beutel halten *(ugs.)*, nichts rausrücken *(ugs.)*, geizen, am Geld hängen *(ugs.)*, am Geld kleben *(salopp, abwertend)*, auf dem Geld / auf seinem Geldsack sitzen *(salopp, abwertend)*, ein Knickstiebel / Pfennigfuchser sein *(salopp, abwertend)*, der ist krumm [wenn er sich bückt] *(ugs., berlin.)* · *in Bezug auf Essen:* jmdm. die Bissen in den Mund zählen; ↑Geiz, ↑Geizhals; **nicht g. sein,** [nicht kleckern, sondern] klotzen.
Geizkragen ↑Geizhals.
Gejammer ↑Klage.
Gejaule ↑Klagelaut.
Gejohle ↑Geschrei.
Gekichere ↑Gelächter.
Geklatsche ↑Klatsch.
Geklimper ↑Lärm.
Geklingel ↑Gebimmel.
geknickt ↑deprimiert.
geknüppelt: g. voll ↑voll.
gekonnt ↑fachmännisch.
Gekrakel ↑Kritzelei.
gekränkt, beleidigt, verletzt, verstimmt, pikiert, verschnupft *(ugs.)*, eingeschnappt *(ugs.)*, mucksch *(nordd.)*; ↑ärgerlich, ↑empfindlich, ↑unzufrieden; **g. sein,** schmollen, einschnappen *(ugs.)*, einrasten *(ugs.)*, bocken, sich in den Schmollwinkel zurückziehen, nicht wollen, den Beleidigten / *(ugs.)* die beleidigte (oder:) gekränkte Leberwurst spielen; ↑aufbegehren, ↑grollen, ↑kränken.
gekräuselt ↑lockig.
Gekreische ↑Geschrei.
Gekreuzigte: der G. ↑Heiland.
Gekritzel ↑Kritzelei.
Gekröse: ↑Eingeweide, ↑Innereien.
gekrümmt ↑gebogen.
gekühlt, abgekühlt, tiefgekühlt, gefroren, eingefroren, geeist; ↑Gefrierpunkt, ↑Kühlhaus, ↑Kühlschrank; ↑tiefkühlen.
gekünstelt ↑geziert.
Gekünsteltheit ↑Geziertheit.
Gel ↑Salbe.
¹Gelächter, Lachsalve, das Lachen, die Lache, Gewieher *(salopp)*, Heiterkeitsausbruch, Gekichere, das Kichern · *laut schallendes:* homerisches Gelächter · *hämisches:* sardonisches Gelächter; ↑Bosheit, ↑Freude, ↑Heiterkeit, ↑Lache, ↑Lächeln; ↑lachen.
²Gelächter: ↑Lache; jmdn. dem G. preisgeben ↑aufziehen; in G. ausbrechen ↑lachen.
geladen: ↑gebeten; g. sein ↑ärgerlich [sein].
Gelage ↑Essen.
gelähmt ↑lahm.
Gelahrtheit ↑Bildung.
Gelände ↑Land.
Geländefahrt ↑Fahrt.
Geländer, Brüstung, Balustrade, Treppengeländer, Stiegengeländer *(landsch.)*, Brückengeländer · *auf Schiffen:* Reling.
Geländerennen ↑Rennen.
Geländeritt ↑Ritt.
Geländespiel, Schnitzeljagd, Orientierungslauf, Verfolgungsjagd, Verfolgungsspiel; ↑Fangspiel, ↑Kinderspiel, ↑Versteckspiel.
gelangen: g. an ↑herantreten (an); g. zu ↑bewältigen, ↑erwerben; zum Abschluss g. ↑fertig [werden]; zur Durchführung g. ↑verwirklichen.
gelangweilt: g. sein ↑angeekelt [sein].

Gelass ↑Raum.

gelassen ↑ruhig.

Gelassenheit, Fassung, Gefasstheit, Haltung, Selbstbeherrschung, Beherrschung, Beherrschtheit, Gleichmut, Kaltblütigkeit, Unempfindlichkeit, Ausgeglichenheit, [stoische] Ruhe, Seelenfrieden, Seelenruhe, Gemütsruhe, Bierruhe *(salopp)*, Kontenance; ↑Dickfelligkeit, ↑Geistesgegenwart, ↑Übereinstimmung; ↑dickfellig, ↑friedfertig; ↑geistesgegenwärtig, ↑ruhig · Ggs. ↑Unausgeglichenheit.

Gelatine ↑Stärke.

geläufig ↑fließend.

gelaunt: ↑aufgelegt; gut g. sein ↑lustig [sein].

Geläute ↑Gebimmel.

¹gelb, gelblich, hellgelb, lichtgelb, zartgelb, teegelb, zitronengelb, safrangelb, sonnengelb, strohgelb, goldgelb, bernsteingelb, bernsteinfarben, honiggelb, honigfarben, dottergelb, ockergelb, buttergelb, bananengelb, sonnenblumengelb, postgelb, kanariengelb, quitte[n]gelb, senfgelb, schwefelgelb, maisgelb; ↑beige, ↑braun, ↑bunt, ↑einfarbig, ↑orange.

²gelb: die Gelben Engel ↑Straßenwacht; die -e Fahne ↑Fahne; -e Rasse ↑Rasse; Gelbe Rübe ↑Mohrrübe; die Blätter werden g. ↑herbsten.

Gelbbuch ↑Dokumentensammlung.

Gelbei ↑Dotter.

gelberübenfarben ↑orange.

gelbgrün ↑grün.

Gelbkreuz ↑Giftgas.

Gelbkreuzgas ↑Giftgas.

gelblich ↑gelb.

gelblich weiß ↑weiß.

Gelbling ↑Pfifferling.

gelborange ↑orange.

gelbrot ↑rot.

Gelbrübe ↑Mohrrübe.

Gelbsenf ↑Senf.

¹Gelbsucht, Ikterus; ↑Gallenerkrankung, ↑Leberkrankheit.

²Gelbsucht: epidemische G. ↑Leberkrankheit.

¹Geld, Geldmittel, Nervus Rerum, Finanzen, klingende Münze, Rubel *(scherzh.)*, Money, Knete *(Jargon)*, Bargeld, Mittel, Kleingeld, Pimperlinge *(ugs.)*, Marie *(ugs.)*, Kohle, Heu *(ugs.)*, Flocken *(ugs.)*, Pinkepinke *(ugs.)*, Pinke *(ugs.)*, Steine *(schweiz.)*, Linsen *(ugs.)*, Kies *(salopp)*, Zaster *(salopp)*, Moneten *(salopp)*, Moos *(salopp)*, Penunzen *(salopp)*, Mücken *(salopp)*, Kröten *(salopp)*, Mäuse *(salopp)*, Flöhe *(salopp)*, Möpse *(salopp)*, Lappen *(salopp)*, Pulver *(salopp)*, Eier *(salopp)*, Piepen *(salopp)*, Kohle *(salopp)*, Kohlen *(salopp)*, Emmchen *(ugs.)*, Blech *(salopp)*, Draht *(salopp)*, Zwirn *(salopp)*, Zunder *(salopp)*, Koks *(salopp)*, Knöpfe *(salopp)*, Mammon *(abwertend)*, schnöder Mammon *(scherzh.)*, Maxen *(salopp, österr.)* · *falsches:* Falschgeld, Blüte; ↑Bargeld, ↑Devisen, ↑Ersparnisse, ↑Fälschung, ↑Münze, ↑Papiergeld, ↑Ressourcen, ↑Scheck, ↑Staats-

kasse, ↑Vermögen, ↑Wirtschaftsgeld, ↑Zahlungsmittel; ↑finanziell, ↑monetär.

²Geld: ↑Vermögen; ausländisches G. ↑Devisen; bares G. ↑Bargeld; G. und Gut ↑Besitz; jmdm. G. anbieten ↑bestechen; G. aufnehmen ↑leihen; das G. betreffend ↑monetär; sein G. unter die Leute bringen ↑ausgeben; G. [wie Dreck / Heu / Mist] haben, im G. schwimmen / fast ersticken, nach G. stinken ↑reich [sein]; kein G. haben ↑arm [sein]; sein G. zum Fenster hinauswerfen ↑verschwenden; etwas kostet eine schöne Stange G. ↑teuer [sein]; G. machen, an das große G. herankommen ↑verdienen; G. aus etwas machen / schlagen, G. mit etwas machen ↑kommerzialisieren; viel G. nehmen ↑Preis; zu viel G. für etwas nehmen ↑Wucher; G. in etwas reinstecken / stecken ↑zahlen; G. scheffeln ↑verdienen; etwas schluckt viel G. ↑teuer [sein]; sein G. spielen lassen ↑bestechen; am G. hängen / kleben, auf dem G. sitzen ↑geizig [sein]; nicht für G. und gute Worte ↑nein; hinter dem G. her sein ↑habgierig [sein]; ins G. gehen / laufen ↑teuer [sein]; nicht mit G. zu bezahlen sein ↑unersetzlich [sein]; ohne G. ↑kostenlos.

Geldadel ↑Oberschicht.

Geldanlage ↑Investition.

Geldaristokrat ↑Reicher.

Geldautomat ↑Automat.

Geldbeutel ↑Portemonnaie.

Geldbörse ↑Portemonnaie.

Geldbrief ↑Postsendung.

Geldbriefträger ↑Zusteller.

Geldbuße ↑Strafe.

Geldentwertung, Abwertung, Inflation; ↑Einschränkung, ↑Preisanstieg; ↑abwerten.

Gelderwerb: ohne G. ↑arbeitslos.

Geldgeber: ↑Gönner, ↑Verleiher.

Geldgier ↑Habgier.

geldgierig ↑habgierig.

Geldheirat ↑Ehe.

geldig ↑reich.

Geldinstitut, Kreditinstitut, Kreditanstalt, Bank, Bankhaus, Großbank, Privatbank, Hypothekenbank, Kreditbank, Girobank, Notenbank · Bundesbank, Staatsbank, Nationalbank · Sparkasse, Darleh[e]nskasse, Girokasse, Kasse, Ersparniskasse; ↑Anleihe, ↑Automat (Geldautomat), ↑Bankier, ↑Bankkonto, ↑Devisen, ↑Dispositionskredit, ↑Guthaben, ↑Wechselstube; ↑sparen.

Geldkatze ↑Portemonnaie.

geldlich: ↑finanziell, ↑monetär.

Geldlohn ↑Lohn.

Geldmangel ↑Armut.

geldmäßig ↑finanziell.

Geldmittel: ↑Geld, ↑Ressourcen.

Geldnot ↑Armut.

Geldsack: ↑Reicher; auf seinem G. sitzen ↑geizig [sein].

Geldschein ↑Papiergeld.

Geldschneiderei ↑Wucher.
Geldschrank ↑Tresor.
Geldschrankknacker ↑Dieb.
Geldsendung ↑Postsendung.
Geldsorgen: in G. sein ↑arm [sein].
Geldsorte: -n ↑Devisen.
Geldstrafe ↑Strafe.
Geldstück ↑Münze.
Geldtasche ↑Portemonnaie.
Geldverlegenheit: in G. sein ↑arm [sein].
Geldwaschanlage: ↑Bestechungsgeld, ↑Betrug.
Geldwechselstelle ↑Wechselstube.
geleckt: wie g. ↑aufgeputzt, ↑sauber.
Gelee: ↑Brotaufstrich, ↑Dessert; zu G. werden ↑gelieren.
gelegen: ↑befindlich, ↑willkommen; günstig / verkehrsgünstig g. sein ↑abgelegen; g. kommen ↑passen.
Gelegenheit: ↑Anlass, ↑Kauf, ↑Möglichkeit; G. macht Diebe ↑verleiten; jmdm. G. bieten / geben, sich zu äußern; keine G. erhalten, sich zu äußern ↑äußern (sich); die G. beim Schopfe fassen / greifen / nehmen / packen ↑ausnutzen; die G. wahrnehmen ↑ausnutzen, ↑auswerten.
Gelegenheits-: ↑improvisiert, ↑selten, ↑ungeübt.
Gelegenheitsarbeiter ↑Hilfskraft.
Gelegenheitsgedicht ↑Gedicht.
Gelegenheitskauf ↑Kauf.
Gelegenheitsraucher ↑Raucher.
gelegentlich ↑manchmal.
gelehrig ↑anstellig.
Gelehrsamkeit ↑Bildung.
gelehrt: ↑gebildet, ↑wissenschaftlich; mit -en Brocken um sich werfen ↑prahlen.
Gelehrte: darüber sind sich die -n noch nicht einig ↑ungewiss [sein].
Gelehrter, Wissenschaftler, Wissenschafter *(schweiz., österr.),* Fachwissenschaftler, Naturwissenschaftler, Geisteswissenschaftler, Forscher, Stubengelehrter, Studierter, Akademiker, Mann der Wissenschaft, Privatgelehrter, gelehrtes Haus *(scherzh.)* · *der sein Wissen durch Selbststudium erworben hat:* Autodidakt; ↑Fachmann, ↑Nestor.
Geleis: ↑Gleis; die -e ↑Gleisanlage; aus den -en springen ↑entgleisen.
¹Geleit, Ehrengeleit, Schutzgeleit, Begleitung, Begleit *(schweiz.),* Gefolge, Eskorte, Polizeieskorte, Bedeckung *(milit.),* Geleitzug, Konvoi; ↑Schutz; ↑begleiten.
²Geleit: freies G. gewähren ↑freilassen; zum G. ↑Einleitung.
Geleitboot: ↑Beiboot, ↑Kriegsschiff.
geleiten: ↑begleiten; zur letzten Ruhe g. ↑bestatten.
Geleitwort ↑Einleitung.
Geleitzug ↑Geleit.
Gelenk, Scharnier, Scharniergelenk, Kugelgelenk · *an Maschinen:* Gabelgelenk, Kardange-

lenk, Kreuzgelenk; ↑Rohr · *am menschlichen Körper:* Armgelenk, Ellenbogengelenk, Fingergelenk, Handgelenk, Fußgelenk, Hüftgelenk, Kniegelenk, Schultergelenk, Sprunggelenk.
Gelenkgicht ↑Arthritis.
¹gelenkig, graziös, leichtfüßig, gewandt; ↑biegsam, ↑schnell.
²gelenkig ↑biegsam.
Gelenkigkeit ↑Körperbeherrschung.
Gelenkpuppe ↑Marionette.
Gelenkrheumatismus ↑Arthritis.
Gelichter ↑Abschaum.
geliebt ↑angesehen.
Geliebte, Liebchen, Liebste, Angebetete, Dulzinea, Flamme *(ugs.),* Freundin, Ärmelkusine *(ugs., scherzh.),* Verhältnis *(ugs.),* Bettgenossin, Betthase, Konkubine, Mätresse, Kurtisane, Favoritin, Donja, Zahn *(Jargon),* Stammzahn *(Jargon),* Jugendliebe · *während der Kur:* Kurschatten; ↑Abgott, ↑Frau, ↑Geliebter, ↑Liebling, ↑Prostituierte; ↑lieben.
Geliebter, Liebhaber, Lover, Liebster, Freund, Haberer *(salopp, österr.),* Partner, Bekannter, Amant, Romeo, Verehrer, Anbeter, Seladon *(veraltet),* Kavalier, Galan, Hausfreund, Cicisbeo, ständiger Begleiter, Gspusi *(ugs., scherzh.),* Gschwuf *(wiener.),* Scheich *(salopp),* Macker *(salopp),* Verhältnis *(ugs.),* Jugendliebe · *während der Kur:* Kurschatten; ↑Abgott, ↑Betreuer, ↑Bräutigam, ↑Geliebte, ↑Liebling, ↑Mann, ↑Strichjunge; ↑lieben.
geliefert: g. sein ↑abgewirtschaftet [haben].
geliehen ↑leihweise.
¹gelieren, zu Gelee / zu Gallert[e] werden, steif werden; ↑Brotaufstrich.
²gelieren ↑gerinnen.
gelinde ↑sehr.
¹gelingen, glücken, gut gehen, wunschgemäß verlaufen, nach Wunsch gehen, glatt gehen, hinhauen *(ugs.),* klappen *(ugs.);* ↑erwerben, ↑können; **nicht g.,** schief gehen *(ugs.),* über etwas waltet ein Verhängnis, nicht gelingen wollen, das ist [doch rein] wie verhext! *(ugs.);* ↑Glück, ↑Erfolg.
²gelingen ↑geraten.
gellen ↑schallen.
gellend ↑laut.
geloben ↑versprechen.
Gelöbnis ↑Zusicherung.
gelobt: das Gelobte Land ↑Israel.
Gelock ↑Locken.
gelockert ↑aufgelockert.
gelockt ↑lockig.
gelöst: ↑aufgelockert, ↑ungezwungen.
Gelöstheit ↑Ungezwungenheit.
Gelse ↑Stechmücke.
gelt: -e Geiß ↑Gämse.
¹gelten (als jmd. / etwas), angesehen werden als, in einem ... Ruf stehen, verrufen / verschrien / berüchtigt sein als; ↑angesehen, ↑anrüchig.

²gelten: -d ↑eingeführt; -d machen ↑berufen (sich auf); Ansprüche / sein Recht -d machen auf ↑Anspruch; seinen Einfluss -d machen ↑Einfluss [ausüben]; sein Recht -d machen ↑bestehen (auf); etwas g. ↑Anerkennung [finden]. **Geltstag** ↑Misserfolg.

¹Geltung, Gültigkeit; **G. haben,** gültig sein; **keine G. mehr haben,** keine Gültigkeit mehr haben, wertlos [geworden] sein, verfallen / außer Kurs gesetzt sein; ↑ablaufen.

²Geltung: ↑Ansehen, ↑Autorität, ↑Einfluss, ↑Geltungsdauer; [allgemeine G.] ↑Allgemeingültigkeit; von gleicher G. ↑gleichwertig; zur G. bringen ↑beitragen.

Geltungsbedürfnis ↑Geltungsdrang.

Geltungsdauer, Geltung, Gültigkeit, Laufzeit.

Geltungsdrang, Geltungsbedürfnis, Geltungsstreben, Ruhmsucht; ↑Ehrgeiz.

Geltungsstreben ↑Geltungsdrang.

geltungssüchtig, ruhmsüchtig, ehrsüchtig; **g. sein,** gern eine Rolle spielen wollen; ↑Angeber, ↑Ehrgeiz, ↑Übertreibung.

Gelübde: ↑Eid; das / die G. ablegen ↑Mönch [werden], ↑Nonne [werden].

gelungen ↑spaßig.

Gelüste ↑Leidenschaft.

gelüsten: es gelüstet jmdn. nach ↑streben.

gemach: ↑langsam, ↑ruhig.

Gemach ↑Raum.

gemächlich: ↑langsam, ↑ruhig.

Gemächlichkeit ↑Langsamkeit.

gemacht: ↑geziert, ↑okay, ↑Profit [machen].

Gemächt ↑Penis.

Gemahl ↑Ehemann.

Gemahlin ↑Ehefrau.

¹gemahnen: etwas gemahnt / erinnert / lässt denken an / ruft jmdm. etwas ins Gedächtnis / ruft etwas in jmdm. wach; ↑erinnern (sich), ↑mahnen.

²gemahnen ↑mahnen.

Gemälde: ↑Bild, ↑Malerei.

Gemäldeausstellung ↑Kunstausstellung.

Gemäldegalerie ↑Museum.

Gemarkung ↑Gebiet.

gemäß, laut, nach, zufolge, entsprechend; ↑einschlägig, ↑übereinstimmend; ↑Erlaubnis, **¹gemäßigt,** maßvoll, ausgeglichen; ↑bescheiden, ↑zurückhaltend.

²gemäßigt ↑enthaltsam.

Gemäuer ↑Mauerwerk.

¹gemein, niederträchtig, schurkisch *(abwertend)*, hundsföttisch *(abwertend)*, hundsgemein *(ugs., abwertend)*, infam, niedrig, schäbig, schmutzig, feige, schimpflich, schnöde, schändlich, schmählich, schmachvoll; ↑anstößig, ↑böse, ↑ehrlos, ↑schadenfroh, ↑unbarmherzig, ↑unfair; ↑Bloßstellung.

²gemein: ↑gewöhnlich; der -e Mann ↑Durchschnittsbürger; etwas mit jmdm. g. haben ↑Gemeinsamkeit; sich mit jmdm. g. machen ↑verbrüdern (sich).

Gemeinbesitz, Gemeineigentum, Gemeingut, Allgemeingut, Allgemeinbesitz, Gemeinschaftseigentum, Gemeinschaftsbesitz, Gütergemeinschaft · *in Bezug auf den einer Dorfgemeinschaft gehörenden Grundbesitz:* Allmende; ↑Besitz, ↑Gemeinwohl; ↑gemeinsam.

¹Gemeinde, Gemeinwesen, Kommune · Katastralgemeinde *(österr.);* ↑Ort, ↑Stadt; ↑kommunal.

²Gemeinde: die G. betreffend ↑kommunal; ein Gang / Zug durch die G. ↑Bummel; einen Gang / Zug durch die G. machen ↑besuchen.

Gemeindeammann ↑Bürgermeister.

Gemeindeanleihe ↑Wertpapier.

Gemeindedienst ↑Sozialhilfe.

Gemeindepfarrer ↑Geistlicher.

Gemeindepräsident ↑Bürgermeister.

Gemeinderat ↑Gemeindevertretung.

gemeindeutsch ↑gesamtdeutsch.

Gemeindevertretung, Gemeindevorstand, Gemeinderat, Stadtrat, Stadtverordnetenversammlung, Stadtväter, Senat; ↑Bürgermeister.

Gemeindevorstand ↑Gemeindevertretung.

Gemeindevorsteher ↑Bürgermeister.

Gemeindewald ↑Wald.

gemeindlich ↑kommunal.

Gemeineigentum ↑Gemeinbesitz.

Gemeiner ↑Dienstgrad.

gemeingefährlich ↑böse.

Gemeingeist ↑Gemeinsinn.

Gemeingut ↑Gemeinbesitz.

Gemeinheit ↑Bosheit.

gemeinhin ↑generell.

gemeiniglich ↑generell.

Gemeinnutz ↑Gemeinwohl.

gemeinnützig, sozial, psychosozial, wohltätig; ↑menschlich, ↑Sozialhilfe · Ggs. ↑asozial.

Gemeinnützigkeit ↑Gemeinwohl.

Gemeinplatz ↑Plattheit.

¹gemeinsam, gemeinschaftlich, kooperativ, zusammen, Hand in Hand, Seite an Seite, im Verein mit, in Zusammenarbeit mit, vereint, genossenschaftlich, gesamthaft *(schweiz.);* ↑beieinander, ↑und; ↑Gemeinbesitz, ↑Gemeinsamkeit.

²gemeinsam: -e Sache machen mit ↑konspirieren, ↑paktieren; etwas g. haben ↑ähneln, ↑gleichen; g. überlegen ↑beratschlagen.

Gemeinsamkeit, Ähnlichkeit, Verwandtschaft, Geistesverwandtschaft, Affinität, Berührungspunkt, Bindeglied, Verbindung; ↑Übereinstimmung; **mit jmdm. Gemeinsamkeiten haben,** etwas mit jmdm. gemein haben, etwas verbindet jmdn. mit jmdm., die gleiche Wellenlänge haben; ↑erkennen; ↑gemeinsam.

Gemeinschaft: ↑Mannschaft, ↑Religionsgemeinschaft; jmdn. in die christliche G. aufnehmen ↑taufen.

gemeinschaftlich ↑gemeinsam.

Gemeinschaftsantenne ↑Antenne.

Gemeinschaftsarbeit ↑Arbeit.

Gemeinschaftsbesitz ↑Gemeinbesitz.
Gemeinschaftsehe ↑Ehe.
Gemeinschaftseigentum ↑Gemeinbesitz.
gemeinschaftsfeindlich ↑asozial.
Gemeinschaftskunde ↑Geschichtsunterricht.
gemeinschaftsschädigend ↑asozial.
Gemeinschaftsschule ↑Schule.
Gemeinschaftssiedlung · *in Israel:* Kibbuz; ↑Kommune, ↑Ort.
¹Gemeinschuldner, Konkursschuldner, Kridar *(österr.),* Kridatar *(österr.);* ↑Misserfolg.
²Gemeinschuldner ↑Schuldner.
Gemeinsinn, Solidarität, Wirgefühl, Gemeingeist, Gemeinwohl, Verbundenheit, Zusammengehörigkeit, Zusammengehörigkeitsgefühl; ↑Gemeinsamkeit, ↑Verbrüderung; ↑verbrüdern (sich), ↑verbünden (sich).
Gemeinsprache ↑Ausdrucksweise.
gemeinverständlich: ↑populär; g. machen ↑popularisieren.
Gemeinwesen ↑Gemeinde.
Gemeinwohl, Gemeinnutz, Gemeinnützigkeit; ↑Gemeinbesitz, ↑Gemeinsinn.
Gemenge ↑Mischung.
gemessen: ↑majestätisch; -en Schrittes ↑langsam.
Gemetzel ↑Blutbad.
Gemisch: ↑Mischung, ↑Treibstoff.
gemischt: ↑uneinheitlich; -e Zahl ↑Zahl.
Gemischtwarenhändler ↑Kaufmann.
Gemischtwarenhandlung ↑Laden.
gemoppelt: doppelt g. ↑pleonastisch.
Gemunkel ↑Klatsch.
¹Gemüse, Freilandgemüse, Treibhausgemüse, Gartengemüse, Frühgemüse, Trockengemüse, Dörrgemüse, Büchsengemüse, Frischgemüse ·· Blattgemüse · Rhabarber, Sauerampfer, Gewürzampfer, Gartenampfer, Bergampfer, Mangold, Spinat, Gartenmelde, Gartenportulak, Kohlportulak, Kardone ·· Kohlgemüse · Weißkraut *(oberd., mitteld.),* Kraut *(oberd., mitteld.),* [Weißer] Kappes *(westd.),* Weißkabis *(schweiz.),* Kabis *(schweiz.),* Weißkohl *(nordd.),* Kohl *(nordd.)* · *klein geschnittenes und eingelegtes:* Sauerkraut, Sauerkohl *(nordd.),* Weinkraut, Weinsauerkraut · Rotkraut *(bes. südd.),* Rotkohl *(bes. nordd., mitteld.),* Rotkabis *(schweiz.),* roter Kappes *(westd.),* Blaukraut *(bes. bayr., österr.)* · Wirsing, Welschkohl, Wirsingkohl, Kohl *(südd., österr.),* Herzkohl · Winterkohl, Blattkohl, Krauskohl, Grünkohl, Braunkohl, Blaukohl, Federkohl *(schweiz.)* · Palmkohl · Rosenkohl, Sprossenkohl *(österr.),* Kohlsprossen *(österr.),* Brüsseler Kohl · Blumenkohl, Karfiol *(südd., österr.),* Spargelkohl · Chinakohl · Kohlrabi, Kohlrübe *(selten),* Rüb[en]kohl *(schweiz.),* Rübkohl *(schweiz.)* ·· Salatgemüse · Gartenkresse · Brunnenkresse · Bitterkresse · Feldsalat, Rapunzel, Rapünzchen, Ackersalat, Vogerlsalat *(österr.),* Nüsslisalat *(schweiz.),* Mausohr *(landsch.),* Mäuseöhr-

chen *(landsch.)* · Kopfsalat, Häuptelsalat *(österr.)* · Pflücksalat, Lattichsalat, Lattich · Schnittsalat, Stechsalat, Rupfsalat · römischer Salat, Florentiner Salat, Sommerendivie · Eskariol, breitblättrige Endivie · Endivie, Winterendivie · Radicchio · Salatzichorie, Chicorée, Kapuzinerbart · Löwenzahn ·· Wurzelgemüse · Spargel · Rote Rübe, Rote Bete / Beete *(nordd.),* Rahne *(südd.),* Rohne *(österr.),* Rande *(schweiz.),* Salatrübe · Meerrettich, Kren *(südd., österr.)* · Kohlrübe, Steckrübe, Wruke *(nordd.),* Wasserrübe, Herbstrübe, Räbe *(schweiz.)* · Rettich, Gartenrettich, Radi *(ugs., bayr., österr.)* · Radieschen, Radies, Monatsrettich, kleiner Rettich · Oxalisrübe, roter Sauerklee · Pastinak, Pastinake, Hammelmöhre *(nordd.)* · Möhre, Mohrrübe, Karotte, Gelbe Rübe *(südd.),* Gelbrübe *(südd.),* Wurzel *(nordd.),* Würzelchen *(landsch.),* Rübli *(schweiz.)* · Petersilie · Sellerie, Zeller *(ugs., österr.)* · Kerbelrübe · Stachysknöllchen · Schwarzwurzel · Haferwurzel, Bocksbart · Topinambur ·· Fleischgemüse · Tomate, Paradeiser *(österr.),* Paradiesapfel *(veraltet, landsch.),* Liebesapfel *(veraltet)* · Paprika, spanischer Pfeffer, Peperoni, Pfefferoni *(österr.)* · Aubergine, Melanzane, Melanzani *(österr.),* Eierfrucht · Artischoke · Kürbis, Zucchino (Plural: Zucchini), Melone, Honigmelone, Zitrulle, Wassermelone, Zuckermelone, Netzmelone, Schlangenmelone, Klettermelone, Kantalupmelone · Gurke · Hülsenfruchtgemüse · Buschbohne, Sojabohne, Stangenbohne, Gartenbohne, grüne Bohne, Fisole *(österr.),* Brechbohne, Schnittbohne · Feuerbohne · Puffbohne · Pflückerbse, Palerbse · Markerbse · Zuckererbse · Linse · Schnittlauch · Zwiebel, Bolle *(nordd.)* · Winterzwiebel, welsche Zwiebel · Schalotte, syrische Zwiebel · Knoblauch · Schlangenlauch, wilde Rockenbolle · Rockenbolle, Rokambole, Schlangenknoblauch, Perllauch, Lauch, Porree, Perlzwiebel · *in Essig eingelegtes:* Mixedpickles, Mixpickles, Essiggemüse; ↑Beilage, ↑Gurke, ↑Kohlkopf, ↑Pflanze, ↑Radieschen, ↑Rübe, ↑Salat, ↑Salatkopf, ↑Saubohne, ↑Suppengemüse.
²Gemüse: ↑Beilage; noch zum jungen G. gehören ↑erwachsen.
Gemüsegarten ↑Garten.
Gemüsekonserve ↑Konserve.
Gemüselöffel ↑Löffel.
Gemüsemarkt ↑Markt.
Gemüsesalat ↑Salat.
Gemüsesuppe ↑Suppe.
gemustert, gefleckt, gescheckt, getigert, kariert, gestreift, streifig, gepunktet, getupft, gesprenkelt, meliert, geblümt; ↑bunt; ↑Stoffmuster · Ggs. ↑einfarbig.
Gemüt: ↑Seele; ein sonniges G. haben ↑Ansicht; sich etwas zu -e führen ↑essen; sich einen zu -e führen ↑trinken.

gemühaft ↑empfindsam.
Gemühaftigkeit ↑Empfindsamkeit.
gemütlich, behaglich, wohnlich, heimelig, wohltuend, wohlig, angenehm, anheimelnd, traulich, traut, lauschig, idyllisch; ↑behaglich, ↑genießerisch; ↑Bequemlichkeit, ↑Gemütlichkeit.
¹Gemütlichkeit, Behaglichkeit, Wohnlichkeit, Heimeligkeit, Traulichkeit, Trautheit, Lauschigkeit; ↑Bequemlichkeit; ↑behaglich, ↑gemütlich.
²Gemütlichkeit: da hört die G. auf ↑unerhört [sein].
Gemütsart ↑Wesen.
Gemütsbewegung ↑Erregung.
gemütskrank, nervenkrank, psychopathisch, manisch, depressiv, manisch-depressiv, schwermütig, neurotisch, psychotisch, hysterisch; ↑Gemütskrankheit, ↑Komplex.
Gemütskrankheit, psychische Störung, Psychose, Neurose, Aktualneurose, Zwangsneurose; ↑Anankasmus, ↑Melancholie, ↑Trauer; ↑geistesgestört, ↑gemütskrank.
Gemütsruhe: ↑Gelassenheit; in aller G. ↑ruhig.
Gemütstiefe ↑Empfindsamkeit.
gemütvoll ↑empfindsam.
¹genannt, benannt, geheißen, benamst, des Namens, so genannt, beibenannt, zubenannt, ↑alias, ↑anonym; ↑Pseudonym; ↑bezeichnen (als), ↑nennen.
²genannt: ↑obig; [auch ... g.], außerdem / sonst ... g. ↑alias.
genant: g. sein ↑schämen (sich).
genäschig ↑naschhaft.
¹genau (Uhrzeit), pünktlich, Schlag, schlag *(österr., schweiz.),* Punkt, punkt *(österr., schweiz.),* Glock *(nordd.).*
²genau: ↑klar; -e Entsprechung ↑Kongruenz; mit -er Not ↑kaum; g. wie ↑à la ...; sich / einander g. entsprechend ↑kongruent; g. richtig ↑treffend; [peinlich g.], g. sein bis aufs i-Tüpfel ↑gewissenhaft; es nicht so g. nehmen ↑nachlässig.
Genauigkeit: ↑Deutlichkeit, ↑Sorgfalt.
genauso: ↑auch; g. ein ↑auch [so ein]; g. alt sein wie ... ↑gleichaltrig [sein], g. schlau sein wie vorher ↑wissen.
Gendarm: ↑Polizist; Räuber und G. ↑Versteckspiel.
Gendarmerie ↑Polizeibehörde.
Gendarmerieposten ↑Polizeirevier.
Genealogie, Ahnenforschung, Stammbaumkunde, Familienforschung; ↑Chronik, ↑Heraldik.
genehm: jmdm. g. sein ↑gefallen.
genehmigen: ↑billigen; genehmigt ↑ja; sich etwas g. ↑gönnen (sich etwas); sich einen g. ↑trinken.
Genehmigung: ↑Erlaubnis; ohne amtliche / behördliche G. ↑heimlich.

geneigt: ↑aufgeschlossen, ↑bereit, ↑schräg; jmdm. g. sein ↑lieben.
¹Geneigtheit, Gunst, Jovialität, Leutseligkeit; ↑Achtung, ↑Ehre, ↑Zuneigung.
²Geneigtheit ↑Neigung.
General ↑Dienstgrad.
Generalagent ↑Handelsvertreter.
Generalanwalt ↑Jurist.
Generalarzt ↑Arzt.
Generalbeichte ↑Beichte.
Generaldirektor ↑Leiter (der).
Generalfeldmarschall ↑Dienstgrad.
generalisieren: ↑abstrahieren, ↑verallgemeinern.
Generalisierung ↑Abstraktion.
Generalkarte ↑Landkarte.
Generalleutnant ↑Dienstgrad.
Generalmajor ↑Dienstgrad.
Generalmusikdirektor ↑Dirigent.
Generaloberin ↑Anrede.
Generaloberstabsarzt ↑Arzt.
Generalprokurator ↑Jurist.
Generalrepräsentanz ↑Zweigstelle.
Generalstab ↑Leitung.
Generalstabsarzt ↑Arzt.
Generalstabskarte ↑Landkarte.
Generalstreik ↑Streik.
Generalversammlung ↑Tagung.
Generalvertreter ↑Handelsvertreter.
Generalvertretung ↑Zweigstelle.
Generalvollmacht ↑Berechtigung.
¹Generation, Altersklasse, Altersstufe, Jahrgang · *jüngere:* Jugend · *ältere:* Alter; ↑Abkunft, ↑Altersgenosse, ↑Lebensalter, ↑Lostgeneration, ↑Menschheit.
²Generation: ↑Modell; kommende / nachfolgende -en ↑Nachwelt; skeptische / verlorene G. ↑Lostgeneration.
Generationskonflikt ↑Streit.
generativ: -e Grammatik / Transformationsgrammatik ↑Grammatik.
Generatorgas ↑Gas.
Genera Verbi, Aktiv und Passiv; ↑Aktiv, ↑Passiv.
generell, im Allgemeinen, im großen Ganzen, im Großen und Ganzen, mehr oder weniger, mehr oder minder, mehr-weniger *(österr.),* durchweg, durchwegs *(österr.),* gemeinhin, weithin, weitgehend, durchgängig, fast immer, durch die Bank *(ugs.),* durchs Band [weg] *(schweiz.),* [für] gewöhnlich, gemeiniglich *(veraltet);* ↑allgemein, ↑oft.
generieren ↑produzieren.
generös ↑freigebig.
Generosität ↑Großzügigkeit.
Genese ↑Entstehung.
genesen: ↑gesund [werden]; eines Kindes g. ↑gebären.
Genesender, Rekonvaleszent; ↑Gesundheit, ↑Krankheit.
Genesis ↑Entstehung.

Genesung ↑Wiederherstellung.
Genesungsheim ↑Sanatorium.
Genetiv ↑Genitiv.
Genève ↑Genf.
Genever ↑Alkohol.
Genf, Genève *(franz.);* ↑Stadt.
genial: ↑bahnbrechend, ↑begabt.
genialisch ↑begabt.
Genialität ↑Begabung.
Genick: ↑Nacken; etwas bricht jmdm. das G.
↑Unglück.
Genickschuss: den G. geben ↑töten.
¹Genie, Genius · *das auf mehreren Gebieten begabt ist:* Universalgenie; ↑Begabung, ↑Talent;
↑schöpferisch.
²Genie: ↑Begabung, ↑Talent.
genieren: ↑behelligen; sich g. ↑schämen.
Genierer ↑Scheu.
genierlich: g. sein ↑schämen (sich).
geniert ↑unerfreulich.
genießbar ↑essbar.
¹genießen, zu schätzen wissen, ein Genießer /
Lebensgenießer / ein Lebenskünstler / ein Genussspecht / kein Kostverächter sein, den Becher bis zur Neige leeren, durchkosten, auskosten; nichts auslassen; ↑freuen (sich); ↑genießerisch; ↑Feinschmecker, ↑Genuss, ↑Genussmensch.
²genießen: ↑essen; Achtung g. ↑Achtung; eine
[gründliche] Achtung g. ↑Ausbildung; Gastrecht g. ↑Gast [sein]; Vertrauen g. ↑glaubwürdig [sein]; Vorrechte g. ↑Vorrecht; nicht mit
Mostrich zu g. sein ↑böse [sein]; jmd. ist nur mit
Vorsicht zu g. ↑vorsehen (sich).
Genießer: ↑Feinschmecker, ↑Genussmensch;
ein G. sein ↑genießen.
genießerisch, genüsslich, genussvoll, geschmäcklerisch, genussfreudig, sinnenfreudig,
hedonistisch, genussfroh, genussreich, genusssüchtig *(abwertend),* schwelgerisch; ↑Genuss;
↑essen.
genital: -e Phase ↑Entwicklungsphase.
Genitalien, Geschlechtsorgane, Schamteile;
↑Geschlechtskrankheit, ↑Hoden, ↑Klitoris,
↑Koitus, ↑Penis, ↑Prostata, ↑Skrotum, ↑Vagina,
↑Vulva.
Genitiv, Genetiv *(veraltend),* zweiter Fall, Wesfall; ↑Kasus.
Genius ↑Genie.
genormt ↑präskriptiv.
Genosse ↑Gesinnungsgenosse.
Genossengemeinde ↑Genossenschaft.
¹Genossenschaft, Berufsgenossenschaft, Berufsverband, Verband, Dachverband, Dachorganisation, Organisation, Genossengemeinde
(schweiz.), Genosssame *(schweiz.),* Innung,
Gilde, Zunft.
²Genossenschaft ↑Produktionsgenossenschaft.
genossenschaftlich ↑gemeinsam.
Genosssame ↑Genossenschaft.

genötigt: g. sein, sich g. sehen ↑müssen.
Genova ↑Genua.
Genozid ↑Austilgung.
Genre ↑Art.
Genrebild ↑Bild.
Genremaler ↑Kunstmaler.
Gent ↑Geck.
Gentilhomme ↑Gentleman.
¹Gentleman, Grandseigneur, Gentilhomme,
Kavalier, Mann von Welt, Weltmann, Gesellschafter; ↑Höflichkeit, ↑Mann; ↑geschmackvoll, ↑gewandt, ↑höflich.
²Gentleman: G.'s Agreement ↑Abmachung.
gentlemanlike: ↑ehrenhaft, ↑höflich.
Genua, Genova *(ital.);* ↑Stadt.
Genuakord ↑Stoff.
genug: ↑ausreichend; sich g. sein lassen an ↑zufrieden geben (sich); nicht g. bekommen / kriegen können ↑unersättlich [sein]; g. haben ↑angeekelt [sein], ↑satt [sein]; mehr als g. haben
↑betrunken [sein]; [mehr als g.] ↑reichlich; nicht
g. ↑wenig.
Genüge: G. tun ↑befriedigen; zur G. ↑sattsam;
etwas zur G. haben ↑ausreichen.
genügen: ↑ausreichen; sich g. lassen an ↑zufrieden geben (sich).
genügend: ↑ausreichend; etwas nicht g. gehabt / getan haben ↑Nachholbedarf [haben]; etwas nicht g. überlegt haben ↑übereilen; nicht g.
↑wenig.
genügsam: ↑bescheiden, ↑zufrieden.
Genügsamkeit: ↑Bescheidenheit, ↑Besitzlosigkeit.
Genugtuung ↑Sühne.
genuin: ↑echt; -e Anämie ↑Perniziosa.
Genus ↑Wortart.
¹Genuss, Genussfreude, Schwelgerei, Völlerei
(abwertend), Genusssucht *(abwertend),* Genussgier *(abwertend);* ↑Labsal, ↑Lust; ↑genießerisch.
²Genuss ↑Labsal.
Genussfreude ↑Genuss.
genussfreudig ↑genießerisch.
genussfroh ↑genießerisch.
Genussgier ↑Genuss.
genüsslich ↑genießerisch.
Genussmensch, Genießer, Epikureer, Sybarit, Phäake; ↑Feinschmecker.
Genussmittel ↑Lebensmittel.
genussreich ↑genießerisch.
Genussspecht: ↑Feinschmecker; ein G. sein
↑genießen.
Genusssucht ↑Genuss.
genusssüchtig ↑genießerisch.
Geodäsie, Landvermessung, Erdmessung
↑Landvermesser.
Geodät ↑Landvermesser.
¹geöffnet, offen, auf, verkaufsoffen; g. sein
auf sein, geöffnet / auf / offen haben, offen sein
²geöffnet ↑offen.
Geographie: Beschaffenheit, ↑Erdkunde.

Geologe ↑Mineraloge.
Geologie ↑Wissenschaft.
geölt: wie ein -er Blitz ↑schnell.
Geometer ↑Landvermesser.
Geometrie: analytische / synthetische G. ↑Mathematik.
geometrische Figur, Ellipse, Hyperbel, Kegel, Kreis, Parabel, Parallelogramm, Prisma, Pyramide, Quader, Quadrat, Rechteck, Rhombus, Raute, Schenkel, Tangente, Trapez, Viereck, Würfel, Zylinder; ↑Mathematik.
geordnet: ↑gegliedert; -er Zustand ↑Ordnung.
Georg ↑Nothelfer.
Gepäck, Reisegepäck, Handgepäck, Luftreisegepäck, Bordcase, Koffer, Reisekoffer, Reisetasche, Reisekorb, Reisesack, Handkoffer, Valise (veraltet), Kabinenkoffer, Überseekoffer, Schrankkoffer, Autokoffer, Luftkoffer, Stoffkoffer, Lederkoffer, Strohkoffer, Packung (schweiz.); ↑Behälter, ↑Dienstmann.
Gepäckmarsch ↑Marsch (der).
Gepäckträger ↑Dienstmann.
Gepäckwagen ↑Eisenbahnwagen.
gepanzert: ↑kampfbereit, ↑undurchlässig.
Gepard ↑Raubtier.
gepfeffert: ↑geharnischt, ↑scharf, ↑teuer.
gepflegt: ↑adrett, ↑gewählt, ↑seriös.
Gepflegtheit ↑Gewähltheit.
Gepflogenheit ↑Brauch.
Geplänkel ↑Kampf.
geplättet: g. sein ↑überrascht [sein].
Geplauder ↑Gespräch.
Gepökeltes ↑Pökelfleisch.
Gepolter ↑Lärm.
Gepräge: ↑Veranlagung, ↑Wesen.
Geprägtsein ↑Veranlagung.
Gepränge ↑Prunk.
gepunktet ↑gemustert.
gequält ↑geziert.
Ger ↑Wurfwaffe.
¹gerade, aufrecht, kerzengerade, stocksteif (abwertend); g. gehen; gehen, als ob man einen Stock / einen Besenstiel verschluckt hätte (ugs.); eine stramme Haltung haben.
²gerade: ↑aufrichtig, ↑jetzt; g. [eben] ↑kaum, ↑soeben; nicht g. ... ↑mäßig; g. noch ↑kaum; g. Zahl ↑Zahl; g. tun ↑tun; nicht g. ↑gebogen; nun g. ↑absichtlich.
Gerade: ↑Linie; linke / rechte G. ↑Fausthieb.
geradeaus, immer in einer Richtung, immer der Nase nach (ugs.).
geradebiegen ↑bereinigen.
geradeheraus ↑rundheraus.
geradenwegs ↑geradewegs.
gerade richten ↑ausrichten.
gerädert: [wie] g. sein ↑erschöpft [sein].
geradestehen: g. für ↑einstehen (für).
¹geradewegs, geradenwegs, schnurstracks, direkt; ↑gleich.
²geradewegs ↑rundheraus.
geradezu: ↑ganz, ↑regelrecht, ↑rundheraus.

Geradheit: ↑Aufrichtigkeit, ↑Schlichtheit.
Geradlage ↑Kindslage.
geradlinig: ↑aufrichtig, ↑linear.
Geradlinigkeit ↑Aufrichtigkeit.
gerammelt: g. voll ↑voll.
Gerangel ↑Tauziehen.
Geranie ↑Storchschnabelgewächs.
Geraschel ↑Geräusch.
Gerät: ↑Apparat, ↑Fernsehgerät, ↑Gerätschaft.
¹geraten, werden, ausfallen, gelingen; ↑entstehen.
²geraten: g. in ↑hineinkommen (in); nach jmdm. g. ↑ähneln, ↑gleichen; zu kurz g. ↑klein.
Geratewohl: aufs G. ↑Gewissheit.
Gerätschaft, Gerät, Werkzeug, Instrument · Kran · Bagger · Pressluftbohrer, Presslufthammer; ↑Apparat.
geräuchert, geselcht (bayr., österr.), dürr (schweiz.); ↑räuchern.
geraum ↑lange.
geräumig, groß, breit, weit, großräumig, großflächig, ausgedehnt, nicht ↑eng, nicht ↑klein; ↑Größe.
Geräumigkeit ↑Größe.
Geraune ↑Klatsch.
Geräusch, Geraschel, das Rascheln, das Knistern, das Summen, Gesumm, Gesumme (abwertend), Gesums[e] (abwertend), das Rieseln, Geriesel, das Brummen, Gebrumm, Gebrumme (abwertend); ↑Klang, ↑Laut.
geräuschlos ↑leise.
Geräuschlosigkeit ↑Stille.
Geräuschmine ↑Mine.
geräuschvoll ↑laut.
Gerber, Sämischgerber, Lohgerber, Alaungerber, Fettgerber, Rotgerber, Weißgerber, Lederer (österr.); ↑Leder.
Gerebelter ↑Wein.
¹gerecht, rechtdenkend, unparteiisch; g. sein, jmdm. Gerechtigkeit widerfahren lassen; ↑Gerechtigkeitssinn.
²gerecht: ↑göttlich, ↑recht; jmdm. / einer Sache g. werden ↑missachten; den Schlaf des Gerechten schlafen ↑schlafen.
-gerecht ↑angemessen.
gerechtfertigt ↑recht.
Gerechtigkeit: ↑Gotteseigenschaften; die G. ↑Gerechtigkeitssinn; jmdm. G. widerfahren lassen ↑gerecht [sein]; Sinn für G. ↑Gerechtigkeitssinn.
Gerechtigkeitssinn, Sinn für Gerechtigkeit, Rechtsempfinden, Rechtsgefühl, Rechtssinn, die Gerechtigkeit · Recht und Ordnung, Law and Order; ↑Redlichkeit; ↑gerecht.
Gerechtsame ↑Gerichtsbezirk.
¹Gerede (abwertend), Gedöns (ugs., abwertend), Geschwätz (abwertend), Larifari (ugs.), Wortschwall, Erguss (abwertend), Sermon (abwertend), Salm (ugs., abwertend); ↑Getue, ↑Ge-

wäsch, ↑Klatsch, ↑Redseligkeit, ↑Tirade; ↑übertreiben.

²Gerede: ↑Klatsch; leeres G. ↑Gewäsch.

gereichen: etwas gereicht jmdm. zur Ehre ↑anerkennenswert [sein]; zum Vorteil g. ↑nützlich [sein].

gereift ↑reif.

¹gereinigt, absolut, unvermischt, rein, unverfälscht.

²gereinigt ↑sauber.

gereizt: ärgerlich, ↑aufgeregt; -e Stimmung ↑Verstimmung.

Gereiztheit ↑Verstimmung.

gereuen: etwas gereut jmdn. ↑bereuen.

Geriater ↑Arzt.

Geriatrie ↑Heilkunde.

¹Gericht, Gerichtshof, Tribunal, Gerichtsbehörde, Strafkammer, Zivilkammer, Kammer, Strafsenat, Zivilsenat, Senat, Schöffengericht, Schwurgericht, Rechtsmittelgericht, Schiedsgericht · Amtsgericht, Landgericht, Oberlandesgericht · Verwaltungsgericht, Oberverwaltungsgericht, Verwaltungsgerichtshof · Finanzgericht · Arbeitsgericht, Landesarbeitsgericht · Sozialgericht, Landessozialgericht · Jugendgericht, Vormundschaftsgericht · *geheimes, illegales:* Feme, Femegericht, Freigericht; ↑Jurist, ↑Justiz, ↑Rechtsgebiet, ↑Schöffe.

²Gericht: ↑Essen; Hohes G. ↑Anrede; das G. / die Gerichte anrufen, sich an das G. wenden, sein Recht bei G. / vor Gericht suchen, vor G. bringen / gehen / stellen ↑prozessieren; mit jmdm. [scharf] ins G. gehen ↑attackieren, ↑beanstanden.

gerichtlich: -e Medizin ↑Gerichtsmedizin; eine -e Untersuchung anordnen, g. belangen ↑belangen.

Gerichtsame ↑Gerichtsbezirk.

Gerichtsbarkeit ↑Justiz.

Gerichtsbehörde ↑Gericht.

Gerichtsbezirk, Gerichtsame *(schweiz.),* Gerichtsame *(veraltet, schweiz.);* ↑Justiz.

Gerichtsbote ↑Bote.

Gerichtsdiener ↑Amtsdiener.

Gerichtshof ↑Gericht.

Gerichtsmedizin, gerichtliche / forensische Medizin, Rechtsmedizin; ↑Kriminalistik, ↑Rechtsgebiet.

Gerichtsmediziner ↑Arzt.

Gerichtstermin ↑Gerichtsverhandlung.

Gerichtsverfahren, Prozess, Verfahren, Strafprozess, Strafverfahren, Rechtsverfahren, Mordprozess, Zivilprozess, Zivilverfahren, Skandalprozess, Sensationsprozess · *in dem ein Konkurs abgewendet werden soll:* Vergleichsverfahren · *zur Schlichtung in arbeitsrechtlichen Streitfällen:* Güteverfahren · *zur Beilegung von Streitigkeiten zwischen Tarifpartnern:* Schlichtungsverfahren, Schlichtung · *zur Durchsetzung der Disziplinargewalt bei Dienstvergehen von Be-*amten: Disziplinarverfahren, Dienststrafverfahren · *politisch motiviertes, das den Angeklagten vor der Öffentlichkeit verdammen will:* Schauprozess, Säuberungsprozess; ↑Gerichtsverhandlung.

Gerichtsverhandlung, Gerichtstermin, Verhandlung, Tagsatzung *(österr.)* · *am Tatort:* Lokaltermin, Lokalaugenschein *(österr.);* ↑Gerichtsverfahren, ↑Justiz, ↑Tatort.

Gerichtsvollzieher ↑Vollziehungsbeamter.

Gerichtswesen ↑Justiz.

gerieben: ↑schlau; -es Gerstel ↑Teigwaren.

gerieren: sich g. ↑benehmen (sich).

Geriesel ↑Geräusch.

gering: ↑klein, ↑minimal, ↑wenig; -er Hirsch ↑Hirsch; von -er Höhe ↑niedrig; der -ere Teil ↑Minderheit; -er werden ↑abnehmen; zu g. einschätzen ↑unterschätzen; nicht das Geringste ↑nichts; ein Geringes ↑etwas; nicht im Geringsten ↑keineswegs, ↑nein.

gering achten ↑missachten.

geringelt ↑lockig.

geringfügig: ↑klein, ↑verzeihlich; als g. hinstellen ↑bagatellisieren.

Geringfügigkeit ↑Kleinheit.

gering schätzen ↑missachten.

geringschätzig ↑abschätzig.

Geringschätzigkeit ↑Nichtachtung.

Geringschätzung ↑Nichtachtung.

gerinnen (von Milch), flockig / *(ugs.)* krisselig werden, zusammenlaufen *(landsch.),* zusammenfahren *(landsch.),* zusammengehen *(landsch.);* ↑Milch.

Gerinnsel ↑Blut.

Gerippe: ↑Gebeine, ↑Knochengerüst, ↑Struktur.

Geriss ↑Zustrom.

gerissen ↑schlau.

Gerissenheit: ↑Klugheit, ↑List.

geritzt: ist g. ↑okay.

Germ ↑Gärstoff.

Germanistik ↑Philologie.

Germoney ↑Deutschland.

Germteig ↑Teig.

gern: ↑anstandslos, ↑ja; g. bereit ↑bereitwillig; g. gesehen ↑beliebt, ↑gebeten; nicht g. gesehen ↑unerfreulich; nicht g. gesehen sein ↑unbeliebt [sein]; g. haben / mögen ↑mögen (etwas); du kannst mich g. haben! ↑unwichtig [sein]; [jmdn. zum Fressen] g. haben ↑lieben; g. tanzend ↑tanzlustig; gut und g. ↑wenigstens.

gerne ↑ja.

Gernegroß ↑Angeber.

Geröll ↑Gestein.

Gerontologe ↑Arzt.

Gerontologie: ↑Altersforschung, ↑Heilkunde.

Gerontophilie ↑Perversität.

geröstet: -e Erdäpfel ↑Kartoffeln.

Geröstete ↑Kartoffeln.

Gerste ↑Getreide.

Gerstel: geriebenes G. ↑Teigwaren.

Gerstelsuppe ↑Suppe.

Gerstensaft ↑Bier.

Gerte ↑Stock.

gertenschlank ↑schlank.

¹Geruch, Duft, Odeur, Aroma, Arom *(dichter.),* Ruch *(dichter.),* Wohlgeruch, alle Wohlgerüche Arabiens · *schlechter:* Geruchsbelästigung, Gestank *(abwertend)* · *von Wein:* Bukett, Bouquet *(österr.),* Blume; ↑Körpergeruch, ↑Parfum; ↑atmen, ↑riechen; ↑duftend, ↑würzig.

²Geruch: ↑Körpergeruch, ↑Witterung; einen merkwürdigen / üblen / unangenehmen G. ausströmen (oder:) haben ↑riechen; in den G. geraten / kommen ↑Verdacht; in üblem G. stehend ↑anrüchig; die Luft mit üblem G. erfüllen ↑verpesten.

geruchsaktiv ↑duftend.

Geruchsbelästigung ↑Geruch.

Geruchsorgan: ↑Nase, ↑Sinnesorgan.

Geruchssinn: ↑Nase, ↑Witterung.

¹Gerücht, Ondit, Fama, Sage, Flüsterpropaganda, Latrinenparole *(derb),* Scheißhausparole *(vulgär);* ↑Klatsch, ↑Mitteilung, ↑Propaganda; ↑gerüchtweise.

²Gerücht: ein G. in die Welt setzen ↑verbreiten.

Gerüchtemacherei ↑Klatsch.

gerüchtweise, vom Hörensagen; ↑Gerücht.

geruhen ↑entgegenkommen (jmdn.).

geruhig ↑ruhig.

gerührt: ↑bewegt; leicht g. sein ↑überrascht [sein].

geruhsam ↑ruhig.

Gerümpel ↑Kram.

gerundet ↑rund.

Gerüst: ↑Baugerüst, ↑Struktur.

gerüstet ↑kampfbereit.

Gerüstetsein ↑Kampfbereitschaft.

gerüttelt: ein g. Maß ↑reichlich.

Gervais ↑Käse.

gesagt: kurz g. ↑kurzum.

Gesälz ↑Brotaufstrich.

gesalzen: ↑geharnischt, ↑sauer, ↑teuer.

gesamt: ↑allgemein, ↑insgesamt.

Gesamt: das G. ↑Totalität.

Gesamtausgabe ↑Edition.

Gesamtbetrag ↑Summe.

gesamtdeutsch, gemeindeutsch, deutsch.

Gesamtergebnis ↑Ergebnis.

gesamthaft: ↑gemeinsam, ↑insgesamt.

Gesamtheit: ↑Ganzheit, ↑Totalität.

Gesamthochschule: integrierte G. ↑Hochschule.

Gesamtœuvre ↑Werk.

Gesamtschuldner ↑Schuldner.

Gesamtschule ↑Schule.

Gesamtsumme ↑Summe.

Gesamtvermögen ↑Besitz.

Gesamtwerk ↑Werk.

Gesandter ↑Diplomat.

Gesandtschaft ↑Botschaft.

¹Gesang, Singen, Singerei *(abwertend),* Singsang *(abwertend),* Gesinge *(abwertend);* ↑Lied; ↑singen.

²Gesang ↑Lied.

¹Gesangbuch, Gesangsbuch *(österr.),* Liederbuch; ↑lobpreisen, ↑singen.

²Gesangbuch: das richtige G. haben ↑Beziehung[en haben].

Gesangsbuch: ↑Gesangbuch.

Gesangverein ↑Chor.

¹Gesäß, Nates, Hintern *(salopp),* Hinterteil *(ugs.),* Allerwertester *(ugs., scherzh.),* Popo *(ugs.),* Po *(ugs.),* jmds. vier Buchstaben *(ugs.),* Podex *(ugs.),* Pöker *(ugs.),* Tokus *(ugs.),* verlängerter Rücken *(ugs., scherzh.),* Sterz *(ugs.),* Stert *(landsch., ugs.),* Posteriora, Kiste *(salopp),* Stinker *(salopp),* Arsch *(derb),* Bierarsch *(derb);* Fiedle *(schwäbisch);* ↑Darmausgang; ↑rektal.

²Gesäß: Himmel, G. und Nähgarn! ↑verflucht!

gesättigt ↑satt.

gesäubert ↑sauber.

gesäuert ↑sauer.

geschaffen: wie g. ↑geeignet; etwas ist für jmdn. wie g. ↑passen.

geschefft: g. sein ↑erschöpft [sein].

¹Geschäft, Handel, Deal *(Jargon),* Transaktion, Transitgeschäft; ↑Absatz; **mit jmdm. ins G. kommen,** jmdn. als Geschäftspartner gewinnen; **in ein G. eintreten,** [in ein Geschäft] einsteigen *(ugs.);* **aus einem G. austreten,** [aus einem Geschäft] aussteigen *(ugs.);* ↑kaufen, ↑verkaufen.

²Geschäft: ↑Betrieb, ↑Laden; ein G. eröffnen ↑niederlassen (sich); sein G. erledigen / machen ↑austreten; ein G. gründen ↑eröffnen; ein [gutes] G. machen ↑Profit [machen]; aus dem G. [nach Hause] kommen ↑Feierabend [haben]; ins G. bringen ↑fördern; [groß] ins G. einsteigen / kommen / steigen ↑Profit [machen].

Geschäftemacher ↑Geschäftsmann.

geschäftig: ↑betriebsam, ↑fleißig; g. sein ↑hantieren.

Geschäftigkeit: ↑Fleiß, ↑Hast.

Geschaftlhuber: ein G. sein ↑betriebsam [sein].

geschäftlich: ↑dienstlich, ↑finanziell, ↑kommerziell.

Geschäftsbeauftragter ↑Geschäftsvermittler.

Geschäftsbereich ↑Dezernat.

Geschäftsbericht, Jahresbericht, Rechenschaftsbericht, Kassabericht *(österr.),* Gebarungsbericht *(österr.);* ↑Geschäftsbücher, ↑Geschäftsführung.

Geschäftsbrief ↑Schreiben.

Geschäftsbücher, Bücher, Hauptbuch, Kontobuch, Kassenbuch; ↑Geschäftsbericht, ↑Geschäftsjahr, ↑Steuererklärung, ↑Wirtschaftsprüfer.

Geschäftsfreund ↑Freund.

Geschäftsführer ↑Leiter.

Geschäftsführung, Buchführung, Gebaren,

Geschäftsgebaren, Gebarung *(österr.)*, Kassagebarung *(österr.)*; ↑Buchführung, ↑Buchprüfung, ↑Geschäftsbericht, ↑Geschäftsbücher, ↑Geschäftsjahr.

Geschäftsgebaren ↑Geschäftsführung.

Geschäftsjahr, Wirtschaftsjahr, Rechnungsjahr, Gebarungsjahr *(österr.)*; ↑Geschäftsbücher, ↑Geschäftsführung.

Geschäftskarte ↑Visitenkarte.

Geschäftslage: eine günstige / gute G. haben ↑abgelegen.

Geschäftsliste ↑Tagesordnung.

Geschäftslokal ↑Laden.

Geschäftsmann, Kaufmann, Koofmich *(salopp, abwertend)*, Businessman, Krämer, Pfeffersack *(ugs.)*, Geschäftemacher *(ugs.)* · Wettbewerber, Konkurrent · *der am Krieg verdient:* Kriegsgewinnler; ↑Einzelhändler, ↑Gegner, ↑Großhändler, ↑Händler, ↑Rivale, ↑Unternehmer.

Geschäftsnebenstelle ↑Zweigstelle.

Geschäftsordnung ↑Tagesordnung.

Geschäftspartner: jmdn. als G. gewinnen ↑Geschäft.

Geschäftsreise ↑Reise.

Geschäftsschluss ↑Feierabend.

Geschäftssinn, Geschäftstüchtigkeit, kaufmännisches Denken; ↑Klugheit, ↑Scharfsinn.

Geschäftsstelle: ↑Redaktion, ↑Hauptgeschäftsstelle, ↑Zweigstelle.

Geschäftsstraße: ↑Geschäftsviertel, ↑Straße.

Geschäftsträger ↑Diplomat.

geschäftstüchtig: ↑lebenstüchtig, ↑schlau.

Geschäftstüchtigkeit: ↑Geschäftssinn, ↑Klugheit.

Geschäftsvermittler, Vertragsvermittler, Geschäftsbeauftragter, Vermittler, Beauftragter, Agent; ↑Beauftragter, ↑Vermittler, ↑Vermittlungsstelle, ↑Zweigstelle.

Geschäftsviertel, Einkaufszentrum, Shoppingcenter, Shoppingmall, Ladenzentrum, Geschäftszentrum, Hauptgeschäftsstraße, Geschäftsstraße, Ladenstraße, Einkaufspassage; ↑Markt, ↑Straße.

Geschäftszentrum ↑Geschäftsviertel.

Geschäftszweig ↑Bereich.

geschärft, scharf, geschliffen, angespitzt; ↑kantig, ↑spitz; **g. sein,** [gut] schneiden.

geschätzt ↑angesehen.

gescheckt ↑gemustert.

¹geschehen, erfolgen, stattfinden, vonstatten gehen, verlaufen, über die Bühne gehen *(ugs.)*, vor sich gehen, eintreten, sich ereignen / zutragen / begeben / abspielen, zustande kommen, vorfallen, vorgehen, passieren, zugange sein *(landsch.)*, gehen *(schweiz.)*, es gibt etwas; ↑begegnen, ↑geschehen, ↑verwirklichen (sich), ↑vorkommen · Ggs. ↑ausfallen; **nicht g.,** unterbleiben; ↑Ereignis, ↑Vorgang.

²geschehen: g. lassen ↑billigen.

Geschehen ↑Ereignis.

Geschehnis ↑Ereignis.

gescheit: ↑klug; wie nicht g. ↑sehr; nicht g. sein ↑verrückt [sein].

gescheitert, verkracht *(ugs.)*, zusammengebrochen.

Gescheitheit ↑Klugheit.

Geschenk: ↑Gabe; -e machen ↑bestechen.

Geschenkpackung ↑Packung.

Geschenkpapier ↑Einwickelpapier.

Geschenksendung ↑Gabe.

geschenkt: ↑kostenlos, [das kannst du] vergessen.

geschert ↑unhöflich.

Gescherter: ↑Dummkopf, ↑Landbewohner.

¹Geschichte, Historie, Geschichtswissenschaft, Historik · Vorgeschichte, Prähistorie, Frühgeschichte, Urgeschichte, Weltgeschichte, Welthistorie, Zeitgeschichte, Landeskunde; ↑Geschichtsepoche, ↑Geschichtsunterricht, ↑Wissenschaft.

²Geschichte: ↑Angelegenheit, ↑Erzählung, ↑Menstruation, ↑Tradition; sich in das Buch der G. eintragen ↑verewigen (sich); das Rad der G. lässt sich nicht zurückdrehen ↑Entwicklung; in die G. eingehen ↑verewigen (sich).

geschichtlich, historisch, diachronisch, entwicklungsgeschichtlich, nicht synchronisch; ↑herkömmlich · Ggs. gleichzeitig.

Geschichtsatlas ↑Atlas.

Geschichtsdrama ↑Drama.

Geschichtsepoche · Altertum · Mittelalter, Frühmittelalter, Hochmittelalter, Spätmittelalter · Neuzeit; ↑Atomzeitalter, ↑Belle Époque, ↑Geschichte, ↑Gründerzeit.

Geschichtskalender ↑Kalender.

Geschichtsschreiber ↑Chronist.

Geschichtsunterricht, Gegenwartskunde, Gemeinschaftskunde, Staatsbürgerkunde, Sozialkunde · ↑Geschichte, ↑Gesellschaftswissenschaft.

Geschichtswissenschaft ↑Geschichte.

Geschick: ↑Kunstfertigkeit, ↑Schicksal, ↑Wendigkeit.

Geschicklichkeit: ↑Körperbeherrschung, ↑Kunstfertigkeit, ↑Wendigkeit.

Geschicklichkeitskünstler ↑Artist.

¹geschickt, gewandt, wendig, agil, beweglich, habil *(veraltet)*; ↑gewandt; **g. sein,** den Dreh / Bogen heraushaben (oder:) raushaben *(salopp)*; wissen, wie mans macht *(ugs.)*; ↑Wendigkeit.

²geschickt: ↑anstellig, ↑schlau.

Geschicktheit ↑Wendigkeit.

Geschiebelehm ↑Erde.

geschieden, aufgelöst, getrennt; **g. sein,** getrennt [von Tisch und Bett] leben, in Scheidung leben / liegen; ↑Ehescheidung, ↑Waise.

¹Geschirr, Porzellangeschirr, Porzellan, Service · *für eine Person:* Gedeck; ↑Tasse, ↑Teller.

²Geschirr: sich ins G. legen ↑anstrengen (sich).

Geschirrhandtuch ↑Handtuch.

Geschirrschrank: ↑Möbel, ↑Schrank.

Geschirrspüler ↑Geschirrspülmaschine.
Geschirrspülmaschine, Geschirrspüler; ↑Abwaschwasser; ↑säubern.
Geschirrtuch: ↑Handtuch, ↑Putzlappen.
Geschlecht: ↑Abkunft, ↑Dynastie, ↑Familie, ↑Penis, ↑Wortart; das schöne / schwache G. ↑Frauen (die); nachfolgende -er ↑Nachwelt; das starke G. ↑Männer (die).
geschlechtlich ↑sexuell.
Geschlechtsakt ↑Koitus.
geschlechtskrank: g. sein / werden ↑Geschlechtskrankheit.
Geschlechtskrankheit, venerische Krankheit, Syphilis, Lues, harter Schanker, Lustseuche, Franzosenkrankheit · Gonorrhö, Tripper; **eine G. bekommen,** sich eine Geschlechtskrankheit zuziehen, sich etwas holen *(salopp),* geschlechtskrank werden; **eine G. haben,** geschlechtskrank sein; ↑koitieren; ↑Aids.
Geschlechtsorgan: -e ↑Genitalien.
geschlechtsreif, heiratsfähig, bindungsfähig, mannbar, zeugungsfähig, potent; ↑erwachsen, ↑fruchtbar, ↑männlich, ↑reif, ↑volljährig; ↑Fähigkeit · Ggs. ↑impotent.
Geschlechtsteil ↑Penis.
Geschlechtstrieb, Fortpflanzungstrieb, Libido, Nisus sexualis, Fleischeslust, Sinnengenuss, Sinnlichkeit, Sünde, Lüsternheit, Brunst, Triebhaftigkeit, Geilheit · *übersteigerter:* Erotomanie, Hyperaphrodisie *(fachspr.),* Aphrodisie *(fachspr.),* Hyperhedonie *(fachspr.),* Salazität · *im reiferen Alter:* Johannistrieb, später / zweiter Frühling; ↑Leidenschaft; ↑triebhaft.
Geschlechtsverkehr: ↑Koitus; G. ausüben ↑koitieren; G. haben ↑koitieren.
Geschlechtswort ↑Wortart.
Geschlechtszelle ↑Keimzelle.
geschliffen ↑gewandt.
Geschliffenheit ↑Weltgewandtheit.
¹geschlossen, verschlossen, versperrt, zugeschlossen, zugesperrt *(bes. südd., österr.),* abgeschlossen, abgesperrt *(bes. südd., österr.);* **g. sein,** verriegelt / *(ugs.)* zu / *(ugs.)* verrammelt sein · Ggs. ↑offen.
²geschlossen: ↑komplett, ↑undurchlässig; -e Gesellschaft ↑Strafanstalt; g. wie ein Mann ↑alle.
Geschlossenheit ↑Vollständigkeit.
Geschlücht ↑Abschaum.
¹Geschmack, Aroma, Arom *(dichter.),* Würze; ↑vorschmecken, ↑würzen; ↑duftend, ↑ungewürzt, ↑würzig.
²Geschmack: ↑Zuneigung; [guter G.] ↑Kunstverständnis; einer Sache keinen G. abgewinnen können, und den G. kommen ↑gefallen; G. finden an ↑billigen; ↑gefallen; keinen [guten] G. haben, etwas verrät keinen guten G. ↑geschmacklos [sein]; hast du [da] noch G.! ↑überrascht [sein]; im G. vorherrschen ↑vorschmecken; ohne G. ↑fade, ↑ungewürzt.

geschmackig: ↑geschmackvoll, ↑schmackhaft.
geschmäcklerisch ↑genießerisch.
¹geschmacklos, geschmackswidrig, stillos, stilwidrig, kitschig, nicht ↑geschmackvoll, nicht ↑hübsch; ↑abscheulich; **g. sein:** etwas ist geschmacklos / verrät keinen guten Geschmack / zeugt von Geschmacklosigkeit, keinen [guten] Geschmack haben, an Geschmacksverirrung leiden; ↑gefallen; ↑Geschmacklosigkeit, ↑Kitsch.
²geschmacklos: ↑fade, ↑taktlos, ↑ungewürzt.
¹Geschmacklosigkeit, Geschmackswidrigkeit, Stillosigkeit, Stilwidrigkeit; ↑geschmacklos.
²Geschmacklosigkeit: ↑Kitsch, ↑Taktlosigkeit; etwas zeugt von G. ↑geschmacklos [sein].
Geschmacksknospe ↑Sinnesorgan.
Geschmacksorgan ↑Sinnesorgan.
Geschmackspapille: -n ↑Sinnesorgan.
Geschmacksverirrung: ↑Kitsch; an G. leiden ↑geschmacklos [sein].
geschmackswidrig ↑geschmacklos.
Geschmackswidrigkeit ↑Geschmacklosigkeit.
¹geschmackvoll, vornehm, nobel, kultiviert, distinguiert, adrett, elegant, schick, apart, fesch, flott, kleidsam, mondän, gut angezogen, schmuck, gefällig, geschmackig *(ugs., österr.),* nicht ↑geschmacklos; ↑anziehend, ↑auserwählt, ↑hübsch; ↑kostbar, ↑schön; ↑Adonis, ↑Gentleman; ↑anziehen.
²geschmackvoll ↑abgestimmt.
Geschmeide ↑Schmuck.
geschmeidig: ↑anpassungsfähig, ↑anziehend, ↑biegsam.
Geschmeidigkeit ↑Biegsamkeit.
Geschmeiß ↑Abschaum.
Geschmier ↑Kritzelei.
geschmolzen ↑flüssig.
geschniegelt: g. und gebügelt ↑aufgeputzt.
geschnitten ↑zensiert.
¹Geschöpf, Kreatur, Lebewesen, Wesen · *bedauernswertes:* Hascherl *(emotional);* ↑Mensch; ↑leben; ↑kreatürlich.
²Geschöpf: dem G. eigen ↑kreatürlich.
¹Geschoss, Obergeschoss, Stockwerk, Etage · *zu ebener Erde:* Erdgeschoss, Parterre, Rez-de-Chaussée *(veraltet)* · *über einem Kellergeschoss eine halbe Treppe hoch gelegenes:* Hochparterre · *zwischen Geschossen, meist zwischen Erdgeschoss und erstem Stock:* Zwischengeschoss, Halbstock *(österr.),* Mezzanin *(österr. und Kunstw.)* · *über dem Erdgeschoss:* Beletage, erster Stock, erste Etage, Hauptgeschoss · *unter Straßenhöhe:* Kellergeschoss, Souterrain, Basement *(im Kaufhaus)* · *auf dem Schiff:* Deck, Zwischendeck; ↑parterre.
²Geschoss ↑Munition.
geschraubt ↑geziert.
Geschraubtheit ↑Geziertheit.

Geschrei, das Schreien, Gejohle, Gegröle, Gekreische, Gezeter; ↑Lärm, ↑Laut; ↑lärmen, ↑schreien.

¹Geschütz, Kanone, Strandkanone, Haubitze, Strandhaubitze; ↑Munition, ↑Schusswaffe.

²Geschütz: grobes / schweres G. auffahren ↑attackieren.

geschützt: ↑sicher, ↑windstill.

geschwächt ↑kraftlos.

Geschwader: ↑Abteilung, ↑Flotte.

Geschwafel ↑Gewäsch.

Geschwätz: ↑Gerede, ↑Gewäsch, ↑Klatsch.

geschwätzig ↑gesprächig.

Geschwätzigkeit ↑Redseligkeit.

geschweift: ↑gebogen, ↑verziert.

geschwind ↑schnell.

¹Geschwindigkeit, Schnelligkeit, Fixigkeit, Eile, Tempo, Rasanz; ↑Beschleunigung, ↑Hast, ↑Tachometer, ↑Überstürzung; **die G. beschleunigen,** Gas geben, aufs Pedal treten *(ugs.),* auf die Tube drücken *(salopp);* ↑eilen, ↑fahren; ↑schnell.

²Geschwindigkeit: G. ist keine Hexerei ↑schwierig; mit affenartiger G. ↑schnell.

Geschwindigkeitsbegrenzung ↑Geschwindigkeitsbeschränkung.

Geschwindigkeitsbeschränkung, Geschwindigkeitsbegrenzung, Tempolimit, Tempo 100; ↑Geschwindigkeit.

Geschwindigkeitsmesser ↑Tachometer.

Geschwindigkeitszunahme ↑Beschleunigung.

Geschwindmarsch ↑Marsch (der).

Geschwister, Brüder, Schwestern, Bruder und Schwester · *männlichen Geschlechts, die gemeinsam ein Unternehmen leiten:* Gebrüder · *zwei zu gleicher Zeit geborene:* Zwillinge · *drei zu gleicher Zeit geborene:* Drillinge · *vier zu gleicher Zeit geborene:* Vierlinge · *fünf zu gleicher Zeit geborene:* Fünflinge · *sechs zu gleicher Zeit geborene:* Sechslinge; ↑Kind, ↑Verwandter.

Geschwisterkind ↑Verwandter.

Geschwisterliebe: ↑Familienanhänglichkeit, ↑Inzest.

geschwitzt: nass g. ↑verschwitzt.

geschwollen ↑geziert.

Geschwollenheit ↑Geziertheit.

Geschworener ↑Schöffe.

¹Geschwulst, Gewächs, Tumor, Adenom ·· *an den Schleimhäuten:* Polyp, Nasenwucherung ·· *gutartige:* benigner Tumor, Myom, Fibrom, Zyste ·· *bösartige:* maligner Tumor, Krebs, Karzinom, Sarkom, Neoplasma · *sich sekundär, vom Ursprungsort entfernt bildende:* Tochtergeschwulst, Metastase, Absied[e]lung; ↑Beule, ↑Krankheit.

²Geschwulst ↑Geschwür.

geschwungen ↑gebogen.

Geschwür ↑Abszess.

gesegnet: einen -en Appetit haben ↑esslustig

[sein]; -en Leibes sein ↑schwanger [sein]; mit etwas g. sein ↑haben.

Geseire ↑Gewäsch.

geselcht ↑geräuchert.

Geselchtes: ↑Fleisch, ↑Pökelfleisch.

Gesell ↑Vagabund.

Geselle: ↑Handelsgehilfe, ↑Handwerker.

gesellen: sich g. zu ↑zugesellen (sich).

Gesellenbrief ↑Urkunde.

¹gesellig, soziabel, kontaktfähig, kontaktfreudig, kommunikationsfreudig, kommunikationsfähig, umgänglich, extrovertiert, extravertiert, nicht ↑selbstbezogen, nicht ↑unzugänglich; ↑entgegenkommend, ↑friedfertig, ↑menschlich; ↑Geselligkeit; ↑herausgehen (aus sich).

²gesellig: -es Beisammensein ↑Runde.

¹Geselligkeit, Soziabilität, Umgänglichkeit; ↑Nächstenliebe; ↑gesellig.

²Geselligkeit ↑Runde.

¹Gesellschaft · Urgesellschaft, klassenlose Gesellschaft · [primitive] Klassengesellschaft · Feudalgesellschaft, ständische Gesellschaft · bürgerliche Gesellschaft, Industriegesellschaft, kapitalistische / spätkapitalistische Gesellschaft (oder:) Klassengesellschaft, Ellbogengesellschaft, eindimensionale / pluralistische Gesellschaft, Pluralismus, Leistungsgesellschaft, Konsumgesellschaft, Wegwerfgesellschaft; ↑Gesellschaftsschicht, ↑Gesellschaftswissenschaft.

²Gesellschaft: ↑Bande, ↑Fest, ↑Oberschicht, ↑Öffentlichkeit, ↑Unternehmen; bürgerliche G. ↑Bürgertum; geschlossene G. ↑Strafanstalt; menschliche G. ↑Menschheit; vaterlose G. ↑Lostgeneration; eine G. geben ↑feiern; die Stützen der G. ↑Oberschicht; G. zur Rettung Schiffbrüchiger ↑Lebensrettungsgesellschaft.

Gesellschafter: ↑Gentleman, ↑Teilhaber.

Gesellschaftsabend ↑Fest.

Gesellschaftsanzug ↑Anzug.

gesellschaftsfähig ↑korrekt.

Gesellschaftskleid ↑Kleid.

Gesellschaftskraftwagen ↑Omnibus.

Gesellschaftskritik, Sozialkritik, Ideologiekritik, soziale Anklage; ↑Sprachpflege; ↑brandmarken.

Gesellschaftslehre ↑Gesellschaftswissenschaft.

Gesellschaftslyrik ↑Lyrik.

¹Gesellschaftsraum, Unterhaltungsraum, Kasino, ↑Foyer.

²Gesellschaftsraum ↑Raum.

Gesellschaftsrecht ↑Rechtsgebiet.

Gesellschaftsreise ↑Reise.

Gesellschaftsroman ↑Roman.

Gesellschaftsschicht, Bevölkerungsschicht, Schicht; ↑Bürgertum, ↑Gesellschaft, ↑Kaste, ↑Oberschicht, ↑Personenkreis.

Gesellschaftstanz ↑Tanz.

Gesellschaftswissenschaft, Soziologie, Gesellschaftslehre, Sozialwissenschaft, Humanwissenschaft; ↑Geschichtsunterricht, ↑Gesellschaft, ↑Menschenkunde; ↑Politologie, ↑Psychologie, ↑Wissenschaft.

Gesetz: ↑Regel, ↑Weisung; ein G. beschließen / verabschieden ↑erwirken; durch die Maschen des -es schlüpfen ↑verurteilen; Gleichheit vor dem G. ↑Gleichberechtigung.

Gesetzbuch: Bürgerliches G. ↑Gesetzessammlung.

Gesetzentwurf ↑Weisung.

Gesetzesbrecher ↑Verbrecher.

Gesetzesfreude ↑Feiertag.

Gesetzeshüter ↑Polizist.

Gesetzessammlung, BGB, Bürgerliches Gesetzbuch · österreichische: ABGB · französische: Code Napoléon · jüdische: Thora · puritanisch-amerikanische: Blue Laws · im Alten Testament: Pentateuch.

Gesetzesvorlage ↑Weisung.

Gesetzgebung ↑Legislative.

gesetzlich ↑rechtmäßig.

Gesetzlichkeit ↑Rechtmäßigkeit.

gesetzlos ↑anarchisch.

Gesetzlosigkeit ↑Anarchie.

gesetzmäßig ↑erwartungsgemäß.

Gesetzmäßigkeit ↑Regel.

gesetzt: ↑ruhig; -es Recht ↑Recht.

Gesetztheit, Abgeklärtheit, Altersweisheit, Alterswürde; ↑Ruhe; ↑ruhig.

gesetzwidrig, ungesetzlich, illegitim, illegal, kriminell, unzulässig, unstatthaft, unerlaubt, verboten, untersagt, unrechtmäßig, auf ungesetzlichem Wege, auf Schleichwegen, strafbar, außerhalb der Legalität, deliktisch (schweiz.), nicht ↑rechtmäßig, nicht ↑statthaft; ↑eigenmächtig, ↑heimlich, ↑Gesetzwidrigkeit, ↑Revolutionär.

Gesetzwidrigkeit, Ungesetzlichkeit, Illegalität, Unzulässigkeit, Unstatthaftigkeit, Unrechtmäßigkeit, Strafbarkeit; ↑Revolutionär; ↑gesetzwidrig.

Geseufze ↑Klagelaut.

gesichert: ↑fundiert; in -en Verhältnissen leben ↑leben.

Gesichertheit: ↑Authentizität, ↑Geborgenheit.

Gesichertsein ↑Geborgenheit.

Gesicht, Angesicht, Antlitz (dichter.), Physiognomie · Durchschnittsgesicht, Dutzendgesicht, Allerweltsgesicht · Kindergesicht, Puppengesicht, Madonnengesicht, Engelsgesicht, Galgenvogelgesicht · Bleichgesicht, Milchgesicht · Mondgesicht · unsympathisches: Bulldoggengesicht, Bullenbeißergesicht, Backpfeifengesicht (abwertend), Ohrfeigengesicht (abwertend), Watschengesicht (abwertend, österr.), Watschenpappen (derb, österr.), Arsch mit Ohren (derb), ein Gesicht wie n Feuermelder (salopp, landsch.), Visage (abwertend), Fratze (abwertend), Gefrieß(abwer-

tend, südd., österr.), Gfrieß (abwertend, südd., österr.), Ponem (abwertend, österr.), Ponim (abwertend, österr.), Fresse (derb, abwertend) · verzerrtes: Grimasse · mit gleichgültig wirkendem Gesichtsausdruck: Pokerface, Pokergesicht; ↑Miene, ↑Wange.

²**Gesicht:** ein G. machen / ziehen ↑aussehen; ein langes G. machen ↑unzufrieden [sein]; das G. verlieren / wahren ↑Ansehen; das G. wahren ↑unterdrücken; sein wahres G. zeigen ↑erkennen.

Gesichtsausdruck ↑Miene.

Gesichtserker ↑Nase.

Gesichtsfeld ↑Gesichtskreis.

Gesichtskosmetik ↑Ansehen.

Gesichtskreis, Blickfeld, Gesichtsfeld, Horizont, Gedankenwelt; ↑Gesichtspunkt, ↑Niveau.

Gesichtslage ↑Kindslage.

Gesichtsmaske ↑Schönheitspflegemittel.

Gesichtsmassage ↑Massage.

Gesichtsmilch ↑Schönheitspflegemittel.

Gesichtsorgan ↑Sinnesorgan.

Gesichtspuder ↑Puder.

Gesichtspunkt, Blickpunkt, Blickwinkel, Blickrichtung, Perspektive, Anblick, Aspekt, Betrachtungsweise; ↑Ansicht, ↑Argument, ↑Ausblick, ↑Denkweise, ↑Gesichtskreis, ↑Hinderungsgrund; **ein neuer G. sein:** das ist ein neuer Gesichtspunkt, das lässt die Sache in anderem Licht erscheinen / gibt der Sache ein anderes Gesicht / wirft ein neues Licht auf die Sache.

Gesichtswasser ↑Schönheitspflegemittel.

gesiebt: -e Luft atmen ↑abbüßen.

Gesinde ↑Personal.

Gesindel ↑Abschaum.

Gesindestube ↑Raum.

Gesinge ↑Gesang.

Gesinnung: ↑Denkweise; die G. wechseln ↑umschwenken; seine G. [wie das / sein Hemd] wechseln ↑Opportunist [sein], ↑umschwenken.

Gesinnungsfreund ↑Gesinnungsgenosse.

Gesinnungsgenosse, Gesinnungsfreund, Genosse, Parteifreund, Sympathisant; ↑Freund.

Gesinnungslosigkeit ↑Gesinnungswandel.

Gesinnungslump ↑Opportunist.

Gesinnungslumperei ↑Gesinnungswandel.

Gesinnungstäter: ↑Attentäter, ↑Verbrecher.

Gesinnungswandel, Gesinnungswechsel, Frontwechsel (ugs.), Gesinnungslosigkeit, Gesinnungslumperei (abwertend); ↑Anpassung, ↑Zugeständnis, ↑Opportunist.

Gesinnungswechsel ↑Gesinnungswandel.

gesittet: ↑artig, ↑diszipliniert.

Gesittung ↑Sitte.

Gesocks ↑Abschaum.

Gesöff ↑Getränk.

gesondert: ↑eigens, ↑einzeln.

gesonnen ↑bereit.

gespalten ↑zwiespältig.

Gespan ↑Freund.

gespannt: ↑aufmerksam, ↑erwartungsvoll, ↑spannungsgeladen; mit jmdm. auf -em Fuß leben / stehen ↑vertragen (sich); -er Puls ↑Pulsschlag.

¹Gespenst, Geist, Phantom, Geistererscheinung, Astralwesen, Erscheinung, Spuk, Nachtgespenst, Nachtmahr; ↑Einbildung, ↑Traum, ↑Vampir; ↑spuken; ↑gespenstisch.

²Gespenst: -er sehen ↑sorgen (sich).

Gespensterglaube ↑Aberglaube.

gespensterhaft ↑gespenstisch.

¹gespenstisch, gespensterhaft, geisterhaft, spukhaft, koboldhaft, koboldartig, irrlichternd, dämonisch; ↑makaber, ↑unheimlich; ↑Gespenst; ↑spuken.

²gespenstisch ↑makaber.

Gespiele ↑Freund.

Gespielin ↑Freundin.

Gespinst ↑Gewebe.

gespornt: gestiefelt und g. ↑verfügbar.

Gespött: jmdn. zum G. machen ↑kompromittieren (jmdn.); zum G. werden ↑bloßstellen (sich).

¹Gespräch, Unterhaltung, Meinungsaustausch, Gedankenaustausch, Unterredung, Vieraugengespräch, Gespräch unter vier Augen, Aussprache, Beratschlagung, Interview, Konversation, Dialog, Debatte, Diskussion, Podiumsdiskussion, Teach-in, Podiumsgespräch, Streitgespräch, Redeschlacht, Hickhack *(ugs.),* Holzerei *(abwertend),* Diskurs, Erörterung, Verhandlung, Kolloquium, Gespräch am runden Tisch, Roundtablegespräch, Besprechung, Geplauder, Plauderei, Causerie *(veraltet),* Smalltalk, Plausch *(oberd.),* Plauscherl *(fam., österr.)* · *mit sich selbst:* Selbstgespräch, Monolog; ↑Gesprächsteilnehmer, ↑Rede, ↑Streit, ↑Tagung, ↑Umfrage, ↑Wortmeldung; ↑erörtern, ↑fragen, ↑unterhalten (sich); ↑gesprächig.

²Gespräch: [dringendes G.] ↑Telefongespräch; das G. kommt nicht zustande, ein G. führen ↑telefonieren (mit jmdm.); ein G. anknüpfen ↑anbandeln; ein G. beginnen ↑ansprechen.

gesprächig, mitteilsam, redefreudig, redelustig, redselig, geschwätzig *(abwertend),* quatschig *(salopp, abwertend),* klatschsüchtig *(abwertend),* tratschsüchtig *(abwertend),* schwatzhaft *(abwertend);* ↑beredt; g. **sein,** Quasselwasser getrunken haben *(ugs., abwertend),* eine Quasselstrippe sein *(ugs.),* das Herz auf der Zunge haben; ↑mitteilen; ↑Gespräch, ↑Redseligkeit.

Gesprächigkeit ↑Redseligkeit.

Gesprächspartner ↑Gesprächsteilnehmer.

Gesprächsteilnehmer, Diskussionsteilnehmer, Diskussionspartner, Gesprächspartner, Diskutant; ↑Gespräch.

gesprächsweise ↑nebenbei.

Gesprächswort ↑Wort.

gespreizt ↑geziert.

Gespreiztheit ↑Geziertheit.

gesprengt: -er Giebel ↑Giebel.

gesprenkelt ↑gemustert.

Gespritzter ↑Wein.

Gespür ↑Gefühl.

Gest ↑Gärstoff.

Gestade ↑Ufer.

gestaffelt ↑gegliedert.

gestählt ↑widerstandsfähig.

Gestähltsein ↑Widerstandsfähigkeit.

¹Gestalt, Figur, Wuchs, Statur, Körper, Korpus *(scherzh.),* Leib, Konstitution, Habitus; ↑Körperbautyp, ↑Wesen.

²Gestalt ↑Gebilde.

gestalten: ↑charakterisieren, ↑formen; filmisch g. ↑verfilmen; menschlicher g. ↑humanisieren.

gestaltend ↑schöpferisch.

gestalterisch ↑schöpferisch.

gestaltlos ↑amorph.

Gestaltpsychologie ↑Psychologie.

Gestaltung, Formung, Ausformung, Darstellung; ↑Verarbeitung.

gestanden: -es Mannsbild ↑Mann; -e Milch ↑Milch.

geständig: g. sein ↑gestehen.

Geständnis: ↑Bekenntnis; ein G. ablegen ↑gestehen.

Gestänge ↑Geweih.

Gestank: ↑Geruch; G. verbreiten ↑verpesten.

Gestapo ↑Geheimpolizei.

gestärkt: g. sein ↑satt [sein].

Gestation ↑Schwangerschaft.

gestatten ↑billigen.

gestattet ↑statthaft.

Geste: ↑Gebärde; -n machen ↑gestikulieren.

Gesteck ↑Blumenstrauß.

gestehen, bekennen, Farbe bekennen *(ugs.),* sein Gewissen erleichtern, einbekennen *(österr.),* eingestehen, mit der Sprache herausrücken *(ugs.),* auspacken *(ugs.),* singen *(salopp),* einräumen, zugeben, beichten, eine Beichte ablegen, offenbaren, aussagen, eine Aussage machen, ein Geständnis ablegen / machen, jmdm etwas entdecken / eröffnen, geständig sein wenn es zum Schwur kommt, die Karten aufdecken / offen auf den Tisch legen, die Hosen runterlassen *(salopp);* ↑sprechen, ↑stellen (sich) ↑verraten; ↑Bekenntnis, ↑Läuterung.

Gestehungskosten ↑Preis.

gesteigert: krankhaft / pathologisch -es Erinnerungsvermögen ↑Gedächtnisstörung.

Gestein, Fels, Felsen, Stein, Geröll, Felsblock Felsbrocken · *vulkanisches:* Eruptivgestein *durch Ablagerung entstandenes:* Sedimentgestein, Sediment; ↑Gesteinskunde, ↑Kalkstein ↑Mineraloge, ↑Splitt.

Gesteinskunde, Lithologie, Petrographie, M neralogie; ↑Erdkunde, ↑Gestein, ↑Mineraloge ↑Versteinerung.

Gesteinskundler ↑Mineraloge.

¹Gestell, Regal, Etagere, Ablage, Bord, Stellage; ↑Bücherbord.

²Gestell ↑Untergestell.

gestelzt: ↑geziert; -er Rundbogen ↑Bogen.

Gestelztheit ↑Geziertheit.

Gestensprache ↑Zeichensprache.

gestern: nicht von g. sein ↑schlau [sein].

gestiefelt: g. und gespornt ↑verfügbar.

gestikulieren, Gesten machen, mit den Armen / Händen fuchteln *(ugs.)*, herumfuchteln *(ugs.)*, die Arme / Hände verwerfen *(schweiz.)*.

gestimmt: ↑aufgelegt, ↑aufgeschlossen.

Gestirn ↑Himmelskörper.

gestirnt, bestirnt, mit Sternen bedeckt / übersät, sternenbedeckt, im Sternenglanz erstrahlend *(dichter.)*, stern[en]hell, stern[en]klar, von Sternen erhellt *(geh.)*; ↑Planet, ↑Sternwarte.

Gestohlenes ↑Raub.

Gestöhn ↑Klagelaut.

gestopft: g. voll ↑voll.

gestorben ↑tot.

Gesträuch ↑Dickicht.

Gestreckter ↑Kaffee.

gestreift ↑gemustert.

gestreng ↑herrisch.

Gestrick ↑Gewebe.

gestriegelt ↑aufgeputzt.

gestrig: ↑altmodisch; ewig Gestriger ↑Konservativer.

Gestrüpp ↑Dickicht.

gestuft ↑differenziert.

Gestüt, Pferdezüchterei, Pferdezucht, Pferdezuchtanstalt; ↑Pferd, ↑Züchtung; ↑züchten.

¹Gesuch, Antrag, Anfrage, Eingabe, Botschaft *(schweiz.)*, Anzug *(schweiz.)*, Ansuchen *(österr.)*, Petition, Bittschrift, Bittgesuch, Bittschreiben, Bittadresse, Supplik, Bettelbrief *(abwertend)* · *im Parlament:* Motion *(schweiz.)*, Gegenantrag; ↑Angebot, ↑Bitte, ↑Mitteilung, ↑Schreiben, ↑Weisung.

²Gesuch: ein G. stellen ↑einreichen.

gesucht: ↑begehrt, ↑geziert.

Gesulztes ↑Sülze.

Gesumm ↑Geräusch.

Gesumme ↑Geräusch.

Gesums: ↑Geräusch, ↑Kram.

Gesumse ↑Geräusch.

¹gesund, [gesund und] munter, kraftstrotzend, gesundheitsstrotzend, frisch, kerngesund, kregel *(landsch.)*, pumperlgesund *(ugs., österr.)*, nicht ↑krank; ↑fit, ↑heil; **g. machen,** behandeln, therapieren, pflegen, heilen, wiederherstellen, [aus]kurieren, nicht verschleppen, besprechen, gesundbeten, Hand auflegen, in Ordnung / in die Reihe / über den Berg / wieder auf die Beine bringen *(ugs.)*, jmdn. wieder hinkriegen *(salopp)*, aufhelfen, retten; ↑behandeln, ↑helfen, ↑lindern; **g. werden,** heilen, ausheilen, genesen, gesunden, sich bessern, auf dem Wege der Besserung sein, sich auf dem Wege der Besserung

befinden, Besserung tritt ein, aufkommen, wieder auf die Beine / auf den Damm kommen *(ugs.)*, sich [wieder] bekrabbeln *(ugs.)*, ↑erholen (sich); **g. sein,** wohlauf / wohl / fit / *(ugs.)* mobil / in Form / *(ugs.)* auf dem Posten / wieder auf dem Damm / *(südwestd.)* busper sein, munter wie ein Fisch im Wasser / springlebendig sein, jmdm. geht es gesundheitlich gut; **g. aussehen,** aussehen wie das blühende Leben / wie Milch und Blut, vor Gesundheit strotzen; ↑Arzt, ↑Behandlung, ↑Gesundheit, ↑Verfassung.

²gesund: ↑bekömmlich, ↑nahrhaft; einen -en Appetit haben ↑esslustig (sein); -er Menschenverstand ↑Klugheit.

gesundbeten ↑gesund [machen].

gesunden ↑gesund [werden].

¹Gesundheit, Wohlbefinden, Wohlsein, Rüstigkeit, gutes Befinden, Fitness, Gesundheitszustand; ↑Rekonvaleszent · Ggs. ↑Krankheit; **an seine G.** denken, keinen Raubbau mit seiner Gesundheit treiben, sich schonen; ↑gesund.

²Gesundheit: mit seiner G. Raubbau treiben ↑übernehmen (sich); vor G. strotzen ↑gesund [sein].

gesundheitlich: jmdm. geht es g. gut ↑gesund [sein].

Gesundheitsingenieur ↑Ingenieur.

Gesundheitskalender ↑Kalender.

Gesundheitspolizei ↑Polizeibehörde.

gesundheitsstrotzend ↑gesund.

Gesundheitstee ↑Tee.

Gesundheitszustand ↑Gesundheit.

gesundschrumpfen ↑verringern.

Gesundschrumpfung ↑Verminderung.

gesundstoßen: sich g. ↑Profit [machen].

Gesundung ↑Wiederherstellung.

gesüßt ↑süß.

Getäfel ↑Täfelung.

Getäfer ↑Täfelung.

¹geteilt, zweigeteilt, auseinander, getrennt; ↑defekt; ↑Abtrennung; ↑teilen.

²geteilt: die -e Stadt ↑Berlin.

getigert ↑gemustert.

getönt ↑differenziert.

Getöse ↑Lärm.

¹Getränk, Trank, Trunk, Drink, Trinkbares *(ugs.)*, Tranksame *(schweiz.)*, Gebräu, Gesöff *(derb, abwertend)*, Plörre *(salopp, abwertend)*, Plempe *(salopp, abwertend)*, Brühe *(salopp, abwertend)*; ↑Bier, ↑Flüssigkeit, ↑Kaffee, ↑Mixgetränk, ↑Wein; ↑trinken; ↑trunksüchtig.

²Getränk: alkoholisches / geistiges G. ↑Alkohol; scharfe -e ↑Alkohol.

Getränkebude ↑Verkaufsstand.

Getränkekiosk ↑Verkaufsstand.

Getränkestand ↑Verkaufsstand.

Getränkesteuer ↑Abgabe.

getrauen: sich g. ↑wagen.

Getreide, Körnerfrucht, Feldfrucht, Korn, Frucht · Weizen · Hafer · Gerste · Roggen,

Korn · Grünkern, Grünkorn · Hirse, Brein *(österr.)* · Reis, Milchreis, Tafelreis, Suppenreis, Bouillonreis · Mais, Welschkorn, indianisches Korn, türkischer Weizen, Kukuruz *(österr.)* · Futtergetreide; ↑Dreschflegel, ↑Getreideflocken, ↑Kleie.

Getreideboden ↑Silo.

Getreideernte ↑Ernte.

Getreideflocken, Zerealien · Maisflocken, Cornflakes, Popcorn, Puffmais, Röstmais, Haferflocken · Weizenflocken; ↑Getreide, ↑Mais.

Getreidegarbe ↑Garbe.

Getreidekammer ↑Silo.

Getreidelagerhaus ↑Silo.

Getreidemühle ↑Windmühle.

Getreideschnitt ↑Ernte.

Getreidesilo ↑Silo.

Getreidespeicher ↑Silo.

getrennt: ↑einzeln, ↑geteilt; g. [von Tisch und Bett] leben ↑geschieden [sein]; g. schreiben ↑schreiben.

getreu ↑treu.

Getreuer ↑Freund.

getreulich ↑treu.

Getriebe: ↑Hast; es ist Sand im G. ↑funktionieren.

getrieben: ↑lebhaft, ↑ruhelos.

Getriebener ↑Umherirrender.

Getriebensein ↑Unrast.

getrost ↑zuversichtlich.

getrübt ↑spannungsgeladen.

Getto ↑Stadtteil.

¹Getue *(abwertend)* Gedöns *(ugs., abwertend)*, Gewese *(ugs., abwertend)*, Theater *(abwertend)*, Affentheater *(ugs., abwertend)*, Affenzeck *(salopp)*, Pflanz *(ugs., österr.)*, Wirbel *(abwertend)*, Tamtam *(ugs., abwertend)*, Zirkus *(abwertend)*, Sturm im Wasserglas, viel Lärm um nichts; ↑Erregung, ↑Gerede.

²Getue: ↑Benehmen, ↑Ziererei.

Getümmel ↑Ansammlung.

getupft ↑gemustert.

Geübtheit ↑Kunstfertigkeit.

Gevatter: ↑Pate; G. Tod ↑Tod.

Gevatterin ↑Patin.

Gevatterschaft ↑Patenschaft.

Gevattersmann ↑Pate.

Gewächs: ↑Geschwulst, ↑Pflanze, ↑Wein.

gewachsen: ↑organisch; sich jmdm. / einer Sache g. fühlen ↑bereit [sein]; jmdm. / einer Sache g. sein ↑bewältigen.

Gewächshaus: ↑Orangerie, ↑Treibhaus.

gewagt ↑gefährlich.

gewählt, gepflegt, gehoben, vornehm; ↑geschmackvoll.

Gewähltheit, Ausgesuchtheit, Gepflegtheit, Geschliffenheit, Ausgefeiltheit, Ausgewogenheit; ↑Ausgereiftheit, ↑Geziertheit.

gewahr: g. werden ↑wahrnehmen; etwas nicht g. werden ↑merken.

Gewähr: [ohne G.] ↑Sicherheit.

gewahren ↑wahrnehmen.

¹gewähren, [einem Wunsch] entsprechen, [einer Bitte] stattgeben, zugestehen, bewilligen, zuteil werden lassen; ↑billigen; **gewährt werden,** zuteil werden, vergönnt / *(geh.)* beschieden sein; **nicht g.,** versagen; **nicht gewährt werden,** versagt bleiben, nicht beschieden / vergönnt sein.

²gewähren: freien Abzug / freies Geleit g. ↑freilassen; Einlass g. ↑einlassen; jmdm. eine Gunst g. ↑Gunst; Schutz g. ↑behüten.

Gewährenlassen ↑Duldung.

¹gewährleisten, verbürgen, bürgen für, verbriefen.

²gewährleisten: gewährleistet ↑verbürgt.

Gewährleistetsein ↑Authentizität.

Gewahrsam: ↑Aufbewahrung; polizeilicher G. ↑Freiheitsentzug; in G. nehmen ↑festsetzen, ↑verhaften.

Gewährsmann, Informant, Quelle, Verbindungsmann, V-Mann, Kontaktmann, Hintermann; ↑Auskundschafter, ↑Beauftragter, ↑Geheimpolizist, ↑Spion, ↑Vermittler; ↑mitteilen, ↑wissen; **den G. nennen,** Ross und Reiter nennen; ↑mitteilen.

¹Gewalt, Zwang, Willkür, Brachialgewalt, Terror, Terrorismus, Staatsterrorismus, Militärgewalt, Waffengewalt; ↑Anarchie, ↑Macht, ↑Verstoß; **jmdn. in seine G. bekommen,** jmdn. zu fassen kriegen *(ugs.)*; **in jmds. G. geraten,** jmdm. unter die Finger kommen *(ugs.)*; ↑unbarmherzig.

²Gewalt: ↑Fähigkeit; höhere G. ↑Schicksal; rohe G. ↑Faustrecht; jmdm. G. antun ↑vergewaltigen; G. anwenden ↑einschreiten; jmdn. / etwas in der G. haben ↑Einfluss; sich in der G. haben ↑ruhig; mit [aller] G. ↑unbedingt.

Gewaltakt ↑Verschwörung.

gewaltblond ↑blond.

Gewaltenteilung ↑Verhältniswahl.

¹gewaltfrei, gewaltlos, unblutig.

²gewaltfrei: -er Ungehorsam ↑Widerstand.

Gewalthaber ↑Oberhaupt.

Gewaltherrschaft ↑Herrschaft.

Gewaltherrscher, Tyrann, Despot, Unterdrücker, Diktator, Alleinherrscher; ↑Faustrecht, ↑Herrschaft, ↑Oberhaupt; ↑tyrannisch.

¹gewaltig, mächtig, enorm, ungeheuer, kolossalisch, kolossal, titanisch, monströs, voluminös, exorbitant, schwerwiegend, schwergründig *(schweiz.)*, gigantisch, monumental, groß, massiv, schwer, stark, grob; ↑außergewöhnlich, ↑böse, ↑groß, ↑lebhaft, ↑umfangreich, ↑unsagbar.

²gewaltig: ↑sehr; g. schwere See ↑Seegang.

gewaltlos: ↑gewaltfrei; -er Widerstand ↑Widerstand.

Gewaltlosigkeit ↑Pazifismus.

Gewaltmarsch: ↑Marsch (der), ↑Spaziergang

gewaltsam: -er Tod ↑Exitus.

Gewaltstreich ↑Überfall.
Gewalttat ↑Verbrechen.
Gewalttäter ↑Verbrecher.
gewalttätig ↑handgreiflich.
Gewalttätigkeit ↑Grausamkeit.
Gewaltverbrechen ↑Verbrechen.
Gewaltverzicht ↑Pazifismus.
Gewaltverzichtsabkommen ↑Nichtangriffspakt.
Gewaltverzichtserklärung ↑Nichtangriffspakt.
Gewand: ↑Kleid; liturgisches G. ↑Parament.
Gewände ↑Felswand.
Gewandlaus ↑Mann.
¹gewandt, weltgewandt, weltläufig, weltmännisch, urban, sicher, geschliffen; ↑gebildet, ↑geschickt, ↑schlau, ↑städtisch; ↑Gentleman, ↑Weltgewandtheit, ↑Wendigkeit.
²gewandt: ↑gelenkig, ↑geschickt.
Gewandtheit: ↑Kunstfertigkeit, ↑Weltgewandtheit, ↑Wendigkeit.
Gewandung ↑Kleidung.
Gewanndorf ↑Dorf.
gewappnet ↑kampfbereit.
Gewappnetsein ↑Kampfbereitschaft.
gewärtig: g. sein ↑gewärtigen.
gewärtigen, gewärtig sein, gefasst sein / sich gefasst machen auf; ↑hoffen, ↑vermuten.
Gewäsch (abwertend) Blabla (abwertend), Geschwätz, Gefasel (abwertend), Bafel, Geschwafel (abwertend), Geseire (abwertend), leeres Gerede / Stroh (abwertend), Wischiwaschi (ugs.), Wischwasch (ugs.), Schmus, Schmonzes (ugs.); ↑Gerede, ↑Klatsch, ↑Redseligkeit.
Gewässer, Wasser, Binnengewässer, Binnenwasser, Binnenmeer, Binnensee; ↑Meer, ↑Mündung, ↑Pfütze, ↑See.
¹Gewebe, Gespinst, Gestrick, Gewirk, Stoff, Netz; ↑Faser, ↑Geflecht, ↑Seide, ↑Textilien, ↑Wolle; ↑weben.
²Gewebe ↑Stoff.
geweckt ↑aufgeschlossen.
Gewehr ↑Schusswaffe.
Gewehrfeuer ↑Schusswechsel.
Gewehrkugel ↑Munition.
Gewehrlauf, Büchsenlauf, Flintenlauf, Doppellauf, Lauf; ↑Schusswaffe.
Gewehrsalve ↑Schuss.
Gewehrschuss ↑Schuss.
Gewehrüber: mit G. nach Hause gehen ↑steif [sein].
¹Geweih (Hirsch, Rentier), Gehörn (Rehbock), Schaufeln (Hirsch), Hörner (Gämswild), Krickel (Gämswild), Krucken (Gämswild), Gestänge, Stangen, Spieße.
²Geweih: [dem Mann] ein G. aufsetzen ↑untreu [sein].
Geweihfarn ↑Farn.
geweiht ↑sakral.
gewellt ↑lockig.
Gewerbe: ↑Bauernhof, ↑Beruf; ambulantes G.

↑Einzelhandel, ↑Prostitution; das älteste G. der Welt, horizontales G. ↑Prostitution.
Gewerbebetrieb ↑Fabrik.
Gewerbeschule ↑Schule.
Gewerbesteuer ↑Abgabe.
Gewerbetreibender ↑Berufsstand.
Gewerkschaft ↑Arbeitnehmervertretung.
Gewese ↑Getue.
¹gewesen, vergangen, vormalig, ehemalig, früher, letzt..., verflossen (ugs.), alt (schweiz., z. B. alt Bundesrat); ↑damals.
²gewesen: -e Tage / Zeit / Zeiten ↑Vergangenheit.
¹Gewicht, Körpergewicht, Eigengewicht, Schwere; ↑Gewichtseinheit, ↑Lebendgewicht, ↑Waage; sein G. feststellen, sein Gewicht prüfen, auf die Waage steigen / klettern (ugs.), sich wiegen, sich auf die Waage stellen; ↑abwiegen, ↑wiegen.
²Gewicht: ↑Ansehen, ↑Einfluss, ↑Lebendgewicht, ↑Nachdrücklichkeit; G. haben ↑schwer [sein]; ↑wichtig [sein]; jmds. G. (oder:) das Gewicht von etwas beträgt / ist ..., ein bestimmtes G. haben / auf die Waage bringen ↑wiegen; das G. feststellen ↑abwiegen; G. legen auf ↑betonen; sein ganzes G. in die Waagschale werfen ↑Einfluss [ausüben]; mit G. ↑nachdrücklich; ohne G. ↑federleicht.
Gewichtheben ↑Schwerathletik.
gewichtig: ↑hochtrabend, ↑nachdrücklich, ↑wichtig.
Gewichtigkeit: ↑Bedeutsamkeit, ↑Nachdrücklichkeit.
gewichtlos ↑federleicht.
Gewichtsabnahme ↑Abmagerung.
Gewichtseinheit, Milligramm, Zentigramm, Dekagramm (österr.), Deka (österr.), Gramm, Kilogramm, Kilo, Pfund, Zentner, Doppelzentner, Meterzentner (österr.), Tonne · alte: Lot, Quäntchen · für Edelsteine: Karat · als altes Apothekergewicht: Unze, Drachme, Skrupel, Gran; ↑Flächenmaß, ↑Gewicht, ↑Hohlmaß, ↑Längenmaß, ↑Raummaß, ↑Stück, ↑Waage; ↑abwiegen, ↑wiegen.
gewichtslos ↑federleicht.
Gewichtsverlust ↑Abmagerung.
Gewichtwerfen ↑Schwerathletik.
gewieft ↑schlau.
gewiegt ↑schlau.
Gewieher: ↑Gelächter, ↑Lache.
gewillt ↑bereit.
Gewimmel ↑Ansammlung.
Gewimmer ↑Klagelaut.
Gewinde, Schraubengewinde, Windung.
Gewinn: ↑Ertrag, ↑Hauptgewinn, ↑Profit, ↑Sieg; G. erzielen ↑verdienen; G. haben ↑profitieren; G. ziehen aus ↑Profit [machen]; G. aus etwas ziehen ↑kommerzialisieren; auf G. bedacht ↑habgierig.
Gewinnanteil, Dividende, Reingewinn, Tantieme; ↑Ertrag.

Gewinn bringend ↑einträglich.

¹gewinnen (jmdn. für etwas), jmdn. für etwas werben / interessieren, sich jmds. Mitarbeit / Unterstützung sichern; ↑verleiten; **Wählerstimmen g.**, zulegen (diese Partei hat zugelegt).

²gewinnen: ↑erwerben, ↑siegen; mit etwas ist kein Blumentopf zu g. ↑Erfolg; Einblick g. [in] ↑wissen; Einfluss g. ↑beeinflussen; die Oberhand g. ↑durchsetzen (sich); das Weite g. ↑entkommen; an Boden g. ↑ausbreiten (sich); [an] Profil g. ↑profilieren (sich); es über sich g. ↑überwinden (sich).

gewinnend: ↑charmant, ↑hübsch, ↑sympathisch.

Gewinner: ↑Held, ↑Nutznießer, ↑Sieger.

Gewinnlos ↑Los.

Gewinnspanne, Handelsspanne, Reinertrag, Reinerlös, Reinverdienst; ↑Ertrag, ↑Vorteil.

Gewinnsucht ↑Habgier.

gewinnsüchtig ↑habgierig.

Gewinsel ↑Klagelaut.

Gewirk ↑Gewebe.

Gewirr ↑Verwirrung.

¹gewiss, überzeugt, sicher; **g. sein,** seiner Sache sicher sein, keine Zweifel haben, bombensicher sein *(ugs.),* felsenfest von etwas überzeugt sein.

²gewiss: ↑bestimmt, ↑ja, ↑wahr, ↑wahrlich, ↑zwar, ↑zweifellos.

Gewissen: sein G. erleichtern ↑gestehen; ein schlechtes G. haben ↑verlegen [sein]; auf Ehre und G. ↑wahrlich; auf dem G. haben ↑schuldig [sein]; ins G. reden ↑schelten; mit gutem G. ↑unbesorgt.

gewissenhaft, [peinlich] genau, peinlich, pedantisch *(abwertend),* penibel, sorgfältig, akkurat, gründlich, eingehend, reiflich, eigen; ↑behutsam, ↑engherzig, ↑erprobt, ↑minuziös, ↑pünktlich; ein g., sich nichts schenken, es sich nicht leicht machen, genau sein bis aufs i-Tüpfel *(ugs., österr.)* · Ggs. ↑Gedankenlosigkeit.

Gewissenhaftigkeit ↑Pflichtbewusstsein.

gewissenlos ↑rücksichtslos.

Gewissenlosigkeit, Skrupellosigkeit, Rücksichtslosigkeit, Bedenkenlosigkeit; ↑Pflichtvergessenheit; ↑rücksichtslos · Ggs. ↑Schuldgefühl.

Gewissensangst ↑Schuldgefühl.

Gewissensbisse: ↑Schuldgefühl; G. haben, sich G. machen ↑Schuldgefühl.

Gewissenserleichterung ↑Beichte.

Gewissenslast ↑Schuldgefühl.

Gewissensnot ↑Schuldgefühl.

Gewissenspein ↑Schuldgefühl.

Gewissensqual ↑Schuldgefühl.

Gewissensskrupel ↑Schuldgefühl.

Gewissenswurm ↑Schuldgefühl.

¹gewissermaßen, an und für sich, sozusagen, eigentlich, so gut wie, quasi *(ugs.);* ↑schlechthin.

²gewissermaßen ↑gleichsam.

Gewissheit, Sicherheit, Garantie; **ohne G. zu** haben, auf gut Glück, aufs Geratewohl, ins Blaue, auf Verdacht.

¹Gewitter, Wetterleuchten, Gewittertätigkeit; **ein G. zieht auf,** ein Gewitter zieht herauf, es gewittert / ist gewittrig / blitzt und donnert / *(ugs.)* grummelt; ↑Blitz, ↑Blitzableiter, ↑Wetter.

²Gewitter: wies G. ↑schnell.

Gewittercharge ↑Schauspieler.

Gewitterfront ↑Wetterfront.

gewittern: es gewittert ↑Gewitter.

Gewitterregen ↑Niederschlag.

Gewittertätigkeit ↑Gewitter.

Gewitterverteiler ↑Schirm.

Gewitterwolke: -n ↑Wolken.

gewittrig: ↑schwül; es ist g. ↑Gewitter.

gewitzigt: g. sein ↑Erfahrung [haben].

gewitzt ↑schlau.

Gewitztheit ↑Klugheit.

gewogen: jmdm. g. sein ↑lieben.

Gewogenheit ↑Zuneigung.

gewöhnen: an den Menschen g. ↑zähmen; sich g. an ↑anpassen; sich an etwas nicht g. können ↑anfreunden (sich mit).

Gewohnheit: ↑Brauch; eine G. ablegen, mit einer G. brechen, von einer G. abgehen ↑abgewöhnen (sich etwas); zur G. werden ↑üblich [werden].

Gewohnheitsrecht ↑Anspruch.

Gewohnheitstrinker ↑Trinker.

Gewohnheitsverbrecher ↑Verbrecher.

¹gewöhnlich, gemein, unflätig, ausfallend, primitiv, ordinär, vulgär, skatologisch, pöbelhaft *(abwertend),* proletenhaft *(abwertend);* ↑anrüchig, ↑anstößig, ↑frech, ↑gemein, ↑unhöflich.

²gewöhnlich: ↑üblich; der -e Sterbliche ↑Durchschnittsbürger; [für g.] ↑generell.

gewohnt ↑üblich.

Gewohntsein ↑Üblichkeit.

Gewöhnung: ↑Anpassung, ↑Sucht.

¹Gewölbe, Kuppel, Dom *(dichter.),* Wölbung · Tonnengewölbe, Rundtonne, Halbtonne, Flachtonne, Parabeltonne, Spitztonne, steigende Tonne, Ringtonne, Horngewölbe, Schneckengewölbe, Domikalgewölbe, Dreistrahlgewölbe, Kegelgewölbe, Fächergewölbe, Zellengewölbe, Stalaktitengewölbe, Klostergewölbe, Kreuzgewölbe, Kreuzgratgewölbe, Kreuzrippengewölbe, Kreuzkappengewölbe, Sterngewölbe, Netzgewölbe, Muldengewölbe, Spiegelgewölbe; ↑Dach, ↑Kuppel.

²Gewölbe ↑Laden.

Gewölbepfeiler ↑Säule.

gewölbt ↑gebogen.

Gewölk ↑Wolken.

gewollt ↑absichtlich.

Gewühl ↑Ansammlung.

gewünscht ↑ersehnt.

Gewurl ↑Ansammlung.

¹Gewürz, Würze, Aroma · *aus Samen oder Früchten von Pflanzen gewonnenes:* [schwarzer / weißer / grüner] Pfeffer, Cayennepfeffer · Paprika, Rosenpaprika · Piment, Nelkenpfeffer, Neugewürz · Kardamom · Koriander · Anis · Kümmel · Senfkorn · Wacholderbeere, Machandelbeere, Krammetsbeere *(oberd.),* Kaddigbeere *(landsch.)* · Fenchel · Vanille · *aus Blüten:* Gewürznelke, Nelke, Näglein *(landsch.)* · Safran · Kapern · *aus Blättern:* Lorbeer · Majoran, Oregano · Thymian, Quendel · *aus Rinden und Wurzeln:* Zimt, Kaneel · Ingwer · Kalmus · Kurkuma · *gemischtes:* Curry · *als Gewürz für Bowle verwendete Pflanze:* Waldmeister; ↑Küchengewürz, ↑Salz, ↑Senf.

²Gewürz: englisches G. ↑Piment.

Gewürzampfer ↑Gemüse.

Gewürzgurke ↑Gurke.

Gewürzkorn: Gewürzkörner ↑Piment.

Gewürzmühle ↑Mühle.

Gewürznelke ↑Gewürz.

Gewürzpflanze ↑Küchengewürz.

Gewürzwein, Glühwein, Punsch, Schwedenpunsch, Bowle, Maibowle, Feuerzangenbowle, kalte Ente; ↑Wein.

Gewusel ↑Ansammlung.

gezackt, gezähnt, gezahnt, gezähnelt; ↑kantig, ↑spitz.

gezähmt ↑zahm.

gezähnelt ↑gezackt.

gezahnt ↑gezackt.

gezähnt ↑gezackt.

Gezänk ↑Streit.

Gezanke ↑Streit.

Gezeit ↑Gezeiten.

Gezeiten, Gezeitenwechsel, Gezeit, Tide, Ebbe und Flut; ↑Ebbe, ↑Flut.

Gezeitenwechsel ↑Gezeiten.

Gezeter ↑Geschrei.

gezielt ↑planmäßig.

geziemend ↑angemessen.

geziemlich ↑angemessen.

geziert, gequält, gezwungen, gesucht, affektiert, gemacht, unecht, unnatürlich, gespreizt, gestelzt, geschraubt, geschwollen, phrasenhaft, theatralisch, manieriert, gekünstelt, erkünstelt, geblümt, blumenreich; ↑ausdrucksvoll, ↑geistreich; ↑Geziertheit.

Geziertheit, Ziererei, Gespreiztheit, Gestelztheit, Geschraubtheit, Affektiertheit, Gekünsteltheit, Künstelei, Manieriertheit, Gezwungenheit, Steifheit, Unnatürlichkeit, Geschwollenheit; ↑Gewähltheit; ↑geziert.

Gezücht ↑Abschaum.

gezügelt ↑ruhig.

Gezweig ↑Zweig.

gezwungen: ↑geziert, ↑nolens volens, ↑notgedrungen.

gezwungenermaßen: ↑nolens volens, ↑notgedrungen.

Gezwungenheit ↑Geziertheit.

Gfrast: ↑Flegel, ↑Staubflocke.

Gfrett ↑Anstrengung.

Gfrieß ↑Gesicht.

Gfrött ↑Anstrengung.

Ghasel ↑Gedicht.

¹Ghetto, Ausgeschlossenheit, Ausgestoßensein, Kontaktlosigkeit, Quarantäne.

²Ghetto ↑Stadtteil.

Ghom ↑Orientteppich.

Ghostwriter ↑Schriftsteller.

G. I. ↑Soldat.

Giaur ↑Andersgläubiger.

Gibbon ↑Affe.

Gibli ↑Wind.

Gicht ↑Arthritis.

Gichtkraut ↑Schlüsselblume.

Gichtmorchel ↑Ständerpilz.

Gichtwiese ↑Campingplatz.

Gickel ↑Hahn.

gickeln ↑lachen.

gicksen ↑stechen.

¹Giebel, Dachgiebel · Blendgiebel, Ziergiebel, Treppengiebel, Staffelgiebel, Zwerchgiebel, Knickgiebel, Volutengiebel, Maßwerkgiebel, gesprengter Giebel, Frontgiebel, Frontispiz; ↑Dachfirst, ↑Haus, ↑Mauer.

²Giebel: ↑Aufbau, ↑Fisch.

Giebelaufsatz ↑Aufbau.

Giebeldach ↑Dach.

Giebelfenster ↑Dachfenster.

Giebelmauer ↑Mauer.

Giebelstube ↑Raum.

Giebelwand ↑Mauer.

Giebelzimmer ↑Raum.

Gieper ↑Leidenschaft.

Gier ↑Leidenschaft.

gieren: [g. nach] ↑streben.

gierig ↑begierig.

Gießbach ↑Bach.

gießen: ↑schütten, ↑sprengen; es gießt [wie mit Kübeln] ↑regnen; Öl auf die Wogen g. ↑beruhigen; einen auf die Lampe g., sich einen hinter die Binde g. ↑trinken; Wasser in den Wein g. ↑ernüchtern; Öl ins Feuer g. ↑aufwiegeln, ↑verschärfen.

¹Gießkanne, Spritzkanne *(schweiz.),* Spritzkrug *(oberd.).*

²Gießkanne ↑Penis.

¹Gift, Giftstoff, Toxikum, Venenum · · *organisches:* Toxin, Toxoprotein · *pflanzliches:* Phytotoxin, Pflanzengift, Pfeilgift, Kurare, Curare, Upas · *tierisches:* Zootoxin, Tiergift, Schlangengift, Insektengift, Bienengift · *bakterielles:* Bakteriotoxin, Bakteriengift · Leichengift, Ptomain, Cadaverin, Putrescin · *chemisches:* Arsenik, Blausäure, Strychnin, Zyankali, Bleiweiß, Brom, Chlor, Grünspan, Kupfervitriol, Kohlenoxid, Rattengift · Pflanzenschutzmittel, E 605; ↑Gegenmittel, ↑Rauschgift.

²Gift: etwas ist G. für jmdn. ↑verderblich [sein]; G. darauf nehmen, dass ... ↑zweifeln; darauf kannst du G. nehmen ↑versprechen; G. und Galle speien / spucken ↑schelten.

giften: sich g. ↑ärgerlich [sein].

Giftgas, Kampfgas, Tränengas, Gaskampfstoff, Giftgaskampfstoff, Senfgas, Lost, Gelbkreuzgas, Gelbkreuz, Grünkreuzgas, Grünkreuz, Blaukreuzgas, Blaukreuz; ↑Abgas, ↑Gas, ↑Waffen.
giftgrün ↑grün.
giftig: ↑virulent; -er Pilz ↑Pilz.
Giftmord ↑Tötung.
Giftmüll ↑Müll.
Giftnatter ↑Schlange.
Giftnudel ↑Zigarre.
Giftpfeil: -e abschießen ↑spöttisch [sein].
Giftpilz ↑Pilz.
Giftschlange ↑Schlange.
Giftschrank ↑Schrank.
Giftstoff ↑Gift.
Gig: ↑Boot, ↑Beiboot.
gigampfen ↑schaukeln.
Gigampfi ↑Schaukel.
Gigant: ↑Held, ↑Riese.
gigantisch ↑gewaltig.
Gigerl ↑Geck.
Gigolo: ↑Betreuer, ↑Eintänzer, ↑Jüngling.
Gigue ↑Tanz.
Gilatier ↑Eidechse.
Gilbhart ↑Oktober.
Gilde: ↑Genossenschaft, ↑Zweckverband.
Gilet ↑Weste.
Gimpel: ↑Narr, ↑Vogel.
Gin ↑Alkohol.
Ginster ↑Zierstrauch.
¹Gipfel, Spitze, Spitz *(oberd.),* Kuppe, Berggipfel, Bergkuppe, Bergspitze, Gupf *(oberd.),* Horn, Zacken, Zinne, Joch, Schober *(oberd.),* Schrofen *(oberd.),* Nock *(bayr., österr.),* Kogel *(oberd.),* Kofel *(bayr., Tirol)* · Monte [Marmolata] *(ital.),* Mont [Cervin] *(franz.),* Mount [Everest] *(engl.),* Piz [Buin] *(rätoromanisch),* Pizzo [Stella] *(ital.),* Pic [d'Orky] *(franz.),* Peak *(engl.),* Ras [en Naqb] *(arab.);* ↑Berg, ↑Grat.
²Gipfel: ↑Gipfeltreffen, ↑Höhepunkt, ↑Hörnchen; das ist der G.! ↑unerhört [sein]; den G. erreichen ↑gipfeln.
Gipfelkonferenz: ↑Gipfeltreffen, ↑Tagung.
Gipfelleistung ↑Höchstleistung.
gipfeln: etwas gipfelt / kulminiert in etwas, den Höhepunkt / Kulminationspunkt / Gipfel / Zenit erreichen; ↑Höhepunkt.
Gipfelstürmer: ↑Bergsteiger, ↑Optimist.
¹Gipfeltreffen, Gipfelkonferenz, Gipfel *(ugs.),* Vierertreffen; ↑Geheimkonferenz, ↑Tagung.
²Gipfeltreffen ↑Tagung.
Gipferl ↑Brötchen.
Gips: ↑Bindemittel, ↑Schüttgut.
Gipsabdruck ↑Abguss.
Gipsabguss ↑Abguss.
Gipser ↑Maler.
Gipskopf ↑Dummkopf.
Gipsverband ↑Verband.
Giraffe ↑Sternbild.
Girardihut ↑Kopfbedeckung.

Girl ↑Mädchen.
Girlitz ↑Vogel.
Girobank ↑Geldinstitut.
Girokasse ↑Geldinstitut.
Girokonto ↑Bankkonto.
girren ↑Laut.
Gischt: ↑Brandung, ↑Welle.
Gispel ↑Nervenbündel.
Gitarre ↑Zupfinstrument.
Gitarrespieler ↑Musizierender.
Gitarrist ↑Musizierender.
¹Gitter, Vergitterung, Tralje *(landsch.),* Gitterstäbe; ↑Geländer.
²Gitter: ↑Zaun; hinter -n sitzen ↑abbüßen.
Gitterbett ↑Bett.
Gitterschlange ↑Schlange.
Gitterstab: Gitterstäbe ↑Gitter.
Gitterzaun ↑Zaun.
Glace ↑Eis.
Glacé ↑Leder.
Glacéhandschuh: jmdn. mit -en anfassen ↑umgehen (mit jmdm.).
Glacéleder ↑Leder.
Glamourgirl, Reklameschönheit, Werbeschönheit; ↑Fotomodell, ↑Nackte.
Glans, Eichel (beim Penis); ↑Penis, ↑Vorhaut.
Glanz: ↑Herrlichkeit, ↑Schein; mit G. und Gloria durchfallen ↑versagen.
glänzen: ↑leuchten, ↑prunken; durch Abwesenheit g. ↑abwesend [sein].
¹glänzend, leuchtend, funkelnd, schimmernd, gleißend, blinkend, blitzend, glitzernd, schillernd, opalisierend; ↑leuchten.
²glänzend: ↑blank, ↑blendend, ↑meisterhaft; eine -e Figur machen ↑auffallen; g. in Form sein ↑brillieren.
Glanzleistung ↑Höchstleistung.
Glanzlicht ↑Glanzpunkt.
glanzlos ↑matt.
Glanznummer ↑Glanzpunkt.
Glanzpapier ↑Buntpapier.
Glanzpunkt, Glanznummer, Glanzlicht, Glanzstück, Stern, Star, Prachtstück, Paradenummer, Zugstück, Zugnummer, Zugpferd, Attraktion, Clou, Schlager, Aushängeschild, Glanzpunktlokomotive (z. B. Wahllokomotive), Glanzpunktmagnet (z. B. Wahlmagnet), Anziehung; ↑Anziehungskraft, ↑Höhepunkt, ↑Köder.
Glanzstück ↑Glanzpunkt.
¹Glas · Quarzglas, Kieselglas, Borosilicatglas, Kristallglas, Bleiglas, Bleikristall, Drahtglas, Verbundsicherheitsglas, Einscheibensicherheitsglas, Pressglas, Gussglas, Tafelglas, Spiegelglas, Bauglas, Dickglas, Dünnglas, Schleifglas, Fensterglas · Thermopane®, Isolierglas · Sicherheitsglas, Sekurit® · Flaschenglas, Rohglas, Jenaer Glas® · Farbglas, Trübglas, Opakglas, Opalglas, Rauchglas; ↑Baumaterial, ↑Baustein.
²Glas: ↑Trinkgefäß; Gläser ↑Brille; kein leeres

G. sehen können ↑trinken; zu tief ins G. geschaut haben ↑betrunken [sein].
Glasbaustein ↑Baustein.
Glasbruchversicherung ↑Versicherung.
Glaserkitt ↑Bindemittel.
gläsern: ↑stier, ↑zerbrechlich; -e Hochzeit ↑Hochzeitstag.
Gläsertuch ↑Handtuch.
Glasglocke, Glassturz *(bes. südd., österr.),* Sturzglas *(österr.),* Sturz *(österr.).*
glashart ↑fest.
Glashaus ↑Treibhaus.
glasig ↑stier.
Glaskäfig ↑Käfig.
Glaskirsche ↑Obst.
glasklar: ↑hell, ↑klar.
Glasmaler ↑Kunstmaler.
Glasmalerei ↑Maltechnik.
Glaspapier ↑Schmirgelpapier.
Glasperle ↑Perle.
Glasperlenspiel ↑Weltfremdheit.
Glasreiniger ↑Fensterputzer.
Glasröhrchen ↑Ampulle.
Glassturz ↑Glasglocke.
Glast ↑Schein.
¹Glasur, Lasur, Schmelz, Bleiglasur, Mattglasur, Porzellanglasur, Steingutglasur; ↑Steingut.
²Glasur ↑Guss.
Glasvase ↑Blumenvase.
Glaswand ↑Mauer.
¹glatt, spiegelglatt, rutschig, schlüpfrig, glitschig; ↑Rutschbahn, ↑Straßenglätte.
²glatt: ↑höflich, ↑kurzerhand, ↑rundheraus, ↑spaßig; -er Satz ↑Schriftsatz; vollkommen -e See ↑Seegang; nicht g. ↑faltig, ↑lockig, ↑rau.
glattbärtig ↑bartlos.
Glätte: ↑Glatteis, ↑Straßenglätte.
Glättebildung ↑Glatteis.
¹Glatteis, Schneeglätte, Eisglätte, Glätte, Straßenglätte, überfrierende Nässe, Glatteisbildung, Glättebildung, Reifglätte, Vereisung, Rutschgefahr; ↑Kälte, ↑Niederschlag.
²Glatteis: ↑Straßenglätte; aufs G. führen ↑betrügen, ↑verwirren.
Glatteisbildung ↑Glatteis.
Glätteisen ↑Bügeleisen.
¹glätten, schleifen, abschleifen, glatt schleifen, abreiben, glatt reiben, feilen, abfeilen, glatt feilen, schmirgeln, abschmirgeln, abziehen, fräsen, hobeln, abhobeln, glatt hobeln, behobeln, abschaben, glatt schaben, bimsen, abkratzen; ↑polieren.
²glätten: ↑bügeln, ↑nivellieren, ↑polieren; die Wogen g. sich ↑abreagieren (sich); die Wogen g. ↑beruhigen.
glatt feilen ↑glätten.
glatt gehen: ↑gelingen; etwas geht glatt ↑reibungslos [verlaufen].
glatt hobeln ↑glätten.
glatt machen ↑nivellieren.
glatt rasiert ↑bartlos.

glatt reiben ↑glätten.
glatt schaben ↑glätten.
glatt schleifen ↑glätten.
glattstielig: Glattstieliger Röhrling ↑Ständerpilz.
glattweg: ↑kurzerhand, ↑rundheraus.
Glatze, Glatzkopf, Kahlkopf, Tonsur, Platte *(ugs.),* Spielwiese *(scherzh.),* Kahlschlag *(scherzh.),* Landeplatz *(scherzh.);* ↑Haar, ↑Haarausfall, ↑Haarlosigkeit; **eine G. bekommen,** die Haare verlieren, kahl werden, jmdm. gehen / fallen die Haare aus, eine hohe Stirn haben *(scherzh., verhüllend),* Geheimratsecken bekommen *(scherzh.),* jmdm. kommt das Knie durchs Haar *(scherzh.);* ↑kahlköpfig.
Glatzenbildung ↑Haarausfall.
glatzert ↑kahlköpfig.
Glatzkopf ↑Glatze.
glatzköpfig ↑kahlköpfig.
Glaube, Glaubensbekenntnis, Bekenntnis, Konfession, Religion · *dem der Staat besondere Vorrechte einräumt:* Staatsreligion; ↑Christentum, ↑Frömmigkeit, ↑Glaubensbekenntnis, ↑Theologie, ↑Weltreligion.
¹glauben (jmdm.), sich auf jmdn. verlassen, bauen / zählen auf, rechnen auf / mit, Glauben / Vertrauen schenken, Vertrauen haben, vertrauen, trauen, glaubwürdig sein, Vertrauen genießen; **jmdm. nicht g.,** jmdm. etwas nicht abnehmen / nicht abkaufen *(salopp),* zu jmdm. das Vertrauen verlieren, an jmdm. irre werden *(ugs.);* der erzählt was, im Himmel ist Jahrmarkt! *(ugs., abwertend);* ↑ehrenhaft · Ggs. ↑verdächtigen.
²glauben: ↑meinen, ↑möglich; dran g. müssen ↑defekt [werden], ↑sterben; zu [können] g. ↑angeblich; nicht zu g.! ↑überrascht [sein]; an jmdn. / an jmds. Fähigkeit g. ↑zutrauen (jmdm. etwas).
Glauben: ↑Frömmigkeit; den G. wechseln ↑konvertieren; guten -s, auf Treu und G. ↑gutgläubig; etwas in gutem G. tun ↑arglos [tun].
Glaubensbekenntnis, Kredo, Credo; ↑Frömmigkeit, ↑Glaube; ↑fromm.
Glaubensfreiheit ↑Freiheit.
Glaubensgemeinschaft ↑Religionsgemeinschaft.
Glaubenskrieg ↑Krieg.
Glaubenslehre ↑Theologie.
glaubenslos: ↑religionslos, ↑ungläubig.
Glaubensloser ↑Freidenker.
Glaubenslosigkeit ↑Atheismus.
Glaubenssatz ↑Lehre.
Glaubenswechsel ↑Konversion.
glaubhaft: ↑einleuchtend, ↑wahr.
Glaubhaftigkeit ↑Glaubwürdigkeit.
gläubig: ↑fromm, ↑gutgläubig.
Gläubiger, Kreditor, Konkursgläubiger, Hauptgläubiger, Mitgläubiger · Ggs. ↑Schuldner; ↑schulden.
Gläubigkeit: ↑Arglosigkeit, ↑Frömmigkeit.

glaublich: kaum g. ↑unwahrscheinlich.

¹glaubwürdig, überzeugend, zuverlässig, vertrauenerweckend; ↑Glaubwürdigkeit; **g. sein,** überzeugen, Vertrauen genießen; **nicht g. sein,** etwas steht auf schwachen / schwankenden / tönernen / *(ugs.)* wackligen Füßen; **nicht mehr g. sein,** seine Unschuld verloren haben, Misstrauen erwecken.

²glaubwürdig: ↑verbürgt, ↑wahr.

¹Glaubwürdigkeit, Vertrauenswürdigkeit, Glaubhaftigkeit; ↑Authentizität, ↑Pflichtbewusstsein; ↑glaubwürdig.

²Glaubwürdigkeit ↑Authentizität.

Glaukom ↑Star.

¹gleich, sogleich, sofort, brühwarm *(emotional; z. B.* weitererzählen), unverzüglich, ohne Aufschub, spornstreichs, stracks, stante pede *(bildungssprachlich, ugs.),* stehenden Fußes, vom Fleck weg, alsbald, unmittelbar, auf der Stelle, hier und jetzt, hic et nunc *(bildungssprachlich),* umgehend, prompt, auf Anhieb, postwendend, wie aus der Pistole geschossen (z. B. antworten); ↑erwartungsgemäß, ↑geradewegs, ↑schnell.

²gleich: ↑gleichrangig, ↑homo-, ↑kongruent, ↑übereinstimmend; das Gleiche ↑auch [so ein]; der Gleiche ↑derselbe; das -e Alter haben, im -en Alter sein ↑gleichaltrig [sein]; -en Alters ↑gleichaltrig; Person -en Alters ↑Altersgenosse; von -er Art, [annähernd g.] ↑gleichartig; von -er Geltung, von -em Wert ↑gleichwertig; das -e Kaliber ↑auch [so einer]; in -em Maße ↑auch; mit -er Münze heimzahlen ↑bestrafen; in -er Weise ↑auch; g. sein ↑gleichen; etwas ist g. ↑einerlei; jmdm. ist etwas g. ↑unwichtig [sein]; bis g. ↑Gruß; g. um die Ecke ↑nahebei.

gleichaltrig, gleichen Alters, im Alter übereinstimmend; **g. sein,** das gleiche Alter haben, im gleichen Alter sein, in jmds. Alter sein, ebenso / genauso alt sein wie ...; ↑Altersgenosse.

Gleichaltriger ↑Altersgenosse.

¹gleichartig, ähnlich, vergleichbar, von gleicher / ähnlicher Art, [annähernd] gleich, verwandt, sich (oder:) einander gleichend / ähnelnd / entsprechend, analog, ↑kongruent, ↑übereinstimmend; ↑Gleichartigkeit; ↑gleichen.

²gleichartig ↑übereinstimmend.

Gleichartigkeit, Ähnlichkeit, Vergleichbarkeit, Verwandtschaft, Verwandtsein, Entsprechung, Analogie, Übereinstimmung; ↑Kongruenz, ↑Parallele, ↑Übereinstimmung; ↑gleichen; ↑gleichartig, ↑gleichartig.

gleichbedeutend ↑synonym.

gleichberechtigt: ↑gleichrangig; g. stellen ↑selbstständig [machen].

Gleichberechtigung, Gleichheit [vor dem Gesetz], Gleichrangigkeit, Gleichstellung; ↑Emanzipation, ↑Recht; ↑gleichrangig.

gleich bleibend: ↑formelhaft, ↑unaufhörlich.

Gleiche ↑Richtfest.

¹gleichen, übereinstimmen, sich decken, kongruieren, korrespondieren, sich / einander entsprechen, gleich sein, ähneln, ähnlich sein / sehen, sich / einander gleichen wie ein Ei dem andern, einer Sache aufs Haar gleichen, einander entsprechen, etwas gemeinsam haben, gleichkommen, etwas grenzt an etwas; ↑harmonieren, ↑stammen (von), ↑übereinstimmen (mit jmdm.); ↑gleichartig, ↑übereinstimmend; ↑Abweichung, ↑Gegenstück, ↑Gleichartigkeit · Ggs. ↑gegensätzlich.

²gleichen: sich / einander -d ↑gleichartig; jmdm. [aufs Haar] g., sich / einander g. wie ein Ei dem andern ↑ähneln.

Gleichenfeier ↑Richtfest.

gleichermaßen ↑auch.

gleicherweise ↑auch.

gleichfalls ↑auch.

gleichförmig ↑langweilig.

Gleichförmigkeit ↑Eintönigkeit.

gleichgerichtet ↑gleichgeschaltet.

gleichgeschaltet, gleichgerichtet, nivelliert; ↑Gleichmacherei.

¹gleichgeschlechtlich, eigengeschlechtlich, homosexuell, gay, rosa, homo, homophil, homoerotisch, schwul, warm *(abwertend),* tuntig · *von Frauen:* lesbisch, sapphisch; ↑sexuell; **g. sein,** *(salopp)* andersherum / *(ugs.)* von der anderen Fakultät / vom anderen Ufer sein; ↑Homosexueller, ↑Lesbierin.

²gleichgeschlechtlich ↑sexuell.

gleich gesinnt: g. sein ↑übereinstimmen (mit jmdm.).

gleichgestellt ↑gleichrangig.

gleich gestimmt: g. sein ↑übereinstimmen (mit jmdm.).

Gleichgewicht: das G. herstellen ↑aufholen; aus dem G. bringen ↑verwirren; sich nicht aus dem G. bringen lassen ↑ruhig [bleiben].

gleichgültig: ↑gleichviel, ↑träge, ↑unachtsam, ↑ungerührt; jmdm. ist etwas g. ↑unwichtig [sein].

Gleichgültigkeit: ↑Teilnahmslosigkeit, ↑Unachtsamkeit, ↑Ungerührtheit.

Gleichheit: ↑Identität, ↑Kongruenz; [G. vor dem Gesetz] ↑Gleichberechtigung.

Gleichklang ↑Übereinstimmung.

gleichklingend ↑homonym.

gleichkommen: ↑gleichen; jmdm. g. ↑erreichen.

gleich lautend ↑homonym.

gleichmachen ↑nivellieren.

¹Gleichmacherei *(abwertend)* Nivellierung, Vermassung, Gleichschaltung, Gleichstellung; ↑Verflachung; ↑gleichgeschaltet.

²Gleichmacherei ↑Verflachung.

Gleichmaß: ↑Ebenmäßigkeit, ↑Rhythmus.

gleichmäßig: ↑ebenmäßig; g. verlaufend ↑prozentual.

Gleichmäßigkeit ↑Ebenmäßigkeit.

Gleichmut ↑Gelassenheit.

gleichmütig ↑ruhig.
gleichnamig ↑homonym.
Gleichnis: ↑Sinnbild; -se gebrauchen / verwenden, in -sen reden / sprechen ↑versinnbildlichen.
gleichnishaft ↑sinnbildlich.
Gleichpasch ↑Würfelspiel.
gleichrangig, gleichgestellt, gleichstehend, gleichberechtigt, gleich; ↑geistesverwandt; ↑Gleichberechtigung.
Gleichrangigkeit ↑Gleichberechtigung.
gleichsam, gewissermaßen, sozusagen, als ob, als sei, wie wenn.
Gleichschaltung ↑Gleichmacherei.
Gleichschritt ↑Paradeschritt.
gleichseitig: -er Spitzbogen ↑Bogen.
¹gleichsetzen, gleichstellen, angleichen, nicht ↑unterscheiden.
²gleichsetzen: sich mit etwas / jmdm. g. ↑identifizieren (sich mit etwas / jmdm.).
Gleichsetzungssatz ↑Satz.
gleichstehend ↑gleichrangig.
gleichstellen ↑gleichsetzen.
Gleichstellung: ↑Emanzipation, ↑Gleichberechtigung, ↑Gleichmacherei.
Gleichstrom ↑Elektrizität.
Gleichstrombehandlung ↑Elektrotherapie.
Gleichtakt ↑Übereinstimmung.
Gleichung · · · identische Gleichung · · Bestimmungsgleichung · algebraische Gleichung · Gleichung 1. Grades, lineare Gleichung · Gleichung 2. Grades, quadratische Gleichung · Gleichung 3. Grades, kubische Gleichung · Gleichung 4. Grades, biquadratische Gleichung · Gleichung mit einer Unbekannten · Gleichung mit zwei Unbekannten · Gleichung mit mehreren Unbekannten · · transzendentale Gleichung · Exponentialgleichung · logarithmische Gleichung · goniometrische Gleichung · Differenzialgleichung; ↑Mathematik, ↑Rechenverfahren.
gleichviel, wie dem auch sei, wie auch immer, gleichwie, einerlei, egal, gleichgültig; ↑unwichtig.
gleichwertig, wertentsprechend, entsprechend, angemessen, äquivalent, von gleichem / entsprechendem Wert, von gleicher Geltung; ↑Ersatz.
gleichwie ↑gleichviel.
gleichwohl ↑dennoch.
¹gleichzeitig, simultan, zeitgleich, synchron, synchronisch; ↑deskriptiv, ↑und; ↑Zusammentreffen.
²gleichzeitig ↑zugleich.
Gleichzeitigkeit ↑Zusammentreffen.
gleichziehen ↑aufholen.
¹Gleis, Geleis *(veraltend)*, Schiene, Eisenbahnschiene, Eisenbahngleis, Bahngleis, Straßenbahnschiene; ↑Eisenbahnwagen, ↑Eisenbahnzug, ↑Gleisanlage; ↑entgleisen.
²Gleis: ↑Bahnsteig; aufs tote G. geschoben sein

↑angesehen; aus dem G. springen ↑entgleisen; etwas wieder ins rechte G. bringen ↑Ordnung.
¹Gleisanlage, Gleiskörper, die Geleise *(veraltend)*, Bahnkörper, Abstellgleis, Nebengleis, Rangiergleis; ↑Eisenbahnwagen, ↑Eisenbahnzug, ↑Gleis; ↑entgleisen.
²Gleisanlage ↑Bahnkörper.
Gleiskörper ↑Gleisanlage.
Gleisnerei ↑Verstellung.
gleisnerisch ↑unredlich.
gleißen ↑leuchten.
gleißend ↑glänzend.
Gleitaar ↑Vogel.
¹gleiten, rutschen, schurren, ausgleiten, ausrutschen, ausglitschen *(ugs.)*, abrutschen, abgleiten, den Halt verlieren, schlittern, schlipfen *(schweiz.)*, ausschlipfen *(schweiz.)*; ↑fallen, ↑fliegen, ↑schlittern, ↑schwanken, ↑stolpern; ↑Eisbahn, ↑Rutschbahn.
²gleiten: der Übergang in den Ruhestand ↑Arbeitszeitformen.
Gleiter ↑Flugzeug.
Gleitflug ↑Flug.
Gleitflugzeug ↑Flugzeug.
Gleitsichtgläser ↑Brille.
Gleitwachs ↑Wachs.
Glencheck ↑Stoffmuster.
Glenne ↑Eisbahn.
glennen ↑schlittern.
Gletscher, Ferner *(oberd.)*, Firner *(oberd.)*, Kees *(oberd.)* ↑Eisscholle, ↑Gletscherbach.
¹Gletscherbach, Keeswasser *(bayr., österr.)*; ↑Gletscher.
²Gletscherbach ↑Bach.
Gletscherbrand ↑Sonnenbrand.
Gletscherlawine ↑Lawine.
Gletscherspalte ↑Schlucht.
Glibberpudding ↑Dessert.
Glied: ↑Bindeglied, ↑Mitglied; -er ↑Gliedmaße; männliches G. ↑Penis; an Haupt und -ern ↑ganz.
Gliederkette ↑Halskette.
gliederlahm ↑erschöpft [sein].
¹gliedern, aufgliedern, untergliedern, klassifizieren, unterteilen, segmentieren, staffeln, auffächern, differenzieren, anordnen, ordnen, systematisieren; ↑einstufen, ↑einteilen, ↑entflechten, ↑nuancieren, ↑unterteilen; ↑gegliedert; ↑Gliederung.
²gliedern: nicht gegliedert ↑amorph.
Gliederpuppe ↑Marionette.
Gliederreißen ↑Schmerz.
¹Gliederung, Aufgliederung, Untergliederung, Kategorie, Kategorisierung, Klassifizierung, Klassifikation, Unterteilung, Aufteilung, Segmentierung, Staffelung, Stufung, Auffächerung, Aufschlüsselung, Differenzierung, Systematisierung, Anordnung, Disposition; ↑Altersaufbau, ↑Einstufung, ↑Entwurf, ↑Muster, ↑Struktur; ↑gliedern; ↑gegliedert.
²Gliederung: ↑Reihenfolge, ohne G. ↑amorph.

Gliederwurm ↑Wurm.

Gliedmaße (meist Plural), Glieder (Plural), Extremität (meist Plural) · *künstliche: Prothese · obere: Arm · Teil der oberen:* Hand, Patsche *(fam.),* Patschhand *(fam.)* · *untere:* Bein, Fuß *(oberd.)* · Fahrgestell *(salopp, scherzh.),* Stelze *(salopp, abwertend),* Haxe *(salopp, abwertend),* Kackstelze *(derb)* · *Teil der unteren:* Fuß, Quadratlatschen *(salopp, abwertend),* Quanten *(salopp, abwertend)* · *bei Tieren:* Flosse (Fisch), Huf (Pferd, Esel), Pfote (Hund, Katze), Klaue (Wiederkäuer, Schwein), Pranke (Löwe), Pratze (Bär), Tatze (Bär); ↑Finger, ↑Fuß, ↑Spann.

Gliedmaßenfehlbildung, Dysmelie ·· *mit vollständigem Fehlen der Extremitäten:* Amelie, Amelus · *mit Fehlen der Arme:* Abrachie, Abrachius · *mit Fehlen der Hände:* Achirie, Acheirie · *mit Fehlen der Finger oder Zehen:* Adaktylie · *mit Fehlen der Beine:* Aknemie · *mit Fehlen der Füße:* Apodie, Apus; ↑Fußdeformität.

Gliedsatz ↑Satz.

Gliedstaat ↑Staat.

Glima ↑Schwerathletik.

glimmen ↑brennen.

Glimmstengel ↑Zigarette.

glimpflich ↑behutsam.

Glissonkrankheit ↑Rachitis.

glitschen ↑schlittern.

glitschig ↑glatt.

glitzern ↑leuchten.

global ↑allgemein.

Globetrotter ↑Weltreisender.

Globus ↑Erdball.

Glock ↑genau.

¹Glocke, Klingel, Schelle, Bimmel, Gong; ↑Gebimmel, ↑Glockenzug; ↑läuten.

²Glocke: ↑Kopfbedeckung; wissen, was die G. geschlagen hat ↑wissen; an die große G. hängen ↑verbreiten.

Glockenapfel ↑Apfel.

glockenblumenviolett ↑violett.

Glockendach ↑Dach.

Glockenheide ↑Heidekraut.

glockenhell ↑hell.

glockenrein ↑hell.

Glockenrock ↑Rock.

Glockenschlag: mit dem G. ↑pünktlich.

Glockenschnur ↑Glockenzug.

Glockenseil ↑Glockenzug.

Glockenstrang ↑Glockenzug.

Glockentierchen ↑Einzeller.

Glockenton, Glockenklang.

Glockenturm ↑Turm.

Glockenzug, Glockenstrang, Glockenseil, Glockenschnur; ↑Glocke.

Gloria: mit Glanz und G. durchfallen ↑versagen.

Glorienschein ↑Heiligenschein.

glorifizieren ↑loben.

Glorifizierung ↑Verherrlichung.

Gloriole ↑Heiligenschein.

glorreich ↑anerkennenswert.

glosen ↑brennen.

Glossar ↑Nachschlagewerk.

Glosse: ↑Anmerkung, ↑Zeitungsartikel; -n ↑Bemerkung.

Glossologie ↑Wortbedeutungslehre.

glosten ↑brennen.

Glotze ↑Fernsehgerät.

glotzen: ↑blicken, ↑fernsehen; [dastehen und g.] ↑zuschauen.

glubschen ↑blicken.

¹Glück, Segen, Heil, Wohl, Glückssträhne, Sternstunde, Glücksfall; ↑Erfolg · Ggs. ↑Pech; G. **haben,** ein Glückspilz / Glückskind / Sonntagskind sein, unter einem guten / glücklichen / günstigen Stern geboren sein, Fortuna lächelt / lacht jmdm., Schwein / Dusel / Massel haben *(salopp),* von Glück sagen können *(ugs.),* einen Schutzengel bei sich haben, mehr Glück als Verstand haben *(ugs.),* Glück im Unglück haben, fein raus sein *(ugs.),* es gut haben, den Himmel auf Erden haben, gut dran sein *(ugs.),* immer wieder auf die Füße fallen; ↑angesehen [sein], ↑entrinnen, ↑Erfolg [haben]; ↑gelingen, ↑Glückspilz.

²Glück: ↑Freude, ↑Lust; G. ab / auf! ↑Gruß; viel G. im neuen Jahr ↑Neujahr; kein G. haben ↑Erfolg; noch einmal G. haben ↑entrinnen; sein G. versuchen ↑probieren; G. wünschen ↑gratulieren; auf gut G. ↑Gewissheit; Hans im G. ↑Glückspilz; [noch gar] nichts von seinem G. wissen ↑wissen; zum G. ↑glücklicherweise; der fehlt mir noch zu meinem G.! ↑ärgerlich [sein].

Glucke: ↑Huhn, ↑Schmetterling; Krause G. ↑Ständerpilz.

glucken: ↑brüten, ↑krächzen.

glücken ↑gelingen.

Gluckente ↑Vogel.

gluckern ↑fließen.

glückhaft ↑glücklich.

¹glücklich, selig, glückhaft, beglückend, beglückt, hochbeglückt, glückselig, glückstrahlend, freudestrahlend, zufrieden; ↑begierig, ↑lustvoll; **g. sein,** im siebten / siebenten Himmel sein, jmdm. hängt der Himmel voller Geigen, den Himmel offen sehen *(geh.);* ↑erfreulich, ↑lustig, ↑unbesorgt, ↑zufrieden; ↑aufatmen; ↑Höhepunkt.

²glücklich: keine -e Hand haben ↑Misserfolg [haben]; unter einem -en Stern geboren sein ↑Glück [haben]; etwas macht jmdn. g. ↑erfreuen; wunschlos g. ↑zufrieden

glücklicherweise, zum Glück, Gott sei Dank!, gottlob!, dem Himmel sei Dank!, Gott / dem Himmel / dem Schöpfer seis gedankt!, Gott sei gelobt!, Gott seis getrommelt und gepfiffen *(salopp);* ↑danken.

Glücksbringer ↑Amulett.

Glücksbude ↑Jahrmarktsbude.

Glücksbudenbesitzer ↑Schausteller.

glückselig ↑glücklich.

Glückseligkeit: ↑Freude, ↑Lust.
glucksen: ↑fließen, ↑krächzen.
Gluckser ↑Schluckauf.
Glücksfall ↑Glück.
Glücksgüter: mit -n gesegnet ↑reich.
Glückshafen ↑Glücksspiel.
Glücksjäger ↑Abenteurer.
Glückskäfer ↑Marienkäfer.
Glückskind: ↑Glückspilz, ↑Mann; ein G. sein ↑Glück [haben].
Glückslos ↑Los.
Glückspfennig ↑Münze.
¹Glückspilz, Glückskind, Sonntagskind, Liebling / Schoßkind des Glücks / der Götter, Hans im Glück; ↑Glück · Ggs. ↑Pechvogel.
²Glückspilz: ein G. sein ↑Glück [haben].
Glücksritter ↑Abenteurer.
Glücksspiel, Spiel, Hasardspiel, Roulett, Wette, Toto, Lotto, Bingo, Lotterie, Klassenlotterie, Zahlenlotterie, Tombola, Glückshafen *(österr.)* · das Würfeln / *(veraltet)* Knobeln / *(veraltet)* Knöcheln, Poker, Bakkarat, Rouge et Noir, Chemin de Fer, Poch, Siebzehnundvier; ↑Abenteurer, ↑Hauptgewinn, ↑Kartenspiel, ↑Preisausschreiben, ↑Spieler, ↑Würfelspiel; ↑losen, ↑pokern, ↑wetten.
Glücksspieler ↑Spieler.
Glückssträhne ↑Glück.
Glückstopf: in den G. gegriffen haben ↑Glück [haben].
glückstrahlend ↑glücklich.
¹Glückwunsch, Gratulation, Beglückwünschung, Segenswünsche; ↑gratulieren.
²Glückwunsch: Glückwünsche übermitteln ↑gratulieren.
Glückwunschbrief ↑Schreiben.
Glückwunschkarte ↑Schreiben.
Glückwunschtelegramm ↑Schreiben.
Glühbirne, Birne *(ugs.),* Glühlampe, Lampe *(ugs.)* · Neonröhre, Leuchtröhre, Leuchtstoffröhre, Fluoreszenzlampe *(schweiz.);* ↑Lampe.
Glühdraht ↑Draht.
glühen: ↑brennen, ↑scheinen; -de Kohlen auf jmds. Haupt sammeln ↑beschämen; wie auf -den Kohlen sitzen ↑warten.
glühend ↑begeistert.
Glühlampe ↑Glühbirne.
Glühwein ↑Gewürzwein.
¹Glühwürmchen, Leuchtkäfer, Johanniswürmchen, Sonnenwendkäfer *(österr.);* ↑Insekt, ↑Marienkäfer.
²Glühwürmchen ↑Leuchtkäfer.
Glukose ↑Traubenzucker.
Glumse ↑Weißkäse.
gluschtig ↑verlockend.
glustig ↑verlockend.
Glut: ↑Begeisterung, ↑Wärme.
glutvoll ↑begeistert.
Glykose ↑Traubenzucker.
Glyptothek ↑Museum.
Glyzerinseife ↑Seife.

Gnade: ↑Begnadigung, ↑Gotteseigenschaften, ↑Gunst; Euer -n ↑Anrede; G. vor / für Recht ergehen lassen ↑nachsichtig [sein]; vor jmdm. / vor jmds. Augen keine G. finden ↑gefallen; bei jmdm. in hohen -n stehen ↑angesehen [sein].
Gnadenbild ↑Andachtsbild.
Gnadenfrist ↑Frist.
Gnadenhochzeit ↑Hochzeitstag.
Gnadenkirche ↑Gotteshaus.
gnadenlos ↑unbarmherzig.
Gnadenlosigkeit ↑Unbarmherzigkeit.
Gnadenmutter ↑Madonna.
Gnadenschuss: den G. geben ↑töten.
Gnadenstoß: den G. geben / versetzen ↑töten.
Gnadentod ↑Euthanasie.
gnädig: ↑behutsam, ↑dünkelhaft, ↑göttlich, ↑gütig, ↑verehrt; -e Frau ↑Dame.
Gnagi ↑Knochen.
gnatzig ↑ärgerlich.
gneisen ↑merken.
gnietschig ↑geizig.
gnitz ↑schlau.
Gnom ↑Zwerg.
Gnome ↑Ausspruch.
Gnoseologie ↑Erkenntnislehre.
Go ↑Brettspiel.
Goal: [ein G. schießen] ↑Tor (das).
Goaler ↑Torwart.
Goalgetter ↑Fußballspieler.
Goali ↑Torwart.
Goalkeeper ↑Torwart.
Goalmann ↑Torwart.
Gobelin ↑Wandteppich.
Gockel: ↑Hahn, ↑Huhn.
Gockelhahn ↑Hahn.
Göd ↑Pate.
Goden ↑Patin.
Goder ↑Doppelkinn.
Goderl: ↑Doppelkinn; jmdm. das G. kratzen ↑schmeicheln.
Godl ↑Patin.
Goethestadt ↑Frankfurt.
Gof ↑Kind.
Go-go-Girl, Vortänzerin, Tanzmädchen; ↑Bardame, ↑Mädchen.
Goi ↑Andersgläubiger.
Go-in ↑Demonstration.
Goiserer ↑Schuh.
Gojim ↑Andersgläubiger.
Gokart ↑Auto.
gokeln ↑anzünden.
Gold: ↑Edelmetall, ↑Hochzeitstag; schwarzes G. ↑Energie; G. in der Kehle haben ↑singen; nicht mit G. aufzuwiegen sein ↑unersetzlich [sein].
Goldammer ↑Vogel.
Goldäsche ↑Fisch.
Goldberyll ↑Schmuckstein.
goldblond ↑blond.
goldbraun ↑braun.
Goldbroiler ↑Huhn.

Golddruck ↑Druckverfahren.

golden: Goldener Bär ↑Filmpreis; jmdm. eine -e Brücke / goldene Brücken bauen ↑entgegenkommen (jmdm.); Goldenes Buch ↑Album; -e Dusche ↑Koitus; Goldenes Frauenhaar ↑Moos; -e Hochzeit ↑Hochzeitstag; das Goldene Kalb anbeten ↑habgierig [sein]; Tanz um das Goldene Kalb ↑Habgier; das -e Mainz ↑Mainz; -er Schuss ↑Einspritzung; Goldener Sonntag ↑Adventssonntag; die Goldene Stadt ↑Prag; das -e Tor ↑Tor (das); die -en Zwanziger / Zwanzigerjahre ↑Belle Époque.

Golden Delicious ↑Apfel.

Golden Twenties: die G. T. ↑Belle Époque.

Goldfinger ↑Finger.

Goldfisch: ↑Fisch; sich einen G. angeln ↑heiraten.

Goldfolie ↑Folie.

Goldfüllung ↑Zahnersatz.

goldgelb ↑gelb.

Goldgrube: ↑Laden; das Geschäft ist eine G. ↑Profit [machen].

Goldhamster ↑Nagetier.

goldig ↑hübsch.

Goldjunge ↑Junge.

Goldkatze ↑Raubtier.

Goldkette ↑Halskette.

Goldkind ↑Liebling.

Goldkrone: ↑Krone, ↑Zahnersatz.

Goldlamé ↑Stoff.

Goldlauch ↑Liliengewächs.

Goldmünze ↑Münze.

Goldpapier ↑Buntpapier.

Goldparmäne ↑Apfel.

Goldplombe ↑Zahnersatz.

goldrichtig ↑geeignet.

Goldschmied: Gold- und Silberschmied ↑Edelmetallschmied.

Goldstück ↑Münze.

Goldwaage: ↑Waage; bei jmdm. jedes Wort auf die G. legen müssen ↑behutsam.

Goldwaren ↑Schmuck.

Goldzahn ↑Zahn.

¹Golf (das): ↑Golfspiel.

²Golf (der): ↑Meerbusen; Golf von Kalifornien ↑Pazifik.

Golfball ↑Sportgerät.

Golfer ↑Golfspiel.

Golfspiel, Golf, Krocketspiel, Krocket ·· *Teilnehmer am Golfspiel · als Spieler:* Golfspieler, Golfer · *als Hilfskraft, die im Golfspiel die Golfschläger trägt:* Caddie; ↑Minigolf.

Golfspieler ↑Golfspiel.

Goliath ↑Mann.

Göller ↑Kragen.

Gommer ↑Gurke.

Gomorrha ↑Stadt.

Gondel ↑Boot.

Gondelbahn ↑Seilbahn.

Gondolierestadt ↑Venedig.

Gong ↑Glocke.

gongen ↑läuten.

¹gönnen (sich etwas), sich etwas leisten / genehmigen, auch einmal an sich selbst / selber denken, zu sich selbst gut sein.

²gönnen: nicht g. ↑neiden; jmdm. keinen Bissen g. ↑neidisch [sein]; sich Ruhe g. ↑ruhen; jmdm. nicht das Salz in der Suppe / das Schwarze unter dem Nagel g. ↑neiden.

Gönner, Schützer, Beschützer, Förderer, Sponsor, Geldgeber, edler Spender *(scherzh.),* Mäzen, Musaget *(veraltet),* Schutzherr, Schirmherr, Protektor; ↑Beauftragter, ↑Berater, ↑Betreuer, ↑Beziehung, ↑Förderung, ↑Helfer, ↑Schirmherrschaft, ↑Schrittmacher, ↑Vetternwirtschaft; ↑fördern.

gönnerhaft ↑entgegenkommend.

Gönnerschaft ↑Förderung.

Gonorrhö ↑Geschlechtskrankheit.

Goodwilltour ↑Reise.

Gör: ↑Kind; dummes G. ↑Mädchen.

gordisch: den Gordischen Knoten durchhauen ↑Lösung.

Göre ↑Kind.

Gorgo ↑Meduse.

Gorgonzola ↑Käse.

Gorilla: ↑Affe, ↑Bewacher.

Gösch ↑Fahne.

Gosche ↑Mund.

Goscherl ↑Besatz.

goschert ↑frech.

Go-slow ↑Streik.

Gospel ↑Lied.

Gospelsong ↑Lied.

Gospodin ↑Herr.

Gosse: ↑Abflussrinne; jmdn. durch die G. ziehen ↑schlecht machen; in der G. enden / landen ↑verwahrlosen.

Gossenausdruck ↑Vulgärausdruck.

Gossensprache ↑Ausdrucksweise.

Gossenwort ↑Vulgärausdruck.

Gotha ↑Adelskalender.

Gotik ↑Baustil.

gotisch: Gotisch ↑Schrift; -e Malerei ↑Malerei.

¹Gott, Herr, Herrgott, himmlischer Vater, Allvater, Gottvater; Herr Zebaoth, der Allmächtige / Allwissende / Allgütige / Allerbarmer / Ewige, Herr der Heerscharen, Jehova, Jahwe, Adonai, Vater im Himmel, der liebe Gott, Schöpfer, Erhalter; ↑Abgott, ↑Engel, ↑Gottheit, ↑Gottesdienst, ↑Heiland, ↑Trinität ·· *in der antiken Mythologie · der höchste Gott:* Zeus (bei den Griechen), Jup[p]iter, Jovis (bei den Römern) · *des Lichtes:* Phoebos Apollon, Apoll (bei den Griechen), Apollo (bei den Römern) · *der Sonne:* Helios (bei den Griechen), Sol (bei den Römern) · *des Krieges:* Ares (bei den Griechen), Mars (bei den Römern) · *des Meeres:* Poseidon (bei den Griechen), Neptun (bei den Römern) · *der Liebe:* Eros (bei den Griechen), Amor, Cupido (bei den Römern) · *des Handels:* Hermes (bei den Griechen), Merkur (bei den

Römern) · *des Weins:* Dionysos, Bakchos (bei den Griechen), Bacchus (bei den Römern) · *der Unterwelt:* Hades (bei den Griechen), Pluto (bei den Römern) · *des Feuers und der Schmiedekunst:* Hephaistos (bei den Griechen), Vulcanus (bei den Römern) ·· *in der germanischen Mythologie · der höchste Gott:* Wodan, Wotan, Odin · *des Lichtes:* Baldur · *des Donners:* Donar, Thor · *des Todes:* Loki · *des Krieges:* Ziu, Tyr; ↑Gotteseigenschaften, ↑Göttin, ↑Halbgott, ↑Hausgötter, ↑Theologie.

²Gott: ↑Schicksal; ach du lieber G.! ↑überrascht [sein]; grüß G.!, behüt dich G., pfüeti G.!, grüezi G.!, G. zum Gruße! ↑Gruß; wie G. in Frankreich leben ↑leben; G. sei gelobt, G. sei Dank, G. seis gedankt, G. seis getrommelt und gepfiffen ↑glücklicherweise; G. seis geklagt ↑leider; Geißel -es ↑Aids; [nackt] wie G. ihn schuf ↑nackt; vergelts G.! ↑danke; weiß G., bei G. ↑wahrlich; weiß G., was ... ↑wissen; das wissen die Götter ↑ungewiss [sein]; G. anrufen, sich im Gebet an G. wenden ↑beten; G. und die Welt kennen ↑betriebsam [sein]; den lieben G. einen guten Mann sein lassen ↑leben; dem lieben G. die Zeit [den Tag stehlen ↑faulenzen; Anrufung -es ↑Gebet; Attribute / Eigenschaften -es ↑Gotteseigenschaften; Kind -es ↑Mensch; Lamm / Sohn -es ↑Heiland; leider -es ↑schade; Liebling / Schoßkind der Götter ↑Glückspilz; Mutter -es ↑Madonna; in -es Namen ↑ja; in -es freier Natur ↑Natur; Reich -es ↑Himmel; das ruht noch im Schoß der Götter ↑ungewiss [sein]; das Wort -es verkünden / verkündigen ↑predigen; ein Bild für Götter sein ↑lächerlich [wirken]; über G. und die Welt reden / sprechen ↑unterhalten (sich); Götter in Weiß ↑Arzt.

gottbegnadet ↑begabt.

Gottchen ↑Patenkind.

Gotte ↑Patin.

Götterepos ↑Erzählung.

Göttergatte ↑Ehemann.

gottergeben ↑geduldig.

Gottergebenheit ↑Unterwürfigkeit.

Gottergebung ↑Unterwürfigkeit.

Göttersage ↑Sage.

Götterspeise ↑Dessert.

Gottesacker ↑Friedhof.

Gottesanbeterin ↑Heuschrecke.

Gottesbraut ↑Nonne.

¹Gottesdienst, [heilige] Messe, Messfeier, Messopfer, Abendmahlsfeier, Abendmahl, Amt, Hochamt, Andacht, Segen, Segensandacht ·· *vom Bischof gehaltener:* Pontifikalamt, Pontifikalmesse ·· *am Nachmittag:* Vesper ·· *in der Nacht · zu Weihnachten:* Mette, Mitternachtsmette, Christmette ·· *in der Ostkirche:* Pannychis ·· *am Vortag eines Festes:* Vigil, Vigilien ·· *auf freiem Feld:* Feldmesse, Campmeeting; ↑Abendmahl, ↑Gott, ↑Kirchgang, ↑Theologie.

²Gottesdienst: Teilnahme am G. ↑Kirchgang.

Gottesdienstbesuch ↑Kirchgang.

gottesdienstlich ↑sakral.

Gotteseigenschaften, Attribute / Eigenschaften Gottes, göttliche Eigenschaften · Einheit, Unendlichkeit, Ewigkeit, Unveränderlichkeit, Absolutheit, Aseität, Vollkommenheit, Allmacht, Omnipotenz, Allwissenheit, Allgegenwart, Omnipräsenz, Ubiquität, Heiligkeit, Majestät, Herrlichkeit, Weisheit, Wahrheit, Gerechtigkeit, Liebe, Güte, Gnade, Barmherzigkeit; ↑Eigenschaft, ↑Gott, ↑Theologie, ↑Trinität; ↑göttlich.

gottesfürchtig ↑fromm.

Gottesfürchtigkeit ↑Frömmigkeit.

Gottesgelahrtheit ↑Theologie.

Gottesgelehrtheit ↑Theologie.

Gottesglaube ↑Frömmigkeit.

Gotteshaus, Kirche, Dom, Domkirche, Münster, Kathedrale, Basilika, Synagoge, Tempel, Moschee, Pagode, Dschami, Bethaus, Andachtsort, Heiligtum · Taufkirche, Baptisterium · Stiftskirche, Kollegiatkirche, Kollegienkirche · Bischofskirche, Kaiserdom, Pfarrkirche, Stadtkirche, Klosterkirche, Abteikirche, Dorfkirche, Schlosskirche, Garnisonkirche · Kapelle, Burgkapelle, Schlosskapelle, Dorfkapelle, Friedhofskapelle, Grabkapelle, Taufkapelle · Wallfahrtskirche, Gnadenkirche · Stabkirche, Mastenkirche, Holzkirche, Staffelkirche, Staffelbasilika, Säulenbasilika, Wandpfeilerkirche, Emporenkirche, Emporenbasilika, Hallenkirche, Saalkirche, Rundkirche, Kreuzkuppelkirche, Chorturmkirche · *nahe oder über einem Märtyrergrab errichtetes:* Memorialkirche · Martyria, Memoria, Coemetrialkirche · *in anstehenden Fels gehauenes:* Felsenkirche, Höhlenkirche, Felsentempel, Höhlentempel · *befestigtes [mit einem Wehrgang versehenes]:* Wehrkirche, Kirchenburg; ↑Altar, ↑Kirche, ↑Kultstätte; ↑beten.

gotteslästerlich ↑lästerlich

Gotteslästerung: ↑Beleidigung, ↑Fluch, ↑Sakrileg.

Gotteslehre ↑Theologie.

Gottesleugner ↑Atheist.

gottesleugnerisch ↑ungläubig.

Gottesleugnung ↑Atheismus.

Gotteslohn: um G. ↑kostenlos.

Gottesmann ↑Geistlicher.

Gottesmutter ↑Madonna.

Gottessohn ↑Heiland.

gottgläubig ↑fromm.

Gottheit, Numen, das Numinose, Mysterium tremendum, höchstes Wesen; ↑Engel, ↑Gott, ↑Trinität.

Götti ↑Pate.

Göttikind ↑Patenkind.

Göttin· *der Schönheit:* Aphrodite (bei den Griechen), Venus (bei den Römern), Freyja (bei den Germanen) · *der Weisheit:* Athene (bei den Griechen), Pallas [Athene] (bei den Griechen), Minerva (bei den Römern) · *der Jagd:* Artemis (bei den Griechen), Diana (bei den Römern) · *des Sieges:* Nike (bei den Griechen), Victoria (bei den Römern) · *Schwester und Gemahlin des Zeus:* Hera · *Schwester und Gemahlin des Jupiter:* Juno · *Gemahlin des Wodan:* Frigg · *der Fruchtbarkeit:* Demeter (bei den Griechen), Ceres (bei den Römern) · *der Vegetation:* Persephone (bei den Griechen), Proserpina (bei den Römern) · *des Mondes:* Selene (bei den Griechen), Luna (bei den Römern) · *der Morgenröte:* Eos (bei den Griechen), Aurora (bei den Römern); ↑Gott, ↑Halbgott, ↑Hausgötter, ↑Muse, ↑Schicksalsgöttin.

¹göttlich, numinos, heilig, himmlisch · einzig, ewig, unendlich, vollkommen, unveränderlich, allmächtig, omnipotent, allwissend, allweise, allsehend, allgegenwärtig, allgütig, allerbarmend, barmherzig, gnädig, gerecht; ↑übernatürlich; ↑Gott, ↑Gotteseigenschaften.

²göttlich: -e Eigenschaften ↑Gotteseigenschaften.

gottlob ↑glücklicherweise.

gottlos: ↑lästerlich, ↑ungläubig.

Gottlosigkeit ↑Atheismus.

Gottseibeiuns ↑Teufel.

Gottvater ↑Gott.

gottverdammt ↑verdammt.

gottverflucht ↑verdammt.

gottverhasst ↑verdammt.

gottverlassen ↑abgelegen.

Götze ↑Abgott.

Götzenbild: ↑Abgott, ↑Amulett.

Gouache ↑Malerei.

Gouachemalerei ↑Maltechnik.

Gouda ↑Käse.

Gourmand ↑Feinschmecker.

Gourmet ↑Feinschmecker.

Gout ↑Zuneigung.

goutieren ↑billigen.

Gouvernante ↑Kindermädchen.

Gouvernement ↑Verwaltungsbezirk.

Gouverneur ↑Oberhaupt.

Gox ↑Kopfbedeckung.

GPU ↑Geheimpolizei.

¹Grab, Grube, Totengruft, Krypta, Grabgewölbe, Gruft, Grabhügel, Hügel, Ruhestatt, Ruhestätte, Grabstätte, Begräbnisplatz, Begräbnisstätte, Urnengrab, Stelle · Dolmen, Einzelgrab, Doppelgrab, Kindergrab, Massengrab, Soldatengrab, Wahlgrab, Hünengrab, Großsteingrab, Megalithgrab, Ganggrab, Galeriegrab, Kuppelgrab, Steinkistengrab, Hockergrab, Brandgrab, Hinkelstein *(oberd.)* · Familiengrab, Erbbegräbnis · Mausoleum, Grabkammer; ↑Begräbnisstätte, ↑Grabstein.

²Grab: Pulvermanns G. ↑Hindernis; verschwiegen sein wie ein G. ↑schweigen; sein G. in den Wellen finden ↑ertrinken; ein frühes G. finden ↑sterben; sich sein eigenes G. schaufeln

↑schaden; am Rande des -es stehen ↑krank; mit einem Fuß im G. stehen ↑krank [sein]; etwas mit ins G. nehmen ↑mitteilen; ins G. sinken ↑sterben; zu -e tragen ↑bestatten; etwas zu -e tragen ↑abschreiben.

Grabbeigabe ↑Bodenfund.

Grabbeltisch ↑Ladentisch.

graben, umgraben · ausgraben, ausbuddeln, roden · schanzen, schaufeln, schippen, baggern · schürfen; ↑buddeln, ↑pflügen.

¹Graben · Straßengraben, Bewässerungsgraben, Entwässerungsgraben, Abzugsgraben, Abflussgraben, Sickergraben, Wassergraben, Burggraben.

²Graben: ↑Grube, ↑Hindernis, ↑Schützengraben.

Grabendach ↑Dach.

Grabenkrieg ↑Krieg.

Gräberfeld ↑Friedhof.

Grabesstille ↑Stille.

Grabfund ↑Bodenfund.

Grabgesang ↑Klage.

Grabgewölbe ↑Grab.

Grabhügel ↑Grab.

Grabkammer ↑Grab.

Grabkapelle ↑Gotteshaus.

Grabmal ↑Grabstein.

Grabrede ↑Nachruf.

Grabscheit ↑Spaten.

Grabschrift ↑Aufschrift.

Grabstätte ↑Grab.

Grabstein, Grabmal · *mit Inschrift:* Epitaph · *zur Erinnerung an einen Toten, der aber nicht dort begraben ist:* Zenotaph, Zenotaphion, Zenotaphium; ↑Denkmal, ↑Grab.

Grabstichel ↑Sternbild.

Gracht ↑Kanal.

Grad: ↑Ausmaß, ↑Dienstgrad; Gleichung 1. / 2. / 3. / 4. -es ↑Gleichung; in höchstem G. ↑sehr; null G. ↑Gefrierpunkt.

Gradation ↑Steigerung.

grade: fünf[e] g. sein lassen ↑nachlässig [sein].

Graf ↑Adliger.

Grafenkrone ↑Krone.

Graffelwerk ↑Kram.

Graffiti ↑Wandspruch.

¹Grafik, die grafischen Künste · Holzschnitt, Xylographie, Holzschneidekunst · Kupferstich, Kupferstechkunst · Radierung, Ätzkunst, Schabkunst, Mezzotinto, Kaltnadelradierung, Aquatinta · Stahlstich · Lithographie, Steindruck; ↑Druckgrafik, ↑Holzschnitt, ↑Kunstdruck, ↑Zeichnung.

²Grafik ↑Kunstdruck.

Grafiker ↑Zeichner.

Gräfin ↑Adlige.

grafisch: -e Darstellung ↑Graph, ↑Schautafel; die -en Künste ↑Grafik.

gräflich ↑adlig.

Grahambrot ↑Brot.

Gram ↑Leid.

grämen: sich g. ↑sorgen (sich).

gramerfüllt ↑sorgenvoll.

gramgebeugt ↑sorgenvoll.

grämlich ↑ärgerlich.

Gramm ↑Gewichtseinheit.

¹Grammatik, Sprachlehre · · · historische / historisch-vergleichende Grammatik · · inhaltbezogene Grammatik · · funktionale Grammatik · · strukturelle Grammatik · Konstituentenstrukturgrammatik, KS-Grammatik · Phrasenstrukturgrammatik, PS-Grammatik · Dependenzgrammatik, Abhängigkeitsgrammatik · generative Grammatik, Erzeugungsgrammatik, Produktionsgrammatik, [generative] Transformationsgrammatik, GTG, generativ-transformationelle / transformationelle Grammatik · Kasusgrammatik · stratifikationelle Grammatik, Stratifikationsgrammatik · · komparativische / komparativistische / konfrontative / kontrastive Grammatik · · Montague-Grammatik.

²Grammatik ↑Sprachwissenschaft.

Grammel ↑Griebe.

Grammelschmalz ↑Fett.

Grammo ↑Plattenspieler.

Grammophon ↑Plattenspieler.

Grammophonplatte ↑Schallplatte.

gramvoll ↑sorgenvoll.

Gran ↑Gewichtseinheit.

Granate ↑Sprengkörper.

granatenvoll: g. sein ↑betrunken [sein].

Grand ↑Gefäß.

Grande Nation ↑Frankreich.

Grandezza ↑Vornehmheit.

grandios ↑außergewöhnlich.

Grand Prix ↑Rennen.

Grandseigneur ↑Gentleman.

Granit: bei jmdm. auf G. beißen ↑unzugänglich [sein].

Granny Smith ↑Apfel.

Grant ↑Verstimmung.

grantig ↑ärgerlich.

Grapefruit ↑Pampelmuse.

Grapefruitjuice ↑Fruchtsaft.

Graph, grafische Darstellung, Schaubild, Flussdiagramm, Blockdiagramm · *errechneter Werte in einem Koordinatensystem:* Diagramm · *von Fähigkeiten und Eigenschaften einer Persönlichkeit:* Psychogramm · *sozialer Verhältnisse innerhalb einer Gruppe:* Soziogramm.

Graphem ↑Spracheinheit.

graphitgrau ↑grau.

grapschen ↑nehmen.

grapsen ↑wegnehmen.

Gras: ↑Rasen; über etwas ist G. gewachsen ↑vergessen; das G. wachsen hören ↑wissen; über etwas G. wachsen lassen ↑vertuschen; ins G. beißen ↑sterben.

Grasaffe ↑Geck.

Grasbutter ↑Fett.

Grasdecke ↑Rasen.

grasen ↑essen.

Grasfrosch ↑Frosch.

grasgrün ↑grün.

Grashüpfer ↑Heuschrecke.

Grasland ↑Wiese.

Grasläufer ↑Vogel.

Grasmücke ↑Vogel.

Grasnarbe ↑Rasen.

Graspferd ↑Heuschrecke.

Grass ↑Rauschgift.

Grasschnitt ↑Ernte.

grassieren ↑überhand nehmen.

grässlich ↑schrecklich.

Grassteppe ↑Steppe.

Grasstück ↑Wiese.

Graswurzeldemokratie ↑Herrschaft.

¹Grat, Kamm, Rücken; ↑Berg, ↑Gipfel.

²Grat ↑Gipfel.

Gräte: ↑Knochen; jmdm. die -n brechen ↑schikanieren.

Gratias ↑Dank.

Gratifikation, Zuwendung, Zulage, Sonderzulage, Remuneration *(bes. österr.),* Weihnachtsgeld, Urlaubsgeld, Prämie, Jahresprämie, Treueprämie; ↑Vergütung, ↑Zuschuss.

gratis: [g. und franko] ↑kostenlos.

Gratisfahrt ↑Fahrt.

Grätsche ↑Turnübung.

Gratulation ↑Glückwunsch.

Gratulationscour ↑Empfang.

Gratulationskarte ↑Schreiben.

gratulieren, beglückwünschen, Glück wünschen, Glückwünsche übermitteln / überbringen / darbringen, einem Wunsch Ausdruck verleihen, jmdm. die Hand drücken; ↑Glückwunsch.

Grätzel ↑Stadtteil.

Gratziegel ↑Dachziegel.

¹grau, gräulich, taupe, sepia, anthrazit, hellgrau, dunkelgrau, mittelgrau, schwarzgrau, maulwurfsgrau, mausgrau, feldgrau, steingrau, schiefergrau, graphitgrau, bleigrau, bleifarben, zementgrau, aluminiumfarben, aschgrau, rauchgrau, rauchfarben, dämmergrau, nebelgrau, perlgrau, silbergrau; ↑bunt, ↑einfarbig, ↑schwarz, ↑weiß.

²grau: ↑bewölkt, ↑blass, ↑grauhaarig; -e Eminenz ↑Drahtzieher; -e Zellen ↑Gehirn; sich über / wegen etwas keine -en Haare wachsen lassen ↑sorgen (sich); -er Markt ↑Schleichhandel; eine -e Maus sein ↑einfach [sein]; ein Herr mit -en Schläfen sein ↑älter [sein]; -er Star ↑Katarakt; aus -er Vorzeit ↑altmodisch; g. werden ↑altern; g. in grau ↑langweilig.

Grauammer ↑Vogel.

Graubär ↑Bär.

graubärtig ↑bärtig.

graublau ↑blau.

graubraun ↑braun.

grauen: es graut jmdm. ↑Angst [haben].

Grauen ↑Entsetzen.

Grauen erregend: ↑makaber, ↑schrecklich.

grauenvoll ↑makaber.
Graugans ↑Vogel.
graugrün ↑grün.
grauhaarig, grau, ergraut, grau meliert, meliert, grauköpfig, mit grauen Schläfen; ↑weißhaarig; ↑Haar.
grauköpfig ↑grauhaarig.
graulen: sich g. ↑Angst [haben].
¹gräulich ↑grau.
²gräulich ↑abscheulich.
Graumännchen ↑Zwerg.
grau meliert ↑grauhaarig.
Graupappe ↑Pappe.
Graupel ↑Hagelkorn.
graupeln ↑hageln.
Graupensuppe ↑Suppe.
grausam ↑unbarmherzig.
Grausamkeit, Rohheit, Gewalttätigkeit, Bestialität, Mordlust, Mordgier, Blutdurst, Blutrausch, Ruchlosigkeit (geh.), Inhumanität; ↑Gefühlskälte, ↑Misshandlung, ↑Rohling, ↑Unbarmherzigkeit, ↑Zerstörungswut.
grauschwarz ↑schwarz.
grausen: es graust jmdm. ↑Angst [haben], ↑schmecken.
Grausen ↑Entsetzen.
grauslich ↑ekelhaft.
Grautier ↑Esel.
grauweiß ↑weiß.
grave ↑langsam.
Gravedo ↑Schnupfen.
Gravensteiner ↑Apfel.
Graves-Krankheit ↑Schilddrüsenüberfunktion.
gravid ↑schwanger.
Graviditas ↑Schwangerschaft.
Gravidität ↑Schwangerschaft.
gravieren: g. in ↑eingravieren.
gravierend, belastend, erschwerend; ↑einschneidend, ↑streng.
Gravis ↑Zeichen.
gravitätisch ↑majestätisch.
Gravur ↑Zeichnung.
Gravüre, Stich, Schnitt, Radierung; ↑Zeichnung.
Gray ↑Maßeinheit.
Grazie: ↑Anmut; die -n haben nicht an jmds. Wiege gestanden ↑anziehend.
grazil: ↑schlank, ↑zart.
Grazilität ↑Zartheit.
graziös: ↑gelenkig, ↑hübsch.
Gräzismus ↑Spracheigentümlichkeit.
Greenhorn ↑Anfänger.
Greenpeace, Kämpfer vom Regenbogen, Umweltschutzorganisation, Robin Wood; ↑Schutzmaßnahme (Umweltschutz).
gregorianisch: gregorianisches Jahr ↑Zeitraum.
Greif ↑Fabelwesen.
greifbar: ↑anwesend, ↑klar, ↑tastbar; nicht g. ↑abwesend.

Greifchen ↑Fangspiel.
Greife ↑Fangspiel.
¹greifen, ergreifen, erfassen, fassen, anfassen, zufassen, in die Hand nehmen; ↑Handbewegung.
²greifen: ↑nehmen; an etwas g. ↑berühren; g. nach ↑hervorziehen; um sich g. ↑überhand nehmen.
Greifen ↑Fangspiel.
Greifvogel ↑Vogel.
greinen ↑weinen.
greis ↑alt.
Greis, alter Mann, Zittergreis (ugs.), Tattergreis (salopp, abwertend), Tapergreis (salopp, abwertend), Tatl (salopp, abwertend, österr.), alter Knacker (salopp, abwertend), Zausel (salopp, abwertend), Krauter[er] (salopp, abwertend), Stubben (salopp, abwertend), Mummelgreis (salopp, abwertend), Mümmelgreis (salopp, abwertend), Jubelgreis · sexuell sehr interessierter: Lustgreis, Lebegreis; ↑Mann; ↑altern; ↑alt.
Greisenalter ↑Lebensalter.
Greisenliebe ↑Perversität.
Greißler ↑Kaufmann.
Greißlerei ↑Laden.
grell: ↑bunt, ↑laut.
Gremium ↑Ausschuss.
Grenadier ↑Dienstgrad, ↑Soldat.
Grenzbach ↑Abgrenzung.
Grenzbahnhof ↑Bahnhof.
Grenzbefestigung, Grenzwall · mittelalterliche: Letzi (schweiz.); ↑Grenze, ↑Wall.
¹Grenze, Grenzlinie, March (schweiz.) · Staatsgrenze, Reichsgrenze, Bundesgrenze, Landesgrenze · Kreisgrenze, Bezirksgrenze, Provinzialgrenze, Stadtgrenze · vorläufige: Demarkationslinie ·· historisch: zwischen kommunistischen und nichtkommunistischen Ländern: Eiserner Vorhang · zwischen West-Berlin und Ost-Berlin: die [Berliner] Mauer · zwischen DDR und BRD: Interzonengrenze, Zonengrenze · um das kommunistische China: Bambusvorhang · im 3. Jh. um das chinesische Reich errichtete: Chinesische / Große Mauer · von den Römern gegen die Germanen errichtete: Limes; ↑Grenzbefestigung, ↑Grenzstation, ↑Wall.
²Grenze: ↑Abgrenzung; obere G. ↑Grenzwert; die G. des Möglichen überschreiten ↑statthaft; bis zur G. des Erlaubten ↑ganz; heimlich über die G. bringen ↑einschmuggeln.
grenzen: an etwas g. ↑gleichen.
grenzenlos: ↑sehr, ↑unendlich.
Grenzenlosigkeit ↑Unbegrenztheit.
Grenzer ↑Grenzwache.
Grenzfluss: ↑Abgrenzung, ↑Fluss.
Grenzlinie: ↑Abgrenzung, ↑Grenze.
Grenzmauer ↑Mauer.
Grenzpolizei: ↑Grenzwache, ↑Polizeibehörde.
Grenzposten ↑Grenzwache.
Grenzscheide ↑Abgrenzung.
Grenzstation, Grenzübergang, Kontrollstati-

on, Kontrollpunkt, Checkpoint; ↑Grenze, ↑Grenzwache.

Grenzübergang ↑Grenzstation.

Grenzwache, Grenzposten, Grenzwachtposten, Grenzer *(ugs.),* Grenzpolizei; ↑Grenzstation, ↑Zöllner.

Grenzwachtposten ↑Grenzwache.

Grenzwall: ↑Abgrenzung, ↑Grenzbefestigung, ↑Wall.

Grenzwert, Limit, obere Grenze.

Gretchenfrage ↑Frage.

Gretchenfrisur ↑Frisur.

Greube ↑Griebe.

Greyhound: ↑Hunderassen, ↑Omnibus.

¹Griebe, Speckgriebe, Grammel *(bayr., österr.),* Griefe *(mitteld.),* Greube *(schweiz.).*

²Griebe ↑Hautausschlag.

Griebenschmalz ↑Fett.

Griebenwurst ↑Wurst.

Griebs ↑Kerngehäuse.

griechisch: -es Kreuz ↑Kreuzzeichen.

griechisch-römisch ↑antik.

Griefe ↑Griebe.

griemeln ↑lachen.

grienen: ↑lachen; das Grienen ↑Lächeln (das).

Griesgram, Brummbär, Knurrhahn, Murrkopf, Raunzer, Knasterbart; ↑Mann, ↑Muffel; ↑ärgerlich.

griesgrämig ↑ärgerlich.

Grießbrei ↑Brei.

Grießkloß ↑Kloß.

Grießkoch ↑Brei.

¹Griff, Handgriff, Henkel, Stiel, Schaft, Handhabe, Knauf, Halter, Heft, Helm, Holm, Klinke, Schnalle *(österr.);* ↑Fenstergriff, ↑Pfahl, ↑Stange, ↑Stock, ↑Türklinke.

²Griff: ↑Handbewegung, ↑Polizeigriff; einen guten / glücklichen G. tun ↑auswählen; im G. haben ↑beikommen; in den G. bekommen / kriegen ↑beikommen.

Griffbrett ↑Tastatur.

Griffel: ↑Finger, ↑Schreibstift.

Griffon ↑Hunderassen.

Griffs ↑Rauschgift.

Grill, Bratrost, Rost, Barbecue; ↑braten.

¹Grille, Hausgrille, Heimchen · Zikade; ↑Heuschrecke.

²Grille: ↑Laune; -n haben ↑launisch [sein].

grillen ↑braten.

grillenhaft ↑launisch.

Grillmucke ↑Nebeneinnahme.

Grillrestaurant ↑Gaststätte.

Grillroom ↑Gaststätte.

Grimasse: ↑Gesicht, ↑Miene.

Grimbart ↑Dachs.

Grimm ↑Ärger.

Grimmdarm ↑Darm.

grimmig: ↑ärgerlich, ↑streitbar.

Grind ↑Schorf.

Grindflechte ↑Impetigo.

Gringo: ↑Fremder, ↑Südamerikaner.

grinsen: dreckig g. ↑schadenfroh [sein]; [g. wie ein Honigkuchenpferd] ↑lachen; das Grinsen ↑Lächeln (das).

¹Grippe, Influenza, echte Grippe, epidemische Grippe, asiatische Grippe, Hongkonggrippe; ↑Erkältung, ↑Krankheit.

²Grippe: seine G. nehmen ↑arbeiten; die diplomatische / politische G. nehmen ↑kommen.

Grips ↑Vernunft.

Grisaillemalerei ↑Maltechnik.

Grisli ↑Bär.

Grislibär ↑Bär.

¹grob, ungefüge, ungattlich *(schweiz.).*

²grob: ↑gewaltig, ↑unhöflich; -es Geschütz auffahren ↑attackieren; [ziemlich] -e See ↑Seegang; in -en Zügen ↑kurz; aus dem Gröbsten heraus sein ↑Schwierigkeit.

Grobheit ↑Unhöflichkeit.

Grobian, Holzkopf *(ugs.),* Büffel *(ugs.);* Rohling.

gröblich ↑sehr.

Grobsalz ↑Salz.

grobschlächtig: ↑plump, ↑unhöflich.

Grobschlächtigkeit ↑Unhöflichkeit.

Grobschmied ↑Schmied.

Grobschnitt ↑Tabak.

Grobschotter ↑Splitt.

Grobtüll ↑Stoff.

Grobzeug ↑Abschaum.

Grog ↑Alkohol.

groggy: g. sein ↑erschöpft [sein].

grölen: ↑schreien, ↑singen.

Groll: ↑Verstimmung; G. hegen ↑grollen.

¹grollen, Groll hegen, zürnen, einen Zorn haben; ↑ärgerlich [sein], ↑gekränkt [sein].

²grollen ↑krachen.

Grönlandeis ↑Polareis.

Groom ↑Diener.

Gros ↑Stück.

Groschen: ↑Münze, ↑Vermögen, ↑Zahlungsmittel; der G. fällt ↑erkennen; bei jmdm. fällt der G. langsam / pfennigweise ↑begriffsstutzig [sein]; nicht bei G. sein ↑verrückt [sein].

Groschenblatt ↑Zeitung.

Groschenroman ↑Roman.

¹groß, hoch gewachsen, hochwüchsig, von hohem Wuchs, stattlich, hochaufgeschossen, lang, baumgroß, baumlang, riesenhaft, riesig, zyklopisch, mannshoch, hünenhaft; ↑außergewöhnlich, ↑gewaltig, ↑hoch, ↑sehr · Ggs. ↑klein; **g. werden,** groß und stark werden *(fam.),* wachsen; **g. sein,** erwachsen sein; ↑Körpergröße.

²groß: ↑außergewöhnlich, ↑erwachsen, ↑gewaltig, ↑geräumig, ↑umfangreich; -e Augen machen ↑überrascht [sein]; Großer Bär / Hund / Wagen ↑Sternbild; Großer Fuchs ↑Schmetterling; auf -em Fuß leben ↑leben; im Großen und Ganzen, im großen Ganzen ↑generell; -er Geist ↑Talent; Großes Haus ↑Theatergebäude; das -e Licht ↑Lampe; kein -es Licht sein ↑dumm

[sein]; -es Los ↑Hauptgewinn; Große Mauer ↑Grenze; der -e Teich ↑Meer; jenseits des -en Teiches ↑Amerika; g. werden ↑aufwachsen; g. herausbringen ↑managen; g. herauskommen ↑bekannt [werden]; g. machen ↑defäkieren; g. schreiben ↑schreiben; Groß und Klein ↑alle; die Großen ↑Erwachsener; ziemlich g. ↑ansehnlich; im Großen ↑en gros.

Großagrarier ↑Bauer.

großartig ↑außergewöhnlich.

Großaufnahme ↑Fotografie.

Großbank ↑Geldinstitut.

Großbauer ↑Bauer.

Großbildkamera ↑Fotoapparat.

Großbrand ↑Schadenfeuer.

Großbritannien, England, Albion *(dichter.),* United Kingdom · *zusammen mit den Staaten der britischen Völkergemeinschaft:* Commonwealth; ↑Engländer.

Großbürgertum ↑Bürgertum.

Großdirn ↑Magd.

Große ↑Älteste.

¹**Größe,** Geräumigkeit, Großräumigkeit, Großflächigkeit, Weite; ↑Ausmaß; ↑geräumig.

²**Größe:** ↑Ansehen, ↑Ausmaß, ↑Berühmtheit, ↑Fachmann, ↑Körpergröße, ↑Tatsache, veränderliche G. ↑Variable; unveränderliche G. ↑Konstante.

Großeltern ↑Verwandter.

Größenordnung ↑Ausmaß.

Größenwahn: ↑Bewusstseinstrübung, ↑Selbsteinschätzung.

Großer ↑Ältester.

Großfamilie: ↑Familie, ↑Kommune.

Großfeuer ↑Schadenfeuer.

großflächig ↑geräumig.

Großflächigkeit ↑Größe.

Großflugzeug ↑Flugzeug.

Großfolio ↑Beschaffenheit.

Großformat ↑Beschaffenheit.

Großgarage ↑Parkhaus.

Großgoscherter ↑Angeber.

Großgrundbesitzer, Gutsbesitzer, Gutsherr, Grundherr *(veraltet),* Rittergutsbesitzer, Junker *(abwertend),* Krautjunker *(abwertend),* Feudalherr, Magnat; ↑Bauer, ↑Besitzer.

¹**Großhandel,** Zwischenhandel, Aufkaufhandel, Engroshandel *(veraltend)* · *mit Waren zur Weiterverarbeitung:* Produktionszwischenhandel; ↑Großhändler, ↑Handel, ↑Transithandel · Ggs. ↑Einzelhandel.

²**Großhandel:** im G. ↑en gros.

Großhandelspreis ↑Preis.

Großhandelsunternehmer ↑Großhändler.

Großhändler, Zwischenhändler, Grossist, Engrossist *(veraltend),* Großhandelsunternehmer; ↑Geschäftsmann, ↑Großhandel, ↑Händler, ↑Kaufmann · Ggs. ↑Einzelhändler.

Großhandlung ↑Laden.

großherzig ↑selbstlos.

Großhirn ↑Gehirn.

Großhirnrinde ↑Gehirnrinde.

Großindustrieller, Industriekapitän, Schlotbaron *(abwertend).*

Grossist ↑Großhändler.

großjährig ↑volljährig.

Großkampfschiff ↑Kriegsschiff.

Großkapitalismus ↑Kapitalismus.

Großkapitalist ↑Kapitalist.

Großklima ↑Klima.

Großkotz ↑Angeber.

großkotzig ↑protzig.

Großkotzigkeit ↑Großspurigkeit.

Großmacht ↑Weltmacht.

Großmannssucht: ↑Großspurigkeit, ↑Übertreibung.

Großmarkt: ↑Laden, ↑Markt.

Großmaul ↑Angeber.

Großmäuligkeit ↑Übertreibung.

Großmut ↑Duldsamkeit.

großmütig ↑entgegenkommend.

¹**Großmutter,** Oma, Omama, Omi, Ahnl *(mundartl., österr.);* ↑Verwandter.

²**Großmutter:** aus -s Zeiten sein ↑überlebt [sein].

Großputz ↑Hausputz.

Großraum ↑Raum.

Großraumbüro ↑Büro.

großräumig ↑geräumig.

Großräumigkeit ↑Größe.

Großraumwagen ↑Eisenbahnabteil.

Großreinemachen ↑Hausputz.

Großschnauze ↑Angeber.

groß schreiben: etwas wird groß geschrieben ↑selten [sein], ↑wichtig [sein].

Großsprecher ↑Angeber.

Großsprecherei ↑Übertreibung.

großsprecherisch ↑protzig.

großspurig ↑protzig.

Großspurigkeit, Protzigkeit, Großkotzigkeit *(salopp),* Angebertum, Protzentum, Großmannssucht; ↑Übertreibung; ↑protzig.

Großstadt ↑Stadt.

Großstädter ↑Städter.

großstädtisch ↑städtisch.

Großstadtmensch ↑Städter.

Großtat ↑Verdienst.

Größte ↑Älteste.

größtenteils ↑oft.

Größter ↑Ältester.

größtmöglich ↑optimal.

Großtuer ↑Angeber.

großtuerisch ↑protzig.

großtun ↑prahlen.

Grossular ↑Schmuckstein.

¹**Großvater,** Opa, Opapa, Opi, Ehnel *(mundartl., österr.);* ↑Verwandter.

²**Großvater:** aus -s Zeiten sein ↑überlebt [sein].

Großvaterstuhl ↑Sessel.

Großvieh ↑Vieh.

Großwetterlage: ↑Wetter, ↑Zustand.

Großwildjagd ↑Jagd.

Großwuchs, krankhafter Großwuchs, Riesenwuchs, Hypersomie, Makrosomie, Makrosomatie, Somatomegalie, Gigantismus, Gigantosomie, Makromelie · *der gipfelnden Körperteile (z. B. Nase, Kinn, Extremitäten):* Akromegalie, Pachyakrie, Marie-Krankheit · *der Hände:* Makrocheirie, Makrochirie, Megalocheirie, Megalochirie, Cheiromegalie, Chiromegalie · *der Füße:* Makropodie, Megalopodie, Pachypodie · *der Finger oder Zehen:* Makrodaktylie, Megalodaktylie, Daktylomegalie, Pachyakrie, Akropachie, Pachydaktylie · *der Nase:* Makrorhinie, Rhinomegalie · *der Ohren:* Makrotie, Pachyotie, Megalotie · *der Lippen:* Makrocheilie ·· *der Geschlechtsorgane:* Hypergenitalismus · *der weiblichen Brust:* Makromastie, Hypermastie · Ggs. ↑Kleinwuchs.

großziehen, aufziehen, hochpäppeln, aufpäppeln; ↑aufwachsen, ↑erziehen.

großzügig: ↑entgegenkommend, ↑freigebig.

¹Großzügigkeit, Generosität, Hochherzigkeit, Gebefreudigkeit, Spendenfreudigkeit, Freigebigkeit; ↑Gastfreundschaft; ↑spendieren; ↑freigebig.

²Großzügigkeit ↑Duldsamkeit.

Grosz ↑Zahlungsmittel.

grotesk ↑lächerlich.

Grotesk ↑Schrift.

Grotte ↑Garten.

Grottenolm ↑Salamander.

grottenvoll ↑betrunken.

Groundhostess ↑Betreuerin.

Groupie: ↑Anhänger, ↑Fan.

Growian ↑Energie.

GRU ↑Geheimpolizei.

¹Grube, Loch, Kute *(nordd.),* Kuhle, Vertiefung, Graben.

²Grube: ↑Bergwerk, ↑Grab; in die G. senken ↑bestatten; in die / zur G. fahren ↑sterben.

grübeln ↑denken.

Grubenbrand ↑Schadenfeuer.

Grubengas ↑Gas.

Grubenlampe, Karbidlampe, Acetylenlampe; ↑Bergmann.

grüezi: [g. Gott] ↑Gruß.

Gruft ↑Grab.

Gruftmucke ↑Nebeneinnahme.

grummeln: es grummelt ↑Gewitter.

Grummet: ↑Ernte, ↑Heu.

Grummeternte ↑Ernte.

Grumt ↑Ernte.

¹grün, grünlich, smaragd, smaragdgrün, oliv, olivgrün, türkis, türkisgrün, türkisfarben, jadegrün, hellgrün, dunkelgrün, gelbgrün, blaugrün, graugrün, blassgrün, mattgrün, tiefgrün, giftgrün, seegrün, meergrün, flaschengrün, grasgrün, moosgrün, erbsengrün, tannengrün, efeugrün, resedagrün, spinatgrün, lindgrün, apfelgrün; ↑blau, ↑bunt, ↑einfarbig.

²grün: ↑belaubt, ↑jung, ↑schneefrei, ↑unreif; -e Bohne ↑Gemüse; -er Heinrich, -e Minna ↑Ge-

fängniswagen; -er Hering ↑Hering; -e Hochzeit ↑Hochzeit, ↑Hochzeitstag; noch ein -er Junge sein ↑erwachsen; -es Licht geben ↑ankurbeln; für etwas -es Licht geben ↑billigen; -es Licht haben ↑behindern; -er Tee ↑Tee; -e Lunge ↑Park; ach du -e Neune! ↑überrascht [sein]; -e Nudeln ↑Teigwaren; -er Rasen ↑Sportfeld; vom -en Tisch aus ↑theoretisch; -e Witwe ↑Ehefrau; auf keinen -en Zweig kommen ↑Erfolg [haben]; g. werden ↑sprießen; jmdm. nicht g. sein ↑hassen; g. und gelb sein vor Neid ↑neiden; bei Mutter Grün schlafen ↑übernachten; im Grünen ↑Natur.

Grünanlage ↑Park.

grünblau ↑blau.

Grünblindheit ↑Farbenblindheit.

Grünbuch ↑Dokumentensammlung.

Grund: ↑Anlass, ↑Argument, ↑Erde, ↑Grundstück, ↑Mittel; G. und Boden ↑Feld, ↑Immobilien; einer Sache auf den G. gehen ↑nachforschen; aus diesem G. ↑deshalb; aus nahe liegenden / verständlichen Gründen ↑verständlicherweise; aus welchem G. ↑warum; im -e ↑letztlich; in G. und Boden ↑ganz; mit guten Gründen ↑befugt; von G. auf / aus ↑ganz, ↑grundlegend.

grund- ↑erz-.

Grund- ↑grundsätzlich.

Grundakkord ↑Akkord.

Grundangelei ↑Angelsport.

grundanständig ↑anständig.

Grundbegriff: -e ↑Universalien.

Grundbesitz ↑Immobilien.

Grundbirne: -n ↑Kartoffeln.

Grundbuch, Flurbuch, Kataster, Grundkataster, amtliches Grundstücksverzeichnis; ↑Immobilien.

Grunddeutsch ↑Grundwortschatz.

Grundeigentum ↑Immobilien.

Grundel ↑Fisch.

¹gründen, begründen, konstituieren, einrichten, etablieren, errichten, instituieren, stiften, ins Leben rufen, aus der Taufe heben, [neu] schaffen; ↑erschaffen.

²gründen: ein Geschäft / eine Firma g. ↑eröffnen; ein Geschäft g. ↑niederlassen (sich); etwas gründet auf / in etwas ↑Grundlage.

Gründer, Gründungsvater, Begründer, Mitbegründer, Initiator, [geistiger] Vater, Schöpfer, Urheber, Anreger, Anstifter *(abwertend);* ↑Erfinder, ↑Schrittmacher.

Gründerjahre ↑Gründerzeit.

Gründerzeit, Gründerjahre, Fin de Siècle, die gute alte Zeit; ↑Atomzeitalter, ↑Belle Époque, ↑Gegenwart, ↑Geschichtsepoche, ↑Vergangenheit.

grundfalsch ↑falsch.

Grundfeste ↑Fundament.

Grundgedanke ↑Leitgedanke.

grundgütig ↑gütig.

grundieren ↑streichen.

Grundkataster ↑Grundbuch.

¹Grundlage, Quelle, Vorlage, Original, Bedingung, Voraussetzung, Ursprung, Vorstufe, Ausgangspunkt, Plattform, Unterlage, Unterbau, Fundament, Substrat, Bestand, Mittel, Grundstock, Fundus, Basis, Fundgrube *(ugs.);* ↑Anfang, ↑Anlass; **seine G. haben in,** etwas hat seine Grundlage in etwas, etwas gründet in / auf etwas.

²Grundlage: -n ↑Universalien; etwas entbehrt jeder G. ↑erfunden [sein].

Grundlawine ↑Lawine.

grundlegend, fundamental, von Grund auf / aus, vollkommen, völlig, absolut; ↑grundsätzlich.

gründlich: ↑gehörig, ↑gewissenhaft.

¹grundlos, unbegründet, haltlos, gegenstandslos, ungerechtfertigt, wesenlos, hinfällig, unmotiviert, aus der Luft gegriffen; ↑erfunden; ↑nutzlos, ↑unwichtig, ↑unwirklich.

²grundlos ↑tief.

Grundmauer: ↑Fundament, ↑Mauer.

Grundmotiv ↑Leitgedanke.

Gründonnerstag, Ablasstag *(landsch.),* Donnerstag vor Ostern; ↑Kirchenfest, ↑Kirchenjahr.

Grundproblem ↑Schwierigkeit.

¹Grundriss, Aufriss, Plan, Entwurf; ↑Bauplan, ↑Entwurf.

²Grundriss ↑Ratgeber.

Grundsatz: Grundsätze ↑Prinzipien, ↑Regel.

Grundsatzerklärung ↑Programm.

¹grundsätzlich, fundamental, Grund- (z. B. Grundanliegen), Elementar-, Haupt-, Kardinal-; ↑grundlegend, ↑prinzipiell.

²grundsätzlich ↑prinzipiell.

Grundsatzurteil ↑Auslegung.

Grundschuld ↑Hypothek.

Grundschule ↑Schule.

Grundschullehrer ↑Lehrer.

Grundsteinlegung, erster Spatenstich; ↑Anfang.

Grundsteuer ↑Abgabe.

Grundstock ↑Grundlage.

¹Grundstück, Baugrundstück, Baugrund, Grund *(österr.),* Bauland, Bauplatz, Baustelle, Baustätte *(geh.),* Baufläche, Baugelände, Parzelle; ↑Garten.

²Grundstück ↑Garten.

Grundstücksmakler ↑Vermittler.

Grundstücksverzeichnis: amtliches G. ↑Grundbuch.

Grundstufe ↑Positiv.

Gründung ↑Dünger.

Gründungsvater ↑Gründer.

grundverkehrt ↑falsch.

Grundvermögen ↑Immobilien.

grundverschieden ↑verschieden.

Grundwasser ↑Wasser.

Grundwelle ↑Welle.

Grundwort ↑Leitwort.

Grundwortschatz · *im Deutschen:* Grunddeutsch · *im Englischen:* Basic English · *im Französischen:* Français fondamental, Français élémentaire *(veraltet).*

Grundzahl: ↑Wortart, ↑Zahl.

grünen ↑sprießen.

Grüner ↑Polizist.

Grünes ↑Suppengemüse.

Grünfläche: ↑Park, ↑Rasen.

Grünflächenamt ↑Gartenbauamt.

Grüngürtel ↑Vorort.

Grünkern ↑Getreide.

Grünkohl, Winterkohl, Blattkohl, Krauskohl, Braunkohl, Blaukohl; ↑Blumenkohl, ↑Gemüse, ↑Kohl, ↑Rosenkohl, ↑Rotkohl, ↑Wirsing.

Grünkorn ↑Getreide.

Grünkreuz ↑Giftgas.

grünlich ↑grün.

Grünling: ↑Ständerpilz, ↑Vogel.

Grünmahd ↑Ernte.

Grünschnabel ↑Anfänger.

Grünspan: ↑Belag, ↑Gift.

Grünstift ↑Schreibstift.

Grünstreifen, Mittelstreifen, Rasenstreifen.

grunzen ↑Laut.

Grünzeug ↑Suppengemüse.

¹Gruppe, Kreis, Runde, Korona *(ugs.),* Schar, Horde *(ugs.),* Haufen, Sauhaufen *(abwertend);* ↑Bande · *von Bergsteigern:* Seilschaft; ↑Alpinistik, ↑Bergsteiger.

²Gruppe: ↑Clique, ↑Kaste, ↑Klasse, ↑Mannschaft, ↑Personenkreis; alternative G. ↑Selbsthilfe.

Gruppenarbeit ↑Arbeit.

Gruppenaufnahme ↑Fotografie.

Gruppenbild ↑Fotografie.

Gruppenehe ↑Ehe.

Gruppenfoto ↑Fotografie.

Gruppenführer ↑Leiter (der).

Gruppensex ↑Koitus.

Gruppensprache, Subsprache, Soziolekt, Standessprache, Berufssprache, Fachsprache, Fachjargon, Jargon · Handwerkersprache · Kaufmannssprache, Kaufmannsdeutsch · Soldatensprache, Kasernensprache, Militärsprache · Studentensprache, Jugendsprache, Peergroupsprache, Schülersprache, Pennälersprache · Teenagersprache, Halbwüchsigensprache, Halbstarkensprache · Jägersprache, Weidmannssprache, Waidmannssprache · Seemannssprache · Bergmannssprache; ↑Deutsch, ↑Hochsprache, ↑Mundart.

Gruppentäter ↑Verbrecher.

Gruppentherapie ↑Behandlung.

Gruppierung ↑Lage.

Grüsch ↑Kleie.

Gruselfilm, Horrorfilm, Grusical, Thriller, Psychothriller, Schocker; ↑Kinofilm, ↑Kriminalstück, ↑Wildwestfilm.

gruselig ↑unheimlich.

gruseln: es gruselt jmdm. ↑Angst [haben].

Grusical ↑Gruselfilm.

¹Gruß, Grußformel · allgemein: guten Tag!, Gott zum Gruße!, grüß Gott! *(bayr., österr.),* grüß dich!, Servus! *(österr.),* küss die Hand! *(österr.),* hallo! *(engl.),* salut! *(franz.),* hi! *(amerik.) · morgens:* guten Morgen! · *mittags:* Mahlzeit! · *abends:* guten Abend! · *bei der Ankunft von Gästen:* herzlich willkommen! ·· *beim Abschied:* auf Wiedersehen!, gute Nacht!, bis bald!, bis gleich!, adieu!, ade!, gehaben Sie sich wohl!, gehorsamster / ergebenster Diener!, habe die Ehre! *(österr.),* ich empfehle mich!, machs gut! *(ugs.),* tschüs! *(nordd.),* behüt dich Gott! *(südd.),* pfüeti [Gott]! *(bayr., österr.),* alla Wiedersehn! *(mannheimerisch),* grüezi *(schweiz.),* grüezi Gott! *(schweiz.),* bye-bye! *(engl.),* cheerio! *(engl.),* arrivederci! *(ital.),* tschau! *(ital.:* ciao), adiós! *(span.),* papa! *(österr.) · am Telefon:* auf Wiederhören! ·· *der Bergleute:* Glück auf! · *der Flieger:* Glückab! · *der Schwimmer:* Gut Nass! · *der Angler:* Petri Heil! · *der Kegler:* Gut Holz! · *der Jäger:* Weidmannsheil! · *der Turner:* Gut Heil!; ↑begrüßen.

²Gruß: ↑Kartengruß, ↑Lebenszeichen; Englischer G. ↑Gebet; mit G. von Haus zu Haus, mit besten / freundlichen / herzlichen Grüßen ↑hochachtungsvoll.

grüßen: ↑begrüßen; grüß dich!, grüß Gott! ↑Gruß; es grüßt Sie ↑hochachtungsvoll; ... lässt g. ↑à la ...

Grußformel ↑Gruß.

grußlos ↑wortlos.

Grütze: ↑Vernunft; G. im Kopf haben ↑klug [sein].

Gschaftlhuber: ↑Besserwisser; ein G. sein ↑aktiv [sein], ↑betriebsam [sein].

Gschaftlhuberei ↑Aktivität.

Gscherter ↑Landbewohner.

Gschlader ↑Kaffee.

G-Schlüssel ↑Notenschlüssel.

Gschnas ↑Maskerade.

Gschnasfest ↑Maskerade.

gschupft ↑überspannt.

Gschwuf: ↑Geck, ↑Geliebter.

Gspaß ↑Scherz.

gspaßig ↑spaßig.

Gspaßlaberln ↑Busen.

Gspusi: ↑Geliebter, ↑Liebelei.

Gstanzl ↑Lied.

Gstätten ↑Wiese.

gstatzt ↑aufgeputzt.

Guano ↑Dünger.

Guarani ↑Indianer.

Guaraní ↑Zahlungsmittel.

Guarneri ↑Streichinstrument.

Guasch ↑Malerei.

Guck ↑Papiertüte.

Gucke ↑Papiertüte.

gucken: ↑blicken; sich nicht in die Karten g. lassen ↑schweigen; Fernsehen g. ↑empfangen,

↑fernsehen; jmdm. auf die Finger g. ↑beobachten; g. aus ↑herausschauen; dumm aus dem Anzug / der Wäsche g. ↑überrascht [sein]; in den Mond / in die Röhre g. ↑bekommen; in die Röhre g. ↑fernsehen.

Guckerschecken ↑Sommersprossen.

guckerscheckert ↑sommersprossig.

Guckkastenbühne ↑Bühne.

Güdelmontag ↑Fastnacht.

Güdismändig ↑Fastnacht.

Guerilla ↑Partisan.

Guerillakrieg ↑Krieg.

Guerillero ↑Partisan.

Guerrigliero ↑Partisan.

Guetzli ↑Bonbon.

Gufe ↑Stecknadel.

Gugelhupf ↑Napfkuchen.

Güggel: ↑Hahn, ↑Huhn.

güggelhaft ↑unbeherrscht.

Güggeli ↑Huhn.

Güggelifriedhof ↑Bauch.

Guide: Begleiter, ↑Ratgeber.

Guignol ↑Kasper.

Guillotine: ↑Fallbeil, ↑Hinrichtung.

guillotinieren töten.

Guinee ↑Münze.

Gulasch ↑Ragout.

Gulaschkanone ↑Feldküche.

Gulaschkommunismus ↑Kommunismus.

Gulaschsuppe ↑Suppe.

Gulden: ↑Münze, ↑Zahlungsmittel.

Gülle: ↑Dünger, ↑Jauchegrube.

güllen ↑düngen.

Gully ↑Abwasserkanal.

gültig: ↑eingeführt; g. sein ↑Geltung [haben].

Gültigkeit: ↑Geltungsdauer; keine G. mehr haben ↑Geltung.

Gulyas ↑Fleischgericht.

Gummer ↑Gurke.

Gummi: ↑Präservativ, ↑Radiergummi.

Gummiarabikum ↑Bindemittel.

Gummiball ↑Spielball.

Gummigeschoss ↑Kampfmittel.

Gummihaut ↑Chalodermie.

Gummiknüppel, Schlagstock, Migränestift *(berlin., scherzh.),* Haslinger *(österr., veraltet);* ↑Kampfmittel, ↑Schusswaffe.

Gummilösung ↑Bindemittel.

Gummilöwe ↑Gegner.

Gummimantel ↑Mantel.

Gummisauger ↑Schnuller.

Gummischlauch ↑Schlauch.

Gummischrapnell ↑Kampfmittel.

Gummischutzmittel ↑Präservativ.

Gun ↑Spritze.

¹Gunst, Gnade, Huld, Auszeichnung, Ehre; jmdm. eine G. gewähren, jmdm. eine Ehre erweisen / zuteil werden lassen, beehren mit, auszeichnen mit; ↑Achtung, ↑Anerkennung, ↑Ansehen, ↑Begnadigung, ↑Lob; ↑ehrenhaft.

²Gunst: ↑Geneigtheit; jmds. G. verscherzt haben ↑unbeliebt [sein]; jmdm. seine G. schenken ↑koitieren.

Gunstgewerbe ↑Prostitution.

Gunstgewerblerin ↑Prostituierte.

günstig: ↑aussichtsreich, ↑billig, ↑erfreulich; im -sten Falle ↑bestenfalls; unter einem -en Stern geboren sein ↑Glück [haben]; g. gelegen sein ↑abgelegen.

Günstling, Favorit, Protegé, Schützling; ↑Liebling.

Günstlingswirtschaft ↑Vetternwirtschaft.

Gupf ↑Gipfel.

Güresch ↑Schwerathletik.

Gurgel: ↑Hals, ↑Rachen; die G. ausspülen / schmieren ↑trinken; jmdm. die G. zudrücken / zuschnüren ↑ausbeuten; durch die G. jagen ↑verschwenden; [sein Geld] durch die G. jagen ↑ausgeben.

¹gurgeln, spülen, ausspülen / den Mund ausspülen; ↑sauber.

²gurgeln ↑fließen.

¹Gurke, Salatgurke, Schlangengurke, Gummer *(landsch.),* Gommer *(landsch.),* Omorke *(landsch.),* Umurke *(landsch.),* Augurke *(landsch.),* Küm[m]erling *(landsch.),* Kukum[m]er *(landsch.),* Kukumber *(landsch.)* · *eingelegte:* saure Gurke, Gewürzgurke, Essiggurke, Cornichon, Senfgurke, Salzgurke, Zuckergurke; ↑Gemüse.

²Gurke: ↑Gemüse, ↑Nase, ↑Penis.

Gurkenhachtel ↑Küchenhobel.

Gurkenhobel ↑Küchenhobel.

Gurkenkraut ↑Küchengewürz.

gurren ↑krächzen.

Gurt, Riemen, Traggurt, Ledergurt, Sattelgurt, Patronengurt, Band; ↑Gürtel, ↑Sicherheitsgurt; ↑binden.

¹Gürtel, Bindegürtel, Leibriemen, Bauchriemen *(ugs.),* Koppel; ↑Gurt, ↑Schließe.

²Gürtel: den G. enger schnallen ↑sparen.

Gürtellinie: ↑Taille; etwas ist ein Schlag unter die G. ↑unfair [sein]; unterhalb der G. ↑sexuell.

Gürtelreifen ↑Autoreifen.

Guru ↑Führer.

Gusche ↑Mund.

Guschel ↑Kuss.

¹Guss, Tortenguss, Glasur, Schokoladenguss, Zuckerguss; ↑Gebäck.

²Guss: ↑Kurmittel, ↑Niederschlag; aus einem G. ↑fugenlos.

Gussfüllung ↑Zahnersatz.

gustieren ↑kosten.

gustiös ↑appetitlich.

Gusto: ↑Appetit, ↑Neigung.

Gustostückerl ↑Leckerbissen.

gut: ↑ausreichend, ↑erfreulich, ↑fachmännisch, ↑gütig, ↑ja, ↑lohnend, ↑okay, ↑schmackhaft, ↑trefflich; g. aussehend ↑hübsch; mit jmdm. g. bekannt sein ↑vertraut; g. dran sein ↑Glück [haben]; g. zu lesen ↑lesbar; g. gebaut ↑sportlich; g. gelaunt sein ↑lustig [sein]; -er Geschmack ↑Kunstverständnis; g. gewachsen, von -em Wuchs ↑sportlich; mit -em Gewissen ↑unbesorgt; etwas in -em Glauben tun ↑arglos [tun]; auf g. Glück ↑Gewissheit; kein -es Haar an jmdm. lassen ↑beanstanden; an jmdm. kein -es Haar lassen, nichts Gutes über jmdn. sagen / sprechen ↑schlecht machen; Gut Heil / Holz / Nass! ↑Gruß; -er Hoffnung sein ↑schwanger [sein]; zu -er Letzt ↑spät; in -em Licht erscheinen ↑auffallen; jmdm. g. sein ↑lieben; nicht mehr g. sein ↑verdorben [sein]; jmdm. ist nicht g. ↑unwohl; jenseits von Gut und Böse sein ↑impotent [sein]; seien Sie so g.! ↑bitte!; zu sich selbst g. sein ↑gönnen (sich etwas); sich zu g. sein für ↑tun; bei jmdm. g. ankommen ↑gefallen; g. ankommen / gelitten sein bei jmdm. ↑angesehen [sein]; g. gehen ↑florieren; es g. haben ↑Glück [haben]; g. mit jmdm. können ↑vertraut; g. lachen haben / können, g. reden haben ↑Lage; sich g. stehen ↑reich [sein]; sich g. verkaufen ↑verkaufen; g. zu verstehen ↑verständlich; [g. und gern] ↑wenigstens; sehr g. ↑optimal; nichts Gutes ahnend ↑ahnungsvoll; des Guten zu viel tun ↑essen; g. zu Fuß sein ↑marschfähig [sein].

¹Gut, Gutshof, Hof, Landgut, Landsitz, Bauerngut, Bauernhof, Anwesen, Klitsche *(ugs., abwertend),* Heimwesen *(schweiz.),* Heimen *(schweiz.),* Heimet *(schweiz.),* Hofstatt *(schweiz.),* Gewerbe *(schweiz.),* Umschwung *(schweiz.),* Liegenschaft *(schweiz.),* Hofreite *(südd., schweiz.),* Gehöft, Landwirtschaft, landwirtschaftlicher Betrieb, Ökonomie *(österr.),* Aussiedlerhof, Pachthof, Rittergut · *in der Einöde:* Einschichthof *(südd., österr.),* Einödhof *(südd., österr.)* · *staatliches:* Domäne, Staatsgut · *in Amerika, Afrika:* Farm, Ranch, Pflanzung, Plantage · *in Südamerika:* Hazienda; ↑Bauer, ↑Besitztum, ↑Landwirtschaft.

²Gut: ↑Bon; Güter ↑Produktionsmittel (die); [irdische Güter, Geld und G., Hab und G.] ↑Besitz; herrenloses G. ↑Fundsache.

Gutachten ↑Expertise.

Gutachter ↑Referent.

gutartig, benigne, nicht ↑böse.

Gutdünken: nach G. ↑beliebig; nach eigenem G. ↑eigenmächtig.

Gute: alles G. ↑hochachtungsvoll.

¹Güte, Gutheit, Gutherzigkeit, Gutmütigkeit, Weichherzigkeit, Herzensgüte, Seelengüte, Engelsgüte; ↑Arglosigkeit, ↑Rechtschaffenheit; ↑gütig.

²Güte: ↑Gotteseigenschaften, ↑Güteklasse, ↑Qualität; ach du meine G.! ↑überrascht [sein]; haben / hätten Sie die G. ...! ↑bitte!

Güteklasse, Handelsklasse, Qualität, Güte; ↑Ware.

Gutenbergstadt ↑Mainz.

Güterausstoß ↑Produktionsmittel (die).

Güterbahnhof ↑Bahnhof.

329 **Haarausfall**

Gütergemeinschaft: ↑ Ehegemeinschaft, ↑ Gemeinbesitz.
Gütersendung ↑ Postsendung.
Gütertrennung ↑ Ehegemeinschaft.
Güterwagen ↑ Eisenbahnwagen.
Güterzug ↑ Eisenbahnzug.
Güterzuglokomotive ↑ Lokomotive.
Güteverfahren ↑ Gerichtsverfahren.
Gutfinden: nach G. ↑ beliebig.
gut gehen: etwas geht gut ↑ reibungslos [verlaufen]; es sich g. lassen ↑ leben; jmdm. geht es gesundheitlich gut ↑ gesund [sein].
gut gesinnt ↑ entgegenkommend.
gutgläubig, vertrauensselig, leichtgläubig, gläubig, unkritisch, auf Treu und Glauben, vertrauensvoll, guten Glaubens, bona fide; ↑ arglos, ↑ dumm, ↑ zuversichtlich; ↑ Arglosigkeit.
Gutgläubigkeit ↑ Arglosigkeit.
Guthaben, Haben, Konto, Kredit · Dispositionskredit, Überziehungskredit, Kundenkredit; ↑ Anleihe, ↑ Bankkonto, ↑ Ersparnisse, ↑ Saldo · Ggs. ↑ Fehlbetrag, ↑ Mangel.
gutheißen: ↑ billigen; gutgeheißen werden ↑ Beifall [finden].
Gutheit ↑ Güte.
gutherzig ↑ gütig.
Gutherzigkeit ↑ Güte.
¹gütig, grundgütig, herzlich, kordial *(veraltet),* warmherzig, gut, seelengut, herzensgut, gutherzig, gutmütig, sanftmütig, weichherzig, barmherzig, gnädig, mild, lindernd; ↑ entgegenkommend, ↑ friedfertig, ↑ menschlich, ↑ selbstlos, ↑ tolerant, ↑ willensschwach; **g. sein,** eine Seele von Mensch / von einem Menschen / *(salopp, scherzh.)* von [einem] Kamel sein, nicht nein sagen können; ↑ Freundlichkeit, ↑ Güte.
²gütig: danke der -en Nachfrage ↑ danke!
gütlich: sich g. tun an ↑ essen.
gutmachen: ↑ einstehen; [Boden g.] ↑ aufholen.
gutmütig ↑ gütig.
Gutmütigkeit ↑ Güte.
gutsagen ↑ einstehen (für).
Gutsbesitzer ↑ Großgrundbesitzer.
Gutsch ↑ Niederschlag.
Gutschein ↑ Bon, ↑ Vergütung.
Gutschrift ↑ Vergütung.
Gutsel ↑ Bonbon.
Gutsherr ↑ Großgrundbesitzer.
Gutshof ↑ Gut.
gut situiert ↑ reich.
Gutstor ↑ Hindernis.
Gutta ↑ Arthritis.
Guttempler ↑ Antialkoholiker.
gut tun ↑ wohl tun (jmdm.).
gutwillig ↑ bereit.
Gwirkst ↑ Umstände.
Gy ↑ Maßeinheit.
Gymnasiallehrer ↑ Lehrer.
Gymnasialprofessor ↑ Lehrer.
Gymnasiast ↑ Schüler.

Gymnasium: ↑ Strafanstalt; [altsprachliches / humanistisches / neusprachliches G.] ↑ Schule.
¹Gymnastik, gymnastische Übungen, Lockerungsübungen, Freiübungen, tänzerische Gymnastik, Freiluftgymnastik, Frühgymnastik, Morgengymnastik, Funkgymnastik, Körpertraining; ↑ Entspannungsübung, ↑ Sport, ↑ Tanz; ↑ turnen.
²Gymnastik: G. machen ↑ turnen.
gymnastisch: -e Übungen ↑ Gymnastik.
Gynäkologe ↑ Arzt.
Gynäkologie ↑ Heilkunde.

h: stummes h ↑ Dehnungs-h.
¹H ↑ Rauschgift.
hä: hä? ↑ bitte?
¹Haar, Haare, Haarschopf, Schopf, [lange] Mähne *(ugs.),* Löwenmähne *(ugs.),* Zottelhaar *(ugs., abwertend),* Loden *(salopp, abwertend),* Strähnen, Locken · *zartes, feines von einem Neugeborenen:* Flaum · *krauses:* Kraushaar, Krollhaar, Kräuselhaar, Naturkrause, Naturlocken, Naturhaar *(selten),* Wuschelkopf *(ugs.),* Wuschelhaar *(ugs.)* · *künstliches:* Perücke, Toupet, Haarteil · *beim Tier:* Mähne; ↑ Dutt, ↑ Friseur, ↑ Frisur, ↑ Glatze, ↑ Haarlocke, ↑ Haarzopf, ↑ Locken, ↑ Perücke, ↑ Perückenmacher; ↑ frisieren, ↑ tönen; ↑ blond, ↑ braunhaarig, ↑ grauhaarig, ↑ lockig, ↑ rothaarig, ↑ schwarzhaarig, ↑ weißhaarig.
²Haar: jmdm. stehen die -e zu Berge ↑ betroffen [sein]; ein H. in der Suppe / in etwas finden ↑ beanstanden; -e auf den Zähnen haben ↑ unhöflich [sein]; niemandem ein H. krümmen [können] ↑ friedfertig [sein]; -e lassen müssen ↑ einbüßen; kein gutes H. an jmdm. lassen ↑ beanstanden, ↑ schlecht machen; das H. machen / ordnen ↑ frisieren; die -e trocknen ↑ föhnen; -e verlieren ↑ fusseln; die -e verlieren, jmdm. gehen / fallen die -e aus, jmdm. kommt das Knie durchs H. ↑ Glatze; sich wegen etwas / über etwas keine grauen -e wachsen lassen ↑ sorgen (sich); etwas hängt an einem H. ↑ ungewiss [sein]; jmdm. aufs H. gleichen ↑ ähneln; einer Sache aufs H. gleichen ↑ gleichen; sich durch das H. / die Haare fahren ↑ frisieren; sich in die -e geraten / kriegen, sich in den -en liegen ↑ zanken (sich); mit Haut und -en ↑ ganz.
Haaraufsatz ↑ Perücke.
Haarausfall, Glatzenbildung, Haarschwund,

Kreishaarschwund, Pelade; ↑Glatze, ↑Haarlosigkeit.

Haarbalgentzündung, Haartaschenentzündung, Follikulitis, Folliculitis, Adenotrichie · *im Bereich des Kinns und Gesichts:* Bartflechte, Kinnflechte, Folliculitis barbae, Sykose, Sycosis [barbae], Acne mentagra, Mentagra · *bes. im Bereich der behaarten Kopfhaut:* Quinquand-Krankheit, Folliculitis decalvans, Acne decalvans; ↑Impetigo.

Haare ↑Haar.

haaren ↑fusseln.

Haarersatz ↑Perücke.

Haarfarn ↑Farn.

Haarflechte ↑Haarzopf.

Haarfrisur ↑Frisur.

haargenau ↑minutiös.

haarig: ↑behaart, ↑böse.

Haarkamm ↑Kamm.

Haarkleid ↑Fell.

haarklein ↑minutiös.

Haarkräusler ↑Friseur.

Haarkünstler ↑Friseur.

Haarlocke, Locke, Stirnlocke, Schmachtlocke *(scherzh.),* Korkenzieherlocke, Korkzieherlocke, Damenwinker *(scherzh.),* Herrenwinker *(scherzh.);* ↑Haar, ↑Locke; ↑lockig.

Haarlosigkeit, Atrichie, Atrichose, Kahlheit, Kahlköpfigkeit, Alopezie, Psilose, Psilosis, Calvities; ↑Glatze, ↑Haarausfall.

Haarmasche ↑Haarschleife.

Haarnadelkurve ↑Kurve.

Haaröl ↑Haarpflegemittel.

Haarpflegemittel · *flüssiges:* Haarwasser, Haarspray, Haaröl · *in Cremeform:* Frisiercreme, Pomade, Brillantine; ↑Spray; ↑tönen.

Haarriss ↑Riss.

Haarschleife, Schleife, Band, Haarmasche *(österr.),* Masche *(österr.);* ↑Frisur, ↑Schnur.

Haarschneider ↑Friseur.

Haarschneideschere ↑Schere.

Haarschnitt ↑Frisur.

Haarschopf ↑Haar.

Haarschwund ↑Haarausfall.

Haarspalter ↑Pedant.

Haarspalterei ↑Pedanterie.

haarspalterisch ↑spitzfindig.

Haarspray: ↑Haarpflegemittel, ↑Spray.

Haarstern: ↑Komet, ↑Stachelhäuter.

haarsträubend ↑unerhört.

Haarteil: ↑Haar, ↑Perücke.

Haartracht ↑Frisur.

Haartrockner ↑Föhn.

Haarwäsche, Kopfwäsche · *mit Trockenshampoo:* Trockenwäsche; ↑Föhn; ↑föhnen.

Haarwaschmittel, Shampoo, Shampoon; ↑Seife.

Haarwasser ↑Haarpflegemittel.

Haarzopf, Zopf, Flechte, Haarflechte, falscher Zopf / *(scherzh.)* Wilhelm / *(österr.)* Pepi, Rattenschwänzchen, Schwänzchen; ↑Haar.

Hab: H. und Gut ↑Besitz.

Habakuk ↑Prophet.

Habanera ↑Tanz.

Habe: ↑Besitz; bewegliche H. ↑Mobiliar.

¹haben, besitzen, in Besitz haben, im Besitz von etwas sein, verfügen über, versehen / ausgestattet / ausgerüstet / bestückt sein mit, sein eigen / Eigentum nennen, zur Hand / parat / in petto / *(ugs.)* auf Lager / zur Verfügung / in Bereitschaft haben · *überreichlich:* mit etwas gesegnet sein *(ugs.),* mit etwas die Straße pflastern können *(ugs.);* ↑aufweisen, ↑erleben, ↑geben, ↑gehören, ↑innehaben, ↑wissen; **h. wollen,** ↑begieren [sein auf / nach]; ↑Besitz, ↑Besitzer.

²haben: ↑beschaffen, ↑existieren; sich h. ↑schämen (sich); etwas nicht h. ↑mangeln; noch zu h. sein ↑ledig [sein]; zu h. sein für ↑aufgeschlossen [sein]; h. wollen ↑wünschen; etwas h. wollen ↑erwarten; es mit jmdm. h., eine Schwäche h. für ↑lieben; hab / habt / h. Sie Dank! ↑danke!; du kannst mich gern h.! ↑unwichtig [sein]; es h. auf / mit ↑krank [sein]; es mit jmdm. h. ↑koitieren; hab dich nicht so! ↑[nicht] übertreiben; siehst du, da hast dus! ↑Folge; Überfluss / zu viel h. ↑Überfluss [haben]; bei sich h. ↑mitführen; h. + zu + Infinitiv ↑müssen; haste was kannste ↑schnell.

Haben ↑Guthaben.

Habenichts ↑Armer.

Haberer: ↑Freund, ↑Geliebter.

habern ↑essen.

Habgier, Habsucht, Unersättlichkeit, Raffgier, Gewinnsucht, Geldgier, Tanz um das Goldene Kalb, Besitzgier, Pleonexie; ↑Geiz, ↑Geld; ↑habgierig.

habgierig, habsüchtig, raffgierig, materialistisch, materiell, auf Gewinn bedacht, gewinnsüchtig, geldgierig, rappenspalterisch *(schweiz.);* ↑geizig; **h. sein,** das Goldene Kalb anbeten, dem Mammon frönen, hinter dem Geld her sein *(ugs.),* Wucher treiben, wuchern, raffen, sich bereichern, den Hals nicht voll [genug] kriegen *(ugs., abwertend),* vom Stamme Nimm sein *(ugs., abwertend);* ↑Habgier, ↑Wucher.

habhaft: jmds. h. werden ↑ergreifen.

Habicht ↑Vogel.

habil ↑geschickt.

habilitieren (sich), die Venia Legendi / Lehrberechtigung erlangen (oder:) erwerben; ↑promovieren; ↑Lehrberechtigung.

Habit ↑Kleidung.

Habitué ↑Gast.

Habitus ↑Gestalt.

hablich ↑reich.

Habseligkeiten ↑Besitz.

Habsucht ↑Habgier.

habsüchtig ↑habgierig.

Habtachtstellung: in H. stehen ↑strammstehen.

Háček ↑Zeichen.

Hahn

Hachel ↑Küchenhobel.
hacheln ↑hobeln.
Hackbraten ↑Fleischgericht.
Hackbrett ↑Saiteninstrument.
¹Hacke, Haue *(oberd.),* **Häunel** *(oberd.),* Karst, Jäthacke, Schnelljäter, Jätehand, Schuffeleisen, Schuffel; ↑Schaufel, ↑Spitzhacke.
²Hacke: ↑Beil, ↑Ferse; die -n zusammenschlagen ↑strammstehen.
hacken: ↑einbrechen, ↑Fußballspiel, ↑koitieren.
Hacken ↑Ferse.
Hackenfuß: ↑Fuß, ↑Fußdeformität.
Hackepeter ↑Hackfleisch.
Hacker: ↑Dieb, ↑Fußballspieler.
Häcker ↑Schluckauf.
Hackerchen ↑Zahn.
Hackerle ↑Zahn.
hackern ↑schlittern.
¹Hackfleisch, Gehacktes *(ugs.),* gemahlenes Fleisch *(landsch.),* Faschiertes *(österr.),* Hackepeter *(ugs.),* Tatar, Mett *(landsch.),* Schweinemett *(landsch.);* ↑Fleisch, ↑Fleischgericht, ↑Fleischkloß, ↑Fleischwolf.
²Hackfleisch: ↑Fleisch; jmdn. zu H. machen ↑schlagen.
Hackklotz, Hauklotz, Holzstock, Hackstock *(österr.),* Scheitstock *(schweiz.).*
Hackmesser ↑Messer.
Hackordnung ↑Rangordnung.
Hacksch ↑Schwein.
Hackstock ↑Hackklotz.
Hader ↑Streit.
Haderlump ↑Leichtfuß.
hadern ↑unzufrieden [sein].
Hadernpapier ↑Papier.
Hades: ↑Gott, ↑Hölle.
¹Hafen, Port *(dichter.)* · Seehafen, Binnenhafen, Handelshafen, Umschlaghafen, Ausfuhrhafen, Einfuhrhafen, Überseehafen, Fischereihafen, Ölhafen, Kriegshafen, Fährhafen, Heimathafen, Mutterhafen, Winterhafen, Zufluchtshafen, Schutzhafen, Dockschleusenhafen, Außenhafen, Fluthafen, Tidehafen, Flusshafen, Kanalhafen, Bootshafen, Jachthafen, Naturhafen · Bestimmungshafen, Zielhafen · *nicht unter Zollkontrolle stehender:* Freihafen · *unter Zollkontrolle stehender:* Zollhafen; ↑Anlegebrücke, ↑Damm, ↑Schifffahrt, ↑Schiffer; ↑ankern.
²Hafen: ↑Kochtopf, ↑Nachtgeschirr.
Häfen: ↑Kochtopf, ↑Strafanstalt.
Hafenarbeiter ↑Schauermann.
Häfenbruder ↑Gefangener.
Hafendamm ↑Damm.
Hafenlotse ↑Lotse.
Hafenpolizei ↑Polizeibehörde.
Hafenstadt ↑Stadt.
Hafer: ↑Getreide; jmdn. sticht der H. ↑übermütig [sein].
Haferbock ↑Heuschrecke.

Haferbrei ↑Brei.
Haferflocken ↑Getreideflocken.
Haferflockenbrei ↑Brei.
Häferl: ↑Tasse, ↑Trinkgefäß.
Häferlkaffee ↑Kaffee.
Haferlokomotive ↑Pferd.
Haferlschuh ↑Schuh.
Hafermotor ↑Pferd.
Haferschleim ↑Brei.
Haferwurzel ↑Gemüse.
Haffküste ↑Ufer.
Haflinger ↑Pferd.
Hafner ↑Keramiker.
Häfner ↑Keramiker.
Hafnerei ↑Töpferei.
Haft: ↑Freiheitsentzug; in H. nehmen ↑verhaften; in H. sitzen ↑abbüßen.
Haftanstalt ↑Strafanstalt.
haftbar, schadenersatzpflichtig, ersatzpflichtig, haftpflichtig, verantwortlich; **h. machen,** behaften *(schweiz.).*
Haftel ↑Heftel.
Haftelmacher: aufpassen wie ein H. ↑Acht geben.
haften: ↑einstehen, ↑fest [sein]; an der Scholle h. ↑heimatverbunden [sein].
haftend ↑klebrig.
Haftfähigkeit ↑Adhäsion.
Häftling ↑Gefangener.
haftpflichtig ↑haftbar.
Haftpflichtiger ↑Bürge.
Haftpflichtversicherung ↑Versicherung.
Haftschale ↑Kontaktlinse.
Haftung: ↑Schuld, ↑Sicherheit.
Hag ↑Zaun.
Hagebuche ↑Buche.
Hagebutte, Hiefe *(fränk.),* Hetschepetsch *(bayr., österr.),* Hetscherl *(mundartl., österr.).*
Hagebuttentee ↑Tee.
Hagel, Schauer *(bayr., österr.);* ↑Hagelkorn, ↑Niederschlag; ↑hageln.
Hagelkorn, Schloße *(landsch.),* Graupel, Eiskristall; ↑Hagel; ↑hageln.
hageln, graupeln, schloßen *(landsch.),* schauern *(bayr., österr.);* ↑regnen, ↑schneien; ↑Hagel, ↑Hagelkorn, ↑Niederschlag.
Hagelschauer ↑Niederschlag.
Hagen ↑Rind.
hager ↑schlank.
Hagerkeit ↑Schlankheit.
Hagestolz ↑Junggeselle.
Haggai ↑Prophet.
Hagionym ↑Pseudonym.
Häher ↑Vogel.
Häherkuckuck ↑Vogel.
¹Hahn, Gockel *(landsch.),* Gickel *(landsch.),* Güggel *(schweiz.),* Gockelhahn *(Kinderspr.),* Kikeriki *(Kinderspr.)* · *verschnittener:* Kapaun, Kapphahn *(selten);* ↑Huhn.
²Hahn: ↑Fasshahn, ↑Huhn; H. im Korb sein ↑beliebt [sein], ↑Mittelpunkt [sein]; danach

kräht kein H. ↑unwichtig [sein]; der gallische H.
↑Frankreich; wenn die Hähne krähn, aufstehen
↑aufstehen.
Hähnchen ↑Huhn.
Hähnchengrill ↑Gaststätte.
Hahnenbalken ↑Empore.
Hahnenkamm ↑Ständerpilz.
hahnenkammrot ↑rot.
Hahnenschrei: erster H. ↑Morgengrauen;
beim ersten H. ↑morgens; beim ersten H. auf-
stehen ↑aufstehen.
Hahnentrittmuster ↑Stoffmuster.
Hahnenwasser ↑Wasser.
Hahnrei: ↑Ehemann; zum H. machen ↑untreu
[sein].
Hai ↑Fisch.
Haifisch ↑Fisch.
Hain ↑Wald.
Hainbuche ↑Buche.
Häkchen ↑Zeichen.
Häkelarbeit ↑Handarbeit.
Häkelei ↑Handarbeit.
Häkelhaken ↑Häkelnadel.
häkeln ↑handarbeiten.
Häkelnadel, Häkelhaken; ↑Nadel, ↑Strickna-
del; ↑handarbeiten.
Häkelspitze ↑Spitzenstickerei.
Häkeltüll ↑Stoff.
¹Haken, Wandhaken, Kleiderhaken · Karabi-
nerhaken.
²Haken: ↑Garderobe, ↑Kleiderbügel, ↑Mangel,
↑Niete, ↑Zeichen; H. und Öse ↑Heftel.
Hakenkreuz ↑Kreuzzeichen.
Hakennagel ↑Nagel.
Hakennase ↑Nase.
Hakenzahn ↑Zahn.
halb: ↑unvollständig; mit -em Herzen ↑Begeis-
terung; noch ein -es Kind sein ↑erwachsen; -e
Note ↑Notenzeichen; mit -em Ohr hinhören /
zuhören ↑zuhören; nur eine -e Portion sein, ↑fe-
derleicht [sein], ↑schmächtig [sein]; zum -en
Preis verkaufen ↑billig [verkaufen]; sich auf
-em Weg entgegenkommen ↑übereinkommen;
jmdm. auf -em Wege entgegenkommen ↑nach-
geben.
Halbaffe ↑Affe.
Halbaffix ↑Affixoid.
halbamtlich ↑amtlich.
halbbatzig ↑unzulänglich.
Halbbildung ↑Bildung.
Halbblut ↑Pferd.
Halbblüter ↑Pferd.
Halbdach ↑Dach.
halbdunkel ↑dunkel.
Halbdunkel ↑Dämmerung.
Halbe: ↑Hohlmaß, ↑Notenzeichen.
Halbedelmetall ↑Metall.
Halbedelstein ↑Edelstein.
halbe-halbe: h. machen ↑teilen.
halber ↑wegen.
Halber ↑Papiergeld.

Halbfayence ↑Steingut.
halb fertig ↑unvollständig.
¹halb gar, nicht gar, nicht durch *(ugs.).*
²halb gar ↑gar.
Halbgefrorenes ↑Gebäck.
¹Halbgott, Heros; ↑Gott, ↑Göttin.
²Halbgott: ↑Mensch; sich als H. fühlen ↑dün-
kelhaft [sein].
halbherzig ↑Begeisterung.
halbieren, zweiteilen, zweiteln *(schweiz.);* ↑tei-
len.
Halbjahr ↑Zeitraum.
Halbkuppel ↑Kuppel.
halblang: mach mal h. ↑übertreiben.
halblaut ↑gedämpft.
Halblicht ↑Dämmerung.
Halblinker ↑Fußballspieler.
halbmast: h. flaggen ↑flaggen; Hose auf h.
↑Hose.
Halbmasthose ↑Hose.
Halbmetall ↑Metall.
Halbmittelgewicht ↑Ringen.
Halbmittelgewichtler ↑Boxer.
Halbmond ↑Mond, ↑Nationalflagge.
halbpart: h. machen ↑teilen.
Halbpfeiler ↑Säule.
Halbpräfix: ↑Affixoid, ↑Silbe.
Halbrechter ↑Fußballspieler.
halb reif ↑reif.
Halbrelief ↑Relief.
Halbrock ↑Unterkleid.
halbrund ↑gebogen.
Halbsäule ↑Säule.
Halbschatten ↑Schatten.
Halbschlaf ↑Schlaf.
Halbschuh ↑Schuh.
Halbschwergewicht ↑Ringen.
Halbschwergewichtler ↑Boxer.
Halbseide ↑Dirnenwelt.
halbseiden: ↑anrüchig, ↑unmännlich.
Halbseitenlähmung ↑Lähmung.
Halbstarkensprache ↑Gruppensprache.
¹Halbstarker, Schläger · Teddyboy, Popper ·
Provo, Rocker · Punk, Punker · Skinhead,
Skin; ↑Gammler, ↑Jüngling.
²Halbstarker ↑Jüngling.
Halbstock ↑Geschoss.
Halbstrumpf ↑Strumpf.
Halbsuffix: ↑Affixoid, ↑Silbe.
Halbtagsarbeit ↑Arbeit.
Halbtonne ↑Gewölbe.
halb wach ↑müde.
Halbwaise ↑Waise.
halbwegs: ↑einigermaßen, ↑mäßig.
Halbwelt ↑Unterwelt.
Halbweltergewichtler ↑Boxer.
halbwertig ↑unzulänglich.
halbwüchsig ↑jung.
Halbwüchsigensprache ↑Gruppensprache
Halbwüchsiger ↑Jüngling.
Halbzeit: [H. machen] ↑Pause.

Halde ↑Abhang.
Haléf ↑Zahlungsmittel.
Half ↑Fußballspieler.
Halfblood ↑Pferd.
Half Dollar ↑Zahlungsmittel.
Hälfte: ↑Anteil; bessere H. ↑Ehefrau, ↑Ehemann; die größere H. ↑Anteil; über / mehr als die H. ↑Mehrheit; weniger als die H. ↑Minderheit.
Hall: ↑Klang, ↑Nachhall.
Halle: ↑Diele, ↑Remise, ↑Rezeption; [heilige -n] ↑Raum.
hallen ↑schallen.
Hallenbad ↑Bad.
Hallenhandball ↑Handball.
Hallenhockey ↑Ballspiel.
Hallenkirche ↑Gotteshaus.
Hallentennis ↑Tennisspiel.
Halley-Komet ↑Komet.
Hallig ↑Insel.
Hallimasch ↑Ständerpilz.
hallo ↑Gruß.
Hallo ↑Aufsehen.
Halluzination: ↑Einbildung; -en haben ↑fantasieren.
Halluzinogen: ↑Psychopharmakon, ↑Rauschgift.
Halm ↑Stamm.
Halma ↑Brettspiel.
Halogenscheinwerfer ↑Scheinwerfer.
¹Hals, Collum *(fachspr.)*, Cervix *(fachspr.)*, Kehle, Gurgel · *Teil zwischen Halsmuskeln und Schlüsselbein:* Drosselgrube, Drosselkehle, Jugulum *(fachspr.);* ↑Nacken.
²Hals: ↑Rachen; H. über Kopf ↑schnell; jmdm. den H. abschneiden ↑ausbeuten; den H. nicht voll [genug] kriegen ↑habgierig [sein]; sich nach jmdm. / nach etwas den H. verrenken ↑suchen; viel am / auf dem H. haben ↑arbeiten; barfuß bis an den H. ↑nackt; jmdm. einen Prozess an den H. hängen ↑prozessieren; sich den Teufel auf den H. laden ↑Unannehmlichkeiten [bekommen]; sich die Kehle / die Lunge aus dem H. schreien ↑schreien; aus vollem H. ↑laut; es im H. haben ↑Halsschmerzen [haben]; einen Frosch / eine Kröte / einen Kloß im H. haben ↑heiser [sein]; etwas in den falschen H. bekommen ↑übel nehmen; etwas in den falschen / unrechten / verkehrten H. bekommen ↑missverstehen; bis über den H. in Schulden stecken ↑schulden (jmdm. etwas); jmdm. um den H. fallen ↑umfassen; sich jmdn. / etwas vom -e schaffen ↑entledigen (sich jmds. / einer Sache); jmdm. schlägt das Herz bis zum H. ↑aufgeregt [sein]; das Wasser steht jmdm. bis zum H. ↑schulden (jmdm. etwas).
Halsabschneider ↑Wucherer.
Halsausschnitt ↑Ausschnitt.
Halsbräune ↑Diphtherie.
halsbrecherisch ↑gefährlich.
Halseisen ↑Hinrichtung.

Halsentzündung, Angina · *im Bereich der Gaumenmandeln:* Mandelentzündung, Tonsillitis · *im Bereich der Rachenschleimhaut:* Rachenkatarrh, Pharyngitis; ↑Halsschmerzen, ↑Krankheit.
Halskette, Kette, Kollier, Perlenkollier, Brillantkollier, Perlenkette, Gliederkette, Goldkette, Korallenkette, Bernsteinkette; ↑Perle, ↑Schmuck.
Halskragen ↑Kragen.
Halskrause ↑Kragen.
Hals-Nasen-Ohren-Arzt ↑Arzt.
Halsorden ↑Orden.
Halsschmerzen, Halsweh, Schluckbeschwerden; **H. haben,** es im Hals haben *(ugs.);* ↑Halsentzündung, ↑Krankheit.
halsstarrig ↑unzugänglich.
Halsstarrigkeit ↑Eigensinn.
Halstuch, Tuch, Seidentuch, Shawl, Wollschal, Seidenschal, Schal, Fichu, Langschal, Cachenez, Echarpe; ↑Umhang.
Halsweh ↑Halsschmerzen.
Halswirbel ↑Wirbelknochen.
¹halt, stop, stoi *(russ.),* bis hierher und nicht weiter; ↑halten.
²halt ↑eben.
Halt: ↑Fahrtunterbrechung, ↑Fruchtbarkeit, ↑Haltestelle, ↑Stütze; den H. verlieren ↑abrutschen, ↑gleiten.
¹haltbar, strapazierfähig, strapazfähig *(österr.),* unverwüstlich, währschaft *(schweiz.),* durabel, beständig; ↑Haltbarkeit.
²haltbar: h. machen ↑konservieren, ↑präparieren.
Haltbargemachtes ↑Eingemachtes.
¹Haltbarkeit, Dauerhaftigkeit, Unvergänglichkeit, Unverwüstlichkeit, Beständigkeit, Strapazierfähigkeit; ↑Lebensdauer; ↑bleibend, ↑haltbar.
²Haltbarkeit ↑Lebensdauer.
Haltekraft ↑Kohäsion.
¹halten, Halt machen, stehen bleiben, anhalten, zum Stehen / Stillstand kommen, bremsen, stoppen; ↑anhalten (etwas / jmdn.), ↑bremsen; ↑halt.
²halten: ↑beaufsichtigen, ↑beibehalten, ↑festigen, ↑fest [sein], ↑parken, ↑veranstalten; geh. werden von ↑aufruhen; sich nicht h. können ↑konkurrenzfähig; etwas Verderbliches hält sich nicht ↑faulen; sich nicht an etwas h. ↑übertreten; etwas hält sich nicht an das gewohnte Maß ↑überschreiten; an sich h. ↑ruhig [bleiben]; sich auf dem Laufenden h. ↑weiterbilden (sich); jmdn. auf dem Laufenden h. ↑mitteilen; h. für / von ↑beurteilen; sich für etwas Besonderes / sich für wer weiß was (oder:) wen / für unwiderstehlich h. ↑überschätzen (sich); etwas für richtig / nicht für falsch h. ↑billigen; nicht mehr zu jmdm. h. ↑abrücken (von jmdm.).
Haltepunkt ↑Haltestelle.

Halter: ↑Besitzer, ↑Griff; ↑Hirt; essen / fressen wie ein H. ↑essen.

Halterbub ↑Hirt.

Haltestelle, Haltepunkt, Halt, Station · *letzte:* Endhaltestelle, Endstation, Terminal, Busbahnhof; ↑Bahnhof, ↑Bahnsteig.

haltlos: ↑grundlos, ↑willensschwach.

Haltlosigkeit ↑Willenlosigkeit.

Halt machen: ↑halten; nicht H. m. vor ↑erdreisten (sich).

Haltung: ↑Benehmen, ↑Gelassenheit, ↑Stellung; ablehnende H. ↑Ablehnung; stramme H. annehmen / einnehmen ↑strammstehen; eine stramme H. haben ↑gerade [gehen].

Halunke ↑Schuft.

Hamadan ↑Orientteppich.

Hämatit ↑Schmuckstein.

Hämatologe ↑Arzt.

Hämatom ↑Bluterguss.

Hamburg, Hamburg an der Elbe, Freie und Hansestadt Hamburg, das Tor zur Welt, Elbe-Metropole; ↑Stadt.

Hamburger ↑Sandwich.

Häme ↑Bosheit.

hämisch ↑schadenfroh.

Hammel: ↑Dummkopf, ↑Schaf.

Hammelbein: jmdm. die -e lang ziehen ↑schelten.

Hammelfleisch ↑Fleisch.

Hammelkeule ↑Keule.

Hammelmöhre ↑Gemüse.

Hammelsprung ↑Wahl.

Hammer: ↑Handwerkszeug; unter den H. kommen / bringen ↑Versteigerung; unter den H. bringen ↑versteigern.

Hammerklavier ↑Tasteninstrument.

hämmern ↑klopfen.

Hammerschmidt: Villa H. ↑Regierung.

Hammerschmied ↑Schmied.

Hammerwerfen: ↑Leichtathletik, ↑Schwerathletik.

Hammondorgel ↑Elektroorgel.

Hämoglobin, Hb, [roter] Blutfarbstoff, Hämochrom, Hämatoglobin *(selten);* ↑Blut, ↑Blutkörperchen.

Hämophilie ↑Bluterkrankheit.

Hämorrhoide ↑Darmausgang.

hamstern ↑aufbewahren.

Hand: ↑Gliedmaße, ↑Handschrift; die öffentliche H. ↑Staatskasse; die rechte H. ↑Stellvertreter; jmdm. sind die Hände gebunden ↑machtlos [sein]; H. aufs Herz! ↑wahrlich; sich die H. abhacken / abschlagen lassen ↑einstehen (für); die / seine H. von jmdm. abziehen ↑helfen; H. anlegen, an die / zur H. gehen ↑helfen; letzte H. anlegen, letzte H. an etwas legen ↑vollenden; die H. aufhalten ↑erwarten; die H. aufheben / erheben / heben / hochheben ↑Handzeichen [geben]; H. auflegen ↑gesund [machen]; eine feste H. brauchen ↑übermütig [sein]; jmdm. die H. drücken ↑gratulieren; die Hände falten ↑be-

ten; die H. geben / reichen / schütteln ↑begrüßen; die H. darauf geben ↑versprechen; freie H. haben ↑selbstständig [sein]; keine glückliche H. haben ↑Misserfolg [haben]; zwei linke Hände haben ↑unpraktisch [sein]; eine milde / offene H. haben ↑freigebig [sein]; H. und Fuß haben ↑ausgewogen [sein]; die Hände im Spiel haben ↑beteiligen (sich); alle Hände voll zu tun haben ↑arbeiten; die H. auf den Beutel / auf die Tasche halten ↑geizig [sein]; seine [helfende / schützende] H. über jmdn. halten ↑behüten; H. an sich legen ↑entleiben (sich); die Hände an die Hosennaht legen ↑strammstehen; für jmdn. die H. ins Feuer legen ↑einstehen (für); die Hände in den Schoß legen ↑faulenzen; sich die Hände reiben ↑schadenfroh [sein]; jmdm. die H. reichen ↑einigen (sich); jmdm. die H. fürs Leben reichen ↑heiraten; die Hände ringen ↑klagen; man kann die H. nicht vor [den] Augen sehen ↑dunkel [sein]; die Hände verwerfen, mit den Händen fuchteln ↑gestikulieren; sich die Hände waschen ↑waschen (sich, jmdn.); seine Hände in Unschuld waschen ↑schuldlos; die Hände über dem Kopf zusammenschlagen ↑betroffen [sein]; Ausgabe letzter H. ↑Edition; linker H. ↑links; rechter H. ↑rechts; schlankerhand ↑kurzerhand; an / in die H. geben ↑geben; jmdm. etwas an die H. geben ↑zuschieben (jmdm. etwas); an jmds. Händen klebt Blut ↑Mörder; anhand von ↑vermittels; auf der H. liegen, etwas ist mit Händen zu greifen ↑offenbar [sein]; jmdn. auf Händen tragen ↑verwöhnen; aus erster H. ↑verbürgt; aus zweiter H. ↑antiquarisch; jmdm. aus der H. fressen ↑folgsam [sein]; aus der H. geben ↑abgeben; etwas ist durch viele Hände gegangen ↑abgenutzt [sein]; hinter vorgehaltener H. ↑Verschwiegenheit; H. in Hand ↑gemeinsam; jmdm. in die Hände arbeiten ↑helfen; in die H. drücken ↑geben; sich in der H. haben ↑ruhig [bleiben]; alle Fäden in der H. haben / halten, das Heft / das Steuer / die Zügel fest in der H. haben, ↑führen; alle Trümpfe in der H. haben, ↑führen; etwas nicht in der H. haben ↑Einfluss; in die H. nehmen ↑berühren, ↑greifen; etwas in die H. nehmen ↑bewerkstelligen, ↑unternehmen (etwas); sein Herz in die H. / in beide Hände nehmen ↑mutig [sein]; in festen Händen sein ↑gebunden [sein], ↑ledig; in andere Hände übergehen ↑wechseln; mit der / von H. ↑manuell; [sein Geld] mit vollen Händen ausgeben ↑verschwenden; etwas mit der linken H. machen ↑mühelos [schaffen]; sich mit Händen und Füßen sträuben / wehren ↑aufbegehren; unter der H. ↑unbemerkt; von langer H. ↑längst; von der H. in den Mund leben ↑arm [sein]; etwas ist nicht von der H. zu weisen ↑missachten; zur H. haben ↑haben.

Hand-: ↑manuell.

Handabzug: erster H. ↑Probedruck.

¹Handarbeit, Nadelarbeit, Strickarbeit, Häkelarbeit, Häkelei, Stickarbeit, Stickerei, Webarbeit, Knüpfarbeit, Klöppelarbeit, Klöppelei, Flechtarbeit; ↑Spitzenstickerei; ↑handarbeiten.

²Handarbeit: eine H. machen ↑handarbeiten.
handarbeiten, eine Handarbeit machen · stricken · häkeln · sticken · weben · knüpfen · klöppeln · flechten; ↑nähen; ↑Häkelnadel, ↑Handarbeit, ↑Spitzenstickerei, ↑Stricknadel.
Handatlas ↑Atlas.
Handauflegen: durch H. heilen ↑gesund [machen].
¹Handball, Feldhandball, Hallenhandball; ↑Ballspiel.
²Handball ↑Spielball.
Handbesen ↑Handfeger.
Handbewegung, Handgriff, Griff, Bewegung; ↑greifen.
Handbibliothek ↑Bücherbestand.
Handbremse ↑Bremse.
Handbuch: ↑Ratgeber, ↑Verzeichnis.
Händedruck ↑Begrüßung.
¹Handel · *innerhalb eines Landes:* Binnenhandel · *mit anderen Ländern:* ↑Außenhandel · *auf der Grundlage internationaler Wirtschaftsbeziehungen:* Welthandel; ↑Einzelhandel, ↑Großhandel, ↑Import, ↑Transithandel, ↑Wirtschaft.
²Handel: ↑Geschäft; H. treiben ↑verkaufen; H. und Wandel ↑Wirtschaft.
Händel ↑Streit.
¹handeln, herunterhandeln, den Preis herunterdrücken / drücken, markten *(geh.),* feilschen *(abwertend),* schachern *(abwertend);* ↑abhandeln, ↑ablisten, ↑feilhalten, ↑kaufen, ↑spekulieren, ↑tauschen, ↑verkaufen.
²handeln: ↑agieren, ↑beteiligen (sich), ↑unternehmen; unüberlegt h. ↑übereilen; gegen seine eigene Überzeugung h. ↑verleugnen; h. mit ↑verkaufen; es handelt sich um ↑betreffen; h. von ↑Gegenstand.
Handeln ↑Tun.
Handelsabkommen ↑Abmachung.
Handelsbeziehung: in H. stehen ↑verkaufen.
¹handelseinig, handelseins, einig; ↑Abmachung.
²handelseinig: h. werden ↑übereinkommen.
handelseins ↑handelseinig.
Handelsflotte ↑Flotte.
Handelsgehilfe, Gehilfe, Kommis, Verkäufer, Clerk, Geselle, Lehrling, Stift *(ugs.),* Ladenschwengel (abwertend); ↑Arbeitnehmer, ↑Lehrling.
Handelsgesellschaft ↑Unternehmer.
Handelsgut ↑Ware.
Handelshafen ↑Hafen.
Handelshilfssprache ↑Sprache.
Handelshochschule ↑Hochschule.
Handelsklasse ↑Güteklasse.
Handelsmarke ↑Warenzeichen.
Handelsmission ↑Botschaft.
Handelsneid ↑Neid.

Handelsrecht ↑Rechtsgebiet.
Handelsschiff ↑Schiff.
Handelsschifffahrt ↑Schifffahrt.
Handelsspanne ↑Gewinnspanne.
handelsüblich ↑marktgerecht.
Händelsucht ↑Streitsucht.
händelsüchtig ↑streitbar.
Handelsvertrag ↑Abmachung.
Handelsvertreter, Vertreter, Reisender, Agent, Generalvertreter, Generalagent, Handlungsreisender, Kundenwerber, Akquisiteur, Werbevertreter, Werber, Schlepper, Nepper, Klinkenputzer *(abwertend),* Drücker *(abwertend);* ↑verkaufen.
Handelsware ↑Ware.
Handelszeichen ↑Warenzeichen.
Händeschütteln ↑Begrüßung.
Handeule ↑Handfeger.
Handfeger *(nordd.),* Handbesen, Handwischer *(schweiz.),* Handstäuber *(nordwestd.),* Borstwisch *(mitteld.),* Bartwisch *(bayr., österr.),* Kehrwisch *(bes. schwäb.),* Handeule *(nordd.),* Eule *(nordd.);* ↑Besen, ↑Kehrschaufel, ↑Mopp, ↑Schrubber, ↑Staubsauger; ↑säubern.
handfest ↑klar.
Handfeuerlöscher ↑Feuerlöscher.
¹Handgeld, Angeld, Aufgeld, Draufgeld *(landsch., ugs.),* Draufgabe *(landsch., ugs.).*
²Handgeld: ↑Anzahlung; ↑Bestechungsgeld; H. geben ↑bestechen.
Handgelenk: ↑Gelenk; aus dem H. ↑improvisiert; etwas aus dem H. schütteln ↑mühelos [schaffen].
handgemein: ↑handgreiflich; h. werden ↑schlagen.
Handgemenge ↑Streit.
Handgepäck ↑Gepäck.
handgeschrieben ↑handschriftlich.
Handgranate ↑Sprengkörper.
¹handgreiflich, tätlich, gewalttätig, handgemein; ↑unbarmherzig.
²handgreiflich ↑offenbar.
Handgreiflichkeit ↑Streit.
Handgriff: ↑Griff, ↑Handbewegung.
Handhabe: ↑Anlass, ↑Griff.
¹handhaben, praktizieren, ausüben; ↑verwirklichen.
²handhaben: leicht zu h. ↑mühelos.
Handhabung, Bedienung, Technik, Manipulation, Manöver, Operation, Prozedur, Behandlungsweise, Verfahrensweise, Technologie; ↑Kunstfertigkeit, ↑Strategie, ↑Verfahren.
Handharmonika ↑Tasteninstrument.
Handikap: ↑Behinderung; etwas ist ein H., ein H. haben ↑behindern.
handikapen: gehandikapt sein ↑behindern.
Handikapper ↑Beauftragter.
händisch ↑manuell.
Handkäse *(bes. westd.)* Harzer [Käse], Harzer Roller, [Olmützer] Stinkkäse, [Olmützer] Quargel *(österr.),* Kuhkäse *(nordd., veraltet)* · mit

Kümmel: Kümmelkäse · *angemacht mit Essig, Öl und Zwiebeln:* Handkäse mit Musik *(landsch., bes. hess.);* ↑Käse.
Handkehrum: im H. ↑schnell.
Handkoffer ↑Gepäck.
Handkorb ↑Korb.
Handkuss: ↑Begrüßung; mit H. begrüßen ↑begrüßen; zum H. kommen ↑einbüßen, ↑Erfolg [haben].
Handlanger ↑Hilfskraft.
Handlangerdienst: -e leisten ↑helfen.
Händler · *der Waren aufkauft:* Aufkäufer, Ankäufer · *ohne Laden:* Straßenhändler, fliegender Händler, billiger Jakob *(ugs.),* Marktschreier *(abwertend),* Hausierer · *ohne behördliche Genehmigung:* Schleichhändler, Schwarzhändler, Schieber *(ugs.)* · *an der Börse:* Jobber · *mit Rauschgift:* Dealer, Pusher, Peddler, Bootlegger · *eine Truppe begleitender:* Marketender *(hist.),* Marketenderin *(hist.);* ↑Einzelhandel, ↑Einzelhändler, ↑Geschäftsmann, ↑Großhändler, ↑Laden, ↑Rauschgift, ↑Trödler.
Handlesekunst, Chiromantie, Chirologie, Chirognomie *(selten);* ↑Aberglaube.
handlich: ↑aktiv, ↑zweckmäßig.
Handlung: ↑Fabel, ↑Tat; heilige H. ↑Sakrament; kriegerische H. ↑Kampf; Ort der H. ↑Schauplatz.
handlungsfähig, aktionsfähig, einsatzfähig · Ggs. ↑handlungsunfähig.
Handlungsort ↑Schauplatz.
Handlungsreisender ↑Handelsvertreter.
handlungsunfähig, aktionsunfähig · *beim Schach:* patt, zugunfähig · Ggs. ↑handlungsfähig.
Handlungsverb ↑Verb.
Handlungsweise ↑Maßnahme.
Handmühle ↑Mühle.
Hand-out ↑Manuskript.
Handpflege ↑Kosmetik, ↑Maniküre.
Handpumpe ↑Wasserpumpe.
Handpuppe, Kasperlepuppe, Kasperpuppe; ↑Marionette.
Handreichung: ↑Manuskript, ↑Ratgeber; -en machen ↑helfen.
Handsäge ↑Säge.
Handsatz ↑Schriftsatz.
Handschelle, Fessel, Brasselett *(Gaunerspr.),* Barsel *(Gaunerspr.).*
Handschlag ↑Begrüßung.
¹Handschrift, Schrift, Klaue *(salopp, abwertend),* Sauklaue *(derb, abwertend),* Pfote *(salopp, abwertend),* Hand *(geh.);* ↑Duktus, ↑Orthographie, ↑Schrift; ↑handschriftlich.
²Handschrift: ↑Ausdrucksweise, ↑Skript, ↑Text.
handschriftlich, handgeschrieben; ↑Handschrift.
Handschuh, Fingerhandschuh · *bei dem außer dem Daumen kein Finger ausgearbeitet ist:* Fausthandschuh, Fäustling, Fäustel *(landsch.),*

Fauster *(ostmitteld.)* · *Teil für einen einzelnen Finger:* Fingerling · *aus feinem Leder:* Kids (Plural); ↑Pulswärmer.
Handsetzer ↑Schriftsetzer.
Handstand ↑Turnübung.
Handstäuber ↑Handfeger.
Handstreich ↑Überfall.
Handtasche ↑Tasche.
¹Handtuch, Frottierhandtuch, Frotteetuch, Badetuch, Badehandtuch, Badelaken, Gästehandtuch · *das in der Küche verwendet wird:* Küchenhandtuch, Geschirrhandtuch, Geschirrtuch, Trockentuch, Abtrockentuch, Gläsertuch; ↑reiben, ↑trocken [machen].
²Handtuch: das H. werfen ↑beenden; schmal wie ein H. sein ↑schlank [sein].
Handumdrehen: im H. ↑schnell.
handverlesen ↑kostbar.
Handwagen ↑Wagen.
handwarm ↑warm.
Handwerk: ↑Beruf; jmdm. das H. legen ↑verhindern; jmdm. ins H. pfuschen ↑Konkurrenz [machen]; sein H. verstehen ↑tüchtig [sein].
Handwerker, Meister, Geselle, Lehrling; ↑Berufsstand.
Handwerkersprache ↑Gruppensprache.
Handwerksbetrieb ↑Fabrik.
Handwerksbursche ↑Bettler.
Handwerksmesse ↑Messe.
¹Handwerkszeug · Hammer, Zange, Bohrer, Hobel, Meißel, Säge · *für den Abriss von Häusern:* Abrissbirne; ↑Kneifzange, ↑Säge.
²Handwerkszeug ↑Rüstzeug.
Handwischer ↑Handfeger.
¹Handzeichen, ↑Gebärde; **H. geben,** die Hand heben / erheben / hochheben / aufheben, sich melden, den Finger strecken.
²Handzeichen: ↑Gebärde, ↑Unterschrift.
Handzettel: ↑Flugschrift, ↑Prospekt.
hanebüchen ↑unerhört.
Hanf ↑Rauschgift.
Hänfling: ↑Vogel; ein H. sein ↑schmächtig [sein].
Hanfsamen: wie der Vogel im H. leben ↑leben.
Hang: ↑Abhang, ↑Neigung, ↑Piste.
Hangar ↑Remise.
Hängebrücke ↑Brücke.
Hängedach ↑Dach.
Hängekuppel ↑Kuppel.
Hängelampe ↑Lampe.
Hängematte ↑Liegestuhl.
¹hängen, baumeln *(ugs.),* bammeln *(salopp);* ↑schwanken, ↑schwingen.
²hängen: ↑töten; einen h. haben ↑betrunken; hier hängt er / sie ↑anwesend [sein]; [wie eine Klette] an jmdm. h. ↑lieben; [wie Kletten] aneinander h. ↑unzertrennlich [sein]; mit Hängen und Würgen ↑kaum.
¹hängen bleiben *(ugs.),* nicht wegkommen *(ugs.),* zu lange bleiben, picken bleiben *(österr.);* ↑dauern.

²**hängen bleiben** ↑versetzen.
hängen lassen: jmdn. h. ↑helfen.
Hänger: ↑Kleid, ↑Mantel.
Hangerl ↑Serviette.
Hängeschrank ↑Schrank.
hängig ↑anhängig.
Hang-over ↑Katerstimmung.
Hangtäter ↑Verbrecher.
Hangwaage ↑Turnübung.
Hannover, Messestadt, Landeshauptstadt [von Niedersachsen]; ↑Stadt.
Hannoveraner ↑Pferd.
Hans: der Blanke H. ↑Atlantik; H. Muff, H. Trepp ↑Knecht Ruprecht; H. Guckindieluft ↑Träumer; H. im Glück ↑Glückspilz.
Hansdampf: H. in allen Gassen sein ↑aktiv [sein], ↑betriebsam [sein].
Hanse: das Haupt / die Königin der H. ↑Lübeck.
hänseln ↑aufziehen.
Hansestadt: Freie und H. Hamburg ↑Hamburg.
Hansom ↑Kutsche.
Hansomcab ↑Kutsche.
Hanswurst ↑Spaßmacher.
¹**hantieren,** herumhantieren *(ugs.)*, wirtschaften, herumwirtschaften *(ugs.)*, fuhrwerken *(ugs., abwertend)*, herumfuhrwerken *(ugs., abwertend)*, geschäftig sein; ↑arbeiten.
²**hantieren** ↑arbeiten.
hantig: ↑sauer, ↑unhöflich.
hapern, es hapert an / in / mit, es fehlt / mangelt an, es steht schlecht mit, nicht ↑ausreichen.
häppchenweise ↑diskontinuierlich.
happy ↑euphorisch.
Happyend: ↑Ende; mit einem H. enden ↑heiraten.
Harakiri ↑Selbsttötung.
Harass ↑Steige.
harb: jmdm. h. sein ↑ärgerlich [sein].
Hardcorefilm ↑Kinofilm.
Hardcover ↑Buch.
Hardedge ↑Malerei.
Hardliner ↑Konservativer.
Hardtop ↑Autodach.
Hardware ↑Computer.
Haremswächter ↑Wächter.
Häresie ↑Ketzerei.
Häretiker ↑Ketzer.
häretisch ↑ketzerisch.
Harfe: ↑Heureiter, ↑Zupfinstrument.
Harfenist ↑Musizierender.
Harfenmacher ↑Musikinstrumentenbauer.
¹**Harke** *(nordd.)*, Rechen *(oberd., westd.)*; ↑Forke.
²**Harke:** jmdm. zeigen, was eine H. ist ↑rankriegen.
Harlekin ↑Spaßmacher.
Harm ↑Leid.
Harmattan ↑Wind.
härmen: sich h. ↑sorgen (sich).

¹**harmlos,** friedlich, ungefährlich; ↑arglos, ↑schuldlos; **h. aussehen,** jmd. sieht aus, als ob er kein Wässerchen trüben könnte.
²**harmlos:** ↑arglos, ↑ungefährlich.
Harmlosigkeit: ↑Arglosigkeit, ↑Unschädlichkeit.
Harmonie: ↑Ebenmäßigkeit, ↑Heiterkeit, ↑Übereinstimmung.
harmonieren (von Farben o. Ä.), zusammenpassen, passen, zusammenstimmen, stimmen; ↑gleichen, ↑kleiden; **nicht h.,** etwas beißt sich / *(ugs.)* paßt wie die Faust aufs Auge; ↑abgestimmt, ↑passend.
Harmonikahose ↑Hose.
¹**harmonisch,** maßvoll, ausgeglichen, apollinisch · Ggs. ↑dionysisch.
²**harmonisch:** ↑abgestimmt, ↑ebenmäßig, ↑einträchtig, ↑ruhig.
harmonisieren ↑anpassen.
Harmonisierung ↑Anpassung.
Harmonium ↑Tasteninstrument.
Harmoniumbauer ↑Musikinstrumentenbauer.
Harn ↑Urin.
Harnblase, Blase; ↑Harnentleerung, ↑Harnstein, ↑Harnvergiftung, ↑Urin; ↑urinieren.
harnen ↑urinieren.
Harnentleerung, Miktion · *erschwerte:* Dysurie · *häufige geringe:* Pollakisurie · *vermehrte nächtliche:* Nykturie · *krankhaft vermehrte:* Polyurie · *relativ oder absolut unmögliche:* Harnverhaltung, Retention, Retentio Urinae; ↑Harnblase, ↑Harnvergiftung, ↑Urin; ↑urinieren.
Harnflasche ↑Nachtgeschirr.
Harnisch: in H. bringen ↑ärgern; in H. geraten / kommen ↑ärgerlich [werden].
Harnstein, Urolith · Nierenstein, Nephrolith · Nierenbeckenstein, Pyelolith · Blasenstein, Zystolith · Harnleiterstein, Ureterstein, Ureterolith · Harnröhrenstein, Urethralstein, Urethrolith; ↑Gallenstein, ↑Harnblase, ↑Krankheit.
Harnvergiftung, Urämie; ↑Harnblase, ↑Harnentleerung, ↑Urin; ↑urinieren.
Harnverhaltung ↑Harnentleerung.
Harpune ↑Wurfwaffe.
Harpyie ↑Fabelwesen.
harren: ↑hoffen, ↑warten.
Harry ↑Rauschgift.
Harsch ↑Schnee.
Harschschnee ↑Schnee.
Harst ↑Abteilung.
hart: ↑altbacken, ↑fest, ↑stark, ↑streng; h. im Nehmen sein ↑dickfellig [sein], ↑lebenstüchtig [sein]; es geht h. auf hart ↑ernst [werden].
Härte: ↑Gefühlskälte, ↑Unerbittlichkeit.
Hartgeld ↑Münze.
hartgesotten ↑unzugänglich.
Hartgesottenheit ↑Eigensinn.
hartherzig ↑gefühlskalt.
Hartkäse ↑Käse.

hartleibig ↑geizig.
Hartleibigkeit ↑Stuhlverstopfung.
Hartmann ↑Kopfbedeckung.
hartnäckig ↑beharrlich.
Hartnäckigkeit ↑Eigensinn.
Hartung ↑Januar.
Hartwurst ↑Wurst.
Haruspex ↑Wahrsager.
harzen: ↑absondern, ↑langsam [arbeiten], ↑schwierig [sein].
Harzer: [H. Käse; ↑Handkäse; H. Roller ↑Handkäse, ↑Kanarienvogel.
harzig: ↑klebrig, ↑schwierig.
Harzigkeit ↑Klebrigkeit.
Hasardeur ↑Spieler.
Hasardspiel ↑Glücksspiel.
Hasch ↑Rauschgift.
Haschee ↑Ragout.
Haschemann ↑Fangspiel.
haschen: ↑fangen, ↑rauchen.
Haschen ↑Fangspiel.
Hascher ↑Rauschgiftsüchtiger.
Häscher ↑Verfolger.
Hascherl ↑Geschöpf.
Haschisch ↑Rauschgift.
Haschischraucher ↑Raucher.
Haschmich: einen H. haben ↑verrückt [sein].
¹Hase, Feldhase, Osterhase, Mümmelmann, Meister Lampe, Langohr *(scherzh.);* ↑Nagetier, ↑Wild.
²Hase: ↑Kaninchen, ↑Sternbild; alter H. ↑Fachmann; falscher H. ↑Fleischgericht; mein Name ist H. ↑wissen; die -n kochen [wieder] ↑nebeln; wissen, wie der H. läuft ↑wissen; da liegt der H. im Pfeffer ↑Hauptsache; dort sagen sich Fuchs und H. gute Nacht ↑abgelegen [sein].
Hasel ↑Fisch.
Haselhuhn ↑Vogel.
Haselmaus ↑Maus.
Haselnuss: ↑Laubhölzer, ↑Nuss.
haselnussbraun ↑braun.
Haselnusskranz ↑Gebäck.
Hasenfuß ↑Feigling.
hasenfüßig ↑feige.
Hasenherz ↑Feigling.
hasenherzig ↑feige.
Hasenjagd ↑Jagd.
Hasenpanier: das H. ergreifen ↑fliehen.
Hasenpfeffer: ↑Fleischgericht, ↑Tatsache.
hasenrein: nicht ganz h. ↑anrüchig.
Hasenscharte, Lippenspalte, Oberlippenspalte, Cheiloschisis.
häsitieren ↑zögern.
Haslinger ↑Gummiknüppel.
Hass ↑Abneigung.
hassen, anfeinden, unsympathisch / nicht sympathisch finden, nichts / nicht viel übrig haben für, nichts zu tun haben wollen mit, nichts im Sinn haben mit *(ugs.),* nicht leiden können / mögen, nicht mögen, nicht ausstehen / *(ugs.)* nicht verknusen / *(ugs.)* nicht verputzen / *(salopp)* nicht riechen können, jmdn. gefressen / dick haben *(salopp),* jmdn. am liebsten von hinten sehen *(ugs.),* jmdn. im Magen haben *(ugs.),* jmdm. passt / gefällt jmds. Nase nicht *(ugs.),* jmdm. nicht grün sein *(ugs.),* einen Pik auf jmdn. haben *(ugs.),* nicht ↑lieben, nicht ↑ertragen; ↑bekämpfen, ↑verwünschen (jmdn.); ↑Abneigung.
hasserfüllt ↑gegnerisch.
¹hässlich, entstellt, abstoßend, potthässlich *(ugs.),* schiech *(bayr., österr.)* · Ggs. ↑hübsch; **h. aussehen,** unvorteilhaft aussehen, keine Schönheit / eine Beleidigung fürs Auge sein, ein hässliches Entchen sein, von der Natur stiefmütterlich bedacht / behandelt worden sein.
²hässlich: ↑abscheulich; h. sein ↑[nicht] anziehend [sein]; klein und h. werden ↑nachgeben.
Hassliebe ↑Zuneigung.
¹Hast, Eile, Hektik, Trubel, Getriebe, Wirbel, Geschäftigkeit, Betriebsamkeit; ↑Geschwindigkeit, ↑Mensch (Hektiker), ↑Überstürzung, ↑Unrast; **in [großer] H.,** in [aller] Eile, zwischen Tür und Angel, zwischen Tür und Angel, eilig, schnell, in aller Kürze, im Vorübergehen; ↑beeilen (sich).
²Hast: ↑Überstürzung; nur keine H. ↑ruhig.
hasten ↑fortbewegen (sich).
hastig ↑schnell.
Hastigkeit ↑Überstürzung.
hastlos ↑langsam.
Hätschelkind ↑Liebling.
hätscheln: ↑liebkosen, ↑schlittern.
hatschen: ↑fortbewegen (sich), ↑hinken.
Hatscher: ↑Schuh, ↑Spaziergang.
Hatschi: H. machen ↑niesen.
Hatschly ↑Orientteppich.
Hattrick: ↑Erfolg, ↑Tor (das).
Hatz ↑Jagd.
Hau: einen H. haben ↑verrückt [sein].
Haube: ↑Kopfbedeckung; Welsche H. ↑Dach; unter die H. bringen ↑verkuppeln; unter die H. kommen ↑heiraten.
Haubendach ↑Dach.
Haubenlerche ↑Vogel.
Haubenmeise ↑Vogel.
Haubentaucher ↑Vogel.
Haubitze: ↑Geschütz; voll wie eine H. sein ↑betrunken [sein].
Hauch: ↑Luft, ↑Nuance; ein H. von ↑wenig.
Häuchel ↑Garbenstand.
hauchen: ↑blasen, ↑flüstern.
hauchfein ↑duftig.
hauchzart ↑duftig.
Haudegen ↑Kämpfer.
Haue: ↑Hacke, ↑Schläge.
hauen: ↑einhauen, ↑schlagen; h. von ↑abmachen.
Hauer: ↑Bergmann, ↑Schwein, ↑Winzer ↑Zahn.
Häuer ↑Bergmann.
Hauerchen ↑Zahn.
Haufen: ↑Abteilung, ↑Garbenstand, ↑Gruppe

↑Stapel; einen H. machen ↑defäkieren; über den H. fahren ↑überfahren; etwas über den H. werfen ↑verändern.

häufen: ↑aufbewahren; sich h. ↑überhand nehmen.

Haufendorf ↑Dorf.

haufenweise ↑reichlich.

Haufenwolken ↑Wolken.

häufig: ↑oft, ↑konzentriert; h. besuchen ↑frequentieren.

¹Häufigkeit, Frequenz · *im Verkehr:* Verkehrsdichte; ↑Ergiebigkeit.

²Häufigkeit ↑Ergiebigkeit.

Häufung ↑Anhäufung.

Hauklotz ↑Hackklotz.

Häunel ↑Hacke.

Haupt: ↑Anführer, ↑Kopf; bemoostes H. ↑Student; das H. der Hanse ↑Lübeck; sein H. mit Asche bestreuen, sich Asche aufs H. streuen ↑bereuen; das H. entblößen ↑begrüßen; erhobenen -es ↑selbstbewusst; an H. und Gliedern ↑ganz; glühende Kohlen auf jmds. H. sammeln ↑beschämen; einen Kranz aufs H. setzen ↑bekränzen; mit entblößtem H. ↑barhäuptig.

Haupt-: ↑beste, ↑grundsätzlich.

Hauptakkord ↑Akkord.

Hauptakteur ↑Schlüsselfigur.

Hauptaltar ↑Altar.

Hauptanteil ↑Anteil.

Hauptbahnhof ↑Bahnhof.

Hauptbootsmann: ↑Dienstgrad, ↑Matrose.

Hauptbuch ↑Geschäftsbücher.

Hauptdarsteller, Hauptperson, Hauptfigur, Held, Protagonist, Hauptrolle; ↑Rolle, ↑Schauspieler.

Häuptel: ↑Kohlkopf, ↑Salatkopf, ↑Zwiebel.

Häuptelsalat ↑Kopfsalat.

Haupterbe ↑Erbe (der).

Haupternte ↑Ernte.

Hauptfeind ↑Feind.

Hauptfeld ↑Dienstgrad.

Hauptfeldwebel ↑Dienstgrad.

Hauptfigur: ↑Hauptdarsteller, ↑Schlüsselfigur.

Hauptfilm ↑Kinofilm.

Hauptfrage ↑Schwierigkeit.

Hauptgefreiter ↑Dienstgrad.

Hauptgeschäftsstelle, Geschäftsstelle, Zentrale; ↑Unternehmen, ↑Zweigstelle.

Hauptgeschäftsstraße ↑Geschäftsviertel.

Hauptgeschoss ↑Geschoss.

Hauptgewicht ↑Vorrang.

Hauptgewinn, Gewinn, Treffer, Haupttreffer, Großes Los, Volltreffer, erster Preis · Doppeltreffer (im Lotto), Ambe, Ambo; ↑Glücksspiel, ↑Los, ↑Preisausschreiben.

Hauptgläubiger ↑Gläubiger.

Haupthaar: H. der Berenice ↑Sternbild.

Hauptkampffeld ↑Front.

Hauptkampflinie ↑Front.

Hauptklage ↑Anklage.

Häuptling ↑Oberhaupt.

Hauptmann ↑Dienstgrad.

Hauptmieter ↑Mieter.

Hauptperson: ↑Hauptdarsteller, ↑Schlüsselfigur; die H. sein ↑Mittelpunkt [sein].

Hauptpfeiler ↑Säule.

Hauptproblem ↑Schwierigkeit.

Hauptquartier ↑Leitung.

Hauptreisezeit ↑Saison.

Hauptrolle: ↑Hauptdarsteller, ↑Rolle.

¹Hauptsache, Kernpunkt, das Wesentliche, das Wichtigste, Quintessenz, das A und O; **die H. sein,** das ist die Hauptsache / der Kern der Sache / der Knackpunkt / der springende Punkt / *(ugs.)* der Witz / *(ugs.)* der Gag [bei] der Sache / des Pudels Kern, da liegt der Hund begraben / der Hase im Pfeffer *(ugs.).*

²Hauptsache: in der H. ↑besonders.

hauptsächlich ↑besonders.

Hauptsaison ↑Saison.

Hauptsatz ↑Satz.

Hauptschlüssel ↑Schlüssel.

Hauptschuldner ↑Schuldner.

Hauptschule ↑Schule.

Hauptschwierigkeit ↑Schwierigkeit.

Hauptstadt: ↑Stadt; heimliche H. ↑München; H. der DDR ↑Berlin; H. des Deutschen Reiches ↑Berlin; H. [von Österreich] ↑Wien.

Haupttreffer ↑Hauptgewinn.

Haupt- und Staatsaktion ↑Schauspiel.

Hauptverbandsplatz ↑Lazarett.

Hauptverkehrsstraße ↑Straße.

¹Hauptverkehrszeit, Stoßzeit, Rushhour; ↑Straßenverkehr.

²Hauptverkehrszeit ↑Straßenverkehr.

Hauptverlesen ↑Appell.

Hauptwerk ↑Werk.

Hauptwort ↑Wortart.

Hauptzeit ↑Saison.

Hauptzeuge ↑Zeuge.

¹Haus, Gebäude, Bau, Bauwerk, Baulichkeit, Objekt *(österr.)* · Wohnhaus, Appartementhaus, Mietshaus, Mietskaserne *(abwertend),* Wohnmaschine *(abwertend)* Wohnsilo *(abwertend),* Kasten *(ugs., abwertend),* Zinshaus *(oberd.),* Zinskaserne *(abwertend, oberd.),* Rendenhaus *(schweiz.)* · Einfamilienhaus, Reihenhaus, Verbundhaus, Villa, Bungalow, Landhaus, Ansitz *(österr.),* Ferienhaus, Wochenendhaus, Chalet, Cottage, Datscha, Datsche, Gartenhaus, Gartenlaube, Laube, Pavillon, Salettel *(bayr., österr.)* · *großes:* Hochhaus, Wolkenkratzer, Turmhaus, Wohnsilo *(abwertend)* · *kleines, einfaches:* Hütte, Kate *(nordd.),* Baude *(bes. ostd.),* Keusche *(österr.),* Kaluppe *(abwertend, österr.),* Blockhaus, Jagdhütte, Skihütte, Schuppen *(ugs., abwertend),* Bude *(salopp, abwertend),* Bretterbude *(salopp, abwertend),* Baracke, Nissenhütte, Unterkunft, Behelfsheim ·· *oft an einem Hanggrundstück erbautes:* Terrassenhaus ·· *auf einem ebenen Baugrundstück in Terrassenform erbautes:* Hügelhaus ·· *mit Innenhof:*

3*

Atriumbungalow · · *mit einem Durchgang, der
zwei Straßen verbindet:* Durchhaus *(österr.)* · ·
der Eskimos: Iglu; ↑Besitztum, ↑Giebel, ↑Hinterseite, ↑Mauer, ↑Palast, ↑Seitentrakt, ↑Zelt;
↑bezugsfertig.

²Haus: ↑Dynastie; -haus ↑Laden; altes H. ↑Student; Einfälle haben wie ein altes H. ↑Einfall;
fideles H. ↑Mensch (der); gelehrtes H. ↑Gelehrter; das Hohe H. ↑Volksvertretung; Großes /
Kleines H. ↑Theater; Weißes H. ↑Regierung;
H. und Hof ↑Besitz; ein großes H. führen ↑leben; ein offenes H. führen / haben ↑gastfrei
[sein]; das H. auf den Kopf stellen ↑feiern, ↑suchen; auf den Tisch des -es legen ↑zahlen; aus
ad[e]ligem -e sein ↑adlig [sein]; Herr im H. sein
↑maßgeblich [sein]; ins H. platzen ↑besuchen;
mit der Tür ins H. fallen ↑mitteilen; etwas steht
ins H. ↑bevorstehen; nach -e ↑heim; sich nach -e
begeben, nach -e fahren / gehen / laufen ↑zurückbegeben (sich); jmdn. nach -e bringen ↑begleiten; nach -e kommen ↑zurückkommen; von
der Arbeit / aus dem Büro / aus dem Dienst /
vom Dienst / aus dem Geschäft nach -e kommen ↑Feierabend [haben]; von H. aus ↑ursprünglich; vor das H. treten ↑demonstrieren;
zu -e ↑daheim, ↑einheimisch, ↑Privatleben; sich
wie zu -e fühlen ↑wohl fühlen (sich); zu -e sein in
etwas ↑auskennen (sich); nicht zu -e sein ↑aushäusig [sein]; mit Gruß von H. zu Haus ↑hochachtungsvoll.

Hausabwässer ↑Abwasser.
Hausaltar ↑Altar.
Hausangestellte, Dienstmädchen, Mädchen,
Haushälterin, Wirtschafterin, Hilfe, Haushilfe,
Haushaltshilfe, Hausgehilfin, Hauserin *(bayr.),*
Bedienerin *(österr.),* Stütze, Perle *(scherzh.),*
dienstbarer Geist *(scherzh.),* Minna *(veraltet),*
Dienstbolzen *(abwertend);* ↑Haushaltshilfe,
↑Putzfrau, ↑Verwalterin.
Hausanschluss ↑Telefonanschluss.
Hausantenne ↑Antenne.
Hausanzug ↑Morgenrock.
Hausarbeit: ↑Arbeit, ↑Hausaufgabe.
Hausarrest ↑Freiheitsentzug.
Hausarzt ↑Arzt.
Hausaufgabe, Hausübung, Schularbeit,
Schulaufgabe, Hausarbeit; ↑Klassenarbeit,
↑Schule.
hausbacken ↑langweilig.
Hausball ↑Ball.
Hausbesetzung ↑Besetzung.
Hausbesitzer, Hauseigentümer, Vermieter,
Hauswirt *(nordd.),* Wirt *(nordd.),* Hausherr
(südd., österr.), Hausmeister *(schweiz.);* ↑Bauherr, ↑Besitzer.
Hausbesorger ↑Hausmeister.
Hausbewohner, Bewohner, Einwohner, Inwohner *(österr.)* · *eines Heims, Gefängnisses:*
Insasse; ↑Bewohner, ↑Mieter.
Häuschen: ↑Toilette, ↑Verkaufsstand.
Hausdach ↑Dach.

Hausdiener ↑Diener.
Hausdurchsuchung: ↑Durchsuchung; eine H.
machen / vornehmen ↑durchsuchen.
Hauseigentümer ↑Hausbesitzer.
Hauseinfahrt ↑Tür.
Hauseingang ↑Tür.
hausen: ↑sparen, ↑verschwenden, ↑weilen; wie
die Hunnen / Vandalen h. ↑zerstören.
Hausen ↑Fisch.
Hauserin ↑Hausangestellte.
¹Hausflur, Flur, Ern *(südwestd.),* Eren *(südwestd.),* Laube *(schweiz.),* Fletz *(oberd.),* Hausgang *(westd., südd.),* Gang *(südd., westd.),* Vorhaus *(bes. österr.);* ↑Diele, ↑Treppenhaus.
²Hausflur ↑Treppenhaus.
Hausfrau: ↑Frau, ↑Zimmervermieterin.
Hausfreund ↑Geliebter.
Hausfriedensbruch: H. begehen ↑eindringen.
Hausgang ↑Hausflur.
Hausgarten ↑Garten.
Hausgeburt ↑Geburt.
Hausgehilfin ↑Hausangestellte.
Hausgeister ↑Hausgötter.
hausgemacht: h. sein ↑schuldig [sein].
Hausgötter, Hausgeister, Penaten, Laren, Manen; ↑Gott, ↑Göttin.
Hausgrille ↑Grille.
¹Haushalt, Hausstand, Hauswesen, Haushaltung, Wirtschaft, Hauswirtschaft.
²Haushalt: ↑Etat; seinen H. auflösen ↑übersiedeln.
¹haushalten, wirtschaften, einteilen; ↑sparen;
↑sparsam.
²haushalten ↑sparen.
Haushälterin ↑Hausangestellte.
haushälterisch ↑sparsam.
Haushaltsgeld ↑Wirtschaftsgeld.
¹Haushaltshilfe, Haushilfe, Mädchen, Haustochter · *die in einer ausländischen Familie gegen Gewährung von Verpflegung, Unterkunft,
Taschengeld und Freizeit tätig ist, um dort die
Sprache zu lernen:* Aupairmädchen; ↑Hausangestellte.
²Haushaltshilfe ↑Hausangestellte.
Haushaltspackung ↑Packung.
Haushaltsplan ↑Etat.
Haushaltswaage ↑Waage.
Haushaltungskosten ↑Lebensunterhalt.
Haushaltungsvorstand ↑Vater.
Hausherr: ↑Gastgeber, ↑Hausbesitzer.
Haushilfe ↑Hausangestellte.
haushoch: ↑hoch, ↑sehr; jmdm. h. überlegen
sein ↑übertreffen.
hausieren: das Hausieren ↑Bettelei; h. mit
↑verkaufen.
Hausierer: ↑Bettler, ↑Händler.
Hausiererin ↑Bettlerin.
Hauskalender ↑Kalender.
Hauskaninchen ↑Kaninchen.
Hauskatze ↑Katzenrassen.
Hauskleid: ↑Kleid, ↑Morgenrock.

Hauslehrer ↑Lehrer.
Hauslektüre ↑Lektüre.
hauslich ↑sparsam.
häuslich: am -en Herd ↑daheim; sich h. niederlassen ↑weilen.
Häuslichkeit: in seiner H. ↑Privatleben.
Hausmann ↑Ehemann.
Hausmauer ↑Mauer.
Hausmaus ↑Maus.
¹Hausmeister, Hauswart, Abwart *(schweiz.),* Hausbesorger *(österr.),* Concierge *(franz.),* Majordomus · *weiblicher:* Hausmeisterin, Concierge *(franz.),* Portierfrau · *in der Schule:* Pedell, Schuldiener; ↑Portier.
²Hausmeister ↑Hausbesitzer.
Hausmeisterin ↑Hausmeister.
Hausmittel ↑Medikament.
Hausputz, Großputz, Großreinemachen, Frühjahrsputz, Putzete *(schweiz.);* ↑säubern.
Hausrat ↑Mobiliar.
Hausratversicherung ↑Versicherung.
hausschlachten ↑schlachten.
Hausschlachtung ↑Schlachtung.
Hausschlüssel ↑Schlüssel.
Hausschuh ↑Schuh.
Hausse ↑Aufschwung.
Haussegen: der H. hängt schief / wackelt ↑Stimmung.
Haussier ↑Börsenmakler.
Hausstand ↑Haushalt.
Haussuchung: ↑Durchsuchung; eine H. machen / vornehmen ↑durchsuchen.
Haustee ↑Tee.
Hausten: ↑Garbenstand, ↑Schober.
Haustier, Heimtier, Nutztier; ↑Domestikation, Geflügel; ↑zähmen; ↑zahm.
Haustochter ↑Haushaltshilfe.
Haustürschlüssel ↑Schlüssel.
Haustyrann ↑Ehemann.
Hausübung ↑Hausaufgabe.
Hauswand ↑Mauer.
Hauswart ↑Hausmeister.
Hauswesen ↑Haushalt.
Hauswirt ↑Hausbesitzer.
Hauswirtschaft: ↑Haushalt; H. und Ernährungswissenschaft ↑Ökotrophologie.
Hauszierde ↑Ehefrau.
Haut: ↑Epidermis, ↑Schale, ↑Sinnesorgan, ↑Speckschwarte; eine ehrliche H. sein ↑aufrichtig [sein]; nur noch H. und Knochen sein ↑schlank [sein]; seine H. zu Markte tragen ↑einstehen (für), ↑prostituieren (sich); auf der faulen H. liegen ↑faulenzen; nicht aus seiner H. herauskönnen / können ↑überwinden (sich); nicht in jmds. H. stecken mögen ↑Lage; sich in seiner H. wohl fühlen ↑zufrieden [sein]; sich in seiner H. nicht wohl fühlen ↑unzufrieden [sein]; mit H. und Haar / Haaren ↑ganz; mit heiler H. davonkommen ↑entrinnen; etwas geht unter die H. ↑erschüttern.
Hautabschürfung ↑Verletzung.

Hautarzt ↑Arzt.
Hautausdünstung ↑Transpiration.
Hautausschlag, Ausschlag, Eruption, Exanthem · *an Schleimhäuten:* Enanthem · *an den Lippen und der Mundschleimhaut:* Aphthe, Griebe *(ugs., landsch.);* ↑Abszess, ↑Akne, ↑Ekzem, ↑Fieberbläschen, ↑Hautkrankheit, ↑Hautpilzkrankheit, ↑Impetigo, ↑Schorf.
Hautblüte, Effloreszens · *primäre:* Papel, Papula, Nodulus, Tuberculum, Tuber, Hautknoten, Knoten, Tumor, Hautgeschwulst, Phyma, Auswuchs, Knollen · Hautfleck, Fleck, Macula · Hautblase, Blase, Bläschen, Bulla, Vesicula, Pustel, Eiterbläschen, Pickel, Wimmerl *(bayr., österr.),* Rupia, Rhypia · Urtika, Quaddel · *sekundäre:* Hautschuppe, Schuppe, Squama, Hautkruste, Kruste, Crusta, Hautborke, Borke, Hautschorf, Schorf, Schuppenkruste, Crusta lamellosa, Hautriss, Hautschrunde, Schrunde, Fissur, Fissura, Rhagade, Rhagas, Wundnarbe, Narbe, Zikatrix, Ule; ↑Ekzem, ↑Hautausschlag, ↑Schwiele, ↑Warze.
Häutchen ↑Hymen.
häuten ↑abziehen.
hauteng ↑eng.
Hauterkrankung ↑Hautkrankheit.
Hautevolee ↑Oberschicht.
Hautflügler · Wespe, Biene, Hornisse, Hummel · Ameise; ↑Imker, ↑Insekt.
Hautgout ↑Anrüchigkeit.
häutig: -e Bräune ↑Diphtherie.
Hautklinik ↑Krankenhaus.
Hautkrankheit, Hauterkrankung, Hautleiden, Dermatose, Hautentzündung, Krätze, Skabies · *mit Haarausfall verbunden bei Haustieren:* Räude; ↑Hautausschlag, ↑Krankheit, ↑Schorf.
Hautleiden ↑Hautkrankheit.
Hautpflege ↑Kosmetik.
Hautpflegemittel ↑Schönheitspflegemittel.
Hautpilzkrankheit, Hautflechte, Pilzflechte, Pilz, Fußpilz, Dermatomykose, Dermatophytie, Tinea · *auf die Epidermis beschränkt:* Epidermykose, Epidermophytie; ↑Hautausschlag.
Hautschere ↑Schere.
Hauyn ↑Schmuckstein.
Havanna ↑Zigarre.
Havannakatze ↑Katzenrasse.
Havannatabak ↑Tabak.
Havannazigarre ↑Zigarre.
¹Havarie, Kollision, Schiffskollision, Schiffsunfall, Schiffbruch, Seeschaden; ↑Zusammenstoß; ↑kentern, ↑untergehen.
²Havarie ↑Beschädigung.
havariert ↑defekt.
Hawaii ↑Nacktbadestrand.
Hawaiigitarre ↑Zupfinstrument.
Haxe ↑Gliedmaße.
Haxel: jmdm. das H. legen / stellen ↑umstoßen (jmdn.); ums H. hauen ↑betrügen.
Haxen: sich die H. abhauen lassen ↑einstehen (für).

Hazienda ↑Gut.
Hb ↑Hämoglobin.
H-Bombe ↑Bombe.
he? ↑bitte?
Headcounter ↑Marktforscher.
Headline ↑Schlagzeile.
Hearing ↑Verhör.
Hebamme, Geburtshelferin, Obstetrix, Sagefemme *(geh., veraltet),* weise Frau · *von einem Mann ausgeübt:* Entbindungspfleger; ↑Abtreibung, ↑Arzt, ↑Engelmacher, ↑Geburt; ↑gebären.
Hebe ↑Bedienung.
Hebel: alle H. in Bewegung setzen ↑anstrengen (sich).
¹heben, aufheben, erheben, hochheben, lüften, lüpfen *(oberd.),* lupfen *(oberd.).*
²heben: ↑festigen, ↑fest [sein], ↑kassieren, ↑steigern; einen h. ↑trinken; die Hand h. ↑Handzeichen [geben]; die Welt aus den Angeln h. ↑ändern; aus der Taufe h. ↑einweihen, ↑gründen.
Heber ↑Muskel.
Hebungsküste ↑Ufer.
hecheln ↑atmen.
Hecht: ↑Fisch, ↑Luft, ↑Rauch, ↑Sprung; H. im Karpfenteich ↑Unterhalter.
hechten ↑springen.
Hechtsprung ↑Sprung.
Hechtsuppe: es zieht wie H. ↑Durchzug.
Heck: ↑Autoheck, ↑Hinterteil.
¹Hecke, Dornenhecke, Dornbusch, Dornenstrauch, Brombeerhecke, Weißdornhecke, Rosenhecke, Ligusterhecke, Buchsbaumhecke, Taxushecke, Buchenhecke; ↑Dickicht, ↑Zaun.
²Hecke: ↑Hindernis, ↑Zaun.
Heckelphon ↑Blasinstrument.
hecken: ↑brüten, ↑gebären.
Heckenbeere ↑Stachelbeere.
Heckenrose ↑Rose.
Heckenschere ↑Gartenschere.
Heckenschütze ↑Partisan, ↑Schütze.
Heckenwirtschaft ↑Gaststätte.
Heckenzaun ↑Zaun.
Heckfänger ↑Schiff.
Heckmeck ↑Unsinn.
Hecktrawler ↑Schiff.
hedonistisch ↑genießerisch.
Heer: ↑Militär; ein H. von ↑Anzahl.
Heeresdienst: ↑Militärdienst; den H. leisten ↑Soldat [sein].
Heeresfliegertruppe ↑Waffengattung.
Heeresflugabwehrtruppe ↑Waffengattung.
Heeresverband, Verband, Formation, Truppe, Truppenteil, Einheit · Armee, Brigade, Division, Armeekorps, Korps, Regiment, Bataillon, Kompanie, Batterie, Schwadron; ↑Abteilung, ↑Militär.
Heerführer ↑Befehlshaber.
Heerführung ↑Leitung.
Heerschar: ↑Militär; himmlische -en ↑Engel; -en von ↑viele; Herr der -en ↑Gott.

Heerschau ↑Parade.
Hefe: ↑Abschaum, ↑Gärstoff, ↑Schlauchpilz.
Hefekloß: ↑Kloß; aufgehen wie ein H. ↑dick [werden].
Hefekranz ↑Gebäck.
Hefenkranz ↑Gebäck.
Hefenzopf ↑Gebäck.
Hefepilz ↑Schlauchpilz.
Hefeteig ↑Teig.
Hefezopf ↑Gebäck.
¹Heft, Schulheft, Kollegheft, Oktavheft · Schreibheft, Diarium, Kladde · Aufsatzheft · Vokabelheft · Rechenheft · Zeichenheft, Malheft, Malbuch · Notenheft.
²Heft: ↑Griff; das H. fest in der Hand haben ↑führen; die -e revidieren ↑umschwenken.
Heftel *(ostmitteld.),* **Haftel** *(südd., österr.),* Haken und Öse.
Heftelmacher: aufpassen wie ein H. ↑Acht geben.
heften: ↑broschieren; den Blick h. auf ↑ansehen; sich an jmds. Sohlen h. ↑verfolgen.
Hefter ↑Aktenordner.
heftig: ↑aufgeregt, ↑lebhaft, ↑reizbar; -e Sturmsee ↑Seegang.
Heftigkeit: ↑Ungeduld, ↑Ungezügeltheit.
Heftnaht ↑Naht.
Heftpflaster ↑Pflaster.
Hegel ↑Schwein.
Hegemonie ↑Vorherrschaft.
hegen: ↑pflegen; Argwohn / Verdacht h. ↑argwöhnisch [sein]; Groll h. ↑grollen; für jmdn. zärtliche Gefühle h. ↑lieben.
Hegewald ↑Wald.
Hehl: kein / keinen H. aus etwas machen ↑sprechen.
Hehler ↑Komplice.
hehr ↑erhaben.
¹Heide (der) ↑Atheist.
²Heide (die): ↑Heidekraut; im Wald und auf der Heide ↑Natur.
Heidehonig ↑Honig.
Heidekraut, Heide, Erika, Glockenheide, Brüsch *(schweiz., mundartl.);* ↑Blume.
Heidelandschaft ↑Landschaft.
Heidelbeere ↑Blaubeere.
Heiden-: ↑Erz-.
Heidenangst: H. haben ↑Angst [haben].
Heidenarbeit ↑Anstrengung.
Heidenlärm ↑Lärm.
Heidentum: ↑Atheismus, ↑Deismus.
heidi: h. gehen ↑verloren gehen; h. sein ↑verloren [sein].
heidnisch ↑ungläubig.
Heidschnucke ↑Schaf.
Heiermann ↑Münze.
heikel: ↑schwierig, ↑wählerisch.
¹heil, ganz, unbeschädigt, unverletzt, unversehrt, nicht ↑defekt; **h. sein,** in Ordnung / *(ugs.)* in Schuss sein; ↑gesund.
²heil: aus -er Haut ↑plötzlich; mit -er Haut da-

vonkommen ↑entrinnen; die -e Welt ↑Weltbild;
h. werden ↑abheilen; h. geworden ↑abgeheilt.
Heil: ↑Glück; Gut H.!, Petri H.! ↑Gruß; sein H.
in der Flucht suchen ↑fliehen; sein H. versuchen ↑probieren; im Jahre des -s ... ↑Jahr.
Heiland, Gottessohn, Sohn Gottes, Friedefürst, Menschensohn, Sohn Davids, Jesus von
Nazareth, Jesus [Christus], Christus, Messias,
Erlöser, Nazarener, der Gekreuzigte, Schmerzensmann, Lamm Gottes, der gute Hirte, König der Juden, Seelenbräutigam · *der neugebo-
rene:* Christuskind, Christkind, Christkindchen, Christkindlein, Jesuskind; ↑Gott, ↑Gott-
heit, ↑Madonna, ↑Trinität.
Heilanstalt: ↑Krankenhaus; Heil- und Pflegeanstalt ↑Krankenhaus.
Heilbad ↑Badeort.
Heilbehandlung ↑Behandlung.
Heilbehelf ↑Medikament.
heilen: ↑abheilen, ↑gesund [werden]; geheilt
sein von ↑ernüchtern; nicht zu h. sein ↑unheil-
bar [krank sein]; durch Handauflegen h. ↑ge-
sund [machen].
Heiler ↑Arzt.
Heilfasten ↑Diät.
Heilfieber ↑Thermotherapie.
heilfroh: h. sein ↑aufatmen.
Heilgymnastik, Krankengymnastik, Kinesio-
therapie, Kinesitherapie, Kinesiatrie, Kinesi-
atrik, Kinetotherapie, Übungstherapie, Bewegungstherapie, Bewegungsbehandlung, Lingismus *(selten)*; ↑Massage, ↑Naturheilverfahren.
heilig: ↑göttlich, ↑sakral; -er Bimbam!, -es Kanonenrohr!, -er Strohsack! ↑überrascht [sein];
Fest der Ausgießung des Heiligen Geistes
↑Pfingsten; -e Hallen ↑Raum; -e Handlung
↑Sakrament; die Heilige Jungfrau ↑Madonna;
Heilige Drei Könige ↑Feiertag; Heilige Drei
Könige, Fest der Heiligen Drei Könige ↑Epi-
phanias; -e Kuh ↑Tabu; das Heilige Land ↑Is-
rael; -e Messe ↑Gottesdienst; Heilige Nacht
↑Weihnachtsabend; Heilige Schrift ↑Bibel;
Heiliger Vater ↑Oberhaupt; hoch und h. ver-
sprechen ↑versprechen.
Heiligabend ↑Weihnachtsabend.
Heilige ↑Schutzpatron.
Heiligenbild ↑Andachtsbild.
Heiligenerzählung ↑Legende.
Heiligenleben ↑Legende.
Heiligenschein, Glorienschein, Gloriole, Au-
reole, Mandorla; ↑Verherrlichung.
Heiliger ↑Schutzpatron.
Heiligkeit: ↑Gotteseigenschaften; [Eure H.]
↑Anrede.
Heiligmond ↑Dezember.
Heiligtum: ↑Gotteshaus, ↑Kultstätte, ↑Raum.
Heilkunde, Heilkunst, [alternative] Medizin,
Humanmedizin, Iatrik, Apparatemedizin · *für
Atomkatastrophen:* Katastrophenmedizin · · *im
Sinne herkömmlicher Heilkunst:* Schulmedizin,
Allopathie · *auf der Basis extremer Verdünnung*

der Heilmittel: Homöopathie · *unter Verzicht
auf Arzneimittel:* Naturheilkunde, Physiotherapie · · *für konservative Behandlung von Krankheiten innerer Organe:* innere Medizin, Innere
(ugs.), interne Medizin · *bes. für Herzkrankheiten:* Kardiologie · *bes. für Gefäßleiden:* Angiologie · *bes. für Lungenkrankheiten:* Pneumologie · *bes. für Leberkrankheiten:* Hepatologie ·
bes. für Magen- und Darmkrankheiten: Gastroenterologie · *bes. für Mastdarmkrankheiten:*
Proktologie · *bes. für Nierenkrankheiten:*
Nephrologie · *bes. für Blutkrankheiten:* Häma-
tologie · · *für operative Behandlung:* Chirurgie ·
*für operative Behandlung im Bereich des Zentral-
nervensystems:* Neurochirurgie · · *für Frauenkrankheiten und Geburtshilfe:* Frauenheilkunde, Gynäkologie, Gyniatrie · *für typische Männerkrankheiten:* Männerheilkunde, Andrologie · *für Kinderkrankheiten:* Kinderheilkunde,
Pädiatrie · *für Krankheiten Neugeborener:* Neonatologie · *für altersbedingte Krankheiten:* Altersheilkunde, Geriatrie, Gerontologie · · *für
Erkrankungen im Bereich des Bewegungsappa-
rats:* Orthopädie · · *für Erkrankungen der Harnorgane:* Urologie · *für Hautkrankheiten:* Dermatologie · *für Geschlechtskrankheiten:* Venerologie · · *für Nervenkrankheiten:* Nervenheilkunde, Neurologie, Neuriatrie · *für Geistes-
und Gemütskrankheiten:* Seelenheilkunde, Psychiatrie, Psychotherapie, Seelenarbeit · · *für
Augenkrankheiten:* Augenheilkunde, Ophthalmologie, Ophthalmiatrie, Ophthalmiatrik · ·
für Erkrankungen von Hals, Nase und Ohren:
Hals-Nasen-Ohren-Heilkunde, Otorhinolaryngologie · *bes. für Kehlkopfkrankheiten:* Laryn-
gologie · *bes. für Nasenkrankheiten:* Rhinologie
· *bes. für Ohrenkrankheiten:* Ohrenheilkunde,
Otologie, Otiatrie · · *für Zahn- und Kiefer-
krankheiten:* Zahnmedizin, Odontologie,
Odontiatrie, Kieferchirurgie, Zahnchirurgie · ·
für die Behandlung von Tumoren: Onkologie,
Karzinologie, Kanzerologie, Kankrologie · *im
Bereich der Anwendung von [Röntgen]strahlen:*
Strahlenheilkunde, Strahlenkunde, Radiologie, Röntgenologie · · *für Vergiftungen:* Toxiko-
logie · · *für Sprachstörungen:* Phoniatrie · *für
Tierkrankheiten:* Tierheilkunde, Veterinärme-
dizin; ↑Altersforschung, ↑Arzt, ↑Ausspiege-
lung, ↑Gerichtsmedizin, ↑Heilschlaf, ↑Medika-
ment, ↑Röntgenogramm, ↑Röntgenographie,
↑Wissenschaft.
Heilkundiger ↑Arzt.
Heilkunst ↑Heilkunde.
heillos ↑wirr.
Heillosigkeit, Verfahrenheit, Verwickeltheit,
Undurchschaubarkeit, Unklarheit, Unüber-
sichtlichkeit; ↑wirr.
Heilmethode ↑Behandlung.
Heilmittel ↑Medikament.
Heilmond ↑Dezember.
Heilpraktiker ↑Arzt.

Heilquelle, Mineralquelle, Quelle, Brunnen;
↑Quelle.
Heilquellenkunde ↑Bäderkunde.
heilsam ↑nützlich.
Heilsarmee ↑Religionsgemeinschaft.
Heilschlaf, medikamentöser Heilschlaf, Tief-
schlaf, Dämmerschlaf, [künstlicher] Winter-
schlaf, Hibernation, Schlaftherapie, kontrol-
lierte Hypothermie; ↑Betäubung, ↑Heilkunde,
↑Schlaf.
Heilstätte ↑Sanatorium.
Heilverfahren ↑Kur.
Heilwasser ↑Wasser.
¹heim, nach Hause, heimwärts; ↑daheim.
²heim ↑heimwärts.
¹Heim, Wohnheim, Wohnsilo *(abwertend)* · *für
Alte:* Altenheim, Altenwohnheim, Pflegeheim,
Altersasyl *(schweiz.),* Pfrundhaus *(schweiz.),*
Feierabendheim, Seniorenheim · *für Sterbende:*
Hospiz · *für Frauen, die von ihren Männern miss-
handelt werden:* Frauenhaus · *für unverheiratete
Damen:* Damenstift · *für Obdachlose:* Asyl, Ob-
dachlosenasyl · *für Kinder:* Kinderheim, Kinderhort, Hort, Säuglingsheim · *für Schüler:*
Schülerheim, Heimschule, Kostschule, Internat, Landerziehungsheim, Pensionat, Alumnat,
Konvikt *(österr.),* Juvenat · *für Studenten:* Studentenheim, Studentenwohnheim · *für Jugendliche:* Jugendheim, Jugendfreizeitheim, Heim
der offenen Tür, Jugendherberge · *in ländlicher
Gegend für mehrwöchigen Aufenthalt von Schul-
klassen:* Schullandheim, Landschulheim · *für
Lehrlinge:* Lehrlingswohnheim; ↑Hotel, ↑Kin-
dergarten, ↑Schule, ↑Waise, ↑Wohnung.
²Heim: ↑Wohnsitz; H. für Schwererziehbare
↑Erziehungsanstalt; im trauten H. ↑daheim.
Heimarbeit ↑Arbeit.
¹Heimat, Geburtsland, Herkunftsland, Ursprungsland, Heimatland, Inland, Vaterland ·
Wahlheimat; ↑Begeisterung, ↑Heimatort, ↑Na-
tionalismus, ↑Patriot; ↑Wohnsitz, ↑Zugezoge-
ner; ↑national · Ggs. ↑Ausland.
²Heimat: ↑Etappe; aus / in der H. ↑heimatlich;
in der H. ↑daheim; ohne H. ↑ungeborgen.
Heimatbahnhof ↑Standort.
heimatberechtigt ↑einheimisch.
Heimatfilm ↑Kinofilm.
heimatgenössisch ↑einheimisch.
Heimathafen: ↑Hafen, ↑Standort.
Heimatkalender ↑Kalender.
Heimatland ↑Heimat.
Heimatlazarett ↑Lazarett.
heimatlich, aus / in der Heimat, heimisch, vertraut; ↑einheimisch.
Heimatliebe ↑Patriotismus.
heimatliebend ↑heimatverbunden.
heimatlos ↑ungeborgen.
Heimatlosigkeit ↑Ungeborgenheit.
¹Heimatort, Heimatstadt, Geburtsort, Ge-
burtsstätte, Geburtsstadt, Wohnort, Wohnsitz;
↑Heimat, ↑Standort.

²Heimatort ↑Standort.
Heimatroman ↑Roman.
Heimatstadt ↑Heimatort.
heimattreu ↑heimatverbunden.
heimatverbunden, heimatliebend, heimattreu; **h. sein,** an der Scholle haften / *(ugs.)* kle-
ben, mit der Scholle verwachsen sein · Ggs.
↑übersiedeln, ↑Auswanderer, ↑Sehnsucht.
Heimatvertriebener ↑Auswanderer.
heimbegeben: sich h. ↑zurückbegeben (sich).
Heimchen: ↑Grille; H. am Herd ↑Frau.
Heimcomputer ↑Computer.
heimelig: ↑behaglich, ↑gemütlich.
Heimeligkeit ↑Gemütlichkeit.
Heimen ↑Bauernhof.
Heimet ↑Bauernhof.
heimfahren ↑zurückbegeben (sich).
Heimfahrt ↑Fahrt.
heimfinden ↑zurückkommen.
heimführen ↑heiraten.
Heimgang ↑Exitus.
Heimgegangener ↑Toter.
¹heimgehen, sterben, versterben, ableben,
einschlafen, entschlafen, hinüberschlummern,
entschlummern *(selten),* der Tod holt jmdn.
heim, vom Tode ereilt werden, sein Leben aushauchen, den Geist aufgeben / aushauchen, die
Seele aushauchen, dahinscheiden, hinscheiden,
aus dem Leben scheiden, die Augen zumachen /
[für immer] schließen, das Auge bricht *(dichter.),* vom Schauplatz / von der Bühne abtreten,
sein Leben / Dasein vollenden, die sterbliche
Hülle ablegen, zu Staub werden, die Feder aus
der Hand legen, enden, das Zeitliche segnen,
den Weg allen / alles Fleisches gehen, abfahren
(salopp), ins Grab sinken, in die / zur Grube fahren, zugrunde gehen, [für immer] von jmdm.
gehen, aus dieser Welt gehen, jmdn. verlassen
(er hat uns [zu früh] verlassen), [in die Ewigkeit]
abgerufen werden, verscheiden, dahingerafft
werden, das letzte Stündlein ist gekommen / hat
geschlagen, jmds. Uhr ist abgelaufen, von hinnen scheiden, abscheiden, erlöst werden, nicht
mehr aufstehen, tot hinsinken, zu seinen Vätern
versammelt werden, sich zu den Vätern versammeln, zur großen Armee abberufen werden,
jmdm. passiert etwas / stößt etwas zu *(verhüllend),* seinen Verletzungen erliegen, seine letzte
Reise / seinen letzten Weg antreten, in die ewigen Jagdgründe / zum ewigen Frieden / zur ewigen Ruhe eingehen, aus unserer / ihrer Mitte
gerissen werden, aus dem Leben gerissen werden, umkommen, ums Leben / zu Tode kommen, den Tod finden, mit jmdm. ist es aus
(ugs.), mit dem Tode ringen, im Sterben liegen,
in den letzten Zügen liegen *(ugs.),* mit jmdm.
geht es zu Ende, dran glauben müssen *(ugs.),*
abkratzen *(salopp),* abschnappen *(salopp),* abnibbeln *(salopp),* hopsgehen *(salopp),* draufgehen *(salopp),* vor die Hunde gehen *(ugs.),* ins
Gras beißen *(salopp),* den Löffel wegschmeißen

(salopp), Sterbchen machen *(salopp)*, ein Bankerl reißen *(salopp, österr.)*, die Patschen aufstellen *(salopp, österr.)*, den Arsch zukneifen *(derb)*.

²**heimgehen** ↑zurückbegeben (sich).

heimholen: der Tod holt jmdn. heim ↑sterben.

heimisch: ↑behaglich, ↑einheimisch, ↑heimatlich; sich h. fühlen ↑wohl fühlen (sich).

Heimkehr ↑Rückkehr.

heimkehren: ↑zurückkommen; nicht h. ↑sterben.

Heimkino ↑Fernsehgerät.

heimkommen ↑zurückkommen.

heimlaufen ↑zurückbegeben (sich).

¹**heimlich,** im Geheimen, geheim, hinter verschlossenen Türen, hinter den Kulissen; heimlich, still und leise; insgeheim, im Stillen, unbemerkt, unerkannt, unter der Tarnkappe, verstohlen, unter der Hand, hinter jmds. Rücken, verbotenerweise, klammheimlich *(ugs.)*, stiekum *(landsch.)* · bei Nacht: im Schutze der Dunkelheit / der Nacht, bei Nacht und Nebel · in Bezug auf Käufe und Verkäufe: schwarz *(ugs.)*, hintenherum *(ugs.)*, hintenrum *(ugs.)*, ohne amtliche / behördliche Genehmigung, durch Beziehungen, mit Vitamin B *(ugs., scherzh.)*, unter dem Ladentisch; ↑gesetzwidrig, ↑intern, ↑latent, ↑unaufrichtig, ↑vertraulich; ↑Verschwiegenheit.

²**heimlich:** ↑leise; -e Hauptstadt ↑München; h. einführen / über die Grenze bringen ↑einschmuggeln; h. geben ↑zuspielen; [h., still und leise] ↑unbemerkt.

Heimlichtuer, Geheimniskrämer, Duckmäuser; ↑heimlich, ↑unaufrichtig.

Heimmannschaft ↑Mannschaft.

Heimreise ↑Rückkehr.

Heimschule ↑Heim.

Heimspiel ↑Spiel.

heimsuchen: ↑befallen; heimgesucht ↑leidgeprüft.

Heimsuchung: ↑Unglück; Mariä H. ↑Marienfest.

Heimtier ↑Haustier.

Heimtücke ↑Arglist.

Heimtücker ↑Mann.

heimtückisch ↑unaufrichtig.

¹**heimwärts,** heim, zurück; ↑umkehren, ↑zurückbegeben (sich); ↑Heimat, ↑Rückkehr, ↑Rückweg; ↑heimatverbunden.

²**heimwärts:** ↑heim; h. fahren / gehen / laufen ↑zurückbegeben (sich).

Heimweg: ↑Rückweg; sich auf den H. begeben machen ↑zurückbegeben (sich).

Heimweh ↑Sehnsucht.

Heimwehr ↑Militär.

Heimwesen ↑Bauernhof.

heimzahlen ↑bestrafen.

Heimzahlung ↑Vergeltung.

Hein: Freund H. ↑Tod.

Heini: blöder H. ↑Dummkopf.

Heinrich: flotter H. ↑Durchfall; grüner H.

↑Gefängniswagen; die Stadt -s des Löwen ↑Braunschweig.

Heinze ↑Heureiter.

Heinzelmännchen ↑Zwerg.

Heirat: ↑Ehe, ↑Vermählung; eine H. vermitteln ↑verkuppeln.

¹**heiraten,** sich verheiraten / verehelichen / vermählen / *(scherzh.)* beweiben, ehelichen, freien, heimführen, unter die Haube kommen *(ugs.)*, in den Ehestand treten, eine Ehe eingehen / schließen, im Hafen der Ehe landen, in den Hafen der Ehe einlaufen, vor Anker gehen *(scherzh.)*, den Bund fürs Leben schließen, jmdm. die Hand fürs Leben reichen *(geh.)*, jmdm. das Jawort geben, Hochzeit machen / halten / feiern, sich trauen lassen, getraut werden, in den heiligen Stand der Ehe treten *(geh.)*, zum Altar führen *(geh.)*, die Ringe tauschen / wechseln, sich eine Frau / einen Mann nehmen, sich kriegen *(salopp)*, sich in das Ehejoch beugen *(scherzh.)*, es gibt ein Happyend · in Abwesenheit eines Ehepartners: sich ferntrauen lassen *(hist.)* · eine reiche Frau oder einen reichen Mann: eine gute Partie machen · jmd. Älteren: auf Abbruch heiraten *(salopp)* · ein reiches Mädchen: sich einen Goldfisch angeln *(ugs.)*; **h. wollen,** ernste Absichten haben, es ernst meinen; **nicht h.,** ledig bleiben, sitzen bleiben *(ugs.)*, keinen Mann abbekommen / abkriegen *(ugs., scherzh.)*, keine Frau finden, den Anschluss verpassen *(ugs.)*; ↑einheiraten, ↑trauen, ↑verheiraten, ↑werben; ↑ledig, ↑verheiratet; ↑Ehe, ↑Flitterwochen, ↑Frühehe, ↑Hochzeit, ↑Hochzeitstag, ↑Lebensgemeinschaft, ↑Trauzeuge, ↑Vermählung.

²**heiraten:** h. wollen ↑werben.

Heiratsantrag: einen H. machen ↑werben.

heiratsfähig ↑geschlechtsreif.

Heiratsgut ↑Aussteuer.

Heiratskandidat ↑Bräutigam.

heiratslustig: h. sein ↑werben.

Heiratsschwindler ↑Betrüger.

Heiratsurkunde ↑Urkunde.

heischen ↑verlangen.

heiser, stockheiser *(ugs.)*, tonlos, rau, rauchig, krächzend, klanglos, mit belegter Stimme; ↑abgehackt, ↑leise, ↑unartikuliert; **h. sein,** einen Frosch / eine Kröte im Hals haben *(ugs.)*, einen Frosch / eine Kröte verschluckt haben *(ugs.)*, einen Kloß im Hals / in der Kehle haben *(ugs.)*; ↑flüstern, ↑sprechen, ↑stottern.

heiß: ↑brisant, ↑brünstig, ↑erhitzt, ↑warm; -er Draht ↑Telefonverbindung; -e Jahre ↑Pubertät; -e Spur ↑Spur; -e Ware ↑Schmuggelware; jmdn. fallen lassen wie eine -e Kartoffel ↑abrücken (von jmdm.); zu h. gebadet haben ↑verrückt [sein]; zu h. gebadet sein ↑dumm [sein]; es wird nichts so h. gegessen, wie es gekocht wird ↑abwarten; jmdm. läuft es h. und kalt den Rücken herunter / über den Rücken ↑betroffen [sein]; h. machen / werden lassen ↑aufwärmen; zu h. ↑überhitzt.

heißblütig ↑lebhaft.
heißen: ↑bedeuten, ↑flaggen, ↑lauten, ↑schelten; jmdn. etwas h. ↑anordnen; geh. ↑genannt.
heiß geliebt ↑bevorzugt.
Heißhunger ↑Hunger.
Heißluftbad ↑Sauna.
Heißlufttrockner ↑Föhn.
Heißsporn: ↑Choleriker, ↑Kämpfer.
Heißwasserbereiter, Warmwasserbereiter, Heißwasserspeicher, Warmwasserspeicher, Heißwasserboiler, Boiler · Durchlauferhitzer · Tauchsieder.
Heißwasserboiler ↑Heißwasserbereiter.
Heißwasserspeicher ↑Heißwasserbereiter.
Heister ↑Buche.
heiter: ↑feuchtfröhlich, ↑humorvoll, ↑lustig, ↑sonnig; aus -em Himmel ↑plötzlich.
Heitere ↑Heiterkeit.
¹Heiterkeit, Behagen, Wohlbehagen, gute Laune, Humor, Heitere *(schweiz.),* Zufriedenheit, Harmonie; ↑Erfahrung, ↑Gelassenheit, ↑Lust; ruhig · Ggs. ↑schwermütig.
²Heiterkeit: etwas erregt jmds. H. ↑belustigen.
Heiterkeitsausbruch ↑Gelächter.
heizen, anheizen, Feuer machen / anmachen, den Ofen anmachen, die Heizung aufdrehen / andrehen / anstellen, einheizen, beheizen, wärmen, erwärmen, warm machen, feuern; ↑anzünden; ↑überheizt ↑Brennmaterial, ↑Feuerhaken, ↑Heizkörper, ↑Heizung, ↑Kohle.
Heizgas: ↑Brennstoff, ↑Gas.
Heizgerät, Heizsonne, Heizstrahler, Wärmestrahler, Heizofen, Wärmeofen *(schweiz.),* Heizöfchen; ↑Heizkörper, ↑Ofen.
Heizkörper, Radiator, Plattenheizkörper, Konvektor, Lamellenheizkörper; ↑Heizgerät, ↑Ofen, ↑Zentralheizung; ↑heizen.
Heizmaterial ↑Brennstoff.
Heizofen ↑Heizgerät.
Heizöl: ↑Brennstoff, ↑Energie, ↑Erdöl.
Heizsonne ↑Heizgerät.
Heizstoff ↑Brennstoff.
Heizstrahler ↑Heizgerät.
Heizstrom ↑Elektrizität.
¹Heizung, Ofenheizung, Zentralheizung, Fernheizung, Fernwärme, Dampfheizung, Warmwasserheizung, Warmluftheizung, Ölheizung, Gasheizung, elektrische Heizung, Strahlungsheizung, Etagenheizung, Fußbodenheizung, Deckenheizung; ↑Brennmaterial, ↑Heizkörper, ↑Kamin, ↑Ofen; ↑heizen.
²Heizung: elektrische H. ↑Heizung; die H. andrehen / anstellen / aufdrehen ↑heizen.
Heizungskosten ↑Nebenkosten.
Hektar ↑Flächenmaß.
Hektik ↑Hast.
Hektiker: ↑Mensch, ↑Nervenbündel.
¹hektisch, aufgeregt, erregt, nervös, neurasthenisch, nervenschwach, gereizt, ruhelos, unruhig, ungeduldig, unstet, bewegt, fahrig, tumultuarisch, turbulent, fiebrig, schusslig *(ugs.),*

huschlig *(ugs.),* zapplig *(ugs.),* kribblig *(ugs.),* fickrig *(ugs., landsch.),* nicht ↑ruhig; ↑ängstlich, ↑ärgerlich, ↑bewegt, ↑empfindlich, ↑erwartungsvoll, ↑fleißig, ↑lebhaft, ↑unaufmerksam, ↑unbeherrscht · Ggs. ↑geistesgegenwärtig; **h. sein,** außer sich / aufgelöst / außer Fassung / *(ugs.)* ganz aus dem Häuschen / ein Nervenbündel sein, Herzklopfen / Lampenfieber haben, jmdm. schlägt das Herz bis zum Hals, den Kopf / die Nerven verlieren, kopflos sein, durchdrehen *(ugs.),* mit jmdm. gehen die Nerven durch, jmdm. brennen / gehen die Sicherungen durch *(salopp);* ↑Angst [haben], ↑pfuschen; ↑Choleriker, ↑Nervenbündel, ↑Unrast.
²hektisch: ↑nervös; -e Röte ↑Verfärbung.
Hektographie ↑Reproduktion.
hektographieren: ↑ablichten, ↑vervielfältigen.
Hektoliter ↑Hohlmaß.
Hektor: rangehen wie H. an die Buletten ↑zielstrebig [sein].
Hel ↑Hölle.
Helanca ↑Chemiefaser.
¹Held, Heros, Recke, Herkules, Titan, Gigant, Übermensch, Sieger, Gewinner; ↑Berühmtheit, ↑Kämpfer, ↑Sieger, ↑Soldat, ↑Volksheld; ↑mutig.
²Held: ↑Hauptdarsteller; H. der Nation / des Volkes ↑Volksheld; kein H. sein ↑feige [sein]; kein H. in etwas sein ↑firm; H. des Tages sein ↑Mittelpunkt [sein].
Heldenbariton ↑Sänger.
Heldendeckel ↑Kopfbedeckung.
Heldenepos ↑Erzählung.
heldenhaft ↑mutig.
heldenmütig ↑mutig.
Heldenrolle ↑Rolle.
Heldensage ↑Sage.
Heldentenor ↑Sänger.
Heldentod: den H. sterben ↑sterben.
Heldenvater ↑Schauspieler.
¹helfen, beistehen, Beistand leisten, zur Seite stehen, unterstützen, verbeiständen *(schweiz.),* zur / an die Hand gehen, Hand anlegen, Handreichungen machen, jmdm. in die Hände arbeiten, mithelfen, assistieren, Handlangerdienste leisten, vertreten, einspringen, beispringen, zupacken, behilflich sein, jmdm. Hilfe angedeihen lassen / leisten / bringen, sekundieren, zu Hilfe kommen / eilen, jmdm. aus der Patsche helfen *(ugs.),* jmdn. aus der Patsche ziehen *(ugs.),* verhelfen zu etwas, Schützenhilfe leisten, jmdm. die Stange halten / unter die Arme greifen, jmdm. Starthilfe geben / Zuwendungen machen, jmdm. auf die Sprünge helfen, Hilfestellung leisten ↑fördern; **jmdm. nicht [mehr] h.,** jmdn. in den Rücken fallen, seine / die Hand von jmdm. abziehen, jmdn. seinem Schicksal überlassen, jmdn. im eigenen Saft schmoren lassen *(salopp),* jmdn. hängen lassen *(ugs.);* ↑bedienen, ↑beraten, ↑eingreifen, ↑eintreten (für), ↑fördern, ↑gesund [machen], ↑kümmern (sich

um jmdn.), ↑retten; ↑sitzen lassen, ↑vertreten; ↑ratlos; ↑Berater, ↑Betreuer, ↑Dienst, ↑Helfer, ↑Komplice, ↑Stütze, ↑Unfallwagen.

²helfen: ↑nützlich [sein]; sich zu h. wissen ↑bewältigen; sich nicht zu h. wissen ↑ratlos [sein]; seine -de Hand über jmdn. halten ↑behüten.

¹Helfer, Gehilfe, Beistand, Wasserträger, Assistent, Adjutant, Adlatus, Adept, Famulus, Sekundant · *der gegen Bezahlung beim Transport, Auf- und Abbau der Ausrüstung einer Rockgruppe tätig ist:* Roadie; ↑Anhänger, ↑Berater, ↑Betreuer, ↑Diener, ↑Fachmann, ↑Freund, ↑Fürsprecher, ↑Hilfskraft, ↑Gönner, ↑Komplize, ↑Retter, ↑Stellvertreter; ↑fördern, ↑helfen; ↑entgegenkommend.

²Helfer: H. in der Not ↑Retter; H. in Steuersachen ↑Wirtschaftsprüfer.

Helfershelfer ↑Komplize.

Helgen ↑Bild.

Helikon ↑Blasinstrument.

Helikopter ↑Hubschrauber.

Helios: ↑Gott, ↑Sonne.

Heliosis ↑Überhitzung.

heliotrop ↑violett.

Heliotrop ↑Schmuckstein.

heliotropisch, phototropisch, lichtwendig; ↑Pflanze.

Helium: ↑Edelgas, ↑Gas.

¹hell, licht, klar · *in Bezug auf die Stimme:* glockenhell, silberhell, glockenrein, glasklar, hoch, nicht ↑dunkel; ↑sonnig.

²hell: ↑beleuchtet; -er werden ↑aufhellen (sich); -er Kopf ↑Talent; h. auf der Platte sein ↑schlau [sein].

hellblau ↑blau.

hellblond ↑blond.

hellbraun: ↑braun, ↑braunhaarig.

Helldunkelschnitt ↑Holzschnitt.

helle ↑schlau.

Helle ↑Licht.

Heller: ↑Münze; keinen luckerten / roten H. wert sein ↑wertlos [sein].

hell erleuchtet ↑beleuchtet.

Helles: ein H. ↑Bier.

hellgelb ↑gelb.

hellgrau ↑grau.

hellgrün ↑grün.

hellhörig ↑wachsam.

Helligkeit ↑Licht.

helllicht: der -e Tag ↑Tageslicht; am -en Tag ↑tagsüber.

helllila ↑violett.

hellorange ↑orange.

hellrosa ↑rosa.

hellrot ↑rot.

hellsehen ↑voraussehen.

Hellsehen, Paragnosie, Zweites Gesicht, Gedankenlesen, Deuteroskopie; ↑Geisterbeschwörung, ↑Medium, ↑Telepathie, ↑Wahrsager; ↑prophetisch.

Hellseher: ↑Artist, ↑Wahrsager.

hellseherisch ↑prophetisch.

hellsichtig ↑scharfsinnig.

Hellsichtigkeit ↑Scharfsinn.

hellwach ↑wach.

Helm: ↑Griff, ↑Kopfbedeckung.

Helvetien ↑Schweiz.

helvetisch: ↑schweizerisch; Helvetische Republik ↑Schweiz.

Helvetismus ↑Spracheigentümlichkeit.

Hemd: ↑Oberhemd; kein [ganzes] H. [mehr] am / auf dem Leibe haben ↑abgewirtschaftet [haben]; das letzte H. hergeben, sich das letzte H. vom Leibe reißen ↑opfern; seine Gesinnung wie ein H. wechseln ↑Opportunist [sein], ↑umschwenken; bis aufs H. ausgezogen werden ↑zahlen [müssen]; mach dir doch keinen Fleck ins H. ↑[nicht] übertreiben.

Hemdbluse ↑Bluse.

Hemdblusenkleid ↑Kleid.

Hemdbrust ↑Jabot.

Hemdchen ↑Umschlag.

Hemdenmatz ↑Kind.

hemdsärmelig ↑ungezwungen.

Hemdsärmeligkeit ↑Ungezwungenheit.

Hemisphäre: die westliche H. ↑Amerika, ↑Westmächte (die).

hemmen: ↑behindern, ↑einschränken.

hemmend: ↑hinderlich, ↑repressiv.

Hemmschuh ↑Behinderung.

Hemmung: ↑Behinderung; -en ↑Angst; kataplektische H. ↑Schrecklähmung; jmdm. seine -en nehmen, etwas lässt jmdn. jede H. / seine Hemmungen verlieren, jmdn. von seinen -en befreien ↑enthemmen; ohne -en sein ↑rücksichtslos [sein].

hemmungslos, zügellos, exhibitionistisch, ungezügelt, orgiastisch, wild, unkontrolliert; ↑anstößig, ↑begeistert, ↑triebhaft, ↑unbeherrscht, ↑ungezwungen; **h. sein,** ohne Maß und Ziel sein, weder Maß noch Ziel kennen; ↑Ungezügeltheit.

Hemmungslosigkeit ↑Ungezügeltheit.

Hendl ↑Huhn.

Hengst ↑Pferd.

Henkel ↑Griff.

Henkelkorb ↑Korb.

Henkelkreuz ↑Kreuzzeichen.

Henkelmann ↑Essgeschirr.

henken ↑töten.

¹Henker, Scharfrichter, Henkersknecht; ↑Fallbeil; ↑töten.

²Henker: hols der H., zum H.! ↑verflucht!; sich den H. um etwas kümmern / scheren ↑annehmen.

Henkersknecht ↑Henker.

Henkersmahlzeit ↑letzte.

Henne ↑Huhn.

Hepatitis: [epidemische H.] ↑Leberkrankheit.

Hepatologe ↑Arzt.

Hephaistos ↑Gott.

¹her, heran, herzu, herbei, hierher, hierhin, ran *(ugs.),* anher *(veraltet)* · *von oben:* herab, herunter, hernieder, nieder, runter *(ugs.)* · *von unten:* herauf, rauf *(ugs.),* aussa *(mundartl., bayr., österr.)* · *von innen:* heraus, hervor, herfür *(veraltet),* raus *(ugs.),* aussa *(mundartl., bayr., österr.)* · *von außen:* herein, daherein *(österr.),* rein *(ugs.),* rin *(ugs., berlin.),* eina *(mundartl., bayr., österr.)* · *von hinten:* hervor, nach vorn[e], vor, füra *(mundartl., bayr., österr.)* · *von drüben:* herüber, rüber *(ugs.),* umma *(mundartl., bayr., österr.)* · *um etwas:* herum, rum *(ugs.),* umma *(mundartl., bayr., österr.);* ↑aufwärts, ↑hin.

²her: Hin und Her ↑Tauziehen.

Hera ↑Göttin.

herab: ↑abwärts, ↑her.

herabdrücken ↑verringern.

herabfallen ↑hinunterfallen.

herabgesetzt ↑billig.

herabklettern ↑hinuntergehen.

herabkommen ↑hinuntergehen.

herablassen: ↑abseilen; sich h. ↑entgegenkommen (jmdm.).

herablassend ↑dünkelhaft.

Herablassung ↑Überheblichkeit.

herabmindern ↑verringern.

Herabminderung ↑Verminderung.

herabsausen ↑hinunterfallen.

herabsetzen: ↑demütigen (jmdn.), ↑ermäßigen, ↑schlecht machen, ↑verringern; die Kaufkraft h. ↑abwerten; im Dienstgrad / Rang h. ↑degradieren.

Herabsetzung: ↑Nichtachtung, ↑Verminderung.

herabsinken: ↑sinken; die Nacht sinkt herab ↑dunkel [werden].

herabspringen ↑hinunterspringen.

herabsteigen ↑hinuntergehen.

herabstürzen: ↑hinunterfallen; sich h. ↑hinunterspringen.

herabwürdigen: ↑demütigen (jmdn.), ↑schlecht machen.

Herabwürdigung ↑Nichtachtung.

herabziehen: -der Muskel ↑Muskel.

Heraldik, Wappenkunde; ↑Genealogie.

heran ↑her.

heranbrechen ↑fließen.

herankarren ↑transportieren.

herankommen ↑kommen; etwas an sich h. lassen ↑abwarten; etwas kommt heran ↑bevorstehen, ↑heraufziehen; an das große Geld h. ↑verdienen; an jmds. Leistung h. ↑erreichen (jmds. Leistung).

heranlocken ↑anlocken.

heranmachen: sich an jmdn. h. ↑nähern (sich jmdm.).

herannahen: etwas naht heran ↑bevorstehen, ↑heraufziehen.

herannehmen ↑zusetzen (jmdm.).

heranpirschen: sich an jmdn. h. ↑Kontakt.

heranreichen: an jmds. Leistung h. ↑erreichen (jmds. Leistung).

heranreifen ↑entwickeln (sich).

heranrücken ↑rücken (an).

heranschleichen: sich h. ↑auflauern.

¹herantreten (an), sich wenden an, jmdm. mit etwas kommen, gelangen an *(schweiz.),* bei jmdm. vorsprechen, jmdn. ansprechen / anschreiben / anrufen; ↑behelligen, ↑bitten.

²herantreten ↑treten.

heranwachsen: ↑aufwachsen, ↑entwickeln (sich); herangewachsen ↑erwachsen.

Heranwachsender ↑Jüngling.

¹heranziehen, beiziehen, benutzen, benützen, auswerten, zitieren, anziehen *(veraltet),* hinzuziehen; ↑auswerten.

²heranziehen: etwas zieht heran ↑heraufziehen; zum Vergleich h. ↑vergleichen.

Herat ↑Orientteppich.

herauf: ↑aufwärts, ↑hin.

heraufbeschwören ↑verursachen.

heraufklettern ↑hinaufgehen.

heraufkommen ↑hinaufgehen.

heraufsetzen, anheben, erhöhen; ↑Heraufsetzung · Ggs. ↑degradieren (abgruppieren).

Heraufsetzung, Anhebung, Erhöhung · *des Gehalts:* Gehaltserhöhung, Lohnerhöhung, Gehaltsvorrückung *(österr.),* Vorrückung *(österr.);* ↑heraufsetzen.

heraufsteigen ↑hinaufgehen.

¹heraufziehen (vom Wetter): etwas zieht herauf / zieht auf / zieht heran / ist im Anzug / kommt heran / kommt auf / naht heran / braut sich zusammen / nähert sich / naht / kommt / droht / *(veraltet)* dräut; ↑bevorstehen.

²heraufziehen: ein Gewitter zieht herauf ↑Gewitter.

heraus: ↑her; aus dem Gröbsten h. sein ↑Schwierigkeit.

herausbekommen ↑finden.

herausblicken ↑herausschauen.

herausbringen: ↑aufführen, ↑edieren, ↑finden, ↑fördern; groß h. ↑managen (jmdn.); etwas aus jmdm. h. ↑entlocken (jmdm. etwas); kein Wort h. ↑sprechen.

herausfinden, finden, stoßen auf, entdecken, sehen, antreffen, auffinden, vorfinden, treffen [auf], begegnen, aufspüren, orten, den Standort bestimmen, ausfindig machen, ausfinden, ausmachen, ermitteln, in Erfahrung bringen, feststellen, auf die Spur kommen, herausbekommen, herausbringen *(ugs.),* herauskriegen *(salopp),* rausbringen *(salopp),* ausklamüsern *(ugs.),* aufstöbern, auftreiben *(ugs.),* auflesen *(ugs.),* aufgabeln *(salopp),* auffischen *(salopp);* ↑beschaffen, ↑erfahren, ↑erfinden, ↑fragen, ↑sehen, ↑wahrnehmen, ↑Auskundschafter, ↑Fundbüro · Ggs. ↑suchen.

herausfließen ↑ausfließen.

herausfordern ↑provozieren.

herausfordernd ↑provozierend, ↑streitbar.

¹Herausforderung, Provokation, Brüskierung · Reizwort, Reizthema; ↑Einspruch, ↑provozieren.

²Herausforderung ↑Aufgabe.
herausfüttern ↑ernähren.
Herausgabe ↑Veröffentlichung.
herausgeben: ↑edieren; nicht h. ↑zurückhalten.
Herausgeber, Editor; ↑Berichter, ↑Schriftleiter, ↑Schriftsteller.
¹herausgehen (aus sich), auftauen *(ugs.)*, munter / *(ugs.)* warm werden, die Scheu verlieren; ↑gesellig.
²herausgehen: nicht aus sich h. ↑unzugänglich [sein].
herausgeputzt ↑aufgeputzt.
herausgucken ↑herausschauen.
heraushaben: den Bogen / Dreh h. ↑geschickt [sein].
heraushalten (sich), nichts zu tun haben wollen mit, die Finger lassen von, sich nicht die Finger schmutzig machen / verbrennen · Ggs. ↑teilnehmen.
heraushängen: etwas hängt jmdm. zum Hals heraus ↑angeekelt [sein].
¹herausholen, holen aus, rausholen *(ugs.)*, entfernen, herausnehmen, nehmen aus, rausnehmen *(ugs.)*, herausmachen, machen aus *(ugs.)*, rausmachen *(ugs.);* ↑entfernen.
²herausholen: ↑erwirken; das Letzte aus jmdm. h. ↑fragen, ↑zusetzen (jmdm.).
herausklauben ↑auswählen.
herauskommen: ↑enden, ↑einträglich [sein], ↑entstehen, ↑herumsprechen (sich); groß h. ↑bekannt [werden].
herauskriegen: ↑finden, ↑raten.
herauslassen ↑verlängern.
herauslaufen ↑ausfließen.
herauslocken: jmdm. etwas h. ↑ablisten (jmdm. etwas); etwas aus jmdm. h. ↑entlocken (jmdm. etwas).
herausmachen: ↑herausholen; sich h. ↑entwickeln (sich).
herausnehmen: ↑entnehmen, ↑herausholen.
herausplatzen ↑lachen.
herauspumpen ↑absaugen.
herausputzen ↑schönmachen.
herausquellen ↑fließen.
herausreden: sich h. ↑Ausflucht.
herausreißen, ausreißen, entfernen, ausraufen, ausrupfen, herausrupfen, auszupfen, reißen aus, zupfen aus, rupfen aus · *in Bezug auf Unkraut:* jäten.
herausrinnen ↑fließen.
herausrücken: nicht h. ↑zurückhalten; mit der Sprache h. ↑gestehen; nicht recht mit der Sprache h. ↑sprechen.
herausrupfen ↑herausreißen.
herausrutschen: etwas rutscht jmdm. heraus ↑mitteilen.
¹herausschauen, herausehen, herausgucken, herausblicken, blicken / schauen / sehen / gucken aus; ↑blicken.
²herausschauen ↑einträglich [sein].

herausschießen ↑fließen.
herausschinden ↑erwirken.
herausschlagen ↑erwirken.
herausschmecken ↑vorschmecken.
herausschwätzen ↑ablisten.
herausschwindeln: jmdm. etwas h. ↑ablisten (jmdm. etwas).
heraussehen ↑herausschauen.
heraußen ↑draußen.
herausspringen: ↑ausrasten, ↑einträglich [sein].
herausprudeln ↑fließen.
herausstellen: ↑betonen, ↑fördern; sich h. ↑offenbar [werden]; sich h. als ↑erweisen (sich als); sich als wahr / richtig h. ↑bewahrheiten (sich).
Herausstellung ↑Hervorhebung.
herausströmen ↑fließen.
heraussuchen ↑auswählen.
heraustropfen ↑fließen.
herauswachsen: etwas wächst jmdm. zum Hals heraus ↑angeekelt [sein].
herauswollen: nicht recht mit der Sprache h. ↑sprechen.
herausziehen ↑hervorziehen.
herb: ↑sauer, ↑unzugänglich.
herbei ↑her.
herbeibringen ↑bringen.
herbeieilen ↑zusammenlaufen.
herbeiführen ↑verursachen.
herbeilassen: sich h. ↑entgegenkommen (jmdm.).
herbeischaffen ↑beschaffen.
Herberge ↑Unterkunft.
herbringen ↑bringen.
Herbst: ↑Jahreszeit; es wird H. ↑herbsten.
Herbstblume ↑Blume.
herbsteln ↑herbsten.
herbsten: es herbstet / herbstelt / wird Herbst, die Tage werden kürzer, die Blätter fallen / werden gelb; ↑Jahreszeit.
Herbstferien ↑Ferien.
herbstlich ↑kalt.
Herbstmesse ↑Messe.
Herbstmond ↑September.
Herbstnebel ↑Nebel.
Herbstrübe ↑Gemüse.
Herbstsonne ↑Sonnenlicht.
Herbsttag ↑Tag.
Herbstwetter ↑Wetter.
¹Herbstzeitlose, Wiesenzeitlose, Nachtgunkel *(landsch.),* Nackete Jungfer *(südd.);* ↑Liliengewächs.
²Herbstzeitlose ↑Liliengewächs.
¹Herd, Küchenherd, Kochherd, Gasherd, Kohlenherd, Elektroherd, Mikrowellenherd · Kocher, Kochplatte, Rechaud *(österr.);* ↑Backofen, ↑Kamin.
²Herd: am häuslichen H. ↑daheim; Heimchen am H. ↑Frau.
Herde, Rudel (Hirsche, Wölfe), Meute, Schwarm, Schar (Fasane, Wildgänse u. a.),

Koppel (Hunde), Sprung (Rehe), Rotte (Sauen), Zug (Schnepfen), Kette (Fasane, Wildgänse), Kompanie (Rebhühner), Flug (Wildtauben); ↑Abteilung, ↑Bande, ↑Hirt, ↑Mannschaft, ↑Menge.
Herdentier ↑Alltagsmensch.
Herdfeuer ↑Feuer.
hereditär ↑angeboren.
herein ↑her.
hereinbrechen: die Nacht bricht herein ↑dunkel [werden].
hereinfallen, jmdm. aufsitzen, reinfallen *(salopp),* jmdm. auf den Leim gehen / kriechen *(ugs.),* jmdm. in die Falle / ins Garn (oder:) Netz gehen, hereinfliegen *(salopp),* reinfliegen *(salopp),* den Kürzeren ziehen, der Dumme / *(ugs.)* der Lackierte sein, betrogen / getäuscht / *(ugs.)* übers Ohr gehauen / *(ugs.)* hereingelegt / *(ugs.)* reingelegt / überlistet / hintergangen / *(ugs.)* angeschmiert werden; **hereingefallen sein,** sich getäuscht sehen; ↑betrügen.
hereinfliegen ↑hereinfallen.
Hereingeschmeckter ↑Zugezogener.
hereinkommen: ↑betreten; h. lassen ↑einlassen.
hereinlassen: frische Luft h. ↑lüften.
hereinlegen: ↑betrügen; hereingelegt werden ↑hereinfallen.
hereinreißen: etwas reißt jmdn. herein ↑teuer [sein].
hereinschauen ↑besuchen.
hereinschneien: ↑besuchen; [hereingeschneit kommen] ↑kommen.
hereinspazieren ↑betreten.
hereinspielen: mit h. ↑anklingen.
hereintreten ↑betreten.
Herfahrt ↑Fahrt.
herfallen: h. über ↑angreifen, ↑essen; über jmdn. h. ↑bitten, ↑schlecht machen.
herfür ↑her.
Hergabe ↑Entäußerung.
Hergang ↑Vorgang.
¹hergeben: etwas gibt [nicht] viel her / aus, etwas ist [nicht] ergiebig; ↑nützlich.
²hergeben: ↑schenken; h. müssen ↑verlieren; das letzte Hemd h. ↑opfern; sich nicht h. für / zu etwas ↑tun; für ein Butterbrot h. ↑verkaufen; für ein Linsengericht h. ↑abgeben.
hergebracht ↑herkömmlich.
hergehen: es geht in bestimmter Weise her ↑verlaufen.
hergerissen: hin- und h. sein ↑entschließen (sich).
herhalten: h. müssen ↑einstehen (für).
¹Hering, Arbeiterforelle *(ugs., scherzh.),* Bismarckhering, grüner Hering, Lachshering, Matjeshering, Salzhering; ↑Fisch.
²Hering: ↑Fisch, ↑Zeltpflock; ein H. sein ↑schlank [sein].
Heringsbändiger ↑Kaufmann.
Heringsfang: auf H. gehen ↑fischen.

Heringsfass ↑Fass.
Heringsfischer ↑Fischer.
herinnen ↑drinnen.
Heris ↑Orientteppich.
herkommen: ↑kommen; h. von ↑stammen (von).
Herkommen: ↑Abkunft, ↑Brauch.
herkömmlich, althergebracht, hergebracht, altehrwürdig, ehrwürdig, überliefert, überkommen, altererbt, ererbt, traditionell, klassisch, konventionell, altüblich, üblich, altüberliefert, nach [alter] Väter Sitte *(geh., veraltet);* ↑altmodisch, ↑erhaben, ↑formell, ↑geschichtlich, ↑rückschrittlich, ↑überlebt, ↑üblich; ↑Tradition.
Herkules: ↑Held, ↑Kraftmensch, ↑Kraftspiel, ↑Sternbild.
herkulisch ↑athletisch.
Herkunft: ↑Abkunft, ↑Wortgeschichte.
Herkunftsland ↑Heimat.
Herkunftswörterbuch ↑Nachschlagewerk.
herlaufen: hinter jeder Schürze h. ↑Frauenheld.
herleihen ↑leihen.
herleiten: ↑folgern; sich h. von ↑stammen (von).
Herleitung: ↑Ableitung, ↑Folgerung.
Herlitze ↑Kornelkirsche.
hermachen: Sprüche h. ↑prahlen.
Hermaphrodismus ↑Zwittertum.
Hermaphroditismus ↑Zwittertum.
Hermelin: ↑Pelz, ↑Raubtier.
Hermeneutik: ↑Auslegung, ↑Theologie.
Hermes ↑Gott.
hernach ↑hinterher.
hernehmen: etwas nimmt her ↑beschwerlich [sein]; sich jmdn. h. ↑koitieren.
Hernie ↑Bruch.
hernieder: ↑abwärts, ↑her.
herniederbrennen: vom Himmel h. ↑scheinen.
herniedersinken ↑sinken.
herniedersteigen ↑hinuntergehen.
heroben ↑oberhalb.
Heroin ↑Rauschgift.
Heroine ↑Schauspielerin.
Heroinismus: ↑Opiumvergiftung, ↑Sucht.
Heroinsucht: ↑Opiumvergiftung, ↑Sucht.
Herointoter ↑Toter.
Heroinvergiftung ↑Opiumvergiftung.
heroisch ↑mutig.
Herold ↑Bote.
Heroldskunde ↑Wappenkunde.
Heros: ↑Halbgott, ↑Held.
Herostrat ↑Verbrecher.
Herpes: ↑Fieberbläschen, ↑Hautausschlag.
¹Herr (als Anrede), mein Herr · *in England.* Mister, Sir, Mylord *(veraltet)* · *junger:* Master ·· *in Frankreich:* Monsieur · *in Russland.* Gospodin, Towarischtsch · *in Holland* Mijnheer ·· *in Italien:* Signor, Padrone · *jun*

ger: Signorino · · in Spanien: Señor, Caballero · · in Portugal: Senhor · · in Polen: Pan · · in der Türkei früher: Efendi · Ggs. ↑Dame, ↑Fräulein.

²Herr: ↑Besitzer, ↑Gott, ↑Mann, ↑Oberhaupt; H. Zebaoth ↑Gott; Hochwürdiger H. ↑Anrede; junger H. ↑Jüngling; der kleine H. ↑Penis; möblierter H. ↑Untermieter; H. der Heerscharen ↑Gott; H. der Schöpfung ↑Mensch; die -en der Schöpfung ↑Männer (die); sein eigener H. sein ↑selbstständig [sein]; H. im Haus sein ↑maßgeblich [sein]; ein H. mit grauen Schläfen sein ↑älter [sein]; H. sein über sich ↑ruhig [bleiben]; einer Sache H. werden ↑beikommen; Gebet des -n ↑Gebet; Fest der Erscheinung des -n ↑Epiphanias; im Jahre des -n … ↑Jahr; Leib und Blut des -n / Tisch des Herrn ↑Abendmahl; aus aller -en Ländern ↑überall, ↑überallher; Tisch des -n ↑Altar.

Herrchen ↑Mann.

herreden: hinter jmdm. h. ↑schlecht machen.

Herrenbekleidung ↑Kleidung.

Herrenfahrer: ↑Autofahrer, ↑Kraftfahrer, ↑Rennfahrer.

Herrenfahrrad ↑Fahrrad.

Herrenfriseur ↑Friseur.

Herrenhemd ↑Oberhemd.

Herrenkleidung ↑Kleidung.

herrenlos: -es Gut ↑Fundsache.

Herrenpilz ↑Steinpilz.

Herrenpulli ↑Pullover.

Herrenreiter ↑Reiter.

Herrensauna ↑Sauna.

Herrenschneider ↑Schneider.

Herrenschnitt ↑Frisur.

Herrentoilette ↑Toilette.

Herrenwelt: die H. ↑Männer.

Herrenweste ↑Strickweste.

Herrenwinker ↑Haarlocke.

Herrgott ↑Gott.

Herrgottsfrühe: in aller H. ↑morgens.

Herrgottskäfer ↑Marienkäfer.

Herrgottsschnitzer ↑Bildhauer.

Herrgottstag ↑Fronleichnam.

Herrgottstierchen ↑Marienkäfer.

Herrin: ↑Besitzer, ↑Prostituierte.

herrisch, gebieterisch, gestreng, streng, unerbittlich, unnachsichtig, unnachgiebig; ↑streng, ↑rücksichtslos, ↑unbarmherzig, ↑unzugänglich; ↑Prostituierte (Domina), ↑Unerbittlichkeit.

Herrleichnamstag ↑Fronleichnam.

herrlich: ↑schön, ↑trefflich.

¹Herrlichkeit, Schönheit, Pracht, Glanz, Erhabenheit; ↑Ebenmäßigkeit, ↑Kostbarkeit, ↑Wohlgestaltetheit; ↑schön.

²Herrlichkeit ↑Gotteseigenschaften.

Herrschaft, Regierung, Administration, Regentschaft, Regime (abwertend) · allein vom König ausgeübte: Monarchie, konstitutionelle Monarchie · unumschränkte eines Monarchen: Absolutismus · unumschränkte eines Herrschers: Autokratie, Alleinherrschaft · unum-

schränkte, gewaltsam ausgeübte: Diktatur, Gewaltherrschaft, Despotie, Demokratur (aus: Demokratie und Diktatur; ironisch), Einmanndemokratie (ironisch) · die allein religiös legitimiert wird: Theokratie · der Priester: Hierokratie · einer kleinen Gruppe: Oligarchie, Parteidiktatur, Arroganz der Macht, Bonzenherrschaft (abwertend), Bonzokratie (abwertend), Filzokratie (abwertend); ↑Überheblichkeit · der Reichen: Plutokratie · des Adels: Aristokratie, Feudalismus, Feudalherrschaft · des Volkes: Demokratie, parlamentarische Demokratie, Zuschauerdemokratie (ironisch) Basisdemokratie, Graswurzeldemokratie, Rätedemokratie, Volksdemokratie · des Pöbels: Ochlokratie · mehrerer Staaten über ein Gebiet: Kondominium · des Vaters: Patriarchat · der Mutter: Matriarchat; ↑Gewaltherrscher, ↑Oberhaupt, ↑Partei, ↑Unfreiheit; **zur H. kommen,** zur Herrschaft gelangen, an die Macht kommen / gelangen, ans Ruder kommen (ugs.); ↑regieren; ↑tyrannisch.

Herrschaften: die alten H. ↑Eltern.

Herrschaftslosigkeit ↑Anarchie.

¹herrschen, walten, bestehen, vorhanden sein, sein; ↑Zustand.

²herrschen: sich nicht der -den Meinung beugen / anschließen ↑entgegenstellen (sich); es herrscht Durchzug ↑Durchzug; es herrscht Frost ↑frieren; bei jmdm. herrscht Unordnung ↑ungeordnet [sein]; h. über ↑beherrschen, ↑führen, ↑regieren.

Herrscher ↑Oberhaupt.

Herrscherfamilie ↑Dynastie.

Herrschergeschlecht ↑Dynastie.

Herrscherhaus ↑Dynastie.

Herrscherstab ↑Zepter.

herrühren: h. von ↑stammen (von).

hersagen ↑vortragen.

herschenken ↑schenken.

herschreiben: sich h. von ↑stammen (von).

hersehen: hinter jmdm. h. ↑nachschauen (jmdm.).

herstellen: ↑anfertigen, ↑produzieren; eine Beziehung / einen Kontakt / eine Verbindung h. ↑verknüpfen; eine Fälschung h. ↑fälschen; das Gleichgewicht h. ↑aufholen; Lichtpausen h. ↑ablichten.

Hersteller ↑Unternehmer.

Herstellermarke ↑Warenzeichen.

Herstellung, Anfertigung, Fabrikation, Schaffung, Erschaffung, Schöpfung, Erzeugung, Erarbeitung, Ausarbeitung, Erstellung, Entstehung, Fertigung, Fertigstellung; ↑Entwurf, ↑Hervorbringung, ↑Machart, ↑Verarbeitung; ↑anfertigen, ↑erschaffen, ↑produzieren; ↑vorgefertigt.

Herstellungskosten ↑Preis.

herüben ↑diesseits.

herüber ↑her.

herum ↑her.

herumalbern: das Herumalbern ↑Albernheit.
herumbasteln ↑bosseln.
herumbohren ↑nachforschen.
herumbrodeln ↑langsam [arbeiten].
herumdoktern ↑behandeln.
herumdrehen: jmdm. dreht sich das Herz im Leibe herum ↑betroffen [sein]; jmdm. das Wort im Mund h. ↑verfälschen.
herumdrucksen ↑sprechen.
herumerzählen ↑verbreiten.
herumfragen ↑fragen.
herumführen: an der Nase h. ↑anführen.
herumfuhrwerken ↑hantieren.
herumgehen: wie die Katze um den heißen Brei h. ↑sprechen.
herumgeistern: ↑spuken; etwas geistert in jmds. Kopf herum ↑erwägen.
herumhacken: auf jmdm. h. ↑beanstanden.
herumhantieren ↑hantieren.
herumirren ↑herumtreiben (sich).
Herumirrender ↑Umherirrender.
herumkommen, etwas von der Welt sehen, sich den Wind um die Nase wehen lassen; ↑reisen; ↑Reise.
herumkrebsen: ↑anstrengen (sich), ↑krank [sein].
herumkriegen ↑überreden.
herumkritteln ↑beanstanden.
herumkutschieren ↑fahren.
herumlaufen: ↑herumtreiben (sich), ↑toben.
herumliegen: bei jmdm. liegt alles herum wie Kraut und Rüben ↑ungeordnet [sein].
herumlungern ↑herumtreiben (sich).
herummäkeln ↑beanstanden.
herumnörgeln ↑beanstanden.
herumpriemen ↑bosseln.
herumpusseln ↑arbeiten.
herumraten ↑denken.
herumrätseln ↑denken.
herumreden: um den Brei h. ↑sprechen.
herumreisen ↑reisen.
herumscharwenzeln: h. um ↑unterwürfig [sein].
herumschlagen: sich mit jmdm. / etwas h. ↑Schwierigkeit.
herumschleichen: wie die Katze um den heißen Brei h. ↑sprechen.
herumschnüffeln ↑spionieren.
herumschwänzeln: h. um ↑unterwürfig [sein].
herumsprechen (sich), bekannt / ruchbar / entdeckt werden, sich [wie ein Lauffeuer] verbreiten, durchsickern, durchdringen, aufkommen, herauskommen, ans Licht kommen, an die Öffentlichkeit dringen, publik werden, von Mund zu Mund gehen, kursieren; ↑veröffentlichen.
herumspuken: ↑spuken; etwas spukt in jmds. Kopf herum ↑erwägen.
herumstehen: etwas steht nur herum ↑gebrauchen.
herumstochern ↑nachforschen.

herumstreichen ↑herumtreiben (sich).
herumstreifen ↑herumtreiben (sich).
herumstreunen ↑herumtreiben (sich).
herumstrolchen ↑herumtreiben (sich).
herumstromern ↑herumtreiben (sich).
herumtanzen: jmdm. auf der Nase h. ↑ausnutzen.
herumtoben ↑toben.
herumtollen ↑toben.
herumtragen ↑verbreiten.
herumtrampeln: auf jmds. Nerven h. ↑ärgern (jmdn.).
herumtreiben (sich), herumziehen, herumlaufen, herumstreifen, umherstreifen, herumirren, umherirren, umherschweifen, herumstreichen, strolchen, herumstrolchen, stromern, herumstromern, streunen, herumstreunen, vagabundieren, herumvagabundieren, auf die Trebe gehen *(salopp),* lungern, herumlungern, strabanzen *(österr.);* ↑fortbewegen (sich); ↑ruhelos; ↑Landstreicherei, ↑Umherirrender, ↑Unrast.
Herumtreiber ↑Vagabund.
Herumtreiberei ↑Landstreicherei.
herumtrölen ↑langsam [arbeiten].
herumvagabundieren ↑herumtreiben (sich).
herumwirtschaften ↑hantieren.
herumwuseln ↑bewegen (sich).
herumziehen: ↑herumtreiben (sich), ↑reisen, -d ↑ambulant.
herunten ↑unterhalb.
herunter: ↑abwärts, ↑her.
herunterdrücken: den Preis h. ↑handeln.
herunterfallen ↑hinunterfallen.
herunterfliegen ↑hinunterfallen.
heruntergehen: [mit dem Preis h.] ↑ermäßigen; h. in ↑verringern.
heruntergekommen ↑abgewirtschaftet.
herunterhandeln ↑handeln.
herunterhauen: jmdm. eine h. ↑schlagen.
herunterkanzeln ↑schelten.
herunterklettern ↑hinuntergehen.
herunterkommen: ↑hinuntergehen, ↑verfallen, ↑verwahrlosen.
herunterlassen: ↑abseilen; jmdn. am Seil h. ↑anführen.
herunterleiern ↑vortragen.
heruntermachen: ↑besprechen, ↑schelten.
herunterpurzeln ↑hinunterfallen.
herunterputzen ↑schelten.
heruntersausen ↑hinunterfallen.
herunterschnurren ↑vortragen.
herunterschrauben ↑verringern.
heruntersegeln ↑hinunterfallen.
heruntersetzen ↑ermäßigen.
heruntersinken ↑sinken.
herunterspielen: ↑abschwächen, ↑bagatellisieren, ↑untertreiben.
herunterspringen ↑hinunterspringen.
heruntersteigen ↑hinuntergehen.
herunterstürzen: ↑hinunterfallen; sich h. ↑hinunterspringen.

herunterwirtschaften ↑zahlungsunfähig [werden].

hervor ↑her.

hervorbringen ↑produzieren.

Hervorbringung, Erzeugnis, Produkt · *negative:* Ausgeburt *(abwertend),* Spottgeburt *(abwertend);* ↑Herstellung, ↑Produktionsmittel (die).

hervorgehen: etwas geht hervor aus ↑erhellen.

hervorheben ↑betonen.

Hervorhebung, Betonung, Unterstreichung, Herausstellung, ausdrückliche Feststellung / Erwähnung / Nennung; ↑Nachdrücklichkeit; ↑betonen.

hervorkommen ↑hervortreten.

hervorlocken: mit etwas keinen Hund hinter dem Ofen h. [können] ↑langweilig [sein].

hervorragen ↑auffallen.

hervorragend: ↑blendend, ↑trefflich.

hervorrufen: ↑verursachen; hervorgerufen werden ↑entstehen; wieder h. ↑wachrufen; Bestörzung h. ↑schockieren.

hervorstechen ↑auffallen.

¹hervortreten, hervorkommen, zutage treten, zum Vorschein kommen; ↑offenbar [werden].

²hervortreten: ↑auffallen, ↑exponieren (sich).

hervorwagen: sich h. ↑exponieren (sich).

hervorziehen, herausziehen, ziehen, zücken, greifen nach; ↑herausholen.

¹Herz, Cor, Kardia, Herz-, Kardio-, Pumpe *(ugs.)* · Spenderherz · Kunstherz · · Herzschrittmacher · · *Hohlräume:* Herzkammer, Ventrikel, Kammer · · Vorkammer, Herzvorhof, Vorhof · *rechts:* Atrium dextrum, rechter Herzvorhof / Vorhof · *links:* Atrium sinistrum, linker Herzvorhof / Vorhof; ↑Herzinfarkt.

²Herz: ↑Eingeweide, ↑Mittelpunkt, ↑Seele, ↑Spielkarte; nervöses H. ↑Herzbeschwerden; pendelndes H. ↑Herzsenkung; jmdm. blutet das H. ↑betroffen [sein]; jmdm. schlagen alle -en entgegen / fliegen alle Herzen zu, alle -en im Sturm erobern, sich in die -en [der Menschen] stehlen ↑sympathisch [sein]; jmdm. fällt / rutscht das H. in die Hose[n] ↑Angst [bekommen], ↑Mut; jmdm. dreht sich das H. im Leibe herum ↑betroffen [sein]; jmdm. hüpft das H. vor Freude, jmdm. lacht das H. im Leibe ↑freuen [sich]; jmdm. schlägt das H. bis zum Hals ↑aufgeregt [sein]; ein H. und eine Seele sein ↑unzertrennlich [sein]; etwas drückt jmdm. [fast] das H. ab / bricht jmdm. das Herz ↑bekümmern; -en brechen ↑verliebt [machen]; sich ein H. fassen ↑mutig [sein]; ein H. haben für jmdn. ↑menschlich [sein]; das H. auf dem rechten Fleck haben ↑lebenstüchtig [sein], ↑mutig [sein]; ein H. von Stein haben ↑gefühlskalt [sein]; das H. auf der Zunge haben ↑gesprächig [sein]; sein H. an etwas hängen ↑wünschen; sein H. in die Hand / in beide Hände nehmen ↑mutig [sein]; sein H. verlieren ↑verlieben (sich); seinem -en einen Stoß geben ↑überwinden (sich); sagen, was man auf dem -en hat ↑mitteilen; seinem -en Luft machen, aus seinem -en keine Mördergrube machen ↑sprechen; leichten -ens ↑unbesorgt; schweren -ens ↑notgedrungen; etwas liegt jmdm. am -en ↑wünschen; jmdm. ans H. gewachsen sein ↑lieb [sein]; ans H. greifend ↑rührend; jmdm. etwas ans H. legen ↑vorschlagen; etwas auf dem -en haben ↑Bitte; auf H. und Nieren prüfen ↑prüfen; Hand aufs H.! ↑wahrlich; etwas gibt jmdm. einen Stich ins H., jmdm. ins H. treffen ↑kränken; ins H. geschlossen haben ↑lieben; Weltstadt mit H. ↑München; mit ganzem -en ↑nachdrücklich; mit halbem -en ↑Begeisterung; nach jmds. -en sein ↑gefallen; es übers H. bringen ↑überwinden (sich); ein Kind unter dem -en tragen ↑schwanger [sein]; jmdm. fällt ein Stein vom -en ↑aufatmen; etwas geht zu -en ↑erschüttern; zu -en gehend ↑rührend; sich etwas zu -en nehmen ↑schwer nehmen.

Herzanfall ↑Anfall.

Herzangst ↑Angina pectoris.

Herzbad ↑Badeort.

Herzbeklemmung ↑Angina pectoris.

Herzbeschwerden, nervöse / funktionelle Herzbeschwerden, nervöses Herz, Herzneurose, Kardioneurose, funktionelle Stenokardie, funktionelle Angina pectoris, Herztrias, Phrenokardie, Kardiasthenie; ↑Herzleiden.

Herzbinkerl ↑Liebling.

Herzblatt ↑Liebling.

Herzblutung ↑Blutung.

Herzbräue ↑Angina pectoris.

Herzchen ↑Liebling.

Herzeleid ↑Leid.

herzen ↑liebkosen.

Herzensbildung ↑Höflichkeit.

Herzensbrecher ↑Frauenheld.

Herzensbruder ↑Freund.

Herzenseinfalt ↑Schlichtheit.

Herzensfreund ↑Freund.

Herzensfreundin ↑Freundin.

herzensgut ↑gütig.

Herzensgüte ↑Güte.

Herzenstrost ↑Trost.

Herzensverhärtung ↑Gefühlskälte.

Herzenswunsch ↑Wunsch.

herzhaft: ↑mutig, ↑würzig.

Herzhaftigkeit ↑Mut.

Herzhypertrophie, Herzvergrößerung, Kardiomegalie, Sportherz, Sportlerherz, Kugelherz, Schwerarbeiterherz · *sehr starke:* Bukardie, Ochsenherz, Riesenherz; ↑Herzleiden.

herziehen ↑reden (über).

herzig: ↑hübsch, ↑spaßig.

Herzinfarkt, Koronarinfarkt, Myokardinfarkt, Herzmuskelinfarkt · Herzversagen, Herzschlag, Herztod, Schlag *(ugs.);* ↑Anfall, ↑Herz, ↑Herzleiden, ↑Schlaganfall.

Herzjagen ↑Pulsschlag.

Herzkammer ↑Herz.

Herzkirsche ↑Obst.

Herzklopfen: ↑Lampenfieber; H. haben ↑aufgeregt [sein].

Herzkohl ↑Wirsing.
Herzkrankheit ↑Herzleiden.
Herzleiden, Herzkrankheit, Kardiopathie; ↑Angina pectoris, ↑Herzbeschwerden, ↑Herzhypertrophie, ↑Herzinfarkt, ↑Herzsenkung.
herzlich: ↑gütig, ↑sehr; -en Dank! ↑danke!; mit -en Grüßen ↑hochachtungsvoll; h. wenig ↑klein.
Herzlichkeit ↑Freundlichkeit.
herzlos ↑unbarmherzig.
Herzlosigkeit ↑Gefühlskälte.
Herzog ↑Adliger.
Herzogin ↑Adlige.
herzoglich: ↑adlig; Eure Herzogliche Hoheit, Euer Herzoglichen Hoheit ↑Anrede.
Herzogskrone ↑Krone.
Herzschlag ↑Herzinfarkt.
Herzschrittmacher ↑Herz.
Herzsenkung, Kardioptose, Kardioptosie, Bathykardie · *bei abnormer Beweglichkeit des Herzens:* Wanderherz, Cor mobile, pendelndes Herz, Tropfenherz; ↑Herzleiden.
Herzspezialist ↑Arzt.
Herzstück ↑Mittelpunkt.
Herztod ↑Herzinfarkt.
herzu ↑her.
Herzversagen ↑Herzinfarkt.
Herzvorhof ↑Herz.
herzzerreißend ↑kläglich.
Hesekiel ↑Prophet.
Hesperien ↑Europa.
Hesse, blinder Hesse *(scherzh.),* Hundehesse; ↑Deutscher.
hessisch: h. sprechen ↑Mundart [sprechen].
Hetäre ↑Prostituierte.
hetero ↑sexuell.
heterodox ↑ketzerisch.
heterogen ↑uneinheitlich.
Heterointoxikation ↑Vergiftung.
heteronom ↑unselbstständig.
heteronym ↑synonym.
heterosexuell: ↑andersgeschlechtlich, ↑sexuell.
Hetsche ↑Frosch.
Hetschepetsch ↑Hagebutte.
Hetscherl ↑Hagebutte.
Hetschke ↑Frosch.
Hetz: ↑Unterhaltung; aus H. ↑spaßeshalber.
Hetze: ↑Propaganda, ↑Überstürzung, ↑Verfolgung; in H. sein ↑beeilen (sich).
hetzen: ↑aufwiegeln, ↑verfolgen; mit allen Hunden gehetzt sein ↑schlau [sein].
Hetzer, Aufwiegler, Unruhestifter, Wühler, Demagoge, Volksverführer, falscher Prophet, Aufhetzer, Scharfmacher *(ugs.),* Ohrenbläser, Brunnenvergifter; ↑Denunziant, ↑Drahtzieher, ↑Propagandist, ↑Verleumder; ↑aufwiegeln.
hetzhalber ↑spaßeshalber.
Hetzhund: -e ↑Hunderassen.
Hetzjagd ↑Jagd.
¹Heu · *vom zweiten oder dritten Grasschnitt:* Grummet, Öhmd *(südwestd.),* Emd *(schweiz.).*

²Heu: ↑Geld, ↑Rauschgift; Geld wie H. haben ↑reich [sein].
Heubock ↑Heuschrecke.
Heuboden: ↑Boden, ↑Empore, ↑Scheune.
Heubühne ↑Scheune.
Heuchelei ↑Verstellung.
heucheln ↑vortäuschen.
¹Heuchler, Pharisäer, Frömmler, Scheinheiliger, Mucker, Duckmäuser; ↑Lügner, ↑Schmeichler.
²Heuchler: ↑Lügner, ↑Schmeichler.
heuchlerisch ↑unredlich.
heuer ↑Jahr.
Heuer ↑Lohn.
heuern ↑einstellen.
Heuernte ↑Ernte.
Heuert ↑Juli.
Heuet: ↑Ernte, ↑Juli.
Heufeimen ↑Schober.
Heufieber ↑Schnupfen.
Heuforke ↑Forke.
Heugabel ↑Forke.
Heugeige ↑Heureiter.
Heugumper ↑Heuschrecke.
Heuharfe ↑Heureiter.
Heuhaufen: ↑Schober; eine Stecknadel in einem H. suchen ↑tun.
Heuholer ↑Fausthieb.
Heuhopser ↑Heuschrecke.
Heuhupfer ↑Heuschrecke.
Heuhüpfer ↑Heuschrecke.
Heulboje: ↑Sänger, ↑Warnzeichen.
heulen: ↑bellen; [Rotz und Wasser h.] ↑weinen; das -de Elend kriegen ↑deprimiert [werden]; mit den Wölfen h. ↑Opportunist [sein]; nicht mit den Wölfen h. ↑entgegenstellen (sich); das Heulen ↑Klagelaut.
Heuler ↑Feuerwerkskörper.
Heulliese ↑Mädchen.
Heulsuse ↑Mädchen.
Heumahd ↑Ernte.
Heumond ↑Juli.
Heuochse ↑Dummkopf.
Heupferdchen ↑Heuschrecke.
Heureiter, Heureuter, Reiter, Heinze *(schweiz.),* Heugeige *(bayr., österr.),* Heuharfe *(österr.),* Harfe *(österr.),* Hiefel *(oberd.),* Schwedenreiter; ↑Schober.
Heureuter ↑Heureiter.
heurig ↑diesjährig.
Heurige ↑Kartoffeln.
Heurigenlokal ↑Straußwirtschaft.
Heuriger: ↑Straußwirtschaft, ↑Wein.
Heuristik ↑Verfahren.
heuristisch: -es Prinzip ↑Verfahren.
Heuschnupfen ↑Schnupfen.
Heuschober ↑Schober.
Heuschreck ↑Heuschrecke.
¹Heuschrecke, Heuschreck, Grashüpfer *(landsch.),* Springhahn *(landsch.),* Heupferdchen *(landsch.),* Graspferd *(landsch.),* Heubock *(landsch.),* Heugumper *(landsch.),* Heuhüpfer

(landsch.), Heuhupfer *(landsch.),* Heuhopser *(landsch.),* Heuspringer *(landsch.),* Hoppepferd *(landsch.),* Haferbock *(landsch.),* Springbock *(landsch.)* · Feldheuschrecke, Laubheuschrecke, Wiesenheuschrecke, Fangheuschrecke, Gottesanbeterin, Wanderheuschrecke, Stabheuschrecke, Gespenstheuschrecke, Wandelndes Blatt; ↑Grille, ↑Insekt.

²Heuschrecke ↑Insekt.

Heuspeicher ↑Scheune.

Heuspringer ↑Heuschrecke.

Heustadel ↑Scheune.

Heustock ↑Schober.

heute: ↑jetzt; das Hier und Heute ↑Gegenwart; bis h. ↑bisher; von h. auf morgen ↑plötzlich; lieber h. als morgen ↑früh.

heutig: ↑jetzig, ↑zeitgenössisch; bis zum -en Tage ↑bisher.

heutigentags ↑jetzt.

Heutriste ↑Schober.

heutzutage ↑jetzt.

Hexaeder ↑Würfel.

Hexameter ↑Vers.

Hexapla ↑Bibelübersetzung.

Hexe ↑Zauberin.

hexen: ↑zaubern; nicht h. können ↑vorangehen.

Hexenaustreiber ↑Teufelsbeschwörer.

Hexenbesen ↑Schlauchpilz.

Hexenei ↑Ständerpilz.

Hexenjagd ↑Verfolgung.

Hexenkessel ↑Verwirrung.

Hexenmeister ↑Zauberer.

Hexenröhrling ↑Ständerpilz.

Hexenschuss: ↑Bandscheibenschaden, ↑Lumbago.

Hexenverfolgung ↑Verfolgung.

Hexenwerk ↑Zauberei.

Hexer ↑Zauberer.

Hexerei: ↑Zauberei; Geschwindigkeit ist keine H. ↑schwierig.

HH ↑Hochschule.

hi ↑Gruß.

Hibernation ↑Heilschlaf.

Hibiskustee ↑Tee.

hic et nunc: ↑gleich; das Hic et Nunc ↑Gegenwart.

Hickhack ↑Gespräch.

Hiddenit ↑Schmuckstein.

hie: h. und da ↑manchmal.

Hieb: ↑Stadtteil, ↑Stoß, ↑Verwaltungsbezirk; -e ↑Züchtigung; es setzt -e ↑schlagen.

hiebei ↑hierbei.

hiebfest: hieb- und stichfest ↑fundiert, ↑stichhaltig.

Hiebwaffe, Schwert, Säbel, Degen, Streitaxt · *der Indianer:* Tomahawk; ↑Schusswaffe, ↑Stichwaffe, ↑Wurfwaffe.

Hiebwunde ↑Wunde.

hiedurch ↑hierdurch.

Hiefe ↑Hagebutte.

Hiefel ↑Heureiter.

hiefür ↑hierfür.

hiegegen ↑hiergegen.

hieher ↑hierher.

hiemit ↑hiermit.

¹hier, an diesem Ort, an dieser Stelle, in diesem Land, hierzulande, bei uns · Ggs. ↑dort.

²hier: h. drin ↑drinnen; [h. bin ich], h. hängt er / sie ↑anwesend [sein]; h. und da ↑manchmal; h. und jetzt ↑gleich; das Hier und Heute / Jetzt ↑Gegenwart.

hieran: ↑daran; [h. anschließend] ↑hinterher.

Hierarchie ↑Rangordnung.

hierarchisch, abgestuft, der Rangfolge / Rangordnung nach; ↑Rangordnung.

hierauf ↑daran.

hierbei, hiebei *(oberd.),* dabei.

hierdurch, hiedurch *(oberd.),* dadurch.

hierfür, hiefür *(oberd.),* dafür, [eigens] zu diesem Zweck, ad hoc.

hiergegen, hiegegen *(oberd.),* dagegen.

¹hierher, hieher *(oberd.),* daher *(landsch.).*

²hierher: ↑her; bis h. und nicht weiter ↑halt.

hierhin ↑her.

hiermit, hiemit *(oberd.),* anmit *(schweiz.).*

Hieroglyphenschrift ↑Schrift.

Hierokratie ↑Herrschaft.

Hieronym ↑Pseudonym.

hiervon, hievon *(oberd.),* davon.

hierzu ↑diesbezüglich.

hierzulande ↑hier.

Hiesiger: kein H. ↑Fremder.

hievon ↑hiervon.

hiezu ↑diesbezüglich.

high: ↑euphorisch; h. sein ↑Rausch.

High ↑Höhepunkt.

Highball ↑Mixgetränk.

Highbrow ↑Intellektueller.

Highjacker ↑Luftpirat.

Highlife ↑Lebensweise.

Highnoon ↑Mittag.

Highsnobiety ↑Oberschicht.

Highsociety ↑Oberschicht.

Hightech: ↑Innenarchitektur, ↑Technik.

Highway ↑Straße.

Hijacker ↑Luftpirat.

hilb ↑mild.

¹Hilfe, Hilfeleistung, Hilfestellung, Förderung, Soforthilfe, Katastropheneinsatz, Luftbrücke, Beistand, Zuzug *(schweiz.),* Unterstützung; ↑Beihilfe, ↑Entwicklungsländer, ↑Lebenshilfe, ↑Schutz; **ohne H.,** allein, im Alleingang, von selbst / selber, ohne jmds. Mitwirkung / Dazutun / Zutun, aus eigener Kraft, aus eigenem Vermögen; ↑selbstständig; ↑Emporkömmling.

²Hilfe: ↑Dienst, ↑Hausangestellte, ↑Lebenshilfe, ↑Putzfrau, ↑Stütze; H. bringen, zu H. eilen / kommen ↑helfen; mit H. von ↑vermittels.

Hilfeleistung ↑Hilfe.

Hilferuf, Schrei, Notruf, Notsignal, SOS-Ruf; ↑Klagelaut.

Hilfestellung: ↑Lebenshilfe, ↑Stütze; H. leisten ↑helfen.
hilflos: ↑machtlos, ↑ratlos.
Hilflosigkeit ↑Machtlosigkeit.
hilfreich: ↑gefällig, ↑nützlich.
Hilfsarbeiter: ↑Arbeiter, ↑Hilfskraft.
Hilfsarbeiterin ↑Arbeiterin.
hilfsbedürftig ↑machtlos.
Hilfsbedürftigkeit ↑Machtlosigkeit.
hilfsbereit ↑gefällig.
Hilfsbereitschaft ↑Höflichkeit.
Hilfsfeuerwehr ↑Feuerwehr.
Hilfsgelder ↑Ressourcen.
¹Hilfskraft, Handlanger, Hilfsarbeiter, Aushilfskraft, Lückenbüßer *(abwertend),* Aushilfe, Tagelöhner, Taglöhner *(oberd.),* Tauner *(schweiz.),* Spetter *(schweiz.),* Gelegenheitsarbeiter, Manipulant *(österr.),* Zureicher *(veraltend, österr.);* ↑Amtsdiener, ↑Helfer; ↑vertreten.
²Hilfskraft ↑Helfer.
Hilfskreuzer ↑Kriegsschiff.
Hilfslehrer ↑Lehrer.
¹Hilfsmittel, Behelf, Krücke · *in der Algebra:* Determinante.
²Hilfsmittel ↑Ressourcen.
Hilfsquelle ↑Ressourcen.
Hilfsschule ↑Schule.
Hilfsschullehrer ↑Lehrer.
Hilfsverb ↑Verb.
Hillbilly ↑Landbewohner.
Himbeere: ↑Beerenobst, ↑Brustwarze.
Himbeergeist ↑Alkohol.
himbeerrot ↑rot.
Himbeersaft ↑Fruchtsaft.
¹Himmel, Reich Gottes, ewige Seligkeit, Jenseits · *im germanischen Götterglauben:* Walhalla · *im griechischen Götterglauben:* Olymp · *im Buddhismus:* Nirwana; ↑Gott, ↑Paradies.
²Himmel: ↑Firmament; H., Arsch und Zwirn, H., Gesäß und Nähgarn, H., Arsch und Wolkenbruch! ↑verflucht!; H. und Hölle ↑Hüpfspiel; jmdm. hängt der H. voller Geigen, den H. offen sehen ↑glücklich [sein]; der H. öffnet seine Schleusen ↑regnen; der H. ist blau / wolkenlos ↑sonnig [sein]; den H. auf Erden haben ↑Glück [haben]; H. und Hölle in Bewegung setzen ↑anstrengen (sich); sich dem H. angeloben ↑Nonne [werden]; dem H. sei Dank! / seis gedankt! ↑glücklicherweise; dem H. seis geklagt ↑leider; ein Wink des -s ↑Hinweis; aus allen -n fallen ↑überrascht [sein]; [wie ein Blitz] aus heiterem H. ↑plötzlich; Vater im H. ↑Gott; der erzählt auch, im H. ist Jahrmarkt ↑glauben; im siebten / siebenten H. sein ↑glücklich [sein]; die Engel im H. singen hören ↑Schmerz; jmdn. in den H. heben ↑loben; dafür sorgen, dass die Bäume nicht in den H. wachsen ↑einschränken; unter freiem H. schlafen ↑übernachten; vom H. herniederbrennen ↑scheinen; das Blaue vom H. herunter lügen ↑lügen; etwas schreit / stinkt zum H. ↑unerhört [sein].

himmel-: ↑erz-.
himmelangst: jmdm. ist h. ↑Angst [haben].
Himmelbett ↑Bett.
himmelblau ↑blau.
Himmeldonnerwetter: ↑verflucht!
¹Himmelfahrt, Christi Himmelfahrt, Himmelfahrtstag, Vatertag *(scherzh.);* ↑Kirchenfest.
²Himmelfahrt: ↑Kirchenjahr; Christi H. ↑Feiertag; Mariä H. ↑Feiertag, ↑Marienfest.
Himmelfahrtsnase ↑Nase.
Himmelfahrtstag ↑Himmelfahrt.
Himmelherrgottsakra: ↑verflucht!
Himmellaudon: ↑verflucht!
Himmelsbraut ↑Nonne.
Himmelschlüssel ↑Schlüsselblume.
Himmelsgegend ↑Himmelsrichtung.
Himmelsgewölbe ↑Firmament.
Himmelskomiker ↑Geistlicher.
Himmelskönigin ↑Madonna.
Himmelskörper, Stern, Nova, Gestirn, Fixstern, Wandelstern, Planet, Planetoid, Asteroid; ↑Komet, ↑Mond, ↑Planet, ↑Sonne, ↑Sternbild, ↑Sternwarte.
Himmelskunde ↑Astronomie.
Himmelspol ↑Pol.
¹Himmelsrichtung, Himmelsgegend · Osten, Morgen *(dichter., veraltend),* Ost · Ostsüdost, Ostsüdosten, OSO, Südost, Südosten, SO, Südsüdost, Südsüdosten, SSO · Süden, Mittag *(dichter., veraltend),* Süd · Südsüdwest, Südsüdwesten, SSW, Südwest, Südwesten, SW, Westsüdwest, Westsüdwesten, WSW · Westen, Abend *(dichter., veraltend),* West · Westnordwest, Westnordwesten, WNW, Nordwest, Nordwesten, NW, Nordnordwest, Nordnordwesten, NNW · Norden, Nord; ↑Wind.
²Himmelsrichtung: aus allen -en ↑überallher; in alle -en ↑überallhin.
Himmelsring ↑Regenbogen.
Himmelschlüssel ↑Schlüsselblume.
Himmelsstürmer ↑Choleriker.
himmelsstürmerisch ↑außergewöhnlich.
himmelweit ↑fern.
himmlisch ↑göttlich.
¹hin, hinzu, dorthin · *nach oben:* hinauf, empor, hoch *(ugs.),* rauf *(ugs.),* 'nauf *(ugs., südd.),* hinan *(geh.),* auffi *(mundartl., bayr., österr.);* ↑aufwärts · *nach unten:* hinab, hinunter, nieder, runter *(ugs.),* 'nunter *(ugs., südd.);* ↑abwärts · *nach innen:* hinein, rein *(ugs.),* 'nein *(ugs., südd.),* eini *(mundartl., bayr., österr.)* · *nach außen:* hinaus, raus *(ugs.),* 'naus *(ugs., südd.),* aussi *(mundartl., bayr., österr.)* · *nach hinten:* zurück; ↑rückwärts · *nach vorn:* vor, füri *(mundartl., bayr., österr.);* ↑vorwärts · *nach drüben:* hinüber, rüber *(ugs.),* 'nüber *(ugs., südd.),* ummi *(mundartl., bayr., österr.);* **h. und zurück,** tour-retour *(österr.);* ↑her.
²hin: ↑verloren [sein]; h. und wieder ↑manchmal; Hin und Her ↑Tauziehen.
hinab: ↑abwärts, ↑hin; das Gäu hinauf und h ↑weitum.

hinabfallen ↑hinunterfallen.
hinabfließen: bis dahin fließt noch viel Wasser den Berg (oder:) den Rhein hinab ↑dauern.
hinabgehen ↑hinuntergehen.
hinabklettern ↑hinuntergehen.
hinablassen ↑abseilen.
hinabsausen ↑hinunterfallen.
hinabsinken ↑sinken.
hinabspringen ↑hinunterspringen.
hinabsteigen ↑hinuntergehen.
hinabstürzen: ↑hinunterfallen; sich h. ↑hinunterspringen.
hinan ↑hin.
hinauf: ↑aufwärts, ↑hin; das Gäu h. und hinab ↑weitum.
hinaufgehen, raufgehen *(ugs.),* hochgehen *(ugs.),* emporgehen *(geh.),* nach oben / aufwärts / bergauf / bergaufwärts / bergan gehen, heraufkommen, steigen, hinaufsteigen, heraufsteigen, raufsteigen *(ugs.),* hochsteigen *(ugs.),* emporsteigen *(geh.),* nach oben / aufwärts / bergauf / bergaufwärts / bergan steigen, klettern, hinaufklettern, heraufklettern, raufklettern *(ugs.),* hochklettern *(ugs.),* emporklettern *(geh.),* nach oben / aufwärts / bergauf / bergaufwärts / bergan klettern; ↑klettern, ↑steigen (auf); ↑aufwärts · Ggs. ↑hinuntergehen.
hinaufjagen: jmdm. die Katze den Buckel h. ↑Angst.
hinaufklettern: ↑hinaufgehen, ↑steigen (auf).
hinaufkraxeln ↑steigen (auf).
hinaufsteigen: ↑hinaufgehen, ↑steigen (auf).
hinaus ↑hin.
hinausfliegen: im hohen Bogen h. ↑hinauswerfen.
¹hinausgehen, nach draußen gehen, hinaustreten, ins Freie treten, gehen aus, [einen Raum] verlassen · Ggs. ↑betreten.
²hinausgehen: h. lassen ↑schicken; über etwas h. ↑übertreffen; etwas geht über etwas hinaus ↑überschreiten; über das Maß des Erlaubten h. ↑statthaft.
hinausjagen: jmdn. zum Tempel h. ↑hinauswerfen.
hinauskatapultieren: ↑entlassen, ↑hinauswerfen (jmdn.).
hinauslaufen: auf etwas h. ↑enden.
hinausragen: h. über ↑überstehen.
hinausschieben: ↑hinauszögern, ↑verschieben.
hinausschießen: übers Ziel h. ↑übertreiben.
hinausschmeißen ↑entlassen.
hinausstehen: h. über ↑überstehen.
hinaustreten ↑hinausgehen.
hinauswerfen (jmdn.), exmittieren, an die frische Luft setzen *(ugs.),* jmdn. zum Tempel hinausjagen *(ugs.),* raussetzen *(ugs.),* jmdn. [achtantig] rausschmeißen *(salopp),* hinauskatapultieren *(salopp),* katapultieren aus *(salopp),* jmdn. in hohem Bogen hinauswerfen / rauswerfen *(salopp),* jmdm. zeigen, wo der Zimmer-

mann das Loch gelassen hat *(ugs.);* ↑entlassen; **hinausgeworfen werden,** im hohen Bogen hinausfliegen / rausfliegen *(salopp);* ↑Zwangsräumung.
²hinauswerfen: ↑entlassen; [sein Geld] zum Fenster h. ↑verschwenden.
hinauswollen: hoch h. ↑ehrgeizig [sein].
Hinauswurf ↑Entlassung.
hinausziehen ↑verschieben.
¹hinauszögern, hinausschieben, verlängern, prolongieren *(bes. österr.);* ↑stunden; ↑Verlängerung.
²hinauszögern ↑verschieben.
Hinauszögerung ↑Verlängerung.
hinbiegen ↑bereinigen.
hinblättern ↑zahlen.
hinbringen: ↑einliefern, ↑platzieren.
Hindenburglicht ↑Kerze.
¹hinderlich, lästig, hemmend, nachteilig; ↑beschwerlich, ↑schwer, ↑unerfreulich, ↑ungünstig; ↑Last.
²hinderlich: h. sein ↑behindern.
¹hindern, jmdm. etwas unmöglich machen, jmdn. von etwas abhalten, einen Strich durch die Rechnung machen, jmdm. das Konzept verderben, durchkreuzen, vereiteln, nicht ↑möglich [machen]; ↑behindern, ↑lahm legen, ↑verhindern.
²hindern: ↑behindern; h. an ↑verhindern; niemand hindert jmdn. daran ↑freistehen.
¹Hindernis, Hürde · *beim Springreiten:* Hecke, Rick, Birkenrick, Doppelrick, Koppelrick, Mauerrick, Barriere, Eisenbahnschranke, Triplebarre, Oxer, Birkenoxer, Gatter, Gartenzaun, Doppelzaun, Gutstor, Palisade, Mauer, Parkmauer, Felsenmauer, Wall, Pulvermanns Grab, Wassergraben, Wassertrog, Graben, Wegesprung, Holsteiner Wegsprung, zweifache / dreifache Kombination; ↑Reiter; ↑reiten.
²Hindernis: ↑Behinderung, ↑Verhinderung; ohne -se ↑reibungslos.
Hindernislauf: ↑Lauf, ↑Leichtathletik.
Hindernisrennen ↑Rennen.
Hinderung ↑Verhinderung.
Hinderungsgrund, Gegengrund, Gegenargument, Einwand; ↑Argument, ↑Einspruch, ↑Gesichtspunkt.
hindeuten: h. auf ↑Anzeichen [sein für etwas].
hindrücken: jmdm. etwas h. ↑mitteilen, ↑vorwerfen (jmdm. etwas).
Hinduismus ↑Weltreligion.
hinein: ↑hin; in den Tag h. leben ↑leben.
¹hineinbringen, bringen in, hineintun *(ugs.),* tun in *(ugs.),* reintun *(ugs.),* reinmachen *(ugs.),* einsetzen, setzen in, einlegen, legen in, reinlegen *(ugs.).*
²hineinbringen: nicht in den Kopf h. ↑verstehen.
hineindenken: sich h. in ↑einfühlen (sich).
hineingeheimnissen ↑auslegen.
hineingehen ↑betreten.

hineingelangen ↑betreten.
hineingeraten ↑hineinkommen (in).
hineinknien: sich in etwas h. ↑befassen (sich mit).
¹hineinkommen (in), kommen / geraten / verfallen / sich verlieren in, hineingeraten, hineinschlittern *(salopp);* ↑Lage.
²hineinkommen ↑betreten.
hineinlegen ↑einordnen.
¹hineinmanövrieren (jmdn. / sich in etwas), jmdn. / sich in etwas verwickeln, sich verstricken in etwas, jmdn. / sich in eine unangenehme Lage / Situation bringen, jmdm. / sich eine schöne Suppe einbrocken *(ugs.);* ↑hineinziehen.
²hineinmanövrieren: h. in ↑hineinziehen.
hineinschlittern ↑hineinkommen (in).
hineinschlüpfen ↑anziehen.
hineinspazieren ↑betreten.
hineinsteigern: sich h. ↑übertreiben.
hineinstellen ↑einordnen.
hineinstoßen ↑einrammen.
hineintreiben ↑einrammen.
hineintun ↑hineinbringen.
hineinversetzen: sich h. in ↑einfühlen (sich).
hineinziehen (in), verwickeln / hineinmanövrieren in, reinreißen *(ugs.);* **nicht h.,** aus dem Spiel lassen; ↑hineinmanövrieren (sich in etwas); ↑Komplize.
Hinfahrt ↑Fahrt.
hinfallen: ↑fallen; -de Krankheit ↑Epilepsie.
¹hinfällig, gebrechlich, schwach, altersschwach, schitter *(schweiz.),* [alt und] zitt[e]rig, wack[e]lig *(ugs.),* tatt[e]rig *(ugs.),* tap[e]rig *(ugs.),* tutt[e]lig *(ugs., landsch.),* verfallen, elend, kachektisch, kaduk, klapp[e]rig *(salopp);* ↑alt, ↑arm, ↑krank, ↑verlebt; **h. sein,** mit jmdm. ist nicht mehr viel los *(ugs.),* nichts [mehr] wert sein *(landsch.);* **h. werden,** kollabeszieren, verfallen; ↑Altersschwäche.
²hinfällig ↑grundlos.
Hinfälligkeit ↑Altersschwäche.
hinfeuern ↑werfen.
hinfläzen: sich h. ↑recken (sich).
hinflegeln: sich h. ↑recken (sich).
hinfliegen ↑fallen.
hinfort ↑später.
Hingabe: ↑Demut, ↑Entäußerung, ↑Koitus.
hingeben: ↑opfern; sich h. ↑koitieren; sich nicht h. ↑verweigern (sich jmdm.).
hingegen ↑aber.
hingehen: er soll h., wo der Pfeffer wächst ↑willkommen; h. zu ↑besuchen.
hingehören: Stelle, wo man hingehört ↑Wohnsitz.
hingerissen: ↑begeistert; hin- und hergerissen sein ↑entschließen (sich).
Hingeschiedener ↑Toter.
hingezogen: sich zu jmdm. h. fühlen ↑lieben.
hinhalten ↑vertrösten.
hinhaltend, dilatorisch, schleppend, ausweichend, trölerisch *(schweiz.),* trölerhaft *(schweiz.);* ↑langsam; ↑verschieben.

Hinhaltetaktik ↑Strategie.
hinhauen: ↑beeilen (sich), ↑gelingen, ↑treffend [sein], ↑wirken; es haut jmdn. hin ↑überrascht [sein]; etwas haut hin ↑passen; sich h. ↑schlafen [gehen].
hinhören ↑horchen.
Hinkel ↑Huhn.
Hinkelstein ↑Grab.
hinken, lahmen, humpeln *(ugs.),* schnappen *(ugs., landsch.),* hatschen *(ugs., österr.);* ↑fortbewegen (sich).
hinknallen ↑fallen.
hinknien: sich h. ↑knien.
hinkommen: ↑kommen, ↑stimmen; mit etwas h. ↑auskommen; etwas kommt hin ↑passen; wo kämen wir denn da hin? ↑möglich.
hinkriegen: ↑bewerkstelligen; jmdn. wieder h. ↑gesund [machen].
Hinkunft: in H. ↑zukünftig.
hinkünftig ↑zukünftig.
hinlangen: ↑[sich] bedienen, ↑berühren.
hinlänglich ↑ausreichend.
hinlegen: ↑platzieren; sich h. ↑schlafen [gehen].
hinlenken: h. auf ↑beeinflussen.
hinlümmeln: sich h. ↑räkeln (sich).
hinmachen ↑zerstören.
hinmetzeln ↑töten.
hinmorden ↑töten.
Hinnahme ↑Duldung.
hinnehmen ↑ertragen.
hinnen: von h. gehen ↑weggehen; von h. gegangen sein ↑weg [sein].
hinopfern ↑opfern.
hinpfeffern ↑werfen.
hinplatzieren ↑platzieren.
hinplumpsen ↑fallen.
hinpurzeln ↑fallen.
hinreiben: jmdm. etwas h. ↑mitteilen, ↑vorwerfen (jmdm. etwas).
hinreichen: ↑ausreichen, ↑geben.
hinreichend ↑ausreichend.
hinreißen ↑begeistern.
hinreißend ↑außergewöhnlich.
hinrichten ↑töten.
Hinrichtung, Exekution, Urteilsvollstreckung · *Hinrichtung durch...:* Halseisen, Garrotte, Richtbeil, Richtschwert, Fallbeil, Guillotine, Galgen, elektrischer Stuhl, Elektrokution, Gaskammer, Todesspritze; ↑Henker, ↑Tötung; ↑töten.
hinsausen ↑fallen.
hinscheiden ↑sterben.
Hinscheiden ↑Exitus.
Hinschied ↑Exitus.
hinschlachten ↑töten.
hinschlagen ↑fallen.
hinschleudern ↑werfen.
hinschmeißen: ↑werfen; die Arbeit / den ganzen Kram / Krempel h. ↑kündigen.
hinschreiben ↑aufschreiben.

hinsegeln ↑fallen.

hin sein: ↑defekt [sein], ↑tot.

hinsetzen: ↑platzieren; sich h. ↑setzen (sich).

Hinsicht: in jeder H. ↑ganz, ↑vollinhaltlich.

hinsichtlich, in Bezug auf, in puncto, punkto *(ugs., veraltet),* betreffs, betreffend, bezüglich, was das betrifft / anbelangt; ↑betreffen.

hinsinken: ↑fallen, ↑umfallen; tot h. ↑sterben.

Hinspiel ↑Spiel.

¹hinstellen, niederstellen, niedersetzen, niederlegen, abstellen, absetzen, ablegen, deponieren; ↑platzieren.

²hinstellen: ↑platzieren; sich h. ↑aufstellen (sich); h. als ↑behaupten; als geringfügig / unbedeutend h. ↑bagatellisieren.

hinstürzen ↑fallen.

hintansetzen: hintangesetzt werden ↑zurückstehen.

¹hinten, rückwärts *(österr.),* im Hintergrund, achtern *(Seemannsspr.)* · Ggs. ↑vorn.

²hinten: nach h. ↑rücklings, ↑rückwärts; es jmdm. vorn und h. reinstecken ↑verwöhnen; jmdn. am liebsten von h. sehen ↑hassen.

hintenherum ↑heimlich.

hintennach ↑hinterher.

hintenrum ↑heimlich.

hinter: h. der Front ↑Etappe; h. sich bringen ↑absolvieren; h. sich haben ↑überstanden; h. jmdm. hersehen ↑nachschauen (jmdm.); h. etwas kommen ↑aufdecken; h. sich lassen ↑übertreffen; jmdn. h. sich lassen ↑überholen (jmdn.).

Hinteransicht ↑Hinterseite.

Hinterbänkler: ↑Abgeordneter, ↑Drahtzieher.

Hinterbein: sich auf die -e stellen ↑aufbegehren, ↑wehren (sich).

Hinterbliebener ↑Leidtragender.

hinterbringen: ↑mitteilen, ↑weitererzählen.

hintere: -r Backenzahn ↑Zahn; -r Teil ↑Hinterteil.

hintereinander ↑nacheinander.

hinterfotzig ↑unaufrichtig.

Hinterfotzigkeit ↑Arglist.

hinterfragen ↑fordern.

Hinterfront ↑Hinterseite.

Hintergedanke, Nebenabsicht, Nebengedanke; ↑Arglist.

hintergehen: ↑betrügen; hintergangen werden ↑hereinfallen.

Hintergehung ↑Betrug.

hintergießen ↑trinken.

¹Hintergrund, Fond, Tiefe, Background, Kulisse [für], Folie.

²Hintergrund: im H. ↑hinten; in den H. treten ↑Einfluss.

hintergründig, schwer durchschaubar, geheimnisvoll, abgründig, doppelbödig; ↑tiefgründig, ↑unfassbar; ↑Doppelbödigkeit.

Hintergründigkeit ↑Doppelbödigkeit.

Hintergrundinformation ↑Hintergrundwissen.

Hintergrundwissen, Hintergrundinformation.

Hinterhalt, Versteck, Falle; ↑Arglist; ↑unaufrichtig.

hinterhältig ↑unaufrichtig.

Hinterhältigkeit ↑Arglist.

Hinterhauptslage ↑Kindslage.

hinterher, nachher, später, danach, nachträglich, hintennach *(bes. südd., österr.),* hintnach *(österr.),* im Nachhinein, dann, sodann, sonach, hernach, hieran, [hieran] anschließend, im Anschluss an, rückblickend, rückschauend, retrospektiv, nicht ↑jetzt; ↑spät, ↑nacheinander · Ggs. ↑vorher.

hinterhergehen ↑nachgehen.

hinterherkommen ↑nachkommen.

hinterherlaufen ↑nachgehen.

hinterherschauen: jmdm. h. ↑nachschauen (jmdm.).

Hinterindien ↑Indien.

Hinterlage ↑Hinterlegung.

Hinterland ↑Vorort.

¹hinterlassen, zurücklassen, vererben, vermachen *(ugs.),* vergaben *(schweiz.);* ↑schenken, ↑spenden, ↑zurücklassen.

²hinterlassen ↑zurücklassen.

Hinterlassener ↑Leidtragender.

Hinterlassenschaft ↑Erbe (das).

hinterlegen ↑zahlen.

Hinterlegung, Hinterlage *(schweiz.),* Erlag *(österr.);* ↑Sicherheit.

hinterletzt ↑letzte.

Hinterlist ↑Arglist.

hinterlistig ↑unaufrichtig.

Hintermann: ↑Drahtzieher, ↑Gewährsmann, ↑Nebenmann.

Hintern: ↑Gesäß; Hummeln im H. haben ↑lebhaft [sein]; ich könnte mir vor Wut in den H. beißen ↑ärgerlich [sein]; jmdm. in den H. kriechen ↑unterwürfig [sein]; jmdm. in den H. treten ↑schlagen.

Hinterrad ↑Rad.

Hinterradbremse ↑Bremse.

hinterrücks ↑unaufrichtig.

Hinterrücksler ↑Mann.

¹Hinterseite, Rückseite, Hinterfront, Rückfront, Achterfront, Hinteransicht, Hofseite, Gartenseite; ↑Haus, ↑Hinterteil, ↑Rückseite · Ggs. ↑Vorderseite.

²Hinterseite ↑Rückseite.

Hintersinn ↑Bedeutung.

hintersinnen: sich h. ↑schwermütig [sein].

hintersinnig ↑schwermütig.

hinterste: aus dem -n Winkel ↑überallher; bis in den -n Winkel ↑überallhin.

Hintersteven ↑Hintersteil.

¹Hinterteil, hinterer Teil, Rückteil · *eines Schiffes:* Heck, Achtersteven, Hintersteven; ↑Hinterseite · Ggs. ↑Vorderteil.

²Hinterteil: ↑Gesäß; H. des Schiffes ↑Sternbild.

Hintertreffen: ins H. geraten ↑zurückstehen.
hintertreiben ↑verhindern.
Hintertreibung: ↑Quertreiberei, ↑Vereitelung.
Hintertreppenroman ↑Roman.
Hinterwäldler ↑Landbewohner.
hinterwäldlerisch ↑engherzig.
hinterziehen ↑unterschlagen.
Hinterziehung ↑Diebstahl.
hintnach ↑hinterher.
hintun ↑platzieren.
hinüber ↑hin.
hinüberschlummern ↑sterben.
hinüber sein: ↑defekt [sein], ↑ungenießbar [sein].
hinunter: ↑abwärts, ↑hin.
hinunterfallen, herunterfallen, runterfallen *(ugs.),* hinabfallen, herabfallen, niederfallen, abstürzen, hinunterstürzen, herunterstürzen, runterstürzen *(ugs.),* hinabstürzen, herabstürzen, niederstürzen, hinuntersausen, heruntersausen, runtersausen *(ugs.),* hinabsausen, herabsausen, niedersausen, hinunterfliegen, herunterfliegen, runterfliegen *(ugs.),* hinuntersegeln, heruntersegeln, runtersegeln *(ugs.),* hinunterpurzeln, herunterpurzeln, runterpurzeln *(ugs.),* in die Tiefe fallen / stürzen / sausen / segeln / purzeln; ↑fallen, ↑hinunterspringen; ↑abwärts.
hinunterfliegen ↑hinunterfallen.
hinunterfließen: bis dahin fließt noch viel Wasser den Berg / Rhein hinunter ↑dauern.
hinuntergehen, hinabgehen, runtergehen *(ugs.),* abwärts / bergab / bergabwärts / nach unten gehen, herabkommen, herunterkommen, hinuntersteigen, hinabsteigen, abgehen, herabsteigen, heruntersteigen, runtersteigen *(ugs.),* niedersteigen, herniedersteigen, abwärts / bergab / bergabwärts / nach unten steigen, hinunterklettern, hinabklettern, herabklettern, herunterklettern, runterklettern *(ugs.),* abwärts / bergab / bergabwärts / nach unten klettern; ↑abwärts; ↑Abstieg · Ggs. ↑hinaufgehen.
hinuntergießen ↑trinken.
hinunterklettern ↑hinuntergehen.
hinunterlassen ↑abseilen.
hinunterpurzeln ↑hinunterfallen.
hinuntersausen ↑hinunterfallen.
hinuntersegeln ↑hinunterfallen.
hinuntersinken ↑sinken.
hinunterspringen, herunterspringen, runterspringen *(ugs.),* hinabspringen, herabspringen, abspringen, sich hinunterstürzen / herunterstürzen / runterstürzen / hinabstürzen / herabstürzen / niederstürzen; ↑hinunterfallen, ↑springen; ↑abwärts; ↑Sprung.
hinunterspülen ↑trinken.
hinuntersteigen ↑hinuntergehen.
hinunterstürzen: ↑hinunterfallen, ↑trinken; sich h. ↑hinunterspringen.
hinunterwürgen ↑essen.
hinweghelfen: über etwas h. ↑überbrücken.

hinwegkommen: h. über ↑ertragen; über etwas h. ↑überbrücken.
hinwegsehen: h. über ↑ignorieren.
hinwegsetzen: sich h. ↑übertreten.
hinwegtäuschen: sich über etwas h. ↑ignorieren.
Hinweis, Tipp, Fingerzeig, [ein] Wink [des Himmels], Avis, Aviso *(österr.),* Geheimtipp; ↑Angabe, ↑Argument, ↑Gebärde, ↑Impuls, ↑Nachricht, ↑Vorschlag; **einen H. geben,** andeuten, antönen *(schweiz.),* anspielen auf, einen Wink geben, jmdm. etwas bedeuten / zu verstehen geben / [durch die Blume] sagen; ↑abzielen (auf), ↑hinweisen, ↑mitteilen.
hinweisen (auf), andeuten, aufmerksam machen / verweisen auf, zeigen, mit dem Zaunpfahl winken *(ugs.),* jmdn. mit der Nase auf etwas stoßen · *auf ein Übel:* den Finger auf die Wunde legen; ↑betonen, ↑nachweisen, ↑rankriegen, ↑vorschlagen; ↑Hinweis.
hinweisend ↑deiktisch.
Hinweisschild: ↑Schild, ↑Wegweiser.
Hinweistafel ↑Wegweiser.
hinwenden (sich), sich wenden zu, sich jmdm. zuwenden / zudrehen · Ggs. ↑abwenden (sich).
hinwerfen: ↑werfen; jmdm. den Fehdehandschuh h. ↑provozieren; den ganzen Kram / Krempel h. ↑kündigen.
hinwieder ↑aber.
hinwiederum ↑aber.
Hinz: H. und Kunz ↑alle.
hinziehen: ↑wirken; sich h. ↑dauern, ↑erstrecken (sich); etwas zieht sich hin ↑andauern; etwas h. ↑vertrösten.
hinzielen: h. auf ↑vorhaben.
hinzu ↑hin.
hinzufügen: ↑beimischen, ↑vervollständigen.
Hinzufügung ↑Ergänzung.
hinzugeben ↑beimischen.
hinzu kommend ↑zuzüglich.
Hinzurechnung: mit H. von ↑zuzüglich.
hinzutun ↑beitragen.
hinzuzählen ↑addieren.
hinzuziehen ↑heranziehen.
Hippe ↑Ziege.
Hippie ↑Gammler.
Hippodrom ↑Zirkus.
[1]Hirn, Kalbshirn, Schafshirn, Bregen *(landsch.),* Brägen *(landsch.),* Kalbsbrägen *(landsch.);* ↑Gehirn.
[2]Hirn: ↑Gehirn; sich das H. zermartern ↑denken.
Hirnanhang: [unterer H.] ↑Hypophyse.
Hirnanhangsdrüse ↑Hypophyse.
Hirnblutung ↑Blutung.
Hirnerschütterung ↑Gehirnerschütterung.
Hirngespinst ↑Einbildung.
Hirnhaut: [harte / weiche / zarte H.] ↑Meninx.
Hirnhautentzündung ↑Gehirnhautentzündung.
Hirnöderl ↑Dummkopf.

hirnrissig ↑überspannt.
Hirnrissigkeit: ↑Absurdität, ↑Ausgefallenheit.
Hirnschlag ↑Schlaganfall.
hirnverbrannt: ↑unsinnig; h. sein ↑verrückt
Hirnverbranntheit ↑Absurdität.
Hirsch ·· *männlicher:* Edelhirsch, Rothirsch, Damhirsch, Dambock *(österr.),* Hirsch, Schaufler · *junger:* Hirschkalb · *mit dem ersten Geweih:* Spießer, Rotspießer, Schmalspießer · Damspießer, geringer Hirsch, Knieper, Sprossler · *stärkster:* Platzhirsch ·· *weiblicher:* Hirschkuh, Edeltier, Rottier, Tier, Damtier, Damgeiß *(österr.),* Stuck *(bayr.)* · *der bereits ein Kalb gesetzt hat:* Alttier · *junges:* Wildkalb, Damkitz *(österr.)* · *nach dem ersten Lebensjahr:* Schmaltier; ↑Gämse, ↑Reh.
Hirschfänger ↑Stichwaffe.
Hirschhornsalz ↑Treibmittel.
Hirschkalb ↑Hirsch.
Hirschkeule ↑Keule.
Hirschkuh ↑Hirsch.
Hirschleder ↑Leder.
Hirse ↑Getreide.
Hirsebrei ↑Brei.
Hirt, Hirte, Schafhirt, Schäfer, Kuhhirt, Küher *(schweiz.),* Senn, Senner, Schwaiger *(tirol.),* Älpler *(schweiz.),* Almer *(österr.),* Halter *(österr.),* Halterbub *(österr.),* Schweinehirt, Ziegenhirt · *in Nordamerika:* Cowboy · *in Südamerika:* Gaucho; ↑Herde, ↑Sennerin.
Hirte: ↑Hirt; der gute H. ↑Heiland.
hirten ↑beaufsichtigen.
Hirtenbrief ↑Rundschreiben.
Hirtendichtung ↑Dichtung.
Hirtenfeuer ↑Feuer.
Hirtenflöte ↑Blasinstrument.
Hirtenhund ↑Hunderassen.
Hirtenknabe ↑Schweizer.
Hirtenspiel ↑Drama.
hissen ↑flaggen.
Histologe ↑Arzt.
Historie: ↑Geschichte, ↑Tradition.
Historienbild ↑Bild.
Historienfilm ↑Kinofilm.
Historienmaler ↑Kunstmaler.
Historik ↑Geschichte.
historisch: ↑geschichtlich; -er Atlas ↑Atlas; -es Drama ↑Drama; -e Grammatik ↑Grammatik; -er Roman ↑Roman.
historisch-kritisch: -e Ausgabe ↑Edition.
historisch-vergleichend: -e Grammatik ↑Grammatik.
Hit: ↑Schlager, ↑Verkaufsschlager.
hitchhiken ↑mitfahren.
Hitliste, Hitparade, Topten, Bestsellerliste, Chart.
Hitparade: ↑Hitliste, ↑Schlagersendung.
Hitsche ↑Fußbank.
Hitze: ↑Wärme; es ist eine H. wie in einem Treibhaus ↑überheizt [sein].
Hitzeferien ↑Ferien.

Hitzestar ↑Katarakt.
Hitzetoter ↑Toter.
hitzig: ↑reizbar, ↑streitbar, ↑unbeherrscht.
Hitzigkeit ↑Ungezügeltheit.
Hitzkopf ↑Choleriker.
hitzköpfig ↑unbeherrscht.
Hitzköpfigkeit ↑Ungezügeltheit.
Hitzschlag ↑Überhitzung.
H-Milch ↑Milch.
HNO-Arzt ↑Arzt.
H₂O ↑Wasser.
Hobbock ↑Behälter.
Hobby ↑Liebhaberei.
¹Hobby-, Amateur-, Laien-, Liebhaber-, nicht Berufs-.
²Hobby- ↑ungeübt.
Hobbyangler ↑Angler.
Hobbyraum ↑Werkraum.
Hobel: ↑Handwerkszeug, ↑Küchenhobel.
¹hobeln (Gemüse), hacheln *(österr.);* ↑Küchenhobel.
²hobeln ↑glätten.
¹hoch, haushoch, turmhoch, hochmächtig *(österr.),* emporragend, aufragend, nicht ↑niedrig; ↑groß.
²hoch: ↑aufwärts, ↑hell, ↑hin; von hoher Abkunft / Geburt sein ↑adlig [sein]; hoher Adel ↑Adel; zu h. sein ↑überstehen; wie h. ist der Preis? ↑teuer; etwas ist jmdm. zu h. ↑verstehen; [den Preis] zu h. ansetzen ↑Wucher; höher einschätzen ↑bevorzugen; h. hinauswollen ↑ehrgeizig [sein]; wenns h. kommt ↑bestenfalls; h. und nieder ↑alle; h. und heilig versprechen ↑versprechen; ziemlich h. ↑ansehnlich; h. zu Ross ↑beritten.
Hoch: ↑Schönwetter, ↑Springen (das); ein H. auf jmdn. ausbringen ↑zutrinken.
hoch-: ↑erz-.
hoch achten ↑achten.
Hochachtung: ↑Achtung; mit dem Ausdruck meiner ausgezeichnetsten H., mit vorzüglicher H. ↑hochachtungsvoll.
hochachtungsvoll, mit vorzüglicher Hochachtung, mit dem Ausdruck tiefster Verehrung / meiner ausgezeichneten Hochachtung, ergebenst, untertänigst *(veraltet),* Ihr [sehr] ergebener, mit freundlicher Empfehlung, mit den besten / wärmsten / höflichsten Empfehlungen, mit besten / freundlichen / herzlichen Grüßen, mit bestem Gruß, mit Gruß von Haus zu Haus, beste / freundliche / herzliche / viele / liebe Grüße, mit Gruß und Kuss, alles Gute, alles Liebe, in Liebe, in Treue, in Dankbarkeit, in aufrichtiger Verbundenheit, herzlichst, mit freundlicher Begrüßung, es grüßt Sie, Ihr [dankbarer], dein.
Hochadel ↑Adel.
hochadelig ↑adlig.
hochadlig ↑adlig.
hochaktuell ↑brisant.
Hochaltar ↑Altar.

Hochamt ↑Gottesdienst.
hochanständig ↑ehrenhaft.
Hocharistokratie ↑Adel.
hocharistokratisch ↑adlig.
hoch aufgeschossen ↑groß.
Hochbahn ↑Verkehrsmittel.
Hochbauingenieur ↑Ingenieur.
hochbeglückt ↑glücklich.
Hochbehälter ↑Wasserreservoir.
hochbetagt ↑alt.
Hochblatt ↑Blatt.
hochblicken ↑aufsehen.
hochbringen ↑ärgern.
Hochburg ↑Mittelpunkt.
Hochdeutsch: ↑Hochsprache; H. sprechen ↑sprechen.
Hochdruckgebiet ↑Schönwetter.
hochexplosiv ↑brisant.
hochfahrend ↑dünkelhaft.
Hochform: in H. sein ↑brillieren.
Hochformat ↑Beschaffenheit.
hochgebirgs-: ↑alpin.
Hochgebirgsstraße ↑Straße.
hochgeboren ↑adlig.
hochgehen: ↑ärgerlich [werden], ↑hinaufgehen; da kann man doch die Wände / an den Wänden -; es ist, um die Wände / an den Wänden hochzugehen ↑unerträglich [sein]; h. lassen ↑ergreifen.
Hochgenuss ↑Labsal.
hoch geschätzt ↑angesehen.
hochgestochen ↑hochtrabend.
hoch gewachsen ↑groß.
hochgradig: ↑ausgeprägt, ↑sehr.
hochgucken ↑aufsehen.
Hochhaus ↑Haus.
hochheben: ↑heben; die Hand h. ↑Handzeichen [geben].
hochherzig ↑freigebig.
Hochherzigkeit: ↑Duldsamkeit, ↑Großzügigkeit.
Hochjagd ↑Jagd.
hochklettern: ↑hinaufgehen, ↑steigen (auf).
hochkommen: ↑avancieren; nicht h. lassen ↑unterdrücken; jmdm. kommt der Kaffee hoch ↑ärgerlich [werden]; hinten nicht mehr h. ↑kraftlos [sein].
Hochkonjunktur ↑Aufschwung.
hochkönnen: hinten nicht mehr h. ↑kraftlos [sein].
hochkraxeln ↑steigen (auf).
hochkriegen: keinen h. ↑impotent [sein].
Hochlautung ↑Hochsprache.
hochleben: jmdn. h. lassen ↑zutrinken.
Hochleistungstechnologie ↑Technik.
höchlichst ↑sehr.
hochmächtig ↑hoch.
Hochmittelalter ↑Geschichtsepoche.
hochmögend ↑mächtig.
Hochmoor ↑Sumpf.
Hochmut ↑Überheblichkeit.

hochmütig ↑dünkelhaft.
hochnäsig ↑dünkelhaft.
hochnehmen: ↑aufheben, ↑aufziehen, ↑ergreifen.
hochpäppeln ↑großziehen.
Hochparterre ↑Zwischengeschoss.
hochprozentig ↑alkoholhaltig.
Hochrelief ↑Relief.
hochrot ↑rot.
Hochsaison ↑Saison.
Hochschein: keinen H. haben ↑wissen.
hochscheuchen ↑aufscheuchen.
¹Hochschule, Universität, Uni *(ugs.),* Akademie, Alma Mater, Ordinarienuniversität *(abwertend)* · integrierte Gesamthochschule · technische Hochschule / Universität, TH, TU, Technik *(österr.)* · Wirtschaftshochschule, Handelshochschule (St. Gallen), HH, [Hochschule für] Welthandel (Wien) · pädagogische Hochschule, PH · *für Bergbau und Hüttenwesen:* Bergakademie; ↑Fachrichtung, ↑Hochschullehrer, ↑Hospitant, ↑Institut, ↑Lehrberechtigung, ↑Schule, ↑Student, ↑Universitätsgelände, ↑Zulassungsbeschränkung; ↑immatrikulieren (sich), ↑studieren.
²Hochschule: die H. besuchen ↑studieren.
Hochschüler ↑Student.
Hochschullehrer, Professor, Universitätsprofessor, Honorarprofessor, Dozent, Lehrbeauftragter, Assistenzprofessor · *ordentlicher:* Ordinarius, Lehrstuhlinhaber, Lehrkanzelinhaber *(österr.)* · *außerordentlicher:* Extraordinarius · *emeritierter:* Emeritus · *für Übungen in Fremdsprachen:* Lektor; ↑Dekan, ↑Hochschule, ↑Lehrer, ↑Lehrstuhl, ↑Rektor, ↑Student.
Hochschulreife, Maturität *(schweiz.);* ↑Prüfung, ↑Zensur.
Hochseeangelei ↑Angelsport.
Hochseefischer ↑Fischer.
Hochseefischerei ↑Fischerei.
Hochseekutter ↑Fischereischiff.
Hochseeschiff ↑Schiff.
Hochseeschifffahrt ↑Schifffahrt.
hochsehen ↑aufsehen.
Hochseilakrobat ↑Artist.
Hochseilartist ↑Artist.
Hochsitz, Hochstand, Anstand, Ansitz, Wildkanzel, Jagdkanzel, Kanzel; ↑Jagdgebiet, ↑Jäger; ↑jagen.
Hochsommer ↑Jahreszeit.
Hochsommertag ↑Tag.
hochspielen ↑übertreiben.
Hochsprache, Standardsprache, Schriftsprache, Literatursprache, öffentliche Sprache · *deutsche:* Hochdeutsch, Schriftdeutsch · *der Bühne:* Bühnensprache · *in Bezug auf die Aussprache:* Hochlautung; ↑Ausdrucksweise, ↑Deutsch, ↑Grammatik, ↑Gruppensprache, ↑Muttersprache, ↑Sprache, ↑Sprachpflege; ↑sprechen · Ggs. ↑Mundart.
Hochsprung: ↑Fünfkampf, ↑Leichtathletik, ↑Springen (das), ↑Zehnkampf.

höchst: aufs Höchste ↑sehr; das Höchste ↑Höhepunkt, ↑Maximum.

höchst- ↑erz-.

Hochstand ↑Hochsitz.

hochstapeln ↑übertreiben.

Hochstapler ↑Betrüger.

hochsteigen: ↑hinaufgehen, ↑steigen (auf).

höchstens ↑aber.

Höchstgebot ↑Gebot.

hochstilisieren ↑verfeinern.

Höchstleistung, Bestleistung, Meisterleistung, Spitzenleistung, Spitzenklasse, Glanzleistung, Gipfelleistung, Rekord; ↑Fähigkeit, ↑Höhepunkt, ↑Sportler; **H. erzielen,** die Spitze halten, in Führung liegen, an erster Stelle stehen, die erste Stelle / den ersten Platz einnehmen, führen, führend sein, die Tabelle anführen, Spitzenreiter sein; ↑trefflich.

Höchstlohn ↑Lohn.

Höchstmaß: ↑Höhepunkt, ↑Maximum.

höchstpersönlich ↑persönlich.

Höchstpreis ↑Preis.

höchstselbst ↑persönlich.

Höchststufe ↑Superlativ.

höchstwahrscheinlich ↑anscheinend.

Höchstwert: ↑Höhepunkt, ↑Maximum.

Hochtechnologie ↑Technik.

Hochtemperaturreaktor ↑Atomreaktor.

Hochtourist ↑Bergsteiger.

Hochtouristik ↑Alpinistik.

hochtrabend *(abwertend)* schwülstig *(abwertend),* gewichtig, pathetisch *(abwertend),* salbungsvoll *(abwertend),* hochgestochen *(abwertend),* anspruchsvoll, bombastisch, pompös; ↑ausdrucksvoll.

hochverehrt ↑verehrt.

Hochverrat, Landesverrat; ↑Hochverräter, ↑Verschwörung.

Hochverräter, Landesverräter, Vaterlandsverräter, Volksfeind; ↑Hochverrat, ↑Verräter, ↑Verschwörung.

Hochwald ↑Wald.

Hochwasser ↑Flut.

Hochwasserhose ↑Hose.

hochwertig ↑kostbar.

Hochwild ↑Wild.

hochwirbeln ↑aufwirbeln.

hochwüchsig ↑groß.

Hochwürden: [Euer H.] ↑Anrede.

hochwürdig: Hochwürdiger Herr ↑Anrede.

¹Hochzeit, Eheschließung, grüne Hochzeit; ↑Ehe, ↑Hochzeitstag, ↑Vermählung; ↑heiraten.

²Hochzeit: ↑Fehler, ↑Vermählung; diamantene / eiserne / gläserne / goldene / grüne / hölzerne / kupferne / silberne H. ↑Hochzeitstag; H. machen / halten ↑heiraten; nicht auf zwei -en tanzen können ↑entschließen (sich).

Hochzeiter ↑Bräutigam.

Hochzeitsanzeige ↑Nachricht.

Hochzeitskleid ↑Kleid.

Hochzeitskutsche ↑Kutsche.

Hochzeitstag · *bei der Eheschließung:* grüne Hochzeit · *nach einem Ehejahr:* papierne Hochzeit, Baumwollhochzeit · *nach fünf Ehejahren:* Veilchenhochzeit, Holzhochzeit, hölzerne Hochzeit (USA) · *nach sechseinhalb Ehejahren:* zinnerne Hochzeit (Holland) · *nach sieben Ehejahren:* kupferne Hochzeit · *nach acht Ehejahren:* blecherne Hochzeit · *nach zehn Ehejahren:* Rosenhochzeit, hölzerne Hochzeit (Bremen), zinnerne Hochzeit (USA) · *nach zwölfeinhalb Ehejahren:* Petersilienhochzeit, Nickelhochzeit · *nach fünfzehn Ehejahren:* gläserne Hochzeit, Kristallhochzeit, Levkojenhochzeit · *nach zwanzig Ehejahren:* Chrysanthemenhochzeit, Porzellanhochzeit · *nach fünfundzwanzig Ehejahren:* silberne Hochzeit, Silberhochzeit, Jubelhochzeit · *nach dreißig Ehejahren:* Perlenhochzeit · *nach fünfunddreißig Ehejahren:* Leinwandhochzeit · *nach siebenunddreißigeinhalb Ehejahren:* Aluminiumhochzeit · *nach vierzig Ehejahren:* Rubinhochzeit · *nach fünfzig Ehejahren:* goldene Hochzeit, Jubelhochzeit · *nach sechzig Ehejahren:* diamantene Hochzeit, Jubelhochzeit · *nach fünfundsechzig Ehejahren:* eiserne Hochzeit, Jubelhochzeit · *nach siebenundsechzigeinhalb Ehejahren:* steinerne Hochzeit · *nach siebzig Ehejahren:* Platinhochzeit (Saargebiet), steinerne Hochzeit, Gnadenhochzeit, Jubelhochzeit · *nach fünfundsiebzig Ehejahren:* Kronjuwelenhochzeit, Gnadenhochzeit; ↑Hochzeit; ↑heiraten; **Symbole für Hochzeitstage:** Papier (1 Jahr), Baumwolle (2 Jahre), Leder (3 Jahre), Seide (4 Jahre), Holz (5 Jahre), Zucker (6 Jahre), Wolle, Kupfer (7 Jahre), Bronze, Salz (8 Jahre), Keramik (9 Jahre), Zinn (10 Jahre), Stahl (11 Jahre), Leinen (12 Jahre), Spitze (13 Jahre), Elfenbein (14 Jahre), Kristall (15 Jahre), Porzellan (20 Jahre), Silber (25 Jahre), Perlen (30 Jahre), Rubin (40 Jahre), Gold (50 Jahre), Diamant (60 Jahre), Eisen (65 Jahre), Stein (67 ¹/₂ Jahre).

hochziehen ↑bauen.

Hock ↑Runde.

Hocke: ↑Garbenstand, ↑Turnübung.

hocken ↑sitzen.

hocken bleiben: ↑versetzen, ↑wiederholen.

Hocker, Taburett, Schemel, Stockerl *(bayr., österr.)* · Klavierhocker, Klaviersessel; ↑Sitzgelegenheit.

Höcker, Buckel, Ast *(salopp, landsch.);* ↑verwachsen.

Hockergrab ↑Grab.

Hockey, Hallenhockey, Eishockey, Bandy, Feldhockey, Polo; ↑Spiel.

Hockeyschläger ↑Sportgerät.

Hode ↑Hoden.

Hoden, Hode, Orchis, Testis, Testikel, Didymus, Klöten *(derb),* Eier *(derb)* · *beim Zurückbleiben in der Bauchhöhle oder im Leistenkanal:* Leistenhoden, Hodenhochstand, Kryptorchismus · **an den H. spielen,** Taschenbillard spielen *(scherz.);* ↑Genitalien, ↑Hodensack; ↑Kastration.

Hodenhochstand ↑Hoden.

Hodensack ↑Skrotum.

Hodensackbruch ↑Bruch.

Hof: ↑Bauernhof, ↑Gut; Haus und H. ↑Besitz; jmdm. den H. machen ↑umwerben.

Hofadel ↑Adel.

Hofaristokratie ↑Adel.

Hofball ↑Ball.

Hofburg: [Amalientrakt der H.] ↑Regierung.

höfeln ↑schmeicheln.

Hoffart ↑Überheblichkeit.

hoffärtig ↑dünkelhaft.

hoffen, die Hoffnung haben, erhoffen, erwarten, harren, sich in der Hoffnung wiegen, sich Hoffnungen machen, träumen; ↑wünschen; ↑gegenwärtig; ↑Hoffnung.

¹Hoffnung, Zuversicht, Zutrauen, Vertrauen, Aspiration; ↑Aussichten, ↑Optimismus; **d. H. nicht aufgeben,** noch ist Polen nicht verloren!; **sich falsche Hoffnungen machen,** bilde dir nur keine Schwachheiten ein! *(ugs.);* ↑hoffen.

²Hoffnung: ↑Trost; die H. aufgeben ↑Mut [verlieren]; alle H. fahren lassen ↑Mut; die H. haben ↑hoffen; jmdm. -en machen ↑Entgegenkommen [zeigen]; jmdm. alle H. nehmen / rauben ↑entmutigen; H. schöpfen ↑zuversichtlich [sein]; [in] guter H. / in [der] Hoffnung sein ↑schwanger [sein].

Hoffnungsfreude ↑Optimismus.

hoffnungsfroh ↑zuversichtlich.

hoffnungslos: ↑aussichtslos; ein -er Fall sein ↑nutzlos [sein], ↑unheilbar [krank sein].

Hoffnungslosigkeit: ↑Ausweglosigkeit, ↑Einbahnstraße, ↑Verzweiflung.

Hoffnungsschimmer ↑Trost.

Hoffnungsträger ↑Optimist.

hoffnungsvoll ↑zuversichtlich.

Hof halten ↑residieren.

hofieren ↑schmeicheln.

höfisch: -es Epos ↑Erzählung.

Hofkalender: gothaischer H. ↑Adelskalender.

Hofknicks: ↑Knicks; einen H. machen ↑knicksen.

¹höflich, ritterlich, gentlemanlike, galant, artig, aufmerksam, rücksichtsvoll, pflichtschuldigst, wie es sich gehört, zuvorkommend, taktvoll, glatt *(abwertend),* aalglatt *(abwertend),* nicht ↑unhöflich, nicht ↑aufdringlich; ↑angemessen, ↑damenhaft, ↑entgegenkommend, ↑formell, ↑korrekt, ↑rücksichtsvoll; ↑Gentleman, ↑Höflichkeit; ↑benehmen (sich).

²höflich: mit den -sten Empfehlungen ↑hochachtungsvoll.

¹Höflichkeit, Aufmerksamkeit, Hilfsbereitschaft, Courtoisie, Galanterie, Ritterlichkeit, Zuvorkommenheit, Artigkeit, Anstand, Taktgefühl, Herzensbildung, Takt, Feingefühl, Zartgefühl; ↑Dienst, ↑Freundlichkeit, ↑Gentleman, ↑Verschwiegenheit; ↑entgegenkommend, ↑gefällig, ↑höflich · Ggs. ↑Unhöflichkeit.

²Höflichkeit: ↑Kompliment; darüber schweigt des Sängers H. ↑vertuschen.

Höflichkeitsbesuch ↑Besuch.

Hofloge ↑Loge.

Hofnarr ↑Spaßmacher.

Hofreite: ↑Bauernhof, ↑Gut.

Hofschranze ↑Schmarotzer.

Hofseite ↑Hinterseite.

Hofstatt ↑Bauernhof.

Hofzwerg ↑Spaßmacher.

högen: sich h. ↑lachen.

Höhe: ↑Ansehen, ↑Ausmaß, ↑Berg, ↑Vornehmheit; das ist die H. ↑unerhört [sein]; an H. verlieren ↑sinken; in die H. ↑hin; in der H. ↑oberhalb; von geringer H. ↑niedrig; in die H. jagen ↑aufscheuchen; in die H. treiben ↑steigern; in die H. wirbeln ↑aufwirbeln; nicht auf der H. sein ↑krank [sein].

Hoheit: ↑Vornehmheit; Euer / Eure H., Euer Herzoglichen H., Eure Herzogliche H., Königliche H., Euer Königlichen H., Eure Königliche H. ↑Anrede.

hoheitsvoll ↑majestätisch.

Hoheitszeichen ↑Abzeichen.

Höhenburg ↑Burg.

Höhenklima ↑Klima.

Höhenkrankheit ↑Bewegungskrankheit.

Höhenkurort ↑Kurort.

Höhenluft ↑Luft.

Höhensonne ↑Solarium.

¹Höhepunkt, Gipfel, Nonplusultra, Kulmination, Akme, Epitasis, Wendepunkt, Krise, Peripetie, Katastase, Maximum, das Höchste, Optimum, Höchstmaß, Höchstwert · *bei positiver Wirkung des Rauschgifts:* High · *einer Krankheit:* Paroxysmus · *sexueller:* [klitoraler /vaginaler] Orgasmus, Wollust; ↑Glanzpunkt, ↑Höchstleistung, ↑Rausch, ↑Rauschgift, ↑Samenerguss, ↑Steigerung, ↑Überfluss; ↑gipfeln · Ggs. ↑Minimum, ↑Tiefstand.

²Höhepunkt: den H. erreichen ↑gipfeln.

höher: -es Lehramt ↑Lehrberechtigung; -e Mathematik ↑Mathematik; -e Schule ↑Schule; -es Semester ↑Student.

höherstufen ↑befördern.

hohl: ↑leer, ↑phrasenhaft.

Hohlblockstein ↑Baustein.

Höhle, Bau, Loch · Fuchsloch, Fuchsbau, Dachsbau, Kaninchenbau, Luchsbau.

Höhlenbär ↑Bär.

Höhlenkirche ↑Gotteshaus.

Höhlentempel ↑Gotteshaus.

Hohlfuß: ↑Fuß, ↑Fußdeformität.

Hohlkopf ↑Dummkopf.

Hohlkörperkuppel ↑Kuppel.

Hohlmaß · Deziliter, Dezi *(schweiz.),* Viertelliter, halber Liter, Hektoliter, Kubikmeter · *für Wein im Glas:* Viertele *(landsch.)* · *früheres für Wein:* Stückfass, Fuder (780–1856 Liter) · · *für Bier* · *für 1 Liter:* Maß *(bayr.)* · *für ¹/₂ Liter:* Halbe *(bayr., österr.),* Krügel *(österr.)* · *für*

0,3 Liter: Seidel *(bayr., österr.)* ·· *für Getreide:*
Metzen *(bayr., österr.);* ↑Flächenmaß, ↑Gewichtseinheit, ↑Längenmaß, ↑Raummaß,
↑Stück, ↑Trinkgefäß; ↑messen.
Hohlpfanne ↑Dachziegel.
Hohlraum ↑Vakuum.
Hohlstein ↑Baustein.
Hohltaube ↑Vogel.
Hohltier ·· Korallentier, Koralle, Steinkoralle,
Riffkoralle, Edelkoralle, Seerose, Seefeder ··
Qualle, Polyp, Quallenpolyp, Süßwasserpolyp,
Hydra, Röhrenqualle, Scheibenqualle, Schirmqualle, Saumqualle, Ohrenqualle, Leuchtqualle, Lungenqualle, Wurzelqualle, Rippenqualle,
Melonenqualle, Venusgürtel, Meduse.
hohlwangig ↑abgezehrt.
Hohlwurm ↑Wurm.
Hohn ↑Humor.
höhnen ↑aufziehen.
höhnisch ↑spöttisch.
Hohn lachen ↑lachen.
Hokuspokus, Gaukelei, Blendwerk, fauler
Zauber *(ugs., abwertend),* Scharlatanerie *(abwertend);* ↑Einbildung, ↑Mystifikation.
Holbeinteppich ↑Teppich.
hold: ↑hübsch; die -e Weiblichkeit ↑Frauen
(die); jmdm. h. sein ↑lieben.
Holder ↑Holunder.
Holderbusch ↑Holunderstrauch.
Holderstock ↑Holunderstrauch.
Holderstrauch ↑Holunderstrauch.
Holdinggesellschaft ↑Unternehmen.
holen: ↑beschaffen, ↑verhaften; der Teufel solls
h.! ↑verflucht; sich etwas h. ↑krank [werden];
sich etwas / die Musik h. ↑Geschlechtskrankheit; h. aus ↑herausholen.
Holländer, Mynheer, Mijnheer, Dutchman
(engl.).
holländern ↑broschieren.
¹Hölle, Inferno, Ort der Finsternis / der Verdammnis / der Verdammten · *in der Antike:*
Unterwelt, Totenreich, Schattenreich, Hades,
Orkus, Tartarus, Erebos, Abyssus · *in der germanischen Mythologie:* Hel, Niflheim; ↑Fegefeuer, ↑Lethe, ↑Teufel · Ggs. Paradies.
²Hölle: Himmel und H. ↑Hüpfspiel; jmdm. die
H. heiß machen ↑bitten, ↑zusetzen (jmdm.);
Himmel und H. in Bewegung setzen ↑anstrengen (sich); jmdm. das Leben zur H. machen
↑schikanieren; jmdn. zur H. wünschen ↑verwünschen (jmdn.).
Hollebbe ↑Ebbe.
Höllen-: ↑Erz-.
Höllenfürst ↑Teufel.
Höllenspektakel ↑Lärm.
Holler ↑Holunder.
Hollerbusch ↑Holunderstrauch.
Hollerithmaschine ↑Computer.
höllisch ↑sehr.
Hollywoodschaukel ↑Liegestuhl.
Holm ↑Griff.

Holocaust ↑Tötung.
Holographie ↑Fotografie.
Holostei ↑Fisch.
holpern, rumpeln, rattern, stuckern *(landsch.);*
↑springen; ↑Laut.
holprig ↑rau.
Holsteiner: ↑Pferd; H. Wegesprung ↑Hindernis.
holterdiepolter ↑schnell.
¹Holunder, Holder *(landsch.),* Holler *(bes. österr.),* Flieder *(nordd.),* Sambucus; ↑Holunderstrauch.
²Holunder: ↑Holunderstrauch, ↑Laubhölzer.
Holunderstrauch, Holunder, Holderbusch
(landsch.), Holderstrauch *(landsch.),* Holderstock *(landsch.),* Hollerbusch *(österr.);* ↑Holunder, ↑Laubhölzer.
Holundertee ↑Tee.
Holz: ↑Hochzeitstag, ↑Kegel, ↑Wald; Gut H.!
↑Gruß; auf H. klopfen ↑beschreien; aus hartem
H. geschnitzt sein ↑dickfellig; mit H. verkleiden
↑täfeln.
Holzarbeiter ↑Holzfäller.
Holzauge: H., sei wachsam ↑wachsam [sein].
Holzbank ↑Sitzbank.
Holzblasinstrument ↑Blasinstrument.
Holzblasinstrumentenmacher ↑Musikinstrumentenbauer.
¹Holzbock, Bock, Holzgestell, Sägebock,
Schragen *(österr.);* ↑Untergestell.
²Holzbock ↑Zecke.
Holzbrettchen ↑Frühstücksbrett.
Holzbrücke ↑Brücke.
Holzdecke ↑Zimmerdecke.
holzen ↑Fußballspiel.
Holzer: ↑Fußballspieler, ↑Holzfäller.
Holzerei ↑Gespräch.
hölzern: ↑linkisch; -e Hochzeit ↑Hochzeitstag.
Holzfäller, Holzarbeiter, Holzknecht *(österr.),*
Holzer *(bayr., österr.),* Holzhacker *(österr.),*
Waldarbeiter.
Holzfeuer ↑Feuer.
Holzfußboden ↑Fußboden.
Holzgas ↑Gas.
Holzgestell ↑Holzbock.
Holzhacker: ↑Fußballspieler, ↑Holzfäller.
Holzhochzeit ↑Hochzeitstag.
Holzkäfig ↑Käfig.
Holzkirche ↑Gotteshaus.
Holzknecht ↑Holzfäller.
Holzkohle ↑Kohle.
Holzkohlenbügeleisen ↑Bügeleisen.
Holzkopf: ↑Dummkopf, ↑Grobian.
Holzleim ↑Bindemittel.
Holzmalerei ↑Maltechnik.
Holzpantine ↑Schuh.
Holzperle ↑Perle.
Holzpfanne ↑Dachziegel.
Holzpfeife ↑Tabakspfeife.
Holzpuppe ↑Puppe.
Holzriese ↑Holzrutsche.

Holzrutsche, Holzriese *(südd., österr.),* Riese *(südd., österr.).*
Holzsarg ↑Sarg.
Holzschneidekunst: ↑Grafik, ↑Holzschnitt.
Holzschneider ↑Bildhauer.
¹Holzschnitt, Holzschneidekunst, Xylographie · Linienschnitt · Holzstich, Tonstich · Reiberdruck · Farbenholzschnitt · Helldunkelschnitt, Clairobscurschnitt, Tonholzschnitt; ↑Grafik, ↑Kunstdruck.
²Holzschnitt: ↑Grafik, ↑Kunstdruck.
Holzschnitzer ↑Schnitzer.
Holzschnitzerei ↑Bildnerei.
Holzschuh ↑Schuh.
Holzsplitter, Splitter, Schiefer *(südd., österr.);* ↑Kleinholz.
Holzstich ↑Holzschnitt.
Holzstift ↑Nagel.
Holzstock ↑Hackklotz.
Holzstuhl ↑Stuhl.
Holzteller: ↑Frühstücksbrett, ↑Teller.
Holztreppe ↑Treppe.
Holzverkleidung ↑Täfelung.
Holzweg: auf dem H. sein ↑irren (sich).
Homburg ↑Kopfbedeckung.
Homecomputer ↑Computer.
homerisch: -es Gelächter ↑Gelächter, ↑Lache.
Homiletik ↑Theologie.
Hommage ↑Ehrerbietung.
Homme de lettres ↑Schriftsteller.
homo: ↑gleichgeschlechtlich, ↑sexuell.
Homo ↑Homosexueller.
homo-, iso-, syn-, mit-, gleich-; ↑übereinstimmend.
Homo austriacus ↑Österreicher.
Homoerotik ↑Homosexualität.
homoerotisch ↑gleichgeschlechtlich.
Homo faber ↑Ingenieur.
homogen: ↑übereinstimmend; nicht h. ↑uneinheitlich.
Homograph ↑Homonym.
Homographie ↑Wortgleichheit.
Homokino ↑Kino.
homolog ↑übereinstimmend.
¹homonym, homonymisch, gleich lautend, gleich klingend, gleichnamig.
²homonym ↑mehrdeutig.
Homonym · *in der Lautung:* Homophon · *in der Schreibung:* Homograph · *durch Neubildung mit gleichen Wortbildungselementen unabhängig entstandenes:* Isonym; ↑Begriff, ↑Wortgleichheit; ↑synonym.
Homonymie: ↑Mehrdeutigkeit, ↑Wortgleichheit.
homonymisch ↑homonym.
Homöopath ↑Arzt.
Homöopathie ↑Heilkunde.
homophil ↑gleichgeschlechtlich.
Homophiler ↑Homosexueller.
Homophilie ↑Homosexualität.
Homophobie ↑Homosexualität.

Homophon ↑Homonym.
Homophonie ↑Wortgleichheit.
Homosexualität, Homoerotik, Homophilie; Schwulsein; Lesbischsein, Tribadie *(bildungssprachlich)* · *wenn man sich dazu bekennt:* Coming-out · *übersteigerte Angst vor und Abneigung gegen Homosexualität:* Homophobie; ↑Homosexueller, ↑Lesbierin.
homosexuell: ↑gleichgeschlechtlich, ↑sexuell.
Homosexueller, Schwuler *(Eigenbezeichnung),* Gay, Schwester *(Jargon),* Uranist *(bildungssprachlich),* Homophiler, Androphiler, Homo *(ugs.),* Hundertfünfundsiebziger *(veraltet, abwertend),* warmer Bruder *(veraltet, abwertend),* Schwanzlutscher *(derb),* Arschficker *(derb)* · Schwuchtel *(salopp),* Tucke *(salopp),* Fummeltrine *(salopp),* Tunte *(salopp)* · Queen *(Jargon);* ↑Lesbierin; ↑gleichgeschlechtlich.
Honanseide ↑Seide.
honett ↑ehrenhaft.
Honeymoon ↑Flitterwochen.
Hongkonggrippe ↑Grippe.
¹Honig, Bienenhonig · Jungfernhonig, Leckhonig, Scheibenhonig, Wabenhonig, Seimhonig, Presshonig, Schleuderhonig · Akazienhonig, Blütenhonig, Ahornhonig, Heidehonig, Erikahonig, Salbeihonig, Lindenblütenhonig, Tannenhonig, Waldhonig, Weißtannenhonig, Buchweizenhonig · Kunsthonig; ↑Biene, ↑Brotaufstrich.
²Honig: ↑Brotaufstrich; das Land, wo Milch und H. fließt ↑Fabelland; H. ums Maul / um den Mund schmieren ↑schmeicheln.
Honigbiene ↑Biene.
honigfarben ↑gelb.
honiggelb ↑gelb.
Honigkuchen ↑Lebkuchen.
Honigkuchenpferd: grinsen wie ein H. ↑lachen.
Honigmelone ↑Melone.
Honigmond ↑Flitterwochen.
honigsüß ↑süß.
Honigtau ↑Meltau.
Honigwochen ↑Flitterwochen.
honorabel ↑ehrenhaft.
Honorar ↑Einkünfte.
Honorarforderung ↑Quittung.
Honorarprofessor ↑Hochschullehrer.
Honoratioren ↑Oberschicht.
Honoratiorenschwäbisch ↑Mundart.
¹honorieren, anerkennen, würdigen, jmdm. etwas danken, Tribut zollen; ↑anerkennend; ↑Anerkennung.
²honorieren: ↑achten, ↑zahlen.
honorig: ↑ehrenhaft, ↑erhaben, ↑freigebig.
Honorigkeit ↑Rechtschaffenheit.
Hopfen: bei jmdm. ist H. und Malz verloren ↑nutzlos [sein].
hopp: ex und h. ↑Einweg-.
hoppeln ↑springen.

Hoppepferd ↑Heuschrecke.
Hoppla ↑Verzeihung!
hoppnehmen ↑ergreifen.
Hopse ↑Hüpfspiel.
hopsen: ↑koitieren, ↑springen; das ist gehopst wie gesprungen ↑einerlei; dem Tod von der Schippe h. ↑sterben.
Hopser ↑Sprung.
hopsgehen ↑sterben.
hörbar: ↑laut; kaum h. ↑leise.
Hörbehinderter ↑Schwerhöriger.
Hörbild: ↑Bericht, ↑Rundfunksendung.
Hörbrille ↑Brille.
¹horchen, zuhören, anhören, abhören, hören, hinhören, abhorchen, behorchen, auskultieren *(Med.),* lauschen, losen *(oberd.),* mithören, ganz Ohr sein, jmdm. Gehör schenken / sein Ohr leihen, die Ohren aufsperren / spitzen *(ugs.);* ↑hören; ↑Abhörgerät.
²horchen ↑hören.
Horde: ↑Bande, ↑Gruppe, ↑Steige.
¹hören, vernehmen, verstehen · *zufällig:* aufschnappen *(ugs.),* mitkriegen *(ugs.);* ↑horchen, ↑wahrnehmen; ↑akustisch.
²hören: ↑empfangen, ↑erfahren, ↑horchen; kaum noch zu h. sein ↑verhallen; gehört haben von ↑wissen; einmal etwas anderes h. und sehen ↑zerstreuen (sich); die Beichte h. ↑Beichte; das Gras wachsen / die Flöhe husten h. ↑wissen; auf jmdn. h. ↑gehorchen; nicht h. auf ↑missachten; etwas von sich h. lassen ↑Lebenszeichen; etwas zu h. bekommen / kriegen ↑schelten; h. mit dem dritten Ohr ↑Acht geben.
Hörensagen: vom H. ↑gerüchtweise.
hörenswert ↑interessant.
Hörer ↑Student.
Hörerschaft ↑Publikum.
Hörerumfrage ↑Umfrage.
Hörfunk ↑Rundfunk.
Hörgeschädigter ↑Schwerhöriger.
hörig: ↑unselbstständig; jmdm. h. sein ↑abhängig [sein von].
Hörigkeit ↑Unselbstständigkeit.
Horizont: ↑Firmament, ↑Gesichtskreis; einen engen H. haben ↑stumpfsinnig [sein]; einen weiten H. haben ↑aufgeschlossen [sein]; etwas geht über / übersteigt jmds. H. ↑verstehen; einen Silberstreif am H. sehen ↑zuversichtlich [sein].
horizontal: ↑waagerecht; -es Gewerbe ↑Prostitution.
Horizontale: ↑Prostituierte, ↑Waagrechte.
Hormon · männliches Sexualhormon, Androgen · weibliches Sexualhormon, Östrogen, Gestagen · *der männlichen Keimdrüse:* Testosteron, Androkinin · *der weiblichen Keimdrüse:* Follikelhormon · *der Nebennierenrinde:* Kortison · *des Nebennierenmarks:* Adrenalin, Noradrenalin · *der Bauchspeicheldrüse:* Insulin · *der Schilddrüse:* Thyroxin, Trijodthyronin · *der Nebenschilddrüse:* Parathormon · *der Zirbeldrüse:* Melatonin · *des Hypophysenvorderlappens:* Somatropin, Kortikotropin, Thyreotropin, follikelstimulierendes Hormon, luteinisierendes Hormon, Prolaktin, Laktationshormon · *des Hypophysenhinterlappens:* Oxytozin.
Horn: ↑Beule, ↑Blasinstrument, ↑Gipfel, ↑Hupe, ↑Penis; sich die Hörner abstoßen ↑erleben; jmdm. Hörner aufsetzen ↑untreu [sein]; jmdn. auf die Hörner nehmen ↑attackieren; den Stier bei den Hörnern fassen / packen ↑anfangen; ins gleiche H. blasen / stoßen / tuten ↑Ansicht.
Hornberger: ausgehen wie das H. Schießen ↑wirkungslos [bleiben].
Hornbrille ↑Brille.
¹Hörnchen, Kipferl *(südd., österr.),* Kipfel *(südd., österr.),* Kipf *(südd.),* Gipfel *(schweiz.),* Beugel *(österr.);* ↑Brötchen.
²Hörnchen ↑Teigwaren.
Hörndlbauer ↑Bauer.
Hörner ↑Geweih.
Hornisse ↑Hautflügler.
Hornist ↑Musizierender.
Hornkamm ↑Kamm.
Hornochse ↑Dummkopf.
Hornschwamm ↑Schwamm.
Hornung: ↑Februar, ↑Monat.
Hornuß: den H. treffen ↑treffend.
Hornvieh: ↑Dummkopf, ↑Vieh.
Hörorgan ↑Sinnesorgan.
Horoskop ↑Voraussage.
horrend: ↑schrecklich; -e Summe ↑Summe.
horribel ↑schrecklich.
Hörrohr ↑Stethoskop.
Horror: ↑Entsetzen; einen H. haben ↑Angst [haben].
Horrorfilm ↑Gruselfilm.
Horrortrip ↑Rausch.
Horsd'œuvre ↑Vorgericht.
Horse ↑Rauschgift.
Hörspiel ↑Rundfunksendung.
Horst ↑Vogelnest.
horsten ↑brüten.
Hörstörung ↑Gehörstörung.
Hörsturz ↑Gehörstörung.
Hort: ↑Heim, ↑Kindergarten, ↑Schatz.
horten ↑aufbewahren.
Horter ↑Computer.
Hörvermögen ↑Gehör.
Hoschbes ↑Nervenbündel.
Höschen ↑Unterhose.
¹Hose, Beinkleid *(veraltet),* Buxe *(ugs., nordd.),* Bluejeans, Jeans, Latzhose · *die unter dem Knie endet:* Kniehose, Überfallhose, Gauchohose, Knickerbocker, Pumphose, Pluderhose · *weite, die unterhalb des Knies eng anliegt:* Breeches, Breecheshose, Reithose · *kurze:* Shorts, Bermudas · *kurze, enge für Damen:* Hotpants · *kurze für den Sport:* Sporthose, Turnhose · *lange, weite für Damen:* Slacks · *lange, straff gespannte mit Steg unter den Sohlen:* Skihose, Keilhose · *zu lange, ohne Bügelfalte:* Harmonikahose *(ugs., scherzh.),* Ziehharmonikahose *(ugs., scherzh.),*

Korkenzieherhose *(ugs., scherzh.)* · *zu kurze:* Hochwasserhose *(ugs., scherzh.)*, Hose auf Halbmast *(ugs., scherzh.)*, Halbmasthose *(ugs., scherzh.)* · *lederne:* Lederhose, Krachlederne *(ugs.)*, Seppelhose *(ugs.)*; ↑Anzug, ↑Badeanzug, ↑Unterhose.

²**Hose:** tote H. ↑Misserfolg; die -n runterlassen ↑gestehen; die -n anhaben ↑maßgeblich [sein]; etwas geht in die H. ↑scheitern; jmdm. die -n stramm ziehen ↑schlagen; die -n [gestrichen] voll haben ↑Angst [haben]; das ist Jacke wie H. ↑einerlei; jmdm. fällt / rutscht das Herz in die H. / Hosen ↑Angst [bekommen], ↑Mut; Ameisen in den -n haben ↑lebhaft [sein].

Hosea ↑Prophet.

Hosenanzug ↑Kostüm.

Hosenbandorden ↑Orden.

Hosenboden: sich auf den H. setzen ↑anstrengen (sich).

Hosenbügel ↑Kleiderbügel.

Hosenkacker ↑Feigling.

Hosenknopf: auf den letzten H. kommen ↑spät [kommen].

Hosenmatz ↑Kind.

Hosennaht: die Hände an die H. legen ↑strammstehen.

Hosenpissen ↑Bettnässen.

Hosenrock ↑Rock.

Hosenrolle ↑Rolle.

~~**Hosenscheißer** ↑Feigling.~~

Hosenspanner ↑Kleiderbügel.

Hosiannaruf: -e ↑Beifall.

Hospital ↑Krankenhaus.

Hospitalfieber ↑Fleckfieber.

hospitalisieren ↑einweisen.

Hospitant, Gasthörer, Gast; ↑Hochschule, ↑Kommilitone, ↑Lehrplan, ↑Schule, ↑Student, ↑Unterricht, ↑Wissenschaft; ↑studieren.

Hospiz ↑Heim.

Hostess ↑Betreuerin.

Hostie ↑Oblate.

Hostienbehälter ↑Altargerät.

Hostienschrein ↑Tabernakel.

Hostilität ↑Abneigung.

Hotdog: ↑Sandwich, ↑Würstchen.

¹**Hotel,** Gasthaus, Gasthof, Hotel garni, Pension, Frühstückspension, Herberge *(veraltet)*, Gästehaus, Raststätte, Inn *(engl.)*, Luxushotel, Nobelherberge *(iron.)*, Prominentenherberge *(scherzh.)* · *in dem Zimmer stundenweise an Paare vermietet werden:* Absteigequartier, Absteige *(abwertend)*, Stundenhotel · *für Motorisierte:* Motel · *zu dem ein Schiff ausgebaut worden ist:* Botel · *dazugehörendes Nebengebäude:* Dependance · *für Jugendliche:* Jugendherberge; ↑Gaststätte, ↑Heim, ↑Rezeption, ↑Wohnung; ↑reisen.

²**Hotel:** schwimmendes H. ↑Fahrgastschiff.

Hotelhalle ↑Foyer.

Hotpants ↑Hose.

hott: einmal hü und einmal h. ↑einschwenken.

Hotte ↑Tragekorb.

Hottehü ↑Pferd.

Hottemax ↑Pferd.

Hottepferd ↑Pferd.

Hovawart ↑Hunderassen.

hü: einmal h. und einmal hott sagen ↑umschwenken.

Hubertusmantel ↑Mantel.

hübsch, gut aussehend, attraktiv, anmutig, graziös, lieblich, charmant, bestrickend, berückend, betörend, gewinnend, angenehm, lieb, niedlich, allerliebst, reizend, entzückend, bezaubernd, süß, herzig, pakschierlich *(ugs., österr.)*, goldig, schön, bildschön, bildhübsch, sauber, hold *(dichter.)*, dufte *(salopp)*, schnieke *(salopp)*, nicht ↑geschmacklos; ↑anziehend, ↑eitel, ↑geschmackvoll, ↑schön, ↑sportlich, ↑sympathisch; ↑anziehen; ↑Anmut, ↑Zuneigung · Ggs. ↑hässlich · **die hübsche Seite,** Schokoladenseite.

Hubschrauber, Rotorflugzeug, Drehflügler, Drehflügelflugzeug, Flugschrauber, Tragschrauber, Helikopter, fliegende Banane *(scherzh.)*; ↑Flugzeug, ↑Luftschiff, ↑Verkehrsmittel.

Huchen ↑Fisch.

Hucke: ↑Rücken; sich die H. voll saufen ↑betrinken (sich); auf die H. nehmen ↑tragen.

Hückel ↑Garbenstand.

huckepack: h. nehmen ↑tragen; h. tragen ↑Rücken.

Hücker ↑Garbenstand.

hudeln: ↑pfuschen; nur nicht h.! ↑ruhig.

Hudri-Wudri ↑Nervenbündel.

Hudsonbai ↑Atlantik.

Huf ↑Gliedmaße.

Hufeisenbogen ↑Bogen.

Hufendorf ↑Dorf.

Hufnagel ↑Nagel.

Hufnagelschrift ↑Notenschrift.

Hufschmied ↑Schmied.

Hüften, Lenden, Seiten, Schoß, Becken; ↑Flanke, ↑Taille.

Hüftgelenk ↑Gelenk.

Hüftgürtel ↑Mieder.

Hüfthalter ↑Mieder.

hüftlahm ↑lahm.

Hügel: ↑Berg; die Stadt der Sieben H. ↑Rom.

Hügelhaus ↑Haus.

hügelig ↑bergig.

Hügellandschaft ↑Landschaft.

hüglig ↑bergig.

¹**Huhn,** Putthuhn *(Kinderspr.)* ·· *weibliches:* Huhn, Henne, Hinkel *(landsch.)*, Schieppe *(schles.)* · *brütendes:* Glucke ·· *männliches:* Hahn, Gockel *(landsch.)*, Gickel *(landsch.)*, Güggel *(landsch.)*, Gockelhahn *(Kinderspr.)*, Kikeriki *(Kinderspr.)* · *verschnittenes:* Kapaun, Kapphahn *(selten)* · *zur Mast bestimmtes:* Poularde, Kapaun ·· *junges:* Küken, Küchlein, Schiepel *(schles.)*, Schieper *(schles.)*, Schiepen *(schles.)*, Ziepchen *(landsch.)*, Ziepelchen

(landsch.) · *zur Mast bestimmtes:* Poulet *(selten)* · *als Speise:* Masthuhn, Masthähnchen, Suppenhuhn, Backhähnchen, Brathähnchen, Hähnchen, Backhuhn, Broiler *(landsch.)*, Goldbroiler *(landsch.)*, Backhendl *(bes. österr.)*, Brathendl *(bes. österr.)*, Hendl *(bes. österr.)*, Güggeli *(schweiz.)*; ↑Geflügel.

²Huhn: dummes H. ↑Dummkopf; da lachen ja die Hühner! ↑lächerlich [sein]; vergnügtes H. ↑Mensch (der); mit jmdm. ein Hühnchen zu rupfen haben ↑schelten; mit den Hühnern schlafen / zu Bett gehen ↑schlafen [gehen].

Hühnerauge: ↑Schwiele; jmdm. auf die -n treten ↑kränken.

Hühnerauslauf ↑Hühnerhof.

Hühnerbeigel ↑Keule.

Hühnerbiegel ↑Keule.

Hühnerbrühe ↑Suppe.

Hühnerei, Ei, Frischei, Kühlhausei, Trinkei · *ohne Schale:* Windei, Fließei.

Hühnerfarm ↑Geflügelfarm.

Hühnerhaus ↑Stall.

Hühnerhaut ↑Gänsehaut.

Hühnerhof, Geflügelhof, Hühnerauslauf, Auslauf; ↑Geflügel, ↑Geflügelfarm.

Hühnerhofpsychologie ↑Rangordnung.

Hühnermist ↑Dünger.

Hühnerstall ↑Stall.

Hühnersteige ↑Stall.

Hula ↑Tanz.

Huld ↑Gunst.

huldigen: einer Sache h. ↑befassen (sich mit).

Huldigung: ↑Beifall, ↑Ehrerbietung.

huldreich ↑entgegenkommend.

huldvoll ↑entgegenkommend.

Hüllblatt ↑Blatt.

¹Hülle, Etui, Futteral, Kapsel; ↑Behälter, ↑Schachtel.

²Hülle: ↑Schale, ↑Umschlag, ↑Verpackung; sterbliche H. ↑Toter; die sterbliche H. ablegen ↑sterben; die -n fallen lassen ↑ausziehen; in H. und Fülle ↑reichlich.

hüllen: in Papier h. ↑einpacken.

hüllenlos ↑nackt.

Hüllwort ↑Euphemismus.

Hully-Gully ↑Tanz.

Hülse ↑Schale.

Hülsenfruchtgemüse ↑Gemüse.

human ↑menschlich.

humanisieren, vermenschlichen, menschlicher gestalten; ↑menschlich.

Humanismus ↑Literaturepochen.

humanistisch: -es Gymnasium ↑Schule.

humanitär ↑menschlich.

Humanität ↑Nächstenliebe.

Humanitätsduselei ↑Mitgefühl.

Humankapital ↑Erfahrung.

Humanmedizin ↑Heilkunde.

Humanmediziner ↑Arzt.

Humanwissenschaft: ↑Gesellschaftswissenschaft, ↑Menschenkunde, ↑Psychologie.

Humbug ↑Unsinn.

Hummel: ↑Hautflügler; -n haben ↑warten; -n im Hintern haben ↑lebhaft [sein].

Hummer ↑Krebs.

hummerrot ↑rot.

¹Humor, Witz, Ironie, Treppenwitz, Spott, Hohn, Sarkasmus, Zynismus · *bitterer, verzweifelter:* Galgenhumor · *makabrer:* schwarzer Humor; ↑Satire; ↑spöttisch.

²Humor: ↑Heiterkeit; keinen Sinn für H. haben ↑humorlos [sein].

Humoreske ↑Erzählung.

humorig ↑humorvoll.

humoristisch ↑humorvoll.

humorlos, trocken, todernst, bierernst; ↑empfindlich, ↑ernsthaft, ↑langweilig, ↑lebensfremd · Ggs. ↑humorvoll; **h. sein**, keinen Sinn für Humor haben, keinen Spaß verstehen.

Humorlosigkeit, tierischer Ernst, Bierernst; ↑Ernst; ↑humorlos.

humorvoll, humorig, humoristisch, lustig, heiter, launig; ↑kurzweilig, ↑lustig · Ggs. ↑humorlos.

humpeln ↑hinken.

Humpen ↑Trinkgefäß.

Humus ↑Erde.

Humuserde ↑Erde.

¹Hund, Vierbeiner, Bello, Fiffi, Wauwau *(Kinderspr.)*, Kläffer *(ugs., abwertend)*, Köter *(salopp, abwertend)*, Töle *(derb, abwertend)*, Promenadenmischung *(ugs., scherzh.)*, Moppel *(ugs., scherzh.)* · *männlicher:* Rüde · *weiblicher:* Hündin, Weibchen *(ugs.)* · *der zur Führung von Blinden abgerichtet ist:* Blindenhund; ↑Hunderassen; ↑bellen; ↑stubenrein.

²Hund: ↑Raubtier; Großer H., Kleiner H., ↑Sternbild; laufender H. ↑Fries; da liegt der H. begraben ↑Hauptsache; da wird der H. in der Pfanne verrückt! ↑überrascht [sein]; bekannt sein wie ein bunter H. ↑bekannt; wie ein junger H. frieren ↑frieren; wie ein H. leben ↑leben; wie H. und Katze leben ↑verfeindet [sein]; etwas ist ein dicker H. ↑unerhört [sein]; mit etwas keinen H. hinter dem Ofen hervorlocken [können] ↑langweilig [sein]; auf den H. kommen ↑verwahrlosen; auf dem H. sein ↑Not [leiden]; mit allen -en gehetzt sein ↑schlau [sein]; vor die -e gehen ↑sterben, ↑verwahrlosen.

hunde-: ↑erz-.

Hunde-: ↑Erz-.

Hundeblume ↑Löwenzahn.

Hundehesse ↑Hesse.

hundekalt ↑kalt.

Hundekälte ↑Kälte.

Hundeleben: ein H. führen ↑leben.

hundemüde ↑müde.

Hundepeitsche ↑Peitsche.

Hunderassen ··· Jagdhunde ·· Hetzhunde · Greyhound, Whippet, Windspiel, Irischer Wolfswindhund, Barsoi, Slughi, Saluki ·· Stöber- und Apportierhunde · Springerspaniel,

Cockerspaniel, Retriever, Labrador, Otterhund, Bracke ·· Schweiß- und Spürhunde · Hannoverscher Schweißhund, Bayrischer Gebirgsschweißhund, Leitschweißhund ·· Vorstehhunde · Englischer Pointer, Setter, Münsterländer, Deutsch Kurzhaar, Deutsch Langhaar, Deutsch Stockhaar, Pudelpointer, Griffon ·· Erdhunde, Dachshunde · Dackel, Teckel, Terrier ··· Wach- und Schutzhunde ·· Deutscher Schäferhund, Dobermann, Airedaleterrier, Rottweiler, Riesenschnauzer, Leonberger, Boxer, Neufundländer, Bernhardiner, Dogge, Spitz, Hovawart ··· Hütehunde ·Hirtenhund ·· Deutscher Schäferhund, Collie, Schottischer Schäferhund, Komondor, Kurasc, Puli ··· Begleit-, Spiel- und Modehunde ·· Dalmatiner · Zwergspaniel, King Charles, Blenheim, Prince Charles, Rubyspaniel · Zwergpudel, Seidenpudel, Malteser, Zwergspitz, Zwergpinscher, Rehpinscher, Rehrattler *(österr.),* Mops, Zwergwachtel · Terrier, Schnauzer, Bullterrier, Foxterrier, Fox *(ugs.),* Bedlingtonterrier, Airedaleterrier, Schottischer Terrier · Pekinese, Chow-Chow; ↑Hund, ↑Raubtier.

hundert: ↑viele; Hundert und Aberhundert ↑viele; bei h. zu Boden gehen ↑überrascht [sein]; vom Hundertsten ins Tausendste kommen ↑abschweifen.

Hundert: vom H. ↑Prozent.

Hunderte: ↑viele; H. und Aberhunderte ↑viele.

hundertfünfzigprozentig ↑übereifrig.

Hundertfünfzigprozentiger ↑Linientreuer.

Hundertmarkschein ↑Papiergeld.

Hundertmeterhürdenlauf: 100-m-Hürdenlauf ↑Fünfkampf, ↑Lauf.

Hundertmeterlauf: 100-m-Lauf ↑Lauf.

hundertprozentig ↑ganz.

Hundertprozentiger ↑Linientreuer.

Hundertstel ↑Prozent.

Hundesteuer ↑Abgabe.

Hundewetter ↑Wetter.

Hündin ↑Hund.

hündisch ↑unterwürfig.

Hundschlager ↑Abdecker.

Hundsfisch ↑Fisch.

Hundsfötterei ↑Bosheit.

hundsföttisch ↑gemein.

hundsgemein ↑gemein.

Hundskopfaffe ↑Affe.

hundsmiserabel ↑minderwertig.

Hundsrose ↑Rose.

Hundstage ↑Jahreszeit.

Hundsveilchen ↑Veilchen.

Hundszahn: ↑Fries, ↑Zahn.

Hüne ↑Riese.

Hünengrab ↑Grab.

hünenhaft ↑groß.

Hünenhaftigkeit ↑Körpergröße.

Hünenweib ↑Frau.

[1]Hunger, Bärenhunger, Wolfshunger, Mords-

hunger, Riesenhunger, Heißhunger, Kohldampf *(ugs.);* ↑Appetit, ↑Hungersnot; **H. haben,** hungrig / ausgehungert sein, vor Hunger umkommen / sterben, Kohldampf schieben *(salopp),* jmdm. knurrt der Magen, jmdm. ist flau [im Magen]; **H. leiden,** hungern, am Hungertuch nagen, nichts zu essen / nichts zu brechen und zu beißen haben *(ugs.),* darben, schmachten, fasten; ↑arm [sein], ↑kasteien (sich) · Ggs. ↑satt.

[2]Hunger: ↑Hungersnot; den H. stillen ↑ernähren; vor H. umkommen ↑Hunger.

Hungerjahre ↑Nachkriegszeit.

Hungerkur ↑Schlankheitskur.

Hungerleider ↑Armer.

Hungerlohn ↑Lohn.

hungern ↑Hunger [leiden].

Hungersnot, Hunger, Not, Nahrungsmangel, Mangel; ↑Not; ↑Hunger [haben].

Hungertoter ↑Toter.

Hungertuch: am H. nagen ↑Hunger [leiden].

Hungerturm ↑Turm.

Hungertyphus ↑Fleckfieber.

hungrig: h. sein ↑Hunger [haben]; h. sein nach ↑begierig [sein].

Hünlich ↑Pfifferling.

Hünling ↑Pfifferling.

Hunne ↑Deutscher; wie die -n hausen ↑zerstören.

Hupe, Horn, Zweiklanghorn · *bei Schiffen:* Nebelhorn · *bei Fahrzeugen der Polizei usw.:* Martinshorn, Boschhorn, Folgetonhorn *(österr.).*

hupen ↑Laut.

hüpfen ↑springen; jmdm. hüpft das Herz vor Freude ↑freuen (sich).

Hupfer ↑Sprung.

Hüpfer ↑Sprung.

Hüpfspiel, Himmel und Hölle, Hopse; ↑Fangspiel, ↑Kinderspiel, ↑Kippel-Kappel, ↑Spiel.

Hurde ↑Steige.

[1]Hürde, Barriere, Barrikade, Schlagbaum, Verhau, Schranke, Absperrung, Wall, Wand, Mauer; ↑Absperrung, ↑Bahnschranke, ↑Behinderung, ↑Blockierung, ↑Sperre, ↑Zaun; ↑eingeschränkt.

[2]Hürde: ↑Hindernis; eine H. nehmen ↑bewältigen.

Hürdenlauf: ↑Lauf, ↑Leichtathletik.

Hure ↑Prostituierte.

huren ↑koitieren.

Hurenbock ↑Frauenheld.

Hurenhaus ↑Bordell.

Hurenkind ↑Zeile.

Hurenschwabe ↑Schwabe.

Hurensohn ↑Mann.

Hurerei ↑Koitus.

Hurone ↑Indianer.

hurra: Hurra schreien ↑freuen (sich).

Hurrapatriotismus: ↑Begeisterung, ↑Patriotismus.

Hurrikan ↑Wirbelwind.

hurtig ↑schnell.
Husar ↑Soldat.
Husche ↑Niederschlag.
huschelig ↑nachlässig.
huscheln ↑pfuschen.
huschen ↑fortbewegen (sich).
huschlig ↑aufgeregt.
hussen ↑aufwiegeln.
hüsteln ↑husten.
¹husten, hüsteln, bellen *(ugs.),* krächzen *(ugs.);* ↑Erkältung.
²husten: jmdm. etwas h. ↑ablehnen; die Flöhe h. hören ↑wissen.
Husten: ↑Erkältung; blauer H. ↑Keuchhusten.
Hustentee ↑Tee.
¹Hut (der): [steifer Hut] ↑Kopfbedeckung; da geht einem der Hut hoch ↑unerhört [sein]; das ist ein alter Hut ↑langweilig [sein]; Hut ab [vor jmdm. / etwas]! ↑anerkennenswert [sein]; Fang den Hut ↑Würfelspiel; den Hut abnehmen / lüften / ziehen ↑begrüßen; seinen Hut nehmen müssen ↑entlassen [werden]; vor jmdm. / etwas den Hut ziehen ↑Achtung [haben vor jmdm. / etwas]; unter einen Hut bringen ↑vereinigen.
²Hut (die): ↑Schutz; den Hut nehmen ↑kündigen; auf der Hut sein ↑vorsehen (sich), ↑wachsam [sein]; mit etwas nichts am Hut haben ↑[jmdn. nicht] betreffen.
Hütehund: -e ↑Hunderassen.
hüten: ↑beaufsichtigen; etwas [wie seinen Augapfel] h. ↑schonen (etwas); das Bett h. ↑krank [sein]; sich h. vor ↑vorsehen (sich).
Hüter ↑Wächter.
Hutmacherin ↑Putzmacherin.
Hutpilz ↑Ständerpilz.
Hutsche: ↑Fußbank, ↑Schaukel.
hutschen ↑schaukeln.
Hütschke ↑Frosch.
Hutschlange ↑Schlange.
Hutschnur: etwas geht jmdm. über die H. ↑unerhört [sein].
Hutschpferd ↑Schaukelpferd.
Hutte ↑Tragekorb.
Hütte: ↑Berghütte, ↑Bergwerk, ↑Haus.
Hüttenfest ↑Erntedankfest.
Hüttenjagd ↑Jagd.
Hüttenkunde, Metallurgie; ↑Metall.
Hutu ↑Schwarzer.
Hutung ↑Wiese.
Hutweide ↑Wiese.
Hutzel ↑Tannenzapfen.
Hutzelbrot ↑Früchtebrot, ↑Gebäck.
hutzlig ↑verschrumpelt.
HWG ↑Koitus.
Hyäne ↑Raubtier.
Hyazinth ↑Schmuckstein.
Hyazinthe: Orientalische H. ↑Liliengewächs.
hybrid ↑dünkelhaft.
Hybride ↑Mischling.
Hybris ↑Überheblichkeit.
Hydra: ↑Fabelwesen, ↑Hohltier, ↑Sternbild.

Hydrotherapie, Hydriatrie, Hydropathie, Wasserheilkunde, Wasserheilmethode, Wasserheilverfahren, Wasserkur · Kaltwasserbehandlung, Kneippkur · Warmwasserbehandlung, Hydrothermotherapie · *auf die Anwendung von Wasserdampf beschränkte:* Dampfkur, Vapotherapie · *auf die Anwendung von Bädern beschränkte:* Bäderbehandlung, Badekur, Balneotherapie, Bäderkur · *unter Anwendung von Wasser aus Mineralquellen:* Krenotherapie; ↑Naturheilverfahren.
Hydrus ↑Sternbild.
hygienisch ↑sauber.
Hymen, Jungfernhäutchen, Häutchen, Claustrum virginale *(Med.);* ↑Virginität; ↑deflorieren.
hymnisch ↑ausdrucksvoll.
Hymnus: ↑Gedicht, ↑Lied.
Hyperästhesie ↑Überempfindlichkeit.
Hyperbel: ↑geometrische Figur, ↑Steigerung.
Hypercharakterisierung ↑Redundanz.
Hyperfunktion ↑Funktionsstörung.
hypermodern ↑modern.
Hypersensibilität ↑Überempfindlichkeit.
hypertroph ↑übermäßig.
Hypertrophie ↑Übertreibung.
Hypnagogum ↑Schlafmittel.
Hypnogenikum ↑Schlafmittel.
Hypnotikum ↑Schlafmittel.
Hypo ↑Einspritzung.
Hypobulie ↑Antriebsschwäche.
Hypochonder, eingebildeter Kranker; ↑Hypochondrie, ↑Kranker.
Hypochondrie, Krankheitsangst, Krankheitswahn, Krankheitseinbildung, Krankheitsfurcht, unbegründete Krankheitsbefürchtung, Nosophobie, Pathophobie · *bes. auf Krebskrankheiten bezogene:* Karzinophobie, Krebsangst, Kankrophobie, Kanzerophobie · *auf Geschlechtskrankheiten, bes. auf Syphilis bezogene:* Venerophobie, Syphilophobie, Syphilidophobie, Syphilomanie, Syphilidomanie, Luiphobie · *bes. auf Krankheitserreger bezogene:* Bakteriophobie, Bazillophobie, Bazillenfurcht, Mikrobiophobie · *bes. auf Milben bezogen:* Akarophobie, Akaromanie · *auf Gifte oder Vergiftungen bezogene:* Toxikophobie, Toxophobie, Iophobie; ↑Angst, ↑Hypochonder, ↑Phobie.
hypochondrisch ↑schwermütig.
hypochrom: -e Anämie ↑Blutarmut.
Hypophyse, [unterer] Hirnanhang, Gehirnanhang, Hirnanhangdrüse, Gehirnanhangsdrüse; ↑Gehirn, ↑Gehirnrinde, ↑Meninx.
hypostasieren, verdinglichen, vergegenständlichen, personifizieren, seine Gedanken zu Sachen machen (Kant), als Wirklichkeit denken; ↑veranschaulichen; ↑Sinnbild.
¹Hypothek, Grundschuld, Verschuldung · Erblast; ↑Anleihe.
²Hypothek: eine H. geben ↑beleihen.
Hypothekenbank ↑Geldinstitut.
Hypothekenpfandbriefe ↑Wertpapier.

Hypothese: ↑ Ansicht, ↑ Behauptung.
hypothetisch: ↑ erfunden; -er Konjunktiv
↑ Modus.
Hysterie: ↑ Aufregung, ↑ Erregung.
hysterisch ↑ aufgeregt.

-iana ↑ Werk.
Iatrik ↑ Heilkunde.
Iberoamerika ↑ Südamerika.
Ibis ↑ Vogel.
Ibo ↑ Schwarzer.
IC ↑ Eisenbahnzug.
¹ich, ich für mein[en] Teil, meine Wenigkeit,
wir, unsereiner, unsereins, was mich angeht /
betrifft, wenn Sie mich fragen ...
²ich: was weiß i. ↑ wissen.
ichbezogen ↑ selbstsüchtig.
Ichbezogenheit ↑ Selbstsucht.
Ichmensch ↑ Egoist.
Ichroman ↑ Roman.
Ichsucht ↑ Selbstsucht.
ichsüchtig ↑ selbstsüchtig.
Ichthyismus ↑ Lebensmittelvergiftung.
¹ideal, vollkommen, Traum-, Bilderbuch-, wie
im Bilderbuch; ↑ geeignet, ↑ trefflich, ↑ vollkommen; ↑ Inbegriff, ↑ Muster.
²ideal: ↑ geeignet, ↑ trefflich.
Ideal: ↑ Abgott, ↑ Muster.
Idealehe ↑ Ehe.
idealisieren ↑ loben.
Idealist ↑ Optimist.
idealistisch ↑ selbstlos.
idealiter ↑ Einbildung.
Idee: ↑ Bedeutung, ↑ Fabel; fixe I. ↑ Spleen; eine
I. ... ↑ wenig; [eine I. haben] ↑ Einfall.
ideell ↑ gedacht.
Ideendrama ↑ Drama.
Ideenfolge ↑ Gedankengang.
Ideenkette ↑ Gedankengang.
ideenreich ↑ schöpferisch.
Ideenreichtum ↑ Einfallsreichtum.
Ideenschrift ↑ Schrift.
Identifikationsfigur, Integrationsfigur, Schlüs-
selfigur, Symbolfigur, Kristallisationspunkt,
Galionsfigur, Vaterfigur, Kultfigur; ↑ Frau,
↑ Mann, ↑ Optimist (Hoffnungsträger).
¹identifizieren (sich mit etwas / jmdn.), sich
hinter etwas / jmdn. stellen, etwas zu seiner ei-
genen Sache machen, sich mit etwas / jmdm.
gleichsetzen; ↑ eintreten (für).

²identifizieren ↑ erkennen.
identisch: ↑ übereinstimmend; -e Gleichung
↑ Gleichung.
¹Identität, Übereinstimmung, Gleichheit, We-
sensgleichheit, Dieselbigkeit (Goethe).
²Identität: seine I. nachweisen ↑ legitimieren
(sich).
Ideolekt ↑ Ausdrucksweise.
Ideologie ↑ Denkweise.
Ideologiekritik ↑ Gesellschaftskritik.
ideologisch: -e Aufweichung ↑ Trotzkismus.
Idiokrasie ↑ Überempfindlichkeit.
Idiolekt ↑ Mundart.
Idiom ↑ Mundart.
idiomatisch: ↑ regional; -e Wendung ↑ Rede-
wendung.
Idiosynkrasie ↑ Überempfindlichkeit.
Idiot: ↑ Dummkopf, ↑ geistig Behinderter.
Idiotenhügel ↑ Piste.
idiotensicher ↑ mühelos.
Idiotie: [kretinoide I.] ↑ geistige Behinderung.
Idiotikon ↑ Nachschlagewerk.
idiotisch: ↑ dumm, ↑ unsinnig.
Ido ↑ Sprache.
Idol: ↑ Abgott, ↑ Publikumsliebling.
Idolatrie ↑ Verherrlichung.
i-Dötzchen ↑ Schulanfänger.
Idrianer: I. Spitze ↑ Spitzenstickerei.
idyllisch ↑ gemütlich.
-ieren ↑ machen.
Iglu ↑ Haus.
Ignorant ↑ Nichtfachmann.
Ignoranz ↑ Unkenntnis.
ignorieren, nicht beachten / ansehen, wie Luft
behandeln, übersehen, hinwegsehen über, sich
über etwas hinwegtäuschen; keines Blickes
würdigen, keine Beachtung schenken, mit Verachtung / Nichtachtung strafen, verachten, keine Notiz nehmen von, schneiden, links liegen
lassen *(ugs.),* jmdn. nicht [mehr] ansehen / anschauen / angucken *(ugs.),* nicht einmal / gar
nicht ignorieren *(scherzh., österr.);* ↑ abweisen,
↑ missachten, ↑ übersehen; **von jmdm. ignoriert
werden,** Luft für jmdn. sein; ↑ Ansehen · Ggs.
↑ achten, ↑ Acht geben.
Ihmchen ↑ Mann.
Ikebana ↑ Kunstfertigkeit.
Ikone ↑ Andachtsbild.
ikonisch ↑ anschaulich.
Ikterus ↑ Gelbsucht.
Ila ↑ Schwarzer.
Ileum ↑ Darm.
Ileus ↑ Stuhlverstopfung.
illegal ↑ gesetzwidrig.
Illegalität ↑ Gesetzwidrigkeit.
illegitim: ↑ gesetzwidrig, ↑ unehelich.
illiquid ↑ zahlungsunfähig.
Illiquidität ↑ Zahlungsunfähigkeit.
illoyal ↑ unredlich.
Illoyalität ↑ Untreue.
Illusion ↑ Einbildung.

Illusionist ↑ Artist.

Illusionsbunker ↑ Kino.

illusorisch ↑ unwirklich.

¹Illustration, Bebilderung, Bildbeigabe; ↑ Veranschaulichung; ↑ bebildern.

²Illustration: ↑ Bild, ↑ Darlegung, ↑ Veranschaulichung.

illustrativ ↑ anschaulich.

Illustrator ↑ Zeichner.

illustrieren: ↑ anschaulich [machen], ↑ bebildern, ↑ veranschaulichen, ↑ zeichnen.

illustriert: -es Blatt, -e Zeitung / Zeitschrift ↑ Zeitschrift.

Illustrierte ↑ Zeitschrift.

Illustrierung: ↑ Darlegung, ↑ Veranschaulichung.

Iltis: ↑ Pelz, ↑ Raubtier, ↑ Wild.

im: im Nachhinein ↑ hinterher; im Vorhinein ↑ vorher.

Image ↑ Ansehen.

imaginär: ↑ unwirklich; -e Zahl ↑ Zahl.

Imagination ↑ Einbildung.

imbezil ↑ geistig behindert.

imbezill ↑ geistig behindert.

Imbezillität ↑ geistige Behinderung.

¹Imbiss, Snack, Kleinigkeit, Gabelbissen; ↑ Zwischenmahlzeit.

²Imbiss ↑ Essen.

Imbissstube ↑ Gaststätte.

Imitation ↑ Nachahmung.

Imitator ↑ Artist.

imitieren ↑ nachahmen.

imitiert ↑ unecht.

Imker, Bienenzüchter, Bienenvater, Bienenmann *(landsch.),* Zeidler *(veraltet);* ↑ Biene, ↑ Bienenstock, ↑ Bienenzucht, ↑ Hautflügler.

Imkerei ↑ Bienenzucht.

¹immateriell, körperlos, unkörperlich, substanzlos, wesenslos.

²immateriell ↑ gedacht.

Immatrikulation ↑ Anmeldung.

¹immatrikulieren (sich), sich einschreiben, sich in die Matrikel einschreiben / eintragen lassen; ↑ studieren; ↑ Hochschule, ↑ Student · Ggs. ↑ exmatrikulieren.

²immatrikulieren: sich i. ↑ anmelden (sich).

Imme ↑ Biene.

immer: ↑ unaufhörlich; fast i. ↑ generell; für i. ↑ bleibend, [nicht nur] vorübergehend; i. mit der Ruhe [und dann mit 'nem Ruck] ↑ ruhig; i. noch / wieder, noch / schon i. ↑ unaufhörlich; nicht für i. ↑ vorübergehend; wie auch i. ↑ gleichviel.

immerdar ↑ ewig.

immerfort ↑ unaufhörlich.

immerhin ↑ aber.

immer während ↑ unaufhörlich.

immerzu ↑ unaufhörlich.

Immigrant ↑ Einwanderer.

immigrieren ↑ einwandern.

Immission ↑ Umweltverschmutzung.

mmobilien, unbewegliches Vermögen,

Grundeigentum, Grundvermögen, Landbesitz, Land, Liegenschaften, Grundbesitz, Grund und Boden, Realitäten *(österr.);* ↑ Grundbuch.

Immobilienbüro ↑ Vermittler.

Immobilienhändler ↑ Vermittler.

Immobilienmakler ↑ Vermittler.

Immobilienvermittlung ↑ Vermittler.

Immobilienvermittlungsbüro ↑ Vermittler.

immun ↑ widerstandsfähig.

immunisieren: ↑ widerstandsfähig [machen]; -der Blutstoff ↑ Antikörper.

Immunisierung: aktive / passive I. ↑ Impfung.

Immunisin ↑ Antikörper.

Immunität ↑ Widerstandsfähigkeit.

Immunkörper ↑ Antikörper.

Immunschwäche ↑ Aids.

immutativ: -es Verb ↑ Verb.

Imp ↑ Biene.

Imperativ, Befehlsform · *z. B. in folgenden Bildungsweisen:* lasst uns gehen!, gehen wir!, wir wollen gehen!, hier geblieben!, hier bleiben!, bleib hier!, bleibt hier! jetzt wird Pause gemacht!

Imperfekt ↑ Tempus.

imperfektiv: -es Verb ↑ Verb.

Imperialismus, Weltmachtstreben, Expansionsstreben, Neoglobalismus; ↑ Kapitalismus.

Imperialist ↑ Militarist.

Imperium: ↑ Bund, ↑ Staat.

-imperium ↑ Unternehmen.

Impersonale ↑ Verb.

impertinent ↑ frech.

Impertinenz ↑ Frechheit.

Impetigo, Eiterflechte, Grindflechte, Flechte, Eitergrind, Eiterpusteln · *mit Geschwürsbildung:* Ekthym, ulzerierende Impetigo; ↑ Bartflechte, ↑ Haarbalgentzündung, ↑ Hautausschlag.

Impetus ↑ Neigung.

impfen, eine Impfung vornehmen / durchführen / machen, jmdm. eine Impfung verpassen *(ugs.);* ↑ Impfung.

Impfstoff ↑ Serum.

¹Impfung, Schutzimpfung, Vakzination · *wiederholte:* Revakzination, Zweitimpfung, Auffrischungsimpfung, Schluckimpfung · *unmittelbar mit lebenden oder abgetöteten Keimen:* aktive Schutzimpfung / Immunisierung, Inokulation · *mit tierischem Immunserum:* passive Schutzimpfung / Immunisierung, Serumprophylaxe.

²Impfung: eine I. durchführen / machen / vornehmen, jmdm. eine I. verpassen ↑ impfen.

Implantation, Einpflanzung, Gewebseinpflanzung, Organeinpflanzung · *eines vorher ausgepflanzten Teils in den gleichen Organismus:* Reimplantation, Replantation, Wiedereinpflanzung, Gewebswiedereinpflanzung, Organwiedereinpflanzung; ↑ Transplantation · Ggs. ↑ Explantation.

implizieren ↑ einschließen.

implizit ↑inhärent.

implizite ↑inhärent.

implodieren ↑platzen.

Implosion ↑Explosion.

imponieren ↑gefallen.

imponierend ↑außergewöhnlich.

Imponiergehabe: ↑Benehmen, ↑Übertreibung.

Import, Einfuhr; ↑Absatzgebiet, ↑Außenhandel, ↑Handel, ↑Wirtschaft · Ggs. ↑Export.

Importartikel ↑Ware.

Importe ↑Zigarre.

imposant ↑außergewöhnlich.

impotent, zeugungsunfähig, unfruchtbar, steril, infertil · Ggs. ↑fruchtbar, ↑geschlechtsreif; **i. sein,** jenseits von Gut und Böse sein, nicht [mehr] können, keinen hochkriegen *(derb)*, jmdm. steht er nicht mehr *(derb)*; ↑kastrieren; ↑Impotenz, ↑Unfähigkeit.

Impotenz, Zeugungsunfähigkeit, Beischlafsunfähigkeit, Mannesschwäche, Impotentia coeundi; ↑Gefühlskälte; ↑gefühlskalt, ↑impotent.

imprägnieren ↑appretieren.

Imprägnierung ↑Appretur.

impraktikabel ↑unausführbar.

Impresario ↑Betreuer.

¹Impression, Sinneseindruck, Gefühlseindruck, Eindruck, Empfindung, Sinneswahrnehmung, Wahrnehmung; ↑Wahrnehmung.

²Impression ↑Verletzung.

Impressionismus: ↑Literaturepochen, ↑Malerei.

Imprimatur, Druckerlaubnis, Druckbewilligung, Approbation; ↑Druck.

Improvisation, Stegreifrede, Stegreifvortrag, Stegreifschöpfung; ↑improvisiert.

improvisieren ↑musizieren.

improvisiert, aus dem Stegreif / Handgelenk, unvorbereitet, ohne Vorbereitung, Gelegenheits-, ex tempore, aus der kalten Lamäng *(salopp);* ↑plötzlich; ↑Improvisation.

Impuls, Antrieb, Anstoß, Denkanstoß, Anregung, Wink mit dem Zaunpfahl *(ugs.),* Ermunterung, Aufmunterung; ↑Anlass, ↑Hinweis, ↑Neigung; ↑anregen.

Impulsion ↑Anankasmus.

impulsiv ↑unbesonnen.

imstande: i. sein ↑können; nicht i. sein ↑unfähig [sein].

¹in, inmitten, zwischen, mittendrin; ↑binnen, ↑zentral.

²in: ↑binnen, ↑während; in einem fort ↑unaufhörlich; in sein ↑modern [sein], ↑aktuell; in sich gehen ↑bereuen.

inaktiv: i. sein ↑passiv [sein].

Inaktivität ↑Passivität.

Inanition ↑Altersschwäche.

Inaugenscheinnahme ↑Besichtigung.

Inauguraldissertation ↑Doktorarbeit.

Inbegriff, Inkarnation, Verkörperung, Inbild, Muster, Prototyp; ↑Muster; ↑ideal.

inbegriffen: ↑einschließlich; nicht i. ↑ausgenommen.

Inbesitznahme ↑Besitznahme.

Inbetriebnahme ↑Einweihung.

Inbild ↑Inbegriff.

Inbrunst ↑Begeisterung.

inbrünstig ↑begeistert.

Inchacao ↑Beriberi.

inchoativ: -es Verb ↑Verb.

in concert ↑leibhaftig.

indanthren ↑farbecht.

¹indem, dadurch dass; ↑weil.

²indem ↑während.

Inder ↑Sternbild.

indes ↑aber.

indessen: ↑aber, ↑inzwischen.

Index: ↑Verzeichnis; auf den I. setzen ↑verbieten.

Indexlohn ↑Lohn.

Indian ↑Truthuhn.

¹Indianer, Rothaut · *nordamerikanischer:* Athapaske, Dene, Algonkin, Arapaho, Sioux, Irokese, Cherokee, Tuscarora, Uto-Azteke, Muskogee, Creek, Hurone, Sauk, Seminole, Apache, Cheyenne, Schwarzfuß, Blackfoot, Dakota, Navajo, Navaho, Comanche · *südamerikanischer:* Indio, Puebloindianer, Aruak, Tupi, Patagonier, Tukano, Inka, Guaicuru, Quechua, Guarani · *ostbrasilianischer:* Botokude; ↑Rasse.

²Indianer: Cowboy und I. ↑Versteckspiel.

Indianerbüffel ↑Bison.

Indianerroman ↑Roman.

Indianersommer ↑Altweibersommer.

Indianertanz: Indianertänze aufführen ↑freuen (sich).

indianisch: -es Korn ↑Getreide.

Indien, Vorderindien, [indischer] Subkontinent · Hinterindien.

Indienststellung ↑Einweihung.

indifferent ↑unparteiisch.

indigen: -es Wort ↑Wort.

Indigestion ↑Verdauungsstörung.

indigniert ↑ärgerlich.

indigo ↑blau.

indigoblau ↑blau.

Indik ↑Weltmeer.

Indikativ ↑Modus.

Indio ↑Indianer.

indirekt: -e Steuer ↑Abgabe.

indisch: Indischer Ozean ↑Weltmeer; -e Rupie ↑Zahlungsmittel; -er Tee ↑Tee.

indiskret ↑aufdringlich.

Indiskretion ↑Taktlosigkeit.

indisponiert ↑krank.

Individualethik ↑Sitte.

Individualismus, Einzelgängertum, Eigenbrötelei *(abwertend),* Nonkonformismus; ↑Einzelgängertum; ↑individuell.

Individualist ↑Außenseiter.

individualistisch ↑individuell.

Individualität ↑Vornehmheit.
Individualpsychologie ↑Psychologie.
Individualtäter ↑Verbrechen.
individuell, persönlich, subjektiv, eigenbrötlerisch *(abwertend),* individualistisch, einzelgängerisch, intraindividuell · *nicht nur individuell:* interindividuell; ↑Individualismus.
Individuum ↑Mensch.
Indiz ↑Nachweis.
indizieren ↑verbieten.
indoktrinieren ↑lenken.
indolent: ↑schmerzlos, ↑träge.
Indolenz ↑Teilnahmslosigkeit.
Indologie ↑Philologie.
Indri ↑Affe.
Induktionsstrom ↑Elektrizität.
induktiv ↑Erfahrung.
Indulgenz ↑Duldung.
Industrie ↑Wirtschaft.
Industrieabfall ↑Müll.
Industrieabwässer ↑Abwasser.
Industriearchäologie ↑Archäologie.
industrieblond ↑blond.
Industrieerzeugnis ↑Ware.
Industriefilm ↑Kinofilm.
Industriegas ↑Gas.
Industriegebiet, Industrielandschaft, Ballungsgebiet, Ballungszentrum; ↑Gebiet.
Industriegesellschaft ↑Gesellschaft.
Industriekapitän: ↑Großindustrieller, ↑Manager.
Industriekaufmann ↑Büroangestellte[r].
Industrieland ↑Industrienation.
Industrielandschaft ↑Industriegebiet.
Industrieller ↑Unternehmer.
Industriemacht ↑Industrienation.
Industriemesse ↑Messe.
Industriemüll ↑Müll.
Industrienation, Industrieland, Industriestaat, Industriemacht · Ggs. ↑Entwicklungsländer.
Industrieobligation: -en ↑Wertpapier.
Industriepfarrer ↑Geistlicher.
Industriepsychologie ↑Psychologie.
Industriestaat ↑Industrienation.
Industriezucker ↑Zucker.
in extenso: ↑ausführlich, ↑ganz.
infam ↑gemein.
Infamie ↑Bosheit.
Infant ↑Thronfolger.
Infanterie ↑Waffengattung.
Infanteriestellung ↑Schützengraben.
Infanterist ↑Soldat.
infantil ↑kindisch.
Infantilismus ↑Infantilität.
Infantilität, Infantilismus, Kindlichkeit, Unentwickeltheit, Puerilismus; ↑Albernheit; ↑kindisch.
Infarkt ↑Gefäßverstopfung.
Infekt ↑Ansteckung.
Infektion ↑Ansteckung.

inferior ↑minderwertig.
Inferno ↑Hölle.
infertil ↑impotent.
infiltrieren, durchsetzen, [ideologisch] unterwandern, [Agenten] einschleusen; ↑konspirieren; ↑Spion, ↑Verschwörung.
Infix: ↑Affix, ↑Silbe.
infizieren: ↑beeinflussen; sich i. ↑krank [werden].
Inflation ↑Geldentwertung.
Influenza ↑Grippe.
infolge ↑wegen.
infolgedessen ↑also.
Informant ↑Gewährsmann.
Information: ↑Mitteilung, ↑Nachricht; nach letzter I. ↑Lage.
Informationsdiebstahl ↑Kriminalität.
Informationsreise ↑Reise.
informativ, informierend, belehrend, instruktiv, informatorisch, informell; ↑Mitteilung; ↑mitteilen.
informatorisch ↑informativ.
informell: ↑informativ, ↑ungezwungen; -e Kunst ↑Malerei.
informieren: ↑mitteilen; sich i. ↑fragen; informiert sein ↑wissen; i. über ↑aussagen.
informierend ↑informativ.
Informierung ↑Nachricht.
infrage: i. kommen ↑eignen [sich]; i. stellen ↑zweifeln; man muss sehr i. stellen, ob ... ↑ungewiss [sein]; i. kommend ↑potenziell; kommt nicht i. ↑nein; etwas kommt nicht i. ↑tun.
Infraktion ↑Knochenbruch.
Infrastruktur, volkswirtschaftlicher Unterbau eines Landes; ↑Wirtschaft.
Infusion ↑Verabreichung.
Infusionstierchen ↑Einzeller.
Infusorium ↑Einzeller.
Ingenieur, Techniker, Chefingenieur · Homo faber, Diplomingenieur · Bauingenieur, Hochbauingenieur, Tiefbauingenieur, Bergingenieur, Betriebsingenieur, Bordingenieur, Elektroingenieur, Klimaingenieur, Kälteingenieur, Lüftungsingenieur, Maschinenbauingenieur, Sicherheitsingenieur, Verkehrsingenieur, Textilingenieur, Projektingenieur, Planungsingenieur, Verkaufsingenieur, Vertriebsingenieur, Serviceingenieur, Versuchsingenieur, Prüfingenieur · *für den Umweltschutz:* Gesundheitsingenieur *(scherzh.),* Entsorger; ↑bauen.
ingeniös ↑schöpferisch.
Ingeniosität ↑Einfallsreichtum.
Ingenium ↑Begabung.
Ingrainpapier ↑Papier.
Ingredienz: -ien ↑Zutaten.
ingressiv: -es Verb ↑Verb.
Ingrimm ↑Ärger.
ingrimmig ↑ärgerlich.
Ingwer ↑Gewürz.
Inhaber ↑Besitzer.
Inhaberaktie ↑Wertpapier.

inhaftieren ↑verhaften.
Inhaftierter ↑Gefangener.
Inhaftierung ↑Verhaftung.
Inhalation ↑Verabreichung.
¹inhalieren, einatmen; ↑atmen.
²inhalieren: einen i. ↑trinken.
Inhalt: ↑Bedeutung, ↑Fabel; zum I. haben ↑einschließen, ↑Gegenstand.
Inhaltsangabe: ↑Schulaufsatz, ↑Zusammenfassung.
inhaltslos: ↑oberflächlich, ↑phrasenhaft.
Inhaltslosigkeit ↑Trivialität.
Inhaltsmusik ↑Musik.
inhaltsreich, inhaltsvoll, reichhaltig, gehaltvoll, substanzreich, substanzhaltig, substanziell, aussagekräftig, aussagestark, stark [in der Aussage]; ↑außergewöhnlich.
Inhaltssatz ↑Satz.
inhaltsvoll ↑inhaltsreich.
inhärent, innewohnend, anhaftend, implizit, implizite; ↑anhaften.
inhärieren ↑anhaften.
inhuman ↑unbarmherzig.
Inhumanität ↑Grausamkeit.
Initiale ↑Buchstabe.
Initialwort: ↑Abkürzung, ↑Wort.
initiativ: iniatativ werden ↑unternehmen (etwas).
Initiative: ↑Entschlusskraft, ↑Volksentscheid; die I. ergreifen ↑unternehmen (etwas).
Initiator ↑Gründer.
initiieren ↑anregen.
Injektion: ↑Einspritzung, ↑Verabreichung; eine I. geben / verabreichen ↑spritzen.
Injektionsspritze ↑Spritze.
injizieren ↑spritzen.
Injizierung: ↑Einspritzung, ↑Verabreichung; eine I. geben / verabreichen ↑spritzen.
Injurie ↑Beleidigung.
Inka ↑Indianer.
Inkarnation ↑Inbegriff.
Inkassant ↑Kassierer.
Inkasso ↑Eintreibung.
inklusive ↑einschließlich.
inkognito ↑anonym.
inkohativ: -es Verb ↑Verb.
inkommodieren ↑behelligen.
inkongruent ↑ungleich.
Inkongruenz ↑Nichtübereinstimmung.
inkonsequent ↑folgewidrig.
Inkonsequenz, Widersprüchlichkeit, Unbeständigkeit; ↑folgewidrig · Ggs. ↑Beharrlichkeit.
Inkriminierung ↑Beschuldigung.
Inkubationszeit ↑Wartezeit.
Inkubus ↑Traum.
Inkunabel ↑Druck.
Inland ↑Heimat.
Inlandeis ↑Polareis.
Inlandsmarkt ↑Absatzgebiet.
Inlay ↑Zahnersatz.

Inlett ↑Stoff.
inliegend ↑anbei.
in medias res: i. gehen ↑Einleitung.
inmitten ↑in.
Inn ↑Hotel.
in natura ↑leibhaftig.
innehaben, einnehmen, bekleiden, versehen, ausüben, einen Rang / eine Stellung haben, amtieren, amten *(südd., schweiz.)*, Dienst tun, tätig sein als, sein; ↑haben.
innehalten ↑unterbrechen.
¹innen, im Innern, an der Innenseite / der inneren Seite; ↑drinnen · Ggs. ↑außen.
²innen ↑anbei.
Innenarchitekt ↑Raumausstatter.
Innenarchitektur, Hightech, Spitzentechnologie.
Innenbackenbremse ↑Bremse.
Innendekoration, Raumgestaltung, Raumkunst; ↑Raumausstatter.
Innenleben ↑Gefühlsleben.
Innenseite: an der I. ↑innen.
Innenstadt, Stadtmitte, Stadtkern, Altstadt, Stadtzentrum, Zentrum, City, Innerstadt *(schweiz.)*; ↑Mittelpunkt, ↑Ort, ↑Stadt, ↑Stadtgebiet, ↑Stadtteil.
Innenwand ↑Mauer.
innere: ↑intern; i. Stimme ↑Ahnung.
Innere: -s ↑Heilkunde, ↑Seele; im Innern ↑anbei, ↑innen.
¹Innereien, essbare Eingeweide, Gekröse · Herz · Lunge · Leber · Magen · Niere ·Kaldaunen, Kutteln, Kuttelflecke, Flecke · Bries, Kalbsbries, Brieschen, Briesel, Bröschen, Kalbsmilch.
²Innereien ↑Eingeweide.
innerhalb ↑binnen.
innerlich: ↑empfindsam; sich i. entfernen von ↑zurückziehen (sich).
Innerlichkeit ↑Empfindsamkeit.
innerparteilich ↑parteiintern.
Innerschweiz, Urschweiz, Zentralschweiz, Urkantone; ↑Schweiz.
Innerstadt ↑Innenstadt.
innert ↑binnen.
innervieren ↑anregen.
innewerden ↑wahrnehmen.
innewohnen ↑anhaften.
innewohnend ↑inhärent.
innig: -sten Dank! ↑danke!
Innovation ↑Neubelebung.
in nuce ↑kurz.
Innung: ↑Genossenschaft, ↑Zweckverband; die ganze I. blamieren ↑kompromittieren.
¹inoffiziell, nichtamtlich, außerdienstlich; ↑vertraulich · Ggs. ↑amtlich.
²inoffiziell ↑Verschwiegenheit.
Inokulation ↑Impfung.
in persona ↑persönlich.
in petto: i. haben ↑haben, ↑vorhaben.
in praxi ↑wirklich.

in puncto ↑hinsichtlich.
Input ↑Produktionsmittel (die).
Inquisitenspital ↑Krankenhaus.
Inquisition ↑Verhör.
in realiter ↑leibhaftig.
Insasse ↑Hausbewohner.
insbesondere ↑besonders.
Inschrift ↑Aufschrift.
Insekt, Kerbtier, Kerf · Käfer, Fächerflügler, Hautflügler, Floh, Fliege, Schmetterling, Zweiflügler, Netzflügler, Schnabelkerf, Heuschrecke, Ohrwurm, Schabe, Termite, Fangschrecke, Libelle, Wasserjungfer, Eintagsfliege, Borstenschwanz, Springschwanz, Beintastler, Doppelschwanz; ↑Glühwürmchen, ↑Heuschrecke, ↑Hautflügler, ↑Libelle, ↑Marienkäfer, ↑Schmetterling, ↑Ungeziefer.
Insektenkunde, Entomologie; ↑Fliege, ↑Mücke, ↑Stechmücke.
Insel, Eiland, Atoll, Koralleninsel, Hallig, Werder, Wört[h], Au, Aue, Sandbank, Sand, Barre, Riff, Klippe, Schäre · *schwimmende aus Treibholz:* Raft.
Inselstadt ↑Berlin.
Inselvenedig ↑Venedig.
Insemination ↑Befruchtung.
insensibel ↑schmerzunempfindlich.
Inserat: ↑Angebot; ein I. aufgeben ↑annoncieren.
inserieren: ↑annoncieren, ↑anzeigen, ↑Werbung [treiben].
Insertion ↑Angebot.
insgeheim: ↑heimlich, ↑unbemerkt.
insgesamt, im Ganzen [gesehen], en bloc, summa summarum, gesamt, gesamthaft *(schweiz.);* ↑ganz; ↑Ganzheit, ↑Vollständigkeit.
Insignien ↑Abzeichen.
insistieren: ↑bestehen (auf), ↑fragen, ↑zusetzen (jmdm.).
inskribieren ↑anmelden (sich).
Inskription ↑Anmeldung.
inskünftig ↑später.
insofern ↑deshalb.
Insolation ↑Überhitzung.
Insolenz ↑Frechheit.
insolvent ↑zahlungsunfähig.
Insolvenz ↑Zahlungsunfähigkeit.
Insomnie ↑Schlaflosigkeit.
in spe ↑später.
Inspekteur ↑Kontrolleur.
Inspektion: ↑Durchsicht, ↑Überwachung.
Inspiration ↑Einfall.
inspirieren: jmdn. zu etwas i. ↑anstacheln.
inspizieren: ↑kontrollieren, ↑überwachen.
Inspizierung ↑Kontrolle.
Installateur · Klempner *(nordd.),* Spengler *(oberd., westd.),* Flaschner *(südwestd.),* Blechner *(südwestd.),* Blechschmied *(landsch.);* ↑Schlosser.
Installation ↑Amtseinführung.
instand: i. setzen ↑reparieren.

Instandhaltung, Unterhaltung, Unterhalt, Erhaltung, Pflege, Wartung; ↑Wiederherstellung; ↑rekonstruieren, ↑reparieren.
inständig ↑nachdrücklich.
Inständigkeit ↑Nachdrücklichkeit.
Instandsetzung ↑Wiederherstellung.
Instantkaffee ↑Pulverkaffee.
Instanzenweg ↑Amtsweg.
Instanzenzug ↑Amtsweg.
Instauration ↑Wiederherstellung.
instaurieren ↑reparieren.
Instillation ↑Verabreichung.
Instinkt ↑Gefühl.
Instinkthandlung ↑Verhaltensweise.
instinktiv ↑gefühlsmäßig.
instituieren ↑gründen.
Institut, Seminar, Anstalt, Ausbildungsstätte, Kaderschmiede, Bildungsstätte, Bildungsanstalt, Studienanstalt, Forschungsanstalt, Forschungsinstitut, Laboratorium, Labor; ↑Hochschule, ↑Institution, ↑Schule.
Institution, Einrichtung · *zur allmählichen Resozialisierung von Rauschgiftsüchtigen:* Releasecenter; ↑Eingliederung, ↑Institut, ↑Kur.
instruieren ↑lehren.
Instrukteur, Instruktor, Anleiter, Kursleiter, Unterrichtender, Ausbilder, Ausbildner *(österr.);* ↑Berater, ↑Lehrer.
Instruktion ↑Weisung.
instruktiv: ↑informativ, ↑interessant.
Instruktor ↑Instrukteur.
Instrument: ↑Gerätschaft, ↑Musikinstrument; zum I. machen ↑vermarkten.
Instrumentalis ↑Kasus.
instrumentalisieren ↑vermarkten.
Instrumentalist ↑Musizierender.
Instrumentalmusik ↑Musik.
Instrumentalsatz ↑Satz.
instrumentieren ↑vertonen.
Insubordination ↑Widerstand.
Insuffizienz: ↑Funktionsstörung, ↑Unfähigkeit.
Insufflation ↑Verabreichung.
Insulin ↑Hormon.
Insult: ↑Anfall, ↑Beleidigung.
Insultation ↑Anfall.
insultieren: ↑behelligen, ↑kränken.
Insultierung ↑Beleidigung.
Insurgent ↑Revolutionär.
Insurrektion ↑Verschwörung.
Inszenator ↑Regisseur.
inszenieren: ↑veranstalten, ↑verwirklichen.
Inszenierung: ↑Abhaltung, ↑Bewerkstelligung.
Intarsia ↑Einlegearbeit.
Intarsie: [-n] ↑Einlegearbeit.
Integralrechnung ↑Mathematik.
Integration ↑Eingemeindung.
Integrationsfigur ↑Identifikationsfigur.
integrieren: ↑einfügen, ↑verbünden (sich); -d ↑nötig; integriert ↑zugehörig; -der Teil ↑Bestandteil.

Intellekt ↑Vernunft.

Intellektueller, Geistesarbeiter, Kopfarbeiter, Bildungsphilister *(abwertend),* Intelligenzler *(abwertend),* Eierkopf, Egghead, Highbrow, Intelligenzbestie *(abwertend),* Gehirnakrobat *(ugs., scherzh.)* · *weiblicher:* Blaustrumpf; ↑Bildung, ↑Mensch, ↑Oberschicht; ↑klug.

intelligent ↑klug.

Intelligenz: ↑Begabung, ↑Oberschicht; künstliche I. ↑Computer.

Intelligenzbestie ↑Intellektueller.

Intelligenzblatt ↑Zeitung.

Intelligenzfrage ↑Frage.

Intelligenzija ↑Oberschicht.

Intelligenzler ↑Intellektueller.

Intelligenzprothese ↑Brille.

Intelligenzquotient, IQ; ↑Begabung, ↑Vernunft.

intendieren ↑vorhaben.

Intension ↑Bedeutung.

intensiv: ↑durchdringend, ↑konzentriert; -es Verb ↑Verb.

intensivieren ↑verstärken.

Intensivierung ↑Steigerung.

Intensivstation ↑Krankenhaus.

Intention ↑Absicht.

Interaktion ↑Verhältnis.

Intercityzug: ↑Eisenbahnzug, ↑Verkehrsmittel.

Interdependenz ↑Verhältnis.

Interdikt ↑Verbot.

interdisziplinär ↑allgemein.

interessant, anregend, ansprechend, spannend, spannungsreich, fesselnd, reizvoll, entzückend, ergreifend, packend, mitreißend, lehrreich, instruktiv, aufschlussreich, bemerkenswert, lesenswert, sehenswert, hörenswert, beachtenswert, erwähnenswert, wissenswert, markant, repräsentativ; ↑anziehend, ↑außergewöhnlich, ↑hübsch, ↑kennzeichnend, ↑kurzweilig, ↑nützlich, ↑wichtig.

Interesse: ↑Mitgefühl, ↑Neugier, ↑Reiz, ↑Zuneigung; -n ↑Belange; I. haben für ↑aufgeschlossen [sein]; I. zeigen für ↑lieben; in jmds. I. sein ↑nützlich [sein].

Interesselosigkeit ↑Teilnahmslosigkeit.

Interessengruppe ↑Interessenverband.

Interessenkonflikt ↑Zwiespalt.

Interessent ↑Kunde.

Interessenverband, Interessengruppe, Pressuregroup; ↑Interessenvertretung, ↑Lobbyist.

Interessenvertreter ↑Lobbyist.

Interessenvertretung, Vertretung, Lobby; ↑Interessenverband, ↑Lobbyist, ↑Werbung.

interessieren: sich interessiert zeigen, interessiert sein an ↑aufgeschlossen [sein], ↑bemühen (sich um); sich i. für ↑bemühen (sich um); sich für jmdn. i. ↑verlieben (sich); jmdn. für etwas i. ↑gewinnen (jmdn. für etwas).

interessiert: ↑angelegentlich, ↑erwartungsvoll.

Interferenz ↑Überlagerung.

Interieur ↑Bild.

interimistisch ↑inzwischen.

interindividuell ↑individuell.

Interjektion ↑Wortart.

Interlinearversion ↑Übersetzung.

Interlingua ↑Sprache.

Interlinguistik ↑Sprache.

Interludium ↑Zwischenspiel.

Intermediärkörper ↑Antikörper.

Intermezzo: ↑Ereignis, ↑Zwischenspiel.

Intermission ↑Unterbrechung.

intermittieren: -der Puls ↑Pulsschlag.

intern, innere, Außenstehende nicht betreffend / nichts angehend, geheim, vertraulich; ↑heimlich; ↑Verschwiegenheit.

Internat ↑Heim.

international: ↑allgemein; -e Sprache ↑Sprache.

¹Internationalismus, Völkerfamilie, Völkerfreundschaft, Völkergemeinschaft.

²Internationalismus ↑Wort.

internieren ↑festsetzen (jmdn.).

Internist ↑Arzt.

interplanetar ↑kosmisch.

interplanetarisch ↑kosmisch.

Interpol ↑Polizeibehörde.

¹Interpret, Ausleger, Erklärer, Deuter.

²Interpret ↑Musizierender.

Interpretation ↑Auslegung.

Interpreter ↑Dolmetscher.

interpretieren ↑auslegen.

Interpunktion ↑Zeichensetzung.

Interregiozug ↑Eisenbahnzug.

Interrogativsatz ↑Satz.

Interruptio: ↑Abtreibung; [I. graviditatis] ↑Fehlgeburt.

Intersexualität ↑Zwittertum.

Intersprache ↑Sprache.

interstellar ↑kosmisch.

¹Intervall, Zwischenraum, Zwischenzeit, Zeitabstand, Lücke; ↑Zeitraum; ↑inzwischen.

²Intervall: ↑Tonabstand; in bestimmten / regelmäßigen -en ↑periodisch.

intervenieren ↑vermitteln.

Intervention ↑Okkupation.

Interview: ↑Frage, ↑Gespräch, ↑Umfrage.

interviewen ↑fragen.

Interviewer ↑Marktforscher.

Interzonengrenze ↑Grenze.

intim: -er Bereich ↑Privatleben; -e Beziehungen ↑Koitus; -e Beziehungen haben, mit jmdm. i. werden ↑koitieren.

Intimfeind: ↑Feind, ↑Gegner.

Intimität ↑Koitus.

Intimkrankheit ↑Aids.

Intimsphäre ↑Privatleben.

Intimspray: ↑Desodorans, ↑Spray.

Intimus ↑Freund.

Intimverkehr ↑Koitus.

intolerabel ↑unerträglich.

intolerant ↑engherzig.
Intoleranz: ↑Überempfindlichkeit, ↑Unduldsamkeit.
intonieren ↑anfangen.
in toto ↑ganz.
Intoxation ↑Vergiftung.
Intoxikation ↑Vergiftung.
intraarteriell: i. spritzen ↑spritzen.
Intrada ↑Einleitung.
intraindividuell ↑individuell.
intrakardial: i. spritzen ↑spritzen.
intramuskulär: i. spritzen ↑spritzen.
intransigent ↑unzugänglich.
Intransigenz: ↑Eigensinn, ↑Unduldsamkeit.
intransitiv: -es Verb ↑Verb.
Intrauterinpessar ↑Empfängnisverhütungsmittel.
intravenös: i. spritzen ↑spritzen.
Intrige ↑Arglist.
intrigieren, jmdn. gegen jmdn. ausspielen, Ränke schmieden, kunkeln *(landsch.),* kungeln *(landsch.);* ↑konspirieren; ↑Bosheit, ↑Drahtzieher.
Introduktion ↑Einleitung.
introvertiert ↑unzugänglich.
Introvertiertheit ↑Verschlossenheit.
Intruder ↑Flugzeug.
Intuition ↑Einfall.
intuitiv ↑gefühlsmäßig.
intus: einen i. haben ↑betrunken [sein]; etwas i. kriegen ↑verstehen.
Inunktion ↑Verabreichung.
Invalide ↑Körperbehinderter.
Invasion ↑Okkupation.
Invektive ↑Beleidigung.
Inventar: ↑Mobiliar, ↑Verzeichnis.
Inventur, Bestandsaufnahme, Jahresabschluss; ↑zählen.
Inventurverkauf ↑Ausverkauf.
Inversion: ↑Permutation.
investieren ↑zahlen.
Investierung ↑Investition.
Investition, Investierung, Kapitalanlage, Geldanlage, Anlage; **als I. [gegeben],** investiv.
Investitur ↑Amtseinführung.
investiv ↑Investition.
Investmentpapier ↑Wertpapier.
in vivo, am lebenden Objekt; ↑lebendig.
Invokavit ↑Kirchenjahr.
involvieren: ↑einschließen; etwas involviert jmdn. ↑betreffen.
inwieweit: man kann kaum sagen, i. ... ↑ungewiss [sein].
Inwohner ↑Hausbewohner.
inzentiv ↑zugkräftig.
Inzest, Blutschande, Inzucht, Geschwisterliebe; ↑Unzucht, ↑Vergewaltigung; ↑anstößig.
Inzicht ↑Beschuldigung.
inzident ↑nebenbei.
Inzisio ↑Zahn.
Inzision ↑Operation.

Inzucht ↑Inzest.
inzwischen, in der Zwischenzeit, zwischenzeitlich, interimistisch, zwischendurch, zwischendrin, zwischendrein, indessen, währenddessen, währenddem, unterdessen, dieweil, derweil, mittlerweile, einstweilen; ↑während.
ionisch: -es Kapitell ↑Kapitell; -er Stil ↑Baustil.
Ipsation ↑Selbstbefriedigung.
Ipsismus ↑Selbstbefriedigung.
i-Punkt ↑Krönung.
IQ ↑Intelligenzquotient.
IR ↑Eisenbahnzug.
Irak-Dinar ↑Zahlungsmittel.
Iran, Persien (bis 1935).
Iranistik ↑Philologie.
Irbis ↑Raubtier.
¹irdisch, tellurisch, terrestrisch.
²irdisch: ↑weltlich; -e Güter ↑Besitz; das -e Jammertal ↑Welt; sich dem -en Richter entziehen ↑entleiben (sich); den Weg alles Irdischen gehen ↑faulen.
irgend: irgendjemand ↑jmd.
irgendein: ↑jmd.; an -em Ort / Platz, an -er Stelle ↑irgendwo.
irgendwer ↑jmd.
irgendwo, an irgendeinem Ort / Platz, an irgendeiner Stelle · Ggs. ↑nirgends.
Iridium ↑Edelmetall.
irisch: Irische See ↑Atlantik; Irischer Wolfswindhund ↑Hunderassen.
Irishcoffee ↑Kaffee.
Irishpoint ↑Spitzenstickerei.
Irishstew ↑Eintopf.
Irokese ↑Indianer.
Irokesenschnitt ↑Frisur.
Ironie ↑Humor.
ironisch ↑spöttisch.
ironisieren ↑schadenfroh [sein].
irrational ↑gefühlsbetont.
irre: ↑sehr; an jmdm. -werden ↑glauben (jmdn.).
irreal ↑unwirklich.
Irrealis ↑Modus.
Irrealität ↑Einbildung.
irreduktibel, irreduzibel, unwiederherstellbar, unzurückführbar, nicht ableitbar; ↑folgern · Ggs. ↑zurückführbar.
irreduzibel ↑irreduktibel.
irreführend ↑unwirklich.
Irreführung: ↑Betrug, ↑Mystifikation.
irregehen: ↑verirren (sich).
irregulär ↑unüblich.
Irregularität ↑Abweichung.
irrelevant ↑unwichtig.
Irrelevanz ↑Bedeutungslosigkeit.
irremachen ↑verwirren.
¹irren (sich), fehlgehen in, verblendet sein, sich täuschen / versehen / verrechnen / *(ugs.)* vergaloppieren / *(ugs.)* vertun / *(salopp)* verhauen, danebenhauen *(salopp),* im Irrtum / *(ugs.)* auf dem

Holzweg sein, denkste! *(salopp),* typischer Fall von denkste *(salopp),* auf dem falschen Dampfer sitzen *(ugs.),* schief gewickelt sein *(salopp),* die Rechnung ohne den Wirt machen, sich in den Finger schneiden, jmd. liegt falsch / schief *(ugs.),* schlecht beraten sein, einen Fehler machen; ↑missverstehen, ↑verirren (sich).

²irren: sich nicht i. ↑Recht.

irreparabel, unwiederherstellbar, nicht wieder gutzumachen, irreversibel, nicht umkehrbar; ↑unheilbar.

Irrer: armer I. ↑Dummkopf.

irreversibel: ↑irreparabel; nicht i. ↑austauschbar.

Irrfahrt ↑Fahrt.

Irrgang ↑Irrgarten.

Irrgarten, Labyrinth, Irrgang.

Irrglaube ↑Ketzerei.

irrgläubig ↑ketzerisch.

Irrgläubiger ↑Ketzer.

irrig: ↑abwegig, ↑falsch.

Irrigation ↑Einlauf.

Irritabilität ↑Überempfindlichkeit.

Irritation ↑Erregung.

irritieren ↑verwirren.

Irrlehre ↑Ketzerei.

irrlichtern: ↑spuken; -d ↑gespenstisch.

Irrsinn ↑Absurdität.

irrsinnig ↑sehr.

Irrstern ↑Komet.

Irrtum: ↑Fehler; im I. sein ↑irren (sich).

irrtümlich ↑versehentlich.

Irrwisch ↑Kind.

Irrwitz ↑Absurdität.

Isabell ↑Pferd.

Isagogik ↑Theologie.

Isar-Athen ↑München.

Isar-Stadt ↑München.

Ischias ↑Arthritis.

Isegrim ↑Wolf.

Isfahan ↑Orientteppich.

-isieren ↑machen.

Islam ↑Weltreligion.

isländisch: -e Krone ↑Zahlungsmittel; Isländisch Moos ↑Flechte.

Islandpony ↑Pferd.

iso-: ↑homo-.

Isolationsfolter ↑Freiheitsentzug.

Isolationshaft ↑Freiheitsentzug.

Isolationsmauer ↑Mauer.

isolieren: ↑ausschließen; sich i. ↑abkapseln (sich).

Isolierglas ↑Glas.

Isolierstation ↑Krankenhaus.

isoliert ↑einzeln.

Isolierung: ↑Abkapselung, ↑Einsamkeit.

Isolierungsmauer ↑Mauer.

isometrisch: -es Training ↑Entspannungsübung.

Isonym ↑Homonym.

Isonymie ↑Wortgleichheit.

Isoplastik ↑Transplantation.

Israel, Palästina *(hist.),* das Heilige / Gelobte Land *(bibl.);* ↑Israelit; ↑israelitisch.

Israeli ↑Israelit.

israelisch: -es Pfund ↑Zahlungsmittel.

Israelit, Israeli, Jude, Semit, Zionist; ↑Israel; ↑israelitisch.

israelitisch, jüdisch · *in Bezug auf den Glauben:* mosaisch; ↑Israel, ↑Israelit.

Istanbul, Konstantinopel *(veraltet),* Byzanz *(im Altertum).*

Iste ↑Penis.

Itaker ↑Italiener.

Itala ↑Bibelübersetzung.

Italiener, Itaker *(abwertend),* Katzelmacher *(abwertend),* Tschinkele *(österr., schweiz., abwertend),* Spaghetti *(abwertend),* Makkaroni *(abwertend),* Maiser *(schweiz.).*

italienisch: -er Salat ↑Salat.

Italowestern ↑Wildwestfilm.

iterativ: -es Verb ↑Verb.

i-Tüpfel: genau sein bis aufs i. ↑gewissenhaft.

i-Tüpfel-Reiter ↑Pedant.

ja, jawohl, aber ja, seis drum, gewiss, sicher, freilich, doch, allerdings, natürlich, selbstverständlich, selbstredend, sehr wohl, in der Tat, gern[e], mit Freuden / Vergnügen / *(ugs.)* Kusshand, es ist mir ein Vergnügen, ich habe keine Einwände / nichts dagegen [einzuwenden], es soll mir recht sein, wie du willst / meinst, wenns dir Spaß macht, genehmigt *(ugs.),* schön, gut, durchaus, auf jeden Fall, allemal, versteht sich, [na] klar *(ugs.),* nu na [nicht] *(ugs., österr.),* was denn sonst, meinetwegen, von mir aus *(ugs.),* in Gottes / in drei Teufels Namen *(ugs.),* wenns denn sein muss *(ugs.);* ↑okay, ↑wahrscheinlich, ↑zweifellos · Ggs. ↑nein.

Ja: zu etwas [Ja [und Amen] sagen ↑billigen.

Jab ↑Fausthieb.

¹Jabot, Plastron, Brustlatz · *bei festlicher Männerkleidung:* Hemdbrust, Vorhemd, Chemisett (das), Chemisette (die); ↑Besatz, ↑Krawatte.

²Jabot ↑Besatz.

Jachthafen ↑Hafen.

Jäckchen: Berchtesgadener J. ↑Strickweste.

¹Jacke, Jackett, Sakko, Wams, Rock *(landsch.),* Kittel *(landsch.),* Joppe, Schlutte *(mundartl., schweiz.),* Janker *(südd., österr.),* Spenzer, Spenser *(österr.),* Trachtenjacke,

Trachtenjanker · Klubjacke, Blazer · *mit engem Taillenschluss und Bündchenärmeln:* Lumberjack; ↑Anorak, ↑Kleidung, ↑Strickweste, ↑Weste.

²Jacke: ↑Strickweste; das ist J. wie Hose ↑einerlei; sich eine J. nicht anziehen ↑betreffen.

Jackenkleid ↑Kleid.

Jacketkrone ↑Zahnersatz.

Jackett: ↑Jacke; einen unter das J. brausen ↑trinken.

Jacquard ↑Stoff.

Jade ↑Schmuckstein.

jadegrün ↑grün.

¹Jagd, Niederjagd, Hochjagd, Lockjagd, Suchjagd, Treibjagd, Stöberjagd, Streifjagd, Parforcejagd, Hetzjagd, Hatz *(Jägerspr.),* Fangjagd, Wasserjagd, Falkenjagd, Beizjagd, Hasenjagd, Entenjagd, Bärenjagd, Löwenjagd, Großwildjagd, Hüttenjagd, Lappjagd; ↑Jagdexpedition ↑Jäger; ↑jagen.

²Jagd: ↑Jagdgebiet, ↑Verfolgung; J. machen auf, auf die J. gehen ↑jagen.

Jagdexpedition, Safari; ↑Jagd, ↑Reise.

Jagdflugzeug ↑Flugzeug.

Jagdfrevler ↑Wilderer.

Jagdgebiet, Jagdrevier, Revier, Jagd · Fischwasser; ↑Jagd.

Jagdgrund: in die ewigen Jagdgründe eingehen ↑sterben.

Jagdhund: -e ↑Hunderassen, ↑Sternbild.

Jagdhütte ↑Haus.

Jagdkanzel ↑Hochsitz.

Jagdmesser ↑Messer.

Jagdrevier ↑Jagdgebiet.

Jagdwurst ↑Wurst.

¹jagen, auf die Jagd gehen, pirschen, Jagd machen auf, auf die Pirsch gehen · *unbefugterweise:* wildern, wilddieben; ↑Wilderer · *mit einem abgerichteten Raubvogel:* beizen; ↑Hochsitz, ↑Jagd, ↑Jäger.

²jagen: ↑fortbewegen (sich), ↑verfolgen, ↑vertreiben; [sein Geld] durch die Gurgel j. ↑ausgeben; durch die Gurgel j. ↑verschwenden; sich eine Kugel durch den Kopf j. ↑entleiben (sich); in die Höhe j. ↑aufscheuchen; jmdn. ins Bockshorn j. ↑einschüchtern.

Jagen ↑Fangspiel.

¹Jäger, Weidmann, Jägersmann, Nimrod · Pelztierjäger, Trapper · *ungeübter:* Sonntagsjäger *(iron.);* ↑Förster; ↑Jagd; ↑jagen.

²Jäger: ↑Dienstgrad, ↑Flugzeug.

Jägerhut ↑Kopfbedeckung.

Jägerlatein ↑Lüge.

Jägerschnitzel ↑Fleischgericht.

Jägersprache ↑Gruppensprache.

Jaguar ↑Raubtier.

jäh: ↑plötzlich, ↑steil.

jählings ↑plötzlich.

¹Jahr, Jahrgang, Lebensjahr, Lenz *(scherzh.;* sie zählt 17 Lenze), Altersjahr *(schweiz.);* **in diesem J.,** heuer *(oberd.),* dieses Jahr; ↑diesjährig; **im**

Jahre ..., im Jahre des Herrn / des Heils *(geh.),* Anno [Domini] ..., A. D. ..., ... vor / nach Christus, ... vor / nach Christi Geburt, ... vor / nach der Zeitrechnung; ↑damals; **letztes J.,** im letzten / vergangenen Jahr, im Vorjahr.

²Jahr: ↑Zeitraum; die besten -e ↑Lebensalter; bürgerliches / liturgisches J. ↑Kalenderjahr; die goldenen Zwanzigerjahre ↑Belle Époque; heiße -e ↑Pubertät; gregorianisches / julianisches / anomalistisches / siderisches / tropisches J. ↑Zeitraum; kritische -e ↑Klimakterium; liturgisches J. ↑Kirchenjahr; die -e nach dem Krieg / nach dem Zweiten Weltkrieg ↑Nachkriegszeit; jmds. -e sind gezählt ↑sterben; ein gutes, neues J.!, viel Glück im neuen J.! ↑Neujahr; schon viele -e auf dem Buckel haben ↑alt [sein]; aus dem -e Schnee ↑altmodisch; aus den besten -en heraus sein, in die -e kommen ↑altern; im -e Schnee ↑damals; ein Mann in den besten -en sein ↑älter [sein]; es zu -en bringen, zu [hohen] -en kommen ↑alt [werden].

jahraus: j., jahrein ↑unaufhörlich.

Jahrbuch, Annalen, Almanach; ↑Kalender.

jahrein: jahraus, j. ↑unaufhörlich.

jahrelang ↑langjährig.

Jahresabonnement ↑Abonnement.

Jahresabschluss ↑Inventur.

Jahresanfang ↑Jahresbeginn.

Jahresausklang ↑Silvester.

Jahresbeginn, Jahresanfang, Neujahr, 1. Januar; ↑Silvester.

Jahresbericht ↑Geschäftsbericht.

Jahresende ↑Silvester.

Jahreskalender ↑Kalender.

Jahreskarte ↑Fahrkarte.

Jahresmiete ↑Abonnement.

Jahresprämie ↑Gratifikation.

Jahrestag, Jubiläum, Gedenktag, Jubeltag, Freudentag, Jahrgedächtnis, Anniversarium, Jahrzeit *(schweiz.);* **einen J. begehen,** ein Jubiläum feiern, jubilieren *(österr.);* ↑Hochzeit.

Jahreswagen ↑Auto.

Jahreswechsel: ↑Neujahr, ↑Silvester.

Jahresweiser ↑Kalender.

¹Jahreszeit · Frühjahr, Frühling, Lenz *(dichter.),* Ausmärz *(landsch.),* Langess *(landsch.),* Lanzing *(landsch.),* Vorjahr *(landsch.)* · Frühsommer, Sommer, Hochsommer, Spätsommer, Nachsommer, Altweibersommer, Indianersommer (Amerika) · *heißeste Jahreszeit (24. Juli–23. August):* Hundstage · Herbst, Spätherbst, Spätling *(landsch.),* Einwärts *(landsch.)* · Winter, die kalte Jahreszeit ↑Altweibersommer, ↑Monat, ↑Tagundnachtgleiche, ↑Zeitraum; ↑herbsten.

²Jahreszeit: die fünfte J. ↑Fastnacht.

Jahrgang: ↑Generation, ↑Jahr.

Jahrgedächtnis ↑Jahrestag.

Jahrgeld ↑Einkünfte.

Jahrhundert ↑Zeitraum.

¹Jahrmarkt, Volksfest, Markt, Kirchweih

(landsch.), Kirmes *(landsch.),* Kerwe *(landsch.),* Messe *(südd.),* Wasen *(südd.),* Rummel *(ugs.),* Dult *(bayr.),* Kirtag *(österr.),* Kilbi *(schweiz.),* Dom *(hamburg.),* Oktoberfest *(München)* · *zu Weihnachten:* Weihnachtsmarkt, Christkindlmarkt *(südd., österr.);* ↑Achterbahn, ↑Artist, ↑Jahrmarktsbude, ↑Jahrmarktsplatz, ↑Karussell, ↑Kraftspiel, ↑Markt, ↑Messe, ↑Riesenrad, ↑Schausteller, ↑Schiffschaukel, ↑Skooterbahn, ↑Teufelsrad, ↑Zirkus.

²Jahrmarkt: der erzählt auch, im Himmel ist J.! ↑glauben.

Jahrmarktsbude, Marktstand, Marktbude, Kerwestand *(landsch.),* Schießbude, Trödelbude, Krambude, Glücksbude, Losbude *(ugs.),* Gauklerbude, Spiegelkabinett, Lachkabinett, Kuriositätenkabinett, Abnormitätenkabinett, Schaustellerbude, Schaubude; ↑Jahrmarkt, ↑Verkaufsstand.

Jahrmarktskünstler ↑Artist.

Jahrmarktsplatz, Messplatz, Rummelplatz *(ugs.),* Festplatz, Festwiese; ↑Jahrmarkt.

Jahrtausend ↑Zeitraum.

Jahrweiser ↑Kalender.

Jahrzehnt ↑Zeitraum.

Jahrzeit ↑Jahrestag.

Jahwe ↑Gott.

Jähzorn: ↑Ärger, ↑Ungezügeltheit.

jähzornig ↑unbeherrscht.

Jakob: billiger J. ↑Händler.

Jakobus: J. der Jüngere / der Ältere ↑Apostel.

Jalousette ↑Fensterladen.

Jalousie ↑Fensterladen.

Jam ↑Brotaufstrich.

Jamaikapfeffer ↑Piment.

Jamboree ↑Wiedersehen.

Jambus ↑Versfuß.

James Grieve ↑Apfel.

Jammer: ↑Leid; ein J. ↑schade.

Jammerlaut ↑Klagelaut.

jämmerlich ↑kläglich.

jammern: ↑klagen; -d ↑wehleidig.

Jammerrede ↑Klage.

jammerschade ↑schade.

Jammertal: das irdische J. ↑Welt.

jammervoll ↑kläglich.

Jan: J. Maat ↑Matrose.

Janhagel ↑Abschaum.

Janker ↑Jacke.

Jänner ↑Januar.

¹Januar, Wintermonat, Hartung, Eismond, Schneemond, Jänner *(österr.);* ↑Monat, ↑Zeitraum.

²Januar: 1. J. ↑Jahresbeginn; 6. J. ↑Epiphanias.

janusgesichtig ↑mehrdeutig.

Janusköpfigkeit ↑Gegensätzlichkeit.

Japan, Nippon, das Land der aufgehenden Sonne; ↑Japaner.

Japaner, Japanese *(scherzh.).*

Japanese ↑Japaner.

japanisch: Japanisches Meer ↑Pazifik.

Japanologie ↑Philologie.

Japanpapier ↑Papier.

Japanperle ↑Perle.

Japanseide ↑Seide.

japsen ↑atmen.

Jargon: ↑Ausdrucksweise, ↑Gruppensprache.

Jarkent ↑Orientteppich.

Jasager, Angepasster, Mitläufer, Erfüllungsgehilfe *(abwertend),* Erfüllungspolitiker *(abwertend),* Verzichtpolitiker *(abwertend);* ↑Anhänger, ↑Denunziant, ↑Linientreuer · Ggs. Neinsager ↑Gegner.

Jasmintee ↑Tee.

Jaspis ↑Schmuckstein.

jaspisrot ↑rot.

Jass ↑Kartenspiel.

Jassen ↑Kartenspiel.

Jasset ↑Kartenspiel.

Jätehand ↑Hacke.

jäten ↑herausreißen.

Jäthacke ↑Hacke.

Jauche ↑Dünger.

Jauchegrube, Gülle *(schweiz.),* Senkgrube, Sickergrube, Pfuhl *(landsch.),* Pfuhlloch *(landsch.),* Puhlloch *(landsch.);* ↑Dünger, ↑Misthaufen.

jauchen ↑düngen.

jauchzen ↑jubeln.

Jauk ↑Fallwind.

jaulen: ↑bellen; das Jaulen ↑Klagelaut.

Jause ↑Zwischenmahlzeit.

jausen ↑Zwischenmahlzeit [einnehmen].

Jausenstation ↑Gaststätte.

jausnen ↑Zwischenmahlzeit [einnehmen].

jawohl ↑ja.

Jawort: jmdm. das J. geben ↑heiraten.

Jaysmoke ↑Rauschgift.

¹Jazz, Jazzmusik ·· klassischer Jazz, Oldtimejazz, Traditionaljazz, Two-Beat-Jazz · New-Orleans-Jazz · Ragtime · Chicago · Dixieland ·· Swing ·· Bebop ·· Revival, Revivaljazz, Old-Time-Jazz-Renaissance ·· Cooljazz, Freejazz, Modernjazz ·· Progressivejazz ·· West-Coast-Jazz ·· East-Coast-Jazz; ↑Musik.

²Jazz: ↑Musik, ↑Unterhaltungsmusik.

Jazzband ↑Orchester.

Jazzkonzert ↑Musikveranstaltung.

Jazzmusik: ↑Jazz, ↑Musik, ↑Unterhaltungsmusik.

Jazztrompete ↑Blasinstrument.

¹je, pro, per, pro Person / Kopf / *(ugs.)* Nase, jeder, für jeden; ↑à.

²je: seit [eh und] je, von je, wie eh und je ↑unaufhörlich.

Jeans ↑Hose.

Jeanstyp ↑Gammler.

Jeck ↑Fastnachter.

¹jedenfalls, in jedem Falle, vor allem, jedoch; ↑besonders.

²jedenfalls: ↑also, ↑dennoch.

jedennoch ↑aber.

jeder: ↑alle; das kann j. ↑schwierig; [für jeden] ↑je.

jedermann ↑alle.

jedoch: ↑aber, ↑jedenfalls.

jedweder ↑alle.

Jeep ↑Auto.

jeglicher ↑alle.

jeher: seit / von j. ↑unaufhörlich.

Jehova: ↑Gott; Zeuge -s ↑Angehöriger.

jemand, irgendjmd., irgendein, irgendwer.

Jenaer: J. Glas ↑Glas.

jene ↑solche.

¹jener, der da / dort; ↑dieser, ↑welch.

²jener: in jenem Land, an jenem Ort, an j. Stelle ↑dort; in jenen Tagen ↑damals.

Jenisch ↑Gaunersprache.

Jen-Min-Pi ↑Zahlungsmittel.

Jenner ↑Mann.

¹jenseits, drüben, auf der anderen Seite, auf der Maschikseite *(österr.),* am anderen Ufer, ennet *(schweiz.);* ↑gegenüber · Ggs. ↑diesseits.

²jenseits: j. des Großen Teiches ↑Amerika; j. von Gut und Böse sein ↑impotent [sein]; j. von Raum und Zeit ↑ewig.

Jenseits: ↑Himmel; ins J. befördern ↑töten.

Jeremia ↑Prophet.

Jeremiade ↑Klage.

Jersey: ↑Sporthemd, ↑Stoff.

Jerseykleid ↑Kleid.

Jerusalem: -er Kreuz ↑Kreuzzeichen.

Jesaja ↑Prophet.

Jesuit: ↑Wortverdreher; -en ↑Mönchsorden.

Jesuitendrama ↑Drama.

Jesuitenorden ↑Mönchsorden.

jesuitisch ↑schlau.

Jesus: [J. Christus / von Nazareth] ↑Heiland.

Jesuskind ↑Heiland.

Jet ↑Flugzeug.

Jetliner ↑Flugzeug.

Jeton ↑Bon.

Jetset ↑Oberschicht.

Jett ↑Schmuckstein.

jetten: ↑fliegen, ↑reisen.

jetzig, augenblicklich, gegenwärtig, momentan, nunmehrig, derzeit, heutig; ↑jetzt.

¹jetzt, gegenwärtig, augenblicklich, derzeit, nunmehr, zur Stunde, im Augenblick / Moment, am heutigen Tage, momentan, soeben, eben, gerade, just, justament, dermalen *(veraltet),* zurzeit, heutzutage, heute, heutigentags, nicht ↑damals, nicht ↑hinterher, nicht ↑kürzlich, nicht ↑vorher, nicht ↑später; ↑aktuell, ↑frühestens, ↑jetzig, ↑kaum, ↑soeben.

²jetzt: hier und j. ↑gleich; das Hier und Jetzt ↑Gegenwart; ab j. ↑zukünftig.

Jetztzeit ↑Gegenwart.

Jeunesse dorée ↑Oberschicht.

jiddeln ↑sprechen.

Jiddisch ↑Mischsprache.

Jitterbug ↑Tanz.

Jiu-Jitsu ↑Selbstverteidigung.

Jive ↑Tanz.

Job ↑Beruf.

Jobber: ↑Börsenmakler, ↑Händler.

Jobsharing: ↑Arbeit, ↑Arbeitszeitformen.

Joch: ↑Flächenmaß, ↑Gipfel, ↑Last, ↑Unfreiheit; sich einem J. beugen ↑nachgeben; unter das J. zwingen ↑besiegen.

Jochpfeiler ↑Säule.

Jockei ↑Reiter.

Jöckel ↑Mann.

Jod ↑Gas.

jodeln ↑singen.

Jodler ↑Lied.

Jodsalz ↑Salz.

Joel ↑Prophet.

Jogaübung ↑Entspannungsübung.

joggen ↑trainieren.

Jogging: ↑Training; J. betreiben, J. machen ↑trainieren.

Jogginganzug ↑Anzug.

Joghurt ↑Milch.

Johannes: ↑Apostel, ↑Evangelist, ↑Penis; die Offenbarung Johannis / des J. ↑Apokalypse.

Johannesbeere ↑Johannisbeere.

Johannestraube ↑Johannisbeere.

Johannisbeere, rote / schwarze / weiße Johannisbeere, Johannistraube *(landsch.),* Träuble *(landsch.),* Johannesbeere *(landsch.),* Johannestraube *(landsch.),* Ribisel *(österr.);* ↑Beerenobst.

johannisbeerrot ↑rot.

Johannisbeersaft ↑Fruchtsaft.

Johannisbeerwein ↑Obstwein.

Johannisbrotbaum ↑Laubhölzer.

Johannishändchen ↑Zaubermittel.

Johanniskäfer: ↑Leuchtkäfer, ↑Marienkäfer.

Johannisnuss ↑Nuss.

Johannistraube ↑Johannisbeere.

Johannistrieb ↑Geschlechtstrieb.

Johanniswürmchen ↑Glühwürmchen.

Johanniter ↑Ritter.

Johanniterorden ↑Ritterorden.

johlen ↑schreien.

John: J. Bull ↑Engländer.

Joint: ↑Zigarette; einen J. durchziehen ↑rauchen.

Jojoba ↑Laubhölzer.

Jokus ↑Scherz.

Jolle: ↑Beiboot, ↑Boot.

Jollenkreuzer: 20-m²-J. ↑Segelboot.

Jom Kippur ↑Feiertag.

Jomud ↑Orientteppich.

Jona ↑Prophet.

Jonathan ↑Apfel.

Jongleur ↑Artist.

jonglieren ↑lavieren.

Jonny: ↑Engländer, ↑Exemplar.

Jonquille ↑Narzisse.

Joppe ↑Jacke.

Joran ↑Wind.

Jordan: über den J. gehen ↑sterben.

Jordan-Dinar ↑Zahlungsmittel.

¹**Jota** (das) ↑Buchstabe.

²**Jota** (die) ↑Tanz.

Joule ↑Maßeinheit.

Jour fixe ↑Tag.

Journaille ↑Presse.

Journal: ↑Tagebuch, ↑Zeitschrift.

Journaldienst ↑Bereitschaftsdienst.

Journalist ↑Berichter.

Journalistik ↑Zeitungswesen.

jovial ↑entgegenkommend.

Jovialität ↑Geneigtheit.

Jovis ↑Gott.

¹**Jubel,** Freudentaumel, Freudengeschrei, Freudengeheul, Triumphgeschrei; ↑Begeisterung, ↑Beifall; ↑jubeln.

²**Jubel** ↑Beifall.

Jubelgreis ↑Greis.

Jubelhochzeit ↑Hochzeitstag.

Jubeljahr: alle -e ↑selten.

¹**jubeln,** jauchzen, aufjauchzen, aufjubeln, jubilieren, einen Freudenschrei / Freudenruf ausstoßen, juchzen, aufjuchzen; ↑singen; ↑Jubel, ↑Laut.

²**jubeln:** jmdm. etwas unter die Weste j. ↑aufbürden.

Jubeltag ↑Jahrestag.

Jubilate ↑Kirchenjahr.

Jubiläum: ↑Jahrestag; ein J. feiern ↑Jahrestag.

Jubiläumsausgabe ↑Edition.

jubilieren: ↑Jahrestag, ↑jubeln.

Juchart ↑Flächenmaß.

Jucharte ↑Flächenmaß.

Juchhe ↑Empore.

Juchten ↑Leder.

Juchtenleder: zäh wie J. ↑zäh.

juchzen ↑jubeln.

¹**jucken** (sich), sich kratzen / scheuern / reiben; ↑kitzeln, ↑kratzen.

²**jucken:** ↑kribbeln; jmdm. / jmdn. j. die Finger nach etwas ↑begierig [sein nach]; wen juckts? ↑unwichtig [sein].

Juckerpeitsche ↑Peitsche.

Judas: ↑Denunziant; [J. Ischariot / Thaddäus] ↑Apostel.

Judasbaum ↑Laubhölzer.

Jude: ↑Israelit; der Ewige J. ↑Umherirrender; König der -n ↑Heiland.

judenfeindlich ↑antisemitisch.

Judenfeindlichkeit ↑Antisemitismus.

Judenhass ↑Antisemitismus.

Judenhasser ↑Antisemit.

Judenstern: ↑Davidsstern, ↑Kennzeichen.

Judentum ↑Weltreligion.

Judika ↑Kirchenjahr.

Judikatur ↑Rechtsprechung.

jüdisch ↑israelitisch.

Judo ↑Selbstverteidigung.

Jugend: ↑Generation, ↑Lebensalter; bündische / Freideutsche / politische J. ↑Jugendbewegung; seit frühester J. ↑klein; Freie Deutsche J. ↑Vereinigung.

Jugendarbeitslosigkeit ↑Arbeitslosigkeit.

Jugendbeilage ↑Zeitungsbeilage.

Jugendbewegung, Wandervogel, Freideutsche / bündische / politische Jugend; ↑Pfadfinder.

Jugendbuch ↑Literatur.

Jugendchor ↑Chor.

Jugenddorf ↑Kinderdorf.

Jugendfilm ↑Kinofilm.

Jugendfreizeitheim ↑Heim.

jugendfremd ↑Verständnis.

Jugendfreund ↑Freund.

Jugendfreundin ↑Freundin.

Jugendgericht ↑Gericht.

Jugendgespiele ↑Freund.

Jugendgespielin ↑Freundin.

Jugendheim ↑Heim.

Jugendherberge ↑Hotel.

Jugendkalender ↑Kalender.

jugendlich, juvenil, jung, kindlich, pueril, knabenhaft, jungenhaft, mädchenhaft; ↑jung, ↑kindisch.

Jugendlicher, Teen, Teenager, Teenie, Teeny; ↑Jüngling.

Jugendliebe: ↑Geliebte, ↑Geliebter.

Jugendsprache: ↑Ausdrucksweise, ↑Gruppensprache.

¹**Jugendstil,** Art nouveau, [Wiener] Sezessionsstil, Sezessionismus.

²**Jugendstil:** ↑Baustil, ↑Malerei.

Jugendweihe ↑Konfirmation.

Jugendwerk ↑Werk.

Jugendzeit ↑Lebensalter.

jugoslawisch: -er Dinar ↑Zahlungsmittel.

Jugulum ↑Hals.

Juice ↑Fruchtsaft.

Jukebox ↑Musikautomat.

Jul ↑Weihnachten.

Julei ↑Juli.

Julep ↑Mixgetränk.

Julfest ↑Weihnachten.

Juli, Julei (verdeutlichende Sprechform), Sommermonat, Heuet, Heuert, Heumond; ↑Monat, ↑Zeitraum.

julianisch: julianisches Jahr ↑Zeitraum.

Julklapp ↑Weihnachtsgeschenk.

Julmond ↑Dezember.

Jum: im J. sein ↑betrunken [sein].

Jumbojet ↑Flugzeug.

Jumelage ↑Partnerschaft.

Jumper ↑Pullover.

¹**jung,** jünger, jung an Jahren, halbwüchsig, blutjung, unfertig, unreif, unerfahren, grün, nicht ↑alt; **j. sein,** noch das ganze Leben vor sich haben; **noch sehr j. sein,** noch die Eierschalen hinter den Ohren haben, noch nicht trocken / noch feucht hinter den Ohren sein, kaum flügge sein; ↑erwachsen, ↑jugendlich; ↑Anfänger, ↑Unreife.

²**jung:** ↑jugendlich; -e Aktie ↑Wertpapier; -er Dachs / Herr / Kerl / Mann / Mensch / Spund

↑Jüngling; Junges Deutschland ↑Literaturepochen; noch zum -en Gemüse gehören ↑erwachsen; wie ein -er Hund frieren ↑frieren; -e Liebe ↑Zuneigung; zornige -e Männer ↑Lostgeneration; Junge Wilde ↑Malerei; jüngster Sohn ↑Jüngster; der -e Tag ↑Tagesanbruch; Sonntag vom Jüngsten Tag ↑Kirchenjahr; jüngste Tochter ↑Jüngste; -e Völker ↑Entwicklungsländer; nicht mehr [ganz] j. sein ↑älter [sein]; noch zu j. sein, um ...; zu j. sein, zu ... ↑erwachsen; jünger geworden ↑verjüngt; Jung und Alt ↑alle; wie die Alten sungen, so zwitschern auch die Jungen ↑ähneln; das ist, um Junge zu kriegen ↑unerträglich [sein].
Jungbürger ↑Wahlberechtigter.
Jungchen ↑Junge.
¹Junge, Knabe, Bub, Jungchen, Jüngelchen, Goldjunge *(fam.),* Kronensohn *(fam.),* Bubi, Bübchen, Bübel, Bürschchen, Bengel, kleiner Kerl, Kerlchen, Rüpel, Schlingel, Schelm, Schlankel *(österr.),* Pimpf, Gassenbub *(landsch.),* Gassenjunge, Frechdachs, Lauser, Lausbub, Spitzbube, Strick *(landsch.),* Galgenstrick, Lausebengel, Lausejunge, Lauselümmel, Strauchdieb, Bosnickel *(abwertend, bayr., österr.),* Scherenschleifer *(abwertend),* Lümmel *(abwertend),* Rotzlöffel *(derb),* Rotznase *(derb),* Rotzbub *(derb),* Rotznigel *(ugs., österr.),* Früchtchen *(abwertend),* Galgenvogel *(ugs., scherzh.),* Tunichtgut, Strolch · *vorbildlicher:* Musterknabe *(iron.),* Tugendbold *(abwertend),* Tugendpinsel *(abwertend)* · *der sich herumtreibt:* Trebegänger · *der beim Kegelspiel die Kegel aufsetzt:* Kegeljunge, Kegelaufsetzer · *der beim Tennisspiel die Bälle aufhebt:* Balljunge · *der beim Golfspiel die Golfschläger für die Spieler trägt:* Caddie; ↑Jüngling, ↑Kind · Ggs. ↑Mädchen.
²Junge: die blauen Jungs ↑Matrose; schwerer J. ↑Verbrecher; J., J.! ↑überrascht [sein]; noch ein grüner J. sein ↑erwachsen.
Jüngelchen ↑Junge.
jungen ↑gebären.
jungenhaft ↑jugendlich.
Junger ↑Wein.
Jünger: ↑Anhänger; [J. Jesu] ↑Apostel.
Jungfer: Nackete J. ↑Herbstzeitlose; J. Naseweis ↑Mädchen.
Jungfernbraten ↑Lendenbraten.
Jungfernfahrt ↑Fahrt.
Jungfernflug ↑Flug.
Jungfernhäutchen ↑Hymen.
Jungfernhonig ↑Honig.
Jungfernkäfer ↑Marienkäfer.
Jungfernrede ↑Rede.
Jungfernreise ↑Reise.
Jungfernzeugung ↑Fortpflanzung.
Jungfilmer: ↑Filmer.
Jungfrau: ↑Sternbild, ↑Tierkreiszeichen; die heilige J., J. Maria ↑Madonna.
jungfräulich, keusch, unschuldig, unberührt,

anständig, weiß (als Farbe der Unschuld); ↑Virginität; ↑deflorieren.
²jungfräulich ↑unerforscht.
Jungfräulichkeit ↑Virginität; jmdm. die Jungfräulichkeit rauben ↑deflorieren.
¹Junggeselle, Hagestolz, Einspänner, Agamist *(veraltet);* ↑Frauenheld, ↑Mann · Ggs. ↑Ehemann.
²Junggeselle: J. sein ↑ledig [sein].
Junglehrer ↑Lehrer.
Jüngling, Bursche, Bursch, Twen, Boy, Jugendlicher, Minderjähriger, Heranwachsender, Kid, Teen, Halbstarker *(abwertend),* Schlurf *(österr., abwertend),* Halbwüchsiger, Milchbart *(scherzh.),* junger Mensch / Mann / Herr, junger Kerl / Dachs *(ugs.),* junger Spund *(ugs., abwertend),* Fant *(abwertend),* Laffe *(abwertend),* Lapp *(bayr., österr., abwertend)* · *der den Mädchen gern den Hof macht:* Poussierstängel *(landsch.)* · *[in Italien] auf erotische Abenteuer mit Touristinnen ausgehender:* Papagallo · *der sich von Frauen aushalten lässt:* Gigolo; ↑Frühehe, ↑Halbstarker, ↑Junge, ↑Kind, ↑Mann, ↑Mensch; ↑volljährig · Ggs. ↑Mädchen.
Jünglingsalter ↑Lebensalter.
Jungmann ↑Mann.
jüngst ↑kürzlich.
Jungstar ↑Schauspieler.
¹Jüngste, jüngste Tochter, Kleinste, Kleine, Nesthäkchen, Nestküken, Küken; ↑Jüngster, ↑Kind, ↑Tochter · Ggs. ↑Älteste.
²Jüngste: nicht mehr der J. sein ↑älter [sein].
Jüngster, jüngster Sohn, Kleinster, Kleiner, Nesthäkchen, Nestküken, Küken, Benjamin; ↑Jüngste, ↑Kind, ↑Schiffsjunge, ↑Sohn · Ggs. ↑Ältester.
Jungvieh ↑Vieh.
Jungwähler: ↑Wahlberechtigter, ↑Wähler.
Jungwald ↑Wald.
Juni, Juno (verdeutlichende Sprechform), Brachet, Brachmonat, Brachmond; ↑Monat, ↑Zeitraum.
Junior ↑Sohn.
Juniorchef ↑Nachfolger.
Juniorpartner ↑Nachwuchskraft.
Junk: ↑Einspritzung, ↑Rauschgift.
Junker ↑Großgrundbesitzer.
Junkie ↑Rauschgiftsüchtiger.
Junktim ↑Verknüpfung.
junktimieren ↑verknüpfen.
Juno: ↑Göttin, ↑Juni.
Junta ↑Regierung.
Jupe ↑Rock.
Jupiter: ↑Gott, ↑Planet.
Jupiterlampe ↑Scheinwerfer.
Jupiter: ↑Gott, ↑Planet.
Jura: ↑Erdzeitalter, ↑Rechtswissenschaft.
juridisch ↑juristisch.
jurieren: ↑begutachten, ↑beurteilen.
Jurisdiktion: ↑Justiz, ↑Rechtsprechung.
Jurisprudenz ↑Rechtswissenschaft.

Jurist, Rechtsgelehrter, Rechtsverdreher *(ugs., scherzh.),* Staatsanwalt, staatsanwaltlicher Funktionär *(österr.),* Amtsanwalt, Oberstaatsanwalt, Generalanwalt, Generalprokurarator *(österr.),* Bundesanwalt, Generalbundesanwalt · Richter, Kadi *(ugs.),* Amtsrichter, Amtsgerichtsrat, Landgerichtsrat, Landgerichtsdirektor ·· Verteidiger [in Strafsachen], Strafverteidiger, Wahlverteidiger · Pflichtverteidiger, Armenverteidiger, Armenanwalt ·· Rechtsanwalt, Anwalt, Advokat, Rechtsbeistand, Rechtsvertreter, Winkeladvokat *(abwertend),* Winkelschreiber *(abwertend, österr.),* Fürsprech *(schweiz.),* Fürsprecher *(schweiz.)* · Patentanwalt · Notar, Justizrat · Rechtsberater, Justiziar, Syndikus, Rechtskonsulent *(österr.)* ·· *englischer, der nur vor bestimmten niederen Gerichten plädieren darf:* Solicitor · *vor höheren Gerichten plädierender:* Barrister ·· *französischer, der als Verteidiger vor Gericht auftritt:* Avocat; ↑Anwaltsbüro, ↑Fehlurteil, ↑Gericht, ↑Justiz, ↑Rechtsgebiet, ↑Schöffe.
juristisch, juridisch *(österr.),* rechtlich; ↑Justiz.
Juror ↑Preisrichter.
Jurorenkomitee ↑Preisgericht.
Jurte ↑Zelt.
Jury ↑Preisgericht.
Jus ↑Rechtswissenschaft.
Jus primae noctis ↑Recht.
just ↑jetzt.
justament: ↑absichtlich, ↑jetzt.
Justamentstandpunkt ↑Ansicht.
justieren ↑einordnen.
Justiz, Rechtsprechung, Rechtspflege, Rechtswesen, Gerichtswesen, Gerichtsbarkeit, Gerichtsverfahren, Judikatur, Jurisdiktion, Jurisprudenz; ↑Fehlurteil, ↑Gericht, ↑Gerichtsbezirk, ↑Gerichtsverhandlung, ↑Jurist, ↑Rechtsgebiet, ↑Rechtswissenschaft; ↑juristisch.
Justiziar ↑Jurist.
Justizirrtum ↑Fehlurteil.
Justizmord ↑Tötung.
Justizrat ↑Jurist.
Justizvollzugsanstalt ↑Strafanstalt.
Jutebeutel ↑Einkaufstasche.
Jutesack ↑Einkaufstasche.
Jutetasche ↑Einkaufstasche.
Juvenat ↑Heim.
juvenil ↑jugendlich.
Juwelen ↑Schmuck.
Juwelengoldschmied ↑Edelmetallschmied.
Juwelier ↑Edelmetallschmied.
Juwelierarbeit ↑Schmuck.
Juwelierwaage ↑Waage.
Juwelierwaren ↑Schmuck.
Jux ↑Scherz.
JVA ↑Strafanstalt.
jwd ↑abgelegen.

Kabale ↑Arglist.
Kabanossi ↑Wurst.
¹Kabarett, Kleinkunstbühne, Brettl, Überbrettl, die zehnte Muse; ↑Komödie, ↑Theater.
²Kabarett ↑Speiseplatte.
Kabäuschen ↑Raum.
Kabbala ↑Geheimlehre.
kabbeln: sich k. ↑zanken (sich).
Kabel ↑Drahtseil.
Kabeldraht ↑Draht.
Kabelfernsehen ↑Fernsehen.
Kabeljau ↑Fisch.
Kabelkord ↑Stoff.
kabeln ↑telegrafieren.
Kabine: ↑Raum, ↑Telefonzelle.
Kabinenbahn ↑Seilbahn.
Kabinenflugzeug ↑Flugzeug.
Kabinenkoffer ↑Gepäck.
Kabinenroller ↑Motorrad.
Kabinett: ↑Raum, ↑Regierung.
Kabinettsmitglied ↑Minister.
Kabinettwein ↑Wein.
Kabis ↑Kohl.
Kabriolett ↑Auto.
Kabuff: ↑Abstellraum, ↑Raum.
kachektisch ↑hinfällig.
Kachel ↑Fliese.
Kachelofen ↑Ofen.
Kachexie ↑Altersschwäche.
Kacke ↑Exkrement.
kacken ↑defäkieren.
Kackstelze ↑Gliedmaße.
Kadaver ↑Aas.
Kadavergehorsam ↑Gehorsam.
Kaddigbeere ↑Gewürz.
Kader: ↑Doppelkinn, ↑Führungskraft.
Kaderabteilung ↑Personalabteilung.
Kaderschmiede ↑Institut.
Kadi: ↑Jurist; vor den K. bringen ↑prozessieren.
kadmiumorange ↑orange.
kaduk ↑hinfällig.
Käfer: ↑Auto, ↑Insekt, ↑Mädchen.
Käferschnecke ↑Schnecke.
Kaff ↑Ort.
¹Kaffee, Bohnenkaffee, Espresso, Filterkaffee · *ohne Milch:* Mokka, Mocca *(bes. österr.),* Schwarzer *(österr.),* Türkischer · *mit Milch:* Milchkaffee, Brauner *(österr.),* Kapuziner *(österr.),* Cappuccino · *mit viel Milch:* Kaffee ve

kehrt, Melange *(österr.)* ·· *mit einem Schuss Whisky und Sahne:* Irishcoffee ·· *nicht starker,* *dünner:* Blümchenkaffee *(scherzh.),* Verlängerter *(österr.),* Gestreckter *(österr.),* Lorke *(salopp, ab-* *wertend),* Plörre *(salopp, abwertend),* Lurer *(ab-* *wertend, österr.),* Gschlader *(abwertend, österr.),* Abwaschwasser *(abwertend)* ·· *aus Kaffee-* *ersatz zubereiteter:* Malzkaffee, Muckefuck *(sa-* *lopp, abwertend),* Häferlkaffee *(ugs., österr.),* Fei-genkaffee, Ersatzkaffee, Zichorienkaffee; ↑Ge-tränk, ↑Kaffeewärmer, ↑Pulverkaffee.

²Kaffee: ↑Frühstück, ↑Zwischenmahlzeit; kal-ter K. ↑Mixgetränk, ↑Unsinn; löslicher K. ↑Pul-verkaffee; K. verkehrt ↑Kaffee; jmdm. kommt der K. hoch ↑ärgerlich [werden]; das ist kalter K. ↑langweilig [sein]; K. mahlen / reiben ↑mah-len; K. trinken gehen ↑Café.

kaffeebraun ↑braun.
Kaffeedecke ↑Tischtuch.
Kaffeeextrakt ↑Pulverkaffee.
Kaffeefahrt ↑Ausflug.
Kaffeehäferl: ↑Tasse, ↑Trinkgefäß.
Kaffeehaus ↑Café.
Kaffeehausmusik ↑Unterhaltungsmusik.
Kaffeeklatsch ↑Kaffeekränzchen, ↑Kränz-chen.
Kaffeeköchin ↑Koch.
¹Kaffeekränzchen, Kränzchen, Kaffee-klatsch, Kaffeestündchen; ↑Essen, ↑Zwischen-mahlzeit.
²Kaffeekränzchen ↑Kränzchen.
Kaffeelöffel ↑Löffel.
Kaffeemaschine, Espressomaschine; ↑Kaf-feewärmer, ↑Teemaschine.
Kaffeemühle ↑Mühle.
Kaffeemütze ↑Kaffeewärmer.
Kaffeepudel ↑Kaffeewärmer.
Kaffeesachse ↑Sachse.
Kaffeeschale: ↑Tasse, ↑Trinkgefäß.
Kaffeesieder ↑Wirt.
Kaffeestündchen ↑Kaffeekränzchen.
Kaffeetasse: ↑Tasse, ↑Trinkgefäß.
Kaffeewärmer, Kaffeepudel *(landsch.),* Tee-mütze, Kaffeemütze; ↑Kaffee, ↑Wärmeplatte.
Käfig · Drahtkäfig, Glaskäfig, Holzkäfig, Lat-tenkäfig, Rundkäfig, Transportkäfig · *für gefan-* *gen gehaltene Wildtiere:* Raubtierkäfig, Löwen-käfig, Affenkäfig · *für Vögel:* Bauer (das oder der), Vogelbauer, Vogelkäfig, Vogelgehege, Vo-liere; ↑Freigehege, ↑Tiergarten, ↑Vivarium.
¹kahl, unbewachsen, versteppt, baumlos; ↑ab-holzen.
²kahl: ↑kahlköpfig; Kahler Krempling ↑Stän-derpilz; k. werden ↑Glatze.
kahl fressen: ↑abfressen, ↑abgrasen.
Kahlheit ↑Haarlosigkeit.
Kahlkopf ↑Glatze.
kahlköpfig, kahl, glatzköpfig, glatzert *(ugs., ös-terr.);* ↑Glatze.
Kahlköpfigkeit ↑Haarlosigkeit.
Kahlschlag: ↑Glatze, ↑Schneise.

Kahn: ↑Boot, ↑Strafanstalt.
Kahnfahrt ↑Fahrt.
Kahnpartie ↑Ausflug.
Kai ↑Damm.
Kaiman ↑Krokodil.
Kaimanfisch ↑Fisch.
Kainsmal ↑Makel.
Kainszeichen ↑Makel.
Kaiser: ↑Adliger, ↑Oberhaupt; dort sein, wo [auch] der K. zu Fuß hingeht ↑Toilette; nur dem K. unterstehend / untertan ↑reichsunmittelbar; Streit um des -s Bart ↑Streit.
Kaiseradler ↑Vogel.
Kaiserbart ↑Bart.
Kaiserbrötchen, Kaisersemmel *(österr.)* Ro-sensemmel *(landsch.),* Rosenbrötchen *(bes. nordd.),* Brötchen *(berlin.);* ↑Brötchen.
Kaiserburg ↑Burg.
Kaiserdach ↑Dach.
Kaiserdom ↑Gotteshaus.
Kaiserfleisch ↑Fleisch.
Kaiserhaus ↑Adelsgeschlecht.
Kaiserin ↑Adlige.
Kaiserkrone ↑Liliengewächs.
kaiserlich ↑adlig.
Kaiserreich ↑Staat.
Kaiserschmarren ↑Omelett.
Kaiserschnitt ↑Geburt.
Kaisersemmel ↑Kaiserbrötchen.
Kaiserslautern, Barbarossastadt.
Kaiserstadt ↑Wien.
Kaiserstühler ↑Wein.
Kaisertum ↑Staat.
Kaiserwetter ↑Wetter.
¹Kajak · Einerkajak, Einer, Zweierkajak, Zwei-er, Viererkajak, Vierer, Eskimokajak, Rennka-jak, Wildwasserkajak; ↑Boot.
²Kajak ↑Boot.
Kajüte ↑Raum.
Kakadu ↑Vogel.
¹Kakao, Trinkschokolade, Schokolade, Milchka-kao, Wasserkakao, Kakaogetränk; ↑Süßigkeiten.
²Kakao: durch den K. ziehen ↑aufziehen, ↑schlecht machen.
Kakaogetränk ↑Kakao.
kakeln: k. über ↑erörtern.
Kaki ↑Frucht.
Kakke ↑Beriberi.
Kakophonie ↑Missklang.
kakophonisch ↑misstönend.
Kakteensavanne ↑Steppe.
Kalabreser ↑Kopfbedeckung.
¹Kalamität, Schwierigkeit, Missstand, Schwu-lität *(ugs.).*
²Kalamität ↑Not.
Kalauer ↑Witz.
Kalb: ↑Rind; das Goldene K. anbeten ↑habgie-rig [sein]; Tanz um das Goldene K. ↑Habgier.
Kalbe ↑Rind.
kalben ↑gebären.
kalbern ↑albern.

kälbern ↑gebären.
Kälbernes ↑Fleisch.
Kalbfleisch ↑Fleisch.
Kalbin ↑Rind.
Kalbleder ↑Leder.
Kalbsauge ↑Münze.
Kalbsbrägen ↑Hirn.
Kalbsbraten ↑Fleischgericht.
Kalbsbregen ↑Hirn.
Kalbsbries ↑Innereien.
Kalbsbrust: gefüllte K. ↑Fleischgericht.
Kalbsfleisch: eingemachtes K. ↑Fleischgericht.
Kalbsfrikandeau ↑Fleischgericht.
Kalbsfrikassee ↑Fleischgericht.
Kalbshachse ↑Fleischgericht.
Kalbshaxe ↑Fleischgericht.
Kalbshirn ↑Hirn.
Kalbskeule ↑Keule.
Kalbsleberwurst ↑Wurst.
Kalbsmedaillon ↑Fleischgericht.
Kalbsmilch ↑Innereien.
Kalbsnierenbraten ↑Fleischgericht.
Kalbsrollbraten ↑Fleischgericht.
Kalbsschlegel ↑Keule.
Kalbsschnitzel ↑Fleischgericht.
Kaldarium ↑Treibhaus.
Kaldaunen ↑Innereien.
Kaleika: K. machen ↑aufbegehren.
Kalendarium ↑Verzeichnis.
¹Kalender, Jahreskalender, Jahrweiser *(selten)*, Jahresweiser *(selten)*, Wochenkalender, Taschenkalender, Notizkalender, Schreibtischkalender, Vormerkkalender, Terminkalender, Adresskalender, Arbeitskalender, Querterminer, Abreißkalender, Umlegekalender, Umsteckkalender, Steckkalender, Wandkalender, Reklamekalender, Bildkalender, Kunstkalender, Künstlerkalender, Ballettkalender, Blumenkalender, Tierkalender, Postkartenkalender, Jugendkalender, Kinderkalender, Hauskalender, Volkskalender, Heimatkalender, Bauernkalender, Gartenkalender, Gesundheitskalender, Spruchkalender, Kirchenkalender, Geschichtskalender, Literaturkalender · *für Schwule:* rosa Kalender; ↑Jahrbuch.
²Kalender: gothaischer K. ↑Adelskalender; etwas muss im K. rot angestrichen werden ↑betonen.
Kalendergedächtnis ↑Gedächtnisstörung.
Kalenderjahr, [bürgerliches] Jahr · Kirchenjahr *(ev.)*, liturgisches Jahr *(kath.);* ↑Kirchenjahr, ↑Zeitraum.
Kalendertag ↑Tag.
Kalesche ↑Kutsche.
Kalevalaschmuck ↑Schmuck.
Kalfakter ↑Diener.
Kalfaktor ↑Diener.
Kaliber: ↑Art; das gleiche K. ↑auch [so einer].
Kalifornien: Golf von K. ↑Pazifik.
Kaliningrad ↑Königsberg.

Kalk: bei jmdm. rieselt [schon] der K. ↑alt [sein].
kalken ↑streichen.
kalkig ↑blass.
Kalksandstein ↑Baustein.
Kalkschiefer ↑Kalkstein.
Kalkschwamm ↑Schwamm.
Kalksinter ↑Kalkstein.
Kalkstar ↑Katarakt.
¹Kalkstein, Kalksinter, Kalktuff, Kalkschiefer, Marmor, Marmorstein, Alabaster, Alabasterstein; ↑Gestein.
²Kalkstein ↑Schüttgut.
Kalktuff ↑Kalkstein.
Kalkül, Berechnung, Überlegung; ↑Kalkulation.
Kalkulation, Berechnung, Vorausberechnung, Kostenanschlag, Kostenvoranschlag, Voranschlag, Überschlag, Veranschlagung, Schätzung, Abschätzung; ↑Kalkül.
kalkulieren: ↑ausrechnen, ↑vermuten.
kalkweiß: ↑blass, ↑weiß.
Kalle ↑Prostituierte.
Kalliope ↑Muse.
Kalmativum ↑Beruhigungsmittel.
Kalmäuser ↑Pedant.
Kalme: ↑Windstärke, ↑Windstille.
Kalmücke ↑Pferd.
Kalmus ↑Gewürz.
Kalorie ↑Maßeinheit.
kalorienreich ↑nahrhaft.
¹kalt, kühl, ausgekühlt, unterkühlt, abgekühlt, frisch, herbstlich, winterlich, frostklar, frostklirrend, froststarr, frostig, eiskalt, eisig, hundekalt *(emotional)*, lausekalt *(emotional)*, saukalt *(derb, emotional)*, nicht ↑warm; ↑erkälten (sich), ↑frieren; ↑Kälte.
²kalt: ↑spöttisch, ↑ungerührt; -er Bauer ↑Samenerguss; -es Blut bewahren ↑ruhig [bleiben]; -e Dusche ↑Enttäuschung; wie eine -e Dusche wirken ↑ernüchtern; -e Ente ↑Gewürzwein; -e Füße bekommen / kriegen ↑Angst [bekommen]; -e Füße haben ↑frieren; die -e Jahreszeit ↑Jahreszeit; -er Kaffee ↑Mixgetränk, ↑Unsinn; das ist -er Kaffee ↑langweilig [sein]; Kalter Krieg ↑Streit; -er Krieger ↑Gegner; aus der -en Lamäng ↑improvisiert; -e Mamsell ↑Koch; jmdm. die -e Schulter zeigen ↑ablehnen; Kalte Sophie ↑Eisheilige; kälter werden lassen ↑abkühlen (etwas); jmdm. läuft es [heiß und] k. den Rücken herunter / über den Rücken ↑betroffen [sein]; k. stellen ↑abkühlen.
Kaltblüter ↑Pferd.
kaltblütig: ↑geistesgegenwärtig, ↑ruhig, ↑unbarmherzig.
Kaltblütigkeit ↑Gelassenheit.
¹Kälte, Kühle, Frische, Frost, Bodenfrost, Nachtfrost, Maifrost, Frostwetter, Eiseskälte, Hundekälte *(salopp)*, Lausekälte *(salopp)*, Saukälte *(derb)*, Zapfen *(salopp, österr.);* ↑Glatteis, ↑Wetter; ↑erfrieren, ↑frieren; ↑kalt.

²**Kälte:** ↑Gefühlskälte, ↑Ungerührtheit; unter der K. leiden ↑frieren.
Kältebehandlung ↑Kryotherapie.
Kälteeinbruch, Kältesturz, Temperatursturz, Kälterückfall; ↑Abkühlung, ↑Wärmeentzug, ↑Wetterfront, ↑Wetterumschwung.
Kälteferien ↑Ferien.
Kälteingenieur ↑Ingenieur.
Kältepol ↑Pol.
Kälterückfall ↑Kälteeinbruch.
Kältesteppe ↑Steppe.
Kältesturz ↑Kälteeinbruch.
Kältetechnik ↑Klimatisierung.
Kältetod ↑Erfrierungstod.
Kältetoter ↑Toter.
Kaltfront ↑Wetterfront.
kaltherzig ↑gefühlskalt.
Kaltherzigkeit ↑Gefühlskälte.
Kaltkaustik ↑Verätzung.
kalt lassen: etwas lässt jmdn. kalt ↑gefallen, ↑ungerührt [bleiben].
Kaltleim ↑Bindemittel.
kaltmachen ↑töten.
Kaltmamsell ↑Koch.
Kaltnadelradierung: ↑Grafik, ↑Kunstdruck.
kaltschnäuzig ↑ungerührt.
Kaltschnäuzigkeit ↑Frechheit.
kaltsinnig ↑gefühlskalt.
kaltstellen ↑entlassen.
Kaltstellung ↑Entlassung.
Kaltwelle ↑Frisur.
Kaluppe ↑Haus.
kalypsorot ↑rot.
Kalzifikation ↑Verkalkung.
Kamarilla: ↑Partei, ↑Schmarotzer.
Kambio ↑Wechsel.
Kambrium ↑Erdzeitalter.
¹**Kamel,** Trampeltier, Wüstenschiff · *mit einem Höcker:* Dromedar.
²**Kamel:** ↑Dummkopf; eine Seele von [einem] K. sein ↑gütig.
Kamelhaar ↑Stoff.
Kamelhaardecke ↑Decke.
Kamelle: das sind olle -n ↑langweilig [sein], ↑überlebt [sein].
¹**Kamera** · Filmkamera, Schmalfilmkamera · Fernsehkamera, Schwarzweißkamera, Farbfernsehkamera; ↑Fotoapparat.
²**Kamera** ↑Fotoapparat.
¹**Kamerad,** Kumpel *(ugs.),* Spezi *(ugs.);* ↑Freund, ↑Freundin; **ein guter K. sein,** mit jmdm. kann man Pferde stehlen *(ugs.).*
²**Kamerad:** ↑Freund, ↑Freundin; K. Schnürschuh ↑Österreicher, ↑Soldat.
Kameraderie ↑Freundschaft.
Kameradin ↑Freundin.
Kameradschaft ↑Freundschaft.
kameradschaftlich ↑freundschaftlich.
Kameradschaftsehe ↑Ehe.
kameralistisch: -e Buchführung ↑Buchführung.

Kamerun ↑Nacktbadestrand.
Kamikaze ↑Selbstmörder.
Kamillentee ↑Tee.
Kamillianer ↑Mönchsorden.
¹**Kamin,** offene Feuerstelle, Cheminée *(schweiz.);* ↑Ofen, ↑Zentralheizung.
²**Kamin:** ↑Schlucht, ↑Schornstein; in den K. schreiben ↑abschreiben.
Kaminfeger ↑Schornsteinfeger.
Kaminfeuer ↑Feuer.
Kaminkehrer ↑Schornsteinfeger.
Kaminkleid ↑Kleid.
Kaminrock ↑Rock.
¹**Kamm,** Frisierkamm, Haarkamm, Einsteckkamm, Hornkamm, Stielkamm, Reifkamm, Staubkamm, Läusekamm, Lausrechen *(ugs., südd., scherzh.),* Lauseharke *(ugs., nordd., scherzh.);* ↑Friseur; ↑frisieren.
²**Kamm:** ↑Grat; bei jmdm. liegt der K. bei der Butter ↑ungeordnet [sein]; jmdm. schwillt der K. ↑dünkelhaft [sein]; alles über einen K. scheren ↑unterscheiden.
Kammeidechse ↑Eidechse.
kämmen ↑frisieren.
Kammer: ↑Gericht, ↑Herz, ↑Raum.
Kammer ↑Kammerzofe.
Kammerbulle ↑Verwalter.
Kammerkätzchen ↑Kammerzofe.
Kammerkonzert ↑Musikveranstaltung.
Kämmerlein: im stillen K. ↑allein.
Kammermädchen ↑Kammerzofe.
Kammermusik ↑Musik.
Kammermusikabend ↑Musikveranstaltung.
Kammerorchester ↑Orchester.
Kammersonate ↑Sonate.
Kammerspiele ↑Theatergebäude.
Kammerzofe, Zofe, Kammermädchen, Kammer, Kammerkätzchen.
Kammgarn ↑Stoff.
Kammkelch ↑Moos.
Kammmolch ↑Molch.
Kampagne: ↑Feldzug, ↑Versuch.
Kampanile ↑Turm.
Kämpe ↑Schwein.
¹**Kampf,** Gefecht, Nahkampf, Treffen *(veraltend),* Ringen, Clinch, Fehde *(veraltet),* Waffengang, Scharmützel, Geplänkel, Plänkelei, Feindseligkeiten, kriegerische Handlungen, Konfrontation, Schlachtgetümmel, Feuerüberfall, Feuergefecht, Feldschlacht, Seeschlacht, Luftschlacht, Luftkampf, Kesselschlacht, Durchbruchsschlacht, Entscheidungsschlacht, Rückzugsgefecht, Materialschlacht, Offensive, Abwehrschlacht, Winterschlacht; ↑Angriff, ↑Blutbad, ↑Feldzug, ↑Front, ↑Krieg, ↑Partisan, ↑Schlachtfeld, ↑Schusswechsel, ↑Streit, ↑Überfall, ↑Waffenstillstand, ↑Zweikampf; **einen K. austragen,** kämpfen, sich ein Gefecht liefern, streiten *(geh.);* ↑erörtern.
²**Kampf:** ↑Bekämpfung, ↑Tauziehen; einen K. führen ↑eintreten (für); K. dem ... ↑gegen.

¹kampfbereit, kampfentschlossen, gewappnet, abwehrbereit, verteidigungsbereit, angriffsbereit, kriegslüstern, wehrhaft, bewaffnet, bis an die Zähne bewaffnet, waffenstarrend, gepanzert, gerüstet, aufgerüstet; ↑Kampfbereitschaft, ↑Streitbarkeit, ↑Streitsucht; ↑rüsten.

²kampfbereit ↑streitbar.

Kampfbereitschaft, Wehrhaftigkeit, Gewappnetsein, Gerüstetsein, Abwehrbereitschaft, Verteidigungsbereitschaft, Angriffsbereitschaft; ↑Streitbarkeit, ↑Streitsucht; ↑kampfbereit, ↑streitbar.

¹kämpfen, sich mit jmdm. messen, einen Wettkampf austragen · boxen, fighten · ringen, catchen · fechten; ↑ringen; ↑Boxen, ↑Ringen, ↑Spiel.

²kämpfen: ↑Kampf; nicht mehr so zu k. haben ↑Schwierigkeit; bis zum letzten Atemzug / Blutstropfen / Mann k. ↑verteidigen (sich); k. für / um ↑eintreten (für); [gegen Windmühlen / Windmühlenflügel k.] ↑ankämpfen (gegen etwas).

kampfentschlossen ↑kampfbereit.

¹Kämpfer, Haudegen, Draufgänger, Kampfhahn, Heißsporn, Desperado, Kombattant; ↑Draufgänger, ↑Gegner, ↑Held, ↑Kämpfernatur, ↑Mut, ↑Querulant, ↑Raufbold, ↑Revolutionär, ↑Soldat; ↑mutig, ↑streitbar.

²Kämpfer: ↑Sportler; K. für ↑Eiferer; K. vom Regenbogen ↑Greenpeace.

kämpferisch: ↑mutig, ↑streitbar.

Kämpfernatur, Willensmensch; ↑Kämpfer.

Kämpferpfeiler ↑Säule.

kampfesfreudig ↑streitbar.

Kampfflugzeug ↑Flugzeug.

Kampfgas ↑Giftgas.

Kampfgebiet ↑Kriegsschauplatz.

Kampfgericht ↑Preisgericht.

Kampfhahn ↑Kämpfer.

Kampfläufer ↑Vogel.

Kampflinie ↑Front.

kampflos ↑widerstandslos.

kampflustig ↑streitbar.

Kampfmaßnahmen ↑Streik.

Kampfmittel, Kampfstoff, Chemokeule, chemische Keule, Tränengas, Wasserwerfer · Distanzwaffe, Gummigeschoss, Gummischrapnell; ↑Giftgas, ↑Gummiknüppel.

Kampfplanung ↑Strategie.

Kampfplatz ↑Schlachtfeld.

Kampfpreis ↑Preis.

Kampfrichter ↑Schiedsrichter.

Kampfschiff ↑Kriegsschiff.

Kampfsport ↑Selbstverteidigung.

Kampfstoff ↑Kampfmittel.

kampfunfähig: jmdn. k. machen ↑besiegen.

Kampfwachtel ↑Vogel.

Kampfzone ↑Front.

kampieren ↑übernachten.

Kamsin ↑Wind.

Kamuffel ↑Dummkopf.

Kanadagans ↑Vogel.

Kanadier: ↑Boot, ↑Sessel.

kanadisch: -er Dollar ↑Zahlungsmittel.

Kanaille: ↑Abschaum, ↑Schuft.

¹Kanal, Seitenkanal, Wasserstraße, Wasserweg, Wassergraben · *in niederländischen Städten:* Gracht; ↑Fluss.

²Kanal: den K. voll haben ↑angeekelt [sein], ↑betrunken [sein]; sich den K. voll laufen lassen ↑betrinken (sich).

Kanalarbeiter: ↑Abgeordneter, ↑Drahtzieher.

Kanalhafen ↑Hafen.

Kanalisation ↑Kanalisierung.

kanalisieren, begradigen, regulieren; ↑Kanalisierung.

Kanalisierung, Kanalisation, Regulierung, Begradigung; ↑kanalisieren.

Kanallotse ↑Lotse.

Kanapee: ↑Liege, ↑Sandwich.

Kanari ↑Kanarienvogel.

kanariengelb ↑gelb.

Kanarienvogel, Kanarengirlitz, Kanari *(ugs.),* Harzer Roller; ↑Vogel.

Kandaharbindung ↑Skibindung.

Kandare: jmdn. an die K. nehmen ↑streng [behandeln].

Kandel ↑Regenrinne.

Kandelaber ↑Kerzenleuchter.

Kandidat: ↑Anwärter, ↑Prüfling; als K. aufgestellt sein / werden ↑kandidieren.

kandidieren, als Kandidat aufgestellt sein / werden.

kandieren: ↑zuckern; kandierte Apfelsinenschale / Orangenschale ↑Orangeat.

Kandis ↑Zucker.

Kandiszucker ↑Zucker.

Kanditen ↑Süßigkeiten.

Kaneel ↑Gewürz.

Kanin ↑Pelz.

Kaninchen, Karnickel, Stallhase *(scherzh.),* Kinigelhase *(bayr., österr.),* Wildkaninchen, Hauskaninchen, Angorakaninchen, Chinchillakaninchen, blauer / weißer Wiener · Hase, Meister Lampe, Feldhase · *weibliches mit Jungen:* Mutterkaninchen, Zibbe, Muttertier · *männliches:* Kaninchenbock, Karnickelbock, Bock; ↑Kleinvieh, ↑Nagetier, ↑Wild.

Kaninchenbau ↑Höhle.

Kaninus ↑Zahn.

Kanister ↑Behälter.

Kankrologie ↑Heilkunde.

Kannbestimmung ↑Weisung.

Kanne, Krug, Karaffe, Amphore, Amphora, Kruke, Bembelkrug *(hess.),* Bembel *(hess.);* ↑Behälter, ↑Gefäß, ↑Flasche.

Kannegießer ↑Schwätzer.

kannegießern ↑unterhalten (sich).

Kännel ↑Regenrinne.

¹Kannibale, Menschenfresser, Wilder.

²Kannibale ↑Rohling.

kannibalisch: sich k. wohl fühlen ↑wohl fühlen (sich).

Kannibalismus ↑Menschenfresserei.
Kannvorschrift ↑Weisung.
Kanon: ↑Lied, ↑Schriftgrad.
Kanone: ↑Fachmann, ↑Geschütz, ↑Schusswaffe; ↑Sportler; unter aller K. ↑minderwertig, ↑schlecht.
Kanonenboot ↑Kriegsschiff.
Kanonenfutter ↑Menge.
Kanonenofen ↑Ofen.
Kanonenrohr: Heiliges K.! ↑überrascht [sein].
Kanonenschlag ↑Feuerwerkskörper.
Kanonier ↑Dienstgrad.
kanonisieren ↑normen.
Kanonisierung ↑Normung.
Kanossa: einen Gang nach K. antreten ↑erniedrigen (sich).
Känozoikum ↑Erdzeitalter.
Kantalupmelone ↑Melone.
Kantate: ↑Kirchenjahr, ↑Lied.
Kante: ↑Rand, ↑Stelle; auf die hohe K. legen ↑sparen.
Kantel ↑Metermaß.
Kanten ↑Brotende.
Kantersieg ↑Sieg.
Kanthaken: jmdn. an den K. kriegen / beim Kanthaken nehmen ↑bestrafen.
kantig, scharfkantig, schartig, eckig, spitz; ↑geschärft, ↑gezackt, ↑spitz.
Kantine: ↑Gaststätte, ↑Speiseraum.
Kanton: ↑Bundesland, ↑Verwaltungsbezirk.
Kantonist: ein unsicherer K. sein ↑unzuverlässig [sein].
Kantönligeist: ↑Kirchturmpolitik.
Kantonsregierung ↑Regierung.
Kantonsschule ↑Schule.
Kantor, Organist, Orgelspieler, Kirchenmusikdirektor; ↑Dirigent.
Kantschu ↑Peitsche.
Kantstein ↑Rinnstein.
Kanu ↑Boot.
Kanzel: ↑Hochsitz, ↑Katheder; von der K. reden ↑predigen.
Kanzelwort ↑Rede.
Kanzerologe ↑Arzt.
Kanzerologie ↑Heilkunde.
Kanzlei: ↑Anwaltsbüro, ↑Büro.
Kanzleistil ↑Amtsdeutsch.
Kanzler ↑Oberhaupt.
Kanzone: ↑Gedicht, ↑Lied.
Kanzonette ↑Lied.
Kapaun: ↑Hahn, ↑Huhn.
Kapazität: ↑Fachmann, ↑Fassungsvermögen.
Kapee: schwer von K. sein ↑begriffsstutzig.
Kapel ↑Brotende.
Kapelle: ↑Gotteshaus, ↑Orchester.
Kapellmeister ↑Dirigent.
kapern, aufbringen, entern, erbeuten; ↑beschaffen, ↑nehmen.
Kapern ↑Gewürz.
kapieren ↑verstehen.
kapital ↑außergewöhnlich.

Kapital: ↑Vermögen; K. aus etwas schlagen ↑kommerzialisieren.
Kapitalanlage ↑Investition.
Kapitälchen ↑Buchstabe.
Kapitale ↑Stadt.
Kapitalismus, Frühkapitalismus, Spätkapitalismus, Monopolkapitalismus, Großkapitalismus, Feudalkapitalismus; ↑Imperialismus, ↑Kapitalist, ↑Lohnabhängigkeit.
¹Kapitalist, Großkapitalist, Ausbeuter *(abwertend);* ↑Kapitalismus, ↑Lohnabhängigkeit.
²Kapitalist ↑Reicher.
kapitalistisch: -e Gesellschaft ↑Gesellschaft.
Kapitalschrift ↑Schrift.
Kapitalverbrechen: ↑Verbrechen, ↑Verstoß.
Kapitän: ↑Befehlshaber, ↑Leiter (der), ↑Seeoffizier; K. zur See ↑Dienstgrad.
Kapitänleutnant: ↑Dienstgrad, ↑Seeoffizier.
Kapitel ↑Abschnitt.
Kapitell · korinthisches / ionisches / äolisches / dorisches / persisches / toskanisches Kapitell, Lotosknospenkapitell, Papyrusknospenkapitell, Blütenkapitell, Doldenkapitell, Palmenkapitell, Blätterkapitell, Lilienkapitell, Papyruskapitell, Bilderkapitell, Figurenkapitell, Adlerkapitell, Antenkapitell, Knospenkapitell, Blattkapitell, Kompositkapitell, Kelchkapitell, Trapezkapitell, Korbkapitell, Würfelkapitell, Doppelwürfelkapitell, Pfeifenkapitell, Faltenkapitell, Stalaktitenkapitell; ↑Baukunst, ↑Baustil, ↑Säule.
kapitulieren ↑nachgeben.
Kaplan ↑Geistlicher.
Kapo: ↑Aufsichtführender, ↑Dienstgrad.
kapores ↑defekt.
Kapotthut ↑Kopfbedeckung.
KAPOVAZ ↑Arbeitszeitformen.
Kappa ↑Buchstabe.
Kappdecke ↑Zimmerdecke.
Kappe: ↑Brotende, ↑Kopfbedeckung, ↑Verschluss; Böhmische K. ↑Kuppel.
kappen ↑durchschneiden.
Kappenabend ↑Maskerade.
Kappes: ↑Unsinn; roter K. ↑Rotkohl; [weißer K.] ↑Kohl.
Kapphahn ↑Hahn.
Käppi ↑Kopfbedeckung.
Kaprice ↑Laune.
Kapriole ↑Laune.
Kaprize ↑Laune.
Kaprizenschädel ↑Trotzkopf.
kapriziös ↑launisch.
Kaprizpolster ↑Kissen.
Kapsel: ↑Hülle, ↑Medikament.
Kaput: ↑Mantel.
kaputt: ↑defekt, ↑schwermütig; k. sein ↑erschöpft [sein].
kaputtgehen: ↑defekt [werden], ↑eingehen.
kaputtmachen ↑zerstören.
Kapuze ↑Kopfbedeckung.
Kapuziner: ↑Kaffee, ↑Mönchsorden.

Kapuzineraffe ↑Affe.
Kapuzinerbart ↑Gemüse.
Kapuzinerrose ↑Rose.
Karabiner ↑Schusswaffe.
Karabinerhaken ↑Haken.
Karacho: mit K. ↑schnell.
Karaffe ↑Kanne.
Karaman ↑Orientteppich.
Karambolage ↑Zusammenstoß.
Karambolagebillard ↑Billard.
Karamellbonbon ↑Bonbon.
Karat ↑Gewichtseinheit.
Karate ↑Selbstverteidigung.
Karausche ↑Fisch.
Karbatsche ↑Peitsche.
Karbidlampe ↑Grubenlampe.
Karbolmaus ↑Krankenschwester.
Karbon ↑Erdzeitalter.
Karbonade: ↑Fleischkloß, ↑Kotelett.
Karbonpapier ↑Kohlepapier.
Karbunkel ↑Abszess.
Kardamom ↑Gewürz.
Kardanbremse ↑Bremse.
Kardangelenk ↑Gelenk.
Kardia ↑Herz.
Kardinal ↑Geistlicher.
Kardinal-: ↑grundsätzlich.
Kardinalfrage ↑Schwierigkeit.
Kardinalkreuz ↑Kreuzzeichen.
Kardinalproblem ↑Schwierigkeit.
kardinalrot ↑rot.
Kardinalshut ↑Kopfbedeckung.
Kardinalzahl: ↑Wortart, ↑Zahl.
Kardio-: ↑Herz.
Kardiogramm: ↑Elektrogramm, ↑Röntgeno-
gramm.
Kardiographie ↑Röntgenographie.
Kardiologe ↑Arzt.
Kardiologie ↑Heilkunde.
Kardone ↑Gemüse.
Karenz ↑Wartezeit.
Karenzzeit ↑Wartezeit.
karessieren ↑liebkosen.
Karettschildkröte ↑Schildkröte.
Karezza ↑Koitus.
Karfiol ↑Blumenkohl.
¹**Karfreitag,** Stiller Freitag, Stillfreitag; ↑Kir-
chenfest.
²**Karfreitag:** ↑Feiertag, ↑Kirchenjahr.
¹**karg,** kärglich, unergiebig, wenig, dürftig,
ärmlich, armselig, pop[e]lig *(ugs., abwertend),*
plöt[e]rig *(ugs., landsch.),* spärlich, knapp,
schmal, kümmerlich, beschränkt, bescheiden;
↑arm, ↑kümmerlich, ↑selten.
²**karg** ↑unfruchtbar.
kargen ↑sparen.
Kargheit, Unfruchtbarkeit, Magerkeit, Ertragsarmut, Aridität, Trockenheit, Dürre;
↑Einöde; unfruchtbar.
kärglich ↑karg.
Kärglichkeit ↑Armut.

kariert: ↑gemustert; -es Papier ↑Schreibpa-
pier; k. reden ↑sprechen.
Karies, Zahnfäule; ↑Zahn.
Karikatur: ↑Satire, ↑Zeichnung, ↑Zerrbild.
Karikaturist ↑Zeichner.
karikieren ↑verzerren.
Karitas ↑Nächstenliebe.
Karl-Marx-Stadt, Chemnitz (bis 1953); ↑Stadt.
Karmelit: Beschuhte / Unbeschuhte -en
↑Mönchsorden.
Karmeliter: [Beschuhte / Unbeschuhte K.]
↑Mönchsorden.
Karmeliterin: [Beschuhte / Unbeschuhte -nen]
↑Nonnenorden.
Karmeliterorden ↑Mönchsorden.
Karmelitin: [Beschuhte / Unbeschuhte -nen]
↑Nonnenorden.
karmesinrot ↑rot.
karmin ↑rot.
karminrot ↑rot.
karmoisin ↑rot.
Karneol ↑Schmuckstein.
Karneval: ↑Fastnacht; Prinz K. ↑Faschings-
zug.
Karnevalsprinz ↑Faschingszug.
Karnevalsprinzessin ↑Faschingszug.
Karnevalszug ↑Faschingszug.
Karnickel ↑Kaninchen.
Karnickelbock ↑Kaninchen.
Karniesbogen ↑Bogen.
Karniese ↑Gardinenleiste.
Karnische ↑Gardinenleiste.
Karnivore ↑Raubtier.
Karo: ↑Spielkarte, ↑Stoffmuster, ↑Viereck; K.
trocken ↑Schnitte.
karolingisch: -e Literatur ↑Literaturepochen;
-er Stil ↑Baustil.
karolingisch-ottonisch: -e Malerei ↑Malerei.
Karosse: ↑Auto, ↑Kutsche.
Karosserie, Wagenaufbau, Aufbau, Wagen-
oberbau; ↑Auto, ↑Chassis.
Karosserieschneider ↑Zeichner.
Karotte ↑Mohrrübe.
Karpfen ↑Fisch.
Karpfenteich: Hecht im K. ↑Unterhalter.
Kärpfling ↑Fisch.
Karre: ↑Auto, ↑Kinderwagen, ↑Schubkarre,
↑Wagen; die K. ist [total] verfahren ↑aussichts-
los [sein]; die K. in den Dreck fahren ↑verder-
ben; die K. laufen lassen ↑sorgen (sich); die K.
aus dem Dreck ziehen ↑Ordnung.
Karree: ↑Rippenstück, ↑Viereck.
karren ↑transportieren.
Karren: ↑Schubkarre, ↑Wagen; den K. laufen
lassen ↑sorgen (sich).
Karrer ↑Fuhrmann.
Karrette ↑Schubkarre.
Karriere: ↑Laufbahn; K. machen ↑avancieren.
Karrierefrau ↑Frau.
karrieregeil ↑ehrgeizig.
Karrieremacher, Karrierist · *erfolgreicher:* Er-

folgsmensch, Senkrechtstarter, Seiteneinsteiger, Shootingstar; ↑Aufstieg, ↑Emporkömmling, ↑Opportunist; ↑avancieren.
karrieresüchtig ↑ehrgeizig.
Karrierist ↑Karrieremacher.
Kärrner: ↑Arbeitstier, ↑Fuhrmann.
Karst ↑Hacke.
Kartäuser: ↑Katzenrassen, ↑Mönchsorden.
Kartäuserorden ↑Mönchsorden.
Karte: ↑Eintrittskarte, ↑Fahrkarte, ↑Landkarte, ↑Postsendung, ↑Schreiben, ↑Speisekarte, ↑Spielkarte; die -n aufdecken ↑gestehen; eine K. schreiben ↑korrespondieren; die -n offen auf den Tisch legen ↑bekunden; alles auf eine K. setzen ↑wagen; sich nicht in die -n gucken lassen ↑schweigen; mit falschen / gezinkten -n spielen ↑betrügen; mit offenen -n spielen ↑aufrichtig [sein]; schlechte -n haben ↑[nichts] bekommen.
¹Kartei, Leitkartenkartei · Zettelkartei, Zettelkasten, Zettelkatalog · Steilkartei · Flachkartei · Sichteckenkartei · Buchkartei · Streifenregister· Magnetkartei · Pattei; ↑Datenbank, ↑Verzeichnis.
²Kartei ↑Verzeichnis.
Kartell ↑Bund.
Kartenbrief ↑Schreiben.
Kartengruß, Gruß · Urlaubsgruß, Feriengruß · Weihnachtsgruß, Neujahrsgruß, Geburtstagsgruß; ↑Schreiben, ↑Schriftwechsel.
Kartenhaus: etwas fällt wie ein K. zusammen ↑scheitern.
Kartenkünstler ↑Artist.
Kartenlegerin ↑Wahrsagerin.
Kartenschlägerin ↑Wahrsagerin.
Kartenspiel · Bakkarat · Boston · Bridge · Canasta · Doppelkopf, Schafkopf · Ekarté · Jass, Jassen, Jasset · L'hombre · Mariage · Patience · Pikett · Poker · Quartett · Ramsch · Rommee · Rouge et Noir · schwarzer Peter · Leben und Tod · Sechsundsechzig, Schnapsen *(bes. österr.)* · Watten · Skat · Solo · Tarock · Whist [↑Brettspiel, ↑Glücksspiel, ↑Würfelspiel]; ↑pokern.
Kartentisch ↑Tisch.
Kartoffel: ↑Nase, ↑Uhr; jmdn. fallen lassen wie eine heiße K. ↑abrücken (von jmdm.).
Kartoffelbofist ↑Ständerpilz.
Kartoffelbrei ↑Kartoffelpüree.
Kartoffelchips ↑Chips.
Kartoffelferien ↑Ferien.
Kartoffelflinse ↑Kartoffelpuffer.
Kartoffelkloß ↑Kloß.
Kartoffelmotte ↑Schmetterling.
Kartoffelmus ↑Kartoffelpüree.
Kartoffeln, Erdapfel *(österr.),* Grundbirnen *(landsch.)* Bramburi *(salopp, österr.)* · gekochte: Salzkartoffeln, Dampfkartoffeln, Schälkartoffeln, Erdäpfel in der Montur *(scherzh., österr.)* · *Folie eingewickelte:* Folienkartoffeln · *junge,* *neue:* Frühkartoffeln, Heurige *(österr.)* · *junge,*

in der Schale gekochte: Pellkartoffeln · *gebratene:* Röstkartoffeln, Bratkartoffeln, geröstete Erdäpfel *(bayr., österr.),* Geröstete *(bayr., österr.),* Rösti *(schweiz.)* · *roh, schwimmend in Fett gebackene:* Pommes frites, Pommes *(ugs.)* Chips · *rohe, runde, besonders zubereitete Scheiben im Ofen gar gemacht und gebräunt:* Pommes Chamonix, Kartoffeln auf Dauphiner Art; ↑Chips, ↑Kartoffelpüree, ↑Kloß.
Kartoffelnase ↑Nase.
Kartoffelpfannkuchen ↑Kartoffelpuffer.
Kartoffelpilz ↑Algenpilz.
Kartoffelpuffer, Kartoffelpfannkuchen *(nordd.),* Reibekuchen *(landsch.),* Reibeplätzchen *(westfäl.),* Kartoffelflinse *(landsch.),* Flinse *(landsch.),* Plinse *(landsch.);* ↑Omelett.
Kartoffelpüree, Kartoffelbrei, Erdäpfelpüree *(österr.),* Erdäpfelkoch *(österr.),* Kartoffelmus *(selten),* Quetschkartoffeln *(berlin.),* Stampfkartoffeln *(nordd.);* ↑Kartoffeln.
Kartoffelstärke ↑Stärke.
Kartoffelsuppe ↑Suppe.
Kartograph ↑Zeichner.
¹Karton, Pappkarton, Naturkarton, gegautschter Karton, Umschlagkarton, Umkarton, Faltschachtelkarton, Triplexkarton, Duplexkarton; ↑Pappe, ↑Schachtel, ↑Verpackung.
²Karton: ↑Schachtel; gleich knallt es im K.! ↑aufhören.
Kartonstich ↑Kunstdruck.
Karussell, Reitschule *(landsch.),* Ringelspiel *(österr.),* Rösslispiel *(schweiz.),* Kinderkarussell, Kinderreitschule *(landsch.),* Kettenkarussell, Kettenreitschule *(landsch.),* Kettenprater *(österr.),* Berg-und-Tal-Bahn, Raupenbahn, Geisterbahn; ↑Achterbahn, ↑Jahrmarkt, ↑Riesenrad, ↑Schiffsschaukel, ↑Skooterbahn, ↑Teufelsrad.
Karussellbesitzer ↑Schausteller.
Karussellorgel ↑Drehorgel.
Karyatide ↑Säule.
Karzer ↑Strafanstalt.
Karzinologe ↑Arzt.
Karzinologie ↑Heilkunde.
Karzinom ↑Geschwulst.
Kasack ↑Bluse.
Kasak ↑Orientteppich.
Kasatschok ↑Tanz.
kascheln ↑schlittern.
Kaschemme ↑Gaststätte.
Kaschgar ↑Orientteppich.
kaschieren ↑vertuschen.
Kaschmirwolle ↑Wolle.
¹Käse, Schnittkäse · Hartkäse · Emmentaler · Edamer · Gouda · Cheddar · Butterkäse · Steppenkäse · Tilsiter · Schweizer · Parmesan · Kräuterkäse · Weichkäse · Camembert, Briekäse, Bel-Paese, Romadur, Limburger · *mit Schimmelpilzen:* Edelpilzkäse, Gorgonzola, Roquefort ·· Handkäse *(bes. westd.),* Harzer [Käse / Roller], [Olmützer] Stinkkäse, [Olmüt-

zer] Quargel *(österr.),* Kuhkäse *(nordd., veraltet)* · *mit Kümmel:* Kümmelkäse · · Streichkäse, Liptauer, Schmelzkäse, Gervais®, Rahmkäse, Frischkäse, Weißkäse, weißer Käse, Quark, Topfen *(bayr., österr.),* Schotten *(bayr., österr.),* Glumse *(ostpr.),* Zibbeleskäs *(fränk.),* Lukeleskäs *(aleman.),* Bibeleskäs *(aleman.),* Ziger *(schweiz.),* Zieger *(schweiz.)* · · Schaf[s]käse, Brimsen *(österr.)* · Ziegenkäse; ↑Brotaufstrich.
²Käse: ↑Unsinn; weißer K. ↑Weißkäse.
Käseblatt ↑Zeitung.
Käsebrot ↑Schnitte.
Käsefüße ↑Fuß.
Käsegebäck ↑Gebäck.
Käsehobel ↑Messer.
Käsekremtorte ↑Gebäck.
Käsemesser ↑Messer.
käsen: jmdm. eine k. ↑schlagen.
Kaser ↑Almhütte.
Kasernenhofton: im K. reden ↑sprechen.
Kasernensprache ↑Gruppensprache.
Kasernenumarmung ↑Demonstration.
kasernieren ↑beherbergen.
Käsesahnetorte ↑Gebäck.
käseweiß ↑blass.
käsig ↑blass.
Kasino: ↑Gesellschaftsraum, ↑Speiseraum.
Kaskade ↑Wasserfall.
Kaskadeur ↑Artist.
¹Kasper, Kasperle, Kasperl *(bayr., österr.),* Wurstel *(bayr., österr.)* · *im französischen Puppentheater:* Guignol; ↑Marionette, ↑Puppentheater; ↑Spaßmacher.
²Kasper ↑Spaßvogel.
Kasperl ↑Kasper.
Kasperle ↑Kasper.
Kasperlepuppe ↑Handpuppe.
Kasperletheater ↑Puppentheater.
kaspern ↑albern.
Kasperpuppe ↑Handpuppe.
Kaspertheater ↑Puppentheater.
Kassa ↑Kasse.
Kassabericht ↑Geschäftsbericht.
Kassabuch ↑Rechnungsbuch.
Kassagebarung ↑Geschäftsführung.
Kassandra ↑Wahrsagerin.
Kassandraruf: -e ↑Pessimismus.
Kassation ↑Entlassung.
Kassazettel ↑Quittung.
¹Kasse, Kassa *(südd., österr.),* Kassenschalter, Schalter, Counter · *an einer Hochschule:* Quästur · *im Theater o. Ä.:* Tageskasse, Abendkasse, Theaterkasse, Vorverkaufskasse; ↑Ladenkasse; ↑bezahlen.
²Kasse: ↑Geldinstitut, ↑Ladenkasse; K. machen ↑abrechnen; bei K. sein ↑reich [sein]; knapp bei K. sein ↑arm [sein]; in die K. greifen ↑wegnehmen; jmdn. zur K. bitten ↑kassieren; zur K. gebeten werden ↑zahlen [müssen].
Kassel: ab nach K. ↑weg.

Kasseler: K. Rippenspeer ↑Fleischgericht, ↑Rippchen.
Kassenarzt ↑Arzt.
Kassenbuch: ↑Geschäftsbücher, ↑Rechnungsbuch.
Kassenerfolg ↑Verkaufsschlager.
Kassenfüller ↑Künstler.
Kassenmagnet: ↑Kinofilm, ↑Künstler, ↑Verkaufsschlager.
Kassenschalter ↑Kasse.
Kassenschlager: ↑Verkaufsschlager; ein K. sein ↑Erfolg [haben].
Kassensturz: ↑Abrechnung; K. machen ↑abrechnen.
Kassenverwalter ↑Kassierer.
Kassenwart ↑Kassierer.
Kassenzettel ↑Quittung.
Kasserolle ↑Kochtopf.
Kassette, Kästchen, Schatulle; ↑Schachtel, ↑Truhe.
Kassettendecke ↑Zimmerdecke.
Kassettenfernsehen, audiovisuelle Systeme · · Electronic-Video-Recording, EVR · Selecta-Vision · Spectra-Colorvision; ↑Fernsehen.
Kassettenfilm ↑Film.
Kassettenkuppel ↑Kuppel.
Kassettenrecorder ↑Tonbandgerät.
Kassiber ↑Schreiben.
Kassier ↑Kassierer.
¹kassieren, abkassieren, einkassieren, jmdn. zur Kasse bitten *(ugs.),* einnehmen, vereinnahmen, einstecken, einheimsen, einsammeln, eintreiben, einstreichen *(ugs.),* einziehen, heben *(landsch.),* einheben *(oberd.),* erheben · durch Nachnahme: nachnehmen · zwangsweise, gerichtlich: beitreiben, betreiben *(schweiz.);* ↑Eintreibung, ↑Kassierer.
²kassieren ↑abschaffen.
Kassierer, Kassier *(oberd.),* Kassenwart, Kassenverwalter, Rechnungsführer, Inkassant *(österr.),* Eintreiber, Einzieher, Einzüge· *(schweiz.),* Schatzmeister, Säckelwart *(veraltet, landsch.),* Quästor *(schweiz.),* Einhebungsbeamter *(österr.);* ↑Eintreibung, ↑Kassiererin ↑kassieren.
Kassiererin, Kassierin *(oberd.);* ↑Kassierer.
Kassierin ↑Kassiererin.
Kassler ↑Fleischgericht.
Kastagnetten ↑Rassel.
¹Kastanie, Rosskastanie, Edelkastanie, Esskastanie · *geröstete:* Marone, Maroni *(südd., österr.);* ↑Laubhölzer.
²Kastanie: ↑Laubhölzer; für jmdn. die -n aus dem Feuer holen ↑einstehen (für).
kastanienbraun: ↑braun, ↑braunhaarig.
Kastanienwald ↑Wald.
Kästchen ↑Kassette.
Kaste, Klasse, Stand, Gruppe; ↑Gesellschaftsschicht, ↑Personenkreis.
kasteien (sich), sich geißeln; ↑Hunger [leiden]
Kastell ↑Festung.

Kästelseide ↑Seide.

¹Kasten, Kiste; ↑Kassette, ↑Schachtel, ↑Steige, ↑Truhe.

²Kasten: ↑Fach, ↑Fernsehgerät, ↑Fotoapparat, ↑Fußballtor, ↑Garbenstand, ↑Haus, ↑Radio, ↑Schrank, ↑Schublade, ↑Sportgerät; ein K. Konfekt ↑Bonbonniere; etwas auf dem K. haben ↑begabt [sein].

Kastenaltar ↑Altar.

Kastenform ↑Backform.

Kastengeist ↑Standesbewusstsein.

Kastenschloss ↑Schloss.

Kastize ↑Mischling.

¹Kastrat, Eunuch, Entmannter, Verschnittener; ↑Kastration.

²Kastrat ↑Sänger.

Kastration, Kastrierung, Verschneidung, Entmannung, Emaskulation, Sterilisation, Sterilisierung; ↑Hoden, ↑Kastrat; ↑kastrieren; ↑kastriert.

Kastrationsangst ↑Komplex.

Kastrationskomplex ↑Komplex.

kastrieren, verschneiden, entmannen, der Manneskraft berauben *(geh.),* die Keimdrüsen entfernen, sterilisieren, unfruchtbar / zeugungsunfähig machen; ↑fruchtbar, ↑impotent; ↑Kastration.

kastriert, verschnitten, entmannt, sterilisiert; ↑Kastration.

Kastrierte ↑Zigarette.

Kastrierung ↑Kastration.

Kasuistik ↑Spiegelfechterei.

kasuistisch ↑spitzfindig.

¹Kasus, Fall · Nominativ, erster Fall, Werfall · Genitiv, Genetiv *(veraltend),* zweiter Fall, Wesfall · Dativ, dritter Fall, Wemfall · Akkusativ, vierter Fall, Wenfall · Ablativ, Nehmfall *(veraltet),* Instrumentalis · Vokativ · Lokativ · Elativ · Äquativ.

²Kasus ↑Angelegenheit.

Kasusgrammatik ↑Grammatik.

Katachrese ↑Bildbruch.

Katachresis ↑Bildbruch.

Katakombe ↑Begräbnisstätte.

Katalog: ↑Prospekt, ↑Verzeichnis.

Katalysator ↑Gärstoff.

Katalysatorauto ↑Auto.

Katamaran ↑Segelboot.

Katamenien ↑Menstruation.

Kataplasma ↑Wickel.

kataplektisch: ↑lahm; -e Hemmung ↑Schrecklähmung.

Kataplexie ↑Schrecklähmung.

Katapult ↑Wurfwaffe.

katapultieren: ↑werfen; k. aus ↑hinauswerfen (jmdn.).

¹Katarakt (die; *Med.*), Star, Linsentrübung · grauer Star · Altersstar · Wundstar · Kristallstar · Ringstar · Kalkstar · Gipsstar · Wärmestar, Hitzestar, Feuerstar, Gießerstar, Glasbläserstar · Pulverstar, Mehlstaubkatarakt · Korallenstar ·

Rindenstar · Zuckerstar · Blitzstar · Blütenstar · Spindelstar · Punktstar · Strahlenkatarakt · Nachtstar · Totalstar; ↑Augenlicht, ↑Star.

²Katarakt (die) ↑Star.

³Katarakt (der): ↑Wasserfall.

Katastase ↑Höhepunkt.

Kataster ↑Grundbuch.

Katastralgemeinde ↑Gemeinde.

katastrophal ↑schrecklich.

Katastrophe ↑Unglück.

Katastropheneinsatz ↑Hilfe.

Kate: ↑Haus, ↑Nachschlüssel.

Katechetik ↑Theologie.

Kategorie: ↑Art, ↑Gliederung, ↑Klasse.

kategorisch ↑klar.

Kategorisierung ↑Gliederung.

Kater: ↑Katerstimmung, ↑Katze.

Kateridee ↑Einfall.

Katerstimmung, Kater *(ugs.),* Katzenjammer *(ugs.),* Hangover, Moralischer *(ugs.);* ↑Kopfschmerz; ↑deprimiert.

katexochen ↑schlechthin.

Katharer ↑Ketzer.

Katharina ↑Nothelfer.

Katharsis ↑Läuterung.

¹Katheder, Pult, Rednerpult, Lesepult · *erhöhtes in der Kirche:* Kanzel, Predigtstuhl; ↑Podium.

²Katheder ↑Möbel.

Kathederblüte ↑Stilblüte.

Kathedrale ↑Gotteshaus.

Katheter, Röhrchen; ↑Rohr, ↑Spritze.

katholisch: -e Verbindung ↑Verbindung.

Kattun ↑Stoff.

Katy ↑Auto.

katzbalgen ↑schlagen.

katzbuckeln ↑unterwürfig [sein].

¹Katze, Miez *(fam.),* Mieze *(fam.),* Miezekatze *(Kinderspr.),* Muschi *(Kinderspr.),* Mutzikatze *(Kinderspr., österr.),* Dachhase *(scherzh.),* Büsi *(schweiz.) · männliche:* Kater · *weibliche:* Kätzin; ↑Katzenrassen.

²Katze: ↑Mädchen, ↑Raubtier; da beißt sich die K. in den Schwanz ↑Teufelskreis; das kann die K. auf dem Schwanz forttragen / wegtragen ↑wenig; wie die K. um den heißen Brei herumgehen / herumschleichen ↑sprechen; wie Hund und K. leben ↑verfeindet [sein]; wenn die K. aus dem Haus ist, tanzen die Mäuse auf dem Tisch ↑Überwachung; jmdm. die K. den Buckel hinaufjagen ↑Angst; die K. im Sack kaufen ↑kaufen; mit jmdm. Katz und Maus spielen ↑vertrösten; für die Katz sein ↑wenig.

Katzedonier ↑Murmel.

Katzelmacher ↑Italiener.

Katzenauge ↑Rückleuchte.

katzenfreundlich ↑unredlich.

Katzenjammer: ↑Enttäuschung, ↑Katerstimmung.

Katzenkopf: ↑Ohrfeige, ↑Stein.

Katzenkopfpflaster ↑Straßenpflaster.
Katzenrassen · · · Hauskatze · · Langhaarkatze · Angorakatze, Perserkatze, Perser, Colourpoint-Langhaar, Birma · · Kurzhaarkatze · Europäisch Kurzhaar, Siamkatze, Havannakatze, Burmakatze, Kartäuser, Russischblau, Abessinier, Rexkatze · *schwanzlose:* Manxkatze; ↑Katze, ↑Raubtier.
Katzensprung: nur einen K. entfernt / weit ↑nahe, ↑nahebei.
Katzentisch ↑Tisch.
Katzenwäsche: K. machen ↑waschen (sich / jmdn.).
Kätzin ↑Katze.
Katzoff ↑Fleischer.
Kauderwelsch ↑Ausdrucksweise.
¹kauen, beißen, mümmeln, mahlen, nagen, kiefeln *(bayr., österr.),* knabbern, abbeißen · *sorgfältig und lange:* fletschern *(selten);* ↑annagen, ↑essen.
²kauen: jmdn. einen k. ↑koitieren.
kauern ↑sitzen.
¹Kauf, Erwerb, Erwerbung, Einkauf, Anschaffung, Errungenschaft *(scherzh.),* Ankauf · *günstiger:* Gelegenheitskauf, Okkasion, Schnäppchen, Gelegenheit, Billigangebot · *aus Furcht vor Knappheit:* Angstkauf, Hamsterkauf; ↑Kunde, ↑Preis; ↑kaufen.
²Kauf: einen K. tätigen ↑kaufen; in K. nehmen ↑ertragen; zum K. anbieten ↑feilhalten.
Kaufalter ↑Schmetterling.
¹kaufen, erstehen, anschaffen, an sich bringen, [käuflich] erwerben, akquirieren, sich etwas beschaffen, einen Kauf tätigen, sich etwas zulegen / *(schweiz.)* zutun, mitnehmen *(ugs.),* schießen *(salopp),* ankaufen, einkaufen, einholen *(nordd.),* posten *(schweiz.),* Besorgungen /Einkäufe machen, Shopping machen, aufkaufen, ramschen *(ugs.),* sich eindecken / versorgen mit, abkaufen, abnehmen, übernehmen · *ungeprüft:* die Katze im Sack kaufen · *unüberlegt und nicht zur eigenen Zufriedenheit:* sich verkaufen / bekaufen *(ugs., landsch.)* · *Aktien:* zeichnen · *eine später fällige Forderung unter Zinsabzug:* diskontieren, eskomptieren; ↑beschaffen, ↑bestellen, ↑einstellen, ↑handeln, ↑wechseln, ↑zahlen; ↑Geschäft, ↑Kauf · Ggs. ↑verkaufen.
²kaufen: ↑bestechen; billig / vorteilhaft / für einen Apfel und ein Ei / für ein Butterbrot / für einen Pappenstiel k. ↑billig [kaufen]; sich jmdn. k. ↑Rechenschaft, ↑schelten.
Käufer ↑Kunde.
Kauffrau ↑Büroangestellte[r].
-kauffrau ↑Büroangestellte[r].
Kaufgelegenheit ↑Bezugsquelle.
Kaufhalle ↑Laden.
Kaufhaus ↑Laden.
Kaufkraft: die K. herabsetzen / vermindern ↑abwerten.
käuflich: ↑bestechlich; k. erwerben ↑kaufen.

¹Kaufmann, Krämer *(veraltend),* Discounter, Kolonialwarenhändler *(veraltend),* Verschleißer *(veraltend, österr.),* Spezereihändler *(veraltend, südd., schweiz.),* Spezierer *(schweiz.),* Gemischtwarenhändler *(veraltend),* Greißler *(österr.),* Fragner *(veraltet, bayr., österr.),* Kaufmannfritze *(abwertend),* Heringsbändiger *(scherzh.)* · *für Tabak, Kurzwaren u. Ä.:* Tabaktrafikant *(österr.),* Trafikant *(österr.);* ↑Einzelhändler, ↑Großhändler, ↑Laden.
²Kaufmann: ↑Büroangestellte[r], ↑Geschäftsmann.
kaufmännisch: ↑kommerziell; -e[r] Angestellte[r] ↑Büroangestellte[r]; -es Denken ↑Geschäftssinn.
Kaufmannsdeutsch ↑Gruppensprache.
Kaufmannssprache ↑Gruppensprache.
Kaufpreis ↑Preis.
Kaufzwang: ohne K. ↑unverbindlich.
Kaulbarsch ↑Fisch.
Kaulkopf ↑Fisch.
Kaulquappe ↑Larve.
¹kaum, gerade [eben / noch], eben [noch], mit Mühe / Müh und Not, schlecht und recht, mehr schlecht als recht, mit Ach und Krach, mit Ach und Weh, mit Hängen und Würgen, mit knapper / genauer Not, mit letzter Anstrengung / Kraft; ↑beschwerlich, ↑jetzt.
²kaum: ↑beinahe, ↑schwerlich, ↑unwahrscheinlich; k. denkbar / glaublich ↑unwahrscheinlich; k. etwas ↑wenig; k. flügge sein ↑jung; k. hörbar / vernehmbar / vernehmlich ↑leise; k. noch zu hören sein ↑verhallen.
kausal ↑ursächlich.
Kausalsatz ↑Satz.
Kaustik ↑Verätzung.
Kautel ↑Vorbehalt.
Kauterisation ↑Verätzung.
Kaution ↑Sicherheit.
Kautschukhaut ↑Chalodermie.
Kauwerkzeuge, Zähne, Gebiss; ↑Zahn.
¹Kauz, Käuzchen, Waldkauz, Steinkauz, Uhu, Eule; ↑Vogel.
²Kauz ↑Außenseiter.
Käuzchen ↑Kauz.
kauzig ↑seltsam.
Kauzigkeit ↑Seltsamkeit.
Kavalett ↑Bett.
Kavalier: ↑Geliebter, ↑Gentleman; kein K. sein ↑unhöflich [sein].
Kavalierstaschentuch ↑Taschentuch.
Kavalierstuch ↑Taschentuch.
Kavaliertaschentuch ↑Taschentuch.
Kavaliertuch ↑Taschentuch.
Kavallerist ↑Soldat.
Kavatine ↑Lied.
Kaventskerl ↑Prachtexemplar.
Kaventsmann: ↑Exemplar, ↑Prachtexemplar.
Kaviarbrot, Stangenbrot, Sandwichwecken *(österr.),* französisches Weißbrot; ↑Brot, ↑Brötchen, ↑Schnitte.

Kayseri ↑Orientteppich.
Kebsehe ↑Ehe.
keck ↑frech.
Kecke ↑Frosch.
Keeper ↑Torwart.
Kees ↑Gletscher.
Keeswasser ↑Gletscherbach.
Kefir ↑Milch.
¹Kegel, Holz · *in der vorderen Reihe:* Bauer · *in der mittleren Reihe:* König · *in der hinteren Reihe:* Dame ·· *beim Bowling:* Pin; ↑Kegelbahn, ↑Kegelspiel; ↑kegeln.
²Kegel: ↑geometrische Figur; mit Kind und K. ↑alle.
Kegelaufsetzer: ↑Junge, ↑Kegelspiel.
Kegelbahn, Kegelstatt *(österr.)* · Bowlingbahn; ↑Kegel, ↑Kegelspiel; ↑kegeln.
Kegeldach ↑Dach.
Kegelgewölbe ↑Gewölbe.
Kegeljunge: ↑Junge, ↑Kegelspiel.
¹kegeln, Kegel schieben, Kegel scheiben *(bayr., österr.),* Bowling spielen; ↑schieben; ↑Kegel, ↑Kegelbahn, ↑Kegelspiel.
²kegeln: das Kegeln ↑Kegelspiel.
Kegel scheiben ↑kegeln.
Kegel schieben ↑kegeln.
Kegelspiel, das Kegeln · *mit zehn Kegeln:* Bowling · *Teilnehmer am Kegelspiel:* Kegelspieler, Kegler · *jmd., der im Kegelspiel die Kegel aufsetzt:* Kegeljunge, Kegelaufsetzer; ↑Kegel, ↑Kegelbahn; ↑kegeln.
Kegelspieler ↑Kegelspiel.
Kegelstatt ↑Kegelbahn.
Kegler ↑Kegelspiel.
Kehle: ↑Hals, ↑Rachen; jmdm. ist die K. wie zugeschnürt ↑Angst [haben]; sich die K. anfeuchten / ölen / schmieren ↑trinken; eine trockene K. haben ↑Durst [haben]; sich die K. aus dem Hals schreien ↑schreien; jmdm. das Messer an die K. setzen ↑nötigen; jmdm. sitzt das Messer an der K. ↑schulden (jmdm. etwas); aus voller K. ↑laut; Gold in der K. haben ↑singen; einen Kloß in der K. haben ↑heiser [sein]; etwas in die falsche K. bekommen ↑missverstehen, ↑übel nehmen.
kehlig: k. sprechen ↑sprechen.
Kehlkopf ↑Sprechorgan.
Kehlkopfentzündung, Laryngitis; ↑Krankheit.
Kehlkopfspiegelung ↑Ausspiegelung.
Kehrbesen ↑Besen.
Kehrblech ↑Müllschaufel.
Kehre: ↑Kurve, ↑Turnübung.
kehren: ↑säubern, ↑umkehren; den Rücken k. ↑abwenden (sich), ↑weggehen; jmdm. den Rücken k. ↑trennen (sich); sich nicht an etwas k. ↑übertreten; unter den Teppich k. ↑missachten.
Kehrflaumer ↑Mopp.
Kehricht ↑Abfall.
Kehrordnung ↑Reihenfolge.
Kehrreim, Refrain; ↑Strophe.

Kehrschaufel ↑Müllschaufel.
Kehrseite ↑Rückseite.
kehrtmachen ↑umkehren.
Kehrum: ↑Reihenfolge; im K. ↑nacheinander, ↑schnell.
Kehrwisch ↑Handfeger.
Keibenschinder ↑Abdecker.
keifen ↑schelten.
Keile ↑Schläge.
keilen: ↑überreden; sich k. ↑schlagen.
Keiler ↑Schwein.
Keilerei ↑Schlägerei.
Keilhose ↑Hose.
Keilschrift ↑Schrift.
¹Keim, Keimling, Pflanzenkeim, Sämling; ↑Samen.
²Keim: ↑Krankheitserreger; im -e ersticken ↑verhindern.
Keimblatt ↑Blatt.
Keimdrüse: die -n entfernen ↑kastrieren.
keimen ↑sprießen.
¹keimfrei, steril, aseptisch; ↑sauber; ↑Desinfektion; ↑desinfizieren.
²keimfrei: k. machen ↑desinfizieren.
Keimling ↑Keim.
Keimtötung ↑Desinfektion.
¹Keimzelle, Geschlechtszelle, Gamet · *männliche:* Spermium, Spermatozoon, Samen, Samenzelle, Samenfaden, Samenfädchen, Samentierchen *(selten)* · *weibliche:* Ovum, Ovulum, Ei, Eizelle; ↑Leibesfrucht, ↑Samenerguss, ↑Sperma.
²Keimzelle ↑Körperzelle.
kein: auf -en Fall, unter -en Umständen, in -er Weise ↑keineswegs; -e Sau ↑niemand.
keiner ↑niemand.
keinesfalls: ↑keineswegs, ↑nein.
¹keineswegs, keinesfalls, auf keinen Fall, in keiner Weise, durchaus / ganz und gar nicht, unmöglich, unter keinen Umständen, nicht [im geringsten / im Traum]; ↑nein.
²keineswegs ↑nein.
Keks: ↑Gebäck; einen weichen K. haben ↑verrückt [sein].
Kelch: ↑Altargerät, ↑Blüte, ↑Kohl, ↑Trinkgefäß.
Kelchblatt ↑Blatt.
Kelchglas ↑Trinkgefäß.
Kelchkapitell ↑Kapitell.
Kelim ↑Wandteppich.
Kelle: ↑Schöpfkelle; mit der großen K. anrichten ↑verschwenden.
Keller: eine gemeinsame Leiche im K. haben ↑belangen; im K. sinken (Preise).
Kellergeschoss ↑Geschoss.
Kellermauer ↑Mauer.
Kellertheater ↑Theater.
Kellertreppe ↑Treppe.
Kellner: ↑Bedienung; als K. arbeiten ↑kellnern.
Kellnerin ↑Bedienung.
Kellnerkotze ↑Salat.

kellnern, als Kellner arbeiten, servieren, bedienen; ↑Bedienung.

Kelp ↑Alge.

Kelvin ↑Temperaturskala.

Kemenate ↑Raum.

Kenare ↑Orientteppich.

Kendo ↑Selbstverteidigung.

kennbar ↑kenntlich.

¹kennen, jmdm. bekannt / kein Unbekannter mehr sein; ↑duzen, ↑kennen lernen · Ggs. ↑fremd.

²kennen: ↑auskennen (sich), ↑wissen; nicht k. ↑fremd; was der Bauer nicht kennt, das frisst er nicht ↑wählerisch [sein]; jmd. kennt sich kaum selbst vor Stolz ↑dünkelhaft [sein]; Gott und die Welt k. ↑betriebsam [sein]; weder Maß noch Ziel k. ↑hemmungslos [sein]; etwas wie seine Westentasche k. ↑auskennen (sich).

¹kennen lernen, vorgestellt werden, bekannt gemacht werden, jmds. Bekanntschaft machen, [ein Mädchen] aufreißen / *(österr.)* aufzwicken *(salopp);* **sich allmählich kennen lernen,** miteinander bekannt werden, warm werden mit jmdm., sich beriechen / beschnuppern *(salopp);* ↑kennen.

²kennen lernen: ↑erleben; du sollst / wirst mich k. l. ↑wehe!

Kenner ↑Fachmann.

kennerisch ↑fachmännisch.

Kennkarte ↑Ausweis.

¹kenntlich, erkennbar, kennbar *(schweiz.);* ↑erkennbar.

²kenntlich: k. machen ↑markieren.

Kenntnis: ↑Erfahrung; K. bekommen von ↑erfahren; -se erwerben ↑lernen; K. geben ↑mitteilen; -se haben in ↑firm [sein]; K. haben von ↑wissen; etwas entzieht sich jmds. K. ↑wissen; in K. setzen ↑mitteilen; zur K. nehmen ↑Acht geben.

kenntnisreich ↑gebildet.

Kennwort ↑Losung.

¹Kennzeichen, Brandmal · *das Juden in der NS-Zeit tragen mussten:* Judenstern · *das Homosexuelle im KZ tragen mussten:* rosa Winkel; ↑Abzeichen, ↑Makel, ↑Merkmal, ↑Plakette.

²Kennzeichen ↑Merkmal.

kennzeichnen ↑bedeuten, ↑markieren; sich k. durch ↑aufweisen.

kennzeichnend, bezeichnend, wesensgemäß, unverkennbar, spezifisch, typisch, charakteristisch, auszeichnend, charakterisierend; ↑interessant, ↑typisch, ↑vorbildlich; **k. sein für jmdn.,** das liegt in der Familie.

Kennzeichnung ↑Beschilderung.

Kentaur ↑Fabelwesen.

kentern, umschlagen, umkippen *(ugs.);* ↑untergehen; ↑Havarie.

keppeln ↑schelten.

Keppelweib ↑Frau.

Kepplerin ↑Frau.

Keramik: ↑Hochzeitstag, ↑Steingut.

Keramiker, Töpfer *(nordd.),* Hafner *(oberd.),* Häfner *(südd.),* Ofensetzer; ↑Keramik, ↑Steingut, ↑Töpferei.

Kerbe: in dieselbe / die gleiche K. hauen ↑Ansicht.

Kerbel ↑Küchengewürz.

Kerbelrübe ↑Gemüse.

Kerbholz: etwas auf dem K. haben ↑ehrenhaft.

Kerbtier ↑Insekt.

Kerf ↑Insekt.

Kerker: ↑Strafanstalt; im K. liegen ↑abbüßen; in den K. werfen ↑festsetzen.

Kerkermeister ↑Wächter.

Kerl: dummer K. ↑Dummkopf; [fieser K., ein K. wie ein Baum] ↑Mann; junger K. ↑Jüngling; kleiner K. ↑Junge.

Kerlchen ↑Junge.

Kerman ↑Orientteppich.

¹Kern, Stein, Obstkern · Pfirsichkern, Kirschkern, Apfelkern, Aprikosenkern, Pflaumenkern, Zwetsch[g]enkern; ↑Kerngehäuse; ↑entkernen.

²Kern: ↑Mittelpunkt; das ist des Pudels K. / der Kern der Sache ↑Hauptsache; die -e entfernen, von den -en befreien ↑entkernen.

Kernbeißer ↑Vogel.

Kernbombe ↑Bombe.

kernen ↑entkernen.

Kernenergie, Atomenergie, Kerntechnik, Nukleartechnik.

Kernfrage ↑Schwierigkeit.

Kerngehäuse, Kernhaus, Griebs *(landsch.);* ↑Kern; ↑entkernen.

kerngesund ↑gesund.

Kernhaus ↑Kerngehäuse.

kernig: ↑kurz, ↑stark.

Kernkraftgegner ↑Selbsthilfe.

Kernobst ↑Obst.

Kernplasma ↑Protoplasma.

Kernproblem ↑Schwierigkeit.

Kernpunkt ↑Hauptsache.

Kernreaktor ↑Atomreaktor.

Kernschatten ↑Schatten.

Kernseife ↑Seife.

Kernspruch ↑Ausspruch.

Kernstück ↑Hauptsache.

Kerntechnik ↑Kernenergie.

Kernwaffen ↑Waffen.

Kerosin ↑Treibstoff.

Kerwe ↑Jahrmarkt.

Kerwestand ↑Jahrmarktsbude.

Kerze, Wachskerze, Stearinkerze, Licht, Talglicht, Hindenburglicht · Weihnachtskerze, Christbaumkerze · Osterkerze · Lebenslicht · Taufkerze · Kommunionkerze · Altarkerze; ↑Kerzenleuchter, ↑Lampe; ↑ausblasen.

kerzengerade ↑gerade.

Kerzenhalter ↑Kerzenleuchter.

Kerzenleuchter, Kerzenhalter, Armleuchter, Kerzenständer, Leuchter, Kandelaber, Flam-

beau · *siebenarmiger:* Menora *(jüd.)* · *achtarmiger:* Chanukkaleuchter *(jüd.);* ↑Kerze.
Kerzenlicht ↑Licht.
Kerzenständer ↑Kerzenleuchter.
Kerzenwachs ↑Wachs.
Keschan ↑Orientteppich.
kess: ↑frech; eine -e Sohle aufs Parkett legen ↑tanzen.
Kessel: ↑Abgrund, ↑Kochtopf.
Kesselflicker, Drahtbinder *(ostd.),* Pfannenflicker *(südd.),* Rastelbinder *(österr.).*
Kesselpauker: ↑Musizierender, ↑Schlagzeuger.
Kesselschlacht ↑Kampf.
Kesselschmied ↑Schmied.
Kesseltreiben ↑Verfolgung.
Kesselwagen ↑Eisenbahnwagen.
Ketchup ↑Soße.
Kette: ↑Halskette, ↑Herde, ↑Laden.
Kettenblume ↑Löwenzahn.
Kettenbrücke ↑Brücke.
Kettenfahrzeug ↑Auto.
Kettenkarussell ↑Karussell.
Kettenladen ↑Laden.
Kettenprater ↑Karussell.
Kettenraucher ↑Raucher.
Kettenreaktion ↑Reaktion.
Kettenreitschule ↑Karussell.
Kettenschmied ↑Schmied.
Ketzer, Häretiker, Sektierer, Irrgläubiger, Schismatiker, Abweichler, Deviationist, Versöhnler *(abwertend),* Albigenser, Katharer; ↑Abtrünniger, ↑Atheist, ↑Außenseiter, ↑Bekehrter, ↑Deserteur, ↑Freidenker, ↑Gegner; ↑ketzerisch.
Ketzerei, Häresie, Irrglaube, Irrlehre, Abweichung, Abspaltung, Sektenbildung · *in der Kirche:* Arianismus, Monophysitismus, Nestorianismus, Pelagianismus; ↑Aberglaube, ↑Ketzer · *im Kommunismus:* Trotzkismus, Revisionismus, Sozialdemokratismus, Versöhnlertum *(abwertend),* Abweichlertum; ↑Marxismus, ↑Sozialist; ↑kommunistisch.
ketzerisch, häretisch, heterodox, irrgläubig; ↑Ketzer.
keuchen: ↑atmen, ↑Laut.
Keuchhusten, Pertussis, Stickhusten, blauer Husten, Krampfhusten *(österr.);* ↑Krankheit.
¹**Keule,** Schenkel, Schlägel *(oberd.),* Kalbskeule, Hammelkeule, Rehkeule, Hirschkeule, Kalbsschlegel *(oberd.),* Schöpsenschlegel *(österr.)* · *bei Geflügel:* Biegel *(österr.),* Beigel *(österr.),* Hühnerbiegel *(österr.),* Hühnerbeigel *(österr.),* Gänsekeule; ↑Fleisch, ↑Fleischgericht.
²**Keule:** ↑Bruder; chemische K. ↑Kampfmittel.
keulen ↑schlachten.
Keulung ↑Schlachtung.
keusch ↑jungfräulich.
Keusche ↑Haus.
Keuschheit ↑Virginität.
Keuschler ↑Kleinbauer.

Keuschrose ↑Pfingstrose.
keuzen ↑übergeben (sich).
Keyboard ↑Elektroorgel.
KGB ↑Geheimpolizei.
khakifarben ↑braun.
Kibbuz ↑Gemeinschaftssiedlung.
Kiberer ↑Kriminalbeamter.
Kibitka ↑Zelt.
kichern: ↑lachen; das Kichern ↑Gelächter.
Kick ↑Rausch.
kicken ↑Fußballspiel.
Kicker ↑Fußballspieler.
Kickskacks ↑Unsinn.
Kid: ↑Jüngling, ↑Mädchen.
Kidfell ↑Pelz.
Kidnapper ↑Entführer.
Kidnapping · Menschenraub, [gewaltsame] Entführung · *eines Kindes:* Kindesraub, Kindesentführung · *eines Flugzeugs:* Flugzeugentführung, Luftpiraterie; ↑Entführer.
Kids ↑Handschuh.
kiebig: ↑frech; k. werden ↑murren.
Kiebitz: ↑Vogel, ↑Zuschauer.
kiefeln ↑kauen.
Kiefer ↑Nadelhölzer.
Kieferchirurg ↑Arzt.
Kieferchirurgie ↑Heilkunde.
Kiefernapfel ↑Tannenzapfen.
Kiefernspanner ↑Schmetterling.
Kiefernwald ↑Wald.
Kiefernzapfen ↑Tannenzapfen.
kieken ↑blicken.
Kieker: jmdn. auf dem K. haben ↑beobachten, ↑schikanieren.
Kiekindiewelt ↑Anfänger.
¹**Kiel,** Landeshauptstadt [von Schleswig-Holstein]; ↑Stadt.
²**Kiel:** K. des Schiffes ↑Sternbild.
Kielbogen ↑Bogen.
Kielflügel ↑Tasteninstrument.
Kielwasser: in jmds. K. schwimmen / segeln ↑selbstständig.
Kieme: voll bis an die -n ↑betrunken.
Kienapfel ↑Tannenzapfen.
Kienappel ↑Tannenzapfen.
Kienfackel ↑Fackel.
Kienspan ↑Fackel.
Kiepe: ↑Kopfbedeckung, ↑Tragekorb.
Kies: ↑Geld, ↑Splitt.
Kiesel ↑Stein.
Kieselalge ↑Alge.
Kieselglas ↑Glas.
Kieselschwamm ↑Schwamm.
Kieselstein ↑Stein.
kiesetig ↑wählerisch.
kiesetsch ↑wählerisch.
Kietze ↑Tragekorb.
Kiez: ↑Ort, ↑Sperrbezirk.
kiffen ↑rauchen.
Kiffer: ↑Raucher, ↑Rauschgiftsüchtiger.
Kikeriki ↑Hahn.

Kilbi ↑Jahrmarkt.
Kilch ↑Fisch.
killen ↑töten.
Killer ↑Mörder.
Kilo ↑Gewichtseinheit.
Kilogramm ↑Gewichtseinheit.
Kilometer ↑Längenmaß.
Kilometerstandanzeiger ↑Kilometerzähler.
Kilometerstein, Meilenstein, Markstein; ↑Verkehrszeichen, ↑Wegweiser.
Kilometerzähler, Kilometerstandanzeiger; ↑Tachometer.
Kilopondmeter ↑Maßeinheit.
Kilt: ↑Rock, ↑Verabredung.
Kimme ↑Darmausgang.
¹Kind, Es, Nachwuchs, Baby, Retortenbaby, Kindchen, Kindlein, Bébé *(schweiz.),* Neugeborenes, kleiner / junger Erdenbürger, Säugling, Wickelkind, Kleinstkind, Kleinkind, Kleines, Fratz, Bambino, Bampeletsch *(österr.),* Bams *(bayr., österr.),* Bauxerl *(österr.),* Wildfang, Springinsfeld, Blag *(abwertend),* Balg *(abwertend),* Wurm *(ugs.),* Krümel *(ugs.),* Matz, Spatz, Hemdenmatz, Hosenmatz, Dreikäsehoch, Steppke, Knirps, Wicht, Göre, Gör, Gof *(schweiz.),* Kruke · *erwünschtes:* Wunschkind · *nicht eheliches/außereheliches Kind,* lediges Kind *(veraltet),* Bankert *(veraltet, abwertend),* Bastard *(abwertend),* Kind der Liebe, Kind mit Vorliebe *(scherzh.),* natürlicher Sohn, natürliche Tochter · *von einem Besatzungssoldaten:* Besatzungskind · *aus der nicht rechtmäßigen Verbindung eines Adligen mit einer nicht standesgemäßen Frau:* Bastard *(hist.)* · *mit gelocktem Haar:* Lockenkopf · *dickliches:* Pummel *(ugs.),* Pummelchen *(ugs.),* Wuzerl *(österr.)* · *schwieriges:* Problemkind · *unruhiges:* Zappelphilipp *(ugs.),* Quecksilber, Irrwisch, Rutschepeter *(ugs., österr.)* · *unartiges:* Range, Satansbraten *(ugs., scherzh.)* · *das durch die Berufstätigkeit der Mutter den Tag über ohne Aufsicht ist und sich selbst die Wohnung aufschließen muss:* Schlüsselkind · *spät geborenes:* Nachkömmling, Nachzügler, Spätling · *ohne Geschwister:* Einzelkind · *des Ehepartners:* Stiefkind · *adoptiertes:* Adoptivkind, Wahlkind *(österr.)* · *in Pflege genommenes:* Pflegekind, Ziehkind · *das schon frühzeitig erstaunliche künstlerische oder geistige Fähigkeiten entwickelt:* Wunderkind, Wunderknabe; ↑Alimente, ↑Älteste, ↑Ältester, ↑Geschwister, ↑Junge, ↑Jüngling, ↑Jüngste, ↑Jüngster, ↑Kinder (die), ↑Leibesfrucht, ↑Mädchen, ↑Mensch, ↑Schüler, ↑Sohn, ↑Tochter; ↑adoptieren.
²Kind: ↑Verwandter; K. Gottes ↑Mensch; Weib und K. ↑Familie; ein K. ist angekommen, ein K. bekommen, einem K. das Leben schenken ↑gebären; noch ein [halbes] K. sein ↑erwachsen; kein K. mehr sein ↑erwachsen [sein]; etwas ist ein tot geborenes K. ↑aussichtslos [sein]; ein K. der Liebe sein, kein K.

von Traurigkeit sein ↑lustig [sein]; das K. mit dem Bade ausschütten ↑reagieren; das K. nicht mit dem Bade ausschütten ↑[nicht] übertreiben; sich ein K. anschaffen ↑schwanger [sein]; ein K. erwarten / unter dem Herzen tragen, mit einem K. gehen, ein K. ist unterwegs ↑schwanger [sein]; jmdn. ein K. machen, ein K. in die Welt setzen ↑schwängern; sich bei jmdm. lieb K. machen ↑nähern (sich jmdm.); das K. beim [rechten / richtigen] Namen nennen ↑beschönigen, ↑brandmarken; jmdm. ein K. in den Bauch reden ↑einreden; wir werden das K. schon schaukeln ↑Ordnung; wie sag ich's meinem -e ↑ratlos [sein]; an -es statt annehmen ↑adoptieren; das ist nichts für kleine -er ↑betreffen; mit K. und Kegel ↑alle.
Kindchen ↑Kind.
Kinder (die), die Kleinen / Rangen / Trabanten / *(abwertend)* Blagen, Nachwuchs · *zwischen 8 und 12 Jahren:* Subteens; ↑Kind, ↑Sohn, ↑Tochter.
Kinderarzt ↑Arzt.
Kinderball ↑Spielball.
Kinderbeihilfe ↑Kindergeld.
Kinderbeilage ↑Zeitungsbeilage.
Kinderbekleidung ↑Kleidung.
Kinderbesteck ↑Essbesteck.
Kinderbett ↑Bett.
Kinderbewahranstalt ↑Kindergarten.
Kinderbuch ↑Literatur.
Kinderchaise ↑Kinderwagen.
Kinderchor ↑Chor.
Kinderdorf, SOS-Dorf, Pestalozzidorf, Jugenddorf; ↑Kindergarten.
Kinderehe: ↑Ehe, ↑Frühehe.
Kinderei ↑Albernheit.
Kinderfahrrad ↑Fahrrad.
Kinderfilm ↑Kinofilm.
Kinderfrau ↑Kindermädchen.
Kinderfräulein ↑Kindermädchen.
Kindergarten, Kinderhort, Hort, Kindertagesstätte, Kinderkrippe, Krippe, Kleinkinderbewahranstalt *(veraltend),* Krabbelstube, Kinderbewahranstalt *(veraltend)* · *antiautoritärer:* Kinderladen; ↑Heim, ↑Kinderdorf.
Kindergartenalter ↑Lebensalter.
Kindergeld, Kinderzuschlag, Kinderbeihilfe *(bes. österr.),* Kinderzulage *(schweiz.).*
Kindergesicht ↑Gesicht.
Kinderglaube ↑Arglosigkeit.
Kindergrab ↑Grab.
Kinderhass ↑Misopädie.
Kinderheilkunde ↑Heilkunde.
Kinderheim ↑Heim.
Kinderhort ↑Kindergarten.
Kinderkalender ↑Kalender.
Kinderkarussell ↑Karussell.
Kinderkleid ↑Kleid.
Kinderkleidung ↑Kleidung.
Kinderklinik ↑Krankenhaus.

Kinderkrankheit · Masern, Scharlach, Röteln, Windpocken.
Kinderkriegen: etwas ist zum K. ↑unerträglich [sein].
Kinderkrippe ↑Kindergarten.
Kinderladen ↑Kindergarten.
Kinderlähmung, spinale Kinderlähmung, Poliomyelitis, Polio; ↑Lähmung; ↑krank.
kinderleicht: ↑mühelos; etwas ist k. ↑schwierig.
Kindermädchen, Amme, Bonne, Erzieherin, Kinderfrau, Kindsmagd *(landsch., veraltend),* Kinderpflegerin, Kinderfräulein, Gouvernante, Babysitter *(ugs.),* Kinderschwester, Säuglingsschwester, Nurse; ↑Betreuerin (Tagesmutter).
Kindermantel ↑Mantel.
Kindermärchen ↑Märchen.
Kindermund: aus K. ↑spaßig.
Kinderpflegerin ↑Kindermädchen.
Kinderpsychologie ↑Psychologie.
Kinderrad ↑Fahrrad.
Kinderreitschule ↑Karussell.
Kinderroller ↑Trittroller.
Kinderschänder ↑Pädophiler.
Kinderscheu ↑Misopädie.
Kinderschirm ↑Schirm.
Kinderschreck ↑Schreckgestalt.
Kinderschuh: ↑Schuh; den -en entwachsen sein ↑erwachsen [sein]; noch in den -en stecken ↑Anfang.
Kinderschwester ↑Kindermädchen.
Kinderseife ↑Seife.
Kindersöckchen ↑Strumpf.
Kindersocke ↑Strumpf.
¹Kinderspiel, Spiel · Fangspiel, Versteckspiel, Geländespiel, Hüpfspiel, Kippel-Kappel.
²Kinderspiel: etwas ist ein K. ↑Kleinigkeit; ↑mühelos [schaffen]; ↑schwierig; etwas ist kein K. ↑schwierig [sein].
Kinderspielzeug ↑Spielzeug.
Kinderstrumpf ↑Strumpf.
Kinderstube: ↑Benehmen; keine gute K. gehabt haben ↑benehmen (sich); im D-Zug durch die K. gefahren / gerast sein ↑benehmen (sich).
Kindertagesstätte ↑Kindergarten.
Kinderwagen, Ehestandslokomotive *(scherzh.),* Korbwagen · *in dem das Kind sitzt:* Sportwagen, Sportkarre *(nordd.),* Karre *(nordd.),* Kinderchaise *(südd.),* Chaise *(südd.).*
Kinderzimmer ↑Raum.
Kinderzulage ↑Kindergeld.
Kinderzuschlag ↑Kindergeld.
Kindesbeine: von -n an ↑klein.
Kindesentführer ↑Entführer.
Kindesentführung ↑Kidnapping.
Kindeskind ↑Enkelkind.
Kindesliebe ↑Familienanhänglichkeit.
Kindesmisshandlung ↑Misshandlung.
Kindesmord ↑Tötung.
Kindesraub ↑Kidnapping.

Kindfrau ↑Mädchen.
Kindheit: [frühe K.] ↑Lebensalter; die K. verbringen ↑aufwachsen; von K. an ↑klein.
¹kindisch, albern, läppisch, simpel, infantil, pueril; ↑ahnungslos, ↑arglos, ↑jugendlich; ↑Albernheit, ↑Infantilität.
²kindisch: -es Wesen ↑Albernheit.
Kindlein ↑Kind.
kindlich ↑jugendlich.
Kindlichkeit ↑Infantilität.
kindsen ↑beaufsichtigen.
Kindskopf ↑Narr.
Kindslage, Geburtslage, Situs, Positio ···
Längslage, Geradlage · *mit voranliegendem Kopf:* Kopflage, Schädellage, Hinterhauptslage, Flexionslage, Vorderhauptslage, Stirnlage, Gesichtslage, Deflexionslage ·· *mit voranliegendem Becken:* Beckenendlage, Beckenlage · *mit voranliegendem Steiß:* Steißlage · *mit Voranliegen des Steißes und eines oder beider Füße:* Steiß-Fuß-Lage · *mit Voranliegen eines oder beider Füße:* Fußlage · *mit Voranliegen eines oder beider Knie:* Knielage ··· Querlage, Schräglage · *mit voranliegender Schulter:* Schulterlage; ↑Geburt.
Kindsmagd ↑Kindermädchen.
Kinemathek ↑Archiv.
Kineser ↑Dummkopf.
Kinesiatrie ↑Heilgymnastik.
kinetisch: -e Kunst ↑Malerei.
Kinetose ↑Bewegungskrankheit.
Kinetotherapie ↑Heilgymnastik.
King ↑Anführer.
King Charles ↑Hunderassen.
Kinigelhase ↑Kaninchen.
Kinkerlitzchen: ↑Flitter, ↑Laune.
Kinnbart ↑Bart.
Kinnflechte: ↑Bartflechte, ↑Haarbalgentzündung.
Kinnhaken ↑Fausthieb.
Kino, Filmtheater, Lichtspieltheater, Lichtspielhaus, Filmpalast, Lichtspiele, Uraufführungskino, Uraufführungsfilmtheater, Uraufführungstheater, Illusionsbunker *(scherzh.),* Kintopp *(ugs.),* Flohkiste *(scherzh.),* Flimmerkiste *(veraltend, scherzh.)* · Aktualitätenkino, Aki, Nonstopkino, Tageskino · Wanderkino · Gaykino, Homokino, Schwulenkino · *im Freien, bei dem man sich den Film vom Auto aus ansieht:* Autokino, Freilichtkino, Drive-in-Kino, Drive-in-Filmtheater; ↑Kinofilm, ↑Sitzplatz, ↑Traumfabrik; ↑filmen.
Kinofilm, Film, Streifen · Stummfilm, Klangfilm, Sprechfilm, Lichttonfilm, Tonfilm, Trickfilm, Zeichentrickfilm, Puppenfilm, Breitwandfilm, Cinemascopefilm, dreidimensionaler Film, Drei-D-Film, 3-D-Film · Spielfilm, Frauenfilm, Lehrfilm, Experimentalfilm, Werbefilm, Aufklärungsfilm, Propagandafilm, Industriefilm, Wirtschaftsfilm · Vorfilm, Beifilm, Hauptfilm · Kurzfilm, Filmlet, Episoden-

film · Jugendfilm, Kinderfilm · Unterhaltungsfilm, Kultfilm, Problemfilm, Kulturfilm, Dokumentarfilm, Tierfilm, Märchenfilm, Revuefilm, Opernfilm, Operettenfilm, Mantel-und-Degen-Film, Filmkomödie, Filmlustspiel, Filmgroteske, Klamotte *(ugs.)* · Gruselfilm, Horrorfilm, Brutalo, Grusical, Thriller, Psychothriller, Politthriller, Schocker · Monsterfilm, Kolossalfilm, Kolossalschinken *(ugs.)*, Ausstattungsfilm, Kostümfilm, Historienfilm, Antikriegsfilm, Kriegsfilm, Abenteuerfilm, Wildwestfilm, Western, Gangsterfilm, Kriminalfilm, Krimi, Heimatfilm, Lovestory, Liebesfilm, Schnulze, Bluemovie, Sexfilm, Sexreißer, Porno[film], Hardcorefilm · *der sehr erfolgreich ist:* Kassenmagnet *(ugs.)*; ↑Filmatelier, ↑Kino, ↑Lichtbildervortrag, ↑Traumfabrik; ↑filmen, ↑verfilmen.

Kinoorgel ↑Elektroorgel.

Kiosk ↑Verkaufsstand.

Kipf ↑Hörnchen.

Kipfel ↑Hörnchen.

Kipferl ↑Hörnchen.

Kippe: ↑Zigarette; mit jmdm. K. machen ↑teilen; etwas steht auf der K. ↑ungewiss [sein].

Kippel-Kappel *(nordd.)* Titschkern *(schles.)*, Titschkerl *(sudetend.)*, Spatschek *(tschech.)*; ↑Fangspiel, ↑Hüpfspiel, ↑Kinderspiel.

kippeln ↑schwingen.

kippen: ↑schütten; einen k. ↑trinken; aus dem Anzug / den Latschen / den Pantinen k. ↑überrascht [sein]; etwas wird gekippt ↑ausfallen.

Kipper ↑Auto.

Kippfenster ↑Fenster.

kipplig ↑wacklig.

Kir: ↑Mixgetränk; K. royal ↑Mixgetränk.

¹Kirche, christliche Kirche, Kirche Christi · *katholische:* römische / römisch-katholische / griechisch-katholische / griechisch-orthodoxe / griechisch-unierte / altkatholische Kirche · *protestantische:* evangelische / lutherische / reformierte / unierte Kirche; ↑Altar, ↑Gotteshaus, ↑Sekte, ↑Theologie.

²Kirche: ↑Gotteshaus; die K. im Dorf lassen ↑übertreiben; in die K. gehen ↑fromm [sein].

Kirchenbank ↑Sitzbank.

Kirchenbann ↑Bann.

Kirchenbesetzung ↑Besetzung.

Kirchenbesuch ↑Kirchgang.

Kirchenblatt ↑Zeitung.

Kirchenburg: ↑Fluchtburg, ↑Gotteshaus.

Kirchenchor ↑Chor.

Kirchenchronik ↑Chronik.

Kirchendiebstahl ↑Sakrileg.

¹Kirchendiener, Mesner, Mesmer *(schweiz.)*, Sigrist *(schweiz.)*, Küster *(nordd.)*; ↑Ministrant.

²Kirchendiener ↑Wächter.

Kirchenfest, kirchlicher Feiertag; ↑Epiphanias, ↑Fronleichnam, ↑Gründonnerstag, ↑Himmelfahrt, ↑Karfreitag, ↑Kirchenjahr, ↑Licht-

mess, ↑Marienfest, ↑Ostern, ↑Palmsonntag, ↑Pfingsten, ↑Weihnachten.

Kirchengeschichte ↑Theologie.

¹Kirchenjahr, liturgisches Jahr, bewegliche und unbewegliche Feste / Tage · · · 1. / 2. / 3. /4. Advent · · Nikolaustag (6. Dezember) · · Mariä Empfängnis (8. Dezember) · · Weihnachtsfest (25. Dezember), 1. Weihnachtsfeiertag, 1. Weihnachtsfesttag, 1. Weihnachtstag, 1. Festtag, 1. Feiertag, 1. Christtag · 2. Weihnachtsfeiertag (26. Dezember), Stephanstag, 2. Weihnachtstag, 2. Weihnachtsfesttag, 2. Festtag, 2. Feiertag, 2. Christtag · · Silvester, Sylvester (veraltete Schreibung) · · Epiphanias (6. Januar), Epiphanienfest, Dreikönigsfest, Dreikönige, Heilige Drei Könige, Fest der Heiligen Drei Könige, Dreikönigstag, Fest der Erscheinung [Christi], Fest der Erscheinung des Herrn · · 1. bis (maximal) 6. Sonntag nach Epiphanias · · Mariä Lichtmess (2. Februar) · · Septuagesima (9. Sonntag vor Ostern, 3. Sonntag vor der Fastenzeit, Beginn der Vorfastenzeit) · · Sexagesima (8. Sonntag vor Ostern, 2. Sonntag der Vorfastenzeit) · · Quinquagesima, Estomihi (letzter Sonntag der Vorfastenzeit, Sonntag vor Aschermittwoch) · · Aschermittwoch (Beginn der Fastenzeit) · · 1. Fastensonntag, Invokavit · · 2. Fastensonntag, Reminiscere · · 3. Fastensonntag, Okuli · · 4. Fastensonntag, Lätare · · 5. Fastensonntag, Judika · · 6. Fastensonntag, Palmarum · · Mariä Verkündigung (25. März) · · Gründonnerstag, Ablasstag · · Karfreitag, Stiller Freitag · · Osterfest (Sonntag nach dem 1. Frühlingsvollmond), Auferstehungsfest, Fest der Auferstehung Christi, 1. Ostertag, Ostersonntag · 2. Ostertag, Ostermontag · · 1. Sonntag nach Ostern, Weißer Sonntag, Quasimodogeniti · · 2. Sonntag nach Ostern, Misericordias Domini · · 3. Sonntag nach Ostern, Jubilate · · 4. Sonntag nach Ostern, Kantate · · 5. Sonntag nach Ostern, Rogate · · Christi Himmelfahrt · · 6. Sonntag nach Ostern, Exaudi · · Pfingstfest (50. Tag nach Ostern, 7. Sonntag nach Ostern), Pentecoste, Fest der Ausgießung des Heiligen Geistes, 1. Pfingsttag, Pfingstsonntag · 2. Pfingsttag, Pfingstmontag · · Sonntag nach Pfingsten, Trinitatis, Dreifaltigkeitsfest, Dreifaltigkeitssonntag · · Fronleichnam (Donnerstag nach Trinitatis) · · 1. bis (maximal) 27. Sonntag nach Trinitatis · · Peter und Paul (29. Juni) · · Mariä Heimsuchung (2. Juli) · · Mariä Himmelfahrt (15. August) · · Mariä Geburt (8. September) · · Mariä Namensfest (22. September) · Erntedankfest (1. Sonntag im Oktober) · · Rosenkranzfest (7. Oktober) · · Reformationsfest, Reformationsfest (31. Oktober) · · Allerheiligen (1. November) · · Allerseelen (2. November) · · Martini, Martinstag (11. November), Bußtag, Buß- und Bettag (Mittwoch vor Totensonntag) · · Totensonntag (letzter Sonntag d

Kirchenjahres), Ewigkeitssonntag, Sonntag vom Jüngsten Tag; ↑Adventssonntag, ↑Erntedankfest, ↑Fastnacht, ↑Kalenderjahr.

²Kirchenjahr ↑Kalenderjahr.

Kirchenkalender ↑Kalender.

Kirchenkonzert ↑Musikveranstaltung.

Kirchenlicht: kein [großes] K. sein ↑unbegabt [sein].

Kirchenlied ↑Lied.

Kirchenmann ↑Geistlicher.

Kirchenmaus: arm wie eine K. sein ↑arm [sein].

Kirchenmusik ↑Musik.

Kirchenmusikdirektor ↑Kantor.

Kirchenorgel ↑Tasteninstrument.

Kirchenrecht: ↑Rechtsgebiet, ↑Theologie.

Kirchensonate ↑Sonate.

Kirchensteuer ↑Abgabe.

Kirchgang, Kirchenbesuch, Gottesdienstbesuch, Teilnahme am Gottesdienst; ↑Gottesdienst.

Kirchhof ↑Friedhof.

kirchlich: ↑fromm, ↑sakral; -er Feiertag ↑Kirchenfest; -e Trauung ↑Vermählung.

Kirchplatz ↑Platz.

Kirchturm ↑Turm.

Kirchturmpolitik, Kantönligeist, Kleinstaaterei, Provinzialismus; ↑Beschränktheit.

Kirchturmuhr ↑Uhr.

Kirchweih ↑Jahrmarkt.

Kirke ↑Zauberin.

Kirmes ↑Jahrmarkt.

kirre: ↑zahm; k. machen ↑lenken.

Kirschblütenmotte ↑Schmetterling.

Kirsche: ↑Obst; mit jmdm. ist nicht gut -n essen ↑böse [sein].

Kirschkern ↑Kern.

Kirschkuchen ↑Gebäck.

Kirschlikör ↑Alkohol.

kirschrot ↑rot.

Kirschsaft ↑Fruchtsaft.

Kirschtorte: Schwarzwälder K. ↑Gebäck.

Kirschwasser ↑Alkohol.

Kirtag ↑Jahrmarkt.

Kissen, Polster *(österr.)* · Kopfkissen, Kopfpolster *(österr.)*, Pfulmen *(schweiz.)*, Paradekissen, Sitzkissen, Sofakissen, Federkissen, Schlummerrolle · *kleines:* Kaprizpolster *(österr.)* · *für Säuglinge:* Steckkissen.

Kissenbezug ↑Bezug.

Kiste: ↑Auto, ↑Flugzeug, ↑Gesäß, ↑Kasten, ↑Strafanstalt; etwas ist eine schwierige K. ↑schwierig [sein].

Kitsch, Schund, Schmarren *(abwertend)*, Geschmacklosigkeit, Geschmacksverirrung; ↑Schlager, ↑Schleuderware, ↑Unsinn; ↑geschmacklos.

kitschig ↑geschmacklos.

Kitt ↑Bindemittel.

Kittchen ↑Strafanstalt.

Kittel: ↑Jacke, ↑Rock.

Kittelfalte: jmdm. an der K. hängen, [dauernd] an jmds. K. sein ↑verwöhnt [sein].

Kittelschurz ↑Schürze.

Kittelschürze ↑Schürze.

kitten ↑kleben (etwas).

Kitz: ↑Gämse, ↑Reh.

Kitzel ↑Reiz.

¹kitzeln, kraulen, krauen, krabbeln *(ugs.)*; ↑jucken, ↑kratzen, ↑kribbeln, ↑liebkosen, ↑reiben.

²kitzeln: den Gaumen k. ↑schmecken.

kitzen ↑gebären.

Kitzgeiß ↑Gämse.

Kitzler ↑Klitoris.

kitzlig ↑schwierig.

Kiwi ↑Frucht.

Klabustermarsch: jmdm. den K. orgeln ↑schikanieren.

Klacks: etwas ist ein K. ↑mühelos.

Kladde: ↑Entwurf, ↑Heft, ↑Rechnungsbuch, ↑Verzeichnis.

Kladderadatsch ↑Aufsehen.

klaffen ↑offen [sein].

kläffen ↑bellen.

Kläffer ↑Hund.

Klaffmuschel ↑Muschel.

Klafter: ↑Längenmaß, ↑Raummaß.

¹Klage, Klagelied, Klagegesang, Totenklage, Grabgesang, Elegie, Wehklage, Jammerrede, Jeremiade, Gejammer *(ugs., abwertend)*, Lamentation *(abwertend)*, Lamento *(ugs.)* · *bei den Römern:* Nänie; ↑Klagelaut; ↑klagen; ↑wehleidig.

²Klage: ↑Anklage, ↑Einspruch; eine K. anhängig machen / anstrengen, K. erheben ↑prozessieren; K. führen ↑beanstanden; in -n ausbrechen ↑klagen.

Klagegesang ↑Klage.

Klagelaut, Klageruf, Wehlaut, Jammerlaut, Seufzer, Stoßseufzer, Geseufze *(abwertend)*, Gestöhn *(abwertend)*, Schluchzer, das Wimmern, Gewimmer *(abwertend)*, Gewinsel *(abwertend)*, Schmerzensschrei · *von Tieren:* das Jaulen, Gejaule *(abwertend)*, das Heulen, Geheul; ↑Gebet, ↑Hilferuf, ↑Klage, ↑Laut.

Klagelied ↑Klage.

¹klagen, wehklagen, in Klagen ausbrechen, die Hände ringen, jammern, jmdm. die Ohren volljammern *(ugs., abwertend)*, lamentieren *(abwertend)*, maunzen *(landsch.)*, raunzen *(bayr., österr.)*, sempern *(österr.)*, barmen *(ugs.)*; ↑beanstanden, ↑stöhnen; ↑wehleidig; ↑Klage, ↑Laut.

²klagen: ↑prozessieren; -d ↑wehleidig; Gott / dem Himmel sei's geklagt ↑leider; k. über ↑beanstanden.

Kläger, Ankläger, Nebenkläger, Gegenkläger; ↑Angeklagter, ↑Anklage; ↑prozessieren.

Klageruf ↑Klagelaut.

kläglich, erbärmlich, jämmerlich, elend, bedauernswert, bedauernswürdig, bedauerlich, deplorabel, jammervoll, beklagenswürdig, bemitleidenswürdig, herzzerreißend, beklagens-

wert, bejammernswert, Mitleid erregend, bemitleidenswert, unrühmlich; ↑schwermütig.
Klamauk: ↑Lärm, ↑Scherz.
klamm ↑nass.
Klamm ↑Schlucht.
Klammer: ↑Satzzeichen, ↑Wäscheklammer.
Klammeraffe ↑Affe.
Klammerbeutel: mit dem K. gepudert sein ↑dumm [sein].
Klammern ↑Regelverstoß.
klammheimlich: ↑heimlich, ↑unbemerkt.
Klamotte: ↑Baustein, ↑Kinofilm, ↑Komödie, ↑Stein; -n ↑Kleidung, ↑Mobiliar.
Klampfe ↑Bauklammer.
Klang, Schall, Hall, Ton, Tonfolge, Melodie, Laut; ↑Geräusch, ↑Klangrichtung, ↑Laut, ↑Lärm, ↑Widerhall; ↑schallen.
Klangart ↑Klangrichtung.
Klangfilm ↑Kinofilm.
Klangkörper ↑Orchester.
klanglos: ↑heiser; sang- und k. ↑unbemerkt.
klangmäßig ↑akustisch.
Klangrichtung, Klangart, Sound; ↑Klang.
Klangverhältnisse ↑Raumakustik.
klangvoll ↑wohlklingend.
Klangwirkung ↑Raumakustik.
Klappbett ↑Bett.
Klappe: ↑Mund, ↑Telefonanschluss, ↑Toilette; in die K. gehen ↑schlafen [gehen]; zwei Fliegen mit einer K. schlagen ↑schlau [handeln].
klappen: ↑gelingen, ↑klappern.
Klappentext ↑Prospekt.
Klapper ↑Rassel.
klapperig ↑hinfällig.
Klapperkasten ↑Auto.
¹klappern, klappen, klirren, scheppern, klimpern; ↑Laut.
²klappern: ↑rasseln; mit den Zähnen k. ↑frieren.
Klapperschlange: ↑Schlange, ↑Stenotypistin.
Klapperstorch: der K. ist gekommen ↑gebären.
Klappfenster ↑Fenster.
Klappmesser: ↑Messer, ↑Taschenmesser.
Klappmeter ↑Metermaß.
Klapprad ↑Fahrrad.
klapprig ↑hinfällig.
Klappstuhl ↑Stuhl.
Klapptisch ↑Tisch.
Klappverdeck ↑Autodach.
¹klar, genau, bestimmt, fest umrissen, greifbar, handfest, exakt, präzis[e], prägnant, unmissverständlich, eindeutig, kategorisch, apodiktisch, unzweideutig, deutlich, glasklar, sonnenklar, anschaulich, bildhaft, unverblümt, im Klartext, mit anderen Worten, ungeschminkt, klipp und klar *(ugs.),* nicht ↑unklar; ↑aufrichtig, ↑einleuchtend, ↑erklärlich, ↑rundheraus, ↑verständlich, ↑wirklich; **k. sein:** etwas ist klar / ist ein klarer Fall / *(salopp, scherzh.)* ist klar wie Kloßbrühe / *(salopp, scherzh.)* ist klar wie dicke

Tinte, das kann man sich an den fünf / zehn Fingern abzählen *(ugs.),* das sieht doch ein Blinder mit [dem] Krückstock *(salopp),* daran ist nichts zu drehen und zu deuteln *(ugs.);* ↑Deutlichkeit.
²klar: ↑hell, ↑sonnig, ↑verständlich; [na k.] ↑ja; etwas ist ein -er Fall ↑klar [sein]; -e Suppe ↑Suppe.
Klar ↑Eiweiß.
Klarapfel ↑Apfel.
klären: ↑berichtigen, ↑filtern; nicht geklärt ↑ungewiss.
Klarer ↑Alkohol.
Klarheit ↑Deutlichkeit.
Klarinette ↑Blasinstrument.
Klarinettenbauer ↑Musikinstrumentenbauer.
Klarinettist ↑Musizierender.
klarkommen: ↑übereinkommen; k. mit ↑bewältigen.
klarlegen ↑berichtigen.
klarmachen ↑berichtigen.
Klarschrift ↑Klartext.
Klarsichtfolie ↑Folie.
Klarsichtpackung ↑Packung.
klarspülen ↑spülen.
klarstellen: ↑berichtigen, ↑enträtseln.
¹Klartext, Klarschrift, dechiffrierter Text; ↑dechiffrieren · Ggs. ↑Geheimschrift, ↑Zeichen; ↑chiffrieren.
²Klartext: im K. ↑klar; mit jmdm. K. sprechen ↑schelten.
Klärung: einer K. zuführen ↑berichtigen.
klar werden (sich über etwas), sich Rechenschaft ablegen über, sich etwas bewusst machen; ↑erkennen, ↑merken.
Klas Bur: ↑Knecht Ruprecht, ↑Nikolaus.
klass ↑trefflich.
klasse: das ist k. ↑außergewöhnlich [sein].
¹Klasse, Kategorie, Gattung, Rubrik, Ordnung, Gruppe, Abteilung.
²Klasse: ↑beste, ↑Kaste, ↑Schulklasse, ↑trefflich; 5,5-m-K., KR-K., 6-m-R-K. ↑Segelboot; K. sein ↑anziehend [sein]; das ist K. ↑außergewöhnlich [sein]; etwas ist einsame K. ↑trefflich [sein].
Klassefrau ↑Frau.
Klassenältester ↑Klassensprecher.
Klassenarbeit, Schularbeit *(österr.),* Extemporale *(veraltend),* Arbeit, Klausur; ↑Hausaufgabe, ↑Schule.
Klassenausflug ↑Ausflug.
Klassenbester ↑Klassensprecher.
Klassenbewusstsein ↑Standesbewusstsein.
Klassenbild ↑Fotografie.
Klassenclown ↑Spaßvogel.
Klassenerster ↑Klassensprecher.
Klassenfoto ↑Fotografie.
Klassengesellschaft: [kapitalistische / primitive / spätkapitalistische K.] ↑Gesellschaft.
Klassenkasper ↑Spaßvogel.
Klassenlehrer, Ordinarius, Klasslehrer *(bes.*

bayr.), Klassenvorstand *(österr.)*, Klassenleiter; ↑Lehrer.
Klassenleiter ↑Klassenlehrer.
Klassenlektüre ↑Lektüre.
klassenlos: -e Gesellschaft ↑Gesellschaft.
Klassenlos ↑Los.
Klassenlotterie ↑Glücksspiel.
Klassensprecher, Klassenältester *(veraltend),* Schülervertreter · Klassenbester, Klassenerster, Primus; ↑Schüler.
Klassenverband ↑Schulklasse.
Klassenvorstand ↑Klassenlehrer.
Klassenziel: das K. erreichen ↑versetzen.
Klasseweib ↑Frau.
Klassifikation ↑Gliederung.
klassifikatorisch ↑systematisch.
klassifizieren ↑gliedern.
klassifiziert ↑gegliedert.
Klassifizierung ↑Gliederung.
Klassik ↑Literaturepochen.
Klassiker ↑Schriftsteller.
klassisch: ↑herkömmlich, ↑trefflich; -es Fleckfieber ↑Fleckfieber; -er Jazz ↑Jazz; -e Musik ↑Musik.
Klassizismus ↑Baustil.
klassizistisch: -e Antiqua ↑Schrift; -e Malerei ↑Malerei.
Klasslehrer ↑Klassenlehrer.
Klatsch, Tratsch, Geklatsche, Geschwätz, Gerede, Geraune, Geflüster, Stadtgespräch, Gerüchtemacherei, Gemunkel, Bassenatratsch *(wiener.);* ↑Gerede, ↑Gerücht, ↑Gewäsch, ↑Redseligkeit.
Klatschbase: ↑Lästerer, ↑Schwätzer.
Klatsche: ↑Übersetzung; eine K. benutzen ↑absehen.
klatschen: ↑applaudieren, ↑prasseln, ↑reden; das Klatschen ↑Beifall.
Klatschmaul: ↑Lästerer, ↑Schwätzer.
Klatschmohn ↑Mohn.
klatschnass ↑nass.
Klatschspalte ↑Zeitungsartikel.
Klatschsucht ↑Redseligkeit.
klatschsüchtig ↑gesprächig.
Klatschsüchtigkeit ↑Redseligkeit.
Klatschtante: ↑Lästerer, ↑Schwätzer.
Klatschung ↑Massage.
Klatschweib: ↑Frau, ↑Lästerer, ↑Schwätzer.
klauben: ↑pflücken, ↑stochern; k. aus ↑auswählen.
Klaue: ↑Gliedmaße, ↑Handschrift.
klauen ↑wegnehmen.
Klaus: ↑Nachschlüssel, ↑Nikolaus.
Klause: ↑Einsiedelei, ↑Schlucht.
Klausel, Sonderabmachung, Vorbehalt, Einschränkung; ↑Abmachung.
Klausel ↑Vorbehalt.
Klausner ↑Einsiedler.
Klaustrophobie ↑Phobie.
Klausur ↑Klassenarbeit.
Klaviatur ↑Tastatur.

Klavichord ↑Tasteninstrument.
Klavier: ↑Tasteninstrument; Mann am K. ↑Pianist.
Klavierbauer ↑Musikinstrumentenbauer.
Klavierbegleiter ↑Musizierender.
Klavierhocker ↑Hocker.
Klavierlöwe ↑Pianist.
Klaviermusik ↑Musik.
Klaviersessel ↑Hocker.
Klaviersonate ↑Sonate.
Klavierspieler: ↑Musizierender, ↑Pianist.
Klaviervirtuose ↑Pianist.
Klavizimbel ↑Tasteninstrument.
Klavus ↑Schwiele.
Klebe ↑Bindemittel.
Klebeband ↑Klebestoff.
Klebekraft ↑Adhäsion.
¹kleben (etwas), zusammenkleben, aneinander kleben, kitten, zusammenkitten, kleistern *(emotional),* zusammenkleistern; ↑fest [sein]; ↑Bindemittel.
²kleben: ↑fest [sein]; jmdm. eine k. ↑schlagen; jmdm. klebt die Zunge am Gaumen ↑Durst [haben]; am Geld k. ↑geizig [sein].
¹Klebestoff, ↑Klebeband, Tesafilm®.
²Klebestoff ↑Leim.
klebrig, kleist[e]rig, pappig, harzig, backig *(landsch.),* haftend, anhaftend; ↑flüssig; ↑Bindemittel, ↑Klebrigkeit, ↑Verklebung; ↑fest [sein].
Klebrigkeit, Pappigkeit, Harzigkeit; ↑Adhäsion, ↑Bindemittel, ↑Flüssigsein, ↑Kohäsion, ↑Verklebung; ↑klebrig.
Klebstoff ↑Bindemittel.
Kleckerbuschen ↑Serviette.
kleckern: klotzen, nicht k. ↑[nicht] sparen; nicht k., sondern klotzen ↑[nicht] geizig [sein].
kleckerweise ↑diskontinuierlich.
Klecks ↑Fleck.
klecksen ↑malen.
Kleckser: ↑Kunstmaler, ↑Stümper.
Kleckserei ↑Kritzelei.
Kledasche ↑Kleidung.
Kleeblatt ↑Mannschaft.
Kleeblattbogen ↑Bogen.
Kleeblattkreuz ↑Kreuzzeichen.
Kleefarn ↑Farn.
Kleiber ↑Vogel.
¹Kleid, Damenkleid, Frauenkleid, Mädchenkleid, Kinderkleid, Schulkleid, Straßenkleid, Arbeitskleid, Laufkleid, Tageskleid, Werktagskleid, Sonntagskleid, Alltagskleid, Feiertagskleid, Winterkleid, Frühjahrskleid, Sommerkleid, Strandkleid, Übergangskleid, Wollkleid, Seidenkleid, Baumwollkleid, Strickkleid, Jerseykleid, Hänger, Minikleid, Midikleid, Maxikleid, Mini, Midi, Maxi, Hemdblusenkleid, Stilkleid, Empirekleid, Modellkleid, Fähnchen, Kleidchen, Fummel *(emotional)* · Kostüm, Komplet, Jackenkleid, Tailleur, Deuxpièces, Abendkleid, Abendrobe, Robe, Gewand, Ge-

sellschaftskleid, Festkleid, Cocktailkleid, Tanzkleid, Ballkleid, Nachmittagskleid, Kaminkleid, Terrassenkleid, Hauskleid · Trachtenkleid, Dirndlkleid, Dirndl · *für einen Trauerfall:* Trauerkleid · *eines Täuflings:* Taufkleid · *einer Konfirmandin:* Konfirmationskleid · *einer Erstkommunikantin:* Kommunionkleid · *einer Braut:* Hochzeitskleid, Brautkleid · *für eine Schwangere:* Umstandskleid; ↑Anzug, ↑Kleidung, ↑Rock; ↑anziehen, ↑einkleiden.

²Kleid: ↑Anzug; -er ↑Kleidung; die -er wechseln ↑umziehen (sich); der -er berauben ↑ausziehen; aus den -ern fallen ↑schlank [werden]; nicht aus den -ern kommen ↑schlafen; in die -er fahren / steigen ↑anziehen.

Kleidchen ↑Kleid.

¹kleiden: etwas kleidet jmdn., etwas tragen können, etwas schmeichelt / steht jmdm. / passt zu jmdm.; ↑harmonieren.

²kleiden: sich k. ↑anziehen; in Worte k. ↑formulieren.

Kleiderablage ↑Garderobe.

Kleiderausschnitt ↑Ausschnitt.

Kleiderbad ↑Reinigung.

Kleiderbügel, Bügel, Kleiderhaken *(landsch.),* Haken *(landsch.)* · *für die Hose:* Hosenspanner, Hosenbügel · *für die Herrengarderobe:* stummer Diener · *zusammenklappbarer:* Reisekleiderbügel, Reisebügel; ↑Garderobe.

Kleiderhaken: ↑Garderobe, ↑Haken, ↑Kleiderbügel.

Kleiderkasten ↑Schrank.

Kleidermacher ↑Schneider.

Kleidermotte ↑Schmetterling.

Kleiderpuppe ↑Schneiderpuppe.

Kleiderrechen ↑Garderobe.

Kleiderrock ↑Rock.

Kleiderschrank: ↑Riese, ↑Schrank.

Kleiderständer ↑Garderobe.

kleidsam ↑geschmackvoll.

Kleidung, Bekleidung, Kleidungsstück, Garderobe, Kleider, Plünnen *(salopp),* Gewandung, Aufzug *(abwertend),* Kluft, Klamotten *(ugs.),* Zeug *(salopp),* Kledasche *(salopp, abwertend)* · Habit, Ornat, Robe, Wichs, Tracht, Kostüm, Toilette, Zivil, Uniform, Wehrkleid *(schweiz.),* bunter Rock, Tenue *(schweiz.),* Montur *(ugs., scherzh.),* Adjustierung *(österr.),* Livree, Wams · Herrenkleidung, Damenkleidung, Kinderkleidung, Herrenbekleidung, Herrenoberbekleidung, Damenbekleidung, Damenoberbekleidung, Kinderbekleidung, Umstandskleidung · Arbeitskleidung, Berufskleidung · Trauerkleidung · Fertigkleidung, Konfektionskleidung, Prêt-à-porter, Kleidung von der Stange *(ugs.)* · *in der Freizeit getragene:* Räuberzivil *(scherzh.),* Freizeitkleidung · *vom Schneider angefertigte:* Maßkleidung ·· Oberbekleidung · *der Römer:* Toga ·· Unterbekleidung, Untergewand · *der alten Griechen:* Chiton · *der Römer:* Tunika; ↑Achselklappe, ↑Ano

rak, ↑Anzug, ↑Bluse, ↑Jacke, ↑Kleid, ↑Kostümierung, ↑Kreation, ↑Krinoline, ↑Kutte, ↑Mantel, ↑Maske, ↑Oberhemd, ↑Revers, ↑Rock, ↑Schürze, ↑Strumpf, ↑Trauerkleidung, ↑Unterhemd; ↑anziehen, ↑einkleiden, ↑schönmachen.

kleidungslos ↑nackt.

Kleidungsstück ↑Kleidung.

Kleie, Grüsch *(schweiz.),* Krüsch *(schweiz.);* ↑Getreide.

¹klein, winzig, fipsig *(emotional),* zu kurz geraten *(scherzh.),* [herzlich] wenig, klitzeklein, kleinwinzig, kleinwuzig *(österr.),* lütt *(nordd.),* gering, murklig *(abwertend),* geringfügig, unerheblich, minimal, nicht nennenswert, unbedeutend, unbeträchtlich, lächerlich, nicht ↑geräumig; ↑bisschen, ↑unwichtig, ↑wenig · Ggs. ↑groß; **von k. auf,** von Kindheit / Kindesbeine an, seit frühester Jugend; ↑firm [sein] (mit der Muttermilch eingesogen haben); ↑Kleinheit, ↑Stämmigkeit, ↑bagatellisieren.

²klein: ↑niedrig, ↑verzeihlich; Kleiner Bär ↑Sternbild; -e Ferien ↑Ferien; -er Kerl ↑Junge; das ist nichts für -e Kinder ↑betreffen; -e Kuchen ↑Gebäck; Kleiner Löwe ↑Sternbild; der -e Mann ↑Durchschnittsbürger; -er Zeh ↑Zeh; ein [ganz] k. wenig ↑etwas; k. [und hässlich] werden ↑nachgeben; -er werden ↑schrumpfen; bei der Wäsche / beim Waschen -er werden ↑einlaufen; k. machen ↑urinieren; alles kurz und k. schlagen ↑zerstören; -schreiben ↑schreiben; Groß und Klein ↑alle; ein Kleines ↑etwas; etwas Kleines ist unterwegs ↑schwanger [sein]; das Kleinste ↑Minimum; bei Kleinem ↑allmählich; bei Kleinem, über ein Kleines ↑später; im Kleinen *in détail;* um ein Kleines ↑beinahe.

Kleinbär: ↑Bär, ↑Raubtier.

Kleinbauer, Zwergbauer, Kleinhäusler *(bes. österr.),* Keuschler *(österr.);* ↑Bauer.

Kleinbetrieb ↑Fabrik.

Kleinbildkamera ↑Fotoapparat.

kleinbürgerlich ↑engherzig.

Kleinbürgertum ↑Bürgertum.

Kleine: ↑Jüngste, ↑Mädchen; die -n ↑Kinder (die).

Kleiner ↑Jüngster.

Kleines ↑Kind.

Kleinfilm ↑Film.

Kleinformat ↑Beschaffenheit.

Kleingärtner, Schrebergärtner, Siedler, Kolonist, Laubenpieper *(ugs.).*

Kleingebäck ↑Gebäck.

Kleingeld: ↑Geld, ↑Münze; das nötige K. haben ↑reich [sein].

Kleingolf ↑Minigolf.

Kleinhandel ↑Einzelhandel.

Kleinhändler ↑Einzelhändler.

Kleinhäusler ↑Kleinbauer.

Kleinheit, Knappheit, Beschränktheit, Begrenztheit, Gedrängtheit, Geringfügigkeit, Kürze, Niedrigkeit; ↑Mangel; ↑klein.

Kleinhirn ↑Gehirn.

Kleinhirnrinde ↑Gehirnrinde.
¹Kleinholz, Brennholz, Spreißelholz *(österr.);* ↑Brennmaterial, ↑Holzsplitter.
²Kleinholz: K. machen ↑zerstören.
¹Kleinigkeit, Bagatelle, Lappalie, Läpperei *(ugs.),* Quisquilien (Plural), Minuzien (Plural), Kleinkram *(emotional);* ↑Nuance; **etwas ist eine K.,** etwas ist ein Kinderspiel; ↑mühelos; **etwas ist keine K.,** etwas ist schwierig / *(ugs.)* nicht so ohne / nicht leicht.
²Kleinigkeit: ↑Imbiss; eine K. ↑etwas.
Kleinigkeitskrämer ↑Pedant.
kleinkariert: ↑banausisch, ↑engherzig.
Kleinkind ↑Kind.
Kleinkinderbewahranstalt ↑Kindergarten.
Kleinklima ↑Klima.
Kleinkram ↑Kleinigkeit.
Kleinkrieg: ↑Kampf, ↑Krieg.
kleinkriegen: ↑zermürben; sich nicht k. lassen ↑Mut; nicht kleinzukriegen sein ↑besiegen.
Kleinkunstbühne ↑Kabarett.
kleinlaut: ↑verlegen; k. werden ↑nachgeben.
kleinlich: ↑banausisch, ↑engherzig.
Kleinlichkeit ↑Pedanterie.
kleinmütig ↑deprimiert.
Kleinod ↑Schmuck.
Klein-Paris: ↑Düsseldorf, ↑Leipzig.
Kleinprospekt ↑Prospekt.
klein schreiben: etwas wird klein geschrieben ↑selten [sein].
Kleinstaaterei ↑Kirchturmpolitik.
Kleinstadt ↑Stadt.
Kleinstädter ↑Landbewohner.
kleinstädtisch: ↑engherzig, ↑städtisch.
Kleinstbildkamera ↑Fotoapparat.
Kleinste ↑Jüngste.
Kleinster ↑Jüngster.
Kleinstkind ↑Kind.
¹Kleinvieh, Viehzeug *(ugs.);* ↑Geflügel, ↑Kaninchen, ↑Schaf, ↑Ziege.
²Kleinvieh: K. macht auch Mist ↑lohnend [sein].
kleinweis ↑allmählich.
kleinwinzig ↑klein.
Kleinwohnung ↑Wohnung.
Kleinwuchs, krankhafter Kleinwuchs, Zwergwuchs, Minderwuchs, Kümmerwuchs, Hyposomie, Mikrosomie, Mikrosomatie, Mikrosoma, Nanismus, Nanosomie, Nanosoma, Mikroplasie · *der Gliedmaßen:* Mikromelie, Nanomelie · *der gipfelnden Körperteile (z. B. Nase, Kinn, Extremitäten):* Akromikrie, Mikroakrie · *der Hände:* Mikrocheirie, Mikrochirie · *der Füße:* Mikropodie · *der Finger oder Zehen:* Mikrodaktylie, Kleinfingrigkeit, Brachydaktylie · Kurzfingrigkeit · *der Nase:* Mikrorhinie · *der Ohren:* Mikrotie · *der Lippen:* Mikrocheilie · *des Unterkiefers:* Brachygnathie, Mikrognathie, Mikrogenie, Opisthogenie, Opisthognathie, Vogelgesicht ·· *der Geschlechtsorgane:* Hypogenita-

lismus, Eunuchoidismus · *der weiblichen Brust:* Mikromastie, Hypomastie · Ggs. ↑Großwuchs.
kleinwuzig ↑klein.
Kleister ↑Bindemittel.
kleisterig ↑klebrig.
kleistern ↑kleben (etwas).
kleistrig ↑klebrig.
Klementine ↑Mandarine.
Klemme: ↑Strafanstalt; in der K. sein ↑ratlos [sein]; in der K. sitzen ↑Not [leiden].
klemmen: ↑quetschen, ↑wegnehmen; sich dahinter k. ↑betreiben; sich etwas unter den Arm geklemmt haben ↑tragen.
Klemmer ↑Kneifer.
Klempner ↑Installateur.
Klenner ↑Eisbahn.
klennern ↑schlittern.
Klepper ↑Pferd.
Kleptomanie ↑Anankasmus.
Kleptophobie ↑Anankasmus.
Kleriker ↑Geistlicher.
Klerisei ↑Klerus.
Klerus, Geistlichkeit, geistlicher Stand, Priesterschaft, Priesterstand, Klerisei *(abwertend);* ↑Beichtvater, ↑Geistlicher, ↑Oberhaupt.
Klette: wie eine K. an jmdm. hängen ↑lieben; wie -n aneinander hängen ↑unzertrennlich.
Kletterer ↑Bergsteiger.
Kletterfarn ↑Farn.
Klettermaxe ↑Dieb.
Klettermelone ↑Melone.
¹klettern, steigen, klimmen, kraxeln *(ugs.);* ↑hinaufgehen.
²klettern: ↑avancieren, ↑hinaufgehen, ↑ranken; das ist, um auf die Bäume zu k. ↑unerträglich [sein]; abwärts / bergab / bergabwärts / nach unten k. ↑hinuntergehen; k. auf ↑steigen (auf); auf die Waage k. ↑Gewicht.
Klettern, Bergsteigen, Freiklettern, Freeclimbing; ↑Alpinistik.
Kletterpflanze, Schlingpflanze, Schlinggewächs, Rankengewächs, Liane; ↑Pflanze.
Kletterrose ↑Rose.
Kletterstange ↑Sportgerät.
Klettertour ↑Spaziergang.
Kletze ↑Obst.
Kletzenbrot ↑Früchtebrot.
Klewian ↑Energie.
klicken ↑Laut.
Klicker: ↑Murmel; K. spielen ↑murmeln.
klickern ↑murmeln.
klieben ↑spalten.
Klient ↑Kunde.
Klientel ↑Kunde.
klieren ↑schreiben.
Kliff ↑Ufer.
¹Klima, Witterungslage, Landklima, Seeklima, Höhenklima · *mit starken Temperaturschwankungen oder Wind:* Reizklima · *räumlich begrenztes:* Kleinklima, Mikroklima · *eines grö-

ßeren Gebietes: Großklima, Makroklima; ↑Klimazone, ↑Wetter.

²Klima: ↑Stimmung, ↑Umwelt, ↑Wetter; feuchtgemäßigtes / warmes sommertrockenes / warmes wintertrockenes / winterfeuchtkaltes / wintertrockenkaltes K., tropische / warmgemäßigte -te ↑Klimazone.

Klimaanlage: ↑Klimagerät; eine K. einbauen ↑klimatisieren.

Klimagerät, Klimaanlage, Airconditioning; ↑Klimatisierung, ↑Ventilator.

Klimagürtel ↑Klimazone.

Klimaingenieur ↑Ingenieur.

Klimakterium, Wechseljahre, Klimax, kritisches Alter, kritische Jahre, Midlifecrisis.

Klimatechnik: ↑Klimatisierung, ↑Technik.

klimatisieren, eine Klimaanlage einbauen · belüften, entlüften · befeuchten, entfeuchten · temperieren, die Temperatur regulieren.

Klimatisierung, Klimatechnik, Kältetechnik; ↑Klimagerät.

Klimax: ↑Klimakterium, ↑Steigerung.

Klimazone, Klimagürtel ·· tropische Klimate · tropisches Regenwaldklima · Savannenklima ·· Trockenklimate · Wüstenklima · Steppenklima ·· warmgemäßigte Klimate · warmes wintertrockenes Klima · warmes sommertrockenes Klima · feuchtgemäßigtes Klima · Schneeklimate · winterfeuchtkaltes Klima · wintertrockenkaltes Klima ·· Eisklimate · Tundrenklima · Frostklima; ↑Klima, ↑Wetter.

klimmen: ↑klettern; k. auf ↑steigen (auf).

Klimperkasten ↑Tasteninstrument.

klimpern: ↑klappern, ↑musizieren.

Klinge: die -n kreuzen ↑erörtern; jmdn. über die K. springen lassen ↑entlassen.

Klingel ↑Glocke.

Klingelgangster ↑Dieb.

klingeln: ↑läuten; das Klingeln ↑Gebimmel.

klingen: ↑schallen; die Münze ↑Geld; in -der Münze ↑bar; in -de Münze umsetzen ↑verkaufen; etwas klingt wie Musik in jmds. Ohren ↑erfreulich [sein].

Klinik: [medizinische / orthopädische / psychosomatische / sozialpsychiatrische / städtische K.] ↑Krankenhaus.

Kliniker ↑Arzt.

Klinikgeburt ↑Geburt.

Klinikum ↑Krankenhaus.

klinisch ↑stationär.

Klinke: ↑Griff, ↑Türklinke; -n putzen ↑betteln.

Klinkenputzer: ↑Armer, ↑Bettler, ↑Handelsvertreter.

Klinker ↑Ziegelstein.

Klinkerstein ↑Ziegelstein.

Klinomobil ↑Unfallwagen.

Klinsch ↑Gebäck.

klinschig ↑gar.

Klio ↑Muse.

klipp: k. und klar ↑klar.

Klippe ↑Insel.

Klippenküste ↑Ufer.

Klippschule ↑Schule.

klirren ↑klappern.

Klischee: ↑Nachahmung, ↑Reproduktion.

klischieren ↑vervielfältigen.

Klistier ↑Einlauf.

klitoral: -er Orgasmus ↑Höhepunkt.

Klitoris, Kitzler, Mann im Boot; ↑Genitalien.

Klitsch ↑Gebäck.

Klitsche ↑Bauernhof.

klitschig ↑gar.

Klitterung ↑Mischung.

klitzeklein ↑klein.

Klo ↑Toilette.

Kloake ↑Verschmutzung.

Klobasse ↑Würstchen.

Klobben ↑Garbenstand.

Klöben ↑Brot.

klobig ↑plump.

klönen ↑unterhalten (sich).

Klönschnack: einen K. halten ↑unterhalten (sich).

¹klopfen, schlagen, pochen, hämmern.

²klopfen: jmdm. auf die Finger k. ↑schelten; auf Holz k. ↑beschreien; k. in ↑einrammen.

Klopfer: einen K. haben ↑verrückt [sein].

Klopfsprache ↑Zeichensprache.

Klopfung ↑Massage.

Klöppelarbeit ↑Handarbeit.

Klöppelei ↑Handarbeit.

klöppeln ↑handarbeiten.

Klöppelspitze ↑Spitzenstickerei.

kloppen: sich k. ↑schlagen; auf den Kopf k. ↑verschwenden.

Klops ↑Fleischkloß.

Klosett ↑Toilette.

¹Kloß *(nordd.* Knödel *(oberd.),* Kartoffelkloß, Erdäpfelknödel *(österr.),* Leberkloß, Fleischklößchen, Markklößchen, Grießkloß, Hefekloß, Semmelkloß, Semmelknödel, Marillenknödel *(österr.),* Zwetschkenknödel *(österr.) · besonders zubereiteter aus Kartoffeln:* Kroketten, Pommes Dauphine, Mandelkartoffeln; ↑Fleischkloß, ↑Kartoffeln, ↑Teig.

²Kloß: einen K. im Hals / in der Kehle haben ↑heiser [sein]; einen K. im Mund haben ↑sprechen.

Kloßbrühe: klar wie K. sein ↑klar [sein].

¹Kloster, Abtei, Stift, Konvent; ↑Einsamkeit, ↑Einsiedelei.

²Kloster: ↑Toilette; ins Kloster gehen ↑abkapseln (sich), ↑Mönch [werden], ↑Nonne [werden].

Klosterbruder ↑Mönch.

Klosterburg ↑Burg.

Klosterfrau ↑Nonne.

Klostergewölbe ↑Gewölbe.

Klosterkirche ↑Gotteshaus.

Klosterschwester ↑Nonne.

Klöten ↑Hoden.

Klotho ↑Schicksalsgöttin.

Klotz: ↑Block; jmdm. ein K. am Bein sein ↑Last; von den Klötzen sein ↑überrascht [sein].
Klotzbeute ↑Bienenstock.
klotzen: ↑Fußballspiel; k. nicht kleckern ↑[nicht] sparen; [nicht kleckern, sondern] k. ↑[nicht] geizig [sein].
Klub ↑Vereinigung.
Klubjacke ↑Jacke.
Klubsessel ↑Sessel.
Klucker ↑Murmel.
Kluft: ↑Abgrund, ↑Kleidung.
¹klug, gescheit, verständig, vernünftig, umsichtig, intelligent, betamt *(jidd.),* scharfsinnig, aufgeweckt, nicht ↑dumm; ↑aufgeklärt, ↑begabt, ↑behutsam, ↑geistreich, ↑ruhig, ↑scharfsinnig, ↑schlau, ↑stichhaltig, ↑umsichtig, ↑weitblickend; **k. sein,** Köpfchen haben, Grütze im Kopf haben *(emotional);* ↑Begabung, ↑Bildung, ↑Intellektueller.
²klug: -er Kopf ↑Talent; durch Schaden wird man k. ↑ernüchtern; nicht k. werden aus jmdm. / etwas ↑verstehen.
klugerweise ↑vorsichtshalber.
¹Klugheit, Findigkeit, Schlauheit, Tam *(jidd.),* Verschmitztheit, Mutterwitz, gesunder Menschenverstand, Commonsense, Gewitztheit, Bauernschläue, Geschäftstüchtigkeit, Cleverness, Gerissenheit *(emotional);* ↑Begabung, ↑Geschäftssinn, ↑List, ↑Scharfsinn, ↑Schlaukopf, ↑Vernunft; ↑schlau.
²Klugheit: ↑Begabung, ↑Vernunft.
Klugscheißer ↑Besserwisser.
Klugscheißerei ↑Wichtigtuerei.
Klugschnacker ↑Besserwisser.
Klugschnackerei ↑Wichtigtuerei.
Klümpchen ↑Bonbon.
Klumpen, Stück, Brocken, Batzen *(ugs.),* Trumm *(ugs., südd., österr.);* ↑Block.
Klumpert ↑Kram.
Klumpfuß: ↑Fuß, ↑Fußdeformität.
Klüngel ↑Clique.
Klunker: ↑Quaste, ↑Schmuck.
Kluppe ↑Wäscheklammer.
Klus ↑Schlucht.
Klysma ↑Einlauf.
knabbern: ↑essen, ↑kauen.
Knabe ↑Junge.
Knabenalt ↑Singstimme.
Knabenchor ↑Chor.
knabenhaft ↑jugendlich.
Knabenkraut ↑Orchidee.
Knabensopran ↑Singstimme.
Knabenstimme ↑Singstimme.
Knäckebrot ↑Brot.
knacken: ↑öffnen, ↑rascheln.
Knacker: ↑Würstchen; alter K. ↑Greis.
knacker ↑Dieb.
Knacki ↑Gefangener.
knackig ↑anziehend.
Knackpunkt: ↑Hauptsache, ↑Schwierigkeit.
knacks: einen K. haben ↑verrückt [sein].

Knackwurst ↑Würstchen.
Knäkente ↑Vogel.
Knall: K. und Fall ↑plötzlich; einen K. haben ↑verrückt [sein]; es gibt einen K. ↑krachen.
knall-: ↑erz-.
Knallbonbon ↑Feuerwerkskörper.
Knalleffekt ↑Pointe.
knallen: ↑fallen, ↑koitieren, ↑krachen, ↑schießen; gleich knallt es [im Karton]! ↑aufhören; jmdm. eine [in die Fresse] / einen vor den Latz k. ↑schlagen; k. auf ↑zusammenstoßen.
knalleng ↑eng.
Knaller ↑Feuerwerkskörper.
Knallerbse ↑Feuerwerkskörper.
Knallerei ↑Schusswechsel.
Knallfrosch ↑Feuerwerkskörper.
Knallgas ↑Gas.
Knallhitze ↑Wärme.
Knallhütte ↑Bordell.
knallig ↑bunt.
Knallkopp ↑Dummkopf.
Knallkörper ↑Feuerwerkskörper.
knallrot ↑rot.
Knallschote ↑Ohrfeige.
knapp: ↑beinahe, ↑eng, ↑karg, ↑kurz; mit -er Not ↑kaum; in -en Zügen ↑kurz; k. bei Kasse sein ↑arm [sein]; nicht zu k. ↑gehörig.
Knappe ↑Bergmann.
knapp halten ↑einschränken.
Knappheit: ↑Armut, ↑Kleinheit.
knapsen ↑sparen.
Knarre ↑Schusswaffe.
¹knarren, schnarren, knattern; ↑krachen; ↑Laut.
²knarren: [-d sprechen] ↑sprechen.
knarzen: [-d sprechen] ↑sprechen.
Knast: ↑Strafanstalt; K. schieben ↑abbüßen.
Knaster ↑Tabak.
Knasti ↑Gefangener.
Knastologe ↑Gefangener.
Knatsch ↑Streit.
Knattercharge ↑Schauspieler.
Knattermime ↑Schauspieler.
knattern: ↑flattern, ↑knarren, ↑krachen.
knauen ↑bitten.
Knauf ↑Griff.
Knaus ↑Brotende.
Knauser ↑Geizhals.
Knauserei ↑Geiz.
knauserig ↑geizig.
knausern: ↑sparen; nicht k. ↑[nicht] sparen.
knautschen: ↑zerknittern; geknautscht ↑zerknittert.
knautschig ↑zerknittert.
Knautschlackmantel ↑Mantel.
Knebelbart ↑Bart.
knebeln ↑unterdrücken.
Knebelung ↑Unfreiheit.
¹Knecht, Stallknecht, Feldarbeiter, Landarbeiter; ↑Diener, ↑Melker, ↑Personal · Ggs. ↑Magd.

²**Knecht:** K. Ruprecht ↑Weihnachtsmann.

knechten: ↑unterdrücken; geknechtet ↑unterdrückt.

knechtisch ↑unterwürfig.

Knecht Ruprecht, Pulterklas *(nordd.),* Zwarte Pitt *(niederl.),* Klas Bur *(westfäl.),* Hans Muff *(mittelrhein.),* Hans Trapp *(pfälz.),* Belz[e]nickel *(pfälz.),* Belzernickel *(pfälz.),* Benzenickel *(pfälz.),* Pelz[e]nickel *(pfälz.),* Krampus *(österr.),* Wubartl *(österr.),* Bartl *(österr.);* ↑Nikolaus, ↑Weihnachtsmann.

Knechtung ↑Unfreiheit.

¹**kneifen,** zwicken, zwacken, petzen *(landsch.);* ↑stechen.

²**kneifen** ↑entziehen (sich).

Kneifer, Klemme, Zwicker, Pincenez; ↑Brille, ↑Einglas.

Kneifzange, Zange, Beißzange; ↑Handwerkszeug, ↑Rüstzeug.

Kneipe ↑Gaststätte.

kneipen ↑trinken.

Kneipenwirt ↑Wirt.

Kneiperei ↑Trinkgelage.

Kneipgelage ↑Trinkgelage.

Kneipier ↑Wirt.

Kneippbad ↑Badeort.

Kneippkur ↑Hydrotherapie.

Kneippkurort ↑Kurort.

kneisen: ↑bemerken, ↑merken.

kneisten ↑blinzeln.

Knesset ↑Volksvertretung.

Knete ↑Geld.

kneten: ↑anfertigen, ↑massieren, ↑mischen, ↑quetschen.

Knetteig ↑Teig.

Knetung ↑Massage.

Knick: ↑Falte, ↑Zaun; einen K. im Auge / in der Optik haben ↑blicken.

knicken: ↑falten, ↑sparen.

Knicker: ↑Geizhals, ↑Murmel.

Knickerbocker ↑Hose.

knickerig ↑geizig.

Knickfuß: ↑Fuß, ↑Fußdeformität.

Knickgiebel ↑Giebel.

knickig ↑geizig.

knickrig ↑geizig.

Knickrigkeit ↑Geiz.

¹**Knicks,** Hofknicks; ↑Verbeugung; ↑begrüßen, ↑knicksen, ↑verneigen (sich).

²**Knicks:** einen K. machen ↑knicksen.

knicksen, einen Knicks / Hofknicks machen; ↑begrüßen, ↑verneigen (sich); ↑Knicks, ↑Verbeugung.

Knickstiebel: ↑Geizhals; ein K. sein ↑geizig [sein].

knickstiebelig ↑geizig.

Knie: jmdm. kommt das K. durchs Haar ↑Glatze; auf die K. fallen ↑beten, ↑knien; auf den -n liegen, sich auf die K. werfen ↑knien; in die K. gehen ↑nachgeben; in den -n weich werden ↑Angst [bekommen]; jmdn. in die K. zwingen

↑besiegen; übers K. brechen ↑übereilen; jmdn. übers K. legen ↑schlagen.

Knieaufschwung ↑Turnübung.

kniefällig ↑unterwürfig.

Kniegeige ↑Streichinstrument.

Kniegelenk ↑Gelenk.

Kniegicht ↑Arthritis.

kniehoch ↑niedrig.

Kniehose ↑Hose.

Kniekitzler ↑Unterhose.

Knielage ↑Kindslage.

¹**knien,** niederknien, sich hinknien / auf die Knie werfen, auf die Knie fallen, auf den Knien liegen, sich niederwerfen, niederfallen, sich auf den Boden / auf die Erde / jmdm. zu Füßen werfen; ↑sitzen.

²**knien:** jmdm. auf der Seele k. ↑bitten.

Knieper ↑Hirsch.

kniepig ↑geizig.

Knies ↑Streit.

Kniescheibenreflex ↑Reflex.

Kniestrumpf ↑Strumpf.

Kniestück ↑Bildnis.

knietief ↑seicht.

Knieumschwung ↑Turnübung.

Kniewelle ↑Turnübung.

Kniff: ↑Falte, ↑Trick.

kniffen ↑falten.

knifflig ↑schwierig.

knipsen: ↑entwerten (Fahrschein), ↑fotografieren.

Knirps: ↑Kind, ↑Schirm, ↑Zwerg.

knirschen ↑rascheln.

knistern: ↑rascheln; es knistert im Gebälk ↑ernst [sein]; das Knistern ↑Geräusch.

Knittelvers ↑Vers.

knitterig ↑faltig.

Knitterigkeit ↑Zerfurchtheit.

knittern ↑zerknittern.

knittrig ↑faltig, ↑zerknittert.

Knobel ↑Würfel.

Knobelbecher ↑Schuh.

knobeln: ↑denken, ↑würfeln; das Knobeln ↑Glücksspiel.

¹**Knoblauch,** Knofel *(ugs., österr.);* ↑Küchengewürz.

²**Knoblauch:** ↑Gemüse, ↑Küchengewürz.

Knöchel ↑Würfel.

knöcheln: ↑würfeln; das Knöcheln ↑Glücksspiel.

knöcheltief ↑seicht.

¹**Knochen,** Bein *(oberd.),* Knorpel, Rippenknochen, Rippe · *des Fischs:* Gräte · *als Speise, zum Abnagen:* Knöchle *(schwäb.),* Gnagi *(schweiz.)* ↑Muskel, ↑Sehne, ↑Wirbelknochen, ↑Wirbelsäule

²**Knochen:** ↑Gebeine; nur noch Haut und K. sein ↑schlank [sein]; kein Mark / keinen Mumm in den K. haben ↑kraftlos [sein].

Knochenarbeit: etwas ist K. ↑beschwerlich [sein].

Knochenbruch, Bruch, Fraktur · *ohne Verl...*

gerung: Knochenriss, Infraktion, Fissur; ↑Krankheit, ↑Verletzung.

Knochenerweichung, Osteomalazie; ↑Rachitis.

Knochengerüst, Skelett, Skelet *(Med.);* Gerippe; ↑Gebeine, ↑Rückgrat.

knochenhart ↑fest.

Knochenhauer ↑Fleischer.

Knochenleim ↑Bindemittel.

Knochenmann ↑Tod.

Knochenriss ↑Knochenbruch.

Knochenschinken ↑Schinken.

knochentrocken ↑trocken.

knochig ↑schlank.

Knöchle ↑Knochen.

Knödel ↑Kloß.

knödeln: ↑Fußballspiel, ↑singen.

Knödeltenor ↑Sänger.

Knödler ↑Sänger.

Knofel ↑Knoblauch.

Knöllchen ↑Strafzettel.

Knolle ↑Zwiebel.

Knollen: ↑Hautblüte, ↑Strafzettel.

Knollenblätterpilz: Gelber / Grüner / Weißer K. ↑Ständerpilz.

Knollennase ↑Nase.

Knopf: ↑Knoten; Knöpfe ↑Geld; etwas steht auf Spitz und K. ↑ungewiss [sein].

Knöpflesschwabe ↑Schwabe.

Knöpfli ↑Teigwaren.

knorke ↑trefflich.

Knorpel ↑Knochen.

Knorpelkirsche ↑Obst.

knorrig, knorzig *(landsch.),* knubbelig *(landsch.);* ↑fest.

Knorz ↑Anstrengung.

Knörzel ↑Brotende.

knorzen ↑sparen.

knorzig ↑knorrig.

Knösel ↑Tabakspfeife.

Knospe: ↑Brustwarze; -n treiben ↑sprießen.

knospen ↑sprießen.

Knospenkapitell ↑Kapitell.

knoten ↑binden.

[1]Knoten, Knopf *(österr.),* Verknüpfung · Archivknoten · Weberknoten, Tuchmacherknoten, Kreuzknoten, Reffknoten · Achtknoten, Achterknoten · Weiberknoten, falscher Reffknoten · Seemannsknoten, Schifferknoten · Slipstek *(Seemannsspr.),* Schlippstek *(Seemannsspr.)* · Palstek *(Seemannsspr.),* Pahlstek *(Seemannsspr.)* · Schotenstek *(Seemannsspr.)* · Webleinstek *(Seemannsspr.)* · Fallreepsknoten · Rundtörn *(Seemannsspr.)* · Überhandknoten · Zimmermannsstek; ↑Schlinge; ↑binden.

[2]Knoten: ↑Dutt, ↑Hautblüte, ↑Längenmaß; den gordischen K. durchhauen ↑Lösung.

◄Knotenfuß ↑Liliengewächs.

◄Knotenperücke ↑Perücke.

◄Knotenpunkt ↑Mittelpunkt.

◄Knotenstock ↑Spazierstock.

Know-how ↑Erfahrung.

knubbelig: ↑dick, ↑knorrig.

knuddeln ↑umfassen.

knudeln ↑umfassen.

knuffen ↑schlagen.

knüllen ↑zerknittern.

Knüpfarbeit ↑Handarbeit.

knüpfen: ↑binden, ↑handarbeiten.

Knüpfspitze ↑Spitzenstickerei.

Knüppel: ↑Brötchen, ↑Steuer, ↑Stock; jmdm. K. / einen Knüppel zwischen die Beine werfen ↑einschränken.

knüppeldick: ↑reichlich; k. voll ↑voll.

knüppeldicke: k. voll ↑voll.

Knüppler ↑Fußballspieler.

knurren: ↑bellen; jmdm. knurrt der Magen ↑Hunger [haben].

Knurrhahn ↑Griesgram.

knusperig ↑knusprig.

[1]knusprig, knusperig, kross *(niederd.),* krosch *(niederd.),* rösch *(landsch.),* resch *(österr.);* ↑appetitlich, ↑fest.

[2]knusprig ↑adrett.

Knust ↑Brotende.

Knute: ↑Peitsche; unter jmds. K. stehen ↑unterdrückt [werden].

Knutsche ↑Beule.

knutschen ↑küssen.

Knutt ↑Vogel.

Knüttel ↑Stock.

k. o.: k. gehen ↑besiegen; k. sein ↑erschöpft [sein].

Koagulum ↑Blut.

koalieren ↑verbünden (sich).

Koalition: ↑Bund; eine K. eingehen ↑verbünden (sich).

Koalitionsregierung ↑Regierung.

kobaltblau ↑blau.

Kobel ↑Stall.

Koben ↑Stall.

kobern ↑koitieren.

København ↑Kopenhagen.

Kobold ↑Zwerg.

koboldartig ↑gespenstisch.

koboldhaft ↑gespenstisch.

Kobolz: K. schießen ↑Purzelbaum [schlagen].

Kobra ↑Schlange.

[1]Koch, Chefkoch, Küchenchef, Küchenbulle *(ugs., scherzh.),* Gastronom · *auf dem Schiff:* Schiffskoch, Smutje *(Seemannsspr., scherzh.)* · *weiblicher:* Köchin, Beiköchin, Kochfrau, Kaltmamsell, kalte Mamsell, Küchenfee *(scherzh.),* Küchendragoner *(scherzh.),* Kuchelgrazie *(österr., scherzh.),* Kaffeeköchin, Diätköchin; ↑Feldküche.

[2]Koch ↑Brei.

kochecht, waschecht, kochfest *(schweiz.);* ↑farbecht.

[1]kochen, das Essen zubereiten, Essen machen, richten, bereiten, rüsten *(schweiz.),* anrichten, anmachen; ↑braten, ↑garnieren, ↑würzen; ↑Kochrezept, ↑Küche.

²kochen: ↑brodeln, ↑sieden; die -e Volksseele ↑Erregung; mit -dem Wasser übergießen ↑blanchieren; gar / weich k. ↑sieden; gekochter Schinken ↑Schinken; es wird nichts so heiß gegessen, wie es gekocht wird ↑abwarten; die Hasen k. [wieder] ↑nebeln; sein Süppchen am Feuer anderer k. ↑bereichern (sich); zum Kochen bringen / kommen lassen ↑sieden.

Kocher ↑Herd.

kochfest ↑kochecht.

Kochfleisch ↑Fleisch.

Kochfrau ↑Koch.

Kochherd ↑Herd.

Köchin ↑Koch.

Kochlöffel ↑Löffel.

Kochmandl ↑Pfifferling.

Kochnische ↑Küche.

Kochplatte ↑Herd.

Kochrezept, Backrezept, Originalrezept, Familienrezept, Rezept, Kochvorschrift, Backvorschrift; ↑kochen.

Kochsalz ↑Salz.

Kochtopf, Topf, Römertopf, Kessel, Suppentopf, Kasserolle, Schmortopf, Bräter *(landsch.),* Hafen *(landsch.),* Häfen *(österr.),* Rein *(südd., österr.),* Reindl *(südd., österr.),* Tiegel; ↑Behälter, ↑Bratpfanne.

Kochvorschrift ↑Kochrezept.

kodderig: jmdm. ist / wird k. ↑unwohl.

Kodderschnauze ↑Mund.

koddrig: jmdm. ist / wird k. ↑unwohl.

Kode: ↑Geheimschrift, ↑Zeichen.

Kodeinsucht: ↑Opiumvergiftung, ↑Sucht.

Kodeinvergiftung ↑Opiumvergiftung.

Köder, Lockvogel, Lockmittel, Anziehungspunkt, Magnet, Blickfang; ↑Anziehungskraft, ↑Glanzpunkt, ↑Reiz.

ködern ↑verleiten.

kodieren ↑chiffrieren.

kodifizieren ↑buchen.

Kodifizierung ↑Sammlung.

Koedukation ↑Erziehung.

Kofel ↑Gipfel.

Koffein, Coffein · *in Teeblättern enthaltenes:* Tein, Thein; ↑Koffeinvergiftung.

Koffeinismus ↑Koffeinvergiftung.

Koffeinsucht ↑Koffeinvergiftung.

Koffeinvergiftung, Koffeinismus, Kaffeinismus *(selten),* Koffeinsucht, Teinvergiftung, Theinvergiftung, Teinismus *(selten),* Theinismus *(selten);* ↑Koffein, ↑Nikotinvergiftung, ↑Vergiftung.

Koffer: ↑Gepäck; seine K. packen müssen ↑entlassen [werden]; aus dem K. leben ↑unterwegs.

Kofferkuli ↑Wagen.

Kofferradio ↑Radio.

Kogel ↑Gipfel.

Kogge ↑Kriegsschiff.

Kognak ↑Weinbrand.

kognitiv, erkenntnismäßig.

Kohabitation: ↑Koitus, ↑Regierung.

Kohäsion, Zusammenhalt, Haltekraft, Bindekraft, Zähigkeit; ↑Adhäsion, ↑Klebrigkeit, ↑Verklebung.

¹Kohl *(nordd.)* Weißkohl *(bes. nordd.),* Weißkraut *(bes. oberd.),* Kraut *(bes. oberd.),* Weißer Kappes *(westd.),* Weißkabis *(schweiz.),* Kabis *(schweiz.),* Kelch *(wiener.);* ↑Blumenkohl, ↑Gemüse, ↑Grünkohl, ↑Kohlkopf, ↑Kohlrabi, ↑Rotkohl, ↑Sauerkraut.

²Kohl: ↑Unsinn, ↑Wirsing; das ist aufgewärmter K. ↑langweilig [sein]; seinen K. bauen ↑leben; das macht den K. nicht fett ↑nutzlos [sein], ↑wirkungslos [sein].

Kohldampf: ↑Hunger; K. schieben ↑Hunger [haben].

¹Kohle, Steinkohle, Mineralkohle, Anthrazit, Braunkohle, Holzkohle · Presskohle, Brikett, Pressling, Eierkohle, Eier *(ugs.),* Nusskohle, Koks; ↑Brennmaterial, ↑heizen.

²Kohle: ↑Schüttgut; -n ↑Geld; glühende -n auf jmds. Haupt sammeln ↑beschämen; wie auf glühenden -n sitzen ↑warten.

kohlen ↑lügen.

Kohlendioxid ↑Gas.

Kohlenfeuer ↑Feuer.

Kohlengas ↑Gas.

Kohlenherd ↑Herd.

Kohlenlunge ↑Staublungenerkrankung.

Kohlenmonoxid ↑Gas.

Kohlenoxid: ↑Gas, ↑Gift.

Kohlenstaublunge ↑Staublungenerkrankung.

Kohlenwasserstoff ↑Gas.

Kohlepapier, Pauspapier, Karbonpapier *(selten, österr.);* ↑Abschrift, ↑Schreibpapier.

Köhlerglaube ↑Aberglaube.

Kohleule ↑Schmetterling.

Kohlfuchs ↑Fuchs.

Kohlgemüse ↑Gemüse.

¹Kohlkopf *(nordd.)* Krautkopf *(oberd.),* Krauthäuptel *(österr.),* Kopf, Häuptel *(österr.);* ↑Gemüse, ↑Kohl.

²Kohlkopf ↑Dummkopf.

Kohlmeise ↑Vogel.

kohlpechrabenschwarz ↑schwarz.

Kohlportulak ↑Gemüse.

kohlrabenschwarz: ↑schwarz, ↑schwarzhaarig.

Kohlrabi, Kohlrübe *(selten),* Rüb[en]kohl *(schweiz.);* ↑Gemüse, ↑Kohl, ↑Kohlrübe.

¹Kohlrübe, Steckrübe, Wruke *(nordd.);* Gemüse, ↑Kohlrabi, ↑Mohrrübe, ↑Salatrübe.

²Kohlrübe ↑Kohlrabi.

Kohlschabe ↑Schmetterling.

kohlschwarz: ↑schwarz, ↑schwarzhaarig.

Kohlsprossen ↑Rosenkohl.

Kohlsuppe ↑Suppe.

Kohlweißling ↑Schmetterling.

Koine ↑Ausdrucksweise.

Koinzidenz ↑Zusammenfall.

koitieren, Geschlechtsverkehr ausüben, verkehren, beiliegen, begatten, kopulieren, [eine Frau] beschlafen, mit jmdm. schlafen [gehen], mit jmdm. ins Bett gehen / *(ugs.)* steigen, mit jmdm. zusammen sein, Verkehr / Geschlechtsverkehr / intime Beziehungen haben, den Akt vollziehen, Liebe machen *(ugs.),* fummeln *(ugs.),* pütern *(ugs.),* bohnern *(ugs.),* es jmdm. besorgen, einen machen, mit jmdm. intim werden, die ehelichen Pflichten erfüllen, beiwohnen, erkennen *(bibl.),* mit jmdm. auf die Stube / *(salopp)* Bude gehen, jmdn. auf sein Zimmer nehmen, jmdn. abschleppen, sich lieben, sich hingeben / schenken, einander gehören, verschmelzen, eins werden, der Stimme der Natur folgen, dem Trieb nachgeben, jmdm. seine Gunst schenken, [eine Frau] befriedigen, ein Abenteuer mit jmdm. haben, es mit jmdm. treiben / haben / *(ugs.)* machen, sich mit jmdm. abgeben / einlassen, reiten, rübersteigen, steigen über, sündigen, jmdn. zu Willen sein, jmdn. ranlassen *(derb),* sich jmdn. nehmen / *(salopp)* hernehmen / *(salopp)* vornehmen, maßnehmen *(salopp),* jmdn. vernaschen *(salopp),* stoßen *(derb),* hacken *(derb),* bürsten *(derb),* pimpern *(derb),* aufschnallen *(derb),* aufs Kreuz legen *(salopp),* umlegen *(derb),* umbiegen *(derb),* pudern *(derb),* mausen *(derb),* einen wegstecken *(salopp),* in die Muschel rotzen *(vulgär),* die Sichel putzen, knallen *(derb),* Nummer schieben / machen *(derb),* poppen *(derb),* geigen *(derb),* bumsen *(salopp),* orgeln *(derb),* hopsen *(derb),* ficken *(derb),* vögeln *(derb),* huren *(abwertend)* · *durch Einführen des männlichen Gliedes in den Mund:* fellieren, fellationieren, blasen, das Schwert schlucken, ein Flötenkonzert geben, französisch lieben, jmdm. einen ablutschen / abkauen / kauen *(salopp),* einen tuten, sich einen abzapfen lassen, schwanzlutschen *(derb),* russische Eier füttern *(sich fellieren lassen)* · *manuell:* jmdn. onanieren / wichsen, jmdm. einen abwichsen / schütteln; ↑Bordell *(Massageinstitut)* · *zum ersten Mal:* die Unschuld verlieren · *als Dirne:* kobern · *im Analbereich:* Analverkehr haben, arschficken *(derb),* faustficken · *von Tieren:* sich paaren / verpaaren, decken (Rind, Hund u.a.), bespringen (Rind u.a.), bechälen (Pferd), belegen (Rind, Hund u.a.), beteigen (Rind, Hund, Katze, Ratte u.a.), aufreiten (Rind, Hund, Katze, Ratte u.a.), beschlagen (Rehbock u.a.), bedecken (Hund), treten (Huhn, Gans), ranzen (Wolf, Fuchs u.a.), rollen (Fuchs), begehren (Luchs, Katze), rammeln (Hase, Kaninchen); ↑befruchten, deflorieren; ↑fortpflanzen (sich), ↑gebären, ↑lieben, ↑penetrieren, ↑schwängern, ↑verleinen; ↑schwanger; ↑Geschlechtskrankheit, ↑Koitus, ↑Samenerguss · Ggs. ↑verweigern (sich jmdm.).

Koitus, Sexualverkehr, Beischlaf, Beilager, [ehelicher] Akt, Geschlechtsakt, Geschlechtsverkehr, Hurerei *(abwertend),* Verkehr, Intimverkehr, Intimität, intime Beziehungen, Hingabe, Vereinigung, Kohabitation, Kopulation, Kongressus, Beiwohnung, Liebesvollzug, Vollzug, Schäferstündchen, Aufhupfer *(ugs.),* Bums *(ugs.),* Nahkampf, Fick *(derb)* ·· *Praktiken:* Frottage · Bondage ·· Sadomasochismus ↑Perversität ·· *der Mann auf der Frau:* Missionarsstellung · *von hinten:* Coitus a tergo, Coitus à la vache · *verzögerter:* Coitus prolongatus · *mit oral-genitalem Kontakt:* Neunundsechzig, 69, Sixty-Nine, Soixante-neuf · *zwischen den Oberschenkeln der Frau:* Coitus inter femora · *zwischen den Brüsten der Frau:* Tittenfick *(vulgär)* · *mit verschiedenen Partnern:* Bäumchenwechseln *(scherzh.),* Swinging, Promiskuität · *häufig wechselnder Geschlechtsverkehr:* HWG · *unterbrochener:* Koitus interruptus, Aufpassen · *verhaltener:* Karezza, Koitus reservatus ·· *französisch, durch Lecken am äußeren Genitale der Frau:* Kunnilingus, Cunnilingus · *durch Einführen des männlichen Gliedes in den Mund:* Coitus per os, Blasen, Fellatio, Mundverkehr, Oralverkehr, Mundsex ·· *griechisch:* Coitus per anum, Coitus per rectum, Analverkehr, Arschfick *(vulgär)* ·· *homosexuelle Praktiken:* mutuelle Masturbation · Faustficking, Faustfick · Wassersport, goldene Dusche, golden Shower · Anilingus, Rimming ·· *mit mehreren gemeinsam:* Gruppensex, Partnertausch · *zu dritt:* Dreier · *mit Schutzmitteln o.Ä.:* Safersex, No-Risk-Sex · *bei Tieren:* Paarung, Begattung, Kopula, Balz *(Federwild);* ↑Befruchtung, ↑Beischläfer, ↑Fortpflanzung, ↑Genitalien, ↑Geschlechtskrankheit, ↑Leidenschaft, ↑Liebesspiel, ↑Penetration, ↑Perversität, ↑Prostitution, ↑Schwangerschaft, ↑Stellung, ↑Vergewaltigung, ↑Vermählung; ↑deflorieren, ↑koitieren, ↑schwängern, ↑vergewaltigen; ↑schwanger.

Koje ↑Bett.

Kokain ↑Rauschgift.

Kokainvergiftung, Kokainismus, Kokainsucht, Kokainomanie; ↑Aufputschmittel, ↑Beruhigungsmittel, ↑Opiumvergiftung, ↑Rauschgift, ↑Rauschgiftsüchtiger, ↑Sucht, ↑Vergiftung.

Kokarde ↑Abzeichen.

kokeln ↑anzünden.

kokett ↑eitel.

Koketterie ↑Gefallsucht.

¹kokettieren (mit etwas), prunken mit etwas, sich gefallen in, sich in seiner Rolle gefallen · *mit seinem Wissen:* mit gelehrten Brocken um sich werfen; ↑dünkelhaft, ↑protzig, ↑Übertreibung.

²kokettieren: ↑flirten, ↑prahlen.

Kokolores ↑Unsinn.

Kokosbusserl ↑Gebäck.

Kokosette ↑Kokosflocken.

Kokosfett ↑Fett.

Kokosflocken, Kokosraspel, Kokosnuss, Kokosette *(österr.).*
Kokosnuss ↑Kokosflocken.
Kokospalme ↑Palme.
Kokosraspel ↑Kokosflocken.
Kokotte ↑Prostituierte.
Koks: ↑Geld, ↑Kohle, ↑Kopfbedeckung, ↑Rauschgift, ↑Schüttgut.
koksen ↑schlafen.
Kokser ↑Rauschgiftsüchtiger.
Kolatsche ↑Gebäck.
Kolben: ↑Blütenstand, ↑Penis, ↑Tabakspfeife.
Kolbenhalter ↑Schreibstift.
Kolchos ↑Produktionsgenossenschaft.
Kolchose ↑Produktionsgenossenschaft.
Kolik, Leibschmerzen, Leibweh, Magendrücken, Bauchschmerzen, Bauchweh *(landsch.),* Bauchgrimmen; ↑Krankheit, ↑Leid.
Kolkrabe ↑Vogel.
kollabeszieren ↑hinfällig [werden].
kollabieren ↑ohnmächtig [werden].
Kollaborateur, Verräter, Quisling (Norwegen), Pfeilkreuzler (Ungarn); ↑Nationalsozialist, ↑Verräter · Ggs. ↑Gegner.
Kollaps ↑Anfall.
Kollapstemperatur ↑Untertemperatur.
Kollar ↑Kragen.
Kollation ↑Kontrolle.
kollationieren: ↑kontrollieren, ↑vergleichen.
Kollaudation ↑Kontrolle.
kollaudieren ↑kontrollieren.
Kollaudierung ↑Kontrolle.
Kolleg: ↑Rede, ↑Unterricht.
Kollega ↑Kollege.
Kollege, Mitarbeiter, Fachgenosse, Fachkollege, Berufskollege, Berufsgenosse, Betriebskollege, Arbeitskollege, Arbeitskamerad, Kumpel · *unter Geistlichen:* Amtsbruder, Konfrater *(kath.)* · *als scherzhafte Anrede:* Kollega; ↑Arbeitnehmer, ↑Freund, ↑Komplice, ↑Mitarbeit, ↑Mitglied, ↑Teilhaber.
Kollegheft ↑Heft.
kollegial ↑freundschaftlich.
Kollegiatkirche ↑Gotteshaus.
Kollegienkirche ↑Gotteshaus.
Kollegium ↑Mannschaft.
Kollegmappe ↑Schultasche.
Kollegtasche ↑Schultasche.
Kollekte, Sammlung, Spendenaktion, Opfer; ↑Beitrag.
Kollektion: ↑Auswahl, ↑Sortiment.
Kollektiv: ↑Mannschaft, ↑Produktionsgenossenschaft.
Kollektivarbeit ↑Arbeit.
Kollektivierung ↑Enteignung.
Kollektur ↑Annahmestelle.
Koller: ↑Kragen, ↑Wutanfall.
kollern: ↑krächzen, ↑rumoren.
Kolli ↑Packen.
kollidieren ↑zusammenstoßen.
Kollier ↑Halskette.

Kollision: ↑Havarie, ↑Zusammenstoß.
Kollisionskurs ↑Streitsucht.
Kollo ↑Packen.
Kollokator, Aktant, Mitspieler; ↑Sprachspiel.
Kolloquium: ↑Gespräch, ↑Prüfung.
Kollusion ↑Abmachung.
Köln, Köln am Rhein, Domstadt, Colonia Agrippina *(hist.);* ↑Stadt.
kölnisch: k. sprechen ↑Mundart [sprechen]; Kölnisch Wasser ↑Parfum.
Kolon ↑Darm.
Kolonel ↑Schriftgrad.
Koloniakübel ↑Abfalleimer.
Kolonialwarenhändler ↑Kaufmann.
Kolonialwarenhandlung ↑Laden.
Kolonist: ↑Einwanderer, ↑Kleingärtner.
Kolonne: ↑Säule; [die fünfte K.] ↑Abteilung; K. fahren ↑fahren.
Koloraturalt ↑Sängerin.
Koloratursopran ↑Sängerin.
Kolorierung ↑Farbe.
Kolorit ↑Farbe.
Koloskopie ↑Ausspiegelung.
Koloss ↑Riese.
kolossal ↑gewaltig.
Kolossalfilm ↑Kinofilm.
kolossalisch ↑gewaltig.
Kolossalschinken ↑Kinofilm.
Kolportageroman ↑Roman.
kolportieren ↑mitteilen.
Kolposkopie ↑Ausspiegelung.
kolumbianisch: -er Peso ↑Zahlungsmittel.
Kolumbus: das Ei des K. ↑Lösung.
Kolumne: ↑Rubrik, ↑Zeitungsartikel.
Kolumnist ↑Berichter.
Köm ↑Alkohol.
Koma ↑Bewusstlosigkeit.
kombattant ↑streitbar.
Kombattant ↑Kämpfer.
Kombi ↑Auto.
Kombinat ↑Produktionsgenossenschaft.
Kombination: ↑Anzug, ↑Synthese; dreifache / zweifache K. ↑Hindernis.
Kombinationsgabe ↑Scharfsinn.
Kombinatorik ↑Mathematik.
Kombiwagen ↑Auto.
Kombustion ↑Verletzung.
Komestibilien: ↑Feinkost, ↑Lebensmittel.
Komet · Halley-Komet (alle 76 Jahre) · Sternschnuppe, Schweifstern, Haarstern, Irrstern, ↑Himmelskörper, ↑Planet.
Komfort ↑Bequemlichkeit.
komfortabel ↑behaglich.
Komik, Lächerlichkeit, Lachhaftigkeit, Drolligkeit, Drolerie *(veraltend);* ↑lächerlich.
komisch: ↑lächerlich, ↑seltsam, ↑spaßig.
Komitee ↑Ausschuss.
Komma: ↑Satzzeichen; in null K. nichts ↑schnell; ohne Punkt und K. reden ↑sprechen.
Kommandant ↑Befehlshaber.
Kommandeur ↑Befehlshaber.

kommandieren: jmdn. k. ↑lenken; k. zu ↑abordnen.

Kommanditär ↑Teilhaber.

Kommanditist ↑Teilhaber.

Kommando ↑Weisung.

¹kommen, sich nähern, herankommen, herkommen, hinkommen, näher kommen, nahen, daherkommen, des Weges / gegangen / geschritten / anspaziert kommen, zu Fuß / per pedes / auf Schusters Rappen kommen *(oder:)* gehen, anrücken, aufrücken *(schweiz.),* im Anzug sein, anmarschieren, [auf der Bildfläche] erscheinen, sich einfinden / einstellen, antanzen, ankommen, angewackelt kommen *(salopp),* anlangen, eintreffen, einlangen *(österr.),* aufkreuzen *(salopp),* hereinschneien *(ugs.),* hereingeschneit kommen *(ugs.),* eintrudeln *(salopp)* · *vom Zug, Schiff:* einlaufen; ↑anwesend [sein], ↑fortbewegen (sich), ↑landen, ↑reisen, ↑vorrücken · *zu jmdm. öfter in lästiger Weise mit einem Anliegen o. Ä.:* angekleckert kommen *(emotional),* angeschissen kommen *(derb, emotional),* er ist das reinste Fleckfieber *(berlin.);* ↑behelligen; **nicht k.,** fernbleiben, ausbleiben, die diplomatische / politische Grippe nehmen *(scherzh.),* nicht ↑teilnehmen; ↑abwesend [sein]; ↑krank; **gek. sein,** zur Stelle sein; **bald k.,** in Sicht kommen / sein, schon zu sehen sein.

²kommen: gek. sein ↑anwesend [sein]; -de Generationen / Zeiten, die nach uns Kommenden ↑Nachwelt; wenn's hoch kommt ↑bestenfalls; wenn die Zeit dafür gek. ist ↑Augenblick; wie teuer kommt ...? ↑teuer; es kommt ihm ↑ejakulieren; k. lassen ↑beordern, ↑bestellen (etwas); zum Kochen / Sieden k. lassen ↑sieden; k. sehen ↑merken; etwas kommt ↑heraufziehen; wie kommt es, dass ... ↑warum; etwas kommt an jmdn. ↑zufallen; hinter etwas k. ↑aufdecken, ↑erkennen; k. in ↑hineinkommen (in); jmdm. mit etwas k. ↑bitten, ↑herantreten (an); nach jmdm. k. ↑ähneln; um etwas k. ↑verlieren; k. von ↑stammen (von); das kommt davon! ↑Folge; k. zu ↑zugesellen (sich); nicht zu etwas k. ↑arbeiten; zu kurz k. ↑zurückstehen; zu kurz gek. sein ↑Nachholbedarf [haben]; zu sich k. ↑wach [werden]; wieder zu sich k. ↑Ohnmacht; das Kommen ↑Besuch; im Kommen sein ↑bekannt [werden].

kommend: ↑nächst, ↑später; das Kommende ↑Schicksal.

Komment ↑Brauch.

Kommentar: ↑Auslegung, ↑Bemerkung, ↑Zeitungsartikel; kein K. ↑[sich nicht] äußern; keinen K. geben ↑schweigen.

Kommentator: ↑Berichter, ↑Kritiker.

kommentieren: ↑auslegen, ↑Bemerkung.

kommerzialisieren, Geld aus etwas machen / schlagen *(ugs.),* Kapital aus etwas schlagen *(ugs.),* Geld / ein Geschäft mit etwas machen, Gewinn / seinen Vorteil aus etwas ziehen; ↑Profit [machen].

Kommerzialrat ↑Kommerzienrat.

kommerziell, kaufmännisch, geschäftlich, ökonomisch.

Kommerzienrat, Kommerzialrat *(österr.);* ↑Titel.

Kommilitone, Studiengenosse, Studienkollege · *bei Verbindungen:* Bundesbruder, Korpsbruder; ↑Student, ↑Verbindung.

Kommis ↑Handelsgehilfe.

Kommiss: ↑Militärdienst; beim K. sein ↑Soldat [sein].

Kommissar: ↑Beauftragter, Kriminalbeamter.

Kommissär ↑Beauftragter.

Kommissariat ↑Polizeirevier.

Kommisshengst ↑Soldat.

Kommission: ↑Ausschuss, ↑Treuhänderschaft.

Kommissionär ↑Verwalter.

kommissionieren ↑kontrollieren.

Kommisskopf ↑Soldat.

kommlich: k. sein ↑nützlich [sein].

kommod ↑mühelos.

Kommode ↑Möbel.

Kommodore ↑Befehlshaber.

Kommolch ↑Lurch.

Kommotion: ↑Gehirnerschütterung.

kommunal, gemeindlich, städtisch, munizipal *(veraltet),* die Gemeinde / Stadt betreffend; ↑Gemeinde, ↑Ort, ↑Stadt.

Kommunalobligationen ↑Wertpapier.

Kommunarde ↑Kommune.

¹Kommune, Wohngemeinschaft, WG, Wohngruppe, Großfamilie · *deren Mitglied:* Kommunarde; ↑Ehe, ↑Familie, ↑Gemeinschaftssiedlung.

²Kommune: ↑Gemeinde, ↑kommunistisch.

Kommunikation ↑Kontakt.

kommunikationsfähig ↑gesellig.

kommunikationsfreudig ↑gesellig.

Kommunikationsmittel ↑Massenmedien.

Kommunikationstechnik, Telekommunikation, Modem, Modulator, Demodulator · Teletex, Bürokommunikation, Telex · Teletext, Videotext · Videotex, Btx · Telepac, Datex-P; ↑telegrafieren.

Kommunion: ↑Konfirmation; [die K. empfangen, zur K. gehen] ↑Abendmahl.

Kommunionkerze ↑Kerze.

Kommunionkleid ↑Kleid.

Kommuniqué ↑Mitteilung.

¹Kommunismus, Sozialist · Reformkommunismus, Eurokommunismus · *der dem persönlichen Wohlstand des Individuums Rechte einräumt:* Gulaschkommunismus; ↑Marxismus, ↑Sozialist; ↑kommunistisch.

²Kommunismus ↑Sozialist.

Kommunist ↑Sozialist.

Kommunistenfresser ↑Gegner.

kommunistisch, sozialistisch, marxistisch, bolschewistisch, trotzkistisch, leninistisch, menschewistisch, stalinistisch, maoistisch, titoistisch; **kommunistische Partei,** Kommune *(veraltet);* ↑Kommunismus, ↑Marxismus, ↑Sozialist.

kommunizieren: ↑Abendmahl, ↑korrespondieren, ↑verkehren (mit).

kommutabel ↑austauschbar.

Kommutation ↑Substitution.

kommutativ ↑austauschbar.

kommutierbar ↑austauschbar.

Komödiant ↑Schauspieler.

¹Komödie, Lustspiel, Tragikomödie, Posse, Farce, Burleske, Vaudeville, Schwank, Klamotte *(ugs.),* Sketch, Commedia dell'Arte; ↑Kabarett, ↑Kriminalstück, ↑Revue · Ggs. ↑Tragödie.

²Komödie: K. spielen ↑vortäuschen.

Komödienhaus ↑Theatergebäude.

Komondor ↑Hunderassen.

Kompagnon: ↑Komplice, ↑Teilhaber.

kompakt ↑untersetzt.

Kompaktschallplatte ↑Schallplatte.

Kompanie: ↑Herde, ↑Heeresverband; Mutter der K. ↑Dienstgrad.

komparatistisch ↑kontrastiv.

komparativ ↑kontrastiv.

Komparativ, Steigerungsstufe; ↑Vergleichsstufe.

komparativisch: -e Grammatik ↑Grammatik.

komparativistisch: -e Grammatik ↑Grammatik.

Komparse ↑Schauspieler.

Kompatibilität ↑Sprachspiel.

Kompendium ↑Ratgeber.

kompetent ↑befugt.

Kompetenz ↑Zuständigkeit.

Kompetenzkonflikt ↑Streit.

Kompetenzstreitigkeit ↑Streit.

Komplement ↑Antikörper.

komplementär ↑gegensätzlich.

Komplenym ↑Gegensatz.

Komplenymie ↑Kontrast.

Komplet ↑Kostüm.

¹komplett, komplettiert, vervollständigt, geschlossen, abgeschlossen, fertig, vollzählig.

²komplett ↑ganz.

komplettieren: machen, ↑vervollständigen.

komplettiert ↑komplett.

Komplettierung ↑Ergänzung.

komplex, verwickelt, verflochten, verzweigt, zusammengesetzt, beziehungsreich; ↑zusammenhängen (mit).

¹Komplex · Minderwertigkeitskomplex, Miko *(ugs.)* · Kastrationskomplex, Kastrationsangst · *der auf übersteigerte Bindung an den andersgeschlechtlichen Elternteil zurückgeführt wird:* Ödipuskomplex; ↑Anankasmus; ↑gemütskrank.

²Komplex: ↑Gebiet; -e haben ↑ängstlich [sein].

¹Kompliment, Artigkeit, Höflichkeit, Schmeichelei; ↑schmeicheln.

²Kompliment ↑Verbeugung.

Komplize, Kompagnon, Helfershelfer, Hehler, Mitbeteiligter, Mitschuldiger, Eingeweihter,

Kumpan, Spießgeselle; ↑Anhänger, ↑Bundesgenosse, ↑Freund, ↑Helfer, ↑Kollege, ↑Schmuggler, ↑Stellvertreter, ↑Teilhaber, ↑Verbrecher; ↑helfen.

komplizieren ↑ausführlich.

kompliziert ↑schwierig.

Komplott: ↑Verschwörung; ein K. schmieden, in ein K. verwickelt sein ↑konspirieren.

komplottieren ↑konspirieren.

Komponente ↑Bestandteil.

komponieren ↑vertonen.

Komponist, Tonschöpfer, Tonkünstler, Tondichter, Tonsetzer, Komponisteur, Musiker, Arrangeur; ↑Künstler; ↑Musik; ↑vertonen.

Kompositeur ↑Komponist.

Komposition: ↑Mischung, ↑Musikstück.

Kompositkapitell ↑Kapitell.

Kompositum, Zusammensetzung (z. B. Autotür), echtes Kompositum (z. B. fußmüde), affixoides Kompositum (z. B. fernsehmüde = des Fernsehens überdrüssig) · Zusammenbildung (z. B. grobknochig) · Zusammenrückung (z. B. Loseblattsammlung); ↑Wortbildung.

Kompost ↑Dünger.

Komposterde ↑Erde.

Kompott ↑Dessert.

¹Kompresse, Umschlag; ↑Verband; ↑behandeln, ↑verbinden.

²Kompresse ↑Wickel.

Kompression ↑Verletzung.

Kompressionsgriff ↑Polizeigriff.

Kompressionskühlschrank ↑Kühlschrank.

Kompressor ↑Muskel.

komprimiert ↑kurz.

Kompromiss: ↑Abmachung; einen K. schließen ↑übereinkommen.

kompromisslos ↑unzugänglich.

Kompromisslosigkeit ↑Unerbittlichkeit.

¹kompromittieren (jmdn.), bloßstellen, brüskieren, blamieren, jmdn. zum Gespött machen / lächerlich machen, aufschmeißen *(österr.),* desavouieren, die ganze Innung blamieren *(ugs., scherzh.);* ↑bloßstellen (sich), ↑kränken, ↑schlecht machen; ↑Bloßstellung, ↑Nichtachtung.

²kompromittieren: sich k. ↑bloßstellen (sich).

Kompromittierung ↑Bloßstellung.

Kompulsion ↑Zwang.

Komsomolze ↑Vereinigung.

Konche ↑Kuppel.

Kondensmilch ↑Milch.

konditern: k. gehen ↑Café.

Kondition: ↑Bedingung; K. haben, in K. sein ↑fit [sein].

Konditionalsatz ↑Satz.

Konditor ↑Bäcker.

Konditorei ↑Bäckerei.

Kondolenz ↑Beileid.

Kondolenzbrief ↑Schreiben.

Kondolenzkarte ↑Beileidskarte, ↑Schreiben.

Kondolenzschreiben ↑Schreiben.

kondolieren, seine Teilnahme / sein Beileid ausdrücken (oder:) aussprechen (oder:) bezeigen; ↑mitfühlen; ↑Beileid.
Kondom ↑Präservativ.
Kondominium: ↑Gebiet, ↑Herrschaft.
Konduite ↑Benehmen.
Kondukt: ↑Leichenschmaus, ↑Leichenzug.
Kondukteur ↑Schaffner.
konfabulieren ↑lügen.
Konfekt: ↑Praline, ↑Teegebäck; ein Kasten K., eine Packung mit K. ↑Bonbonniere.
Konfektionskleidung ↑Kleidung.
Konfektkasten ↑Bonbonniere.
Konfektschachtel ↑Bonbonniere.
Konferenz ↑Tagung.
Konferenzdolmetscher ↑Dolmetscher.
Konferenztisch: am K. besprechen ↑erörtern.
konferieren ↑tagen.
Konfession: ↑Bekenntnis, ↑Glaube; die K. wechseln ↑konvertieren.
konfessionslos ↑religionslos.
Konfessionsloser ↑Freidenker.
Konfessionsschule ↑Schule.
Konfessionswechsel ↑Konversion.
Konfetti, Koriandoli *(österr.);* ↑Fastnacht.
Konfident: ↑Auskundschafter, ↑Freund.
Konfirmation *(ev.),* Einsegnung *(ev.),* Firmung *(kath.),* Erstkommunion *(kath.),* Kommunion *(kath.)* · anstelle der Konfirmation oder Erstkommunion: Jugendweihe; ↑Abendmahl, ↑Sakrament; ↑taufen.
Konfirmationskleid ↑Kleid.
Konfiserie ↑Bäckerei.
Konfiseur ↑Bäcker.
Konfiskation ↑Beschlagnahme.
konfiszieren ↑beschlagnahmen.
Konfiszierung ↑Beschlagnahme.
Konfitüre: ↑Brotaufstrich; -n ↑Süßigkeiten.
Konflikt: ↑Streit, ↑Zwiespalt; bewaffneter K. ↑Krieg.
Konföderation: ↑Bund, ↑Staat.
konform: ↑etabliert, ↑übereinstimmend; k. gehen ↑billigen.
Konfrater ↑Kollege.
Konfrontation: ↑Kampf, ↑Krieg, ↑Vergleich.
Konfrontationskurs ↑Streitsucht.
konfrontativ ↑kontrastiv.
konfrontieren, gegenüberstellen, vorführen; ↑vergleichen; ↑Vergleich.
Konfrontierung ↑Vergleich.
konfus: k. machen ↑verwirren.
Konfusion ↑Verwirrung.
Konfuzianismus ↑Weltreligion.
kongenial ↑geistesverwandt.
kongenital ↑angeboren.
Konglomerat ↑Mischung.
¹**Kongregation,** Bruderschaft, Orden; ↑Bund, ↑Mönchsorden, ↑Nonnenorden.
²**Kongregation:** ↑Mönchsorden, ↑Nonnenorden.
Kongress: ↑Tagung, ↑Volksvertretung.

Kongressus ↑Koitus.
¹**kongruent,** deckungsgleich, gleich, sich deckend, sich / einander genau entsprechend; ↑gleichartig, ↑symmetrisch, ↑übereinstimmend; ↑Kongruenz.
²**kongruent** ↑übereinstimmend.
Kongruenz, Deckungsgleichheit, Gleichheit, Übereinstimmung, genaue Entsprechung; ↑Gleichartigkeit, ↑Parallele, ↑Übereinstimmung; ↑kongruent.
kongruieren ↑gleichen.
Koniferen ↑Nadelhölzer.
König: ↑Adliger, ↑Kegel, ↑Oberhaupt, ↑Schachfigur; K. Kunde ↑Kunde; Heilige Drei -e ↑Epiphanias, ↑Feiertag; K. David ↑Nachschlüssel; K. der Juden ↑Heiland; K. der Lüfte ↑Adler; K. der Tiere / der Wüste ↑Löwe.
Königin: ↑Adlige, ↑Biene; K. der Blumen ↑Rose; die K. der Hanse ↑Lübeck; die K. der Meere ↑Venedig.
königlich: ↑adlig, ↑majestätisch, ↑sehr; Königliche Hoheit, Eure Königliche Hoheit, Königlichen Hoheit ↑Anrede; Königlicher Prinz ↑Adliger; Königliche Prinzessin ↑Adlige; das -e Spiel ↑Schach.
Königreich ↑Staat.
Königsberg, Kaliningrad *(russ.);* ↑Stadt.
königsblau ↑blau.
Königsburg ↑Burg.
Königshaus ↑Adelsgeschlecht.
Königskrone ↑Krone.
Königskuchen ↑Gebäck.
Königslilie ↑Liliengewächs.
Königsmacher: K. sein ↑fördern.
Königsweg ↑Verfahren.
Königtum ↑Staat.
Konjektur: eine K. anbringen ↑vervollständigen.
konjizieren ↑vervollständigen.
Konjugation ↑Beugung.
konjugieren ↑flektieren.
Konjunktion ↑Wortart.
Konjunktionalsatz ↑Satz.
Konjunktiv: [hypothetischer / zweiter K.] ↑Modus.
Konjunktivitis ↑Bindehautentzündung.
Konjunktur ↑Aufschwung.
Konjunkturritter: ↑Emporkömmling, ↑Opportunist.
Konjuration ↑Verschwörung.
Konkavlinse ↑Linse.
Konklave: ↑Tagung, ↑Versammlungsort.
Konklusion ↑Folgerung.
Konkordat ↑Abmachung.
¹**konkret,** gegenständlich, figurativ, bildlich, figürlich, darstellend · Ggs. ↑abstrakt.
²**konkret:** ↑wirklich; -e Kunst ↑Malerei.
konkretisieren ↑veranschaulichen.
Konkretisierung ↑Veranschaulichung.
Konkubinat ↑Ehe.
Konkubine ↑Geliebte.

Konkupiszenz ↑Leidenschaft.

Konkurrent: ↑Gegner, ↑Geschäftsmann, ↑Rivale.

¹Konkurrenz, Wirtschaftskampf, Existenzkampf, Erwerbskampf, Wettbewerb, Ausschreibung, Wettstreit, Wettkampf, Wetteifer, Rivalität, Nebenbuhlerschaft, Brotneid, Gegnerschaft; ↑Gegensatz, ↑Gegner, ↑Opposition; **jmdm. K. machen,** jmdm. das Wasser abgraben, jmdm. ins Handwerk pfuschen; ↑übertreffen; ↑konkurrenzfähig.

²Konkurrenz: ↑Rivale; außer K. starten ↑teilnehmen.

konkurrenzfähig, wettbewerbsfähig, wettbewerbsorientiert; **nicht k. sein,** sich nicht halten können; ↑zahlungsunfähig [werden]; ↑Konkurrenz.

konkurrenzieren: k. mit ↑übertreffen.

Konkurrenzneid ↑Neid.

konkurrieren: k. mit ↑übertreffen.

Konkurs: ↑Misserfolg, ↑Zahlungsunfähigkeit; K. anmelden ↑zahlungsunfähig [sein]; K. machen, [in] K. gehen ↑zahlungsunfähig [werden].

Konkursgläubiger ↑Gläubiger.

Konkursmasse ↑Vermögen.

Konkussion ↑Verletzung.

¹können, vermögen, imstande / in der Lage / fähig sein zu, draufhaben *(ugs.;* der hat das drauf = kann das); nicht ↑versagen; ↑befugt [sein], ↑bewältigen, ↑bewerkstelligen, ↑gelingen, ↑verwirklichen, ↑wünschen; **nicht k.,** außerstande sein; **kann ... werden:** etwas kann [getragen] werden, etwas lässt sich [tragen], etwas ist [trag]bar / [trag]fähig, etwas [trägt] sich gut / ist gut zu [tragen]; ↑erprobt, ↑mühelos.

²können: ↑erwirken, ↑müssen; nicht [mehr] k. ↑impotent [sein]; nicht mehr k. ↑satt [sein]; es kann sein ↑anscheinend; das kann nicht sein ↑nein; das kann doch nicht wahr sein! ↑überrascht [sein]; etwas kann ... werden ↑lassen (sich); das kann jeder ↑schwierig; etwas k. ↑begabt [sein]; etwas besser k. ↑übertreffen; gut mit jmdm. k. ↑vertraut; das Können ↑Fähigkeit, ↑Meisterhaftigkeit.

Könner ↑Fachmann.

Konnivenz ↑Duldung.

Konnotation ↑Bedeutung.

Konquassation ↑Verletzung.

Konrektor ↑Schulleiter.

Konsekration: ↑Amtseinführung, ↑Priesterweihe, ↑Umwandlung, ↑Wandlung.

konsekrieren ↑weihen.

Konsekutivdolmetscher ↑Dolmetscher.

Konsekutivsatz ↑Satz.

Konsens ↑Erlaubnis.

konsequent: ↑planmäßig, ↑zielstrebig.

Konsequenz: ↑Beharrlichkeit, ↑Folge.

konservativ, bürgerlich, bourgeois, rechts; ↑Bürgertum, ↑Konservativer; ↑rückschrittlich · Ggs. ↑sozialistisch; ↑Sozialist.

Konservativer, Rechter, Rechtsaußen, ewig Gestriger, Bourgois, Reaktionär *(abwertend),* Betonkopf *(abwertend),* Hardliner, Konterrevolutionär; ↑Bürgertum, ↑Extremist, ↑Trotzkopf; ↑konservativ · Ggs. ↑Sozialist; ↑sozialistisch.

¹Konserve, Vollkonserve, Halbkonserve, Dauerkonserve, Fleischkonserve, Fischkonserve, Gemüsekonserve; ↑Eingemachtes, ↑Einmachglas; ↑konservieren.

²Konserve ↑Büchse.

Konservenbüchse ↑Büchse.

Konservendose ↑Büchse.

konservieren, erhalten, haltbar machen · *von Lebensmitteln:* einwecken, einrexen *(österr.),* einsieden *(südd., österr.),* einmachen, einkochen, eindicken, einlegen, gefrieren, einfrieren, tiefkühlen, eingefrieren · *von Fleisch:* pökeln, einpökeln; ↑Eingemachtes, ↑Einmachglas, ↑Konserve.

Konserviertes ↑Eingemachtes.

Konsistorium ↑Tagung.

Konsoldach ↑Dach.

konsolidieren ↑festigen.

Konsolidierung ↑Festigung.

Konsonant, Mitlaut; ↑Buchstabe · Ggs. ↑Vokal.

Konsortium ↑Bund.

Konspekt ↑Verzeichnis.

Konspiration ↑Verschwörung.

konspirativ ↑verschwörerisch.

konspirieren, sich verschwören, komplottieren, paktieren, packeln *(österr.),* ein Komplott schmieden, in ein Komplott verwickelt sein, mit jmdm. unter einer Decke stecken, gemeinsame Sache mit jmdm. machen, mit jmdm. zusammenspannen *(schweiz.);* ↑infiltrieren, ↑intrigieren, ↑verbünden (sich); ↑Verschwörung.

Konstabler ↑Polizist.

konstant ↑unaufhörlich.

Konstante, unveränderliche Größe, Parameter · Ggs. ↑Variable.

Konstantinopel ↑Istanbul.

Konstanz ↑Beharrlichkeit.

konstatieren ↑bemerken.

Konstellation ↑Lage.

konsternieren ↑verwirren.

konsterniert ↑betroffen.

Konstipation ↑Stuhlverstopfung.

Konstituentenstrukturgrammatik ↑Grammatik.

konstituieren ↑gründen.

Konstitution ↑Gestalt.

konstitutionell: -e Monarchie ↑Herrschaft.

Konstriktor ↑Muskel.

konstruieren ↑ausdenken (sich etwas).

Konstrukt ↑Konstruktion.

¹Konstruktion, Konstrukt, Satzbau · *bei der sich ein Satzteil oder Wort zugleich auf den vorhergehenden und den folgenden Satzteil bezieht:* Apokoinu; ↑Ausdrucksweise.

²Konstruktion ↑Struktur.

konstruktiv ↑nützlich.
Konstruktivismus ↑Malerei.
Konsul ↑Diplomat.
Konsulat ↑Botschaft.
Konsultation ↑Frage.
konsultieren ↑fragen.
Konsum ↑Verbrauch.
Konsumation ↑Verzehr.
Konsument, Bedarfsträger, Verbraucher, Endverbraucher; ↑Bedarfsartikel, ↑Kunde.
Konsumentenpreis ↑Preis.
Konsumgesellschaft: ↑Gesellschaft, ↑Wohlstandsgesellschaft.
Konsumgut ↑Ware.
Konsumgüter: ↑Bedarfsartikel, ↑Lebensmittel.
konsumieren: ↑aufessen, ↑verbrauchen.
Konsummüll ↑Müll.
Konsumterror ↑Verbrauch.
Konsumverzicht: K. betreiben ↑sparen.
Konsumwut ↑Verbrauch.
¹Kontakt, Verbindung, Kommunikation, Berührung, Anschluss, Fühlungsnahme, Annäherung, Brückenschlag, Ansprache *(österr.)*, mitmenschliche / zwischenmenschliche Beziehungen, Tuchfühlung · Blickkontakt, Augenkontakt · Cruising *(Jargon)*, Anmache *(Jargon)*, Aufreiße *(Jargon)*; ↑Bund, ↑Liebelei (Flirt); **K. aufnehmen,** Verbindung aufnehmen, Beziehungen anknüpfen, Fühlung nehmen, keine Berührungsangst haben, Anschluss suchen, sich ranmachen / heranpirschen an jmdn. *(ugs.)*; **K. finden,** Anschluss finden, Kontakt bekommen / erhalten, warm werden; **in K. bleiben,** die Verbindung nicht abreißen lassen, in Tuchfühlung bleiben; ↑rücken (an), ↑verbünden (sich), ↑verkehren (mit), ↑zugesellen (sich).
²Kontakt: K. aufnehmen ↑anbahnen (etwas); einen K. herstellen ↑verknüpfen; K. meiden ↑abkapseln (sich); mit jmdm. K. pflegen ↑verkehren (mit).
kontaktarm ↑unzugänglich.
Kontaktarmut ↑Verschlossenheit.
Kontakter ↑Werbefachmann.
kontaktfähig ↑gesellig.
kontaktfreudig ↑gesellig.
Kontaktglas ↑Kontaktlinse.
Kontakthof ↑Bordell.
Kontaktlinse, Kontaktglas, Kontaktschale, Haftschale; ↑Brille.
Kontaktlosigkeit ↑Ghetto.
Kontaktmann ↑Gewährsmann.
Kontaktmine ↑Mine.
Kontaktpflege: ↑Public Relations, ↑Werbung.
Kontaktschale ↑Kontaktlinse.
kontaktschwach ↑unzugänglich.
Kontaktschwäche ↑Verschlossenheit.
Kontakt suchend ↑anlehnungsbedürftig.
¹Kontamination, Blend, Wortmischung, Wortkreuzung, Verschmelzung zweier Wörter (z. B. *Schwabylon* aus *Schwa*bing und B*abylon*).
²Kontamination ↑Umweltverschmutzung.

Kontemplation ↑Versenkung.
kontemplativ ↑beschaulich.
Kontenance ↑Gelassenheit.
Konteradmiral: ↑Dienstgrad, ↑Seeoffizier.
Konterattacke ↑Angriff.
Konterbande ↑Schmuggelware.
Konterfei ↑Fotografie.
konterkarieren ↑verhindern.
kontern ↑antworten.
Konterrevolution ↑Verschwörung.
Konterrevolutionär ↑Konservativer.
Kontertanz ↑Tanz.
Kontext, Kotext, Textzusammenhang, Zusammenhang, Text.
Kontinent, Erdteil, Weltteil *(veraltet)*, Subkontinent, Festland · Afrika, Antarktika, Asien, Australien, Europa, Nordamerika, Südamerika; ↑kontinental.
kontinental, festländisch, binnenländisch; ↑Kontinent.
Kontingent ↑Beitrag.
kontingentieren ↑begrenzen.
kontinuierlich ↑unaufhörlich.
Konto: ↑Guthaben; [laufendes K.] ↑Bankkonto; sein K. überziehen ↑abheben; über das K. ↑bargeldlos.
Kontobuch ↑Geschäftsbücher.
Kontor ↑Büro.
Kontorist ↑Büroangestellte[r].
Kontoristin ↑Büroangestellte[r].
Kontorsion ↑Verrenkung.
Kontra: K. geben ↑antworten; Pro und K. ↑Vorteil.
Kontraalt ↑Sängerin.
Kontrabass ↑Streichinstrument.
Kontrabassist ↑Musizierender.
kontradiktorisch ↑gegensätzlich.
Kontrafagott ↑Blasinstrument.
Kontrahent ↑Gegner.
Kontrahentin ↑Gegner.
kontrakt ↑lahm.
Kontrakt ↑Abmachung.
konträr ↑gegensätzlich.
¹Kontrast, Gegensatz, Komplenymie, Antagonismus, Gegengewicht, Gegenpol, Unterschied, Divergenz; ↑Abweichung, ↑Gegensatz (Antonym), ↑Gegensätzlichkeit; ↑kontrastieren.
²Kontrast: einen K. bilden zu, in K. stehen zu ↑kontrastieren.
kontrastieren, sich abheben von, in Gegensatz / Kontrast / Opposition stehen zu, einen Kontrast bilden zu, abstechen gegen, abweichen von, divergieren, sich unterscheiden; ↑Kontrast.
kontrastiv, konfrontativ, komparativ, komparativistisch, vergleichend.
Kontrazeption ↑Empfängnisverhütung.
¹Kontrolle, Durchsicht, Prüfung, Nachprüfung, das Checken, Untersuchung, Untersuch *(schweiz.)*, Überprüfung, Audit, Inspizierung,

Kontrolle

Inspektion, Revision · *staatliche eines Kunstwerks bzw. Schriftstücks:* Zensur · *amtliche eines Neubaus:* Kollaudierung *(österr., schweiz.),* Kollaudation *(schweiz.),* Abnahme, Schlussgenehmigung · *eines [abgeschriebenen] Textes:* Kollation; ↑Buchprüfung, ↑Überwachung, ↑Untersuchung, ↑Vergleich; ↑kontrollieren, ↑überprüfen.

²**Kontrolle:** ↑Durchsicht, ↑Überwachung; K. haben über ↑wissen; die K. über sich verlieren ↑unbeherrscht [sein]; die K. über etwas verlieren ↑[nicht] beikommen; unter K. bekommen ↑beikommen; das Feuer unter K. bringen ↑löschen; unter K. stehen ↑beobachten.

Kontrolleur, Kontrollor *(österr.),* Inspekteur, Prüfer, Aufsichtsbeamter · *der die Stückzahl von Schiffsfrachtgütern feststellt:* Tallyman; ↑Aufsichtführender, ↑Auskundschafter, ↑Rechercheur, ↑Wirtschaftsprüfer.

¹**kontrollieren,** prüfen, überprüfen, nachprüfen, fecken *(schweiz.),* inspizieren, durchgehen, durchsehen, einsehen, nachsehen, checken, einchecken, abchecken, durchchecken, nachschauen, revidieren, etwas einer Revision unterziehen, erdauern *(schweiz.),* sich überzeugen / vergewissern · *einen abgeschriebenen Text:* kollationieren · *einen Neubau vor der Schlussgenehmigung:* kollaudieren *(österr., schweiz.),* kommissionieren *(österr.);* ↑beurteilen, ↑beanstanden, ↑durchsuchen, ↑kosten, ↑prüfen, ↑überprüfen, ↑untersuchen, ↑vergleichen, ↑zergliedern; ↑Vergleich, ↑Kontrolle, ↑Überwachungsorgan; ↑Wirtschaftsprüfer.

²**kontrollieren:** ↑Einfluss [ausüben], ↑spionieren, ↑überwachen.

Kontrollmädchen ↑Prostituierte.

Kontrollor ↑Kontrolleur.

Kontrollpapierstreifen ↑Zollverschluss.

Kontrollpunkt ↑Grenzstation.

Kontrollstation ↑Grenzstation.

Kontrollturm, Flugsicherungsturm, Tower; ↑Luftfahrt.

Kontrolluhr ↑Stempeluhr.

Kontroverse ↑Streit.

Kontumaz ↑Quarantäne.

Kontur ↑Umriss.

Kontusion ↑Verletzung.

Konvektor ↑Heizkörper.

konvenieren ↑gefallen.

Konvent: ↑Kloster, ↑Tagung, ↑Versammlung.

Konventikel: ↑Tagung, ↑Versammlung.

Konvention: ↑Abmachung, ↑Brauch.

Konventionalstrafe ↑Strafe.

konventionell: ↑formell, ↑herkömmlich; -e Waffen ↑Waffen.

Konventuale: -n ↑Mönchsorden.

Konventualin ↑Nonne.

konvergierend ↑übereinstimmend.

konvers ↑gegensätzlich.

Konversation: ↑Gespräch; K. machen ↑unterhalten (sich).

Konversationslexikon ↑Nachschlagewerk.

konversieren ↑unterhalten (sich).

Konversion, Bekehrung, Glaubenswechsel, Konfessionswechsel, Übertritt; ↑konvertieren.

konvertibel ↑austauschbar.

Konvertibilität ↑Konvertierbarkeit.

konvertierbar: frei -e Währung ↑Zahlungsmittel.

Konvertierbarkeit, Konvertibilität; ↑Wechselstube, ↑Zahlungsmittel.

¹**konvertieren,** übertreten, den Glauben / die Konfession wechseln, sich bekehren; ↑überwechseln; ↑Bekehrter, ↑Konversion.

²**konvertieren** ↑überwechseln.

Konvertit ↑Bekehrter.

Konvexbogen ↑Bogen.

Konvexlinse ↑Linse.

Konvikt ↑Heim.

Konvoi ↑Geleit.

Konvolut ↑Aktenbündel.

konvulsiv, konvulsivisch, [krampfartig] zuckend; ↑zittern.

konvulsivisch ↑konvulsiv.

Konya ↑Orientteppich.

konzedieren ↑billigen.

¹**Konzentration,** Sammlung, Andacht, Aufmerksamkeit; ↑Versenkung.

²**Konzentration:** mangelnde K. ↑Zerstreutheit.

Konzentrationslager ↑Gefangenenlager.

Konzentrationsschwäche ↑Zerstreutheit.

konzentrieren: sich k. ↑Acht geben, ↑versenken (sich).

¹**konzentriert,** intensiv, auf Teufel komm raus *(ugs.),* [besonders] stark, gehäuft, häufig, vermehrt, verstärkt, geballt; ↑oft, ↑reichlich.

²**konzentriert** ↑aufmerksam.

Konzept: ↑Entwurf; jmdm. das K. verderben ↑hindern; aus dem K. bringen ↑verwirren; etwas passt jmdm. nicht ins K. ↑passen.

Konzeption: ↑Befruchtung, ↑Entwurf.

Konzeptpapier ↑Schreibpapier.

Konzern ↑Unternehmen.

Konzert: ↑Musikveranstaltung; K. machen ↑weinen.

Konzertabend ↑Musikveranstaltung.

Konzertabonnement ↑Abonnement.

Konzertflügel ↑Tasteninstrument.

Konzertina ↑Tasteninstrument.

Konzertkritik ↑Besprechung.

Konzertmeister ↑Musizierender.

Konzertpianist ↑Pianist.

Konzertsaal ↑Saal.

Konzertsänger ↑Sänger.

Konzertsängerin ↑Sängerin.

Konzession ↑Zugeständnis.

konzessionsbereit: k. sein ↑entgegenkommen (jmdm.).

Konzessionsbereitschaft, Verhandlungsbereitschaft, Friedensbereitschaft; ↑Entgegenkommen, ↑entgegenkommen (jmdm.).

Konzessivsatz ↑Satz.

Konzil ↑Tagung.
konziliant ↑entgegenkommend.
konzipieren: ↑entwerfen, ↑schwanger [werden].
konzis ↑kurz.
Koofmich ↑Geschäftsmann.
Koog ↑Marsch.
Kooperation: ↑Arbeit, ↑Mitarbeit.
kooperativ ↑gemeinsam.
Kooperator ↑Geistlicher.
koordinieren ↑verknüpfen.
Kopeke ↑Zahlungsmittel.
Kopenhagen, København *(dän.);* ↑Stadt.
Köpenickiade ↑Betrug.
Köper ↑Stoff.
¹Kopf, Haupt, Charakterkopf, Schädel, Dez *(salopp),* Rübe *(salopp),* Birne *(derb),* Ballon *(derb),* Kürbis *(derb),* Nischel *(salopp),* Plutzer *(österr., salopp),* Dach *(salopp);* ↑Gehirn.
²Kopf: ↑Kohlkopf, ↑Salatkopf; fähiger / heller / kluger K. ↑Talent; K. der Schlange ↑Sternbild; nicht wissen, wo einem der K. steht, den K. voll haben ↑arbeiten; jmdm. steht der K. nicht nach etwas ↑Lust; K. hoch! ↑Mut; den K. hängen lassen ↑deprimiert [sein]; K. und Kragen riskieren / wagen, etwas kann K. und Kragen kosten ↑wagen; den K. in den Sand stecken ↑entziehen (sich); jmdm. den K. verdrehen ↑verliebt [machen]; jmdn. den K. waschen, jmdm. auf den K. kommen ↑schelten; sich den K. zerbrechen ↑denken; jmdm. den K. zurechtrücken / zurechtsetzen ↑schelten; K. an Kopf ↑voll; sich an den K. fassen / greifen ↑verstehen; jmdm. etwas an den K. werfen ↑schelten; jmdm. fällt die Decke auf den K. ↑deprimiert [sein]; nicht auf den K. gefallen sein ↑dumm; Butter auf dem K. haben ↑verlegen [sein]; auf den K. hauen / kloppen ↑verschwenden; etwas auf den K. stellen ↑ändern, ↑verfälschen; das Haus auf den K. stellen ↑feiern, ↑suchen; den Nagel auf den K. treffen ↑treffend; etwas aus dem K. sagen können ↑Gedächtnis; aus dem K. spielen ↑musizieren; etwas geht jmdm. durch den K., sich etwas durch den K. gehen lassen ↑erwägen; sich einen K. machen ↑denken; sich eine Kugel durch den K. jagen ↑entleiben (sich); nicht im K. behalten ↑vergessen, ↑versäumen; im K. haben ↑Gedächtnis; keine Augen im K. haben ↑erkennen; Grütze im K. haben ↑klug [sein]; große Rosinen im K. haben ↑vorhaben; etwas geistert / spukt n jmds. K. herum ↑erwägen; nicht in den K. hineinbringen, etwas geht / will jmdm. nicht in den K. ↑verstehen; sich etwas in den K. setzen ↑beharrlich [sein]; etwas steigt jmdm. in den K. ↑betrunken [machen]; mit dem K. durch die Wand wollen ↑unzugänglich [sein]; mit dem K. oran / zuerst ↑kopfüber; mit unbedecktem K. ↑barhäuptig; pro K. ↑je; jmdm. über den K. vachsen ↑selbstständig; etwas wächst jmdm. ber den K. ↑bewältigen; die Hände über dem ↑. zusammenschlagen ↑betroffen [sein]; von K.

bis Fuß ↑ganz; sich von K. bis Fuß waschen ↑waschen (sich / jmdn.); ein Brett vor dem K. haben ↑dumm [sein]; wie vor den K. geschlagen sein ↑betroffen [sein]; jmdn. vor den K. stoßen ↑frustrieren, ↑kränken; etwas steigt jmdm. zu K. ↑dünkelhaft [werden].
Kopffarbeiter ↑Intellektueller.
Kopfbahnhof ↑Bahnhof.
¹Kopfbedeckung, Hut, Prinz-Heinrich-Mütze, Kiepe *(nordd.),* Dunstkiepe *(nordd., scherzh.),* Warmluftglocke *(scherzh.),* Gedankensammler *(scherzh.),* Filzhut, Strohhut, Jägerhut, Südwester · Barett (bes. für bestimmte Amtstrachten), Pelzbarett · Mütze, Schirmmütze, Tellermütze, Schiebermütze, Schlägermütze, Schiffermütze, Matrosenmütze, Sportmütze, Skimütze, Schimütze, Couleurmütze, Heldendeckel *(scherzh.),* Ballonmütze, Kappe, Deckel *(salopp),* Krätzchen, Baskenmütze, Pullmankappe *(österr.),* Baschlik, Kapuze, Pudelmütze, Pudelhaube *(österr.),* Wollhaube *(österr.),* Zipfelmütze · · *speziell für Herren:* steifer Hut, Homburg, Bibi *(salopp),* Melone, Bowler, Arbeitgeberhut *(ugs., scherzh.),* Koks *(scherzh.),* Gox *(scherzh.),* Glocke *(ugs.),* Hartmann, Stresemann · Zylinder, Angströhre *(scherzh.),* Chapeau claque · Dreispitz *(hist.)* · Schlapphut, Kalabreser, Girardihut *(österr.)* · Panama, Kreissäge *(ugs.)* · Sombrero, Tropenhelm · Schiffchen, Käppi, Tschako · · *speziell für Damen:* Toque, Glocke, Kapotthut, Florentiner, Derbyhut, Wagenrad *(ugs.),* Haube *(bes. südd., österr.),* Schute, Kopftuch · · *orientalische:* Turban, Fes, Tarbusch · · *für kath. Geistliche:* Birett, Kardinalshut · *für hohe geistliche Würdenträger bei bestimmten Zeremonien:* Bischofsmütze, Mitra, Tiara · *schützende:* Sturzhelm, Helm, Schutzhelm, Stahlhelm, Pisspott *(salopp, scherzh.),* Pickelhaube *(hist.);* ↑barhäuptig.
²Kopfbedeckung: ohne K. ↑barhäuptig.
Kopfbild ↑Bildnis.
Köpfchen: ↑Blütenstand, ↑Vernunft; K. haben ↑klug [sein].
köpfeln: ↑Fußball, ↑springen.
köpfen: ↑Fußball, ↑töten.
Kopffüßer, Tintenfisch, Krake (der), Seepolyp, Polyp, Papierboot, Schiffsboot; ↑Weichtiere.
Kopfgeburt ↑Einbildung.
Kopfgleis, Stumpengeleise *(schweiz.),* Stumpengleis *(schweiz.);* ↑Bahnhof.
Kopfkissen ↑Kissen.
Kopflage ↑Kindslage.
kopflastig ↑betrunken.
Kopflaus ↑Laus.
Köpfler: ↑Sprung; einen K. machen ↑springen.
kopflos: ↑schnell; k. sein ↑aufgeregt [sein].
Kopfnadel ↑Stecknadel.
Kopfnagel ↑Nagel.
Kopfnuss ↑Stoß.
Kopfpolster ↑Kissen.

Kopfsalat, Häuptelsalat *(österr.);* ↑Feldsalat, ↑Gemüse.

kopfscheu: k. machen ↑verwirren.

¹Kopfschmerz, Kopfweh, Brummschädel *(ugs.),* Migräne, Kephalalgie; ↑Katerstimmung.

²Kopfschmerz: sich -en machen ↑sorgen (sich).

Kopfschuppe ↑Schorf.

Kopfsprung: ↑Sprung; einen K. machen ↑springen.

Kopfstand ↑Turnübung.

Kopf stehen ↑betroffen [sein].

Kopfsteinpflaster ↑Straßenpflaster.

Kopfstimme · *durch Brustresonanz verstärkte:* Falsett, Falsettstimme · *nicht durch Brustresonanz verstärkte:* Fistel, Fistelstimme; ↑Sprechorgan, ↑Stimme; ↑sprechen.

Kopfstoßen ↑Regelverstoß.

Kopfstück ↑Ohrfeige.

Kopftuch ↑Kopfbedeckung.

¹kopfüber, mit dem Kopf voran / zuerst, kopfvoran *(schweiz.).*

²kopfüber ↑schnell.

kopfvoran ↑kopfüber.

Kopfwäsche ↑Haarwäsche.

Kopfweh ↑Kopfschmerz.

Kopfweide ↑Weide.

Kopfzerbrechen: jmdm. K. machen / bereiten ↑bekümmern.

Kopie: ↑Abschrift, ↑Nachahmung, ↑Reproduktion; eine K. machen ↑vervielfältigen.

kopieren: ↑abmalen, ↑nachahmen, ↑schreiben, ↑vervielfältigen.

Kopierpapier ↑Schreibpapier.

Kopierstift ↑Schreibstift.

Kopilot ↑Flugzeugführer.

Kopiopie ↑Sehstörung.

Koppel: ↑Gürtel, ↑Herde, ↑Wiese.

koppeln ↑zusammenfügen.

Koppelrick ↑Hindernis.

Koppelschloss ↑Schließe.

Koppelung ↑Verknüpfung.

Köpper: ↑Sprung; einen K. machen ↑springen.

koppheister: k. schießen ↑Purzelbaum [schlagen].

Koproduktion ↑Arbeit.

Koprolalie ↑Anankasmus.

Koprophagie ↑Perversität.

Koprostase ↑Stuhlverstopfung.

Kopula: ↑Antikörper, ↑Koitus.

Kopulation: ↑Befruchtung, ↑Koitus, ↑Vermählung.

kopulieren: ↑koitieren, ↑trauen, ↑verheiraten.

Koralle: ↑Schmuckstein, ↑Hohltier.

Koralleninsel ↑Insel.

Korallenkette ↑Halskette.

korallenrot ↑rot.

Korallenstar ↑Katarakt.

Korallentier ↑Hohltier.

¹Korb, Handkorb, Henkelkorb, Deckelkorb,

Marktkorb, Spankorb, Drahtkorb, Weidenkorb, Wäschekorb, Reisekorb, Schwinge *(bayr., österr.),* Zaine *(veraltet, noch schweiz.)* · *kleiner:* Körbchen, Kratten *(schweiz.),* Simperl *(österr.);* ↑Behälter, ↑Einkaufstasche, ↑Korbmacher; ↑Tragekorb.

²Korb: einen K. geben ↑ablehnen; Hahn im K. sein ↑beliebt [sein], ↑Mittelpunkt [sein].

Korbball, Basketball; ↑Ballspiel, ↑Spiel.

Korbbogen: [einhüftiger K.] ↑Bogen.

Körbchen: ↑Blütenstand, ↑Korb.

Korber ↑Korbmacher.

Korbflasche ↑Flasche.

Korbflechter ↑Korbmacher.

Korbkapitell ↑Kapitell.

Korbmacher, Korbflechter, Korber *(schweiz.),* Zainer *(schweiz.);* ↑Korb.

Korbstrand ↑Strand.

Korbstuhl ↑Stuhl.

Korbwagen ↑Kinderwagen.

Korbweide ↑Weide.

Kord, Cord, Kordsamt, Schnürlsamt *(österr.).*

Kordel ↑Schnur.

kordial ↑gütig.

Kordialität ↑Freundlichkeit.

Kordon ↑Absperrung.

Kordsamt: ↑Kord, ↑Stoff.

Kore ↑Säule.

Korea, Land des ruhigen Morgens.

Koreferat ↑Rede.

kören ↑auswählen.

Körhengst ↑Pferd.

Koriander ↑Gewürz.

Koriandoli ↑Konfetti.

Korinthe ↑Weinbeere.

Korinthenkacker ↑Pedant.

korinthisch: -es Kapitell ↑Kapitell; -er Stil ↑Baustil.

Korium ↑Haut.

Kork ↑Stöpsel.

Korken ↑Stöpsel.

Korkenzieher ↑Flaschenöffner.

Korkenzieherhose ↑Hose.

Korkenzieherlocken ↑Locken.

Korkweste ↑Rettungsgerät.

Kormoran ↑Vogel.

Korn: ↑Alkohol, ↑Getreide; indianisches K ↑Getreide; jmdm. aufs K. nehmen ↑beobachten; die Flinte ins K. werfen ↑Mut [verlieren].

Kornblume, Zyane; ↑Blume.

kornblumenblau ↑blau.

Kornbrot ↑Brot.

Körnchen: ein K. ... ↑wenig.

Körndlbauer ↑Bauer.

¹Kornelkirsche, Herlitze, Dirndlbaum *(österr.),* Dirndlstrauch *(österr.),* Dirndl *(österr.),* ↑Busch.

²Kornelkirsche ↑Laubhölzer.

Körnerfreak ↑Vegetarier.

Körnerfrucht ↑Getreide.

Kornett: ↑Blasinstrument, ↑Dienstgrad.

Kornhaus ↑Silo.
Kornkasten ↑Garbenstand.
Kornraster ↑Raster.
Kornspeicher ↑Silo.
Korona: ↑Bande, ↑Gruppe.
Körper: ↑Gestalt; ach, du armer K.! ↑überrascht [sein]; pyrotechnischer K. ↑Feuerwerkskörper.
Körperausdünstung ↑Körpergeruch.
Körperbautyp · *schmächtiger, schmaler, knochenschwacher:* Astheniker · *schmaler, schlanker:* Leptosomer · *starkknochiger, muskulöser:* Athletiker · *kräftiger, gedrungener:* Pykniker · *von den normalen Körperwachstumsformen stark abweichender:* Dysplastiker; ↑Gestalt; ↑Typ.
Körperbeherrschung, Akrobatik, Gelenkigkeit, Wendigkeit, Biegsamkeit, Geschicklichkeit, Beweglichkeit; ↑Biegsamkeit, ↑Wendigkeit.
Körperbehinderter, Behinderter, Invalide, Krüppel *(ugs., veraltet)* · *infolge einer Kriegsverletzung:* Kriegsversehrter, Kriegsinvalide, Kriegskrüppel *(ugs., veraltet),* Kriegsbeschädigter, Kriegsverletzter · *in Bezug auf das Gehör:* ↑Schwerhöriger.
Körperbildung ↑Bodybuilding.
Körperertüchtigung ↑Sport.
Körpererziehung ↑Sport.
Körpergeruch, Geruch, Körperausdünstung, Ausdünstung, Schweißgeruch; ↑Geruch, ↑Transpiration; ↑schwitzen.
Körpergewicht ↑Gewicht.
Körpergröße, Größe, Länge *(ugs.),* Riesenhaftigkeit, Hünenhaftigkeit; ↑groß.
Körperkraft ↑Muskelkraft.
Körperkräfte ↑Kraft.
Körperkultur ↑Sport.
körperlich: sich k. ertüchtigen ↑turnen.
körperlos ↑immateriell.
Körperorgan ↑Organ.
Körperpuder ↑Puder.
Körperschaft ↑Vereinigung.
Körperschaftssteuer ↑Abgabe.
Körperschaftsteuer ↑Abgabe.
Körperseife ↑Seife.
Körperspray: ↑Desodorans, ↑Spray.
Körpertraining ↑Gymnastik.
Körperzelle, Zelle · Muskelzelle, Nervenzelle, Fettzelle, Ganglienzelle, Samenzelle, Eizelle, Keimzelle; ↑Protoplasma.
Korporal ↑Dienstgrad.
Korporation: ↑Verbindung, ↑Vereinigung.
Korporierter ↑Student.
Korps: ↑Heeresverband, ↑Mannschaft, ↑Verbindung, ↑Verein.
Korpsbruder ↑Kommilitone.
Korpsgeist ↑Standesbewusstsein.
Korpsstudent ↑Student.
korpulent ↑dick.
Korpulenz ↑Fettleibigkeit.

Korpus: ↑Gestalt, ↑Schriftgrad, ↑Text.
Korreferat ↑Rede.
Korreferent ↑Redner.
korrekt, comme il faut, tipptopp *(ugs.),* richtig, salonfähig, gesellschaftsfähig; ↑etabliert, ↑höflich.
Korrektheit ↑Richtigkeit.
korrektionieren ↑berichtigen.
Korrektiv, Regulativ; **etwas ist ein K.,** etwas ist ein Ausgleich / ein ausgleichendes Element, etwas stellt einen Ausgleich / ein ausgleichendes Element dar.
¹Korrektur, Verbesserung, Berichtigung, Richtigstellung, Revision · *einer in der Presse veröffentlichten Darstellung:* Gegendarstellung; ↑Änderung.
²Korrektur ↑Änderung.
Korrekturabzug ↑Probedruck.
Korrekturfahne ↑Probedruck.
Korrelat ↑Gegenstück.
Korrelation ↑Wechselbeziehung.
korrelativ ↑gegensätzlich.
korrelieren ↑Wechselbeziehung.
Korrespondent: ↑Berichter, ↑Briefschreiber.
Korrespondenz ↑Schriftwechsel.
Korrespondenzkarte ↑Postsendung.
¹korrespondieren (mit), jmdm. / sich [mit jmdm.] schreiben, einen Brief / eine Karte / ein paar Zeilen schreiben, in Briefverkehr / Briefwechsel stehen, kommunizieren, mit jmdm. einen Briefwechsel führen, Briefe wechseln, brieflich verkehren mit jmdm., mit jmdm. in Verbindung stehen; ↑mitteilen; ↑Kontakt, ↑Lebenszeichen, ↑Postsendung, ↑Schreiben.
²korrespondieren: ↑gleichen; mit jmdm. k. ↑Schriftwechsel.
Korridor ↑Diele.
korrigieren: ↑ändern, ↑berichtigen.
korrodieren ↑rostig [werden].
Korrosion: ↑Zerstörung; in K. übergehen ↑rostig [werden].
korrumpieren ↑bestechen.
Korrumpierung ↑Bestechung.
korrupt ↑bestechlich.
Korruption ↑Bestechung.
Korsage ↑Mieder.
Korsak ↑Fuchs.
Korselett ↑Mieder.
Korsett ↑Mieder.
Korsettstange ↑Stütze.
Korso: ↑Rennplatz, ↑Straße.
Korste ↑Brotende.
Kortison ↑Hormon.
Korvette: ↑Kriegsschiff, ↑Segelschiff.
Korvettenkapitän: ↑Dienstgrad, ↑Seeoffizier.
Koryphäe ↑Fachmann.
koscher: ↑essbar, ↑unverdächtig; etwas ist nicht k. ↑seltsam [sein].
Koseform ↑Vorname.
Kosel ↑Schwein.

kosen, turteln *(ugs., scherzh.),* schmusen *(fam.);* ↑küssen, ↑liebkosen.
Kosename ↑Vorname.
Kosmetik, Schönheitspflege, Hautpflege, Teintpflege · *der Hände:* Handpflege, Maniküre · *der Füße:* Pediküre, Fußpflege, Fußnagelpflege; ↑Schönheitspflegemittel, ↑Schönheitssalon.
Kosmetika ↑Schönheitspflegemittel.
Kosmetikinstitut ↑Schönheitssalon.
kosmisch, interplanetarisch, interplanetar, interstellar, weltraum-.
Kosmonaut ↑Astronaut.
Kosmonautik ↑Raumfahrt.
Kosmonautin ↑Astronautik.
Kosmopolit ↑Weltbürger.
Kosmos ↑Weltall.
Kost ↑Nahrung.
kostbar, erlesen, auserlesen, exquisit, ausgesucht, handverlesen, hochwertig, qualitätvoll, de Luxe, in Sonderausführung, ausgewählt, fein, edel, wertvoll, teuer · *in Bezug auf Bücher:* bibliophil; ↑appetitlich, ↑auserwählt, ↑geschmackvoll, ↑selten, ↑trefflich, ↑unersetzlich; ↑Kostbarkeit · Ggs. ↑wertlos.
¹Kostbarkeit, Erlesenheit, Auserlesenheit, Ausgesuchtheit, Ausgewähltheit, Feinheit; ↑Herrlichkeit, ↑Wohlgestaltetheit; ↑kostbar.
²Kostbarkeit ↑Schmuck.
¹kosten, versuchen, probieren, verkosten, degustieren, gustieren *(österr.),* schmecken, abschmecken, eine Kostprobe / Probe nehmen; ↑kontrollieren, ↑würzen.
²kosten: etwas kostet etwas ↑erfordern; viel k. ↑teuer [sein]; was / wie viel kostet ...? ↑teuer; koste es, was es wolle ↑unbedingt; wenig k. ↑billig [sein]; das kostet nicht die Welt ↑teuer.
Kosten: ↑Preis; die K. tragen / für die Kosten aufkommen ↑zahlen; auf seine K. kommen ↑befriedigen, ↑zuzahlen.
Kostenanschlag ↑Kalkulation.
Kostenaufwand ↑Unkosten.
Kostendämpfung ↑Einsparung.
Kostendeckung, Break-even-Point; ↑Auflage (Deckungsauflage), ↑Preis.
Kostenexplosion ↑Preisanstieg.
kostenfrei ↑kostenlos.
kostengünstig ↑billig.
kostenintensiv ↑teuer.
¹kostenlos, gratis, gratis und franko *(ugs.),* umsonst, unentgeltlich, um Gotteslohn *(veraltend),* ohne Geld, geschenkt, für nichts, als Zugabe, kostenfrei, gebührenfrei, frei, portofrei, freigemacht, postfrei, franko, ohne einen Pfennig zu zahlen, für umme *(mannheimerisch),* [für] nass *(ugs.);* ↑Gebührenfreiheit, ↑Schmarotzer · Ggs. ↑gebührenpflichtig.
²kostenlos: -er Eintritt ↑Gebührenfreiheit.
Kostenrechnung ↑Rechnung.
kostenträchtig ↑teuer.
Kostenvoranschlag ↑Kalkulation.

Kostgänger: K. sein ↑ernähren.
köstlich ↑appetitlich.
Köstlichkeit ↑Leckerbissen.
Kostprobe: ↑Probe; eine K. nehmen ↑kosten.
Kostschule ↑Heim.
kostspielig ↑teuer.
¹Kostüm, Straßenkostüm, Sportkostüm, Reisekostüm, Frühjahrskostüm, Winterkostüm, Komplet, Ensemble, Hosenanzug; ↑Kleid.
²Kostüm: ↑Kleid, ↑Kleidung, ↑Kostümierung.
Kostümfest ↑Maskerade.
Kostümfilm ↑Kinofilm.
kostümieren: sich k. ↑verkleiden (sich).
Kostümierung, Kostüm, Maske, Maskierung, Maskerade, Verkleidung, Vermummung; ↑Kleidung, ↑Maskerade; ↑verkleiden (sich).
Kostverächter: ↑Asket; kein K. sein ↑genießen.
Kot: ↑Exkrement, ↑Schmutz.
Kotau: K. machen ↑erniedrigen (sich).
Kotelett, Karbonade *(landsch.)* · *ohne Knochen:* Schnitzel; ↑Fleischgericht.
Koteletten ↑Bart.
koten ↑defäkieren.
Köter ↑Hund.
Kotext ↑Kontext.
Kothurn: auf hohem K. gehen ↑sprechen.
kotig ↑schmutzig.
Kotillon ↑Tanz.
Kotter ↑Strafanstalt.
Kotzbrocken ↑Mann.
Kötze ↑Tragekorb.
kotzen: ↑übergeben (sich); wie gekotzt aussehen ↑blass [sein]; das große Kotzen kriegen ↑angeekelt [sein]; etwas ist zum Kotzen ↑abscheulich, ↑unerträglich [sein].
Kotzen ↑Umhang.
Krabbe ↑Krebs.
Krabbelalter ↑Lebensalter.
krabbeln: ↑kitzeln, ↑kriechen.
Krabbelstube ↑Kindergarten.
krabkrällig ↑schwanger.
Krach: ↑Lärm, ↑Streit, ↑Unannehmlichkeiten; K. machen ↑lärmen; K. schlagen ↑aufbegehren; mit Ach und K. ↑kaum.
Kracheisen ↑Schusswaffe.
krachen, knallen, es gibt einen Knall, knattern, böllern, grollen, rollen, poltern, donnern; ↑knarren, ↑prasseln, ↑rascheln, ↑schallen; ↑Laut.
Krachen ↑Schlucht.
Kracher: ↑Feuerwerkskörper; alter K. ↑Mann.
Kracherl ↑Limonade.
Krachlederne ↑Hose.
Krachmacher ↑Störenfried.
¹krächzen, schnarren, gackern (Henne), glucken (Henne), glucksen (Henne), krähen (Hahn), schnattern (Gans, Ente), kollern (Truthahn), rucksen (Taube), gurren (Taube); ↑singen; ↑Laut.
²krächzen: husten, ↑sprechen.

krächzend: ↑heiser; k. sprechen ↑sprechen.
Krad ↑Motorrad.
kraft: ↑vermittels, ↑wegen.
¹Kraft, Kräfte, Körperkräfte · *besonders große:* Bärenkräfte, Riesenkräfte; ↑kräftigen (sich) · Ggs. ↑Kraftlosigkeit.
²Kraft: ↑Energie, ↑Fähigkeit; mitwirkende K. ↑Umstand; seine ganze K. aufbieten, etwas kostet Kräfte / verzehrt die Kräfte / zehrt an den Kräften ↑zehren; aus eigener K. ↑Hilfe; alle Kräfte anspannen ↑anstrengen (sich); K. bekommen ↑kräftigen (sich), außer K. setzen ↑abschaffen; mit letzter K. ↑kaum; mit seinen Kräften Raubbau treiben ↑übernehmen (sich); ohne Saft und K. ↑fade; wieder zu Kräften kommen ↑erholen (sich).
Kraftakt ↑Anstrengung.
Kraftanstrengung ↑Anstrengung.
Kraftaufwand ↑Anstrengung.
Kraftausdruck ↑Vulgärausdruck.
Kraftblume ↑Schlüsselblume.
Kraftbrühe ↑Suppe.
Kraftdroschke ↑Taxi.
Kräfte ↑Kraft.
Kräftemessen: ↑Kraftprobe, ↑Schlagabtausch.
Kräfteverfall ↑Altersschwäche.
Kräfteverschleiß, Verschleiß, Enervierung, Enervation, Abnutzung, Abnützung, Abnutzungserscheinung, Alterserscheinung; ↑Altersschwäche, ↑Verschleiß; ↑entkräften.
Kraftfahrer, Autofahrer, Fahrzeughalter, Fahrzeuglenker, Autler *(veraltet)* · *im größeren Auto selbstherrlich und rücksichtslos fahrender:* Herrenfahrer · *nur selten und daher schlecht fahrender, ungeübter:* Sonntagsfahrer; ↑Fahrer.
Kraftfahrzeug ↑Auto.
Kraftfahrzeugsteuer ↑Abgabe.
kräftig: ↑bunt, ↑nahrhaft, ↑sehr, ↑stark.
¹kräftigen (sich), Kraft bekommen / *(ugs.)* kriegen, stark werden, erstarken *(geh.);* ↑Kraft.
²kräftigen ↑festigen.
kräftigend ↑nahrhaft.
Kräftigung ↑Abhärtung.
Kraftlackel ↑Kraftmensch.
¹kraftlos, entkräftet, schwach, schwächlich, geschwächt, lahm, matt, ermattet, schlapp, letschert *(bayr., österr.),* nicht ↑stark; ↑anfällig, ↑impotent, ↑krank, ↑schlaff, ↑willensschwach; **k. sein,** ein Schlappschwanz sein, hinten nicht mehr hochkönnen / hochkommen *(ugs.),* kein Mark / keinen Mumm in den Knochen haben *(ugs.);* ↑Kraftlosigkeit.
²kraftlos ↑fade.
¹Kraftlosigkeit, Entkräftung, Schwäche, Schwächlichkeit, Schlappheit, Mattheit, Ermattung; ↑kraftlos · Ggs. ↑Kraft.
²Kraftlosigkeit ↑Machtlosigkeit.
Kraftmaschine ↑Apparat.
Kraftmeier ↑Kraftmensch.
Kraftmensch, Herkules, Athlet, Athletiker,

Kraftmeier, Kraftprotz, Supermann, Mister Universum, Muskelmann, Tarzan, Muskelprotz, Kraftlackel *(österr.);* ↑Bodybuilding, ↑Mann, ↑Muskelkraft, ↑Riese; ↑athletisch.
Kraftpaket ↑Auto.
Kraftprobe, Kräftemessen, Machtprobe; ↑Fähigkeit; ↑stark.
Kraftprotz ↑Kraftmensch.
Kraftquelle ↑Motor.
Kraftrad ↑Motorrad.
Kraftspiel, Lukas, Watschenmann *(österr.),* Herkules *(schweiz.);* ↑Jahrmarkt.
Kraftstoff ↑Treibstoff.
kraftstrotzend: ↑athletisch, ↑gesund.
Kraftvergeudung ↑Anstrengung.
Kraftverschwendung ↑Anstrengung.
kraftvoll ↑stark.
Kraftwagen ↑Auto.
Kraftwort ↑Vulgärausdruck.
Kragdach ↑Dach.
¹Kragen, Halskragen, Göller *(schweiz.),* Koller *(veraltet)* · *des Geistlichen:* Beffchen, Halskrause, Kollar; ↑Kragenspiegel.
²Kragen: Kopf und K. riskieren / wagen, etwas kann Kopf und K. kosten ↑wagen.
Kragenspiegel, Paroli *(veraltet, österr.);* ↑Kragen.
Kragenweite: jmd. / etwas ist nicht jmds. K. ↑gefallen.
Krähe ↑Vogel.
krähen: ↑krächzen; danach kräht kein Hahn ↑unwichtig [sein]; wenn die Hähne k. ↑aufstehen.
Krähenfüße: ↑Kritzelei, ↑Nagel, ↑Runzel.
krähwinklig ↑engherzig.
Krake ↑Kopffüßer.
Krakeel ↑Lärm.
krakeelen ↑schreien.
Krakelei ↑Kritzelei.
krakeln ↑schreiben.
Krakowiak ↑Tanz.
Kralle ↑Fingernagel.
krallen ↑wegnehmen.
Krallennagel ↑Nagelkrankheit.
¹Kram, Krimskrams, Trödelkram, Trödel *(ugs., abwertend),* Krempel *(ugs., abwertend),* Siebensachen, Gerümpel *(abwertend),* Zeug, Plunder *(ugs., abwertend),* Dreck *(derb, abwertend),* Mist *(derb, abwertend),* Zimt *(salopp, abwertend),* Graffelwerk *(bayr., österr.),* Klumpert *(bayr., österr.),* Kramuri *(österr.),* Gesums *(ugs.),* Zinnober *(abwertend).*
²Kram: den ganzen K. hinschmeißen / hinwerfen, jmdm. den ganzen K. vor die Füße werfen ↑kündigen; etwas passt jmdm. nicht in den K. ↑passen.
Krambambuli ↑Alkohol.
Krambude ↑Jahrmarktsbude.
kramen ↑suchen.
Krämer: ↑Geschäftsmann, ↑Kaufmann.
Krämerlatein ↑Gaunersprache.

Kramladen ↑Laden.
Krammet ↑Nadelhölzer.
Krammetsbeere ↑Gewürz.
Krampe ↑Nagel.
Krampen: ↑Nagel, ↑Spitzhacke.
Krampf: ↑Muskelkrampf, ↑Unsinn.
krampfartig: k. zuckend ↑konvulsiv.
krampfhaft ↑beharrlich.
Krampfhusten ↑Keuchhusten.
krampflindernd: -es Mittel ↑Relaxans.
krampflösend: -es Mittel ↑Relaxans.
krampfstillend: -es Mittel ↑Relaxans.
Krampus: ↑Knecht Ruprecht, ↑Muskelkrampf.
Kramuri ↑Kram.
Kran ↑Gerätschaft.
Kranewit ↑Nadelhölzer.
Kranewitter ↑Alkohol.
Krängung ↑Schräge.
Kranich: ↑Sternbild, ↑Vogel.
¹krank, unpäßlich, indisponiert, fiebrig, todkrank, sterbenskrank, moribund, malade, marod *(bayr., österr.)*, kränklich, kränkelnd, angekränkelt, morbid, leidend, siech, bettlägerig, arbeitsunfähig, nicht ↑gesund; ↑erschöpft, ↑hinfällig, ↑kraftlos, ↑krankhaft, ↑unheilbar; **k. werden,** erkranken, eine Krankheit bekommen, sich anstecken / infizieren / etwas zuziehen / *(ugs.)* etwas holen, etwas schnappen / aufschnappen / aufgabeln / fangen / ausbrüten *(ugs.);* **k. sein,** leiden, darniederliegen, dahinsiechen, bettlägerig sein, das Bett / Zimmer hüten [müssen], im / zu Bett liegen [müssen], ans Bett / Zimmer gefesselt sein, kränkeln, nicht mehr können, es zu tun haben mit, es haben mit / auf, auf der Nase liegen *(ugs.)*, sich nicht mehr auf den Beinen halten können, im Krankenstand sein *(österr.)*, krankfeiern *(landsch.)*, jmdm. fehlt etwas, nicht auf der Höhe / auf dem Posten / auf Deck / auf dem Damm / in Ordnung sein, angeknackst sein *(ugs.)*, serbeln *(schweiz.)*, herumkrebsen *(ugs.)*, rumkrebsen *(ugs.)*, rumquiemen *(nordd.)*, nicht ↑kommen; **k. aussehen,** schlecht / elend / wie das Leiden Christi / wie eine wandelnde Leiche / wie eine Leiche auf Urlaub aussehen; **schwer k. sein,** auf den Tod liegen, für jmdn. gibt es keine Rettung mehr, mit einem Fuß im Grab / am Rande des Grabes stehen, vom Tod gezeichnet sein, jmds. Tage sind gezählt, bei jmdm. ist Matthäi am letzten; ↑fiebern; ↑unwohl; ↑Abmagerung, ↑Ansteckung, ↑Kinderlähmung, ↑Kranker, ↑Krankheit, ↑Unfallwagen, ↑Verfassung.
²krank ↑morbid.
kränkeln ↑krank [sein].
kränkelnd ↑krank.
kranken: etwas krankt an, etwas leidet unter, etwas fehlt einer Sache.
¹kränken, beleidigen, verletzen, verwunden, jmdn. ins Herz / bis ins Mark treffen, insultieren, schmähen, treffen, etwas gibt jmdm. einen Stich ins Herz, jmdm. eine Beleidigung zufü-

gen, jmdn. vor den Kopf stoßen, verprellen, bei jmdm. ins Fettnäpfchen treten, jmdm. auf den Schlips treten, jmdm. auf die Hühneraugen treten *(ugs.)*, jmdn. Nadelstiche versetzen; ↑anstoßen, ↑benehmen (sich), ↑diskriminieren, ↑kompromittieren (jmdn.), ↑missachten, ↑schlecht machen, ↑verletzen; ↑ärgerlich, ↑gekränkt; ↑Beleidigung.
²kränken: etwas kränkt jmdn. ↑ärgern.
Krankenanstalt ↑Krankenhaus.
Krankenauto ↑Unfallwagen.
kränkend ↑beleidigend.
Krankengymnastik ↑Heilgymnastik.
Krankenhaus, Krankenanstalt, Klinik, Klinikum, Charité, Hospital, Spital *(österr.)*, städtische Klinik, städtisches Krankenhaus, Universitätsklinik, Privatklinik · Augenklinik · Frauenklinik · Hautklinik · Hals-Nasen-Ohren-Klinik · Kinderklinik · Mund-Zahn-und-Kiefer-Klinik · Gefängniskrankenhaus, Inquisitenspital *(österr.)* · Entbindungsheim, Gebärklinik *(österr.)* · psychiatrische Klinik · *für Behandlung von Fehlbildungen der Bewegungsorgane:* orthopädische Klinik · *für Soldaten:* Lazarett, Revier · *Abteilung im Krankenhaus:* Station · Entbindungsstation, Entbindungsabteilung · *zur Behandlung gehäfiger Patienten:* Poliklinik, Ambulanz, Ambulatorium · *für innere Krankheiten:* medizinische Klinik · *für geistige, seelische u. ä. Krankheiten:* Nervenklinik, psychiatrische Klinik, Psychiatrie, geschlossene Abteilung, psychosomatische Klinik, sozialpsychiatrische Klinik · *für Nervenkrankheiten:* Nervenklinik, neurologische Klinik, Neurologie *(ugs.)* · *für Infektionskrankheiten:* Isolierstation · *für schwerkranke Patienten, die ständig unter Beobachtung stehen müssen:* Intensivstation, Wachstation · ↑Arzt, ↑Lazarett, ↑Quarantäne, ↑Sanatorium, ↑Unfallwagen; ↑stationär.
Krankenhausarzt ↑Arzt.
Krankenhausaufenthalt: einen K. erfordernd ↑stationär.
Krankenhausbehandlung: eine K. erfordernd ↑stationär.
Krankenkost ↑Diät.
Krankenpfleger, Pfleger, Sanitäter; ↑Krankenschwester.
Krankenpflegerin ↑Krankenschwester.
Krankensalbung ↑Viatikum.
Krankenschwester, Krankenpflegerin, Schwester, Schwesternhelferin, Vollschwester, Lernschwester, Rote-Kreuz-Schwester, Rotkreuzschwester · Stationsschwester, Nachtschwester, Operationsschwester, Karbolmaus *(scherzh.);* ↑Fürsorgerin, ↑Krankenpfleger, ↑Sprechstundenhilfe, ↑Sprechzimmer.
Krankenstand: im K. sein ↑krank [sein].
Krankenstuhl ↑Rollstuhl.
Krankenversicherung ↑Versicherung.
Krankenwagen ↑Unfallwagen.
¹Kranker, Patient, Leidender, Schwerkranker

Todkranker, Siecher, Bettlägeriger, unheilbar Kranker; ↑Hypochonder, ↑Krankheit, ↑Sterbender; ↑krank.

²Kranker: eingebildeter K. ↑Hypochonder.

krankfeiern: ↑arbeiten, ↑faulenzen, ↑krank [sein].

¹krankhaft, pathologisch; ↑anormal, ↑krank.

²krankhaft ↑morbid.

¹Krankheit, Leiden, Übel, Seuche, Epidemie, Pandemie, Erkrankung, Siechtum, Bresthaftigkeit *(veraltet),* Gebrechen, Gebrest *(veraltet),* Unpässlichkeit, Unwohlsein, schlechtes Befinden, Bettlägerigkeit, Beschwerden, Wehwehchen *(ugs.);* · Berufskrankheit · Lungenentzündung, Legionärskrankheit; ↑Aids, ↑Altersschwäche, ↑Ansteckung, ↑Aussatz, ↑Avitaminose, ↑Bluterkrankheit, ↑Brustfellentzündung, ↑Diphtherie, ↑Eintagsfieber, ↑Entmarkungskrankheit, ↑Epilepsie, ↑Grippe, ↑Fieber, ↑Fleckfieber, ↑Funktionsstörung, ↑Fußpilz, ↑Gallenerkrankung, ↑Gallenstein, ↑Genesender, ↑Geschlechtskrankheit, ↑Geschwulst (Krebs), ↑Halsentzündung, ↑Halsschmerzen, ↑Harnstein, ↑Hautkrankheit, ↑Kehlkopfentzündung, ↑Keuchhusten, ↑Knochenbruch, ↑Kolik, ↑Kranker, ↑Krankheitsentstehung, ↑Krankheitserreger, ↑Kropf, ↑Leberkrankheit, ↑Managerkrankheit, ↑Melancholie, ↑Nagelkrankheit, ↑Not, ↑Pest, ↑Quarantäne, Schilddrüsenüberfunktion, ↑Schnupfen, ↑Symptom, ↑Tuberkulose, ↑Typhus, ↑Untertemperatur, ↑Wunde, ↑fiebern, ↑röntgen · Ggs. ↑Gesundheit.

²Krankheit: Alzheimerkrankheit ↑geistige Behinderung; englische K., Glissonkrankheit ↑Rachitis; hinfallende K. ↑Epilepsie; ungarische K. ↑Fleckfieber; venerische K. ↑Geschlechtskrankheit; eine k. bekommen ↑krank [werden]; eine K. erregend ↑virulent.

Krankheitsentstehung, Krankheitsursache, Pathogenese, Pathogenie *(selten),* Nosogenese, Nosogenie *(selten),* Ätiologie; ↑Entstehung, ↑Krankheit.

¹Krankheitserreger, Krankheitskeim, Keim, Bakterie, Bazille, Bazillus, Virus; ↑Krankheit; ↑virulent.

²Krankheitserreger: Vernichtung von -n ↑Desinfektion.

Krankheitsfurcht ↑Hypochondrie.

Krankheitskeim ↑Krankheitserreger.

Krankheitsursache ↑Krankheitsentstehung.

krankheitsverhütend ↑vorbeugend.

Krankheitszeichen ↑Symptom.

kranklachen: sich k. ↑lachen.

kränklich ↑krank.

Kränkung ↑Beleidigung.

¹Kranz: ↑Frisur; Frankfurter K. ↑Gebäck; einen K. aufs Haupt setzen, mit Kränzen schmücken ↑bekränzen.

²Kranz ↑Braut.

¹Kränzchen, Kaffeekränzchen, Damenkränz-

chen, Kaffeeklatsch; ↑Verabredung, ↑Versammlung,

²Kränzchen: ↑Ball, ↑Kaffeekränzchen.

Kranzel ↑Braut.

Krapfen ↑Pfannkuchen.

Kräppel ↑Pfannkuchen.

krapprot ↑rot.

krass ↑ausgeprägt.

Krater ↑Abgrund.

Kratte ↑Tragekorb.

Kratten ↑Korb.

Kratzbürste ↑Mädchen.

kratzbürstig ↑unzugänglich.

Kratzbürstigkeit ↑Eigensinn.

Krätzchen ↑Kopfbedeckung.

Krätze: ↑Hautkrankheit, ↑Tragekorb.

¹kratzen, schaben, scharren, schurren, schürfen, ritzen, schrammen, zerkratzen, schrapen *(nordd.),* schrappen *(landsch.);* jucken (sich), ↑kitzeln, ↑kribbeln, ↑reiben; ↑Schramme.

²kratzen: ↑kribbeln, ↑wegnehmen; sich k. ↑jucken (sich).

Kratzer ↑Schramme.

Krätzer ↑Wein.

Kratzwunde: ↑Schramme, ↑Wunde.

krauchen ↑kriechen.

krauen ↑kitzeln.

kraulen: ↑kitzeln, ↑liebkosen, ↑schwimmen.

Kraulschwimmen ↑Schwimmen.

kraus: ↑lockig, ↑rau; Krause Glucke ↑Ständerpilz.

Krausbeere ↑Stachelbeere.

Kräuselbeere ↑Stachelbeere.

Kräuselkrepp ↑Stoff.

kräuseln ↑locken (sich).

Krauskohl ↑Grünkohl.

Krauskopf: ↑Locken, ↑Mensch.

¹Kraut (das): ↑Kohl, ↑Laub, ↑Pflanze, ↑Tabak; wie Kraut und Rüben ↑durcheinander; ↑uneinheitlich; bei jmdm. liegt alles herum wie Kraut und Rüben ↑ungeordnet [sein]; ins Kraut schießen ↑überhand nehmen, ↑wuchern.

²Kraut (der): ↑Deutscher.

Krauter ↑Greis.

Kräuterbutter ↑Fett.

Krauterer ↑Greis.

Kräuterkäse ↑Käse.

Kräuterlikör ↑Alkohol.

Kräutertee ↑Tee.

Krautfass ↑Fass.

Krauthäuptel ↑Kohlkopf.

Krautjunker ↑Großgrundbesitzer.

Krautkopf ↑Kohlkopf.

Krawall ↑Streit, ↑Verschwörung.

Krawallbruder ↑Störenfried.

Krawallmacher ↑Störenfried.

Krawatte, Schlips, Selbstbinder, Binder, Senkel *(salopp)* · Krawattenschleife, Schleife, Fliege *(ugs.);* Mascherl *(österr.),* Schmetterling, Plastron; ↑Jabot.

Krawattenschleife ↑Krawatte.

Kraxe ↑Tragekorb.
kraxeln: ↑klettern; k. auf ↑steigen (auf).
Kräze ↑Tragekorb.
Kreation, Modeschöpfung, Modell; ↑Kleidung.
kreativ ↑schöpferisch.
Kreatur ↑Geschöpf.
kreatürlich, animalisch, dem Geschöpf eigen; ↑Geschöpf.
¹Krebs, Krebstier, Krustazee, Krustentier, Schalentier · Hummer, Flusskrebs, Einsiedlerkrebs, Taschenkrebs, Krabbe, Wollhandkrabbe, Strandkrabbe, Languste, Garnele; ↑Muschel.
²Krebs: ↑Geschwulst, ↑Sternbild, ↑Tierkreiszeichen.
Krebsarzt ↑Arzt.
krebsen ↑anstrengen (sich).
Krebsotter ↑Raubtier.
krebsrot ↑rot.
Krebstier ↑Krebs.
Krebstoter ↑Toter.
kredenzen ↑servieren.
¹Kredit (das): ↑Guthaben.
²Kredit (der): ↑Anleihe; Kredit geben ↑anschreiben; einen Kredit aufnehmen ↑leihen; auf Kredit ↑leihweise.
Kreditanstalt ↑Geldinstitut.
Kreditbank ↑Geldinstitut.
Kreditinstitut ↑Geldinstitut.
Kreditor ↑Gläubiger.
Kredo ↑Glaubensbekenntnis.
kregel: ↑gesund, ↑lustig.
Kregen ↑Fangspiel.
¹Kreide, Schulkreide, Kreidestift, Ölkreide, Wachskreide, Fettkreide, Malkreide, Rötel, Pastellkreide; ↑Schreibstift, ↑Zeichenstift.
²Kreide: ↑Erdzeitalter; K. gefressen haben ↑[sich] zahm [geben].
kreidebleich ↑blass.
Kreidestift ↑Kreide.
Kreideumdruckpapier ↑Druckpapier.
kreideweiß ↑blass.
kreieren ↑erschaffen.
Kreis: ↑Ausschuss, ↑geometrische Figur, ↑Gruppe, ↑Personenkreis, ↑Verwaltungsbezirk; die führenden -e ↑Oberschicht; etwas ist die Quadratur des -es ↑unausführbar [sein]; sich im K. drehen / bewegen ↑kreisen.
kreischen ↑schreien.
kreiseln ↑rollen.
kreisen, rotieren, sich drehen, sich im Kreis drehen / bewegen, umlaufen; ↑drehen, ↑rollen.
Kreisflanke ↑Turnübung.
kreisförmig ↑rund.
Kreisgrenze ↑Grenze.
Kreislauf ↑Zyklus.
Kreissäge: ↑Kopfbedeckung, ↑Säge.
Kreisschreiben ↑Umlaufschreiben.
kreißen ↑gebären.
Kreisumlauf ↑Zirkulation.

Krekel ↑Obst.
Krem ↑Salbe.
Kremaster ↑Muskel.
Kremation ↑Feuerbestattung.
Krematorium, Feuerhalle *(österr.);* ↑Feuerbestattung.
kremieren ↑einäschern.
Kremierung ↑Feuerbestattung.
Kreml ↑Regierung.
Krempel: ↑Kram; den ganzen K. hinschmeißen / hinwerfen, jmdm. den ganzen K. vor die Füße werfen ↑kündigen.
Krempling: Kahler K. ↑Ständerpilz.
Kremser ↑Kutsche.
Kren ↑Meerrettich.
Krenotherapie ↑Hydrotherapie.
krepieren: ↑platzen, ↑sterben.
Krepppapier ↑Buntpapier.
Kresse ↑Küchengewürz.
Krethi: K. und Plethi ↑alle.
Kretin: ↑Dummkopf, ↑geistig Behinderter.
Kretinismus ↑geistige Behinderung.
kretinoid ↑geistig behindert; kretinoide Idiotie ↑geistige Behinderung.
Kretscham ↑Gaststätte.
Kretschmer ↑Wirt.
Kreude ↑Brotaufstrich.
Kreuz: ↑Altargerät, ↑Last, ↑Rücken, ↑Spielkarte, ↑Sternbild; ägyptisches / Brabanter / burgundisches / griechisches / Jerusalemer / lateinisches / Lothringer / päpstliches / russisches K. ↑Kreuzzeichen; Rotes K. ↑Betreuung; drei -e machen ↑aufatmen; sein K. tragen / auf sich nehmen ↑ertragen; das K. schlagen / machen ↑bekreuzigen (sich); ans K. schlagen ↑töten; aufs K. fallen ↑überrascht [sein]; aufs K. legen ↑betrügen, ↑koitieren; jmdm. etwas aus dem K. leiern ↑ablisten; mit jmdm. über K. sein / stehen ↑verfeindet [sein]; zu -e kriechen ↑erniedrigen (sich).
kreuz-: ↑erz-.
Kreuzbogenfries ↑Fries.
Kreuzdach ↑Dach.
kreuzen: ↑fahren, ↑züchten; sich k. ↑überschneiden (sich).
Kreuzer: ↑Münze; [schwerer / leichter K.] ↑Kriegsschiff.
Kreuzeszeichen ↑Kreuzzeichen.
Kreuzfahrt: ↑Reise; auf K. sein ↑fahren.
Kreuzfahrtschiff ↑Fahrgastschiff.
Kreuzfalz ↑Falte.
Kreuzfeuer: ↑Anfeindung; im K. stehen, ins K. geraten ↑attackieren.
Kreuzgelenk ↑Gelenk.
Kreuzgewölbe ↑Gewölbe.
Kreuzgratgewölbe ↑Gewölbe.
Kreuzgurt ↑Sicherheitsgurt.
kreuzigen ↑töten.
Kreuzkappengewölbe ↑Gewölbe.
Kreuzknoten ↑Knoten.
Kreuzkuppelkirche ↑Gotteshaus.

kreuzlahm ↑erschöpft.
Kreuzotter ↑Schlange.
Kreuzraster ↑Raster.
Kreuzrippengewölbe ↑Gewölbe.
Kreuzritter ↑Ritter.
¹Kreuzung, Straßenkreuzung, Wegkreuzung, Kreuzweg · *auf gleichen Ebenen:* Niveaukreuzung, niveaugleiche Kreuzung · *auf verschiedenen Ebenen:* niveaufreie Kreuzung; ↑Gabelung, ↑Straße, ↑Unterführung.
²Kreuzung ↑Mischung.
kreuzunglücklich ↑schwermütig.
Kreuzverhör: ↑Verhör; ins K. nehmen ↑attackieren, ↑vernehmen.
Kreuzweg: ↑Kreuzung; am K. stehen ↑Entscheidung.
Kreuzworträtsel ↑Rätsel.
Kreuzzeichen, Kreuzeszeichen, Kreuz · griechisches Kreuz · lateinisches Kreuz, Passionskreuz · Antoniuskreuz, Taukreuz, ägyptisches Kreuz · Ankerkreuz, Henkelkreuz, Doppelkreuz · päpstliches Kreuz, Papstkreuz · Patriarchenkreuz · Kardinalkreuz · russisches Kreuz, Wiederkreuz, Malteserkreuz · Andreaskreuz, Schrägkreuz, burgundisches Kreuz · Schächerkreuz, Gabelkreuz, Deichselkreuz · Lothringer Kreuz, Krückenkreuz, Petruskreuz, Jerusalemer Kreuz · Kleeblattkreuz, Lazaruskreuz, Brabanter Kreuz · Hakenkreuz.
Kreuzzugsdichtung ↑Dichtung.
kribbeln, jucken, kratzen, brennen, beißen, stechen, pieken *(ugs.);* ↑jucken (sich), ↑kitzeln, ↑kratzen.
kribblig ↑aufgeregt.
Krickel: ↑Geweih, ↑Schwanz.
Krickelkrakel ↑Kritzelei.
Krickente ↑Vogel.
Kricket ↑Schlagball.
Krida ↑Misserfolg.
Kridar ↑Gemeinschuldner.
Kridatar ↑Gemeinschuldner.
Krieche ↑Obst.
¹kriechen, krabbeln, krauchen *(landsch.),* robben, auf allen vieren; ↑fortbewegen (sich).
²kriechen: ↑unterwürfig [sein]; auf den Leim k. ↑hereinfallen; aus den Federn k. ↑aufstehen; zu Kreuze k. ↑erniedrigen (sich).
kriechend: ↑bäuchlings, ↑unterwürfig.
Kriecher ↑Schmeichler.
Kriecherei ↑Unterwürfigkeit.
kriecherisch ↑unterwürfig.
Kriecherl ↑Obst.
Kriechtiere, Reptilien; ↑Eidechse, ↑Krokodil, ↑Schildkröte, ↑Schlange.
Krieg, bewaffnete Auseinandersetzung, bewaffneter Konflikt, Konfrontation, Vorwärtsverteidigung *(verhüllend),* Orlog *(veraltet)* · Landkrieg, Seekrieg, Luftkrieg, Eroberungskrieg, Raubkrieg, Angriffskrieg, Offensivkrieg, Defensivkrieg, Verteidigungskrieg, Abwehrkrieg, Präventivkrieg, Grabenkrieg, Stellungskrieg, Bewegungskrieg, Belagerungskrieg, Zermürbungskrieg, Zweifrontenkrieg, Gaskrieg, Atomkrieg, Bürgerkrieg, Glaubenskrieg, Religionskrieg, Volkskrieg, Bruderkrieg, Guerillakrieg, Kleinkrieg, Partisanenkrieg, Stellvertreterkrieg · *schnell zu einem Sieg geführter:* Blitzkrieg · *an dem viele Länder beteiligt sind:* Weltkrieg, Weltbrand *(dichter.);* · *unter Einbeziehung des Weltraums:* Krieg der Sterne, Starwars; ↑Angriff, ↑Feldzug, ↑Kampf, ↑Lazarett.
²Krieg: kalter K. ↑Streit; K. führen gegen ↑bekriegen; nicht aus dem K. heimkehren, im K. bleiben ↑sterben; die Jahre / die Zeit nach dem K. ↑Nachkriegszeit; Literatur zwischen den beiden -en ↑Literaturepochen.
kriegen: ↑bekommen, ↑ergreifen (jmdn.), ↑verdienen; sich k. ↑heiraten; nicht [mehr] k. ↑versäumen; geschenkt k., etwas extra k. ↑zubekommen; etwas zu hören k. ↑schelten.
Kriegen ↑Fangspiel.
Krieger: ↑Soldat; kalter K. ↑Gegner.
kriegerisch: ↑streitbar; -e Handlungen ↑Kampf.
Kriegezeck ↑Fangspiel.
Kriegsabitur ↑Abitur.
Kriegsbeil: das K. ausgraben ↑bekriegen, ↑bereinigen.
Kriegsbeschädigter ↑Körperbehinderter.
Kriegsdichtung ↑Dichtung.
Kriegsdienst ↑Militärdienst.
Kriegsdienstverweigerer ↑Wehrdienstverweigerer.
Kriegsentschädigung ↑Ersatz.
Kriegsfieber ↑Fleckfieber.
Kriegsfilm ↑Kinofilm.
Kriegsflotte ↑Flotte.
Kriegsfuß: auf [dem] K. stehen mit ↑firm, ↑verfeindet [sein].
Kriegsgebiet ↑Kriegsschauplatz.
Kriegsgefangener ↑Gefangener.
Kriegsgefangenschaft ↑Gefangenschaft.
Kriegsgegner ↑Pazifist.
Kriegsgegnerschaft ↑Pazifismus.
Kriegsgewinnler ↑Geschäftsmann.
Kriegshafen ↑Hafen.
Kriegsinvalide ↑Körperbehinderter.
Kriegskrüppel ↑Körperbehinderter.
Kriegskunst ↑Strategie.
Kriegslazarett ↑Lazarett.
kriegslüstern ↑kampfbereit.
Kriegsmarine ↑Militär.
Kriegsrat: K. halten ↑beratschlagen.
Kriegsrecht: ↑Ausnahmezustand, ↑Rechtsgebiet.
Kriegsschauplatz, Kriegsgebiet, Operationsgebiet, Operationsbasis, Kampfgebiet, ↑Front, ↑Schützengraben.
Kriegsschiff, Kampfschiff · Großkampfschiff, Schlachtschiff, Linienschiff *(veraltet),* Panzerkreuzer *(veraltet),* Schlachtkreuzer *(ver-*

altet), Panzerschiff *(veraltet),* [schwerer / leichter] Kreuzer, Flugzeugträger, Zerstörer, Torpedobootzerstörer, Monitor, Landungsfahrzeug, Unterseeboot, U-Boot, U-Boot-Jäger, Atom-U-Boot, Schnellboot, Torpedoboot *(veraltet),* Kanonenboot *(veraltet),* Minenleger, Minensuchboot, Minenräumboot, Geleitboot, Fregatte, Korvette, Wachboot, Hilfskreuzer, Trossschiff, Truppentransporter, Lazarettschiff ·· *historisches · im Altertum:* Triere, Liburne, Dromone · *im Mittelalter:* Galeere, Wikingerschiff, Drachenschiff, Kogge, Galeone; ↑Flotte, ↑Schiff, ↑Segelschiff.

Kriegsverletzter ↑Körperbehinderter.

Kriegsversehrter ↑Körperbehinderter.

Kriegszug ↑Feldzug.

Kriegszustand: den K. beenden ↑Frieden [schließen].

Krimi: ↑Kinofilm, ↑Kriminalstück, ↑Literatur, ↑Roman.

Kriminal ↑Strafanstalt.

Kriminalbeamter, Kriminologe, Kommissar, Kriminaler *(ugs.),* Bulle *(ugs.),* Kriminalist, Kiberer *(ugs., österr.),* Detektiv; ↑Auskundschafter, ↑Polizei, ↑Verbrecher.

Kriminaler ↑Kriminalbeamter.

Kriminalfilm: ↑Kinofilm, ↑Kriminalstück.

Kriminalgroteske ↑Kriminalstück.

Kriminalhörspiel ↑Kriminalstück.

kriminalisieren ↑machen.

Kriminalist ↑Kriminalbeamter.

Kriminalistik, Kriminologie, Kriminalwissenschaft; ↑Gerichtsmedizin, ↑Rechtsgebiet, ↑Wissenschaft.

Kriminalität · Scheckkriminalität · Umweltkriminalität · Computerkriminalität, Datenmissbrauch, Informationsdiebstahl; ↑Schutz (Datenschutz); einbrechen, ↑wegnehmen.

Kriminalkomödie ↑Kriminalstück.

Kriminalliteratur ↑Literatur.

Kriminalpolizei ↑Polizeibehörde.

Kriminalroman: ↑Literatur, ↑Roman.

Kriminalstück, Krimi *(ugs.),* Krimineser *(ugs., österr.),* Kriminalkomödie, Kriminalgroteske, Kriminalfilm, Kriminalhörspiel; ↑Gruselfilm, ↑Literatur, ↑Wildwestfilm.

Kriminalwissenschaft ↑Kriminalistik.

kriminell: ↑gesetzwidrig, ↑unerhört.

Krimineller ↑Verbrecher.

Krimineser ↑Kriminalstück.

Kriminologe ↑Kriminalbeamter.

Kriminologie ↑Kriminalistik.

Krimmer ↑Pelz.

Krimotherapeutik ↑Kryotherapie.

Krimskrams ↑Kram.

kringelig: sich k. lachen ↑lachen.

kringeln: sich k. ↑lachen.

Krinoline, Reifrock; ↑Kleidung, ↑Unterkleid.

Krippe ↑Kindergarten.

Krippenspiel ↑Drama.

Krischer: Pfälzer K. ↑Pfälzer.

Krise: ↑Höhepunkt, ↑Not.

kriseln: es kriselt ↑ernst [sein].

krisenfest ↑bleibend.

Krisengebiet ↑Krisenherd.

Krisenherd, Krisengebiet, Gefahrenherd, Gefahrenzone, Spannungsgebiet; ↑Gebiet, ↑Not.

Krisenstab ↑Leitung.

krisselig: k. werden ↑gerinnen.

Kristall ↑Hochzeitstag.

Kristallglas ↑Glas.

Kristallhochzeit ↑Hochzeitstag.

Kristallisationspunkt ↑Identifikationsfigur.

Kristallvase ↑Blumenvase.

Kriterium ↑Merkmal.

Kritik: ↑Anfeindung, ↑Besprechung; eine gute K. bekommen / erhalten, gute -en haben, eine K. schreiben ↑besprechen; K. üben ↑beanstanden; unter aller K. ↑minderwertig, ↑schlecht; unter jmds. K. zu leiden haben ↑beanstanden.

Kritikalitätsunfall ↑Reaktion.

Kritikaster: ↑Kritiker, ↑Nörgler.

Kritiker, Rezensent, Besprecher, ↑Referent, Kommentator, Kritikaster *(abwertend),* Zensor, Kunstrichter, Theaterkritiker, Filmkritiker, Kunstkritiker, Literaturkritiker; ↑Besprechung, ↑Nörgler.

kritiklos, ohne Bedenken, bedenkenlos, blindlings; ↑anstandslos.

Kritiklosigkeit ↑Arglosigkeit.

Kritikpunkt ↑Mangel.

kritisch: ↑argwöhnisch, ↑ernst, ↑gefährlich; -es Alter, -e Jahre ↑Klimakterium; -er Punkt ↑Schwierigkeit; -e Tage ↑Menstruation; k. beleuchten ↑überprüfen.

kritisieren: ↑attackieren, ↑beanstanden.

kritteln ↑beanstanden.

Kritzelei, Gekritzel, Krähenfüße, Krickelkrakel *(ugs.),* Gekrakel *(abwertend),* Krakelei *(abwertend),* Geschmier *(abwertend),* Sudelei *(abwertend),* Kleckserei *(abwertend);* ↑Malerei; ↑schreiben.

kritzeln ↑schreiben.

Krocket ↑Golfspiel.

Krocketspiel ↑Golfspiel.

Krokette: -n ↑Kloß.

Kroko ↑Leder.

¹Krokodil, Nilkrokodil, Leistenkrokodil, Panzerechse, Alligator, Kaiman, Gavial, Gangesgavial, Schnabelkrokodil; ↑Kriechtiere.

²Krokodil ↑Leder.

Krokodilsträne: -n weinen ↑weinen.

Kronblatt ↑Blatt.

¹Krone, Grafenkrone, Herzogskrone, Königskrone, Fürstenkrone, Zackenkrone, Goldkrone.

²Krone: ↑Kronleuchter, ↑Münze, ↑Wipfel ↑Zahnersatz; dänische / isländische / norwegische / schwedische / tschechische K. ↑Zahlungsmittel; Nördliche / Südliche K. ↑Sternbild; K. der Schöpfung ↑Mensch; etwas setzt e[...]

ner Sache die K. auf, das schlägt dem Fass die K. ins Gesicht ↑unerhört [sein]; jmdm. bricht kein Zacken / fällt kein Stein aus der K. ↑erniedrigen (sich); einen in der K. haben ↑betrunken [sein]; etwas steigt jmdm. in die K. ↑dünkelhaft [sein].

krönen: etwas ist von Erfolg gekrönt ↑Erfolg [haben].

Kronenkorken ↑Stöpsel.

Kronensohn ↑Junge.

Kronenverschluss ↑Verschluss.

Kronjuwelenhochzeit ↑Hochzeitstag.

Kronleuchter, Krone, Lüster, Luster *(österr.);* ↑Lampe.

Kronprinz ↑Thronfolger.

Kronsbeere ↑Beerenobst.

Krönung, letzte Vollendung, letzter Schliff / Pfiff *(ugs.),* i-Punkt, Tüpfelchen auf dem i; ↑Temperament; ↑geistreich.

Kronzeuge ↑Zeuge.

¹Kropf, Struma, Schilddrüsenvergrößerung, Schilddrüsenhyperplasie; ↑Krankheit, ↑Schilddrüsenüberfunktion.

²Kropf: den K. leeren ↑sprechen.

Kroppzeug ↑Abschaum.

krosch ↑knusprig.

kross ↑knusprig.

Krösus ↑Reicher.

Krot ↑Frosch.

Kröte: ↑Frosch; -n ↑Geld; eine K. im Hals / verschluckt haben ↑heiser [sein].

krötig: k. werden ↑ärgerlich [werden].

Krott ↑Frosch.

Krotte ↑Frosch.

Krucke: -n ↑Geweih.

Krücke: ↑Hilfsmittel, ↑Spazierstock.

krücken ↑lügen.

Krückenkreuz ↑Kreuzzeichen.

Krückstock: ↑Spazierstock; das sieht doch ein Blinder mit [dem] K. ↑klar [sein].

krud ↑unbarmherzig.

krude ↑unbarmherzig.

Krug: ↑Gaststätte, ↑Kanne, ↑Trinkgefäß.

Krügel ↑Hohlmaß.

Krüger ↑Wirt.

Kruke: ↑Kanne, ↑Kind.

Krullfarn ↑Farn.

Krüllschnitt ↑Tabak.

Krume: ↑Erde, ↑Krümel.

¹Krümel, Krume, Brotkrume, Brosame, Brösel, Bröckchen, Brocken; ↑Paniermehl.

²Krümel ↑Kind.

krumm: ↑gebogen, ↑verwachsen; vor jmdm. einen -en Buckel machen ↑unterwürfig [sein]; ein -es Ding drehen ↑Verbrechen; der ist k., wenn er sich bückt ↑geizig [sein]; keinen Finger k. machen ↑träge [sein], ↑unternehmen.

Krummdarm ↑Darm.

krümmen: sich k. ↑beugen (sich); niemandem ein Haar k. [können] ↑friedfertig [sein]; sich vor Schmerzen k. ↑Schmerz.

krumm legen: sich k. ↑sparen.

krumm liegen ↑sparen.

krumm nehmen ↑übel nehmen.

Krümmung ↑Biegung.

krumpelig ↑zerknittert.

krumpfen ↑einlaufen.

krumplig ↑zerknittert.

Krüppelwalmdach ↑Dach.

krüsch ↑wählerisch.

Krüsch ↑Kleie.

Krustazee ↑Krebs.

Krüstchen ↑Brotende.

Kruste: ↑Brotende, ↑Brotkruste, ↑Hautblüte, ↑Schale, ↑Schorf.

Krustenflechte ↑Flechte.

Krustentier ↑Krebs.

Kruzifix: ↑Altargerät; K.! ↑verflucht!

Kruzitürken: K.! ↑verflucht!

Kryotherapie, Kältebehandlung, Gefrierbehandlung, Frigotherapie, Krymotherapie, Krimotherapeutik, Psychotherapie; ↑Naturheilverfahren.

Krypta ↑Grab.

kryptogenetisch: -e Anämie ↑Perniziosa.

Krypton: ↑Edelgas, ↑Gas.

Kryptonym ↑Pseudonym.

Kryptorchismus ↑Hoden.

¹Kuba, Zuckerinsel.

²Kuba ↑Orientteppich.

Kubatabak ↑Tabak.

Kübel: ↑Gefäß; es gießt wie mit -n ↑regnen.

Kübelpflanze ↑Topfpflanze.

Kubikmeter ↑Hohlmaß.

kubisch: -e Gleichung ↑Gleichung.

Kubismus ↑Malerei.

Kübler ↑Böttcher.

Kubus ↑Würfel.

¹Küche, Wohnküche · *kleine:* Kochnische, Pantry; ↑Wohnung; ↑kochen.

²Küche: ↑Nasszelle; in Teufels K. kommen ↑Lage.

Kuchelgrazie ↑Koch.

kücheln ↑braten.

Kuchen: braune K. ↑Lebkuchen; [kleine K.] ↑Gebäck; das größte Stück vom K. ↑Anteil.

-kuchen ↑Profit.

Kuchenblech ↑Backform.

Küchenbulle ↑Koch.

Küchenchef ↑Koch.

Küchendragoner ↑Koch.

Küchenfee ↑Koch.

Kuchenform ↑Backform.

Kuchengabel ↑Gabel.

Küchengardine ↑Gardine.

Küchengewürz, Küchenkraut, Gewürzpflanze · Bohnenkraut, Pfefferkraut · Borretsch, Gurkenkraut · Dill · Portulak · Eberraute · Löffelkraut · Tripmadam · Ysop · Salbei · Beifuß · Estragon · Schnittlauch · Petersilie, Peterle *(landsch.)* · Knoblauch · Pimpinelle · Basilikum · Kerbel · Liebstöckel, Mag-

gikraut *(ugs.)* · Rosmarin · Melisse, Zitro-nenmelisse · Kresse; ↑Gemüse, ↑Gewürz, ↑Knoblauch, ↑Zwiebel; ↑garnieren, ↑kochen, ↑würzen.
Küchenhandtuch ↑Handtuch.
Küchenherd ↑Herd.
Küchenhobel, Hachel *(österr.),* Hobel, Gur-kenhobel, Gurkenhachel *(österr.);* ↑Messer; ↑hobeln.
Küchenkraut ↑Küchengewürz.
Küchenlampe ↑Lampe.
Küchenmeister: bei jmdm. ist Schmalhans K. ↑sparen [müssen].
Küchenmesser ↑Messer.
Küchenschrank ↑Schrank.
Küchenschürze ↑Schürze.
Küchentisch ↑Tisch.
Kuchentrieb ↑Treibmittel.
Küchenuhr ↑Uhr.
Küchenwaage ↑Waage.
kuchenwarm ↑warm.
Küchlein ↑Huhn.
kucken: ↑blicken; dumm aus der Wäsche k. ↑überrascht [sein]; Fernsehen k. ↑empfangen; in die Röhre k. ↑bekommen, ↑fernsehen.
Kuckuck: ↑Vogel; zum K.! ↑verflucht! zum K. sein ↑verloren [sein]; jmdm. zum K. wünschen ↑verwünschen.
Kuckucksei: ein K. sein ↑ähneln; jmdm. ein K. ins Nest legen ↑aufbürden.
Kuckucksuhr ↑Uhr.
Kuddelmuddel ↑Verwirrung.
Kudelkraut ↑Thymian.
Küfer ↑Böttcher.
Kugel: ↑Munition, ↑Sportgerät; sich eine K. durch den Kopf jagen ↑entleiben (sich); eine ru-hige K. schieben ↑anstrengen (sich).
Kugelballon ↑Luftschiff.
Kugelblitz ↑Blitz.
kugelfest ↑undurchlässig.
Kugelfries ↑Fries.
Kugelgelenk ↑Gelenk.
Kugelhagel ↑Beschuss.
Kugelhaufenreaktor ↑Atomreaktor.
kugeln ↑rollen.
Kugelregen ↑Beschuss.
kugelrund ↑dick.
Kugel scheiben ↑murmeln.
Kugelschreiber ↑Schreibstift.
kugelsicher: ↑undurchlässig; -e Weste ↑Weste.
Kugelstoßen: ↑Fünfkampf, ↑Leichtathletik, ↑Zehnkampf.
Kugelwechsel ↑Schusswechsel.
Kuh: ↑Rind; Kühe ↑Vieh; dumme K. ↑Dumm-kopf; heilige K. ↑Tabu.
Kuhblume ↑Löwenzahn.
Kuhdorf ↑Dorf.
Küher ↑Hirt.
Kuhhandel ↑Abmachung.
Kuhhaut: etwas geht auf keine K. ↑unerhört [sein].

Kuhhirt ↑Hirt.
Kuhkalb ↑Rind.
Kuhkäse ↑Handkäse.
kühl: ↑kalt, ↑unzugänglich; ein -es Blondes ↑Bier; -er werden lassen ↑abkühlen (etwas).
Kühlanlage ↑Kühlhaus.
Kühlbox ↑Kühlschrank.
Kuhle ↑Grube.
Kühle: ↑Kälte, ↑Verschlossenheit.
Kuhleder ↑Leder.
kühlen: an jmdm. sein Mütchen k. ↑schelten.
Kühlhaus, Kühlraum, Kühlanlage; ↑Kühl-schrank.
Kühlhausei ↑Hühnerei.
Kühlraum ↑Kühlhaus.
Kühlschrank, Eisschrank, Eiskasten *(österr.),* Kompressionskühlschrank, Absorptionskühl-schrank, Tiefkühltruhe, Gefriertruhe, Gefrier-schrank, Kühlbox, Frigidaire®; ↑Kühlhaus; ↑abtauen, ↑tiefkühlen; ↑gekühlt.
Kühlung: ↑Abkühlung, ↑Wärmeentzug.
Kühlwagen ↑Eisenbahnwagen.
Kuhmilch ↑Milch.
Kuhmist ↑Dünger.
kühn: ↑mutig; so k. sein ↑erdreisten (sich).
Kühnheit: ↑Mut; die K. besitzen / haben ↑er-dreisten (sich).
kujonieren ↑schikanieren.
Küken: ↑Huhn, ↑Jüngste, ↑Jüngster.
Kukumber ↑Gurke.
Kukumer ↑Gurke.
Kukummer ↑Gurke.
Kukuruz ↑Mais.
kulant ↑entgegenkommend.
Kuldoskopie ↑Ausspiegelung.
Kuli: ↑Arbeitstier, ↑Schreibstift.
kulinarisch ↑üppig.
Kulisse: ↑Bühnendekoration; K. [für] ↑Hinter-grund; hinter den -n ↑heimlich; hinter die -n bli-cken ↑erkennen.
Kulissenbühne ↑Bühne.
Kullerball ↑Spielball.
kullern ↑rollen.
Kulmination ↑Höhepunkt.
kulminieren ↑gipfeln.
Kultbild ↑Andachtsbild.
Kultfigur ↑Identifikationsfigur.
Kultfilm ↑Kinofilm.
Kultgemeinschaft ↑Religionsgemeinschaft.
kultivieren ↑bebauen, ↑verfeinern.
kultiviert ↑geschmackvoll.
Kultivierung: ↑Bebauung, ↑Verfeinerung.
Kultstätte, Weihestätte, Opferstätte, Gebets-stätte, Heiligtum · *am westlichen Teil des Tem-pels in Jerusalem:* Klagemauer; ↑Altar, ↑Got-teshaus, ↑Opferstätte.
Kultur, Zivilisation, Fortschritt, Entwicklung.
Kulturabkommen ↑Abmachung.
Kulturbeilage ↑Zeitungsbeilage.
Kulturbeutel, Kulturtasche, Waschbeutel, Ne-cessaire, Reisenecessaire, Toilette[n]tasche.

Kulturfilm ↑Kinofilm.
Kulturhefe ↑Schlauchpilz.
Kulturpessimismus ↑Pessimismus.
Kultursprache ↑Sprache.
Kulturtasche ↑Kulturbeutel.
Kulturteil ↑Feuilleton.
Kultusminister, Erziehungsdirektor *(schweiz.);* ↑Schule.
Kümerling ↑Gurke.
Kumm ↑Schüssel.
Kumme ↑Schlüssel.
Kümmel: ↑Alkohol, ↑Gewürz.
Kümmelkäse ↑Handkäse.
kümmeln ↑trinken.
Kümmelspalter ↑Pedant.
Kummer: ↑Leid; jmdm. K. bereiten / machen, jmdn. mit K. erfüllen ↑bekümmern; etwas bereitet jmdm. K. ↑sorgen (sich).
[1]kümmerlich, verkümmert, vermickert *(ugs.),* mickerig *(ugs.),* mickrig *(ugs.).*
[2]kümmerlich ↑karg.
Kümmerling ↑Gurke.
[1]kümmern (sich um jmdn.), sorgen für, umsorgen, versorgen, befürsorgen *(österr.),* bemuttern, betreuen, umhegen, jmdn. unter seine Fittiche nehmen, nach dem Rechten sehen, nach jmdm. sehen / schauen; ↑behüten, ↑geben, ↑helfen, ↑pflegen, ↑vernachlässigen (etwas), ↑verwöhnen; **sich nicht um jmdn. k.,** vernachlässigen, seine Pflicht versäumen, jmdn. stiefmütterlich behandeln; ↑Fürsorge, ↑Wächter.
[2]kümmern: [sich k.] ↑sorgen (sich); sich k. um ↑beaufsichtigen; sich um alles / jeden Dreck k. ↑neugierig [sein]; sich nicht um etwas k. ↑vernachlässigen (etwas); sich nicht mehr um etwas k. ↑weglegen; sich den Henker / den Teufel um etwas k. ↑annehmen (sich einer Sache).
Kümmernis ↑Leid.
Kummerspeck ↑Fettleibigkeit.
Kümmerwuchs ↑Kleinwuchs.
Kumpan ↑Komplize.
Kumpel: ↑Bergmann, ↑Freund, ↑Freundin, ↑Kamerad, ↑Kollege.
Kumulation ↑Anhäufung.
kumulieren: ↑aufhäufen, ↑wählen.
Kumulierung ↑Anhäufung.
Kumulonimbus ↑Wolken.
Kumulus ↑Wolken.
kund: k. und zu wissen tun ↑mitteilen.
[1]Kunde, Käufer, Kundschaft, Kundenkreis, König Kunde, Kundsame *(schweiz.),* Stammkunde, Laufkunde, Abnehmer, Interessent, Auftraggeber · *im Rechtswesen:* Klient, Klientel, Mandant · *einer Prostituierten oder eines Strichjungen:* Freier; ↑Kauf, ↑Konsument, Kundendienst; ↑verkaufen.
[2]Kunde: ↑Nachricht, ↑Vagabund.
künden: etwas kündet von etwas ↑zeigen.
Kundendienst, Service, Bedienung, Dienst am Kunden]; ↑Dienst, ↑Kunde; ↑bedienen.
Kundenfang ↑Werbung.

Kundenkredit ↑Guthaben.
Kundenkreis ↑Kunde.
Kundensperre ↑Vergeltungsmaßnahmen.
Kundensprache ↑Gaunersprache.
Kundenwerber: ↑Akquisiteur, ↑Handelsvertreter.
Kundenwerbung ↑Werbung.
Kundfahrt ↑Reise.
Kundgabe: ↑Bekundung, ↑Mitteilung.
kundgeben ↑bekunden.
Kundgebung ↑Demonstration.
kundig ↑fachmännisch.
[1]kündigen (jmd. kündigt), ausscheiden, verlassen, weggehen, gehen, ausstehen *(südd., österr.),* den Abschied nehmen, den Hut nehmen, demissionieren, zurücktreten, abdanken, sein Amt zur Verfügung stellen / niederlegen / *(österr.)* zurücklegen, einen Posten abgeben / abtreten, sich [ins Privatleben] zurückziehen, aufhören, die Arbeit an den Nagel hängen / niederlegen / *(salopp)* schmeißen, hinschmeißen, abtreten, den ganzen Kram / Krempel / Bettel, die Sachen hinwerfen (oder:) hinschmeißen *(salopp),* jmdm. den ganzen Kram / Krempel vor die Füße werfen *(salopp);* ↑abmelden (sich), ↑ausschließen, ↑beenden, ↑entfernen, ↑entlassen, ↑streiken, ↑trennen (sich); ↑Entlassung, ↑Kündigung.
[2]kündigen: ↑abbestellen, ↑entlassen; jmdm. die Freundschaft k. ↑brechen (mit jmdm.).
Kundiger ↑Fachmann.
[1]Kündigung, Rücktritt, Austritt, Ausscheiden, Demission, Amtsverzicht, Abdankung, Abschied; ↑Entlassung, ↑entlassen, ↑kündigen.
[2]Kündigung ↑Entlassung.
kundmachen: ↑mitteilen, ↑veröffentlichen.
Kundmachung ↑Mitteilung.
Kundsame ↑Kunde.
Kundschaft ↑Kunde.
kundtun: ↑mitteilen; seinen Unwillen k. ↑auspfeifen.
künftig ↑später.
kungeln: ↑intrigieren, ↑verkaufen.
kunkeln ↑intrigieren.
Kunktator ↑Zauderer.
Kunnilingus: ↑Koitus, ↑Liebesspiel.
Kunst: absolute / abstrakte / gegenstandsfreie / gegenstandslose / informelle / kinetische / konkrete / nonfigurative / ungegenständliche K. ↑Malerei; die grafischen Künste ↑Grafik; schwarze K. ↑Aberglaube, ↑Zauberei; das ist keine K. ↑schwierig; alle seine Künste spielen lassen ↑charmant [sein]; nach allen Regeln der K. ↑sehr; mit seiner K. am Ende sein ↑Lösung.
Kunstausstellung, Gemäldeausstellung, Bilderausstellung, Ausstellung; ↑Kunsthändler, ↑Museum.
Kunstbeilage ↑Zeitungsbeilage.
Kunstblatt ↑Kunstdruck.
Kunstblume, Papierblume, künstliche / *(landsch.)* gebackene Blume; ↑Blume.

Kunstdruck, Kunstblatt, Grafik, Druck ·
Siebdruck, Serigraphie · Holzschnitt · Kupfer-
stich, Stich, Umrissstich, Kartonstich, Stahl-
stich, Farbstich · Radierung, Eisenradierung,
Kaltnadelradierung · Lithographie, Litho,
Farblithographie, Farblitho; ↑Grafik, ↑Holz-
schnitt, ↑Zeichnung.
Kunstdruckpapier ↑Druckpapier.
Kunstdünger ↑Dünger.
Künstelei ↑Geziertheit.
kunstempfänglich ↑musisch.
Kunstepos ↑Erzählung.
Kunstfahrer ↑Artist.
Kunstfaser: ↑Chemiefaser, ↑Faser.
Kunstfehler ↑Fehler.
Kunstfertigkeit, Fertigkeit, Fingerfertigkeit,
Geschicklichkeit, Geschick, Übung, Geübt-
heit, Training, Routine, Erfahrenheit, Erfah-
rung, Praxis, Tun, Gewandtheit · *im Arrangie-
ren von Blumen:* Ikebana; ↑Fähigkeit, ↑Hand-
habung, ↑Strategie, ↑Verfahren, ↑Wendigkeit.
Kunstflug ↑Flug.
Kunstfreund ↑Liebhaber.
Kunstgalerie ↑Museum.
Kunstgegenstand: alter / altertümlicher / an-
tiker / antiquarischer K. ↑Antiquität.
kunstgerecht ↑fachmännisch.
Kunstgeschichte ↑Wissenschaft.
Kunstgriff ↑Trick.
Kunsthaarperücke ↑Perücke.
Kunsthändler, Galerist, Galeristin, Galeriebe-
sitzer, Antiquitätenhändler; ↑Antiquität,
↑Kunstausstellung.
Kunstherz ↑Herz.
Kunsthonig: ↑Brotaufstrich, ↑Honig.
Kunstkalender ↑Kalender.
Kunstkraftsport ↑Schwerathletik.
Kunstkritik ↑Besprechung.
Kunstkritiker ↑Kritiker.
Kunstlauf ↑Eislauf.
Kunstläufer ↑Schlittschuhläufer.
Kunstleder ↑Leder.
Künstler, freischaffender Künstler, Meister,
Maestro · *der seine Ausbildung durch Selbststu-
dium erhalten hat:* Autodidakt · *sich als ge-
schäftlicher Erfolg erweisender:* Kassenmagnet,
Kassenfüller · *im Bereich der bildenden Kunst:*
Bildhauer, Bildschnitzer, Maler, Kunstmaler,
Bühnenbildner, Grafiker, Zeichner, Kupferste-
cher, Kunstschmied, Goldschmied, Architekt,
Baumeister, Verpackungskünstler · *im Bereich
der Musik:* Komponist, Tonschöpfer, Tonsetzer, Tonkünstler, Tondichter, Musiker · *im Bereich der Literatur:* Dichter, Poet, Lyriker,
Schriftsteller, Literat, Erzähler, Novellist, Romancier, Dramatiker · *im Bereich der darstel-
lenden Kunst:* Schauspieler, Schauspielerin,
Darsteller, Darstellerin, Mime, Komödiant,
Tragöde, Tragödin, Filmschauspieler, Filmschauspielerin, Aktrice, Diva, Filmdiva, Leinwandgröße, Filmstar, Star, Starlet, Topstar,

Opernsänger, Opernsängerin, Primadonna,
Sänger, Sängerin, Tänzer, Balletttänzer, Tänze-
rin, Balletttänzerin, Ballerino, Ballerina, So-
list, Solistin, Interpret, Interpretin, Musiker,
Pianist, Geiger, Cellist, Virtuose; ↑Architekt,
↑Balletttänzer, ↑Balletttänzerin, ↑Bildhauer,
↑Edelmetallschmied, ↑Komponist, ↑Kunstma-
ler, ↑Kunstschmied, ↑Musizierender, ↑Pianist,
↑Sänger, ↑Sängerin, ↑Schauspieler, ↑Schau-
spielerin, ↑Schriftsteller, ↑Zeichner; ↑von.
Künstlerdrama ↑Drama.
künstlerisch: ↑schöpferisch; [k. begabt] ↑mu-
sisch; -er Leiter ↑Zeichner.
Künstlerkalender ↑Kalender.
Künstlername: ↑Deckname, ↑Pseudonym.
Künstlerpech ↑Unglück.
Künstlerroman ↑Roman.
künstlich: ↑unecht; -e Befruchtung ↑Befruch-
tung; -es Gebiss, -e Zähne ↑Zahnersatz; -e In-
telligenz ↑Computer; -e Sprache ↑Sprache; -er
Winterschlaf ↑Heilschlaf.
Kunstlicht ↑Licht.
Kunstliebhaber ↑Liebhaber.
Kunstlied ↑Lied.
kunstlos ↑einfach.
Kunstmaler, Maler, Porträtmaler, Porträtist,
Landschaftsmaler, Landschafter, Genremaler,
Historienmaler, Schlachtenmaler, Blumenma-
ler, Glasmaler, Farbenkleckser *(abwertend),*
Kleckser *(abwertend),* Schmierer *(abwertend)* ·
Sprayer · *autodidaktischer, der die Malerei nur
als Hobby hat:* Laienmaler, Sonntagsmaler, nai-
ver Maler; ↑Malerei, ↑Zeichner; ↑malen.
Kunstmärchen ↑Märchen.
Kunstmusik ↑Musik.
kunstreich ↑kunstvoll.
Kunstreiterin ↑Reiterin.
Kunstrichter ↑Kritiker.
Kunstsammlung ↑Museum.
Kunstschlosser ↑Kunstschmied.
Kunstschmied, Kunstschlosser; ↑Künstler,
↑Schlosser, ↑Schmied.
Kunstschütze ↑Schütze.
Kunstseide ↑Stoff.
Kunstsinn ↑Kunstverständnis.
kunstsinnig ↑musisch.
Kunstsprache ↑Sprache.
Kunstsprung ↑Sprung.
Kunststein ↑Baustein.
Kunststoff, Ersatzstoff; ↑Surrogat, ↑Werkstoff.
Kunststofffolie ↑Folie.
Kunststück: das ist kein K. ↑schwierig.
Kunsttanz ↑Tanz.
Kunsttischler ↑Tischler.
Kunstverstand ↑Kunstverständnis.
kunstverständig ↑musisch.
Kunstverständnis, Kunstverstand, Kunst-
sinn, [guter] Geschmack; ↑musisch.
kunstvoll, kunstreich, wirkungsvoll, effekt-
voll; ↑schöpferisch.
Kunstwort ↑Fachausdruck.

kunterbunt: ↑uneinheitlich; k. durcheinander ↑durcheinander.
Kunterbunt ↑Mischung.
Kunz: ↑Schwein; Hinz und K. ↑alle.
Kunzit ↑Schmuckstein.
Kupfer: ↑Hochzeitstag, ↑Münze.
Kupferdraht ↑Draht.
kupferfarben ↑orange.
Kupfermünze ↑Münze.
kupfern: -e Hochzeit ↑Hochzeitstag.
kupferrot: ↑rot, ↑rothaarig.
Kupferschmied ↑Schmied.
Kupferstechkunst ↑Grafik.
Kupferstich: ↑Grafik, ↑Kunstdruck.
Kupfervitriol ↑Gift.
Kupidität ↑Leidenschaft.
kupieren ↑beschneiden.
Kupp ↑Garbenstand.
Kuppe ↑Gipfel.
¹Kuppel, Hängekuppel, Böhmische Kappe, Stutzkuppel, Flachkuppel, Halbkuppel, Konche, Rippenkuppel, Hohlkörperkuppel, Schalenkuppel, Faltkuppel, Spitzkuppel, Zwiebelkuppel, Kassettenkuppel; ↑Baustil, ↑Gewölbe.
²Kuppel ↑Gewölbe.
Kuppelbörse ↑Eheanbahnungsinstitut.
Kuppeldach ↑Dach.
Kuppelgrab ↑Grab.
kuppeln: ↑verkuppeln, ↑zusammenfügen.
Kuppelpelz: sich einen K. verdienen ↑verkuppeln.
Kupplungsbremse ↑Bremse.
¹Kur, Heilverfahren, Verschickung · Radikalkur · *zum Abgewöhnen des Genusses von Rauschgift, bes. von Alkohol:* Entziehungskur · *mit dem Ziel des Gewichtsverlustes:* Schlankheitskur, Abmagerungskur, Entfettungskur, Hungerkur; ↑Behandlung (Pferdekur); **eine K. machen,** Kurlaub machen, kuren; ↑Institution, ↑Kurmittel, ↑Therapie.
²Kur ↑Urlaub.
Kür ↑Turnübung.
Kurant ↑Urlauber.
Kurare ↑Gift.
Kurarzt ↑Arzt.
Kürassier ↑Soldat.
Kuratel: ↑Vormundschaft; unter K. stehen ↑unterdrückt [werden]; unter K. stellen ↑entmündigen.
Kurator ↑Treuhänder.
Kuratorium, Aufsichtsbehörde, ↑Ausschuss.
Kurbad ↑Badeort.
kurbeln ↑drehen.
Kürbis: ↑Gemüse, ↑Kopf.
Kurdenteppich ↑Orientteppich.
kuren ↑Kur.
küren ↑erwählen.
Kürettage, Curettage, Kürette, Curettement, Abrasio [uteri], Abrasion, Evidement, Ausschabung, Gebärmutterausschabung, Auskratzung, Gebärmutterauskratzung; ↑Abtreibung.

Kürette ↑Kürettage.
Kurgast ↑Urlauber.
Kurheim ↑Sanatorium.
Kurier: ↑Abgesandter, ↑Bote.
kurieren ↑gesund.
Kuriositätenkabinett ↑Jahrmarktsbude.
Kuriosum ↑Ereignis.
Kurkapelle ↑Orchester.
Kurkonzert ↑Musikveranstaltung.
Kurkuma ↑Gewürz.
Kurlaub: ↑Urlaub; K. machen ↑[eine] Kur [machen].
Kurmittel, Anwendung · Wasseranwendung, Guss; ↑Kur.
Kurorchester ↑Orchester.
Kurort, Luftkurort, Kneippkurort, Winterkurort, Höhenkurort; ↑Badeort.
Kurpfuscher: ↑Arzt, ↑Stümper.
Kurrende ↑Chor.
Kurrentschrift ↑Schrift.
Kurs: ↑Börsenkurs, ↑Unterricht; einen K. mitmachen, an einem K. teilnehmen ↑Unterricht [erhalten]; K. nehmen auf ↑ansteuern; außer K. gesetzt sein ↑Geltung; hoch im K. bei jmdm. stehen ↑angesehen [sein].
Kurschatten: ↑Geliebte, ↑Geliebter.
Kürschner, Pelznäher; ↑Schneider.
¹kursieren, umlaufen, die Runde machen, in Umlauf sein, zirkulieren; ↑Zirkulation.
²kursieren ↑herumsprechen (sich).
Kursivschrift ↑Schrift.
Kursleiter ↑Instrukteur.
kursorisch, fortlaufend, ohne Unterbrechung; ↑unaufhörlich.
Kürste ↑Brotkruste.
Kursunterricht ↑Unterricht.
Kursus: ↑Unterricht; einen K. mitmachen, an einem K. teilnehmen ↑Unterricht [erhalten].
Kurswagen ↑Eisenbahnwagen.
Kurtisane ↑Geliebte.
Kürübung ↑Turnübung.
Kurus ↑Zahlungsmittel.
¹Kurve, Biegung, Wegbiegung, Abbiegung, Abknickung, Wegkrümmung, Kehre, Rank *(schweiz.),* Linkskurve, Rechtskurve, Spitzkurve, Steilkurve, Zickzackkurve, S-Kurve, Haarnadelkurve · *die auf einer Rennbahn die Zielgerade mit der Gegengeraden verbindet:* Zielkurve; ↑Gabelung; ↑abbiegen.
²Kurve: ↑Biegung, ↑Linie; -n ↑Busen; die K. kratzen ↑weggehen; die K. kriegen ↑Erfolg [haben]; aus der K. getragen werden ↑schleudern.
Kurvenstar ↑Schauspielerin.
¹kurz, verkürzt, abgekürzt, knapp, gedrängt, kernig, markig, kurz und bündig, kurz und schmerzlos *(ugs.),* konzis, komprimiert, summarisch, in kurzen / knappen / groben / großen Zügen, in nuce, umrisshaft, lakonisch, lapidar, aphoristisch, nicht ↑ausführlich; ↑kurzum, ↑vergänglich, ↑vorübergehend.

²**kurz:** ↑vorübergehend; k. und gut, k. und schlicht ↑kurzum; über k. oder lang ↑später; [k. angebunden] ↑unhöflich; k. entschlossen ↑kurzerhand; zu k. geraten ↑klein; zu k. kommen ↑zurückstehen; zu k. gekommen sein ↑Nachholbedarf [haben]; seit -em ↑neuerdings; den Kürzeren ziehen ↑hereinfallen.

Kurzarbeit, Feierschicht; ↑Aussperrung.

Kurzartikel ↑Zeitungsartikel.

kurzatmig ↑abgehackt.

Kurzbericht ↑Zeitungsartikel.

Kürze: ↑Kleinheit; in aller K. ↑Hast.

Kürzel ↑Abkürzung.

kürzen: ↑beschneiden, ↑beschränken, ↑verringern; gekürzt ↑zensiert; gekürzte Ausgabe / Fassung / Form ↑Kurzfassung.

Kurzer ↑Alkohol.

kurzerhand, schlankerhand *(selten),* schlankweg, kurz entschlossen, ohne weiteres; mir nichts, dir nichts *(ugs.);* ohne [große] Umstände / viel Umstände / viel Federlesen[s] zu machen, einfach, glatt *(ugs.),* glattweg *(ugs.),* ohne lange zu überlegen / zu zögern / *(ugs.)* mit der Wimper zu zucken / *(ugs.)* zu fackeln; ↑anstandslos, ↑kurzum, ↑rundheraus, ↑schnell; ↑Einleitung.

kürzer treten ↑sparen.

¹**Kurzfassung,** Kürzung, gekürzte Fassung / Form / Ausgabe.

²**Kurzfassung** ↑Zusammenfassung.

Kurzfilm ↑Kinofilm.

¹**kurzfristig,** schnell, in kurzer Zeit, bald, in Bälde; ↑später.

²**kurzfristig:** ↑kurzlebig, ↑vorübergehend.

Kurzgeschichte ↑Erzählung.

Kurzhaar: Deutsch K. ↑Hunderassen; Europäisch K. ↑Katzenrassen.

Kurzhaarperücke ↑Perücke.

Kurzhaarschnitt ↑Frisur.

¹**kurzlebig,** kurzfristig, ephemer, transitorisch; **k. sein:** etwas ist kurzlebig / eine Eintagsfliege, etwas ist ohne / von kurzer / nicht von [langer] Dauer.

²**kurzlebig** ↑vorübergehend.

kürzlich, neulich, letztens, letzthin, jüngst, unlängst, vorhin, eben erst / noch, vor einer Weile, vor kurzem, vor kurzer Zeit, in letzter Zeit, dieser Tage, am Vortag, nicht ↑jetzt; ↑neuerdings.

Kurzroman ↑Roman.

Kurzschluss: K. haben ↑begriffsstutzig [sein].

Kurzschlusshandlung ↑Tat.

Kurzschrift, Stenografie; ↑Abkürzung.

kurzsichtig, verblendet, borniert *(abwertend),* engstirnig, eng, beschränkt, mit Scheuklappen, nicht ↑weitblickend.

Kurzsichtigkeit: ↑Fehlsichtigkeit, ↑Unkenntnis.

Kurzstreckenflugzeug ↑Flugzeug.

Kurzstreckenlauf: ↑Lauf, ↑Leichtathletik.

kurz treten: k. müssen ↑sparen [müssen].

kurzum, kurz [gesagt / und gut / und schlicht], mit einem Wort, der langen Rede kurzer Sinn; ↑kurz, ↑kurzerhand.

Kürzung: ↑Kurzfassung, ↑Verminderung.

Kurzwarenhandlung ↑Laden.

Kurzweil ↑Unterhaltung.

kurzweilig, unterhaltend, unterhaltsam, abwechslungsreich, abwechslungsvoll, nicht ↑langweilig; ↑humorvoll, ↑interessant, ↑lustig, ↑mannigfaltig; ↑Unterhaltung.

Kurzwort: ↑Abkürzung, ↑Wort.

kuscheln: sich k. an ↑anschmiegen (sich).

kuschen ↑gehorchen.

Kusine, Cousine, Base; ↑Verwandter.

Kuskus ↑Mahlzeit.

¹**Kuss,** Busserl *(südd., österr.),* Bussel *(südd., österr.),* Küsschen *(fam.),* Bussi *(fam., österr.),* Schmatz, Schmutz *(oberd.),* Bützchen *(rhein.),* Schmusschen *(rhein.),* Schmunz *(rhein.),* Schmockert *(rhein.),* Schnuckes *(rhein.),* Schnuss *(rhein.),* Bäss *(rhein.),* Guschel *(schles.),* Mäulchen *(veraltet)* · Zungenkuss, französischer Kuss · *langer:* Dauerbrenner *(scherzh.),* Fünfminutenbrenner *(scherzh.)* · *als Zeichen der Freundschaft:* Bruderkuss; ↑begrüßen, ↑küssen.

²**Kuss:** jmdm. einen K. geben ↑küssen; mit Gruß und K. ↑hochachtungsvoll.

Küsschen ↑Kuss.

¹**küssen,** jmdm. einen Kuss geben / *(ugs.)* einen aufdrücken, abküssen, abschmatzen *(ugs.),* busseln *(landsch.),* schnäbeln *(scherzh.),* knutschen *(salopp),* abknutschen *(salopp),* bützen *(rhein.);* ↑liebkosen, ↑umfassen.

²**küssen:** von der Muse geküsst sein ↑dichten [können]; küss die Hand! ↑Gruß.

Kusshand: mit K. ↑ja.

Küste ↑Ufer.

Küstenangelei ↑Angelsport.

Küstenfischer ↑Fischer.

Küstenfischerei ↑Fischerei.

Küstenlandschaft ↑Landschaft.

Küstenschiff ↑Schiff.

Küstenschifffahrt ↑Schifffahrt.

Küster ↑Wächter.

Kustode ↑Wächter.

Kustos: ↑Referent, ↑Wächter.

Kute ↑Grube.

kuten ↑aufbewahren.

Kutis ↑Sinnesorgan.

Kutsche, Droschke, Pferdedroschke, Kalesche, Fiaker, Landauer, Kremser, Karosse, Britschka, Equipage, Diligence, Tilbury, Berline, Reisewagen, Postkutsche, Post, Extrapost, Staatskarosse, Staatskutsche, Break, Coupé, Dogcart, Einspänner, Hansomcab, Hansom, Phaeton, Buggy, Chaise, Vis-a-vis-Wagen, Hochzeitskutsche; ↑Fuhrmann, ↑Taxi, ↑Verkehrsmittel, ↑Wagen.

Kutscher ↑Fuhrmann.

kutschieren ↑steuern.

¹**Kutte,** Mönchskutte, Mönchshabit, Mönchskleid; ↑Kleidung.

²**Kutte:** die K. nehmen ↑Mönch [werden].

Kuttelflecke ↑Innereien.
Kutteln ↑Innereien.
Kutter ↑Segelschiff.
Kutterfass ↑Abfalleimer.
Kütterkessel ↑Abfalleimer.
Kuvasc ↑Hunderassen.
Kuvert ↑Umschlag.
Kuvertüre ↑Schokoladenüberzug.
Kyudo ↑Selbstverteidigung.
KZ ↑Gefangenenlager.

La Bamba ↑Tanz.
Laban: ↑Mann, ↑Riese.
Labbe ↑Mund.
labberig ↑abgestanden.
Label: ↑Etikett, ↑Schallplattenfirma.
laben: ↑erquicken; -d ↑bekömmlich.
Laberl ↑Brötchen.
labern ↑sprechen.
¹labil, beeinflussbar, schwankend, wandelbar, unausgeglichen, unstet; ↑launisch, ↑untreu, ↑unaufmerksam, ↑veränderlich; **l. sein,** von einem Extrem ins andere fallen; ↑Beeinflussbarkeit.
²labil ↑anfällig.
Labilität ↑Beeinflussbarkeit.
Labor ↑Institut.
Laboratorium ↑Institut.
laborieren ↑behandeln.
La Bostella ↑Tanz.
Labrador ↑Hunderassen.
Labradorit ↑Schmuckstein.
¹Labsal, Erquickung, Genuss, Hochgenuss, Augenweide, Ohrenschmaus; ↑Genuss, ↑Lust.
²Labsal ↑Trost.
Labskaus ↑Eintopf.
Labyrinth ↑Irrgarten.
Lachanfall: einen L. bekommen ↑lachen.
¹Lache, Gelächter, Lacher, homerisches Gelächter, Lachsalve, Gewieher *(ugs.),* Freudengeheul *(ugs.),* Lachkrampf; ↑Gelächter; ↑lachen.
Lache: ↑Pfütze; die L. ↑Gelächter.
ächeln: ↑lachen; Fortuna lächelt jmdm. Glück [haben].
ächeln (das), das Schmunzeln, das Grinsen, Gegrinse *(abwertend),* das Grienen · *spöttisches, wissendes:* Augurenlächeln; ↑Gelächter; ↑lachen.
lachen, lächeln, schmunzeln, [wie ein Honig-

kuchenpferd] strahlen / grinsen, grienen, sich högen *(ugs., niederd.),* griemeln *(ugs.),* Hohn lachen, sich freuen [über], belächeln, belachen, feixen, auflachen, eine Lache anschlagen, kichern, kickern, gickeln, gackern, in Gelächter ausbrechen, Tränen lachen, herausplatzen *(ugs.),* losplatzen, losprusten *(ugs.),* prusten *(ugs.),* losbrüllen *(ugs.),* wiehern, sich ausschütten / kugeln / krümmen / biegen vor Lachen, sich [vor Lachen] den Bauch halten, sich totlachen, kranklachen *(ugs.),* sich krumm und schief / scheckig / kringelig lachen, sich kringeln, sich einen Ast / Bruch lachen, einen Lachanfall / Lachkrampf bekommen; ↑schadenfroh [sein]; ↑lustig; ↑Gelächter, ↑Lächeln, ↑Laut · Ggs. ↑weinen.
²lachen: ↑schadenfroh [sein]; der -de Dritte ↑Nutznießer; gut l. haben / können ↑Lage; nichts zu l. haben ↑Schicksal; jmdm. lacht das Herz im Leibe ↑freuen (sich); das Lachen ↑Gelächter.
Lacher ↑Lache.
lächerbar ↑lächerlich.
¹lächerlich, lachhaft, lä/cherbar *(scherzh.),* grotesk, absurd, sinnwidrig, töricht, albern, blödsinnig, komisch, ridikül; ↑dumm, ↑überspannt, ↑unsinnig; **l. sein:** etwas ist lächerlich, da lachen ja die Hühner!; **l. wirken,** ein Bild für [die] Götter sein; ↑Absurdität, ↑Komik.
²lächerlich: ↑klein; l. wenig ↑wenig; jmdn. l. machen ↑kompromittieren (jmdn.); sich l. machen ↑bloßstellen (sich).
Lächerlichkeit ↑Komik.
lächern: etwas lächert jmdn. ↑belustigen.
Lachesis ↑Schicksalsgöttin.
Lachgas, Lustgas, Rauschgas; ↑Gas.
lachhaft ↑lächerlich.
Lachhaftigkeit ↑Komik.
Lachkabinett ↑Jahrmarktsbude.
Lachkrampf: ↑Anankasmus, ↑Lache; einen L. bekommen ↑lachen.
Lachmöwe ↑Vogel.
Lachs ↑Fisch.
Lachsalve: ↑Gelächter, ↑Lache.
Lachschlag ↑Schrecklähmung.
lachsfarben ↑orange.
Lachsforelle ↑Fisch.
Lachshering ↑Hering.
lachsrot ↑rot.
Lachsschinken ↑Schinken.
Lachtaube ↑Vogel.
Lachzwang ↑Anankasmus.
Lackaffe ↑Geck.
Lacke ↑Pfütze.
Lackel ↑Flegel.
lacken ↑streichen.
lackieren: ↑streichen; der Lackierte sein ↑hereinfallen.
Lackleder ↑Leder.
Lackmusflechte ↑Flechte.
lackrot ↑rot.

Lackschuh ↑Schuh.

Lacrimae Christi ↑Wein.

Lade: ↑Fach, ↑Schublade, ↑Truhe.

Ladehemmung: L. haben ↑begriffsstutzig [sein].

lädelen ↑spazieren gehen.

¹laden, beladen, vollladen, befrachten, bepacken, aufpacken, vollpacken, aufladen, aufsacken, aufbürden, auflasten, einladen, verladen, verschiffen, einschiffen, aufhalsen *(ugs.);* ↑abladen, ↑ausladen, ↑beladen; ↑Verladung.

²laden: ↑beordern, ↑einladen, ↑Munition; gel. ↑gebeten; [schön / schwer] gel. haben ↑betrunken [sein].

¹Laden, Geschäft, Geschäftslokal, Boutique, Basar, Verkaufsstätte, Kramladen *(abwertend),* Tante-Emma-Laden, Quetsche *(abwertend),* Selbstbedienungsladen, Supermarkt, Discountladen, Einzelhandelsgeschäft, Fachgeschäft, Spezialgeschäft, Gemischtwarenhandlung *(veraltend),* Feinkostgeschäft, Feinkosthandlung, Gewölbe *(veraltet, landsch.),* Reformhaus, Bioladen, Dritte-Welt-Laden, Kolonialwarengeschäft *(veraltend),* Kolonialwarenhandlung *(veraltend),* Greißlerei *(österr.)* · Kurzwarenhandlung, Mercerie *(schweiz.),* Bonneterie *(schweiz.)* · Bauchladen · *großer:* Kaufhaus, Kaufhalle, Warenhaus, Großkaufhaus, Großmarkt, Markthalle, Ladenhaus (Bekleidungshaus, Teppichhaus, Möbelhaus) · *mit gutem Umsatz:* Goldgrube · *für Tabakwaren, Zeitschriften o. Ä.:* Tabaktrafik *(österr.),* Trafik *(österr.)* · *mit Imbissstube:* Drugstore · *für Wiederverkäufer:* Großhandlung · *für Gebrauchtwaren:* Gebrauchtwarenladen, Secondhandshop · *mit vielen Filialen:* Ladenkette, Kette · *als Filiale:* Kettenladen · *zollfreier:* Dutyfreeshop; ↑Betrieb, ↑Bezugsquelle, ↑Buchhandlung, ↑Einzelhändler, ↑Händler, ↑Kaufmann, ↑Markt, ↑Papiergeschäft, ↑Unternehmen, ↑Verkaufsstand, ↑Zweigstelle; ↑en détail, ↑en gros.

²Laden: ↑Fensterladen; den L. schmeißen ↑bewerkstelligen.

Ladenfräulein ↑Verkäuferin.

Ladengaumer ↑Schleuderware.

Ladenhüter ↑Schleuderware.

Ladenkasse, Kasse, Registrierkasse; ↑Kasse.

Ladenkette ↑Laden.

Ladenmädchen ↑Verkäuferin.

Ladenpreis ↑Preis.

Ladenschwengel ↑Handelsgehilfe.

Ladenstraße ↑Geschäftsviertel.

¹Ladentisch, Verkaufstisch, Theke *(landsch.),* Tresen *(landsch.),* Budel *(bayr., österr.),* Pudel *(bayr., österr.)* · *zur Selbstbedienung mit Textilien im Schlussverkauf:* Wühltisch, Restetisch, Grabbeltisch; ↑Schanktisch, ↑Verkaufsstand.

²Ladentisch: über den L. gehen ↑verkaufen; unter dem L. ↑heimlich.

Ladentochter ↑Verkäuferin.

Ladenzeile ↑Straße.

Ladenzentrum ↑Geschäftsviertel.

lädieren ↑beschädigen.

lädiert ↑defekt.

Lädiertheit ↑Beschädigung.

Ladino ↑Mischling.

Ladnerin ↑Verkäuferin.

¹Ladung, Wagenladung, Fuhre, Fuder, Fracht, Frachtgut.

²Ladung ↑Vorladung.

Lady ↑Frau.

Ladykiller ↑Frauenheld.

ladylike ↑damenhaft.

Lady Mary Jane ↑Rauschgift.

Laffe: ↑Geck, ↑Jüngling.

¹Lage, Situation, Konstellation, Gruppierung, Status, Stand, Stellung, Zustand, Existenz, Assiette, Bestehen, Sein, Dasein, Stadium; ↑Ende · *unangenehme:* Verstrickung; **nach L. der Dinge,** nach Stand der Dinge, nach letztem Stand / letzter Meldung / letzter Information, wie die Dinge liegen; **in eine schwierige L. geraten,** in Teufels Küche kommen; ↑hineinkommen (in); **in einer schwierigen L. sein,** zwischen zwei Stühlen sitzen, zwischen Baum und Borke stecken; **sich aus einer unangenehmen L. befreien,** sich aus der Affäre ziehen; **in der gleichen schwierigen L. sein,** in einem Boot sitzen; **in auswegloser L. sein,** zwischen Scylla und Charybdis sein; **in aussichtsloser L. sein,** auf verlorenem Posten stehen / kämpfen; **nicht in jmds. L. sein,** gut lachen können / haben *(ugs.),* gut / leicht reden haben *(ugs.);* **nicht in jmds. L. sein wollen,** nicht in jmds. Haut stecken mögen *(ugs.);* ↑Ausnahmefall, ↑Leben, ↑Not, ↑Zustand.

²Lage: in der L. sein ↑bereit [sein], ↑können; Bericht zur L. ↑Bericht; jmdn. / sich in eine unangenehme L. bringen ↑hineinmanövrieren (jmdn. / sich in etwas); in die L. versetzen ↑möglich [machen].

Lagebericht ↑Bericht.

Lager: ↑Bett, ↑Bier, ↑Vorrat, ↑Warenlager; sozialistisches L. ↑Osten; ein L. anlegen, auf L. legen ↑lagern; sein L. aufschlagen ↑übernachten; nicht am L. sein ↑vergriffen [sein]; auf L. haben ↑haben; mit fliegenden / wehenden Fahnen in das andere L. übergehen ↑umschwenken.

Lagerbier ↑Bier.

Lagerfeuer ↑Feuer.

Lagerfieber ↑Fleckfieber.

Lagerhaus ↑Warenlager.

Lagerleiter ↑Lagerverwalter.

lagern, ablagern, ablegen, deponieren, einlagern, einbunkern, magazinieren, ein Lager anlegen, auf Lager legen; ↑aufbewahren, ↑aufhäufen, ↑verlagern; ↑Anhäufung, ↑Lagerung, ↑Vorrat.

Lagerpflanze, Thallophyt · Alge · Pilz · Flechte · Moos; ↑Alge, ↑Algenpilz, ↑Flechte ↑Moos, ↑Pilz, ↑Schlauchpilz, ↑Spaltpflanze ↑Ständerpilz.

Lagerraum ↑Warenlager.
Lagerstatt ↑Bett.
Lagerung, Ablagerung, Einlagerung, Magazinierung, Stapelung, Speicherung, Aufspeicherung, Aufbewahrung, Verwahrung; ↑Anhäufung, ↑Aufbewahrung; ↑aufbewahren, ↑aufhäufen, ↑lagern.
Lagerverwalter, Lagerleiter, Magazinverwalter, Magazinarbeiter, Magaziner *(schweiz.)*, Magazineur *(österr.)*.
Lagunenstadt ↑Venedig.
¹**lahm,** gelähmt, gehbehindert, hüftlahm, kontrakt · *teilweise, auf einen Muskel bezogen:* paretisch · *vor Schreck:* kataplektisch; ↑Lähmung.
²**lahm:** ↑kraftlos, ↑linkisch, ↑temperamentlos; eine -e Ente sein ↑temperamentlos [sein]; jmdm. zureden wie einem -en Schimmel ↑zuraten.
lahmarschig: l. sein ↑anstrengen (sich), ↑temperamentlos [sein].
lahmen ↑hinken.
lähmen ↑behindern.
¹**lahm legen,** zum Erliegen / Stillstand bringen, abwürgen *(salopp)*; ↑hindern.
²**lahm legen** ↑stilllegen.
Lähmung, motorische Lähmung, Paralyse · *unvollständig ausgeprägte:* Parese, Paresis, Plegie *(selten)* · *halbseitige:* Halbseitenlähmung, Hemiplegie, Hemiparese · *doppelseitige:* Paraplegie, Diplegie, Paraparese *(selten)*, Diparese *(selten)* · *einzelner Glieder:* Monoplegie, Monoparese · *aller vier Extremitäten:* Tetraplegie, Tetraparese; ↑Kinderlähmung, ↑Krankheit, ↑Schrecklähmung; ↑lahm.
Lahn ↑Lawine.
lahnen ↑tauen.
Lahnwind ↑Fallwind.
Laib: [L. Brot] ↑Brot.
Laibchen: ↑Brötchen; faschierte L. ↑Fleischkloß.
laichen ↑gebären.
Laie ↑Nichtfachmann.
Laien- ↑Hobby-.
Laienbruder ↑Mönch.
Laienbühne ↑Theater.
laienhaft ↑dilettantisch.
Laienmaler ↑Kunstmaler.
Laienrichter ↑Schöffe.
Laienschwester ↑Nonne.
Laientheater ↑Theater.
Laimen ↑Erde.
Laisser-aller ↑Duldung.
Laisser-faire ↑Duldung.
Lakai: ↑Diener, ↑Gefolgsmann, ↑Schmeichler.
Lake ↑Salzlake.
Laken *(nordd.)* Bettlaken *(nordd.)*, Spannlaken *(nordd.)*, Betttuch *(bes. mitteld.)*, Spannbetttuch *(bes. mitteld.)*, Leintuch *(oberd., westd.)*, Leilach *(landsch., veraltet)*, Leilachen *(landsch., veraltet)*, Leilak *(landsch., veraltet)*, Leilaken *(landsch., veraltet)*; ↑Bezug.

lakonisch: ↑kurz, ↑wortkarg.
Lakonismus ↑Wortkargheit.
lala: so l. ↑mäßig.
lallen: ↑sprechen, ↑stottern; -d ↑unartikuliert.
Lamäng: aus der kalten L. ↑improvisiert.
Lambda ↑Buchstabe.
Lambrie ↑Fußleiste.
Lamé ↑Stoff.
Lamellenheizkörper ↑Heizkörper.
Lamellenpilz: ↑Pilz, ↑Ständerpilz.
Lamentation: ↑Klage, ↑Lied.
lamentieren ↑klagen.
Lamento: ↑Klage, ↑Lied.
Lametta ↑Orden.
Lamm: ↑Pelz, ↑Schaf; L. Gottes ↑Heiland.
lammen ↑gebären.
Lämmerhüpfen ↑Tanzvergnügen.
Lämmernes ↑Fleisch.
Lämmersalat ↑Feldsalat.
Lämmerschwanz: wie ein L. wackeln ↑schwingen.
Lämmerwölkchen ↑Wolken.
Lammfellmantel ↑Mantel.
Lammfleisch ↑Fleisch.
lammfromm ↑zahm.
Lammleder ↑Leder.
Lammwolle ↑Wolle.
¹**Lampe,** Leuchte, Beleuchtungskörper, Lichtquelle · Hängelampe, Gehänge, Ampel · Wandlampe, Wandleuchte · Deckenlampe, Deckenleuchte, Deckenbeleuchtung, Deckenlicht, Oberlicht, das große Licht *(fam.)* · Flurlampe, Flurleuchte, Flurlicht · Stehlampe, Tischlampe, Nachttischlampe, Schreibtischlampe, Zimmerlampe, Küchenlampe · Neonleuchte · Fahrradlampe · Taschenlampe · *mit geringer Leuchtkraft:* Funzel; ↑Beleuchtung, ↑Glühbirne, ↑Kerze, ↑Kronleuchter, ↑Licht; ↑beleuchtet.
²**Lampe:** ↑Glühbirne; einen auf die L. gießen ↑trinken; Meister L. ↑Kaninchen.
¹**Lampenfieber,** Prüfungsangst, Nervosität, Herzklopfen; ↑Erregung; ↑aufgeregt [sein].
²**Lampenfieber:** ↑Erregung; L. haben ↑Angst [haben], ↑aufgeregt [sein].
Lamperie ↑Fußleiste.
Lampion, Laterne, Papierlaterne; ↑Fackel.
Lamprete ↑Fisch.
lancieren: ↑fördern, ↑managen (jmdn.).
¹**Land,** Gelände, Terrain; ↑Feld, ↑Marsch.
²**Land:** ↑Feld, ↑Gebiet, ↑Heimat, ↑Immobilien, ↑Staat; brachliegendes L. ↑Brache; das Gelobte / Heilige L. ↑Israel; sozialistische Länder, Länder hinter dem Eisernen Vorhang ↑Osten; unterentwickelte Länder ↑Entwicklungsländer; das L. der unbegrenzten Möglichkeiten ↑Amerika; das L. der tausend Seen ↑Finnland; das L. der aufgehenden Sonne ↑Japan; L. des ruhigen Morgens ↑Korea; L. unter ↑Überschwemmung; das L., wo Milch und Honig fließt ↑Fabelland; [wieder] L. sehen ↑zuver-

sichtlich [sein]; an L. bringen ↑ausschiffen, ↑länden; auf das L. zu wehend ↑auflandig; aus aller Herren Länder[n] ↑überallher; im eigenen L. ↑daheim; in diesem L. ↑hier; in jenem L. ↑dort; ins L. gehen / ziehen ↑vergehen; Unschuld vom -e ↑Mädchen; vom -e her wehend ↑ablandig.

landab: landauf, l. ↑weitum.

Landadel ↑Adel.

Landarbeiter ↑Knecht.

Landarbeiterin ↑Magd.

Landaristokratie ↑Adel.

Landarzt ↑Arzt.

Landauer ↑Kutsche.

landauf: l., landab ↑weitum.

Landbau ↑Landwirtschaft.

Landbesitz: ↑Besitztum, ↑Immobilien.

¹Landbewohner, Dorfbewohner, Kleinstädter, Hinterwäldler *(abwertend)*, Landpomeranze *(abwertend)*, Hillbilly *(abwertend)*, G[e]scherter *(österr., abwertend);* ↑Bewohner · Ggs. ↑Städter.

²Landbewohner ↑Bewohner.

Landbrot ↑Brot.

Lände ↑Anlegebrücke.

Landebahn ↑Rollbahn.

Landebrücke ↑Anlegebrücke.

Landei ↑Landbewohner.

¹landen, niedergehen, aufsetzen, zur Landung ansetzen · *außerhalb eines Flughafens bei Gefahr:* notlanden · *auf dem Wasser:* wassern; ↑ankern, ↑kommen; ↑Landung.

²landen: einen Coup l. ↑Verbrechen; bei jmdm. l. ↑erwirken; in der Gosse l. ↑verwahrlosen.

länden, an Land bringen / ziehen, aus dem Wasser ziehen; ↑retten.

Landeplatz: ↑Flugplatz, ↑Glatze.

Länderei ↑Besitztum.

Länderkunde ↑Erdkunde.

Landerziehungsheim ↑Heim.

Landesarbeitsgericht ↑Gericht.

Landesbibliothek ↑Bibliothek.

Landesfeind ↑Feind.

Landesgrenze ↑Grenze.

Landeshauptmann ↑Ministerpräsident.

Landeshauptstadt: ↑Stadt; [L. von Baden-Württemberg] ↑Stuttgart; [L. von Bayern] ↑München; [L. von Hessen] ↑Wiesbaden; [L. von Niederösterreich] ↑Wien; [L. von Niedersachsen] ↑Hannover; [L. von Nordrhein-Westfalen] ↑Düsseldorf; [L. von Rheinland-Pfalz] ↑Mainz; [L. des Saarlandes] ↑Saarbrücken; [L. von Schleswig-Holstein] ↑Kiel.

Landesherr ↑Oberhaupt.

Landeshymne ↑Lied.

Landeskind ↑Bewohner.

Landeskunde ↑Geschichte.

Landesmeister ↑Sieger.

Landesmutter ↑Oberhaupt.

Landesrat ↑Minister.

Landesregierung ↑Regierung.

Landessozialgericht ↑Gericht.

Landessprache, Amtssprache, Verkehrssprache, Lingua franca, Nationalsprache, Volkssprache, Stammessprache; ↑Gruppensprache, ↑Hochsprache, ↑Muttersprache, ↑Sprache.

Landesteil ↑Verwaltungsbezirk.

Landesvater ↑Oberhaupt.

Landesverrat ↑Hochverrat.

Landesverräter ↑Hochverräter.

Landfahrer ↑Vagabund.

landfein: sich l. machen ↑anziehen.

Landfrau ↑Bäuerin.

Landgericht ↑Gericht.

Landgerichtsdirektor ↑Jurist.

Landgut ↑Gut.

Landhaus ↑Haus.

Landheim ↑Ferienheim.

Landjäger: ↑Polizist, ↑Würstchen; Räuber und L. ↑Versteckspiel.

Landkarte, Karte, Generalstabskarte, Messtischblatt, Wanderkarte, Straßenkarte, Autokarte, Generalkarte, Wandkarte, Reliefkarte, Erdkarte, Seekarte, Weltkarte; ↑Atlas, ↑Erdkunde.

Landklima ↑Klima.

Landkreis ↑Verwaltungsbezirk.

Landkrieg ↑Krieg.

landläufig ↑üblich.

Landläufigkeit ↑Üblichkeit.

Ländler ↑Tanz.

ländlich, dörflich, bäuerlich; ↑Bauer, ↑Bäuerin · Ggs. ↑städtisch.

Landluft ↑Luft.

Landmann ↑Bauer.

Landmesser ↑Landvermesser.

Landmine ↑Mine.

Landpartie ↑Ausflug.

Landplage: ↑Störenfried; eine L. sein ↑ärgern (jmdn.); zu einer L. werden ↑überhand nehmen.

Landpomeranze: ↑Landbewohner, ↑Mädchen.

Landrat ↑Oberhaupt.

Landratte ↑Bewohner.

Landregen ↑Niederschlag.

Landrover ↑Auto.

Landschaden ↑Beschädigung.

¹Landschaft, Waldlandschaft, Heidelandschaft, Parklandschaft, Moorlandschaft, Wüstenlandschaft, Steppenlandschaft, Talllandschaft, Hügellandschaft, Gebirgslandschaft, Felslandschaft, Felsenlandschaft, Flusslandschaft, Küstenlandschaft, Uferlandschaft; ↑Gegend, ↑Marsch, ↑Urwald, ↑Wald.

²Landschaft: ↑Bild, ↑Gegend, ↑Natur; etwas passt nicht in die L. ↑passen.

Landschafter ↑Kunstmaler.

landschaftlich: ↑regional; l. gebundene Spracheigentümlichkeit ↑Provinzialismus.

Landschaftsaufnahme ↑Fotografie.

Landschaftsbild ↑Bild.
Landschaftsfotograf ↑Fotograf.
Landschaftsmaler ↑Kunstmaler.
Landschaftsschutzgebiet ↑Naturschutzgebiet.
Landschildkröte ↑Schildkröte.
Landschinken ↑Schinken.
Landschulheim: ↑Ferienheim, ↑Heim.
Landser ↑Soldat.
Landsitz ↑Gut.
Landsknecht ↑Soldat.
Landsmannschaft ↑Verbindung.
Landstraße ↑Straße.
Landstreicher ↑Vagabund.
Landstreicherei, Stadtstreicherei, Herumtreiberei, Rumtreiberei *(ugs.),* Umgängerei *(ugs., landsch.),* Stromerei *(ugs.),* Vagabundentum, Vagabondage *(selten);* ↑Vagabund; ↑herumtreiben (sich).
Landstrich ↑Gegend.
Landtag ↑Volksvertretung.
Landtagsabgeordneter ↑Abgeordneter.
Landtagswahl ↑Wahl.
Landtransport ↑Transport.
¹Landung, Ankunft, Arrival · *im Blindflug:* Blindlandung · *sehr genaue, besonders bei Fallschirmspringern:* Ziellandung · *bei der das Flugzeug beschädigt wird:* Bruchlandung · *direkt auf dem Rumpf des Flugzeugs:* Bauchlandung · *außerhalb eines Flughafens bei Gefahr:* Notlandung, Bumslandung *(ugs.);* ↑Ankunft, ↑Unglück; ↑landen.
²Landung: ↑Ankunft; zur L. ansetzen ↑landen.
Landungsbrücke ↑Anlegebrücke.
Landungsfahrzeug ↑Kriegsschiff.
Landungssteg ↑Anlegebrücke.
Landvermesser, Geodät, Geometer *(fachspr., veraltet),* Vermessungsingenieur, Landmesser, Feldvermesser, Forstgeometer; ↑Flurbereinigung, ↑Geodäsie.
Landwehr ↑Militär.
Landwein ↑Wein.
Landwind ↑Wind.
Landwirt ↑Bauer.
¹Landwirtschaft · Agrikultur, Bodenkultur, Ackerbau, Feldbau, Landbau, Pflanzenzucht · Viehwirtschaft, Viehzucht, Tierzucht, Weidewirtschaft, Milchwirtschaft, Stallwirtschaft; ↑Agronomie, ↑Bauer, ↑Bebauung, ↑Gut.
²Landwirtschaft ↑Bauernhof.
landwirtschaftlich: -er Betrieb ↑Bauernhof.
Landwirtschaftswissenschaft ↑Agronomie.
lang: ↑groß; -es Elend / Ende ↑Mann, ↑Riese; von -er Hand, seit langem ↑längst; -er Laban ↑Mann; -e Latte ↑Mädchen, ↑Mann, ↑Riese; zu l. sein ↑überstehen; sich die Zeit l. werden lassen ↑langweilen (sich); länger arbeiten ↑arbeiten; länger machen ↑verlängern; l. und breit ↑ausführlich; des Langen und Breiten ↑ausführlich; alle Nase l. ↑unaufhörlich.
langatmig ↑ausführlich.

Langbrot ↑Brot.
¹lange, länger..., Marathon- (z. B. Marathonsitzung), geraum, langwierig · *in Bezug auf Krankheiten:* chronisch; ↑tödlich.
²lange: ↑längst; länger ↑lange; l. [vorher], seit -m / längerem, seit längerer Zeit ↑längst; zu l. bleiben ↑hängen bleiben; ohne l. zu fackeln / überlegen / zu zögern ↑kurzerhand; nicht mehr l. leben / zu leben haben, es nicht mehr l. machen; ↑sterben; [schon l.] ↑bereits.
Länge: ↑Ausmaß, ↑Dauer, ↑Körpergröße; auf die L. [hin gesehen] ↑allmählich; in die L. ziehen ↑verschieben; in die L. gezogen ↑gedehnt.
langen: ↑ausreichen, ↑geben; jmdm. langt es ↑ärgerlich [werden]; jmdm. eine l. ↑schlagen.
Längenmaß · Millimeter, Zentimeter, Dezimeter, Meter, Kilometer · *altes preußisches:* Zoll, Fuß, Elle, Klafter, Rute, Meile · *in der Astronomie:* astronomische Einheit (die mittlere Entfernung Erde-Sonne), Lichtjahr (Strecke, die das Licht in einem Jahr im masseleeren Raum zurücklegt), Parsec (Entfernung, von der aus der Erdbahnhalbmesser unter dem Winkel von 1 erscheint) · *im Seewesen:* Faden, Knoten, Seemeile; ↑Flächenmaß, ↑Gewichtseinheit, ↑Hohlmaß, ↑Raummaß, ↑Stück; ↑messen.
Langes ↑Frühling.
Langeweile: ↑Eintönigkeit; L. haben ↑langweilen (sich).
Langezeit ↑Sehnsucht.
langfädig ↑langweilig.
Langfinger ↑Dieb.
langfristig, auf längere Zeit · mittelfristig; ↑bleibend, ↑kurzfristig, ↑unaufhörlich.
Langhaar: Deutsch L. ↑Hunderassen.
Langhaariger ↑Gammler.
Langis ↑Frühling.
langjährig, mehrjährig, jahrelang; ↑alt.
Langlauf ↑Wintersport.
Langläufer ↑Skifahrer.
Langlebigkeit ↑Lebensdauer.
länglich rund ↑oval.
langliegen ↑liegen.
Langmähniger ↑Gammler.
Langmut ↑Duldung.
Langohr: ↑Esel, ↑Hase.
¹langsam, saumselig, säumig, tranig, pomadig, nölig, im Schneckentempo, gemach, gemächlich, hastlos *(schweiz.),* gemessenen Schrittes, pomali *(ugs., österr.),* nicht ↑schnell; ↑allmählich, ↑behutsam, ↑hinhaltend, ↑ruhig · · *in der Musik:* als Satzbezeichnung: adagio, largo, larghetto, andante, grave, lento · *als zusätzliche Modifikation [innerhalb einer Phrase]:* lentamente, lento, dolce, dolcemente, doucement, sostenuto; **l. arbeiten,** sich Zeit lassen, trödeln, bummeln, nölen, herumtrölen *(schweiz.),* harzen *(schweiz.),* mären, sich aumären, brodeln *(österr.),* herumbrodeln *(österr.),* tachinieren *(österr.);* ↑faulenzen, ↑vorangehen; ↑Schlafmütze · Ggs. ↑arbeiten.

²**langsam:** ↑allmählich; -er Puls ↑Pulsschlag; -er Walzer ↑Tanz.

Langsamkeit, Gemächlichkeit, Saumseligkeit, Schneckentempo, Pomadigkeit, Trödelei, Trölerei *(schweiz.),* Bummelei; ↑Nachlässigkeit.

Langschal ↑Halstuch.

Langschläfer: [ein] L. sein ↑spät [aufstehen].

Längslage ↑Kindslage.

Langspielplatte ↑Schallplatte.

Längsstreifen ↑Stoffmuster.

¹**längst,** von langer Hand, seit langem / längerem, seit längerer Zeit, lange [vorher]; ↑vorher.

²**längst:** l. nicht ↑nein; [schon l.] ↑bereits.

langstielig ↑ausführlich.

Langstreckenflug ↑Flug.

Langstreckenflugzeug ↑Flugzeug.

Langstreckenlauf: ↑Lauf, ↑Leichtathletik.

Langstreckenritt ↑Ritt.

Langue ↑Sprachsystem.

Languste ↑Krebs.

Langweile ↑Eintönigkeit.

¹**langweilen** (sich), Langeweile haben, sich ennuyieren *(veraltet),* von etwas angeödet sein *(emotional),* sich mopsen, auf den Steinen sitzen (Thomas Mann, Buddenbrooks), die Zeit totschlagen, sich die Zeit lang werden lassen, Daumen / Däumchen drehen, sich fadisieren *(österr.),* sich desinteressieren *(schweiz.),* fast einschlafen bei etwas; ↑angeekelt [sein].

²**langweilen:** gelangweilt sein ↑angeekelt.

Langweiler ↑Schlafmütze.

¹**langweilig,** sterbenslangweilig, stinklangweilig *(emotional),* öde, trostlos, trist, fad[e], reizlos, ohne [jeden] Reiz, witzlos, altbekannt, uninteressant, unlebendig, gleichförmig, eintönig, einförmig, einschläfernd, langfädig *(schweiz.),* ermüdend, monoton, hausbacken, stumpfsinnig, steril, grau in grau, fatigant *(veraltet),* fastidiös *(veraltet),* ennuyant, trocken, akademisch, nicht ↑kurzweilig; ↑altmodisch [sein] (-muffel); **l. sein,** etwas ist langweilig, das ist ein alter Hut / kalter Kaffee / aufgewärmter Kohl *(ugs.),* das sind olle Kamellen *(salopp),* mit etwas keinen Hund hinter dem Ofen hervorlocken [können] *(ugs.);* ↑abgestanden, ↑ausführlich, ↑beschwerlich, ↑gedehnt, ↑geisttötend, ↑humorlos; ↑Eintönigkeit.

²**langweilig** ↑temperamentlos.

Langweiligkeit ↑Stumpfsinn.

langwierig: ↑lange, ↑schwierig, ↑zeitraubend; -e Arbeiten ↑Umstände.

Langzeitfolge: -n ↑Folge.

Langzeitwirkung ↑Folge.

lang ziehen: jmdm. die Hammelbeine / die Ohren l. z. ↑schelten.

Lanner ↑Vogel.

Lanze: ↑Penis, ↑Wurfwaffe.

Lanzettbogen ↑Bogen.

Lanzing ↑Frühling.

Laparoskopie ↑Ausspiegelung.

Laparozele ↑Bruch.

lapidar ↑kurz.

Lapidarstil ↑Ausdrucksweise.

Lapislazuli ↑Schmuckstein.

Lapp ↑Jüngling.

Lappalie ↑Kleinigkeit.

Lappen: ↑Flicken, ↑Geld; jmdm. durch die L. gehen ↑entkommen; sich etwas durch die L. gehen lassen ↑versäumen.

Läpperei ↑Kleinigkeit.

läppisch ↑kindisch.

Lappjagd ↑Jagd.

Lapsus: ↑Fehler; [L. Linguae] ↑Versprecher.

Lärche ↑Nadelhölzer.

Laren ↑Hausgötter.

large: ↑freigebig, ↑ungezwungen.

Lärge ↑Schlesier.

larghetto ↑langsam.

largo ↑langsam.

larifari ↑nachlässig.

Larifari ↑Gerede.

¹**Lärm,** Getöse, das Dröhnen, Gedröhn, Krach, Radau, Heidenlärm, Mordslärm, Höllenspektakel, Tumult, Gepolter, Pumperer *(österr.),* Trubel, Spektakel, Rabatz, Klamauk *(ugs.),* Tamtam *(ugs.),* Trara *(ugs.),* Krakeel *(ugs.),* Bahöl *(österr.),* Ramasuri *(österr.)* · Straßenlärm, Verkehrslärm, Düsenlärm · *durch Musik verursachter:* Gedudel *(ugs., abwertend),* Geklimper *(ugs., abwertend);* ↑Aufsehen, ↑Geschrei, ↑Klang, ↑Laut, ↑Streit; ↑ärgerlich [sein], ↑lärmen.

²**Lärm:** L. machen ↑lärmen; viel L. um nichts ↑Getue; L. schlagen ↑alarmieren.

lärmen, Lärm / *(ugs.)* Radau / *(ugs.)* Krach machen, randalieren, poltern, rumpeln, rumoren, bumsen, laut / *(schweiz.)* lärmig sein, pumpern, toben · durcheinander reden, Randale machen; ↑ärgerlich [sein], ↑schreien, ↑toben; ↑Geschrei, ↑Lärm, ↑Laut.

lärmig: l. sein ↑lärmen.

larmoyant ↑weinerlich.

Larmoyanz ↑Rührseligkeit.

Lärmschutz ↑Schutz.

l'art pour l'art ↑Weltfremdheit.

¹**Larve,** Made, Raupe, Puppe, Engerling · *beim Frosch:* Kaulquappe.

²**Larve** ↑Maske.

Laryngitis ↑Kehlkopfentzündung.

Laryngologe ↑Arzt.

Laryngoskopie ↑Ausspiegelung.

Lasagne ↑Teigwaren.

lasch: ↑abgestanden, ↑schlaff.

Lasche, Zunge, Nippel, Pleise *(nordd.);* ↑Schuh, ↑Schuhschnalle, ↑Stöpsel.

Läsion: ↑Verletzung, ↑Wunde.

¹**lassen** (sich): etwas lässt sich [erklären, vernehmen usw.], kann [erklärt, vernommen] werden, ist zu [erklären, vernehmen], etwas ist [erklär]lich / [erklär]bar; ↑Passiv.

²**lassen:** ↑abschreiben, ↑belassen, ↑versäumen; sich nicht machen l. ↑möglich; [sein l.] ↑unter-

lassen; etwas lässt sich [tragen] ↑können; jmdn. etwas tun l. ↑anordnen; ... lässt grüßen ↑à la.

lässig ↑ungezwungen.

Lässigkeit ↑Ungezwungenheit.

Lassing ↑Frühling.

lässlich ↑verzeihlich.

Lasso ↑Eislauf.

¹Last, Arbeitslast, Bürde, Kreuz, Zentnerlast, Joch; ↑Anstrengung, ↑Arbeit, ↑Aufgabe, ↑Schmarotzer, ↑Schuld; **jmdm. zur L. fallen,** jmdm. lästig / hinderlich sein, jmdm. im Weg sein / stehen, jmdm. ein Klotz am Bein sein *(ugs.)*, jmdm. auf der Tasche liegen *(ugs.)*, jmdm. auf / in der Schüssel liegen *(ugs., österr.)*; ↑schmarotzen, ↑tragen, ↑unselbstständig [sein]; ↑hinderlich.

²Last: zur L. fallen ↑hinderlich [sein]; zur L. legen ↑anlasten, ↑verdächtigen.

Lastdampfer ↑Schiff.

Lastenausgleich ↑Ersatz.

lastend ↑schwer.

¹Laster (das): langes Laster ↑Mann; Stätte des Lasters ↑Stadt.

²Laster (der): ↑Auto.

Lästerer, Lästermaul, Lästerzunge, böse Zungen, Klatschweib *(salopp, abwertend)*, Klatschbase, Klatschtante, Klatschmaul *(salopp, abwertend)*, Dreckschleuder *(derb, abwertend)*; ↑Schwätzer; ↑reden.

lasterhaft: ↑anstößig, ↑lästerlich.

Lasterhaftigkeit ↑Sittenlosigkeit.

lästerlich, gotteslästerlich, lasterhaft, frevelhaft, gottlos, sittenlos, vitiös.

Lästermaul ↑Lästerer.

lästern ↑reden.

Lästerzunge ↑Lästerer.

lästig: ↑aufdringlich, ↑unerfreulich; l. sein ↑ärgern; jmdm. l. sein ↑Last; jmdm. l. fallen ↑behelligen.

Lastkahn ↑Schiff.

Lastkraftwagen ↑Auto.

Lastschiff ↑Schiff.

Lastwagenfahrer ↑Autofahrer.

Lasur ↑Glasur.

lasziv: ↑anstößig, ↑anziehend.

Lätare ↑Kirchenjahr.

Latein: mit seinem L. am Ende sein ↑ratlos [sein].

Lateinamerika ↑Südamerika.

lateinisch: -es Kreuz ↑Kreuzzeichen; -e Schrift ↑Schrift.

latent, verborgen, versteckt, verdeckt, unmerklich, unterschwellig, schlummernd, unter der Oberfläche; ↑heimlich.

Laterna magica ↑Projektionsapparat.

Laterne: ↑Lampion, ↑Straßenbeleuchtung; jmdn. / etwas unter der L. suchen können ↑selten [sein].

Latifundien ↑Besitztum.

Latinismus ↑Spracheigentümlichkeit.

Latinlover ↑Betreuer.

Lätitzerl ↑Unterhaltung.

Latrine ↑Toilette.

Latrinenparole ↑Gerücht.

Latsche ↑Nadelhölzer.

latschen: ↑fortbewegen (sich); auf die Bremse l. ↑bremsen.

Latschen: ↑Schuh; aus den L. kippen ↑überrascht [sein].

Latte: ↑Brett, ↑Penis; lange L. ↑Mädchen, ↑Mann.

Latteibrett ↑Fensterbank.

Lattengestell ↑Steige.

Lattenkäfig ↑Käfig.

Lattenkiste ↑Steige.

Lattenrost ↑Steige.

Lattenzaun ↑Zaun.

Lattich ↑Gemüse.

Lattichsalat ↑Gemüse.

Latwerge: ↑Brotaufstrich, ↑Pflaumenmus.

Latz: ↑Serviette; jmdm. eine vor den L. knallen ↑schlagen.

Lätzchen ↑Serviette.

Latzhose ↑Hose.

lau: ↑Begeisterung, ↑warm.

Lau ↑Forst.

¹Laub, Blätter, Laubkrone, Laubwerk, Belaubung, Kraut; ↑Laubhölzer, ↑Wipfel; ↑entlauben (sich).

²Laub: das L. abwerfen ↑entlauben (sich).

Laubbaum ↑Laubhölzer.

Laubblatt ↑Blatt.

¹Laube, Gartenlaube, Efeulaube, Geißblattlaube, Weinlaube, Pergola.

²Laube: ↑Fisch, ↑Haus, ↑Hausflur.

Laubenpieper ↑Kleingärtner.

Laubflechte ↑Flechte.

Laubfrosch ↑Frosch.

Laubgehölz: -e ↑Laubhölzer.

Laubheuschrecke ↑Heuschrecke.

Laubhölzer, Laubgehölze, Laubbaum · Eiche, Buche, Birke, Platane, Erle, Linde, Ahorn, Kastanie, Nussbaum, Buchsbaum, Jojoba, Johannisbrotbaum, Judasbaum, Zitronenbaum, Orangenbaum, Kornelkirsche, Haselnuss, Weide, Lorbeerbaum, Holunder, Mehlbeerbaum, Ulme; ↑Ahorn, ↑Buche, ↑Holunderstrauch, ↑Kastanie, ↑Laub, ↑Linde, ↑Palme, ↑Pflanze, ↑Robinie, ↑Ulme, ↑Weide · Ggs. ↑Nadelhölzer.

Laubhüttenende ↑Feiertag.

Laubhüttenfest: ↑Erntedankfest, ↑Feiertag.

Laubkrone ↑Laub.

Laubmoos ↑Moos.

Laubsäge ↑Säge.

Laubwald ↑Wald.

Laubwerk ↑Laub.

Lauch: ↑Gemüse, ↑Porree.

Lauda ↑Lied.

Laudatio ↑Lobrede.

laudieren ↑loben.

Laue ↑Lawine.

Lauene ↑Lawine.

Lauer: ↑Wein; sich auf die L. legen, auf der L. liegen ↑auflauern.

¹Lauf · Kurzstreckenlauf, Sprint, 100-m-Lauf, 200-m-Lauf, 400-m-Lauf · Mittelstreckenlauf, 800-m-Lauf, 1 500-m-Lauf · Langstreckenlauf, 5 000-m-Lauf, 10 000-m-Lauf · *über 42 195 m:* Marathonlauf · *mit mehreren Läufern:* Staffellauf, Stafettenlauf · *über natürliche oder künstliche Hindernisse auf einer Distanz von 3 000 m:* Hindernislauf · *bei dem Holz- oder Stahlrohrhürden überlaufen werden:* Hürdenlauf, 80-m-Hürden, 100-m-Hürden, 110-m-Hürden, 200-m-Hürden, 400-m-Hürden; ↑Leichtathletik.

²Lauf: ↑Gewehrlauf, ↑Vorgang; freien L. lassen ↑einschränken; etwas nimmt seinen L. ↑verhindern; den L. auf etwas richten ↑zielen; im -e der Zeit ↑allmählich; im -e von ↑binnen.

Laufbahn, Karriere, Werdegang, Lebensweg, Lebenslauf, Curriculum Vitae, Entwicklungsgang, Entwicklungsgeschichte; ↑Aufstieg, ↑Biographie.

Laufbursche ↑Bote.

laufen: ↑fließen, ↑fortbewegen (sich), ↑reif [sein], ↑rollen, ↑weggehen; -der Hund ↑Fries; -de Röhre ↑Penis; aus dem Ruder l. ↑[nicht] beikommen; heimwärts / nach Hause l. ↑zurückbegeben (sich); sich warm l. ↑wärmen (sich); l. lassen ↑freilassen; die Karre / den Karren l. lassen ↑sorgen (sich); l. müssen ↑austreten [gehen], ↑Durchfall [haben]; etwas läuft ↑funktionieren; Gefahr l. ↑Gefahr; Spießruten l. ↑aussetzen (sich einer Sache); eine Strecke l. ↑Strecke; Sturm l. gegen ↑aufbegehren; etwas läuft ins Geld ↑teuer [sein]; über den Weg l. ↑unterkommen; auf dem Laufenden bleiben / sein ↑mitkommen (mit); sich auf dem Laufenden halten ↑weiterbilden (sich); jmdn. auf dem Laufenden halten ↑mitteilen; auf dem Laufenden sein ↑wissen.

Laufen: ↑Fünfkampf, ↑Leichtathletik.

laufend: [am -en Band] ↑unaufhörlich; -es Konto ↑Bankkonto; l. ergänzen ↑buchen.

Läufer: ↑Fußballspieler, ↑Schachfigur, ↑Schwein, ↑Teppich.

Lauffeuer: wie ein L. ↑schnell; sich wie ein L. verbreiten ↑herumsprechen (sich).

Laufgeschäft ↑Prostitution.

läufig ↑brünstig.

Laufkleid ↑Kleid.

Laufkunde ↑Kunde.

Laufmasche ↑Masche.

Laufpass: jmdm. den L. geben ↑brechen (mit jmdm.), ↑entlassen.

Laufpuppe ↑Puppe.

Laufschuh ↑Schuh.

Laufsteg ↑Treppe.

Lauftrieb ↑Anankasmus.

Laufzeit ↑Geltungsdauer.

Lauge: ↑Flüssigkeit, ↑Salzlake.

Laugenbrezel ↑Gebäck.

Laugenbrötchen ↑Brötchen.

Laugenstange ↑Gebäck.

¹Laune, Grille, Mucke, Einfall, Allüren, Flausen, Albernheiten, Kinkerlitzchen, Kapriole, Kaprice, Kaprize *(österr.);* ↑Ärger; ↑launisch.

²Laune: -n, schlechte L. ↑Verstimmung; gute L. ↑Heiterkeit; schlechter L. sein ↑aufgelegt.

launenhaft ↑launisch.

Launenhaftigkeit, Übellaunigkeit, Brummigkeit, Reizbarkeit; ↑Ärger, ↑Verstimmung; ↑launisch.

launig: ↑geistreich, ↑humorvoll.

launisch, launenhaft, wetterwendisch, unberechenbar, exzentrisch, grillenhaft, kapriziös, bizarr; ↑ärgerlich, ↑labil, ↑überspannt, ↑unausgeglichen; **l. sein,** Grillen / *(ugs.)* Mucken haben; ↑Laune, ↑Launenhaftigkeit, ↑Unberechenbarkeit.

¹Laus, Kopflaus · Filzlaus, Sacklaus *(Jargon);* ↑Ungeziefer.

²Laus: ↑Schwein, ↑Ungeziefer; jmdm. ist eine L. über die Leber gelaufen ↑ärgerlich [sein], ↑aufgelegt.

Lausbub ↑Junge.

Lauschangriff ↑Überwachung.

lauschen: ↑beobachten, ↑horchen.

Lauscher: ↑Auskundschafter, ↑Ohr.

lauschig: ↑behaglich, ↑gemütlich.

Lauschigkeit ↑Gemütlichkeit.

Läusefleckfieber ↑Fleckfieber.

Lauseharke ↑Kamm.

Lausejunge ↑Junge.

lausekalt ↑kalt.

Lausekälte ↑Kälte.

Lausekamm ↑Kamm.

Lauselümmel ↑Junge.

lausen: [ich denke] mich laust der Affe ↑überrascht [sein].

Lauser ↑Junge.

Läusetyphus ↑Fleckfieber.

Lausrechen ↑Kamm.

¹laut, vernehmlich, hörbar, vernehmbar, lauthals, lautstark, geräuschvoll, überlaut, durchdringend, markerschütternd, durch Mark und Bein gehend, ohrenbetäubend, ohrenzerreißend, schrill, grell, gellend, aus vollem Hals, aus voller Kehle, aus Leibeskräften, mit dröhnender Stimme, nicht ↑leise, nicht ↑ruhig, nicht ↑still; ↑akustisch, ↑durchdringend, ↑verständlich; ↑Lautstärke.

²laut: ↑gemäß; l. sein ↑lärmen; etwas nicht l. werden lassen ↑mitteilen.

¹Laut, Ton; **einen L. von sich geben** · · · *vom Menschen:* schnalzen, schmatzen, schlürfen, seufzen, aufseufzen, stöhnen, aufstöhnen, ächzen, keuchen, röcheln, schluchzen, quäken · · *laut:* schreien, brüllen, kreischen · *vor Schmerz o. Ä.:* aufschreien, aufbrüllen, aufkreischen · *vor Freude:* juchzen, aufjuchzen · · *leise:* wispern, pispern, pispeln, fispern, fispeln, lispeln,

zischeln, zischen, hauchen, raunen, brummeln, murmeln · *vor Schmerz:* wimmern · · · *von Tieren:* brüllen, schreien, heulen, röhren (Hirsch), brummen (Bär, Insekten), summen (Insekten), surren (Insekten), muhen (Kuh), blöken (Schaf, Rind), bähen (Schaf), mähen (Schaf), meckern (Ziege), krächzen (Rabe, Krähe), gackern (Huhn), glucken (Huhn), glucksen (Huhn), krähen (Hahn), schnattern (Gans, Ente), kollern (Truthahn), rucksen (Taube), gurren (Taube), girren (Taube), zischen (Schlange, Gans, Schwan), klappern (Storch), balzen (Auerhahn), zirpen (Grille) · · *vom Frosch:* quaken, quarren · · *vom Pferd:* wiehern, schnauben · · *vom Schwein:* grunzen, quietschen, quieken · · *von der Katze:* miauen, miaunzen, maunzen, schnurren, fauchen · · *vom Hund:* bellen, belfern, kläffen, blaffen, knurren, winseln, jaulen · · *von Singvögeln:* singen, tirilieren, quirilieren, quinkelieren, trillern, flöten, jubilieren, pfeifen, rufen, zwitschern, piepen, piepsen, schlagen (Fink, Nachtigall) · *vom Sperling:* tschilpen, schilpen · · · *in Bezug auf Gegenstände o. Ä.:* schallen, erschallen, hallen, widerhallen, tönen, ertönen, dröhnen, erdröhnen, klingen, erklingen, gellen, summen, brummen, surren (Maschinen, Kameras), sausen (Wind), krachen, knallen, knattern, rattern, knarren, grollen (Donner), rollen (Donner), poltern, rumpeln, bumsen, lärmen, donnern, rauschen, brausen, tosen, läuten, klingeln, bimmeln *(ugs.),* schrillen, klirren, klimpern, kreischen, quietschen, klappern, klappen, rappeln *(ugs.),* rasseln, rascheln, knistern, knacken, klicken (Fotoapparat), knirschen, prasseln (Feuer, Regen), klatschen, trommeln, hupen, tuten (Schiffssirene), tuckern (Schiffsmotor), ticken, plätschern, säuseln, gluckern, glucksen; ↑Geräusch, ↑Geschrei, ↑Klagelaut, ↑Klang, ↑Lärm; ↑fauchen, ↑fließen, ↑flüstern, ↑holpern, ↑jubeln, ↑klagen, ↑lachen, ↑lärmen, ↑läuten, ↑schreien, ↑singen, ↑sprechen, ↑stöhnen, ↑wehen, ↑weinen.
²Laut: ↑Klang; -e erzeugen ↑artikulieren; L. geben ↑bellen.
Laute ↑Zupfinstrument.
Lauteinheit ↑Spracheinheit.
lauten, heißen, den Titel / Namen tragen (oder:) haben, genannt werden; ↑bedeuten.
läuten, klingeln, schellen *(südwestd., westd.),* bimmeln *(ugs.),* rasseln, gongen, beiern *(veraltet);* ↑rauschen, ↑schallen; ↑Gebimmel, ↑Glocke, ↑Laut.
läuten ↑Gebimmel.
Lautenbauer ↑Musikinstrumentenbauer.
lauter, rein, sauber, makellos, unverdorben; anständig, ↑ehrenhaft, ↑ungetrübt.
Lauterkeit ↑Aufrichtigkeit.
läutern: ↑verfeinern; sich l. ↑bessern (sich).
Läuterung, Reinigung, Besserung, Katharsis, Waschung, Sündenvergebung, Rektifikation;

↑Bekehrung, ↑Bekenntnis, ↑Selbstbesinnung, ↑Verfeinerung; ↑gestehen.
²Läuterung ↑Verfeinerung.
lauthals ↑laut.
Lautlehre ↑Sprachwissenschaft.
lautlos ↑leise.
Lautlosigkeit ↑Stille.
Lautschrift ↑Umschrift.
¹Lautsprecher, Verstärker, Megaphon, Sprachrohr, Flüstertüte *(scherzh.),* Schalltrichter.
²Lautsprecher ↑Radio.
lautstark ↑laut.
Lautstärke, Stärkegrad, Phon · · *in der Musik:* Dynamik · *mit großer:* forte, fortissimo · *mit mittlerer:* mezzoforte · *mit zunehmender:* crescendo · *mit geringer:* piano, pianissimo · *mit ziemlich geringer:* mezzopiano · *mit abnehmender:* decrescendo, calando, diminuendo · *mit plötzlicher, kräftig betonender:* sforzando, sforzato; ↑laut, ↑leise.
lauwarm ↑warm.
Lavabel ↑Stoff.
lavendel ↑violett.
lavendelblau ↑blau.
lavieren, taktieren, balancieren, jonglieren, etwas ventilieren, diplomatisch / vorsichtig vorgehen; ↑verfahren; ↑schlau.
Lavoir ↑Waschbecken.
Law and Order ↑Gerechtigkeitssinn.
¹Lawine, Staublawine, Grundlawine, Schlaglawine, Gletscherlawine, Eislawine, Schneerutsch, Lähne *(schweiz.),* Lahne *(schweiz.),* Laue *(schweiz.),* Lauene *(schweiz.),* Lahn *(veraltend, bayr., österr.);* ↑Erdrutsch.
²Lawine ↑Aufschwung.
Lawinensystem ↑Verkauf.
Lawntennis ↑Tennisspiel.
lax ↑aufgeklärt.
Laxans ↑Abführmittel.
Laxativ ↑Abführmittel.
Laxativum ↑Abführmittel.
Laxheit ↑Duldsamkeit.
Lay-out ↑Entwurf.
Layouter ↑Zeichner.
¹Lazarett, Kriegslazarett, Feldlazarett, Heimatlazarett, Reservelazarett, Notlazarett, Militärkrankenhaus, Militärhospital · Truppenverbandsplatz, Hauptverbandsplatz · *auf einem Schiff eingerichtetes:* Lazarettschiff; ↑Krankenhaus, ↑Krieg, ↑Soldat.
²Lazarett ↑Krankenhaus.
Lazarettschiff: ↑Kriegsschiff, ↑Lazarett.
Lazarist: -en ↑Mönchsorden.
Lazaruskreuz ↑Kreuzzeichen.
Lazeration ↑Verletzung.
Leader ↑Spitzenreiter.
leasen ↑mieten; geleaster Wagen ↑Auto.
Leaser ↑Verleiher.
Leasing ↑Vermietung.
Lebegreis ↑Greis.

Lebemann ↑Frauenheld.

¹leben, ein Leben führen / haben, ein Dasein führen, existieren · *schlecht:* vegetieren, sich durchschlagen, wie ein Hund leben, ein Hundeleben führen, nicht auf Rosen gebettet sein, sich durchs Leben schlagen, sich über Wasser halten, sein Leben / Dasein fristen; zum Leben zu wenig, zum Sterben zu viel haben; nicht leben und nicht sterben können · *gut:* ein Wohlleben führen, schwelgen, sich des Lebens freuen, auf großem Fuß / in Saus und Braus leben, sich nichts abgehen lassen / versagen, es sich gut gehen lassen, in gesicherten Verhältnissen leben, weich gebettet sein, wie die Made im Speck / wie Gott in Frankreich / wie der Vogel im Hanfsamen leben · *aufwendig:* ein großes Haus führen · *sorglos:* in den Tag hinein leben, den lieben Gott einen guten Mann sein lassen · *gefährlich:* auf einem Vulkan leben · *zurückgezogen:* seinen Kohl bauen · *enthaltsam:* wie ein Mönch leben; ↑auskommen, ↑wohl fühlen (sich); ↑arm; ↑Geschöpf, ↑Leben.

²leben: ↑weilen; -d ↑lebendig; jmd. sein, wie er leibt und lebt ↑ähneln; für sich -d ↑zurückgezogen; gut l. ↑essen; nicht mehr lange l. / zu leben haben ↑sterben; der Wille zu l. ↑Lebenswille; nebeneinanderher l. ↑entfremden (sich); nicht l. und nicht sterben können ↑Schmerz; zum Leben zu wenig, zum Sterben zu viel haben ↑leben, ↑wenig.

¹Leben, Dasein, Sein, Existenz · *der Pflanzen:* Vegetation · · *religiöses, beschauliches:* Vita contemplativa · *tätiges:* Vita activa · *in [Kloster]gemeinschaft:* Vita communis · · *gemeinsames von verschiedenen Lebewesen:* Symbiose · · *auf Sauerstoff angewiesenes:* Aerobiose, Oxybiose; ↑Lage; ↑leben; ↑lebenstüchtig.

²Leben: L. und Tod ↑Kartenspiel; aussehen wie das blühende L. ↑gesund [aussehen]; sein L. aushauchen, am L. bleiben, aus dem L. gerissen werden, sein L. verlieren, ums L. kommen ↑sterben; L. in die Bude bringen ↑erheitern; das L. fliehen ↑abkapseln (sich); ein langes L. haben ↑alt [werden]; kein leichtes L. haben ↑Schicksal; noch das ganze L. vor sich haben ↑jung [sein]; das L. meistern, mit dem L. zurechtkommen ↑lebenstüchtig [sein]; sich das L. nehmen, seinem L. ein Ende setzen, aus dem L. scheiden, sich ums L. bringen ↑entleiben (sich); jmdm. das L. sauer machen / schwer machen ↑schikanieren; einem Kind das L. schenken ↑gebären; sich des -s freuen, sich durchs L. schlagen ↑leben; Bund fürs L. ↑Ehe; jmdm. die Hand fürs L. reichen, den Bund fürs L. schließen ↑heiraten; sich im L. behaupten ↑tüchtig [sein]; für alles im L. bezahlen müssen, nichts im L. geschenkt / umsonst erhalten ↑Opfer [bringen müssen]; nie im L. ↑niemals; ins L. rufen ↑gründen; nach dem L. trachten ↑töten [wollen]; ohne L. ↑tot.

Lebender: [nicht] mehr unter den Lebenden weilen ↑tot [sein].

Lebendgewicht, Schlachtgewicht, Gewicht; ↑Gewicht.

¹lebendig, lebend, belebt; ↑in vivo · Ggs. ↑tot.

²lebendig: ↑anschaulich, ↑lebhaft; vor Angst mehr tot als l. sein ↑Angst [haben]; l. machen ↑veranschaulichen; es von den Lebendigen nehmen ↑Preis.

Lebendigkeit ↑Anschaulichkeit.

Lebensabend, Lebensausklang, Alter, Ruhestand, Vorruhestand, Lebensherbst; ↑Altersheim, ↑Bejahrtheit, ↑Generation, ↑Lebensalter; **den L. verbringen,** in Pension sein, seine Pension verzehren; ↑altern; ↑alt.

¹Lebensalter, Alter · Säuglingsalter, Krabbelalter, die ersten Lebensjahre, [frühe] Kindheit, Kindergartenalter, Vorschulalter, Schulalter, Jugend, Jugendzeit, Pubertät, Halbstarkenalter, Flegelalter, Flegeljahre, Jünglingsalter, Mannesalter, Mittelalter *(scherzh.),* die besten Jahre, gefährliches Alter, Alter, Altertum *(scherzh.),* Greisenalter; ↑Bejahrtheit, ↑Generation, ↑Lebensabend; ↑alt, ↑älter.

²Lebensalter: Bevölkerungsgliederung / Bevölkerungsstufung nach dem L. ↑Altersaufbau.

Lebensanschauung ↑Denkweise.

Lebensart: ↑Benehmen, ↑Lebensweise; L. haben / zeigen ↑benehmen (sich).

Lebensausklang ↑Lebensabend.

Lebensbaum ↑Nadelhölzer.

Lebensbedingung: -en ↑Umwelt.

lebensbejahend ↑zuversichtlich.

Lebensbejahung ↑Optimismus.

Lebensberechtigung ↑Existenzberechtigung.

Lebensbereich ↑Umwelt.

Lebensbeschreibung ↑Biographie.

Lebensbild ↑Biographie.

Lebensdauer, Lebenslänge, Lebenszeit, Haltbarkeit · *lange:* Langlebigkeit, Dauerhaftigkeit; ↑Haltbarkeit.

lebensdurstig ↑lebenshungrig.

Lebensenergie ↑Lebenswille.

Lebenserfahrung ↑Erfahrung.

Lebenserinnerungen ↑Biographie.

Lebenserwerb ↑Broterwerb.

lebensfern ↑lebensfremd.

Lebensform: ↑Lebensweise, ↑Sitte.

Lebensfrage ↑Schwierigkeit.

lebensfremd, lebensfern, akademisch, trocken, dröge *(niederd.),* theoretisch, nicht ↑anschaulich; ↑humorlos, ↑unrealistisch.

Lebensfreude ↑Lust.

lebensfroh ↑lustig.

Lebensführung ↑Lebensweise.

lebensgefährlich ↑gefährlich.

Lebensgefährte, Ehemann, Mann, Gatte, Gemahl, Angetrauter, Partner, Weggefährte, Lebenskamerad, Herr und Gebieter *(scherzh.)* Ehewirt *(veraltet),* Eheliebster, Ehegenosse Ehegespons *(ugs.),* bessere Hälfte, Göttergatte Gatterich *(ugs., scherzh.),* Alter, Oller *(salopp* Ehekrüppel *(abwertend),* Pantoffelheld *(abwer* *tend), Simandl (österr., abwertend),* Tyrann *(abwertend),* Haustyrann *(abwertend)* · *vorbildlicher:* Mustergatte · *betrogener:* Hahnrei · *untreuer:* Ehebrecher; ↑untreu · *der erst kurze Zeit verheiratet ist:* Flitterwöchner *(scherzh.)* · *dessen Frau verreist ist:* Strohwitwer; ↑Ehepaar, ↑Junggeselle, ↑Mann (Pascha), ↑Witwer · Ggs. ↑Ehefrau.

Lebensgefährtin ↑Ehefrau.

¹Lebensgemeinschaft, Beziehung, Zweierbeziehung, Beziehungskiste *(Jargon)* · *feste homosexuelle:* schwule Ehe; ↑Ehe.

²Lebensgemeinschaft ↑Ehe.

Lebensgenießer: ein L. sein ↑genießen.

Lebensgeschichte ↑Biographie.

Lebensgestaltung ↑Lebensweise.

Lebensgewohnheit ↑Lebensweise.

lebensgierig ↑lebenshungrig.

Lebenshaltung ↑Lebensunterhalt.

Lebenshaltungskosten ↑Lebensunterhalt.

Lebensherbst ↑Lebensabend.

Lebenshilfe, seelische Betreuung, Seelsorge, Rat, seelischer Beistand, Hilfe, Hilfestellung; ↑Hilfe, ↑Pflege, ↑Seelsorge, ↑Vorschlag.

lebenshungrig, daseinshungrig, lebensgierig, lebensdurstig, erlebnisgierig, erlebnishungrig, unersättlich; ↑begierig, ↑Abenteuerlust, ↑Leidenschaft, ↑Mannstollheit.

Lebensjahr: ↑Jahr; die ersten -e ↑Lebensalter.

Lebenskamerad: ↑Ehefrau, ↑Ehemann.

Lebenskameradin ↑Ehefrau.

Lebenskraft ↑Lebenswille.

Lebenskünstler: ein L. sein ↑genießen; ein L. sein ↑lebenstüchtig [sein].

lebenslang: -e Freiheitsstrafe ↑Freiheitsentzug.

Lebenslänge ↑Lebensdauer.

lebenslänglich: -e Freiheitsstrafe ↑Freiheitsentzug.

Lebenslauf ↑Laufbahn.

Lebenslicht: ↑Kerze; das L. ausblasen / auspusten ↑töten.

Lebenslust ↑Lust.

lebenslustig ↑lustig.

Lebensmittel, Nahrungsmittel, Genussmittel, Konsumgüter, Naturalien, Viktualien, Komestibilien, Esswaren, Fressalien *(ugs.);* ↑Nahrung, ↑Essen.

Lebensmittelvergiftung, Nahrungsmittelvergiftung · Fleischvergiftung, Wurstvergiftung, Botulismus, Allantiasis · Fischvergiftung, Ichthyismus, Ichthyotoxismus · Pilzvergiftung, Myzetismus · Bohnenvergiftung, Fabismus, Favismus; ↑Vergiftung.

lebensmüde ↑deprimiert.

Lebensmüder ↑Selbstmörder.

Lebensmüdigkeit ↑Lebensunlust.

lebensmunter ↑lustig.

Lebensmut ↑Optimismus.

lebensnah: ↑fortschrittlich, ↑realistisch.

Lebensneid ↑Neid.

lebensnotwendig ↑nötig.

Lebensraum, Biotop, Aerial, Aerenchym; ↑Umwelt.

Lebensregel: ↑Ausspruch; -n ↑Prinzipien.

Lebensretter ↑Retter.

Lebensrettungsgesellschaft, Gesellschaft zur Rettung Schiffbrüchiger, Seenotdienst.

Lebenssaft ↑Blut.

Lebensstellung ↑Anstellung.

Lebensstil ↑Lebensweise.

lebenstüchtig, geschäftstüchtig, clever; ↑anstellig, ↑geschickt; **l. sein,** mit dem Leben zurechtkommen, hart im Nehmen sein, das Leben meistern, das Herz auf dem rechten Fleck haben, ein Lebenskünstler sein, etwas werden *(ugs.);* ↑durchsetzen (sich); ↑Leben, ↑Optimist.

Lebensüberdruss ↑Lebensunlust.

Lebensumstände ↑Umwelt.

Lebensunlust, Lebensüberdruss, Lebensmüdigkeit; ↑Selbsttötung.

Lebensunterhalt, Unterhalt, Lebenshaltung, Lebenshaltungskosten, Haushaltungskosten, Erhaltung, Versorgung, Ernährung, Alimentation; ↑Alimente.

Lebensversicherung ↑Versicherung.

Lebensweg ↑Laufbahn.

Lebensweise, Lebensart, Lebensgewohnheit, Lebensstil, Stil, Lebensführung, Lebensgestaltung · · Lebensform · *städtische:* Urbanität · *herrschaftliche:* Feudalität · *luxuriöse:* Dolce Vita, Highlife · *feine:* Savoir-vivre; ↑Oberschicht · *unkonventionelle der Künstler:* Boheme · *altgewohnte lässige:* Schlendrian, Trott; ↑Benehmen, ↑Muße; **die bürgerliche L. aufgeben,** aussteigen, ein Aussteiger sein · *infolge Rauschmittelgenusses:* ausflippen *(Jargon).*

Lebenswille, der Wille zu leben, Lebensenergie, Lebenskraft, Vitalität, Selbsterhaltungstrieb; ↑Lust, ↑Tatkraft.

¹Lebenszeichen, Gruß, Nachricht; ↑Schreiben; **ein L. von sich geben,** etwas von sich hören lassen, sich [einmal] melden, [einmal] anrufen / schreiben; ↑korrespondieren.

²Lebenszeichen ↑Nachricht.

Lebenszeit: ↑Lebensdauer; Beamter auf L. ↑Anstellung.

Leber: ↑Eingeweide; jmdm. ist eine Laus über die L. gelaufen ↑ärgerlich [sein], ↑aufgelegt; frei / frisch von der L. weg reden ↑sprechen.

Leberblutung ↑Blutung.

Leberegel ↑Wurm.

Leberfleck ↑Muttermal.

Leber-Galle-Tee ↑Tee.

Leberhaken ↑Fausthieb.

Leberkloß ↑Kloß.

Leberknödel: bayerische L. ↑Fleischgericht.

Leberkrankheit, Lebererkrankung, Leberleiden, Hepatopathie, Fettleber · *entzündliche:* Leberentzündung, Hepatitis, epidemische Hepatitis, epidemische Gelbsucht · *chronische, degenerative:* Hepatosis, Leberparenchym-

schädigung · *mit Bindegewebsvermehrung und Schrumpfungsvorgängen:* Leberzirrhose, Schrumpfleber; ↑Gallenerkrankung, ↑Krankheit.
Lebermoos ↑Moos.
Leberspezialist ↑Arzt.
Leberwurst: ↑Wurst; die gekränkte L. spielen ↑gekränkt [sein].
Leberzirrhose ↑Leberkrankheit.
Lebewesen ↑Geschöpf.
¹lebhaft, lebendig, vital, dynamisch, temperamentvoll, feurig, heißblütig, blutvoll, vollblütig, sanguinisch, vif, unruhig, getrieben, quecksilbrig, wild, vehement, alert, mobil, beweglich, [geistig] rege, heftig; ↑hektisch; ↑Mensch (Hektiker), ↑Nervenbündel (Hektiker) · *in der Musik:* vivace, allegro, piu / meno mosso, stretto, scherzando, nicht ↑ruhig; ↑aufgeregt, ↑begeistert, ↑fleißig, ↑gewaltig, ↑lustig, ↑schwungvoll, ↑übermütig, ↑unbesorgt · Ggs. ↑temperamentlos; **l. sein,** Quecksilber im Leib haben, außer Rand und Band / überdreht sein, den Teufel im Leib / Ameisen in den Hosen haben *(ugs.),* Hummeln im Hintern haben *(salopp),* Pfeffer im Arsch haben *(derb),* das reinste Fleckfieber sein *(ugs., berlin.);* ↑Wesen.
²lebhaft: ↑belebt, ↑bunt, ↑übermütig.
Lebhaftigkeit ↑Temperament.
¹Lebkuchen, Pfefferkuchen *(bes. nordostd.),* Honigkuchen *(nordd.),* Lebzelten *(bayr., österr.),* Zelten *(bayr., österr.),* braune Kuchen *(nordd.);* ↑Gebäck.
²Lebkuchen: [Nürnberger L.] ↑Gebäck.
Lebkuchenbäcker ↑Bäcker.
leblos ↑tot.
Lebtag: mein L. nicht ↑niemals.
Lebzelten ↑Lebkuchen.
lechzen: [l. nach] ↑streben.
leck: ↑defekt, ↑durchlässig.
Leck: ↑Riss; ein L. haben ↑fließen.
¹lecken, ablecken, schlecken *(landsch.),* abschlecken *(landsch.),* abzuzeln *(ugs., österr.);* ↑saugen.
²lecken: ↑fließen, ↑saugen; jmd. hat Blut geleckt ↑gefallen; wie geleckt ↑aufgeputzt, ↑sauber; leck mich am Arsch! ↑unwichtig [sein]; sich die Finger nach etwas l. ↑begierig [sein]; ↑nach].
lecker ↑appetitlich.
Leckerbissen, Delikatesse, Köstlichkeit, Schleck *(schweiz.),* Gustostückerl *(österr.),* Gaumenkitzel, Gaumenfreude, Gaumenreiz, Schmankerl *(ugs., bayr., österr.);* ↑Dessert, ↑Feinkost; ↑schmecken; ↑appetitlich.
Leckereien ↑Süßigkeiten.
Leckermaul: ↑Feinschmecker; ein L. sein ↑naschhaft [sein].
leckern: gern l. ↑naschhaft [sein].
Leckhonig ↑Honig.
¹Leder ·· Rindleder, Rindsleder, Kuhleder, Kalbleder · *chromgegerbtes aus Rindshäuten:*

Rindbox · *fein genarbtes, mit Chromsalzen gegerbtes aus Kalbshäuten:* Boxkalf ·· Büffelleder ·· Ziegenleder, Chevreauleder, Chevreau, Zickelleder, Chromziegenleder · *feines, mit Sumach gegerbtes, gefärbtes aus Ziegenhaut:* Saffianleder, Saffian · *feines, glänzendes aus Zickel oder Lamm:* Glacéleder, Glacé ·· Rossleder · *meist mit Weidenrinden gegerbtes und mit Birkenteeröl eingefettetes von Rinds- oder Rosshaut:* Juchten ·· Schafleder, Lammleder ·· Rehleder ·· Hirschleder ·· Schweinsleder ·· Gämsleder ·· Reptilleder, Schlangenleder, Krokodil, Kroko ·· *narbenloses, für Kleidung verwendetes:* Sämischleder ·· *feines, durch Nachgerben waschbar gemachtes:* Nappaleder, Nappa ·· *durch Aufspalten dicker Häute gewonnenes:* Spaltleder · *hochglanzlackiertes:* Lackleder ·· *waschbares:* Waschleder ·· *mit samtartiger Oberfläche:* Wildleder, Veloursleder, Velours, Rauleder ·· *mit Chromsalzen gegerbtes, widerstandsfähiges:* Chromleder ·· *künstliches:* Kunstleder, Lederimitat, Saki®, Alcantara®; ↑Gerber.
²Leder: ↑Fußball, ↑Hochzeitstag; zäh wie L. ↑zäh; vom L. ziehen ↑schelten.
lederartig ↑zäh.
Lederball ↑Spielball.
Lederer ↑Gerber.
Ledergurt ↑Gurt.
Lederhaut ↑Haut.
Lederhose ↑Hose.
Lederimitat ↑Leder.
Lederkoffer ↑Gepäck.
Ledermalerei ↑Maltechnik.
Ledermantel ↑Mantel.
ledern ↑zäh.
Ledernacken ↑Soldat.
Lederpappe ↑Pappe.
Lederschuh ↑Schuh.
Lederschurz ↑Schurz.
¹ledig, unverheiratet, allein stehend, alleinig *(österr.);* **l. sein,** Junggeselle / noch zu haben sein, den Anschluss verpasst haben, der / die Richtige ist noch nicht gekommen; **nicht mehr l. sein,** schon verlobt / verheiratet sein, so gut wie verlobt / verheiratet sein, versprochen / in festen Händen / vergeben sein, ein festes Verhältnis haben; ↑heiraten.
²ledig: l. bleiben ↑heiraten.
lediglich ↑ausschließlich.
Ledischiff ↑Schiff.
Lee, dem Wind abgekehrte Seite · Ggs. ↑Luv.
¹leer, hohl; **l. ausgehen,** nicht bedacht werden mit, nichts bekommen, übergangen werden; ↑[nichts] bekommen.
²leer: ↑menschenleer, ↑phrasenhaft; l. ausgehen ↑bekommen; l. essen ↑aufessen; l. fressen ↑abgrasen; l. machen ↑leeren; l. trinken ↑austrinken.
-leer ↑ohne.
Leerdarm ↑Darm.

¹**Leere,** Öde, Menschenleere, gähnende Leere, Verlassenheit; ↑menschenleer.

²**Leere:** absolute L. ↑Vakuum.

¹**leeren,** ausleeren, entleeren, leer machen, ausgießen, ausschütten, auskippen.

²**leeren:** ↑ausladen, ↑austrinken, ↑schütten; den Becher bis zur Neige l. ↑genießen; den Kropf l. ↑sprechen.

leer fließen ↑ausfließen.

Leerlauf: L. haben ↑tun.

leer laufen ↑ausfließen.

Leerpackung ↑Packung.

legal ↑rechtmäßig.

Legalität: ↑Rechtmäßigkeit; außerhalb der L. ↑gesetzwidrig.

¹**Legasthenie,** Leseschwäche, Schreibschwäche, Wortblindheit; ↑Aphasie; ↑lesen.

²**Legasthenie** ↑Aphasie.

¹**Legat** (das): ↑Erbe (das).

²**Legat** (der): ↑Diplomat.

lege artis ↑ordnungsgemäß.

Legebatterie ↑Geflügelfarm.

legen: ↑bebauen, ↑befestigen; (für); jmdm. das Haxel l. ↑umstoßen (jmdn.); [Wellen l.] ↑frisieren; [an einen bestimmten Platz l.] ↑platzieren; l. in ↑hineinbringen; l. unter ↑unterlegen.

legendär, sagenhaft, sagenumwoben, legendenumwoben, mythisch, legendarisch.

legendarisch ↑legendär.

¹**Legende,** Heiligenleben, Heiligenerzählung; ↑Erzählung, ↑Literatur.

²**Legende:** ↑Erzählung, ↑Lüge.

legendenumwoben ↑legendär.

leger ↑ungezwungen.

legieren ↑eindicken.

legiert, gebunden, abgebunden, gedickt, angedickt, eingedickt, sämig; ↑flüssig; ↑Flüssigsein; ↑eindicken.

Legierung ↑Mischung.

Legion: ↑Anzahl; -en von ↑viele; die Zahl ist L. ↑Überfluss [haben].

Legionär ↑Soldat.

Legionärskrankheit ↑Krankheit.

Legislation ↑Legislative.

Legislative, Legislatur, Legislation, Gesetzgebung; ↑Staat.

Legislatur ↑Legislative.

legitim ↑rechtmäßig.

Legitimation ↑Ausweis.

¹**legitimieren** (sich), sich ausweisen, seinen Ausweis zeigen, seine Identität nachweisen; ↑Ausweis.

²**legitimieren** ↑billigen.

Leguan ↑Eidechse.

Lehensadel ↑Adel.

Lehensbrief ↑Urkunde.

Lehm ↑Erde.

lehmfarben ↑beige.

Lehmziegel ↑Ziegelstein.

Lehnbedeutung ↑Wortbedeutung.

Lehnbildung ↑Wortbildung.

Lehne ↑Abhang.

lehnen: ↑anlehnen; sich l. über ↑beugen (sich).

Lehnformung ↑Wortbildung.

Lehnprägung ↑Wortbildung.

Lehnschöpfung ↑Wortbildung.

Lehnsmann ↑Gefolgsmann.

Lehnstuhl: ↑Sessel, ↑Stuhl.

Lehnübersetzung ↑Wortbildung.

Lehnübertragung ↑Wortbildung.

Lehnwendung ↑Redewendung.

Lehnwort ↑Wort.

Lehramt ↑Lehrberechtigung.

Lehranstalt ↑Schule.

Lehrbeauftragter ↑Hochschullehrer.

Lehrbefähigung ↑Lehrberechtigung.

Lehrbehelf ↑Lehrmittel.

¹**Lehrberechtigung** · *für Grundschulen:* Lehrbefähigung · *für höhere Schulen:* [Prüfung für das höhere] Lehramt · *für Hochschulen:* Fakultas, Venia Legendi, Facultas Docendi; ↑Erlaubnis, ↑Hochschule, ↑Lehrer, ↑Schule; ↑habilitieren (sich).

²**Lehrberechtigung:** die L. erlangen / erwerben ↑habilitieren (sich).

Lehrbrief ↑Zeugnis.

Lehrbub ↑Lehrling.

Lehrbuch: ↑Lehrmittel, ↑Ratgeber.

¹**Lehre,** Doktrin, Lehrsatz, Theorie, These, Behauptung, Glaubenssatz, Dogma, Lehrmeinung, Lehrgebäude, Schulmeinung; ↑Ansicht, ↑Bekenntnis; ↑lehren.

²**Lehre:** ↑Ausbildung, ↑Weltanschauung, ↑Wissenschaft; L. vom Sein ↑Ontologie; in die L. gehen ↑Ausbildung.

¹**lehren,** unterrichten, dozieren, Vorlesung halten, unterweisen, instruieren, Unterricht erteilen / geben, belehren, erläutern, erklären, schulen, beibringen, vormachen, zeigen, vertraut machen mit, einpauken *(salopp),* eintrichtern *(salopp)* · *in Bezug auf einen Analphabeten, ihm Lesen und Schreiben beibringen:* alphabetisieren; ↑einarbeiten, ↑einprägen, ↑erziehen, ↑lernen; ↑Ausbildung, ↑Lehre.

²**lehren:** jmdn. Mores l. ↑schelten.

Lehrer, Schullehrer, Schulmann, Pädagoge, Erzieher, Lehrkraft, Schulmeister *(scherzh.),* Magister, Pauker *(salopp, abwertend),* Steißtrommler *(salopp, abwertend),* Lehrmeister · Volksschullehrer, Grundschullehrer, Elementarlehrer · Dorflehrer, Dorfschullehrer · Hauslehrer, Privatlehrer · Sonderschullehrer, Hilfsschullehrer *(veraltet)* · Junglehrer · Hilfslehrer · Oberschullehrer, Oberlehrer, Gymnasiallehrer · Realschullehrer, Mittelschullehrer · Referendar · Probelehrer *(österr.),* Assessor, Studienrat, Oberstudienrat, Studienprofessor, Professor, Gymnasialprofessor, Studiendirektor, Oberstudiendirektor · Klassenlehrer, Ordinarius, Klasslehrer *(bes. bayr.),* Klassenvorstand *(österr.),* Klassenleiter · Fachlehrer; ↑Hochschullehrer, ↑Instrukteur, ↑Lehrberechtigung, ↑Repetitor, ↑Schulleiter, ↑Sportlehrer; ↑lehrhaft, ↑pädagogisch.

lehrerhaft ↑lehrhaft.

Lehrfilm: ↑Kinofilm, ↑Lehrmittel.

Lehrgang: ↑Unterricht; einen L. mitmachen, an einem L. teilnehmen ↑Unterricht [erhalten].

Lehrgebäude ↑Lehre.

Lehrgeld: L. zahlen müssen ↑lernen.

lehrhaft, lehrerhaft, schulmeisterlich *(iron.),* paukerhaft *(abwertend);* ↑engherzig, ↑pädagogisch; ↑Lehrer.

Lehrjahr ↑Ausbildung.

Lehrjunge ↑Lehrling.

Lehrkanzel ↑Lehrstuhl.

Lehrkanzelinhaber ↑Hochschullehrer.

Lehrkraft ↑Lehrer.

¹Lehrling, Anlernling, Auszubildender, Azubi, Lehrjunge, Lehrbub *(landsch.),* Lehrmädchen, Stift; ↑Anwärter, ↑Arbeitnehmer, ↑Berufsstand, ↑Handelsgehilfe.

²Lehrling: ↑Gehilfe, ↑Handelsgehilfe, ↑Handwerker.

Lehrlingswohnheim ↑Heim.

Lehrmädchen ↑Lehrling.

Lehrmeinung ↑Lehre.

Lehrmeister ↑Lehrer.

Lehrmittel, Lernmittel, Lehrbehelf *(österr.)* · Lehrfilm, Lehrbuch, Anschauungsmaterial; ↑Schule.

Lehrplan, Curriculum, Studienprogramm; ↑Ausbildung, ↑Stundenplan, ↑Unterricht.

lehrreich ↑interessant.

Lehrsatz ↑Lehre.

Lehrstoff ↑Pensum.

Lehrstück ↑Schauspiel.

Lehrstuhl, Lehrkanzel *(österr.),* Professur; ↑Hochschule, ↑Hochschullehrer.

Lehrstuhlinhaber ↑Hochschullehrer.

Lehrzeit ↑Ausbildung.

Leib: ↑Bauch, ↑Gestalt; L. und Blut [des Herrn] ↑Abendmahl; gesegneten / schweren -es sein ↑schwanger [sein]; sich alles an / auf den L. hängen ↑ausgeben; etwas ist jmdm. auf den L. geschrieben ↑begabt [sein für etwas]; etwas ist jmdm. wie auf den L. geschrieben ↑passen; mit L. und Seele ↑Begeisterung; sich jmdn. vom -e halten ↑abrücken; zu -e rücken ↑angreifen, ↑attackieren; einer Sache zu -e gehen / rücken ↑anfangen.

Leibchen: ↑Sporthemd, ↑Unterhemd, ↑Weste.

leibeigen ↑unselbstständig.

leiben: jmd. sein, wie er leibt und lebt ↑ähneln.

Leibeserziehung ↑Sport.

Leibesfrucht, Frucht · *unmittelbar nach der Befruchtung:* Zygote · *im embryonalen Frühstadium:* Morula, Blastula, Blasenkeim · *bis zum dritten Monat:* Embryo · *vom dritten Monat an:* Fetus, Fötus; ↑Fehlgeburt, ↑Keimzelle, ↑Kind, ↑Koitus, ↑Kürettage, ↑Plazenta.

Leibesfülle ↑Fettleibigkeit.

Leibeskräfte: aus -n ↑laut.

Leibesübungen ↑Sport.

Leibgarde ↑Leibwache.

Leibgericht ↑Lieblingsspeise.

leibhaftig, in natura, in realiter, live, in concert, persönlich, zum Anfassen.

Leibhaftige: der L. ↑Teufel.

leiblich: der -e Bruder ↑Bruder; das -e Wohl ↑Nahrung.

Leibriemen ↑Gürtel.

Leibschmerzen ↑Kolik.

Leibspeise ↑Lieblingsspeise.

Leib-und-Magen-: ↑bevorzugt.

Leibwache, Leibgarde, Garde, Gardedukorps · *englische königliche:* Beefeaters *(hist.)* · *des Papstes:* Schweizergarde; ↑Bewacher, ↑Wächter.

Leibwächter: ↑Bewacher, ↑Gefolgsmann.

Leibweh ↑Kolik.

Leich: ↑Begräbnis, ↑Lied.

Leichdorn ↑Schwiele.

Leiche: ↑Fehler, ↑Toter; eine gemeinsame L. im Keller haben ↑belangen; wie eine wandelnde L. / wie eine Leiche auf Urlaub aussehen ↑krank [aussehen]; über -n gehen ↑rücksichtslos [sein].

Leichenbegängnis ↑Begräbnis.

Leichenbittermiene ↑Miene.

leichenblass ↑blass.

Leichenblässe ↑Blässe.

Leichenfeier: ↑Begräbnis, ↑Trauerfeier.

Leichengift ↑Gift.

Leichenhalle, Leichenhaus, Leichenkapelle, Totenhaus, Totenhalle, Parentationshalle; ↑Begräbnis, ↑Leichenschauhaus, ↑Toter.

Leichenhaus ↑Leichenhalle.

Leichenkapelle ↑Leichenhalle.

Leichenkondukt ↑Leichenzug.

Leichenöffnung ↑Obduktion.

Leichenpass ↑Totenschein.

Leichenrede ↑Nachruf.

Leichenschändung ↑Perversität.

Leichenschau ↑Obduktion.

Leichenschauhaus, Schauhaus, Anatomie, Prosektur · *in Paris:* Morgue; ↑Begräbnis, ↑Leichenhalle, ↑Toter.

Leichenschmaus, Totenmahl, Traueressen *(schweiz.),* Kondukt *(österr.);* ↑Begräbnis, ↑Kondukt.

Leichenzergliederung ↑Obduktion.

Leichenzug, Trauergefolge, Kondukt, Leichenkondukt, Trauerkondukt; ↑Begräbnis, ↑Leichenschmaus.

Leichnam ↑Toter.

Leichnamstag ↑Fronleichnam.

leicht: ↑etwa, ↑federleicht, ↑minimal, ↑mühelos; eine -e Ader haben ↑unbesonnen [sein]; l. bewegte See ↑Seegang; l. brennbar / entzündbar / entzündlich ↑feuergefährlich; l. erregbar ↑reizbar; l. gerührt sein ↑überrascht [sein]; -en Herzens ↑unbesorgt; -es Mädchen ↑Prostituierte; [l. verdaulich] ↑bekömmlich; l. verkäuflich ↑begehrt; es nicht l. haben ↑Schicksal; etwas ist

nicht l. ↑Kleinigkeit; l. zu handhaben ↑mühelos; es sich nicht l. machen ↑gewissenhaft [sein]; l. reden haben ↑Lage.
Leichtathlet ↑Sportler.
Leichtathletik ·· Gehen ·· Laufen · Kurzstreckenlauf · Mittelstreckenlauf · Langstreckenlauf · Hürdenlauf · Hindernislauf ·· Springen · Weitsprung · Dreisprung · Hochsprung · Stabhochsprung ·· Werfen · Diskuswerfen · Speerwerfen · Hammerwerfen · Schleuderballwerfen ·· Stoßen · Kugelstoßen · Steinstoßen; ↑Lauf, ↑Schwerathletik, ↑Springen.
Leichtbaustein ↑Baustein.
leichtblütig ↑lustig.
Leichter ↑Schiff.
leichtfertig ↑unbesonnen.
¹Leichtfuß, Luftikus, Libertin, Liederjan *(abwertend)*, Windhund, Haderlump *(österr.)*; ↑Angeber, ↑Betrüger, ↑Frauenheld, ↑Mann, ↑Schlaukopf.
²Leichtfuß ↑Mensch (der).
leichtfüßig: ↑beschwingt, ↑gelenkig, ↑schnell.
Leichtgewicht ↑Ringen.
Leichtgewichtler ↑Boxer.
leichtgläubig: ↑arglos, ↑gutgläubig.
Leichtgläubigkeit ↑Arglosigkeit.
¹Leichtigkeit, Mühelosigkeit, Unbeschwertheit; ↑mühelos.
²Leichtigkeit: mit L. ↑mühelos.
leichtlebig ↑lustig.
Leichtmatrose ↑Matrose.
Leichtmetall ↑Metall.
Leichtsinn ↑Ausgelassenheit.
leichtsinnig ↑unbesonnen.
leid: einer Sache l. sein ↑angeekelt [sein].
¹Leid, Pein, Qual, Marter, Martyrium, Drangsal *(geh.)*, Schmerz, Gram, Kummer, Leidensdruck, Sorge, Herzeleid *(dichter.)*, Weh *(dichter.)*, Harm *(dichter.)*, Kümmernis, Jammer, Chagrin, Pfahl im Fleische; ↑Kolik, ↑Misshandlung, ↑Not, ↑Trauer, ↑Unglück; ↑bekümmern; ↑leidgeprüft.
²Leid: etw. ist / tut jmdm. L. ↑bedauern, ↑bereuen; es tut mir L. ↑Verzeihung!; so L. es mir tut ↑schade; sich ein L. antun ↑entleiben (sich).
Leideform ↑Passiv.
leiden: ↑ertragen, ↑krank [sein]; gut gelitten sein bei jmdm. ↑angesehen [sein]; l. können ↑lieben; nicht l. können ↑hassen; l. können / mögen; etwas leidet unter ↑kranken.
Leiden: ↑Krankheit; wie das L. Christi aussehen ↑krank [aussehen].
leidend ↑krank.
Leidender ↑Kranker.
¹Leidenschaft, Begier, Begierde, Sinnlichkeit, Gier, Begehrlichkeit, Begehren, Konkupiszenz, Kupidität, Gelüst[e], Gieper *(landsch.)*, Jieper *(bes. berlin.)*, Verlangen, Passion, Trieb, Appetenz; ↑Begeisterung, ↑Erregung, ↑Geschlechtstrieb, ↑Liebe, ↑Lust, ↑Neigung, ↑Sehnsucht; ↑lebenshungrig.

²Leidenschaft: ↑Begeisterung, ↑Liebhaberei.
leidenschaftlich: ↑begeistert, ↑streitbar.
leidenschaftslos ↑träge.
Leidensdruck ↑Leid.
Leidensgefährte: -n sein ↑ertragen.
Leidensgenosse: -n sein ↑ertragen.
Leidensmiene ↑Miene.
Leidenszeit ↑Passion.
leider: [l. Gottes] ↑schade.
leidgeprüft, schwer geprüft, heimgesucht, vom Schicksal geschlagen, vom Pech verfolgt; ↑Leid, ↑Unglück.
leidig ↑unerfreulich.
Leidigkeit ↑Unerquicklichkeit.
Leidkarte ↑Beileidskarte.
leidlich ↑annehmbar.
Leidtragender, Betroffener, Trauernder, Hinterbliebener, Hinterlassener *(schweiz.)*, Trauergemeinde; ↑Leid, ↑Trauer, ↑Unglück.
Leidwesen: zu meinem L. ↑schade.
Leier: ↑Sternbild, ↑Zupfinstrument.
¹Leierkasten, Drehorgel, Werkel *(bayr., österr.)*, Nudelkasten *(mundartl., nordd.)*; ↑Leierkastenmann.
²Leierkasten ↑Drehorgel.
Leierkastenmann, Leiermann, Drehorgelspieler, Werkelmann *(bayr., österr.)*; ↑Leierkasten, ↑Moritatensänger, ↑Straßenmusikant.
Leiermann ↑Leierkastenmann.
leiern: ↑drehen; aus dem Kreuz l. ↑ablisten.
Leihanstalt ↑Leihhaus.
Leiharbeit ↑Arbeit.
Leiharbeiter ↑Arbeiter.
Leihbibliothek ↑Bibliothek.
Leihbücherei ↑Bibliothek.
¹leihen, borgen, ausleihen, ausborgen, zur Verfügung stellen, verleihen, darleihen, verborgen, herleihen *(bes. südd.)*, auf Borg geben *(ugs.)*, pumpen *(ugs.)*, **von jmdm. etwas l.,** borgen, ausleihen, ausborgen, auf Borg nehmen *(ugs.)*, pumpen *(ugs.)*, entleihen, erborgen, jmdn. anpumpen *(salopp)*, Schulden machen, sich in Schulden stürzen, Geld / einen Kredit / ein Darlehen aufnehmen, Verbindlichkeiten eingehen; ↑abgeben, ↑anschreiben, ↑zahlen; ↑leihweise; ↑Leihgebühr, ↑Leihhaus, ↑Verleiher.
²leihen: jmdm. sein Ohr l. ↑horchen.
Leiher ↑Verleiher.
Leihgabe: als L. ↑leihweise.
Leihgebühr, Gebühr, Pfand, Flaschenpfand; ↑Sicherheit; ↑leihen.
¹Leihhaus, Leihanstalt, Pfandleihhaus, Pfandleihe, Pfandhaus, Versatzamt, Pfandleihanstalt *(österr.)*, Pfandl *(salopp, österr.)*; ↑Fundbüro; ↑leihen.
²Leihhaus: ins L. bringen ↑verpfänden.
Leihmutter ↑Mutter.
Leihwagen ↑Auto.
leihweise, als Leihgabe, geliehen, auf Kredit / *(salopp)* Pump / Borg; ↑leihen.
Leilachen ↑Laken.

Leilak ↑Laken.

Leilaken ↑Laken.

Leim: ↑Bindemittel; ↑Erde; jmdm. auf den L. gehen / kriechen ↑hereinfallen; aus dem L. gegangen ↑defekt; aus dem L. gehen ↑defekt [werden], ↑dick [werden].

leimartig ↑flüssig.

Leine: ↑Seil; L. ziehen ↑weggehen.

¹Leinen, Leinwand, Leinengewebe, Leinenzeug *(veraltend)*, Linnen *(dichter.)* · Drillich, Drilch *(schweiz.)* · Webe *(österr.);* ↑Stoff, ↑Wachstuch.

²Leinen: ↑Hochzeitstag, ↑Papier, ↑Stoff.

Leinengewebe ↑Leinen.

Leinenpapier ↑Papier.

Leinenschuh ↑Schuh.

Leinenzeug ↑Leinen.

Leinöl ↑Speiseöl.

Leinpfad ↑Weg.

Leinsamenbrot ↑Brot.

Leintuch ↑Laken.

leinwand ↑trefflich.

Leinwand: ↑Leinen; auf die L. bringen ↑verfilmen.

Leinwandgröße: ↑Schauspieler, ↑Schauspielerin.

Leinwandhochzeit ↑Hochzeitstag.

Leipzig, Messestadt, Klein-Paris; ↑Stadt.

Leis ↑Lied.

¹leise, lautlos, verhalten, heimlich, still, flüsternd, im Flüsterton, kaum hörbar / vernehmlich / vernehmbar, geräuschlos, nicht ↑laut; ↑abgehackt, ↑akustisch, ↑gedämpft, ↑heiser, ↑ruhig, ↑still, ↑unartikuliert; ↑Lautstärke; ↑flüstern, ↑sprechen.

²leise: ↑minimal; -r Zug ↑Windstärke; heimlich, still und l. ↑heimlich, ↑unbemerkt.

Leisetreter ↑Schmeichler.

Leist ↑Vereinigung.

Leiste ↑Brett.

leisten: ↑verwirklichen; etwas l. ↑tüchtig [sein]; sich nicht viel l. können ↑sparen [müssen]; sich etwas l. ↑gönnen (sich etwas).

Leisten: alles über einen L. schlagen ↑unterscheiden.

Leistenbruch ↑Bruch.

Leistenhoden ↑Hoden.

Leistenkrokodil ↑Krokodil.

¹Leistung, Leistungsfähigkeit, Leistungsvermögen · *schwache:* schwaches Bild *(ugs.).*

²Leistung: ↑Fähigkeit, ↑Verdienst; an jmds. L. heranreichen / herankommen ↑erreichen (jmds. Leistung).

leistungsfähig: ↑fit; wieder l. ↑verjüngt.

Leistungsfähigkeit: ↑Fähigkeit, ↑Leistung, ↑Tatkraft.

Leistungsgesellschaft ↑Gesellschaft.

Leistungslohn ↑Lohn.

leistungsschwach ↑unbegabt.

Leistungssport ↑Sport.

leistungsstark ↑begabt.

Leistungsstufe ↑Niveau.

Leistungsvermögen ↑Leistung.

Leitartikel ↑Zeitungsartikel.

Leitartikler ↑Berichter.

Leitbild ↑Muster.

Leite ↑Abhang.

leiten: ↑begleiten, ↑dirigieren, ↑regieren, ↑vorstehen; -der Angestellter ↑Führungskraft; in die Wege l. ↑anbahnen (etwas), ↑anfangen, ↑anordnen; von einem Zentrum aus l. ↑zentralisieren.

¹Leiter (der), Betriebsleiter, Direktor, Generaldirektor, Chef, Teamchef, Geschäftsführer, Vorsteher, Vorgesetzter, Dienstherr, Boss, Abteilungsleiter, Ressortleiter, Ressortchef · *künstlerischer:* Artdirector, Atelierleiter, Intendant, Ballettdirektor, Ballettmeister ·· *einer kleineren Arbeitsgruppe:* Gruppenführer, Meister, Baas *(niederd.),* Vorarbeiter, Partieführer *(österr.)* · *bei Maurern und Zimmerleuten:* Polier ·· *einer Sportmannschaft:* Mannschaftskapitän, Kapitän; ↑Arbeitgeber, ↑Führer, ↑Führungskraft, ↑Primus inter Pares, ↑Regisseur, ↑Respektsperson, ↑Vorsitzender; ↑vorstehen.

²Leiter (die), Stehleiter, Treppenleiter, Anstellleiter, Strickleiter · Brandleiter, Feuerleiter · Feuerwehrleiter · Sturmleiter · Trittleiter, Tritt, Staffel *(oberd.);* ↑Fußbank, ↑Treppe.

³Leiter (der): ↑Führer; künstlerischer Leiter ↑Zeichner.

Leitertreppe ↑Treppe.

Leiterwagen ↑Wagen.

Leitfaden ↑Ratgeber.

Leitfeuer ↑Leuchtfeuer.

Leitfossil ↑Versteinerung.

Leitgedanke, Grundgedanke, Grundmotiv, Leitmotiv, der rote Faden.

Leithammel ↑Führer.

Leitkartenkartei ↑Kartei.

Leitlinie ↑Regel.

Leitmotiv ↑Leitgedanke.

Leitsatz ↑Regel.

Leitschnur ↑Regel.

Leitschweißhund ↑Hunderassen.

Leitspruch: ↑Ausspruch, ↑Motto.

¹Leitung, Vorsitz, Vorstand, Vorstehung, Führung, Direktion, Direktorium, Führungsgremium, Führungsstab, Führungsinstanz, Management, Präsidium · *schlechte:* Missmanagement · *bei Streik o. Ä.* gebildete: Krisenstab · *der kommunistischen Parteien:* Zentralkomitee, ZK · *eines Heeres:* Heerführung, Generalstab, Oberkommando, Oberbefehlshaber, Generalinspekteur · *deren Sitz:* Chefetage, Hauptquartier · *einer Redaktion:* Chefredaktion; ↑Arbeitgeber, ↑Dienstgrad, ↑Oberhaupt, ↑Obrigkeit, ↑Vorsitz, ↑Vorsitzender, ↑Vorstand.

²Leitung: ↑Regie, ↑Rohrleitung, ↑Telefonverbindung, ↑Vorsitz; die L. ist besetzt / blockiert ↑telefonieren (mit jmdm.); eine lange L. haben ↑begriffsstutzig [sein]; auf der L. stehen ↑begriffsstutzig [sein].

Leitungswasser ↑Wasser.

¹Leitwort, Wesenswort, Grundwort, Fahnenwort, Schlagwort · Deskriptor.

²Leitwort: ↑Motto, ↑Stichwort.

Lek ↑Zahlungsmittel.

Lektion: ↑Pensum, ↑Unterricht; jmdm. eine L. erteilen ↑schelten.

Lektor: ↑Hochschullehrer, ↑Schriftleiter.

Lektüre, Lesestoff, Privatlektüre, Unterhaltungslektüre, Reiselektüre, Ferienlektüre, Urlaubslektüre, Feierabendlektüre, Bettlektüre, Pflichtlektüre, Schullektüre, Klassenlektüre, Hauslektüre; ↑Buch.

Lemma ↑Stichwort.

Lemming ↑Nagetier.

Lemure ↑Affe.

Lenden ↑Hüften.

¹Lendenbraten, Lungenbraten *(österr.)* · *vom Schwein:* Jungfernbraten *(österr.);* ↑Fleischgericht, ↑Rinderbraten.

²Lendenbraten ↑Rinderbraten.

lendenlahm ↑vordergründig.

Lendenschmerz ↑Lumbago.

Lendenschurz ↑Schurz.

Lendenweh ↑Lumbago.

Lendenwirbel ↑Wirbelknochen.

Leningrad ↑Sankt Petersburg.

Leninismus ↑Marxismus.

Leninist ↑Sozialist.

leninistisch ↑kommunistisch.

¹lenken, führen, leiten, vorstehen, gefügig / *(landsch.)* kirre machen, manipulieren, indoktrinieren, erziehen, umerziehen, gängeln, bevormunden, jmdn. am Gängelband führen / haben, bevogten *(schweiz.),* jmdn. ducken, autoritär erziehen, auf Vordermann bringen, jmdn. anspitzen *(ugs.),* jmdn. kommandieren, jmdn. einer Gehirnwäsche unterziehen; ↑ändern, ↑beeinflussen, ↑dirigieren, ↑formen, ↑unterdrücken; ↑unselbstständig, ↑zahm.

²lenken: ↑führen, ↑regieren, ↑steuern; alle Blicke auf sich l. ↑auffallen, ↑exponieren (sich); den Verdacht l. auf ↑verdächtigen.

Lenker: ↑Autofahrer, ↑Fahrer, ↑Führer, ↑Steuer.

Lenkrad ↑Steuer.

Lenkstange ↑Steuer.

lentamente ↑langsam.

lentement ↑langsam.

Lentigo ↑Muttermal.

lento ↑langsam.

Lenz: ↑Frühling; -e ↑Jahr.

lenzen: es lenzt ↑Frühling [werden].

Lenzing ↑März.

Lenzmond ↑März.

Leonberger ↑Hunderassen.

Leopard ↑Raubtier.

Leporello[buch] ↑Buch.

Leporellofalz ↑Falte.

Lepra: ↑Aussatz; L. lombardica ↑Pellagra.

Lepschi: auf L. gehen ↑spazieren gehen.

Lepton ↑Zahlungsmittel.

leptosom ↑schlank.

Leptosomer ↑Körperbautyp.

Lerche ↑Vogel.

Lerge ↑Schlesier.

lerngierig ↑bildungshungrig.

Lerneifer ↑Bildungsdrang.

¹lernen, erlernen, auswendig lernen, memorieren, aufnehmen, sich etwas anlernen / zu Eigen machen / annehmen / aneignen, studieren, Kenntnisse erwerben, sich präparieren, üben, exerzieren, durchexerzieren, trainieren, sich [die Vokabeln o. Ä.] angucken / anschauen · *übertrieben viel:* strebern, ein Streber sein *(abwertend),* stucken *(abwertend, österr.),* pauken *(salopp),* büffeln *(salopp),* ochsen *(salopp)* · *aus eigenen Fehlern:* Lehrgeld zahlen müssen · *einen Beruf von Grund auf:* von der Pike auf lernen; ↑anstrengen (sich), ↑einarbeiten, ↑einprägen, ↑einstudieren, ↑erziehen, ↑lehren; ↑Schüler, ↑Unterricht.

²lernen: ↑einstudieren; etwas l. ↑werden (etwas); etwas gelernt haben ↑firm [sein].

Lerner ↑Schüler.

Lernhilfe ↑Gedächtnisstütze.

Lernmittel ↑Lehrmittel.

Lernschwester ↑Krankenschwester.

Lernstoff ↑Pensum.

lernwillig ↑bildungshungrig.

Lesart: ↑Abweichung, ↑Auslegung.

lesbar, gut lesbar, leslich, gut zu lesen; ↑lesen.

Lesbe ↑Lesbierin.

Lesbierin, Lesbe *(Jargon, Eigenbezeichnung);* ↑Homosexueller; ↑gleichgeschlechtlich.

lesbisch ↑gleichgeschlechtlich.

Lesbischsein ↑Homosexualität.

Lese: ↑Ernte, ↑Weinlese.

Lesebrille ↑Brille.

Lesedrama ↑Drama.

Lesefrucht ↑Exzerpt.

Leseklassiker ↑Schriftsteller.

Leselust ↑Lesevergnügen.

¹lesen, durchlesen, studieren, sich vertiefen / versenken in, schmökern · *schnell, flüchtig:* überlesen, überfliegen, diagonal / quer lesen, anblättern, in etwas blättern, durchschauen · *bis zum Ende:* auslesen, fertig lesen, verschlingen · *mit Mühe:* entziffern; **gel. werden,** Leser finden / haben, eine Lesergemeinde haben; ↑lesbar; ↑Legasthenie, ↑Leser, ↑Leserschaft.

²lesen: ↑ernten, ↑vortragen; gut zu l. ↑lesbar; l. aus ↑auswählen; zwischen den Zeilen l. ↑Acht geben.

lesenswert ↑interessant.

Lesepult: ↑Katheder, ↑Möbel.

¹Leser, Leserin, Leseratte, Bücherwurm, Vielleser, Schnellleser; ↑Abonnent, ↑Bücherfreund; ↑bestellen, ↑lesen.

²Leser: ↑Abonnent; L. finden / haben ↑lesen.

Leseratte ↑Leser.

Leserbrief ↑Leserzuschrift.
Lesereinsendung ↑Leserzuschrift.
Lesergemeinde: ↑Leserschaft; eine L. haben ↑lesen.
Leserin: ↑Abonnent, ↑Leser.
Leserinbrief ↑Leserzuschrift.
Leserineinsendung ↑Leserzuschrift.
Leserinzuschrift ↑Leserzuschrift.
Leserkreis ↑Leserschaft.
leserlich ↑lesbar.
Leserpublikum ↑Leserschaft.
Leserschaft, Leserkreis, Leserpublikum, Lesergemeinde; ↑Leserzuschrift; ↑Abonnent; ↑lesen.
Leserstimme ↑Leserzuschrift.
Leserumfrage ↑Umfrage.
Leserzuschrift, Leserinzuschrift, Leserbrief, Leserinbrief, Lesereinsendung, Leserineinsendung, Eingesandt, Leserstimme; ↑Leserschaft, ↑Schreiben.
Leseschwäche: ↑Aphasie, ↑Legasthenie.
Lesestoff ↑Lektüre.
Lesestörung ↑Aphasie.
Lesevergnügen, Leselust, Lesewut; ↑Lektüre.
Lesewut ↑Lesevergnügen.
leslich ↑lesbar.
Leste ↑Wind.
letal ↑tödlich.
Lethargie: ↑Schläfrigkeit, ↑Teilnahmslosigkeit.
lethargisch ↑träge.
Lethe, Styx, Acheron, Strom der Unterwelt, Strom des Vergessens; ↑Hölle.
Letkiss ↑Tanz.
Letsch ↑Murmel.
letschert ↑kraftlos.
Letten ↑Erde.
Letter ↑Buchstabe.
letz ↑falsch.
letzen ↑erquicken.
Letzi ↑Grenzbefestigung.
letzt... ↑gewesen.
¹letzte, allerletzte, hinterletzt (ugs.), End- · *Mahlzeit vor der Hinrichtung, vor der Abreise u. a.:* Henkersmahlzeit · *letztes Werk o. Ä. vor jmds. Tod:* Schwanengesang · Abgesang; ↑Nachzügler · Ggs. ↑erste.
²letzte: ↑vorig; der -e Mensch ↑Narr; der l. Mohikaner ↑Nachzügler; mit -r Anstrengung / Kraft ↑kaum; der l. Dreck ↑Schleuderware; auf den -n Drücker / Hosenknopf / Point kommen ↑spät [kommen]; Ausgabe -r Hand ↑Edition; bis zum -n Mann ↑alle; Letzte Ölung ↑Viatikum; den -n Schliff geben ↑vollenden; das l. Stündlein ist gekommen / hat geschlagen ↑sterben; in den -n Zügen liegen ↑sterben; Letzter ↑Nachzügler; das ist das Letzte ↑unerhört [sein]; das Letzte aus jmdm. herausholen ↑fragen, ↑zusetzen (jmdm.); auf die Letzt ↑spät, zu guter Letzt; auf die Letzt kommen ↑spät [kommen]; es geht ums Letzte ↑ernst [werden]; bis

zum Letzten ↑ganz; der Letzte der Mohikaner ↑Nachzügler.
letztendlich ↑letztlich.
letztens ↑kürzlich.
letzthin ↑kürzlich.
letztlich, schließlich, schließlich und endlich, schlussendlich *(schweiz.),* letztendlich *(schweiz.),* im Grunde, im Endeffekt, letzten Endes; ↑spät.
Leu ↑Löwe.
Leuchtbake: ↑Leuchtfeuer, ↑Warnzeichen.
Leuchtboje: ↑Leuchtfeuer, ↑Warnzeichen.
Leuchte: ↑Lampe; eine L. sein ↑Talent; keine [große] L. sein ↑unbegabt [sein].
¹leuchten, scheinen, strahlen, prangen *(geh.),* blenden, schimmern, flirren, flimmern, glänzen, gleißen, blinken, blitzen, funkeln, glitzern, schillern, szintillieren *(fachspr.),* opalisieren, opaleszieren; ↑aufleuchten, ↑brennen, ↑spiegeln; ↑beleuchtet, ↑glänzend, ↑metallartig; ↑Lichtstrahl, ↑Schein.
²leuchten: sein Licht l. lassen ↑bescheiden [sein].
leuchtend: ↑bunt, ↑glänzend; nicht l. ↑gedeckt.
leuchtend rot ↑rothaarig.
Leuchter ↑Kerzenleuchter.
Leuchtfeuer, Leitfeuer, Richtfeuer · Leuchtboje, Leuchtbake, Leuchttonne · Leuchtturm, Feuerturm, Pharus · Leuchtschiff, Feuerschiff; ↑Schiff.
Leuchtgas ↑Gas.
¹Leuchtkäfer, Glühwürmchen, Glimmwurm *(landsch.),* Glimmerwurm *(landsch.),* Glimmraupe *(landsch.),* Glimmerraupe *(landsch.),* Johanniskäfer *(landsch.),* Sonnwendkäfer *(österr.),* Sonnenwendkäfer *(österr.).*
²Leuchtkäfer ↑Glühwürmchen.
Leuchtkugel ↑Feuerwerkskörper.
Leuchtröhre ↑Glühbirne.
Leuchtschiff ↑Leuchtfeuer.
Leuchtstoffröhre ↑Glühbirne.
Leuchttonne ↑Leuchtfeuer.
Leuchtturm: ↑Leuchtfeuer, ↑Turm.
leugnen: ↑abstreiten; einen Tatbestand o. Ä. l. ↑verleugnen.
Leukämie, Blutkrebs, Weißblütigkeit, Leukozythämie; ↑Blutarmut, ↑Geschwulst, ↑Krankheit.
Leukom ↑Star.
Leukoplastbomber ↑Auto.
Leukozyten ↑Blutkörperchen.
Leumund: ↑Ansehen; einen schlechten L. habend ↑anrüchig.
Leute: ↑Mensch; geschiedene L. sein ↑verfeindet [sein]; in aller L. Munde sein ↑bekannt; unter die L. bringen ↑veröffentlichen, ↑popularisieren; sein Geld unter die L. bringen ↑ausgeben.
Leuteschinder ↑Rohling.
Leutnant: [L. zur See] ↑Dienstgrad.
leutselig ↑entgegenkommend.

Leutseligkeit ↑Geneigtheit.
Leuwagen ↑Schrubber.
Levator ↑Muskel.
Leviathan ↑Fabelwesen.
Leviten: jmdm. die L. lesen ↑schelten.
Levkojenhochzeit ↑Hochzeitstag.
Lew ↑Zahlungsmittel.
Lex ↑Weisung.
Lexem ↑Spracheinheit.
Lexikon ↑Nachschlagewerk.
L'hombre ↑Kartenspiel.
Liaison: ↑Bund, ↑Liebelei.
Liane ↑Kletterpflanze.
Libelle, Wasserjungfer, Schillebold *(niederd.);* ↑Insekt.
Liber ↑Franken.
liberal: ↑aufgeklärt, ↑freiheitlich.
Liberalität ↑Duldsamkeit.
Libero ↑Fußballspieler.
Libertin ↑Leichtfuß.
Libertinage ↑Ausschweifung.
libidinös: ↑sexuell, ↑triebhaft.
Libido ↑Geschlechtstrieb.
Libresso ↑Buchhandlung.
Liburne ↑Kriegsschiff.
-lich: etwas ist erklärlich usw. ↑lassen (sich).
licht: ↑hell, ↑schütter; einen -en Moment haben ↑Einfall.
¹Licht, Helligkeit, Helle, Lichtermeer · Kerzenlicht, Petroleumlicht, Gaslicht, elektrisches Licht, Neonlicht, Kunstlicht, ↑Beleuchtung, ↑Kerze, ↑Lampe, ↑Lichtstrahl, ↑Lichtzeichen, ↑Schein, ↑Scheinwerfer, ↑Tageslicht; ↑leuchten; ↑beleuchtet.
²Licht: ↑Beleuchtung, ↑Kerze; -er ↑Auge; das große L. ↑Lampe; das L. des Tages ↑Tageslicht; ein L. sein ↑Talent; kein [großes] L. sein ↑unbegabt [sein]; jmdm. geht ein L. auf ↑erkennen; jmdm. ein L. aufstecken ↑mitteilen; L. in etwas bringen / etwas ans Licht bringen ↑aufdecken; das L. der Welt erblicken ↑geboren [werden]; jmdm. grünes L. geben ↑ankurbeln, ↑billigen; grünes L. haben ↑behindern; sein L. leuchten lassen ↑bescheiden [sein]; sein L. nicht unter den Scheffel stellen ↑bescheiden; das wirft ein neues L. auf die Sache ↑zurückfallen (auf); ein schlechtes L. werfen auf ↑zurückfallen (auf); ans L. kommen ↑herumsprechen (sich), ↑offenbar [werden]; hinters L. führen ↑betrügen; sich selbst im L. stehen ↑schaden; im L. der Öffentlichkeit stehen, ins L. der Öffentlichkeit treten ↑exponieren (sich); in gutem L. erscheinen ↑auffallen; in ein schlechtes L. rücken / setzen / stellen ↑schlecht machen; etwas in rosigem L. sehen ↑werten; von L. durchflutet ↑beleuchtet.
Lichtbild ↑Fotografie.
Lichtbildervortrag, Farblichtbildervortrag, Diavortrag, Filmvortrag; ↑Kinofilm, Projektionsapparat; ↑filmen.
Lichtbildner ↑Fotograf.
lichtblau ↑blau.

Lichtblick ↑Trost.
lichtdurchflutet ↑beleuchtet.
lichtecht ↑farbecht.
lichten: ↑beschneiden; sich l. ↑aufhellen (sich); gelichtet ↑schütter; die Reihen l. sich ↑sterben, ↑weggehen; die Anker l. ↑abgeben.
Lichterbaum ↑Weihnachtsbaum.
Lichterblume ↑Löwenzahn.
Lichtermeer ↑Licht.
lichtgelb ↑gelb.
Lichthupe ↑Lichtzeichen.
Lichtjahr ↑Längenmaß.
Lichtkegel ↑Lichtstrahl.
¹Lichtmess, Mariä Lichtmess; ↑Kirchenfest, ↑Kirchenjahr.
²Lichtmess: Mariä L. ↑Marienfest.
Lichtpause: ↑Reproduktion; -n herstellen ↑ablichten.
lichtpausen ↑ablichten.
Lichtquelle ↑Lampe.
Lichtreflex ↑Spiegelung.
Lichtsatz ↑Schriftsatz.
Lichtschein ↑Schein.
lichtscheu ↑anrüchig.
Lichtschimmer ↑Schein.
Lichtsignal ↑Lichtzeichen.
Lichtspiele ↑Kino.
Lichtspielhaus ↑Kino.
Lichtspieltheater ↑Kino.
Lichtstrahl, Scheinwerferkegel, Lichtkegel, Strahlenkegel; ↑Lampe, ↑Licht, ↑Schein, ↑Scheinwerfer, ↑Scheinwerferlicht, ↑Tageslicht; ↑leuchten.
Lichttonfilm ↑Kinofilm.
Lichtung ↑Schneise.
lichtwendig ↑heliotropisch.
¹Lichtzeichen, Feuerzeichen, Lichtsignal, Verkehrsampel, Blaulicht, Blinklicht, Lichthupe, Rakete, Leuchtkugel; ↑Licht, ↑Signallicht, ↑Zeichen, ↑Warnzeichen.
²Lichtzeichen ↑Leuchtkugel.
Lichtzünsler ↑Schmetterling.
Lido ↑Strand.
¹lieb, teuer, wert, unersetzlich; **jmdm. l. geworden sein,** jmdm. ans Herz gewachsen sein.
²lieb: ↑artig, ↑hübsch, ↑verehrt, ↑willkommen; Unsere Liebe Frau ↑Madonna; ach du -er Gott! ↑überrascht [sein]; -e Grüße, alles Liebe ↑hochachtungsvoll; sich bei jmdm. l. Kind machen ↑nähern (sich jmdm.); mir ist -er ↑besser; jmdn. am -sten von hinten sehen ↑hassen.
liebäugeln (mit), mit dem Gedanken spielen, sich mit dem Gedanken tragen, gern haben wollen; ↑begierig [sein], ↑erwägen, ↑streben.
Liebchen ↑Geliebte.
¹Liebe, Amor, Eros, Sex, Sexus, Sexualität, Erotik, Minne *(dichter.)* · *zu Kindern und Jugendlichen:* Pädophilie; ↑Liebelei, ↑Liebesspiel, ↑Nächstenliebe, ↑Zuneigung.
²Liebe: ↑Gotteseigenschaften; L. machen ↑koitieren; erste / junge L., [L. auf den ersten Blick]

↑Zuneigung; Kind der L. ↑Kind; jmds. große L. sein ↑bevorzugen; in L. ↑hochachtungsvoll; in L. entbrennen / erglühen ↑verlieben (sich); mit Lust und L. dabei sein ↑Arbeitseifer [zeigen]; von Luft und L. leben ↑bescheiden.

liebebedürftig ↑anlehnungsbedürftig.

Liebediener ↑Schmeichler.

Liebedienerei ↑Unterwürfigkeit.

liebedienern ↑unterwürfig [sein].

Liebelei, Liebschaft, Flirt, Liebesabenteuer, Abenteuer, Liebeserlebnis, Erlebnis, Amouren, Affären, Liebesverhältnis, Verhältnis, Bratkartoffelverhältnis *(ugs.),* Liaison, Romanze, Episode, Techtelmechtel *(ugs.),* Gspusi *(bes. südd., österr.),* Pantscherl *(ugs., österr.),* Bandelei *(österr., veraltet);* ↑Liebe, ↑Zuneigung; ↑flirten, ↑lieben, ↑verlieben (sich); ↑verliebt.

liebeln ↑flirten.

¹lieben, gern haben, lieb haben, jmdm. gut / geneigt / hold / gewogen sein, sich zu jmdm. hingezogen fühlen, an jmdm. hängen, jmdm. zugetan / *(veraltet)* attachiert sein, [gern] mögen, leiden können / mögen, eine Schwäche haben für, für jmdn. zärtliche Gefühle hegen, etwas / viel übrig haben für, jmdn. zum Fressen gern haben *(ugs.),* an jmdm. einen Affen / einen Narren gefressen haben *(salopp),* wie eine Klette an jmdm. hängen *(ugs.),* jmdn. schätzen / begehren, Gefallen finden an, ins Herz geschlossen haben, jmdm. sein Herz geschenkt haben, an jmdn. sein Herz verschenkt / gehängt haben, jmds. Herz hängt an, Interesse zeigen für, mit jmdm. gehen, eine Liebschaft / *(ugs.)* ein Verhältnis / *(ugs.)* ein Techtelmechtel haben, etwas / es mit jmdm. haben, ein Auge haben auf; ↑achten, ↑anbändeln, ↑bevorzugen, ↑gefallen, ↑mögen, ↑verlieben (sich); ↑begierig [sein auf / nach], ↑verliebt; ↑Familienanhänglichkeit, ↑Geliebte, ↑Geliebter, ↑Liebelei, ↑Zuneigung · Ggs. ↑hassen.

²lieben: ↑mögen (etwas); [französisch l.] ↑koitieren.

liebenswert ↑sympathisch.

liebenswürdig: ↑charmant, ↑entgegenkommend, ↑sympathisch.

Liebenswürdigkeit: ↑Anmut, ↑Freundlichkeit.

lieber: ↑tunlichst, ↑vielmehr.

Liebesabenteuer ↑Liebelei.

Liebesapfel ↑Tomate.

Liebesbrief ↑Schreiben.

Liebesdienerin ↑Prostituierte.

Liebesdienst ↑Dienst.

Liebesehe ↑Ehe.

Liebeselixier ↑Aufputschmittel.

Liebeserlebnis ↑Liebelei.

Liebesfähigkeit ↑Fähigkeit.

Liebesfilm ↑Kinofilm.

Liebesgabe ↑Gabe.

Liebesgabenpäckchen ↑Gabe.

Liebesgefühl: -e ↑Zuneigung.

Liebesheirat ↑Ehe.

Liebesknochen: ↑Gebäck, ↑Penis.

Liebeskraft ↑Fähigkeit.

Liebeslyrik ↑Lyrik.

Liebesmühe: das ist verlorene L. ↑nutzlos [sein].

Liebesroman ↑Roman.

Liebesschleife ↑Gebäck.

Liebessilo ↑Bordell.

Liebesspiel, Vorspiel, Petting, Necking, Dating, Nachspiel · *durch Lecken am äußeren Genitale der Frau:* Kunnilingus, Cunnilingus; ↑Koitus.

liebestoll ↑verliebt.

Liebestöter ↑Unterhose.

Liebestrank ↑Aufputschmittel.

Liebesverhältnis ↑Liebelei.

Liebesvollzug ↑Koitus.

lieb haben ↑lieben.

¹Liebhaber (von etwas), Freund (von etwas) · Naturfreund, Kunstfreund, Kunstliebhaber, Musikfreund, Musikliebhaber, Bücherfreund, Tierfreund, Tierliebhaber, Sportfreund; ↑Liebhaberei.

²Liebhaber ↑Geliebter.

Liebhaber- ↑Hobby-.

Liebhaberbühne ↑Theater.

Liebhaberei, Freizeitbeschäftigung, Privatvergnügen, Privatinteresse, Lieblingsbeschäftigung, Steckenpferd, Hobby, Passion, Leidenschaft; ↑Anstrengung, ↑Arbeit, ↑Beruf, ↑Liebhaber.

Liebhaberfotograf ↑Fotograf.

Liebhaberpreis ↑Preis.

Liebhaberrolle ↑Rolle.

liebkosen, abdrücken, streicheln; ei, ei machen *(Kinderspr.);* hätscheln, herzen, tätscheln, zärtlich sein, schmusen, kraulen, karessieren *(veraltet);* ↑kitzeln, ↑küssen, ↑umfassen; ↑Zärtlichkeit.

Liebkosung ↑Zärtlichkeit.

lieblich ↑hübsch.

Lieblichkeit: ↑Anmut; Ihre L. ↑Faschingszug.

¹Liebling, Schwarm, Darling, Augapfel, Augenstern, Herzblatt, Herzchen, Herzbinkerl *(bayr., österr.),* Goldkind, Schoßkind, Hätschelkind, Nesthäkchen, Schätzchen, Schatz, Mignon; ↑Abgott, ↑Geliebte, ↑Geliebter, ↑Günstling, ↑Junge, ↑Publikumsliebling, ↑Sohn.

²Liebling: L. des Glücks / der Götter ↑Glückspilz.

Lieblings-: ↑bevorzugt.

Lieblingsbeschäftigung ↑Liebhaberei.

Lieblingsgericht ↑Lieblingsspeise.

Lieblingsspeise, Lieblingsgericht, Leibgericht, Leibspeise, Leib- und Magengericht.

Lieblosigkeit ↑Gefühlskälte.

Liebreiz ↑Anmut.

Liebschaft ↑Liebelei.

Liebste ↑Geliebte.

Liebster ↑Geliebter.

Liebstöckel ↑Küchengewürz.

liebwert ↑verehrt.

¹Lied, Kunstlied, Gesang, Weise, Melodie · Wiegenlied, Berceuse ·· *religiöses:* Kirchenlied, Choral, Lauda, Kantate, Oratorium, Hymnus, Motette, Psalmodie, Leis, Sequenz, [Negro]spiritual, Gospelsong, Gospel ·· *für Weihnachten:* Weihnachtslied, Christmascarol *(engl.),* Noël *(franz.),* Colinde *(rumänisch)* ·· *in der Oper:* Arie, Rezitativ · *kurzes:* Arioso, Kavatine ·· *satirisches, im Kabarett:* Chanson, Couplet, Song, Protestsong ·· *Klagelied:* Elegie, Nänie (Antike) · *für die Karwoche:* Lamentation · *in der frühbarocken Oper:* Lamento ·· *mit Rundgesang:* Kanon, Catch *(engl.)* ·· *für den Tanz:* Leich (Mittelalter), Vilanelle (16. Jh.), Folkeviser *(dän., skand.)* ·· *volkstümliches:* Chançon (altfranz.), Frottola (ital. Renaissance), Fado *(portugiesisch),* Volkslied, Jodler (Alpen), Gstanzl *(bayr., österr.),* Schnaderhüpfl *(bayr., österr.),* Vierzeiler ·· *heiterempfindsames:* Kanzone (15.-17. Jh.), Kanzonette, Madrigal (14.-16. Jh.) ·· *im Minnesang den Abschied nach einer Liebesnacht beschreibendes:* Tagelied, Wächterlied, Alba ·· *rührselig-schauriges:* Moritat ·· *des Seemanns:* Shanty ·· *des Gondoliere:* Barkarole ·· *offizielles eines Staates:* Nationalhymne, Landeshymne, Vaterlandshymne *(bes. schweiz.)* ·· *das jmdm. nicht aus dem Kopf geht:* Ohrwurm; ↑Gesang, ↑Musik, ↑Sänger, ↑Schlager.

²Lied: ↑Gedicht; im L. besingen ↑lobpreisen.

Liederabend ↑Musikveranstaltung.

Liederbuch ↑Gesangbuch.

Liederjan ↑Leichtfuß.

liederlich: ↑anstößig, ↑nachlässig.

Liederlichkeit ↑Sittenlosigkeit.

Lieferant ↑Bote.

Lieferfrist ↑Lieferzeit.

¹liefern, anliefern, beliefern, ausliefern, zustellen, bringen, zubringen, zustreifen *(veraltend, österr.);* ↑schicken; ↑Lieferung, ↑Lieferzeit.

²liefern: ans Messer l. ↑ausliefern (jmdn.).

Lieferung, Ablieferung, Anlieferung, Abgabe, Belieferung, Auslieferung, Zustellung, Zuführung, Zuleitung, Zufuhr, Zusendung, Übermittlung, Überweisung, Weiterleitung, Weitergabe, Überstellung, Übergabe, Einhändigung, Überbringung; ↑Aushändigung, ↑Lieferzeit, ↑Versand, ↑Zuteilung; ↑abgeben, ↑liefern.

Lieferungsauto ↑Auto.

Lieferungsfrist ↑Lieferzeit.

Lieferungswagen ↑Auto.

Lieferungszeit ↑Lieferzeit.

Lieferwagen ↑Auto.

Lieferzeit, Lieferfrist, Lieferungszeit, Lieferungsfrist; ↑Frist, ↑Lieferung; ↑liefern.

⁴Liege, Couch, Sofa, Kanapee, Chaiselongue, Ruhebett *(veraltet),* Ruhbett *(schweiz.),* Diwan, Ottomane · *als Bett verwendete:* Liegecouch, Liegesofa, Schlafcouch, Bettcouch, Bettbank *(österr.);* ↑Bett, ↑Luftmatratze, ↑Möbel, ↑Sitzgelegenheit; ↑schlafen.

²Liege ↑Luftmatratze.

Liège ↑Lüttich.

Liegecouch ↑Liege.

Liegehang ↑Turnübung.

¹liegen, daliegen, langliegen *(ugs.),* alle viere von sich strecken *(ugs.),* sich aalen *(ugs.);* ↑ruhen, ↑sonnen (sich).

²liegen: ↑befinden (sich); jmd. liegt falsch ↑irren (sich); richtig l. ↑Recht; still l. ↑ruhen; jmd. liegt jmdm. ↑gefallen; etwas liegt jmdm. ↑begabt; jmdm. nicht l. ↑unbeliebt [sein]; jmdm. liegt etwas an jmdm. / etwas ↑wichtig [sein]; etwas liegt bei jmdm. ↑abhängen; etwas liegt im Argen ↑vernachlässigen (etwas); etwas liegt [in der Mitte] zwischen ... und ... ↑Mittelding.

liegen lassen: links l. l. ↑ignorieren.

Liegenschaft ↑Bauernhof.

Liegenschaften ↑Immobilien.

Liegesofa ↑Liege.

Liegestatt ↑Bett.

¹Liegestuhl, Hängematte, Hollywoodschaukel · Strandkorb; ↑Bett, ↑Luftmatratze, ↑Sitzbank.

²Liegestuhl ↑Stuhl.

Liegewagen ↑Eisenbahnwagen.

Liegewagenabteil ↑Eisenbahnabteil.

Liegnitz: -er Bombe ↑Gebäck.

Lieschen Müller ↑Durchschnittsbürger.

Lift: ↑Aufzug, ↑Operation, ↑Seilbahn.

Lifting ↑Operation.

Liga ↑Vereinigung.

Ligusterhecke ↑Hecke.

Ligusterschwärmer ↑Schmetterling.

liiert: l. sein ↑gebunden [sein].

Likör ↑Alkohol.

Likörglas ↑Trinkgefäß.

lila: ↑violett; Lila Dickfuß ↑Ständerpilz.

Lilie: [Taurische L.] ↑Liliengewächs.

Lilienfeldbindung ↑Skibindung.

Lilienfries ↑Fries.

Liliengewächs · Lilie · Madonnenlilie, Königslilie, Feuerlilie, Tigerlilie, Taurische Lilie, Türkenbund, Türkenbundlilie, Kaiserkrone, Taglilie, Maiglöckchen, Drillingslilie, Goldsiegel, Schattenblümchen, Knotenfuß, Salomon[s]siegel, Affodil, Paradieslilie, Herbstzeitlose, Goldlauch, Gelblauch, Perlhyazinthe, Träubelhyazinthe, Orientalische Hyazinthe, Milchstern, Tulpe; ↑Blume, ↑Herbstzeitlose.

Lilienkapitell ↑Kapitell.

lilienweiß ↑weiß.

Liliputaner ↑Zwerg.

Lillespitze ↑Spitzenstickerei.

Limbo ↑Tanz.

Limburger ↑Käse.

Limerick ↑Gedicht.

Limes ↑Grenze.

Limit: Grenzwert, ↑Preisgrenze.

limitieren ↑begrenzen.

Limnokrene ↑Quelle.

Limonade, Brause, Sprudel, Sprudelwasser, Brauselimonade, Kracherl *(bayr., österr.);* ↑Mineralwasser.
Limone ↑Zitrone.
Limousine ↑Auto.
lind: ↑behutsam, ↑mild.
¹Linde, Lindenbaum · Dorflinde · Sommerlinde, Winterlinde.
²Linde ↑Laubhölzer.
Lindenbaum ↑Linde.
Lindenblütenhonig ↑Honig.
Lindenblütentee ↑Tee.
lindern, mildern, bessern, erträglicher machen, erleichtern, den Schmerz dämpfen / stillen; ↑abschwächen, ↑gesund [machen].
lindernd ↑gütig.
Linderung ↑Trost.
Linderungsmittel, Beruhigungsmittel, Erleichterungsmittel, Schmerzmittel, schmerzstillendes Mittel, Analgetikum, Antineuralgikum, Narkotikum, Sedativ[um], Palliativ[um], Mitigans, reizlinderndes Mittel, Demulzens, Balsam; ↑Medikament.
lindgrün ↑grün.
Lindwurm ↑Ungeheuer.
Lineal ↑Metermaß.
Lineament ↑Linie.
¹linear, geradlinig, linienförmig; ↑Linie.
²linear: ↑prozentual; -e Gleichung ↑Gleichung.
Linear-Antiqua ↑Schrift.
Lineatur ↑Linierung.
Linga ↑Penis.
Lingam ↑Penis.
Lingismus ↑Heilgymnastik.
Lingua ↑Sinnesorgan.
Lingua franca ↑Landessprache.
Linguist ↑Philologe.
Linguistik: ↑Philologie, ↑Sprachwissenschaft.
Liniatur ↑Linierung.
¹Linie, Strich, Zeile · *gerade:* Gerade · *gerade, die eine Kurve schneidet:* Sekante · *krumme:* Kurve · *gezackte:* Zackenlinie · *die zwei Ecken verbindet:* Verbindungslinie, Diagonale · *durch den Mittelpunkt gehende:* Durchmesser · *vom Mittelpunkt zum Umkreis führende:* Radius · *einen Kreis von außen berührende:* Tangente · *des Umfangs:* Peripherie · · *in der Hand oder im Gesicht:* Lineament; ↑Biegung, ↑Linierung, ↑linear.
²Linie: ↑Bahnlinie, ↑Reihe; vorderste L. ↑Front; auf die schlanke L. achten ↑schlank [sein wollen]; in erster L. ↑besonders; erst in zweiter L. in Betracht kommen ↑sekundär [sein]; mit der L. X fahren ↑fahren.
Linienblatt, Linienspiegel *(österr.),* Faulenzer *(ugs., österr.);* ↑Linie, ↑Linierung.
Linienblitz ↑Blitz.
linienförmig ↑linear.
¹Linienführung, Streckenführung, Strecke, Trasse; ↑Bahnlinie, ↑Straße.
²Linienführung ↑Duktus.

Linienraster ↑Raster.
Linienschiff ↑Kriegsschiff.
Linienschnitt ↑Holzschnitt.
Linienspiegel ↑Linienblatt.
linientreu ↑übereifrig.
Linientreuer, Überzeugter, überzeugter Anhänger, Hundertprozentiger, Hundertfünfzigprozentiger; ↑Anhänger, ↑Jasager.
liniert: -es Papier ↑Schreibpapier.
Linierung, Liniierung, Lineatur *(fachspr.),* Liniatur *(fachspr.);* ↑Linie, ↑Linienblatt, ↑Schreibpapier.
Liniierung ↑Linierung.
Liniment ↑Medikament.
link: jmd. ist mit dem -en Fuß aufgestanden ↑ärgerlich [sein], ↑aufgelegt; -e Gerade ↑Fausthieb; zwei -e Hände haben ↑unpraktisch [sein]; -er Hand, auf der -en Seite ↑links; Ehe zur -en Hand ↑Ehe; -er Herzvorhof / Vorhof ↑Herz; -e Seite ↑Rückseite; etwas mit der -en Hand machen ↑mühelos [schaffen].
Linke ↑Fausthieb.
Linker ↑Sozialist.
linkisch, ungelenk, ungelenkig, eckig, hölzern, ungewandt, unsportlich, steif, lahm, eingerostet *(scherzh.).*
¹links, linker Hand, auf der linken Seite, dort, wo der Daumen rechts ist *(scherzh.)* · *bei Schiffen und Flugzeugen:* backbord, backbords; ↑rechts.
²links: ↑sozialistisch; l. liegen lassen ↑ignorieren; dort, wo der Daumen l. ist ↑rechts; nicht nach rechts und l. blicken ↑verwirren.
Linksausleger ↑Boxer.
Linksaußen ↑Fußballspieler.
Linksextremist ↑Extremist.
Linkskurve ↑Kurve.
linksliberal ↑sozialistisch.
linksorientiert ↑sozialistisch.
Linksorientierter ↑Sozialist.
linksradikal ↑sozialistisch.
Linksradikaler ↑Extremist.
Linksunterzeichneter ↑Unterzeichner.
Linnen ↑Leinen.
Linoleum ↑Fußboden.
Linotypesatz ↑Schriftsatz.
¹Linse · *bei der die Mittendicke dicker als die Randdicke ist:* Konvexlinse, Sammellinse, Positivlinse · *bei der die Mittendicke dünner als die Randdicke ist:* Konkavlinse, Zerstreuungslinse, Negativlinse; ↑Brennpunkt.
²Linse ↑Gemüse.
linsen ↑blicken.
Linsen ↑Geld.
Linsenfleck ↑Muttermal.
Linsengericht: etwas für ein L. hergeben ↑abgeben.
Linsenmal ↑Muttermal.
Linsensuppe ↑Suppe.
Linsentrübung ↑Katarakt.
Linz: -er Torte ↑Gebäck.

Lipizzaner ↑ Pferd.

Lipom ↑ Fettgewebe.

Lippe: -n ↑ Mund; eine dicke L. riskieren ↑ aufbegehren; an jmds. -n hängen ↑ zuhören; nicht über die -n bringen ↑ mitteilen; etwas kommt nicht über jmds. -n ↑ aussprechen.

Lippenbär ↑ Bär.

Lippenbärtchen ↑ Bart.

Lippenbekenntnis: ↑ Bekenntnis, ↑ Verstellung.

Lippenspalte ↑ Hasenscharte.

Liptauer ↑ Käse.

liquid ↑ zahlungsfähig.

Liquidation: ↑ Auflösung, ↑ Quittung, ↑ Rechnung.

liquidieren: ↑ aufgeben, ↑ töten.

Liquidität ↑ Zahlungsfähigkeit.

Liquor ↑ Medikament.

Lira ↑ Zahlungsmittel.

lispeln: ↑ flüstern, ↑ sprechen, ↑ stottern; -d ↑ unartikuliert.

¹List, Pfiffigkeit, Durchtriebenheit, Verschlagenheit, Gerissenheit; ↑ Klugheit; ↑ schlau.

²List ↑ Arglist.

Liste ↑ Verzeichnis.

Listenpreis ↑ Preis.

listig ↑ schlau.

Liter: [halber L.] ↑ Hohlmaß.

Literarhistoriker ↑ Philologe.

Literat ↑ Schriftsteller.

¹Literatur, Schrifttum, Schriftgut · *schöngeistige:* Belletristik, schöne Literatur, Fiction, Unterhaltungsliteratur, Weltliteratur · *fachliche:* Sachbuch, Fachbuch, Non-Fiction · *weiterführende wissenschaftliche:* Sekundärliteratur · *utopische, auf technisch-naturwissenschaftlicher Grundlage:* Zukunftsroman, utopischer Roman, Sciencefiction · *mit Themen aus dem Bereich der Kriminalität:* Kriminalliteratur, Kriminalroman, Krimi · *für Kinder:* Kinderbuch · *für Jugendliche:* Jugendbuch · *pornographische:* Pornographie, Erotikon (Plural: Erotika, Erotica), Unterleibsliteratur, Schundliteratur, Schmutzliteratur, unzüchtige Schriften · *zur inneren Erbauung:* Erbauungsliteratur · *von Autoren, die aus politischen Gründen im Ausland leben müssen:* Emigrantenliteratur; ↑ Dichtung, ↑ Erzählung, ↑ Kriminalstück, ↑ Legende, ↑ Literaturepochen, ↑ Märchen, ↑ Roman, ↑ Sage.

²Literatur: ↑ Literaturangabe; althochdeutsche / karolingische / ottonische L. ↑ Literaturepochen; L. der Moderne, L. zwischen den beiden Kriegen ↑ Literaturepochen.

Literaturangabe, Literatur, Literaturnachweis, Literaturverzeichnis, Literaturhinweis, Quellenangabe, Quellen, Schrifttumsnachweis, Schrifttum.

Literaturbeilage ↑ Zeitungsbeilage.

Literaturepochen ·· althochdeutsche Literatur · karolingische Literatur, ottonische Literatur ·· frühmittelhochdeutsche Dichtung, mittelhochdeutsche Dichtung, spätmittelhochdeutsche Dichtung ·· Humanismus, Reformation ·· Barock ·· Aufklärung, Empfindsamkeit ·· Sturm und Drang ·· Klassik ·· Romantik ·· Junges Deutschland, Biedermeier ·· Realismus ·· Naturalismus · Impressionismus ·· Literatur der Moderne ·· Expressionismus · Dadaismus · Literatur zwischen den beiden Kriegen, Exilliteratur · Literatur nach dem Zweiten Weltkrieg, Nachkriegsliteratur; ↑ Drama, ↑ Literatur.

Literaturgeschichte ↑ Literaturwissenschaft.

Literaturhinweis ↑ Literaturangabe.

Literaturkalender ↑ Kalender.

Literaturkritik ↑ Besprechung.

Literaturkritiker ↑ Kritiker.

Literaturnachweis ↑ Literaturangabe.

Literatursprache ↑ Hochsprache.

Literaturverzeichnis ↑ Literaturangabe.

¹Literaturwissenschaft, Dichtungswissenschaft · Literaturgeschichte · Poetik · Rhetorik · Stilistik, Stillehre, Stilkunde; ↑ Metrik, ↑ Philologie, ↑ Sprachwissenschaft.

²Literaturwissenschaft ↑ Philologie.

Literaturwissenschaftler ↑ Philologe.

Litfaßsäule, Plakatsäule, Anschlagsäule; ↑ Plakat, ↑ Werbung.

Litho ↑ Kunstdruck.

Lithoglyphie ↑ Bildnerei.

Lithoglyphik ↑ Bildnerei.

Lithoglyptik ↑ Bildnerei.

Lithographie: ↑ Grafik, ↑ Kunstdruck.

Lithographiepapier ↑ Druckpapier.

Lithologie ↑ Gesteinskunde.

Litotes ↑ Untertreibung.

Liturgik ↑ Theologie.

liturgisch: ↑ sakral; -es Gewand ↑ Parament; -es Jahr ↑ Kalenderjahr, ↑ Kirchenjahr.

Litze ↑ Besatz.

litzen ↑ umstülpen.

live ↑ leibhaftig.

Livesendung ↑ Direktsendung.

Liveshow ↑ Striptease.

livid: ↑ blau, ↑ neidisch.

livide: ↑ blau, ↑ neidisch.

Livree ↑ Kleidung.

Lizenz ↑ Erlaubnis.

Lizenzausgabe ↑ Edition.

Lizenzdruck ↑ Nachdruck.

Lizitation ↑ Versteigerung.

lizitieren ↑ versteigern.

Lkw ↑ Auto.

Lkw-Fahrer ↑ Autofahrer.

Llano ↑ Steppe.

¹Lob, Preis, Ruhm, Ehre, Ehrung, Belobigung, Belobung, Auszeichnung, Lobpreis, Lobpreisung · *im Voraus erteiltes:* Vorschusslorbeer, Vorschusslorbeeren; ↑ Anerkennung, ↑ Ansehen, ↑ Beifall, ↑ Ehrerbietung, ↑ Gunst, ↑ Lobrede, ↑ Orden, ↑ Verherrlichung; ↑ loben.

²Lob: des -es voll sein, jmdn. mit L. überhäufen ↑ loben.

Lobby ↑Interessenvertretung.

Lobbyist, Interessenvertreter; ↑Interessenverband, ↑Interessenvertretung.

¹loben, beloben, belobigen, anerkennen, würdigen, preisen, verherrlichen, verklären, idealisieren, glorifizieren, laudieren *(veraltet),* beweihräuchern, rühmen, lobpreisen, feiern, ehren, auszeichnen, Lob erteilen / spenden / zollen, jmdn. mit Lob überhäufen, jmds. Loblied singen, ein Loblied anstimmen, jmds. Ruhm verbreiten, sich in Lobreden / Lobesworten ergehen, schwärmen von, in den höchsten Tönen von jmdm. / von etwas reden, auf den Schild erheben, jmdm. etwas nachrühmen, des Lobes voll sein über, jmdn. über den Schellenkönig / grünen Klee loben, jmdn. in den Himmel heben, nicht ↑schelten; ↑achten, ↑anschwärmen, ↑belohnen, ↑besprechen, ↑danken, ↑schmeicheln; ↑beifällig; ↑Lob, ↑Lobrede.

²loben: Gott sei gelobt! ↑glücklicherweise.

lobend ↑beifällig.

lobenswert ↑anerkennenswert.

Lobeserhebung ↑Lobrede.

Lobeshymne ↑Lobrede.

Lobeswort: sich in -en ergehen ↑loben.

Lobgesang ↑Lobrede.

Lobhudelei ↑Lobrede.

löblich ↑anerkennenswert.

Loblied ↑Lobrede; ein L. anstimmen ↑loben.

Lobpreis ↑Lob.

¹lobpreisen, preisen, [im Lied] besingen, lobsingen *(geh.),* verherrlichen; ↑singen; ↑Gesangbuch.

²lobpreisen ↑loben.

Lobpreisung: ↑Lob, ↑Lobrede.

¹Lobrede, Preis, Eloge, Loblied, Lobgesang, Lobpreisung, Lobspruch, Lobeserhebung, Lobhudelei *(abwertend),* Lobeshymne, Dithyrambe, Panegyrikus · *auf Preisträger:* Laudatio; ↑Anerkennung, ↑Lob, ↑Verherrlichung.

²Lobrede: sich in -n ergehen ↑loben.

lobsingen ↑lobpreisen.

Lobspruch ↑Lobrede.

Loch: ↑Grube, ↑Höhle, ↑Räumlichkeit, ↑Riss, ↑Strafanstalt, ↑Vagina; ein L. haben ↑defekt [sein]; jmdm. ein L. in den Bauch fragen ↑fragen; jmdm. zeigen, wo der Zimmermann das L. gelassen hat ↑hinauswerfen; auf / aus dem letzten L. pfeifen ↑abgewirtschaftet [haben]; ins L. stecken / stoßen ↑festsetzen.

lochen: ↑durchlöchern, ↑entwerten.

löcherig ↑durchlässig.

löchern ↑bitten.

Lochkamera ↑Fotoapparat.

Lochkartenmaschine ↑Computer.

Lochsäge ↑Säge.

Lochziegel ↑Ziegelstein.

Locke: ↑Haarlocke; -n ↑Haar.

¹locken (sich), sich kräuseln / ringeln / wellen; ↑lockig.

²locken: ↑reizen; sich einen von der Palme l. ↑masturbieren.

Locken, Gelock, Lockenkopf, Krauskopf, Lockenpracht, Korkenzieherlocken, Korkzieherlocken, Ringellöckchen; ↑Haar, ↑Haarlocke; ↑lockig.

Lockenkopf: ↑Kind, ↑Locken.

Lockenperücke ↑Perücke.

Lockenpracht ↑Locken.

locker: ↑aufgelockert, ↑lose, ↑lustig, ↑ungezwungen; l. werden ↑lösen (sich); bei jmdm. ist eine Schraube l. ↑verrückt [sein].

lockerlassen: nicht l. ↑beharrlich [sein], ↑bestehen (auf).

lockermachen ↑Zahlen.

lockern: sich l. ↑lösen (sich).

Lockerungsübung: -en ↑Gymnastik.

lockig, wellig, gewellt, gelockt, geringelt, kraus, onduliert, gekräuselt, nicht glatt; ↑Frisur, ↑Haar, ↑Haarlocke, ↑Locken; ↑frisieren.

Lockjagd ↑Jagd.

Lockmittel ↑Köder.

Lock-out ↑Aussperrung.

Lockspitzel ↑Auskundschafter.

Lockvogel ↑Köder.

Locus communis ↑Plattheit.

Loddel ↑Zuhälter.

Lode ↑Schößling.

Loden: ↑Haar, ↑Stoff.

Lodenmantel ↑Mantel.

Lodentrieb ↑Schößling.

lodern ↑brennen.

Loempe ↑Beriberi.

¹Löffel · Esslöffel, Suppenlöffel · Kochlöffel, Rührlöffel · Gemüselöffel, Soßenlöffel, Saucenlöffel · Kaffeelöffel, Teelöffel, Mokkalöffel, Dessertlöffel, Eierlöffel; ↑Essbesteck, ↑Gabel, ↑Messer.

²Löffel: ↑Ohr; Messer, Gabel und L. ↑Essbesteck; den L. wegschmeißen ↑sterben; jmdm. eins / eine / ein paar hinter die L. geben, ein paar hinter die L. kriegen ↑schlagen; die Weisheit nicht mit -n gegessen / gefressen haben ↑dumm [sein]; mit einem silbernen L. im Mund geboren sein ↑reich [sein]; über den L. balbieren ↑betrügen.

Löffelbiskuit ↑Gebäck.

Löffelgarde ↑Abteilung.

Löffelkraut ↑Küchengewürz.

löffeln: ↑essen; das habe ich gelöffelt ↑verstehen.

logarithmisch: -e Gleichung ↑Gleichung.

Logbuch ↑Tagebuch.

¹Loge, Bühnenloge, Proszeniumsloge, Seitenloge, Balkonloge · Hofloge, Diplomatenloge, Direktionsloge; ↑Sitzplatz, ↑Theatergebäude.

²Loge ↑Vereinigung.

Logensitz ↑Sitzplatz.

Logger ↑Schiff.

Loggia ↑Veranda.

logieren: ↑übernachten, ↑übersiedeln.

Logis: ↑Raum, ↑Unterkunft.

Loglan ↑Sprache.

Logopäde, Sprachheilkundiger, Spracherzieher; ↑Logopädie, ↑Sprachgestörter.

Logopädie, Sprachheilkunde, Spracherziehung; ↑Logopäde, ↑Sprachgestörter, ↑Sprecherziehung.

Logorrhö ↑Redseligkeit.

Lohde ↑Schößling.

Lohe ↑Flamme.

lohen ↑brennen.

Lohgerber ↑Gerber.

¹Lohn, Arbeitslohn · Stundenlohn, Tagelohn, Wochenlohn, Monatslohn, Mindestlohn, Durchschnittslohn, Höchstlohn, Spitzenlohn, Zeitlohn, Leistungslohn, Prämienlohn, Akkordlohn, Stücklohn, Tariflohn, Effektivlohn, Reallohn, Nominallohn, Geldlohn, Naturallohn · *ohne Abzüge:* Bruttolohn · *nach Abzug der Steuern, Sozialversicherungsbeiträgen o. Ä. verbleibender:* Nettolohn · *im Tarifvertrag für eine bestimmte Lohngruppe festgelegter:* Ecklohn · *des Seemanns:* Heuer · *sehr geringer:* Hungerlohn *(abwertend)* · *der der jeweiligen Kaufkraft des Geldes angepasst ist:* Indexlohn; ↑Arbeitnehmervertretung, ↑Broterwerb, ↑Entgelt, ↑Gehalt (das).

²Lohn: ↑Belohnung, ↑Gehalt (das); in L. und Brot nehmen / stehen ↑einstellen.

lohnabhängig ↑unselbstständig.

Lohnabhängigkeit, Lohnsklaverei, Ausbeutung; ↑Kapitalismus, ↑Kapitalist.

Lohnarbeiter ↑Arbeitnehmer.

Lohndiener ↑Diener.

lohnen: ↑belohnen; sich l. ↑einträglich [sein], ↑lohnend [sein].

¹lohnend, gut, brauchbar, tauglich; **l. sein,** sich lohnen, sich bezahlt machen, sich auszahlen, sich rechnen, Kleinvieh macht auch Mist, viele Wenig machen ein Viel; ↑einträglich, ↑erfreulich.

²lohnend ↑nützlich.

Lohnerhöhung ↑Heraufsetzung.

Lohnherr ↑Arbeitgeber.

Lohnkampf, Arbeitskampf, Tarifverhandlung, Tarifgespräch; ↑Arbeitnehmer, ↑Streik; ↑streiken.

Lohn-Preis-Spirale ↑Preisanstieg.

Lohnsackerl ↑Lohntüte.

Lohnsklave ↑Arbeitnehmer.

Lohnsklaverei ↑Lohnabhängigkeit.

Lohnsteuer ↑Abgabe.

Lohntag ↑Zahltag.

Lohntüte, Lohnsackerl *(bes. österr.),* Zahltagsäcklein *(schweiz.);* ↑Zahltag.

Löhnung ↑Wehrsold.

Lok ↑Lokomotive.

lokal: ↑regional; -e Ausdrucksweise ↑Provinzialismus.

Lokal: ↑Gaststätte; von L. zu Lokal ziehen ↑bummeln.

Lokalanästhesie ↑Betäubung.

Lokalaugenschein ↑Gerichtsverhandlung.

Lokalausdruck ↑Provinzialismus.

Lokalblatt ↑Zeitung.

Lokalbummel: ↑Bummel; einen L. machen ↑bummeln.

lokalisieren ↑finden.

Lokalpatriotismus ↑Patriotismus.

Lokalpresse ↑Presse.

Lokalreporter ↑Berichter.

Lokalsatz ↑Satz.

Lokalstück ↑Schauspiel.

Lokaltermin ↑Gerichtsverhandlung.

Lokalwort ↑Provinzialismus.

Lokalzeitung ↑Zeitung.

Lokalzug ↑Eisenbahnzug.

Lokativ ↑Kasus.

Loki ↑Gott.

Lokomotion ↑Ortsveränderung.

Lokomotive, Lok *(ugs.),* Loksche *(ugs.),* Dampfross *(scherzh.)* · Schnellzuglokomotive, Personenzuglokomotive, Güterzuglokomotive, Rangierlokomotive · Dampflokomotive, Dampflok *(ugs.),* Diesellokomotive, Diesellok *(ugs.),* Elektrolokomotive, E-Lok *(ugs.),* Triebwagen; ↑Eisenbahnzug.

-lokomotive ↑Glanzpunkt.

Loksche ↑Lokomotive.

Lokus ↑Toilette.

Lokution ↑Redensart.

Löli ↑Dummkopf.

Lolita ↑Mädchen.

Lolli ↑Bonbon.

Lollo ↑Busen.

Lombardsatz ↑Zinssatz.

Longdrink ↑Mixgetränk.

Longseller: ↑Buch, ↑Verkaufsschlager.

Looping ↑Flug.

Loquacitas ↑Redseligkeit.

Lorbeer: ↑Gewürz; sich auf seinen -en ausruhen ↑anstrengen (sich); -en ernten ↑Erfolg [haben].

Lorbeerbaum ↑Laubhölzer.

Lorchel ↑Schlauchpilz.

Lorgnette ↑Brille.

Lorgnon ↑Brille.

Lori ↑Affe.

Lork ↑Frosch.

Lorke: ↑Frosch, ↑Kaffee.

los: l., Tempo! ↑beeilen (sich); sehen, was mit jmdm. l. ist ↑erkennen.

¹Los, Lotterielos, Klassenlos, Gewinnlos, Glückslos · *nicht gewinnendes:* Niete; ↑Glücksspiel, ↑Hauptgewinn, ↑Ziehung; ↑losen.

²Los: ↑Schicksal; großes L. ↑Hauptgewinn; das L. ziehen / entscheiden lassen ↑losen; das große L. gezogen haben mit jmdm. / etwas ↑auswählen.

-los ↑ohne.

losbekommen ↑abwerben.

losbrüllen ↑lachen.

Losbude ↑Jahrmarktsbude.

Löschblatt ↑Löschpapier.
¹löschen, zum Erlöschen bringen, die Flammen / das Feuer ersticken, den Brand / das Feuer unter Kontrolle bringen; ↑ausblasen; ↑Brand, ↑Feuerwehr, ↑Feuerwehrauto, ↑Feuerlöscher, ↑Feuerwehrmann.
²löschen: ↑abladen, ↑ausblasen, ↑säubern, ↑stornieren.
Löschpapier, Löschblatt, Saugpapier, Fließpapier, Fließblatt; ↑Papier, ↑Schreibpapier.
Löschzug ↑Feuerwehrauto.
¹lose, locker, wack[e]lig, nicht fest; ↑losgelöst, ↑schlaff.
²lose: ↑lustig, ↑schlaff, ↑unverpackt.
Loseblattausgabe ↑Edition.
Lösegeld: ↑Ersatz; L. zahlen ↑freikaufen (sich / jmdn.).
loseisen: ↑abwerben, ↑zahlen.
¹losen, auslosen, verlosen, das Los ziehen, das Los entscheiden lassen; ↑Glücksspiel, ↑Los, ↑Rätsel.
²losen ↑horchen.
¹lösen (sich), sich ablösen, sich lockern, locker werden, abgehen, losgehen, abfallen, abblättern, abbröckeln, abspringen, abplatzen, absplittern; ↑abschälen (sich).
²lösen: ↑aufbinden, ↑bewältigen, ↑enträtseln, ↑Lösung, ↑retten; sich l. ↑abwenden (sich), ↑trennen (sich); den gordischen Knoten l. ↑Lösung; ein Rätsel l. ↑raten; sich l. aus ↑ausrasten; l. von ↑abmachen; sich l. von ↑selbstständig [werden]; vom Dinglichen gelöst ↑begrifflich.
losfahren ↑abgehen.
losgehen: ↑lösen (sich), ↑platzen; etwas geht los ↑anfangen.
losgelöst, abgelöst, abgerissen, abgebrochen; ↑defekt, ↑lose.
loshaben: etwas l. ↑begabt [sein].
loskaufen ↑freikaufen (sich / jmdn.).
loskommen: l. von ↑entledigen (sich jmds. / einer Sache), ↑selbstständig [werden].
loslassen: ↑freilassen; ein Donnerwetter l. ↑schelten.
loslegen ↑anfangen.
löslich: -er Kaffee ↑Pulverkaffee.
loslösen: ↑abmachen; sich l. von ↑selbstständig [werden].
Loslösung ↑Abtrennung.
losmachen: ↑abmachen; sich l. von ↑selbstständig [werden].
losplatzen ↑lachen.
losprusten ↑lachen.
losreißen: ↑abmachen; sich l. ↑trennen (sich).
Löss ↑Erde.
Lossagung ↑Abkehr.
losschießen ↑mitteilen.
losschlagen: ↑abmachen, ↑angreifen, ↑verkaufen.
los sein: mit jmdm. ist nicht mehr viel los ↑hinfällig [sein].
Lösslehm ↑Erde.

lossprechen, entschuldigen, rechtfertigen, exkulpieren, von einer Schuld befreien, freisprechen, Absolution erteilen *(kath.);* ↑befreien (von), ↑begnadigen, ↑verzeihen.
Lost ↑Giftgas.
Lostgeneration, Nachkriegsgeneration, verlorene / skeptische Generation, Beatgeneration, zornige junge Männer, Angry Young Men, vaterlose Gesellschaft; ↑Generation.
lostigern ↑weggehen.
lostrennen ↑abmachen.
Lostrennung ↑Abtrennung.
¹Losung, Parole, Kennwort, Losungswort, Stichwort, Schibboleth; ↑Ausspruch, ↑Zeichen.
²Losung: ↑Ausspruch, ↑Ertrag, ↑Exkrement.
¹Lösung, Auflösung, Antwort · *plötzliche, leichte, unerwartete in einer Schwierigkeit:* das Ei des Kolumbus, Deus ex Machina; ↑Angabe, ↑Aufklärung; **eine L. finden,** lösen, Mittel und Wege finden; **keine L. finden,** es gibt keine Patentlösung / kein Patentrezept, keinen Ausweg finden, in einer Sackgasse sein / sich befinden, mit seiner Kunst am Ende sein; **eine L. gewaltsam herbeiführen,** den gordischen Knoten durchhauen / lösen / zerhauen / zerschneiden.
²Lösung: ↑Abtrennung, ↑Flüssigkeit.
Losungswort ↑Losung.
loswerden: ↑entledigen (sich jmds. / einer Sache); [nicht l.] ↑verkaufen.
losziehen: ↑weggehen; über jmdn. / etwas l. ↑reden (über jmdn., etwas).
¹Lot, Bleilot, Blei, Senkblei, Echolot, Behmlot; ↑ausloten.
²Lot: ↑Gewichtseinheit; ins L. bringen ↑bereinigen, ↑Ordnung.
loten ↑ausloten.
löten, verlöten, zusammenlöten, anlöten, schweißen, verschweißen, zusammenschweißen, anschweißen.
Lothringer: L. Kreuz ↑Kreuzzeichen.
Lotion: ↑Flüssigkeit, ↑Schönheitspflegemittel.
Lötkolben ↑Zigarre.
Lotosknospenkapitell ↑Kapitell.
lotrecht ↑senkrecht.
Lotrechte ↑Senkrechte.
Lotse, Pilot *(veraltend),* Hafenlotse, Seelotse, Flusslotse, Kanallotse; ↑Schiffer, ↑Seemann.
Lotterbett ↑Bett.
Lotterie ↑Glücksspiel.
Lotterielos ↑Los.
Lotto ↑Glücksspiel.
Lottokollektur ↑Annahmestelle.
Louis ↑Zuhälter.
Louisdor ↑Münze.
Lounge ↑Foyer.
Love-in ↑Demonstration.
Lover: ↑Beischläfer, ↑Geliebter.
Lovestory ↑Kinofilm.
¹Löwe, Leu *(dichter.),* König der Tiere / der Wüste.
²Löwe: ↑Raubtier, ↑Sternbild, ↑Tierkreiszei-

chen; geflügelter L. ↑Sinnbild; Goldener L. ↑Filmpreis.

Löwenanteil ↑Anteil.

Löwenjagd ↑Jagd.

Löwenkäfig ↑Käfig.

Löwenmähne ↑Haar.

¹Löwenzahn, Pusteblume *(Kinderspr.),* Kuhblume *(landsch.),* Kettenblume *(landsch.),* Ringelblume *(landsch.),* Hundeblume *(landsch.),* Eierpusch *(landsch.),* Bettseicher *(landsch.),* Bettpisser *(landsch.),* Bettschisser *(landsch.),* Milchbusch *(landsch.),* Dotterbusch *(landsch.),* Saublume *(landsch.),* Lichterblume *(landsch.);* ↑Blume, ↑Schachtelhalm.

²Löwenzahn ↑Gemüse.

Löwenzwinger ↑Freigehege.

loyal: ↑ehrenhaft, ↑treu.

Loyalität ↑Treue.

LP ↑Schallplatte.

LPG ↑Produktionsgenossenschaft.

LSD ↑Rauschgift.

Lübeck, die Königin / das Haupt der Hanse *(hist.);* ↑Stadt.

Luchs: ↑Raubtier, ↑Sternbild; Augen wie ein L. haben ↑sehen.

Luchsauge ↑Scharfsichtigkeit.

luchsäugig ↑scharfsichtig.

Luchsbau ↑Höhle.

luchsen ↑blicken.

Lücke: ↑Auslassung, ↑Intervall, ↑Mangel, ↑Riss; eine L. füllen ↑vervollständigen.

Lückenbüßer ↑Hilfskraft.

lückenhaft ↑unvollständig.

Lückenhaftigkeit ↑Unvollständigkeit.

lückenlos ↑ganz.

luckert: keinen -en Heller wert sein ↑wertlos [sein].

Lude ↑Zuhälter.

Luder: ↑Aas; dummes L. ↑Dummkopf.

Lüerspritze ↑Spritze.

Lues ↑Geschlechtskrankheit.

¹Luft, Lufthauch, Hauch, Äther, Atmosphäre, Seeluft, Landluft, Stadtluft, Bergluft, Höhenluft, Gebirgsluft, Frühlingsluft, Treibhausluft, Morgenluft, Abendluft, Abendhauch *(dichter.),* Nachtluft · Zimmerluft, Stubenluft · *gute:* frische Luft, Frischluft, Ozon · *schlechte:* verbrauchte / verräucherte / *(ugs.)* verpestete Luft, Stickluft *(ugs.),* stickige Luft, Mief *(salopp),* Muff *(ugs.),* Hecht *(ugs.);* ↑Firmament, ↑Gas, Umweltverschmutzung, ↑Wind; ↑stickig.

Luft: ↑Atem, ↑Atemluft; L. für jmdn. sein ignorieren; jmdm. geht die L. aus ↑zahlungsunfähig [werden]; es herrscht dicke L. ↑Stimmung; jmdm. bleibt die L. weg ↑überrascht [sein]; gesiebte L. atmen ↑abbüßen; jmdn. wie . behandeln ↑umgehen (mit jmdm.); frische L. ereinlassen ↑lüften; L. holen ↑atmen; seinem ↑erzen L. machen ↑mitteilen, ↑sprechen; frische L. schnappen gehen ↑spazieren gehen; die . ist raus ↑[ohne] Begeisterung; die L. verpes-

ten / mit üblem Geruch erfüllen ↑verpesten; König der Lüfte ↑Adler; an der frischen L. ↑Natur; an die L. gehen ↑spazieren gehen; an die frische L. setzen ↑hinauswerfen; etwas aus der L. greifen ↑lügen; aus der L. gegriffen ↑grundlos; sich in L. auflösen ↑eintreffen; in die L. gehen ↑ärgerlich [werden], ↑platzen; etwas hängt noch in der L. ↑ungewiss [sein]; etwas liegt in der L. ↑bevorstehen; in die L. stehen / ragen ↑abstehen; mit L. füllen ↑aufblasen; von L. und Liebe leben ↑bescheiden.

Luftalarm ↑Alarm.

¹Luftangriff, Fliegerangriff, Bombenangriff, Bombardement, Bombardierung, Tieffliegerangriff; ↑Angriff.

²Luftangriff ↑Angriff.

Luftballon, Ballon; ↑Spielball.

Luftbildkamera ↑Fotoapparat.

Luftbremse ↑Bremse.

Luftbrücke ↑Hilfe.

Lüftchen ↑Wind.

luftdicht ↑undurchlässig.

Luftdruckbremse ↑Bremse.

Luftdruckmesser ↑Barometer.

luftdurchlässig, porös, atmungsaktiv, atmungsfreundlich; ↑durchlässig.

¹lüften, frische Luft hereinlassen, auslüften, belüften, durchlüften, die Fenster öffnen / aufreißen; ↑Belüftung, ↑Luft.

²lüften: ↑heben; den Hut l. ↑begrüßen; den Schleier l. ↑aufdecken.

Luftfahrt, Fliegerei, Luftverkehr, Aeronautik; ↑Flugzeug.

Luftgas ↑Gas.

Lufthafen ↑Flugplatz.

Lufthauch: ↑Luft, ↑Wind.

Luftheuler ↑Feuerwerkskörper.

luftig, zugig, windig, böig, auffrischend, stürmisch; ↑Durchzug, ↑Wind; ↑stürmen, ↑wehen · Ggs. ↑windstill; ↑Windstille.

Luftikus: ↑Frauenheld, ↑Leichtfuß.

Luftkampf ↑Kampf.

Luftkissenfahrzeug ↑Verkehrsmittel.

Luftkoffer ↑Gepäck.

Luftkrankheit ↑Bewegungskrankheit.

Luftkrieg ↑Krieg.

Luftkurort ↑Kurort.

luftleer: -er Raum ↑Vakuum.

Luftlinie ↑Abstand.

luftlos: -er Raum ↑Vakuum.

Luftmatratze, Campingliege, Liege; ↑Liege, ↑Liegestuhl.

Luftpirat: ↑Entführer, ↑Verbrecher.

Luftpiraterie ↑Kidnapping.

Luftpostpapier ↑Briefpapier, ↑Schreibpapier.

Luftreifen ↑Autoreifen.

Luftreisegepäck ↑Gepäck.

Luftröhrenspiegelung ↑Ausspiegelung.

Luftschacht ↑Belüftung.

Luftschaukel ↑Schiffschaukel.

Luftschiff, Zeppelin, Ballon, Fesselballon,

Freiballon, Kugelballon, Drachenballon; ↑Flugzeug, ↑Hubschrauber.
Luftschlacht ↑Kampf.
Luftschloss ↑Einbildung.
Luftschutzbunker ↑Bunker.
Luftschutzraum ↑Bunker.
Luftseilbahn ↑Seilbahn.
Luftspiegelung ↑Fata Morgana.
Luftspitze ↑Spitzenstickerei.
Luftsprung ↑Sprung.
Luftstreitkräfte ↑Militär.
Lufttaxe ↑Flugzeug.
Lufttaxi: ↑Flugzeug, ↑Taxe.
Lufttransport ↑Transport.
Luftumwälzer ↑Ventilator.
Lüftung ↑Belüftung.
Lüftungsingenieur ↑Ingenieur.
Luftverkehr ↑Luftfahrt.
Luftverpestung ↑Umweltverschmutzung.
Luftverschmutzung ↑Umweltverschmutzung.
Luftwurzel ↑Wurzel.
Luftzufuhr ↑Belüftung.
Luftzuführung ↑Belüftung.
Luftzug: ↑Durchzug, ↑Wind.
Lug: L. und Trug ↑Lüge.
¹Lüge, Unwahrheit, Desinformation, Unwahres, Erfindung, Legende, Märchen, Lügenmärchen, Räuberpistole, Ammenmärchen, Dichtung und Wahrheit, Lug und Trug *(abwertend)*, Bluff, Schwindel *(ugs.)*, Pflanz *(österr.)*, Geflunker, Flunkerei, Jägerlatein, Seemannsgarn · *als Ausflucht in einer peinlichen Situation:* Notlüge; ↑Arglist, ↑Ausflucht, ↑Betrug, ↑Diebstahl, ↑Einbildung, ↑Erzählung, ↑Falschmeldung, ↑Lügenmärchen, ↑Täuschung, ↑Verdrehung; ↑anführen, ↑lügen, ↑übertreiben; ↑erfunden, ↑falsch, ↑unredlich.
²Lüge: -n auftischen ↑lügen; jmdn. / etwas -n strafen ↑widerlegen.
lugen ↑blicken.
¹lügen, unaufrichtig sein, anlügen, belügen, das Blaue vom Himmel herunter lügen, bekohlen *(ugs.)*, die Unwahrheit / nicht die Wahrheit sagen, färben, nicht bei der Wahrheit bleiben, es mit der Wahrheit nicht so genau nehmen, erfinden, erdichten, flunkern, fantasieren, konfabulieren *(psych.)*, zusammenfantasieren, fabeln, fabulieren, spintisieren, schwindeln, beschwindeln, jmdm. etwas vorschwindeln, anschwindeln, anschmettern *(österr.)*, plauschen *(österr.)*, Garn spinnen *(landsch.)*, Lügen auftischen, jmdm. blauen Dunst vormachen, Romane erzählen, sich etwas aus den Fingern saugen, etwas aus der Luft greifen, lügen wie gedruckt; lügen, dass sich die Balken biegen, kohlen *(ugs.)*, krücken *(ugs., landsch.)*, sohlen *(ugs., landsch.)*, nicht ↑aufrichtig [sein]; ↑anführen, ↑betrügen, ↑übertreiben, ↑vertuschen, ↑vortäuschen; ↑falsch, ↑unaufrichtig, ↑unredlich, ↑unwahrscheinlich; ↑Lüge.
²lügen: ohne dass ich lüge ↑wahrlich.

Lügenbaron ↑Angeber.
Lügengeschichte ↑Lügenmärchen.
lügenhaft ↑unredlich.
¹Lügenmärchen, Lügengeschichte, Münchhauseniade; ↑Lüge.
²Lügenmärchen ↑Lüge.
Luginsland ↑Turm.
Lügner, Schwindler, Heuchler, Scheinheiliger, Tartüff; ↑Betrüger, ↑Heuchler.
lügnerisch ↑unredlich.
Lukas: ↑Evangelist, ↑Kraftspiel.
Luke ↑Fenster.
Lukeleskäs ↑Weißkäse.
lukrativ ↑einträglich.
lukullisch ↑üppig.
Lulatsch: ↑Mann, ↑Riese.
Luller ↑Schnuller.
lullern ↑urinieren.
Lulu: L. machen ↑urinieren.
Lumbago, Lumbalgie, Hexenschuss *(ugs.)*, Lendenweh *(ugs.)*; Lendenschmerz; ↑Bandscheibenschaden.
Lumbalgie ↑Lumbago.
lumbecken ↑broschieren.
Lumberjack: ↑Anorak, ↑Jacke.
Lumen: ein L. sein ↑Talent.
Lumie ↑Zitrone.
Lümmel: ↑Flegel, ↑Junge, ↑Penis.
lümmelhaft ↑unhöflich.
Lümmelhaftigkeit ↑Unhöflichkeit.
lümmeln: sich l. ↑räkeln (sich).
Lump ↑Schuft.
Lumpazi ↑Vagabund.
Lumpazius ↑Vagabund.
lumpen: ↑feiern; sich nicht l. lassen ↑freigebig [sein], ↑[nicht] sparen.
Lumpen: ↑Flicken; tanzen wie der L. am Stecken ↑tanzen.
Lumpenbagage ↑Abschaum.
Lumpengesindel ↑Abschaum.
Lumpenpack ↑Abschaum.
Lumpenpapier ↑Papier.
Lumpenproletariat ↑Abschaum.
Lumpensammler: ↑Straßenbahn, ↑Trödler.
Lumpenwolle ↑Wolle.
Lumpi: scharf wie Nachbars L. ↑begierig.
Luna: ↑Göttin, ↑Mond.
Lunatismus ↑Mondsüchtigkeit.
Lunaut ↑Astronaut.
Lunch ↑Mittagessen.
Lunge: ↑Eingeweide; grüne L. ↑Park; sich die L. aus dem Hals schreien ↑schreien.
Lungenblutung ↑Blutung.
Lungenbraten ↑Lendenbraten.
Lungenembolie ↑Embolie.
Lungenentzündung ↑Krankheit.
Lungenfacharzt ↑Arzt.
Lungenhaschee, Lüngerl *(bayr.)*, Beusche *(österr.)*; ↑Fleischgericht.
lungenkrank: l. sein ↑Tuberkulose [haben].
Lungenqualle ↑Hohltier.

Lungenschnecke ↑ Schnecke.
Lungenschwindsucht ↑ Tuberkulose.
Lungentuberkulose ↑ Tuberkulose.
Lüngerl ↑ Lungenhaschee.
lungern ↑ herumtreiben (sich).
Lunte: ↑ Schwanz; L. riechen ↑ vermuten.
¹Lupe, Vergrößerungsglas · Mikroskop; ↑ Fernglas, ↑ Projektionsapparat; ↑ vergrößern.
²Lupe: mit der L. betrachten ↑ vergrößern; jmdn. / etwas mit der L. suchen können ↑ selten [sein]; unter die L. nehmen ↑ prüfen; jmdn. unter die L. nehmen ↑ beobachten.
lupenrein ↑ vollkommen.
lupfen ↑ heben.
¹Lurch, Amphibie ·· Schwanzlurch, Salamander, Alpensalamander, Feuersalamander, Riesensalamander, Olm, Grottenolm, Axolotl, Feuerbauch, Molch, Kammmolch, Teichmolch, Bergmolch, Fadenmolch, Marmormolch · Froschlurch, Frosch, Wasserfrosch, Seefrosch, Moorfrosch, Grasfrosch, Laubfrosch, Springfrosch, Goliathfrosch, Ochsenfrosch, Schmuckhornfrosch, Pogge *(landsch.)*, Padde *(landsch.)*, Hütschke *(landsch.)*, Hetsche *(landsch.)*, Hetschke *(landsch.)*, Gecke *(landsch.)*, Kecke *(landsch.)*, Lork[e] *(landsch.)*, Ütze *(landsch.)*, Ütsche *(landsch.)*, Kröte, Krot *(bayr., österr.)*, Erdkröte, Kreuzkröte, Wechselkröte, Geburtshelferkröte, Knoblauchkröte, Riesenkröte, Unke, Gelbbauchunke, Rotbauchunke.
²Lurch ↑ Staubflocke.
Lurer ↑ Kaffee.
Luristan ↑ Orientteppich.
Luser ↑ Ohr.
¹Lust, Vergnügen, Entzücken, Ergötzen, Frohlocken *(geh.)*, Freude, Fröhlichkeit, Frohsinn, Lebenslust, Lebensfreude, Daseinsfreude, Vergnügtheit, Lustigkeit, Spaß, Glück, Seligkeit, Glückseligkeit, Wonne, Wollust, Sinnestaumel, Verzückung, Orgasmus, Rausch, Ekstase; ↑ Ausgelassenheit, ↑ Begeisterung, ↑ Erregung, ↑ Freude, ↑ Genuss, ↑ Heiterkeit, ↑ Labsal, ↑ Lebenswille, ↑ Leidenschaft, ↑ Rausch, ↑ Rauschgift, ↑ Unterhaltung, ↑ Vorfreude; **keine L. zu etwas haben,** jmdm. steht der Kopf / der Sinn nicht nach etwas; ↑ erfreuen, ↑ freuen (sich).
²Lust: L. haben, keine L. mehr haben ↑ bereit; jmdm. die L. nehmen [an] ↑ ärgern, ↑ verleiden; mit L. und Liebe dabei sein ↑ Arbeitseifer [zeigen].
lustbetont ↑ lustvoll.
Luster ↑ Kronleuchter.
Lüster ↑ Kronleuchter.
lüstern ↑ begierig.
Lüsternheit ↑ Geschlechtstrieb.
Lustfahrt ↑ Fahrt.
Lustgas ↑ Lachgas.
Lustgreis ↑ Greis.
³lustig, fröhlich, vergnüglich, froh, frohgemut, frohsinnig, heiter, stillvergnügt, sonnig, lebenslustig, lebensfroh, unkompliziert, amüsant, lebensmunter *(schweiz.)*, vergnügt, vergnügungssüchtig, leichtlebig, leichtblütig, lose, locker, freudig, munter, putzmunter, aufgeräumt, fidel, quietschvergnügt, puppenlustig *(landsch.)*, kregel *(nordd.)*, dulliäh *(österr.)*, aufgekratzt *(ugs.)*, nicht ↑ schwermütig; ↑ aufgelegt, ↑ entgegenkommend, ↑ erfreulich, ↑ feuchtfröhlich, ↑ glücklich, ↑ humorvoll, ↑ kurzweilig, ↑ lebhaft, ↑ schwungvoll, ↑ übermütig, ↑ unbesorgt, ↑ ungezwungen; **l. sein,** guter Dinge / belustigt / gut gelaunt / *(ugs.)* aufgedreht sein, kein Kind von Traurigkeit sein; ↑ lachen.
²lustig: ↑ humorvoll; -er Bruder / Vogel ↑ Mensch (der); -e Figur / Person ↑ Spaßmacher; sich l. machen über ↑ schadenfroh [sein].
Lustigkeit ↑ Lust.
Lustknabe ↑ Strichjunge.
Lüstling ↑ Frauenheld.
lustlos: ↑ Begeisterung, ↑ temperamentlos, ↑ widerwillig.
Lustlosigkeit ↑ Widerwille.
Lustmolch ↑ Frauenheld.
Lustmord ↑ Tötung.
Lustmörder ↑ Mörder.
Lustobjekt ↑ Frau.
lustrieren ↑ durchsuchen.
Lustschloss ↑ Palast.
Lustseuche: ↑ Aids, ↑ Geschlechtskrankheit.
Lustspiel ↑ Komödie.
lustvoll, lustbetont, orgastisch; ↑ Lust · Ggs. ↑ widerwillig.
lustwandeln ↑ spazieren gehen.
Lutherbibel ↑ Bibelübersetzung.
lutherisch: -e Kirche ↑ Kirche.
¹lutschen, im Mund / auf der Zunge zergehen lassen, zuzeln *(bayr., österr.)*; ↑ Bonbon.
²lutschen ↑ saugen.
Lutscher: ↑ Bonbon, ↑ Schnuller.
lütt ↑ klein.
Lüttich, Liège *(franz.)*; ↑ Stadt.
Luv, dem Wind zugekehrte Seite · Ggs. ↑ Lee.
Luxation ↑ Verrenkung.
luxieren ↑ verstauchen.
luxuriös: ↑ prunkvoll, ↑ üppig.
Luxus ↑ Prunk.
Luxusdampfer ↑ Fahrgastschiff.
Luxushotel ↑ Hotel.
Luxusschiff ↑ Fahrgastschiff.
luzid ↑ durchsichtig.
Luzifer ↑ Teufel.
Lymphoblasten ↑ Blutkörperchen.
Lymphozyten ↑ Blutkörperchen.
lynchen ↑ bestrafen.
Lynchmord ↑ Tötung.
Lyoner ↑ Wurst.
Lyra ↑ Zupfinstrument.
¹Lyrik, lyrische Dichtung · Naturlyrik, Liebeslyrik, Erlebnislyrik, Gedankenlyrik, Ausdruckslyrik, Gesellschaftslyrik, politische / geistliche / weltliche Lyrik · Marienlyrik, Min-

nesang, Barocklyrik, Anakreontik, Butzenscheibenlyrik *(abwertend);* ↑Dichtung.
²Lyrik ↑Dichtung.
Lyriker ↑Schriftsteller.
lyrisch: ↑empfindsam; -er Bariton / Tenor
↑Sänger; -e Dichtung ↑Lyrik; -er Sopran ↑Sän-
gerin.
Lyzeum ↑Schule.

M ↑Zahlungsmittel.
Mäander ↑Fries.
Maat: ↑Dienstgrad; [Jan M.] ↑Matrose.
Machandel ↑Nadelhölzer.
Machandelbaum ↑Nadelhölzer.
Machandelbeere ↑Gewürz.
Machart, Fasson, Machenschaft *(schweiz.);*
↑Herstellung.
Mache: ↑Ziererei; etwas in der M. haben ↑an-
fertigen.
¹machen · *dass es so wird, wie es das Basiswort
sagt (durch -ieren):* attraktivieren (attraktiv machen), effektivieren, komplettieren; *(durch -isie-
ren):* skandalisieren (zu einem Skandal machen),
aktualisieren (aktuell machen) brutalisieren,
erotisieren, fanatisieren, kriminalisieren.
²machen: ↑anfertigen, ↑anrichten, ↑ergeben,
↑figurieren (als), ↑tun, ↑veranstalten, ↑vollfüh-
ren; jmdm. zu schaffen m. ↑bekümmern; m.,
dass ... ↑verursachen; sich bezahlt m. ↑lohnend
[sein]; blank m. ↑polieren; noch einmal m.
↑wiederholen; falsch m. ↑ausfressen; gar m.
↑sieden; nicht m. ↑unterlassen; was / wie viel
macht ...? ↑teuer; sich nicht m. lassen ↑möglich;
das lässt sich nicht m. ↑möglich; etwas m. ↑un-
ternehmen; einen draufm. ↑feiern; es nicht
mehr lange m. ↑sterben; es sich nicht leicht m.
↑gewissenhaft [sein]; machs gut! ↑Gruß; es mit
jmdm. m., einen m., Liebe m. ↑koitieren; da ist
nichts zu m. ↑unabänderlich [sein]; das macht
nichts ↑schlimm; etwas macht nichts ↑unwich-
tig [sein]; sich nichts m. aus ↑mögen (etwas);
sich nichts aus etwas m. ↑ärgern (jmdn.), ↑ge-
fallen; sich nichts daraus m. ↑missachten; sich
an etwas m. ↑anfangen; m. in ↑verkaufen; m.
mit ↑bewältigen; [unter sich m.] ↑austreten; m.
von ↑abmachen.
Machenschaft: ↑Betrug, ↑Machart.
Macher ↑Führungskraft.
Macherlohn ↑Preis.
Machination ↑Betrug.

Macho ↑Mann.
Machorka ↑Tabak.
¹Macht, Einfluss, Autorität; ↑Gewalt · Ggs.
↑Machtlosigkeit.
²Macht: ↑Autorität, ↑Einfluss, ↑Fähigkeit; Arroganz der M. ↑Herrschaft; M. haben / besitzen
↑mächtig [sein]; an den Schalthebeln der M. sitzen ↑mächtig [sein]; an die M. kommen / gelangen ↑Herrschaft; etwas steht nicht in jmds. M.
↑Einfluss.
Machtanspruch ↑Machtgier.
Machtbesessenheit ↑Machtgier.
machtgeil ↑ehrgeizig.
Machtgier, Machtstreben, Machtbesessenheit, Machtanspruch, Machtwahn, Machthunger; ↑Ehrgeiz, ↑Oberhaupt; ↑totalitär.
machtgierig ↑ehrgeizig.
Machthaber ↑Oberhaupt.
Machthunger ↑Machtgier.
¹mächtig, machtvoll, allmächtig, übermächtig,
stark, einflussreich, viel vermögend, hochmögend *(veraltend),* potent · Ggs. ↑machtlos; **m.
sein,** am Drücker sein *(ugs.);* die Hand am Drücker haben *(ugs.),* einen langen Arm haben
(ugs.), ein hohes Tier sein *(ugs.),* an den Schalthebeln der Macht sitzen, Macht haben / besitzen; ↑führen; ↑Einfluss, ↑Oberhaupt.
²mächtig: ↑bekömmlich, ↑gewaltig, ↑sehr; einer Sache m. sein ↑können; seiner selbst / seiner Sinne nicht mehr (oder:) kaum noch m. sein
↑aufgeregt [sein].
machtlos, ohnmächtig, schwach, hilflos, hilfsbedürftig; ↑anfällig, ↑arm, ↑ratlos · Ggs.
↑mächtig; **m. sein,** jmdm. sind die Hände gebunden; ↑Machtlosigkeit.
¹Machtlosigkeit, Einflusslosigkeit, Autoritätslosigkeit, Kraftlosigkeit, Schwäche, Ohnmacht, Hilflosigkeit, Hilfsbedürftigkeit;
↑machtlos.
²Machtlosigkeit ↑Unfähigkeit.
Machtposition, Machtstellung, Führungsrolle; ↑Autorität, ↑Einfluss.
Machtprobe ↑Kraftprobe.
Machtstellung ↑Machtposition.
Machtstreben ↑Machtgier.
machtsüchtig ↑ehrgeizig.
machtvoll ↑mächtig.
Machtvollkommenheit ↑Berechtigung.
Machtwahn ↑Machtgier.
Machtwechsel ↑Veränderung.
Machtwort: ein M. sprechen ↑eingreifen,
↑streng [werden].
Machulke ↑Gefangener.
machulle ↑zahlungsunfähig.
Machwerk ↑Werk.
Macke: ↑Beschädigung, ↑Mangel; eine M. ha-
ben ↑verrückt [sein].
Macker: ↑Geliebter, ↑Mann.
Mackintosh ↑Mantel.
Macula ↑Hautblüte.
MAD ↑Geheimpolizei.

Madam ↑Dame.

Madame ↑Dame.

¹Mädchen, Teeny, Teenie, Kind, Mädel *(ugs., landsch.),* Mädle *(südd.),* Girl *(ugs.),* Tussi *(Jargon),* Maid *(veraltet),* Mägdlein *(veraltet),* Jungfer *(veraltet),* Dirn *(nordd.),* Dirndl *(bes. bayr.),* Tochter *(schweiz.),* dummes Gör *(abwertend);* Biene *(salopp),* Käfer *(ugs.),* Fratz, Motte *(ugs.),* Wuchtbrumme *(salopp),* steiler Zahn *(salopp),* Puppe *(salopp),* Mieze *(salopp),* Katze *(salopp, österr.),* Kleine · *dickliches:* Pummel, Pummelchen · *sehr großes:* Bohnenstange *(scherzh.),* lange Latte *(salopp)* · *halbwüchsiges:* Backfisch, Teenager · *das für die Dauer eines Jahres eine bestimmte Weingegend repräsentiert:* Weinkönigin · *überempfindliches:* Zimperliese · *widerspenstiges:* Kratzbürste, Trotzkopf · *nicht attraktiv wirkendes und deshalb beim Tanzen sitzen bleibendes:* Mauerblümchen · *naives:* Unschuld vom Lande · *vom Lande:* Landpomeranze *(abwertend)* · *aus höherer Gesellschaftsschicht, das in die Gesellschaft eingeführt wird:* Debütantin · *meist minderjähriges, das in sexueller Hinsicht [nach bürgerlichen Moralvorstellungen] auf die schiefe Bahn geraten ist:* gefallenes Mädchen *(veraltet, abwertend)* · *sexuell frühreifes:* Lolita, Kindfrau; ↑Vamp (Verführerin) · *knabenhaft schlankes:* Amazone · *das sich bei sexuellen Kontakten dem Koitus entzieht:* Demivierge · *weinendes:* Heulsuse, Heulliese · *vorlautes:* Jungfer Naseweis *(scherzh., veraltend);* ↑Frau, ↑Ehefrau, ↑Geliebte, ↑Go-go-Girl, ↑Kind, ↑Mensch, ↑Schlafmütze · Ggs. ↑Junge, ↑Jüngling.

²Mädchen: ↑Hausangestellte; leichtes M. ↑Prostituierte; M. für alles ↑Diener; allen M. nachlaufen ↑Frauenheld.

mädchenhaft ↑jugendlich.

Mädchenhandel ↑Menschenhandel.

Mädchenhirt ↑Zuhälter.

Mädchenkleid ↑Kleid.

Mädchenname ↑Familienname.

Mädchenzimmer ↑Raum.

Made: ↑Larve; wie die M. im Speck leben ↑leben; -n haben ↑ungenießbar [sein].

Madeira ↑Wein.

Mädel ↑Mädchen.

Mademoiselle ↑Fräulein.

madig: ↑ungenießbar; m. machen ↑schlecht machen, ↑verleiden.

Madison ↑Tanz.

Madjar ↑Ungar.

Mädle ↑Mädchen.

Madonna, Mutter Gottes, Gottesmutter, Gnadenmutter, [Jungfrau] Maria, Unsere Liebe Frau, die Heilige Jungfrau, Himmelskönigin, Meerstern · · *über den Tod Christi trauernde:* Schmerzensmutter, Mater dolorosa; ↑Heiland, ↑Gott, ↑Gottheit, ↑Trinität, ↑Vesperbild.

Madonnengesicht ↑Gesicht.

Madonnenlilie ↑Liliengewächs.

Madraskaro ↑Stoffmuster.

Madrigal ↑Lied.

maestoso ↑majestätisch.

¹Mafia, die Paten, die Mafiosi, Ringverein; ↑Bund, ↑Erpresser, ↑Familie.

²Mafia ↑Bund.

Mafiosi ↑Mafia.

Magazin: ↑Warenlager, ↑Zeitschrift.

Magazinarbeiter ↑Lagerverwalter.

Magaziner ↑Lagerverwalter.

Magazineur ↑Lagerverwalter.

magazinieren ↑lagern.

Magazinierung ↑Lagerung.

Magazinsendung: ↑Fernsehsendung, ↑Rundfunksendung.

Magazinverwalter ↑Lagerverwalter.

Magd, Stallmagd, Großdirn *(bayr.),* Dirn *(bayr.),* Landarbeiterin; ↑Personal · Ggs. ↑Knecht.

Mägdlein ↑Mädchen.

¹Magen, Ventrikulus, Gaster, Stomachus; **mit leerem M.,** auf nüchternen Magen, nüchtern, ungefrühstückt *(ugs.),* ohne etwas gegessen zu haben; ↑Gastritis, ↑Magengrube; **sich den M. verderben,** sich den Magen verkorksen *(ugs.);* ↑verdauen.

²Magen: ↑Innereien; einen leeren M. / noch nichts im Magen haben ↑essen; jmdm. knurrt der M. ↑Hunger [haben]; jmds. M. streikt ↑satt [sein]; jmdm. dreht sich der M. um ↑angeekelt [sein]; jmdm. den M. rein machen ↑schelten; jmdm. [schwer] im M. liegen ↑bekümmern; jmdn. im M. haben ↑hassen; schwer / wie Blei im M. liegen ↑bekömmlich.

Magen-Darm-Tee ↑Tee.

Magendrücken ↑Kolik.

Magengericht: Leib- und M. ↑Lieblingsspeise.

¹Magengeschwür, Ulkus, Ulcus; ↑Abszess, ↑Gastritis.

²Magengeschwür ↑Geschwür.

Magengrube, Epigastrium, Oberbauchgegend; ↑Bauch, ↑Magen.

Magenkatarrh ↑Gastritis.

Magenschleimhautentzündung ↑Gastritis.

Magensenkung ↑Eingeweidesenkung.

Magenspiegelung ↑Ausspiegelung.

mager: ↑schlank, ↑unfruchtbar.

Magerkeit: ↑Kargheit, ↑Schlankheit.

Magermilch ↑Milch.

Magersucht ↑Schlankheit.

magersüchtig ↑schlank.

Maggikraut ↑Küchengewürz.

Magie ↑Zauberei.

Magier: ↑Artist, ↑Zauberer.

magisch: ↑okkult; -e Formel, -es Zeichen ↑Zaubermittel.

Magister ↑Lehrer.

Magistrat: ↑Amt, ↑Minister.

Magnat ↑Großgrundbesitzer.

Magnet ↑Köder.

-magnet ↑Glanzpunkt.
Magnetaufzeichnung ↑Sendung.
Magnetbildaufzeichnung ↑Aufzeichnung.
Magnetismus ↑Anziehungskraft.
Magnetkartei ↑Kartei.
Magnetkissenzug ↑Verkehrsmittel.
Magnetmine ↑Mine.
Magnetophon ↑Tonbandgerät.
Magnetplatte ↑Diskette.
Magnifizenz: ↑Rektor; [Eure M.] ↑Anrede.
Magrello ↑Mutter.
Magyar ↑Ungar.
mahagonibraun ↑braun.
mahagonifarben ↑braun.
mahagonirot ↑rot.
Mahd ↑Bergwiese.
¹mähen, abmähen, schneiden, abschneiden, abmachen *(landsch.),* sicheln; ↑ernten; ↑Ernte, ↑Sense.
²mähen ↑Laut.
Mahl ↑Essen.
¹mahlen, ausmahlen, zu Mehl verarbeiten, zerkleinern; **Kaffee m.,** [Kaffee] reiben *(österr.),* ↑zermahlen; ↑Windmühle.
²mahlen: ↑kauen; ge-es Fleisch ↑Hackfleisch.
Mahlzahn ↑Zahn.
¹Mahlzeit · *tunesische aus Hirse:* Couscous, Kuskus; ↑Essen, ↑Nahrung.
²Mahlzeit: ↑Essen, ↑Gruß.
Mähne ↑Haar.
¹mahnen, ermahnen, abmahnen, anhalten, erinnern, jmdn. etwas ins Gedächtnis rufen, jmds. Gedächtnis auffrischen, gemahnen; ↑abraten, ↑aufrütteln, ↑beanstanden, ↑beeinflussen, ↑bitten, ↑erinnern (sich), ↑gemahnen, ↑zuraten; ↑Ermahnung.
²mahnen: -d ↑nachdrücklich.
Mahnruf ↑Aufruf.
Mahnung: ↑Anzeichen, ↑Aufruf, ↑Ermahnung, ↑Warnung.
Mahnwache ↑Demonstration.
Mähre ↑Pferd.
¹Mai, Wonnemond, Weidemonat; ↑Monat, ↑Zeitraum.
²Mai: 1. M. ↑Feiertag.
Maibowle ↑Gewürzwein.
Maid ↑Mädchen.
Maidismus ↑Pellagra.
Maifeiertag ↑Feiertag.
Maifisch ↑Fisch.
Maifrost ↑Kälte.
Maiglöckchen ↑Liliengewächs.
Mailand, Milano *(ital.);* ↑Stadt.
Mailänder: M. Spitze ↑Spitzenstickerei.
Main: Frankfurt am M. ↑Frankfurt.
Mainhattan ↑Frankfurt.
Mainliner ↑Rauschgiftsüchtiger.
Mainlining ↑Einspritzung.
Mainmetropole ↑Frankfurt.
Mainz, das goldene Mainz, Gutenbergstadt, Landeshauptstadt [von Rheinland-Pfalz].

Mainzelmännchen ↑Zwerg.
¹Mais, Kukuruz *(österr.),* Türkenweizen *(österr.),* Türken *(österr.)* · *als Gericht:* Polenta · *gerösteter:* Röstmais, Puffmais, Popcorn · *in Form von Flocken:* Cornflakes; ↑Getreide, ↑Getreideflocken.
²Mais: M. machen ↑unzugänglich [sein].
Maiser ↑Italiener.
Maisflocken ↑Getreideflocken.
maisgelb ↑gelb.
Maiskeimöl ↑Speiseöl.
Maisonette ↑Wohnung.
Maiß ↑Wald.
Maisstärke ↑Stärke.
Maisvergiftung ↑Pellagra.
Majestät: ↑Gotteseigenschaften, ↑Vornehmheit; Euer M. ↑Anrede.
¹majestätisch, würdevoll, gemessen, gravitätisch, hoheitsvoll, königlich, feierlich, mit feierlichem Ernst, pastoral · *in der Musik:* maestoso; ↑erhaben, ↑ruhig.
²majestätisch ↑schön.
Majolika ↑Steingut.
Major ↑Dienstgrad.
Majoran ↑Gewürz.
Majordomus ↑Hausmeister.
majorenn ↑volljährig.
majorisieren ↑unterdrücken.
Majorität ↑Mehrheit.
Majuskel ↑Buchstabe.
Majuskelschrift ↑Schrift.
makaber, düster, Schauder erregend, Grauen erregend, grauenvoll, gespenstisch, todesdüster; ↑gespenstisch, ↑schrecklich, ↑unheimlich.
¹Makel, Kainszeichen, Kainsmal, Schandfleck, Verunzierung; ↑Anrüchigkeit, ↑Kennzeichen, ↑Mangel, ↑Merkmal.
²Makel: ↑Anrüchigkeit, ↑Mangel.
makellos: ↑lauter, ↑vollkommen.
Makellosigkeit: ↑Sauberkeit, ↑Untadeligkeit.
mäkeln ↑beanstanden.
Make-up: ↑Puder, ↑Schminke.
Maki ↑Affe.
Makkaroni: ↑Italiener, ↑Teigwaren.
Makler ↑Vermittler.
Mäkler ↑Vermittler.
mäklig ↑wählerisch.
Mako ↑Stoff.
Makramee ↑Spitzenstickerei.
Makroklima ↑Klima.
Makrokosmos ↑Weltall.
Makrone ↑Gebäck.
Makulatur: ↑Altmaterial; M. reden ↑sprechen.
mal: m. müssen ↑austreten; verdammt / verflucht noch m.!, zum Teufel noch m.! ↑verflucht.
Mal: ↑Narbe; ein oder das andere M. ↑manchmal; ↑plötzlich; von M. zu Mal ↑binnen; zum ersten M. benutzen ↑gebrauchen; ein für alle M. ↑unabänderlich.
Malachit ↑Schmuckstein.

malade ↑krank.
Malaga ↑Wein.
Malagueña ↑Tanz.
Malaise ↑Not.
Malbuch ↑Heft.
Mal della rosa ↑Pellagra.
Mal del sole ↑Pellagra.
Maleachi ↑Prophet.
Malefizkerl ↑Draufgänger.
¹malen, pinseln · *unsauber:* klecksen, schmieren *(abwertend)* · *mit Wasserfarben:* aquarellieren · *ein Porträt:* porträtieren; ↑anmalen, ↑schminken, ↑streichen, ↑zeichnen; ↑Bild, ↑Malerei.
²malen: ↑schreiben; wie gemalt ↑schön; gemalt von ↑von; etwas in den düstersten / in schwarzen / in den schwärzesten Farben m. ↑schildern.
¹Maler, Tüncher *(bes. südd.),* Tapezierer, Gipser *(schwäb.),* Weißbinder *(landsch.),* Weißer *(rhein.),* Weißeler *(südd.),* Anklatscher *(hamburg., scherzh.),* Eisenwichser *(ugs.);* ↑Raumausstatter, ↑Renovierung; ↑anmalen, ↑streichen.
²Maler: ↑Kunstmaler; naiver M. ↑Kunstmaler.
Malerei, Gemälde, Bildwerk, Bemalung · *in Wasserfarben:* Aquarell · *in Ölfarben:* Ölbild, Ölgemälde · *in Wasserdeckfarben in Verbindung mit Bindemitteln:* Guasch, Gouache · *auf frischem Kalkmörtel:* Fresko, Freske · *in Pastellfarben:* Pastell · *zierliche, kleine:* Miniatur · *an der Wand:* Wandmalerei · *an der Decke:* Deckengemälde · *im Freien:* Freilichtmalerei, Pleinairmalerei ··· *in den verschiedenen Epochen:* karolingisch-ottonische Malerei, romanische Malerei, gotische Malerei, Renaissancemalerei, Barockmalerei, Rokokomalerei, klassizistische Malerei, romantische Malerei ·· moderne Malerei · Impressionismus, Pointillismus, Neoimpressionismus, Kubismus, Jugendstil, Symbolismus, Expressionismus, Fauvismus, Orphismus, Futurismus, Kubismus, Dadaismus, Konstruktivismus, Surrealismus, naive Malerei, fantastischer Realismus, abstrakte / gegenstandslose / gegenstandsfreie / ungegenständliche / nonfigurative / absolute / konkrete Kunst, sozialistischer Realismus, Neue Sachlichkeit, informelle Kunst, Tachismus, Minimalart, Pop-Art, Op-Art, Hardedge, kinetische Kunst, Art brut, Actionpainting, Moderne, Postmoderne, Neue Wilde, Junge Wilde; ↑Andachtsbild, ↑Baustil, ↑Bild, ↑Bildnis, ↑Farbkasten, ↑Felszeichnung, ↑Kritzelei, ↑Kunstmaler, ↑Literaturepochen, ↑Maler, ↑Maltechnik, ↑Zeichner; ↑malen, ↑zeichnen.
Malerleim ↑Bindemittel.
Malermodell ↑Fotomodell.
Malerroman ↑Roman.
Malerstaffelei ↑Sternbild.
Malheft ↑Heft.
Malheur ↑Unglück.
Malice ↑Arglist.

maligne: ↑böse; -r Tumor ↑Geschwulst.
Malines ↑Spitzenstickerei.
maliziös: ↑böse, ↑schadenfroh.
Malkasten ↑Farbkasten.
Malkreide ↑Kreide.
malnehmen ↑multiplizieren.
Malnehmen ↑Rechenverfahren.
Maloche ↑Arbeit.
malochen ↑arbeiten.
Malstift ↑Zeichenstift.
Maltechnik · ··*in Bezug auf den Untergrund:* Tafelmalerei, Glasmalerei, Porzellanmalerei, Tonmalerei, Emailmalerei, Holzmalerei, Ledermalerei · Wandmalerei · *auf frischem Kalkputz mit Wasserfarben:* Freskomalerei · *auf trockenem Kalkputz mit Wasserfarben:* Seccomalerei ··· *in Bezug auf Farben:* Ölmalerei, Temperamalerei, Aquarellmalerei, Pastellmalerei, Tuschmalerei ·· *in Wasserdeckfarben in Verbindung mit harzigen Bindemitteln:* Gouachemalerei ·· *in grauen Farben:* Grisaillemalerei ·· *in mit Wachs gebundenen Farben:* Enkaustik *(hist.);* ↑Malerei, ↑Zeichnung.
Malter ↑Beton.
Malteser: ↑Hunderassen, ↑Ritter.
Malteserkreuz ↑Kreuzzeichen.
Malteserritter ↑Ritter.
Malteserspitze ↑Spitzenstickerei.
maltrātieren ↑schikanieren.
Malvasier ↑Wein.
malvenfarbig ↑violett.
Malventee ↑Tee.
Malz: bei jmdm. ist Hopfen und M. verloren ↑nutzlos [sein].
Malzbier ↑Bier.
Malzkaffee ↑Kaffee.
Mama ↑Mutter.
Mambo ↑Tanz.
Mamertus, Pankratius, Servatius ↑Eisheilige.
Mami ↑Mutter.
Mamilla ↑Brustwarze.
Mamille ↑Brustwarze.
Mammon: ↑Geld, ↑Vermögen; schnöder M. ↑Geld; dem M. frönen ↑habgierig [sein].
Mammut-: ↑Erz-.
Mammutbaum ↑Nadelhölzer.
mampfen ↑essen.
Mamsel: kalte M. ↑Koch.
Mamsell ↑Fräulein.
¹man, frau *(im Sprachgebrauch der Feministinnen).*
²man: ↑eben; m. öffnet die Tür ↑passiv.
Mänade, Bacchantin; ↑Rachegöttin.
Management ↑Leitung.
¹managen (jmdn.), groß herausbringen, lancieren, aufbauen, betreuen; ↑Betreuer.
²managen ↑bewerkstelligen.
¹Manager, Boss, Wirtschaftskapitän, Wirtschaftsführer, Topmanager, Industriekapitän; ↑Arbeitgeber.
²Manager: ↑Betreuer, ↑Führungskraft.

Managerkrankheit, Nervosität, Stress;
↑Krankheit; ↑umweltgeschädigt.
mancherlei ↑allerlei.
manches ↑allerlei.
Manchester ↑Stoff.
¹manchmal, gelegentlich, von Zeit zu Zeit, ab
und zu, ab und an, hin und wieder, zuzeiten,
dann und wann, zuweilen, bisweilen, vereinzelt,
fallweise *(österr.),* hier / *(oberd.)* hie und da, ein
oder das andere Mal, mitunter; ↑eigens, ↑ver-
streut, ↑vorübergehend.
²manchmal ↑oft.
Mandant ↑Kunde.
Mandarine · *kernlose:* Klementine, Satsuma;
↑Apfelsine, ↑Pampelmuse, ↑Südfrucht, ↑Zitro-
ne.
mandarinorange ↑orange.
Mandat ↑Gebiet.
Mandatar ↑Abgeordneter.
Mandatsgebiet ↑Gebiet.
Mandel ↑Stück.
Mandelentzündung ↑Halsentzündung.
Mandelkartoffeln ↑Kloß.
Mandelmuster ↑Stoffmuster.
Mandoline ↑Zupfinstrument.
Mandorla ↑Heiligenschein.
Mandragola ↑Alraune.
Mandragora ↑Alraune.
Mandragore ↑Alraune.
Mandrill ↑Affe.
Manen ↑Hausgötter.
Mange ↑Bügelmaschine.
¹Mangel, Nachteil, Kritikpunkt, Schönheits-
fehler, Schwäche, Defekt, Milchmädchenrech-
nung, Fehler, Pferdefuß, Haken, Makel, Pro-
blem, Macke *(ugs.),* Schaden, Lücke, Desiderat,
Manko, Verlegenheit, Unterlegenheit, Verlust,
Verlustgeschäft, Minus, Flaute, Ausfall, Einbuße, Ebbe; ↑Armut, ↑Beschädigung, ↑Fehlbe-
trag, ↑Fehler, ↑Guthaben, ↑Makel, ↑Not, ↑Un-
fähigkeit, ↑Unfallschaden, ↑Unvollständigkeit,
↑Unzulänglichkeit, ↑Zahlungsunfähigkeit;
↑einbüßen; ↑ungünstig · Ggs. ↑Vorteil, ↑Vor-
zug.
²Mangel (der): ↑Armut, ↑Hungersnot, ↑Nach-
holbedarf; Mangel an Feingefühl ↑Taktlosig-
keit; Mangel an Selbstbeherrschung ↑Ungezü-
geltheit; Mangel haben an ↑mangeln.
³Mangel (die): ↑Bügelmaschine; durch die
Mangel drehen ↑besprechen; jmdn. in die Mangel nehmen ↑zusetzen (jmdn.).
mangelbar ↑unzulänglich.
mangelhaft ↑unzulänglich.
Mangelhaftigkeit ↑Unzulänglichkeit.
¹mangeln: etwas mangelt / fehlt / gebricht
jmdm. / *(ugs.)* geht jmdm. ab, etwas nicht haben, etwas ist Mangelware, einer Sache erm.,
Mangel haben an, vermissen, missen, entbehren; ↑brauchen; ↑Nachholbedarf [haben].
²mangeln: ↑bügeln; -de Arbeitsmoral ↑Faul-
heit; -de Konzentration / Sammlung ↑Zer-

streutheit; -de Sorgfalt ↑Nachlässigkeit; es
mangelt an ↑hapern.
Mängelrüge ↑Einspruch.
Mangelware: etwas ist M. ↑mangeln.
mangen ↑bügeln.
Mango ↑Frucht.
Mangold ↑Gemüse.
Mangrovenküste ↑Ufer.
Manhattan ↑Textilstrand.
Manie ↑Neigung.
¹Manier, Stil, Art, [Art und] Weise, Form, Zuschnitt, Masche; ↑Ausdrucksweise, ↑Kunstfer-
tigkeit; ↑Trick.
²Manier: -en ↑Benehmen; keine -en haben ↑un-
höflich [sein].
maniert ↑geziert.
Manieriertheit ↑Geziertheit.
manierlich ↑artig.
manifest ↑offenbar.
Manifest ↑Programm.
Manifestant ↑Demonstrant.
Manifestation: ↑Demonstration, ↑Voraussa-
ge.
¹Maniküre, Handpflege, Nagelpflege; ↑Kos-
metik · Ggs. ↑Pediküre.
²Maniküre ↑Kosmetik.
Manipulant ↑Hilfskraft.
Manipulation: ↑Beeinflussung, ↑Betrug,
↑Handhabung.
Manipulationsgebühr ↑Bearbeitungsgebühr.
manipulieren ↑lenken.
manisch ↑gemütskrank.
manisch-depressiv ↑gemütskrank.
Manko: ↑Fehlbetrag, ↑Mangel.
¹Mann, Herr, Er, [gestandenes] Mannsbild,
Mannsperson, Jöckel *(landsch.),* Mannsstück
(abwertend), Kerl *(abwertend),* Hurensohn
(derb), Fritze *(abwertend),* Bursche *(abwertend),*
Bruder *(ugs., abwertend),* Dingerich *(salopp),*
Scheich *(salopp, scherzh.),* Emton *(salopp, berlin.),* Ihmchen *(salopp, berlin.),* Jenner *(salopp,
berlin.)* ·· *feiner, vornehmer:* Grandseigneur,
Gentleman, Kavalier, Mann von Welt, Weltmann, Gesellschafter ·· *junger:* Jüngling, Jungmann, Bursch[e], Twen, Jugendlicher, Minderjähriger, Heranwachsender, Halbstarker *(abwertend),* Schlurf *(abwertend, österr.),* Halbwüchsiger, junger Mensch / Mann / Herr /
(ugs.) Kerl / *(ugs.)* Spund / *(ugs.)* Dachs, Fant
(abwertend), Laffe *(abwertend)* · *junger, vom
Glück begünstigter:* Glückskind, Sonnyboy,
Strahlemann ·· *alter:* Greis, Opa *(ugs.),* Zittergreis *(ugs.),* Tattergreis *(salopp, abwertend),* Tapergreis *(salopp, abwertend),* Tatl *(salopp, ab-
wertend, österr.),* alter Knacker / Kracher *(sa-
lopp, abwertend),* Kraut[er]er *(salopp, abwer-
tend),* Zausel *(salopp, abwertend),* Stubben *(sa-
lopp, abwertend),* Mummelgreis *(salopp, abwer-
tend)* ··· *dominierender:* Platzhirsch · *große
und kräftiger:* Riese, Hüne, Koloss, Gigant,
Kleiderschrank *(scherzh.),* ein Kerl wie ei[n]

Baum · *sehr großer:* Riese, Goliath, Lulatsch *(salopp)*, langer Laban *(ugs.)*, langes Elend / Ende / Laster *(salopp)*, lange Latte *(salopp)*, Schlaks *(ugs.)*, Bohnenstange *(scherzh.)* · *kräftiger:* Kraftmensch, Naturbursche, Herkules, Athlet, Athletiker, Kraftmeier *(ugs.)*, Muskelprotz *(ugs., abwertend)*, Rummelboxer *(salopp, abwertend)*, Kraftlackel *(ugs., österr.)* ·· *mit kurzen Beinen und langem Rumpf:* Sitzriese ·· *kleiner:* Zwerg, Gartenzwerg, abgebrochener Riese *(ugs., scherzh.)*, Gnom, Däumling, Wicht, Knirps *(ugs.)*, Stöpsel *(ugs.)* ··*ungezogener, unhöflicher:* Flegel, Rüpel, Lümmel, Schnösel *(salopp, nordd.)*, Stiesel *(salopp, nordd., ostd.)*, Rowdy, Radaubruder, Rabauke *(salopp)*, Lackel *(südd., österr.)*, Strolch, Baubudenrülps *(derb, landsch.)*, Gfrast *(ugs., abwertend, österr.)* ·· *liederlicher, oberflächlicher:* Liederjan *(abwertend)*, Leichtfuß, Luftikus, Windhund, Haderlump *(österr.)* ·· *bei Frauen erfolgreicher:* Frauenheld, Frauenliebling, Belami, Lebemann, Playboy, Suitier, Bonvivant, Verführer, Herzensbrecher, Hurenbock *(derb)*, Bock *(derb)*, Poussierstängel *(salopp)*, Wüstling, Roué, Schürzenjäger *(veraltend)*, Schwerenöter, Casanova, Don Juan · *attraktiver:* Traummann, Märchenprinz; ↑Adonis ·· *schöner:* Schönling *(iron.)*, Adonis, Beau, Paris, Schmalzdackel *(abwertend)*, Feschak *(österr.)* ·· *in sich selbst verliebter:* Narziss ·· *dicker:* Dicker, Dickwanst *(abwertend)*, Dickbauch *(abwertend)*, Brocken *(ugs.)*, Bröckerl *(ugs., österr.)*, Blader *(abwertend, österr.)* ·· *armer:* Bettler, Clochard, Hungerleider, [armer] Schlucker, armer Teufel, Habenichts, Besitzloser, Mittelloser; ↑Vagabund ·· *knausriger, geiziger:* Geizkragen, Geizhals, Knauser, Knicker, Knickstiebel *(ugs., bes. berlin.)* ·· *aufdringlicher, lästiger:* Gewandlaus *(ugs., österr.)* · *seine männliche Dominanz betonend:* Macker, Macho · *brutaler:* Brutalo, Rambo ↑Raufbold ·· *mürrischer:* Brummbär, Knurrhahn, Griesgram, Murrkopf, Bullenbeißer *(salopp)* · *langweiliger:* Muffel, Miesepeter, Nieselpriem *(bes. berlin.)*, Fadian *(österr.)* ·· *hinterlistiger:* Heimtücker *(landsch.)*, Hinterrücksler *(schweiz.)*, falscher Fünfziger *(berlin.)* Fuffziger *(ugs.)* ·· *unangenehmer:* mieser Typ, Fiesling *(abwertend)*, fieser Kerl, Widerling, Schleimer, Kotzbrocken *(derb)* ·· *sanfter:* Softie · *feiger:* Drückeberger, Angsthase, Hasenherz, Hasenfuß, Bangbüx *(nordd.)*, Trauminet *(ugs., österr.)*, ↑Feigling, Waschlappen, Schlappschwanz, Flasche, Dädl *(südd., österr.)*, Tattedl *(österr.)* · *unverheirateter:* Junggeselle, Hagestolz *(veraltet)* ··· *vorbildlicher:* Musterknabe *(iron.)* ··· *der sich gern von Frauen bedienen lässt:* Pascha ·· *in Bezug uf das Verhältnis zu seinem Hund:* Herrchen · *er sich neben jmdm. befindet:* Nebenmann, achbar · *der in einer angetretenen Formation m weitesten außen steht:* Flügelmann; ↑Drauf-

gänger, ↑Dummkopf, ↑Homosexueller, ↑Identifikationsfigur, ↑Körperbautyp, ↑Optimist, ↑Prachtexemplar, ↑Sportler · Ggs. ↑Frau.
²Mann: ↑Ehemann; der böse / schwarze M. ↑Schreckgestalt; der einfache / gemeine / kleine M., der M. auf der Straße ↑Durchschnittsbürger; der erste M. an der Spitze sein ↑maßgeblich [sein]; freier M. ↑Fußballspieler; junger M. ↑Jüngling; der kleine M. ↑Penis; M. im Boot ↑Klitoris; reicher M. ↑Reicher; der schwarze M. ↑Schornsteinfeger; zornige junge Männer ↑Lostgeneration; zweiter M. ↑Stellvertreter; unser M. in ... ↑Berichter; M. der Feder ↑Schriftsteller; M. der Wissenschaft ↑Gelehrter; M. am Klavier ↑Pianist; Männer in Weiß ↑Arzt; M. von Welt ↑Gentleman; M. und Frau ↑Ehepaar; M. und Frau sein, jmds. M. sein ↑verheiratet; ein sein ↑ruhig [sein]; ein gemachter M. sein ↑Profit [machen]; ein alter M. ist [doch] kein D-Zug! ↑ruhig; ein M. in den besten Jahren sein ↑älter [sein]; geschlossen wie ein M., mit M. und Maus ↑alle; keinen M. abbekommen / kriegen ↑heiraten; einen kleinen M. im Ohr haben ↑verrückt [sein]; den lieben Gott einen guten M. sein lassen ↑leben; den wilden M. spielen ↑ärgerlich [sein]; seinen M. stehen / stellen ↑tüchtig [sein]; wenn Not am M. ist ↑Ausnahmefall; an den M. bringen ↑verheiraten, ↑verkaufen, ↑verkuppeln; M. an Mann ↑voll; unter Männern ↑Zimperlichkeit; von M. zu Mann ↑vertraulich; bis zum letzten M. ↑alle; bis zum letzten M. kämpfen ↑verteidigen (sich).
mannbar ↑geschlechtsreif.
Mannequin, Modell, Model, Vorführdame, Topgirl, Spitzenmodell, Topmodell · *männliches:* Dressman; ↑Fotomodell.
Männer (die), die Herrenwelt, die Herren der Schöpfung *(iron.)*, das starke Geschlecht · ↑Mann · Ggs. ↑Frauen (die).
Männerchor ↑Chor.
Männerfang: auf M. gehen ↑anbandeln (mit).
Männerhass ↑Misandrie.
Männerheilkunde ↑Heilkunde.
Männerorden ↑Mönchsorden.
Männersauna ↑Sauna.
Männerscheu ↑Misandrie.
Mannesalter ↑Lebensalter.
Manneskraft: ↑Fähigkeit; der M. berauben ↑kastrieren.
Mannesschwäche ↑Impotenz.
mannhaft ↑mutig.
Mannheim, Quadratestadt, Rhein-Neckar-Metropole; ↑Stadt.
mannigfach ↑mannigfaltig.
mannigfaltig, mannigfach, vielfältig, vielgestaltig, vielförmig, verschiedenartig, facettenreich, schillernd, phosphoreszierend; ↑allerlei, ↑kurzweilig; ↑Vielfalt.
Mannigfaltigkeit ↑Vielfalt.
¹männlich, maskulin, viril, nicht ↑weiblich; ↑athletisch, ↑geschlechtsreif · Ggs. ↑zwittrig.

²**männlich:** -e Entspannung ↑Samenerguss; -er Chauvinismus ↑Überheblichkeit; -es Glied ↑Penis.

Männlichkeit ↑Penis.

Mannsbild ↑Mann.

¹**Mannschaft,** Gemeinschaft, Bruderschaft, Gruppe, Kollegium, Ensemble, Equipe, Team, Crew, Kollektiv, Brigade, Partie *(österr.),* Korps · *einsatzbereite bei Heer und Feuerwehr:* Pikett *(schweiz.)* · *mit zwei Personen:* Duo · *mit drei Personen:* Trio, Kleeblatt, Dreigespann, Troika · *mit vier Personen:* Quartett · *mit fünf Personen:* Quintett · *mit sechs Personen:* Sextett · *mit sieben Personen:* Septett · *beim Fußball:* Elf · *von Experten:* Braintrust · · *beim Fußballspiel u. a.:* Heimmannschaft · Gastmannschaft; ↑Abteilung, ↑Anhänger, ↑Bande, ↑Herde, ↑Menge, ↑Schiffsbesatzung.

²**Mannschaft** ↑Schiffsbesatzung.

Mannschaftskapitän ↑Leiter (der).

mannshoch ↑groß.

Mannsperson ↑Mann.

Mannsstück ↑Mann.

Mannstollheit, Nymphomanie, Andromanie, Ovariomanie, Metromanie, Östromanie; ↑Geschlechtstrieb, ↑Leidenschaft; ↑lebenshungrig.

manoli: m. sein ↑verrückt [sein].

Manometer ↑überrascht [sein].

¹**Manöver,** militärische Übung, Gefechtsübung, Türk *(schweiz.),* Türgg *(schweiz.);* ↑Militär.

²**Manöver** ↑Handhabung.

Manöverkritik: M. üben ↑überprüfen.

manövrieren ↑steuern.

Mansarddach: M. mit Schopf / Mansarddach mit Fußwalm ↑Dach.

Mansarde: ↑Raum, ↑Wohnung.

Mansardendach ↑Dach.

Mansardenwohnung ↑Wohnung.

Mansardenzimmer ↑Raum.

Mansardgiebeldach ↑Dach.

Mansardwalmdach ↑Dach.

Mansch ↑Schlamm.

Manschette ↑Aufschlag.

Manschetten: M. haben ↑Angst [haben].

Manteau ↑Mantel.

¹**Mantel,** Überzieher, Überrock, Paletot, Manteau, Covercoat, Slipon, Rockelor, Ulster, Stutzer *(veraltet),* Chesterfield, Hänger, Redingote, Reisemantel, Ballonmantel, Gabardinemantel, Popelinmantel, Trenchcoat, Dufflecoat, Staubmantel, Übergangsmantel, Wintermantel, Thermomantel, Pelzmantel, Plüschmantel, Ledermantel, Wildledermantel, Lammfellmantel, Knautschlackmantel, Minimantel, Midimantel, Maximantel, Abendmantel, Damenmantel, Herrenmantel, Kindermantel · Lodenmantel, Hubertusmantel *(österr.)* · *für den Regen:* Regenmantel, Regencape, Regenhaut, Gummimantel, Mackintosh, Wettermantel, Wetterfleck *(bes. österr.),* Ölzeug, Öljacke, Friesen-

nerz *(scherzh.)* · *der Soldaten:* Soldatenmantel, Militärmantel, Kaput *(schweiz.)* · *der Beduinen:* Burnus · *der Griechen in der Antike:* Chlamys; ↑Kleidung; **ohne M. gehen,** per Taille gehen *(nordd.),* blank gehen *(südd., österr.);* ↑Umhang.

²**Mantel:** mit dem M. der christlichen Nächstenliebe zudecken / bedecken ↑vertuschen; den M. nach dem Wind hängen ↑Opportunist [sein].

Mantelpavian ↑Affe.

Mantel-und-Degen-Film ↑Kinofilm.

Mantille ↑Umhang.

Manual: ↑Rechnungsbuch; ↑Tastatur.

Manuale ↑Verzeichnis.

manuell, mit der Hand, hand..., händisch *(österr.),* von Hand · Ggs. ↑maschinell.

Manufaktur ↑Fabrik.

Manus ↑Skript.

¹**Manuskript,** Papier, Paper, Text, Handreichung, Tischvorlage, Textvorlage, Handout; ↑Skript.

²**Manuskript:** ↑Skript, ↑Text.

Maoismus ↑Marxismus.

Maoist ↑Sozialist.

maoistisch ↑kommunistisch.

Mappe: ↑Aktentasche, ↑Schultasche.

Maquis ↑Widerstandsbewegung.

Maquisard ↑Partisan.

Marabu ↑Vogel.

Maraca ↑Rassel.

Maräne ↑Fisch.

Marathon ↑Tagung.

Marathon-: ↑lange.

Marathonlauf ↑Lauf.

Marathonrede ↑Rede.

Marathonsitzung ↑Tagung.

March ↑Grenze.

¹**Märchen,** Volksmärchen, Kindermärchen, Kunstmärchen, Feenmärchen; ↑Erzählung, ↑Literatur.

²**Märchen:** ↑Erzählung, ↑Lüge.

Märchenerzähler ↑Angeber.

Märchenfilm ↑Kinofilm

märchenhaft ↑außergewöhnlich.

Märchenland ↑Fabelland.

Märchenonkel ↑Angeber.

Märchenplatte ↑Schallplatte.

Märchenprinz: ↑Adonis, ↑Mann.

Märchenschloss ↑Palast.

Märchenspiel ↑Schauspiel.

Marder: ↑Pelz, ↑Raubtier, ↑Wild.

-marder ↑Dieb.

mären ↑langsam [arbeiten].

Marende ↑Zwischenmahlzeit.

Marengo ↑Stoff.

Margareta ↑Nothelfer.

Margarethenspitze ↑Spitzenstickerei.

Margarine ↑Fett.

Marge ↑Spanne.

Margelan ↑Orientteppich.

Marginalexistenz ↑Außenseiter.

Marginalie ↑Anmerkung.

Maria: ↑Madonna; Mariä Empfängnis / Geburt / Himmelfahrt / Lichtmess / Namensfest / Verkündigung / Heimsuchung ↑Marienfest; Mariä Himmelfahrt ↑Feiertag; M. Johanna ↑Rauschgift; Mariä Lichtmess ↑Lichtmess.

Mariage: ↑Ehe, ↑Kartenspiel.

Marianne ↑Frankreich.

Marie ↑Geld.

Marie-Krankheit ↑Großwuchs.

Marienfäden ↑Altweibersommer.

Marienfest · Mariä Empfängnis (8. Dezember) · Mariä Geburt (8. September) · Mariä Namensfest (22. September) · Mariä Verkündigung (25. März) · Mariä Heimsuchung (2. Juli), Mariä Lichtmess (2. Februar), Mariä Himmelfahrt (15. August), Rosenkranzfest (7. Oktober); ↑Kirchenfest, ↑Kirchenjahr.

Marienkäfer, Marienwürmchen, Muttergotteskäfer, Jungfernkäfer *(österr.),* Herrgottskäfer, Herrgottstierchen, Johanniskäfer, Barbuttkäfer *(ostmitteld.),* Muhkälbchen *(hess.),* Marienkuh *(landsch.),* Osterkälbchen *(landsch.),* Glückskäfer, Siebenpunktkäfer; ↑Glühwürmchen, ↑Insekt.

Marienkuh ↑Marienkäfer.

Marienlyrik ↑Lyrik.

Marienwürmchen ↑Marienkäfer.

Marihuana ↑Rauschgift.

Marihuanaraucher ↑Raucher.

Marille ↑Aprikose.

Marillenknödel ↑Kloß.

Marine: der M. angehören, bei der M. sein ↑Seemann [sein].

marineblau ↑blau.

Mariner ↑Matrose.

¹Marionette, Gliederpuppe, Drahtpuppe, Gelenkpuppe; ↑Handpuppe, ↑Kasper, ↑Puppentheater.

²Marionette ↑Gefolgsmann.

Marionettenregierung ↑Regierung.

Marionettentheater ↑Puppentheater.

Maristen-Schulbruder: Maristen-Schulbrüder ↑Mönchsorden.

maritim, ozeanisch; ↑Meer.

¹Mark (das): verlängertes Mark ↑Gehirn; kein Mark in den Knochen haben ↑kraftlos [sein]; jmdm. das Mark aus den Knochen saugen ↑ausbeuten; durch Mark und Bein gehend ↑laut; jmdn. bis ins Mark treffen ↑kränken.

²Mark (die): ↑Münze; Deutsche Mark, Mark der deutschen Notenbank ↑Zahlungsmittel.

markant: ↑interessant, ↑profiliert.

Marke: ↑Art, ↑Bon, ↑Briefmarke, ↑Erkennungszeichen, ↑Spaßvogel, ↑Ware.

Märke ↑Zeichen.

märken ↑markieren.

Markenalbum ↑Album.

Markenartikel ↑Ware.

Markenbutter ↑Fett.

Markensammler ↑Briefmarkensammler.

Markenware ↑Ware.

Markerbse ↑Gemüse.

markerschütternd ↑laut.

Marketender ↑Händler.

Marketenderin ↑Händler.

Marketenderware ↑Ware.

Marketingresearch ↑Marktforschung.

Marketingstratege ↑Werbefachmann.

Markhirn ↑Gehirn.

¹markieren, anzeichnen, anstreichen, anhaken, abhaken, ankreuzen, einzeichnen, bezeichnen, kennzeichnen, märken *(österr.),* kenntlich machen, ein Zeichen machen, zinken *(Gaunerspr.),* unterstreichen, unterschlängeln, unterringeln, einkreisen, einkringeln, umkringeln, einringeln; ↑erkennbar [machen].

²markieren: ein Tor / einen Treffer m. ↑Tor [schießen].

Markierung: ↑Beschilderung, ↑Wegweiser.

markig: ↑kurz, ↑stark.

Markise ↑Fensterladen.

Markklößchen ↑Kloß.

Markör ↑Bedienung.

Markstein ↑Kilometerstein.

Markstück ↑Münze.

¹Markt, Märt *(schweiz.),* Märit *(schweiz.)* · Wochenmarkt, Großmarkt, Blumenmarkt, Gemüsemarkt, Schranne *(bayr.),* Viehmarkt, Pferdemarkt · für Trödelwaren: Flohmarkt, Trödelmarkt, Tändelmarkt, Tandelmarkt *(österr.);* ↑Geschäftsviertel, ↑Jahrmarkt, ↑Laden, ↑Messe.

²Markt: ↑Absatzgebiet, ↑Jahrmarkt, ↑Platz; grauer / schwarzer M. ↑Schleichhandel; auf den M. werfen ↑verkaufen; seine Haut zu -e tragen ↑einstehen (für), ↑prostituieren (sich).

Marktanteil ↑Absatzgebiet.

Marktbeobachtung ↑Marktforschung.

Marktbude: ↑Jahrmarktsbude, ↑Verkaufsstand.

markten ↑handeln.

marktfähig ↑marktgerecht.

Marktflecken ↑Ort.

Marktform, Marktstruktur · · · *bei der auf der Angebots- und Nachfrageseite eines Marktes nur ein einziger Anbieter bzw. Nachfrager auftritt:* Monopol · Nachfragemonopol, Monopson · · *bei der nur wenige Anbieter bzw. Nachfrager miteinander konkurrieren:* Oligopol · Nachfrageoligopol, Oligopson · · *bei der viele Anbieter bzw. Nachfrager miteinander konkurrieren:* Polypol · Nachfragepolypol, Polypson; ↑Außenhandel, ↑Vorrecht, ↑Wirtschaft.

Marktforscher, Meinungsforscher, Interviewer, Researcher, Headcounter, Nasenzähler *(ugs., scherzh.);* ↑Demoskopie, ↑Marktforschung, ↑Umfrage.

Marktforschung, Absatzforschung, Marktbeobachtung, Marketingresearch; ↑Demoskopie, ↑Marktforscher, ↑Umfrage.

Marktführer ↑Unternehmer.

marktgängig ↑begehrt.

marktgerecht, marktfähig, handelsüblich, absetzbar, umsetzbar; ↑begehrt, ↑verkäuflich.
Markthalle ↑Laden.
Marktkorb ↑Korb.
Marktplatz ↑Platz.
Marktpreis ↑Preis.
Marktpsychologie ↑Psychologie.
Marktschreier ↑Händler.
marktschreierisch ↑reißerisch.
Marktstand: ↑Jahrmarktsbude, ↑Verkaufsstand.
Marktsteuer ↑Abgabe.
Marktstruktur ↑Marktform.
Markttasche ↑Einkaufstasche.
Markus ↑Evangelist.
Marmel ↑Murmel.
Marmelade ↑Brotaufstrich.
Marmelade[n]brot ↑Schnitte.
Marmelente ↑Vogel.
marmeln ↑murmeln.
Marmor ↑Kalkstein.
Marmorkatze ↑Raubtier.
Marmorkitt ↑Bindemittel.
Marmorkuchen ↑Gebäck.
Marmormolch ↑Molch.
Marmorpapier ↑Buntpapier.
Marmorstein ↑Kalkstein.
Marmortisch ↑Tisch.
Marmortreppe ↑Treppe.
marmorweiß ↑weiß.
marod ↑krank.
Marodeur ↑Plünderer.
marodieren ↑wegnehmen.
Marone ↑Kastanie.
Maronenröhrling ↑Ständerpilz.
Maroni ↑Kastanie.
Marotte ↑Spleen.
Marquisette ↑Stoff.
Marrel ↑Murmel.
Mars: ↑Gott, ↑Planet.
Marsala ↑Wein.
¹Marsch (der), Geschwindmarsch, Eilmarsch, Nachtmarsch, Gepäckmarsch, Gewaltmarsch, Parademarsch; ↑Militär, ↑Paradeschritt.
²Marsch (die), Schwemmland, Brackmarsch, Seemarsch, Flussmarsch, Binnengroden, Koog *(nordd.),* Polder *(nordd.);* ↑Land, ↑Landschaft.
³Marsch: ↑Spaziergang; jmdm. den M. blasen ↑schelten.
Marschall ↑Dienstgrad.
marschfähig, gängig *(schweiz.);* **m. sein,** gut zu Fuß sein; ↑stark.
Marschhufendorf ↑Dorf.
marschieren ↑fortbewegen (sich).
Marschmusik ↑Musik.
Marschroute, Marschweg, Route, Weg, Richtung; ↑fortbewegen (sich).
Marschverpflegung ↑Proviant.
Marschweg ↑Marschroute.
Marsh-Krankheit ↑Schilddrüsenüberfunktion.
Marter: ↑Leid, ↑Misshandlung.

Marterl ↑Votivbild.
martern: ↑misshandeln, ↑schikanieren.
martialisch ↑streitbar.
Martini ↑Kirchenjahr.
Martinshorn ↑Hupe.
Martinstag ↑Kirchenjahr.
¹Märtyrer, Blutzeuge *(geh.),* Opfer, Bekenner.
²Märtyrer ↑Asket.
Märtyrerdrama ↑Drama.
Martyria ↑Gotteshaus.
Martyrium ↑Leid.
Marxismus · Bolschewismus, Trotzkismus, Leninismus, Marxismus-Leninismus · dialektischer Materialismus, Diamat · Menschewismus, Stalinismus, Maoismus, Titoismus; ↑Kommunismus, ↑Sozialist, ↑Weltanschauung; ↑kommunistisch.
Marxismus-Leninismus ↑Marxismus.
Marxist ↑Sozialist.
marxistisch ↑kommunistisch.
Mary Jane ↑Rauschgift.
März, Frühlingsmonat, Lenzing, Lenzmond; ↑Monat, ↑Zeitraum.
Märzen ↑Bier.
Märzenbecher ↑Narzisse.
Märzenbier ↑Bier.
Märzenblume ↑Schlüsselblume.
Märzgefallener ↑Opportunist.
Marzipan, Persipan; ↑Süßigkeiten.
Marzipanschweinchen ↑Dicker.
Mascapone ↑Gebäck.
¹Masche, Strumpfmasche · *die sich gelöst hat:* Laufmasche, Fallmasche *(schweiz.).*
²Masche: ↑Haarschleife, ↑Manier, ↑Schlinge, ↑Trick; durch die -n des Gesetzes schlüpfen ↑verurteilen; den Ball -n setzen ↑Tor [schießen].
Maschendraht ↑Draht.
Maschenwerk ↑Geflecht.
Mascherl ↑Krawatte.
Maschikseite: auf der M. ↑jenseits.
Maschine: ↑Apparat, ↑Flugzeug, ↑Motorrad.
maschinell, mechanisch, mit Maschinenkraft · Ggs. ↑manuell.
Maschinenbauingenieur ↑Ingenieur.
maschinengestickt: -e Spitze ↑Spitzenstickerei.
Maschinenkraft: mit M. ↑maschinell.
maschinenlesbar: -er Ausweis ↑Ausweis.
Maschinenpistole ↑Schusswaffe.
Maschinensatz ↑Schriftsatz.
Maschinenschreiberin ↑Stenotypistin.
Maschinensetzer ↑Schriftsetzer.
Maschinenspitze ↑Spitzenstickerei.
Maschinensteuer ↑Abgabe.
Maschinerie ↑Apparat.
Maschine schreiben, maschinschreiben *(österr.),* Schreibmaschine schreiben, tippen *(ugs.);* ↑aufschreiben; ↑Skript, ↑Stenotypistin.
maschinschreiben ↑Maschine schreiben.
Mase ↑Narbe.

Masern ↑Kinderkrankheit.

Maskaron ↑Larve.

¹Maske, Larve, Fassade, Fastnachtsgesicht, Gesicht · *in der Architektur:* Maskaron; ↑Fastnachter, ↑Maskerade; ↑schminken.

²Maske: ↑Kostümierung; jmdm. die M. abreißen / vom Gesicht reißen ↑entlarven; die M. fallen lassen ↑erkennen.

Maskenball ↑Maskerade.

Maskenfest ↑Maskerade.

¹Maskerade, Maskenball, Maskenfest, Kostümball, Faschingsball, Kostümfest, Kappenabend, Mummenschanz, Redoute *(österr.),* Gschnas *(österr.),* Gschnasfest *(österr.),* Fetzenball *(österr.)* · *unter Homosexuellen:* ↑Tuntenball; ↑Ball, ↑Fastnachter, ↑Kostümierung, ↑Maske.

²Maskerade ↑Kostümierung.

maskieren: sich m. ↑verkleiden (sich).

Maskierung: ↑Kostümierung, ↑Tarnung.

Maskottchen ↑Amulett.

maskulin ↑männlich.

Maskulinisation ↑Zwittertum.

Maskulinisierung ↑Zwittertum.

Maskulinismus ↑Zwittertum.

Masochismus ↑Perversität.

masochistisch ↑quälerisch.

Maß: ↑Ausmaß, ↑Hohlmaß; ein gerüttelt M. ↑reichlich; jetzt ist das M. voll, das M. vollmachen, über das M. des Erlaubten hinausgehen ↑statthaft; weder M. noch Ziel kennen ↑hemmungslos [sein]; etwas hält sich nicht an das gewohnte M. ↑überschreiten; in gleichem -e ↑auch; mit zweierlei M. messen ↑beurteilen; ohne M. und Ziel ↑hemmungslos, ↑übertrieben; über alle -n ↑sehr.

Massage, Massotherapie, Tapotement, Klopfung, Klatschung, Friktion, Reibung, Einreibung, Abreibung, Reibmassage, Körpermassage, Gesichtsmassage, Ganzmassage, Teilmassage, Bindegewebsmassage, Reflexzonenmassage, Unterwassermassage, Elektromassage · *punktförmige:* Gelotripsie, Knetung, Walkung, Vibration, Durchschüttelung, Durchrüttelung, Perkussion, Schüttelung; ↑Behandlung, ↑Heilgymnastik, ↑Masseur, ↑Naturheilverfahren; ↑massieren.

Massageinstitut: ↑Bordell, ↑Schönheitssalon.

Massai ↑Schwarzer.

Massaker ↑Blutbad.

massakrieren ↑töten.

Masse: ↑Anzahl, ↑Material, ↑Menge; breite M. ↑Menge.

Maßeinheit · Kilopondmeter, PS *(veraltet),* Pferdestärke *(veraltet)* · Atmosphärenüberdruck, atü · *für die Geschwindigkeit von Verkehrsmitteln:* Stundenkilometer · *für das spezifische Gewicht des Mostes:* Öchsle · *für die Energie:* Joule, Kalorie *(veraltet)* · *für die Elektrizität:* Watt · *für den elektrischen Widerstand:* Ohm · *für die Radioaktivität:* Becquerel · Cu-

rie, Rem (Roentgen equivalent man), Sievert (Sv; 1 Sv = 100 rem), Rad (= radiation absorbed dosis), Gray (Gy; 1 Gy = 100 rad); ↑Flächenmaß, ↑Hohlmaß, ↑Längenmaß, ↑Metermaß, ↑Raummaß.

Massel: M. haben ↑Glück [haben].

Massenartikel ↑Ware.

Massendrucksache ↑Postsendung.

Massengeschmack ↑Allgemeingeschmack.

Massengrab ↑Grab.

massenhaft ↑reichlich.

Massenkarambolage ↑Zusammenstoß.

Massenkundgebung ↑Demonstration.

Massenmedien, Medien, Kommunikationsmittel; ↑Fernsehen, ↑Fernsehgerät, ↑Radio, ↑Rundfunk, ↑Sendung, ↑Zeitung.

Massenmord ↑Tötung.

Massenpartei ↑Partei.

Massenprotest ↑Demonstration.

Massensport ↑Sport.

Massenvernichtungslager ↑Gefangenenlager.

Massenversammlung ↑Demonstration.

Massenware ↑Ware.

massenweise ↑reichlich.

Massenzeitalter ↑Atomzeitalter. ·

¹Masseur, Physiotherapeut · *weiblicher:* Masseuse, Masseurin; ↑Massage; ↑massieren.

²Masseur ↑Therapeut.

Masseurin: ↑Masseur, ↑Therapeut.

Masseuse ↑Masseur.

maßgebend: ↑befugt, ↑maßgeblich.

¹maßgeblich, maßgebend, autoritativ, bestimmend, entscheidend, ausschlaggebend, tonangebend, beherrschend, federführend, normativ; ↑befugt, ↑richtungweisend, ↑totalitär, ↑wichtig; **m. sein,** den Ausschlag geben, eine wichtige Funktion haben, das Zünglein an der Waage sein, die erste Geige spielen, die Hosen anhaben, das Sagen haben, der erste Mann an der Spritze sein, Herr im Haus sein, das Regiment führen, das Zepter schwingen; ↑Autorität.

²maßgeblich: -er Einfluss ↑Autorität.

Maßgeblichkeit ↑Autorität.

maßgeschneidert: etwas ist m. ↑passen.

Maß halten ↑sparen.

massieren, kneten, streichen, reiben; ↑Massage, ↑Masseur.

massig: ↑reichlich, ↑schwer.

¹mäßig, mittelmäßig, nicht gerade ... (z. B. die Stärkste), durchschnittlich, mittlere, mittel *(ugs.),* mittelprächtig *(ugs., scherzh.),* so lala *(ugs., scherzh.),* mau *(salopp),* nicht rosig, durchwachsen *(ugs.),* nicht besonders / sonderlich / *(ugs.)* berühmt / *(ugs.)* berauschend / *(salopp)* doll / aufregend, halbwegs *(ugs.);* ↑dilettantisch, ↑unzulänglich.

²mäßig ↑enthaltsam.

mäßigen: ↑bändigen; sich m. ↑ruhig [bleiben], ↑zurückstecken.

Mäßigkeitsapostel ↑Antialkoholiker.
massiv: ↑gewaltig, ↑streng.
Massiv ↑Berg.
Massivdecke ↑Zimmerdecke.
Maßkleidung ↑Kleidung.
Maßkrug ↑Trinkgefäß.
maßleidig ↑ärgerlich.
Maßliebchen, Gänseblümchen, Tausendschön; ↑Blume.
maßlos: ↑extrem, ↑sehr, ↑unersättlich.
¹Maßnahme, Vorgehen, Handlungsweise, Schritt · *geschickte:* Schachzug; ↑Aktion, ↑Schutzmaßnahme, ↑Strategie, ↑Tat, ↑Trick; **sich Maßnahmen vorbehalten,** sich Schritte vorbehalten, sich eine Möglichkeit offen lassen; ↑eingreifen.
²Maßnahme: ↑Aktion; andere -n ergreifen ↑eingreifen; -n treffen ↑sichern.
Maß nehmen: ↑koitieren; jmdn. M. ↑ablisten.
Massotherapie ↑Massage.
maßregeln ↑bestrafen.
Maßregelung, Maßreglung, Zurechtweisung, Tadel, Rüge; ↑Vorwurf, ↑Züchtigung.
Maßreglung ↑Maßregelung.
Maßschneider ↑Schneider.
Maßstab ↑Metermaß.
Maßsteuer ↑Abgabe.
maßvoll: ↑enthaltsam, ↑gemäßigt, ↑harmonisch.
Maßwerkgiebel ↑Giebel.
¹Mast (die), Mästung, das Mästen / Nudeln; ↑ernähren.
²Mast (der): ↑Pfahl.
Mastdarm ↑Darm.
Mastdarmbruch ↑Bruch.
Mastdarmspiegelung ↑Ausspiegelung.
Mastdarmvorfall: ↑Bruch, ↑Eingeweidesenkung.
mästen ↑ernähren.
Mästen ↑Mast.
Mastenkirche ↑Gotteshaus.
Master ↑Herr.
Masthähnchen ↑Huhn.
Masthuhn ↑Huhn.
Mästung ↑Mast.
Masturbation: ↑Selbstbefriedigung; mutuelle M. ↑Koitus.
masturbieren, onanieren, sich selbst befriedigen, sich einen von der Palme locken *(salopp),* sich einen runterholen *(derb),* wichsen *(derb),* sich einen abwichsen *(derb);* ↑Samenerguss, ↑Selbstbefriedigung.
Matador: ↑Sieger, ↑Stierkämpfer.
Match ↑Spiel.
Matchball ↑Spielball.
Mater dolorosa ↑Madonna.
¹Material, Materie, Stoff, Substanz, Masse, Zeug *(veraltend).*
²Material ↑Vorrat.
Materialismus: ↑Deismus; dialektischer M. ↑Marxismus.

materialistisch ↑habgierig.
Materialschlacht ↑Kampf.
Materialverschleiß ↑Verschleiß.
Materie ↑Material.
materiell ↑habgierig.
Matetee ↑Tee.
Mathematik, reine / angewandte Mathematik · Arithmetik, Zahlenlehre, Zahlenrechnung, Zahlentheorie · Bruchrechnung · Prozentrechnung · Zinsrechnung, Zinseszinsrechnung, Rentenrechnung · Dreisatzrechnung, Regeldetri · Wahrscheinlichkeitsrechnung, Statistik, Kombinatorik · Geometrie, analytische / synthetische Geometrie, Trigonometrie, Stereometrie, Raumlehre, Körperberechnung, Vektorrechnung · Infinitesimalrechnung, höhere Mathematik, Integralrechnung, Differenzialrechnung; ↑Rechenverfahren, ↑Wissenschaft.
Matinee ↑Vormittagsveranstaltung.
Matjeshering ↑Hering.
Matratze: die M. belauschen ↑schlafen.
Matratzenhaut ↑Zellulitis.
Matratzenphänomen ↑Zellulitis.
Mätresse ↑Geliebte.
Matriarchat ↑Herrschaft.
Matrikel: ↑Verzeichnis; aus der M. streichen ↑exmatrikulieren; sich in die M. einschreiben / eintragen lassen ↑immatrikulieren (sich).
Matrixitis ↑Nagelkrankheit.
Matrixsatz ↑Satz.
Matrize ↑Reproduktion.
matrizieren ↑vervielfältigen.
Matrone ↑Frau.
¹Matrose, die blauen Jungs, Blaujacke, Teerjacke *(scherzh.),* Mariner, Vollmatrose, Leichtmatrose · Maat, Jan Maat *(scherzh.),* Obermaat, Seekadett, Bootsmann, Oberbootsmann, Hauptbootsmann, Stabsbootsmann, Oberstabsbootsmann; ↑Dienstgrad, ↑Schiffsjunge, ↑Seemann · Ggs. ↑Seeoffizier.
²Matrose ↑Dienstgrad.
Matrosenbluse ↑Bluse.
Matrosenmütze ↑Kopfbedeckung.
Matsch ↑Schlamm.
matschig ↑weich.
matschkern ↑murren.
Matsch-und-Schnee-Reifen ↑Winterreifen.
¹matt, glanzlos, stumpf, blind · *durch Flüssigkeit, Dampf:* beschlagen · Ggs. ↑blank.
²matt: ↑farblos, ↑gedeckt, ↑kraftlos.
Matte: ↑Bergwiese, ↑Fußabstreifer, ↑Teppich.
Mattglasur ↑Glasur.
mattgrün ↑grün.
Matthäi: bei jmdm. ist M. am Letzten ↑Gehalt (das), ↑krank.
Matthäus: ↑Apostel, ↑Evangelist.
Mattheit: ↑Erschöpfung, ↑Kraftlosigkeit.
Matthias ↑Apostel.
Mattigkeit ↑Erschöpfung.
mattlila ↑violett.
mattrot ↑rot.

Mattscheibe: ↑Bewusstseinstrübung, ↑Fernsehgerät; M. haben ↑begriffsstutzig [sein].
Mattscheibenkamera ↑Fotoapparat.
Maturaball ↑Ball.
Maturaklasse ↑Schulklasse.
Maturant ↑Schüler.
Maturazeugnis ↑Reifezeugnis.
Maturität: ↑Abitur, ↑Hochschulreife.
Maturitätszeugnis ↑Reifezeugnis.
Matz ↑Kind.
Mätzchen: M. machen ↑aufbegehren.
Matze ↑Brot.
Matzen ↑Brot.
mau ↑mäßig.

¹Mauer, Wand, Wall · Steinmauer, Backsteinmauer, Ziegelmauer, Bruchsteinmauer, Quadermauer, Füllmauer, Feldsteinmauer, Polygonalmauer, Bossenmauer, Rustikamauer, Polstermauer, Zyklopenmauer, Betonmauer, Fachwerkmauer · Grenzmauer, Scheidemauer, Schutzmauer, Einfassungsmauer, Umfassungsmauer, Umfriedungsmauer, Gartenmauer, Friedhofsmauer · Stützmauer, Unterstützungsmauer, Strebemauer, Futtermauer · Hausmauer, Außenmauer, Seitenmauer, Giebelmauer, Sockelmauer, Kellermauer, Fundamentmauer, Grundmauer, Zwischenmauer, Brandmauer, Zwischenbrandmauer, Feuermauer, Isolierungsmauer, Isolationsmauer · Hauswand, Außenwand, Innenwand, Zimmerwand, Zwischenwand, Rabitzwand, Querwand, Trennwand, Trennungswand, Stirnwand, Giebelwand, Steinwand, Glaswand, Bretterwand, Pfahlwand; ↑Giebel, ↑Haus, ↑Mauerwerk, ↑Wall, ↑Zaun.
²Mauer: ↑Hindernis, ↑Hürde; -n ↑Mauerwerk; die [Berliner] M., Chinesische / Große M. ↑Grenze.
Mauerblümchen: ↑Außenseiter, ↑Mädchen.
Mauereidechse ↑Eidechse.
Mauerkitt ↑Bindemittel.
Mauerläufer ↑Vogel.
mauern ↑verhindern.
Mauernweiler ↑Schauspieler.
Mauerpfeiler ↑Säule.
Mauerrick ↑Hindernis.
Mauerschau ↑Teichoskopie.
Mauersegler ↑Vogel.
Mauerstein ↑Baustein.
Mauerturm ↑Turm.
Mauerwerk, Gemäuer, Mauern (Plural); ↑Mauer.
Mauerziegel ↑Ziegelstein.
Mauken ↑Fuß.
Maul: ↑Mund; ein großes M. haben ↑prahlen; jmdm. ein M. anhängen ↑schlecht machen; das M. hängen lassen ↑murren; das M. stopfen ↑verbieten.
Maulaffe: -n feilhalten ↑zuschauen.
Maulbeerseidenspinner ↑Schmetterling.
Mäulchen ↑Kuss.

maulen ↑murren.
Maulesel ↑Esel.
maulfaul ↑wortkarg.
Maulheld ↑Angeber.
Maulkorberlass ↑Verbot.
Maulorgel ↑Blasinstrument.
Maulschelle: ↑Ohrfeige; jmdm. eine M. geben ↑schlagen.
Maulsperre: die M. kriegen ↑überrascht [sein].
Maultaschen ↑Teigwaren.
Maultier ↑Esel.
Maulwurf, Scher *(oberd.)*, Schermaus *(oberd.);* ↑Nagetier.
maulwurfsgrau ↑grau.
Mau-Mau ↑Widerstandsbewegung.
maunzen: ↑klagen, ↑miauen.
Maurer: pünktlich wie ein M. ↑pünktlich.
Maurerklampfe ↑Bauklammer.
Maurerklavier ↑Tasteninstrument.
¹Maus, Feldmaus, Hausmaus, Waldmaus, Springmaus, Haselmaus, Wühlmaus, Spitzmaus · *männliche:* Mäuserich; ↑Nagetier.
²Maus: Mäuse ↑Geld; weiße M. ↑Polizist; da beißt die M. keinen Faden ab ↑unabänderlich [sein]; eine graue M. sein ↑einfach [sein]; mit Mann und M. ↑alle; mit jmdm. Katz und M. spielen ↑vertrösten.
mauscheln ↑sprechen.
Mäuschen: ↑Ellennerv, ↑Vulva.
mäuschenstill ↑still.
Mäusebussard ↑Vogel.
Mausefalle ↑Falle.
Mäusefalle ↑Falle.
Mäuseloch: sich am liebsten in ein M. verkriechen mögen ↑schämen (sich).
mausen: ↑koitieren, ↑wegnehmen.
Mauser: in der M. sein ↑mausern (sich).
Mäuserich ↑Maus.
mauserig: ↑ärgerlich, ↑schwermütig.
¹mausern (sich), in der Mauser sein, die Federn verlieren / wechseln.
²mausern: sich m. ↑entwickeln (sich), ↑gedeihen.
mausetot ↑tot.
Mausfalb ↑Pferd.
Mausfalle ↑Falle.
mausgrau ↑grau.
mausig: sich m. machen ↑frech [werden], ↑murren.
Mausohr ↑Feldsalat.
Mausöhrchen ↑Feldsalat.
Mausoleum ↑Grab.
maustot ↑tot.
Maut ↑Abgabe.
Mautstraße ↑Straße.
mauve ↑violett.
mauzen ↑miauen.
Max: strammer M. ↑Spiegelei.
Maxen ↑Geld.
Maxi ↑Kleid.
Maxikleid ↑Kleid.

Maximantel ↑Mantel.
Maxime ↑Ausspruch.
Maximen ↑Prinzipien.
¹Maximum, Optimum, Höchstmaß, Höchstwert, das Höchste, das meiste; ↑Höhepunkt · Ggs. ↑Minimum.
²Maximum ↑Höhepunkt.
Maxirock ↑Rock.
Maxisingle ↑Schallplatte.
MAZ ↑Sendung.
mazedonisch: -er Tabak ↑Tabak.
Mäzen ↑Gönner.
Mazurka ↑Tanz.
Mbundu ↑Schwarzer.
MdB ↑Abgeordneter.
MdL ↑Abgeordneter.
MDN ↑Zahlungsmittel.
Mechaniker ↑Schlosser.
mechanisch: ↑automatisch, ↑geisttötend, ↑maschinell.
Mechanisierung ↑Automatisierung.
Meckerer ↑Nörgler.
Meckerfritze ↑Nörgler.
Meckerliese ↑Nörglerin.
meckern: ↑beanstanden, ↑Laut.
Meckerziege ↑Nörglerin.
Medaille ↑Gedenkmünze.
Medaillon ↑Bild.
Medaillonteppich ↑Orientteppich.
Mediastinoskopie ↑Ausspiegelung.
Mediäval ↑Schrift.
Medien · *gedruckte:* Printmedien; ↑Buch, ↑Fernsehen, ↑Zeitung.
Medikament, Arznei, Arzneimittel, Heilmittel, Heilbehelf *(österr.),* Präparat, Pharmakon, (Plural: Pharmaka), Droge, Therapeutikum, Medizin, Mittel, Hausmittel, Mittelchen · · *zur oralen Verabreichung · in fester Form:* Tablette, Pille, Pastille, Kapsel · *mit Zuckerüberguss:* Dragee · *pulverisiert:* Pulver · *in flüssigerForm:* Liquor, Tropfen · · *zur rektalen Verabreichung:* Suppositorium, Zäpfchen · · *zur äußeren Anwendung:* Salbe, Paste, Tinktur, Unguentum · *flüssig, zum Einreiben:* Liniment, Medikamentgeist · · *aus harmlosen, unwirksamen Bestandteilen:* Placebo, Scheinmedikament · · *gegen Psychosen usw.:* Psychopharmakon, Tranquilizer · · *schmerzstillendes:* Palliativ, Palliativum, Analgetikum, Schmerzmittel, schmerzstillendes Mittel, Anästhetikum, Mitigantia, Demulzentia, Linderungsmittel, Antineuralgikum, Narkotikum, Betäubungsmittel, Rauschmittel, Sedativ, Sedativum · · *gegen Schnupfen:* Errhinum (Plural: Errhina) · *gegen Schlaflosigkeit:* Schlafmittel, Schlafpulver, Schlaftablette; ↑Allheilmittel, ↑Apotheker, ↑Arzt, ↑Aufputschmittel, ↑Beruhigungsmittel, ↑Gegenmittel, ↑Heilkunde, ↑Psychopharmakon, ↑Rauschgift, ↑Schlafmittel, ↑einnehmen, ↑verordnen.
medikamentös: -er Heilschlaf ↑Heilschlaf.
Medikaster ↑Arzt.

Medikus ↑Arzt.
Medinawurm ↑Wurm.
Meditation ↑Versenkung.
Meditationsübung ↑Entspannungsübung.
meditieren: ↑beten, ↑denken, ↑versenken (sich in).
medium ↑gar.
¹Medium, Mittler, Paragnost; ↑Hellsehen.
²Medium: Medien ↑Massenmedien.
Medizin: ↑Medikament; forensische / gerichtliche M. ↑Gerichtsmedizin; alternative M. ↑Heilkunde; [innere / interne M.] ↑Heilkunde.
Medizinalpraktikant ↑Arzt.
Medizinball ↑Spielball.
Mediziner ↑Arzt.
medizinisch: -e Klinik ↑Krankenhaus.
medizinisch-technisch: -e Assistentin ↑Sprechstundenhilfe.
Medizinmann ↑Arzt.
Medley ↑Mischung.
Medulla ↑Gehirn.
¹Meduse, Gorgo, Sphinx, Basilisk; ↑Fabelwesen, ↑Ungeheuer.
²Meduse ↑Hohltier.
¹Meer, die See, Ozean, Weltmeer, der große Teich *(scherzh.);* ↑Atlantik, ↑Fluss, ↑Gewässer, ↑Mündung, ↑Pazifik, ↑Pfütze, ↑See, ↑Strand, ↑Ufer, ↑Welle, ↑Weltmeer; ↑maritim.
²Meer: Ochotskisches / Japanisches / Ostchinesisches M. ↑Pazifik; ungarisches M. ↑Plattensee; ein M. von Blumen ↑Blumenflor; die Königin der -e ↑Venedig; wie Sand am M. ↑reichlich.
Meeräsche ↑Fisch.
Meerbusen, Busen *(veraltet),* Meeresbucht, Bucht, Bai, Golf, Förde; ↑Ufer.
Meerenge ↑Durchfahrt.
Meeresbucht ↑Meerbusen.
Meeresfischerei ↑Fischerei.
Meeresmuschel ↑Muschel.
Meeresstrand ↑Strand.
Meerforelle ↑Fisch.
meergrün ↑grün.
Meerjungfrau ↑Wassergeist.
Meerkatze: ↑Affe, ↑Fisch.
Meerotter ↑Raubtier.
Meerrettich, Kren *(südd., österr.);* ↑Gemüse.
Meersalat ↑Alge.
Meerschaum ↑Schmuckstein.
Meerschaumpfeife ↑Tabakspfeife.
Meerschweinchen ↑Nagetier.
Meerstern ↑Madonna.
Meerwasser ↑Wasser.
Meeting ↑Wiedersehen.
Megalithgrab ↑Grab.
Megaphon ↑Lautsprecher.
Megri ↑Orientteppich.
¹Mehl, Vollkornmehl, Weißmehl.
²Mehl: ↑Pulver; braun M. ↑Mehlschwitze; zu M. verarbeiten ↑mahlen.
Mehlbeerbaum ↑Laubhölzer.

Mehlbrei ↑Brei.

Mehlmotte ↑Schmetterling.

Mehlschwalbe ↑Vogel.

Mehlschwitze, Schwitze, braun Mehl *(nordd.)*, Einbrenne *(südd., österr.)*, Einbrenn *(südd., österr.)*, Einmache *(österr.)*, Einmach *(österr.)*; ↑Suppe.

Mehlspeise ↑Gebäck.

Mehlsuppe ↑Suppe.

Mehltau: ↑Schlauchpilz; Falscher M. ↑Algenpilz.

Mehltaupilz ↑Schlauchpilz.

mehr: ↑vielmehr; m. als ↑wenigstens; m. als die Hälfte ↑Mehrheit; m. als genug ↑reichlich; m. als genug haben ↑betrunken [sein]; m. oder minder / weniger, mehr-weniger ↑generell; nicht m. sein ↑tot [sein]; niemals m. ↑niemals.

Mehr ↑Mehrheit.

Mehrarbeit ↑Überstunden.

mehrdeutig, vieldeutig, schillernd, äquivok, zweideutig, doppeldeutig, doppelsinnig, missverständlich, janusgesichtig, amphibolisch, doppelwertig, ambivalent, homonym *(Sprachw.)*, polysemantisch *(Sprachw.);* ↑rätselhaft, ↑unfassbar; ↑Mehrdeutigkeit.

Mehrdeutigkeit, Vieldeutigkeit, Zweideutigkeit, Doppeldeutigkeit, Doppelsinn, Doppelsinnigkeit, Ambiguität, Doppelwertigkeit, Ambivalenz, Amphibolie, Äquivokation, Homonymie *(Sprachw.)*, Polysemie *(Sprachw.);* ↑mehrdeutig.

Mehrdienstleistung ↑Überstunden.

Mehrehe ↑Ehe.

mehren ↑vermehren.

mehrenteils ↑oft.

mehrere ↑einige.

mehrfach ↑oft.

Mehrfachtäter ↑Verbrecher.

Mehrfarbendruck ↑Druckverfahren.

mehrfarbig ↑bunt.

¹Mehrheit, Majorität, Mehrzahl, Überzahl, der überwiegende Teil, die meisten, Mehr *(schweiz.)*, über / mehr als die Hälfte · *bei Abstimmungen:* absolute Mehrheit, qualifizierte Mehrheit, Zweidrittelmehrheit; ↑Vorherrschaft; **die M. haben,** in der Überzahl sein · Ggs. ↑Minderheit.

²Mehrheit: ↑Anzahl; schweigende M. ↑Menge.

Mehrheitsbeschaffer ↑Wähler.

Mehrheitswahlrecht ↑Wahlrecht.

mehrjährig ↑langjährig.

mehrmalig: ↑abermalig, ↑oft.

mehrmals ↑oft.

Mehrpreis ↑Zuschlag.

mehrseitig ↑multilateral.

mehrsprachig ↑polyglott.

Mehrung ↑Vermehrung.

Mehrwertsteuer ↑Abgabe.

Mehrzahl, Plural · Ggs. ↑Einzahl.

Mehrzahl: ↑Anzahl, ↑Mehrheit; in der M. ↑oft.

meiden: ↑entziehen (sich); Kontakt m. ↑abkapseln (sich).

Meierei ↑Molkerei.

Meierhof ↑Molkerei.

Meile: ↑Längenmaß; die sündigste M. der Welt ↑Reeperbahn; drei -n gegen den Wind stinken ↑riechen.

Meilenstein ↑Kilometerstein.

mein: die Meinen ↑Familie.

Meineid ↑Eid.

¹meinen, vermeinen, der Meinung / Ansicht / Überzeugung sein, finden, glauben, denken, dafürhalten; ↑abzielen (auf), ↑vermuten; ↑anscheinend; ↑Ansicht.

²meinen: ↑äußern (sich); es ernst m. ↑heiraten [wollen]; etwas mit etwas m. ↑abzielen (auf); was m. Sie? ↑bitte?; wie -? ↑bitte?; wie du meinst ↑ja; jmd. ist mit etwas gemeint ↑münzen.

meinethalben ↑meinetwegen.

¹meinetwegen, mir zuliebe, für mich, meinethalben, [um] meinetwillen.

²meinetwegen ↑ja.

meinetwillen ↑meinetwegen.

Meinung: seine M. ändern ↑umschwenken; keine M. zu etwas haben ↑beurteilen; die M. sagen / geigen ↑schelten; [nach jmds. M.], mit jmdm. einer M. sein ↑Ansicht; sich nicht der herrschenden M. beugen / anschließen ↑entgegenstellen (sich).

Meinungsaustausch ↑Gespräch.

Meinungsbefragung ↑Demoskopie.

Meinungsforscher ↑Marktforscher.

Meinungsforschung ↑Demoskopie.

Meinungsfreiheit ↑Freiheit.

Meinungspflege ↑Publicrelations.

Meinungsverschiedenheit, Differenz, Unstimmigkeit, Dissens, Nichtübereinstimmung; ↑Ansicht, ↑Streit.

Meise: ↑Vogel; eine M. haben ↑verrückt [sein].

Meisenkalb ↑Rind.

Meisennuss ↑Nuss.

Meißel: ↑Handwerkszeug; mit dem M. bearbeiten ↑behauen.

meißeln: ↑anfertigen; m. in ↑einmeißeln.

meist: ↑oft; die -en ↑Mehrheit; das -e ↑Maximum.

meistenorts ↑überall.

Meister: ↑Fachmann, ↑Handwerker, ↑Leiter, ↑Sieger; M. Lampe ↑Hase, ↑Kaninchen; seinen M. finden ↑übertreffen; seinen M. machen ↑absolvieren.

Meister-: ↑beste.

Meisterbrief ↑Urkunde.

meisterhaft, meisterlich, bravourös, virtuos, glänzend, prächtig, fulminant, famos, vollendet, vollkommen, perfekt; ↑außergewöhnlich, ↑blendend, ↑fachmännisch, ↑ganz, ↑vollkommen; ↑Meisterhaftigkeit, ↑Untadeligkeit.

Meisterhaftigkeit, Meisterlichkeit, das Können, Virtuosität, Bravour, Fulminanz, Vollendetheit, Vollkommenheit, Perfektion, Voll-

endung; ↑Musterhaftigkeit, ↑Untadeligkeit;
↑meisterhaft, ↑vollkommen.
Meisterleistung ↑Höchstleistung.
meisterlich ↑meisterhaft.
Meisterlichkeit ↑Meisterhaftigkeit.
meisterlos ↑unbeherrscht.
meistern: ↑bewältigen; das Leben m. ↑lebenstüchtig [sein].
Meisterschütze ↑Schütze.
¹Melancholie, Schwermut, Schwermütigkeit,
Trübsinn, Niedergeschlagenheit, Bedrücktheit,
Depression, Athymie, Lypemanie, Hypothymie · *leichteren Grades:* Hypomelancholie, Subdepression; ↑Krankheit, ↑Trauer; ↑schwermütig.
²Melancholie ↑Trauer.
Melancholiker ↑Typ.
melancholisch ↑schwermütig.
Melange: ↑Kaffee, ↑Mischung.
Melanit ↑Schmuckstein.
Melanzane ↑Aubergine.
Melanzani ↑Aubergine.
Meldeamt ↑Einwohnermeldeamt.
Meldebogen ↑Anmeldebestätigung.
melden: ↑anzeigen, ↑mitteilen; sich m. ↑Handzeichen [geben], ↑Lebenszeichen, ↑stellen
(sich); nichts zu m. haben ↑Einfluss; der Teilnehmer meldet sich nicht ↑telefonieren (mit
jmdm.).
Melder ↑Abgesandter.
Meldeschein ↑Anmeldebestätigung.
Meldestelle ↑Einwohnermeldeamt.
Meldezettel ↑Anmeldebestätigung.
Meldung: ↑Nachricht; M. machen ↑anzeigen;
nach letzter M. ↑Lage.
meliert: ↑gemustert, ↑grauhaarig.
Melioration ↑Bodenverbesserung.
meliorieren ↑verbessern.
Melisse ↑Küchengewürz.
melken: den Bock m. ↑tun.
Melker, Schweizer; ↑Knecht, ↑Zitze.
Melodie: ↑Klang, ↑Lied.
Melone: ↑Gemüse, ↑Kopfbedeckung.
melonenorange ↑orange.
Melonenqualle ↑Hohltier.
Melpomene ↑Muse.
Meltau, Honigtau, Blattlaushonig, Blattlausausscheidung; ↑Absonderung.
Melusine ↑Wassergeist.
Membrum: M. virile ↑Penis.
Memento ↑Aufruf.
Memme: ↑Busen, ↑Feigling.
memmenhaft ↑feige.
Memoiren ↑Biographie.
Memoirenschreiber ↑Schriftsteller.
Memorandum ↑Mitteilung.
Memoria ↑Gotteshaus.
Memorial ↑Denkmal.
Memorialkirche ↑Gotteshaus.
memorieren ↑lernen.
Menage ↑Essgeschirr.

Menagerie ↑Tiergarten.
Menarche ↑Menstruation.
Menetekel ↑Anzeichen.
¹Menge, Masse, Volk, breite Masse, schweigende Mehrheit, Volksmasse, Menschenmasse,
Menschenmenge, Volksmenge, Volksscharen,
Scharen, Pofel *(südd., österr.)* · im Krieg: Kanonenfutter *(abwertend)* · *in Bezug auf Wahlen:*
Stimmvieh *(abwertend)*, Wahlvolk; ↑Abteilung,
↑Herde, ↑Mannschaft, ↑Mensch, ↑Volk.
²Menge: ↑Anzahl, ↑Dosis, ↑Vorrat; jede M.
↑reichlich; eine M. ↑viele; das Bad in der M.
↑Beliebtheit; in großen -n ↑en gros; in rauen -n
↑reichlich; etwas ist in rauen -n vorhanden
↑Überfluss [haben].
mengen: ↑mischen; sich m. in ↑eingreifen.
Mengenrabatt ↑Preisnachlass.
Meningitis ↑Gehirnhautentzündung.
Meninx, Hirnhaut, Rückenmarkshaut · harte
Hirnhaut, Pachymeninx, Dura [mater], harte
Rückenmarkshaut, Spinalis · Leptomeninx,
zarte / weiche Hirnhaut, zarte / weiche Rückenmarkshaut, Pia [mater], Spinn[en]gewebshaut, Spinnwebenhaut, Arachnoidea; ↑Gehirn,
↑Gehirnhautentzündung, ↑Gehirnrinde, ↑Hypophyse.
Menjoubärtchen ↑Bart.
Menkenke ↑Ziererei.
mennen ↑anstacheln.
mennige ↑orange.
meno mosso ↑lebhaft.
Menopause ↑Menstruation.
Menora ↑Kerzenleuchter.
Menorrhö ↑Menstruation.
Menostase ↑Menstruation.
Mensa: ↑Gaststätte, ↑Speiseraum.
¹Mensch, Person, Persönlichkeit, Homo sapiens, Erdenbürger, Erdenwurm, der Einzelne,
Zoon politikon, Individuum, Leute, Sterblicher, Staubgeborener, [menschliches] Geschöpf / Wesen, Kind / Ebenbild Gottes, Krone
der Schöpfung, Halbgott, Figur *(salopp)*, Subjekt *(abwertend)*, Type *(ugs.)* · mit *Tätigkeitsdrang:* Energiebündel · *durch sein Äußeres auffallender:* Paradiesvogel · *nicht näher bezeichneter [dessen Namen man im Moment nicht
weiß]:* Dings *(salopp)*, Dingsda *(salopp)*, Dingsbums *(salopp)* · *mit Verzögerung der körperlichgeistigen Reife:* Spätentwickler · *mit krausem
Haar:* Krauskopf · *mit kurzen Beinen und langem Rumpf:* Sitzriese · *unaufmerksamer:*
Schlafmütze · *leichtsinniger:* [Bruder] Leichtfuß *(ugs., scherzh.)* · *lustiger:* lustiger Bruder /
Vogel, fideles Haus, vergnügtes Huhn · *der
gern und viel reist:* Reisenarr *(scherzh.)* · *unruhiger, rastloser:* Wirbelwind, Hektiker ·· *der
nicht klar und nüchtern denken kann:* Wirrkopf
· ↑Durchschnittsbürger, ↑Faulenzer, ↑Frau, ↑Geschöpf, ↑Glückspilz, ↑Intellektueller, ↑Jüngling, ↑Kind, ↑Mädchen, ↑Mann, ↑Menge
↑Menschheit, ↑Raufbold, ↑Schlafmütze, ↑So...

derling, ↑Träumer, ↑Zuschauer; ↑aktiv [sein], ↑betriebsam [sein].

²Mensch, die Menschen ↑Menschheit; ausgewachsener / erwachsener Mensch ↑Erwachsener; ein besserer / neuer Mensch werden ↑bessern (sich); der letzte Mensch ↑Narr; kein Mensch ↑niemand; Menschen wie du und ich ↑Durchschnittsbürger; Mensch ärgere dich nicht ↑Würfelspiel; an den Menschen gewöhnen ↑zähmen; eine Seele von Mensch / von einem Menschen sein ↑gütig [sein].

Menschenaffe ↑Affe.
Menschenalter ↑Zeitraum.
Menschenfeind ↑Misanthrop.
menschenfeindlich ↑unzugänglich.
Menschenfeindschaft ↑Menschenverachtung.
Menschenfresser ↑Kannibale.
Menschenfresserei, Kannibalismus, Anthropophagie; ↑Perversität.
Menschenfreund ↑Philanthrop.
menschenfreundlich ↑menschlich.
Menschenfreundlichkeit ↑Nächstenliebe.
Menschenfurcht ↑Menschenverachtung.
Menschengeschlecht ↑Menschheit.
Menschenhai ↑Fisch.
Menschenhandel, Sklavenhandel, Mädchenhandel; ↑verschleppen.
Menschenhass ↑Menschenverachtung.
Menschenhasser ↑Misanthrop.
Menschenkenntnis ↑Erfahrung.
Menschenkette ↑Demonstration.
Menschenkreuz ↑Demonstration.
Menschenkunde, Anthropologie, Humanwissenschaft; ↑Charakterkunde, ↑Gesellschaftswissenschaft, ↑Psychologie.
¹menschenleer, leer, verlassen, [wie] ausgestorben, entvölkert, öde; **m. werden:** etwas wird menschenleer, etwas verödet; ↑Leere.
²menschenleer ↑abgelegen.
Menschenleere ↑Leere.
Menschenliebe ↑Nächstenliebe.
Menschenmasse ↑Menge.
Menschenmenge ↑Menge.
Menschenrasse ↑Rasse.
Menschenraub ↑Kidnapping.
menschenscheu ↑unzugänglich.
Menschenscheu: ↑Menschenverachtung, ↑Verschlossenheit.
Menschenschinder ↑Rohling.
Menschenseele: keine M. ↑niemand.
Menschensohn ↑Heiland.
Menschenstimme ↑Stimme.
menschenunwürdig ↑würdelos.
Menschenverächter ↑Misanthrop.
Menschenverachtung, Menschenscheu, Menschenfurcht, Misanthropie · Anthropophobie, Menschenhass, Menschenfeindschaft · *gegenüber Frauen:* Misogynie, Weiberhass · Gynäkohobie, Weiberscheu · *gegenüber Männern:*

Misandrie, Männerhass · Androphobie, Männerscheu · *gegenüber Kindern:* Misopädie, Kinderhass · Pädophobie, Kinderscheu; ↑Mensch, ↑Misanthrop, ↑Misogamie.
Menschenverstand: gesunder M. ↑Klugheit.
Menschenwürde ↑Vornehmheit.
Menschewismus ↑Marxismus.
Menschewist ↑Sozialist.
menschewistisch ↑kommunistisch.
¹Menschheit, Menschengeschlecht, Erdbevölkerung, die Menschen, menschliche Gesellschaft, die Völker der Erde; ↑Generation, ↑Mensch.
²Menschheit: Wohltäter der M. ↑Philanthrop.
¹menschlich, human, humanitär, menschenfreundlich, philanthropisch, sozial, mitmenschlich, zwischenmenschlich, mitfühlend, wohltätig; ↑ehrenhaft, ↑gefällig, ↑gemeinnützig, ↑gesellig, ↑gütig · Ggs. ↑asozial, ↑streitbar, ↑unzugänglich; **m. sein,** ein Herz haben für jmdn.; ↑Nächstenliebe; ↑humanisieren.
²menschlich: -es Geschöpf ↑Mensch; ein -es Rühren fühlen / verspüren ↑austreten [gehen]; -es Versagen ↑Unfähigkeit; -es Wesen ↑Mensch; nichts Menschliches ist jmdm. fremd ↑Erfahrung [haben]; -er gestalten ↑humanisieren.
Menschlichkeit ↑Nächstenliebe.
Menses ↑Menstruation.
Menstruation, Monatsblutung, Monatsfluss, Regelblutung, monatliche Blutung, Monatliches, Regel, Periode, Zyklus, [kritische] Tage, Unwohlsein, Migräne *(verhüllend),* Geschichte *(salopp),* Katamenien, Menorrhö, Eumenorrhö, Menses · *erste:* Menarche · *ausbleibende:* Menostase, Amenorrhö · *zu seltene:* Oligomenorrhö · *für immer aufhörende:* Menopause · *schmerzhafte:* Dysmenorrhö · *zu starke:* Hypermenorrhö, Menorrhagie · *zu häufige:* Polymenorrhö; ↑Ovulation; ↑menstruieren.
menstruieren, die Monatsblutung / die Regel haben, sie hat ihre Tage, dran sein *(ugs.);* ↑Menstruation.
Mensuralnotation ↑Notenschrift.
Mensuralnote ↑Notenzeichen.
mental ↑psychisch.
Mentalität ↑Denkweise.
Mentelbibel ↑Bibelübersetzung.
Mentor ↑Berater.
Menü ↑Computer, ↑Essen.
Menuett ↑Tanz.
Menükarte ↑Speisekarte.
Mephisto ↑Teufel.
Mephistopheles ↑Teufel.
mephistophelisch ↑teuflisch.
Mercerie ↑Laden.
Mergel ↑Erde.
Meringe ↑Gebäck.
Merino ↑Schaf.
Merinoschaf ↑Schaf.
Merinowolle ↑Wolle.

Meriten: ↑Verdienst; sich M. erwerben ↑verdient.

¹merken, spüren, wittern, riechen, spannen *(landsch.),* etwas wird jmdm. bewusst / kommt jmdm. zum Bewusstsein, sich ertappen / erwischen bei, etwas mitbekommen / mitkriegen, draufkommen *(ugs.),* gneisen *(ugs., österr.),* kneisen *(ugs., österr.),* spitzbekommen / spitzkriegen *(ugs.),* einen Animus haben *(ugs.),* eine gute / feine Nase haben, jmd. ist ein Merker / ein Schnellmerker; **nicht m.,** etwas entgeht jmdm. / jmds. Aufmerksamkeit, jmd. wird etwas nicht gewahr, blind für etwas sein, [wie] mit Blindheit geschlagen sein · *im Voraus:* den Braten riechen *(ugs.); Nachtigall, ick hör dir trapsen (salopp, berlin.)* · *erst nach geraumer Zeit:* ein Spätzünder sein, ↑auslegen, ↑erkennen, ↑fühlen, ↑klar werden (sich über), ↑vermuten, ↑voraussehen, ↑vorstellen, ↑wahrnehmen; ↑Gefühl.

²merken: sich m. ↑Acht geben, ↑behalten.

Merker: jmd. ist ein M. ↑merken.

Merkhilfe ↑Gedächtnisstütze.

merklich ↑einschneidend.

¹Merkmal, Kennzeichen, Prüfstein, Kriterium, Charakteristikum, Besonderheit, Attribut, Statussymbol ·· *in der Medizin:* Symptom, Krankheitszeichen, Signum · *frühes:* Prodrom, Prodromalerscheinung, Frühsymptom · *mehrere zusammen:* Symptomenkomplex, Syndrom; ↑Abzeichen, ↑Anzeichen, ↑Eigenschaft, ↑Fahne, ↑Nachweis, ↑Wesen.

²Merkmal: ↑Bedeutungsmerkmal, ↑Eigenschaft, ↑Erkennungszeichen.

Merkspruch ↑Gedächtnisstütze.

Merkur: ↑Gott, ↑Planet.

Merkurialismus ↑Vergiftung.

Merkvers ↑Gedächtnisstütze.

Merkwort: ↑Gedächtnisstütze, ↑Stichwort.

merkwürdig: ↑abwegig, ↑seltsam; -e Ansichten haben ↑Ansicht; einen -en Geruch ausströmen / haben ↑riechen.

Merkwürdigkeit ↑Seltsamkeit.

Merlin ↑Vogel.

Mermel ↑Murmel.

Mesalliance ↑Ehe.

Meschhed ↑Orientteppich.

meschugge: m. sein ↑verrückt [sein].

Meskalin ↑Rauschgift.

Mesmer ↑Kirchendiener.

Mesner ↑Kirchendiener.

Mesostichon ↑Gedicht.

Mesozoikum ↑Erdzeitalter.

Message ↑Nachricht.

Messbuch ↑Altargerät.

¹Messe, Fachmesse, Industriemesse, Handwerksmesse, Mustermesse, Verkaufsmesse, Buchmesse, Möbelmesse, Frühjahrsmesse, Herbstmesse; ↑Ausstellung, ↑Jahrmarkt.

²Messe: ↑Ausstellung, ↑Gottesdienst, ↑Jahrmarkt, ↑Speiseraum.

¹messen, vermessen, ausmessen, abmessen, bemessen, berechnen, dosieren, abzirkeln · *durch Schritte:* abschreiten; ↑abwiegen, ↑ausrichten, ↑einteilen; ↑Flächenmaß, ↑Hohlmaß, ↑Längenmaß, ↑Metermaß, ↑Raummaß.

²messen: ↑vergleichen; gem. an ↑verhältnismäßig; sich mit jmdm. m. ↑kämpfen; sich mit jmdm. nicht m. können ↑erreichen (jmds. Leistung); jmdm. [mit Blicken] m. ↑ansehen.

¹Messer · Brotmesser, Käsemesser, Käsehobel, Fleischmesser, Wurstmesser, Buttermesser, Fischmesser, Obstmesser · Vorlegemesser, Tafelmesser, Tranchiermesser, Dessertmesser, Küchenmesser, Hackmesser, Wiegemesser · Papiermesser · Schnitzmesser · Taschenmesser, Klappmesser, Schnappmesser, Jagdmesser; ↑Essbesteck, ↑Gabel, ↑Löffel.

²Messer: ↑Taschenmesser; M., Gabel und Löffel ↑Essbesteck; da geht einem das M. in der Tasche auf ↑unerhört; jmdm. sitzt das M. an der Kehle ↑schulden; jmdm. das M. an die Kehle setzen ↑nötigen; ans M. liefern ↑ausliefern (jmdn.); etwas steht auf des -s Schneide ↑ungewiss [sein]; bis aufs M. ↑ganz; jmdn. unter dem M. haben ↑operieren.

messerscharf ↑spitz.

Messerschmied ↑Schmied.

Messerschnitt ↑Frisur.

Messerwerfer ↑Artist.

Messestadt: ↑Frankfurt, ↑Hannover, ↑Leipzig.

Messfeier ↑Gottesdienst.

¹Messgerät, Geigerzähler · Wünschelrute.

²Messgerät ↑Altargerät.

Messias ↑Heiland.

Messknabe ↑Ministrant.

Messlatte ↑Metermaß.

Messopfer ↑Gottesdienst.

Messplatz ↑Jahrmarktsplatz.

Mestize ↑Mischling.

Metabolie ↑Stoffwechsel.

Metabolismus ↑Stoffwechsel.

Metadon ↑Rauschgift.

Metall, Edelmetall, Halbedelmetall, unedles Metall · Leichtmetall, Schwermetall, Halbmetall; ↑Edelmetall, ↑Hüttenkunde.

metallartig, metallisch, metallic, métallisé, silbrig; ↑leuchten.

Metallfolie ↑Folie.

metallic ↑metallartig.

metallisch ↑metallartig.

métallisé ↑metallartig.

Metallpapier ↑Folie.

Metallsarg ↑Sarg.

Metallstift ↑Nagel.

Metallurgie ↑Hüttenkunde.

Metapher: ↑Sinnbild; -n gebrauchen / verwenden ↑versinnbildlichen.

¹metaphorisch, bildhaft, bilderreich, plastisch; ↑anschaulich, ↑bildlich, ↑sinnbildlich, ↑Sinnbild; ↑versinnbildlichen.

²metaphorisch: ↑ausdrucksvoll, ↑sinnbildlich.

metaphysisch ↑übernatürlich.

Metaplasma ↑Protoplasma.
Metastase ↑Geschwulst.
Meteorismus ↑Blähsucht.
Meteorologe, Wetterkundler, Wetterfrosch *(scherzh.),* Wetterprophet *(scherzh.);* ↑Wetterbericht, ↑Wetterkunde.
Meteorologie ↑Wetterkunde.
Meter ↑Längenmaß.
Metermaß, Zentimetermaß, Elle, Zollstock, Klappmeter *(schweiz.),* Lineal, Kantel *(veraltet),* Maßstab, Messlatte, Bandmaß; ↑Flächenmaß, ↑Längenmaß, ↑Raummaß; ↑messen.
Meterzentner ↑Gewichtseinheit.
Methan ↑Gas.
Methangas ↑Gas.
Methedrin ↑Rauschgift.
Methode: ↑Behandlung, ↑Verfahren; eine bestimmte M. anwenden ↑verfahren.
Methodik ↑Didaktik.
methodisch: ↑pädagogisch, ↑planmäßig.
Methodist ↑Angehöriger.
Methusalem: alt wie M. sein ↑alt [sein].
Metier ↑Beruf.
Metonymie ↑Sinnbild.
metonymisch ↑sinnbildlich.
Metrik, Verslehre, Verswissenschaft; ↑Literaturwissenschaft.
Metro ↑Verkehrsmittel.
Metropole ↑Stadt.
Metrum ↑Versmaß.
Mett ↑Hackfleisch.
Mette ↑Gottesdienst.
Mettwurst ↑Wurst.
Metze ↑Prostituierte.
Metzelei ↑Blutbad.
metzeln ↑schlachten.
Metzelsuppe ↑Suppe.
Metzen ↑Hohlmaß.
Metzg ↑Schlachtbank.
Metzge ↑Schlachtbank.
metzgen ↑schlachten.
Metzger ↑Fleischer.
Metzgerei ↑Fleischerei.
Metzgergang: einen M. machen ↑Erfolg.
Metzgerladen ↑Fleischerei.
Metzler ↑Fleischer.
Meublement ↑Mobiliar.
Meuchelmord ↑Tötung.
Meuchelmörder ↑Mörder.
meucheln ↑töten.
Meute ↑Herde.
Meuterei ↑Verschwörung.
meutern ↑aufbegehren.
mexikanisch: -er Peso ↑Zahlungsmittel.
MEZ ↑Zeit.
Mezzamajolika ↑Steingut.
Mezzanin ↑Geschoss.
mezzoforte ↑Lautstärke.
mezzopiano ↑Lautstärke.
Mezzosopran ↑Sängerin.
Mezzotinto ↑Grafik.

miauen, miaunzen, maunzen, mauzen; ↑bellen; ↑Katze; ↑Laut.
miaunzen ↑miauen.
mich: für m. ↑meinetwegen.
Micha ↑Prophet.
Michael ↑Erzengel.
Michael Kohlhaas ↑Querulant.
Michel: ↑Deutscher; deutscher M. ↑Deutschland.
mickerig ↑kümmerlich.
mickrig ↑kümmerlich.
Midi ↑Kleid.
Midikleid ↑Kleid.
Midimantel ↑Mantel.
Midinette ↑Putzmacherin.
Midirock ↑Rock.
Midlifecrisis ↑Klimakterium.
Mieder, Korsett, Hüfthalter, Hüftgürtel, Korselett, Schnürleib, Korsage, Bodystocking, Taille *(veraltet)* · *das zur Stützung der Wirbelsäule getragen wird:* Stützkorsett; ↑Büstenhalter, ↑Strumpfhalter.
Mief: ↑Luft, ↑Rückständigkeit.
Miefquirl ↑Ventilator.
¹Miene, Mienenspiel, Mimik, Gesichtsausdruck, Unschuldsmiene, Ausdruck, Gesicht · *schmerzvolle:* Leidensmiene · *sehr traurige:* Leichenbittermiene · *strenge, gewichtige:* Amtsmiene · *verzerrte:* Fratze, Grimasse; ↑Gesicht.
²Miene: M. machen, etwas zu tun ↑anschicken (sich); gute M. zum bösen Spiel machen ↑notgedrungen [etwas tun müssen]; keine M. verziehen ↑ruhig [bleiben].
Mienenspiel ↑Miene.
Mienensprache ↑Zeichensprache.
mies: ↑schlecht; -er Typ ↑Mann; jmdm. ist / wird m. ↑unwohl; m. machen ↑verleiden.
Miese ↑Münze.
Miesepeter ↑Muffel.
miesepetrig ↑schwermütig.
Miesmacher: ↑Nörgler, ↑Pessimist.
Miesmacherei ↑Pessimismus.
Miesmuschel ↑Muschel.
Mietauto ↑Taxi.
Mietdroschke ↑Mietwagen.
¹Miete, Pacht, Bestand *(österr.);* ↑Mietvertrag, ↑Mietzins; ↑mieten.
²Miete: ↑Abonnement, ↑Mietzins; zweite M. ↑Nebenkosten.
mieten, abmieten, anmieten, sich einmieten, sich ein Zimmer nehmen, pachten, abpachten, in Pacht nehmen · *von technischen Anlagen, Autos o. Ä.:* leasen; ↑übersiedeln, ↑vermieten; ↑Miete, ↑Vermietung.
Mieter, Hauptmieter, Dauermieter, Mietpartei, Wohnpartei *(österr.),* Partei · *in einem kleinen, von dem Besitzer bewohnten Haus:* Einlieger · *der nach einem anderen eine Wohnung bezieht:* Nachmieter; ↑Hausbewohner, ↑Untermieter.
Mietgeld ↑Mietzins.

Mietmutter ↑Mutter.

Mietpartei ↑Mieter.

Mietshaus ↑Haus.

Mietskaserne ↑Haus.

Mietvertrag, Pachtvertrag, Bestandsvertrag *(österr.);* ↑Miete.

Mietwagen, Mietdroschke, Droschke; ↑Kutsche, ↑Taxi.

Mietwohnung ↑Wohnung.

Mietzins, Mietgeld, Miete, Zins *(oberd.),* Wohnungszins *(oberd.),* Pachtzins; ↑Miete.

Miez ↑Katze.

Mieze: ↑Katze, ↑Mädchen.

Miezekatze ↑Katze.

Mignon ↑Liebling.

Migräne: ↑Kopfschmerz, ↑Menstruation.

Migränestift ↑Gummiknüppel.

Mijnheer: ↑Herr, ↑Holländer.

Miko ↑Komplex.

Mikrochip ↑Chip.

Mikrocomputer ↑Computer.

Mikrofilm: ↑Film, ↑Reproduktion.

Mikroklima ↑Klima.

Mikroskop: ↑Lupe, ↑Sternbild; unter dem M. betrachten / unter das Mikroskop legen ↑vergrößern.

mikroskopieren ↑vergrößern.

Mikrowellenherd ↑Herd.

Mikrozensus ↑Zählung.

Miktion ↑Harnentleerung.

Milan ↑Vogel.

Milano ↑Mailand.

Milaria ↑Frieseln.

Milas ↑Orientteppich.

Milbe ↑Ungeziefer.

¹Milch, Kuhmilch, Ziegenmilch, Schafmilch · *entrahmte:* Magermilch, Blauveilchen *(scherzh.)* · *saure:* Sauermilch, Kefir, saure Milch, gestockte Milch *(oberd.),* Dickmilch, dicke Milch, Schlickermilch *(landsch.),* gestandene Milch *(landsch.),* Setzmilch *(landsch.)* · Joghurt, Fruchtjoghurt, Fru-Fru *(österr.)* · *haltbar gemachte:* H-Milch · *pasteurisierte:* Pastmilch *(schweiz.)* · *Flüssigkeit, die sich von geronnener absetzt:* Molke · *die bei der Buttererzeugung übrig bleibt:* Buttermilch · *in Pulverform:* Trockenmilch, Milchpulver · *eingedickte, kondensierte:* Kondensmilch, Büchsenmilch, Dosenmilch · *von behördlich überwachten Kühen, mit bestimmtem Fettgehalt:* Vorzugsmilch, Vitaminmilch, V-Milch; ↑Molkerei, ↑Sahne; ↑gerinnen.

²Milch: dicke / saure M. ↑Milch; aussehen wie M. und Blut ↑gesund [aussehen]; das Land, wo M. und Honig fließt ↑Fabelland; die M. abschöpfen ↑entrahmen.

Milchbar ↑Café.

Milchbart: ↑Bart, ↑Jüngling.

milchbärtig ↑bärtig.

Milchbrei ↑Brei.

Milchbusch ↑Löwenzahn.

Milcheis ↑Eis.

Milchfabrik ↑Busen.

Milchflasche ↑Säuglingsflasche.

Milchgebirge ↑Busen.

Milchgesicht ↑Gesicht.

Milchkaffee ↑Kaffee.

Milchkakao ↑Kakao.

Milchladen ↑Busen.

Milchling: Rotbrauner M. ↑Ständerpilz.

Milchmädchenrechnung: ↑Fehler, ↑Mangel.

Milchpocken ↑Pocken.

Milchpulver ↑Milch.

Milchreis ↑Getreide.

Milchschaf ↑Schaf.

Milchschwamm ↑Pfifferling.

Milchstern ↑Liliengewächs.

¹Milchwirtschaft, Viehwirtschaft, Almwirtschaft, Sennerei; ↑Alm.

²Milchwirtschaft: ↑Busen, ↑Landwirtschaft, ↑Molkerei.

Milchzahn ↑Zahn.

Milchzucker ↑Zucker.

¹mild, sanft, lind, weich, hilb *(schweiz.).*

²mild: ↑behutsam, ↑gütig, ↑nachsichtig; eine -e Hand haben ↑freigebig [sein].

Milde ↑Duldung.

mildern: ↑abschwächen, ↑lindern.

Mildtätigkeit ↑Nächstenliebe.

Milieu: ↑Dirnenwelt, ↑Tischtuch, ↑Umwelt.

Milieudrama ↑Drama.

militant ↑streitbar.

¹Militär, Heer, Armee, Streitkräfte, Soldateska *(abwertend),* Luftstreitkräfte, Seestreitkräfte, Kriegsmarine, Heerscharen *(geh., veraltet),* Truppe · *kurzfristig ausgebildetes:* Miliz, Volksheer, Volkssturm, Volksmiliz, Bürgerheer, Bürgerwehr, Bürgermiliz, Landwehr, Heimwehr, Territorialarmee · *in Deutschland 1921 bis 1935:* Reichswehr · *in Deutschland 1935 bis 1945:* Wehrmacht · *in der BRD:* Bundeswehr, Bund · *in der DDR (bis 1990):* [Nationale] Volksarmee, NVA · *in Österreich:* Bundesheer · *in der Schweiz:* Schweizerische Armee; ↑Appell, ↑Garnison, ↑Heeresverband, ↑Manöver, ↑Marsch (der), ↑Militärdienst, ↑Musterung, ↑Paradeschritt, ↑Soldat; ↑strammstehen.

²Militär: ↑Offizier; beim M. sein ↑Soldat [sein].

Militärabkommen ↑Abmachung.

Militärarzt ↑Arzt.

¹Militärdienst, Heeresdienst, Kriegsdienst, Wehrdienst, Rekrutenzeit, Kommiss, Barras · · *in Österreich:* Präsenzdienst · · *in der Schweiz:* Wiederholungskurs, WK, Weka · *für Rekruten:* Rekrutenschule, RS; ↑Militär, ↑Soldat.

²Militärdienst: den M. leisten / ableisten ↑Soldat [sein].

Militärflughafen ↑Flughafen.

Militärflugplatz ↑Flugplatz.

Militärflugzeug ↑Flugzeug.

Militärgefängnis ↑Strafanstalt.

Militärgeistlicher ↑Geistlicher.

Militärgewalt ↑Gewalt.
Militärhospital ↑Lazarett.
¹militärisch, soldatisch, militaristisch *(abwertend)* · paramilitärisch, halbmilitärisch, militärähnlich; ↑Soldat.
²militärisch: Militärischer Abschirmdienst ↑Geheimpolizei; -e Übung ↑Manöver.
Militarist, Imperialist, Revanchist, Ultra; ↑Patriot (Chauvinist).
militaristisch ↑militärisch.
Militärjunta ↑Regierung.
Militärkapelle ↑Orchester.
Militärkonzert ↑Musikveranstaltung.
Militärkrankenhaus ↑Lazarett.
Militärmantel ↑Mantel.
Militärmaschine ↑Flugzeug.
Militärmusik ↑Musik.
Militärpflichtiger ↑Soldat.
Militärpolizei ↑Polizeibehörde.
Militärpolizist ↑Polizist.
Militärregierung ↑Regierung.
Militärseelsorge ↑Geistlicher.
Militärsprache ↑Gruppensprache.
Military Police ↑Polizeibehörde.
Miliz ↑Militär.
Mille: ↑Papiergeld, ↑Stück.
Millefleurs ↑Stoffmuster.
Millennium ↑Zeitraum.
Millepoints ↑Stoffmuster.
Milliardär ↑Reicher.
Millième ↑Zahlungsmittel.
Milligramm ↑Gewichtseinheit.
Millime ↑Zahlungsmittel.
Millimeter ↑Längenmaß.
Millimeterpapier ↑Schreibpapier.
Millionär ↑Reicher.
Millionen ↑Vermögen.
Millionendorf ↑München.
Milzblutung ↑Blutung.
Milzsenkung ↑Eingeweidesenkung.
Mime ↑Schauspieler.
mimen: ↑figurieren (als), ↑spielen, ↑vortäuschen.
Mimik ↑Miene.
Mimiker ↑Artist.
Mimikry ↑Anpassung.
mimosenhaft ↑empfindlich.
Mina: dolle M. ↑Frauenrechtlerin.
Minarett ↑Turm.
minder: ↑minderwertig; mehr oder m. ↑generell.
minderbegabt ↑unbegabt.
minderbemittelt: [geistig m.] ↑stumpfsinnig.
Minderbrüder ↑Mönchsorden.
Mindereinnahme ↑Fehlbetrag.
Minderertrag ↑Fehlbetrag.
Minderheit, Minorität, Minderzahl, der geringere Teil, weniger als die Hälfte · *religiöse:* Diaspora; ↑Subkultur · Ggs. ↑Mehrheit.
Minderheitenkabinett ↑Regierung.
Minderheitsregierung ↑Regierung.

minderjährig, noch nicht mündig / erwachsen, unmündig, unter 18 Jahren; ↑volljährig.
Minderjähriger ↑Jüngling.
Minderung: ↑Beeinträchtigung, ↑Verminderung.
¹minderwertig, minder *(österr.),* schlecht, wertlos, billig, miserabel, inferior, hundsmiserabel *(emotional),* saumäßig *(salopp),* unter aller Würde / Kritik / *(salopp)* Kanone / *(salopp)* Sau, schäbig, lausig *(ugs.),* power *(ugs.);* ↑schlecht; **m. sein;** etwas ist minderwertig, etwas spottet jeder Beschreibung.
²minderwertig ↑wertlos.
Minderwertigkeit ↑Unzulänglichkeit.
Minderwertigkeitskomplex ↑Komplex.
Minderwuchs ↑Kleinwuchs.
Minderzahl ↑Minderheit.
Mindeste: das Mindeste ↑Minimum; nicht das Mindeste ↑nichts; nicht im Mindesten ↑nein; zum Mindesten ↑aber, ↑wenigstens.
mindestens: ↑aber, ↑wenigstens.
Mindestforderung ↑Anspruch.
Mindestlohn ↑Lohn.
Mindestmaß ↑Minimum.
Mindestwert ↑Minimum.
¹Mine · Landmine, Panzermine, Schützendruckmine, Schützenspringmine, Atommine, Tretmine, Flattermine, Tellermine · Seemine, Kontaktmine, Magnetmine, Geräuschmine, Druckmine, Treibmine, Grundmine, Ankertaumine; ↑Minensperre, ↑Munition.
²Mine: ↑Bergwerk; alle -n springen lassen ↑anwenden.
Minenfeld ↑Minensperre.
Minenleger ↑Kriegsschiff.
Minenräumboot ↑Kriegsschiff.
Minenriegel ↑Minensperre.
Minensperre, Minenfeld, Minenriegel; ↑Mine.
Minensuchboot ↑Kriegsschiff.
Mineraldünger ↑Dünger.
Mineralkohle ↑Kohle.
Mineraloge, Geologe, Petrograph, Gesteinskundler; ↑Gestein, ↑Gesteinskunde.
Mineralogie ↑Gesteinskunde.
Mineralöl ↑Erdöl.
Mineralquelle ↑Heilquelle.
Mineralsalz ↑Salz.
Mineralstoff ↑Vitamin.
Mineralwasser, Selterswasser, Selters, Wasser, Sprudelwasser, Sprudel, Prickelwasser *(scherzh.),* Sodawasser, Soda, Tonicwater, stilles Wasser; ↑Limonade.
Minerva ↑Göttin.
Minestra ↑Suppe.
Minestrasuppe ↑Suppe.
Minestrone ↑Suppe.
Mineur ↑Bergmann.
Mini ↑Kleid.
Miniatur: ↑Malerei, ↑Zeichnung.
Miniaturausgabe ↑Edition.

Miniaturkamera ↑Fotoapparat.
Minibikini ↑Badeanzug.
Minicar ↑Taxi.
Minicomputer ↑Computer.
Minigolf, Kleingolf; ↑Ballspiel, ↑Golfspiel, ↑Spiel.
Minikleid ↑Kleid.
¹minimal, gering, ein wenig, leicht, leise; ↑wenig.
²minimal ↑klein.
Minimalart ↑Malerei.
Minimalmusic ↑Musik.
Minimalsprache ↑Sprache.
Minimantel ↑Mantel.
minimieren ↑verringern.
Minimum, das Kleinste, das Wenigste, das Mindeste, Mindestmaß, Mindestwert, Untergrenze; ↑Tiefstand · Ggs. ↑Maximum.
Minirock ↑Rock.
Minislip ↑Unterhose.
Minispion ↑Abhörgerät.
Minister, Ressortchef, Regierungsmitglied, Kabinettsmitglied ·· *einer Bundesregierung:* Bundesminister · *in der Schweiz:* Bundesrat, Vorsteher eines Departements, Magistrat ·· *einer österreichischen Länderregierung:* Landesrat ·· *der Regierung einer Stadt:* Bürgermeister · *in Berlin, Bremen und Hamburg:* Senator · *in Österreich:* Stadtrat; ↑Ministerium, ↑Ministerpräsident, ↑Oberhaupt.
¹Ministerium, Ressort ·· *in der Schweiz:* Departement · *kantonales:* Direktion; ↑Minister.
²Ministerium ↑Amt.
Ministerpräsident, Regierungschef, Premierminister, Premier · *in der BRD und Österreich:* Bundeskanzler · *in der Schweiz:* Bundespräsident · *einer österreichischen Länderregierung:* Landeshauptmann; ↑Minister, ↑Oberhaupt.
Ministerrat ↑Regierung.
Ministrant, Messdiener, Messknabe *(bes. schweiz.);* ↑Kirchendiener.
Minna: ↑Hausangestellte; grüne M. ↑Gefängniswagen; jmdn. zur M. machen ↑schelten; ich werd zur M. ↑überrascht [sein].
Minne ↑Liebe.
Minnesang ↑Lyrik.
Minnesänger, Troubadour, Trobador, Trouvère, Spielmann, fahrender Sänger, Barde; ↑Lied, ↑Sänger.
Minorit: -en ↑Mönchsorden.
Minorität ↑Minderheit.
Minus ↑Mangel.
Minuskel ↑Buchstabe.
Minuskelschrift ↑Schrift.
Minute: ↑Zeitraum; es ist fünf -n vor zwölf ↑spät; auf die M. ↑pünktlich.
Minutenzeiger ↑Uhrzeiger.
minutiös, haargenau *(ugs.),* haarklein *(ugs.),* einlässlich *(schweiz.);* ↑ausführlich, ↑gewissenhaft.
Minuzien ↑Kleinigkeit.

mir: m. nichts, dir nichts ↑kurzerhand.
Mir ↑Orientteppich.
Mirabelle ↑Obst.
Mirakel ↑Wunder.
Mirecourtspitze ↑Spitzenstickerei.
Mir-i-bota ↑Stoffmuster.
Miriki ↑Affe.
Misandrie, Männerhass · Androphobie, Männerscheu; ↑Menschenverachtung.
Misanthrop, Menschenfeind, Menschenverächter, Menschenhasser; ↑Menschenverachtung · Ggs. ↑Philanthrop.
Misanthropie ↑Menschenverachtung.
misanthropisch ↑unzugänglich.
Mischbecher ↑Mixer.
Mischbrot ↑Brot.
Mischehe ↑Ehe.
¹mischen, vermischen, mengen, vermengen, untermengen, unterarbeiten, kneten, verkneten, unterkneten, mixen, zusammenbrauen, verrühren; ↑beimischen, ↑rühren; ↑Mixer, ↑Vermischung.
²mischen: sich m. in ↑eingreifen.
Mischgas ↑Gas.
Mischling · *zwischen Indianer und Weißem:* Mestize · *in Mittelamerika:* Ladino · *zwischen Schwarzem und Indianer:* Zambo, Cafuso · *zwischen Schwarzem und Weißem:* Mulatte · *zwischen einem Weißen und einer Mulattin:* Terzerone, Mustio · *zwischen Weißem und Mestizen:* Castize · *zwischen Indianer und Mestize:* Kastize · *zwischen Weißem und Terzerone:* Quarterone · *zwischen portugiesischem Einwanderer und eingeborener Brasilianerin:* Caboclo ·· *bei Pflanzen und Tieren:* Hybride ·· *abwertend in Bezug auf Menschen:* Bastard.
Mischmasch ↑Mischung.
Mischpoke ↑Familie.
Mischpult ↑Apparat.
Mischsprache · *aus Hochdeutsch und Plattdeutsch gemischt:* Missingsch · *aus mittelhochdeutschem, semitischem und slawischem Wortgut:* Jiddisch · *aus dem Englischen und der Pfälzer Mundart:* Pennsylvaniadeutsch · *englisch-chinesische:* Pidginenglisch · ↑Ausdrucksweise, ↑Deutsch, ↑Mundart; ↑sprechen.
¹Mischung, Gemisch, Gemenge, Mixtur, Melange, Allerlei, Kunterbunt, Durcheinander, Klitterung, Konglomerat, Mischmasch, Pelemele, Sammelsurium *(ugs.),* Sammlung, Komposition, Mixtum compositum · *von zwei nicht löslichen Flüssigkeiten:* Emulsion · *als Ergebnis der Paarung verschiedener Pflanzen- oder Tierarten:* Kreuzung; ↑Hund (Promenadenmischung) · *in der Musik:* Potpourri, Medley Quodlibet ·· *bei Metallen:* Legierung, Alligation · *bes. von Kupfer und Zinn:* Bronze · *bei Gasen:* ↑Eintopf · *bei Wein, Spirituosen:* Verschnitt; ↑Auswahl, ↑Sortiment, ↑Vermischung.
²Mischung ↑Vermischung.
Mischwald ↑Wald.

miserabel: ↑minderwertig, ↑schlecht.

Misere ↑Not.

Misericordias Domini ↑Kirchenjahr.

Miserikordienbild ↑Bild.

¹Misogamie, Ehescheu, Gamophobie; ↑Ehe, ↑Menschenverachtung.

²Misogamie ↑Abneigung.

Misogyn ↑Frauenhasser.

¹Misogynie, Gynäkophobie; ↑Frauenhasser, ↑Menschenverachtung.

²Misogynie ↑Abneigung.

¹Misopädie, Kinderhass · Pädophobie, Kinderscheu; ↑Menschenverachtung.

²Misopädie ↑Abneigung.

Miss: ↑Fräulein; M. World / Universum / Europa / Germany ↑Schönheitskönigin.

missachten, gering achten, gering schätzen, verkennen, übergehen, überfahren, nicht ernst / nicht für voll nehmen, zu wenig Wert legen auf, jmdm. / einer Sache nicht gerecht werden, sich hinwegsetzen über, etwas mit Füßen treten, außer Acht lassen, in den Wind schlagen, unter den Teppich kehren, nicht hören auf, etwas auf die leichte Schulter (oder:) Achsel / etwas von der leichten Seite nehmen; pfeifen auf, scheißen auf *(derb),* sich nichts daraus machen, sich einen Dreck daraus machen *(emotional),* nicht ↑achten, nicht ↑Acht geben, nicht ↑berücksichtigen; ↑ablehnen, ↑diskriminieren, ↑ignorieren, ↑kränken, ↑übertreten, ↑unterschätzen, ↑verabscheuen; **nicht m.,** etwas ist nicht zu verachten / nicht von der Hand zu weisen; ↑Außerachtlassung, ↑Rechtsbeugung.

Missachtung: ↑Außerachtlassung, ↑Nichtachtung.

Missal ↑Altargerät.

Missale: ↑Altargerät, ↑Schriftgrad.

Missbehagen ↑Unzufriedenheit.

Missbildung, Deformation, Deformierung.

missbilligen: ↑beanstanden, ↑verabscheuen.

Missbilligung: M. erregen ↑anstoßen.

Missbrauch: M. treiben / begehen ↑missbrauchen.

¹missbrauchen, Missbrauch treiben / begehen, Schindluder treiben mit *(salopp, abwertend);* ↑auswerten.

²missbrauchen ↑vergewaltigen.

missen: ↑mangeln; nicht m. können ↑gebrauchen.

Misserfolg, Fehlschlag, Flop, tote Hose *(Jargon),* Misslingen, Fiasko, Reinfall, Schlag ins Wasser, Aufsitzer *(österr.)* · *künstlerischer:* Durchfall · *geschäftlicher:* Ruin, Bankrott, Konkurs, Pleite *(salopp),* Geltstag *(schweiz.),* Auffall *(schweiz.),* [fahrlässige] Krida *(österr.);* ↑Gemeinschuldner · *im Spiel:* Niederlage, Schraufen *(ugs., österr.);* ↑Unglück · Ggs. ↑Erfolg; **M. haben,** durchfallen, Schiffbruch erleiden, nicht ankommen, erfolglos sein / bleiben, etwas in den Sand setzen, keine glückliche Hand haben, jmdm. schwimmen

die Felle weg, (eine Vorstellung, Sendung o. Ä.) schmeißen *(Jargon);* ↑scheitern, ↑verspielen (sich).

Missernte ↑Ernte.

Missetat ↑Verstoß.

Missetäter ↑Verbrecher.

missfallen ↑gefallen.

Missfallen: ↑Unzufriedenheit; M. erregen ↑anstoßen.

missfällig ↑abschätzig.

Missgebilde, Missgestalt, Ungestalt, Abnormität.

missgelaunt: ↑ärgerlich; m. sein ↑aufgelegt.

Missgeschick: ↑Unglück; vom M. verfolgt werden ↑Unglück [haben].

missgestimmt: ↑ärgerlich; m. sein ↑aufgelegt.

Missgestimmtheit ↑Verstimmung.

missglücken: etwas missglückt ↑scheitern.

missgönnen ↑neiden.

Missgriff ↑Fehler.

Missgunst ↑Neid.

missgünstig: ↑neidisch; ↑schadenfroh; m. sein ↑neiden.

misshandeln, quälen, foltern, martern *(geh.);* ↑schikanieren.

Misshandlung, Quälerei, Peinigung, Folter, Marter, Qual, Kindesmisshandlung; ↑Belästigung, ↑Grausamkeit, ↑Leid.

Missheirat ↑Ehe.

Missingsch ↑Mischsprache.

Mission ↑Beruf.

Missionar ↑Geistlicher.

Missionarsstellung ↑Koitus.

Missionschef ↑Diplomat.

Missionsorden ↑Mönchsorden.

Missionsschwester ↑Nonne.

¹Missklang, Disharmonie, Dissonanz, Kakophonie, Diskordanz, Paraphonie; ↑Abweichung; ↑misstönend · Ggs. ↑Wohlklang.

²Missklang ↑Unausgeglichenheit.

Misskredit: in M. bringen ↑schlecht machen; bei jmdm. in M. geraten sein ↑unbeliebt [sein].

misslaunig ↑ärgerlich.

misslich ↑unerfreulich.

Misslichkeit ↑Unerquicklichkeit.

missliebig ↑unbeliebt.

Missliebigkeit ↑Unbeliebtheit.

misslingen: etwas misslingt ↑scheitern.

Misslingen ↑Misserfolg.

misslungen ↑verfehlt.

Missmanagement: ↑Fehler, ↑Leitung.

Missmut ↑Unzufriedenheit.

missmutig ↑ärgerlich.

¹missraten (Verb): etwas missrät ↑scheitern.

²missraten (Adjektiv): ↑verfehlt.

Missstand ↑Kalamität.

Missstimmung ↑Unannehmlichkeiten.

misstönend, unrein, unsauber, falsch, unmelodisch, dissonant, disharmonisch, kakophonisch; ↑Missklang · Ggs. ↑wohlklingend.

misstrauen ↑argwöhnisch [sein].

Misstrauen: ↑Verdacht; M. erwecken ↑[nicht mehr] glaubwürdig [sein].

misstrauisch ↑argwöhnisch.

Missvergnügen ↑Neid.

missvergnügt ↑ärgerlich.

Missverhältnis ↑Abweichung.

missverständlich ↑mehrdeutig.

Missverständnis ↑Fehler.

missverstehen, falsch verstehen / auffassen / deuten / auslegen, etwas in den falschen / unrechten / verkehrten Hals bekommen *(ugs.)*, etwas in die falsche Kehle bekommen *(ugs.);* ↑irren (sich).

Misswirtschaft ↑Fehler.

Mist: ↑Abfall, ↑Angelegenheit, ↑Dreck-, ↑Dünger, ↑Kram, ↑Misthaufen, ↑Unsinn; M. bauen ↑falsch [machen]; M. streuen ↑düngen; Kleinvieh macht auch M. ↑lohnend [sein]; etwas ist nicht auf jmds. M. gewachsen ↑stammen (von); Geld wie M. haben ↑reich [sein].

Mistarbeit ↑Anstrengung.

Mistbeet ↑Frühbeet.

Mister: ↑Herr; M. Universum ↑Kraftmensch.

Mistfink ↑Schmutzfink.

Mistforke ↑Forke.

Mistgabel ↑Forke.

Mistgülle ↑Dünger.

Misthaufen, Mist, Miststock *(schweiz.)*, Stock *(schweiz.);* ↑Dünger, ↑Jauchegrube.

mistig ↑schmutzig.

Mistkübel ↑Abfalleimer.

Mistral ↑Fallwind.

Mistress ↑Dame.

Mistschaufel ↑Müllschaufel.

Miststock ↑Misthaufen.

Mistwetter ↑Wetter.

Miszellaneen ↑Aufsatz.

Miszellen ↑Aufsatz.

mit: ↑einschließlich, ↑samt, ↑vermittels; ↑plötzlich; m. Freuden / Vergnügen ↑ja; m. Namen ↑namentlich; m. Recht ↑füglich; bis und m. ↑einschließlich.

mit-: ↑homo-.

Mitarbeit, Zusammenwirken, Kooperation, Zusammenarbeit, Teamarbeit, Arbeitsteilung, Teamwork; ↑Arbeit, ↑Kollege.

mitarbeiten ↑teilnehmen.

Mitarbeiter: ↑Kollege, ↑Team.

Mitbegründer ↑Gründer.

mitbekommen ↑merken, ↑verstehen.

mitberücksichtigen ↑berücksichtigen.

Mitbestimmung, Mitbestimmungsrecht, Mitspracherecht; ↑Arbeitnehmervertretung, ↑Autonomie; ↑anordnen.

Mitbestimmungsrecht ↑Mitbestimmung.

Mitbeteiligter ↑Komplize.

Mitbewerber ↑Rivale.

Mitbringsel ↑Gabe.

Mitbürger ↑Staatsbürger.

miteinander: ↑untereinander; m. fröhlich sein ↑vergnügen (sich).

mitempfinden ↑mitfühlen.

Mitempfinden ↑Mitgefühl.

Miterbe ↑Erbe (der).

mitfahren, per Anhalter / Autostop fahren, trampen, hitchhiken *(veraltet);* ↑reisen.

Mitfahrer ↑Beifahrer.

mitfühlen, mitempfinden, mitleiden, Mitgefühl zeigen, teilnehmen, Anteil nehmen, Teilnahme zeigen / bezeigen, Anteilnahme bezeigen, [den Schmerz] teilen, jmd. erbarmt jmdm. *(österr.)*, den Daumen halten / drücken *(ugs.);* ↑bedauern, ↑beklagen, ↑bemitleiden, ↑kondolieren, ↑trösten; ↑Mitgefühl.

mitfühlend ↑menschlich.

mitführen, mitnehmen, mit sich / bei sich führen, bei sich haben / tragen; ↑mitnehmen.

mitgeben ↑schenken.

¹Mitgefühl, Mitempfinden, Mitleid, Erbarmen, Teilnahme, Anteilnahme, Interesse · *als überflüssig empfundenes:* Humanitätsduselei; ↑Beileidsbezeigung, ↑Freundschaft, ↑Nächstenliebe, ↑Verstellung, ↑Zuneigung.

²Mitgefühl: M. zeigen ↑mitfühlen.

mitgehen: ↑begleiten, ↑begeistert [sein]; m. lassen / heißen ↑wegnehmen.

mitgenommen ↑defekt, ↑erschöpft.

mitgerissen ↑begeistert.

Mitgift ↑Aussteuer.

Mitgläubiger ↑Gläubiger.

¹Mitglied, Glied, Angehöriger, Beteiligter, Mitwirkender, Vereinsmitglied; ↑Kollege, ↑Team.

²Mitglied: M. werden ↑beitreten.

Mitgliederversammlung ↑Tagung.

Mitgliedschaft ↑Beitritt.

mithalten ↑teilnehmen.

mithelfen ↑helfen.

Mithilfe ↑Dienst.

mithin ↑also.

mithören ↑horchen.

Mitigans: ↑Beruhigungsmittel, ↑Linderungsmittel.

Mitinhaber ↑Teilhaber.

mitklingen ↑anklingen.

¹mitkommen (mit), Schritt halten mit, auf dem Laufenden sein / bleiben; ↑modern [sein].

²mitkommen: nicht [mehr] m. ↑verstehen.

mitkönnen: da kann ich nicht mehr mit! ↑verstehen.

mitkriegen: ↑hören, ↑merken, ↑verstehen.

Mitläufer: ↑Anhänger, ↑Jasager.

Mitlaut ↑Konsonant.

Mitlebender ↑Zeitgenosse.

Mitleid: ↑Mitgefühl; M. haben / empfinden ↑bemitleiden.

mitleiden ↑mitfühlen.

Mitleidenschaft: in M. gezogen werden ↑verschonen.

Mitleid erregend ↑kläglich.

mitleidlos ↑unbarmherzig.

Mitleidlosigkeit: ↑Gefühlskälte, ↑Ungerührt-heit.

mitlotsen ↑verleiten.

mitmachen: ↑ertragen, ↑teilnehmen; nicht mehr m. ↑streiken; nicht alles m. ↑entgegenstel-len (sich); einen Kurs / Kursus / Lehrgang m. ↑Unterricht [erhalten]; eine Mode nicht m. ↑alt-modisch [sein].

Mitmensch ↑Zeitgenosse.

mitmenschlich: ↑menschlich; -e Beziehungen ↑Kontakt.

mitmischen ↑beteiligen (sich).

¹mitnehmen, mit sich nehmen, mitschleifen, mitschleppen, wegnehmen, etwas abschleppen *(ugs.);* ↑entfernen, ↑mitführen, ↑wegnehmen.

²mitnehmen: ↑kaufen, ↑mitführen, ↑wegneh-men; etwas nimmt mit ↑beschwerlich [sein]; [auf die Wache] m. ↑abführen.

mitnichten ↑nein.

Mitra ↑Kopfbedeckung.

mitrechnen, mitzählen, mit in die / in seine Be-rechnungen einbeziehen; ↑ausrechnen, ↑einkal-kulieren.

mitreden: ein Wörtchen mitzureden haben ↑Entscheidung.

Mitreisender ↑Passagier.

mitreißen ↑begeistern.

mitreißend ↑interessant.

mitschleifen ↑mitnehmen.

mitschleppen ↑mitnehmen.

Mitschnitt ↑Sendung.

mitschreiben ↑aufschreiben.

Mitschuldiger: ↑Komplize, ↑Schuldiger.

Mitschuldner ↑Schuldner.

Mitschüler ↑Schüler.

mitschwingen ↑anklingen.

mitspielen ↑teilnehmen.

Mitspieler ↑Kollokator.

Mitspracherecht ↑Mitbestimmung.

Mitstreiter ↑Anhänger.

¹Mittag, zwölf [Uhr], Mittagsstunde, die Stun-de des Pan *(dichter.),* zwölf Uhr mittags, Highnoon *(engl.);* ↑Nachmittag, ↑Tageszeit; ↑mittags.

²Mittag: ↑Himmelsrichtung, ↑Mittagessen, ↑Nachmittag; des -s, über / zu M. ↑mittags; je-den M., alle -e, M. für Mittag, immer am / über / zu M. ↑allmittäglich.

Mittagbrot ↑Mittagessen.

Mittagessen, Mittagbrot *(bes. ostd.),* Mittag *(bes. nordostd.),* Mittag[s]mahl, Zmittag *(schweiz.),* Lunch; ↑Essen; **das M. einnehmen,** zu Mittag essen, [das] Mittagbrot essen, Mittag essen *(bes. nordostd.);* mittagmahlen *(österr.);* **beim M. sein,** zu Tisch sein, in der Mittagspau-se sein; ↑essen.

mittäglich ↑allmittäglich.

Mittagmahl ↑Mittagessen.

mittagmahlen ↑Mittagessen [einnehmen].

¹mittags, zu / über Mittag, des Mittags *(geh.),* in der / um die Mittagszeit (oder:) Mittagsstun-de, um zwölf Uhr [mittags], in der Stunde des Pan *(dichter.);* ↑allmittäglich, ↑morgens, ↑tags-über; ↑Mittag, ↑Tag, ↑Tageszeit.

²mittags: ↑nachmittags; immer m. ↑allmittäg-lich.

Mittagsmahl ↑Mittagessen.

Mittagspause: ↑Mittagsruhe; in der M. sein ↑Mittagessen.

Mittagsruhe, Mittagspause, Siesta, Mittags-schläfchen; ↑Ruhe; ↑schlafen.

Mittagsschläfchen ↑Mittagsruhe.

Mittagssonne ↑Sonnenlicht.

Mittagsstunde: ↑Mittag; in der / um die M. ↑mittags.

Mittagszeit: immer in der / um die M. ↑allmit-täglich, ↑mittags.

Mittäter ↑Verbrecher.

Mitte: ↑Mittelpunkt, ↑Taille; Reich der M. ↑China; ab durch die M. ↑weg!; etwas liegt in der M. zwischen ... und ... ↑Mittelding.

¹mitteilen, erzählen, berichten, verkünden, verkündigen, ankünden, ankündigen, referie-ren, Bericht erstatten, einen Bericht geben, schildern, darstellen, beschreiben, eine Be-schreibung geben, auswalzen *(emotional),* sa-gen, verklickern *(landsch.),* benachrichtigen, Nachricht / Bescheid geben, jmdn. etwas wis-sen lassen, Auskunft geben / erteilen, avisieren, in Kenntnis / ins Bild setzen, melden, vermel-den, verlautbaren, verlauten, bekannt geben, bekannt machen, kundmachen, vernehmlassen *(schweiz.),* kundtun, informieren, unterrichten, jmdn. auf dem Laufenden halten, aufklären, jmdm. die Augen öffnen, jmdm. den Star ste-chen *(ugs.),* jmdm. ein Licht aufstecken / reinen Wein einschenken, jmdm. etwas beibringen, Mitteilung machen, bestellen, ausrichten, Kenntnis geben, vorbringen, vortragen, äu-ßern, ausdrücken, Ausdruck verleihen, zum Ausdruck / zur Darstellung bringen, etwas vom Stapel lassen *(ugs.),* artikulieren, durchbli-cken / verlauten lassen, zu erkennen geben, [kund und] zu wissen tun, auspacken, losschie-ßen, auftischen, es jmdm. stecken, jmdm. etwas hindrücken / hinreiben / unter die Nase reiben, jmdm. etwas / sich jmdm. anvertrauen, jmdn. ins Vertrauen ziehen, kolportieren, [sich] aus-sprechen, seinem Herzen Luft machen; sagen, was man auf dem Herzen hat; sich / sein Herz erleichtern, sich von der Seele reden, jmdm. sein Herz ausschütten · *ohne den ande-ren langsam darauf vorzubereiten:* mit der Tür ins Haus fallen · *ein Geheimnis o. Ä.:* das Schweigen brechen, ausplaudern, preisgeben, verraten, verplaudern, ausplauschen *(österr.),* ausratschen *(österr.),* plauschen *(österr.),* aus-plappern, ausquasseln *(ugs.) · Privates, Persön-liches:* aus dem Nähkästchen plaudern · *interne Angelegenheiten Außenstehenden:* aus der Schu-le plaudern, ausquatschen *(salopp),* schwatzen *(ugs.),* nicht für sich behalten, nicht dichthalten, den Mund nicht halten, etwas [brühwarm] weitererzählen / weitersagen / weitergeben / weitertragen, hinterbringen, zutragen, sich verreden / versprechen / *(landsch.)* verschnappen / verplappern, etwas rutscht jmdm. heraus · *in Bezug auf seinen Standpunkt:* Flagge zeigen; ↑[sich zu] erkennen [geben]; · *etwas vor oder nach der Predigt von der Kanzel herab:* abkündigen; **etwas m. sollen,** heraus mit der Sprache!; **etwas auf keinen Fall m.,** sich eher die Zunge abbeißen, als ...; ↑abhandeln, ↑androhen, ↑anmelden, ↑antworten, ↑aussagen, ↑äußern, ↑bekunden, ↑erörtern, ↑flüstern, ↑formulieren, ↑reden, ↑sprechen, ↑stottern, ↑unterhalten (sich), ↑verbreiten, ↑verraten, ↑vorausschicken, ↑vortragen, ↑vorwerfen, ↑wissen; **nicht m.,** schweigen, etwas nicht laut werden lassen, jmdm. etwas nicht auf die Nase binden *(ugs.),* etwas mit ins Grab nehmen; ↑weitererzählen; **nicht m. können,** nicht über die Lippen bringen; nicht wissen, wie man jmdm. etwas beibringen soll; ↑gesprächig, ↑informativ; ↑Besprechung, ↑Gewährsmann, ↑Hinweis, ↑Mitteilung, ↑Nachricht.

²mitteilen: von sich ↑beitragen.
mitteilsam ↑gesprächig.
Mitteilsamkeit ↑Redseligkeit.
¹Mitteilung, Bekanntmachung, Bekanntgabe, Kundgabe, Kundmachung *(österr.),* Vernehmlassung *(schweiz.),* Information, Eröffnung, Verkündigung, Bulletin, Denkschrift, Memorandum, Kommuniqué; ↑Aufruf, ↑Aufsatz, ↑Bekundung, ↑Bericht, ↑Dokumentensammlung, ↑Gerücht, ↑Gesuch, ↑Nachricht, ↑Nachruf, ↑Plakat, ↑Rundschreiben, ↑Schreiben, ↑Veröffentlichung; ↑informativ.
²Mitteilung: ↑Nachricht; **M. machen** ↑mitteilen.
mittel: ↑einigermaßen, ↑mäßig; **mittlere Reife** ↑Einjähriges; **mittlere Tide** ↑Flut.
¹Mittel, Vehikel, Träger, Grund, Mittel zum Zweck, Vorwand; ↑Beschönigung.
²Mittel: ↑Geld, ↑Grundlage, ↑Medikament, ↑Schriftgrad; **antikonzeptionelle M.** ↑Empfängnisverhütungsmittel; **jmdm. ist jedes M. recht** ↑rücksichtslos [sein]; **krampflinderndes / krampflösendes / krampfstillendes M.** ↑Relaxans; **öffentliche M.** ↑Staatskasse; **reizlinderndes / schmerzstillendes M.** ↑Linderungsmittel, ↑Medikament; **stimmungsförderndes M.** ↑Psychopharmakon; **M. und Wege finden** ↑Lösung; **sich ins M. legen** ↑vermitteln.
Mittelaltar ↑Altar.
Mittelalter: ↑Geschichtsepoche, ↑Lebensalter.
mittelalterlich: -e Musik ↑Musik.
Mittelbayerisch ↑Mundart.
mittelblond ↑blond.
mittelbraun ↑braunhaarig.
Mittelchen ↑Allheilmittel.
Mitteldeutsch ↑Mundart.
Mittelding, Zwischending; **ein M. sein:** etwas

ist ein Mittelding, etwas liegt [in der Mitte] zwischen ... und ...
mitteleuropäisch: -e Zeit ↑Zeit.
Mittelfeldspieler ↑Fußballspieler.
Mittelfinger ↑Finger.
Mittelfränkisch ↑Mundart.
mittelfristig ↑langfristig.
Mittelgalopp ↑Gangart.
Mittelgehirn ↑Gehirn.
Mittelgewicht ↑Ringen.
mittelgrau ↑grau.
mittelhochdeutsch: -e Dichtung ↑Literaturepochen.
Mittelhochdeutsch ↑Deutsch.
Mittelläufer ↑Fußballspieler.
mittellos ↑arm.
Mittelloser ↑Armer.
Mittellosigkeit ↑Armut.
Mittellosigkeitszeugnis ↑Armutszeugnis.
mittelmäßig ↑mäßig.
Mittelmeer: [Amerikanisches M.] ↑Atlantik.
mittelprächtig ↑mäßig.
¹Mittelpunkt, Mitte, Kern, Herz, Herzstück, Zentrum, Center, Hochburg, Pol, Achse, Nabel der Welt, Brennpunkt, Knotenpunkt, Schnittpunkt, Zentralpunkt, Sammelpunkt, Zentrale, Haupt-; ↑Innenstadt, ↑Tummelplatz; **M. sein,** Hahn im Korb sein, die Hauptperson sein, die Szene beherrschen, Held des Tages sein; ↑zentralisieren; ↑bekannt, ↑beliebt, ↑zentral.
²Mittelpunkt: im M. ↑zentral; **M. sein** ↑beliebt [sein].
Mittelpunktschule ↑Schule.
mittels ↑vermittels.
Mittelschicht ↑Bürgertum.
Mittelschule ↑Schule.
Mittelschullehrer ↑Lehrer.
Mittelsmann ↑Vermittler.
Mittelsperson ↑Vermittler.
mittelst ↑vermittels.
Mittelstand ↑Bürgertum.
Mittelstreckenflugzeug ↑Flugzeug.
Mittelstreckenlauf: ↑Lauf, ↑Leichtathletik.
Mittelstreifen ↑Grünstreifen.
Mittelstürmer ↑Fußballspieler.
Mittelweg ↑Abmachung.
mitten: m. am Tage ↑tagsüber; m. durch ↑querfeldein; m. in der Nacht ↑nachts.
mittendrin ↑in.
¹Mitternacht, vierundzwanzig Uhr, zwölf [Uhr], null Uhr, Tageswechsel, Geisterstunde; ↑Abend, ↑Dämmerstunde, ↑Tag, ↑Tageszeit; ↑mitternachts.
²Mitternacht: um / zur M. ↑mitternachts.
mitternächtig ↑mitternachts.
mitternächtlich ↑mitternachts.
mitternachts, um / zur Mitternacht, mitternächtlich, mitternächtig, um vierundzwanzig Uhr, um zwölf Uhr [nachts], null Uhr, in der / zur Geisterstunde; ↑Abend, ↑Mitternacht, ↑Tageszeit; ↑nachts.

Mitternachtsmette ↑Gottesdienst.
Mitternachtsvase ↑Nachtgeschirr.
Mittler: ↑Medium, ↑Vermittler.
mittlere: Mittlerer Osten ↑Orient.
mittlerweile ↑inzwischen.
Mittönen ↑Resonanz.
mittun ↑teilnehmen.
Mittwoch: an jedem M., jeden M., immer am M., alle -e ↑mittwochs.
mittwochs, an jedem Mittwoch, jeden Mittwoch, immer am Mittwoch, alle Mittwoche; ↑wochentags.
mitunter ↑manchmal.
Mitvergangenheit ↑Tempus.
mitwirken: teilnehmen; -de Kraft ↑Umstand.
Mitwirkender ↑Mitglied.
Mitwirkung: ohne jmds. M. ↑Hilfe.
mitzählen ↑mitrechnen.
mitziehen ↑teilnehmen.
Mixeddrink ↑Mixgetränk.
Mixedpickles ↑Gemüse.
mixen ↑mischen.
¹Mixer, Mischbecher, Shaker; ↑Mixgetränk; ↑mixen.
²Mixer ↑Barkeeper.
Mixgetränk, Cocktail, Mixeddrink, Longdrink, Flip, Fizz, Cobbler, Cooler, Crusta, Daisy, Highball, Julep, Sangaree, Sling, Smash, Sour, Toddy, Pousse-Café, Frappé *(österr.)* · *aus Johannisbeerlikör (schwarze Johannisbeeren) und trockenem Weißwein:* Kir · *aus Johannisbeerlikör und Sekt:* Kir royal · *mit Coca Cola:* kalter Kaffee; ↑Alkohol, ↑Getränk, ↑Mixer, ↑Wein (Schorle).
Mixpickles ↑Gemüse.
Mixtum compositum ↑Mischung.
Mixtur ↑Mischung.
Mneme ↑Erinnerungsvermögen.
Mnemonik ↑Mnemotechnik.
Mnemotechnik, Mnemonik, Gedächtnisschulung, Gedächtnisübung, Gedächtnistraining, Gehirnjogging; ↑Erinnerungsvermögen, ↑Gedächtnisstütze.
Moarschaft ↑Eisschießen.
Mob ↑Abschaum.
¹Möbel, Einrichtungsgegenstand · Tisch · Schreibtisch, Sekretär · Pult, Katheder, Lesepult, Schreibpult, Stehpult, Notenpult, Podium · Anrichte, Büfett, Geschirrschrank, Sideboard · *für Kleider usw.:* Schrank, Spind, Kasten *(österr.),* Chiffoniere *(schweiz.)* · *mit Schubfächern:* Kommode, Schubladkasten *(österr.)* · *zum Sitzen:* Sitzgelegenheit, Sitz, Stuhl, Hocker, Taburett, Schemel, Stabelle *(schweiz.),* Sessel, Fauteuil · *zum Liegen:* Liege, Couch, Sofa, Kanapee, Chaiselongue, Diwan, Ottomane, Liegecouch, Liegesofa, Schlafcouch, Bettcouch, Bettbank *(österr.)* · *zum Schlafen:* Bett, Bettstatt, Lagerstatt, Schlafgelegenheit, Bettgestell, Feldbett, Bettstelle, Bettlade *(oberd.),* Pritsche, Notbett, Koje; ↑Bücherbord, ↑Mobi-

liar, ↑Schrank, ↑Schubfach, ↑Sitzgelegenheit, ↑Tisch, ↑Tischler.
²Möbel ↑Mobiliar.
Möbelmacher ↑Tischler.
Möbelmesse ↑Messe.
Möbeltischler ↑Tischler.
mobil: ↑lebhaft, ↑transportabel; m. machen ↑einberufen, ↑rüsten; m. sein ↑gesund [sein].
Mobiliar, Möbel, Möbelstück, Inventar, bewegliche Habe, Wohnungseinrichtung, Einrichtung, Meublement, Hausrat, Ausrüstung, Bestückung, Einrichtungsgegenstände, Klamotten *(salopp);* ↑einrichten.
¹mobilisieren, aktivieren, jmdn. motivieren, aktualisieren, in Tätigkeit setzen, lebendig machen, in Bewegung / in Schwung bringen; ↑anstacheln, ↑erneuern.
²mobilisieren ↑rüsten.
Mobilisierung ↑Aufrüstung.
¹Mobilität, Beweglichkeit, Wohnsitzwechsel, Bevölkerungswanderung; ↑Veränderung.
²Mobilität ↑Wendigkeit.
Mobilmachung ↑Aufrüstung.
möblieren ↑einrichten.
möbliert: -er Herr ↑Untermieter.
Mocca ↑Kaffee.
Möchtegern ↑Angeber.
Mocke ↑Schwein.
Mockel ↑Rind.
Modalität, Art und Weise, Bedingung, Umstand, die näheren Umstände; ↑Bedingung, ↑Beschaffenheit.
Modalnotation ↑Notenschrift.
Modalpartikel ↑Wort.
Modalsatz ↑Satz.
Modalverb ↑Verb.
Mode: ↑Brauch; M. werden ↑nachahmen; eine M. nicht mitmachen, an der M. vorübergehen ↑altmodisch [sein]; der M. unterworfen ↑modern; nicht der M. unterworfen ↑zeitlos; aus der M. gekommen sein ↑überlebt [sein]; in M. sein ↑modern [sein]; nach der [neuesten] M. ↑modern.
Modearzt ↑Arzt.
Modebad ↑Badeort.
modebewusst ↑modern.
Modefotograf ↑Fotograf.
modegerecht ↑modern.
Modegrafik ↑Druckgrafik.
Modeheft ↑Modejournal.
Modehunde ↑Hunderassen.
Modejournal, Modezeitung, Modezeitschrift, Modeheft; ↑Zeitschrift, ↑Zeitung.
Model ↑Mannequin.
¹Modell, Typ, Type *(bes. österr.),* Bauart, Generation; ↑Art, ↑Exemplar, ↑Muster.
²Modell: ↑Fotomodell, ↑Kreation, ↑Mannequin, ↑Muster.
modellieren ↑anfertigen.
Modellkleid ↑Kleid.
modeln ↑ändern.

Moder ↑Fäulnis.

Moderator: ↑Ansager, ↑Sprecher.

Moderlieschen ↑Fisch.

¹modern, neutönerisch, neuartig, modisch, modegerecht, modebewusst, neumodisch, ultramodern, hypermodern, supermodern, modernistisch, à la mode, der Mode unterworfen, nach der [neuesten] Mode, nicht ↑altmodisch, nicht ↑rückschrittlich; ↑aufgeklärt, ↑beliebt, ↑fortschrittlich, ↑zeitgenössisch; **m. sein,** in / angesagt sein, up to date / in Mode / en vogue / im Schwange sein, das ist der letzte Schrei / der Dernier Cri; ↑mitkommen (mit).

²modern (Adjektiv): moderne Malerei ↑Malerei; moderne Musik ↑Musik.

³modern (Verb): ↑faulen.

Moderne: ↑Gegenwart, ↑Malerei; Literatur der M. ↑Literaturepochen.

modernisieren ↑erneuern.

modernistisch ↑modern.

Modernjazz ↑Jazz.

Modeschmuck ↑Schmuck.

Modeschöpfung ↑Kreation.

Modewort ↑Wort.

Modezeichner ↑Zeichner.

Modezeitschrift ↑Modejournal.

Modezeitung ↑Modejournal.

Modifikation ↑Abwandlung.

modifizieren ↑ändern.

modifizierend: -es Verb ↑Verb.

Modifizierung ↑Änderung.

modisch: ↑modern; nicht betont m. ↑zeitlos; nicht m. eingestellt sein ↑altmodisch [sein].

Modistin ↑Putzmacherin.

Modulation ↑Abwandlung.

Modulator ↑Kommunikationstechnik.

¹Modus, Aussageweise ·· Indikativ, Wirklichkeitsform ·· Konjunktiv, Möglichkeitsform · Irrealis, Potentialis, hypothetischer / zweiter Konjunktiv.

²Modus: M. Vivendi ↑Abmachung.

Mof ↑Deutscher.

Mofa: ↑Fahrrad, ↑Motorrad.

Mogelei ↑Betrug.

mogeln ↑betrügen.

Mogelpackung ↑Packung.

¹mögen (etwas), schätzen, lieben, gern haben / mögen, leiden können / mögen, etwas / viel übrig haben für, eine Vorliebe / eine Schwäche / ein Faible haben für; ↑bevorzugen, ↑gefallen, ↑lieben; **nicht m.,** sich nichts machen aus, einer Sache abgeneigt / feind / *(geh.)* abhold sein, ein Feind sein von, nichts / nicht viel übrig haben für.

²mögen: ↑lieben, ↑wünschen; nicht [leiden] m. ↑hassen; nicht mehr m. ↑satt [sein]; jmd. möchte [nicht versäumen] ... ↑wichtig [sein].

¹möglich, ausführbar, durchführbar, gangbar, denkbar, potenziell, virtuell, erdenklich, nicht ↑unausführbar; **m. machen,** ermöglichen, sorgen / Sorge tragen für, die Voraussetzung schaffen für, jmdn. in den Stand setzen, nicht ↑hindern; ↑entgegenkommen (jmdm.), ↑verwirklichen; **für m.** halten, glauben, für wahr halten, für bare Münze nehmen; ↑annehmen, ↑glauben; **m. sein,** das ist nicht aus der Welt, etwas liegt im Bereich der Möglichkeiten; **nicht m. sein,** das lässt sich nicht machen / gibt es nicht / geht nicht / *(ugs.)* ist nicht drin, wo kämen wir denn da hin?; das ist das Ende der Fahnenstange.

²möglich: ↑potenziell; es ist m. ↑anscheinend, ↑vielleicht; wenn es m. ist ↑tunlichst; alles Mögliche ↑allerlei; alle -en ↑alle; sein Möglichstes tun ↑anstrengen (sich); die Grenze des Möglichen überschreiten ↑statthaft; so bald wie / als m. ↑früh; so schnell wie m. ↑schnell; nicht m.! ↑überrascht [sein].

möglicherweise ↑vielleicht.

¹Möglichkeit, Chance, Gelegenheit, Okkasion, Opportunität · *eines Verdächtigen, Tatbestände zu verdunkeln:* Verdunkelungsgefahr; ↑Aussichten, ↑Ertrag, ↑Vorteil.

²Möglichkeit: andere M. ↑Gegenvorschlag; besteht die M., dass ... ↑vielleicht; -en ↑Spektrum; etwas liegt im Bereich der -en ↑möglich [sein]; das Land der unbegrenzten -en ↑Amerika; nach M. ↑tunlichst; sich eine M. offen lassen ↑Maßnahme.

Möglichkeitsform ↑Modus.

möglichst: ↑tunlichst; m. bald ↑früh.

Mohair ↑Stoff.

Mohairwolle ↑Wolle.

Mohammedaner *(veraltend),* Moslem, Muselman *(veraltet),* Sarazene *(hist.);* ↑Weltreligion.

Mohär ↑Stoff.

Mohärwolle ↑Wolle.

Mohikaner: der letzte M. / der Letzte der Mohikaner ↑Nachzügler.

Mohn, Klatschmohn, Mohnblume, Feldmohn, Feuermohn, Feuerblume, Kornrose *(schweiz.);* ↑Blume.

Mohnblume ↑Mohn.

Mohnkuchen ↑Gebäck.

mohnrot ↑rot.

Mohnstriezel ↑Gebäck.

Möhre ↑Mohrrübe.

Mohrenkopf ↑Gebäck.

Mohrenlerche ↑Vogel.

möhrenrot ↑rot.

Mohrrübe, Möhre, Karotte, Wurzel *(nordd.),* Würzelchen *(landsch.),* Gelbe Rübe *(südd.),* Gelbrübe *(südd.),* Rübli *(schweiz.);* ↑Kohlrübe, ↑Salatrübe.

Moira ↑Schicksalsgöttin.

Moiré ↑Stoff.

mokant ↑spöttisch.

Mokassin ↑Schuh.

Mokick ↑Motorrad.

mokieren: sich m. über ↑schadenfroh [sein].

Mokka ↑Kaffee.

Mokkalöffel ↑Löffel.

Mokkamühle ↑Mühle.

Mokkatasse: ↑Tasse, ↑Trinkgefäß.
Molar ↑Zahn.
Molarzahn ↑Zahn.
Molch, Kammmolch, Teichmolch, Bergmolch, Fadenmolch, Marmormolch; ↑Lurch.
Moldawit ↑Schmuckstein.
Moldbeere ↑Brombeere.
Mole ↑Damm.
molestieren ↑behelligen.
Molke ↑Milch.
Molkerei, Meierei, Meierhof, Milchwirtschaft; ↑Milch.
Molkereibutter ↑Fett.
Mollakkord ↑Akkord.
Mollbeere ↑Blaubeere.
Molle: [eine] M. [zischen] ↑Bier; es gießt wie mit -n ↑regnen.
Mollenfriedhof ↑Bauch.
Möller-Barlow-Krankheit ↑Skorbut.
mollert ↑dick.
mollig: ↑dick, ↑warm.
Molligkeit ↑Wohlgenährtsein.
Mollusken ↑Weichtiere.
Molo ↑Damm.
Moloch ↑Ungeheuer.
Molotowcocktail ↑Sprengkörper.
molum: m. sein ↑betrunken [sein].
¹Moment (das): ↑Umstand.
²Moment (der): ↑Augenblick, ↑Weile; einen lichten Moment haben ↑Einfall; im Moment ↑jetzt; im richtigen Moment ↑Augenblick.
momentan: ↑jetzig, ↑jetzt; -es Verb ↑Verb; nicht m. sein ↑aushäusig [sein].
Momentaufnahme ↑Fotografie.
Monarch ↑Oberhaupt.
Monarchie ↑Herrschaft.
¹Monat · Januar, Hartung, Eismond, Jänner *(österr.)* · Februar, Hornung, Feber *(österr.),* Sporkel *(landsch.)* · März, Lenzing, Lenzmond · April, Ostermond · Mai, Wonnemond · Juni, Brachet, Brachmond · Juli, Heuet, Heumond · August, Ernting, Augustmond, Erntemond · September, Herbstmond, Scheiding · Oktober, Weinmond, Gilbhart, Windmond · November, Neblung, Nebeling, Nebelmond, Windmond · Dezember, Heiligmond, Heilmond, Christmond, Wintermond, Julmond; ↑Jahreszeit, ↑Zeitraum.
²Monat ↑Zeitraum.
monatlich: Monatliches ↑Menstruation.
Monatsabonnement ↑Abonnement.
Monatsblutung: ↑Menstruation; die M. haben ↑menstruieren.
Monatserdbeere ↑Erdbeere.
Monatsfluss ↑Menstruation.
Monatskarte ↑Fahrkarte.
Monatslohn ↑Lohn.
Monatsrettich ↑Radieschen.
Monatsschrift ↑Zeitschrift.
Mönch, Ordensgeistlicher, Ordensmann, Pater, Frater, Klosterbruder, Ordensbruder, Bruder, Fra, Laienbruder, Bettelmönch, Predigermönch · *der noch kein Gelübde abgelegt hat:* Novize; **M. werden,** ins Kloster eintreten / gehen, die Kutte nehmen, das Gelübde / die Gelübde ablegen, der Welt entsagen; ↑Mönchsorden · ↑Nonne.
²Mönch: ↑Dachziegel; wie ein M. leben ↑leben.
Mönchshabit ↑Kutte.
Mönchskleid ↑Kutte.
Mönchskutte ↑Kutte.
Mönchsorden, [männlicher] Orden, Männerorden, Predigerorden, Bettelorden, Einsiedlerorden, Barfüßerorden, Reformorden, Missionsorden, Kongregation · Augustiner-Eremiten (OESA = Ordo Fratrum Eremitarum S. Augustini) · Augustiner-Chorherren (OSA = Ordo S. Augustini) · Benediktiner, Benediktinerorden (OSB = Ordo S. Benedictini) · Dominikaner, Dominikanerorden (OP = Ordo Praedicatorum) · Franziskaner, Kapuziner, Konventualen, Minoriten, Minderbrüder, Franziskanerorden (OFM = Ordo Fratrum Minorum) · Jesuiten, Jesuitenorden (SJ = Societas Jesu) · Kamillianer (OSC = Ordo S. Camilli) · Karmeliter, Beschuhte Karmeliter / Karmeliten, Karmeliterorden (O Carm = Ordo Carmelitorum dell'Antica Osservanza) · Unbeschuhte Karmeliter / Karmeliten (OCD = Ordo Discalceato) · Kartäuser, Kartäuserorden (OC = Ordo Cartusiensis) · Lazaristen (CM = Congregatio Missionis) · Oratorianer (CO = Congregatio Oratorii) · Pallotiner (SAC = Societas Apostolatus Catholici) · Prämonstratenser, Prämonstratenserorden (O Praem = Ordo Praemonstratensis) · Salesianer (OFS = Oblati Francisci Salesii) · Salvatorianer (SDS = Societas Divini Salvatoris) · Schulbrüder, Piaristen (SP = Scholae Piae), Maristen-Schulbrüder (FMS = Fratres Maristae Scholarum) · Trappisten, Trappistenorden (OCR = Ordo Cisterciensium Reformatorum) · Zisterzienser, Zisterzienserorden (SOC = Sacer Ordo Cisterciensis); ↑Kongregation, ↑Nonnenorden, ↑Ritterorden.
¹Mond, Luna *(dichter.),* Nachtgestirn, Erdtrabant · *in seinen Phasen:* abnehmender / zunehmender Mond, erstes / letztes Viertel, Mondsichel, Vollmond, Neumond, Halbmond · *in der Mythologie:* Mondgöttin, Luna, Selene; ↑Erdball, ↑Himmelskörper, ↑Planet · Ggs. ↑Sonne.
²Mond: ↑Eislauf; abnehmender / zunehmender M. ↑Mond; jmdn. auf den M. schießen mögen ↑verwünschen (jmdn.); hinter dem M. leben ↑unrealistisch [sein]; hinter dem M. sein ↑rückschrittlich [sein]; in den M. gucken ↑bekommen; in den M. schreiben ↑abschreiben.
mondän ↑geschmackvoll.
Mondfleck ↑Schmetterling.
Mondgas ↑Gas.
Mondgesicht ↑Gesicht.

Mondgöttin ↑Mond.
Mondjahr ↑Zeitraum.
Mondkalb ↑Dummkopf.
Mondraute ↑Farn.
Mondschein: du kannst mich im M. besuchen! ↑unwichtig [sein].
Mondsichel ↑Mond.
Mondstein ↑Schmuckstein.
Mondsüchtigkeit, Somnambulismus, Lunatismus, Nachtwandeln, Schlafwandeln, Noktambulismus.
Monem ↑Spracheinheit.
monetär, geldlich, das Geld / die Währung betreffend; ↑Geld, ↑Zahlungsmittel.
Moneten ↑Geld.
Money ↑Geld.
Moneymaker ↑Emporkömmling.
mongolid: -e Rasse ↑Rasse.
mongoloid ↑geistig behindert.
monieren ↑beanstanden.
Monismus ↑Pantheismus.
¹Monitor, Bildschirm; ↑Fernsehen, ↑Überwachung.
²Monitor ↑Kriegsschiff.
Monitum ↑Vorwurf.
monochrom ↑einfarbig.
Monocolore ↑Regierung.
Monogamie ↑Ehe.
Monokel ↑Einglas.
Monolog ↑Gespräch.
monoman: ↑besessen (von), ↑geistig behindert.
Monomane ↑geistig Behinderter.
Monomanie: ↑Anankasmus, ↑geistige Behinderung.
Monophthong ↑Vokal.
Monophysitismus ↑Ketzerei.
Monoplegie ↑Lähmung.
Monopol: ↑Marktform, ↑Vorrecht.
Monopolkapitalismus ↑Kapitalismus.
Monopoly ↑Würfelspiel.
Monopson ↑Marktform.
Monosexualismus ↑Selbstbefriedigung.
Monotheismus ↑Theismus.
monoton ↑langweilig.
Monotypesatz ↑Schriftsatz.
Monozyten ↑Blutkörperchen.
Monsieur ↑Herr.
Monsignore ↑Anrede.
Monster ↑Ungeheuer.
Monsterfilm ↑Kinofilm.
Monstranz ↑Altargerät.
monströs ↑gewaltig.
Monstrum ↑Ungeheuer.
Monsun ↑Wind.
Monsunwald ↑Urwald.
Monsunwind ↑Wind.
Mont ↑Gipfel.
Montag: an jedem M., jeden M., immer am M., alle -e ↑montags.
montags, an jedem Montag, jeden Montag, immer am Montag, alle Montage; ↑wochentags.
Montague-Grammatik ↑Grammatik.
Montan-: ↑Bergwerk.
Monte ↑Gipfel.
Monteuranzug ↑Anzug.
montieren ↑befestigen.
Montur: ↑Kleidung; Erdäpfel in der M. ↑Kartoffeln.
Monument ↑Denkmal.
monumental ↑gewaltig.
Moor ↑Sumpf.
Moorbad ↑Badeort.
Moorente ↑Vogel.
Moorfrosch ↑Frosch.
Moorhufendorf ↑Dorf.
Moorkarpfen ↑Fisch.
Moorlandschaft ↑Landschaft.
Moorschneehuhn ↑Vogel.
¹Moos, Moospflanze, Moospolster · Lebermoos, Brunnenlebermoos, Kammkelch · Laubmoos, Etagenmoos, Goldenes Frauenhaar, Widertonmoos, Weißmoos, Sternmoos, Torfmoos, Leuchtmoos, Steinklaffmoos, Schönes Steifblattmoos; ↑Lagerpflanze.
²Moos: ↑Geld, ↑Lagerpflanze, ↑Sumpf; Isländisch M. ↑Flechte; M. ansetzen ↑altern.
Moosfarn: Schweizer / tropischer M. ↑Bärlappgewächs.
Moosflechte ↑Flechte.
moosgrün ↑grün.
Moospflanze ↑Moos.
Moospolster ↑Moos.
Moosröschen ↑Rose.
Moosrose ↑Rose.
Moped ↑Motorrad.
Mopedfahrer ↑Motorradfahrer.
Mopp, Flederwisch, Flaumer *(schweiz.),* Kehrflaumer *(schweiz.);* ↑Besen, ↑Staubsauger.
Moppel ↑Hund.
Moppelkotze ↑Salat.
Mops: ↑Dicker, ↑Hunderassen; Möpse ↑Geld.
möpseln ↑faulen, ↑ungenießbar [sein].
mopsen: ↑wegnehmen; sich m. ↑langweilen.
mopsfidel ↑feuchtfröhlich.
Mor ↑Schwein.
Moral: ↑Disziplin, ↑Sitte; doppelte M. ↑Beurteilung; jmdm. M. predigen ↑schelten.
moralinsauer ↑sittlich.
moralisch: ↑sittlich; Moralischer ↑Katerstimmung; einen Moralischen kriegen ↑deprimiert [werden].
Moralist ↑Moralprediger.
Moralprediger, Tugendwächter, Sittenwächter, Sittenprediger, Moralist, Sittenrichter Splitterrichter, Saubermann *(iron.);* ↑engherzig, ↑sittlich.
Moraltheologie ↑Theologie.
Morast ↑Schlamm.
Moratorium ↑Stundung.

¹**morbid,** angekränkelt, krank, krankhaft, morsch.

²**morbid** ↑krank.

Morbus anglicus ↑Rachitis.

Morbus Koch ↑Tuberkulose.

Morbus sacer ↑Epilepsie.

Morchel: ↑Schlauchpilz, ↑Ständerpilz.

Mord: ↑Tötung; etwas ist der reine / reinste M. ↑gefährlich [sein]; einen M. begehen / verüben ↑töten; es gibt M. und Totschlag ↑Streit.

Mordanschlag ↑Überfall.

Mordbube ↑Mörder.

morden ↑töten.

Mörder, Mörderin, Täter, Todesengel, Killer, Meuchelmörder, Würger, Raubmörder, Lustmörder, Sexualmörder, Mordbube *(geh., veraltet),* Bravo · Frauenmörder, Blaubart; ↑Attentäter, ↑Dieb, ↑Rohling, ↑Ungeheuer, ↑Verbrecher; **ein M. sein,** an jmds. Händen klebt Blut.

Mördergrube: aus seinem Herzen keine M. machen ↑sprechen.

Mörderin ↑Mörder.

mörderisch ↑sehr.

Mordgier ↑Grausamkeit.

Mordio: Zeter und M. schreien ↑schreien.

Mordlust ↑Grausamkeit.

Mordprozess ↑Gerichtsverfahren.

mords-: ↑erz-.

Mords-: ↑Erz-.

Mordsarbeit ↑Anstrengung.

Mordschwamm ↑Ständerpilz.

Mordsdurst ↑Durst.

Mordsgaudi ↑Unterhaltung.

Mordshunger ↑Hunger.

Mordslärm ↑Lärm.

mordsmäßig ↑sehr.

Mores: jmdn. M. lehren ↑schelten.

morganatisch: -e Ehe ↑Ehe.

Morganit ↑Schmuckstein.

Morgarten: jmdm. ein M. bereiten ↑besiegen.

morgen: lieber heute als m. ↑früh.

¹**Morgen,** Vormittag, erste Tageshälfte; ↑Morgengrauen, ↑Tagesanbruch, ↑Tageszeit; ↑morgens.

²**Morgen:** ↑Flächenmaß, ↑Himmelsrichtung; des -s ↑morgens; der frühe M. ↑Tagesanbruch; jeden M., alle M., M. für Morgen, immer am M. ↑allmorgendlich; am M. ↑morgens; Land des ruhigen -s ↑Korea; guten M.! ↑Gruß.

Morgenblatt ↑Zeitung.

Morgendämmerung ↑Morgengrauen.

Morgenduft ↑Apfel.

Morgenessen ↑Frühstück.

Morgenfrühe ↑Tagesanbruch.

Morgengabe ↑Aussteuer.

Morgengebet ↑Gebet.

¹**Morgengrauen,** Morgendämmerung, Tagesanbruch, Tagesgrauen, erster Hahnenschrei, Tagesschimmer, Frühlicht, Frührot, Morgenrot, Morgenröte, Sonnenaufgang; ↑Dämmerung, ↑Morgen · Ggs. Abendlicht.

²**Morgengrauen:** ↑Tagesanbruch; beim M. ↑morgens.

Morgengymnastik ↑Gymnastik.

Morgenkaffee ↑Essen.

Morgenkleid ↑Morgenrock.

Morgenkonzert ↑Musikveranstaltung.

Morgenland ↑Orient.

morgenländisch ↑orientalisch.

Morgenlatte ↑Penis.

Morgenluft ↑Luft.

Morgenrock, Morgenkleid, Hauskleid, Hausanzug, Negligee, Déshabillé; ↑Nachtgewand.

morgenrot ↑rot.

Morgenrot ↑Morgengrauen.

Morgenröte ↑Morgengrauen.

¹**morgens,** am [frühen] Morgen, des Morgens, bei Tagesanbruch, früh [am Tag], in der Früh[e] *(oberd.),* in aller Frühe / Herrgottsfrühe, beim ersten Hahnenschrei, mit der Sonne, frühmorgens, vor Tau und Tag, vor Tage *(dichter.),* beim Morgengrauen · vormittags, am Vormittag; ↑allmorgendlich, ↑mittags; ↑Morgen, ↑Tageszeit · Ggs. ↑abends.

²**morgens:** immer m. ↑allmorgendlich; von m. bis abends ↑Tag.

Morgensonne ↑Sonnenlicht.

Morgenspaziergang ↑Spaziergang.

Morgenstern ↑Planet.

Morgenvorstellung ↑Vormittagsveranstaltung.

Morgenzeitung ↑Zeitung.

Morgue ↑Leichenschauhaus.

Moribundus ↑Sterbender.

Morion ↑Schmuckstein.

Moritat ↑Lied.

Moritatensänger, Bänkelsänger, Balladensänger, Chansonnier; ↑Leierkastenmann, ↑Sänger, ↑Straßenmusikant.

Mormone ↑Angehöriger.

Morningglory ↑Rauschgift.

Morphem ↑Spracheinheit.

Morpheus: in -' Armen liegen / ruhen ↑schlafen.

Morphinismus: ↑Opiumvergiftung, ↑Sucht.

Morphinist ↑Rauschgiftsüchtiger.

Morphium ↑Rauschgift.

Morphiumsucht: ↑Opiumvergiftung, ↑Sucht.

¹**morsch,** brüchig, verfallen, zerfallen, baufällig, verkommen, alt, altersschwach, schrottreif; ↑mürbe, ↑verfallen, ↑zerfallen.

²**morsch** ↑morbid.

morsen ↑ausstrahlen.

Mörser ↑Mühle.

Mörtel ↑Beton.

Morula ↑Leibesfrucht.

Mosaikleger ↑Fliesenleger.

Mosaikplattenleger ↑Fliesenleger.

mosaisch: ↑israelitisch; -e Religion ↑Weltreligion.

Mosaismus ↑Weltreligion.

Moschee ↑Gotteshaus.

Moscheeturm ↑Turm.
Moschusbisam ↑Pelz.
Möse ↑Vulva.
Moselfränkisch ↑Mundart.
mosern ↑aufbegehren.
Moskau, Moskwa *(russ.);* ↑Stadt.
Moskwa ↑Moskau.
Moslem ↑Mohammedaner.
mosso: piu / meno m. ↑lebhaft.
Most: ↑Obstwein, ↑Wein; jmdm. zeigen, wo
Bartel den M. holt ↑rankriegen.
Mostert ↑Senf.
Mostobst ↑Obst.
Mostpresse ↑Saftpresse.
Mostrich: ↑Senf; nicht mit M. zu genießen sein
↑böse [sein].
Möstrich ↑Senf.
Mostrichfahne ↑Nationalflagge.
Mosul ↑Orientteppich.
Motel ↑Hotel.
Motette ↑Lied.
Motion ↑Gesuch.
Motiv ↑Anlass.
motivieren: ↑anregen, ↑begründen; jmdm. m.
↑mobilisieren.
Motocross ↑Rennen.
Motodrom, Autodrom, Rennbahn, Autorenn-
bahn; ↑Auto.
¹Motor, Antrieb, Triebwerk, Kraftquelle; ↑Ap-
parat.
²Motor: den M. abwürgen ↑bremsen.
Motorboot ↑Boot.
Motorbootsregatta ↑Regatta.
Motorbremse ↑Bremse.
Motorfahrrad: ↑Fahrrad, ↑Motorrad.
motorisch: -e Lähmung ↑Lähmung; -er Nerv
↑Nerv; -e Unruhe ↑Anankasmus.
Motorrad, Kraftrad, Krad, Maschine, Motor-
roller, Kabinenroller, Mokick, Feuerstuhl *(Jar-
gon)* · *kleines:* Moped, Motorfahrrad, Mofa;
↑Auto, ↑Fahrrad.
Motorradfahrer, Mopedfahrer; ↑Beifahrer,
↑Verkehrsteilnehmer.
Motorradfahrt ↑Fahrt.
Motorradrennen ↑Rennen.
Motorroller ↑Motorrad.
Motorschiff ↑Schiff.
Motschkalb ↑Rind.
Motte: ↑Mädchen, ↑Schmetterling; die -n ha-
ben ↑Tuberkulose [haben]; du kriegst die -n!
↑überrascht [sein].
Mottenkiste: aus der M. ↑altmodisch.
Motto, Leitwort, Leitspruch; ↑Ausspruch,
↑Einleitung.
motzen ↑antworten.
Mount ↑Gipfel.
Mousseron ↑Ständerpilz.
moussieren ↑perlen.
Möwe: ↑Prostituierte, ↑Vogel.
Mozartstadt ↑Salzburg.
Mozartzopf ↑Frisur.

MP ↑Polizeibehörde.
MS ↑Entmarkungskrankheit.
MTA ↑Sprechstundenhilfe.
Mucke: ↑Laune, ↑Nebeneinnahme.
¹Mücke, Fliegenmücke *(fachspr.),* Schnake *(süd-
westd.);* ↑Fliege, ↑Insektenkunde, ↑Stechmücke.
²Mücke: ↑Fliege, ↑Stechmücke; angeben wie
eine Tüte voll -n ↑prahlen; aus einer M. einen
Elefanten machen ↑übertreiben.
Muckefuck ↑Kaffee.
mucken ↑aufbegehren.
Mucken: M. haben ↑launisch [sein]; etwas hat
seine M. ↑funktionieren.
Mücken ↑Geld.
Mückenseiher ↑Pedant.
Mucker ↑Heuchler.
muckerhaft: ↑banausisch, ↑engherzig.
mucksmäuschenstill ↑still.
Mudd ↑Schlamm.
Mudder ↑Schlamm.
¹müde, schlafbedürftig, schläfrig, bettreif,
hundemüde *(emotional),* saumüde *(ugs., emotional),* übermüde, ermüdet, dösig, ruhebedürftig,
todmüde, zum Umfallen müde, übermüdet,
übernächtig, übernächtigt, verschlafen, schlaftrunken, unausgeschlafen, halbwach, tramha-
pert *(ugs., österr.);* ↑erschöpft · Ggs. ↑wach; m.
sein, gegen / mit dem Schlaf kämpfen, Schlaf /
einen toten Punkt haben, sich nicht mehr auf
den Beinen halten können, im Tran sein, der
Bettzipfel winkt, nach dem Bettzipfel schielen,
die nötige Bettschwere haben; ↑Erschöpfung;
nicht m. sein, nicht ins Bett finden.
²müde: ↑temperamentlos; jmds. / einer Sache
m. sein ↑angeekelt [sein].
Müde ↑Erschöpfung.
Müdigkeit: ↑Erschöpfung; keine M. vorschützen! ↑weiter.
Muff: ↑Luft, ↑Rückständigkeit.
Müffchen ↑Pulswärmer.
Muffel, Miesepeter, Nieselpriem *(bes. berlin.),*
Trauerkloß, Fadian *(österr.);* ↑Mann; ↑langwei-
lig.
-muffel: ein M. sein ↑altmodisch [sein].
muffeln ↑riechen.
müffeln ↑riechen.
Muffelwild ↑Wild.
muffig: ↑ärgerlich, ↑engherzig.
mufflig ↑unhöflich.
Muffligkeit ↑Unhöflichkeit.
Mufflon ↑Schaf.
Mugel ↑Berg.
Mühe: ↑Anstrengung; sich M. geben ↑anstren-
gen (sich); etwas macht jmdm. M. ↑schwer fallen; mit M. ↑kaum; ohne M. ↑mühelos.
mühelos, ohne Mühe, einfach, unkompliziert,
leicht [zu handhaben], idiotensicher, narrensicher, kinderleicht, puppenleicht, babyleicht,
ring *(südd., schweiz.),* kommod *(österr.),* bequem, mit Leichtigkeit / Bequemlichkeit, unschwer, spielend, unproblematisch, nicht

↑schwierig · Ggs. ↑beschwerlich; **etwas m.**
schaffen, etwas aus dem Ärmel / aus dem
Handgelenk schütteln, etwas ist ein Kinderspiel, etwas ist für jmdn. ein Kleines, etwas ist
ein Klacks *(nordd.),* das sind kleine Fische, etwas [spielend] aufs Parkett legen, etwas im
Schlaf / wie im Traum können, etwas mit dem
kleinen Finger / *(scherzh.)* der linken Hand [im
Dunkeln] machen, etwas [so] nebenher / nebenbei machen; **etwas m. erringen,** etwas fällt
jmdm. in den Schoß, den Seinen gibt's der Herr
im Schlaf; ↑Kleinigkeit; ↑können.
Mühelosigkeit ↑Leichtigkeit.
muhen ↑Laut.
mühen (sich): ↑(sich) anstrengen.
mühevoll ↑beschwerlich.
Mühewaltung ↑Anstrengung.
Muhkälbchen ↑Marienkäfer.
Mühlbach ↑Bach.
¹Mühle, Handmühle, Schrotmühle, Grützmüh-
le, Pfeffermühle, Gewürzmühle, Kaffeemühle,
Mokkamühle, Querne, Mörser; ↑zermahlen.
²Mühle: ↑Auto, ↑Brettspiel, ↑Flugzeug, ↑Wind-
mühle; das ist Wasser auf jmds. M. ↑nützlich
[sein].
Muhme ↑Tante.
Mühsal ↑Anstrengung.
mühsam ↑beschwerlich.
mühselig ↑beschwerlich.
Mühseligkeit ↑Anstrengung.
muksch ↑gekränkt.
Mulatte ↑Mischling.
mulattieren ↑feiern.
Mulchen ↑Ertrag.
Mulde ↑Gefäß.
Muldengewölbe ↑Gewölbe.
Muli ↑Esel.
¹Müll, Abfall, Konsummüll, Wohlstandsmüll,
Industriemüll, Industrieabfall · Atommüll,
Fallout, Giftmüll, Problemmüll · Sperrmüll;
↑Abfall, ↑Altmaterial, ↑Müllabladeplatz; **M.
abladen** · *ins Meer (z. B. Klärschlamm):* verklap-
pen; ↑entfernen, ↑wegwerfen.
²Müll ↑Abfall.
Müllabladeplatz, Müllkippe, Schuttplatz,
Schuttabladeplatz, Müllhalde, Schutthalde,
Abraumhalde, Abfallgrube, Müllgrube, Abfall-
haufen, Müllhaufen, Schutthaufen, Schrott-
platz, Schrotthaufen, Autofriedhof, Mülldepo-
nie, Sondermülldeponie, Deponie; ↑Abfall,
↑Altmaterial, ↑Müll; ↑entfernen, ↑wegwerfen.
Mullatschag ↑Trinkgelage.
Mullbinde ↑Verband.
Mülldeponie ↑Müllabladeplatz.
Mülleimer ↑Abfalleimer.
Müllgrube ↑Müllabladeplatz.
Müllhalde ↑Müllabladeplatz.
Müllhaufen ↑Müllabladeplatz.
Müllkippe ↑Müllabladeplatz.
Müllkosten ↑Nebenkosten.
Müllschaufel, Kehrschaufel, Dreckschaufel,

Mistschaufel *(österr.),* Müllschippe *(landsch.),*
Kehrblech *(nordd.).*
Müllschippe ↑Müllschaufel.
Mülltonne ↑Abfalleimer.
mulmig ↑unerfreulich.
Multbeere ↑Brombeere.
Multi-: ↑Viel-.
multilateral, mehrseitig, mehrere Staaten be-
treffend, zwischen mehreren Staaten; ↑bilate-
ral.
multipel: multiple Sklerose ↑Entmarkungs-
krankheit.
Multiplikativzahl ↑Zahl.
multiplizieren, malnehmen; ↑Rechenverfah-
ren.
Mulus: ↑Esel, ↑Student.
Mumie ↑Toter.
mumifizieren, einbalsamieren; ↑präparieren;
↑Toter.
Mumm: ↑Muskelkraft, ↑Mut; keinen M. in den
Knochen haben ↑kraftlos [sein].
Mummelgreis ↑Greis.
Mümmelgreis ↑Greis.
Mümmelmann ↑Hase.
mümmeln ↑kauen.
Mummenschanz ↑Maskerade.
Mumpitz ↑Unsinn.
Mumps ↑Ohrspeicheldrüsenentzündung.
München, Isar-Stadt, Isar-Athen, heimliche
Hauptstadt, Weltstadt mit Herz, Millionendorf
(scherzh.), Munich *(engl.),* Landeshauptstadt
[von Bayern], Olympiastadt (1972); ↑Stadt.
Münchhausen ↑Angeber.
Münchhauseniade ↑Lügenmärchen.
¹Mund, Lippen, Schmollmund, Schnute *(niederd.),* Gosche *(südd., österr.),* Gusche *(mitteld.,
bes. berlin.),* Flappe *(salopp, abwertend),* Labbe
(abwertend), Fotze *(derb, landsch.),* Pappen
(derb, österr.), Schnörre *(schweiz.),* Sabbel
(nordd.) · *beim Tier:* Maul, Rachen (Säugetiere,
Fische, Reptilien), Schnauze (Hund, Katze,
u. a.), Schnabel (Vögel), Fresswerkzeuge (Insekten) · *im Hinblick auf das Sprechen:* Klappe,
Mundwerk, Rand, Schandmaul *(derb, abwertend),* Schandschnauze *(derb, abwertend),* Kodderschnauze *(derb),* Dreckschleuder *(derb, abwertend)* · *im Hinblick auf das Essen:* Futterluke
(scherzh.); ↑reden.
²Mund: den M. auftun ↑äußern (sich); den M.
nicht auftun / halten ↑schweigen; M. und Nase
aufsperren ↑überrascht [sein]; den M. ausspülen ↑gurgeln; reinen M. halten ↑schweigen;
jmdm. den M. wässrig machen ↑reizen; den M.
voll nehmen ↑prahlen; sich den M. fusslig reden
↑sprechen; jmdm. den M. stopfen / verbieten
↑verbieten; sich den M. verbrennen ↑schaden;
sich etwas am / vom -e absparen ↑erübrigen; an
jmds. M. hängen ↑Acht geben; nicht auf den M.
gefallen sein ↑geistreich [sein]; im M. zergehen
lassen ↑lutschen; in aller [Leute] -e sein ↑be-
kannt; jmdm. etwas in den M. legen ↑beeinflus-

sen, ↑zuschreiben; etwas nicht in den M. nehmen ↑aussprechen; mit dem M. vorneweg sein ↑frech [sein]; mit offenem M. ↑überrascht; jmdm. über den M. fahren ↑antworten, ↑dazwischenreden; von M. zu Mund gehen ↑herumsprechen (sich); kein Blatt vor den M. nehmen ↑sprechen.

Mundart, Dialekt, Idiom, Idiolekt ·· Provinzidiom, Patois *(franz.)* ·· Niederdeutsch · Friesisch, Niederfränkisch, Niedersächsisch ··· Mitteldeutsch ·· Mittelfränkisch · Ripuarisch · Moselfränkisch ·· Rheinfränkisch ·· Thüringisch ·· Obersächsisch ·· Schlesisch ··· Oberdeutsch ·· Südfränkisch · Alemannisch, Schwäbisch, Honoratiorenschwäbisch, Niederalemannisch, Hochalemannisch ·· Ostfränkisch · Bay[e]risch, Mittelbay[e]risch, Südbay[e]risch, Nordbay[e]risch ··· *der unteren Schichten Londons:* Cockney; **M.** sprechen, bay[e]risch / bairisch / fränkisch / hessisch / pfälzisch / alemannisch / schwäbisch / rheinisch / thüringisch / sächsisch / friesisch sprechen, Platt sprechen, sächseln, schwäbeln, berlinern, frankfurterisch / kölnisch u.a. sprechen; ↑Ausdrucksweise, ↑Gruppensprache, ↑Mischsprache · Ggs. ↑Hochsprache.

Mundartausdruck ↑Provinzialismus.
Mundartdichtung ↑Dichtung.
Mundartforschung ↑Sprachwissenschaft.
mundartlich ↑regional.
Mundartwort ↑Provinzialismus.
Mundartwörterbuch ↑Nachschlagewerk.
Mundblutung ↑Blutung.
Munddusche ↑Zahnbürste.
Mündel, Pflegebefohlener, Vögtling *(schweiz.),* Bevogteter *(schweiz.)* · Ggs. ↑Vormund, ↑Vormundschaft.
munden ↑schmecken.
mundfaul ↑wortkarg.
Mundharmonika ↑Blasinstrument.
mundig ↑schmackhaft.
mündig: ↑volljährig; noch nicht m. ↑minderjährig.
Mündigwerden ↑Autonomie.
mündlich, oral · Ggs. ↑schriftlich.
Mundolingue ↑Sprache.
Mundraub ↑Diebstahl.
Mundsex ↑Koitus.
M-und-S-Reifen ↑Winterreifen.
mundtot: m. machen ↑verbieten.
Mundtuch ↑Serviette.
Mündung, Flussmündung, Einmündung · *fächerförmig in mehrere Arme geteilte:* Delta · *trichterförmig verbreitete:* Trichtermündung, Schlauchmündung; ↑Gewässer, ↑Meer, ↑See.
Mündungsschoner ↑Präservativ.
Mundus ↑Welt.
Mundverkehr ↑Koitus.
Mundvorrat ↑Nahrung.
Mundwasser ↑Zahnpasta.
Mundwerk ↑Mund.

Mund-Zahn-und-Kiefer-Klinik ↑Krankenhaus.
Muni ↑Rind.
Munich ↑München.
Munition, scharfe Munition, Geschoss, Schrapnell, Projektil, Schuss, Kugel, blaue Bohne, Gewehrkugel, Schrotkugel, Patrone, Schrot, Bolzen; ↑Bombe, ↑Geschütz, ↑Mine, ↑Schusswaffe, ↑Sprengkörper; **mit M.** versehen, laden, ein Geschoss einlegen; ↑schießen, ↑zielen.
munizipal ↑kommunal.
munkeln ↑flüstern.
Münster ↑Gotteshaus.
Münsterländer ↑Hunderassen.
Münsterplatz ↑Platz.
munter: ↑lustig, ↑wach; m. wie ein Fisch im Wasser sein ↑gesund [sein]; m. werden ↑herausgehen (aus sich); m. machen ↑aufwecken; [gesund und m.] ↑gesund.
Munterkeit ↑Temperament.
¹Münze, Hartgeld, Geldstück, Goldstück, Goldmünze, Silbermünze, Silber, Nickelmünze, Nickel, Kupfermünze, Kupfer, Silbergeld, Kleingeld, Pimperling, ein paar Zerquetschte *(ugs.),* Glückspfennig, Groschen *(volkst.),* Pfennig, Zehner, Fünfer, Sechser *(berlin.),* Markstück, Mark, Pfennigstück · Fünfzigpfennigstück, Fuchs · Fünfziger, Fuffziger *(berlin.),* Zehnpfennigstück, Fünfpfennigstück · Einmarkstück, Miese · Zweimarkstück, Zwickel · Fünfmarkstück · Heiermann, Kalbsauge · *aus früherer Zeit:* Taler, Reichstaler, Dukaten, Gulden, Louisdor, Dublone, Guinee, Krone, Soverein, Schilling, Kreuzer, Heller, Obulus, Batzen; ↑Geld, ↑Franken, ↑Münzensammler, ↑Münzkunde, ↑Papiergeld, ↑Zahlungsmittel; ↑umprägen.
²Münze: für bare M. nehmen ↑möglich; klingende M. ↑Geld; in -n, in klingender M. ↑bar; in klingende M. umsetzen ↑verkaufen; mit gleicher M. heimzahlen ↑bestrafen.
münzen: etwas ist auf jmdn. gemünzt / gegen jmdn. gerichtet, etwas zielt auf jmdn. / geht auf (oder:) gegen jmdn. / ist eine Anspielung auf jmdn., jmd. ist mit etwas gemeint; ↑vorhaben.
Münzensammler, Münzkundiger, Münzkenner, Numismatiker; ↑Münze, ↑Münzkunde.
Münzkenner ↑Münzensammler.
Münzkunde, Numismatik; ↑Münze, ↑Münzensammler.
Münzkundiger ↑Münzensammler.
Münzwaage ↑Waage.
¹mürbe, bröcklig, weich; ↑abgelagert, ↑morsch, ↑reif.
²mürbe: ↑zermürbt; m. machen ↑zermürben.
Mürbeteig ↑Teig.
Mürbteig ↑Teig.
murklig: ↑klein, ↑schmutzig.
murksen ↑pfuschen.
¹Murmel *(nordd.)* Marmel, Marrel *(landsch.),*

Mermel *(landsch.)*, Letsch *(hess.)*, Bickel *(hess.)*, Katzedonier *(hess.)*, Schießer *(hess.)*, Klicker *(westd.)*, Knicker *(niederd.)*, Chlucker *(schweiz.)*, Klucker *(schweiz.)*, Schusser *(südd., österr.)*, Schneller *(südwestd.)*, Bugger *(berlin.)*, Picker *(nordd.)*, Alabaster *(niederd.)*; ↑murmeln.

²Murmel: ↑Pelz; -n spielen ↑murmeln.

¹murmeln *(nordd.)*, Murmeln spielen *(nordd.)*, marmeln *(westd.)*, schussern *(südd., österr.)*, kugelscheiben *(österr.)*, klickern *(westd.)*, Klicker spielen *(westd.)*; ↑schieben; ↑Murmel.

²murmeln: ↑flüstern; -d ↑unartikuliert.

Murmeltier: ↑Nagetier, ↑Wild.

¹murren, schmollen, brummen, maulen, kiebig werden, sich mausig machen, matschkern *(österr.)*, ein langes Gesicht machen / ziehen, das Maul hängen lassen *(ugs.)*, nicht gerade begeistert sein von etwas, die Stirn runzeln; ↑beanstanden, ↑wehren (sich); ↑unzufrieden.

²murren ↑aufbegehren.

mürrisch, ärgerlich, böse, aufgebracht, verärgert, entrüstet, empört, peinlich / unangenehm berührt, unwillig, ungehalten, unwirsch, fünsch *(niederd.)*, indigniert, erbost, erzürnt, erbittert, zornig, fuchtig, wütend, rabiat, wutentbrannt, wutschäumend, wutschnaubend, fuchsteufelswild, zähneknirschend, grimmig, ingrimmig, tücksch, verdrossen, bärbeißig, grämlich, verdrießlich, griesgrämig, hässig *(schweiz.)*, mauserig *(schweiz.)*, sauertöpfisch, brummig, missmutig, missvergnügt, missgestimmt, misslaunig, missgelaunt, gereizt, übellaunig, muffig, grantig, leid *(schweiz.)*, maßleidig *(südd.)*; ↑aufgelegt, ↑aufgeregt, ↑geharnischt, ↑gekränkt, ↑launisch, ↑unerfreulich, ↑unzufrieden, ↑widerwillig; **m. sein,** jmdm. ist eine Laus über die Leber gelaufen, jmd. ist mit dem linken Fuß aufgestanden; ↑anstoßen (bei jmdm.), ↑grollen, ↑kränken, ↑lärmen, ↑schockieren; ↑Griesgram, ↑Stimmung, ↑Überraschung, ↑Unannehmlichkeiten.

Murrkopf ↑Griesgram.

Mus: ↑Brei, ↑Brotaufstrich; zu M. machen ↑zermalmen.

Musaget ↑Gönner.

¹Muschel, Meermuschel, Teichmuschel, Flussmuschel, Flussperlmuschel, Perlmuschel, Auster, Miesmuschel, Pfahlmuschel, Bohrmuschel, Klaffmuschel, Herzmuschel, Riesenmuschel, Pilgermuschel, Bohrwurmmuschel; ↑Weichtiere.

²Muschel: in die M. rotzen ↑koitieren.

Muschi: ↑Katze, ↑Vulva.

Muschkote ↑Soldat.

¹Muse · *der Geschichtsschreibung:* Klio · *des Tanzes:* Terpsichore · *der Sternkunde:* Urania · *der Liebesdichtung:* Erato · *der Komödie:* Thalia · *der Tragödie:* Melpomene · *der epischen Dichtung:* Kalliope · *des Liedes:* Euterpe · *der Musik:* Polyhymnia; ↑Göttin.

²Muse: die zehnte M. ↑Kabarett; von der M. geküsst sein ↑dichten [können].

Muselman ↑Mohammedaner.

Musentempel ↑Theatergebäude.

Musette ↑Tanz.

Museum, Galerie, Kunstgalerie, Gemäldegalerie, Pinakothek, Sammlung, Kunstsammlung · *mit geschnittenen Steinen, Skulpturen:* Glyptothek; ↑Ausstellung, ↑Ausstellungsstück, ↑Kunstausstellung, ↑Vernissage.

Museumsstück ↑Ausstellungsstück.

Musical ↑Operette.

¹Musik, Tonkunst · *zum Film:* Soundtrack · · · frühchristliche Musik · · · mittelalterliche Musik, Renaissancemusik, Barockmusik, Rokokomusik, klassische Musik, romantische Musik · neue Musik, moderne Musik, Zwölftonmusik, elektronische Musik, Musique concrète, serielle Musik, aleatorische Musik, Aleatorik · · · absolute Musik · Gebrauchsmusik, Programmmusik, Inhaltsmusik · Minimalmusic · · geistliche Musik, Kirchenmusik · weltliche Musik · · Volksmusik, volkstümliche Musik, Folklore, folkloristische Musik, Countrymusic · Kunstmusik · · ernste Musik, E-Musik · · Unterhaltungsmusik, U-Musik · Funk, Soul, Reggae, Rockmusik, Rock and Roll, Jazzmusik, Jazz, Blues · · Instrumentalmusik, Klaviermusik, Orgelmusik, Orchestermusik, Kammermusik, Streichmusik, Blasmusik, Blechmusik · · Vokalmusik, Chormusik · · · Bühnenmusik, Opernmusik, Operettenmusik, Ballettmusik, Schauspielmusik, Filmmusik · · Militärmusik, Marschmusik, Feldmusik, Regimentsmusik; ↑Jazz, ↑Komponist, ↑Lied, ↑Musikstück, ↑Oper, ↑Operette, ↑Schlager, ↑Unterhaltungsmusik.

²Musik: ↑Orchester; leichte M. ↑Unterhaltungsmusik; etwas ist M. / klingt wie Musik in jmds. Ohren ↑erfreulich [sein]; M. im Blut haben ↑begabt; M. machen ↑aufspielen, ↑musizieren; Handkäse mit M. ↑Handkäse.

musikalisch: -e Veranstaltung ↑Musikveranstaltung; m. umrahmen / untermalen ↑musizieren.

Musikant ↑Musizierender.

Musikantenknochen ↑Ellennerv.

Musikautomat, Musikbox, Jukebox; ↑Schallplatte.

Musikbox ↑Musikautomat.

Musikdampfer ↑Fahrgastschiff.

Musikdirektor ↑Dirigent.

Musikdrama ↑Oper.

Musikensemble ↑Orchester.

Musiker: ↑Komponist, ↑Musizierender.

Musikfreund ↑Liebhaber.

Musikinstrument, Instrument; ↑Äolsharfe, ↑Blasinstrument, ↑Drehorgel, ↑Rassel, ↑Schlaginstrument, ↑Spieldose, ↑Streichinstrument, ↑Tasteninstrument, ↑Zupfinstrument.

Musikinstrumentenbauer, Klavierbauer, Or-

gelbauer, Harmoniumbauer · Blechmusik-
instrumentenbauer · Schlagmusikinstrumentenbauer, Schlagzeugmacher · Holzblasinstrumentenmacher, Oboenbauer, Klarinettenbauer · Zupfinstrumentenmacher, Lautenbauer, Harfenmacher · Bassbauer · Geigenbauer ·
Akkordeonmacher.

Musikjournalist ↑Berichter.

Musikkapelle ↑Orchester.

Musikpavillon, Pavillon, Musiktempel; ↑musi-
zieren.

Musikstück, Musikwerk, Komposition; ↑Mu-
sik.

Musiktempel ↑Musikpavillon.

Musikus ↑Musizierender.

Musikveranstaltung, musikalische Veranstaltung, Konzert · Konzertabend, Sinfoniekonzert, Symphoniekonzert, Orchesterkonzert,
Kammerkonzert, Kirchenkonzert, Chorkonzert, Solistenkonzert, Liederabend, Serenadenabend, Serenadenkonzert, Promenadenkonzert, Kurkonzert, Ständchen, Militärkonzert, Platzkonzert, Sonntagskonzert, Morgenkonzert, Abendmusik, Passionsmusik,
Kammermusikabend, Jazzkonzert · Estradenkonzert *(landsch. veraltend);* ↑Orchester,
↑Rundfunksendung, ↑Serenade.

Musikwerk ↑Musikstück.

Musikwissenschaft ↑Wissenschaft.

Musique concrète ↑Musik.

¹musisch, künstlerisch [begabt], kunstsinnig,
kunstverständig, kunstempfänglich; ↑begabt,
↑schöpferisch; ↑Kunstverständnis · Ggs.
↑amusisch, ↑prosaisch.

²musisch ↑begabt.

musizieren, spielen, Musik machen, klimpern
(abwertend), geigen, fiedeln *(abwertend),* blasen, dudeln *(abwertend),* begleiten, akkompagnieren, musikalisch umrahmen / untermalen ··
ohne Noten: auswendig / aus dem Kopf spielen,
extemporieren · *nach eigenen Gedanken:* fantasieren, improvisieren; ↑Musikpavillon.

Musizierender, Musiker, Musikus, Solist, Virtuose, Interpret, Musikant, Spieler, Instrumentalist, Orgelspieler, Organist, Pianist, Klavierspieler, Konzertpianist, Barpianist, Klavierbegleiter, Geiger, Violinist, Violinvirtuose, Stehgeiger, Cellist, Bratschist, Bratscher, Kontrabassist, Hornist, Klarinettist, Flötist, Oboist,
Fagottist, Posaunist, Trompeter, Harfenist, Gitarrist, Gitarrespieler, Saxophonist, Trommler,
Pauker, Kesselpauker, Schlagzeuger · *in einem
Orchester:* Orchestermusiker, Orchestermitglied, Philharmoniker, Symphoniker, Streicher,
erster / zweiter Geiger, Bläser, Konzertmeister,
Solocellist, Stimmführer, Tuttist · *ein Streich-
quartett anführend:* Primarius, Primgeiger;
↑Künstler, ↑Sänger, ↑Straßenmusikant.

Muskateller ↑Wein.

¹Muskel, Musculus · *zur Mittellinie des Körpers
heranziehender:* Anziehmuskel, anziehender

Muskel, Anzieher, Adduktor · *eine Bewegung
von der Mittellinie des Körpers nach außen bewirkender:* Abziehmuskel, abziehender Muskel,
Abzieher, Abspreizmuskel, Abspreizer, Abduktor · *eine Gelenkbeugung bewirkender:* Beugemuskel, Beuger, Flexor · *eine Gelenkstre-
ckung bewirkender:* Streckmuskel, Strecker, Extensor · *die Anspannung einer Gewebsplatte oder
Muskelhülle bewirkender:* Spannmuskel, Spanner, Tensor · *eine Aufrichtungsbewegung bewirkender:* aufrichtender Muskel, Aufrichter, Arrektor, Erektor · *eine Hochhebebewegung bewirkender:* Hebemuskel, Heber, Levator, Kremaster · *eine herabziehende Bewegung bewirkender:* herabziehender Muskel, Niederdrücker, Depressor · *eine Verengung bewirkender:*
zusammenziehender Muskel, Kompressor,
Konstriktor, ringförmig abschnürender Muskel, Schließmuskel, Sphinkter · *eine Organer-
weiterung bewirkender:* erweiternder Muskel,
Erweiterer, Dilatator · *eine Drehbewegung bewirkender:* Drehmuskel, Dreher, Rotator, Aus-
wärtsdreher, Supinator, Einwärtsdreher, Pronator; ↑Knochen, ↑Muskulatur, ↑Sehne.

²Muskel: -n ↑Muskulatur.

Muskelermüdung ↑Muskelschmerz.

Muskelerschlaffungsmittel ↑Relaxans.

Muskelgefüge ↑Muskulatur.

Muskelkater: ↑Muskelschmerz, ↑Schmerz.

Muskelkraft, Körperkraft, Mumm; ↑Kraft-
mensch.

Muskelkrampf, Krampf, Krampus, Myospas-
mus; ↑Muskelschmerz, ↑Relaxans, ↑Schmerz.

Muskelmann ↑Kraftmensch.

Muskelprotz ↑Kraftmensch.

Muskelrelaxans ↑Relaxans.

Muskelrheumatismus ↑Muskelschmerz.

Muskelschmerz, Myalgie, Myodynie, Muskelrheumatismus · *nach erhöhter Muskelbean-
spruchung:* Muskelkater, Muskelermüdung;
↑Muskelkrampf, ↑Schmerz.

Muskeltraining ↑Bodybuilding.

Muskelzelle ↑Körperzelle.

Muskete ↑Schusswaffe.

Musketier ↑Soldat.

Muskogee ↑Indianer.

Muskulatur, Muskeln, Muskelgefüge; ↑Mus-
kel.

muskulös ↑athletisch.

Müsli ↑Brei.

Muss ↑Zwang.

Muss: das M. ↑Zwang.

Mussbestimmung ↑Weisung.

Muße, Ruhe, Zeit, Freizeit, Otium, [süßes]
Nichtstun, Dolcefarniente; ↑Beschaulichkeit,
↑Feierabend, ↑Lebensweise, ↑Stille.

Mussehe ↑Ehe.

Musselin ↑Stoff.

¹müssen: jmd. muss [aufschließen] / hat [auf-
zuschließen] / ist genötigt (oder:) gehalten
(oder:) gezwungen [aufzuschließen] / sieht sich
genötigt [aufzuschließen] / kann nicht umhin

[aufzuschließen] / soll [aufschließen], es bleibt jmdm. nichts anderes übrig als [aufzuschließen], es ist nötig [aufzuschließen]; **muss ... werden:** etwas muss [erledigt] werden / ist zu [erledigen] / ist eine zu [erledigende] Angelegenheit, etwas unterliegt [der Kontrolle], jmd. / etwas gehört + 2. Partizip; **müsste ... werden:** etwas müsste / sollte [überdacht] werden; etwas wäre wert, [überdacht] zu werden; **nicht müssen:** jmd. muss nicht [bleiben] / braucht nicht zu [bleiben] / darf [gehen] / kann [gehen].

²**müssen:** mal m. ↑austreten; dran glauben m. ↑Reihe; wenn's denn sein muss ↑ja.

Musseron ↑Ständerpilz.

Mussheirat ↑Vermählung.

müßig ↑faul.

Müßiggang ↑Faulheit.

Müßiggänger ↑Faulenzer.

Musspreuße ↑Preuße.

Mussvorschrift ↑Weisung.

Mustang ↑Pferd.

Mustardsoße ↑Soße.

¹**Muster,** Vorbild, Modell, Ideal, Leitbild, Urbild, Archetyp; ↑Abgott, ↑Absicht, ↑Einbildung, ↑Exempel, ↑Exponent, ↑Modell, ↑Nachahmung, ↑Regel; ↑berufen (sich auf); ↑ideal · Ggs. ↑Nachahmer.

²**Muster:** ↑Exemplar, ↑Form, ↑Inbegriff, ↑Probe, ↑Schnittmuster, ↑Stoffmuster, ↑Vorlage.

Musterbeispiel ↑Exempel.

Musterbild ↑Vorbild.

Musterehe ↑Ehe.

Mustergatte ↑Ehemann.

mustergültig: ↑vollkommen, ↑vorbildlich.

Mustergültigkeit: ↑Musterhaftigkeit, ↑Untadeligkeit.

musterhaft ↑vorbildlich.

Musterhaftigkeit, Mustergültigkeit, Vorbildlichkeit, Beispielhaftigkeit, Beispiellosigkeit, Unnachahmlichkeit, Vollkommenheit; ↑Meisterhaftigkeit, ↑Untadeligkeit; ↑vorbildlich.

Musterknabe: ↑Junge, ↑Mann.

Musterkollektion ↑Sortiment.

Mustermesse ↑Messe.

¹**mustern,** ansehen, anschauen, anblicken, betrachten, besichtigen, beschauen, beobachten, studieren, in Augenschein nehmen, beaugenscheinigen *(scherzh.),* beaugapfeln *(scherzh.),* beäugeln *(ugs., scherzh.),* beäugen, fixieren, anstarren, anglotzen, anstieren, angaffen, besehen, beglotzen, begaffen, angucken, begucken, blicken auf, den Blick heften auf, den Blick nicht abwenden können, jmdn. einen Blick zuwerfen / schenken / gönnen, einen Blick werfen auf, anglupschen, jmdn. / etwas mit den Augen verschlingen, Stielaugen machen, jmdm. gehen die Augen über, jmdn. mit Blicken durchbohren; ↑begutachten, ↑blicken, ↑blinzeln, ↑forschen, ↑sehen; ↑Besichtigung, ↑Vernissage.

²**mustern** ↑durchsuchen.

Musterpackung ↑Packung.

¹**Musterung,** Stellung *(österr.),* Assentierung *(veraltet, österr.);* ↑Einberufung, ↑Militär, ↑Musterungskommission; ↑einberufen.

²**Musterung:** ↑Besichtigung, ↑Stoffmuster.

Musterungskommission, Stellungskommission *(österr.),* Assentkommission *(österr., veraltet);* ↑Musterung.

Musterzeichner ↑Zeichner.

Mustio ↑Mischling.

¹**Mut,** Tapferkeit, Kühnheit, Beherztheit, Herzhaftigkeit, Furchtlosigkeit, Unerschrockenheit, Unverzagtheit, Schneid, Courage, Risikobereitschaft, Zivilcourage, Mumm *(ugs.),* Nipf *(ugs., österr.),* Tollkühnheit, Wagemut, Bravour, Draufgängertum; **keinen M. haben,** keine Traute haben *(ugs.);* ↑mutlos; **den M. verlieren,** den Mut sinken lassen, verzagen, die Hoffnung aufgeben, alle Hoffnung fahren lassen, verzweifeln, die Flinte ins Korn werfen, jmdm. fällt / rutscht das Herz in die Hose (oder:) Hosen; **nicht den M. verlieren,** sich nicht entmutigen / sich nicht kleinkriegen lassen, halt die Ohren steif!, Kopf hoch!; ↑wagen; ↑mutig · Ggs. ↑feige.

²**Mut:** M. machen / zusprechen ↑Trost [geben], ↑zuraten; jmdm. den M. nehmen ↑entmutigen; guten -es sein ↑zuversichtlich [sein].

Mutation: ↑Stimmwechsel, ↑Veränderung.

mutatis mutandis ↑Änderung.

Mütchen: an jmdm. sein M. kühlen ↑schelten.

mutig, tapfer, heldenhaft, heldenmütig, todesmutig, heroisch, mannhaft, beherzt, herzhaft, unverzagt, unerschrocken, furchtlos, couragiert, kühn, wagemutig, waghalsig, verwegen, draufgängerisch, kämpferisch, tollkühn, risikofreudig, abenteuerlustig, vermessen, nicht ↑feige; ↑frech, ↑streitbar, ↑zielstrebig; **m. sein,** das Herz auf dem rechten Fleck haben, ohne Furcht und Tadel sein, die Gefahr verachten, der Gefahr trotzen / ins Auge sehen (oder:) schauen / nicht achten, weder Tod noch Teufel fürchten, sein Herz in die Hand / in beide Hände nehmen, sich ein Herz fassen, die Zähne zusammenbeißen, keine ↑Angst [haben]; ↑Draufgänger, ↑Held, ↑Mut.

mutlos ↑deprimiert.

Mutlosigkeit: ↑Feigheit, ↑Trauer, ↑Verzweiflung.

mutmaßen ↑vermuten.

mutmaßlich ↑anscheinend.

Muttchen ↑Frau.

¹**Mutter,** Mama, Mami, Mutti, Alte *(ugs.),* alte Dame · *schlechte:* Rabenmutter · *nicht leibliche:* zweite Mutter, Stiefmutter, Pflegemutter, Ziehmutter · *die das Kind für eine unfruchtbare Frau (gegen Entgelt) austrägt:* Leihmutter, Mietmutter · *der Zigeuner:* Magrello; ↑Betreuerin (Tagesmutter), ↑Eltern, ↑Frau, ↑Kind, ↑Verwandte · Ggs. ↑Vater.

²**Mutter:** ↑Nagel; M. Erde ↑Erde; M. Gottes ↑Madonna; M. der Kompanie ↑Dienstgrad;

Vater und M. ↑Eltern; M. werden ↑gebären,
↑schwanger [sein]; der M. an der Schürze hängen ↑erwachsen; bei M. Grün schlafen ↑übernachten.

Mutterboden ↑Erde.
Mütterchen ↑Frau.
Muttererde ↑Erde.
Mutterfleck ↑Muttermal.
Mutterfreuden: M. entgegensehen ↑schwanger [sein].
Mutterglück ↑Freude.
Muttergotteskäfer ↑Marienkäfer.
Mutterhafen ↑Hafen.
Mutterkind: ein M. sein ↑verwöhnt [sein].
Mutterkorn ↑Schlauchpilz.
Mutterkuchen ↑Plazenta.
Mutterliebe ↑Familienanhänglichkeit.
Muttermal, Mutterfleck, Leberfleck, Feuermal, Gefäßmal, Geburtsmal, Pigmentmal, Altersfleck, Linsenfleck, Linsenmal, Lentigo *(Med.)*, Naevus *(Med.);* ↑Blutgefäßgeschwulst, ↑Sommersprossen; ↑sommersprossig.
Muttermilch: etwas mit der M. eingesogen haben ↑firm [sein].
Mutterschaf ↑Schaf.
Mutterschwein ↑Schwein.
mutterseelenallein ↑einsam.
Muttersöhnchen: ↑Sohn; ein M. sein ↑verwöhnt [sein].
Muttersprache, Vatersprache *(selten);* ↑Deutsch, ↑Hochsprache, ↑Landessprache, ↑Mundart.
Mutterstute ↑Pferd.
Muttertier: ↑Kaninchen, ↑Rind, ↑Schaf.
Mutterwitz ↑Klugheit.
Mutti ↑Mutter.
mutual ↑wechselseitig.
Mutualität ↑Wechselseitigkeit.
mutuell: -e Masturbation ↑Koitus.
mutwillig ↑böswillig.
Mütze ↑Kopfbedeckung.
Mützenwetter: ↑Schönwetter, ↑Wetter.
Mutzikatze ↑Katze.
My ↑Buchstabe.
Mykose ↑Fußpilz.
Mylady ↑Dame.
Mylord ↑Herr.
Mynheer ↑Holländer.
Myokardinfarkt ↑Herzinfarkt.
Myom ↑Geschwulst.
Myriade: ↑Anzahl; -n von ↑viele.
Mysterienspiel ↑Schauspiel.
mysteriös ↑unfassbar.
Mysterium, Geheimnis; ↑Wunder.
Mysterium tremendum ↑Gottheit.
Mystifikation, Mystifizierung, Täuschung, Vorspiegelung, Irreführung, Obskurantismus, Verdummungseifer, Verdummung; ↑Betrug, ↑Hokuspokus; ↑okkult.
mystisch ↑unfassbar.
Mystizismus ↑Aberglaube.

mythisch ↑legendär.
Mythologie ↑Wissenschaft.
Mythos ↑Erzählung.
Myzetismus ↑Lebensmittelvergiftung.

na: ↑nein; na denn [prost] ↑prost; [na] klar ↑ja; nu na [nicht] ↑ja.
¹Nabel, Bauchnabel, Omphalos, Umbilicus.
²Nabel: N. der Welt ↑Mittelpunkt.
Nabelbruch ↑Bauch.
Nabelschau ↑Selbsterfahrung.
Nabelschnur: die N. durchschneiden / durchtrennen ↑selbstständig [werden].
Nabob ↑Reicher.
nach: ↑gemäß; n. allen Orten / Richtungen / Seiten ↑überallhin; n. eigenem Ermessen / Gutdünken ↑eigenmächtig; n. und nach ↑allmählich; n. wie vor ↑unaufhörlich.
nachäffen ↑nachahmen.
nachahmen, nachmachen, nachäffen *(emotional)*, imitieren, kopieren, nacheifern, nachstreben, nachfolgen, sich an jmdm. ein Beispiel nehmen, sich jmdn. zum Vorbild nehmen, in jmds. Spuren wandeln · *eine ernste Dichtung in komisch-satirischer Weise:* a) *durch unpassende, lächerliche Form:* travestieren; b) *durch unpassenden Inhalt:* parodieren; **nachgeahmt werden,** Schule machen, Mode werden, Vorbild sein; ↑ablichten, ↑nachgestalten, ↑vervielfältigen; ↑Nachahmung.
nachahmenswert ↑vorbildlich.
Nachahmer, Nachfolger, Nachläufer, Schüler, Epigone; ↑Anhänger · Ggs. ↑Muster.
Nachahmung, Nachbildung, Replik, Replikation, Abklatsch, Klischee, Kopie, Imitation, Schablone, Attrappe · *ernster Dichtung in komisch-satirischer Weise:* a) *durch unpassende, lächerliche Form:* Travestie; b) *durch unpassenden Inhalt:* Parodie; ↑Abguss, ↑Abschrift, ↑Fälschung, ↑Muster, ↑Original, ↑Redensart, ↑Reproduktion; ↑Zerrbild; ↑ablichten, ↑nachahmen.
Nachahmungstäter ↑Verbrecher.
nacharbeiten ↑aufholen.
Nachauflage ↑Nachdruck.
Nachbar: ↑Anwohner, ↑Mann; ↑Nebenmann; scharf wie -s Lumpi ↑begierig.
Nachbarschaft ↑Umgebung.
Nachbarschaftsschule ↑Schule.
Nachbartisch ↑Tisch.

Nachbehandlung: ↑Behandlung, ↑Nachsorgeuntersuchung.
nachbessern ↑aufbessern.
nachbeten ↑nachsprechen.
nachbezahlen ↑zahlen.
nachbilden: ↑abbilden, ↑formen, ↑nachgestalten, ↑rekonstruieren, ↑reproduzieren.
Nachbildung: ↑Nachahmung, ↑Wortbildung.
nachblättern: in etwas n. ↑nachschlagen (in).
nachblicken: jmdm. n. ↑nachschauen (jmdm.).
nachdem ↑als.
nachdenken: ↑denken; n. über ↑erwägen; das Nachdenken ↑Denkvorgang, ↑Versenkung; etwas erfordert [genaues] Nachdenken ↑Bedenkzeit [erfordern].
nachdenklich: ↑gedankenvoll; etwas macht / stimmt jmdn. n. ↑beschäftigen.
Nachdichtung ↑Übersetzung.
¹Nachdruck, Nachauflage, Lizenzdruck · *ohne Genehmigung:* Raubdruck, Piratendruck, Freibeuterausgabe; ↑Auflage, ↑Druck, ↑Edition, ↑Schallplatte (Raubpressung).
²Nachdruck: ↑Nachdrücklichkeit; anastatischer / fotomechanischer N. ↑Reproduktion; mit N. ↑nachdrücklich; mit N. herausstellen ↑betonen.
nachdrucken ↑reproduzieren.
¹nachdrücklich, eindringlich, mit sanfter Gewalt, inständig, mit ganzem Herzen, drastisch, ultimativ, demonstrativ, ostentativ, ostentiös, betont, im Brustton der Überzeugung, ausdrücklich, deutlich, unmissverständlich, gewichtig, bedeutungsvoll, wirkungsvoll, emphatisch, mit Nachdruck / Emphase / Gewicht, mit ergreifenden Worten, mahnend, beschwörend, flehentlich, flehend; ↑klar, ↑provozierend, ↑unterwürfig, ↑zugespitzt; **n.** sagen, Überzeugungsarbeit leisten; ↑Nachdrücklichkeit.
²nachdrücklich ↑zielstrebig.
Nachdrücklichkeit, Nachdruck, Ausdrücklichkeit, Gewicht, Gewichtigkeit, Emphase, Eindringlichkeit, Überzeugungskraft, Inständigkeit, Drastik, Deutlichkeit, Unmissverständlichkeit; ↑Hervorhebung; ↑betonen; ↑nachdrücklich.
nacheifern ↑nachahmen.
nacheilen ↑nachgehen.
¹nacheinander, hintereinander, folgend, aufeinander folgend, nachfolgend, in Aufeinanderfolge, zusammenhängend, darauf folgend, der Reihe nach, der Ordnung nach, im Kehrum *(landsch.),* im Gänsemarsch, in Reih und Glied, Substantiv + für + gleiches Substantiv (Schritt für Schritt, Tag für Tag), Substantiv + an + gleiches Substantiv (Kopf an Kopf, Schulter an Schulter), Substantiv + um + gleiches Substantiv (Stück um Stück, Zug um Zug); ↑daran, ↑hinterher · Ggs. ↑diskontinuierlich.
²nacheinander: ↑allmählich; rasch n. ↑schnell [nacheinander].
Nachempfängnis ↑Befruchtung.

nachempfinden: ↑einfühlen (sich), ↑nachgestalten.
Nachen ↑Boot.
Nacherbe ↑Erbe (der).
Nacherzählung ↑Schulaufsatz.
Nachfahr ↑Angehöriger.
Nachfahre ↑Angehöriger.
nachfassen ↑fragen.
¹Nachfolge, Thronfolge, Amtsnachfolge, Wachablösung, Rechtsnachfolge, Sukzession, Staatensukzession, Erbfolge, Erbgang *(schweiz.);* ↑Nachahmung, ↑Nachfolger; ↑nachfolgen.
²Nachfolge: die N. antreten ↑nachfolgen.
¹nachfolgen, folgen, die Nachfolge antreten, jmds. Amt übernehmen, in jmds. Fußstapfen treten; ↑Nachfolge, ↑Nachfolger.
²nachfolgen: -d ↑nacheinander; -de Generationen / Geschlechter ↑Nachwelt.
¹Nachfolger, [designierter] Amtsnachfolger, Rechtsnachfolger, Sukzessor, Juniorchef · *in der Abstammung:* Deszendent, Nachkomme, Abkömmling, Abkomme, Nachfahr[e], Spross; ↑Nachahmer, ↑Nachfolge, ↑Thronfolger; ↑nachfolgen · Ggs. ↑Vorangegangener.
²Nachfolger ↑Nachahmer.
nachformen: ↑abbilden, ↑nachgestalten.
¹nachforschen, nachspüren, recherchieren, ermitteln, Ermittlungen anstellen, untersuchen, abklopfen auf, ausleuchten, einer Sache auf den Grund gehen / nachgehen, herumstochern, herumbohren, erkunden, feststellen, erheben *(südd., österr.),* ausforschen *(österr.),* stierln *(ugs., österr.),* nachstierln *(ugs., österr.)* · *in einer mit persönlicher Gefahr verbundenen Weise:* wallraffen; ↑beobachten, ↑durchsuchen, ↑forschen, ↑fragen, ↑prüfen, ↑spionieren, ↑suchen.
²nachforschen ↑prüfen.
Nachforschung, Prüfung, Fahndung, Nachprüfung, Ermittlung, Recherche, Sondierung, Enquete, Untersuchung, Voruntersuchung, Erhebung *(südd., österr.),* Ausforschung *(österr.)* · *bei Gericht:* Ermittlungsverfahren · *als Aktion nach einem Terroranschlag, Mord u. Ä.:* Ringfahndung, Schleppnetzfahndung; ↑Erforschung, ↑Experiment, ↑Umfrage, ↑Verhör; ↑nachforschen.
Nachfrage: ↑Bedarf, ↑Frage; danke der [gütigen] N.! ↑danke!; Angebot und N. ↑Arbeitsmarkt.
Nachfragemonopol ↑Marktform.
nachfragen ↑fragen.
Nachfrageoligopol ↑Marktform.
Nachfragepolypol ↑Marktform.
nachfüllen ↑tanken.
Nachfürsorge ↑Behandlung.
¹nachgeben, einlenken, Zugeständnisse machen, jmdm. [auf halbem Wege] entgegenkommen, auf jmds. Forderungen / Wünsche eingehen, sich beugen / fügen / unterwerfen / erge-

ben, sich einem Joch beugen, unterliegen, zu-
rückstecken, willfahren, erhören, einen Rückzieher machen, den Rückzug antreten, klein
beigeben, den Schwanz einziehen / einkneifen
(salopp), kapitulieren, sich besiegen lassen, in
die Knie gehen, sich unterordnen, die weiße
Fahne hissen, resignieren, passen, aufgeben,
abschnallen *(ugs.)*, die Flinte ins Korn werfen,
die Waffen strecken, die Segel streichen, ein
Auge / beide Augen zudrücken, sich erweichen
lassen, weich / schwach werden, kleinlaut werden, klein [und hässlich] werden, nicht ↑beharr-
lich (sein), nicht ↑bestehen (auf), nicht ↑stand-
halten; ↑abschreiben, ↑befolgen, ↑entgegen-
kommen, ↑ertragen, ↑überreden, ↑umschwen-
ken, ↑verzeihen, ↑zurückstehen, ↑zurückziehen
(sich); ↑Friedenssymbol, ↑Widerruf · Ggs.
↑besiegen.
²nachgeben: ↑abnehmen, ↑biegsam [sein];
nicht n. ↑durchhalten; nicht -d ↑standhaft; dem
Trieb n. ↑koitieren.
Nachgeburt ↑Plazenta.
¹nachgehen, hinterhergehen, hinterherlaufen,
nachlaufen, nachrennen, nacheilen, nachschleichen, nachsteigen, folgen; ↑verfolgen.
²nachgehen: etwas geht jmdm. nach ↑beschäf-
tigen; einer Beschäftigung n. ↑arbeiten; einer
Sache n. ↑nachforschen.
nachgemacht ↑unecht.
nachgerade: ↑ganz, ↑regelrecht.
nachgestalten, nachbilden, nachempfinden,
ablauschen, nachformen; ↑nachahmen.
nachgiebig ↑willensschwach.
Nachgiebigkeit: ↑Duldsamkeit, ↑Willenlosig-
keit.
nachgießen ↑abbilden.
nachgrübeln ↑denken.
Nachhall, Hall, Nachklang, das Nachhallen,
das Nachklingen, das Weiterklingen, Wider-
hall, das Widerhallen; ↑Raumakustik; ↑Reso-
nanz, ↑Widerhall; ↑schallen.
nachhallen: das Nachhallen ↑Nachhall.
¹nachhaltig, wirksam, effizient, entscheidend,
effektiv, eindrucksvoll, unvergesslich; ↑außer-
gewöhnlich; ↑auffallen, ↑wirken.
²nachhaltig: ↑einschneidend, ↑unaufhörlich.
nachhängen: einem Gedanken / seinen Gedanken n. ↑denken.
Nachhauseweg: ↑Rückweg; sich auf den N.
begeben / machen ↑zurückbegeben (sich).
nachher ↑hinterher.
Nachhilfelehrer ↑Repetitor.
nachhinein: im Nachhinein ↑hinterher.
Nachhirn ↑Gehirn.
Nachholbedarf, Mangel, **N. haben,** noch viel
nachholen müssen, zu kurz gekommen sein, etwas nicht genügend gehabt / getan haben;
↑mangeln.
nachholen: ↑aufholen; noch viel n. müssen
↑Nachholbedarf [haben].
Nachhut: ↑Abteilung, ↑Nachzügler.

nachjagen ↑verfolgen.
Nachklang ↑Nachhall.
nachklingen: das Nachklingen ↑Nachhall.
Nachkomme: ↑Angehöriger; -n ↑Nachwelt.
¹nachkommen, hinterherkommen, folgen,
später kommen.
²nachkommen: ↑gehorchen; das dicke Ende
kommt nach ↑ausstehen.
Nachkömmling ↑Kind.
Nachkriegsgeneration ↑Lostgeneration.
Nachkriegsjahr: -e ↑Nachkriegszeit.
Nachkriegsliteratur ↑Literaturepochen.
Nachkriegszeit, Nachkriegsjahre, Hungerjahre, die schlechte Zeit, die Zeit des Wiederaufbaus / vor der Währungsreform, die Zeit
(oder:) Jahre nach dem Krieg / ersten Weltkrieg / zweiten Weltkrieg, nach 45; damals als
man nichts zu essen hatte; ↑Krieg.
Nachkur ↑Behandlung.
Nachlass: ↑Erbe (das), ↑Preisnachlass.
¹nachlassen, schlechter werden, mit jmdm.
geht es abwärts, jmds. Ruhm verblasst, jmds.
Stern sinkt / ist im Sinken, auf dem absteigenden Ast sein; ↑abnehmen; ↑unbeweglich;
↑Schwund.
²nachlassen: ↑abnehmen, ↑ermäßigen; nicht
n. mit ↑zusetzen (jmdm.); das Nachlassen
↑Rückgang, ↑Schwund.
nachlassend, rückläufig, stagnierend, rezessiv, regressiv, zurückgehend, schwindend, ab-
flauend, sinkend, degressiv; ↑Verminderung.
¹nachlässig, schlampig *(emotional)*, schlampert *(landsch.)*, schludrig *(emotional)*, ober-
flächlich, flüchtig, unordentlich, huschelig, larifari, liederlich, ungenau, überhapps *(österr.)*,
so nebenher; ↑unachtsam, ↑unbesonnen, ↑un-
geordnet; **n. sein,** es nicht so genau nehmen,
fünf grade sein lassen, schlampen *(emotional)*,
schlampern *(österr.)*, schludern *(emotional)*;
n. werden, die Zügel schleifen lassen.
²nachlässig: ↑säumig, ↑ungezwungen.
¹Nachlässigkeit, Schlamperei *(emotional)*,
Schludrigkeit *(emotional)*, Unordentlichkeit,
unordentliches Arbeiten, Unsorgfältigkeit,
mangelnde Sorgfalt, Ungenauigkeit, Oberflächlichkeit, Flüchtigkeit; ↑Langsamkeit,
↑Teilnahmslosigkeit, ↑Unachtsamkeit.
²Nachlässigkeit ↑Unpünktlichkeit.
nachlaufen: ↑nachgehen, ↑verfolgen; allen
Mädchen n. ↑Frauenheld.
Nachlaufen ↑Fangspiel.
Nachläufer ↑Nachahmer.
Nachläuferles ↑Fangspiel.
nachlesen: in etwas n. ↑nachschlagen (in).
nachmachen: ↑nachahmen, ↑wiederholen;
nachgemacht ↑unecht.
Nachmieter ↑Mieter.
Nachmittag, Mittag *(landsch.)*, zweite Tageshälfte; ↑Mittag, ↑Tageszeit; ↑nachmittags.
nachmittags, mittags *(landsch.)*, in der zweiten Tageshälfte; ↑Nachmittag, ↑Tageszeit.

Nachmittagskaffee ↑ Zwischenmahlzeit.
Nachmittagskleid ↑ Kleid.
Nachmittagssonne ↑ Sonnenlicht.
nachnachrüsten ↑ rüsten.
Nachnahme ↑ Zahlung.
Nachnahmesendung ↑ Postsendung.
Nachname ↑ Familienname.
nachnehmen ↑ kassieren.
nachplappern ↑ nachsprechen.
nachprüfen ↑ kontrollieren.
Nachprüfung: ↑ Kontrolle, ↑ Nachforschung.
Nachrede: böse / üble N. ↑ Beleidigung.
nachreden: ↑ nachsprechen; jmdm. etwas n.
↑ schlecht machen.
nachrennen: ↑ nachgehen, ↑ verfolgen.
¹Nachricht, Neuigkeit, Mitteilung, Message
(Jargon), Botschaft, Kunde, Meldung, Erfolgsmeldung, Auskunft, Information, Informierung, Bescheid, Lebenszeichen, Anzeige, Ankündigung, Äußerung, Benachrichtigung · Geburtsanzeige · Hochzeitsanzeige, Vermäh-
lungsanzeige · Todesanzeige, Parte *(österr.),*
Partezettel *(österr.);* ↑ Angabe, ↑ Beileidskarte,
↑ Bericht, ↑ Darlegung, ↑ Fernsehsendung, ↑ Hinweis, ↑ Mitteilung, ↑ Rede, ↑ Rundfunksendung,
↑ Zeitungsartikel; **N. erhalten,** Post bekommen /
kriegen / haben; ↑ mitteilen.
²Nachricht: ↑ Lebenszeichen; N. geben ↑ mitteilen.
Nachrichten: ↑ Fernsehsendung, ↑ Rundfunksendung.
Nachrichtenmagazin ↑ Zeitschrift.
Nachrichtensperre ↑ Sperre.
Nachrichtensprecher: ↑ Ansager, ↑ Sprecher.
Nachrichtenverarbeitungsmaschine ↑ Computer.
nachrücken, aufrücken, aufschließen, anschließen, Anschluss haben an.
Nachruf, Nekrolog, Leichenrede, Grabrede,
Totenrede, Gedächtnisrede, Würdigung; ↑ Mitteilung.
nachrühmen: jmdm. etwas n. ↑ loben.
nachrüsten ↑ rüsten.
Nachrüstung ↑ Aufrüstung.
nachsagen: ↑ nachsprechen, ↑ zuschreiben;
jmdm. etwas n. ↑ schlecht machen.
Nachsaison ↑ Saison.
Nachsatz ↑ Postskriptum.
¹nachschauen (jmdm.), jmdm. nachsehen /
nachblicken / hinterherschauen, jmdn. mit Blicken verfolgen, jmdm. mit den Blicken folgen,
hinter jmdm. hersehen · *heimlich:* schmulen
(landsch.).
²nachschauen ↑ kontrollieren.
³nachschlagen (in), in etwas nachsehen /
nachlesen / suchen, nachblättern / etwas in etwas aufsuchen, durchsehen, durchblättern /
blättern in; ↑ aufblättern; ↑ Nachschlagewerk.
⁴nachschlagen: jmdm. n. ↑ ähneln.
Nachschlagewerk, Konversationslexikon,
Lexikon, Fachlexikon, Enzyklopädie, Wörter-

buch, Spezialwörterbuch, Wörterverzeichnis,
Glossar, Vokabular, Vokabularium, Diktionär,
Thesaurus, Eselsbrückenliteratur (Treitschke) ·
einer Mundart: Idiotikon, Mundartwörterbuch · *über die Herkunft der Wörter:* etymolo-
gisches Wörterbuch, Herkunftswörterbuch ·
für sinnverwandte Wörter: Synonymwörterbuch; ↑ synonym · *für Fremdwörter:* Fremdwörterbuch, Verdeutschungswörterbuch · *für die
Rechtschreibung:* orthographisches Wörterbuch, Rechtschreibwörterbuch, Duden® · *für
die richtige Verwendung der Wörter:* Stilwörterbuch · *vom Wortende her alphabetisiertes:* rück-
läufiges Wörterbuch · *für Namen:* Namenbuch · *für Zitate:* Zitatenlexikon, Zitatenschatz, geflügelte Worte · *für zwei Sprachen:*
zweisprachiges Wörterbuch, Äquivalenzwörterbuch; ↑ Stichwort; ↑ nachschlagen.
nachschleichen ↑ nachgehen.
nachschleifen ↑ ziehen.
Nachschlüssel, Dietrich, Diebshaken, Diebsschlüssel, König David *(Jargon),* Klaus *(Jargon),* Kate *(Jargon),* Daltel *(Jargon),* Taltel *(Jargon),* Peterchen *(Jargon);* ↑ Schlüssel; ↑ öffnen.
nachschnüffeln ↑ spionieren.
Nachschrift: ↑ Nachwort, ↑ Postskriptum.
nachsehen: ↑ kontrollieren; jmdm. n. ↑ nachschauen (jmdm.); jmdm. etwas n. ↑ verzeihen;
in etwas n. ↑ nachschlagen (in); das Nachsehen
haben ↑ bekommen.
nachsetzen ↑ verfolgen.
Nachsicht: ↑ Duldung, ↑ Entschuldigung; N.
haben mit / üben ↑ nachsichtig [sein].
¹nachsichtig, milde, geduldig; **n. sein,** Nachsicht haben mit / üben, jmdn. durch die Finger
sehen, Gnade vor / für Recht ergehen lassen;
↑ tolerant.
²nachsichtig ↑ tolerant.
Nachsilbe: ↑ Affix, ↑ Silbe.
nachsinnen ↑ denken.
Nachsommer ↑ Altweibersommer.
Nachsorge: ↑ Behandlung, ↑ Nachsorgeuntersuchung.
Nachsorgeuntersuchung, Nachsorge, Nachbehandlung · Ggs. ↑ Vorsorgeuntersuchung.
Nachspann, Abspann, Absage, Abkündigung ·
Ggs. ↑ Vorspann.
Nachspeise ↑ Dessert.
Nachspiel: ↑ Folge, ↑ Liebesspiel.
nachspionieren ↑ spionieren.
nachsprechen, nachsagen, wiederholen,
nachreden, nachplappern, echoen, nachbeten.
nachspüren ↑ nachforschen, ↑ spionieren.
¹nächst, kommend, anhin *(schweiz.);* z. B. der
Vortrag findet am 2. Juni anhin statt).
²nächst: ↑ nahe; auf der -en Seite ↑ umseitig; in
-er Nähe ↑ nahebei; als Nächstes ↑ zunächst.
nachstehen: jmdm. an etwas / in etwas nicht n.
↑ erreichen (jmds. Leistung).
nachsteigen ↑ nachgehen.
nachstellen: ↑ umwerben, ↑ verfolgen.

Nachstellung ↑Verfolgung.

¹Nächstenliebe, Agape, Caritas, Karitas, Barmherzigkeit, Mildtätigkeit, Wohltätigkeit, Philanthropie, Menschlichkeit, Menschenliebe, Menschenfreundlichkeit, Humanität; ↑Achtung, ↑Geselligkeit, ↑Liebe, ↑Mitgefühl; ↑Philanthrop; ↑menschlich.

²Nächstenliebe: mit dem Mantel der christlichen N. bedecken / zudecken ↑vertuschen.

nächsthin ↑später.

nachstieln ↑nachforschen.

nachsuchen: ↑bitten, ↑durchsuchen.

Nacht: alle Nächte, jede N., N. für Nacht, immer in der N. / während der Nacht ↑allnächtlich; gute N.! ↑Gruß; Heilige N. ↑Weihnachtsabend; die Zwölf Nächte ↑Raunächte; Tag und N. ↑Tag; ↑unaufhörlich; schwarz wie die N. ↑schwarz; die N. sinkt herab / bricht herein / senkt sich auf die Erde ↑dunkel [werden]; jmdm. wird N. vor den Augen ↑ohnmächtig [werden]; etwas bereitet jmdm. schlaflose Nächte ↑sorgen (sich); die N. durchsumpfen / durchtrinken / durchzechen ↑feiern; die N. zum Tage machen ↑arbeiten; sich die N. um die Ohren schlagen ↑schlafen; die N. verbringen ↑übernachten; des -s, / bei N., in / während der N., mitten in der N. ↑nachts; bei N. und Nebel, im Schutze der N. ↑heimlich; über N. ↑plötzlich; zu / zur N. essen ↑Abendessen [einnehmen], ↑essen; jmd., der die N. zum Tage macht ↑Nachtschwärmer.

Nachtangelei ↑Angelsport.

Nachtanzug ↑Nachtgewand.

Nachtaufnahme ↑Fotografie.

Nachtausgabe ↑Zeitung.

Nachtbar ↑Nachtlokal.

nachtblau ↑blau.

nachtblind ↑blind.

Nachtblindheit ↑Sehstörung.

Nachtcafé ↑Nachtlokal.

Nachtcreme ↑Schönheitspflegemittel.

Nachtdienst ↑Bereitschaftsdienst.

Nachteil: ↑Mangel; Vor- und -e einer Sache ↑Vorteil; sich als N. erweisen, -e haben ↑ungünstig [sein]; -e erleiden ↑einbüßen.

nachteilig: ↑hinderlich, ↑unerfreulich, ↑ungünstig.

nachten ↑dunkel [werden].

nächtens ↑nachts.

Nachtessen ↑Abendessen.

Nachteule: ↑Nachtschwärmer; eine N. sein ↑nachts [arbeiten].

Nachtfahrt ↑Fahrt.

Nachtfalter ↑Schmetterling.

Nachtflug ↑Flug.

Nachtfrost ↑Kälte.

Nachtgebet ↑Gebet.

Nachtgeschirr, Nachttopf, Topf, Töpfchen *(Kinderspr.),* Thron *(scherzh.),* Pisspott *(derb),* Mitternachtsvase *(ugs., scherzh.),* Hafen *(südd., österr.),* Scherben *(ugs., österr.),* Brunzkachel *(schwäb., veraltet),* Seichkachel *(schwäb., veraltet),* Brunzdippe *(hess.)* · *für Bettlägerige:* Stechbecken, Schieber, Pfanne · *für bettlägerige Männer nur für Urin:* Urinflasche, Harnflasche, Flasche, Stechflasche, Stechglas, Urinal *(fachspr.),* Urodochium *(fachspr.),* Ente *(ugs.);* ↑Toilette.

Nachtgespenst ↑Gespenst.

Nachtgestirn ↑Mond.

Nachtgewand, Nachthemd, Pyjama, Schlafanzug, Nachtanzug, Negligee, Babydoll, Shorty; ↑Morgenrock.

Nachtgunkel ↑Herbstzeitlose.

Nachthemd ↑Nachtgewand.

Nachtigall: ↑Vogel; N., ick hör dir trapsen ↑merken.

nächtigen ↑übernachten.

Nächtigung ↑Übernachtung.

Nachtisch ↑Dessert.

Nachtkästchen ↑Nachttisch.

Nachtkastel ↑Nachttisch.

Nachtklub ↑Nachtlokal.

nächtlich: ↑allnächtlich; [zu -er Stunde] ↑nachts.

nächtlicherweile ↑nachts.

nächtlicherweise ↑nachts.

Nachtlokal, Nachtklub, Nightclub, Bar, Nachtbar, Amüsierlokal, Amüsierbetrieb, Nachtcafé *(schweiz.),* Spätcafé *(schweiz.);* ↑Bardame, ↑Barkeeper, ↑Gaststätte, ↑Striptease.

Nachtluft ↑Luft.

Nachtmahl ↑Abendessen.

nachtmahlen ↑essen.

Nachtmahr ↑Gespenst.

Nachtmarsch: ↑Marsch (der), ↑Spaziergang.

Nachtmensch: ein N. sein ↑nachts [arbeiten].

Nachtmusik ↑Serenade.

Nachtrag: ↑Ergänzung, ↑Nachwort.

nachtragen: ↑übel nehmen, ↑vervollständigen.

nachtragend ↑empfindlich.

nachträglich ↑hinterher.

Nachtragsgesetz ↑Novelle.

Nachtragshaushalt ↑Etat.

Nachtragung ↑Ergänzung.

nachtrauern ↑beklagen.

Nachtruhe ↑Schlaf.

¹nachts, bei Nacht, im Dunkel[n], bei Dunkelheit, nächtens, nächtlich, während der Nacht, [mitten] in der Nacht, des Nachts, nächtlicherweile, nächtlicherweise, nachtüber *(schweiz.),* zu nächtlicher Stunde, zu / bei nachtschlafender Stunde (oder:) Zeit; ↑allnächtlich, ↑dunkel · Ggs. ↑tagsüber · *nachts arbeiten:* ein Nachtmensch / eine Nachteule sein.

²nachts: ↑abends; immer n. ↑allnächtlich.

Nachtschicht ↑Schicht.

Nachtschlaf ↑Schlaf.

nachtschlafend: bei (oder:) zu -er Stunde Zeit ↑nachts.

Nachtschmetterling ↑Schmetterling.

Nachtschränkchen ↑Nachttisch.

Nachtschwärmer, Nachteule; jmd., der die Nacht zum Tage macht; ↑Mann.

nachtschwarz: ↑schwarz, ↑schwarzhaarig.

Nachtschwester ↑Krankenschwester.

Nachtsichtigkeit ↑Sehstörung.

Nachtspeicherofen ↑Ofen.

Nachtstar ↑Katarakt.

Nachttisch, Nachtschränkchen, Nachtkästchen *(bayr., österr.),* Nachtkastel *(ugs., österr.).*

Nachttischlampe ↑Lampe.

Nachttopf ↑Nachtgeschirr.

nachtüber ↑nachts.

Nachtwächter ↑Bewacher.

nachtwandeln: das Nachtwandeln ↑Mondsüchtigkeit.

Nachtwanderung ↑Spaziergang.

Nachtzug ↑Eisenbahnzug.

nachvollziehen: ↑einfühlen (sich), ↑verstehen.

Nachwahl ↑Wahl.

Nachwein ↑Wein.

nachweinen: ↑beklagen; jmdm. / einer Sache keine Träne n. ↑beklagen.

¹Nachweis, Beweis, Rechtfertigung, Indiz, Beweisstück, Beweisgrund, Beweismaterial, Belastungsmaterial, Beweismittel, Entlastungsmaterial, Entlastungszeuge, Corpus Delicti, Alibi; ↑Anzeichen, ↑Argument, ↑Bescheinigung, ↑Merkmal, ↑Urkunde; ↑nachweisen.

²Nachweis: ↑Angabe, ↑Bescheinigung; den N. führen ↑nachweisen.

nachweisbar: ↑belegbar, ↑nachweislich.

¹nachweisen, beweisen, untermauern, erbringen, bringen, aufzeigen, belegen, den Nachweis führen; **etwas n. können,** den Nachweis / Beweis erbringen (oder:) liefern, etwas schwarz auf weiß haben · *und zwar, dass man sein Glas ausgetrunken hat:* die Nagelprobe machen; ↑begründen; ↑Nachweis.

²nachweisen: ↑aufdecken; seine Identität n. ↑legitimieren (sich).

nachweislich, erweislich *(veraltet),* nachweisbar, beweisbar, bewiesenermaßen, erwiesenermaßen; ↑belegbar, ↑offenbar, ↑stichhaltig.

Nachwelt, Nachkommen, die nach uns Kommenden, nachfolgende Geschlechter / Generationen, kommende Generationen / Zeiten, Zukunft.

Nachwort, Epilog, Schlusswort, Nachtrag · *nach der Unterschrift:* Nachschrift, Postskript[um], PS; ↑Ende, ↑Nachruf, ↑Nachspann · Ggs. ↑Einleitung.

Nachwuchs: ↑Kind, ↑Kinder (die).

Nachwuchskraft, Juniorpartner; ↑Emporkömmling; ↑Führungskraft.

nachzahlen ↑zahlen.

Nachzahlung: ↑Abfindung, ↑Zahlung.

nachzeichnen ↑zeichnen.

nachziehen ↑aufholen.

¹Nachzügler, Letzter, Nachhut, Schlusslicht *(scherzh.),* der letzte Mohikaner, der Letzte der Mohikaner; ↑letzte, ↑spät.

²Nachzügler ↑Kind.

Nackedei: ↑Nackte; ein N. sein ↑nackt [sein].

Nackedonien ↑Nacktbadestrand.

Nackedunien ↑Nacktbadestrand.

¹Nacken, Genick, Anke *(landsch.),* Nucha *(fachspr.)* · *starker:* Stiernacken; ↑Hals.

²Nacken, den Nacken steif halten ↑besiegen; jmdm. sitzt die Angst im Nacken ↑Angst [haben]; jmd. hat den Schalk / den Schelm im Nacken, jmdm. sitzt der Schalk / der Schelm im Nacken ↑Spaßvogel.

nackend ↑nackt.

nackert ↑nackt.

nacket: Nackete Jungfer ↑Herbstzeitlose.

nackicht ↑nackt.

¹nackt, bloß, entblößt, frei, ausgezogen, unbekleidet, entkleidet, enthüllt, kleidungslos, unangezogen, unbedeckt, hüllenlos, nackend, nackicht *(nordd.),* nackert *(bes. österr.),* blutt *(schweiz.),* textilfrei, textilarm, pudelnackt *(emotional),* splitterfasernackt *(emotional),* splitternackt *(emotional),* [nackt] wie Gott ihn schuf, barfuß bis an den Hals *(scherzh.)* · *am Oberkörper:* busenfrei, barbusig, oben ohne, topless; ↑barfüßig; **n. sein,** im Adamskostüm / Evaskostüm sein, ein Nackedei sein *(Kinderspr.),* nichts anhaben.

²nackt: mit -en Füßen ↑barfüßig.

nackt baden ↑schwimmen.

Nacktbadeplatz ↑Nacktbadestrand.

Nacktbadestrand, Nacktbadeplatz, Nudistenstrand, Naturistenstrand, FKK-Strand, FKK-Gelände, Nackedonien, Nackedunien, Abessinien, Kamerun, Äthiopien, Samoa, Hawaii; ↑Freikörperkultur, ↑Nudist · Ggs. ↑Textilstrand.

Nackte (die), weiblicher Akt, Nacktmodell, Nackedei, Nacktfrosch *(Kinderspr.),* Pin-up-Girl, Playmate, Nackttänzerin; ↑Frau, ↑Stripteasetänzerin.

Nacktfrosch ↑Nackte.

Nacktheit ↑Blöße.

Nacktkultur ↑Freikörperkultur.

Nacktmodell ↑Nackte.

Nackttänzerin ↑Nackte.

NaCl ↑Salz.

¹Nadel, Stecknadel, Nähnadel, Stopfnadel, Sticknadel; ↑Häkelnadel, ↑Stricknadel; ↑nähen.

²Nadel: ↑Blatt, ↑Brosche; an der N. hängen ↑süchtig [sein]; die -n abstoßen / abwerfen ↑nadeln; die -n verlieren ↑nadeln; mit N. und Faden umgehen können ↑nähen [können].

Nadelarbeit ↑Handarbeit.

Nadelbaum: Nadelbäume ↑Nadelhölzer.

Nadelgehölz: -e ↑Nadelhölzer.

Nadelgeld ↑Taschengeld.

Nadelhölzer, Koniferen, Zapfenträger, Nadelgehölze · Nadelbäume · Tanne, Weißtanne, Rottanne, Edeltanne, Blautanne, Fichte, Douglasie, Douglasfichte, Kiefer, Zirbelkiefer, Zirbe, Zirbel, Zirm *(tirol.)*, Zirn *(tirol.)*, Arve *(schweiz.)*, Föhre, Lärche, Eibe, Latsche, Zypresse, Mammutbaum, Pinie, Zeder · Lebensbaum, Thuja · Wacholder, Kranewit *(bayr., österr.)*, Machandelbaum, Machandel, Krammet *(oberd.);* ↑Pflanze, ↑Tannenzapfen; ↑nadeln · Ggs. ↑Laubhölzer.

nadeln, die Nadeln verlieren / abwerfen / abstoßen; ↑entlauben (sich); ↑Nadelhölzer.

nadelspitz ↑spitz.

Nadelspitze ↑Spitzenstickerei.

Nadelstich: jmdm. -e versetzen ↑kränken.

Nadelstreifen ↑Stoffmuster.

Nadelwald ↑Wald.

Naderer ↑Auskundschafter.

Naevus ↑Muttermal.

¹Nagel, Stift, Kopfnagel, Blaunagel, Blaupinne *(landsch.)*, Schraube, Mutter, Schraubennagel, Nietnagel, Niete, Haken, Krampe (die), Krampen (der), Hakennagel, Bolzen, Dübel, Zapfen, Stahlnagel, Eisennagel, Zimmermannsnagel, Zimmermannsstift, Drahtnagel, Metallstift, Holzstift, Drahtstift, Eisendrahtstift, Lattennagel, Bandnagel, Verschlagnagel, Polsternagel, Rutschnagel, Hufnagel, Schuhnagel, Täcks · *an Bergschuhen:* Schernken *(österr.);* ↑Reißzwecke.

²Nagel: ↑Fingernagel; eingewachsener N., Weißfleckigkeit der Nägel ↑Nagelkrankheit; ein N. zu jmds. Sarg sein ↑bekümmern; den N. auf den Kopf treffen ↑treffend; an den N. hängen ↑abschreiben, ↑kündigen; etwas brennt jmdm. auf den Nägeln ↑dringend [sein]; jmdm. nicht das Schwarze unter dem N. gönnen ↑neiden; sich etwas unter den N. reißen ↑nehmen.

Nagelablösung ↑Nagelkrankheit.

Nagelausfall ↑Nagelkrankheit.

Nagelbettentzündung ↑Nagelkrankheit.

Nagelblume ↑Flieder.

Nagelbrüchigkeit ↑Nagelkrankheit.

Nägelchen ↑Flieder.

Nagelkrankheit, Onychopathie, Onychose, Onychosis, Onychiasis ·· Nagelablösung, Nagelausfall, Onycholyse, Onychomadese, Onychoptose · Nagelspaltung, Onychoschisis, Onychoschizie, Schizonychie ·· Nagelbrüchigkeit, Onychorrhexis, Onychoklasis, Onychoklasie ·· Nagelverdickung, Nagelgeschwulst, Nagelhypertrophie, Onychauxis, Hyperonychie, Hyperonychose, Hyperonychosis, verstärktes Nagelwachstum, übermäßige Nagelbildung · *mit krallenartiger Verbildung der Nägel:* Krallennagel, Onychogrypose ·· Hohlnagel, Löffelnagel, Koilonychie, Kelonychie, · eingewachsener Nagel, Onychokryptose, Onyxis ·· Weißfleckigkeit der Nägel, Leukonychie, Onychopacitas · *entzündliche im Bereich des Nagelbetts:* Nagelbettentzündung, Onychie, Onychitis, Onyxitis, Onyxis, Matrixitis · *entzündliche, eitrige, bes. im Bereich des Nagelfalzes:* Nagelfalzentzündung, Nagelfalzvereiterung, Um-

lauf, Paronychie, Panaritium · *entzündliche im Bereich der Haut des hinteren Nagelwalls:* Perionychie, Perionyxis; ↑Krankheit.

nagelneu ↑neu.

Nagelpflege ↑Maniküre.

Nagelprobe: die N. machen ↑nachweisen.

Nagelschere ↑Schere.

Nagelschmied ↑Schmied.

Nagelschuh ↑Schuh.

nagen ↑kauen.

Nager ↑Nagetier.

Nagetier, Nager ·· Hase, Feldhase, Mümmelmann, Meister Lampe · Kaninchen, Karnickel, Stallhase ·· Eichhörnchen, Eichkätzchen ·· Murmeltier, Siebenschläfer, Biber, Hamster, Goldhamster ·· Maus, Feldmaus, Hausmaus, Spitzmaus, Birkenmaus, Wühlmaus · Ratte, Ratz *(oberd.)*, Hausratte, Wasserratte, Wanderratte, Bisamratte · Schermaus, Lemming · Meerschweinchen, Stachelschwein; ↑Wild.

Näglein ↑Gewürz.

nah: ↑nahe; näher kommen ↑kommen; von fern und n. ↑überallher.

-nah ↑-zentriert.

Nahaufnahme ↑Fotografie.

¹nahe (z. B. dem Wald), nah, benachbart, zunächst, in der Nähe [des Arbeitsplatzes], in nächster Nähe, nur eine Sekunde weit / entfernt von, nur einen Katzensprung weit / entfernt von, dicht an / bei, nicht ↑fern.

²nahe: ↑nahebei; Naher Osten ↑Orient; n. verwandt ↑verwandt; jmdm. zu n. treten ↑aufdringlich [sein].

Nähe: in der / in nächster N. ↑nahe; in die N. ↑nahebei.

nahebei, nahe, in der / in nächster Nähe, nebenan, nur eine Sekunde weit / entfernt, nur einen Katzensprung weit / entfernt, [gleich] um die Ecke, nicht ↑fern.

nahe legen ↑vorschlagen.

nahe liegend: aus -en Gründen ↑verständlicherweise.

nahen: ↑kommen; etwas naht ↑heraufziehen; sich jmdm. n. ↑nähern (sich jmdm.).

nähen, sticheln, anfertigen, schneidern, flicken, prünen *(nordd.)*, pfriemen *(landsch.)* · *im Knopflochstich:* festonieren · *an den Stoffrändern:* einfassen, einsäumen, säumen, endeln *(landsch.)*, schlingen *(österr.)*, mit einer Borte versäubern / besetzen; **n. können**, mit Nadel und Faden umgehen können; ↑handarbeiten; ↑Faden, ↑Nadel, ↑Naht, ↑Schneiderpuppe; ↑Schnittmuster.

näher: n. rücken ↑rücken (an).

Näherin ↑Schneiderin.

¹nähern (sich jmdm.), sich jmdm. nahen, sich an jmdn. heranmachen, sich einschmeicheln / anbiedern / anvettermicheln, sich bei jmdm. lieb Kind machen; ↑schmeicheln; ↑unterwürfig.

²**nähern:** sich n. ↑kommen; etwas nähert sich ↑bevorstehen, ↑heraufziehen.

Nahewein ↑Wein.

nahezu ↑beinahe.

Nähfaden ↑Faden.

Nähgarn: ↑Faden; Himmel, Gesäß und N.! ↑verflucht!

Nahkampf: ↑Kampf, ↑Koitus.

Nähkästchen: aus dem N. plaudern ↑mitteilen.

Nähmädchen ↑Schneiderin.

Nähnadel ↑Nadel.

Nahost ↑Orient.

Nährcreme ↑Schönheitspflegemittel.

nähren: ↑ernähren, ↑stillen; -d ↑nahrhaft; mühsam nährt sich das Eichhörnchen ↑vorangehen.

nahrhaft, nährstoffreich, kalorienreich, kräftig, kräftigend, deftig, nährend, sättigend, gesund, gehaltvoll, nutritiv, substanziell, eutroph; ↑bekömmlich, ↑essbar, ↑schmackhaft; ↑Nahrung.

nährstoffreich ↑nahrhaft.

Nahrung, Verpflegung, Proviant, Mundvorrat, Essen [und Trinken], das leibliche Wohl, Fressalien *(ugs.),* Wegzehrung, Speise und Trank, Futter, Futterage *(ugs.),* Fressen, Atzung, Fresspaket *(ugs.),* Kost, Vollwertkost, Rohkost, Schonkost · Tiefkühlkost; ↑Dessert, ↑Diät, ↑Ernährung, ↑Essen, ↑Lebensmittel, ↑Proviant, ↑Vegetarier; ↑ernähren; ↑vegetarisch.

Nahrungsaufnahme ↑Essen.

Nahrungsmangel ↑Hungersnot.

Nahrungsmittel ↑Lebensmittel.

Nahrungsmittelvergiftung ↑Lebensmittelvergiftung.

Nähseide ↑Faden.

Nähspitze ↑Spitzenstickerei.

¹**Naht,** Heftnaht, Fadenschlag *(schweiz.);* ↑nähen.

²**Naht:** ↑Operation; aus allen Nähten platzen ↑dick [werden].

Nähterin ↑Schneiderin.

Nähtisch ↑Tisch.

nahtlos ↑fugenlos.

Nahum ↑Prophet.

Nahverkehr ↑Straßenverkehr.

Nahverkehrszug ↑Eisenbahnzug.

Nahziel ↑Absicht.

Nain ↑Orientteppich.

naiv: ↑arglos, -er Maler ↑Kunstmaler; -e Malerei ↑Malerei.

Naive ↑Schauspielerin.

Naivität ↑Arglosigkeit.

Naivling, Unschuldslamm; ↑Frau, ↑Mann.

Najade ↑Wassergeist.

Namazlik ↑Orientteppich.

Name: ↑Familienname, ↑Vorname; guter N. Ansehen; mein N. ist Hase ↑wissen; einen -n eben ↑nennen; einen -n haben ↑angesehen sein]; alles, was Rang und -n hat ↑Oberschicht;

sich einen -n machen ↑bekannt [werden]; den -n haben / tragen ↑lauten; des -ns ↑genannt, ↑namens; seinen -n aufs Spiel setzen ↑bloßstellen (sich); seinem -n keine Ehre machen ↑bloßstellen (sich); etwas / das Kind beim [rechten (oder:) richtigen] -n nennen ↑beschönigen, ↑brandmarken; in Gottes / drei Teufels -n ↑ja; mit -n ↑namens, ↑namentlich; mit anderem -n ↑alias.

Namenbuch ↑Nachschlagewerk.

Namengedächtnis ↑Erinnerungsvermögen.

Namenkunde, Onomatologie, Onomastik; ↑Bezeichnungslehre, ↑Sprachwissenschaft, ↑Wortbedeutungslehre, ↑Wortgeschichte.

namenlos: ↑anonym, ↑unsagbar.

namens: mit Namen, des Namens; ↑Familienname.

Namensaktie ↑Wertpapier.

Namensfest: Mariä N. ↑Marienfest.

Namensnennung: ohne N. ↑anonym.

Namenszeichen: ↑Unterschrift, ↑Zeichen.

Namenszug ↑Unterschrift.

Namenszwang ↑Anankasmus.

¹**namentlich,** mit Namen, im Einzelnen, ausdrücklich, förmlich, explizit, explizite, express, expressis verbis; ↑besonders.

²**namentlich** ↑besonders.

namhaft ↑bekannt.

Namhaftigkeit ↑Bekanntheit.

¹**nämlich,** und zwar, als da sind, wie.

²**nämlich** ↑denn.

Nandu ↑Vogel.

Nänie: ↑Klage, ↑Lied.

Napalmbombe ↑Bombe.

Napf: ↑Gefäß, ↑Schüssel.

Napfkuchen, Gugelhupf *(südd.),* Bäbe *(landsch.),* Aschkuchen *(landsch.),* englischer Teekuchen; ↑Gebäck.

Napfkuchenform ↑Backform.

Napfschnecke ↑Schnecke.

Naphtha ↑Erdöl.

Napoli ↑Neapel.

Nappaleder ↑Leder.

¹**Narbe,** Mal, Wundnarbe, Ule, Zikatrix *(Med.),* Mase *(mundartl., österr.);* ↑Wunde.

²**Narbe** ↑Hautblüte.

Nargileh ↑Tabakspfeife.

Narkose ↑Betäubung.

Narkosearzt ↑Arzt.

Narkosefacharzt ↑Arzt.

Narkotikum ↑Linderungsmittel.

Narkotiseur ↑Arzt.

narkotisieren ↑betäuben.

¹**Narr,** Tor, Tölpel, Trampel, Bauer, der letzte Mensch, Einfaltspinsel, Kindskopf, Tropf, Gimpel, Olvel *(landsch.),* Simpel, Tollpatsch; ↑Dummkopf, ↑Spaßmacher, ↑Spaßvogel.

²**Narr:** ↑Spaßmacher; an jmdm. einen -en gefressen haben ↑lieben; jmdn. zum -en haben / halten ↑anführen.

-narr ↑Fan.

narrativ ↑erzählerisch.
narren ↑anführen.
Narrenfreiheit: N. haben ↑Freibrief.
Narrengang: einen N. machen ↑Erfolg.
narrensicher ↑mühelos.
Narrheit: ↑Absurdität, ↑Torheit.
närrisch: ↑überspannt; -er Einfall ↑Ausgefallenheit; die -e Zeit ↑Fastnacht.
Narwal ↑Wal.
Narziss ↑Mann.
Narzisse, Märzenbecher, Osterblume, Osterglocke, Tazette, Jonquille; ↑Blume.
Narzissmus ↑Selbstverliebtheit.
narzisstisch, autoerotisch, in sich selbst verliebt; ↑selbstbezogen; ↑Selbstverliebtheit.
nasal: n. sprechen ↑näseln, ↑sprechen.
naschen ↑essen.
Näscherei: -en ↑Süßigkeiten.
naschhaft, genäschig *(landsch.)*, verleckert *(landsch.)*; **n. sein,** gern leckern, ein Leckermaul / ein Süßschnabel sein; ↑Feinschmecker; ↑essen.
Naschwerk ↑Süßigkeiten.
na sdorowje ↑prost.
¹Nase, Geruchssinn, Geruchsorgan, Riechorgan, Gesichtserker *(scherzh.)*, Riechkolben *(derb, scherzh.)*, Zinken *(derb)*, Gurke *(derb)*, Nese *(ugs., berlin.)*, Rüssel *(salopp)* · dicke: Knollennase, Kartoffelnase, Kartoffel *(derb)*, Frnak *(salopp, österr.)* · nach oben gebogene: Himmelfahrtsnase, Stupsnase · nach unten gekrümmte: Adlernase, Hakennase · bei Tieren: Windfang (Rotwild), Winder (Rotwild u. a.); ↑Sinnesorgan; ↑popeln.
²Nase: ↑Sinnesorgan; jmdm. gefällt jmds. N. nicht ↑hassen; Mund und N. aufsperren ↑überrascht [sein]; sich die N. begießen ↑betrinken (sich); die N. voll haben ↑angeekelt [sein]; jmdm. eine N. drehen, jmdm. eine lange N. machen ↑schadenfroh [sein]; eine feine / gute N. haben ↑merken; die richtige N. haben ↑Ahnung; die N. vorn haben ↑Erfolg [haben]; alle N. lang ↑unaufhörlich; sich die N. putzen ↑schnäuzen (sich); seine N. in alles stecken ↑neugierig [sein]; die N. hoch tragen ↑dünkelhaft [sein]; immer der N. nach ↑geradeaus; an der N. herumführen ↑anführen; jmdm. etwas nicht auf die N. binden ↑mitteilen; jmdm. auf der N. herumtanzen ↑ausnutzen; auf der N. liegen ↑krank [sein]; sich die Würmer aus der N. ziehen lassen ↑wortkarg [sein]; durch die N. sprechen ↑näseln; in der N. bohren ↑popeln; jmdm. mit der N. auf etwas stoßen ↑hinweisen (auf); pro N. ↑je; sich den Wind um die N. wehen lassen ↑erleben; jmdm. etwas unter die N. reiben ↑mitteilen, ↑vorwerfen (jmdm. etwas); jmdm. die Tür vor der N. zuschlagen ↑ablehnen.
näseln, durch die Nase / nasal sprechen, Polypen haben; ↑sprechen.
Nasenbär ↑Bär.
Nasenbluten ↑Blutung.

Nasenfahrrad ↑Brille.
Nasenkatarrh ↑Schnupfen.
Nasenquetscher ↑Sarg.
Nasenschleimhautentzündung ↑Schnupfen.
Nasenspiegelung ↑Ausspiegelung.
Nasenspitze: jmdm. etwas an der N. ansehen ↑bemerken.
Nasenwärmer ↑Tabakspfeife.
Nasenwucherung ↑Geschwulst.
Nasenzähler ↑Marktforscher.
Naserümpfen ↑Nichtachtung.
naseweis ↑frech.
Naseweis: Jungfer N. ↑Mädchen.
nasführen ↑anführen.
¹nass, feucht, klamm, beschlagen, [bis auf die Haut] durchnässt / durchweicht, klatschnass, patschnass, tropfnass, [vor Nässe] triefend, regennass, pudelnass, nicht ↑trocken; **n. sein,** keinen trockenen Faden mehr am Leibe haben; **n. machen,** befeuchten, anfeuchten, nässen, netzen, benetzen; ↑sprengen.
²nass: sich / das Bett n. machen ↑urinieren; n. geschwitzt ↑verschwitzt; n. von Schweiß ↑verschwitzt; [für n.] ↑kostenlos.
Nass: ↑Feuchtigkeit; ↑Wasser; Gut N.! ↑Gruß.
Nassauer ↑Schmarotzer.
nassauern ↑schmarotzen.
Nässe: ↑Feuchtigkeit; überfrierende N. ↑Glatteis.
nässen ↑nass [machen].
nassforsch ↑frech.
Nasslöscher ↑Feuerlöscher.
Nasspressstein ↑Baustein.
Nassrasur ↑Rasur.
Nasszelle · Bad, WC, Küche.
Nastuch ↑Taschentuch.
Nasus ↑Sinnesorgan.
Nates ↑Gesäß.
Nation: ↑Volk; Grande N. ↑Frankreich; Held der N. ↑Volksheld.
¹national, staatlich, patriotisch, vaterländisch, nationalistisch, völkisch, chauvinistisch, rechtsextremistisch, ausländerfeindlich; ↑Begeisterung, ↑Heimat, ↑Patriot, ↑Patriotismus, ↑Volk.
²national: Nationaler Gedenktag ↑Feiertag; Nationale Volksarmee ↑Militär.
Nationalbank ↑Geldinstitut.
Nationalbewusstsein ↑Patriotismus.
Nationalchina ↑China.
Nationale: ↑Formular, ↑Personalangaben.
Nationalfahne ↑Nationalflagge.
Nationalfeiertag ↑Ruhetag.
Nationalflagge, Nationalfahne · *Frankreichs* Trikolore · *Großbritanniens:* Union Jack *Amerikas:* Sternenbanner, Stars and Stripes *Japans:* Sonnenbanner · *der Türkei:* Halbmond · *Dänemarks:* Danebrog · *der BRD:* Bundesfahne, Mostrichfahne *(iron.)* · *des Europarates:* Europaflagge; ↑Beflaggung, ↑Fahne.
Nationalgefühl ↑Patriotismus.

Nationalheld ↑Volksheld.
Nationalhymne ↑Lied.
nationalisieren: ↑enteignen, ↑naturalisieren.
Nationalisierung ↑Enteignung.
Nationalismus ↑Patriotismus.
Nationalist ↑Patriot.
nationalistisch ↑national.
Nationalität ↑Volk.
Nationalökonomie ↑Wirtschaftswissenschaft.
Nationalpark ↑Naturschutzgebiet.
Nationalrat: ↑Abgeordneter, ↑Volksvertretung.
Nationalsozialismus ↑Faschismus.
Nationalsozialist, Nazi, Braunhemd, Nazist, Faschist, Neofaschist, Falangist; ↑Faschismus, ↑Kollaborateur; ↑rechtsradikal.
nationalsozialistisch ↑rechtsradikal.
Nationalsprache ↑Landessprache.
Nationalstolz ↑Patriotismus.
Natriumchlorid ↑Salz.
Natter ↑Schlange.
Natterzunge ↑Farn.
¹Natur, Landschaft; **in der N.,** im Freien, an (oder:) in der frischen / in frischer Luft, im Grünen, in Gottes freier Natur, im Wald und auf der Heide, in Feld und Wald.
²Natur: ↑Wesen; seine N. nicht verleugnen können ↑überwinden (sich); der N. seinen Tribut entrichtet haben ↑tot [sein]; der Stimme der N. folgen ↑koitieren; von der N. stiefmütterlich bedacht / behandelt worden sein ↑hässlich [sein]; zur zweiten N. werden ↑üblich [werden].
Naturalien ↑Lebensmittel.
naturalisieren, einbürgern, nationalisieren, jmdm. die Staatsangehörigkeit verleihen.
Naturalismus ↑Literaturepochen.
Naturallohn ↑Lohn.
naturbelassen ↑rein.
Naturbursche ↑Mann.
Naturdünger ↑Dünger.
Naturell ↑Wesen.
Naturfaser ↑Faser.
Naturfreund ↑Liebhaber.
Naturgas ↑Gas.
naturgemäß ↑erwartungsgemäß.
Naturgeschichte ↑Naturkunde.
Naturhafen ↑Hafen.
Naturheilbehandlung ↑Naturheilverfahren.
Naturheiler ↑Arzt.
Naturheilkunde: ↑Heilkunde, ↑Naturheilverfahren.
Naturheilkundiger ↑Arzt.
Naturheilverfahren, Naturheilbehandlung, Naturheilkunde, Physiotherapie, Physikotherapie, Physiatrie, Physiatrik, physikalische Behandlung, Aerotherapie; ↑Elektrotherapie, ↑Heilgymnastik, ↑Hydrotherapie, ↑Kryotherapie, ↑Radiotherapie, ↑Thermotherapie.
Naturismus ↑Freikörperkultur.
Naturist ↑Nudist.
Naturistenstrand ↑Nacktbadestrand.

Naturkarton ↑Karton.
Naturkunde, Naturgeschichte, Naturlehre, Biologie; ↑Biologe, ↑Pflanzenkunde, Tierkunde, ↑Wissenschaft.
Naturkundler ↑Biologe.
Naturlehre ↑Naturkunde.
natürlich: ↑anstandslos, ↑echt, ↑erwartungsgemäß, ↑ja, ↑rein, ↑ungezwungen, ↑verständlicherweise, ↑zwar, ↑zweifellos; -er Sohn, -e Tochter ↑Kind; -e Sprache ↑Sprache; -er Tod ↑Exitus; -e Zahl ↑Zahl.
Natürlichkeit: ↑Ungezwungenheit, ↑Ursprünglichkeit.
Naturlocken ↑Haar.
Naturlyrik ↑Lyrik.
Naturpapier ↑Papier.
Naturpark ↑Naturschutzgebiet.
Naturrecht ↑Recht.
naturrein ↑rein.
Naturreservat ↑Naturschutzgebiet.
Naturschützer ↑Umweltschützer.
Naturschutzgebiet, Naturpark, Nationalpark, Freigehege, Naturreservat, Reservat, Reservation, Landschaftsschutzgebiet; ↑Tiergarten.
Naturseide ↑Seide.
Naturstein ↑Baustein.
Naturwein ↑Wein.
Naturwissenschaft ↑Wissenschaft.
Naturwissenschaftler ↑Gelehrter.
Nauen ↑Boot.
'nauf ↑hin.
'naus ↑hin.
Navaho ↑Indianer.
Navajo ↑Indianer.
Navelorange ↑Apfelsine.
Nazarener ↑Heiland.
Nazareth: Jesus von N. ↑Heiland.
Nazi ↑Nationalsozialist.
Nazismus ↑Faschismus.
Nazist ↑Nationalsozialist.
nazistisch ↑rechtsradikal.
NB ↑übrigens.
Neapel, Napoli *(ital.),* Vesuvstadt; ↑Stadt.
¹Nebel, Dunst, Dampf, Brodem, Fog, Smog, Morgennebel, Frühnebel, Abendnebel, Herbstnebel, Sprühnebel, Wasen *(nordd.),* Wrasen *(niederd.),* Waschküche, Brühe *(emotional),* Suppe *(emotional);* ↑Feuchtigkeit, ↑Rauch; ↑nebeln; ↑dunstig.
²Nebel: der N. fällt, es liegt N. ↑nebeln; etwas fällt aus wegen N. ↑ausfallen.
nebelgrau: ↑grau; Nebelgrauer Trichterling ↑Ständerpilz.
nebelhaft ↑unklar.
Nebelhaftigkeit ↑Ungenauigkeit.
Nebelhorn ↑Hupe.
Nebeling ↑November.
Nebellampe ↑Scheinwerfer.
Nebelleuchte ↑Scheinwerfer.
Nebelmond ↑November.

nebeln: es nebelt, es ist / wird neblig, der Nebel fällt, Nebel liegt über / auf [den Feldern], Nebelschwaden ziehen, die Füchse brauen, die Hasen kochen [wieder] *(schwäb.);* ↑Nebel; ↑dunstig.

Nebelparder ↑Raubtier.

Nebelscheinwerfer ↑Scheinwerfer.

Nebelschwaden: N. ziehen ↑nebeln.

Nebeltag ↑Tag.

Nebelung ↑November.

Neben- ↑peripher.

Nebenabsicht ↑Hintergedanke.

Nebenakkord ↑Akkord.

Nebenaltar ↑Altar.

nebenan ↑nahebei.

Nebenarm ↑Fluss.

¹nebenbei, nebenher, beiläufig, obenhin, am Rande, nebstbei *(österr.),* en passant, inzident, wie zufällig, gesprächsweise, episodisch; ↑peripher; **n. gesagt,** apropos, parenthetisch, in Parenthese gesagt.

²nebenbei: etwas [so] n. machen ↑mühelos [schaffen].

Nebenbuhler ↑Rivale.

Nebenbuhlerschaft ↑Konkurrenz.

nebeneinander: eng n. ↑dicht.

nebeneinander halten ↑vergleichen.

nebeneinanderher: n. leben ↑entfremden (sich).

nebeneinander stellen ↑vergleichen.

Nebeneinanderstellung ↑Vergleich.

Nebeneinnahme, Zubrot · · · *als Musiker:* Mucke · *bei einer Beerdigung:* Gruftmucke *(Jargon)* · *bei einer Feuerbestattung:* Grillmucke *(Jargon);* ↑Einkünfte.

Nebenfach: im N. ↑Ausbildung.

Nebenfluss ↑Fluss.

Nebenfrage ↑Frage.

Nebengedanke ↑Hintergedanke.

Nebengleis ↑Gleisanlage.

nebenher: ↑nebenbei; so n. ↑nachlässig; etwas [so] n. machen ↑mühelos [schaffen].

Nebenklage ↑Anklage.

Nebenkläger ↑Kläger.

Nebenkosten, zweite Miete · Wassergeld · Sielkosten · Müllkosten · Heizungskosten.

¹Nebenmann, Vordermann, Hintermann, Nachbar; ↑Reihe.

²Nebenmann ↑Mann.

Nebenplanet ↑Planet.

Nebenproblem ↑Schwierigkeit.

Nebenraum ↑Raum.

¹Nebenrolle, Episode *(fachspr.),* Episodenrolle, Charge, Chargenrolle, Anmelderolle, Bedientenrolle, Die-Pferde-sind-gesattelt-Rolle; ↑Rolle, ↑Schauspieler · Ggs. ↑Hauptrolle.

²Nebenrolle ↑Zubehör.

Nebensache ↑Zubehör.

nebensächlich ↑unwichtig.

Nebensächlichkeit ↑Bedeutungslosigkeit.

Nebensatz ↑Satz.

Nebensinn ↑Bedeutung.

Nebenstelle: ↑Telefonanschluss, ↑Zweigstelle.

Nebenstraße ↑Straße.

Nebentisch ↑Tisch.

Nebenumstände, das [ganze] Drum und Dran, Brimborium; alles, was damit zusammenhängt / verbunden ist; ↑Zubehör.

neblig: ↑dunstig; es ist / wird n. ↑nebeln.

Neblung ↑November.

nebst ↑samt.

nebstbei ↑nebenbei.

nebstdem ↑außerdem.

nebulös ↑unklar.

Necessaire ↑Kulturbeutel.

necken ↑aufziehen.

Necking ↑Liebesspiel.

Neckname ↑Spitzname.

nee ↑nein.

Neffe ↑Verwandter.

negativ ↑unerfreulich.

Negativ ↑Fotografie.

Negativfilm ↑Film.

Negativlinse ↑Linse.

Neger *(auch abwertend)* ↑Schwarzer.

negieren ↑abstreiten.

Negligee: ↑Morgenrock, ↑Nachtgewand.

negrid: -e Rasse ↑Rasse.

Negrospiritual ↑Lied.

Negus ↑Oberhaupt.

¹nehmen, sich etwas aneignen, sich einer Sache bemächtigen, Besitz nehmen / ergreifen von, greifen, behändigen *(schweiz.),* grapschen, angeln, sich etwas unter den Nagel reißen *(salopp),* an sich reißen, entgegennehmen, wegschnappen, schnappen, erhaschen, zusammenraffen, einheimsen · *das Beste:* den Rahm abschöpfen, absahnen; ↑ablisten, ↑entgegennehmen, ↑ergreifen, ↑erobern, ↑erwerben, ↑kapern; ↑Besitznahme.

²nehmen: ↑auswählen, ↑einnehmen, ↑erobern, ↑verarbeiten, ↑wegnehmen; buckelkraxen / huckepack ↑tragen; hart im Nehmen sein ↑lebenstüchtig (sein); jmdn. zu n. wissen ↑umgehen (mit jmdm.); jmdn. auf sein Zimmer n., sich jmdn. n. ↑koitieren; ad notam n. ↑Acht geben; es nicht so genau n. ↑nachlässig [sein]; zu viel [Geld] für etwas n. ↑Wucher; n. als ↑beurteilen; auf sich n. ↑ertragen, ↑verwirklichen; n. aus / von ↑entnehmen; n. aus ↑herausholen; sich in Acht n. ↑vorsehen (sich); mit sich n. ↑mitnehmen.

Nehmfall ↑Kasus.

¹Neid, Missgunst, Abgunst *(veraltet),* Ressentiment, Sozialneid, Lebensneid, Scheelsucht, Eifersucht, Eifersüchtelei, Missvergnügen, Unbehagen · *gegenüber Berufskollegen:* Brotneid, Amtsneid, Futterneid · *gegenüber [Geschäfts]partnern:* Konkurrenzneid, Handelsneid · *unter Frauen in sexueller Hinsicht:* Fotzenneid *(derb);* ↑Abneigung, ↑Bosheit; ↑neiden ↑schadenfroh.

²**Neid:** das muss der N. ihm lassen ↑anerkennenswert [sein]; vor N. bersten / platzen, grün und gelb sein vor N. ↑neiden.

neiden, beneiden, missgönnen, nicht gönnen, scheel sehen, vor Neid bersten / platzen, vergönnen *(schweiz.),* jmdm. nicht das Schwarze unter dem Nagel gönnen, jmdm. nicht das Salz in der Suppe gönnen, missgünstig / neidisch sein, grün und gelb sein vor Neid, jmdn. / etwas mit scheelen Augen ansehen; ↑neidisch, ↑schadenfroh; ↑Neid.

Neider, Neidhammel *(emotional),* Neidhart; ↑Gegner.

Neidgenossenschaft ↑Österreich.

neidhaft ↑neidisch.

Neidhammel ↑Neider.

Neidhart ↑Neider.

neidig ↑neidisch.

¹**neidisch,** missgünstig, abgünstig *(veraltet),* neidig *(landsch.),* neidhaft *(schweiz.),* futterneidisch, scheel, scheelsüchtig, scheel blickend, livid[e] *(veraltet);* schadenfroh; **n. sein,** jmdm. keinen Bissen gönnen *(ugs.);* ↑Neid; ↑neiden.

²**neidisch:** n. sein ↑neiden.

Neige: ↑Ende, ↑Rest; zur N. gehen ↑abnehmen; bis zur N. leeren ↑austrinken, ↑genießen.

neigen: sich n. ↑beugen (sich); n. zu ↑anfällig [sein], ↑vorhaben; zur Fülle n. ↑dick [werden].

¹**Neigung,** Tendenz, Trend, Strömung, Entwicklung, Zug, Vorliebe, Hang, Drang, Geneigtheit, Richtung, Drift, Einschlag, Färbung, Zug der Zeit, Impetus, Gusto, Trieb, Sucht, Manie, Besessenheit; ↑Absicht, ↑Angst, ↑Ehrgeiz, ↑Impuls, ↑Leidenschaft, ↑Zwang; ↑besessen (von).

²**Neigung:** ↑Schräge, ↑Zuneigung; N. fassen zu ↑verlieben (sich); etwas kommt jmds. -en entgegen ↑begabt; N. zu ↑Anlage.

Neigungsehe ↑Ehe.

Neigungstäter ↑Verbrecher.

Neigungswinkel ↑Gefälle.

¹**nein,** nee *(ugs.),* na *(ugs., bayr., österr.),* aba *(landsch.),* awa *(landsch.),* mitnichten, nicht, keinesfalls, keineswegs, nie [und nimmer], niemals, durchaus / absolut / ganz und gar nicht, ausgeschlossen, unmöglich, undenkbar, auf keinen Fall, das darf / kann nicht sein, beileibe nicht, kommt nicht infrage / in Frage / *(scherzh.)* in die Tüte, das wäre ja noch schöner!, unter keinen Umständen, unter keiner Bedingung, nicht um alles in der Welt, nicht im Geringsten / im Mindesten, in keiner Weise, in keinster Weise *(ugs. emotional verstärkend),* keine Spur, Fehlanzeige, kein Gedanke [daran], daran ist nicht zu denken, das hast du dir so gedacht *(ugs.),* denkste!, [ja] Pustekuchen!, weit entfernt, nicht für Geld und gute Worte, nicht geschenkt, um keinen Preis, nicht um einen Wald voll / von Affen, längst nicht, nicht die Bohne, nicht ums Verrecken *(ugs.);* ↑aber, ↑keineswegs; ↑Ablehnung; ↑ablehnen · Ggs. ↑ja.

²**nein:** nicht n. sagen können ↑gütig [sein].

³**nein** ↑hin.

Neinsager ↑Gegner.

Neinsagerin ↑Gegner.

Nekrolog ↑Nachruf.

Nekromanie ↑Perversität.

Nekromantie ↑Geisterbeschwörung.

Nekrophilie ↑Perversität.

Nekropole ↑Friedhof.

Nektarhefe ↑Schlauchpilz.

¹**Nelke,** Näglein, Nägeli *(schweiz.),* Nagerl *(österr.);* Blume.

²**Nelke** ↑Gewürz.

Nelkenpfeffer: ↑Gewürz, ↑Piment.

Nelkenschwindling ↑Ständerpilz.

Nemesis ↑Rachegöttin.

¹**nennen** (jmdn.), jmdn. taufen, jmdm. den Namen geben; ↑bezeichnen (als); **sich n. nach,** den Namen haben von.

²**nennen:** ↑bezeichnen (als), ↑erwähnen, ↑schelten; genannt werden ↑lauten; der vorher Genannte ↑derselbe; etwas / das Kind beim [rechten (oder:) richtigen] Namen n. ↑beschönigen, ↑brandmarken; Ross und Reiter n. ↑Gewährsmann.

nennenswert: ↑außergewöhnlich; nicht n. ↑klein.

Nenner: auf einen N. bringen ↑normen.

Nennung: ↑Angabe; ausdrückliche N. ↑Hervorhebung.

Nennwort ↑Wortart.

Neofaschismus ↑Faschismus.

Neofaschist ↑Nationalsozialist.

neofaschistisch ↑rechtsradikal.

Neoglobalismus ↑Imperialismus.

Neoimpressionismus ↑Malerei.

Neologismus ↑Wort.

Neon: ↑Edelgas, ↑Gas.

Neonatologe ↑Arzt.

Neonatologie ↑Heilkunde.

Neonazi ↑Extremist.

Neonfisch ↑Fisch.

Neonleuchte ↑Lampe.

Neonlicht ↑Licht.

Neonröhre ↑Glühbirne.

Neoplasma ↑Geschwulst.

Nephrit ↑Schmuckstein.

Nephrogramm ↑Röntgenogramm.

Nephrographie ↑Röntgenographie.

Nephrolith ↑Harnstein.

Nephrologe ↑Arzt.

Nephrologie ↑Heilkunde.

Nepotismus ↑Vetternwirtschaft.

Nepp ↑Betrug.

neppen ↑betrügen.

Nepper ↑Handelsvertreter.

Neptun: ↑Gott, ↑Planet, ↑Wassergeist; N. opfern ↑übergeben (sich).

Neptunsbecher ↑Schwamm.

Nereide ↑Wassergeist.

¹**Nerv,** Nervenstrang, Nervengeflecht, Nerven-

plexus · *Muskelbewegungen veranlassender:* Bewegungsnerv, motorischer Nerv · *ein Sinnesorgan versorgender:* Sinnesnerv, Empfindungsnerv, sensibler / sensorischer Nerv; ↑Muskel, ↑Nervensystem.

²Nerv: -en ↑Nervensystem; mit jmdm. gehen die -en durch, die -en verlieren ↑aufgeregt [sein]; die -en behalten ↑ruhig [bleiben]; -en haben wie Drahtseile / wie Stricke, gute -en haben ↑dickfellig [sein]; etwas kostet -en ↑beschwerlich [sein]; etwas / jmd. geht einem auf die -en ↑nervös [machen]; jmdm. den letzten N. rauben / töten ↑ärgern (jmdn.); nicht die -en verlieren ↑ruhig [bleiben]; jmdm. auf die -en fallen / gehen, auf jmds. -en herumtrampeln ↑ärgern; mit den -en runter sein ↑erschöpft [sein].

nerven: ↑nervös [machen]; etwas nervt ↑geisttötend [sein].

Nervenarzt ↑Arzt.

nervenaufreibend ↑beschwerlich.

¹Nervenbündel, Hektiker *(ugs.),* Nerverl *(österr.),* Hudri-Wudri *(österr.),* Hoschbes *(landsch.),* Zappelphilipp, Gispel *(aleman.);* ↑Nervensystem; ↑aufgeregt.

²Nervenbündel: ein N. sein ↑aufgeregt [sein].

Nervenfieber ↑Typhus.

Nervengeflecht ↑Nerv.

Nervenheilkunde ↑Heilkunde.

Nervenkitzel ↑Ereignis.

Nervenklinik ↑Krankenhaus.

Nervenkostüm ↑Nervensystem.

nervenkrank ↑gemütskrank.

Nervenplexus ↑Nerv.

Nervensäge ↑Störenfried.

nervenschwach ↑aufgeregt.

Nervenstrang ↑Nerv.

Nervensystem, Nerven, Nervenkostüm *(ugs., scherzh.)* · *aus Hirn und Rückenmark bestehender Teil:* Zentralnervensystem, ZNS · *aus den peripheren Leitungsbahnen bestehender Teil:* peripheres Nervensystem, PNS · · *die Funktion der inneren Organe steuernder, vom Willen weitgehend unbeeinflussbarer Teil:* vegetatives Nervensystem, Vegetativum, autonomes / unwillkürliches Nervensystem · *Anteil mit kreislaufstimulierender und verdauungshemmender Funktion:* sympathisches Nervensystem / System, Sympathikus, Pars sympathica, orthosympathisches Nervensystem / System, Orthosympathikus, Eingeweidenervensystem · *Anteil mit den Herzschlag verlangsamender und die Verdauungsfunktionen anregender Funktion:* parasympathisches Nervensystem / System, Parasympathikus, Pars parasympathica; ↑Nerv, ↑Nervenbündel.

Nervenzelle ↑Körperzelle.

Nerverl ↑Nervenbündel.

nervig ↑beschwerlich.

nervlich ↑psychisch.

¹nervös, neurasthenisch, hektisch; ↑Nervenbündel; **n. machen,** nerven, etwas / jmd. geht ei-

nem auf die Nerven / *(ugs.)* auf den Geist (oder:) Docht / *(derb)* auf die Eier.

²nervös: ↑aufgeregt, ↑reizbar; -es Herz, -e Herzbeschwerden ↑Herzbeschwerden.

Nervosität: ↑Lampenfieber, ↑Managerkrankheit, ↑Unrast.

Nervtöter ↑Störenfried.

Nervus Rerum ↑Geld.

Nerz: ↑Pelz, ↑Raubtier.

Nescafé ↑Pulverkaffee.

Nese ↑Nase.

Nessel: ↑Stoff; sich in die -n setzen ↑schaden.

Nest: ↑Dutt, ↑Ort, ↑Vogelnest; mühsam baut sich das Eichhörnchen sein N. ↑vorangehen; das eigene / sein eigenes N. beschmutzen ↑schlecht machen; aufs leere N. kommen ↑antreffen; ins N. gehen ↑schlafen [gehen]; jmdm. ein Kuckucksei ins N. legen ↑aufbürden; sich ins gemachte / warme N. setzen ↑einheiraten.

Nesthäkchen: ↑Jüngste, ↑Jüngster, ↑Liebling.

Nesthocker ↑Stubenhocker.

Nestküken: ↑Jüngste, ↑Jüngster.

Nestor, Altmeister, Senior; ↑Gelehrter.

Nestorianismus ↑Ketzerei.

Nestwärme ↑Pflege.

Nestwurz ↑Orchidee.

netig ↑geizig.

nett: ↑entgegenkommend, ↑sympathisch.

Nettigkeit ↑Freundlichkeit.

Nettolohn ↑Lohn.

Nettopreis ↑Preis.

¹Netz: ans N. gehen, angeschlossen / eingeschaltet / angestellt / in Betrieb genommen werden.

²Netz: ↑Bahnlinie, ↑Einkaufstasche, ↑Fischnetz, ↑Geflecht, ↑Gewebe, ↑Sternbild; die -e auswerfen ↑fischen; ins N. gehen ↑hereinfallen; ins N. locken ↑verliebt [machen].

Netzbruch ↑Bruch.

netzen: ↑nass [machen], ↑sprengen.

Netzfischer ↑Fischer.

Netzfischerei ↑Fischerei.

Netzflügler ↑Insekt.

Netzgewölbe ↑Gewölbe.

Netzhemd ↑Unterhemd.

Netzkarte ↑Fahrkarte.

Netzmelone ↑Melone.

Netzspitze ↑Spitzenstickerei.

¹neu, funkelnagelneu, nagelneu, fabrikneu, fabriksneu *(österr.),* brandneu *(emotional),* neu gebacken, neuwertig, so gut wie neu, noch neu, kaum gebraucht, ungebraucht, unbenutzt, unverwendet, unberührt, ungetragen, frisch, niegelnagelneu *(emotional);* ↑Neuheit, ↑Neuwert · Ggs. ↑antiquarisch.

²neu: ein -er Mensch werden ↑bessern (sich) Neues Bauen ↑Baustil; Neues Testament ↑Bibel; n. schaffen ↑gründen; aufs Neue, von -em ↑wieder; seit -em ↑neuerdings; nicht mehr n ↑antiquarisch.

Neuadel ↑Adel.

Neu-Amsterdam ↑New York.
neuartig ↑modern.
Neubarock ↑Baustil.
Neubau: wohl im N. geboren sein ↑schließen.
Neubearbeitung ↑Neuheit.
Neubedeutung ↑Wortbedeutung.
Neubeginn ↑Bekehrung.
Neubelebung, Wiederbelebung, Revival, Aufleben, Wiederverwendung, Auferstehung, Resurrektion, Auferstehen, Wiedererstehen, Wiedergeburt, Erneuerung, Innovation, Renaissance, Come-back, Palingenese; ↑Reform, ↑Umgestaltung, ↑Wiederherstellung.
Neubildung: ↑Wort, ↑Wortbildung.
Neudeutsch ↑Deutsch.
Neudruck: anastatischer N. ↑Reproduktion.
Neuengagierter ↑Neuer.
¹Neuer, Neuengagierter, Neuzugang, Zugang, Verstärkung; ↑Anfänger, ↑Zugezogener.
²Neuer ↑Wein.
neuerdings, seit kurzem / neuem, in letzter Zeit; ↑kürzlich.
Neuerer: ↑Reformer, ↑Revolutionär.
neuerlich ↑wieder.
Neuerscheinung ↑Neuheit.
Neuerung ↑Reform.
Neuerwerbung, Erwerbung, Akquisition.
Neufundländer ↑Hunderassen.
neu gebacken ↑neu.
Neugeborenes ↑Kind.
Neugestaltung: ↑Reform, ↑Umbau, ↑Umgestaltung.
Neugewürz: ↑Gewürz, ↑Piment.
¹Neugier, Neugierde, Wissbegier, Wissbegierde, Wissensdurst, Wissensdrang, Erkenntnisdrang, Interesse, Forschergeist, Forschungstrieb, Forschungseifer, faustisches Streben *(geh.),* Fragerei *(abwertend),* Gefrage *(abwertend)* · *bei Kindern:* Fragelust; **aus N.,** wunderhalber *(schweiz.),* aus Wunderfitz *(südwestd.).*
²Neugier: vor N. platzen / fast sterben ↑neugierig [sein].
neugierig, wissbegierig, wissensdurstig, schaulustig, sensationslüstern, faustisch *(geh.)* · *bei Kindern:* fragelustig; **n. sein,** sich um alles / *(salopp)* um jeden Dreck kümmern, die / seine Nase in alles stecken *(ugs.),* vor Neugier platzen / fast sterben, es wundert jmdn. *(schweiz.),* es nimmt jmdn. wunder *(schweiz.)* · *in Bezug auf das, was es zu essen gibt:* ein Topfgucker sein; ↑auskundschaften, ↑spionieren; **jmdn. n. machen,** jmdn. auf die Folter spannen / zappeln lassen / auf etwas gespannt machen.
Neugieriger ↑Zuschauer.
Neugotik ↑Baustil.
Neuheit, Novität, Neuerscheinung, Neubearbeitung, Novum · *in der Mode:* Nouveauté; ↑neu.
Neuhochdeutsch ↑Deutsch.
Neuigkeit ↑Nachricht.
¹Neujahr, Jahreswechsel, Silvester; **prosit N.!,**

ein gutes neues Jahr!, viel Glück im neuen Jahr!; ↑Gruß.
²Neujahr: ↑Feiertag, ↑Jahresbeginn, ↑Silvester.
Neujahrsempfang ↑Empfang.
Neujahrsgruß ↑Kartengruß.
Neuland: N. sein ↑unerforscht [sein].
neulich ↑kürzlich.
Neuling ↑Anfänger.
Neume ↑Notenzeichen.
neumodisch ↑modern.
Neumond ↑Mond.
Neun: ach du grüne -e! ↑überrascht [sein].
Neunachteltakt ↑Takt.
Neunauge ↑Fisch.
neunmalgescheit ↑oberschlau.
Neunmalgescheiter ↑Besserwisser.
neunmalklug ↑oberschlau.
Neunmalkluger ↑Besserwisser.
Neunmalschlauer ↑Besserwisser.
Neuntöter ↑Vogel.
Neunundsechzig ↑Koitus.
Neunvierteltakt ↑Takt.
Neuphilologe ↑Philologe.
Neuphilologie ↑Philologie.
Neuprägung ↑Wort.
neuralgisch: -er Punkt ↑Achillesferse.
Neurastheniker ↑Mensch.
neurasthenisch ↑aufgeregt.
Neureicher ↑Emporkömmling.
Neurenaissance ↑Baustil.
Neuriatrie ↑Heilkunde.
Neurochirurg ↑Arzt.
Neurochirurgie ↑Heilkunde.
Neuroleptikum ↑Psychopharmakon.
Neurologe ↑Arzt.
Neurologie: ↑Heilkunde, ↑Krankenhaus.
neurologisch: -e Klinik ↑Krankenhaus.
Neuromantik ↑Baustil.
Neurose ↑Gemütskrankheit.
neurotisch: ↑ängstlich, ↑gemütskrank.
Neurotonikum ↑Psychopharmakon.
Neurowissenschaft ↑Wissenschaft.
Neuschnee ↑Schnee.
Neuschöpfung: ↑Wort, ↑Wortbildung.
Neusprachler ↑Philologe.
neusprachlich: -es Gymnasium ↑Schule.
neutönerisch ↑modern.
neutral ↑unparteiisch.
¹Neutralität, Nichteinmischung, Nichtbeteiligung.
²Neutralität ↑Objektivität.
Neutralitätsabkommen ↑Abmachung.
Neutronenbombe ↑Bombe.
Neuwert, Anschaffungswert, Anschaffungspreis; ↑Preis, ↑neu · Ggs. Zeitwert.
neuwertig ↑neu.
Neuwort ↑Wort.
Neuyork ↑New York.
Neuzeit ↑Geschichtsepoche.
Neuzüchtung ↑Züchtung.
Neuzugang ↑Neuer.

Newcomer ↑Anfänger.
New Orleans ↑Jazz.
New York, Neuyork *(selten),* The Big Apple, Neu-Amsterdam *(veraltet);* ↑Stadt.
Nibelungentreue ↑Treue.
Nice ↑Nizza.
nicht: [absolut / durchaus / ganz und gar] n., n. die Bohne ↑nein; n. besonders ↑mäßig; n. dichthalten ↑mitteilen; n. geheuer ↑unheimlich; [n. im Geringsten], ganz und gar n. ↑keineswegs; etwas n. haben ↑mangeln; n. möglich!, n. zu fassen / zu glauben! ↑überrascht [sein]; wahrscheinlich / wohl n. ↑schwerlich.
¹Nichtachtung, Respektlosigkeit, Despektierlichkeit, Geringschätzung, Geringschätzigkeit, Abschätzigkeit, Abfälligkeit, Pejoration, Verächtlichmachung, Herabwürdigung, Herabsetzung, Demütigung, Entwürdigung, Missachtung, Verachtung, Naserümpfen, Achselzucken; ↑Beleidigung, ↑Benachteiligung; ↑kompromittieren (jmdn.) · Ggs. ↑Achtung, ↑Ansehen; ↑billigen.
²Nichtachtung: mit N. strafen ↑ignorieren.
nichtamtlich ↑inoffiziell.
Nichtangriffsabkommen ↑Nichtangriffspakt.
Nichtangriffspakt, Nichtangriffsabkommen, Gewaltverzichtserklärung, Gewaltverzichtsabkommen; ↑Abmachung.
Nichtbeachtung ↑Außerachtlassung.
Nichtbeteiligung ↑Neutralität.
Nichte ↑Verwandter.
Nichteinhaltung ↑Außerachtlassung.
Nichteinmischung ↑Neutralität.
Nichtfachmann, Laie, Außenstehender, Exoteriker, Dilettant, Amateur, selbst ernannter...; **N. sein,** blutiger Laie / Anfänger sein; ↑Außenseiter, ↑Dummkopf, ↑Unkenntnis; ↑dilettantisch · Ggs. ↑Fachmann.
nichtig: für [null und] n. erklären ↑abschaffen.
Nichtigkeit ↑Bedeutungslosigkeit.
Nichtorganisierter ↑Streikbrecher.
Nichtraucher: ↑Eisenbahnabteil; N. sein ↑rauchen.
Nichtraucherabteil ↑Eisenbahnabteil.
¹nichts, gar nichts, überhaupt nichts, nicht das Mindeste, nicht das Geringste, nicht die Spur / die Bohne, nix *(ugs.),* nischt *(ugs., landsch.),* kein bisschen · Ggs. ↑etwas.
²nichts: n. anderes als ↑ausschließlich; einer Sache n. abgewinnen können, n. finden können an ↑gefallen; n. dabei finden ↑Bedenken; n. zu verlieren haben ↑wagen; n. sagen ↑schweigen; mit etwas n. zu schaffen / zu tun haben wollen ↑zurückziehen (sich); für n. ↑kostenlos; viel Lärm um n. ↑Getue; mir n., dir n. ↑kurzerhand.
Nichts ↑Null.
nichts ahnend ↑ahnungslos.
nichtsdestotrotz ↑dennoch.
nichtsdestoweniger ↑dennoch.
Nichtsesshafter ↑Vagabund.
Nichtskönner: ↑Nichtfachmann, ↑Stümper.

Nichtsnutz ↑Versager.
nichts sagend ↑phrasenhaft.
Nichtstuer ↑Faulenzer.
Nichtstun ↑Muße.
Nichtswisser ↑Stümper.
nichtswürdig ↑ehrlos.
Nichttrinker ↑Antialkoholiker.
¹Nichtübereinstimmung, Inkongruenz, Ungleichheit, Ungleichmäßigkeit, Unähnlichkeit, Unterschiedlichkeit, Verschiedenheit, Verschiedenartigkeit, Divergenz; ↑Abweichung; ↑ungleich, ↑verschieden.
²Nichtübereinstimmung ↑Meinungsverschiedenheit.
Nichtwissen: ↑Ahnungslosigkeit, ↑Unkenntnis.
nichtzielend: -es Verb ↑Verb.
Nickel: ↑Münze, ↑Zahlungsmittel.
Nickelhochzeit ↑Hochzeitstag.
Nickelmünze ↑Münze.
Nickerchen: ↑Schlaf; [ein] N. machen ↑schlafen.
Nicki ↑Pullover.
nid ↑unterhalb.
Nidel ↑Sahne.
nie: n. [und nimmer] ↑nein, ↑niemals; n. im Leben ↑niemals.
nieder: ↑abwärts, ↑her, ↑hin, ↑niedrig, ↑seicht; -er Adel ↑Adel; Hoch und Nieder ↑alle.
Niederalemannisch ↑Mundart.
niederbeugen: sich n. ↑beugen (sich).
niederbrennen ↑verbrennen.
Niederburg ↑Burg.
Niederdeutsch ↑Mundart.
Niederdrücker ↑Muskel.
niederfahren ↑überfahren.
niederfallen ↑hinunterfallen, ↑knien.
Niederfränkisch ↑Mundart.
Niedergang ↑Rückgang.
niedergedrückt ↑deprimiert.
niedergehen ↑landen.
niedergelassen ↑einheimisch.
Niedergelassener ↑Bewohner.
niedergeschlagen ↑deprimiert.
Niedergeschlagenheit: ↑Melancholie, ↑Trauer.
niedergeschmettert ↑deprimiert.
niederhalten ↑unterdrücken.
Niederjagd ↑Jagd.
niederknien: ↑beten, ↑knien.
niederkommen ↑gebären.
Niederkunft ↑Geburt.
Niederlage: ↑Debakel, ↑Misserfolg, ↑Warenlager, ↑Zweigstelle; eine N. einstecken müssen / erleiden ↑besiegen.
¹niederlassen (sich), sich selbstständig machen / ansiedeln / etablieren / *(landsch.)* anbauen / ankaufen, siedeln, sesshaft werden, Fuß fassen, Wurzeln schlagen, vor Anker gehen, seine Wohnung / sein Quartier / seine Zelte aufschlagen, Aufenthalt / Wohnung / Quartier

nehmen, ein Geschäft eröffnen / gründen, eine Existenz aufbauen; ↑einmieten (sich), ↑eröffnen, ↑übersiedeln, ↑wohnen.

²niederlassen: sich n. ↑setzen (sich); sich häuslich n. ↑weilen.

Niederlassung ↑Zweigstelle.

niederlegen: ↑hinstellen; sich n. ↑schlafen [gehen]; da legst[e] dich nieder! ↑überrascht [sein]; sein Amt n. ↑kündigen; die Arbeit n. ↑kündigen, ↑streiken.

niedermachen ↑töten.

niedermähen ↑zerstören.

niedermetzeln ↑töten.

Niedermoor ↑Sumpf.

niederreißen, abreißen, einreißen, demolieren *(österr.),* abbrechen, wegreißen, abtragen · *eine Festung:* schleifen · *in Bezug auf Elendsviertel o. Ä.:* sanieren; ↑zerlegen, ↑zerstören; ↑Abbruch · Ggs. ↑bauen.

niederringen ↑besiegen.

Niedersächsisch ↑Mundart.

niedersausen ↑hinunterfallen.

niederschießen ↑töten.

Niederschlag, Regen, Regenfälle, Regentropfen, Tropfen, Schauer, Wolkenbruch, Strichregen, Sprühregen, Nieselregen, Fieselregen *(landsch.),* Fisselregen *(landsch.),* Schnürlregen *(österr.),* Husche *(nordd., ostmitteld.),* Gutsch *(schweiz.),* Guss, Platzregen, Gewitterregen, Dauerregen, Landregen, Frühlingsregen, Aprilschauer, Sommerregen, Schneeregen · Schnee, Schneefall, Schneeflocke, Schneetreiben, Schneesturm, Schneegestöber · Hagel, Hagelkorn, Hagelschauer, Schloße, Graupel, Eiskristall · Tau, Tauperle, Reif, Raureif · Feuchtigkeit; ↑Hagel, ↑Regenbogen, ↑Schnee, ↑Wetter; ↑hageln, ↑regnen, ↑schneien; ↑schneefrei.

niederschlagen: sich n. ↑ablagern (sich).

niederschreiben ↑aufschreiben.

niederschreien ↑auspfeifen.

¹Niederschrift, Aufzeichnung, Notizen · *von mündlich getroffenen Vereinbarungen, die auf diplomatischem Weg zugestellt wird:* Aide-mémoire · *des Kurses von Wertpapieren:* Notierung; ↑Aufsatz, ↑Bericht.

²Niederschrift ↑Aufsatz, ↑Schulaufsatz.

niedersetzen: ↑hinstellen; sich n. ↑setzen (sich).

niedersinken ↑sinken.

niederstechen ↑töten.

niedersteigen ↑hinuntergehen.

niederstellen ↑hinstellen.

niederstoßen ↑umstoßen (jmdn.).

niederstrecken ↑töten.

niederstürzen: ↑hinunterfallen; sich n. ↑hinunterspringen.

Niedertracht ↑Bosheit.

niederträchtig ↑gemein.

Niederwald ↑Wald.

niederwalzen ↑zerstören.

niederwerfen: sich n. ↑knien.

Niederwild ↑Wild.

niedlich ↑hübsch.

¹niedrig, flach, klein, nieder *(landsch.),* von geringer Höhe, ebenerdig, fußhoch, kniehoch, nicht ↑hoch; ↑abgeflacht; ↑Flachheit.

²niedrig: ↑gemein, ↑seicht; -er Adel ↑Adel.

Niedrigkeit ↑Kleinheit.

Niedrigwasser ↑Ebbe.

¹niemals, nie [und nimmer], nimmer, nimmermehr, nun und nimmer / und nimmermehr, niemals mehr, keinen Augenblick, keine Sekunde, nie im Leben, mein Lebtag nicht, zu keinem Zeitpunkt / keiner Zeit, ad calendas graecas, am Sankt-Nimmerleins-Tag.

²niemals ↑nein.

¹niemand, gar niemand, überhaupt niemand, keiner, kein Mensch / *(ugs.)* Teufel / *(salopp)* Schwanz / *(derb)* Schwein / *(derb)* Aas / *(schweiz.)* Bein / *(schweiz.)* Knochen, keine Seele / Menschenseele / *(derb)* Sau.

²niemand: -em ein Haar krümmen [können] ↑friedfertig [sein].

Niere: ↑Innereien; etwas geht an die -n ↑erschüttern; auf Herz und -n prüfen ↑prüfen.

Nierenbad ↑Badeort.

Nierenbeckenstein ↑Harnstein.

Nierenblutung ↑Blutung.

Nierenfett ↑Fett.

Nierensenkung ↑Eingeweidesenkung.

Nierenstein ↑Harnstein.

Nierentee ↑Tee.

Niesanfall ↑Niesen.

nieseln: es nieselt ↑regnen.

Nieselpriem ↑Muffel.

Nieselregen ↑Niederschlag.

¹niesen, Hatschi machen *(Kinderspr.)* · *laut:* prusten; ↑Niesen.

²niesen: jmdm. etwas n. ↑ablehnen.

Niesen, Sternutation *(fachspr.)* · *anfallartiges, häufiges:* Niesanfall, Nieskrampf, Ptarmus *(fachspr.),* Sternutatio convulsiva *(fachspr.).*

Nieskrampf ↑Niesen.

Niespulver ↑Schnupftabak.

Niete: ↑Los, ↑Nagel, ↑Versager.

Nietnagel ↑Nagel.

Niflheim ↑Hölle.

nigelnagelneu ↑neu.

Nightclub ↑Nachtlokal.

Nihilist ↑Pessimist.

nihilistisch: ↑defätistisch, ↑schwermütig.

Nike ↑Göttin.

Nikolaus, Sankt Nikolaus, Klaus *(landsch.),* Samiklaus *(schweiz.),* Santiklaus *(schweiz.),* Nikolo *(österr.),* Belz[e]nickel *(pfälz.),* Belzernickel *(pfälz.),* Benzenickel *(pfälz.),* Pelz[e]nickel *(pfälz.),* Pulterklas *(nordd.),* Klas Bur *(westfäl.),* Weihnachtsmann; ↑Knecht Ruprecht, ↑Weihnachtsmann.

Nikolaustag ↑Kirchenjahr.

Nikolo ↑Nikolaus.

Nikotinismus ↑Nikotinvergiftung.

Nikotinsäuremangelkrankheit ↑Pellagra.

Nikotinspargel ↑Zigarette.

Nikotinvergiftung, Tabakvergiftung, Nikotinismus, Tabakismus *(selten),* Tabakose *(selten);* ↑Koffeinvergiftung, ↑Vergiftung.

Nilkrokodil ↑Krokodil.

Nille ↑Penis.

Nillenflicker ↑Soldat.

Nimbostratus ↑Wolken.

Nimbus ↑Ansehen.

nimmer ↑niemals.

nimmermehr: [nun und n.] ↑niemals.

nimmermüde ↑fleißig.

Nimrod ↑Jäger.

Nipf ↑Mut.

Nippel: ↑Brustwarze, ↑Lasche, ↑Penis, ↑Stöpsel.

nippen ↑trinken.

Nippes ↑Nippsache.

Nippfigur ↑Nippsache.

Nippon ↑Japan.

Nippsache, Nippfigur, Nippes, Bibelot, Rumsteherle *(scherzh., südwestd.);* ↑gebrauchen.

Nipptide ↑Flut.

nirgends, nirgendwo, an keinem Ort / Platz, überall und nirgends *(scherzh.),* an keiner Stelle · Ggs. ↑irgendwo, ↑überall.

nirgendwo ↑nirgends.

Nirwana ↑Himmel.

Nischel ↑Kopf.

nischt ↑nichts.

Nissenhütte ↑Haus.

nisten ↑brüten.

Nistplatz ↑Vogelnest.

Nisus sexualis ↑Geschlechtstrieb.

¹Niveau, Leistungsstufe, Rangstufe, Bildungsgrad, Bildungsstand, Qualität, Standard; ↑Benehmen, ↑Format, ↑Gesichtskreis.

²Niveau ↑Format.

niveaufrei: -e Kreuzung ↑Kreuzung.

niveaugleich: -e Kreuzung ↑Kreuzung.

Niveaukreuzung ↑Kreuzung.

¹nivellieren, gleichmachen, egalisieren, einebnen, planieren, ausgleichen, glätten, glatt machen; ↑anpassen, ↑gleichgeschaltet.

²nivellieren ↑verwässern.

nivelliert ↑gleichgeschaltet.

Nivellierung: ↑Gleichmacherei, ↑Verflachung.

nix ↑nichts.

Nixe: ↑Fabelwesen, ↑Wassergeist.

Nizza, Nice *(franz.);* ↑Stadt.

Nkw ↑Auto.

NKWD ↑Geheimpolizei.

N.N. ↑anonym.

NNW ↑Himmelsrichtung.

nobel: ↑freigebig, ↑geschmackvoll.

Nobelrestaurant ↑Gaststätte.

Noblesse ↑Vornehmheit.

noch: n. einmal ↑wieder; n. immer, immer n. ↑unaufhörlich; n. so ↑sehr; hast du [da] n. Ge-

schmack / Töne / Worte! ↑überrascht [sein]; eben n. ↑kürzlich; eben / gerade n. ↑kaum; erst n. ↑außerdem; kaum n. zu hören sein ↑verhallen; zum Teufel n. mal!, verdammt / verflucht n. mal ↑verflucht!

nochmalig ↑abermalig.

nochmals ↑wieder.

Nock ↑Gipfel.

Nöck ↑Wassergeist.

Nockerl ↑Teigwaren.

Nodulus ↑Hautblüte.

Noël ↑Lied.

no future ↑aussichtslos.

No-iron-Hemd ↑Oberhemd.

Noktambulismus ↑Mondsüchtigkeit.

nölen ↑langsam [arbeiten].

nolens volens ↑notgedrungen.

nölig ↑langsam.

Nomade ↑Umherirrender.

Nom de Guerre ↑Pseudonym.

Nom de Plume ↑Pseudonym.

Nomen ↑Wortart.

Nomenklatur: ↑Terminologie, ↑Verzeichnis.

Nomenklatura ↑Oberschicht.

Nominallohn ↑Lohn.

Nominativ, erster Fall, Werfall; ↑Kasus.

nominieren ↑ernennen.

Nominierung, Ernennung, Bestallung, Amtseinsetzung, Designation; ↑ernennen, ↑einstellen.

No-Name-Produkt ↑Ware.

Nonchalance ↑Ungezwungenheit.

nonchalant ↑ungezwungen.

None ↑Tonabstand.

Nonenakkord ↑Akkord.

Nonfiction ↑Literatur.

nonfigurativ: -e Kunst ↑Malerei.

Nonkonformismus ↑Individualismus.

Nonkonformist ↑Außenseiter.

nonkonformistisch ↑selbstständig.

¹Nonne, Ordensfrau, Ordensschwester, Klosterschwester, Klosterfrau, Schwester, Konventualin, Himmelsbraut *(geh., selten),* Gottesbraut *(geh., selten),* Braut Christi *(geh., selten),* Laienschwester · Missionsschwester, Schulschwester · *die noch kein Gelübde abgelegt hat:* Novizin; **N. werden,** ins Kloster eintreten / *(ugs.)* gehen, den Schleier nehmen *(geh.),* das Gelübde / die Gelübde ablegen, der Welt entsagen *(geh.),* sich dem Himmel angeloben *(geh.)* · ↑Mönch.

²Nonne: ↑Dachziegel, ↑Schmetterling.

Nonnenfürzchen ↑Gebäck.

Nonnengans ↑Vogel.

Nonnenorden, Frauenorden, Schwesternorden, [weiblicher] Orden, Kongregation · Dominikanerinnen, Dominikanerinnenorden (OSI = Ordo S. Dominici) · Englische Fräulei (IBMV = Institutum Beatae Mariae Virginis) [Beschuhte / Unbeschuhte] Karmelitinne (oder:) Karmeliterinnen · Salesianerinnen

Ursulinerinnen, Ursulinen (OSU = Ordo Sanctae Ursulae) · Zisterzienserinnen; ↑Kongregation, ↑Mönchsorden.
Nonpareille ↑Schriftgrad.
Nonplusultra ↑Höhepunkt.
Nonsens ↑Unsinn.
Nonstop ↑Fahrtunterbrechung.
Nonstopflug ↑Flug.
Nonstopkino ↑Kino.
Nonvalenz ↑Zahlungsunfähigkeit.
Nord: ↑Himmelsrichtung, ↑Wind.
Nordamerika: ↑Amerika, ↑Kontinent.
Nordamerikaner ↑Amerikaner.
Nordatlantik: ↑Atlantik, ↑Weltmeer.
nordatlantisch: Nordatlantischer Ozean ↑Atlantik, ↑Weltmeer.
Nordbayerisch ↑Mundart.
Nordbayrisch ↑Mundart.
Norden: ↑Himmelsrichtung; der hohe N. ↑Norwegen; das Venedig des -s ↑Stockholm.
Nordflüs ↑Polarlicht.
Nordistik ↑Philologie.
nördlich: Nördliches Eismeer ↑Weltmeer; Nördliche Krone / Wasserschlange ↑Sternbild.
Nordlicht ↑Polarlicht.
Nordnordwest ↑Himmelsrichtung.
Nordnordwesten ↑Himmelsrichtung.
Nordnorwegen ↑Norwegen.
Nordpazifik: ↑Pazifik, ↑Weltmeer.
nordpazifisch: Nordpazifischer Ozean ↑Pazifik, ↑Weltmeer.
Nordpol ↑Pol.
Nordpolarmeer: ↑Atlantik, ↑Weltmeer.
Nordsee ↑Atlantik.
Nordwest ↑Himmelsrichtung.
Nordwesten ↑Himmelsrichtung.
Nordwind ↑Wind.
Norge ↑Norwegen.
nörgeln ↑beanstanden.
¹Nörgler, Beckmesser, Splitterrichter, Kritikaster, Meckerer, Meckerfritze *(ugs.)*, Miesmacher; ↑Besserwisser, ↑Kritiker, ↑Nörglerin, ↑Wichtigtuerei.
²Nörgler ↑Querulant.
Nörglerin, Meckerliese *(ugs.)*, Meckerziege *(ugs., abwertend);* ↑Nörgler.
No-Risk-Sex: ↑Koitus.
Norm: ↑Regel; als N. festlegen / festsetzen ↑normen.
normal: ↑üblich; nicht mehr n. ↑übertrieben.
Normal ↑Treibstoff.
Normalbenzin ↑Treibstoff.
Normalflug ↑Flug.
normalisieren ↑normen.
Normalisierung ↑Normung.
Normalstrom ↑Elektrizität.
Normaluhr ↑Uhr.
Normalverbraucher: ↑Alltagsmensch; Otto N. ↑Durchschnittsbürger.
Normalzeit ↑Zeit.
normativ: ↑maßgeblich, ↑präskriptiv.

normen, normieren, normalisieren, standardisieren, eichen, regeln, regulieren, festlegen, festsetzen, vereinheitlichen, typisieren, kanonisieren, uniformieren, als Norm festsetzen / festlegen, auf einen Nenner bringen; ↑festschreiben, ↑nivellieren; ↑Normung, ↑Regel, ↑Sprachpflege.
normieren ↑normen.
Normierung ↑Normung.
Normung, Normierung, Normalisierung, Standardisierung, Regelung, Regulierung, Vereinheitlichung, Typisierung, Festlegung, Kanonisierung, Uniformierung; ↑Gleichmacherei, ↑Sprachpflege; ↑normen.
normwidrig ↑anormal.
Normwidrigkeit ↑Abweichung.
Norwegen, Norge · Nordnorwegen, der hohe Norden.
norwegisch: -e Krone ↑Zahlungsmittel.
Nostalgie ↑Sehnsucht.
¹Not, Notlage, Übel, Crux, Zwangslage, Bedrängnis, Verlegenheit, Misere, Dilemma, Kalamität, (die) Malaise, Krise, Schwierigkeit, Bredouille, Zwickmühle, Schlamassel *(salopp),* Schlamastik *(salopp, österr.),* Zore *(jidd.);* ↑Armut, ↑Ausnahmefall, ↑Ausweglosigkeit, ↑Gefahr, ↑Hungersnot, ↑Krankheit, ↑Krisenherd, ↑Lage, ↑Leid, ↑Mangel, ↑Schwierigkeit, ↑Unglück, ↑Verwirrung; **N. leiden,** sich in einer Zwangslage / Notlage / in Bedrängnis befinden, in Nöten sein, im Dreck sitzen / stecken *(salopp),* auf dem Hund sein, in der Klemme / Patsche / Tinte sitzen, bedient sein, zwischen Baum und Borke stecken; ↑ratlos [sein], ↑verunglücken; ↑arm.
²Not: ↑Hungersnot; wenn N. am Mann ist ↑Ausnahmefall; damit hat es keine N. ↑eilen; keine N. leiden ↑reich [sein]; der N. gehorchend ↑notgedrungen; aus der N. eine Tugend machen ↑bewältigen; in der N. frisst der Teufel Fliegen ↑Ausnahmefall; Helfer in der N. ↑Retter; zur N. ↑Ausnahmefall.
Notabeln ↑Oberschicht.
notabene ↑übrigens.
Notabitur ↑Abitur.
Notar ↑Jurist.
Notarzt ↑Arzt.
Notarztwagen ↑Unfallwagen.
Notation ↑Notenschrift.
Notbett ↑Bett.
Notbremse: die N. ziehen ↑anhalten.
Notbrücke ↑Brücke.
Notdurft: seine N. verrichten ↑austreten.
notdürftig, schlecht und recht, behelfsmäßig, Behelfs-, provisorisch, vorläufig, vorübergehend, zur Not; ↑annehmbar, ↑zweckmäßig.
Note: ↑Papiergeld, ↑Zensur, -n ↑Notentext; [ganze / halbe / punktierte N.] ↑Notenzeichen; eine N. geben ↑zensieren; nach -n ↑sehr; es geht nach -n ↑vorangehen.

Notenbank: ↑Geldinstitut; Mark der deutschen N. ↑Zahlungsmittel.

Notenblatt ↑Notentext.

Notenheft: ↑Heft, ↑Notentext.

Notenpapier ↑Schreibpapier.

Notenpult ↑Möbel.

Notenschlüssel ·· Violinschlüssel, G-Schlüssel · Bassschlüssel, F-Schlüssel · C-Schlüssel, Sopranschlüssel, Altschlüssel, Tenorschlüssel; ↑Notenschrift, ↑Notenzeichen.

Notenschrift, Notation ·· Choralnotation, Hufnagelschrift · Modalnotation · Mensuralnotation; ↑Notenschlüssel, ↑Notentext, ↑Notenzeichen.

Notentext, Noten, Partitur, Notenblatt, Notenheft; ↑Notenschrift, ↑Text.

Notenzeichen, Note ··· Neume *(hist.),* Choralnote *(hist.),* Mensuralnote *(hist.)* ·· ganze Note, Ganze · halbe Note, Halbe · Viertelnote, Viertel · Achtelnote, Achtel · Sechzehntelnote, Sechzehntel · Zweiunddreißigstelnote, Zweiunddreißigstel · Vierundsechzigstelnote, Vierundsechzigstel · punktierte Note; ↑Notenschlüssel, ↑Notenschrift, ↑Takt, ↑Tonabstand.

Notfall ↑Ausnahmefall.

notfalls: ↑Ausnahmefall, ↑vielleicht.

notgedrungen, gezwungenermaßen, der Not gehorchend, gezwungen, zwangsweise, zwangsläufig, in Ermangelung eines Besseren, unfreiwillig, ungern, schweren Herzens, nolens volens, ob man will oder nicht, wohl oder übel; **n. etwas tun müssen,** gute Miene zum bösen Spiel machen, jmdm. bleibt nichts anderes übrig, keine andere Wahl haben, nicht gerade von etwas begeistert sein, nicht ↑freiwillig; ↑nolens volens, ↑nötig, ↑widerwillig.

Notgroschen ↑Ersparnisse.

¹Nothelfer · Ägidius, Akazius, Barbara, Blasius, Christophorus, Cyriakus, Dionysius, Erasmus, Eustachius, Georg, Katharina, Margareta, Pantaleon, Vitus; ↑Schutzpatron.

²Nothelfer ↑Schutzheiliger.

notieren ↑aufschreiben.

Notierung ↑Niederschrift.

notig ↑arm.

¹nötig, erforderlich, geboten, unerlässlich, notwendig, lebensnotwendig, unentbehrlich, unmissbar *(schweiz.),* integrierend, obligat, unumgänglich, unvermeidlich, unausbleiblich, unausweichlich, unabwendbar; ↑angemessen, ↑dringend, ↑üblich, ↑unbedingt, ↑verbindlich; **n. sein,** es ist angezeigt / angebracht, am Platze sein; ↑Erfordernis.

²nötig: unbedingt n. ↑unveräußerlich; es ist n. ↑müssen; etwas n. haben [wie das tägliche Brot], etwas nicht n. haben ↑brauchen.

nötigen, zwingen, erpressen, bedrohen, Geiseln nehmen, Druck / Zwang ausüben, jmdn. unter Druck setzen, jmdm. das Messer an die Kehle setzen, jmdm. die Pistole auf die Brust setzen, Daumenschrauben ansetzen · *aus der*

Wohnung auszuziehen: entmieten, delogieren *(österr.);* ↑abnötigen, ↑aufnötigen, ↑drohen, ↑einschreiten, ↑überreden, ↑vergewaltigen, ↑zuraten; ↑Zwang.

Nötigung: ↑Vergeltungsmaßnahmen, ↑Zwang.

Notiz: -en ↑Aufzeichnung; N. nehmen von ↑Acht geben; keine N. nehmen von ↑ignorieren.

Notizkalender ↑Kalender.

Notizpapier ↑Schreibpapier.

Notlage ↑Not.

notlanden ↑landen.

Notlandung ↑Landung.

Notlazarett ↑Lazarett.

Not leidend ↑arm.

Notlüge ↑Lüge.

notorisch ↑anrüchig.

notreif ↑reif.

Notruf ↑Hilferuf.

Notschlachtung ↑Schlachtung.

Notsignal ↑Hilferuf.

Notstand ↑Ausnahmezustand.

Nottext ↑Text.

Notverordnung ↑Weisung.

Notwehr ↑Abwehr.

notwendig: ↑nötig; jmdm. fehlt es am Notwendigsten ↑arm [sein]; -es Übel ↑Erfordernis.

Notwendigkeit ↑Erfordernis.

Notzucht ↑Vergewaltigung.

notzüchtigen ↑vergewaltigen.

Nouveauté ↑Neuheit.

Nova ↑Himmelskörper.

¹Novelle, Nachtragsgesetz, Ergänzung · Verlautbarung; ↑Weisung.

²Novelle ↑Erzählung.

novellieren ↑ändern.

November, Wintermonat, Neb[e]lung, Nebeling, Nebelmond, Windmonat, Windmond; ↑Monat, ↑Zeitraum.

Novität ↑Neuheit.

Novize ↑Anfänger, ↑Mönch.

Novizin ↑Anfänger, ↑Nonne.

Novum ↑Neuheit.

NS ↑Postskriptum.

Nu: im Nu ↑schnell.

¹Nuance, Abschattung, Schattierung, Tönung, Abtönung, Abstufung, Spur, Hauch, Touch, Schatten, Anflug, Schimmer, Stich; ↑Kleinigkeit; ↑nuancieren.

²Nuance ↑Farbe.

nuancieren, differenzieren, schattieren, abschattieren, abschatten, tönen, abtönen, abstufen; ↑gliedern, ↑differenziert; ↑Nuance.

nuanciert ↑differenziert.

'nüber ↑hin.

Nucha ↑Nacken.

¹nüchtern, nicht ↑betrunken; **n. machen,** ernüchtern, ausnüchtern; **n. werden,** seinen / sich den Rausch ausschlafen, [sich] ausnüchtern; ↑enthaltsam.

²nüchtern: ↑fade, ↑prosaisch, ↑realistisch.

↑sachlich, ↑ungewürzt, ↑unparteiisch; auf nüchternen Magen ↑Magen; nüchtern sein ↑essen.

Nuckel ↑Schnuller.

nuckeln ↑saugen.

Nuckelpinne ↑Auto.

Nuddel ↑Schnuller.

nuddeln ↑drehen.

Nudel: ↑Penis; -n ↑Teigwaren.

Nudelholz, Nudelwalker *(bayr., österr.),* Wallholz *(schweiz.),* Teigrolle; ↑ausrollen.

Nudelkasten ↑Leierkasten.

nudeln: ↑ernähren; das Nudeln ↑Mast.

Nudeln: [grüne N.] ↑Teigwaren.

Nudelteig ↑Teig.

Nudelwaller ↑Nudelholz.

Nudismus ↑Freikörperkultur.

Nudist, Naturist, FKKler, FKK-Anhänger, Sonnenanbeter, Barwesiger, Abessinier, Äthiopier, Aschanti; ↑Freikörperkultur, ↑Nacktbadestrand.

Nudistenstrand ↑Nacktbadestrand.

Nudität ↑Blöße.

Nuggel ↑Busen.

Nuggi ↑Schnuller.

nuklear: -e Waffen ↑Waffen.

Nukleartechnik ↑Kernenergie.

Nuklearwaffen ↑Waffen.

Nukleoplasma ↑Protoplasma.

null: n. Grad ↑Gefrierpunkt; n. Uhr ↑Mitternacht; für n. und nichtig erklären ↑abschaffen; um n. Uhr ↑mitternachts; n. Bock haben auf ↑angeekelt [sein].

¹Null, Zero, Nichts; ↑nichts.

²Null: ↑Versager; Nummer N. ↑Toilette; in N. Komma nichts ↑schnell; die Temperatur sinkt unter N. ↑frieren.

Nullachtfünfzehn - : ↑Allerwelts-.

Nullachtfünfzehngeschmack ↑Allgemeingeschmack.

Nulldiät ↑Diät.

nullen ↑Geburtstag [haben].

Null-Null ↑Toilette.

Nullpunkt ↑Gefrierpunkt.

Nulltarif ↑Gebührenfreiheit.

Nullwurf ↑Pech.

Numen ↑Gottheit.

Numerale ↑Wortart.

Numerus clausus ↑Zulassungsbeschränkung.

numinos ↑göttlich.

Numinose: das N. ↑Gottheit.

Numismatik ↑Münzkunde.

Numismatiker ↑Münzensammler.

Nummer: ↑Spaßvogel, ↑Telefonnummer, ↑Zahl, ↑Zensur; N. machen / schieben ↑koitieren; auf N. Sicher gehen ↑wagen; auf N. Sicher sitzen ↑abbüßen.

nummerieren, beziffern, benummern, mit einer Zahl versehen, durchnummerieren, paginieren.

nun: n. einmal ↑eben; n. gerade ↑absichtlich; n.

und nimmermehr ↑niemals; von n. an ↑zukünftig.

nunmehr ↑jetzt.

nunmehrig ↑jetzig.

'nunter ↑hin.

Nuntius ↑Diplomat.

Nuppel ↑Schnuller.

nur: ↑aber, ↑ausschließlich.

Nürnberg, Dürerstadt, Stadt der Reichsparteitage *(hist.;* während des nationalsozialistischen Regimes).

Nürnberger: N. Lebkuchen ↑Gebäck; N. Ei ↑Uhr.

Nurse ↑Kindermädchen.

nuscheln ↑sprechen.

¹Nuss, Walnuss, Welschnuss, Grübelnuss, Meisennuss, Johannisnuss · Erdnuss, Aschantinuss *(österr.)* · Haselnuss · Paranuss.

²Nuss: doofe N. ↑Dummkopf; etwas ist eine harte N. ↑schwierig [sein].

Nussbaum ↑Laubhölzer.

nussbraun ↑braun.

Nussfülle ↑Füllung.

Nussfüllung ↑Füllung.

Nussknacker ↑Gebäck.

Nusskohle ↑Kohle.

Nüsslisalat ↑Feldsalat.

Nussöl ↑Speiseöl.

Nussschale ↑Boot.

Nutria ↑Pelz.

nutritiv ↑nahrhaft.

Nutte ↑Prostituierte.

nutz: zu nichts n. sein ↑nutzlos [sein].

nutzbar: ↑urbar; n. machen ↑auswerten.

Nutzbarmachung ↑Verarbeitung.

nutzbringend ↑nützlich.

nütze: zu nichts n. sein ↑nutzlos [sein].

nutzen: ↑anwenden, ↑gebrauchen, verwerten.

Nutzen: ↑Vorteil; N. ziehen aus ↑Profit [machen]; N. haben / ziehen ↑profitieren; von N. sein ↑nützlich [sein]; zum eigenen N. ↑pro domo.

nützen: ↑anwenden, ↑auswerten, ↑gebrauchen, ↑nützlich [sein]; etwas nützt gar nichts ↑nutzlos [sein], ↑wirkungslos [sein]; jmdm. mit etwas mehr schaden als n. ↑schaden.

Nutzgarten ↑Garten.

nutzig ↑nützlich.

Nutzkraftwagen ↑Auto.

nützlich, nutzbringend, nutzig *(schweiz.),* förderlich, konstruktiv, aufbauend, heilsam, hilfreich, lohnend, dankbar, fruchtbar, ersprießlich, gedeihlich, nicht ↑nutzlos; ↑bekömmlich, ↑erfreulich, ↑interessant, ↑zweckmäßig; **n. sein,** nützen, von Nutzen sein, helfen, zustatten kommen, zum Vorteil gereichen, in jmds. Interesse sein, das ist Wasser auf jmds. Mühle, gute Dienste leisten, frommen, dienlich / bequem / passend / *(schweiz.)* kommlich sein; ↑fördern; **nicht n. sein,** nicht fruchten, nicht ergiebig sein; ↑Vorteil.

Nützlichkeitsdenken ↑Pragmatismus.
nutzlos, unnötig, überflüssig, entbehrlich, abkömmlich, unnütz, nicht ↑nützlich; ↑grundlos, ↑wirkungslos; **n. sein,** umsonst / vergeblich / fruchtlos / vergebens / für die Katz sein, in den Sand gesetzt sein, zu nichts nütze / *(südd., österr.)* nutz sein, etwas hat keinen / wenig Sinn, etwas nützt / ändert gar nichts, das ist verlorene Liebesmüh[e], etwas ist ein Schlag ins Wasser, keinen Erfolg haben, das macht den Kohl nicht fett · *in Bezug auf jmdn., den man ändern will:* bei jmdm. ist Hopfen und Malz verloren, jmd. ist ein hoffnungsloser Fall; ↑brauchen, ↑gebrauchen, ↑wirkungslos [bleiben]; ↑Erfolg, ↑Misserfolg.
Nutzlosigkeit ↑Unbrauchbarkeit.
¹Nutznießer, Gewinner, der lachende Dritte.
²Nutznießer: ↑Besitzer; N. sein ↑profitieren.
Nutztier ↑Haustier.
Nutzvögel ↑Geflügel.
NVA ↑Militär.
NW ↑Himmelsrichtung.
Ny ↑Buchstabe.
Nylon ↑Chemiefaser.
Nylonstrumpf ↑Strumpf.
Nymphe ↑Wassergeist.
Nymphomanie ↑Mannstollheit.

O: das A und O ↑Hauptsache.
ob: ↑oberhalb, ↑wegen; [ob auch immer] ↑obgleich; als ob ↑gleichsam.
Obacht: O. geben ↑Acht geben.
Obadja ↑Prophet.
Obdach: ↑Unterkunft; O. finden ↑Unterkunft [finden].
obdachlos ↑Wohnung.
Obdachlosenasyl ↑Heim.
Obduktion, Sektion, Leichenöffnung, Leichenzergliederung, Leichenschau, Totenschau, Autopsie, Nekropsie, Nekroskopie *(selten);* ↑Operation.
obduzieren ↑operieren.
Obedienz ↑Gehorsam.
Obelisk ↑Säule.
oben: ↑oberhalb; o. ohne ↑nackt; nach o. ↑aufwärts; nach o. gehen / steigen / klettern ↑hinaufgehen; von o. bis unten ↑ganz.
obenan: o. stehen ↑Vorrang [haben].
obendrein ↑außerdem.
oben genannt ↑obig.

oben Genannter: der oben Genannte ↑derselbe.
obenhin ↑nebenher.
ober ↑oberhalb.
Ober ↑Bedienung.
Oberarzt ↑Arzt.
Oberbau ↑Überbau.
Oberbauchbruch ↑Bruch.
Oberbauchgegend ↑Magengrube.
Oberbefehl ↑Befehlsgewalt.
Oberbefehlshaber ↑Leitung.
Oberbekleidung ↑Kleidung.
Oberbett ↑Federbett.
Oberblatt ↑Blatt.
Oberbootsmann: ↑Dienstgrad, ↑Matrose.
Oberbremser ↑Dienstgrad.
Oberbürgermeister ↑Bürgermeister.
Oberdeutsch ↑Mundart.
obere: o. Grenze ↑Grenzwert.
Oberfeldarzt ↑Arzt.
Oberfeldwebel ↑Dienstgrad.
Oberfläche: unter der O. ↑latent.
¹oberflächlich, flach, seicht, ohne Tiefgang, geistlos, inhaltslos, gehaltlos, trivial; ↑anerzogen, ↑dilettantisch, ↑phrasenhaft, ↑unzulänglich; ↑Trivialität.
²oberflächlich ↑nachlässig.
Oberflächlichkeit: ↑Trivialität, ↑Zerfahrenheit.
Obergefreiter ↑Dienstgrad.
Obergeschoss ↑Geschoss.
oberhalb, oben, über, oben *(österr.),* droben, heroben *(südd., österr.),* in der Höhe, ob *(veraltet);* ↑aufwärts · Ggs. ↑unterhalb.
Oberhand: O. behalten / gewinnen ↑durchsetzen (sich).
Oberhaupt, Herrscher, Alleinherrscher, Befehlshaber, Gebieter, Regent, Staatsmann, Staatsfrau, Herr, Gouverneur, Statthalter, Verweser, Machthaber, Gewalthaber, Potentat, Diktator, Tyrann *(veraltet),* Führer, Anführer, Häuptling, Caudillo (Spanien), Duce (Italien) · *eines Staates:* Landesherr, Landesmutter, Landesvater, Staatsoberhaupt, Staatschef, Präsident, Regierungschef, Kanzler, Souverän, Dynast, Fürst, König, Monarch, Kaiser, Zar (Russland), Tenno (Japan), Schah (Iran), Negus (Äthiopien) · *im alten Rom:* Cäsar · *der kath. Kirche:* Papst, Oberhirte, Pontifex maximus, Stellvertreter Christi [auf Erden], Heiliger Vater · *der orthodoxen Kirche:* Patriarch · *eines Verwaltungsbezirks:* Landrat (in der BRD), Bezirkshauptmann (in Österreich), Bezirksstatthalter (Schweiz), Bezirksammann (Schweiz), Statthalter (Schweiz); ↑Arbeitgeber, ↑Befehlshaber, ↑Bürgermeister, ↑Dynastie, ↑Geistlicher, ↑First Lady, ↑Gewaltherrscher, ↑Herrschaft, ↑Klerus, ↑Machtgier, ↑Minister, ↑Obrigkeit, ↑Politiker, ↑Vorsitzender; ↑regieren; ↑mächtig.
Oberhaus ↑Volksvertretung.

Oberhaut ↑Epidermis.
Oberhemd, Herrenhemd, Hemd, Pfeid *(mundartl., österr.),* Sporthemd, Freizeithemd, Campinghemd, Wollhemd, Baumwollhemd, Polohemd, Popelinehemd, Batisthemd, Seidenhemd, Frackhemd · T-Shirt, Sweatshirt · *bügelfreies:* No-iron-Hemd · *sportliches, dessen Kragenspitzen festgeknöpft sind:* Button-down-Hemd; ↑Bluse, ↑Kleidung, ↑Pullover, ↑Sporthemd, ↑Unterhemd.
Oberhirte ↑Oberhaupt.
Oberin ↑Anrede.
Oberkellner ↑Bedienung.
Oberkommando ↑Leitung.
Oberlandesgericht ↑Gericht.
Oberlehrer: ↑Besserwisser, ↑Lehrer.
Oberleitungsbus: ↑Obus, ↑Verkehrsmittel.
Oberleutnant: [O. zur See] ↑Dienstgrad.
Oberlicht: ↑Lampe, ↑Tageslicht.
Oberlippenbärtchen ↑Bart.
Oberlippenspalte ↑Hasenscharte.
Obermaat: ↑Dienstgrad, ↑Matrose.
Oberprima ↑Schulklasse.
Oberrealschule ↑Schule.
Obers ↑Sahne.
Obersächsisch ↑Mundart.
Oberschicht, Gesellschaft, Establishment, Elite, Hautevolee, die oberen zehntausend, Geldadel, Upperten, Creme, Crème de la crème, Highsociety, Society, Highsnobiety *(iron.),* die Spitzen / *(iron.)* Stützen der Gesellschaft, die führenden Kreise, Honoratioren, Notabeln *(geh.);* alles, was Rang und Namen hat; Jetset, Jeunesse dorée, Nomenklatura *(russ.)* · *modisch-elegante:* Schickeria *(iron.),* Schickimicki *(iron.)* · *in geistiger Hinsicht:* geistige Oberschicht / Elite, Adel des Geistes, Geistesadel, die Gebildeten, Bildungsschicht, Bildungsbürgertum, Intelligenz, Intelligenzija *(abwertend);* ↑Berühmtheit, ↑Bürgertum, ↑Gesellschaftsschicht, ↑Intellektueller.
oberschlau, neunmalklug, neunmalgescheit, siebengescheit, überklug, übergescheit, superklug; ↑schlau.
Oberschnäpser ↑Dienstgrad.
Oberschule ↑Schule.
Oberschüler ↑Schüler.
Oberschullehrer ↑Lehrer.
Oberseite ↑Vorderseite.
Obersekunda ↑Schulklasse.
Oberschaum ↑Schlagsahne.
Oberst ↑Dienstgrad.
Oberstaatsanwalt ↑Jurist.
Oberstabsarzt ↑Arzt.
Oberstabsbootsmann: ↑Dienstgrad, ↑Matrose.
Oberstabsfeldwebel ↑Dienstgrad.
Oberstarzt ↑Arzt.
oberste ↑beste.
Oberstleutnant ↑Dienstgrad.
Oberstübchen: ↑Kopf; nicht ganz richtig im O. sein ↑verrückt [sein].

Oberstudienrat ↑Lehrer.
Obertasse: O. und Untertasse ↑Tasse.
Oberteil (z. B. beim Bikini), Bandeau; ↑Büstenhalter.
Obertertia ↑Schulklasse.
Oberverwaltungsgericht ↑Gericht.
Oberwasser: O. haben ↑Vorteil.
Obesität ↑Fettleibigkeit.
obgleich, obwohl, obschon, wennschon, wenngleich, ob / wenn auch, und / selbst / auch wenn, so / wie ... auch ..., [so] ... (so / wie sehr er auch beschäftigt war, [so] nahm er sich doch Zeit für seine Familie), ungeachtet, wiewohl, obzwar, einenweg *(schweiz.),* trotzdem *(ugs.),* ob [auch immer] *(selten);* ↑dennoch.
Obhut: ↑Fürsorge, ↑Schutz.
obig, vorerwähnt, vorstehend, vorgenannt, genannt, oben genannt, besagt, bewusst, betreffend, betroffen, fraglich, in Rede stehend.
Objekt: ↑Ding, ↑Gegenstand, ↑Haus; am lebenden O. ↑in vivo; die Tücke des -s ↑Unberechenbarkeit.
Objektangst ↑Phobie.
objektiv: ↑sachlich, ↑unparteiisch; -es Verb ↑Verb.
Objektivität, Sachlichkeit, Vorurteilslosigkeit, Unvoreingenommenheit, Unparteilichkeit, Überparteilichkeit, Neutralität; ↑unparteiisch · Ggs. ↑Subjektivität.
Objektsatz ↑Satz.
Objektschutz ↑Schutz.
Oblate · *geweihte:* Hostie; ↑Abendmahl.
obliegen: etwas obliegt jmdm. ↑abhängen.
Obliegenheit ↑Aufgabe.
obligat ↑nötig.
Obligation ↑Schuld.
obligatorisch ↑verbindlich.
Obligo: außer / ohne O. ↑Sicherheit.
Obmann ↑Vorsitzender.
Oboe: [O. da Caccia / d'Amore] ↑Blasinstrument.
Oboist ↑Musizierender.
Obolus: ↑Beitrag, ↑Münze.
Obrigkeit, Vorstehung, Regierung, Regime, die Vorgesetzten; ↑Leitung, ↑Oberhaupt.
obrigkeitlich ↑totalitär.
Obrist ↑Dienstgrad.
obschon ↑obgleich.
Obsequien ↑Trauerfeier.
Observation ↑Überwachung.
Observatorium: ↑Sternwarte, ↑Wetterwarte.
observieren ↑überwachen.
Obsession ↑Anankasmus.
obsiegen ↑siegen.
obskur ↑anrüchig.
Obskurantismus ↑Mystifikation.
obsolet ↑altmodisch.
Obsorge: ↑Fürsorge, ↑Pflege.
Obst, Früchte, Frischobst, Botanik (z. B.: Botanik zum Anbeißen) · Edelobst, Tafelobst, Spalierobst · Fallobst, Mostobst, Falläpfel ·

Dörrobst, Dürrobst, Backobst · Gefrierobst, tiefgefrorenes Obst ··· Kernobst · Apfel · Quitte ·· Birne · *gedörrte:* Kletze *(österr.)* ··· Steinobst ·· Kirsche · Süßkirsche, Herzkirsche, Knorpelkirsche, Sauerkirsche, Amarelle, Ammer, Schattenmorelle, Glaskirsche ·· Pflaume, Zwetsche, Zwetschge *(südd., schweiz.),* Zwetschke *(österr.),* Spilling, Krekel *(niederd.),* Krieche *(österr.),* Kriecherl *(österr.),* Mirabelle, Reineclaude, Reneklode, Ringlotte *(bes. österr.)* ·· Pfirsich · Aprikose, Marille *(österr.),* Barelle *(schweiz.),* Barille *(schweiz.),* Baringel *(schweiz.);* ↑Apfel, ↑Beerenobst, ↑Frucht, ↑Fruchtsaft, ↑Obstbaum, ↑Obsthändler.

Obstbaum, Fruchtbaum; ↑Obst.

Obstbaumblüte ↑Baumblüte.

Obstblüte ↑Baumblüte.

Obsternte ↑Ernte.

Obstetrix ↑Hebamme.

Obsthändler, Obstler *(mundartl.),* Öbstler *(bes. österr.),* Südfruchthändler, Südfrüchtenhändler *(österr.);* ↑Obst.

obstinat ↑unzugänglich.

Obstination ↑Eigensinn.

Obstipation ↑Stuhlverstopfung.

obstipieren, obstipierend / verstopfend wirken, stopfen; ↑Stuhlverstopfung, ↑Verdauungsstörung.

Obstkern ↑Kern.

Obstkuchen ↑Gebäck.

Obstler: ↑Alkohol, ↑Obsthändler.

Öbstler ↑Obsthändler.

Obstmesser ↑Messer.

Obstpresse ↑Saftpresse.

obstruieren ↑behindern.

Obstruktion ↑Widerstand.

Obstsaft ↑Fruchtsaft.

Obststeige ↑Steige.

Obsttag ↑Fasttag.

Obsttorte ↑Gebäck.

Obstwein, Most *(oberd.)* · Apfelwein, Cidre · Johannisbeerwein · Blaubeerwein · *gärender:* Sauser *(schweiz.)* · *unvergorener:* Süßmost; ↑Wein.

obszön ↑anstößig.

Obszönität ↑Sittenlosigkeit.

Obturation ↑Gefäßverstopfung.

Obus, Oberleitungsbus, Oberleitungsomnibus, Trolleybus; ↑Omnibus, ↑Straßenbahn, ↑Verkehrsmittel.

obwohl ↑obgleich.

obzwar ↑obgleich.

Ochlokratie ↑Herrschaft.

Ochs: ↑Rind; wie der O. vorm Berge / Tor stehen ↑ratlos [sein].

Ochse: ↑Dummkopf, ↑Rind.

ochsen ↑lernen.

Ochsenauge: ↑Rundfenster, ↑Schmetterling, ↑Spiegelei.

Ochsenfleisch ↑Fleisch.

Ochsenfrosch ↑Frosch.

Ochsenherz ↑Herzhypertrophie.

Ochsenschleppsuppe ↑Suppe.

Ochsenschwanzsuppe ↑Suppe.

Ochsenziemer ↑Peitsche.

Öchsle ↑Maßeinheit.

Ochsnerkübel ↑Abfalleimer.

ocker ↑braun.

ockergelb ↑gelb.

Oculus ↑Sinnesorgan.

Ode ↑Gedicht.

öde: ↑abgelegen, ↑langweilig, ↑menschenleer.

Öde: ↑Einöde, ↑Eintönigkeit, ↑Leere.

Odel ↑Dünger.

Odem ↑Atem.

¹oder, beziehungsweise, andernfalls, im anderen Fall, sonst; ↑auch, ↑und.

²oder: o. auch ↑alias.

Oderkahn ↑Schuh.

Odeur ↑Geruch.

Odin ↑Gott.

ödipal: -e Phase ↑Entwicklungsphase.

Ödipuskomplex ↑Komplex.

Odium ↑Abneigung, ↑Anrüchigkeit.

Odontiatrie ↑Heilkunde.

Odontologe ↑Arzt.

Odontologie ↑Heilkunde.

-odynie ↑Schmerz.

Oeuvre ↑Werk.

OEZ ↑Zeit.

¹Ofen, Zimmerofen, Kachelofen, Kanonenofen, Ölofen, Nachtspeicherofen; ↑Feuerhaken, ↑Heizgerät, ↑Heizkörper, ↑Kamin, ↑Zentralheizung.

²Ofen: ↑Auto; Chemischer O. ↑Sternbild; jetzt ist der O. aus ↑ärgerlich [werden]; den O. anmachen ↑heizen; mit etwas keinen Hund hinter dem O. hervorlocken [können] ↑langweilig [sein]; etwas ist ein Schuss in den O. ↑wirkungslos [bleiben].

Ofenbank ↑Sitzbank.

Ofenheizung ↑Heizung.

Ofenhocker ↑Stubenhocker.

Ofenrohr ↑Panzerabwehrkanone.

Ofenschirm ↑Wandschirm.

Ofensetzer ↑Keramiker.

¹offen, geöffnet, unverschlossen, aufgeschlossen, aufgesperrt, sperrangelweit offen, offen stehend; ↑geöffnet; **o. sein,** auf sein *(ugs.),* klaffen, gähnen.

²offen: ↑aufgeschlossen, ↑aufrichtig, ↑unverpackt, ↑wund; mit -en Armen aufgenommen werden ↑willkommen [sein]; mit -en Augen schlafen ↑unaufmerksam [sein]; -es Feuer ↑Feuer; -es Feuer, -e Feuerstelle ↑Kamin; etwas ist ein -es Geheimnis ↑bekannt; eine -e Hand haben ↑freigebig [sein]; ein -es Haus führen / haben ↑gastfrei [sein]; mit -em Mund ↑erwartungsvoll, ↑überrascht; ein -es Ohr haben für ↑entgegenkommend [sein]; -e Stellen ↑Stellenangebote; -e Türen einrennen ↑ankämpfen (gegen etwas); etwas ist noch o. ↑ungewiss [sein];

[o. haben / sein] ↑geöffnet; die Karten o. auf den Tisch legen ↑gestehen.

¹offenbar, offensichtlich, augenscheinlich, augenfällig, sichtlich, sichtbar, deutlich, aufgelegt *(österr.),* manifest, flagrant, handgreiflich, offenkundig, erwiesen, eklatant; ↑anscheinend, ↑außergewöhnlich, ↑einschneidend, ↑erkennbar, ↑nachweislich; **o. werden,** ans Licht kommen, sich herausstellen / enthüllen / zeigen, etwas verspricht zu werden, sich entpuppen als; **o. sein,** auf der Hand liegen, etwas ist mit Händen zu greifen; ↑aufdecken, ↑erscheinen, ↑erweisen (sich als), ↑hervortreten.

²offenbar: es ist doch o. so, dass ↑zweifellos.

offenbaren: ↑bekunden, ↑gestehen.

Offenbarung: ↑Bekenntnis, ↑Voraussage; die O. Johannis / des Johannes ↑Apokalypse.

Offenbarungseid: den O. leisten ↑zahlungsunfähig [sein].

offen bleiben, noch ungeklärt / noch nicht ausdiskutiert sein lassen / es gibt noch viele Fragen; ↑ungewiss, ↑unklar.

offen halten: die Augen o. ↑Acht geben.

Offenheit ↑Aufrichtigkeit.

offenherzig: ↑aufrichtig, ↑ausgeschnitten.

Offenherzigkeit ↑Aufrichtigkeit.

offenkundig ↑offenbar.

Offenkundigkeit, Publizität, Öffentlichkeit, Bekanntheit [in der Öffentlichkeit]; ↑offenbar.

¹offen lassen, noch nicht entscheiden, in der Schwebe lassen, dahingestellt sein lassen, sich nicht festlegen; ↑entschließen (sich), ↑ungewiss [sein], ↑zögern.

²offen lassen: sich eine Möglichkeit o. ↑Maßnahme.

offensichtlich ↑offenbar.

offensiv ↑streitbar.

Offensive: ↑Anfeindung, ↑Angriff, ↑Kampf.

Offensivkrieg ↑Krieg.

offen stehend ↑offen.

¹öffentlich, in / vor aller Öffentlichkeit, vor aller Welt, coram publico; ↑Öffentlichkeit.

²öffentlich: ↑amtlich; -er Fernsprecher ↑Telefonzelle; die -e Hand, -e Mittel ↑Staatskasse; -es Recht ↑Rechtsgebiet; -e Sprache ↑Hochsprache.

¹Öffentlichkeit, die breite Öffentlichkeit, Allgemeinheit, Bevölkerung, Gesellschaft; ↑Umwelt; ↑öffentlich · Ggs. ↑Privatleben.

²Öffentlichkeit: ↑Offenkundigkeit; an die Ö. dringen ↑herumsprechen (sich); im Licht der Ö. stehen, ins Licht der Ö. treten ↑exponieren (sich); in / vor aller Ö. ↑öffentlich.

Öffentlichkeitsarbeit: ↑Propaganda, ↑Werbung.

offerieren ↑anbieten (jmdm. etwas).

Offert ↑Angebot.

Offerte ↑Angebot.

Office ↑Büro.

offiziell ↑amtlich.

Offizier, aktiver Offizier, Reserveoffizier, Truppenoffizier, Stabsoffizier, Militär; ↑Dienstgrad, ↑Soldat.

Offiziersanwärter ↑Dienstgrad.

offiziös ↑amtlich.

¹öffnen, aufmachen, auftun, aufschließen, aufsperren · *mit Gewalt:* aufbrechen, erbrechen, knacken, aufsprengen, aufreißen, auffetzen, aufschlagen; ↑aufbekommen, ↑aufdecken, ↑aufschrauben, ↑zerlegen; **jmdm. nicht ö.,** sich verleugnen lassen · Ggs. ↑schließen.

²öffnen: ↑aufblättern, ↑aufschrauben; jmdm. die Augen ö. ↑mitteilen; die Fenster ö. ↑lüften; einer Sache Tür und Tor ö. ↑unterstützen (etwas); jmdm. ö. ↑einlassen.

Offsetdruck ↑Druckverfahren.

Offsetpapier ↑Druckpapier.

Offside ↑Regelverstoß.

¹oft, öfters, öfter, des Öfteren, oftmals, manchmal *(schweiz.),* häufig, x-mal, wiederholt, immer wieder, meist, meistens, meistenteils, mehrenteils *(österr.),* zumeist, in der Regel, größtenteils, zum größten Teil, in der Mehrzahl, überwiegend, vorwiegend, mehrfach, verschiedentlich, zigmal, mehrmals, mehrmalig, vielfach, vielfältig, nicht ↑selten; ↑abermalig, ↑generell, ↑konzentriert, ↑überall, ↑unaufhörlich, ↑wieder.

²oft: o. und oft ↑unaufhörlich.

öfter ↑oft.

öfters ↑oft.

Oheim ↑Onkel.

Ohm ↑Maßeinheit.

Öhmd ↑Heu.

Öhmdernte ↑Ernte.

¹ohne, ohnefrei (sorgenfrei, fieberfrei, portofrei), ohnelos (sorgenlos, arbeitslos, fantasielos, schaffnerlos), ohnearm (inhaltsleer), ohnearm (fantasiearm, inhaltsarm).

²ohne: ↑abzüglich, ↑ausgenommen; o. Alkohol ↑alkoholfrei; o. Anstände / Bedenken / weiteres ↑anstandslos; o. Auftrag / Befugnis ↑eigenmächtig; o. Ausnahme ↑alle; o. Bedenken ↑kritiklos; o. Bedingungen / Vorbedingung / Vorbehalt ↑vorbehaltlos; o. [jedes] Benehmen ↑unhöflich; o. Bewusstsein, o. Besinnung ↑ohnmächtig; etwas ist o. Dauer ↑kurzlebig [sein]; o. zu denken ↑schematisch; o. Einschränkung ↑vorbehaltlos; o. Ende ↑unendlich; o. lange zu fackeln / zu überlegen zu zögern, o. weiteres, o. [große] Umstände / viel Umstände zu machen ↑kurzerhand; o. Farbe ↑farblos; o. Geld ↑kostenlos; o. Arbeit / Arbeitsplatz / Erwerb / Gelderwerb ↑arbeitslos; o. Geschmack / Aroma ↑ungewürzt; o. Gewicht ↑federleicht; o. Haftung / Obligo ↑Sicherheit; o. Heimat ↑ungeborgen; o. Leben ↑tot; o. Sinn und Verstand ↑unsinnig; o. festen Sitz ↑ambulant; o. Tiefgang ↑oberflächlich; o. Überstürzung / Übereilung ↑ruhig; o. Unterbrechung / stecken zu bleiben / zu stocken ↑fließend; o. Wenn und Aber ↑vorbehaltlos; o. Zähne ↑zahnlos; o. zu zögern / zu überlegen, o. weiteres bereit ↑bereitwillig;

Zwang ↑freiheitlich; oben o. ↑nackt; etwas ist nicht so o. ↑unterschätzen.

ohnedies ↑ohnehin.

ohnegleichen: ↑außergewöhnlich, ↑beispiellos.

Ohnehaltflug ↑Flug.

ohnehin, ohnedies, sowieso, eh *(landsch.),* auf jeden Fall.

ohngefähr: von o. ↑unabsichtlich.

¹Ohnmacht, Bewusstlosigkeit; ↑Anfall, ↑Schock; **in O. fallen** ↑ohnmächtig [werden]; **aus einer O. erwachen,** wieder zu sich kommen, aufwachen, erwachen, die Augen aufschlagen.

²Ohnmacht: ↑Bewusstlosigkeit, ↑Machtlosigkeit, ↑Unfähigkeit; in O. fallen / sinken ↑ohnmächtig [werden].

¹ohnmächtig, bewusstlos, ohne Bewusstsein, besinnungslos, ohne Besinnung; **o. werden,** schlappmachen *(ugs.),* abbauen, zusammenbrechen, zusammenklappen, zusammensacken, kollabieren, in Ohnmacht fallen / sinken, umfallen, umsinken, zu Boden sinken, Sterne sehen, umkippen *(ugs.),* jmdm. wird schwarz / wird Nacht vor den Augen, jmdm. schwinden die Sinne, aus den Latschen / Pantinen kippen *(salopp)* · *in großer Zahl:* wie die Fliegen umfallen; ↑Ohnmacht, ↑Unfähigkeit.

²ohnmächtig ↑machtlos.

¹Ohr, Gehörorgan, Ohrmuschel, Löffel *(ugs.),* Schalltrichter *(scherzh.),* Ohrwaschel *(ugs., bayr., österr.)* · *unterer Teil:* Ohrläppchen · *abstehende Ohren:* Abstehohren, Segelfliegerohren *(scherzh.),* Radarohren *(scherzh.),* Fledermausohren *(scherzh.),* Schlappohren ·· *bei Tieren:* Löffel (Hase), Lauscher (Rotwild u. a.), Luser (Rotwild u. a.), Teller (Schwarzwild), Behang (Jagdhund); ↑Gehör, ↑Sinnesorgan.

²Ohr: ↑Sinnesorgan; ganz Auge und O. sein ↑Acht geben; hören mit dem dritten O. ↑Acht geben; halt die -en steif ↑Mut; die -en spitzen ↑Acht geben; seinen -en nicht trauen ↑überrascht [sein]; seine -en verschließen ↑unzugänglich [sein]; jmdm. die -en voll jammern ↑klagen; tauben -en predigen, etwas trifft auf taube -en ↑sprechen; sich aufs O. hauen ↑schlafen [gehen]; jmdm. eine / ein paar / eins hinter die -en geben, ein paar hinter die -en kriegen ↑schlagen; noch die Eierschalen hinter den -en haben ↑erwachsen; noch feucht / noch nicht trocken hinter den -en sein ↑erwachsen; sich etwas hinter die -en schreiben müssen ↑behalten; etwas ist Musik / klingt wie Musik in jmds. -en ↑erfreulich [sein]; Watte in den -en haben ↑reagieren; jmdm. einen Floh ins O. setzen ↑begierig [machen]; mit halbem O. zuhören / hinhören ↑zuhören; bis über die -en in Schulden stecken ↑schulden (jmdm. etwas); bis über die / bis über beide -en verliebt sein ↑verliebt [sein]; jmdm. das Fell über die -en ziehen ↑ausbeuten; viel um die -en haben ↑arbeiten; sich die Nacht um die -en schlagen ↑schlafen.

Ohrenarzt ↑Arzt.

Ohrenbeichte ↑Beichte.   ,

ohrenbetäubend ↑laut.

Ohrenbläser ↑Hetzer.

Ohrenheilkunde ↑Heilkunde.

Ohrenschmaus ↑Labsal.

Ohrensessel ↑Sitzgelegenheit.

ohrenzerreißend ↑laut.

Ohrenzeuge ↑Zeuge.

¹Ohrfeige, Maulschelle, Backpfeife *(nordostd.),* Backfeige *(rhein.),* Backenstreich *(geh., veraltend),* Watsche *(bes. bayr.),* Katzenkopf *(landsch.),* Kopfstück, Dachtel, Tachtel, Knallschote *(scherzh.),* Detsche *(österr.),* Fotze *(ugs., bayr., österr.);* ↑schlagen.

²Ohrfeige: jmdm. eine O. geben, eine O. kriegen ↑schlagen.

ohrfeigen ↑schlagen.

Ohrfeigengesicht ↑Gesicht.

Ohrläppchen ↑Ohr.

Ohrmuschel ↑Ohr.

Ohrspeicheldrüsenentzündung, Parotitis, Mumps, Ziegenpeter, Bauernwetzel *(landsch.),* Wochentölpel *(landsch.).*

Ohrspiegelung ↑Ausspiegelung.

Ohrwaschel ↑Ohr.

Ohrwurm: ↑Insekt, ↑Lied.

o.k.: ↑okay; es ist alles o. ↑Ordnung.

Okarina ↑Blasinstrument.

¹okay, o.k., in Ordnung, einverstanden, abgemacht, gemacht, ist geritzt *(salopp),* richtig, gut; ↑ja; ↑Ordnung.

²okay: ↑ja; es ist alles o. ↑Ordnung.

Okkasion: ↑Möglichkeit, ↑Kauf.

okkasionell ↑unüblich.

Okkispitze ↑Spitzenstickerei.

okkult, okkultistisch, spiritistisch, übersinnlich, magisch; ↑übernatürlich; ↑Geisterbeschwörung, ↑Mystifikation, ↑Séance, ↑Spiritist, ↑Trancezustand.

Okkultismus ↑Geisterbeschwörung.

Okkultist ↑Spiritist.

okkultistisch ↑okkult.

Okkupant ↑Besatzung.

¹Okkupation, Besetzung, Invasion, Einmarsch, Eindringen, Einfall, Intervention, Aggression, Anschluss, Überrumpelung; ↑Eingemeindung, ↑Überfall.

²Okkupation: ↑Besetzung, ↑Besitznahme, ↑Eroberung.

Okkupationsmacht ↑Besatzung.

okkupieren ↑erobern.

Ökologie ↑Wissenschaft.

Ökonom ↑Bauer.

Ökonomie: ↑Bauernhof, ↑Wissenschaft.

ökonomisch: ↑kommerziell, ↑sparsam.

Ökotrophologie, Hauswirtschaft und Ernährungswissenschaft; ↑Wissenschaft.

Oktant ↑Sternbild.

Oktava ↑Schulklasse.
Oktave ↑Tonabstand.
Oktavheft ↑Heft.
Oktober, Weinmonat, Weinmond, Gilbhart, Windmond; ↑Monat, ↑Zeitraum.
Oktoberfest ↑Jahrmarkt.
oktroyieren ↑aufnötigen.
Okuli ↑Kirchenjahr.
okulieren ↑züchten.
ökumenisch: -e Trauung ↑Vermählung.
Okzident ↑Europa.
okzidental ↑abendländisch.
okzidentalisch ↑abendländisch.
Öl: ↑Brennstoff, ↑Energie, ↑Erdöl, ↑Fett, ↑Speiseöl; Ö. auf die Wogen gießen ↑beruhigen; Ö. ins Feuer gießen ↑aufwiegeln, ↑verschärfen.
Ölbild ↑Malerei.
Öldruckbremse ↑Bremse.
Oldtimejazz ↑Jazz.
Oldtimejazzrenaissance ↑Jazz.
Oldtimer ↑Auto.
ölen: ↑abschmieren, ↑einreiben; etwas geht wie geölt ↑reibungslos; sich die Kehle ö. ↑trinken.
Ölfass ↑Fass.
Ölgas ↑Gas.
Ölgemälde ↑Malerei.
Ölgötze: dastehen wie ein Ö. ↑dumm [sein].
Ölhafen ↑Hafen.
Ölheizung ↑Heizung.
Ölhydraulik ↑Fluidtechnik.
ölig ↑schmutzig.
Oligarchie ↑Herrschaft.
Oligopol ↑Marktform.
Oligopson ↑Marktform.
Oligotrophie ↑Ernährungsstörung.
Olim: zu -s Zeiten ↑damals.
oliv ↑grün.
Olivenöl ↑Speiseöl.
olivgrün ↑grün.
Öljacke ↑Mantel.
Ölkreide ↑Kreide.
oll: das sind -e Kamellen ↑überlebt [sein].
Olla podrida ↑Eintopf.
Olle ↑Ehefrau.
Ölleichter ↑Schiff.
Oller ↑Ehemann.
Öllich ↑Zwiebel.
Olm ↑Salamander.
Ölmalerei ↑Maltechnik.
Ölmühle ↑Windmühle.
Olmützer: O. Stinkkäse / Quargel ↑Handkäse.
Ölofen ↑Ofen.
Ölpalme ↑Palme.
Ölpest ↑Umweltverschmutzung.
Ölteppich ↑Verschmutzung.
Ölung: Letzte Ö. ↑Viatikum.
Olvel ↑Narr.
Olymp: ↑Empore, ↑Himmel.
Olympia ↑Olympiade.
Olympiade, Olympische Spiele, die Spiele, Olympia; ↑Olympiakämpfer.

Olympiaflagge ↑Fahne.
Olympiajolle ↑Segelboot.
Olympiakämpfer, Olympiateilnehmer, Olympionike, Athlet; ↑Olympiade, ↑Sportler.
Olympiasieger ↑Sieger.
Olympiastadt ↑München.
Olympiateilnehmer ↑Olympiakämpfer.
Olympionike: ↑Olympiakämpfer, ↑Sieger.
olympisch: Olympische Spiele ↑Olympiade.
Ölzeug ↑Mantel.
Oma: ↑Frau, ↑Großmutter; aus -s Zeiten sein ↑überlebt [sein].
Omagra ↑Arthritis.
Omama ↑Großmutter.
Ombudsman ↑Vertrauensmann.
Omega ↑Buchstabe.
¹Omelett, Eierkuchen *(bes. nordd.),* Pfannkuchen *(bes. südd.),* Plinse *(nordostd.),* Flinse *(nordostd.),* Eiertätsch *(schweiz.),* Omelette *(österr. und fachspr.),* Palatschinke *(österr.)* · *zerstoßener:* Schmarren *(bayr., österr.),* Eierschmarren *(südd.),* Kaiserschmarren *(österr.),* Sterz *(österr.);* ↑Eierspeise, ↑Kartoffelpuffer, ↑Pfannkuchen.
²Omelett ↑Rührei.
Omelette: ↑Omelett, ↑Rührei.
Omen ↑Anzeichen.
Omi ↑Großmutter.
Omikron ↑Buchstabe.
ominös ↑anrüchig.
¹Omnibus, Autobus, Bus, Car *(schweiz.),* Autocar *(schweiz.),* Gesellschaftskraftwagen · *doppelstockomnibus,* doppelstöckiger Bus, Doppeldecker · · Überlandbus · *in Amerika:* Greyhound; ↑Auto, ↑Obus, ↑Verkehrsmittel.
²Omnibus ↑Verkehrsmittel.
Omnibusfahrt ↑Fahrt.
omnipotent ↑göttlich.
Omnipotenz ↑Gotteseigenschaften.
Omnipräsenz ↑Gotteseigenschaften.
Omorke ↑Gurke.
Omphalos ↑Nabel.
Onanie ↑Selbstbefriedigung.
onanieren ↑masturbieren.
Ondit ↑Gerücht.
Ondulation ↑Frisur.
ondulieren ↑frisieren.
Oneirodynie ↑Traum.
Onestep ↑Tanz.
¹Onkel, Oheim; ↑Verwandter.
²Onkel: O. Sam ↑Amerika; über den [großen / dicken] O. gehen ↑fortbewegen (sich).
Onkelehe ↑Ehe.
onkeln ↑fortbewegen (sich).
Onkologe ↑Arzt.
Onkologie ↑Heilkunde.
Onomasiologie ↑Bezeichnungslehre.
Onomastik ↑Namenkunde.
Onomatologie ↑Namenkunde.
Ontogenese, Ontogenie · Ggs. ↑Phylogenie.
Ontogenie ↑Ontogenese.

Ontologie, Seinslehre, Lehre vom Sein, Ontosophie; ↑Wissenschaft.
Ontosophie ↑Ontologie.
Onyx ↑Schmuckstein.
Opa: ↑Großvater, ↑Mann; -s … ↑altmodisch; aus -s Zeiten sein ↑überlebt [sein].
opak ↑undurchsichtig.
Opakglas ↑Glas.
Opal ↑Schmuckstein.
opaleszieren ↑leuchten.
Opalglas ↑Glas.
opalisieren: ↑leuchten; -d ↑glänzend.
Opanke ↑Schuh.
Opapa ↑Großvater.
Op-Art ↑Malerei.
Oper, Musikdrama · *ernste, große:* Opera seria · *heldenhafte:* Opera eroica · *teils ernste, teils heitere:* Opera semiseria · *heitere, komische:* Opera buffa, Singspiel · *mit gesprochenen Dialogen durchsetzte:* Spieloper, Opéra comique; ↑Musik, ↑Operette, ↑Puppentheater, ↑Schauspiel, ↑Theater, ↑Theatergebäude.
Opera buffa ↑Oper.
Opéra comique ↑Oper.
Opera eroica ↑Oper.
Opera semiseria ↑Oper.
Opera seria ↑Oper.
Operateur ↑Arzt.
¹Operation, [chirurgischer / operativer] Eingriff, [operative] Eröffnung, Sektion, Schnitt, Inzision, [operativer] Einschnitt, operative Spaltung · *bei der Organ- oder Körperteile entfernt werden:* Resektion, Exzision, operative Entfernung, Ausschneidung, Amputation, Ablation, Absetzung, Gliedabsetzung, Abtragung, Gliedabtragung, Exartikulation ·· *bei der ganze Organe o. Ä. entfernt werden:* Ektomie, Ausschälung, Aushobelung, Abhobelung, Exstirpation, Totaloperation, Radikaloperation, Totalexstirpation · *der Harn- oder Gallenblase:* Zystektomie · *des Magens:* Gastrektomie · *eines Lungenflügels:* Pneumektomie ·· *um einen Krankheitsherd herum erfolgende:* Zirkumzision, Umschneidung · *zur Befestigung von Geweben oder Organen:* Fixation, Pexis, operative Befestigung, Annähung, Vernähung, Naht ·· *kosmetische:* Schönheitsoperation · *durch die erschlaffte Körperpartien gestrafft werden:* Lifting, Lift · *durch die das Aussehen der Nase verändert wird:* Rhinoplastik; ↑Bypass, ↑Obduktion, ↑Transplantation, ↑Verätzung; ↑operieren.
²Operation: ↑Handhabung; eine O. durchführen ↑operieren.
Operationsgebiet ↑Kriegsschauplatz.
Operationsschwester ↑Krankenschwester.
Operationstisch ↑Tisch.
operativ: -e Befestigung / Entfernung / Eröffnung / Spaltung, -er Eingriff / Einschnitt ↑Operation; o. entfernen ↑operieren.
Operette, Musical; ↑Musik, ↑Oper, ↑Puppentheater, ↑Schauspiel, ↑Theater.

Operettenfilm ↑Kinofilm.
Operettenmusik ↑Musik.
operieren, einen Eingriff machen / vornehmen, schneiden, eine Operation durchführen, jmdn. unter dem Messer haben / unters Messer nehmen *(ugs.)* · *ein Tier:* vivisezieren · *einen toten Körper:* sezieren, obduzieren · *wobei Körperteile weggeschnitten werden:* amputieren, resezieren, operativ entfernen; ↑transplantieren; ↑Operation.
Opernfilm ↑Kinofilm.
Opernglas ↑Fernglas.
Opernhaus ↑Theatergebäude.
Opernmusik ↑Musik.
Opernorchester ↑Orchester.
Opernsänger ↑Sänger.
Opernsängerin ↑Sängerin.
¹Opfer, Verzicht, Aufopferung; O. bringen (für etwas), einer Sache Tribut zollen, etwas tun für etwas; O. bringen müssen, nichts [im Leben] geschenkt / umsonst erhalten, es wird einem nichts geschenkt, für alles [im Leben] bezahlen müssen; alles hat seinen Preis, nur der Tod ist umsonst; ↑opfern.
²Opfer: ↑Beitrag, ↑Kollekte, ↑Märtyrer; ein O. bringen für ↑einstehen (für); zum O. fallen ↑opfern.
Opferaltar ↑Opferstätte.
Opferbereitschaft ↑Demut.
Opferherd ↑Opferstätte.
Opfermut ↑Demut.
¹opfern, preisgeben, hingeben, hinopfern, aufopfern, drangeben *(ugs.)*, verheizen *(salopp)* · *alles, das Letzte:* sich das letzte Hemd vom Leibe reißen, das letzte Hemd hergeben; **geopfert werden,** zum Opfer fallen; ↑abgeben, ↑abnutzen, ↑spenden; ↑Entäußerung.
²opfern: ↑spenden; sich o. für ↑einstehen (für).
¹Opferstätte, Opferstein, Opfertisch, Altar, Opferaltar, Brandaltar, Opferherd; ↑Altar, ↑Kultstätte.
²Opferstätte ↑Kultstätte.
Opferstein ↑Opferstätte.
Opfertisch ↑Opferstätte.
Ophthalmiatrie: ↑Augenheilkunde, ↑Heilkunde.
Ophthalmiatrik: ↑Augenheilkunde, ↑Heilkunde.
Ophthalmologe ↑Arzt.
Ophthalmologie ↑Heilkunde.
Opi ↑Großvater.
Opiomanie ↑Opiumvergiftung.
Opium ↑Rauschgift.
Opiumismus: ↑Opiumvergiftung, ↑Sucht.
Opiumraucher ↑Raucher.
Opiumsucht: ↑Opiumvergiftung, ↑Sucht.
Opiumvergiftung, Opiumismus, Opiumsucht, Opiomanie · Morphinvergiftung, Morphinismus, Morphiumsucht, Morphinomanie, Morphiomanie, Morphinisation · Heroinvergiftung, Heroinismus, Heroinsucht, Heroinomanie · Kodeinvergiftung, Kodeinismus, Kodeinsucht, Kodeinomanie; ↑Aufputschmittel, ↑Be-

ruhigungsmittel, ↑Kokainvergiftung, ↑Rauschgift, ↑Rauschgiftsüchtiger, ↑Sucht, ↑Vergiftung.

Opossum ↑Pelz.

Opponent ↑Gegner.

Opponentin ↑Gegner.

opponieren ↑aufbegehren.

opportun ↑zweckmäßig.

Opportunismus ↑Anpassung.

Opportunist, Gesinnungslump *(emotional),* Proteus, Chamäleon *(iron.),* Konjunkturritter, Radfahrer, Streber, Märzgefallener *(iron.);* ↑Anhänger, ↑Karrieremacher; **O. sein,** opportunistisch sein, seine Gesinnung [wie das / wie sein Hemd] wechseln, mit den Wölfen heulen, mit dem Strom / nicht gegen den Strom schwimmen, mit dem Wind segeln, die Fahne / sein Fähnchen / den Mantel nach dem Wind hängen; ↑umschwenken.

opportunistisch: o. sein ↑Opportunist [sein].

Opportunität ↑Möglichkeit.

¹Opposition, Gegenpartei, Gegenseite; ↑Konkurrenz.

²Opposition: ↑Gegensatz; Außerparlamentarische O. ↑Widerstandsbewegung; in O. stehen zu ↑kontrastieren.

oppositionell ↑gegensätzlich.

Oppositionsführer ↑Gegner.

Oppositionspartei ↑Partei.

optieren ↑wählen.

Optik: ↑Anblick; einen Knick in der O. haben ↑blicken.

optimal, bestmöglich, größtmöglich, sehr gut; ↑beste.

optimieren ↑verbessern.

Optimismus, Zuversichtlichkeit, Hoffnungsfreude, Lebensbejahung, Lebensmut, Zukunftsglaube, Fortschrittsgläubigkeit · *in bestimmter Absicht verbreiteter:* Zweckoptimismus; ↑Hoffnung, ↑Optimist; ↑zuversichtlich · Ggs. ↑Pessimismus, ↑Pessimist.

Optimist, Zukunftsgläubiger, Idealist, Schwärmer, Gipfelstürmer, Frohnatur, Hoffnungsträger, Sanguiniker; ↑Optimismus; ↑lebenstüchtig [sein]; ↑zuversichtlich · Ggs. ↑Pessimist.

optimistisch: ↑selbstbewusst, ↑zuversichtlich.

Optimum: ↑Höhepunkt, ↑Maximum.

Option ↑Erlaubnis.

optisch, visuell; ↑akustisch; ↑sehen; ↑Augenlicht.

opulent ↑üppig.

Opus ↑Werk.

Orakel ↑Voraussage.

orakelhaft ↑rätselhaft.

orakeln ↑voraussehen.

¹oral, per os; ↑bukkal; ↑einnehmen · Ggs. ↑rekal.

²oral: ↑mündlich; -e Phase ↑Entwicklungsphae.

Oralverkehr ↑Koitus.

¹orange, orangefarben, zinnober, mennige, admiumorange, chromorange, hellorange,

blassorange, dunkelorange, tieforange, rotorange, gelborange, braunorange, lachsfarben, kupferfarben, gelberübenfarben, apfelsinenfarben, aprikosenfarben, mandarinorange, melonenorange, pfirsichorange; ↑bunt, ↑einfarbig, ↑gelb, ↑rot.

Orange ↑Apfelsine.

Orangeade ↑Fruchtsaft.

Orangeat, kandierte Apfelsinenschale / Orangenschale, Sukkade, Aranzini *(österr.),* Arancini *(österr.);* ↑Apfelsine, ↑Zitronat; ↑zuckern.

orangefarben ↑orange.

Orangenbrotbaum ↑Laubhölzer.

Orangenhaut ↑Zellulitis.

Orangenschale: kandierte O. ↑Orangeat.

Orangenspalte ↑Apfelsinenscheibe.

Orangerie, Palmenhaus, Gewächshaus; ↑Treibhaus.

orangerot ↑rot.

Orang-Utan ↑Affe.

Orator ↑Redner.

Oratorianer ↑Mönchsorden.

Oratoriensänger ↑Sänger.

Oratoriensängerin ↑Sängerin.

Oratorium ↑Lied.

Orbitalstation ↑Weltraumstation.

Orchester, Klangkörper, Sinfonieorchester, Opernorchester, Kammerorchester, Streichorchester, Streicherensemble, Bläserensemble, Solistenvereinigung · *für Unterhaltungsmusik oder bestimmte Gelegenheiten:* Schulorchester, Unterhaltungsorchester, Kurorchester, Kapelle, Kurkapelle, Stimmungskapelle, Stimmungsorchester, Attraktionskapelle *(schweiz.),* Militärkapelle, Blaskapelle, Blasorchester, Posaunenchor, Tanzkapelle, Tanzorchester, Musikkapelle, Musikensemble, Zigeunerkapelle, Damenkapelle, Jazzband, Band, Combo, die Musik; ↑Dirigent, ↑Musikveranstaltung; ↑dirigieren.

Orchesterchef ↑Dirigent.

Orchesterkonzert ↑Musikveranstaltung.

Orchesterleiter ↑Dirigent.

Orchestermitglied ↑Musizierender.

Orchestermusik ↑Musik.

Orchestermusiker ↑Musizierender.

Orchidee · Knabenkraut, Frauenschuh, Nestwurz, Sumpfwurz, Ragwurz, Waldvöglein, Korallenwurz, Esmeralda, Waldhyazinthe, Venusschuh, Vanille; ↑Blume.

orchideenlila ↑violett.

Orchis ↑Hoden.

¹Orden, Ehrenzeichen, Auszeichnung, Dekoration, Verdienstorden, Verdienstkreuz, Ehrenkreuz, Kriegsorden, Ehrennadel, Ehrenplakette, Schulterbandorden, Halsorden, Brustorden, Lametta *(iron.)* · *in der BRD:* Bundesverdienstkreuz · *in England:* Hosenbandorden · *in Frankreich:* Pour le mérite ↑Lob; **jmdm. einen O. verleihen,** jmdn. dekorieren; **einen O. bekommen,** einen Orden kriegen, dekoriert werden.

²**Orden:** ↑Kongregation; Deutscher O. ↑Ritterorden; [männlicher O.] ↑Mönchsorden; [weiblicher O.] ↑Nonnenorden.

Ordensband ↑Schmetterling.

Ordensbruder ↑Mönch.

Ordensburg ↑Burg.

Ordensfrau ↑Nonne.

Ordensgeistlicher ↑Mönch.

Ordensmann ↑Mönch.

Ordensritter ↑Ritter.

Ordensschwester ↑Nonne.

ordentlich: ↑adrett, ↑angemessen, ↑ansehnlich, ↑diszipliniert, ↑ehrenhaft, ↑gehörig, ↑ordnungsliebend; es jmdm. o. geben ↑schlagen.

Order: ↑Bestellung, ↑Weisung.

ordern ↑bestellen.

Ordinalzahl: ↑Wortart, ↑Zahl.

ordinär: ↑gewöhnlich; -es Wort ↑Vulgärausdruck.

Ordinarienuniversität ↑Hochschule.

Ordinarius: ↑Hochschullehrer, ↑Klassenlehrer.

Ordination: ↑Amtseinführung, ↑Sprechstunde, ↑Sprechzimmer; ↑Priesterweihe.

Ordinationshilfe ↑Sprechstundenhilfe.

Ordinationszimmer ↑Sprechzimmer.

ordnen: ↑gliedern; abecelich / alphabetisch / nach dem Abc (oder:) Abece (oder:) Alphabet o. ↑alphabetisieren; das Haar o. ↑frisieren.

Ordner ↑Aktenordner.

¹**Ordnung,** geordneter Zustand; **in O. sein:** es ist alles in Ordnung / *(ugs.)* in Butter / o.k. / okay, alles paletti, keine Probleme; Friede, Freude, Eierkuchen *(iron.)*; **in O. kommen:** etwas kommt in Ordnung / erledigt sich / regelt sich; **nicht in O. sein,** etwas stimmt nicht, etwas ist faul [im Staate Dänemark], da ist der Wurm drin *(salopp)*; **etwas in O. bringen,** ins Lot / wieder ins [rechte] Gleis bringen, die Karre aus dem Dreck ziehen, wir werden das Kind schon schaukeln, in Schuss halten *(ugs.)*; **O. schaffen,** mit etwas [gewaltsam] aufräumen / Schluss machen, den Augiasstall ausmisten, reinen Tisch / Tabula rasa machen; ↑okay, ↑ordnungsgemäß, ↑ordnungsliebend.

²**Ordnung:** ↑Benehmen, ↑Disziplin, ↑Klasse; O. machen / in Ordnung bringen ↑aufräumen; O. schaffen ↑eingreifen; auf O. haltend ↑ordnungsliebend; in O. ↑okay; in O. bringen ↑bereinigen, ↑gesund [machen], ↑reparieren; in abecelicher / alphabetische O. ↑alphabetisch; in eine abeceliche / alphabetische O. bringen ↑alphabetisieren; etwas kommt in O. ↑bereinigen; in O. sein ↑heil [sein]; in der O. sein ↑Richtigkeit; nicht in O. sein ↑defekt [sein], ↑krank [sein]; zur O. rufen ↑schelten; Recht und O. ↑Gerechtigkeitssinn.

ordnungsgemäß, vorschriftsmäßig, wie vorgeschrieben, nach / laut Vorschrift, lege artis; ↑Ordnung.

Ordnungshüter ↑Polizist.

ordnungsliebend, auf Ordnung haltend, ordentlich, eigen, penibel; ↑Ordnung.

Ordnungszahl: ↑Wortart, ↑Zahl.

Ordonnanz ↑Abgesandter.

Öre ↑Zahlungsmittel.

Oregano ↑Gewürz.

Orfe ↑Fisch.

¹**Organ,** Körperorgan; ↑Sinnesorgan.

²**Organ:** ↑Amt, ↑Gefühl, ↑Stimme, ↑Zeitung; kein O. für etwas haben ↑unzugänglich.

Organauspflanzung ↑Explantation.

Organbank ↑Zentrale.

Organdy ↑Stoff.

Organeinpflanzung ↑Implantation.

Organigramm ↑Entwurf.

Organisation: ↑Abhaltung, ↑Bewerkstelligung, ↑Genossenschaft, ↑Vereinigung.

Organisationsplan ↑Entwurf.

organisch, gewachsen, einheitlich, zusammenhängend; ↑echt.

organisieren: ↑veranstalten, ↑verwirklichen, ↑wegnehmen.

Organisierung: ↑Abhaltung, ↑Bewerkstelligung.

Organist: ↑Kantor, ↑Musizierender.

Organleistung: ungenügende O. ↑Funktionsstörung.

Organmandat ↑Strafzettel.

Organogramm ↑Entwurf.

Organübertragung ↑Transplantation.

Organverpflanzung ↑Transplantation.

Organza ↑Stoff.

Orgasmus: ↑Höhepunkt; klitoraler / vaginaler O. ↑Höhepunkt.

orgastisch ↑lustvoll.

Orgel: ↑Tasteninstrument; elektronische O. ↑Elektroorgel.

Orgelbauer ↑Musikinstrumentenbauer.

Orgelmusik ↑Musik.

orgeln: ↑koitieren; Klabustermarsch o. ↑schikanieren.

Orgelsonate ↑Sonate.

Orgelspieler: ↑Kantor, ↑Musizierender.

Orgiasmus ↑Lust.

orgiastisch: ↑begeistert, ↑hemmungslos.

Orgie ↑Ausschweifung.

Orient, Osten, Vorderer Orient, Naher Osten, Nahost, Mittlerer Osten, Ferner Osten / Orient, Morgenland; ↑orientalisch · Ggs. ↑Europa.

¹**orientalisch,** östlich, fernöstlich, morgenländisch; ↑Orient · Ggs. ↑abendländisch.

²**orientalisch:** Orientalische Hyazinthe ↑Liliengewächs.

orientieren: sich o. ↑fragen; orientiert sein ↑wissen.

-orientiert ↑-zentriert.

Orientierung: die O. verlieren ↑verirren (sich)

Orientierungslauf ↑Geländespiel.

orientrot ↑rot.

Orienttabak ↑Tabak.

Orientteppich, Perserteppich, Perser, echter Teppich · *mit einem sternförmigen oder ovalen Mittelstück:* Medaillonteppich · *türkischer:* Bergama, Bursa, Karaman, Kayseri, Konya, Megri, Milas, Mosul, Sivas, Smyrna, Usak, Holbeinteppich, Yürück · *aus dem Kaukasusgebiet:* Dagestan, Derbent, Dschebrail, Eriwan, Kasak, Kuba, Schirwan, Seichur, Sile, Sumak · *iranischer:* Abade, Afschari, Ardabil, Bachtiari, Bidschar, Dschuschegan, Ghom, Hamadan, Herat, Heris, Isfahan, Kerman, Keschan, Kurdenteppich, Luristan, Mesched, Mir, Nain, Sandschan, Serabend, Sarugh, Schiras, Senne, Sultanabad, Täbris, Teheran, Varamin · *aus Zentralasien:* Afghan, Belutsch, Beschir, Buchara, Chiwa, Hatschly, Jomud, Pendeh, Samarkand, Tekke-Turkmene · *aus Ostturkestan:* Chotan, Jarkent, Kaschgar, Margelan · *als Läufer:* Galerie, Kenare · Gebetsteppich, Namazlik; ↑Teppich, ↑Wandteppich.

original ↑ursprünglich.

¹Original, erste Fassung, Urfassung, Urschrift, Urtext · Ggs. ↑Abschrift, ↑Nachahmung.

²Original: ↑Außenseiter, ↑Grundlage, ↑Spaßvogel.

Originalausgabe ↑Edition.

Originalität: ↑Einfallsreichtum, ↑Ursprünglichkeit.

Originalrezept ↑Kochrezept.

Originalton ↑verbürgt.

Originalübertragung ↑Direktsendung.

originär ↑ursprünglich.

originell: ↑echt, ↑schöpferisch.

Orion ↑Sternbild.

Orkan: ↑Wind, ↑Windstärke.

orkanartig: -er Sturm ↑Windstärke.

Orkus ↑Hölle.

Orlog ↑Krieg.

Orlon ↑Chemiefaser.

Orlowtraber ↑Pferd.

Ornat ↑Kleidung.

Ornithologie ↑Vogelkunde.

Orphismus ↑Malerei.

Orplid ↑Fabelland.

¹Ort, Ortschaft, Dorf, Flecken, Marktflecken, Siedlung, Ansiedlung, Kiez *(landsch.),* Nest, Kaff *(abwertend),* Kuhdorf *(abwertend);* ↑Dorf, ↑Gemeinde, ↑Gemeinschaftssiedlung, ↑Innenstadt, ↑Stadt; ↑kommunal.

²Ort: ↑Stelle; gewisser O. ↑Toilette; O. der Finsternis / der Verdammnis / der Verdammten ↑Hölle; O. der Handlung / Tat ↑Schauplatz; an diesem O. ↑hier; an diesen / jenen O. ↑dahin; an einen anderen O. rücken / stellen ↑verrücken; an irgendeinem O. ↑irgendwo; an jenem O. ↑dort; an keinem O. ↑nirgends; nach allen -en ↑überallhin; von allen -en ↑überallher.

Örtchen: [stilles / verschwiegenes Ö.] ↑Toilette.

orten ↑finden.

orthodox: ↑fromm, ↑unzugänglich.

Orthographie, Rechtschreibung; ↑Handschrift; ↑orthographisch.

¹orthographisch, rechtschreiblich; ↑Orthographie.

²orthographisch: -es Wörterbuch ↑Nachschlagewerk.

Orthopäde ↑Arzt.

Orthopädie ↑Heilkunde.

orthopädisch: -e Klinik ↑Krankenhaus.

örtlich: -e Blutleere ↑Blutleere.

Örtlichkeit ↑Stelle.

Ortsangst ↑Phobie.

ortsansässig ↑einheimisch.

Ortschaft ↑Ort.

ortsfest, ortsgebunden, stillstehend, bleibend, stationär, standörtlich · Ggs. ↑ambulant.

Ortsfremder ↑Zugezogener.

ortsgebunden: ↑ortsfest; nicht o. ↑ambulant.

Ortsgespräch ↑Telefongespräch.

Ortsschild ↑Wegweiser.

Ortsteil ↑Stadtteil.

Ortsumfahrung ↑Umgehungsstraße.

Ortsunkundiger ↑Fremder.

Ortsveränderung, Lokomotion, Bewegung von einer Stelle zur andern, Fortbewegung, Platzwechsel, Stellungswechsel; ↑Fortbewegung; ↑fortbewegen (sich).

Ortszeit ↑Zeit.

Oscar ↑Filmpreis.

Öse: Haken und Ö. ↑Heftel.

Oskar: frech wie O. sein ↑frech [sein].

osmanisch: Osmanisches Reich ↑Türkei.

Osmium ↑Edelmetall.

OSO ↑Himmelsrichtung.

Ösophagogramm ↑Röntgenogramm.

Ösophagographie ↑Röntgenographie.

Ösophagoskopie ↑Ausspiegelung.

Ost: ↑Himmelsrichtung, ↑Wind.

Ost-Bengal ↑Bengalenland.

¹Osten *(hist.),* sozialistische Länder, Länder hinter dem eisernen Vorhang *(hist.)* · Ggs. ↑Westmächte (die; *hist.*).

²Osten: ↑Himmelsrichtung; [Ferner / Mittlerer / Naher O.] ↑Orient.

ostentativ: ↑nachdrücklich, ↑provozierend, ↑streitbar.

Osterblume ↑Narzisse.

Osterferien ↑Ferien.

Osterfest ↑Ostern.

Osterglocke ↑Narzisse.

Osterhase ↑Hase.

Osterkälbchen ↑Marienkäfer.

Osterkerze ↑Kerze.

Ostermarsch ↑Demonstration.

Ostermarschierer ↑Pazifist.

Ostermond ↑April.

Ostermontag ↑Ostern.

¹Ostern, Osterfest, Auferstehungsfest, Fest der Auferstehung Christi, die Ostertage · 1. / 2. Ostertag, Ostersonntag, Ostermontag; ↑Kirchenfest, ↑Kirchenjahr.

²**Ostern:** ↑Feiertag; [1.–6. Sonntag nach O.] ↑Kirchenjahr; Donnerstag vor O. ↑Gründonnerstag; die vierzig Tage vor O. ↑Passionszeit.
Österreich, Austria, Alpenrepublik, Neidgenossenschaft *(iron.),* Donaumonarchie *(hist.);* ↑Österreicher.
Österreicher, Homo austriacus *(scherzh.),* Zwockel *(abwertend),* Kamerad Schnürschuh *(scherzh.);* ↑Österreich.
Ostersonntag ↑Ostern.
Osterspiel ↑Drama.
Ostertag: die -e, erster / zweiter O. ↑Ostern.
osteuropäisch: -e Zeit ↑Zeit.
Ostfränkisch ↑Mundart.
östlich ↑orientalisch.
Ostmark ↑Zahlungsmittel.
Ostpakistan ↑Bengalenland.
Östrogen ↑Hormon.
Östromanie ↑Mannstollheit.
Ostsee ↑Atlantik.
Ostsüdost ↑Himmelsrichtung.
Ostsüdosten ↑Himmelsrichtung.
Ostwind ↑Wind.
Otiater ↑Arzt.
Otiatrie ↑Heilkunde.
Otium ↑Muße.
Otologe ↑Arzt.
Otologie ↑Heilkunde.
Otorhinolaryngologe ↑Arzt.
Otorhinolaryngologie ↑Heilkunde.
Otoskopie ↑Ausspiegelung.
¹**Otter** (der): ↑Pelz, ↑Raubtier, ↑Wild.
²**Otter** (die): ↑Schlange.
Otterhund ↑Hunderassen.
Otto ↑Exemplar.
Ottomane ↑Liege.
ottonisch: -e Literatur ↑Literaturepochen; karolingisch-ottonische Malerei ↑Malerei; -er Stil ↑Baustil.
Otto Normalverbraucher ↑Durchschnittsbürger.
out: das ist o. ↑[etwas ist nicht mehr] aktuell.
Outcast ↑Außenseiter.
Outfit ↑Rüstzeug.
Output ↑Produktionsmittel (die).
Outsider ↑Außenseiter.
Ouvertüre ↑Einleitung.
Ouzo ↑Alkohol.
oval, ellipsenförmig, länglich rund, eiförmig, eirund; ↑rund.
Ovarialgravidität ↑Schwangerschaft.
Ovarialschwangerschaft ↑Schwangerschaft.
Ovariomanie ↑Mannstollheit.
Ovation ↑Beifall.
Overall ↑Anzug.
overdressed: ↑aufgeputzt; o. sein ↑anziehen.
Overheadprojektor ↑Projektionsapparat.
Ovulation, Eisprung, Follikelsprung; ↑Menstruation.
Ovulationshemmer, Antibabypille, Pille, die

Pille danach; ↑Empfängnisverhütungsmittel, ↑Präservativ.
Ovulum ↑Keimzelle.
Ovum ↑Keimzelle.
Oxalisrübe ↑Gemüse.
Oxer ↑Hindernis.
oxidrot ↑rot.
Oxybiose ↑Leben.
Oxytozin ↑Hormon.
Ozaena ↑Schnupfen.
Ozean: ↑Atlantik, ↑Meer; Atlantischer O. ↑Atlantik; Arktischer / Indischer O. ↑Weltmeer; Nordatlantischer / Südatlantischer O. ↑Atlantik, ↑Weltmeer; Nordpazifischer / Pazifischer / Stiller / Südpazifischer O. ↑Pazifik.
Ozeandampfer ↑Schiff.
Ozeaner ↑Schiff.
Ozeanflug ↑Flug.
ozeanisch ↑maritim.
Ozeanliner ↑Schiff.
Ozeanriese ↑Schiff.
Ozelot: ↑Pelz, ↑Raubtier.
Ozon: ↑Atemluft, ↑Gas, ↑Luft.

P

paar: ein p. ↑einige.
Paar: ↑Ehepaar, ↑Stück; zu -en treiben ↑einschreiten.
paaren: sich p. ↑koitieren.
Paartopf ↑Essgeschirr.
Paarung ↑Koitus.
Pacht: ↑Miete; in P. nehmen ↑mieten.
pachten ↑mieten.
Pachthof ↑Bauernhof.
Pachtvertrag ↑Mietvertrag.
Pachtzins ↑Mietzins.
Pack: ↑Abschaum, ↑Packen; mit Sack und P. ↑beladen.
Päckchen: ↑Packen, ↑Packung, ↑Postsendung; sein P. zu tragen haben ↑Schicksal.
Packeis ↑Eisscholle.
Packelei ↑Abmachung.
packeln ↑konspirieren.
Packeln ↑Schuh.
packen: ↑ergreifen (jmdn.); etwas packt jmdn. ↑erschüttern, ↑überkommen; den Stier bei den Hörnern p. ↑anfangen; jmdn. in Watte p. ↑umgehen (mit jmdm.).
Packen, Paket, Frachtstück, Kollo, Kolli *(österr.),* Pack, Päckchen, Ballen, Bund, Bündel, Binkel *(bayr., österr.),* Welle *(süd-*

westd., schweiz.); ↑Karton, ↑Schachtel, ↑Verpackung.

packend ↑interessant.

Packesel ↑Arbeitstier.

Packpapier ↑Einwickelpapier.

¹Packung, Päckchen, Klarsichtpackung, Geschenkpackung, Haushaltspackung · *die nur Dekorationszwecken dient:* Schaupackung, Attrappe, Blindpackung, Leerpackung, Musterpackung, Dummy · *die viel Inhalt vortäuscht:* Mogelpackung; ↑Schachtel, ↑Verpackung; ↑einpacken.

²Packung: ↑Gepäck, ↑Wickel; eine P. mit Konfekt / ↑Pralinen ↑Bonbonniere.

Pädagoge ↑Lehrer.

Pädagogik, Erziehungswissenschaft; ↑Didaktik, ↑Wissenschaft.

¹pädagogisch, erzieherisch, erziehlich · didaktisch, methodisch; ↑lehrhaft; ↑Lehrer.

²pädagogisch: ↑schlau; -e Hochschule ↑Hochschule.

Padde ↑Frosch.

Paddel ↑Ruder.

Paddelboot ↑Boot.

paddeln ↑Boot [fahren].

Päderast ↑Pädophiler.

Pädiater ↑Arzt.

Pädiatrie ↑Heilkunde.

Pädophiler, Kinderschänder, Päderast, Pädosexueller.

Pädophobie ↑Misopädie.

Pädosexueller ↑Pädophiler.

Padrone ↑Herr.

Paeonie ↑Pfingstrose.

Pafese ↑Gebäck.

paffen ↑rauchen.

Page ↑Diener.

Pagenkopf ↑Frisur.

Pagina ↑Seite.

paginieren ↑nummerieren.

Pagode ↑Gotteshaus.

Pahlstek ↑Knoten.

Paillette: -n ↑Flitter.

Paillettenstickerei ↑Stickerei.

Paise ↑Zahlungsmittel.

Pak ↑Panzerabwehrkanone.

Paket: ↑Packen, ↑Postsendung.

Paketzusteller ↑Zusteller.

pakschierlich ↑hübsch.

Pakt ↑Abmachung.

paktieren ↑konspirieren.

Paladin ↑Gefolgsmann.

Palais: ↑Palast; P. Schaumburg ↑Regierung.

Paläozoikum ↑Erdzeitalter.

Palast, Schloss, Traumschloss, Märchenschloss, Xanadu, Lustschloss, Palais, Castle, Château, Palazzo; ↑Festung, ↑Haus.

Palästina ↑Israel.

Palatschinke ↑Omelett.

palavern ↑sprechen.

Palazzo ↑Palast.

Palerbse ↑Gemüse.

Paletot ↑Mantel.

Palette: ↑Farbkasten; eine breite P. von ↑viele.

paletti: alles p. ↑Ordnung.

Palimpsest ↑Text.

Palindrom: ↑Satz, ↑Wort.

Palisade ↑Hindernis.

palisieren ↑weggehen.

Palla ↑Umhang.

Palladium ↑Edelmetall.

Pallas Athene ↑Göttin.

Pallawatsch ↑Unsinn.

Palliativ ↑Linderungsmittel.

Palliativum ↑Linderungsmittel.

Pallium ↑Gehirnrinde.

Pallotiner ↑Mönchsorden.

Palmarum: ↑Kirchenjahr, ↑Palmsonntag.

¹Palme, Dattelpalme, Ölpalme, Sagopalme, Kokospalme, Zwergpalme, Fächerpalme, Fiederpalme; ↑Laubhölzer.

²Palme: Goldene P. ↑Filmpreis; die P. des Sieges erringen ↑siegen; auf die P. bringen ↑ärgern; sich einen von der P. locken ↑masturbieren.

Palmenhaus ↑Orangerie.

Palmenkapitell ↑Kapitell.

Palmentang ↑Alge.

Palmsago ↑Stärke.

Palmsonntag, Palmarum; ↑Kirchenfest, ↑Kirchenjahr.

palpabel ↑tastbar.

Palstek ↑Knoten.

Pamp ↑Brei.

Pampa ↑Steppe.

Pampe ↑Schlamm.

Pampelmuse, Grapefruit; ↑Apfelsine, ↑Mandarine, ↑Südfrucht, ↑Zitrone.

Pampero ↑Wind.

Pampf ↑Brei.

pampfen ↑essen.

Pamphlet ↑Flugschrift.

pampig ↑frech.

Pamps ↑Brei.

Pan: ↑Herr; die Stunde des P. ↑Mittag; in der Stunde des P. ↑mittags.

Panadelsuppe ↑Suppe.

Panama ↑Kopfbedeckung.

Panaritium ↑Nagelkrankheit.

Panaschee: ↑Dessert, ↑Eis.

panaschieren ↑wählen.

Pancreas ↑Pankreas.

Pandemie ↑Krankheit.

Panegyrikus ↑Lobrede.

Panentheismus ↑Pantheismus.

Panflöte ↑Blasinstrument.

¹Panier (das): etwas auf sein Panier schreiben ↑Programm.

²Panier (die): ↑Paniermehl.

Paniermehl, Semmelbrösel, Brösel, Semmelmehl · *mit Ei vermischt zum Panieren:* Panier *(österr.);* ↑Krümel; ↑braten, ↑kochen.

Panik: [P. machen] ↑Angst.
Panikmache ↑Pessimismus.
Panjepferd ↑Pferd.
Pankratius: Mamertus, P., Servatius ↑Eisheilige.
Pankreas, Pancreas *(fachspr.),* Bauchspeicheldrüse.
Panne: ↑Störung, ↑Unglück; etwas verläuft ohne -n ↑reibungslos.
Pannychis ↑Gottesdienst.
Panoptikum ↑Wachsfigurenkabinett.
Panorama ↑Ausblick.
Panoramakamera ↑Fotoapparat.
panschen ↑verdünnen.
Pansflöte ↑Blasinstrument.
Pantaleon ↑Nothelfer.
Pantheismus, Panentheismus, Monismus; ↑Deismus, ↑Rationalismus, ↑Theismus.
Pantine: aus den -en kippen ↑überrascht [sein].
Pantoffel: ↑Schuh; unter jmds. P. stehen ↑unterdrückt [werden].
Pantoffelheld ↑Ehemann.
Pantoffelkino ↑Fernsehgerät.
Pantoffeltierchen ↑Einzeller.
Pantolette ↑Schuh.
Pantomime: ↑Artist, ↑Gebärde, ↑Schauspiel.
Pantry ↑Küche.
Pantscherl ↑Liebelei.
¹Panzer, Tank, Panzerwagen.
²Panzer: stur wie ein P. sein ↑unzugänglich [sein].
Panzerabwehrkanone, Pak, Panzerfaust, Bazooka, Ofenrohr *(ugs.);* ↑Schusswaffe.
Panzerechse ↑Krokodil.
Panzerfaust ↑Panzerabwehrkanone.
Panzerfunker ↑Dienstgrad.
Panzergrenadier: ↑Dienstgrad, ↑Soldat.
Panzerjäger ↑Dienstgrad.
Panzerkanonier ↑Dienstgrad.
Panzerkreuzer ↑Kriegsschiff.
Panzermine ↑Mine.
Panzerpionier ↑Dienstgrad.
Panzerschiff ↑Kriegsschiff.
Panzerschrank ↑Tresor.
Panzerschütze ↑Dienstgrad.
Panzertruppe ↑Waffengattung.
Panzerwagen ↑Panzer.
Panzerweste ↑Weste.
papa ↑Gruß.
Papa ↑Vater.
Papagallo: ↑Betreuer, ↑Jüngling.
Papagei ↑Vogel.
Papel ↑Hautblüte.
Paper ↑Manuskript.
Paperback ↑Buch.
Papeterie ↑Papiergeschäft.
¹Papier, Naturpapier, Umweltpapier, Recyclingpapier, Büttenpapier, Bütten, Leinenpapier, Leinen, Velinpapier, Velin, Pergamentpapier, Pergament, Hadernpapier, Lumpenpapier, Zellulosepapier, Alfapapier, Reispapier,

Japanpapier, Chinapapier, Ingrespapier, Ingrainpapier; ↑Buntpapier, ↑Druckpapier, ↑Einwickelpapier, ↑Folie, ↑Löschpapier, ↑Pappmaché, ↑Schreibpapier.
²Papier: ↑Abmachung, ↑Hochzeit, ↑Manuskript, ↑Urkunde; -e ↑Ausweis; kariertes / liniertes P. ↑Schreibpapier; aufs P. werfen, zu P. bringen ↑aufschreiben; in P. hüllen / rollen / wickeln ↑einpacken.
Papierblume ↑Kunstblume.
Papierboot ↑Kopffüßer.
Papierdeutsch ↑Amtsdeutsch.
papieren: -e Hochzeit ↑Hochzeitstag.
Papierfetzen ↑Papierschnitzel.
Papiergeld, Geldschein, Schein, Banknote, Note · 20-Mark-Schein · Pfund *(Jargon),* Halber *(Jargon),* Brauner *(Jargon)* · 100-Mark-Schein, Blauer *(Jargon)* · 1000-Mark-Schein, Riese *(Jargon),* Mille *(Jargon)* · · *aus der Zeit der Französischen Revolution:* Assignate; ↑Geld, ↑Münze.
Papiergeschäft, Schreibwarenhandlung, Papierwarenhandlung, Papeterie *(schweiz.);* ↑Laden.
Papiergewichtler ↑Boxer.
Papierkorb ↑Abfalleimer.
Papierkrieg ↑Erledigung.
Papierlaterne ↑Lampion.
Papierleim ↑Bindemittel.
papieln ↑betrügen.
Papiermaché ↑Pappmaché.
Papiermesser ↑Messer.
Papiersack ↑Papiertüte.
Papierschere ↑Schere.
Papierschnipsel ↑Papierschnitzel.
Papierschnitzel, Schnitzel, Schnipsel, Papierschnipsel, Fetzen [Papier], Stück Papier, Zettel, Papierfetzen.
Papierserviette ↑Serviette.
Papiertiger ↑Gegner.
Papiertüte, Tüte, Papiersack *(österr.),* Sack *(österr.),* Stanitzel *(österr.),* Gucke *(oberd.),* Guck *(schwäb.),* Beutel, Tragtasche, Tasche; ↑Einkaufstasche, ↑Verpackung.
Papierwarenhandlung ↑Papiergeschäft.
Papille ↑Brustwarze.
Papirossa ↑Zigarette.
papp: nicht mehr p. sagen können ↑satt [sein].
Papp: ↑Bindemittel, ↑Brei.
¹Pappe, Pappkarton, Pappendeckel *(landsch.)* · Braunholzpappe, Lederpappe · Graupappe · Strohpappe · Dachpappe, Asphaltdachpappe, Wellpappe, Teerpappe; ↑Karton, ↑Pappmaché.
²Pappe: nicht von P. sein ↑unterschätzen.
pappen ↑fest [sein].
Pappen ↑Mund.
Pappendeckel ↑Pappe.
Pappenstiel: für einen P. kaufen ↑billig [kaufen].
pappig ↑klebrig.

Pappigkeit ↑Klebrigkeit.
Pappkarton: ↑Karton, ↑Pappe.
Pappmaché, Papiermaché; ↑Papier, ↑Pappe.
Pappschachtel ↑Schachtel.
Pappschnee ↑Schnee.
Paprika: ↑Gemüse, ↑Gewürz.
Paprikachips ↑Chips.
paprikarot ↑rot.
Paprikaschnitzel ↑Fleischgericht.
paprizieren ↑würzen.
papriziert ↑scharf.
Paps: ↑Brei, ↑Vater.
Papst: ↑Oberhaupt; päpstlicher als der P. sein ↑engherzig [sein]; den P. zum Vetter haben ↑Beziehung.
-papst ↑Fachmann.
Papstkreuz ↑Kreuzzeichen.
päpstlich: -es Kreuz ↑Kreuzzeichen; -er als der Papst sein ↑engherzig [sein].
Papula ↑Hautblüte.
Papyruskapitell ↑Kapitell.
Papyrusknospenkapitell ↑Kapitell.
Para ↑Zahlungsmittel.
Parabel: ↑geometrische Figur, ↑Sinnbild.
Parabelbogen ↑Bogen.
Parabeltonne ↑Gewölbe.
parabolisch ↑sinnbildlich.
¹Parade, Truppenvorbeimarsch, Vorbeimarsch, Heerschau, Aufmarsch, Defilee *(schweiz., österr.).*
²Parade: jmdm. in die P. fahren ↑antworten.
Paradebeispiel ↑Exempel.
Paradebett ↑Bett.
Paradeiser ↑Tomate.
Paradekissen ↑Kissen.
Parademarsch ↑Marsch (der).
Paradentitis ↑Parodontitis.
Paradentose ↑Parodontose.
Paradenummer ↑Glanzpunkt.
Paradeschritt, Gleichschritt, Stechschritt, Taktschritt *(schweiz.);* ↑Marsch (der), ↑Militär.
Paradies, [Garten] Eden, Elysium, Gefilde der Seligen; ↑Fabelland, ↑Fegefeuer, ↑Himmel, ↑Tummelplatz · Ggs. ↑Hölle.
Paradiesapfel: ↑Busen, ↑Tomate.
Paradiesfeige ↑Südfrucht.
Paradieslilie ↑Liliengewächs.
Paradiesvogel: ↑Mensch, ↑Sternbild, ↑Vogel.
Paradigma ↑Vorlage.
Paradigmawechsel ↑Umschichtung.
paradox ↑gegensätzlich.
Paragnosie ↑Hellsehen.
Paragnost ↑Medium.
Paragrammatismus ↑Aphasie.
Paragraph ↑Abschnitt.
Paragraphie ↑Aphasie.
Paraguayspitze ↑Spitzenstickerei.
Paraguaytee ↑Tee.
Paralexie ↑Aphasie.
parallel ↑übereinstimmend.
Paralleldach ↑Dach.

¹Parallele, Entsprechung, Gegenstück, Analogie, Präzedenzfall, vergleichbarer Fall, Übereinstimmung; Gleichartigkeit, ↑Kongruenz; ↑vergleichen.
²Parallele: ↑Vergleich; -n ziehen ↑vergleichen.
Parallelfalz ↑Falte.
Parallelogramm: ↑geometrische Figur, ↑Viereck.
Paralyse ↑Lähmung.
Parament, liturgisches Gewand, Altarbekleidung, Altardecke, Altartuch, Antependium; ↑Altarbild, ↑Altargerät.
Parameter ↑Konstante.
paramilitärisch ↑militärisch.
Paramnesie ↑Gedächtnisstörung.
Paranoia ↑geistige Behinderung.
paranoid ↑geistig behindert.
Paranoiker ↑geistig Behinderter.
Paranomie ↑Aphasie.
Paranuss ↑Nuss.
Paraparese ↑Lähmung.
Paraphasie ↑Aphasie.
Paraphe ↑Unterschrift.
paraphieren ↑unterschreiben.
Paraphierung ↑Unterzeichnung.
Paraphonie ↑Missklang.
Paraphrasie ↑Aphasie.
Paraplasma ↑Protoplasma.
Paraplegie ↑Lähmung.
Parapluie ↑Schirm.
Parapsychologie: ↑Geisterbeschwörung, ↑Psychologie.
Parasit ↑Trittbrettfahrer.
Parasol: ↑Schirm, ↑Ständerpilz.
Parasympathikus ↑Nervensystem.
parasympathisch: -es Nervensystem / System ↑Nervensystem.
parat: p. haben ↑haben.
Parathormon ↑Hormon.
Paravariola ↑Pocken.
Paravent ↑Wandschirm.
Pardon: ↑Begnadigung, ↑Entschuldigung; P.! ↑Verzeihung!; -? ↑bitte?; keinen P. geben ↑verschonen.
pardonieren ↑begnadigen.
Parechese ↑Wortspiel.
Parentalgeneration ↑Elterngeneration.
Parentationshalle ↑Leichenhalle.
Parentel ↑Familie.
Parenthese: in P. gesagt ↑nebenbei.
parenthetisch ↑nebenbei.
Parere ↑Expertise.
Parese ↑Lähmung.
paretisch ↑lahm.
par excellence ↑schlechthin.
Parforcejagd ↑Jagd.
Parfum, Parfüm · Duft, Duftstoff, Duftwasser, Duftessenz, Riechstoff · Kölnisch Wasser, Eau de Cologne · Eau de Toilette, Toilettenwasser; ↑Geruch, ↑Rasierwasser.
Parfüm ↑Parfum.

parfümiert: ↑duftend, ↑würzig.

Paria ↑Außenseiter.

parieren ↑gehorchen.

¹Paris, Seine-Stadt.

²Paris: ↑Adonis, ↑Frauenheld.

Pariser ↑Präservativ.

Park, Anlage, Grünanlage, Parkanlage, Garten, Grünfläche, grüne Lunge, Anpflanzung, Schmuckplatz *(landsch.),* Beserlpark *(österr.).*

Parka ↑Anorak.

Parkanlage ↑Park.

Parkbank ↑Sitzbank.

parken, halten, abstellen, parkieren *(schweiz.);* ↑garagieren; ↑Parkhaus.

Parkett: ↑Fußboden; eine kesse Sohle aufs P. legen ↑tanzen; etwas [spielend] aufs P. legen ↑mühelos [schaffen].

Parkettboden ↑Fußboden.

Parkettsitz ↑Sitzplatz.

Parkhaus, Großgarage, Garage, Tiefgarage, Autosilo; ↑Remise; ↑parken.

parkieren ↑parken.

Parkingmeter ↑Parkuhr.

Parklandschaft ↑Landschaft.

Parkmauer ↑Hindernis.

Parkometer ↑Parkuhr.

Parkplatzwächter ↑Wächter.

Parksünder ↑Falschparker.

Parkuhr, Parkzeituhr, Parkometer, Parkingmeter *(schweiz.);* ↑parken.

Parkwächter ↑Wächter.

Parkzeituhr ↑Parkuhr.

Parlament ↑Volksvertretung.

Parlamentär ↑Abgesandter.

Parlamentarier ↑Abgeordneter.

parlamentarisch: -e Demokratie ↑Herrschaft.

Parlamentsferien ↑Ferien.

parlieren ↑sprechen.

parmalila ↑violett.

Parmaschinken ↑Schinken.

parmaviolett ↑violett.

Parmesan ↑Käse.

Parodie: ↑Nachahmung, ↑Satire.

parodieren ↑nachahmen.

Parodontitis, Paradentitis *(veraltet),* Alveolarpyorrhö *(veraltet);* ↑Parodontopathie.

Parodontopathie, Paradontopathie *(veraltet),* Zahnbetterkrankung · *entzündliche:* Parodontitis, Paradentitis *(veraltet),* Alveolarpyorrhö *(veraltet)* · *degenerative:* Parodontose, Paradentose *(veraltet),* Zahnfleischschwund, dystrophischer Zahnbettschwund; ↑Zahn.

Parodontose, Paradentose *(veraltet),* Zahnfleischschwund, dystrophischer Zahnbettschwund; ↑Parodontopathie, ↑Zahn.

Parole: ↑Losung, ↑Sprechakt.

Paroli: ↑Kragenspiegel; jmdm. P. bieten ↑einschränken; P. geboten bekommen ↑übertreffen.

Parömie ↑Ausspruch.

Paronomasie ↑Wortspiel.

Paroxysmus: ↑Anfall, ↑Höhepunkt.

Parsec ↑Längenmaß.

Parte ↑Nachricht.

¹Partei, Gruppe, Sekte, Sparte, Fraktion · *politische mit vielen zahlenden Mitgliedern:* Massenpartei · *die sich von einer größeren abgespaltert hat:* Splitterpartei, Splittergruppe · *politische mit wenigen eingetragenen Mitgliedern:* Rahmenpartei · *die die Regierung bildet:* Regierungspartei · *die eine der Regierungspolitik entgegengesetzte Haltung vertritt:* Oppositionspartei · *einzige zugelassene in totalitären Systemen:* Staatspartei, Einheitspartei · *mit entsprechenden politischen Zielen in einem anderen Staat:* Bruderpartei, Schwesterpartei; ↑Herrschaft, ↑Subkultur; ↑regieren.

²Partei: ↑Mieter; kommunistische P. ↑kommunistisch; P. ergreifen / nehmen für ↑eintreten (für); in der falschen P. sein ↑befördern.

Parteiausschluss ↑Ausschluss.

Parteiblatt ↑Zeitung.

Parteibuch: das richtige P. haben ↑Beziehung.

Parteibuchwirtschaft ↑Vetternwirtschaft.

Parteichinesisch ↑Ausdrucksweise.

Parteidiktatur ↑Herrschaft.

Parteienverkehr ↑Amtsstunden.

Parteifreund ↑Freund.

Parteigänger ↑Anhänger.

parteigebunden ↑parteiisch.

Parteigenosse ↑Anhänger.

parteiintern, innerparteilich.

¹parteiisch, parteilich, parteigebunden, voreingenommen, vorbelastet, befangen, subjektiv, einseitig, einäugig, blind gegenüber einer Sache, unsachlich, ungerecht, nicht ↑unparteiisch; ↑einseitig; ↑gefärbt; ↑Verurteilung (Vorverurteilung), ↑Vorurteil.

²parteiisch: p. sein ↑beurteilen.

Parteijargon ↑Ausdrucksweise.

parteilich ↑parteiisch.

Parteilichkeit ↑Vorurteil.

Parteiprogramm ↑Programm.

Parteispende ↑Bestechungsgeld.

Parteitag ↑Tagung.

parterre, zu ebener Erde, ebenerdig, im Erdgeschoss, im Parterre; ↑Geschoss.

Parterre: ↑Geschoss; im P. ↑parterre.

Partezettel ↑Nachricht.

Parthenogenese ↑Fortpflanzung.

Parthenogenesis ↑Fortpflanzung.

Partie: ↑Ausflug, ↑Mannschaft, ↑Spiel; eine gute P. machen ↑heiraten; mit von der P. sein ↑teilnehmen.

Partieführer ↑Leiter (der).

partiell ↑teilweise.

Partikular ↑Rentner.

Partikülier ↑Rentner.

Partisan, Heckenschütze, Guerilla, Freischärler, Franktireur, Widerstandskämpfer, Untergrundkämpfer, Guerillero · *französischer im 2.*

Weltkrieg: Maquisard · *italienischer im 2. Weltkrieg:* Guerrigliero · *ursprünglich in Uruguay:* Tupamaro, Stadtguerillero; ↑Abteilung, ↑Kampf, ↑Revolutionär.
Partisanenkrieg ↑Krieg.
Partitur ↑Notentext.
Partner: ↑Briefschreiber, ↑Geliebter, ↑Lebensgefährte, ↑Teilhaber.
Partnerschaft, Partnerschaftsverhältnis, Jumelage, Sicherheitspartnerschaft.
Parturitio ↑Geburt.
Partus ↑Geburt.
Party: ↑Fest; eine P. geben ↑feiern.
Parvenü ↑Emporkömmling.
Parze ↑Schicksalsgöttin.
Parzelle ↑Grundstück.
Pascha ↑Mann.
paschen: ↑applaudieren, ↑Schleichhandel [treiben].
Pascher ↑Schmuggler.
Paso doble ↑Tanz.
Paspel ↑Besatz.
¹Pass, Bergübergang, Sattel, Törl *(österr.),* Col *(franz.).*
²Pass: ↑Ausweis; auf der P. sein / stehen ↑auflauern.
passabel ↑annehmbar.
Passacaglia ↑Tanz.
Passage: ↑Abschnitt, ↑Durchfahrt, ↑Durchgang, ↑Reise.
passager ↑vorübergehend.
Passagier (Schiff, Flugzeug), Fahrgast (Zug), Fahrzeuginsasse, Reisender, Mitreisender · *der nicht bezahlt hat:* Schwarzfahrer, Strolchenfahrer *(schweiz.),* blinder Passagier; ↑Reise, ↑Urlaub, ↑Urlauber, ↑Verkehrsteilnehmer; ↑reisen.
Passagierdampfer ↑Fahrgastschiff.
Passagierflugzeug ↑Flugzeug.
Passagiermaschine ↑Flugzeug.
Passagierschiff ↑Fahrgastschiff.
Passahfest: P. erster Tag / achter Tag ↑Feiertag.
Passamezzo ↑Tanz.
¹Passant, Vorübergehender, Fußgänger; ↑Verkehrsteilnehmer.
²Passant ↑Fußgänger.
Passat ↑Wind.
Passatwind ↑Wind.
passee ↑überlebt.
¹passen: etwas passt / kommt hin / *(ugs.)* haut hin / *(iron.)* passt wie die Faust aufs Auge / *(österr.)* geht sich aus; **etwas passt jmdm.,** etwas kommt jmdm. gelegen / zupass / wie gerufen / entspricht jmds. Vorstellung o. Ä. / ist jmdm. recht / ist jmdm. nicht unlieb; **etwas passt zu jmdm.,** etwas ist jmdm. wie auf den Leib geschrieben / ist für jmdn. wie geschaffen / ist zugeschnitten auf jmdn. / ist maßgeschneidert; ↑eignen (sich), ↑gefallen; **nicht p.,** fehl am Platz sein, etwas passt nicht in die Landschaft;

etwas passt jmdm. nicht, etwas passt jmdm. nicht ins Konzept / nicht in den Kram; ↑entgegenstehen.
²passen: ↑auflauern, ↑eignen (sich), harmonieren, ↑nachgeben, ↑Passform, ↑warten; p. müssen ↑antworten; etwas passt jmdm. nicht ↑entgegenstehen; jmdm. passt jmds. Nase nicht ↑hassen; etwas passt wie die Faust aufs Auge ↑harmonieren; p. auf ↑Acht geben; etwas passt zu jmdm. ↑kleiden.
¹passend, stimmig, in sich stimmend, entsprechend, adäquat; ↑abgestimmt, ↑fugenlos; ↑harmonieren, ↑stimmen.
²passend: ↑abgestimmt, ↑geeignet; p. sein ↑nützlich [sein].
Passepartout ↑Bilderrahmen.
Passepied ↑Tanz.
Passepoil ↑Besatz.
Passeport ↑Ausweis.
Passerelle ↑Brücke.
Passform, Sitz; **eine gute P. haben,** einen guten Sitz haben, [wie angegossen] sitzen, passen.
Passfoto ↑Fotografie.
Passgang ↑Gangart.
Passgänger ↑Pferd.
passierbar ↑befahrbar.
¹passieren, vorübergehen, vorbeifahren, vorbeigehen, durchreisen, durchqueren, überqueren, überfliegen; ↑fortbewegen (sich).
²passieren: ↑geschehen, ↑sterben; etwas passiert jmdm. ↑unterlaufen; Revue p. lassen ↑vorstellen (sich etwas).
Passierschein ↑Ausweis.
passim ↑überall.
¹Passion, Leidenszeit; ↑Passionszeit.
²Passion: ↑Leidenschaft, ↑Liebhaberei.
Passionskreuz ↑Kreuzzeichen.
Passionsmusik ↑Musikveranstaltung.
Passionsspiel ↑Drama.
Passionszeit, Fastenzeit, die vierzig Tage vor Ostern; ↑Passion.
¹passiv, zurückhaltend, untätig, inaktiv, reserviert, teilnahmslos, still; ↑faul, ↑unzugänglich; ↑Passivität · Ggs. ↑aktiv; **p. sein,** inaktiv sein, (Probleme u. a.) aussitzen *(iron.);* ↑zögern.
²passiv ↑unparteiisch.
Passiv, Leideform · *z. B. in folgenden Konstruktionen:* geöffnet werden (die Tür wird geöffnet), sich öffnen (die Tür öffnet sich), man öffnet (die Tür); verraten werden, sich verraten sehen; jmdm. wird etwas angeboten, etwas angeboten erhalten / bekommen (er erhält / bekommt etwas angeboten); vollendet werden, Vollendung finden; bestätigt werden, Bestätigung erfahren; verändert werden, eine Veränderung erleiden; verwandelt werden, eine Verwandlung durchmachen; ↑Genera Verbi; ↑lassen (sich) · Ggs. ↑Aktiv.
Passivität, Tatenlosigkeit, Inaktivität, Untätigkeit, Reserviertheit, Zurückhaltung; ↑Bescheidenheit, ↑Teilnahmslosigkeit; ↑passiv.

Passivrauchen ↑Rauchen.
Passstraße ↑Straße.
Passus ↑Abschnitt.
Paste: ↑Medikament, ↑Salbe.
Pastell ↑Malerei.
Pastellkreide ↑Kreide.
Pastellmalerei ↑Maltechnik.
pastellrosa ↑rosa.
pastellrot ↑rot.
Pastellstift ↑Zeichenstift.
Pastille ↑Medikament.
Pastinak ↑Gemüse.
Pastinake ↑Gemüse.
Pastmilch ↑Milch.
Pastor ↑Geistlicher.
pastoral: ↑majestätisch, ↑seelsorgerisch.
Pastoraltheologie ↑Theologie.
pastös ↑aufgedunsen.
Patagonier ↑Indianer.
Patchwork ↑Stoff.
¹Pate, Patenonkel, Gevatter *(veraltet)*, Gevattersmann *(veraltet)*, Taufpate, Taufzeuge, Firmpate *(kath.)*, Götti *(schweiz.)*, Göd *(bayr., österr.)*; ↑Patenkind, ↑Patenschaft, ↑Patin.
²Pate: jmdm. die -n sagen ↑schelten; bei etwas P. gestanden haben ↑Einfluss; die -n ↑Mafia.
Patellarreflex ↑Reflex.
Patengeschenk ↑Gabe.
Patenkind, Göttikind *(schweiz.)*, Gottchen *(schweiz.)*; ↑Pate.
Patenonkel ↑Pate.
Patenschaft, Gevatterschaft *(veraltet)*; ↑Pate.
patent ↑tüchtig.
¹Patent, Schutzurkunde, Erfindungsschutz; ↑Urkunde, ↑Warenzeichen.
²Patent ↑Urkunde.
Patentante ↑Patin.
Patentanwalt ↑Jurist.
Patentlösung: es gibt keine P. ↑Lösung.
Patentmittel ↑Allheilmittel.
Patentrecht ↑Rechtsgebiet.
Patentrezept: es gibt kein P. ↑Lösung.
Patentschloss ↑Schloss.
Pater: ↑Anrede, ↑Geistlicher, ↑Mönch.
Paternalgeneration ↑Elterngeneration.
Paternität: [Euer P.] ↑Anrede.
Paternoster: ↑Aufzug, ↑Gebet.
pathetisch ↑hochtrabend.
Pathogenese: ↑Entstehung, ↑Krankheitsentstehung.
Pathogenie: ↑Entstehung, ↑Krankheitsentstehung.
pathologisch: ↑krankhaft; p. gesteigertes Erinnerungsvermögen ↑Gedächtnisstörung.
Patience ↑Kartenspiel.
Patient ↑Kranker.
patientenzentriert ↑-zentriert.
Patin, Patentante, Gevatterin *(veraltet)*, Taufpatin, Taufzeugin, Firmpatin *(kath.)*, Gotte *(schweiz.)*, Goden, Godl *(bayr., österr.)*; ↑Pate.

Patina ↑Belag.
Patisserie: ↑Bäckerei, ↑Teegebäck.
Patissier ↑Bäcker.
Patois ↑Mundart.
Patriarch ↑Oberhaupt.
patriarchalisch: ↑erhaben, ↑totalitär.
Patriarchat ↑Herrschaft.
Patriarchenkreuz ↑Kreuzzeichen.
Patriot, Nationalist, Chauvinist; ↑Begeisterung, ↑Heimat, ↑Patriotismus; ↑national.
patriotisch ↑national.
Patriotismus, Nationalgefühl, Nationalstolz, Heimatliebe, Vaterlandsliebe, Staatsgesinnung, Nationalbewusstsein, Staatsbewusstsein · *übersteigerter*: Nationalismus, Chauvinismus, Rechtsextremismus, Lokalpatriotismus, Hurrapatriotismus; ↑Begeisterung, ↑Heimat, ↑Patriot, ↑Volk; ↑national.
Patristik ↑Theologie.
Patrologie ↑Theologie.
Patron: ↑Schutzheiliger, ↑Schutzpatron.
Patronage ↑Vetternwirtschaft.
Patronat ↑Schirmherrschaft.
Patrone ↑Munition.
Patronengurt ↑Gurt.
Patronenhalter ↑Schreibstift.
Patronin: ↑Schutzpatron, ↑Schutzpatronin.
Patsche: ↑Gliedmaße; in der P. sitzen ↑Not [leiden].
Patschen: ↑Reifendefekt, ↑Schuh; die P. aufstellen ↑sterben.
Patscher ↑Teppichklopfer.
Patschhand ↑Gliedmaße.
patschig ↑plump.
patschnass ↑nass.
patt ↑handlungsunfähig.
Pattern ↑Vorlage.
Pättkestour ↑Radwandern.
patzen ↑verspielen (sich).
Patzen ↑Fleck.
Patzer ↑Fehler.
patzig ↑spöttisch.
Pauke: ↑Schlaginstrument; auf die P. hauen ↑feiern; mit -n und Trompeten durchfallen ↑versagen.
pauken ↑lernen.
Pauker: ↑Lehrer, ↑Musizierender, ↑Schlagzeuger.
paukerhaft ↑lehrhaft.
Paul: Peter und P. ↑Kirchenjahr.
Paulus: aus einem Saulus ein P. werden ↑bessern (sich).
pausbäckig ↑dick.
pauschal: ↑ganz, ↑ungefähr.
Pauschale ↑Abfindung.
Pauschalpreis ↑Preis.
¹Pause, Ruhepause, Verschnaufpause, Schnaufpause *(bes. österr.)*, Atempause, Zigarettenpause, Halbzeit, Rast, Unterbrechung; ↑Freistunde, ↑Urlaub; **P. machen,** eine Ruhepause / Erholungspause / Zigarettenpau-

se einlegen, Halbzeit machen · *unterwegs:* einkehren, Einkehr halten, zukehren *(österr.);* ↑ruhen.

²Pause: ohne P. ↑unaufhörlich; P. einlegen / machen ↑unterbrechen.

pausen ↑ablichten.

pausenlos ↑unaufhörlich.

Pausenzeichen, Erkennungszeichen, Erkennungsmelodie, Sendezeichen.

pausieren ↑unterbrechen.

Pauspapier ↑Schreibpapier.

Pavane ↑Tanz.

Pavian ↑Affe.

Pavillon: ↑Haus, ↑Musikpavillon.

Pawlatsche: ↑Theater, ↑Veranda.

Pawlatschentheater ↑Theater.

Payingguest ↑Student.

Pazifik, Pazifischer / Stiller Ozean · Nordpazifischer Ozean, Nordpazifik · Südpazifischer Ozean, Südpazifik ·· *seine Nebenmeere:* Beringmeer, Ochotskisches Meer, Japanisches Meer, Ostchinesisches Meer, Australasiatisches Mittelmeer, Golf von Kalifornien; ↑Meer, ↑Weltmeer.

Pazifismus, Friedensbewegung, Kriegsgegnerschaft, Gewaltlosigkeit, Gewaltverzicht; ↑Pazifist; ↑friedfertig.

¹Pazifist, Kriegsgegner, Friedensfreund, Ostermarschierer; ↑Gegner; **ein P. sein,** eine Taube / kein Falke sein; ↑Friedenssymbol, ↑Pazifismus.

²Pazifist ↑Wehrdienstverweigerer.

p. c. ↑Prozent.

PC ↑Computer.

Peak ↑Gipfel.

¹Pech, Fehlschlag, Niete · *fortgesetztes:* Pechsträhne · *beim Kegeln:* Pudel, Ratze *(Jargon),* Nullwurf; ↑Pechvogel · Ggs. ↑Glück.

²Pech: ↑Unglück; es ist ein P. ↑schade; wie P. und Schwefel zusammenhalten ↑unzertrennlich [sein]; bei jmdm. P. haben ↑Erfolg; vom P. verfolgt ↑leidgeprüft.

Pechfackel ↑Fackel.

Pechmarie ↑Pechvogel.

Pechrabe ↑Pechvogel.

pechrabenschwarz ↑schwarz.

pechschwarz: ↑schwarz, ↑schwarzhaarig.

Pechsträhne: ↑Pech; eine P. haben ↑Unglück [haben].

Pechvogel, Pechrabe, Unglücksvogel, Unglücksrabe, Unglückswurm, Pechmarie; ↑Pech · Ggs. ↑Glückspilz.

Pecker ↑Spleen.

Pedal: ↑Tastatur; aufs P. treten ↑Geschwindigkeit; Ritter des -s ↑Radfahrer.

pedalen ↑Rad fahren.

Pedaleur ↑Radfahrer.

Pedant, Umstandskrämer, Umstandskommissar, Kleinigkeitskrämer, Haarspalter, Federfuchser, Bürokrat, Schreiberseele, Schreiberling, Buchstabenmensch, Kalmäuser, Mücken-

seiher *(landsch., scherzh.),* Gamellenriemli-inspizient *(schweiz., scherzh.),* Kümmelspalter, Korinthenkacker *(derb),* i-Tüpfel-Reiter *(österr.);* ↑Pedanterie, ↑Wortverdreher; ↑bürokratisch, ↑engherzig.

Pedanterie, Kleinlichkeit, Umständlichkeit, Beckmesserei, Erbsenzählerei, Pingeligkeit · *im Ausdruck:* Haarspalterei, Wortklauberei, Silbenstecherei, Spitzfindigkeit, Rabulistik; ↑Bürokratie, ↑Pedant, ↑Spiegelfechterei; ↑engherzig, ↑spitzfindig.

pedantisch ↑engherzig.

Peddler ↑Händler.

Pedell ↑Hausmeister.

¹Pediküre, Fußpflege, Fußnagelpflege; ↑Kosmetik · Ggs. ↑Maniküre.

²Pediküre ↑Kosmetik.

Peepshow ↑Striptease.

Peergroup ↑Personenkreis.

Peergroupsprache ↑Gruppensprache.

Pegasus: ↑Fabelwesen, ↑Pferd, ↑Sternbild; den P. besteigen / reiten ↑dichten.

peilen: ↑blicken; über den Daumen p. ↑schätzen; über den Daumen gepeilt ↑ungefähr.

Pein ↑Leid.

peinigen: ↑schikanieren; -d ↑schmerzhaft; bis aufs Blut p. ↑ärgern.

Peinigung ↑Misshandlung.

peinlich: ↑unerfreulich; [p. genau] ↑gewissenhaft.

peinvoll ↑schmerzhaft.

Peitsche, Geißel, Knute, Kantschu, Riemenpeitsche, Fahrpeitsche, Bogenpeitsche, Juckerpeitsche, Karbatsche, Reitpeitsche, Reitgerte, Ochsenziemer, Ziemer, Hundepeitsche, neunschwänzige Katze; ↑Stock; ↑schlagen.

peitschen ↑schlagen.

Peitschenlampe ↑Straßenbeleuchtung.

Pejoration ↑Nichtachtung.

pejorativ: ↑abschätzig, ↑abwertend.

Pekinese ↑Hunderassen.

Pekoe ↑Tee.

Pekoe-Souchong ↑Tee.

pekuniär ↑finanziell.

pekzieren ↑anrichten.

Pelade ↑Haarausfall.

Pelagianismus ↑Ketzerei.

Pelargonie ↑Storchschnabelgewächs.

Pelargonium ↑Storchschnabelgewächs.

Pelemele ↑Mischung.

Pelerine ↑Umhang.

Pelikan ↑Vogel.

Pellagra, Vitamin-B$_2$-Mangel-Krankheit, Vitamin-B$_2$-Avitaminose, Avitaminose B$_2$, Lepra lombardica, lombardischer Aussatz, Nikotinsäuremangelkrankheit, Maidismus, Maisvergiftung, Anikotinose, Mal della rosa, Mal del sole; ↑Avitaminose.

Pelle: ↑Epidermis, ↑Schale; jmdm. auf die P. rücken ↑aufdringlich [sein], ↑bitten; jmdm. auf der P. sitzen ↑bitten.

pellen: ↑abziehen; wie aus dem Ei gepellt ↑adrett.

Peller ↑Penis.

Pellkartoffel: -n ↑Kartoffeln.

¹Pelz · *von Schafen o. Ä.:* Lamm, Angora (Lincoln- und Leistershireschaf), Breitschwanz (Karakulschaf), Kidfell (chinesische Ziegen und Lämmer), Krimmer (Fettschwanzschaf), Persianer (Karakulschaf), Slink (Fettsteißschaf) · *von Füchsen:* Fuchs, Rotfuchs, Silberfuchs, Platinfuchs (kanadischer Silberfuchs) · *von Mardern o. Ä.:* Marder (Baum- und Steinmarder), Biber, Bisam (Bisamratte), Chinchilla, Hermelin, Iltis, Moschusbisam (Desman), Murmel (Murmeltier), Nerz, Nutria (Sumpfbiber), Opossum (Opossum, Fuchskusu), Otter, Peschaniki (Fahlziesel), Seefuchs (Marderhund), Skunk, Ziesel (Suslik), Zobel · Feh (Eichhörnchen) · Fohlen · Kanin (Kaninchen) · *von Robben:* Seal (Bärenrobbe), Seehund · Pijiki (Rentier) · Ozelot (Tigerkatze) · Waschbär · *imitierter:* Webpelz; ↑Pelzwaren.

²Pelz ↑Fell.

Pelzbarett ↑Kopfbedeckung.

pelzen ↑züchten.

Pelzenickel: ↑Knecht Ruprecht, ↑Nikolaus.

Pelzmantel ↑Mantel.

Pelzmotte ↑Schmetterling.

Pelznäher ↑Kürschner.

Pelznickel: ↑Knecht Ruprecht, ↑Nikolaus.

Pelztierjäger ↑Jäger.

Pelzwaren, Rauchwaren, Pelzwerk; ↑Pelz.

Pelzwerk ↑Pelzwaren.

Penalty ↑Elfmeter.

Penaten ↑Hausgötter.

Pence ↑Zahlungsmittel.

Pendant ↑Gegenstück.

Pendeh ↑Orientteppich.

pendeln: ↑schwingen; -des Herz ↑Herzsenkung.

Pendeltür ↑Tür.

Penduluhr: ↑Sternbild, ↑Uhr.

pendent ↑anhängig.

Pendler: ↑Arbeiter, ↑Vagabund.

Pendule ↑Uhr.

penetrant: ↑aufdringlich, ↑durchdringend.

Penetration, Eindringen; ↑Koitus.

penetrieren, eindringen, einführen; ↑koitieren.

penibel: ↑gewissenhaft, ↑ordnungsliebend.

Penis, Phallus, [männliches] Glied, Linga, Lingam, Geschlecht, Zeugeglied, Männlichkeit, Geschlechtsteil, der kleine Mann / Herr, Rute, Gemächt, Iste *(bei Goethe),* der elfte Finger *(scherzh.),* Membrum virile, Nippel, Zapfen, Stöpsel, Zipferl *(österr.),* Piller, Schniepel, Pillhahn, Pillermann, Piephahn, Pippi, Wenzel, Piele *(nordd.),* Piepel, Gießkanne, Zebedäus, Johannes, Gurke, Nudel, Kolben, Apparat, Ding, Freudenpfriem, Lümmel, Bengel, Besen,

Flöte, Pielak *(landsch.),* Nille *(derb),* Pfeife *(derb),* Schwengel *(derb),* Schwanz *(salopp),* Schweif, Stachel, Riemen *(salopp),* Pimmel *(salopp),* Pint *(salopp)* · *erigierter:* Penis erectus, Liebesknochen, Lanze, Horn, Ständer *(derb),* Stange *(derb),* Peller *(derb),* Latte *(derb),* Morgenlatte *(derb),* Wasserlatte *(derb),* Bajonett, Pfahl · *aus Latex:* Dildo, Doppeldildo; ↑Blöße, ↑Genitalien, ↑Glans, ↑Sperma, ↑Samenerguss.

Pennal ↑Schuh.

Pennäler ↑Schüler.

Pennälersprache ↑Gruppensprache.

Pennbruder ↑Vagabund.

Penne: ↑Schule, ↑Unterkunft; stille P. ↑Strafanstalt; auf der P. sein ↑Schule.

pennen ↑schlafen.

Penner ↑Vagabund.

Penni ↑Zahlungsmittel.

Pennsylvaniadeutsch ↑Mischsprache.

Penny ↑Zahlungsmittel.

Pensee ↑Stiefmütterchen.

Pension: ↑Hotel, ↑Rente; staatliche P. ↑Strafanstalt; seine P. verzehren ↑Lebensabend; in P. gehen ↑pensionieren; in P. sein ↑Lebensabend.

Pensionär ↑Rentner.

Pensionärin ↑Rentnerin.

Pensionat: ↑Heim; staatliches P. ↑Strafanstalt.

pensionieren, berenten, in den Ruhestand versetzen, auf Rente setzen · *von Hochschullehrern:* seiner Amtspflicht entbinden, entpflichten, emeritieren; **sich p. lassen,** pensioniert werden, in Pension gehen, sich zur Ruhe setzen, sich aufs Altenteil setzen / zurückziehen, sich ins Stöckli zurückziehen *(schweiz.);* ↑entlasten; ↑arbeitslos, ↑pensioniert; ↑Lebensabend, ↑Rentner, ↑Rentnerin.

pensioniert, entlassen, suspendiert, abgesetzt, abgedankt, abgebaut, ausgedient, abgehalftert; ↑entlassen, ↑pensionieren.

Pensionist ↑Rentner.

Pensionistin ↑Rentnerin.

Pensum, Lektion, Aufgabe, Lehrstoff, Lernstoff; ↑Abschnitt, ↑Unterricht.

Pentagon ↑Regierung.

Pentagramm ↑Zaubermittel.

Pentameter ↑Vers.

Pentateuch ↑Gesetzessammlung.

Pentekoste ↑Pfingsten.

Penthouse ↑Wohnung.

Penunzen ↑Geld.

penzen ↑bitten.

Pep: ↑Temperament; einer Sache fehlt der P. ↑[nicht] geistreich [sein].

Peperoni ↑Gemüse.

Pepi ↑Haarzopf.

Pepiniere ↑Baumschule.

Pepita ↑Stoffmuster.

Pepper-Upper ↑Rauschgift.

Pep Pill ↑Rauschgift.

Pepsinwein ↑Wein.

per: ↑je; p. Arm ↑untergehakt; [mit jmdm.] p.
du sein ↑duzen.
per anum ↑rektal.
per definitionem ↑per se.
perennieren ↑überdauern.
perfekt: ↑meisterhaft, ↑vollkommen.
Perfekt ↑Tempus.
Perfektion ↑Meisterhaftigkeit.
perfektionieren ↑vervollständigen.
Perfektionierung ↑Ergänzung.
perfektionistisch ↑vollkommen.
perfektiv: -es Verb ↑Verb.
perfide ↑untreu.
Perfidie ↑Untreue.
Perfidität ↑Untreue.
perforieren ↑durchlöchern.
perforiert ↑durchlässig.
Performanz ↑Sprechakt.
Pergament ↑Papier.
Pergamentpapier ↑Papier.
Pergola ↑Laube.
Perikope ↑Bibelabschnitt.
Periode: ↑Menstruation, ↑Satz, ↑Zeitraum.
Periodikum ↑Zeitschrift.
¹periodisch, regelmäßig wiederkehrend / auftretend, in bestimmter / regelmäßiger Folge, in bestimmten / regelmäßigen Abständen (oder:) Intervallen; ↑abwechselnd.
²periodisch: -e Trunksucht ↑Anankasmus.
Peripetie ↑Höhepunkt.
¹peripher, am Rande befindlich, Rand-, Neben-; ↑nebenbei; ↑Rand.
²peripher: -es Nervensystem ↑Nervensystem.
Peripherie: ↑Linie, ↑Vorort.
Peristase ↑Umwelt.
Perkussion ↑Massage.
perkutan: p. spritzen ↑spritzen.
Perl ↑Schriftgrad.
¹Perle · echte Perle, Zuchtperle, Japanperle · *ungleichmäßige:* Barockperle · *imitierte:* Wachsperle · · Glasperle, Holzperle; ↑Halskette.
²Perle: ↑Hausangestellte; -n ↑Hochzeitstag.
Perleidechse ↑Eidechse.
perlen, sprudeln, schäumen, spritzen, springen · *stark:* strudeln, brodeln · *von Wein, Sekt:* moussieren, bitzeln; ↑brodeln, ↑fließen; ↑Schaum.
Perlenhochzeit ↑Hochzeitstag.
Perlenkette ↑Halskette.
Perlenkollier ↑Halskette.
Perlenschnur: zu Hause wohl Perlenschnüre vor der Tür / an den Türen haben ↑schließen.
Perlenstickerei ↑Stickerei.
Perlenvorhang: zu Hause wohl Perlenvorhänge vor der Tür / an den Türen haben ↑schließen.
Perlfisch ↑Fisch.
perlgrau ↑grau.
Perlhyazinthe ↑Liliengewächs.
Perllauch: ↑Gemüse, ↑Porree.
Perlmuschel ↑Muschel.

Perlmutterschnecke ↑Schnecke.
Perlon ↑Chemiefaser.
Perlonstrumpf ↑Strumpf.
Perlpilz ↑Ständerpilz.
Perlschnurblitz ↑Blitz.
Perlseide ↑Seide.
Perltang ↑Alge.
Perlustration ↑Durchsuchung.
perlustrieren ↑durchsuchen.
Perlustrierung ↑Durchsuchung.
Perlwein ↑Wein.
perlweiß ↑weiß.
Perlzwiebel: ↑Gemüse, ↑Zwiebel.
Perm ↑Erdzeitalter.
permanent ↑unaufhörlich.
Permiss ↑Erlaubnis.
Permutation, Umstellung · *in Bezug auf Subjekt und Personalform des Verbs:* Inversion; ↑Substitution, ↑Umwandlung.
Perneiras ↑Beriberi.
Pernionen ↑Erfrierung.
Perniose ↑Erfrierung.
perniziös: ↑böse; -e Anämie ↑Perniziosa.
Perniziosa, perniziöse / genuine / kryptogenetische Anämie, Biermer-Anämie, Biermer-Krankheit, Vitamin-B₂-Mangel-Krankheit, Vitamin-B₂-Avitaminose, Avitaminose B₂; ↑Avitaminose, ↑Blutarmut.
per os ↑oral.
per pedes: per pedes kommen ↑kommen.
perplex: p. sein ↑überrascht [sein].
per rectum ↑rektal.
Perron: ↑Bahnsteig, ↑Plattform.
per se, an sich, per definitionem, von selbst / allein, durch sich, von sich aus.
Persenning ↑Bedachung.
Persephone ↑Göttin.
Perser: ↑Katzenrassen, ↑Orientteppich.
Perserkatze ↑Katzenrassen.
Perserteppich ↑Orientteppich.
Perseus ↑Sternbild.
Perseveranz ↑Beharrlichkeit.
Perseveration ↑Verharren.
Persianer ↑Pelz.
Persien ↑Iran.
Persiflage ↑Satire.
persiflieren ↑verzerren.
Persilschein ↑Freibrief.
Persipan ↑Marzipan.
persisch: -es Kapitell ↑Kapitell.
persischrosa ↑rosa.
persischrot ↑rot.
persistieren ↑bestehen (auf).
Person: ↑Frau, ↑Mensch; lustige P. ↑Spaßmacher; pro P. ↑je.
Persona grata: ↑Diplomat; P. sein ↑beliebt [sein].
Persona gratissima: P. sein ↑beliebt [sein].
Persona ingrata: ↑Diplomat; P. sein ↑unbeliebt [sein].
Personal, Belegschaft · *in Betrieben:* Betriebs-

angehörige, Angestelltenschaft, Arbeiterschaft ·
in Flugzeugen: fliegendes Personal, Crew, Be-
satzung, Flugzeugbesatzung · *auf Flughäfen:*
Bodenpersonal · *im Haushalt:* Dienerschaft,
Bedienung, Gesinde, die Domestiken; ↑Arbeit-
nehmer, ↑Knecht, ↑Magd, ↑Personalbüro,
↑Team.
Personalabteilung ↑Personalbüro.
Personalangaben, Personaldaten, Nationale
(österr.).
Personalausweis ↑Ausweis.
Personalbüro, Personalabteilung, Kaderabtei-
lung *(DDR);* ↑Personal.
Personalcomputer ↑Computer.
Personaldaten ↑Personalangaben.
Personale ↑Verb.
personaliter ↑persönlich.
Personen ↑Teilnehmerliste.
Personenbeschreibung ↑Charakteristik.
Personendampfer ↑Fahrgastschiff.
Personengedächtnis ↑Erinnerungsvermö-
gen.
Personenkraftwagen ↑Auto.
Personenkreis, Kreis, Schicht, Gruppe · *aus
Personen gleichen Alters, gleicher Interessen,
ähnlicher sozialer Herkunft:* Peergroup; ↑Cli-
que, ↑Gesellschaftsschicht, ↑Kaste, ↑Publi-
kum.
Personenkult ↑Verherrlichung.
Personenschifffahrt ↑Schifffahrt.
Personenschutz ↑Schutz.
Personenstand, Familienstand, Zivilstand.
Personenwaage ↑Waage.
personenzentriert ↑-zentriert.
Personenzug ↑Eisenbahnzug.
Personifikation ↑Sinnbild.
personifizieren ↑hypostasieren.
Personifizierung ↑Sinnbild.
¹persönlich, selbst, in persona, personaliter,
höchstpersönlich, höchstselbst, eigenhändig.
²persönlich: ↑individuell, ↑leibhaftig, ↑unsach-
lich, ↑vertraulich; -es Verb ↑Verb; -er Computer ↑Computer; p. werden ↑attackieren.
Persönlichkeit ↑Mensch.
Persönlichkeitsbild ↑Ansehen.
Perspektive: ↑Gesichtspunkt; -n ↑Aussichten.
Perspiration ↑Transpiration.
Pertussis ↑Keuchhusten.
¹Perücke, Haarersatz, falsche Haare, Zweitfrisur, Haaraufsatz, Echthaarperücke, Kunsthaarperücke, Lockenperücke, Langhaarpe-
rücke, Kurzhaarperücke, Ganzperücke, Teilperücke, Toupet, Haarteil, Haarersatzstück ·
historische: Allongeperücke, Staatsperücke,
Zopfperücke, Haarbeutelperücke, Knotenpe-
rücke, Abbéperücke, Stutzperücke, Atzel;
↑Frisur, ↑Haar.
²Perücke ↑Haar.
Perückenmacher, Posticheur · *weiblicher:*
Posticheuse, Perückenmacherin; ↑Friseur,
↑Frisur, ↑Haar.

Perückenmacherin ↑Perückenmacher.
¹pervers, widernatürlich, abartig, verkehrt,
unnatürlich; ↑anormal, ↑anstößig; ↑Umkeh-
rung, ↑Unzucht.
²pervers ↑unerhört.
Perversion: ↑Abweichung, ↑Perversität.
Perversität, Perversion, Abartigkeit · *auf alte
Menschen gerichtete:* Gerontophilie, Greisenliebe · *auf Tote oder Sterbende gerichtete:* Nekrophilie, Nekromanie, Leichenschändung · *auf
Tiere gerichtete:* Sodomie · *auf bestimmte Gegenstände bezogene:* Fetischismus · *sich darin
äußernd, dass der Betreffende seine Geschlechts-
teile zur Schau stellt:* Exhibitionismus · · *auf
Schmerzen gerichtete:* Sadomasochismus, Sadomaso *(Jargon),* SM *(Jargon),* Algolagnie, Flagellantismus, Flagellomanie, Vampirismus ·
Schmerzen zufügende: Sadismus · *Schmerzen
erduldende:* Masochismus · · *durch Zusehen
beim Geschlechtsverkehr anderer Personen:* Voyeurismus · *sich äußernd im Kotessen:* Koprophagie, Skatophagie · *sich äußernd in einer Vorliebe für das Schmutzige:* Skatophilie · *sich äußernd durch Lecken am Anus des Partners:* Anilingus; ↑Entblößung.
Pervigilium ↑Schlaflosigkeit.
Perzent ↑Prozent.
perzentuell ↑prozentual.
Perzeption ↑Wahrnehmung.
Peschaniki ↑Pelz.
Peschitta ↑Bibelübersetzung.
pesen ↑fortbewegen (sich).
Peseta ↑Zahlungsmittel.
Peso: [argentinischer / philippinischer /uru-
guayischer P.], P. Boliviano ↑Zahlungsmittel.
Pes planus ↑Fußdeformität.
Pessar ↑Empfängnisverhütungsmittel.
Pessimismus, Skeptizismus, Kulturpessimis-
mus, Agnostizismus, Skepsis, Schwarzseherei,
Schwarzmalerei, Defätismus, Fatalismus,
Miesmacherei, Unkerei, Unkenrufe, Kassand-
rarufe, Panikmache, Angstmache, Angstma-
cherei · *in bestimmter Absicht verbreiteter:*
Zweckpessimismus; ↑Angst, ↑Bedenken · Ggs.
↑Optimismus.
Pessimist, Schwarzseher, Unke, Defätist, Ni-
hilist, Unheilsprophet, Fatalist, Miesmacher;
↑voraussehen; ↑schwermütig · Ggs. ↑Optimis-
mus, ↑Optimist; ↑zuversichtlich.
pessimistisch ↑schwermütig.
¹Pest, der schwarze Tod · Drüsenpest, Beulenpest, Bubonenpest; ↑Krankheit.
²Pest: ↑Seuche; stinken wie die P. ↑riechen.
Pestalozzidorf ↑Kinderdorf.
pesten ↑aufwiegeln.
Petechien ↑Bluterguss.
Petent ↑Antragsteller.
Peter: der blaue P. ↑Fahne; P. und Paul ↑Kir-
chenjahr.
Peterchen ↑Nachschlüssel.
Peterle ↑Küchengewürz.

Petersburg ↑Sankt Petersburg.
Petersilie: ↑Gemüse, ↑Küchengewürz; jmdm.
ist die P. verhagelt ↑deprimiert [sein].
Petersilienhochzeit ↑Hochzeitstag.
Peterwagen ↑Polizeiwagen.
Petidin ↑Rauschgift.
Petit ↑Schriftgrad.
Petition ↑Gesuch.
Petit Mal ↑Anfall.
Petits Fours ↑Gebäck.
Petrefakt ↑Versteinerung.
petrifizieren ↑versteinern.
Petri Heil: P.!↑Gruß.
Petrijünger ↑Angler.
Petroglyphen ↑Felszeichnung.
Petrograd ↑Sankt Petersburg.
Petrogramm ↑Felszeichnung.
Petrograph ↑Mineraloge.
Petrographie ↑Gesteinskunde.
Petrol ↑Erdöl.
Petroleum: ↑Brennstoff, ↑Erdöl.
Petroleumlicht ↑Licht.
Petrus: [Simon P.]↑Apostel; P. meints gut [mit
uns] ↑sonnig [sein].
Petruskreuz ↑Kreuzzeichen.
petschiert: p. sein ↑ratlos [sein].
Petticoat ↑Unterkleid.
Petting ↑Liebesspiel.
Petz ↑Bär.
petzen: ↑kneifen, ↑verraten.
Petzer: ↑Denunziant, ↑Verräter.
peu à peu ↑allmählich.
Pexis ↑Operation.
Pfad: ↑Weg; die ausgetretenen -e verlassen
↑schöpferisch [sein]; auf ausgetretenen -en
wandeln ↑schöpferisch; auf dem P. der Tugend
wandeln ↑anständig [sein].
Pfader ↑Pfadfinder.
Pfadfinder, Boyscout, Scout, Pfadi, Pfader
(schweiz.); ↑Jugendbewegung.
Pfadi ↑Pfadfinder.
Pfaffe ↑Geistlicher.
[1]Pfahl, Pfosten, Pflock, Mast, Steher *(österr.);*
↑Brett, ↑Rammpfahl, ↑Stange, ↑Stock.
[2]Pfahl: ↑Penis; P. im Fleische ↑Leid; in seinen
vier Pfählen ↑daheim.
Pfahlbürger ↑Bewohner.
pfählen: ↑stützen, ↑töten.
Pfahlwand ↑Wand.
Pfahlwurzel ↑Wurzel.
[1]Pfälzer, Pfälzer Krischer / Schlappmaul *(abwertend);* ↑Deutscher.
[2]Pfälzer: [P. Wein] ↑Wein.
pfälzisch: p. sprechen ↑Mundart [sprechen].
Pfand: ↑Leihgebühr, ↑Sicherheit, ↑Unterpfand; als P. geben ↑verpfänden.
Pfandbriefe ↑Wertpapier.
pfänden ↑beschlagnahmen.
Pfandhaus ↑Leihhaus.
Pfandl ↑Leihhaus.
Pfandleihanstalt ↑Leihhaus.

Pfandleihe ↑Leihhaus.
Pfandleiher ↑Verleiher.
Pfandleihhaus ↑Leihhaus.
Pfändung ↑Eintreibung.
Pfanne: ↑Bratpfanne; auf der P. haben ↑vorhaben; in die P. hauen ↑besiegen; da wird der
Hund in der P. verrückt ↑überrascht [sein].
Pfannenflicker ↑Kesselflicker.
[1]Pfannkuchen *(berlin.),* Berliner [Pfannkuchen / Ballen] *(bes. südd.),* Fastnachtskräppel
(landsch.), Kräppel *(landsch.);* ↑Gebäck.
[2]Pfannkuchen: ↑Omelett; aufgehen wie ein P.
↑dick [werden]; platt sein wie ein P. ↑überrascht
[sein].
Pfarrer ↑Geistlicher.
Pfarrgeistlicher ↑Geistlicher.
Pfarrherr ↑Geistlicher.
Pfarrkirche ↑Gotteshaus.
Pfau ↑Sternbild.
pfauchen ↑fauchen.
Pfauenauge ↑Stoffmuster.
pfauenblau ↑blau.
Pfeffer: [schwarzer / weißer / grüner P.] ↑Gewürz; spanischer P. ↑Gemüse; P. und Salz
↑Stoffmuster; er soll hingehen, wo der P.
wächst ↑willkommen; jmdn. dorthin wünschen,
wo der P. wächst ↑verwünschen (jmdn.); P. im
Arsch haben ↑lebhaft [sein]; da liegt der Hase
im P. ↑Hauptsache.
Pfefferkraut ↑Küchengewürz.
Pfefferkuchen ↑Lebkuchen.
Pfefferling ↑Pfifferling.
Pfefferminztee ↑Tee.
Pfeffermühle ↑Mühle.
pfeffern: ↑werfen, ↑würzen.
Pfeffernuss: Pfeffernüsse ↑Gebäck.
Pfefferoni ↑Gemüse.
pfefferrot ↑rot.
Pfeffersack ↑Geschäftsmann.
Pfefferschinken: [französischer P.] ↑Schinken.
Pfeid ↑Oberhemd.
[1]Pfeife, Signalpfeife, Trillerpfeife, Rohrpfeife.
[2]Pfeife: ↑Penis, ↑Tabakspfeife; nach jmds. P.
tanzen müssen ↑selbstständig.
pfeifen: ↑auspfeifen, ↑flöten, ↑singen; die
Spatzen p. es von den Dächern ↑bekannt; Gott
seis getrommelt und gepfiffen! ↑glücklicherweise; p. auf ↑missachten; auf / aus dem letzten
Loch p. ↑abgewirtschaftet [haben].
Pfeifenkapitell ↑Kapitell.
Pfeifenmann ↑Schiedsrichter.
Pfeifenraucher ↑Raucher.
Pfeifentabak ↑Tabak.
Pfeifente ↑Vogel.
Pfeifkonzert: ein P. anstimmen / veranstalten
↑auspfeifen.
Pfeil: ↑Sternbild; [P. und Bogen] ↑Schusswaffe;
von Amors P. getroffen sein ↑verliebt [sein].
Pfeiler: ↑Brückenpfeiler, ↑Säule.
Pfeilerbrücke ↑Brücke.

pfeilgeschwind ↑schnell.
Pfeilgift ↑Gift.
Pfeilkreuzler ↑Kollaborateur.
pfelzen ↑züchten.
Pfennig: ↑Münze, ↑Zahlungsmittel; den P. herumdrehen ↑geizig [sein]; auf den P. sehen, mit dem P. rechnen ↑sparsam [sein]; mit dem P. rechnen müssen ↑sparen [müssen]; ohne einen P. zu zahlen ↑kostenlos.
Pfennigfuchser: ↑Geizhals; ein P. sein ↑geizig [sein].
Pfennigfuchserei ↑Geiz.
Pfennigstück ↑Münze.
¹Pferd, Ross, Gaul, Hafermotor *(scherzh.),* Haferlokomotive *(scherzh.),* Hottehü *(Kinderspr.),* Hottepferd *(Kinderspr.),* Hottemax *(Kinderspr.),* Rosinante *(scherzh.),* Mähre *(abwertend),* Schindmähre *(abwertend),* Schinder *(abwertend),* Klepper *(abwertend),* Zosse *(niederd.),* Arbeitspferd, Kutschpferd, Ackergaul · Reitpferd, Rennpferd, Traber, Trabrennpferd, Dressurpferd, Springpferd, Zugpferd, Wagenpferd · Vollblüter, Warmblüter, Halbblüter, Halbblut, Halfblood, Kaltblüter · Araber, Trakehner, Lipizzaner, Hannoveraner, Holsteiner, Haflinger, Orlowtraber · *weißes:* Schimmel, Apfelschimmel, Atlasschimmel, Aschenschimmel · *schwarzes:* Rappe · *gelbliches:* Falbe, Aschfalb, Mausfalb, Isabell · *rötlich braunes:* Fuchs, Bronzefuchs, Brauner · *scheckiges:* Schecke, Tiger · *männliches:* Hengst · *zur Zucht bestimmtes:* Zuchthengst, Deckhengst, Körhengst, Faselhengst, Schellhengst, Beschäler · · *weibliches:* Stute · *zur Zucht bestimmtes:* Zuchtstute, Mutterstute · · *junges:* Füllen, Fohlen · *verschnittenes:* Wallach · *kleines:* Panjepferd, Fjordpferd, Pony, Islandpony, Shetlandpony, Batak, Polopony · *der Steppe:* Wildpferd, Mustang, Kalmücke · *das die Beine einer Seite gleichzeitig vorsetzt:* Zelter, Passgänger, Damenpferd · *geflügeltes aus der griechischen Mythologie, Symbol der Dichtkunst:* Pegasus; ↑Gangart, ↑Gestüt, ↑Zaumzeug.
²Pferd: ↑Sportgerät; Trojanisches P. ↑Geschenk; jmdm. gehen die -e durch ↑unbeherrscht [sein]; von hier bringen mich keine zehn -e fort ↑weilen; die -e scheu machen ↑verwirren; das beste P. im Stall sein ↑unersetzlich [sein]; mit jmdm. kann man -e stehlen ↑Kamerad; das P. am Schwanz aufzäumen ↑verkehrt [machen]; aufs falsche / richtige P. setzen ↑beurteilen; zu -e ↑beritten.
Pferdebahn ↑Verkehrsmittel.
Pferdebohne ↑Saubohne.
Pferdedecke ↑Decke.
Pferdedroschke ↑Kutsche.
Pferdeegel ↑Wurm.
Pferdefleisch ↑Fleisch.
Pferdefuß: ↑Fuß, ↑Fußdeformität, ↑Mangel; etwas hat einen P. ↑ungünstig [sein].
Pferdekur ↑Behandlung.

Pferdelenker ↑Fuhrmann.
Pferdemarkt ↑Markt.
Pferdemist ↑Dünger.
Pferdeomnibus ↑Verkehrsmittel.
Pferderennen ↑Rennen.
Pferdeschwamm ↑Schwamm.
Pferdeschwanz ↑Frisur.
Pferdestall ↑Stall.
Pferdestärke ↑Maßeinheit.
Pferdezahn ↑Zahn.
Pferdezucht ↑Gestüt.
Pferdezuchtanstalt ↑Gestüt.
Pferdezüchterei ↑Gestüt.
Pfiff: ↑Reiz, ↑Temperament; letzter P. ↑Krönung.
¹Pfifferling, Pfefferling *(landsch.),* Eierschwamm *(landsch.),* Eierschwammerl *(bayr., österr.),* Gelbling *(landsch.),* Gelberling *(landsch.),* Gehling *(landsch.),* Gähling *(landsch.),* Gelbschwämmchen *(landsch.),* Gelbschwammerl *(österr.),* Gelbhähnel *(landsch.),* Goldschwämmchen *(landsch.),* Milchschwamm *(landsch.),* Hünling *(landsch.),* Hünlich *(landsch.),* Galluschel *(landsch.),* Kochmandl *(landsch.),* Kochmändl *(landsch.),* Rehfüßchen *(landsch.),* Rehling *(österr.),* Geißrehling *(österr.),* Rehgeiß *(österr.),* Recherl *(österr.),* Rechling *(österr.),* Rödling *(österr.);* ↑Pilz, ↑Ständerpilz.
²Pfifferling: [Falscher P.] ↑Ständerpilz; keinen P. wert sein ↑wertlos [sein].
pfiffig ↑schlau.
Pfiffigkeit ↑List.
Pfiffikus ↑Schlaukopf.
¹Pfingsten, Pfingstfest, Pentekoste, Fest der Ausgießung des Heiligen Geistes, die Pfingsttage · 1. / 2. Pfingsttag, Pfingstsonntag, Pfingstmontag; ↑Kirchenfest.
²Pfingsten: ↑Feiertag; [Sonntag nach P.] ↑Kirchenjahr.
Pfingstferien ↑Ferien.
Pfingstfest ↑Pfingsten.
Pfingstmontag ↑Pfingsten.
Pfingstochse: geputzt / geschmückt wie ein P. ↑aufgeputzt.
Pfingstrose, Bauernrose, Freisamrose *(landsch.),* Putthähnchen *(landsch.),* Keuschrose *(landsch.),* Paeonie; ↑Blume.
Pfingstsonntag ↑Pfingsten.
Pfingsttag: die -e, erster / zweiter P. ↑Pfingsten.
Pfirsich ↑Obst.
Pfirsichkern ↑Kern.
pfirsichorange ↑orange.
pfirsichrot ↑rot.
Pflanz: ↑Getue, ↑Lüge.
¹Pflanze, Blume, Baum, Kraut, Gewächs; ↑Baum, ↑Blatt, ↑Blattpflanze, ↑Busch, ↑Gemüse, ↑Kletterpflanze, ↑Laubhölzer, ↑Nadelhölzer, ↑Topfpflanze, ↑Wurzel, ↑Zierstrauch, ↑Zweig; ↑eingehen, ↑umpflanzen; ↑heliotropisch.

²Pflanze: blühende P. ↑Blume; farnartige P.
↑Farnpflanze; nicht blühende P. ↑Blattpflanze.
pflanzen: ↑aufziehen, ↑bebauen.
Pflanzenfett ↑Fett.
Pflanzengift ↑Gift.
Pflanzenkeim ↑Keim.
Pflanzenkunde, Botanik, Phytologie; ↑Naturkunde, ↑Wissenschaft.
Pflanzenöl ↑Speiseöl.
Pflanzenreich ↑Vegetation.
Pflanzensamen ↑Samen.
Pflanzenschutzmittel ↑Gift.
Pflanzenwelt ↑Vegetation.
Pflanzenwuchs ↑Vegetation.
Pflanzenzucht ↑Landwirtschaft.
Pflanzer ↑Bauer.
pflanzlich: ↑vegetarisch; Anhänger der -en Ernährung ↑Vegetarier.
Pflanzschule ↑Baumschule.
Pflanzung ↑Gut.
¹Pflaster, Heftpflaster; ↑Verband; ↑verbinden.
²Pflaster: teures P. ↑Stadt; ein P. auflegen
↑verbinden; P. treten ↑fortbewegen (sich).
Pflastermaler ↑Bettler.
¹pflastern, pflästern *(schweiz.),* mit Pflastersteinen versehen, asphaltieren, zementieren;
↑Straßenpflaster.
²pflastern: mit etwas die Straße p. können ↑haben.
pflästern ↑pflastern.
Pflasterstein: ↑Stein; mit -en versehen ↑pflastern.
Pflaume: ↑Obst, ↑Vagina.
pflaumenblau ↑blau.
pflaumenfarben ↑violett.
Pflaumenkern ↑Kern.
Pflaumenkuchen ↑Gebäck.
¹Pflaumenmus, Latwerge, Zwetschkenmus
(österr.), Zwetschkenpfeffer *(österr.),* Röster
(österr.), Zwetschkenröster *(österr.);* ↑Brei.
²Pflaumenmus ↑Brotaufstrich.
pflaumenweich ↑willensschwach.
¹Pflege, Betreuung, Obsorge *(bes. südd., österr.),* Zuwendung, Nestwärme; ↑Fürsorge,
↑Lebenshilfe; ↑erwärmen.
²Pflege ↑Instandhaltung.
Pflegeanstalt ↑Krankenhaus.
Pflegebefohlener ↑Mündel.
Pflegeeltern ↑Adoptiveltern.
Pflegeheim ↑Altersheim.
Pflegekind ↑Kind.
pflegeleicht ↑arbeitserleichternd.
Pflegemutter ↑Mutter.
¹pflegen, hegen, etwas warten, etwas gut /
sorgsam / schonend / pfleglich behandeln;
↑kümmern (sich um jmdn.); ↑Wachs.
²pflegen: ↑gesund [machen]; mit jmdm. Kontakt p. ↑verkehren (mit); der Ruhe p. ↑ruhen.
Pfleger: ↑Krankenpfleger, ↑Verwalter, ↑Wächter.

Pflegerin ↑Fürsorgerin.
Pflegesohn ↑Sohn.
Pflegetochter ↑Tochter.
Pflegevater ↑Vater.
pfleglich ↑behutsam.
Pflegschaft ↑Vormundschaft.
Pflicht: ↑Aufgabe; P. sein ↑vorgeschrieben; in
P. nehmen ↑vereidigen.
Pflichtbeitrag ↑Alimente.
pflichtbewusst ↑verantwortungsbewusst.
Pflichtbewusstsein, Pflichtgefühl, Verantwortungsgefühl, Verantwortung, Verantwortungsbewusstsein, Verantwortlichkeit, Zuverlässigkeit, Werksittlichkeit, Arbeitsethos,
Ethos, Gewissenhaftigkeit; ↑Aufrichtigkeit,
↑Glaubwürdigkeit, ↑Sitte; ↑verantwortungsbewusst.
pflichteifrig ↑beflissen.
Pflichteifrigkeit ↑Beflissenheit.
Pflichtethik ↑Sitte.
Pflichtgefühl ↑Pflichtbewusstsein.
pflichtig ↑verbindlich.
Pflichtlektüre ↑Lektüre.
pflichtschuldigst ↑höflich.
Pflichtteil ↑Erbe (das).
Pflichtübung ↑Turnübung.
pflichtvergessen ↑unzuverlässig.
Pflichtvergessenheit, Ehrvergessenheit, Unzuverlässigkeit, Windigkeit, Pflichtvernachlässigung, Pflichtversäumnis, Pflichtverletzung,
Amtsmissbrauch, Unredlichkeit, Verantwortungslosigkeit; ↑Betrug, ↑Diebstahl, ↑Gewissenlosigkeit, ↑Unentschuldbarkeit, ↑Untreue.
Pflichtverletzung ↑Pflichtvergessenheit.
Pflichtvernachlässigung ↑Pflichtvergessenheit.
Pflichtversäumnis ↑Pflichtvergessenheit.
Pflichtverteidiger ↑Jurist.
Pflock: ↑Pfahl, ↑Zeltpflock.
Pflotsch ↑Schlamm.
Pflückbohne ↑Gemüse.
¹pflücken, abpflücken, abrupfen, abzupfen,
abreißen, abbrechen, klauben *(österr.),* brocken
(südd., österr.), abbrocken *(südd., österr.)* · Beeren einzeln von der Traube: abbeeren, abrebeln
(österr.), rebeln *(österr.).*
²pflücken: ↑ernten; p. von ↑abmachen.
pflückreif ↑reif.
Pflücksalat ↑Gemüse.
Pflüder ↑Schlamm.
pflügen, ackern, umpflügen, umackern, umbrechen, umgraben; ↑bebauen, ↑graben.
Pforte: ↑Tür; Hohe P. ↑Regierung; die -n
schließen ↑zahlungsunfähig [werden].
Pförtner ↑Portier.
Pfosten ↑Pfahl.
Pfötchen: P. geben ↑begrüßen.
Pfote: ↑Gliedmaße, ↑Handschrift.
pfriemen ↑nähen.
Pfropf ↑Stöpsel.
pfropfen ↑züchten.

Pfropfen ↑Stöpsel.
Pfropfenzieher ↑Flaschenöffner.
Pfründe ↑Anstellung.
Pfrundhaus ↑Heim.
pfüeti: [p. Gott!] ↑Gruß.
Pfuhl: ↑Dünger, ↑Jauchegrube, ↑See.
Pfuhlloch ↑Jauchegrube.
Pfulmen ↑Kissen.
Pfund: ↑Gewichtseinheit, ↑Papiergeld; ägyptisches / irisches / israelisches / syrisches / türkisches P., [P. Sterling] ↑Zahlungsmittel.
pfundig ↑trefflich.
¹pfuschen, huscheln, schludern, murksen, hudeln, sudeln, fudeln; ↑aufgeregt; ↑Pfuscherei.
²pfuschen: jmdm. ins Handwerk p. ↑Konkurrenz [machen].
Pfuscher ↑Stümper.
Pfuscherei, Stümperei, Flickwerk, Stückwerk, Ausschuss; ↑pfuschen.
pfutsch: p. sein ↑verloren [sein].
Pfütze, Lache, Lacke *(österr.),* Gumpe *(mundartl.);* ↑Fluss, ↑Gewässer, ↑Meer, ↑See.
PH ↑Hochschule.
Phäake ↑Genussmensch.
Phaeton ↑Kutsche.
Phagomanie ↑Anankasmus.
Phagozyten ↑Blutkörperchen.
Phalanx ↑Clique.
phallisch: -e Phase ↑Entwicklungsphase.
Phallus ↑Penis.
Phänomen ↑Ereignis.
phänomenal ↑außergewöhnlich.
Phantasmagorie ↑Einbildung.
Phantom: ↑Einbildung, ↑Gespenst.
Phantombild ↑Fahndungsfoto.
Pharisäer: ↑Heuchler, ↑Schmeichler.
Pharmakologie ↑Pharmazeutik.
Pharmakon ↑Medikament.
Pharmazeut ↑Apotheker.
Pharmazeutik, Pharmakologie, Arzneimittelkunde; ↑Apotheker, ↑Wissenschaft.
Pharus ↑Leuchtfeuer.
Pharyngitis ↑Halsentzündung.
Pharyngoskopie ↑Ausspiegelung.
Pharynx ↑Rachen.
Phase: ↑Zeitraum; anale / genitale / ödipale / orale / phallische P. ↑Entwicklungsphase.
Phi ↑Buchstabe.
Philanthrop, Menschenfreund, Wohltäter [der Menschheit]; ↑Nächstenliebe · Ggs. ↑Misanthrop.
Philanthropie ↑Nächstenliebe.
philanthropisch ↑menschlich.
Philatelist ↑Briefmarkensammler.
Philharmoniker ↑Musizierender.
Philia: ↑Freundschaft, ↑Zuneigung.
Philipp: Vater P. ↑Strafanstalt.
Philippika ↑Rede.
Philippus ↑Apostel.
Philister ↑Spießer.
philiströs: ↑banausisch, ↑engherzig.

Philologe, Literaturwissenschaftler, Literaturhistoriker, Sprachwissenschaftler, Linguist, Sprachgelehrter, Sprachforscher · Neuphilologe, Neusprachler · Altphilologe, Altsprachler; ↑Philologie, ↑Sprachpfleger.
Philologie, Literaturwissenschaft, Sprachwissenschaft, Linguistik, Sprachforschung, Neuphilologie, Altphilologie (Griechisch, Latein), Germanistik (Deutsch, Niederländisch), Anglistik (Englisch), Amerikanistik (Amerikanisch), Romanistik (Französisch, Provenzalisch, Italienisch, Spanisch, Katalanisch, Portugiesisch, Brasilianisch, Rätoromanisch, Rumänisch), Nordistik (Altnordisch, Isländisch, Norwegisch, Dänisch, Schwedisch), Slawistik (Russisch, Ukrainisch, Polnisch, Tschechisch, Slovenisch, Serbokroatisch, Bulgarisch), Finnougristik (Finnisch, Ungarisch), Turkologie (Türkisch), Iranistik (Persisch), Semitistik (Arabisch, Hebräisch, Iwrith), Ägyptologie (Ägyptisch, Koptisch), Indologie (Sanskrit, Tibetisch, Hindi), Japanologie (Japanisch), Sinologie (Chinesisch), Afrikanistik (Bantusprachen, Swahili, Amharisch); ↑Literaturwissenschaft, ↑Philologe, ↑Sprachwissenschaft, ↑Wissenschaft.
Philosoph ↑Denker.
Philosophem ↑Ausspruch.
Philosophie ↑Wissenschaft.
philosophieren ↑denken.
Phimose ↑Vorhautverengung.
Phlebitis ↑Venenentzündung.
Phlegmatiker ↑Typ.
phlegmatisch ↑träge.
¹Phobie, Objektangst, Situationsangst, Zwangsbefürchtung, Angstneurose · *auf Angstanfälle allgemein bezogen:* Phobophobie, Erwartungsangst · *auf das Sterben bezogen:* Thanatophobie, Todesangst · *auf frische Luft bezogen:* Aerophobie, Luftscheu · *auf spitze Gegenstände bezogen:* Aichmophobie · *auf Verunreinigungen bezogen:* Mysophobie, Rhypophobie · *auf Schwindelanfälle bezogen:* Dinophobie · *auf Wasser bezogen:* Hydrophobie, Wasserangst, Wasserscheu · *auf bestimmte Räume bezogen:* Topophobie, Ortsangst · *auf freie Plätze bezogen:* Agoraphobie, Platzangst · *auf geschlossene Räume bezogen:* Klaustrophobie · *auf große Höhen oder Tiefen bezogen:* Hypsiphobie, Hypsophobie, Akrophobie, Höhenangst, Höhenschwindel, Brückenangst; ↑Hypochondrie, ↑Zwang.
²Phobie ↑Angst.
phobisch ↑ängstlich.
Phobophobie ↑Phobie.
Phoebos Apollon ↑Gott.
Phon ↑Lautstärke.
Phonem ↑Spracheinheit.
Phonendoskop ↑Stethoskop.
Phonetik ↑Sprachwissenschaft.
phonetisch ↑akustisch.

Phoniater ↑Arzt.
Phoniatrie ↑Heilkunde.
Phönix: ↑Fabelwesen, ↑Sternbild; wie P. aus der Asche steigen ↑wieder erstehen.
Phonokoffer ↑Plattenspieler.
Phonoskop ↑Stethoskop.
Phonotypistin: ↑Stenotypistin, ↑Typistin.
Phosphorbrandbombe ↑Bombe.
phosphoreszieren: ↑aufleuchten; -d, ↑mannigfaltig.
Photosatz ↑Schriftsatz.
Phototherapie, Lichtbehandlung, Lichtheilverfahren, Lukotherapie · *unter Verwendung des Sonnenlichts:* Heliotherapie, Sonnenbehandlung, Sonnenbad; ↑Naturheilverfahren.
phototropisch ↑heliotropisch.
Phrase: ↑Redensart; -n dreschen ↑sprechen.
¹phrasenhaft, leer, hohl, nichts sagend, banal, trivial, inhaltslos, stereotyp, abgedroschen, abgeleiert, abgeklappert; ↑oberflächlich, ↑üblich; ↑Plattheit.
²phrasenhaft ↑geziert.
Phrasenstrukturgrammatik ↑Grammatik.
Phraseonym ↑Pseudonym.
Phrenasthenie ↑geistige Behinderung.
Phrenokardie ↑Herzbeschwerden.
Phthise: ↑Altersschwäche, ↑Tuberkulose.
Phylogenese ↑Phylogenie.
Phylogenie, Phylogenese, Stammesgeschichte · *Ggs.* ↑Ontogenese.
Phyma ↑Hautblüte.
Physiatrie ↑Naturheilverfahren.
Physiatrik ↑Naturheilverfahren.
Physik ↑Wissenschaft.
physikalisch: -e Behandlung ↑Naturheilverfahren.
Physikotherapie ↑Naturheilverfahren.
Physikus ↑Arzt.
Physiognomie ↑Gesicht.
Physiotherapeut: ↑Masseur, ↑Therapeut.
Physiotherapeutin ↑Therapeut.
Physiotherapie: ↑Heilkunde, ↑Naturheilverfahren.
Phytologie ↑Pflanzenkunde.
Phytotherapie ↑Behandlung.
Phytotoxin ↑Gift.
Pi ↑Buchstabe.
Pia ↑Meninx.
Pia mater ↑Meninx.
Pianino ↑Tasteninstrument.
pianissimo ↑Lautstärke.
Pianist, Konzertpianist, Klaviervirtuose, Klavierspieler, Mann am Klavier, Flügelmann *(scherzh.),* Tastenkünstler *(scherzh.),* Klavierlöwe *(scherzh.);* ↑Künstler.
piano ↑Lautstärke.
Piano ↑Tasteninstrument.
Pianoforte ↑Tasteninstrument.
Piarist: -en ↑Mönchsorden.
Piastre ↑Zahlungsmittel.
Pic ↑Gipfel.

Picador ↑Stierkämpfer.
Piccolo ↑Bedienung.
picheln ↑trinken.
Pichelsteiner: P. Fleisch ↑Eintopf.
Pick ↑Bindemittel.
Picke ↑Spitzhacke.
Pickel: ↑Hautblüte, ↑Spitzhacke.
Pickelhaube ↑Kopfbedeckung.
Pickelhering ↑Spaßmacher.
picken ↑fest [sein].
picken bleiben: ↑hängen bleiben, ↑wiederholen.
Picker ↑Murmel.
Picknick: ↑Essen; P. halten / machen ↑essen.
picknicken ↑essen.
picobello ↑trefflich.
Pidginenglisch ↑Mischsprache.
Pidginsprache ↑Sprache.
Piedestal ↑Sockel.
Piefke ↑Deutscher.
Piefkinese ↑Deutscher.
pieken ↑kribbeln.
pieksauber ↑sauber.
Pielak ↑Penis.
Piele ↑Penis.
piensen ↑weinen.
piep: nicht p. sagen ↑schweigen.
Piep: keinen P. sagen ↑schweigen.
piepe: jmdm. ist etwas p. ↑unwichtig [sein].
Piepel ↑Penis.
piepen: ↑singen; bei jmdm. piept es ↑verrückt [sein].
Piepen ↑Geld.
Piephahn ↑Penis.
Piepmatz ↑Vogel.
piepsen ↑singen.
Piepvogel ↑Vogel.
Pier ↑Damm.
Pierrette ↑Spaßmacher.
Pierrot ↑Spaßmacher.
piesacken ↑schikanieren.
Piesepampel ↑Dummkopf.
Pieta: ↑Bild, ↑Madonna, ↑Vesperbild.
Pietät ↑Achtung.
pietschen ↑trinken.
Pigmentmal ↑Muttermal.
Pigmentpapier ↑Druckpapier.
Pignole, Pignolie, Pinienkern.
Pignolie ↑Pignole.
Piitis ↑Gehirnhautentzündung.
Pijiki ↑Pelz.
Pik: ↑Spielkarte; einen P. auf jmdn. haben ↑hassen.
pikant: ↑anstößig, ↑würzig.
pikarisch: -er Roman ↑Roman.
PIKbild ↑Fahndungsfoto.
Pike: ↑Wurfwaffe; von der P. auf lernen ↑lernen.
Pikee ↑Stoff.
piken ↑stechen.
Piker ↑Dorn.

Pikett: ↑Kartenspiel, ↑Mannschaft.
pikiert ↑gekränkt.
Pikkolo ↑Bedienung.
Pikkoloflöte ↑Blasinstrument.
piksen ↑stechen.
Piksieben: dastehen wie P. ↑überrascht [sein].
Piktogramm ↑Begriffssymbol.
Piktographie ↑Schrift.
Pilaster ↑Säule.
Pilgerfahrt ↑Wallfahrt.
pilgern, wallfahrten, wallfahren; ↑fortbewegen (sich); ↑Wallfahrt.
Pilgerzug ↑Wallfahrt.
Pille: ↑Fußball, ↑Medikament, ↑Ovulationshemmer; die P. danach ↑Ovulationshemmer.
Pillendreher ↑Apotheker.
Pillenfarn ↑Farn.
Pillenwerfer ↑Algenpilz.
Piller ↑Penis.
Pillermann ↑Penis.
Pillhahn ↑Penis.
Pilot: ↑Flugzeugführer, ↑Lotse.
Pilote ↑Rammpfahl.
pilotieren ↑einrammen.
Pilotprojekt ↑Experiment.
Pilotsendung ↑Sendung.
Pilotstudie ↑Experiment.
Pilottest ↑Experiment.
Pils ↑Bier.
Pilsener ↑Bier.
Pilsner ↑Bier.
¹Pilz, Schwamm *(oberd.),* Schwammerl *(bayr., österr.),* Pilzling *(bayr., österr.),* Pülz *(bayr., österr.),* Poggenstul *(niederd.)* · · · Schlauchpilz · · Ständerpilz · Lamellenpilz, Blätterpilz, Leistenpilz · Röhrenpilz · Stachelpilz · Keulenpilz · Bauchpilz · · · essbarer Pilz, Speisepilz, Edelpilz, Würzpilz, Austernpilz · ungenießbarer / giftiger Pilz, Giftpilz; ↑Algenpilz, ↑Lagerpflanze, ↑Pfifferling, ↑Schlauchpilz, ↑Ständerpilz, ↑Steinpilz; **Pilze sammeln,** Pilze suchen, in die Pilze gehen *(ugs.).*
²Pilz: ↑Hautpilzkrankheit, ↑Lagerpflanze, ↑Ständerpilz; wie -e aus dem Boden / der Erde schießen ↑entstehen.
Pilzflechte ↑Hautpilzkrankheit.
Pilzling: ↑Pilz, ↑Steinpilz.
Pilzvergiftung ↑Lebensmittelvergiftung.
¹Piment, Nelkenpfeffer, englisches Gewürz, Gewürzkörner, Jamaikapfeffer, Neugewürz *(österr.);* ↑würzen.
²Piment ↑Gewürz.
Pimmel ↑Penis.
Pimock ↑Fremder.
Pimpeligkeit ↑Zimperlichkeit.
Pimperling ↑Münze.
Pimperlinge ↑Geld.
pimpern ↑koitieren.
Pimpf ↑Junge.
Pimpinelle ↑Küchengewürz.
Pin ↑Kegel.

Pinakothek ↑Museum.
Pincenez ↑Kneifer.
Pinchéäffchen ↑Affe.
pingelig: ↑engherzig, ↑wehleidig.
Pingeligkeit ↑Pedanterie.
Pingpong ↑Tischtennis.
Pingpongtisch ↑Tisch.
Pinguin ↑Vogel.
Pinie ↑Nadelhölzer.
Pinienkern ↑Pignole.
pink ↑rosa.
Pinke ↑Geld.
¹Pinkel (der): feiner Pinkel ↑Geck.
²Pinkel (die): ↑Würstchen.
Pinkelbude ↑Toilette.
pinkeln ↑urinieren.
Pinkepinke ↑Geld.
Pinne ↑Reißzwecke.
Pinscher ↑Dummkopf.
pinseln: ↑malen, ↑schreiben.
Pinselschimmel ↑Schlauchpilz.
pinsen ↑weinen.
pinslig ↑engherzig.
Pint ↑Penis.
Pinte ↑Gaststätte.
Pin-up-Girl ↑Nackte.
pinx. ↑von (gemalt von).
Pionier: ↑Dienstgrad, ↑Schrittmacher, ↑Soldat.
Pioniertruppe ↑Waffengattung.
Pipapo: mit allem P. ↑Zubehör.
Pipe ↑Fasshahn.
Pipeline ↑Rohrleitung.
Pipi: ↑Urin; P. machen ↑urinieren.
Pipifax ↑Unsinn.
Pippi ↑Penis.
Pirat: ↑Seeräuber, ↑Segelboot.
Piraten- ↑Raub-.
Piratendruck ↑Nachdruck.
Piratensender ↑Rundfunksender.
Pirol ↑Vogel.
Pirsch: auf die P. gehen ↑jagen.
pirschen ↑jagen.
pispeln ↑flüstern.
pispern ↑flüstern.
Pisse ↑Urin.
pissen ↑urinieren.
Pissoir ↑Toilette.
Pissort ↑Toilette.
Pisspott: ↑Kopfbedeckung, ↑Nachtgeschirr.
¹Piste, Hang, Abfahrt, Schiwiese, Skiwiese, Idiotenhügel *(scherzh.);* ↑Schi.
²Piste ↑Rollbahn.
Pistengockel ↑Schifahrer.
Pistensau ↑Schifahrer.
Pistole: ↑Schusswaffe; jmdm. die P. auf die Brust setzen ↑nötigen; wie aus der P. geschossen antworten ↑antworten, ↑gleich.
Pistolenschuss ↑Schuss.
Piston ↑Blasinstrument.
piu mosso ↑lebhaft.

Piz ↑Gipfel.
Pizza ↑Gebäck.
Pizzeria ↑Gaststätte.
Pizzo ↑Gipfel.
Pkw ↑Auto.
Pkw-Fahrer ↑Autofahrer.
PL1 ↑Sprache.
Placebo ↑Medikament.
Plache ↑Plane.
placken: sich p. ↑anstrengen.
Plackerei ↑Anstrengung.
pladdern: es pladdert ↑regnen.
Plädoyer ↑Rede.
Plafond ↑Zimmerdecke.
Plage ↑Belästigung.
Plagegeist ↑Störenfried.
plagen: ↑schikanieren; sich p. ↑anstrengen (sich).
Plagiat: ↑Diebstahl; ein P. begehen ↑plagiieren.
plagiatorisch ↑unoriginell.
plagiieren, ein Plagiat / geistigen Diebstahl begehen, sich mit fremden Federn schmücken, abschreiben, abkupfern, abfeilen *(landsch.)*; ↑unoriginell; ↑Diebstahl.
Plaid: ↑Decke, ↑Umhang.
Plakat, Poster, Anschlag, Aushang, Werbeplakat, Affiche · Wahlplakat · Transparent, Spruchband · Filmplakat; ↑Flugschrift, ↑Litfaßsäule, ↑Mitteilung.
plakativ ↑zugespitzt.
Plakatsäule ↑Litfaßsäule.
Plakette, Abzeichen, Anstecknadel, Button; ↑Abzeichen, ↑Etikett.
Plan: ↑Absicht, ↑Bauplan, ↑Entwurf, ↑Grundriss; Pläne machen / schmieden ↑vorhaben; einen P. unterbreiten ↑vorschlagen; auf den P. treten ↑vorkommen.
Plane, Plache *(oberd.)*, Blache *(oberd.)*, Blahe, Wagendecke, Wagenplane, Wagenplache *(oberd.)*.
¹planen, vorbereiten, die nötigen Vorbereitungen treffen für, im Voraus festlegen, Vorentscheidungen treffen für, die Weichen stellen; ↑bereitstellen, ↑entschließen (sich), ↑entwerfen.
²planen: ↑einteilen, ↑entwerfen; [das ist nicht geplant] ↑vorhaben.
¹Planet, Wandelstern · · Merkur · Venus, Abendstern, Morgenstern · Erde · Mars, der Rote Planet · Jup[p]iter · Saturn · Uranus · Neptun · Pluto · · Nebenplanet, Satellit; ↑Erdball, ↑Himmelskörper, ↑Komet, ↑Mond, ↑Sternbild, ↑Sternwarte; ↑gestirnt.
²Planet: ↑Himmelskörper; der Blaue P. ↑Erdball.
Planetarium ↑Sternwarte.
Planetoid ↑Himmelskörper.
planieren ↑nivellieren.
Planigramm ↑Röntgenogramm.
Planigraphie ↑Röntgenographie.
Planke ↑Brett.

Plänkelei ↑Kampf.
planlos: ↑unbesonnen; -es Davonlaufen ↑Anankasmus.
planmäßig, methodisch, gezielt, konsequent, planvoll, überlegt, durchdacht, folgerichtig, systematisch, stur *(abwertend)*; ↑allmählich, ↑behutsam, ↑gefärbt, ↑ruhig, ↑zweckmäßig Ggs. ↑folgewidrig.
Planschbecken ↑Bassin.
planschen: ↑baden, ↑schwimmen.
Planspiel ↑Experiment.
Plansprache ↑Sprache.
Plantage ↑Gut.
Planung ↑Zeitplanung.
Planungsingenieur ↑Ingenieur.
planvoll ↑planmäßig.
plappern ↑sprechen.
Plaques ↑Zahnbelag.
plärren ↑weinen.
Plasma: ↑Protoplasma, ↑Schmuckstein.
Plastik, Skulptur, Bauplastik, Standbild, Denkmal, Statue, Figur, Sockel, Relief; ↑Cupido.
Plastikbeutel ↑Einkaufstasche.
Plastikbombe ↑Sprengkörper.
Plastikfolie ↑Folie.
Plastikteller ↑Teller.
plastisch: ↑anschaulich, ↑metaphorisch.
Plastron: ↑Jabot, ↑Krawatte.
Platane ↑Laubbaum.
Platin ↑Edelmetall.
platinblond ↑blond.
Platinfuchs ↑Pelz.
Platinhochzeit ↑Hochzeitstag.
platonisch, unsinnlich, nicht sinnlich, rein geistig; ↑seelisch.
plätschern ↑fließen.
platt: ↑abgeflacht; p. sein [wie eine Briefmarke / wie eine Flunder / wie ein Pfannkuchen / wie Zeitungspapier] ↑überrascht [sein]; einen Platten haben ↑Reifendefekt.
Platt: P. sprechen ↑Mundart [sprechen].
Plättbrett ↑Bügelbrett.
Plättchen ↑Fliese.
Platte: ↑Bande, ↑Fliese, ↑Glatze, ↑Schallplatte; drehbare P. ↑Speiseplatte.
Plätte: ↑Bügeleisen, ↑Schiff.
Plattei ↑Kartei.
Plätteisen ↑Bügeleisen.
plätten ↑bügeln.
Plattenfries ↑Fries.
Plattenheizkörper ↑Heizkörper.
Plattenhülle, Cover.·
Plattenleger ↑Fliesenleger.
Plattensee, Balaton, ungarisches Meer *(scherzh.)*; ↑Ungar.
Plattenspieler, Phonokoffer, Grammophon, Grammo *(bes. schweiz.)* · *mit dem man stereophon hören kann:* Stereoanlage, Stereogerät; ↑Stereophonie.
platterdings ↑ganz.

¹Plattform, Perron *(veraltet),* Bühne *(veraltet).*

²Plattform: ↑Bahnsteig, ↑Grundlage.

Plattfuß: ↑Fuß, ↑Fußdeformität, ↑Reifendefekt.

Plattfüßigkeit ↑Fußdeformität.

¹Plattheit, Plattitüde, Albernheit, Gemeinplatz, Locus communis, Allgemeinplätze, Allgemeinheiten, Selbstverständlichkeit, Binsenwahrheit, Binsenweisheit; ↑Redensart, ↑Trivialität; ↑phrasenhaft.

²Plattheit ↑Trivialität.

Plattitüde ↑Plattheit.

Platt-Spreiz-Fuß ↑Fußdeformität.

Plattwurm ↑Wurm.

¹Platz, Marktplatz, Markt, Rathausplatz, Kirchplatz, Domplatz, Münsterplatz, Schlossplatz, Vorplatz, Bahnhofsvorplatz, Forum, Esplanade; ↑Straße.

²Platz: ↑Sitzgelegenheit, ↑Sitzplatz, ↑Sportfeld, ↑Stelle; einen P. anweisen / geben / zuweisen ↑platzieren; den ersten P. einnehmen ↑Höchstleistung [erzielen]; P. greifen ↑zunehmen; P. machen ↑ausweichen; P. nehmen ↑setzen (sich); am -e sein ↑nötig [sein]; fehl am P. sein ↑passen; an diesen / jenen P. ↑dahin; an irgendeinem P. ↑irgendwo; an keinem P. ↑nirgends; an einen anderen P. rücken / stellen ↑verrücken; an seinem P. stellen ↑einordnen; vom P. stellen / verweisen ↑ausschließen; sich von den Plätzen erheben ↑erheben.

Platzangst ↑Phobie.

Plätzchen ↑Teegebäck.

Platzdeckchen ↑Set.

Platzdorf ↑Dorf.

¹platzen, zerplatzen, bersten, zerbersten, zerspringen, explodieren, implodieren, losgehen, detonieren, sich entladen, krepieren, zerknallen, in die Luft fliegen / gehen, aufplatzen, aufbersten; ↑zerbrechen; ↑Explosion.

²platzen: ↑ärgerlich [werden], ↑weinen, ↑zerbrechen; etwas platzt ↑scheitern; aus allen Nähten p. ↑dick [werden]; ins Haus p. ↑besuchen; vor Neid p. ↑neiden; vor Neugier p. ↑neugierig [sein]; zum Platzen voll ↑voll.

Platzhirsch: ↑Hirsch, ↑Mann.

platzieren, hinplatzieren, aufstellen, [an einen bestimmten Platz] stellen / setzen / legen / bringen / tun, einen Platz zuweisen / geben / anweisen, hinstellen, hinsetzen, hinlegen, hinbringen, hintun; ↑hinstellen.

Platzkonzert ↑Musikveranstaltung.

Platzmiete ↑Abonnement.

Platzmusik ↑Unterhaltungsmusik.

Platzregen ↑Niederschlag.

Platzwechsel ↑Ortsveränderung.

Platzwunde ↑Wunde.

Plauderei ↑Gespräch.

plaudern: ↑unterhalten (sich); aus dem Nähkästchen p. ↑mitteilen; aus der Schule p. ↑mitteilen.

Plauderstündchen: ein P. halten ↑unterhalten (sich).

Plaudertasche ↑Schwätzer.

Plauener: P. Spitze ↑Spitzenstickerei.

Plausch: ↑Gespräch; einen P. halten ↑unterhalten (sich).

plauschen: ↑lügen, ↑mitteilen, ↑unterhalten (sich).

Plauscherl ↑Gespräch.

plausibel ↑einleuchtend.

Playback ↑Aufzeichnung.

Playboy ↑Frauenheld.

Playmate ↑Nackte.

Plazenta, Mutterkuchen, Nachgeburt; ↑Leibesfrucht.

Plazet ↑Erlaubnis.

Plebiszit ↑Volksentscheid.

Plebs ↑Abschaum.

pledern ↑fortbewegen (sich).

Plegie ↑Lähmung.

Pleinairmalerei ↑Malerei.

Pleinpouvoir ↑Berechtigung.

Pleinzen ↑Fisch.

Pleise ↑Lasche.

pleite: ↑zahlungsunfähig; p. werden ↑zahlungsunfähig [werden].

Pleite: ↑Bloßstellung, ↑Misserfolg, ↑Zahlungsunfähigkeit; P. gehen / machen ↑zahlungsunfähig [werden].

Pleitegeier: bei jmdm. sitzt der P. auf dem Dach ↑zahlungsunfähig [werden].

Plempe ↑Getränk.

plemplem: p. sein ↑verrückt [sein].

Plenarsaal ↑Saal.

Plenarsitzung ↑Tagung.

Plenum ↑Tagung.

Pleonasmus, Tautologie, Abundanz, Redundanz; ↑pleonastisch.

pleonastisch, tautologisch, redundant, überflüssig, doppelt gemoppelt *(ugs.);* ↑Pleonasmus.

Pleonexie ↑Habgier.

Plethi: Krethi und P. ↑alle.

Pletscher ↑Teppichklopfer.

Pleuritis ↑Brustfellentzündung.

Plinse: ↑Kartoffelpuffer, ↑Omelett.

plinsen ↑weinen.

Plinze ↑Omelett.

Plisseefalte ↑Falte.

Plisseerock ↑Rock.

plissieren ↑falten.

Plombe: ↑Zahnersatz, ↑Zollverschluss.

Plörre: ↑Getränk, ↑Kaffee.

plöterig ↑karg.

plötrig ↑karg.

Plötze ↑Fisch.

plotzen ↑rauchen.

plötzlich, urplötzlich, jäh, jählings, abrupt, sprunghaft, auf einmal, mit einem Mal, aus heiler Haut, unvermittelt, unversehens, unvorhergesehen, unvermutet, unerwartet, unver-

hofft, überraschend, wie aus dem Boden gewachsen, Knall und Fall, [wie ein Blitz] aus
heiterem Himmel, schlagartig, von heute auf
morgen, über Nacht; ↑etwaig, ↑improvisiert,
↑schnell.
Pluderhose ↑Hose.
Plumeau ↑Federbett.
¹plump, vierschrötig, klobig, grobschlächtig,
ungeschlacht, ungefüge, breit, patschig; ↑athle-
tisch.
²plump ↑unhöflich.
Plumpheit ↑Unhöflichkeit.
plumpsen ↑fallen.
Plumpsklo ↑Toilette.
Plumpsklosett ↑Toilette.
plump-vertraulich ↑aufdringlich.
Plunder: ↑Kram, ↑Schleuderware.
Plünderer, Marodeur; ↑Dieb, ↑Pirat.
Plundergebäck ↑Gebäck.
plündern ↑wegnehmen.
Plünnen ↑Kleidung.
Plural ↑Mehrzahl.
Pluralismus ↑Gesellschaft.
pluralistisch: -e Gesellschaft ↑Gesellschaft.
plus ↑einschließlich.
Plus: ↑Vorteil; P. machen ↑Profit [machen].
Plüschbär ↑Teddybär.
plüschen ↑engherzig.
Plüschmantel ↑Mantel.
Plusquamperfekt ↑Tempus.
Pluto: ↑Gott, ↑Planet.
Plutokrat ↑Reicher.
Plutokratie ↑Herrschaft.
Plutzer ↑Kopf.
Pneu ↑Autoreifen.
Pneumatik: ↑Autoreifen, ↑Fluidtechnik.
Pneumologe ↑Arzt.
Pneumologie ↑Heilkunde.
Pneumonologe ↑Arzt.
Pneumopleuritis ↑Brustfellentzündung.
PNS ↑Nervensystem.
Po ↑Gesäß.
Pöbel ↑Abschaum.
pöbelhaft ↑gewöhnlich.
Poch ↑Glücksspiel.
pochen: ↑klopfen; p. auf ↑bestehen (auf).
Pochette ↑Streichinstrument.
pochieren: pochierte Eier ↑Eierspeise.
¹Pocken, Blattern, Variola, echte Pocken ··
mit Haut- und Schleimhautblutungen: schwar-
ze Pocken / Blattern, Variola haemorrhagica /
nigra · *milde Form:* Varioloid, Alastrim,
weiße / unechte Pocken, Milchpocken, Paravariola, Variola minor; ↑Hautausschlag,
↑Krankheit.
²Pocken ↑Seuche.
Podagra ↑Arthritis.
Podest: ↑Podium, ↑Treppenabsatz.
Podex ↑Gesäß.
Podium, Podest, Tritt, Elefantenfuß, Erhöhung; ↑Katheder, ↑Leiter.

Podiumsdiskussion ↑Gespräch.
Podiumsgespräch ↑Gespräch.
Poem ↑Gedicht.
Poesie: [arkadische P.] ↑Dichtung.
Poesiealbum ↑Album.
Poet ↑Schriftsteller.
Poetik ↑Literaturwissenschaft.
poetisch: ↑ausdrucksvoll; -er Abgang ↑Samen-
erguss.
Pofel ↑Menge.
pofen ↑schlafen.
Pogg ↑Frosch.
Pogge ↑Frosch.
Pogrom ↑Verfolgung.
Poilu ↑Franzose.
Point: auf den letzten P. kommen ↑spät [kom-
men].
Point d'Angleterre ↑Spitzenstickerei.
Point de France ↑Spitzenstickerei.
Point de Gênes ↑Spitzenstickerei.
Pointe, Schluss, Knalleffekt; ↑Ausspruch,
↑Einfall, ↑Ende.
Pointer: englischer P. ↑Hunderassen.
Point gothique ↑Spitzenstickerei.
pointieren ↑betonen.
pointiert ↑zugespitzt.
Pointillismus ↑Malerei.
Pokal ↑Trinkgefäß.
Pökelfleisch, Gepökeltes, Salzfleisch, Ge-
selchtes *(bayr., österr.),* Selchfleisch *(bayr., österr.),* Surfleisch *(österr.);* ↑Fleisch, ↑Schinken;
↑pökeln.
¹pökeln, einpökeln, einsalzen, einsuren *(ös-
terr.);* ↑Pökelfleisch.
²pökeln ↑konservieren.
Poker: ↑Glücksspiel, ↑Kartenspiel; P. spielen
↑pokern.
Pöker ↑Gesäß.
Pokerface ↑Gesicht.
Pokergesicht ↑Gesicht.
pokern, Poker spielen; ↑Glücksspiel, ↑Karten-
spiel.
pokulieren ↑trinken.
¹Pol, Drehpunkt · Nordpol, Südpol · Himmels-
pol · Wärmepol, Kältepol.
²Pol ↑Mittelpunkt.
Polacca ↑Tanz.
Polacke ↑Pole.
Polackei ↑Polen.
polar ↑gegensätzlich.
Polarbär ↑Bär.
Polareis, Inlandeis, Grönlandeis, Eiskappe,
Eisdecke, ewiges / arktisches / antarktisches
Eis; ↑Eisscholle.
Polarfuchs ↑Fuchs.
Polarisierung ↑Gegensätzlichkeit.
Polarität ↑Gegensätzlichkeit.
Polarlicht · *auf der nördlichen Halbkugel:*
Nordlicht, Nordflüs *(landsch.)* · *auf der südli-
chen Halbkugel:* Südlicht.
Polarlöwe ↑Vogel.

Polder

Polder ↑Marsch.

Pole, Polacke *(abwertend);* ↑Polen.

Polemik ↑Streit.

polemisch ↑geharnischt.

polemisieren ↑erörtern.

¹Polen, Polackei *(abwertend);* ↑Pole.

²Polen: noch ist P. nicht verloren ↑Hoffnung.

Polenta ↑Mais.

Polente ↑Polizist.

Police, Polizze *(bes. österr.),* Versicherungsschein, Versicherungspolice, Versicherungspolizze *(bes. österr.);* ↑Versicherung.

Policinello ↑Spaßmacher.

Polier ↑Leiter (der).

¹polieren, blank reiben / polieren / machen, wienern, politieren *(österr.);* ↑bohnern, ↑glätten, ↑säubern, ↑wachsen.

²polieren: jmdm. die Fresse p. ↑schlagen.

Polierer, Polisseur · *weiblich:* Polisseuse.

Poliklinik ↑Krankenhaus.

Polio ↑Kinderlähmung.

Poliomyelitis ↑Kinderlähmung.

Polisseur ↑Polierer.

Polisseuse ↑Polierer.

Politesse ↑Polizist.

politieren ↑polieren.

Politik: ↑Strategie; eine P. der kleinen Schritte anwenden ↑stufenweise [vorgehen].

Politiker, Staatsmann; ↑Oberhaupt, ↑Strategie.

Politikus ↑Schlaukopf.

Politikwissenschaft ↑Politologie.

politisch: die -e Grippe nehmen ↑kommen; -e Jugend ↑Jugendbewegung; -e Lyrik ↑Lyrik; -e Polizei ↑Geheimpolizei; -e Versammlung ↑Demonstration; -e Wissenschaft ↑Politologie.

politisieren ↑unterhalten (sich).

Politogramm ↑Charakteristik.

Politologie, politische Wissenschaft, Politikwissenschaft; ↑Gesellschaftswissenschaft, ↑Wissenschaft.

Politruk ↑Beauftragter.

Politthriller ↑Kinofilm.

Polittourismus ↑Reise.

Politur, Lack, Glasur, Lasur, Anstrich, Firnis, Übermalung, Lackierung; ↑polieren, ↑streichen.

Polizei: ↑Polizeibehörde, ↑Polizist; politische P. ↑Geheimpolizei; Räuber und P. ↑Versteckspiel; dümmer sein, als die P. erlaubt ↑dumm [sein]; zur P. gehen ↑anzeigen.

Polizeibehörde, Polizei, Gendarmerie, Exekutive *(österr.)* · Schutzpolizei, Bereitschaftspolizei, Kriminalpolizei, Verkehrspolizei · Wasserpolizei · Feldgendarmerie, Feldpolizei · Hafenpolizei · Grenzpolizei · Sittenpolizei, Sitte *(ugs.)* · Gesundheitspolizei ·· Internationale Kriminalpolizeiliche Kommission, Interpol ·· Militärpolizei · *englische bzw. amerikanische:* Military Police, Militärische Polizeibehörde ·· *in Amerika:* FBI · *in England:* Scotland Yard;

↑Geheimpolizei, ↑Kriminalpolizei, ↑Polizeirevier, ↑Polizist.

Polizeieskorte ↑Geleit.

Polizeigriff, Griff, Kompressionsgriff, Würgegriff, Schwitzkasten; ↑Kampfmittel.

Polizeikommissariat ↑Polizeirevier.

polizeilich: -e Anmeldung ↑Anmeldebestätigung; -er Gewahrsam ↑Freiheitsentzug.

Polizeirevier, Revier, Polizeidienststelle, Polizeistation, Wache, Polizeiwache, Polizeibüro, Wachzimmer *(österr.),* Polizeikommissariat *(österr.),* Kommissariat *(österr.),* Gendarmerieposten *(österr.),* Rayon *(österr., veraltet);* ↑Polizeibehörde.

Polizeistaat ↑Staat.

Polizeistreife, Streife, Fahndungsstreife; ↑Durchsuchung.

Polizeiwache ↑Polizeirevier.

Polizeiwagen, Streifenwagen, Funkstreife, Peterwagen.

Polizist, Polizeibeamter, Beamter, Polizei, Wachtmeister, Gesetzeshüter, Ordnungshüter, Schutzmann, Wachmann *(österr.),* Wachebeamter *(österr.),* Auge des Gesetzes *(scherzh.),* Gendarm, Konstabler *(veraltet),* Landjäger, Schupo *(veraltet),* weiße Maus *(ugs., scherzh.),* Grüner *(ugs.),* Blauer *(ugs.),* Polente *(salopp),* Polyp *(salopp),* Bulle *(ugs.),* Bobby *(engl.),* Flic *(franz.),* Cop *(ugs., amerik., abwertend)* · *ehem. in der DDR:* Volkspolizist, Volkspolizei, Vopo *(ugs.)* ·· *weiblicher:* Politesse, Polizistin · *beim Militär:* Militärpolizist · *bei der deutschen Bundeswehr:* Feldjäger; ↑Polizeibehörde.

Polizze ↑Police.

Pölk ↑Schwein.

Polka ↑Tanz.

Polka-Mazurka ↑Tanz.

polken ↑stochern.

Pollakisurie ↑Harnentleerung.

Pollution ↑Samenerguss.

Polnische ↑Würstchen.

Polo ↑Hockey.

Polobluse ↑Bluse.

Polohemd ↑Oberhemd.

Polonaise ↑Tanz.

Polonäse ↑Tanz.

Polopony ↑Pferd.

Polostock ↑Sportgerät.

Polster ↑Kissen.

Polsterer ↑Raumausstatter.

Polstermauer ↑Mauer.

polstern: gut gepolstert sein ↑dick [sein].

Polsternagel ↑Nagel.

Polstersessel ↑Sessel.

Polsterstuhl ↑Stuhl.

Polsterzieche ↑Bezug.

poltern: ↑krachen, ↑lärmen, ↑schelten.

Poly-: ↑Viel-.

Polyandrie ↑Ehe.

Polychordorgel ↑Elektroorgel.

Polygamie ↑Ehe.

polyglott, vielsprachig, mehrsprachig; ↑Dolmetscher.
Polygonalmauer ↑Mauer.
Polygramm ↑Röntgenogramm.
Polygraphie ↑Röntgenographie.
Polyhymnia ↑Muse.
Polyp: ↑Geschwulst, ↑Hohltier, ↑Kopffüßer, ↑Polizist; -en haben ↑näseln.
Polyphrasie ↑Redseligkeit.
Polypionie ↑Fettleibigkeit.
Polypol ↑Marktform.
Polypson ↑Marktform.
Polyptychon ↑Altarbild.
polysemantisch ↑mehrdeutig.
Polysemie ↑Mehrdeutigkeit.
Polysialie ↑Speichelfluss.
Polyurie ↑Harnentleerung.
pölzen ↑abstützen.
Pölzung ↑Abstützung.
Pomade ↑Haarpflegemittel.
pomadig: ↑langsam, ↑spöttisch.
Pomadigkeit ↑Langsamkeit.
pomali ↑langsam.
Pomeranze ↑Apfelsine.
Pommes ↑Kartoffeln.
Pommes Chamonix ↑Kartoffeln.
Pommes frites ↑Kartoffeln.
Pomp ↑Prunk.
Pompadour ↑Tasche.
pompös ↑hochtrabend.
Pön ↑Strafe.
Pönale ↑Strafe.
Poncho ↑Umhang.
Ponem ↑Gesicht.
Ponim ↑Gesicht.
Pontifex maximus ↑Oberhaupt.
Pontifikalamt ↑Gottesdienst.
Pontifikalmesse ↑Gottesdienst.
Pontonbrücke ↑Brücke.
Pony ↑Pferd.
Ponyfrisur ↑Frisur.
Ponys, Fransen, Simpelfransen; ↑Frisur.
Pool ↑Zusammenlegung.
Pop-Art ↑Malerei.
Popcorn: ↑Getreideflocken, ↑Mais.
Pope ↑Geistlicher.
Popelfahne ↑Taschentuch.
popelig: ↑geizig, ↑karg.
Popeline ↑Stoff.
Popelinehemd ↑Oberhemd.
Popelinmantel ↑Mantel.
popeln, in der Nase bohren; ↑Nase.
poplig: ↑geizig, ↑karg.
Popmusik ↑Unterhaltungsmusik.
Popo ↑Gesäß.
poppen ↑koitieren.
Popper ↑Halbstarker.
Popperfrisur ↑Frisur.
Poppers ↑Aufputschmittel.
poppig ↑bunt.
Popplatte ↑Schallplatte.

Popstar ↑Sänger.
¹populär, volkstümlich, volksläufig, allgemein verständlich, gemeinverständlich; ↑Popularisation, ↑Popularisator; ↑popularisieren.
²populär ↑angesehen.
Popularisation, Popularisierung, Simplifikation, Simplifizierung, Vereinfachung, Verkürzung, Verbreitung; ↑Popularisator, ↑Verflachung; ↑popularisieren; ↑populär.
Popularisator, Vulgarisator, Simplifikator; ↑Popularisation; ↑popularisieren; ↑populär.
popularisieren, simplifizieren, vereinfachen, volkstümlich / gemeinverständlich machen, vulgarisieren, unter die Leute bringen, verbreiten; ↑verwässern; ↑populär; ↑Popularisation, ↑Popularisator.
Popularisierung ↑Popularisation.
Popularität ↑Beliebtheit.
Population ↑Bewohner.
Pornobild: ↑Bildnis, ↑Fotografie.
Pornofilm ↑Kinofilm.
Pornographie ↑Literatur.
pornographisch ↑anstößig.
porös: ↑durchlässig, ↑luftdurchlässig.
Porree, Lauch *(bes. südd.),* Perllauch; ↑Gemüse.
Port: ↑Hafen, ↑Wein.
Portable ↑Fernsehgerät.
Portal ↑Tür.
Portativ ↑Tasteninstrument.
Portemonnaie, Geldbörse, Börse, Geldbeutel *(südd.),* Geldtasche, Geldkatze, Geldbörsel *(österr.),* Portjuchhe *(ugs., scherzh.),* Brustbeutel · Brieftasche; ↑zahlen.
Portepee ↑Quaste.
Porterhousesteak ↑Steak.
Portier, Pförtner, Türhüter, Türsteher; ↑Bewacher, ↑Hausmeister, ↑Rezeption.
Portiere ↑Gardine.
portieren ↑vorschlagen.
Portierfrau ↑Hausmeister.
Portierzwiebel ↑Dutt.
Portion: ↑Anteil; [nur] eine halbe P. sein ↑federleicht [sein], ↑schmächtig [sein].
portofrei ↑kostenlos.
Porträt: ↑Bildnis, ↑Fotografie.
Porträtaufnahme ↑Fotografie.
Porträtfotograf ↑Fotograf.
porträtieren: ↑malen, ↑zeichnen.
Porträtist ↑Kunstmaler.
Porträtmaler ↑Kunstmaler.
Porträtstudie ↑Bildnis.
Portulak ↑Küchengewürz.
Portwein ↑Wein.
portweinrot ↑rot.
¹Porzellan · Weichporzellan, Hartporzellan, Biskuitporzellan, Frittenporzellan; ↑Steingut.
²Porzellan: ↑Geschirr, ↑Hochzeitstag, ↑Steingut; P. zerschlagen ↑benehmen (sich).
Porzellananfüllung ↑Zahnersatz.
Porzellangeschirr ↑Geschirr.

Porzellanglasur ↑Glasur.
Porzellanhochzeit ↑Hochzeitstag.
Porzellankitt ↑Bindemittel.
Porzellankrone ↑Zahnersatz.
Porzellanladen: sich benehmen wie ein Elefant im P. ↑tölpelhaft [sein].
Porzellanmalerei ↑Maltechnik.
Porzellanpfeife ↑Tabakspfeife.
Porzellanschnecke ↑Schnecke.
Porzellanteller ↑Teller.
Porzellanvase ↑Blumenvase.
Posamenter, Posamentier, Posamentierer, Bortenmacher; ↑Besatz.
Posamentier ↑Posamenter.
Posamentierer ↑Posamenter.
Posaune ↑Blasinstrument.
Posaunenchor ↑Orchester.
Posaunist ↑Musizierender.
Pose ↑Stellung.
Poseidon ↑Gott.
pösern ↑anzünden.
Positio ↑Kindslage.
Position: ↑Anstellung, ↑Beruf, ↑Stellung.
Positionskampf ↑Tauziehen.
positiv: ↑erfreulich; -es Recht ↑Recht.
¹Positiv, Grundstufe; ↑Vergleichsstufe.
²Positiv ↑Tasteninstrument.
Positivfilm ↑Film.
Positivismus, Stoffhuberei *(abwertend),* Vordergründigkeit; ↑vordergründig.
positivistisch ↑vordergründig.
Positivlinse ↑Linse.
Positur ↑Stellung.
Posse ↑Komödie.
Possen ↑Scherz.
possenhaft ↑spaßig.
Possenreißer ↑Spaßmacher.
possierlich ↑spaßig.
¹Post, Postverwaltung, Bundespost, PTT *(schweiz.);* ↑Postsendung.
²Post: ↑Kutsche; P. bekommen / haben / kriegen ↑Nachricht [erhalten]; ab die P. ↑weg; zur P. bringen ↑einliefern, ↑einwerfen.
Postangestellter ↑Postbeamter.
Postanweisung ↑Zahlkarte.
Postarbeit ↑Arbeit.
Postbeamter, Postangestellter, Postler *(bayr., österr.),* Pöstler *(schweiz.),* Postmensch *(ugs.),* ↑Zusteller.
Postbote ↑Zusteller.
posten ↑kaufen.
Posten: ↑Anstellung, ↑Beruf, ↑Wachtposten; einen P. abgeben / abtreten ↑kündigen; auf dem P. sein ↑gesund [sein], ↑wachsam [sein]; nicht auf dem P. sein ↑krank [sein]; auf verlorenem P. stehen ↑Lage.
Poster ↑Plakat.
Posteriora ↑Gesäß.
postfrei ↑kostenlos.
Postgeheimnis ↑Geheimnis.
postgelb ↑gelb.

Posticheur ↑Perückenmacher.
Posticheuse ↑Perückenmacher.
postieren: sich p. ↑aufstellen (sich).
Postillion: ↑Fuhrmann, ↑Schmetterling.
Postkarte: ↑Schreiben; [P. mit Rückantwort] ↑Postsendung.
Postkartenkalender ↑Kalender.
Postkutsche ↑Kutsche.
Postkutscher ↑Fuhrmann.
Postler ↑Postbeamter.
Pöstler ↑Postbeamter.
Postmensch ↑Postbeamter.
Postmoderne: ↑Atomzeitalter, ↑Gegenwart, ↑Malerei.
Postpaket ↑Postsendung.
Postscheck ↑Scheck.
Postsendung, Sendung, Brief, Drucksache, Warenprobe, Warensendung, Gütersendung, Mustersendung, Päckchen, Paket, Postpaket, Telegramm [mit Rückantwort], Eilbrief, Expressbrief, Eilsendung, Expresssendung, Eilpaket, Schnellpaket, Eilpäckchen, Geldbrief, Wertbrief, Geldsendung, Wertsendung, Wertpaket, Nachnahmesendung, Frankosendung, Massendrucksache, Postwurfsendung, Einschreibebrief, eingeschriebene / *(österr.)* rekommandierte Sendung, Einschreiben, Chargébrief *(schweiz.),* Einschrieb *(schweiz.),* Postkarte [mit Rückantwort], Korrespondenzkarte *(österr., veraltend),* Karte; ↑Post, ↑Zahlkarte, ↑Zusteller; ↑korrespondieren.
Postskript: ↑Nachwort, ↑Postskriptum.
¹Postskriptum, Postskript, PS, Nachschrift, Nachsatz, NS; ↑Schreiben.
²Postskriptum ↑Nachwort.
Poststempel ↑Stempel.
Postulant ↑Anwärter.
Postulat: ein P. aufstellen ↑fordern.
postulieren ↑fordern.
Postversand ↑Versand.
Postverwaltung ↑Post.
postwendend ↑gleich.
Postwertzeichen ↑Briefmarke.
Postwurfsendung ↑Postsendung.
Postzug ↑Eisenbahnzug.
Pot ↑Rauschgift.
Potator ↑Trinker.
Potatorium ↑Trunksucht.
potent: ↑geschlechtsreif, ↑mächtig, ↑reich.
Potentat ↑Oberhaupt.
Potentialis ↑Modus.
Potenz: ↑Fähigkeit; in die zweite / dritte P. erheben ↑potenzieren.
Potenzial ↑Vorrat.
¹potenziell, möglich, virtuell, infrage / in Frage kommend · Ggs. ↑ungeeignet.
²potenziell ↑möglich.
potenzieren, in die zweite / dritte Potenz erheben; ↑Rechenverfahren.
Potpourri ↑Mischung.
Pott ↑Schiff.

Pottasche ↑Treibmittel.
Pottenkant ↑Spitzenstickerei.
potthässlich ↑hässlich.
Potto ↑Affe.
Pottsau ↑Schmutzfink.
Pottwal ↑Wal.
potz: p. Blitz! ↑überrascht.
Poularde ↑Huhn.
Poulet ↑Huhn.
Pour le Mérite ↑Orden.
Pousse-Café ↑Mixgetränk.
poussieren: ↑flirten, ↑schmeicheln.
Poussierstängel: ↑Jüngling; ein P. sein ↑Frauenheld.
Poussiertuch ↑Taschentuch.
Power ↑Fähigkeit.
Powidl: ↑Brotaufstrich; etwas ist P. ↑einerlei.
PR: ↑Publicrelations, ↑Werbung.
Pracht: ↑Herrlichkeit; P. entfalten ↑prunken.
Prachtentfaltung ↑Prunk.
¹Prachtexemplar, Prachtkerl, Kaventskerl, Kaventsmann, Prachtstück; ↑Mann.
²Prachtexemplar ↑Exemplar.
prächtig: ↑blendend, ↑meisterhaft, ↑prunkvoll, ↑schön.
Prachtkerl ↑Prachtexemplar.
Prachtstraße ↑Straße.
Prachtstück: ↑Exemplar, ↑Glanzpunkt, ↑Prachtexemplar.
Prachttaucher ↑Vogel.
prachtvoll: ↑blendend, ↑schön.
Pracker: ↑Stoß, ↑Teppichklopfer.
Prädestination ↑Schicksal.
Prädomination: ↑Prävalenz, ↑Vorherrschaft.
prädominieren ↑überwiegen.
präfabriziert ↑vorgefertigt.
präferiert ↑bevorzugt.
Präfix: ↑Affix, ↑Silbe.
Präfixoid: ↑Affixoid, ↑Silbe.
Prag, Praha *(tschech.),* die Goldene Stadt; ↑Stadt.
Pragmatik ↑Beamtenlaufbahn.
pragmatisch ↑Erfahrung.
pragmatisieren ↑einstellen (jmdn.).
Pragmatisierung ↑Anstellung.
Pragmatismus, Empirismus, Nützlichkeitsdenken; ↑Erfahrung.
prägnant: ↑klar, ↑treffend.
Praha ↑Prag.
Prähistorie ↑Geschichte.
prahlen, protzen, renommieren, aufschneiden, bramarbasieren, angeben, angeben wie eine Tüte voll Wanzen (oder:) Mücken, Schaum schlagen, ein Schaumschläger sein, sich in die Brust werfen, den Mund voll nehmen, Sprüche machen / hermachen, Wind machen, sich aufspielen / brüsten / großtun, sich aufblähen / aufblasen / aufplustern / dicketun, sich wichtig machen / tun, dick auftragen, [bis zum Ellenbogen] reinlangen *(landsch.),* große Reden

schwingen, große Töne spucken *(salopp),* ein großes Maul haben *(derb),* das große Wort führen, eine Schau abziehen, sich in Szene setzen, sich in den Vordergrund stellen · *in Bezug auf eigene Mängel o. Ä.:* kokettieren mit etwas; **nicht p. können mit,** keinen Staat machen können mit; ↑protzig; ↑Übertreibung.
Prahler ↑Angeber.
Prahlerei ↑Übertreibung.
prahlerisch ↑protzig.
Prahlhans ↑Angeber.
Prahm ↑Schiff.
Präkambrium ↑Erdzeitalter.
Präkognition ↑Voraussage.
praktikabel ↑zweckmäßig.
Praktiker: ↑Arzt, ↑Fachmann.
praktisch: ↑anstellig, ↑beinahe, ↑regelrecht, ↑zweckmäßig; -er Arzt ↑Arzt; -e Theologie ↑Theologie.
praktizieren ↑handhaben.
Prälat ↑Geistlicher.
Praline, Pralinee *(österr.)* · *aus Zucker:* Fondant; ↑Süßigkeiten.
Pralinee ↑Praline.
Pralinenpackung ↑Bonbonniere.
prallen: p. auf ↑zusammenstoßen.
Präludium ↑Einleitung.
Prämie: ↑Gratifikation, ↑Vergütung.
Prämienlohn ↑Lohn.
prämiensparen, einen Prämiensparvertrag [abgeschlossen] haben; ↑sparen.
Prämiensparvertrag: einen P. [abgeschlossen] haben ↑prämiensparen.
prämieren: prämiert ↑preisgekrönt.
prämiieren: prämiiert ↑preisgekrönt.
Prämolar ↑Zahn.
Prämolarzahn ↑Zahn.
Prämonstratenser ↑Mönchsorden.
Prämonstratenserorden ↑Mönchsorden.
prangen: ↑leuchten, ↑prunken.
Pranger: an den P. stellen ↑brandmarken.
Prangtag ↑Fronleichnam.
Pranke ↑Gliedmaße:
Präparat ↑Medikament.
¹präparieren, ausstopfen, ausschoppen *(ugs., österr.),* haltbar machen; ↑mumifizieren.
²präparieren: sich p. ↑lernen.
präpeln ↑essen.
Präposition ↑Wortart.
präpotent ↑dünkelhaft.
Präpotenz ↑Überheblichkeit.
Präputium ↑Vorhaut.
Präriebrand ↑Schadenfeuer.
Prärieläufer ↑Vogel.
Prasem ↑Schmuckstein.
Präsens ↑Tempus.
präsent: etwas ist jmdm. p. ↑Gedächtnis.
Präsent ↑Gabe.
¹präsentieren (sich), sich vorstellen / zeigen, sich blicken lassen, sich auf den Präsentierteller setzen.

²**präsentieren:** ↑vorlegen; jmdm. eine Rechnung p. ↑Unkosten.

Präsentierteller: sich auf den P. setzen ↑präsentieren (sich); auf dem P. sitzen ↑sitzen.

Präsenzbibliothek ↑Bücherbestand.

Präsenzdiener ↑Soldat.

Präsenzdienst: ↑Militärdienst; den P. ableisten / leisten ↑Soldat [sein].

Präservativ, Kondom, Gummi, Prophylaktikum, Verhütungsmittel, Verhüterli *(schweiz.)*, Gummischutzmittel, Präser *(ugs.)*, Überzieher *(salopp)*, Pariser *(salopp)*, Mündungsschoner *(scherzh.)*, Schwanzfutteral *(derb)*; ↑Empfängnisverhütung, ↑Empfängnisverhütungsmittel, ↑Ovulationshemmer.

Präses: ↑Geistlicher, ↑Vorstand.

Präsi ↑Bürgermeister.

Präside ↑Vorsitzender.

Präsident: ↑Oberhaupt, ↑Rektor, ↑Vorsitzender, ↑Vorstand.

Präsidentschaft ↑Vorsitz.

präsidieren ↑vorstehen.

Präsidium: ↑Leitung, ↑Vorsitz.

präskriptiv, vorschreibend, normativ, genormt, festgelegt, festgesetzt, beschlossen; ↑repressiv, ↑verbürgt · Ggs. deskriptiv.

prasseln, klatschen, trommeln; ↑fließen, ↑rascheln, ↑schallen; ↑Laut.

prassen ↑essen.

Präsumtion ↑Ansicht.

Prätendent ↑Anwärter.

prätentiös: ↑anspruchsvoll, ↑dünkelhaft.

Präteritum ↑Tempus.

Pratze ↑Gliedmaße.

¹**Prävalenz,** Vorrang, Übergewicht, Überlegenheit, Prädomination, das Vorherrschen / Überwiegen / Dominieren; ↑Vorrang; ↑überwiegen.

²**Prävalenz** ↑Vorherrschaft.

prävalieren ↑überwiegen.

Prävention ↑Verhütung.

präventiv ↑vorbeugend.

Präventivkrieg ↑Krieg.

Präventivmittel ↑Empfängnisverhütungsmittel.

Präverb ↑Affix.

Prävulgata ↑Bibelübersetzung.

Praxis: ↑Erfahrung, ↑Kunstfertigkeit, ↑Sprechzimmer; ohne P. ↑theoretisch.

praxisfern: nicht p. ↑anschaulich.

praxisnah: ↑anschaulich; nicht p. ↑theoretisch.

Präzedenzfall ↑Parallele.

präzis ↑klar.

präzise ↑klar.

Präzision ↑Deutlichkeit.

Präzisionswaage ↑Waage.

Precancel ↑Briefmarke.

¹**predigen,** eine Predigt halten, das Wort Gottes verkündigen / verkünden, von der Kanzel reden; ↑sprechen.

²**predigen:** jmdm. Moral p. ↑schelten; [tauben Ohren / in der Wüste p.] ↑sprechen.

Prediger ↑Geistlicher.

Predigermönch ↑Mönch.

Predigerorden ↑Mönchsorden.

Predigt: ↑Rede; eine P. halten ↑predigen.

Predigtstuhl ↑Katheder.

Predigttext ↑Bibelabschnitt.

¹**Preis,** Kosten ·· Erzeugerpreis, Selbstkosten, Gestehungskosten, Herstellungskosten, Produzentenpreis, Selbstkostenpreis, Großhandelspreis, Einkaufspreis, Engrospreis ·· Kaufpreis, Einzelhandelspreis, Endpreis, Ladenpreis, Endverbraucherpreis, Konsumentenpreis, Verkaufspreis, Pauschalpreis, Bruttopreis · *nach Abzug von Rabatt:* Nettopreis ·· *behördlich festgesetzter oder vom Hersteller empfohlener:* [empfohlener] Richtpreis, Festpreis, Listenpreis ·· *der sich aufgrund von Angebot und Nachfrage regelt:* Marktpreis, Tagespreis ·· *der sich durch den Liebhaberwert einer Ware regelt:* Liebhaberpreis ·· *geschätzter:* Schätzpreis ·· *zu hoher:* Wucherpreis, Überpreis, Höchstpreis, Schwarzmarktpreis, Schandpreis ·· *niedriger:* Vorzugspreis, Freundschaftspreis, Sonderpreis, Schleuderpreis, Aktionspreis, Spottpreis, Kampfpreis, Billigpreis, Schottenpreise, Superpreise, Dumpingpreis · *bei Vorbestellung von Büchern, Schallplatten o. Ä.:* Subskriptionspreis · *geringer, der die Abgabe nur an Interessierte garantieren soll:* Schutzgebühr · *für die Anfertigung eines Kleidungsstücks:* Schneiderlohn, Macherlohn; ↑Abgabe, ↑Kauf, ↑Neuwert, ↑Unkosten; **einen sehr hohen P. verlangen,** viel Geld nehmen, es von den Lebendigen nehmen; ↑billig, ↑teuer.

²**Preis:** ↑Lob, ↑Lobrede; erster P. ↑Hauptgewinn; großer P. von Cannes / Mannheim ↑Filmpreis; das ist ein stolzer P., das sind astronomische -e ↑teuer [sein]; was / wie hoch ist der -? ↑teuer; alles hat seinen P. ↑Opfer [bringen müssen]; die -e senken ↑ermäßigen; im P. steigen ↑aufschlagen (Preis); im P. gesenkt, unter P., zum halben P., zu zivilen -en ↑billig; um jeden P. ↑unbedingt; um keinen P. ↑nein.

Preisanstieg, Teuerung, Verteuerung, Preiserhöhung, Preissteigerung, Teuerungsrate, Kostenexplosion, Preislawine, Lohn-Preis-Spirale; ↑Aufschwung, ↑Geldentwertung, ↑Preisgrenze, ↑Zuschlag · Ggs. ↑Preissturz.

Preisausschreiben, Preisrätsel, Quiz, Wettbewerb, Rätselwettkampf, Rätselspiel; ↑Glücksspiel, ↑Hauptgewinn, ↑Rätsel, ↑Spiel; ↑losen.

Preisbindung ↑Preisgrenze.

Preisboxer ↑Boxer.

Preisbrecher, Billiganbieter; ↑Preisnachlass, ↑Preissenkung.

Preiselbeere ↑Beerenobst.

preisen: ↑loben, ↑lobpreisen.

Preiserhöhung ↑Preisanstieg.

Preisgabe: ↑Entäußerung, ↑Entsagung.

¹**preisgeben:** ↑ausliefern (jmdn.), ↑aussetzen (sich einer Sache), ↑mitteilen, ↑opfern, ↑verraten; jmdn. dem Gelächter p. ↑aufziehen.

²**preisgeben:** ↑schutzlos, ↑unsicher.
Preisgegebenheit ↑Ungesichertheit.
Preisgegebensein ↑Ungesichertheit.
preisgekrönt, prämi[i]ert, ausgezeichnet; ↑trefflich.
Preisgericht, Jury, Jurorenkomitee · *im Sport:* Schiedsgericht, Kampfgericht; ↑Ausschuss, ↑Preisrichter, ↑Schiedsrichter; ↑beurteilen.
Preisgrenze, Preisbindung, Limit; ↑Preisanstieg, ↑Preisnachlass.
preisgünstig ↑billig.
Preisherabsetzung ↑Preisnachlass.
Preislawine ↑Preisanstieg.
Preisnachlass, Nachlass, Ermäßigung, Preisherabsetzung, Preissenkung, Verbilligung, Prozente, Rabatt, Mengenrabatt, Abzug, Abschlag (schweiz.), Diskont, Eskompte, Rückvergütung · *bei sofortiger Zahlung:* Skonto · *bei schlechter Warenbeschaffenheit:* Dekort, Fusti, Refaktie; ↑Ausverkauf, ↑Preissturz, ↑Preisunterbietung, ↑Vergütung; ↑ermäßigen.
Preisrätsel ↑Preisausschreiben.
Preisrichter, Juror, Punktrichter; ↑Preisgericht, ↑Schiedsrichter.
Preissenkung ↑Preisnachlass.
Preissteigerung ↑Preisanstieg.
Preissturz, Sturz, Preisverfall, Baisse, Slump; ↑Geldentwertung, ↑Preisnachlass, ↑Preisunterbietung · Ggs. ↑Preisanstieg.
Preistreiberei ↑Wucher.
Preisunterbietung, Unterbietung, Dumping; ↑Preisbrecher, ↑Preisnachlass, ↑Preissturz · Ggs. ↑übertreffen.
Preisverfall ↑Preissturz.
preiswert ↑billig.
preiswürdig ↑billig.
prekär ↑schwierig.
¹**Prellbock** · Knautschzone · Puffer · Stoßstange; ↑Auto, ↑Eisenbahnzug, ↑Schutz.
²**Prellbock:** jmdn. als P. benutzen ↑verdächtigen.
prellen ↑betrügen.
Prellung ↑Verletzung.
Premier ↑Ministerpräsident.
Premiere: ↑Aufführung, ↑erste.
Premierminister ↑Ministerpräsident.
Prenonym ↑Pseudonym.
Preshavelotion ↑Rasierwasser.
¹**Presse,** Blätterwald · Auslandspresse, Provinzpresse, Lokalpresse, Boulevardpresse, Regenbogenpresse, Revolverpresse, Schmutzpresse, Sensationspresse, Journaille *(abwertend),* Propagandapresse, Fachpresse; ↑Presseagentur, ↑Zeitung, ↑Zeitungswesen.
²**Presse:** ↑Saftpresse, ↑Zeitung; eine gute P. haben ↑besprechen.
Presseagentur, Agentur, Pressedienst; ↑Presse.
Presseball ↑Ball.
Pressedienst ↑Presseagentur.
Pressefotograf ↑Fotograf.

pressen: ↑quetschen; an sich p. ↑umfassen.
Pressevertreter ↑Berichter.
Pressewesen ↑Zeitungswesen.
Pressezar ↑Unternehmer.
Pressfalte ↑Falte.
Pressglas ↑Glas.
Presshonig ↑Honig.
pressieren: etwas pressiert ↑eilen.
Pression: ↑Zwang; -en ↑Vergeltungsmaßnahmen.
Presskohle ↑Kohle.
Pressling ↑Kohle.
Pressluftbohrer ↑Gerätschaft.
Presslufthammer ↑Gerätschaft.
Pressluftschuppen ↑Gaststätte.
Pressstein ↑Baustein.
Pressuregroup ↑Interessenverband.
presten ↑fortbewegen (sich).
Prestige: ↑Ansehen, ↑Autorität.
Pretest ↑Experiment.
Pretiosen ↑Schmuck.
¹**Preuße,** Saupreuße *(abwertend),* Preußenschnauze *(landsch., abwertend),* Schmalzpreuße *(landsch., abwertend),* Schnapspreuße *(landsch., abwertend),* Stinkpreuße *(landsch., abwertend)* · 1866 *preußisch gewordene Hannoveraner, Frankfurter, Hessen-Nassauer, Kurhessen:* Musspreuße *(hist.);* ↑Deutscher.
²**Preuße:** so schnell schießen die -n nicht! ↑ruhig.
Preußenschnauze ↑Preuße.
preußischblau ↑blau.
prickelnd ↑würzig.
Prickelwasser ↑Mineralwasser.
priemen ↑bosseln.
Priester ↑Geistlicher.
Priesterschaft ↑Klerus.
Priesterstand ↑Klerus.
Priesterweihe, Konsekration, Ordination; ↑Amtseinführung, ↑Sakrament.
prima ↑trefflich.
Prima ↑Schulklasse.
Primaballerina ↑beste.
Primadonna: ↑beste; [P. assoluta] ↑Sängerin.
Primar ↑Arzt.
primär ↑ursprünglich.
Primararzt ↑Arzt.
Primareife ↑Einjähriges.
Primarius: ↑Arzt, ↑Musizierender.
Primarschule ↑Schule.
Primgeiger ↑Musizierender.
primitiv: ↑einfach, ↑gewöhnlich; -e Klassengesellschaft ↑Gesellschaft.
Primitivling ↑Ungebildeter.
Primitivsprache ↑Sprache.
Primiz ↑erste.
Primogenitur ↑Recht.
Primus ↑Klassensprecher.
Primus inter Pares, Erster unter Ranggleichen, Dienstältester; ↑Leiter, ↑Vorrang, ↑Vorsitzender.

Primzahl ↑Zahl.
Prince Charles ↑Hunderassen.
Prince of Wales ↑Thronfolger.
Printe: Aachener -n ↑Gebäck.
Printmedien ↑Medien.
Prinz: [Königlicher P.] ↑Adliger; P. Karneval ↑Faschingszug.
Prinzengarde ↑Faschingszug.
Prinzessin: [Königliche P.] ↑Adlige; Räuber und P. ↑Versteckspiel.
Prinzgemahl ↑Ehemann.
Prinz-Heinrich-Mütze ↑Kopfbedeckung.
Prinzip: ↑Regel; heuristisches P. ↑Verfahren; aus P. ↑prinzipiell.
prinzipiell, grundsätzlich, im Allgemeinen, aus Prinzip / Überzeugung; ↑grundsätzlich.
Prinzipien, Grundsätze, Maximen, Lebensregeln; ↑Regel.
Priorin ↑Anrede.
Priorität ↑Vorrang.
Prisma ↑geometrische Figur.
Prison ↑Strafanstalt.
Pritsche ↑Bett.
privat ↑anonym.
Privataudienz ↑Empfang.
Privatbank ↑Geldinstitut.
Privatbrief ↑Schreiben.
Privatdetektiv ↑Auskundschafter.
Private ↑Rentnerin.
Privateigentum: in P. überführen ↑privatisieren.
Privater ↑Rentner.
Privatfernsehen ↑Fernsehen.
Privatgelehrter ↑Gelehrter.
Privatier ↑Rentner.
Privatiere ↑Rentnerin.
privatim ↑vertraulich.
Privatinteresse ↑Liebhaberei.
¹privatisieren (etwas), in Privatvermögen umwandeln, in Privateigentum überführen · Ggs. ↑enteignen.
²privatisieren ↑selbstständig [sein].
Privatklage ↑Anklage.
Privatklinik ↑Krankenhaus.
¹Privatleben, Intimsphäre, Tabubezirk, intimer Bereich, Privatsphäre; ↑Verschwiegenheit · Ggs. ↑Öffentlichkeit, ↑Taktlosigkeit; **im P.,** in seinen vier Wänden, in seiner Häuslichkeit, daheim, zu Hause, bei sich.
²Privatleben: sich ins P. zurückziehen ↑kündigen.
Privatlehrer ↑Lehrer.
Privatlektüre ↑Lektüre.
Privatmann ↑Rentner.
Privatrecht ↑Rechtsgebiet.
Privatsphäre ↑Privatleben.
Privatvergnügen ↑Liebhaberei.
Privatvermögen: ↑Vermögen; in P. umwandeln ↑privatisieren.
Privileg ↑Vorrecht.
privilegiert: p. sein ↑Vorrecht.

pro: [p. Kopf / Nase / Person] ↑je; Pro und Kontra ↑Vorteil.
Proband ↑Versuchsobjekt.
probat, erprobt, bewährt, wirksam; ↑erprobt, ↑zugkräftig.
¹Probe, Kostprobe, Muster; ↑probeweise.
²Probe: ↑Experiment; Ehe auf P. ↑Ehe; die P. aufs Exempel machen ↑probieren; eine P. nehmen ↑kosten; auf / zur P. ↑probeweise; auf die P. stellen ↑prüfen.
Probeabzug ↑Probedruck.
Probealarm ↑Alarm.
Probebefragung ↑Experiment.
Probeblatt ↑Probedruck.
Probedruck, Probeblatt, Probeseite, Probeabzug, Probesatz, Satzprobe, Probefahne, Korrekturfahne, Fahne, Korrekturabzug · erster Handabzug, Bürstenabzug; ↑Druck.
Probefahne ↑Probedruck.
Probefahrt ↑Fahrt.
Probelehrer ↑Lehrer.
pröbeln ↑probieren.
proben ↑einstudieren.
Probesatz ↑Probedruck.
Probeseite ↑Probedruck.
probeweise, zur Probe, auf Probe, versuchsweise, tentativ; ↑probieren, ↑prüfen; ↑Probe.
Probezeit ↑Bewährungsfrist.
¹probieren, ausprobieren, die Probe aufs Exempel machen, durchprobieren, durchexerzieren, [sein Heil / sein Glück] versuchen, pröbeln *(schweiz.);* ↑wagen; ↑probeweise.
²probieren ↑einstudieren, ↑kosten.
Probierpuppe ↑Schneiderpuppe.
Problem: ↑Mangel; [ein P. haben] ↑Schwierigkeit; keine -e ↑Ordnung.
problematisch ↑schwierig.
Problemfilm ↑Kinofilm.
Problemkind ↑Kind.
Problemmüll ↑Müll.
pro centum ↑Prozent.
Prodekan ↑Dekan.
pro domo, in eigener Sache, zum eigenen Nutzen, für sich selbst.
Prodrom ↑Symptom.
Productplacement ↑Werbung.
Produkt: ↑Hervorbringung, ↑Ware.
Produktion ↑Produktionsmittel.
Produktionsgenossenschaft, Genossenschaft, Kollektiv, Kombinat ·· *landwirtschaftliche ehem. in der DDR:* LPG · *ehem. in der Sowjetunion:* Kolchos, Kolchose, Sowchos[e]; ↑produzieren.
Produktionsgrammatik ↑Grammatik.
Produktionsmittel (Plural), Güter · *in einen Produktionsbetrieb eingesetzte, aus anderen Wirtschaftsbereichen bezogene:* Input · *von einem Unternehmen produzierte:* Output, Produktion, Güterausstoß, Ausstoß; ↑Hervorbringung, ↑Ware.
Produktionszwischenhandel ↑Großhandel

produktiv ↑schöpferisch.
Produktivität ↑Ergiebigkeit.
Produzent ↑Unternehmer.
Produzentenpreis ↑Preis.
¹produzieren, herstellen, erzeugen, hervorbringen, generieren · *von Bier:* brauen · *von Branntwein:* brennen, destillieren; ↑anfertigen, ↑erschaffen, ↑schwängern; ↑Herstellung, ↑Produktionsgenossenschaft.
²produzieren ↑vorlegen.
profan ↑weltlich.
Professional ↑Sportler.
professionell ↑beruflich.
Professionist ↑Fachmann.
Professor: ↑Hochschullehrer; ↑Lehrer.
Professur ↑Lehrstuhl.
Profi: ↑Fachmann, ↑Sportler.
Profil: ↑Ansehen, ↑Umriss; [an] P. gewinnen ↑profilieren (sich).
profilieren (sich), [an] Profil gewinnen, ein Gesicht bekommen; ↑profiliert.
profiliert, ausgeprägt, markant, scharf umrissen; ↑profilieren (sich).
Profilneurose ↑Ehrgeiz.
¹Profit, Gewinn, Ausbeute, Einnahmequelle, Profitkuchen (z. B. Werbekuchen); **P. machen,** Nutzen / Gewinn ziehen aus, sich sanieren / *(salopp)* gesundstoßen, ein [gutes] Geschäft / einen guten Schnitt / Plus machen, [groß] ins Geschäft kommen / einsteigen / steigen, sein Schäfchen scheren / ins Trockene bringen, ein gemachter Mann sein, das Geschäft ist eine Goldgrube; ↑bereichern (sich), ↑kommerzialisieren, ↑profitieren.
²Profit: ↑Ertrag, ↑Vorteil.
profitieren, Nutzen haben / ziehen, Gewinn haben, Nutznießer sein; ↑einträglich; ↑Profit.
pro forma ↑wirklich.
Prognose ↑Voraussage.
prognostizieren ↑erkennen.
¹Programm, Manifest, Grundsatzerklärung · · *politisches:* Parteiprogramm · Regierungserklärung; ↑Aufruf; **etwas als P. verkünden,** etwas proklamieren, etwas auf seine Fahne / sein Panier schreiben.
²Programm: ↑Computer; auf das P. setzen ↑ansetzen.
programmatisch ↑richtungweisend.
programmieren: programmierter Unterricht ↑Unterrichtsmethode.
Programmiersprache ↑Sprache.
Programmmusik ↑Musik.
Progress ↑Fortschritt.
Progression ↑Steigerung.
progressiv ↑fortschrittlich.
Progressive Jazz ↑Jazz.
Prohibition, Alkoholverbot; ↑Alkohol, ↑Enthaltsamkeit, ↑Trinker, ↑Trunksucht.
Projekt ↑Absicht.
Projektgruppe ↑Arbeitskreis.
projektieren ↑entwerfen.

Projektil ↑Munition.
Projektingenieur ↑Ingenieur.
Projektionsapparat, Projektionsgerät, Projektor, Filmvorführgerät, Vorführgerät, Bildwerfer, Overheadprojektor, Laterna magica *(hist.)* · *für Diapositive:* Diaskop · *für undurchsichtige Bilder:* Episkop · *für durchsichtige und undurchsichtige Bilder:* Epidiaskop; ↑Fotoapparat.
Projektionsgerät ↑Projektionsapparat.
Projektor ↑Projektionsapparat.
Proklamation ↑Aufruf.
proklamieren: etwas p. ↑Programm.
Proktologe ↑Arzt.
Proktologie ↑Heilkunde.
Proktos ↑Darm.
Proktoskopie ↑Ausspiegelung.
Proktozele: ↑Bruch, ↑Eingeweidesenkung.
Prolaktin ↑Hormon.
Prolaps ↑Bruch.
Prolet: ↑Arbeitnehmer, ↑Ungebildeter.
Proletarier ↑Arbeitnehmer.
Proletenbagger ↑Aufzug.
proletenhaft ↑gewöhnlich.
prolix ↑ausführlich.
Prolog ↑Einleitung.
Prolongation: ↑Stundung, ↑Verlängerung.
prolongieren ↑hinauszögern.
Prolongierung ↑Verlängerung.
Promenade: ↑Spaziergang, ↑Straße.
Promenadenkonzert ↑Musikveranstaltung.
Promenadenmischung ↑Hund.
Promenadenmusik ↑Unterhaltungsmusik.
promenieren ↑spazieren gehen.
prometheisch ↑außergewöhnlich.
prominent ↑bekannt.
Prominentenherberge ↑Hotel.
Prominenz: ↑Bekanntheit, ↑Berühmtheit.
Promiskuität ↑Koitus.
Promoter ↑Beauftragter.
Promotion ↑Werbung.
promovieren, doktorieren, die Doktorwürde / den Doktorgrad erlangen, den Doktor machen ↑dissertieren, ↑habilitieren (sich); ↑Doktorarbeit.
prompt ↑gleich.
Pronator ↑Muskel.
Pronomen ↑Wortart.
prononciert ↑zugespitzt.
¹Propaganda, Agitation, Überzeugungsarbeit, Überredungskunst, Agitprop, Türk *(schweiz.),* Türgg *(schweiz.)* · *bösartige:* Verleumdung, Hetze, Volksverführung, Volksverdummung, Volksverhetzung, Wühlarbeit, Stimmungsmache, Brunnenvergiftung; ↑Gerücht, ↑Propagandist, ↑Publicrelations, ↑Transparent, ↑Weisung, ↑Werbung; ↑propagieren.
²Propaganda ↑Werbung.
Propagandablatt ↑Zeitung.
Propagandafilm ↑Kinofilm.
Propagandapresse ↑Presse.
Propagandist, Werber, Aufklärer, Agitator; ↑Hetzer, ↑Propaganda; ↑propagieren.

propagieren, werben, puschen, in Schwung bringen, Stimmung machen, weibeln *(schweiz.);* ↑aufwiegeln; ↑hinweisen (auf); ↑Propaganda, ↑Propagandist.

Propellerflugzeug ↑Flugzeug.

Propellermaschine ↑Flugzeug.

proper ↑sauber.

¹Prophet · Jesaja, Jeremia, Hesekiel, Daniel, Hosea, Joel, Amos, Obadja, Jona, Micha, Nahum, Habakuk, Zephanja, Haggai, Sacharja, Maleachi; ↑Bibel.

²Prophet: ↑Wahrsager; falscher P. ↑Hetzer; beim Barte des -en! ↑versprechen, ↑wahrlich.

prophetisch, hellseherisch, seherisch, divinatorisch, vorahnend, vorausahnend; ↑ahnungsvoll; ↑Hellsehen.

prophezeien ↑voraussehen.

Prophezeiung ↑Voraussage.

Prophylaktikum: ↑Präservativ, ↑Vorbeugungsmittel.

prophylaktisch ↑vorbeugend.

Prophylaxe ↑Verhütung.

proponieren ↑vorschlagen.

Proportionalwahl ↑Verhältniswahl.

proportioniert ↑ebenmäßig.

Proportioniertheit ↑Ebenmäßigkeit.

Proporz ↑Verhältniswahl.

Proppen ↑Stöpsel.

proppenvoll ↑voll.

Propusk ↑Ausweis.

Prorektor ↑Rektor.

Prosadichtung ↑Dichtung.

prosaisch, nüchtern, trocken, fantasielos; ↑amusisch, ↑realistisch, ↑unoriginell · Ggs. ↑musisch, ↑schöpferisch.

Prosaroman ↑Roman.

Prosektur ↑Leichenschauhaus.

Proselyt ↑Bekehrter.

Proserpina ↑Göttin.

prosit: ↑prost; p. Neujahr ↑Neujahr.

Proskription ↑Bann.

Proskriptionsliste ↑Verzeichnis.

Prospekt, Werbeschrift, Katalog, Spezialkatalog, Sammelkatalog, Versandhauskatalog, Ausstellungskatalog, Werbezettel, Waschzettel, Klappentext, Reklameschrift, Handzettel, Kleinprospekt, Stuffer; ↑Verzeichnis.

prost, prosit, na denn [prost], prösterchen *(scherzh.),* zum Wohl, auf dein / Ihr Wohl, auf dein / Ihr Spezielles, skål *(skand.),* cheerio *(engl.),* cheers *(engl.),* chin-chin *(engl.),* à votre santé *(franz.),* salute *(ital.),* na sdorowje *(russ.);* ↑trinken.

Prostata, Vorsteherdrüse; ↑Genitalien.

prosten ↑zutrinken.

prösterchen ↑prost.

prostituieren (sich), auf den Strich gehen, anschaffen, auf die Anschaffe gehen *(salopp),* seine Haut zu Markte tragen *(scherzh.);* ↑Bordell, ↑Prostituierte; ↑Prostitution.

Prostituierte, Dirne, Freudenmädchen,

h. w. G. (häufig wechselnder Geschlechtspartner), Straßenmädchen, Kokotte *(veraltet),* Hetäre *(geh.),* Strichmädchen, Strichbiene *(ugs.),* Hure *(abwertend),* Metze *(geh.),* Liebesdienerin, barmherzige Schwester *(scherzh.),* Gunstgewerblerin, Kontrollmädchen, Rennpferd *(salopp),* Horizontale *(ugs.),* Schnepfe *(abwertend),* Schneppe *(abwertend),* Flittchen *(abwertend),* Flitscherl *(österr., abwertend),* Badhur *(derb, österr.),* Schickse *(derb),* Nutte *(abwertend),* Edelnutte *(iron.),* Fose *(derb),* Kalle *(derb),* Schnecke *(landsch.),* Schlitten *(derb)* · mit Oralverkehr: Französin, Fellatrix · *die sadistische Handlungen an einem Masochisten vornimmt:* Domina, Herrin · *in Hafenstädten:* Möwe · *auf telefonischen Anruf zur Verfügung stehende:* Callgirl, Rufmädchen · *sehr junge:* Baby-Pro; ↑Bordell, ↑Dirnenwelt, ↑Geliebte, ↑Homosexueller, ↑Lesbierin, ↑Prostitution, ↑Strichjunge, ↑Zuhälter; ↑prostituieren (sich).

Prostitution, Gunstgewerbe, ambulantes / horizontales Gewerbe, Laufgeschäft *(scherzh.),* das älteste Gewerbe der Welt, Strich; ↑Bordell, ↑Koitus, ↑Prostituierte; ↑prostituieren (sich).

Proszeniumsloge ↑Loge.

Protagonist: ↑Hauptdarsteller, ↑Schrittmacher.

Protanopsie ↑Farbenblindheit.

Protegé ↑Günstling.

protegieren ↑fördern.

Protektion: ↑Förderung, ↑Vetternwirtschaft.

Protektor ↑Gönner.

Protektorat ↑Schirmherrschaft.

Protest: ↑Demonstration, ↑Einspruch; P. erheben ↑aufbegehren.

Protestaktion ↑Demonstration.

protestantisch: -e Kirche ↑Kirche.

Protesthaltung ↑Eigensinn.

protestieren: ↑aufbegehren, ↑demonstrieren.

Protestierer ↑Demonstrant.

Protestmarsch ↑Demonstration.

Protestsong ↑Lied.

Protestwähler ↑Wähler.

Proteus ↑Opportunist.

Prothese: ↑Gliedmaße, ↑Zahnersatz.

¹Protokoll, Sitzungsbericht, Bericht; ↑Abmachung.

²Protokoll: ↑Benehmen, ↑Brauch.

Protokollant ↑Schriftführer.

Protokollführer ↑Schriftführer.

protokollieren ↑aufschreiben.

Protoplasma, Plasma ·· *außerhalb des Zellkerns:* Zellplasma, Zellleib, Zytoplasma · *durchsichtiger Anteil:* Grundplasma, Grundzytoplasma, Hyaloplasma · *die nicht funktionellen Einschüsse:* Deutoplasma, Deuteroplasma, Metaplasma, Paraplasma · *äußerste Schicht:* Ektoplasma · *innere, um den Zellkern liegende Schicht:* Endoplasma ·· *innerhalb des Zellkerns:* Kernplasma, Karyoplasma, Nukleoplasma; ↑Körperzelle.

Prototyp ↑Inbegriff.

Protozoon ↑Einzeller.

protzen ↑prahlen.

Protzentum ↑Großspurigkeit.

¹protzig, angeberisch, großspurig, säbelrasselnd, großsprecherisch, großtuerisch, prahlerisch, bamstig *(österr.),* großkotzig *(salopp);* ↑dünkelhaft; ↑Großspurigkeit, ↑Übertreibung; ↑prahlen.

²protzig ↑prunkvoll.

Protzigkeit ↑Großspurigkeit.

Provenienz ↑Abkunft.

¹Proviant, Marschverpflegung, eiserne Ration; ↑Essen.

²Proviant ↑Nahrung.

Provinz ↑Verwaltungsbezirk.

Provinzanleihe ↑Wertpapier.

Provinzblatt ↑Zeitung.

Provinzbühne ↑Theater.

Provinzialgrenze ↑Grenze.

¹Provinzialismus, Mundartwort, Dialektwort, Mundartausdruck, Dialektausdruck, Lokalwort, Lokalausdruck, lokale Ausdrucksweise, landschaftlich gebundene Spracheigentümlichkeit; ↑Ausdrucksweise; ↑Gruppensprache; ↑Wort.

²Provinzialismus ↑Kirchturmpolitik.

Provinzidiom ↑Mundart.

provinziell ↑engherzig, ↑regional.

Provinzjockel ↑Schauspieler.

Provinzler ↑Landbewohner.

Provinzpresse ↑Presse.

Provinzschauspieler ↑Schauspieler.

Provinzschmiere ↑Theater.

Provinzstadt ↑Stadt.

Provinztheater ↑Theater.

Provision ↑Entgelt.

Provisor: ↑Apotheker, ↑Geistlicher.

provisorisch ↑notdürftig.

Provo: ↑Gammler, ↑Halbstarker.

provokant: ↑provozierend, ↑streitbar.

Provokation ↑Herausforderung.

provokativ: ↑provozierend, ↑streitbar.

provokatorisch: ↑provozierend, ↑streitbar.

¹provozieren, herausfordern, einen Streit vom Zaun brechen, jmdm. den Fehdehandschuh hinwerfen; ↑provozierend; ↑Herausforderung, ↑Streit.

²provozieren: ↑aufschrecken, ↑verursachen.

provozierend, herausfordernd, aufreizend, provokativ, provokatorisch, provokant, demonstrativ, ostentativ; ↑nachdrücklich, ↑streitbar; ↑provozieren.

Prozedur ↑Handhabung.

¹Prozent, Perzent *(österr.),* vom Hundert, v. H., Hundertstel, pro centum, p. c. · *Differenz zwischen zwei Prozentzahlen:* Prozentpunkt; ↑prozentual.

²Prozent: -e ↑Preisnachlass; -e geben ↑ermäßigen.

Prozentpunkt ↑Prozent.

Prozentrechnung ↑Mathematik.

Prozentsatz ↑Zinssatz.

prozentual, prozentuell *(österr.),* perzentuell *(österr.),* prozentualiter *(veraltet),* linear, gleichmäßig verlaufend, entsprechend; ↑Prozent.

prozentualiter ↑prozentual.

prozentuell ↑prozentual.

Prozess: ↑Gerichtsverfahren, ↑Vorgang; einen P. anstrengen, jmdm. einen P. anhängen ↑prozessieren; kurzen P. machen ↑eingreifen; jmdm. den P. machen ↑prozessieren.

Prozesshansel ↑Querulant.

prozessieren, einen Prozess anstrengen, vors Gericht gehen, vor den Kadi bringen, sein Recht suchen, etwas einklagen, klagen, anklagen, vor Gericht stellen / bringen, jmdm. den Prozess machen, Klage / Anklage erheben, eine Klage anstrengen / abhängig machen, den Rechtsweg beschreiten, das Gericht / die Gerichte anrufen, sich an das Gericht wenden, sein Recht bei Gericht / vor Gericht suchen, jmdm. einen Prozess anhängen / *(ugs.)* an den Hals hängen, jmdn. in Anklagezustand versetzen / zur Verantwortung / zur Rechenschaft ziehen; ↑bestehen (auf), ↑verraten; ↑Angeklagter, ↑Anklage, ↑Kläger.

Prozessionsspinner ↑Schmetterling.

Prozesskostenhilfe, Armenrecht *(veraltet);* ↑Jurist.

prüde ↑engherzig.

Prüderie ↑Ziererei.

¹prüfen, examinieren, testen, checken, abchecken, durchchecken, einer Prüfung unterziehen, jmdn. auf den Zahn fühlen, jmdn. auf die Probe stellen, auf Herz und Nieren prüfen, unter die Lupe nehmen; ↑abhören, ↑berichtigen, ↑durchschleusen, ↑kontrollieren, ↑nachforschen, ↑versagen, ↑zensieren; ↑Bewährungsprobe, ↑Prüfling, ↑Prüfung, ↑Versuchsobjekt; ↑probeweise.

²prüfen: ↑erwägen, ↑kontrollieren; sein Gewicht p. ↑Gewicht.

Prüfer: ↑Kontrolleur, ↑Wirtschaftsprüfer.

Prüfingenieur ↑Ingenieur.

Prüfling, Examenskandidat, Kandidat, Examinand, Absolvent; ↑Prüfung, ↑Schüler; ↑prüfen.

Prüfstein ↑Merkmal.

¹Prüfung, Examen · *als Abschluss der höheren Schule:* Reifeprüfung, Abitur, Abi *(Jargon),* Matur, Maturum, Matura *(österr., schweiz.),* Maturität *(schweiz.)* · *an der Universität:* Staatsexamen, Doktorprüfung, Rigorosum, Verteidigung, Kolloquium *(österr.);* ↑Abitur, ↑Doktorarbeit, ↑Einjähriges, ↑Hochschulreife, ↑Prüfling, ↑Reifezeugnis; ↑absolvieren, ↑prüfen.

²Prüfung: ↑Kontrolle, ↑Nachforschung; einer P. unterziehen ↑prüfen; die P. nicht bestehen ↑versagen; P. für das höhere Lehramt ↑Lehrberechtigung.

Prüfungsangst ↑Lampenfieber.

Prüfungsarbeit, Examensarbeit, Diplomarbeit; ↑Doktorarbeit.

Prüfungsfrage ↑Frage.
Prügel: ↑Schläge, ↑Stock; es gibt / setzt P., P. kriegen ↑schlagen.
Prügelei ↑Schlägerei.
Prügelknabe, Sündenbock, das schwarze Schaf, Zielscheibe, Watschenmann *(österr.);* ↑Schuldiger; ↑aufbürden, ↑einstehen (für).
prügeln ↑schlagen.
Prügelstrafe ↑Züchtigung.
prünen ↑nähen.
Prunk, Gepränge, Pomp, Pracht, Prachtentfaltung, Aufwand, Luxus; ↑prunken.
Prunkball ↑Ball.
Prunkbett ↑Bett.
¹prunken, prangen, glänzen, strahlen, Pracht entfalten; ↑prunkvoll; ↑Prunk.
²prunken: ↑leuchten; -d ↑prunkvoll; p. mit ↑prahlen.
Prunkgemach ↑Raum.
Prunksarg ↑Sarg.
Prunktreppe ↑Treppe.
prunkvoll, prunkend, prächtig, luxuriös, statiös, aufwendig, protzig; ↑prunken.
prusten: ↑lachen, ↑niesen.
PS: ↑Maßeinheit, ↑Nachwort, ↑Postskriptum.
Psalmen: [Buch der P.] ↑Psalter.
Psalmodie ↑Lied.
psalmodieren ↑singen.
¹Psalter, Buch der Psalmen, Psalterium; ↑Bibel.
²Psalter ↑Zupfinstrument.
Psalterium ↑Psalter.
Pseudandronym ↑Pseudonym.
Pseudogravidität ↑Scheinschwangerschaft.
Pseudogynym ↑Pseudonym.
¹Pseudonym, Deckname, Künstlername, Tarnname, Nom de Plume, Nom de Guerre · *in Form von drei Sternchen:* Asteronym · *aus einem Vornamen bestehend:* Prenonym · *aus dem Namen eines Heiligen bestehend:* Hagionym, Hieronym · *aus einer Redensart bestehend:* Phraseonym · *dessen Buchstaben in Wörtern bzw. Sätzen verborgen sind oder aus den Anfangsbuchstaben bzw. Pseudonymsilben bestehen:* Kryptonym · *einer Frau, das aus einem männlichen Namen besteht:* Pseudandronym · *eines Mannes, das aus einem weiblichen Namen besteht:* Pseudogynym · *aus dem tatsächlichen Namen eines anderen bestehend:* Allonym · *aus dem rückwärts geschriebenen wirklichen Namen bestehend:* Ananym; ↑Spitzname; ↑anonym.
²Pseudonym: unter einem P. ↑anonym.
PS-Grammatik ↑Grammatik.
Psi ↑Buchstabe.
Psilocybin ↑Rauschgift.
Psyche: ↑Ankleidetisch, ↑Seele.
psychedelisch ↑euphorisch.
Psychiater ↑Arzt.
Psychiatrie: ↑Heilkunde, ↑Krankenhaus.
psychiatrieren ↑untersuchen.
Psychiatrierung ↑Untersuchung.

psychiatrisch: -e Klinik ↑Krankenhaus.
¹psychisch, seelisch, geistig, mental, nervlich, psychologisch, seelenkundlich; ↑Psychologie, ↑Seelsorge.
²psychisch: -e Störung ↑Gemütskrankheit.
Psychoanaleptikum ↑Psychopharmakon.
Psychodelikum ↑Psychopharmakon.
Psychodysleptikum ↑Psychopharmakon.
Psychogramm: ↑Charakteristik, ↑Graph.
Psychokinese ↑Geisterbeschwörung.
Psycholeptikum ↑Psychopharmakon.
Psychologie, Seelenkunde, Bewusstseinslehre, Humanwissenschaft · Kinderpsychologie, Entwicklungspsychologie, Existenzpsychologie, Sozialpsychologie, Individualpsychologie, Gestaltpsychologie, Strukturpsychologie, Ganzheitspsychologie, Tiefenpsychologie, Ausdruckspsychologie, Sprachpsychologie, Arbeitspsychologie, Religionspsychologie, Völkerpsychologie, Parapsychologie, Tierpsychologie, Marktpsychologie, Werbepsychologie, Industriepsychologie, Verkehrspsychologie, ↑Gesellschaftswissenschaft, ↑Menschenkunde; ↑Verhaltensforschung, ↑Wissenschaft; ↑psychisch.
psychologisch: ↑psychisch; -er Roman ↑Roman.
Psychopath ↑geistig Behinderter.
psychopathisch ↑gemütskrank.
¹Psychopharmakon, Psychotropikum · *die geistig-seelische Aktivität verminderndes:* Psycholeptikum, Psychoplegikum, Neuroleptikum, Neuroplegikum, Ganglioplegikum, Ganglienblocker · *die geistig-seelische Aktivität steigerndes:* Psychoanaleptikum, Thymoleptikum, Antidepressivum, Euphorikum, Psychostimulans, stimmungsförderndes Mittel, Neurotonikum · *in einen traumartigen Gemütszustand versetzendes:* Psychodysleptikum, Psychopathogenikum, Psychodelikum, Halluzinogen, Halluzinogenikum, Psychomimetikum; ↑Aufputschmittel, ↑Beruhigungsmittel, ↑Medikament, ↑Rauschgift, ↑Schlafmittel.
²Psychopharmakon ↑Medikament.
Psychoplegikum ↑Psychopharmakon.
Psychose ↑Gemütskrankheit.
psychosomatisch: -e Klinik ↑Krankenhaus.
psychosozial ↑gemeinnützig.
Psychostimulans ↑Psychopharmakon.
Psychoterror ↑Unfreiheit.
Psychotherapeut ↑Arzt.
Psychotherapie ↑Heilkunde.
Psychothriller ↑Gruselfilm.
psychotisch ↑gemütskrank.
Psychotonikum ↑Aufputschmittel.
Psychotropikum ↑Psychopharmakon.
Psychrotherapie ↑Kryotherapie.
Ptomain ↑Gift.
Ptosis ↑Eingeweidesenkung.
PTT ↑Post.
Ptyalismus ↑Speichelfluss.
Pub ↑Gaststätte.

¹Pubertät, Entwicklungszeit, Entwicklungsjahre, Reifezeit, heiße Jahre, Flegeljahre, Adoleszenz; ↑Entwicklung, ↑Entwicklungsphase, ↑Stimmwechsel.

²Pubertät ↑Lebensalter.

Publicity ↑Werbung.

¹Publicrelations, PR, Öffentlichkeitsarbeit, Meinungspflege, Kontaktpflege; ↑Propaganda, ↑Werbefachmann, ↑Werbung.

²Publicrelations: ↑Propaganda, ↑Werbung.

publik: p. werden ↑herumsprechen (sich).

Publikation ↑Veröffentlichung.

Publikum, Besucher, Teilnehmer, Auditorium, Zuhörerschaft, Zuhörer, Hörerschaft; ↑Gast, ↑Personenkreis, ↑Zuschauer.

Publikumsbefragung ↑Umfrage.

Publikumserfolg ↑Verkaufsschlager.

Publikumsgeschmack ↑Allgemeingeschmack.

Publikumsliebling, Schwarm, Idol, Abgott; ↑Anhänger, ↑Beliebtheit, ↑Berühmtheit, ↑Liebling.

Publikumsumfrage ↑Umfrage.

publizieren: ↑edieren, ↑veröffentlichen.

Publizierung ↑Veröffentlichung.

Publizist ↑Berichter.

Publizität ↑Offenkundigkeit.

Puck ↑Sportgerät.

Puckel ↑Rücken.

puckeln ↑anstrengen (sich).

Puddel ↑Dünger.

Pudding ↑Dessert.

Puddingabitur ↑Abitur.

Pudel: ↑Dünger, ↑Ladentisch, ↑Pech, ↑Schanktisch; dastehen wie ein begossener P. ↑verlegen [sein]; das ist des -s Kern ↑Hauptsache.

Pudelhaube ↑Kopfbedeckung.

Pudelmütze ↑Kopfbedeckung.

pudelnackt ↑nackt.

pudelnass ↑nass.

Pudelpointer ↑Hunderassen.

pudelwarm ↑warm.

pudelwohl: sich p. fühlen ↑wohl fühlen (sich).

¹Puder, Körperpuder, Kinderpuder, Fußpuder · Gesichtspuder, Make-up, Kompaktpuder; ↑Pulver; ↑pudern.

²Puder ↑Pulver.

¹pudern, einpudern, bepudern, einstäuben, einstauben *(österr.),* einstuppen *(österr.),* stuppen *(österr.);* ↑pulverförmig; ↑Puder, ↑Pulver.

²pudern: ↑koitieren; sich p. ↑schönmachen; mit dem Klammerbeutel gepudert sein ↑dumm [sein].

Puderzucker ↑Zucker.

Puebloindianer ↑Indianer.

pueril: ↑jugendlich, ↑kindisch.

Puerilismus ↑Infantilität.

Puerilität ↑Albernheit.

Puff: ↑Bordell, ↑Brettspiel, ↑Stoß; einen P. versetzen ↑stoßen.

Puffbohne ↑Gemüse, ↑Saubohne.

puffen ↑stoßen.

Puffer ↑Prellbock.

Pufferstaat ↑Staat.

Pufflampe ↑Rückleuchte.

Puffmais: ↑Getreideflocken, ↑Mais.

Puffotter ↑Schlange.

Pugilist ↑Boxer.

Pugilistik ↑Boxen.

Puh ↑Darmwind.

Puhlloch ↑Jauchegrube.

Pülcher ↑Betrüger.

Pulcinell ↑Spaßmacher.

Pulcinella ↑Spaßmacher.

pulen ↑stochern.

Puli ↑Hunderassen.

Pulk: ↑Abteilung, ↑Schlitten.

Pulka ↑Schlitten.

Pulle ↑Flasche.

pullen: ↑Boot [fahren], ↑urinieren.

pullern ↑urinieren.

Pulli ↑Pullover.

Pullankappe ↑Kopfbedeckung.

Pullover, Pulli, Nicki, Jumper, Sweater, Strickpullover, Strickpulli, Häkelpullover, Häkelpulli, Wollpullover, Wollpulli, Baumwollpullover, Baumwollpulli, Rollkragenpullover, Rollpullover, Rollkragenpulli, Rollpulli, Skipullover, Damenpullover, Damenpulli, Herrenpullover, Herrenpulli · *ärmelloser:* Westover, Pullunder · *mit Jacke:* Twinset; ↑Strickweste.

Pullstängel ↑Ruder.

Pullunder ↑Pullover.

Pulmogramm ↑Röntgenogramm.

Pulmographie ↑Röntgenographie.

Pulmologe ↑Arzt.

Puls: [fadenförmiger / gespannter / langsamer / schneller u. a. P.] ↑Pulsschlag.

Pulsader: sich die -[n] aufschneiden ↑entleiben.

Pulsschlag, Puls · *beschleunigter:* schneller Puls, Herzjagen, Tachykardie · *verlangsamter:* langsamer / schleichender Puls, Bradykardie · *druckloser:* fadenförmiger / kleiner / schwacher / weicher Puls · *von hoher Druckspannung:* gespannter / harter Puls, Druckpuls · *mit übermäßig großer Pulswelle:* großer Puls · *mit unregelmäßiger Schlagfolge:* aussetzender / unregelmäßiger / intermittierender Puls.

Pulswärmer, Müffchen, Stützerl *(österr.);* ↑Handschuh.

Pult ↑Katheder.

Pultdach ↑Dach.

Pulterklas ↑Knecht Ruprecht, ↑Nikolaus.

¹Pulver, Staub, Mehl, Puder, Stupp *(österr.);* ↑Puder; ↑pulverförmig; ↑pudern.

²Pulver: ↑Geld, ↑Medikament; jmd. hat das P. [auch] nicht [gerade] erfunden ↑dumm [sein]; keinen Schuss P. wert sein ↑wertlos [sein].

Pulverfass: auf dem / einem P. sitzen ↑Gefahr.

Pulverflagge ↑Fahne.

pulverförmig, pulverig, pulverisiert, staubförmig; ↑Pulver; ↑pudern.

pulverig ↑pulverförmig.
pulverisieren ↑zermahlen.
pulverisiert ↑pulverförmig.
Pulverkaffee, Kaffeeextrakt, Instantkaffee, Nescafé®, löslicher Kaffee, Schnellkaffee, Expresskaffee, Blitzkaffee *(schweiz.);* ↑Kaffee, ↑Pulver; ↑pulverförmig.
Pulvermann: -s Grab ↑Hindernis.
Pulverschnee ↑Schnee.
Pulverstar ↑Katarakt.
pulvertrocken ↑trocken.
Pulverturm ↑Turm.
Pülz: ↑Pilz, ↑Steinpilz.
Puma ↑Raubtier.
Pummel: ↑Kind, ↑Mädchen.
Pummelchen: ↑Kind, ↑Mädchen.
pummelig ↑dick.
Pummeligkeit ↑Wohlgenährtsein.
Pump: ↑Anleihe; auf P. ↑leihweise.
Pumpe: ↑Herz, ↑Spritze, ↑Wasserpumpe.
pumpen ↑leihen.
Pumperer ↑Lärm.
pumperlgesund ↑gesund.
pumpern ↑lärmen.
Pumpernickel ↑Brot.
Pumpgenie ↑Schuldner.
Pumphose ↑Hose.
Pumps ↑Schuh.
Puncher ↑Boxer.
Punk ↑Halbstarker.
Punker ↑Halbstarker.
Punkerfrisur ↑Frisur.
punkt ↑genau.
Punkt: ↑genau, ↑Satzzeichen, ↑Stelle; empfindlicher / schwacher / wunder P. ↑Achillesferse; kritischer / strittiger P. ↑Schwierigkeit; das ist der springende P. ↑Hauptsache; toter P. ↑Rückgang; einen toten P. haben ↑müde [sein]; einen P. machen ↑beenden; in / zu diesem P. ↑diesbezüglich; ohne P. und Komma reden ↑sprechen.
Punktdiät ↑Diät.
punktiert: -e Note ↑Notenzeichen.
Punktion, Punktur; ↑Diagnose.
¹**pünktlich,** rechtzeitig, zeitgerecht *(österr., schweiz.),* zur rechten / vereinbarten Zeit, auf die Minute, mit dem Glockenschlag, ohne Verspätung, nicht zu früh und nicht zu spät, pünktlich wie ein Maurer; ↑erprobt, ↑früh, ↑gewissenhaft; **nicht p. sein,** unpünktlich sein, Verspätung haben; ↑verspäten (sich); ↑säumig; ↑Unpünktlichkeit.
²**pünktlich** ↑genau.
Punktmull ↑Stoff.
punkto ↑hinsichtlich.
Punktrichter ↑Preisrichter.
Punktstar ↑Katarakt.
punktuell: -es Verb ↑Verb.
Punsch ↑Gewürzwein.
Pup ↑Darmwind.
Pupe ↑Strichjunge.
pupen ↑Darmwind [entweichen lassen].

Pupenjunge ↑Strichjunge.
Pupille ↑Auge.
¹**Puppe,** Stoffpuppe, Holzpuppe, Babypuppe, Trachtenpuppe, Laufpuppe, Docke *(landsch.);* ↑Wachsfigur.
²**Puppe:** ↑Garbenstand, ↑Larve, ↑Mädchen, ↑Strohmann; bis in die -n schlafen ↑schlafen; die -n tanzen lassen ↑Einfluss [ausüben], ↑feiern.
Puppenfilm ↑Kinofilm.
Puppengesicht ↑Gesicht.
puppenleicht: ↑mühelos; etwas ist p. ↑schwierig.
puppenlustig ↑lustig.
Puppenspiel ↑Puppentheater.
Puppentheater, Puppenspiel, Marionettentheater, Kasper[le]theater; ↑Marionette, ↑Oper, ↑Operette, ↑Schauspiel, ↑Theater.
Pups ↑Darmwind.
pupsen ↑Darmwind [entweichen lassen].
pur: ↑ausschließlich, ↑unverdünnt.
Püree ↑Brei.
Püreesuppe ↑Suppe.
Purgans ↑Abführmittel.
Purgativ ↑Abführmittel.
Purgativum ↑Abführmittel.
Purgatorium ↑Fegefeuer.
Purim ↑Feiertag.
Purismus ↑Sprachpflege.
Purist ↑Sprachpfleger.
puristisch, stilrein, sprachreinigend; ↑Sprachpflege.
puritanisch ↑sittlich.
purpur ↑rot.
Purpura ↑Bluterguss.
purpurfarben ↑rot.
purpurrosa ↑rosa.
purpurrot ↑rot.
Purser ↑Steward.
Purzelbank ↑Purzelbaum.
Purzelbaum, Rolle, Überschlag, Purzelbank *(hess.),* Purzelbock *(pfälz.),* Borzelbock *(pfälz.),* Storzelbock *(pfälz.);* ↑Turnübung; **P. schlagen,** Purzelbaum / Kobolz / *(niederd.)* koppheister schießen.
Purzelbock ↑Purzelbaum.
purzeln: ↑fallen; in die Tiefe p. ↑hinunterfallen.
Pusch: P. haben ↑Angst [haben].
Puschel ↑Quaste.
puschen: ↑propagieren, ↑urinieren.
pushen ↑[mit] Rauschgift [handeln].
Pusher ↑Händler.
pusseln ↑arbeiten.
Pussi ↑Vagina.
Puste: ↑Atem, ↑Schusswaffe.
Pusteblume ↑Löwenzahn.
Pustekuchen: [ja P.!] ↑nein.
Pustel ↑Hautblüte.
pusten ↑blasen.
Pute ↑Truthuhn.
Puter ↑Truthuhn.
pütern ↑koitieren.
Putrefaktion ↑Verwesung.

Putreszens ↑Verwesung.
Putsch: [einen P. machen] ↑Verschwörung.
putschen ↑Verschwörung.
Putte ↑Cupido.
Putthähnchen ↑Pfingstrose.
Putthuhn ↑Huhn.
Putz: ↑Verputz; auf den P. hauen ↑feiern.
Putzdrachen ↑Putzfrau.
putzen: ↑säubern, ↑schönmachen; den Baum /
Weihnachtsbaum p. ↑Weihnachtsbaum; Klinken
p. ↑betteln; sich die Nase p. ↑schnäuzen (sich); die
Sichel p. ↑koitieren; Zähne p. ↑säubern.
Putzerei ↑Reinigungsanstalt.
Putzete ↑Hausputz.
Putzfetzen ↑Putzlappen.
¹Putzfrau, Rein[e]machefrau, Scheuerfrau,
Raumpflegerin, Stundenfrau, Aufwartung, Auf-
wartefrau, Zugeherin *(landsch.),* Zugehfrau
(landsch.), Bedienerin *(österr.),* Bedienung *(ös-
terr.),* Putzdrachen, Hilfe, Putzteufel · *im Hotel:*
Zimmermädchen; ↑Bedienung, ↑Hausangestellte.
²Putzfrau: ich fresse einen Besen samt der P.,
wenn... ↑zweifeln.
putzig ↑spaßig.
Putzlappen, Putzlumpen, Aufwischlappen,
Aufnehmer, Feudel *(nordd.),* Scheuertuch,
Scheuerlappen, Putztuch, Putzfetzen *(österr.),*
Ausreibfetzen *(österr.),* Aufreibfetzen *(österr.),*
Reibtuch *(österr.),* Ausreibtuch *(österr.),* Fetzen
(österr.) · *für Staub usw.:* Staubtuch, Putztuch,
Wischlappen, Staubfetzen *(österr.)* · *für Ge-
schirr:* Geschirrtuch, Wischtuch, Abtrocken-
tuch; ↑Flicken, ↑Staubsauger; ↑säubern.
Putzlumpen ↑Putzlappen.
Putzmacherin, Modistin, Midinette, Hutma-
cherin; ↑Schneiderin.
putzmunter ↑lustig.
Putzsucht ↑Gefallsucht.
putzsüchtig ↑eitel.
Putzteufel ↑Putzfrau.
Putztuch ↑Putzlappen.
Puzzle ↑Geduldspiel.
Puzzlespiel ↑Geduldspiel.
Pyjama ↑Nachtgewand.
Pykniker ↑Körperbautyp.
pyknisch ↑untersetzt.
Pylon ↑Brückenpfeiler.
pyramidal ↑außergewöhnlich.
Pyramide ↑geometrische Figur.
Pyramidendach ↑Dach.
Pyromane ↑Brandstifter.
Pyromanie ↑Anankasmus.
Pyrop ↑Schmuckstein.
Pyrotechnik, Feuerwerkerei, Feuerwerks-
kunst; ↑Feuerwerkskörper.
pyrotechnisch: -er Körper ↑Feuerwerkskör-
per.
Pythia ↑Wahrsagerin.
pythisch ↑rätselhaft.
Python ↑Schlange.
Pythonschlange ↑Schlange.

Q

quabbelig ↑weich.
quackeln ↑sprechen.
Quacksalber: ↑Arzt, ↑Stümper.
Quaddel ↑Hautblüte.
Quader: ↑Baustein, ↑geometrische Figur.
Quadermauer ↑Mauer.
Quaderstein ↑Baustein.
Quadrat: ↑geometrische Figur, ↑Viereck.
Quadratestadt ↑Mannheim.
quadratisch: -e Gleichung ↑Gleichung.
Quadratkilometer ↑Flächenmaß.
Quadratlatschen: ↑Fuß, ↑Gliedmaße, ↑Schuh.
Quadratmeter ↑Flächenmaß.
Quadratschrift ↑Schrift.
Quadratur: etwas ist die Q. des Kreises ↑un-
ausführbar [sein].
quadrieren, ins Quadrat erheben, mit sich
selbst multiplizieren; ↑Rechenverfahren.
Quadrille ↑Tanz.
Quadrophonie ↑Stereophonie.
Quai d'Orsay ↑Regierung.
quakeln ↑sprechen.
quaken ↑Laut.
quäken: ↑Laut, ↑sprechen.
Quäker ↑Angehöriger.
Quäkerbrötchen ↑Gebäck.
Qual: ↑Leid, ↑Misshandlung.
quälen: ↑bekümmern, ↑misshandeln, ↑schika-
nieren; sich q. ↑anstrengen; den Stummel q.
↑rauchen; jmdn. bis aufs Blut q. ↑ärgern.
quälend: ↑quälerisch, ↑schmerzhaft.
Quälerei ↑Belästigung, ↑Misshandlung.
quälerisch, quälend, qualvoll · *in Bezug auf
andere:* sadistisch · *in Bezug auf sich selbst:* masochistisch; ↑selbstzerstörerisch; ↑Perversität.
Quälgeist ↑Störenfried.
Qualifikation ↑Fähigkeit.
qualifiziert: ↑fachmännisch; -e Mehrheit
↑Mehrheit.
¹Qualität, Güte, Wert · *konkurrenzfähige:*
Weltniveau; ↑Beschaffenheit, ↑wertbeständig.
²Qualität: ↑Beschaffenheit, ↑Format, ↑Güte-
klasse, ↑Niveau.
Qualitativ ↑Wortart.
qualitätvoll ↑kostbar.
Qualle ↑Hohltier.
Qualm ↑Rauch.
qualmen: [q. wie ein Schlot] ↑rauchen.
Qualster ↑Auswurf.

qualvoll: ↑quälerisch, ↑schmerzhaft.
Quäntchen: ↑Gewichtseinheit; ein Q. ↑wenig.
Quanten: ↑Fuß, ↑Gliedmaße.
Quantität: ↑Anzahl, ↑Dosis.
Quantum: ↑Anzahl, ↑Dosis.
¹Quarantäne, Seuchensperre, Kontumaz *(veraltet, österr.);* ↑Krankenhaus, ↑Krankheit.
²Quarantäne ↑Ghetto.
Quarantäneflagge ↑Fahne.
Quargel ↑Handkäse.
Quark ↑Weißkäse.
Quarkkuchen ↑Gebäck.
Quarkstrudel ↑Gebäck.
quarren ↑Laut.
Quarta ↑Schulklasse.
Quartär ↑Erdzeitalter.
Quarte ↑Tonabstand.
Quarter ↑Zahlungsmittel.
Quarteron ↑Mischling.
Quartett: ↑Kartenspiel, ↑Mannschaft.
Quartier: ↑Stadtteil, ↑Unterkunft, ↑Wohnung; Q. nehmen ↑einquartieren, ↑niederlassen (sich); sein Q. aufschlagen ↑niederlassen (sich).
Quarzglas ↑Glas.
Quarzkatzenauge ↑Schmuckstein.
Quarzlunge ↑Staublungenerkrankung.
Quarzstaublunge ↑Staublungenerkrankung.
Quarzuhr ↑Uhr.
quasi ↑gewissermaßen.
Quasimodogeniti ↑Kirchenjahr.
quasseln ↑sprechen.
Quasselstrippe: ↑Fernsprecher, ↑Schwätzer; eine Q. sein ↑gesprächig [sein].
Quasselwasser: Q. getrunken haben ↑gesprächig [sein], ↑sprechen.
¹Quaste, Troddel, Bommel, Puschel, Klunker · am Degen: Portepee, Schlagband *(schweiz.);* ↑Besatz.
²Quaste ↑Franse.
Quästor ↑Kassierer.
Quästur ↑Kasse.
Quatsch: ↑Absurdität, ↑Unsinn.
quatschen ↑sprechen.
quatschig ↑gesprächig.
Quatschkopf: ↑Dummkopf, ↑Schwätzer.
Quechua ↑Indianer.
Quecksilber: ↑Edelmetall, ↑Kind; Q. im Leib haben ↑lebhaft [sein].
Quecksilberthermometer ↑Thermometer.
Quecksilbervergiftung ↑Vergiftung.
quecksilbrig ↑lebhaft.
Queen ↑Homosexueller.
Quell ↑Bach.
Quellangabe ↑Literaturangabe.
¹Quelle, Quell, Born *(dichter.)* · *die nach ihrem Austritt einen kleinen See bildet:* Tümpelquelle, Limnokrene; ↑Brunnen, ↑Heilquelle, ↑Sauerbrunnen.
²Quelle: ↑Bach, ↑Beleg, ↑Bezugsquelle, ↑Gewährsmann, ↑Grundlage, ↑Heilquelle, ↑Literaturangabe; aus erster Q. ↑verbürgt.

quellen ↑fließen.
Quellfluss ↑Fluss.
Quellwasser ↑Wasser.
Quendel: ↑Gewürz, ↑Thymian.
Quengelei ↑Unleidlichkeit.
quengelig ↑unleidlich.
Quengeligkeit ↑Unleidlichkeit.
quengeln ↑bitten.
quer: q. durch ↑querfeldein.
querbeet ↑querfeldein.
Querbehang ↑Gardine.
Querdach ↑Dach.
Querdenker ↑Schrittmacher.
Querdenkerin ↑Schrittmacher.
Quere: in die Q. kommen ↑stören (jmdn.).
Querelen ↑Quertreiberei.
querfeldein, querbeet, mitten / quer durch.
Querfeldeinfahrt ↑Fahrt.
Querfeldeinrennen ↑Rennen.
Querflöte ↑Blasinstrument.
Querformat ↑Beschaffenheit.
Querfrage ↑Frage.
Querkopf ↑Trotzkopf.
Querlage ↑Kindslage.
Querne ↑Mühle.
quer schießen ↑behindern.
Querstraße ↑Straße.
Querstreifen ↑Stoffmuster.
Querterminer ↑Kalender.
Quertreiber ↑Querulant.
Quertreiberei, Querelen, Hintertreibung; ↑Querulant.
Querulant, Nörgler, Widerspruchsgeist; der Geist, der stets verneint; Streitmacher, Streithahn, Zänker, Zankteufel, Streithammel, Prozesshansel, Michael Kohlhaas, Streithansel *(südd.),* Stänker *(ugs.);* ↑Kämpfer, ↑Nörgler, ↑Pessimist, ↑Quertreiberei.
Querwand ↑Mauer.
quesen ↑bitten.
Quetsche: ↑Laden, ↑Tasteninstrument.
quetschen, drücken, kneten, klemmen, pressen, zwängen; ↑kneifen, ↑zerknittern, ↑zermalmen.
Quetschfalte ↑Falte.
Quetschkartoffeln ↑Kartoffelpüree.
Quetschkasten ↑Tasteninstrument.
Quetschkommode ↑Tasteninstrument.
Quetschung ↑Verletzung.
Quetschwunde ↑Wunde.
Quetzal ↑Zahlungsmittel.
Queue: Q. bilden ↑warten.
Quickstepp ↑Tanz.
Quidproquo ↑Verwechslung.
quieken ↑quietschen.
quietistisch ↑geduldig.
Quietivum ↑Beruhigungsmittel.
quietschen, quieken, ↑schreien; ↑Laut.
quietschvergnügt ↑lustig.
quinkelieren ↑singen.
Quinquagesima ↑Kirchenjahr.

Quinquaud-Krankheit ↑Haarbalgentzündung.
Quinta ↑Schulklasse.
Quinte ↑Tonabstand.
Quintessenz ↑Hauptsache.
Quintett ↑Mannschaft.
Quiproquo ↑Verwechslung.
quirilieren ↑singen.
Quirinal ↑Regierung.
Quirl, Sprudler *(österr.);* ↑rühren.
quirlen ↑rühren.
Quisling ↑Kollaborateur.
Quisquilien ↑Kleinigkeit.
Quitte ↑Obst.
quittegelb ↑gelb.
quittengelb ↑gelb.
quittieren: ↑unterschreiben; den Dienst q. ↑abdanken.
Quittierung ↑Unterzeichnung.
¹Quittung, Rechnung, Kassenzettel, Kassazettel *(österr.),* Liquidation, Honorarforderung; ↑Abrechnung.
²Quittung: ↑Bescheinigung; das ist die Q.! ↑Folge.
Quivive: auf dem Q. sein ↑wachsam [sein].
Quiz: ↑Preisausschreiben, ↑Ratesendung.
Quizfrage: eine Q. beantworten ↑raten.
Quizsendung ↑Ratesendung.
Quodlibet ↑Mischung.
Quorum ↑Wähler.
Quotenaktie ↑Wertpapier.

Rabatt: ↑Preisnachlass; R. geben ↑ermäßigen.
Rabatte, Blumenrabatte, Blumenbeet, Beet, Rondell; ↑Feld.
Rabatz ↑Lärm.
Rabauke ↑Raufbold.
Rabbi ↑Geistlicher.
Rabbiner ↑Geistlicher.
Rabe: ↑Sternbild, ↑Vogel; weißer R. ↑Seltenheit; stehlen wie ein R. ↑wegnehmen.
Räbe ↑Gemüse.
Rabeneltern ↑Eltern.
Rabenmutter ↑Mutter.
rabenschwarz ↑schwarz.
Rabenvater ↑Vater.
Rabenvögel ↑Vogel.
rabiat: ↑ärgerlich, ↑unbarmherzig.
Rabitzwand ↑Mauer.
Rabulist ↑Wortverdreher.
Rabulistik: ↑Pedanterie, ↑Spiegelfechterei.

rabulistisch ↑spitzfindig.
Rache: ↑Vergeltung; R. nehmen / üben ↑bestrafen.
Rachegöttin, Furie, Nemesis, Erinnye, Eumenide; ↑Göttin, ↑Mänade.
¹Rachen, Schlund, Hals, Gurgel, Kehle, Pharynx *(fachspr.);* ↑Hals.
²Rachen: ↑Mund; den R. nicht voll kriegen ↑unersättlich [sein].
rächen: ↑bestrafen; etwas rächt sich ↑Folge; sich r. an ↑zurückfallen (auf).
Rachenbräune ↑Diphtherie.
Rachenkatarrh ↑Halsentzündung.
Rachenputzer ↑Alkohol.
Rachenspiegelung ↑Ausspiegelung.
Rachitis, Rachitismus, Morbus anglicus, englische Krankheit, Glissonkrankheit, Vitamin-D-Mangel-Krankheit; ↑Knochenerweichung.
Rachitismus ↑Rachitis.
Rachsucht ↑Bosheit.
Racke ↑Vogel.
rad ↑Maßeinheit.
¹Rad, Vorderrad, Hinterrad, Ersatzrad.
²Rad: ↑Fahrrad, ↑Maßeinheit, ↑Umhang; russisches R. ↑Riesenrad; das fünfte R. am Wagen sein ↑überflüssig [sein]; das R. der Geschichte lässt sich nicht zurückdrehen ↑Entwicklung; aufs R. flechten ↑töten; unter die Räder kommen ↑verwahrlosen.
Radarkontrolle ↑Überwachung.
Radarohren ↑Ohr.
Radau: ↑Lärm; R. machen ↑lärmen.
Radaubruder: ↑Mensch, ↑Störenfried.
Radaumacher ↑Störenfried.
Radber ↑Schubkarre.
Raddampfer ↑Schiff.
radeln ↑Rad fahren.
Rädelsführer ↑Anführer.
Raderkuchen ↑Gebäck.
rädern ↑töten.
Rädertierchen ↑Wurm.
Radetzky ↑Radiergummi.
¹Rad fahren, radeln, strampeln, Velo fahren *(schweiz.),* pedalen *(schweiz.);* ↑fahren.
²Rad fahren ↑unterwürfig [sein].
¹Radfahrer, Fahrradfahrer, Radler, Pedaleur, Ritter des Pedals, Renner, Rennfahrer; ↑Fahrrad, ↑Verkehrsteilnehmer.
²Radfahrer: ↑Opportunist, ↑Schmeichler.
Radfahrt ↑Radwandern.
Radfahrweg ↑Weg.
Radfenster ↑Rundfenster.
Radi: ↑Rettich; einen R. kriegen ↑schelten.
Radiallinie ↑Straße.
Radiator ↑Heizkörper.
Radicchio ↑Gemüse.
radieren ↑ausstreichen.
Radierer ↑Radiergummi.
Radiergummi, Gummi, Radierer, Radetzky *(scherzh., österr.),* Radierstift · Radiermesser; ↑Schreibstift.

Radiermesser ↑Radiergummi.
Radierstift ↑Radiergummi.
Radierung: ↑Grafik, ↑Gravüre, ↑Kunstdruck.
Radies ↑Radieschen.
¹Radieschen, Radies, Monatsrettich, kleiner Rettich; ↑Gemüse, ↑Rettich.
²Radieschen: sich die R. von unten besehen ↑tot [sein].
radikal: ↑extrem, ↑unzugänglich.
Radikaler ↑Extremist.
Radikalinski ↑Extremist.
Radikalismus ↑Unduldsamkeit.
Radikalist ↑Extremist.
radikalistisch ↑extrem.
Radikalkur ↑Kur.
Radikaloperation ↑Operation.
¹Radio, Rundfunkgerät, Empfänger, Empfangsgerät, Kasten *(ugs.)*, Transistor, Radioapparat, Apparat, Lautsprecher, Rundfunkempfänger, Kofferradio, Heuler, Autoradio; ↑Fernsehgerät, ↑Massenmedien.
²Radio ↑Rundfunk.
Radioantenne ↑Antenne.
Radioapparat ↑Radio.
Radiogramm ↑Röntgenogramm.
Radiographie ↑Röntgenographie.
Radiologe ↑Arzt.
Radiologie ↑Heilkunde.
Radiosender ↑Rundfunksender.
Radiosendung ↑Sendung.
Radiosonde, Aerosonde; ↑Wetterkunde.
Radiostation ↑Rundfunksender.
Radiotherapie, Radiotherapeutik, Röntgenotherapie, Akinotherapie, Strahlenbehandlung, Röntgenstrahlenbehandlung, Bestrahlung; ↑Naturheilverfahren.
Radius ↑Linie.
radizieren, die Wurzel ziehen; ↑Rechenverfahren.
Radler ↑Radfahrer.
Radmantel ↑Umhang.
Radon ↑Edelgas.
Radrennen ↑Rennen.
Radschlagen ↑Turnübung.
Radwandern, Radwanderung, Radfahrt, Pättkestour (Münsterland); ↑Radfahrer; ↑Rad fahren.
Radwanderung ↑Radwandern.
Räf ↑Tragekorb.
raffen ↑habgierig [sein].
Raffgier ↑Habgier.
raffgierig ↑habgierig.
Raffinade ↑Zucker.
Raffinesse ↑Trick.
raffiniert ↑schlau.
Raffke ↑Emporkömmling.
Raft ↑Insel.
Rage: ↑Ärger; in R. bringen ↑ärgerlich [machen]; in R. kommen ↑ärgerlich [werden].
ragen: in die Luft / zur Seite r. ↑abstehen.
Ragout ↑Fleischgericht.

Ragtime: ↑Jazz, ↑Tanz.
Ragusaner: R. Spitze ↑Spitzenstickerei.
Ragwurz ↑Orchidee.
Rahm: ↑Sahne; den R. abschöpfen ↑entrahmen, ↑nehmen.
Rahmen: ↑Bilderrahmen, ↑Einfassung; etwas sprengt den R. ↑überschreiten; im R. bleiben ↑übertreiben.
Rahmenbau ↑Fachwerk.
Rahmenerzählung ↑Erzählung.
Rahmenpartei ↑Partei.
Rahmkäse ↑Käse.
Rahmschnitzel ↑Fleischgericht.
Rahmsuppe ↑Suppe.
Rahne ↑Salatrübe.
Rain: ↑Einfassung, ↑Wiese.
¹räkeln (sich), sich aalen / *(abwertend)* lümmeln / *(abwertend)* hinlümmeln / *(abwertend),* flegeln / *(salopp, abwertend),* fläzen; ↑recken (sich).
²räkeln: sich r. ↑wohl fühlen (sich).
Rakete: ↑Feuerwerkskörper, ↑Lichtzeichen.
Raketenflugzeug ↑Flugzeug.
Ralle ↑Vogel.
Rallenreiher ↑Vogel.
Rallye ↑Rennen.
Rallyefahrer ↑Rennfahrer.
Ramasuri: ↑Lärm, ↑Unterhaltung.
Rambo ↑Mann.
rammdösig ↑benommen.
rammeln ↑koitieren.
rammen: ↑zusammenstoßen; r. in ↑einrammen.
Rammpfahl, Pilote; ↑Pfahl; ↑einrammen.
Rampe: ↑Auffahrt; nicht über die R. kommen ↑spielen.
rampengeil: r. sein ↑spielen.
Rampenlicht: ↑Scheinwerferlicht; das R. scheuen ↑exponieren (sich); im R. stehen, ins R. treten ↑exponieren (sich).
Rampentiger ↑Schauspieler.
ramponieren ↑beschädigen.
ramponiert ↑defekt.
Ramponiertheit ↑Beschädigung.
Ramsch: ↑Kartenspiel, ↑Schleuderware.
ramschen ↑kaufen.
ran ↑her.
Ranch ↑Gut.
¹Rand, Kante, Ecke, Eck *(oberd.);* ↑Besatz, ↑Einfassung, ↑Zipfel; ↑einfassen; ↑peripher.
²Rand: ↑Besatz, ↑Mund, ↑peripher; am -e ↑nebenbei; am -e befindlich ↑peripher; am -e des Grabes stehen ↑krank; außer R. und Band sein ↑lebhaft [sein]; zurande kommen ↑bewältigen; jmd. kommt mit etwas nicht zurande ↑schwer fallen.
Randale: R. machen ↑lärmen.
randalieren ↑lärmen.
Randalierer ↑Störenfried.
Randbemerkung: ↑Anmerkung, ↑Bemerkung
Randbezirk ↑Randgebiet.

Rande ↑Salatrübe.
Randgebiet, Randbezirk, Randzone; ↑Stadtgebiet.
Randgruppe ↑Außenseiter.
Randproblem ↑Schwierigkeit.
Randsiedler ↑Außenseiter.
Randzone ↑Randgebiet.
Ranft ↑Brotende.
Rang: ↑Ansehen, ↑Dienstgrad, ↑Empore, ↑Format, ↑Titel; jmdm. den R. ablaufen ↑übertreffen; einen R. haben ↑innehaben; alles, was R. und Namen hat ↑Oberschicht; ersten -es ↑außergewöhnlich; jeden Standes und -es ↑alle; im R. herabsetzen ↑degradieren.
Range: ↑Kind; die -n ↑Kinder (die).
rangehen: r. wie Blücher / wie Hektor an die Buletten ↑zielstrebig [sein].
rangeln ↑schlagen.
Rangfolge: ↑Rangordnung; der R. nach ↑hierarchisch.
ranggleich: Erster unter Ranggleichen ↑Primus inter Pares.
Rangierbahnhof ↑Bahnhof.
rangieren: an erster Stelle r. ↑Vorrang [haben].
Rangiergleis ↑Gleisanlage.
¹Rangordnung, Hierarchie, Rangfolge, Stufenfolge, Stufenordnung, Hackordnung, Hühnerhofpsychologie; ↑abrücken (von jmdm.); ↑hierarchisch.
²Rangordnung: der R. nach ↑hierarchisch.
Rangstufe: ↑Dienstgrad, ↑Niveau.
ranhalten: sich r. ↑beeilen (sich).
rank: ↑schlank, ↑sportlich.
Rank: ↑Kurve, ↑Trick; jmd. findet nicht den [rechten] R. ↑schwer fallen.
Ränke: ↑Arglist; R. schmieden ↑intrigieren.
Rankeln ↑Ringen.
¹ranken, klettern, sich emporranken, aufranken; ↑wachsen.
²ranken: sich r. um ↑schlingen (sich um).
Rankenblatt ↑Blatt.
Rankengewächs ↑Kletterpflanze.
Ränkespiel ↑Arglist.
rankriegen *(ugs.)* [tüchtig] rannehmen *(ugs.);* jmdm. zeigen, was eine Harke ist / wo Barthel den Most holt *(ugs.);* ↑hinweisen, ↑schelten; ↑Unduldsamkeit.
Rankrose ↑Rose.
Ranküne ↑Bosheit.
ranlassen: jmdn. r. ↑koitieren.
ranmachen: sich r. an jmdn. ↑Kontakt [aufnehmen].
rannehmen: tüchtig r. ↑rankriegen.
ranrühren ↑beimischen.
Ränzel ↑Schultasche.
ranzen ↑koitieren.
Ranzen: ↑Bauch, ↑Schultasche, ↑Tornister.
ranzig ↑ungenießbar.
Rapfen ↑Fisch.
Raphael ↑Erzengel.
Rapiat ↑Rechnungsbuch.

Rapier ↑Stichwaffe.
Rappe ↑Pferd.
Rappel: ↑Wutanfall; einen R. bekommen / kriegen ↑Einfall; einen R. haben ↑verrückt.
rappeln: ↑Laut; bei jmdm. rappelt es ↑verrückt [sein].
Rappen: ↑Zahlungsmittel; auf Schusters R. kommen ↑kommen.
Rappenspalter ↑Geizhals.
rappenspalterisch ↑habgierig.
Rapport ↑Bericht.
Rapsöl ↑Speiseöl.
Raptus ↑Wutanfall.
Rapünzchen ↑Feldsalat.
Rapunzel ↑Feldsalat.
Rapusche ↑Verwirrung.
rar: ↑selten; sich r. machen ↑besuchen.
rare ↑gar.
Rarität ↑Seltenheit.
Ras ↑Gipfel.
rasant: ↑schnell, ↑schnittig.
Rasanz ↑Geschwindigkeit.
rasch: ↑schnell; in -er Folge, r. nacheinander ↑schnell [nacheinander]; r. machen ↑beeilen (sich).
rascheln, knistern, knacken, knirschen; ↑krachen, ↑prasseln, ↑schallen; ↑Laut.
Rascheln: das R. ↑Geräusch.
raschest ↑schnell.
rasen: ↑ärgerlich [sein], ↑fortbewegen (sich); -d machen ↑ärgern; im D-Zug durch die Kinderstube gerast sein ↑benehmen (sich).
¹Rasen, Gras, Grasdecke, Rasendecke, Grasnarbe, Wasen *(landsch.),* Rasenfläche, Grünfläche; ↑Park; ↑Wiese.
²Rasen ↑Sportfeld.
Rasendecke ↑Rasen.
Rasender ↑Tobsüchtiger.
Rasenfläche ↑Rasen.
Rasenkraftsport ↑Schwerathletik.
Rasenstreifen ↑Grünstreifen.
Rasentennis ↑Tennisspiel.
¹Raserei, Tobsucht, Tobsuchtsanfall, Wutanfall, Besessenheit, Amoklauf, Amoklaufen, Tötungssucht; ↑Ärger, ↑Tobsüchtiger, ↑Wutanfall.
²Raserei ↑Ärger.
Rasierapparat, Rasierer *(ugs.),* Elektrorasierer, Trockenrasierer; ↑Rasur.
Rasiercreme ↑Seife.
Rasierer ↑Rasierapparat.
Rasiererloge ↑Sitzplatz.
Rasierersitz ↑Sitzplatz.
Rasierseife ↑Seife.
Rasiersitz ↑Sitzplatz.
Rasierwasser, Preshavelotion, Aftershavelotion; ↑Parfum, ↑duftend.
Räson: jmdn. zur R. bringen ↑Vernunft.
Raspa ↑Tanz.
raß: ↑scharf, ↑unhöflich, ↑würzig.
räß: ↑scharf, ↑würzig.
¹Rasse, Menschenrasse · *deren Angehörige ei-*

ne weiße Hautfarbe haben: weiße Rasse, Weißer, Bleichgesicht, Europäer · *deren Angehörige eine schwarze Hautfarbe haben:* schwarze / negride Rasse, Afrikaner, Schwarzer, Farbiger · *deren Angehörige eine gelbliche Hautfarbe haben:* Indianer, Rothaut ·· *deren Angehörige eine gelbe Hautfarbe haben:* gelbe / mongolische Rasse, Japaner, Chinese; ↑Rassentrennung.

²Rasse: R. sein ↑anziehend [sein].

Rassel, Rumbakugel, Maraca · Ratsche, Klapper, Kastagnetten; ↑Musikinstrument; ↑rasseln.

¹rasseln, klappern, ratschen; ↑Rassel.

²rasseln: ↑läuten; mit dem Säbel r. ↑drohen.

Rassenhass, Rassenwahn, Rassenkampf; ↑Beleidigung; ↑Rassentrennung; ↑diskriminieren.

Rassenkampf ↑Rassenhass.

Rassentrennung, Apartheid; ↑Rasse, ↑Rassenhass.

Rassenwahn ↑Rassenhass.

Rasseweib ↑Frau.

rassig ↑schnittig.

Rast ↑Pause.

Rastelbinder ↑Kesselflicker.

rasten ↑ruhen.

Raster · Kreuzraster · Kornraster · Linienraster · Tiefdrucknetzraster, Kreuzraster, Backsteinraster; ↑Druckverfahren, ↑Fotografie.

Rasthaus ↑Gaststätte.

rastlos: ↑fleißig, ↑ruhelos.

Rastlosigkeit ↑Fleiß.

Raststätte ↑Gaststätte, ↑Hotel.

Rasur, Nassrasur, Trockenrasur, Elektrorasur; ↑Rasierapparat.

Rat: ↑Ausschuss, ↑Lebenshilfe, ↑Vorschlag; Kleiner R. ↑Regierung; da ist guter R. teuer ↑ratlos [sein]; jmds. R. brauchen ↑Schwierigkeit; einen R. geben / erteilen, jmdm. mit seinem R. / mit Rat und Tat beistehen ↑beraten; sich keinen R. wissen ↑ratlos [sein]; um R. fragen ↑fragen; mit sich zurate gehen ↑denken.

¹Rate, Anteil; ↑Anzahl.

²Rate: in -n zahlen ↑zahlen.

Rätedemokratie ↑Herrschaft.

¹raten, ein Rätsel lösen, eine Quizfrage / Rätselfrage beantworten, herauskriegen; ↑Ratesendung.

²raten: ↑beraten, ↑denken; es ist geraten ↑zweckmäßig [sein]; r. zu ↑zuraten.

Ratenzahlung ↑Zahlung.

Ratesendung, Quizsendung, Quiz, Ratespiel; ↑Fernsehsendung, ↑Rundfunksendung; ↑raten.

Ratespiel ↑Ratesendung.

¹Ratgeber, Wegweiser, Leitfaden, Taschenbuch, Lehrbuch, Handbuch, Vademekum, Handreichung, Kompendium, Einführung, Grundriss, Abriss, Zusammenfassung, Begleiter, Führer, Guide, Gebrauchsanweisung, Rezept; ↑Besprechung, ↑Buch, ↑Gebrauchsanweisung, ↑Nachschlagewerk.

²Ratgeber ↑Berater.

Rathausplatz ↑Platz.

Rathausturm ↑Turm.

Ratifikation ↑Erlaubnis.

ratifizieren ↑unterschreiben.

Ratifizierung: ↑Erlaubnis, ↑Unterzeichnung.

Ration: ↑Anteil; eiserne R. ↑Proviant.

Rationalisator ↑Reformer.

Rationalismus, Aufklärung; ↑Atheismus, ↑Deismus, ↑Pantheismus, ↑Theismus.

rationell ↑zweckmäßig.

rationieren ↑einteilen.

ratlos, hilflos, aufgeschmissen *(salopp);* ↑machtlos; r. sein, feststecken, festsitzen, nicht weiter / sich keinen Rat / sich nicht zu helfen / nicht aus noch ein wissen, da ist guter Rat teuer, jetzt ist es zappenduster / zappe *(ugs., landsch.),* mit seiner Weisheit / mit seinem Latein am Ende sein, in [großer] Verlegenheit / in der Klemme / *(österr.)* petschiert sein, wie der Ochs vorm Berg / [neuen] Tor stehen, wie sag ich's meinem Kinde; ↑Not [leiden]; ↑helfen.

ratsam: r. sein ↑zweckmäßig [sein].

Ratsche ↑Rassel.

ratschen: ↑rasseln, ↑reden.

Ratschlag: ↑Hinweis, ↑Vorschlag.

ratschlagen ↑beratschlagen.

¹Rätsel, Buchstabenrätsel, Kreuzworträtsel, Silbenrätsel, Bilderrätsel, Rebus, Rösselsprung, Scharade, Suchbildrätsel, Vexierrätsel, Zahlenrätsel; ↑Geduldspiel, ↑Preisausschreiben.

²Rätsel: jmdm. R. aufgeben ↑rätselhaft [sein]; ein R. lösen ↑raten: vor einem R. stehen ↑unfassbar [sein].

Rätselfrage: ↑Frage; eine R. beantworten ↑raten.

¹rätselhaft, dunkel, orakelhaft, pythisch, doppelsinnig, doppeldeutig, delphisch, geheimnisvoll, änigmatisch, enigmatisch; ↑mehrdeutig, ↑unfassbar; **r. sein:** etwas ist rätselhaft / liegt im Dunkeln, jmdm. Rätsel aufgeben.

²rätselhaft ↑unfassbar.

Rätselhaftigkeit ↑Unbegreiflichkeit.

rätseln ↑denken.

Rätselspiel ↑Preisausschreiben.

Rätselwettkampf ↑Preisausschreiben.

Ratte ↑Nagetier.

Rattenfalle ↑Falle.

Rattengift ↑Gift.

Rattenschwanz: ein R. ↑viele.

Rattenschwänzchen ↑Haarzopf.

rattern ↑holpern.

Ratz ↑Nagetier.

ratzekahl: r. essen ↑aufessen; r. fressen ↑abfressen, ↑abgrasen.

ratzen ↑schlafen.

¹rau, kraus, uneben, rissig, holprig, nicht glatt, nicht zart.

²rau: ↑heiser; in -en Mengen ↑reichlich; etwas ist in -en Mengen vorhanden ↑Überfluss [haben].

¹Raub, Beute, Fang, Diebesgut, Gestohlenes, Sore *(Jargon),* heiße Ware; ↑Diebstahl, ↑Schmuggelware; ↑wegnehmen.

²Raub: ↑Diebstahl; ein R. der Flammen werden ↑brennen.

Raub- (z.B. Raubdruck), Schwarz-, Piraten-, Freibeuter-; ↑gesetzwidrig.

Raubbau: mit seinen Kräften / seiner Gesundheit R. treiben ↑übernehmen (sich); keinen R. mit seiner Gesundheit treiben ↑Gesundheit.

Raubdruck ↑Nachdruck.

rauben: ↑wegnehmen; jmdm. alle Hoffnung r. ↑entmutigen; jmdm. die Jungfräulichkeit / Unschuld r. ↑deflorieren; jmdm. den letzten Nerv r. ↑ärgern (jmdn.); etwas raubt jmdm. den Schlaf ↑sorgen (sich).

Räuber: ↑Dieb, ↑Schössling; R. und Bolle / Gendarm / Landjäger / Polizei / Prinzessin ↑Versteckspiel.

Räuberhauptmann ↑Anführer.

räubern ↑wegnehmen.

Räuberpistole ↑Lüge.

Räuberroman ↑Roman.

Räuberzivil ↑Kleidung.

Raubkrieg ↑Krieg.

Raubmarder ↑Raubtier.

Raubmord ↑Tötung.

Raubmörder ↑Mörder.

Raubpressung ↑Schallplatte.

Raubtier, Karnivore · Hund, Wolf, Fuchs, Schakal · Bär, Kleinbär · Katze, Löwe, Tiger, Leopard, Irbis, Jaguar, Puma, Schneeleopard, Nebelparder, Goldkatze, Ozelot, Wildkatze, Marmorkatze, Luchs, Gepard, Schleichkatze, Hyäne · Marder, Raubmarder, Erdmarder, Dachs, Iltis, Hermelin, Wiesel, Nerz, Stinktier, Skunk, Wasserwiesel, Wassermarder, Otter, Fischotter, Meerotter, Riesenotter, Zwergotter, Sumpfotter, Krebsotter; ↑Bär, ↑Hunderassen, ↑Katzenrassen, ↑Wild; ↑wild.

Raubtierkäfig ↑Käfig.

Raubüberfall ↑Überfall.

Raubwürger ↑Vogel.

Raubzug ↑Überfall.

¹Rauch, Rauchfahne, Qualm, Schmauch, Dunst, Hecht *(ugs.);* ↑Nebel.

²Rauch: etwas ist Schall und R. ↑vergänglich [sein].

rauchblättrig: Rauchblättriger Schwefelkopf ↑Ständerpilz.

rauchblau ↑blau.

¹rauchen, Raucher sein, schmauchen, schmöken, schmöken, qualmen, paffen, plotzen, einen Zug machen · *viel, stark:* rauchen / qualmen wie ein Schlot · *bis zum letzten Rest:* den Stummel quälen *(scherzh.)* · *von Rauschgift:* kiffen, einen Joint durchziehen *(Jargon),* einen Trip nehmen *(Jargon),* haschen, drücken; **zu r. beginnen,** sich eine anstecken / ins Gesicht stecken *(ugs.);* **nicht mehr r.,** das Rauchen aufgeben; **nicht r.,** Nichtraucher sein; **nicht r.!,** Rau-

chen verboten!, Rauchen unterlassen!; ↑Raucher, ↑Rauschgift, ↑Rauschgiftsüchtiger, ↑Tabak, ↑Tabakspfeife, ↑Tabakwaren, ↑Zigarre, ↑Zigarette.

²rauchen: gleich raucht es ↑aufhören; die Friedenspfeife r. ↑bereinigen, ↑Frieden [schließen].

Rauchen · *das Einatmen von Tabakrauch, zu dem ein Nichtraucher durch die Anwesenheit eines Rauchenden gezwungen ist:* Passivrauchen; ↑rauchen.

¹Raucher, Tabakraucher, Zigarettenraucher, Zigarrenraucher, Pfeifenraucher · *sehr starker:* Kettenraucher · *nur selten rauchender:* Sonntagsraucher, Gelegenheitsraucher · *von Rauschgiften:* Opiumraucher, Haschischraucher, Marihuanaraucher, Kiffer; ↑Rauschgift, ↑Rauschgiftsüchtiger, ↑Tabak, ↑Tabakspfeife, ↑Tabakwaren, ↑Zigarre, ↑Zigarette; ↑rauchen.

²Raucher: ↑Eisenbahnabteil; R. sein ↑rauchen.

Raucherabteil ↑Eisenbahnabteil.

Räucherfleisch ↑Fleisch.

räuchern, selchen *(bayr., österr.);* ↑geräuchert.

Raucherwaren ↑Tabakwaren.

Rauchfahne ↑Rauch.

Rauchfang ↑Schornstein.

Rauchfangkehrer ↑Schornsteinfeger.

rauchfarben ↑grau.

Rauchfleisch ↑Schinken.

Rauchglas ↑Glas.

rauchgrau ↑grau.

rauchig: ↑heiser, ↑stickig.

Rauchquarz ↑Schmuckstein.

Rauchrolle ↑Zigarre.

Rauchtabak ↑Tabak.

Rauchtisch ↑Tisch.

Rauchwaren: ↑Pelzwaren, ↑Tabakwaren.

Rauchzeug ↑Tabakwaren.

Räude ↑Hautkrankheit.

räudig ↑ekelhaft.

rauf: ↑her, ↑hin.

Raufbold, Rowdy, Rabauke, Schläger, Schlägertyp, Schlagetot; ↑Flegel, ↑Halbstarker, ↑Kämpfer, ↑Mensch; ↑schlagen.

raufen: sich r. ↑schlagen.

Rauferei ↑Schlägerei.

rauffallen: die Treppe r. ↑avancieren.

raufgehen ↑hinaufgehen.

raufklettern ↑hinaufgehen.

raufschmieren ↑bestreichen.

raufsetzen ↑steigern.

raufsteigen ↑hinaufgehen.

Rauleder ↑Leder.

¹Raum, Räumlichkeit, Zimmer, Stube, gute Stube, Gemach, Prunkgemach, Wohnraum, Wohnzimmer, Schlafzimmer, Schlafgemach, Fremdenzimmer, Gästezimmer, Kinderzimmer, Mädchenzimmer, Vorzimmer *(österr.),* Salon, Kammer, Kabäuschen, Nebenraum, Gelass, Kabinett, Bude *(salopp),* Bruchbude *(salopp, abwertend),* Loch *(ugs., abwertend),* Kabuff *(ugs., abwertend)* · *großer:* Halle, Saal,

Großraum; ↑Büro · *gemieteter:* Untermietzimmer · *mit schrägen Wänden:* Mansarde, Mansardenzimmer, Giebelzimmer, Giebelstube · *den man mit einer gewissen Ehrfurcht betritt:* Heiligtum, heilige Hallen · *in dem man warten kann:* Wartesaal, Warteraum, Wartezimmer, Wartsaal *(südd., schweiz.)* · *für die Dame:* Boudoir, Kemenate · *für das Gesinde:* Gesindestube *(veraltet),* Schalander *(veraltet)* · *abgesonderter in einem Restaurant:* Extrazimmer *(österr.),* Chambre séparée, Séparée · *auf dem Schiff:* Kajüte, Kabine, Kammer, Logis · *zum Sitzen im Flugzeug, Motorboot:* Cockpit; ↑Abstellraum, ↑Gesellschaftsraum, ↑Laden, ↑Remise, ↑Saal, ↑Speisekammer, ↑Werkraum, ↑Wohnung, ↑Zimmerdecke.

²Raum: ↑Gebiet, ↑Weltall; luftleerer R. ↑Vakuum; etwas steht im R. ↑unerledigt [sein]; etwas im R.ˣstehen lassen ↑unerledigt [lassen]; jenseits von R. und Zeit ↑ewig.

Raumakustik, Akustik, akustische Verhältnisse, Klangverhältnisse, Schallverhältnisse, Klangwirkung, Schallwirkung; ↑Nachhall, ↑Resonanz, ↑Widerhall; ↑schallen; ↑akustisch.

Raumausstatter, Innenarchitekt, Dekorateur, Raumgestalter, Polsterer, Tapezier, Tapezierer; ↑Innendekoration, ↑Maler, ↑Schaufenstergestalter.

räumen: ↑verlagern; das Feld r. ↑standhalten; r. aus ↑wegnehmen; jmdn. aus dem Weg r. ↑töten.

Raumfahrer ↑Astronaut.

Raumfahrt, Weltraumfahrt, Astronautik, Kosmonautik.

Raumgestalter ↑Raumausstatter.

Raumgestaltung ↑Innendekoration.

Raumkunst ↑Innendekoration.

Raumlehre ↑Mathematik.

Räumlichkeit ↑Raum.

raumlos: raum- und zeitlos ↑ewig.

Raumlosigkeit: Raum- und Zeitlosigkeit ↑Ewigkeit.

Raummaß · *in der Forstwirtschaft:* Raummeter, Festmeter, Ster, Klafter; ↑Flächenmaß, ↑Gewichtseinheit, ↑Hohlmaß, ↑Längenmaß, ↑Metermaß; ↑messen.

Raummeter ↑Raummaß.

Raumpflegerin ↑Putzfrau.

Raumspray ↑Spray.

Räumung ↑Verlagerung.

Räumungsverkauf ↑Ausverkauf.

Raunächte, die Zwölf Nächte, die Zwölften, die Zeit zwischen Weihnachten und Dreikönigsfest; ↑Weihnachten.

raunen ↑flüstern.

raunzen: ↑beanstanden, ↑klagen.

Raunzer ↑Griesgram.

Raupe ↑Larve.

Raupenbahn ↑Karussell.

Raupensammlung: der fehlt mir noch in meiner R. ↑ärgerlich [sein].

Raupenschlepper ↑Auto.

Rauputz ↑Verputz.

Raureif ↑Niederschlag.

raus: ↑her, ↑hin; aus dem Schneider r. sein ↑alt [sein]; fein r. sein ↑Glück [haben].

¹Rausch, Euphorie, Ekstase ··· *durch Rauschmittel:* Coast, Flash, Reise, Trip, Kick, Run ·· *mit Angstzuständen verbundener:* Horrortrip, Badtrip, Bumtrip, Freak-out; ↑Höhepunkt, ↑Rauschgift, ↑Rauschgiftsüchtiger; **sich in einen R.** versetzen · *mit Drogen:* auf die Reise gehen, einen Trip machen, anturnen *(gesprochen: antörnen),* antunen *(gesprochen: antjunen);* **im R. sein** · *nach Genuss von Drogen:* high / bashed / bombed / stoned sein, unter Drogen stehen; ↑euphorisch.

²Rausch: ↑Betrunkenheit, ↑Lust; seinen / sich den R. ausschlafen ↑nüchtern [werden].

Rauschebart ↑Bart.

rauschen, brausen, tosen; ↑schallen; ↑Laut.

Rauscher ↑Wein.

Rauschgift, Droge, Suchtmittel, Betäubungsmittel, Acid, Stoff *(Jargon),* Stuff ·· *Opiate:* Opium, harte Droge, Rohopium, Chandoo · Morphium · Heroin, H *(gesprochen: eˈtsch),* Harry, Horse, Junk, Scat, Snow · Eudokal · Metadon · Petidin · Romilar · Dolantin · Methedrin ·· *Cannabisprodukte:* Hanf · Marihuana, Fu, Gage, Grass, Griffs, Heu, Jaysmoke, Mary Jane, Maria Johanna, Pot, Tea, Weed · Haschisch, Hasch, weiche Droge, Bhang, Pot, Tea, Shit, Was ·· *Halluzinogene:* LSD, Morningglory · Meskalin · Psilocybin · STP (für: Serenity, Tranquillity, Peace) · Kokain, Schnee, Crack, Coco, Coke, Koks, C, Charley, Blanche, White Stuff ·· *Amphetamine, Weckamine, Schnellmacher:* Bambino, Christmastree, Copilot, Pep Pill, Pepper-Upper, Speed; ↑Aufputschmittel, ↑Beruhigungsmittel, ↑Einspritzung, ↑Gasmittel, ↑Gift, ↑Händler, ↑Höhepunkt, ↑Kokainvergiftung, ↑Lust, ↑Medikament, ↑Opiumvergiftung, ↑Psychopharmakon, ↑Raucher, ↑Rauschgiftsüchtiger, ↑Spritze; ↑rauchen; **mit R. handeln,** dealen, pushen, Dealer sein.

rauschgiftsüchtig ↑süchtig.

Rauschgiftsüchtiger, Rauschmittelsüchtiger, Drogenabhängiger, ausgeflippte / abgefuckte Type *(salopp),* User, Viper, Mainliner · *der Morphium nimmt:* Morphinist · *der LSD nimmt:* Saurekopf *(ugs.)* · *der Kokain nimmt:* Coquero, Kokser *(ugs.)* · *der Opium nimmt:* Junkie · *der Rauschgift raucht:* Kiffer, Hascher · *der Rauschgift spritzt:* Fixer; ↑Einspritzung, ↑Kokainvergiftung, ↑Opiumvergiftung, ↑Raucher, ↑Rausch, ↑Rauschgift, ↑Spritze; ↑rauchen, ↑spritzen; ↑süchtig.

Rauschgifttoter ↑Toter.

Rauschgoldengel ↑Frau.

rauschhaft ↑dionysisch.

Rauschmittel ↑Medikament.

Rauschmittelsüchtiger ↑Rauschgiftsüchtiger.
rausfeuern ↑entlassen.
rausfliegen: im hohen Bogen r. ↑hinauswerfen.
rausfließen ↑ausfließen.
raushaben: den Bogen / Dreh r. ↑geschickt [sein].
raushängen: die Fahne r. ↑flaggen.
rausholen ↑herausholen.
rauskommen: auf Teufel komm raus ↑konzentriert, ↑sehr, ↑unbedingt.
rauskriegen ↑finden.
rauslassen: die Sau r. ↑anstößig [reden], ↑sprechen, ↑[sich zu] erkennen [geben].
rauslaufen ↑ausfließen.
rausmachen ↑herausholen.
rausnehmen ↑herausholen.
rauspfeffern ↑entlassen.
rausrücken: ↑abgeben; nichts r. ↑geizig [sein].
rausschmeißen: ↑entlassen; jmdn. [achtkantig] r. ↑hinauswerfen.
Rausschmeißer ↑Bewacher.
Rausschmiss ↑Entlassung.
rausschwätzen ↑ablisten.
raus sein: die Luft ist raus ↑[ohne] Begeisterung.
raussetzen ↑hinauswerfen.
rauswerfen: ↑entlassen; jmdn. in hohem Bogen r. ↑hinauswerfen.
Raute: ↑geometrische Figur, ↑Viereck.
Rautendach ↑Dach.
Rautenfries ↑Fries.
Rautenhirn ↑Gehirn.
Ravioli ↑Teigwaren.
Rayon: ↑Gebiet, ↑Polizeirevier.
Razzia ↑Durchsuchung.
Reader ↑Buch.
¹reagieren, Gegenwirkung zeigen, auf etwas ansprechen · **in übertriebener Weise r.,** eine Überreaktion zeigen, das Kind mit dem Bade ausschütten; ↑aufgeregt; **nicht r.,** sich taub stellen, auf den Ohren sitzen *(ugs.),* Watte in den Ohren haben.
²reagieren ↑antworten.
Reagin ↑Antikörper.
¹Reaktion, Überreaktion, Wirkung, Gegenwirkung, Gegenbewegung, Rückwirkung · Kettenreaktion · *unkontrollierte:* Kritikalitätsunfall; ↑Antwort, ↑Erfolg, ↑Reflex; ↑antworten.
²Reaktion: ↑Rückschritt; allergische R. ↑Unzuträglichkeit.
reaktionär ↑rückschrittlich.
Reaktionär ↑Konservativer.
Reaktionskörper ↑Antikörper.
reaktionsschnell ↑geistesgegenwärtig.
Reaktionsschnelligkeit ↑Geistesgegenwart.
Reaktionsvermögen ↑Geistesgegenwart.
Reaktor ↑Atomreaktor.
real: ↑dinglich, ↑wirklich.
Realbüro ↑Vermittler.
Realgymnasium ↑Schule.

realisieren: ↑verwirklichen, ↑vorstellen (sich etwas); etwas realisiert sich ↑eintreffen.
Realisierung ↑Bewerkstelligung.
Realismus: ↑Literaturepochen; fantastischer / sozialistischer R. ↑Malerei.
realistisch, nüchtern, trocken, sachlich, lebensnah, wirklichkeitsnah; ↑echt, ↑prosaisch · Ggs. ↑unrealistisch; **r. sein,** mit beiden Beinen auf der Erde stehen, auf dem Boden der Tatsachen stehen, den Tatsachen ins Gesicht sehen.
Realität: ↑Tatsache; -en ↑Immobilien.
Realitätenhändler ↑Vermittler.
Realitätenvermittler ↑Vermittler.
realiter: ↑wirklich; in r. ↑leibhaftig.
Realkanzlei ↑Vermittler.
Reallohn ↑Lohn.
Realschule ↑Schule.
Realschullehrer ↑Lehrer.
Reanimation ↑Wiederbelebung.
Reaumur ↑Temperaturskala.
Rebbau ↑Weinbau.
Rebbauer ↑Winzer.
Rebbe ↑Geistlicher.
Rebberg ↑Weinberg.
Rebe: die Stadt zwischen Wald und -n ↑Stuttgart.
Rebell ↑Revolutionär.
rebellieren ↑aufbegehren.
Rebellion ↑Verschwörung.
rebellisch ↑aufrührerisch.
rebeln ↑pflücken.
Rebensaft ↑Wein.
Rebhang ↑Weinberg.
Rebhendl ↑Vogel.
Rebhuhn: ↑Vogel, ↑Wild.
Rebschnur ↑Schnur.
Rebus ↑Rätsel.
Rechaud: ↑Herd, ↑Wärmeplatte.
Rechen ↑Harke.
Rechenanlage ↑Computer.
Rechenautomat ↑Automat.
Rechenfehler: einen R. machen ↑verrechnen (sich).
Rechenheft ↑Heft.
Rechenkopfsäule ↑Tanksäule.
Rechenoperation ↑Rechenverfahren.
Rechenpapier ↑Schreibpapier.
¹Rechenschaft, Verantwortung; ↑Ermahnung; **zur R. ziehen,** zur Verantwortung ziehen, sich jmdn. kaufen *(salopp),* jmdn. zur Rede stellen; ↑bestrafen, ↑mahnen, ↑schelten.
²Rechenschaft: sich R. ablegen über ↑klar werden (sich über); zur R. ziehen ↑belangen, ↑bestrafen, ↑prozessieren.
Rechenstörung ↑Aphasie.
Rechenverfahren, Rechenoperation · Addition, Zusammenzählen · Subtraktion, Abziehen · Division, Teilung · Multiplikation, Malnehmen · Wurzelziehen; ↑Gleichung, ↑Mathematik; ↑addieren, ↑dividieren, ↑multiplizieren, ↑potenzieren, ↑quadrieren, ↑radizieren.

Recherche: ↑Nachforschung, ↑Umfrage.
¹Rechercheur, Ermittler; ↑Auskundschafter, ↑Kontrolleur.
²Rechercheur ↑Berichter.
recherchieren ↑nachforschen.
Recherl ↑Pfifferling.
Rechling ↑Pfifferling.
rechnen: ↑ausrechnen; falsch r. ↑verrechnen (sich); r. mit ↑erwarten, ↑glauben, ↑vermuten; r. mit etwas ↑verlassen (sich auf etwas); nicht mehr r. mit ↑abschreiben; mit etwas ist zu r. ↑bevorstehen; damit r. müssen, dass ... ↑Gefahr [laufen]; mit dem Pfennig r. ↑sparsam [sein]; [mit dem Pfennig] r. müssen ↑sparen [müssen]; sich r. ↑lohnend [sein].
Rechner ↑Computer.
¹Rechnung, Forderung, Faktur, Faktura *(österr.),* Liquidation, Kostenrechnung; ↑Bescheinigung, ↑Unkosten.
²Rechnung: ↑Quittung; mit jmdm. eine R. zu begleichen haben ↑schelten; R. legen ↑abrechnen; die R. ohne den Wirt machen ↑irren (sich); R. tragen, in R. stellen ↑berücksichtigen; auf seine R. kommen ↑befriedigen, ↑zuzahlen; in R. setzen ↑berücksichtigen; jmdm. eine R. aufmachen ↑präsentieren / zusammenstellen ↑Unkosten.
Rechnungsablage ↑Ablage.
Rechnungsbuch, Rechnungsheft, Kassenbuch, Kassabuch *(österr.),* Kladde, Manual *(veraltet),* Rapiat *(veraltet).*
Rechnungsführer ↑Kassierer.
Rechnungsheft ↑Rechnungsbuch.
¹recht, gerecht, richtig, gerechtfertigt, rechtmäßig, billig; **r. sein,** etwas ist recht / rechtens / recht und billig; ↑füglich.
²recht: ↑ansehnlich, ↑geeignet, ↑sehr; das Herz auf dem -en Fleck haben ↑lebenstüchtig [sein], ↑mutig [sein]; etwas geht nicht mit -en Dingen zu ↑unfassbar [sein]; die -e Hand ↑Stellvertreter; -er Herzvorhof / Vorhof ↑Herz; etwas / das Kind beim -en Namen nennen ↑beschönigen; -e Seite ↑Vorderseite; zur -en Zeit ↑pünktlich; nicht zur -en Zeit ↑säumig; r. sein ↑passen; es soll mir r. sein ↑ja; jmdm. ist jedes Mittel r. ↑rücksichtslos [sein]; Recht haben ↑Recht; schlecht und r., mehr schlecht als r. ↑kaum; erst r. ↑absichtlich.
¹Recht, gesetztes / positives Recht, Naturrecht · *der Eltern, für die Erziehung und das Vermögen ihrer Kinder zu sorgen:* Sorgerecht · *des Erstgeborenen:* Erstgeburtsrecht, Vorzugsrecht, Primogenitur · *des Zweitgeborenen in einem Fürstenhaus:* Sekundogenitur · *des Grundherrn auf die erste Nacht mit den Neuvermählten eines Hörigen:* Jus primae Noctis; ↑Anspruch, ↑Berechtigung, ↑Gleichberechtigung; **im R. sein,** Recht haben, richtig liegen *(salopp),* sich nicht irren; es stimmt, was jmd. sagt; man geht wohl nicht fehl in der Annahme, dass ...
²Recht: ↑Anspruch, ↑Berechtigung; bürgerliches R. ↑Rechtsgebiet; R. des Stärkeren ↑Faustrecht; etwas ist jmds. gutes R. ↑zustehen; seine -e abtreten ↑abschreiben; sein R. behaupten / erzwingen, von seinem R. Gebrauch machen ↑bestehen (auf); R. haben ↑Recht; sein R. geltend machen auf ↑Anspruch [geltend machen]; sein R. [bei Gericht / vor Gericht] suchen ↑prozessieren; mit gutem R., mit Fug und R., ↑befugt; mit Fug und R., mit / zu R. ↑füglich; Gnade für / vor R. ergehen lassen ↑nachsichtig [sein]; auf R. bestehen ↑Richtigkeit; R. und Ordnung ↑Gerechtigkeitssinn.
rechtdenkend ↑gerecht.
rechte: -r Hand, auf der -n Seite ↑rechts.
Rechteck: ↑geometrische Figur, ↑Viereck.
rechtens: etwas ist r. ↑recht [sein].
Rechter ↑Konservativer.
rechtfertigen: ↑lossprechen, ↑verzeihen; sich r. ↑wehren (sich).
Rechtfertigung ↑Nachweis.
Rechthaber: ↑Besserwisser, ↑Trotzkopf.
Rechthaberei: ↑Eigensinn, ↑Wichtigtuerei.
rechthaberisch ↑unzugänglich.
rechtlich ↑rechtmäßig.
Rechtlichkeit ↑Redlichkeit.
rechtlos ↑unterdrückt.
¹rechtmäßig, legitim, begründet, rechtlich, gesetzlich, legal, de jure, nicht ↑gesetzwidrig; ↑befugt, ↑statthaft; ↑Berechtigung, ↑Rechtmäßigkeit
²rechtmäßig ↑recht.
Rechtmäßigkeit, Gesetzlichkeit, Legalität; ↑rechtmäßig.
¹rechts, rechter Hand, auf der rechten Seite; dort, wo der Daumen links ist *(scherzh.)* · *bei Schiffen und Flugzeugen:* steuerbord[s]; ↑links.
²rechts: ↑konservativ; dort, wo der Daumen r. ist ↑links; nicht nach r. und links blicken ↑verwirren.
Rechtsanwalt ↑Jurist.
Rechtsanwaltsbüro ↑Anwaltsbüro.
Rechtsanwaltskanzlei ↑Anwaltsbüro.
Rechtsaußen: ↑Fußballspieler, ↑Konservativer.
Rechtsbeistand ↑Jurist.
Rechtsberater ↑Jurist.
Rechtsbeugung, Rechtsbruch; ↑missachten.
Rechtsbrecher ↑Verbrecher.
Rechtsbruch ↑Rechtsbeugung.
rechtschaffen ↑ehrenhaft.
¹Rechtschaffenheit, Honorigkeit, Ehrbarkeit, Ehrsamkeit, Redlichkeit, Achtbarkeit, Biederkeit, Bonhomie, Biedersinn, Unbestechlichkeit; ↑Arglosigkeit, ↑Güte, ↑Schlichtheit; ↑ehrenhaft.
²Rechtschaffenheit ↑Redlichkeit.
Rechtschreibfehler ↑Fehler.
rechtschreiblich ↑orthographisch.
Rechtschreibung, Orthographie; ↑Fehler.
Rechtschreibwörterbuch ↑Nachschlagewerk.

Rechtsdisziplin ↑Rechtsgebiet.
Rechtsempfinden ↑Gerechtigkeitssinn.
rechtsextrem ↑rechtsradikal.
Rechtsextremismus ↑Patriotismus.
Rechtsextremist ↑Extremist.
rechtsextremistisch ↑national.
Rechtsgebiet, Rechtsdisziplin · Sozialrecht · Gesellschaftsrecht · Erbrecht · Zivilrecht, Zivilprozessrecht, bürgerliches Recht, öffentliches Recht, allgemeines Recht, Privatrecht · Strafrecht, Strafprozessrecht · Staatsrecht, Völkerrecht, Verfassungsrecht · Verwaltungsrecht · Handelsrecht, Wettbewerbsrecht · Wirtschaftsrecht, Patentrecht, Steuerrecht · Arbeitsrecht · Kirchenrecht · Kriegsrecht; ↑Gericht, ↑Gerichtsmedizin, ↑Jurist, ↑Justiz, ↑Kriminalistik, ↑Rechtswissenschaft.
Rechtsgefühl ↑Gerechtigkeitssinn, ↑Gerechtigkeit.
Rechtsgelehrter ↑Jurist.
Rechtskonsulent ↑Jurist.
Rechtskurve ↑Kurve.
Rechtsmedizin ↑Gerichtsmedizin.
Rechtsmittelgericht ↑Gericht.
Rechtsnachfolge ↑Nachfolge.
Rechtsnachfolger ↑Nachfolger.
Rechtspflege ↑Justiz.
¹Rechtsprechung, Judikatur, Jurisdiktion.
²Rechtsprechung ↑Justiz.
rechtsradikal, rechtsextrem, faschistisch, nationalsozialistisch, nazistisch *(abwertend),* Nazi *(abwertend),* neofaschistisch, faschistoid; ↑Extremist, ↑Nationalsozialist.
Rechtsradikaler ↑Extremist.
Rechtssinn ↑Gerechtigkeitssinn.
Rechtsunterzeichneter ↑Unterzeichner.
Rechtsverdreher ↑Jurist, ↑Wortverdreher.
Rechtsverfahren ↑Gerichtsverfahren.
Rechtsvertreter ↑Jurist.
Rechtsweg: den R. beschreiten ↑prozessieren.
Rechtswesen ↑Justiz.
Rechtswissenschaft, Jurisprudenz, Jura, Jus *(österr.);* ↑Justiz, ↑Rechtsgebiet, ↑Wissenschaft.
rechtzeitig: ↑früh, ↑pünktlich.
Reck ↑Sportgerät.
Recke ↑Held.
recken (sich), sich strecken / ausdehnen / dehnen; ↑erheben (sich), ↑räkeln (sich).
Recycling ↑Wiederverwertung.
Recyclingpapier ↑Papier.
Redakteur ↑Schriftleiter.
Redaktion, Schriftleitung, Geschäftsstelle; ↑Zeitschrift, ↑Zeitung, ↑Zeitungsartikel.
Redaktor ↑Schriftleiter.
¹Rede, Ansprache, Anrede *(schweiz.),* Festrede, Vortrag, Referat, Korreferat, Koreferat *(österr.)* · *an der Hochschule:* Kolleg, Vorlesung · *des Geistlichen in der Kirche:* Predigt, Kanzelwort, Festpredigt, Ehrenpredigt *(schweiz.)* · *sehr lange:* Marathonrede · *leidenschaftliche, kämpferische:* Philippika · *zusammenfassende*

vor dem Gericht: Plädoyer · *erste eines Parlamentsmitgliedes:* Jungfernrede · *auf einer Faschingsveranstaltung:* Büttenrede; ↑Gespräch, ↑Rhetorik, ↑Trinkspruch; ↑erste.
²Rede: ↑Sprechakt; eine R. halten ↑vortragen; große -n schwingen ↑prahlen; R. und Antwort stehen ↑antworten; der langen R. kurzer Sinn ↑kurzum; etwas ist kaum / nicht der R. wert ↑unwichtig [sein]; in R. stehend ↑obig; jmdn. zur R. stellen ↑Rechenschaft.
Rededrang ↑Redseligkeit.
Redefigur ↑Ausdrucksmittel.
Redefluss ↑Tirade.
Redefreiheit ↑Freiheit.
redefreudig ↑gesprächig.
Redefreudigkeit ↑Redseligkeit.
Redegabe ↑Redegewandtheit.
Redegewalt ↑Redegewandtheit.
redegewaltig ↑beredt.
redegewandt ↑beredt.
Redegewandtheit, Redegabe, Wortgewandtheit, Redegewalt, Sprachgewalt, Zungenfertigkeit, Eloquenz, [forensische] Beredsamkeit; ↑Redseligkeit, ↑Rhetorik; ↑beredt.
Redekunst ↑Rhetorik.
redelustig ↑gesprächig.
¹reden (über jmdn. / etwas), sich über jmdn. (oder:) etwas entrüsten / aufhalten / aufplustern / aufregen, über jmdn. (oder:) etwas lästern / herziehen / losziehen, sich über jmdn. (oder:) etwas das Maul verreißen / zerreißen *(salopp),* [über jmdn. (oder:) etwas] klatschen / tratschen / ratschen, durchhecheln; ↑schlecht machen; ↑heiser; ↑Lästerer, ↑Mund.
²reden: ↑äußern (sich), ↑mitteilen; gut / leicht r. haben ↑Lage; frei (oder:) frisch von der Leber weg / kariert r., r. wie ein Wasserfall, Makulatur / Tacheles / Unsinn / dummes Zeug / gegen eine Wand / im Kasernenhofton / in den Wind / zu leeren Wänden r. ↑sprechen; Fraktur r. ↑schelten; jmdm. ein Kind in den Bauch r. ↑einreden; Tacheles r. ↑schelten; in Bildern / Gleichnissen r. ↑versinnbildlichen; mit jmdm. r., über Gott und die Welt / über Tod und Teufel r. ↑unterhalten (sich); mit jmdm. nicht mehr r. ↑verfeindet [sein]; mit sich r. lassen ↑entgegenkommen (jmdm.); r. über ↑äußern (sich); r. wir nicht mehr darüber! ↑beenden; von sich r. machen ↑auffallen; von der Kanzel r. ↑predigen.
Redensart, Phrase, Floskel, Formel, Lokution, Topos, Versatzstück; ↑Nachahmung, ↑Plattheit, ↑Redewendung.
Redeschlacht ↑Gespräch.
Redeschwall ↑Tirade.
Redeverbot ↑Verbot.
Redeweise ↑Ausdrucksweise.
Redewendung, [feste / idiomatische] Wendung, Wortgruppenlexem · *aus einer fremden Sprache übernommene, eingedeutschte:* Lehnwendung; ↑Redensart, ↑Spracheinheit, ↑Wort, ↑Wortbedeutung, ↑Wortbildung.

Redingote ↑Mantel.

redlich ↑ehrenhaft.

¹Redlichkeit, Rechtlichkeit, Rechtschaffenheit; ↑Gerechtigkeitssinn, ↑Treue.

²Redlichkeit: ↑Rechtschaffenheit, ↑Schlichtheit, ↑Treue.

Redner, Referent, Vortragender, Korreferent, Koreferent *(österr.),* Orator, Rhetor · *die Volksmassen aufwiegelnder:* Demagoge, Volksverführer, Volksaufwiegler; ↑Referent, ↑Rhetorik.

rednerisch ↑ausdrucksvoll.

Rednerpult ↑Katheder.

Redon ↑Chemiefaser.

Redoute: ↑Ball, ↑Maskerade.

redselig ↑gesprächig.

Redseligkeit, Gesprächigkeit, Mitteilsamkeit, Redefreudigkeit, Geschwätzigkeit, Klatschsucht, Klatschsüchtigkeit, Tratschsucht, Tratschsüchtigkeit, Schwatzhaftigkeit · *krankhafte:* Logorrhö, Loquacitas, Polyphrasie, Rededrang; ↑Gerede, ↑Gewäsch, ↑Klatsch, ↑Redegewandtheit, ↑Tirade; ↑gesprächig.

redundant: ↑pleonastisch, ↑überladen.

¹Redundanz, Üppigkeit, Überfluss, Überreichlichkeit, Übermaß, Hypercharakterisierung *(Sprachw.),* Übercharakterisierung *(Sprachw.);* ↑üppig.

²Redundanz ↑Pleonasmus.

reduzibel ↑zurückführbar.

reduzieren ↑verringern.

Reduzierung ↑Einschränkung.

Reede ↑Anlegebrücke.

Reeder, Schiffsherr, Schiffseigner, Eigner, Freteur; ↑Schiff, ↑Seemann.

reell ↑gediegen.

Reep ↑Seil.

Reeperbahn, die sündigste Meile der Welt; ↑Hamburg.

Refaktie ↑Preisnachlass.

Refektorium ↑Speiseraum.

Referat: ↑Besprechung, ↑Rede; ein R. halten ↑vortragen.

Referee ↑Schiedsrichter.

Referendar ↑Lehrer.

Referendum ↑Volksentscheid.

¹Referent, Sachbearbeiter, Bearbeiter, Dezernent, Berichterstatter, Gutachter, Kustos; ↑Redner.

²Referent: ↑Kritiker, ↑Redner.

Referenzen: ↑Befähigungsnachweis, ↑Empfehlungsschreiben.

referieren ↑mitteilen.

Reff ↑Tragekorb.

Reffknoten: [falscher R.] ↑Knoten.

Reflektant ↑Anwärter.

reflektieren: ↑denken, ↑spiegeln; r. auf ↑erwarten.

¹Reflex, Reflexbewegung · Kniescheibenreflex, Patellarreflex; ↑Reaktion.

²Reflex ↑Spiegelung.

Reflexbewegung ↑Reflex.

Reflexion: ↑Spiegelung, ↑Versenkung; -en anstellen über ↑denken.

reflexiv: [echtes / unechtes] -es Verb ↑Verb.

Reflexivverb ↑Verb.

Reflexzonenmassage: ↑Behandlung, ↑Massage.

Reform, Reformierung, Reformation, Umgestaltung, Neugestaltung, Erneuerung, Neuerung; ↑Änderung, ↑Neubelebung, ↑Verschwörung; ↑verbessern.

Reformation: ↑Literaturepochen, ↑Reform.

Reformationsfest ↑Kirchenjahr.

Reformationstag ↑Kirchenjahr.

Reformator: ↑Reformer, ↑Revolutionär.

Reformer, Reformator, Neuerer, Rationalisator, Aktivist *(DDR);* ↑Erfinder, ↑Reform, ↑Schrittmacher.

Reformhaus ↑Laden.

reformieren ↑verbessern.

reformiert: -e Kirche ↑Kirche.

Reformierung ↑Reform.

Reformkommunismus ↑Kommunismus.

Reformorden ↑Mönchsorden.

Refrain ↑Kehrreim.

Refugium ↑Zuflucht.

Regal: ↑Bücherbord, ↑Gestell.

Regatta, Ruderregatta, Segelregatta, Motorbootsregatta, Bootsrennen, Bootswettfahrt, Bootswettkampf; ↑Boot.

rege: [geistig r.] ↑lebhaft.

¹Regel, Norm, Standard, Gesetz, Gesetzmäßigkeit, Regelmäßigkeit, Regularität, Prinzip, Faustregel, Grundsatz, Leitsatz, Richtschnur, Leitschnur, Leitlinie, Richtlinie; ↑Ausspruch, ↑Muster, ↑Prinzipien, ↑Üblichkeit, ↑Weisung; ↑üblich · Ggs. ↑Abweichung.

²Regel: ↑Brauch, ↑Menstruation; die R. haben ↑menstruieren; etwas ist gegen alle -n der Vernunft ↑unsinnig [sein]; in der R. ↑oft; nach allen -n der Kunst ↑sehr.

Regelblutung ↑Menstruation.

Regeldetri ↑Mathematik.

regelmäßig: ↑ebenmäßig, ↑üblich; r. wiederkehrend, in -er Folge, in -en Abständen / Intervallen ↑periodisch.

Regelmäßigkeit: ↑Ebenmäßigkeit, ↑Regel.

regeln: ↑normen; etwas regelt sich ↑Ordnung.

regelrecht, buchstäblich, förmlich, geradezu, nachgerade, direkt, praktisch, ganz und gar; ↑ganz.

Regelung ↑Normung.

¹Regelverstoß, Foul, Revanchefoul, Unsauberkeit · *beim Fußball:* gefährliches / ruppiges Spiel, Sperren, Aufstützen, Unterlaufen, Rempeln, Abseits, Offside · *beim Handball und Boxen:* Klammern · *beim Boxen:* Tiefschlag, Kopfstoßen · *beim Eishockey:* Stockschlag, Ellenbogencheck, Crosscheck, Stockcheck, Bodycheck an der Bande.

²Regelverstoß ↑Abweichung.

regelwidrig ↑anormal.

Regelwidrigkeit ↑Abweichung.
regen: sich r. ↑arbeiten, ↑bewegen (sich), ↑entstehen.
Regen: ↑Niederschlag; saurer R. ↑Umweltverschmutzung.
¹Regenbogen, Himmelsring *(südd.);* ↑Niederschlag, ↑Sonne.
²Regenbogen: Kämpfer vom R. ↑Greenpeace.
Regenbogenpresse ↑Presse.
Regenbrachvogel ↑Vogel.
Regencape: ↑Mantel, ↑Umhang.
Regendach ↑Schirm.
Regeneration: ↑Erholung, ↑Wiederherstellung.
regenerieren: sich r. ↑erholen (sich).
Regenfälle ↑Niederschlag.
Regenfront ↑Wetterfront.
Regengosse ↑Regenrinne.
Regenhaut ↑Mantel.
Regenmantel ↑Mantel.
regennass ↑nass.
Regenpfeifer ↑Vogel.
Regenrinne, Dachrinne, Rinne, Regentraufe, Dachtraufe, Traufe, Regengosse *(landsch.),* Dachkandel *(landsch.),* Kandel *(landsch.),* Kännel *(landsch.).*
Regenschirm ↑Schirm.
Regent ↑Oberhaupt.
Regentag ↑Tag.
Regentraufe ↑Regenrinne.
Regentschaft ↑Herrschaft.
Regenwald ↑Urwald.
Regenwaldklima: tropisches R. ↑Klimazone.
Regenwasser ↑Wasser.
Regenwetter: ↑Wetter; ein Gesicht wie drei / sieben Tage R. machen ↑aussehen.
Regenwolken ↑Wolken.
Regenwurm ↑Wurm.
Reggae ↑Musik.
Regie, Führung, Leitung, Verwaltung; ↑Weisung.
Regieassistent ↑Regisseur.
¹regieren, administrieren, herrschen / gebieten über, lenken, leiten, verwalten; ↑vorstehen; ↑Herrschaft, ↑Oberhaupt, ↑Partei.
²regieren: Regierender Bürgermeister ↑Bürgermeister.
¹Regierung, Bundesregierung, Staatsregierung, Kabinett, Rumpfkabinett, Junta (bes. in Südamerika), Ministerrat (DDR, ehem.), Staatsrat (DDR, ehem.) ·· Koalitionsregierung, Einparteienregierung, Monocolore *(österr.)* ·· Minderheitsregierung, Minderheitenkabinett *(österr.)* ·· *die von militärischen Befehlshabern gebildet wird:* Militärregierung, Militärjunta ·· *von einem anderen Staat eingesetzte und gelenkte:* Marionettenregierung *(abwertend)* · *eines Bundeslandes:* Landesregierung · *in Berlin, Hamburg, Bremen:* Senat · *eines Kantons in der Schweiz:* Kantonsregierung, Regierungsrat, Standeskommission (Appenzell),

Kleiner Rat (Graubünden), Staatsrat (Wallis, Waadt, Freiburg, Genf, Neuenburg) ··· *in der Benennung nach dem Regierungssitz bzw. dem Außenamt ·· der USA:* Weißes Haus · *Russlands:* Kreml · *Großbritanniens:* Downing Street · *Frankreichs:* Quai d'Orsay · *Deutschlands:* Palais Schaumburg · *Österreichs:* Ballhausplatz · *Italiens:* Quirinal · *der Türkei:* Hohe Pforte *(hist.)* · *Deutschlands während des Nationalsozialismus:* Reichskanzlei ·· *nach dem Sitz des Staatsoberhaupts · Großbritanniens:* Buckingham Palace · *Frankreichs:* Élysée-Palast · *Deutschlands:* Villa Hammerschmidt · *Österreichs:* [Amalientrakt der] Hofburg ·· *nach dem Sitz des Verteidigungsministeriums der USA:* Pentagon ·· *von der Opposition für den Fall eines Regierungswechsels aufgestellte:* Schattenkabinett · *(in Frankreich) gemeinsame, z. B. in Bezug auf gegensätzliche politische Richtungen, die Staatspräsident und Premierminister vertreten:* Kohabitation; ↑Volksvertretung.
²Regierung: ↑Herrschaft, ↑Obrigkeit.
Regierungsbezirk ↑Verwaltungsbezirk.
Regierungschef: ↑Ministerpräsident, ↑Oberhaupt.
Regierungserklärung ↑Programm.
Regierungsgewalt ↑Befehlsgewalt.
Regierungsmitglied ↑Minister.
Regierungspartei ↑Partei.
Regierungsrat ↑Regierung.
Regierungsvertreter ↑Diplomat.
Regime: ↑Herrschaft, ↑Obrigkeit.
Regimekritiker ↑Gegner.
Regiment: ↑Heeresverband; das R. führen ↑maßgeblich [sein].
Regimentsmusik ↑Musik.
Region: ↑Gebiet; in höheren -en schweben ↑unrealistisch [sein].
regional, lokal, gebietsweise, strichweise, landschaftlich, provinziell, mundartlich, idiomatisch; ↑Gebiet, ↑Stelle.
Regisseur, Spielleiter, Inszenator, Regieassistent, Rampenvogt *(Jargon)* · *eines Balletts:* Choreograph; ↑Leiter (der), ↑Schauspieler.
Register: ↑Verzeichnis; alle R. ziehen ↑anwenden; andere R. ziehen ↑eingreifen.
registered: [r. trademark] ↑Warenzeichen.
registrieren: ↑bemerken, ↑buchen.
Registrierkasse ↑Ladenkasse.
Registrierung ↑Sammlung.
Reglement ↑Weisung.
reglementieren ↑anordnen.
reglos ↑bewegungslos.
Reglosigkeit ↑Bewegungslosigkeit.
regnen: es regnet, es sprüht / nieselt / tröpfelt / *(landsch.)* drippelt / *(landsch.)* pladdert /gießt [wie mit Mollen (oder:) wie mit Kübeln] / regnet in Strömen / schüttet / regnet Bindfäden / *(derb)* schifft, der Himmel öffnet seine Schleusen; ↑hageln, ↑schneien; ↑Niederschlag.
Regression ↑Verminderung.

regressiv ↑nachlassend.
regsam ↑aktiv.
Regsamkeit ↑Aktivität.
regulär ↑üblich.
Regularität ↑Regel.
Regulationsstörung ↑Funktionsstörung.
Regulativ: ↑Korrektiv, ↑Weisung.
regulieren: ↑kanalisieren, ↑normen; die Temperatur r. ↑klimatisieren.
Regulierung: ↑Kanalisierung, ↑Normung.
regungslos ↑bewegungslos.
Regungslosigkeit ↑Bewegungslosigkeit.
Reh, Bambi · *männliches:* Rehbock, Bock · *weibliches:* Ricke, Rehgeiß, Geiß · *junges:* Rehkitz, Kitz, Rehkalb; ↑Gämse, ↑Hirsch, ↑Wild.
Rehabilitation ↑Wiederherstellung.
Rehbock ↑Reh.
rehbraun ↑braun.
Rehfüßchen ↑Pfifferling.
Rehgeiß: ↑Pfifferling, ↑Reh.
Rehkalb ↑Reh.
Rehkeule ↑Keule.
Rehkitz ↑Reh.
Rehleder ↑Leder.
Rehling ↑Pfifferling.
Rehpilz ↑Ständerpilz.
Rehpinscher ↑Hunderassen.
Rehrattler ↑Hunderassen.
Rehrücken ↑Fleischgericht.
Rehwild ↑Wild.
Reibekuchen ↑Kartoffelpuffer.
¹reiben, abreiben, frottieren, abfrottieren, schrubben, abschrubben, rubbeln, abrubbeln, ribbeln *(österr.);* ↑kitzeln, ↑kratzen, ↑trocken [machen]; ↑Handtuch.
²reiben: ↑massieren, ↑säubern; sich r. ↑jucken (sich); blank r. ↑polieren; jmdm. eine r. ↑schlagen; sich die Hände r. ↑schadenfroh [sein]; [Kaffee r.] ↑mahlen; es jmdm. unter die Nase r. ↑mitteilen; jmdm. etwas unter die Nase r. ↑vorwerfen (jmdm. etwas).
Reibeplätzchen ↑Kartoffelpuffer.
Reiberdruck ↑Holzschnitt.
Reiberei ↑Streit.
Reibgerstel ↑Teigwaren.
Reibmassage ↑Massage.
Reibtuch ↑Putzlappen.
Reibung ↑Massage.
Reibungsbremse ↑Bremse.
reibungslos, ohne Schwierigkeiten / Hindernisse / Pannen; **r. verlaufen,** etwas verläuft reibungslos, etwas geht glatt / gut / wie am Schnürchen / wie geölt / wie geschmiert; ↑einspielen (sich).
¹reich, begütert, vermögend, zahlungskräftig, potent, wohlhabend, bemittelt, mit Glücksgütern gesegnet, steinreich *(emotional),* gut situiert, betucht, feiß *(schweiz.),* behäbig *(schweiz.),* hablich *(schweiz.),* vermöglich *(schweiz.),* bestbemittelt *(bes. österr.),* bestsituiert *(bes. österr.),* geldig *(bayr., österr.),* nicht ↑arm; **r. sein,** Geld

haben, das nötige Kleingeld haben, bei Kasse sein, Geld wie Heu / Dreck / *(österr.)* Mist haben *(salopp),* im Geld schwimmen, nach Geld stinken, im Geld fast ersticken, sich gut stehen, keine Not leiden, in der Wahl seiner Eltern vorsichtig gewesen sein, mit einem silbernen Löffel im Mund geboren sein; ↑Reicher; ↑verdienen.
²reich: ↑üppig; -er Mann ↑Reicher; -er Reim ↑Reim; -er machen ↑anreichern; Arm und Reich ↑alle.
Reich: ↑Staat; R. Gottes ↑Himmel; R. der Mitte ↑China; Hauptstadt des Deutschen -es ↑Berlin; ins R. der Fabel gehören ↑unwahrscheinlich [sein].
reichen: ↑ausreichen, ↑erstrecken (sich), ↑geben; jmdm. reicht es ↑ärgerlich [werden]; etwas reicht jmdm. ↑angeekelt [sein]; so weit das Auge reicht ↑überall, ↑überallhin; das Abendmahl r. ↑Abendmahl; jmdm. die Hand r. ↑einigen (sich); jmdm. die Hand fürs Leben r. ↑heiraten; jmdm. das Wasser nicht r. können ↑erreichen (jmds. Leistung).
Reicher, reicher Mann, Kapitalist, Krösus, Nabob, Geldsack, Plutokrat, Geldaristokrat, Millionär, Milliardär; ↑reich.
reichhaltig ↑inhaltsreich.
¹reichlich, viel, Rekord- (z. B. Rekordumsatz), in Hülle und Fülle, in großer Zahl, jede Menge *(ugs.),* in rauen Mengen *(ugs.),* [mehr als] genug, nicht wenig, unzählig, ungezählt, wie Sand am Meer, ein gerüttelt Maß, zahllos, massenhaft *(salopp),* massenweise *(salopp),* massig *(salopp),* en masse *(salopp),* in Massen *(ugs.),* reihenweise *(salopp),* knüppeldick *(salopp),* haufenweise *(salopp),* scharenweise; ↑ansehnlich, ↑einige, ↑übermäßig, ↑üppig, ↑wenigstens; ↑Anzahl, ↑Überfluss · Ggs. ↑wenig.
²reichlich ↑sattsam.
Reichsadel ↑Adel.
Reichsburg ↑Burg.
Reichsfeste ↑Burg.
reichsfrei ↑reichsunmittelbar.
Reichsfreiheit, Reichsunmittelbarkeit, reichsunmittelbare Stellung; ↑reichsunmittelbar.
Reichsgraf ↑Adliger.
Reichsgrenze ↑Grenze.
Reichshauptstadt ↑Berlin.
Reichsmark ↑Zahlungsmittel.
Reichsparteitag: Stadt der -e ↑Nürnberg.
Reichstaler ↑Münze.
¹reichsunmittelbar, reichsfrei, nur dem Kaiser unterstehend / untertan; ↑Reichsfreiheit.
²reichsunmittelbar: -e Stellung ↑Reichsfreiheit.
Reichsunmittelbarkeit ↑Reichsfreiheit.
Reichswehr ↑Militär.
Reichtum: ↑Überfluss, ↑Vermögen, ↑Vielfalt.
Reichweite ↑Ausmaß.
¹reif, ausgereift, gereift, halbreif, vollreif, pflückreif, überreif, notreif, nicht ↑unreif; ↑abgelagert, ↑geschlechtsreif, ↑mürbe, ↑volljährig.

r. sein · *in Bezug auf Käse:* durch sein *(ugs.)*, laufen *(ugs.)*, Beine kriegen *(salopp)*.

²reif: wenn die Zeit dafür r. ist ↑Augenblick.

Reif: ↑Niederschlag, ↑Ring.

Reife: ↑Entwicklung; mittlere R. ↑Einjähriges.

reifen ↑entwickeln (sich).

Reifen ↑Autoreifen.

Reifendefekt, Reifenplatzer, Plattfuß *(ugs.)*, Patschen *(österr.);* ↑Autoreifen; **einen R. haben,** eine Reifenpanne / *(salopp)* einen Platten haben.

Reifenpanne: eine R. haben ↑Reifendefekt.

Reifenplatzer ↑Reifendefekt.

Reifezeit ↑Pubertät.

Reifezeugnis, Abiturzeugnis, Maturazeugnis *(österr., schweiz.)*, Maturitätszeugnis *(schweiz.);* ↑Prüfung, ↑Zensur.

Reifglätte ↑Glatteis.

Reifkamm ↑Kamm.

reiflich ↑gewissenhaft.

Reifpilz ↑Ständerpilz.

Reifrock ↑Krinoline.

Reigen ↑Tanz.

¹Reihe, Riege, Linie; ↑Nebenmann, ↑Zeile; **an die R. kommen,** an der Reihe sein, drankommen, dran sein, dran glauben müssen *(ugs.)*.

²Reihe: ↑Serie; eine R. ↑einige; eine [ganze] R. ↑viele; eine R. von ↑Anzahl; die -n lichten sich ↑sterben, ↑weggehen; aus der R. tanzen ↑eingliedern; außer der R. ↑zusätzlich; in Reih und Glied ↑nacheinander; in die R. bringen ↑gesund [machen]; der R. nach ↑nacheinander; der R. nach abfertigen / bedienen ↑durchschleusen.

Reihen ↑Spann.

Reihendorf ↑Dorf.

¹Reihenfolge, Folge, Abfolge, Ablauf, Turnus, Kehrum *(schweiz.)*, Kehrordnung *(schweiz.)*, Aufeinanderfolge, Gliederung, Szenario, Sequenz; ↑Zyklus.

²Reihenfolge: ↑Zyklus; in abecelicher / alphabetischer R. ↑alphabetisch.

Reihenhaus ↑Haus.

Reihensatz ↑Schriftsatz.

Reihenuntersuchung ↑Untersuchung.

reihenweise ↑reichlich.

Reiher ↑Vogel.

Reiherente ↑Vogel.

reihern ↑übergeben (sich).

Reiherschnabel ↑Storchschnabelgewächs.

Reihfaden ↑Faden.

¹Reim, Binnenreim, Endreim · *mit Vertauschung der Anfangskonsonanten der reimenden Silben oder Wörter eines Reimpaars:* Schüttelreim (Schreck befiel die Klapperschlangen / Als ihre Klappern schlapper klangen) · *mit Gleichklang der Vokale, nicht auch der Konsonanten der reimenden Silben:* Assonanz (laben – klagen) · *mit Gleichheit des Anlauts der betonten Silben:* Stabreim, Alliteration (Winterstürme wichen dem Wonnemond) · *mit Gleichklang auch der Konsonanten vor der betonten Reimsilbe*

bei zwei bedeutungsverschiedenen Wörtern im Endreim: rührender Reim (spät – gespäht) · *mit Gleichklang der letzten drei oder mehr Silben des Reimworts:* reicher Reim (verderblichen – erblichen); ↑Strophe, ↑Vers, ↑Versmaß; ↑dichten.

²Reim: -e schmieden ↑dichten; sich keinen R. auf etwas machen können ↑verstehen.

reimen ↑dichten.

Reimling: ↑Schriftsteller, ↑Stümper.

Reimplantation ↑Implantation.

Reimschmied ↑Schriftsteller.

¹rein, naturrein, naturbelassen, natürlich; ↑echt.

²rein (Adjektiv): ↑echt, ↑gereinigt, ↑lauter, ↑sauber, ↑unverdächtig, ↑unverdünnt; reine Mathematik ↑Mathematik; etwas ist der reine / reinste Mord ↑gefährlich [sein]; reinen Mund halten ↑schweigen; reinen Tisch machen ↑eingreifen; jmdm. reinen Wein einschenken ↑mitteilen; eine reine Weste haben ↑ehrenhaft [sein]; rein machen ↑säubern; jmdm. den Magen rein machen ↑schelten; ins Reine bringen ↑bereinigen; ins Reine schreiben ↑schreiben.

³rein (Adverb): ↑her, ↑hin.

Rein ↑Kochtopf.

reinbuttern ↑einbüßen.

Reindl ↑Kochtopf.

Reindling ↑Gebäck.

Reineclaude ↑Obst.

Reineke ↑Fuchs.

Reinemachefrau ↑Putzfrau.

Reinerlös ↑Gewinnspanne.

Reinertrag ↑Gewinnspanne.

Reinfall: ↑Bloßstellung, ↑Misserfolg.

reinfliegen ↑hereinfallen.

Reinfusion ↑Blutübertragung.

Reingeschmeckter ↑Zugezogener.

Reingewinn ↑Gewinnanteil.

reinhauen ↑essen.

Reinheit: ↑Sauberkeit, ↑Ursprünglichkeit.

reinigen: [chemisch r.] ↑säubern; Zähne r. ↑säubern.

¹Reinigung, Wäscherei · Vollreinigung, Kleiderbad; ↑Reinigungsanstalt; ↑säubern, ↑waschen.

²Reinigung: ↑Läuterung; [chemische R.] ↑Reinigungsanstalt.

Reinigungsanstalt, [chemische] Reinigung, Putzerei *(österr.);* ↑säubern; ↑Reinigung.

Reinigungscreme ↑Schönheitspflegemittel.

Reinigungsmilch ↑Schönheitspflegemittel.

Reinigungszwang ↑Anankasmus.

Reinkarnation ↑Wiedergeburt.

Reinkultur: in R. ↑echt, ↑schlechthin.

reinlangen: [bis zum Ellenbogen r.] ↑prahlen.

reinlegen: ↑betrügen, ↑hineinbringen.

reinlich ↑sauber.

Reinmachefrau ↑Putzfrau.

rein machen ↑hineinbringen.

reinreißen: ↑hineinziehen (in); etwas reißt jmdn. rein ↑teuer [sein].

reinstecken: Geld in etwas r. ↑zahlen; es jmdm. vorn und hinten r. ↑verwöhnen.

reintun ↑hineinbringen.

Reinverdienst ↑Gewinnspanne.

rein waschen: sich r. w. wollen ↑wehren (sich).

reinweiß ↑weiß.

reinwürgen: ↑schelten.

reinziehen ↑aufsaugen.

Reinzuchthefe ↑Schlauchpilz.

Reis ↑Getreide.

Reisbrei ↑Brei.

¹Reise, Anreise, Abreise, Vergnügungsreise, Erholungsreise, Urlaubsreise, Ferienreise, Sommerreise, Winterreise, Auslandsreise, Weltreise, Bildungsreise, Forschungsreise, Expedition, Gesellschaftsreise, Geschäftsreise, Dienstreise, Fahrt, Ausflug, Exkursion, Kundfahrt *(landsch.),* Rundreise, Rundfahrt, Abstecher, Rutscher *(österr.),* Tour, Spritztour, Trip · *zur See:* Seereise, Schiffsreise, Passage, Kreuzfahrt · *erste eines Schiffes:* Jungfernreise · *mit der Bahn:* Bahnreise · *mit dem Flugzeug:* Flugreise, Passage · *mit unbekanntem Ziel:* Fahrt ins Blaue · *nach Afrika:* Fotosafari · *eines Politikers:* Informationsreise, Goodwilltour, Polittourismus · *von Künstlern zu einer Reihe von Gastspielen:* Tournee, Gastspielreise; ↑Ausflug, ↑Durchfahrt, ↑Fahrt, ↑Jagdexpedition, ↑Passagier, ↑Reiselust, ↑Rückkehr, ↑Stadtrundfahrt, ↑Tourismus, ↑Urlaub, ↑Urlauber; ↑bereisen, ↑herumkommen, ↑reisen.

²Reise: ↑Urlaub; eine R. machen, auf -n gehen ↑reisen; [auf die R. gehen] ↑Rausch.

Reisebeilage ↑Zeitungsbeilage.

Reisebericht ↑Bericht.

Reisebügel ↑Kleiderbügel.

Reisebügeleisen ↑Bügeleisen.

Reisedecke ↑Decke.

Reisefieber ↑Erregung.

Reisegepäck ↑Gepäck.

Reisejournalist ↑Berichter.

Reisekleiderbügel ↑Kleiderbügel.

Reisekoffer ↑Gepäck.

Reisekorb: ↑Gepäck, ↑Korb.

Reisekostüm ↑Kostüm.

Reisekrankheit ↑Bewegungskrankheit.

Reiseleiter ↑Begleiter.

Reiseleiterin ↑Betreuerin.

Reiselektüre ↑Lektüre.

Reiselust, Fernweh, Reisetrieb, Wandertrieb, Wanderlust; ↑Reise, ↑Sehnsucht; ↑reisen.

Reisemantel ↑Mantel.

¹reisen, eine Reise machen / tun, eine Tour / *(Jargon)* einen Trip / *(ugs.)* einen Rutsch / *(ugs.)* eine Spritztour machen, auf Reisen gehen, umherreisen, herumreisen, umherziehen, herumziehen, tingeln, viel in der Weltgeschichte herumreisen, verreisen, die Tapeten wechseln, einen Tapetenwechsel vornehmen, fahren, trampen · *mit dem Flugzeug:* fliegen, jetten, fahren *(ugs.);* ↑bereisen, ↑herumkommen, ↑kommen,

↑mitfahren, ↑spazieren gehen, ↑weggehen; ↑Flugzeug, ↑Passagier, ↑Reise, ↑Reiselust, ↑Schiff, ↑Stadtrundfahrt, ↑Urlaub.

²reisen: r. durch ↑bereisen.

Reisender: ↑Handelsvertreter, ↑Passagier.

Reisenecessaire ↑Kulturbeutel.

Reiseonkel ↑Mensch (der).

Reisepass ↑Ausweis.

Reiserbesen ↑Besen.

Reisereportage ↑Bericht.

Reiseroman ↑Roman.

Reisesack: ↑Gepäck, ↑Tornister.

Reisescheck ↑Scheck.

Reisetasche ↑Gepäck.

Reisetaube ↑Brieftaube.

Reisetrieb: ↑Anankasmus, ↑Reiselust.

Reiseverkehr ↑Straßenverkehr.

Reisewagen ↑Kutsche.

Reisewetter ↑Wetter.

Reisewohnwagen ↑Wohnwagen.

Reisezeit ↑Saison.

Reiseziel ↑Ziel.

Reisigbesen ↑Besen.

Reispapier ↑Papier.

Reißaus: R. nehmen ↑fliehen, ↑weggehen.

Reißbrettstift ↑Reißzwecke.

reißen: ↑fallen, ↑zerren; sich für jmdn. in Stücke r. lassen ↑treu; wenn alle Stricke r. ↑Ausnahmefall; ein Bankerl r. ↑sterben; Witze r. ↑spaßen; -den Absatz finden ↑verkaufen; jmdm. eine r. ↑schlagen; jmdm. reißt der Geduldsfaden ↑ärgerlich [werden]; sich am Riemen r. ↑ruhig [bleiben]; an sich r. ↑nehmen; r. aus ↑herausreißen; aus dem Leben gerissen werden ↑sterben; jmdn. mit sich r. ↑begeistern; sich r. um ↑begierig [sein auf / nach]; r. von ↑abmachen.

Reißen ↑Arthritis.

Reißer ↑Wein.

reißerisch, anreißerisch, marktschreierisch; ↑zugkräftig.

Reißnagel ↑Reißzwecke.

Reißstift ↑Reißzwecke.

Reisstärke ↑Stärke.

Reißverschluss, Zippverschluss *(österr.),* Zipp *(österr.).*

Reißwolle ↑Wolle.

Reißzwecke, Zwecke, Reißnagel, Reißbrettstift, Reißstift, Wanze *(landsch.),* Pinne; ↑Nagel.

Reistag ↑Fasttag.

Reitbahn ↑Rennplatz.

¹reiten, Reitsport treiben · *im Trab:* traben · *im Galopp:* galoppieren, Schritt / Trab / Galopp reiten, hohe Schule / ein Turnier / ein Rennen reiten; ↑beritten; ↑Gangart, ↑Hindernis, ↑Reiter, ↑Rennplatz, ↑Ritt.

²reiten: ↑koitieren; den Amtsschimmel r. ↑bürokratisch [sein]; den Pegasus r. ↑dichten; sein Steckenpferd r. ↑sprechen.

Reiten ↑Fünfkampf.

¹Reiter, Amateurreiter, Berufsreiter, Sportreiter, Turnierreiter · Rennreiter, Jockei, Herrenreiter · Springreiter · Dressurreiter · *beim Militär:* Kavallerist; ↑Gangart, ↑Hindernis, ↑Reiterin, ↑Rennplatz, ↑Ritt; ↑reiten; ↑beritten.
²Reiter: ↑Heureiter; Ross und R. nennen ↑Gewährsmann.
Reiterin, Amateurreiterin, Berufsreiterin, Turnierreiterin, Amazone, Springreiterin, Dressurreiterin · Kunstreiterin, Zirkusreiterin; ↑Gangart, ↑Reiter, ↑Rennplatz.
Reitersitz: im R. ↑rittlings.
Reitgerte ↑Peitsche.
Reithose ↑Hose.
Reitpeitsche ↑Peitsche.
Reitpferd ↑Pferd.
Reitschule ↑Karussell.
Reitsport: R. treiben ↑reiten.
¹Reiz, Zauber, Verlockung, Pfiff, Interesse, Anreiz, Stimulus, Antrieb, Kitzel; ↑Anlass, ↑Köder, ↑Temperament; ↑anstacheln, ↑reizen; ↑geistreich.
²Reiz: ↑Anmut; alle seine -e spielen lassen ↑charmant [sein]; ohne [jeden] R. ↑langweilig.
¹reizbar, leicht erregbar, nervös, ungeduldig, heftig, hitzig; ↑aufgeregt, ↑empfindlich, ↑empfindsam.
²reizbar ↑empfindlich.
Reizbarkeit ↑Launenhaftigkeit.
Reizbläschen ↑Fieberbläschen.
¹reizen, aufreizen, anreizen, entflammen, anmachen *(salopp),* locken, jmdn. den Mund wässrig machen, verlocken, aufgeilen *(salopp),* jmdn. verrückt / scharf machen *(ugs.);* ↑anregen, ↑begeistern, ↑erregen, ↑verleiten; ↑Reiz.
²reizen: etwas reizt jmdn. ↑tun; [bis aufs Blut r.] ↑ärgern.
reizend ↑hübsch.
Reizker: Echter R. ↑Ständerpilz.
Reizklima ↑Klima.
reizlindernd: -es Mittel ↑Linderungsmittel.
reizlos: ↑langweilig, ↑unsinnig.
reizsam ↑empfindlich.
Reizthema: ↑Gegenstand, ↑Herausforderung.
reizvoll ↑interessant.
Reizwort ↑Herausforderung.
rekapitulieren ↑wiederholen.
rekeln: sich r. ↑wohl fühlen (sich).
Reklamation: ↑Einspruch, ↑Umtausch.
Reklame: ↑Werbung; R. schieben ↑Werbung [treiben].
Reklamekalender ↑Kalender.
Reklameschönheit ↑Glamourgirl.
Reklameschrift ↑Prospekt.
reklamieren: ↑beanstanden, ↑verlangen.
rekognoszieren ↑auskundschaften.
rekommandieren: rekommandierte Sendung ↑Postsendung.
Rekompens ↑Ersatz.
rekonstruieren, wiederherstellen, wiedererzählen, nachbilden; ↑Wiederherstellung.

Rekonstruktion: ↑Wiederaufbau, ↑Wiederherstellung.
Rekonvaleszent ↑Genesender.
Rekonvaleszenz ↑Wiederherstellung.
Rekord: ↑Höchstleistung; alle -e schlagen ↑übertreffen.
Rekord- ↑reichlich.
Rekordernte ↑Ernte.
Rekordspritze ↑Spritze.
Rekrut ↑Soldat.
Rekrutenschule ↑Militärdienst.
Rekrutenzeit ↑Militärdienst.
rekrutieren: ↑einberufen; sich r. aus ↑zusammensetzen (sich aus).
Rekrutierung ↑Einberufung.
rektal, anal, per anum, per rectum; ↑bukkal; ↑Darmausgang, ↑Gesäß; ↑einnehmen · Ggs. ↑oral.
Rektifikation ↑Läuterung.
¹Rektor, Präsident · *in der Anrede:* Magnifizenz · *dessen Vorgänger oder Stellvertreter:* Prorektor; ↑Hochschullehrer.
²Rektor ↑Schulleiter.
Rektoskopie ↑Ausspiegelung.
Rektozele: ↑Bruch, ↑Eingeweidesenkung.
Rektum ↑Darm.
rekurrieren: ↑beanstanden, ↑Berufung [einlegen].
Rekurs: ↑Berufung, ↑Einspruch.
Relaps ↑Rückfall.
Relation ↑Verhältnis.
relativ: ↑verhältnismäßig; -es Verb ↑Verb.
Relativsatz ↑Satz.
Relaxans, Muskelrelaxans, krampflösendes / krampfstillendes / krampflinderndes Mittel, Muskelerschlaffungsmittel, Spasmolytikum, Antispasmodikum, Antispastikum · *bes. gegen zentral bedingte Krämpfe:* Antikonvulsivum, Ant[i]epileptikum; ↑Muskelkrampf.
Releasecenter ↑Institution.
Relegation ↑Ausschluss.
relegieren ↑ausschließen.
Relegierung ↑Ausschluss.
relevant ↑wichtig.
Relevanz ↑Bedeutsamkeit.
¹Relief · *flaches:* Basrelief, Flachrelief · *stark erhabenes:* Hochrelief · *mittleres:* Halbrelief; ↑Bildnerei.
²Relief ↑Plastik.
Reliefdruck ↑Druckverfahren.
Reliefkarte ↑Landkarte.
Religion: ↑Glaube, ↑Weltreligion.
Religionsfrevel ↑Sakrileg.
Religionsgemeinschaft, Kultgemeinschaft, Glaubensgemeinschaft · Sekte · Heilsarmee · Christliche Wissenschaft · Christian Science; Angehöriger [einer bestimmten religiösen Gemeinschaft] ↑Kirche.
Religionskrieg ↑Krieg.
religionslos, konfessionslos, glaubenslos, freidenkerisch, freigeistig; ↑Freidenker.

Religionsphilosophie ↑Theologie.
Religionspsychologie ↑Psychologie.
Religionsverächter ↑Freidenker.
Religionsvergehen ↑Sakrileg.
Religionswissenschaft ↑Theologie.
religiös ↑fromm.
Religiosität ↑Frömmigkeit.
Reling ↑Geländer.
Reluxation ↑Verrenkung.
rem ↑Maßeinheit.
Rem ↑Maßeinheit.
Remake: ein R. machen ↑verfilmen.
Rembrandttulpe ↑Gartentulpe.
remen ↑Boot [fahren].
Remen ↑Ruder.
Reminiscere ↑Kirchenjahr.
Reminiszenz ↑Erinnerung.
Remise, Wagenhalle, Halle, Wagenschuppen, Schuppen, Schopf *(oberd.),* Schupfen *(südd., österr.),* Verschlag, Depot *(landsch.)* · *für Autos:* Garage · *für Flugzeuge:* Hangar; ↑Abstellraum, ↑Parkhaus, ↑Raum, ↑Scheune.
Remission ↑Rückgang.
Remmidemmi ↑Fest.
Remontoiruhr ↑Uhr.
Rempeln ↑Regelverstoß.
Renaissance: ↑Baustil, ↑Neubelebung.
Renaissance-Antiqua ↑Schrift.
Renaissancemalerei ↑Malerei.
Renaissancemusik ↑Musik.
Renata ↑Schrift.
Rendezvous ↑Verabredung.
Renegat ↑Abtrünniger.
Reneklode ↑Obst.
Renette ↑Apfel.
renitent ↑unzugänglich.
Renitenz ↑Eigensinn.
Renke ↑Fisch.
Renken ↑Fisch.
Rennbahn: ↑Motodrom, ↑Rennplatz.
rennen: ↑fortbewegen (sich), ↑weggehen; r. müssen ↑austreten [gehen].
¹Rennen, Autorennen, Rallye, Sternfahrt, Grand Prix, Motorradrennen, Motocross, Speedway-Rennen, Dirt-Track-Rennen, Sandbahnrennen, Querfeldeinrennen · Radrennen, Sechstagerennen, Straßenrennen, Geländerennen, Bahnrennen, Steherrennen · Pferderennen, Trabrennen, Traberrennen, Galopprennen, Hindernisrennen, Derby, Derbyrennen; ↑Fahrt, ↑Rennfahrer, ↑Rennplatz, ↑Spiel, ↑Sport; **R. fahren,** rennfahren, rennen *(schweiz.).*
²Rennen: das R. machen ↑siegen; ein R. reiten ↑reiten.
Renner: ↑Radfahrer, ↑Verkaufsschlager.
Renneritis ↑Durchfall.
¹Rennfahrer, Rallyefahrer · *der im eigenen Wagen fährt:* Herrenfahrer; ↑Rennen.
²Rennfahrer ↑Radfahrer.
Rennkajak ↑Kajak.

Rennläufer ↑Skifahrer.
Rennpferd: ↑Pferd, ↑Prostituierte.
Rennplatz, Rennbahn, Reitbahn, Turf, Korso *(veraltet);* ↑Gangart, ↑Reiter, ↑Reiterin, ↑Rennen, ↑Ritt; ↑reiten; ↑beritten.
Rennrad ↑Fahrrad.
Rennreiter ↑Reiter.
Rennrodel ↑Schlitten.
Rennschlitten ↑Schlitten.
Rennwagen ↑Auto.
Renommee ↑Ansehen.
renommieren ↑prahlen.
renommiert ↑angesehen.
Renommist ↑Angeber.
Renovation ↑Umbau.
renovieren ↑erneuern.
¹Renovierung, Erneuerung, Wiederherrichtung · *einer Mietwohnung:* Schönheitsreparatur; ↑Maler; ↑streichen.
²Renovierung: ↑Umbau, ↑Wiederherstellung.
rentabel ↑einträglich.
¹Rente, Altersrente, Betriebsrente, Pension, Ruhegehalt, Ruhegeld, Ruhegenuss *(Amtsspr., österr.);* ↑Altersversorgung, ↑Lebensabend, ↑Rentner.
²Rente: festverzinsliche ~n ↑Wertpapier; auf R. setzen ↑pensionieren.
Rentenmark ↑Zahlungsmittel.
Rentenrechnung ↑Mathematik.
Rentenversicherung ↑Versicherung.
Rentier ↑Rentner.
rentieren: sich r. ↑einträglich [sein].
Rentierflechte ↑Flechte.
Rentner, Pensionär, Pensionist *(österr.),* Privatier, Privater *(österr.),* Rentier *(veraltet),* Ruheständler, Privatmann, Partikülier *(veraltet),* Partikular *(schweiz.);* ↑Lebensabend, ↑Rente, ↑Rentnerin.
Rentnerfürsorge ↑Sozialhilfe.
Rentnerin, Pensionärin, Pensionistin *(österr.),* Privatiere, Private *(österr.),* Ruheständlerin; ↑Lebensabend, ↑Rentner.
Reorganisation ↑Wiederherstellung.
reparabel, reparierbar, reparierfähig, restaurierbar, wiederherstellbar; ↑reparieren.
Reparationen ↑Ersatz.
Reparatur ↑Wiederherstellung.
reparierbar ↑reparabel.
reparieren, etwas wieder in Schuss bringen / ganz machen, [einen Schaden] beseitigen / beheben, in Ordnung bringen, ausbessern, flicken, ausflicken, stopfen, instand setzen, richten *(landsch.),* instaurieren, erneuern; ↑abhelfen, ↑einstehen (für), ↑entfernen, ↑erneuern; ↑reparabel.
reparierfähig ↑reparabel.
Repertoire ↑Vorrat.
repetieren: ↑versetzen, ↑wiederholen.
Repetieruhr ↑Uhr.
Repetitor, Nachhilfelehrer, Einpauker *(ugs.);* ↑Lehrer.

Replantation ↑Implantation.
Replik: ↑Antwort, ↑Nachahmung.
Replikation ↑Nachahmung.
replizieren ↑antworten.
Report ↑Bericht.
Reportage ↑Bericht.
Reporter ↑Berichter.
Repräsentant ↑Abgeordneter.
Repräsentantenhaus ↑Volksvertretung.
Repräsentanz ↑Zweigstelle.
repräsentativ ↑interessant.
Repräsentativbefragung ↑Umfrage.
Repräsentativerhebung ↑Umfrage.
repräsentieren ↑bedeuten.
Repressalien ↑Vergeltungsmaßnahmen.
Repression ↑Unfreiheit.
repressionsfrei ↑freiheitlich.
¹repressiv, hemmend, einengend, Zwang ausübend, frustrierend, unfreiheitlich, autoritär; ↑erziehen,↑frustrieren;↑normen;↑anerzogen · Ggs. ↑freiheitlich.
²repressiv: ↑totalitär; -e Toleranz ↑Duldsamkeit; nicht r. ↑freiheitlich.
Reprint ↑Reproduktion.
Repristination ↑Wiederherstellung.
Reproduktion, Ablichtung, Vervielfältigung, Kopie, Abzug, Hektographie, Faksimile, Klischee, Fotokopie, Xerokopie, Lichtpause, Telekopie, Wiedergabe, fotomechanischer / anastatischer Nachdruck (oder:) Neudruck, Reprint, Mikrofilm, Durchschlag, Matrize; ↑Abschrift, ↑Auflage, ↑Bild, ↑Druck, ↑Dublette, ↑Nachahmung; ↑ablichten, ↑nachahmen.
¹reproduzieren, nachdrucken, nachbilden, vervielfältigen; ↑wiederholen; ↑Druck.
²reproduzieren ↑abbilden, ↑vervielfältigen.
Reptil: -ien ↑Kriechtiere.
Reptilienfonds ↑Vorrat.
Reptilleder ↑Leder.
Republik: Helvetische R. ↑Schweiz; R. China ↑China; Tag der R. ↑Feiertag.
reputabel ↑ehrenhaft.
Reputation ↑Ansehen.
reputierlich ↑ehrenhaft.
Requiem ↑Trauerfeier.
Requisit ↑Zubehör.
resch: ↑knusprig, ↑schwungvoll.
Researcher ↑Marktforscher.
resedagrün ↑grün.
Resektion ↑Operation.
Reservat ↑Naturschutzgebiet.
Reservatio mentalis ↑Vorbehalt.
Reservation ↑Naturschutzgebiet.
Reserve: ↑Bedenken, ↑Ressourcen, ↑Vorrat.
Reservelazarett ↑Lazarett.
Reserveoffizier ↑Offizier.
Reservereifen ↑Autoreifen.
¹reservieren, freihalten, vormerken, zurücklegen; ↑bestellen; ↑besetzt; ↑Reservierung.
²reservieren ↑zurücklegen.
reserviert ↑passiv.

Reserviertheit ↑Passivität.
Reservierung, Vorbestellung, Vorausbestellung, Vormerkung; ↑Abonnement, ↑Bestellung; ↑reservieren; ↑besetzt.
Reservoir: ↑Behälter, ↑Brunnen, ↑Vorrat.
resezieren ↑operieren.
Resident ↑Diplomat.
residieren, hofhalten; ↑weilen, ↑wohnen.
Residuum ↑Rest.
Resignation ↑Entsagung.
resignieren: ↑abschreiben, ↑nachgeben.
resigniert ↑deprimiert.
Résistance ↑Widerstandsbewegung.
resistent ↑widerstandsfähig.
Reskript ↑Weisung.
resolut ↑zielstrebig.
Resolution ↑Entschließung.
¹Resonanz, Mittönen, Mitschwingen; ↑Nachhall, ↑Raumakustik, ↑Widerhall.
²Resonanz: ↑Widerhall; ohne R. bleiben ↑Erfolg; R. haben ↑Anerkennung [finden].
resorbieren ↑aufsaugen.
Resorption ↑Absorption.
resorptionsfähig ↑saugfähig.
resozialisieren ↑eingliedern.
Resozialisierung ↑Eingliederung.
Respekt: ↑Achtung; allen R.! ↑anerkennenswert [sein].
respektieren: ↑achten, ↑billigen.
Respektlosigkeit ↑Nichtachtung.
Respektsperson, Autorität, Amtsperson, Vorgesetzter; ↑Autorität, ↑Leiter (der).
respektvoll ↑ehrfürchtig.
Ressentiment ↑Neid.
Ressort: ↑Bereich, ↑Ministerium.
Ressortchef ↑Leiter (der), ↑Minister.
Ressortleiter ↑Leiter (der).
Ressourcen, Hilfsmittel, Hilfsquelle, Reserve, Geldmittel, Hilfsgelder, Subsidien; ↑Geld, ↑Hilfe, ↑Vorrat, ↑Zuschuss.
¹Rest, Übriggebliebenes, Überbleibsel, Überrest, Torso, Rumpf-, Übriges, Residuum, Neige; ↑übrig lassen; ↑restlich.
²Rest: ↑Fragment; jmdm. den R. geben ↑ausbeuten; einer Sache den R. geben ↑zerstören; einen R. / etwas als Rest lassen ↑übrig lassen; als R. verbleiben ↑übrig bleiben.
Restaurant ↑Gaststätte.
Restaurateur ↑Wirt.
Restauration: ↑Gaststätte, ↑Rückschritt, ↑Wiederherstellung.
Restaurationsbetrieb ↑Gaststätte.
Restaurationswagen ↑Eisenbahnwagen.
restaurativ ↑rückschrittlich.
restaurierbar ↑reparabel.
restaurieren ↑erneuern.
Restaurierung ↑Umbau.
Reste ↑Trümmer.
Restetisch ↑Ladentisch.
Restitution ↑Wiederherstellung.
restlich, übrig, verbleibend, übrig bleibend,

noch vorhanden, übrig geblieben, übrig gelassen; ↑Rest; ↑übrig bleiben, ↑übrig lassen.
restlos ↑ganz.
Restriktion ↑Einschränkung.
restriktiv ↑beschränkend.
restringiert: nicht r. ↑differenziert.
Resultat: ↑Erfolg, ↑Ergebnis.
resultativ: -es Verb ↑Verb.
resultieren: r. aus ↑stammen (von).
Resümee ↑Zusammenfassung.
resümieren: ↑folgern; -d ↑abschließend.
retardieren ↑zögern.
Retention ↑Harnentleerung.
Reticella ↑Spitzenstickerei.
Retirade ↑Toilette.
retirieren: ↑austreten, ↑fliehen.
Retortenbaby ↑Kind.
retour ↑rückwärts.
Retourfahrkarte ↑Fahrkarte.
Retourkampf ↑Spiel.
Retourkarte ↑Fahrkarte.
Retourkutsche: ↑Antwort, ↑Tat.
Retourmatch ↑Spiel.
Retourspiel ↑Spiel.
Retransfusion ↑Blutübertragung.
Retransplantation ↑Transplantation.
Retrivier ↑Hunderassen.
retrospektiv ↑hinterher.
retrovertieren ↑zurückbeugen (sich).
Retrovirologe ↑Arzt.
Retsina ↑Wein.
¹retten, befreien, erlösen, lösen aus / von, erretten, in Sicherheit bringen, bergen · *in Bezug auf militärische Objekte:* entsetzen, zurückerobern; ↑freikaufen (sich / jmdn.), ↑helfen, ↑länden, ↑sichern; ↑Retter, ↑Rettung.
²retten: ↑gesund [machen]; sich r. ↑fliehen; sich r. können ↑entrinnen; nicht zu r. sein ↑unheilbar [krank sein]; -der Engel ↑Retter; sich nicht zu r. wissen vor ↑Überfluss [haben].
Retter, Erretter, Befreier, Erlöser, Lebensretter, rettender Engel, Helfer in der Not; ↑Helfer; ↑retten.
¹Rettich, Gartenrettich, Radi *(bayr., österr.);* ↑Gemüse, ↑Radieschen.
²Rettich: kleiner R. ↑Radieschen.
¹Rettung, Errettung, Befreiung, Bergung, Entsatz; ↑retten.
²Rettung: ↑Unfallwagen; für jmdn. gibt es keine R. mehr ↑krank.
Rettungsauto ↑Unfallwagen.
Rettungsboje ↑Warnzeichen.
Rettungsboot ↑Beiboot.
Rettungsgerät · Rettungsring, Rettungsgürtel, Schwimmweste, Schwimmgürtel, Korkweste; ↑Beiboot.
Rettungsgürtel ↑Rettungsgerät.
Rettungsring ↑Rettungsgerät.
Rettungsschlitten ↑Schlitten.
Rettungswagen ↑Unfallwagen.
Rettungszille ↑Beiboot.

Reue: R. empfinden ↑bereuen; R. empfindend ↑schuldbewusst.
reuen: etwas reut jmdn. ↑bereuen.
reuevoll ↑schuldbewusst.
reuig ↑schuldbewusst.
reumütig ↑schuldbewusst.
Reuse ↑Fischnetz.
Reusenfischerei ↑Fischerei.
reüssieren ↑Erfolg [haben].
reuten ↑urbar [machen].
Revakzination ↑Impfung.
Revanche: ↑Spiel, ↑Vergeltung.
Revanchefoul: ↑Regelverstoß, ↑Tat.
revanchieren: ↑belohnen; sich r. ↑bestrafen.
Revanchist ↑Militarist.
Reverend ↑Anrede.
Reverenz: jmdm. R. erweisen ↑begrüßen.
¹Revers, Aufschlag, Rockaufschlag · *aus Seide an Frack und Smoking:* Spiegel; ↑Kleidung.
²Revers: ↑Aufschlag, ↑Rückseite.
reversibel ↑austauschbar.
revidieren: ↑ändern, ↑berichtigen, ↑kontrollieren; die Hefte r. ↑umschwenken.
Revier: ↑Gebiet, ↑Jagdgebiet, ↑Krankenhaus.
Revirement ↑Umgestaltung.
Revision: ↑Kontrolle, ↑Korrektur; einer R. unterziehen ↑kontrollieren.
Revisionismus ↑Ketzerei.
Revisor ↑Wirtschaftsprüfer.
Revival: ↑Jazz, ↑Neubelebung.
Revivaljazz ↑Jazz.
Revolte ↑Verschwörung.
revoltieren ↑aufbegehren.
Revolution ↑Verschwörung.
revolutionär ↑umstürzlerisch.
Revolutionär, Revoluzzer, Bürgerschreck, Reformator, Umstürzler, Neuerer, Bilderstürmer, Aufrührer, Verschwörer, Empörer, Rebell, Aufständischer, Insurgent, Terrorist, Anarchist; ↑Abtrünniger, ↑Kämpfer, ↑Partisan.
revolutionieren ↑verbessern.
Revoluzzer ↑Revolutionär.
Revolver ↑Schusswaffe.
Revolverblatt ↑Zeitung.
Revolverpresse ↑Presse.
revozieren ↑widerrufen.
¹Revue, Show, Schau, Travestieshow, Varietee; ↑Ansager, ↑Komödie, ↑Varietee, ↑Zirkus.
²Revue: R. passieren lassen ↑vorstellen (sich etwas).
Revuefilm ↑Kinofilm.
Rexglas ↑Einmachglas.
Rexkatze ↑Katzenrassen.
Reyon ↑Stoff.
Rez-de-Chaussée ↑Geschoss.
Rezensent ↑Kritiker.
rezensieren ↑besprechen.
Rezension ↑Besprechung.
rezent ↑würzig.
¹Rezept, Verordnung, Verschreibung; ↑verordnen.

²**Rezept:** ↑Kochrezept, ↑Ratgeber.
rezeptieren ↑verordnen.
Rezeption, Aufnahme, Aufnahmeraum, Empfang, Empfangsschalter, Empfangsbüro, Empfangsraum, Empfangshalle, Halle, Tagungsbüro; ↑Hotel, ↑Portier.
Rezeptionsorgan ↑Sinnesorgan.
Rezession: ↑Einschränkung, ↑Rückgang.
rezessiv ↑nachlassend.
Rezidiv ↑Rückfall.
reziprok: ↑wechselseitig; -es Verb ↑Verb.
Reziprozität ↑Wechselseitigkeit.
Rezitativ ↑Lied.
Rezitator ↑Vortragskünstler.
rezitieren ↑vortragen.
rezyklieren ↑verwerten.
R-Gespräch ↑Telefongespräch.
Rhabarber ↑Gemüse.
Rhagade ↑Hautblüte.
Rhagas ↑Hautblüte.
Rhapsodie ↑Gedicht.
Rhein: bis dahin fließt noch viel Wasser den R. hinab / hinunter ↑dauern; Köln am R. ↑Köln.
Rheinfränkisch ↑Mundart.
rheinisch: r. sprechen ↑Mundart [sprechen].
Rheinlachs ↑Fisch.
Rheinländer ↑Tanz.
Rhein-Neckar-Metropole ↑Mannheim.
Rhein-Ruhr-Metropole ↑Düsseldorf.
Rheinwein ↑Wein.
Rhematik ↑Wortbedeutungslehre.
Rhematologie ↑Rhematik.
Rhesusaffe ↑Affe.
Rhetor ↑Redner.
¹**Rhetorik,** Redekunst; ↑Rede, ↑Redegewandtheit, ↑Redner, ↑Sprecherziehung; ↑sprechen; ↑beredt.
²**Rhetorik** ↑Literaturwissenschaft.
rhetorisch ↑ausdrucksvoll.
Rheuma ↑Arthritis.
Rheumabad ↑Badeort.
rheumatisch: -er Formenkreis ↑Arthritis.
Rheumatismus ↑Arthritis.
Rheumawiese ↑Campingplatz.
Rhexis ↑Verletzung.
Rhinitis ↑Schnupfen.
Rhinologe ↑Arzt.
Rhinologie ↑Heilkunde.
Rhinoplastik ↑Operation.
Rhinorrhagie ↑Blutung.
Rhinoskopie ↑Ausspiegelung.
Rhinozeros ↑Dummkopf.
Rho ↑Buchstabe.
Rhodium ↑Edelmetall.
Rhodochrosit ↑Schmuckstein.
Rhododendron ↑Alpenrose.
Rhodonit ↑Schmuckstein.
Rhombendach ↑Dach.
Rhombus: ↑geometrische Figur, ↑Viereck.
Rhowyl ↑Chemiefaser.
Rhypia ↑Hautblüte.

¹**Rhythmus,** Gleichmaß, gleichmäßig gegliederte Bewegung.
²**Rhythmus:** ↑Versmaß; freie Rhythmen ↑Vers.
Rial ↑Zahlungsmittel.
Riasküste ↑Ufer.
ribbeln ↑reiben.
Ribisel ↑Johannisbeere.
Richtbeil ↑Hinrichtung.
richten: ↑aufräumen, ↑kochen, ↑reparieren; zugrunde r. ↑ausbeuten, ↑zerstören; sich selbst r. ↑entleiben (sich); sein Augenmerk auf jmdn. / etwas r. ↑Acht geben; den Lauf / die Waffe auf etwas r. ↑zielen; etwas richtet sich gegen etwas ↑verstoßen (gegen etwas); etwas ist gegen jmdn. gerichtet ↑münzen.
Richter: ↑Jurist; sich dem irdischen R. entziehen ↑entleiben (sich); sich zum R. aufwerfen ↑erdreisten (sich).
Richterspruch ↑Verurteilung.
Richtfest, Firstfeier, Dachgleiche *(österr.)*, Gleichenfeier *(österr.)*, Gleiche *(österr.)*, Aufrichte *(schweiz.)*, Aufrichtefest *(schweiz.)*.
Richtfeuer ↑Leuchtfeuer.
¹**richtig,** fehlerfrei, recht, einwandfrei; nicht ↑falsch; ↑treffend.
²**richtig:** ↑geeignet, ↑korrekt, ↑okay, ↑recht, ↑wahr; im -en Augenblick / Moment ↑Augenblick; r. sein ↑stimmen; nicht [ganz] r. sein ↑verrückt [sein]; sich als r. erweisen / herausstellen ↑bewahrheiten (sich); etwas r. finden / für richtig halten ↑billigen; r. liegen ↑Recht; genau r., genau das Richtige sagen / treffen ↑treffend; nicht r. ↑verkehrt; Schritt in die -e Richtung ↑Entscheidung.
richtigerweise ↑füglich.
Richtigkeit, Korrektheit, Unanfechtbarkeit; **seine R. haben,** zu Recht bestehen, berechtigt sein, in Ordnung sein.
richtig stellen ↑berichtigen.
Richtigstellung ↑Korrektur.
Richtlinie ↑Regel.
Richtpreis: [empfohlener R.] ↑Preis.
Richtschnur ↑Regel.
Richtschwert ↑Hinrichtung.
Richtung: ↑Marschroute, ↑Neigung; die R. ändern ↑abbiegen; die R. verlieren ↑verirren (sich); aus / von allen -en ↑überallher; in alle / nach allen -en ↑überallhin; immer in einer R. ↑geradeaus; Schritt in die richtige R. ↑Entscheidung.
richtunggebend ↑richtungsweisend.
Richtungsänderung, Umgehungsstraße, Umleitung, Umweg, Schlenker *(salopp)*; ↑Abschweifung, ↑Abweichung, ↑Weg.
Richtungsanzeiger ↑Wegweiser.
Richtungskampf ↑Tauziehen.
Richtungswahl ↑Wahl.
richtungweisend, richtunggebend, wegweisend, zielsetzend, programmatisch, wegleitend *(schweiz.)*; ↑maßgeblich, ↑schöpferisch, ↑vorbildlich; **r. sein,** [neue] Akzente / ein Zeichen /

Signale setzen, einen neuen Weg / neue Wege einschlagen, einen neuen Weg / neue Wege beschreiten.
Richtwort ↑Verb.
Rick ↑Hindernis.
Ricke ↑Reh.
Rideau ↑Gardine.
ridikül ↑lächerlich.
Ridikül ↑Tasche.
¹riechen, duften, stinken [wie die Pest] *(emotional)*, drei Meilen gegen den Wind stinken *(emotional)*, einen üblen / merkwürdigen / unangenehmen Geruch ausströmen (oder:) haben, dünsten, böckeln *(österr., abwertend)*, fischeln *(österr.)* · nach Verbranntem: brandeln *(bayr., österr.)* · nach Schimmel, Verfaultem: müffeln, muffeln *(landsch.)* · nach Alkohol: eine Fahne haben; ↑atmen, ↑verpesten; ↑Geruch.
²riechen: ↑duften, ↑ungenießbar [sein], ↑vermuten; nicht r. können ↑hassen; den Braten r. ↑merken; r. an ↑beriechen.
Riecher: ↑Gefühl; den richtigen R. haben ↑Ahnung.
Riechkolben ↑Nase.
Riechorgan: ↑Nase, ↑Sinnesorgan.
Riechstoff ↑Parfum.
Ried: ↑Sumpf, ↑Weinberg.
Riedsperling ↑Sperling.
Riege ↑Reihe.
¹Riegel, Schieber, Schuber *(österr.)*, Türriegel, Riegelholz; ↑abschließen.
²Riegel: den R. vorlegen / vorschieben ↑abschließen; einen R. vorschieben ↑verhindern; hinter Schloss und R. bringen ↑festsetzen; hinter Schloss und R. sitzen ↑abbüßen.
Riegelbau ↑Fachwerk.
Riegelhaus ↑Fachwerkbau.
Riegelholz ↑Riegel.
Riemen: ↑Brett, ↑Gurt, ↑Penis, ↑Ruder; den R. enger schnallen ↑sparen; sich am R. reißen ↑ruhig [bleiben].
Riemenpeitsche ↑Peitsche.
Riemenzeug ↑Zaumzeug.
¹Riese, Hüne, Koloss, Gigant, Kleiderschrank *(scherzh.)*, Lulatsch *(ugs.)*, langes Elend / Ende *(ugs.)*, langer Laban *(ugs.)*, Schlaks *(ugs.)*, Bohnenstange *(scherzh.)*; ↑Kraftmensch, ↑Mann · Ggs. ↑Zwerg.
²Riese: ↑Fabelwesen, ↑Holzrutsche, ↑Papiergeld; [abgebrochener R.] ↑Mann.
Rieselfeld ↑Bewässerungsanlage.
rieseln: ↑fließen; bei jmdm. rieselt [schon] der Kalk ↑alt [sein]; das Rieseln ↑Geräusch.
Riesen-: ↑Erz-.
Riesendurst ↑Durst.
Riesenfelge ↑Turnübung.
riesenhaft ↑groß.
Riesenhaftigkeit ↑Körpergröße.
Riesenherz ↑Herzhypertrophie.
Riesenhunger ↑Hunger.
Riesenkraft: Riesenkräfte ↑Kraft.

Riesenkröte ↑Frosch.
Riesenmuschel ↑Muschel.
Riesenotter ↑Raubtier.
Riesenrad, russisches Rad; ↑Jahrmarkt, ↑Karussell.
Riesenslalom ↑Skirennen.
Riesentorlauf ↑Skirennen.
Riesenwelle ↑Turnübung.
Riesenwuchs ↑Großwuchs.
riesig: ↑groß, ↑sehr.
Riesling ↑Wein.
Riff ↑Insel.
Riffkoralle ↑Hohltier.
rigide ↑streng.
rigoros ↑streng.
Rigorosum ↑Prüfung.
Rikscha ↑Wagen.
Rille ↑Riss.
Rimesse ↑Wechsel.
Rimming ↑Koitus.
rin ↑her.
¹Rind ·· *gekalbt habendes:* Kuh, Starke, Muttertier · *noch nicht gekalbt habendes:* Färse, Kalbe, Kalbin, Sterke, Kuhkalb, Motschkalb *(landsch.)*, Mockel *(landsch.)*, Meisenkalb *(landsch.)*, Diesenkalb *(landsch.)* ·· *männliches:* Bulle *(bes. nordd.)*, Stier, Farre, Farren · *besonders zur Zucht verwendetes:* Zuchtbulle, Zuchtstier, Hagen, Muni *(schweiz.)* · *verschnittenes männliches:* Ochse, Ochs *(bes. südd., österr.)* ·· *junges:* Jungtier, Kalb; ↑Bison.
²Rind: -er ↑Vieh.
Rindbox ↑Leder.
Rinde: ↑Brotkruste, ↑Schale.
Rindenflechte ↑Flechte.
Rindenstar ↑Katarakt.
Rinderbandwurm ↑Wurm.
Rinderbraten, Rindsbraten, Rinderfilet, Filet, Filetbraten · Lendenbraten, Lungenbraten *(österr.)* · Rinderroulade, Rindsroulade, Rindsvögerl *(österr.)*, spanisches Vögerl *(österr.)*, Fleischvogel *(schweiz.)*; ↑Fleischgericht, ↑Lendenbraten, ↑Steak.
Rinderfilet ↑Rinderbraten.
Rinderkraftbrühe ↑Suppe.
Rinderroulade ↑Rinderbraten.
Rinderschinken ↑Schinken.
Rinderschmorbraten ↑Fleischgericht.
Rinderstall ↑Stall.
Rindfleisch ↑Fleisch.
Rindfleischsuppe ↑Suppe.
Rindleder ↑Leder.
Rindsbraten ↑Rinderbraten.
Rindsleder ↑Leder.
Rindsroulade ↑Rinderbraten.
Rindsuppe ↑Suppe.
Rindsvögerl ↑Rinderbraten.
ring ↑mühelos.
¹Ring, Fingerring, Reif, Fingerreif, Brillantring, Siegelring, Freundschaftsring, Trauring, Ehering; ↑Schmuck.

²Ring: -e ↑Sportgerät; die -e tauschen / wechseln ↑heiraten.

Ringelblume ↑Löwenzahn.

Ringelgans ↑Vogel.

Ringellöckchen ↑Locken.

ringeln: sich r. ↑locken (sich); sich r. um ↑schlingen (sich um).

Ringelnatter ↑Schlange.

Ringelpiez ↑Fest.

Ringelspiel ↑Karussell.

Ringeltaube ↑Vogel.

Ringelwurm ↑Wurm.

¹ringen, catchen · schwingen *(schweiz.);* ↑kämpfen; ↑Ringen, ↑Ringer.

²ringen: ↑kämpfen; die Hände r. ↑klagen; mit dem Tode r. ↑sterben; r. um ↑eintreten (für); das Ringen ↑Tauziehen.

¹Ringen, Ringkampf, Rankeln *(landsch.),* Robeln *(landsch.),* Freistilringen, Freistilringkampf, Catch-as-catch-can · Schwingen *(schweiz.)* · *Gewichtsklassen:* Papiergewicht (bis 48 kg), Fliegengewicht (bis 52 kg), Bantamgewicht (bis 57 kg), Federgewicht (bis 62 kg), Leichtgewicht (bis 68 kg), Halbmittelgewicht (bis 71 kg), Weltergewicht (bis 74 kg), Mittelgewicht (bis 82 kg), Halbschwergewicht (bis 90 kg), Schwergewicht (bis 100 kg); ↑Boxen, ↑Judo; ↑kämpfen, ↑ringen.

²Ringen: ↑Kampf, ↑Schwerathletik.

Ringer, Catcher · Schwinger *(schweiz.);* ↑Ringen; ↑ringen.

Ringfahndung ↑Nachforschung.

Ringfinger ↑Finger.

ringförmig: ↑rund; r. abschnürender Muskel ↑Muskel.

Ringkampf ↑Ringen.

Ringlotte ↑Obst.

Ringpultdach ↑Dach.

Ringrichter ↑Schiedsrichter.

Ringstar ↑Katarakt.

Ringstraße ↑Straße.

ringsum ↑überall.

Ringtonne ↑Gewölbe.

Ringverein ↑Mafia.

Ringwall ↑Wall.

Rinne ↑Regenrinne.

rinnen ↑fließen.

Rinnsal: ↑Bach, ↑Fluss.

Rinnstein, Bordstein, Kantstein *(nordd.),* Bordkante, Bordschwelle; ↑Abflussrinne.

Rippchen, [Kasseler] Rippe[n]speer, Rippe *(südd.),* Rippli *(schweiz.),* Selchkarree *(österr.);* ↑Eisbein, ↑Rippenstück.

Rippe: ↑Knochen; bei jmdm. kann man alle -n zählen ↑schlank [sein].

Rippenfarn ↑Farn.

Rippenfellentzündung ↑Brustfellentzündung.

Rippenfleisch ↑Rippenstück.

Rippenknochen ↑Knochen.

Rippenkuppel ↑Kuppel.

Rippensamt ↑Stoff.

Rippenspeer ↑Rippchen; Kasseler Rippe[n]speer ↑Fleischgericht, ↑Rippchen.

Rippenstoß ↑Stoß.

Rippenstück, Rippenfleisch, Karree *(österr.);* ↑Rippchen.

Rippentriller ↑Stoß.

Ripple ↑Rippchen.

Rippli ↑Rippchen.

Rips ↑Stoff.

Ripuarisch ↑Mundart.

Risiko ↑Wagnis.

Risikobereitschaft ↑Mut.

risikofreudig ↑mutig.

Risi-Pisi ↑Eintopf.

riskant ↑gefährlich.

riskieren: ↑wagen; ein Auge r. ↑blicken; Kopf und Kragen r. ↑wagen; eine dicke Lippe r. ↑aufbegehren.

Rispe ↑Blütenstand.

¹Riss, Sprung, Spalt, Spalte, Ritze, Ritz, Rille, Furche, Fuge, Schlitz, Loch, Lücke, Leck, Haarriss; ↑Beschädigung.

²Riss: ↑Schramme, ↑Verletzung.

rissig ↑rau.

Risspilz: Ziegelroter R. ↑Ständerpilz.

Rist ↑Spann.

Ritornell ↑Strophe.

Ritt, Ausritt, Spazierritt, Geländeritt, Langstreckenritt, Distanzritt; ↑Gangart, ↑Reiter, ↑Rennplatz; ↑reiten; ↑beritten.

¹Ritter, Kreuzritter, Ordensritter, Templer, Johanniter, Malteserritter, Malteser; ↑Ritterorden.

²Ritter: ↑Adliger, ↑Garbenstand, ↑Schmetterling; R. des Pedals ↑Radfahrer.

Ritterburg ↑Burg.

Rittergut ↑Gut.

Rittergutsbesitzer ↑Großgrundbesitzer.

ritterlich ↑höflich.

Ritterlichkeit ↑Höflichkeit.

Ritterling: Rötlicher / Violetter R. ↑Ständerpilz.

Ritterorden, Johanniterorden, Templerorden, Deutscher Orden, Schwertbrüderorden; ↑Mönchsorden, ↑Ritter.

Ritter-und-Räuber-Roman ↑Roman.

rittlings, im Reitersitz; ↑Reiter, ↑Ritt; ↑reiten; ↑sitzen.

Ritual ↑Brauch.

Ritualmord ↑Tötung.

Ritus ↑Brauch.

Ritz: ↑Riss, ↑Schramme.

Ritze ↑Riss.

ritzen: ↑kratzen; r. in ↑eingravieren.

ritzerot ↑rot.

Rivale, Nebenbuhler, Mitbewerber, Konkurrent, Konkurrenz; ↑Gegner; **jmds. R. sein,** jmdm. ins Gehege / *(oberd.)* Gäu kommen.

Rivalität ↑Konkurrenz.

Riverboat ↑Fahrgastschiff.

Roadie ↑Helfer.

Roadster ↑Auto.

Roaring Twenties: die R. ↑Belle Époque.

robben ↑kriechen.

Robe: ↑Kleid, ↑Kleidung.

Robeln ↑Ringen.

Robinie, [falsche] Akazie; ↑Laubhölzer.

Robinsonade ↑Sprung.

Robin Wood ↑Greenpeace.

Robot: ↑Arbeit, ↑Zwangsarbeit.

roboten ↑arbeiten.

Roboter: ↑Arbeitstier, ↑Automat.

robust: ↑dickfellig, ↑stark.

Roch ↑Fabelwesen.

röcheln: ↑atmen, ↑Laut.

Rochen: [echter R.] ↑Fisch.

Rochus: einen R. auf jmdn. haben ↑ärgerlich [sein].

¹Rock, Damenrock, Jupe *(schweiz.),* Schoß *(österr.),* Kittel *(bayr., österr.),* Trägerrock, Kleiderrock, Glockenrock, Faltenrock, Plisseerock, Wickelrock, Schottenrock, Kilt, Hosenrock, Minirock, Midirock, Maxirock, Kaminrock · Ballettröckchen, Tutu; ↑Kleid, ↑Kleidung.

²Rock: ↑Jacke; bunter R. ↑Kleidung.

Rock and Roll: ↑Musik, ↑Tanz.

Rockaufschlag ↑Revers.

Rockelor ↑Mantel.

rocken ↑tanzen.

Rocker ↑Halbstarker.

Rockerbolle ↑Gemüse.

Rocklady ↑Sänger.

Rockmusik ↑Musik.

Rockschoß: an jmds. Rockschößen hängen ↑verwöhnt [sein].

Rockzipfel: an jmds. R. hängen ↑verwöhnt [sein].

Rodel ↑Schlitten.

rodeln, Schlitten fahren, schlitteln *(schweiz.);* ↑Schlitten.

Rodeln ↑Wintersport.

Rodelschlitten ↑Schlitten.

roden: ↑abholzen, ↑ausmachen (Kartoffeln), ↑graben, ↑urbar [machen].

Rödling ↑Pfifferling.

Rodomontade ↑Übertreibung.

Rodung ↑Urbarmachung.

Rogate ↑Kirchenjahr.

Roggen ↑Getreide.

Roggenbrot ↑Brot.

roh: ↑unbarmherzig, ↑ungeschliffen; jmdn. wie ein -es Ei behandeln ↑umgehen (mit jmdm.); -e Gewalt ↑Faustrecht; -er Schinken ↑Schinken; aus dem Rohen arbeiten ↑behauen; innen noch r. ↑gar.

Rohglas ↑Glas.

Rohheit: ↑Grausamkeit, ↑Unbarmherzigkeit.

Rohkost ↑Nahrung.

Rohköstler ↑Vegetarier.

Rohling, Unmensch, Bestie, Untermensch, Menschenschinder, Leuteschinder, Bluthund, Kannibale, Barbar, Wüterich, Scheusal;

↑Grausamkeit, ↑Grobian, ↑Tobsüchtiger, ↑Ungeheuer, ↑Verbrecher.

Rohne ↑Salatrübe.

Rohopium ↑Rauschgift.

¹Rohr, Röhre, Zylinder · Flansch · Stutzen; ↑Gelenk, ↑Katheter, ↑Rohrleitung.

²Rohr: ↑Backofen, ↑Stamm; spanisches R. ↑Spazierstock, ↑Stock.

Rohrbügelbindung ↑Skibindung.

Röhrchen: ↑Ampulle, ↑Behälter, ↑Katheter, ↑Trinkhalm.

Rohrdommel ↑Vogel.

Röhre: ↑Behälter, ↑Rohr; in die R. gucken ↑bekommen, ↑fernsehen.

röhren ↑Laut.

Röhrenpilz: ↑Pilz, ↑Ständerpilz.

Röhrenqualle ↑Hohltier.

Röhrenwurm ↑Wurm.

Rohrkrepierer: etwas ist ein R. ↑wirkungslos [bleiben].

Rohrleitung, Leitung, Erdölleitung, Pipeline; ↑Rohr.

Röhrling: Flockenstieliger / Glattstieliger / Netzstieliger R. ↑Ständerpilz.

Rohrpfeife ↑Pfeife.

Rohrschmied ↑Schmied.

Rohrspatz: schimpfen wie ein R. ↑schelten.

Rohrsperling ↑Sperling.

Rohrstock ↑Stock.

Rohrweihe ↑Vogel.

Rohrzucker ↑Zucker.

Rohseide ↑Seide.

Rohstoff ↑Werkstoff.

rojen ↑Boot [fahren].

Rok ↑Fabelwesen.

Rokambole ↑Gemüse.

Rokoko ↑Baustil.

Rokokomalerei ↑Malerei.

Rokokomusik ↑Musik.

Rokokouhr ↑Uhr.

Rollbahn, Piste, Startbahn, Landebahn; ↑Flugplatz.

Rollbalken ↑Fensterladen.

¹Rolle · Theaterrolle, Schauspielrolle · Filmrolle ·· Titelrolle, Titelpart, Hauptrolle, tragende Rolle · Nebenrolle · Gastrolle · Heldenrolle · Liebhaberrolle · Charakterrolle · *Hauptrolle in einer Oper o. Ä.:* Titelpartie · *sehr wirkungsvolle:* Bombenrolle · *männliche, die von einer weiblichen Darstellern gespielt wird:* Hosenrolle; ↑Hauptdarsteller, ↑Nebenrolle, ↑Schauspieler; ↑schauspielern.

²Rolle: ↑Bügelmaschine, ↑Purzelbaum, ↑Turnübung; eine R. spielen ↑wichtig [sein]; seine R. ausgespielt haben ↑Einfluss; gern eine R. spielen wollen ↑geltungssüchtig [sein]; etwas spielt keine R. ↑unwichtig [sein]; aus der R. fallen ↑benehmen (sich); sich in seine R. finden ↑ertragen; sich in seiner R. gefallen ↑prahlen; sich in jmds. R. versetzen ↑einfühlen (sich); sich mit der R. des Zuschauers begnügen ↑teilnehmen.

¹**rollen,** kullern, trudeln, kreiseln, kugeln, laufen, sich wälzen / drehen; ↑aufwickeln, ↑drehen, ↑kreisen, ↑schleudern.

²**rollen:** ↑bügeln, ↑koitieren, ↑krachen, ↑schieben; in Papier r. ↑einpacken; ins Rollen bringen / kommen, der Stein kommt ins Rollen ↑verursachen; den Stein ins Rollen bringen ↑anregen.

Rollendebüt: ↑Auftreten, ↑erste.

Rollenfries ↑Fries.

Rollenverteilung, Besetzung; ↑Schauspieler.

Roller: ↑Trittroller; Harzer R. ↑Handkäse, ↑Kanarienvogel.

Rollerbrett ↑Sportgerät.

Rollerskate ↑Sportgerät.

Rollfähre ↑Fähre.

Rollfilm ↑Film.

rollig ↑brünstig.

Rollkragenpullover ↑Pullover.

Rollladen ↑Fensterladen.

Rollo ↑Fensterladen.

Rollpulli ↑Pullover.

Rollpullover ↑Pullover.

Rollschinken ↑Schinken.

Rollschuh ↑Sportgerät.

Rollsplitt ↑Splitt.

Rollstuhl, Krankenstuhl, Fahrstuhl; ↑Unfallwagen.

Rolltreppe ↑Treppe.

Rollverdeck ↑Autodach.

¹**Rom,** Roma *(ital.),* die Ewige Stadt, Roma aeterna, die Stadt der Sieben Hügel; ↑Stadt.

²**Rom** ↑Zigeuner.

¹**Roma** ↑Rom.

²**Roma** (die): ↑Zigeuner.

Roma aeterna ↑Rom.

Romadur ↑Käse.

¹**Roman,** Prosaroman, Versroman, Briefroman, Ichroman, Tagebuchroman, Kurzroman, Fortsetzungsroman, Unterhaltungsroman, Bildungsroman, Entwicklungsroman, historischer Roman, Liebesroman, Gesellschaftsroman, Zeitroman, Sittenroman, psychologischer Roman, Frauenroman, Familienroman, Heimatroman, Künstlerroman, Malerroman, Bauernroman, sozialer Roman, Räuberroman, Ritterroman, Ritter-und-Räuber-Roman, Indianerroman, Schäferroman, pikarischer Roman, Schelmenroman, Abenteuerroman, utopischer Roman, Sciencefictionroman, Zukunftsroman, Reiseroman, Kriminalroman, Krimi, Detektivroman, Arztroman, Trivialroman, Schundroman, Hintertreppenroman, Kolportageroman, Groschenroman, Fünfzigpfennigroman, Porno · *in dem lebende Personen verschlüsselt dargestellt sind:* Schlüsselroman; ↑Biographie, ↑Erzählung, ↑Literatur.

²**Roman:** ↑Erzählung; utopischer R. ↑Literatur; -e erzählen ↑lügen.

Romancier ↑Schriftsteller.

Romanik ↑Baustil.

romanisch: -e Malerei ↑Malerei.

Romanistik ↑Philologie.

Romantik ↑Literaturepochen.

romantisch: ↑empfindsam; -e Malerei ↑Malerei; -e Musik ↑Musik.

Romanze: ↑Gedicht, ↑Liebelei.

Romeo ↑Geliebter.

Römer ↑Trinkgefäß.

Römertopf ↑Kochtopf.

Romilar ↑Rauschgift.

römisch: -e Kirche ↑Kirche; -er Salat ↑Gemüse; -er Stil ↑Baustil; -e Tragödie ↑Tragödie; -e Zahl ↑Zahl.

römisch-katholisch: -e Kirche ↑Kirche.

Rommée ↑Kartenspiel.

Rommel ↑Rübe.

Rondeau ↑Gedicht.

Rondell ↑Rabatte.

röntgen, durchleuchten, röntgenisieren *(veraltet);* ↑Krankheit, ↑Röntgenogramm, ↑Röntgenographie.

Röntgenarzt ↑Arzt.

Röntgenaufnahme ↑Röntgenogramm.

Röntgenauge ↑Scharfsichtigkeit.

Röntgenbild ↑Röntgenogramm.

Röntgenblick ↑Scharfsichtigkeit.

Röntgendarstellung ↑Röntgenographie.

Röntgendurchleuchtung ↑Röntgenographie.

röntgenisieren ↑röntgen.

Röntgenogramm, Röntgenbild, Röntgenaufnahme, Radiogramm, Skiagramm *(selten)* · *des Herzens:* Kardiogramm · *der Herzkammern:* Ventrikulogramm · *des Herzens und der Lungengefäße:* Angiokardiogramm, Kardioangiogramm · *der Lunge:* Pulmogramm · *der Luftröhrenäste:* Bronchogramm · *der Speiseröhre:* Ösophagogramm · *der Leber:* Hepatogramm · *der Milz:* Splenogramm, Lienogramm · *der Leber und Milz:* Hepatolienogramm, Hepatosplenogramm, Splenohepatogramm, Lienohepatogramm · *des Nierenbeckens:* Pyelogramm · *der Nieren:* Nephrogramm, Renogramm · *der Gallenblase:* Cholezystogramm · *von Gefäßen:* Vasogramm, Angiogramm · *von Arterien:* Arteriogramm · *der Aorta:* Aortogramm · *von Venen:* Venogramm, Phlebogramm · *des Pfortadersystems:* Portogramm · *der Hirnschlagadern:* Enzephaloarteriogramm · *der Schädelräume:* Enzephalogramm, Pneumenzephalogramm, Ventrikulogramm · *des Wirbelkanals:* Myelogramm · *eines Gelenks:* Arthrogramm · *von Organbewegungen:* Kymogramm, Polygramm · *mit Abbildung einzelner Schichten:* Tomogramm, Röntgenschichtbild, Röntgenschichtaufnahme, Stratigramm, Planigramm, Laminagramm *(selten),* Laminogramm *(selten);* ↑Diagnose, ↑Elektrogramm, ↑Heilkunde, ↑Röntgenographie, ↑röntgen.

Röntgenographie, Röntgendarstellung, Radiographie, Skiagraphie *(selten)* · Ultraschall[diagnostik] · *als Untersuchung vor einem fluoreszierenden Schirm:* Röntgendurchleuchtung, Durchleuchtung, Röntgenoskopie, Radioskopie · *des Herzens:* Kardiographie · *der Herzkammern:* Ventrikulographie · *des Herzens und der Lungengefäße:* Angiokardiographie, Kardioangiographie · *der Lunge:* Pulmographie · *der Luftröhrenäste:* Bronchographie · *der Speiseröhre:* Ösophagographie · *der Leber:* Hepatographie · *der Milz:* Splenographie, Lienographie · *der Leber und der Milz:* Hepatolienographie, Hepatosplenographie, Splenohepatographie, Lienohepatographie · *des Nierenbeckens:* Pyelographie · *der Nieren:* Nephrographie, Renographie · *der Gallenblase:* Cholezystographie · *von Gefäßen:* Vasographie, Angiographie · *von Arterien:* Arteriographie · *der Aorta:* Aortographie · *von Venen:* Venographie, Phlebographie · *des Pfortadersystems:* Portographie · *der Hirnschlagadern:* Enzephaloarteriographie · *der Schädelräume:* Enzephalographie, Pneumenzephalographie, Ventrikulographie · *des Wirbelkanals:* Myelographie · *eines Gelenks:* Arthrographie · *von Organbewegungen:* Kymographie, Polygraphie · *zur Darstellung einzelner Schichten:* Tomographie, Röntgenschichtverfahren, Stratigraphie, Planigraphie, Laminagraphie *(selten)*, Laminographie *(selten)*, Radiotomie *(selten)*; ↑Diagnose, ↑Heilkunde, ↑Röntgenogramm; ↑röntgen.

Röntgenologe ↑Arzt.

Röntgenologie ↑Heilkunde.

Roquefort ↑Käse.

¹rosa, rosafarben, rosenfarbig, rosig, pink, blassrosa, hellrosa, zartrosa, pastellrosa, altrosa, violettrosa, venetianerrosa, persisch rosa, purpurrosa, flamingorosa; ↑bunt, ↑einfarbig, ↑rot, ↑violett.

²rosa: ↑gleichgeschlechtlich; etwas durch eine r. Brille sehen ↑zuversichtlich [sein]; r. Kalender ↑Kalender; r. Winkel ↑Kennzeichen.

rosafarben ↑rosa.

Rosalina ↑Spitzenstickerei.

rösch ↑knusprig.

¹Rose, Königin der Blumen · Gartenrose, Edelrose, Zwergrose, Buschrose, Kletterrose, Schlingrose, Rankrose, Polyantharose, Wildrose, Hundsrose, Essigrose, Moosrose, Moosröschen, Heckenrose, Zaunrose, Burgrose, Wildrose, Feldrose, Zuckerrose, Apfelrose, Zimtrose, Weinrose, Samtrose, Bengalrose, Zentifolie, Centifolie, Kapuzinerrose, Bourbonrose, Teerose; ↑Blume, ↑Blüte.

²Rose: ↑Rundfenster; jmdn. auf -n betten ↑verwöhnen; nicht auf -n gebettet sein ↑leben.

Rosé ↑Wein.

Rosenbrötchen ↑Kaiserbrötchen.

rosenfarbig ↑rosa.

Rosenhecke ↑Hecke.

Rosenhochzeit ↑Hochzeitstag.

Rosenkohl, Sprossenkohl *(österr.)*, Kohlsprossen *(österr.)*, Brüsselerkohl; ↑Blumenkohl, ↑Gemüse, ↑Grünkohl, ↑Rotkohl, ↑Wirsing.

Rosenkranzfest ↑Marienfest.

Rosenkreuzertum ↑Geheimlehre.

Rosenmontag ↑Fastnacht.

Rosenpaprika ↑Gewürz.

Rosenplissee ↑Falte.

Rosenquarz ↑Schmuckstein.

rosenrot ↑rot.

Rosenschere ↑Gartenschere.

Rosensemmel ↑Kaiserbrötchen.

Rosette ↑Rundfenster.

rosig: ↑rosa; etwas in -em Licht sehen ↑werten; nicht r. ↑mäßig.

Rosinante ↑Pferd.

Rosine: ↑Weinbeere; große -n im Kopf haben ↑vorhaben.

Rosinenbrot ↑Brot.

Rosinenbrötchen ↑Brötchen.

Rosmarin ↑Küchengewürz.

Ross: ↑Pferd; jmdm. zureden wie einem kranken R. ↑zuraten; auf dem hohen R. sitzen ↑dünkelhaft [sein]; hoch zu R. ↑beritten; R. und Reiter nennen ↑Gewährsmann.

Rossbohne ↑Saubohne.

Rosselenker ↑Fuhrmann.

Rösselsprung ↑Rätsel.

Rosskastanie ↑Kastanie.

Rosskur ↑Behandlung.

Rossleder ↑Leder.

Rossschwanz ↑Frisur.

Rosstäuscher ↑Betrüger.

Rosstäuschertrick ↑Trick.

Rost: ↑Belag, ↑Grill; R. ansetzen ↑rostig [werden]; R. ist an etwas ↑rostig [sein]; mit R. bedeckt / überzogen, von R. zerfressen ↑rostig.

Rostbraten ↑Fleischgericht.

Rostbratwurst ↑Würstchen.

rosten: ↑rostig [werden]; gerostet sein ↑rostig [sein].

rösten: ↑braten; geröstete Erdäpfel ↑Kartoffeln.

Rösti ↑Kartoffeln.

rostig, verrostet, eingerostet, mit Rost bedeckt / überzogen, von Rost zerfressen; **r. werden,** rosten, verrosten, Rost ansetzen, korrodieren, in Korrosion übergehen; **r. sein,** gerostet sein, Rost ist an etwas; ↑Belag.

Röstkartoffeln ↑Kartoffeln.

Rostlaube ↑Auto.

Röstmais: ↑Getreideflocken, ↑Mais.

rostrot: ↑rot, ↑rothaarig.

¹rot, rötlich, gelbrot, orangerot, mohnrot, paprikarot, pfefferrot, tomatenrot, möhrenrot, lachsrot, rostrot, fleischrot, fuchsrot, ziegelrot, kupferrot, brandrot, flammend rot, feuerrot, korallenrot, pfirsichrot, hellrot, blassrot, mattrot, pastellrot, hochrot, knallrot, signalrot, urrot, ferrarirot, zinnoberrot, scharlachrot, chinarot, chinesisch rot, persisch rot, englisch rot, venetianerrot, schwedisch rot, oxidrot, mahagonirot, kalypsorot, krapprot, lackrot, jaspisrot, hummerrot, krebsrot, ebereschenrot, erd‹

beerrot, fraise, dunkelrot, tiefrot, weinrot, bordeauxrot, blaurot, flamingorot, rosenrot, kirschrot, cerise, rubin, rubinrot, dunkelrubin, burgunderrot, portweinrot, purpur, purpurrot, purpurfarben, amarantrot, johannisbeerrot, himbeerrot, rotrübenfarben, hahnenkammrot, aurora, morgenrot, blutrot, karmesinrot, karmin, karminrot, karmoisin, braunrot, bronzerot, orientrot, türkisch rot, kardinalrot, tizianrot, rot wie Blut, ritzerot *(landsch.);* ↑bunt, ↑einfarbig, ↑orange, ↑rosa, ↑violett.

²rot: ↑rothaarig; Rote Beete / Bete / Rübe ↑Salatrübe; -e Johannisbeere ↑Johannisbeere; -er Blutfarbstoff ↑Hämoglobin; -e Blutkörperchen ↑Blutkörperchen; der -e Faden ↑Leitgedanke; die -e Fahne ↑Fahne; den -en Hahn aufs Dach setzen ↑anzünden; keinen -en Heller wert sein ↑wertlos [sein]; der Rote Planet ↑Planet; -er Saft, -e Tinte ↑Blut; -er Sauerklee ↑Gemüse; ein -es Tuch für jmdn. sein, wie ein -es Tuch auf jmdn. wirken ↑ärgern (jmdn.); in den -en Zahlen sein / stecken ↑Fehlbetrag; -e Zelle ↑Arbeitskreis; r. werden ↑schämen (sich); etwas muss im Kalender r. angestrichen werden ↑betonen.

Rotalge ↑Alge.
Rotationspapier ↑Druckpapier.
Rotator ↑Muskel.
Rotauge ↑Fisch.
Rotbart ↑Bart.
rotbärtig ↑bärtig.
Rotbauchunke ↑Frosch.
Rotbeere ↑Erdbeere.
Rotblindheit ↑Farbenblindheit.
rotblond: ↑blond, ↑rothaarig.
rotbraun: ↑braun, ↑braunhaarig; Rotbrauner Milchling ↑Ständerpilz.
Rotbuch ↑Dokumentensammlung.
Rotbuche ↑Buche.
Rotchina ↑China.
¹Röte, Gesichtsröte, Wangenröte, Wangenrot; ↑Verfärbung.
²Röte: hektische R. ↑Verfärbung.
Rote-Kreuz-Auto ↑Unfallwagen.
Rote-Kreuz-Schwester ↑Krankenschwester.
Rote-Kreuz-Wagen ↑Unfallwagen.
Rötel ↑Kreide.
Röteln ↑Kinderkrankheit.
Rötelstift ↑Zeichenstift.
Rotes Kreuz ↑Betreuung.
Rotfärbung ↑Verfärbung.
Rotfeder ↑Fisch.
Rotfuchs: ↑Fuchs, ↑Pelz; ein R. sein ↑rothaarig.
Rotgerber ↑Gerber.
Rotgrünblindheit ↑Farbenblindheit.
rothaarig, rot, rötlich, rotblond, kupferrot, rostrot, fuchsrot, tizianrot, flammend rot, feuerrot, brandrot, leuchtend rot; ↑blond, ↑braunhaarig; **r. sein,** ein Feuermelder / Rotfuchs sein; ↑Haar.

Rothaut ↑Indianer.
Rothirsch ↑Hirsch.
rotieren ↑kreisen.
Rotisserie ↑Gaststätte.
Rotkabis ↑Rotkohl.
Rotkehlchen ↑Vogel.
Rotkohl *(nordd.),* Rotkraut *(bes. südd.),* Blaukraut *(bes. bayr., österr.),* Rotkabis *(schweiz.),* roter Kappes *(westd.);* ↑Blumenkohl, ↑Gemüse, ↑Grünkohl, ↑Kohl, ↑Rosenkohl, ↑Sauerkraut.
Rotkraut ↑Rotkohl.
Rotkreuzschwester ↑Krankenschwester.
rötlich: ↑rot, ↑rothaarig; Rötlicher Ritterling ↑Ständerpilz.
rotlila ↑violett.
rotorange ↑orange.
Rotorflugzeug ↑Hubschrauber.
rotrübenfarben ↑rot.
rotsehen ↑ärgerlich [werden].
Rotstift: ↑Schreibstift; den R. ansetzen ↑verringern.
Rottanne ↑Nadelhölzer.
Rotte: ↑Bande, ↑Herde.
Rottier ↑Hirsch.
Rottweiler ↑Hunderassen.
Rotunda ↑Schrift.
Rotunde ↑Toilette.
Rötung ↑Verfärbung.
rotviolett ↑violett.
Rotwein ↑Wein.
Rotweinglas ↑Trinkgefäß.
Rotwelsch ↑Gaunersprache.
Rotwild ↑Wild.
Rotwurst ↑Wurst.
Rotz: ↑Auswurf; frech wie R. sein ↑frech [sein]; R. und Wasser heulen ↑weinen.
Rotzbub ↑Junge.
rotzen: ↑schnäuzen (sich), ↑spucken; in die Muschel r. ↑koitieren.
Rotzfahne ↑Taschentuch.
rotzfrech ↑frech.
rotzig ↑frech.
Rotzkocher ↑Tabakspfeife.
Rotzlappen ↑Taschentuch.
Rotzlöffel ↑Junge.
Rotznase ↑Junge.
Rotznigel ↑Junge.
Roué ↑Frauenheld.
Rouge: ↑Schminke; R. auflegen / auftragen ↑schminken; R. et noir ↑Glücksspiel, ↑Kartenspiel.
Rouleau ↑Fensterladen.
Roulett ↑Glücksspiel.
Roundtablegespräch ↑Gespräch.
Route ↑Marschroute.
Routine ↑Kunstfertigkeit.
Routineuntersuchung: ↑Untersuchung, ↑Vorsorgeuntersuchung.
Routinier ↑Fachmann.
routiniert ↑fachmännisch.
Rowdy ↑Raufbold.

royal: Kir r. ↑Mixgetränk.
RPG ↑Sprache.
RS ↑Militärdienst.
rubbeln ↑reiben.
¹Rübe, Runkelrübe, Dickwurzel *(landsch.),* Dickwurz *(landsch.),* Dickrübe *(landsch.),* Rummel *(landsch.),* Rommel *(landsch.),* Runkel *(österr.),* Futterrübe · Zuckerrübe; ↑Gemüse.
²Rübe: ↑Kopf; Gelbe R. ↑Mohrrübe; Rote R. ↑Salatrübe; wie Kraut und -n ↑durcheinander; wie Kraut und -n ↑uneinheitlich; bei jmdm. liegt alles herum wie Kraut und -n ↑ungeordnet [sein].
Rubel: ↑Geld, ↑Zahlungsmittel.
Rübenkohl ↑Kohlrabi.
Rübenkraut ↑Brotaufstrich.
Rübenzucker ↑Zucker.
Rübenzünsler ↑Schmetterling.
rüber: ↑her, ↑hin.
rübersteigen ↑koitieren.
rubin ↑rot.
Rubin: ↑Hochzeitstag, ↑Schmuckstein.
Rubinhochzeit ↑Hochzeitstag.
rubinrot ↑rot.
Rübli ↑Mohrrübe.
Rüböl ↑Speiseöl.
¹Rubrik, Spalte, Kolumne; ↑Abschnitt, ↑Seite.
²Rubrik ↑Klasse.
rubrizieren ↑einstufen.
Rubrizierung ↑Einstufung.
Rübsenöl ↑Speiseöl.
Rubyspaniel ↑Hunderassen.
Ruch ↑Geruch.
ruchbar: r. werden ↑herumsprechen (sich).
Ruchbrot ↑Schwarzbrot.
ruchlos ↑anstößig.
Ruchlosigkeit ↑Grausamkeit.
ruck: r., zuck! ↑schnell.
Ruck: ↑Stoß; sich einen R. geben ↑überwinden (sich); immer mit der Ruhe und dann mit 'nem R. ↑ruhig.
Rückantwort: ↑Antwort, ↑Schreiben; Postkarte / Telegramm mit R. ↑Postsendung.
rückbezüglich: -es Verb ↑Verb.
Rückblende ↑Erinnerung.
Rückblick ↑Erinnerung.
rückblickend ↑hinterher.
¹rücken (an), heranrücken, näher rücken, auf Tuchfühlung gehen; ↑berühren; ↑Kontakt.
²rücken: an einen anderen Ort / Platz r. ↑verrücken; jmdm. auf die Bude / auf die Pelle r. ↑bitten; jmdm. auf die Pelle r. ↑aufdringlich [sein]; in schlechtes Licht r. ↑schlecht machen; zu Leibe r. ↑angreifen; einer Sache zu Leibe r. ↑anfangen.
¹Rücken, Kreuz, Buckel *(landsch.),* Hucke *(nordd.),* Puckel *(landsch.);* ↑Rückgrat, ↑Schulter; **auf dem R. tragen,** huckepack tragen.
²Rücken: ↑Grat, ↑Rückseite; jmdm. den R. decken ↑behüten; einen breiten R. haben ↑dickfellig [sein]; jmdm. läuft es [heiß und] kalt den R.

herunter / über den Rücken ↑betroffen [sein]; den R. kehren ↑weggehen; den R. kehren / wenden ↑abwenden (sich); jmdm. den R. kehren ↑trennen (sich); jmdm. den R. stärken ↑eintreten (für), ↑zuraten; [fast] auf den R. fallen ↑überrascht [sein]; auf den R. nehmen ↑tragen.
Rückenausschnitt ↑Ausschnitt.
Rückendekolleté ↑Ausschnitt.
Rückenflug ↑Flug.
Rückenkraulschwimmen ↑Schwimmen.
Rückenmark: verlängertes R. ↑Gehirn.
rückenschwimmen ↑schwimmen.
Rückentrage ↑Tragekorb.
Rückenwind: ↑Wind; mit R. durchkommen ↑bewältigen.
Rückenwirbel ↑Wirbelknochen.
Rückfahrkarte ↑Fahrkarte.
Rückfahrt ↑Fahrt.
Rückfall, Rückschlag, Wiederkehr · *bei einer Krankheit:* Rezidiv, Relaps; ↑Rückgang.
rückfällig ↑straffällig.
Rückfalltäter ↑Verbrecher.
Rückfrage ↑Frage.
Rückfront ↑Hinterseite.
rückführbar ↑zurückführbar.
Rückführung ↑Eingemeindung.
¹Rückgabe, Zurückgabe, Rücksendung, Zurückstellung *(österr.);* ↑Sicherheit, ↑Umtausch; ↑zurückgeben.
²Rückgabe ↑Umtausch.
¹Rückgang, Rückschritt, Rückschlag, Abfall, Stagnation, Stagflation, Rezession, Stockung, toter Punkt, Stauung, Stillstand, das Nachlassen, Niedergang, Degeneration, Dekadenz · *vorübergehender bei Krankheit:* Remission; **einen R. erfahren,** es geht den Bach runter, zurückfallen, schlechter werden, Rückschritte machen, Boden verlieren; ↑Abwanderung, ↑Behinderung, ↑Rückfall, ↑Verfall · Ggs. ↑Aufschwung.
²Rückgang ↑Verminderung.
rückgängig: r. machen ↑absagen, ↑stornieren.
rückgebildet ↑verkümmert.
Rückgliederung ↑Eingemeindung.
¹Rückgrat, Wirbelsäule; ↑Knochengerüst, ↑Rücken.
²Rückgrat: ↑Wirbelsäule; jmdm. das R. brechen ↑unterdrücken; R. haben ↑standhaft [sein]; ohne R. ↑anpassungsfähig; ohne R. sein ↑willensschwach [sein].
rückgratlos ↑anpassungsfähig.
Rückhalt ↑Stütze.
rückhaltlos ↑vorbehaltlos.
Rückkehr, Heimkehr, Heimreise, Wiederkehr, Rückreise; ↑Reise.
Rückkopplung ↑Biofeedback.
Rücklage ↑Vorrat.
rückläufig: ↑nachlassend; -es Wörterbuch ↑Nachschlagewerk.
Rückleuchte, Rückstrahler, Rücklicht, Katzenauge, Bremslicht, Bremsleuchte, Zusatz-

bremsleuchte, Pufflampe *(scherzh.);* ↑Scheinwerfer, ↑Scheinwerferlicht, ↑Signallicht.

Rücklicht ↑Rückleuchte.

rücklings, [nach] rückwärts, nach hinten · Ggs. ↑bäuchlings.

Rückmarsch ↑Rückweg.

Rückreise ↑Rückkehr.

Rückrufaktion ↑Umtausch.

Rucksack ↑Tornister.

Rückschau: ↑Erinnerung; R. halten ↑erinnern (sich), ↑überprüfen.

rückschauend ↑hinterher.

Rückschlag: ↑Rückfall, ↑Rückgang.

¹Rückschritt, Reaktion, Fortschrittsfeindlichkeit, Restauration; ↑rückschrittlich · Ggs. ↑Fortschritt; ↑fortschrittlich.

²Rückschritt: -e machen ↑Rückgang, ↑zurückfallen.

rückschrittlich, reaktionär, fortschrittsfeindlich, restaurativ, konservativ, beharrend, verharrend, rückständig, zurückgeblieben, unzeitgemäß, unmodern, nicht ↑fortschrittlich, nicht ↑modern; ↑altmodisch, ↑herkömmlich, ↑konservativ, ↑überlebt; **r. sein,** hinter seiner / der Zeit zurückbleiben, hinter dem Mond sein *(emotional);* ↑Rückschritt · Ggs. ↑Fortschritt.

¹Rückseite, Hinterseite, Kehrseite · *beim Stoff:* Abseite, Untergewebe, linke Seite, Rücken, Unterseite · *einer Münze:* Revers, Wappenseite; ↑Hinterseite; ↑umseitig · Ggs. ↑Vorderseite.

²Rückseite: ↑Hinterseite; auf der R. ↑umseitig.

rückseitig ↑umseitig.

rucksen ↑krächzen.

Rücksicht: ↑Achtung; -en ↑Anlass; etwas ohne R. [auf Verluste] tun ↑rücksichtslos [sein].

¹rücksichtslos, bedenkenlos, gewissenlos, skrupellos, abgedreht *(österr.);* ↑herrisch, ↑selbstzerstörerisch, ↑streng, ↑unbarmherzig; **r. sein,** ohne Bedenken / Rücksicht / Skrupel / Hemmungen sein, jmdm. ist jedes Mittel recht, etwas ohne Rücksicht auf Verluste tun, etwas ist eine Rücksichtslosigkeit / Zumutung, über Leichen gehen, seine Ellbogen brauchen / gebrauchen; ↑Gewissenlosigkeit, ↑Unbarmherzigkeit.

²rücksichtslos: ↑extrem, ↑streng, ↑zielstrebig.

Rücksichtslosigkeit: ↑Gewissenlosigkeit; etwas ist eine R. ↑rücksichtslos [sein].

¹rücksichtsvoll, taktvoll, zartfühlend, einfühlend; ↑höflich.

²rücksichtsvoll ↑höflich.

Rückspiel ↑Spiel.

Rückstand: ↑Bodensatz, ↑Schuld; Rückstände haben, im R. sein ↑schulden (jmdm. etwas).

rückständig ↑rückschrittlich.

Rückständigkeit, Zurückgebliebenheit, Überlebtheit, Vergreisung, Überalterung, Verkalkung, Muff *(emotional),* Mief *(emotional);* ↑altmodisch, ↑stumpfsinnig, ↑überlebt.

Rückstau ↑Verkehrsstauung.

Rückstrahler ↑Rückleuchte.

Rückstrom ↑Verkehrsstrom.

Rückteil ↑Hinterteil.

Rücktritt ↑Kündigung.

Rückvergütung ↑Preisnachlass.

Rückverpflanzung ↑Transplantation.

¹rückwärts, nach hinten, zurück, retour · Ggs. ↑vorwärts.

²rückwärts: r. zählen ↑übergeben (sich); [nach r.] ↑rücklings.

Rückwärtsellipse ↑Auslassung.

¹Rückweg, Rückmarsch, Nachhauseweg, Heimweg; ↑zurückbegeben (sich).

²Rückweg: sich auf den R. begeben / machen ↑zurückbegeben (sich).

Rückwind ↑Wind.

Rückwirkung ↑Reaktion.

Rückzahlung ↑Zahlung.

Rückzieher: einen R. machen ↑Fußball, ↑nachgeben.

Rückzug: ↑Widerruf; den R. antreten ↑nachgeben.

Rückzugsgefecht: ↑Abwehr; ein R. machen ↑zurückziehen (sich).

rüde ↑unhöflich.

Rüde ↑Hund.

Rudel ↑Herde.

¹Ruder, Riemen, Remen, Pullstängel *(scherzh.),* Paddel; ↑Boot.

²Ruder: ans R. kommen ↑Herrschaft; aus dem R. laufen ↑[nicht] beikommen.

Ruderboot ↑Boot.

Ruderente ↑Vogel.

rudern ↑Boot [fahren].

Ruderregatta ↑Regatta.

rudimentär ↑verkümmert.

Ruf: ↑Ansehen; [R. nach] ↑Aufruf; einen guten R. haben ↑angesehen [sein]; seinen R. aufs Spiel setzen ↑bloßstellen (sich); in einem ... R. stehen ↑gelten (als jmd. / etwas).

Rüfe ↑Erdrutsch.

rufen: ↑beordern, ↑schreien, ↑singen; bravo / da capo r. ↑applaudieren; buh r. ↑auspfeifen; in Erinnerung / ins Bewusstsein r. ↑wachrufen; jmdm. etwas ins Gedächtnis r. ↑mahnen; etwas ruft jmdm. etwas ins Gedächtnis ↑gemahnen; ins Leben r. ↑gründen; zur Ordnung r. ↑schelten; wie ger. kommen ↑passen, ↑willkommen [sein].

Rüffel ↑Vorwurf.

rüffeln ↑schelten.

Rufmädchen ↑Prostituierte.

Rufmord ↑Beleidigung.

Rufname ↑Vorname.

Rufzeichen ↑Satzzeichen.

Rugby ↑Fußballspiel.

Rüge: ↑Maßregelung, ↑Vorwurf.

rügen ↑schelten.

Ruhbett ↑Liege.

¹Ruhe, Stille · *im geschäftlichen, politischen oder journalistischen Bereich:* Flaute, Sommer-

loch, Saure-Gurken-Zeit · *vom Arzt verordnete:*
Bettruhe; ↑Gesetztheit, ↑Mittagsruhe, ↑Schlaf.
²**Ruhe:** ↑Beschaulichkeit, ↑Gelassenheit, ↑Muße, ↑Schlaf, ↑Stille, ↑Umsicht; stoische R. ↑Gelassenheit; R. bewahren, sich nicht aus der R.
bringen lassen ↑ruhig [bleiben]; keine R. geben,
jmdm. keine R. lassen, jmdn. nicht in R. lassen
↑bitten, ↑zusetzen (jmdm.); sich R. gönnen ↑ruhen; lass mir die / meine R.! ↑unwichtig [sein];
die R. weghaben ↑dickfellig [sein]; der R. pflegen ↑ruhen; jmdn. in R. lassen ↑behelligen; mit
R. ↑umsichtig; immer mit der R. [und dann mit
'nem Ruck] ↑ruhig; sich zur R. begeben ↑schlafen [gehen]; zur letzten R. begleiten ↑bestatten;
zur R. bringen ↑beruhigen; zur ewigen R. eingehen ↑sterben; zur R. kommen ↑abreagieren
(sich), ↑ruhig [werden]; nicht zur R. kommen
lassen ↑Spannung; sich zur R. setzen ↑anstrengen (sich), ↑pensionieren.
Ruhebank ↑Sitzbank.
Ruhebedürfnis ↑Erschöpfung.
ruhebedürftig ↑müde.
Ruhebett ↑Liege.
Ruhegehalt ↑Rente.
Ruhegeld ↑Rente.
Ruhegenuss ↑Rente.
¹**ruhelos,** getrieben, umhergetrieben, umherirrend, rastlos, unruhig, ahasverisch *(geh.);* ↑Umherirrender, ↑Unrast; ↑herumtreiben (sich).
²**ruhelos** ↑aufgeregt.
Ruheloser ↑Umherirrender.
Ruhelosigkeit ↑Unrast.
¹**ruhen,** ausruhen, still liegen, rasten, sich ausrasten *(südd., österr.),* der Ruhe pflegen *(geh.),*
sich Ruhe gönnen, sich entspannen, verschnaufen; ↑erholen (sich), ↑faulenzen, ↑liegen,
↑schlafen; ↑Entspannung, ↑Pause, ↑Urlaub.
²**ruhen:** die Waffen r. lassen ↑Frieden [schließen]; das ruht noch im Schoß der Götter ↑ungewiss [sein].
ruhen lassen, nicht bearbeiten, nicht wieder
aufnehmen, nicht ↑erörtern; ↑belassen.
Ruhepause ↑Pause.
Ruhesessel ↑Sessel.
Ruhestand: ↑Lebensabend; gleitender Übergang in den R. ↑Arbeitszeitformen; in den R.
versetzen ↑pensionieren.
Ruheständler ↑Rentner.
Ruheständlerin ↑Rentnerin.
Ruhestatt ↑Grab.
Ruhestätte ↑Grab.
Ruhestörer ↑Störenfried.
Ruhetag, Sonntag, Feiertag, Festtag, Urlaubstag, Ferientag, Ferialtag *(österr.),* arbeitsfreier
Tag, Staatsfeiertag, Nationalfeiertag; ↑Sonnabend, ↑Tag, ↑Werktag.
ruhevoll ↑ruhig.
¹**ruhig,** geruhsam, ruhevoll, geruhig, bedächtig,
still, friedsam *(geh., veraltend),* fried[e]voll
(geh.), cool *(Jargon),* gemessen, würdevoll, bedachtsam, mit Bedacht, besonnen, sicher, über-

legen, abgeklärt, beherrscht, gezügelt, gesetzt,
kaltblütig, ohne mit der Wimper zu zucken, ausgeglichen, harmonisch, bedacht, gelassen,
gleichmütig, stoisch, gefasst, in [aller] Ruhe, gemach, gemächlich, ohne Überstürzung / Übereilung, nur keine Hast!, so schnell schießen die
Preußen nicht!, nur nicht hudeln! *(landsch.),* ein
alter Mann ist [doch] kein D-Zug! *(scherzh.),* eile mit Weile!, immer mit der Ruhe [und dann
mit 'nem Ruck]!, seelenruhig, in aller Seelenruhe / Gemütsruhe, nicht ↑aufgeregt, nicht ↑lebhaft, nicht ↑leise, nicht ↑nervös, nicht ↑unbesonnen; ↑allmählich, ↑behutsam, ↑beschaulich,
↑dickfellig, ↑friedlich, ↑geistesgegenwärtig,
↑klug, ↑langsam, ↑planmäßig, ↑schwermütig,
↑selbstbewusst, ↑tolerant, ↑umsichtig, ↑unbesorgt; **r. sein,** über den Dingen stehen; **r. bleiben,**
an sich halten, sich zusammennehmen / beherrschen / bändigen / mäßigen / zurückhalten / bezähmen / zügeln / im Zaum halten / in der Hand
haben, sich nicht aus dem Gleichgewicht / aus
der Ruhe bringen lassen, sich in der Gewalt haben, keine Miene verziehen, Herr sein über
sich, ein Mann sein, sich am Riemen reißen
(ugs.), die Nerven behalten, nicht die Nerven
verlieren, Ruhe / kaltes Blut bewahren, nur ruhig Blut!, nur keine Aufregung!; ↑beruhigen,
↑schweigen; ↑Bewegungslosigkeit, ↑Dickfelligkeit, ↑Gelassenheit, ↑Heiterkeit, ↑Stille.
²**ruhig:** ↑friedlich, ↑still; eine -e Kugel schieben
↑anstrengen (sich); [sehr] -e See ↑Seegang;
Land des -en Morgens ↑Korea.
Ruhm: ↑Lob; jmds. R. verbreiten ↑loben; jmds.
R. verblasst ↑nachlassen.
rühmen ↑loben.
rühmenswert ↑anerkennenswert, ↑ehrenhaft.
rühmlich ↑anerkennenswert.
ruhmreich ↑anerkennenswert.
Ruhmsucht: ↑Ehrgeiz, ↑Geltungsdrang.
ruhmsüchtig: ↑ehrgeizig, ↑geltungssüchtig.
Ruhr ↑Durchfall.
Rührei, Eierspeise *(österr.),* Eierspeis *(österr.),*
Omelett *(landsch.),* Eierschmalz *(südd., österr.):*
↑Eierspeise.
¹**rühren,** anrühren, durchrühren, umrühren,
verrühren, zusammenrühren, abtreiben *(österr.),* quirlen, verquirlen, sprudeln *(österr.),*
versprudeln *(österr.);* ↑beimischen, ↑mischen.
²**rühren:** sich r. ↑arbeiten, ↑bewegen (sich); sich
nicht r., keinen Finger r. ↑träge [sein]; sich nicht
r. lassen, etwas rührt jmdn. nicht ↑ungerührt
[bleiben]; etwas rührt jmdn. ↑erschüttern; Butter r. ↑buttern; die Trommel r. ↑trommeln; die
Werbetrommel r. ↑Werbung [treiben]; an etwas
darf man nicht r. ↑tabu; an eine alte Wunde r.
↑erwähnen; wie vom Donner gerührt sein ↑überrascht [sein]; ein menschliches Rühren
fühlen / verspüren ↑austreten [gehen].
¹**rührend,** ergreifend, erschütternd, ans Herz
greifend, zu Herzen gehend; ↑erschüttern.

²**rührend:** -er Reim ↑Reim.
rührig: ↑aktiv, ↑betriebsam.
Rührlöffel ↑Löffel.
rührselig ↑empfindsam.
Rührseligkeit, Sentimentalität, Gefühligkeit, Gefühlsduselei, Gefühlsseligkeit, Tränenseligkeit, Larmoyanz, Weinerlichkeit; ↑Empfindsamkeit, ↑Ergriffenheit; **R. bewirken,** auf die Tränendrüsen drücken; ↑empfindsam.
Rührstück ↑Schauspiel.
Rührteig ↑Teig.
Rührung ↑Ergriffenheit.
Ruin: ↑Misserfolg, ↑Zahlungsunfähigkeit.
Ruine ↑Trümmer.
¹**ruinieren,** zerstören, vernichten, zugrunde richten, destruieren, verwüsten, verheeren, wie die Hunnen / Wandalen hausen, zerschlagen, zerbrechen, zerteppern *(ugs.),* zerschmeißen *(salopp),* zerschmettern, zertreten, zerstampfen, zertrampeln *(ugs.),* eintreten, zertrümmern, einschlagen, demolieren, kaputtmachen, einer Sache den Rest geben, Kleinholz machen, alles kurz und klein schlagen; ↑defekt [werden], ↑niederreißen, ↑verunstalten, ↑zerlegen, ↑zermahlen, ↑zermalmen; ↑Bücherverbrennung, ↑Vernichtung.
²**ruinieren:** ↑ausbeuten, ↑beanspruchen, ↑beschädigen, ↑besiegen, ↑schaden; sich selbst -d ↑selbstzerstörerisch.
ruiniert ↑abgewirtschaftet.
ruinös ↑verderblich.
Ruländer ↑Wein.
rülpsen: ↑eruktieren; das Rülpsen ↑Eruktation.
rum ↑her.
Rum ↑Alkohol.
Rumba ↑Tanz.
Rumbakugel ↑Rassel.
rumdrehen: den Pfennig dreimal / zehnmal r. ↑geizig [sein].
Rumfordsuppe ↑Eintopf.
rumkrebsen: ↑anstrengen (sich), ↑krank [sein].
rumkriegen ↑überreden.
rummäkeln ↑beanstanden.
Rummel: ↑Jahrmarkt, ↑Rübe.
Rummelboxer ↑Mann.
Rummelplatz ↑Jahrmarktsplatz.
rumoren (in den Gedärmen), kollern, rumpeln; ↑Blähsucht, ↑Darmwind.
Rumpelkammer ↑Abstellraum.
rumpeln: ↑holpern, ↑lärmen, ↑rumoren.
Rumpf ↑Rest.
Rumpfkabinett ↑Regierung.
rumpriemen ↑bosseln.
Rumpsteak ↑Steak.
rumquiemen ↑krank [sein].
rumsen: r. auf ↑zusammenstoßen.
rumstehen: etwas steht nur rum ↑gebrauchen.
Rumsteherle ↑Nippsache.
rumtoben ↑toben.
rumtollen ↑toben.

Rumtreiber ↑Vagabund.
Rumtreiberei ↑Landstreicherei.
Run: ↑Rausch, ↑Zustrom.
¹**rund,** kreisförmig, gerundet, ringförmig; ↑gebogen, ↑oval.
²**rund:** ↑dick, ↑ungefähr; Gespräch am -en Tisch ↑Gespräch; -e Zahl ↑Zahl; r. um die Uhr ↑Tag, ↑unaufhörlich.
Rundblick, Rundschau, Tour d'Horizon; ↑Überblick.
Rundbogen: [gestelzter R.] ↑Bogen.
Rundbrief ↑Rundschreiben.
Rundbrot ↑Brot.
Runddorf ↑Dorf.
¹**Runde,** Geselligkeit, [geselliges] Beisammensein, Hock *(schweiz.);* ↑Fest.
²**Runde:** ↑Gruppe; die R. machen ↑kursieren; über die -n kommen ↑bewältigen.
Runderlass ↑Umlaufschreiben.
Rundfahrt: ↑Fahrt, ↑Reise.
Rundfenster, Fensterrose, Rose, Rosette, Radfenster, Ochsenauge, Bullauge; ↑Dachfenster, ↑Fenster.
Rundfrage ↑Umfrage.
Rundfunk, Hörfunk, Funk, Radio, Rundspruch *(schweiz.);* ↑Fernsehen, ↑Massenmedien, ↑Rundfunksender, ↑Sendung.
Rundfunkansager ↑Sprecher.
Rundfunkarchiv ↑Archiv.
Rundfunkempfänger ↑Radio.
Rundfunkgerät ↑Radio.
Rundfunksender, Radiosender, Sender, Rundfunkstation, Radiostation, Station · *dessen Standort unbekannt ist:* Geheimsender, Schwarzsender · *der ohne Erlaubnis Programme ausstrahlt:* Piratensender; ↑Rundfunk, ↑Sendung.
¹**Rundfunksendung,** Radiosendung, Rundspruchemission *(schweiz.);* Hörspiel, Hörbild, Funkerzählung, Essay, Unterhaltungssendung, Funkkonzert, Magazinsendung, Nachrichten; ↑Bericht, ↑Fernsehsendung, ↑Musikveranstaltung, ↑Nachricht, ↑Ratesendung, ↑Sendung, ↑Wunschsendung.
²**Rundfunksendung** ↑Sendung.
Rundfunksprecher ↑Sprecher.
Rundfunkstation ↑Rundfunksender.
Rundgotisch ↑Schrift.
rundheraus, rundweg, geradewegs, ohne Umschweife, geradezu, freiweg, geradeheraus, freiheraus, einfach, direkt, unumwunden, glattweg, glatt, schlankweg, ohne Zögern / Zaudern; ↑anstandslos, ↑aufrichtig, ↑klar, ↑kurzerhand.
Rundkäfig ↑Käfig.
Rundkirche ↑Gotteshaus.
rundlich ↑dick.
Rundlichkeit ↑Wohlgenährtsein.
Rundling ↑Dorf.
Rundpfeiler ↑Säule.
Rundplatzdorf ↑Dorf.

Rundreise ↑Reise.
Rundschau ↑Rundblick.
Rundscheibe ↑Fensterscheibe.
Rundschotter ↑Splitt.
¹Rundschreiben, Rundbrief, Sendschreiben, Sendbrief · *päpstliches:* Enzyklika · *bischöfliches:* Hirtenbrief.
²Rundschreiben ↑Umlaufschreiben.
Rundschrift ↑Schrift.
Rundspruch ↑Rundfunk.
Rundspruchemission ↑Rundfunksendung.
Rundstricknadel ↑Stricknadel.
Rundstück ↑Brötchen.
Rundtonne ↑Gewölbe.
Rundtörn ↑Knoten.
Rundumschlag ↑Schlagabtausch.
Rundung, Wölbung, Ausbuchtung, Einbuchtung, Ausstülpung, Bauch; ↑Biegung.
Rundwall ↑Wall.
rundweg ↑rundheraus.
Rundweiler ↑Dorf.
Rundwurm ↑Wurm.
Runenschrift ↑Schrift.
Runkel ↑Rübe.
Runkelrübe ↑Rübe.
Runse ↑Schlucht.
runter: ↑her, ↑hin.
runterfallen ↑hinunterfallen.
runterfliegen ↑hinunterfallen.
runtergehen: ↑hinuntergehen, ↑sinken; es geht den Bach runter ↑[einen] Rückgang [erfahren].
runterholen: sich einen r. ↑masturbieren.
runterklettern ↑hinuntergehen.
runterlassen: die Hosen r. ↑gestehen.
runtermachen: jmdn. r. ↑schelten.
runterpurzeln ↑hinunterfallen.
runterputzen: jmdn. r. ↑schelten.
runterrutschen: rutsch mir den Buckel runter! ↑unwichtig [sein].
runtersausen ↑hinunterfallen.
runterschlucken: [seinen Ärger] r. ↑schweigen.
runterschütteln ↑abschütteln.
runtersegeln ↑hinunterfallen.
runter sein: mit den Nerven r. ↑erschöpft [sein].
runtersinken ↑sinken.
runterspringen ↑hinunterspringen.
runtersteigen ↑hinuntergehen.
runterstürzen ↑hinunterfallen; sich r. ↑hinunterspringen.
Runzel, Falte, Furche, Krähenfüße · Tränensäcke; ↑Chalodermie, ↑Zerfurchtheit; ↑faltig.
runzelig ↑faltig.
Runzeligkeit ↑Zerfurchtheit.
runzeln: die Stirn r. ↑murren.
Runzelschüppling ↑Ständerpilz.
runzlig ↑faltig.
Runzligkeit ↑Zerfurchtheit.
Rüpel: ↑Flegel, ↑Junge.

rüpelhaft ↑unhöflich.
Rüpelhaftigkeit ↑Unhöflichkeit.
rüpelig ↑unhöflich.
Rupf ↑Bettfedern.
rupfen: ↑ablisten, ↑zerren; mit jmdm. ein Hühnchen zu r. haben ↑schelten; r. aus ↑herausreißen.
Rupfsalat ↑Gemüse.
Rupia ↑Hautblüte.
Rupiah ↑Zahlungsmittel.
Rupie: indische R. ↑Zahlungsmittel.
ruppig ↑unhöflich.
Ruppigkeit ↑Unhöflichkeit.
Ruprecht: Knecht R. ↑Weihnachtsmann.
Ruptur ↑Verletzung.
Rüsche ↑Besatz.
Rushhour: ↑Hauptverkehrszeit, ↑Straßenverkehr.
Ruß: R. entwickeln ↑rußen.
Rüssel ↑Nase.
¹rußen, Ruß entwickeln, blaken *(landsch.);* ↑brennen.
²rußen ↑säubern.
Russenkittel ↑Bluse.
russisch: Russischbrot ↑Gebäck; -es Kreuz ↑Kreuzzeichen; -e Eier füttern ↑koitieren; -es Rad ↑Riesenrad; -e Schaukel ↑Schiffsschaukel.
Russischblau ↑Katzenrassen.
Rüste: ↑Ende; zur R. gehen ↑abnehmen.
¹rüsten, aufrüsten, nachrüsten, nachnachrüsten, überrüsten, mobilisieren, mobil machen, sich bewaffnen; ↑kampfbereit; ↑Aufrüstung · Ggs. ↑abrüsten.
²rüsten: sich r. ↑wappnen (sich); zu etwas r. ↑anschicken (sich, etwas zu tun); sich r., etwas zu tun ↑anschicken (sich, etwas zu tun).
Rüster ↑Ulme.
rüstig ↑stark.
Rüstigkeit ↑Gesundheit.
Rustikamauer ↑Mauer.
Rüstung ↑Aufrüstung.
Rüstzeug, Ausrüstung, Ausstattung, Outfit, Handwerkszeug; ↑Apparat, ↑Kneifzange.
Rute: ↑Flächenmaß, ↑Längenmaß, ↑Penis, ↑Schneebesen, ↑Schwanz, ↑Stock.
Rutenbesen ↑Besen.
Ruthenium ↑Edelmetall.
Rutsch: ↑Erdrutsch; einen R. machen ↑reisen.
Rutschbahn, Rutsche; ↑gleiten; ↑glatt.
Rutsche: ↑Fußbank, ↑Rutschbahn.
rutschen: ↑gleiten; jmdm. rutscht das Herz in die Hose / Hosen ↑Angst [bekommen], ↑Mut; vor jmdm. auf dem Bauch r. ↑unterwürfig [sein].
Rutscher ↑Reise.
Rutschgefahr: ↑Glatteis, ↑Straßenglätte.
rutschig ↑glatt.
Rutschnagel ↑Nagel.
Rutte ↑Fisch.
rütteln: ↑schütteln; an etwas ist nicht zu r. ↑unabänderlich [sein].

s: scharfes s ↑Eszett.
¹Saal, Festsaal, Bankettsaal, Spiegelsaal · Tanzsaal, Ballsaal · Konzertsaal, Theatersaal · Sitzungssaal, Plenarsaal.
²Saal ↑Raum.
Saalkirche ↑Gotteshaus.
Saalschlacht ↑Streit.
Saaltochter ↑Bedienung.
Saarbrücken, Landeshauptstadt [des Saarlandes]; ↑Stadt.
Saat ↑Saatgut.
Saatgut, Saat, Sämerei; ↑Samen.
Saatkrähe ↑Vogel.
Saatzuchtbetrieb ↑Baumschule.
Sabbatical ↑Arbeitszeitformen.
Sabbatjahr ↑Arbeitszeitformen.
Sabbel ↑Mund.
sabbeln ↑sprechen.
Sabber ↑Speichel.
sabbern: ↑sprechen, ↑spucken.
Sabbler ↑Schwätzer.
Säbel: ↑Hiebwaffe; mit dem S. rasseln ↑drohen.
säbelrasselnd ↑protzig.
Saboteur ↑Spion.
sabotieren ↑verhindern.
Sabotierung ↑Vereitelung.
Sacharja ↑Prophet.
Sachbearbeiter ↑Referent.
Sachbuch ↑Literatur.
sachdienlich ↑zweckmäßig.
Sache: ↑Angelegenheit, ↑Ding; -n ↑Kleidung; scharfe -n ↑Alkohol; die -n hinschmeißen ↑kündigen; etwas ist eine faule S. ↑seltsam [sein]; -n gibts, die gibts gar nicht! ↑überrascht [sein]; gemeinsame S. machen mit ↑konspirieren; seine S. verstehen ↑firm [sein]; seiner S. sicher sein ↑gewiss [sein]; bei der S. sein ↑Acht geben; nicht bei der S. sein ↑unaufmerksam [sein]; das ist der Gag [bei] der S. ↑Hauptsache; in eigener S. ↑pro domo; mit achtzig / -zig Sachen ↑schnell; etwas zu seiner eigenen S. machen ↑identifizieren (sich mit etwas / jmdm.); seine Gedanken zu -n machen ↑hypostasieren; nicht zur S. gehörend ↑unsachlich; zur S. kommen ↑Einleitung; etwas tut nichts zur S. ↑unwichtig [sein].
Sachertorte ↑Gebäck.
sachfremd ↑unsachlich.

sachgemäß ↑fachmännisch.
sachgerecht ↑fachmännisch.
Sachkenner ↑Fachmann.
sachkundig ↑fachmännisch.
Sachkundiger ↑Fachmann.
Sachlage ↑Tatsache.
¹sachlich, nüchtern, objektiv, sine ira et studio, frei von Emotionen; ↑unparteiisch.
²sachlich: ↑realistisch, ↑unparteiisch; s. bleiben ↑übertreiben; nicht mehr s. bleiben ↑attackieren.
Sachlichkeit: ↑Objektivität; Neue S. ↑Malerei.
Sachschaden ↑Unfallschaden.
Sachse, Kaffeesachse *(scherzh.)*, Buttersachse *(scherzh.);* ↑Deutscher.
sächseln ↑Mundart [sprechen].
sächsisch: s. sprechen ↑Mundart [sprechen].
sacht ↑behutsam.
Sachverhalt ↑Tatsache.
sachverständig ↑fachmännisch.
Sachverständiger ↑Fachmann.
Sachwalter: ↑Stellvertreter, ↑Verwalter.
Sachweiser ↑Verzeichnis.
Sachwert: -e ↑Besitz.
Sack: ↑Skrotum, ↑Papiertüte, ↑Versager; dummer S. ↑Dummkopf; zu Hause wohl Säcke an den Türen / vor der Tür haben ↑schließen; die Katze im S. kaufen ↑kaufen; jmdn. in den S. stecken ↑übertreffen; mit S. und Pack ↑beladen.
Sackbahnhof ↑Bahnhof.
Sackband ↑Schnur.
Säckelwart ↑Kassierer.
sackerlot: s.! ↑verflucht!
Sackgasse: ↑Auswegslosigkeit, ↑Straße; sich in einer S. befinden, in einer S. sein ↑Lösung.
Sackgassendorf ↑Dorf.
Sackgeld: ↑Geld, ↑Taschengeld.
Sackkalkschwamm ↑Schwamm.
Sackklaus ↑Laus.
Sackmesser ↑Taschenmesser.
Sackpfeife ↑Blasinstrument.
Sacktuch ↑Taschentuch.
Sadismus ↑Perversität.
sadistisch ↑quälerisch.
Sadomaso ↑Perversität.
Sadomasochismus ↑Perversität.
säen: ↑bebauen; etwas ist nicht dick / ist dünn gesät ↑selten [sein]; sie s. nicht, aber sie ernten doch ↑Trittbrettfahrer [sein].
Safari ↑Jagdexpedition.
Safe ↑Tresor.
Safersex ↑Koitus.
Saffian ↑Leder.
Saffianleder ↑Leder.
Safran ↑Gewürz.
safrangelb ↑gelb.
Saft: roter S. ↑Blut; jmdn. im eigenen S. schmoren lassen ↑helfen; ohne S. und Kraft ↑fade.
Saftarsch ↑Versager.
Saftheini ↑Dummkopf.

Saftladen ↑Betrieb.

Saftorange ↑Apfelsine.

Saftpresse, Presse, Entsafter, Fruchtpresse, Obstpresse, Zitronenpresse, Mostpresse; ↑auspressen.

Saftsack: ↑Dummkopf, ↑Versager.

Safttag ↑Fasttag.

¹Sage, Göttersage, Heldensage; ↑Erzählung, ↑Literatur.

²Sage: ↑Erzählung, ↑Gerücht.

¹Säge, Handsäge, Spannsäge, Bügelsäge, Lochsäge, Stichsäge, Laubsäge, Fuchsschwanz, Blattsäge, Baumsäge, Bundsäge, Schrotsäge, Kreissäge, Bandsäge; ↑Handwerkszeug.

²Säge ↑Sägewerk.

Sägebarsch ↑Fisch.

Sägebock ↑Holzbock.

Sägedach ↑Dach.

Sagefemme ↑Hebamme.

Sägefisch ↑Fisch.

sagen: ↑bedeuten, ↑mitteilen; [mündlich / schriftlich s.], etwas nicht s. ↑aussprechen; etwas zu s. haben ↑Einfluss [ausüben]; etwas hat nichts zu s. ↑unwichtig [sein]; nichts s. ↑[sich nicht] äußern; nichts [mehr] zu s. haben ↑Einfluss; sich nichts mehr zu s. haben ↑entfremden (sich); sich nichts s. lassen ↑unzugänglich [sein]; sich nichts mehr s. lassen ↑selbstständig; nicht piep / keinen Piep s. ↑schweigen; über etwas nichts zu s. wissen ↑beurteilen; was ich noch s. wollte ↑übrigens; sage und schreibe, wenn ich dir [doch] sage ↑wahrlich; s. wir ↑ungefähr; jmd. soll etwas gesagt haben ↑zuschreiben; jmdm. etwas s. ↑Hinweis; etwas treffend / genau das Richtige s. ↑treffend; nichts s. ↑schweigen; etwas sagt jmdm. nichts ↑unzugänglich; was haben Sie gesagt? ↑bitte?; wie sag ichs meinem Kinde ↑ratlos [sein]; das Sagen haben ↑maßgeblich [sein].

sägen: ↑schlafen, ↑schneiden.

sagenhaft: ↑außergewöhnlich, ↑legendär.

sagenumwoben ↑legendär.

Säger ↑Vogel.

Sägerei ↑Sägewerk.

Sägewerk, Sägerei, Säge *(bayr., österr.);* ↑Säge.

Sägezahnfries ↑Fries.

Sago ↑Stärke.

Sagopalme ↑Palme.

Sahlleiste ↑Webkante.

¹Sahne, Rahm *(landsch.),* Obers *(österr.),* Schmant *(landsch.),* Schmetten *(landsch.),* Flott *(nordd.),* Creme *(schweiz.),* Nidel *(schweiz.);* ↑Milch, ↑Schlagsahne; ↑entrahmen.

²Sahne: die S. abschöpfen ↑entrahmen.

Sahnebaiser ↑Gebäck.

Sahnebonbon ↑Bonbon.

¹Saison, Hauptzeit, Reisezeit, Hauptsaison, Hochsaison, Hauptreisezeit, Sommersaison, Wintersaison · Vorsaison · Nachsaison; ↑Urlaub.

²Saison ↑Spielzeit.

saisonal ↑vorübergehend.

Saisonarbeiter ↑Arbeitnehmer.

saisonbedingt ↑vorübergehend.

Saite: andere -n aufziehen ↑eingreifen.

Saiteninstrument ·· *das gestrichen wird:* Geige, Violine, Fiedel · *altes, besonders wertvolles italienisches:* Stradivari[us], Guarneri, Amati ·· Bratsche, Viola ·· Violoncello, Cello, Kniegeige, Gambe, Viola da Gamba, Baryton, Viola d'Amore ·· Bassgeige, Bass, Kontrabass, Violone ·· Tanzmeistergeige, Pochette, Taschengeige ·· *das gezupft wird:* Harfe, Zither, Gitarre, Sitar, Laute, Mandoline, Balalaika, Banjo, Hawaiigitarre, Ukulele, Lyra, Leier ·· *bei dem die Saiten mit Hämmerchen geschlagen werden:* Hackbrett, Zimbal, Zymbal, Cymbal; ↑Blasinstrument.

Sakko ↑Jacke.

Sakra: S.! ↑verflucht!

sakral, heilig, kirchlich, geistlich, gottesdienstlich, liturgisch, geweiht, geheiligt, nicht ↑weltlich.

¹Sakrament, heilige Handlung · Taufe, Altarsakrament, Firmung (kath.), Bußsakrament (kath.), Krankensalbung (kath.), Priesterweihe (kath.), Ehesakrament (kath.); ↑Abendmahl, ↑Konfirmation, ↑Priesterweihe, ↑Viatikum.

²Sakrament: S.! ↑verflucht!

Sakramenter ↑Abschaum.

¹Sakrileg, Religionsvergehen, Religionsfrevel · Gotteslästerung, Kirchendiebstahl; ↑Verbrechen.

²Sakrileg ↑Verstoß.

säkular ↑weltlich.

Säkularisation: ↑Enteignung, ↑Säkularisierung.

¹säkularisieren, verweltlichen, in weltlichen Besitz umwandeln; ↑enteignen; ↑Säkularisierung.

²säkularisieren ↑enteignen.

Säkularisierung, Säkularisation, Verweltlichung; ↑säkularisieren.

Säkulum ↑Zeitraum.

Salamander, Schwanzlurch, Alpensalamander, Feuersalamander, Riesensalamander, Olm, Grottenolm, Axolotl, Feuerbauch; ↑Lurch.

Salami ↑Wurst.

Salamitaktik: nach der S. vorgehen ↑stufenweise [vorgehen].

Salär ↑Gehalt (das).

salarieren ↑zahlen.

¹Salat, Gemüsesalat · italienischer Salat, Wurstsalat, Fleischsalat, Geflügelsalat, Waldorfsalat, Moppelkotze *(derb abwertend),* Kellnerkotze *(derb abwertend);* ↑Gemüse.

²Salat: ↑Beilage; römischer S. ↑Gemüse; da hast du den S.! ↑Folge; gehen wie ein Storch im S. ↑fortbewegen (sich).

Salatgemüse ↑Gemüse.

Salatgurke ↑Gurke.
Salatkopf, Kopf, Häuptel *(österr.),* Salathäuptel *(österr.);* ↑Gemüse, ↑Kohlkopf.
Salatplatte ↑Speiseplatte.
Salatrübe, Rote Bete / Beete *(nordd.),* Rote Rübe, Rahne *(südd.),* Rohne *(österr.),* Rande *(schweiz.);* ↑Gemüse, ↑Kohlrübe, ↑Mohrrübe.
Salatschüssel ↑Schüssel.
Salatzichorie ↑Gemüse.
Salazität ↑Geschlechtstrieb.
Salbader ↑Schwätzer.
salbadern ↑sprechen.
Salband ↑Webkante.
¹Salbe, Vaseline, Vaselin, Paste, Creme, Krem, Gel; ↑Schönheitspflegemittel.
²Salbe ↑Medikament.
Salbei ↑Küchengewürz.
Salbeihonig ↑Honig.
Salbeitee ↑Tee.
salben ↑einreiben.
salbungsvoll ↑hochtrabend.
Salchow ↑Eislauf.
saldieren ↑unterschreiben.
Saldierung ↑Unterzeichnung.
Saldo, Unterschiedsbetrag, Differenz; ↑Guthaben.
Salesianer ↑Mönchsorden.
Salesianerin: -nen ↑Nonnenorden.
Salespromoter ↑Werbefachmann.
Salespromotion ↑Werbung.
Salettel ↑Haus.
Salinensalz ↑Salz.
Saliva ↑Speichel.
Salivation ↑Speichelfluss.
Salkante ↑Webkante.
Salm: ↑Fisch, ↑Gerede.
Salon: ↑Ausstellung, ↑Raum.
Salondampfer ↑Fahrgastschiff.
salonfähig: ↑korrekt; nicht s. ↑anstößig.
Salonlöwe ↑Frauenheld.
Salonmusik ↑Unterhaltungsmusik.
Salonschiff ↑Fahrgastschiff.
Salonwagen ↑Eisenbahnwagen.
Saloon ↑Gaststätte.
salopp ↑ungezwungen.
Saloppheit ↑Ungezwungenheit.
Salta ↑Brettspiel.
Salto: ↑Turnübung; [S. mortale] ↑Sprung.
Saluki ↑Hunderassen.
salut ↑Gruß.
Salut, Salutschuss, Schuss, Ehrensalut, Salve, Ehrensalve, Ehrenschuss, Begrüßung, Begrüßungsschuss, Feuerstoß, Böllerschuss; ↑Schusswaffe.
salute ↑prost.
salutieren ↑begrüßen.
Salutschuss ↑Salut.
Salvatorianer ↑Mönchsorden.
Salve: ↑Salut, ↑Schuss.
Salweide ↑Weide.
¹Salz, Mineralsalz, Kochsalz, Speisesalz, Tafelsalz, Natriumchlorid, NaCl, Feinsalz, Grobsalz, Siedesalz, Salinensalz, Steinsalz, Selleriesalz, Meersalz, Jodsalz, Cerrelosalz, Titrosalz; ↑Gewürz.
²Salz: ↑Hochzeitstag; Pfeffer und S. ↑Stoffmuster; es fehlt das S. an der Suppe ↑geistreich; jmdm. nicht das S. in der Suppe gönnen ↑neiden.
Salzbrühe ↑Salzlake.
Salzburg, Mozartstadt, Festspielstadt; ↑Stadt.
salzen ↑würzen.
Salzfleisch ↑Pökelfleisch.
Salzgurke ↑Gurke.
Salzhering ↑Hering.
salzig ↑sauer.
Salzkartoffeln ↑Kartoffeln.
Salzkuchen ↑Brötchen.
Salzlake, Salzbrühe, Lake, Salzlösung, Lauge.
Salzlösung ↑Salzlake.
Salzstange: ↑Brötchen; [-n] ↑Gebäck.
Salzstangerl ↑Brötchen.
Salzsteppe ↑Steppe.
Salzwasser ↑Wasser.
Samarkand ↑Orientteppich.
Samba ↑Tanz.
Same ↑Samen.
¹Samen, Same, Samenkorn, Pflanzensamen, Blumensamen; ↑Ableger, ↑Keim, ↑Saatgut.
²Samen ↑Keimzelle.
Samenbank ↑Zentrale.
Samenentleerung ↑Samenerguss.
Samenerguss, Erguss, Ejakulation, Samenentleerung, männliche Entspannung, Abgang · *unwillkürlicher, im Schlaf:* Pollution, kalter Bauer *(ugs.)* · *durch masochistische Praktiken hervorgerufener:* poetischer Abgang · *unwillkürlicher, ohne geschlechtliche Erregung:* Samenfluss, Spermatorrhö; ↑Höhepunkt, ↑Keimzelle, ↑Menstruation, ↑Penis, ↑Sperma; **S. haben,** jmdm. geht einer ab *(derb);* ↑ejakulieren, ↑koitieren, ↑masturbieren.
Samenfädchen ↑Keimzelle.
Samenfaden ↑Keimzelle.
Samenfluss ↑Samenerguss.
Samenflüssigkeit ↑Sperma.
Samenkorn ↑Samen.
Samentierchen ↑Keimzelle.
Samenzelle: ↑Keimzelle, ↑Körperzelle.
Sämerei ↑Saatgut.
sämig: ↑flüssig, ↑legiert.
Sämigkeit ↑Flüssigsein.
Samiklaus ↑Nikolaus.
Sämischgerber ↑Gerber.
Sämischleder ↑Leder.
Sämling ↑Keim, ↑Samen.
¹Sammelbecken, Auffangbecken, Schmelztiegel; ↑Tummelplatz.
²Sammelbecken ↑Tummelplatz.
Sammelbuch ↑Album.
Sammelkatalog ↑Prospekt.
Sammellinse ↑Linse.

¹sammeln, einsammeln, absammeln *(südd., österr.);* ↑spenden.

²sammeln: ↑aufbewahren, ↑buchen; sich s. ↑versammeln (sich), ↑versenken (sich), ↑zusammenlaufen; sich / seine Gedanken s. ↑Acht geben; Erfahrungen s. ↑erleben; Pilze s. ↑Pilz; glühende Kohlen auf jmds. Haupt s. ↑beschämen.

Sammelpunkt ↑Mittelpunkt.

Sammelsurium ↑Mischung.

Sammeltasse ↑Tasse.

¹Sammlung, Erfassung, Dokumentation, Kodifizierung, Registrierung; ↑Album, ↑Auswahl, ↑Verarbeitung, ↑Verzeichnis; ↑buchen.

²Sammlung: ↑Anhäufung, ↑Kollekte, ↑Mischung, ↑Museum, ↑Konzentration; [innere S.] ↑Selbstbesinnung; mangelnde S. ↑Zerstreutheit.

Samos ↑Wein.

Samowar ↑Teemaschine.

Sample ↑Vorlage.

Samstag: ↑Sonnabend; alle -e, jeden S., immer am S., an jedem S. ↑sonnabends.

samstags ↑sonnabends.

¹samt, nebst, [zusammen] mit; ↑und.

²samt: s. und sonders ↑alle.

Samt ↑Stoff.

samten ↑weich.

Samtente ↑Vogel.

Samtfußkrempling ↑Ständerpilz.

Samthandschuh: jmdn. mit -en anfassen ↑umgehen (mit jmdm.).

sämtlich: -e ↑alle.

Samtrose ↑Rose.

Samtsuppe ↑Suppe.

samtweich ↑weich.

Samum ↑Wind.

¹Sanatorium, Heilstätte, Erholungsheim, Genesungsheim, Kurheim, Siechenhaus; ↑Krankenhaus.

²Sanatorium ↑Krankenhaus.

Sand: ↑Erde, ↑Insel, ↑Schüttgut; wie S. am Meer ↑reichlich; es ist S. im Getriebe ↑funktionieren; etwas in den S. setzen ↑Misserfolg [haben]; jmdm. S. in die Augen streuen ↑betrügen; am S. sein ↑erschöpft [sein]; auf S. gebaut haben, etwas ist auf S. gebaut ↑unsicher; im -e verlaufen ↑wirkungslos [bleiben]; im S. spielen ↑buddeln; den Kopf in den S. stecken ↑entziehen (sich); in den S. gesetzt sein ↑nutzlos [sein].

Sandale ↑Schuh.

Sandalette ↑Schuh.

Sandbahnrennen ↑Rennen.

Sandbank ↑Insel.

sandeln ↑buddeln.

sandfarben ↑beige.

Sandhase ↑Soldat.

Sandkuchen ↑Gebäck.

Sandler ↑Versager.

Sandpapier ↑Schmirgelpapier.

Sandpilz ↑Ständerpilz.

Sandschan ↑Orientteppich.

Sandstein ↑Baustein.

Sandstrand ↑Strand.

Sandsturm ↑Wind.

Sandtorte ↑Gebäck.

Sanduhr ↑Uhr.

Sandwich, belegtes Brot / Brötchen, Schnittchen, Hamburger, Hotdog, Kanapee; ↑Brötchen, ↑Essen, ↑Schnitte, ↑Spiegelei, ↑Wurst, ↑Würstchen.

Sandwichwecken ↑Kaviarbrot.

sanft: ↑behutsam, ↑mild.

sanftmütig ↑gütig.

Sangaree ↑Mixgetränk.

¹Sänger, Sängerin, Vokalist, Troubadour, Opernsänger, Opernsängerin, Konzertsänger, Oratoriensänger, Knödler *(scherzh., abwertend),* Schlagersänger, Schlagersängerin, Rocklady, Popstar, Heulboje *(abwertend)* ·· *in hoher Stimmlage:* Tenor, Tenor in Altlage, lyrischer Tenor, Heldentenor, Tenorbuffo, Knödeltenor *(scherzh., abwertend)* · *kastrierter:* Kastrat ·· *in mittlerer Stimmlage:* Bariton, lyrischer Bariton, Heldenbariton, Charakterbariton ·· *in tiefer Stimmlage:* Bass, Bassist, Bassbuffo; ↑Künstler, ↑Lied, ↑Moritatensänger, ↑Musizierender; ↑Sängerin, ↑Schlager, ↑Singstimme, ↑Vortragskünstler; ↑singen.

²Sänger: ↑Vogel; fahrender S. ↑Minnesänger; darüber schweigt des -s Höflichkeit ↑vertuschen.

Sängerin, Vokalistin, Opernsängerin, Konzertsängerin, Oratoriensängerin, Primadonna [assoluta] · *in hoher Stimmlage:* Sopran, Sopranistin, Koloratursopran, lyrischer / dramatischer Sopran, Soubrette · *in mittlerer Stimmlage:* Mezzosopran · *in tiefer Stimmlage:* Alt, Altistin, Kontraalt, Koloraturalt, Spielaltistin; ↑Künstler, ↑Lied, ↑Sänger, ↑Schlager, ↑Singstimme, ↑Vortragskünstlerin; ↑singen.

Sängerschaft ↑Verbindung.

sanglos: sang- und klanglos ↑unbemerkt.

Sanguiniker: ↑Optimist, ↑Typ.

sanguinisch ↑lebhaft.

Sanguis ↑Blut.

Sani ↑Soldat.

sanieren: ↑niederreißen; sich s. ↑Profit [machen].

Sanierung ↑Wiederherstellung.

sanitär: -e Anlagen ↑Toilette.

Sanität ↑Unfallwagen.

Sanitäter: ↑Krankenpfleger, ↑Soldat.

Sanitätsauto ↑Unfallwagen.

Sanitätssoldat ↑Soldat.

Sanitätstruppe ↑Waffengattung.

Sanitätswagen ↑Unfallwagen.

Sanktion: ↑Erlaubnis; -en ↑Vergeltungsmaßnahmen.

sanktionieren ↑billigen.

Sankt-Lorenz-Golf ↑Atlantik.

Sankt Nikolaus ↑Nikolaus.

Sankt-Nimmerleins-Tag: am S. ↑niemals.

Sankt Petersburg *(1703–1914; seit 1991)*, Petersburg, Petrograd *(1914–1924)*, Leningrad *(1924–1991)*.
Santiklaus ↑Nikolaus.
Saodranto ↑Ehescheidung.
Saphir ↑Schmuckstein.
saphirblau ↑blau.
Saphirquarz ↑Schmuckstein.
sapperlot: s.! ↑verflucht!
sapperment: s.! ↑verflucht!
sapphisch ↑gleichgeschlechtlich.
sapristi: s.! ↑verflucht!
Sarabande ↑Tanz.
Sarazene ↑Mohammedaner.
Sardine ↑Fisch.
sardonisch: -es Gelächter ↑Gelächter.
Sareptasenf ↑Senf.
¹Sarg, Totenschrein, Schrein, Totenlade, Totenbaum *(schweiz.)*, Totenkiste *(salopp)*, Nasenquetscher *(salopp)*, Prunksarg, Eichensarg, Zinksarg, Metallsarg, Holzsarg, Baumsarg · *aus Stein:* Steinsarg, Sarkophag · *bei Feuerbestattung:* Urne; ↑Behälter.
²Sarg: ein Nagel zu jmds. S. sein ↑bekümmern.
Sargnagel ↑Zigarette.
Sarkasmus ↑Humor.
sarkastisch ↑spöttisch.
Sarkom ↑Geschwulst.
Sarkophag ↑Sarg.
Sarkophagaltar ↑Altar.
Sarma ↑Wind.
Sarrusophon ↑Blasinstrument.
Sarugh ↑Orientteppich.
Satan ↑Teufel.
Satanas ↑Teufel.
Satansaffe ↑Affe.
Satansbraten ↑Kind.
Satellit: ↑Gefolgsmann, ↑Planet, ↑Weltraumstation.
Satellitenbild ↑Wetterkarte.
Satellitenfernsehen ↑Fernsehen.
Satellitenstaat ↑Staat.
Satellitenstadt ↑Vorort.
Satin ↑Stoff.
Satire, Karikatur, Persiflage, Spottgedicht · Travestie, Parodie; ↑Flugschrift, ↑Humor, ↑Zerrbild.
Satrap ↑Gefolgsmann.
Satsuma ↑Mandarine.
¹satt, gesättigt, [bis oben hin] voll *(ugs.)*; **s. sein,** gestärkt sein, genug haben, nicht mehr können, jmds. Magen streikt, nicht mehr mögen, nicht mehr papp sagen können *(fam., scherzh.)*; ↑ernähren, ↑schmecken · Ggs. ↑Hunger.
²satt: ↑bunt; eine Sache s. sein, etwas s. haben ↑angeekelt [sein]; s. machen ↑ernähren.
Satte ↑Schüssel.
Sattel: ↑Pass; jmdn. aus dem S. heben ↑Einfluss; fest im S. sitzen ↑avancieren; jmdn. in den S. heben, jmdm. in den S. helfen ↑fördern; in allen Sätteln gerecht sein ↑auskennen (sich).

Satteldach ↑Dach.
sattelfest ↑firm.
Sattelgurt ↑Gurt.
Sattelschlepper ↑Auto.
sättigen ↑ernähren.
sättigend ↑nahrhaft.
Sättigungsgrad: der S. ist erreicht ↑ausreichen.
sattsam, zur Genüge, reichlich; ↑ausreichend.
Saturn ↑Planet.
Saturnismus ↑Vergiftung.
¹Satz · *gegliederter:* Satzgefüge, Periode · *aus mehreren Hauptsätzen bestehender:* Satzreihe, Satzverbindung · *einfacher, an den ein Gliedsatz angeschlossen werden kann:* Hauptsatz, Matrixsatz · *in Gestalt eines abhängigen vollständigen Satzes:* Gliedsatz, Nebensatz, Hangsatz, Konstituentensatz · *der einen Sachverhalt einfach berichtend wiedergibt:* Aussagesatz · *der einen Sachverhalt mit starker innerer Anteilnahme des Sprechers ausdrückt:* Ausrufesatz · *der einen Befehl, ein Begehren oder einen Wunsch ausdrückt:* Aufforderungssatz · *in dem das Subjekt mit der Ergänzung im Nominativ gleichgesetzt wird:* Gleichsetzungssatz · *in dem eine Frage zum Ausdruck gebracht wird:* Interrogativsatz, Fragesatz · *in einen Satz oder zwischen zwei Sätzen eingeschobener:* Zwischensatz · *als Gliedsatz in der Rolle eines Attributs:* Attributsatz · *als Gliedsatz, dessen Geschehen den wesentlichen Inhalt des ganzen Satzgefüges bildet:* Inhaltssatz · *als Gliedsatz in der Rolle des Subjekts:* Subjektsatz · *als Gliedsatz in der Rolle eines Objekts:* Objektsatz · *als Gliedsatz, der durch ein Relativpronomen eingeleitet wird:* Relativsatz, Bezugswortsatz · *als Umstandssatz des Mittels:* Instrumentalsatz · *als Umstandssatz des Grundes:* Kausalsatz · *als Umstandssatz der Bedingung:* Konditionalsatz · *durch Konjunktion eingeleiteter:* Konjunktionalsatz · *als Umstandssatz der Folge:* Konsekutivsatz, Folgesatz · *als Umstandssatz der Einräumung:* Konzessivsatz · *als Umstandssatz des Ortes:* Lokalsatz · *als Umstandssatz der Art und Weise:* Modalsatz · *als Umstandssatz der Absicht:* Finalsatz, Absichtssatz · *als Umstandssatz der Zeit:* Temporalsatz · *übermäßig langer:* Bandwurmsatz · *der vorwärts wie rückwärts gelesen [den gleichen] Sinn ergibt:* Palindrom; ↑Grammatik.
²Satz: ↑Bodensatz, ↑Sprung; [glatter / wissenschaftlicher S.] ↑Schriftsatz; in S. geben ↑edieren.
Satzbau ↑Konstruktion.
Satzbruch, Anakoluth; ↑Ausdrucksweise, ↑Bildbruch, ↑Formelbruch.
Satzfehler ↑Fehler.
Satzgefüge ↑Satz.
Satzlehre ↑Sprachwissenschaft.
Satzprobe ↑Probedruck.
Satzreihe ↑Satz.
Satzung ↑Weisung.

Satzverbindung ↑Satz.

Satzzeichen · Punkt · Ausrufezeichen, Ausrufungszeichen, Rufzeichen, Ausrufzeichen *(schweiz.)* · Fragezeichen · Gedankenstrich, Bindestrich, Trennungsstrich, Trennungszeichen, Divis, Tiret, Spiegelstrich, Streckenstrich, Tilde, Wiederholungszeichen · Klammer · Beistrich, Komma · Strichpunkt, Semikolon · Schrägstrich, Virgel · · Anführungszeichen, Anführungsstriche, Gänsefüßchen · *am Schluss:* Abführung; ↑Auslassungszeichen, ↑Betonungszeichen, ↑Zeichen, ↑Zeichensetzung.

Sau: ↑Schmutzfink, ↑Schwein; keine S. ↑niemand; laufen wie eine gesengte S. ↑fortbewegen (sich); die S. rauslassen ↑anstößig [reden], ↑sprechen, ↑[sich zu] erkennen [geben]; unter aller S. ↑minderwertig, ↑schlecht; zur S. machen ↑schelten.

sau-: ↑erz-.

Sau-: ↑Dreck-, ↑Erz-.

Sauarbeit ↑Anstrengung.

¹sauber, rein, reinlich, fleckenlos, gesäubert, gereinigt, hygienisch, blitzsauber, pieksauber, blitzblank, proper, wie geleckt; ↑hübsch, ↑keimfrei, ↑stubenrein; ↑säubern, ↑waschen · Ggs. ↑schmutzig; ↑beschmutzen.

²sauber: ↑adrett, ↑ehrenhaft, ↑hübsch, ↑lauter, ↑sehr, ↑stubenrein, ↑unverdächtig.

Sauberkeit, Reinheit, Fleckenlosigkeit, Makellosigkeit; sauber · Ggs. ↑Unsauberkeit.

Sauberkeitsfimmel ↑Anankasmus.

sauber machen ↑säubern.

Saubermann ↑Moralprediger.

säubern, reinigen, sauber machen, waschen, putzen, rein[e] machen, gründlich machen, ein Zimmer machen, schummeln *(landsch.)*, fudeln *(landsch.)* · aufwischen, aufwaschen, aufnehmen · wischen von, abwischen, wegwischen, tilgen, löschen, auslöschen, ablöschen, schrubben, reiben *(österr.)*, scheuern, abscheuern, feudeln *(nordd.)* · fegen *(bes. nordd.)*, kehren *(bes. südd.)*, abfegen *(bes. nordd.)*, ausfegen *(bes. nordd.)*, auffegen *(bes. nordd.)*, abkehren *(bes. südd.)*, auskehren *(bes. südd.)*, aufkehren *(bes. südd.)*, wischen *(schweiz.)*, flaumen *(schweiz.)* · spülen, ausspülen, auswaschen, abwaschen, abspülen, ausputzen *(österr.)*, abschwenken *(landsch.)*, abbürsten, bürsten, ausbürsten · [chemisch] reinigen, putzen *(österr.)* · *von Ruß:* entrußen, rußen *(schweiz.);* ↑abstauben, ↑aufräumen, ↑ausstreichen, ↑polieren, ↑waschen; ↑sauber; ↑Fleckentferner, ↑Fußabstreifer, ↑Handfeger, ↑Hausputz, ↑Putzlappen, ↑Reinigung, ↑Wachs · Ggs. ↑beschmutzen · *in Bezug auf die Zähne:* Zähne bürsten / putzen / reinigen; ↑Zahnbürste.

Säuberungsaktion ↑Ausschluss.

Säuberungsprozess ↑Gerichtsverfahren.

saublöd ↑dumm.

Saublume ↑Löwenzahn.

Saubohne, Puffbohne, Ackerbohne, Feldbohne, Viehbohne, Pferdebohne, Rossbohne; ↑Gemüse.

Sauce ↑Soße.

Saucenlöffel ↑Löffel.

saudumm ↑dumm.

¹sauer, säuerlich, gesäuert, durchsäuert, essigsauer, herb, brut, trocken, bitter, galle[n]bitter, hantig *(bayr., österr.)*, streng, salzig, gesalzen, versalzen, nicht ↑süß; **s. werden,** säuern, stocken *(oberd.)*, dick / zu Dickmilch werden.

²sauer: ↑ungenießbar; in den sauren Apfel beißen ↑tun; etwas wie s. / saures Bier anpreisen ↑feilhalten; saure Gurke ↑Gurke; saure Milch ↑Milch; s. sein ↑ärgerlich [sein]; s. werden ↑gären, ↑versumpfen; es sich s. werden lassen ↑anstrengen (sich); etwas stößt jmdm. s. auf ↑Folge; jmdm. das Leben s. machen ↑schikanieren; sein Brot s. verdienen ↑verdienen; gib ihm Saures! ↑schlagen; saurer Regen ↑Umweltverschmutzung.

Sauerampfer ↑Gemüse.

Sauerbraten ↑Fleischgericht.

¹Sauerbrunnen, Säuerling; ↑Quelle.

²Sauerbrunnen ↑Wasser.

Sauerei ↑Unflat.

Sauerkirsche ↑Obst.

Sauerklee: roter S. ↑Gemüse.

Sauerkohl: ↑Bart, ↑Sauerkraut.

Sauerkraut, Sauerkohl *(nordd.);* ↑Gemüse, ↑Kohl, ↑Rotkohl.

säuerlich ↑sauer.

Säuerling ↑Sauerbrunnen, ↑Wasser.

Sauermilch ↑Milch.

säuern ↑gären, ↑sauer [werden].

Sauerstoff ↑Atemluft.

sauersüß ↑süß.

Sauerteig ↑Gärstoff.

sauertöpfisch ↑ärgerlich.

Sauerwasser ↑Wasser.

Saufaus ↑Trinker.

Saufbold ↑Trinker.

Saufbruder ↑Trinker.

saufen: ↑trinken, ↑trunksüchtig [sein].

Säufer ↑Trinker.

Sauferei ↑Trinkgelage.

Säuferwahn *(ugs., abwertend)*, Delirium [tremens], Alkoholdelir, Methomanie, Önomanie, Alkoholomanie; ↑Alkoholvergiftung, ↑Bewusstseinstrübung, ↑Einbildung, ↑Trunksucht.

Saufgelage ↑Trinkgelage.

Saufkumpan ↑Zecher.

Saufkumpel ↑Zecher.

Saufloch ↑Trinker.

Sauflust ↑Trunksucht.

Saufraß ↑Essen.

Saufutter ↑Essen.

Saufwelle ↑Verbrauch.

¹saugen, lutschen, nuckeln, suckeln *(landsch.);* ↑lecken; ↑Schnuller.

²saugen: Staub s. ↑abstauben; sich etwas aus

den Fingern s. ↑lügen; jmdm. das Mark aus den Knochen s. ↑ausbeuten.

säugen ↑stillen.

Sauger: ↑Schnuller, ↑Staubsauger.

saugfähig, absorptionsfähig, absorptiv, aufnahmefähig, resorptionsfähig; ↑Absorption; ↑aufsaugen.

Saugkraft ↑Adhäsion.

sauglatt ↑spaßig.

Säugling ↑Kind.

Säuglingsalter ↑Lebensalter.

Säuglingsflasche, Milchflasche, Fläschchen, Schoppen (schweiz.); ↑Schnuller.

Säuglingsheim ↑Heim.

Säuglingsschwester ↑Kindermädchen.

Saugpapier ↑Löschpapier.

Saugpumpe ↑Wasserpumpe.

saugrob ↑unhöflich.

Saugwurm ↑Wurm.

Sauhaufen ↑Gruppe.

sauigeln: ↑anstößig [reden], ↑sprechen.

Sauk ↑Indianer.

saukalt ↑kalt.

Saukälte ↑Kälte.

Sauklaue ↑Handschrift.

¹Säule, Pfeiler, Obelisk, Kolonne, Pilaster, Halbpfeiler, Strebepfeiler, Strebe, Stütze, Stützpfeiler, Stützpfosten, Bagstall (österr.), Wandpfeiler, Rundpfeiler, Gewölbepfeiler, Jochpfeiler, Eckpfeiler, Bündelpfeiler, Kämpferpfeiler, Mauerpfeiler, Hauptpfeiler, Verstärkungspfeiler · Halbsäule, Dienst · in Gestalt einer weiblichen Figur: Karyatide, Kore · in Gestalt einer männlichen Figur: Atlant, Gebälkträger; ↑Baukunst, ↑Bogen, ↑Cupido, ↑Kapitell.

²Säule: ↑Stütze, ↑Wirbelsäule.

Säulenbasilika ↑Gotteshaus.

Säulenbogen ↑Bogen.

Säulenbuche ↑Buche.

Säulenheiliger ↑Asket.

Saulus: aus einem S. ein Paulus werden ↑bessern (sich).

Saum ↑Besatz.

saumäßig ↑minderwertig.

säumen: ↑einfassen, ↑nähen.

säumig, saumselig, nachlässig, unpünktlich, verspätet, mit Verspätung, nicht zur rechten / vereinbarten Zeit; ↑Unpünktlichkeit · Ggs. ↑pünktlich.

Säumigkeit ↑Unpünktlichkeit.

Saumqualle ↑Hohltier.

saumselig ↑säumig.

Saumseligkeit: ↑Langsamkeit, ↑Unpünktlichkeit.

saumüde ↑müde.

¹Sauna, Saunabad, Dampfbad · Schlammbad · türkisches Bad · Heißluftbad, Schwitzbad · Gaysauna, Herrensauna, Männersauna; ↑Bad, ↑Sudatorium; ↑saunieren.

²Sauna: in die S. gehen ↑saunieren.

Saunabad ↑Sauna.

saunabaden ↑saunieren.

saunen ↑saunieren.

saunieren, saunen (selten), saunabaden, in die Sauna gehen; ↑baden; ↑Sauna.

Saupreuße ↑Preuße.

Saure-Gurken-Zeit ↑Ruhe.

Säurekopf ↑Rauschgiftsüchtiger.

Saus: in S. und Braus leben ↑leben.

Sauschwabe ↑Schwabe.

Sause: ↑Fest; eine S. machen ↑feiern.

säuseln: ↑sprechen, ↑wehen.

sausen: ↑fallen, ↑fortbewegen (sich); in die Tiefe s. ↑hinunterfallen.

Sauser: ↑Obstwein, ↑Wein.

Sausewind ↑Wind.

Säusler ↑Schauspieler.

Saustall: das ist der reinste S. ↑ungeordnet.

Sauwetter: ↑Schlechtwetter, ↑Wetter.

sauwohl: sich s. fühlen ↑wohl fühlen (sich).

SAVAK ↑Geheimpolizei.

Savanne ↑Steppe.

Savannenklima ↑Klimazone.

Savoir-vivre ↑Lebensweise.

Savoyerkohl ↑Wirsing.

Saxophon ↑Blasinstrument.

Saxophonist ↑Musizierender.

S-Bahn ↑Verkehrsmittel.

Scat ↑Rauschgift.

Schabau ↑Alkohol.

Schabe: ↑Insekt, ↑Ungeziefer.

schaben ↑kratzen.

Schabernack: ↑Scherz; mit jmdm. seinen S. treiben ↑aufziehen.

schäbig: ↑abgenutzt, ↑geizig, ↑gemein.

Schabkunst ↑Grafik.

Schablone: ↑Nachahmung, ↑Vorlage; nach S. ↑schematisch.

schablonenhaft ↑schematisch.

schablonenmäßig ↑schematisch.

schablonisieren ↑verallgemeinern.

Schabracke ↑Gardine.

Schach ↑Brettspiel.

Schächerkreuz ↑Kreuzzeichen.

schachern ↑handeln.

Schachfigur, Figur ·· König · Dame · Läufer · Springer · Turm · Bauer; ↑Brettspiel.

schachmatt: s. sein ↑erschöpft [sein].

¹Schachtel, Karton, Pappschachtel; ↑Behälter, ↑Hülle, ↑Kassette, ↑Kasten, ↑Karton, ↑Packen, ↑Packung, ↑Steige.

²Schachtel: alte S. ↑Frau; wie aus dem Schächtelchen ↑adrett.

¹Schachtelhalm, Ackerschachtelhalm, Zinnkraut, Scheuerkraut, Waldschachtelhalm, Sumpfschachtelhalm · Riesenschachtelhalm; ↑Farnpflanze.

²Schachtelhalm ↑Farnpflanze.

Schachtelhalmgewächs ↑Farnpflanze.

schächten: ↑schlachten, ↑töten.

Schachzug ↑Maßnahme.

¹schade, jammerschade, ein Jammer, bedauerlicherweise, unglücklicherweise, zu allem Unglück, unglückseligerweise, dummerweise; das Unglück wollte es, dass...; es ist Pech / ein Unglück, dass...; leider, leider Gottes, dem Himmel / Gott seis geklagt, zu meinem Bedauern / Leidwesen, so Leid es mir tut; ↑entschuldigen (sich); ↑Entschuldigung.

²schade: sich zu s. sein für ↑tun.

Schädel: ↑Kopf; einen dicken / harten S. haben ↑unzugänglich [sein].

Schädellage ↑Kindslage.

¹schaden, Schaden zufügen, schädigen; jmdm. mit etwas mehr schaden als nützen, jmdm. mit etwas einen schlechten Dienst / keinen guten Dienst / einen Bärendienst erweisen, Abtrag / Abbruch tun, ruinieren, zerrütten, zleidwerken *(schweiz.),* jmdm. etwas antun / [zuleide] tun / beibringen, jmdm. eins auswischen *(abwertend); sich [selbst] s.,* sich die Finger / den Mund verbrennen, sich selbst im Licht stehen, sich ins eigene Fleisch schneiden, sich in die Nesseln setzen, sich sein eigenes Grab schaufeln; den Ast absägen, auf dem man sitzt; **jmdm. nicht s. [können],** jmdm. nichts anhaben / nichts wollen / nicht beikommen können; ↑Beeinträchtigung.

²schaden: etwas schadet nichts ↑unwichtig [sein].

Schaden: ↑Beschädigung, ↑Mangel, ↑Störung, ↑Unfallschaden; den S. begrenzen ↑abschwächen; einen S. beseitigen ↑reparieren; S. erleiden ↑einbüßen; S. nehmen, zu S. kommen ↑verunglücken; S. zufügen ↑schaden; durch S. wird man klug ↑ernüchtern.

Schadenersatz: ↑Ersatz; S. leisten ↑einstehen.

Schadenersatzklage ↑Anklage.

schadenersatzpflichtig ↑haftbar.

Schadenfeuer · Großfeuer, Großbrand, Brand, Schwelbrand, Brandkatastrophe, Feuerkatastrophe · Zimmerbrand, Dachstuhlbrand, Grubenbrand, Waldbrand, Steppenbrand, Präriebrand; ↑Brand; ↑feuergefährlich.

Schadenfreude ↑Bosheit.

schadenfroh, hämisch, maliziös, gehässig, odiös, rachsüchtig, rachgierig, rachedurstig, missgünstig; ↑beleidigend, ↑böse, ↑gemein, ↑spöttisch; **s. sein,** auslachen, verspotten, verlachen, verhöhnen, lachen / spotten über, dreckig grinsen, sich lustig machen / amüsieren / mokieren über, ironisieren, frohlocken, triumphieren, sich ins Fäustchen lachen, sich die Hände reiben, jmdm. eine Nase drehen, jmdm. eine lange Nase machen; ↑aufziehen, ↑lachen, ↑neiden; ↑Bosheit, ↑Neid.

Schadensbegrenzung: eine S. anstreben ↑abschwächen.

schadhaft ↑defekt.

Schadhaftigkeit ↑Beschädigung.

schädigen ↑schaden.

Schädigung ↑Beeinträchtigung.

schädlich ↑verderblich.

Schadstoffemission ↑Umweltverschmutzung.

¹Schaf, Milchschaf, Fleischschaf, Hausschaf, Wildschaf, Mufflon, Merinoschaf, Merino, Schnucke, Heidschnucke ·· *weibliches mit Jungen:* Mutterschaf, Zibbe, Muttertier ·· *männliches:* Schafbock, Bock, Widder · *kastriertes:* Hammel, Schöps *(landsch.)* ·· *junges:* Lamm; ↑Kleinvieh, ↑Wild.

²Schaf: ↑Dummkopf; das schwarze S. [in der Familie] sein ↑ähneln; das schwarze S. ↑Prügelknabe; das schwarze S. sein ↑anpassen.

Schafbock ↑Schaf.

Schafchampignon ↑Ständerpilz.

Schäfchen: ↑Wolken; sein S. scheren / ins Trockene bringen ↑Profit [machen].

Schäfchenwolken ↑Wolken.

Schäfer ↑Hirt.

Schäferdichtung ↑Dichtung.

Schäferhund: Deutscher / Schottischer S. ↑Hunderassen.

Schäferroman ↑Roman.

Schäferspiel ↑Schauspiel.

Schäferstündchen ↑Koitus.

Schaff ↑Gefäß.

schaffen: ↑anordnen, ↑arbeiten, ↑bewältigen, ↑bringen, ↑erschaffen; neu s. ↑gründen; jmdm. zu s. machen ↑bekümmern; sich zu s. machen ↑arbeiten; mit etwas nichts zu s. haben wollen ↑zurückziehen (sich); s., dass ... ↑erwirken; etwas mühelos s. ↑mühelos; Abhilfe s. ↑abhelfen; beiseite s. ↑wegnehmen; Ersatz s. ↑austauschen; [einen Streit] aus der Welt s. ↑bereinigen; die Voraussetzungen s. für ↑möglich [machen]; bis es geschafft ist ↑Überdruss; jmdn. / etwas vom Halse s. ↑entledigen (sich jmds. / einer Sache).

Schaffen ↑Werk.

Schaffenslust ↑Arbeitseifer.

schaffig ↑fleißig.

Schaffleisch ↑Fleisch.

Schäffler ↑Böttcher.

¹Schaffner, Zugschaffner, Schlafwagenschaffner, Trambahnschaffner, Bahnschaffner, Straßenbahnschaffner, Eisenbahnschaffner, Trämler *(schweiz.),* Kondukteur *(österr., schweiz.);* ↑Bedienung, ↑Fahrer, ↑Fahrkarte, ↑Straßenbahn; ↑entwerten.

²Schaffner: eiserner S. ↑Stempeluhr.

Schaffung ↑Herstellung.

Schafhirt ↑Hirt.

Schafkäse, Brimsen *(österr.),* Brimsenkäse *(österr.);* ↑Käse.

Schafkopf ↑Kartenspiel.

Schafleder ↑Leder.

Schafmaul ↑Feldsalat.

Schafmilch ↑Milch.

Schafshirn ↑Hirn.

Schafsnase ↑Dummkopf.

Schaft: ↑Griff, ↑Stamm.

Schaftstiefel ↑Schuh.

Schafwolle ↑Wolle.

Schah ↑Oberhaupt.

Schakal ↑Raubtier.

schäkern ↑anbandeln.

schal ↑abgestanden.

Schal: ↑Gardine, ↑Halstuch.

Schalander: ↑Raum, ↑Speiseraum.

¹Schale, Hülle, Schote (z. B. bei Erbsen), Schlaube (*niederd.; z. B.* bei Stachelbeeren), Schluse (*niederd.; z. B.* bei Stachelbeeren), Pelle *(ugs., landsch.),* Haut, Rinde, Borke, Kruste; ↑Schorf.

²Schale: ↑Schüssel, ↑Tasse, ↑Trinkgefäß; in S. sein ↑anziehen; sich in S. werfen ↑anziehen, ↑schönmachen.

schälen: ↑abziehen; sich s. ↑abschälen (sich).

Schalenkuppel ↑Kuppel.

Schalentier ↑Krebs.

Schalk: ↑Spaßvogel; jmdm. sitzt der S. im Nacken, jmd. hat den S. im Nacken ↑Spaßvogel.

Schälkartoffeln ↑Kartoffeln.

Schall: ↑Klang; etwas ist S. und Rauch ↑vergänglich [sein].

schallen, erschallen, hallen, tönen, ertönen, dröhnen, erdröhnen, klingen, erklingen, gellen · *unrein:* scherbeln *(schweiz.);* ↑krachen, ↑läuten, ↑prasseln, ↑rascheln, ↑rauschen, ↑surren; ↑Klang, ↑Laut, ↑Nachhall, ↑Raumakustik, ↑Widerhall.

schallern: jmdm. eine s. ↑schlagen.

¹Schallplatte, Platte, CD, CD-Platte, Compactdisc, Kompaktschallplatte, Grammophonplatte *(veraltet),* Scheibe *(Jargon)* · *mit Tanzmusik:* Tanzplatte · *mit Schlagermusik:* Schlagerplatte · *mit Popmusik:* Popplatte · *mit Märchen:* Märchenplatte · *mit gesprochenem Text:* Sprechplatte · *kleine, mit je einem Schlagertitel auf jeder Seite:* Single, Maxisingle · *große, mit mehreren Titeln oder einem großen Musikwerk:* Langspielplatte, LP · *nicht autorisierte Reproduktion:* Raubpressung; ↑Ansager, ↑Musikautomat, ↑Tonbandgerät.

²Schallplatte: auf -n aufnehmen ↑aufzeichnen.

Schallplattenaufnahme: eine S. machen ↑aufzeichnen.

Schallplattenfirma, Label.

Schallplattenhülle, Cover.

Schallplattenjockey ↑Ansager.

Schalltrichter: ↑Lautsprecher, ↑Ohr.

Schallverhältnisse ↑Raumakustik.

Schallwirkung ↑Raumakustik.

Schalmei ↑Blasinstrument.

Schalotte ↑Gemüse.

schalten: ↑verstehen; langsam s. ↑begriffsstutzig [sein].

Schalter ↑Kasse.

Schalthebel: an den -n der Macht sitzen ↑mächtig [sein].

Schaluppe: ↑Beiboot, ↑Boot.

Scham: ↑Vulva; S. empfinden, vor S. erröten ↑schämen (sich).

Schamane ↑Zauberer.

Schamanismus ↑Weltreligion.

schämen (sich), Scham empfinden, rot / schamrot werden, [vor Scham] erröten, [vor Scham] die Augen niederschlagen / in die Erde versinken, vor Scham vergehen, sich am liebsten in ein Mäuseloch verkriechen mögen, genant / genierlich sein, sich genieren / zieren / anstellen / haben; ↑Angst [haben]; ↑verlegen.

schamhaft ↑verlegen.

Schamhaftigkeit, Verschämtheit, Befangenheit, Verwirrtheit, Verlegenheit; ↑Verlegenheit; ↑verlegen.

schamlos ↑frech.

Schamottestein ↑Baustein.

Schampus ↑Wein.

schamrot: s. werden ↑schämen (sich).

Schamröte ↑Verfärbung.

Schamteile ↑Genitalien.

Schande: ↑Bloßstellung; jmdm. keine S. machen ↑anständig [bleiben].

schänden: ↑entweihen, ↑vergewaltigen.

Schandfleck ↑Makel.

schändlich ↑gemein.

Schandmaul ↑Mund.

Schandpreis ↑Preis.

Schandschnauze ↑Mund.

Schandtat ↑Übeltat.

Schändung ↑Vergewaltigung.

Schangel ↑Elsässer.

Schanigarten ↑Garten.

Schankbier ↑Bier.

Schanker: harter S. ↑Geschlechtskrankheit.

Schanktisch, Ausschank, Theke *(landsch.),* Tresen *(landsch.),* Büfett; ↑Ladentisch.

Schankwirt ↑Wirt.

schanzen ↑graben.

Schar: ↑Abteilung, ↑Gruppe, ↑Herde.

Scharade ↑Rätsel.

Schäre ↑Insel.

Scharen ↑Menge.

Schärenkreuzer: 30-m²-S. ↑Segelboot.

Schärenküste ↑Ufer.

scharenweise ↑reichlich.

¹scharf, gewürzt, papriziert, gepfeffert, beißend, räß *(schweiz.),* raß *(südd., österr.);* ↑würzen.

²scharf: ↑begierig, ↑durchdringend, ↑einschneidend, ↑extrem, ↑geharnischt, ↑geschärft, ↑spöttisch, ↑streng, ↑würzig; -es Auge ↑Scharfsichtigkeit; -e Munition ↑Munition; -es s ↑Eszett; -e Sachen ↑Alkohol; s. machen ↑schärfen; jmdn. s. machen ↑reizen; s. sein auf ↑begierig [sein]; s. umrissen ↑profiliert.

Scharfblick ↑Scharfsinn.

scharfblickend ↑scharfsinnig.

schärfen, scharf machen, schleifen, wetzen, anspitzen, spitzen; ↑spitz; ↑Schleifstein.

scharfkantig ↑kantig.

scharfmachen ↑aufwiegeln.

Scharfmacher ↑Hetzer.

Scharfrichter ↑Henker.

Scharfschütze ↑Schütze.

scharfsichtig, adleräugig, luchsäugig; s. **sein**, gute / scharfe Augen haben, gut sehen; ↑Scharfsichtigkeit.

¹Scharfsichtigkeit, scharfes Auge, Adlerauge, Adlerblick, Geierauge, Geierblick, Luchsauge, Falkenauge, Röntgenauge *(scherzh.)*, Röntgenblick *(scherzh.);* ↑Auge, ↑Augenlicht; ↑scharfsichtig.

²Scharfsichtigkeit ↑Scharfsinn.

¹Scharfsinn, Scharfsinnigkeit, Kombinationsgabe, Scharfblick, Weitblick, Durchblick, Scharfsichtigkeit, Hellsichtigkeit; ↑Begabung, ↑Klugheit, ↑Geschäftssinn, ↑Vernunft; ↑erkennen; ↑scharfsinnig.

²Scharfsinn ↑Vernunft.

¹scharfsinnig, hellsichtig, scharfblickend; ↑klug, ↑weitblickend; ↑Erfahrung, ↑Scharfsinn; ↑erkennen.

²scharfsinnig ↑klug.

Scharfsinnigkeit ↑Scharfsinn.

scharfzüngig ↑spöttisch.

Scharlach ↑Kinderkrankheit.

scharlachrot ↑rot.

Scharlatan ↑Betrüger.

Scharlatanerie ↑Hokuspokus.

Scharmützel ↑Kampf.

Scharnier ↑Gelenk.

Scharniergelenk ↑Gelenk.

scharren ↑kratzen.

Scharte: eine S. [wieder] auswetzen ↑einstehen (für).

Scharteke: ↑Buch, ↑Frau.

schartig ↑kantig.

Schaschlik ↑Fleischgericht.

schassen ↑entlassen.

¹Schatten, Halbschatten · *kräftigster Teil:* Schlagschatten, Kernschatten; ↑schattig.

²Schatten: ↑Dämmerung, ↑Nuance; nur noch ein S. seiner selbst sein ↑schlank [sein]; etwas wirft seine S. voraus ↑bevorstehen; in den S. stellen ↑übertreffen; über seinen eigenen S. springen ↑überwinden (sich); sich vor seinem eigenen S. fürchten ↑ängstlich [sein].

Schattenbild ↑Schattenriss.

Schattenblümchen ↑Liliengewächs.

Schattenboxen ↑Boxen.

schattenhaft ↑unklar.

Schattenhaftigkeit ↑Ungenauigkeit.

Schattenkabinett ↑Regierung.

Schattenmorelle ↑Obst.

schattenreich ↑schattig.

Schattenreich ↑Hölle.

¹Schattenriss, Schattenbild, Silhouette, Scherenschnitt; ↑Umriss, ↑Zeichnung.

²Schattenriss ↑Umriss.

Schattenspiel ↑Schauspiel.

Schattenwirtschaft ↑Arbeit.

schattieren ↑nuancieren.

schattiert ↑differenziert.

Schattierung: ↑Farbe, ↑Nuance.

schattig, schattenreich, beschattet, umschattet, sonnenlos; ↑bewölkt; ↑Schatten · Ggs. ↑sonnig.

Schatulle ↑Kassette.

¹Schatz, Hort; ↑Schmuck, ↑Vermögen.

²Schatz: ↑Liebling, ↑Vermögen.

Schätzchen ↑Liebling.

¹schätzen, abschätzen, veranschlagen, taxieren, überschlagen, über den Daumen peilen *(salopp);* ↑ausrechnen, ↑beurteilen.

²schätzen: ↑achten, ↑lieben, ↑mögen [etwas], ↑vermuten; zu s. wissen ↑genießen.

Schatzmeister ↑Kassierer.

Schätzung ↑Kalkulation.

schätzungsweise ↑ungefähr.

Schau: ↑Ausstellung, ↑Revue; eine S. abziehen ↑prahlen; jmdm. die S. stehlen ↑übertreffen; zur S. stellen ↑aufdecken.

Schaubild ↑Graph.

Schaubude: ↑Jahrmarktsbude, ↑Theater.

Schaubudenbesitzer ↑Schausteller.

Schaubühne ↑Theater.

Schauder ↑Entsetzen.

Schauder erregend ↑makaber.

schauderhaft ↑schrecklich.

schaudern: ↑frieren, ↑zittern.

schauen: ↑blicken, ↑sehen; s. aus ↑herausschauen; der Gefahr ins Auge s. ↑mutig [sein]; nach jmdm. s. ↑kümmern (sich um jmdn.).

Schauer: ↑Hagel, ↑Niederschlag, ↑Schauermann.

Schauergeschichte ↑Bericht.

schauerlich ↑unheimlich.

Schauermann, Schauer, Hafenarbeiter, Schiffsarbeiter, Dockarbeiter, Docker; ↑Arbeiter.

Schauermärchen ↑Bericht.

schauern: ↑frieren, ↑hageln.

Schaufel, Schippe, Spaten; ↑Hacke, ↑Spaten, ↑Spitzhacke.

schaufeln: ↑graben; sich sein eigenes Grab s. ↑schaden.

Schaufeln ↑Geweih.

¹Schaufenster, Fenster, Schaukasten, Vitrine, Auslage; ↑Anschlagbrett.

²Schaufenster: S. des Westens ↑Berlin.

Schaufensterbummel: ↑Bummel; einen S. machen ↑spazieren gehen.

Schaufensterdekorateur ↑Schaufenstergestalter.

Schaufensterdekoration, Dekoration, Warenausstellung, Display; ↑Form.

Schaufenstergestalter, Dekorateur, Schaufensterdekorateur, Schauwerbegestalter; ↑Raumausstatter.

Schaufler ↑Hirsch.

Schauflug ↑Flug.

Schauhaus ↑Leichenschauhaus.

Schaukasten: ↑Anschlagbrett, ↑Schaufenster.

¹Schaukel, Wippe, Hutsche *(österr.),* Gigampfi *(mundartl., schweiz.);* ↑Schaukelpferd; ↑schaukeln.

²**Schaukel:** russische S. ↑Schiffsschaukel.

Schaukelgaul ↑Schaukelpferd.

¹**schaukeln,** wippen, hutschen *(österr.),* gigampfen *(schweiz.);* ↑schwingen; ↑Schaukel.

²**schaukeln:** ↑hängen, ↑schwingen, ↑verwirklichen; hin und her s. ↑schütteln; wir werden das Kind schon s. ↑Ordnung.

Schaukelpferd, Schaukelgaul *(landsch.),* Hutschpferd *(österr.),* Gampiross *(schweiz.);* ↑Schaukel.

Schaukelpolitik ↑Strategie.

Schaukelstuhl: ↑Sessel, ↑Stuhl.

schaulustig ↑neugierig.

Schaulustiger ↑Zuschauer.

Schaum: ↑Brandung; S. schlagen ↑prahlen.

schäumen ↑perlen.

Schaumkrone ↑Brandung.

Schaumlöscher ↑Feuerlöscher.

Schaumschläger: ↑Angeber, ↑Schneebesen; ein S. sein ↑prahlen.

Schaumünze ↑Gedenkmünze.

Schaumwein ↑Wein.

Schaupackung ↑Packung.

¹**Schauplatz,** Szene, Setting, Handlungsort, Ort der Handlung · *eines Verbrechens:* Tatort, Ort der Tat.

²**Schauplatz:** vom S. abtreten ↑sterben.

Schauprozess ↑Gerichtsverfahren.

schaurig ↑unheimlich.

Schauspiel, Bühnenstück, Bühnenwerk, Bühnendichtung, Spiel, Theaterstück, Stück, Lehrstück, Boulevardstück, Drama, Dramolett, Festspiel, Mysterienspiel, Haupt- und Staatsaktion, Schäferspiel, Fastnachtsspiel, Rührstück, Bauerntheater, Volksstück, Festspiel, Lokalposse, Märchenspiel · *durch Gebärdensprache:* Pantomime · *mit Schattenfiguren:* Schattenspiel · *im Dienst der Agitation und Propaganda:* Agitproptheater, Agitpropstück; ↑Aufführung, ↑Drama, ↑Komödie, ↑Oper, ↑Operette, ↑Puppentheater, ↑Theater, ↑Teichoskopie, ↑Tragödie; ↑aufführen.

¹**Schauspieler,** Darsteller, Filmschauspieler, Filmkünstler, Filmstar, Leinwandgröße, Star, Mime, Akteur, Komödiant, Schmierenkomödiant *(abwertend),* Tragöde · *junger:* Jungstar · *der vorübergehend an einem Ort gastiert:* Gast, Stargast, Mauerweiler *(scherzh.)* · *der Nebenrollen spielt:* Chargenspieler, Episodenspieler, Episodendarsteller · *mit stummer Rolle:* Statist, Komparse, Figurant · *schlechter:* Provinzschauspieler, Provinzjockel · *der sich sehr in den Vordergrund spielt:* Rampentiger · *der sich nicht richtig bewegen kann:* Stehschauspieler · *unnatürlich leise und sentimental sprechender:* Säusler · *mit Sigmatismus:* Zuzler · *der in veralteter Manier laut und dröhnend spricht:* Barde, Heldenvater, Knattermime, Knattercharge, Gewittercharge; ↑Berühmtheit, ↑Double, ↑Hauptdarsteller, ↑Künstler, ↑Regisseur, ↑Rolle, ↑Rollenverteilung, ↑Schauspielerin; ↑schauspielern, ↑spielen.

²**Schauspieler:** S. sein ↑schauspielern.

¹**Schauspielerin,** Darstellerin, Filmschauspielerin, Aktrice *(veraltend),* Diva, Filmdiva, Star, Filmstar, Leinwandgröße, Heroine, Naive · · *zum Nachwuchs gehörende, die auf sich aufmerksam zu machen versucht:* Starlet, Sternchen, Filmsternchen · Kurvenstar, Busenstar; ↑Berühmtheit, ↑Double, ↑Künstler, ↑Schauspieler; ↑schauspielern, ↑spielen.

²**Schauspielerin:** S. sein, als S. tätig sein / arbeiten ↑schauspielern.

¹**schauspielern,** Schauspieler / Schauspielerin sein, als Schauspieler / Schauspielerin tätig sein / arbeiten, Theater spielen, an der Bühne sein, am / beim Theater sein; ↑Rolle, ↑Schauspieler, ↑Schauspielerin.

²**schauspielern** ↑vortäuschen.

Schauspielhaus ↑Theatergebäude.

Schauspielmusik ↑Musik.

Schauspielrolle ↑Rolle.

Schausteller, Zirkusbesitzer, Schaubudenbesitzer, Glücksbudenbesitzer, Schießbudenbesitzer, Karussellbesitzer; ↑Artist, ↑Jahrmarkt, ↑Zirkus.

Schaustellerbude ↑Jahrmarktsbude.

Schautafel, Tableau *(österr.),* Skizze, grafische Darstellung, Übersicht; ↑Zeichnung.

Schautanz ↑Tanz.

Schauwerbegestalter ↑Schaufenstergestalter.

¹**Scheck,** Bankscheck, Postscheck, Barscheck, Blankoscheck, Verrechnungsscheck, Scheckkartenscheck, Reisescheck, Travellerscheck, Euroscheck; ↑Geld, ↑Wechsel.

²**Scheck:** durch / per S. ↑bargeldlos.

Scheckbetrüger ↑Betrüger.

Scheckbetrügerin ↑Betrüger.

Schecke ↑Pferd.

scheckig ↑bunt.

Scheckkartenscheck ↑Scheck.

Scheckkriminalität ↑Kriminalität.

Scheckzahlung ↑Zahlung.

scheel: ↑neidisch; s. sehen ↑neiden; jmdn. / etwas mit -en Augen ansehen ↑neiden.

scheel blickend ↑neidisch.

Scheelsucht ↑Neid.

scheelsüchtig ↑neidisch.

Scheffel: sein Licht nicht unter den S. stellen ↑bescheiden.

scheffeln: Geld s. ↑verdienen.

Scheibe: ↑Apfelscheibe, ↑Apfelsinenscheibe, ↑Fensterscheibe, ↑Schallplatte, ↑Schnitte, ↑Windschutzscheibe; sich von jmdm. eine S. abschneiden können ↑Vorbild.

scheiben ↑schieben.

Scheibenbremse ↑Bremse.

Scheibenfries ↑Fries.

Scheibengardine ↑Gardine.

Scheibenhonig ↑Honig.

Scheibtruhe ↑Schubkarre.

Scheich: ↑Geliebter, ↑Mann.

Scheide: ↑Vagina; das Schwert in die S. stecken ↑Frieden [schließen].

Scheidemauer ↑Mauer.

¹scheiden (jmdn.), die Ehe auflösen / trennen, die Scheidung aussprechen; ↑trennen (sich); ↑Ehescheidung, ↑Scheidungsgrund.

²scheiden: [sich s. lassen] ↑trennen (sich); geschiedene Leute sein ↑verfeindet [sein]; die Spreu vom Weizen s. ↑aussortieren; s. von ↑ausschließen; aus dem Leben s. ↑entleiben (sich); von hinnen s. ↑sterben.

Scheidenspiegelung ↑Ausspiegelung.

Scheideweg: ↑Gabelung; am S. stehen ↑Entscheidung.

Scheiding ↑September.

Scheidung: ↑Ehescheidung; die S. aussprechen ↑scheiden (jmdn.); in S. leben / liegen ↑geschieden [sein].

Scheidungsgrund, Ehehindernis, Dirimentien *(veraltet);* ↑Ehescheidung; ↑scheiden (jmdn.).

Scheidungswaise ↑Waise.

¹Schein, Lichtschein, Glanz, Glast *(dichter. oder landsch.),* Schimmer, Lichtschimmer, Geflimmer, Gefunkel, Geglitzer; ↑Lichtstrahl, ↑Tageslicht; ↑leuchten.

²Schein: ↑Anschein, ↑Bescheinigung, ↑Papiergeld; den S. wahren ↑vortäuschen; in -en ↑bar; [nur] zum S. ↑wirklich.

scheinbar ↑angeblich.

Scheinehe ↑Ehe.

¹scheinen, brennen, glühen, vom Himmel herniederbrennen, sengen; ↑Sonne, ↑Sonnenlicht.

²scheinen: ↑leuchten; etwas scheint jmdm. ↑vermuten; die Sonne scheint ↑sonnig [sein]; sich die Sonne auf den Bauch s. lassen ↑sonnen (sich); s. über ↑bescheinen.

Scheinfirma ↑Übungsfirma.

Scheinfrage ↑Frage.

scheinheilig ↑unredlich.

Scheinheiliger: ↑Heuchler, ↑Lügner.

Scheinheiligkeit ↑Verstellung.

Scheinmedikament ↑Medikament.

Scheinproblem ↑Schwierigkeit.

Scheinschwangerschaft, eingebildete Schwangerschaft, Pseudogravidität, Grossesse nerveuse, Graviditas nervosa, Graviditas imaginata, Pseudokyese, Pseudokyesis; ↑Schwangerschaft.

Scheintoter ↑Toter.

Scheinwerfer, Jupiterlampe ·· *am Auto:* Autoscheinwerfer · *besonders helle:* Halogenscheinwerfer · *gegen Nebel:* Nebelscheinwerfer, Nebelleuchte, Nebellampe; ↑Lampe, ↑Licht, ↑Rückleuchte, ↑Scheinwerferlicht.

Scheinwerferkegel ↑Lichtstrahl.

¹Scheinwerferlicht, Rampenlicht, Schlaglicht, Flutlicht, Spotlight; ↑Lichtstrahl, ↑Rückleuchte, ↑Scheinwerfer, ↑Signallicht.

²Scheinwerferlicht: im S. stehen, ins S. treten ↑exponieren (sich).

scheiß-: ↑erz-.

Scheiß-: ↑Dreck-.

Scheißarbeit ↑Anstrengung.

Scheißdreck ↑Angelegenheit.

Scheiße: ↑Exkrement, ↑Unglück, ↑Unsinn; [verdammte S.!] ↑verflucht!

scheißegal: jmdm. ist etwas s. ↑unwichtig [sein].

scheißen: ↑defäkieren; ↑Darmwind [entweichen lassen]; s. auf ↑missachten.

Scheißer ↑Feigling.

Scheißerei ↑Durchfall.

Scheißeritis ↑Durchfall.

scheißfreundlich ↑unredlich.

Scheißhaus ↑Toilette.

Scheißhausparole ↑Gerücht.

Scheißkerl ↑Feigling.

Scheißkram: S.! ↑verflucht!

Scheit ↑Brett.

Scheitel: vom S. bis zur Sohle ↑ganz.

Scheiterhaufen: auf den S. bringen ↑töten.

scheitern, Schiffbruch erleiden, stranden, straucheln, über etwas stolpern, zu Fall kommen, zerbrechen an, etwas missglückt / misslingt / missrät /schlägt fehl / geht schief *(ugs.)* / geht daneben *(ugs.)* / verunglückt / platzt / fliegt auf / fällt ins Wasser / wird zu Essig / zerschlägt sich / fällt wie ein Kartenhaus zusammen / *(ugs.)* geht in die Hose · *in Bezug auf Freundschaft o. Ä.:* etwas geht in die Brüche; ↑Misserfolg [haben]; **s. müssen,** zum Scheitern verurteilt / verdammt sein; **jmdn. s. lassen,** stürzen, zu Fall bringen.

Scheitstock ↑Hackklotz.

Schelf ↑Wattenmeer.

schelfern ↑abschälen (sich).

Schelfmeer ↑Wattenmeer.

Schelle: ↑Glocke; jmdm. eine S. geben ↑schlagen.

schellen ↑läuten.

Schellen ↑Spielkarte.

Schellenbaum ↑Schlaginstrument.

Schellenkönig: jmdn. über den S. loben ↑loben.

Schellentrommel ↑Schlaginstrument.

Schellfisch ↑Fisch.

Schelm: ↑Junge, ↑Spaßvogel; jmdm. sitzt der S. im Nacken, jmd. hat den S. im Nacken ↑Spaßvogel.

Schelmenroman ↑Roman.

Schelmenstreich ↑Scherz.

Schelte ↑Spitzname.

schelten, schimpfen, Fraktur reden, vom Leder ziehen, beschimpfen, attackieren, angreifen, jmdn. ins Gesicht springen, beflegeln *(österr.),* [jmdm. einen Dummkopf] nennen / heißen / schelten, schmälen, zanken, auszanken zetern, keifen, schimpfen wie ein Rohrspatz Gift und Galle speien / spucken, fluchen, wet tern, poltern, donnern, belfern, bellen, keppeln *(österr.),* ein Donnerwetter loslassen, jmdn. et

was vorwerfen / vorhalten / an den Kopf werfen, jmdm. Vorwürfe / Vorhaltungen / eine Szene machen, jmdm. den Kopf zurechtsetzen / zurechtrücken, jmdn. zurechtstutzen, jmdm. Moral predigen, zur Ordnung rufen, eine Gardinenpredigt / Strafpredigt / Standpauke halten, jmdm. seinen Standpunkt klarmachen, jmdm. Bescheid / die Meinung / *(landsch.)* die Paten sagen, mit jmdm. deutsch reden, es jmdm. geben, jmdm. die Leviten lesen, mit jmdm. eine Rechnung begleichen / ein Hühnchen zu rupfen haben / noch ein Wörtchen zu reden haben, jmdm. etwas flüstern, jmdm. aufs Dach steigen / Bescheid stoßen / die Meinung geigen / den Marsch blasen *(salopp)*, jmdm. den Magen rein machen *(landsch.)*, jmdm. die Ohren lang ziehen, an jmdm. sein Mütchen kühlen, ausschimpfen, ausschelten, zurechtweisen, mit jmdm. Klartext sprechen, jmdm. den Kopf waschen, Tacheles reden *(jidd.)*, tadeln, jmdm. einen Tadel / Verweis / eine Rüge / eine Lektion erteilen, rügen, rüffeln, einen Rüffel erteilen, jmdm. auf die Finger klopfen, jmdm. ins Gewissen reden, jmdm. eine Zigarre / einen Rüffel verpassen *(salopp)*, jmdm. die Flötentöne beibringen, jmdm. die Hammelbeine lang ziehen, abkapiteln, abkanzeln, herunterkanzeln, zusammenstauchen *(salopp)*, stauchen *(salopp)*, stuken *(landsch.)*, deckeln *(ugs.)*, jmdm. eins auf den Deckel geben *(ugs.)*, jmdm. eins reinwürgen *(salopp)*, jmdn. heruntermachen / runtermachen / runterputzen *(salopp)*, [moralisch] fertig machen, jmdn. zur Minna / Schnecke machen *(salopp)*, jmdn. zur Sau machen *(derb)*, anfahren, anherrschen, anzischen, anknurren, anschreien, anbrüllen, andonnern, anfauchen, anschnauben, jmdn. ins Gebet nehmen, sich jmdn. vornehmen, sich jmdn. vorknöpfen / schnappen / kaufen *(salopp)*, jmdn. Mores lehren, anschnauzen, anpfeifen, anhauchen, anhusten, anblasen, anblaffen, anranzen, anlappen *(landsch.)*, anscheißen *(derb)*, jmdm. einen Anschiß verpassen *(derb)*, nicht ↑loben; ↑attackieren, ↑beanstanden, ↑rankriegen, ↑verdächtigen, ↑vorwerfen; ↑verflucht! · Ggs. ↑vertragen (sich); **gescholten werden**, jmd. wird gescholten, eins draufkriegen / draufbekommen *(ugs.)*, eins auf den Deckel (oder:) aufs Dach bekommen / kriegen *(ugs.)*, einen Radi kriegen *(bayr., österr.)*, etwas zu hören bekommen / kriegen; ↑Rechenschaft, ↑Vorwurf.
Scheltwort ↑Schimpfwort.
Schema: ↑Vorlage; nach S. F ↑schematisch.
schematisch, nach Schablone / Schema F, schablonenhaft, schablonenmäßig, stets auf dieselbe Art, ohne zu denken; ↑automatisch, ↑bürokratisch.
Schemel ↑Hocker.
schemenhaft ↑unklar.
Schemenhaftigkeit ↑Ungenauigkeit.
Schenke ↑Gaststätte.

Schenkel: ↑geometrische Figur, ↑Keule.
¹schenken, ein Geschenk / Präsent machen, jmdm. etwas verehren / *(ugs.)* vermachen, jmdm. etwas zu Füßen legen, vergaben *(schweiz.)*, hergeben, jmdn. beschenken / *(österr.)* beteilen, weggeben, geben, verschenken, herschenken, wegschenken · *reichlich:* sich anstrengen / in Unkosten stürzen · *einem Täufling als Patengeschenk:* einbinden *(veraltet, landsch.)* · *in Form einer Zugabe beim Einkauf:* zugeben, mitgeben; ↑abgeben, ↑geben, ↑hinterlassen, ↑spenden, ↑teilen, ↑widmen, ↑zubekommen; ↑Gabe.
²schenken: ↑ausschenken; sich jmdm. s. ↑koitieren; geschenkt ↑kostenlos; [halb] geschenkt ↑billig; nicht geschenkt ↑schenken; geschenkt ↑[das kannst du] vergessen; geschenkt kriegen ↑zubekommen; es wird einem nichts geschenkt, nichts [im Leben] geschenkt erhalten ↑Opfer [bringen müssen]; jmdm. etwas s. ↑befreien (von); sich nichts s. ↑gewissenhaft [sein].
Schenkung ↑Erbe (das).
Schenkwirt ↑Wirt.
Schenkzwang ↑Anankasmus.
scheppern ↑klappern.
Scher ↑Maulwurf.
Scherbe ↑Blumentopf.
scherbeln: ↑tanzen, ↑tönen.
Scherben: ↑Blumentopf, ↑Nachtgeschirr.
Schere · Schneiderschere, Zuschneideschere · Papierschere · Drahtschere · Nagelschere, Hautschere, Effilierschere, Haarschneideschere; ↑Gartenschere.
scheren: ↑beschneiden; sein Schäfchen s. ↑Profit [machen]; alles über einen Kamm s. ↑unterscheiden; sich den Teufel / den Henker um etwas s. ↑annehmen (sich einer Sache).
Scherenschmied ↑Schmied.
Scherenschnitt ↑Schattenriss.
Schererei: -en ↑Umstände, ↑Unannehmlichkeiten.
Scherflein ↑Beitrag.
Scherge ↑Verfolger.
Schermaus: ↑Maulwurf, ↑Nagetier.
Schernken ↑Nagel.
Schernkenschuh ↑Schuh.
¹Scherz, Spaß, Gspaß *(bayr., österr.)*, Ulk, Schabernack, Possen, Streich, Schelmenstreich, Eulenspiegelei, Eulenspiegelstreich, Jux, Jokus, Klamauk *(ugs.)*, Spaßetteln *(österr.)*, Spompanadeln *(österr.);* ↑Unterhaltung, ↑Witz, ↑Wortspiel; ↑aufziehen (jmdn.); ↑spaßeshalber.
²Scherz: ↑Brotende; mit jmdm. seinen S. treiben ↑aufziehen (jmdn.).
scherzando ↑lebhaft.
Scherzel ↑Brotende.
scherzen ↑spaßen.
Scherzfrage ↑Frage.
Scherzgedicht ↑Gedicht.
Scherzname ↑Spitzname.

scheu: ↑ängstlich; s. sein ↑fremdeln; die Pferde s. machen ↑verwirren.

¹Scheu, Zurückhaltung, Schüchternheit, Genierer *(österr.);* ↑Angst; ↑schämen (sich); **jmdm. die S. nehmen,** den Bann brechen; **die S. verlieren,** auftauen.

²Scheu: ↑Angst; **die S. verlieren** ↑herausgehen (aus sich).

scheuchen: ↑schikanieren, ↑vertreiben.

scheuen: ↑Angst [machen], ↑entziehen (sich); **sich nicht s.** ↑erdreisten (sich); **das Rampenlicht s.** ↑exponieren (sich).

Scheuer ↑Scheune.

Scheuerfrau ↑Putzfrau.

Scheuerkraut ↑Schachtelhalm.

Scheuerlappen ↑Putzlappen.

Scheuerleiste ↑Fußleiste.

scheuern: ↑säubern; **sich s.** ↑jucken (sich); **jmdm. eine s.** ↑schlagen.

Scheuertuch ↑Putzlappen.

Scheuklappe: **mit -n** ↑kurzsichtig.

¹Scheune, Scheuer, Stadel *(oberd.),* Heustadel *(oberd.),* Schober *(oberd.),* Heuspeicher, Heuboden, Heubühne *(schweiz.);* ↑Remise, ↑Silo.

²Scheune ↑Stall.

Scheunendrescher: essen / fressen wie ein S. ↑essen.

Scheusal ↑Rohling.

scheußlich ↑abscheulich.

Scheußlichkeit ↑Abscheulichkeit.

Schi ↑Ski.

Schibboleth: ↑Erkennungszeichen, ↑Losung.

¹Schicht, Turnus *(österr.)* · Tagschicht, Nachtschicht, Feierschicht, Frühschicht, Spätschicht.

²Schicht: ↑Gesellschaftsschicht, ↑Personenkreis; **S. machen** ↑unterbrechen; **in drei -en** ↑unaufhörlich.

schick ↑geschmackvoll.

¹schicken, abschicken, verschicken, zuschicken, senden, absenden, versenden, zusenden, zum Versand bringen, übermitteln, zugehen / hinausgehen lassen, weiterleiten, weitergeben, weiterreichen, überweisen, übertragen; ↑abgeben, einliefern, ↑einwerfen, ↑liefern; ↑Versand, ↑Versandabteilung.

²schicken: ↑abordnen; **ein Telegramm s.** ↑telegrafieren; **sich in etwas s.** ↑ertragen; **etwas schickt sich** ↑ziemen (sich).

Schickeria ↑Oberschicht.

Schickimicki ↑Oberschicht.

schicklich ↑angemessen.

¹Schicksal, Geschick, Los, Zukunft, Kommendes, Vorsehung, Fügung, höhere Gewalt, Bestimmung, Schickung, Vorherbestimmung, Fatum, Prädestination, Gott; ↑Abgott; **ein schweres S. haben,** kein leichtes Leben / sein[en] Teil zu tragen / sein Päckchen zu tragen / seine Sorgen / nichts zu lachen / es nicht leicht haben; **mit jmdm. / etwas gestraft sein.**

²Schicksal: jmdn. seinem S. überlassen ↑helfen, ↑sitzen lassen; **vom S. geschlagen** ↑leidgeprüft.

Schicksalsdrama ↑Drama.

Schicksalsgefährte: -n sein ↑ertragen.

Schicksalsgenosse: -n sein ↑ertragen.

Schicksalsgöttin, Moira, Parze, die drei Parzen (Klotho, Lachesis, Atropos); ↑Gott, ↑Göttin, ↑Halbgott.

Schicksalsschlag ↑Unglück.

Schickse ↑Prostituierte.

Schickung ↑Schicksal.

Schiebebühne ↑Bühne.

Schiebedach ↑Autodach.

Schiebefenster ↑Fenster.

¹schieben, rollen, scheiben *(bayr., österr.);* ↑kegeln, ↑murmeln.

²schieben: ↑drücken, ↑Schleichhandel [treiben]; **s. unter** ↑unterlegen.

Schieber: ↑Betrüger, ↑Händler, ↑Nachtgeschirr, ↑Riegel, ↑Tanz.

Schiebermütze ↑Kopfbedeckung.

Schiebetür ↑Tür.

Schiebfach ↑Schublade.

Schiebkarren ↑Schubkarre.

Schiebkasten ↑Schublade.

Schieblade ↑Schublade.

Schiebung ↑Betrug.

schiech ↑hässlich.

Schied ↑Fisch.

schiedlich-friedlich ↑einträchtig.

Schiedsgericht: ↑Gericht, ↑Preisgericht.

Schiedsrichter, Kampfrichter, Unparteiischer, Schiri, Pfeifenmann, Referee · *beim Boxen:* Ringrichter · *beim Ringen:* Mattenrichter; ↑Preisgericht, ↑Preisrichter.

schief: ↑schräg, ↑verwachsen; **-e Ebene** ↑Gefälle; **auf die -e Bahn geraten / kommen** ↑abrutschen; **auf die -e Bahn / Ebene kommen** ↑verwahrlosen; **der Haussegen hängt s.** ↑Stimmung.

Schiefe ↑Schräge.

Schiefer: ↑Dachziegel, ↑Holzsplitter, ↑Span.

schiefergrau ↑grau.

schief gehen: ↑gelingen; **etwas geht schief** ↑scheitern.

schief gewickelt: s. sein ↑irren (sich).

Schiefheit ↑Schräge.

schief liegen ↑irren (sich).

schielen: ↑blicken; **nach dem Bettzipfel s.** ↑müde [sein].

Schielen, Silberblick, Strabismus, Loxophthalmus · Einwärtsschielen, Konvergenzschielen · Auswärtsschielen, Divergenzschielen · Aufwärtsschielen, Höhenschielen · Abwärtsschielen; ↑Blindheit, ↑Farbenblindheit, ↑Fehlsichtigkeit, ↑Sehstörung; ↑blicken.

Schiene: ↑Gleis, ↑Verfahren; **aus den -n springen** ↑entgleisen.

Schienenbus ↑Eisenbahnzug.

Schienentransport ↑Transport.

Schiepel ↑Huhn.

schier ↑beinahe.

Schießbude ↑Jahrmarktsbude.

Schießbudenbesitzer ↑Schausteller.

Schießeisen ↑Schusswaffe.

¹schießen, abschießen, feuern, Feuer geben, abfeuern, knallen, ballern; **daneben s.**, eine Fahrkarte schießen *(Jargon);* ↑beschießen, ↑treffen, ↑zielen; ↑Munition, ↑Schusswechsel.

²schießen: ↑Fußball, ↑kaufen, ↑spritzen, ↑töten, ↑verblassen; so schnell s. die Preußen nicht! ↑ruhig; s. auf ↑beschießen; das Schießen ↑Schusswechsel; ausgehen wie das Hornberger Schießen ↑wirkungslos [bleiben].

Schießen ↑Fünfkampf.

schießen lassen ↑abschreiben.

Schießer ↑Murmel.

Schießerei ↑Schusswechsel.

Schießgewehr ↑Schusswaffe.

Schießprügel ↑Schusswaffe.

Schießwaffe ↑Schusswaffe.

Schiet: ↑Exkrement, ↑verflucht!

Schietkram ↑verflucht!

Schifahrer ↑Skifahrer.

¹Schiff, Wasserfahrzeug · Flussschiff, Zille, Binnenschiff, Küstenschiff, Seeschiff, Hochseeschiff, Handelsschiff, Fährschiff, Dampfer, Dampfschiff, Motorschiff, Turbinenschiff, Raddampfer, Trawler, Ozeandampfer, Überseedampfer, Ozeanriese, Ozeaner, Ozeanliner, Pott *(Seemannsspr.)* · *für Lasten:* Frachtschiff, Frachtdampfer, Stückgutschiff, Massengutfrachtschiff, Containerschiff, Bananendampfer, Frachter, Lastschiff, Lastdampfer, Lastkahn, Prahm, Äppelkahn *(salopp),* Trauner *(österr.),* Plätte *(österr.),* Ledischiff *(schweiz.)* · *zum Transport von Rohöl:* Tankdampfer, Tankschiff, Tanker · *zum Entladen größerer Schiffe:* Leichter, Ölleichter, Tankleichter · *für den Fischfang:* Logger, Seitenfänger, Seitentrawler, Heckfänger, Hecktrawler · *nicht sehr seetüchtiges:* Seelenverkäufer; ↑Boot, ↑Fähre, ↑Fahrgastschiff, ↑Flotte, ↑Kriegsschiff, ↑Reeder, ↑Schifffahrt, ↑Segelschiff; ↑ankern, ↑einschiffen, ↑fahren, ↑reisen.

²Schiff: die -e hinter sich verbrennen ↑abwenden (sich); das S. verlassen ↑ausschiffen; Hinterteil des -es, Kiel des -es, Segel des -es ↑Sternbild; aufs S. verladen ↑einschiffen; mit dem S. fahren ↑fahren.

schiffbar ↑befahrbar.

Schiffbruch: ↑Havarie; S. erleiden ↑Misserfolg, ↑scheitern.

Schiffbrüchiger: ↑Verunglückter; Gesellschaft zur Rettung S. ↑Lebensrettungsgesellschaft.

Schiffbrücke ↑Brücke.

Schiffchen ↑Kopfbedeckung.

Schiffchenspitze ↑Spitzenstickerei.

schiffen: ↑urinieren; es schifft ↑regnen.

Schiffer, Schiffsmann, Schiffsfahrer, Binnenschiffer, Flussschiffer, Frachtschiffer; ↑Lotse, ↑Schiffsbesatzung, ↑Seemann.

Schifferfräse ↑Bart.

Schifferklavier ↑Tasteninstrument.

Schifferknoten ↑Knoten.

Schifferkrause ↑Bart.

Schiffermütze ↑Kopfbedeckung.

Schifffahrt, Binnenschifffahrt, Flussschifffahrt · Küstenschifffahrt · Seeschifffahrt, Hochseeschifffahrt · Handelsschifffahrt · Frachtschifffahrt · Personenschifffahrt; ↑Schiff.

Schiffsarbeiter ↑Schauermann.

Schiffsbesatzung, Schiffsmannschaft, Besatzung, Mannschaft, Crew; ↑Mannschaft, ↑Schiffer, ↑Seemann.

Schiffsboot ↑Kopffüßer.

Schiffsbrücke ↑Anlegebrücke.

Schiffschaukel ↑Schiffsschaukel.

Schiffseigner ↑Reeder.

Schiffsfahrer ↑Schiffer.

Schiffsherr ↑Reeder.

Schiffsjunge, Moses; ↑Jüngster, ↑Matrose.

Schiffskoch ↑Koch.

Schiffskollision ↑Havarie.

Schiffskompass ↑Sternbild.

Schiffslatte ↑Anlegebrücke.

Schiffsmann ↑Schiffer.

Schiffsmannschaft ↑Schiffsbesatzung.

Schiffsreise: ↑Reise; eine S. antreten ↑einschiffen.

Schiffsschaukel, Schiffschaukel, Luftschaukel, russische Schaukel; ↑Jahrmarkt, ↑Karussell.

Schiffsteuer ↑Steuer.

Schiffstransport ↑Transport.

Schiffsunfall ↑Havarie.

Schiismus ↑Weltreligion.

Schikane: mit allen -n ↑Zubehör.

schikanieren, schinden, plagen, piesacken, malträtieren, tyrannisieren, jmdn. auf dem Kieker / Strich haben *(ugs.),* es auf jmdn. abgesehen haben, [seine Wut] an jmdm. auslassen, jmdm. die Gräten brechen *(emotional),* schlecht behandeln, misshandeln, kujonieren, drangsalieren, sekkieren *(österr.),* mit jmdm. Schlitten fahren, triezen, zwiebeln, scheuchen, fertig machen, jmdm. den Klabautermarsch orgeln *(salopp),* jmdm. den Arsch aufreißen *(derb),* quälen, traktieren, peinigen, foltern, martern, jmdm. das Leben sauer / schwer / zur Hölle machen; ↑behelligen, ↑bestrafen, ↑jagen, ↑misshandeln, ↑schmerzen.

Schilcher ↑Wein.

¹Schild (das), Gebotsschild, Verbotsschild, Hinweisschild, Stoppschild; ↑Beschilderung, ↑Bildsymbol, ↑Verkehrszeichen.

²Schild (das): ↑Etikett, ↑Verkehrszeichen.

³Schild (der): Sobieskischer Schild ↑Sternbild; auf den Schild erheben ↑loben; im Schilde führen ↑vorhaben.

Schildbürgerstreich ↑Tat.

Schildchen ↑Etikett.

Schilddrüsenhyperplasie ↑Kropf.
Schilddrüsenüberfunktion, Hyperthyreoidie, Hyperthyreoidismus, Hyperthyreose, Hyperthyroidismus, Thyreotoxikose, Thyreoidismus, Basedowoid · *bei voll ausgeprägtem Krankheitsbild:* Basedow-Krankheit, Basedow, Graves-Krankheit, Flajani-Krankheit, Marsh-Krankheit, Glotzaugenkrankheit; ↑Krankheit, ↑Kropf.
Schilddrüsenvergrößerung ↑Kropf.
¹schildern, darstellen, beschreiben, ausmalen · *etwas pessimistisch:* etwas in schwarzen / den schwärzesten / den düstersten Farben malen; ↑mitteilen.
²schildern: ↑aussagen, ↑mitteilen.
Schilderung ↑Beschreibung.
Schilderwald: den S. abholzen ↑Verkehrszeichen.
Schildkröte, Sumpfschildkröte, Teichschildkröte, Landschildkröte, Pantherschildkröte, Schmuckschildkröte, Suppenschildkröte, Karettschildkröte, Lederschildkröte, Riesenschildkröte; ↑Kriechtiere.
Schildkrötensuppe ↑Suppe.
Schildzecke ↑Zecke.
Schilehrer ↑Sportlehrer.
Schilfdach ↑Dach.
schilfern ↑abschälen (sich).
Schill ↑Fisch.
Schillebold ↑Libelle.
Schiller ↑Wein.
Schillerfalter ↑Schmetterling.
Schillerlocke ↑Gebäck.
schillern ↑leuchten.
schillernd: ↑glänzend, ↑mannigfaltig, ↑mehrdeutig.
¹Schilling, Alpendollar *(scherzh.),* Es (nach dem Anfangsbuchstaben; *ugs.*); ↑Zahlungsmittel.
²Schilling: ↑Münze, ↑Zahlungsmittel.
schilpen ↑singen.
Schimäre ↑Einbildung.
schimärisch ↑unwirklich.
Schimmel: ↑Algenpilz, ↑Fäulnis, ↑Pferd, ↑Schlauchpilz, ↑Text, ↑Vorlage; den S. wild machen ↑Angst; jmdm. zureden wie einem lahmen S. ↑zuraten.
Schimmelbogen ↑Seite.
schimmelig ↑ungenießbar.
schimmeln ↑faulen.
Schimmelpilz: ↑Algenpilz, ↑Schlauchpilz.
Schimmer: ↑Farbe, ↑Nuance, ↑Schein; keinen [blassen] S. haben ↑wissen.
schimmern ↑leuchten.
schimmernd ↑glänzend.
Schimpanse ↑Affe.
Schimpf ↑Bloßstellung.
schimpfen: [s. wie ein Rohrspatz] ↑schelten.
schimpfieren ↑verunstalten.
schimpflich: ↑beschämend, ↑gemein.
Schimpfname ↑Spitzname.

Schimpfwort, Scheltwort, Schmähwort; ↑Dummkopf, ↑Fluch, ↑Spitzname.
Schinakel ↑Boot.
Schindel ↑Dachziegel.
Schindeldach ↑Dach.
schinden: ↑schikanieren; sich s. ↑anstrengen (sich).
Schinder: ↑Abdecker, ↑Buch, ↑Pferd.
Schinderei ↑Anstrengung.
schindern ↑schlittern.
Schindluder: S. treiben mit ↑missbrauchen.
Schindmähre ↑Pferd.
¹Schinken, roher / gekochter Schinken, Knochenschinken, Bauernschinken, Landschinken, Vorderschinken, Zigeunerschinken, Schwarzwälder Schinken, Rollschinken, Lachsschinken, Rauchfleisch, Bündnerfleisch, Parmaschinken, Ardennenschinken, [französischer] Pfefferschinken, Rinderschinken; ↑Fleisch, ↑Pökelfleisch.
²Schinken ↑Bild.
Schinkenhörnchen ↑Gebäck.
Schinkenröllchen ↑Gebäck.
Schinkenschmalz ↑Fett.
Schinkenwurst ↑Wurst.
Schinn ↑Schorf.
Schinnen ↑Schorf.
Schintoismus ↑Weltreligion.
Schippe: ↑Spielkarte; auf die S. nehmen ↑aufziehen; dem Tod von der S. hopsen ↑sterben.
schippen ↑graben.
Schiras ↑Orientteppich.
Schirennen ↑Skirennen.
Schiri ↑Schiedsrichter.
¹Schirm, Regenschirm, Regendach, Dach, Gewitterverteiler *(ugs., scherzh.),* Mussspritze *(ugs., scherzh.),* Veteranenflinte *(ugs., scherzh.),* Parapluie *(veraltet),* Stockschirm, Damenschirm, Herrenschirm, Kinderschirm · *zusammenschiebbarer:* Taschenschirm, Knirps® ·· *gegen die Sonne:* Sonnenschirm, Parasol *(veraltet)* · *großer, zum Aufstellen:* Gartenschirm, Sonnenschirm.
²Schirm: Schutz und S. ↑Schutz.
Schirmchenalge ↑Alge.
Schirmherr ↑Gönner.
Schirmherrschaft, Ehrenvorsitz, Ehrenpräsidium, Schutzherrschaft, Patronat, Protektorat; ↑Gönner; **unter jmds. S.,** unter jmds. Auspizien.
Schirmmütze ↑Kopfbedeckung.
Schirokko ↑Wind.
Schirrmeister ↑Verwalter.
Schirwan ↑Orientteppich.
Schischuh ↑Schuh.
Schismatiker ↑Ketzer.
Schisocke ↑Strumpf.
Schiss: S. haben ↑Angst [haben].
schitter ↑hinfällig.
schizophren: ↑gegensätzlich, ↑geistig behindert.

Schizophrenie: ↑Gegensätzlichkeit, ↑geistige Behinderung.

schizothym ↑unzugänglich.

schlabbern ↑vergießen.

Schlacht ↑Kampf.

Schlachtbank, Metzge *(südd.),* Metzg *(schweiz.);* ↑Fleischer.

¹schlachten, abschlachten, abstechen, metzgen *(landsch.),* metzeln *(landsch.),* keulen *(schweiz.)* · *im Haus:* hausschlachten · *ohne Erlaubnis:* schwarzschlachten · *nach jüdischer Vorschrift:* schächten; ↑ausweiden, ↑töten; ↑Schlachtung.

²schlachten: ↑töten; Geschlachtetes ↑Fleisch.

Schlachtenbummler ↑Zuschauer.

Schlachtenmaler ↑Kunstmaler.

Schlachter ↑Fleischer.

Schlächter ↑Fleischer.

Schlachterei ↑Fleischerei.

Schlächterei: ↑Blutbad, ↑Fleischerei.

Schlachterladen ↑Fleischerei.

Schlächterladen ↑Fleischerei.

Schlachtfeld, Kampfplatz, Walstatt; **auf dem S.,** auf dem Feld der Ehre *(pathetisch);* ↑Blutbad, ↑Kampf, ↑Schlachtgewühl, ↑Strategie.

Schlachtgetümmel: ↑Kampf, ↑Schlachtgewühl.

Schlachtgewicht ↑Lebendgewicht.

Schlachtgewühl, Schlachtgetümmel, Waffenlärm; ↑Schlachtfeld.

Schlachtkreuzer ↑Kriegsschiff.

Schlachtplan ↑Entwurf.

Schlachtplatte ↑Wurst.

Schlachtschiff ↑Kriegsschiff.

Schlachtung, Keulung *(schweiz.):* · Notschlachtung · *im Haus:* Hausschlachtung; ↑schlachten.

schlackern: mit den Ohren s. ↑überrascht [sein].

Schlackwurst ↑Wurst.

¹Schlaf, Schlummer, Nachtschlaf, Nachtruhe · *leichter zwischen Wachen und Träumen:* Halbschlaf, Dämmerschlaf, Dämmerzustand, Dämmer · *kurzer:* Schläfchen, Nickerchen, Schläferl *(bayr., österr.);* ↑Heilschlaf, ↑Mittagsruhe, ↑Ruhe, ↑Schlaflosigkeit, ↑Schlafmittel, ↑Schläfrigkeit; ↑schlafen.

²Schlaf: der S. hat jmdn. übermannt / überkommen ↑schlafen; keinen S. finden ↑wach [sein]; S. haben ↑müde [sein]; den S. des Gerechten schlafen ↑schlafen; den letzten S. schlafen ↑tot [sein]; aus dem S. reißen ↑aufwecken; gegen den / mit dem S. kämpfen ↑müde [sein]; den Seinen gibts der Herr im S., etwas im S. können ↑mühelos; in S. sinken, vom S. übermannt werden ↑einschlafen; etwas bringt jmdn. um den S. / raubt jmdm. den Schlaf ↑sorgen (sich).

Schlafanzug ↑Nachtgewand.

schlafbedürftig ↑müde.

Schlafbursche ↑Untermieter.

Schläfchen: ↑Schlaf; ein S. machen ↑schlafen.

Schlafcouch ↑Liege.

Schläfe: mit grauen -n ↑grauhaarig; ein Herr mit grauen -n sein ↑älter [sein].

¹schlafen, schlummern, in Morpheus' Armen liegen / ruhen, der Schlaf hat jmdn. übermannt / überkommen, [ein] Nickerchen / ein Schläfchen / Augenpflege machen *(scherzh.),* druseln *(nordd.),* die Matraze belauschen *(ugs.),* sich von innen begucken *(ugs.),* wie ein Toter / ein Murmeltier / ein Sack / ein Stein schlafen, den Schlaf des Gerechten schlafen, dösen, koksen *(salopp),* filzen *(salopp),* pofen *(salopp),* pennen *(salopp),* ratzen *(ugs., landsch.),* dachsen *(ugs., landsch.)* · *sehr lange:* bis in die Puppen schlafen · *geräuschvoll mit offenem Mund:* schnarchen, sägen *(ugs., scherzh.)* · *nach Tisch:* Siesta halten · *auf der Spalte, die zwischen zwei nebeneinander stehenden Betten entsteht:* auf der Besuchsritze schlafen · nicht ↑wach [sein]; ↑einschlafen, ↑übernachten; **s. gehen,** ins / zu Bett gehen, zum Federball gehen *(scherzh.),* sich zurückziehen / zur Ruhe begeben, sich hinlegen / niederlegen / *(salopp)* hinhauen / aufs Ohr legen, sich aufs Ohr hauen *(salopp),* sich schlafen legen, ins Nest / in die Klappe / Falle / Heia / Federn gehen *(salopp),* sich in die Falle hauen *(salopp)* · **früh:** mit den Hühnern schlafen / zu Bett gehen; **nicht s. gehen können,** sich die Nacht um die Ohren schlagen [müssen], nicht aus den Kleidern kommen ↑ruhen; ↑Bett, ↑Liege, ↑Schlaf · Ggs. ↑aufstehen.

²schlafen: den letzten Schlaf s. ↑tot [sein]; [bei Mutter Grün / unter freiem Himmel s.] ↑übernachten; mit jmdm. s. ↑koitieren; mit offenen Augen s. ↑unaufmerksam [sein].

Schlaferl ↑Schlaf.

¹schlaff, lose, lasch, schlaksig, bomm[e]lig, entspannt, nicht ↑fest, nicht ↑steif; ↑biegsam, ↑kraftlos, ↑lose, ↑weich.

²schlaff ↑faltig.

Schlaffheit ↑Zerfurchtheit.

Schlaffi ↑Schwächling.

Schlafgänger ↑Untermieter.

Schlafgelegenheit ↑Bett.

Schlafgemach ↑Raum.

Schlafittchen: am S. kriegen ↑ergreifen (jmdn.).

schlaflos: etwas bereitet jmdm. -e Nächte ↑sorgen (sich).

Schlaflosigkeit, Insomnie, Asomnie, Pervigilium, Agrypnie; ↑Schlaf, ↑Schlafmittel.

¹Schlafmittel, Hypnagogum, Hypnotikum, Hypnogenikum, Somniferum, Somnifikum, Somnifaziens, Soporiferum, Soporifikum, Einschlafmittel, Durchschlafmittel, Schlafpulver, Schlaftablette, Schlafpille; ↑Medikament, ↑Psychopharmakon, ↑Schlaf, ↑Schlaflosigkeit, ↑Schlafmittelvergiftung.

²Schlafmittel ↑Medikament.

Schlafmittelvergiftung, Schlafmittelsucht,

Barbitursäurevergiftung, Barbiturismus, Barbitalismus, Barbituismus; ↑Schlafmittel, ↑Sucht, ↑Vergiftung.

¹Schlafmütze *(abwertend)*, Transuse *(abwertend)*, Trantüte *(nordd., abwertend)*, Trantute *(landsch., abwertend)*, Tranfunzel *(landsch., abwertend)*, Christkindchen *(scherzh.)*, Blinzelbienchen *(scherzh.)*, Waserl *(österr.)*, Tränentier *(ugs.)*, Langweiler, Schnecke; ↑Mädchen, ↑Mensch; ↑langsam.

²Schlafmütze ↑Mensch.

Schlafpulver: ↑Medikament, ↑Schlafmittel.

schläfrig ↑müde.

Schläfrigkeit, Schlafsucht · *krankhafte:* Somnolenz, Lethargie; ↑Benommenheit, ↑Mittagsruhe, ↑Schlaf; ↑schlafen; ↑müde.

Schlafrock: Apfel im S. ↑Gebäck.

Schlafsack ↑Decke.

Schlafstätte ↑Bett.

Schlafstelle ↑Unterkunft.

Schlafsucht ↑Schläfrigkeit.

Schlaftablette: ↑Medikament, ↑Schlafmittel; -n nehmen ↑entleiben (sich).

Schlaftherapie ↑Heilschlaf.

schlaftrunken ↑müde.

Schlafwagen ↑Eisenbahnwagen.

Schlafwagenabteil ↑Eisenbahnabteil.

Schlafwagenschaffner ↑Schaffner.

Schlafwandeln ↑Mondsüchtigkeit.

Schlafzimmer ↑Raum.

schlag ↑genau.

Schlag: ↑Angriff, ↑Art, ↑genau, ↑Herzinfarkt, ↑Schlaganfall, ↑Schlagsahne, ↑Schneise, ↑Stoß, ↑Unglück; Schläge ↑Züchtigung; [harter] S. ↑Unglück; S. ins Wasser ↑Misserfolg; etwas ist ein S. ins Gesicht ↑beleidigend [sein]; etwas ist ein S. ins Wasser ↑nutzlos [sein], ↑wirkungslos [bleiben]; etwas ist ein S. unter die Gürtellinie ↑unfair [sein]; gleich gibt es Schläge! ↑aufhören; es gibt Schläge, Schläge kriegen ↑schlagen; S. auf Schlag ↑schnell [nacheinander]; wie vom S. gerührt sein ↑überrascht [sein]; wie vom S. gerührt / getroffen sein ↑betroffen [sein].

Schlagabtausch, Rundumschlag, Kräftemessen, Fingerhakeln; ↑Angriff.

Schlagader ↑Ader.

¹Schlaganfall, Gehirnschlag, Hirnschlag, Apoplexie, Schlag, Schlagfluss *(veraltet)*; ↑Herzinfarkt, ↑Überhitzung.

²Schlaganfall ↑Anfall.

schlagartig ↑plötzlich.

Schlagball, Baseball, Kricket; ↑Ballspiel, ↑Spiel.

Schlagband ↑Quaste.

Schlagbaum: ↑Bahnschranke, ↑Hürde.

Schläge, Prügel, Abreibung *(ugs.)*, Dresche *(ugs.)*, Keile *(ugs.)*, Haue *(ugs.)*, Wichse *(ugs.)*; ↑Züchtigung; ↑schlagen.

Schlägel ↑Keule.

¹schlagen, prügeln, verprügeln, versohlen, durchprügeln, zuschlagen, hauen, verhauen,

zusammenschlagen, jmdn. zu Brei schlagen / zu Hackfleisch machen *(derb)*, auf jmdn. einschlagen, durchhauen, jmdm. die Hosen / den Hosenboden stramm ziehen, jmdm. den Hintern versohlen, von seinem Züchtigungsrecht Gebrauch machen, jmdm. den Frack vollhauen / vollschlagen, jmdm. übers Knie legen, jmdm. das Fell / Leder gerben, dreschen *(salopp)*, verdreschen *(salopp)*, vermöbeln *(salopp)*, verkloppen *(salopp)*, verschlagen *(ugs.)*, verwichsen *(salopp)*, verwamsen *(salopp)*, verbimsen *(salopp)*, vertrimmen *(salopp)*, vertobaken *(salopp)*, verkamisolen *(salopp)*, verkeilen *(salopp)*, durchbläuen *(salopp)*, durchwalken *(salopp)*, durchwichsen *(salopp)*, abschwarten *(salopp)*, überlegen, verwalken *(salopp)*, trischacken *(österr.)*, jmdm. einen vor den Latz knallen *(salopp)*, abstrafen, sich keilen / kloppen *(salopp)*, sich katzbalgen, sich balgen / raufen, knuffen, boxen, rangeln, handgemein / handgreiflich werden, jmdn. ohrfeigen / *(südd., österr.)* watschen, jmdm. eine Ohrfeige / Maulschelle / Schelle geben, jmdm. eine herunterhauen / *(landsch.)* dachteln, es jmdm. [ordentlich / tüchtig / feste] geben, jmdm. eins (oder:) eine (oder:) ein paar hinter die Ohren / die Löffel geben *(ugs.)*, jmdm. eine in die Schnauze / Fresse geben *(derb)*, jmdm. eine in die Fresse knallen *(derb)*, jmdm. eine geben / kleben / langen / schmieren / *(österr.)* reißen / *(österr.)* reiben / scheuern / käsen / knallen / schallern / wienern / wischen / verpassen *(salopp)*, jmdm. die Fresse / die Eier polieren *(derb)*, jmdm. eins aufbrennen / verpassen / überbraten *(salopp)*, jmdm. ein Ding verpassen *(salopp)*, [aus]pfeischen, jmdm. in den Hintern treten *(derb)*, es setzt Prügel / Hiebe / etwas *(ugs.)*, es gibt Prügel / Schläge / *(salopp)* Senge, gib ihm Saures! *(salopp)*; ↑bestrafen, ↑wehren (sich); **geschlagen werden,** Prügel / Schläge / *(salopp)* Wichse / *(salopp)* Senge kriegen, eine Wucht kriegen *(salopp)*, eins draufkriegen / draufbekommen *(ugs.)*, ein paar [hinter die Löffel / die Ohren] kriegen *(ugs.)*, eine / ein paar fangen *(ugs.)*, eins auf den Deckel kriegen / bekommen *(ugs.)*, eine Ohrfeige kriegen, eine Watsche fangen *(ugs., österr.)*; ↑Ohrfeige, ↑Peitsche, ↑Schlägerei.

²schlagen: ↑abholzen, ↑besiegen, ↑fallen, ↑klopfen, ↑singen; -de Verbindung ↑Verbindung; alles kurz und klein s. ↑zerstören; jetzt schlägts aber dreizehn ↑unerhört [sein]; [den Takt] s. ↑dirigieren; s. in ↑einrammen; nach jmdm. s. ↑gleichen; s. von ↑abmachen.

schlagend: ↑stichhaltig, ↑treffend.

¹Schlager, Hit, Gassenhauer, Schmachtfetzen *(abwertend)*, Schnulze *(abwertend)* · *längere Zeit beliebter:* Evergreen; ↑Kitsch, ↑Lied, ↑Musik, ↑Sänger, ↑Schlagersendung.

²Schlager: ↑Glanzpunkt, ↑Verkaufsschlager.

Schläger: ↑Halbstarker, ↑Raufbold, ↑Sportgerät.

Schlägerei, Keilerei *(ugs.),* Rauferei, Wirtshausrauferei, Prügelei, Schläglete *(schweiz.);* ↑schlagen.

Schlagermusik ↑Unterhaltungsmusik.

Schlägermütze ↑Kopfbedeckung.

schlägern ↑abholzen.

Schlagerparade ↑Schlagersendung.

Schlagerplatte ↑Schallplatte.

Schlagersänger ↑Sänger.

Schlagersängerin ↑Sänger.

Schlagersendung, Schlagerparade, Hitparade; ↑Schlager.

Schlägertyp ↑Raufbold.

Schlägerung ↑Urbarmachung.

Schlagetot ↑Raufbold.

schlagfertig ↑geistreich.

Schlagfluss ↑Schlaganfall.

Schlaginstrument · Trommel, Pauke, Schellentrommel, Tamburin, Tamtam, Tomtom, Conga, Tumba, Timbales, Bongos · Vibraphon, Xylophon, Schellenbaum, Triangel, Becken, Tschinelle *(österr.)* · Schlagzeug; ↑Musikinstrument; ↑trommeln.

Schlaglawine ↑Lawine.

Schläglete ↑Schlägerei.

Schlaglicht ↑Scheinwerferlicht.

Schlagmusikinstrumentenbauer ↑Musikinstrumentenbauer.

Schlagobers ↑Schlagsahne.

Schlagrahm ↑Schlagsahne.

Schlagsahne, Schlagrahm *(landsch.),* Schlagobers *(österr.),* Schlag *(österr.),* Schlagschmetten *(landsch.),* Oberschaum *(österr., veraltet);* ↑Sahne.

Schlagschatten ↑Schatten.

Schlagschmetten ↑Schlagsahne.

Schlagseite: ↑Schräge; S. haben ↑betrunken [sein].

Schlagstock ↑Gummiknüppel.

Schlagwort: ↑Anpreisung, ↑Leitwort.

Schlagwunde ↑Wunde.

¹Schlagzeile, Überschrift, Headline, Balkenüberschrift, Titel; ↑Schrift, ↑Zeitung.

²Schlagzeile: -n machen ↑auffallen.

Schlagzeug ↑Schlaginstrument.

Schlagzeuger, Pauker, Paukist, Kesselpauker · *im Jazz:* Drummer.

Schlagzeugmacher ↑Musikinstrumentenbauer.

Schlaks: ↑Mann, ↑Riese.

schlaksig ↑schlaff.

Schlamassel ↑Not.

Schlamm, Morast, Matsch, Mansch *(salopp, landsch.),* Brei, Pampe *(ugs., abwertend),* Eierpampe *(ugs., berlin.),* Pflotsch *(schweiz.),* Pflüder *(schweiz.),* Mudd *(nordd.),* Modder *(nordd.),* Schlick, Schneematsch, Schneebrei; ↑Schmutz, ↑Sumpf.

Schlammbad ↑Sauna.

Schlammbeißer ↑Fisch.

Schlammläufer ↑Vogel.

Schlammschlacht: ↑Fußballspiel, ↑Streit, ↑Tauziehen.

Schlammschnecke ↑Schnecke.

schlampen ↑nachlässig [sein].

Schlamperei ↑Nachlässigkeit.

schlampern ↑nachlässig [sein].

schlampert ↑nachlässig.

schlampig ↑nachlässig.

¹Schlange, Giftschlange, Natter, Giftnatter, Ringelnatter, Würfelnatter, Glattnatter, Äskulapschlange, Otter, Kreuzotter, Puffotter, Viper, Anakonda, Boa [constrictor], Königsschlange, Python, Pythonschlange, Gitterschlange, Felsenschlange, Klapperschlange, Kobra, Brillenschlange, Hutschlange, Speischlange, Seeschlange; ↑Kriechtiere.

²Schlange: ↑Verkehrsstauung; da beißt sich die S. in den Schwanz ↑Teufelskreis; S. stehen ↑warten; Kopf / Schwanz der S. ↑Sternbild; in S. fahren ↑fahren.

schlängeln: sich s. um ↑schlingen (sich um).

Schlangenbogen ↑Eislauf.

Schlangenfraß ↑Essen.

Schlangengift ↑Gift.

Schlangengurke ↑Gurke.

Schlangenleder ↑Leder.

Schlangenmensch ↑Artist.

¹schlank, schlankwüchsig, gertenschlank, rank, grazil, schmal, dünn, mager, magersüchtig, hager, schlank wie eine Tanne, zaundürr *(bayr., österr.),* dürr, spindeldürr, knochig, spillerig, leptosom, asthenisch, nicht ↑dick; ↑abgezehrt, ↑schmächtig, ↑sportlich; **s. sein,** ein Hering sein, nur noch Haut und Knochen sein, nur noch ein Schatten seiner selbst sein, ein Strich sein, bei jmdm. kann man alle Rippen zählen, an jmdm. ist nichts dran, schmal wie ein Handtuch sein, ein schmales Handtuch sein; **s. sein wollen,** auf die schlanke Linie achten; **s. werden,** abmagern, abnehmen, mager / dünner werden, an Gewicht verlieren, immer weniger werden, vom Fleisch / aus den Kleidern fallen, nicht ↑zunehmen; ↑Schlankheit, ↑Schlankheitskur, ↑Zartheit.

²schlank: ↑sportlich.

Schlankel ↑Junge.

schlankerhand ↑kurzerhand.

Schlankheit, Überschlankheit, Hagerkeit, Magerkeit, Magersucht, Schmalheit; ↑Zartheit; ↑schlank.

Schlankheitsdiät ↑Diät.

Schlankheitskur, Abmagerungskur, Entfettungskur, Hungerkur, Fastenkur; ↑Diät, ↑Fasttag, ↑Kur; ↑schlank.

schlankweg: ↑kurzerhand, ↑rundheraus.

schlankwüchsig ↑schlank.

Schlapfen ↑Schuh.

schlapp ↑kraftlos.

Schlappe: ↑Debakel; eine S. erleiden ↑besiegen.

schlappen ↑fortbewegen (sich).

Schlappen ↑Schuh.
Schlappheit: ↑Erschöpfung, ↑Kraftlosigkeit.
Schlapphut ↑Kopfbedeckung.
schlappmachen: ↑ohnmächtig [werden]; nicht s. ↑durchhalten.
Schlappmaul: Pfälzer S. ↑Pfälzer.
Schlappohren ↑Ohr.
Schlappschwanz: ↑Schwächling; ein S. sein ↑kraftlos [sein]; ↑willensschwach [sein].
Schlaraffenland ↑Fabelland.
¹schlau, findig, diplomatisch, taktisch, geschickt, pädagogisch, pfiffig, listig, clever, trickreich, fintenreich, geschäftstüchtig, lebenstüchtig, verschmitzt, gnitz *(schwäb.),* bauernschlau, gewitzt, alert, smart, raffiniert, jesuitisch, durchtrieben, gerissen, verschlagen, ausgefuchst, gerieben, ausgekocht *(salopp, abwertend),* abgefeimt, ausgepicht *(ugs.),* ausgebufft *(salopp),* gewiegt, gewieft, gefinkelt *(österr.),* gehaut *(ugs., österr.),* vigilant *(landsch.),* helle *(landsch.),* nicht ↑dumm, nicht ↑unklug; ↑böse, ↑gewandt, ↑klug, ↑oberschlau, ↑tüchtig; **s. sein,** auf Draht / auf Zack / nicht von gestern / mit allen Wassern gewaschen / mit allen Hunden gehetzt / *(österr.)* hell auf der Platte sein, es faustdick hinter den Ohren haben, sich nichts erzählen / vormachen / weismachen lassen, sich nicht für dumm verkaufen lassen, kein X für ein U vormachen lassen; **s. handeln,** zwei Fliegen mit einer Klappe schlagen; ↑Erfahrung, ↑Klugheit, ↑List, ↑Schlaukopf.
²schlau: genauso s. sein wie vorher ↑wissen.
Schlaube ↑Schale.
Schlauberger ↑Schlaukopf.
¹Schlauch, Gummischlauch, Wasserschlauch, Gartenschlauch.
²Schlauch: ↑Übersetzung; einen S. benutzen ↑absehen; auf dem S. stehen ↑begriffsstutzig [sein]; ↑[nicht] verstehen.
Schlauchalge ↑Alge.
schlauchen: ↑ablisten; etwas schlaucht ↑beschwerlich [sein].
Schlauchmündung ↑Mündung.
Schlauchpilz, Schimmelpilz, Schimmel, Hefepilz, Hefe, Kulturhefe, Reinzuchthefe, Bierhefe, Wildhefe, Weinhefe, Kahmhefe, Nektarhefe, Grauschimmel, Traubenschimmel, Scheibenpilz, Fruchtschimmel, Fruchtschimmelpilz, Gießkannenschimmel, Kolbenschimmel, Pinselschimmel, Brotschimmel, Mehltau, Mehltaupilz, Getreidemehltau, Echter Rebenmehltau, Obstschorf, Apfelschorf, Schorf, Hexenbesen, Mutterkorn, Morchel, Lorchel, Trüffel; ↑Algenpilz, ↑Lagerpflanze, ↑Pilz, ↑Ständerpilz.
schlauerweise ↑vorsichtshalber.
Schlaufe ↑Schlinge.
Schlauheit ↑Klugheit.
Schlaukopf, Schlauberger, Schlaumeier, Schläuling *(schweiz.),* Schlaule *(südd.),* Pfiffikus *(ugs.),* Schlitzohr, Cleverle, Teppichhändler, Fuchs, Filou, Politikus, Vokativus *(veraltet,*

scherzh.); ↑Besserwisser, ↑Betrug, ↑Betrüger, ↑Draufgänger, ↑Klugheit, ↑Leichtfuß; **ein S. sein,** ein Aas auf der Bassgeige / Geige sein *(salopp, berlin.);* ↑betrügen; ↑schlau, ↑unredlich.
Schlaule ↑Schlaukopf.
Schlaumeier ↑Schlaukopf.
Schlawiner ↑Versager.
¹schlecht, desolat, miserabel, mies, unter aller Kanone / Kritik / *(salopp)* Sau, traurig, elend; ↑minderwertig.
²schlecht: ↑anstößig, ↑minderwertig, ↑unerfreulich, ↑ungenießbar, ↑ungeübt, ↑wertlos; -er gestellt ↑einkommensschwach; s. sein ↑spielen; jmdm. ist / wird s. ↑unwohl; nicht s. / nicht von schlechten Eltern sein ↑unterschätzen; s. werden ↑faulen; -er werden ↑nachlassen, ↑Rückgang, ↑zurückfallen; bei jmdm. s. angesehen sein ↑unbeliebt [sein]; s. aussehen ↑krank [aussehen]; s. beraten sein ↑irren (sich); es steht s. mit ↑hapern; s. wegkommen ↑zurückstehen; s. und recht ↑notdürftig; s. und recht, mehr s. als recht ↑kaum.
schlechterdings ↑ganz.
schlechthin, par excellence, in höchster Vollendung, im eigentlichen Sinne, in Reinkultur, im wahrsten Sinne des Wortes, ganz einfach, ganz allgemein, katexochen; ↑echt, ↑ganz, ↑gewissermaßen.
schlecht machen, verleumden, verlästern, verteufeln, verketzern, verunglimpfen, jmdm. die Ehre abschneiden, diskriminieren, in Verruf / Misskredit bringen, in ein schlechtes Licht setzen / stellen / rücken, diffamieren, diskreditieren, herabsetzen, abqualifizieren, herabwürdigen, entwürdigen, jmdm. etwas nachsagen / nachreden / andichten / anhängen, jmdm. ein Maul anhängen *(landsch., abwertend),* über jmdn. herfallen, verächtlich machen, mit dem Finger auf jmdn. zeigen, bereden, nichts Gutes über jmdn. sagen / sprechen, hinter jmdm. herreden, ausmachen *(südd.),* ausrichten *(südd., österr.),* vernütigen *(schweiz.),* schnöden *(schweiz.),* anschwärzen, an jmdm. kein gutes Haar / keinen guten Faden lassen, madig machen *(ugs.),* in den Schmutz / *(salopp)* Dreck ziehen, jmdn. mit Schmutz / *(salopp)* Dreck bewerfen, jmdn. durch den Kakao / durch die Gosse ziehen · *die eigene Familie, das eigene Land:* das eigene / sein eigenes Nest beschmutzen; ↑demütigen (jmdn.), ↑kompromittieren (jmdn.), ↑kränken, ↑reden, ↑verleiden.
schlechtweg ↑ganz.
Schlechtwetter, Tiefdruckgebiet, Tief, Sauwetter *(emotional);* ↑Wetter; ↑veränderlich · Ggs. ↑Schönwetter.
Schlechtwetterflug ↑Flug.
Schleck ↑Leckerbissen.
schlecken: ↑essen, ↑lecken.
Schleckereien ↑Süßigkeiten.
schleckig ↑wählerisch.
Schlehdorn ↑Schwarzdorn.

Schlehe ↑Schwarzdorn.
Schlei ↑Fisch.
schleichen: ↑fahren, ↑fortbewegen (sich); sich s. ↑weggehen; -der Puls ↑Pulsschlag; s. um ↑beschleichen.
Schleichhandel, Schmuggel, Schwarzhandel, Schwarzmarkt, schwarzer Markt · *stillschweigend geduldeter, aber eigentlich verbotener:* grauer Markt; ↑Betrug, ↑Schmuggelware; S. **treiben,** schmuggeln, schieben *(salopp)*, paschen *(ugs.)*, schwärzen *(veraltend)*.
Schleichhändler: ↑Händler, ↑Schmuggler.
Schleichkatze ↑Raubtier.
Schleichware ↑Schmuggelware.
Schleichweg: auf -en ↑gesetzwidrig.
Schleichwerbung ↑Werbung.
Schleie ↑Fisch.
¹Schleier, Brautschleier, Spitzenschleier, Tüllschleier, Witwenschleier · *im Iran:* Tschador, Tschadyr.
²Schleier: einen S. vor den Augen haben ↑sehen; den S. des Vergessens / der Vergessenheit über etwas breiten ↑vertuschen; den S. lüften ↑aufdecken; den S. nehmen ↑Nonne [werden].
Schleiereule ↑Vogel.
schleierhaft ↑unfassbar.
Schleif ↑Schöpfkelle.
Schleife ↑Haarschleife, ↑Krawatte, ↑Schlinge.
schleifen: ↑glätten, ↑niederreißen, ↑schärfen, ↑ziehen; geschliffen ↑geschärft; die Zügel s. lassen ↑nachlässig [werden]; s. in ↑eingravieren.
Schleifen-s ↑Eszett.
Schleifglas ↑Glas.
Schleifscheibe ↑Schleifstein.
¹Schleifstein, Wetzstein, Schleifscheibe · Streichriemen; ↑schärfen.
²Schleifstein: wie ein Affe auf dem S. sitzen ↑sitzen.
Schleim: ↑Absonderung, ↑Auswurf, ↑Brei.
Schleimer ↑Mann.
schleimern ↑schlittern.
Schleimfisch ↑Fisch.
schleimig ↑flüssig.
Schleimigkeit ↑Flüssigsein.
Schleimscheißer ↑Schmeichler.
Schleimsuppe ↑Suppe.
schleißen ↑schlittern.
schleistern ↑schlittern.
schlemmen ↑essen.
Schlemmer ↑Feinschmecker.
schlendern ↑spazieren gehen.
Schlendrian ↑Lebensweise.
Schlenker: ↑Richtungsänderung, ↑Weg.
Schleppdach ↑Dach.
schleppen ↑tragen.
schleppend ↑hinhaltend.
Schlepper: ↑Handelsvertreter, ↑Traktor, ↑Wahlhelfer.
Schlepplift ↑Seilbahn.
Schleppnetz ↑Fischnetz.
Schleppnetzfahndung ↑Nachforschung.

Schlepptau: ins S. nehmen ↑ziehen.
Schlesier, Lärge *(landsch., abwertend),* Lerge *(landsch., abwertend);* ↑Deutscher.
Schlesisch ↑Mundart.
Schleuder ↑Wäscheschleuder.
Schleuderballwerfen ↑Leichtathletik.
Schleuderhonig ↑Honig.
¹schleudern, ins Schleudern geraten · *beim Auto:* ausbrechen, aus der Kurve getragen werden, schwimmen, ins Schwimmen kommen · *bei Schiffen:* schlingern; ↑rollen, ↑schwanken, ↑schwingen; ↑Aquaplaning.
²schleudern: ↑werfen.
Schleuderpreis: ↑Preis; zu einem S. verkaufen ↑billig [verkaufen].
Schleuderware, Ausschuss, Ausschussware, schlechte Ware, der letzte Dreck *(salopp, abwertend),* Schrott, Altware, Ramsch, Tinnef *(abwertend),* Schofel *(abwertend),* Plunder *(abwertend),* Ladenhüter, Ladengaumer *(schweiz.);* ↑Kitsch, ↑Ware.
schleunig ↑schnell.
schleunigst ↑schnell.
Schleuse: der Himmel öffnet seine -n ↑regnen.
Schleusenhafen ↑Hafen.
Schliche: ↑Arglist; jmdm. auf die S. kommen ↑entlarven (jmdn.).
schlicht: ↑einfach; kurz und s. ↑kurzum.
schlichten ↑bereinigen.
Schlichter ↑Vermittler.
¹Schlichtheit, Einfachheit, Einfalt, Herzenseinfalt, Geradheit, Biederkeit, Biedersinn *(veraltend),* Redlichkeit; ↑Arglosigkeit, ↑Aufrichtigkeit, ↑Rechtschaffenheit, ↑Unauffälligkeit; ↑einfach.
²Schlichtheit ↑Unauffälligkeit.
Schlichtung: ↑Einigung, ↑Gerichtsverfahren.
Schlichtungsverfahren ↑Gerichtsverfahren.
Schlick ↑Schlamm.
Schlickermilch ↑Milch.
schlickern ↑schlittern.
Schlidder ↑Eisbahn.
Schlidderbahn ↑Eisbahn.
schliddern ↑schlittern.
schliefen ↑drücken.
Schlieferl: ↑Schmeichler, ↑Teigwaren.
Schlier ↑Erde.
Schliersand ↑Erde.
Schließe, Schnalle, Gürtelschließe, Gürtelschnalle, Koppelschloss; ↑Gürtel, ↑Schuhschnalle.
¹schließen, zumachen, einklinken, zuklinken, zuschlagen, zuballern, zuknallen, zuwerfen, zuschmettern, zuschmeißen *(salopp),* die Tür [hinter sich] ins Schloss fallen lassen / werfen / schmettern · Ggs. ↑öffnen; **nicht s. können,** nicht zubekommen / zukriegen; **die Tür nicht s.,** die Tür offen lassen, zu Hause wohl Säcke / Perlenvorhänge / Perlenschnüre vor der Tür / an den Türen haben *(iron.),* wohl im Neubau geboren sein.

²schließen: ↑abschließen, ↑aufgeben (Geschäft), ↑beenden, ↑folgern, ↑stilllegen, ↑verschließen, ↑zumachen; geschlossene Abteilung ↑Krankenhaus; geschlossene Front ↑Clique.

Schließer ↑Wächter.

¹Schließfach, Fach, Box; ↑Aufbewahrungsort, ↑Fach, ↑Schrank, ↑Schublade.

²Schließfach ↑Tresor.

schließlich: ↑spät; [s. und endlich] ↑letztlich.

Schließmuskel ↑Muskel.

Schließung ↑Stilllegung.

Schliff: ↑Benehmen; letzter S. ↑Krönung; den letzten S. geben ↑vollenden; S. haben ↑benehmen (sich).

schliffern ↑schlittern.

¹schlimm, bedenklich, beängstigend, Besorgnis erregend, übel, verhängnisvoll, tragisch, unselig, arg; ↑ernst, ↑schrecklich, ↑schwermütig, ↑unerfreulich, ↑verderblich, ↑wichtig · Ggs. ↑verzeihlich; **nicht s. sein,** das ist nicht [weiter] gefährlich, das ist kein Beinbruch, das macht nichts.

²schlimm: ↑böse, ↑wirr; als s. empfinden ↑schwer nehmen.

schlimmern ↑schlittern.

schlindern ↑schlittern.

¹Schlinge, Schlaufe, Schleife, Schluppe (landsch.), Masche (österr.); ↑Knoten, ↑Schnur.

²Schlinge ↑Eislauf.

Schlingel ↑Junge.

¹schlingen (sich um), sich winden um, sich ranken um, sich schlängeln um, sich ringeln um; ↑umfassen, ↑umschlingen; ↑Umschlingung.

²schlingen: ↑essen, ↑nähen.

schlingern ↑schleudern.

Schlinggewächs ↑Kletterpflanze.

Schlingpflanze ↑Kletterpflanze.

Schlingrose ↑Rose.

Schlipf ↑Erdrutsch.

schlipfen ↑gleiten.

Schlippstek ↑Knoten.

Schlips: ↑Krawatte; jmdm. auf den S. treten ↑kränken.

schlitteln ↑rodeln.

¹Schlitten, Rodelschlitten, Rodel (bayr., österr.), Rennschlitten, Rennrodel, Sportschlitten, Bob, Bobsleigh, Skibob, Schibob, Zweierbob, Viererbob, Skeleton · Rettungsschlitten, Bergungsschlitten, Ackja · kufenloser: Toboggan · bootförmiger, von den Lappen als Transportfahrzeug benutzter: Pulk, Pulka; ↑Ski, ↑Sportgerät; ↑rodeln.

²Schlitten: ↑Auto, ↑Prostituierte; S. fahren ↑rodeln; mit jmdm. S. fahren ↑schikanieren; unter den S. kommen ↑verwahrlosen.

Schlittenfahrt ↑Fahrt.

Schlittenpartie ↑Ausflug.

Schlitterbahn ↑Eisbahn.

¹schlittern, schliddern (landsch.), glitschen (landsch.), klennern (landsch.), hackern (landsch.), schlindern (landsch.), schlickern

(landsch.), zuscheln (landsch.), schlimmern (landsch.), kascheln (landsch.), schleißen (landsch.), schleistern (landsch.), schüttern (landsch.), glennen (landsch.), schusseln (landsch.), schindern (landsch.), schleimern (landsch.), hätscheln (landsch.), schliffern (landsch.), Bahn schlagen (landsch.); ↑gleiten, ↑Eisbahn.

²schlittern ↑gleiten.

¹Schlittschuh · Kunstlaufschlittschuh, Schnelllaufschlittschuh, Eishockeyschlittschuh; ↑Sportgerät.

²Schlittschuh ↑Sportgerät.

Schlittschuhlaufen ↑Wintersport.

Schlittschuhläufer, Eisläufer, Eiskunstläufer, Kunstläufer, Eistänzer, Eisschnellläufer; ↑Eislauf.

Schlitz ↑Riss.

Schlitzohr ↑Schlaukopf.

schlohweiß ↑weißhaarig.

¹Schloss, Türschloss, Sicherheitsschloss, Patentschloss, Zylinderschloss, Einsteckschloss, Vorhängeschloss, Kastenschloss; ↑Riegel, ↑Schlüssel.

²Schloss: ↑Palast; hinter S. und Riegel bringen ↑festsetzen; hinter S. und Riegel sitzen ↑abbüßen.

Schloße: ↑Hagel, ↑Hagelkorn.

schloßen ↑hageln.

Schlosser · Mechaniker · Autoschlosser, Autospengler (oberd.); ↑Installateur, ↑Kunstschmied, ↑Schmied.

Schlosskapelle ↑Gotteshaus.

Schlosskirche ↑Gotteshaus.

Schlossplatz ↑Platz.

Schlot: ↑Schornstein; qualmen / rauchen wie ein S. ↑rauchen.

Schlotbaron: ↑Großindustrieller, ↑Unternehmer.

Schlotfeger ↑Schornsteinfeger.

schlottern ↑frieren.

schlotzen ↑trinken.

Schlotzer: ↑Schnuller, ↑Trinker.

¹Schlucht, Bergschlucht, Felsschlucht, Felsenschlucht, Gebirgsschlucht, Klamm, Klause, Klus (schweiz.), Krachen (schweiz.), Runse (schweiz.), Gletscherspalte, Felsspalte, Tobel (oberd.), Kamin, Couloir; ↑Abgrund, ↑Felswand, ↑Steilabfall.

²Schlucht: ↑Abgrund, ↑Steilabfall.

schluchzen ↑weinen.

Schluchzer ↑Klagelaut.

Schluckauf, Singultus (Med.), Singultation (Med.), Schlucken (ostd.), Schlucker (westd.), Schnackerl (österr.), Schnaggler (österr.), Gluckser (westd.), Häcker (schwäb.); ↑Eruktation.

Schluckbeschwerden ↑Halsschmerzen.

Schluckbruder ↑Trinker.

schlucken: ↑einnehmen; etwas s. müssen ↑ertragen; etwas schluckt viel Geld ↑teuer [sein]; das Schwert s. ↑koitieren.

Schlucken ↑Schluckauf.
Schlucker: [armer S.] ↑Armer.
Schluckimpfung ↑Impfung.
Schluckser ↑Schluckauf.
Schluckspecht ↑Trinker.
schluderig ↑nachlässig.
schludern: ↑nachlässig [sein], ↑pfuschen.
Schludrigkeit ↑Nachlässigkeit.
Schlummer ↑Schlaf.
schlummern ↑schlafen.
schlummernd ↑latent.
Schlummerrolle ↑Kissen.
Schlummertrunk ↑Umtrunk.
Schlund: ↑Abgrund, ↑Rachen.
¹schlüpfen, ausschlüpfen, auskriechen; ↑brüten, ↑geboren [werden].
²schlüpfen: jmdm. durch die Finger s. ↑entkommen; durch die Maschen des Gesetzes s. ↑verurteilen.
Schlüpfer ↑Unterhose.
Schlupfloch ↑Zuflucht.
schlüpfrig: ↑anstößig, ↑glatt.
Schlupfwinkel ↑Zuflucht.
Schluppe ↑Schlinge.
Schlurf ↑Jüngling.
schlurfen ↑fortbewegen (sich).
schlürfen: ↑Laut, ↑trinken.
schlurren ↑fortbewegen (sich).
Schluse ↑Schale.
Schluss: ↑Ende, ↑Folgerung, ↑Pointe; der Weisheit letzter S. ↑Entschließung; jetzt ist S. ↑ärgerlich [werden]; S. machen ↑beenden, ↑entleiben (sich); mit jmdm. S. machen ↑brechen (mit jmdm.); [gewaltsam] S. machen mit etwas ↑eingreifen; den S. ziehen, seine Schlüsse ziehen, zu dem S. kommen ↑folgern; am S. ↑spät; zum S. ↑abschließend.
¹Schlüssel, Türschlüssel, Wohnungsschlüssel, Hausschlüssel, Haustürschlüssel, Abschlussschlüssel, Hauptschlüssel, Sicherheitsschlüssel, Flachschlüssel; ↑Nachschlüssel, ↑Schloss; ↑abschließen.
²Schlüssel- ↑wichtig.
Schlüsselblume, Himmel[s]schlüssel, St.-Peter-Schlüssel, Frauenschlüssel, Gichtkraut, Kraftblume, Märzenblume, Bärenöhrli (landsch.); ↑Blume.
schlüsselfertig ↑bezugsfertig.
¹Schlüsselfigur, Hauptperson, Hauptfigur, Hauptakteur; ↑Drahtzieher.
²Schlüsselfigur ↑Identifikationsfigur.
Schlüsselkind ↑Kind.
Schlüsselroman ↑Roman.
schlussendlich ↑letztlich.
schlussfolgern ↑folgern.
Schlussfolgerung: ↑Folgerung; die S. ziehen ↑folgern.
Schlussgenehmigung ↑Kontrolle.
schlüssig: ↑stichhaltig; sich s. werden ↑entschließen (sich).

Schlusslicht: ↑Nachzügler, ↑Signallicht.
Schlussmann ↑Torwart.
Schlussstrich: einen S. unter etwas ziehen ↑beenden.
Schlussverkauf ↑Ausverkauf.
Schlusswort ↑Nachwort.
Schlutte ↑Jacke.
Schmach ↑Bloßstellung.
schmachten: ↑Hunger [leiden]; [s. nach] ↑anschwärmen, ↑streben.
schmachtend ↑verliebt.
Schmachtfetzen ↑Schlager.
schmächtig, schwächlich, schmalbrüstig; ↑schlank; s. sein, nur eine halbe Portion sein, ein Wicht / Hänfling / Sperber sein.
Schmächtigkeit ↑Zartheit.
Schmachtlappen ↑Frauenheld.
Schmachtlocke ↑Haarlocke.
schmachvoll ↑gemein.
schmackbar ↑schmackhaft.
¹schmackhaft, wohlschmeckend, mundig (schweiz.), schmackbar (schweiz.), gut, vorzüglich, geschmackig (österr.) · von Getränken: süffig; ↑appetitlich, ↑bekömmlich, ↑essbar, ↑nahrhaft, ↑würzig.
²schmackhaft: jmdm. etwas s. machen ↑annehmbar.
schmafu ↑geizig.
Schmäh: ↑Trick; einen S. führen ↑spaßen; jmdn. am S. halten ↑anführen (jmdn.).
schmähen ↑kränken.
schmählich ↑gemein.
Schmähschrift ↑Flugschrift.
Schmähtandler ↑Spaßvogel.
Schmähung ↑Beleidigung.
Schmähwort ↑Schimpfwort.
schmal: ↑eng, ↑karg; [s. wie ein Handtuch sein] ↑schlank [sein].
schmalbrüstig ↑schmächtig.
schmälen ↑schelten.
schmälern ↑verringern.
Schmälerung ↑Verminderung.
Schmalfilm ↑Film.
Schmalfilmkamera ↑Kamera.
Schmalhans: bei jmdm. ist S. Küchenmeister ↑sparen [müssen].
Schmalheit ↑Schlankheit.
Schmalspur ↑Ausbildung.
Schmalz ↑Fett.
Schmalzdackel ↑Mann.
schmalzig ↑empfindsam.
Schmalzpreuße ↑Preuße.
Schmankerl ↑Leckerbissen.
Schmant ↑Sahne.
schmarotzen, nassauern; ↑bitten; ↑Last, ↑Schmarotzer.
Schmarotzer, Nassauer, Trittbrettfahrer · zur Zeit des Absolutismus: Hofschranze, Schranze, Kamarilla; ↑Last; ↑schmarotzen; ↑kostenlos.
Schmarren: ↑Kitsch, ↑Omelett.
Schmattes ↑Trinkgeld.

Schmatz ↑Kuss.

schmatzen ↑Laut.

Schmauch ↑Rauch.

schmauchen ↑rauchen.

Schmaus ↑Essen.

schmausen ↑essen.

¹schmecken, munden, zusagen, den Gaumen kitzeln, dem Gaumen schmeicheln, etwas für einen verwöhnten Gaumen sein, etwas schmeckt nach mehr *(fam.);* ↑essen, ↑gefallen; **nicht schmecken:** etwas schmeckt nicht / beleidigt den Gaumen / widersteht jmdm. / *(salopp)* kommt jmdm. zu den Ohren raus / ist jmdm. zuwider / ekelt jmdn. an, es graust jmdm. *(landsch.);* ↑anwidern, ↑satt [sein]; ↑Essen, ↑Leckerbissen.

²schmecken: ↑atmen, ↑kosten; etwas schmeckt jmdm. nicht ↑entgegenstehen, ↑gefallen.

Schmeichelei: ↑Kompliment, ↑Unterwürfigkeit.

¹schmeicheln, schöntun, flattieren, Komplimente machen, Süßholz raspeln, hofieren, höfeln *(schweiz.),* poussieren, zu Gefallen / nach dem Munde reden, einseifen *(ugs.),* jmdm. um den Bart gehen, jmdm. Brei / Honig um den Mund (oder:) ums Maul schmieren, jmdm. das Goderl kratzen *(österr.);* ↑flirten, ↑loben, ↑nähern, ↑umwerben, ↑unterwürfig [sein]; **sich geschmeichelt fühlen,** sich gebauchpinselt fühlen *(scherzh.);* ↑Kompliment, ↑Schmeichler.

²schmeicheln: etwas schmeichelt jmdm. ↑kleiden; dem Gaumen s. ↑schmecken.

Schmeichler, Charmeur, Liebediener, Leisetreter, Radfahrer, Süßholzraspler, Heuchler, Pharisäer, Kriecher *(abwertend),* Speichellecker *(abwertend),* Schlieferl *(österr.),* Duckmäuser, Arschkriecher *(derb),* Arschlecker *(derb),* Schleimscheißer *(derb),* Lakai *(abwertend),* Steigbügelhalter *(abwertend);* ↑Frauenheld, ↑Heuchler, ↑Unterwürfigkeit; ↑schmeicheln.

schmeißen: ↑werfen; den Laden s. ↑bewerkstelligen; die Arbeit s. ↑kündigen; (eine Sendung o.Ä.) s. ↑Misserfolg (haben); Trips s. ↑spritzen.

Schmelz: ↑Anmut, ↑Glasur.

¹schmelzen, zerschmelzen, zergehen, zerlaufen, zerfließen, sich auflösen; ↑fließen; ↑flüssig.

²schmelzen: ↑tauen, ↑zerlassen; geschmolzen ↑flüssig.

Schmelzkäse ↑Käse.

Schmelztiegel ↑Sammelbecken.

Schmer ↑Fett.

Schmerbauch ↑Bauch.

¹Schmerz, Schmerzen, Dolor *(Med.),* Schmerzalgie (z.B.: Neuralgie), Schmerzodynie (z.B.: Achillodynie), Algo- (z.B.: Algolagnie), Tormina *(Med.)* · *in den Muskeln nach körperlicher Anstrengung:* Muskelkater, Gliederreißen; ↑Geburtswehen, ↑Muskelkrampf, ↑Muskel-

schmerz; **starke Schmerzen haben,** sich vor Schmerzen krümmen, es vor Schmerzen nicht aushalten können, die Engel im Himmel singen hören, nicht leben und nicht sterben können; ↑schreien; laut, ↑schmerzhaft, ↑schmerzlos.

²Schmerz: ↑Leid; S. bereiten / verursachen ↑schmerzen; den S. dämpfen / stillen ↑lindern.

¹schmerzen, weh tun, Schmerz bereiten / verursachen; ↑schikanieren, ↑stechen.

²schmerzen: -d ↑schmerzhaft.

Schmerzensgeld: ↑Ersatz; jmdm. S. zahlen ↑befriedigen.

Schmerzensmann ↑Heiland.

Schmerzensmutter ↑Madonna.

Schmerzensschrei ↑Klagelaut.

schmerzfrei ↑schmerzlos.

schmerzhaft, schmerzlich, quälend, qualvoll, algetisch, schmerzend, peinigend, peinvoll, schmerzvoll · stechend, brennend, beißend, bohrend; ↑Schmerz · Ggs. ↑schmerzlos.

schmerzlich ↑schmerzhaft.

¹schmerzlos, schmerzfrei, indolent *(Med.);* ↑Schmerz · Ggs. ↑schmerzhaft.

²schmerzlos: kurz und s. ↑kurz.

Schmerzmittel ↑Linderungsmittel.

schmerzstillend: -es Mittel ↑Linderungsmittel, ↑Medikament.

¹schmerzunempfindlich, unempfindlich, insensibel, anergisch, anenergisch; ↑schmerzlos.

²schmerzunempfindlich: s. machen ↑betäuben.

schmerzvoll ↑schmerzhaft.

Schmetten ↑Sahne.

¹Schmetterling · *im geschlechtsreifen Endstadium:* Falter · *kleiner, nachts fliegender:* Motte *(volkst.)* · *abends und nachts fliegender:* Nachtfalter, Nachtschmetterling · *tagsüber fliegender:* Tagfalter, Diurna *(fachspr.)* · *mit Wandertrieb:* Wanderfalter · · · Wurzelbohrer · · Kaufalter · echte Motte · Kleidermotte, Kornmotte, Pelzmotte, Tapetenmotte · · Trugmotte · · Zwergmotte · · Schopfstirnmotte · · Miniersackmotte · Himbeermotte, Johannisbeermotte · Langhornmotte · · Sackträger · · Gespinstmotte · · Schleiermotte · Kohlschabe · · Silbermotte · Kirschblütenmotte, Apfelmotte · · Blatttütenmotte, Miniermotte · Fliedermotte · · Palpenmotte · Getreidemotte, Kartoffelmotte · · Faulholzmotte, Krüppelmotte, Flachleibmotte, Kümmelmotte · · Sackmotte, Futteralmotte · Lärchenminiermotte · · Holzbohrer · Blausieb, Weidenbohrer · · Widderchen · Glasflügler · Wespenschwärmer · · Wickler · Apfelwickler, Blütenwickler, Traubenwickler · Zünsler · Wachszünsler · Graszünsler · Fruchtzünsler, Mehlmotte · echter Zünsler · Lichtzünsler, Maiszünsler, Rübenzünsler · Geistchen, Federmotte, Federgeistchen · · Spanner · Frostspanner, Kiefernspanner, Birkenspanner, Stachelbeerspanner · · Sichelflügler · · Bärenspinner · Webbär, Jakobskrautbär, Brauner Bär ·· Trägspinner · Nonne, Schwammspinner, Goldafter ·· Prozessionsspinnner · Eichenprozessionsspinner, Kiefernprozessionsspinner, Fichtenprozessionsspinner ·· Eule, Eulenfalter · Forleule, Kieferneule, Ordensband, Hausmutter, Malachiteule, Saateule, Kohleule, Gammaeule ·· Zahnspinner · Mondfleck, Gabelschwanz, Zickzackspinner ·· Schwärmer · Abendpfauenauge, Ligusterschwärmer, Kiefernschwärmer, Wolfsmilchschwärmer, Totenkopf, Windenschwärmer, Taubenschwänzchen ·· Glucke · Kupferglucke, Kiefernspinner, Ringelspinner, Eichenspinner · Augenspinner, Pfauenspinner · Nachtpfauenauge, Eichenseidenspinner, Tussahspinner ·· Seidenspinner, echter Spinner · Maulbeerseidenspinner · Dickkopffalter ·· Bläuling ·· Fleckenfalter, Edelfalter · Tagpfauenauge, Admiral, Trauermantel, Distelfalter, Kleiner / Großer Fuchs, Schillerfalter ·· Augenfalter · Ochsenauge, Kuhauge, Waldpförtner, Waldportier ·· Weißling · *weißer:* Kohlweißling, Baumweißling, Aurorafalter · *gelber:* Postillion, Zitronenfalter ·· Ritter · Schwalbenschwanz, Apollo, Apollofalter, Segelfalter; ↑Insekt.

²Schmetterling ↑Krawatte.

Schmetterlingsschwimmen ↑Schwimmen.

schmettern: ↑singen; einen s. ↑trinken.

Schmied, Gesenkschmied, Grobschmied · Kupferschmied · Blechschmied · Wagenschmied, Hufschmied, Nagelschmied, Kesselschmied, Scherenschmied, Waffenschmied, Hammerschmied, Rohrschmied, Messerschmied, Beschlagschmied, Kettenschmied; ↑Edelmetallschmied, ↑Kunstschmied, ↑Schlosser.

schmieden: ↑anfertigen; ein Komplott s. ↑konspirieren; Pläne s. ↑vorhaben; Ränke s. ↑intrigieren; Reime / Verse s. ↑dichten.

schmiegen: sich s. an ↑anschmiegen (sich).

Schmiere: ↑Schmutz, ↑Theater; S. stehen ↑Acht geben.

schmieren: ↑abschmieren, ↑bestechen, ↑einreiben, ↑malen, ↑schreiben, ↑spielen; etwas geht wie geschmiert ↑reibungslos, ↑vorangehen; jmdm. eine s. ↑schlagen; die Gurgel / sich die Kehle s. ↑trinken; s. auf ↑bestreichen; jmdm. etwas aufs Butterbrot s. ↑vorwerfen (jmdm. etwas).

Schmierenkomödiant ↑Schauspieler.

Schmierentheater ↑Theater.

Schmierer: ↑Kunstmaler, ↑Übersetzung; einen S. verwenden ↑absehen.

Schmierfink: ↑Berichter, ↑Schmutzfink.

Schmiergeld ↑Bestechungsgeld.

schmierig ↑schmutzig.

Schmierinfektion ↑Ansteckung.

Schmierling: Großer S. ↑Ständerpilz.

Schmiermittel ↑Bestechungsgeld.

Schmierpapier ↑Schreibpapier.

Schmierseife ↑Waschmittel.

¹Schminke, Make-up, Rouge; ↑schminken.

²Schminke: S. auflegen / auftragen ↑Schminke.

schminken, Schminke / Farbe / Rouge auflegen / auftragen, sich anstreichen / anmalen *(abwertend),* sich anschmieren *(abwertend);* ↑anmalen, ↑schönmachen, ↑streichen, ↑zeichnen; ↑Maske, ↑Schminke.

schmirgeln ↑glätten.

Schmirgelpapier, Glaspapier, Sandpapier.

schmissig ↑schwungvoll.

Schmock: ↑Berichter, ↑Schriftsteller.

schmöken ↑rauchen.

Schmöker ↑Buch.

schmökern ↑lesen.

Schmokert ↑Kuss.

schmollen: ↑gekränkt [sein], ↑murren.

Schmollmund ↑Mund.

Schmollwinkel: sich in den S. zurückziehen ↑gekränkt [sein].

Schmonzes ↑Gewäsch.

schmoren: ↑braten, ↑brennen; jmdn. im eigenen Saft s. lassen ↑helfen.

Schmortopf ↑Kochtopf.

Schmu: S. machen ↑betrügen, ↑erübrigen.

schmuck ↑geschmackvoll.

¹Schmuck, Modeschmuck, Geschmeide, Juwelen, Klunker, Juwelierarbeit, Juwelierwaren, Schmucksachen, Goldwaren, Pretiosen, Bijouterie, Zierrat, Kostbarkeit, Accessoire, Behang, Kleinod · *finnischer:* Kalevalaschmuck; ↑Brosche, ↑Halskette, ↑Ring, ↑Schatz, ↑Schmuckstein; ↑schmücken, ↑schönmachen.

²Schmuck: ↑Verzierung; sich mit S. behängen ↑schönmachen.

¹schmücken, ausschmücken, zieren, verzieren, verschönern, dekorieren, garnieren; ↑bekränzen, ↑schönmachen (sich); ↑verschnörkeln; ↑Schmuck, ↑Verzierung.

²schmücken: den Weihnachtsbaum s. ↑Weihnachtsbaum; mit Fahnen / mit Wimpeln s. ↑beflaggen; sich mit fremden Federn s. ↑plagiieren; mit Kränzen s. ↑bekränzen.

schmucklos ↑einfach.

Schmucklosigkeit ↑Unauffälligkeit.

Schmuckplatz ↑Park.

Schmucksachen ↑Schmuck.

Schmuckspange ↑Brosche.

Schmuckstein, Edelstein, Halbedelstein ·· *durchsichtig bis durchscheinend · violett:* Amethyst · *blau:* Aquamarin, Saphir, Saphirquarz, Cordierit, Cyanit, Euklas, Hauyn · *gelb:* Bernstein, Goldberyll, Zitrin · *grün:* Chrysoberyll, Chrysolith, Smaragd, Alexandrit, Demantoid, Dioptas, Hiddenit, Moldawit, Uwarowit · *rot:* Rubin, Almandin, Pyrop · *rosa:* Rosenquarz, Morganit, Rhodochrosit, Sonnenstein · *grau:* Rauchquarz · *schwarz-weiß:* Onyx, Chiastolith · *farblos:* Bergkristall, Diamant, Adular ·

schwarz: Morion · *verschiedenfarbig:* Topas, Edeltopas, Turmalin, Zirkon, Andalusit, Apatit, Axinit, Edelskapolith, Feueropal, Grossular, Hyazinth, Kunzit, Spessartin, Sphen, Spinell · *bunt:* Labradorit · · *durchscheinend bis undurchsichtig · blau:* Lapislazuli, Sodalith, Türkis, Azurit · *grün:* Chrysopras, Heliotrop, Jade, Malachit, Quarzkatzenauge, Amazonit, Aztekenstein, Nephrit, Plasma, Prasem · *rot:* Koralle, Rhodonit, Karneol · *gelbbraun:* Tigerauge · *weiß:* Meerschaum · *schwarz:* Gagat, Jett, Melanit, Hämatit, Schörl · *verschiedenfarbig:* Achat, Opal, Edelopal, Jaspis, Anatas, Andradit, Aventurin, Chrysokoll · · *durchsichtig bis undurchsichtig · bläulich weiß:* Mondstein · *verschiedenfarbig:* Eläolith, Vesuvian · · *einzeln gefasster:* Solitär · · *nachgeahmter aus stark lichtbrechendem Bleiglas:* Strass; ↑Schmuck.

schmuddelig ↑schmutzig.

Schmuddeligkeit ↑Unsauberkeit.

Schmuggel ↑Schleichhandel.

schmuggeln ↑Schleichhandel [treiben].

Schmuggelware, Schleichware, Bahnware, Konterbande, heiße Ware *(Jargon);* ↑Raub, ↑Schleichhandel, ↑Schmuggler.

Schmuggler, Schleichhändler, Schwarzhändler, Pascher *(Jargon),* Schwärzer *(veraltend);* ↑Komplice, ↑Schleichhandel, ↑Schmuggelware.

schmulen ↑nachschauen (jmdm.).

Schmunz ↑Kuss.

schmunzeln: ↑lachen; das Schmunzeln ↑Lächeln (das).

schmurgeln ↑braten.

Schmus ↑Gewäsch.

schmusen: ↑kosen, ↑liebkosen.

Schmusschen ↑Kuss.

¹Schmutz, Staub, Dreck, Kot, Unreinigkeit, Schmiere; ↑Schlamm, ↑Schmutzfink, ↑Staubflocke, ↑Umweltverschmutzung, ↑Unsauberkeit; ↑beschmutzen; ↑schmutzig.

²Schmutz: ↑Fett, ↑Kuss; in den S. ziehen, mit S. bewerfen ↑schlecht machen.

Schmutzfink, Dreckspatz *(salopp),* Dreckfink *(salopp),* Schmierfink *(ugs.),* Mistfink *(derb),* Ferkel *(abwertend),* Schwein *(derb),* Dreckschwein *(derb),* Pottsau *(derb),* Sau *(derb),* Drecksau *(derb);* ↑Schimpfwort, ↑Schmutz; ↑schmutzig.

¹schmutzig, unsauber, unrein, verschmutzt, trübe, schmierig, fettig, ölig, fleckig, verfleckt, mit Flecken übersät / bedeckt, mit Dreck und Speck *(emotional),* schmutzstarrend, in unbeschreiblichem Zustand, speckig, schmuddelig, schnuddelig *(landsch.),* murklig *(ugs., landsch.),* angeschmutzt, angestaubt, nicht frisch, unansehnlich, dreckig *(salopp),* verdreckt *(salopp),* versaut *(derb),* kotig, mistig *(derb)* · Ggs. ↑sauber, ↑stubenrein; **s. sein,** voller Dreck und Speck sein *(emotional);* ↑beschmutzen;

↑Schmutz, ↑Schmutzfink, ↑Umweltverschmutzung, ↑Unsauberkeit.

²schmutzig: ↑anstößig, ↑gemein; seine -e Wäsche [vor anderen Leuten] waschen ↑erörtern; s. machen ↑beschmutzen; sich nicht die Finger s. machen ↑heraushalten (sich).

Schmutzliteratur ↑Literatur.

Schmutzpresse ↑Presse.

schmutzstarrend ↑schmutzig.

Schmutzwasser ↑Abwasser.

Schnabel: ↑Mund; reden wie einem der S. gewachsen ist ↑sprechen.

Schnabelflöte ↑Blasinstrument.

schnäbeln ↑küssen.

Schnabeltasse ↑Tasse.

schnabulieren ↑essen.

schnackeln: es hat geschnackelt ↑erkennen.

Schnackerl ↑Schluckauf.

Schnaderhüpfl ↑Lied.

schnafte ↑trefflich.

Schnaggler ↑Schluckauf.

Schnake: ↑Mücke, ↑Stechmücke.

schnäkisch ↑wählerisch.

Schnalle: ↑Griff, ↑Schließe, ↑Schuhschnalle, ↑Türklinke.

schnallen ↑verstehen.

Schnallenschuh ↑Schuh.

¹schnalzen, schnippen, schnipsen.

²schnalzen ↑Laut.

Schnäpel ↑Fisch.

Schnäppchen ↑Kauf.

schnappen: ↑ergreifen, ↑hinken, ↑nehmen; etwas s. ↑krank [werden]; sich jmdn. s. ↑schelten; frische Luft s. ↑spazieren gehen.

Schnäpper ↑Vogel.

Schnappmesser ↑Messer.

Schnappschuss ↑Fotografie.

Schnaps ↑Alkohol.

Schnapsbruder ↑Trinker.

Schnapsdrossel ↑Trinker.

schnapseln ↑trinken.

schnäpseln ↑trinken.

schnapsen ↑trinken.

Schnapsen ↑Kartenspiel.

Schnapser ↑Dienstgrad.

Schnapsglas ↑Trinkgefäß.

Schnapsidee ↑Einfall.

Schnapsleiche ↑Betrunkener.

Schnapspreuße ↑Preuße.

Schnapsstamperl ↑Trinkgefäß.

Schnapstrinker ↑Trinker.

Schnapszahl ↑Zahl.

schnarchen ↑schlafen.

schnarren: ↑knarren, ↑krächzen, ↑sprechen; -d sprechen ↑sprechen.

Schnatterente ↑Vogel.

schnattern: ↑krächzen, ↑sprechen.

schnauben: ↑atmen, ↑fauchen; [sich s.] ↑schnäuzen (sich).

schnäubig ↑wählerisch.

schnaufen ↑atmen.
Schnauferl ↑Auto.
Schnaufpause ↑Pause.
schnaukig ↑wählerisch.
Schnauzbart ↑Bart.
schnauzbärtig ↑bärtig.
Schnauze: ↑Mund; die S. voll haben ↑angeekelt [sein].
schnauzen ↑schreien.
schnäuzen (sich), sich die Nase putzen, [sich] schnauben, ausschnauben, rotzen *(derb)* · *laut:* trompeten · *ohne Taschentuch:* einen Charlottenburger machen; ↑spucken; ↑Taschentuch.
Schnauzer: ↑Bart, ↑Hunderassen.
Schnäuzer ↑Bart.
Schnäuztuch ↑Taschentuch.
Schneck ↑Schnecke.
¹Schnecke, Schneck *(südd., österr.),* Lungenschnecke, Kiemenschnecke, Wasserschnecke, Käferschnecke, Wurmschnecke, Nacktschnecke, Weinbergschnecke, Hainschnecke, Gartenschnecke, Baumschnecke, Schnirkelschnecke, Wegschnecke, Tellerschnecke, Deckelschnecke, Schlammschnecke, Purpurschnecke, Kegelschnecke, Schraubenschnecke, Faltenschnecke, Napfschnecke, Bernsteinschnecke, Seeohr, Perlmutterschnecke, Porzellanschnecke, Turmschnecke, Kaurischnecke, Flügelschnecke; ↑Weichtiere.
²Schnecke: ↑Gebäck, ↑Prostituierte, ↑Schlafmütze, ↑Vagina; -n ↑Frisur; jmdn. zur S. machen ↑schelten.
Schneckengewölbe ↑Gewölbe.
Schneckenhaus: sich in sein S. zurückziehen ↑abkapseln (sich).
Schneckennudel ↑Gebäck.
Schneckentempo ↑Langsamkeit.
¹Schnee, Altschnee, Neuschnee, Pulverschnee, Pappschnee, Harschschnee, Harsch, Firnschnee, Firn, Büßerschnee, Zackenfirn; ↑Niederschlag; ↑schneien; ↑verschneit.
²Schnee: ↑Niederschlag, ↑Rauschgift; anno / im Jahre S. ↑damals; aus dem Jahre S. ↑altmodisch; das ist S. von gestern ↑[etwas ist nicht mehr] aktuell; weiß wie S. ↑weiß; es gibt S. ↑schneien; mit S. bedeckt, unter S. begraben ↑verschneit.
schneearm ↑schneefrei.
Schneeballsystem ↑Verkauf.
Schneeberger: S. Spitze ↑Spitzenstickerei.
Schneebesen, Schaumschläger, Schneeschläger, Schneerute *(österr.),* Rute *(österr.).*
schneeblind ↑blind.
Schneebrei ↑Schlamm.
Schneedecke: unter einer S. liegend ↑verschneit.
Schneeeule ↑Vogel.
Schneefall ↑Niederschlag.
Schneeflocken ↑Niederschlag.
schneefrei, aper, ausgeapert, schneearm,

grün; ↑Niederschlag; ↑tauen · Ggs. ↑verschneit.
Schneegans ↑Vogel.
Schneegestöber ↑Niederschlag.
Schneeglätte ↑Glatteis.
Schneeklima: -te ↑Klimazone.
Schneekönig: sich freuen wie ein S. ↑freuen (sich).
Schneematsch ↑Schlamm.
Schneemond ↑Januar.
Schneepneu ↑Winterreifen.
Schneeregen ↑Niederschlag.
Schneereifen ↑Winterreifen.
Schneerute ↑Schneebesen.
Schneerutsch ↑Lawine.
Schneeschläger ↑Schneebesen.
Schneeschuh ↑Ski.
Schneesturm: ↑Niederschlag, ↑Wind.
Schneetreiben ↑Niederschlag.
Schneewasser ↑Wasser.
Schneewechte ↑Schneewehe.
Schneewehe, Schneewechte, Wechte; ↑Eisscholle.
schneeweiß ↑weiß.
Schneid ↑Mut.
Schneide: etwas steht auf des Messers S. ↑ungewiss [sein].
¹schneiden, schroten, sägen · *um aus Holz etwas zu formen:* schnitzen; ↑spalten, ↑zerlegen; ↑Schnitzer, ↑Sense.
²schneiden: ↑beschneiden, ↑ignorieren, ↑mähen, ↑operieren; geschnitten ↑zensiert; [gut s.] ↑geschärft [sein].
¹Schneider, Tailleur, Tailor, Kleidermacher, Maßschneider, Herrenschneider, Damenschneider, Uniformschneider, Änderungsschneider, Anzugsspezialist, Flickschneider; ↑Kürschner, ↑Schneiderin, ↑Schneiderpuppe.
²Schneider: wie im S. frieren ↑frieren; aus dem S. sein ↑alter [sein], ↑Schwierigkeit.
Schneiderbügeleisen ↑Bügeleisen.
Schneiderin, Näherin, Nähterin *(veraltet);* Nähmädchen *(landsch.);* ↑Putzmacherin, ↑Schneider, ↑Schneiderpuppe.
Schneiderleinen ↑Stoff.
Schneiderlohn ↑Preis.
schneidern ↑nähen.
Schneiderpuppe, Kleiderpuppe, Probierpuppe; ↑Schneider, ↑Schneiderin, ↑nähen.
Schneiderschere ↑Schere.
Schneidezahn ↑Zahn.
schneidig ↑schwungvoll.
schneien: es schneit, es gibt Schnee, Frau Holle schüttelt die Betten · *dicht, heftig:* es stiemt *(landsch.),* es staubt *(landsch.);* ↑einschneien, ↑hageln, ↑regnen; ↑verschneit; ↑Niederschlag, ↑Schnee.
Schneise, Lichtung, Schlag, Kahlschlag, Waldschlag; ↑Wald.
¹schnell, eilig, schnellstens, hastig, eilends, flink, wieselflink, forsch, behände, leichtfüßig,

fix, hurtig, geschwind, im Schweinsgalopp *(ugs.),* flugs, zügig, rasch, rasant, schleunig, schleunigst, beförderlich *(schweiz.),* beförderlichst *(schweiz.),* in [größter / höchster / fliegender / rasender] Eile, unter Zeitdruck, mit fliegender Hast, auf dem schnellsten Wege, so schnell wie möglich, raschest *(österr.),* im Flug / Nu; ruck, zuck!, blitzschnell, blitzartig, blitzrasch *(schweiz.),* pfeilschnell, im Sturmschritt, pfeilgeschwind, wie ein geölter Blitz *(scherzh.),* wie von der Tarantel gestochen, wie der Blitz / Wind, wies Gewitter *(landsch.),* wie die Feuerwehr, a tempo, haste was kannste *(salopp, berlin.),* im Handumdrehen, in Null Komma nichts, im Kehrum / Handkehrum *(schweiz.),* mit einem Affentempo / Affenzahn *(salopp),* mit affenartiger Geschwindigkeit *(salopp),* mit Karacho / schnellzig / achtzig Sachen *(salopp),* auf die schnelle [Tour] *(ugs.),* nicht ↑langsam · *in Bezug auf die Weiterverbreitung von Nachrichten o. Ä.:* wie ein Lauffeuer; **zu s.,** übereilt, überstürzt, voreilig, vorschnell, ohne Überlegung, kopflos, kopfüber, Hals über Kopf, holterdiepolter; **s. nacheinander,** rasch nacheinander, in rascher Folge, Schlag auf Schlag; ↑dringend, ↑gelenkig, ↑gleich, ↑kurzerhand, ↑plötzlich, ↑schwungvoll, ↑wichtig; ↑Geschwindigkeit, ↑Überstürzung; ↑eilen.
²schnell: ↑Hast; -er Brüter ↑Atomreaktor; -e Kathrin ↑Durchfall; -er Puls ↑Pulsschlag; etwas geht nicht so s. ↑vorangehen; s. machen, mach s.! ↑beeilen (sich); so s. schießen die Preußen nicht! ↑ruhig; so s. wie möglich ↑schnell.
Schnellboot ↑Kriegsschiff.
Schnellbuffet ↑Gaststätte.
Schnelldampfer ↑Fahrgastschiff.
schnellen ↑springen.
Schneller ↑Murmel.
Schnellerwerden ↑Beschleunigung.
Schnellfeuergewehr ↑Schusswaffe.
Schnellgaststätte ↑Gaststätte.
Schnellhefter ↑Aktenordner.
Schnelligkeit ↑Geschwindigkeit.
Schnellimbiss ↑Gaststätte.
Schnelljäter ↑Hacke.
Schnellkaffee ↑Pulverkaffee.
Schnellleser ↑Leser.
Schnellmacher ↑Aufputschmittel.
Schnellmerker: jmd. ist ein S. ↑merken.
Schnellpaket ↑Postsendung.
schnellstens ↑schnell.
Schnellstraße ↑Straße.
Schnellwaage ↑Waage.
Schnellzug ↑Eisenbahnzug.
Schnellzuglokomotive ↑Lokomotive.
Schnepfe: ↑Prostituierte, ↑Vogel.
Schneppe ↑Prostituierte.
Schnerfer ↑Tornister.
schnetzeln ↑zerlegen.
Schnickschnack ↑Unsinn.

schnieben ↑atmen.
schnieke: ↑hübsch, ↑trefflich.
Schniepel ↑Penis.
Schnippel ↑Flicken.
schnippen ↑schnalzen.
schnippisch ↑spöttisch.
Schnipsel: ↑Flicken, ↑Papierschnitzel.
schnipsen ↑schnalzen.
Schnirkelschnecke ↑Schnecke.
Schnitt: ↑Einschnitt, ↑Ernte, ↑Form, ↑Gravüre, ↑Operation, ↑Schnittmuster; einen guten S. machen ↑Profit [machen].
Schnittbohne ↑Gemüse.
Schnittchen ↑Sandwich.
Schnitte, Brotschnitte, Brot, Stück [Brot], Scheibe, Stulle *(nordd.),* Bemme *(ostmitteld.)* · Butterbrot, Marmelade[n]brot, Käsebrot, Wurstbrot · geröstete, aus Weißbrot: Toast · *ohne Belag:* Karo trocken *(scherzh.),* Brot belegt mit Daumen und Zeigefinger *(scherzh.);* ↑Brötchen, ↑Brotende, ↑Sandwich.
Schnitten ↑Gebäck.
Schnitter: S. Tod ↑Tod.
Schnittgeburt ↑Geburt.
¹schnittig, rassig, sportlich, elegant, rasant.
²schnittig ↑schwungvoll.
Schnittkäse ↑Käse.
Schnittlauch: ↑Gemüse, ↑Küchengewürz.
Schnittmuster, Schnitt, Muster, Schnittmusterbogen; ↑Stoff, ↑Vorlage; ↑nähen.
Schnittmusterbogen ↑Schnittmuster.
Schnittpunkt ↑Mittelpunkt.
Schnittsalat ↑Gemüse.
Schnittwunde ↑Wunde.
Schnitzaltar ↑Altar.
Schnitzbrot ↑Gebäck.
Schnitzel: ↑Kotelett, ↑Papierschnitzel, ↑Span; Wiener S. ↑Fleischgericht.
Schnitzeljagd ↑Geländespiel.
schnitzeln ↑zerlegen.
schnitzen: ↑anfertigen, ↑schneiden; aus hartem Holz geschnitzt sein ↑dickfellig [sein].
¹Schnitzer, Holzschnitzer, Schnitzler *(schweiz.);* ↑schneiden.
²Schnitzer: ↑Fehler, ↑Versprecher.
Schnitzler ↑Schnitzer.
Schnitzmesser ↑Messer.
schnoben ↑fauchen.
schnobern: s. an ↑beriechen.
schnodderig ↑spöttisch.
schnöde: ↑gemein; -r Mammon ↑Geld.
schnöden ↑schlecht machen.
schnofeln: ↑atmen, ↑spionieren.
Schnoferl ↑Spion.
Schnorcheltauchen ↑Schwimmen.
Schnörre ↑Mund.
schnorren: ↑betteln, ↑geben.
Schnorrer: ↑Armer, ↑Bettler, ↑Trittbrettfahrer.
Schnorrerei ↑Bettelei.
Schnorrerin ↑Bettlerin.

Schnörri ↑Armer.
Schnösel ↑Flegel.
schnöselig ↑unhöflich.
Schnöseligkeit ↑Unhöflichkeit.
Schnucke ↑Schaf.
schnuckelig ↑appetitlich.
Schnuckes ↑Kuss.
schnuddelig: ↑appetitlich, ↑schmutzig.
schnüffeln: ↑atmen, ↑spionieren; s. an ↑riechen.
Schnüffler ↑Spion.
Schnuller, Sauger, Gummisauger, Nuckel *(landsch.)*, Nuddel *(landsch.)*, Nuppel *(mitteld.)*, Lutscher *(landsch.)*, Dudu *(pfälzisch)*, Luller *(oberd.)*, Nuggi *(schweiz.)*, Fopper *(österr.)*, Zuzel *(bayr., österr.)*, Schlotzer *(schwäb.)*; ↑Säuglingsflasche; ↑saugen.
Schnulze: ↑Kinofilm, ↑Schlager.
¹Schnupfen, Rhinitis, Nasenkatarrh, Erkältungskatarrh, Nasenschleimhautentzündung, Koryza, Gravedo *(veraltend)* · *chronisch-atrophischer:* Ozaena, Stinknase · *auf einer Allergie beruhender:* Heuschnupfen, Heufieber, Rhinallergose; ↑Erkältung, ↑Krankheit.
²Schnupfen ↑Erkältung.
Schnupftabak, Niespulver; ↑Tabak.
Schnupftuch ↑Taschentuch.
schnuppe: jmdm. ist etwas s. ↑unwichtig.
schnuppern: ↑atmen; s. an ↑riechen.
¹Schnur, Bindfaden, Band, Kordel *(südwestd.)*, Sackband *(nordd.)*, Segelgarn *(nordd.)*, Segeldraht *(nordd.)*, Strippe *(ugs.)*, Bändel, Bändel *(schweiz.)*, Rebschnur *(österr.)*, Spagatschnürl *(österr.)*, Spagat *(südd., österr.)*, Strupfe *(südd., österr.)*, Bändsel *(Seemannsspr.)*; ↑Faden, ↑Haarschleife, ↑Schlinge, ↑Schnürsenkel, ↑Seil.
²Schnur: ↑Schwiegertochter; über die S. hauen ↑übermütig [sein].
Schnürband ↑Schnürsenkel.
Schnürbändel ↑Schnürsenkel.
Schnürchen: etwas geht wie am S. ↑reibungslos; etwas wie am S. können ↑vortragen.
schnüren: ↑binden; sein Bündel s. müssen ↑entlassen [werden].
Schnürleib ↑Mieder.
schnurlos: -es Telefon ↑Fernsprecher.
Schnürlregen ↑Niederschlag.
Schnürlsamt ↑Kord.
Schnurrant ↑Bettler.
Schnurrbart ↑Bart.
schnurrbärtig ↑bärtig.
schnurren: ↑Laut; etwas s. ↑geben.
Schnurrer ↑Bettler.
Schnurrerei ↑Bettelei.
Schnurrerin ↑Bettlerin.
Schnürriemen ↑Schnürsenkel.
schnurrig ↑spaßig.
Schnurrpfeiferei ↑Einfall.
Schnürschuh: ↑Schuh; Kamerad S. ↑Österreicher, ↑Soldat.
Schnürsenkel, Schnürband, Schnürbändel,

Schnürriemen, Schuhriemen, Schuhband, Senkel; ↑Schnur.
Schnürstiefel ↑Schuh.
schnurstracks ↑geradewegs.
schnurz: jmdm. ist etwas s. ↑unwichtig [sein].
Schnuss ↑Kuss.
Schnute ↑Mund.
¹Schober *(oberd.)*, Heuschober *(oberd.)*, Strohschober *(oberd.)*, Heuhaufen, Strohhaufen, Triste *(oberd.)*, Heutriste *(oberd.)*, Strohtriste *(oberd.)*, Feimen *(nordd.)*, Heufeimen *(nordd.)*, Strohfeimen *(nordd.)*, Heustock *(österr., schweiz.)*, Stock *(schweiz.)*, Schochen *(südd., schweiz.)*, Hausten *(westd.)*; ↑Garbenstand, ↑Heureiter.
²Schober: ↑Gipfel, ↑Scheune.
schöbern ↑aufhäufen.
Schochen ↑Schober.
¹Schock, ↑Erschütterung, Trauma; ↑Anfall, ↑Ereignis, ↑Ohnmacht.
²Schock: ↑Entsetzen, ↑Stück; anaphylaktischer S. ↑Unzuträglichkeit; etwas versetzt jmdn. einen S. ↑erschüttern.
schocken: ↑schockieren; etwas schockt jmdn. ↑erschüttern.
Schocker ↑Gruselfilm.
schockieren, schocken, Entrüstung verursachen, in [sittliche] Entrüstung versetzen, Bestürzung auslösen / hervorrufen; ↑anstoßen, ↑erschüttern; ↑ärgerlich.
schockiert ↑ärgerlich.
Schockschwerenot ↑verflucht!
schofel ↑geizig.
Schofel ↑Schleuderware.
Schöffe, Geschworener, Beisitzer, Laienrichter; ↑Gericht, ↑Jurist.
Schöffengericht ↑Gericht.
Schofför ↑Fahrer.
Schokolade ↑Kakao.
schokoladefarben ↑braun.
schokoladenbraun ↑braun.
schokoladenfarben ↑braun.
Schokoladenguss ↑Guss.
Schokoladenseite: ↑hübsch, ↑schön.
Schokoladenüberzug, Kuvertüre; ↑Süßigkeiten.
Scholar ↑Vagabund.
Scholle: ↑Erde, ↑Fisch; an der S. haften / kleben, mit der S. verwachsen sein ↑heimatverbunden [sein].
schon: ↑bereits; s. immer ↑unaufhörlich; was ist das s. ↑wirkungslos [sein].
¹schön, herrlich, wunderschön, wie gemalt, prächtig, fantastisch, prachtvoll, majestätisch, wohlgestaltet, wohlgestalt, ebenmäßig, formschön, formrein *(schweiz.)*; **die schöne Seite;** Schokoladenseite; ↑abgestimmt, ↑ebenmäßig, ↑geschmackvoll, ↑hübsch, ↑trefflich; ↑Herrlichkeit, ↑Wohlgestaltetheit.
²schön: ↑hübsch, ↑ja; jmdm. -e Augen machen ↑flirten; nicht um jmds. -er Augen willen / we-

gen jmds. schöner Augen ↑Zuneigung; das -e Geschlecht ↑Frauen (die); -ere Hälfte ↑Ehefrau; -e Literatur ↑Literatur; Schönes Steifblattmoos ↑Moos; das ist ja noch -er! ↑unerhört [sein]; das wäre ja noch -er! ↑nein; bitte s.! ↑bitte!; danke s.!, ich danke [auch] s.!, -en Dank ↑danke!; s. finden ↑gefallen.

¹schonen (etwas), behüten, verschonen, wenig beanspruchen / benutzen, sorgsam behandeln, sorgsam umgehen mit etwas, etwas wie seinen Augapfel hüten; ↑behutsam.

²schonen: ↑verschonen; sich s. ↑Gesundheit.

schonend ↑behutsam.

Schoner ↑Segelschiff.

schönfärben ↑beschönigen.

Schönheit: ↑Frau, ↑Herrlichkeit, ↑Wohlgestaltetheit; keine S. sein ↑hässlich [aussehen].

Schönheitsfehler ↑Mangel.

Schönheitskönigin, Miss ... (World, Universum, Europa, Germany usw.); ↑Frau.

Schönheitsmittel ↑Schönheitspflegemittel.

Schönheitsoperation ↑Operation.

Schönheitspflege ↑Kosmetik.

Schönheitspflegemittel, Hautpflegemittel, Schönheitsmittel, Kosmetika · Reinigungsmilch, Gesichtsmilch, Reinigungscreme, Waschcreme · Gesichtswasser, Tonic Lotion, Lotion · Feuchtigkeitscreme, Tagescreme, Nachtcreme, Nährcreme · Gesichtsmaske; ↑Epidermis, ↑Kosmetik, ↑Salbe, ↑Schönheitssalon.

Schönheitsreparatur ↑Renovierung.

Schönheitssalon, Kosmetikinstitut, Massageinstitut; ↑Kosmetik, ↑Schönheitspflegemittel.

Schonkost: ↑Diät, ↑Nahrung.

Schönling: ↑Adonis, ↑Mann.

schönmachen, fein machen, herausputzen, aufputzen, putzen, zurechtmachen, sich aufmachen / pudern / (schweiz.) rüsten / (abwertend) auftakeln / (abwertend) aufdonnern / (österr., abwertend) aufmascherln, sich in Staat / Gala / Schale / Wichs werfen (oder:) schmeißen (ugs.), sich mit Schmuck behängen, Toilette machen; ↑anziehen, ↑schminken, ↑schmücken; ↑aufgeputzt; ↑Adonis, ↑Anzug, ↑Kleidung.

schönschreiben ↑schreiben.

schöntun ↑schmeicheln.

Schonung: ↑Baumschule, ↑Wald, ↑Wiederherstellung.

schonungslos ↑unbarmherzig.

Schonungslosigkeit ↑Unbarmherzigkeit.

schonungsvoll ↑behutsam.

Schonwald ↑Wald.

Schönwetter, Hochdruckgebiet, Hoch, Sonnenschein, Badewetter, Urlaubswetter, Mützenwetter (landsch.); ↑Wetter · Ggs. ↑Schlechtwetter.

Schönwetterwolken ↑Wolken.

Schonzeit ↑Wiederherstellung.

Schopf: ↑Haar, ↑Remise; die Gelegenheit beim

-e packen / fassen / greifen / nehmen ↑ausnutzen; Mansarddach mit S. ↑Dach.

schöpfen: ↑erschaffen; Hoffnung s. ↑zuversichtlich [sein]; Wasser in ein Sieb s. / mit einem Sieb schöpfen ↑tun.

Schöpfer: ↑Gott, ↑Gründer, ↑Schöpfkelle; dem S. seis gedankt! ↑glücklicherweise.

¹schöpferisch, kreativ, gestalterisch, künstlerisch, gestaltend, erfinderisch, ingeniös, ideenreich, einfallsreich, fantasievoll, originell, produktiv; ↑bahnbrechend, ↑kunstvoll, ↑musisch, ↑richtungweisend, ↑selbstständig; **s. sein,** die ausgetretenen Pfade verlassen; **nicht s. sein,** auf ausgetretenen Pfaden wandeln; ↑Außenseiter, ↑Genie · Ggs. ↑amusisch, ↑prosaisch, ↑unoriginell, ↑unselbstständig.

²schöpferisch: -er Einfall ↑Erfindung; -er Geist ↑Einfallsreichtum.

Schöpfkelle, Schöpflöffel, Kelle, Schöpfer, Schleif (westfäl.), Bolle (pfälz.); ↑Löffel.

Schöpflöffel ↑Schöpfkelle.

Schöpfung: ↑Herstellung; die Herren der S. ↑Männer (die); Krone der S. ↑Mensch.

Schopfwalmdach ↑Dach.

schoppen ↑ernähren.

Schoppen: ↑Hohlmaß, ↑Säuglingsflasche.

Schöps ↑Schaf.

Schöpsenschlegel ↑Keule.

Schöpsernes ↑Fleisch.

¹Schorf, Hautschorf, Kruste, Hautkruste, Borke, Hautborke, Schuppe, Hautschuppe, Schuppenkruste, Schinn (nordd.), Schinnen (Plural; nordd.), Grind; ↑Hautausschlag, ↑Hautkrankheit.

²Schorf: ↑Hautblüte, ↑Schlauchpilz.

Schörl ↑Schmuckstein.

Schorle ↑Wein.

Schorlemorle ↑Wein.

¹Schornstein, Kamin (südd., schweiz., westd.), Esse (mitteld.), Schlot (mitteld.), Rauchfang (österr.); ↑Schornsteinfeger.

²Schornstein: in den S. schreiben ↑abschreiben.

Schornsteinfeger, Kaminfeger (südd., schweiz., westd.), Kaminkehrer (südd., schweiz., westd.), Rauchfangkehrer (österr.), Essenfeger (mitteld.), Essenkehrer (mitteld.), Schlotfeger (mitteld.), der schwarze Mann (Kinderspr.); ↑Schornstein.

Schoß: ↑Ableger, ↑Hüften, ↑Rock, ↑Schössling; im S. der Familie ↑daheim; das ruht noch im S. der Götter ↑ungewiss [sein]; wie in Abrahams S. ↑sicher; etwas fällt jmdm. in den S. ↑mühelos [erringen]; die Hände in den S. legen ↑faulenzen.

Schoßkind: ↑Liebling; S. des Glücks / der Götter ↑Glückspilz.

¹Schössling, Schoss, Trieb, Lode, Lohde · an Ästen im Kroneninneren: Lodentrieb, Geiltrieb, Wasserschoss, Wasserreis, Räuber; ↑Ableger.

²Schössling ↑Ableger.

Schote ↑Schale.

Schotenstek ↑Knoten.

Schotten ↑Weißkäse.

Schottenkaro ↑Stoffmuster.

Schottenmuster ↑Stoffmuster.

Schottenrock ↑Rock.

Schotter ↑Splitt.

Schotterdecke ↑Straßenpflaster.

Schotterstraße ↑Straße.

schottisch: Schottischer Schäferhund / Terrier ↑Hunderassen.

Schottischer ↑Tanz.

schraffieren ↑zeichnen.

schräg, schief, windschief, geneigt, abfallend, absteigend, aufsteigend; ↑steil; ↑Schräge.

Schräge, Neigung, Schräglage, Schiefe, Schiefheit, Seitenlage · *beim Schiff:* Schlagseite, Krängung; ↑Gefälle, ↑Steilabfall; ↑schräg, ↑steil.

Schragen ↑Holzbock.

Schrägkreuz ↑Kreuzzeichen.

Schräglage: ↑Kindslage, ↑Schräge.

Schrägstrich ↑Satzzeichen.

Schramme, Kratzer, Ritz, Riss, Kratzwunde, Schürfwunde; ↑Verletzung, ↑Wunde; ↑kratzen, ↑verletzen.

schrammen ↑kratzen.

¹Schrank, Spind, Kasten *(österr.)*, Kleiderschrank, Kleiderkasten *(österr.)*, Chiffonniere *(schweiz.)* · Wäscheschrank · Garderobenschrank · Schuhschrank · Küchenschrank, Geschirrschrank · Bauernschrank · Bücherschrank · Wohnzimmerschrank · Arzneischrank · Giftschrank · Eckschrank, Wandschrank, Einbauschrank, Hängeschrank; ↑Möbel, ↑Schließfach, ↑Schublade.

²Schrank: nicht alle Tassen im S. haben ↑verrückt [sein]; die Tassen im S. lassen ↑übertreiben.

Schrankbett ↑Bett.

Schranke: ↑Bahnschranke, ↑Hürde; in -n halten ↑bändigen; für jmdn. in die -n treten ↑eintreten (für).

schrankenlos ↑selbstständig.

Schrankkoffer ↑Gepäck.

Schranktür ↑Tür.

Schranne ↑Markt.

Schranze ↑Schmarotzer.

schrapen ↑kratzen.

Schrapnell: ↑Frau, ↑Munition.

schrappen ↑kratzen.

Schraubdeckel ↑Verschluss.

Schraube: ↑Nagel; bei jmdm. ist eine S. locker ↑verrückt [sein].

Schraubel ↑Blütenstand.

schrauben: s. an / auf ↑befestigen.

Schraubenalge ↑Alge.

Schraubengewinde ↑Gewinde.

Schraubennagel ↑Nagel.

Schraubverschluss ↑Verschluss.

Schraufen ↑Misserfolg.

Schrebergarten ↑Garten.

Schrebergärtner ↑Kleingärtner.

Schreck: ↑Entsetzen; ach du mein S.! ↑überrascht [sein]; einen S. bekommen / kriegen ↑erschrecken; einen S. / Schrecken einjagen ↑Angst [machen].

schrecken ↑entmutigen.

Schrecken: ↑Entsetzen; einen S. bekommen / kriegen ↑erschrecken.

Schreckgespenst ↑Schreckgestalt.

Schreckgestalt, Schreckgespenst, der böse / schwarze Mann, Buhmann, Kinderschreck.

schreckhaft ↑ängstlich.

Schrecklähmung, Schreckstarre, Kataplexie, kataplektische Hemmung · *besonders bei heftigem Lachen:* Gelolepsie, Geloplegie, Lachschlag; ↑Entsetzen, ↑Lähmung.

¹schrecklich, erschreckend, bestürzend, beängstigend, katastrophal, Furcht erregend, Furcht einflößend, schauderhaft, Grauen erregend, horrend, horribel, furchtbar, fürchterlich, entsetzlich, grässlich, formidabel *(veraltet);* ↑makaber; ↑Abneigung; ↑Angst, ↑Entsetzen, ↑Schreckgestalt, ↑Schrecklähmung.

²schrecklich ↑sehr.

Schreckenis ↑Unglück.

Schreckschraube ↑Frau.

Schreckstarre ↑Schrecklähmung.

Schredder, Schredderanlage, Autoreißwolf, Autowolf; ↑Altmaterial.

Schredderanlage ↑Schredder.

Schrei: ↑Hilferuf; das ist der letzte S. ↑modern [sein].

Schreiadler ↑Vogel.

Schreibbogen ↑Briefpapier.

Schreibdame ↑Stenotypistin.

Schreibe: ↑Ausdrucksweise; nach der S. sprechen ↑sprechen.

¹schreiben · *sorgfältig:* schönschreiben, malen, pinseln · *schlecht:* kritzeln, krakeln, schmieren, klieren *(abwertend),* sudeln *(abwertend),* schmotzen *(landsch., abwertend),* fuzeln *(österr.)* · *nach einer Vorlage:* abschreiben, abmalen, ins Reine schreiben, kopieren · *mit großem Anfangsbuchstaben:* großschreiben · *mit kleinem Anfangsbuchstaben:* kleinschreiben · *in einem Wort:* zusammenschreiben · *nicht in einem Wort:* getrennt / auseinander schreiben; ↑beschreiben, ↑malen; ↑Abschrift, ↑Kritzelei; ↑Schrift.

²schreiben: ↑dichten, ↑Lebenszeichen; sage und schreibe ↑wahrlich; geschrieben von ↑von; jmdm. s., sich mit jmdm. s. ↑Schriftwechsel.

Schreiben, Brief, Schrieb *(ugs.),* Wisch *(abwertend),* Zuschrift, Zeilen, Billett, Epistel *(iron.),* Liebesbrief, Billetdoux, Privatbrief, Geschäftsbrief, Empfehlungsbrief, Empfehlungsschreiben, Bittbrief, Bettelbrief, Brandbrief, Drohbrief, Erpresserbrief, anonymer Brief, anonymes Schreiben, Antwortbrief, Antwortschreiben, Rückantwort, Dankesbrief, Dankschreiben, Abschiedsbrief · Kondolenzbrief, Kondolenzkarte, Kondolenzschreiben, Beileidsbrief, Beileidskarte, Beileidsschreiben, Beileidstelegramm · Glückwunschbrief, Glückwunschkarte, Glückwunschtelegramm, Gratulationskarte · Kartenbrief, Briefkarte, Karte, Postkarte, Ansichtskarte · *heimliches von Gefangenen:* Kassiber · *des Lehrers an die Eltern, wenn die Versetzung eines Schülers gefährdet ist:* blauer Brief; ↑Briefgeheimnis, ↑Briefpapier, ↑Briefschreiber, ↑Gesuch, ↑Kartengruß, ↑Leserzuschrift, ↑Mitteilung, ↑Postskriptum, ↑Schriftwechsel, ↑Urkunde.

Schreiber: ↑Briefschreiber, ↑Schriftsteller.

Schreiberin ↑Stenotypistin.

Schreiberling: ↑Pedant, ↑Schriftsteller, ↑Stümper.

Schreiberseele ↑Pedant.

Schreibgebühr ↑Bearbeitungsgebühr.

Schreibheft ↑Heft.

Schreibkraft ↑Stenotypistin.

Schreibmaschine: S. schreiben ↑Maschine schreiben.

Schreibmaschinenpapier ↑Schreibpapier.

¹Schreibpapier, Rechenpapier, liniertes / kariertes Papier, Konzeptpapier, Notizpapier, Schmierpapier, Stenogrammpapier, Millimeterpapier, Zeichenpapier, Transparentpapier, Transparentzeichenpapier, Schreibmaschinenpapier, Briefpapier, Trauerpapier · *zur Beförderung per Luftpost:* Luftpostpapier, Florpostpapier, Florpost · *zur Aufzeichnung von Noten:* Notenpapier · *für Vervielfältigungen:* Durchschlagpapier, Durchschreibepapier, Kopierpapier, Pauspapier, Blaupapier; ↑Briefpapier, ↑Kohlepapier, ↑Linierung, ↑Löschpapier, ↑Papier.

²Schreibpapier ↑Briefpapier.

Schreibpult ↑Möbel.

Schreibschrift ↑Schrift.

Schreibschwäche: ↑Aphasie, ↑Legasthenie.

Schreibstift, Stift, Griffel, Bleistift, Blei, Tintenstift, Kopierstift, Filzstift, Rotstift, Blaustift, Grünstift, Vierfarbenstift, Drehbleistift, Füllbleistift *(schweiz.),* Zimmermannsstift · Kugelschreiber, Kuli, Tintenkuli · Federhalter, Federstiel *(österr.),* Feder *(österr.),* Füllfederhalter, Füllhalter, Füller, Füllfeder *(landsch.),* Kolbenhalter, Patronenhalter; ↑Federtasche, ↑Kreide, ↑Radiergummi, ↑Zeichenstift.

Schreibstube ↑Büro.

Schreibtisch ↑Tisch.

Schreibtischkalender ↑Kalender.

Schreibtischlampe ↑Lampe.

Schreibtischtäter ↑Verbrecher.

Schreibverbot ↑Verbot.

Schreibwarenhandlung ↑Papiergeschäft.

Schreibweise ↑Ausdrucksweise.

¹schreien, rufen, brüllen, sich die Kehle / die Lunge aus dem Hals schreien *(emotional),* sich die Seele aus dem Leib schreien, zetermordio /

Zeter und Mordio schreien, kreischen, johlen, grölen, blöken, aufschreien, aufbrüllen, schnauzen *(landsch.),* krakeelen, ↑quietschen, ↑singen, ↑weinen; ↑Geschrei, ↑Laut.

²schreien: das Schreien ↑Geschrei; Hurra s. ↑freuen (sich); etwas schreit zum Himmel ↑unerhört [sein].

schreiend ↑bunt.

Schrein: ↑Sarg, ↑Truhe.

Schreiner ↑Tischler.

schreiten: ↑fortbewegen (sich); geschritten kommen ↑kommen; zur Tat s. ↑unternehmen (etwas).

Schrenzpapier ↑Einwickelpapier.

Schrieb ↑Schreiben.

¹Schrift, Schreibschrift, Blockschrift, Druckschrift · lateinische Schrift, Antiqua, Mediäval, Renaissance-Antiqua, Barock-Antiqua, klassizistische Antiqua, Egyptienne, Grotesk, freie Antiqua, Linear-Antiqua, Block-Antiqua · deutsche Schrift, Frakturschrift, Textura, Gotisch, Rotunda, Rundgotisch, Schwabacher, Renata · Rundschrift, Kurrentschrift, Kursivschrift, Sütterlinschrift, Quadratschrift, Kapitalschrift, Unzialschrift, Majuskelschrift, Minuskelschrift · Buchstabenschrift, Silbenschrift · Runenschrift, Hieroglyphenschrift, Bilderschrift, Symbolschrift, Piktographie, Keilschrift, Ideenschrift · *aus erhabenen Punkten gebildete:* Blindenschrift, Brailleschrift; ↑Buchstabe, ↑Druckverfahren, ↑Handschrift, ↑Schriftgrad, ↑Schriftsatz, ↑Schriftsetzer; ↑schreiben.

²Schrift: ↑Aufschrift, ↑Buch, ↑Handschrift; [Heilige S.] ↑Bibel; unzüchtige -en ↑Literatur.

Schriftblindheit ↑Aphasie.

Schriftdeutsch ↑Hochsprache.

Schriftführer, Protokollführer, Protokollant, Aktuar *(schweiz.).*

Schriftgeheimnis ↑Briefgeheimnis.

Schriftgrad · Achtelpetit (1 Punkt) · Viertelpetit (2 Punkt) · Viertelcicero (3 Punkt) · Diamant (4 Punkt) · Perl (5 Punkt) · Nonpareille (6 Punkt) · Kolonel (7 Punkt) · Petit (8 Punkt) · Borgis (9 Punkt) · Garmond, Korpus (10 Punkt) · Cicero (12 Punkt) · Mittel (14 Punkt) · Tertia (16 Punkt) · Text (20 Punkt) · Doppelcicero (24 Punkt) · Doppelmittel (28 Punkt) · Kanon (36 Punkt) · Viercicero, Missale (48 Punkt); ↑Buchstabe, ↑Druckverfahren, ↑Schrift.

Schriftgut ↑Literatur.

Schriftleiter, Redakteur, Redaktor *(schweiz.),* Lektor, Bearbeiter; ↑Berichter, ↑Herausgeber, ↑Schriftsteller.

Schriftleitung ↑Redaktion.

schriftlich, skriptural · Ggs. ↑mündlich.

Schriftsatz, Satz · Handsatz, Maschinensatz, Lichtsatz, Photosatz, Linotypesatz, Zeilengußsatz · Monotypesatz, Buchstabensatz · Zeitungssatz, Werksatz, Akzidenzsatz · glatter

Satz, wissenschaftlicher Satz, Formelsatz, Tabellensatz, Gedichtsatz, Dramensatz, Reihensatz, Fremdsprachensatz, Flattersatz, Fließsatz; ↑Computer, ↑Druckverfahren, ↑Schrift, ↑Schriftsetzer.

Schriftsetzer, Setzer, Typograph · Maschinensetzer · Handsetzer, Akzidenzsetzer, Anzeigensetzer; ↑Druckverfahren, ↑Schriftsatz.

Schriftsprache: ↑Hochsprache; S. sprechen ↑sprechen.

Schriftsteller, Dichter, Autor, Verfasser, Schreiber, Mann der Feder, Romancier, Lyriker, Erzähler, Feuilletonist, Essayist, Dramatiker, Stückeschreiber, Drehbuchautor, Literat, Homme de lettres *(geh.),* Poet, Dichtersmann, Reimschmied, Verseschmied, Schreiberling *(abwertend),* Federfuchser *(abwertend),* Schmock *(abwertend),* Skribent, Dichterling *(abwertend),* Reimling *(abwertend),* Versemacher *(abwertend)* · Klassiker, Leseklassiker · *als Verfasser einer Lebensgeschichte:* Biograph, Memoirenschreiber · *als Verfasser von Werbetexten, Schlagertexten o. Ä.:* Werbetexter, Texter · *der, ohne genannt zu werden, für eine bekannte Persönlichkeit schreibt:* Ghostwriter · *in Bezug auf Preislieder:* Skalde *(altnordisch)* · *in Bezug auf Heldenlieder:* Barde, Sänger, Skop *(angelsächsisch);* ↑Berichter, ↑Biographie, ↑Dichtung, ↑Herausgeber, ↑Künstler, ↑Schriftleiter; ↑aufschreiben, ↑dichten; ↑von.

schriftstellern ↑dichten.

Schriftstück ↑Urkunde.

Schrifttext ↑Bibelabschnitt.

Schrifttum: ↑Literatur, ↑Literaturangabe.

Schrifttumsnachweis ↑Literaturangabe.

Schriftverkehr ↑Schriftwechsel.

Schriftwechsel, Schriftverkehr, Briefwechsel, Briefverkehr, Briefaustausch, Briefverbindung, Brieffreundschaft, Korrespondenz; ↑Kartengruß, ↑Schreiben; **mit jmdm. in S. stehen,** mit jmdm. korrespondieren, jmdm. schreiben, sich mit jmdm. schreiben.

Schriftwort ↑Bibelabschnitt.

Schriftzeichen ↑Buchstabe.

Schriftzüge ↑Duktus.

schrill ↑laut.

schrillen ↑Laut.

Schrippe: ↑Brötchen, ↑Frau.

Schritt: ↑Gangart; erster S. ↑Anfang; ein paar -e gehen ↑spazieren gehen; S. halten mit ↑mitkommen (mit); S. in die richtige Richtung ↑Entscheidung; mit der Zeit S. halten ↑fortschrittlich [sein]; einen S. machen ↑treten; S. reiten ↑reiten; einen S. zur Versöhnung tun ↑einigen (sich) [sich -e vorbehalten] ↑Maßnahme; gemessenen -es ↑langsam; eine Politik der kleinen -e anwenden ↑stufenweise [vorgehen]; S. für Schritt, S. um Schritt ↑allmählich; [im] S. fahren ↑fahren.

Schrittmacher, Wegbereiter, Vorreiter, Denkplaner, Vordenker, Vordenkerin, Querdenker, Querdenkerin, Scout *(Jargon),* Vorkämpfer, Avantgardist, Avantgarde, Trendsetter, Protagonist, Bahnbrecher, Wegebahner *(schweiz.),* Vorbereiter, Vorbild, Pionier; ↑Abgesandter, ↑Berater, ↑Gönner, ↑Gründer, ↑Reformer, ↑Spitzenreiter, ↑Vorangegangener; ↑fortschrittlich.

schrittweise ↑allmählich.

Schrofen ↑Gipfel.

schroff: ↑steil, ↑unhöflich.

Schroffheit ↑Unhöflichkeit.

schröpfen ↑ablisten.

Schrot ↑Munition.

schroten ↑schneiden.

Schrotkugel ↑Munition.

Schrotmühle ↑Mühle.

Schrotsäge ↑Säge.

Schrott: ↑Altmaterial, ↑Schleuderware.

Schrotthändler ↑Trödler.

Schrotthaufen ↑Müllablageplatz.

Schrottplatz ↑Müllablageplatz.

schrottreif: ↑defekt, ↑morsch.

Schrubbbesen ↑Schrubber.

schrubben: ↑reiben, ↑säubern.

Schrubber, Leuwagen *(nordd.),* Schrubbbesen; ↑Handfeger, ↑säubern.

Schrulle: ↑Frau, ↑Spleen.

Schrullenhaftigkeit ↑Seltsamkeit.

schrullig ↑seltsam.

Schrulligkeit ↑Seltsamkeit.

schrumpelig ↑verschrumpelt.

Schrumpeligkeit ↑Zerfurchtheit.

schrumpeln ↑zusammenschrumpfen.

¹schrumpfen, kleiner werden, einschrumpfen, einschrumpeln *(ugs.).*

²schrumpfen: ↑einlaufen, ↑zusammenschrumpfen.

Schrumpfleber ↑Leberkrankheit.

schrumplig ↑verschrumpelt.

Schrumpligkeit ↑Zerfurchtheit.

Schrunde ↑Hautblüte.

Schuber: ↑Riegel, ↑Umschlag, ↑Verpackung.

Schubfach: ↑Fach, ↑Schublade.

Schubhaft ↑Freiheitsentzug.

Schubkarre, Schubkarren, Schiebkarren, Karre, Karren, Karrette *(schweiz.),* Benne *(schweiz.),* Scheibtruhe *(bayr., österr.),* Radber *(ostd.);* ↑Wagen.

Schubkarren ↑Schubkarre.

Schubkasten: ↑Fach, ↑Schublade.

Schublade, Schiebelade, Schubkasten, Lade, Kasten, Schubfach, Schiebfach, Schiebkasten, Fach; ↑Fach, ↑Schließfach, ↑Schrank.

schubladisieren ↑verschieben.

Schubladkasten ↑Möbel.

Schubs: ↑Stoß; einen S. geben ↑stoßen.

schubsen ↑stoßen.

schüchtern: ↑ängstlich; s. sein ↑fremdeln.

Schüchternheit: ↑Bescheidenheit, ↑Scheu.

schuckeln ↑schwingen.

schuckrig: jmdm. ist s. ↑frieren.

schuddern: jmdn. schuddert ↑frieren.

Schuffel ↑Hacke.

Schuffeleisen ↑Hacke.

Schuft, Lump, Bube, Halunke, Seelenverkäufer, Schurke, Spitzbube, Gauner, Biwak *(pforzheimerisch),* Kanaille, Schweinehund *(derb),* Bösewicht, Tunichtgut; ↑Betrüger, ↑Dieb, ↑Verbrecher.

schuften ↑arbeiten.

Schufterei ↑Anstrengung.

¹Schuh, Schuhwerk · · Herrenschuh · Damenschuh · Kinderschuh, Babyschuh · · Lederschuh, Lackschuh, Leinenschuh, Holzschuh, Holzpantine, Gummischuh, Flechtschuh · Sommerschuh, Winterschuh · Schnürschuh, Bindeschuh, Bundschuh, Schnallenschuh, Stöckelschuh *(ugs.),* Spangenschuh, Sling, Slingpumps, Pumps, Slipper, Ballerinaschuh, Mokassin, Sandale, Sandalette, Opanke, Halbschuh, Botten (Plural; *abwertend),* hoher Schuh, Nagelschuh, Schernkenschuh *(österr.),* Schnürstiefel, Stiefel, Boots (Plural), Schaftstiefel, Knobelbecher *(Soldatenspr.)* · Sportschuh, Straßenschuh, Trotteur, Laufschuh, Bergschuh, Haferlschuh, Skischuh, Schischuh, Goiserer *(österr.),* Badeschuh, Turnschuh, Tennisschuh, Ballettschuh, Fußballschuh, Fußballstiefel, Packeln *(österr.)* · *festlicher:* Abendschuh, Ballschuh · *im Haus zu tragender:* Hausschuh, Pantoffel, Pantolette, Babusche, Schlappen *(ugs.),* Latschen *(salopp),* Finken *(schweiz.),* Patschen *(ugs., österr.),* Schlapfen *(bayr., österr.)* · *über anderem Schuhwerk getragener:* Überschuh, Galosche · *großer:* Äppelkahn *(salopp, scherzh.),* Oderkahn *(salopp, scherzh.),* Quadratlatschen *(salopp)* · *alter, ausgetretener:* Treter *(ugs.),* Latschen *(ugs.),* Galosche *(ugs.),* Hatscher *(ugs., österr.);* ↑Lasche, ↑Schuhmacher; ↑besohlen.

²Schuh: ohne -e und Strümpfe ↑barfüßig.

Schuhband ↑Schnürsenkel.

Schuhmacher, Schuster *(landsch.),* Flickschuster; ↑Schuh.

Schuhnagel ↑Nagel.

Schuhplattler ↑Tanz.

Schuhschnalle, Schnalle; ↑Lasche, ↑Schließe.

Schuhschrank ↑Schrank.

Schuhsohle: ↑Schweineohr, ↑Sohle.

Schuhspray ↑Spray.

Schuhwerk ↑Schuh.

Schulalter ↑Lebensalter.

Schulanfänger, Abc-Schütze, Abeceschütze, Abecedarier *(veraltet),* Abcdarier *(veraltet),* Abecedarius *(veraltet),* Abcdarius *(veraltet),* Erstklässer *(landsch.),* Erstklässler *(bes. südd., schweiz.),* Erstklassler *(südd., österr.),* Taferlklassler *(österr.),* I-Dötzchen *(rhein.);* ↑Anfänger, ↑Schüler.

Schularbeit: ↑Hausaufgabe, ↑Klassenarbeit.

Schularzt ↑Arzt.

Schulaufgabe ↑Hausaufgabe.

Schulaufsatz, Aufsatz, Niederschrift, Nacherzählung, Inhaltsangabe, Erlebnisbericht, Beobachtungsaufsatz, Tierbeschreibung, Stimmungsbild, Stimmungsschilderung, Besinnungsaufsatz, Charakterbeschreibung, Bildbeschreibung, Vergleich, Gedichtinterpretation; ↑Aufsatz, ↑Klassenarbeit, ↑Werk.

Schulausflug ↑Ausflug.

Schulausgabe ↑Edition.

Schulbank: die S. drücken ↑Schule.

Schulbeispiel ↑Exempel.

Schulbibliothek ↑Bücherbestand.

Schulbildung ↑Ausbildung.

Schulbrüder ↑Mönchsorden.

Schulchor ↑Chor.

schuld: s. sein / Schuld haben ↑schuldig [sein]; jmdm. Schuld geben ↑verdächtigen.

¹Schuld, Bringschuld, Verpflichtung, Rückstand, Verbindlichkeit, Haftung, Schuldverschreibung, Anleihe, Obligation; ↑Last, ↑Schuldschein; ↑schulden.

²Schuld: -en ↑Fehlbetrag; seine -en bezahlen ↑zahlen; jmdm. S. / die Schuld geben, jmdm. die S. in die Schuhe schieben ↑verdächtigen; S. haben, [die] S. tragen ↑schuldig [sein]; keine S. haben / tragen ↑schuldlos [sein]; -en machen ↑leihen; seiner S. bewusst ↑schuldbewusst; den Buckel voll -en haben, bis über den Hals in -en stecken ↑schulden (jmdm. etwas); sich in -en stürzen ↑leihen.

Schuldanerkenntnis ↑Schuldschein.

Schuldbekenntnis ↑Beichte.

schuldbeladen ↑schuldig.

schuldbewusst, seiner Schuld bewusst, reuevoll, bußfertig, reumütig, reuig, Reue empfindend, zerknirscht; ↑Schuldgefühl.

Schuldbewusstsein ↑Schuldgefühl.

¹schulden (jmdm. etwas), Schulden / Rückstände haben, im Rückstand sein, bis über den Hals / die Ohren in Schulden stecken, den Buckel voll Schulden haben, das Wasser steht jmdm. bis zum Hals, jmdm. sitzt das Messer an der Kehle, in der Kreide stehen, jmdm. etwas schuldig sein; ↑Schuld, ↑Schuldner, ↑Schuldschein · Ggs. ↑Gläubiger.

²schulden: jmdm. etwas s. ↑verdanken.

Schuldentilgung ↑Abzahlung.

Schuldgefühl, Schuldbewusstsein, Schuldkomplex, Gewissensbisse, Gewissenswurm, Gewissensnot, Gewissensangst, Gewissenslast, Gewissensqual, Gewissenspein, Gewissensskrupel, Skrupel, Zerknirschung, Zerknirschtheit; ↑Verdacht; ↑schuldbewusst · Ggs. ↑Gewissenlosigkeit; **Schuldgefühle hegen,** sich Vorwürfe / Gewissensbisse machen, Gewissensbisse haben, sich tadeln; ↑bereuen, ↑vorwerfen (jmdm. etwas).

schuldhaft ↑schuldig.

Schuldiener ↑Hausmeister.

¹schuldig, schuldbeladen, schuldhaft, fehlbar *(schweiz.),* fehlhaft *(schweiz.),* schuldvoll, belastet · Ggs. ↑schuldlos; **s. sein,** schuld sein [an] / haben, [die] Schuld tragen, auf dem Gewissen haben, [selbst] verschuldet haben, hausgemacht sein (diese Krise ist hausgemacht); ↑Schuldiger.

²schuldig: ↑angemessen; [für] s. befinden, für s. erklären, s. sprechen ↑verurteilen; die Antwort s. bleiben, nichts / keine Antwort s. bleiben ↑antworten; eine Antwort s. bleiben ↑schweigen.

Schuldiger, Mitschuldiger, Sündenbock, Schuldtragender, Verantwortlicher; ↑Prügelknabe; ↑schuldig.

Schuldigkeit: ↑Aufgabe; etwas hat seine S. getan ↑abgenutzt [sein].

Schuldigsprechung ↑Verurteilung.

Schuldkomplex ↑Schuldgefühl.

schuldlos, unschuldig; ↑harmlos · Ggs. ↑schuldig; **s. sein,** keine Schuld haben / tragen, nichts dafür können; **sich s. fühlen,** seine Hände in Unschuld waschen.

Schuldner, Gemeinschuldner, Gesamtschuldner, Hauptschuldner, Mitschuldner, Wechselschuldner, Pumpgenie (scherzh.); ↑schulden · Ggs. ↑Gläubiger.

Schuldrama ↑Drama.

Schuldschein, Zahlungsverpflichtung, Schuldanerkenntnis, Anerkenntnis; ↑Schuld; ↑schulden (jmdm. etwas).

Schuldspruch ↑Verurteilung.

Schuldtragender ↑Schuldiger.

Schuldverschreibung: ↑Schuld, ↑Wertpapier.

schuldvoll ↑schuldig.

¹Schule, Lehranstalt, Bildungsanstalt, Penne (salopp) · Grundschule, Primarschule (schweiz.), Elementarschule, Volksschule · Hauptschule, Bürgerschule (veraltet, österr.), Sekundarschule (schweiz.) · Mittelpunktschule, Nachbarschaftsschule, Dörfergemeinschaftsschule, Zentralschule, Bezirksschule, Sprengelschule · weiterführende Schule · Oberschule, Pennal (salopp), höhere Schule, Gymnasium, altsprachliches / humanistisches / neusprachliches Gymnasium, Oberrealschule (veraltet), Realgymnasium, Mittelschule (veraltend, österr., schweiz.), Kantonschule (schweiz.) · Ganztagsschule, Tagesheimschule · Abendgymnasium, Abendoberschule, zweiter Bildungsweg · Sonderschule, Hilfsschule (veraltet), Klippschule (abwertend) · Fachschule, Gewerbeschule, Berufsschule · Wirtschaftsoberschule, Wirtschaftsgymnasium · für Mädchen: Lyzeum (veraltend) · in der mehrere Schultypen zusammengefasst sind: Gesamtschule, Simultanschule · die nicht in Klassen eingeteilt ist: Zwergschule, Einklassenschule · nicht an eine Konfession gebundene: Gemeinschaftsschule, Simultanschule · an eine Konfession gebundene: Bekenntnisschule, Konfessionsschule; ↑Fortbildung, ↑Hausarbeit, ↑Heim, ↑Hochschule, ↑Hospitant, ↑Institut,

↑Klassenarbeit, ↑Lehrberechtigung, ↑Lehrmittel, ↑Schulklasse, ↑Schüler, ↑Stundenplan, ↑Übungsfirma; **die S. besuchen,** in die Schule gehen, die Schulbank drücken, auf der Penne sein (salopp), Schüler sein; ↑studieren.

²Schule: ↑Erziehungswesen; hohe S. ↑Strafanstalt; S. machen ↑nachahmen; hohe S. reiten ↑reiten; aus der S. plaudern ↑mitteilen.

schulen: ↑erziehen, ↑lehren.

¹Schüler, Schulkind, Zögling (veraltend) · dem man die gleiche Klasse einer Schule besucht: Mitschüler · einer höheren Schule: Gymnasiast, Oberschüler, Pennäler (salopp) · der ersten Klasse: Abc-Schütze, Abeceschütze, Abecedarier, Abcdarier, Erstklässer (landsch.), Erstklässler (bes. südd., schweiz.), Erstklassler (südd., österr.), Taferlklassler (österr.), I-Dötzchen (rhein.) · der die Schule nach Beendigung der Schulzeit verlässt: Abgänger (österr.), Entlassschüler · der Abgangsklasse einer höheren Schule: Abiturient, Maturant (österr., schweiz.) · der eine Sprache lernt: Lerner · mit besonders guten Noten: Vorzugsschüler · einer Hochschule: Student · der eine Fremdsprache lernt: Lerner (Fachspr.) · beim Theater und Ballett: Eleve · der sich privat auf Prüfungen vorbereitet, ohne eine Schule zu besuchen: Externist (österr.), Privatist (österr.); ↑Anfänger, ↑Kind, ↑Klassensprecher, ↑Prüfling.

²Schüler: ↑Nachahmer; fahrender S. ↑Vagabund; S. sein ↑Schule; S. [von] ↑Anhänger.

Schülerchor ↑Chor.

Schülerheim ↑Heim.

Schülermitverantwortung ↑Schülermitverwaltung.

Schülermitverwaltung, Schülermitverantwortung, SMV.

Schülersprache ↑Gruppensprache.

Schülervertreter ↑Klassensprecher.

Schülerzeitung ↑Zeitschrift.

Schulfach ↑Fachrichtung.

Schulferien ↑Ferien.

Schulflugzeug ↑Flugzeug.

Schulfreund ↑Freund.

Schulfreundin ↑Freundin.

Schulgarten ↑Garten.

Schulheft ↑Heft.

Schulkamerad ↑Freund.

Schulkameradin ↑Freundin.

Schulkind ↑Schüler.

Schulklasse, Klasse, Klassenverband · erste der Grundschule: Taferlklasse (österr.) · · an der höheren Schule · erste: Sexta, Prima (österr.) · zweite: Quinta, Sekunda (österr.) · dritte: Quarta, Tertia (österr.) · vierte: Untertertia, Quarta (österr.) · fünfte: Obertertia, Quinta (österr.) · sechste: Untersekunda, Sexta (österr.) · siebte: Obersekunda, Septima (österr.) · achte: Unterprima, Oktava (österr.) · neunte: Oberprima · letzte, in der die Reifeprüfung abgelegt wird:

Abiturientenklasse, Maturaklasse *(österr., schweiz.);* ↑Schule.
Schulkleid ↑Kleid.
Schulkreide ↑Kreide.
Schullandheim ↑Heim.
Schullehrer ↑Lehrer.
Schulleiter, Direktor, Rektor, Konrektor; ↑Lehrer, ↑Schule.
Schullektüre ↑Lektüre.
Schulmann ↑Lehrer.
Schulmappe ↑Schultasche.
Schulmedizin ↑Heilkunde.
Schulmediziner ↑Arzt.
Schulmeinung ↑Lehre.
Schulmeister ↑Lehrer.
schulmeisterlich ↑lehrhaft.
Schulorchester ↑Orchester.
Schulpack ↑Schultasche.
Schulranzen ↑Schultasche.
Schulsack ↑Schultasche.
Schulschiff ↑Segelschiff.
Schulschwester ↑Nonne.
Schultasche, Schulranzen, Ranzen, Ränzel *(nordd.),* Mappe, Schulmappe, Kollegmappe, Kollegtasche, Tornister *(landsch.),* Schulpack *(veraltend, landsch.),* Schulsack *(schweiz.);* ↑Aktentasche, ↑Behälter, ↑Federtasche.
¹Schulter, Achsel; ↑Achsel, ↑Rücken; ↑schultern.
²Schulter: jmdm. die kalte S. zeigen ↑abweisen; S. an Schulter ↑voll; auf die S. nehmen, [sich] über die S. hängen ↑schultern; auf die leichte S. nehmen ↑missachten.
Schulterbandorden ↑Orden.
Schulterbogen ↑Bogen.
Schultergelenk ↑Gelenk.
Schultergicht ↑Arthritis.
Schultergurt ↑Sicherheitsgurt.
Schulterklappe ↑Achselklappe.
Schulterlage ↑Kindslage.
schultern, auf die Schulter nehmen, [sich] über die Schulter hängen; ↑Schulter.
Schulterstand ↑Turnübung.
Schulterstück ↑Achselklappe.
Schultertasche ↑Tasche.
Schulung: ↑Ausbildung, ↑Erziehung.
Schulwesen ↑Erziehungswesen.
Schulzeugnis ↑Zeugnis.
schummeln: ↑betrügen, ↑säubern.
Schummer ↑Dämmerung.
schummerig ↑dunkel.
Schummerstündchen ↑Abendruhe.
schummrig ↑dunkel.
Schund ↑Kitsch.
Schundliteratur ↑Literatur.
Schundroman ↑Roman.
schupfen ↑werfen.
Schupfen ↑Remise.
Schupfer ↑Stoß.
Schupo ↑Polizist.
Schupp ↑Bär.

Schuppe: ↑Hautblüte, ↑Schorf; es fällt jmdm. wie -n von den Augen ↑erkennen.
schuppen: sich s. ↑abschälen (sich).
Schuppen: ↑Haus, ↑Gaststätte.
Schuppenblatt ↑Blatt.
Schuppenfries ↑Fries.
Schuppenkruste: ↑Hautblüte, ↑Schorf.
schüren ↑anzünden.
schürfen: ↑graben, ↑kratzen.
Schürfwunde: ↑Schramme, ↑Verletzung, ↑Wunde.
Schürhaken ↑Feuerhaken.
schurigeln ↑schikanieren.
Schurke ↑Schuft.
Schurkerei: ↑Bosheit, ↑Übeltat.
schurkisch ↑gemein.
schurren: ↑gleiten, ↑kratzen.
Schurwolle ↑Wolle.
¹Schurz, Lendenschurz, Lederschurz, Schurzfell; ↑Schürze.
²Schurz ↑Schürze.
¹Schürze, Kittelschürze, Küchenschürze, Schurz *(landsch.),* Kittelschurz *(landsch.),* Cocktailschürze, Schürzenkleid, Fürtuch *(oberd.),* Vortuch *(veraltet, landsch.);* ↑Kleidung, ↑Schurz.
²Schürze: der Mutter an der S. hängen ↑erwachsen; hinter jeder S. herlaufen ↑Frauenheld.
Schürzenjäger: ein S. sein ↑Frauenheld.
Schurzfell ↑Schurz.
schuss: s. sein ↑verfeindet [sein].
¹Schuss, Pistolenschuss, Gewehrschuss, Flintenschuss · *aus mehreren Waffen gleichzeitig abgegebener:* Salve, Gewehrsalve · *zur Warnung abgegebener:* Warnschuss; ↑Schusswechsel; ↑schießen.
²Schuss: ↑Einspritzung, ↑Munition; etwas ist ein S. in den Ofen ↑wirkungslos [bleiben]; einen S. machen ↑spritzen; goldener S. ↑Einspritzung; in S. bringen ↑reparieren; keinen S. Pulver wert sein ↑wertlos [sein]; in S. halten ↑[etwas in] Ordnung [bringen]; in S. sein ↑heil [sein]; Berliner Weiße mit S. ↑Bier.
¹Schüssel, Salatschüssel, Schale, Teller, Kumme *(landsch.),* Kumm *(landsch.),* Napf, Becken, Terrine, Weitling *(bayr., österr.),* Satte *(landsch.);* ↑Behälter, ↑Frühstücksbrett.
²Schüssel: jmdm. auf / in der S. liegen ↑Last; einen Sprung in der S. haben ↑verrückt [sein].
Schusseligkeit ↑Gedankenlosigkeit.
schusseln ↑schlittern.
Schusser ↑Murmel.
schussern ↑murmeln.
Schussfahrt ↑Abwärtsfahrt.
schusslig ↑aufgeregt.
Schussligkeit ↑Gedankenlosigkeit.
Schusslinie: in die S. geraten ↑beanstanden; sich in die S. begeben ↑exponieren (sich).
Schusswaffe, Handfeuerwaffe, Schießwaffe *(schweiz.),* Armbrust, Pfeil [und Bogen], Flitz-

bogen *(ugs.)* · mit *Zündung:* Feuerwaffe, Gewehr, Schnellfeuergewehr, Waffe, Karabiner, Muskete, Flinte, Büchse, Stutzen, Donnerbüchse *(scherzh.),* Knarre *(ugs.),* Kracheisen *(ugs.),* Schießgewehr *(Kinderspr.),* Schießeisen *(ugs.),* Schießprügel *(ugs.),* Ballermann *(ugs.),* Tesching, Pistole, Maschinenpistole, Revolver, Terzerol, Browning, Colt, Kanone *(salopp),* Puste *(salopp),* Zimmerflak *(salopp);* ↑Geschütz, ↑Gewehrlauf, ↑Gummiknüppel, ↑Hiebwaffe, ↑Munition, ↑Panzerabwehrkanone, ↑Salut, ↑Schütze, ↑Stichwaffe, ↑Waffen, ↑Wurfwaffe.

Schusswechsel, Kugelwechsel, Feuergefecht, Feuerwechsel, Feuer, Gewehrfeuer, Schießerei, das Schießen, Knallerei *(ugs.),* Ballerei *(ugs.);* ↑Beschuss, ↑Kampf, ↑Schuss; ↑schießen.

Schusswunde ↑Wunde.

Schuster: ↑Schuhmacher; auf -s Rappen kommen ↑kommen.

Schusterjunge: ↑Brötchen, ↑Zeile.

Schusterlaibchen ↑Brötchen.

Schute: ↑Boot, ↑Kopfbedeckung.

Schutt: ↑Trümmer; in S. und Asche legen ↑verbrennen.

Schuttabladeplatz ↑Müllabladeplatz.

¹**schütteln,** rütteln, hin und her bewegen / schaukeln; ↑abschütteln, ↑ausschütteln.

²**schütteln:** Frau Holle schüttelt die Betten ↑schneien; etwas aus dem Ärmel s. ↑mühelos; jmdm. einen s. ↑koitieren; s. von ↑abschütteln.

Schüttelreim ↑Reim.

Schüttelung ↑Massage.

¹**schütten,** ausschütten, einschütten, leeren, ausleeren, gießen, ausgießen, eingießen, einschenken, kippen, auskippen; ↑auspacken, ↑ausschenken.

²**schütten:** ↑gebären; es schüttet ↑regnen.

schütter, dünn, licht, gelichtet, spärlich.

schüttern ↑schlittern.

Schüttgut · Kohle, Koks, Erz, Kalkstein, Düngemittel, Futtermittel, Sand, Steine, Erde, Flugasche, Gips.

Schutthalde ↑Müllabladeplatz.

Schutthaufen ↑Müllabladeplatz.

Schuttplatz ↑Müllabladeplatz.

Schüttstein ↑Ausguss.

¹**Schutz,** Hut *(geh.),* Obhut, Geborgenheit, Sicherheit, Sicherung, Abschirmung, Deckung, Beschützung, Beschirmung, Schutz und Schirm · Datenschutz · Personenschutz · Objektschutz · Umweltschutz · Strahlenschutz · Lärmschutz; ↑Bewacher, ↑Geborgenheit, ↑Geleit, ↑Hilfe, ↑Prellbock, ↑Sicherheitsgurt; ↑bewachen; ↑sicher · Ggs. ↑Ungeborgenheit, ↑Ungesichertheit; ↑ungeborgen, ↑unsicher.

²**Schutz:** ↑Schutzmaßnahme, ↑Verhütung; S. gewähren ↑behüten; S. suchen unter ↑unterstellen (sich); im -e der Dunkelheit / der Nacht ↑heimlich; jmdn. in S. nehmen ↑eintreten (für).

Schütz ↑Flurwächter.

Schutzalter ↑Schutzmaßnahme.

Schutzanzug ↑Anzug.

Schutzbehauptung ↑Feststellung.

¹**Schütze** · Sportschütze, Kunstschütze, Meisterschütze · *aus dem Hinterhalt schießender:* Heckenschütze · *mit besonderer Ausbildung und Spezialauftrag:* Scharfschütze; ↑Partisan, ↑Schusswaffe.

²**Schütze:** ↑Sternbild, ↑Tierkreiszeichen; [S. Arsch] ↑Dienstgrad.

schützen: ↑behüten; s. vor ↑abhalten; seine -de Hand über jmdn. halten ↑behüten.

Schützendruckmine ↑Mine.

Schutzengel: ↑Engel; einen S. bei sich haben ↑Glück [haben].

¹**Schützengraben,** Graben, Unterstand, Schützenloch, Deckung, Infanteriestellung, Stellung, Vorfeld; ↑Front, ↑Kriegsschauplatz.

²**Schützengraben:** im S. liegen ↑Front.

Schützenhilfe: S. leisten ↑helfen.

Schützenloch ↑Schützengraben.

Schützenspringmine ↑Mine.

Schützer ↑Gönner.

Schutzgebühr ↑Preis.

Schutzgeleit ↑Geleit.

Schutzhafen ↑Hafen.

Schutzheilige ↑Schutzpatron, ↑Schutzpatronin.

¹**Schutzheiliger,** Schutzpatron, Patron, Nothelfer.

²**Schutzheiliger** ↑Schutzpatron.

Schutzhelm ↑Kopfbedeckung.

Schutzherr ↑Gönner.

Schutzherrschaft ↑Schirmherrschaft.

Schutzhunde ↑Hunderassen.

Schutzimpfung: ↑[aktive, passive S.] ↑Impfung.

Schutzkarton ↑Verpackung.

¹**schutzlos,** ausgeliefert, preisgegeben, verraten und verkauft, ausgesetzt; ↑machtlos, ↑unsicher; **s. sein,** Freiwild sein; ↑ausliefern; ↑Ungesichertheit.

²**schutzlos:** ↑sensibel; ↑unsicher.

Schutzlosigkeit ↑Ungesichertheit.

Schutzmann ↑Polizist.

Schutzmarke ↑Warenzeichen.

Schutzmaßnahme, Schutz, Schutzalter · *gegen Umweltverschmutzung:* Umweltschutz; ↑Aktion, ↑Maßnahme, ↑Schutz.

Schutzmauer ↑Mauer.

¹**Schutzpatron,** Schutzheiliger, Patron, Heiliger · *weiblicher:* Schutzpatronin, Schutzheilige, Patronin, Heilige; ↑Nothelfer.

²**Schutzpatron** ↑Schutzheiliger.

Schutzpatronin, Patronin, Schutzheilige; ↑Schutzpatron.

Schutzpolizei ↑Polizeibehörde.

Schutzraum ↑Bunker.

schutzsuchend ↑anlehnungsbedürftig.

Schutzumschlag ↑Umschlag.

Schutz- und Trutzbündnis ↑Bund.

Schutzurkunde ↑Patent.
Schutzwall ↑Wall.
Schutzweg ↑Fußgängerübergang.
Schwabacher ↑Schrift.
schwabbelig ↑weich.
Schwabe, Sauschwabe *(landsch., abwertend),* Spätzlesschwabe *(landsch., scherzh.),* Suppenschwabe *(landsch., scherzh.),* Knöpflesschwabe *(landsch., scherzh.),* Hurenschwabe *(derb, abwertend);* ↑Deutscher.
schwäbeln ↑Mundart [sprechen].
Schwabenstreich ↑Tat.
schwäbisch: ↑Mundart; s. sprechen ↑Mundart [sprechen].
schwach: ↑anfällig, ↑hinfällig, ↑kraftlos, ↑machtlos, ↑tolerant, ↑unbegabt, ↑vordergründig; -es Bild ↑Leistung; etwas steht auf -en Beinen ↑unsicher [sein]; -e Brise ↑Windstärke; etwas steht auf -en Füßen ↑glaubwürdig, ↑unsicher [sein]; das -e Geschlecht ↑Frauen (die); -er Punkt, -e Stelle ↑Achillesferse; etwas ist jmds. -e Seite, s. in etwas sein ↑firm; s. auf der Brust sein ↑arm [sein]; jmdm. ist / wird s. ↑unwohl; s. werden ↑nachgeben; schwächer werden ↑abnehmen; sozial schwächer ↑einkommensschwach.
schwach besiedelt ↑bevölkert.
Schwäche: ↑Erschöpfung, ↑Kraftlosigkeit, ↑Machtlosigkeit, ↑Mangel, ↑Unfähigkeit, ↑Verwundbarkeit, ↑Willenlosigkeit; S. für ↑Zuneigung; eine S. haben für ↑lieben.
Schwächeanfall ↑Erschöpfung.
schwächen: ↑vergewaltigen; etwas schwächt ↑zehren.
Schwächezustand ↑Erschöpfung.
Schwachheit: bilde dir nur keine -en ein! ↑Hoffnung.
Schwachkopf ↑Dummkopf.
schwächlich: ↑anfällig, ↑kraftlos, ↑schmächtig.
Schwächlichkeit ↑Kraftlosigkeit.
¹Schwächling, Schlappschwanz, Schlaffi *(ugs.);* ↑Versager; ↑erschöpft.
²Schwächling: ↑Versager; ein S. sein ↑willensschwach [sein].
Schwachsichtigkeit ↑Sehstörung.
Schwachsinn: das ist S. ↑unsinnig [sein].
schwachsinnig ↑unsinnig.
Schwachstelle ↑Achillesferse.
Schwachstrom ↑Elektrizität.
Schwachstrombeiz ↑Gaststätte.
Schwächung ↑Erschöpfung.
Schwadron ↑Heeresverband.
Schwadroneur ↑Schwätzer.
schwadronieren ↑sprechen.
schwafeln ↑sprechen.
Schwafler ↑Schwätzer.
Schwager: ↑Fuhrmann, ↑Verwandter.
Schwägerin ↑Verwandter.
Schwaige ↑Almhütte.
schwaigen ↑Alm.

Schwaiger ↑Hirt.
Schwalbe ↑Vogel.
Schwalbenschwanz ↑Schmetterling.
¹Schwamm ·· Kalkschwamm, Sackkalkschwamm, Wabenschwamm · Kieselschwamm, Neptunsbecher · Hornschwamm, Badeschwamm, Pferdeschwamm, Süßwasserschwamm, Netzfaserschwamm · Bohrschwamm.
²Schwamm: ↑Pilz; S. drüber! ↑beenden.
Schwammerl ↑Pilz.
schwammig: ↑aufgedunsen, ↑weich.
Schwammigkeit ↑Gedunsenheit.
Schwan: ↑Sternbild, ↑Vogel.
schwanen: etwas schwant jmdm. ↑vermuten.
Schwanengesang ↑letzte.
Schwanenhals ↑Bogen.
schwanenweiß ↑weiß.
Schwang: im -e sein ↑modern [sein], ↑üblich [sein]; in S. kommen ↑entstehen.
¹schwanger, gravid, krabkrällig (Goethe); **s. werden,** empfangen, konzipieren, befruchtet werden; **s. sein,** schwanger gehen, mit einem Kind gehen, ein Kind (oder:) ein Baby (oder:) Zuwachs erwarten / bekommen / kriegen, sich ein Kind anschaffen, in anderen / besonderen Umständen sein, guter Hoffnung / *(landsch.)* in [der] Hoffnung sein, gesegneten / schweren Leibes sein *(geh.),* Mutterfreuden entgegensehen, Mutter werden, ein Kind unter dem Herzen tragen *(geh.),* dick sein *(derb),* es ist etwas unterwegs, ein Kind / etwas Kleines ist unterwegs, ein süßes Geheimnis haben, der Storch hat sie ins Bein gebissen *(fam., veraltend),* das Verhältnis blieb nicht ohne Folgen; ↑befruchten, ↑gebären, ↑koitieren, ↑schwängern, ↑vergewaltigen; ↑Befruchtung, ↑Kind, ↑Koitus, ↑Mutter, ↑Schwangerschaft.
²schwanger: s. gehen mit ↑befassen (sich), ↑vorhaben.
schwängern, zeugen, ein Kind in die Welt setzen, Vater werden, Vaterfreuden entgegensehen, jmdm. ein Kind machen *(derb),* jmdn. dick machen *(derb),* anbuffen *(derb),* anschießen *(derb),* anbumsen *(derb),* anteigen *(derb, landsch.);* ↑deflorieren, ↑gebären, ↑koitieren, ↑produzieren, ↑vergewaltigen; ↑schwanger; ↑Koitus.
Schwangerschaft, Gravidität, Graviditas, Gestation *(selten),* Kyese *(selten),* Kyesis *(selten)* ·· *mit Entwicklung der Frucht außerhalb der Gebärmutter:* Extrauteringravidität, ektopische Schwangerschaft, Graviditas extrauterina · Bauchhöhlenschwangerschaft, Abdominalgravidität, Graviditas abdominalis · Tubenschwangerschaft, Eileiterschwangerschaft, Tubargravidität, Graviditas tubarica · Ovarialschwangerschaft, Ovarialgravidität, Graviditas ovarica; ↑Fertilität, ↑Geburt, ↑Koitus, ↑Scheinschwangerschaft; ↑schwanger.

Schwangerschaftsabbruch: ↑Abtreibung, ↑Fehlgeburt.

Schwangerschaftsunterbrechung: ↑Abtreibung, ↑Fehlgeburt.

Schwängerung ↑Befruchtung.

Schwank ↑Komödie.

¹schwanken, wanken, taumeln, torkeln; ↑fallen, ↑gleiten, ↑hängen, ↑schleudern, ↑schwingen, ↑stolpern.

²schwanken: ↑fluktuieren, ↑zögern; -der Wechselkurs ↑Wechselkurs.

schwankend: ↑labil, ↑unentschlossen, ↑veränderlich, ↑wacklig; etwas steht auf -en Füßen ↑glaubwürdig, ↑unsicher [sein].

¹Schwanz, Schweif, Zagel *(selten),* Rute (Wolf), Lunte (Luchs, Fuchs), Fahne (Fuchs), Standarte (Fuchs, Wolf), Wedel (Rotwild), Krickel (Schwarzwild), Blume (Hase, Gamswild), Bürzel (Schwarzwild, Ente), Stoß (Raubvogel), Spiel (Fasan), Steiß (Rebhuhn), Sterz (Vögel).

²Schwanz: ↑Penis; kein S. ↑niemand; S. der Schlange ↑Sternbild; den S. einziehen ↑nachgeben; einen S. machen ↑versagen; das Pferd am / beim S. aufzäumen ↑verkehrt [machen]; das kann eine Katze auf dem S. forttragen / wegtragen ↑wenig; da beißt sich die Katze / die Schlange in den S. ↑Teufelskreis.

Schwänzchen ↑Haarzopf.

schwänzen ↑abwesend [sein].

Schwanzfeder ↑Feder.

Schwanzfutteral ↑Präservativ.

Schwanzgefieder ↑Gefieder.

Schwanzlurch ↑Salamander.

schwanzlutschen ↑koitieren.

Schwanzlutscher ↑Homosexueller.

Schwanzmeise ↑Vogel.

Schwarm: ↑Bienenvolk, ↑Herde, ↑Liebling, ↑Publikumsliebling.

schwärmen: ↑fortbewegen (sich); s. für ↑anschwärmen; s. von ↑loben.

Schwärmer: ↑Eiferer, ↑Feuerwerkskörper, ↑Optimist, ↑Schmetterling.

Schwärmerei ↑Begeisterung.

schwärmerisch: ↑begeistert, ↑empfindsam.

Schwarmgeist ↑Eiferer.

Schwarte: ↑Buch, ↑Speckschwarte.

¹schwarz, schwärzlich, tiefschwarz, pechschwarz, kohlschwarz, rabenschwarz, kohlrabenschwarz, pechrabenschwarz, kohlpechrabenschwarz, nachtschwarz, elfenbeinschwarz, blauschwarz, grauschwarz, braunschwarz, schwarz wie Ebenholz / wie die Nacht; ↑bunt, ↑einfarbig, ↑grau.

²schwarz: ↑heimlich, ↑schwarzhaarig; -e Blattern / Pocken ↑Pocken; -e Johannisbeere ↑Johannisbeere; -es Gold ↑Energie; -es Brett ↑Anschlagbrett; etwas durch eine -e Brille sehen ↑schwermütig [sein]; Schwarzer Erdteil ↑Afrika; etwas in -en / den schwärzesten Farben malen ↑schildern; -er Freitag ↑Unglückstag; -er Humor ↑Humor; -e Kunst ↑Zauberei; eine -e

Krawatte / Schwarz tragen, in Schwarz gehen ↑Trauerkleidung [tragen]; der -e Mann ↑Schornsteinfeger, ↑Schreckgestalt; -er Markt ↑Schleichhandel; -er Peter ↑Kartenspiel; -e Rasse ↑Rasse; das -e Schaf sein ↑anpassen; das Schaf ↑Prügelknabe; eine -e Seele haben ↑böse [sein]; -er Senf ↑Senf; -er Star ↑Blindheit; -er Tag ↑Unglückstag; -er Tee ↑Tee; der -e Tod ↑Pest; -e Verbindung ↑Verbindung; jmdm. wird s. vor den Augen ↑ohnmächtig [werden]; sich s. ärgern ↑ärgerlich [sein]; -e Zahlen haben ↑[keinen] Fehlbetrag [haben]; jmdm. nicht das Schwarze unter dem Nagel gönnen ↑neiden; s. auf weiß erbringen ↑nachweisen [können]; etwas Schwarzes ↑Trauerkleidung; ins Schwarze treffen ↑treffend.

Schwarz- ↑Raub-.

Schwarzafrika ↑Afrika.

Schwarzarbeit ↑Arbeit.

Schwarzbär ↑Bär.

Schwarzbeere ↑Blaubeere.

schwarzblau ↑blau.

schwarzbraun: ↑braun, ↑braunhaarig.

Schwarzbrot ↑Brot.

Schwarzdorn, Schlehdorn, Schlehe.

schwärzen ↑Schleichhandel [treiben].

Schwarzer, Farbiger, Neger *(auch abwertend)* · Afrikaner, Basotho, Bantu, Fulbe, Hutu, Ibo, Ila, Massai, Mbundu, Sotho, Suaheli, Zulu.

Schwärzer ↑Schmuggler.

schwarzfahren ↑fahren.

Schwarzfahrer ↑Passagier.

Schwarzfuß ↑Indianer.

schwarzgrau ↑grau.

schwarzhaarig, schwarz, tiefschwarz, pechschwarz, kohlrabenschwarz, kohlschwarz, blauschwarz, nachtschwarz; ↑braunhaarig, ↑Haar.

Schwarzhalstaucher ↑Vogel.

Schwarzhandel ↑Schleichhandel.

Schwarzhändler: ↑Händler, ↑Schmuggler.

Schwarzkehlchen ↑Vogel.

Schwarzkopfmöwe ↑Vogel.

Schwarzkünstler ↑Zauberkünstler.

schwärzlich ↑schwarz.

Schwarzmalerei ↑Pessimismus.

Schwarzmarkt ↑Schleichhandel.

Schwarzmarktpreis ↑Preis.

Schwarzrock ↑Geistlicher.

schwarzschlachten ↑schlachten.

schwarzsehen: ↑fernsehen, ↑voraussehen.

Schwarzseher ↑Pessimist.

Schwarzseherei ↑Pessimismus.

schwarzseherisch ↑defätistisch.

Schwarzsender ↑Rundfunksender.

Schwarzspecht ↑Vogel.

Schwarzstorch ↑Vogel.

Schwarzwald: Schwarzwälder Kirschtorte ↑Gebäck; Schwarzwälder Schinken ↑Schinken; Schwarzwälder Uhr ↑Uhr.

Schwarzweißaufnahme ↑Fotografie.
Schwarzweißempfänger ↑Fernsehgerät.
Schwarzweißfilm ↑Film.
Schwarzweißfoto ↑Fotografie.
Schwarzweißfotografie ↑Fotografie.
Schwarzweißgerät ↑Fernsehgerät.
Schwarzweißkamera ↑Kamera.
Schwarzwild ↑Wild.
Schwarzwurzel ↑Gemüse.
Schwatz: einen S. halten ↑unterhalten (sich).
Schwätzchen: auf ein S. ↑vorübergehend.
schwatzen: ↑mitteilen, ↑sprechen.
schwätzen ↑sprechen.
Schwätzer *(abwertend),* Schwafler *(abwertend),* Salbader *(abwertend),* Schwadroneur *(abwertend),* Plaudertasche, Klatschweib *(abwertend),* Klatschbase *(abwertend),* Klatschtante *(abwertend),* Klatschmaul *(salopp, abwertend),* Faselhans *(abwertend),* Quasselstrippe *(landsch., abwertend),* Sabbler *(nordd., abwertend),* Quatschkopf *(ugs., abwertend)* · *politisierender:* Stammtischpolitiker, Kannegießer *(abwertend);* ↑Lästerer; ↑sprechen.
schwatzhaft ↑gesprächig.
Schwatzhaftigkeit ↑Redseligkeit.
Schwebe: in der S. lassen ↑offen lassen; in der S. sein ↑ungewiss [sein].
Schwebebahn: ↑Seilbahn, ↑Verkehrsmittel.
Schwebebalken ↑Sportgerät.
schweben: ↑fliegen, ↑ungewiss [sein]; in tausend Ängsten s. ↑sorgen (sich); in höheren Regionen s. ↑unrealistisch [sein].
schwebend ↑anhängig.
Schwebestütz ↑Turnübung.
Schwedenpunsch ↑Gewürzwein.
Schwedenreiter ↑Heureiter.
schwedisch: -e Krone ↑Zahlungsmittel; hinter -en Gardinen sitzen ↑abbüßen.
schwedischrot ↑rot.
Schwefel: wie Pech und S. zusammenhalten ↑unzertrennlich [sein].
Schwefelbad ↑Badeort.
schwefelgelb ↑gelb.
Schwefelholz ↑Streichholz.
Schwefelkopf: Büscheliger / Grünblättriger / Rauchblättriger / Ziegelroter S. ↑Ständerpilz.
Schweif: ↑Penis, ↑Schwanz.
Schweifstern ↑Komet.
Schweigegeld: ↑Bestechungsgeld; S. geben ↑bestechen.
¹schweigen, stillschweigen, still / ruhig sein, den Mund nicht auftun, den Mund halten, nichts sagen, verstummen, verschweigen, keinen Ton verlauten lassen, nicht piep / keinen Piep sagen, kein Sterbenswörtchen sagen *(ugs.),* geheim halten, seinen Mund halten, verheimlichen, sich nicht in die Karten gucken lassen, unerwähnt lassen, kein Wort über etwas verlieren, verhehlen, verbergen, übergehen, totschweigen, für sich behalten, Stillschweigen bewahren, sich ausschweigen / in Schweigen hüllen, keinen Kommentar geben, verschwiegen wie ein Grab sein, [eine Mitteilung / Nachricht] unterschlagen, dichthalten *(salopp),* nicht ↑mitteilen · *auf eine Frechheit o. Ä.:* eine Antwort unterdrücken, [seinen Ärger] runterschlucken *(ugs.),* eine Antwort schuldig bleiben, nicht ↑antworten; ↑verbieten, ↑vertuschen; ↑ruhig, ↑wortkarg; ↑Geheimhaltung, ↑Geheimnis · Ggs. ↑sprechen.
²schweigen: ↑[sich nicht] äußern; -de Mehrheit ↑Menge; nicht mehr s. ↑Schweigen.
¹Schweigen, Stillschweigen; **das S. brechen,** nicht mehr schweigen, auspacken *(salopp),* etwas nicht für sich behalten; ↑mitteilen.
²Schweigen ↑Stille.
schweigend ↑wortlos.
schweigsam ↑wortkarg.
Schweigsamkeit ↑Wortkargheit.
¹Schwein, Hausschwein, Borstentier *(scherzh.),* Borstenvieh *(scherzh.),* Wutz *(landsch.)* · *weibliches:* Sau, Mutterschwein, Bache, Mocke *(landsch.),* Docke *(landsch.),* Kosel *(landsch.),* Mor *(landsch.),* Laus *(landsch.),* Dausch *(landsch.)* · *männliches:* Eber, Keiler, Hauer, Basse, Bär *(landsch.),* Kämpe *(landsch.),* Watz *(landsch.),* Hacksch *(landsch.),* Kunz *(landsch.),* Hegel *(landsch.)* · *männliches kastriertes:* Pölk, Bork, Bark, Borg, Barch, Barg, Borsch; ↑Kastration, ↑Rind (Ochse) · *junges:* Frischling, Ferkel, Läufer; ↑Wild.
²Schwein: ↑Schmutzfink; bluten wie ein S. ↑bluten; kein S. ↑niemand; S. haben ↑Glück [haben].
Schweinebandwurm ↑Wurm.
Schweinebauch ↑Fleischgericht.
Schweinebein ↑Eisbein.
Schweinebeinchen ↑Eisbein.
Schweinebraten ↑Fleischgericht.
Schweinefett ↑Fett.
Schweinefilet ↑Fleischgericht.
Schweinefleisch ↑Fleisch.
Schweinefraß ↑Essen.
Schweinehachse ↑Fleischgericht.
Schweinehaxe ↑Fleischgericht.
Schweinehirt ↑Hirt.
Schweinehund ↑Schuft.
Schweinemett ↑Hackfleisch.
Schweineohr, Schweinsohr, Schweinsöhrchen, Schuhsohle *(landsch.);* ↑Gebäck.
Schweinerei ↑Unflat.
Schweinerollbraten ↑Fleischgericht.
Schweinescheune ↑Stall.
Schweineschmalz ↑Fett.
Schweinestall ↑Stall.
Schweinigelei ↑Unflat.
schweinigeln: ↑anstößig [reden], ↑sprechen.
schweinisch ↑anstößig.
Schweinkram ↑Unflat.
Schweinsfüße ↑Eisbein.
Schweinsgalopp: im S. ↑schnell.

Schweinshaxe: ↑Eisbein, ↑Fleischgericht.
Schweinsknochen ↑Eisbein.
Schweinsleder ↑Leder.
Schweinsohr ↑Schweineohr.
Schweinsöhrchen ↑Schweineohr.
Schweinsstelze ↑Eisbein.
¹Schweiß, Sudor, Hidro-; ↑schwitzen.
²Schweiß: ↑Transpiration; S. vergießen, [wie] in S. gebadet sein ↑schwitzen; nass von S. ↑verschwitzt.
Schweißabsonderung ↑Transpiration.
Schweißdrüsenfrieseln ↑Frieseln.
schweißen ↑löten.
Schweißfrieseln ↑Frieseln.
Schweißfüße ↑Fuß.
schweißgebadet ↑verschwitzt.
Schweißgeruch ↑Körpergeruch.
Schweißhunde ↑Hunderassen.
Schweißsekretion: ↑Transpiration.
Schweiz, Helvetia, Helvetien, Eidgenossenschaft, Confoederatio Helvetica · *1798–1803:* Helvetische Republik, Helvetik; ↑Innerschweiz, ↑Schweizer; ↑schweizerisch.
¹Schweizer, Eidgenosse, Schwyzer *(scherzh.),* Hirtenknabe *(iron.),* Schweizerknabe, Tellensohn · Schweizervolk · *in Bezug auf sein Stimmrecht:* Souverän; ↑Schweiz; ↑schweizerisch.
²Schweizer: ↑Melker; S. Franken ↑Zahlungsmittel; S. Käse ↑Käse; S. Moosfarn ↑Bärlappgewächs; S. Spitze ↑Spitzenstickerei.
Schweizerfranken ↑Franken.
Schweizergarde ↑Leibwache.
schweizerisch, eidgenössisch, helvetisch · *die französische Schweiz betreffend:* welschschweizerisch, welsch; ↑Schweiz, ↑Schweizer.
Schweizerisch: -e Armee ↑Militär.
Schweizerknabe ↑Schweizer.
Schweizervolk ↑Schweizer.
Schwelbrand: ↑Brand, ↑Schadenfeuer.
schwelen ↑brennen.
schwelgen: ↑essen, ↑leben.
Schwelger ↑Feinschmecker.
Schwelgerei ↑Genuss.
schwelgerisch ↑genießerisch.
schwellen: jmdm. schwillt der Kamm ↑dünkelhaft [sein].
Schwellung ↑Beule.
Schwemme: ↑Aufschwung, ↑Gaststätte.
schwemmen ↑spülen.
Schwemmland ↑Marsch.
Schwengel ↑Penis.
schwenken: um die Ecke s. ↑abbiegen.
Schwenker ↑Trinkgefäß.
¹schwer, bleischwer, schwer wie Blei, wuchtig, massig, drückend, lastend, bleiern; ↑hinderlich · Ggs. ↑federleicht; **s. sein,** viel wiegen, Gewicht haben.
²schwer: ↑gewaltig, ↑schwierig; s. bekömmlich / verdaulich, s. im Magen liegen, nicht s. ↑bekömmlich; s. durchschaubar ↑hintergrün-

dig; -es Geschütz auffahren ↑attackieren; -en Herzens ↑notgedrungen; -er Junge ↑Verbrecher; -er Kreuzer ↑Kriegsschiff; ein -es Schicksal haben ↑Schicksal; gewaltig -e See ↑Seegang; -er Sturm ↑Windstärke; mit jmdm. ist s. auszukommen ↑böse [sein]; jmdm. das Leben s. machen ↑schikanieren; s. von Begriff / Kapee sein ↑begriffsstutzig [sein].
Schwerarbeiter ↑Arbeiter.
Schwerarbeiterherz ↑Herzhypertrophie.
Schwerathlet ↑Sportler.
Schwerathletik ·· Gewichtheben ·· Kunstkraftsport · Akrobatik · Sportakrobatik · Artistik · Amateurartistik ·· Rasenkraftsport · Hammerwerfen · Gewichtwerfen · Steinstoßen ·· Ringen · Glima · Güresch · Schwingen · Sumo; ↑Leichtathletik, ↑Sportler.
schwer beladen ↑beladen.
schwer bepackt ↑beladen.
Schwere ↑Gewicht.
Schweremesser ↑Waage.
Schwerenöter ↑Frauenheld.
schwer erziehbar: Heim für Schwererziehbare ↑Erziehungsanstalt.
schwer fallen: etwas fällt jmdm. schwer, jmd. tut sich schwer mit etwas, etwas macht jmdm. Mühe, jmd. kommt mit etwas nicht zurecht / zu Rande, jmd. findet nicht den [rechten] Rank *(schweiz.);* ↑schwierig.
schwerfällig: ↑tölpelhaft, ↑träge.
Schwerfälligkeit ↑Ungeschicklichkeit.
schwer geprüft ↑leidgeprüft.
Schwergewicht: ↑Ringen, ↑Vorrang.
Schwergewichtler ↑Boxer.
schwergründig ↑gewaltig.
schwerhörig ↑taub.
Schwerhöriger, Hörgeschädigter, Hörbehinderter, Ertaubter, Gehörgebrechlicher *(schweiz.),* Gehörloser; ↑Schwerhörigkeit; ↑taub.
Schwerhörigkeit ↑Gehörstörung.
Schwerindustrie ↑Wirtschaft.
Schwerkranker ↑Kranker.
schwerlich, kaum, wahrscheinlich / wohl nicht.
Schwermetall ↑Metall.
Schwermut: ↑Melancholie, ↑Trauer.
¹schwermütig, trübsinnig, hypochondrisch, depressiv, melancholisch, pessimistisch, schwarzseherisch, nihilistisch, defätistisch, miesepetrig *(ugs.),* hintersinnig *(schweiz.),* bregenklüterig *(landsch.),* trübselig, wehmütig, wehselig *(schweiz.),* elegisch, trist, traurig, freudlos, freudelos *(schweiz.),* elend, unglücklich *(Jargon),* unglücklich, todunglücklich, kreuzunglücklich, desolat, betrübt, trübe, bedrückt, gedrückt, bekümmert, unfroh, mauserig *(schweiz.),* nicht ↑lustig; ↑ängstlich, ↑ernsthaft, ↑kläglich, ↑deprimiert, ↑ruhig · Ggs. ↑zuversichtlich; **s. sein,** mit der Welt zerfallen sein, Trübsal blasen, etwas durch eine schwarze Brille sehen, sich hintersinnen *(südd., schweiz.);* ↑er-

staunen; ↑Melancholie, ↑Muffel, ↑Pessimist, ↑Trauer.

²schwermütig ↑gemütskrank.

Schwermütigkeit ↑Melancholie.

schwer nehmen, als bedrückend / schlimm / belastend empfinden, sich etwas zu Herzen nehmen, etwas liegt jmdm. wie ein Alb auf der Brust / Seele, sich wegen etwas Gedanken machen; ↑sorgen (sich).

Schwerpunkt ↑Vorrang.

Schwert: ↑Hiebwaffe; das S. in die Scheide stecken ↑Frieden [schließen]; das S. schlucken ↑koitieren.

Schwertbrüderorden ↑Ritterorden.

Schwertfisch ↑Sternbild.

Schwertschlucker ↑Artist.

schwer tun: jmd. tut sich schwer mit etwas ↑schwer fallen.

Schwerverbrecher ↑Verbrecher.

schwer verständlich ↑verworren.

schwerwiegend ↑gewaltig.

¹Schwester, Schwesterherz *(fam.);* ↑Verwandter.

²Schwester: ↑Anrede, ↑Homosexueller, ↑Krankenschwester, ↑Nonne; Bruder und S. ↑Geschwister.

Schwesterherz ↑Schwester.

Schwesterkind ↑Verwandter.

Schwesterliebe ↑Familienanhänglichkeit.

Schwesternhelferin ↑Krankenschwester.

Schwesternorden ↑Nonnenorden.

Schwesterpartei ↑Partei.

Schwiegereltern ↑Verwandter.

Schwiegerkind ↑Verwandter.

Schwiegermama ↑Verwandter.

Schwiegermutter ↑Verwandter.

Schwiegerpapa ↑Verwandter.

Schwiegersohn, Eidam *(veraltet),* Tochtermann *(südwestd., veraltend);* ↑Verwandter.

Schwiegertochter, Schnur *(veraltet);* ↑Verwandter.

Schwiegervater ↑Verwandter.

¹Schwiele, Hornhaut, Hautschwiele, übermäßige Hautverhornung, Schwielenbildung, Keratose, Hyperkeratose, Keratom, Horngeschwulst, Hauthorn, Kallosität, Callositas, Kallus, Tylom, Tylose, Tylositas, Klavus, Hühnerauge, Leichtdorn; ↑Hautblüte, ↑Warze.

²Schwiele: sich -n an die Hände arbeiten ↑arbeiten.

Schwielenbildung ↑Schwiele.

¹schwierig, schwer, diffizil, heikel, gefährlich, kitzlig *(ugs.),* kompliziert, subtil, problematisch, verwickelt, langwierig, harzig *(schweiz.),* knifflig *(ugs.),* verzwickt *(ugs.),* vertrackt *(ugs.),* prekär, nicht ↑leicht, nicht ↑mühelos; ↑beschwerlich, ↑brisant; **s. sein,** etwas bereitet Schwierigkeiten, etwas ist kein Kinderspiel / ein harter Brocken / eine harte Nuss / eine Wissenschaft für sich, etwas ist eine schwierige Kiste *(ugs., berlin.),* etwas harzt *(schweiz.);* **nicht s.**

sein, das ist keine Kunst, das ist kein Kunststück, dazu gehört nicht viel, das kann jeder, das ist nichts Besonderes, das ist nicht [weiter] verwunderlich, Geschwindigkeit ist keine Hexerei, etwas ist kinderleicht / ein Kinderspiel / puppenleicht / babyleicht; ↑Angelegenheit, ↑Schwierigkeit.

²schwierig: ↑empfindlich, ↑wirr; etwas ist eine -e Kiste ↑schwierig [sein]; etwas ist s. ↑Kleinigkeit; zu s. ↑unausführbar.

¹Schwierigkeit, Frage, Problem, Streitfrage, kritischer / strittiger Punkt, Knackpunkt, ungelöste Aufgabe, Hauptschwierigkeit, Hauptfrage, Kernfrage, Zentralfrage, Kardinalfrage, Hauptproblem, Kernproblem, Grundproblem, Zentralproblem, Kardinalproblem, Gegenwartsfrage, Gegenwartsproblem, Lebensfrage, Tagesfrage, Tagesproblem, Randproblem, Nebenproblem · *eigentlich gar nicht existierende:* Scheinproblem · *eigentliche, größte:* das dicke Ende *(ugs.);* ↑Aufgabe, ↑Not, ↑Unannehmlichkeit, ↑Zwiespalt; **Schwierigkeiten haben,** ein Problem haben, jmds. Rat brauchen, sich mit jmdm. / etwas herumschlagen; **keine Schwierigkeiten mehr haben,** die größten Schwierigkeiten überwunden haben, nicht mehr so zu kämpfen haben, aus dem Gröbsten heraus sein, aus dem Schneider sein, über den Berg sein, es geht aufwärts; ↑schwierig.

²Schwierigkeit: ↑Kalamität, ↑Not; -en ↑Umstände; etwas bereitet -en ↑schwierig [sein]; eine S. überwinden ↑bewältigen; in finanziellen -en sein ↑arm [sein]; ohne -en ↑reibungslos.

Schwimmbad ↑Bad.

Schwimmbecken ↑Bassin.

Schwimmblatt ↑Farn.

¹schwimmen, brustschwimmen, rückenschwimmen, baden, kraulen, planschen, sich erfrischen · *unter Wasser:* tauchen · *unbekleidet als Nudist:* nacktbaden; ↑baden; ↑Bad, ↑Bassin, ↑Schwimmen.

²schwimmen: ↑fließen; -des Hotel ↑Fahrgastschiff; gegen den Strom s. ↑entgegenstellen (sich); in jmds. Kielwasser s. ↑selbstständig; mit dem Strom / nicht gegen den Strom s. ↑Opportunist [sein]; [ins Schwimmen kommen] ↑schleudern.

¹Schwimmen, Brustschwimmen, Kraulschwimmen, Rückenkraulschwimmen, Schmetterlingsschwimmen, Delphinschwimmen · *unter Wasser:* Tauchen, Schnorcheltauchen, Tiefseetauchen; ↑Bad, ↑Bassin, ↑baden, ↑schwimmen.

²Schwimmen ↑Fünfkampf.

Schwimmerbecken ↑Bassin.

Schwimmfarn ↑Farn.

Schwimmfarngewächs ↑Farn.

Schwimmgürtel ↑Rettungsgerät.

Schwimmhose ↑Badehose.

Schwimmweste ↑Rettungsgerät.

Schwindel: ↑Benommenheit, ↑Lüge.

Schwindel erregend ↑sehr.
schwindeln: ↑lügen; jmdm. schwindelt ↑unwohl.
schwinden: ↑abnehmen; -d ↑nachlassend; jmdm. s. die Sinne ↑ohnmächtig [werden]; im Schwinden begriffen sein ↑abnehmen.
Schwindler: ↑Betrüger, ↑Lügner.
schwindlig: ↑benommen; jmdm. ist / wird s. ↑unwohl.
Schwindsucht ↑Tuberkulose.
Schwinge: ↑Flügel, ↑Korb.
¹schwingen, pendeln, wackeln, schlenkern, wie ein Lämmerschwanz wackeln *(salopp),* schuckeln *(ugs.),* eiern *(ugs.),* kippeln *(ugs.);* ↑hängen, ↑schleudern, ↑schaukeln, ↑schwanken; ↑wacklig.
²schwingen: ↑ringen; große Reden s. ↑prahlen; den Taktstock s. ↑dirigieren; das Tanzbein s. ↑tanzen; den Zauberstab s. ↑zaubern; das Zepter s. ↑maßgeblich [sein].
Schwingen: ↑Ringen, ↑Schwerathletik.
Schwinger: ↑Fausthieb, ↑Ringer.
Schwippschwager ↑Verwandter.
Schwippschwägerin ↑Verwandter.
Schwips ↑Betrunkenheit.
Schwirl ↑Vogel.
schwirren ↑fliegen.
Schwitzbad: ↑Sauna, ↑Sudatorium.
Schwitze ↑Mehlschwitze.
¹schwitzen, transpirieren, ausdünsten, Schweiß vergießen, [wie] in Schweiß gebadet sein; ↑Körpergeruch, ↑Schweißabsonderung, ↑Transpiration, ↑Wärme.
²schwitzen: Blut und Wasser s. ↑Angst [haben]; nass geschwitzt ↑verschwitzt.
Schwitzen (das): ↑Transpiration.
schwitzig ↑verschwitzt.
Schwitzkasten: ↑Polizeigriff, ↑Sudatorium.
Schwof ↑Tanzvergnügen.
schwofen ↑tanzen.
schwören: ↑versprechen; Urfehde s. ↑bereinigen.
Schwuchtel ↑Homosexueller.
schwul: ↑gleichgeschlechtlich; -e Ehe ↑Lebensgemeinschaft.
schwül, drückend, feuchtwarm, tropisch, föhnig, gewittrig.
Schwüle ↑Wärme.
Schwulenkino ↑Kino.
Schwuler ↑Homosexueller.
Schwulität ↑Kalamität.
Schwulsein ↑Homosexualität.
schwülstig ↑hochtrabend.
schwummerig: ↑benommen; jmdm. ist s. ↑Angst [haben].
schwummrig: ↑benommen; jmdm. ist s. ↑Angst [haben].
¹Schwund, Nachlassen, Fading; ↑nachlassen.
²Schwund ↑Verminderung.
Schwung: ↑Temperament; jmdm. fehlt der S., keinen S. haben, ohne [rechten] S. ↑tempera-

mentlos; voll S. ↑beschwingt; in S. bringen ↑ankurbeln, ↑mobilisieren, ↑propagieren; etwas kommt in S. ↑anfangen.
Schwungfeder ↑Feder.
schwunghaft: -en Handel treiben ↑verkaufen.
Schwungkraft, Zentrifugalkraft, Fliehkraft.
Schwungstütz ↑Turnübung.
¹schwungvoll, flott, schneidig, schnittig, schmissig, zackig, resch *(bayr., österr.);* ↑lebhaft, ↑lustig, ↑schnell.
²schwungvoll: ↑beschwingt, ↑bezaubernd.
Schwur: ↑Eid; wenn es zum S. kommt ↑gestehen.
Schwurgericht ↑Gericht.
Schwyzer ↑Schweizer.
Sciencefiction ↑Literatur.
Sciencefictionroman ↑Roman.
Scout: ↑Pfadfinder, ↑Schrittmacher.
Scylla: zwischen S. und Charybdis sein ↑Lage.
Seal ↑Pelz.
Séance, [spiritistische] Sitzung; ↑Geisterbeschwörung, ↑Spiritist; ↑okkult.
Seccomalerei ↑Maltechnik.
Sechsachteltakt ↑Takt.
Sechser ↑Münze.
Sechserkarte ↑Fahrkarte.
Sechsflächner ↑Würfel.
Sechskornbrötchen ↑Brötchen.
Sechslinge ↑Geschwister.
Sechstagerennen ↑Rennen.
sechste: -r Sinn ↑Ahnung.
Sechsundsechzig ↑Kartenspiel.
Sechsvierteltakt ↑Takt.
Sechter ↑Gefäß.
Sechzehntel ↑Notenzeichen.
Sechzehntelnote ↑Notenzeichen.
secondhand ↑antiquarisch.
Secondhandshop ↑Laden.
Secret Service ↑Geheimpolizei.
Sedan ↑Spitzenstickerei.
Sedativ: ↑Beruhigungsmittel, ↑Linderungsmittel.
Sedativum: ↑Beruhigungsmittel, ↑Linderungsmittel.
Sediment: ↑Bodensatz, ↑Gestein.
Sedimentgestein ↑Gestein.
¹See (der), Teich, Weiher, Woog *(landsch.),* Tümpel, Tümpfel *(bayr., österr.),* Pfuhl; ↑Bach, ↑Bad, ↑Fluss, ↑Gewässer, ↑Meer, ↑Mündung, ↑Pfütze.
²See (der): das Land der tausend Seen ↑Finnland.
³See (die): ↑Meer; leicht (oder:) mäßig bewegte / vollkommen glatte / [ziemlich] grobe / [sehr] hohe / [sehr] ruhige / gewaltig schwere / unruhige See ↑Seegang; auf See bleiben ↑sterben; in See stechen ↑abgehen, ↑abreisen; zur See fahren ↑Seemann [sein].
Seeadler ↑Vogel.
Seebad ↑Badeort.
Seebär: [ein S. sein] ↑Seemann [sein].

Seebarsch ↑ Fisch.
Seebeben ↑ Erdbeben.
Seedrachen ↑ Fisch.
Seefahrer: [S. sein] ↑ Seemann [sein].
Seefeder ↑ Hohltier.
Seefischer ↑ Fischer.
Seefischerei ↑ Fischerei.
Seeforelle ↑ Fisch.
Seefrosch ↑ Frosch.
Seefuchs ↑ Pelz.
Seegang, Wellengang, Wellenbewegung, Dünung, Windsee ·· vollkommen glatte See · sehr ruhige See · ruhige See · leicht bewegte See · mäßig bewegte See · ziemlich grobe See · grobe / unruhige See · hohe See · sehr hohe See · heftige Sturmsee · gewaltig schwere See; ↑ Welle, ↑ Windstärke.
seegrün ↑ grün.
Seehafen ↑ Hafen.
Seehose ↑ Wirbelwind.
Seehund ↑ Pelz.
Seeigel ↑ Stachelhäuter.
Seejungfrau ↑ Wassergeist.
Seekadett: ↑ Dienstgrad, ↑ Matrose.
Seekarte ↑ Landkarte.
Seeklima ↑ Klima.
seekrank: s. sein ↑ übergeben (sich).
Seekrankheit ↑ Bewegungskrankheit.
Seekrieg ↑ Krieg.
Seelamt ↑ Totenmesse.
¹Seele, Psyche, Inneres, Herz, Gemüt, Brust, Bauch (als Gegensatz zum Kopf als Sitz des Verstandes; *Jargon*); ↑ Gefühl, ↑ Seelsorge.
²Seele: durstige S. ↑ Trinker; keine S. ↑ niemand; zwei -n und ein Gedanke ↑ denken; ein Herz und eine S. sein ↑ unzertrennlich [sein]; eine S. von [einem] Kamel / von Mensch / von einem Menschen sein ↑ gütig [sein]; die S. aushauchen ↑ sterben; jmdm. die S. aus dem Leib fragen ↑ fragen; eine schwarze S. haben ↑ böse [sein]; zwei -n in einer Brust haben ↑ zwiespältig [sein]; sich die S. aus dem Leib schreien ↑ schreien; jmdm. etwas auf die S. binden ↑ anordnen; jmdm. auf der S. knien ↑ bitten; etwas liegt wie ein Alb auf der S. ↑ schwer nehmen; aus / in tiefster S., in der S. ↑ sehr; hinter etwas her sein wie der Teufel hinter der armen S. ↑ begierig [sein]; mit Leib und S., mit ganzer S. ↑ Begeisterung; sich etwas von der S. reden ↑ mitteilen.
Seelenamt: ↑ Totenmesse, ↑ Trauerfeier.
Seelenarbeit ↑ Heilkunde.
Seelenarzt ↑ Arzt.
Seelenbräutigam ↑ Heiland.
Seelenfrieden ↑ Gelassenheit.
seelengut ↑ gütig.
Seelengüte ↑ Güte.
Seelenhirt ↑ Geistlicher.
Seelenhirte ↑ Geistlicher.
Seelenkunde ↑ Psychologie.
seelenkundlich ↑ psychisch.
Seelenleben ↑ Gefühlsleben.

Seelenmassage ↑ Beeinflussung.
Seelenmesse: ↑ Totenmesse, ↑ Trauerfeier.
Seelenruhe: ↑ Gelassenheit; in aller S. ↑ ruhig.
seelenruhig ↑ ruhig.
Seelentrost ↑ Trost.
Seelenverkäufer: ↑ Schiff, ↑ Schuft.
seelenvoll ↑ empfindsam.
Seelilie ↑ Stachelhäuter.
seelisch: ↑ psychisch; -er Beistand, -e Betreuung ↑ Lebenshilfe; -es Tief ↑ Trauer.
Seelotse ↑ Lotse.
¹Seelsorge, Telefonseelsorge; ↑ Geistlicher, ↑ Lebenshilfe, ↑ Seele; ↑ psychisch.
²Seelsorge ↑ Lebenshilfe.
Seelsorger ↑ Geistlicher.
seelsorgerisch, seelsorgerlich, seelsorglich, pastoral, geistlich; ↑ Geistlicher.
seelsorgerlich ↑ seelsorgerisch.
seelsorglich ↑ seelsorgerisch.
Seeluft ↑ Luft.
Seemann, Seefahrer, Seebär, Fahrensmann; S. **sein,** Seefahrer sein, ein Seebär sein, zur See fahren, der Marine angehören, bei der Marine sein · Ggs. Landratte ↑ Bewohner; ↑ Lotse, ↑ Matrose, ↑ Reeder, ↑ Schiffer, ↑ Schiffsbesatzung.
Seemannsgarn ↑ Lüge.
Seemannsgrab: ein S. finden ↑ sterben.
Seemannsknoten ↑ Knoten.
Seemannssprache ↑ Gruppensprache.
Seemannstod: den S. finden / sterben ↑ sterben.
Seemarsch ↑ Marsch.
Seemeile ↑ Längenmaß.
Seemine ↑ Mine.
Seenadel ↑ Fisch.
Seeneunauge ↑ Fisch.
Seenotbake ↑ Warnzeichen.
Seenotdienst ↑ Lebensrettungsgesellschaft.
Seeoffizier · *im Rang eines Hauptmanns:* Kapitänleutnant · *im Rang eines Majors:* Korvettenkapitän · *im Rang eines Oberstleutnants:* Fregattenkapitän · *im Rang eines Obersts:* Kapitän · Flotillenadmiral · Konteradmiral · Vizeadmiral · *im Rang eines Generals:* Admiral; ↑ Befehlshaber, ↑ Dienstgrad · Ggs. ↑ Matrose.
Seeohr ↑ Schnecke.
Seepolyp ↑ Kopffüßer.
Seeratte ↑ Fisch.
Seeräuber, Pirat, Freibeuter, Korsar · *in westindischen Gewässern im 17. Jh.:* Bukanier, Flibustier; ↑ Dieb, ↑ Plünderer.
Seereise ↑ Reise.
Seerose: ↑ Hohltier, ↑ Wasserrose.
Seesack ↑ Tornister.
Seeschaden ↑ Havarie.
Seeschaum ↑ Brandung.
Seeschiff ↑ Schiff.
Seeschifffahrt ↑ Schifffahrt.
Seeschlacht ↑ Kampf.
Seeschlange ↑ Schlange.

Seeschwalbe ↑Vogel.
Seestern ↑Stachelhäuter.
Seestreitkräfte ↑Militär.
Seestück ↑Bild.
Seetaucher ↑Vogel.
Seetransport ↑Transport.
Seewalze ↑Stachelhäuter.
Seewind ↑Wind.
Segel: S. des Schiffes ↑Sternbild; die S. strei-
chen ↑nachgeben; jmdm. den Wind aus den -n
nehmen ↑widerlegen.
Segelboot · · Soling · Drachen, Drachenboot ·
Star, Starboot · Flying Dutchman · Finn-Dingi ·
Tempest · 5,5-m-Klasse · Olympiajolle ·
12-m²-Segelboot · · Sharpie · 20-m²-Segelboot · ·
Jollenkreuzer · 30-m²-Segelboot · · Schären-
kreuzer · 6-m-R-Klasse · Katamaran · KR-
Klasse · Pirat · 25-m²-Segelboot · · Einheits-
kieljacht; ↑Boot, ↑Segelschiff.
Segeldraht ↑Schnur.
Segelfalter ↑Schmetterling.
Segelfliegen ↑Fliegen.
Segelflieger ↑Flugzeug.
Segelfliegerohren ↑Ohr.
Segelflug ↑Flug.
Segelflugzeug ↑Flugzeug.
Segelgarn ↑Schnur.
segeln: ↑Boot [fahren], ↑fallen, ↑fliegen; in
jmds. Kielwasser s. ↑selbstständig; in die Tiefe
s. ↑hinunterfallen; mit dem Wind s. ↑Opportu-
nist [sein].
Segelpartie ↑Ausflug.
Segelregatta ↑Regatta.
Segelschiff · Windjammer · Bark · Brigg ·
Schoner · Kutter · Fregatte *(hist.)*, Korvette
(hist.) · *der Ausbildung des seemännischen Nach-
wuchses dienendes:* Segelschulschiff, Schul-
schiff · *chinesisches:* Dschunke; ↑Boot,
↑Kriegsschiff, ↑Schiff, ↑Segelboot.
Segelschulschiff ↑Segelschiff.
Segeltörn ↑Fahrt.
Segen: ↑Glück, ↑Gottesdienst; den S. geben /
austeilen ↑segnen; seinen S. zu etwas geben
↑billigen.
Segensandacht ↑Gottesdienst.
Segenswunsch: Segenswünsche ↑Glück-
wunsch.
Segler ↑Vogel.
Segment, Teilstück, Ausschnitt; ↑Abschnitt.
segmentieren ↑gliedern.
segmentiert ↑gegliedert.
Segmentierung ↑Gliederung.
¹segnen, den Segen geben / austeilen; ↑weihen.
²segnen: ↑weihen; das Zeitliche s. ↑defekt
[werden], ↑sterben.
Seguidilla ↑Tanz.
sehbehindert ↑blind.
¹sehen (jmdn. / etwas), beobachten, schauen,
erkennen, unterscheiden, erblicken, erspähen,
eräugen *(scherzh.)*, ausmachen, sichten, zu Gesicht bekommen · *undeutlich:* einen Schleier

vor den Augen haben · *alles:* jmdm. entgeht
nichts, jmd. hat vorn und hinten Augen / hat
seine Augen überall, Augen wie ein Luchs haben; ↑ansehen, ↑blinzeln, ↑merken, ↑wahrneh-
men; ↑argwöhnisch; **von jmdm. gesehen werden,** jmdm. zu Gesicht kommen; **sich bei jmdm.
s. lassen,** jmdm. unter die Augen kommen / treten; **nicht zu s. sein,** nicht zu finden sein, wie
vom Erdboden verschluckt sein, [spurlos] verschwunden sein; ↑optisch; ↑Augenlicht.
²sehen: ↑blicken, ↑empfangen, ↑erkennen,
↑finden, ↑wahrnehmen; schon zu s. sein ↑kom-
men; siehst du, da hast dus ↑Folge; gern gesehen ↑gebeten, ↑willkommen, ↑wohlgelitten;
nicht gern gesehen ↑unerfreulich; nicht gern
gesehen sein ↑unbeliebt [sein]; sich getäuscht s.
↑hereinfallen; gut s. ↑scharfsichtig [sein]; kein
leeres Glas s. können ↑trinken; sich s. lassen
können ↑tüchtig [sein]; sich [verraten] s. ↑Pas-
siv; jmdn. am liebsten von hinten s. ↑hassen;
einmal etwas anderes hören und s. ↑zerstreuen
(sich); etwas in rosigem Licht s. ↑werten; den
sehe ich gar nicht mehr ↑verfeindet [sein]; s.,
was mit jmdm. los ist ↑erkennen; Sterne s.
↑ohnmächtig [werden]; jmdm. auf die Finger s.
↑beobachten; auf die Länge hin gesehen ↑all-
mählich; s. aus ↑herausschauen; etwas durch
eine rosa Brille s. ↑zuversichtlich [sein]; etwas
durch eine schwarze Brille s. ↑schwermütig
[sein]; im Ganzen gesehen ↑insgesamt; jmdm.
zu tief in die Augen / ins Auge s. ↑verlieben
(sich); jmdm. nicht ins Gesicht s. können ↑ver-
legen [sein]; s. nach ↑beaufsichtigen; nach
jmdm. s. ↑kümmern (sich um jmdn.); den Wald
vor lauter Bäumen s. nicht ↑[nicht] verstehen.
sehenswert ↑interessant.
Seher: ↑Auge, ↑Wahrsager.
seherisch ↑prophetisch.
Sehhügelhirn ↑Gehirn.
Sehkraft: ↑Augenlicht; der S. berauben ↑blind
[machen].
Sehleute ↑Zuschauer.
Sehne, Tendo; ↑Knochen, ↑Muskel.
sehnen: sich s. [nach] ↑streben.
Sehnen ↑Sehnsucht.
sehnig: ↑sportlich, ↑zäh.
Sehnlichkeit ↑Sehnsucht.
Sehnsucht, Sehnen, Nostalgie, Langezeit
(schweiz.), Sehnlichkeit *(schweiz.)*, Heimweh,
Fernweh; ↑Bitte, ↑Leidenschaft, ↑Reiselust;
voll S., sehnsüchtig, sehnsuchtsvoll, verlangend.
sehnsüchtig ↑Sehnsucht.
sehnsuchtsvoll ↑Sehnsucht.
Sehorgan ↑Sinnesorgan.
¹sehr, recht, arg *(südd.)*, überaus, äußerst,
höchst, beachtlich, beträchtlich, haushoch,
weit, gröblich, besonders, gar, unendlich, unermesslich, abgründig, ungeheuer, unheimlich,
riesig, mächtig, unbändig, tüchtig, kräftig, gewaltig, unbeschreiblich, unsäglich, unsagbar,

unaussprechlich, nach allen Regeln der Kunst, nach Noten, nach Strich und Faden, grenzenlos, zutiefst, maßlos, aus / in tiefster Seele, in der Seele, über die / über alle Maßen, mordsmäßig *(salopp)*, aufs Höchste / Äußerste, in höchstem Grad, noch so *(schweiz.)*, wie nicht gescheit, auf Teufel komm raus *(ugs.)*, was das Zeug hält *(ugs.)*, höchlichst *(veraltet)*, bannig *(nordd.)*, diebisch, höllisch *(ugs.)*, verdammt *(ugs.)*, verflucht *(ugs.)*, verteufelt *(ugs.)*, verzweifelt, wahnsinnig *(ugs.)*, fürchterlich, mörderisch, eklig *(ugs.)*, furchtbar, schrecklich, entsetzlich, irrsinnig, irre *(ugs.)*, bass *(veraltet)* · *negativ verstärkend:* hochgradig, erheblich, bitter, denkbar, faustdick, herzlich (z. B. h. wenig), gelinde, sauber *(südd., österr.)* · *positiv verstärkend:* ausnehmend, ausgesucht, bemerkenswert, ungemein, umwerfend, bärig *(tirol.)*, bäumig *(schweiz.)*, königlich; ↑angemessen, ↑ansehnlich, ↑außergewöhnlich, ↑einigermaßen, ↑gehörig, ↑gewaltig, ↑groß, ↑unsagbar.

²sehr: ↑trefflich; s. geehrt / verehrt ↑verehrt; s. gut ↑optimal; s. ruhige See ↑Seegang; bitte s.! ↑bitte!; danke s.! ↑danke!

Sehschärfe ↑Augenlicht.

Sehschwäche ↑Sehstörung.

Sehstörung, Dysopsie, Dysopie · Schwachsichtigkeit, Amblyopie · Sehschwäche, Asthenopie, Kopiopie ·· *in der Dunkelheit:* Nachtblindheit, Hemeralopie, Nyktalopie · Dämmerungsblindheit, Aknephaskopie ··· *bei hellem Tageslicht:* Tagblindheit, Nachtsichtigkeit, Nyktalopie, Hemeralopie; ↑Blindheit, ↑Farbenblindheit, ↑Fehlsichtigkeit, ↑Schielen.

Sehvermögen ↑Augenlicht.

Seiche ↑Urin.

seichen ↑urinieren.

Seichkachel ↑Nachtgeschirr.

¹seicht, flach, niedrig, nieder *(landsch.)*, untief, knöcheltief, knietief, nicht ↑tief; ↑Flachheit.

²seicht: ↑oberflächlich; s. machen ↑verwässern.

Seichtheit ↑Trivialität.

Seichur ↑Orientteppich.

¹Seide, Rohseide, Naturseide, Wildseide, Bouretteseide, Honanseide, Shantungseide, Perlseide, Kästelseide, Granitseide, Taft, Tussahseide, Japanseide, Brokat, Atlasseide, Crêpe de Chine, Crêpe Georgette, Crêpe Satin, Crêpe marocain; ↑Gewebe, ↑Stoff.

²Seide: ↑Hochzeitstag, ↑Stoff.

Seidel: ↑Hohlmaß, ↑Trinkgefäß.

seiden: etwas hängt an einem -en Faden ↑ungewiss [sein].

Seidenbatist ↑Stoff.

Seidenbluse ↑Bluse.

Seidenfaden ↑Faden.

Seidenhemd ↑Oberhemd.

Seidenkleid ↑Kleid.

Seidenpapier ↑Einwickelpapier.

Seidenpudel ↑Hunderassen.

Seidenreiher ↑Vogel.

Seidenschal ↑Halstuch.

Seidenschwanz ↑Vogel.

Seidenspinner ↑Schmetterling.

Seidenstrumpf ↑Strumpf.

Seidentuch ↑Halstuch.

seidenweich ↑weich.

Seife, Toilettenseife, Feinseife, Kinderseife, Babyseife, Badeseife, Körperseife, Rasierseife, Rasiercreme, Glyzerinseife, Kernseife, Waschseife; ↑Desodorans, ↑Haarwaschmittel, ↑Waschmittel.

Seifenartikel ↑Waschmittel.

Seifenblase ↑Einbildung.

Seifenflocken ↑Waschmittel.

Seifenmittel ↑Waschmittel.

Seifenoper ↑Fernsehfilm.

Seifenpulver ↑Waschmittel.

Seifensieder: jmdm. geht ein S. auf ↑erkennen.

seiger ↑senkrecht.

Seiger ↑Uhr.

seihen ↑filtern.

Seiher ↑Sieb.

Seiherl ↑Sieb.

¹Seil, Tau, Leine, Strick, Strang, Strange *(schweiz.)*, Reep *(Seemannsspr.)* · Trosse *(Seemannsspr.)*; ↑Draht, ↑Drahtseil, ↑Schnur.

²Seil: jmdn. am S. herunterlassen ↑anführen.

¹Seilbahn, Drahtseilbahn, Sesselbahn, Schwebebahn, Kabinenbahn, Seilschwebebahn, Gondelbahn, Luftseilbahn *(schweiz.)*, Sessellift, Schilift, Skilift, Lift, Schlepplift, Skifuni *(schweiz.)*; ↑Verkehrsmittel.

²Seilbahn: ↑Drahtseilbahn, ↑Verkehrsmittel.

Seilbrücke ↑Brücke.

Seildach ↑Dach.

Seilkünstler ↑Artist.

Seilschaft ↑Gruppe.

Seilschwebebahn ↑Seilbahn.

Seiltänzer ↑Artist.

Seimhonig ↑Honig.

seimig ↑flüssig.

Seimigkeit ↑Flüssigsein.

sein: ↑bedeuten, ↑benehmen (sich), ↑erweisen (sich als), ↑existieren ↑figurieren (als), ↑gehören, ↑herrschen, ↑innehaben, ↑spielen, ↑weilen; es kann s., wenn's denn s. muss, es soll mir recht s., sei's drum ↑ja; ganz jmd. s. ↑ähneln; seien Sie so gut! ↑bitte!; das ist nichts ↑[das kannst du] vergessen; nicht mehr s. ↑tot [sein]; was ist das schon ↑wirkungslos [sein]; am ... s. ↑tun; etwas ist zu [erklären, vernehmen usw.] ↑lassen.

Sein: ↑Existenz, ↑Lage; Lehre vom S. ↑Ontologie.

seinerzeit ↑damals.

Seine-Stadt ↑Paris.

Seinslehre ↑Ontologie.

seit: s. alters / eh und je / je / jeher ↑unaufhörlich; s. damals / dem Zeitpunkt ↑seither; s. kurzem / neuem ↑neuerdings; s. langem / längerem, s. längerer Zeit ↑längst.

seitdem ↑seither.

¹Seite, Blatt, Bogen, Pagina · leere: Vakat, Schimmelbogen; ↑Rubrik.

²Seite: ↑Bestandteil, ↑Flanke; -n ↑Hüften; dem Wind abgekehrte S. ↑Lee; die andere S. ↑Gegner; die hübsche S. ↑hübsch; die schöne S. ↑schön; dem Wind zugekehrte S. ↑Luv; etwas ist jmds. schwache S. ↑firm; etwas ist jmds. starke S. ↑begabt; alle -n berücksichtigend, nach allen -n hin, von allen -n ↑allseitig; S. an Seite ↑gemeinsam; an der äußeren S. ↑außen; an der inneren S. ↑innen; auf der ander[e]n S. ↑jenseits; auf der ander[e]n / gegenüberliegenden S. ↑gegenüber; auf der ander[e]n / nächsten S. ↑umseitig; auf beiden -n ↑beiderseits; auf der linken S. ↑links; auf der rechten S. ↑rechts; auf die S. bringen ↑wegnehmen; auf die S. legen ↑sparen; auf die S. stellen ↑wegstellen; nach allen -n ↑überallhin; von allen -n ↑überallher; etwas von der leichten S. nehmen ↑missachten; zur S. gehen ↑ausweichen; zur S. ragen ↑abstehen; zur S. stehen ↑helfen.

Seitenaltar ↑Altar.

Seitenansicht ↑Umriss.

Seitenarm ↑Fluss.

Seitenbau ↑Seitentrakt.

Seiteneinsteiger ↑Karrieremacher.

Seitenfänger ↑Schiff.

Seitenflügel ↑Seitentrakt.

Seitengewehr ↑Stichwaffe.

Seitenkanal ↑Kanal.

Seitenlage ↑Schräge.

Seitenloge ↑Loge.

Seitenmauer ↑Mauer.

Seitensprung: ↑Ehebruch, ↑Eskapade; Seitensprünge machen ↑untreu [sein].

Seitentrakt, Seitenbau, Flügel, Seitenflügel; ↑Haus.

Seitentrawler ↑Schiff.

seitenverkehrt, verkehrt, umgekehrt, spiegelbildlich, verdreht, verkehrt herum, verkehrtrum (ugs.).

Seitenwind ↑Wind.

seither, seitdem, seit damals, seit dem Zeitpunkt, von dem Zeitpunkt an; ↑bisher.

seitwärts: sich s. in die Büsche schlagen ↑weggehen.

Sejm ↑Volksvertretung.

Sekante ↑Linie.

sekkant ↑aufdringlich.

Sekkatur ↑Belästigung.

sekkieren: ↑behelligen, ↑schikanieren.

Sekkiererei ↑Belästigung.

Sekret ↑Absonderung.

Sekretär ↑Möbel.

Sekretariat ↑Vorzimmer.

Sekretärin, Vorzimmerdame, Chefsekretärin; ↑Stenotypistin, ↑Vorzimmer.

Sekt ↑Wein.

Sekte: ↑Glaubensgemeinschaft, ↑Partei, ↑Religionsgemeinschaft.

Sektenbildung ↑Ketzerei.

Sektfrühstück ↑Zwischenmahlzeit.

Sektglas ↑Trinkgefäß.

Sektierer ↑Ketzer.

Sektion: ↑Bereich, ↑Obduktion, ↑Operation.

Sektkelch ↑Trinkgefäß.

Sektor: ↑Bereich.

Sektschale ↑Trinkgefäß.

Sekundant ↑Helfer.

¹sekundär, zweitrangig; ↑unwichtig; **s. sein,** erst in zweiter Linie in Betracht kommen, an zweiter Stelle stehen.

²sekundär ↑unselbstständig.

Sekundärliteratur ↑Literatur.

Sekundärrohstoff ↑Altmaterial.

Sekundarschule ↑Schule.

Sekundärsprache ↑Sprache.

Sekunde: ↑Tonabstand, ↑Zeitraum; nur eine S. weit / entfernt ↑nah, ↑nahebei; keine S. ↑niemals.

Sekundenzeiger ↑Uhrzeiger.

sekundieren ↑helfen.

Sekundogenitur ↑Recht.

Sekurit ↑Glas.

Seladon ↑Geliebter.

Selband ↑Webkante.

selber: auch einmal an sich s. denken ↑gönnen (sich etwas); von s. ↑Hilfe.

selbst: ↑auch, ↑persönlich; auch einmal an sich s. denken ↑gönnen (sich etwas); für sich s. ↑pro domo; in sich s. verliebt ↑narzisstisch; von s. ↑automatisch, ↑freiwillig; von s. ↑Hilfe, ↑per se; s. wenn ↑obgleich.

Selbstachtung ↑Selbstbewusstsein.

Selbstbedienungsladen ↑Laden.

Selbstbefleckung ↑Selbstbefriedigung.

Selbstbefreiung: ↑Autonomie, ↑Emanzipation.

Selbstbefriedigung, Masturbation, Onanie, Ersatzbefriedigung, Selbstbefleckung, Ipsation, Ipsismus, Manustupration, Monosexualismus; ↑Selbstverliebtheit; ↑masturbieren.

Selbstbehauptung ↑Selbstbewusstsein.

Selbstbeherrschung: ↑Gelassenheit; die S. verlieren ↑unbeherrscht [sein]; Mangel an S. ↑Ungezügeltheit.

Selbstbescheidung ↑Bescheidenheit.

Selbstbeschränkung ↑Bescheidenheit.

Selbstbesinnung, Einkehr, [innere] Sammlung; ↑Bekehrung, ↑Läuterung.

Selbstbestimmung: ↑Autonomie, ↑Freiheit.

Selbstbestimmungsrecht ↑Autonomie.

¹Selbstbetrug, Selbsttäuschung, Augenwischerei (ugs.); ↑Betrug.

²Selbstbetrug ↑Selbsteinschätzung.

Selbstbeweihräucherung ↑Selbsteinschätzung.

¹selbstbewusst, siegesgewiss, siegessicher,

siegesbewusst, optimistisch, stolz, erhobenen Hauptes; ↑dünkelhaft.

²selbstbewusst ↑dünkelhaft.

Selbstbewusstsein, Selbstgefühl, Selbstachtung, Selbstvertrauen, Selbstsicherheit, Selbstwertgefühl, Stolz, Sicherheit · Selbstbehauptung, Durchsetzungsvermögen, Durchsetzungskraft; ↑Beharrlichkeit, ↑Selbsteinschätzung, ↑Überheblichkeit.

selbstbezogen, autistisch, introvertiert, zentrovertiert, nicht ↑gesellig; ↑dünkelhaft, ↑narzisstisch, ↑selbstsüchtig, ↑unzugänglich; ↑Selbstsucht, ↑Selbstverliebtheit.

Selbstbildnis ↑Bildnis.

Selbstbinder ↑Krawatte.

Selbsteinschätzung, Selbstverständnis, Selbstinterpretation · *übersteigerte:* Selbstbeweihräucherung, Größenwahn, Cäsarenwahn · *falsche:* Selbstbetrug · *kritische:* Einsicht, Selbsterkenntnis, Selbstkritik; ↑Selbstbewusstsein, ↑Überheblichkeit.

Selbstentleibung ↑Selbsttötung.

Selbsterfahrung, Selbstverwirklichung, Egotrip · Nabelschau.

Selbsterhaltung, Selbsterhaltungstrieb, Selbstschutz, Selbstverteidigung; ↑Selbstsucht.

Selbsterhaltungstrieb: ↑Lebenswille, ↑Selbsterhaltung.

Selbsterkenntnis ↑Selbsteinschätzung.

¹selbst ernannt, ohne Auftrag; ↑eigenmächtig; ↑Aufgabe.

²selbst ernannt: -er... ↑Nichtfachmann.

Selbstgedrehte ↑Zigarette.

selbstgefällig ↑dünkelhaft.

Selbstgefälligkeit ↑Überheblichkeit.

Selbstgefühl ↑Selbstbewusstsein.

selbstgenügsam ↑zufrieden.

selbstgerecht ↑dünkelhaft.

Selbstgerechtigkeit ↑Überheblichkeit.

Selbstgespräch ↑Gespräch.

selbstherrlich ↑totalitär.

Selbstherrlichkeit ↑Überheblichkeit.

Selbsthilfe, Bürgerinitiative · Friedensbewegung · Kernkraftgegner · alternative Gruppe; ↑Aktion.

Selbstinterpretation ↑Selbsteinschätzung.

selbstisch ↑selbstsüchtig.

Selbstischkeit ↑Selbstsucht.

Selbstisolierung ↑Abkapselung.

Selbstkosten ↑Preis.

Selbstkostenpreis ↑Preis.

Selbstkritik ↑Selbsteinschätzung.

Selbstlaut ↑Vokal.

selbstlos, uneigennützig, altruistisch, edelmütig, großherzig, aufopfernd, idealistisch, unegoistisch, nicht ↑selbstsüchtig; ↑gütig; ↑Selbstlosigkeit.

Selbstlosigkeit, Altruismus, Aufopferung, Edelmut, Edelsinn, Uneigennützigkeit, Selbstverleugnung, Selbstüberwindung; ↑Demut, ↑Entsagung, ↑Gutmütigkeit; ↑selbstlos.

Selbstmord: ↑Selbsttötung; S. begehen / verüben ↑entleiben (sich).

Selbstmörder, Lebensmüder · *der sich für ein politisches o. ä. Ziel opfert:* Selbstmordfahrer · Kamikaze; ↑Selbstmord; ↑entleiben (sich).

selbstmörderisch: ↑gefährlich, ↑selbstzerstörerisch.

Selbstmordfahrer ↑Selbstmörder.

Selbstmordversuch, Selbsttötungsversuch, Conamen *(Med.),* Conatus *(Med.),* Tentamen suicidii *(Med.);* ↑Selbstmord.

selbstquälerisch ↑selbstzerstörerisch.

selbstredend: ↑anstandslos, ↑ja.

Selbstschutz ↑Selbsterhaltung.

selbstsicher ↑dünkelhaft.

Selbstsicherheit ↑Selbstbewusstsein.

¹selbstständig, eigenständig, eigenlebig *(schweiz.),* frei, ungebunden, unbehindert, ungehindert, unabhängig, für sich allein, absolut, souverän, schrankenlos, uneingeschränkt, unumschränkt, unbeschränkt, eigenmächtig, übergeordnet, autonom, autark, emanzipiert, unangepasst, unbequem, nonkonformistisch, eigenwillig, nicht ↑unselbstständig; ↑aufgeklärt, ↑eigenmächtig, ↑schöpferisch, ↑unbedingt, ↑unbeliebt, ↑unzugänglich; ↑Schrittmacher; s. werden, sich loslösen / lösen / losmachen von, sich freischwimmen, sich freischreiben, loskommen von, abnabeln, die Nabelschnur durchschneiden / durchtrennen; ↑Aussteiger; s. sein, freie Bahn / Hand haben, unabhängig / nicht eingeschränkt sein, sein eigener Herr sein, auf eigenen Füßen / Beinen stehen, privatisieren; sich s. fühlen, sich nichts mehr sagen lassen, jmdm. (seinen Eltern o. Ä.) über den Kopf wachsen; s. machen, unabhängig machen, emanzipieren, befreien, gleichberechtigt stellen; nicht s. sein, abhängig sein, nach jmds. Pfeife tanzen müssen, in jmds. Kielwasser schwimmen; ↑etabliert; ↑Außenseiter, ↑Emanzipation, ↑Frauenrechtlerin, ↑Hilfe.

²selbstständig: ↑erwachsen; sich s. machen ↑niederlassen (sich); etwas hat sich s. gemacht ↑verloren [sein].

Selbstständiger ↑Berufsstand.

Selbstsucht, Selbstischkeit *(selten)* Berechnung, Eigennutz, Egozentrik, Egoismus, Ichsucht, Ichbezogenheit; ↑Selbsterhaltung; ↑eigennützig, ↑selbstbezogen, ↑selbstsüchtig.

selbstsüchtig, eigennützig, selbstisch, ichsüchtig, ichbezogen, egoistisch, egozentrisch, nicht ↑selbstlos; ↑asozial, ↑dünkelhaft, ↑eigennützig; ↑Egoist; ↑Selbstsucht, ↑Selbstverliebtheit.

selbsttätig ↑automatisch.

Selbsttäuschung ↑Selbstbetrug.

Selbsttötung, Selbstmord, Suizid, Freitod, Selbstentleibung, Selbstvernichtung, Harakiri *(japanisch),* Selbstverbrennung; ↑Lebensunlust, ↑Selbstmörder, ↑Selbstmordversuch, ↑Tötung.

Selbsttötungsversuch ↑Selbstmordversuch.
Selbstüberschätzung: an S. leiden ↑überschätzen (sich).
Selbstüberwindung ↑Selbstlosigkeit.
selbstüberzeugt ↑dünkelhaft.
selbstüberzogen ↑dünkelhaft.
Selbstverbrennung ↑Selbsttötung.
selbstvergessen ↑gedankenvoll.
Selbstverleugnung ↑Selbstlosigkeit.
Selbstverliebtheit, Narzissmus, Autoerotismus, Autoerastie, Autophilie; ↑Selbstbefriedigung; ↑narzisstisch, ↑selbstbezogen, ↑selbstsüchtig.
Selbstvernichtung ↑Selbsttötung.
selbstverständlich: ↑anstandslos, ↑ja; als s. ansehen / betrachten ↑voraussetzen.
Selbstverständlichkeit ↑Plattheit.
Selbstverständnis ↑Selbsteinschätzung.
Selbstverteidigung, Kampfsport · Budo, Judo, Jiu Jitsu, Aikido, Karate, Kendo, Kyudo; ↑Bodybuilding, ↑Selbsterhaltung.
Selbstvertrauen: ↑Selbstbewusstsein; jmdm. das S. nehmen ↑entmutigen.
Selbstverwaltung ↑Autonomie.
Selbstverwirklichung: ↑Freiheit, ↑Selbsterfahrung.
selbstzerstörerisch, selbstquälerisch, selbstmörderisch, sich selbst ruinierend / zerfleischend, gegen sich selbst wütend; ↑quälerisch, ↑rücksichtslos, ↑unsinnig.
selbstzufrieden ↑dünkelhaft.
Selbstzufriedenheit ↑Überheblichkeit.
selchen ↑räuchern.
Selcher ↑Fleischer.
Selchfleisch ↑Pökelfleisch.
Selchkarree ↑Rippchen.
Selecta-Vision ↑Kassettenfernsehen.
selektieren ↑auswählen.
Selene: ↑Göttin, ↑Mond.
Selenonaut ↑Astronaut.
Selfkante ↑Webkante.
Selfmademan ↑Emporkömmling.
selig ↑glücklich.
Seligkeit: ↑Freude, ↑Lust; Eure S. ↑Anrede; ewige S. ↑Himmel.
Seller: ↑Buch, ↑Verkaufsschlager.
Sellerie ↑Gemüse.
Selleriesalz ↑Salz.
¹selten, rar, verstreut, vereinzelt, sporadisch, alle Jubeljahre, Gelegenheits-, nicht ↑oft; ↑auserwählt, ↑beinahe, ↑karg, ↑kostbar, ↑manchmal, ↑überall, ↑ungeübt; **s. sein,** etwas wird klein geschrieben / *(veraltend)* groß geschrieben, etwas ist dünn / nicht dick gesät, jmdn. / etwas mit der Laterne (oder:) mit der Lupe suchen können.
²selten: sich s. blicken lassen ↑besuchen.
Seltenheit, Ausnahme, Rarität, Ausreißer, Besonderheit, weißer Rabe.
Selters ↑Mineralwasser.
Selterswasser ↑Mineralwasser.

¹seltsam, sonderbar, verwunderlich, spektakulös *(veraltend),* eigen, eigentümlich, komisch, bizarr, befremdend, befremdlich, merkwürdig, eigenartig, absonderlich, verschroben, schrullig, wundersam *(dichter.),* wunderlich, kauzig, eigenbrötlerisch; ↑abwegig, ↑spaßig, ↑überspannt; **s. sein,** etwas ist seltsam, etwas kommt jmdm. verdächtig / *(ugs.)* spanisch vor, etwas ist nicht koscher / ganz astrein *(ugs.),* etwas ist eine faule Sache / *(salopp)* ein faules Ei; ↑Außenseiter, ↑Seltsamkeit.
²seltsam ↑abwegig.
Seltsamkeit, Sonderbarkeit, Eigentümlichkeit, Eigenartigkeit, Bizarrerie, Eigenart, Eigenheit, Verwunderlichkeit, Befremdlichkeit, Merkwürdigkeit, Absonderlichkeit, Verschrobenheit, Schrulligkeit, Schrullenhaftigkeit, Wunderlichkeit, Kauzigkeit, Eigenbrötelei; ↑Ausgefallenheit, ↑Wesen; ↑seltsam.
Sem ↑Bedeutungsmerkmal.
Semantem ↑Spracheinheit.
Semantik: ↑Sprachwissenschaft, ↑Wortbedeutungslehre.
Semasiologie: ↑Sprachwissenschaft, ↑Wortbedeutungslehre.
Semem ↑Spracheinheit.
Semester: ↑Zeitraum; älteres S. ↑Student.
Semesterferien ↑Ferien.
Semikolon ↑Satzzeichen.
Semikommunikation ↑Gespräch.
Seminar: ↑Institut, ↑Institution, ↑Unterricht.
Seminarbibliothek ↑Bücherbestand.
Seminole ↑Indianer.
Semiologie, Semiotik; ↑Wortbedeutungslehre.
Semiotik ↑Wortbedeutungslehre.
Semit ↑Israelit.
Semitistik ↑Philologie.
Semmel: ↑Brötchen; etwas geht weg wie warme -n ↑verkaufen.
semmelblond ↑blond.
Semmelbrösel ↑Paniermehl.
Semmelkloß ↑Kloß.
Semmelknödel ↑Kloß.
Semmelmehl ↑Paniermehl.
Semmelporling ↑Ständerpilz.
Semmelwecken ↑Brot.
sempern ↑klagen.
Sen ↑Zahlungsmittel.
Senar ↑Vers.
Senat: ↑Amt, ↑Gemeindevertretung, ↑Gericht, ↑Volksvertretung.
Senator ↑Minister.
Sendbote ↑Abgesandter.
Sendbrief ↑Rundschreiben.
senden: ↑ausstrahlen, ↑schicken.
Sender ↑Rundfunksender.
Sendeturm ↑Turm.
Sendezeichen ↑Pausenzeichen.
Sendling ↑Abgesandter.
Sendschreiben ↑Rundschreiben.
¹Sendung, Übertragung, Aufnahme, Aus-

strahlung, Aufzeichnung, Mitschnitt, Stereosendung · *die gleichzeitig mit der Aufnahme gesendet wird:* Direktsendung, Direktübertragung, Originalübertragung, Livesendung · · *die erstmalig gesendet wird:* Erstausstrahlung, Erstsendung · *die schon einmal gesendet worden ist:* Wiederholung · *mit der die Aufnahme einer neuen Serie beim Publikum getestet werden soll:* Testsendung, Pilotsendung; ↑Fernsehen, ↑Fernsehsendung, ↑Rundfunk, ↑Rundfunksender, ↑Rundfunksendung.

²Sendung: ↑Beruf, ↑Postsendung; eingeschriebene / rekommandierte S. ↑Postsendung.

¹Senf, Mostrich *(nordd.),* **Mostert** *(nordd.),* **Möstrich** *(nordd.)* · schwarzer Senf, Braunsenf · Gelbsenf, Sareptasenf; ↑Gewürz.

²Senf: überall seinen S. dazugeben müssen ↑Bemerkung.

senfgelb ↑gelb.

Senfgurke ↑Gurke.

Senfkorn ↑Gewürz.

Senge: es gibt S., S. kriegen ↑schlagen.

sengen: ↑brennen, ↑scheinen.

Senhor ↑Herr.

Senhora ↑Dame.

Senhorita ↑Fräulein.

senil ↑alt.

Senilität ↑Verkalkung.

Senior: ↑Nestor, ↑Vater.

Seniorenheim ↑Altersheim.

Senkblei ↑Lot.

Senke ↑Abwasserkanal.

Senkel: ↑Krawatte, ↑Schnürsenkel.

senken: die Nacht senkt sich auf die Erde ↑dunkel [werden]; die Preise s. ↑ermäßigen; im Preis gesenkt ↑billig; s. in ↑einsenken; in die Grube s. ↑bestatten.

Senker ↑Ableger.

Senkfuß: ↑Fuß, ↑Fußdeformität.

Senkgrube: ↑Abwasserkanal, ↑Jauchegrube.

Senkleber ↑Eingeweidesenkung.

Senkloch ↑Abwasserkanal.

Senkniere ↑Eingeweidesenkung.

¹senkrecht, vertikal, lotrecht, seiger *(fachspr.);* ↑Senkrechte · Ggs. ↑waagerecht.

²senkrecht: ↑ehrenhaft; s. bleiben ↑fallen.

Senkrechte, Vertikale, Lotrechte; ↑senkrecht · Ggs. ↑Waagerechte.

Senkrechtstarter: ↑Flugzeug, ↑Karrieremacher.

Senkung ↑Eingeweidesenkung.

Senkungsküste ↑Ufer.

Senkwaage ↑Waage.

Senn ↑Hirt.

Senne ↑Orientteppich.

sennen ↑Alm.

Senner ↑Hirt.

Sennerei ↑Milchwirtschaft.

Sennerin, Almerin *(oberd.),* Sennin; ↑Hirt.

Sennesblättertee ↑Tee.

Sennhütte ↑Almhütte.

Sennin ↑Sennerin.

Senntum ↑Vieh.

Señor ↑Herr.

Señora ↑Dame.

Señorita ↑Fräulein.

Sensal ↑Vermittler.

Sensation ↑Ereignis.

sensationell ↑außergewöhnlich.

sensationslüstern ↑neugierig.

Sensationsmache ↑Übertreibung.

Sensationspresse ↑Presse.

Sensationsprozess ↑Gerichtsverfahren.

¹Sense, Sichel; ↑mähen.

²Sense: jetzt ist aber S. ↑ärgerlich [sein].

Sensenmann ↑Tod.

¹sensibel, verletzlich, schutzlos, verwundbar; ↑empfindlich.

²sensibel: ↑empfindlich; sensibler Nerv ↑Nerv.

Sensibilin ↑Antikörper.

Sensibilisin ↑Antikörper.

Sensibilität ↑Empfindsamkeit.

sensitiv ↑empfindlich.

Sensitivität ↑Empfindsamkeit.

Sensitizer ↑Antikörper.

sensorisch: -er Nerv ↑Nerv.

Sentenz ↑Ausspruch.

sentimental ↑empfindsam.

Sentimentalität ↑Rührseligkeit.

separat ↑einzeln.

Separatdruck ↑Sonderdruck.

Separatum ↑Sonderdruck.

Séparée ↑Raum.

separieren: ↑ausschließen; sich s. ↑abkapseln (sich).

sepia ↑grau.

Seppelhose ↑Hose.

Sepsis ↑Blutvergiftung.

September, Herbstmond, Scheiding; ↑Monat, ↑Zeitraum.

Septett ↑Mannschaft.

Septime ↑Tonabstand.

Septimenakkord ↑Akkord.

Septuagesima ↑Kirchenjahr.

Septuaginta ↑Bibelübersetzung.

Sequenz: ↑Lied, ↑Reihenfolge.

Sequestration, Beschlagnahme, Zwangsverwaltung; ↑Enteignung.

Serabend ↑Orientteppich.

Seraph ↑Engel.

serbeln ↑krank [sein].

Serenade, Abendmusik, Nachtmusik, Ständchen; ↑Musikveranstaltung.

Serenadenabend ↑Musikveranstaltung.

Serenadenkonzert ↑Musikveranstaltung.

Serenissima ↑Venedig.

Serge ↑Stoff.

Sergeant ↑Dienstgrad.

Serie, Reihe, Charge.

seriell: -e Musik ↑Musik.

Serien-: ↑Allerwelts-.

Serigraphie ↑Kunstdruck.

¹**seriös,** gepflegt, fetzig *(Jargon),* gediegen, soigniert; ↑adrett.

²**seriös** ↑ernsthaft.

Sermon ↑Gerede.

Sero ↑Altmaterial.

Serotinus ↑Zahn.

Serpentine ↑Weg.

Serpentinenstraße ↑Straße.

Serum, Impfstoff; ↑Medikament.

Serumkrankheit ↑Unzuträglichkeit.

Serumprophylaxe ↑Impfung.

Servatius: Mamertus, Pankratius, S. ↑Eisheilige.

Service: ↑Geschirr, ↑Kundendienst.

Serviceingenieur ↑Ingenieur.

Servierbrett ↑Tablett.

¹**servieren,** auftafeln, auftischen, auftragen, auf den Tisch bringen, vorsetzen, auffahren / anfahren [lassen] *(salopp),* geben, reichen, bewirten · *von Getränken:* kredenzen; **serviert werden,** auf den Tisch kommen; ↑abservieren, ↑bedienen, ↑ernähren, ↑essen; ↑Tablett.

²**servieren** ↑kellnern.

Serviererin ↑Bedienung.

Servierfräulein ↑Bedienung.

Serviertasse ↑Tablett.

Serviertisch: ↑Anrichtetisch, ↑Tisch.

Serviertochter ↑Bedienung.

Servierwagen ↑Anrichtetisch.

Serviette, Tuch, Mundtuch · Papierserviette · *für Kinder:* Lätzchen, Latz, Essmantel *(schweiz.),* [Klecker]buschen *(nordd.),* Barterl *(österr.),* Hangerl *(österr.);* ↑Taschentuch.

servil ↑unterwürfig.

Servilismus ↑Unterwürfigkeit.

Servilität ↑Unterwürfigkeit.

Servus: ↑Gruß; seinen S. d[a]runtersetzen ↑unterschreiben.

¹**Sessel,** Fauteuil, Polstersessel, Lehnstuhl, Großvaterstuhl, Schaukelstuhl, Fernsehsessel, Ruhesessel, Klubsessel, Kanadier *(österr.)* · *prunkvoller eines regierenden Fürsten:* Thron; ↑Sitzgelegenheit.

²**Sessel** ↑Stuhl.

Sesselbahn ↑Seilbahn.

Sessellift ↑Seilbahn.

sesshaft: s. werden ↑niederlassen (sich).

Sestine ↑Gedicht.

Set, Platzdeckchen; ↑Tischtuch.

Setter ↑Hunderassen.

Setting ↑Schauplatz.

Setzei ↑Spiegelei.

¹**setzen** (sich), Platz nehmen, sich hinsetzen, sich niederlassen / niedersetzen, sich auf seine vier Buchstaben setzen *(ugs.),* zu Stuhle kommen *(scherzh.),* nicht stehen bleiben · Ggs. ↑erheben (sich).

²**setzen:** ↑bebauen, ↑gebären; sich s. ↑ablagern (sich); es setzt etwas / Hiebe / Prügel ↑schla-

gen; [neue] Akzente s. ↑richtungweisend [sein]; gleich setzt es etwas! ↑aufhören; sein Ansehen / seinen Namen / seinen Ruf aufs Spiel s. ↑bloßstellen (sich); den Ball in die Maschen / ein Ding in den Kasten s. ↑Tor [schießen]; ein Ende s. ↑beenden; seinem Leben ein Ende s. ↑entleiben (sich); [ein Gerücht] in die Welt s. ↑verbreiten; einen Kranz aufs Haupt s. ↑bekränzen; jmdm. das Messer an die Kehle / die Pistole auf die Brust s. ↑nötigen; einen Schuss s. ↑spritzen; den Stuhl vor die Tür s. ↑entlassen; ein Zeichen s. ↑richtungweisend (sein); [an einen bestimmten Platz] s. ↑platzieren; etwas in den Sand s. ↑Misserfolg [haben]; auf den Index s. ↑verbieten; sich auf den Präsentierteller s. ↑präsentieren (sich); auf den Spielplan s. ↑aufführen; sich aufs Altenteil / zur Ruhe s. ↑pensionieren; aufs Spiel s. ↑Gefahr; jmdn. außer Gefecht s. ↑besiegen; in ↑hineinbringen; in ein schlechtes Licht s. ↑schlecht machen; in Rechnung s. ↑berücksichtigen; in Szene / ins Werk s. ↑verwirklichen; sich in Szene s. ↑prahlen; ins Bild s. ↑mitteilen; unter Druck s. ↑einschüchtern; ↑nötigen; sich zur Ruhe s. ↑anstrengen (sich); sich zwischen zwei Stühle s. ↑entschließen (sich); in den Sand gesetzt sein ↑nutzlos [sein].

Setzer ↑Schriftsetzer.

Setzling ↑Ableger.

Setzmilch ↑Milch.

¹**Seuche** · Pest, Pocken, Cholera, Syphilis, Aids.

²**Seuche** ↑Krankheit.

Seuchenflagge ↑Fahne.

seufzen ↑stöhnen.

Seufzer: ↑Klagelaut; jmds. Brust entringt sich ein S., einen S. ausstoßen ↑stöhnen.

Sevillana ↑Tanz.

Sex: ↑Liebe; Safer S. ↑Koitus.

Sexagesima ↑Kirchenjahr.

Sexappeal ↑Anmut.

Sexfilm ↑Kinofilm.

Sexologe ↑Arzt.

Sexprotz ↑Frauenheld.

Sexreißer ↑Kinofilm.

Sextanerblase ↑urinieren.

Sextant ↑Sternbild.

Sexte ↑Tonabstand.

Sextett ↑Mannschaft.

Sexualhormon: männliches / weibliches S. ↑Hormon.

Sexualität ↑Liebe.

Sexualmörder ↑Mörder.

Sexualtäter ↑Verbrecher.

Sexualverkehr ↑Koitus.

sexuell, geschlechtlich, erotisch, libidinös, *unterhalb der Gürtellinie* · *auf Partner des anderen Geschlechts gerichtet:* heterosexuell, hetero *(Jargon)* · *auf Partner des gleichen Geschlechts gerichtet:* gleichgeschlechtlich, homosexuell, homo *(ugs.)* · *auf beide Geschlechter gerichtet:*

bisexuell, bi *(ugs.);* ↑gleichgeschlechtlich, ↑zwittrig.

Sexus ↑Liebe.

sexy ↑anziehend.

Sezessionismus ↑Jugendstil.

Sezessionsstil: [Wiener S.] ↑Jugendstil.

sezieren ↑operieren.

sforzando ↑Lautstärke.

sforzato ↑Lautstärke.

Sgraffito ↑Zeichnung.

Shag ↑Tabak.

Shagpfeife ↑Tabakspfeife.

Shagtabak ↑Tabak.

Shake ↑Tanz.

Shakehands ↑Begrüßung.

Shaker ↑Mixer.

Shakespearebühne ↑Bühne.

Shampoo ↑Haarwaschmittel.

Shampoon ↑Haarwaschmittel.

Shantungseide ↑Seide.

Shanty ↑Lied.

Sharpie: 12-m²-S. ↑Segelboot.

Shawl ↑Halstuch.

Sheddach ↑Dach.

Shetland ↑Stoff.

Shetlandpony ↑Pferd.

Shetlandwolle ↑Wolle.

Shilling ↑Zahlungsmittel.

Shimmy ↑Tanz.

Shit ↑Rauschgift.

shocking ↑anstößig.

Shootingstar: ↑Berühmtheit, Karrieremacher.

Shopping: S. machen ↑kaufen.

Shoppingcenter ↑Geschäftsviertel.

Shoppingmall ↑Geschäftsviertel.

Shortdrink ↑Alkohol.

Shorts: ↑Badehose, ↑Hose.

Shortstory ↑Erzählung.

Shorty ↑Nachtgewand.

Show: ↑Fernsehsendung, ↑Revue.

Showblock ↑Abschnitt.

Showbusiness ↑Vergnügungsindustrie.

Shower: golden S. ↑Koitus.

Showgeschäft ↑Vergnügungsindustrie.

Showmaster ↑Ansager.

Sialorrhö ↑Speichelfluss.

Siam ↑Thailand.

Siamkatze ↑Katzenrassen.

Sibylle ↑Wahrsagerin.

sich: die Tür öffnet s. ↑Passiv; an / durch s., von s. aus ↑per se.

Sich-auseinander-Leben: das S. ↑Entfremdung.

Sichel: ↑Sense; die S. putzen ↑koitieren.

Sichelflügler ↑Schmetterling.

sicheln ↑mähen.

¹sicher, geborgen, geschützt, behütet, beschirmt, wie in Abrahams Schoß · Ggs. ↑ungeborgen, ↑unsicher; **sich sicher glauben,** sich sicher fühlen, sich in Sicherheit wiegen; **sicher sein,** außer Gefahr sein; ↑behüten; ↑Geborgen-

heit, ↑Schutz · Ggs. ↑Ungeborgenheit, ↑Ungesichertheit.

²sicher: ↑bestimmt, ↑firm, ↑gewandt, ↑gewiss, ↑ja, ↑ruhig, ↑verbürgt, ↑zwar, ↑zweifellos; -es Auftreten ↑Weltgewandtheit; s. sein ↑zweifeln; einer Sache s. sein ↑gewiss [sein]; es darf doch als s. angenommen werden ↑zweifellos; auf Nummer Sicher gehen ↑wagen; auf Nummer Sicher sitzen ↑abbüßen.

sichergehen ↑zweifeln.

¹Sicherheit, Kaution, Bürgschaft, Garantie, Gewähr, Haftung, Mängelhaftung, Währschaft *(schweiz.),* Pfand, Unterpfand, Faustpfand; ↑Bürge, ↑Hinterlegung, ↑Leihgebühr, ↑Rückgabe, ↑Unterpfand; **ohne S.,** ohne Haftung / Obligo / Gewähr, außer Obligo *(österr.);* ↑einstehen (für), ↑verpfänden.

²Sicherheit: ↑Geborgenheit, ↑Schutz, ↑Selbstbewusstsein, ↑Weltgewandtheit; in S. bringen ↑retten; sich in S. bringen ↑fliehen; sich in S. wiegen ↑sicher; mit S. ↑wahrlich.

Sicherheitsabstand ↑Abstand.

Sicherheitsbindung ↑Skibindung.

Sicherheitsfach ↑Tresor.

Sicherheitsglas ↑Glas.

Sicherheitsgurt, Dreipunktgurt, Zweipunktgurt, Schultergurt, Kreuzgurt, Beckengurt; ↑Gurt, ↑Schutz.

sicherheitshalber ↑umsichtig.

Sicherheitsingenieur ↑Ingenieur.

Sicherheitsmaßnahme: -n treffen ↑sichern.

Sicherheitsnadel ↑Stecknadel.

Sicherheitspartnerschaft ↑Partnerschaft.

Sicherheitspolizei ↑Polizeibehörde.

Sicherheitsrisiko ↑Gefahr.

Sicherheitsschloss ↑Schloss.

Sicherheitsschlüssel ↑Schlüssel.

Sicherheitsvorkehrung: -en treffen ↑sichern.

sicherlich ↑zweifellos.

¹sichern, absichern, sicherstellen, Sicherheitsmaßnahmen / Sicherheitsvorkehrungen / Maßnahmen / Vorkehrungen / Vorsorge treffen, vorsorgen, vorbauen *(ugs.);* ↑retten.

²sichern: ↑beschlagnahmen, ↑festigen; sich etwas / sich das Anrecht auf etwas s. ↑Anspruch [geltend machen]; sich jmds. Mitarbeit / Unterstützung s. ↑gewinnen (jmdn. für etwas).

sicherstellen ↑beschlagnahmen, ↑sichern.

Sicherstellung ↑Beschlagnahme.

Sicherung: ↑Beschlagnahme, ↑Schutz; jmdm. brennen / gehen die -en durch ↑aufgeregt [sein].

Sicherungsverwahrung ↑Freiheitsentzug.

Sich-fremd-Werden: das S. ↑Entfremdung.

Sichler ↑Vogel.

Sichling ↑Fisch.

Sicht: ↑Anblick, ↑Ausblick; in S. kommen / sein ↑abzeichnen (sich), ↑kommen.

sichtbar: ↑offenbar; s. werden ↑abzeichnen (sich).

Sichteckenkartei ↑Kartei.

sichten ↑sehen.

Sichtkarte ↑Fahrkarte.
sichtlich ↑offenbar.
Sichtvermerk ↑Visum.
Sichversprechen ↑Versprecher.
Sickergraben ↑Graben.
Sickergrube ↑Jauchegrube.
sickern ↑fließen.
Sida ↑Aids.
Sideboard ↑Möbel.
siderisch: -es Jahr ↑Zeitraum.
Siderose ↑Staublungenerkrankung.
Sie ↑Frau.
¹Sieb, Filter · *für Getreide o. Ä.:* Reiter · *für Flüssigkeiten:* Seiher *(südd., österr.),* Seiherl *(österr.),* Teesieb, Teeseiherl *(österr.);* ↑filtern.
²Sieb: ein Gedächtnis wie ein S. haben ↑vergessen; Wasser mit einem S. schöpfen ↑tun.
Siebdruck ↑Kunstdruck.
¹sieben ↑filtern.
²sieben: s. Tage ↑Zeitraum; etwas ist für jmdn. ein Buch mit s. Siegeln ↑unzugänglich, ↑verstehen; um s. Ecken verwandt ↑verwandt; die Stadt der Sieben Hügel ↑Rom.
siebengescheit ↑oberschlau.
Siebenpunktkäfer ↑Marienkäfer.
Siebensachen ↑Kram.
Siebenschläfer ↑Tag.
siebent: im -en Himmel sein ↑glücklich [sein].
siebt: im -en Himmel sein ↑glücklich [sein].
Siebzehnundvier ↑Glücksspiel.
siech ↑krank.
Siechenhaus ↑Sanatorium.
Siecher ↑Kranker.
Siechtum ↑Krankheit.
siedeln ↑niederlassen (sich).
sieden, kochen, garen, gar / weich kochen, gar machen, abkochen, absieden, abbrühen, aufkochen, aufsieden, aufwallen lassen, brühen, ziehen lassen · *leicht:* simmern; **zum Sieden bringen,** zum Kochen bringen; zum Sieden / Kochen kommen lassen; ↑aufwärmen, ↑blanchieren, ↑braten, ↑brodeln, ↑überkochen.
Siedesalz ↑Salz.
Siedler: ↑Einwanderer, ↑Kleingärtner.
Siedlung ↑Ort.
¹Sieg, Triumph, Gewinn, Erfolg · *hoher, überlegener:* Kantersieg; ↑Erfolg; ↑siegen.
²Sieg: die Palme des -es erringen ↑siegen.
¹Siegel, Stempel, Amtssiegel, Dienstsiegel, Briefsiegel, Urkundenstempel, Dienststempel; ↑abstempeln.
²Siegel: ↑Zollverschluss; jmdm. Brief und S. darauf geben, dass ... ↑zweifeln; mit einem S. versehen ↑abstempeln; etwas ist für jmdn. ein Buch mit sieben -n ↑unzugänglich, ↑verstehen; unter dem S. der Verschwiegenheit ↑Verschwiegenheit.
Siegelmuster ↑Stoffmuster.
siegeln ↑abstempeln.
Siegelring ↑Ring.
siegen, gewinnen, Sieger sein / bleiben, als Sie-

ger hervorgehen aus, den Sieg erringen / davontragen, die Siegespalme / die Palme des Sieges erringen, obsiegen, triumphieren, das Rennen machen, den Vogel abschießen; ↑besiegen, ↑durchsetzen (sich), ↑standhalten, ↑übertreffen, ↑unterwerfen; ↑Sieger.
Sieger, Gewinner, Triumphator, Matador · *bei einer Meisterschaft:* Meister, Champion, Weltmeister, Europameister, Staatsmeister, Landesmeister · *voraussichtlicher:* Favorit · *bei den Olympischen Spielen:* Olympiasieger, Olympionike; ↑Held, ↑Sportler; ↑siegen.
siegesbewusst ↑selbstbewusst.
siegesgewiss ↑selbstbewusst.
Siegespalme: die S. erringen ↑siegen.
Siegessäule ↑Denkmal.
siegessicher ↑selbstbewusst.
Siele: in den -n sterben ↑sterben.
Sielkosten ↑Nebenkosten.
siena ↑braun.
Siesta: ↑Mittagsruhe; S. halten ↑schlafen.
Sievert ↑Maßeinheit.
siezen: sich nicht mehr s. ↑duzen.
Sigel ↑Abkürzung.
Sightseeing ↑Stadtrundfahrt.
Sightseeingtour ↑Stadtrundfahrt.
Sigma ↑Buchstabe.
¹Signal, Pfiff, Glockenton, Sirene, Gong, Startschuss, Alarm, Fanfare, Fanfarenstoß · *militärisches:* Zapfenstreich · *zu feierlichen Anlässen:* Großer Zapfenstreich; ↑Hupe, ↑Lichtzeichen, ↑Zeichen.
²Signal: -e setzen ↑richtungweisend [sein].
Signalflagge ↑Fahne.
signalisieren: ↑Anzeichen [sein für etwas], ↑[zu] erkennen [geben], ↑mitteilen.
Signallicht, Warnlicht, Warnblinklicht, Blaulicht, Blinklicht, Bremslicht, Stopplicht, Schlusslicht; ↑Lichtzeichen, ↑Rückleuchte, ↑Scheinwerfer, ↑Scheinwerferlicht, ↑Warnzeichen.
Signalpfeife ↑Pfeife.
signalrot ↑rot.
Signatur ↑Unterschrift.
Signet ↑Warenzeichen.
signieren: ↑beschriften, ↑unterschreiben.
Signierung ↑Unterzeichnung.
signifikant ↑wichtig.
Signifikanz ↑Bedeutsamkeit.
Signor ↑Herr.
Signora ↑Dame.
Signorina ↑Fräulein.
Signorino ↑Herr.
Signum: ↑Symptom, ↑Unterschrift.
Sigrist ↑Kirchendiener.
Silbe, Spracheinheit · Vorsilbe, Präfix · Halbpräfix, Präfixoid · Nachsilbe, Suffix · Halbsuffix, Suffixoid · Anfangssilbe · Endsilbe · Affix · Infix; ↑Affix.
Silbenrätsel ↑Rätsel.
Silbenschrift ↑Schrift.

Silbenstecherei ↑Pedanterie.
Silber: ↑Edelmetall, ↑Hochzeitstag, ↑Münze.
Silberbesteck ↑Essbesteck.
Silberbesteckschmied ↑Edelmetallschmied.
Silberblick: ↑Schielen; einen S. haben ↑blicken.
silberblond ↑blond.
Silberfolie ↑Folie.
Silberfuchs: ↑Fuchs, ↑Pelz.
Silbergeld ↑Münze.
silbergrau ↑grau.
silberhaarig ↑weißhaarig.
silberhell ↑hell.
Silberhochzeit ↑Hochzeitstag.
Silberlamé ↑Stoff.
Silbermotte ↑Schmetterling.
Silbermöwe ↑Vogel.
Silbermünze ↑Münze.
silbern: Silberner Bär ↑Filmpreis; -e Hochzeit ↑Hochzeitstag; mit einem -en Löffel im Mund geboren sein ↑reich [sein]; Silberner Sonntag ↑Adventssonntag.
Silberpapier: ↑Buntpapier, ↑Folie.
Silberreiher ↑Vogel.
Silberschmied: [Gold- und S.] ↑Edelmetallschmied.
Silberstift ↑Zeichenstift.
Silberstreif: einen S. am Horizont sehen ↑zuversichtlich [sein].
Silbervergiftung ↑Vergiftung.
Silberweide ↑Weide.
silberweiß ↑weiß.
silbrig ↑metallartig.
Sile ↑Orientteppich.
Silhouette: ↑Schattenriss, ↑Umriss.
Silikatose ↑Staublungenerkrankung.
Silikoanthrakose ↑Staublungenerkrankung.
Silikose ↑Staublungenerkrankung.
Silikotuberkulose ↑Staublungenerkrankung.
¹Silo, Getreidesilo, Getreidespeicher, Getreidelagerhaus, Kornspeicher, Kornhaus *(veraltet)*, Getreideboden, Getreidekammer; ↑Scheune.
²Silo: ↑Behälter, ↑Warenlager.
-silo: ↑Haus, ↑Heim.
Silur ↑Erdzeitalter.
Silvaner ↑Wein.
¹Silvester, Sylvester *(veraltete Schreibung)*, Jahreswechsel, Jahresende, Jahresausklang, Altjahrtag *(österr.)*, 31. Dezember; ↑Kirchenjahr.
²Silvester ↑Neujahr.
Simandl ↑Ehemann.
Simile ↑Vorlage.
simmern ↑sieden.
Simon: [S. Petrus] ↑Apostel.
simpel ↑kindisch.
Simpel ↑Narr.
Simpelfransen ↑Ponys.
Simperl ↑Korb.
Simplifikation ↑Popularisation.

Simplifikator ↑Popularisator.
simplifizieren ↑popularisieren.
Simplifizierung ↑Popularisierung.
Sims ↑Fensterbank.
simulieren ↑vortäuschen.
simultan ↑gleichzeitig.
Simultandolmetscher ↑Dolmetscher.
Simultaneität ↑Zusammentreffen.
Simultanschule ↑Schule.
sine ira et studio ↑sachlich.
Sinfoniekonzert ↑Musikveranstaltung.
Sinfonieorchester ↑Orchester.
¹singen, zu Gehör bringen, summen, brummen, trällern, schmettern, grölen *(abwertend)*, jodeln, tremolieren, knödeln *(abwertend)*, psalmodieren ·· *gut:* Gold in der Kehle haben · *von Singvögeln:* tirilieren, quirilieren, quinkelieren, trillern, flöten, pfeifen, schlagen, rufen, zwitschern, piepen, piepsen · *vom Sperling:* tschilpen, schilpen; ↑krächzen, ↑lobpreisen, ↑schreien; ↑Chor, ↑Gesang, ↑Gesangbuch, ↑Laut, ↑Sänger, ↑Sängerin, ↑Singstimme, ↑Vibrato.
²singen: ↑gestehen, ↑verraten; wie die Alten sungen, so zwitschern auch die Jungen ↑ähneln.
Singen ↑Gesang.
Singerei ↑Gesang.
Singgemeinschaft ↑Chor.
Singkreis ↑Chor.
¹Single (die): ↑Schallplatte.
²Single (das): ↑Spiel.
³Single (der): ↑Alleinstehender, ↑Junggeselle.
Singsang ↑Gesang.
Singschwan ↑Vogel.
Singspiel ↑Oper.
¹Singstimme, Stimme · hohe Stimme, Sopranstimme, Sopran · Knabenstimme, Knabensopran, Knabenalt · Altstimme, Alt · Tenorstimme, Tenor, Alto, Altus · Bassstimme, Bass, Bierbass *(scherzh.)*, Baritonstimme, Bariton; ↑Chor, ↑Sänger, ↑Sängerin, ↑Sprechorgan, ↑Stimme, ↑Stimmwechsel; ↑singen.
²Singstimme ↑Stimme.
Singuhr ↑Störenfried.
Singular ↑Einzahl.
Singultation ↑Schluckauf.
Singultus ↑Schluckauf.
Singverein ↑Chor.
sinister ↑verderblich.
¹sinken, hinabsinken, hinuntersinken, absinken, herabsinken, heruntersinken, runtersinken *(ugs.)*, runtergehen *(ugs.)*, an Höhe verlieren, niedersinken, herniedersinken, nach unten / zu Boden / in die Tiefe sinken · *Preise:* im Keller sein; ↑umfallen, ↑untergehen; ↑abwärts.
²sinken: ↑abnehmen, ↑fallen, ↑umfallen, ↑untergehen; jmds. Stern sinkt / ist im Sinken ↑nachlassen; den Mut s. lassen ↑Mut [verlieren]; die Temperatur sinkt unter Null ↑frieren; ins Grab s. ↑sterben.
sinkend ↑nachlassend.
Sinn: ↑Bedeutung; [Zweck und S.] ↑Zweck;

jmdm. geht jeder S. für etwas ab ↑unzugänglich [sein]; der langen Rede kurzer S. ↑kurzum; sechster S. ↑Ahnung; jmdm. schwinden die -e ↑ohnmächtig [werden]; jmdm. steht der S. nicht nach etwas ↑Lust; seine fünf -e nicht beisammenhaben ↑verrückt [sein]; etwas hat keinen / wenig S. ↑nutzlos [sein], ↑wirkungslos [sein]; keinen S. für etwas haben ↑unzugänglich [sein]; S. für Gerechtigkeit ↑Gerechtigkeitssinn; keinen S. für Humor haben ↑humorlos [sein]; seine fünf -e zusammennehmen ↑Acht geben; anderen -es werden ↑umschwenken; gleichen / eines -es sein ↑Ansicht; seiner -e nicht mehr / kaum noch mächtig sein ↑aufgeregt [sein]; zweierlei -es sein ↑zwiespältig [sein]; sich etwas aus dem S. schlagen ↑abschreiben; nicht bei -en sein ↑verrückt [sein]; etwas geht / fährt jmdm. durch den S. ↑erinnern (sich); im eigentlichen -e ↑schlechthin; im S. haben ↑vorhaben; nichts im S. haben mit ↑hassen; etwas kommt jmdm. in den S. ↑erinnern (sich); etwas kommt jmdm. nicht in den S. ↑tun; ohne S. und Verstand ↑unbesonnen, ↑unsinnig.

sinnähnlich ↑synonym.

¹Sinnbild, Symbol, Emblem, Zeichen · *in Kunst und Literatur:* Allegorie · *literarisches:* Gleichnis, Vergleich, Bild, Emblem, Metapher, Tropus, Metonymie, Parabel · *in menschlicher Gestalt:* Personifikation, Personifizierung · *der Evangelisten:* Engel (Matthäus), geflügelter Löwe (Markus), Stier (Lukas), Adler (Johannes); ↑Abzeichen, ↑Bedeutung, ↑Begriff, ↑Davidsstern, ↑Fahne, ↑Merkmal; ↑hypostasieren, ↑vergleichen; ↑metaphorisch, ↑sinnbildlich.

²Sinnbild ↑Zeichen.

sinnbildlich, symbolisch, zeichenhaft, gleichnishaft, allegorisch, metaphorisch, bildlich, parabolisch, metonymisch; ↑anschaulich, ↑bildlich, ↑metaphorisch; ↑Sinnbild; ↑versinnbildlichen.

Sinndeutung ↑Auslegung.

sinnen: ↑denken; auf etwas s. ↑vorhaben.

sinnenfreudig ↑genießerisch.

sinnenhaft ↑empfindsam.

Sinnesart ↑Denkweise.

Sinneseindruck: ↑Impression, ↑Wahrnehmung.

Sinnesnerv ↑Nerv.

Sinnesorgan, Sinneswerkzeug, Rezeptionsorgan ·· Auge, Oculus, Sehorgan, Gesichtsorgan · Ohr, Auris, Gehörorgan, Hörorgan · Nase, Nasus, Geruchsorgan, Riechorgan · Zunge, Lingua, Geschmacksorgan, Geschmackspapillen, Zungenpapillen, Geschmacksknospe · Haut, Kutis, Tastkörperchen, Tastscheiben; ↑Auge, ↑Augenlicht, ↑Epidermis, ↑Nase, ↑Ohr, ↑Organ, ↑Tastsinn.

Sinnestaumel ↑Lust.

Sinnestäuschung ↑Einbildung.

Sinneswahrnehmung ↑Impression.

Sinneswandel ↑Widerruf.

Sinneswechsel ↑Widerruf.

Sinneswerkzeug ↑Sinnesorgan.

sinnfällig ↑anschaulich.

Sinnfälligkeit ↑Bildhaftigkeit.

Sinngedicht ↑Epigramm.

sinngleich ↑synonym.

sinnieren ↑denken.

sinnlich: ↑anziehend, ↑begierig; nicht s. ↑platonisch.

Sinnlichkeit ↑Leidenschaft.

sinnlos ↑unsinnig.

Sinnlosigkeit ↑Absurdität.

Sinnspruch ↑Epigramm.

sinnverwandt ↑synonym.

sinnvoll ↑zweckmäßig.

sinnwidrig ↑lächerlich.

Sinnwidrigkeit ↑Absurdität.

Sinologie ↑Philologie.

sintern ↑ablagern (sich).

Sinti ↑Zigeuner.

Sinto ↑Zigeuner.

Sioux ↑Indianer.

Sippe ↑Familie.

Sippschaft: ↑Abschaum, ↑Familie.

Sir ↑Herr.

Sirene: ↑Fabelwesen, ↑Hupe, ↑Vamp.

Sirtaki ↑Tanz.

Sirup: ↑Brotaufstrich, ↑Fruchtsaft.

sistieren ↑abführen.

Sistierung ↑Verhaftung.

Sisyphusarbeit: das ist eine S. ↑tun.

Sitar ↑Zupfinstrument.

Sit-in ↑Demonstration.

¹Sitte, Gesittung, Lebensform, Sittlichkeit, Moral, Ethik, Sollensethik, deontologische Ethik, Pflichtethik, Verantwortungsethik · Strebensethik, Individualethik; ↑Benehmen, ↑Freiheit, ↑Pflichtbewusstsein, ↑Selbsterfahrung; ↑anständig, ↑sittlich.

²Sitte: ↑Brauch, ↑Polizeibehörde, ↑Polizist; S. werden ↑üblich [werden]; nach [alter] Väter S. ↑herkömmlich.

Sittenlehre ↑Theologie.

sittenlos: ↑anstößig, ↑lästerlich.

Sittenlosigkeit, Lasterhaftigkeit, Unkeuschheit, Obszönität, Liederlichkeit, Zuchtlosigkeit, Unsittlichkeit, Unmoral, Unzüchtigkeit, Verdorbenheit, Verderbtheit, Verruchtheit, Verworfenheit; ↑Anstößigkeit; ↑anstößig.

Sittenpolizei ↑Polizeibehörde.

Sittenprediger ↑Moralprediger.

Sittenrichter ↑Moralprediger.

Sittenroman ↑Roman.

sittenstreng ↑sittlich.

Sittenstrolch ↑Verbrecher.

Sittenwächter ↑Moralprediger.

Sittich ↑Vogel.

¹sittlich, moralisch, ethisch · *in engherziger Weise:* sittenstreng, puritanisch, moralinsauer *(ironisch);* ↑anständig; ↑Moralprediger, ↑Sitte.

²**sittlich:** in -e Entrüstung versetzen ↑schockieren.

Sittlichkeit ↑Sitte.

Sittlichkeitsverbrecher ↑Verbrecher.

sittsam ↑anständig.

Situation: ↑Lage; jmdn. / sich in eine unangenehme S. bringen ↑hineinmanövrieren (jmdn. / sich in etwas).

Situationsangst ↑Phobie.

Situationsbericht ↑Bericht.

Situativ ↑Wortart.

Situs ↑Kindslage.

Sitz: ↑Sitzgelegenheit, ↑Sitzplatz; [einen guten S. haben] ↑Passform; ohne festen S. ↑ambulant.

Sitzbank, Bank, Eckbank, Ruhebank, Holzbank, Gartenbank, Parkbank, Ofenbank, Kirchenbank; ↑Liegestuhl, ↑Sitzgelegenheit.

Sitzblockade ↑Demonstration.

¹**sitzen,** hocken, thronen, kauern, nicht stehen · *in einer lächerlich wirkenden Pose:* wie ein Affe auf dem Schleifstein sitzen · *auf einem Platz, an dem man sich allen Blicken ausgesetzt fühlt:* auf dem Präsentierteller sitzen; ↑knien; ↑rittlings.

²**sitzen:** ↑abbüßen, ↑befinden (sich), ↑brüten, ↑harmonieren, ↑Passform, ↑Toilette, ↑treffend [sein], ↑weilen, ↑wirken; einen s. haben ↑betrunken [sein]; an den Schalthebeln der Macht s. ↑mächtig [sein]; auf dem falschen Dampfer s. ↑irren (sich); auf dem Geld / auf seinem Geldsack s. ↑geizig [sein]; wie auf glühenden Kohlen s. ↑warten; auf Nummer Sicher / bei Wasser und Brot / hinter schwedischen Gardinen / hinter Gittern / hinter Schloss und Riegel / im Gefängnis / im Zuchthaus / in Haft s. ↑abbüßen; auf den Ohren s. ↑reagieren; jmdm. auf der Pelle s. ↑bitten; auf dem / einem Pulverfass s. ↑Gefahr; auf dem hohen Ross s. ↑dünkelhaft [sein]; auf den Steinen s. ↑langweilen (sich); in einem Boot s. ↑Lage; in der Klemme s. ↑Not [leiden]; zwischen zwei Stühlen s. ↑Lage; s. über ↑anfertigen.

sitzen bleiben ↑heiraten, ↑versetzen, ↑wiederholen; s. b. auf ↑verkaufen.

¹**sitzen lassen,** jmdn. sich selbst / seinem Schicksal überlassen, jmdn. verlassen / im Stich lassen, versetzen, draufsetzen *(landsch.);* ↑abschreiben, ↑ausschließen, ↑brechen (mit jmdm.), ↑helfen, ↑trennen (sich), ↑untreu [werden].

²**sitzen lassen:** ↑allein [lassen], ↑brechen (mit jmdm.).

Sitzfleisch: kein S. haben ↑beharrlich.

Sitzgelegenheit, Sitz, Platz ·· *bequeme, gepolsterte:* Sessel, Fauteuil, Polstersessel, Ohrensessel, Fernsehsessel, Lehnstuhl, Großvaterstuhl, Sorgenstuhl, Schaukelstuhl, Ruhesessel, Klubsessel, Kanadier *(österr.)* ·· *meist ungepolsterte, nur mit Rückenlehne:* Stuhl, Sessel *(österr.),* Stabelle *(schweiz.)* · *drehbare:* Drehstuhl · *mit Armlehnen:* Stuhlsessel ·· *einfache, ohne Lehne:* Hocker, Taburett, Schemel, Sto-

ckerl *(bayr., österr.);* ↑Bett, ↑Fußbank, ↑Liege, ↑Möbel, ↑Sitzbank, ↑Sitzplatz.

Sitzkissen ↑Kissen.

Sitzpirouette ↑Eislauf.

Sitzplatz, Platz, Sitz · Rasiersitz *(scherzh.),* Rasierersitz *(scherzh.),* Rasiererloge *(scherzh.),* Parkettsitz, Sperrsitz, fußfreier Sitz *(österr.),* Logensitz, Balkonsitz; ↑Kino, ↑Loge, ↑Sitzgelegenheit, ↑Theatergebäude.

Sitzriese: ↑Mann, ↑Mensch.

Sitzstreik ↑Demonstration.

Sitzung: ↑Tagung; S. haben / halten ↑[auf der] Toilette [sein].

Sitzungsbericht ↑Protokoll.

Sitzungssaal ↑Saal.

Sivas ↑Orientteppich.

Sixty-Nine ↑Koitus.

Siziliane ↑Strophe.

Skabies ↑Hautkrankheit.

Skai ↑Leder.

skål ↑prost.

Skalde ↑Schriftsteller.

Skandal ↑Ereignis.

skandalisieren ↑machen.

skandalös ↑unerhört.

Skandalprozess ↑Gerichtsverfahren.

Skat ↑Kartenspiel.

Skateboard ↑Sportgerät.

skatologisch: ↑gewöhnlich; -e Ausdrucksweise ↑Ausdrucksweise.

Skatophagie ↑Perversität.

Skatophilie ↑Perversität.

Skelet ↑Knochengerüst.

Skeleton ↑Schlitten.

Skelett ↑Knochengerüst.

Skepsis: ↑Bedenken, ↑Pessimismus, ↑Verdacht.

skeptisch: ↑argwöhnisch; -e Generation ↑Lostgeneration; man muss s. sein, ob... ↑ungewiss [sein].

Skeptizismus ↑Pessimismus.

Sketch ↑Komödie.

¹**Ski,** Schi, Schneeschuh, Bretter, Bretteln *(bes. österr.)* · *für den Wassersport:* Wasserski; ↑Piste, ↑Skibindung, ↑Skifahrer, ↑Skirennen, ↑Schlitten, ↑Sportgerät.

²**Ski** ↑Wintersport.

Skiagramm ↑Röntgenogramm.

Skiagraphie ↑Röntgenographie.

Skibindung, Schibindung, Bindung, Rohrbügelbindung (um 1890), Lilienfeldbindung (um 1890), Bilgerbindung (um 1900), Bergendahlbindung (um 1914), Huitfeldbindung (um 1920), Kandaharbindung (um 1930) · *moderne:* Sicherheitsbindung; ↑Ski.

Skibob ↑Schlitten.

Skifahrer, Skiläufer, Schifahrer, Schiläufer, Abfahrtsläufer, Rennläufer, Slalomspezialist, Langläufer, Pistensau *(abwertend),* Pistengockel *(scherzh.)* · *weiblicher:* Skihaserl; ↑Ski.

Skifuni ↑Seilbahn.

Skihaserl ↑Skifahrer.
Skihose ↑Hose.
Skihütte ↑Haus.
Skilaufen ↑Wintersport.
Skiläufer ↑Skifahrer.
Skilehrer ↑Sportlehrer.
Skilift ↑Seilbahn.
Skimütze ↑Kopfbedeckung.
Skin ↑Halbstarker.
Skinhead ↑Halbstarker.
Skipullover ↑Pullover.
Skirennen, Abfahrtslauf, Slalom, Slalomrennen, Torlauf, Riesenslalom, Riesentorlauf; ↑Abwärtsfahrt, ↑Ski.
Skischuh ↑Schuh.
Skisocke ↑Strumpf.
Skiwachs ↑Wachs.
Skiwiese ↑Piste.
Skizze: ↑Bauplan, ↑Bild, ↑Entwurf, ↑Zeichnung.
skizzieren: ↑entwerfen, ↑zeichnen.
Sklave: jmds. S. sein ↑abhängig [sein von].
Sklavenhandel ↑Menschenhandel.
Sklaverei ↑Unfreiheit.
sklavisch ↑unselbstständig.
Sklerose: multiple S. ↑Entmarkungskrankheit.
Skonto ↑Preisnachlass.
Skooterbahn, Autoskooterbahn, Autodrom, Autobahn; ↑Jahrmarkt, ↑Karussell.
Skop ↑Schriftsteller.
Skorbut, Vitamin-C-Mangel-Krankheit, Vitamin-C-Avitaminose, Avitaminose C · *bei Säuglingen und Kleinkindern:* Möller-Barlow-Krankheit; ↑Avitaminose.
skoren ↑Tor [schließen].
Skorpion: ↑Sternbild, ↑Tierkreiszeichen.
Skribent ↑Schriftsteller.
Skript, Ausarbeitung, Skriptum, Manuskript, Manus *(österr.),* Typoskript, Daktyloskript, Handschrift; ↑Manuskript, ↑Stenotypistin, ↑Text, ↑Urkunde, ↑Werk.
Skriptum ↑Skript.
skriptural ↑schriftlich.
Skrotum, Hodensack, Sack *(derb);* ↑Genitalien, ↑Hoden.
Skrupel: ↑Gewichtseinheit, ↑Schuldgefühl, ↑Verdacht; ohne S. sein ↑rücksichtslos [sein].
skrupellos ↑rücksichtslos.
Skrupellosigkeit ↑Gewissenlosigkeit.
Skua ↑Vogel.
Skulptur ↑Plastik.
Skunk: ↑Pelz, ↑Raubtier.
skurril ↑überspannt.
Skurrilität ↑Ausgefallenheit.
S-Kurve ↑Kurve.
Skyjacker ↑Entführer.
Skyline ↑Umriss.
Skylla: zwischen S. und Charybdis sein ↑Lage.
Slacks ↑Hose.
Slalom ↑Skirennen.
Slalomrennen ↑Skirennen.

Slalomspezialist ↑Skifahrer.
Slang ↑Ausdrucksweise.
Slapstick ↑Einfall.
Slawistik ↑Philologie.
Slibowitz ↑Alkohol.
Sling: ↑Mixgetränk, ↑Schuh.
Slingpumps ↑Schuh.
Slink ↑Pelz.
Slip ↑Unterhose.
Slipon ↑Mantel.
Slipper ↑Schuh.
Slipstek ↑Knoten.
Slogan ↑Anpreisung.
Slop ↑Tanz.
Slowfox ↑Tanz.
Slughi ↑Hunderassen.
Slump ↑Preissturz.
Slums ↑Armenviertel.
SM ↑Perversität.
Smalltalk ↑Gespräch.
smaragd ↑grün.
Smaragd ↑Schmuckstein.
Smaragdeidechse ↑Eidechse.
smaragdgrün ↑grün.
smart ↑schlau.
Smash ↑Mixgetränk.
Smog: ↑Nebel, ↑Umweltverschmutzung.
Smoking ↑Anzug.
SMU ↑Unglück.
Smutje ↑Koch.
SMV ↑Schülermitverwaltung.
Smyrna: ↑Orientteppich, ↑Spitzenstickerei.
Snack ↑Imbiss.
Snackbar ↑Gaststätte.
Snob ↑Geck.
snobistisch ↑dünkelhaft.
Snow ↑Rauschgift.
¹so, auf diese Weise / Art; derart, dass ...; dergestalt, dass ...; folgendermaßen, solchermaßen, dermaßen, derweise *(schweiz.),* dieserart; ↑solche.
²so: so ... auch ..., so ... ↑obgleich; so lala ↑mäßig; nicht so sein ↑entgegenkommen (jmdm.); noch so ↑sehr; und so fort / und so weiter ↑und so weiter.
SO ↑Himmelsrichtung.
Sobranje ↑Volksvertretung.
Soccer ↑Fußballspiel.
Society ↑Oberschicht.
Söckchen ↑Strumpf.
Socke: ↑Strumpf; sich auf die -n machen ↑weggehen; von den -n sein ↑überrascht [sein].
¹Sockel, Piedestal, Fußgestell; ↑Fundament, ↑Podium, ↑Untergestell.
²Sockel ↑Plastik.
Sockelmauer ↑Mauer.
Socken ↑Strumpf.
Sockenhalter ↑Strumpfhalter.
Sod ↑Brunnen.
Soda ↑Mineralwasser.
Sodalith ↑Schmuckstein.

sodann ↑hinterher.
Sodawasser ↑Mineralwasser.
Sodom: S. und Gomorrha ↑Stadt.
Sodomie ↑Perversität.
¹soeben, eben, gerade, gerade eben, kaum.
²soeben ↑jetzt.
Sofa ↑Liege.
Sofakissen ↑Kissen.
sofern ↑wenn.
sofort ↑gleich.
Soforthilfe ↑Hilfe.
Softeis ↑Eis.
Softie ↑Mann.
Software ↑Computer.
Sog ↑Anziehungskraft.
sogar ↑auch.
so genannt: ↑angeblich, ↑genannt.
sogleich ↑gleich.
¹Sohle, Schuhsohle, Doppler *(südd., österr.);* ↑besohlen.
²Sohle: eine kesse S. aufs Parkett legen ↑tanzen; sich an jmds. -n heften ↑verfolgen; vom Scheitel bis zur S. ↑ganz.
sohlen: ↑besohlen, ↑lügen.
¹Sohn, Filius, Junior, Stammhalter, Sohnemann *(fam.),* Sprössling, Ableger *(scherzh.),* das eigene / sein eigen Fleisch und Blut · *verwöhnter:* Muttersöhnchen · *nicht leiblicher:* Stiefsohn, Adoptivsohn, Pflegesohn; ↑Ältester, ↑Jüngster, ↑Kind, ↑Kinder (die), ↑Mutter, ↑Tochter, ↑Vater, ↑Verwandter.
²Sohn: ältester S. ↑Ältester; jüngster S. ↑Jüngster; natürlicher S. ↑Kind; S. Davids, S. Gottes ↑Heiland; Vater, S. und Heiliger Geist ↑Trinität.
Sohnemann ↑Sohn.
Sohnesliebe ↑Familienanhänglichkeit.
soigniert ↑seriös.
Soiree ↑Abendgesellschaft.
Soixante-neuf ↑Koitus.
Sojabohne ↑Gemüse.
Sol: ↑Gott, ↑Sonne, ↑Zahlungsmittel.
solange: s. ich denken kann ↑unaufhörlich.
Solarenergie ↑Energie.
Solarium, Bräunungsstudio, Höhensonne; ↑sonnen (sich).
Solarmobil ↑Auto.
Solartechnik ↑Technik.
Solawechsel ↑Wechsel.
solche, derartige, diese, jene; ↑so.
solchermaßen ↑so.
Sold: ↑Gehalt, ↑Wehrsold.
Soldat, Soldatin, Wehrpflichtiger, Militärpflichtiger, Krieger, Berufssoldat, Bürger / Staatsbürger in Uniform, Uniformträger, Zwölfender, Kommisskopf *(abwertend),* Kommisshengst *(abwertend),* Landsknecht *(hist.),* Präsenzdiener *(österr.),* Landser *(Jargon),* Kamerad Schnürschuh · Infanterist, Fußsoldat, Stoppelhopser *(ugs., scherzh.),* Sandhase *(ugs., scherzh.),* Muschkote *(abwertend)* · Kavallerist,

Kürassier *(hist.),* Dragoner *(hist.),* Musketier *(hist.),* Husar *(hist.),* Ulan *(hist.)* · Artillerist · Pionier, Grenadier, Panzergrenadier · Sanitätssoldat, Sanitäter, Sani *(Jargon),* Nillenflicker *(derb)* · *der sich für eine bestimmte Zeit zum Wehrdienst verpflichtet hat:* Zeitsoldat · *der gegen Bezahlung in einem fremden Heer kämpft:* Fremdenlegionär, Legionär, Söldner · *der viel nach Dienstschluss ausgeht:* Flitzer · *an der Front:* Frontschwein *(salopp)* · *der hinter der Front stationiert ist:* Etappenhengst, Etappenschwein *(derb, abwertend)* · *der lange gedient hat:* Veteran, Altgedienter · *in der Ausbildung:* Rekrut, Tiro *(veraltet)* · *einer Leibwache:* Gardist · *erfahrener, altgedienter:* Troupier · *amerikanischer:* G.I., GI · *einer amerikanischen Eliteeinheit:* Ledernacken · *einer Besatzungsmacht:* Besatzer *(abwertend);* ↑Besatzung, ↑Dienstgrad, ↑Held, ↑Kämpfer, ↑Lazarett, ↑Militär, ↑Militärdienst, ↑Offizier, ↑Waffengattung, ↑Wehrdienstverweigerer; **S. werden,** einrücken, zu den Fahnen / Waffen eilen, den bunten Rock anziehen, zum Kommiss / zur Armee gehen; **S. sein,** den Heeresdienst leisten, den Wehrdienst / Militärdienst / *(österr.)* Präsenzdienst leisten (oder:) ableisten, Soldat spielen *(ugs.),* dem Vaterland dienen, unter der Fahne stehen, beim Militär / Bund / *(ugs.)* Kommiss / *(ugs.)* Barras sein, bei der Armee sein; ↑Wehrdienstverweigerer, ↑einberufen, ↑strammstehen; ↑militärisch · Ggs. ↑Zivilist.
Soldatenfriedhof ↑Friedhof.
Soldatengrab ↑Grab.
Soldatensprache ↑Gruppensprache.
Soldateska ↑Militär.
Soldatin ↑Soldat.
soldatisch ↑militärisch.
Söldner ↑Soldat.
Solebad ↑Deort.
solenn ↑erhaben.
Solicitor ↑Jurist.
solid ↑gediegen.
solidarisch: s. sein, sich s. erklären ↑solidarisieren (sich); sich s. erklären mit ↑teilnehmen.
solidarisieren (sich), sich solidarisch erklären, solidarisch sein, Solidarität üben; ↑verbrüdern (sich).
Solidarisierung ↑Verbrüderung.
Solidarität: ↑Gemeinsinn; S. üben ↑solidarisieren (sich).
Solidaritätsstreik ↑Streik.
solide ↑gediegen.
Soling ↑Segelboot.
Solist: ↑Balletttänzer, ↑Musizierender.
Solistenkonzert ↑Musikveranstaltung.
Solistenvereinigung ↑Orchester.
Solistin ↑Balletttänzerin.
Solitär ↑Schmuckstein.
Soljanka ↑Suppe.
Soll ↑Fehlbetrag.
Sollbestimmung ↑Weisung.

sollen: was solls? ↑warum; der Teufel solls holen ↑verflucht!; [etwas sollte (überdacht) werden] ↑müssen.
Sollensethik ↑Sitte.
Söller ↑Veranda.
solo, allein, ohne Begleitung; ↑allein, ↑einsam, ↑einzeln.
Solo ↑Kartenspiel.
Solocellist ↑Musizierender.
Solotänzer ↑Balletttänzer.
Solotänzerin ↑Balletttänzerin.
Solözismus ↑Versprecher.
solvent ↑zahlungsfähig.
Solvenz ↑Zahlungsfähigkeit.
Somatomegalie ↑Großwuchs.
Somatropin ↑Hormon.
Sombrero ↑Kopfbedeckung.
somit ↑also.
Sommer ↑Jahreszeit.
Sommerball ↑Ball.
Sommerblume ↑Blume.
Sommerendivie ↑Salat.
Sommerfeldzug ↑Feldzug.
Sommerferien ↑Ferien.
Sommerfest ↑Ball.
Sommerfrische: ↑Strafanstalt, ↑Urlaub.
Sommerfrischler ↑Urlauber.
Sommergast ↑Urlauber.
Sommerkleid ↑Kleid.
sommerlich ↑warm.
sömmerlich ↑warm.
Sommerlinde ↑Linde.
Sommerloch ↑Ruhe.
Sommermantel ↑Mantel.
Sommermonat ↑Juli.
Sommerpause, Theaterferien; ↑Urlaub · Ggs. ↑Spielzeit.
Sommerregen ↑Niederschlag.
Sommerreifen ↑Autoreifen.
Sommerreise ↑Reise.
Sommersaison ↑Saison.
Sommerschlussverkauf ↑Ausverkauf.
Sommerschuh ↑Schuh.
Sommersonne ↑Sonnenlicht.
Sommersprossen, Guckerschecken *(österr.),* Epheliden *(fachspr.);* ↑Muttermal; ↑sommersprossig.
sommersprossig, guckerscheckert *(österr.);* ↑Muttermal, ↑Sommersprossen.
Sommertag ↑Tag.
sommertrocken: warmes -es Klima ↑Klimazone.
Sommerwetter ↑Wetter.
Sommerzwiebel ↑Zwiebel.
Somnambulismus ↑Mondsüchtigkeit.
Somnifaziens ↑Schlafmittel.
Somniferum ↑Schlafmittel.
Somnifikum ↑Schlafmittel.
Somnolenz ↑Schläfrigkeit.
sonach: ↑also, ↑hinterher.
Sonata da Camera ↑Sonate.

Sonata da Chiesa ↑Sonate.
Sonate · Klaviersonate, Violinsonate, Cellosonate, Cembalosonate, Orgelsonate · *für drei Instrumente:* Triosonate, Kammersonate, Kirchensonate, Sonata da Chiesa, Sonata da Camera · *kleine:* Sonatine.
Sonatine ↑Sonate.
sonder ↑ausgenommen.
Sonderabmachung ↑Klausel.
Sonderausführung: in S. ↑kostbar.
sonderbar ↑seltsam.
Sonderbarkeit ↑Seltsamkeit.
Sonderdruck, Separatum, Separatdruck; ↑Druck, ↑Edition.
Sonderfall: ↑Abweichung, ↑Ausnahmefall.
Sondergenehmigung ↑Erlaubnis.
sonderlich: nicht s. ↑mäßig, ↑unerfreulich.
Sonderling ↑Außenseiter.
Sondermarke ↑Briefmarke.
Sondermülldeponie ↑Müllabladeplatz.
¹sondern (Verb): ↑unterscheiden; die Spreu vom Weizen sondern ↑aussortieren; sondern von ↑ausschließen.
²sondern (Konjunktion): ↑aber.
Sonderpreis ↑Preis.
Sonderrecht ↑Vorrecht.
Sonderschule ↑Schule.
Sonderschullehrer ↑Lehrer.
Sonderstempel ↑Stempel.
Sonderzug ↑Eisenbahnzug.
sondieren: ↑forschen; [das Terrain s.] ↑vorfühlen.
Sondierung: ↑Erforschung, ↑Nachforschung.
Sonett ↑Gedicht.
Song ↑Lied.
¹Sonnabend *(nordd.),* Samstag *(südd., österr., schweiz., westd.);* ↑Ruhetag, ↑Werktag, ↑Wochenende.
²Sonnabend: an jedem S., jeden S., immer am S., alle -e ↑sonnabends.
sonnabends *(nordd.),* samstags *(südd., westd.),* an jedem Sonnabend / Samstag, jeden Sonnabend / Samstag, immer am Sonnabend / Samstag, alle Sonnabende / Samstage; ↑wochentags.
¹Sonne, Tagesgestirn, Klärchen *(ugs.)* · *in der Mythologie:* Sonnengott, Helios, Sol; ↑Himmelskörper, Planet, ↑Regenbogen, ↑Sonnenlicht; ↑bescheinen, ↑scheinen, ↑sonnen (sich) · Ggs. ↑Mond.
²Sonne: ↑Feuerwerkskörper; die S. lacht / scheint / strahlt ↑sonnig [sein]; sich die S. auf den Bauch scheinen / brennen lassen, sich in der S. aalen, in der S. braten, sich in die S. legen, in der S. liegen, in der S. bräunen, sich in der S. / von der Sonne braten lassen, sich [in der S. / von der Sonne] bräunen lassen ↑sonnen (sich); das Land der aufgehenden S. ↑Japan; [gegen] die S. abschirmen ↑verdunkeln; mit der S. ↑morgens.
¹sonnen (sich), sonnenbaden, ein Sonnenbad nehmen, sich in der Sonne aalen, in der Sonne

braten, sich in die Sonne legen, in der Sonne liegen, sich die Sonne auf den Bauch scheinen / brennen lassen, in der Sonne bräunen, sich in der Sonne / von der Sonne braten lassen, sich [in der Sonne / von der Sonne] bräunen / *(österr.)* abbrennen lassen; ↑bescheinen, ↑liegen; ↑gebräunt; ↑Solarium, ↑Sonne, ↑Sonnenbrand.
²sonnen: sich s. ↑wohl fühlen (sich).
Sonnenanbeter ↑Nudist.
Sonnenaufgang ↑Morgengrauen.
Sonnenbad: ↑Phototherapie; ein S. nehmen ↑sonnen (sich).
Sonnenbanner ↑Nationalflagge.
Sonnenbehandlung ↑Phototherapie.
sonnenblumengelb ↑gelb.
Sonnenblumenöl ↑Speiseöl.
Sonnenbrand · *im Hochgebirge:* Gletscherbrand; ↑Sonne; ↑sonnen (sich).
sonnenbraun ↑braun.
Sonnenbrille ↑Brille.
Sonnenenergie ↑Energie.
sonnengelb ↑gelb.
Sonnenglanz ↑Sonnenlicht.
Sonnenglast ↑Sonnenlicht.
Sonnengott ↑Sonne.
sonnenhalb ↑sonnseitig.
sonnenklar ↑klar.
Sonnenlicht, Sonnenschein, Sonnenglanz, Sonnenglast *(dichter.)* · Morgensonne, Mittagssonne, Nachmittagssonne, Abendsonne · Frühlingssonne, Frühjahrssonne, Sommersonne, Herbstsonne, Wintersonne; ↑Sonne; ↑bescheinen, ↑scheinen.
sonnenlos ↑schattig.
Sonnenplissee ↑Falte.
Sonnenschein: ↑Schönwetter, ↑Sonnenlicht; es ist strahlender S. ↑sonnig [sein].
Sonnenschirm ↑Schirm.
Sonnenseite: auf der S. ↑sonnseitig.
Sonnenstein ↑Schmuckstein.
Sonnenstich ↑Überhitzung.
Sonnentag ↑Tag.
Sonnentierchen ↑Einzeller.
Sonnenuhr ↑Uhr.
Sonnenuntergang ↑Abendlicht.
sonnenverbrannt ↑gebräunt.
Sonnenwendkäfer ↑Leuchtkäfer.
¹sonnig, heiter, wolkenlos, strahlend, klar, aufgeheitert, aufgelockert, nicht ↑bewölkt; ↑hell · Ggs. ↑schattig; **s. sein,** es ist sonnig, das Wetter ist schön, die Sonne lacht / scheint / strahlt, es ist strahlendes Wetter / strahlender Sonnenschein, der Himmel ist blau / wolkenlos, Petrus / der Wettergott meints gut [mit uns] *(ugs.)*; ↑Wetter.
²sonnig ↑lustig.
sonnseitig *(österr.)* auf der Sonnenseite, sonnenhalb *(schweiz.)*.
Sonntag: ↑Ruhetag; Goldener / Silberner S. ↑Adventssonntag; Weißer S., 1.–6. S. nach Epiphanias, 1. / 2. / 3. / 4. / 5. / 6. S. nach Ostern, S.

nach Pfingsten, 1.–27. S. nach Trinitatis, S. vom Jüngsten Tag ↑Kirchenjahr; an jedem S., jeden S., immer am S., alle -e ↑sonntags.
sonntags, an jedem Sonntag, jeden Sonntag, immer am Sonntag, alle Sonntage; ↑wochentags.
Sonntagsausflug ↑Ausflug.
Sonntagsbeilage ↑Zeitungsbeilage.
Sonntagsdienst ↑Bereitschaftsdienst.
Sonntagsfahrer: ↑Autofahrer, ↑Stümper.
Sonntagsjäger ↑Jäger.
Sonntagskind: ↑Glückspilz; ein S. sein ↑Glück [haben].
Sonntagskleid ↑Kleid.
Sonntagskonzert ↑Musikveranstaltung.
Sonntagsmaler ↑Kunstmaler.
Sonntagsraucher ↑Raucher.
sonnverbrannt ↑gebräunt.
Sonnwendkäfer: ↑Glühwürmchen, ↑Leuchtkäfer.
Sonnyboy ↑Mann.
sonst: ↑außerdem, ↑oder; s. [... genannt] ↑alias; was denn s. ↑ja.
sonstwo ↑anderwärts.
Sophie: Kalte S. ↑Eisheilige.
Sophist ↑Wortverdreher.
Sophisterei ↑Spiegelfechterei.
Sophistik ↑Spiegelfechterei.
sophistisch ↑spitzfindig.
Sophronetikus ↑Zahn.
Sopor ↑Benommenheit.
Sopran: ↑Sängerin, ↑Singstimme.
Sopranistin ↑Sängerin.
Sopranschlüssel ↑Notenschlüssel.
Sopranstimme ↑Singstimme.
Sore ↑Raub.
Sorge: ↑Fürsorge, ↑Leid; jmdm. S. bereiten / machen, jmdn. mit S. erfüllen ↑bekümmern; seine -n haben ↑Schicksal; sich -n machen ↑sorgen (sich); S. tragen für ↑möglich [machen].
¹sorgen (sich), sich grämen / härmen / abgrämen / abhärmen / *(ugs.)* absorgen, betrübt / bekümmert sein, sich betrüben, sich Sorgen / Gedanken / Kopfschmerzen machen, in Sorge sein [um], sich ängstigen um, in tausend Ängsten schweben, [sich] kümmern *(schweiz.)*, etwas beunruhigt jmdn. / bringt jmdn. um den Schlaf / raubt jmdm. den Schlaf / bereitet jmdm. Kummer / schlaflose Nächte · *unbegründet:* Gespenster sehen; ↑annehmen (sich um etwas), ↑ärgern (jmdn.), ↑schwer nehmen; **sich nicht s.,** sich wegen etwas / über etwas keine grauen Haare wachsen lassen, die Karre / den Karren laufen lassen *(ugs.);* ↑ängstlich, ↑sorgenvoll, ↑vernachlässigt.
²sorgen: s. für ↑möglich [machen]; für jmdn. s. ↑ernähren, ↑kümmern (sich um jmdn.); für Abwechslung s. ↑zerstreuen (sich); dafür s., dass ... ↑betreiben; dafür s., dass die Bäume nicht in den Himmel wachsen ↑einschränken.
sorgenfrei: ↑unbesorgt, ↑zufrieden.

sorgenschwer ↑sorgenvoll.
Sorgenstuhl: ↑Sitzgelegenheit, ↑Stuhl.
sorgenvoll, bedrückt, sorgenschwer, zentnerschwer, gramvoll, gramerfüllt, gramgebeugt,
nicht ↑unbesorgt; ↑sorgen (sich).
Sorgerecht ↑Recht.
¹Sorgfalt, Akribie, Genauigkeit, Akkuratesse;
↑Pflichtbewusstsein.
²Sorgfalt: ↑Fürsorge; mangelnde S. ↑Nachläs-
sigkeit.
sorgfältig: ↑behutsam, ↑gewissenhaft.
sorglos: ↑unachtsam, ↑unbesorgt.
Sorglosigkeit: ↑Unachtsamkeit, ↑Unbesorgt-
heit.
sorgsam: ↑behutsam; s. behandeln / umgehen
↑schonen.
Sorte: ↑Art; jeder S. ↑alle.
Sorten ↑Devisen.
sortieren ↑teilen.
¹Sortiment, Auswahl, Kollektion, Musterkollektion.
²Sortiment ↑Buchhandlung.
Sortimenter ↑Buchhändler.
SOS-Dorf ↑Kinderdorf.
Sosein ↑Tatsache.
SOS-Ruf ↑Hilferuf.
¹Soße, Sauce, Tunke, Stippe *(landsch.)* · *aus
Wein:* Chaudeau, Weinschaum · *zu Fleisch:*
Bratensoße, Worcestersoße, Cumberlandsoße,
Mustardsoße, Ketschup, Catchup, Tomaten-
ketschup, Chutneysoße · *zu Salaten:* Dressing;
↑Suppe.
²Soße: Quatsch mit S. ↑Unsinn.
Soßenlöffel ↑Löffel.
sostenuto ↑langsam.
Sotho ↑Schwarzer.
Sottise ↑Absurdität.
sotto voce ↑leise.
Soubrette ↑Sängerin.
Souchong ↑Tee.
Souffleur, Einsager · *weiblicher:* Souffleuse,
Einsagerin; ↑Aufführung, ↑Theater; ↑vorspre-
chen.
Souffleuse ↑Souffleur.
soufflieren ↑vorsprechen.
Soul ↑Musik.
Sound ↑Klangrichtung.
Soundtrack ↑Musik.
Souper ↑Abendessen.
soupieren ↑essen.
Sour ↑Mixgetränk.
Souschef ↑Stellvertreter.
Southpaw ↑Boxer.
Soutterain ↑Geschoss.
Souvenir ↑Andenken.
souverän ↑selbstständig.
Souverän: ↑Oberhaupt, ↑Schweizer, ↑Wähler.
Sovereign ↑Münze.
Sowchos ↑Produktionsgenossenschaft.
Sowchose ↑Produktionsgenossenschaft.
sowie ↑und.

sowieso ↑ohnehin.
sowjetisch ↑russisch.
Sowjetunion *(hist.),* UdSSR *(hist.),* Russland.
sowohl: s. ... als auch ↑auch.
soziabel ↑gesellig.
Soziabilität ↑Geselligkeit.
sozial: ↑gemeinnützig, ↑menschlich; -e Ankla-
ge ↑Gesellschaftskritik; -er Roman ↑Roman; s.
schwächer ↑einkommensschwach; seinen -en
Tag haben ↑spendieren.
Sozialarbeiter ↑Betreuer.
Sozialarbeiterin ↑Fürsorgerin.
Sozialdemokratismus ↑Ketzerei.
Sozialfürsorgerin ↑Fürsorgerin.
Sozialgericht ↑Gericht.
Sozialhilfe, Fürsorge, Altersfürsorge, Rent-
nerfürsorge, Wohlfahrt, Armenpflege, Ge-
meindedienst, Diakonie; ↑Betreuer, ↑Betreu-
ung, ↑Fürsorgerin; ↑gemeinnützig.
Sozialhilfeempfänger ↑Arbeitsloser.
Sozialisation ↑Einordnung.
Sozialist, Linksorientierter, Linker, Kommu-
nist, Marxist, Bolschewist, Bolschewik, Trotz-
kist, Leninist, Menschewist, Stalinist, Maoist,
Titoist; ↑Extremist, ↑Kommunismus, ↑Marxis-
mus; ↑kommunistisch, ↑sozialistisch · Ggs.
↑Konservativer; ↑konservativ.
¹sozialistisch, linksorientiert, linksliberal,
linksradikal, links; ↑Sozialist · Ggs. ↑konserva-
tiv; ↑Konservativer.
²sozialistisch: ↑kommunistisch; -er Realismus
↑Malerei.
Sozialkritik ↑Gesellschaftskritik.
Sozialkunde ↑Geschichtsunterricht.
Sozialneid ↑Neid.
Sozialökonomie ↑Wirtschaftswissenschaft.
Sozialpartner, Tarifpartner, Arbeitnehmer,
Arbeitgeber; ↑Arbeitgeber, ↑Arbeitnehmer.
Sozialprestige ↑Ansehen.
sozialpsychiatrisch: -e Klinik ↑Krankenhaus.
Sozialpsychologie ↑Psychologie.
Sozialrecht ↑Rechtsgebiet.
Sozialstation ↑Betreuung.
Sozialversicherung ↑Versicherung.
Sozialwissenschaft ↑Gesellschaftswissen-
schaft.
Sozialwohnung ↑Wohnung.
Soziogramm ↑Graph.
Soziolekt: ↑Ausdrucksweise, ↑Gruppenspra-
che.
Soziolinguistik ↑Sprachwissenschaft.
Soziologie ↑Gesellschaftswissenschaft.
Sozius: ↑Beifahrer, ↑Teilhaber.
sozusagen: ↑gewissermaßen, ↑gleichsam.
spachteln: ↑essen; leer s. ↑aufessen.
Spagat: ↑Schnur, ↑Turnübung.
Spagatschnürl ↑Schnur.
Spaghetti: ↑Italiener, ↑Teigwaren.
spähen ↑blicken.
Späher ↑Auskundschafter.
Spalett ↑Fensterladen.

Spalettladen ↑Fensterladen.
Spalierobst ↑Obst.
Spalt ↑Riss.
Spaltalge ↑Spaltpflanze.
Spalte: ↑Apfelscheibe, ↑Apfelsinenscheibe, ↑Riss, ↑Rubrik.
spalten, entzweihacken, zerhacken, entzweihauen, klieben *(bayr., österr.);* ↑schneiden, ↑zerlegen.
Spaltleder ↑Leder.
Spaltpflanze · Spaltalge, Blaualge, Wasserblüte, Trichodesmium · Spaltpilz, Bakterie; ↑Krankheitserreger, ↑Lagerpflanze.
Spaltpilz ↑Spaltpflanze.
Spaltung: ↑Abtrennung; operative S. ↑Operation.
¹Span, Schnitzel, Splitter, Spreißel, Schiefer *(südd., österr.),* Abschnitzel *(südd.);* ↑Brett, ↑Pfahl.
²Span: einen S. ausgraben ↑Streit [anfangen mit jmdm.].
Spange ↑Brosche.
Spangenschuh ↑Schuh.
spanisch: -er Pfeffer ↑Gemüse; -es Rohr ↑Spazierstock, ↑Stock; -es Vögerl ↑Rinderbraten; -e Wand ↑Wandschirm; etwas kommt jmdm. s. vor ↑argwöhnisch [sein].
Spankorb ↑Korb.
Spann, Rist, Reihen *(landsch.);* ↑Fuß, ↑Gliedmaße.
Spannbetttuch ↑Laken.
¹Spanne, Abstand, Spielraum, Unterschied, Marge.
²Spanne ↑Weile.
spannen: ↑merken, ↑steif [werden]; jmdn. auf die Folter s. / auf etwas gespannt machen ↑neugierig [machen].
spannend ↑interessant.
Spanner: ↑Muskel, ↑Schmetterling, ↑Zuschauer.
Spanngardine ↑Gardine.
Spannkraft: ↑Tatkraft, ↑Temperament.
Spannlaken ↑Laken.
Spannmuskel ↑Muskel.
Spannsäge ↑Säge.
Spannteppich ↑Teppichboden.
¹Spannung, Unruhe, Beunruhigung; **in S. halten,** nicht zur Ruhe kommen lassen, in Atem halten.
²Spannung: -en ↑Streit; in atemloser S. ↑erwartungsvoll; einer Sache voll S. entgegensehen ↑erwartungsvoll [sein]; nicht frei von S. ↑spannungsgeladen.
Spannungsgebiet ↑Krisenherd.
spannungsgeladen, explosiv, gespannt, nicht frei von Spannung, getrübt, verhärtet · Ggs. ↑ungetrübt.
spannungsreich ↑interessant.
Sparbrief ↑Wertpapier.
Sparbüchse, Sparschwein, Spartopf, Sparstrumpf, Sparkasse; ↑sparen.

sparen, ansparen, Ersparnisse machen, sich etwas ersparen / *(schweiz.)* erhausen, zurücklegen, beiseite legen, auf die Seite legen, auf die hohe Kante legen, sich einschränken, haushalten, Maß halten, sich zurückhalten, einsparen, hausen *(schweiz.),* das Geld zusammenhalten, Konsumverzicht betreiben, bescheiden leben, geizen, kargen, knapsen, knausern, kürzer treten, den Gürtel / Riemen enger schnallen, sich krumm legen *(salopp),* krummliegen *(salopp),* knickern, knorzen *(schweiz.),* nicht ↑verschwenden; ↑aussparen, ↑bausparen, ↑erübrigen, ↑haushalten, ↑prämiensparen, ↑verringern; **s. müssen,** [mit dem Pfennig] rechnen müssen, sich einrichten / nach der Decke strecken müssen, kurz treten müssen, sich nicht viel leisten / keine großen Sprünge machen können, bei jmdm. ist Schmalhans Küchenmeister; **nicht s.,** klotzen, nicht kleckern; in die Vollen gehen, sich nicht lumpen lassen, nicht knausern; ↑sparsam; ↑Einsparung, ↑Geizhals, ↑Geldinstitut, ↑Sparbüchse, ↑Vermögen, ↑Wirtschaftlichkeit.
Spargel ↑Gemüse.
Spargeld ↑Ersparnisse.
Spargelkohl ↑Blumenkohl.
Spargelpilz ↑Ständerpilz.
Spargroschen ↑Ersparnisse.
Sparguthaben ↑Ersparnisse.
Sparkasse: ↑Geldinstitut, ↑Sparbüchse.
Sparkonto ↑Bankkonto.
spärlich: ↑karg, ↑schütter.
Spärlichkeit ↑Armut.
Sparmaßnahme ↑Einsparung.
Sparpfennig ↑Ersparnisse.
Sparren ↑Brett.
Sparring ↑Boxen.
¹sparsam, haushälterisch, wirtschaftlich, ökonomisch, häuslich *(schweiz.),* nicht ↑freigebig; ↑engherzig; **s. sein,** auf den Pfennig sehen, mit dem Pfennig rechnen; ↑erübrigen, ↑haushalten, ↑sparen; ↑Einsparung, ↑Geizhals, ↑Vermögen, ↑Wirtschaftlichkeit.
²sparsam ↑geizig.
Sparsamkeit ↑Geiz.
Sparschwein ↑Sparbüchse.
Sparstrumpf ↑Sparbüchse.
spartanisch ↑bescheiden.
Sparte: ↑Bereich, ↑Partei.
Spartopf ↑Sparbüchse.
Spasmolytikum ↑Relaxans.
Spaß: ↑Lust, ↑Scherz; da hört der S. auf ↑unerhört [sein]; jmd. hat S. an etwas, etwas macht jmdm. S. ↑erfreuen; S. machen ↑spaßen; wenn's dir S. macht ↑ja; etwas würde jmdm. S. machen ↑tun; jmdm. den S. an etwas verderben ↑verleiden; keinen S. verstehen ↑humorlos [sein].
¹spaßen, scherzen, Spaß / Witze machen, einen Schmäh führen *(österr.),* Witze erzählen /

(ugs.) reißen; ↑albern, ↑aufziehen (jmdn.); ↑Witz.

²spaßen: mit jmdm. ist nicht zu s. ↑böse [sein]; mit etwas ist nicht zu s. ↑ernst [sein].

spaßeshalber, zum Spaß, aus Hetz *(österr.),* hetzhalber *(österr.);* ↑Scherz.

Spaßetteln ↑Scherz.

spaßhaft ↑spaßig.

spaßig, witzig, trocken, spaßhaft, ulkig, [derb] komisch, possenhaft, burlesk, glatt *(schwäb.),* sauglatt *(salopp, schwäb.),* urkomisch, gelungen, schnurrig, gspaßig *(bayr., österr.),* possierlich, drollig, putzig, herzig, aus Kindermund; ↑geistreich, ↑seltsam, ↑überspannt.

¹Spaßmacher, Narr, Possenreißer · *im Zirkus:* Clown, Bajass *(landsch.),* dummer August · *an Fürstenhöfen [der Renaissance]:* Hofnarr, Narr, Hofzwerg · *der Seiltänzer und Akrobaten:* Bajazzo · *am Theater:* Hanswurst, lustige Person / Figur · *in der Commedia dell'Arte:* Arlecchino, Pulcinell[a], Policinello · · *in der französischen Pantomime:* Pierrot · *weiblicher:* Pierrette · · *im deutschen Stegreifspiel:* Harlekin · *bei den englischen Komödianten:* Pickelhering; ↑Artist, ↑Kasper, ↑Narr, ↑Spaßvogel.

²Spaßmacher ↑Spaßvogel.

Spaßvogel, Spaßmacher, Schalk, Schelm, Witzbold, Clown, Kasper, Nummer *(ugs.),* Marke *(ugs.),* Unikum *(ugs.),* Schmähtandler *(abwertend, österr.),* Original · *in einer Schulklasse:* Klassenclown, Klassenkasper; **ein S. sein,** jmdm. sitzt der Schalk / der Schelm im Nacken, jmd. hat den Schalk / den Schelm im Nacken; ↑Dummkopf, ↑Narr, ↑Spaßmacher.

¹spät, verspätet, endlich, schließlich, zuletzt, zu guter Letzt, am / zum Schluss, auf die Letzt *(mundartl., österr.),* am Ende, nicht ↑früh; ↑hinterher, ↑letztlich; **s. kommen,** in letzter Minute / im letzten Augenblick / kurz vor Toresschluss / gerade noch zur rechten Zeit / auf die Letzt / *(salopp)* auf den letzten Drücker (oder:) Point (oder:) Hosenknopf kommen; **s. sein:** es ist [schon] spät, es ist höchste Zeit / fünf Minuten vor zwölf / *(ugs.)* höchste Eisenbahn, spät dran sein; **s. aufstehen,** [ein] Langschläfer sein; ↑Nachzügler.

²spät: ↑abends; -er Frühling ↑Geschlechtstrieb; **s. zünden** ↑begriffsstutzig [sein]; von früh bis s. ↑Tag; nicht zu früh und nicht zu s. ↑pünktlich; **zu s. kommen** ↑verspäten (sich).

Spätcafé ↑Nachtlokal.

Spatelente ↑Vogel.

Spaten, Grabscheit; ↑Schaufel.

Spatenstich: erster S. ↑Grundsteinlegung.

Spätentwickler ↑Mensch.

Spätentwicklung ↑Entwicklung.

¹später, einst, einmal, dereinst, dermaleinst, künftig, inskünftig *(österr.),* zukünftig, in Zukunft, kommend, fortan, fortab, hinfort, fürderhin, fürder, weiterhin, späterhin, in spe, demnächst [in diesem Theater *(scherzh.)*], anhin

(schweiz.), nächsthin *(schweiz.),* dannzumalig *(schweiz.),* in kurzer / absehbarer / nächster Zeit, kurzfristig, in Bälde, bald, über kurz oder lang, über ein Kleines *(veraltet),* bei Kleinem *(nordd.),* nicht ↑damals, nicht ↑jetzt.

²später: ↑hinterher; s. kommen ↑nachkommen.

späterhin ↑später.

Spätfolgen ↑Folge.

Spätgeburt ↑Geburt.

Spätherbst ↑Jahreszeit.

Spätkapitalismus ↑Kapitalismus.

spätkapitalistisch: -e Gesellschaft ↑Gesellschaft.

Spätlese ↑Wein.

Spätling: ↑Jahreszeit, ↑Kind.

Spätmittelalter ↑Geschichtsepoche.

spätmittelhochdeutsch: -e Dichtung ↑Literaturepochen.

Spätschäden ↑Folge.

Spatschek ↑Kippel-Kappel.

Spätschicht ↑Schicht.

Spätsommer ↑Altweibersommer.

Spätsommertag ↑Tag.

Spätwerk ↑Werk.

Spatz: ↑Kind, ↑Sperling; die -en pfeifen es von den Dächern ↑bekannt; wie ein S. essen ↑essen.

Spatzenhirn: ein S. haben ↑dumm [sein].

Spätzle ↑Teigwaren.

Spätzlesschwabe ↑Schwabe.

Spätzünder: ein S. sein ↑begriffsstutzig [sein].

spazieren fahren ↑fahren.

spazieren gehen, spazieren, sich ergehen, lustwandeln, schlendern, bummeln, einen Bummel machen, einen Schaufensterbummel machen, lädeln *(schweiz.),* flanieren, auf Lepschi gehen *(wiener.),* promenieren, an die Luft / ein paar Schritte gehen, frische Luft schnappen gehen *(ugs.),* sich die Beine / Füße vertreten, wandern, einen Spaziergang / eine Wanderung machen; ↑fortbewegen (sich); ↑Ausflug, ↑Bummel, ↑Spaziergang.

Spazierfahrt ↑Fahrt.

¹Spaziergang, Morgenspaziergang, Abendspaziergang, Verdauungsspaziergang, Waldspaziergang, Promenade, Gang, Waldgang, Wanderung, Fußwanderung, Waldwanderung, Bergwanderung, Bergpartie, Nachtwanderung, Marsch, Fußmarsch, Tagesmarsch, Nachtmarsch, Gewaltmarsch, Fußtour, Hatscher *(österr.),* Bergtour, Klettertour, Fußreise *(veraltet);* ↑Ausflug, ↑Bummel; ↑spazieren gehen.

²Spaziergang: einen S. machen ↑spazieren gehen.

Spaziergänger ↑Wanderer.

Spazierritt ↑Ritt.

Spazierstecken ↑Spazierstock.

Spazierstock, Stock, Spazierstecken *(landsch.),* Wanderstab *(dichter.),* Knotenstock, spanisches Rohr, Bergstock, Krückstock, Krücke; ↑Stange, ↑Stock.

Speaker ↑Vorstand.

Specht ↑Vogel.

Spechtmeise ↑Vogel.

Speck: ↑Fett; S. ansetzen ↑dick [werden]; S. in der Tasche haben ↑beliebt [sein]; wie die Made im S. leben ↑leben; mit Dreck und S. ↑schmutzig; voller Dreck und S. sein ↑schmutzig [sein].

Speckgriebe ↑Griebe.

speckig: ↑gar, ↑schmutzig.

Speckigkeit ↑Unsauberkeit.

Speckschwarte, Schwarte, Haut; ↑Epidermis.

Spectra-Colorvision ↑Kassettenfernsehen.

spedieren ↑transportieren.

Spediteur, Transportunternehmer, Fuhrunternehmer, Fuhrhalter *(veraltet)*, Fuhrherr *(veraltet)*, Fuhrmann *(veraltet)*, Spetter *(schweiz.)*, Fregger *(schweiz.)*; ↑Spedition; ↑transportieren.

Spedition, Transportunternehmen, Fuhrbetrieb, Fuhrgeschäft; ↑Spediteur; ↑transportieren.

Speech ↑Rede.

Speed ↑Rauschgift.

Speedwayrennen ↑Rennen.

Speer: ↑Sportgerät, ↑Wurfwaffe.

Speerwerfen: ↑Fünfkampf, ↑Leichtathletik, ↑Zehnkampf.

speiben ↑übergeben (sich).

Speichel, Saliva, Spucke *(salopp)*, Geifer, Sabber *(salopp)*; ↑Auswurf, ↑Speichelfluss; ↑spucken.

Speichelfluss, Salivation, Sialorrhö, Polysialie, Ptyalismus; ↑Speichel.

Speichellecker ↑Schmeichler.

Speichelleckerei ↑Unterwürfigkeit.

speichelleckerisch ↑unterwürfig.

speicheln ↑spucken.

Speicher ↑Boden.

Speicherblatt ↑Blatt.

speichern: ↑aufbewahren, ↑aufstauen.

Speichertreppe ↑Treppe.

Speicherung ↑Lagerung.

speien: ↑spucken, ↑übergeben [sich]; Gift und Galle s. ↑schelten.

Speis: ↑Beton, ↑Speisekammer.

Speischlange ↑Schlange.

Speise: ↑Dessert, ↑Essen; S. und Trank ↑Nahrung.

Speisefett ↑Fett.

Speisefisch ↑Fisch.

Speisehaus ↑Gaststätte.

Speisekammer, Speiskammer *(südd.)*, Speis *(bayr., österr.)*, Vorratskammer.

Speisekarte, Karte, Speisezettel, Menükarte; ↑Suppe; **nach der S.,** à la carte.

speisen ↑essen.

Speisenbrett ↑Tablett.

Speisenfolge ↑Essen.

Speiseöl, Tafelöl, Öl, Pflanzenöl, Olivenöl, Sonnenblumenöl, Leinöl, Rüböl, Rübsenöl, Rapsöl, Erdnussöl, Nussöl, Weizenkeimöl, Maiskeimöl, Distelöl · Walöl, Dorschöl, Tran; ↑Fett.

Speisepilz ↑Pilz.

Speiseplatte, Salatplatte · *drehbare:* Kabarett, stummer Diener, drehbare Platte; ↑Anrichtetisch.

Speiseraum, Speisesaal · *in Betrieben usw.:* Kantine · *in Brauereien:* Schalander · *für Offiziere:* Kasino · *in Universitäten:* Mensa · *auf Schiffen:* Messe · *in Klöstern:* Refektorium; ↑Gaststätte.

Speiserestaurant ↑Gaststätte.

Speiseröhrenspiegelung ↑Ausspiegelung.

Speisesaal ↑Speiseraum.

Speisesalz ↑Salz.

Speisetäubling ↑Ständerpilz.

Speisewagen: ↑Eisenbahnwagen, ↑Gaststätte.

Speisewirtschaft ↑Gaststätte.

Speisezettel ↑Speisekarte.

Speisezwiebel ↑Zwiebel.

Speiskammer ↑Speisekammer.

Speitäubling ↑Ständerpilz.

Speiteufel ↑Ständerpilz.

speiübel: jmdm. ist / wird s. ↑unwohl.

Spektabilität: ↑Dekan; [Eure S.] ↑Anrede.

Spektakel ↑Lärm.

spektakulär ↑außergewöhnlich.

spektakulös ↑seltsam.

Spektakulum ↑Wunder.

Spektrum, Variationsspanne, Bandbreite, Möglichkeiten; ↑Vielfalt.

Spekulant ↑Börsenmakler.

Spekulation ↑Einbildung.

Spekulatius ↑Gebäck.

spekulativ ↑theoretisch.

Spekuliereisen ↑Brille.

¹spekulieren (an der Börse), agiotieren; ↑handeln; ↑Börse, ↑Börsenmakler, ↑Vermittler.

²spekulieren ↑vermuten; spekulieren auf ↑erwarten.

Spelunke ↑Gaststätte.

spendabel ↑freigebig.

Spende: ↑Beitrag, ↑Bestechungsgeld.

Spendel ↑Stecknadel.

¹spenden, stiften, geben, opfern; ↑abgeben, ↑beitragen, ↑hinterlassen, ↑opfern, ↑sammeln, ↑schenken, ↑spendieren, ↑stiften, ↑teilen, ↑widmen.

²spenden: das Abendmahl s. ↑Abendmahl; Beifall s. ↑applaudieren; Trost s. ↑Trost [geben].

Spendenaktion ↑Kollekte.

Spendenfreudigkeit ↑Großzügigkeit.

Spendenwaschanlage: ↑Bestechungsgeld, ↑Betrug.

Spender: edler S. ↑Gönner.

Spenderherz ↑Herz.

spendieren, jmdn. freihalten / einladen, einen ausgeben *(ugs.)*, etwas springen lassen *(ugs.)*, in

Geberlaune / Spendierlaune sein, seinen sozialen Tag haben *(scherzh.)*, die Spendierhosen anhaben *(scherzh.)*; ↑spenden; ↑Gönner, ↑Großzügigkeit, ↑Trinkgelage.
Spendierhosen: die S. anhaben ↑spendieren.
Spendierlaune: in S. sein ↑spendieren.
Spengler ↑Installateur.
Spennadel ↑Stecknadel.
Spenzer: ↑Jacke, ↑Strickweste.
Sperber: ↑Vogel; ein S. sein ↑schmächtig [sein].
Sperbereule ↑Vogel.
sperbern ↑blicken.
Sperenzchen: ↑Ausflucht; S. machen ↑aufbegehren.
Sperling, Haussperling, Feldsperling, Riedsperling, Rohrsperling, Spatz; ↑Vogel.
Sperlingskauz ↑Vogel.
Sperma, Samenflüssigkeit, Ejakulat, Wichsfleck *(salopp)*, weißer Fleck; ↑Keimzelle, ↑Penis, ↑Samenerguss.
Spermabank ↑Zentrale.
Spermatorrhö ↑Samenerguss.
Spermatozoon ↑Keimzelle.
Spermium ↑Keimzelle.
sperrangelweit: s. offen ↑offen.
Sperrbezirk, Sperrgebiet, Kiez, Strich: ↑Prostituierte.
Sperre, Beschränkung · Verbreitungsbeschränkung, Nachrichtensperre · Urlaubssperre · Gehaltssperre; ↑Behinderung, ↑Blockierung, ↑Einschränkung, ↑Hürde, ↑Verbot.
sperren: ↑abschließen; jmdn. in etwas s. ↑festsetzen; sich gegen etwas s. ↑unzugänglich [sein].
Sperren ↑Regelverstoß.
Sperrgebiet ↑Sperrbezirk.
Sperrmüll ↑Müll.
Sperrsitz ↑Sitzplatz.
Sperrung: ↑Absperrung, ↑Stilllegung.
Spesen, Tagegeld, Diurnum *(veraltend, österr.)*, Taggeld *(oberd.)*, Diäten, Reisekostenvergütung, Aufwandsentschädigung, Entschädigung; ↑Entgelt, ↑Gehalt, ↑Vergütung.
Spessartin ↑Schmuckstein.
Spetter: ↑Hilfskraft, ↑Spediteur.
Spezereihändler ↑Kaufmann.
Spezi: ↑Freund, ↑Kamerad.
Spezialarzt ↑Arzt.
Spezialbericht ↑Zeitungsartikel.
Spezialgeschäft ↑Laden.
Spezialist: ↑Arzt, ↑Fachmann.
Spezialkatalog ↑Prospekt.
Spezialwörterbuch ↑Nachschlagewerk.
speziell ↑eigens.
Spezielles: auf dein / Ihr S. ↑prost.
Spezierer ↑Kaufmann.
Spezies ↑Art.
spezifisch ↑kennzeichnend.
Sphäre ↑Bereich.
Sphen ↑Schmuckstein.

Sphinkter ↑Muskel.
Sphinx ↑Meduse.
spicken: ↑absehen, ↑bestechen.
Spickzettel, einen Spickzettel benutzen; ↑absehen.
Spider ↑Auto.
Spiegel: ↑Revers; sich etwas hinter den S. stecken können ↑behalten.
spiegelbildlich: ↑seitenverkehrt, ↑symmetrisch.
Spiegelbildlichkeit ↑Symmetrie.
spiegelblank ↑blank.
Spiegelboxen ↑Boxen.
Spiegelei, Setzei *(bes. nordd.)*, Ochsenauge, Stierenauge *(schweiz.)* · *auf Schinken und Brot:* strammer Max; ↑Eierspeise.
Spiegelfechterei, Sophisterei, Sophistik, Kasuistik, Rabulistik, Wortverdreherei; ↑Pedanterie; ↑spitzfindig.
Spiegelgewölbe ↑Gewölbe.
Spiegelglas ↑Glas.
spiegelglatt ↑glatt.
spiegelgleich ↑symmetrisch.
Spiegelgleichheit ↑Symmetrie.
spiegelig ↑symmetrisch.
Spiegeligkeit ↑Symmetrie.
Spiegelkabinett ↑Jahrmarktsbude.
spiegeln, widerspiegeln, reflektieren, zurückstrahlen, zurückwerfen; ↑leuchten; ↑Spiegelung.
spiegelnd ↑blank.
Spiegelreflexkamera ↑Fotoapparat.
Spiegelsaal ↑Saal.
Spiegelstrich ↑Satzzeichen.
¹Spiegelung, Lichtreflex, Reflex, Reflexion, Widerschein, Abglanz; ↑spiegeln.
²Spiegelung ↑Ausspiegelung.
spiegelungsgleich ↑symmetrisch.
Spiegelungsgleichheit ↑Symmetrie.
¹Spiel, Austragung, Begegnung, Partie, Match, Wettkampf, Turnier, Wettspiel, Einzelspiel, Einzel, Single (Tennis), Zweierspiel (Golf) ·· Hinspiel · Rückspiel, Retourspiel *(österr.)*, Retourmatch *(österr.)*, Retourkampf *(österr.)*, Revanche ·· *auf eigenem Platz ausgetragenes:* Heimspiel · *auf dem Platz des Gegners ausgetragenes:* Auswärtsspiel, Gastspiel, Awayspiel *(schweiz.)*; ↑Balljunge, ↑Fangspiel, ↑Golfspiel, ↑Hockey, ↑Hüpfspiel, ↑Korbball, ↑Rennen, ↑Schlagball, ↑Sport, ↑Tischtennis; **ein S. verlieren,** verlieren, vergeigen *(ugs.)*; ↑kämpfen; ↑unentschieden.
²Spiel: ↑Glücksspiel, ↑Kinderspiel, ↑Schauspiel, ↑Schwanz; die -e, Olympische ↑Olympiade; etwas ist ein S. mit dem Feuer ↑gefährlich [sein]; das königliche S. ↑Schach; mit jmdm. ein falsches S. treiben ↑betrügen; etwas steht auf dem S. ↑ungewiss [sein]; aufs S. setzen ↑Gefahr, ↑wagen; sein Ansehen / seinen Namen / seinen Ruf aufs S. setzen ↑bloßstellen (sich); aus dem S. lassen ↑hineinziehen (in); die

Finger / die Hände im S. haben ↑beteiligen (sich); gute Miene zum bösen S. machen ↑notgedrungen [etwas tun müssen].

Spielaltistin ↑Sängerin.

Spielart ↑Abweichung.

Spielautomat ↑Automat.

Spielball, Ball, Gummiball, Kinderball, Kullerball *(Kinderspr.),* Lederball, Handball, Medizinball, Wasserball; Tennisball · Matchball; ↑Fußball, ↑Luftballon, ↑Sportgerät; ↑werfen.

Spieldose, Spieluhr; ↑Musikinstrument.

¹spielen (als Schauspieler), darstellen, verkörpern, mimen, agieren, figurieren / erscheinen / auftreten als, sein · *die Rolle eines Doubles:* dubeln; ↑Double; **schlecht s.,** nicht ankommen / über die Rampe kommen, schmieren, dem Affen Zucker geben, schlecht / rampengeil sein; ↑figurieren (als); ↑Schauspieler, ↑Schauspielerin.

²spielen: ↑aufführen, ↑aufspielen; [auswendig / aus dem Kopf s.] ↑musizieren; seinen ganzen Charme / alle seine Künste / alle seine Reize s. lassen ↑charmant [sein]; sein Geld s. lassen ↑bestechen; Bowling s. ↑kegeln; mit jmdm. Fangball s. ↑umgehen (mit jmdm.); Fußball s. ↑Fußballspiel; die erste Geige s. ↑maßgeblich [sein]; mit jmdm. Katz und Maus s. ↑vertrösten; Komödie / Theater s. ↑vortäuschen; den wilden Mann s. ↑ärgerlich [sein]; Murmeln / Klicker s. ↑murmeln; Poker s. ↑pokern; [die] Trommel s. ↑trommeln; Trompete s. ↑trompeten; gern eine Rolle s. wollen ↑geltungssüchtig [sein]; etwas spielt keine Rolle ↑unwichtig [sein]; Taschenbillard s. ↑Hoden; Theater s. ↑schauspielern; va banque s. ↑wagen; verrückt s. ↑ärgerlich [sein]; Würfel s. ↑würfeln; jmdn. an die Wand s. ↑Einfluss; im Sand s. ↑buddeln; sich s. mit etwas ↑bewältigen; mit dem Feuer s. ↑unbesonnen [sein]; mit dem Gedanken s. ↑erwägen; mit falschen / gezinkten Karten s. ↑betrügen; mit offenen Karten s. ↑aufrichtig [sein].

spielend: ↑mühelos; etwas s. aufs Parkett legen ↑mühelos [schaffen].

¹Spieler, Glücksspieler, Zocker, Hasardeur; ↑Abenteurer, ↑Glücksspiel.

²Spieler ↑Musizierender.

Spielfeld ↑Sportfeld.

Spielfilm: ↑Fernsehfilm, ↑Kinofilm.

Spielhunde ↑Hunderassen.

Spielkarte, Karte · Karo, Eckstein, Schellen · Cœur, Herz · Pik, Schippe · Treff, Kreuz.

Spielleiter ↑Regisseur.

Spielmann ↑Minnesänger.

Spielmannsdichtung ↑Dichtung.

Spieloper ↑Oper.

Spielplan: auf den S. setzen ↑ansetzen, ↑aufführen.

Spielplatz, Abenteuerspielplatz, Sandkasten, Buddelkasten, Spielwiese, Fußballplatz, Bolzplatz *(ugs.);* ↑Sportfeld.

Spielraum: ↑Ausmaß, ↑Bewegungsfreiheit, ↑Spanne.

Spielsachen ↑Spielzeug.

Spielsaison ↑Spielzeit.

Spielstraße ↑Straße.

Spieltisch ↑Tisch.

Spieluhr ↑Spieldose.

Spielverderber: S. sein ↑teilnehmen.

Spielwaren ↑Spielzeug.

Spielwiese: ↑Glatze, ↑Spielplatz, ↑Tummelplatz.

Spielzeit, Saison, Spielsaison *(schweiz.);* ↑Theater · Ggs. ↑Sommerpause.

Spielzeug, Spielsachen, Kinderspielzeug, Spielwaren; ↑Teddybär, ↑Zinnfigur.

Spieß: ↑Dienstgrad, ↑Fehler, ↑Wurfwaffe; den S. umdrehen ↑wehren (sich).

Spießbürger ↑Spießer.

spießbürgerlich: ↑banausisch, ↑engherzig.

Spieße ↑Geweih.

spießen: sich s. ↑stocken.

¹Spießer, Spießbürger, Sumper *(österr.),* Philister; ↑Alltagsmensch, ↑Ungebildeter, ↑Vorurteil; ↑banausisch, ↑engherzig.

²Spießer ↑Hirsch.

Spießgeselle ↑Komplize.

spießig: ↑banausisch, ↑engherzig.

Spießruten: S. laufen ↑aussetzen (sich einer Sache).

Spießvogel ↑Vogel.

Spikereifen ↑Winterreifen.

Spill ↑Winde.

spillerig ↑schlank.

Spilling ↑Obst.

spinal: -e Kinderlähmung ↑Kinderlähmung.

Spinalis ↑Meninx.

Spinat ↑Gemüse.

spinatgrün ↑grün.

Spind: ↑Schrank; nicht alle Tassen im S. haben ↑verrückt [sein].

spindeldürr ↑schlank.

Spindelstar ↑Katarakt.

Spindeltreppe ↑Treppe.

Spinell ↑Schmuckstein.

Spinett ↑Tasteninstrument.

Spinnangelsport ↑Angelsport.

spinnefeind: s. sein ↑verfeindet [sein].

spinnen: ↑verrückt [sein]; Garn s. ↑lügen.

Spinnengewebe ↑Spinnwebe.

Spinnennetz ↑Spinnwebe.

Spinner: ↑Dummkopf; Echter S. ↑Schmetterling.

Spinnwaren ↑Textilien.

Spinnweb ↑Spinnwebe.

Spinnwebe, Spinnweb *(österr.),* Spinnengewebe, Spinnennetz; ↑Altweibersommer.

spinös ↑tantenhaft.

spintisieren ↑lügen.

¹Spion, Agent, Diversant, Saboteur, Schnüffler, Schnoferl *(ugs., österr.);* ↑Auskundschafter, ↑Geheimpolizist, ↑Gewährsmann, ↑Vermittler,

↑Verschwörung; **ein** S. **sein,** Spionage treiben, spionieren; ↑auskundschaften, ↑infiltrieren; ↑umstürzlerisch.

²Spion ↑Abhörgerät.

Spionage: S. treiben ↑Spion.

Spionageabwehr ↑Geheimpolizei.

¹spionieren, nachspionieren, nachschnüffeln *(ugs.),* schnüffeln *(ugs.),* schnofeln *(ugs., österr.),* herumschnüffeln *(ugs.),* kontrollieren; ↑nachforschen, ↑neugierig [sein]; ↑Abhörgerät, ↑Geheimpolizei, ↑Rechercheur.

²spionieren ↑Spion.

Spiritismus ↑Geisterbeschwörung.

Spiritist, Okkultist, Geisterbeschwörer, Geisterseher, Spökenkieker *(nordd., scherzh.);* ↑Geisterbeschwörung, ↑Séance, ↑Wahrsager; ↑okkult.

spiritistisch ↑okkult.

Spiritual ↑Lied.

Spirituosen ↑Alkohol.

Spiritus: ↑Alkohol, ↑Brennstoff.

Spiritus Rector ↑Führer.

Spital ↑Krankenhaus.

¹spitz, nadelspitz, zugespitzt, angespitzt, mit einer Spitze versehen, spitzig; **s. machen,** anspitzen, zuspitzen, spitzen; ↑geschärft, ↑gezackt, ↑kantig.

²spitz: ↑kantig, ↑spöttisch; **-e** Bemerkung ↑Spitze; auf jmdn. s. sein ↑begierig [sein auf].

Spitz: ↑Gipfel, ↑Hunderassen; etwas steht auf S. und Knopf ↑ungewiss [sein].

Spitzahorn ↑Ahorn.

Spitzbart ↑Bart.

spitzbekommen ↑merken.

Spitzbogen: [gleichseitiger / gedrückter / überhöhter S.] ↑Bogen.

Spitzbogenfries ↑Fries.

Spitzbube: ↑Dieb, ↑Junge, ↑Schuft; **-n** ↑Gebäck.

Spitzbubensprache ↑Gaunersprache.

spitze: das ist s. ↑außergewöhnlich [sein].

¹Spitze, Anzüglichkeit, Zweideutigkeit, Anspielung, Stichelei, Stich, Bissigkeit, Spöttelei, [spitze, anzügliche, bissige] Bemerkung; ↑Beleidigung; ↑spöttisch.

²Spitze: ↑Dorn, ↑Gipfel, ↑Hochzeitstag, ↑Spitzenstickerei, ↑Wipfel, ↑Zeitungsartikel; die **-n** der Gesellschaft ↑Oberschicht; die S. halten ↑Höchstleistung [erzielen]; -n verteilen ↑spöttisch [sein]; an der S. stehen ↑führen; mit einer S. versehen ↑spitz; das ist S. ↑außergewöhnlich [sein], ↑trefflich [sein].

Spitzel ↑Auskundschafter.

spitzen: ↑schärfen, ↑spitz [machen]; sich s. auf ↑begierig [sein]; die Ohren s. ↑Acht geben, ↑horchen.

Spitzen-: ↑beste.

Spitzenbluse ↑Bluse.

Spitzenkandidat ↑Anwärter.

Spitzenklasse ↑Höchstleistung.

Spitzenleistung ↑Höchstleistung.

Spitzenlohn ↑Lohn.

Spitzenmodell ↑Mannequin.

¹Spitzenreiter, Leader, Tabellenführer; ↑Schrittmacher.

²Spitzenreiter: S. sein ↑Höchstleistung.

Spitzenschleier ↑Schleier.

Spitzensportler ↑Sportler.

Spitzenstickerei, Spitze ··· handgearbeitete: Klöppelspitze · Valenciennespitze, Point d'Angleterre, Babylace, Bayeux, Bedfordspitze, Binchespitze, Bisette, Blonde, böhmische Spitze, Bretonne, Brügger Spitze, Brüsseler Spitze, Buckinghamshirespitze, Caenspitze, Chantillyspitze, flandrische Spitze, Point de Gênes, Idrianer Spitze, Lillespitze, Malines, Malteserspitze, Mailänder Spitze, Mirecourtspitze, Paraguayspitze, Pottenkant, Reticella, Schneeberger Spitze, Torchonspitze, Trolly, Vermicel-li ·· Nadelspitze, Nähspitze · Alençon, Argentan, Argentella, Burano, Coralino, Point de France, Point gothique, Irishpoint, Margarethenspitze, Ragusaner Spitze, Rosalina, Sedan, Smyrna, venezianische Spitze ·· Filetspitze, Netzspitze · Häkelspitze ·· Irishpoint, Baby- Irish, Crochetlace ·· Knüpfspitze, Makramee ·· Strickspitze, Wollspitze ·· Schiffchenspitze, Okkispitze ··· *maschinell hergestellte:* Maschinenspitze, Webspitze · maschinengestickte Spitze, Schweizer Spitze, vogtländische Spitze, Plauener Spitze, Luftspitze, Diamantenspitze, Zellenspitze; ↑Handarbeit; ↑handarbeiten.

Spitzentaschentuch ↑Taschentuch.

Spitzentechnologie: ↑Innenarchitektur, ↑Technik.

Spitzenwein ↑Wein.

spitzfindig, kasuistisch, sophistisch, rabulistisch, haarspalterisch, wortklauberisch; ↑engherzig; ↑Pedanterie, ↑Spiegelfechterei.

Spitzfindigkeit ↑Pedanterie.

Spitzfuß: ↑Fuß, ↑Fußdeformität.

Spitzhacke, Pickel, Picke, Krampen *(österr.);* ↑Beil, ↑Hacke.

spitzig ↑spitz.

Spitz-Klump-Fuß ↑Fußdeformität.

spitzkriegen ↑merken.

Spitzkühler ↑Bauch.

Spitzkuppel ↑Kuppel.

Spitzkurve ↑Kurve.

Spitzmaus: ↑Maus, ↑Nagetier.

Spitzname, Übername, Beiname, Neckname, Spottname, Scherzname, Uzname *(landsch.),* Schelte, Schimpfname; ↑Familienname, ↑Pseudonym, ↑Schimpfwort, ↑Vorname.

Spitztonne ↑Gewölbe.

Spleen, fixe Idee, Marotte, Schrulle, Flitz *(ugs.),* Tick, Fimmel *(salopp),* Macke *(salopp),* Wunderlichkeit, Verrücktheit *(salopp),* Pecker *(österr.);* ↑dumm, ↑überspannt, ↑verrückt.

spleenig ↑dünkelhaft.

splendid ↑freigebig.
Splenogramm ↑Röntgenogramm.
Splenographie ↑Röntgenographie.
Splenohepatogramm ↑Röntgenogramm.
Splenohepatographie ↑Röntgenographie.
Splitt, Rollsplitt, Flussschotter, Grobschotter, Rundschotter, Flusskies, Schotter, Kies; ↑Gestein, ↑Straßenpflaster.
Splitter: ↑Holzsplitter, ↑Span.
splitterfasernackt ↑nackt.
Splittergruppe ↑Partei.
splitterig ↑zerbrechlich.
splittern ↑zerbrechen.
splitternackt ↑nackt.
Splitterpartei ↑Partei.
Splitterrichter: ↑Moralprediger, ↑Nörgler.
splittrig ↑zerbrechlich.
Spoilssystem ↑Vetternwirtschaft.
Spökenkieker ↑Spiritist.
Spökenkiekerei ↑Geisterbeschwörung.
Spompanadeln ↑Scherz.
Spondeus ↑Versfuß.
Spondylose ↑Bandscheibenschaden.
Sponsor: ↑Bürge, ↑Gönner.
spontan ↑freiwillig.
Spontaneität ↑Ursprünglichkeit.
sporadisch ↑selten.
Sporkel ↑Februar.
Spornkiebitz ↑Vogel.
Spornpieper ↑Vogel.
spornstreichs ↑gleich.
¹Sport, Leibeserziehung, Körpererziehung, Körperkultur, Turnen, Leibesübungen, Körperertüchtigung, Leistungssport, Breitensport, Massensport; ↑Bodybuilding, ↑Eisschießen, ↑Gymnastik, ↑Rennen, ↑Spiel, ↑Sportfeld, ↑Sportler, ↑Training, ↑Turnübung; ↑turnen.
²Sport: S. treiben ↑turnen; weißer S. ↑Tennisspiel.
Sportakrobatik ↑Schwerathletik.
Sportangler ↑Angler.
Sportarzt ↑Arzt.
Sportbeilage ↑Zeitungsbeilage.
Sportbericht ↑Bericht.
Sportfeld, Erholungszentrum, Spielfeld, Feld, Sportplatz, Platz, Fußballplatz, grüner Rasen, Tennisplatz, Sportstadion, Stadion, Aschenbahn, Wettkampfstätte; ↑Sport, ↑Sportler, ↑Turnhalle.
Sportfischer ↑Angler.
Sportfischerei ↑Angelsport.
Sportflugzeug ↑Flugzeug.
Sportfreund ↑Liebhaber.
Sportgerät ··· Ball, Fußball, Handball, Medizinball, Tennisball ··· Golfball ·· Puck (beim Eishockey) ··· Schläger, Tennisschläger, Tischtennisschläger · Hockeyschläger, Eishockeyschläger, Stock, Polostock ·· Kugel ·· Diskus ·· Speer ·· Schlittschuh · Rollschuh · Skateboard, Rollerbrett, Rollerskate, Diskoroller, Discoroller ··· Turngerät ·· Barren ·

Reck · Ringe · Schwebebalken · Pferd · Kasten · Bock · Sprossenwand · Kletterstange, Stange · Tau ··· Expander; ↑Ski, ↑Schlitten, ↑Schlittschuh, ↑Turnübung.
¹Sporthemd, Turnhemd, Jersey, Trikot, Leibchen *(österr.),* Turnleibchen *(österr.),* Turnerleibchen *(schweiz.);* ↑Oberhemd, ↑Unterhemd.
²Sporthemd ↑Oberhemd.
Sportherz ↑Herzhypertrophie.
Sporthose ↑Hose.
sportiv ↑sportlich.
Sportjournalist ↑Berichter.
Sportkarre ↑Kinderwagen.
Sportkostüm ↑Kostüm.
¹Sportlehrer, Turnlehrer, Skilehrer, Schilehrer; ↑Lehrer.
²Sportlehrer ↑Betreuer.
Sportler, Athlet, Leichtathlet, Schwerathlet, Wettkämpfer, Kämpfer, Sportsmann · *bedeutender, hervorragender:* Crack, Spitzensportler, Ass, Kanone, Sportskanone *(ugs.)* · *berufsmäßiger:* Berufssportler, Professional, Profi · *nicht berufsmäßiger:* Amateursportler, Amateur; ↑Boxer, ↑Fachmann, ↑Fußballspieler, ↑Höchstleistung, ↑Schwerathletik, ↑Sieger, ↑Sport, ↑Sportfeld.
Sportlerherz ↑Herzhypertrophie.
¹sportlich, sportiv, gut gebaut / gewachsen, von gutem Wuchs, schlank, rank, drahtig, sehnig; ↑anziehend, ↑athletisch, ↑hübsch, ↑schlank.
²sportlich: ↑schnittig; sich s. betätigen ↑turnen.
Sportmediziner ↑Arzt.
Sportmütze ↑Kopfbedeckung.
Sportplatz ↑Sportfeld.
Sportrad ↑Fahrrad.
Sportreiter ↑Reiter.
Sportreportage ↑Bericht.
Sportsack ↑Tornister.
Sportschlitten ↑Schlitten.
Sportschuh ↑Schuh.
Sportschütze ↑Schütze.
Sportskanone ↑Sportler.
Sportsmann ↑Sportler.
Sportstadion ↑Sportfeld.
Sportuhr ↑Uhr.
Sportwagen: ↑Auto, ↑Kinderwagen.
Spot: ↑Anpreisung, ↑Werbetext.
Spotlight ↑Scheinwerferlicht.
Spott ↑Humor.
Spottbild ↑Zerrbild.
spottbillig ↑billig.
Spottdrossel ↑Spötter.
Spöttelei ↑Spitze.
spötteln: ↑aufziehen, ↑spöttisch [sein].
spotten: ↑aufziehen, ↑schadenfroh [sein]; etwas spottet jeder Beschreibung ↑minderwertig [sein].
Spötter, Spottdrossel, Zyniker; ↑Humor, ↑Satire.

Spottgeburt ↑Hervorbringung.
Spottgedicht ↑Satire.
spöttisch, spitz, beißend, bissig, scharf, schnippisch, mokant, patzig *(abwertend),* schnodderig *(abwertend),* anzüglich, höhnisch, ironisch, bitter, gallig, scharfzüngig, kalt, sarkastisch, zynisch; ↑beleidigend, ↑böse, ↑frech, ↑geharnischt, ↑schadenfroh, ↑streitbar, ↑unhöflich; **s. sein,** Spitzen verteilen, Giftpfeile abschießen, sticheln, spötteln; ↑Spitze.
Spottname ↑Spitzname.
Spottpreis ↑Preis.
spottwenig ↑wenig.
Sprachatlas ↑Atlas.
¹Sprache · · · natürliche Sprache · Kultursprache · Primitivsprache · · · Kunstsprache, Welthilfssprache, Plansprache, geplante Sprache, internationale Sprache, künstliche Sprache, Esperanto, Volapük, Mundolingue, Interlingua, Interlinguistik, Sekundärsprache, Intersprache, Zwischensprache, Ido, Loglan · Handelshilfssprache, Pidginsprache, Creolsprache · Basissprache, Minimalsprache, Elementarsprache · · *für Computer:* Programmiersprache · *problemorientierte:* COBOL (common business oriented language), ALGOL (algorithmic oriented language), FORTRAN (formula translation), PL 1 (programming language) · *maschinenorientierte:* AUTOCODE, Assembler, RPG (Report Program Generator); ↑Deutsch, ↑Hochsprache, ↑Landessprache, ↑Sprachsystem, ↑Sprechakt, ↑Zeichensprache.
²Sprache: ↑Ausdrucksweise; öffentliche S. ↑Hochsprache; jmdm. bleibt die S. weg ↑überrascht [sein]; etwas verschlägt jmdm. die S. ↑überrascht [sein]; in die deutsche S. übernehmen ↑eindeutschen; heraus mit der S.! ↑mitteilen; mit der S. herausrücken ↑gestehen; nicht recht mit der S. herausrücken ↑sprechen; zur S. bringen ↑vorschlagen; zur S. bringen / kommen ↑erörtern.
¹Spracheigentümlichkeit · *die sich durch eine Abweichung vom System der Hochsprache ergibt:* Anglizismus (aus dem Englischen), Gallizismus (aus dem Französischen), Austriazismus (aus dem Österreichischen), Helvetismus (aus dem Schweizerischen), Berolinismus (aus dem Berlinischen), Latinismus (aus dem Lateinischen), Gräzismus (aus dem Griechischen), Turzismus (aus dem Türkischen, Persischen oder Arabischen).
²Spracheigentümlichkeit ↑Provinzialismus.
Spracheinheit, Morphem, Stammmorphem, Monem · *der geschriebenen Sprache:* Graphem · *lexikalische:* Lexem · · *in Bezug auf die Bedeutung:* Semem · *in Bezug auf die Bedeutung des Wortstammes:* Semantem · · · Lauteinheit, Phonem; ↑Bedeutungsmerkmal, ↑Redewendung.
Spracherwerb ↑Unterricht.
Spracherzieher ↑Logopäde.
Spracherziehung ↑Logopäde.

Sprachfeger ↑Sprachpfleger.
Sprachforscher ↑Philologe.
Sprachforschung ↑Philologie.
Sprachführer ↑Nachschlagewerk.
Sprachgefühl, Sprachsinn; ↑Ausdrucksmittel; ↑Sprachpflege.
Sprachgelehrter ↑Philologe.
Sprachgeographie ↑Sprachwissenschaft.
Sprachgeschichte ↑Sprachwissenschaft.
Sprachgestörter, Sprachkranker, Stotterer, Stammler; ↑Logopäde, ↑Logopädie; ↑stottern.
Sprachgewalt ↑Redegewandtheit.
sprachgewaltig ↑beredt.
Sprachheilkunde ↑Logopädie.
Sprachheilkundiger ↑Logopäde.
Sprachhemmungen ↑Aphasie.
Sprachinhaltsforschung ↑Sprachwissenschaft.
Sprachkranker ↑Sprachgestörter.
Sprachkritik ↑Sprachpflege.
Sprachkritiker ↑Sprachpfleger.
Sprachkultur ↑Sprachpflege.
Sprachlabor ↑Unterrichtsmethode.
Sprachlehranlage ↑Unterrichtsmethode.
Sprachlehre: ↑Grammatik, ↑Sprachwissenschaft.
Sprachlenkung ↑Sprachpflege.
sprachlos: ↑überrascht; etwas macht jmdn. s. ↑überrascht [sein].
Sprachlosigkeit ↑Überraschung.
Sprachpflege, Sprachkritik, Sprachkultur, Sprachlenkung, Sprachregelung · *die sich besonders gegen Fremdwörter richtet:* Sprachreinigung, Purismus, Fremdwortjagd *(abwertend),* Fremdwortjägerei *(abwertend),* Fremdworthatz *(abwertend);* ↑Sprachgefühl, ↑Sprachpfleger; ↑puristisch.
Sprachpfleger, Sprachkritiker · *der sich besonders gegen Fremdwörter richtet:* Sprachreiniger, Purist, Fremdwortjäger *(abwertend),* Sprachfeger *(veraltet, abwertend),* Sprachseiher *(veraltet, iron.);* ↑Nörgler, ↑Pedanterie, ↑Philologe, ↑Sprachpflege.
Sprachpsychologie ↑Psychologie.
Sprachregelung ↑Sprachpflege.
sprachreinigend ↑puristisch.
Sprachreiniger ↑Sprachpfleger.
Sprachreinigung ↑Sprachpflege.
Sprachrohr ↑Lautsprecher.
Sprachseiher ↑Sprachpfleger.
Sprachsinn ↑Sprachgefühl.
Sprachspiel, Wortgebrauch, Kompatibilität; ↑Kollokator.
Sprachstörung: [zentrale S.] ↑Aphasie.
Sprachsystem, Langue, Kompetenz; ↑Sprache, ↑Sprechakt.
Sprachvergleichung ↑Sprachwissenschaft.
¹Sprachwissenschaft, Linguistik · Sprachinhaltsforschung · Soziolinguistik · Etymologie, Wortgeschichte · Grammatik, Sprachlehre, Syntax, Satzlehre · Textlinguistik · Phonetik,

Lautlehre · Semasiologie, Semantik, Wortbedeutungslehre · Onomasiologie, Bezeichnungslehre · Onomastik, Onomatologie, Namenkunde · Mundartforschung, Sprachgeographie · vergleichende Sprachwissenschaft, Sprachvergleichung · Sprachgeschichte · Stilistik, Stillehre, Stilkunde; ↑Literaturwissenschaft, ↑Philologie, ↑Wortbedeutungslehre.

²Sprachwissenschaft ↑Philologie.

Sprachwissenschaftler ↑Philologe.

Spray, Sprühmittel, Sprühflüssigkeit · *zur Luftverbesserung:* Raumspray, Airfresh · *zur Pflege der Schuhe:* Schuhspray · *zur Festigung der Frisur:* Haarspray · *zur Körperpflege:* Deo, Deodorant, Körperspray, Desodorantspray, Intimspray; ↑Desodorans, ↑Haarpflegemittel; ↑zerstäuben.

sprayen ↑zerstäuben.

Sprayer ↑Kunstmaler.

Sprechakt, Rede, Parole, Performanz; ↑Sprache, ↑Sprachsystem.

Sprechblase ↑Text.

Sprecheinheit ↑Silbe.

¹sprechen, reden, predigen *(emotional),* schwatzen, schwätzen *(landsch.),* daherreden, drauflosreden *(ugs.),* sülzen *(salopp, landsch., abwertend),* schwadronieren, plappern, babbeln *(ugs., landsch.),* quatschen *(salopp),* dummes Zeug / kariert reden, quasseln *(salopp),* Quasselwasser / Babbelwasser / Brabbelwasser getrunken haben *(ugs.),* wie ein Buch / wie ein Wasserfall / ohne Punkt und Komma reden, schnattern, palavern *(ugs.),* parlieren, tönen, schwafeln *(abwertend),* Phrasen / leeres Stroh dreschen, faseln *(abwertend),* quakeln, quakeln, quäken, stammeln, radebrechen, lallen, labern *(salopp),* blädern *(ugs., österr.),* blödeln *(salopp),* Unsinn / Makulatur reden, brabbeln, brubbeln, sabbern *(salopp, abwertend),* sabbeln *(salopp, abwertend),* salbadern *(abwertend)* · *gepflegt:* Schriftsprache / Hochdeutsch / *(salopp)* nach der Schreibe sprechen · *mit jmdm. in einer bestimmten Weise:* einen Ton / eine Tonart anschlagen, mit einem gewissen Unterton sprechen · *herrisch, unhöflich:* im Kasernenhofton reden · *pathetisch:* auf hohem Kothurn gehen · *schmeichelnd:* flöten, säuseln · *mit besonderer Artikulation:* krächzen, knarren, knarzen, schnarren, kehlig / nasal / näselnd / krächzend / knarrend / knarzend / schnarrend sprechen · *mit jüdischem Akzent:* mauscheln, jiddeln · *mit tschechischem Akzent:* böhmakeln *(österr.)* · *über sein Lieblingsthema:* sein Steckenpferd reiten · *über Anstößiges:* schweinigeln, sauigeln *(derb),* die Sau rauslassen · *vergeblich:* tauben Ohren / in der Wüste predigen, in den Wind reden, sich den Mund fusslig / fusselig reden *(ugs.),* etwas trifft auf taube Ohren, bei jmdm. kein Gehör finden, gegen eine Wand / zu leeren Wänden reden · *undeutlich:* einen Kloß im Mund haben, nuscheln · *mit der Zunge anstoßend:* lispeln; **offen s.,** kein / keinen Hehl aus etwas machen, frisch / frei von der Leber weg reden; reden, wie einem der Schnabel gewachsen ist *(ugs.);* kein Blatt vor den Mund nehmen, seinem Herzen Luft machen, aus seinem Herzen keine Mördergrube machen, den Kropf leeren *(schweiz.),* Tacheles reden *(jidd.);* **nicht offen s.,** nicht recht mit der Sprache herausrücken / herauswollen *(ugs.),* drucksen, herumdrucksen *(ugs.),* sich winden wie ein Aal, um den Brei herumreden *(ugs.),* wie die Katze um den heißen Brei herumgehen / herumschleichen *(ugs.);* **nicht s. können,** kein Wort herausbringen; ↑äußern (sich), ↑beanstanden, ↑bemerken, ↑flüstern, ↑gestehen, ↑mitteilen, ↑näseln, ↑predigen, ↑schelten, ↑stottern, ↑unterhalten (sich), ↑vortragen; ↑abgehackt, ↑fließend, ↑heiser, ↑leise, ↑unartikuliert, ↑verständlich; ↑Kopfstimme, ↑Laut, ↑Mischsprache, ↑Rede, ↑Rhetorik, ↑Schwätzer, ↑Sprechorgan, ↑Stimme, ↑Zweisprachigkeit · Ggs. ↑schweigen.

²sprechen: ↑zuerkennen; alemannisch / bairisch / bayerisch / bayrisch / frankfurterisch / fränkisch / friesisch / hessisch / kölnisch / pfälzisch / rheinisch / sächsisch / schwäbisch / thüringisch sprechen, Mundart / Platt sprechen ↑Mundart [sprechen]; auf jmdn. nicht gut zu s. sein ↑ärgerlich [sein]; nichts Gutes über jmdn. s. ↑schlecht machen; „was tun?", spricht Zeus ↑unentschlossen [sein]; ein Machtwort s. ↑eingreifen; ↑streng [werden]; durch die Nase s. ↑näseln; in Bildern / Gleichnissen s. ↑versinnbildlichen; ins Unreine s. ↑formulieren; s. mit, über Gott und die Welt / über Tod und Teufel s. ↑unterhalten (sich); mit jmdm. nicht mehr s. ↑verfeindet [sein]; von etwas darf nicht gesprochen werden ↑tabu; s. über ↑äußern (sich), ↑erörtern; über etwas nicht mehr s. ↑vertuschen.

sprechend ↑anschaulich.

¹Sprecher, Rundfunksprecher, Fernsehsprecher · *der Nachrichten spricht:* Nachrichtensprecher · *der die Ansage spricht:* Rundfunkansager, Fernsehansager, Ansager · *der die Sendung moderiert:* Moderator; ↑Ansager.

²Sprecher ↑Vorstand.

Sprecherziehung, Sprechkunde; ↑Logopädie, ↑Rhetorik, ↑Zweisprachigkeit.

Sprechfilm ↑Kinofilm.

Sprechfunkgerät, Funksprechgerät, Walkie-Talkie; ↑funken.

Sprechkunde ↑Sprecherziehung.

Sprechorgan, Stimme, Stimmorgan, Sprechwerkzeuge, Stimmbänder, Kehlkopf; ↑Kopfstimme, ↑Singstimme, ↑Stimme; ↑sprechen.

Sprechplatte ↑Schallplatte.

Sprechstimme ↑Stimme.

Sprechstörung ↑Aphasie.

Sprechstunde · *beim Arzt:* Ordination *(österr.);* ↑Arzt.

¹Sprechstundenhilfe, Ordinationshilfe *(ös-*

terr.), medizinisch-technische Assistentin, MTA.

²Sprechstundenhilfe ↑Krankenschwester.

Sprechweise ↑Ausdrucksweise.

Sprechwerkzeuge ↑Sprechorgan.

Sprechzelle ↑Telefonzelle.

Sprechzimmer, Behandlungsräume, Untersuchungszimmer, Praxis, Ordination *(bes. österr.),* Ordinationszimmer *(bes. österr.);* ↑Arzt, ↑Krankenschwester.

Spree-Athen ↑Berlin.

Spreemetropole ↑Berlin.

Spreestadt ↑Berlin.

Spreißel ↑Span.

Spreißelholz ↑Kleinholz.

Spreiz ↑Zigarette.

spreizen: ↑abspreizen, ↑stützen.

Spreizfuß: ↑Fuß, ↑Fußdeformität.

Sprengbombe ↑Bombe.

Sprengel ↑Verwaltungsbezirk.

Sprengelschule ↑Schule.

¹sprengen, gießen, begießen, besprengen, einsprengen, anfeuchten, befeuchten, netzen, benetzen, spritzen, einspritzen, bespritzen, besprühen, bewässern, wässern, berieseln, beregnen; ↑nass [machen]; ↑Berieselung, ↑Bewässerungsanlage · Ggs. ↑dränieren.

²sprengen: ↑zerstören; etwas sprengt den Rahmen ↑überschreiten.

Sprengkörper, Sprengstoffpaket, Sprengladung, Sprengsatz, Zeitbombe, Granate, Handgranate, Plastikbombe, Bombe, Molotowcocktail; ↑Munition, ↑Überfall.

Sprengkraft: etwas enthält S. ↑brisant [sein].

Sprengladung ↑Sprengkörper.

Sprengsatz ↑Sprengkörper.

Sprengstoffpaket ↑Sprengkörper.

Spreu: die S. vom Weizen trennen / scheiden / sondern ↑aussortieren.

Sprichwort ↑Ausspruch.

Sprießel ↑Stufe.

sprießen, keimen, knospen, Knospen treiben, austreiben, ausschlagen, grünen, grün werden, sich begrünen *(selten);* ↑wuchern.

Springbock ↑Heuschrecke.

Springbrunnen, Fontäne, Spritzbrunnen *(schweiz.),* Wasserkunst, Wasserspiele.

¹springen, schnellen, hopsen, hechten, hüpfen, hoppeln · *mit dem Kopf voran ins Wasser:* einen Kopfsprung / *(ugs., landsch.)* Köpper / *(österr.)* Köpfler machen, köpfeln *(österr.);* ↑hinunterspringen; ↑holpern; ↑Springen (das), ↑Sprung.

²springen: ↑fortbewegen (sich), ↑perlen, ↑zerbrechen; das ist der -de Punkt ↑Hauptsache; etwas s. lassen ↑spendieren, ↑zahlen; jmdn. s. lassen ↑freilassen; jmdn. über die Klinge s. lassen ↑entlassen; alle Minen s. lassen ↑anwenden; das ist gehupft wie gesprungen ↑einerlei; vor Freude fast an die Decke s. ↑freuen (sich); aus dem Gleis / den Geleisen / den Schienen s. ↑entgleisen; in die Augen s. ↑auffallen; für jmdn. in

die Bresche s. ↑vertreten; über seinen eigenen Schatten s. ↑überwinden (sich).

¹Springen (das), Weitsprung, Weit *(schweiz.),* Hochsprung, Hoch *(schweiz.),* Stabhochsprung, Stabhoch *(schweiz.),* Stabsprung *(schweiz.);* ↑Leichtathletik, ↑Sprung; ↑springen.

²Springen ↑Leichtathletik.

Springer ↑Schachfigur.

Springerle ↑Gebäck.

Springerspaniel ↑Hunderassen.

Springflut ↑Flut.

Springform ↑Backform.

Springfrosch ↑Frosch.

Springhahn ↑Heuschrecke.

Springinsfeld ↑Kind.

springlebendig: s. sein ↑gesund [sein].

Springmaus ↑Maus.

Springmeeräsche ↑Fisch.

Springpferd ↑Pferd.

Springreiter ↑Reiter.

Springreiterin ↑Reiterin.

Springschwanz ↑Insekt.

Springstunde ↑Freistunde.

Springtide ↑Flut.

Sprinkleranlage ↑Bewässerungsanlage.

Sprint ↑Lauf.

sprinten ↑fortbewegen (sich).

Sprit: ↑Alkohol, ↑Treibstoff.

Spritzbrunnen ↑Springbrunnen.

¹Spritze, Injektionsspritze · Druckspritze, Blasenspritze, Hohlnadelspritze · *mit Glaszylinder und eingeschliffenem Metallkolben:* Rekordspritze · *mit eingeschliffenem Glaskolben:* Lüersprize · *mit Zwei- oder Dreiwegehahn:* Rotandaspritze · *mit der Rauschgift injiziert wird:* Pumpe *(salopp),* Gun *(salopp),* Fixe *(salopp);* ↑Einlauf, ↑Einspritzung, ↑Katheter; ↑Rauschgift, ↑Verabreichung; ↑spritzen.

²Spritze: ↑Einspritzung, ↑Verabreichung; eine S. geben / verabreichen ↑spritzen; der erste Mann an der S. sein ↑maßgeblich [sein].

¹spritzen, einspritzen, injizieren, eine Spritze geben / verabreichen / *(ugs.)* verpassen, eine Injektion geben / verabreichen · subkutan (unter die Haut) / perkutan (durch die Haut hindurch) / intravenös (in die Vene) / intraarteriell (in die Arterie) / intramuskulär (in den Muskel) / intrakardial (ins Herz) spritzen · *von Rauschgift:* fixen, schießen *(ugs.),* einen Schuss machen / setzen *(salopp),* Trips werfen / *(salopp)* schmeißen; ↑einnehmen; ↑Einspritzung, ↑Spritze.

²spritzen: ↑ejakulieren, ↑fortbewegen (sich), ↑perlen, ↑sprengen, ↑streichen.

Spritzenhaus ↑Strafanstalt.

Spritzenmeister ↑Feuerwehrmann.

Spritzenwagen ↑Feuerwehrauto.

Spritzer ↑Fleck.

spritzig ↑geistreich.

Spritzkanne ↑Gießkanne.

Spritzkrug ↑Gießkanne.

Spritzkuchen ↑Gebäck.
Spritztour: ↑Reise; eine S. machen ↑reisen.
spröd ↑unzugänglich.
spröde: ↑engherzig, ↑unzugänglich.
Sprödigkeit ↑Verschlossenheit.
Spross: ↑Angehöriger, ↑Zweig.
Sprosse ↑Stufe.
Sprossenkohl ↑Rosenkohl.
Sprossenwand ↑Sportgerät.
Sprosser ↑Vogel.
Sprossler ↑Hirsch.
Sprössling ↑Sohn.
Sprotte ↑Fisch.
Spruch: ↑Epigramm; Sprüche machen / hermachen ↑prahlen.
Spruchband: ↑Plakat, ↑Transparent.
Sprücheklopfer ↑Besserwisser.
Sprücheklopferei ↑Wichtigtuerei.
Sprüchemacher ↑Besserwisser.
Sprüchemacherei ↑Wichtigtuerei.
Spruchkalender ↑Kalender.
spruchreif ↑aktuell.
Sprudel: ↑Limonade, ↑Mineralwasser.
sprudeln: ↑fließen, ↑perlen, ↑rühren.
Sprudelwasser: ↑Limonade, ↑Mineralwasser.
Sprudler ↑Quirl.
sprühen: ↑zerstäuben; es sprüht ↑regnen.
sprühend ↑geistreich.
Sprühflüssigkeit ↑Spray.
Sprühmittel ↑Spray.
Sprühnebel ↑Nebel.
Sprühregen ↑Niederschlag.
¹Sprung, Absprung, Kunstsprung, Hechtsprung, Robinsonade, Hecht, Luftsprung, Freudensprung, Satz, Hopser, Hüpfer, Hupfer *(landsch.),* Salto [mortale] · · *ins Wasser:* Tauchsprung, Tiefsprung, Fußsprung, Kopfsprung, Köpper *(ugs., landsch.),* Köpfler *(österr.),* Bohrer · *ungeschickter, bei dem man mit dem Bauch aufschlägt:* Bauchklatscher *(ugs.),* Bauchplatscher *(ugs., südd.),* Bauchfleck *(ugs., österr.);* ↑Springen (das), ↑Turnübung; ↑hinunterspringen, ↑springen.
²Sprung: ↑Herde, ↑Riss; einen S. haben ↑defekt [sein]; einen S. in der Schüssel haben ↑verrückt [sein]; keine großen Sprünge machen können ↑sparen [müssen]; den S. wagen ↑entschließen (sich); auf einen S. [vorbei]kommen ↑besuchen; auf die Sprünge helfen ↑helfen.
Sprunggelenk ↑Gelenk.
sprunghaft: ↑plötzlich, ↑unausgeglichen.
Sprunghaftigkeit ↑Zerfahrenheit.
Sprungstütz ↑Turnübung.
Spucke: ↑Speichel; jmdm. bleibt die S. weg ↑überrascht [sein]; wie Braunbier mit S. aussehen ↑blass [sein].
¹spucken, ausspucken, speien, ausspeien, rotzen *(derb),* speicheln, geifern, sabbern; ↑schnäuzen (sich); ↑Auswurf, ↑Speichel.
²spucken: ↑übergeben (sich); Gift und Galle s. ↑schelten; große Töne s. ↑prahlen.

Spuk ↑Gespenst.
spuken, herumspuken, geistern, herumgeistern, irrlichtern; ↑gespenstisch; ↑Gespenst.
spukhaft ↑gespenstisch.
Spülbecken ↑Ausguss.
Spüle ↑Ausguss.
spulen: [s. auf] ↑aufwickeln; s. von ↑abwickeln.
¹spülen, schwemmen *(österr.),* klar spülen, weich spülen; ↑waschen (Wäsche).
²spülen: ↑gurgeln, ↑säubern.
Spülicht ↑Abwaschwasser.
Spülstein ↑Ausguss.
Spültisch ↑Ausguss.
Spülung ↑Einlauf.
Spülwasser ↑Abwaschwasser.
Spulwurm ↑Wurm.
Spund: ↑Stöpsel; junger S. ↑Jüngling.
¹Spur, Fußspur, Fährte, Tritt, Fußabdruck, Abdruck, Fußstapfe, Fußstapfen, Stapfe, Stapfen, Fußtapfe, Fußtapfen, Tapfe, Tapfen · *die zur Ergreifung des Täters führt:* heiße Spur.
²Spur: ↑Nuance; eine S. ↑etwas; keine S. ↑nein; nicht die S. ↑nichts; die S. aufnehmen ↑wittern; auf die S. kommen ↑finden; auf der falschen / richtigen S. sein ↑vermuten; eine S. von ↑wenig; in jmds. -en wandeln ↑nachahmen.
spürbar ↑einschneidend.
spuren ↑gehorchen.
spüren: ↑fühlen, ↑merken.
Spurenelement ↑Vitamin.
spurlos: s. verschwunden sein ↑sehen.
Spürhunde ↑Hunderassen.
Spürsinn ↑Gefühl.
spurten ↑fortbewegen (sich).
sputen: sich s. ↑beeilen (sich).
Sputnik ↑Feuerwerkskörper.
Sputum ↑Auswurf.
Squama ↑Hautblüte.
Sri-Lanka-Rupie ↑Zahlungsmittel.
ß ↑Eszett.
SSD ↑Geheimpolizei.
SSO ↑Himmelsrichtung.
SSW ↑Himmelsrichtung.
¹Staat, Staatswesen, der Bund, Vater Staat *(scherzh.)* · Reich, Weltreich, Imperium · Kaiserreich, Kaisertum · Königreich, Königtum · Bundesstaat, Föderation, Staatenbund, Konföderation · Vielvölkerstaat · Land · *der für soziale Sicherheit usw. Sorge trägt:* Wohlfahrtsstaat · *in dem es ziemlich willkürlich zugeht, wo Begünstigungen usw. möglich sind:* Bananenrepublik *(abwertend)* · *außenpolitisch nicht souveräner:* Satellitenstaat *(abwertend),* Vasallenstaat *(abwertend)* · *kleiner zwischen [rivalisierenden] Großmächten:* Pufferstaat · *als Eigentümer des Staatsvermögens:* Fiskus · *einzelner innerhalb eines Bundesstaates:* Gliedstaat · *der seine Machtmittel zur Aufrechterhaltung von Ordnung und Sicherheit einsetzt, dessen Bürger gegen staatliche Übergriffe aber nicht geschützt*

sind: Polizeistaat *(abwertend);* ↑Gebiet, ↑Herrschaft (Diktatur), ↑Legislative, ↑Weltmacht.
²Staat: ↑Bundesland; die [Vereinigten] -en ↑Amerika; die zwei deutschen -en ↑Deutschland; mehrere -en betreffend, zwischen mehreren -en ↑multilateral; zwei -en betreffend, zwischen zwei -en ↑bilateral; keinen S. machen können mit ↑prahlen; etwas ist faul im -e Dänemark ↑Ordnung; sich in S. werfen ↑schönmachen.
Staatenbund ↑Staat.
Staatensukzession ↑Nachfolge.
staatlich: ↑national; -e Pension, -es Pensionat ↑Strafanstalt.
Staatsaktion: eine S. aus etwas machen ↑übertreiben.
Staatsangehöriger ↑Bewohner.
Staatsangehörigkeit: jmdm. die S. verleihen ↑naturalisieren.
Staatsanleihe ↑Wertpapier.
Staatsanwalt ↑Jurist.
staatsanwaltlich: -er Funktionär ↑Jurist.
Staatsärar ↑Staatskasse.
Staatsbank ↑Geldinstitut.
Staatsbegräbnis ↑Begräbnis.
Staatsbewusstsein ↑Patriotismus.
Staatsbibliothek ↑Bibliothek.
¹Staatsbürger, Bürger, Mitbürger, Steuerzahler, Untertan; ↑Bewohner, ↑Zeitgenosse.
²Staatsbürger: S. in Uniform ↑Soldat.
Staatsbürgerkunde ↑Geschichtsunterricht.
Staatschef ↑Oberhaupt.
Staatsempfang ↑Empfang.
Staatsexamen ↑Prüfung.
Staatsfeiertag ↑Ruhetag.
Staatsfeind ↑Feind.
Staatsfinanzen ↑Staatskasse.
Staatsfrau ↑Oberhaupt.
Staatsgeheimnis ↑Geheimnis.
Staatsgelder ↑Staatskasse.
Staatsgesinnung ↑Patriotismus.
Staatsgewalt: ↑Befehlsgewalt; die S. an sich reißen / bringen ↑usurpieren.
Staatsgrenze ↑Grenze.
Staatsgut ↑Gut.
Staatshaushalt ↑Etat.
Staatshaushaltsplan ↑Etat.
Staatsinteresse ↑Staatsräson.
Staatskarosse ↑Kutsche.
Staatskasse, Staatssäckel (der), Staatsgelder, Staatsfinanzen, Staatsvermögen, Staatsschatz, Fiskus, Staatsärar *(veraltend),* Ärar *(veraltend),* öffentliche Mittel, die öffentliche Hand; ↑Abgabe, ↑Geld, ↑Unkosten, ↑Vermögen.
Staatskutsche ↑Kutsche.
Staatsmann: ↑Oberhaupt, ↑Politiker.
Staatsmeister ↑Sieger.
Staatsoberhaupt ↑Oberhaupt.
Staatsobligationen ↑Wertpapier.
Staatspartei ↑Partei.
Staatspension ↑Strafanstalt.
Staatspensionat ↑Strafanstalt.

Staatsperücke ↑Perücke.
Staatspolizei: geheime S. ↑Polizeibehörde; Geheime S. ↑Geheimpolizei.
Staatsräson, Staatsinteresse; ↑Vorrang.
Staatsrat ↑Regierung.
Staatsrecht ↑Rechtsgebiet.
Staatsregierung ↑Regierung.
Staatsreligion ↑Glaube.
Staatssäckel ↑Staatskasse.
Staatsschatz ↑Staatskasse.
Staatssicherheitsdienst ↑Geheimpolizei.
Staatsstreich ↑Verschwörung.
Staatsterrorismus ↑Gewalt.
Staatsvermögen ↑Staatskasse.
Staatswald ↑Wald.
Staatswesen ↑Staat.
Stab: ↑Stange, ↑Team; den S. führen ↑dirigieren; den S. brechen über ↑brandmarken, ↑verurteilen.
Stabantenne ↑Antenne.
Stäbchen ↑Zigarette.
Stabelle ↑Sitzgelegenheit.
Stabfußboden ↑Fußboden.
Stabheuschrecke ↑Heuschrecke.
Stabhoch ↑Springen (das).
Stabhochsprung: ↑Leichtathletik, ↑Springen (das), ↑Zehnkampf.
stabil: ↑widerstandsfähig; -er Wechselkurs ↑Wechselkurs; s. machen ↑festigen.
stabilisieren ↑festigen.
Stabilität ↑Festigkeit.
Stabkirche ↑Gotteshaus.
Stablampe ↑Lampe.
Stabreim ↑Reim.
Stabreimvers ↑Vers.
Stabsarzt ↑Arzt.
Stabsbootsmann: ↑Dienstgrad, ↑Matrose.
Stabsfeldwebel ↑Dienstgrad.
Stabsgefreiter ↑Dienstgrad.
Stabsichtigkeit ↑Fehlsichtigkeit.
Stabsingenieur ↑Dienstgrad.
Stabsoffizier ↑Offizier.
Stabsprung ↑Springen (das).
Stabsunteroffizier ↑Dienstgrad.
Stabthermometer ↑Thermometer.
Stachel: ↑Dorn, ↑Penis; wider / gegen den S. löcken ↑aufbegehren.
¹Stachelbeere, Heckenbeere, Stickbeere *(landsch.),* Stickelbeere *(landsch.),* Krausbeere *(landsch.),* Kräuselbeere *(landsch.),* Druschel *(landsch.),* Agrasel *(mundartl., bayr., österr.);* ↑Beerenobst.
²Stachelbeere: chinesische S. ↑Frucht.
Stachelbeerspanner ↑Schmetterling.
Stacheldraht ↑Draht.
Stacheldrahtzaun ↑Zaun.
Stachelhäuter, Haarstern, Seelilie, Seestern, Schlangenstern, Seeigel, Seewalze.
Stachelpilz: ↑Pilz, ↑Ständerpilz.
Stachelschwein ↑Nagetier.
Stachysknöllchen ↑Gemüse.

stad ↑still.
Stadel ↑Scheune.
Stadion ↑Sportfeld.
Stadium ↑Lage.
¹Stadt, Kleinstadt, Provinzstadt, Großstadt, Hauptstadt, Landeshauptstadt, Hafenstadt, Weltstadt, Metropole, Kapitale · *in der das Leben teuer ist:* teures Pflaster *(ugs.)* · *in der es alle Arten von Ausschweifungen gibt:* Sündenbabel, Sodom und Gomorrha, Stätte des Lasters, Sündenpfuhl; ↑Gemeinde, ↑Innenstadt, ↑Ort, ↑Stadtgebiet, ↑Stadtteil; ↑kommunal, ↑städtisch.
²Stadt: ↑Stadtgebiet; die Ewige S. / die Stadt der Sieben Hügel ↑Rom; Freie S. Danzig ↑Danzig; die geteilte S. ↑Berlin; die Goldene S. ↑Prag; die S. Heinrichs des Löwen ↑Braunschweig; S. der Reichsparteitage ↑Nürnberg; die S. zwischen Wald und Reben ↑Stuttgart; die S. betreffend ↑kommunal.
Stadtadel ↑Adel.
Stadtbahn ↑Verkehrsmittel.
stadtbekannt: s. sein ↑bekannt.
Stadtbewohner ↑Städter.
Stadtbezirk ↑Stadtteil.
Stadtbibliothek ↑Bibliothek.
Stadtbücherei ↑Bibliothek.
Stadtbummel ↑Bummel.
Stadtchronik ↑Chronik.
Städter, Stadtbewohner, Großstädter, Stadtmensch, Großstadtmensch; ↑Bewohner; ↑städtisch · Ggs. ↑Landbewohner.
Städteschnellverkehrszug ↑Eisenbahnzug.
stadtfein: sich s. machen ↑[sich gut] anziehen.
Stadtgebiet, Weichbild, Stadt; ↑Innenstadt, ↑Randgebiet, ↑Stadt.
Stadtgespräch ↑Klatsch.
Stadtgrenze ↑Grenze.
Stadtguerillero ↑Partisan.
¹städtisch, großstädtisch, kleinstädtisch, weltstädtisch, urban; ↑gewandt; ↑Stadt, ↑Städter · Ggs. ↑ländlich.
²städtisch: ↑kommunal; -e Klinik, -es Krankenhaus ↑Krankenhaus.
Stadtkern ↑Innenstadt.
Stadtkirche ↑Gotteshaus.
Stadtluft ↑Luft.
Stadtmauer ↑Wall.
Stadtmensch ↑Städter.
Stadtmitte ↑Innenstadt.
Stadtoberhaupt ↑Bürgermeister.
Stadtpfarrer ↑Geistlicher.
Stadtpräsident ↑Bürgermeister.
Stadtrand ↑Vorort.
Stadtrat: ↑Gemeindevertretung, ↑Minister.
Stadtrucksack ↑Tasche.
Stadtrundfahrt, Besichtigungsfahrt, Besichtigungstour, Sightseeing, Sightseeingtour; ↑Begleiter, ↑Fahrt, ↑Reise; ↑reisen.
Stadtschreiber ↑Chronist.
Stadtstreicher ↑Vagabund.
Stadtstreicherei ↑Landstreicherei.

Stadtteil, Ortsteil, Stadtviertel, Viertel, Stadtbezirk, Bezirk, Gegend, Grätzel *(österr.),* Hieb *(salopp, österr.),* Quartier *(österr., schweiz.),* Villenviertel, Cottage *(wiener.)* · *abgegrenzter:* Getto, Ghetto; ↑Innenstadt, ↑Stadt, ↑Verwaltungsbezirk, ↑Vorort.
Stadtväter ↑Gemeindevertretung.
Stadtverkehr ↑Straßenverkehr.
Stadtverordnetenversammlung ↑Gemeindevertretung.
Stadtviertel ↑Stadtteil.
Stadtzeitung ↑Zeitung.
Stadtzentrum ↑Innenstadt.
Stafel ↑Bergwiese.
Stafettenlauf ↑Lauf.
Staffel ↑Leiter.
Staffelbasilika ↑Gotteshaus.
Staffelgiebel ↑Giebel.
Staffelkirche ↑Gotteshaus.
Staffellauf ↑Lauf.
staffeln ↑gliedern.
Staffelung ↑Gliederung.
Stagflation ↑Rückgang.
Stagnation ↑Rückgang.
stagnieren ↑stocken.
stagnierend ↑nachlassend.
Stahl ↑Hochzeitstag.
Stahlbad: ↑Badeort, ↑Beschuss.
Stahlbetondecke ↑Zimmerdecke.
Stahlbetonrippendecke ↑Zimmerdecke.
stahlblau ↑blau.
stählen: ↑erziehen, ↑widerstandsfähig [machen].
Stahlhelm ↑Kopfbedeckung.
Stahlnagel ↑Nagel.
Stahlross ↑Fahrrad.
Stahlstich: ↑Grafik, ↑Kunstdruck.
Stahltrosse ↑Drahtseil.
staken: ↑fortbewegen (sich), ↑Boot [fahren].
Staketenzaun ↑Zaun.
staksen ↑fortbewegen (sich).
Stalaktitengewölbe ↑Gewölbe.
Stalaktitenkapitell ↑Kapitell.
Stalingrad ↑Wolgograd.
Stalinismus ↑Marxismus.
Stalinist ↑Sozialist.
stalinistisch ↑kommunistisch.
¹Stall, Stallung · Viehstall, Rinderstall, Kuhstall · Pferdestall · Schweinestall, Schweinescheune *(schweiz.),* Scheune *(schweiz.),* Koben · Hühnerstall, Hühnerhaus, Hühnersteige *(südd., österr.),* Steige *(südd., österr.)* · Taubenschlag, Taubenkobel *(südd., österr.),* Kobel *(südd., österr.);* ↑Vieh.
²Stall: aus dem gleichen S. kommen ↑stammen; das beste Pferd im S. sein ↑unersetzlich [sein]; ein ganzer S. voll ↑viele.
Stalldung ↑Dünger.
Stalldünger ↑Dünger.
Stallgeruch: den gleichen S. haben ↑vertraut.
Stallhase ↑Kaninchen.

Stallknecht ↑Knecht.
Stallmagd ↑Magd.
Stallmist ↑Dünger.
Stallung ↑Stall.
Stallwirtschaft ↑Landwirtschaft.
¹Stamm, Baumstamm, Bloch *(oberd.),* Schaft, Stiel, Stängel, Halm, Rohr, Strunk, Stumpf, Stotz *(oberd.),* Stumpen, Stummel, Stubben; ↑Zweig.
²Stamm: ↑Abkunft, ↑Stammtischrunde, ↑Volk, ↑Wortstamm; der Apfel fällt nicht weit vom S. ↑ähneln; vom -e Nimm sein ↑habgierig [sein].
Stamm-: ↑bleibend.
Stammaktie ↑Wertpapier.
Stammbaum ↑Abkunft.
Stammbaumkunde ↑Genealogie.
Stammbuch: ↑Album; sich etwas ins S. schreiben können ↑behalten.
stammeln: ↑sprechen, ↑stottern; -d ↑unartikuliert.
¹stammen (von), abstammen, entstammen, herrühren von, resultieren aus, sich herleiten von, sich ergeben aus, herkommen / kommen / datieren / sich herschreiben von, zurückzuführen sein / zurückgehen / beruhen / fußen auf, entspringen, entstehen, seinen Ursprung / seine Wurzel / seine Anfänge haben in, aus dem gleichen Stall kommen; ↑folgern, ↑gleichen; **nicht von jmdm. s.,** etwas ist nicht auf jmds. Mist gewachsen *(ugs.);* ↑Abkunft, ↑Folge, ↑Folgerung.
²stammen: aus / von Dummsdorf s. ↑dumm [sein]; etwas stammt von Adam und Eva ↑altmodisch [sein].
Stammesgeschichte ↑Phylogenie.
Stammessprache ↑Landessprache.
Stammgast ↑Gast.
Stammhalter ↑Sohn.
Stammhock ↑Stammtischrunde.
stämmig ↑untersetzt.
Stämmigkeit, Untersetztheit, Gedrungenheit, Bulligkeit; ↑klein, ↑untersetzt.
Stammkunde ↑Kunde.
Stammkundschaft ↑bleibend.
Stammler ↑Sprachgestörter.
Stammmorphem ↑Spracheinheit.
Stammtisch ↑Stammtischrunde.
Stammtischpolitiker ↑Schwätzer.
Stammtischrunde, Stammtisch, Stamm, Stammhock *(schweiz.).*
Stammzahn ↑Geliebte.
Stammzellen ↑Blutkörperchen.
Stampe ↑Gaststätte.
Stamperl ↑Trinkgefäß.
stampern ↑vertreiben.
¹stampfen, stoßen, stampfen, trampeln, treten.
²stampfen: aus dem Boden s. ↑erschaffen.
Stampfkartoffeln ↑Kartoffelpüree.
Stampiglie ↑Stempel.
Stand: ↑Ansehen, ↑Bundesland, ↑Kaste, ↑Ver-

kaufsstand, ↑Zustand; dritter S. ↑Bürgertum; geistlicher S. ↑Klerus; jeden -es und Ranges ↑alle; in den S. setzen ↑möglich [machen]; [nach S. der Dinge, nach letztem S.] ↑Lage.
Standard: ↑Niveau, ↑Regel.
standardisieren ↑normen.
Standardisierung ↑Normung.
Standardsprache ↑Hochsprache.
Standarte: ↑Fahne, ↑Schwanz.
Standbild ↑Plastik.
Ständchen: ↑Musikveranstaltung, ↑Serenade.
Stande ↑Behälter.
Standel ↑Verkaufsstand.
Stander ↑Fahne.
Ständer: ↑Penis, ↑Untergestell; einen S. haben ↑steif [sein].
Ständerat: ↑Abgeordneter, ↑Volksvertretung.
Ständerpilz, Pilz · · · Hutpilz · · Lamellenpilz, Blätterpilz, Leistenpilz · *essbarer:* Perlpilz, Parasol, Parasolpilz, [Großer] Schirmpilz, Safranschirmpilz, Champignon, Wiesenchampignon, Feldchampignon, Waldchampignon, Schafchampignon, Brotpilz, Runzelschüppling, Reifpilz, Stockschwämmchen, Hallimasch, Kahler Krempling, Samtfußkrempling, Spargelpilz, Speisetäubling, Ledertäubling, Grünling, Rötlicher Ritterling, Violetter Ritterling, Nebelgrauer Trichterling, Brätling, Echter Reizker, Edelreizker, Birkenreizker, Tannenreizker, Mordschwamm, Rotbrauner Milchling, Pfeffermilchling, Nelkenschwindling, Knoblauchschwindling, Musseron, Mousseron, Pfifferling, Falscher Pfifferling, Austernseitling, Großer Schmierling, Ziegelroter Schwefelkopf, Rauchblättriger Schwefelkopf · *ungenießbarer:* Lila Dickfuß, Büscheliger Schwefelkopf, Grünblättriger Schwefelkopf · *giftiger:* Grüner Knollenblätterpilz, Weißer Knollenblätterpilz, Gelber Knollenblätterpilz, Fliegenpilz, Pantherpilz, Ziegelroter Risspilz, Speitäubling, Speiteufel · · Röhrenpilz · *essbarer:* Steinpilz, Maronenröhrling, Rotfußröhrling, Goldröhrling, Hexenröhrling, Flockenstieliger Röhrling, Glattstieliger Röhrling, Netzstieliger Röhrling, Birkenröhrling, Birkenpilz, Butterpilz, Schmerling, Ziegenlippe, Sandpilz, Hirsepilz, Kuhpilz, Rotkappe, Semmelporling, Schafporling, Schopftintling · *ungenießbarer:* Gallenröhrling, Dickfußröhrling · *giftiger:* Satansröhrling, Satanspilz · · Stachelpilz · *essbarer:* Habichtspilz, Habichtsschwamm, Rehpilz, Stoppelpilz, Semmelstoppelpilz · · Keulenpilz · *essbarer:* Korallenpilz, Hahnenkamm, Gelber Ziegenbart, Traubenziegenbart, Krauser Ziegenbart, Krause Glucke, Totentrompete · · Bauchpilz · *essbarer:* Morchel, Stinkmorchel, Gichtmorchel, Hexenei, Teufelsei, Aasfliegenpilz, Erdstern, Bofist, Stäubling, Flaschenbofist, Flaschenstäubling, Kartoffelbofist; ↑Algenpilz, ↑Lagerpflanze, ↑Pfifferling, ↑Pilz, ↑Schlauchpilz, ↑Steinpilz.

standesamtlich: -e Trauung ↑Vermählung.
Standesbewusstsein, Klassenbewusstsein, Standesdünkel, Dünkel, Kastengeist, Korpsgeist; ↑dünkelhaft.
Standesbezeichnung ↑Titel.
Standesdünkel ↑Standesbewusstsein.
Standesehe ↑Ehe.
Standesheirat ↑Ehe.
Standesherr ↑Adliger.
Standeskommission ↑Regierung.
Standessprache ↑Gruppensprache.
standhaft, unerschütterlich, unbeugsam, aufrecht, fest bleibend, nicht nachgebend; ↑beharrlich; **s. sein,** Rückgrat haben; ↑bestehen (auf), ↑standhalten.
Standhaftigkeit ↑Beharrlichkeit.
¹standhalten, durchhalten, nicht wanken und weichen, das Feld behaupten, nicht von der Stelle weichen, sich nicht vertreiben lassen; ↑durchhalten, ↑durchsetzen (sich), ↑ertragen, ↑siegen; **nicht s.,** das Feld räumen; ↑nachgeben; ↑standhaft.
²standhalten ↑durchhalten.
ständig: ↑formelhaft, ↑unaufhörlich; **-er** Begleiter ↑Geliebter.
ständisch: -e Gesellschaft ↑Gesellschaft.
¹Standort, Heimatort, Heimathafen, Heimatbahnhof; ↑Heimatort.
²Standort: den S. bestimmen ↑finden; einen geistigen S. beziehen ↑eintreten (für); jmdm. einen S. zuweisen ↑stationieren.
standörtlich ↑ortsfest.
Standpauke: eine S. halten ↑schelten.
Standpunkt: ↑Ansicht; seinen S. aufgeben ↑umschwenken; jmdm. den S. klarmachen ↑schelten.
Standuhr ↑Uhr.
Standwaage ↑Waage.
¹Stange, Stab, Stock, Stecken; ↑Griff, ↑Pfahl, ↑Spazierstock, ↑Stock.
²Stange: ↑Penis, ↑Sportgerät; **-n** ↑Geweih; jmdm. die S. halten ↑aufbegehren, ↑helfen; etwas kostet eine schöne S. Geld ↑teuer [sein]; bei der S. bleiben ↑beibehalten; von der S. ↑Allerwelts-.
Stängel: ↑Stamm; vom S. fallen ↑überrascht [sein].
Stängelglas ↑Trinkgefäß.
Stangenbohne ↑Gemüse.
Stangenbrot: ↑Brot, ↑Kaviarbrot.
Stangenfieber: S. haben ↑steif [sein].
Stangenzelt ↑Zelt.
Stanitzel ↑Papiertüte.
Stänker ↑Querulant.
stänkern ↑aufwiegeln.
Stanniolpapier ↑Folie.
stante pede ↑gleich.
Stanze ↑Strophe.
¹Stapel, Stoß, Haufen, Turm, Beige *(schweiz.)*; ↑aufhäufen.
²Stapel: auf S. legen ↑anfertigen; etwas vom S. lassen ↑mitteilen.

stapeln ↑aufhäufen.
Stapelung: ↑Anhäufung, ↑Lagerung.
Stapfe ↑Spur.
stapfen ↑fortbewegen (sich).
Stapfen ↑Spur.
¹Star · *grüner:* Glaukom · *grauer:* Katarakt · *schwarzer:* Amaurose · *weißer:* Leukom; ↑Augenlicht, ↑Fehlsichtigkeit.
²Star: ↑Berühmtheit, ↑Glanzpunkt, ↑Katarakt, ↑Schauspieler, ↑Schauspielerin, ↑Segelboot, ↑Vogel; schwarzer S. ↑Blindheit; jmdm. den S. stechen ↑mitteilen.
Starallüren ↑Benehmen.
Starboot ↑Segelboot.
Stargast ↑Schauspieler.
¹stark, kräftig, sthenisch, kraftvoll, markig, kernig, stramm, rüstig, bärenstark, baumstark, bäumig *(schweiz.)*, robust, hart, zäh, taff *(ugs.)*, nicht ↑anfällig, nicht ↑kraftlos, nicht ↑willensschwach; ↑athletisch, ↑beharrlich, ↑marschfähig; **s. sein,** Bäume ausreißen [können]; ↑Kraftprobe.
²stark: ↑ausgeprägt, ↑dick, ↑durchdringend, ↑gewaltig, ↑inhaltsreich, ↑konzentriert, ↑mächtig, ↑trefflich; [s. gewürzt] ↑würzig; das **-e** Geschlecht ↑Männer (die); etwas ist ein **-es** Stück / starker Tobak ↑unerhört [sein]; **-er** Wind ↑Windstärke; sich s. machen für ↑eintreten (für); s. werden ↑kräftigen (sich); groß und s. werden ↑groß [werden]; Recht des Stärkeren ↑Faustrecht; s. in der Aussage ↑inhaltsreich.
Starkbier ↑Bier.
Starke ↑Rind.
¹Stärke, Kartoffelstärke, Weizenstärke, Reisstärke, Maisstärke, Sago, Palmsago, Tapioka · Gelatine; ↑Appretur; ↑appretieren.
²Stärke: ↑Ausmaß, ↑Fähigkeit.
Stärkegrad ↑Lautstärke.
stärken: ↑appretieren, ↑festigen; sich s. ↑essen; jmdm. den Rücken s. ↑eintreten (für), ↑zuraten.
Stärkezucker ↑Zucker.
Starkstrom ↑Elektrizität.
Starlet ↑Schauspielerin.
starr: ↑betroffen, ↑steif, ↑stier, ↑unbeweglich.
starren ↑blicken.
starrend: s. vor ↑überladen.
Starrheit ↑Bewegungslosigkeit.
Starrkopf ↑Trotzkopf.
starrköpfig ↑unzugänglich.
Starrköpfigkeit ↑Eigensinn.
Starrsinn ↑Eigensinn.
starrsinnig ↑unzugänglich.
Starrsinnigkeit ↑Eigensinn.
Stars and Stripes ↑Nationalflagge.
¹Start, Ablauf, Abmarsch, Aufbruch, Abfahrt, Abflug, Departure · Count-down; ↑Anfang, ↑Reise.
²Start ↑Auftreten.
Startbahn ↑Rollbahn.
startbereit ↑einsatzbereit.

starten: ↑anfangen; außer Konkurrenz s. ↑teilnehmen; einen Versuchsballon s. ↑vorfühlen; einen Werbefeldzug / eine Werbekampagne s. ↑Werbung [treiben].

Starthilfe: jmdm. S. geben ↑helfen.

startklar ↑einsatzbereit.

Startschuss ↑Anfang.

Starwars ↑Krieg.

Stasi ↑Geheimpolizei.

Statement ↑Feststellung.

Station: ↑Bahnhof, ↑Haltestelle, ↑Krankenhaus, ↑Rundfunksender; S. machen ↑unterbrechen.

¹stationär, klinisch, einen Krankenhausaufenthalt / eine Krankenhausbehandlung erfordernd; ↑Krankenhaus.

²stationär: ↑ortsfest; nicht s. ↑ambulant.

stationieren, jmdm. einen Standort zuweisen, [Truppen] verlegen / [an einen Ort] bringen; ↑aufstellen (sich).

Stationsarzt ↑Arzt.

Stationsschwester ↑Krankenschwester.

Stationsvorstand ↑Bahnhofsvorstand.

Stationsvorsteher ↑Bahnhofsvorsteher.

statiös: ↑ansehnlich, ↑prunkvoll, ↑trefflich.

Statist ↑Schauspieler.

Statistik ↑Mathematik.

Stativ ↑Untergestell.

statt: an Kindes statt annehmen ↑adoptieren.

Stätte: ↑Stelle; S. des Lasters ↑Stadt.

stattfinden: ↑geschehen; nicht s. ↑ausfallen.

stattgeben: [einer Bitte] s. ↑gewähren.

statthaft, zulässig, erlaubt, gestattet, nicht ↑gesetzwidrig; ↑bejahend, ↑rechtmäßig; **nicht mehr s. sein,** über das Maß des Erlaubten hinausgehen, die Grenze des Möglichen überschreiten, das Maß vollmachen, jetzt ist das Maß voll, nicht geduldet werden können, zu weit gehen / führen; ↑billigen, ↑Erlaubnis.

Statthalter: ↑Gefolgsmann, ↑Oberhaupt.

stattlich: ↑ansehnlich, ↑außergewöhnlich, ↑groß.

Statue ↑Plastik.

Statur ↑Gestalt.

Status: ↑Lage; [S. Nascendi, S. quo, S. quo ante, S. quo minus] ↑Zustand.

Statussymbol ↑Merkmal.

Statut ↑Weisung.

Stau: ↑Staudamm, ↑Verkehrsstauung.

Staub: ↑Pulver, ↑Schmutz; S. aufwirbeln ↑auffallen; S. saugen / wischen ↑abstauben; sich aus dem -e machen ↑weggehen; zu S. werden ↑sterben.

Staubecken ↑Stausee.

stauben ↑schneien.

Staubfetzen ↑Putzlappen.

Staubflocke, Staubfluse, Fussel, Fuzel *(österr.),* Gfrast *(ugs., österr.),* Wollmaus *(landsch.),* Lurch *(österr.)* · Staubwolke; ↑Fluse, ↑Schmutz; ↑fusseln.

staubförmig ↑pulverförmig.

Staubgeborener ↑Mensch.

Staubkamm ↑Kamm.

Staublawine ↑Lawine.

Stäubling ↑Ständerpilz.

Staublunge ↑Staublungenerkrankung.

Staublungenerkrankung, Staublunge, Pneumokoniose, Pneumonokoniose, Koniose ·· *durch Kohlenstaub:* Kohlenstaublunge, Kohlenlunge, Anthrakose ·· *durch Steinstaub:* Steinstaublunge, Quarzstaublunge, Quarzlunge, Silikose, Silikatose · *in Verbindung mit Tuberkulose:* Silikotuberkulose ·· *durch Steinstaub und Kohlenstaub:* Anthrakosilikose, Silikoanthrakose ·· *durch Kalkstaub:* Kalkstaublunge, Kalklunge, Steinhauerlunge, Chalikose ·· *durch Aluminiumstaub:* Aluminiumstaublunge, Aluminiumlunge, Aluminose ·· *durch Eisenstaub:* Eisenstaublunge, Eisenlunge, Siderose ·· *durch Asbeststaub:* Asbeststaublunge, Asbestlunge, Bergflachslunge, Asbestose ·· *durch Tabakstaub:* Tabakstaublunge, Tabaklunge, Tabakose ·· *durch Baumwollstaub:* Baumwollstaublunge, Byssinose ·· *durch Zuckerrohrstaub:* Zuckerrohrstaublunge, Bagassose.

Staubmantel ↑Mantel.

staubsaugen ↑abstauben.

Staubsauger, Vakuumsauger, Sauger; ↑Besen, ↑Handfeger, ↑Mopp, ↑Putzlappen.

Staubtuch ↑Putzlappen.

Staubwolke ↑Staubflocke.

Staubzucker ↑Zucker.

stauchen ↑schelten.

Staudamm, Damm, Staumauer, Stau *(schweiz.);* ↑Stausee.

Staude ↑Busch.

Staumauer ↑Staudamm.

staunen: ↑denken; -d ↑überrascht; [Bauklötzer s.] ↑überrascht [sein]; s. über ↑bestaunen.

Staunen: S. erregen ↑befremden; in S. geraten ↑überrascht [sein].

Stausee, Talsperre, Staubecken; ↑Staudamm.

Stauung: ↑Gefäßverstopfung, ↑Rückgang, ↑Verkehrsstauung.

Steadyseller: ↑Buch, ↑Verkaufsschlager.

Steak, Fleischschnitte · *vom Rücken eines Rindes:* Rumpsteak · *Lendenstück von Schlachtvieh und Wild:* Filetsteak · *Rippenstück beim Rind:* Entrecote · *Zwischenrippenstück mit Filet und Knochen:* Porterhousesteak · ↑Fleischgericht, ↑Kotelett, ↑Rinderbraten.

Steakhouse ↑Gaststätte.

Stearin ↑Wachs.

Stearinkerze ↑Kerze.

Stechbecken ↑Nachtgeschirr.

Stechbeitel ↑Stemmeisen.

¹stechen, piken *(ugs.),* piksen *(ugs.),* gicksen *(ugs.);* ↑kneifen, ↑schmerzen, ↑stochern.

²stechen: ↑kribbeln; jmdn. sticht der Hafer ↑übermütig [sein]; jmdm. den Star s. ↑mitteilen; etwas sticht jmdm. ins Auge / in die Augen ↑wünschen; in See s. ↑abgehen, ↑abreisen; wie von der Tarantel gestochen ↑schnell.

stechend: ↑durchdringend, ↑schmerzhaft.
Stechfisch ↑Fisch.
Stechflasche ↑Nachtgeschirr.
Stechglas ↑Nachtgeschirr.
Stechmücke, Mücke *(nordd., ostd.),* Schnake *(südd., westd.),* Gelse *(österr.);* ↑Fliege, ↑Insektenkunde, ↑Mücke.
Stechsalat ↑Gemüse.
Stechschritt ↑Paradeschritt.
Stechuhr ↑Stempeluhr.
Stechvieh ↑Vieh.
stecken: ↑bebauen; jmdm. etwas s. ↑vorschlagen; es jmdm. s. ↑mitteilen; Geld in etwas s. ↑zahlen; den Kopf in den Sand s. ↑entziehen (sich); sich etwas hinter den Spiegel s. können ↑behalten; nicht in jmds. Haut s. mögen ↑Lage; zwischen Baum und Borke s. ↑Lage; noch in den Kinderschuhen s. ↑Anfang; bis über den Hals / die Ohren in Schulden s. ↑schulden (jmdm. etwas); in die Waschmaschine s. ↑waschen; jmdn. in den Sack / in die Tasche s. ↑übertreffen; sich eine ins Gesicht s. ↑rauchen; ins Loch s. ↑festsetzen; das Schwert in die Scheide s. ↑Frieden [schließen]; in den roten Zahlen s. ↑Fehlbetrag; unter einer Decke s. ↑konspirieren.
Stecken: ↑Stange; Dreck am S. haben ↑ehrenhaft; selber Dreck am S. haben ↑belangen; tanzen wie der Lumpen am S. ↑tanzen.
stecken bleiben: ↑stocken; ohne stecken zu bleiben ↑fließend; auf halbem Weg s. ↑vollenden.
Steckenpferd: ↑Liebhaberei; sein S. reiten ↑sprechen.
Steckkalender ↑Kalender.
Steckkissen ↑Kissen.
Steckling ↑Ableger.
¹Stecknadel, Kopfnadel, Gufe *(südwestd.),* Spennadel *(österr.),* Spendel *(österr.)* · Sicherheitsnadel.
²Stecknadel: ↑Nadel; keine S. kann zur Erde fallen ↑voll [sein]; so still sein, dass man eine S. fallen hören kann ↑still [sein]; etwas wie eine S. suchen ↑suchen; eine S. in einem Heuhaufen suchen ↑tun.
Steckrübe ↑Kohlrübe.
Steckschale ↑Blumenstrauß.
Stecktuch ↑Taschentuch.
Steckvase ↑Blumenvase.
Steckzwiebel ↑Zwiebel.
Steg: ↑Anlegebrücke, ↑Brücke.
Stegreif: aus dem S. ↑improvisiert; aus dem S. reden / schreiben ↑extemporieren.
Stegreifgedicht ↑Gedicht.
Stegreifrede ↑Improvisation.
Stegreifschöpfung ↑Improvisation.
Stegreifvortrag ↑Improvisation.
Stehaufmännchen: ein S. sein ↑besiegen.
Stehbierhalle ↑Gaststätte.
Stehbildkamera ↑Fotoapparat.
stehen: ↑befinden (sich), ↑steif [werden]; ab-

seits / beiseite s. ↑teilnehmen; nicht s. ↑sitzen; obenan / an erster Stelle. ↑Vorrang [haben]; etwas im Raum s. lassen ↑unerledigt [lassen]; jmdm. steht er nicht mehr ↑impotent [sein]; es steht schlecht mit ↑hapern; jmdm. s. die Haare zu Berge ↑betroffen [sein]; sich die Beine / die Füße in den Bauch s. ↑warten; bei etwas Pate gestanden haben ↑Einfluss; seinen Mann s. ↑tüchtig [sein]; Rede und Antwort s. ↑antworten; Schmiere s. ↑Acht geben; Wache s. ↑Wache [haben]; etwas steht jmdm. ↑kleiden; etwas steht jmdm. noch klar vor Augen ↑erinnern (sich); an erster Stelle s. ↑Höchstleistung [erzielen]; an zweiter Stelle s. ↑sekundär [sein]; auf jmdn. / etwas s. ↑begierig [sein auf / nach], ↑gefallen; auf dem Boden der Tatsachen s. ↑realistisch [sein]; mit jmdm. auf du und du / auf freundschaftlichem Fuß s. ↑vertraut; mit jmdm. auf [dem] Duzfuß s. ↑duzen; auf eigenen Füßen s. ↑erwachsen [sein]; auf eigenen Füßen / Beinen s. ↑selbstständig [sein]; mit jmdm. auf gespanntem Fuß s. ↑vertragen (sich); etwas steht auf der Kippe / auf des Messers Schneide / in den Sternen, auf dem Spiel s. ↑ungewiss [sein]; etwas steht bei jmdm. ↑abhängen; mit einem Fuß im Grab s. ↑krank [sein]; im Kreuzfeuer s. ↑attackieren; sich selbst im Licht s. ↑schaden; etwas steht im Raum ↑unerledigt (sein); im Weg s. ↑Last; im Wege s. ↑behindern; in Blüte s. ↑blühen; in Briefwechsel / Briefverkehr s. ↑korrespondieren (mit); in Flammen s. ↑brennen; in üblem Geruch -d anrüchig; in die Luft s. ↑abstehen; in Rede -d ↑obig; in einem Ruf s. ↑gelten (als jmd. / etwas); mit jmdm. in Verbindung s. ↑korrespondieren (mit); in der Verantwortung s. ↑einstehen (für); mit jmdm. in Verkehr s. ↑verkehren (mit); in Verwendung s. ↑Anwendung [finden]; etwas steht in Widerspruch zu etwas ↑entgegenstehen; in Zusammenhang s. mit ↑zusammenhängen (mit); etwas steht ins Haus ↑bevorstehen; jmdm. steht der Kopf / der Sinn nicht nach etwas ↑Lust; unter Aufsicht / Kontrolle s. ↑beobachten; unter Dampf / Zeitdruck s. ↑beeilen (sich); unter Drogen s. ↑Rausch; unter jmds. Fuchtel / Knute / Pantoffel s. ↑unterdrückt [werden]; unter einem guten / glücklichen / günstigen Stern s. ↑verlaufen; unter keinem guten Stern s. ↑unerfreulich [verlaufen]; vor dem Abschluss s. ↑fertig [werden]; wie der Ochs vorm Berge / Tor s. ↑ratlos [sein]; s. zu ↑beurteilen, ↑einstehen (für); nicht zu jmdm. / etwas s. ↑verleugnen; zur Debatte / Diskussion s. ↑erörtern; auf dem Schlauch s. ↑begriffsstutzig [sein], ↑[nicht] verstehen, zum Stehen bringen ↑anhalten.
stehen bleiben: ↑halten; nicht s. ↑setzen (sich); auf halbem Weg s. ↑vollenden.
stehend: ↑feststehend; -en Fußes ↑gleich.
stehen lassen: das Essen s. ↑essen.
Steher ↑Pfahl.

Steherrennen ↑Rennen.
Stehgeiger ↑Musizierender.
Stehkonvent ↑Versammlung.
Stehkragenprolet ↑Arbeitnehmer.
Stehkragenproletarier ↑Arbeitnehmer.
Stehlampe ↑Lampe.
Stehleiter ↑Leiter.
stehlen: ↑wegnehmen; jmd. / etwas kann jmdm. gestohlen bleiben ↑ablehnen; mit jmdm. kann man Pferde s. ↑Kamerad; jmdm. die Schau s. ↑übertreffen; dem lieben Gott den Tag / die Zeit s. ↑faulenzen; sich in die Herzen [der Menschen] s. ↑sympathisch [sein].
Stehltrieb ↑Anankasmus.
Stehlzwang ↑Anankasmus.
Stehpult ↑Möbel.
Stehschauspieler ↑Schauspieler.
Stehvermögen ↑Beharrlichkeit, ↑Durchsetzungskraft.
¹steif, starr, nicht ↑schlaff, nicht ↑weich; ↑fest; **s. werden,** sich versteifen, erstarren, eine Erektion bekommen · *vom männlichen Glied:* erigieren, anschwellen; **s. sein** · *vom männlichen Glied:* eine Erektion / *(derb)* einen Steifen / *(derb)* einen Ständer haben, Stangenfieber haben *(scherzh.),* stehen *(derb),* spannen *(derb),* mit Gewehr über nach Hause gehen *(ugs., scherzh.);* ↑verheben (sich); ↑Penis.
²steif: ↑formell, ↑linkisch; s. werden ↑gelieren; jmdn. am -en Arm verhungern lassen ↑unzugänglich [sein]; -er Hut ↑Kopfbedeckung; -er Wind ↑Windstärke; s. und fest behaupten ↑behaupten.
Steifblattmoos: Schönes S. ↑Moos.
steifen: ↑festigen; jmdm. den Rücken s. ↑zuraten.
steif halten: den Nacken s. ↑besiegen; halt die Ohren steif ↑Mut.
Steifheit: ↑Bewegungslosigkeit, ↑Geziertheit.
Steifleinen ↑Stoff.
steifnackig ↑unzugänglich.
Steifnackigkeit ↑Eigensinn.
Steig ↑Weg.
Steigbügel: jmdm. den S. halten ↑fördern.
Steigbügelhalter ↑Schmeichler.
¹Steige, Horde, Hürde *(südwestd., schweiz.),* Obststeige, Trockenrost, Lattenrost, Trockengestell, Lattengestell, Lattenkiste, Harass; ↑Behälter, ↑Kasten, ↑Schachtel.
²Steige ↑Stall.
¹steigen (auf), ersteigen, erklimmen, erklettern, bezwingen, besteigen, hochklettern, hinaufklettern, hinaufsteigen, hochsteigen, klettern / klimmen / kraxeln auf, hinaufkraxeln, hochkraxeln, emporsteigen, emporklimmen, emporklettern; ↑hinaufgehen; ↑Besteigung.
²steigen: ↑avancieren, ↑hinaufgehen, ↑klettern; -de Tonne ↑Gewölbe; abwärts / bergab / bergabwärts / nach unten s. ↑hinuntergehen; einen Versuchsballon s. lassen ↑vorfühlen; auf die Barrikaden s. ↑aufbegehren; auf die Waage

s. ↑Gewicht; wie Phönix aus der Asche s. ↑wieder erstehen; im Preis s. ↑aufschlagen (Preis); s. in [die Hosen], in die Kleider s. ↑anziehen; etwas steigt jmdm. in den Kopf ↑betrunken [machen]; etwas steigt jmdm. in die Krone / zu Kopf ↑dünkelhaft [werden]; mit jmdm. ins Bett s. ↑koitieren; in die Wanne s. ↑baden; [groß] ins Geschäft s. ↑Profit [machen]; s. über ↑koitieren.
Steiger: ↑Anlegebrücke, ↑Bergmann.
¹steigern, erhöhen, heben, aufwerten, eskalieren · *bei der Anwendung eines Medikaments:* einschleichen · *von Preisen:* in die Höhe treiben, raufsetzen *(ugs.)* · *die Leistung eines Kfz-Motors:* frisieren; ↑ändern, ↑beschönigen, ↑fördern, ↑lenken, ↑vermehren, ↑zunehmen; ↑Steigerung · Ggs. ↑verringern.
²steigern ↑übertreffen.
¹Steigerung, Zunahme, Wachstum, Zuwachs, Intensivierung, Anstieg, Vergrößerung, Vermehrung, Erhöhung, Verstärkung, Gradation, Ausweitung, Eskalierung, Eskalation, das Fortschreiten, Progression · *im sprachlichen Ausdruck:* Klimax · *übertreibende im sprachlichen Ausdruck:* Hyperbel, Übertreibung · *übertreibende in der Darstellung von Krankheitssymptomen:* Exaggeration *(Med.);* ↑Ausdehnung, ↑Ausschweifung, ↑Fortschritt, ↑Höhepunkt, ↑Übertreibung; ↑fördern, ↑steigern, ↑zunehmen.
²Steigerung ↑Versteigerung.
Steigerungsstufe ↑Komparativ.
Steigung ↑Berg.
Steigungswinkel ↑Gefälle.
¹steil, abschüssig, stotzig *(schweiz.),* gebirgig, jäh, schroff; ↑schräg; ↑Abhang, ↑Steilabfall.
²steil: -er Zahn ↑Mädchen.
Steilabfall, Abfall, Abschüssigkeit, Steilheit, Absturz, Schlucht; ↑Abgrund, ↑Abhang, ↑Gefälle, ↑Schräge, ↑Schlucht; ↑steil.
Steilheit ↑Steilabfall.
Steilkartei ↑Kartei.
Steilkurve ↑Kurve.
Steilküste ↑Ufer.
Steilwand ↑Felswand.
Steilwandfahrer ↑Artist.
stein-: ↑erz-.
¹Stein, Klamotte *(derb, abwertend),* Wackerstein, Pflasterstein, Katzenkopf · *kleiner, vom Wasser rundgeschliffener:* Kieselstein, Kiesel.
²Stein: ↑Franken, ↑Gestein, ↑Hochzeitstag, ↑Kern; -e ↑Geld, ↑Schüttgut; S. der Weisen ↑Zaubermittel; der S. kommt ins Rollen ↑verursachen; jmdm. fällt ein S. vom Herzen ↑aufatmen; den S. ins Rollen bringen ↑anregen; weinen, dass es einen S. erweichen könnte ↑weinen; ein Tropfen auf einen heißen S. sein ↑wenig; jmdm. -e in den Weg legen ↑einschränken; ein Herz von S. haben ↑gefühlskalt [sein]; auf den -en sitzen ↑langweilen (sich); bei jmdm. einen S. im Brett haben ↑bevorzugen; jmdm. fällt

kein S. aus der Krone ↑erniedrigen (sich); keinen S. auf dem anderen lassen ↑zerstören; jmdm. keinen S. in den Weg legen ↑einschränken; wie ein S. schlafen ↑schlafen; es friert S. und Bein ↑frieren.

Steinadler ↑Vogel.

steinalt ↑alt.

Steinbeißer ↑Fisch.

Steinbock: ↑Sternbild, ↑Tierkreiszeichen.

Steinboden ↑Fußboden.

Steindruck ↑Grafik.

steinern: -e Hochzeit ↑Hochzeitstag.

Steinfußboden ↑Fußboden.

Steingarten ↑Garten.

steingrau ↑grau.

Steingressling ↑Fisch.

Steingut, Porzellan, Keramik, Töpferware, Töpferei *(schweiz.)*, Tonware, Fayence, Majolika, Halbfayence, Mezzamajolika, Wedgwood; ↑Glasur, ↑Keramiker, ↑Porzellan.

Steingutglasur ↑Glasur.

steinhart ↑fest.

Steinhuhn ↑Vogel.

steinigen ↑töten.

Steinkauz: ↑Kauz, ↑Vogel.

Steinkistengrab ↑Grab.

Steinklaffmoos ↑Moos.

Steinkohle ↑Kohle.

Steinkoralle ↑Hohltier.

Steinlawine ↑Erdrutsch.

Steinmauer ↑Mauer.

Steinmetz ↑Bildhauer.

Steinobst ↑Obst.

¹Steinpilz, Herrenpilz, Herrenschwamm, Eichpilz, Edelpilz, Pilzling *(bayr., österr.)*, Pülz *(bayr., österr.);* ↑Pilz, ↑Ständerpilz.

²Steinpilz ↑Ständerpilz.

steinreich ↑reich.

Steinsalz ↑Salz.

Steinsarg ↑Sarg.

Steinschneidekunst ↑Bildnerei.

Steinschneider ↑Bildhauer.

Steinstaublunge ↑Staublungenerkrankung.

Steinstiege ↑Treppe.

Steinstoßen: ↑Leichtathletik, ↑Schwerathletik.

Steintreppe ↑Treppe.

Steinwälzer ↑Vogel.

Steinwand ↑Mauer.

Steirergoal ↑Tor (das).

Steirertor ↑Tor (das).

Steiß ↑Schwanz.

Steiß-Fuß-Lage ↑Kindslage.

Steißlage ↑Kindslage.

Steißtrommler ↑Lehrer.

Stellage ↑Gestell.

Stelldichein ↑Verabredung; sich in S. geben ↑versammeln (sich).

¹Stelle, Stätte, Platz, Ort, Örtlichkeit, Punkt, Winkel, Kante *(ugs.),* Ecke *(ugs.);* ↑Gebiet, ↑Gegend, ↑Ort; ↑regional.

²Stelle: ↑Amt, ↑Beruf, ↑Grab, ↑Zitat; S., wo man hingehört ↑Wohnsitz; offene -n ↑Stellenangebote; schwache / empfindliche / verwundbare / verletzbare S. ↑Achillesferse; die erste S. einnehmen, an erster S. stehen ↑Höchstleistung [erzielen]; eine S. finden ↑einstellen; an S. ↑anstatt; an diese / jene S. ↑dahin; an dieser S. ↑hier; das Brett an der dünnsten S. bohren ↑entziehen (sich); an erster S. rangieren / stehen ↑Vorrang [haben]; an irgendeiner S. ↑irgendwo; an jener S. ↑dort; an keiner S. ↑nirgends; an zweiter S. stehen ↑sekundär [sein]; auf der S. ↑gleich; auf der S. treten ↑avancieren; nicht von der S. kommen ↑vorangehen; nicht von der S. weichen ↑standhalten; zur S. sein ↑anwesend [sein], ↑kommen.

¹stellen (sich), sich ausliefern, sich melden; ↑gestehen.

²stellen: schlechter gestellt ↑einkommensschwach; sich s. ↑aufstellen (sich); sich s. als ob ↑vortäuschen; beiseite s. ↑wegstellen; kalt s. ↑abkühlen; sich taub s. ↑reagieren; sein Amt zur Verfügung s. ↑kündigen; Ansprüche / Bedingungen s. ↑bestehen (auf); Ansprüche / Forderungen s. ↑fordern; die Diagnose s. ↑erkennen, ↑untersuchen; jmdm. eine Falle s. ↑betrügen; ein Gesuch s. ↑einreichen; sein Licht nicht unter den Scheffel s. ↑bescheiden; seinen Mann s. ↑tüchtig [sein]; die Weichen s. ↑planen; an den Anfang s. ↑vorausschicken; an seinen Platz s. ↑einordnen; an einen anderen Platz / Ort s. ↑verrücken; [an einen bestimmten Platz s.] ↑platzieren; auf sich gestellt sein ↑ernähren; sich auf die Waage s. ↑Gewicht; sich hinter etwas / jmdn. s. ↑identifizieren (sich mit etwas / jmdm.); in Aussicht s. ↑androhen (jmdm. etwas), ↑versprechen; infrage s. ↑zweifeln; in ein schlechtes Licht s. ↑schlecht machen; unter Aufsicht s. ↑beobachten; unter Aufsicht / Kuratel s. ↑entmündigen; sich unter die Brause s. ↑baden; vom Platz s. ↑ausschließen; vor Gericht s. ↑prozessieren; sich vor jmdn. s. ↑eintreten (für); zur Debatte / Diskussion s. ↑erörtern; jmdn. zur Rede s. ↑Rechenschaft; zur Schau s. ↑aufdecken; zur Verfügung s. ↑abgeben, ↑leihen; jmdm. etwas zur Verfügung s. ↑zuschieben (jmdm. etwas).

Stellenangebote, Stellenrubrik, offene Stellen, Vakanzenverzeichnis *(schweiz.);* ↑Beruf.

stellenlos ↑arbeitslos.

Stellenrubrik ↑Stellenangebote.

Stellenwerbung ↑Bewerbungsschreiben.

Stellmacher ↑Wagner.

¹Stellung, Haltung, Pose, Attitüde, Positur · *beim Geschlechtsverkehr:* Position; ↑Ansehen.

²Stellung: ↑Anstellung, ↑Beruf, ↑Lage, ↑Musterung, ↑Schützengraben; reichsunmittelbare S. ↑Reichsfreiheit; S. beziehen ↑eintreten (für); eine S. finden ↑einstellen; eine S. haben ↑innehaben; S. nehmen ↑äußern; nicht S. nehmen ↑[sich nicht] äußern; jmdn. aus seiner S. verdrängen ↑Einfluss.

Stellungnahme: ↑Ansicht, ↑Auslegung.
Stellungskommission ↑Musterungskommission.
Stellungskrieg ↑Krieg.
stellungslos ↑arbeitslos.
Stellungsloser ↑Arbeitsloser.
Stellungsucher ↑Arbeitsloser.
Stellungswechsel: ↑Ortsveränderung, ↑Veränderung.
stellvertretend ↑anstatt.
¹Stellvertreter, Vertreter, die rechte Hand, Verwalter, Sachwalter, Ersatzmann, Ersatz, zweite Garnitur, zweiter Mann, Souschef *(schweiz.)*, Substitut, Vize *(ugs.)* · *eines Lehrers:* Vikar *(schweiz.)*, Supplent *(österr.)*; ↑Arbeitgeber, ↑Beauftragter, ↑Helfer, ↑Komplize.
²Stellvertreter: S. Christi [auf Erden] ↑Oberhaupt.
Stellvertreterkrieg ↑Krieg.
Stelze: ↑Eisbein, ↑Gliedmaße, ↑Vogel.
stelzen ↑fortbewegen (sich).
Stelzenläufer ↑Vogel.
Stemma ↑Abkunft.
Stemmeisen, Stemmmeißel, Stechbeitel, Beitel.
stemmen: einen s. ↑trinken.
Stemmmeißel ↑Stemmeisen.
¹Stempel, Stampiglie *(österr.)*, Poststempel, Sonderstempel, Datumstempel.
²Stempel: ↑Siegel; mit einem S. versehen ↑abstempeln.
Stempelmarke ↑Gebührenmarke.
stempeln: ↑abstempeln; s. gehen ↑arbeitslos [sein].
stempelpflichtig ↑gebührenpflichtig.
Stempeluhr, Zeiterfassungsuhr, Kontrolluhr, Stechuhr · *in der Straßenbahn:* Fahrscheinentwerter, Entwerter, eiserner Schaffner; ↑Uhr; ↑entwerten.
Stenografie ↑Kurzschrift.
stenografieren ↑aufschreiben.
Stenogrammpapier ↑Schreibpapier.
Stenotypistin, Daktylographin *(schweiz.)*, Daktylo *(schweiz.)*, Schreiberin, Schreibdame, Schreibkraft, Bürokraft, Maschinenschreiberin, Maschinschreiberin *(österr.)*, Tippse *(salopp, abwertend)*, Klapperschlange *(veraltet, abwertend)* · Datentypistin, Typistin · *die nach einem Diktiergerät schreibt:* Phonotypistin; ↑Büroangestellte[r], ↑Sekretärin, ↑Skript; ↑Maschine schreiben.
Stentorstimme ↑Stimme.
Stenz: ↑Geck, ↑Zuhälter.
stenzen ↑wegnehmen.
Stephanstag ↑Weihnachten.
Steppdecke ↑Federbett.
Steppe, Waldsteppe, Strauchsteppe, Wüstensteppe, Kakteensteppe, Hartstrauchsteppe, Salzsteppe · Grassteppe, Pampa · Kältesteppe, Tundra, Waldtundra · Savanne, Feuchtsavanne, Trockensavanne, Llano, Dornsavanne; ↑Einöde, ↑Wiese.

Steppenadler ↑Vogel.
Steppenbrand ↑Schadenfeuer.
Steppenfuchs ↑Fuchs.
Steppenhuhn ↑Vogel.
Steppenkäse ↑Käse.
Steppenkiebitz ↑Vogel.
Steppenklima ↑Klimazone.
Steppenlandschaft ↑Landschaft.
Steppenweihe ↑Vogel.
Steppke ↑Kind.
Ster ↑Raummaß.
Sterbchen: S. machen ↑sterben.
Sterbehilfe ↑Euthanasie.
¹sterben, versterben, ableben, einschlafen, entschlafen, hinüberschlummern, entschlummern, der Tod holt jmdn. heim, vom Tode ereilt werden, sein Leben aushauchen, den Geist aufgeben / aushauchen, die Seele aushauchen, sein Leben verlieren, über den Jordan gehen, heimgehen, dahinscheiden, hinscheiden, aus dem Leben scheiden, die Augen zumachen / [für immer] schließen, das Auge bricht *(dichter.)*, [vom Schauplatz / von der Bühne] abtreten, sein Leben / Dasein vollenden, die sterbliche Hülle ablegen, zu Staub werden, die Feder aus der Hand legen, enden, das Zeitliche segnen, den Weg allen / alles Fleisches gehen, abfahren *(salopp)*, ins Grab sinken, in die / zur Grube fahren, zugrunde gehen, [für immer] von jmdm. gehen, aus dieser Welt gehen, jmdn. verlassen (er hat uns [zu früh] verlassen), mit Tod abgehen, [in die Ewigkeit] abgerufen werden, verscheiden, dahingerafft werden, das letzte Stündlein ist gekommen / hat geschlagen, jmds. Uhr ist abgelaufen, von hinnen scheiden, abscheiden, erlöst werden, nicht mehr aufstehen, tot hinsinken, zu seinen Vätern versammelt werden, sich zu den Vätern versammeln, zur großen Armee abberufen werden, jmdm. passiert etwas / stößt etwas zu *(verhüllend)*, tödlich verunglücken, verbluten, seinen Verletzungen erliegen, seine letzte Reise / seinen letzten Weg antreten, in die ewigen Jagdgründe / zum ewigen Frieden / zur ewigen Ruhe eingehen, aus unserer / ihrer Mitte gerissen werden, aus dem Leben gerissen werden, die Reihen lichten sich, umkommen, ums Leben / zu Tode kommen, den Tod finden, mit jmdm. ist es aus *(ugs.)*, mit dem Tode ringen, im Sterben / in den letzten Zügen liegen, mit jmdm. geht es zu Ende, dran glauben müssen *(ugs.)*, abkratzen *(salopp)*, abschnappen *(salopp)*, abnibbeln *(salopp)*, hopsgehen *(salopp)*, draufgehen *(salopp)*, vor die Hunde gehen *(ugs.)*, ins Gras beißen *(salopp)*, den Löffel wegschmeißen *(salopp)*, Sterbchen machen *(salopp)*, ein Bankerl reißen *(österr.)*, die Patschen aufstellen *(österr.)*, den Arsch zukneifen *(derb)* · *jung:* ein frühes Grab finden · *im Wasser:* ein feuchtes / nasses Grab finden, sein Grab in den Wellen finden, mit Mann und Maus umkommen / untergehen, absaufen *(salopp)*, ersaufen

(derb), versaufen *(derb),* auf See bleiben, ein Seemannsgrab finden, den Seemannstod finden / sterben · *durch Feuer:* verbrennen, in den Flammen umkommen · *durch Sturz:* sich zu Tode fallen / stürzen · *als Soldat:* den Heldentod sterben, auf dem Feld der Ehre fallen, den Tod auf dem Feld der Ehre finden, fallen, im Krieg bleiben, nicht [aus dem Krieg] heimkehren, draußen geblieben sein, nicht wiedergekommen sein, einen kalten Arsch kriegen *(derb)* · *mitten in der Arbeit:* in den Sielen sterben · *beim Tier:* eingehen, verenden, krepieren, verrecken · *in absehbarer Zeit:* nicht mehr lange leben / zu leben haben, es nicht mehr lange machen *(ugs.),* jmds. Tage / Jahre sind gezählt · *in großer Zahl:* wie die Fliegen sterben; ↑bluten, ↑entleiben (sich), ↑töten, ↑verkümmern, ↑zurücklassen (jmdn.) · **nicht s.,** am Leben bleiben, überleben, [noch einmal] davonkommen, dem Tod von der Schippe hopsen *(salopp);* ↑tödlich, ↑tot; ↑Exitus, ↑Friedhof, ↑Selbsttötung, ↑Sterbender, ↑Tod, ↑Totenschein, ↑Toter, ↑Tötung.

²sterben: ↑eingehen; nicht leben und nicht s. können ↑leben, ↑Schmerz; der ist für mich gestorben ↑verfeindet [sein]; vor Angst s. ↑Angst [haben]; vor Hunger s. ↑Hunger [haben]; vor Neugier fast s. ↑neugierig [sein]; das Sterben ↑Exitus; im Sterben liegen ↑sterben; zum Leben zu wenig, zum Sterben zu viel haben ↑leben; etwas ist zum Leben zu wenig, zum Sterben zu viel ↑wenig.

Sterbender, Moribundus, Todgeweihter; ↑Kranker; ↑sterben.

sterbenskrank ↑krank.

sterbenslangweilig ↑langweilig.

Sterbenswörtchen: kein S. sagen ↑schweigen.

Sterbesakrament ↑Viatikum.

Sterbet ↑Exitus.

Sterbeurkunde: ↑Totenschein, ↑Urkunde.

sterblich: ↑vergänglich; -e Hülle / Überreste ↑Toter.

Sterblicher: ↑Mensch; der gewöhnliche Sterbliche ↑Durchschnittsbürger.

Sterblichkeit ↑Vergänglichkeit.

Stereoanlage ↑Plattenspieler.

Stereogerät ↑Plattenspieler.

Stereokamera ↑Fotoapparat.

Stereometrie ↑Mathematik.

Stereophonie · Vierkanalstereophonie, Quadrophonie; ↑Plattenspieler.

Stereosendung ↑Sendung.

stereotyp: ↑feststehend, ↑formelhaft, ↑phrasenhaft.

steril: ↑impotent, ↑keimfrei, ↑langweilig.

Sterilisation ↑Kastration.

sterilisieren: ↑desinfizieren, ↑kastrieren.

sterilisiert ↑kastriert.

Sterke ↑Rind.

Sterlet ↑Fisch.

Sterling: Pfund S. ↑Zahlungsmittel.

Stern: ↑Berühmtheit, ↑Glanzpunkt, ↑Himmels-

körper; -e sehen ↑ohnmächtig [werden]; unter einem guten / glücklichen / günstigen S. geboren sein ↑Glück [haben]; jmds. S. sinkt / ist im Sinken ↑nachlassen; einen S. reißen ↑fallen; etwas steht in den -en ↑ungewiss [sein]; Krieg der -e ↑Krieg; mit -en bedeckt / übersät, von -en erhellt ↑gestirnt; unter einem glücklichen / günstigen / guten / ungünstigen S. stehen ↑verlaufen.

sternbedeckt ↑gestirnt.

Sternbild · Andromeda, Luftpumpe, Paradiesvogel, Wassermann, Adler, Altar, Widder, Fuhrmann, Bärenhüter, Grabstichel, Giraffe, Krebs, Jagdhunde, Großer Hund, Kleiner Hund, Steinbock, Kiel des Schiffes, Cassiopeia, Zentaur, Cepheus, Wal, Chamäleon, Zirkel, Taube, Haupthaar der Berenice, Südliche / Nördliche Krone, Rabe, Becher, Kreuz, Schwan, Delphin, Schwertfisch, Drache, Füllen, Fluss Eridanus, Chemischer Ofen, Zwillinge, Kranich, Herkules, Pendeluhr · Hydra, Weibliche / Nördliche Wasserschlange · Hydrus, Männliche / Südliche Wasserschlange · Inder, Eidechse, Löwe, Kleiner Löwe, Hase, Waage, Wolf, Luchs, Leier, Tafelberg, Mikroskop, Einhorn, Fliege, Winkelmaß, Oktant, Schlangenträger, Orion, Pfau, Pegasus, Perseus, Phönix, Malerstaffelei, Fische, Südlicher Fisch, Hinterteil des Schiffes, Schiffskompass, Netz, Pfeil, Schütze, Skorpion, Bildhauerwerkstatt, Sobieskischer Schild, [Kopf der] Schlange, [Schwanz der] Schlange, Sextant, Stier, Fernrohr, Dreieck, Südliches Dreieck, Tukan · Großer Bär / Wagen · Kleiner Bär / Wagen · Segel des Schiffes, Jungfrau, Fliegender Fisch, Fuchs; ↑Himmelskörper, ↑Planet, ↑Sternwarte; ↑gestirnt.

Sternchen ↑Schauspielerin.

Sterndeuter ↑Wahrsager.

Sterndeutung ↑Astrologie.

Sternenbanner ↑Nationalflagge.

sternenbedeckt ↑gestirnt.

Sternenglanz: im S. erstrahlend ↑gestirnt.

sternenhell ↑gestirnt.

Sternenhimmel ↑Firmament.

sternenklar ↑gestirnt.

Sternenzelt ↑Firmament.

Sternfahrt ↑Rennen.

Sterngewölbe ↑Gewölbe.

sternhagelvoll ↑betrunken.

Sternhausen ↑Fisch.

sternhell ↑gestirnt.

sternklar ↑gestirnt.

Sternkunde ↑Astronomie.

Sternmoos ↑Moos.

Sternrochen ↑Fisch.

Sternschnuppe ↑Komet.

Sternstunde ↑Glück.

Sterntaucher ↑Vogel.

Sternutation ↑Niesen.

Sternwarte, Observatorium, Planetarium; ↑Himmelskörper, ↑Planet, ↑gestirnt.

Sternzeitalter ↑Erdzeitalter.

Stert ↑Gesäß.

Sterz: ↑Gesäß, ↑Omelett, ↑Schwanz.

stet: [in -er Folge] ↑unaufhörlich.

Stethoskop, Hörrohr, Phonendoskop, Membranstethoskop · *mit eingebautem Verstärker:* Phonoskop.

stetig ↑unaufhörlich.

Stetigkeit ↑Beharrlichkeit.

stets ↑unaufhörlich.

stetsfort ↑unaufhörlich.

¹Steuer (das) · *beim Auto:* Lenkrad, Steuerrad, Volant · *beim Fahrrad:* Lenkstange, Fahrradlenker, Lenker · *beim Flugzeug:* Steuerknüppel, Knüppel, Steuerhebel · *beim Schiff:* Steuerrad, Steuerruder, Schiffssteuer; ↑Fahrer.

²Steuer (das): das Steuer fest in der Hand haben ↑führen.

³Steuer (die): [direkte / indirekte Steuer] ↑Abgabe; Steuer bezahlen / entrichten ↑versteuern; mit einer Steuer belegen ↑besteuern.

Steuerband ↑Zollverschluss.

Steuerbekenntnis ↑Steuererklärung.

Steuerberater ↑Wirtschaftsprüfer.

Steuerbescheinigung ↑Bescheinigung.

steuerbord ↑rechts.

steuerbords ↑rechts.

Steuererklärung, Einkommensteuererklärung, Fassion *(veraltet)*, Steuerbekenntnis *(österr.)*, Bekenntnis *(österr.)*, Fatierung *(österr.);* ↑Abgabe, ↑Geschäftsbücher; **die S. abgeben,** fatieren *(österr.)*.

Steuerflucht ↑Betrug.

Steuerhebel ↑Steuer (das).

Steuerhinterziehung ↑Betrug.

Steuerknüppel ↑Steuer (das).

¹steuern, lenken, chauffieren, fahren, kutschieren, manövrieren; ↑fahren.

²steuern ↑abhelfen.

Steueroase ↑Betrug.

Steuerprüfer ↑Wirtschaftsprüfer.

Steuerrad ↑Steuer (das).

Steuerrecht ↑Rechtsgebiet.

Steuerruder ↑Steuer (das).

Steuersache: Helfer in -n ↑Wirtschaftsprüfer.

Steuerzahler ↑Staatsbürger.

¹Steward, Flugbegleiter, Purser; ↑Flugzeugführer.

²Steward ↑Bedienung.

Stewardess ↑Bedienung.

sthenisch ↑stark.

stibitzen ↑wegnehmen.

Stich: ↑Gravüre, ↑Kunstdruck, ↑Nuance, ↑Spitze; etwas gibt jmdm. einen S. ins Herz ↑kränken; einen S. haben ↑ungenießbar [sein], ↑verrückt [sein]; im S. lassen ↑sitzen lassen.

Stichelei ↑Spitze.

sticheln ↑nähen, ↑spöttisch [sein].

stichfest: hieb- und s. ↑fundiert, ↑stichhaltig.

Stichflamme ↑Flamme.

stichhaltig, stichhältig *(österr.)*, beweiskräftig,

unwiderlegbar, unwiderleglich, unangreifbar, hieb- und stichfest, zwingend, bündig, schlüssig, stringent, schlagend, triftig; ↑einleuchtend, ↑klug, ↑nachweislich, ↑wichtig.

stichhältig ↑stichhaltig.

Stichling ↑Fisch.

Stichsäge ↑Säge.

Stichtag ↑Frist.

Stichwaffe, Dolch, Stilett, Florett, Rapier, Hirschfänger, Seitengewehr, Bajonett; ↑Hiebwaffe, ↑Schusswaffe, ↑Wurfwaffe.

Stichwahl ↑Wahl.

¹Stichwort, Leitwort, Schlagwort, Kennwort, Merkwort, Lemma; ↑Nachschlagewerk.

²Stichwort: ↑Gedächtnisstütze, ↑Losung.

Stichwunde ↑Wunde.

Stickarbeit: ↑Handarbeit, ↑Stickerei.

Stickbeere ↑Stachelbeere.

Stickelbeere ↑Stachelbeere.

sticken ↑handarbeiten.

¹Stickerei, Stickarbeit · Perlenstickerei, Paillettenstickerei; ↑Flitter.

²Stickerei: ↑Handarbeit; mit einer S. versehen ↑besticken.

Stickgarn ↑Faden.

Stickhusten ↑Keuchhusten.

¹stickig, verräuchert, rauchig, dunstig; ↑Luft.

²stickig: -e Luft ↑Luft.

Stickluft ↑Luft.

Sticknadel ↑Nadel.

stieben ↑fortbewegen (sich).

Stiefel: ↑Schuh; einen S. vertragen [können] ↑trinkfest [sein]; jmdn. haut es aus den -n ↑überrascht [sein].

stiefeln ↑fortbewegen (sich).

Stiefeltern ↑Adoptiveltern.

Stiefkind: ↑Kind; [das] S. sein ↑vernachlässigt [sein].

Stiefmutter ↑Mutter.

Stiefmütterchen, Viola tricolor, Pensee; ↑Blume.

stiefmütterlich: von der Natur s. bedacht / behandelt worden sein ↑hässlich [sein].

Stiefsohn ↑Sohn.

Stieftochter ↑Tochter.

Stiefvater ↑Vater.

Stiege: ↑Stück, ↑Treppe.

Stiegengeländer ↑Geländer.

Stiegenhaus ↑Treppenhaus.

Stieglitz ↑Vogel.

stiekum ↑heimlich.

Stiel: ↑Griff, ↑Stamm; mit Stumpf und S. ↑ganz; mit Stumpf und S. ausrotten ↑zerstören.

Stielauge: -n machen ↑ansehen.

Stielbrille ↑Brille.

Stielkamm ↑Kamm.

Stielwarze ↑Warze.

stiemen ↑schneien.

¹stier, starr, glasig, verglast, gläsern; ↑blicken.

²stier ↑zahlungsunfähig.

Stier: ↑Rind, ↑Sinnbild, ↑Sternbild, ↑Tierkreiszeichen; den S. bei den Hörnern fassen / packen ↑anfangen.

stieren: ↑blicken, ↑brünstig [sein], ↑suchen.

Stierenauge ↑Spiegelei.

Stierkämpfer, Matador, Toreador, Espada, Torero · *berittener mit Lanze:* Picador · *den Stier mit Banderillas reizender:* Banderillero.

stierln: ↑nachforschen, ↑stochern.

Stiernacken ↑Nacken.

Stiesel ↑Flegel.

stieselig ↑unhöflich.

Stieseligkeit ↑Unhöflichkeit.

¹Stift (das): ↑Kloster.

²Stift (der): ↑Handelsgehilfe, ↑Lehrling, ↑Nagel, ↑Schreibstift.

¹stiften · *Geld in einer bestimmten Summe:* dotieren; ↑geben, ↑spenden, ↑zahlen; ↑Betrug (Geldwaschanlage).

²stiften: ↑gründen, ↑spenden; eine Ehe s. ↑verkuppeln; Frieden s. ↑Frieden [stiften]; Unfrieden s. ↑ärgern, ↑Streit.

stiften gehen ↑weggehen.

Stiftenkopf ↑Frisur.

Stiftskirche ↑Gotteshaus.

Stiftungsfest ↑Fest.

Stiftzahn ↑Zahnersatz.

Stil: ↑Ausdrucksweise, ↑Baustil, ↑Lebensweise, ↑Manier.

Stilblüte · *von Lehrern:* Kathederblüte; ↑Ausdrucksweise.

Stilett ↑Stichwaffe.

Stilfigur ↑Ausdrucksmittel.

stilgerecht ↑abgestimmt.

Stilistik: ↑Literaturwissenschaft, ↑Sprachwissenschaft.

Stilkleid ↑Kleid.

Stilkunde: ↑Literaturwissenschaft, ↑Sprachwissenschaft.

¹still, ruhig, mäuschenstill, mucksmäuschenstill, totenstill, stad *(bayr., österr.),* nicht ↑laut; ↑friedlich, ↑leise, ↑ruhig, ↑wortkarg; **s. sein;** so still sein, dass man eine Stecknadel fallen hören kann; **s. werden:** es wird still / ruhig, Stille tritt ein; ↑Stille.

²still: ↑friedlich, ↑leise, ↑passiv, ↑ruhig; Stiller Freitag ↑Karfreitag; im -en Kämmerlein ↑allein; Stiller Ozean ↑Pazifik; -e Penne ↑Strafanstalt; -er Teilhaber ↑Teilhaber; -es Wasser ↑Mineralwasser; ein -es Wasser sein ↑verschlossen [sein]; es ist s. um jmdn. geworden ↑Einfluss; s. liegen ↑ruhen; heimlich, s. und leise ↑heimlich, ↑unbemerkt; im Stillen ↑heimlich.

¹Stille, Ruhe, Friede[n], Schweigen, Stillschweigen, Lautlosigkeit, Geräuschlosigkeit, Totenstille, Grabesstille; ↑Muße; ↑ruhig, ↑still.

²Stille: ↑Ruhe; S. tritt ein ↑still [werden]; in aller S. ↑unbemerkt.

Stillehre: ↑Literaturwissenschaft, ↑Sprachwissenschaft.

¹stillen, an die Brust nehmen, die Brust geben, nähren, säugen; ↑ernähren.

²stillen: ↑befriedigen; den Schmerz s. ↑lindern.

Stillfreitag ↑Karfreitag.

Stillhalteabkommen ↑Abmachung.

stillhalten ↑ertragen.

Stillleben ↑Bild.

stilllegen, lahm legen, schließen, auflassen *(österr.);* ↑abschaffen, ↑beenden; ↑Stilllegung.

Stilllegung, Schließung, Auflassung *(österr.),* Sperrung *(südd., österr.);* ↑stilllegen.

stillos: ↑geschmacklos, ↑ungeschliffen.

Stillosigkeit ↑Geschmacklosigkeit.

stillschweigen ↑schweigen.

Stillschweigen: ↑Schweigen, ↑Stille; S. bewahren ↑schweigen.

stillschweigend ↑wortlos.

Stillstand: ↑Rückgang; zum S. bringen ↑anhalten, ↑lahm legen.

stillstehen: -d ↑ortsfest; jmdm. steht der Verstand still ↑verstehen.

stillvergnügt ↑lustig.

Stilmittel ↑Ausdrucksweise.

stilrein ↑puristisch.

stilvoll ↑abgestimmt.

stilwidrig ↑geschmacklos.

Stilwidrigkeit ↑Geschmacklosigkeit.

Stilwörterbuch ↑Nachschlagewerk.

Stimmabstinenz ↑Stimmenthaltung.

Stimmband: Stimmbänder ↑Sprechorgan.

stimmberechtigt ↑wahlberechtigt.

Stimmberechtigter ↑Wahlberechtigter.

Stimmbeteiligung ↑Wahlbeteiligung.

Stimmbruch ↑Stimmwechsel.

Stimmbürger ↑Wahlberechtigter.

¹Stimme, Organ, Menschenstimme, Tierstimme, Sprechstimme, Singstimme, Bruststimme, Flüsterstimme · *sehr laute:* Stentorstimme; ↑Kopfstimme, ↑Singstimme, ↑Sprechorgan, ↑Stimmwechsel; ↑sprechen.

²Stimme: ↑Sprechorgan, ↑Urteil; [hohe S.] ↑Singstimme; innere S. ↑Ahnung; seine S. abgeben ↑wählen; jmdm. seine S. geben ↑erwählen; der S. der Natur folgen ↑koitieren; sich der S. enthalten ↑wählen; mit belegter S. ↑heiser; mit dröhnender S. ↑laut; mit stockender S. ↑abgehackt; mit verhaltener S. ↑gedämpft.

¹stimmen: etwas stimmt / trifft zu / *(ugs.)* kommt hin / ist richtig / zutreffend / wahr; ↑bewahrheiten (sich); ↑ausgewogen, ↑passend, ↑richtig.

²stimmen: ↑harmonieren, ↑wählen; etwas stimmt nicht ↑Ordnung; es stimmt, was jmd. sagt ↑Recht; etwas stimmt jmdn. nachdenklich ↑beschäftigen; s. für ↑erwählen; in sich -d ↑passend.

Stimmenfang: auf S. gehen ↑bemühen (sich um).

Stimmenthaltung, Stimmabstinenz *(schweiz.);* ↑Wahlbeteiligung.

stimmfähig ↑wahlberechtigt.

Stimmfähiger ↑Wahlberechtigter.

Stimmführer ↑Musizierender.

stimmig ↑passend.
Stimmorgan ↑Stimme.
Stimmrecht ↑Wahlrecht.
¹Stimmung, Atmosphäre, Stimmungsbarometer, Klima · *besonders gute:* Bombenstimmung *(emotional);* **in S. kommen,** in Fahrt kommen / geraten; **in S. sein,** in Fahrt sein; **in gereizter S. sein,** es herrscht dicke Luft · *in Bezug auf Eheleute:* der Haussegen hängt schief / wackelt; ↑Laune; ↑ärgerlich.
²Stimmung: -en, gereizte S. ↑Verstimmung; S. machen ↑erheitern, ↑propagieren; in gehobener S. sein ↑betrunken [sein]; in schlechter S. sein ↑aufgelegt.
Stimmungsbarometer ↑Stimmung.
Stimmungsbild ↑Schulaufsatz.
stimmungsfördernd: -es Mittel ↑Psychopharmakon.
Stimmungskanone ↑Unterhalter.
Stimmungskapelle ↑Orchester.
Stimmungsmache ↑Propaganda.
Stimmungsorchester ↑Orchester.
Stimmungsschilderung ↑Schulaufsatz.
Stimmvieh: ↑Menge, ↑Mitläufer, ↑Wähler.
Stimmvolk ↑Wähler.
Stimmwechsel, Stimmbruch, Mutation; ↑Pubertät, ↑Singstimme, ↑Stimme.
Stimmzettel: einen weißen S. abgeben ↑wählen.
Stimulans ↑Aufputschmittel.
stimulieren: ↑anregen; -d ↑anregend.
Stimulierung ↑Erregung.
Stimulus ↑Reiz.
stink-: ↑erz-.
stinkbesoffen ↑betrunken.
stinken: [s. wie die Pest], drei Meilen gegen den Wind s. ↑riechen; etwas stinkt jmdm. ↑angeekelt [sein]; nach Geld s. ↑reich [sein]; vor Faulheit s. ↑faul [sein]; etwas stinkt zum Himmel ↑unerhört [sein].
Stinker ↑Gesäß.
stinkfaul ↑faul.
Stinkkäse ↑Handkäse.
stinklangweilig ↑langweilig.
Stinkmorchel ↑Ständerpilz.
Stinknase ↑Schnupfen.
stinknormal ↑andersgeschlechtlich.
Stinkpreuße ↑Preuße.
Stinkrolle ↑Zigarre.
Stinktiegel ↑Tabakspfeife.
Stinktier ↑Raubtier.
Stinkwut ↑Ärger.
Stint ↑Fisch.
Stippe ↑Soße.
stippen ↑tauchen.
Stippvisite ↑Besuch.
Stipulation ↑Abmachung.
stipulieren ↑übereinkommen.
Stirn: die S. besitzen / haben ↑erdreisten (sich); jmdm. die S. bieten ↑aufbegehren; eine hohe S. haben ↑Glatze; die S. runzeln ↑murren.

Stirnlage ↑Kindslage.
Stirnlocke ↑Haarlocke.
Stirnseite ↑Vorderseite.
Stirnwand ↑Mauer.
St.-Nimmerleins-Tag: am S. ↑niemals.
Stöberhund: -e ↑Hunderassen.
Stöberjagd ↑Jagd.
stöbern ↑suchen.
stochern, bohren, klauben, pulen *(nordd.),* polken *(landsch.),* stierln *(österr.);* ↑stechen.
stock-: ↑erz-.
¹Stock, Prügel, Knüppel, Knüttel, Bengel, Rohrstock, spanisches Rohr, Gerte, Rute; ↑Griff, ↑Peitsche, ↑Pfahl.
²Stock: ↑Brei, ↑Misthaufen, ↑Schober, ↑Spazierstock, ↑Sportgerät, ↑Stange, ↑Vorrat; erster S. ↑Geschoss; gehen, als ob man einen S. verschluckt hätte ↑gerade [gehen].
stockbesoffen ↑betrunken.
stockbetrunken ↑betrunken.
Stockbett ↑Bett.
Stockbiene ↑Biene.
Stockcheck ↑Regelverstoß.
stockdunkel ↑dunkel.
stöckeln: ↑fortbewegen (sich).
Stöckelschuh ↑Schuh.
¹stocken, stagnieren, erlahmen, versiegen, versanden, versickern, etwas klingt aus / geht aus, stecken bleiben, ins Stocken geraten, sich spießen *(österr.),* etwas ist festgefahren; ↑beenden; ↑weiter.
²stocken: ↑sauer [werden]; mit -der Stimme ↑abgehackt; gestockte Milch ↑Milch; ohne zu s. ↑fließend.
Stockente ↑Vogel.
stöckerig ↑abgehackt.
Stockerl ↑Hocker.
stockfinster ↑dunkel.
Stockhaar: Deutsch S. ↑Hunderassen.
stockheiser ↑heiser.
Stockholm, das Venedig des Nordens; ↑Stadt.
Stöckli: ↑Altenteil; sich ins S. zurückziehen ↑pensionieren.
Stockmutter ↑Biene.
Stockschirm ↑Schirm.
Stockschlag: ↑Regelverstoß; Stockschläge ↑Züchtigung.
Stockschwämmchen ↑Ständerpilz.
stocksteif ↑gerade.
Stockuhr ↑Uhr.
Stockung: ↑Rückgang, ↑Unterbrechung, ↑Verkehrsstauung.
stockvoll: s. sein ↑betrunken [sein].
Stockwerk ↑Geschoss.
Stockzahn ↑Zahn.
¹Stoff, Gewebe, Tuch · Wollstoff, Kammgarn, Kamelhaar, Bouclé, Gabardine, Tweed, Shetland, Mohair, Mohär, Jersey, Jacquard, Fresko, Marengo, Loden, Filz, Serge, Twill, Velours, Ulster · Samt, Waschsamt, Kordsamt, Cord, Rippensamt, Kabelkord, Genuakord, Man-

chester, Duvetine, Velvet, Whipcord · Baum-
wolle, Nessel, Barchent, Köper, Mako, Flor,
Musselin, Chintz, Kattun, Flanell, Damast,
Drell, Drillich, Inlett, Frottee, Gaze, Popeline ·
Leinen, Halbleinen, Batist, Baumwollbatist,
Seidenbatist, Lavabel, Bauernleinen, Steiflei-
nen, Schneiderleinen, Vlieseline®, Wattierleinen · Seide · Organdy, Organza, Pikee, Rips,
Epinglé, Moiré, Chiffon, Satin, Duchesse,
Voile, Toile · Kräuselkrepp, Everglaze® · Gar-
dinenstoff, [Englisch]tüll, Erbstüll, Florenti-
nertüll, Grobtüll, Häkeltüll, Marquisette, Gar-
dinenmull, Punktmull, Tupfenmull, Seiden-
mull, Edeljacquard, Gaze · Lamé, Goldlamé,
Silberlamé · Patchwork · Batik · *aus Kunst-*
fasern hergestellter: Zellwolle, Kunstseide,
Charmeuse, Reyon; ↑Chemiefaser, ↑Leinen,
↑Seide, ↑Schnittmuster, ↑Stoffmuster, ↑Texti-
lien, ↑Wolle.
²Stoff: ↑Fabel, ↑Gegenstand, ↑Gewebe, ↑Ma-
terial, ↑Rauschgift.
Stoffbär ↑Teddybär.
Stoffbruch ↑Falte.
Stoffhuberei ↑Positivismus.
Stoffkoffer ↑Gepäck.
Stoffmuster, Muster, Dessin, Musterung ·
Karo, Schottenkaro, Schottenmuster, Bauern-
karo, Vichykaro, Madraskaro, Glencheck,
Pepita · Streifen, Längsstreifen, Querstreifen,
Nadelstreifen · Fischgrätmuster, Hahnentritt-
muster · Fil-a-Fil, Pfeffer und Salz · Mir-i-bota, Flohmuster, Birnenmuster, Flammenmuster, Mandelmuster, Zapfenmuster, Siegelmuster · Vogelauge, Pfauenauge · Millefleurs, Mil-
lepoints; ↑Stoff; ↑gemustert.
Stoffpuppe ↑Puppe.
Stoffwechsel, Metabolismus, Metabolie ·
Aufbaustoffwechsel, Anabolismus, Anabolie ·
Abbaustoffwechsel, Katabolismus, Katabolie;
↑Stuhlverstopfung, ↑Verdauung.
stöhnen, aufstöhnen, ächzen, seufzen, aufseufzen, einen Seufzer ausstoßen, jmds. Brust
entringt sich ein Seufzer *(geh.),* wimmern,
schreien, aufschreien; ↑atmen, ↑klagen; ↑Laut.
stoi ↑halt.
stoisch: ↑ruhig; -e Ruhe ↑Gelassenheit.
Stola ↑Umhang.
Stollen: ↑Bergwerk; [Dresdner S.] ↑Gebäck.
¹stolpern, straucheln, [mit dem Fuß] umknicken; ↑fallen, ↑gleiten, ↑schwanken.
²stolpern: über etwas s. ↑scheitern.
Stolperstein ↑Behinderung.
stolz: ↑dünkelhaft, ↑selbstbewusst; das ist ein
-er Preis ↑teuer [sein].
Stolz: ↑Ansehen, ↑Selbstbewusstsein, ↑Über-
heblichkeit, ↑Vornehmheit; seinen S. dareinsetzen ↑anstrengen (sich); sich vor S. kaum selbst
kennen ↑dünkelhaft [sein].
stolzieren ↑fortbewegen (sich).
Stomachoskopie ↑Ausspiegelung.
Stomachus ↑Magen.

Stomatorrhagie ↑Blutung.
stoned: s. sein ↑Rausch.
stop ↑halt.
stopfen: ↑essen, ↑obstipieren, ↑reparieren,
↑stoßen; jmdm. das Maul / den Mund s. ↑ver-
bieten.
Stopfen ↑Stöpsel.
Stopfenzieher ↑Flaschenöffner.
Stopfgarn ↑Faden.
Stopfnadel ↑Nadel.
Stoppel: ↑Stöpsel; -n ↑Bart.
Stoppelbart ↑Bart.
stoppelbärtig ↑bärtig.
Stoppelhopser: ↑Auto, ↑Soldat.
stoppelig ↑bärtig.
Stoppelkopf ↑Frisur.
Stoppelpilz ↑Ständerpilz.
Stoppelzieher ↑Flaschenöffner.
stoppen: ↑anhalten, ↑halten.
Stopper ↑Fußballspieler.
Stopplicht ↑Signallicht.
stopplig ↑bärtig.
Stoppschild ↑Schild.
Stoppstraße ↑Straße.
Stoppuhr ↑Uhr.
¹Stöpsel, Pfropfen, Pfropf, Proppen *(niederd.),*
Korken, Kork, Kronenkorken, Stopfen, Stop-
pel *(österr.),* Zapfen, Zapf *(selten),* Spund, Nip-
pel; ↑Lasche, ↑Verschluss.
²Stöpsel: ↑Penis, ↑Zwerg.
Stör ↑Fisch.
störanfällig: s. sein ↑[leicht] defekt [werden].
Storch: ↑Vogel; der S. hat sie ins Bein gebissen
↑schwanger [sein]; gehen wie ein S. im Salat
↑fortbewegen (sich); da brat mir einer einen S.!
↑überrascht [sein].
Storchschnabel ↑Storchschnabelgewächs.
Storchschnabelgewächs · Storchschnabel,
Reiherschnabel, Geranie, Geranium, Pelargonie, Pelargonium; ↑Blume.
Store: ↑Gardine, ↑Vorrat.
¹stören (jmdn.), ungelegen / zu unpassender
Zeit / zur Unzeit / jmdm. in die Quere kommen.
²stören: ↑behindern; etwas stört ↑unerträglich
[sein]; jmdn. stört die Fliege an der Wand ↑är-
gerlich [sein]; sich s. an ↑beanstanden.
störend ↑unerfreulich.
Störenfried, Eindringling, Ruhestörer, Unruhestifter, Randalierer, Krawallmacher *(ugs.),*
Krawallbruder *(ugs.),* Radaumacher *(ugs.),* Radaubruder *(ugs.),* Krachmacher *(ugs.),* Quälgeist, Plagegeist, Landplage, Nervtöter, Singuhr *(landsch.),* Nervensäge; ↑Gegner.
Störfall ↑Unglück.
stornieren, rückgängig / ungültig machen, löschen, tilgen; ↑berichtigen.
störrisch ↑unzugänglich.
Storting ↑Volksvertretung.
¹Störung, Panne, Schaden.
²Störung: ↑Unterbrechung; psychische S.
↑Gemütskrankheit.

Störungsfront ↑Wetterfront.

Storzelbock ↑Purzelbaum.

¹Stoß, Schlag, Kopfnuss, Hieb, Rippenstoß, Rippentriller, Ruck, Puff, Schubs, Tritt, Knuff, Stups, Stupf *(südd., schweiz.)*, Stupfer *(österr.)*, Stumper *(landsch.)*, Putsch *(schweiz.)*, Pracker *(österr.)*, Schupfer *(österr.); ↑*Zusammenstoß.

²Stoß: ↑Schwanz; seinem Herzen einen S. geben ↑überwinden (sich); einen S. versetzen ↑stoßen.

¹stoßen, anstoßen, puffen, schubsen, einen Stoß / Puff versetzen, einen Schubs geben, stupfen *(oberd.)*, stumpen *(südd.)* · *von Pferden:* ausschlagen; ↑strampeln.

²stoßen: ↑drücken, ↑koitieren, ↑stampfen; sich s. an ↑beanstanden; s. auf ↑finden, ↑unterkommen; jmdn. mit der Nase auf etwas s. ↑hinweisen (auf); auf Ablehnung s. ↑ablehnen; auf Gegenliebe s. ↑Beifall [finden]; auf Verständnis s. ↑Verständnis; s. in ↑einrammen; ins gleiche Horn s. ↑Ansicht; ins Loch s. ↑festsetzen; vor den Kopf s. ↑frustrieren.

Stoßen ↑Leichtathletik.

Stoßseufzer ↑Klagelaut.

Stoßstange ↑Prellbock.

Stoßzeit, ↑Hauptverkehrszeit, ↑Straßenverkehr.

Stotterer ↑Sprachgestörter.

stotterig ↑abgehackt.

¹stottern, lispeln, zuzeln *(österr.)*, stammeln, lallen, sich versprechen / verhaspeln / verheddern; ↑flüstern, ↑mitteilen, ↑sprechen; ↑abgehackt, ↑heiser, ↑unartikuliert; ↑Sprachgestörter, ↑Versprecher.

²stottern: -d ↑abgehackt.

Stotz ↑Stamm.

stotzig ↑steil.

Stövchen ↑Wärmeplatte.

STP ↑Rauschgift.

St.-Peter-Schlüssel ↑Schlüsselblume.

strabanzen ↑herumtreiben (sich).

Strabanzer ↑Vagabund.

Strabismus ↑Schielen.

stracks ↑gleich.

Stradivari ↑Streichinstrument.

Stradivarius ↑Streichinstrument.

Strafanstalt, Strafvollzugsanstalt, Justizvollzugsanstalt, JVA, Haftanstalt, Vollzugsanstalt, Gefängnis, Untersuchungsgefängnis, Kerker, Zuchthaus, Bagno, Arbeitshaus, Karzer, Verlies, Zelle, Arrestlokal, Militärgefängnis, Loch *(salopp)*, Kittchen *(salopp)*, Knast *(salopp)*, Bau *(salopp)*, Bunker *(salopp)*, Kahn *(salopp)*, Kiste *(salopp)*, Klemme *(salopp)*, Gefangen[en]haus *(österr.)*, Häfen *(salopp, österr.)*, Kotter *(österr., veraltet)*, Kriminal *(ugs., landsch.)*, Prison *(veraltet)*, Spritzenhaus *(veraltet)*, Erholungsheim *(ugs., scherzh.)*, Sommerfrische *(ugs., scherzh.)*, geschlossene Gesellschaft *(ugs., scherzh.)*, staatliche Pension *(ugs., scherzh.)*, Staatspension *(ugs., scherzh.)*, staatli-

ches Pensionat *(ugs., scherzh.)*, Staatspensionat *(ugs., scherzh.)*, Gymnasium *(ugs., scherzh.)*, hohe Schule *(ugs., scherzh.)*, Vater Philipp *(ugs., scherzh.)*, stille Penne *(salopp, scherzh.); ↑*Freiheitsentzug, ↑Gefangenenlager, ↑Gefangener; ↑abbüßen, ↑festsetzen (jmdn.).

Strafanzeige: S. erstatten ↑anzeigen.

strafbar ↑gesetzwidrig.

Strafbarkeit ↑Gesetzwidrigkeit.

Strafbefehl ↑Strafzettel.

¹Strafe, Bestrafung, Geldstrafe, Geldbuße, Pön *(veraltet)*, Pönale *(österr.)*, Buße *(schweiz.)* · *bei Nichterfüllung eines Vertrags:* Konventionalstrafe; ↑Bewährungsfrist, ↑Vergeltung; ↑bestrafen, ↑festsetzen, ↑verdienen; ↑straffällig, ↑vorbestraft.

²Strafe: ↑Sühne, ↑Züchtigung; das ist die S.! ↑Folge; eine S. absitzen / verbüßen ↑abbüßen; eine S. aufbrummen / auferlegen, mit einer S. belegen ↑bestrafen; über jmdn. eine S. verhängen ↑bestrafen.

strafen: ↑bestrafen; jmdn. Lügen s. ↑widerlegen; mit etwas / jmdm. gestraft sein ↑Schicksal; mit Nichtachtung / Verachtung s. ↑ignorieren.

Straferlass ↑Begnadigung.

straff: die Zügel -er anziehen ↑streng.

straffällig · *erneut:* rückfällig; ↑vorbestraft; ↑Strafe, ↑Verstoß.

Straffälliger ↑Verbrecher.

straffrei: s. ausgehen ↑verurteilen.

Strafgefangener ↑Gefangener.

Strafkammer ↑Gericht.

Straflager ↑Gefangenenlager.

Strafmandat ↑Strafzettel.

Strafpredigt: eine S. halten ↑schelten.

Strafprozess ↑Gerichtsverfahren.

Strafprozessrecht ↑Rechtsgebiet.

Strafrecht ↑Rechtsgebiet.

Strafsache: Verteidiger in -n ↑Jurist.

Strafsenat ↑Gericht.

Strafstoß ↑Elfmeter.

Straftat: ↑Verbrechen, ↑Verstoß.

Straftäter ↑Verbrecher.

Strafverfahren ↑Gerichtsverfahren.

Strafverfügung ↑Strafzettel.

Strafverteidiger ↑Jurist.

Strafvollzugsanstalt ↑Strafanstalt.

Strafzettel, gebührenpflichtige Verwarnung, Strafmandat, Strafverfügung, Strafbefehl, Bußenzettel *(schweiz.)*, Organmandat *(österr.)*, Knollen / Knöllchen *(landsch.)*.

Strahlemann ↑Mann.

strahlen: ↑lachen, ↑leuchten, ↑prunken; die Sonne strahlt, es ist -der Sonnenschein / strahlendes Wetter ↑sonnig [sein].

strählen ↑frisieren.

Strahlenbehandlung ↑Radiotherapie.

Strahlenblitz ↑Blitz.

Strahlenheilkunde ↑Heilkunde.

Strahlenkatarakt ↑Katarakt.

Strahlenkegel ↑Lichtstrahl.

Strahlenkunde ↑Heilkunde.
Strahlenpilz ↑Algenpilz.
Strahlenschutz ↑Schutz.
Strahlentierchen ↑Einzeller.
Strahlentoter ↑Toter.
Strahlungsheizung ↑Heizung.
Strähn ↑Strähne.
¹Strähne, Strange *(schweiz.),* Strähn *(österr.),* Wollsträhne, Garnsträhne.
²Strähne: -n ↑Haar.
strähnig ↑strubbelig.
straight ↑andersgeschlechtlich.
Stralzierung ↑Auflösung.
Stralzio ↑Auflösung.
stramm: ↑eng, ↑stark; -e Haltung annehmen / einnehmen ↑strammstehen; eine -e Haltung haben ↑gerade [gehen]; -er Max ↑Spiegelei.
strammstehen, stramme Haltung annehmen / einnehmen, in Habachtstellung stehen *(österr.),* die Hände an die Hosennaht legen, die Hacken zusammenschlagen; ↑Appell, ↑Militär, ↑Soldat.
stramm ziehen: jmdm. die Hosen / den Hosenboden s. ↑schlagen.
¹strampeln, zappeln; ↑stoßen.
²strampeln: ↑Rad fahren; zu s. haben ↑anstrengen (sich).
¹Strand, Badestrand, Korbstrand, Sandstrand, Meeresstrand, Lido · Teutonengrill *(scherzh.);* ↑Meer.
²Strand ↑Ufer.
Strandbad ↑Bad.
stranden ↑scheitern.
Strandgut ↑Treibgut.
Strandhaubitze: ↑Geschütz; voll wie eine S. sein ↑betrunken [sein].
Strandkanone ↑Geschütz.
Strandkleid ↑Kleid.
Strandkorb ↑Liegestuhl.
Strandläufer ↑Vogel.
Strang: ↑Seil; wenn alle Stränge reißen ↑Ausnahmefall; am gleichen / am selben S. ziehen ↑streben; über die Stränge schlagen ↑übermütig [sein].
Strange: ↑Seil, ↑Strähne.
strangulieren ↑töten.
Strapaze ↑Anstrengung.
strapazfähig ↑haltbar.
strapazieren: sich s. ↑anstrengen (sich).
strapazierfähig ↑haltbar.
Strapazierfähigkeit ↑Haltbarkeit.
strapaziös: ↑beschwerlich; etwas ist s. ↑zehren.
Straps ↑Strumpfhalter.
Strasbourg ↑Straßburg.
Strass ↑Schmuckstein.
Straßburg, Strasbourg *(franz.);* ↑Stadt.
¹Straße, Promenade, Allee, Korso, Ringstraße, Prachtstraße, Avenue, Avenida, Boulevard, Gasse, Durchgangsstraße, Fahrstraße, Autostraße, Highway, Autobahn, Stadtautobahn, Fernverkehrsstraße, Fernstraße, Landstraße,

Schnellstraße, Chaussee, Dorfstraße, Geschäftsstraße, Ladenzeile, Spielstraße, Verkehrsstraße, Hauptverkehrsstraße, Verkehrsader, Nebenstraße, Verbindungsstraße, Querstraße, Stoppstraße, Zufahrtsstraße, Zugangsweg, Gebirgsstraße, Hochgebirgsstraße, Passstraße, Alpenstraße, Serpentinenstraße, Uferstraße, Schotterstraße, Asphaltstraße · · Hochstraße · *die zur Anschlussstelle einer Autobahn führt:* Zubringerstraße, Autobahnzubringer · *die über andere Verbindungen führt:* Fly-over · · *in eine Stadt mündende:* Einfallstraße · *aus einer Stadt führende:* Ausfallstraße · *die eine Stadt nur am Rande berührt:* Umgehungsstraße, Tangente · *die zur Stadtmitte führt:* Radiallinie *(bes. österr.)* · *nur in einer Richtung zu befahrende:* Einbahnstraße · *nicht weiterführende:* Sackgasse · *mit eingeschränktem Verkehr:* verkehrsberuhigte Zone · *für Autos gesperrte:* Fußgängerzone · *gebührenpflichtige:* Mautstraße *(österr.);* ↑Brücke, ↑Durchfahrt, ↑Durchgang, ↑Fahrbahn, ↑Fußgängerübergang, ↑Gehsteig, ↑Kreuzung, ↑Linienführung, ↑Platz, ↑Umgehungsstraße, ↑Unterführung, ↑Vorfahrtsrecht, ↑Weg.
²Straße: ↑Durchfahrt; der Mann auf der S. ↑Durchschnittsbürger; mit etwas die S. pflastern können ↑haben; auf der S. gehen ↑demonstrieren; auf der S. liegen ↑arbeitslos [sein]; jmdn. auf die S. setzen / werfen ↑entlassen.
¹Straßenbahn, Bahn, Zug, Elektrische, Tram *(südd., schweiz.),* Tramway *(österr.)* · *die Letzte in der Nacht:* Lumpensammler *(scherzh.);* ↑Obus, ↑Schaffner, ↑Verkehrsmittel.
²Straßenbahn: S. fahren ↑fahren.
Straßenbahnlinie ↑Bahnlinie.
Straßenbahnschaffner ↑Schaffner.
Straßenbahnschiene ↑Gleis.
Straßenbeleuchtung, Straßenlaterne, Laterne, Straßenlampe, Gaslaterne, Peitschenlampe.
Straßenbrücke ↑Brücke.
Straßendecke ↑Straßenpflaster.
Straßendorf ↑Dorf.
¹Straßenfeger *(bes. nordd.)* Straßenkehrer *(bes. südd.),* Straßenwischer *(schweiz.).*
²Straßenfeger ↑Fernsehsendung.
Straßenfloh ↑Auto.
Straßenglätte, Glätte, Glatteis, Rutschgefahr; ↑Fahrverhalten (Aquaplaning), ↑Glatteis; ↑glatt.
Straßengraben ↑Graben.
Straßenhändler ↑Händler.
Straßenkarte ↑Landkarte.
Straßenkehrer ↑Straßenfeger.
Straßenkleid ↑Kleid.
Straßenkostüm ↑Kostüm.
Straßenkreuzer ↑Auto.
Straßenkreuzung ↑Kreuzung.
Straßenlampe ↑Straßenbeleuchtung.
Straßenlärm ↑Lärm.

Straßenlaterne ↑ Straßenbeleuchtung.
Straßenmädchen ↑ Prostituierte.
Straßenmusikant, Bettelmusikant, Straßensänger; ↑ Leierkastenmann, ↑ Moritatensänger, ↑ Musizierender.
Straßenpflaster, Straßendecke, Schotterdecke, Kopfsteinpflaster, Katzenkopfpflaster, Asphalt; ↑ Splitt; ↑ pflastern.
Straßenrennen ↑ Rennen.
Straßensänger ↑ Straßenmusikant.
Straßenschuh ↑ Schuh.
Straßenseite ↑ Vorderseite.
Straßentheater ↑ Theater.
Straßenverkehr, Verkehr, Autoverkehr, Nahverkehr, Fernverkehr, Reiseverkehr, Berufsverkehr, Durchgangsverkehr, Stadtverkehr · Hauptverkehrszeit, Stoßzeit, Rushhour; ↑ Transit, ↑ Verkehrsmittel, ↑ Verkehrsstauung, ↑ Verkehrsteilnehmer; ↑ belebt.
Straßenwacht, Verkehrswacht, die Gelben Engel.
Straßenwischer ↑ Straßenfeger.
Strategie, Doppelstrategie, Politik, Tagespolitik, Schaukelpolitik, Taktik, Hinhaltetaktik, Kriegskunst, Kampfplanung, Vorgehen; ↑ Handhabung, ↑ Kunstfertigkeit, ↑ Maßnahme, ↑ Politiker, ↑ Schlachtfeld, ↑ Verfahren.
strategisch: -e Waffen ↑ Waffen.
stratifikationell: -e Grammatik ↑ Grammatik.
Stratifikationsgrammatik ↑ Grammatik.
Stratigramm ↑ Röntgenogramm.
Stratigraphie ↑ Röntgenographie.
Stratokumulus ↑ Wolken.
Stratus ↑ Wolken.
Straube ↑ Gebäck.
sträuben: sich [mit Händen und Füßen] s. ↑ aufbegehren.
Strauch ↑ Busch.
Strauchbesen ↑ Besen.
Strauchdieb: ↑ Dieb, ↑ Junge.
straucheln: ↑ scheitern, ↑ stolpern.
Strauchritter ↑ Dieb.
Strauchsteppe ↑ Steppe.
Strauß: ↑ Blumenstrauß, ↑ Streit, ↑ Vogel; einen S. machen ↑ bündeln.
Sträußchen ↑ Blumenstrauß.
Straußwirtschaft, Buschenschenke *(österr.),* Heuriger *(österr.),* Heurigenlokal; ↑ Gaststätte.
Strebe ↑ Säule.
Strebemauer ↑ Mauer.
streben, erstreben, anstreben, zustreben, verlangen / trachten / gieren / lechzen / dürsten / schmachten / *(ugs.)* sich zerreißen [nach], zu erreichen suchen, sich sehnen [nach], es gelüstet jmdn. nach · *gemeinsam nach etwas:* das gleiche Ziel verfolgen, am gleichen / am selben Strang ziehen *(ugs.);* ↑ anschwärmen, ↑ anstrengen, ↑ erwirken, ↑ liebäugeln, ↑ verlangen, ↑ wünschen; ↑ begierig.
Streben: ↑ Absicht, ↑ Ehrgeiz; faustisches S. ↑ Neugier.

Strebensethik ↑ Sitte.
Strebepfeiler ↑ Säule.
Streber: ↑ Fisch, ↑ Opportunist; ein S. sein ↑ ehrgeizig [sein], ↑ lernen.
streberhaft ↑ ehrgeizig.
strebern ↑ lernen.
Strebewerk ↑ Balkenwerk.
strebsam ↑ fleißig.
Strebsamkeit ↑ Fleiß.
Strebung: ↑ Zuneigung; -en ↑ Absicht.
¹Strecke, Entfernung, Abstand, Distanz; ↑ Abstand, ↑ Ferne, ↑ Zahlgrenze; **eine S. zurücklegen,** einen Weg zurücklegen, eine Strecke fahren / laufen / hinter sich bringen; ↑ erstrecken (sich), ↑ fahren, ↑ fortbewegen (sich).
²Strecke: ↑ Bahnkörper, ↑ Bahnlinie, ↑ Linienführung; jmdn. zur S. bringen ↑ besiegen.
¹strecken, ziehen, dehnen; ↑ ausdehnen.
²strecken: ↑ verdünnen; sich s. ↑ recken (sich); die Beine unter jmds. Tisch s. ↑ ernähren; den Finger s. ↑ Handzeichen [geben]; von sich / zur Seite s. ↑ abspreizen.
Streckenabschnitt ↑ Zahlgrenze.
Streckenführung ↑ Linienführung.
Streckenstrich ↑ Satzzeichen.
Strecker ↑ Muskel.
Streckmuskel ↑ Muskel.
Streckverband ↑ Verband.
Streich ↑ Scherz.
streicheln ↑ liebkosen.
Streichelzoo ↑ Tiergarten.
¹streichen, anstreichen, tünchen, ausmalen *(südd., österr.),* weißen, weißeln *(südd., schweiz.),* weißigen *(mundartl., oberd.)* · mit Kalk: kalken · mit Lack: lackieren, lacken · *durch Besprühen:* spritzen · *die unterste Schicht, das erste Mal:* grundieren · anmalen, ↑ malen, ↑ schminken, ↑ zeichnen; ↑ Maler, ↑ Politur, ↑ Renovierung.
²streichen: ↑ ausstreichen, ↑ massieren, ↑ verringern; einen s. lassen ↑ Darmwind [entweichen lassen]; s. auf ↑ bestreichen; aus der Matrikel s. ↑ exmatrikulieren.
Streicher ↑ Musizierender.
Streicherensemble ↑ Orchester.
Streichholz, Zündholz, Wachsstreichholz, Schwefelholz *(veraltet),* Zündhölzchen *(bes. österr.),* Zünder *(österr.);* ↑ Feuerzeug.
Streichinstrument ·· Geige, Violine, Fiedel · alte, besonders wertvolle italienische: Stradivari, Stradivarius, Guarneri, Amati ·· Bratsche, Viola, Viola d'Amore ·· Violoncello, Cello, Kniegeige, Gambe, Viola da Gamba, Baryton ·· Bassgeige, Bass, Kontrabass, Violone ·· Tanzmeistergeige, Pochette, Taschengeige; ↑ Musikinstrument, ↑ Saiteninstrument, ↑ Vibrato.
Streichkäse ↑ Käse.
Streichmusik ↑ Musik.
Streichorchester ↑ Orchester.
Streichriemen ↑ Schleifstein.

Streichung ↑Einschränkung.
Streichwurst ↑Wurst.
Streife ↑Polizeistreife.
streifen ↑berühren.
Streifen: ↑Kinofilm, ↑Stoffmuster.
Streifenregister ↑Kartei.
Streifenwagen ↑Polizeiwagen.
streifig ↑gemustert.
Streifjagd ↑Jagd.
Streifzug ↑Bummel.
¹Streik, Kampfmaßnahmen, Arbeitsniederlegung, Generalstreik, Ausstand · *im Einvernehmen mit der Gewerkschaft:* organisierter Streik · *ohne Einverständnis der Gewerkschaft:* wilder Streik · *kurzfristiger, um die Bereitschaft zum eigentlichen Streik zu demonstrieren:* Warnstreik · *in Form langsamer Arbeit:* Bummelstreik, Dienst nach Vorschrift, Go-slow · *als Solidaritätsbekundung für eine andere streikende Gruppe:* Sympathiestreik, Solidaritätsstreik; ↑Arbeitnehmer, ↑Demonstration, ↑Lohnkampf, ↑Streikbrecher; ↑streiken · Ggs. ↑Aussperrung.
²Streik: in [den] S. treten ↑streiken.
¹Streikbrecher, Arbeitswilliger, Nichtorganisierter; ↑Streik; ↑streiken.
²Streikbrecher: S. sein ↑teilnehmen.
¹streiken, bestreiken, in den Ausstand / in [den] Streik treten, die Arbeit niederlegen, nicht mehr mitmachen; ↑aufbegehren, ↑kündigen; ↑Arbeit, ↑Lohnkampf, ↑Streik, ↑Streikbrecher · Ggs. ↑Aussperrung.
²streiken: etwas streikt ↑funktionieren; jmds. Magen streikt ↑satt [sein].
¹Streit, Unzuträglichkeit, Reiberei, Streiterei, Unfriede, Zwietracht, Hader, Zwist, Bruderzwist, Zerwürfnis, Entzweiung, Tätlichkeit, Handgreiflichkeit, Handgemenge, Saalschlacht, Auseinandersetzung, Schlammschlacht, Knatsch *(salopp)*, Disput, Wortwechsel, Wortgefecht, Wortstreit, Kontroverse, Zwistigkeit, Streitigkeiten, Differenzen, Spannungen, kalter Krieg, Konflikt, Generationskonflikt, Polemik, Zusammenstoß, Krawall, Strauß, Zank, Ehekrieg, Händel, Gezänk, Gezanke *(abwertend),* Zankerei *(abwertend),* Krach *(abwertend),* Knies *(salopp, landsch.),* Stunk *(salopp),* Zoff *(salopp, landsch.),* Explosion · *um Zuständigkeit:* Kompetenzstreitigkeit, Kompetenzkonflikt · *überflüssiger:* Streit um des Kaisers Bart; ↑Ärger, ↑Aufsehen, ↑Blutbad, ↑Gespräch, ↑Kampf, ↑Lärm, ↑Meinungsverschiedenheit, ↑Streitobjekt, ↑Streitsucht; **S. anfangen mit jmdm.,** mit jmdm. anbinden / *(österr.)* anbandeln, sich mit jmdm. anlegen, einen Span ausgraben *(schweiz.),* einen Streit vom Zaun brechen, Unfrieden stiften; ↑entfremden (sich), ↑entzweien (sich), ↑erörtern, ↑provozieren, ↑zanken (sich); **um S. zu vermeiden,** um des lieben Friedens willen; **es gibt S.,** es gibt Mord und Totschlag; ↑streitbar.
²Streit: ↑Bekämpfung, ↑Tauziehen; einen S.

vom Zaun brechen ↑provozieren; einen S. aus der Welt schaffen ↑bereinigen; Gegenstand / Ursache des -es ↑Streitobjekt; in S. geraten ↑zanken (sich).
Streitaxt ↑Hiebwaffe.
streitbar, streitsüchtig, händelsüchtig, zanksüchtig, angriffslustig, kriegerisch, kämpferisch, engagiert, kampfesfreudig, kampflustig, kampfbereit, kombattant, militant, aggressiv, herausfordernd, angriffig *(schweiz.),* ostentativ, provokant, provokatorisch, provokativ, martialisch, grimmig, furios, hitzig, leidenschaftlich, offensiv; ↑kampfbereit, ↑mutig, ↑provozierend, ↑spöttisch, ↑unverträglich; ↑Angriff, ↑Kampfbereitschaft, ↑Kämpfer, ↑Okkupation, ↑Streit, ↑Streitbarkeit, ↑Streitsucht; ↑eintreten (für) · Ggs. ↑menschlich.
Streitbarkeit, Angriffslust, Aggressivität; ↑Angriff, ↑Kampfbereitschaft, ↑Okkupation, ↑Streitsucht; ↑kampfbereit, ↑streitbar.
streiten: ↑Kampf; sich s. ↑zanken (sich); sich s. über ↑erörtern.
Streiter: S. für ↑Eiferer.
Streiterei ↑Streit.
Streitfrage ↑Schwierigkeit.
Streitgespräch ↑Gespräch.
Streithahn ↑Querulant.
Streithammel ↑Querulant.
Streithansl ↑Querulant.
streitig: ↑ungewiss; jmdm. etwas s. machen ↑übertreffen.
Streitigkeiten ↑Streit.
Streitkräfte ↑Militär.
Streitlust ↑Streitsucht.
Streitmacher ↑Querulant.
Streitobjekt, Zankapfel, Gegenstand / Ursache des Streites; ↑Streit.
Streitschrift ↑Flugschrift.
Streitsucht, Streitsüchtigkeit, Händelsucht, Händelsüchtigkeit, Zanksucht, Zanksüchtigkeit, Streitlust, Kollisionskurs, Konfrontationskurs; ↑Kampfbereitschaft, ↑Streit, ↑Streitbarkeit; ↑kampfbereit, ↑streitbar.
streitsüchtig: ↑streitbar, ↑unverträglich.
Streitsüchtigkeit ↑Streitsucht.
¹streng, strikt, drastisch, massiv, rigoros, rigide, energisch, entschieden, bestimmt, mit erhobenem Zeigefinger, mit sanfter Gewalt, hart, scharf, rücksichtslos; ↑einschneidend, ↑gravierend, ↑herrisch, ↑rücksichtslos, ↑unbarmherzig, ↑unzugänglich; **s. werden,** ein Machtwort sprechen, mit der Faust auf den Tisch schlagen / hauen; **strenger werden,** die Zügel straffer anziehen / **s. behandeln,** jmdn. an die Kandare nehmen; ↑eingreifen; ↑Unerbittlichkeit.
²streng: ↑beschwerlich, ↑durchdringend, ↑einschneidend, ↑herrisch, ↑sauer; -er werden ↑eingreifen; s. nach Vorschrift ↑bürokratisch.
Strenge ↑Unerbittlichkeit.
strenggläubig ↑fromm.
strenzen ↑wegnehmen.

687 **Strömung**

Stresemann: ↑Anzug, ↑Kopfbedeckung.
Stress: ↑Anstrengung, ↑Managerkrankheit.
stressig ↑beschwerlich.
stretto ↑lebhaft.
streuen: sich Asche aufs Haupt s. ↑bereuen;
Mist s. ↑düngen; jmdm. Sand in die Augen s.
↑betrügen.
streunen ↑herumtreiben (sich).
Streuselkuchen ↑Gebäck.
Streuung: breite S. habend ↑weit verzweigt.
Strich: ↑Dirnenwelt, ↑Linie, ↑Prostitution,
↑Sperrbezirk; ↑Zitze; ein S. sein ↑schlank
[sein]; einen S. durch die Rechnung machen
↑hindern, ↑verhindern; einen S. darunter machen / ziehen ↑beenden; keinen S. tun ↑faulen-
zen; auf den S. gehen ↑anbandeln, ↑prostituie-
ren (sich); jmdn. auf dem S. haben ↑schikanie-
ren; etwas geht jmdm. gegen den S. ↑entgegen-
stehen; nach S. und Faden ↑gehörig, ↑sehr.
Strichbiene ↑Prostituierte.
stricheln ↑zeichnen.
Stricher ↑Strichjunge.
Strichjunge, Dressman, Callboy, Stricher
(ugs.), Lustknabe, Pupe (abwertend), Pupenjunge (abwertend) · sehr junger: Babypro ↑Gelieb-
ter, ↑Prostituierte.
strichlieren ↑zeichnen.
Strichmädchen ↑Prostituierte.
Strichpunkt ↑Satzzeichen.
Strichregen ↑Niederschlag.
strichweise ↑regional.
Strick: ↑Junge, ↑Seil; wenn alle -e reißen ↑Aus-
nahmefall; Nerven haben wie -e ↑dickfellig
[sein].
Strickarbeit ↑Handarbeit.
stricken ↑handarbeiten.
Strickjacke ↑Strickweste.
Strickkleid ↑Kleid.
Strickleiter ↑Leiter (die).
Stricknadel, Rundstricknadel, Strickstock
(landsch.); ↑Häkelhaken, ↑Nadel; ↑handarbei-
ten.
Strickpulli ↑Pullover.
Strickpullover ↑Pullover.
Stricksocke ↑Strumpf.
Strickspitze ↑Spitzenstickerei.
Strickstock ↑Stricknadel.
Strickweste, Weste, Strickjacke, Jacke, Woll-
weste, Wolljacke, Spenzer, Berchtesgadener
Jäckchen, Wolljäckchen, Lismer (schweiz.),
Herrenweste, Damenweste, Chasuble; ↑Jacke,
↑Pullover, ↑Weste.
Striezel ↑Gebäck.
striezen ↑wegnehmen.
strikt ↑streng.
stringent ↑stichhaltig.
Strip ↑Striptease.
Strippe: ↑Schnur; jmdn. an der S. haben, an
der S. hängen ↑telefonieren (mit jmdm.); sich
an die S. hängen ↑anrufen; an der S. sein ↑Fern-
sprecher.

Stripperin ↑Stripteasetänzerin.
stripsen ↑wegnehmen.
¹Striptease, Strip, Entkleidungsnummer, Entkleidungstanz · Peepshow · Liveshow; ↑Nacht-
lokal, ↑Stripteasetänzerin.
²Striptease: S. machen ↑ausziehen.
Stripteasetänzerin, Stripperin, Entkleidungskünstlerin (scherzh.), Wäschekünstlerin
(scherzh.), Stripteuse (ugs.), Ausziehmädchen
(ugs.); ↑Bardame, ↑Nackte (die), ↑Striptease.
Stripteuse ↑Stripteasetänzerin.
strittig: ↑ungewiss; -er Punkt ↑Schwierigkeit.
Strizzi ↑Zuhälter.
strobelig ↑strubbelig.
stroblig ↑strubbelig.
Stroh: leeres S. ↑Gewäsch; leeres S. dreschen
↑sprechen.
strohblond ↑blond.
Strohbund ↑Garbe.
Strohbündel ↑Garbe.
Strohdach ↑Dach.
strohdumm ↑dumm.
Strohfeimen ↑Schober.
Strohfeuer ↑Begeisterung.
Strohgarbe ↑Garbe.
strohgelb ↑gelb.
Strohhalm ↑Trinkhalm.
Strohhaufen ↑Schober.
Strohhut ↑Kopfbedeckung.
Strohkoffer ↑Gepäck.
Strohkopf ↑Dummkopf.
Strohmann, Strohpuppe; ↑Double; ↑vortäu-
schen.
Strohpappe ↑Pappe.
Strohpuppe ↑Strohmann.
Strohsack: heiliger S.! ↑überrascht [sein].
Strohschober ↑Schober.
Strohtriste ↑Schober.
Strohwitwe ↑Ehefrau.
Strohwitwer ↑Ehemann.
Strolch: ↑Flegel, ↑Junge, ↑Verbrecher.
strolchen ↑herumtreiben (sich).
Strolchenfahrer ↑Passagier.
Strom: ↑Energie, ↑Fluss; [elektrischer S.]
↑Elektrizität; S. der Unterwelt / des Vergessens
↑Lethe; gegen den S. schwimmen ↑entgegen-
stellen (sich); nicht gegen den S. / mit dem
Strom schwimmen ↑Opportunist [sein]; es reg-
net in Strömen ↑regnen.
stromab ↑abwärts.
stromauf ↑aufwärts.
stromaufwärts ↑aufwärts.
strömen ↑fließen.
Stromer ↑Vagabund.
Strömer ↑Fisch.
Stromerei ↑Landstreicherei.
stromern ↑herumtreiben (sich).
Stromschnelle ↑Wasserfall.
Stromspeicher, Batterie, Akkumulator, Ak-
ku; ↑Elektrizität.
Strömung: ↑Neigung, ↑Wirbel.

Stromzähler ↑Zähler.
Strophe, Vers · Volksliedstrophe, Terzine, Ritornell, Stanze, Siziliane, Distichon; ↑Kehrreim, ↑Reim, ↑Vers, ↑Versmaß.
strotzen: -d vor ↑überladen; vor Gesundheit s. ↑gesund [sein].
strub ↑beschwerlich.
strubbelig, strubblig, strobelig, stroblig, strähnig, struppig, zottig, zerzaust, verstrubbelt, unfrisiert, ungekämmt; ↑frisieren, ↑zerren; ↑zerzaust.
strubbeln ↑zerzausen.
strubblig ↑strubbelig.
strubeln: sich s. ↑zanken (sich).
Strudel: ↑Gebäck, ↑Wirbel.
strudeln ↑perlen.
Strudelteig ↑Teig.
Strudelwurm ↑Wurm.
¹Struktur, Gefüge, Einheit, Aufbau, Konstruktion, Anlage, Bau, Gerüst, Gerippe; ↑Beschaffenheit, ↑Gebilde, ↑Gliederung; ↑gegliedert.
²Struktur: ohne S. ↑amorph.
strukturell: -e Grammatik ↑Grammatik.
strukturiert: ↑gegliedert; nicht s. ↑amorph.
strukturlos ↑amorph.
Strukturpsychologie ↑Psychologie.
Strukturwandel ↑Umschichtung.
Struma ↑Kropf.
¹Strumpf, Damenstrumpf, Herrenstrumpf, Kinderstrumpf, Seidenstrumpf, Perlonstrumpf, Nylonstrumpf, Wollstrumpf · *bis zum Knie reichender:* Kniestrumpf, Wadenstrumpf, Halbstrumpf, Wickelstrumpf, Überstrumpf · *über den Knöchel reichender:* Socke, Socken *(landsch.),* Söckchen, Herrensocke, Kindersocke, Kindersöckchen, Skisocke, Schisocke, Übersocke, Wollsocke, Stricksocke · *über die Hüfte reichender:* Strumpfhose · *fußloser:* Stutzen; ↑Kleidung.
²Strumpf: sich auf die Strümpfe machen ↑weggehen; ohne Schuhe und Strümpfe ↑barfüßig.
Strumpfband ↑Strumpfhalter.
Strumpfbändel ↑Strumpfhalter.
Strumpfbandgummi ↑Strumpfhalter.
Strumpfhalter, Strumpfband, Straps, Strumpfbandgummi, Strumpfbändel *(landsch.)* · für Männer: Sockenhalter; ↑Mieder.
Strumpfhose ↑Strumpf.
Strumpfmasche ↑Masche.
Strunk ↑Stamm.
Strupfe ↑Schnur.
struppig: ↑behaart, ↑strubbelig.
Strutzel ↑Gebäck.
Strychnin ↑Gift.
Stubben: ↑Greis, ↑Stamm.
Stube: [gute S.] ↑Raum; mit jmdm. auf die S. gehen ↑koitieren.
Stubenappell ↑Appell.
Stubenarrest ↑Freiheitsentzug.
Stubengelehrter ↑Gelehrter.
Stubenhocker, Ofenhocker, Nesthocker, Stubenstinker *(derb).*

Stubenluft ↑Luft.
¹stubenrein, sauber; ↑sauber; ↑Hund · Ggs. ↑schmutzig.
²stubenrein: nicht s. ↑anstößig.
Stubenstinker ↑Stubenhocker.
Stubenwagen ↑Bett.
Stuck ↑Hirsch.
¹Stück · zwei: Paar · zehn: Decher · zwölf: Dutzend · fünfzehn oder sechzehn: Mandel · zwanzig: Stiege · sechzig: Schock, Zimmer · einhundertvierundvierzig: Gros · tausend: Mille; ↑Anzahl, ↑Flächenmaß, ↑Gewichtseinheit, ↑Hohlmaß, ↑Längenmaß.
²Stück: ↑Abschnitt, ↑Acker, ↑Anteil, ↑Exemplar, ↑Flicken, ↑Klumpen, ↑Schauspiel, ↑Schnitte; altertümliches / altes / antikes / antiquarisches S. ↑Antiquität; das größte S. [vom Kuchen] ↑Anteil; S. Papier ↑Papierschnitzel; etwas ist ein starkes S. ↑unerhört [sein]; sich für jmdn. in -e reißen lassen ↑treu [sein].
Stückdecke ↑Zimmerdecke.
stucken ↑lernen.
stuckern ↑holpern.
Stückeschreiber ↑Schriftsteller.
Stückfass ↑Hohlmaß.
Stückgutschiff ↑Schiff.
Stücklohn ↑Lohn; im S. arbeiten ↑arbeiten.
stückweise ↑diskontinuierlich.
Stückwerk ↑Pfuscherei.
¹Student, Studierender, Hochschüler, Studiosus, Studio *(veraltet),* Studiker, Hörer · *angehender:* Mulus · *auf dem Wege des Austauschs im Ausland studierender:* Austauschstudent · *der seine Sprachstudien durch Auslandsaufenthalt vervollkommnet:* Payingguest, Aupair, Aupairmädchen · *sein Studium durch Arbeit verdienender:* Werkstudent · *nach längerer Studienzeit:* höheres / älteres Semester, altes Haus *(scherzh.),* bemoostes Haupt *(scherzh.)* · *als Mitglied einer studentischen Verbindung:* Korpsstudent, Korporierter, Farbentragender, Couleurstudent, Burschenschaftler · *der sein Studium abbricht:* Drop-out, Studienabbrecher; ↑Bundesbruder, ↑Hochschule, ↑Hochschullehrer, ↑Kommilitone, ↑Schüler, ↑Verbindung, ↑Zulassungsbeschränkung; ↑immatrikulieren (sich), ↑studieren.
²Student: S. sein ↑studieren.
Studentenausweis ↑Ausweis.
Studentenehe ↑Ehe.
Studentenheim ↑Heim.
Studentenkneipe ↑Gaststätte.
Studentensprache ↑Gruppensprache.
Studentenwohnheim ↑Heim.
studentisch: -e Verbindung ↑Verbindung, ↑Vereinigung.
Studie: ↑Aufsatz, ↑Bild.
Studienabbrecher ↑Student.
Studienanstalt ↑Institut.
Studienfreund ↑Freund.
Studienfreundin ↑Freundin.

Studiengenosse ↑Kommilitone.
Studienkollege ↑Kommilitone.
Studienprofessor ↑Lehrer.
Studienprogramm ↑Lehrplan.
Studienrat ↑Lehrer.
¹**studieren,** Student / Studierender sein, die Universität / Hochschule besuchen, auf der Universität / *(ugs.)* Uni sein; ↑immatrikulieren (sich); ↑Hochschule, ↑Schule, ↑Student.
²**studieren:** ↑ansehen, ↑einstudieren, ↑forschen, ↑lernen, ↑lesen.
Studierender: ↑Student; S. sein ↑studieren.
studiert ↑gebildet.
Studierter ↑Gelehrter.
Studiker ↑Student.
Studio: ↑Filmatelier, ↑Student, ↑Werkstatt.
Studiokamera ↑Fotoapparat.
Studiosus ↑Student.
¹**Stufe,** Treppenstufe, Tritt · *einer Leiter:* Sprosse, Sprießel *(österr.)* · *am Wagen zum Ein- und Aussteigen:* Trittbrett; ↑Treppe, ↑Treppenabsatz.
²**Stufe:** ↑Dienstgrad; in -n ↑stufenweise.
Stufenfolge ↑Rangordnung.
Stufenordnung ↑Rangordnung.
stufenweise, abgestuft, etappenweise; ↑allmählich; **s. vorgehen,** in Stufen / Etappen / Abschnitten handeln · *im politischen Bereich:* eine Politik der kleinen Schritte anwenden, nach der Salamitaktik vorgehen *(ugs.);* ↑agieren, ↑unternehmen.
Stuff ↑Rauschgift.
Stuffer ↑Prospekt.
Stufung ↑Gliederung.
¹**Stuhl,** Holzstuhl, Faltstuhl, Klappstuhl, Schaukelstuhl, Lehnstuhl, Sorgenstuhl, Polsterstuhl, Korbstuhl, Gartenstuhl, Liegestuhl, Sessel *(österr.)* · *drehbarer:* Drehstuhl · *mit Armlehnen:* Armstuhl, Stuhlsessel; ↑Liegestuhl, ↑Sessel, ↑Sitzgelegenheit.
²**Stuhl:** ↑Exkrement, ↑Liegestuhl; S. haben ↑defäkieren; keinen S. haben ↑Stuhlverstopfung [haben]; jmdn. haut es vom S. ↑überrascht [sein]; jmdm. den S. vor die Tür setzen ↑entlassen; zu -e kommen ↑fertig [werden], ↑setzen (sich); sich zwischen zwei Stühle setzen ↑entschließen (sich); zwischen zwei Stühlen sitzen ↑Lage; elektrischer S. ↑Hinrichtung.
Stuhlgang: ↑Exkrement; S. haben ↑defäkieren.
Stuhlsessel ↑Stuhl.
Stuhlverhaltung ↑Stuhlverstopfung.
Stuhlverstopfung, Verstopfung, Konstipation, Obstipation, Darmträgheit, Hartleibigkeit, Verdauungsstörung · *verstärkte:* Kotstauung, Stuhlverhaltung, Koprostase, Retentio alvi · *mit vollständiger Unmöglichkeit der Kotentleerung durch den After:* Darmverschluss, Ileus, Occlusio intestinorum; ↑Stoffwechsel, ↑Verdauung, ↑Verdauungsstörung · Ggs. ↑Durchfall; **S. haben,** keinen Stuhl haben; ↑defäkieren, ↑obstipieren.

Stuka ↑Flugzeug.
stuken ↑schelten.
Stulle ↑Schnitte.
Stulpe ↑Aufschlag.
stumm: ↑überrascht; -er Diener ↑Anrichtetisch, ↑Kleiderbügel, ↑Speiseplatte; -es h ↑Dehnungs-h; jmdn. s. machen ↑töten; [s. wie ein Fisch] ↑wortlos.
Stummel: ↑Stamm, ↑Zigarette; den S. quälen ↑rauchen.
Stummelaffe ↑Affe.
Stummellerche ↑Vogel.
Stummelpfeife ↑Tabakspfeife.
Stummelwort ↑Abkürzung.
Stummfilm ↑Kinofilm.
Stummheit ↑Wortkargheit.
stumpen ↑stoßen.
Stumpen: ↑Stamm, ↑Zigarre.
Stumpengeleise ↑Kopfgleis.
Stumpengleis ↑Kopfgleis.
Stumper ↑Stoß.
Stümper, Pfuscher, Nichtskönner, Nichtswisser · *in der Dichtung:* Schreiberling, Dichterling, Reimling, Federfuchser · *in der Malerei:* Kleckser · *in Bezug auf Ärzte:* Kurpfuscher, Quacksalber · *in Bezug auf Autofahrer:* Sonntagsfahrer; ↑Schauspieler · Ggs. ↑Fachmann (Könner).
Stümperei ↑Pfuscherei.
stümperhaft ↑dilettantisch.
¹**stumpf,** ungeschärft, unangespitzt, abgebrochen, nicht ↑spitz.
²**stumpf** ↑matt.
Stumpf: ↑Stamm; mit S. und Stiel ↑ganz; mit S. und Stiel ausrotten ↑zerstören.
Stumpfheit: ↑Abgestumpftheit, ↑Teilnahmslosigkeit.
¹**Stumpfsinn,** Stupidität, Langweiligkeit, Geistlosigkeit; ↑geisttötend.
²**Stumpfsinn** ↑Teilnahmslosigkeit.
¹**stumpfsinnig,** beschränkt, einfältig, borniert, engstirnig, vernagelt *(ugs.),* stupid [geistig] zurückgeblieben / *(iron.)* minderbemittelt; ↑dumm; **s. sein,** einen engen Horizont haben; **s. werden,** verbauern, [geistig] verkommen, verkümmern; ↑Beschränktheit, ↑Rückständigkeit.
²**stumpfsinnig:** ↑geisttötend, ↑langweilig, ↑träge.
Stumpfsinnigkeit ↑Teilnahmslosigkeit.
Stunde: ↑Unterricht, ↑Zeitraum; die blaue S. ↑Dämmerstunde; unterrichtsfreie S. ↑Freistunde; vierundzwanzig -n ↑Tag; die S. des Pan ↑Mittag; jmds. S. hat geschlagen ↑bestrafen; jmds. -n irgendwo sind gezählt ↑abreisen; -n nehmen ↑Unterricht [erhalten]; bei / zu nachtschlafender S., zu nächtlicher S. ↑nachts; bis zur S. ↑bisher; in der S. des Pan ↑mittags; zur S. ↑jetzt.
stunden, verlängern, Aufschub gewähren, [eine Frist] erstrecken *(österr.);* hinauszögern; ↑verschieben; ↑Stundung.

Stundenfrau ↑Putzfrau.
Stundenglas ↑Uhr.
Stundenhotel ↑Hotel.
Stundenkilometer ↑Maßeinheit.
Stundenlohn ↑Lohn.
Stundenplan, Stundentafel *(landsch.);* ↑Lehrplan, ↑Schule.
Stundentafel ↑Stundenplan.
Stundenzeiger ↑Uhrzeiger.
Stündlein: das letzte S. ist gekommen / hat geschlagen ↑sterben.
Stundung, Aufschub, Verlängerung, Prolongation, Zahlungsaufschub, Moratorium; ↑Verlängerung; ↑stunden, ↑verschieben.
Stunk ↑Streit.
Stuntman ↑Double.
Stuntwoman ↑Double.
stupend ↑außergewöhnlich.
Stupf ↑Stoß.
Stupfer ↑Stoß.
stupid: ↑geisttötend, ↑stumpfsinnig.
Stupidität: ↑Beschränktheit, ↑Stumpfsinn.
Stupp ↑Pulver.
stuppen ↑pudern.
stuprieren ↑vergewaltigen.
Stuprum ↑Vergewaltigung.
Stups ↑Stoß.
stur: ↑planmäßig, ↑unzugänglich; s. wie ein Bock / Panzer sein ↑unzugänglich [sein].
sturheil ↑unzugänglich.
Sturheit ↑Eigensinn.
sturm ↑benommen.
Sturm: ↑Wein, ↑Wind, ↑Zustrom; [orkanartiger / schwerer S.] ↑Windstärke; S. im Wasserglas ↑Erregung, ↑Getue; S. und Drang ↑Literaturepochen; S. laufen gegen ↑aufbegehren; das Barometer steht auf S. ↑ärgerlich [sein]; alle Herzen im S. erobern ↑sympathisch [sein].
Sturmangriff ↑Angriff.
¹stürmen, brausen, blasen; ↑wehen; ↑luftig.
²stürmen: ↑erobern, ↑fortbewegen (sich).
Stürmer ↑Fußballspieler.
Sturmflut ↑Flut.
sturmfrei: eine -e Bude haben ↑wohnen.
Stürmi ↑Choleriker.
stürmisch: ↑luftig, ↑übermütig; -er Wind ↑Windstärke.
Sturmleiter ↑Leiter (die).
Sturmmöwe ↑Vogel.
Sturmschritt: im S. ↑schnell.
Sturmschwalbe ↑Vogel.
Sturmsee: heftige S. ↑Seegang.
Sturmspitze ↑Fußballspieler.
Sturmvogel ↑Vogel.
Sturmwind ↑Wind.
Sturz: ↑Entlassung, ↑Glasglocke, ↑Preissturz.
Sturzbach ↑Bach.
stürzen: ↑entlassen, ↑fallen, ↑fortbewegen (sich), ↑scheitern; sich in Schulden s. ↑leihen; in die Tiefe s. ↑hinunterfallen; etwas stürzt jmdn. ins Unglück ↑Unglück; sich in Unkosten s.

↑schenken; sich in geistige Unkosten s. ↑anstrengen (sich); sich zu Tode s. ↑sterben.
Sturzflug ↑Flug.
Sturzgeburt ↑Geburt.
Sturzglas ↑Glasglocke.
Sturzhelm ↑Kopfbedeckung.
Sturzkampfflugzeug ↑Flugzeug.
Sturzwelle ↑Welle.
Stuss ↑Unsinn.
stussig ↑unsinnig.
Stute ↑Pferd.
Stuten ↑Brot.
Stutenweck ↑Brötchen.
Stuttgart, die Stadt zwischen Wald und Reben, Landeshauptstadt [von Baden-Württemberg].
Stutz ↑Franken.
¹Stütze, Halt, Korsettstange *(scherzh.),* Säule *(scherzh.),* Beistand, Hilfe, Rückhalt, Hilfestellung; ↑helfen.
²Stütze: ↑Hausangestellte, ↑Säule; die -n der Gesellschaft ↑Oberschicht.
stutzen: ↑argwöhnisch [werden], ↑beschneiden; jmdm. die Flügel s. ↑einschränken.
¹stützen, abstützen, unterstellen, unterbauen, pfählen, spreizen *(bayr., österr.).*
²stützen: ↑abstützen, ↑anlehnen, ↑festigen; sich s. auf ↑berufen (sich auf); gestützt werden von ↑aufruhen.
Stutzen: ↑Rohr, ↑Schusswaffe, ↑Strumpf.
Stutzer: ↑Geck, ↑Mantel.
stutzerhaft ↑eitel.
Stützerl ↑Pulswärmer.
Stutzflügel ↑Tasteninstrument.
stutzig: s. machen ↑befremden; s. werden ↑argwöhnisch [werden].
stützig ↑unzugänglich.
Stützkorsett ↑Mieder.
Stützkuppel ↑Kuppel.
Stützmauer ↑Mauer.
Stutzperücke ↑Perücke.
Stützpfeiler ↑Säule.
Stützpfosten ↑Säule.
Stützpunkt, Basis, Ausgangspunkt; ↑Befestigungsanlage, ↑Festung.
Stutzuhr ↑Uhr.
Stützwaage ↑Turnübung.
Stützwurzel ↑Wurzel.
Styling ↑Form.
Stylist ↑Zeichner.
Stylit ↑Asket.
Styx ↑Lethe.
Suada ↑Tirade.
Suaheli ↑Schwarzer.
subaltern ↑unselbstständig.
Subbotnik ↑Arbeit.
Subdepression ↑Melancholie.
subfebril: ↑fieberhaft; -e Temperatur ↑Fieber.
Subjekt ↑Mensch.
subjektiv: ↑individuell, ↑parteiisch; -es Verb ↑Verb.

Subjektivismus ↑Subjektivität.

Subjektivist ↑Außenseiter.

Subjektivität, Subjektivismus, Unsachlichkeit, Willkür; ↑willkürlich · Ggs. ↑Objektivität.

Subjektsatz ↑Satz.

Subkontinent: ↑Indien, ↑Kontinent.

Subkultur, Underground; ↑Minderheit, ↑Partei · Ggs. ↑etabliert.

subkutan: s. spritzen ↑spritzen.

sublim ↑erhaben.

Sublimation ↑Verfeinerung.

sublimieren ↑verfeinern.

Sublimierung ↑Verfeinerung.

sublingual ↑bukkal.

Subluxation ↑Verrenkung.

submiss ↑unterwürfig.

Subordination ↑Gehorsam.

sub rosa ↑Verschwiegenheit.

Subsidien ↑Ressourcen.

sub sigillo ↑Verschwiegenheit.

sub sigillo confessionis ↑Verschwiegenheit.

subskribieren ↑bestellen.

Subskription ↑Bestellung.

Subskriptionspreis ↑Preis.

Subsprache ↑Gruppensprache.

Substantiv ↑Wortart.

Substanz: ↑Bedeutung, ↑Material; es geht an die S. / greift die Substanz an ↑ernst [werden].

substanzhaltig ↑inhaltsreich.

substanziell: ↑inhaltsreich, ↑nahrhaft, ↑wichtig.

substanzlos ↑immateriell.

substanzreich ↑inhaltsreich.

substituierbar ↑austauschbar.

Substitut ↑Stellvertreter.

Substitution, Ersetzung, Ersatz, Kommutation; ↑Permutation, ↑Umwandlung; ↑austauschbar.

Substitutionstransfusion ↑Blutübertragung.

Substrat ↑Grundlage.

subsumieren, unterordnen, einordnen, zusammenfassen.

Subsumtion ↑Einordnung.

Subteens ↑Kinder.

subtil ↑schwierig.

subtrahieren, abziehen, wegzählen *(österr.).*

Subtraktion ↑Rechenverfahren.

Suburb ↑Vorort.

Subvention ↑Zuschuss.

subventionieren ↑zahlen.

Subversion ↑Verschwörung.

subversiv ↑umstürzlerisch.

Subway: ↑Unterführung, ↑Verkehrsmittel.

Suchbildrätsel ↑Rätsel.

Suche: auf der S. sein ↑suchen.

¹suchen, fahnden, auf der Suche sein, auf die Suche gehen, ausschauen / ausblicken / ausspähen / auslugen nach, sich umschauen / umsehen / umgucken / *(landsch.)* umkucken / umtun nach, Ausschau halten, sich nach jmdm. / nach etwas den Hals verrenken *(ugs.),* sich die

Hacken ablaufen nach, stöbern, stieren *(südd., österr.),* kramen, wühlen, etwas nach etwas durchsuchen, das Haus auf den Kopf stellen, etwas wie eine Stecknadel suchen; ↑durchsuchen · Ggs. ↑finden.

²suchen: ↑anstrengen, ↑auswählen; Anschluss s. ↑Kontakt [aufnehmen]; sich eine Frau s. ↑werben; Pilze s. ↑Pilz; sein Recht bei Gericht / vor Gericht s. ↑prozessieren; Schutz / Zuflucht s. unter ↑unterstellen (sich); etwas sucht seinesgleichen ↑übertreffen; in etwas s. ↑nachschlagen (in); jmdn. / etwas mit der Laterne (oder:) mit der Lupe s. können ↑selten [sein].

Sucherkamera ↑Fotoapparat.

Suchjagd ↑Jagd.

Suchmeldung ↑Vermisstenanzeige.

¹Sucht, Abhängigkeit, Gewöhnung · *in Bezug auf Opium:* Opiumismus, Opiumsucht · *in Bezug auf Morphium:* Morphinismus, Morphiumsucht · *in Bezug auf Heroin:* Heroinismus, Heroinsucht · *in Bezug auf Kodein:* Kodeinismus, Kodeinsucht · *in Bezug auf Kokain:* Kokainismus, Kokainsucht · *in Bezug auf Alkohol:* Alkoholismus, Trunksucht · *in Bezug auf Schlafmittel:* Barbiturismus, Schlafmittelsucht; ↑Kokainvergiftung, ↑Opiumvergiftung, ↑Schlafmittelvergiftung, ↑Trunksucht; ↑süchtig.

²Sucht ↑Neigung.

süchtig, rauschgiftsüchtig, drogenabhängig; ↑begierig; **s. sein,** an der Nadel hängen; **nicht mehr s.,** clean *(Jargon),* trocken *(Jargon);* ↑Rauschgiftsüchtiger, ↑Sucht.

Suchtmittel ↑Rauschgift.

suckeln ↑saugen.

Sud ↑Flüssigkeit.

Süd: ↑Himmelsrichtung, ↑Wind.

Südamerika, Lateinamerika, Iberoamerika; ↑Amerika, ↑Kontinent.

Südamerikaner · *nichtromanischer:* Gringo *(abwertend);* ↑Amerikaner.

Sudamina ↑Frieseln.

Sudarium ↑Sudatorium.

Sudation ↑Transpiration.

Südatlantik ↑Weltmeer.

südatlantisch: Südatlantischer Ozean ↑Atlantik, ↑Weltmeer.

Sudatorium, Sudarium, Schwitzbad, Schwitzkasten; ↑Sauna.

Südbayerisch ↑Mundart.

Südbayrisch ↑Mundart.

Sudel ↑Entwurf.

Sudelbuch ↑Entwurf.

Sudelei: ↑Kritzelei, ↑Unflat.

Sudelheft ↑Entwurf.

sudeln: ↑pfuschen, ↑schreiben.

Süden ↑Himmelsrichtung.

Südfränkisch ↑Mundart.

Südfrucht · Apfelsine, Orange, Pomeranze · Mandarine, Klementine, Satsuma · Pampelmuse, Grapefruit · Zitrone, Zitrusfrucht, Limone, Lumie · Banane, Paradiesfeige *(veral-*

tet), Adamsfeige *(veraltet),* Bananasfeige *(veraltet)* · Ananas · Feige · Dattel; ↑Fruchtsaft, ↑Obst.
Südfruchthändler ↑Obsthändler.
südlich: Südliches Dreieck, Südlicher Fisch, Südliche Krone / Wasserschlange ↑Sternbild; Südliches Eismeer ↑Weltmeer.
Südlicht ↑Polarlicht.
Sudor ↑Schweiß.
Sudoration ↑Transpiration.
Südost ↑Himmelsrichtung.
Südosten ↑Himmelsrichtung.
Südpazifik: ↑Pazifik, ↑Weltmeer.
südpazifisch: Südpazifischer Ozean ↑Pazifik, ↑Weltmeer.
Südpol ↑Pol.
Südpolarmeer ↑Weltmeer.
Südsüdost ↑Himmelsrichtung.
Südsüdosten ↑Himmelsrichtung.
Südsüdwest ↑Himmelsrichtung.
Südsüdwesten ↑Himmelsrichtung.
Südweinglas ↑Trinkgefäß.
Südwest ↑Himmelsrichtung.
Südwesten ↑Himmelsrichtung.
Südwester ↑Kopfbedeckung.
Südwind: ↑Fallwind, ↑Wind.
Suff: ↑Betrunkenheit; dem S. ergeben / verfallen sein ↑trunksüchtig [sein].
süffeln ↑trinken.
süffig ↑schmackhaft.
Süffisance ↑Überheblichkeit.
süffisant ↑dünkelhaft.
Suffix: ↑Affix, ↑Silbe.
Suffixoid: ↑Affixoid, ↑Silbe.
Suffragette ↑Frauenrechtlerin.
suggerieren: ↑beeinflussen, ↑zuraten.
Suggestion ↑Beeinflussung.
Suggestivfrage ↑Frage.
Sühne, Strafe, Buße, Genugtuung, Wiedergutmachung; ↑Ersatz, ↑Strafe.
sühnen ↑einstehen.
Suite ↑Wohnung.
Suitier ↑Frauenheld.
Suizid: ↑Selbsttötung; S. begehen ↑entleiben (sich).
suizidieren ↑entleiben (sich).
Sujet ↑Gegenstand.
Sukkade: ↑Orangeat, ↑Zitronat.
Sukkoth ↑Erntedankfest.
Sukkubus ↑Traum.
Sukzession ↑Nachfolge.
sukzessive ↑allmählich.
Sukzessor ↑Nachfolger.
Sultanabad ↑Orientteppich.
Sultanine ↑Weinbeere.
Sulz ↑Sülze.
Sülze, Sulz *(oberd.),* Gesülztes *(schweiz.).*
sülzen ↑sprechen.
Sumak ↑Orientteppich.
Sumatra ↑Zigarre.
Sumatratabak ↑Tabak.

Sumatrazigarre ↑Zigarre.
summarisch ↑kurz.
summa summarum ↑insgesamt.
¹Summe, Gesamtbetrag, Gesamtsumme, Endbetrag · *beträchtliche:* Batzen *(emotional)* · *sehr hohe:* Unsumme, astronomische / horrende Summe; ↑Anzahl.
²Summe: ↑Beitrag.
summen: ↑singen; das Summen ↑Geräusch.
Sumo ↑Schwerathletik.
Sumpf, Sumpfland, Moor, Moos *(oberd.),* Ried, Bruch, Fenn *(niederd.),* Brühl *(veraltet),* Auwald, Au *(landsch.),* Aue *(dichter.),* Torfmoor, Hochmoor, Tiefmoor, Flachmoor, Niedermoor, Wiesenmoor; ↑Schlamm; ↑versumpfen.
Sumpfbiber ↑Biber.
sumpfen ↑feiern.
Sumpfhuhn ↑Trinker.
Sumpfland ↑Sumpf.
Sumpfläufer ↑Vogel.
Sumpfmeise ↑Vogel.
Sumpfohreule ↑Vogel.
Sumpfotter ↑Raubtier.
Sumpfschachtelhalm ↑Schachtelhalm.
Sumpfschildkröte ↑Schildkröte.
Sumpfwurz ↑Orchidee.
Sums: viel S. machen ↑übertreiben.
Sünde: ↑Verstoß; eine S. begehen / tun ↑sündigen.
Sündenbabel ↑Stadt.
Sündenbock ↑Prügelknabe.
Sündenpfuhl ↑Stadt.
Sündenvergebung ↑Läuterung.
sündig: die -ste Meile der Welt ↑Reeperbahn.
¹sündigen, sich versündigen / vergehen, freveln, fehlen, einen Fehltritt / eine Sünde begehen (oder:) tun, delinquieren *(schweiz.);* ↑Verstoß.
²sündigen ↑koitieren.
Sunnismus ↑Weltreligion.
Suomen Tasaralta ↑Finnland.
Suomi ↑Finnland.
super: ↑trefflich; das ist s. ↑außergewöhnlich [sein].
Super ↑Treibstoff.
Super- ↑beste.
Super-8-Film ↑Film.
Superfekundation ↑Befruchtung.
Superfetation ↑Befruchtung.
Super-GAU ↑Unglück.
Superimprägnation ↑Befruchtung.
Superintendent ↑Geistlicher.
superklug ↑oberschlau.
Superkraftstoff ↑Treibstoff.
Superlativ, Höchststufe, Elativ; ↑Vergleichsstufe.
Supermacht ↑Weltmacht.
Supermann ↑Kraftmensch.
Supermarkt ↑Laden.
supermodern ↑modern.

Superpreis ↑Preis.

Supersuszeptibilität ↑Überempfindlichkeit.

Supervision ↑Überwachung.

Superweitwinkelkamera ↑Fotoapparat.

Supinator ↑Muskel.

Süppchen: sein S. am Feuer anderer kochen ↑bereichern (sich).

¹Suppe, Tagessuppe ·· klare Suppe, Kraftbrühe, Brühe, Fleischbrühe, Bouillon, Consommé, Hühnerbrühe, Wildbrühe, Fischbrühe, Geflügelkraftbrühe, Wildkraftbrühe, Fischkraftbrühe, Rinderkraftbrühe, Rindfleischsuppe, Rindsuppe *(österr.),* Fleischsuppe, Einmachsuppe *(österr.),* Frittatensuppe *(österr.),* Panadelsuppe *(österr.)* ·· gebundene Suppe, Püreesuppe, Rahmsuppe, Mehlsuppe, Backerbsensuppe *(österr.),* Brennsuppe *(österr.),* Einbrennsuppe *(österr.),* Graupensuppe, Gerstelsuppe *(österr.),* Samtsuppe, Schleimsuppe, Geflügelsuppe, Wildsuppe · Gemüsesuppe, Minestra, Minestrone, Borschtsch, Kohlsuppe, Minestrasuppe *(österr.),* französische Suppe *(ugs.),* Franzosensuppe *(ugs.)* · Zwiebelsuppe · Fischsuppe, Bouillabaisse · Soljanka · Ochsenschwanzsuppe, Ochsenschleppsuppe *(österr.),* Gulaschsuppe · Wurstsuppe, Metzelsuppe *(ugs.)* · Schildkrötensuppe, Mockturtlesuppe · Erbsensuppe, Bohnensuppe, Linsensuppe, Kartoffelsuppe, dicke Suppe *(ugs.);* ↑Brei, ↑Eintopf, ↑Soße, ↑Suppengemüse.

²Suppe: ↑Nebel; die S. auslöffeln [müssen] [die man sich eingebrockt hat] ↑einstehen (für); jmdm. / sich eine schöne S. einbrocken ↑hineinmanövrieren (jmdn. / sich in etwas); jmdm. die S. versalzen ↑verleiden; es fehlt das Salz an der S. ↑geistreich; ein Haar in der S. finden ↑beanstanden; jmdm. nicht das Salz in der S. gönnen ↑neiden.

Suppenfleisch ↑Fleisch.

Suppengemüse, Suppengrün, Grünzeug *(südd., österr.),* Grünes *(landsch.),* Suppenkraut, Wurzelwerk; ↑Gemüse, ↑Suppe.

Suppenhuhn ↑Huhn.

Suppenlöffel ↑Löffel.

Suppenreis ↑Getreide.

Suppenschildkröte ↑Schildkröte.

Suppenschwabe ↑Schwabe.

Suppentasse ↑Tasse.

Suppenteller ↑Teller.

Suppentopf ↑Kochtopf.

Supper ↑Essen.

supplementär ↑ergänzend.

Supplik ↑Gesuch.

Supplikant ↑Antragsteller.

Supply ↑Vorrat.

Supposition ↑Ansicht.

Suppositorium ↑Medikament.

supranational ↑allgemein.

supranatural ↑übernatürlich.

supranaturalistisch ↑übernatürlich.

Surdomutitas ↑Gehörstörung.

surfen ↑Boot[fahren].

Surfing ↑Wassersport.

Surrealismus ↑Malerei.

surrealistisch ↑übernatürlich.

surren, sausen, summen, brummen, burren *(österr.);* ↑schallen; ↑Laut.

Surrogat, Ersatzstoff, Ersatzmittel; ↑Ersatz, ↑Kunststoff.

suspekt ↑anrüchig.

suspendieren ↑entlassen.

¹süß, süßlich, gesüßt, honigsüß, zuckersüß, übersüß, süßsauer, sauersüß, bittersüß, nicht ↑sauer; ↑Süßigkeit.

²süß: ↑hübsch; ein -es Geheimnis haben ↑schwanger [sein]; -es Nichtstun ↑Muße.

Süße ↑Süßigkeit.

süßen ↑zuckern.

Süßholz: S. raspeln ↑schmeicheln.

Süßigkeit, Süße; ↑süß.

Süßigkeiten, Süßwaren, Leckereien, Schleckereien, Kanditen *(österr.),* Näschereien, Naschwerk, Betthupferl, Konfitüren; ↑Bonbon, ↑Kakao, ↑Marzipan, ↑Praline, ↑Schokoladenüberzug, ↑Zucker.

Süßkirsche ↑Obst.

süßlich ↑süß.

Süßmost ↑Obstwein.

süßsauer ↑süß.

Süßschnabel: ein S. sein ↑naschhaft [sein].

Süßspeise ↑Dessert.

Süßwaren ↑Süßigkeiten.

Süßwasser ↑Wasser.

Süßwasserpolyp ↑Hohltier.

Süßwasserschwamm ↑Schwamm.

Süßwein ↑Wein.

suszeptibel ↑empfindlich.

Suter ↑Dünger.

Sutter ↑Dünger.

Sv ↑Maßeinheit.

SW ↑Himmelsrichtung.

Sweater ↑Pullover.

Sweatshirt ↑Oberhemd.

Swimmingpool ↑Bassin.

Swing ↑Jazz.

swinging ↑bezaubernd.

Swinging ↑Koitus.

Sybarit ↑Genussmensch.

Sykose: ↑Bartflechte, ↑Haarbalgentzündung.

Syllabus ↑Verzeichnis.

Sylphe ↑Elfe.

Sylphide ↑Elfe.

Sylvester ↑Silvester.

Symbiose ↑Leben.

Symbol: ↑Hochzeitstag, ↑Sinnbild, ↑Zeichen.

Symbolfigur ↑Identifikationsfigur.

symbolisch ↑sinnbildlich.

Symbolismus ↑Malerei.

Symbolschrift ↑Schrift.

Symmetrie, Spiegelgleichheit, Spiegelungsgleichheit, Spiegelbildlichkeit, Spiegeligkeit *(selten);* ↑symmetrisch.

symmetrisch, spiegelgleich, spiegelungsgleich, spiegelbildlich, spiegelig *(selten);* ↑ebenmäßig, ↑kongruent, ↑übereinstimmend; ↑Symmetrie.
Sympathie ↑Zuneigung.
Sympathiestreik ↑Streik.
Sympathieträger: S. sein ↑sympathisch [sein].
Sympathikus ↑Nervensystem.
Sympathisant ↑Anhänger.
¹sympathisch, gewinnend, liebenswert, liebenswürdig, nett, einnehmend, anziehend, angenehm; ↑beliebt, ↑entgegenkommend, ↑hübsch, ↑wohlgelitten · Ggs. ↑unbeliebt; **s. sein,** jmdm. fliegen alle Herzen zu / schlagen alle Herzen entgegen, alle Herzen im Sturm erobern, sich in die Herzen [der Menschen] stehlen, Sympathieträger sein.
²sympathisch: ↑lieb; -es Nervensystem / System ↑Nervensystem; jmdm. s. sein ↑gefallen; nicht s. finden ↑hassen.
sympathisieren: s. mit ↑billigen, ↑übereinstimmen (mit jmdm.), ↑verbrüdern (sich).
Symphoniekonzert ↑Musikveranstaltung.
Symphoniker ↑Musizierender.
Symposion ↑Tagung.
¹Symptom, Krankheitszeichen, Signum · *frühes:* Prodrom, Prodromalsymptom, Prodromalerscheinung, Frühsymptom · *mehrere zusammen:* Syndrom, Symptomenkomplex; ↑Krankheit, ↑Merkmal.
²Symptom ↑Anzeichen.
Symptomenkomplex ↑Symptom.
syn-: ↑homo-.
Synagoge ↑Gotteshaus.
synchron ↑gleichzeitig.
Synchronisation ↑Übersetzung.
synchronisch ↑gleichzeitig.
Synchronisierung ↑Übersetzung.
Syndikus ↑Jurist.
Syndrom: ↑Merkmal, ↑Symptom.
Synektik ↑Verfahren.
Synocha ↑Eintagsfieber.
Synode ↑Tagung.
synonym, gleichbedeutend, sinngleich, sinnverwandt, bedeutungsähnlich, sinnähnlich, bedeutungsverwandt, sinnlichbedeutend, hyperonym, hyponym · *in Bezug auf Wörter aus verschiedenen Sprachsystemen:* heteronym; ↑übereinstimmend; ↑Wortgleichheit · Ggs. ↑Gegensatz.
Synonymwörterbuch ↑Nachschlagewerk.
Syntax ↑Sprachwissenschaft.
Synthese, Kombination, Zusammenfügung, Verbindung, Verschmelzung; ↑Bund · Ggs. ↑Analyse.
Synthesizer ↑Elektroorgel.
synthetisch: -e Geometrie ↑Mathematik.
Syphilidophobie ↑Hypochondrie.
Syphilis: ↑Geschlechtskrankheit, ↑Seuche.
Syphilomanie ↑Hypochondrie.
Syphilophobie ↑Hypochondrie.

Syrinx ↑Blasinstrument.
syrisch: -e Zwiebel ↑Gemüse.
Syro-Hexaplaris ↑Bibelübersetzung.
System: ↑Verfahren, ↑Weltanschauung; audiovisuelle -e ↑Kassettenfernsehen; orthosympathisches / parasympathisches / sympathisches S. ↑Nervensystem.
Systematik ↑Theologie.
¹systematisch, taxonomisch, klassifikatorisch.
²systematisch: ↑planmäßig; -e Theologie ↑Theologie.
systematisieren ↑gliedern.
systematisiert ↑gegliedert.
Systematisierung ↑Gliederung.
Szenario ↑Reihenfolge.
Szene: ↑Auftritt, ↑Schauplatz; die S. beherrschen ↑Mittelpunkt [sein]; jmdm. eine S. machen ↑schelten; in S. setzen ↑verwirklichen; sich in S. setzen ↑prahlen.
szintillieren ↑leuchten.
Szylla: zwischen S. und Charybdis sein ↑[in auswegloser] Lage [sein].

Tabak, Rauchtabak, Pfeifentabak, Zigarettentabak, Tobak *(veraltet),* Kraut *(ugs., abwertend),* Knaster *(ugs., abwertend),* Eigenbau *(ugs., scherzh.),* Grobschnitt, Krüllschnitt, Feinschnitt, Shagtabak, Shag, Virginiatabak, Brasiltabak, Havannatabak, Sumatratabak, Kubatabak, Orienttabak, mazedonischer / türkischer Tabak · *russischer:* Machorka; ↑Raucher, ↑Schnupftabak, ↑Tabakspfeife, ↑Tabakwaren, ↑Zigarette, ↑Zigarre; ↑rauchen.
Tabakismus ↑Nikotinvergiftung.
Tabakknösel ↑Tabakspfeife.
Tabaklunge ↑Staublungenerkrankung.
Tabakose: ↑Nikotinvergiftung, ↑Staublungenerkrankung.
Tabakraucher ↑Raucher.
Tabakspfeife, Pfeife, Shagpfeife, Holzpfeife, Bruyèrepfeife, Meerschaumpfeife, Porzellanpfeife, Tonpfeife, Stummelpfeife, Nasenwärmer *(scherzh.),* Tabakknösel *(ugs.),* Knösel *(ugs.),* Kolben *(ugs.),* Stinktiegel *(salopp),* Rotzkocher *(derb)* · *lange, türkische:* Tschibuk · *orientalische, bei der der Rauch durch Wasser geleitet wird:* Wasserpfeife, Nargileh; ↑Raucher,

↑Tabak, ↑Tabakwaren, ↑Zigarette, ↑Zigarre; ↑rauchen.

Tabakstaublunge ↑Staublungenerkrankung.

Tabaksteuer ↑Abgabe.

Tabakvergiftung ↑Nikotinvergiftung.

Tabakwaren, Rauchwaren, Raucherwaren, Rauchzeug *(schweiz.);* ↑Raucher, ↑Tabak, ↑Tabakspfeife, ↑Zigarette, ↑Zigarre; ↑rauchen.

Tabelle: ↑Verzeichnis; die T. anführen ↑Höchstleistung [erzielen].

Tabellenführer ↑Spitzenreiter.

Tabellensatz ↑Schriftsatz.

Tabernakel, Hostienschrein, Sakramentshäuschen; ↑Altargerät, ↑Behälter.

Tableau ↑Schautafel.

Tablett, Servierbrett, Speisenbrett, Auftragebrett, Serviertasse *(österr.),* Tasse *(österr.);* ↑servieren.

Tablette: ↑Medikament; -n nehmen ↑entleiben (sich).

Täbris ↑Orientteppich.

tabu, unverletzlich, unberührbar, unantastbar, unaussprechlich, verboten; **für t.** erklären, tabuieren, tabuisieren; ↑verbieten; **etwas ist t.,** von etwas darf nicht gesprochen werden, an etwas darf man nicht rühren; ↑Tabu, ↑Verbot.

¹Tabu, das Unverletzliche / Unberührbare / Unantastbare / Unaussprechliche / Verbotene, heilige Kuh; ↑Verbot; ↑verbieten; ↑tabu.

²Tabu ↑Verbot.

Tabubezirk ↑Privatleben.

tabuieren ↑tabu.

tabuisieren ↑tabu.

Tabula rasa: T. machen ↑eingreifen.

Taburett ↑Hocker.

Tacheles: T. reden ↑schelten, ↑sprechen.

tachinieren ↑langsam.

Tachinierer ↑Faulenzer.

Tachismus ↑Malerei.

Tacho ↑Tachometer.

Tachograph, Fahrtschreiber, Fahrtenschreiber · *bei Flugzeugen:* Flugschreiber, Flugdatenschreiber; ↑Tachometer, ↑Tagebuch.

Tachometer, Tacho, Geschwindigkeitsmesser; ↑Auto, ↑Geschwindigkeit, ↑Kilometerzähler, ↑Tachograph.

Tachtel ↑Ohrfeige.

Ta Chung-hua Min-kuo ↑China.

Tachykardie ↑Pulsschlag.

Täcks ↑Nagel.

Tactus ↑Tastsinn.

Tadel: ↑Maßregelung, ↑Vorwurf; ohne Furcht und T. sein ↑mutig [sein].

tadelfrei ↑vollkommen.

tadellos ↑vollkommen.

tadeln: ↑schelten; sich t. ↑Schuldgefühl.

Tafel: ↑Festmahl; T. halten ↑essen.

Tafelberg ↑Sternbild.

Tafelbesteck ↑Essbesteck.

Tafelente ↑Vogel.

Tafelglas ↑Glas.

Tafelklavier ↑Tasteninstrument.

Tafelleim ↑Bindemittel.

Tafelmalerei ↑Maltechnik.

Tafelmesser ↑Messer.

tafeln ↑essen.

täfeln, vertäfeln, mit Holz verkleiden, täfern *(schweiz.),* vertäfern *(schweiz.);* ↑Täfelung.

Tafelobst ↑Obst.

Tafelöl ↑Speiseöl.

Tafelparkett ↑Fußboden.

Tafelreis ↑Getreide.

Tafelsalz ↑Salz.

Tafeltuch ↑Tischtuch.

Täfelung, Holzverkleidung, Vertäfelung, Getäfel, Täfer *(schweiz.),* Getäfer *(schweiz.),* Täferung *(schweiz.);* ↑täfeln.

Tafelwein ↑Wein.

Täfer ↑Täfelung.

Taferlklasse ↑Schulklasse.

Taferlklassler ↑Schulanfänger.

Täferung ↑Täfelung.

taff ↑stark.

Taft ↑Seide.

¹Tag · Kalendertag, Siebenschläfer (27. Juni) · vierundzwanzig Stunden ·· Frühlingstag, Vorfrühlingstag · Sommertag, Frühsommertag, Hochsommertag, Spätsommertag · Herbsttag · Wintertag · Sonnentag, Regentag, Nebeltag ·· *für ein regelmäßig stattfindendes Treffen o.Ä. vereinbarter:* Jour fixe; ↑Fasttag, ↑Mitternacht, ↑Ruhetag, ↑Werktag; **den ganzen Tag,** Tag und Nacht, rund um die Uhr, von morgens bis abends, von früh bis spät; ↑mittags, ↑unaufhörlich.

²Tag: [acht / sieben -e] ↑Zeitraum; alle -e, jeden T., während des -es, immer am T., T. für Tag ↑täglich; arbeitsfreier T. ↑Ruhetag; bewegliche und unbewegliche -e ↑Kirchenjahr; der frühe / junge T. ↑Tagesanbruch; frühere / gewesene / verflossene / vergangene -e ↑Vergangenheit; [der helllichte T.], das Licht des -es ↑Tageslicht; schwarzer T. ↑Unglückstag; die drei tollen -e ↑Fastnacht; Passahfest erster T. / achter Tag, T. der deutschen Einheit, T. der Republik ↑Feiertag; die vierzig -e vor Ostern ↑Passionszeit; T. und Nacht ↑unaufhörlich; die -e werden kürzer ↑herbsten; jmds. -e sind gezählt ↑krank; guten T.! ↑Gruß; sie hat ihre -e ↑menstruieren; seinen sozialen T. haben ↑spendieren; ein Gesicht wie drei / sieben -e Regenwetter machen ↑aussehen; Guten T. sagen ↑begrüßen; bessere -e gesehen haben ↑abgewirtschaftet [haben]; dem lieben Gott den T. stehlen ↑faulenzen; es ist noch nicht aller -e Abend ↑ungewiss [sein]; dieser -e ↑kürzlich; Held des -es sein ↑Mittelpunkt [sein]; während des -es, am [helllichten] T., [mitten] am -e ↑tagsüber; früh am T., vor -e ↑morgens; an den T. legen ↑bekunden; in den T. hinein leben ↑leben; in jenen -en ↑damals; Sonntag vom Jüngsten T. ↑Kirchenjahr; vor Tau und T. ↑morgens; die Nacht zum -e machen

↑arbeiten; bis zum heutigen -e ↑bisher; jmd., der die Nacht zum -e macht ↑Nachtschwärmer.
tagaus: t., tagein ↑unaufhörlich.
Tagblindheit ↑Sehstörung.
Tageblatt ↑Zeitung.
Tagebuch, Diarium · *in der Buchhaltung:* Journal · *für nautische Beobachtungen:* Logbuch; ↑Tachograph.
Tagebuchroman ↑Roman.
Tagedieb ↑Faulenzer.
Tagegeld ↑Spesen.
tagein: tagaus, t. ↑unaufhörlich.
Tagelied ↑Lied.
Tagelohn ↑Lohn.
Tagelöhner ↑Hilfskraft.
tagen, konferieren, zusammentreten, sich zusammensetzen; ↑erörtern; ↑Geheimkonferenz, ↑Tagung, ↑Verabredung.
¹Tagesanbruch, Morgenfrühe, Frühe, der frühe Morgen / *(dichter.)* Tag, der junge Tag *(dichter.),* Tagesbeginn, Morgengrauen, Tagesgrauen; ↑Morgen, ↑Tageszeit.
²Tagesanbruch: ↑Morgengrauen; bei T. ↑morgens.
Tagesbeginn ↑Tagesanbruch.
Tagescreme ↑Schönheitspflegemittel.
Tagesdecke ↑Bettdecke.
Tagesfieber ↑Eintagsfieber.
Tagesfrage ↑Schwierigkeit.
Tagesgestirn ↑Sonne.
Tagesgrauen: ↑Morgengrauen, ↑Tagesanbruch.
Tageshälfte: erste T. ↑Morgen; zweite T. ↑Nachmittag; in der zweiten T. ↑nachmittags.
Tagesheimschule ↑Schule.
Tageshelle ↑Tageslicht.
Tageskasse ↑Kasse.
Tageskino ↑Kino.
Tageskleid ↑Kleid.
¹Tageslicht, Tag, das Licht des Tages, der helllichte Tag, Tageshelle *(geh.),* Taghelle *(geh.),* Tagesschein *(dichter.)* · *von oben einfallendes:* Oberlicht; ↑Schein.
²Tageslicht: [gegen] das T. abschirmen ↑verdunkeln.
Tagesmarsch ↑Spaziergang.
Tagesmutter ↑Betreuerin.
¹Tagesordnung, Geschäftsordnung, Tagungsprogramm, Traktandenliste *(schweiz.),* Tagliste *(schweiz.),* Geschäftsliste *(schweiz.);* ↑Tagesordnungspunkt, ↑Tagung.
²Tagesordnung: zur T. übergehen ↑berücksichtigen.
Tagesordnungspunkt, Verhandlungsgegenstand, Traktandum *(schweiz.);* ↑Tagesordnung.
Tagespolitik ↑Strategie.
Tagespreis ↑Preis.
Tagesproblem ↑Schwierigkeit.
Tagesrückfahrkarte ↑Fahrkarte.
Tagesschein ↑Tageslicht.
Tagesschimmer ↑Morgengrauen.

Tagessuppe ↑Suppe.
Tageswechsel ↑Mitternacht.
Tageszeit · Tagesanbruch, Morgenfrühe, Frühe, der frühe Morgen / *(dichter.)* Tag, der junge Tag *(dichter.),* Tagesbeginn, Morgengrauen, Tagesgrauen · Morgen, Vormittag, erste Tageshälfte · Mittag, zwölf Uhr [mittags], zwölf, Mittagsstunde, die Stunde des Pan *(dichter.),* Highnoon *(engl.)* · Nachmittag, Mittag *(südd.),* zweite Tageshälfte · Dämmerstunde, Dämmerung, die blaue Stunde, Dämmerungszeit · Abend, Abendstunde, Abendzeit · Mitternacht, vierundzwanzig Uhr, zwölf Uhr [nachts], zwölf, null Uhr, Tageswechsel, Geisterstunde *(scherzh.).*
Tageszeitung ↑Zeitung.
Tagfahrt ↑Fahrt.
Tagfalter ↑Schmetterling.
Taggecko ↑Eidechse.
Taggeld ↑Spesen.
Taghelle ↑Tageslicht.
¹täglich, alltäglich, jeden Tag, alle Tage, Tag für Tag, immer am Tage / während des Tages; ↑tagsüber.
²täglich: etwas nötig haben wie das -e Brot ↑brauchen.
Taglilie ↑Liliengewächs.
Tagliste ↑Tagesordnung.
Taglöhner ↑Hilfskraft.
Tagpfauenauge ↑Schmetterling.
tagsüber, untertags *(österr.),* während des Tages, am helllichten Tag, [mitten] am Tage; ↑mittags, ↑täglich · Ggs. ↑nachts.
Tagundnachtgleiche, Äquinoktium; ↑Jahreszeit.
Tagung, Konferenz, Gipfeltreffen, Gipfelkonferenz, Kongress, Symposion, Besprechung, Beratung, Versammlung, Bot[t] *(schweiz.),* Sitzung, Marathonsitzung, Marathon, Plenarsitzung, Konvent, Konventikel · *der Mitglieder eines Vereins o. Ä.:* Generalversammlung, Vollversammlung, Plenum, Mitgliederversammlung, Vereinsversammlung *(schweiz.)* · *einer Partei:* Parteitag · · *von geistlichen Würdenträgern:* Konzil, Synode, Konsistorium · *zur Papstwahl:* Konklave; ↑Geheimkonferenz, ↑Gespräch, ↑Gipfeltreffen, ↑Tagesordnung, ↑Verabredung, ↑Versammlung, ↑Versammlungsort.
Tagungsbüro ↑Rezeption.
Tagungsort ↑Versammlungsort.
Tagungsprogramm ↑Tagesordnung.
Taifun ↑Wirbelwind.
Taifunrad ↑Teufelsrad.
¹Taille, Gürtellinie, Mitte *(selten);* ↑Flanke, ↑Hüften.
²Taille: ↑Mieder; per. T. gehen ↑Mantel.
Tailleur: ↑Kleid, ↑Schneider.
Tailor ↑Schneider.
Taiwan ↑China.
Takenplatte ↑Fliese.

¹Takt · Zweiachteltakt, Zweivierteltakt, Zweihalbetakt, Vierachteltakt, Viervierteltakt, Vierhalbetakt, Sechsachteltakt, Sechsvierteltakt, Dreiachteltakt, Dreivierteltakt, Dreihalbetakt, Neunachteltakt, Neunvierteltakt, Fünfvierteltakt; ↑Notenzeichen, ↑Tonabstand.

²Takt: ↑Höflichkeit, ↑Verschwiegenheit, ↑Versmaß; den T. schlagen ↑dirigieren; jmdn. aus dem T. bringen ↑verwirren.

Taktgefühl ↑Höflichkeit.

taktieren: ↑dirigieren, ↑lavieren, ↑vermitteln.

Taktik ↑Strategie.

taktil ↑Tastsinn.

taktisch ↑schlau.

taktlos, geschmacklos, abgeschmackt, unpassend, unangebracht, deplaciert, ohne Feingefühl; ↑unerfreulich; ↑Taktlosigkeit.

Taktlosigkeit, Geschmacklosigkeit, Abgeschmacktheit, Deplaciertheit, Mangel an Feingefühl, Indiskretion, Aufdeckung; ↑Fehler, ↑Unhöflichkeit; ↑aufdringlich, ↑taktlos, ↑unhöflich.

Taktschritt ↑Paradeschritt.

Taktstock: den T. schwingen ↑dirigieren.

taktvoll: ↑dezent, ↑höflich, ↑rücksichtsvoll.

Tal ↑Abgrund.

talab ↑abwärts.

talabwärts ↑abwärts.

talauf ↑aufwärts.

¹Talent, Genie, kluger / fähiger / heller Kopf, großer Geist; **ein T. sein,** eine Leuchte / ein Licht / ein Lumen sein *(iron., scherzh.);* ↑Fachmann, ↑Genie.

²Talent ↑Begabung.

talentiert ↑begabt.

Taler ↑Münze.

Talfahrt ↑Abwärtsfahrt.

Talg ↑Fett.

Talglicht ↑Kerze.

Talipes ↑Fußdeformität.

Talisman ↑Amulett.

Tallandschaft ↑Landschaft.

Tallyman ↑Kontrolleur.

Talmarsch ↑Abstieg.

Talsohle ↑Tiefstand.

Talsperre ↑Stausee.

Taltel ↑Nachschlüssel.

talwärts ↑abwärts.

Tam ↑Klugheit.

Tamburin ↑Schlaginstrument.

Tamtam: ↑Getue, ↑Lärm, ↑Schlaginstrument.

tändeln ↑anbandeln.

Tandem ↑Fahrrad.

Tandler ↑Trödler.

Tang ↑Alge.

Tanga ↑Badeanzug.

Tangente: ↑geometrische Figur, ↑Linie, ↑Straße.

tangieren: etwas tangiert jmdn. ↑betreffen.

Tango ↑Tanz.

Tank: ↑Gefäß, ↑Panzer.

¹tanken, auftanken, nachfüllen, auffüllen, vollschütten, ergänzen; ↑füllen.

²tanken ↑trinken.

Tanker ↑Schiff.

Tankleichter ↑Schiff.

Tankpumpe ↑Tanksäule.

Tanksäule, Zapfsäule, Tankpumpe, Benzinpumpe, Rechenkopfsäule; ↑Auto, ↑Tankstelle, ↑Treibstoff.

Tankschiff ↑Schiff.

Tankstelle, Zapfstelle; ↑Auto, ↑Tanksäule, ↑Treibstoff.

Tann ↑Wald.

Tanne: ↑Nadelhölzer; schlank wie eine T. ↑schlank.

Tannenbaum ↑Weihnachtsbaum.

Tannenbibelchen ↑Tannenzapfen.

Tannenbirne ↑Tannenzapfen.

tannengrün ↑grün.

Tannenhäher ↑Vogel.

Tannenhonig ↑Honig.

Tannenmeise ↑Vogel.

Tannensterben ↑Umweltverschmutzung.

Tannenwald ↑Wald.

Tannenzapfen, Kiefernzapfen, Fichtenzapfen, Zapfen, Hutzel *(landsch.),* Tannenapfel *(landsch.),* Kiefernapfel *(landsch.),* Kienapfel *(landsch.),* Kienappel *(landsch.),* Tannenbirne *(landsch.),* Tannenbibelchen *(landsch.);* ↑Nadelhölzer.

Tannicht ↑Wald.

Tanse ↑Gefäß.

Tantalusqualen: T. leiden ↑bekommen.

¹Tante, Muhme, Base; ↑Verwandter.

²Tante: T. Meyer ↑Toilette.

Tante-Emma-Laden ↑Laden.

tantenhaft, tuntig *(abwertend),* altjüngferlich, umständlich, etepetete *(ugs.),* spinös, zickig *(abwertend),* betulich; ↑engherzig.

Tantieme ↑Gewinnanteil.

¹Tanz, Kunsttanz, Ausdruckstanz, Ballett · Volkstanz, Reigen, Kontertanz, Sirtaki, Krakowiak, Kasatschok, Csárdás, Tarantella, Flamenco, Fandango, Bolero, Cachucha, Seguidilla *(veraltet),* Sevillana, Jota, Malagueña · Schautanz, Cancan, Limbo · Gesellschaftstanz, Allemande *(hist.),* Française *(hist.),* Courante *(hist.),* Gaillarde *(hist.),* Pavane *(hist.),* Sarabande *(hist.),* Gigue *(hist.),* Bourrée *(hist.),* Gavotte *(hist.),* Menuett *(hist.),* Musette *(hist.),* Passacaglia *(hist.),* Bergamasca *(hist.),* Ekossaise *(hist.),* Passamezzo *(hist.),* Passepied *(hist.),* Kotillon, Polonaise, Polonäse, Polacca, Polka, Polka-Mazurka, Mazurka, Schottischer, Rheinländer, Ländler, Schuhplattler, Galopp, Quadrille, Cakewalk, Onestep, Schieber *(ugs.),* Twostep, Ragtime, Jitterbug, Shimmy, Blackbottom, Charleston, Boogie-Woogie, Rock and Roll, Rock 'n' Roll, Blues, Madison, La Bostella, Hully-Gully, La Bamba, Letkiss, Twist, Shake, Slop ·· Turniertanz · *der bei Turnieren* *als Pflichttanz gewertet wird:* langsamer Walzer, Tango, Foxtrott, Slowfox, Wiener Walzer, Quickstep · *lateinamerikanischer:* Rumba, Beguine, Raspa, Samba, Cha-Cha-Cha, Bossa Nova, Paso doble, Jive, Mambo, Calypso, Habanera · *ursprünglich kultischer, heute profanisierter auf Hawaii:* Hula; ↑Ball, ↑Eintänzer, ↑Gymnastik, ↑Tanzvergnügen; ↑tanzen.

²Tanz: ↑Tanzvergnügen, ↑Unannehmlichkeiten; T. auf dem Vulkan ↑Ausgelassenheit; T. um das Goldene Kalb ↑Habgier; einen T. aufführen ↑aufbegehren; ein Tänzchen wagen ↑tanzen; um einen / den nächsten T. bitten ↑auffordern.

Tanzabend ↑Tanzvergnügen.

Tanzbar ↑Gaststätte.

Tanzbär ↑Bär.

Tanzbein: das T. schwingen ↑tanzen.

Tanzdiele ↑Gaststätte.

tänzeln ↑fortbewegen (sich).

¹tanzen, scherbeln *(ugs.),* schwofen *(ugs.),* rocken *(ugs.),* das Tanzbein schwingen, ein Tänzchen wagen, eine kesse Sohle aufs Parkett legen *(ugs.)* · *ausgelassen ohne Pause:* tanzen wie der Lumpen am Stecken *(landsch.);* ↑auffordern; ↑tanzlustig; ↑Ball, ↑Eintänzer, ↑Tanz, ↑Tanzvergnügen.

²tanzen: gern -d ↑tanzlustig; nicht auf zwei Hochzeiten t. können ↑entschließen (sich); nach jmds. Pfeife t. müssen ↑selbstständig; mit jmdm. t. wollen ↑auffordern; aus der Reihe t. ↑eingliedern; die Puppen t. lassen ↑Einfluss [ausüben], ↑feiern.

Tanzerei ↑Tanzvergnügen.

tänzerisch: -e Gymnastik ↑Gymnastik.

Tanzete ↑Tanzvergnügen.

tanzfreudig ↑tanzlustig.

tanzig ↑tanzlustig.

Tanzkapelle ↑Orchester.

Tanzkleid ↑Kleid.

Tanzkränzchen ↑Ball.

Tanzlokal ↑Gaststätte.

tanzlustig, tanzfreudig, gern tanzend, tanzig *(schweiz.);* ↑tanzen.

Tanzmädchen ↑Go-go-Girl.

Tanzmeistergeige ↑Streichinstrument.

Tanzmusik: ↑Unterhaltungsmusik; T. machen ↑aufspielen.

Tanzorchester ↑Orchester.

Tanzplatte ↑Schallplatte.

Tanzsaal ↑Saal.

Tanzstundenball ↑Ball.

Tanztee ↑Tanzvergnügen.

Tanzvergnügen, Tanz, Tanzerei *(ugs.),* Tanzete *(schweiz.),* Schwof *(ugs.),* Tanzabend, Tanztee · *für junge Leute:* Lämmerhüpfen *(scherzh., veraltend)* · *bei dem die Damen die Herren auffordern:* Damenwahl · Bal paradox; ↑Ball, ↑Eintänzer, ↑Tanz; ↑tanzen.

Taoismus ↑Weltreligion.

Tapergreis ↑Greis.

taperig ↑hinfällig.

Tapet: aufs T. bringen ↑vorschlagen.

Tapete: die -n wechseln ↑reisen, ↑übersiedeln, ↑umsatteln.

Tapetenflunder ↑Ungeziefer.

Tapetenleim ↑Bindemittel.

Tapetenmotte ↑Schmetterling.

Tapetenwechsel: einen T. vornehmen ↑reisen, ↑übersiedeln, ↑zerstreuen (sich).

Tapezier ↑Raumausstatter.

Tapezierer: ↑Maler, ↑Raumausstatter.

Tapfe ↑Spur.

Tapfen ↑Spur.

tapfer ↑mutig.

Tapferkeit ↑Mut.

Tapioka ↑Stärke.

Tapisserie ↑Wandteppich.

Tapotement ↑Massage.

tappeln ↑fortbewegen (sich).

tappen ↑fortbewegen (sich).

Tapperln ↑Fangspiel.

tappich ↑dumm.

tappicht ↑dumm.

tappig ↑tollpatschig.

täppisch ↑tollpatschig.

taprig ↑hinfällig.

tapsig ↑tollpatschig.

Tarantel: wie von der T. gestochen ↑schnell.

Tarantella ↑Tanz.

Tarbusch ↑Kopfbedeckung.

Tarif ↑Gehaltsstufe.

Tarifgespräch ↑Lohnkampf.

Tarifgrenze ↑Zahlgrenze.

Tariflohn ↑Lohn.

Tarifpartner: ↑Arbeitnehmer, ↑Sozialpartner.

Tarifverhandlung ↑Lohnkampf.

tarnen: ↑einnebeln; sich t. ↑verkleiden (sich).

Tarnkappe: unter der T. ↑heimlich.

Tarnname ↑Pseudonym.

¹Tarnung, Camouflage, Maskierung, Vermummung, Verhüllung, Verbergung; ↑verkleiden (sich), ↑verstecken.

²Tarnung ↑Beschönigung.

Tarock ↑Kartenspiel.

Tartan ↑Umhang.

Tartarus ↑Hölle.

Tartüff ↑Lügner.

Tarzan ↑Kraftmensch.

¹Tasche, Damenhandtasche · Handtasche · Unterarmtasche · Umhängetasche, Umhängtasche, Schultertasche · Theatertasche, Abendtasche · Pompadour *(veraltet),* Beutel, Ridikül *(veraltet)* · Stadtrucksack, Citybag; ↑Einkaufstasche, ↑Tornister.

²Tasche: ↑Aktentasche, ↑Einkaufstasche, ↑Papiertüte; sich die -n füllen ↑bereichern (sich); die Hand auf die T. halten ↑geizig [sein]; jmdm. auf der T. liegen ↑Last; etwas aus der eigenen / aus eigener T. bezahlen ↑zahlen; in die eigene T. arbeiten / wirtschaften ↑bereichern (sich); in die T. greifen ↑zahlen; da geht einem das Messer in der T. auf ↑unerhört [sein];

Speck in der T. haben ↑beliebt [sein]; jmdn. in die T. stecken ↑übertreffen.

Taschenausgabe ↑Edition.

Taschenbillard: T. spielen ↑Hoden.

Taschenbuch: ↑Buch, ↑Ratgeber.

Taschenfeitel ↑Taschenmesser.

Taschenfeuerzeug ↑Feuerzeug.

Taschengeige ↑Streichinstrument.

¹Taschengeld, Nadelgeld, Sackgeld *(landsch.);* ↑Wirtschaftsgeld.

²Taschengeld ↑Geld.

Taschenkalender ↑Kalender.

Taschenkrebs ↑Krebs.

Taschenlampe ↑Lampe.

¹Taschenmesser, Messer, Finnenmesser, Finnendolch, Sackmesser *(oberd.),* Taschenfeitel *(österr.),* Taschenveitel *(österr.),* Klappmesser, Federmesser, Fahrtenmesser.

²Taschenmesser ↑Messer.

Taschenspieler ↑Zauberkünstler.

Taschentuch, Schnupftuch, Sacktuch *(landsch.),* Schnäuztuch *(österr.),* Nastuch *(südd., schweiz.),* Rotzfahne *(derb),* Fahne *(salopp),* Popelfahne *(derb),* Rotzlappen *(derb),* Damentaschentuch, Herrentaschentuch, Spitzentaschentuch · *das in der oberen Jacketttasche getragen wird:* Ziertuch, Ziertaschentuch, Kavalier[s]taschentuch, Kavalier[s]tuch, Poussiertuch, Einstecktuch, Stecktuch *(österr.);* ↑Serviette; ↑schnäuzen (sich).

Taschenuhr ↑Uhr.

Taschenveitel ↑Taschenmesser.

Täschner, Taschenmacher, Taschner *(bes. südd., österr.),* Feintäschner, Etuimacher, Börsenmacher, Brieftaschenmacher, Galanterietäschner, Albenportefeuiller.

¹Tasse, Schale, Häferl *(ugs., österr.),* Obertasse und Untertasse · Kaffeetasse, Mokkatasse, Teetasse, Kaffeeschale *(landsch.),* Teeschale *(landsch.),* Kaffeehäferl *(ugs., österr.),* Sammeltasse, Barttasse, Schnabeltasse, Suppentasse, Bouillontasse; ↑Geschirr, ↑Trinkgefäß.

²Tasse: ↑Trinkgefäß; trübe T. ↑Dummkopf; nicht alle -n im Schrank / im Spind haben ↑verrückt [sein]; die -n im Schrank lassen ↑übertreiben.

Tastatur, Klaviatur, Manual · *mit den Füßen zu bedienende:* Pedal · *bei Saiten- und Zupfinstrumenten:* Griffbrett; ↑Tasteninstrument.

tastbar, greifbar, fühlbar, palpabel; ↑Tastsinn.

tasten, fühlen, berühren, betasten, befühlen; ↑Tastsinn.

Tasteninstrument · Klavier, Drahtkommode *(ugs., scherzh.),* Klimperkasten *(ugs., abwertend),* Piano, Pianoforte, Pianino, Hammerklavier, Tafelklavier, Flügel, Konzertflügel, Stutzflügel, Klavichord · Cembalo, Klavizimbel, Clavicembalo, Kielflügel, Spinett · Orgel, Kirchenorgel, Positiv, Portativ, Harmonium, Celesta · Akkordeon, Ziehharmonika, Handharmonika, Orgel *(schweiz.),* Schifferklavier,

Maurerklavier *(österr.),* Konzertina, Bandoneon, Bandonium, Ziehamriemen *(scherzh.),* Quetschkommode *(ugs.),* Quetschkasten *(ugs.),* Quetsche *(ugs.);* ↑Elektroorgel, ↑Musikinstrument, ↑Tastatur.

Tastenkünstler ↑Pianist.

Tastkörperchen ↑Sinnesorgan.

Tastscheibe: -n ↑Sinnesorgan.

Tastsinn, Tactus *(Med.);* **den T. betreffend,** taktil; ↑tastbar; ↑tasten.

¹Tat, Handlung, Aktion, Akt · *eines Einzelnen:* Alleingang · *törichte:* Schildbürgerstreich, Schwabenstreich · *unbedachte im Affekt:* Kurzschlusshandlung, Affekthandlung · *als Vergeltung:* Gegenaktion, Retourkutsche *(ugs., abwertend),* Revanchefoul *(Sport);* ↑Aktion, ↑Angelegenheit, ↑Maßnahme.

²Tat: Ort der T. ↑Schauplatz; auf frischer T. ertappen ↑ergreifen (jmdn.); in der T. ↑ja, ↑wirklich; in die T. umsetzen ↑verwirklichen; in T. und Wahrheit ↑wahrlich; jmdm. mit Rat und T. beistehen ↑beraten; zur T. schreiten ↑unternehmen (etwas).

Tatarbeefsteak ↑Fleischgericht.

Tatbestand ↑Tatsache.

Tate ↑Vater.

Tatendrang ↑Arbeitseifer.

Tatendurst ↑Arbeitseifer.

tatenlos: ↑faul; t. zusehen / dabeistehen ↑zögern.

Tatenlosigkeit ↑Passivität.

Tatenlust ↑Arbeitseifer.

Täter: ↑Mörder, ↑Verbrecher.

Tatform ↑Aktiv.

tätig: ↑aktiv, ↑berufstätig, ↑fleißig; t. sein ↑agieren, ↑arbeiten; t. sein als ↑innehaben; als Schaupieler t. sein ↑schauspielern.

tätigen: ↑verwirklichen; einen Kauf t. ↑kaufen.

Tätigkeit: ↑Arbeit; in T. setzen ↑mobilisieren.

Tätigkeitsbereich: ↑Beruf, ↑Wirkungsbereich.

Tätigkeitsdrang ↑Aktivität.

Tätigkeitsverb ↑Verb.

Tätigkeitswort ↑Verb.

Tätigung ↑Bewerkstelligung.

¹Tatkraft, Energie, Willenskraft, Leistungsfähigkeit, Elastizität, Spannkraft, Dynamik; ↑Beharrlichkeit, ↑Ehrgeiz, ↑Entschlusskraft, ↑Fleiß, ↑Temperament; ↑verjüngt.

²Tatkraft ↑Aktivität.

tatkräftig ↑zielstrebig.

Tatl ↑Greis.

tätlich ↑handgreiflich.

Tätlichkeit ↑Streit.

¹Tatort, Begehungsort *(schweiz.);* ↑Gerichtsverhandlung.

²Tatort ↑Schauplatz.

tätowieren ↑zeichnen.

¹Tatsache, Gegebenheit, Entität, Größe, Tatbestand, Sachlage, Sachverhalt, Umstand, vollendete Tatsache, Fait accompli, Hasenpfeffer *(schweiz.),* Faktizität, Faktum, Fakt, Realität, Wirklichkeit, Sosein; ↑Ereignis · *gespeicherte:* Daten (Sg.: Date).

²Tatsache: -n ↑Angaben; es scheint nicht den -n zu entsprechen, dass ↑ungewiss [sein]; den -n entsprechend ↑wahr; den -n ins Gesicht sehen ↑realistisch [sein]; auf dem Boden der -n ↑realistisch [sein], ↑übertreiben.

tatsächlich: ↑erwartungsgemäß, ↑wahr, ↑wahrlich, ↑wirklich.

tätscheln ↑liebkosen.

Tattedl ↑Mann.

Tattergreis ↑Greis.

Tatterich: den T. haben ↑zittern.

tatterig ↑hinfällig.

tattrig ↑hinfällig.

Tatze ↑Gliedmaße.

Tatzelwurm ↑Fabelwesen.

Tatzeuge ↑Zeuge.

¹Tau (das): ↑Buchstabe, ↑Seil, ↑Sportgerät.

²Tau (der): ↑Niederschlag; keinen Tau haben ↑wissen; vor Tau und Tag ↑morgens.

¹taub, gehörlos, schwerhörig, törisch *(ugs., bayr., österr.)* · *in Verbindung mit dem Verlust des Sprechvermögens:* taubstumm; ↑Schwerhöriger, ↑Schwerhörigkeit.

²taub: ↑blutleer; -e Flut ↑Flut; t. werden ↑absterben; sich t. stellen ↑reagieren; -en Ohren predigen, etwas trifft auf -e Ohren ↑sprechen.

Taube: ↑Sternbild, ↑Vogel; eine T. sein ↑Pazifist [sein].

taubenblau ↑blau.

Taubenkobel ↑Stall.

Taubenschlag ↑Stall.

Taubenschwänzchen ↑Schmetterling.

Taubheit ↑Gehörstörung.

Täubi ↑Ärger.

taubstumm ↑taub.

Taubstummheit ↑Gehörstörung.

¹tauchen, tunken *(landsch.),* stippen *(ugs., landsch.),* eintauchen, eintunken *(landsch.),* einstippen *(ugs., landsch.);* ↑einsenken.

²tauchen ↑schwimmen.

Tauchen ↑Schwimmen.

Taucher, Froschmann.

Tauchsieder ↑Heißwasserbereiter.

Tauchsprung ↑Sprung.

¹tauen, schmelzen, auftauen, apern *(oberd.),* es ist Tauwetter, lahnen *(bayr., österr.);* ↑abtauen; ↑schneefrei.

²tauen: getaut ↑flüssig.

Taufbecken, Taufstein; ↑taufen.

Taufe: ↑Sakrament; die T. vollziehen / vornehmen ↑taufen; aus der T. heben ↑einweihen, ↑gründen.

¹taufen, die Taufe vollziehen / vornehmen, jmdn. in die christliche Gemeinschaft aufnehmen; ↑Konfirmation, ↑Taufbecken.

²taufen: jmdn. t. ↑nennen; etwas t. ↑verdünnen.

Taufkapelle ↑Gotteshaus.

Taufkerze ↑Kerze.

Taufkirche ↑Gotteshaus.

Taufkleid ↑Kleid.

Taufname ↑Vorname.

Taufpate ↑Pate.

Taufpatin ↑Patin.

Taufstein ↑Taufbecken.

Taufzeuge ↑Pate.

Taufzeugin ↑Patin.

taugen: das taugt nichts ↑[das kannst du] vergessen.

Taugenichts ↑Versager.

tauglich: ↑lohnend, ↑zweckmäßig.

Tauglichkeit ↑Fähigkeit.

Taukreuz ↑Kreuzzeichen.

taumeln ↑schwanken.

taumlig ↑benommen.

Tauner ↑Hilfskraft.

taupe ↑grau.

Tauperle ↑Niederschlag.

Tausch ↑Umtausch.

¹tauschen, wechseln, eintauschen, umtauschen, Tauschgeschäfte machen, barattieren; ↑austauschen, ↑handeln, ↑verwechseln; ↑Umtausch.

²tauschen ↑wechseln.

¹täuschen: ↑betrügen; sich t. ↑irren (sich); getäuscht werden ↑hereinfallen; sich über etwas t. ↑unterschätzen.

²täuschen: sich getäuscht sehen ↑hereinfallen.

täuschend ↑unwirklich.

Tauschgeschäft: -e machen ↑tauschen.

Täuschung: ↑Betrug, ↑Einbildung, ↑Mystifikation.

tausend: ↑viele; in t. Ängsten schweben ↑sorgen (sich); t. Dank! ↑danke!; das Land der t. Seen ↑Finnland; t. und abertausend ↑viele; vom Hundertsten ins Tausendste kommen ↑abschweifen.

Tausende: ↑viele; T. und Abertausende ↑viele.

tausendmal: ich bitte t. um Entschuldigung / um Verzeihung! ↑Verzeihung!

Tausend-Mark-Schein ↑Papiergeld.

Tausendsassa ↑Draufgänger.

Tausendschön ↑Maßliebchen.

Tautologie ↑Pleonasmus.

tautologisch ↑pleonastisch.

Tauwetter: ↑Wetter; es ist T. ↑tauen.

Tauwind ↑Fallwind.

Tauziehen [um / zwischen], [zähes] Ringen, Gerangel, Kampf, Richtungskampf, Positionskampf, Streit, Auseinandersetzung, Schlammschlacht, Hin und Her, Entweder-oder; ↑Streit; ↑eintreten (für).

Taverne ↑Gaststätte.

Taxe ↑Taxi.

Taxi, Taxe, Mietauto, Droschke, Autodroschke, Kraftdroschke; ↑Kutsche, ↑Mietwagen.

taxieren ↑schätzen.

Taxifahrt ↑Fahrt.

taxonomisch ↑systematisch.

Taxushecke ↑ Hecke.
Tazette ↑ Narzisse.
Tb ↑ Tuberkulose.
Tbc ↑ Tuberkulose.
Tea ↑ Rauschgift.
Teach-in: ↑ Demonstration, ↑ Gespräch.
teakblond ↑ blond.
teakholzfarben ↑ braun.
¹Team, Stab, Arbeitsgruppe, die Mitarbeiter; ↑ Personal.
²Team ↑ Mannschaft.
Teamarbeit ↑ Mitarbeit.
Teamchef ↑ Leiter.
Teamwork: ↑ Arbeit, ↑ Mitarbeit.
Tearoom ↑ Café.
¹Technik, Solartechnik, Klimatechnik, Energietechnik · Elektrotechnik, Elektronik · Technologie, Hochleistungstechnologie, Hochtechnologie, Spitzentechnologie, Hightech, Alternativtechnologie, Biotechnologie.
²Technik: ↑ Handhabung, ↑ Verfahren.
Techniker ↑ Ingenieur.
technisch: -e Aufklärungstruppe / Truppe ↑ Waffengattung; -er Zeichner ↑ Zeichner; -es Zeitalter ↑ Atomzeitalter.
Technologie: ↑ Handhabung, ↑ Technik.
Techtelmechtel: ↑ Liebelei; ein T. haben ↑ lieben.
Teckel ↑ Hunderassen.
Teddy ↑ Teddybär.
Teddybär, Teddy, Stoffbär, Plüschbär, Bär, Bärchen; ↑ Spielzeug.
Teddyboy ↑ Halbstarker.
¹Tee ·· schwarzer / grüner / chinesischer Tee ·· *aus den beiden obersten Blättern der Teepflanze:* Pekoe, Pekoe-Souchong · *aus groben, harten Blättern:* Souchong · *aus groben, harten Blättern:* Bohea · *aus feinen Blattspitzen:* Flowery-Orange-Pekoe ·· grüner Tee, Chinatee, Jasmintee ·· Matetee, Paraguaytee · *aus Kräutern o.Ä.:* Kräutertee, Haustee, Heiltee, Gesundheitstee · Pfefferminztee, Kamillentee, Lindenblütentee, Hagebuttentee, Malventee, Hibiskustee, Salbeitee, Wermuttee, Fencheltee, Baldriantee, Fliedertee, Brombeerblättertee, Holundertee, Eukalyptustee, Sennesblättertee · Hustentee, Brusttee, Blasentee, Nierentee, Leber-Galle-Tee, Magen-Darm-Tee, Abführtee.
²Tee: ↑ Zwischenmahlzeit; abwarten und T. trinken! ↑ abwarten; einen im T. haben ↑ betrunken [sein].
TEE ↑ Eisenbahnzug.
Teebäckerei ↑ Gebäck.
Teebutter ↑ Fett.
¹Teegebäck, Konfekt *(oberd.),* Teebäckerei *(österr.),* Patisserie *(schweiz.),* Plätzchen; ↑ Bäcker.
²Teegebäck ↑ Gebäck.
teegelb ↑ gelb.
Teekuchen: englischer T. ↑ Napfkuchen.
Teelöffel ↑ Löffel.
Teemaschine, Samowar; ↑ Kaffeemaschine.

Teemütze ↑ Kaffeewärmer.
Teen ↑ Jüngling.
Teenager ↑ Mädchen.
Teenagersprache ↑ Gruppensprache.
Teenie ↑ Mädchen.
Teeny ↑ Mädchen.
teeren: t. und federn ↑ bestrafen.
Teerjacke ↑ Matrose.
Teerose ↑ Rose.
Teerpappe ↑ Pappe.
Teeschale ↑ Tasse.
Teestube ↑ Café.
Teetasse: ↑ Tasse, ↑ Trinkgefäß.
Teetisch ↑ Tisch.
Teewagen ↑ Anrichtetisch.
Teewärmer ↑ Wärmeplatte.
Teewurst ↑ Wurst.
Teheran ↑ Orientteppich.
Teich: ↑ See; der große T. ↑ Meer; jenseits des großen -es ↑ Amerika.
Teichhuhn ↑ Vogel.
Teichmolch ↑ Molch.
Teichmuschel ↑ Muschel.
Teichoskopie, Mauerschau; ↑ Schauspiel, ↑ Theater.
Teichrose ↑ Wasserrose.
Teichschildkröte ↑ Schildkröte.
Teig · Hefeteig, Germteig *(bayr., österr.)* · Knetteig, Mürb[e]teig · Blätterteig · Biskuitteig · Brandteig · Nudelteig, Strudelteig · Rührteig, Abtrieb *(österr.);* ↑ Gebäck, ↑ Kloß.
teigig ↑ weich.
Teigrolle ↑ Nudelholz.
Teigwaren, Nudeln, Spätzle *(südd.)* · Knöpfli *(schweiz.),* Nockerl *(bayr., österr.)* · Spaghetti, Makkaroni, Cannelloni, Lasagne, grüne Nudeln, Bandnudeln, Fadennudeln · Ravioli, Maultaschen, Frittaten *(österr.),* Reibgerstel *(österr.),* geriebenes Gerstel *(österr.),* Hörnchen *(österr.),* Schließerl *(österr.).*
Teil: ↑ Abschnitt, ↑ Anteil; der geringere T. ↑ Minderheit; hinterer T. ↑ Hinterteil; integrierender T. ↑ Bestandteil; der überwiegende T. ↑ Mehrheit; vorderer T. ↑ Vorderteil; sein[en] T. zu tragen haben ↑ Schicksal; aus allen -en der Welt ↑ überallher; ich für meinen T. ↑ ich; in alle -e der Welt ↑ überallhin; in vier -e teilen ↑ vierteilen; zum T. ↑ teilweise.
Teilabkommen ↑ Abmachung.
¹teilen, aufteilen, aufschlüsseln, sortieren, austeilen, aufgeben, einteilen, verteilen, zur Verteilung bringen, halbpart machen *(ugs.),* halbehalbe machen *(ugs.),* fifty-fifty machen *(ugs.),* mit jmdm. Kippe machen *(Jargon);* ↑ abgeben, ↑ halbieren, ↑ spenden, ↑ teilnehmen, ↑ vierteilen, ↑ widmen; ↑ geteilt.
²teilen: ↑ dividieren, ↑ entflechten, ↑ unterteilen; [den Schmerz] s. t. ↑ mitfühlen; sich t. ↑ gabeln (sich); mit jmdm. das Zimmer t. ↑ wohnen; in vier Teile t. ↑ vierteilen.
Teilergebnis ↑ Ergebnis.

Teilfrage ↑Frage.

teilhaben ↑teilnehmen.

Teilhaber, Mitinhaber, Partner, Gesellschafter, Sozius, Kompagnon, stiller Teilhaber, Kommanditist, Kommanditär *(schweiz.);* ↑Kollege, ↑Komplize.

teilhaftig: t. werden ↑bekommen.

Teilmassage ↑Massage.

Teilnahme: ↑Engagement, ↑Mitgefühl; T. am Gottesdienst ↑Kirchgang; T. zeigen / bezeigen ↑mitfühlen; seine T. ausdrücken ↑kondolieren.

teilnahmslos: ↑passiv, ↑träge.

Teilnahmslosigkeit, Unempfindlichkeit, Trägheit, Indolenz, Gleichgültigkeit, Desinteresse, Interesselosigkeit, Uninteressiertheit, Stumpfheit, Abgestumpftheit, Abstumpfung, Stumpfsinnigkeit, Stumpfsinn, Geistesabwesenheit, Lethargie, Apathie, Abnegation *(veraltet);* ↑Abgestumpftheit, ↑Nachlässigkeit, ↑Passivität, ↑Stumpfsinn; ↑träge, ↑unempfindlich.

¹teilnehmen, sich beteiligen, teilhaben, dazugehören, sich solidarisch erklären mit, dabei sein, mitwirken, beteiligt sein, mitarbeiten, mitspielen, mitmachen, mittun, mithalten, mit von der Partie sein *(ugs.),* mitziehen *(salopp),* beiwohnen, sich einlassen auf · *an einem Wettkampf, ohne gewertet zu werden:* außer Konkurrenz starten · *vorübergehend:* eine Gastrolle geben; **nicht t.,** sich abseits halten, abseits / beiseite stehen, sich mit der Rolle des Zuschauers begnügen, Spielverderber sein · *an einem Streik:* Streikbrecher sein; ↑kommen, ↑teilen · Ggs. ↑entziehen (sich), ↑heraushalten (sich).

²teilnehmen: ↑mitfühlen; an einem Kurs / Kursus / Lehrgang t. ↑Unterricht [erhalten].

Teilnehmer: ↑Publikum; der T. nimmt nicht ab / meldet sich nicht, den T. nicht erreichen ↑telefonieren (mit jmdm.).

Teilnehmerliste, Teilnehmerverzeichnis, Besetzungsliste, Personen; ↑Publikum, ↑Schauspieler.

Teilnehmerverzeichnis ↑Teilnehmerliste.

Teilperücke ↑Perücke.

teils: [t. ... teils] ↑teilweise.

Teilstrecke, Abschnitt, Teilstück, Etappe.

Teilstück: ↑Detail, ↑Segment, ↑Teilstrecke.

Teilung: ↑Abtrennung, ↑Rechenverfahren.

Teilverrenkung ↑Verrenkung.

teilweise, teils [... teils], zum Teil, partiell, nicht uneingeschränkt.

Teilzahlung: ↑Abzahlung, ↑Zahlung.

Teilzeitarbeit ↑Arbeit.

Tein ↑Koffein.

Teinismus ↑Koffeinvergiftung.

Teint ↑Epidermis.

Teintpflege ↑Kosmetik.

Teinvergiftung ↑Koffeinvergiftung.

Tekke-Turkmene ↑Orientteppich.

Telaribühne ↑Bühne.

Telefax ↑Telekopierer.

Telefon ↑Fernsprecher.

Telefonanschluss, Hausanschluss, Anschluss, Nebenstelle, Apparat, Klappe *(österr.);* ↑Fernsprecher, ↑Telefonverbindung.

Telefonat: ↑Telefongespräch; ein T. führen ↑telefonieren (mit jmdm.).

Telefonbuch, Fernsprechbuch; ↑Fernsprecher, ↑Telefongespräch.

Telefondraht ↑Draht.

¹Telefongespräch, Telefonat, Anruf, Telefonanruf, [dringendes] Gespräch, anonymer Anruf · *mit einem Teilnehmer außerhalb des Ortsnetzes:* Ferngespräch, Fernruf · *mit einem Teilnehmer innerhalb des Ortsnetzes:* Ortsgespräch · *vorrangig hergestelltes, gegen höhere Gebühr:* Blitzgespräch · *vom Angerufenen zu bezahlendes:* R-Gespräch; ↑Fernsprecher, ↑Telefonbuch, ↑Telefonnummer, ↑Telefonverbindung, ↑Telefonzelle, ↑Telefonzentrale.

²Telefongespräch: ein T. führen ↑telefonieren (mit jmdm.).

¹telefonieren (mit jmdm.), ein Gespräch / Telefongespräch / Telefonat führen, jmdn. an der Strippe haben *(ugs.),* an der Strippe hängen *(ugs.)* · *später noch einmal:* [jmdn.] zurückrufen; ↑anrufen; **mit jmdm. nicht t. können,** keine Verbindung / keinen Anschluss bekommen (oder:) kriegen, den Teilnehmer nicht erreichen, nicht durchkommen, der Teilnehmer meldet sich nicht / nimmt nicht ab, die Leitung ist blockiert / besetzt, das Gespräch kommt nicht zustande; ↑Telefonverbindung, ↑Telefonzentrale.

²telefonieren ↑anrufen.

Telefonleitung ↑Telefonverbindung.

Telefonnummer, Rufnummer, Nummer, Ruf, Fernsprechnummer; ↑Telefongespräch.

Telefonseelsorge ↑Seelsorge.

Telefonverbindung, Telefonleitung, Leitung · *direkte:* heißer Draht; ↑Telefonanschluss, ↑Telefongespräch, ↑Telefonzentrale, ↑anrufen, ↑telefonieren (mit jmdm.).

Telefonzelle, anrufbare Telefonzelle, Fernsprechzelle, Telefonhäuschen, öffentlicher Fernsprecher, Kabine, Sprechzelle; ↑Telefongespräch, ↑Fernsprecher; ↑anrufen.

Telefonzentrale, Fernsprechzentrale, Zentrale, Fernsprechvermittlung, Vermittlung; ↑Telefongespräch, ↑Telefonverbindung, ↑telefonieren (mit jmdm.).

telegrafieren, telegrafisch übermitteln, ein Telegramm schicken, kabeln, drahten, depeschieren · telexen · telekopieren; ↑Telegramm.

telegrafisch: t. übermitteln ↑telegrafieren.

¹Telegramm, Depesche, Funkspruch, Fernschreiben; ↑funken.

²Telegramm: [T. mit Rückantwort] ↑Postsendung; ein T. schicken ↑telegrafieren.

Telegrammbote ↑Zusteller.

Telegrammstil ↑Ausdrucksweise.

Telekinese ↑Geisterbeschwörung.

Telekommunikation ↑Kommunikationstechnik.

Telekopie ↑Reproduktion.
telekopieren: ↑ablichten, ↑telegrafieren.
Telekopierer, Fernkopierer, Telefax; ↑Reproduktion; ↑ablichten.
Telencephalon ↑Gehirn.
Telepac ↑Kommunikationstechnik.
Telepathie, Gedankenübertragung, Fernfühlen; ↑Geisterbeschwörung, ↑Hellsehen, ↑Wahrsager; ↑voraussehen.
Telestichon ↑Gedicht.
Teletex ↑Kommunikationstechnik.
Teletext ↑Kommunikationstechnik.
Television ↑Fernsehen.
Telex ↑Kommunikationstechnik.
telexen ↑telegrafieren.
Tellensohn ↑Schweizer.
¹Teller, Assiette *(veraltet)* · Porzellanteller, Holzteller, Plastikteller, Zinnteller · Suppenteller, tiefer Teller · flacher Teller, Frühstücksteller, Dessertteller, Brotteller · Warmhalteteller · *als Teil der Tasse:* Unterteller, Untertasse; ↑Geschirr.
²Teller: ↑Ohr; seinen T. leer essen ↑aufessen.
Tellermine ↑Mine.
Tellermütze ↑Kopfbedeckung.
Tellerschnecke ↑Schnecke.
tellurisch ↑irdisch.
Tempel: ↑Gotteshaus; jmdn. zum T. hinausjagen ↑hinauswerfen.
Temperamalerei ↑Maltechnik.
¹Temperament, Munterkeit, Lebhaftigkeit, Vitalität, Spannkraft, Fitness, Schwung, Feuer, Elan, Pep, Pfiff, Biss, Verve, Animo *(veraltend, österr.)*; ↑Begeisterung, ↑Tatkraft; ↑beschwingt, ↑spritzig.
²Temperament: ↑Typ, ↑Wesen; kein T. haben ↑temperamentlos [sein].
temperamentlos, lahm, langweilig, müde, frühjahrsmüde, lustlos, unlustig, ohne [rechten] Schwung · Ggs. ↑lebhaft; **t. sein,** kein Temperament / keinen Schwung haben, jmdm. fehlt der Schwung, eine lahme Ente sein *(ugs.),* lahmarschig sein *(salopp).*
temperamentvoll ↑lebhaft.
Temperans ↑Beruhigungsmittel.
Temperantium ↑Beruhigungsmittel.
Temperatur: die T. regulieren ↑klimatisieren; die T. sinkt unter Null ↑frieren; [erhöhte / subfebrile T.] ↑Fieber; [erhöhte] T. haben ↑fiebern.
Temperaturabnahme ↑Abkühlung.
Temperaturmesser ↑Thermometer.
Temperaturrückgang ↑Abkühlung.
Temperatursenkung ↑Abkühlung.
Temperaturskala · Celsius *(international;* Abkürzung: °C), Fahrenheit *(in englischsprachigen Ländern;* Abkürzung: °F), Reaumur *(veraltet;* Abkürzung: °R), Kelvin (Abkürzung: °K); ↑Gefrierpunkt, ↑Thermometer.
Temperatursturz ↑Kälteeinbruch.
Temperenzler Antialkoholiker.
temperieren ↑klimatisieren.

Tempest ↑Segelboot.
Templer ↑Ritter.
Templerorden ↑Ritterorden.
Tempo: ↑Geschwindigkeit; [los, / mach] T.! ↑beeilen (sich); T. 100 ↑Geschwindigkeitsbeschränkung.
Tempolimit ↑Geschwindigkeitsbeschränkung.
Temporalsatz ↑Satz.
temporär ↑vorübergehend.
Temposteigerung ↑Beschleunigung.
Tempus, Zeitform · Gegenwart, Präsens · [erste] Vergangenheit, Präteritum, Imperfekt, Mitvergangenheit *(österr.)* · [zweite] Vergangenheit, Perfekt · dritte Vergangenheit, Plusquamperfekt, vollendete Vergangenheit, Vorvergangenheit · Zukunft, [erstes] Futur, zweites Futur, Futurum exactum, Vorzukunft *(österr.).*
Tendenz ↑Neigung.
Tendenzdichtung ↑Dichtung.
Tendenzdrama ↑Drama.
tendenziös ↑gefärbt.
tendieren ↑vorhaben.
Tendo ↑Sehne.
Tennis ↑Tennisspiel.
Tennisball ↑Spielball.
Tennisplatz ↑Sportfeld.
Tennisschläger ↑Sportgerät.
Tennisschuh ↑Schuh.
Tennisspiel, Tennis, weißer Sport · Rasentennis, Lawntennis · Hallentennis · Break · Tiebreak (Satzverkürzung) · *Teilnehmer am Tennisspiel:* Tennisspieler · *jmd., der im Tennisspiel die Bälle aufhebt:* Balljunge; ↑Federballspiel, ↑Tischtennis.
Tennisspieler ↑Tennisspiel.
Tenno ↑Oberhaupt.
¹Tenor ↑Singstimme; [T. in Altlage] ↑Sänger.
²Tenor ↑Bedeutung.
Tenorschlüssel ↑Notenschlüssel.
Tenorstimme ↑Singstimme.
Tensor ↑Muskel.
Tentamen Suicidii ↑Selbstmordversuch.
tentativ ↑probeweise.
Tenue ↑Kleidung.
Tepp ↑Dummkopf.
¹Teppich · *langer:* Läufer · *kleiner, schmaler:* Brücke, Matte, Bettvorleger, Vorleger, Bettvorlage *(schweiz.),* Vorlage *(schweiz.)* · dreiteiliger, *die Betten an drei Seiten umgebender:* Bettumrandung · *aus Stoffstreifen gewebter:* Fleckerlteppich *(landsch.);* ↑Orientteppich, ↑Teppichklopfer, ↑Wandteppich.
²Teppich: echter T. ↑Orientteppich; auf dem T. bleiben ↑übertreiben; unter den T. kehren ↑missachten.
Teppichboden, Spannteppich, Teppichfliesen, Bodenbelag, Belag, Auslegeware; ↑Fußboden, ↑Teppich.
Teppichfliesen ↑Teppichboden.
Teppichhändler ↑Schlaukopf.

Teppichklopfer, Ausklopfer, Pletscher *(landsch.),* Patscher *(landsch.),* Pracker *(österr.);* ↑Teppich.
Teratologie ↑Wissenschaft.
Terenzbühne ↑Bühne.
Term ↑Begriff.
Termin: ↑Frist, ↑Verabredung.
Terminal: ↑Abfertigungsgebäude, ↑Haltestelle, ↑Zentrale.
terminativ: -es Verb ↑Verb.
terminieren ↑befristen.
Terminkalender ↑Kalender.
Terminologie, Nomenklatur; ↑Fachausdruck, ↑Verzeichnis.
Terminus ↑Begriff.
Terminus technicus ↑Fachausdruck.
Termite ↑Insekt.
Terpsichore ↑Muse.
Terrain: ↑Gebiet, ↑Land; das T. sondieren ↑vorfühlen.
Terra incognita: T. sein ↑unerforscht [sein].
terrakottafarben ↑braun.
Terrarium ↑Vivarium.
Terrasse ↑Veranda.
Terrassenhaus ↑Haus.
Terrassenkleid ↑Kleid.
Terrazzo ↑Fußboden.
Terrazzoboden ↑Fußboden.
terrestrisch ↑irdisch.
Terrier ↑Hunderassen.
Terrine ↑Schüssel.
Territorialarmee ↑Militär.
Territorium ↑Gebiet.
Terror: ↑Gewalt, ↑Unfreiheit; T. machen ↑ärgerlich [sein].
Terroranschlag ↑Überfall.
terrorisieren ↑unterdrücken.
Terrorismus ↑Gewalt.
Terrorist ↑Revolutionär.
Terrororganisation ↑Geheimbund.
Tertia: ↑Schriftgrad, ↑Schulklasse.
Tertiär ↑Erdzeitalter.
Terz ↑Tonabstand.
Terzerol ↑Schusswaffe.
Terzerone ↑Mischling.
Terzine ↑Strophe.
Tesafilm ↑Klebestoff.
Tesching ↑Schusswaffe.
Test ↑Experiment.
[1]Testament, [letztwillige] Verfügung, letzter Wille; **ein T. machen,** sein Testament machen, ein Testament errichten *(jurist.),* testieren *(jurist.),* den Nachlass regeln; ↑Abmachung, ↑Erbe, ↑Weisung.
[2]Testament: Altes / Neues T. ↑Bibel.
Testamentsvollstrecker ↑Ausführender.
Testat ↑Bescheinigung.
testen ↑prüfen.
testieren: ↑bescheinigen, ↑Testament [machen].
Testikel ↑Hoden.

Testis ↑Hoden.
Testosteron ↑Hormon.
Testperson ↑Versuchsobjekt.
Testpilot ↑Flugzeugführer.
Testsendung ↑Sendung.
Testwahl ↑Wahl.
Tete-a-tete ↑Verabredung.
Tetragrammaton ↑Zaubermittel.
Tetraparese ↑Lähmung.
Tetraplegie ↑Lähmung.
[1]teuer, kostspielig, aufwendig, kostenintensiv, kostenträchtig, unerschwinglich, sündhaft teuer, sündteuer *(landsch.),* unbezahlbar, nicht zu bezahlen, überteuert, gepfeffert *(emotional),* gesalzen *(emotional),* nicht ↑billig; **t. sein,** ins Geld gehen / laufen *(ugs.),* etwas reißt jmdn. herein / rein *(ugs.),* viel kosten, etwas kostet eine schöne Stange Geld / schluckt viel Geld *(salopp),* ein Fass ohne Boden sein, das ist ein stolzer Preis *(iron.),* das sind astronomische Preise; **nicht t. sein,** das kostet nicht die Welt; **wie t. ist?,** was (oder:) wieviel kostet / *(ugs.)* macht ...?, wie teuer kommt ...?, was / wie hoch ist der Preis?, was verlangen Sie?; ↑aufschlagen (Preis).
[2]teuer: ↑kostbar, ↑lieb; teures Pflaster ↑Stadt; da ist guter Rat t. ↑ratlos [sein]; teurer werden ↑aufschlagen (Preis).
Teuerung ↑Preisanstieg.
Teuerungsrate ↑Preisanstieg.
[1]Teufel, Satan, Satanas, Diabolus, Mephisto, Mephistopheles, Luzifer, Beelzebub, Versucher, Widersacher, Höllenfürst, Fürst dieser Welt, Antichrist, Erbfeind, der Böse / Leibhaftige / Gehörnte / Gottseibeiuns; ↑Hölle, ↑Teufelsbeschwörer.
[2]Teufel: kein T. ↑niemand; hols der T., der T. solls holen!, zum T. [noch mal / zu]! ↑verflucht!; hinter etwas her sein wie der T. hinter der armen Seele ↑begierig [sein]; weder T. noch T. fürchten ↑mutig [sein]; den T. im Leib haben ↑böse [sein], ↑lebhaft [sein]; sich den T. um etwas kümmern / scheren ↑annehmen (sich einer Sache); sich den T. auf den Hals laden ↑Unannehmlichkeiten [bekommen]; den T. an die Wand malen ↑voraussehen; ich will des -s sein, wenn ... ↑versprechen; in der Not frisst der T. Fliegen ↑Ausnahmefall; in -s Küche kommen ↑Lage; auf T. komm raus ↑konzentriert, ↑sehr, ↑unbedingt; in drei -s Namen ↑ja; über Tod und T. reden / sprechen ↑unterhalten (sich); zum T. sein ↑verloren [sein]; jmdn. zum T. wünschen ↑verwünschen (jmdn.).
Teufelsaustreiber ↑Teufelsbeschwörer.
Teufelsbanner ↑Teufelsbeschwörer.
Teufelsbeschwörer, Teufelsbanner, Teufelsaustreiber, Hexenaustreiber, Exorzist; ↑Teufel.
Teufelei ↑Ständerpilz.
Teufelsfisch ↑Fisch.
Teufelsfuß: ↑Fuß, ↑Fußdeformität.

Teufelskerl ↑Draufgänger.
Teufelskreis, Circulus vitiosus, Zirkelschluss, da beißt sich die Katze / die Schlange in den Schwanz; ↑Ausweglosigkeit.
Teufelskunst ↑Zauberei.
Teufelspakt ↑Zauberei.
Teufelsrad, Teufelsscheibe, Taifunrad; ↑Jahrmarkt, ↑Karussell.
Teufelsscheibe ↑Teufelsrad.
Teufelswerk ↑Zauberei.
teuflisch, dämonisch, unwiderstehlich, mephistophelisch, diabolisch.
Teutone ↑Deutscher.
Teutonengrill ↑Strand.
¹Text, Textmaterial, Textart, Textsorte *(Sprachw.),* Korpus *(Sprachw.)* · *handgeschriebener:* Handschrift, Manuskript · *über einen getilgten handschriftlichen geschriebener:* Palimpsest · *provisorischer, der einer Musik unterlegt wird:* Nottext, Schimmel *(Jargon)* · *in Comicstrips o. Ä. den abgebildeten Personen als Äußerung beigegebener:* Sprechblase; ↑Notentext, ↑Skript.
²Text: ↑Kontext, ↑Manuskript, ↑Schriftgrad, ↑Wortlaut; dechiffrierter T. ↑Klartext; aus dem T. bringen ↑verwirren.
texten ↑aufschreiben.
Texter ↑Schriftsteller.
textilarm ↑nackt.
textilfrei ↑nackt.
Textilien, Textilwaren, Webwaren, Spinnwaren, Wirkwaren, Trikotagen; ↑Gewebe, ↑Stoff, ↑Wolle.
Textilingenieur ↑Ingenieur.
Textilstrand *(scherzh.)* Bekleidungsstrand *(scherzh.),* Manhattan (= man hat an; *scherzhaft)* · Ggs. ↑Nacktbadestrand.
Textilwaren ↑Textilien.
Textlinguistik ↑Sprachwissenschaft.
Textmaterial ↑Text.
Textsorte ↑Text.
Textstelle ↑Zitat.
Textura ↑Schrift.
Textvorlage ↑Manuskript.
Textzusammenhang ↑Kontext.
Tezett: bis zum T. ↑ganz.
Thailand, Siam (bis 1939).
Thalamushirn ↑Gehirn.
Thalia ↑Muse.
Thallophyt ↑Lagerpflanze.
Thanatophobie ↑Phobie.
Thanatos ↑Tod.
¹Theater, Schaubühne, Provinztheater, Provinzbühne, Volksbühne, Laienbühne, Laientheater, Amateurtheater, Liebhaberbühne, Bauernbühne, Wanderbühne, Schmierentheater *(abwertend),* Bühne, Pawlatsche *(österr.),* Pawlatschentheater *(österr.),* Schaubude, Schmiere *(abwertend),* Provinzschmiere *(abwertend),* Zimmertheater, Straßentheater; die Bretter, die die Welt bedeuten; ↑Aufführung,

↑Bühne, ↑Bühnenbearbeitung, ↑Oper, ↑Operette, ↑Puppentheater, ↑Schauspiel, ↑Souffleur, ↑Spielzeit, ↑Teichoskopie, ↑Theatergebäude.
²Theater: ↑Getue, ↑Theatergebäude, ↑Unannehmlichkeiten; absurdes / episches T. ↑Drama; T. spielen ↑vortäuschen; T. spielen, am / beim T. sein ↑schauspielern; demnächst in diesem T. ↑später.
Theaterabonnement ↑Abonnement.
Theateranrecht ↑Abonnement.
Theaterferien: ↑Ferien, ↑Sommerpause.
Theatergarderobe ↑Umkleideraum.
Theatergebäude, Theater, Musentempel *(scherzh.),* Schauspielhaus, Komödienhaus, Opernhaus, Oper, Kammerspiele, Kleines Haus, Großes Haus, Festspielhaus, Zimmertheater, Kellertheater; ↑Amphitheater, ↑Kabarett, ↑Loge, ↑Sitzplatz, ↑Theater.
Theaterkasse ↑Kasse.
Theaterkritik ↑Besprechung.
Theaterkritiker ↑Kritiker.
Theatermiete ↑Abonnement.
Theaterrolle ↑Rolle.
Theatersaal ↑Saal.
Theaterstück ↑Schauspiel.
Theatertasche ↑Tasche.
theatralisch ↑geziert.
Thein ↑Koffein.
Theinismus ↑Koffeinvergiftung.
Theinvergiftung ↑Koffeinvergiftung.
Theismus, Monotheismus; ↑Deismus, ↑Pantheismus, ↑Rationalismus · Ggs. ↑Atheismus.
Theke: ↑Ladentisch, ↑Schanktisch.
Theklalerche ↑Vogel.
Thema: ↑Gegenstand; beim T. bleiben, vom T. abkommen ↑abschweifen; kein T. sein ↑[nicht zum] Gegenstand [haben]; zum T. haben ↑Gegenstand; zum T. kommen ↑Einleitung.
Thematik ↑Gegenstand.
Themenstellung ↑Gegenstand.
Theokratie ↑Herrschaft.
Theologe ↑Geistlicher.
Theologie, Gottesgelehrtheit *(veraltet),* Gottesgelahrtheit *(veraltet),* Gotteslehre *(selten)* · systematische Theologie, Systematik, Dogmatik, Glaubenslehre, Ethik, Sittenlehre, Moraltheologie, Religionsphilosophie, Religionswissenschaft, Einleitungswissenschaft, Isagogik, Bibelkritik, Bibelforschung, Exegese, Hermeneutik, Apologetik, Kirchengeschichte, Kirchenrecht, Dogmengeschichte, Patristik, Patrologie, praktische Theologie, Pastoraltheologie, Homiletik, Liturgik, Katechetik · Befreiungstheologie; ↑Bibel, ↑Christentum, ↑Exegese, ↑Glaube, ↑Gott, ↑Gottesdienst, ↑Gotteseigenschaften, ↑Trinität, ↑Wissenschaft.
¹theoretisch, wissenschaftlich, gedanklich, begrifflich, gedacht, deduktiv, spekulativ, praxisfern, nicht praxisnah, ohne Praxis, vom grünen Tisch aus; ↑zweckmäßig · Ggs. ↑Erfahrung.

²**theoretisch:** ↑begrifflich, ↑lebensfremd.
Theorie: ↑Einbildung, ↑Lehre.
theorielastig: nicht t. ↑anschaulich.
¹**Therapeut,** Therapeutin, Arzt, Ärztin, Masseur, Masseurin, Physiotherapeut, Physiotherapeutin; ↑Arzt, ↑Behandlung, ↑Masseur.
²**Therapeut** ↑Arzt.
Therapeutin ↑Therapeut.
Therapie ↑Behandlung.
therapieren ↑gesund[machen].
Thermalbad ↑Badeort.
Thermiatrie ↑Thermotherapie.
Thermokaustik ↑Verätzung.
Thermokauterisation ↑Verätzung.
Thermokoagulation ↑Verätzung.
Thermomantel ↑Mantel.
Thermometer, Wärmemesser, Temperaturmesser, Quecksilberthermometer, Alkoholthermometer, Fieberthermometer, Stabthermometer, Einschlussthermometer · *ohne Messskala:* Thermoskop; ↑Barometer, ↑Temperaturskala.
Thermopane ↑Glas.
Thermoplegie ↑Überhitzung.
Thermoskop ↑Thermometer.
Thermostat ↑Wärmemesser.
Thermotherapie, Thermiatrie, Wärmebehandlung, Wärmeheilbehandlung · *mittels künstlich erzeugten Fiebers:* Fiebertherapie, Heilfieber, Hyperthermiebehandlung, Überwärmungsbehandlung; ↑Naturheilverfahren.
Thesaurus ↑Nachschlagewerk.
These ↑Lehre.
Theta ↑Buchstabe.
Thomas: ↑Apostel; ein ungläubiger T. sein ↑argwöhnisch [sein].
Thor ↑Gott.
Thora ↑Gesetzessammlung.
Thorakoskopie ↑Ausspiegelung.
Thorax ↑Brust.
Thorshühnchen ↑Vogel.
Thriller ↑Gruselfilm.
Thrombembolie ↑Embolie.
Thrombembolismus ↑Embolie.
Thromboembolie ↑Embolie.
Thrombophlebitis ↑Venenentzündung.
Thrombose ↑Gefäßverstopfung.
Thrombozyten ↑Blutkörperchen.
Thrombus ↑Blut.
Thron: ↑Nachtgeschirr, ↑Sessel; auf dem T. sitzen ↑Toilette.
thronen: ↑sitzen, ↑[auf der] Toilette [sein].
Thronfolge ↑Nachfolge.
Thronfolger, Kronprinz, Erbprinz · *dessen Titel in Frankreich:* Dauphin *(hist.)* · *dessen Titel in Spanien:* Infant *(hist.)* · *in Russland:* Zarewitsch *(hist.)* · *in England:* Prince of Wales; ↑Nachfolger.
Thuja ↑Nadelhölzer.
Thule ↑Fabelland.
thüringisch: t. sprechen ↑Mundart [sprechen].

Thüringisch ↑Mundart.
¹**Thymian,** Quendel *(mitteld.),* Kudelkraut *(österr.);* ↑Blume.
²**Thymian** ↑Gewürz.
Thymoleptikum ↑Psychopharmakon.
Thyreoidismus ↑Schilddrüsenüberfunktion.
Thyreotoxikose ↑Schilddrüsenüberfunktion.
Thyreotropin ↑Hormon.
Thyroxin ↑Hormon.
Tiara ↑Kopfbedeckung.
Tibet, das Dach der Welt.
Tick: ↑Spleen; einen T. haben ↑verrückt [sein].
ticken ↑Laut.
Ticket ↑Fahrkarte.
Tide: ↑Gezeiten; mittlere T. ↑Flut.
Tidehafen ↑Hafen.
Tiebreak ↑Tennisspiel.
¹**tief,** abgrundtief, grundlos, bodenlos, nicht ↑seicht.
²**tief:** -er Teller ↑Teller; mit dem Ausdruck -ster Verehrung ↑hochachtungsvoll; zu t. ins Glas geschaut haben ↑betrunken [sein]; jmdm. zu t. ins Auge / in die Augen sehen ↑verlieben (sich); t. verschneit ↑verschneit; t. verwurzelt ↑üblich.
tief-: ↑erz-.
Tief: ↑Schlechtwetter, ↑Tiefstand; seelisches T. ↑Trauer.
Tiefbauingenieur ↑Ingenieur.
tiefblau ↑blau.
Tiefdruck ↑Druckverfahren.
Tiefdruckgebiet ↑Schlechtwetter.
Tiefdrucknetzraster ↑Raster.
Tiefe: ↑Abgrund, ↑Ausmaß, ↑Hintergrund; in die T. fallen / stürzen / sausen / segeln / purzeln ↑hinunterfallen; in die T. sinken ↑sinken; in der T. ↑unterhalb.
Tiefenpsychologie ↑Psychologie.
Tieffliegerangriff ↑Luftangriff.
Tiefflug ↑Flug.
Tiefgang: ↑Tiefsinn; ohne T. ↑oberflächlich.
Tiefgarage ↑Parkhaus.
tiefgefroren: -es Obst ↑Obst.
tief gehend ↑tiefgründig.
tiefgekühlt ↑gekühlt.
tiefgrün ↑grün.
tiefgründig, tief gehend, tiefsinnig; ↑hintergründig; ↑Tiefsinn.
Tiefgründigkeit ↑Tiefsinn.
tiefkühlen, gefrieren, einfrieren, eingefrieren, frosten, einfrosten; ↑abkühlen, ↑konservieren; ↑gekühlt; ↑Kühlhaus, ↑Kühlschrank; ↑Wärmeentzug.
Tiefkühlkost ↑Nahrung.
Tiefkühltruhe ↑Kühlschrank.
Tiefkühlung ↑Wärmeentzug.
Tiefmoor ↑Sumpf.
tieforange ↑orange.
Tiefpunkt ↑Tiefstand.
tiefrot ↑rot.
Tiefschlaf ↑Heilschlaf.
Tiefschlag: ↑Fausthieb, ↑Regelverstoß.

tiefschwarz: ↑schwarz, ↑schwarzhaarig.
Tiefseetauchen ↑Schwimmen.
Tiefsinn, Tiefsinnigkeit, Tiefgründigkeit, Tiefgang *(ugs.),* Gedankenfülle, Gedankentiefe, Tiefe; ↑Doppelbödigkeit; ↑tiefgründig.
tiefsinnig ↑tiefgründig.
Tiefsinnigkeit ↑Tiefsinn.
Tiefsprung ↑Sprung.
Tiefstand, Tiefpunkt, Tief, Talsohle; ↑Minimum · Ggs. ↑Höhepunkt.
tiefstapeln ↑untertreiben.
tiefviolett ↑violett.
Tiefwasser ↑Ebbe.
Tiegel ↑Kochtopf.
Tier: ↑Hirsch; ein hohes T. sein ↑mächtig [sein].
Tierarzt: ↑Arzt, ↑Veterinär.
Tierbändiger, Dompteur, Dresseur; ↑Artist, ↑Tiergarten, ↑Zirkus.
Tierbeschreibung ↑Schulaufsatz.
Tierbild ↑Bild.
Tierfilm ↑Kinofilm.
Tiergarten, Tierpark, zoologischer Garten, Zoo, Streichelzoo, Menagerie; ↑Freigehege, ↑Käfig, ↑Naturschutzgebiet.
Tiergift ↑Gift.
Tierheilkunde ↑Heilkunde.
tierisch: ↑anstößig, ↑triebhaft; -er Ernst ↑Humorlosigkeit.
Tierkalender ↑Kalender.
Tierkreiszeichen · Widder (April), Stier, Zwillinge, Krebs, Löwe, Jungfrau, Waage, Skorpion, Schütze, Steinbock, Wassermann, Fische; ↑Astrologie.
Tierkunde, Zoologie; ↑Naturkunde, ↑Tierreich, ↑Wissenschaft.
Tierliebe ↑Tierpflege.
Tiermediziner ↑Veterinär.
Tierpark ↑Tiergarten.
Tierpflege, Tierliebe, Tierschutz; ↑Zuneigung.
Tierpsychologie ↑Psychologie.
Tierreich, Tierwelt, Fauna; ↑Tierkunde, ↑Vegetation.
Tierschutz ↑Tierpflege.
Tierstimme ↑Stimme.
Tierstimmenimitator ↑Artist.
Tierwelt ↑Tierreich.
Tierzucht ↑Landwirtschaft.
Tiger: ↑Pferd, ↑Raubtier.
Tigerauge ↑Schmuckstein.
Tigerlilie ↑Liliengewächs.
Tilbury ↑Kutsche.
Tilde ↑Satzzeichen.
tilgen: ↑amortisieren, ↑ausrotten, ↑ausstreichen, ↑säubern, ↑stornieren.
Tilgung ↑Abzahlung.
Tilsiter: T. Käse ↑Käse.
Timbales ↑Schlaginstrument.
Timing ↑Zeitplanung.
Tinea ↑Hautpilzkrankheit.
tingeln ↑reisen.
Tingeltangel: ↑Gaststätte, ↑Varietee.

Tinktur: ↑Flüssigkeit, ↑Medikament.
Tinnef ↑Schleuderware.
Tinte: rote T. ↑Blut; etwas ist klar wie dicke T. ↑klar [sein]; in der T. sitzen ↑Not [leiden].
tintenblau ↑blau.
Tintenfisch ↑Kopffüßer.
Tintenkuli ↑Schreibstift.
Tintenstift ↑Schreibstift.
Tipi ↑Zelt.
Tipp: ↑Hinweis, ↑Vorschlag.
Tippel ↑Beule.
tippeln ↑fortbewegen (sich).
Tippeltappeltour: auf die T. ↑üblich.
tippen: ↑Maschine schreiben, ↑vermuten, ↑wetten.
Tippse ↑Stenotypistin.
tipptopp ↑korrekt.
Tirade, Suada, Redefluss, Wortschwall, Redeschwall; ↑Gerede, ↑Redseligkeit; ↑beredt.
Tiret ↑Satzzeichen.
tirilieren ↑singen.
Tiro ↑Soldat.
¹Tisch, Ausziehtisch, Klapptisch, Marmortisch, Einlegetisch, Couchtisch, Rauchtisch · Esstisch, Teetisch, Serviertisch, Anrichtetisch, Abstelltisch, Küchentisch, Blumentisch, Gartentisch · Arbeitstisch, Schreibtisch, Werktisch, Nähtisch, Zuschneidetisch · Operationstisch · Spieltisch, Kartentisch, Billardtisch, Nachbartisch, Nebentisch, Katzentisch; ↑Ladentisch, Pingpongtisch ↑Möbel; ↑Möbel.
²Tisch: T. des Herrn ↑Abendmahl, ↑Altar; den T. abdecken ↑abservieren; reinen T. machen ↑eingreifen; Gespräch am runden T. ↑Gespräch; auf den T. bringen / kommen ↑servieren; mit der Faust auf den T. hauen / schlagen ↑eingreifen, ↑streng [werden]; auf den T. des Hauses legen ↑zahlen; die Karten offen auf den T. legen ↑gestehen; über den T. gehen ↑verkaufen; über den T. ziehen ↑betrügen; unter den T. fallen ↑wegfallen; unter den T. fallen lassen ↑berücksichtigen; die Beine unter jmds. T. strecken ↑ernähren; jmdn. unter den T. trinken ↑trinken; vom grünen T. aus ↑theoretisch; vom T. sein ↑fertig [sein]; getrennt von T. und Bett ↑geschieden [sein]; zu T. sein ↑Mittagessen.
Tischaltar ↑Altar.
Tischdecke ↑Tischtuch.
Tischfeuerzeug ↑Feuerzeug.
Tischgebet ↑Gebet.
Tischlampe ↑Lampe.
Tischler, Schreiner *(südd., schweiz., westd.),* Möbeltischler, Tischmacher *(veraltet, schweiz.),* Möbelschler, Kunsttischler, Bautischler; ↑Möbel.
Tischlerleim ↑Bindemittel.
Tischmacher ↑Tischler.
Tischpapierkorb ↑Abfalleimer.
Tischrücken ↑Geisterbeschwörung.
Tischtennis, Pingpong; ↑Spiel, ↑Tennisspiel.

Tischtennisschläger ↑Sportgerät.

¹Tischtuch, Tafeltuch, Tischdecke, Kaffeedecke, Zierdecke, Milieu *(veraltend, österr.);* ↑Bettdecke, ↑Set.

²Tischtuch: das T. zwischen sich und jmdm. zerschneiden ↑beenden.

Tischvorlage ↑Manuskript.

Tischwein ↑Wein.

Titan ↑Held.

titanisch ↑gewaltig.

¹Titel, Titulatur, Rang, Standesbezeichnung, Charakter *(veraltet);* ↑Anrede, ↑Dienstgrad, ↑Kommerzienrat; ↑anreden.

²Titel: ↑Buch, ↑Schlagzeile; den T. tragen / haben ↑lauten; mit einem T. versehen ↑anreden.

Titelbild, Cover.

Titelpart ↑Rolle.

Titelpartie ↑Rolle.

Titelrolle ↑Rolle.

Titelvorspann ↑Vorspann.

Titoismus ↑Marxismus.

Titoist ↑Sozialist.

titoistisch ↑kommunistisch.

Titrosalz ↑Salz.

Titschkerl ↑Kippel-Kappel.

Titschkern ↑Kippel-Kappel.

Titte ↑Busen.

Tittenfick ↑Koitus.

Titulatur ↑Titel.

titulieren ↑anreden.

Titulierung ↑Anrede.

tizianrot: ↑rot, ↑rothaarig.

Toast: ↑Schnitte, ↑Trinkspruch; einen T. auf jmdn. ausbringen ↑zutrinken.

toasten ↑rösten.

Tobak: ↑Tabak; etwas ist starker T. ↑unerhört [sein]; Anno T. ↑damals; von Anno T. sein ↑überlebt [sein]; etwas ist von Anno T. ↑altmodisch [sein].

Tobel ↑Schlucht.

¹toben, herumtoben, rumtoben *(ugs.),* herumlaufen, herumtollen, rumtollen *(ugs.),* sich austoben / austollen, sich tummeln; ↑lärmen; **t. können,** Auslauf haben *(ugs.);* ↑Spielplatz.

²toben: ↑ärgerlich [sein], ↑brausen, ↑lärmen.

Tobender ↑Tobsüchtiger.

Toboggan ↑Schlitten.

Tobsucht ↑Raserei.

Tobsüchtiger, Tobender, Rasender, Berserker, Wüterich, Amokläufer, Amokfahrer; ↑Raserei, ↑Rohling.

Tobsuchtsanfall: ↑Raserei, ↑Wutanfall.

¹Tochter, Filia, das eigene / sein eigen Fleisch und Blut · *nicht leibliche:* Stieftochter, Adoptivtochter, Pflegetochter, Ziehtochter; ↑Kind, ↑Kinder (die), ↑Sohn, ↑Verwandter.

²Tochter: ↑Mädchen; älteste T. ↑Älteste; jüngste T. ↑Jüngste; natürliche T. ↑Kind.

Tochtergeschwulst ↑Geschwulst.

Tochterliebe ↑Familienanhänglichkeit.

Tochtermann ↑Schwiegersohn.

Tocker ↑Dummkopf.

¹Tod, Sensenmann, Freund Hein, Gevatter / Schnitter Tod *(dichter.),* Knochenmann, Thanatos.

²Tod: [gewaltsamer / natürlicher T.] ↑Exitus; der schwarze T. ↑Pest; der weiße T. ↑Erfrierungstod; Leben und T. ↑Kartenspiel; wie der T. [von Basel] aussehen ↑blass [sein]; nur der T. ist umsonst ↑Opfer [bringen müssen]; den T. finden, mit T. abgehen, mit dem -e ringen, zu -e kommen, den T. auf dem Feld der Ehre finden, dem T. von der Schippe hopsen, sich zu -e fallen / stürzen ↑sterben; weder T. noch Teufel fürchten ↑mutig [sein]; auf den T. liegen ↑krank; über T. und Teufel reden / sprechen ↑unterhalten (sich); vom T. gezeichnet sein ↑krank [sein]; vom Leben zu -e bringen / befördern ↑töten.

tod-: ↑erz-.

¹todbringend, tödlich, deletär, verderblich, Verderben bringend, zerstörerisch; ↑tödlich.

²todbringend ↑verderblich.

Toddy ↑Mixgetränk.

todernst ↑humorlos.

Todesangst: krankhafte T. ↑Phobie.

Todesanzeige ↑Nachricht.

todesdüster ↑makaber.

Todesengel ↑Mörder.

Todesfahrer ↑Artist.

Todesfall ↑Exitus.

Todeskampf, Agonie; ↑Bewusstlosigkeit, ↑Bewusstseinstrübung.

todesmutig ↑mutig.

Todesopfer: ↑Toter, ↑Verunglückter.

Todesspirale ↑Eislauf.

Todesspritze ↑Hinrichtung.

Todesstrafe: an jmdm. die T. vollziehen, die T. vollstrecken ↑töten.

Todesverachtung: mit T. ↑widerwillig.

Todesweihe ↑Viatikum.

Todfeind ↑Feind.

Todgeweihter ↑Sterbender.

todkrank ↑krank.

Todkranker ↑Kranker.

¹tödlich, letal; ↑lange; ↑Exitus; ↑sterben, ↑verunglücken.

²tödlich: ↑gefährlich, ↑todbringend; t. verunglücken ↑sterben.

todmüde ↑müde.

Todsünde ↑Verstoß.

todunglücklich ↑schwermütig.

Toffee ↑Bonbon.

Töfftöff ↑Auto.

Toga ↑Kleidung.

Tohuwabohu ↑Verwirrung.

Toile ↑Stoff.

¹Toilette, WC, 00 (Null-Null), sanitäre Anlagen, Abort *(veraltend),* Klosett, Bedürfnisanstalt *(Amtsspr.),* Retirade *(veraltet, verhüllend),* Klo *(salopp),* [stilles / verschwiegenes] Örtchen,

gewisser Ort, Lokus *(ugs.)*, Abe *(ugs.)*, Häuschen *(ugs.)*, Brille *(ugs.)*, Tante Meyer *(ugs.)*, Kloster *(ugs.)*, Nummer Null *(ugs.)* · *primitives:* Plumpsklosett *(salopp)*, Plumpsklo *(salopp)*, Abtritt *(ugs.)*, Latrine, Donnerbalken *(salopp)*, Scheißhaus *(derb)* · *nur für Frauen:* Damentoilette ·· *nur für Männer:* Herrentoilette, Pissoir, Pissort *(landsch.)*, Rotunde, Pinkelbude *(derb)* · *mit homosexuellen Kontakten:* Klappe *(Jargon); auf der T. sein;* dort sein, wo [auch] der Kaiser zu Fuß hingeht *(scherzh.);* auf dem Thron sitzen *(fam., scherzh.)*, thronen *(ugs.)*, sitzen *(ugs.)*, Sitzung haben / halten *(ugs.)*, auf dem Topf sitzen *(ugs.);* ↑Nachtgeschirr; ↑defäkieren, ↑urinieren.
²Toilette: ↑Ankleidetisch, ↑Kleidung; T. machen ↑schönmachen; in großer T. ↑aufgeputzt.
Toilettenseife ↑Seife.
Toilettentasche ↑Kulturbeutel.
Toilettentisch ↑Ankleidetisch.
Toilettenwasser ↑Parfum.
Tokaier ↑Wein.
Tokee ↑Eidechse.
Tokus ↑Gesäß.
Töle ↑Hund.
tolerant, duldsam, verständnisvoll, einsichtig, aufgeschlossen, weitherzig, freizügig, nachsichtig, schwach *(abwertend)*, versöhnlich, nicht ↑engherzig; ↑aufgeklärt, ↑entgegenkommend, ↑geduldig, ↑gütig, ↑nachsichtig, ↑ruhig, ↑unterwürfig; **t. sein,** ein Auge zudrücken, Verständnis / ein Einsehen haben; ↑Duldung; ↑Verständnis [finden] · Ggs. ↑Unduldsamkeit.
Toleranz: [repressive T.] ↑Duldsamkeit.
tolerieren ↑billigen.
toll: ↑anziehend, ↑trefflich; die drei -en Tage ↑Fastnacht.
tollen ↑toben.
Tollität: Seine T. ↑Faschingszug.
tollkühn ↑mutig.
Tollkühnheit ↑Mut.
Tollpatsch ↑Narr.
tollpatschig, tapsig, tappig *(landsch.)*, täppisch *(landsch.)*.
Tölpel: ↑Narr, ↑Vogel.
tölpelhaft, einfältig, schwerfällig, ungeschickt; ↑träge, ↑unklug; **t. sein,** sich benehmen wie ein Elefant im Porzellanladen; ↑benehmen (sich).
Tölt ↑Gangart.
Tomahawk ↑Hiebwaffe.
Tomate, Paradeiser *(österr.)*, Paradiesapfel *(veraltet, landsch.)*, Liebesapfel *(veraltet);* ↑Gemüse.
Tomatenketschup ↑Soße.
tomatenrot ↑rot.
Tombola ↑Glücksspiel.
Tommy ↑Engländer.
Tomogramm ↑Röntgenogramm.
Tomographie ↑Röntgenographie.
Tomtom ↑Schlaginstrument.
Ton: ↑Erde, ↑Farbe, ↑Klang, ↑Tonfall; den T.

angeben ↑anfangen; einen T. anschlagen ↑sprechen; einen anderen T. anschlagen ↑eingreifen; große Töne spucken ↑prahlen; keinen T. verlauten lassen ↑schweigen; hast du [da] noch Töne! ↑überrascht [sein]; sich im T. vergreifen ↑benehmen (sich); in den höchsten Tönen von jmdm. / von etwas reden ↑loben; in Töne setzen ↑vertonen.
Tonabstand, Intervall · *zweite Stufe über dem Grundton:* Sekunde · *dritte Stufe über dem Grundton:* Terz · *vierte Stufe über dem Grundton:* Quarte · *fünfte Stufe über dem Grundton:* Quinte · *sechste Stufe über dem Grundton:* Sexte · *siebente Stufe über dem Grundton:* Septime · *achte Stufe über dem Grundton:* Oktave · *neunte Stufe über dem Grundton:* None · *zehnte Stufe über dem Grundton:* Dezime; ↑Akkord, ↑Notenzeichen, ↑Takt.
tonangebend ↑maßgeblich.
Tonart: eine T. anschlagen ↑sprechen.
Tonband: ↑Tonbandgerät; auf T. aufnehmen ↑aufzeichnen.
Tonbandaufnahme: ↑Aufzeichnung; eine T. machen ↑aufzeichnen.
Tonbandgerät, Magnetophon, Tonband *(ugs.)*, Kassettenrecorder; ↑Abhörgerät, ↑Plattenspieler, ↑Schallplatte.
¹tönen (Haare), färben, aufhellen, blondieren, bleichen *(veraltend);* ↑Frisur, ↑Haar, ↑Haarpflegemittel.
²tönen: ↑nuancieren, ↑schallen, ↑sprechen.
Tonerde ↑Erde.
tönern: etwas steht auf -en Füßen ↑glaubwürdig, ↑unsicher [sein].
Tonfall, Akzent, Betonung, Aussprache, Ton; ↑Artikulation, ↑Betonungszeichen; ↑artikulieren.
Tonfilm ↑Kinofilm.
Tonfolge ↑Klang.
Tonholzschnitt ↑Holzschnitt.
Toniclotion ↑Schönheitspflegemittel.
Tonicwater ↑Mineralwasser.
Tonkunst ↑Musik.
tonlos ↑heiser.
Tonmalerei ↑Maltechnik.
Tonne: ↑Behälter, ↑Fass, ↑Gewichtseinheit; steigende T. ↑Gewölbe.
Tonnenbake ↑Warnzeichen.
Tonnendach ↑Dach.
Tonnengewölbe ↑Gewölbe.
Tonpfeife ↑Tabakspfeife.
Tonschöpfer ↑Komponist.
Tonsetzer ↑Komponist.
Tonsillitis ↑Halsentzündung.
Tonstich ↑Holzschnitt.
Tonsur ↑Glatze.
Tönung: ↑Farbe, ↑Nuance.
Tonusverlust: affektiver T. ↑Schrecklähmung.
Tonware ↑Steingut.
Top-: ↑beste.
Topas ↑Schmuckstein.

Topf: ↑Kochtopf, ↑Nachtgeschirr, ↑Vorrat; auf dem T. sitzen ↑Toilette; in einen T. werfen ↑verquicken; alles in einen T. werfen ↑unterscheiden.

Topfblume ↑Topfpflanze.

Töpfchen: ↑Nachtgeschirr; aufs T. gehen ↑austreten [gehen].

Topfen ↑Weißkäse.

Töpfer ↑Keramiker.

¹Töpferei *(nordd.)* Häfnerei *(oberd.)*, Ofensetzerbetrieb; ↑Keramiker.

²Töpferei ↑Steingut.

Töpferware ↑Steingut.

Topfgucker: ein T. sein ↑neugierig [sein].

topfit ↑fit.

Topfpflanze, Kübelpflanze, Zimmerpflanze, Topfblume, Zimmerblume; ↑Blumentopf, ↑Pflanze.

Topgirl ↑Mannequin.

Topinambur ↑Gemüse.

topless ↑nackt.

Topmanager ↑Manager.

Topmodel ↑Mannequin.

Topmodell ↑Mannequin.

Topophobie ↑Phobie.

Topos ↑Redensart.

Topstar ↑Berühmtheit.

Topten ↑Hitliste.

Toque ↑Kopfbedeckung.

¹Tor (das), Treffer, Goal *(schweiz., österr.)* · *durch das ein Sieg errungen wird:* Siegestor, das goldene Tor · *das man sich selbst zufügt:* Eigentor, Selbsttor, Eigengoal *(schweiz., österr.)* · *das leicht zu verhindern gewesen wäre:* Steirertor *(österr.),* Steirergoal *(österr.)* · *dreimal hintereinander durch den gleichen Spieler erzieltes:* Hattrick · *das durch einen Stürmer erzielt wird, der sich eine günstige Situation zunutze macht:* Abstaubertor, Abstauber *(Jargon);* ↑Fußballspieler, ↑Fußballtor; **ein T. schießen,** ein Tor / einen Treffer erzielen, ein Tor / einen Treffer markieren *(Jargon),* skoren *(österr.),* verwandeln, den Ball in die Maschen setzen *(Jargon),* ein Ding in den Kasten setzen / *(Jargon)* hängen, ein Goal schießen *(schweiz., österr.);* ↑schießen.

²Tor (das): ↑Fußballtor, ↑Tür; das Tor zur Welt ↑Hamburg; einer Sache Tür und Tor öffnen ↑unterstützen (etwas); wie der Ochs vorm Tor stehen ↑ratlos [sein].

³Tor (der): ↑Narr.

Torchonspitze ↑Spitzenstickerei.

Tordalk ↑Vogel.

Toreador ↑Stierkämpfer.

Toreinfahrt ↑Tür.

Torero ↑Stierkämpfer.

Toresschluss: kurz vor T. ↑spät [kommen].

Torfbeere ↑Brombeere.

Torfmoor ↑Sumpf.

Torfmoos ↑Moos.

¹Torheit, Narrheit, Unverstand, Unvernunft; ↑Unbesonnenheit, ↑Unkenntnis.

²Torheit ↑Absurdität.

Torhüter ↑Torwart.

töricht: ↑dumm, ↑lächerlich.

törisch ↑taub.

Torjäger ↑Fußballspieler.

torkeln ↑schwanken.

Torlauf ↑Skirennen.

Tormann ↑Torwart.

Tormina ↑Schmerz.

Törn ↑Fahrt.

Tornado ↑Wirbelwind.

¹Tornister, Rucksack, Affe *(ugs.),* Ranzen *(landsch.),* Felleisen *(veraltet),* Reisesack *(veraltet),* Campingbeutel, Schnerfer *(veraltend, österr.)* · Seesack, Sportsack, ↑Tasche (Stadtrucksack), ↑Tragekorb.

²Tornister ↑Schultasche.

torpedieren ↑beschießen.

Torpedoboot ↑Kriegsschiff.

Torpedobootzerstörer ↑Kriegsschiff.

torpid ↑träge.

Torschlusspanik ↑Angst.

Torschütze ↑Fußballspieler.

Torso: ↑Rest, ↑Trümmer.

Torsteher ↑Torwart.

Tort ↑Beleidigung.

Torte: ↑Gebäck; Linzer T. ↑Gebäck.

Tortenguss ↑Guss.

Torturm ↑Turm.

Torwächter ↑Torwart.

Torwart, Torsteher, Torhüter, Tormann, Torwächter, Keeper, Goalkeeper *(österr., schweiz.),* Goaler *(landsch.),* Goali *(schweiz.),* Goalmann *(bes. schweiz., österr.),* Schlussmann, Mann zwischen den Pfosten, elfter Mann, Nummer Eins.

tosen: ↑brausen, ↑rauschen.

toskanisch: -es Kapitell ↑Kapitell.

¹tot, gestorben, abgeschieden, leblos, entseelt, unbelebt, ohne Leben, mausetot *(ugs.),* maustot *(ugs., österr.)* · Ggs. ↑lebendig; **t. sein,** ausgelitten / *(ugs.)* ausgeschnauft haben, nicht mehr unter uns / unter den Lebenden weilen *(geh.),* nicht mehr sein *(verhüll.),* nicht mehr da sein, jmd. hat der Natur seinen Tribut entrichtet, es ist aus mit jmdm. *(ugs.),* hin sein *(salopp),* hinüber sein *(salopp),* ex sein *(salopp, Med.),* den letzten Schlaf schlafen, jmdm. tut kein Zahn mehr weh *(ugs.),* sich die Radieschen von unten besehen *(salopp);* **nicht t. sein,** unter uns / noch unter den Lebenden weilen *(geh.),* [am Leben] sein, atmen, es gibt jmdn. noch *(salopp);* ↑sterben, ↑töten; ↑Exitus, ↑Toter, ↑Tötung.

²tot: -er Punkt ↑Rückgang; aufs -e Gleis geschoben sein ↑angesehen; einen -en Punkt haben ↑müde [sein]; vor Angst mehr t. als lebendig sein ↑Angst [haben]; t. hinsinken ↑sterben; -e Hose ↑Misserfolg.

total: ↑ganz; die Karre ist t. verfahren ↑aussichtslos [sein].

Totalausverkauf ↑Ausverkauf.

Totalexstirpation ↑Operation.

totalitär, autoritär, obrigkeitlich, autokratisch, diktatorisch, absolutistisch, unumschränkt, repressiv, patriarchalisch, selbstherrlich, willkürlich; ↑selbstständig, ↑zielstrebig; ↑Machtgier.

Totalität, Gesamtheit, das Gesamt, Vollständigkeit, Ganzheit, das Ganze; ↑Ganzheit, ↑Vollständigkeit.

Totaloperation ↑Operation.

Totalschaden ↑Unfallschaden.

Totalstar ↑Katarakt.

Totem ↑Amulett.

¹töten, morden, ermorden, einen Mord begehen / verüben, umbringen, ums Leben bringen, beseitigen, liquidieren, ins Jenseits befördern *(salopp),* jmdn. stumm machen, hinschlachten, um die Ecke bringen *(salopp),* jmdn. aus dem Weg räumen *(ugs.),* beiseite schaffen *(salopp),* jmdm. das Lebenslicht ausblasen / *(ugs.)* auspusten, erledigen *(salopp),* kaltmachen *(salopp),* killen *(derb),* abmurksen *(salopp),* den Garaus machen *(ugs.),* meucheln, ertränken, ersticken, erdrosseln, erwürgen, strangulieren, jmdm. das Gas abdrehen *(derb),* hinrichten, an jmdm. die Todesstrafe vollziehen, die Todesstrafe vollstrecken, erstechen, erdolchen, niederstechen, enthaupten, köpfen, guillotinieren, jmdm. den Kopf abschlagen, jmdm. einen Kopf kürzer machen *(salopp),* jmdm. die Rübe abhacken *(derb),* exekutieren, einschläfern, vergasen, vom Leben zum Tode bringen / befördern, niedermachen *(abwertend),* hinmorden *(abwertend),* massakrieren *(abwertend),* niedermetzeln *(abwertend),* hinmetzeln *(abwertend)* · *durch Spritzen:* abspritzen *(derb)* · *durch Gift:* vergiften · *durch Schießen:* [standrechtlich] erschießen, füsilieren, jmdn. an die Wand stellen, über den Haufen schießen *(salopp),* den Genickschuss geben, totschießen, abschießen, niederschießen, zusammenschießen *(ugs.),* niederstrecken, abknallen *(salopp),* umlegen *(salopp)* · *durch Hängen:* hängen, erhängen, aufhängen, aufbaumeln *(salopp),* aufbammeln *(salopp),* aufknüpfen *(ugs.)* · *durch Halsumdrehen:* abkrageln *(österr.)* · *durch Schlagen:* erschlagen, tot schlagen · *mit Qualen:* rädern, aufs Rad flechten, vierteilen, pfählen, kreuzigen, ans Kreuz schlagen, steinigen · *durch Feuer:* dem Flammentod übergeben, auf den Scheiterhaufen bringen, verbrennen · *beim Tier:* schlachten, abschlachten, abstechen, schächten, totmachen, ersäufen, den Gnadenstoß geben / versetzen, den Gnadenschuss / Fangschuss geben, abfangen, den Fang geben, schießen, erlegen, zur Strecke bringen; **t. wollen,** nach dem Leben trachten; ↑ausrotten, ↑besiegen, ↑bestrafen, ↑betäuben, ↑entfernen, ↑entleiben, ↑sterben; ↑tot; ↑Exitus, ↑Fallbeil, ↑Henker, ↑Hinrichtung, ↑Toter, ↑Tötung.

²töten: sich t. ↑entleiben (sich); jmdm. den letzten Nerv t. ↑ärgern (jmdn.).

Totenacker ↑Friedhof.

Totenbaum ↑Sarg.

totenblass ↑blass.

Totenblässe ↑Blässe.

totenbleich ↑blass.

Totenfeier ↑Trauerfeier.

Totengebeine ↑Gebeine.

Totengedenkmesse ↑Totenmesse.

Totengruft ↑Grab.

Totenhalle ↑Leichenhalle.

Totenhaus ↑Leichenhalle.

Totenkiste ↑Sarg.

Totenklage ↑Klage.

Totenkopf ↑Schmetterling.

Totenkopfäffchen ↑Affe.

Totenköpfchen ↑Affe.

Totenlade ↑Sarg.

Totenmahl ↑Leichenschmaus.

¹Totenmesse, Totengedenkmesse, Seelenmesse, Seelenamt, Seelamt *(schweiz.);* ↑Begräbnis.

²Totenmesse ↑Trauerfeier.

Totenrede ↑Nachruf.

Totenreich ↑Hölle.

Totenschau ↑Obduktion.

Totenschein, Sterbeurkunde, Leichenpass *(schweiz.);* ↑Urkunde; ↑sterben.

Totenschrein ↑Sarg.

Totenskelett ↑Gebeine.

Totensonntag ↑Kirchenjahr.

totenstill ↑still.

Totenstille ↑Stille.

Totentrompete ↑Ständerpilz.

Toter, Verstorbener, Verblichener, Heimgegangener, Entschlafener, Abgeschiedener, Hingeschiedener, Entseelter, Verewigter, Leiche, Leichnam, sterbliche Hülle / Überreste, Gebeine, Hungertoter, Krebstoter · *nur scheinbar:* Scheintoter · *bei einem Unglücksfall oder einer Epidemie:* Unfalltoter, Strahlentoter, Todesopfer, Verkehrstoter · *im Kriege:* Gefallener · *durch Rauschgift:* Rauschgifttoter, Drogentoter, Herointoter · *durch entsprechende Temperaturen:* Hitzetoter, Kältetoter · *einbalsamierter:* Mumie; ↑Aas, ↑Exitus, ↑Gebeine, ↑Leichenschauhaus, ↑Tötung; Leichen (sich), ↑mumifizieren, ↑sterben, ↑töten; ↑tot.

tot geboren: etwas ist ein -es Kind ↑aussichtslos [sein].

totkriegen: nicht totzukriegen sein ↑besiegen.

totlachen: sich t. ↑lachen.

totmachen ↑töten.

Toto ↑Glücksspiel.

totschießen ↑töten.

Totschlag: ↑Tötung; es gibt Mord und T. ↑Streit.

totschlagen: ↑langweilen (sich), ↑töten; die Zeit t. ↑faulenzen.

totschweigen ↑schweigen.

totteilen: totgeteilt werden ↑bekommen.

¹Tötung, Vernichtung, Endlösung *(nazistisch),* Holocaust, Totschlag, Mord, Bluttat, Ermordung, Meuchelmord, Raubmord, Giftmord, Ritualmord, Massenmord, Vatermord, Bru-

dermord, Kindesmord, Lustmord, Lynchmord · *als Folge eines Justizirrtums:* Justizmord; ↑Exitus, ↑Euthanasie, ↑Hinrichtung, ↑Toter, ↑Verfolgung, ↑Verstoß; ↑töten; ↑tot.
²Tötung: T. auf Verlangen ↑Euthanasie.
Tötungssucht ↑Raserei.
Touch ↑Nuance.
Toupet: ↑Haar, ↑Perücke.
toupieren ↑frisieren.
Tour: ↑Reise; jmd. hat seine T. ↑aufgelegt; eine T. machen ↑reisen; jmdm. die T. vermasseln ↑verhindern; auf -en bringen ↑anstacheln; auf die schnelle T. ↑schnell; etwas läuft auf vollen -en ↑funktionieren; in einer T. ↑unaufhörlich.
Tour d'Horizon ↑Rundblick.
Tourenrad ↑Fahrrad.
Tourismus, Touristik; ↑Reise.
Tourist ↑Urlauber.
Touristik ↑Tourismus.
Tournedos ↑Fleischgericht.
Tournee ↑Reise.
Towarischtsch ↑Herr.
Tower ↑Kontrollturm.
Toxämie ↑Blutvergiftung.
Toxikation ↑Vergiftung.
Toxikologie ↑Heilkunde.
Toxikonose ↑Vergiftung.
Toxikophobie ↑Hypochondrie.
Toxikose: [endogene / exogene T.] ↑Vergiftung.
Toxikum ↑Gift.
Toxin ↑Gift.
Toxinämie ↑Blutvergiftung.
Toxophobie ↑Hypochondrie.
Toxoprotein ↑Gift.
Toy, [Sex]spielzeug.
Trab: ↑Gangart; T. reiten ↑reiten; auf T. bringen ↑anstacheln.
Trabant: ↑Gefolgsmann; die -en ↑Kinder (die).
Trabantenstadt ↑Vorort.
traben ↑reiten.
Traber ↑Pferd.
Traberrennen ↑Rennen.
Trabrennen ↑Rennen.
Trabrennpferd ↑Pferd.
Tracheoskopie ↑Ausspiegelung.
Tracht ↑Kleidung.
Trachtbezirk ↑Bienenweide.
Trachtbiene ↑Biene.
trachten: ↑streben; nach dem Leben t. ↑töten [wollen].
Trachtenjacke ↑Jacke.
Trachtenjanker ↑Jacke.
Trachtenkleid ↑Kleid.
Trachtenpuppe ↑Puppe.
trademark: registered v. ↑Warenzeichen.
tradieren ↑überliefern.
Tradierung, Überlieferung, Weitergabe, Weiterführung; ↑Tradition; ↑überliefern; ↑herkömmlich.
¹Tradition, Überlieferung, Geschichte, Historie; ↑Abkunft, ↑Tradierung; ↑herkömmlich.

²Tradition ↑Brauch.
Traditionaljazz ↑Jazz.
traditionell ↑herkömmlich.
Traduktion ↑Übersetzung.
träf ↑treffend.
Tragaltar ↑Altar.
Tragbahre ↑Bahre.
tragbar: ↑transportabel; t. sein ↑annehmbar [sein].
Tragbarkeit ↑Fruchtbarkeit.
Trage: ↑Bahre, ↑Tragekorb.
träge, phlegmatisch, dickfellig, tranig *(abwertend),* schwerfällig, viskös, zähflüssig, indolent, gleichgültig, lethargisch, teilnahmslos, desinteressiert, unbeteiligt, leidenschaftslos, apathisch, stumpfsinnig, torpid; ↑dickfellig, ↑faul, ↑tölpelhaft, ↑unempfindlich; **t. sein,** sich nicht rühren, keinen Finger rühren / krumm machen *(ugs.),* keinen Wank tun *(schweiz.);* ↑Dickfelligkeit, ↑Teilnahmslosigkeit.
Tragekorb, Trage, Rückentrage, Kiepe *(landsch.),* Butte *(oberd.),* Bütte *(landsch.),* Kratte *(landsch.),* Kraxe *(bayr., österr.),* Buckelkraxe *(bayr., österr.),* Kötze *(landsch.),* Hotte *(landsch.),* Kietze *(landsch.),* Hutte *(schweiz.),* Kräze *(schweiz.),* Krätze *(schweiz.),* Reff, Räf *(schweiz.);* ↑Korb, ↑Tornister.
¹tragen, schleppen *(ugs.),* über / unter den Arm genommen haben, sich etwas unter den Arm geklemmt haben · *auf dem Rücken:* buckeln *(salopp),* aufhucken *(ugs.),* auf den Rücken / *(ugs.)* auf die Hucke nehmen, huckepack / *(bayr., österr.)* buckelkraxen nehmen (oder:) tragen; ↑beladen; ↑transportieren; ↑Bahre, ↑Last.
²tragen: ↑anhaben, ↑ertragen; -de Rolle ↑Rolle; huckepack t. ↑Rücken; einen Bart t. ↑bärtig [sein]; Bedenken t. ↑zögern; Blüten t. ↑blühen; Eulen nach Athen t. ↑tun; Frucht / Früchte t. ↑Erfolg [haben]; reiche Frucht / Früchte t. ↑einträglich [sein]; ein Kind unter dem Herzen t. ↑schwanger [sein]; eine schwarze Krawatte / Schwarz / Trauer / einen Trauerflor / Trauerkleidung t. ↑Trauerkleidung [tragen]; sein Päckchen zu t. haben ↑Schicksal; den Namen / Titel t. ↑lauten; keine Schuld t. ↑schuldlos [sein]; sein Teil zu t. haben ↑Schicksal; [die] Verantwortung t. ↑einstehen (für); jmdn. auf Händen t. ↑verwöhnen; bei sich t. ↑mitführen; in sich t. ↑aufweisen; sich t. mit ↑befassen (sich), ↑liebäugeln (mit); seine Haut zu Markte t. ↑prostituieren (sich); zum Tragen kommen ↑wirken.
Träger: ↑Brett, ↑Dienstmann, ↑Mittel.
Trägerrock ↑Rock.
Traggurt ↑Gurt.
Trägheit: ↑Faulheit, ↑Teilnahmslosigkeit.
Trägheitsgesetz: nach dem T. ↑[aus] Faulheit.
Tragik ↑Unglück.
Tragikomödie ↑Komödie.
tragisch ↑schlimm.

Tragöde ↑Schauspieler.

¹Tragödie, Trauerspiel · attische Tragödie, römische Tragödie, bürgerliches Trauerspiel; ↑Schauspiel · Ggs. ↑Komödie.

²Tragödie ↑Unglück.

Tragschrauber ↑Hubschrauber.

Tragtasche ↑Papier.

Tragweite ↑Folge.

Trainer ↑Betreuer.

Traineranzug ↑Anzug.

¹trainieren (sich), in Übung bleiben, sich trimmen, in Form bleiben, nicht einrosten, sich fit halten, im Training sein, joggen, Jogging betreiben / machen, Fitnesstraining machen; ↑anstrengen; ↑Training.

²trainieren: ↑erziehen, ↑lernen, ↑turnen.

¹Training, Fitnesstraining, Jogging, Waldlauf, Dauerlauf, Aerobic; ↑trainieren.

²Training: ↑Kunstfertigkeit; autogenes / isometrisches T. ↑Entspannungsübung; im T. sein ↑trainieren (sich).

Trainingsanzug ↑Anzug.

Traité ↑Abmachung.

Trakehner ↑Pferd.

Traktanden: aus Abschied und T. fallen lassen ↑ablehnen.

Traktandenliste ↑Tagesordnung.

Traktandum ↑Tagesordnungspunkt.

Traktat ↑Aufsatz.

traktieren ↑schikanieren.

Traktor, Trecker, Zugmaschine, Schlepper, Bulldozer.

Tralje ↑Gitter.

trällern ↑singen.

Tram ↑Straßenbahn.

Trambahn ↑Straßenbahn.

Trambahnschaffner ↑Schaffner.

Traminer ↑Wein.

Trämler ↑Schaffner.

Tramontana ↑Wind.

Tramp ↑Vagabund.

Trampel ↑Narr.

trampeln ↑stampfen.

Trampelpfad ↑Weg.

Trampeltier ↑Kamel.

trampen: ↑mitfahren; t. durch ↑bereisen, ↑reisen.

Tramper ↑Vagabund.

Tramway ↑Straßenbahn.

Tran: ↑Speiseöl; im T. sein ↑betrunken [sein], ↑müde [sein].

Trance: ↑Trancezustand; in T. sein ↑euphorisch.

tranceartig ↑euphorisch.

Trancezustand, Trance, Dämmerzustand; ↑Geisterbeschwörung; ↑okkult, ↑psychedelisch.

tranchieren ↑zerlegen.

Tranchiermesser ↑Messer.

¹Träne, Zähre *(dichter.),* Freudenträne, Zornesträne · unechte: Krokodilsträne; ↑weinen.

²Träne: es gibt -n ↑weinen; jmdm. / einer Sache keine T. nachweinen ↑beklagen; -n vergießen, in -n ausbrechen, in -n zerfließen, sich in -n auflösen ↑weinen.

Tränendrüse: auf die -n drücken ↑Rührseligkeit [bewirken].

Tränengas ↑Kampfmittel.

Tränensäcke ↑Runzel.

tränenselig ↑empfindsam.

Tränenseligkeit ↑Rührseligkeit.

Tränentier ↑Schlafmütze.

Tranfunzel ↑Schlafmütze.

tranig: ↑langsam, ↑träge.

Trank: ↑Getränk; Speise und T. ↑Nahrung.

tränken ↑trinken.

Tranksame ↑Getränk.

Tranquilizer: ↑Beruhigungsmittel, ↑Medikament.

Tranquillans ↑Beruhigungsmittel.

Transaktion ↑Geschäft.

Trans-Europ-Express ↑Eisenbahnzug.

Transfer ↑Zahlung.

Transferierung ↑Zahlung.

Transformation ↑Umwandlung.

transformationell: -e Grammatik ↑Grammatik.

Transformationsgrammatik: [generative T.] ↑Grammatik.

transformieren ↑ändern.

Transfusion ↑Blutübertragung.

Transistor ↑Radio.

Transit, Durchfuhr, Durchfahrt; ↑Straßenverkehr.

Transitgeschäft ↑Geschäft.

Transithandel, Zwischenhandel, Durchfuhrhandel; ↑Einzelhandel, ↑Großhandel, ↑Handel.

transitiv: -es Verb ↑Verb.

transitorisch ↑kurzlebig.

Transkription ↑Umschrift.

Translation ↑Übersetzung.

Transliteration ↑Umschrift.

transluzent ↑durchsichtig.

transluzid ↑durchsichtig.

Transozeanflug ↑Flug.

transparent ↑durchsichtig.

¹Transparent, Spruchband; ↑Propaganda.

²Transparent ↑Plakat.

Transparentpapier ↑Schreibpapier.

Transparentzeichenpapier ↑Schreibpapier.

Transparenz ↑Durchschaubarkeit.

Transpiration, Schweiß, Schweißabsonderung, Schweißsekretion, Ausdünstung, Hautausdünstung, Schwitzen, Perspiration, Diaphorese, Hidrose, Sudation, Sudoration ·· *vermehrte:* Hyper[h]idrose, Hyper[h]idrosis, Ephidrose, Ephidrosis · *halbseitig vermehrte:* Hemihyper[h]idrose, Hemihyper[h]idrosis ·· *verminderte:* Hyphidrose, Hyphidrosis, Hypohidrose, Oligohidrie, Oligidrie · *bis zum völligen Fehlen:* An[h]idrose, An[h]idrosis ·· *farbige:* Chrom[h]idrose, Chrom[h]idrosis · *rötliche:*

Häm[h]idrose, Häm[h]idrosis, Hämat[h]idrose, Hämat[h]idrosis, Erythrohidrose, Erythridrose, Blutschwitzen · *bläuliche:* Zyan[h]idrose, Cyan[h]idrosis · *dunkelfarbige:* Melanidrose, Melanidrosis; ↑Desodorans, ↑Schweißabsonderung; ↑schwitzen; ↑verschwitzt.
transpirieren ↑schwitzen.
Transplantation, Verpflanzung, Übertragung, Überpflanzung, Anaplastik, Gewebsverpflanzung, Organverpflanzung, Gewebsübertragung, Organübertragung · *am gleichen Organismus:* Autotransplantation, Autoplastik · *zwischen artgleichen Individuen:* Homotransplantation, Homoplastik, Homöotransplantation, Homöoplastik, Homoiotransplantation, Homoioplastik, Isotransplantation, Isoplastik · *zwischen artverschiedenen Individuen:* Heterotransplantation, Heteroplastik · *als Umkehrvorgang:* Retransplantation, Rückverpflanzung, Gewebsrückverpflanzung, Organrückverpflanzung; ↑Explantation, ↑Implantation; ↑transplantieren.
transplantieren, verpflanzen, übertragen; ↑operieren; ↑Transplantation.
¹Transport, Beförderung, Überführung, Ferntransport, Expedierung, Expedition, Landtransport, Seetransport, Lufttransport, Autotransport, Bahntransport, Schienentransport, Schiffstransport; ↑Beseitigung; ↑transportieren.
²Transport ↑Umzug.
transportabel, transportfähig, tragbar, fahrbar, beweglich, mobil, beförderbar; ↑transportieren.
Transportflugzeug ↑Flugzeug.
¹transportieren, befördern, karren *(ugs.),* herankarren *(ugs.),* expedieren, überführen, spedieren; ↑tragen; ↑Spediteur, ↑Spedition, ↑Transport.
²transportieren ↑entfernen.
Transportkäfig ↑Käfig.
Transportunternehmen ↑Spedition.
Transportunternehmer ↑Spediteur.
Transsubstanziation: ↑Umwandlung, ↑Wandlung.
Transuse ↑Schlafmütze.
transzendent ↑übernatürlich.
transzendental: ↑übernatürlich; -e Gleichung ↑Gleichung.
Trantute ↑Schlafmütze.
Träntüte ↑Schlafmütze.
Trapez ↑geometrische Figur.
Trapezkapitell ↑Kapitell.
Trapezkünstler ↑Artist.
Trappe ↑Vogel.
Trapper ↑Jäger.
Trappist: -en ↑Mönchsorden.
Trappistenorden ↑Mönchsorden.
trapsen: Nachtigall, ick hör dir t. ↑merken.
Trara: ↑Lärm; um etwas viel T. machen ↑übertreiben.

Trasse ↑Linienführung.
Tratsch ↑Klatsch.
tratschen ↑reden.
Tratschsucht ↑Redseligkeit.
tratschsüchtig ↑gesprächig.
Tratschsüchtigkeit ↑Redseligkeit.
Tratte ↑Wechsel.
Trattoria ↑Gaststätte.
Traube: ↑Blütenstand, ↑Weinbeere.
Träubelhyazinthe ↑Liliengewächs.
Traubenernte ↑Ernte.
Traubenlese ↑Weinlese.
Traubenschimmel ↑Schlauchpilz.
Traubenwickler ↑Schmetterling.
¹Traubenzucker, Dextrose, Glukose, Glykose, Fruktose, Lävulose, Dextropur®.
²Traubenzucker ↑Zucker.
Träuble ↑Johannisbeere.
¹trauen, kopulieren *(veraltet),* zusammengeben; ↑heiraten, ↑verheiraten; ↑Vermählung.
²trauen: ↑glauben; sich t. ↑wagen; sich t. lassen ↑heiraten; seinen [eigenen] Augen nicht t. ↑überrascht [sein]; dem Frieden nicht t. ↑argwöhnisch [sein]; seinen Ohren nicht t. ↑überrascht [sein]; jmdm. nicht über den Weg t. ↑argwöhnisch [sein].
¹Trauer, Traurigkeit, Wehmut, Melancholie, Schwermut, Trübsal, Freudlosigkeit, Gedrücktheit, Trübsinn, Trübsinnigkeit, Bedrücktheit, Betrübnis, Bekümmertheit, Bekümmernis, Niedergeschlagenheit, Mutlosigkeit, Verzagtheit, Depression, seelisches Tief; ↑Leid, ↑Melancholie; ↑ernsthaft, ↑schwermütig.
²Trauer: T. angelegt haben, T. tragen ↑Trauerkleidung [tragen].
Trauerarbeit ↑Bewältigung.
Trauerente ↑Vogel.
Traueressen ↑Leichenschmaus.
¹Trauerfeier, Totenfeier, Trauermesse, Leichenfeier, Totenmesse, Requiem, Seelenmesse, Seelenamt, Obsequien, Exequien, Abdankung *(schweiz.).*
²Trauerfeier ↑Begräbnis.
Trauerflor: einen T. tragen ↑Trauerkleidung [tragen].
Trauergefolge ↑Leichenzug.
Trauergemeinde ↑Leidtragender.
Trauerkarte ↑Beileidskarte.
Trauerkleid: ↑Kleid; -[er] ↑Trauerkleidung.
¹Trauerkleidung, Trauerkleid, Trauerkleider, etwas Schwarzes *(ugs.);* ↑Kleidung; **T. tragen,** Trauer / Schwarz tragen, in Schwarz gehen, Trauer angelegt haben, einen Trauerflor / eine schwarze Krawatte tragen.
²Trauerkleidung ↑Kleidung.
Trauerkloß ↑Muffel.
Trauerkondukt ↑Leichenzug.
Trauermantel ↑Schmetterling.
Trauermeise ↑Vogel.
Trauermesse ↑Trauerfeier.

Trauernder ↑Leidtragender.
Trauerpapier: ↑Briefpapier, ↑Schreibpapier.
Trauerspiel: [bürgerliches T.] ↑Tragödie.
Traufe ↑Regenrinne.
träufeln, tropfen, tröpfeln; ↑fließen.
traulich ↑gemütlich.
Traulichkeit ↑Gemütlichkeit.
Traum-: ↑ersehnt, ↑ideal.
¹Traum, Tagtraum, Wachtraum, Fiebertraum, Fieberwahn; ↑Halluzination · *schwerer, beängstigender:* Albtraum, Angsttraum, Albdruck, Albdrücken, Inkubus, Sukkubus, Oneirodynie *(Med.);* ↑Angst, ↑Gespenst, ↑Träumer; ↑träumen.
²Traum: einen T. haben ↑träumen; nicht im T. ↑keineswegs; nicht im T. daran denken / sich etwas nicht im Traum einfallen lassen ↑tun; etwas wie im T. können ↑mühelos [erringen].
Trauma: ↑Schock; ↑Verletzung, ↑Wunde.
Traumarbeit ↑Bewältigung.
¹träumen, einen Traum haben; ↑Traum.
²träumen: ↑hoffen, ↑unaufmerksam [sein]; feucht t., mit Erfolg t. ↑ejakulieren.
Träumer, Fantast, Tagträumer, Traumtänzer, Hans Guckindieluft *(scherzh.),* Wolkenschieber *(scherzh.);* ↑Einbildung, ↑Traum.
träumerisch ↑gedankenvoll.
¹Traumfabrik, Welt des Films; ↑Kinofilm.
²Traumfabrik: ↑Filmatelier, ↑Kino.
Traumfrau ↑Frau.
Trauminet ↑Feigling.
Traummann ↑Mann.
Traumschiff ↑Fahrgastschiff.
Traumschloss ↑Palast.
Traumtänzer ↑Träumer.
traun: [t. fürwahr] ↑wahrlich.
Trauner ↑Schiff.
traurig: ↑bedauerlich, ↑schlecht, ↑schwermütig; t. sein, dass... ↑bedauern, ↑bereuen.
Traurigkeit: ↑Trauer; kein Kind von T. sein ↑lustig [sein].
Trauring ↑Ehe.
Trauschein: Ehe ohne T. ↑Ehe.
traut: ↑gemütlich; im -en Heim ↑daheim.
Traute: keine T. haben ↑Mut.
Trautheit ↑Gemütlichkeit.
Trauung: [kirchliche / ökumenische / standesamtliche T.] ↑Vermählung.
Trauzeuge, Beistand *(österr.);* ↑heiraten.
Travellerscheck ↑Scheck.
Travestie: ↑Nachahmung, ↑Satire.
Travestiekomiker ↑Akrobat.
Travestiekünstler ↑Akrobat.
travestieren ↑nachahmen.
Travestieshow ↑Revue.
Trawler: ↑Fischereischiff, ↑Schiff.
Treatment ↑Entwurf.
Trebe: auf die T. gehen ↑herumtreiben (sich).
Trebegänger: ↑Junge, ↑Vagabund.
Treck ↑Flüchtlingszug.
Trecker ↑Traktor.

Treff ↑Spielkarte.
¹treffen, das Ziel erreichen; ↑schießen, ↑zielen; **nicht t.,** danebentreffen, vorbeitreffen, das Ziel verfehlen, vorbeizielen, danebenzielen, danebengreifen, vorbeigreifen, danebenschlagen, vorbeischlagen, danebenhauen, vorbeihauen, vorbeischießen, danebenschießen.
²treffen: ↑finden, ↑kränken, ↑zurückfallen (auf); sich t. ↑versammeln (sich); etwas trifft jmdn. ↑betreffen; eine Entscheidung t. ↑entschließen (sich); genau das Richtige / den Nagel auf den Kopf / den Hornuß t. ↑treffend; eine Vereinbarung / Übereinkunft / ein Übereinkommen t. ↑übereinkommen; Vorbereitungen zu etwas t. ↑anschicken (sich, etwas zu tun); die nötigen Vorbereitungen / Vorentscheidungen t. für ↑planen; Vorkehrungen t. ↑anordnen; Vorsorge t. ↑sichern; jmdn. ins Herz t. ↑kränken; jmdn. bis ins Mark t. ↑kränken; sich [regelmäßig] mit jmdm. t. ↑verkehren (mit); von Amors Pfeil getroffen sein ↑verliebt [sein].
Treffen: ↑Kampf, ↑Wiedersehen; ins T. führen ↑erwähnen.
treffend, genau [richtig], angemessen, prägnant, treffsicher, frappant, schlagend, träf *(schweiz.);* **etwas t. sagen,** genau das Richtige sagen / treffen, ins Schwarze treffen, den Nagel auf den Kopf treffen, den Hornuß [sicher] treffen *(schweiz.);* **t. sein,** hinhauen *(ugs.),* sitzen *(ugs.).*
Treffer: ↑Hauptgewinn, ↑Tor (das); einen T. erzielen / markieren ↑Tor [schießen]; einen T. haben ↑Glück [haben]; ein T. sein ↑wirken.
trefflich, vortrefflich, gut, sehr gut, bestens, fein, herrlich, vorzüglich, statiös, ausgezeichnet, hervorragend, erstklassig, überdurchschnittlich, zünftig, pfundig *(ugs.),* toll, astrein *(ugs.),* stark *(ugs.),* super *(ugs.),* schnafte *(salopp, berlin.),* knorke *(salopp, berlin.),* schnieke *(salopp, berlin.),* dufte *(salopp, berlin.),* bärig *(tirol.),* prima *(ugs.),* Ia (eins a), klassisch *(ugs.),* Klasse *(ugs.),* klass *(österr.),* leinwand *(wiener.),* tulli *(österr.),* exzellent, picobello; ↑auserwählt, ↑blendende, ↑bravo!, ↑ehrenhaft, ↑ideal, ↑kostbar, ↑preisgekrönt, ↑schön; **t. sein:** etwas ist trefflich / *(ugs.)* ist ein Gedicht / *(salopp)* ist ne Wucht *(der)* / Wolke / *(salopp)* ist einsame Klasse, das ist Spitze / spitze, das fetzt *(Jargon),* das ist urst *(landsch.);* ↑Höchstleistung.
Treffpunkt ↑Versammlungsort.
treffsicher ↑treffend.
Treibbake ↑Warnzeichen.
Treibball ↑Ballspiel.
Treibball ↑Ballspiel.
Treibeis ↑Eisscholle.
treiben: ↑arbeiten, ↑fließen, ↑verfolgen, ↑vertreiben; es mit jmdm. t. ↑koitieren; Knospen t. ↑sprießen; Missbrauch / Schindluder t. ↑missbrauchen; mit seiner Gesundheit / seinen Kräften Raubbau t. ↑übernehmen (sich); keinen Raubbau mit seiner Gesundheit t. ↑Gesund-

heit; Reitsport t. ↑reiten; mit jmdm. seinen Schabernack / Scherz t. ↑aufziehen; mit jmdm. ein falsches Spiel t. ↑betrügen; Spionage t. ↑Spion; Sport t. ↑turnen; Werbung t. ↑Werbung; Wucher t. ↑habgierig [sein]; Zauberei t. ↑zaubern; t. in ↑einrammen; in die Enge t. ↑fragen; zu Paaren t. ↑einschreiten; jmdn. zur Verzweiflung t. ↑Verzweiflung.

Treiben ↑Ungeduld.

Treibenlassen ↑Duldung.

Treibgut, Treibholz, Strandgut; ↑Fundsache.

¹Treibhaus, Glashaus, Gewächshaus, Kaldarium; ↑Frühbeet, ↑Garten, ↑Orangerie · Ggs. Freiland.

²Treibhaus: es ist [eine Hitze / heiß] wie im T. ↑überheizt.

Treibhausgemüse ↑Gemüse.

Treibhausluft ↑Luft.

Treibholz ↑Treibgut.

Treibjagd ↑Jagd.

Treibmine ↑Mine.

Treibmittel, Trieb *(landsch.),* Kuchentrieb *(landsch.),* Backpulver, Pottasche, Hirschhornsalz; ↑Gärstoff.

Treibstoff, [bleifreies] Benzin, Kraftstoff, Triebstoff *(schweiz.),* Dieselkraftstoff, Dieselöl, Diesel, Normalbenzin, Normal, Superkraftstoff, Super, Gemisch, Sprit *(ugs.),* Biosprit *(ugs.)* · *für Flugzeuge:* Flugbenzin, Flugzeugtreibstoff, Düsentreibstoff, Kerosin; ↑Erdöl, ↑Tanksäule, ↑Tankstelle.

Treidelpfad ↑Weg.

Treidelweg ↑Weg.

treife: nicht t. ↑unverdächtig.

Trema ↑Zeichen.

tremolieren ↑singen.

Tremolo ↑Vibrato.

Trenchcoat ↑Mantel.

Trend ↑Neigung.

Trendsetter ↑Schrittmacher.

¹trennen (sich), scheiden, sich empfehlen, auseinander gehen, verlassen, weggehen, jmdm. den Rücken kehren, Abschied nehmen, verabschieden, ade / auf Wiedersehen sagen, sich lösen / losreißen, sich reißen von · *in der Ehe:* sich scheiden lassen, die Ehe auflösen · *von einem Verein o. Ä.:* austreten; ↑abmelden, ↑brechen (mit jmdm.), ↑kündigen, ↑scheiden (jmdn.), ↑sitzen lassen, ↑weggehen; ↑Ehescheidung.

²trennen ↑abmachen, ↑durchschneiden; ↑unterscheiden; die Ehe t. ↑scheiden (jmdn.); die Spreu vom Weizen t. ↑aussortieren; sich t. von ↑abschreiben, ↑ausschließen.

Trennung: ↑Abtrennung, ↑Ehescheidung.

Trennungsstrich ↑Satzzeichen.

Trennungswand ↑Mauer.

Trennungszeichen ↑Satzzeichen.

Trennwand ↑Mauer.

¹Treppe, Stiege *(südd., österr.),* Aufgang, Freitreppe, Marmortreppe, Steintreppe, Steinstiege *(südd., österr.),* Holztreppe, Speichertrep-

pe, Bodentreppe, Kellertreppe, Leitertreppe, Falltreppe · *prunkvolle in einem Palais o. Ä.:* Prunktreppe, Feststiege *(österr.)* · *deren Stufen um eine Achse angeordnet sind:* Wendeltreppe, Spindeltreppe · *beim Schiff:* Fallreep · *bei Schiff und Flugzeug:* Laufsteg, Gangway · *sich bewegende, auf der man auf- oder abwärts fahren kann:* Rolltreppe, Fahrtreppe; ↑Aufzug, ↑Stufe, ↑Treppenabsatz, ↑Treppenhaus.

²Treppe: die T. hinauffallen ↑avancieren.

Treppelweg ↑Weg.

Treppenabsatz, Absatz, Treppenpodest, Podest; ↑Stufe, ↑Treppe.

Treppengeländer ↑Geländer.

Treppengiebel ↑Giebel.

Treppenhaus, Stiegenhaus *(südd., österr.),* Treppenflur *(bes. berlin.);* ↑Diele, ↑Hausflur, ↑Treppe.

Treppenleiter ↑Leiter (die).

Treppenpodest ↑Treppenabsatz.

Treppenstufe ↑Stufe.

Treppenwitz ↑Humor.

Tresen: ↑Ladentisch, ↑Schanktisch.

Tresor, Safe, Geldschrank, Panzerschrank, Bankfach, Geheimfach, Sicherheitsfach, Schließfach; ↑Behälter; ↑aufbewahren, ↑verstecken.

Tresse ↑Besatz.

Tretboot ↑Boot.

¹treten, einen Schritt / Tritt machen, vortreten, zurücktreten, herantreten.

²treten: ↑koitieren, ↑stampfen; kürzer t. ↑sparen; jmdm. zu nahe t. ↑aufdringlich [sein]; zutage t. ↑hervortreten; Pflaster t. ↑fortbewegen (sich); auf die Bremse t. ↑bremsen; aufs Gaspedal t. ↑fahren; auf den Plan t. ↑vorkommen; auf der Stelle t. ↑avancieren; aufs Pedal t. ↑Geschwindigkeit; t. in ↑betreten; in Erscheinung t. ↑auffallen; in jmds. Fußstapfen t. ↑nachfolgen; in den Hintergrund t. ↑Einfluss; jmdm. in den Hintern t. ↑schlagen; ins Fettnäpfchen t. ↑kränken; mit Füßen t. ↑missachten; über die Ufer t. ↑überfließen; jmdm. unter die Augen t. ↑sehen; unter die Brause t. ↑baden; von einem Fuß auf den anderen t. ↑warten; vor das Haus t. ↑demonstrieren.

Treter ↑Schuh.

Tretmine ↑Mine.

Tretmühle: in der T. sein ↑arbeiten.

Tretroller ↑Trittroller.

treu, getreu, getreulich, treu und brav, ergeben, anhänglich, beständig · *der Regierung gegenüber:* loyal, nicht ↑unbeständig, ↑anhänglich, ↑folgsam, ↑übereifrig, ↑unselbstständig; **jmdm. t. sein,** jmdm. die Treue halten, mit jmdm. durch dick und dünn gehen, sich für jmdn. in Stücke reißen lassen; ↑Treue.

Treu: auf T. und Glauben ↑gutgläubig.

Treubruch ↑Untreue.

treubrüchig ↑untreu.

Treubrüchiger ↑Abtrünniger.

¹**Treue,** Loyalität, Bündnistreue, Anhänglichkeit, Beständigkeit, Unwandelbarkeit · *unverbrüchliche:* Nibelungentreue; ↑Anständigkeit, ↑Aufrichtigkeit, ↑Redlichkeit; ↑ehrenhaft, ↑treu · Ggs. ↑Untreue.

²**Treue:** jmdm. die T. halten ↑treu [sein]; in T. ↑hochachtungsvoll; in guten -n ↑befugt; etwas in guten -n tun ↑arglos.

Treueprämie ↑Gratifikation.

¹**Treuhänder,** Treuhandverwalter, Vermögensverwalter, Kurator, Trustee · *eines Vermögens unter fremdstaatlicher Verwaltung:* Custodian; ↑Treuhänderschaft.

²**Treuhänder** ↑Verwalter.

Treuhänderschaft, Treuhandverwaltung, Kommission; ↑Verwalter.

Treuhandgebiet ↑Gebiet.

Treuhandverwalter ↑Treuhänder.

Treuhandverwaltung ↑Treuhänderschaft.

treuherzig ↑arglos.

Treuherzigkeit ↑Arglosigkeit.

treulos ↑untreu.

Treuloser ↑Abtrünniger.

Treulosigkeit ↑Untreue.

Trevira ↑Chemiefaser.

Triade ↑Dreiheit.

Triangel ↑Schlaginstrument.

Trias: ↑Dreiheit, ↑Erdzeitalter.

Tribadie ↑Homosexualität.

Tribunal ↑Gericht.

Tribüne, Zuschauertribüne; ↑Empore.

Tribut: ↑Abgabe; jmd. hat der Natur seinen T. entrichtet ↑tot [sein]; T. zollen ↑honorieren, ↑Opfer [bringen].

Trichine ↑Wurm.

Trichodesmium ↑Spaltpflanze.

Trichter: auf den T. kommen ↑verstehen.

Trichtermündung ↑Mündung.

Trick, Raffinesse, Finesse, Kniff, Praktik, Schliche (Plural), Kunstgriff, Masche *(ugs., abwertend)*, Dreh *(ugs., abwertend)*, Schmäh *(österr.)*, Rank *(bes. schweiz.)*, Ganoventrick *(abwertend)*, Rosstäuschertrick *(landsch., abwertend)*; ↑Absicht, ↑Arglist, ↑Manier, ↑Maßnahme.

Trickbetrüger ↑Betrüger.

Trickbetrügerin ↑Betrüger.

Trickdieb ↑Betrüger.

Trickdiebin ↑Betrüger.

Trickfilm ↑Kinofilm.

trickreich ↑schlau.

tricksen ↑betrügen.

Tricktrack ↑Brettspiel.

Trieb: ↑Leidenschaft, ↑Neigung, ↑Schössling, ↑Treibmittel; dem T. nachgeben ↑koitieren.

Triebfeder ↑Anlass.

triebhaft, animalisch, tierisch, libidinös; ↑sexuell.

Triebhaftigkeit ↑Geschlechtstrieb.

triebmäßig ↑gefühlsmäßig.

Triebstoff ↑Treibstoff.

Triebtäter ↑Verbrecher.

Triebverbrecher ↑Verbrecher.

Triebwagen: ↑Eisenbahnzug, ↑Lokomotive.

Triebwerk ↑Motor.

triefen ↑fließen.

triefend: [vor Nässe t.] ↑nass.

Triel ↑Vogel.

Triere ↑Kriegsschiff.

triezen ↑schikanieren.

Trift ↑Wiese.

triftig ↑stichhaltig.

Trigonometrie ↑Mathematik.

Trijodthyronin ↑Hormon.

Trikolore ↑Nationalflagge.

Trikot ↑Sporthemd.

Trikotagen: ↑Textilien, ↑Unterwäsche.

trillern ↑singen.

Trillerpfeife ↑Pfeife.

Trimester ↑Zeitraum.

Trimeter ↑Vers.

trimmen: ↑beschneiden; sich t. ↑trainieren (sich).

Trinität, Dreieinigkeit, Dreifaltigkeit; Vater, Sohn und Heiliger Geist; ↑Gott, ↑Gotteseigenschaften; ↑Gottheit, ↑Heiland, ↑Madonna, ↑Theologie.

¹**Trinitatis,** Trinitatisfest, Dreifaltigkeit, Dreifaltigkeitsfest, Dreifaltigkeitssonntag; ↑Kirchenfest.

²**Trinitatis:** [1.–27. Sonntag nach T.] ↑Kirchenjahr.

Trinitatisfest ↑Trinitatis.

Trinkbares ↑Getränk.

Trinkbude ↑Verkaufsstand.

Trinkei ↑Hühnerei.

¹**trinken,** Flüssigkeit / eine Erfrischung zu sich nehmen · · *in kleineren Mengen:* schlürfen, nippen · · *hastig:* hinunterstürzen, hinuntergießen *(ugs.)*, hintergießen *(ugs.)*, hinunterspülen *(ugs.)* · · *vom Tier:* saufen · · *in Bezug auf eine Arznei:* einnehmen · · *von Alkohol:* zechen, pokulieren, bechern, kneipen, picheln *(ugs.)*, süffeln *(ugs.)*, sich einen zu Gemüte führen / genehmigen *(ugs.)*, in die Kanne steigen *(ugs.)*, pietschen *(ugs.)*, tanken *(salopp)*, kümmeln *(salopp)*, schnapsen *(ugs.)*, biberln *(ugs., österr.)*, schnäpseln *(ugs.)*, schnapseln *(ugs., österr.)*, sich einen hinter die Binde gießen *(ugs.)*, einen auf die Lampe gießen *(ugs.)*, sich die Kehle anfeuchten / ölen / schmieren *(ugs.)*, einen verlöten / heben / abheißen / zwitschern / kippen / stemmen / schmettern / zischen / inhalieren / zur Brust nehmen *(salopp)*, verkasematuckeln *(ugs.)*, kein leeres Glas sehen können, die Gurgel ausspülen / schmieren *(ugs.)*, einen über das Jackett brausen *(ugs.)*, schlotzen *(südd.)* · *mehr als der Mittrinkende:* jmdn. unter den Tisch trinken *(ugs.)*; **zu t. geben,** trinken lassen, einflößen, tränken; ↑austrinken, ↑erquicken, ↑feiern; ↑prost, ↑trunksüchtig; ↑Durst, ↑Getränk, ↑Trinkgefäß, ↑Trinkgelage, ↑Zecher.

²**trinken:** ↑trunksüchtig [sein]; Kaffee t. gehen

↑Café; mit jmdm. Brüderschaft getrunken haben ↑duzen; einen über den Durst getrunken haben ↑betrunken [sein]; Kaffee / Tee t. ↑Frühstück [einnehmen], ↑Zwischenmahlzeit [einnehmen]; Quasselwasser getrunken haben ↑gesprächig [sein], ↑sprechen; abwarten und Tee t.! ↑abwarten; auf jmdn. / etwas t. ↑begehen; auf jmds. Wohl t. ↑zutrinken; Babbelwasser / Brabbelwasser getrunken haben ↑sprechen; Essen und Trinken ↑Nahrung.

Trinker, Weintrinker, Biertrinker, Schnapstrinker, Schnapsdrossel, Schluckspecht, Schlotzer *(südd.),* Gewohnheitstrinker, Trunksüchtiger, Alkoholiker, Potator *(Med.),* Säufer *(abwertend),* Saufbruder *(derb),* Saufbold *(abwertend),* Saufloch *(derb, abwertend),* Saufaus *(derb),* Trunkenbold *(abwertend),* Schnapsbruder *(ugs., abwertend),* Schluckbruder *(ugs., scherzh.),* Sumpfhuhn *(ugs.),* Biertippler *(ugs., österr.),* Tippler *(österr.),* durstige Seele; ↑Betrunkener, ↑Prohibition, ↑Trunksucht, ↑Vagabund, ↑Zecher; ↑betrunken.

trinkfest, trinkfreudig; **t. sein,** etwas / einiges / viel / *(salopp)* einen Stiefel vertragen [können], ein gutes Gefälle haben *(salopp, scherzh.);* ↑betrinken (sich); ↑betrunken.

trinkfreudig ↑trinkfest.

Trinkgefäß, Trinkglas, Glas, Becher, Becherglas, Krug · *für feierliche Zwecke:* Kelch, Pokal · *größeres, verziertes [mit Deckel]:* Humpen, Seidel · *für Bier:* Bierglas, Bierseidel, Seidel, Tulpe, Tulpenglas, Maßkrug *(bayr.),* Bierkrug, Bierkrügel *(österr.)* · *für Wein:* Weinglas, Rotweinglas, Südweinglas, Weißweinglas, Römer, Kelchglas, Stängelglas · *für Schnaps o. Ä.:* Schnapsglas, Likörglas, Schwenker, Schnapsstamperl *(bayr., österr.),* Stamperl *(bayr., österr.)* · *für Sekt:* Sektglas, Sektschale, Sektkelch · *für Kaffee, Tee o. Ä.:* Tasse, Kaffeetasse, Mokkatasse, Schale *(österr.),* Kaffeeschale *(österr.),* Teeschale *(österr.),* Häferl *(ugs., österr.),* Kaffeehäferl *(ugs., österr.);* ↑Gefäß, ↑Hohlmaß, ↑Tasse, ↑Trinkhalm; ↑trinken.

Trinkgelage, Zechgelage, Bacchanal, Zechtour, Sauferei *(salopp),* Saufgelage *(salopp),* Kneiperei *(ugs.),* Kneipgelage *(ugs.),* Drahrerei *(ugs., österr.),* Mullatschag *(österr.)* · *kleineres bei Dienstantritt:* Einstand; ↑Bummel, ↑Umtrunk; ↑feiern, ↑spendieren, ↑trinken; ↑feuchtfröhlich.

Trinkgeld, Bedienungsgeld, Bedienungszuschlag, Douceur *(veraltend),* Schmattes *(österr., salopp),* Bakschisch; ↑Bedienung, ↑Bestechungsgeld; ↑zahlen.

Trinkgenosse ↑Zecher.

Trinkglas ↑Trinkgefäß.

Trinkhalle ↑Verkaufsstand.

Trinkhalm, Strohhalm, Röhrchen; ↑Trinkgefäß.

Trinkschokolade ↑Kakao.

¹Trinkspruch, Toast; ↑Rede.

²Trinkspruch: einen T. auf jmdn. ausbringen ↑zutrinken.

Trinkwasser ↑Wasser.

Trio ↑Mannschaft.

Triolett ↑Gedicht.

Triosonate ↑Sonate.

Trip: ↑Rausch, ↑Reise; einen T. machen ↑Rausch, ↑reisen; einen T. nehmen ↑rauchen; -s werfen / schmeißen ↑spritzen.

Triplebarre ↑Hindernis.

Triplexkarton ↑Karton.

Tripmadam ↑Küchengewürz.

trippeln ↑fortbewegen (sich).

Tripper ↑Geschlechtskrankheit.

Triptychon ↑Altarbild.

trist: ↑langweilig, ↑schwermütig.

Triste ↑Schober.

Tristheit ↑Eintönigkeit.

Tritanopie ↑Farbenblindheit.

Triton ↑Trittroller, ↑Wassergeist.

Tritt: ↑Leiter, ↑Podium, ↑Spur, ↑Stoß, ↑Stufe; einen T. machen ↑treten.

Trittbrett ↑Stufe.

¹Trittbrettfahrer, Parasit, Schnorrer; **T. sein;** sie säen nicht, aber sie ernten doch.

²Trittbrettfahrer ↑Schmarotzer.

Trittleiter ↑Leiter.

Trittroller, Roller, Kinderroller, Tretroller, Triton *(österr.),* Trottinett *(schweiz.).*

Triumph ↑Sieg.

Triumphator ↑Sieger.

Triumphgeschrei ↑Jubel.

triumphieren: ↑schadenfroh [sein], ↑siegen.

Triumphtulpe ↑Gartentulpe.

trivial: ↑oberflächlich, ↑phrasenhaft, ↑unwichtig.

¹Trivialität, Plattheit, Seichtheit, Flachheit, Oberflächlichkeit, Alltäglichkeit, Gehaltlosigkeit, Inhaltslosigkeit, Geistlosigkeit; ↑Plattheit; ↑oberflächlich, ↑unwichtig.

²Trivialität ↑Bedeutungslosigkeit.

Trivialroman ↑Roman.

Trobador ↑Minnesänger.

Trochäus ↑Versfuß.

¹trocken, vertrocknet, ausgetrocknet, dürr, verdorrt, ausgedörrt, abgestorben, pulvertrocken, knochentrocken, rappeltrocken *(landsch.),* furztrocken *(scherzh.),* nicht ↑nass; ↑faltig, ↑unfruchtbar, ↑verwelkt; **t. werden,** trocknen, abtrocknen, übertrocknen *(österr.);* ↑trocknen; **t. machen,** trocknen, abtrocknen, trockenreiben, trocknen lassen; ↑reiben; ↑Handtuch, ↑Trockenheit.

²trocken: ↑altbacken, ↑humorlos, ↑langweilig, ↑lebensfremd, ↑prosaisch, ↑realistisch, ↑spaßig, ↑[nicht mehr] süchtig, ↑unfruchtbar; keinen -en Faden mehr am Leibe haben ↑nass [sein]; Karo t. ↑Schnitte; eine -e Kehle haben ↑Durst [haben]; da bleibt kein Auge t. ↑verschonen; noch nicht t. hinter den Ohren sein ↑Anfänger, ↑erwachsen, ↑jung [sein]; sein Schäfchen ins Trockene bringen ↑Profit [machen]; t. sein ↑[nicht mehr] trunksüchtig [sein].

Trockenbeerenauslese ↑Wein.
Trockengemüse ↑Gemüse.
Trockengestell ↑Steige.
¹Trockenheit, Dürre, Tröckne *(schweiz.);* ↑trocken.
²Trockenheit ↑Kargheit.
Trockenklima: -te ↑Klimazone.
Trockenlöscher ↑Feuerlöscher.
Trockenmilch ↑Milch.
Trockenrasierer ↑Rasierapparat.
Trockenrasur ↑Rasur.
trockenreiben ↑trocken [machen].
Trockenrost ↑Steige.
Trockensavanne ↑Steppe.
Trockentuch ↑Handtuch.
Trockenwäsche ↑Haarwäsche.
Tröckne ↑Trockenheit.
¹trocknen, eintrocknen, austrocknen, vertrocknen, auftrocknen, antrocknen, betrocknen, abtrocknen, ausdörren, tröcknen *(schweiz.);* ↑antrocknen, ↑welken.
²trocknen: ↑trocken [werden]; [t. lassen] ↑trocken [machen]; die Haare t. ↑föhnen.
tröcknen ↑trocknen.
Troddel ↑Quaste.
Trödel ↑Kram.
Trödelbude ↑Jahrmarktsbude.
Trödelei ↑Langsamkeit.
Trödelkram ↑Kram.
trödeln ↑langsam [arbeiten].
Trödler, Altwarenhändler, Altmaterialhändler, Althändler, Gebrauchtwarenhändler, Lumpensammler *(südd.),* Tandler *(österr.),* Schrotthändler; ↑Altmaterial, ↑Einzelhändler, ↑Händler.
Trog ↑Gefäß.
Troika ↑Mannschaft.
trojanisch: Trojanisches Pferd ↑Geschenk.
trölen ↑verschieben.
Trölerei ↑Langsamkeit.
trölerhaft ↑hinhaltend.
trölerisch ↑hinhaltend.
trollen: sich t. ↑weggehen.
Trolleybus: ↑Obus, ↑Verkehrsmittel.
Trolly ↑Spitzenstickerei.
Trombe ↑Wirbelwind.
Trombone ↑Blasinstrument.
Trommel: ↑Schlaginstrument; [die] T. spielen, die T. schlagen / rühren ↑trommeln.
Trommelfeuer ↑Beschuss.
¹trommeln, [die] Trommel spielen, die Trommel schlagen / *(veraltet)* rühren; ↑Schlaginstrument.
²trommeln: ↑prasseln; Gott seis getrommelt und gepfiffen! ↑glücklicherweise.
Trommler ↑Musizierender.
Trompete: ↑Blasinstrument; T. blasen / spielen ↑trompeten; mit Pauken und -n durchgefallen ↑versagen.
¹trompeten, Trompete blasen / spielen; ↑Blasinstrument.
²trompeten ↑schnäuzen (sich).

Trompetentierchen ↑Einzeller.
Trondheim ↑Drontheim.
Trondhjem ↑Drontheim.
Tropenhelm ↑Kopfbedeckung.
Tropf ↑Narr.
tröpfeln: ↑fließen, ↑träufeln; es tröpfelt ↑regnen.
tropfen: ↑fließen, ↑träufeln.
Tropfen: ↑Medikament; ein T. auf einen heißen Stein sein ↑wenig.
Tropfenherz ↑Herzsenkung.
tropfenweise ↑diskontinuierlich.
tropfnass ↑nass.
tropisch: ↑schwül; -es Jahr ↑Zeitraum; -e Klimate, -es Regenwaldklima ↑Klimazone; -er Moosfarn ↑Bärlappgewächs.
Tropus ↑Sinnbild.
Trosse ↑Seil.
Trossschiff ↑Kriegsschiff.
¹Trost, Tröstung, Zuspruch, Aufrichtung, Hoffnung, Lichtblick, Hoffnungsschimmer, Linderung, Balsam, Labsal, Wohltat, Herzenstrost, Seelentrost, Erquickung; ↑Beileid, ↑Mitgefühl; ↑zuversichtlich [sein]; **T. geben,** Trost spenden *(geh.),* Mut zusprechen / machen; ↑tröstlich.
²Trost: T. spenden / zusprechen ↑trösten; nicht bei T. sein ↑verrückt [sein].
¹trösten, Trost spenden / zusprechen / bieten / gewähren / verleihen, aufrichten; ↑bemitleiden, ↑mitfühlen; ↑tröstlich; ↑Trost.
²trösten: -d ↑tröstlich.
tröstlich, tröstend, trostreich, beruhigend, ermutigend; ↑trösten; ↑Trost.
trostlos ↑langweilig.
Trostlosigkeit: ↑Ausweglosigkeit, ↑Eintönigkeit.
Trostpflaster ↑Ersatz.
Trostpreis ↑Ersatz.
trostreich ↑tröstlich.
Tröstung ↑Trost.
Trott ↑Lebensweise.
Trottel ↑Dummkopf.
Trottelblume ↑Vogel.
trotten ↑fortbewegen (sich).
Trotteur ↑Schuh.
Trottinett ↑Trittroller.
Trottoir ↑Gehsteig.
trotz: t. allem ↑dennoch.
Trotz: ↑Eigensinn; zum T. ↑absichtlich.
Trotzalter, Trotzphase; ↑Entwicklungsphase, ↑Trotzkopf.
trotzdem: ↑dennoch, ↑obgleich.
trotzen: ↑aufbegehren; der Gefahr t. ↑mutig [sein].
trotzig ↑unzugänglich.
¹Trotzkismus, ideologische Aufweichung; ↑Revolutionär, ↑Verschwörung.
²Trotzkismus: ↑Ketzerei, ↑Marxismus.
Trotzkist ↑Sozialist.
trotzkistisch ↑kommunistisch.
¹Trotzkopf, Rechthaber, Dickkopf *(ugs.),* Dickschädel *(ugs.),* Querkopf *(ugs.),* Starrkopf, Ka-

prizenschädel *(österr.);* ↑Eigensinn, ↑Trotzalter; ↑unzugänglich.

²Trotzkopf ↑Mädchen.

Trotzphase ↑Trotzalter.

Troubadour: ↑Minnesänger, ↑Sänger.

Troubleshooter ↑Cowboy.

Troupier ↑Soldat.

Trouvère ↑Minnesänger.

trüb: t. werden ↑umschlagen.

trübe: ↑dunkel, ↑schmutzig, ↑schwermütig.

Trubel: ↑Hast, ↑Lärm.

trüben: ↑behindern; jmd. sieht aus, als ob er kein Wässerchen t. könnte ↑harmlos [aussehen]; durch nichts getrübt ↑ungetrübt.

Trübglas ↑Glas.

Trübsal: ↑Trauer; T. blasen ↑schwermütig [sein].

trübselig ↑schwermütig.

Trübsinn: ↑Melancholie, ↑Trauer.

trübsinnig ↑schwermütig.

Trübsinnigkeit ↑Trauer.

trudeln: ↑rollen, ↑würfeln.

Trüffel ↑Schlauchpilz.

Trug: Lug und T. ↑Lüge.

Trugbild ↑Einbildung.

trügen: wenn nicht alle Zeichen t. ↑anscheinend.

trügerisch ↑unwirklich.

Trugmotte ↑Schmetterling.

Truhe, Schrein, Lade *(veraltend);* ↑Kasten, ↑Schachtel.

Trumm ↑Klumpen.

Trümmer, Schutt, Überbleibsel, Ruine, Wrack, Torso, Reste, Überreste; ↑Unvollständigkeit; ↑unvollständig.

Trumpf: ↑Vorteil; alle Trümpfe in der Hand / in [den] Händen haben / halten ↑Vorteil.

Trunk: ↑Getränk; dem T. ergeben / verfallen sein ↑trunksüchtig [sein].

trunken: ↑begeistert, ↑betrunken; t. machen ↑begeistern.

Trunkenbold ↑Trinker.

Trunkener ↑Betrunkener.

Trunkenheit ↑Betrunkenheit.

¹Trunksucht, Alkoholismus, Alkoholophilie *(selten),* Potomanie *(Med.),* Potatorium *(Med.),* Versoffenheit *(derb),* Sauflust *(derb)* · *periodische:* Dipsomanie *(Med.),* Quartalsaufen; ↑Alkoholvergiftung, ↑Ausschweifung, ↑Prohibition, ↑Säuferwahn, ↑Trinker; ↑trunksüchtig.

²Trunksucht: ↑Sucht; periodische T. ↑Anankasmus.

trunksüchtig, versoffen *(derb);* ↑verlebt; **t. sein,** trinken, saufen *(derb),* dem Trunk / *(derb)* Suff ergeben (oder:) verfallen sein, ein Saufbruder sein *(salopp);* ↑Getränk, ↑Trunksucht; **nicht mehr t. sein,** trocken / clean sein *(Jargon)* ↑Entzugserscheinung.

Trunksüchtiger ↑Trinker.

Trupp ↑Abteilung.

Truppe: ↑Abteilung, ↑Heeresverband, ↑Militär; technische T. ↑Waffengattung; bei der T. sein ↑Front.

Truppenarzt ↑Arzt.

Truppenoffizier ↑Offizier.

Truppenreduzierung ↑Abrüstung.

Truppenstandort ↑Garnison.

Truppenteil ↑Heeresverband.

Truppentransporter ↑Kriegsschiff.

Truppenverbandsplatz ↑Lazarett.

Truppenvorbeimarsch ↑Parade.

Trüsche ↑Fisch.

Trust ↑Unternehmen.

Trustee ↑Treuhänder.

Trute ↑Truthahn.

Truthahn ↑Truthuhn.

Truthenne ↑Truthuhn.

Truthuhn · Truthenne, Pute, Trute *(schweiz.)* · *männliches:* Truthahn, Puter, Indian *(österr.);* ↑Geflügel.

Tschador ↑Schleier.

Tschadyr ↑Schleier.

Tschako ↑Kopfbedeckung.

tscharigehen ↑defekt [werden].

tschau ↑Gruß.

Tscheche, Böhme, Böhmak *(ugs., österr.);* ↑tschechisch.

Tschechien *(offizielle Kurzbezeichnung),* Tschechische Republik.

¹tschechisch: Tschechische Republik ↑Tschechien; tschechoslowakisch *(hist.),* böhmisch; ↑Tscheche,

²tschechisch: -e Krone ↑Zahlungsmittel.

Tschibuk ↑Tabakspfeife.

Tschik ↑Zigarette.

tschilpen ↑singen.

Tschinkele ↑Italiener.

tschüs ↑Gruß.

Tschusch ↑Fremder.

T-Shirt ↑Oberhemd.

Tsjao ↑Zahlungsmittel.

Tuba ↑Blasinstrument.

Tubargravidität ↑Schwangerschaft.

Tube: ↑Behälter, ↑Verkehrsmittel; auf die T. drücken ↑Geschwindigkeit, ↑verstärken.

Tubenschwangerschaft ↑Schwangerschaft.

Tuber ↑Hautblüte.

Tuberculum ↑Hautblüte.

tuberkulös: t. sein ↑Tuberkulose [haben].

Tuberkulose, Lungentuberkulose, Tbc, Tb, Phthise, Schwindsucht, Auszehrung *(veraltet),* Lungenschwindsucht, Morbus Koch; **T. haben,** lungenkrank / tuberkulosekrank / tuberkulös sein, die Motten haben *(salopp);* ↑Krankheit.

tuberkulosekrank: t. sein ↑Tuberkulose [haben].

Tuch: ↑Halstuch, ↑Serviette, ↑Stoff; ein rotes T. für jmdn. sein, wie ein rotes T. auf jmdn. wirken ↑ärgern (jmdn.).

Tuchent ↑Federbett.

Tuchentzieche ↑Bezug.

Tuchfühlung: ↑Kontakt; auf T. gehen ↑rücken (an); in T. bleiben ↑Kontakt.

Tuchmacherknoten ↑Knoten.

¹tüchtig, begabt, befähigt, fähig, patent *(ugs.),* wäg *(schweiz.);* t. **sein,** seinen Mann stehen / stellen, etwas leisten, sich sehen lassen können, sich bewähren, sich [im Leben] behaupten · *im Beruf:* sein Handwerk verstehen; ↑anstrengen (sich), ↑werden (etwas).

²tüchtig: ↑fleißig, ↑gehörig, ↑sehr; es jmdm. t. geben ↑schlagen.

Tüchtigkeit ↑Fähigkeit.

Tucke ↑Homosexueller.

Tücke: ↑Arglist; die T. des Objekts ↑Unberechenbarkeit.

tuckern ↑Laut.

tückisch ↑unaufrichtig.

tücksch ↑ärgerlich.

Tudorbogen ↑Bogen.

Tuffstein ↑Baustein.

tüfteln ↑denken.

Tugend: auf dem Pfad der T. wandeln ↑anständig [sein].

Tugendbold ↑Junge.

tugendhaft ↑anständig.

Tugendpinsel ↑Junge.

Tugendwächter ↑Moralprediger.

Tukan: ↑Sternbild, ↑Vogel.

Tukano ↑Indianer.

Tulifäntchen ↑Angeber.

Tüll: [Englisch T.] ↑Stoff.

Tüllschleier ↑Schleier.

Tulpe: ↑Gartentulpe, ↑Liliengewächs, ↑Trinkgefäß.

Tulpenglas ↑Trinkgefäß.

Tumba ↑Schlaginstrument.

tummeln: sich t. ↑beeilen (sich), ↑toben.

Tummelplatz, Spielwiese, Sammelbecken, Auffangbecken, Eldorado, Dorado; ↑Mittelpunkt, ↑Paradies, ↑Sammelbecken.

Tümmler ↑Wal.

Tumor: ↑Hautblüte; [benigner / maligner T.] ↑Geschwulst.

Tümpel ↑See.

Tümpelquelle ↑Quelle.

Tumult: ↑Lärm, ↑Verschwörung.

tumultuarisch ↑aufgeregt.

¹tun, machen, verbrechen *(scherzh.)* · *als Erster:* den Bann brechen · *mit umständlicher Sorgfalt:* sich verkünsteln, sich einen abbrechen *(ugs.)* · *notgedrungen und widerstrebend:* in den sauren Apfel beißen · *etwas Überflüssiges:* Eulen nach Athen tragen · *etwas Unsinniges:* den Bock melken *(ugs.)* · *etwas Aussichtsloses:* Wasser in ein Sieb schöpfen / mit einem Sieb schöpfen, eine Stecknadel in einem Heuhaufen suchen, das Fass der Danaiden füllen, das ist eine Sisyphusarbeit; ↑anrichten, ↑unternehmen; **nicht t. wollen,** nicht im Traum daran denken, sich etwas nicht im Traum einfallen lassen, etwas kommt nicht infrage / in Frage, sich nicht hergeben für / zu etwas, etwas kommt jmdm. nicht in den Sinn, etwas liegt jmdm. fern, sich zu schade / gut sein für; **jmd. würde etwas ganz**

gern t., etwas reizt jmdn., etwas würde jmdm. Spaß machen; **nichts zu t. haben,** Leerlauf haben; **nichts mehr zu t. übrig lassen,** ganze Arbeit leisten; **gerade t.** (z. B. er liest gerade), im Augenblick tun, am ... sein *(ugs.,* z. B. er ist am Lesen); ↑überflüssig.

²tun: ↑arbeiten, ↑vollführen; [kund und] zu wissen t. ↑mitteilen; es tut mir leid! ↑Verzeihung!; nicht t. ↑unterlassen; etwas tut nichts ↑unwichtig [sein]; etwas tut es noch / wieder / nicht mehr ↑funktionieren; sich wichtig t. ↑prahlen; Abbruch / Abtrag / jmdm. etwas [zuleide] t. ↑schaden; etwas t. ↑unternehmen; t. Sie mir den Gefallen / den einen (oder:) einzigen Gefallen...! ↑bitte!; würden Sie mir den Gefallen t. ...? ↑bitte!; keinen Wank t. ↑träge [sein]; „was tun"?, spricht Zeus ↑unentschlossen [sein]; des Guten zu viel t. ↑essen; an einen bestimmten Platz t. ↑betreffen; etwas auf jmds. Verantwortung t. ↑einstehen (für); etwas t. für etwas ↑Opfer [bringen]; t. in ↑hineinbringen; von sich t. ↑entledigen (sich jmds. / einer Sache); etwas hat zu t. mit ↑betreffen; nichts zu t. haben wollen mit ↑heraushalten (sich), ↑hassen.

Tun, Handeln, Unternehmen, Unterfangen, Beginnen; ↑unternehmen.

tünchen ↑streichen.

Tüncher ↑Maler.

Tundra ↑Steppe.

Tundrenklima ↑Klimazone.

tunesisch: -er Dinar ↑Zahlungsmittel.

Tunichtgut: ↑Junge, ↑Schuft.

Tunika ↑Kleidung.

Tunke ↑Soße.

tunken ↑tauchen.

tunlich: es ist t. ↑zweckmäßig [sein].

tunlichst, lieber, gefälligst, möglichst, nach Möglichkeit, wenn [es] möglich [ist]; ↑angemessen, ↑vielleicht, ↑zweckmäßig.

Tunnel ↑Unterführung.

Tunte ↑Homosexueller.

Tuntenball ↑Maskerade.

tuntig: ↑gleichgeschlechtlich, ↑tantenhaft.

Tupamaro ↑Partisan.

Tüpfelchen: T. auf dem i ↑Krönung.

Tüpfelfarn ↑Farn.

Tüpfelsumpfhuhn ↑Vogel.

Tupfenmull ↑Stoff.

Tupi ↑Indianer.

¹Tür, Tor, Pforte, Portal, Eingang, Einstieg, Ausgang, Ausstieg, Hauseingang, Einfahrt, Toreinfahrt, Hauseinfahrt, Zugang, Flügeltür, Pendeltür, Drehtür, Schiebetür, Schranktür, Tapetentür, Geheimtür, Falltür, Guckloch; ↑Diele, ↑Türrahmen.

²Tür: offene -en einrennen ↑ankämpfen (gegen etwas); einer Sache T. und Tor öffnen ↑unterstützen (etwas); die T. offen lassen / nicht schließen, zu Hause wohl Säcke an den -en / vor der Tür haben ↑schließen; du kriegst die T. nicht zu! ↑überrascht [sein]; mach die T. von außen zu! ↑weg!; jmdm. die T. vor der Nase zuschlagen ↑ablehnen; Heim der offenen T. ↑Heim; hinter verschlossenen -en ↑heimlich; mit der T. ins Haus fallen ↑mitteilen; den Stuhl vor die T. setzen ↑entlassen; etwas steht vor der T. ↑bevorstehen; zwischen T. und Angel ↑Hast.

Turban ↑Kopfbedeckung.

Turbinenschiff ↑Schiff.

Türbogen ↑Bogen.

Turbopropflugzeug ↑Flugzeug.

turbulent ↑aufgeregt.

Türdrücker ↑Türklinke.

Turf ↑Rennplatz.

Türfalle ↑Türklinke.

Türgg: ↑Manöver, ↑Propaganda, ↑Werbung.

Türgriff ↑Türklinke.

Türhüter: ↑Portier, ↑Wächter.

Türk: ↑Manöver, ↑Propaganda, ↑Werbung.

Türkei, Osmanisches Reich · *asiatischer Teil:* Anatolien.

türken ↑vortäuschen.

Türken ↑Mais.

Türkenbund ↑Liliengewächs.

Türkenbundlilie ↑Liliengewächs.

Türkentaube ↑Vogel.

Türkenweizen ↑Mais.

Turkey: auf T. sein ↑Entzugserscheinung[en haben].

türkis ↑grün.

Türkis ↑Schmuckstein.

türkisch: türkisches Bad ↑Sauna; -es Pfund ↑Zahlungsmittel; -er Tabak ↑Tabak; -er Weizen ↑Getreide.

Türkischer ↑Kaffee.

türkisch rot ↑rot.

türkisfarben ↑grün.

türkisgrün ↑grün.

Türklinke, Klinke, Türdrücker, Türgriff, Türschnalle *(österr.),* Schnalle *(österr.),* Türfalle *(schweiz.);* ↑Griff.

Turkologie ↑Philologie.

¹Turm, Bergfried, Glockenturm, Kampanile, Minarett, Moscheeturm · Kirchturm · Rathausturm · Vierungsturm, Luginsland *(veraltend)* · Leuchtturm · Funkturm · Aussichtsturm · Wachtturm · Torturm · Sendeturm, Funkturm, Fernsehturm · Pulverturm *(hist.)* · Wasserturm, Wehrturm *(hist.),* Mauerturm · *in früheren Zeiten als Gefängnis dienender:* Hungerturm *(hist.)* · *in Paris:* Eiffelturm.

²Turm: ↑Schachfigur, ↑Stapel.

Turmalin ↑Schmuckstein.

Turmdach ↑Dach.

türmen: ↑aufhäufen, ↑fliehen.

Turmfalke ↑Vogel.

Turmhahn ↑Wetterfahne.

Turmhaus ↑Haus.

turmhoch: ↑hoch; jmdm. t. überlegen sein ↑übertreffen.

Turmuhr ↑Uhr.

turnen, Sport treiben, sich sportlich betätigen,

sich [körperlich] ertüchtigen, trainieren, Gymnastik machen; ↑trainieren (sich); ↑Gymnastik, ↑Sport, ↑Training.

Turnen ↑Sport.

Turnerleibchen ↑Sporthemd.

Turnerschaft ↑Verbindung.

Turngerät ↑Sportgerät.

Turnhalle, Turnsaal *(bes. österr.);* ↑Sportfeld.

Turnhemd ↑Sporthemd.

Turnhose ↑Hose.

Turnier: ↑Spiel; ein T. reiten ↑reiten.

Turnierreiter ↑Reiter.

Turnierreiterin ↑Reiterin.

Turniertanz ↑Tanz.

Turnlehrer ↑Sportlehrer.

Turnleibchen ↑Sporthemd.

Turnschuh ↑Schuh.

Turnübung, Übung · Pflichtübung · Kürübung, Kür · Kopfstand, Handstand, Schulterstand, Überschlag, Salto, Rolle, Rad schlagen, Spagat, Grätsche, Hocke, Flanke, Fechterwende, Fechterkehre · *bes. am Pferd:* Kreisflanke, Kehre, Wende, Wendeschwung, Schwungstütz, Sprungstütz · *bes. am Reck:* Aufschwung, Knieaufschwung, Knieumschwung, Kniewelle, Bauchwelle, Felgumschwung, Riesenfelge, Riesenwelle · *bes. am Barren:* Fechterflanke, Schwebestütz, Liegehang · *bes. an den Ringen:* Hangwaage, Stützwaage; ↑Purzelbaum, ↑Sport, ↑Sportgerät, ↑Sprung.

Turnus ↑Reihenfolge.

Türrahmen, Türeinfassung, Türverkleidung, Türstock *(österr.),* Türpfosten; ↑Fenstereinfassung, ↑Tür.

Türschloss ↑Schloss.

Türschlüssel ↑Schlüssel.

Türschnalle ↑Türklinke.

Türsteher ↑Portier.

turteln ↑kosen.

Türvorhang ↑Gardine.

Türvorlage ↑Fußabstreifer.

Türvorleger ↑Fußabstreifer.

Turzismus ↑Spracheigentümlichkeit.

Tuscarora ↑Indianer.

tuscheln ↑flüstern.

tuschen ↑zeichnen.

Tuschmalerei ↑Maltechnik.

Tussahseide ↑Seide.

Tussi ↑Mädchen.

Tüte: ↑Papiertüte; angeben wie eine T. voll Wanzen / Mücken ↑prahlen; -n drehen / kleben ↑abbüßen; kommt nicht in die T. ↑nein.

Tutel ↑Vormundschaft.

¹tuten, blasen, dudeln, trompeten, schmettern; ↑flöten.

²tuten: ↑Laut; einen t. ↑koitieren; ins gleiche Horn t. ↑Ansicht.

Tutor: ↑Berater, ↑Vormund.

tuttelig ↑hinfällig.

tuttlig ↑hinfällig.

Tutu ↑Rock.

Tuwort ↑Verb.
Tweed ↑Stoff.
Twen ↑Jüngling.
Twill ↑Stoff.
Twinset ↑Pullover.
Twist ↑Tanz.
Two-Beat-Jazz ↑Jazz.
Twostep ↑Tanz.
¹Typ, Temperament · *leichtblütiger:* Sanguiniker · *zu starken Affekten neigender:* Choleriker · *behäbiger, schwerfälliger:* Phlegmatiker · *schwermütiger, trübsinniger:* Melancholiker; ↑Körperbautyp.
²Typ: ↑Modell, ↑Wesen; mieser T. ↑Mann; jmds. T. sein ↑gefallen; dein T. wird hier nicht verlangt ↑weg!.
Type: ↑Mensch, ↑Modell; ausgeflippte / abgefuckte T. ↑Rauschgiftsüchtiger.
Typhon ↑Wirbelwind.
¹Typhus, Typhus abdominalis, Abdominaltyphus, Bauchtyphus, Unterleibstyphus, Enterotyphus, Ileotyphus, Nervenfieber *(veraltend);* ↑Krankheit.
²Typhus: europäischer T. ↑Fleckfieber.
Typhus abdominalis ↑Typhus.
¹typisch, ausgesprochen, unverkennbar.
²typisch: ↑echt; ↑kennzeichnend.
typisieren: ↑charakterisieren, ↑normen.
Typisierung ↑Normung.
Typistin ↑Stenotypistin.
Typograph ↑Schriftsetzer.
Typoskript ↑Skript.
Tyr ↑Gott.
Tyrann: ↑Ehemann, ↑Gewaltherrscher, ↑Oberhaupt.
tyrannisch, despotisch, diktatorisch autoritär, selbstherrlich; ↑Gewaltherrscher, ↑Herrschaft.
tyrannisieren ↑schikanieren.

U: jmdm. ein X für ein U vormachen ↑betrügen; sich kein X für ein U vormachen lassen ↑schlau [sein].
UB ↑Bibliothek.
U-Bahn ↑Verkehrsmittel.
übel: ↑böse, ↑schlimm; übler Beigeschmack ↑Anrüchigkeit; einen üblen Geruch ausströmen / haben ↑riechen; die Luft mit üblem Geruch erfüllen ↑verpesten; in üblem Geruch stehend, ü. beleumdet ↑anrüchig; übler Wille ↑Übelwollen; nicht ü. sein ↑unterschätzen;

jmdm. ist / wird ü. ↑unwohl; wohl oder ü. ↑notgedrungen.
Übel: ↑Krankheit, ↑Not; notwendiges Ü. ↑Erfordernis.
übel gelaunt: ü. sein ↑aufgelegt.
übel gesinnt ↑böse.
Übelkeit ↑Erbrechen.
übellaunig ↑ärgerlich.
Übellaunigkeit ↑Launenhaftigkeit.
übel nehmen, verübeln, nachtragen, ankreiden, verargen, krumm nehmen *(ugs.),* etwas in den falschen Hals / in die falsche Kehle bekommen *(ugs.),* aufmutzen *(ugs.);* ↑anlasten; **nicht ü.,** es jmdm. nicht verdenken können.
übelnehmerisch ↑empfindlich.
Übelstand ↑Unzulänglichkeit.
Übeltat, Schandtat, Schurkerei, Bubenstück, Büberei; ↑Bosheit.
Übeltäter ↑Verbrecher.
¹Übelwollen, Böswilligkeit, [böse] Absicht, böser / übler Wille; ↑böswillig.
²Übelwollen ↑Bosheit.
übel wollend ↑böse.
üben: ↑lernen; Kritik ü. ↑beanstanden; Manöverkritik ü. ↑überprüfen; Nachsicht ü. ↑nachsichtig [sein]; Solidarität ü. ↑solidarisieren (sich); sich in Geduld ü. ↑abwarten.
über: ↑oberhalb; [auf dem Wege ↑] via; ü. die Hälfte ↑Mehrheit; ü. und über ↑ganz.
¹überall, allenthalben, allgemein, allseits, allerseits, passim, an allen Orten, an allen Ecken und Enden, da und dort, weit und breit, allerorts, vielenorts, vielerorts, meistenorts *(schweiz.),* allerorten, allerwärts, ringsum, so weit das Auge reicht; ↑oft, ↑verstreut · Ggs. ↑nirgends.
²überall: ü. und nirgends ↑nirgends.
überallher: von ü., von fern und nah, von allen Seiten / Richtungen / Orten, aus allen Himmelsrichtungen / Richtungen, aus dem hintersten Winkel, aus allen Teilen der Welt, aus aller Herren Länder[n]; ↑überall · Ggs. ↑überallhin.
überallhin, in alle Himmelsrichtungen / Richtungen, in alle [vier] Winde, nach allen Orten / Seiten / Richtungen, bis in den hintersten Winkel, in alle Teile der Welt, so weit das Auge reicht; ↑überall · Ggs. ↑überallher.
überaltert ↑überlebt.
Überalterung ↑Rückständigkeit.
Überangebot ↑Überfluss.
überanstrengen: sich ü. ↑übernehmen (sich).
überanstrengt, überarbeitet, überlastet, überfordert, überbeansprucht, gestresst; ↑erschöpft, ↑müde; ↑Überanstrengung; ↑übernehmen (sich).
Überanstrengung, Überlastung, Überarbeitung, Überbürdung, Arbeitsüberlastung; ↑überanstrengt.
¹überantworten, übertragen, ausfolgen *(österr.),* einantworten *(österr.);* ↑verabreichen; ↑Aushändigung.

²**überantworten:** ↑abgeben, ↑ausliefern (jmdn.), ↑vergeben.
Überantwortung: ↑Aushändigung, ↑Vergabe.
überarbeiten ↑ändern.
überarbeitet ↑überanstrengt.
Überarbeitung ↑Überanstrengung.
überaus ↑sehr.
Überbau, Oberbau, Aufbau · Ggs. ↑Fundament.
überbeanspruchen ↑beanspruchen.
Überbefruchtung ↑Befruchtung.
überbesetzt ↑besetzt.
Überbett ↑Federbett.
überbieten ↑übertreffen.
überbinden ↑anordnen.
Überbleibsel: ↑Rest, ↑Trümmer.
¹**Überblick,** Übersicht, Überschau; ↑Rundblick; ↑überblicken.
²**Überblick:** ↑Erfahrung, ↑Umsicht; einen Ü. haben ↑überblicken.
überblicken, überschauen, übersehen, einen Überblick haben; ↑ansehen; ↑Überblick.
überborden: ↑überhand nehmen; etwas überbordet ↑überschreiten.
überbraten: jmdm. eins ü. ↑schlagen.
Überbrettl ↑Kabarett.
überbringen ↑abgeben.
Überbringer ↑Bote.
Überbringung ↑Lieferung.
überbrücken, über etwas hinwegkommen, überwinden, ausgleichen; **etwas ü. helfen,** über etwas hinweghelfen.
Überbrückung ↑Wartezeit.
Überbrückungszeit ↑Wartezeit.
überbürden ↑aufbürden.
Überbürdung ↑Überanstrengung.
Übercharakterisierung ↑Redundanz.
Überdach ↑Dach.
überdachen ↑bedachen.
Überdachung ↑Bedachung.
überdauern, überwintern, perennieren; ↑ertragen.
Überdeckung ↑Bedachung.
Überdehnung ↑Verletzung.
überdenken ↑erwägen.
überdies ↑außerdem.
Überdosis: ↑Dosis; eine Ü. Tabletten / Schlaftabletten nehmen ↑entleiben (sich).
überdreht: ü. sein ↑lebhaft [sein].
Überdruss, Übersättigung, Übersättigtsein, Ennui, Widerwille, Abscheu, Ekel, Verleider *(schweiz.);* **bis zum Ü.,** bis es geschafft ist, bis es nicht mehr geht, bis zum Gehtnichtmehr, bis zur Vergasung *(ugs.).*
überdrüssig: jmds. / einer Sache ü. sein ↑angeekelt [sein].
überdurchschnittlich ↑trefflich.
Übereifer: ↑Beflissenheit, ↑Begeisterung.
¹**übereifrig,** hundertfünfzigprozentig *(ugs., abwertend),* linientreu, überzeugt; ↑eingefleischt, ↑fanatisch, ↑fleißig, ↑treu, ↑unterwürfig.

²**übereifrig:** ↑beflissen, ↑begeistert.
Übereifrigkeit ↑Beflissenheit.
übereilen, überstürzen, übers Knie brechen, unüberlegt handeln, etwas zu wenig / nicht genügend überlegt haben; ↑Überstürzung.
übereilt ↑schnell.
Übereiltheit ↑Überstürzung.
Übereilung: ↑Überstürzung; ohne Ü. ↑ruhig.
übereinkommen, sich abstimmen / besprechen / arrangieren / einig werden / einigen / *(ugs.)* zusammenraufen, verabreden, vereinbaren, aushandeln, stipulieren, ausmachen, absprechen, abmachen, zurechtkommen (mit), klarkommen *(salopp),* sich verständigen / vergleichen / auf halbem Weg entgegenkommen, handelseinig werden, eine Vereinbarung / Übereinkunft / ein Übereinkommen treffen, verkommen *(schweiz.),* einen Kompromiss schließen, eine Einigung erzielen; ↑bereinigen, ↑einigen; ↑Abmachung, ↑Verabredung.
Übereinkommen: ↑Abmachung; ein Ü. treffen ↑übereinkommen.
Übereinkunft: ↑Abmachung; eine Ü. treffen ↑übereinkommen; nach Ü. mit ↑Erlaubnis.
¹**übereinstimmen** (mit jmdm.), sympathisieren mit, gleich gestimmt / gleich gesinnt sein; ↑ähneln, ↑gleichen, ↑Anhänger (Sympathisant).
²**übereinstimmen:** ↑gleichen; im Alter -d ↑gleichaltrig; ü. mit ↑billigen.
übereinstimmend, zusammenfallend, kongruent, konvergierend, konvergent, gleich, gleichartig, homogen, identisch, analog, analogisch *(schweiz.),* homolog, konform, parallel, einheitlich, einhellig, äquipollent; ↑einträchtig, ↑fugenlos, ↑geistesverwandt, ↑gemäß, ↑gleichartig, ↑homo-, ↑kongruent, ↑symmetrisch, ↑synonym; ↑gleichen; ↑Gegenstück, ↑Gleichartigkeit, ↑Übereinstimmung · Ggs. ↑ungleich.
¹**Übereinstimmung,** Eintracht, Brüderlichkeit, Harmonie, Gleichklang, Gleichtakt, Einigkeit, Einmütigkeit, Einstimmigkeit, Frieden; ↑Einigung, ↑Gegenstück, ↑Gelassenheit, ↑Gemeinsamkeit, ↑Gleichartigkeit, ↑Kongruenz; ↑einträchtig, ↑friedfertig, ↑übereinstimmend · Ggs. ↑Unausgeglichenheit.
²**Übereinstimmung:** ↑Gleichartigkeit, ↑Identität, ↑Kongruenz, ↑Parallele; in Ü. mit ↑Erlaubnis; in Ü. bringen ↑abstimmen (auf etwas).
überempfindlich: ↑empfindlich, ↑wehleidig.
¹**Überempfindlichkeit,** Empfindlichkeit, Idiosynkrasie, Idiokrasie, Allergie, Intoleranz, Atopie, Irritabilität, Hyperästhesie, Hyperergie, Hyperreaktivität, Hypersensibilität, Hypersuszeptibilität, Supersuszeptibilität; ↑Unschädlichkeit, ↑Unzuträglichkeit; ↑bekömmlich, ↑empfindlich.
²**Überempfindlichkeit:** ↑Empfindsamkeit, ↑Zimperlichkeit.
Überempfindlichkeitsreaktion ↑Unzuträglichkeit.

übererfüllen ↑übertreffen.
überessen: sich ü. ↑essen.
¹überfahren, überrollen, zusammenfahren *(ugs.),* über den Haufen fahren *(ugs.),* niederfahren, umfahren, umscheiben *(ugs., österr.);* ↑verunglücken · *ein Signal:* übersehen, missachten, nicht beachten.
²überfahren: ↑betrügen, ↑missachten.
Überfall, Anschlag, Terroranschlag, Mordanschlag, Raubzug, Raubüberfall, Handstreich, Gewaltstreich *(veraltend),* Attentat; ↑Angriff, ↑Kampf, ↑Okkupation, ↑Sprengkörper, ↑Verschwörung.
überfallen: ↑angreifen, ↑auflauern, ↑befallen; etwas überfällt jmdn. ↑überkommen.
Überfallhose ↑Hose.
überfällig ↑verschollen.
Überfälligkeit ↑Unauffindbarkeit.
überfliegen: ↑lesen, ↑passieren.
überfließen, überlaufen, überschwappen, übergehen, über die Ufer treten, überfluten, überschwemmen; ↑Überschwemmung.
überflügeln ↑übertreffen.
¹Überfluss, Überschuss, Überfülle, Überangebot, Überproduktion, Reichtum; ↑Übertreibung, ↑Wohlstandsgesellschaft; **Ü. haben,** zu viel haben, sich nicht zu retten wissen vor *(ugs.),* etwas ist im Überfluss / *(salopp)* in rauen Mengen vorhanden, die Zahl ist Legion; ↑reichlich, ↑überladen, ↑übermäßig, ↑überschüssig.
²Überfluss ↑Redundanz.
Überflussgesellschaft   ↑Wohlstandsgesellschaft.
¹überflüssig, entbehrlich, unnötig, ↑nutzlos, ↑überschüssig · Ggs. ↑zugehörig; **ü. sein,** nicht dazugehören, das fünfte Rad am Wagen sein; ↑tun.
²überflüssig ↑nutzlos, ↑pleonastisch, ↑überschüssig.
überfluten ↑überfließen.
Überflutung ↑Überschwemmung.
überfordern: jmdn. ü. ↑fordern.
überfordert ↑überanstrengt.
überfragt: ü. sein ↑wissen.
überfressen: sich ü. ↑essen.
überfrierend: -e Nässe ↑Glatteis.
Überfuhr ↑Fähre.
überführen: ↑transportieren; in Privateigentum ü. ↑privatisieren; in Volkseigentum ü. ↑enteignen.
Überführung: ↑Brücke, ↑Transport.
Überfülle ↑Überfluss.
überfüllt: ü. sein ↑voll [sein].
Überfunktion ↑Funktionsstörung.
überfuttern: sich ü. ↑essen.
Übergabe: ↑Aushändigung, ↑Lieferung, ↑Vergabe.
Übergang: ↑Brücke, ↑Veränderung, ↑Wartezeit; gleitender Ü. in den Ruhestand ↑Arbeitszeitformen.
Übergangskleid ↑Kleid.

Übergangsmantel ↑Mantel.
Übergangszeit ↑Wartezeit.
Übergardine ↑Gardine.
¹übergeben (sich), [sich] erbrechen, vomieren, etwas von sich geben, brechen, speien [wie ein Reiher], speiben *(bayr., österr.),* reihern *(derb),* spucken *(landsch.),* kotzen *(derb),* keuzen *(salopp),* rückwärts zählen *(scherzh.),* jmdm. fällt das Essen aus dem Gesicht *(scherzh.)* · *auf See:* seekrank sein, die Fische füttern *(scherzh.),* Neptun opfern *(scherzh.);* ↑Bewegungskrankheit, ↑Erbrechen.
²übergeben: ↑abgeben, ↑ausliefern (jmdn.), ↑geben, ↑vergeben, ↑verleihen; seiner Bestimmung ü. ↑einweihen; dem Flammentod ü. ↑töten.
übergehen: ↑missachten, ↑schweigen, ↑überfließen; übergangen werden ↑leer [ausgehen]; jmdm. gehen die Augen über ↑ansehen; etwas geht in jmds. Besitz über ↑zufallen; in Fäulnis ü. ↑faulen; in Fleisch und Blut ü. ↑üblich [werden]; [in Gärung ü.] ↑gären; in andere Hände ü. ↑wechseln; in Korrosion ü. ↑rostig [werden]; mit fliegenden / wehenden Fahnen zum Gegner (oder:) in das andere Lager ü. ↑umschwenken; zum Angriff ü. ↑angreifen; zur Tagesordnung ü. ↑berücksichtigen.
übergenau ↑engherzig.
übergeordnet ↑selbstständig.
übergescheit ↑oberschlau.
Übergewicht: ↑Prävalenz, ↑Vorherrschaft; Ü. haben ↑dick [sein].
übergießen: mit kochendem Wasser ü. ↑blanchieren.
übergreifen ↑ausbreiten (sich).
Übergriff ↑Verschwörung.
übergroß: -e Eile / Eiligkeit ↑Überstürzung.
überhaben ↑angeekelt [sein].
Überhandknoten ↑Knoten.
überhand nehmen, sich ausweiten / häufen, üppig / zu viel werden, ausarten, überborden, überwuchern, wuchern, ins Kraut schießen, zu einer Landplage werden, das ist eine Seuche, es wimmelt von, es wird jmdm. zu bunt [mit etwas], um sich greifen, grassieren, wüten; ↑ausdehnen, ↑einschleichen (sich), ↑unterstützen (etwas), ↑zunehmen.
überhängen ↑umhüllen.
überhapps ↑nachlässig.
Überhastetheit ↑Überstürzung.
Überhastung ↑Überstürzung.
überhäufen: jmdn. mit Lob ü. ↑loben.
überhaupt: ↑ganz; ü. niemand ↑niemand; ü. nichts ↑nichts.
überheblich ↑dünkelhaft.
Überheblichkeit, Hochmut, Dünkel, Einbildung, Eingebildetheit, Stolz, Aufgeblasenheit *(abwertend),* Blasiertheit *(abwertend),* Herablassung, Selbstzufriedenheit, Selbstgefälligkeit, Selbstgerechtigkeit, Selbstherrlichkeit, Arroganz, Anmaßung, Vermessenheit, Präpotenz

(österr.), Süffisanz, Hybris, Hoffart; ↑Frech-
heit, ↑Selbstbewusstsein, ↑Selbsteinschätzung;
↑dünkelhaft · *des Mannes gegenüber Frauen:*
männlicher Chauvinismus; ↑Chauvinist.
überheizt, zu heiß; ↑warm; **ü. sein,** hier drin ist
eine Bullenhitze, es ist [eine Hitze / heiß] wie in
einem Treibhaus; ↑heizen.
Überhitzung, Wärmestauung, Hyperthermie,
Hitzschlag, Thermoplegie, Heliosis, Sonnenstich, Insolation; ↑Schlaganfall.
überhöhen: [den Preis] ü. ↑Wucher.
überhöht: -er Spitzbogen ↑Bogen.
¹überholen (jmdn.), an jmdm. vorbeifahren /
vorbeilaufen, jmdm. vorfahren *(schweiz.)*,
jmdn. zurücklassen / hinter sich lassen *(ugs.)*.
²überholen ↑übertreffen.
überholt ↑überlebt.
überirdisch ↑übernatürlich.
überklug ↑oberschlau.
überkochen, überwallen, überlaufen; ↑bro-
deln, ↑sieden.
¹überkommen: etwas überkommt / überfällt /
überläuft / überwältigt / erfüllt / befällt / übermannt / packt / erfasst / fasst jmdn., etwas
kommt / rührt jmdn. an; ↑erschüttern, ↑fühlen.
²überkommen ↑herkömmlich.
überladen, voll, zu viel, barock, übervoll, überreichlich, strotzend vor, starrend vor, wuchernd, üppig, redundant, erdrückend; ↑pleo-
nastisch, ↑überschüssig, ↑üppig; ↑Überfluss.
Überlagerung, Überschneidung, Überlappung, Interferenz, Beeinflussung.
Überlandbus ↑Omnibus.
Überlandfahrt ↑Fahrt.
Überlandflug ↑Flug.
überlappen: sich ü. ↑überschneiden (sich).
Überlappung ↑Überlagerung.
¹überlassen (jmdm. etwas), jmdm. etwas freistellen / anheim stellen / anheim geben, etwas
ist jmdm. vorbehalten, jmdn. selbst entscheiden
lassen; ↑billigen.
²überlassen: ↑abgeben; jmdn. sich selbst ü.
↑sitzen lassen; jmdn. seinem Schicksal ü. ↑hel-
fen.
Überlassung ↑Entäußerung.
überlastet ↑überanstrengt.
Überlastung ↑Überanstrengung.
überlaufen: ↑überfließen, ↑überkochen,
↑überwechseln; etwas überläuft jmdn. ↑über-
kommen; jmdm. läuft die Galle über ↑ärgerlich
[werden].
Überläufer ↑Deserteur.
überlaut ↑laut.
überleben: ↑ertragen, ↑sterben.
überlebt, überholt, überaltert, passee *(ugs.)*,
vorbei, vergangen, verstaubt, abgetan, anachronistisch, Dampf- *(scherzh.)* (z. B. Dampfradio); ↑altmodisch, ↑herkömmlich, ↑vorig; **ü.
sein,** aus der Mode gekommen sein, einen Bart haben, von anno dazumal / Tobak / *(österr.)* Schnee sein, aus Omas / Opas /

Großmutters / Großvaters Zeiten sein, Opas ...,
das sind olle Kamellen *(ugs.)* · Ggs. ↑vorweg-
nehmen.
Überlebtheit ↑Rückständigkeit.
¹überlegen: ↑denken, ↑erwägen, ↑schlagen;
gemeinsam ü. ↑beratschlagen; etwas muss / will
überlegt sein ↑Bedenkzeit [erfordern]; etwas
nicht genügend / zu wenig überlegt haben
↑übereilen; ohne zu ü. ↑bereitwillig; ohne lange
zu ü. ↑kurzerhand.
²überlegen: ↑ruhig; jmdm. haushoch / turmhoch ü. sein ↑übertreffen.
Überlegenheit: ↑Prävalenz, ↑Vorherrschaft.
überlegt: ↑ausgewogen, ↑planmäßig.
Überlegtheit ↑Ausgereiftheit.
Überlegung: ↑Bedenkzeit, ↑Darlegung,
↑Denkvorgang, ↑Kalkül; etwas erfordert Ü.
↑Bedenkzeit [erfordern]; mit Ü. ↑umsichtig;
ohne Ü. ↑schnell, ↑willkürlich.
überlesen ↑lesen.
überliefern, tradieren, weitergeben, weiterführen; ↑Tradierung.
überliefert ↑herkömmlich.
Überlieferung: ↑Tradierung, ↑Tradition.
überlisten: ↑betrügen; überlistet werden ↑he-
reinfallen.
¹Überlistung, Übertölpelung, Bauernfang *(abwertend)*, Dummenfang; ↑betrügen.
²Überlistung ↑Arglist.
übermächtig ↑mächtig.
übermalen ↑anmalen.
übermannen: etwas übermannt jmdn. ↑über-
kommen; vom Schlaf übermannt werden ↑ein-
schlafen.
Übermaß ↑Redundanz.
übermäßig, übersteigert, überzogen, hypertroph; ↑reichlich.
übermitteln: ↑schicken; telegrafisch ü. ↑tele-
grafieren.
Übermittlung ↑Lieferung.
übermüde ↑müde.
übermüdet ↑müde.
Übermüdung ↑Erschöpfung.
Übermut ↑Ausgelassenheit.
¹übermütig, ausgelassen, unbändig, ungebärdig, wüst *(schweiz.)*, ungestüm, stürmisch; ↑leb-
haft, ↑lustig; **ü. sein,** über die Stränge schlagen,
über die Schnur hauen, jmdn. sticht der Hafer,
eine feste Hand brauchen.
²übermütig ↑lebhaft.
übernachten, nächtigen, sein Lager aufschlagen, die Nacht verbringen, absteigen, schlafen,
logieren, kampieren *(emotional)* · *im Freien:*
unter freiem Himmel / bei Mutter Grün schlafen; ↑beherbergen, ↑einmieten (sich), ↑schla-
fen, ↑übersiedeln, ↑weilen, ↑wohnen; ↑Über-
nachtung.
übernächtig ↑müde.
übernächtigt ↑müde.
Übernachtung, Nächtigung; ↑übernachten.
Übernahmsstelle ↑Annahmestelle.

Übername ↑Spitzname.

übernatürlich, supranatural, supranaturalistisch, surrealistisch, metaphysisch, transzendent, transzendental, überirdisch, übersinnlich, wundersam *(dichter.);* ↑göttlich, ↑okkult.

¹übernehmen (sich), sich überanstrengen / überschätzen / zu viel zumuten, mit seinen Kräften / seiner Gesundheit Raubbau treiben; ↑anstrengen (sich); ↑überanstrengt.

²übernehmen: ↑entgegennehmen; ↑kaufen, ↑verwirklichen; jmds. Amt ü. ↑nachfolgen.

Überparteilichkeit ↑Objektivität.

Überpflanzung ↑Transplantation.

überpinseln ↑anmalen.

Überpreis ↑Preis.

Überproduktion ↑Überfluss.

¹überprüfen, kritisch beleuchten, Bilanz ziehen, bilanzieren, Rückschau halten, Manöverkritik üben; ↑erinnern (sich), ↑kontrollieren; ↑Kontrolle.

²überprüfen ↑kontrollieren.

Überprüfung ↑Kontrolle.

überqueren ↑passieren.

überragend ↑außergewöhnlich.

überraschen: ↑angreifen; etwas überrascht jmdn. ↑überrascht [sein].

überraschend: ↑außergewöhnlich, ↑plötzlich.

überrascht, verwundert, erstaunt, staunend, mit offenem Mund, verblüfft, sprachlos, stumm, verdutzt; ↑ahnungslos, ↑erwartungsvoll, ↑verlegen; **ü. sein,** wie von Donner gerührt / wie vom Blitz getroffen sein, wie vom Schlag gerührt sein *(ugs.),* baff / platt / geplättet / erschossen / gebügelt / leicht gerührt sein *(salopp),* platt sein wie eine Flunder / wie ein Pfannkuchen / wie eine Briefmarke / wie Zeitungspapier *(salopp),* von den Socken / Klötzen sein *(salopp),* perplex sein *(ugs.),* dumm aus der Wäsche (oder:) dem Anzug gucken / kucken *(salopp),* staunen, sich wundern, seinen [eigenen] Augen nicht trauen, [große] Augen machen, befremdet sein, in Staunen geraten, Bauklötzer staunen *(salopp),* aufhorchen, etwas macht jmdm. sprachlos / verschlägt jmdm. den Atem (oder:) die Sprache, keine Worte finden [können], jmdm. bleibt die Sprache / *(ugs.)* die Luft / *(salopp)* die Spucke weg, sein blaues Wunder erleben *(ugs.),* du wirst dich noch wundern / umgucken / *(landsch.)* umkucken / umsehen, aus allen Wolken / Himmeln fallen *(ugs.),* vom Stängel / Eimer fallen *(salopp),* [fast] auf den Rücken / aufs Kreuz fallen *(ugs.),* aus dem Anzug / den Latschen / Pantinen kippen *(salopp),* etwas verblüfft / überrascht jmdn., etwas wirft jmdn. um, es haut jmdn. hin / um *(salopp),* jmdn. haut es vom Stuhl / aus den Stiefeln *(salopp),* mit den Ohren schlackern *(salopp),* die Maulsperre kriegen *(salopp),* Mund und Nase aufsperren *(ugs.),* bei hundert zu Boden gehen *(salopp),* dastehen wie Piksieben *(salopp),* das kann / darf doch nicht

wahr sein! *(ugs.);* ach, du grüne Neune! *(ugs.);* ach, du lieber Gott / Himmel! *(ugs.);* meine Güte / mein Schreck! *(ugs.);* ach, du meine Fresse! *(derb);* ach, du armer Körper *(ugs.);* hast du [da] noch Worte / Töne / Geschmack! *(ugs.);* potz Blitz!, nicht möglich! *(ugs.),* nicht zu fassen / glauben! *(ugs.),* du kriegst die Motten! *(salopp),* du kriegst die Tür nicht zu! *(salopp),* [ich denke] mich laust der Affe *(salopp),* heiliger Bimbam! *(salopp),* heiliges Kanonenrohr! *(salopp),* heiliger Strohsack! *(salopp),* Manometer! *(salopp),* da brat mir einer einen Storch! *(salopp),* da wird der Hund in der Pfanne verrückt! *(salopp),* ich werd zur Minna! *(salopp),* da legst[e] dich nieder! *(salopp);* Sachen gibts, die gibts gar nicht! *(ugs.);* ach, du dicker Vater *(salopp);* Junge, Junge! *(salopp, berlin.);* ↑befremden, ↑bestaunen.

Überraschung, Erstaunen, Überraschungsgast, Verwunderung, Sprachlosigkeit, Fassungslosigkeit, Verwirrung, Verblüffung, Befremden; ↑Enttäuschung; ↑ärgerlich.

Überraschungsgast ↑Überraschung.

Überreaktion: ↑Reaktion; eine Ü. zeigen ↑reagieren.

überreden, bereden, bearbeiten, persuadieren, beschwatzen, erweichen, umstimmen, überzeugen, bekehren, herumkriegen *(salopp),* rumkriegen *(salopp),* breitschlagen *(salopp),* belatschern *(salopp)* · *zur Mitgliedschaft in einem Verein o. Ä.:* werben / keilen *(salopp);* **sich ü. lassen,** eingehen auf, sich einlassen auf, [ein Angebot] annehmen / akzeptieren; ↑abwerben, ↑anregen, ↑anstacheln, ↑bezirzen, ↑beeinflussen, ↑bestechen, ↑bezaubern, ↑bitten, ↑feilhalten, ↑nachgeben, ↑nötigen, ↑umwerben, ↑untergraben, ↑verkaufen, ↑verleiten, ↑zermürben, ↑zuraten; ↑Abtrünniger, ↑Beeinflussung.

Überredungskunst ↑Propaganda.

überreich ↑üppig.

überreichen: ↑abgeben, ↑verleihen, ↑vorlegen.

überreichlich: ↑überladen, ↑üppig.

Überreichlichkeit ↑Redundanz.

überreif ↑reif.

Überreizung ↑Erregung.

Überrest: ↑Fragment, ↑Rest; -e ↑Trümmer; sterbliche -e ↑Toter.

Überrock ↑Mantel.

überrollen ↑überfahren.

überrumpeln ↑angreifen.

Überrumpelung ↑Okkupation.

überrunden ↑übertreffen.

überrüsten ↑rüsten.

übersät: mit Flecken ü. ↑schmutzig; mit Sternen ü. ↑gestirnt.

Übersättigtsein ↑Überdruss.

Übersättigung ↑Überdruss.

Überschallflug ↑Flug.

Überschallflugzeug ↑Flugzeug.

¹überschätzen (sich), sich etwas einbilden, sich für etwas Besonderes halten, sich für wer weiß was / wen halten *(ugs.)*, an Selbstüberschätzung leiden *(abwertend)*, sich für unwiderstehlich halten; ↑dünkelhaft, ↑eitel.

²überschätzen: sich ü. ↑übernehmen (sich).

Überschau ↑Überblick.

überschauen ↑überblicken.

überschlafen: etwas ü. ↑erwägen.

Überschlag: ↑Kalkulation, ↑Purzelbaum, ↑Turnübung.

¹überschlagen: ↑schätzen.

²überschlagen ↑warm.

überschlägig ↑ungefähr.

überschläglich ↑ungefähr.

überschlagsmäßig ↑ungefähr.

Überschlankheit ↑Schlankheit.

überschnappen ↑verrückt [werden].

überschneiden (sich), sich kreuzen / überlappen, zusammenfallen, zusammentreffen.

überschnell: -e Verdauung ↑Durchfall.

¹überschreiten: etwas überschreitet etwas / überbordet / geht über etwas hinaus / hält sich nicht an das gewohnte Maß / sprengt den Rahmen; ↑übertreffen, ↑übertreten.

²überschreiten: ↑übertreten; die Grenze des Möglichen ü. ↑statthaft.

Überschreitung ↑Außerachtlassung.

Überschrift: ↑Aufschrift, ↑Schlagzeile.

Überschuh ↑Schuh.

Überschuss ↑Überfluss.

überschüssig, zu viel, überzählig, überflüssig; ↑überladen, ↑überflüssig; ↑Überfluss.

überschütten: mit Beifall ü. ↑applaudieren; mit Fragen ü. ↑fragen.

Überschwang ↑Begeisterung.

Überschwängerung ↑Befruchtung.

überschwänglich ↑empfindsam.

Überschwänglichkeit ↑Begeisterung.

überschwappen ↑überfließen.

überschwemmen ↑überfließen.

Überschwemmung, Überflutung, Land unter *(nordd.)*; ↑überfließen.

Überseehafen ↑Hafen.

Überseehandel ↑Außenhandel.

Überseekoffer ↑Gepäck.

¹übersehen, etwas entgeht jmdm., nicht bemerken; ↑ignorieren.

²übersehen: ↑ignorieren, ↑überblicken.

über sein: etwas ist jmdm. über ↑angeekelt [sein].

¹übersetzen, übertragen, verdeutschen, verdolmetschen, dolmetschen; ↑auslegen; ↑Dolmetscher.

²übersetzen: [den Preis] ü. ↑Wucher.

Übersetzer ↑Dolmetscher.

¹Übersetzung, Übertragung, Verdeutschung, Nachdichtung, Translation *(veraltet)*, Traduktion *(veraltet)*, Version *(veraltet)* · *die in frühen mittelalterlichen Handschriften zwischen die Zeilen geschrieben wurde:* Interlinearversion · *verbotenerweise in der Schule benutzte:* Klatsche, Schlauch, Schmierer *(österr.)*;

↑absehen · *eines Filmdialogs, die mit den Bewegungen und Bildern des Films übereinstimmt:* Synchronisation, Synchronisierung · *eines Filmdialogs in zugleich mit dem Bild erscheinender Schrift:* Untertitel, Begleittext *(schweiz.).*

²Übersetzung: eine Ü. benutzen ↑absehen.

Übersicht: ↑Beschreibung, ↑Schautafel, ↑Überblick.

übersiedeln, seinen Wohnsitz verlegen, ziehen, umziehen, ausziehen, wegziehen, fortziehen, seine Zelte abbrechen, seine Wohnung aufgeben, seinen Haushalt auflösen, die Tapeten wechseln *(ugs.)*, einen Tapetenwechsel vornehmen *(ugs.)*, zügeln *(schweiz.)*; ↑beherbergen, ↑einmieten (sich), ↑mieten, ↑niederlassen, ↑übernachten, ↑weilen; ↑Umzug · Ggs. ↑heimatverbunden [sein].

Übersiedlung ↑Umzug.

übersinnlich: ↑okkult, ↑übernatürlich.

Übersocke ↑Strumpf.

überspannen: den Bogen ü. ↑fordern.

¹überspannt, verstiegen, fantastisch, skurril, übertrieben, extravagant, ausgefallen, überspitzt, närrisch, verdreht, verrückt *(ugs.)*, gschupft *(österr.)*, hirnrissig *(österr.)*; ↑abgöttisch, ↑dumm, ↑lächerlich, ↑launisch, ↑seltsam, ↑spaßig; ↑Ausgefallenheit, ↑Spleen.

²überspannt ↑empfindsam.

Überspanntheit: ↑Ausgefallenheit, ↑Erregung.

Überspannung ↑Erregung.

überspitzt ↑überspannt.

Überspitztheit ↑Ausgefallenheit.

überspringen: der Funke ist übergesprungen ↑vertraut.

überstanden: etwas ü. / ausgestanden haben, etwas hinter sich [gebracht] haben, überm / übern Berg sein *(ugs.)*; ↑ertragen.

¹überstehen, hinausragen / hinausstehen über, zu lang / zu breit / zu hoch sein; ↑abstehen.

²überstehen ↑ertragen.

übersteigen: ↑übertreffen, ↑umsteigen; etwas übersteigt alle Begriffe ↑außergewöhnlich [sein]; etwas übersteigt jmds. Horizont ↑verstehen.

übersteigern: sich ü. ↑übertreffen.

übersteigert: ↑extrem, ↑übermäßig.

Übersteigerung, Übertreibung, Auswuchs, Ausgeburt.

überstellen: ↑abgeben, ↑verstellen.

Überstellung ↑Lieferung.

überstreifen ↑anziehen.

Überstrumpf ↑Strumpf.

überstülpen ↑anziehen.

Überstunde: -n machen ↑arbeiten.

Überstunden, Überstundenarbeit, Überzeit *(schweiz.)*, Überzeitarbeit *(schweiz.)*, Mehrarbeit, Mehrdienstleistung *(Amtsspr., österr.)*; ↑Arbeit.

Überstundenarbeit ↑Überstunden.
überstürzen: ↑übereilen; sich ü. ↑beeilen (sich).
überstürzt ↑schnell.
Überstürztheit ↑Überstürzung.
¹Überstürzung, Überstürztheit, Übereilung, Übereiltheit, Hast, Hastigkeit, Überhastung, Überhastetheit, Hetze, übergroße Eile/Eiligkeit; ↑Geschwindigkeit, ↑Hast; ↑übereilen; ↑schnell.
²Überstürzung: ohne Ü. ↑ruhig.
übersüß ↑süß.
überteuern: [den Preis] ü. ↑Wucher.
überteuert ↑teuer.
übertippen ↑ausstreichen.
übertölpeln ↑betrügen.
Übertölpelung: ↑Benachteiligung, ↑Überlistung.
¹übertragen, delegieren, zedieren, weitergeben an; ↑anordnen, ↑ermächtigen; ↑Delegierung.
²übertragen: ↑abgeben, ↑ausstrahlen, ↑bildlich, ↑schicken, ↑transplantieren, ↑überantworten, ↑übersetzen, ↑vergeben; jmdm. etwas ü. ↑zuschieben (jmdm. etwas).
Übertragung: ↑Abtretung, ↑Ansteckung, ↑Delegierung, ↑Sendung, ↑Transplantation, ↑Übersetzung, ↑Vergabe.
übertreffen, übersteigen, überbieten, den Vogel abschießen, übertrumpfen, ausstechen, überflügeln, überholen, überrunden, alle Rekorde schlagen, etwas besser können, hinter sich lassen, in den Schatten stellen, jmdn. in die Tasche / in den Sack stecken *(ugs.),* jmdm. haushoch / turmhoch überlegen sein, steigern, sich steigern / übersteigern, über etwas hinausgehen, übererfüllen, jmdm. den Rang ablaufen, jmdm. die Schau stehlen *(ugs.),* jmdm. aus dem Felde schlagen, jmdm. etwas streitig machen, konkurrieren / *(schweiz., österr.)* konkurrenzieren / wetteifern mit; ↑besiegen, ↑siegen, ↑überschreiten; **nicht zu ü. sein:** etwas ist nicht zu übertreffen / sucht seinesgleichen; **übertroffen werden,** seinen Meister finden, Paroli geboten bekommen; ↑Konkurrenz, ↑Preisunterbietung.
¹übertreiben, aufbauschen, zu weit gehen, sich hineinsteigern, sich aufblasen / aufpusten *(ugs.),* dick auftragen *(salopp),* hochstapeln, überziehen, viel Wesens (oder:) Wesen machen von / aus, viel Aufhebens / Aufheben machen von, viel Sums machen *(ugs.),* um etwas viel Trara machen *(ugs.),* aus einer Mücke einen Elefanten machen *(ugs., abwertend),* hochspielen, eine Staatsaktion aus etwas machen; ↑anführen, ↑lügen, ↑prahlen · Ggs. ↑abschwächen, ↑untertreiben; **nicht ü., die** Kirche im Dorf lassen *(ugs.),* sachlich / im Rahmen / auf dem Boden der Tatsachen / *(ugs.)* auf dem Teppich bleiben, die Tassen im Schrank lassen *(ugs.),* hab dich nicht so!, mach dir doch keinen Fleck ins Hemd *(salopp),* das Kind nicht mit dem Bade ausschütten, mach mal halblang! *(salopp);* ↑unredlich; ↑Gerede, ↑Lüge, ↑Übertreibung.

²übertreiben: nicht übertrieben ↑wahrlich.
¹Übertreibung, Prahlerei, Sensationsmache *(emotional),* Angeberei, Aufschneiderei, Großsprecherei, Großmäuligkeit, Großmannssucht, Rodomontade, Imponiergehabe, Hypertrophie; ↑Effekthascherei, ↑Großspurigkeit; ↑prahlen, ↑übertreiben; ↑protzig · Ggs. ↑Untertreibung.
²Übertreibung: ↑Steigerung, ↑Übersteigerung; ohne Ü. ↑wahrlich.
¹übertreten, überschreiten, nicht beachten, nicht einhalten, sich nicht an etwas halten / kehren, sich hinwegsetzen über; ↑missachten, ↑überschreiten; ↑Außerachtlassung.
²übertreten ↑konvertieren.
Übertretung: ↑Außerachtlassung, ↑Verstoß.
¹übertrieben, ohne Maß und Ziel, nicht mehr normal, aus der Weis *(bayr., österr.),* ... wütig (lesewütig, tanzwütig usw.).
²übertrieben: ↑überspannt; nicht ü. ↑wahr.
Übertriebenheit ↑Ausgefallenheit.
Übertritt: ↑Konversion, ↑Veränderung.
übertrumpfen ↑übertreffen.
übertüftern ↑ernähren.
übervoll ↑überladen.
übervorteilen ↑betrügen.
Übervorteilung ↑Benachteiligung.
¹überwachen, bespitzeln, beschatten, beobachten, observieren, beaufsichtigen, kontrollieren, inspizieren; ↑beobachten; ↑Auskundschafter, ↑Detektei.
²überwachen ↑beobachten.
¹Überwachung, Aufsicht, Supervision *(Flugw.),* Beaufsichtigung, Bespitzelung, Beschattung, Beobachtung, Observation, Lauschangriff, Kontrolle, Inspektion · Radarkontrolle · Videoüberwachung; ↑Kontrolle, ↑Abhörgerät, ↑Monitor; ↑beobachten; **ohne Ü. sein,** ohne Aufsicht / Kontrolle sein; wenn die Katze aus dem Haus ist, tanzen die Mäuse auf dem Tisch.
²Überwachung: der Ü. unterliegen ↑beobachten.
Überwachungsorgan · *in der Industrie:* Aufsichtsrat; ↑kontrollieren.
überwallen ↑überkochen.
überwältigen: ↑besiegen; etwas überwältigt jmdn. ↑überkommen.
überwältigend ↑außergewöhnlich.
überwältigt ↑bewegt.
Überwärmungsbehandlung ↑Thermotherapie.
überwechseln, überlaufen, fahnenflüchtig / abtrünnig werden, desertieren · *zu einem anderen Glauben:* konvertieren; ↑Abtrünniger, ↑Bekehrter, ↑Deserteur.
Überweg ↑Brücke.
überweisen ↑schicken.
Überweisung: ↑Lieferung, ↑Zahlung; durch Ü. ↑bargeldlos.
¹überwerfen ↑anziehen.

²**überwerfen:** sich ü. ↑entzweien (sich).

¹**überwiegen,** vorherrschen, vorwiegen, dominieren, prädominieren, prävalieren, das Feld beherrschen; ↑Prävalenz.

²**überwiegen:** das Überwiegen ↑Prävalenz.

überwiegend: ↑oft; der -e Teil ↑Mehrheit.

¹**überwinden** (sich), sich zwingen / aufraffen / aufschwingen / aufrappeln / ermannen zu, sich ein Herz fassen / einen Ruck geben, es über sich bringen / gewinnen, es übers Herz bringen, seinem Herzen einen Stoß geben, über seinen eigenen Schatten springen; **sich nicht ü. können,** nicht über seinen eigenen Schatten springen können, nicht aus seiner Haut können / herauskönnen, seine Natur nicht verleugnen können; ↑entschließen (sich), ↑wagen; ↑Entscheidung, ↑Entschließung.

²**überwinden:** ↑besiegen, ↑ertragen, ↑überbrücken; sich ü. ↑entschließen (sich); eine Schwierigkeit ü. ↑bewältigen.

überwintern ↑überdauern.

überwuchern ↑überhand nehmen.

Überzahl ↑Mehrheit.

überzählig ↑überschüssig.

Überzeit ↑Überstunden.

Überzeitarbeit ↑Überstunden.

überzeugen: ↑glaubwürdig [sein], ↑überreden; sich ü. ↑kontrollieren; fest überzeugt sein, dass ↑zweifeln; felsenfest von etwas überzeugt sein ↑gewiss [sein].

überzeugend: ↑einleuchtend, ↑glaubwürdig.

überzeugt: ↑eingefleischt, ↑übereifrig; -er Anhänger, Überzeugter ↑Linientreuer.

Überzeugung: ↑Ansicht; aus Ü. ↑prinzipiell; der Ü. sein ↑meinen; gegen seine eigene Ü. handeln ↑verleugnen; im Brustton der Ü. ↑nachdrücklich.

Überzeugungsarbeit: ↑Propaganda; Ü. leisten ↑nachdenklich [sagen].

Überzeugungskraft ↑Nachdrücklichkeit.

Überzeugungstäter: ↑Attentäter, Verbrecher.

überziehen: ↑anziehen, ↑übertreiben; sein Konto ü. ↑abheben; von Rost überzogen ↑rostig.

Überzieher: ↑Mantel, ↑Präservativ.

Überziehungskredit: ↑Anleihe, ↑Dispositionskredit, ↑Guthaben.

überzogen ↑übermäßig.

überzuckern ↑zuckern.

Überzug ↑Belag.

Ubiquität ↑Gotteseigenschaften.

¹**üblich,** gewöhnlich, gebräuchlich, alltäglich, gewohnt, landläufig, verbreitet, weit verbreitet, eingewurzelt, tief verwurzelt, normal, usuell, regulär, regelmäßig, gängig, bevorzugt, nicht ↑unüblich, nicht ↑außergewöhnlich; ↑allgemein, ↑eingeführt, ↑herkömmlich, ↑nötig, ↑phrasenhaft, ↑verbindlich; **in der üblichen Weise,** auf die Tippeltappeltour *(ugs.);* **ü. werden.** sich einbürgern, zur Gewohnheit werden, in Fleisch und Blut übergehen, zur zweiten Na-

tur werden, Sitte werden; **ü. sein,** gang / *(schweiz.)* gäng und gäbe sein, im Schwange sein; ↑Regel, ↑Üblichkeit.

²**üblich** ↑herkömmlich.

Üblichkeit, Alltäglichkeit, Landläufigkeit, Gebräuchlichkeit, Gängigkeit, Verbreitung, Verbreitetsein, Gewohntsein; ↑Regel, ↑üblich.

U-Boot ↑Kriegsschiff.

U-Boot-Jäger ↑Kriegsschiff.

übrig: ↑restlich; etwas / viel ü. haben für ↑achten, ↑lieben, ↑mögen (etwas); nichts / nicht viel ü. haben für ↑hassen, ↑mögen (etwas); ü. sein ↑übrig bleiben; im Übrigen ↑außerdem, ↑übrigens.

übrig behalten ↑übrig lassen.

¹**übrig bleiben,** übrig sein, als Rest verbleiben; ↑übrig lassen; ↑restlich; ↑Rest.

²**übrig bleiben:** ↑zurücklassen; -d, übrig geblieben ↑restlich; es bleibt jmdm. nicht anderes übrig ↑müssen, ↑notgedrungen [etwas tun müssen].

übrigens, im Übrigen, nebenbei [bemerkt], notabene, NB, was ich noch sagen wollte; ↑auch.

Übriges ↑Rest.

Übriggebliebenes ↑Rest.

¹**übrig lassen,** zurücklassen, einen Rest / etwas als Rest lassen; ↑übrig behalten, ↑übrig bleiben; ↑restlich; ↑Rest.

²**übrig lassen:** übrig gelassen ↑restlich.

Übung: ↑Brauch, ↑Kunstfertigkeit, ↑Turnübung, ↑Unterricht; gymnastische -en ↑Gymnastik; militärische Ü. ↑Manöver; jmdm. fehlt die Ü., [ganz] aus der Ü. [gekommen] sein ↑Verfassung; in Ü. bleiben ↑trainieren.

Übungsfirma, Scheinfirma; ↑Schule.

Übungsflug ↑Flug.

Übungstherapie ↑Heilgymnastik.

UdSSR ↑Sowjetunion.

¹**Ufer,** Küste, Gestade, Kliff, Strand · Felsenküste, Flachküste, Steilküste, Klippenküste, Schärenküste, Fjordküste, Riasküste, Wattenund Fördenküste, Boddenküste, Haffküste, Deltaküste, Haff-Nehrungsküste, Hebungsküste, Senkungsküste, Mangrovenküste, Anschwemmungsküste, Abrasionsküste; ↑Fluss, ↑Meer, ↑Meerbusen, ↑Strand.

²**Ufer:** am anderen U. ↑jenseits; über die U. treten ↑überfließen; vom anderen U. sein ↑gleichgeschlechtlich [sein].

Uferlandschaft ↑Landschaft.

uferlos: sich ins Uferlose verlieren ↑abschweifen.

Uferschnepfe ↑Vogel.

Uferschwalbe ↑Vogel.

Uferstraße ↑Straße.

UFO ↑Flugkörper.

U-Haft ↑Freiheitsentzug.

¹**Uhr,** Chronometer, Zwiebel *(scherzh.),* Kartoffel *(scherzh.),* Brater *(österr.),* Zeitmesser, Normaluhr, Turmuhr, Zeitglocke *(schweiz.),* Kirchturmuhr, Bahnhofsuhr · Weltzeituhr · Küchen-

uhr · Taschenuhr, Remontoiruhr, Armbanduhr, Sportuhr, Herrenuhr, Damenuhr, Repetieruhr, Nürnberger Ei *(hist.),* Wasseruhr
(hist.) · Wanduhr, Standuhr, Stutzuhr, Stockuhr *(österr.),* Pendule, Pendeluhr, Barockuhr,
Rokokouhr, Kuckucksuhr, Schwarzwälder
Uhr · Wecker, Weckuhr · Sonnenuhr · Sanduhr, Stundenglas, Seiger *(landsch.),* Eieruhr ·
Quarzuhr · Stoppuhr · *bei der die Zeitangabe
auf einem Zifferblatt durch Zeiger erfolgt:* Analoguhr · *die die Uhrzeit durch bewegliche Zah-
lenreihen anzeigt, nicht durch einen Zeiger:* Digitaluhr; ↑Stempeluhr, ↑Zeit.
²Uhr: null / vierundzwanzig U. ↑Mitternacht;
zwölf U. [mittags] ↑Mittag; jmds. U. ist abge-
laufen ↑sterben; rund um die U. ↑Tag, ↑unauf-
hörlich; um vierundzwanzig / zwölf / null U.
↑mitternachts; um zwölf U. [mittags] ↑mittags.
Uhrzeiger, Zeiger · Sekundenzeiger · Minutenzeiger, kleiner Zeiger · Stundenzeiger, großer Zeiger.
Uhrzeit ↑Zeit.
Uhu: ↑Kauz, ↑Vogel.
Ukas ↑Weisung.
Ukelei ↑Fisch.
Ukulele: ↑Saiteninstrument, ↑Zupfinstrument.
Ulan ↑Soldat.
Ulcus ↑Magengeschwür.
Ule: ↑Hautblüte, ↑Narbe.
Ulfilasbibel ↑Bibelübersetzung.
Ulk ↑Scherz.
ulken ↑aufziehen.
ulkig ↑spaßig.
Ulkus ↑Magengeschwür.
¹Ulme, Rüster · Bergulme, Bergrüster, Kugel-
rüster, Korkrüster; ↑Laubhölzer.
²Ulme ↑Laubhölzer.
Ulster: ↑Mantel, ↑Stoff.
ultimativ ↑nachdrücklich.
Ultimatum ↑Aufruf.
Ultra ↑Militarist.
ultramarin ↑blau.
ultramarinblau ↑blau.
ultramodern ↑modern.
Ultraschall[diagnostik] ↑Röntgenographie.
ulzerierend: -e Impetigo ↑Impetigo.
um: Substantiv + um + Substantiv ↑nachein-
ander; um + Infinitiv + zu + können ↑da-
mit; um meinetwillen ↑meinetwegen; um ... willen ↑wegen.
umackern ↑pflügen.
umändern ↑ändern.
umarbeiten ↑ändern.
umarmen ↑umfassen.
Umarmung ↑Umschlingung.
Umbau, Ausbau, Neugestaltung, Renovation,
Renovierung, Restaurierung, Adaptierung *(österr.),* Adaption *(österr.).*
Umbesetzung ↑Umgestaltung.
umbiegen: ↑falten, ↑koitieren.
Umbilicus ↑Nabel.

umbinden ↑anziehen.
umbra ↑braun.
umbrechen ↑pflügen.
umbringen: ↑töten; sich u. ↑entleiben (sich);
nicht umzubringen sein ↑besiegen.
umdisponieren ↑verschieben.
umdrehen: ↑umstülpen; jmdm. dreht sich der
Magen um ↑angeekelt [sein]; den Spieß u.
↑wehren; sich auf dem Absatz u. ↑umkehren.
Umdruckpapier ↑Druckpapier.
umerziehen ↑lenken.
umfahren ↑überfahren.
¹umfallen, umsinken, zu Boden sinken, hinsinken, umstürzen, umschlagen, umkippen *(ugs.),*
umfliegen *(salopp),* umsausen *(salopp);* ↑fallen,
↑sinken, ↑zusammensinken.
²umfallen: ↑umschwenken; [wie die Fliegen u.]
↑ohnmächtig [werden]; zum Umfallen müde
↑müde.
Umfang: ↑Ausmaß; in vollem U. ↑vollinhalt-
lich.
umfangen ↑umfassen.
¹umfangreich, ausgedehnt, groß; ↑gewaltig.
²umfangreich ↑dick.
umfärben ↑anmalen.
umfassen, umschließen, umarmen, umfangen,
umschlingen, umklammern, umhalsen, jmdm.
um den Hals fallen / in die Arme sinken, an sich
ziehen / pressen, drücken, knud[d]eln *(ugs.,
landsch.);* ↑küssen, ↑liebkosen, ↑schlingen,
↑umschlingen.
umfassend ↑allgemein.
Umfassung ↑Umschlingung.
Umfassungsmauer ↑Mauer.
umfliegen ↑umfallen.
umformen ↑ändern.
Umformung ↑Umwandlung.
¹Umfrage, Recherche, Befragung, Exploration, Interview, Rundfrage, Urabstimmung,
Volksbefragung, demoskopische Untersuchung, Enquete, Feldarbeit, Feldforschung, Erhebung, Repräsentativerhebung, Repräsentativbefragung, Publikumsbefragung, Publikumsumfrage, Leserumfrage, Hörerumfrage,
Zuschauerumfrage, Wählerumfrage, Verbraucherumfrage; ↑Demoskopie, ↑Frage, ↑Ge-
spräch, ↑Marktforscher, ↑Marktforschung,
↑Nachforschung; ↑fragen.
²Umfrage: eine U. halten / veranstalten ↑fra-
gen.
umfragen ↑fragen.
umfrieden ↑einzäunen.
umfriedigen ↑einzäunen.
Umfriedungsmauer ↑Mauer.
umfunktionieren ↑ändern.
Umgang: mit jmdm. U. haben ↑verkehren
(mit); U. nehmen von ↑abschreiben.
Umgänger ↑Vagabund.
Umgängerei ↑Landstreicherei.
umgänglich ↑gesellig.
Umgänglichkeit ↑Gesellichkeit.

Umgangsformen ↑Benehmen.
Umgangssprache ↑Ausdrucksweise.
umgarnen ↑bezaubern.
Umgarnung ↑Faszination.
umgeben: ↑einfassen, ↑einkreisen.
¹Umgebung, Nachbarschaft, Umgegend, Umkreis, Umschwung *(schweiz.),* Umgelände *(schweiz.).*
²Umgebung ↑Umwelt.
¹umgehen (mit jmdm.), behandeln, verfahren mit · *in kommandierender Art und Weise:* umspringen mit, mit jmdm. Fangball spielen · *behutsam:* jmdn. in Watte packen, jmdn. mit Samthandschuhen / mit Glacéhandschuhen anfassen, jmdn. wie ein rohes Ei behandeln · *verächtlich:* jmdn. über die Achsel ansehen, jmdn. wie Luft / *(salopp)* Dreck / *(salopp)* den letzten Dreck behandeln; **mit jmdm. u. können,** jmdn. zu nehmen wissen.
²umgehen: u. mit ↑befassen (sich); sorgsam u. mit etwas ↑schonen; mit etwas verschwenderisch u. ↑verschwenden; mit dem Gedanken u. ↑erwägen; mit Nadel und Faden u. können ↑nähen [können].
³umgehen ↑entziehen (sich).
umgehend ↑gleich.
¹Umgehungsstraße, Ortsumfahrung, Umfahrungsstraße *(österr.),* Umfahrung *(österr.);* ↑Straße.
²Umgehungsstraße: ↑Richtungsänderung, ↑Straße.
umgekehrt: ↑gegensätzlich, ↑seitenverkehrt.
Umgelände ↑Umgebung.
umgestalten ↑verbessern.
¹Umgestaltung, Umbesetzung, Revirement, Neugestaltung, Erneuerung; ↑Neubelebung.
²Umgestaltung ↑Reform.
umgetrieben ↑ungeborgen.
Umgetriebensein ↑Ungeborgenheit.
umgraben: ↑graben, ↑pflügen.
umgrenzen ↑einzäunen.
Umgruppierung ↑Umschichtung.
umgucken: du wirst dich noch u. ↑überrascht [sein]; sich u. nach ↑suchen.
umgürten ↑einfassen.
umhalsen ↑umfassen.
Umhang, Umschlagtuch, Dreieckstuch, Wetterfleck *(südd., österr.),* Kotzen *(südd., österr.),* Cape, Regencape, Mantille, Poncho, Pelerine, Radmantel, Rad *(ugs.),* Plaid · *der Bergschotten:* Tartan · *im alten Rom:* Palla · *langer, schmaler:* Stola; ↑Halstuch, ↑Mantel (Friesennerz).
umhängen ↑anziehen.
Umhängetasche ↑Tasche.
umhauen: ↑abholzen; es haut jmdn. um ↑überrascht [sein].
umhecken ↑einzäunen.
umhergetrieben ↑ruhelos.
Umhergetriebener ↑Umherirrender.
Umhergetriebensein ↑Unrast.

umherirren ↑herumtreiben (sich).
umherirrend ↑ruhelos.
Umherirrender, Herumirrender, Getriebener, Umhergetriebener, Ruheloser, Nomade, Vagabund, Ahasver *(geh.),* Ahasverus *(geh.),* der Ewige Jude; ↑Unrast; ↑herumtreiben (sich); ↑ruhelos.
umherreisen ↑reisen.
umherstreifen ↑herumtreiben (sich).
umherstreuen ↑verstreuen.
umherziehen: ↑reisen; -d ↑ambulant.
umhinkönnen: nicht u. ↑müssen.
umhören: sich u. ↑fragen.
umhüllen, einhüllen, verhüllen, überhängen, verhängen; ↑bedecken; ↑einhüllen (sich), ↑verstecken.
Umhüllung ↑Verpackung.
Umkarton ↑Karton.
Umkehr: ↑Abkehr, ↑Bekehrung.
umkehrbar: nicht u. ↑irreparabel.
¹umkehren, kehrtmachen, kehren *(schweiz.),* sich wenden / auf den Absatz umdrehen; ↑abbiegen, ↑zurückbegeben (sich), ↑zurückkommen; ↑heimwärts.
²umkehren: ↑bessern (sich), ↑verfälschen.
Umkehrfilm ↑Film.
Umkehrung, Verirrung, Verkehrtheit, Perversion; ↑Unzucht; ↑pervers.
umkippen: ↑kentern, ↑ohnmächtig [werden]; ↑umfallen, ↑umschlagen.
umklammern ↑umfassen.
Umklammerung ↑Umschlingung.
Umkleidekabine ↑Umkleideraum.
umkleiden ↑umziehen (sich).
Umkleideraum, Umkleidekabine, Garderobe, Theatergarderobe; ↑Garderobe; ↑ausziehen; ↑umziehen (sich).
umknicken: [mit dem Fuß u.] ↑stolpern.
umkommen: ↑faulen, ↑sterben; vor Hunger u. ↑Hunger [haben].
Umkreis: ↑Ausmaß; in weitem U. ↑weitum.
umkrempeln: ↑ändern, ↑umstülpen.
umkringeln ↑markieren.
umkucken: du wirst dich noch u. ↑überrascht [sein]; sich u. nach ↑suchen.
Umlad ↑Verladung.
Umladung ↑Verladung.
Umlauf: ↑Nagelkrankheit, ↑Umlaufschreiben, ↑Zirkulation; im / in U. befindlich ↑eingeführt; in U. sein ↑kursieren; in U. bringen / setzen ↑verbreiten.
umlaufen: ↑kreisen, ↑kursieren.
Umlaufschreiben, Umlauf, Umlaufer *(österr.),* Zirkular, Rundschreiben, Runderlass, Kreisschreiben *(schweiz.),* Aussendung *(österr.);* ↑Mitteilung, ↑Rundschreiben.
Umlegekalender ↑Kalender.
umlegen: ↑abholzen, ↑koitieren, ↑töten, ↑umstülpen, ↑verschieben.
Umleitung: ↑Bypass, ↑Richtungsänderung.
umma ↑her.

ummi ↑hin.

ummodeln ↑ändern.

ummünzen: ↑ändern, ↑umprägen.

umpflanzen, verpflanzen, umtopfen; ↑bebauen; ↑Pflanze.

umpflügen ↑pflügen.

umprägen, ummünzen; ↑Münze.

umrahmen ↑einfassen.

Umrahmung ↑Einfassung.

umranden ↑einfassen.

umranken ↑umschlingen.

umreißen ↑entwerfen.

umringen ↑einkreisen.

Umriss, Kontur, Silhouette, Schattenriss, Profil, Seitenansicht · *einer Stadt am Horizont:* Skyline; ↑Schattenriss.

umrissen: fest u. ↑klar; scharf u. ↑profiliert.

umrisshaft ↑kurz.

Umrissstich ↑Kunstdruck.

umrühren ↑rühren.

umsatteln, sich verändern, [den Beruf] wechseln, einen anderen Beruf ergreifen, die Tapeten wechseln *(ugs.),* umsteigen auf *(ugs.);* ↑Beruf.

Umsatz ↑Absatz.

Umsatzsteuer ↑Abgabe.

umsäumen ↑einfassen.

umsausen ↑umfallen.

umschattet ↑schattig.

umschauen: sich u. nach ↑suchen.

umschichtig ↑abwechselnd.

Umschichtung, Verlagerung, Umgruppierung, Umstrukturierung, Strukturwandel, Paradigmawechsel; ↑Veränderung.

¹Umschlag, Hülle, Einband · *für Briefsendungen:* Briefumschlag, Kuvert · *für Bücher:* Schutzumschlag, Buchhülle, Hemdchen *(ugs., scherzh.)* · *aus Karton:* Schuber.

²Umschlag: ↑Aufschlag, ↑Kompresse, ↑Wickel.

¹umschlagen (von Wein), umkippen, trüb werden; ↑faulen; ↑Wein.

²umschlagen: ↑kentern, ↑umfallen, ↑umstülpen; etwas schlägt um ↑ändern.

Umschlaghafen ↑Hafen.

Umschlagkarton ↑Karton.

Umschlagpapier ↑Einwickelpapier.

Umschlagtuch ↑Umhang.

umschleichen ↑beschleichen.

umschließen: ↑einfassen, ↑umfassen.

Umschließung ↑Umschlingung.

¹umschlingen, umwinden, umwickeln, umranken; ↑schlingen, ↑umfassen.

²umschlingen ↑umfassen.

Umschlingung, Umklammerung, Umschließung, Umfassung, Umarmung; ↑schlingen.

Umschneidung ↑Operation.

Umschrift · *die die Aussprache genau wiedergibt:* Lautschrift · *lautgerechte Übertragung in eine andere Schrift:* Transkription · *buchstabengetreue Umsetzung in lateinische Schrift mit zusätzlichen Zeichen:* Transliteration.

umschütten ↑vergießen.

umschwärmt ↑wohlgelitten.

Umschweife: ohne U. ↑rundheraus.

umschwenken, umfallen, umkippen *(ugs.),* seine Gesinnung [wie das / wie sein Hemd] wechseln, einmal hü und einmal hott sagen, seine Meinung ändern, anderen Sinnes werden, etwas mit [ganz] anderen Augen sehen, die Hefte revidieren *(schweiz.),* seinen Standpunkt aufgeben, mit fliegenden / wehenden Fahnen zum Gegner (oder:) in das andere Lager übergehen, sich beeinflussen lassen; ↑nachgeben, ↑Opportunist [sein]; ↑Ansicht, ↑Gesinnungswandel.

Umschwung ↑Bauernhof, ↑Veränderung.

umsehen: du wirst dich noch u. ↑überrascht [sein]; sich u., wie die Verhältnisse sind ↑vorfühlen; sich u. nach ↑suchen; sich nach einer Frau u. ↑werben.

umseitig, auf der nächsten / ander[e]n Seite, auf der Rückseite, rückseitig; ↑Rückseite.

umsetzbar ↑marktgerecht.

umsetzen: ↑ändern; filmisch u. ↑verfilmen; in klingende Münze u. ↑verkaufen; in die Tat u. ↑verwirklichen.

¹Umsicht, Umsichtigkeit, Weitblick, Weitsicht, Überblick, Besonnenheit, Bedachtsamkeit, Bedachtheit, Bedacht, Ruhe; ↑Erfahrung; ↑umsichtig, ↑weitblickend.

²Umsicht: mit U. ↑umsichtig.

¹umsichtig, vorsichtig, weitblickend, besonnen, bedachtsam, bedacht, bedächtig, mit Umsicht / Vorsicht / Überlegung / Ruhe / Besonnenheit / Bedacht; ↑klug, ↑ruhig, ↑vorsichtshalber, ↑vorsorglich, ↑weitblickend; ↑Umsicht.

²umsichtig ↑klug.

Umsichtigkeit ↑Umsicht.

umsiedeln ↑ausweisen.

Umsiedler ↑Auswanderer.

umsinken: ↑ohnmächtig [werden], ↑umfallen.

umsonst: ↑kostenlos; fast u. ↑billig; u. sein ↑nutzlos [sein]; nur der Tod ist u., nichts [im Leben] u. erhalten ↑Opfer [bringen müssen].

umspringen: u. mit ↑umgehen.

¹Umstand, Faktor, Moment, mitwirkende Kraft, Begleitumstand, Begleiterscheinung.

²Umstand: ↑Tatsache, ↑Ziererei; [die näheren Umstände] ↑Modalität; in anderen / besonderen Umständen sein ↑schwanger [sein]; ohne [große] Umstände, ohne viel Umstände zu machen ↑kurzerhand; unter allen Umständen ↑unbedingt; unter keinen Umständen ↑keineswegs, ↑nein.

Umstände, Schwierigkeiten, Schererereien, langwierige / umständliche Arbeiten, Umtriebe *(schweiz.),* Gwirkst *(ugs., österr.).*

umständlich: ↑ausführlich, ↑unpraktisch.

Umständlichkeit: ↑Pedanterie, ↑Ungeschicklichkeit.

Umstandskleidung ↑Kleidung.

Umstandskommissar ↑Pedant.

Umstandskrämer ↑Pedant.

Umstandswort ↑Wortart.
Umsteckkalender ↑Kalender.
¹umsteigen, übersteigen, [den Zug] wechseln, [mit einem andern Zug] weiterfahren, seine Fahrt mit etwas fortsetzen; ↑Verkehrsmittel.
²umsteigen: u. auf ↑umsatteln.
umstellen: ↑einkreisen, ↑verrücken.
Umstellung ↑Permutation.
umstimmen ↑überreden.
¹umstoßen (jmdn.), umrennen, umwerfen, umlaufen, jmdn. zu Fall bringen, niederstoßen *(bes. österr.),* jmdm. ein Bein stellen, jmdm. das Haxel legen / stellen *(österr.);* ↑fallen.
²umstoßen ↑verändern.
umstritten ↑ungewiss.
Umstrukturierung ↑Umschichtung.
umstülpen, umschlagen, umdrehen, umkrempeln, umlegen, litzen *(schweiz.);* ↑Aufschlag.
Umsturz ↑Veränderung.
umstürzen ↑umfallen.
Umstürzler ↑Revolutionär.
umstürzlerisch, subversiv, revolutionär, zersetzend, zerstörerisch, destruktiv; ↑aufrührerisch; ↑heimlich, ↑verschwörerisch; ↑Geheimbund, ↑Spion, ↑Verschwörung.
Umtausch, Tausch, Rückgabe, Rückrufaktion, Reklamation; ↑Rückgabe; ↑tauschen.
umtauschen ↑tauschen.
umtopfen ↑umpflanzen.
umtreiben ↑verwirren.
Umtriebe ↑Verschwörung.
Umtrunk, Frühschoppen, Dämmerschoppen, Schlummertrunk; ↑Trinkgelage; ↑trinken.
umtun: sich u. ↑fragen; sich u. nach ↑suchen.
Umurke ↑Gurke.
U-Musik ↑Musik.
Umverteilung ↑Zuteilung.
umwälzend ↑bahnbrechend.
umwandeln: ↑ändern, ↑verändern; in Privatvermögen u. ↑privatisieren; in weltlichen Besitz u. ↑säkularisieren.
Umwandlung, Verwandlung, Transformation, Umsetzung, Umformung · *von Brot und Wein in Leib und Blut Christi im Messopfer:* Konsekration, Wandlung, Transsubstanziation; ↑Abwandlung, ↑Änderung, ↑Permutation, ↑Substitution, ↑Veränderung; ↑ändern.
Umweg: ↑Richtungsänderung, ↑Weg; ohne U. ↑geradewegs.
Umwegfinanzierung ↑Betrug.
Umwelt, Umgebung, Wirkungskreis, Lebensumstände, Lebensbedingungen, Umweltbedingungen, Lebensbereich, Milieu, Elternhaus, Atmosphäre, Klima, Peristase *(Vererbungslehre),* Ambiente; ↑Öffentlichkeit.
Umweltauto ↑Auto.
Umweltbedingung: -en ↑Umwelt.
umweltgeschädigt, umweltgestört, zivilisationskrank; ↑Managerkrankheit.
umweltgestört ↑umweltgeschädigt.
Umweltkriminalität ↑Kriminalität.

Umweltpapier ↑Papier.
Umweltschutz: ↑Schutz, ↑Schutzmaßnahme.
Umweltschützer, Naturschützer, Grüner.
Umweltschutzorganisation ↑Greenpeace.
Umweltverschmutzung, Immission · Umweltverseuchung · Luftverschmutzung, Luftverpestung, Schadstoffemission, Dunstglocke, Smog · Wasserverseuchung, Verklappung, Dünnsäureverklappung, Ölpest · *durch Radioaktivität:* Kontamination · *Folge der Umweltverschmutzung:* saurer Regen · Waldsterben, Tannensterben, Bodensterben, Fischsterben; ↑Abfall, ↑Abgas, ↑Luft, ↑Schmutz; ↑verpesten.
¹umwerben, werben / buhlen um, sich um jmdn. bewerben, jmdm. den Hof machen, jmdm. die Cour machen / schneiden *(veraltend),* nachstellen, verfolgen; ↑behelligen, ↑flirten, ↑schmeicheln, ↑überreden, ↑werben.
²umwerben ↑flirten.
umwerfen: etwas wirft jmdn. um ↑überrascht [sein].
umwerfend: ↑außergewöhnlich, ↑sehr.
umwickeln: ↑umschlingen, ↑verbinden.
umwinden ↑umschlingen.
umwölken: sich u. ↑verfinstern (sich).
umzäunen ↑einzäunen.
Umzäunung ↑Zaun.
¹umziehen (sich), umkleiden, die Kleider wechseln; ↑ausziehen; ↑Garderobe, ↑Umkleideraum.
²umziehen ↑übersiedeln.
umzingeln: ↑belagern, ↑einkreisen.
Umzingelung ↑Belagerung.
¹Umzug, Übersiedelung, Transport, Züglete *(schweiz.);* ↑übersiedeln.
²Umzug ↑Demonstration.
unabänderlich, endgültig, definitiv, ein für alle Mal, unwiderruflich, unumstößlich; ↑verbindlich, ↑verloren; **u. sein:** etwas ist unabänderlich, an etwas ist nicht zu rütteln, da ist nichts zu machen, da beißt die Maus keinen Faden ab *(ugs.);* ↑Endgültigkeit.
Unabänderlichkeit ↑Endgültigkeit.
unabdingbar ↑unveräußerlich.
Unabdingbarkeit, Unentbehrlichkeit, Unverzichtbarkeit, Unveräußerlichkeit, Unaufgebbarkeit; ↑Unentbehrlichkeit; ↑unveräußerlich.
unabgeschlossen: ↑unerledigt, ↑unvollständig.
Unabgeschlossenheit ↑Unvollständigkeit.
unabhängig: ↑selbstständig; u. machen ↑selbstständig [machen].
Unabhängigkeit: ↑Autonomie, ↑Bewegungsfreiheit.
unabkömmlich ↑unersetzlich.
unablässig ↑unaufhörlich.
unabsichtlich, unbeabsichtigt, absichtslos, ohne Absicht, von ungefähr / *(selten)* ohngefähr, unbewusst, ungewollt, versehentlich, aus Versehen, nicht ↑absichtlich; ↑unterbewusst; ↑Unabsichtlichkeit.

Unabsichtlichkeit, Absichtslosigkeit, Unbewusstheit, Versehentlichkeit, Ungewolltheit; ↑unabsichtlich · Ggs. ↑Absichtlichkeit.

unabwendbar ↑nötig.

unachtsam, achtlos, unbedacht, gleichgültig, sorglos, gedankenlos; ↑nachlässig, ↑unbesonnen; ↑Unachtsamkeit.

Unachtsamkeit, Achtlosigkeit, Unbedachtsamkeit, Gleichgültigkeit, Sorglosigkeit, Gedankenlosigkeit; ↑Nachlässigkeit, ↑Unbesonnenheit; ↑unachtsam.

unähnlich ↑ungleich.

Unähnlichkeit ↑Nichtübereinstimmung.

Unanfechtbarkeit ↑Richtigkeit.

unangebracht ↑unerfreulich.

unangenehm: ↑unerfreulich; einen -en Geruch ausströmen / haben ↑riechen; etwas ist jmdm. u. ↑entgegenstehen; sich aus einer -en Lage befreien ↑Lage.

unangepasst ↑selbstständig.

unangezogen ↑nackt.

unangreifbar: ↑fundiert, ↑stichhaltig.

Unannehmlichkeit ↑Unzulänglichkeit.

Unannehmlichkeiten, Ärger, Verdruss, Verdrießlichkeit, Widerwärtigkeit, Widrigkeit, Unbill, Unbilden (Plural), Zores *(südwestd.),* Unstimmigkeiten, Missstimmung, Krach *(ugs.),* Scherereien, Tanz, Theater; **U. bekommen,** Unannehmlichkeiten kriegen, sich den Teufel auf den Hals laden, das gibt Ärger; ↑Ärger, ↑Unerquicklichkeit; ↑ärgerlich.

unansehnlich ↑schmutzig.

unanständig: ↑anstößig; -er Ausdruck, -es Wort ↑Vulgärausdruck; sich u. aufführen ↑Darmwind [entweichen lassen].

Unanständigkeit ↑Anstößigkeit.

unantastbar: ↑tabu; das Unantastbare ↑Tabu.

Unantastbarkeit ↑Vornehmheit.

Unappetitlichkeit ↑Unsauberkeit.

unaromatisch ↑ungewürzt.

Unart ↑Brauch.

unartig ↑frech.

Unartikulierbarkeit ↑Unaussprechlichkeit.

unartikuliert, undeutlich, murmelnd, lispelnd, lallend, stammelnd, nicht ↑verständlich; ↑abgehackt, ↑heiser, ↑leise; ↑flüstern, ↑sprechen, ↑stottern.

Unau ↑Faultier.

unaufdringlich ↑zurückhaltend.

unauffällig: ↑einfach, ↑unbemerkt.

Unauffälligkeit, Schmucklosigkeit, Unscheinbarkeit, Farblosigkeit, Schlichtheit, Einfachheit; ↑einfach.

unauffindbar ↑verschollen.

Unauffindbarkeit, Verschollensein, Überfälligkeit; ↑verschollen.

unaufgebbar ↑unveräußerlich.

Unaufgebbarkeit ↑Unabdingbarkeit.

unaufgefordert ↑freiwillig.

unaufgeräumt ↑ungeordnet.

unaufgeschlossen ↑unzugänglich.

unaufhaltsam ↑unaufhörlich.

unaufhörlich, immer, immerzu, seit je / jeher, von je / jeher, seit eh und je, seit alters, von alters [her], solange ich denken kann, schon immer, noch immer, immer noch, nach wie vor, wie eh und je, immer wieder, oft und oft, in einem fort, immerfort; tagaus, tagein; jahraus, jahrein; zeitlebens, beständig, stetig, stet, andauernd, dauernd, fortdauernd, fortgesetzt, unausgesetzt, unaufhaltsam, anhaltend, kontinuierlich, konstant, permanent, gleich bleibend, beharrlich, ununterbrochen, pausenlos, in einer Tour *(ugs.),* stetsfort *(schweiz.),* fortwährend, immer während, ständig, allerwege, alleweil, allweil, allezeit, allzeit, laufend, am laufenden Band *(ugs.),* alle Nase lang *(ugs.),* in steter Folge, unablässig, ewig *(emotional),* endlos, ohne Unterlass / Ende / Pause / Unterbrechung, ad infinitum, in drei Schichten, Tag und Nacht, rund um die Uhr, alsfort *(landsch.),* fortweg *(ugs., landsch.),* egalweg *(ugs., landsch.),* egal *(ugs., landsch.);* ↑beharrlich, ↑bleibend, ↑ewig, ↑fleißig, ↑kursorisch, ↑lange, ↑langfristig, ↑oft, ↑unendlich; ↑Tag.

unauflösbar ↑bleibend.

unauflöslich ↑bleibend.

unaufmerksam, zerstreut, zerfahren, abgelenkt, abwesend, geistesabwesend, unkonzentriert; ↑aufgeregt, ↑gedankenvoll, ↑labil · Ggs. ↑aufmerksam; **u. sein,** nicht bei der Sache / *(ugs.)* geistig weggetreten sein, in Gedanken verloren / versunken / vertieft sein, ganz in Gedanken sein, mit den Gedanken weit fort sein, mit offenen Augen schlafen, träumen, abgeschaltet haben *(ugs.);* ↑Zerfahrenheit, ↑Zerstreutheit.

¹Unaufmerksamkeit, menschliches Versagen; ↑Unglück.

²Unaufmerksamkeit ↑Unhöflichkeit.

¹unaufrichtig, hinterlistig, hinterhältig, arglistig, tückisch, heimtückisch, hinterfotzig *(salopp),* hinterrücks, doppelzüngig, falsch, nicht ↑aufrichtig; ↑böse, ↑heimlich; ↑Arglist, ↑Heimlichtuer, ↑Hinterhalt; ↑betrügen.

²unaufrichtig: ↑unredlich; u. sein ↑lügen.

Unaufrichtigkeit ↑Arglist.

unausbleiblich ↑nötig.

unausführbar, undurchführbar, unerreichbar, unmöglich, aussichtslos, zu schwierig, impraktikabel, undenkbar, nicht ↑möglich; ↑unsinnig, ↑unzumutbar; **u. sein,** etwas ist ein Ding der Unmöglichkeit / die Quadratur des Kreises; ↑Unerreichbarkeit.

Unausführbarkeit ↑Unerreichbarkeit.

unausgebildet ↑verkümmert.

unausgeführt ↑unerledigt.

unausgeglichen, unbeständig, sprunghaft, wechselhaft, wetterwendisch; ↑launisch; ↑Unausgeglichenheit.

Unausgeglichenheit, Zerrissenheit, Zwiespältigkeit, Disharmonie, Missklang, Uneinig-

keit; ↑Abweichung, ↑Zerfahrenheit; ↑unausge-
glichen · Ggs. ↑Gelassenheit, ↑Übereinstim-
mung.
unausgegoren, unreif, unausgereift, unfertig,
unausgewogen · Ggs. ↑ausgewogen.
unausgereift: ↑unausgegoren, ↑unreif.
Unausgereiftsein ↑Unreife.
unausgeschlafen ↑müde.
unausgesetzt ↑unaufhörlich.
unausgewogen ↑unausgegoren.
unaussprechlich: ↑sehr, ↑tabu, ↑unsagbar;
das Unaussprechliche ↑Tabu.
Unaussprechliche: die -n ↑Hose.
Unaussprechlichkeit, Unartikulierbarkeit,
Unbeschreiblichkeit, Unnennbarkeit; ↑unsag-
bar.
unausstehlich: ↑böse, ↑unleidlich.
Unausstehlichkeit ↑Unleidlichkeit.
unausweichlich ↑nötig.
unbändig: ↑sehr, ↑übermütig.
unbar ↑bargeldlos.
unbarmherzig, mitleid[s]los, erbarmungslos,
schonungslos, gnadenlos, brutal, kaltblütig,
roh, krud[e], verroht, entmenscht, herzlos, gefühllos, barbarisch, grausam, inhuman, unsozial, unmenschlich; ↑böse, ↑gefühlskalt, ↑gemein,
↑handgreiflich, ↑herrisch, ↑rücksichtslos,
↑streng, ↑ungerührt, ↑unhöflich, ↑zielstrebig;
↑Gefühlskälte, ↑Gewalt, ↑Unbarmherzigkeit;
↑brutalisieren.
Unbarmherzigkeit, Erbarmungslosigkeit,
Schonungslosigkeit, Gnadenlosigkeit, Unmenschlichkeit, Ellbogengesellschaft, Rohheit,
Gefühlsrohheit, Brutalität; ↑Gefühlskälte,
↑Grausamkeit, ↑Kapitalist, ↑Unerbittlichkeit,
↑Ungerührtheit; ↑gefühlskalt, ↑unbarmherzig.
unbeabsichtigt ↑unabsichtlich.
unbeachtet ↑unbemerkt.
unbebaut: u. sein ↑brachliegen.
unbedacht: ↑unachtsam, ↑unbesonnen.
Unbedachtheit ↑Unbesonnenheit.
Unbedachtsamkeit: ↑Unachtsamkeit, ↑Unbe-
sonnenheit.
unbedarft ↑dumm.
Unbedarftheit ↑Beschränktheit.
unbedeckt: ↑nackt; mit -em Kopf ↑barhäuptig.
unbedeutend: ↑dumm, ↑klein, ↑unbekannt,
↑unwichtig; als u. hinstellen ↑bagatellisieren.
Unbedeutendheit ↑Bedeutungslosigkeit.
¹unbedingt, auf jeden Fall, unter allen Umständen, um jeden Preis, mit [aller] Gewalt, auf
Teufel komm raus *(ugs.),* auf Biegen oder Brechen; koste es, was es wolle; durchaus, partout
(ugs.), absolut; [ganz, ↑nötig, ↑selbstständig.
²unbedingt: ↑Bewährungsfrist; u. erforderlich / nötig ↑unveräußerlich.
unbeeindruckt ↑ungerührt.
Unbeeindrucktheit ↑Ungerührtheit.
unbeeinträchtigt ↑ungetrübt.
unbeendet ↑unvollständig.
unbefangen: ↑ungezwungen, ↑unparteiisch.

Unbefangenheit ↑Ungezwungenheit.
unbefriedigend ↑unzulänglich.
unbefriedigt ↑unzufrieden.
unbefugt ↑eigenmächtig.
unbegabt, untalentiert · *in Bezug auf schulische Anforderungen:* minderbegabt, leistungsschwach, schwach; ↑dumm · Ggs. ↑begabt; **u.
sein,** kein [großes] Licht / Kirchenlicht sein,
keine [große] Leuchte sein.
Unbegabtheit ↑Beschränktheit.
unbegreiflich: ↑unfassbar; etwas ist für jmdn.
u. ↑verstehen.
Unbegreiflichkeit, Unerklärlichkeit, Unergründlichkeit, Unerforschlichkeit, Unfassbarkeit, Rätselhaftigkeit; ↑unfassbar.
unbegrenzt: ↑unendlich; das Land der -en
Möglichkeiten ↑Amerika.
Unbegrenztheit, Unendlichkeit, Unbeschränktheit, Unermesslichkeit, Grenzenlosigkeit, Endlosigkeit, Unzählbarkeit, Ungezähltheit, Zahllosigkeit; ↑Ewigkeit; ↑ewig, ↑unend-
lich.
unbegründet: ↑grundlos; -e Krankheitsbefürchtung ↑Hypochondrie.
Unbehagen: ↑Neid, ↑Unzufriedenheit.
unbehaglich ↑ungemütlich.
Unbehaglichkeit ↑Ungemütlichkeit.
unbehaust ↑ungeborgen.
Unbehaustheit ↑Ungeborgenheit.
Unbehaustsein ↑Ungeborgenheit.
¹unbeherrscht, aufbrausend, auffahrend, heftig, jähzornig, cholerisch, hitzig, hitzköpfig,
güggelhaft *(schweiz.),* meisterlos *(schweiz.);*
↑aufgeregt, ↑hemmungslos; **u. sein,** sich gehen
lassen, die Kontrolle über sich / die Selbstbeherrschung verlieren, sich nicht beherrschen /
zusammennehmen, jmdn. gehen die Pferde
durch; ↑empfindlich, ↑streitbar · Ggs. ↑ruhig
[bleiben]; ↑Ungezügeltheit.
²unbeherrscht ↑aufgeregt.
Unbeherrschtheit ↑Ungezügeltheit.
unbehindert ↑selbstständig.
unbeholfen ↑unpraktisch.
Unbeholfenheit ↑Ungeschicklichkeit.
unbehütet ↑unsicher.
Unbehütetheit ↑Ungesichertheit.
Unbehütetsein ↑Ungesichertheit.
unbeirrbar ↑beharrlich.
unbeirrt: ↑beharrlich, ↑zielstrebig.
¹unbekannt, nicht berühmt, unbedeutend ·
Ggs. ↑bekannt; **[für jmdn.] u. sein,** [für jmdn.]
ein unbeschriebenes Blatt sein.
²unbekannt: jmdm. u. sein ↑fremd; Gleichung
mit einer / zwei / mehreren Unbekannten ↑Glei-
chung.
Unbekannter: jmdm. kein U. mehr sein ↑ken-
nen; bei der Polizei kein U. sein ↑vorbe-
straft [sein].
unbekehrbar ↑eingefleischt.
unbekleidet ↑nackt.
unbekümmert ↑unbesorgt.

Unbekümmertheit: ↑Ausgelassenheit, ↑Unbesorgtheit.
unbelebt ↑tot.
unbelehrbar ↑unzugänglich.
Unbelehrbarkeit ↑Eigensinn.
Unbelesenheit ↑Unkenntnis.
unbeliebt, verhasst, bestgehasst, missliebig, unsympathisch · Ggs. ↑beliebt, ↑sympathisch; **u. sein,** jmdm. zuwider / ein Dorn im Auge sein, es mit jmdm. verdorben haben, jmds. Gunst verscherzt haben, jmdm. nicht liegen, nicht gern gesehen sein, Persona ingrata sein, bei jmdm. nicht gut angeschrieben sein, bei jmdm. schlecht angesehen sein, bei jmdm. in Misskredit geraten sein, bei jmdm. verspielt haben, bei jmdm. unten durch sein *(salopp),* es bei jmdm. verschissen haben *(derb),* nicht ↑gefallen; ↑Unbeliebtheit.
Unbeliebtheit, Unbeliebtsein, Verhasstheit, Verhasstsein, Missliebigkeit; ↑unbeliebt.
Unbeliebtsein ↑Unbeliebtheit.
unbemalt ↑farblos.
¹unbemerkt, unbeachtet, unauffällig, ungesehen, unbeobachtet, heimlich, insgeheim, im Geheimen; heimlich, still und leise; in aller Stille, unter der Hand, verstohlen, klammheimlich *(ugs.),* sang- und klanglos, ohne viel Wesens / Aufhebens zu machen.
²unbemerkt ↑heimlich.
unbemittelt ↑arm.
unbenommen: etwas ist jmdm. u. ↑freistehen.
unbenutzt ↑neu.
unbeobachtet ↑unbemerkt.
unbequem: ↑selbstständig, ↑unerfreulich, ↑ungemütlich, ↑unzugänglich.
unberechenbar ↑launisch.
Unberechenbarkeit, die Tücke des Objekts; ↑Behinderung; ↑launisch.
unberechtigt ↑eigenmächtig.
unberührbar: ↑tabu; das Unberührbare ↑Tabu.
unberührt: ↑jungfräulich, ↑neu.
Unberührtheit ↑Virginität.
unbeschädigt ↑heil.
unbeschäftigt ↑arbeitslos.
unbescheiden ↑anspruchsvoll.
unbeschirmt ↑unsicher.
Unbeschirmtheit ↑Ungesichertheit.
Unbeschirmtsein ↑Ungesichertheit.
unbescholten ↑anständig.
Unbescholtenheit ↑Ansehen.
unbeschränkt: ↑selbstständig, ↑unendlich.
Unbeschränktheit ↑Unbegrenztheit.
unbeschreiblich: ↑sehr, ↑unsagbar; in -em Zustand ↑schmutzig.
Unbeschreiblichkeit ↑Unaussprechlichkeit.
unbeschrieben: ein -es Blatt sein ↑unbekannt [sein]; kein -es Blatt mehr sein ↑Erfahrung [haben]; bei der Polizei kein -es Blatt mehr sein ↑vorbestraft [sein].
unbeschuht: Unbeschuhte Karmeliten / Karmeliter ↑Mönchsorden; Unbeschuhte Karmelitinnen / Karmeliterinnen ↑Nonnenorden.

unbeschwert ↑unbesorgt.
Unbeschwertheit: ↑Leichtigkeit, ↑Unbesorgtheit.
unbesehen ↑anstandslos.
unbesiegbar: ↑unschlagbar, ↑unüberwindbar.
Unbesiegbarkeit ↑Unschlagbarkeit.
unbesonnen, unüberlegt, ohne Sinn und Verstand, planlos, ziellos, wahllos, unbedacht, unvorsichtig, impulsiv, gedankenlos, leichtsinnig, leichtfertig, fahrlässig, nicht ↑ruhig; ↑nachlässig, ↑unachtsam, ↑unverzeihlich; **u. sein,** mit dem Feuer spielen, eine leichte Ader haben; ↑Erregung, ↑Unbesonnenheit.
Unbesonnenheit, Unüberlegtheit, Unbedachtheit, Unbedachtsamkeit, Unverstand, Unvernunft, Unklugheit; ↑Gedankenlosigkeit, ↑Unachtsamkeit; ↑unbesonnen.
unbesorgt, beruhigt, mit gutem Gewissen, leichten / frohen Herzens, sorglos, unbekümmert, unbeschwert, sorgenfrei, nicht ↑sorgenvoll; ↑arglos, ↑beschaulich, ↑glücklich, ↑lebhaft, ↑lustig, ↑ruhig, ↑schwungvoll, ↑unbesonnen; ↑Unbesorgtheit.
Unbesorgtheit, Unbekümmertheit, Sorglosigkeit, Unbeschwertheit; ↑unbesorgt.
unbeständig: ↑unausgeglichen, ↑untreu, ↑veränderlich.
¹Unbeständigkeit, Wechselhaftigkeit, Veränderlichkeit, Wandelbarkeit, Unstetheit; ↑Untreue; ↑veränderlich.
²Unbeständigkeit: ↑Beeinflussbarkeit, ↑Untreue.
unbestechlich ↑ehrenhaft.
Unbestechlichkeit ↑Rechtschaffenheit.
unbestimmt: ↑ungewiss, ↑unklar.
Unbestimmtheit: ↑Ungenauigkeit, ↑Ungewissheit.
unbestreitbar ↑zweifellos.
unbestritten ↑zweifellos.
unbeteiligt ↑träge.
Unbeteiligter ↑Dritter.
unbeträchtlich ↑klein.
unbeugsam ↑standhaft.
Unbeugsamkeit ↑Beharrlichkeit.
unbewachsen ↑kahl.
¹unbeweglich, starr, verknöchert; **u. werden,** einrosten; ↑nachlassen.
²unbeweglich: -e Feste / Tage ↑Kirchenjahr; -es Vermögen ↑Immobilien.
unbewegt ↑bewegungslos.
Unbewegtheit ↑Bewegungslosigkeit.
unbewusst: ↑unabsichtlich, ↑unterbewusst.
Unbewusstheit ↑Unabsichtlichkeit.
unbezahlbar ↑teuer.
unbezwingbar: ↑unschlagbar, ↑unüberwindbar.
Unbezwingbarkeit ↑Unschlagbarkeit.
unbezwinglich ↑unüberwindbar.
Unbezwinglichkeit ↑Unschlagbarkeit.
Unbilden ↑Unannehmlichkeiten.
Unbill ↑Unannehmlichkeiten.

unbillig: nicht u. ↑angemessen.
unblutig ↑gewaltfrei.
unbotmäßig ↑unzugänglich.
Unbotmäßigkeit ↑Eigensinn.
unbrauchbar ↑ungeeignet.
Unbrauchbarkeit, Ungeeignetheit, Nutzlosigkeit, Undienlichkeit; ↑ungeeignet.
Uncle Sam ↑Amerika.
¹und, sowie, wie, auch, zusätzlich, zugleich; ↑auch, ↑gemeinsam, ↑gleichzeitig, ↑oder, ↑samt.
²und: u. so fort, u. und und ↑und so weiter; u. wenn ↑obgleich; u. zwar ↑nämlich.
undenkbar: ↑nein, ↑unausführbar.
Undercoveragent ↑Auskundschafter
Underground: ↑Subkultur, ↑Verkehrsmittel.
Undergroundmusik ↑Unterhaltungsmusik.
Understatement ↑Untertreibung.
undeutlich ↑unartikuliert.
undicht ↑durchlässig.
Undienlichkeit ↑Unbrauchbarkeit.
Undine ↑Wassergeist.
Unding: etwas ist ein U. ↑unsinnig [sein], ↑unzumutbar [sein].
undiplomatisch ↑unklug.
und so weiter, usw., und so fort, usf., und und und (emotional), et cetera, etc., et cetera pp., etc. pp.; ↑Fortsetzung.
unduldsam ↑engherzig.
Unduldsamkeit, Intoleranz, Unversöhnlichkeit, Intransigenz, Radikalismus; ↑Abneigung, ↑Eigensinn, ↑Vorurteil · Ggs. ↑Duldsamkeit; ↑tolerant; ↑rankriegen.
¹undurchdringlich, dicht, unzugänglich, weglos, unwegsam.
²undurchdringlich ↑verschlossen.
undurchführbar ↑unausführbar.
Undurchführbarkeit ↑Unerreichbarkeit.
undurchlässig, dicht, geschlossen, luftdicht, wasserdicht, waterproof · für Gewehrkugeln: kugelsicher, kugelfest, gepanzert; ↑dicht · Ggs. ↑durchlässig.
undurchschaubar: ↑unfassbar, ↑verschlossen, ↑wirr.
Undurchschaubarkeit ↑Heillosigkeit.
¹undurchsichtig, opak, dunkel; ↑dunkel.
²undurchsichtig: ↑anrüchig, ↑arbiträr.
Undurchsichtigkeit ↑Ungenauigkeit.
uneben ↑rau.
¹unecht, künstlich, falsch, gefälscht, nachgemacht, untergeschoben, imitiert, apokryph, nicht ↑echt.
²unecht: ↑geziert; -e Pocken ↑Pocken; -es reflexives Verb ↑Verb.
unedel: unedles Metall ↑Metall.
unegal ↑ungleich.
unegoistisch ↑selbstlos.
unehelich, nichtehelich, außerehelich, vorehelich, ledig (veraltet), natürlich (veraltet), illegitim; u. sein, ein Kind der Liebe sein; ↑Alimente.
Unehre ↑Bloßstellung.

unehrlich ↑unredlich.
Unehrlichkeit ↑Untreue.
uneigennützig ↑selbstlos.
Uneigennützigkeit ↑Selbstlosigkeit.
uneingeschränkt: ↑ausschließlich, ↑selbstständig; nicht u. ↑teilweise, ↑vorbehaltlich.
uneinheitlich, heterogen, nicht homogen, gemischt, kunterbunt, wie Kraut und Rüben.
Uneinigkeit ↑Unausgeglichenheit.
uneins: mit sich selbst u. sein ↑zwiespältig [sein]; u. werden ↑entzweien (sich).
Uneinsichtigkeit ↑Eigensinn.
unempfänglich: ↑unzugänglich, ↑widerstandsfähig.
Unempfänglichkeit ↑Widerstandsfähigkeit.
¹unempfindlich, abgestumpft, dumpf, abgebrüht (salopp, abwertend); ↑dickfellig, ↑gefühlskalt, ↑träge; ↑Abgestumpftheit, ↑Teilnahmslosigkeit.
²unempfindlich: ↑dickfellig, ↑schmerzunempfindlich, ↑widerstandsfähig.
Unempfindlichkeit: ↑Dickhäutigkeit, ↑Gelassenheit, ↑Teilnahmslosigkeit, ↑Widerstandsfähigkeit.
¹unendlich, ohne Ende, unbegrenzt, grenzenlos, unbeschränkt, unermesslich, zahllos, unzählbar, endlos, ungezählt; ↑unaufhörlich; ↑Unbegrenztheit.
²unendlich: ↑ewig, ↑göttlich, ↑sehr.
Unendlichkeit ↑Ewigkeit, ↑Gotteseigenschaften, ↑Unbegrenztheit.
unentbehrlich: ↑nötig, ↑unersetzlich, ↑unveräußerlich.
¹Unentbehrlichkeit, Unersetzlichkeit, Unersetzbarkeit, Einmaligkeit; ↑Unabdingbarkeit; ↑unersetzlich, ↑unveräußerlich.
²Unentbehrlichkeit: ↑Erfordernis, ↑Unabdingbarkeit.
unentgeltlich ↑kostenlos.
¹unentschieden, remis; ↑Spiel.
²unentschieden: ↑ungewiss [sein], ↑unparteiisch.
Unentschiedenheit ↑Ungewissheit.
¹unentschlossen, unschlüssig, entschlusslos, schwankend, zögernd, zögerlich; u. sein, ein Zauderer/Cunctator sein; „was tun?", spricht Zeus; ↑zögern.
²unentschlossen: u. sein ↑zögern.
Unentschlossener ↑Zauderer.
unentschuldbar ↑unverzeihlich.
Unentschuldbarkeit, Unverzeihlichkeit, Unverantwortlichkeit, Unvertretbarkeit, Verantwortungslosigkeit; ↑Pflichtvergessenheit; ↑unverzeihlich.
unentwegt ↑beharrlich.
Unentwickeltheit ↑Infantilität.
unerbittlich: ↑herrisch, ↑unzugänglich.
Unerbittlichkeit, Unnachsichtigkeit, Unnachgiebigkeit, Kompromisslosigkeit, Strenge, Härte, Festigkeit; ↑Unbarmherzigkeit; ↑herrisch, ↑streng.

unerfahren: ↑dumm, ↑jung, ↑ungeübt.
Unerfahrener ↑Anfänger.
Unerfahrenheit ↑Unkenntnis.
Unerforschlichkeit ↑Unbegreiflichkeit.
unerforscht, jungfräulich; **u. sein,** Neuland/
Terra incognita sein.
unerfreulich, ärgerlich, unliebsam, unerquicklich, verdrießlich, bemühend *(schweiz.)*, negativ, leidig, lästig, unbequem, störend, unpassend, unqualifiziert, unangebracht, deplaciert, fehl am Platze, verpönt, unwillkommen, unerwünscht, nicht gern gesehen, misslich, unangenehm, ungut, fatal, peinlich, geniert *(österr.)*, blamabel, nachteilig, ungünstig, abträglich, abträgig *(schweiz.)*, ungefreut *(schweiz.)*, schlecht, mulmig, ungemütlich, dumm, belämmert *(salopp)*, blöd *(salopp)*, beschissen *(derb)*, nicht ↑erfreulich; ↑ärgerlich, ↑böse, ↑mäßig, ↑taktlos, ↑unbeliebt [sein], ↑unerhört, ↑ungünstig, ↑verlegen · Ggs. ↑bekömmlich.
Unerfreulichkeit ↑Unerquicklichkeit.
unergiebig ↑karg.
unergründlich ↑unfassbar.
Unergründlichkeit ↑Unbegreiflichkeit.
unerheblich: ↑klein, ↑unwichtig.
Unerheblichkeit ↑Bedeutungslosigkeit.
unerhört, haarsträubend, empörend, kriminell, pervers, unglaublich, skandalös, bodenlos, ungeheuerlich, hanebüchen; ↑beschämend, ↑gegensätzlich, ↑unerfreulich, ↑unzumutbar; **u. sein,** das ist eine Affenschande, etwas ist eine Frechheit / eine Zumutung / ein starkes Stück / *(salopp)* ein dicker Hund / *(ugs.)* starker Tobak, etwas schreit / stinkt zum Himmel *(emotional)*, etwas geht auf keine Kuhhaut, das ist der Gipfel / die Höhe / das Letzte!, das ist ja doll! *(salopp)*, das ist ja allerhand!, das ist ja noch schöner!, das hört sich doch alles auf!, etwas setzt einer Sache die Krone auf, das schlägt dem Fass den Boden aus!, das schlägt dem Fass die Krone ins Gesicht! *(ugs., scherzh.)*, da hört der Spaß / die Gemütlichkeit auf!, jetzt schlägts [aber] dreizehn!, da soll doch gleich ein Donnerwetter dreinschlagen / dreinfahren!, es wird jmdm. zu bunt, etwas geht jmdm. zu weit / über die Hutschnur, da geht einem der Hut hoch / das Messer in der Tasche auf! *(ugs.)*.
unerkannt ↑heimlich.
unerklärlich ↑unfassbar.
Unerklärlichkeit ↑Unbegreiflichkeit.
unerlässlich ↑nötig.
Unerlässlichkeit ↑Erfordernis.
unerlaubt ↑gesetzwidrig.
unerledigt, unvollendet, unabgeschlossen, unfertig, nicht zu Ende geführt, unausgeführt, anstehend; ↑anhängig · Ggs. ↑fertig; **u. sein,** anstehen, vorliegen, etwas steht im Raum; **u. lassen,** etwas im Raum stehen lassen; ↑verschieben.
unermesslich: ↑sehr, ↑unendlich.
Unermesslichkeit ↑Unbegrenztheit.

unermüdlich ↑fleißig.
Unermüdlichkeit: ↑Beharrlichkeit, ↑Fleiß.
unerquicklich ↑unerfreulich.
Unerquicklichkeit, Unerfreulichkeit, Verdrießlichkeit, Leidigkeit, Misslichkeit; ↑Unannehmlichkeiten.
unerreichbar ↑unausführbar.
Unerreichbarkeit, Undurchführbarkeit, Unausführbarkeit, Unmöglichkeit, Aussichtslosigkeit; ↑unausführbar.
¹unersättlich, unstillbar, unmäßig, maßlos, ungenügsam · esslustig; **u. sein,** nicht genug bekommen / kriegen können, den Rachen nicht voll kriegen *(salopp)*.
²unersättlich ↑lebenshungrig.
Unersättlichkeit ↑Habgier.
unerschrocken ↑mutig.
Unerschrockenheit ↑Mut.
unerschütterlich ↑standhaft.
Unerschütterlichkeit ↑Beharrlichkeit.
unerschwinglich ↑teuer.
unersetzbar ↑unersetzlich.
Unersetzbarkeit ↑Unentbehrlichkeit.
¹unersetzlich, unersetzbar, unabkömmlich, einmalig, einzig, unentbehrlich; ↑kostbar, ↑nötig, ↑unveräußerlich; **u. sein,** nicht mit Gold aufzuwiegen / nicht mit Geld zu bezahlen sein, das beste Pferd im Stall sein; ↑Unentbehrlichkeit.
²unersetzlich ↑lieb.
Unersetzlichkeit ↑Unentbehrlichkeit.
¹unerträglich, intolerabel *(veraltet)*; **u. sein,** etwas ist nicht zu ertragen / nicht auszuhalten / zum Davonlaufen / *(salopp)* zum Kinderkriegen / *(derb, emotional)* zum Kotzen / zum Blasenheulen; das ist, um auf die Bäume zu klettern!; es ist, um die Wände / an den Wänden hochzugehen!; das ist, um Junge zu kriegen!; es ist zum Auswachsen!, da kann man doch die Wände / an den Wänden hochgehen!, das ist ja furchtbar! · *den Anblick betreffend:* etwas stört / beleidigt das Auge, der Anblick ist jmdm. zuwider; ↑angeekelt [sein].
²unerträglich: jmdm. u. sein ↑verabscheuen.
unerwähnt: u. lassen ↑schweigen.
unerwartet ↑plötzlich.
unerwünscht ↑unerfreulich.
unfähig, untauglich, ungeeignet, unvermögend *(veraltet)*; ↑impotent; **u. sein,** versagen; ↑versagen; ↑Unfähigkeit.
Unfähigkeit, Unvermögen, [menschliches] Versagen, Ohnmacht, Schwäche, Willensschwäche, Untüchtigkeit, Untauglichkeit, Machtlosigkeit, Ungenügen, Insuffizienz; ↑Antriebsschwäche, ↑Funktionsstörung, ↑Impotenz, ↑Mangel, ↑Willenlosigkeit, ↑impotent, ↑ohnmächtig, ↑unfähig, ↑willensschwach · Ggs. ↑Fähigkeit.
¹unfair, unkameradschaftlich, unsportlich, nicht ↑ehrenhaft; ↑ehrlos, ↑gemein, ↑unredlich; **u. sein,** etwas ist ein Schlag unter die Gürtellinie; ↑Fausthieb, ↑Unkameradschaftlichkeit.

²unfair: -es Verhalten ↑Unkameradschaftlichkeit.

Unfairness ↑Unkameradschaftlichkeit.

Unfall: ↑Unglück; einen U. haben ↑verunglücken.

Unfallarzt ↑Arzt.

Unfallflucht ↑Fahrerflucht.

Unfallschaden, Schaden, Sachschaden, Totalschaden, Blechschaden; ↑Mangel, ↑Zusammenstoß.

Unfalltoter: ↑Toter, ↑Verunglückter.

Unfalltransportwagen ↑Unfallwagen.

Unfallversicherung ↑Versicherung.

¹Unfallwagen, Unfalltransportwagen, Rettungswagen, Rettungsauto, Rettung *(österr.)*, Sanitätsauto, Sanitätswagen, Rotekreuzauto, Rotekreuzwagen, Sanität *(schweiz.)*, Krankenwagen, Krankenauto, Ambulanzwagen *(veraltend, landsch.)*, Ambulanz *(veraltend, landsch.)* · *mit klinischer Ausrüstung:* Klinomobil, Notarztwagen; ↑Krankenhaus, ↑Rollstuhl; ↑helfen; ↑krank.

²Unfallwagen ↑Auto.

unfassbar, unfasslich, unergründlich, unbegreiflich, unerklärlich, rätselhaft, unverständlich, undurchschaubar, geheimnisvoll, geheimnisumwittert, mysteriös, mystisch, schleierhaft; ↑hintergründig, ↑mehrdeutig, ↑rätselhaft, ↑unklar; **u. sein:** etwas ist unfassbar / geht nicht mit rechten Dingen zu, vor einem Rätsel stehen; ↑Unbegreiflichkeit.

Unfassbarkeit ↑Unbegreiflichkeit.

unfasslich ↑unfassbar.

unfehlbar ↑bestimmt.

unfein: -es Wort ↑Vulgärausdruck.

unfertig: ↑jung, ↑unausgegoren, ↑unerledigt, ↑ungeschliffen, ↑unvollständig.

Unfertigkeit ↑Unvollständigkeit.

unfest ↑weich.

Unflat, Cochonnerie, Schweinerei *(emotional)*, Sauerei *(derb)*, Schweinigelei, Schweinkram, Unflätigkeit, Ferkelei, Sudelei.

unflätig ↑gewöhnlich.

Unflätigkeit ↑Unflat.

unfolgsam ↑unzugänglich.

unfrei ↑verkrampft.

Unfreiheit, Unterdrückung, Repression, Sklaverei, Versklavung, Unterjochung, Joch, Bedrückung, Knechtung, Knebelung, Drangsalierung, Terror, Psychoterror, Terrorismus; ↑Herrschaft; ↑unterdrücken; ↑unterdrückt.

unfreiheitlich ↑repressiv.

unfreiwillig ↑notgedrungen.

unfreundlich ↑unhöflich.

Unfreundlichkeit ↑Unhöflichkeit.

Unfriede: ↑Streit; -n stiften ↑ärgern, ↑Streit; mit jmdm. in -n leben ↑vertragen (sich).

unfrisiert ↑strubbelig.

unfroh ↑schwermütig.

¹unfruchtbar, mager, karg, ertragsarm, arid, trocken, wüstenhaft, dürr; ↑trocken; ↑Kargheit.

²unfruchtbar: ↑impotent; u. machen ↑kastrieren.

Unfruchtbarkeit ↑Kargheit.

Unfug ↑Unsinn.

Ungar, Magyar, Madjar; ↑Plattensee.

ungarisch: -e Krankheit ↑Fleckfieber; -es Meer ↑Plattensee.

ungattlich ↑grob.

ungeachtet ↑obgleich.

ungebändigt ↑wild.

ungebärdig ↑übermütig.

ungebeten ↑ungeladen.

ungebildet ↑banausisch.

Ungebildeter, Banause *(abwertend)*, Botokude *(abwertend)*, Prolet *(abwertend)*, Primitivling *(abwertend)*; ↑Spießer; ↑banausisch.

¹ungeborgen, unbehaust, wurzellos, umgetrieben, heimatlos, ohne Heimat; ↑unsicher; ↑Ungeborgenheit, ↑Ungesichertheit · Ggs. ↑sicher; ↑Geborgenheit, ↑Schutz.

²ungeborgen ↑unsicher.

¹Ungeborgenheit, Ungeborgensein, Unbehaustheit, Unbehaustsein, Wurzellosigkeit, Umgetriebensein, Heimatlosigkeit; ↑Ungesichertheit; ↑ungeborgen, ↑unsicher · Ggs. ↑Geborgenheit; ↑Schutz; ↑sicher.

²Ungeborgenheit ↑Ungesichertheit.

Ungeborgensein ↑Ungeborgenheit, ↑Ungesichertheit.

ungebräuchlich ↑unüblich.

ungebraucht ↑neu.

ungebührlich ↑anstößig, ↑unzumutbar.

Ungebührlichkeit ↑Anstößigkeit.

ungebunden ↑selbstständig.

¹Ungeduld, Voreiligkeit, Heftigkeit, Treiben; ↑Unrast; ↑warten · Ggs. ↑Beharrlichkeit.

²Ungeduld ↑Unleidlichkeit.

ungeduldig: ↑aufgeregt, ↑erwartungsvoll, ↑reizbar, ↑unleidlich.

¹ungeeignet, unbrauchbar, unpassend, unmöglich; ↑wertlos; ↑Unbrauchbarkeit.

²ungeeignet ↑unfähig.

Ungeeignetheit ↑Unbrauchbarkeit.

¹ungefähr, etwa, in etwa, schätzungsweise, annähernd, beiläufig *(österr.)*, überschlägig, überschläglich, überschlagsmäßig *(landsch.)*, rund, pauschal, in Bausch und Bogen, en bloc, über den Daumen gepeilt *(ugs.)*, vielleicht, zirka, ca., sagen wir, gegen, an die; ↑anstandslos, ↑beinahe.

²ungefähr: ↑einigermaßen; von u. ↑unabsichtlich.

¹ungefährlich, gefahrlos, harmlos, unverfänglich, unschädlich, nicht ↑gefährlich; ↑arglos, ↑bekömmlich, ↑essbar; ↑Unschädlichkeit.

²ungefährlich ↑harmlos.

Ungefährlichkeit ↑Unschädlichkeit.

Ungefälligkeit ↑Unhöflichkeit.

ungefärbt ↑farblos.

ungefreut ↑unerfreulich.

ungefrühstückt: ↑Magen; u. sein ↑essen.

ungefüge: ↑grob, ↑plump.
ungegenständlich: ↑abstrakt; -e Kunst ↑Malerei.
ungegliedert ↑amorph.
ungehalten ↑ärgerlich.
ungeheißen ↑freiwillig.
ungehemmt ↑ungezwungen.
ungeheuer: ↑gewaltig, ↑sehr.
Ungeheuer, Monstrum, Monster, Ungetüm, Moloch, Untier, Drache, Lindwurm; ↑Fabelwesen, ↑Meduse, ↑Rohling.
ungeheuerlich ↑unerhört.
ungehindert: ↑selbstständig; jmd. kann u. etwas tun ↑freistehen.
ungehobelt ↑unhöflich.
Ungehobeltheit ↑Unhöflichkeit.
ungehörig ↑anstößig.
Ungehörigkeit ↑Anstößigkeit.
ungehorsam ↑unzugänglich.
Ungehorsam: ↑Eigensinn; gewaltfreier U. ↑Widerstand.
ungeistig ↑banausisch.
ungekämmt ↑strubbelig.
ungeklärt: ↑ungewiss, ↑unklar; noch u. sein ↑offen bleiben.
ungekünstelt ↑echt.
Ungekünsteltheit ↑Ursprünglichkeit.
ungekürzt ↑A (von A bis Z).
ungeladen, ungebeten, lästig, ungerufen · Ggs. ↑gebeten, ↑willkommen.
ungeläufig ↑außergewöhnlich.
ungelegen: u. kommen ↑stören; etwas kommt jmdm. u. ↑entgegenstehen.
ungelegt: das sind -e Eier ↑aktuell.
ungelenk ↑linkisch.
ungelenkig ↑linkisch.
ungelernt: -er Arbeiter ↑Arbeiter.
ungelogen ↑wahrlich.
ungelöst: -e Aufgabe ↑Schwierigkeit.
Ungemach ↑Unglück.
ungemein ↑sehr.
¹ungemütlich, unbequem, unbehaglich, unwirtlich, nicht ↑gemütlich; ↑Ungemütlichkeit.
²ungemütlich: ↑unerfreulich; u. werden ↑ärgerlich [werden].
Ungemütlichkeit, Unbehaglichkeit, Unwirtlichkeit; ↑ungemütlich.
ungenannt ↑anonym.
ungenau: ↑nachlässig, ↑unklar.
¹Ungenauigkeit, Unbestimmtheit, Unschärfe, Verschwommenheit, Undurchsichtigkeit, Schemenhaftigkeit, Schattenhaftigkeit, Verblasenheit, Nebelhaftigkeit; ↑unklar.
²Ungenauigkeit ↑Nachlässigkeit.
Ungeneigtheit ↑Widerwille.
ungeniert ↑ungezwungen.
Ungeniertheit ↑Ungezwungenheit.
¹ungenießbar, verdorben, alt, nicht ↑essbar · von Obst o. Ä.: faulig, faul, verfault · von Butter o. Ä.: ranzig, nicht frisch · von Brot, Käse, o. Ä.: schimmelig, verschimmelt · durch Maden: ma-
dig · durch Gärung: gärig · von der Milch: sauer · von Fleisch, Wurst o. Ä.: schlecht, angegangen · durch Würmer: wurmstichig, wurmig (mundartl.), wurmfräßig (fachspr., mundartl.); ↑altbacken; u. sein, verdorben sein, hinüber sein (ugs.), nicht mehr gut sein, einen Stich haben (ugs.), möpseln, riechen · durch Würmer: Maden haben; ↑faulen, ↑gären.
²ungenießbar: -er Pilz ↑Pilz; u. machen ↑denaturieren.
Ungenügen: ↑Unfähigkeit, ↑Unzulänglichkeit.
ungenügend: ↑unzulänglich; -e Organleistung ↑Funktionsstörung.
ungenügsam ↑unersättlich.
ungenutzt: u. sein ↑brachliegen.
¹ungeordnet, unaufgeräumt; u. sein: etwas ist in Unordnung / durcheinander, bei jmdm. herrscht Unordnung, das ist der reinste Saustall (salopp), bei jmdm. liegt der Kamm bei der Butter (ugs., abwertend), bei jmdm. liegt alles herum wie Kraut und Rüben (ugs., abwertend); ↑nachlässig.
²ungeordnet ↑durcheinander.
Ungepaartheit ↑Ehelosigkeit.
ungepflegt: etwas ist u. ↑vernachlässigen (etwas).
ungeprüft ↑anstandslos.
ungerade: u. Zahl ↑Zahl; in -r Zahl vorhanden ↑unpaarig.
ungerechnet ↑zuzüglich.
ungerecht: ↑parteiisch; u. behandeln ↑diskriminieren.
ungereimt: ↑abwegig, ↑unzusammenhängend.
Ungereimtheit ↑Zusammenhanglosigkeit.
ungern: ↑notgedrungen, ↑widerwillig.
ungerufen ↑ungeladen.
ungerührt, unbeeindruckt, gleichgültig, kalt, kaltschnäuzig; ↑gefühlskalt, ↑unbarmherzig; u. bleiben, sich nicht beeindrucken / rühren lassen, etwas beeindruckt / rührt jmdn. nicht, etwas lässt jmdn. kalt; ↑Ungerührtheit.
Ungerührtheit, Unbeeindrucktheit, Gleichgültigkeit, Kälte, Gefühllosigkeit, Mitleidlosigkeit; ↑Gefühlskälte, ↑Unbarmherzigkeit; ↑ungerührt.
ungesalzen ↑ungewürzt.
Ungeschicklichkeit, Unbeholfenheit, Schwerfälligkeit, Umständlichkeit; ↑unpraktisch.
ungeschickt: ↑tölpelhaft, ↑unklug, ↑unpraktisch.
ungeschlacht ↑plump.
ungeschlechtlich: -e Fortpflanzung ↑Fortpflanzung.
¹ungeschliffen, unfertig, roh, stillos.
²ungeschliffen ↑unhöflich.
Ungeschliffenheit ↑Unhöflichkeit.
ungeschminkt ↑klar.
Ungeschminktheit ↑Deutlichkeit.
ungeschützt ↑unsicher.
Ungeschütztheit ↑Ungesichertheit.
Ungeschütztsein ↑Ungesichertheit.

ungesehen ↑unbemerkt.

ungesellig ↑unzugänglich.

Ungeselligkeit ↑Verschlossenheit.

ungesetzlich: [auf -em Wege] ↑gesetzwidrig.

Ungesetzlichkeit ↑Gesetzwidrigkeit.

Ungesichertheit, Ungesichertsein, Ungeborgenheit, Ungeborgensein, Ungeschütztheit, Ungeschütztsein, Schutzlosigkeit, Unbehütetheit, Unbehütetsein, Unbeschirmtheit, Unbeschirmtsein, Ausgeliefertsein, Ausgesetztsein, Preisgegebenheit, Preisgegebensein, Wehrlosigkeit; ↑Ungeborgenheit; ↑ungeborgen, ↑unsicher · Ggs. ↑Geborgenheit, ↑Schutz; ↑sicher.

Ungesichertsein ↑Ungesichertheit.

ungesittet ↑frech.

Ungestalt ↑Missgebilde.

ungestüm ↑übermütig.

ungesund ↑verderblich.

ungetragen ↑neu.

ungetreu ↑untreu.

ungetrübt, unbeeinträchtigt, durch nichts getrübt / beeinträchtigt / entstellt / vergiftet, unvermindert fortdauernd; ↑lauter · Ggs. ↑spannungsgeladen.

Ungetüm ↑Ungeheuer.

ungeübt, unerfahren, schlecht, Sonntags- (Sonntagsfahrer, Sonntagsjäger), Gelegenheits-, Hobby-; ↑selten.

ungewandt ↑linkisch.

ungewiss, unsicher, unbestimmt, unentschieden, fraglich, zweifelhaft, windig *(ugs.)*, unzuverlässig, umstritten, streitig, nicht geklärt, ungeklärt, strittig; ↑anrüchig, ↑anscheinend, ↑vielleicht, ↑zwiespältig · Ggs. ↑zweifellos; **u. sein,** schweben, in der Schwebe sein, etwas steht dahin / steht auf des Messers Schneide / ist noch offen / ist noch unentschieden / ist noch nicht entschieden / ist noch zu entscheiden / hängt noch in der Luft / steht in den Sternen / gerät ins Wanken / ist gefährdet / steht auf dem Spiel / *(ugs.)* ist wack[e]lig / *(ugs.)* steht auf der Kippe / hängt an einem seidenen Faden / hängt an einem Spitz / steht auf Spitz und Knopf, das wissen die Götter, das ruht noch im Schoß der Götter, darüber sind sich die Gelehrten noch nicht einig *(scherzh.)*, es ist noch nicht aller Tage Abend, es ist noch nicht alles drin *(ugs.)*; es bleibt dahingestellt, ob ...; man muss es dahingestellt sein lassen, ob ...; man muss skeptisch sein, ob ...; man kann / darf sich nicht darauf verlassen, dass ...; man kann kaum sagen, inwieweit ...; es scheint nicht den Tatsachen zu entsprechen, dass ...; man kann kaum annehmen, dass ...; wer weiß, ob ...; man muss in dieser Frage seine Bedenken anmelden; es herrschen widersprechende Ansichten darüber, ob ...; hier muss der Einwand erhoben werden, dass ...; man muss sehr infrage / in Frage stellen, ob ...; ↑Ungewissheit; ↑fehlen, ↑offen bleiben, ↑offen lassen, ↑vermuten, ↑zweifeln.

Ungewissheit, Unsicherheit, Unbestimmtheit, Unentschiedenheit, Zweifelhaftigkeit, Fraglichkeit; ↑ungewiss.

ungewöhnlich: ↑außergewöhnlich, ↑unüblich.

ungewohnt ↑unüblich.

ungewollt ↑unabsichtlich.

Ungewolltheit ↑Unabsichtlichkeit.

¹ungewürzt, ungesalzen, nüchtern *(landsch.)*, fad, geschmacklos, ohne Geschmack, ohne Aroma, unaromatisch; ↑abgestanden; ↑Geschmack.

²ungewürzt ↑fade.

ungezählt: ↑reichlich, ↑unendlich; -e ↑viele.

Ungezähltheit ↑Unbegrenztheit.

ungezähmt ↑wild.

Ungeziefer, Viehzeug *(ugs.)* · Laus · Wanze, Bettwanze, Wratt *(niederd.)*, Tapetenflunder *(ugs., scherzh.)* · Floh · Schabe · Milbe; ↑Insekt, ↑Laus.

ungezogen ↑frech.

Ungezogenheit ↑Frechheit.

ungezügelt ↑hemmungslos.

Ungezügeltheit, Zügellosigkeit, Unbeherrschtheit, Unkontrolliertheit, Hemmungslosigkeit, Heftigkeit, Hitzigkeit, Hitzköpfigkeit, Jähzorn, Mangel an Selbstbeherrschung; ↑hemmungslos, ↑unbeherrscht.

ungezwungen, zwanglos, natürlich, angstfrei, locker, flockig, leger, lässig, ungehemmt, unbefangen, gelöst, burschikos, nonchalant, large *(schweiz.)*, ungeniert, unzeremoniell, hemdsärmelig *(ugs.)*, frei, nachlässig, salopp, formlos, informell; ↑freiheitlich, ↑hemmungslos, ↑lustig, ↑nachlässig; ↑Freiheit, ↑Ungezwungenheit · Ggs. ↑ängstlich, ↑verlegen; ↑Zwang.

Ungezwungenheit, Lässigkeit, Natürlichkeit, Nonchalance, Zwanglosigkeit, Freiheit, Gelöstheit, Unbefangenheit, Ungeniertheit, Burschikosität, Saloppheit, Hemdsärmeligkeit *(abwertend)*; ↑ungezwungen.

Unglaube ↑Atheismus.

unglaubhaft ↑unwahrscheinlich.

¹ungläubig, gottlos, atheistisch, heidnisch, gotteslgnerisch, glaubenslos · Ggs. ↑gottgläubig.

²ungläubig: ↑argwöhnisch; ein -er Thomas sein ↑argwöhnisch [sein].

Ungläubiger: ↑Andersgläubiger, ↑Atheist.

Ungläubigkeit ↑Atheismus.

unglaublich: ↑unerhört, ↑unwahrscheinlich.

¹ungleich, inkongruent, ungleichmäßig, divergierend, verschieden, unähnlich, unegal, nicht zusammenpassend; ↑verschieden; ↑Abweichung, ↑Nichtübereinstimmung · Ggs. ↑übereinstimmend.

²ungleich ↑außergewöhnlich.

ungleichartig ↑gegensätzlich.

Ungleichartigkeit ↑Gegensätzlichkeit.

Ungleichheit: ↑Abweichung, ↑Nichtübereinstimmung.

ungleichmäßig ↑ungleich.

Ungleichmäßigkeit: ↑Abweichung, ↑Nichtübereinstimmung.

¹**Unglück,** Unglücksfall, Unfall, Störfall *(verhüllend)*, Unheil, Unstern, Verhängnis, Ungemach, Schrecknis, Schlag, Missgeschick, Katastrophe, Tragödie, Tragik, Schicksalsschlag, Heimsuchung, Elend, [harter] Schlag, Zusammenbruch, Desaster, Pech, Malheur, Autounfall, Zugunglück, Absturz, Flugzeugabsturz, Flugzeugkatastrophe · Panne, Bescherung, Künstlerpech, Scheiße *(derb)* · *in Bezug auf Atomkraftwerke:* SMU (= schwerster möglicher Unfall), GAU (= größter anzunehmender Unfall), Super-GAU; ↑Debakel, ↑Erdbeben, ↑Ereignis (Zwischenfall), ↑Landung, ↑Leid, ↑Misserfolg, ↑Not, ↑Unaufmerksamkeit, ↑Unglückstag, ↑Zusammenstoß; U. **haben,** vom Missgeschick verfolgt werden, eine Pechsträhne haben; **ins U. stürzen:** etwas stürzt jmdn. ins Unglück, etwas bricht jmdm. das Genick; ↑entgleisen, ↑verunglücken; ↑leidgeprüft.

²**Unglück:** es ist ein U., dass ...; das U. wollte es, dass ...; zu allem U. ↑schade; Glück im U. haben ↑Glück [haben].

unglücklich: ↑schwermütig, ↑verderblich.

unglücklicherweise ↑schade.

unglückselig ↑verderblich.

Unglücksfall ↑Unglück.

Unglückshäher ↑Vogel.

Unglücksrabe ↑Pechvogel.

Unglückstag, schwarzer Tag, Dies ater, schwarzer Freitag; ↑Unglück.

Unglücksvogel ↑Pechvogel.

Unglückswurm ↑Pechvogel.

ungültig: einen -en Stimmzettel abgeben ↑wählen; u. machen ↑stornieren; u. werden ↑ablaufen; für u. erklären ↑abschaffen.

Ungültigkeitserklärung ↑Aufhebung.

¹**ungünstig,** nachteilig; ↑unerfreulich, ↑hinderlich; **u. sein,** sich als Nachteil erweisen, Nachteile haben, etwas hat einen Pferdefuß; ↑Mangel.

²**ungünstig** ↑unerfreulich.

ungut ↑unerfreulich.

unhaltbar ↑aussichtslos.

unharmonisch ↑zwiespältig.

Unheil ↑Unglück.

¹**unheilbar,** unrettbar, verloren; ↑irreparabel, ↑krank; **u. [krank] sein,** nicht zu heilen / zu retten sein, ein hoffnungsloser Fall / von den Ärzten aufgegeben sein.

²**unheilbar:** u. Kranker ↑Kranker.

Unheil bringend ↑verderblich.

unheildrohend ↑verderblich.

unheilig ↑weltlich.

unheilschwanger ↑verderblich.

Unheilsprophet ↑Pessimist.

unheilvoll ↑verderblich.

¹**unheimlich,** gruselig, schauerlich, schaurig, nicht geheuer, beklemmend, entrisch *(bayr., österr.)*, gespenstisch; ↑makaber.

²**unheimlich:** ↑anrüchig, ↑sehr.

unhöflich, unfreundlich, abweisend, rüde, barsch, raß *(oberd.)*, bärbeißig *(ugs.)*, hantig *(ugs., bayr., österr.)*, schroff, brüsk, grob, saugrob *(derb)*, grobschlächtig *(abwertend)*, kurz [angebunden], unverbindlich, unliebenswürdig, mufflig *(abwertend)*, taktlos, plump, ungeschliffen, ungehobelt *(abwertend)*, geschert *(bayr., österr.)*, bäurisch *(abwertend)*, unkultiviert, unritterlich, flegelig *(abwertend)*, flegelhaft *(abwertend)*, rüpelig *(abwertend)*, rüpelhaft *(abwertend)*, lümmelhaft *(abwertend)*, ruppig, ohne [jedes] Benehmen, schnöselig *(abwertend)*, stieselig *(salopp, abwertend)*, nicht ↑höflich; anstößig, ↑aufdringlich, ↑böse, ↑frech, ↑gewöhnlich, ↑spöttisch, ↑taktlos, ↑unbarmherzig; **u. sein,** keine Manieren / kein Benehmen haben; nicht wissen, was sich gehört; kein Kavalier sein, Haare auf den Zähnen haben; ↑benehmen (sich); ↑Flegel, ↑Taktlosigkeit, ↑Unhöflichkeit.

Unhöflichkeit, Unfreundlichkeit, Unaufmerksamkeit, Ungefälligkeit, Unliebenswürdigkeit, Mufflichkeit *(abwertend)*, Barschheit, Schroffheit, Grobheit, Grobschlächtigkeit, Plumpheit, Ungeschliffenheit, Ungehobeltheit *(abwertend)*, Flegelei *(abwertend)*, Flegelhaftigkeit *(abwertend)*, Rüpelhaftigkeit *(abwertend)*, Lümmelhaftigkeit *(abwertend)*, Ruppigkeit, Schnöseligkeit *(abwertend)*, Stieseligkeit *(salopp, abwertend)*; ↑Taktlosigkeit; ↑unhöflich · Ggs. ↑Höflichkeit.

Unhold ↑Verbrecher.

uni ↑einfarbig.

Uni: ↑Hochschule; auf der U. sein ↑studieren.

uniert: -e Kirche ↑Kirche.

Uniform: ↑Kleidung; Bürger / Staatsbürger in U. ↑Soldat.

uniformieren ↑normen.

Uniformierung ↑Normung.

Uniformschneider ↑Schneider.

Uniformträger ↑Soldat.

Unikum ↑Spaßvogel.

Uninformiertheit ↑Unkenntnis.

unintelligent ↑dumm.

uninteressant ↑langweilig.

Uninteressiertheit ↑Teilnahmslosigkeit.

Union ↑Vereinigung.

Union Jack ↑Nationalflagge.

United Kingdom ↑Großbritannien.

universal ↑allgemein.

Universalerbe ↑Erbe (der).

Universalgenie ↑Genie.

Universalien, Allgemeinbegriffe, Grundlagen, Grundbegriffe.

Universalmittel ↑Allheilmittel.

universell ↑allgemein.

Universität: ↑Hochschule; die U. besuchen, auf der U. sein ↑studieren.

Universitätsbibliothek ↑Bibliothek.

Universitätsgelände, Campus; ↑Hochschule.

Universitätsklinik ↑Krankenhaus.

Universitätsprofessor ↑Hochschullehrer.

Universum: ↑Weltall; Miss U. ↑Schönheitskönigin; Mister U. ↑Kraftmensch.

unkameradschaftlich: ↑unfair; -es Verhalten ↑Unkameradschaftlichkeit.

Unkameradschaftlichkeit, Unsportlichkeit, Unfairness, unkameradschaftliches / unsportliches / unfaires Verhalten, Unkollegialität; ↑unfair.

Unke: ↑Frosch, ↑Pessimist.

unken ↑voraussehen.

¹Unkenntnis, Unwissenheit, Bildungslücke, Nichtwissen, Ignoranz, Uniformiertheit, Wissensmangel, Unbelesenheit, Unerfahrenheit, Dummheit, Verblendung, Kurzsichtigkeit, Engstirnigkeit; ↑Ahnungslosigkeit, ↑Arglosigkeit, ↑Betrug, ↑Falschmeldung, ↑Nichtfachmann.

²Unkenntnis ↑Ahnungslosigkeit.

Unkenruf: -e ↑Pessimismus.

Unkerei ↑Pessimismus.

unkeusch ↑anstößig.

Unkeuschheit ↑Sittenlosigkeit.

unkindlich, frühreif, altklug; ↑Altklugheit, ↑Entwicklung.

Unkindlichkeit ↑Altklugheit.

¹unklar, unscharf, unbestimmt, ungenau, vage, nebulös, dunkel, verschwommen, schemenhaft, nebelhaft, schattenhaft, verblasen, ungeklärt, nicht ↑einleuchtend, nicht ↑klar; ↑unfassbar, ↑verworren; **u. machen,** verunklären *(schweiz.)*, verwischen, verwedeln *(schweiz.)*; ↑offen bleiben; ↑Ungenauigkeit.

²unklar ↑wirr.

Unklarheit ↑Heillosigkeit.

unklug, ungeschickt, undiplomatisch, nicht ↑schlau; ↑dumm, ↑klar (unverblümt), ↑rundheraus, ↑tölpelhaft.

Unklugheit ↑Unbesonnenheit.

unkompliziert: ↑lustig, ↑mühelos.

unkontrolliert ↑hemmungslos.

Unkontrolliertheit ↑Ungezügeltheit.

unkonventionell ↑unüblich.

unkonzentriert ↑unaufmerksam.

unkörperlich ↑immateriell.

¹Unkosten, Kosten, Ausgaben, Aufwendung, Kostenaufwand; ↑Etat, ↑Preis, ↑Rechnung; **jmdm. die U. vorrechnen,** jmdm. eine Rechnung zusammenstellen / aufmachen / präsentieren; ↑zahlen.

²Unkosten: sich in U. stürzen ↑schenken; sich in geistige U. stürzen ↑anstrengen (sich).

unkritisch: ↑gutgläubig, ↑willkürlich.

Unktion ↑Verabreichung.

unkultiviert ↑unhöflich.

unkünstlerisch: ↑amusisch, ↑banausisch.

unlängst ↑kürzlich.

unlauter ↑unredlich.

unlebendig ↑langweilig.

¹unleidlich, unruhig, ungeduldig, drängelnd, unausstehlich, quengelig, verquengelt; ↑wehleidig, ↑weinerlich; ↑Unleidlichkeit.

²unleidlich ↑böse.

Unleidlichkeit, Unruhe, Ungeduld, Drängelei, Unausstehlichkeit, Quengelei, Quengeligkeit; ↑Zimperlichkeit; ↑unleidlich.

Unlenksamkeit ↑Eigensinn.

unleugbar ↑wahr.

unlieb: nicht u. sein ↑passen.

unliebenswürdig ↑unhöflich.

Unliebenswürdigkeit ↑Unhöflichkeit.

unliebsam ↑unerfreulich.

unlogisch ↑gegensätzlich.

Unlösbarkeit ↑Ausweglosigkeit.

Unlust: ↑Unzufriedenheit, ↑Widerwille; mit U. ↑widerwillig.

unlustig: ↑temperamentlos, ↑widerwillig.

unmanierlich ↑frech.

unmännlich, nicht ↑männlich.

Unmasse ↑Anzahl.

unmaßgeblich ↑unwichtig.

unmäßig ↑unersättlich.

Unmäßigkeit ↑Ausschweifung.

unmelodisch ↑misstönend.

Unmenge ↑Anzahl.

Unmensch: ↑Rohling; kein U. sein ↑entgegenkommen (jmdm.).

unmenschlich ↑unbarmherzig.

Unmenschlichkeit ↑Unbarmherzigkeit.

unmerklich ↑latent.

unmissbar ↑nötig.

unmissverständlich: ↑klar, ↑nachdrücklich.

Unmissverständlichkeit: ↑Deutlichkeit, ↑Nachdrücklichkeit.

unmittelbar: ↑gleich; aus -er Nähe ↑leibhaftig.

unmodern: ↑altmodisch, ↑rückschrittlich.

unmöglich: ↑keineswegs, ↑nein, ↑unausführbar, ↑ungeeignet, ↑unzumutbar; u. finden ↑beanstanden; u. machen ↑verhindern.

Unmöglichkeit: ↑Ausweglosigkeit, ↑Unerreichbarkeit; etwas ist ein Ding der U. ↑unausführbar [sein].

Unmoral ↑Sittenlosigkeit.

unmoralisch ↑anstößig.

unmotiviert: ↑arbiträr, ↑grundlos.

unmündig: ↑minderjährig; für u. erklären ↑entmündigen.

Unmündigkeit: ↑Unreife, ↑Unselbstständigkeit.

unmusisch ↑amusisch.

Unmut ↑Verstimmung.

unnachahmlich ↑vorbildlich.

Unnachahmlichkeit ↑Musterhaftigkeit.

unnachgiebig: ↑herrisch, ↑unzugänglich.

Unnachgiebigkeit: ↑Eigensinn, ↑Unerbittlichkeit.

unnachsichtig ↑herrisch.

Unnachsichtigkeit ↑Unerbittlichkeit.

unnahbar ↑unzugänglich.

Unnahbarkeit ↑Verschlossenheit.

unnatürlich: ↑geziert, ↑pervers.

Unnatürlichkeit ↑Geziertheit.

Ünne ↑Zwiebel.

unnennbar ↑unsagbar.

Unnennbarkeit ↑Unaussprechlichkeit.

unnormal ↑anormal.

unnötig: ↑nutzlos, ↑überflüssig.

unnütz: ↑nutzlos; u. sein ↑gebrauchen.

unordentlich: ↑nachlässig; -es Arbeiten ↑Nachlässigkeit.

Unordentlichkeit ↑Nachlässigkeit.

Unordnung: bei jmdm. herrscht U., etwas ist in U. ↑ungeordnet [sein]; etwas ist in U. ↑vernachlässigen (etwas).

Unoriginalität ↑Einfallslosigkeit.

unoriginell, einfallslos, fantasielos, unschöpferisch, eklektisch, eklektizistisch, plagiatorisch; ↑amusisch, ↑prosaisch; ↑Diebstahl, ↑Einfallslosigkeit; ↑plagiieren · Ggs. ↑schöpferisch.

unpaarig, unpaar, in ungerader Zahl vorhanden.

¹unparteiisch, unvoreingenommen, unbefangen, indifferent, passiv, neutral, wertfrei, wertneutral, objektiv, nüchtern, sachlich, gerecht, unentschieden, nicht ↑parteiisch; ↑aufgeklärt, ↑sachlich; ↑Objektivität · Ggs. ↑Vorurteil.

²unparteiisch: ↑gerecht; nicht u. sein ↑beurteilen.

Unparteiischer ↑Schiedsrichter.

Unparteilichkeit ↑Objektivität.

unpassend: ↑unerfreulich, ↑ungeeignet; zu -er Zeit kommen ↑stören (jmdn.).

unpässlich ↑krank.

Unpässlichkeit ↑Krankheit.

unpersönlich: -es Verb ↑Verb.

unpraktisch, ungeschickt, unbeholfen, umständlich; u. sein, zwei linke Hände haben.

unproblematisch ↑mühelos.

unpünktlich: ↑säumig; u. sein ↑pünktlich.

Unpünktlichkeit, Verspätung, Säumigkeit, Saumseligkeit *(abwertend)*, Nachlässigkeit, Bummelei *(abwertend)*; ↑pünktlich.

unqualifiziert: ↑unerfreulich, ↑unsachlich.

unrasiert ↑bärtig.

Unrast, Unruhe, Ruhelosigkeit, Getriebensein, Umhergetriebensein, Nervosität; ↑Erregung, ↑Hast, ↑Umherirrender, ↑Ungeduld; ↑herumtreiben (sich), ↑verwirren; ↑aufgeregt.

Unrat ↑Abfall.

unrealistisch, wirklichkeitsfremd, versponnen, weltfremd, verträumt; ↑arglos, ↑gedankenvoll · Ggs. ↑realistisch; u. sein, in einer anderen Welt leben, nicht von dieser Welt sein, in höheren Regionen schweben, hinter dem Mond leben *(abwertend)*; ↑abkapseln (sich); ↑Weltfremdheit.

unrecht: etwas in den -en Hals bekommen ↑missverstehen.

Unrecht ↑Verstoß.

unrechtmäßig ↑gesetzwidrig.

Unrechtmäßigkeit ↑Gesetzwidrigkeit.

unredlich, unlauter, unreell, unsolid, unehrlich, illoyal, disloyal, betrügerisch, unaufrichtig, unwahrhaftig, lügnerisch, verlogen, schein-

heilig, gleisnerisch, heuchlerisch, falsch, katzenfreundlich, scheißfreundlich *(salopp)*, lügenhaft, erlogen, nicht ↑ehrenhaft; ↑bestechlich, ↑ehrlos, ↑unaufrichtig, ↑unfair; ↑lügen, ↑übertreiben; ↑Lüge, ↑Schlaukopf, ↑Verstellung.

Unredlichkeit: ↑Pflichtvergessenheit, ↑Untreue.

unreell ↑unredlich.

unregelmäßig: ↑unüblich; -er Puls ↑Pulsschlag.

Unregelmäßigkeit ↑Betrug.

¹unreif, unausgereift, grün, nicht ↑reif; ↑ungenießbar.

²unreif: ↑jung, ↑unausgegoren.

Unreife, Unausgereiftsein, Unmündigkeit; ↑jung.

unrein: ↑misstönend, ↑schmutzig; ins Unreine schreiben ↑aufschreiben; ins Unreine sprechen ↑formulieren.

Unreinigkeit ↑Schmutz.

unrettbar: ↑lange, ↑unheilbar.

unrichtig: ↑falsch; als u. bezeichnen ↑abstreiten.

unritterlich ↑unhöflich.

Unruhe: ↑Spannung, ↑Unleidlichkeit, ↑Unrast; -n ↑Verschwörung; motorische U. ↑Anankasmus; in U. versetzen ↑verwirren.

Unruhestifter: ↑Hetzer, ↑Störenfried.

unruhig: ↑aufgeregt, ↑lebhaft, ↑ruhelos, ↑unleidlich; -e See ↑Seegang.

unrühmlich ↑kläglich.

uns: unter u. ↑vertraulich.

¹unsachlich, unqualifiziert, abschweifend, nicht zur Sache gehörend, sachfremd, persönlich; ↑Argument, ↑Darlegung; ↑erörtern.

²unsachlich ↑parteiisch.

Unsachlichkeit ↑Subjektivität.

¹unsagbar, unsäglich, unaussprechlich, unbeschreiblich, unnennbar, namenlos, unglaublich; ↑außergewöhnlich, ↑sehr; ↑Unaussprechlichkeit.

²unsagbar ↑sehr.

unsäglich: ↑sehr, ↑unsagbar.

unsauber: ↑misstönend, ↑schmutzig.

¹Unsauberkeit, Verschmutztheit, Verdrecktheit *(ugs.)*, Speckigkeit, Schmuddeligkeit, Unappetitlichkeit; ↑Schmutz; ↑schmutzig · Ggs. ↑Sauberkeit.

²Unsauberkeit ↑Regelverstoß.

unschädlich: ↑ungefährlich; u. machen ↑festsetzen (jmdn.).

Unschädlichkeit, Ungefährlichkeit, Harmlosigkeit, Zuträglichkeit, Verträglichkeit, Bekömmlichkeit; ↑Überempfindlichkeit; ↑bekömmlich, ↑ungefährlich.

¹unscharf, verschwommen, verzittert, verwackelt; u. werden, [vor den Augen] verschwimmen; ↑fotografieren.

²unscharf ↑unklar.

Unschärfe ↑Ungenauigkeit.

unschätzbar ↑außergewöhnlich.
unscheinbar ↑einfach.
Unscheinbarkeit ↑Unauffälligkeit.
unschicklich ↑anstößig.
Unschicklichkeit ↑Anstößigkeit.
unschlagbar, unübertrefflich, unübertroffen, unbesiegbar, unbezwingbar; ↑außergewöhnlich.
Unschlagbarkeit, Unbezwingbarkeit, Unbezwinglichkeit, Unüberwindlichkeit, Unbesiegbarkeit; ↑unüberwindbar.
unschlüssig: ↑unentschlossen; u. sein ↑zögern.
unschön ↑abscheulich.
unschöpferisch: ↑amusisch, ↑unoriginell.
Unschuld: ↑Virginität; U. vom Lande ↑Mädchen; seine U. beweisen wollen ↑wehren (sich); jmdm. die U. rauben ↑deflorieren; die U. verlieren ↑koitieren; seine Hände in U. waschen ↑schuldlos; seine U. verloren haben ↑[nicht mehr] glaubwürdig [sein].
unschuldig: ↑jungfräulich, ↑schuldlos.
Unschuldslamm ↑Naivling.
Unschuldsmiene ↑Miene.
unschwer ↑mühelos.
¹unselbstständig, heteronom, abhängig, lohnabhängig, subaltern, untergeordnet, sekundär, sklavisch, versklavt, hörig, leibeigen, nicht ↑selbstständig; ↑abhängig, ↑treu, ↑unterwürfig, ↑willensschwach · Ggs. ↑schöpferisch; **u. sein,** Befehlsempfänger sein; ↑lenken; ↑Unselbstständigkeit.
²unselbstständig ↑abhängig.
Unselbstständigkeit, Abhängigkeit, Unmündigkeit, Hörigkeit; ↑Lohnabhängigkeit; ↑unselbstständig.
unselig ↑schlimm.
unser: -e Zeit ↑Gegenwart.
unsereiner ↑ich.
unsereins ↑ich.
¹unsicher, ungeborgen, ungeschützt, schutzlos, unbehütet, unbeschirmt, ausgeliefert, ausgesetzt, preisgegeben, wehrlos; ↑ungeborgen; ↑Ungeborgenheit, ↑Ungesichertheit · Ggs. ↑sicher; ↑Geborgenheit, ↑Schutz; **u. sein:** etwas ist unsicher, etwas ist auf Sand gebaut, jmd. hat auf Sand gebaut, etwas steht auf schwachen Beinen, etwas steht auf schwachen / schwankenden / tönernen / (ugs.) wackligen Füßen.
²unsicher: ↑ungewiss; ein -er Kantonist sein ↑unzuverlässig [sein]; u. werden ↑untergraben; u. machen ↑verwirren; die Gegend u. machen ↑besuchen.
Unsicherheit: ↑Angst, ↑Gefahr, ↑Ungesichertheit, ↑Ungewissheit, ↑Verlegenheit.
unsichtbar: u. machen ↑einnebeln.
¹Unsinn, Unfug, Blödsinn (ugs.), dummes Zeug (ugs.), Dummheiten, Wippchen, Heckmeck (salopp), Allotria, Firlefanz, Faxen, Schnickschnack, Fez (landsch.), Quark (ugs.), Krampf, Käse (nordd.), kalter Kaffee (salopp), Palla-

watsch (österr.), Ballawatsch (österr.), Quatsch [mit Soße] (salopp), Mumpitz (ugs.), Humbug (ugs.), Kokolores (ugs.), Blech (salopp), Stuss (salopp), Kohl (salopp), Kappes (salopp), Pipifax (ugs.), Kickskacks (ugs.), Galimathias, Nonsens, Bockmist (derb), Mist (derb), Scheiße (derb); ↑Ablehnung, ↑Absurdität, ↑Flitter, ↑Kitsch, ↑Zusammenhanglosigkeit; **U. machen,** Zicken machen (ugs.).
²Unsinn: ↑Absurdität; U. reden ↑sprechen.
¹unsinnig, sinnlos, absurd, blödsinnig (ugs.), schwachsinnig (ugs.), idiotisch (ugs.), stussig (ugs.), ohne Sinn und Verstand, hirnverbrannt, hirnrissig (ugs., österr.), witzlos, reizlos; ↑abwegig, ↑lächerlich, ↑selbstzerstörerisch, ↑unausführbar, ↑unzumutbar, ↑unzusammenhängend; **u. sein,** etwas ist gegen alle Regeln der Vernunft, das ist ein Unding, das ist Schwachsinn (ugs.); ↑Absurdität.
²unsinnig ↑abwegig.
Unsinnigkeit ↑Absurdität.
unsinnlich ↑platonisch.
unsittlich ↑anstößig.
Unsittlichkeit ↑Sittenlosigkeit.
unsolid ↑unredlich.
unsolide ↑anstößig.
Unsorgfältigkeit ↑Nachlässigkeit.
unsozial: ↑asozial, ↑unbarmherzig.
unsportlich: ↑linkisch, ↑unfair; -es Verhalten ↑Unkameradschaftlichkeit.
Unsportlichkeit ↑Unkameradschaftlichkeit.
unstatthaft ↑gesetzwidrig.
Unstatthaftigkeit ↑Gesetzwidrigkeit.
unsterblich: sich u. machen ↑verewigen (sich).
Unsterblichkeit: in die U. eingehen ↑verewigen (sich).
Unstern ↑Unglück.
unstet: ↑aufgeregt, ↑labil, ↑untreu.
Unstetheit ↑Unbeständigkeit.
Unstetigkeit ↑Untreue.
unstillbar ↑unersättlich.
Unstimmigkeit: ↑Abweichung, ↑Meinungsverschiedenheit, ↑Unzulänglichkeit; -en ↑Unannehmlichkeiten.
unstreitig ↑zweifellos.
unstrukturiert ↑amorph.
Unsumme ↑Summe.
unsympathisch: ↑unbeliebt; u. finden ↑hassen.
untadelhaft ↑vollkommen.
Untadelhaftigkeit ↑Untadeligkeit.
untadelig ↑vollkommen.
Untadeligkeit, Untadligkeit, Untadelhaftigkeit, Fehlerlosigkeit, Makellosigkeit, Mustergültigkeit, Vollkommenheit, Vollendetheit, Vollendung; ↑Meisterhaftigkeit, ↑Musterhaftigkeit; ↑meisterhaft, ↑vollkommen.
untadlig ↑vollkommen.
Untadligkeit ↑Untadeligkeit.
untalentiert ↑unbegabt.
Untat ↑Verstoß.

untätig: ↑faul, ↑passiv; u. dabeistehen / zusehen ↑zögern.

Untätigkeit ↑Passivität.

untauglich ↑unfähig.

Untauglichkeit ↑Unfähigkeit.

unten: ↑unterhalb; nach u. ↑abwärts; nach u. gehen / steigen / klettern ↑hinuntergehen; nach u. sinken ↑sinken; bei jmdm. u. durch sein ↑unbeliebt [sein].

unter: u. keiner Bedingung ↑nein; u. den Hammer bringen / kommen ↑Versteigerung; u. der Hand ↑unbemerkt; u. aller Kanone / Kritik / Sau / Würde ↑minderwertig; u. aller Kanone / Kritik ↑schlecht; u. der Oberfläche ↑latent; u. uns ↑vertraulich; u. Vorbehalt ↑vorbehaltlich.

unterarbeiten ↑mischen.

unterärmeln ↑unterhaken.

Unterarmtasche ↑Tasche.

Unterbau: ↑Fundament, ↑Grundlage; volkswirtschaftlicher U. eines Landes ↑Infrastruktur.

Unterbekleidung ↑Kleidung.

unterbelichtet ↑dumm.

unterbewerten ↑unterschätzen.

unterbewusst, im Unterbewusstsein [vorhanden], nicht bewusst, ohne Bewusstheit, unbewusst, unterschwellig; ↑unabsichtlich.

Unterbewusstsein: im U. [vorhanden] ↑unterbewusst.

Unterbietung ↑Preisunterbietung.

unterbinden ↑verhindern.

Unterbindung ↑Vereitelung.

Unterblatt ↑Blatt.

unterbleiben ↑geschehen.

Unterboden ↑Fußboden.

¹unterbrechen, pausieren, eine Pause einlegen / machen, innehalten, einhalten, Schicht machen *(ugs.),* Fuffzehn machen *(salopp)* · *eine Reise:* Station machen; ↑beenden; ↑Einschnitt · Ggs. ↑fortsetzen.

²unterbrechen: jmdn. u. ↑dazwischenreden.

¹Unterbrechung, Unterbruch *(schweiz.),* Störung, Bildstörung, Stockung, Aufenthalt; ↑Beschädigung · *in Bezug auf das zeitweilige Aussetzen von Krankheitserscheinungen:* Intermission; ↑Einschnitt.

²Unterbrechung: ↑Einschnitt, ↑Fahrtunterbrechung, ↑Pause; mit -en ↑diskontinuierlich; ohne U. ↑fließend, ↑kursorisch, ↑unaufhörlich.

unterbreiten: einen Plan u. ↑vorschlagen.

¹unterbringen, verstauen, verfrachten *(ugs.);* ↑aufbewahren, ↑verstecken.

²unterbringen: ↑beherbergen, ↑einquartieren; untergebracht werden ↑Unterkunft [finden].

Unterbringung, Beherbergung, Einquartierung; ↑Unterkunft.

unterbrochen ↑diskontinuierlich.

Unterbruch ↑Unterbrechung.

unterbuttern: ↑aufbürden, ↑Einfluss.

unterdessen ↑inzwischen.

¹unterdrücken, knechten, knebeln, terrorisieren, bedrängen, bedrücken, jmdm. das Rückgrat brechen, drangsalieren, nicht hochkommen lassen · *durch die Mehrheit:* majorisieren · *von Gefühlen:* verdrängen, ersticken, niederhalten, abtöten, nicht zeigen [was in einem vorgeht], das Gesicht wahren, sich nichts anmerken lassen, sich etwas verbeißen / *(ugs.)* verkneifen; ↑abschreiben, ↑beherrschen, ↑bemerken, ↑besiegen, ↑lenken; ↑unterdrückt; ↑Ansehen, ↑Unfreiheit.

²unterdrücken: eine Antwort u. ↑schweigen.

Unterdrücker ↑Gewaltherrscher.

unterdrückt, geknechtet, unfrei, versklavt, unterjocht, rechtlos; **u. werden,** unter Kuratel stehen, unter jmds. Knute / Pantoffel / Fuchtel stehen *(ugs.);* ↑unterdrücken; ↑Unfreiheit.

Unterdrückung ↑Unfreiheit.

untere: -r Hirnanhang ↑Hypophyse.

untereinander, miteinander; ↑wechselseitig.

unterentwickelt: -e Länder ↑Entwicklungsländer.

Unterernährung ↑Ernährungsstörung.

Unterfangen ↑Tun.

unterfassen ↑unterhaken.

unterfertigen ↑unterschreiben.

Unterfertigter ↑Unterzeichner.

Unterfertigung ↑Unterzeichnung.

Unterführung, Tunnel, Tunell *(landsch.),* Subway; ↑Kreuzung, ↑Straße · Ggs. ↑Brücke.

Unterfunktion ↑Funktionsstörung.

Untergang ↑Debakel.

untergeärmelt ↑untergehakt.

Untergebener ↑Arbeitnehmer.

untergefasst: ↑untergehakt; u. gehen ↑unterhaken.

untergehakelt ↑untergehakt.

untergehakt *(landsch.),* untergefasst *(landsch.),* eingehakt *(landsch.),* untergehakelt *(landsch.),* eingearmt *(landsch.),* eingehängt *(landsch.),* eingehenkelt *(landsch.),* eingehäkelt *(landsch.),* eingeärmelt *(landsch.),* untergeärmelt *(landsch.),* Arm in Arm, per Arm *(ugs.);* ↑unterhaken.

¹untergehen, sinken, absinken, [in den Wellen / Fluten] versinken, absaufen *(salopp),* wegsacken, absacken, versacken; ↑ertrinken, ↑kentern, ↑sinken; ↑Havarie.

²untergehen: mit Mann und Maus u. ↑ertrinken.

untergeordnet ↑unselbstständig.

untergeschoben ↑unecht.

Untergestell, Gestell, Stativ, Ständer, Fußgestell, Untersatz, Unterteil, Dreifuß, Bock; ↑Aktenständer, ↑Fußbank, ↑Holzbock, ↑Leiter (die), ↑Sockel.

Untergewand ↑Kleidung.

Untergewebe ↑Rückseite.

untergliedern: ↑gliedern, ↑unterteilen.

untergliedert ↑gegliedert.

Untergliederung ↑Gliederung.

¹untergraben, unterminieren, erschüttern, ins

Wanken bringen, aufweichen, zersetzen; **u. werden,** ins Wanken geraten, unsicher werden; ↑überreden, ↑verstoßen (gegen etwas).

²untergraben: etwas u. ↑verstoßen (gegen etwas).

Untergrenze ↑Minimum.

Untergrundbahn ↑Verkehrsmittel.

Untergrundkämpfer ↑Partisan.

Untergrundorganisation ↑Geheimbund.

Untergrundwirtschaft ↑Arbeit.

unterhaken *(landsch.),* unterfassen *(landsch.),* unterärmeln *(landsch.),* sich bei jmdm. einhaken / einhängen *(landsch.),* untergefasst gehen *(landsch.),* per Arm gehen *(ugs.),* Arm in Arm gehen, sich einhenken / einhenkeln *(landsch.);* ↑untergehakt.

unterhalb, unten, drunten, herunten *(südd., österr.),* unterwärts, darunter, in der Tiefe, nid *(schweiz.);* ↑abwärts · Ggs. ↑oberhalb.

Unterhalt: ↑Alimente, ↑Instandhaltung, ↑Lebensunterhalt.

¹unterhalten (sich), reden / sprechen mit, über etwas Gedanken austauschen, Konversation machen, konversieren *(veraltend),* plaudern, plauschen, klönen *(ugs., nordd.),* Zwiesprache / ein Plauderstündchen / einen Plausch / einen Schwatz / ein Schwätzchen / *(ugs., nordd.)* einen Klönschnack halten · *über vielerlei:* über Gott und die Welt / über Tod und Teufel reden (oder:) sprechen · *über Politik:* politisieren, kannegießern *(abwertend);* ↑ansprechen, ↑mitteilen, ↑sprechen, ↑vergnügen (sich); ↑Gespräch.

²unterhalten: ↑ernähren; sich u. ↑vergnügen (sich).

unterhaltend: ↑charmant, ↑kurzweilig.

Unterhalter, Alleinunterhalter, Entertainer, Stimmungskanone *(ugs.),* Hecht im Karpfenteich, Betriebsnudel *(ugs.),* Gaudibursch *(landsch., ugs.);* ↑Ansager, ↑Begleiter, ↑Betreuer (Animateur), ↑Vergnügungsindustrie.

unterhaltsam ↑kurzweilig.

Unterhaltsbeitrag ↑Alimente.

Unterhaltszahlung ↑Alimente.

¹Unterhaltung, Zerstreuung, Ablenkung, Vergnügen, Belustigung, Amüsement, Kurzweil, Zeitvertreib, Lätitzerl *(österr.),* Ramasuri *(österr.),* Gaudium, Mordsgaudi *(ugs., südd., österr.),* Gaudi *(ugs., südd., österr.),* Gaudee *(ugs., österr.),* Hetz *(ugs., österr.);* ↑Lust, ↑Scherz; ↑kurzweilig.

²Unterhaltung: ↑Gespräch, ↑Instandhaltung.

Unterhaltungsbeilage ↑Zeitungsbeilage.

Unterhaltungsfilm ↑Kinofilm.

Unterhaltungsindustrie ↑Vergnügungsindustrie.

Unterhaltungslektüre ↑Lektüre.

Unterhaltungsliteratur ↑Literatur.

¹Unterhaltungsmusik, Tanzmusik, Salonmusik, Kaffeehausmusik, Platzmusik, Promenadenmusik, leichte Musik, Schlagermusik, Popmusik, Beatmusik, Beat, Undergroundmusik, Jazzmusik, Jazz; ↑Musik.

²Unterhaltungsmusik ↑Musik.

Unterhaltungsorchester ↑Orchester.

Unterhaltungsraum ↑Gesellschaftsraum.

Unterhaltungsroman ↑Roman.

Unterhaltungssendung: ↑Fernsehsendung, ↑Rundfunksendung.

Unterhaltungsteil ↑Feuilleton.

Unterhändler ↑Abgesandter.

Unterhaus ↑Volksvertretung.

Unterhemd, Netzhemd, Unterjacke, Leibchen *(österr.);* ↑Kleidung, ↑Oberhemd, ↑Sporthemd, ↑Unterwäsche.

Unterholz ↑Dickicht.

Unterhöschen ↑Unterhose.

Unterhose, Schlüpfer, Slip, Höschen, Unterhöschen, Tanga, Minislip, die Unaussprechlichen *(scherzh.),* Gate *(ugs., österr.),* Gatehose *(ugs., österr.),* Gatinger *(ugs., österr.)* · *lange:* Liebestöter *(scherzh.)* · *halblange:* Kniekitzler *(scherzh., landsch.);* ↑Hose, ↑Unterwäsche.

Unterjacke ↑Unterhemd.

unterjochen ↑besiegen.

Unterjochung ↑Unfreiheit.

unterjubeln ↑aufbürden.

Unterkleid, Unterrock, Petticoat, Halbrock; ↑Unterwäsche.

unterkneten ↑mischen.

¹unterkommen: etwas kommt jmdm. unter, über den Weg laufen, begegnen, stoßen auf; **etwas ist jmdm. noch nicht untergekommen,** etwas ist jmdm. noch nicht vorgekommen; ↑begegnen.

²unterkommen ↑Unterkunft [finden].

unterkriechen ↑Unterkunft [finden].

unterkriegen: sich nicht u. lassen ↑besiegen.

unterkühlt: ↑kalt, ↑unzugänglich.

Unterkühlung, Auskühlung, Wärmeentzug, Wärmeentziehung; ↑Erfrierungstod.

¹Unterkunft, Logis, Quartier, Obdach, Unterstand *(österr.),* Unterschlupf, Absteige, Absteigequartier, Asyl, Herberge *(schweiz.),* Bleibe *(ugs.),* Schlafstelle, Penne *(salopp);* ↑Bauhütte; **U. finden,** Obdach / Aufnahme finden, unterkommen, unterkriechen aufgenommen / beherbergt / untergebracht werden; ↑Unterbringung, ↑Wohnung; ↑einmieten (sich), ↑wohnen.

²Unterkunft ↑Haus.

Unterlage: ↑Grundlage, ↑Urkunde; mit einer U. versehen ↑unterlegen.

Unterlass: ohne U. ↑unaufhörlich.

¹unterlassen, verabsäumen, lassen, sein lassen, nicht tun / machen, bleibenlassen, unterwegen lassen *(schweiz.);* ↑abschreiben.

²unterlassen: ↑aufhören; Rauchen u. ↑rauchen.

Unterlassung ↑Versäumnis.

Unterlassungssünde ↑Fehler.

¹unterlaufen: etwas unterläuft / passiert jmdm., einen Fehler machen, einen Bock schießen *(ugs.);* ↑Fehler.

²**unterlaufen:** etwas u. ↑verstoßen (gegen etwas).

Unterlaufen ↑Regelverstoß.

¹**unterlegen,** legen unter, unterschieben, schieben unter, mit einer Unterlage versehen.

²**unterlegen:** u. sein ↑erreichen (jmds. Leistung).

Unterlegenheit ↑Mangel.

Unterleib ↑Bauch.

Unterleibsliteratur ↑Literatur.

Unterleibstyphus ↑Typhus.

unterliegen: ↑besiegen, ↑nachgeben; etwas unterliegt jmdm. ↑abhängen; etwas unterliegt einer Sache ↑müssen; der Überwachung u. ↑beobachten.

untermauern ↑nachweisen.

untermengen ↑mischen.

Untermensch ↑Rohling.

Untermiete: in U. bei ↑bei.

Untermieter, Aftermieter *(landsch.)* · *männlicher:* Zimmerherr, möblierter Herr *(ugs.)* · *der nur zum Schlafen anwesend ist:* Schlafbursche, Schlafgänger, Bettgeher *(österr.);* ↑Mieter, ↑Zimmervermieterin.

Untermietzimmer ↑Raum.

unterminieren ↑untergraben.

Unterminierung ↑Vernichtung.

¹**unternehmen** (etwas), etwas tun / machen / in die Hand nehmen, handeln, zur Tat schreiten, aktiv / initiativ werden, die Initiative ergreifen, etwas nicht auf sich beruhen lassen; ↑tun, ↑aktiv; ↑Tun.

²**unternehmen** ↑veranstalten.

¹**Unternehmen,** Unternehmung *(fachspr.),* Firma, Handelsgesellschaft, Konzern, Dachorganisation, Dachgesellschaft, Holdinggesellschaft, Gesellschaft, Trust, Etablissement, Unternehmensimperium, Unternehmensdynastie; ↑Betrieb, ↑Büro, ↑Fabrik, ↑Hauptgeschäftsstelle, ↑Laden, ↑Unternehmer, ↑Wirtschaft, ↑Zweigstelle.

²**Unternehmen:** ↑Aktion, ↑Betrieb, ↑Tun.

unternehmend ↑aktiv.

Unternehmer, Industrieller, Marktführer, Produzent, Anbieter, Hersteller, Erzeuger, Fabrikherr, Fabriksherr *(österr.),* Fabrikdirektor, Fabriksdirektor *(österr.),* Schlotbaron *(abwertend),* Fabrikant, Fabrikbesitzer, Fabriksbesitzer *(österr.),* Unternehmerzar (z. B. Pressezar); ↑Betreuer, ↑Gegner, ↑Geschäftsmann, ↑Rivale, ↑Unternehmen.

Unternehmung: ↑Aktion, ↑Eskapade, ↑Unternehmen, ↑Versuch.

Unternehmungsfreude ↑Abenteuerlust.

Unternehmungsgeist: ↑Abenteuerlust, ↑Aktivität, ↑Entschlusskraft.

Unternehmungslust: ↑Abenteuerlust, ↑Aktivität.

unternehmungslustig ↑aktiv.

Unteroffizier ↑Dienstgrad.

unterordnen: ↑subsumieren; sich u. ↑anpassen, ↑nachgeben; etwas ist von untergeordneter Bedeutung ↑unwichtig [sein].

Unterordnung: ↑Anpassung, ↑Einordnung, ↑Gehorsam.

¹**Unterpfand,** Pfand, Zeichen, Beweis; ↑Sicherheit.

²**Unterpfand** ↑Sicherheit.

Unterprima ↑Schulklasse.

Unterprivilegierter ↑Außenseiter.

Unterredung ↑Gespräch.

¹**Unterricht,** Unterweisung, Anleitung, Unterrichtsstunde, Stunde, Lektion, Spracherwerb, Kurs, Kursus, Kursunterricht, Lehrgang, Workshop · *an der Hochschule:* Vorlesung, Kolleg · Übung, Seminar · *ohne Besuch von Hochschulvorlesungen:* Fernsehkursus, Fernstudium; ↑Ausbildung, ↑Lehrplan, ↑Pensum, ↑Unterrichtsmethode, ↑Weisung; **U. erhalten,** Unterricht / Stunden / Nachhilfestunden / Nachhilfe nehmen, unterrichtet werden, den Unterricht besuchen, an einem Lehrgang / Kursus / Kurs teilnehmen, einen Lehrgang / Kursus / Kurs mitmachen · *an der Hochschule:* bei jmdm. [Vorlesungen] hören, eine Vorlesung belegt haben, in eine Vorlesung gehen.

²**Unterricht:** audiovisueller / programmierter U. ↑Unterrichtsmethode; U. geben ↑lehren; ↑Workshop.

unterrichten: ↑lehren, ↑mitteilen; sich u. ↑fragen; unterrichtet ↑aufgeklärt; unterrichtet sein ↑wissen; unterrichtet werden ↑Unterricht [erhalten].

Unterrichtender ↑Instrukteur.

unterrichtsfrei: -e Stunde ↑Freistunde.

Unterrichtslehre ↑Didaktik.

Unterrichtsmethode · programmierter Unterricht, audiovisueller Unterricht, Sprachlabor, Sprachlehranlage; ↑Unterricht.

Unterrichtsstunde ↑Unterricht.

Unterrichtstheorie ↑Didaktik.

Unterrichtung ↑Weisung.

unterringeln ↑markieren.

Unterrock ↑Unterkleid.

unterrühren ↑beimischen.

untersagen ↑verbieten.

untersagt ↑gesetzwidrig.

Untersagung ↑Verbot.

¹**Untersatz,** Untersetzer · *für Biergläser:* Bierdeckel, Bierfilz, Filz, Bierbricken *(nordd.).*

²**Untersatz** ↑Untergestell.

Unterschallflug ↑Flug.

unterschätzen, zu gering einschätzen, unterbewerten, sich über etwas täuschen; **nicht zu u. sein,** nicht schlecht / nicht übel sein, nicht von schlechten Eltern / nicht von Pappe / nicht so ohne sein *(ugs.);* ↑missachten.

¹**unterscheiden,** auseinander halten, diskriminieren, auseinander kennen, einen Unterschied machen, sondern, trennen, ausscheiden *(schweiz.),* gegeneinander abgrenzen, nicht ↑gleichsetzen, nicht ↑verquicken; **nicht u.,** kei-

nen Unterschied machen, alles über einen Kamm scheren / über einen Leisten schlagen / in einen Topf werfen *(ugs.);* ↑ausschließen; ↑Abweichung.

²unterscheiden: ↑sehen; sich u. ↑kontrastieren.

unterschieben: ↑unterlegen; jmdm. etwas u. ↑verdächtigen.

Unterschied: ↑Abweichung, ↑Kontrast, ↑Spanne; einen / keinen U. machen ↑unterscheiden.

unterschiedlich: ↑verschieden; u. behandeln ↑diskriminieren.

Unterschiedlichkeit: ↑Abweichung, ↑Nichtübereinstimmung.

Unterschiedsbetrag ↑Saldo.

¹unterschlagen, veruntreuen, hinterziehen, nicht ↑zahlen; ↑wegnehmen; ↑Diebstahl.

²unterschlagen: eine Nachricht, Mitteilung u. ↑schweigen.

Unterschlagung ↑Diebstahl.

unterschlängeln ↑markieren.

Unterschleif ↑Diebstahl.

Unterschlupf: ↑Unterkunft, ↑Zuflucht.

¹unterschreiben, unterzeichnen, seinen [Friedrich] Wilhelm / seinen Servus darunter setzen / druntersetzen *(ugs., scherzh.),* unterfertigen, gegenzeichnen, abzeichnen, seine Unterschrift geben, ratifizieren, paraphieren, quittieren, saldieren *(österr.),* signieren; ↑bescheinigen, ↑beschriften; ↑Unterschrift, ↑Unterzeichner, ↑Unterzeichnung.

²unterschreiben ↑billigen.

¹Unterschrift, Namenszug, Autogramm, Namenszeichen, Signum, Paraphe, Signatur, Handzeichen; ↑Unterzeichner, ↑Unterzeichnung; ↑unterschreiben.

²Unterschrift ↑Aufschrift.

unterschwellig: ↑latent, ↑unterbewusst.

Unterseeboot ↑Kriegsschiff.

Unterseite ↑Rückseite.

Untersekunda ↑Schulklasse.

Untersetzer ↑Untersatz.

untersetzt, gedrungen, stämmig, kompakt, bullig, pyknisch; ↑athletisch, ↑dick; ↑Stämmigkeit.

Untersetztheit ↑Stämmigkeit.

Unterstand: ↑Bunker, ↑Schützengraben.

unterstandslos ↑Wohnung.

unterstehen: sich u. ↑wagen; etwas untersteht jmdm. ↑abhängen; nur dem Kaiser -d ↑reichsunmittelbar.

¹unterstellen (sich), Schutz / Zuflucht suchen unter, sich flüchten (in, unter).

²unterstellen: ↑behaupten; jmdm. etwas u. ↑verdächtigen.

Unterstellung ↑Behauptung.

unterstreichen: ↑betonen, ↑markieren.

Unterstreichung ↑Hervorhebung.

¹unterstützen (etwas), fördern, einer Sache Tür und Tor öffnen / Vorschub leisten / zum Durchbruch verhelfen / Bahn brechen / eine Bresche schlagen; ↑fördern, ↑überhand nehmen; ↑Beihilfe.

²unterstützen: ↑festigen, ↑helfen, ↑zahlen.

Unterstützung: ↑Dienst, ↑Hilfe, ↑Zuschuss.

Unterstützungsmauer ↑Mauer.

Untersuch ↑Kontrolle.

¹untersuchen, eine Untersuchung vornehmen, diagnostizieren, die Diagnose stellen · *auf den Geisteszustand hin:* psychiatrieren *(österr.);* ↑erkennen, ↑kontrollieren; ↑Untersuchung.

²untersuchen: ↑erörtern, ↑nachforschen.

¹Untersuchung · Reihenuntersuchung, Routineuntersuchung · *um Krankheiten rechtzeitig erkennen zu können:* Vorsorgeuntersuchung · *auf den Geisteszustand hin:* Psychiatrierung *(österr.);* ↑Kontrolle; ↑untersuchen.

²Untersuchung: ↑Erforschung, ↑Experiment, ↑Kontrolle, ↑Nachforschung, ↑Verhör; demoskopische U. ↑Umfrage; eine gerichtliche U. anordnen ↑belangen; eine U. vornehmen ↑untersuchen.

Untersuchungsgefängnis ↑Strafanstalt.

Untersuchungshaft ↑Freiheitsentzug.

Untersuchungszimmer ↑Sprechzimmer.

untertags ↑tagsüber.

untertan: jmdm. u. sein ↑abhängig [sein von]; sich jmdn. u. machen ↑besiegen; nur dem Kaiser u. ↑reichsunmittelbar.

Untertan ↑Staatsbürger.

untertänig: ↑unterwürfig; -st ↑hochachtungsvoll.

Untertänigkeit ↑Unterwürfigkeit.

Untertasse: ↑Teller; fliegende U. ↑Flugkörper; Obertasse und U. ↑Tasse.

untertauchen ↑weggehen.

Unterteil ↑Untergestell.

¹unterteilen, abteilen, teilen, aufgliedern, untergliedern, einteilen; ↑entflechten, ↑gliedern, ↑teilen.

²unterteilen ↑gliedern.

unterteilt ↑gegliedert.

Unterteilung ↑Gliederung.

Unterteller ↑Teller.

Untertemperatur, Hypothermie, Kollapstemperatur; ↑Krankheit · Ggs. ↑Fieber.

Untertertia ↑Schulklasse.

Untertitel ↑Übersetzung.

Unterton: mit einem gewissen U. sprechen ↑sprechen.

untertreiben, herunterspielen, tiefstapeln, bagatellisieren, bescheiden sein; ↑abschwächen · Ggs. ↑übertreiben.

Untertreibung, Understatement, Litotes; ↑Bescheidenheit; ↑bescheiden · Ggs. ↑Übertreibung.

untervermieten ↑vermieten.

unterwandern ↑infiltrieren.

Unterwanderung ↑Verschwörung.

unterwärts ↑unterhalb.

Unterwäsche, Wäsche, Trikotagen (Plural), Wirkwaren (Plural), Linge *(veraltet, schweiz.)* · *für Damen:* Dessous; ↑Unterhemd, ↑Unterhose, ↑Unterkleid.

Unterwasserkamera ↑Fotoapparat.

Unterwassermassage ↑Massage.

¹unterwegs, auf dem Wege, auf Reisen, verreist, fort, weg, auf Achse *(salopp);* **dauernd u. sein,** aus dem Koffer leben.

²unterwegs: ein Kind ist u. ↑schwanger [sein].

unterweisen ↑lehren.

Unterweisung ↑Unterricht.

¹Unterwelt, Verbrecherwelt · *mondäne:* Halbwelt, Demimonde; ↑Dirnenwelt.

²Unterwelt: ↑Hölle; Strom der U. ↑Lethe.

unterwerfen: ↑besiegen; sich u. ↑nachgeben; der Mode unterworfen ↑modern; nicht der Mode unterworfen ↑zeitlos.

unterwürfig, devot, demütig, ehrerbietig, submiss, gottergeben, kniefällig, fußfällig, untertänig, servil, knechtisch, kriechend, kriecherisch, speichelleckerisch, byzantinisch; ↑ehrfürchtig, ↑nachdrücklich, ↑tolerant, ↑übereifrig, ↑unselbstständig, ↑würdelos; **u. sein,** kriechen, katzbuckeln, liebedienern, dienern, antichambrieren, herumschwänzeln um, herumscharwenzeln um, Rad fahren *(ugs.),* in den Hintern / Arsch kriechen *(derb),* vor jmdm. auf dem Bauch rutschen / liegen *(ugs.),* einen krummen Buckel vor jmdm. machen; ↑erniedrigen (sich), ↑nähern, ↑schmeicheln; ↑Unterwürfigkeit.

¹Unterwürfigkeit, Untertänigkeit, Demütigkeit, Gottergebenheit, Gottergebung, Devotion, Kriecherei, Liebedienerei, Speichelleckerei, Schmeichelei, Byzantinismus, Servilität, Servilismus; ↑Demut, ↑Schmeichler; ↑schmeicheln; ↑unterwürfig.

²Unterwürfigkeit ↑Gehorsam.

unterzeichnen ↑unterschreiben.

Unterzeichner, Unterzeichneter, Unterfertigter, Linksunterzeichneter, Rechtsunterzeichneter; ↑Unterschrift, ↑Unterzeichnung; ↑unterschreiben.

Unterzeichneter ↑Unterzeichner.

Unterzeichnung, Unterfertigung, Gegenzeichnung, Abzeichnung, Quittierung, Saldierung *(österr.),* Signierung, Ratifizierung, Paraphierung; ↑Erlaubnis, ↑Unterschrift, ↑Unterzeichner; ↑unterschreiben.

unterziehen: einer Prüfung u. ↑prüfen; jmdn. einer Gehirnwäsche u. ↑lenken; einer Revision u. ↑kontrollieren.

untief ↑seicht.

Untier ↑Ungeheuer.

untrennbar ↑unzertrennlich.

untreu, ungetreu, treubrüchig, treulos, perfide, verräterisch, wortbrüchig, abtrünnig, eidbrüchig, unbeständig, unstet, flatterhaft, wankelmütig, nicht ↑treu; ↑labil; **u. werden,** abfallen,

abspringen; **u. sein** · *in sexueller Hinsicht:* die Ehe brechen, Ehebruch begehen, fremdgehen *(ugs.),* Seitensprünge machen, [seine Frau, seinen Mann] betrügen, [dem Mann] Hörner / ein Geweih aufsetzen, [den Mann] zum Hahnrei machen; ↑sitzen lassen, ↑überwechseln; ↑Abtrünniger, ↑Ehefrau, ↑Ehemann, ↑Untreue.

Untreue, Treubruch, Felonie *(veraltet),* Treulosigkeit, Illoyalität, Unehrlichkeit, Unredlichkeit, Ehrlosigkeit, Wortbrüchigkeit, Abtrünnigkeit, Abfall, Apostasie, Unbeständigkeit, Unstetigkeit, Flatterhaftigkeit, Wankelmut, Wankelmütigkeit, Charakterlosigkeit, Perfidie, Perfidität, ↑Abtrünniger, ↑Arglist, ↑Bosheit, ↑Ehebruch, ↑Pflichtvergessenheit, ↑Unbeständigkeit; ↑ehrlos, ↑untreu · Ggs. ↑Treue.

untröstlich: u. sein ↑bedauern, ↑bereuen.

Untüchtigkeit ↑Unfähigkeit.

unüberlegt: ↑unbesonnen, ↑willkürlich; u. handeln ↑übereilen.

Unüberlegtheit ↑Unbesonnenheit.

unübersichtlich ↑wirr.

Unübersichtlichkeit ↑Heillosigkeit.

unübertrefflich ↑unschlagbar.

unübertroffen ↑unschlagbar.

unüberwindbar, unüberwindlich, unbezwingbar, unbezwinglich, unbesiegbar; ↑Unschlagbarkeit.

Unüberwindbarkeit ↑Unschlagbarkeit.

unüberwindlich ↑unüberwindbar.

unüblich, ungewöhnlich, ausgefallen, unkonventionell, ungebräuchlich, ungewohnt, okkasionell, irregulär, unregelmäßig, nicht ↑üblich; ↑anormal, ↑außergewöhnlich; ↑Abweichung.

unumgänglich ↑nötig.

Unumgänglichkeit ↑Erfordernis.

unumschränkt ↑selbstständig, ↑totalitär.

unumstößlich ↑unabänderlich.

Unumstößlichkeit ↑Endgültigkeit.

unumwunden ↑rundheraus.

ununterbrochen ↑unaufhörlich.

unveränderlich ↑ewig, ↑feststehend, ↑göttlich; -e Größe ↑Konstante.

Unveränderlichkeit: ↑Ewigkeit, ↑Gotteseigenschaften.

unverantwortlich ↑unverzeihlich.

Unverantwortlichkeit ↑Unentschuldbarkeit.

unveräußerlich, unabdingbar, unverzichtbar, unaufgebbar, unentbehrlich, unbedingt nötig / erforderlich; ↑unersetzlich; ↑Unabdingbarkeit, ↑Unentbehrlichkeit.

Unveräußerlichkeit ↑Unabdingbarkeit.

unverbesserlich ↑eingefleischt.

¹unverbindlich, nicht bindend / fest, ohne Verpflichtung / Kaufzwang.

²unverbindlich ↑unhöflich.

unverblümt ↑klar.

Unverblümtheit: ↑Aufrichtigkeit, ↑Deutlichkeit.

unverdächtig, koscher *(ugs.)*, sauber, rein, astrein *(ugs.)* · *von Speisen:* koscher *(jüd.)*, nicht treife *(jüd.)*, nicht ↑anrüchig; ↑ehrenhaft.
unverdaulich, unverträglich, nicht bekömmlich · Ggs. ↑bekömmlich.
unverdorben ↑lauter.
unverdrossen ↑beharrlich.
Unverdrossenheit ↑Beharrlichkeit.
unverdünnt, pur, rein; ↑echt.
unvereinbar ↑gegensätzlich.
Unvereinbarkeit ↑Gegensätzlichkeit.
unverfälscht: ↑echt, ↑gereinigt.
Unverfälschtheit ↑Ursprünglichkeit.
unverfänglich ↑ungefährlich.
unverfroren ↑frech.
Unverfrorenheit ↑Frechheit.
unvergänglich: ↑bleibend, ↑ewig.
Unvergänglichkeit: ↑Ewigkeit, ↑Haltbarkeit.
unvergessbar ↑unvergessen.
unvergessen, unvergesslich, denkwürdig, unvergessbar; ↑bleibend.
unvergesslich: ↑nachhaltig, ↑unvergessen.
unvergleichlich ↑außergewöhnlich.
unverheiratet ↑ledig.
unverhofft ↑plötzlich.
unverhohlen ↑aufrichtig.
unverhüllt ↑aufrichtig.
unverkennbar: ↑kennzeichnend, ↑typisch.
unverletzlich: ↑tabu; das Unverletzliche ↑Tabu.
unverletzt ↑heil.
unvermeidlich ↑nötig.
unvermindert: u. fortdauernd ↑ungetrübt.
unvermischt ↑gereinigt.
unvermittelt ↑plötzlich.
Unvermögen ↑Unfähigkeit.
unvermögend: ↑arm, ↑unfähig.
unvermutet ↑plötzlich.
Unvernunft: ↑Absurdität, ↑Torheit, ↑Unbesonnenheit.
unverpackt, nicht abgepackt, offen, lose · Ggs. ↑abgepackt.
unverrichteter Dinge: u. weggehen ↑Erfolg.
unverschämt ↑frech.
Unverschämtheit: ↑Frechheit, ↑Bosheit.
unverschlossen ↑offen.
unversehens ↑plötzlich.
unversehrt ↑heil.
unversöhnlich ↑unzugänglich.
Unversöhnlichkeit ↑Unduldsamkeit.
Unverstand: ↑Torheit, ↑Unbesonnenheit.
unverständig ↑dumm.
Unverständigkeit ↑Beschränktheit.
unverständlich: ↑unfassbar, ↑verworren.
unversucht: nichts u. lassen ↑anstrengen (sich).
¹unverträglich, zänkisch, streitsüchtig; ↑streitbar.
²unverträglich ↑unverdaulich.
unvertretbar ↑unverzeihlich.
Unvertretbarkeit ↑Unentschuldbarkeit.

unverwendet ↑neu.
unverwüstlich ↑haltbar.
Unverwüstlichkeit ↑Haltbarkeit.
unverzagt: ↑mutig, ↑zuversichtlich.
Unverzagtheit ↑Mut.
unverzeihlich, unentschuldbar, unverantwortlich, unvertretbar, verantwortungslos, nicht zu verantworten; ↑unbesonnen; ↑Unentschuldbarkeit.
Unverzeihlichkeit ↑Unentschuldbarkeit.
unverzichtbar ↑unveräußerlich.
Unverzichtbarkeit ↑Unabdingbarkeit.
unverzüglich ↑gleich.
unvollendet: ↑unerledigt, ↑unvollständig.
Unvollendetheit ↑Unvollständigkeit.
unvollkommen ↑unvollständig.
Unvollkommenheit ↑Unvollständigkeit.
unvollständig, unvollkommen, lückenhaft, bruchstückhaft, fragmentarisch, unvollendet, unabgeschlossen, unbeendet, unfertig, halb, halbfertig, nicht ↑ganz; ↑kürzen, ↑unzulänglich; ↑Fragment, ↑Trümmer, ↑Unvollständigkeit.
Unvollständigkeit, Unvollkommenheit, Lückenhaftigkeit, Fehlerhaftigkeit, Bruchstückhaftigkeit, Unvollendetheit, Unabgeschlossenheit, Unfertigkeit; ↑Fragment, ↑Mangel, ↑Trümmer, ↑Unzulänglichkeit; ↑unvollständig, ↑unzulänglich.
unvorbereitet: ↑ahnungslos, ↑improvisiert.
Unvorbereitetsein ↑Ahnungslosigkeit.
unvoreingenommen ↑unparteiisch.
Unvoreingenommenheit ↑Objektivität.
unvorhergesehen ↑plötzlich.
unvorsichtig ↑unbesonnen.
unvorstellbar ↑unwahrscheinlich.
unvorteilhaft: u. aussehen ↑hässlich [aussehen].
unwahr: ↑falsch; als u. bezeichnen ↑abstreiten; ↑Unwahres ↑Lüge.
unwahrhaftig ↑unredlich.
Unwahrheit: ↑Lüge; die U. sagen ↑lügen.
unwahrscheinlich, unglaubhaft, unglaublich, kaum glaublich, kaum denkbar, unvorstellbar; ↑außergewöhnlich; u. sein, ins Reich der Fabel gehören, reine Dichtung sein; ↑lügen.
unwandelbar: ↑bleibend, ↑ewig.
Unwandelbarkeit: ↑Ewigkeit, ↑Treue.
unwegsam ↑undurchdringlich.
unweigerlich: ↑bestimmt, ↑wahrlich.
unwesentlich ↑unwichtig.
Unwesentlichkeit ↑Bedeutungslosigkeit.
Unwetter ↑Wetter.
unwichtig, belanglos, ohne Belang, trivial, unerheblich, unwesentlich, nebensächlich, bedeutungslos, unbedeutend, unmaßgeblich, nicht erwähnenswert, akzidentell, zufällig, irrelevant, nicht ↑wichtig; ↑einerlei, ↑gleichviel, ↑grundlos, ↑klein, ↑sekundär, ↑verzeihlich; u. sein, etwas macht / tut / schadet / verschlägt nichts, etwas ist von untergeordneter Bedeu-

tung / tut nichts zur Sache / hat nichts zu sagen / ist nicht (oder:) kaum der Rede wert / spielt keine Rolle, danach fragt niemand / *(ugs.)*/ kräht kein Hahn, jmdm. ist etwas gleichgültig / gleich / egal / einerlei / *(salopp)* Wurst / *(salopp)* wurscht / *(salopp)* wurschtegal / *(salopp)* schnuppe / *(salopp)* piepe / *(salopp)* schnurz / *(derb)* scheißegal, wen juckts? *(salopp)*, lass mir die / meine Ruhe *(ugs.)*, rutsch mir den Buckel runter! *(salopp)*, du kannst mich gern haben *(salopp)*, du kannst mich am Abend / im Mondschein besuchen *(salopp)*, lass mich in Frieden! *(ugs.)*, blas mich auf! *(ugs.)*, leck mich am Arsch! *(derb)*; ↑bagatellisieren; ↑Bedeutungslosigkeit, ↑Trivialität.

Unwichtigkeit ↑Bedeutungslosigkeit.

unwiderlegbar ↑stichhaltig.

unwiderleglich ↑stichhaltig, ↑wahr.

unwiderruflich: ↑unabänderlich, ↑verbindlich.

Unwiderruflichkeit ↑Endgültigkeit.

unwiderstehlich: ↑teuflisch; sich für u. halten ↑überschätzen (sich).

unwiederbringlich ↑verloren.

unwiederherstellbar ↑irreparabel.

Unwille: ↑Verstimmung; -n hervorrufen ↑anstoßen; seinen -n kundtun ↑auspfeifen.

unwillig ↑ärgerlich.

Unwilligkeit ↑Widerwille.

unwillkommen ↑unerfreulich.

unwillkürlich ↑automatisch.

unwirklich, irreal, eingebildet, imaginär, abstrakt, fantastisch, schimärisch, trügerisch, irreführend, täuschend, illusorisch, nicht ↑wirklich; ↑grundlos; ↑Einbildung.

Unwirklichkeit ↑Einbildung.

unwirksam ↑wirkungslos.

Unwirksamkeit, Wirkungslosigkeit, Erfolglosigkeit; ↑wirkungslos.

unwirsch ↑ärgerlich.

unwirtlich ↑ungemütlich.

Unwirtlichkeit ↑Ungemütlichkeit.

unwissend ↑ahnungslos.

Unwissenheit: ↑Ahnungslosigkeit, ↑Unkenntnis.

unwohl: jmdm. ist (oder:) wird u. / übel / schlecht / schwach / *(ugs.)* mies / *(ugs.)* kodd[e]rig / speiübel / schwindlig / blümerant, jmdm. ist nicht gut, jmdm. schwindelt; ↑krank.

Unwohlsein: ↑Krankheit, ↑Menstruation.

unwürdig ↑würdelos.

Unzahl ↑Anzahl.

unzählbar ↑unendlich.

Unzählbarkeit ↑Unbegrenztheit.

unzählig ↑reichlich.

unzählige ↑viele.

Unze ↑Gewichtseinheit.

Unzeit: zur U. kommen ↑stören.

unzeitgemäß ↑rückschrittlich.

unzeremoniell ↑ungezwungen.

unzerstörbar: ↑bleibend, ↑ewig.

Unzerstörbarkeit ↑Ewigkeit.

unzertrennlich, untrennbar, fest [verbunden]; **u. sein,** [wie Pech und Schwefel] zusammenhalten, [wie Kletten] aneinander hängen, ein Herz und eine Seele sein.

Unzialschrift ↑Schrift.

unziemlich ↑anstößig.

Unziemlichkeit ↑Anstößigkeit.

unzivilisiert ↑wild.

Unzucht, Unsittlichkeit; ↑Inzest, ↑Umkehrung; ↑anstößig, ↑pervers.

unzüchtig: ↑anstößig; -e Schriften ↑Literatur.

Unzüchtigkeit ↑Sittenlosigkeit.

unzufrieden, unbefriedigt, enttäuscht, verbittert, verhärmt, abgehärmt, vergrämt, versorgt; ↑ärgerlich, ↑deprimiert, ↑gekränkt, ↑schwermütig; **u. sein,** hadern, mit sich und der Welt zerfallen sein, sich in seiner Haut nicht wohl fühlen, sich verletzt fühlen, enttäuscht sein, ein langes Gesicht machen, die Faust ballen; ↑murren; ↑Enttäuschung.

[1]Unzufriedenheit, Verdrossenheit, Unlust, Unbehagen, Missbehagen, Missfallen, Missmut, Verbitterung, Bitterkeit, Bitternis; ↑Ärger, ↑Verstimmung.

[2]Unzufriedenheit ↑Ärger.

[1]unzugänglich, verschlossen, finster, trotzig, aufsässig, widersetzlich, unbotmäßig, aufmüpfig, widerspenstig, widerborstig, kratzbürstig, störrisch, renitent, fest, unnachgiebig, unversöhnlich, intransigent, radikal, kompromisslos, unerbittlich, eigensinnig, starrsinnig, starrköpfig, halsstarrig, rechthaberisch, dialogunfähig, verbohrt, orthodox, doktrinär, obstinat, steifnackig, dickköpfig, dickschädelig, unbequem, hartgesotten, unbelehrbar, ungehorsam, unfolgsam, bockbeinig *(ugs.)*, bockig *(ugs.)*, eisern, verstockt, stur *(ugs.)*, sturheil *(ugs.)*, stützig *(veraltet, südd., österr.)*, verhalten, distanziert, kühl, unterkühlt, frostig, unnahbar, spröde, spröd, herb, verkniffen, kontaktarm, kontaktschwach, menschenscheu, introvertiert, schizothym, ungesellig, menschenfeindlich, misanthropisch, unempfänglich, zugeknöpft, unaufgeschlossen, verständnislos, nicht ↑gesellig; ↑ängstlich, ↑aufrührerisch, ↑beharrlich, ↑frech, ↑gefühlskalt, ↑herrisch, ↑passiv, ↑selbstständig, ↑streng, ↑unbarmherzig, ↑verschlossen; **u. sein,** nicht aus sich herausgehen, sich nichts sagen lassen, sich einer Sache / gegen etwas verschließen, seine Ohren verschließen, sich gegen etwas sperren, einer Sache widerstreben, einen Dickkopf haben / aufsetzen, einen dicken / harten Schädel haben, stur wie ein Bock / Panzer sein *(salopp)*, mit dem Kopf durch die Wand wollen, Mais machen *(schweiz.)* · *in Bezug auf ein Anliegen:* bei jmdm. auf Granit beißen, jmdn. am steifen Arm verhungern lassen; **jmdm. u. sein:** etwas ist jmdm. unzugänglich, keinen Zugang zu etwas / keinen Einstieg in etwas finden, kein Verhältnis zu etwas haben, kein Organ / kein Verständnis / *(ugs.)* keine Antenne / keinen Sinn für etwas haben, jmdm. geht jedes Verständnis / jeder Sinn für etwas ab, etwas sagt jmdm. nichts / ist für jmdn. ein Buch mit sieben Siegeln, mit etwas nichts anfangen können; ↑abkapseln, ↑anpassen, ↑anwidern, ↑aufbegehren, ↑bestehen (auf), ↑entgegenstehen, ↑wehren (sich); ↑Trotzkopf, ↑Verschlossenheit.

²unzugänglich ↑undurchdringlich.

Unzugänglichkeit ↑Verschlossenheit.

Unzukömmlichkeit ↑Unzulänglichkeit.

unzulänglich, unzureichend, unbefriedigend, mangelhaft, mangelbar *(schweiz.),* unzukömmlich *(österr.),* ungenügend, halbbatzig *(schweiz.),* halbwertig, nicht ↑ausreichend; ↑dilettantisch, ↑mäßig, ↑unvollständig.

Unzulänglichkeit, Mangelhaftigkeit, Minderwertigkeit, Gebrechen, Gebrechlichkeit, Übelstand, Ungenügen, Flüchtigkeit, Unzukömmlichkeit *(bes. österr., schweiz.),* Unannehmlichkeit, Unstimmigkeit; ↑Mangel, ↑Unvollständigkeit; ↑unvollständig, ↑unzulänglich.

unzulässig ↑gesetzwidrig.

Unzulässigkeit ↑Gesetzwidrigkeit, ↑Pflichtvergessenheit.

¹unzumutbar, unmöglich, ungebührlich; ↑unausführbar, ↑unerhört, ↑unsinnig; **u. sein:** etwas ist unzumutbar / eine Zumutung / ein Unding.

²unzumutbar ↑beleidigend.

unzurechnungsfähig: u. sein ↑geistig behindert [sein]; für u. erklären ↑entmündigen.

unzureichend ↑unzulänglich.

¹unzusammenhängend, zusammenhanglos, beziehungslos, ungereimt; ↑abwegig, ↑diskontinuierlich, ↑unsinnig; ↑Zusammenhanglosigkeit.

²unzusammenhängend ↑abwegig.

¹Unzuträglichkeit, Überempfindlichkeitsreaktion, allergische Reaktion, Anaphylaxie, Serumkrankheit, anaphylaktischer Schock; ↑Überempfindlichkeit; ↑empfindlich.

²Unzuträglichkeit ↑Streit.

unzutreffend: ↑falsch; als u. bezeichnen ↑abstreiten.

¹unzuverlässig, pflichtvergessen, ehrvergessen, windig *(ugs.);* ↑bestechlich · Ggs. ↑verantwortungsbewusst; **u. sein,** ein unsicherer Kantonist sein.

²unzuverlässig ↑ungewiss.

unzweideutig ↑klar.

Upas ↑Gift.

Uppercut ↑Fausthieb.

Upperten ↑Oberschicht.

¹üppig, luxuriös, feudal, fürstlich, überreichlich, überreich, reich, verschwenderisch · *von Speisen:* opulent, lukullisch, kulinarisch, nicht frugal; ↑freigebig, ↑nützlich, ↑reichlich, ↑überladen · Ggs. ↑einfach; **ü. leben,** flott / auf großem Fuße leben; ↑Redundanz.

²üppig: ↑dick, ↑überladen; ü. werden ↑überhand nehmen.

Üppigkeit: ↑Redundanz, ↑Wohlgenährtsein.

up to date ↑modern.

ur-: ↑erste, ↑erz-.

Urabstimmung ↑Wahl.

uralt: ↑alt, ↑altmodisch.

Urämie ↑Harnvergiftung.

Urangst ↑Angst.

Urania ↑Muse.

Uranist ↑Homosexueller.

Uranus ↑Planet.

uraufführen ↑aufführen.

Uraufführung: zur U. bringen ↑aufführen.

Uraufführungsfilmtheater ↑Kino.

Uraufführungskino ↑Kino.

Uraufführungstheater ↑Kino.

urban: ↑gewandt, ↑städtisch.

Urbanisation ↑Besiedlung.

Urbanisierung ↑Besiedlung.

Urbanität: ↑Lebensweise, ↑Weltgewandtheit.

urbar, nutzbar, fruchtbar, anbaufähig; **u. machen,** roden, reuten *(oberd.);* urbarisieren *(schweiz.);* ↑abholzen, ↑brachliegen; ↑Urbarmachung.

urbarisieren ↑urbar [machen].

Urbarisierung ↑Urbarmachung.

Urbarmachung, Urbarmachen *(schweiz.),* Rodung · Schlägerung *(österr.);* ↑urbar.

Urbild ↑Muster.

urchig ↑echt.

Urchristentum ↑Christentum.

Ureinwohner ↑Bewohner.

Urenkel ↑Verwandter.

Urethroskopie ↑Ausspiegelung.

Urfassung ↑Original.

Urfehde: U. schwören ↑bereinigen.

Urfeind ↑Feind.

Urgemeinde ↑Christentum.

Urgeschichte ↑Geschichte.

Urgesellschaft ↑Gesellschaft.

Urgroßeltern ↑Verwandter.

Urgroßmutter ↑Verwandter.

Urgroßvater ↑Verwandter.

Urheber ↑Gründer.

Urheberrecht ↑Copyright.

Uriel ↑Erzengel.

Urin, Harn, Wasser, Pipi *(ugs.),* Seiche *(derb),* Pisse *(derb);* ↑Blase, ↑Exkrement, ↑Harnentleerung, ↑Harnvergiftung; ↑urinieren.

Urinal ↑Nachtgeschirr.

Urinflasche ↑Nachtgeschirr.

urinieren, harnen, Wasser lassen, sein Wasser abschlagen, Pipi / Lulu machen *(ugs.),* klein machen *(ugs.),* puschen *(ugs.),* wiescherln *(Kinderspr., österr.),* ein Bächlein machen *(Kinderspr.),* pinkeln *(salopp),* pullen *(salopp),* pullern *(salopp),* lullern *(salopp),* seichen *(derb),* pissen *(derb),* schiffen *(derb),* brunzen *(derb)* · *oft:* eine Sextanerblase haben *(scherzh.)* · *unfreiwillig:* sich einnässen / nass machen, das Bett nass machen, Bettnässer sein; ↑austreten, ↑defäkieren; ↑Bettnässen,

↑Harnblase, ↑Harnentleerung, ↑Harnvergiftung, ↑Toilette, ↑Urin.

Urkantone ↑Innerschweiz.

urkomisch ↑spaßig.

Urkunde, Schriftstück, Dokument, Unterlage, Patent, Papier · Ernennungsurkunde, Bestallungsurkunde · Ehrenbürgerurkunde, Ehrenbürgerbrief, Ehrenurkunde · Adelsbrief, Lehensbrief *(hist.)* · Gesellenbrief, Meisterbrief · Geburtsurkunde, Heiratsurkunde, Sterbeurkunde; ↑Abmachung, ↑Akte, ↑Aktenbündel, ↑Ausweis, ↑Bescheinigung, ↑Nachweis, ↑Patent, ↑Schreiben, ↑Totenschein, ↑Zensur; **eine U. ausstellen,** etwas beurkunden.

Urkundenfälscher ↑Betrüger.

Urkundenfälschung ↑Betrug.

Urkundensammlung: ↑Archiv, ↑Dokumentensammlung.

Urkundenstempel ↑Siegel.

urkundlich ↑belegbar.

¹**Urlaub,** Aktivurlaub, Faulenzerurlaub, Urlaubszeit, Ferien, Ferienzeit, Ferialzeit *(österr.),* Betriebsferien, Reise, Sommerfrische, Erholung, Kur, Kurlaub; ↑Ferien, ↑Passagier, ↑Pause, ↑Reise, ↑Saison, ↑Sommerpause; ↑reisen, ↑ruhen.

²**Urlaub:** U. machen ↑erholen (sich); wie eine Leiche im U. aussehen ↑krank [aussehen].

Urlauber, Feriengast, Gast, Erholung Suchender, Sommergast, Sommerfrischler, Kurgast, Kurant *(schweiz.),* Tourist, Ausflügler, Wanderer, Urlaubsreisender; ↑Passagier, ↑Wanderer, ↑Weltreisender.

Urlaubsgeld ↑Gratifikation.

Urlaubsgruß ↑Kartengruß.

Urlaubslektüre ↑Lektüre.

Urlaubsort, Ferienparadies; ↑Urlaub.

urlaubsreif ↑erschöpft.

Urlaubsreise ↑Reise.

Urlaubsreisender ↑Urlauber.

Urlaubssperre ↑Sperre.

Urlaubstag ↑Ruhetag.

Urlaubswetter ↑Schönwetter.

Urlaubszeit ↑Urlaub.

Urne ↑Sarg.

Urnenfriedhof ↑Friedhof.

Urnengang ↑Wahl.

Urnengrab ↑Grab.

Urodochium ↑Nachtgeschirr.

Urolith ↑Harnstein.

Urologe ↑Arzt.

Urologie ↑Heilkunde.

urplötzlich ↑plötzlich.

urrot ↑rot.

Ursache: ↑Anlass; U. des Streites ↑Streitobjekt.

ursächlich, begründend, kausal · *im Hinblick auf eine Krankheit:* ätiologisch, die Pathogenese betreffend; ↑wechselseitig; ↑Entstehung; ↑begründen.

Urschel ↑Frau.

Urschleim: beim U. anfangen ↑äußern (sich).

Urschrift ↑Original.

Urschweiz ↑Innerschweiz.

Ursprung: ↑Abkunft, ↑Entstehung, ↑Grundlage; seinen U. haben in ↑stammen (von).

¹**ursprünglich,** originär, original, primär, eigentlich, von Haus aus; ↑echt; ↑Ursprünglichkeit.

²**ursprünglich** ↑echt.

Ursprünglichkeit, Natürlichkeit, Echtheit, Ungekünsteltheit, Reinheit, Jungfräulichkeit, Originalität, Unverfälschtheit, Unverbrauchtheit, Urwüchsigkeit · Spontaneität; ↑echt, ↑ursprünglich.

Ursprungsland ↑Heimat.

urst: das ist u. ↑trefflich [sein].

Ursulinen ↑Nonnenorden.

Ursulinerinnen ↑Nonnenorden.

¹**Urteil,** Stimme, Votum, Entscheidung, Entscheid, Erkenntnis, Erkanntnis *(schweiz.);* ↑Entschließung.

²**Urteil:** ↑Auslegung, ↑Bann; sich ein U. anmaßen ↑erdreisten (sich); ein U. aussprechen / ergehen lassen, das U. fällen ↑verurteilen; ein U. fällen / abgeben, sich kein U. gebildet haben, kein U. haben ↑beurteilen.

urteilen: ↑beurteilen, ↑folgern.

Urteilsspruch: ↑Bann, ↑Verurteilung.

Urteilsvollstreckung ↑Hinrichtung.

Urtext ↑Original.

Urtierchen ↑Einzeller.

Urtika ↑Hautblüte.

Urvater ↑Angehöriger.

Urwald, Dschungel, Regenwald, Monsunwald, Galeriewald, Busch, Wildnis; ↑Dickicht, ↑Landschaft, ↑Wald.

urwüchsig ↑echt.

Urwüchsigkeit ↑Ursprünglichkeit.

USA ↑Amerika.

Usak ↑Orientteppich.

Usance ↑Brauch.

User ↑Rauschgiftsüchtiger.

usf. ↑und so weiter.

usuell ↑üblich.

usurpieren, die Staatsgewalt an sich reißen / bringen; ↑annektieren, ↑beschlagnahmen, ↑wegnehmen; ↑Verschwörung.

Usus ↑Brauch.

usw. ↑und so weiter.

Utensilien ↑Zubehör.

Uteroskopie ↑Ausspiegelung.

Uto-Azteke ↑Indianer.

Utopia ↑Fabelland.

Utopie ↑Einbildung.

Utopien ↑Fabelland.

utopisch: -er Roman ↑Literatur, ↑Roman.

Ütsche ↑Frosch.

Ütze ↑Frosch.

Uwarowit ↑Schmuckstein.

uzen ↑aufziehen.

Uzname ↑Spitzname.

Vabanque: V. spielen ↑wagen.
Vademekum ↑Ratgeber.
Vagabondage: ↑Anankasmus, ↑Landstreicherei.
¹Vagabund, Nichtsesshafter, Wohnungsloser, Person ohne festen Wohnsitz, Tramper, Tramp, Landfahrer, Landstreicher, Stadtstreicher, Berber, Tippelbruder *(ugs.),* Penner *(salopp, abwertend),* Pennbruder *(salopp, abwertend),* Walzbruder, Pendler, Stromer *(ugs.),* Herumtreiber, Rumtreiber *(ugs.),* Umgänger *(landsch.),* Trebegänger *(Jargon),* Strabanzer *(österr.),* Lumpazius, Lumpazi, Chlochard, Kunde *(veraltet),* Vagant *(hist.),* Gesell *(hist.),* Fahrender *(hist.),* fahrender Schüler *(hist.),* Scholar *(hist.),* Wanderbursche *(veraltet)* · *der Alkohol trinkt:* Wermutbruder; ↑Bettler, ↑Gammler, ↑Landstreicherei, ↑Trinker.
²Vagabund ↑Umherirrender.
Vagabundentum ↑Landstreicherei.
vagabundieren ↑herumtreiben (sich).
Vagant ↑Vagabund.
vage ↑unklar.
Vagina, Scheide, Ding *(salopp),* Feige *(salopp),* Pussi *(ugs.),* Dose *(salopp),* Büchse *(salopp),* Loch *(derb),* Pflaume *(derb),* Fotze *(vulgär),* Schnecke *(derb),* Fut *(derb);* ↑Genitalien, ↑Vulva.
vaginal: -er Orgasmus ↑Höhepunkt.
Vaginoskopie ↑Ausspiegelung.
Vakanzenverzeichnis ↑Stellenangebote.
Vakat ↑Seite.
Vakuum, luftleerer / *(schweiz.)* luftloser Raum, absolute Leere, Hohlraum.
Vakuumsauger ↑Staubsauger.
Vakzination ↑Impfung.
Valenciennespitze ↑Spitzenstickerei.
Valise ↑Gepäck.
Valuta ↑Zahlungsmittel.
Vamp, Femme fatale, Verführerin, Sirene, Circe; ↑Frau.
Vampir, Blutsauger; ↑Gespenst.
Vampirismus ↑Perversität.
Vampirzahn ↑Zahn.
Vandale: wie die -n hausen ↑zerstören.
Vandalismus ↑Zerstörungswut.
Vanille: ↑Gewürz, ↑Orchidee.
Vanillekipferl ↑Gebäck.
Vanillezucker ↑Zucker.

Vapotherapie ↑Hydrotherapie.
Varamin ↑Orientteppich.
Variable, veränderliche Größe, Variante · Ggs. ↑Konstante.
Variante: ↑Abwandlung, ↑Abweichung, ↑Variable.
Variation: ↑Abwandlung, ↑Abweichung.
variationsfreudig ↑variativ.
variationsreich ↑variativ.
Variationsspanne ↑Spektrum.
variativ, variationsreich, variationsfreudig; ↑Abwandlung; ↑ändern.
Varietät: ↑Abwandlung, ↑Abweichung.
¹Varietee, Varieteetheater, Tingeltangel *(abwertend);* ↑Revue, ↑Zirkus.
²Varietee ↑Revue.
Varieteekünstler ↑Artist.
Varieteetheater ↑Varietee.
variieren ↑ändern.
Variola ↑Pocken.
Vasall ↑Gefolgsmann.
Vasallenstaat ↑Staat.
Vase: ↑Blumenvase, ↑Gefäß.
Vaselin[e] ↑Salbe.
Vasogramm ↑Röntgenogramm.
Vasographie ↑Röntgenographie.
¹Vater, Papa, Paps *(fam.),* Daddy *(fam.),* Familienvater, Erzeuger, Ätti *(fam., schweiz.),* Alter *(ugs.),* alter Herr, Senior, Tate *(jidd.),* Familienoberhaupt, Haushaltungsvorstand · *schlechter:* Rabenvater · *nicht leiblicher:* zweiter Vater, Stiefvater, Pflegevater, Ziehvater; ↑Ehemann, ↑Eltern, ↑Verwandter · Ggs. ↑Mutter.
²Vater: ↑Angehöriger, ↑Trinität; Väterchen Frost ↑Weihnachtsmann; [geistiger V.] ↑Gründer; Heiliger V. ↑Oberhaupt; [himmlischer V.] ↑Gott; V. Philipp ↑Strafanstalt; V. Staat ↑Staat; V. und Mutter ↑Eltern; V. werden ↑schwängern; nach [alter] Väter Sitte ↑herkömmlich; zu seinen Vätern versammelt werden, sich zu den Vätern versammeln ↑sterben.
Vaterfigur ↑Identifikationsfigur.
Vaterfreuden: V. entgegensehen ↑schwängern.
Vaterland: ↑Heimat; dem V. dienen ↑Soldat [sein].
vaterländisch ↑national.
Vaterlandshymne ↑Lied.
Vaterlandsliebe ↑Patriotismus.
Vaterlandsverräter ↑Hochverräter.
Vaterliebe ↑Familienanhänglichkeit.
vaterlos: -e Gesellschaft ↑Lostgeneration.
Vatermord ↑Tötung.
Vatersname ↑Familienname.
Vatersprache ↑Muttersprache.
Vatertag ↑Himmelfahrt.
Vaterunser: ↑Gebet; jmdm. kann man das V. durch die Backen blasen ↑abgezehrt [sein].
Vaudeville ↑Komödie.
V-Ausschnitt ↑Ausschnitt.
Vegetarianer ↑Vegetarier.

Vegetarier, Vegetarianer, Rohköstler, Anhänger der pflanzlichen Ernährung, Körnerfreak *(iron.);* ↑Nahrung; ↑vegetarisch.

vegetarisch, pflanzlich, fleischlos; ↑Nahrung, ↑Vegetarier.

¹Vegetation, Pflanzenwuchs, Flora, Pflanzenwelt, Pflanzenreich; ↑Tierreich; ↑gedeihen, ↑wuchern.

²Vegetation ↑Leben.

vegetativ: -es Nervensystem ↑Nervensystem.

Vegetativum ↑Nervensystem.

vegetieren ↑leben.

vehement ↑lebhaft.

Vehikel: ↑Auto, ↑Mittel.

Veigerl ↑Veilchen.

¹Veilchen, Veigerl *(bayr., österr.),* Hundsveilchen, Waldveilchen, Bergveilchen; ↑Blume.

²Veilchen: blau wie ein V. sein ↑betrunken [sein].

veilchenblau ↑blau.

Veilchenhochzeit ↑Hochzeitstag.

Vektorrechnung ↑Mathematik.

Velin ↑Papier.

Velinpapier ↑Papier.

Velo: ↑Fahrrad; V. fahren ↑Rad fahren.

Velour ↑Leder.

Velourleder ↑Leder.

Velours ↑Stoff.

Velvet ↑Stoff.

Vene ↑Ader.

¹Venedig, Venezia *(ital.),* Lagunenstadt, die Königin der Meere, Serenissima, Gondolierestadt, Inselvenedig, Dogenstadt; ↑Stadt.

²Venedig: das V. des Nordens ↑Stockholm.

Venation ↑Vergiftung.

Venenblutung ↑Blutung.

Venenentzündung, Phlebitis, Venitis · *in Verbindung mit einer Thrombose:* Thrombophlebitis; ↑Ader, ↑Arterienerkrankung, ↑Embolie, ↑Gefäßverstopfung.

Venenum ↑Gift.

venerisch: -e Krankheit ↑Geschlechtskrankheit.

Venerologe ↑Arzt.

Venerologie ↑Heilkunde.

Venerophobie ↑Hypochondrie.

venetianerrosa ↑rosa.

venetianerrot ↑rot.

Venezia ↑Venedig.

venezianisch: -e Spitze ↑Spitzenstickerei.

Venia Legendi: ↑Erlaubnis, ↑Lehrberechtigung; V. erlangen / erwerben ↑habilitieren (sich).

Venitis ↑Venenentzündung.

Venogramm ↑Röntgenogramm.

Venographie ↑Röntgenographie.

Ventilator, Luftumwälzer, Miefquirl *(berlin., scherzh.);* ↑Belüftung, ↑Klimagerät.

ventilieren: ↑erwägen, ↑lavieren.

Ventrikel ↑Herz.

Ventrikulogramm ↑Röntgenogramm.

Ventrikulographie ↑Röntgenographie.

Ventrikulus ↑Magen.

Venus: ↑Göttin, ↑Planet.

Venusgürtel ↑Hohltier.

Venushaar ↑Farn.

Venusschuh ↑Orchidee.

verabfolgen ↑verabreichen.

Verabfolgung ↑Zuteilung.

verabreden ↑übereinkommen.

¹Verabredung, Stelldichein, Tete-a-tete, Rendezvous, Termin, Dating, Date, Zusammenkunft, Zusammentreffen · *nächtliche bei der Geliebten:* Fensterln *(südd., österr.),* Kilt *(schweiz.);* ↑Kränzchen, ↑Versammlung, ↑Verschwörung, ↑Wiedersehen; ↑übereinkommen.

²Verabredung ↑Abmachung.

verabreichen, geben, verabfolgen, verpassen *(ugs.);* ↑geben, ↑überantworten, ↑vergeben; ↑Zuteilung.

¹Verabreichung, Applikation, Applizierung, Anwendung ·· *von Flüssigkeiten durch Einspritzen o. Ä.:* Injektion, Injizierung, Spritze, Einspritzung · Infusion, Eingießung, Instillation, Einträufelung · *von pulverigen, flüssigen oder gasförmigen Stoffen in Körperhöhlen:* Insufflation, Einblasung · *über die Atemwege:* Inhalation, Einatmung · *von flüssigen oder salbenförmigen Stoffen über die Haut:* Inunktion, Unktion, Einreibung, Einsalbung; ↑Blutübertragung, ↑Spritze.

²Verabreichung ↑Zuteilung.

verabsäumen ↑unterlassen.

verabscheuen, Abscheu / Widerwillen / Ekel empfinden, jmdn. / etwas nicht mit der Zange anfassen mögen, abscheulich / verabscheuenswert / verabscheuenswürdig / widerwärtig finden, missbilligen, ablehnen, von sich weisen, zurückweisen; **verabscheut werden,** jmdm. unerträglich / zuwider sein; ↑ablehnen, ↑anwidern, ↑beanstanden, ↑missachten; ↑abscheulich, ↑unerträglich; ↑Abscheulichkeit.

verabscheuenswert ↑abscheulich; v. finden ↑verabscheuen.

verabscheuenswürdig ↑abscheulich; v. finden ↑verabscheuen.

Verabscheuenswürdigkeit ↑Abscheulichkeit.

verabschieden: ↑entlassen, ↑trennen (sich); [ein Gesetz] v. ↑erwirken.

verabsolutieren ↑verallgemeinern.

verachten: ↑ablehnen, ↑ignorieren; die Gefahr v. ↑mutig [sein]; etwas ist nicht zu v. ↑missachten.

verächtlich: ↑abschätzig, ↑ehrlos; v. machen ↑schlecht machen.

Verächtlichmachung ↑Nichtachtung.

Verachtung: ↑Nichtachtung; mit V. strafen ↑ignorieren.

veralbern ↑aufziehen.

¹verallgemeinern, generalisieren, verabsolutieren, schablonisieren; ↑abstrahieren.

²**verallgemeinern** ↑abstrahieren.

Verallgemeinerung ↑Abstraktion.

veraltet ↑altmodisch.

Veranda, Balkon, Erker, Loggia, Altan, Söller, Pawlatsche *(österr.),* Austritt, Wintergarten, Terrasse, Dachgarten.

¹**veränderlich,** wechselhaft, wechselvoll, unbeständig, schwankend, wandelbar; ↑Schlechtwetter, ↑Unbeständigkeit; ↑fluktuieren · Ggs. ↑widerstandsfähig.

²**veränderlich:** -e Größe ↑Variable.

Veränderlichkeit ↑Unbeständigkeit.

¹**verändern,** ändern, wandeln, verwandeln, abwandeln, umwandeln, umstoßen, etwas über den Haufen werfen; ↑ändern, ↑wandeln (sich); **nichts v.,** alles beim Alten lassen.

²**verändern:** ↑ändern; sich v. ↑umsatteln, ↑wandeln (sich); sich [zu seinem Vorteil] v. ↑entwickeln (sich).

¹**Veränderung,** Wandel, Wandlung, Wechsel, Umschwung, Wende, Übergang, Stellungswechsel, Übertritt, Abwechslung, Fluktuation · *sprunghafte erbliche:* Mutation · *der Staatsform:* Umsturz, Machtwechsel; ↑Abwandlung, ↑Änderung, ↑Mobilität, ↑Umwandlung, ↑Verschwörung; ↑ändern.

²**Veränderung** ↑Änderung.

verängstigen ↑entmutigen.

verängstigt ↑ängstlich.

verankern ↑festigen.

veranlagt, geartet, beschaffen, vorbelastet *(scherzh.);* ↑Veranlagung, ↑Wesen.

Veranlagtsein ↑Veranlagung.

¹**Veranlagung,** Veranlagtsein, Anlage, Geartetsein, Geartetheit, Artung, Geprägtsein, Gepräge, Beschaffensein, Beschaffenheit, Vorbelastetsein *(scherzh.),* Vorbelastung *(scherzh.);* ↑Wesen; ↑veranlagt.

²**Veranlagung:** ↑Begabung, ↑Wesen.

¹**veranlassen:** etwas veranlasst jmdn. / jmd. nimmt etwas zum Anlass / etwas bewegt jmdn., etwas zu tun; ↑verursachen; ↑Anlass.

²**veranlassen:** ↑anordnen, ↑verursachen.

Veranlassung ↑Anlass.

¹**veranschaulichen,** verlebendigen, vergegenständlichen, konkretisieren, illustrieren, anschaulich / lebendig / gegenständlich machen; ↑bebildern, ↑begründen, ↑hypostasieren; ↑anschaulich; ↑Anschaulichkeit, ↑Veranschaulichung.

²**veranschaulichen:** ↑aussagen; -d ↑anschaulich.

Veranschaulichung, Verlebendigung, Vergegenständlichung, Konkretisierung, Illustrierung, Illustration, Demonstrierung, Demonstration; ↑Anschaulichkeit, ↑Darlegung, ↑Illustration; ↑veranschaulichen; ↑anschaulich.

veranschlagen ↑schätzen.

Veranschlagung ↑Kalkulation.

veranstalten, abhalten, durchführen, ausrichten, aufziehen, durchziehen, organisieren, inszenieren, arrangieren, halten, geben, unternehmen, machen; ↑verwirklichen; ↑Abhaltung.

Veranstalter ↑Beauftragter.

Veranstaltung: ↑Abhaltung, ↑Fest; musikalische V. ↑Musikveranstaltung.

verantworten: ↑einstehen; sich v. ↑wehren (sich).

verantwortlich: ↑befugt, ↑haftbar; v. sein für ↑einstehen (für); v. machen ↑belangen; jmdn. für etwas v. machen ↑verdächtigen.

Verantwortlicher ↑Schuldiger.

Verantwortlichkeit: ↑Pflichtbewusstsein, ↑Zuständigkeit.

Verantwortung: ↑Pflichtbewusstsein, ↑Rechenschaft; [die] V. tragen, V. übernehmen, etwas auf jmds. V. tun, in der V. stehen ↑einstehen (für); jmdn. zur V. ziehen ↑belangen, ↑bestrafen, ↑prozessieren.

verantwortungsbewusst, pflichtbewusst, verantwortungsvoll, zuverlässig; ↑Pflichtbewusstsein · Ggs. ↑unbesonnen, ↑unzuverlässig.

Verantwortungsbewusstsein ↑Pflichtbewusstsein.

Verantwortungsethik ↑Sitte.

Verantwortungsgefühl ↑Pflichtbewusstsein.

verantwortungslos ↑unverzeihlich.

Verantwortungslosigkeit: ↑Pflichtvergessenheit, ↑Unentschuldbarkeit.

verantwortungsvoll ↑verantwortungsbewusst.

veräppeln ↑anführen.

¹**verarbeiten,** verwenden, nehmen, benutzen; ↑anwenden.

²**verarbeiten:** ↑bearbeiten, ↑ertragen, ↑verdauen; zu Mehl v. ↑mahlen.

Verarbeitung, Auswertung, Nutzbarmachung, Ausarbeitung, Bearbeitung, Aufbereitung; ↑Auslegung, ↑Darlegung, ↑Gestaltung, ↑Herstellung, ↑Sammlung; ↑bearbeiten.

verargen ↑übel nehmen.

verärgern ↑ärgern.

verärgert ↑ärgerlich.

Verärgerung ↑Verstimmung.

verarmen ↑arm [werden].

verarmt ↑arm.

Verarmung ↑Armut.

verarschen ↑anführen.

verarzten ↑behandeln.

Verästelung ↑Ausläufer.

Verätzung, Ausbrennung, Verschorfung, Kauterisation, Kaustik · *mittels hoher Temperaturen:* Thermokauterisation, Thermokaustik, Thermokoagulation, Ignipunktur, Heißkaustik, [chirurgische] Verkochung · *mittels Gleichstroms:* Galvanokaustik, Galvanokauterisation, Galvanokoagulation · *mithilfe von Wechselströmen:* Elektrokauterisation, Elektrokaustik, Elektrokoagulation, Elektropunktur, elektrische Verkochung · *mithilfe der Kältetechnik:* Kryokauterisation, Kryokaustik, Kaltkaustik, Kaltverschorfung; ↑Operation.

verausgaben: ↑zahlen; sich v. ↑anstrengen (sich).

verauslagen ↑zahlen.

veräußern ↑verkaufen.

Veräußerung ↑Verkauf.

Verb, Verbum, Zeitwort, Tätigkeitswort, Tuwort, Richtwort, Vorgangswort, [zustandsschilderndes / vorgangsschilderndes] Aussagewort, Verhaltenswort ··· *das nach dem Inhalt bezeichnet wird:* Tätigkeitsverb, Handlungsverb, Vorgangsverb, Zustandsverb ··· *das nach der Aktionsart bezeichnet wird · um eine zeitliche Begrenzung zu kennzeichnen:* perfektives / terminatives Verb · *um einen Beginn zu kennzeichnen:* ingressives / inchoatives / inkohatives Verb · *um ein Ende zu kennzeichnen:* resultatives / egressives Verb · *um den Übergang in einen anderen Zustand zu kennzeichnen:* mutatives Verb · *um ein punkthaftes Geschehen ohne zeitliche Ausdehnung zu kennzeichnen:* punktuelles / momentanes Verb · *· um eine zeitliche Unbegrenztheit zu kennzeichnen:* imperfektives / duratives Verb ·· *um eine Wiederholung zu kennzeichnen:* iteratives Verb · *um eine Intensität zu kennzeichnen:* intensives Verb · *um eine geringe Intensität zu kennzeichnen:* diminutives Verb ··· *das in den einfachen Zeitformen das Prädikat allein bildet:* Vollverb ·· *als Mittel zur Bildung umschriebener Verbformen:* Hilfsverb, Auxiliarverb · *mit inhaltlicher Färbung der Aussage:* Modalverb, modifizierendes Verb ··· *ohne Ergänzung:* absolutes / subjektives Verb (die Rose blüht) ·· *mit Ergänzung:* relatives / objektives Verb (er baut ein Haus; er hat ein Buch; er hilft ihm; er wohnt in Berlin) · *mit einem Akkusativobjekt, das im Passivsatz Subjekt wird:* transitives / zielendes Verb (er baut ein Haus; das Haus wird von ihm gebaut) ·· *ohne ein Akkusativobjekt, das im Passivsatz Subjekt wird:* intransitives / nichtzielendes Verb (die Rose blüht; er hat ein Buch; er hilft ihm; er wohnt in Berlin) ··· *mit einem Reflexivpronomen:* reflexives / rückbezügliches / reziprokes Verb, Reflexivverb · *mit ersetzbarem Reflexivpronomen:* unechtes reflexives Verb, partimreflexives Verb (ich wasche mich / ihn) · *mit nicht ersetzbarem Reflexivpronomen:* echtes reflexives Verb (ich schäme mich) ··· *mit Personen und Sachen, mit er, sie, es o. Ä. als Subjekt:* persönliches Verb, Personale · *nur mit Sachen als Subjekt:* außerpersönliches Verb (z. B. etwas geschieht) · *nur mit „es" als Subjekt:* unpersönliches Verb, Impersonale · *das im Zusammenhang mit bestimmten Substantiven auftritt und in seinem Inhalt verblasst ist:* Funktionsverb · *als syntagmatische Einheit:* Funktionsverbgefüge; ↑Wortart.

Verbalinjurie ↑Beleidigung.

¹**Verband,** Bandage, Druckverband, Wundverband, Streckverband, Gipsverband, Binde, Mullbinde, Fasche *(südd.);* ↑Kompresse, ↑Pflaster; ↑behandeln, ↑verbinden.

²**Verband:** ↑Genossenschaft, ↑Heeresverband, ↑Vereinigung; einen V. anlegen ↑verbinden.

verbannen ↑ausweisen.

Verbannter ↑Auswanderer.

Verbannung, Exil, Ausweisung, Vertreibung, Ausstoßung; ↑Bann, ↑Deportation; ↑ausschließen, ↑ausweisen.

verbarrikadieren, verrammeln, zunageln, versperren, verschanzen, zumauern, vermauern, zubauen, zustellen, verstellen; ↑abschließen, ↑verstellen.

verbauen: verbaut ↑aussichtslos; sich die Zukunft v. ↑verderben.

verbauern ↑stumpfsinnig [werden].

verbeißen: sich etwas v. ↑unterdrücken.

verbeiständen ↑helfen.

verbergen: ↑verstecken; jmdm. etwas v. ↑schweigen.

Verbergung ↑Tarnung.

¹**verbessern,** reformieren, umgestalten, neu gestalten, optimieren, revolutionieren · *in Bezug auf Ackerland:* meliorieren; ↑ändern, ↑bearbeiten, ↑erneuern, ↑formen, ↑vervollständigen; ↑Reform.

²**verbessern:** ↑aufbessern, ↑berichtigen, ↑erfinden.

Verbesserung: ↑Korrektur; [V. des Bodens] ↑Bodenverbesserung.

verbeugen: sich v. ↑verneigen (sich).

Verbeugung, Verneigung, Diener *(Kinderspr.),* Bückling *(ugs.),* Kompliment *(veraltet),* Buckerl *(ugs., österr.);* ↑Begrüßung, ↑Knicks; ↑knicksen, ↑verneigen (sich).

verbeulen ↑ausweiten.

verbeult ↑ausgeweitet.

Verbiegung ↑Verdrehung.

verbiestern: sich v. ↑verirren (sich).

¹**verbieten,** untersagen, verwehren, versagen, indizieren, auf den Index setzen, nicht ↑billigen; ↑ablehnen; **jmdm. das Wort v.,** jmdm. den Mund verbieten / das Wort entziehen, jmdn. zum Schweigen bringen; jmdm. den Mund stopfen, jmdm. das Maul stopfen *(derb),* jmdn. mundtot machen; ↑verhindern, ↑tabu, ↑Tabu, ↑Verbot.

²**verbieten:** Rauchen verboten ↑rauchen.

verbilligen ↑ermäßigen.

Verbilligung ↑Preisnachlass.

verbimsen ↑schlagen.

¹**verbinden,** bandagieren, umwickeln, einen Verband anlegen, faschen *(südd., österr.),* einfaschen *(südd., österr.),* fatschen *(südd., österr.),* bekleben, verkleben, umwickeln, einbinden, ein Pflaster auflegen / aufkleben, bepflastern *(ugs.);* ↑behandeln; ↑Kompresse, ↑Pflaster, ↑Verband.

²**verbinden:** ↑behandeln, ↑verknüpfen, ↑verquicken; sich v. ↑verbünden (sich); etwas verbindet jmdn. mit jmdm. ↑Gemeinsamkeit; alles, was damit verbunden ist ↑Nebenumstände.

Verbindendes ↑Bindeglied.

Verbinder ↑ Fußballspieler.

¹verbindlich, bindend, endgültig, definitiv, feststehend, unwiderruflich, verpflichtend, pflichtig *(schweiz.),* obligatorisch, nicht ↑ freiwillig; ↑ nötig, ↑ üblich, ↑ unabänderlich.

²verbindlich ↑ entgegenkommend.

Verbindlichkeit: ↑ Freundlichkeit, ↑ Schuld; -en eingehen ↑ leihen.

¹Verbindung, studentische Verbindung, Korporation · schwarze / Farben tragende / schlagende / evangelische / katholische Verbindung · Korps, Corps, Burschenschaft, Landsmannschaft, Turnerschaft, Sängerschaft; ↑ Kommilitone, ↑ Student.

²Verbindung: ↑ Beziehung, ↑ Bund, ↑ Ehe, ↑ Gemeinsamkeit, ↑ Kontakt, ↑ Synthese, ↑ Verknüpfung, ↑ Vermählung; [studentische V.] ↑ Vereinigung; V. aufnehmen ↑ Kontakt [aufnehmen]; keine V. bekommen / kriegen ↑ telefonieren (mit jmdm.); eine V. eingehen mit ↑ verschmelzen (mit); -en haben ↑ Beziehung [haben]; eine V. herstellen ↑ verknüpfen; die V. nicht abreißen lassen ↑ Kontakt; mit jmdm. in V. stehen ↑ korrespondieren (mit).

Verbindungslinie ↑ Linie.

Verbindungsmann: ↑ Gewährsmann, ↑ Vermittler.

Verbindungsstraße ↑ Straße.

Verbindungsstürmer ↑ Fußballspieler.

verbissen ↑ beharrlich.

verbittert ↑ unzufrieden.

Verbitterung ↑ Unzufriedenheit.

verblasen ↑ unklar.

Verblasenheit ↑ Ungenauigkeit.

¹verblassen, verschießen, schießen *(südd., österr.),* abschießen *(südd., österr.),* ausschießen *(südd., österr.),* verbleichen, ausbleichen, ausblassen, abblassen; ↑ verblasst.

²verblassen: jmds. Ruhm verblasst ↑ nachlassen.

¹verblasst, ausgeblasst, verschossen, ausgeblichen, verblichen, ausgeschossen *(südd., österr.);* ↑ verblassen.

²verblasst ↑ abgeblasst.

verbleiben: ↑ versagen; -d ↑ restlich; als Rest v. ↑ übrig bleiben.

verbleichen ↑ verblassen.

verblendet ↑ kurzsichtig; v. sein ↑ irren (sich).

Verblendung ↑ Unkenntnis.

verblichen ↑ verblasst.

Verblichener ↑ Toter.

verblüffen: etwas verblüfft jmdn. ↑ überrascht [sein].

verblüffend ↑ außergewöhnlich.

verblüfft ↑ überrascht.

Verblüffung ↑ Überraschung.

verblühen ↑ welken.

verblüht ↑ verwelkt.

verbluten ↑ sterben.

verbocken ↑ ausfressen, ↑ verderben.

verbogen ↑ gebogen.

verbohrt ↑ unzugänglich.

Verbohrtheit ↑ Eigensinn.

¹verborgen ↑ leihen.

²verborgen ↑ latent.

Verbot, Untersagung, Tabu, Interdikt · *zu reden oder zu schreiben:* Redeverbot, Schreibverbot, Maulkorberlass; ↑ Bann, ↑ Einspruch, ↑ Sperre, ↑ Tabu; ↑ verbieten; ↑ tabu.

verboten: ↑ gesetzwidrig, ↑ tabu; das Verbotene ↑ Tabu.

verbotenerweise ↑ heimlich.

Verbotsschild ↑ Schild.

verbrämen ↑ beschönigen.

Verbrämung ↑ Beschönigung.

verbraten ↑ ausgeben, ↑ zahlen.

¹Verbrauch, Konsum · *plötzlich ansteigender:* Konsumwelle, Konsumwut, Konsumterror, Fresswelle *(salopp),* Edelfresswelle *(salopp),* Saufwelle *(salopp);* ↑ Bedarfsartikel, ↑ Wohlstandsgesellschaft; ↑ verbrauchen.

²Verbrauch ↑ Verschleiß.

¹verbrauchen, aufbrauchen, aufzehren, konsumieren, verkonsumieren *(ugs.),* vermachen *(salopp, landsch.);* ↑ gebrauchen; ↑ Verbrauch, ↑ Verzehr.

²verbrauchen: ↑ abnutzen, ↑ durchbringen, ↑ entkräften.

Verbraucher ↑ Konsument.

Verbraucherumfrage ↑ Umfrage.

Verbrauchssteuer ↑ Abgabe.

Verbrauchsteuer ↑ Abgabe.

verbraucht: ↑ abgestanden, ↑ verlebt; -e Luft ↑ Luft.

verbrechen: ↑ anrichten, ↑ tun.

¹Verbrechen, Straftat, Delikt, Gewalttat, Gewaltverbrechen, Bluttat, Kapitalverbrechen; ↑ Sakrileg, ↑ Verstoß; **ein V. begehen,** ein [krummes] Ding drehen *(salopp),* einen Coup landen *(salopp).*

²Verbrechen ↑ Verstoß.

Verbrecher, Straftäter, Gelegenheitstäter, Schwerverbrecher, Rechtsbrecher, Gesetzesbrecher, Straffälliger, Missetäter, Übeltäter, Frevler, Delinquent, Krimineller, Täter, Einzeltäter, Individualtäter, Ersttäter, Mehrfachtäter, Hangtäter, Neigungstäter, Gruppentäter, Nachahmungstäter, Zufallstäter, Gesinnungstäter, Überzeugungstäter, Berufsverbrecher, Gewohnheitsverbrecher, Gewalttäter, Sittlichkeitsverbrecher, Triebverbrecher, Affekttäter, Triebtäter, Sexualtäter, Sittenstrolch *(abwertend),* Strolch *(abwertend),* Unhold, Apache, Ganove *(abwertend),* Ganeff *(Jargon),* Gangster *(abwertend),* Schwerverbrecher, schwerer Junge *(ugs.),* Gewohnheitsverbrecher, Wiederholungstäter, Rückfalltäter · *der an einem Verbrechen beteiligt ist:* Mittäter · *aus Ruhmsucht:* Herostrat · *der Flugzeuge entführt:* Luftpirat; ↑ Entführer · *der aufgrund seines Amtes Verbrechen plant und ausführen lässt:* Schreibtischtäter; ↑ Attentäter, ↑ Betrüger, ↑ Brandstifter,

↑Dieb, ↑Gefangener, ↑Kinderschänder, ↑Komplize, ↑Kriminalbeamter, ↑Mörder, ↑Revolutionär, ↑Rohling, ↑Schuft, ↑Verstoß.

Verbrechersprache ↑Gaunersprache.

Verbrecherwelt ↑Unterwelt.

¹verbreiten, ausstreuen, aussprengen, herumerzählen, herumtragen, unter die Leute bringen, in Umlauf bringen / setzen, [ein Gerücht] in die Welt setzen, ausposaunen *(abwertend)*, an die große Glocke hängen, breittreten *(ugs., abwertend);* ↑mitteilen.

²verbreiten: ↑popularisieren; sich v. ↑ausbreiten (sich), ↑äußern, ↑ausströmen, ↑herumsprechen (sich); Gestank v. ↑verpesten.

verbreitern ↑erweitern.

Verbreiterung ↑Ausdehnung.

verbreitet ↑üblich.

Verbreitetsein ↑Üblichkeit.

Verbreitung: ↑Popularisation, ↑Üblichkeit.

Verbreitungsbeschränkung ↑Sperre.

¹verbrennen, abbrennen, niederbrennen, einäschern, in [Schutt und] Asche legen, in Flammen aufgehen lassen; ↑anzünden.

²verbrennen: ↑brennen, ↑einäschern, ↑sterben, ↑töten; sich die Finger / den Mund v. ↑schaden; sich nicht die Finger v. ↑heraushalten (sich); die Schiffe hinter sich v. ↑abwenden (sich).

Verbrennung: ↑Feuerbestattung, ↑Verletzung.

verbriefen ↑gewährleisten.

verbrieft, zugesichert, garantiert; ↑versprechen.

verbringen: ↑bringen, ↑durchbringen, ↑einliefern, ↑weilen; die Kindheit v. ↑aufwachsen; den Lebensabend v. ↑Lebensabend; die Nacht v. ↑übernachten.

verbrüdern (sich), fraternisieren, sich mit jmdm. gemein machen, encanaillieren *(abwertend, selten)*, sympathisieren mit jmdm.; ↑erniedrigen, ↑solidarisieren (sich), ↑verbünden (sich); ↑Gemeinsinn, ↑Verbrüderung.

Verbrüderung, Solidarisierung, Fraternisation; ↑Gemeinsinn; ↑verbrüdern (sich).

Verbrühung ↑Verletzung.

verbuchen ↑buchen.

Verbum ↑Verb.

verbummeln: ↑verlieren, ↑verwahrlosen; etwas v. ↑vergessen.

verbunden: fest v. ↑unzertrennlich; jmdm. v. sein ↑danken; ich bin Ihnen sehr v.! ↑danke!

verbünden (sich), sich zusammentun / zusammenschließen / zusammenrotten / alliieren / assoziieren / vereinigen / verbinden / integrieren, mit jmdm. zusammengehen, koalieren, eine Koalition eingehen · *von Firmen:* fusionieren, zusammengelegt werden, eine Fusion eingehen; ↑konspirieren, ↑Kontakt [aufnehmen], ↑verbrüdern (sich), ↑verknüpfen, ↑vervollständigen, ↑zugesellen (sich); ↑vereinigt, ↑zugehörig; ↑Bund, ↑Gemeinsinn.

Verbundenheit: ↑Gemeinsinn; in aufrichtiger V. ↑hochachtungsvoll.

verbündet ↑vereinigt.

Verbündeter ↑Bundesgenosse.

Verbundhaus ↑Haus.

Verbundsicherheitsglas ↑Glas.

verbürgen: ↑gewährleisten; sich v. ↑einstehen.

verbürgerlichen, bürgerlich werden, sich etablieren / anpassen; ↑etabliert.

verbürgerlicht ↑etabliert.

verbürgert ↑einheimisch.

verbürgt, authentisch, Originalton, aus erster Hand / Quelle, echt, zuverlässig, in der Wolle gefärbt *(ugs.)*, sicher, gewährleistet, garantiert, glaubwürdig; ↑amtlich, ↑befugt; ↑erprobt; ↑Authentizität.

verbüßen: eine Strafe v. ↑abbüßen.

Verbzusatz ↑Affix.

¹Verdacht, Vermutung, Argwohn, Misstrauen, Skepsis, Skrupel, Bedenken, Zweifel; ↑Ahnung, ↑Bedenken, ↑Hoffnung, ↑Schuldgefühl; **in V. kommen,** in Verdacht geraten, verdächtigt werden, in den Geruch geraten / kommen; ↑verdächtigen; ↑argwöhnisch.

²Verdacht: V. haben / hegen ↑argwöhnisch [sein]; V. fassen / schöpfen ↑argwöhnisch [werden]; [jmdn. in / im] V. haben ↑verdächtigen; einem V. den Boden entziehen ↑widerlegen; auf V. ↑vorbeugend; etwas ist über jeden V. erhaben ↑wahr [sein].

verdächtig: ↑anrüchig; etwas kommt jmdm. v. vor ↑seltsam [sein].

¹verdächtigen, beschuldigen, anklagen, anschuldigen, bezichtigen, zeihen, jmdm. etwas unterstellen / unterschieben / *(salopp)* unterjubeln, jmdm. Schuld / die Schuld geben / etwas zur Last legen / die Schuld in die Schuhe schieben, jmdn. für etwas verantwortlich machen, jmdm. den Bart anhängen *(schweiz.)*, jmdn. als Prellbock benutzen, [jmdn. in / im] Verdacht haben, den Verdacht lenken auf, Verdacht fällt auf / richtet sich auf (oder:) gegen; ↑anlasten, ↑schelten; ↑argwöhnisch; ↑Beschuldigung, ↑Verdacht · Ggs. ↑glauben.

²verdächtigen: verdächtigt werden ↑Verdacht.

Verdächtigung ↑Beschuldigung.

verdammen: ↑brandmarken; zum Scheitern verdammt sein ↑scheitern [müssen].

Verdammnis: Ort der V. ↑Hölle.

¹verdammt, verflucht, verteufelt, verflixt *(ugs.)*, verwünscht, gottverdammt *(ugs.)*, gottverflucht *(ugs.)*, gottverhasst *(ugs.);* ↑verflucht!

²verdammt: ↑sehr; v. die Scheiße!, v. noch mal!, v. und zugenäht! ↑verflucht!

Verdammter: Ort der Verdammten ↑Hölle.

Verdammung ↑Bann.

verdampfen ↑verfliegen.

¹verdanken, jmdm. etwas danken / schulden, jmdm. etwas zu verdanken / danken haben, Dank schulden, zu Dank verpflichtet sein, sich zu Dank verpflichtet fühlen; ↑danken.

²verdanken: jmdn. / etwas v. ↑danken.

Verdankung ↑Dank.

verdattert ↑betroffen.

¹verdauen, verarbeiten; ↑Magen, ↑Verdauung.

²verdauen ↑ertragen.

verdaulich: gut / leicht / schwer v. ↑bekömmlich.

¹Verdauung, Digestion; ↑Durchfall, ↑Stoffwechsel, ↑Stuhlverstopfung.

²Verdauung: überschnelle / beschleunigte V. ↑Durchfall.

Verdauungsspaziergang ↑Spaziergang.

¹Verdauungsstörung, Ernährungsstörung, Dyspepsie, Indigestion; ↑Durchfall, ↑Ernährungsstörung, ↑Stuhlverstopfung; ↑obstipieren.

²Verdauungsstörung ↑Stuhlverstopfung.

Verdeck ↑Autodach.

verdecken ↑verstecken.

verdeckt ↑latent.

verdenken: es jmdm. nicht v. können ↑übel nehmen.

Verderb: auf Gedeih und V. ↑vorbehaltlos.

¹verderben, verpfuschen, verpatzen, vermasseln *(ugs.),* vermurksen *(ugs.),* verkorksen *(ugs.),* verfuhrwerken *(schweiz.),* versieben *(ugs.),* verbocken *(ugs.),* versauen *(derb),* die Karre in den Dreck fahren *(ugs.)* · *in Bezug auf berufliches Fortkommen:* sich die Zukunft verbauen; ↑verleiden, ↑verseuchen.

²verderben: ↑faulen; jmdm. die Freude v. ↑ärgern; [jmdm. die Freude / den Spaß an etwas v.] ↑verleiden; jmdm. das Konzept v. ↑hindern; sich den Magen v. ↑Magen; es mit jmdm. verdorben haben ↑unbeliebt [sein].

Verderben bringend: ↑verderblich, ↑todbringend.

¹verderblich, Verderben bringend, unheilvoll, Unheil bringend, unheildrohend, unheilschwanger, todbringend, unglücklich, unglückselig, sinister, ruinös, schädlich, ungesund; **v. sein,** etwas ist Gift für jmdn.

²verderblich ↑todbringend.

verderbt: ↑anstößig, ↑verschandelt.

Verderbtheit ↑Sittenlosigkeit.

verdeutlichen ↑begründen.

verdeutschen ↑übersetzen.

Verdeutschung ↑Übersetzung.

Verdeutschungswörterbuch ↑Nachschlagewerk.

¹verdienen, beziehen, einnehmen, bekommen, kriegen, erhalten, Einkünfte haben, Gewinn erzielen · *von Prostituierten:* anschaffen · *viel:* [Geld] scheffeln, absahnen *(ugs.),* Geld machen *(ugs.),* an das große Geld herankommen *(ugs.)* · *sein Geld mühevoll:* ein hartes Brot haben, sein Brot sauer verdienen; ↑erwerben; ↑einkommensschwach, ↑reich.

²verdienen: etwas verdient besondere Erwähnung ↑betonen; sich einen Kuppelpelz v. ↑verkuppeln.

¹Verdienst, Meriten (Plural), Leistung, Großtat; ↑verdient.

²Verdienst: ↑Broterwerb, ↑Gehalt (das); sich -e erwerben ↑verdient.

Verdienstadel ↑Adel.

Verdienstkreuz ↑Orden.

verdienstlich ↑anerkennenswert.

Verdienstorden ↑Orden.

verdienstvoll ↑anerkennenswert.

¹verdient, wohlverdient; **sich v. machen um,** sich Verdienste / Meriten erwerben; ↑Verdienst.

²verdient ↑angesehen.

Verdikt ↑Bann.

verdinglichen ↑hypostasieren.

verdolmetschen ↑übersetzen.

verdonnern ↑verurteilen.

verdoppeln, doppeln, duplizieren, duplieren, dualisieren, dublieren; ↑Abschrift.

verdorben: ↑anstößig, ↑ungenießbar, ↑verschandelt.

Verdorbenheit ↑Sittenlosigkeit.

verdorren ↑eingehen.

verdorrt: ↑trocken, ↑verwelkt.

verdrängen: ↑unterdrücken; jmdn. aus seiner Stellung v. ↑Einfluss.

verdreckt ↑schmutzig.

Verdrecktheit ↑Unsauberkeit.

verdrehen: ↑verfälschen; jmdm. den Kopf v. ↑verliebt [machen].

verdreht: ↑seitenverkehrt, ↑überspannt.

Verdrehtheit ↑Ausgefallenheit.

¹Verdrehung, Entstellung, Verfälschung, Verzerrung, Verbiegung, Erdichtung; ↑Betrug, ↑Lüge, ↑Verfälschung; ↑verfälschen.

²Verdrehung ↑Verrenkung.

verdreschen ↑schlagen.

verdrießen: etwas verdrießt jmdn. ↑ärgern.

verdrießlich: ↑ärgerlich, ↑unerfreulich.

Verdrießlichkeit: ↑Unannehmlichkeiten, ↑Unerquicklichkeit.

verdrossen ↑ärgerlich.

Verdrossenheit ↑Unzufriedenheit.

verdrücken: ↑aufessen; sich v. ↑weggehen.

verdrückt ↑zerknittert.

Verdruss ↑Unannehmlichkeiten.

verduften ↑weggehen.

verdummen ↑dumm [machen].

Verdummung ↑Mystifikation.

Verdummungseifer ↑Mystifikation.

¹verdunkeln, abdunkeln, dunkel machen, [gegen] das Tageslicht / die Sonne abschirmen, abblenden, abschatten, verfinstern; ↑verfinstern (sich); ↑Verdunkelung.

²verdunkeln: sich v. ↑bewölken (sich), ↑dunkel [werden].

Verdunkelung, Verdunklung, Abdunkelung, Abdunklung, Abschirmung, Abblendung, Verfinsterung; ↑verdunkeln.

Verdunkelungsgefahr ↑Möglichkeit.

Verdunklung ↑Verdunkelung.

verdünnen, verwässern *(selten),* etwas taufen *(ugs., scherzh.),* verlängern *(ugs.),* strecken

(ugs.), panschen *(ugs.);* ↑beimischen, ↑mischen, ↑vermischen.
verdünnisieren: sich v. ↑weggehen.
verdunsten ↑verfliegen.
Verdunstungsmesser ↑Wärmemesser.
Verdure ↑Wandteppich.
verdusseln ↑vergessen.
verdüstern: sich v. ↑bewölken (sich).
Verdüsterung ↑Verzweiflung.
verdutzen ↑erstaunen.
verdutzt ↑überrascht.
verebben ↑abnehmen.
veredeln: ↑verfeinern, ↑züchten.
Veredelung ↑Verfeinerung.
verehelichen: sich v. ↑heiraten.
verehelicht ↑verheiratet.
Verehelichung ↑Vermählung.
verehren: ↑achten; jmdm. etwas v. ↑schenken.
Verehrer: ↑Anhänger, ↑Geliebter.
¹verehrt (als Anrede), hochverehrt, sehr verehrt, [sehr] geehrt, wert *(veraltend),* gnädig, lieb, liebwert; ↑Anrede.
²verehrt ↑angesehen.
Verehrung: ↑Achtung; mit dem Ausdruck tiefster V. ↑hochachtungsvoll.
vereiden ↑vereidigen.
¹vereidigen, vereiden *(veraltet),* durch Eid verpflichten, unter Eid nehmen, in Pflicht nehmen *(schweiz.),* angeloben *(österr.) · eine Wache:* vergattern; ↑versprechen; ↑Vereidigung.
²vereidigen ↑beschwören.
Vereidigung, Angelobung *(österr.);* ↑vereidigen.
Verein: ↑Vereinigung; im V. mit ↑gemeinsam.
vereinbaren ↑übereinkommen.
vereinbart: zur -en Zeit ↑pünktlich; nicht zur -en Zeit ↑säumig.
Vereinbarung: ↑Abmachung; eine V. treffen ↑übereinkommen.
vereinen ↑vereinigen.
vereinfachen ↑popularisieren.
Vereinfachung ↑Popularisation.
vereinheitlichen ↑normen.
Vereinheitlichung ↑Normung.
¹vereinigen, verschmelzen, vereinen, einen, unter einen Hut bringen, zusammenschließen; ↑Vereinigung.
²vereinigen: sich v. ↑verbünden (sich); in einem Punkt v. ↑zentralisieren.
vereinigt, zusammengeschlossen, assoziiert, verbündet, alliiert; ↑verbünden (sich).
¹Vereinigung, Verein, Klub, Verband, Organisation, Union, Liga, Körperschaft, Korporation, Korps, [studentische] Verbindung, Leist *(schweiz.)* · Loge, Freimaurer; ↑Bund, ↑Geheimlehre; ↑vereinigen; *für die Jugend:* FDJ (DDR, ehem.), Freie Deutsche Jugend (DDR, ehem.), Junge Pioniere (DDR, ehem.), Komsomolze (UdSSR, ehem.), ↑Jugendbewegung, ↑Pfadfinder.
²Vereinigung: ↑Bund, ↑Koitus, ↑Zusammenlegung.

vereinnahmen ↑kassieren.
vereinsamt: ↑einsam, ↑zurückgezogen.
Vereinsamung ↑Einsamkeit.
Vereinsmeier: ein V. sein ↑aktiv [sein].
Vereinsmeierei ↑Aktivität.
vereint: ↑beieinander, ↑gemeinsam.
vereinzelt: ↑einzeln, ↑manchmal, ↑selten.
Vereisung: ↑Glatteis, ↑Wärmeentzug.
vereiteln: ↑hindern, ↑verhindern.
Vereitelung, Vereitlung, Verhütung, Verhinderung, Unterbindung, Verwehrung, Durchkreuzung, Hintertreibung, Boykottierung, Blockierung, Abwendung, Abwehr, Abblockung, Sabotierung; ↑Behinderung, ↑Verhinderung; ↑verhindern.
Vereitlung ↑Vereitelung.
verekeln ↑verleiden.
Verelendung ↑Armut.
verenden ↑sterben.
vererbbar ↑angeboren.
vererben ↑hinterlassen.
¹verewigen (sich), sich unsterblich machen, in die Geschichte / Unsterblichkeit eingehen, sich ein bleibendes Andenken erwerben, sich mit etwas in das Buch der Geschichte eintragen, sich ein Denkmal setzen; ↑bekannt.
²verewigen: sich v. ↑beschmutzen, ↑einschneiden.
Verewigter ↑Toter.
¹verfahren, vorgehen, handeln, agieren, sich verhalten, eine bestimmte Methode anwenden, einen bestimmten Weg einschlagen; ↑agieren, ↑lavieren; ↑Verfahren.
²verfahren: sich v. ↑verirren (sich); die Karre ist [total] v. ↑aussichtslos [sein]; v. mit ↑umgehen.
³verfahren: ↑aussichtslos, ↑wirr.
¹Verfahren, Methode, Weg, Schiene *(Jargon),* System, Arbeitsweise, Technik, Heuristik, heuristisches Prinzip · *bestes zur Erreichung eines Zieles:* Königsweg, Via regia *(bildungsspr.) · als Konferenz- und Diskussionstechnik angewandtes, um schwierige Probleme zu lösen:* Synektik; ↑Handhabung, ↑Kunstfertigkeit, ↑Strategie; ↑verfahren.
²Verfahren: ↑Aktion, ↑Gerichtsverfahren.
Verfahrenheit ↑Heiligkeit.
Verfahrensweise ↑Handhabung.
Verfall, Zerfall, Zersetzung, Auflösung, Verwesung, Fäulnis; ↑Fäulnis, ↑Rückgang, ↑Verwesung.
¹verfallen, verkommen [zu etwas], verwahrlosen, herunterkommen; ↑verwahrlosen; ↑morsch.
²verfallen (Verb); ↑ablaufen, ↑verwahrlosen; verfallen sein ↑Geltung; jmdm. verfallen sein ↑abhängig [sein von]; verfallen in ↑hineinkommen (in).
³verfallen (Adjektiv): ↑hinfällig, ↑morsch.
verfälen ↑verurteilen.
verfälschen, verzerren, verdrehen, entstellen,

etwas auf den Kopf stellen, umkehren, jmdm. das Wort im Mund herumdrehen *(ugs.)*; ↑Verdrehung, ↑Zerrbild.

¹Verfälschung, Verzerrung, Entstellung · *die bei demoskopischen Umfragen durch die Person des Interviewers entsteht:* Bias; ↑Verdrehung.

²Verfälschung: ↑Verdrehung, ↑Zerrbild.

verfangen: etwas verfängt nicht ↑Erfolg.

Verfärbung, Gesichtsverfärbung, Rotfärbung, Rötung · hektische Röte · Schamröte · Zornesröte; ↑Röte, ↑Wutanfall.

verfassen: ↑aufschreiben; verfasst von ↑von.

Verfasser ↑Schriftsteller.

¹Verfassung, Befinden, Zustand · *gute:* Fitness; **in guter V. sein,** fit sein, in Form sein; ↑gesund [sein]; **in schlechter V. sein,** außer / nicht in Form sein, [ganz] aus der Übung [gekommen] sein, jmdm. fehlt die Übung, nicht fit sein, im Eck sein *(österr.);* ↑krank [sein].

²Verfassung: in guter körperlicher V. ↑fit.

Verfassungsrecht ↑Rechtsgebiet.

Verfassungsschutz ↑Geheimpolizei.

verfaulen ↑faulen.

verfault ↑ungenießbar.

Verfechter: [V. einer Idee] ↑Eiferer.

verfehlen: den Weg v. ↑verirren (sich); seine Wirkung v. ↑wirkungslos [bleiben]; seine Wirkung nicht v. ↑wirken; das Ziel v. ↑treffen.

¹verfehlt, missraten, misslungen, fehlgeschlagen, gefehlt *(bes. schweiz.),* vorbeigelungen *(scherzh.);* ↑falsch.

²verfehlt: ↑abwegig, ↑falsch.

Verfehlung ↑Verstoß.

verfeinden: sich v. ↑entzweien (sich).

verfeindet, entzweit, zerstritten, verzankt, verkracht *(ugs.);* **v. sein,** Spinnefeind sein *(ugs.),* mit jmdm. übers Kreuz sein / stehen *(ugs.),* mit jmdm. auf [dem] Kriegsfuß stehen, wie Hund und Katze leben *(ugs.),* mit jmdm. fertig / *(berlin.)* schuss sein *(ugs.),* geschiedene Leute sein, mit jmdm. nicht mehr reden / sprechen, der ist für mich gestorben / erledigt *(salopp),* den sehe ich gar nicht mehr; ↑brechen (mit jmdm.), ↑entzweien (sich).

verfeinern, sublimieren, erhöhen, läutern, veredeln, kultivieren, zivilisieren, hochstilisieren, vergeistigen, ins Geistige erheben, entmaterialisieren; ↑erhaben; ↑Verfeinerung.

verfeinert ↑erhaben.

Verfeinerung, Sublimierung, Sublimation, Erhöhung, Läuterung, Veredelung, Kultivierung, Zivilisierung, Vergeistigung, Entmaterialisierung, Entmaterialisation; ↑Läuterung; ↑verfeinern.

verfemen ↑brandmarken.

Verfemter ↑Außenseiter.

Verfemung ↑Bann.

verfertigen ↑anfertigen.

verfestigen: sich v. ↑fest [werden].

verfieren: sich v. ↑erschrecken.

verfilmen, filmisch darstellen / gestalten / umsetzen, auf die Leinwand bringen, einen Film drehen / *(ugs.)* machen über · *einen Stoff zum zweiten Mal:* ein Remake machen; ↑filmen; ↑Kinofilm.

¹verfinstern (sich), finster werden, sich verdüstern, sich umwölken; ↑bewölken (sich), ↑verdunkeln.

²verfinstern: ↑verdunkeln; sich v. ↑bewölken (sich).

Verfinsterung ↑Verdunkelung.

verflachen ↑verwässern.

Verflachung, Verwässerung, Nivellierung, Gleichmacherei; ↑Gleichmacherei, ↑Popularisation; ↑verwässern.

Verflechtung ↑Verknüpfung.

verfleckt ↑schmutzig.

¹verfliegen, verdunsten, verdampfen, sich verflüchtigen, ausrauchen *(südd., österr.).*

²verfliegen: ↑vergehen; sich v. ↑verirren (sich).

verfließen ↑vergehen.

verflixt: ↑verdammt; v. und zugenäht! ↑verflucht!

verflochten ↑komplex.

verflossen: ↑vorig; -e Tage / verflossene Zeit (oder:) Zeiten ↑Vergangenheit.

Verflossene *(ugs.),* Exfreundin *(ugs.),* Exverlobte *(ugs.),* Exbraut *(ugs.),* ehemalige Freundin / Braut.

Verflossener *(ugs.),* Exfreund *(ugs.),* Exverlobter *(ugs.),* Exbräutigam *(ugs.),* ehemaliger Freund / Bräutigam.

verfluchen ↑brandmarken.

¹verflucht!, verdammt [und zugenäht]!, verflixt [und zugenäht]!, Kruzifix!, Kruzitürken! *(südd., österr.),* fix! *(österr.),* Fixlaudon! *(österr.),* Himmellaudon! *(österr.),* Sakrament!, sackerlot!, Sakra! *(südd., österr.),* sapperlot!, sapperment!, sapristi!, Himmelherrgottsakra! *(südd., österr.),* Himmeldonnerwetter!, zum Donnerwetter noch mal!, da soll doch das Donnerwetter dreinschlagen!, Donnerkeil!, Donnerschlag!, zum Kuckuck!, Schockschwerenot!, zum Henker!, hols der Henker / Geier / Teufel!, der Teufel soll's holen!, zum Teufel zu!, verdammt / verflucht noch mal!, [verdammte] Scheiße! *(derb),* Scheißkram! *(derb),* Schiet! *(niederd.),* Schietkram! *(niederd.),* zum Teufel [noch mal]!, Himmel, Arsch und Zwirn!, Himmel, Arsch und Wolkenbruch!, Himmel, Gesäß und Nähgarn! *(scherzh.);* ↑verdammt; ↑schelten.

²verflucht: ↑sehr, ↑verdammt.

verflüchtigen: sich v. ↑verfliegen.

Verfluchung ↑Bann.

verflüssigen ↑zerlassen.

verflüssigt ↑flüssig.

¹verfolgen, jagen, hetzen, nachstellen, jmdm. auf den Fersen bleiben, sich an jmds. Sohlen heften, jmdm. nachsetzen / nachlaufen / nachrennen / nachjagen, hinter jmdm. her sein, treiben, jmdm. nachsteigen; ↑beschleichen, ↑jagen, ↑nachgehen, ↑schikanieren; ↑Jäger.

²**verfolgen:** ↑befallen, ↑beobachten, ↑umwerben; vom Missgeschick verfolgt werden ↑Unglück [haben]; das gleiche Ziel v. ↑streben; jmdn. mit Blicken v. ↑nachschauen (jmdm.).
Verfolger, Häscher *(dichter.),* Scherge *(dichter.).*
Verfolgung, Nachstellung, Jagd, Hetze, Kesseltreiben, Hexenverfolgung *(hist.),* Hexenjagd, Pogrom; ↑Blutbad; ↑verfolgen.
Verfolgungsjagd ↑Geländespiel.
Verfolgungsspiel ↑Geländespiel.
Verfolgungswahn ↑Bewusstseinstrübung.
verformen ↑deformieren.
Verformung ↑Deformierung.
verfrachten ↑unterbringen.
verfranzen: sich v. ↑verirren (sich).
¹**verfressen:** [sein Geld] v. ↑ausgeben.
²**verfressen** ↑esslustig.
Verfressenheit ↑Gefräßigkeit.
verfrieren ↑erfrieren.
verfrüht ↑vorzeitig.
verfügbar, bereit, fertig, angezogen, abmarschbereit, gestiefelt und gespornt; ↑fertig; ↑bereitstellen.
verfügen: ↑anordnen; sich v. ↑weggehen; v. über ↑haben.
Verfügung: ↑Testament, ↑Weisung; zur V. haben, etwas steht jmdm. zur V. ↑haben; jmdm. zur V. stehen ↑gehören; zur V. stellen ↑abgeben, ↑einräumen, ↑leihen, ↑zuschieben (jmdm. etwas); sein Amt zur V. stellen ↑kündigen.
Verfügungsgewalt ↑Berechtigung.
verführbar ↑bestechlich.
¹**verführen:** etwas verführt / verleitet / hat Aufforderungscharakter.
²**verführen:** ↑verleiten; sich nicht v. lassen ↑verweigern (sich jmdm.).
Verführer ↑Frauenheld.
Verführerin ↑Vamp.
Verführung ↑Anfechtung.
verfuhrwerken ↑verderben.
Vergabe, Übertragung, Überantwortung, Übergabe, Zuteilung, Zuschlag; ↑Aushändigung, ↑Zuteilung; ↑vergeben.
vergaben: ↑hinterlassen, ↑schenken.
Vergabung ↑Erbe (das).
vergackeiern ↑anführen.
vergaffen: sich v. ↑verlieben (sich).
vergällen: ↑denaturieren, ↑verleiden.
vergaloppieren: sich v. ↑irren (sich).
vergammeln ↑faulen.
vergammelt ↑altbacken.
vergangen: ↑gewesen, ↑überlebt, ↑vorig; -e Tage / vergangene Zeit (oder:) Zeiten ↑Vergangenheit; im -en Jahr ↑Jahr.
¹**Vergangenheit,** vergangene / gewesene / verflossene / frühere Zeit (oder:) Zeiten (oder:) Tage; ↑Atomzeitalter, ↑Belle Époque, ↑Gründerzeit · Ggs. ↑Gegenwart.
²**Vergangenheit:** [erste] V., dritte V., vollendete V., zweite V. ↑Tempus; die V. bewältigen ↑bewältigen.

vergänglich, zeitlich, endlich, sterblich; ↑kurz, ↑vorübergehend; **v. sein:** etwas ist vergänglich / ist Schall und Rauch *(geh.);* ↑Vergänglichkeit.
Vergänglichkeit, Sterblichkeit, Endlichkeit, Zeitlichkeit, Flüchtigkeit; ↑vergänglich.
Vergantung ↑Versteigerung.
vergasen ↑töten.
Vergasung: bis zur V. ↑Überdruss.
vergattern ↑vereidigen.
¹**vergeben,** übertragen, zuschlagen, zuteilen, übergeben, überantworten, jmdm. den Zuschlag geben; ↑geben, ↑überantworten, ↑verabreichen; ↑Vergabe.
²**vergeben:** ↑verzeihen; sich nichts v. ↑erniedrigen (sich); v. sein ↑ledig.
vergebens: v. sein ↑nutzlos [sein].
vergeblich: v. sein ↑nutzlos [sein].
Vergebung: ↑Begnadigung, ↑Entschuldigung, ↑Verzeihung.
vergegenständlichen: ↑hypostasieren, ↑veranschaulichen.
Vergegenständlichung ↑Veranschaulichung.
vergegenwärtigen: sich etwas v. ↑vorstellen (sich etwas).
¹**vergehen,** vorbeigehen, vorübergehen, verrauchen, verrauschen, verrinnen, verfließen, verstreichen, ins Land ziehen / gehen, verfliegen, dahingehen.
²**vergehen:** sich v. ↑sündigen; jmdm. ist der Appetit vergangen ↑bereit; bis dahin vergeht noch einige Zeit ↑dauern; sich v. an ↑vergewaltigen.
Vergehen ↑Verstoß.
vergeigen ↑Spiel.
vergeistigen ↑verfeinern.
Vergeistigung ↑Verfeinerung.
vergelten: ↑belohnen, ↑bestrafen; vergelts Gott! ↑danke!
¹**Vergeltung,** Vergeltungsmaßnahme, Vergeltungsschlag, Befreiungsschlag, Gegenschlag, Rache, Abrechnung, Heimzahlung, Revanche, Ahndung, Bestrafung; ↑Angriff, ↑Strafe, ↑Vergeltungsmaßnahmen, ↑Züchtigung; ↑bestrafen.
²**Vergeltung:** ↑Belohnung; V. üben ↑bestrafen.
Vergeltungsmaßnahme ↑Vergeltung.
Vergeltungsmaßnahmen, Druckmittel, Repressalien, Sanktionen, Zwangsmaßnahmen, Pressionen, Druck, Nötigung, Sühne, Zwang, Gegenmaßnahmen, Gegenstoß, Boykott, Ächtung, Warensperre, Kundensperre; ↑Bann, ↑Vergeltung.
Vergeltungsschlag ↑Vergeltung.
vergesellschaften ↑enteignen.
vergessen, nicht [im Kopf / Gedächtnis] behalten, verschwitzen *(ugs.),* etwas verbummeln *(ugs.),* nicht denken an, jmdm. entfällt etwas, aus dem Gedächtnis verlieren, einen Filmriss haben *(salopp),* keine Erinnerung [mehr] an etwas haben, sich nicht erinnern können, ein schlechtes / *(ugs.)* kurzes Gedächtnis haben, nicht mehr wissen, versieben *(ugs.),* verschusseln *(ugs.),* verdusseln *(ugs.),* ein Gedächtnis

wie ein Sieb haben *(ugs.)*, vergesslich sein, alt werden *(scherzh.)*; **etwas ist v.**, über etwas ist Gras gewachsen; **das kannst du v.**, vergiss es, das taugt nichts / ist nichts, geschenkt; ↑Gedächtnisschwäche, ↑Verkalkung.

Vergessen: ↑Gedächtnisschwäche; den Schleier des -s über etwas breiten ↑vertuschen; Strom des -s ↑Lethe.

Vergessenheit: nicht der V. anheim fallen lassen ↑wach halten; den Schleier der V. über etwas breiten ↑vertuschen.

vergesslich: v. sein ↑vergessen.

Vergesslichkeit: ↑Gedächtnisschwäche, ↑Gedankenlosigkeit.

vergeuden ↑verschwenden.

vergewaltigen, schänden, notzüchtigen, sich vergehen an, jmdm. Gewalt antun, missbrauchen, entehren *(dichter.)*, schwächen *(veraltet)*, stuprieren; ↑deflorieren, ↑nötigen, ↑schwängern, ↑verleiten; ↑Kinderschänder, ↑Koitus.

Vergewaltigung, Schändung, Notzucht, Stuprum; ↑Koitus.

vergewissern: sich v. ↑kontrollieren.

¹vergießen, verschütten, verschlabbern *(ugs.)*, schlabbern *(ugs.)*, umschütten.

²vergießen: Krokodilstränen v. ↑weinen; sein Blut v. für ↑einstehen (für).

vergiften: ↑töten, ↑verseuchen; sich v. ↑entleiben (sich); durch nichts vergiftet ↑ungetrübt.

vergiftet ↑verseucht.

Vergiftung, Vergiftungskrankheit, Intoxikation, Intoxation *(selten)*, Toxikose, Toxikonose, Toxonose, Toxipathie, Toxikation *(selten)*, Venenation *(selten)* ·· *durch körpereigene giftige Stoffwechselprodukte:* Autointoxikation, endogene Toxikose, Nosotoxikose, Selbstvergiftung ·· *durch von außen in den Organismus eingebrachte Giftstoffe:* exogene Toxikose, Heterointoxikation, Heterotoxis *(selten)* · Bleivergiftung, Saturnismus · Quecksilbervergiftung, Hydrargyrose, Merkurialismus · Arsenvergiftung, Arsenismus, Arsenikismus, Arsenikalismus · Bromvergiftung, Bromismus, Brominismus · Silbervergiftung, Argyrismus, Argyrie, Argyriasis; ↑Blutvergiftung, ↑Koffeinvergiftung, ↑Kokainvergiftung, ↑Lebensmittelvergiftung, ↑Nikotinvergiftung, ↑Opiumvergiftung, ↑Schlafmittelvergiftung.

Vergiftungskrankheit ↑Vergiftung.

vergissmeinnichtblau ↑blau.

Vergitterung ↑Gitter.

verglast ↑stier.

¹Vergleich, Parallele, Gegenüberstellung, Konfrontierung, Konfrontation, Nebeneinanderstellung, Abwägung; ↑Kontrolle, ↑Parallele; ↑konfrontieren, ↑kontrollieren, ↑vergleichen.

²Vergleich: ↑Abmachung, ↑Einigung, ↑Schulaufsatz, ↑Sinnbild; einen V. anstellen, zum V. heranziehen, -e ziehen ↑vergleichen; [mit jmdm.] einen V. schließen ↑einigen (sich); im V. zu ↑verhältnismäßig.

vergleichbar: ↑gleichartig; -er Fall ↑Parallele.

Vergleichbarkeit ↑Gleichartigkeit.

¹vergleichen, Vergleiche / Parallelen ziehen, einen Vergleich anstellen, nebeneinander stellen, nebeneinander halten, gegenüberstellen, konfrontieren, messen, zum Vergleich heranziehen, vergleichsweise beurteilen, abwägen · *eine Abschrift mit der Urschrift auf die Richtigkeit:* kollationieren; ↑konfrontieren, ↑kontrollieren, ↑verknüpfen; ↑Parallele, ↑Sinnbild, ↑Vergleich.

²vergleichen: sich v. ↑übereinkommen; -de Sprachwissenschaft ↑Sprachwissenschaft; verglichen mit ↑verhältnismäßig.

vergleichend ↑kontrastiv.

Vergleichsstufe · Positiv, Grundstufe · Komparativ, Steigerungsstufe · Superlativ, Höchststufe, Elativ · Äquativ.

Vergleichsverfahren ↑Gerichtsverfahren.

vergleichsweise: ↑verhältnismäßig; v. beurteilen ↑vergleichen.

verglimmen ↑brennen.

verglühen ↑brennen.

vergnatzt ↑ärgerlich.

vergnügen (sich), sich unterhalten / amüsieren / verlustieren, [miteinander] fröhlich sein; ↑freuen (sich), ↑unterhalten (sich), ↑zerstreuen (sich).

Vergnügen: ↑Fest, ↑Lust, ↑Unterhaltung; es ist mir ein V. ↑ja; mit V. ↑anstandslos, ↑ja.

vergnüglich ↑lustig.

vergnügt: ↑lustig; -es Huhn ↑Mensch (der).

Vergnügtheit ↑Lust.

Vergnügungsdampfer ↑Fahrgastschiff.

Vergnügungsfahrt ↑Fahrt.

Vergnügungsindustrie, Unterhaltungsindustrie, Showgeschäft, Showbusiness; ↑Ansager, ↑Unterhalter.

Vergnügungsreise ↑Reise.

Vergnügungssteuer ↑Abgabe.

vergnügungssüchtig ↑lustig.

vergönnen: [nicht vergönnt sein] ↑gewähren.

vergöttern ↑achten.

vergöttert ↑angesehen.

Vergötterung ↑Verherrlichung.

Vergottung ↑Verherrlichung.

¹vergraben, eingraben, verscharren; ↑begraben.

²vergraben ↑bestatten.

vergrämt ↑unzufrieden.

vergrätzt ↑ärgerlich.

vergreifen: sich im Ton v. ↑benehmen (sich).

vergreisen ↑altern.

Vergreisung: ↑Rückständigkeit, ↑Verkalkung.

vergriffen, verkauft, ausverkauft, ausgebucht; **v. sein,** nicht am Lager sein.

¹vergrößern, mit dem Vergrößerungsglas / mit der Lupe betrachten · mikroskopieren, unter dem Mikroskop betrachten, unter das Mikroskop legen; ↑Lupe.

²vergrößern: ↑erweitern; sich v. ↑zunehmen; seinen Einflussbereich v. ↑expandieren.

Vergrößerung: ↑Ausdehnung, ↑Fotografie, ↑Steigerung.

Vergrößerungsglas: ↑Lupe; mit dem V. betrachten ↑vergrößern.

vergucken: sich v. ↑verlieben (sich).

Vergünstigung ↑Vorrecht.

vergüten ↑zahlen.

¹Vergütung, Gutschrift, Bonifikation, Aufwandsentschädigung, Bonus, Prämie; ↑Abfindung, ↑Bon, ↑Preisnachlass, ↑Spesen, ↑Zuschuss.

²Vergütung ↑Entgelt.

verhackstücken: ↑beanstanden, ↑besprechen.

Verhaft: in V. nehmen ↑verhaften.

verhaften, inhaftieren, in Haft / Verhaft / Gewahrsam nehmen, festnehmen, gefangen nehmen, arretieren, dingfest machen, abholen, holen, in Arrest bringen / stecken; ↑abführen, ↑ergreifen, ↑festsetzen (jmdn.); ↑Verhaftung.

Verhaftung, Inhaftierung, Festsetzung, Ergreifung, Gefangennahme, Sistierung, Arretierung; ↑ergreifen (jmdn.), ↑verhaften.

verhageln: jmdn. ist die Petersilie / die ganze Ernte verhagelt ↑deprimiert [sein].

verhallen, verklingen, ausklingen, abklingen, aushallen, austönen, verwehen, absterben, ersterben, kaum noch zu hören sein; ↑abnehmen.

¹verhalten (Verb): sich verhalten ↑benehmen (sich), ↑verfahren.

²verhalten (Adjektiv): ↑leise, ↑unzugänglich; mit verhaltenem Atem ↑erwartungsvoll; mit verhaltener Stimme ↑gedämpft.

Verhalten: ↑Benehmen, ↑Verhaltensweise; unfaires / unkameradschaftliches / unsportliches V. ↑Unkameradschaftlichkeit.

Verhaltenheit ↑Verschlossenheit.

Verhaltensform ↑Verhaltensweise.

Verhaltensforschung, Ethologie; ↑Psychologie, ↑Verhaltensweise.

Verhaltensmaßregel ↑Weisung.

Verhaltensweise, Verhaltensform, Verhalten · *bei Tieren zu einer triebbefriedigenden Endhandlung führende:* Appetenzverhalten, Instinkthandlung; ↑Verhaltensforschung.

Verhaltenswort ↑Verb.

¹Verhältnis, Relation, Beziehung, Wechselbeziehung, Interaktion, Bezug, Zusammenhang, Abhängigkeit, Interdependenz; ↑Verknüpfung.

²Verhältnis: ↑Geliebte, ↑Geliebter, ↑Liebelei; akustische -se ↑Raumakustik; ein V. haben ↑lieben; sich umsehen, wie die -se sind ↑vorfühlen; ein festes V. haben ↑gebunden [sein], ↑ledig; kein V. zu etwas haben ↑unzugänglich; in gesicherten -sen leben ↑leben.

verhältnismäßig, relativ, vergleichsweise, im Vergleich zu, verglichen mit, gegenüber, gemessen an.

Verhältniswahl, Proportionalwahl, Proporz · Gewaltenteilung; ↑Wahl, ↑Wahlberechtigter,

↑Wahlbeteiligung, ↑Wähler, ↑Wahlrecht; ↑wählen.

Verhältniswahlrecht ↑Wahlrecht.

Verhältniswort ↑Wortart.

Verhaltungsmaßregel ↑Weisung.

verhandeln: ↑erörtern, ↑vermitteln.

Verhandlung ↑Gespräch.

verhandlungsbereit: v. sein ↑entgegenkommen (jmdm.).

Verhandlungsbereitschaft ↑Konzessionsbereitschaft.

Verhandlungsgegenstand ↑Tagesordnungspunkt.

Verhandlungstisch: am V. besprechen ↑erörtern.

verhangen ↑bewölkt.

verhängen: ↑umhüllen; über jmdn. eine Strafe v. ↑bestrafen.

Verhängnis: ↑Unglück; über etwas waltet ein V. ↑gelingen.

verhängnisvoll ↑schlimm.

verharmlosen ↑bagatellisieren.

verhärmt ↑unzufrieden.

verharren: ↑weilen; v. bei ↑bestehen (auf).

Verharren, das Festhalten an · *krankhaftes:* Perseveration; ↑Beharrlichkeit.

verharrend ↑rückschrittlich.

verhärtet: ↑gefühlskalt, ↑spannungsgeladen.

verhaspeln: sich v. ↑stottern.

verhasst ↑unbeliebt.

Verhasstheit ↑Unbeliebtheit.

Verhasstsein ↑Unbeliebtheit.

verhätscheln ↑verwöhnen.

verhatscht ↑ausgeweitet.

Verhau ↑Hürde.

verhauen ↑schlagen.

verheddern: sich v. ↑stottern.

verheeren ↑zerstören.

Verheerung ↑Vernichtung.

verhehlen ↑schweigen.

verheilen ↑abheilen.

verheilt ↑abgeheilt.

verheimlichen ↑schweigen.

Verheimlichung ↑Geheimhaltung.

¹verheiraten, kopulieren *(veraltet)*, zur Ehe geben, zur Frau geben, an den Mann bringen *(scherzh.);* ↑heiraten, ↑trauen, ↑verkuppeln.

²verheiraten: ↑verkuppeln; sich v. ↑heiraten; schon / so gut wie verheiratet sein ↑ledig.

verheiratet, verehelicht; **[mit jmdm.] v. sein,** jmds. Mann / Frau sein, ein Ehepaar / Mann und Frau sein, eine [glückliche] Ehe führen; ↑heiraten.

Verheiratete ↑Ehepaar.

verheißen ↑versprechen.

Verheißung ↑Zusicherung.

verheizen ↑opfern.

verhelfen: v. zu etwas ↑beschaffen, ↑helfen; jmdm. / einer Sache zur Anerkennung v. ↑Anerkennung [erzwingen]; zum Durchbruch v. ↑unterstützen (etwas).

verherrlichen: ↑loben, ↑lobpreisen; in einer Dichtung v. ↑besingen.

Verherrlichung, Glorifizierung, Verklärung, Vergötterung, Vergottung, Idolatrie, Apotheose · *einer politischen Persönlichkeit:* Personenkult; ↑Heiligenschein, ↑Lob.

verhetzen ↑aufwiegeln.

verhexen: ↑bezaubern, ↑bannen; das ist [doch rein] wie verhext! ↑gelingen.

Verhexung ↑Faszination.

verhimmeln ↑anschwärmen.

¹verhindern, hindern an, verhüten, unterbinden, abstellen, einen Riegel vorschieben, im Keime ersticken, Einhalt tun / gebieten, durchkreuzen, zu Fall bringen, vereiteln, mauern, zunichte machen, hintertreiben, jmdm. in den Arm fallen, jmdm. das Handwerk legen, jmdm. einen Strich durch die Rechnung machen, jmdm. die Tour vermasseln *(salopp),* etwas unmöglich machen, verwehren, blockieren, abblocken, boykottieren, abwehren, abwenden, abbiegen *(salopp),* sabotieren, verunmöglichen *(schweiz.),* konterkarieren; ↑abhelfen, ↑ankämpfen, ↑behindern, ↑eingreifen, ↑einschränken, ↑hindern, ↑kämpfen, ↑verbieten; **etwas ist nicht zu v.,** etwas ist nicht aufzuhalten / nimmt seinen Lauf; ↑Vereitelung.

²verhindern ↑hindern.

¹Verhinderung, Hinderung, Hindernis, Abhaltung; ↑Behinderung, ↑Einspruch, ↑Vereitelung.

²Verhinderung: ↑Vereitelung, ↑Verhütung.

verhöhnen: ↑aufziehen, ↑schadenfroh [sein].

verhohnepipeln ↑anführen.

Verhöhnung ↑Zerrbild.

verhökern ↑verkaufen.

¹Verhör, Kreuzverhör, Untersuchung, Ermittlung, Anhörung, Hearing, Vernehmung, Einvernahme *(österr., schweiz.),* Ausfragerei *(abwertend),* Inquisition; ↑Anfeindung, ↑Erforschung, ↑Umfrage; ↑vernehmen.

²Verhör: ein V. anstellen ↑vernehmen.

verhören: ↑fragen, ↑vernehmen.

verhüllen: ↑umhüllen, ↑verstecken.

verhüllend ↑beschönigend.

Verhüllung: ↑Beschönigung, ↑Euphemismus, ↑Tarnung.

verhungern: jmdn. am steifen Arm v. lassen ↑unzugänglich [sein].

verhunzen ↑verunstalten.

verhunzt ↑verschandelt.

Verhunzung ↑Entstellung.

verhurt ↑verlebt.

verhüten ↑verhindern.

Verhüterli ↑Präservativ.

¹Verhütung, Verhinderung, Vorbeugung, Prävention, Schutz, Prophylaxe; ↑Vorbeugungsmittel; ↑vorbeugend.

²Verhütung ↑Vereitelung.

Verhütungsmittel ↑Präservativ.

verhutzelt ↑verschrumpelt.

verinnerlicht ↑empfindsam.

verirren (sich), irregehen, in die Irre gehen, die Orientierung / Richtung verlieren, den Weg verfehlen, vom Wege abkommen / abirren, fehlgehen, sich verlaufen / verfahren / verfliegen / *(ugs.)* verfranzen / *(ugs.)* verbiestern; ↑irren (sich).

verjagen ↑vertreiben.

verjubeln ↑durchbringen.

verjüngt, jünger geworden, wieder frisch / leistungsfähig; ↑Tatkraft.

verjuxen ↑durchbringen.

verkalken ↑altern.

verkalkt ↑alt.

¹Verkalkung, Vergreisung, Senilität, Kalzifikation (Med.); ↑Altersschwäche, ↑Gedächtnisschwäche; ↑vergessen.

²Verkalkung: ↑Arterienerkrankung, ↑Rückständigkeit.

verkälten: sich v. ↑erkälten (sich).

verkamisolen ↑schlagen.

verkasematuckeln ↑trinken.

¹Verkauf, Veräußerung · *wobei der Käufer verpflichtet wird, eine Anzahlung zu leisten und weitere Kunden zu werben:* Verpflichtung, Schneeballsystem, Lawinensystem; ↑Absatz; ↑verkaufen.

²Verkauf ↑Absatz.

¹verkaufen, veräußern, verscheuern *(salopp),* verschachern *(salopp),* versilbern *(ugs.),* zu Geld machen, in klingende Münze umsetzen, verkitschen *(landsch.),* verkümmeln *(salopp),* verkloppen *(salopp),* verscherbeln *(salopp),* verhökern *(ugs.),* versetzen, [zum Kauf] anbieten, anpreisen, auf den Markt werfen, absetzen, feilhalten, feilbieten, ausbieten, ausschreien, anbringen, an den Mann bringen, losloswerden *(ugs.),* losschlagen *(ugs.),* ausverkaufen, handeln / hausieren mit, vertreiben, verschleißen *(veraltend, österr.),* [schwunghaften] Handel treiben, Geschäfte machen, in Handelsbeziehung stehen, Handelsbeziehungen unterhalten, machen in *(salopp)* · *billig:* verschleudern, abstoßen, abverkaufen *(österr.),* verramschen *(abwertend),* für ein Butterbrot verkaufen / hergeben *(ugs.)* · *heimlich:* verschieben, kungeln *(ugs., landsch.); nicht v. können,* sitzen bleiben auf, nicht loswerden; **sich leicht v. lassen,** sich gut verkaufen, gut gehen *(ugs.),* reißenden Absatz finden, etwas geht weg wie warme Semmeln *(ugs.);* **verkauft werden,** über den [Laden]tisch gehen; ↑aufgeben, ↑feilhalten, ↑handeln, ↑überreden, ↑verpfänden, ↑verschwenden, ↑versteigern, ↑wechseln, ↑zahlen; ↑Geschäft, ↑Handelsvertreter, ↑Kauf, ↑Kunde, ↑Verkauf, ↑Vermögen, ↑Ware · Ggs. ↑kaufen.

²verkaufen: sich v. ↑kaufen; verraten und verkauft ↑schutzlos; zu v. ↑verkäuflich; billig / zu einem Schleuderpreis / zum halben Preis / unter Preis v. ↑billig [verkaufen]; sich nicht für dumm v. lassen ↑schlau [sein]; für dumm v. ↑dumm.

Verkäufer ↑Handelsgehilfe.
Verkäuferin, Ladenmädchen, Ladenfräulein, Ladentochter *(schweiz.),* Ladnerin *(südd., österr.);* ↑Handelsgehilfe.
¹verkäuflich, zu verkaufen, absetzbar, feil *(veraltend);* ↑begehrt, ↑marktgerecht.
²verkäuflich: leicht v. ↑begehrt.
Verkaufsbude ↑Verkaufsstand.
Verkaufsförderer ↑Werbefachmann.
Verkaufsförderung ↑Werbung.
Verkaufshäuschen ↑Verkaufsstand.
Verkaufsingenieur ↑Ingenieur.
Verkaufskampagne ↑Versuch.
Verkaufskiosk ↑Verkaufsstand.
Verkaufsmesse ↑Messe.
verkaufsoffen ↑geöffnet.
Verkaufspreis ↑Preis.
Verkaufsschlager, Schlager, Kassenmagnet, Kassenschlager, Erfolg, Publikumserfolg, Kassenerfolg, Hit, Seller, Longseller, Steadyseller, Bestseller, Renner; ↑Buch.
Verkaufsstand, Stand, Verkaufsbude, Bude, Verkaufskiosk, Kiosk, Verkaufshäuschen, Häuschen, Standel *(bayr., österr.),* Warenstand, Marktstand, Marktbude, Zeitungsstand, Zeitungsbude, Zeitungskiosk, Zigarettenkiosk, Getränkekiosk, Getränkestand, Getränkebude, Trinkbude, Trinkhalle, Erfrischungsbude, Erfrischungsstand, Würstchenbude, Würstchenstand; ↑Jahrmarktsbude, ↑Laden, ↑Ladentisch.
Verkaufsstätte ↑Laden.
Verkaufstisch ↑Ladentisch.
verkauft ↑vergriffen.
Verkehr: ↑Koitus, ↑Straßenverkehr; V. haben ↑koitieren; aus dem V. ziehen ↑gebrauchen; mit jmdm. in V. stehen ↑verkehren (mit).
¹verkehren (mit), kommunizieren, mit jmdm. Umgang haben / Kontakt pflegen / in Verkehr stehen / zusammenkommen, sich [regelmäßig] mit jmdm. treffen, sich gegenseitig besuchen, bei jmdm. ein- und ausgehen; ↑besuchen; ↑Kontakt.
²verkehren: ↑koitieren; brieflich v. mit ↑korrespondieren (mit).
Verkehrsader ↑Straße.
Verkehrsampel: ↑Lichtzeichen, ↑Verkehrszeichen.
verkehrsberuhigt: -e Zone ↑Straße.
Verkehrschaos ↑Verkehrsstauung.
Verkehrsdichte ↑Häufigkeit.
Verkehrsflughafen ↑Flugplatz.
Verkehrsflugzeug ↑Flugzeug.
verkehrsgünstig: v. gelegen sein ↑abgelegen.
Verkehrsingenieur ↑Ingenieur.
Verkehrslärm ↑Lärm.
Verkehrsmaschine ↑Flugzeug.
Verkehrsmittel, Beförderungsfahrzeug, Bahnbus ·· *auf Schienen:* Eisenbahn, Bahn, Zug, Eisenbahnzug, Intercityzug, Alwegbahn, Magnetkissenzug, Luftkissenfahrzeug · *in der*

Stadt: Straßenbahn, Elektrische, Trambahn *(südd.),* Tram *(landsch.),* Tramway *(österr.),* Pferdebahn *(hist.)* · *in der Stadt unter der Erde:* Untergrundbahn, U-Bahn, Metro (in Paris), Underground (in London), Tube (in London), Subway (in New York) · *in der Stadt über der Erde:* Hochbahn, Stadtbahn, S-Bahn, Vorortbahn, Schwebebahn ·· *in der Stadt ohne Schienen:* Autobus, Omnibus, Bus, Car *(schweiz.),* Autocar *(schweiz.),* Doppelstockomnibus, doppelstöckiger Bus, Doppeldecker *(ugs.),* Gesellschaftskraftwagen, Pferdeomnibus *(hist.),* Oberleitungsomnibus, Oberleitungsbus, Obus, Trolleybus, Überlandbus, Greyhound *(amerik.);* Auto ·· *im Gebirge:* Bergbahn, Gebirgsbahn, Seilbahn, Zahnradbahn · *in der Luft:* Flugzeug; ↑Eisenbahnzug, ↑Hubschrauber, ↑Kutsche, ↑Seilbahn, ↑Straßenverkehr, ↑Taxe; ↑umsteigen.
Verkehrspilot ↑Flugzeugführer.
Verkehrspolizei ↑Polizeibehörde.
Verkehrspsychologie ↑Psychologie.
verkehrsreich ↑belebt.
Verkehrsschild ↑Verkehrszeichen.
Verkehrssprache ↑Landessprache.
Verkehrsstauung, Verkehrsstockung, Verkehrschaos, Stauung, Stau, Rückstau, Stockung, Autoschlange, Blechlawine, Schlange.
Verkehrssteuer ↑Abgabe.
Verkehrsstockung ↑Verkehrsstauung.
Verkehrsstraße ↑Straße.
Verkehrsstrom, Gegenstrom, Rückstrom; ↑fließen.
Verkehrsteilnehmer · Fußgänger, Passant · Radfahrer, Radler · Motorradfahrer, Mopedfahrer · Autofahrer, Pkw-Fahrer, Fernfahrer, Fernlastfahrer, Lastwagenfahrer, Lkw-Fahrer, Autler *(veraltet);* ↑Fahrerflucht, ↑Passagier, ↑Straßenverkehr; ↑belebt.
Verkehrstoter ↑Toter.
Verkehrsverbindung, Verbindung, Zugverbindung, Zugsverbindung *(österr.),* Busverbindung, Flugverbindung, Anschluss, Anstoß *(schweiz.).*
Verkehrswacht ↑Straßenwacht.
Verkehrszählung ↑Zählung.
Verkehrszeichen, Verkehrsschild, Schild, Verkehrsampel, Ampel; ↑Beschilderung, ↑Bildsymbol, ↑Kilometerstein, ↑Schild, ↑Wegweiser; **die Zahl der V. verringern,** den Schilderwald abholzen *(ugs.).*
¹verkehrt, falsch, nicht richtig, verkehrt herum *(ugs.),* verkehrtrum *(ugs.),* falsch herum *(ugs.),* falschrum *(ugs.);* **etwas v. machen,** etwas falsch (oder:) verkehrt anfassen, etwas falsch machen, das Pferd am / beim Schwanz aufzäumen; ↑Fehler.
²verkehrt: ↑falsch, ↑pervers, ↑seitenverkehrt; etwas in den -en Hals bekommen ↑missverstehen; Kaffee v. ↑Kaffee.
Verkehrtheit ↑Umkehrung.

verkehrt herum: ↑seitenverkehrt, ↑verkehrt.

verkehrtrum: ↑seitenverkehrt, ↑verkehrt.

verkeilen: ↑schlagen; sich ineinander v. ↑zusammenstoßen.

verkennen ↑missachten.

Verkettung ↑Verknüpfung.

verketzern ↑schlecht machen.

verkitschen ↑verkaufen.

verklagen: ↑belangen, ↑verraten.

verklappen ↑Müll [abladen].

Verklappung ↑Umweltverschmutzung.

verklären ↑loben.

Verklärung ↑Verherrlichung.

verkleben: ↑antrocknen, ↑verbinden, ↑zukleben.

Verklebung, Zusammenballung, Verklumpung, Agglutination; ↑Adhäsion, ↑Klebrigkeit, ↑Kohäsion; ↑fest, ↑klebrig.

¹verkleiden (sich), sich maskieren / kostümieren / vermummen / tarnen; ↑Fastnachter, ↑Kostümierung, ↑Tarnung.

²verkleiden: ↑bespannen; mit Holz v. ↑täfeln.

Verkleidung: ↑Aufbau, ↑Kostümierung.

verkleinern: ↑verringern; sich v. ↑abnehmen.

Verkleinerung ↑Verminderung.

Verkleinerungsform, Diminutivform, Diminutiv, Deminutiv (veraltet), Diminutivum, Verkleinerungswort.

Verkleinerungswort ↑Verkleinerungsform.

verklemmt ↑ängstlich.

verklickern ↑mitteilen.

verklingen ↑verhallen.

verklitschen ↑verkaufen.

verkloppen: ↑schlagen, ↑verkaufen.

verklötern ↑durchbringen.

Verklumpung ↑Verklebung.

verknacken ↑verurteilen.

verknacksen: sich etwas v. ↑verstauchen (sich etwas).

verknallen: sich v. ↑verlieben (sich); verknallt sein ↑verliebt [sein].

Verknappung ↑Armut.

verknautschen ↑zerknittern.

verknautscht ↑zerknittert.

verkneifen ↑unterdrücken.

verkneten ↑mischen.

verkniffen ↑unzugänglich.

verknöchert: ↑alt, ↑unbeweglich.

verknorzt ↑alt.

verknüpfen, verbinden, einen Kontakt / eine Verbindung / eine Beziehung herstellen, verzahnen, beiordnen, koordinieren, assoziieren, junktimieren; ↑binden, ↑verbünden, ↑vergleichen, ↑verquicken, ↑verursachen, ↑vervollständigen, ↑zusammenfügen; ↑Verknüpfung.

Verknüpfung, Verbindung, Verflechtung, Verkettung, Verquickung, Verzahnung, Koppelung · von Gesetzesvorlagen, Anträgen o. Ä., die nur gemeinsam angenommen oder abgelehnt werden können: Junktim; ↑Verhältnis; ↑verknüpfen.

verknusen: nicht v. können ↑hassen.

Verkochung: [chirurgische] V., elektrische V. ↑Verätzung.

verkohlen: ↑anführen, ↑brennen.

Verkohlung ↑Verletzung.

¹verkommen (Verb): ↑übereinkommen, ↑verfallen, ↑verwahrlosen; [geistig] verkommen ↑stumpfsinnig [werden].

²verkommen (Adjektiv) ↑morsch; verkommen zu ↑degenerieren.

Verkommenheit ↑Verwilderung.

Verkommnis ↑Abmachung.

verkonsumieren: ↑aufessen, ↑verbrauchen.

verkorksen: ↑verderben; sich den Magen v. ↑Magen.

verkörpern ↑spielen.

Verkörperung ↑Inbegriff.

verkosten ↑kosten.

verkostgelden ↑ernähren.

verköstigen ↑ernähren.

Verköstigung ↑Ernährung.

verkrachen: verkracht sein mit jmdm. ↑vertragen (sich).

verkracht: ↑gescheitert, ↑verfeindet; -e Existenz ↑Versager.

verkraften ↑ertragen.

verkrampft, verspannt, unfrei; ↑ängstlich.

verkriechen: ↑abkapseln; sich am liebsten in ein Mäuseloch v. mögen ↑schämen (sich).

verkrümeln: sich v. ↑weggehen.

verkrümmt ↑gebogen.

verkrumpeln ↑zerknittern.

verkrumpelt ↑zerknittert.

verkrunkeln ↑zerknittern.

verkrunkelt ↑zerknittert.

verkrüppelt ↑verwachsen.

verkrusten ↑antrocknen.

verkühlen: sich v. ↑erkälten (sich).

Verkühlung ↑Erkältung.

verkümmeln ↑verkaufen.

¹verkümmern, dahinsiechen; ↑sterben.

²verkümmern: ↑stumpfsinnig [werden], ↑welken.

¹verkümmert, rudimentär, zurückgeblieben, unausgebildet, rückgebildet.

²verkümmert ↑kümmerlich.

verkünden: ↑mitteilen; [ein Gesetz] v. ↑anordnen; das Wort Gottes v. ↑predigen.

Verkünder ↑Abgesandter.

verkündigen: ↑mitteilen; das Wort Gottes v. ↑predigen.

Verkündigung: ↑Mitteilung; Mariä V. ↑Marienfest.

verkünsteln: sich v. ↑äußern (sich), ↑tun.

verkuppeln (abwertend) kuppeln (abwertend), eine Ehe stiften, verheiraten, eine Heirat vermitteln, unter die Haube bringen (ugs.), an den Mann / an die Frau bringen (ugs.), sich einen Kuppelpelz verdienen (ugs.); ↑verheiraten, ↑vermitteln; ↑Eheanbahnungsinstitut.

verkürzen ↑verringern.

771   **Verleiher**

verkürzt ↑kurz.
Verkürzung: ↑Popularisation, ↑Verminderung.
verlachen ↑schadenfroh [sein].
Verlad ↑Verladung.
Verladebahnhof ↑Bahnhof.
verladen: ↑laden; aufs Schiff v. ↑einschiffen.
Verladung, Verlad *(schweiz.)*, Einladung, Einlad *(schweiz.)*, Beladung, Ausladung, Auslad *(schweiz.)*, Abladung, Ablad *(schweiz.)*, Entladung, Entlad *(schweiz.)*, Umladung, Umlad *(schweiz.)*; ↑abladen, ↑ausladen, ↑laden.
verlagern, verlegen, auslagern, aussiedeln, räumen, evakuieren; ↑ausweisen, ↑entfernen, ↑lagern, ↑verschleppen; ↑Verlagerung.
¹Verlagerung, Auslagerung, Verlegung, Aussiedlung, Evakuierung, Räumung; ↑verlagern.
²Verlagerung ↑Umschichtung.
Verlagsauflage ↑Auflage.
verlanden ↑versanden.
¹verlangen, fordern, abverlangen, eine härtere Gangart einschlagen, zurückverlangen, zurückfordern, reklamieren, urgieren *(österr.)*, begehren, heischen, erheischen, jmdm. etwas zumuten / *(schweiz.)* anmuten / *(geh.)* ansinnen; ↑ausbitten (sich etwas), ↑bemühen (sich um), ↑bestehen (auf), ↑bitten, ↑fordern, ↑müssen, ↑vorschlagen, ↑wünschen.
²verlangen: ↑streben, ↑vorschreiben; verlangt ↑begehrt; verlangt werden ↑vorgeschrieben [sein]; etwas verlangt etwas ↑erfordern; was v. Sie? ↑teuer.
Verlangen: ↑Leidenschaft, ↑Wunsch; Tötung auf V. ↑Euthanasie.
verlangend ↑Sehnsucht.
¹verlängern, länger machen, (den Saum) herauslassen, ansetzen, anstückeln.
²verlängern: ↑hinauszögern, ↑stunden, ↑verdünnen; verlängertes Rückenmark / Mark ↑Gehirn.
Verlängerter ↑Kaffee.
¹Verlängerung, Hinauszögerung, Verschiebung, Prolongierung *(österr.)*, Prolongation *(österr.)*; ↑Stundung, ↑hinauszögern.
²Verlängerung: ↑Ausdehnung, ↑Stundung.
verlangsamen ↑verringern.
verläppen ↑durchbringen.
¹verlassen (sich auf etwas), vertrauen / bauen auf, rechnen mit; **sich nicht nur auf eine Möglichkeit v.,** mehrere Eisen im Feuer haben.
²verlassen: ↑hinausgehen, ↑kündigen, ↑trennen (sich); jmdn. v. ↑sitzen lassen, ↑sterben; das Bett v. ↑aufstehen; die ausgetretenen Pfade v. ↑schöpferisch [sein]; das Schiff v. ↑ausschiffen.
³verlassen: ↑abgelegen, ↑einsam, ↑menschenleer.
Verlassenheit: ↑Einsamkeit, ↑Leere.
Verlassenschaft ↑Erbe (das).
verlässlich ↑erprobt.
verlästern ↑schlecht machen.
verlatscht ↑ausgeweitet.

Verlauf: ↑Vorgang; einen bestimmten V. nehmen ↑verlaufen; im V. von ↑binnen, ↑während.
¹verlaufen, einen bestimmten Verlauf nehmen, unter einem guten / glücklichen / günstigen / ungünstigen Stern stehen, es geht in bestimmter Weise zu / *(ugs.)* her.
²verlaufen: ↑geschehen; sich v. ↑verirren (sich); gleichmäßig -d ↑prozentual; etwas verläuft reibungslos ↑einspielen (sich); im Sande v. ↑wirkungslos [bleiben].
Verlaufsform · er ist beim Arbeiten / arbeitet [gerade] / ist am Arbeiten / ist an der Arbeit / ist bei der Arbeit.
verlautbaren ↑mitteilen.
Verlautbarung ↑Novelle.
verlauten: [v. lassen] ↑mitteilen; keinen Ton v. lassen ↑schweigen.
verleasen ↑vermieten.
verleben ↑weilen.
verlebendigen ↑veranschaulichen.
Verlebendigung ↑Veranschaulichung.
verlebt, verbraucht, abgelebt, verhurt *(vulgär)*; ↑abgezehrt, ↑hinfällig, ↑trunksüchtig.
verleckert ↑naschhaft.
¹verlegen, betreten, schamhaft, beschämt, verschämt, verwirrt, befangen, kleinlaut, bedripst *(salopp)*, bedeppert *(salopp)*; ↑betroffen, ↑überrascht, ↑unerfreulich · Ggs. ↑ungezwungen; **v. sein,** dastehen wie ein begossener Pudel *(ugs.)*, ein schlechtes Gewissen haben, jmdm. nicht ins Gesicht sehen / blicken können, Butter auf dem Kopf haben *(ugs., bes. österr.)*; ↑Schamhaftigkeit, ↑Verlegenheit.
²verlegen: ↑befestigen, ↑edieren, ↑verlagern, ↑verlieren, ↑verschieben; Truppen v. ↑stationieren; seinen Wohnsitz v. ↑übersiedeln.
¹Verlegenheit, Unsicherheit, Gehemmtheit, Beschämtheit; ↑Angst, ↑Schamhaftigkeit; ↑verlegen.
²Verlegenheit: ↑Mangel, ↑Not, ↑Schamhaftigkeit; in V. bringen ↑verwirren; in [großer] V. sein ↑ratlos [sein].
Verlegerzeichen ↑Warenzeichen.
Verlegung ↑Verlagerung.
verleiden, [jmdm. die Freude / den Spaß an etwas] verderben, vergällen, vermiesen *(ugs.)*, mies machen *(ugs.)*, madig machen *(ugs.)*, verekeln *(ugs.)*, die Lust nehmen an, jmdm. die Suppe versalzen *(ugs.)*; ↑schlecht machen, ↑verderben.
Verleider ↑Überdruss.
¹verleihen, überreichen, übergeben, geben; ↑geben.
²verleihen: ↑leihen; Ausdruck v. ↑mitteilen; einer Sache Dauer v. ↑festigen; jmdm. einen Orden v. ↑Orden; Vollmacht v. ↑ermächtigen.
Verleiher, Leiher, Darleiher, Pfandleiher, Geldgeber · *der Geld zu einem Wucherzins verleiht:* Wucherer · *der technische Anlagen, Autos o. Ä. verleiht:* Leaser; ↑Vermietung; ↑leihen, ↑vermieten.

17*

Verleihung ↑Vermietung.

¹verleiten, verführen, jmdn. vom rechten Weg abbringen, jmdn. verzahen *(ugs., österr.),* jmdn. mitlotsen *(ugs.),* jmdn. versuchen / in Versuchung führen, verlocken, ködern *(ugs.),* Gelegenheit macht Diebe; ↑anlocken, ↑anordnen, ↑anregen, ↑anstacheln, ↑aufwiegeln, ↑bezirzen, ↑beeinflussen, ↑bezaubern, bitten, ↑koitieren, ↑reizen, ↑überreden, ↑vergewaltigen, ↑verkaufen, ↑verursachen, ↑zuraten.

²verleiten: etwas verleitet ↑verführen.

verlesen: ↑auslesen, ↑vortragen.

Verlesung: zur V. bringen ↑vortragen.

verletzbar: ↑empfindlich; -e Stelle ↑Achillesferse.

Verletzbarkeit: ↑Empfindsamkeit, ↑Verwundbarkeit.

¹verletzen, verwunden, versehren, jmdm. eine Wunde beibringen *(geh.),* blessieren; ↑kratzen.

²verletzen: ↑kränken; etwas v. ↑verstoßen (gegen etwas); sich verletzt fühlen ↑unzufrieden [sein].

verletzend ↑beleidigend.

verletzlich: ↑empfindlich; ↑sensibel.

Verletzlichkeit: ↑Empfindsamkeit, ↑Verwundbarkeit.

¹verletzt, verwundet, versehrt *(geh.);* ↑wund.

²verletzt ↑gekränkt.

¹Verletzung, Trauma, Läsion · *von Weichteilen:* Wunde, Vulnus ·· *durch stumpfe Gewalteinwirkung:* Quetschung, Kontusion, Kompression, Konquassation, Eindellung, Impression, Prellung Erschütterung, Konkussion, Kommotio ·· *durch Überbeanspruchung · auf Gelenke bezogen:* Verrenkung, Luxation, Kontorsion, Verdrehung, Distorsion, Verstauchung, Ausrenkung, Auskug[e]lung, Teilverrenkung, Subluxation · *auf Bänder, Sehnen und Muskelfasern bezogen:* Zerrung, Verzerrung, Überdehnung · *mit Gewebsschädigung:* Ruptur, Rhexis, Lazeration, Zerreißung, Riss, Avulsion, Abriss, Abreißung ·· *mit meist oberflächlichen Hautdefekten:* Hautabschürfung, Abschürfung, Schürfwunde, Exkoriation, Abscherung, Ablederung, Décollement ·· *durch Hitzeeinwirkung:* Verbrennung, Kombustion, Verkohlung, Verbrühung; ↑Knochenbruch, ↑Schramme, ↑Wunde.

²Verletzung: ↑Außerachtlassung, ↑Wunde; seinen -en erliegen ↑sterben.

¹verleugnen, nicht zu jmdm. / etwas stehen, sich nicht zu jmdm. / etwas bekennen, gegen seine eigene Überzeugung handeln, einen Tatbestand o. Ä. leugnen; ↑abstreiten.

²verleugnen: sich v. lassen ↑öffnen; seine Natur nicht v. können ↑überwinden (sich).

verleumden ↑schlecht machen.

Verleumder, Ehrabschneider; ↑Denunziant, ↑Drahtzieher, ↑Hetzer.

Verleumdung: ↑Beleidigung, ↑Propaganda.

verlieben (sich), sein Herz verlieren, sich vergucken / vergaffen / *(landsch.)* verschauen / vernarren / *(ugs.)* verknallen, Neigung / Zuneigung fassen zu, sich für jmdn. interessieren, ein Auge werfen auf *(ugs.),* jmdm. zu tief ins Auge / in die Augen sehen, auf jmdn. fliegen *(ugs.),* Feuer fangen *(ugs.),* in Liebe erglühen / entbrennen *(geh.);* ↑anbandeln, ↑bemühen (sich um), ↑lieben; ↑verliebt; ↑Liebelei, ↑Zuneigung.

¹verliebt, entflammt, vernarrt, liebestoll, schmachtend, entbrannt; **v. sein,** Gefühle haben, bis über die / bis über beide Ohren verliebt sein, verknallt / verschossen / von Amors Pfeil getroffen sein; **v. machen,** es jmdm. angetan haben, jmdm. den Kopf verdrehen, jmdn. verrückt machen *(ugs.),* betören, ins Netz locken, Herzen brechen; ↑anbandeln, ↑bezaubern, ↑gefallen, ↑lieben, ↑verlieben (sich); ↑Liebelei, ↑Zuneigung.

²verliebt: in sich selbst v. ↑narzisstisch.

Verliebtheit ↑Zuneigung.

¹verlieren, verlegen, verlustig gehen, verwirken, kommen um etwas, verbummeln *(ugs.),* verschlampen *(salopp),* versaubeuteln *(salopp),* versäuseln *(ugs.);* **jmdn. [durch Tod] v.,** hergeben müssen; ↑einbüßen, ↑verloren gehen; ↑verschollen.

²verlieren: ↑besiegen; Spiel v. ↑Spiel; keine Zeit v. dürfen / zu verlieren haben ↑beeilen (sich); nichts zu. v. haben ↑wagen; etwas lässt jmdn. jede Hemmung / seine Hemmungen v. ↑enthemmen; noch ist Polen nicht verloren ↑Hoffnung; sein Ansehen [nicht] / das Gesicht v. ↑Ansehen; keinen Augenblick v. ↑beeilen (sich); das Augenlicht v. ↑blind [werden]; Blut v. ↑bluten; Boden v. ↑Rückgang; den Boden unter den Füßen / den Halt v. ↑abrutschen; den Faden v. ↑abschweifen; Farbe v. ↑abfärben; die Fassung v. ↑betroffen [sein]; die Federn v. ↑mausern (sich); Fusseln / Fasern / Haare v. ↑fusseln; die Geduld v. ↑ärgerlich [werden]; die Haare v. ↑Glatze; den Halt v. ↑gleiten; die Kontrolle über sich / die Selbstbeherrschung v. ↑unbeherrscht [sein]; den Kopf / die Nerven v. ↑aufgeregt [sein]; sein Leben v. ↑sterben; seine Unschuld verloren haben ↑[nicht mehr] glaubwürdig [sein]; die Nadeln v. ↑nadeln; nicht die Nerven v. ↑ruhig [bleiben]; die Orientierung / Richtung v. ↑verirren (sich); die Scheu v. ↑herausgehen (aus sich); die Unschuld v. ↑koitieren; den Verstand v. ↑verrückt [werden]; zu jmdm. das Vertrauen v. ↑glauben (jmdm.); an Höhe v. ↑sinken; nicht aus den Augen v. ↑beobachten; etwas aus dem Gedächtnis v. ↑vergessen; sich v. in ↑hineinkommen (in), ↑verfallen (in); sich ins Uferlose v. ↑abschweifen; die Kontrolle über etwas v. ↑[nicht] beikommen.

Verlies ↑Strafanstalt.

¹verloben: (sich), jmdm. die Ehe versprechen, sich versprechen *(veraltet);* ↑Verlobung.

²verloben: verlobt sein ↑gebunden [sein]; schon / so gut wie verlobt sein ↑ledig.

Verlöbnis ↑Verlobung.
Verlobte ↑Braut.
Verlobter ↑Bräutigam.
Verlobung, Verlöbnis *(geh., veraltend);* ↑Braut, ↑Bräutigam; ↑verloben (sich).
verlochen ↑bestatten.
verlocken: ↑reizen, ↑verleiten.
verlockend, anziehend, appetitlich, anmächelig *(schweiz.),* glustig *(schweiz.),* gluschtig *(schweiz.).*
Verlockung: ↑Anfechtung, ↑Reiz.
verlogen ↑unredlich.
¹verloren, verschwunden, abhanden *(schweiz.),* unwiederbringlich; ↑unabänderlich; **v. sein,** hin sein *(ugs.),* dahin / weg / fort /wie weggeblasen / *(salopp)* futsch / *(salopp, österr.)* pfutsch / *(salopp)* futschikato / *(ugs.)* ade / *(ugs.)* heidi / *(ugs.)* flöten / *(salopp)* zumTeufel / *(salopp)* zum Kuckuck / *(schweiz.)* bachab sein, etwas hat sich selbstständig gemacht *(ugs.);* ↑verloren gehen.
²verloren: ↑unheilbar; -e Eier ↑Eierspeise; -e Generation ↑Lostgeneration; das ist -e Liebesmühe, bei jmdm. ist Hopfen und Malz v. ↑nutzlos [sein]; auf -em Posten kämpfen / stehen ↑Lage; v. sein ↑abgewirtschaftet [haben]; in Gedanken v. sein ↑unaufmerksam [sein]; v. geben ↑abschreiben.
verloren gehen, abhanden kommen, wegkommen, in Verlust / *(veraltend, österr.)* Verstoß geraten, verschütt gehen *(ugs.),* heidi gehen *(ugs.),* flöten gehen *(ugs.),* verschwinden, bachab gehen *(schweiz.),* Beine kriegen / bekommen *(ugs., scherzh.);* ↑verlieren; ↑verloren; **nicht v.,** etwas bleibt erhalten / *(ugs.)* in der Familie; ↑weg.
verlosen ↑losen.
Verlosung ↑Ziehung.
verlöten: ↑löten; einen v. ↑trinken.
verlottern ↑verwahrlosen.
Verlotterung ↑Verwilderung.
verlumpen ↑verwahrlosen.
Verlumptheit ↑Verwilderung.
Verlust: ↑Mangel; etwas ohne Rücksicht auf -e tun ↑rücksichtslos; in V. geraten ↑verloren gehen.
Verlustgeschäft ↑Mangel.
verlustieren: sich v. ↑lassen, ↑vergnügen (sich).
verlustig: v. gehen ↑verlieren.
vermachen: ↑hinterlassen, ↑schenken, ↑verbrauchen.
Vermächtnis ↑Erbe (das).
vermählen: sich v. ↑heiraten.
Vermählte ↑Ehepaar.
Vermählung, Heirat, Hochzeit, Eheschließung, Verehelichung, Verbindung, Kopulation *(veraltet),* Beilager *(veraltet),* [standesamtliche] Trauung, Ziviltrauung, kirchliche Trauung · *die bei einem Paar mit unterschiedlicher Konfession von je einem Geistlichen beider Konfessionen vollzogen wird:* ökumenische Trauung · *in Abwesenheit eines Ehepartners:* Ferntrauung · *weil bereits ein Kind erwartet wird:* Mussheirat

· *von zwei verwandten oder befreundeten Paaren zu gleicher Zeit stattfindende:* Doppelhochzeit; ↑Ehe, ↑Hochzeit, ↑Koitus; ↑heiraten, ↑trauen.
vermarkten, instrumentalisieren, zum Instrument machen, für seine Zwecke ausnutzen, ausschlachten; ↑ausbeuten, ↑auswerten.
vermasseln: ↑verderben; jmdm. die Tour v. ↑verhindern.
Vermassung ↑Gleichmacherei.
vermauern ↑verbarrikadieren.
¹vermehren, mehren, äufnen *(schweiz.),* vervielfachen, aufblähen, aufblasen, aufstocken, verstärken; ↑ausdehnen, ↑fördern, ↑steigern, ↑zunehmen; ↑Vermehrung · Ggs. ↑abnehmen, ↑verringern.
²vermehren: vermehrte Durchblutung ↑Blutandrang; sich v. ↑fortpflanzen (sich), ↑zunehmen.
vermehrt ↑konzentriert.
¹Vermehrung, Mehrung, Vervielfachung, Aufblähung, Aufstockung, Verstärkung; ↑Ergänzung; ↑vermehren.
²Vermehrung: ↑Ausdehnung, ↑Fortpflanzung, ↑Steigerung.
vermehrungsfähig ↑fruchtbar.
Vermehrungsfähigkeit ↑Fertilität.
vermeiden ↑entziehen (sich).
vermeinen ↑meinen.
vermeintlich ↑anscheinend.
vermelden ↑mitteilen.
vermengen: ↑mischen, ↑verquicken; vermengt ↑durcheinander.
Vermengung ↑Vermischung.
vermenschlichen ↑humanisieren.
vermerken ↑aufschreiben.
¹vermessen (Verb): ↑messen; sich vermessen, so vermessen sein ↑erdreisten (sich).
²vermessen (Adj.): ↑mutig.
Vermessenheit: ↑Überheblichkeit; die V. besitzen / haben ↑erdreisten (sich).
Vermessungsingenieur ↑Landvermesser.
Vermicelli ↑Spitzenstickerei.
vermickert ↑kümmerlich.
vermiesen ↑verleiden.
vermieten, verpachten, abvermieten, untervermieten, ausmieten *(schweiz.)* · *von technischen Anlagen, Autos o. Ä.:* verleasen; ↑mieten; ↑Miete, ↑Verleiher.
Vermieter ↑Hausbesitzer.
Vermietung, Verleihung · *von Industrieanlagen:* Leasing; ↑Verleiher; ↑mieten.
vermindern: ↑beschränken, ↑verringern; sich v. ↑abnehmen; verminderte Durchblutung ↑Blutleere; die Kaufkraft v. ↑abwerten.
¹Verminderung, Herabminderung, Minderung, Abminderung, Verringerung, Abnahme, Rückgang, Schwund, Verkleinerung, Verkürzung, Kürzung, Beschneidung, Beschränkung, Einschränkung, Schmälerung, Herabsetzung, Drosselung, Drosslung, Degression, Regres-

sion, Gesundschrumpfung; ↑Einschränkung; ↑verringern; ↑nachlassend.

²**Verminderung** ↑Einschränkung.

¹**vermischen** (mit), versetzen mit; ↑beimischen.

²**vermischen:** ↑mischen, ↑verquicken.

vermischt ↑durcheinander.

Vermischtes ↑Aufsatz.

Vermischung, Mischung, Vermengung, Beimischung, Beimengung; ↑Mischung; ↑beimischen, ↑mischen.

vermissen ↑mangeln.

vermisst: ↑verschollen; v. werden ↑abwesend [sein].

Vermisstenanzeige, Abgängigkeitsanzeige (österr.), Vermisstmeldung (schweiz.), Suchmeldung; ↑verschollen.

Vermisstmeldung ↑Vermisstenanzeige.

¹**vermitteln,** sich einschalten, intervenieren, verhandeln, taktieren, sich ins Mittel legen, ein Wort einlegen für; ↑eingreifen; ↑Eheanbahnungsinstitut.

²**vermitteln:** ↑beruhigen; einen Eindruck v. von ↑aussagen; eine Heirat v. ↑verkuppeln.

vermittels, mittels, mittelst, kraft, mit, vermöge, mithilfe von, anhand von, durch; ↑wegen.

¹**Vermittler,** Mittler, Mittelsmann, Mittelsperson, Schlichter, Verbindungsmann, Makler, Mäkler (schweiz.), Sensal (österr.) · für Immobilien: Immobilienmakler, Grundstücksmakler, Immobilienhändler, Realitätenhändler (österr.), Realitätenvermittler (österr.), Immobilienvermittlungsbüro, Immobilienbüro, Immobilienvermittlung, Realbüro (österr.), Realkanzlei (österr.); ↑Beauftragter, ↑Börsenmakler, ↑Geschäftsvermittler, ↑Gewährsmann, ↑Spion, ↑Verwalter; ↑spekulieren, ↑vermitteln.

²**Vermittler** ↑Geschäftsvermittler.

Vermittlung: ↑Telefonzentrale, ↑Vermittlungsstelle.

Vermittlungsstelle, Vermittlung, Agentur; ↑Geschäftsvermittler, ↑Vermittler, ↑Zweigstelle.

vermöbeln ↑schlagen.

vermodern ↑faulen.

vermögen: ↑erwirken, ↑können.

¹**Vermögen,** Privatvermögen, Geld, Kapital, Reichtum, Schatz, Mammon, Millionen, Finanzen, Groschen (ugs.) · gesamtes des zahlungsunfähigen Schuldners: Konkursmasse; ↑Besitz, ↑Etat, ↑Geld, ↑Schatz, ↑Staatskasse, ↑Wertpapier, ↑Zahlungsmittel, ↑sparen, ↑sparsam [sein], ↑verkaufen; ↑finanziell.

²**Vermögen:** ↑Besitz; unbewegliches V. ↑Immobilien; aus eigenem V. ↑Hilfe.

vermögend: ↑reich; nicht v. ↑einkommensschwach.

Vermögenssteuer ↑Abgabe.

Vermögensteuer ↑Abgabe.

Vermögensverwalter ↑Treuhänder.

Vermögenswerte ↑Besitz.

vermöglich ↑reich.

vermooren ↑versumpfen.

vermummen: sich v. ↑verkleiden (sich).

Vermummung: ↑Kostümierung, ↑Tarnung.

vermurksen ↑verderben.

vermuten, mutmaßen, wähnen, spekulieren, ahnen, erahnen, etwas schwant jmdm. (ugs.), annehmen, schätzen, sich etwas einbilden / zusammenreimen, tippen (ugs.), Lunte / den Braten riechen (ugs.), riechen (ugs.), etwas dünkt jmdn. / jmdm., etwas scheint (oder:) erscheint jmdm. / kommt jmdm. vor / mutet jmdn. an [wie], etwas wirkt [wie], rechnen mit, erwarten, kalkulieren, einkalkulieren, gefasst sein / sich gefasst machen auf, fürchten, befürchten · etwas Richtiges / Falsches: auf der richtigen / falschen Fährte (oder:) Spur sein; ↑Angst [haben], ↑ausrechnen, ↑beurteilen, ↑meinen, ↑merken, ↑voraussehen; ↑anscheinend, ↑ungewiss, ↑vielleicht; ↑Ahnung.

vermutlich ↑anscheinend.

Vermutung: ↑Ahnung, ↑Verdacht.

vernachlässigen (etwas), sich nicht um etwas kümmern / bekümmern; **vernachlässigt sein:** etwas ist vernachlässigt / ungepflegt / verwahrlost / in Unordnung, etwas liegt im Argen; ↑kümmern (sich um jmdn.).

vernachlässigt, benachteiligt; **v. sein,** [das] Stiefkind sein; ↑sorgen (sich); ↑Benachteiligung.

Vernachlässigung: ↑Benachteiligung, ↑Versäumnis.

vernadern ↑verraten.

vernageln: dort ist die Welt mit Brettern vernagelt ↑abgelegen [sein].

vernagelt: ↑stumpfsinnig, ↑versiegelt.

Vernageltheit ↑Beschränktheit.

Vernähung ↑Operation.

vernarben ↑abheilen.

vernarbt ↑abgeheilt.

vernarren: sich v. ↑verlieben (sich).

vernarrt ↑verliebt.

vernaschen ↑koitieren.

vernehmbar: ↑laut, ↑leise.

¹**vernehmen,** verhören, einvernehmen (österr., schweiz.), ein Verhör anstellen, ins Kreuzverhör nehmen; ↑fragen; ↑Verhör.

²**vernehmen** ↑hören.

vernehmlassen ↑mitteilen.

Vernehmlassung ↑Mitteilung.

vernehmlich: ↑laut; kaum v. ↑leise.

Vernehmung ↑Verhör.

verneigen (sich), sich verbeugen, einen Diener machen (Kinderspr.), ein Buckerl machen (ugs., österr.); ↑begrüßen, ↑knicksen; ↑Knicks, ↑Verbeugung.

Verneigung ↑Verbeugung.

verneinen: ↑abstreiten; der Geist, der stets verneint ↑Querulant.

verneinend ↑unerfreulich.

vernichten: ↑besiegen, ↑entsorgen, ↑zerstören.

¹**Vernichtung,** Zerstörung, Destruktion, Zer-

setzung, Zerrüttung, Unterminierung, Verwüstung, Verheerung, Zertrümmerung, Demolierung, Zerschlagung; ↑Austilgung, ↑Bücherverbrennung, ↑Zerstörung; ↑zerstören.

²Vernichtung: ↑Tötung; V. von Krankheitserregern ↑Desinfektion.

Vernichtungswahn ↑Zerstörungswut.

verniedlichen ↑bagatellisieren.

Vernissage, Eröffnung; ↑Anfang, ↑Museum; ↑ansehen.

¹Vernunft, Verstand, Denkvermögen, Auffassungsgabe, Geist, Intellekt, Klugheit, Scharfsinn, Esprit, Witz, Köpfchen (ugs.), Grütze (salopp), Grips (salopp); ↑Begabung, ↑Erfahrung, ↑Klugheit, ↑Scharfsinn; **jmdn. zur V. bringen,** jmdn. zur Räson bringen; ↑besiegen; **V. annehmen,** vernünftig werden, zur Vernunft / Einsicht kommen; ↑denken.

²Vernunft: etwas ist gegen alle Regeln der V. ↑unsinnig [sein]; zur V. bringen ↑aufrütteln.

Vernunftehe ↑Ehe.

vernünftig: ↑zweckmäßig, ↑klug; v. werden ↑Vernunft [annehmen].

vernütigen: ↑bagatellisieren, ↑schlecht machen.

veröden: ↑entfernen, ↑menschenleer [werden].

¹veröffentlichen, bekannt machen, publizieren, kundmachen, unter die Leute bringen (ugs.); ↑Veröffentlichung.

²veröffentlichen ↑edieren.

Veröffentlichung, Publikation, Publizierung, Herausgabe, Edition; ↑Dokumentensammlung, ↑Mitteilung, ↑Werk; ↑veröffentlichen.

verordnen, verschreiben, rezeptieren; ↑Medikament, ↑Rezept.

Verordnung: ↑Rezept, ↑Weisung.

verpaaren: sich v. ↑koitieren.

verpachten ↑vermieten.

verpacken: ↑einpacken; sich v. ↑einhüllen (sich); verpackt ↑abgepackt.

Verpackung, Hülle, Umhüllung, Emballage · für Bücher: Schuber, Schutzkarton · als Schutz um Atomreaktoren: Containment; ↑Karton, ↑Packung, ↑Papiertüte; ↑einpacken.

Verpackungskünstler ↑Künstler.

verpassen: ↑geben, ↑verabreichen, ↑versäumen; den Anschluss v. ↑heiraten; den Anschluss verpasst haben ↑ledig [sein]; den Anschluss / den richtigen Zeitpunkt v. ↑versäumen; jmdm. einen Denkzettel v. ↑bestrafen; jmdm. eine Impfung v. ↑impfen; jmdm. eine / ein Ding v. ↑schlagen; eine Spritze v. ↑spritzen.

verpatzen ↑verderben.

¹verpesten, die Luft verpesten / (geh.) mit üblem Geruch erfüllen, Gestank verbreiten; ↑riechen; ↑Umweltverschmutzung.

²verpesten: ↑verseuchen; verpestete Luft ↑Luft.

verpestet ↑verseucht.

verpetzen ↑verraten.

¹verpfänden, als Pfand geben, ins Leihhaus bringen; ↑verkaufen; ↑Pfand.

²verpfänden: sein Wort v. ↑versprechen.

verpfeifen ↑verraten.

verpflanzen: ↑transplantieren, ↑umpflanzen.

Verpflanzung ↑Transplantation.

verpflegen ↑ernähren.

Verpflegung ↑Nahrung.

verpflichten: ↑einstellen; sich v. ↑versprechen; jmdm. verpflichtet sein ↑danken; durch Eid v. ↑vereidigen.

verpflichtend ↑verbindlich.

verpflichtet ↑gebunden.

Verpflichtung: ↑Aufgabe, ↑Schuld; ohne V. ↑unverbindlich.

verpfuschen ↑verderben.

verpimpeln ↑verwöhnen.

verpissen: sich v. ↑weggehen.

verplanen: ↑einteilen.

verplappern: sich v. ↑mitteilen.

verplaudern ↑mitteilen.

verplempern ↑durchbringen.

verplombt ↑versiegelt.

verpönen ↑brandmarken.

verpönt ↑unerfreulich.

verprassen ↑durchbringen.

verprellen: ↑frustrieren, ↑kränken.

verprügeln ↑schlagen.

verpulvern ↑durchbringen.

verpusten ↑Atem.

Verputz, Putz, Bewurf, Rauputz.

verputzen: ↑aufessen; nicht v. können ↑hassen.

verquasen ↑verschwenden.

verquengelt ↑unleidlich.

verquer: etwas kommt jmdm. v. ↑entgegenstehen.

¹verquicken, vermischen, vermengen, verbinden, durcheinander bringen, durcheinander werfen, in einen Topf werfen (ugs.), nicht ↑unterscheiden; ↑verknüpfen, ↑verwirren.

²verquicken: verquickt sein mit ↑zusammenhängen (mit).

Verquickung ↑Verknüpfung.

verquirlen ↑rühren.

verquisten ↑verschwenden.

verquollen ↑aufgedunsen.

Verquollenheit ↑Gedunsenheit.

verrammeln: ↑verbarrikadieren; verrammelt sein ↑geschlossen [sein].

verramschen ↑verkaufen.

Verrat ↑Arglist.

¹verraten, Verrat üben (geh.), petzen, verpetzen, verpfeifen (salopp), singen (Jargon), anbringen (landsch.), verklagen (landsch.), verschwatzen (landsch.), verzinken (salopp), anzeigen, denunzieren, preisgeben, angeben, vernadern (österr.), verzeigen (schweiz.); ↑anzeigen, ↑belangen, ↑gestehen, ↑mitteilen, ↑prozessieren; ↑Verräter.

²verraten: ↑mitteilen; v. und verkauft ↑schutzlos; etwas verrät keinen guten Geschmack ↑geschmacklos [sein].

¹Verräter, Zuträger, Petzer; ↑Abtrünniger, ↑Hochverräter, ↑Kollaborateur; ↑verraten.

²Verräter ↑Kollaborateur.

verräterisch ↑untreu.

verrauchen ↑vergehen.

verräuchern: verräuchert ↑stickig; verräucherte Luft ↑Luft.

verräumen ↑wegstellen.

verrauschen ↑vergehen.

¹verrechnen (sich), falsch rechnen, einen Rechenfehler machen; ↑ausrechnen.

²verrechnen: sich v. ↑irren (sich).

Verrechnungsscheck ↑Scheck.

verrecken: ↑sterben; nicht ums Verrecken ↑nein.

verreden: sich v. ↑mitteilen.

verreisen ↑reisen.

verreißen ↑besprechen.

verreist ↑unterwegs.

verrenken: sich etwas v. ↑verstauchen (sich etwas); sich nach jmdm. / nach etwas den Hals v. ↑suchen.

Verrenkung, Luxation, Kontorsion, Verdrehung, Distorsion, Verstauchung, Ausrenkung, Auskug[e]lung · Teilverrenkung, Subluxation · Wiederausrenkung, Reluxation; ↑Bluterguss, ↑Verletzung; ↑verstauchen.

verrichten ↑vollführen.

verriegeln: ↑abschließen; verriegelt sein ↑geschlossen [sein].

¹verringern, vermindern, herabmindern, schmälern, abmindern, verkleinern, minimieren, gesundschrumpfen, dezimieren, verkürzen, kürzen, den Rotstift ansetzen, reduzieren, drosseln, verlangsamen, herabsetzen, herabdrücken, herunterschrauben, heruntergehen in, Abstriche machen, etwas von etwas abziehen, abgrenzen, begrenzen, eingrenzen, beschränken, einschränken, streichen · *die Anwendung eines Medikamentes:* ausschleichen; ↑abnehmen, ↑abschwächen, ↑bagatellisieren, ↑beschneiden, ↑einschränken, ↑sparen; ↑Abwanderung, ↑Verminderung · Ggs. ↑steigern; ↑vermehren, ↑zunehmen.

²verringern: ↑beschränken, ↑ermäßigen; sich v. ↑abnehmen.

Verringerung: ↑Einschränkung, ↑Verminderung.

verrinnen ↑vergehen.

Verriss ↑Besprechung.

verrohen: ↑brutalisieren, ↑verwahrlosen.

verroht ↑unbarmherzig.

Verrohung ↑Verwilderung.

verrosten ↑rostig [werden].

verrostet ↑rostig.

verrotten ↑faulen.

Verruca ↑Warze.

verrucht ↑anstößig.

Verruchtheit ↑Sittenlosigkeit.

verrücken, rücken, umstellen, wegrücken, an einen anderen Platz / Ort stellen (oder:) rücken.

¹verrückt, bekloppt *(salopp)*, bescheuert *(salopp)*, behämmert *(salopp)*, deppert *(salopp)*, dalkert *(österr., salopp)*, hirnverbrannt, Wahnsinns-; **v. sein,** spinnen *(salopp)*, nicht gescheit / *(ugs.)* nicht ganz richtig im Oberstübchen / *(ugs.)* nicht bei Trost / *(salopp)* nicht bei Groschen / nicht bei Sinnen sein, seine fünf Sinne nicht beisammen haben, nicht alle beisammen haben *(ugs.)*, manoli / plemplem / meschugge / nicht [ganz] dicht (oder:) richtig sein *(salopp)*, von allen guten Geistern verlassen sein *(ugs.)*, einen Vogel / einen Stich / einen Knall / einen Rappel / einen Hau (oder *österr.:*) einen Klopfer / einen Tick / einen Haschmich / einen Knacks / eine Meise / eine Macke / einen Dachschaden / einen Sprung in der Schüssel / nicht alle Tassen im Schrank (oder:) im Spind / zu heiß gebadet / einen kleinen Mann im Ohr / einen weichen Keks haben *(salopp)*, bei jmdm. rappelt es / piept es / ist eine Schraube locker *(salopp)*; **v. werden,** überschnappen *(ugs.)*, den Verstand verlieren, um den Verstand kommen; ↑Spleen.

²verrückt: ↑überspannt; v. machen ↑verliebt [machen], ↑reizen; da wird der Hund in der Pfanne v. ↑überrascht [sein]; v. spielen ↑ärgerlich [sein].

Verrücktheit: ↑Ausgefallenheit, ↑Spleen.

Verruf: in V. bringen ↑schlecht machen.

verrufen: ↑anrüchig; v. sein als ↑gelten (als jmd. / etwas).

verrühren ↑mischen.

¹Vers · Stabreimvers, Blankvers, Knittelvers, Trimeter, Senar, Vierheber, Pentameter, Hexameter, Alexandriner, Zehnsilbler, Elfsilbler, Zwölfsilbler, freie Rhythmen; ↑Gedicht, ↑Reim, ↑Versmaß; ↑dichten.

²Vers: sich seinen V. drauf machen ↑Ahnung; -e schmieden ↑dichten.

¹versagen, [mit Pauken und Trompeten / mit Glanz und Gloria] durchfallen *(ugs.)*, durchfliegen *(salopp)*, durchsausen *(salopp)*, durchrasseln *(salopp)*, durchplumpsen *(salopp)*, die Prüfung nicht bestehen, verbleiben *(schweiz.)*, nicht bestehen, nicht [bewältigen · *in einem Teil der Prüfung:* einen Schwanz machen *(ugs.)* · *innerhalb eines Schuljahres:* nicht versetzt werden; ↑versetzen, ↑bewältigen, ↑prüfen, ↑wiederholen; ↑unfähig; ↑Abitur, ↑Enttäuschung, ↑Versager.

²versagen: ↑ablehnen, ↑unfähig [sein], ↑verbieten, ↑versagt bleiben (↑gewähren; sich etwas v. ↑abschreiben; sich nichts v. ↑leben; sich jmdm. v. ↑verweigern (sich jmdm.).

Versagen: [menschliches V.] ↑Unfähigkeit; menschliches V. ↑Unaufmerksamkeit.

Versager, Schwächling, Abziehbild, verkrachte Existenz, Taugenichts, Nichtsnutz, Null, Niete, Flasche *(salopp)*, Blindgänger, Sandler *(österr.)*, Schlawiner *(südd., österr.)*, Sack *(salopp)*, Saftsack *(salopp)*, Saftarsch *(derb)*; ↑versagen.

Versagung: ↑Ablehnung, ↑Enttäuschung.

Versal ↑Buchstabe.

versalzen: ↑sauer, ↑würzen; jmdm. die Suppe v. ↑verleiden.

¹versammeln (sich), sich sammeln, zusammentreffen, sich treffen, sich ein Stelldichein geben, zusammenkommen, sich besammeln *(schweiz.)*; ↑tagen, ↑zusammenlaufen.

²versammeln: ↑anstacheln; sich v. ↑zusammenlaufen.

¹Versammlung, Zusammenkunft, Zusammentreffen, Konvent, Stehkonvent *(scherzh.)*, Konventikel; ↑Kränzchen, ↑Tagung, ↑Verabredung.

²Versammlung: ↑Tagung; [politische V.] ↑Demonstration.

Versammlungsort, Tagungsort, Treffpunkt; ↑Tagung.

¹Versand, Versendung, Absendung, Verschickung, Postversand, Bahnversand; ↑Lieferung; ↑schicken.

²Versand: zum V. bringen ↑schicken.

Versandabteilung, Versand, Abfertigungsstelle, Abfertigung, Expedition, Expedit *(österr.)*; ↑schicken.

¹versanden, verlanden, austrocknen.

²versanden: ↑stocken, ↑wirkungslos [bleiben].

Versandhauskatalog ↑Prospekt.

Versatz ↑Bühnendekoration.

Versatzamt ↑Leihhaus.

Versatzstück: ↑Bühnendekoration, ↑Redensart.

versäubern: mit einer Borte v. ↑nähen.

versaubeuteln ↑verlieren.

versauen: ↑beschmutzen, ↑verderben.

versaufen: ↑ertrinken, ↑verschwenden; [sein Geld] v. ↑ausgeben.

¹versäumen, verpassen, verbummeln *(ugs.)*, verschlafen, den richtigen Zeitpunkt / den Anschluss verpassen, der Zug ist abgefahren, nicht [mehr] kriegen, sich etwas entgehen lassen / durch die Finger gehen lassen, sich etwas durch die Lappen gehen lassen *(salopp)*; ↑verspäten (sich); ↑Versäumnis.

²versäumen: keine Zeit v. dürfen ↑beeilen (sich); jmd. möchte nicht v. ... ↑wichtig [sein].

Versäumnis, Unterlassung, Vernachlässigung; ↑versäumen.

versäuseln ↑verlieren.

versaut ↑schmutzig.

verschabt ↑abgenutzt.

verschachern ↑verkaufen.

verschaffen: ↑beschaffen; sich Vorteile v. ↑bereichern (sich); sich Zugang v. ↑eindringen; sich Zutritt v. ↑eindringen.

verschalen: ↑abstützen, ↑bespannen.

Verschalung ↑Abstützung.

verschämt ↑verlegen.

Verschämtheit ↑Schamhaftigkeit.

verschandeln ↑verunstalten.

verschandelt, verunstaltet, verdorben, verderbt, entstellt, verstümmelt, verunziert, verhunzt *(abwertend)*, verwordakelt *(österr.)*; ↑verunstalten; ↑Entstellung.

Verschandelung ↑Entstellung.

verschanzen: ↑verbarrikadieren; sich hinter etwas v. ↑Ausflucht.

verschärfen, verstärken, verschlechtern, verschlimmern, Öl ins Feuer gießen; ↑vermehren.

verscharren: ↑bestatten, ↑vergraben.

verschauen: ↑verlieben (sich).

verschaukeln ↑betrügen.

verscheiden ↑sterben.

Verschen ↑Gedicht.

verschenken ↑schenken.

verscherbeln ↑verkaufen.

verscherzen: jmds. Gunst verscherzt haben ↑unbeliebt [sein].

verscheuchen ↑vertreiben.

verscheuern ↑verkaufen.

verschicken ↑schicken.

Verschickung: ↑Kur, ↑Versand.

Verschiebebahnhof ↑Bahnhof.

¹verschieben, aufschieben, zurückstellen, hinausschieben, vertagen, verlegen, umlegen, umdisponieren, hinausziehen, verzögern, hinauszögern, verschleppen, trölen *(schweiz.)*, in die Länge ziehen, auf die lange Bank schieben, noch nicht behandeln, auf Eis legen *(ugs.)*, einmotten *(ugs.)*, schubladisieren *(schweiz.)*; ↑stunden, ↑unerledigt [lassen], ↑vertrösten; ↑hinhaltend; ↑Stundung.

²verschieben ↑verkaufen.

Verschiebung ↑Verlängerung.

¹verschieden, grundverschieden, unterschiedlich, alternativ, verschiedenartig, abweichend, divergent, andersartig, anders; ↑aber, ↑allerlei, ↑einige, ↑gegensätzlich, ↑ungleich; ↑Nichtübereinstimmung; ↑diskriminieren.

²verschieden: ↑ungleich; die Verschiedensten ↑alle.

verschiedenartig: ↑mannigfaltig, ↑verschieden.

Verschiedenartigkeit: ↑Abweichung, ↑Nichtübereinstimmung, ↑Vielfalt.

Verschiedene ↑einige.

verschiedenerlei ↑allerlei.

Verschiedenes ↑allerlei.

Verschiedenheit: ↑Abweichung, ↑Nichtübereinstimmung.

verschiedentlich ↑oft.

verschießen ↑verblassen.

verschiffen: ↑einschiffen, ↑laden.

verschimmeln ↑faulen.

verschimmelt ↑ungenießbar.

verschimpfieren ↑verunstalten.

verschissen: es bei jmdm. v. haben ↑unbeliebt [sein].

verschlabbern ↑vergießen.

¹verschlafen: ↑versäumen, ↑verspäten (sich).

²verschlafen ↑müde.

Verschlag ↑Remise.

¹verschlagen: ↑schlagen; etwas verschlägt nichts ↑unwichtig [sein]; etwas verschlägt jmdm. den Atem / die Sprache ↑überrascht [sein].

²verschlagen: ↑schlau, ↑warm.

Verschlagenheit ↑List.

Verschlagnagel ↑Nagel.

verschlampen: ↑verlieren, ↑verwahrlosen.

Verschlamptheit ↑Verwilderung.

verschlechtern ↑verschärfen.

verschleiern ↑vertuschen.

¹Verschleiß, Abnutzung, Abnützung, Verbrauch, Materialverschleiß; ↑Beschädigung, ↑Kräfteverschleiß; ↑abnutzen.

²Verschleiß: ↑Absatz, ↑Kräfteverschleiß.

verschleißen: ↑abnutzen, ↑entkräften, ↑verkaufen.

Verschleißer ↑Kaufmann.

¹verschleppen, entführen, deportieren; ↑ausweisen, ↑verlagern; ↑Deportation, ↑Menschenhandel.

²verschleppen: ↑verschieben; nicht v. ↑gesund [machen].

Verschleppung ↑Deportation.

verschleudern: ↑verkaufen, ↑verschwenden.

¹verschließen, schließen, zumachen, zuschrauben, zukleben.

²verschließen: hinter verschlossenen Türen ↑heimlich; etwas v. ↑abschließen; seine Ohren v. ↑unzugänglich [sein]; vor etwas die Augen v. ↑erkennen; sich einer Sache / gegen etwas v. ↑unzugänglich [sein]; sich [vor der Welt] v. ↑abkapseln (sich).

verschlimmern ↑verschärfen.

verschlingen: ↑aufessen, ↑lesen; jmdn. / etwas mit den Augen v. ↑ansehen.

verschlissen ↑abgenutzt.

¹verschlossen, undurchdringlich, undurchschaubar; **v. sein,** ein stilles Wasser sein; ↑unzugänglich, ↑wortkarg.

²verschlossen: ↑abgepackt, ↑aussichtslos, ↑geschlossen, ↑unzugänglich, ↑versiegelt.

Verschlossenheit, Unzugänglichkeit, Zugeknöpftheit, Ungeselligkeit, Unnahbarkeit, Distanziertheit, Kühle, Frostigkeit, Sprödigkeit, Verhaltenheit, Introvertiertheit, Kontaktarmut, Kontaktschwäche, Menschenscheu; ↑Eigensinn; ↑unzugänglich.

verschlucken: ↑aufessen; wie vom Erdboden verschluckt sein ↑sehen; einen Frosch / eine Kröte verschluckt haben ↑heiser [sein]; gehen, als ob man einen Stock / einen Besenstiel verschluckt hätte ↑gerade [gehen].

¹Verschluss, Deckel, Kappe, Kronenverschluss, Schraubverschluss, Schraubdeckel; ↑Stöpsel; ↑aufschrauben.

²Verschluss: unter V. halten ↑aufbewahren.

verschlüsseln ↑chiffrieren.

verschmähen ↑ablehnen.

verschmausen ↑aufessen.

¹verschmelzen (mit), aufgehen in, eine Verbindung eingehen mit.

²verschmelzen: ↑koitieren, ↑vereinigen.

Verschmelzung: ↑Synthese; V. zweier Wörter ↑Kontamination.

verschmerzen ↑ertragen.

verschmitzt ↑schlau.

Verschmitztheit ↑Klugheit.

verschmutzt: ↑schmutzig, ↑verseucht.

Verschmutztheit ↑Unsauberkeit.

Verschmutzung, Ölteppich, Kloake; ↑Umweltverschmutzung.

verschnappen: sich v. ↑mitteilen.

verschnaufen: ↑Atem, ↑ruhen.

Verschnaufpause: ↑Erholung, ↑Pause.

verschneiden ↑beimischen.

Verschneidung ↑Kastration.

verschneien ↑einschneien.

verschneit, tief verschneit, zugeschneit, eingeschneit, beschneit, weiß, winterlich, mit Schnee bedeckt, unter Schnee begraben, unter einer Schneedecke liegend; ↑Schnee; ↑schneien · Ggs. ↑schneefrei.

Verschnitt ↑Mischung.

Verschnittener: ↑Kastrat, ↑Wächter.

verschnörkelt ↑verziert.

Verschnörkelung ↑Verzierung.

verschnupft ↑gekränkt.

¹verschnüren, zuschnüren, zubinden; ↑einpacken · Ggs. ↑aufbinden.

²verschnüren ↑einpacken.

verschnürt ↑abgepackt.

verschollen, vermisst, abgängig *(österr.),* überfällig, unauffindbar; ↑verlieren; ↑Unauffindbarkeit, ↑Vermisstenanzeige.

Verschollensein ↑Unauffindbarkeit.

¹verschonen, schonen; ↑begnadigen, ↑verzeihen; **nicht v.,** keinen Pardon geben; **nicht verschont werden,** nicht verschont bleiben, in Mitleidenschaft gezogen werden, da bleibt kein Auge trocken.

²verschonen ↑schonen.

verschönern ↑schmücken.

Verschönerung ↑Verzierung.

verschorfen: ↑abheilen, ↑antrocknen; verschorft ↑abgeheilt.

Verschorfung ↑Verätzung.

verschossen: ↑abgeblasst, ↑verblasst; v. sein ↑verliebt.

verschränkt: mit -en Armen zusehen / dabeistehen ↑faulenzen.

verschreckt ↑ängstlich.

verschreiben ↑verordnen.

Verschreibung ↑Rezept.

Verschrieb ↑Fehler.

verschrien: ↑anrüchig; v. sein als ↑gelten (als jmd. / etwas).

verschroben ↑seltsam.

Verschrobenheit ↑Seltsamkeit.
verschrumpeln ↑zusammenschrumpfen.
verschrumpelt, schrump[e]lig *(landsch.),* verhutzelt, hutzlig; ↑faltig.
verschüchtern ↑einschüchtern.
verschüchtert ↑ängstlich.
verschulden: etwas verschuldet haben ↑schuldig [sein].
Verschuldung ↑Hypothek.
verschusseln ↑vergessen.
verschütten ↑vergießen.
verschütt gehen ↑verloren gehen.
verschwägert ↑verwandt.
verschwatzen ↑verraten.
verschweigen ↑schweigen.
verschweißen ↑löten.
verschwenden, vergeuden, vertun, verschleudern, mit etwas verschwenderisch umgehen, [sein Geld] zum Fenster hinauswerfen / mit vollen Händen ausgeben / *(ugs.)* auf den Kopf hauen / *(salopp, berlin.)* auf den Kopf kloppen, aasen *(ugs.),* hausen *(landsch.),* urassen *(mundartl., österr.),* verquisten *(ugs., landsch.),* mit der großen Kelle anrichten *(schweiz.),* aufhauen *(österr.),* verquasen *(ugs., landsch.)* · *durch Trinken von Alkohol:* vertrinken, versaufen *(derb),* durch die Gurgel jagen *(salopp);* ↑durchbringen, ↑verkaufen; ↑freigebig.
verschwenderisch: ↑freigebig, ↑üppig; mit etwas v. umgehen ↑verschwenden.
verschwendungssüchtig ↑freigebig.
verschwiegen: ↑dezent; v. sein wie ein Grab ↑schweigen.
Verschwiegenheit, Zurückhaltung, Takt, Dezenz, Diskretion; ↑Achtsamkeit, ↑Bescheidenheit, ↑Höflichkeit; **unter dem Siegel der V.,** sub rosa, sub sigillo [confessionis], unter vier Augen, vertraulich, im Vertrauen, hinter vorgehaltener Hand, inoffiziell; ↑heimlich, ↑intern; ↑weitererzählen.
verschwimmen: [vor den Augen v.] ↑unscharf [werden].
verschwinden: ↑verloren gehen, ↑weggehen; verschwinde! ↑weg!; verschwunden sein ↑weg [sein]; v. müssen ↑austreten [gehen]; von der Bildfläche v. ↑weggehen; zum Verschwinden bringen ↑entfernen.
verschwistert ↑verwandt.
verschwitzen ↑vergessen.
verschwitzt, durchgeschwitzt, schweißgebadet, schwitzig, nass geschwitzt, wie aus dem Wasser gezogen, nass von Schweiß; ↑Schweißabsonderung.
verschwollen ↑aufgedunsen.
Verschwollenheit ↑Gedunsenheit.
verschwommen: ↑unklar, ↑unscharf.
Verschwommenheit ↑Ungenauigkeit.
verschwören: sich v. ↑konspirieren.
Verschwörer ↑Revolutionär.
verschwörerisch, konspirativ; ↑heimlich, ↑umstürzlerisch.

Verschwörung, Konspiration, Unterwanderung, Komplott, Konjuration, Aufstand, Volksaufstand, Empörung, Umtriebe, Übergriff, Pogrom, Erhebung, Aufruhr, Ausschreitung, Auswüchse, Krawall, Tumult, Unruhen, Unrast *(schweiz.),* Volkserhebung, Insurrektion, Revolution, Konterrevolution, Revolte, Staatsstreich, Putsch, Gewaltakt, Meuterei, Emeute, Subversion, Rebellion; ↑Anarchie, ↑Arglist, ↑Aufruf, ↑Demonstration, ↑Geheimbund, ↑Hochverrat, ↑Hochverräter, ↑Reform, ↑Spion, ↑Trotzkismus, ↑Überfall, ↑Veränderung, ↑Widerstand; **eine V. anzetteln,** einen Putsch machen, putschen; ↑annektieren, ↑aufbegehren, ↑aufwiegeln, ↑infiltrieren, ↑konspirieren, ↑usurpieren; ↑umstürzlerisch.
verschwunden: ↑verloren, ↑weg; [spurlos] v. sein ↑sehen.
Versdichtung ↑Dichtung.
versehen: ↑geben, ↑innehaben; v. sein mit ↑haben; mit einer Adresse / Anschrift v. ↑Anschrift; mit Bildern v. ↑bebildern; mit einem Dach v. ↑bedachen; mit einem Stempel / Siegel / Amtssiegel v. ↑abstempeln; mit einer Stickerei v. ↑besticken; mit einem Titel v. ↑anreden; mit einer Unterlage v. ↑unterlegen; mit einer Zahl v. ↑nummerieren; mit einem Zaun v. ↑einzäunen.
Versehen ↑Fehler; aus V. ↑unabsichtlich, ↑versehentlich.
¹**versehentlich,** fälschlich, aus Versehen, irrtümlich; ↑falsch; ↑Fehler.
²**versehentlich** ↑unabsichtlich.
Versehentlichkeit ↑Unabsichtlichkeit.
versehren ↑verletzen.
versehrt ↑verletzt.
Versemacher ↑Schriftsteller.
versenden ↑schicken.
Versendung ↑Versand.
versengen ↑brennen.
Versenkbühne ↑Bühne.
¹**versenken** (sich in), sich vertiefen / sammeln / konzentrieren, sich nicht ablenken lassen, meditieren; ↑Acht geben, ↑denken.
²**versenken:** ↑einsenken; sich v. in ↑lesen.
¹**Versenkung,** Betrachtung, Vertiefung, Versunkenheit, Beschaulichkeit, Kontemplation, Meditation, Nachdenken, Reflexion; ↑Ausspruch, ↑Beschaulichkeit, ↑Darlegung, ↑Entspannungsübung; ↑beschaulich.
²**Versenkung:** aus der V. auftauchen ↑wieder erstehen.
Verserzählung ↑Erzählung.
Verseschmied ↑Schriftsteller.
versessen: v. sein auf ↑begierig [sein].
¹**versetzen:** versetzt werden, das Klassenziel erreichen, aufsteigen *(österr.);* **nicht versetzt werden,** sitzen bleiben, repetieren, hängen bleiben *(ugs.),* kleben bleiben *(salopp),* hocken bleiben *(ugs., landsch.);* ↑versagen; ↑Schule.
²**versetzen:** ↑antworten, ↑sitzen lassen, ↑ver-

kaufen; jmdm. Nadelstiche v. ↑kränken; einen
Puff / Stoß v. ↑stoßen; etwas versetzt jmdm. einen Schock ↑erschüttern; jmdm. in Anklagezustand v. ↑prozessieren; in die Lage v. ↑möglich
[machen]; in sittliche Entrüstung v. ↑schockie-
ren; sich in jmds. Rolle v. ↑einfühlen (sich); in
den Ruhestand v. ↑pensionieren.
versetzt: v. werden ↑versetzen.
verseuchen, vergiften, verpesten; ↑verderben;
↑Ansteckung; ↑verseucht.
verseucht, verschmutzt, vergiftet, verpestet;
↑verseuchen.
Versfuß, Jambus, Trochäus, Daktylus, Anapäst, Spondeus; ↑Vers, ↑Versmaß.
¹versichern (sich), in die / in eine Versicherung
eintreten (oder:) gehen, eine Versicherung abschließen; ↑Versicherung.
²versichern: ↑beglaubigen, ↑beschwören, ↑ver-
sprechen.
¹Versicherung, Assekuranz · Krankenversicherung · Lebensversicherung · Unfallversicherung · Haftpflichtversicherung · Sozialversicherung, Angestelltenversicherung, Rentenversicherung · Arbeitslosenversicherung ·
Brandversicherung, Feuerversicherung ·
Hausratversicherung, Glasbruchversicherung;
↑Altersversicherung, ↑Police; ↑versichern
(sich).
²Versicherung: ↑Altersversorgung, ↑Bekräfti-
gung; eine V. abschließen, in die / in eine V. eintreten (oder:) gehen ↑versichern (sich).
Versicherungskaufmann ↑Büroangestellter.
Versicherungspolice ↑Police.
Versicherungsschein ↑Police.
versickern: ↑aufhören, ↑fließen, ↑stocken.
versieben: ↑verderben, ↑vergessen.
versiegelt, verplombt, vernagelt, verschlossen, abgeschlossen; ↑abgepackt.
versiegen ↑stocken.
versiert ↑firm.
versilbern ↑verkaufen.
versinken: [in den Wellen / Fluten v.] ↑unter-
gehen.
versinnbildlichen, allegorisieren, in Bildern /
Gleichnissen sprechen (oder:) reden; Bilder /
Gleichnisse / Metaphern gebrauchen (oder:)
verwenden; ↑metaphorisch, ↑sinnbildlich.
Version ↑Übersetzung.
versippt ↑verwandt.
versklavt: ↑unselbstständig, ↑unterdrückt.
Versklavung ↑Unfreiheit.
Verslehre ↑Metrik.
Versmaß, Rhythmus, Metrum, Takt; ↑Dich-
tung, ↑Epigramm, ↑Erzählung, ↑Gedicht,
↑Reim, ↑Strophe, ↑Vers; ↑dichten.
versoffen ↑trunksüchtig.
Versoffenheit ↑Trunksucht.
versohlen: [den Hintern v.] ↑schlagen.
versöhnen: ↑bereinigen; sich v. ↑einigen (sich).
Versöhnler ↑Ketzer.
Versöhnlertum ↑Ketzerei.

versöhnlich ↑tolerant.
Versöhnung: ↑Einigung; eine V. anbahnen
↑Frieden [stiften]; jmdm. die Hand zur V. reichen, einen Schritt zur V. tun ↑einigen (sich).
Versöhnungsfest ↑Feiertag.
Versöhnungstag ↑Feiertag.
versonnen ↑gedankenvoll.
versorgen: ↑aufbewahren, ↑einweisen, ↑geben,
↑kümmern (sich um jmdn.); sich v. mit ↑kaufen.
versorgt ↑unzufrieden.
Versorgung: ↑Altersversorgung, ↑Lebensun-
terhalt.
Versorgungsehe ↑Ehe.
verspachteln ↑aufessen.
verspannt ↑verkrampft.
verspäten (sich), zu spät kommen, [die Zeit]
verschlafen; ↑Verspätung; ↑pünktlich.
verspätet: ↑säumig, ↑spät.
¹Verspätung, Verzögerung, Verzug; ↑verspä-
ten (sich).
²Verspätung: ↑Unpünktlichkeit; V. haben / ohne Verspätung ↑pünktlich; mit V. ↑säumig.
verspeisen ↑aufessen.
versperren: ↑abschließen, ↑verbarrikadieren.
versperrt ↑geschlossen.
¹verspielen (sich), danebengreifen *(ugs.),*
falsch spielen, patzen *(ugs.).*
²verspielen: bei jmdm. verspielt haben ↑unbe-
liebt [sein].
versponnen ↑unrealistisch.
verspotten: ↑aufziehen, ↑schadenfroh [sein].
¹versprechen, versichern, beteuern, geloben,
beschwören, schwören, beeiden, beeidigen, auf
seinen Eid nehmen, an Eides statt erklären, die
Hand darauf / sein Wort geben, sein Wort verpfänden, sein Ehrenwort geben, hoch und heilig
versprechen, das Abendmahl auf etwas nehmen, sich verpflichten, einen Eid leisten, zusichern, zusagen, in Aussicht stellen, ausloben,
[eine Belohnung] aussetzen, verheißen; ich
fresse einen Besen, dass ... *(ugs.);* ich will Emil
heißen, wenn ... *(ugs.);* ich will des Teufels sein,
wenn ... *(ugs.);* darauf kannst du Gift nehmen
(ugs.); beim Barte des Propheten!, beim Zeus!;
↑androhen, ↑festigen, ↑vereidigen; ↑verbrieft;
↑Zusicherung.
²versprechen: sich v. ↑mitteilen, ↑stottern;
sich v. / jmdm. die Ehe versprechen ↑verloben
(sich); versprochen sein ↑gebunden [sein], ↑le-
dig; etwas verspricht zu werden ↑offenbar [wer-
den].
Versprechen ↑Zusicherung.
Versprecher, Sichversprechen, Lapsus, Lapsus Linguae, falscher Zungenschlag, Solözismus, Schnitzer; ↑Fehler; ↑stottern.
Versprechung: -en ↑Zusicherung.
versprudeln ↑rühren.
versprühen ↑zerstäuben.
verspüren: ↑fühlen; ein menschliches Rühren
v. ↑austreten [gehen].
Versroman: ↑Erzählung, ↑Roman.

verstaatlichen ↑enteignen.

Verstaatlichung ↑Enteignung.

Verstand: ↑Vernunft; jmdm. steht der V. still ↑verstehen; mehr Glück als V. haben ↑Glück [haben]; den V. verlieren / um den Verstand kommen ↑verrückt [werden]; ohne Sinn und V. ↑unbesonnen, ↑unsinnig.

Verstandesehe ↑Ehe.

verständig ↑klug.

verständigen: sich v. ↑übereinkommen.

Verständigung: V. durch Zeichen ↑Zeichensprache; eine V. anbahnen ↑Frieden [stiften].

¹verständlich, verstehbar, klar, deutlich, wohl artikuliert, artikuliert, gut zu verstehen, nicht ↑unartikuliert; **nicht v. sein,** nicht gut zu verstehen sein, ich verstehe immer nur Bahnhof *(salopp)*; ↑akustisch, ↑klar, ↑laut; ↑Artikulation; ↑sprechen.

²verständlich: ↑anschaulich, ↑einleuchtend; aus -en Gründen ↑verständlicherweise.

verständlicherweise, begreiflicherweise, natürlich, aus verständlichen / nahe liegenden Gründen, ↑einleuchtend, ↑erklärlich, ↑erwartungsgemäß.

Verständlichkeit ↑Anschaulichkeit.

¹Verständnis, Verstehen, Einfühlungsvermögen, Einfühlungsgabe; **V. finden,** auf Verständnis stoßen, verstanden werden; ↑tolerant [sein]; **ohne V.,** verständnislos · *für die Jugend:* jugendfremd; ↑Duldung; ↑verstehen; ↑verständnisvoll.

²Verständnis: jmdm. geht das V. für etwas ab, kein V. für etwas haben ↑unzugänglich [sein]; V. haben ↑tolerant [sein], ↑verstehen; V. zeigen für ↑entgegenkommen (jmdm.).

verständnisinnig ↑verständnisvoll.

verständnislos: ↑unzugänglich, ↑Verständnis.

¹verständnisvoll, verstehend, wissend, verständnisinnig; ↑Verständnis.

²verständnisvoll ↑tolerant.

¹verstärken, vertiefen, intensivieren, nachhelfen, beschleunigen, forcieren, vorantreiben, Druck / Dampf dahinter setzen *(ugs.),* auf die Tube drücken *(salopp);* ↑ankurbeln, ↑anstacheln, ↑fördern; ↑Entwicklung.

²verstärken: ↑vermehren, ↑verschärfen.

Verstärker ↑Lautsprecher.

verstärkt ↑konzentriert.

Verstärkung: ↑Neuer, ↑Steigerung, ↑Vermehrung.

Verstärkungspfeiler ↑Säule.

verstäten ↑befestigen.

verstatten ↑billigen.

verstaubt ↑überlebt.

verstauchen (sich etwas), luxieren *(Med.),* sich etwas verrenken / ausrenken / auskugeln / *(landsch.)* auskegeln / *(ugs.)* verknacksen / *(österr.)* überknöcheln, sich den Fuß vertreten; ↑Bluterguss, ↑Verrenkung.

Verstauchung ↑Verrenkung.

verstauen ↑unterbringen.

Versteck: ↑Hinterhalt, ↑Zuflucht.

verstecken, verbergen, verdecken, verhüllen, tarnen; ↑aufbewahren, ↑umhüllen, ↑unterbringen; ↑Tarnung, ↑Tresor.

Versteckspiel · Räuber und Gendarm, Räuber und Polizei *(berlin.),* Räuber und Landjäger *(schwäb.),* Räuber und Bolle *(schwäb.),* Räuber und Prinzessin, Cowboy [und Indianer]; ↑Fangspiel, ↑Geländespiel, ↑Kinderspiel.

versteckt ↑latent.

verstehbar: ↑einleuchtend, ↑verständlich.

¹verstehen, Verständnis haben für, fassen, erfassen, begreifen, einsehen, nachvollziehen, kapieren *(salopp),* auf den Trichter kommen *(ugs.),* etwas intus kriegen *(salopp),* mitbekommen *(ugs.),* mitkriegen *(ugs.),* schnallen *(salopp),* [geistig] folgen können, durchschauen, durchblicken, durchgucken *(ugs.),* schalten *(ugs.),* checken *(ugs.),* das habe ich gefressen / gelöffelt *(salopp);* ↑auskennen (sich), ↑einfühlen (sich), ↑erkennen, ↑vorstellen (sich etwas); **nicht v.,** den Wald vor lauter Bäumen nicht sehen, auf dem Schlauch stehen *(salopp),* nicht klug werden aus jmdm. / aus etwas, durch etwas nicht mehr durchsehen / durchblicken, etwas ist jmdm. zu hoch / will jmdm. nicht eingehen / ist für jmdn. Chinesisch *(ugs.),* etwas übersteigt / geht über jmds. Horizont *(ugs.),* da kann ich nicht mehr mit! *(ugs.),* das sind mir / für mich böhmische Dörfer, etwas ist jmdm. / für jmdn. ein Buch mit sieben Siegeln; **nicht v. können,** nicht einsehen / in den Kopf hineinbringen, etwas geht / will jmdm. nicht in den Kopf, sich an den Kopf fassen / greifen, nicht [mehr] mitkommen *(ugs.),* sich keinen Reim / Vers auf etwas machen können, etwas ist für jmdn. unbegreiflich, jmdm. steht der Verstand still *(ugs.);* ↑Verständnis.

²verstehen: ↑hören; verstanden werden ↑Verständnis; ich habe Sie nicht verstanden ↑bitte?; etwas v. ↑begabt [sein]; falsch v. ↑missverstehen; sein Handwerk v. ↑tüchtig [sein]; seine Sache v. ↑firm [sein]; keinen Spaß v. ↑humorlos [sein]; v. als ↑beurteilen; gut zu v., nicht gut zu v. sein, ich verstehe immer nur Bahnhof ↑verständlich; zu v. geben ↑vorschlagen, ↑Hinweis; versteht sich ↑ja; sich mit jmdm. v. ↑vertraut.

Verstehen ↑Verständnis.

verstehend ↑verständnisvoll.

versteifen: sich v. ↑bestehen (auf), ↑steif [werden].

Versteigerer ↑Auktionator.

versteigern, unter den Hammer bringen, lizitieren, verganten *(schweiz.),* ganten *(schweiz.),* steigern *(selten schweiz.);* ↑verkaufen; ↑Versteigerung.

Versteigerung, Auktion, Lizitation, Steigerung *(schweiz.)* · Zwangsversteigerung, Vergantung *(schweiz.),* Gant *(schweiz.);* ↑Auflösung, ↑Auktionator, ↑Fundsache, ↑Gebot, ↑Zahlungsunfähigkeit; **zur V. kommen,** unter den

Hammer kommen, zur Versteigerung / unter den Hammer bringen; ↑versteigern.

versteinern, petrifizieren; ↑Versteinerung.

Versteinerung, Petrefakt, Fossil · *bestimmte erdgeschichtliche Zeiträume charakterisierende:* Leitfossil; ↑Gesteinskunde; ↑versteinern.

¹verstellen, besetzen, blockieren, den Zugang / die Zufahrt behindern, überstellen *(schweiz.);* ↑verbarrikadieren.

²verstellen: ↑verbarrikadieren; sich v. ↑vortäuschen; verstellt ↑aussichtslos.

Verstellung, Heuchelei, Scheinheiligkeit, Gleisnerei, Vortäuschung, Lippenbekenntnis; ↑unredlich.

versteppt ↑kahl.

versterben ↑sterben.

versteuern, verzollen, Steuer / Zoll bezahlen (oder:) entrichten; ↑besteuern; ↑Abgabe.

verstiegen ↑überspannt.

Verstiegenheit ↑Ausgefallenheit.

verstimmen: etwas verstimmt jmdn. ↑ärgern.

verstimmt ↑gekränkt.

¹Verstimmung, Unmut, Unwille, Erbitterung, Groll, Verärgerung, Grant *(südd., österr.),* Chagrin *(veraltet),* Missgestimmtheit, gereizte Stimmung, Gereiztheit, Stimmungen, Launen, schlechte Laune; ↑Ärger, ↑Launenhaftigkeit, ↑Unzufriedenheit.

²Verstimmung ↑Ärger.

verstockt ↑unzugänglich.

Verstocktheit ↑Eigensinn.

verstohlen: ↑heimlich, ↑unbemerkt.

verstopfen: -d wirken ↑obstipieren.

Verstopfung ↑Stuhlverstopfung.

Verstorbener ↑Toter.

verstört ↑betroffen.

¹Verstoß, Verfehlung, Zuwiderhandlung, Übertretung, Vergehen, Untat, Missetat, Unrecht, Todsünde, Sünde, Sakrileg, Frevel, Freveltat, Delikt, Straftat, Kapitalverbrechen, Verbrechen; ↑Außerachtlassung, ↑Beleidigung, ↑Fehler, ↑Sakrileg, ↑Tötung, ↑Verbrechen, ↑Verbrecher, ↑sündigen, ↑verstoßen; ↑straffällig.

²Verstoß: etwas ist ein V. gegen etwas ↑verstoßen (gegen etwas); in V. geraten ↑verloren gehen.

¹verstoßen (gegen etwas), einer Sache zuwiderhandeln, zuwiderlaufen, abweichen, etwas verletzen / unterlaufen / zerstören / untergraben / antasten, etwas ist ein Verstoß gegen etwas / richtet sich gegen etwas, etwas stellt einen Angriff auf / gegen etwas dar; ↑infiltrieren, ↑untergraben; ↑Verstoß.

²verstoßen ↑ausschließen.

Verstrebung ↑Balkenwerk.

verstreichen ↑vergehen.

¹verstreuen, zerstreuen, umherstreuen, verteilen.

²verstreuen: über die ganze Welt verstreut ↑weit verzweigt.

verstreut ↑selten.

verstricken: sich in etwas v. ↑hineinmanövrieren (sich in etwas).

Verstrickung ↑Lage.

verstrubbeln ↑zerzausen.

verstrubbelt ↑strubbelig.

verstümmeln ↑verunstalten.

verstümmelt ↑verschandelt.

Verstümmelung ↑Entstellung.

verstummen ↑schweigen.

¹Versuch, Vorstoß, Anstrengung, Unternehmung, Kampagne, Werbekampagne, Verkaufskampagne, Feldzug; ↑Absicht, ↑Angriff, ↑Experiment, ↑Wagnis.

²Versuch: ↑Anfechtung, ↑Experiment; einen V. machen ↑anstrengen (sich).

versuchen: ↑anstrengen (sich), ↑kosten, ↑probieren, ↑verleiten; [sein Heil / sein Glück v.] ↑probieren.

Versucher ↑Teufel.

Versuchsballon: ↑Experiment; einen V. aufsteigen / steigen lassen (oder:) starten ↑vorfühlen.

Versuchsingenieur ↑Ingenieur.

Versuchskaninchen ↑Versuchsobjekt.

Versuchskarnickel ↑Versuchsobjekt.

Versuchsleiter, VL; ↑Experiment, ↑Versuchsobjekt.

Versuchsobjekt, Versuchsperson, VP, Vp., Testperson, Proband, Versuchskaninchen *(ugs.),* Versuchskarnickel *(ugs.);* ↑Versuchsleiter; ↑prüfen.

Versuchsperson ↑Versuchsobjekt.

versuchsweise ↑probeweise.

versucht: v. sein ↑wünschen.

Versuchung: ↑Anfechtung; in V. führen ↑verleiten.

¹versumpfen, vermooren, feucht / sauer werden; ↑Sumpf.

²versumpfen ↑verwahrlosen.

versündigen: sich v. ↑sündigen.

versunken: [in Gedanken v.] ↑gedankenvoll; in Gedanken v. sein ↑unaufmerksam [sein].

Versunkenheit ↑Versenkung.

Versus memoriales ↑Gedächtnisstütze.

Verswissenschaft ↑Metrik.

vertäfeln ↑täfeln.

Vertäfelung ↑Täfelung.

vertäfern ↑täfeln.

vertagen ↑verschieben.

vertauschen ↑verwechseln.

Vertauschung ↑Verwechslung.

¹verteidigen (sich), sich wehren, Widerstand leisten, bis zum letzten Atemzug / Blutstropfen / Mann kämpfen; ↑abwehren, ↑wehren (sich).

²verteidigen: ↑behüten; sich v. ↑wehren (sich); etwas v. ↑eintreten (für).

Verteidiger: ↑Fürsprecher, ↑Fußballspieler; [V. in Strafsachen] ↑Jurist.

Verteidigung: ↑Abwehr, ↑Prüfung.

Verteidigungsanlage ↑Befestigungsanlage.

verteidigungsbereit ↑kampfbereit.
Verteidigungsbereitschaft ↑Kampfbereitschaft.
Verteidigungskrieg ↑Krieg.
verteilen: ↑austragen, ↑teilen, ↑verstreuen; Spitzen v. ↑spöttisch [sein].
Verteilung: ↑Zuteilung; zur V. bringen ↑teilen.
vertelefonieren ↑ausgeben.
Verteuerung ↑Preisanstieg.
verteufeln ↑schlecht machen.
verteufelt: ↑sehr, ↑verdammt.
vertiefen: ↑festigen, ↑verstärken; sich v. ↑versenken (sich); sich v. in ↑lesen.
vertieft: ↑gedankenvoll; in Gedanken v. sein ↑unaufmerksam [sein].
Vertiefung: ↑Grube, ↑Versenkung.
vertikal ↑senkrecht.
Vertikale ↑Senkrechte.
vertilgen: ↑aufessen, ↑ausrotten.
vertobaken ↑schlagen.
vertonen, komponieren, in Musik / Töne setzen, instrumentieren, arrangieren; ↑Komponist.
vertrackt ↑schwierig.
Vertrag: ↑Abmachung; einen V. abschließen / machen / schließen ↑aushandeln.
¹vertragen (sich), mit jmdm. auskommen / in Frieden leben, sich nicht zanken; **sich nicht v.,** sich zanken, verkracht sein mit jmdm., mit jmdm. auf gespanntem Fuß leben / stehen, mit jmdm. in Unfrieden leben; ↑schelten; ↑friedfertig.
²vertragen: ↑bekömmlich [sein], ↑ertragen; sich [wieder] v. ↑einigen (sich); einiges / etwas / viel v. [können] ↑trinkfest [sein]; viel v. [können] ↑dickfellig [sein].
³vertragen ↑abgenutzt.
Verträger ↑Bote.
verträglich: ↑bekömmlich, ↑friedfertig.
Verträglichkeit ↑Unschädlichkeit.
Vertragsvermittler ↑Geschäftsvermittler.
vertrauen: ↑glauben; v. auf etwas ↑verlassen (sich auf etwas).
Vertrauen: ↑Hoffnung; V. genießen ↑glaubwürdig [sein]; V. haben / schenken, zu jmdm. das V. verlieren ↑glauben (jmdm.); im V. ↑Verschwiegenheit; im V. [gesagt] ↑vertraulich; jmdn. ins V. ziehen ↑mitteilen.
Vertrauen erweckend ↑glaubwürdig.
Vertrauensarzt ↑Arzt.
Vertrauensmann · *der die Bürger vor der Willkür der Behörden schützt:* Ombudsman[n] · *der die Einhaltung der Grundrechte in der Bundeswehr überwacht:* Wehrbeauftragter; ↑Fürsprecher, ↑Vorsitzender.
vertrauensselig ↑gutgläubig.
Vertrauensseligkeit ↑Arglosigkeit.
vertrauensvoll ↑gutgläubig.
vertrauenswürdig ↑aufrichtig.
Vertrauenswürdigkeit ↑Glaubwürdigkeit.
¹vertraulich, persönlich, privatim, von Mann zu Mann, unter uns, im Vertrauen [gesagt]; ↑heimlich, ↑inoffiziell.
²vertraulich: ↑intern, ↑Verschwiegenheit; etwas ist [streng] v., v. behandeln ↑weitererzählen.
verträumt: ↑gedankenvoll, ↑unrealistisch.
¹vertraut, familiär; **mit jmdm. v. sein,** mit jmdm. befreundet sein, Freunde / *(ugs.)* dicke Freunde / jmds. Freund sein, sich mit jmdm. verstehen, der Funke ist übergesprungen, gut mit jmdm. können *(ugs.),* den gleichen Stallgeruch haben, mit jmdm. auf Du und Du / auf freundschaftlichem Fuß stehen, mit jmdm. gut bekannt sein; ↑duzen.
²vertraut: ↑heimatlich; v. machen mit ↑lehren.
Vertraute ↑Freundin.
Vertrauter ↑Freund.
Vertrautheit ↑Erfahrung.
¹vertreiben, austreiben, exterminieren, treiben, verjagen, jagen aus / von, wegjagen, fortjagen, verscheuchen, scheuchen, stampern *(österr.);* ↑ausweisen, ↑deportieren, ↑einschreiten, ↑entfernen ↑entlassen.
²vertreiben: ↑verkaufen; sich nicht v. lassen ↑einnisten (sich), ↑standhalten.
Vertreibung ↑Verbannung.
¹vertreten, einspringen, aushelfen, für jmdn. eintreten / in die Bresche springen, Vertretung machen, die zweite Besetzung / Garnitur sein; ↑helfen; ↑Hilfskraft.
²vertreten: ↑helfen; v. sein ↑anwesend [sein]; sich die Beine / Füße v. ↑spazieren gehen; sich den Fuß v. ↑verstauchen (sich etwas).
Vertreter: ↑Exponent, ↑Handelsvertreter, ↑Stellvertreter, ↑Verwalter; V. des Radikalismus ↑Extremist.
Vertretung: ↑Interessenvertretung; V. machen ↑vertreten.
Vertrieb ↑Absatz.
Vertriebener ↑Auswanderer.
Vertriebsingenieur ↑Ingenieur.
vertrimmen ↑schlagen.
vertrinken: ↑verschwenden; [sein Geld v.] ↑ausgeben.
vertrocknen: ↑eingehen, ↑trocknen.
vertrocknet: ↑trocken, ↑verwelkt.
vertrösten, hinhalten, jmdn. zappeln lassen *(ugs.),* mit jmdm. Katz und Maus spielen, etwas hinziehen, mit [leeren] Worten abspeisen; ↑verschieben.
vertun: ↑durchbringen, ↑verschwenden.
vertuschen, verschleiern, kaschieren, zudecken, über etwas nicht mehr sprechen / Gras wachsen lassen, etwas mit dem Mantel der christlichen Nächstenliebe zudecken / bedecken, den Schleier des Vergessens / der Vergessenheit über etwas breiten, darüber schweigt des Sängers Höflichkeit *(scherzh.);* ↑lügen, ↑schweigen, ↑vortäuschen; ↑entgegenkommend.
verübeln ↑übel nehmen.

verulken ↑aufziehen.

verumständlichen ↑ausführlich.

veruneinigen: sich v. ↑entzweien (sich).

verunfallen ↑verunglücken.

Verunfallter ↑Verunglückter.

verunglimpfen ↑schlecht machen.

Verunglimpfung ↑Beleidigung.

¹verunglücken, zu Schaden kommen, Schaden nehmen, einen Unfall haben / (salopp) bauen, verunfallen (schweiz.); ↑überfahren; ↑Not, ↑Unglück, ↑Verunglückter; ↑tödlich.

²verunglücken: etwas verunglückt ↑scheitern; tödlich v. ↑sterben.

Verunglückter, Verunfallter (schweiz.) · durch einen schweren Schiffsunfall: Schiffbrüchiger · auf tödliche Weise: Unfalltoter, Todesopfer; ↑Toter; ↑verunglücken.

verunklären ↑unklar [machen].

verunmöglichen ↑verhindern.

verunreinigen ↑beschmutzen.

Verunreinigung, Beschmutzung, Besudelung, Befleckung; ↑beschmutzen.

verunschicken ↑einbüßen.

verunstalten, verschandeln, entstellen, verstümmeln, verunzieren, verhunzen (abwertend), verschimpfieren (abwertend), schimpfieren (abwertend); ↑beschädigen, ↑zerstören; ↑verschandelt; ↑Entstellung.

verunstaltet ↑verschandelt.

Verunstaltung: ↑Entstellung, ↑Zerrbild.

veruntreuen ↑unterschlagen.

Veruntreuung ↑Diebstahl.

verunzieren ↑verunstalten.

verunziert ↑verschandelt.

Verunzierung ↑Entstellung.

¹verursachen, bewirken, hervorrufen, veranlassen, herbeiführen, entfesseln, erwecken, zeitigen, heraufbeschwören, etwas in Bewegung / in Gang setzen, ins Rollen bringen, abgeben (schweiz.), etwas bedingt etwas, provozieren, zur Folge haben, auslösen, evozieren, machen; es so einrichten, dass ...; ↑anregen, ↑anstacheln, ↑aufwiegeln, ↑mobilisieren, ↑überreden, ↑veranlassen, ↑verknüpfen, ↑verleiten, ↑zuraten; **verursacht werden,** in Gang / Bewegung / Fluss kommen, ins Rollen kommen, der Stein kommt ins Rollen; ↑Anlass, ↑Erfolg.

²verursachen: Entrüstung v. ↑schockieren; Schmerz v. ↑schmerzen.

¹verurteilen, aburteilen, schuldig sprechen, für schuldig erklären / befinden, das Urteil / einen Spruch fällen, verfällen (schweiz.), abstrafen (veraltend, österr.), ein Urteil ergehen lassen / aussprechen / sprechen, den Stab brechen über, verdonnern (salopp), verknacken (salopp); ↑beanstanden; **nicht verurteilt werden,** nicht bestraft werden, straffrei ausgehen, freigesprochen werden, durch die Maschen des Gesetzes schlüpfen; ↑Fehlurteil, ↑Verurteilung.

²verurteilen: ↑brandmarken; zum Scheitern verurteilt sein ↑scheitern [müssen].

¹Verurteilung, Vorverurteilung, Aburteilung, Schuldspruch, Schuldigsprechung, Urteilsspruch, Richterspruch; ↑Bann; ↑verurteilen.

²Verurteilung ↑Bann.

Verve ↑Temperament.

vervielfachen: ↑vermehren, ↑zunehmen.

Vervielfachung ↑Vermehrung.

¹vervielfältigen, reproduzieren, kopieren, klischieren, durchpausen, abziehen, hektographieren, matrizieren (österr.), einen Abzug / Abdruck / Durchschlag / eine Kopie / Abschrift machen; ↑ablichten, ↑nachahmen; ↑Reproduktion.

²vervielfältigen: ↑ablichten, ↑reproduzieren.

Vervielfältigung ↑Reproduktion.

vervollkommnen ↑vervollständigen.

Vervollkommnung ↑Ergänzung.

¹vervollständigen, komplettieren, vervollkommnen, perfektionieren, ergänzen, abrunden, arrondieren, aufrunden, auffüllen, hinzufügen, konjizieren, eine Konjektur anbringen / vornehmen, eine Lücke füllen, einschieben, nachtragen, editieren (EDV); ↑ausdehnen, ↑ausfertigen, ↑beitragen, ↑einfügen, ↑verbessern, ↑verbünden (sich), ↑verknüpfen; ↑ergänzend, ↑ganz; ↑Ergänzung.

²vervollständigen: vervollständigt ↑komplett.

Vervollständigung ↑Ergänzung.

¹verwachsen, bucklig, krumm, schief, missgestaltet, verkrüppelt.

²verwachsen: mit der Scholle v. sein ↑heimatverbunden [sein].

verwackelt ↑unscharf.

verwahren: ↑aufbewahren; sich v. gegen ↑abstreiten.

¹verwahrlosen, herunterkommen, verkommen, verlottern, verbummeln, abwirtschaften, verlumpen, verschlampen, versacken, versumpfen, vor die Hunde gehen (ugs.), auf den Hund kommen (ugs.), auf Abwege kommen / geraten, auf die schiefe Ebene / Bahn kommen, unter die Räder / unter den Schlitten kommen, in der Gosse landen / enden (ugs.), vom rechten Weg abkommen, verwildern, verrohen, abstumpfen; ↑abrutschen, ↑verfallen; ↑abgewirtschaftet, ↑anstößig; ↑Verwilderung.

²verwahrlosen ↑verfallen.

verwahrlost: etwas ist v. ↑vernachlässigen (etwas).

Verwahrlosung ↑Verwilderung.

Verwahrung: ↑Aufbewahrung, ↑Lagerung; in V. nehmen ↑aufbewahren.

Verwahrungsort ↑Aufbewahrungsort.

Verwahrungsplatz ↑Aufbewahrungsort.

verwalken ↑schlagen.

verwalten: ↑führen, ↑regieren; von einem Zentrum aus v. ↑zentralisieren.

¹Verwalter, Pfleger, Sachwalter, Bevollmächtigter, Kommissionär, Administrator, Kurator, Anwalt, Vertreter · der Kraftfahrzeuge einer Kompanie: Schirrmeister · von Waffen und Ge-

räten bei der Truppe: Waffenmeister · *der Bekleidungsstücke einer Kompanie:* Kammerbulle *(Jargon);* ↑Treuhänder, ↑Treuhänderschaft, ↑Vermittler.

²Verwalter ↑Stellvertreter.

Verwalterin, Wirtschafterin, Beschließerin, Wäschebeschließerin; ↑Hausangestellte.

Verwaltung: ↑Amt, ↑Regie.

Verwaltungsbezirk, Landkreis, Kreis, Regierungsbezirk, Bezirk, Hieb *(salopp, wiener.),* Departement, Distrikt, Gouvernement, Landesteil, Provinz, Sprengel · *kirchlicher:* Diözese, Dekanat, Dechantei *(veraltet);* ↑Bundesland, ↑Stadtteil.

Verwaltungsbürokratie ↑Bürokratie.

Verwaltungsgericht ↑Gericht.

Verwaltungsgerichtshof ↑Gericht.

Verwaltungskaufmann ↑Büroangestellter.

verwaltungsmäßig ↑behördlich.

Verwaltungsrecht ↑Rechtsgebiet.

Verwaltungssprache ↑Amtsdeutsch.

verwamsen ↑schlagen.

verwandeln: ↑ändern, ↑Tor [schießen], ↑verändern.

Verwandlung: ↑Änderung, ↑Umwandlung.

Verwandlungskünstler ↑Artist.

¹verwandt, blutsverwandt, nahe / entfernt / weitläufig / um sieben Ecken / um die Ecke [herum] verwandt, versippt, verschwägert, angeheiratet, zur Familie gehörend, verschwistert.

²verwandt: ↑gleichartig; nahe / entfernt / weitläufig / um die Ecken [herum] / um sieben Ecken v. ↑verwandt.

Verwandter, Blutsverwandter · · · · Urgroßvater · Urgroßmutter · Urgroßeltern · · · Großvater, Opa, Opapa, Opi, Ehnel *(mundartl., österr.)* · Großmutter, Oma, Omama, Omi, Ahnl *(mundartl., österr.)* · · Großeltern · · Vater, Papa, Paps *(fam.),* Daddy *(fam.),* Erzeuger, Alter *(ugs.),* alter Herr, Tate *(jidd.),* Rabenvater, Stiefvater, Ziehvater · Mutter, Mama, Alte *(ugs.),* alte Dame, Rabenmutter, Stiefmutter, Pflegemutter, Ziehmutter · · Eltern, Vater und Mutter, die Alten *(ugs.),* die alten Herrschaften, Rabeneltern · · Elternteil, Elter (das und der) · Sohn, Filius, Ableger *(scherzh.),* Sprössling *(scherzh.),* Junior, Stammhalter, Muttersöhnchen, Stiefsohn · Tochter, Filia, Stieftochter, Adoptivtochter, Pflegetochter, Ziehtochter · · Kind · · Bruder, der leibliche / eigene Bruder, Bruderherz, Keule *(ugs., berlin.),* Atze *(ugs., berlin.)* · Schwester, Schwesterherz · · Geschwister, Bruder und Schwester, Gebrüder · · Zwillinge, Drillinge, Vierlinge, Fünflinge · · · Enkelkind, Kindeskind, Enkel, Enkelin, Enkelsohn, Enkeltochter · · Urenkel · · · Schwiegervater, Schwiegerpapa · Schwiegermutter, Schwiegermama · · Schwiegereltern · · · Schwiegersohn, Eidam *(veraltet),* Tochtermann · Schwiegertochter, Schnur *(veraltet)* · · Schwiegerkind · · · Schwa-

ger · Schwägerin · · Schwippschwager · Schwippschwägerin · · · Cousin, Vetter · Cousine, Kusine, Base *(veraltet)* · · · Onkel, Oheim *(veraltet)* · Tante, Muhme *(veraltet),* Base *(veraltet)* · · Neffe · Nichte · · Bruderkind · Schwesterkind · · Geschwisterkind; ↑Angehöriger, ↑Familienanhänglichkeit.

Verwandtschaft: ↑Ähnlichkeit, ↑Familie, ↑Gleichartigkeit.

Verwandtsein ↑Gleichartigkeit.

Verwarnung: gebührenpflichtige V. ↑Strafzettel.

verwaschen ↑abgeblaßt.

¹verwässern, verflachen, seicht machen, nivellieren; ↑popularisieren; ↑Gleichmacherei.

²verwässern ↑verdünnen.

Verwässerung ↑Verflachung.

¹verwechseln, vertauschen, durcheinander bringen; ↑austauschen, ↑tauschen; ↑Verwechslung, ↑Verwirrung.

²verwechseln: Mein und Dein v. ↑wegnehmen.

Verwechslung, Vertauschung · *einer Sache mit einer anderen:* Quidproquo · *einer Person mit einer anderen:* Quiproquo; ↑Ersatz; ↑verwechseln.

verwedeln ↑unklar [machen].

verwegen ↑mutig.

verwehen ↑verhallen.

verwehren: ↑verbieten, ↑verhindern.

Verwehrung ↑Vereitelung.

verweichlichen ↑verwöhnen.

¹verweigern (sich jmdm.), sich jmdm. versagen, sich nicht hingeben, sich nicht verführen lassen, nicht ↑koitieren; ↑ablehnen.

²verweigern ↑ablehnen.

Verweigerung ↑Ablehnung.

Verweildauer ↑Dauer.

verweilen ↑weilen.

Verweis ↑Vorwurf.

verweisen: ↑ausschließen, ↑ausweisen; v. auf ↑hinweisen (auf); vom Platz v. ↑ausschließen.

verwelken ↑welken.

verwelkt, welk, verdorrt, vertrocknet, verblüht, abgeblüht, nicht frisch; ↑trocken.

verweltlichen: ↑enteignen, ↑säkularisieren.

Verweltlichung ↑Säkularisierung.

verwendbar ↑anstellig.

Verwendbarkeit ↑Brauchbarkeit.

verwenden: ↑anwenden, ↑gebrauchen, ↑verarbeiten; ↑verwerten; Bilder / Gleichnisse / Metaphern v. ↑versinnbildlichen; sich v. für ↑fördern.

Verwendung: ↑Anwendung; V. finden, in V. stehen ↑Anwendung [finden]; etwas findet V., V. haben für ↑anwenden; in V. nehmen ↑gebrauchen.

verwerfen: die Arme / Hände v. ↑gestikulieren.

verwerflich ↑abscheulich.

¹verwerten, wieder verwerten, verwenden,

wieder verwenden, rezyklieren, nutzen, der Verwertung zuführen, ausschlachten; ↑Wiederverwertung.

²verwerten ↑anwenden.

Verwertung: der V. zuführen ↑verwerten.

verwesen ↑faulen.

Verweser ↑Oberhaupt.

Verweserei ↑Amt.

Verwesung, Fäulnis, Putreszens, Putrefaktion, Fermentation *(selten);* ↑Fäulnis, ↑Verfall.

verwichsen ↑schlagen.

verwickeln: v. in ↑hineinziehen (in); jmdn. / sich in etwas v. ↑hineinmanövrieren (jmdn. / sich in etwas); in ein Komplott verwickelt sein ↑konspirieren.

verwickelt: ↑komplex, ↑schwierig, ↑wirr.

Verwickeltheit ↑Heillosigkeit.

verwildern ↑verwahrlosen.

Verwilderung, Verrohung, Verwahrlosung, Verlotterung, Verkommenheit, Verschlamptheit, Verlumptheit; ↑verwahrlosen.

verwinden ↑ertragen.

verwirken ↑verlieren.

¹verwirklichen, realisieren, Wirklichkeit werden lassen, in die Tat umsetzen, Ernst machen mit etwas, ins Werk / in Szene setzen, inszenieren, einrichten, arrangieren, organisieren, erledigen, tätigen, übernehmen, ausführen, durchführen, vollstrecken, abwickeln, durchziehen *(ugs.),* fahren *(Jargon),* über die Bühne bringen, verrichten, vollziehen, wahr machen, erfüllen, einlösen, zustande / zuwege bringen, leisten, fertig bringen, auf sich nehmen, etwas auf die Beine stellen, etwas schaukeln *(ugs.);* ↑ankurbeln, ↑arbeiten, ↑auffühern, ↑bewältigen, ↑bewerkstelligen, ↑handhaben, ↑können, ↑möglich [machen], ↑veranstalten; **verwirklicht werden,** zur Durchführung gelangen; ↑Ausführender, ↑Bewerkstelligung, ↑Tat.

²verwirklichen: etwas verwirklicht sich ↑eintreffen.

Verwirklichung ↑Bewerkstelligung.

¹verwirren, irremachen, beirren, irritieren, konsternieren, durcheinander bringen, drausbringen *(österr.),* beunruhigen, derangieren, umtreiben, in Verwirrung / Unruhe versetzen, jmdn. in Verlegenheit / aus der Fassung / aus dem Gleichgewicht / aus dem Text / aus dem Konzept / aus dem Takt bringen, jmdn. aufs Glatteis führen, verunsichern, unsicher / kopfscheu / konfus / verwirrt / *(südd., österr.)* dasig machen, die Pferde scheu machen *(ugs.);* ↑anregen, ↑einschüchtern, ↑verquicken; **sich irre v. lassen,** nicht nach rechts und links blicken; ↑betroffen; ↑Unrast.

²verwirren ↑einschüchtern.

verwirrt: ↑betroffen, ↑verlegen; v. machen ↑verwirren.

Verwirrtheit: ↑Bewusstseinstrübung, ↑Schamhaftigkeit.

¹Verwirrung, Konfusion, Durcheinander, Ge-

wirr, Wirrsal, Wirrnis, Chaos, Rapusche *(ugs.),* Wirrwarr, Kuddelmuddel *(ugs.),* Tohuwabohu *(abwertend),* Hexenkessel; ↑Not; ↑verwechseln.

²Verwirrung: ↑Überraschung; in V. bringen ↑verwirren.

verwirtschaften ↑durchbringen.

verwischen ↑unklar [machen].

verwöhnen, jmdn. auf Rosen betten / auf Händen tragen, jmdm. jeden Wunsch von den Augen ablesen, es jmdm. vorn und hinten reinstecken *(salopp, abwertend)* · *in Bezug auf Kinder:* verziehen, verhätscheln, verzärteln, verweichlichen, verpimpeln *(ugs.),* bepummeln *(ugs.);* ↑kümmern (sich um jmdn.); ↑verwöhnt.

¹verwöhnt, verhätschelt, verzärtelt, verzogen, verweichlicht; **v. sein,** ein Mutterkind / Muttersöhnchen sein, an jmds. Schürze / Schürzenband / Schürzenzipfel / Rockzipfel / Rockschößen / Frackschößen hängen, jmdm. an der Kittelfalte hängen *(österr.),* [dauernd] an jmds. Kittelfalte sein *(österr.);* ↑verwöhnen.

²verwöhnt: ↑wählerisch; etwas für einen -en Gaumen sein ↑schmecken.

verwordakelt ↑verschandelt.

verworfen ↑anstößig.

Verworfenheit ↑Sittenlosigkeit.

verworren, dunkel, unklar, schwer verständlich, unverständlich, abstrus; ↑unklar.

verwundbar: ↑sensibel; -e Stelle ↑Achillesferse.

Verwundbarkeit, Verletzbarkeit, Verletzlichkeit, Empfindlichkeit, Schwäche; ↑Achillesferse, ↑Empfindsamkeit.

verwunden: ↑kränken, ↑verletzen; etwas verwundet jmdn. ↑ärgern.

verwunderlich: ↑seltsam; das ist nicht [weiter] v. ↑schwierig.

Verwunderlichkeit ↑Seltsamkeit.

verwundert ↑überrascht.

Verwunderung: ↑Überraschung; in V. setzen ↑befremden.

verwundet ↑verletzt.

Verwundung ↑Wunde.

¹verwünschen (jmdn.), jmdn. zur Hölle / zum Kuckuck / zum Teufel wünschen; jmdn. dorthin wünschen, wo der Pfeffer wächst; jmdn. auf den Mond schießen mögen; ↑hassen; ↑verflucht!

²verwünschen ↑brandmarken.

verwünscht ↑verdammt.

Verwünschung: ↑Bann, ↑Fluch.

verwurzelt: tief v. ↑üblich.

verwüsten ↑zerstören.

Verwüstung ↑Vernichtung.

verzagen ↑Mut [verlieren].

verzagt: ↑defätistisch, ↑deprimiert.

Verzagtheit ↑Trauer.

verzahen: jmdn. v. ↑verleiten.

verzahnen ↑verknüpfen.

Verzahnung ↑Verknüpfung.

verzanken: sich v. ↑entzweien (sich).

verzankt ↑verfeindet.

verzapfen ↑anrichten.

verzärteln ↑verwöhnen.

verzaubern: ↑bannen, ↑bezaubern.

Verzauberung ↑Faszination.

¹Verzehr, Zeche, Konsumation; ↑verbrauchen.

²Verzehr ↑Verbrauch.

verzehren: ↑essen; etwas verzehrt die Kräfte ↑zehren; seine Pension v. ↑Lebensabend.

verzeichnen: ↑aufschreiben, ↑buchen.

Verzeichnis, Liste, Index, Katalog, Konspekt, Manuale, Handbuch, Kladde, Matrikel, Zusammenstellung, Aufstellung, Evidenz *(österr.)*, Syllabus, Tabelle, Inventar, Kartei, Register, Sachweiser, Kalendarium · · *von Büchern:* Bücherverzeichnis, Bibliographie · *von lieferbaren, die aber keine Neuerscheinungen sind:* Backlist · · *der Fachausdrücke eines Wissensgebietes:* Nomenklatur · *von geächteten Personen:* Proskriptionsliste; ↑Auswahl, ↑Kartei, ↑Prospekt, ↑Sammlung, ↑Terminologie.

verzeigen ↑verraten.

¹verzeihen, entschuldigen, vergeben, jmdm. etwas nachsehen, rechtfertigen, von einer Schuld befreien, exkulpieren; ↑begnadigen, ↑verschonen, ↑lossprechen · Ggs. ↑unzugänglich [sein].

²verzeihen: v. Sie bitte! ↑Verzeihung!

verzeihlich, lässlich, geringfügig, klein; ↑unwichtig; **v. sein:** etwas ist verzeihlich / entschuldbar, das kommt in den besten Familien vor *(ugs., scherzh.)* · Ggs. ↑schlimm.

¹Verzeihung!, Vergebung! *(geh.)*, Pardon!, Entschuldigung!, Hoppla! *(salopp)*, ich bitte [tausendmal] um Entschuldigung / um Verzeihung!, es tut mir Leid!, verzeihen Sie / entschuldigen Sie bitte!; ↑Entschuldigung, ↑entschuldigen (sich).

²Verzeihung: ↑Begnadigung, ↑Entschuldigung; um V. bitten ↑entschuldigen (sich).

¹verzerren, karikieren, persiflieren; ↑anführen.

²verzerren ↑verfälschen.

Verzerrung: ↑Verdrehung, ↑Verfälschung, ↑Verletzung, ↑Zerrbild.

Verzicht: ↑Entäußerung, ↑Entsagung, ↑Opfer.

verzichten: ↑abschreiben; auf etwas v. können ↑brauchen.

Verzichtpolitiker ↑Jasager.

verziehen: ↑verwöhnen; sich v. ↑weggehen; keine Miene v. ↑ruhig [bleiben].

verzieren: ↑garnieren, ↑schmücken.

verziert, verschnörkelt, gedreht, geschweift, gedrechselt; ↑Verzierung; ↑schmücken.

¹Verzierung, Schmuck, Garnierung, Verschönerung, Zierde, Zierrat, Verschnörkelung; ↑Besatz; ↑schmücken; ↑verziert.

²Verzierung ↑Aufbau.

verzinken ↑verraten.

verzittert ↑unscharf.

verzögern: ↑behindern, ↑verschieben.

Verzögerung ↑Verspätung.

verzollen ↑versteuern.

verzuckern ↑zuckern.

Verzückung ↑Lust.

Verzug: ↑Verspätung; etwas ist in V. ↑bevorstehen.

verzupfen: sich v. ↑weggehen.

verzweifeln ↑Mut [verlieren].

verzweifelt: ↑beharrlich, ↑deprimiert, ↑sehr.

¹Verzweiflung, Hoffnungslosigkeit, Mutlosigkeit, Ausweglosigkeit, Verdüsterung; **jmdn. zur V. treiben,** jmdn. zur Verzweiflung bringen; ↑Mut [verlieren]; ↑deprimiert.

²Verzweiflung ↑Einbahnstraße.

verzweigen: sich v. ↑gabeln (sich).

verzweigt ↑komplex.

Verzweigung ↑Gabelung.

verzwickt ↑schwierig.

Vesicula ↑Hautblüte.

Vesper: ↑Gottesdienst, ↑Zwischenmahlzeit.

Vesperbild, Pieta; ↑Madonna.

vespern ↑Zwischenmahlzeit [einnehmen].

Vestan ↑Chemiefaser.

Vestibül: ↑Diele, ↑Foyer.

Vesuvian ↑Schmuckstein.

Vesuvstadt ↑Neapel.

Veteran ↑Soldat.

Veteranenflinte ↑Schirm.

¹Veterinär, Tierarzt, Tiermediziner.

²Veterinär ↑Arzt.

Veterinärmedizin ↑Heilkunde.

¹Veto, Vetorecht, Einspruchsrecht; ↑Einspruch, ↑Verbot.

²Veto ↑Einspruch.

Vetorecht ↑Veto.

Vettel ↑Frau.

Vetter: ↑Cousin; den Papst zum V. haben ↑Beziehung [haben].

Vetterleswirtschaft ↑Vetternwirtschaft.

Vetterliwirtschaft ↑Vetternwirtschaft.

Vetternwirtschaft, Vetterleswirtschaft *(landsch.)*, Vetterliwirtschaft *(schweiz.)*, Parteibuchwirtschaft, Filzokratie, Filz *(ugs.)*, Spoilssystem, Nepotismus, Patronage, Günstlingswirtschaft, Begünstigung, Protektion; ↑Bestechung, ↑Beziehung, ↑Förderung, ↑Gönner; ↑fördern.

Vetus Latina ↑Bibelübersetzung.

Vexierrätsel ↑Rätsel.

v. H. ↑Prozent.

via, über, auf dem Wege über ...

Viadukt ↑Brücke.

Via regia ↑Verfahren.

Viatikum, Wegzehrung, Sterbesakrament, Krankensalbung, Letzte Ölung, Aussegnung, Todesweihe *(schweiz.)*; ↑Sakrament.

Vibraphon ↑Schlaginstrument.

Vibration ↑Massage.

Vibrato, Tremolo; ↑Streichinstrument; ↑singen.

vibrieren ↑zittern.

Vichykaro ↑Stoffmuster.

Victoria ↑Göttin.

Videoclip: ↑Aufzeichnung, ↑Fernsehfilm.

Videotex ↑Kommunikationstechnik.

Videotext ↑Kommunikationstechnik.

Videoüberwachung ↑Überwachung.

Vieh, Großvieh, Kühe, Rinder, Hornvieh, Beinlvieh *(mundartl.),* Viehstand, Viehbestand, Viehhabe *(schweiz.),* Senntum *(schweiz.)* · *junges:* Jungvieh · *das keine Milch gibt:* Galtvieh *(landsch.)* · *Kälber und Schweine:* Stechvieh *(österr.);* ↑Kleinvieh, ↑Stall.

Viehbestand ↑Vieh.

Viehbohne ↑Saubohne.

Viehdoktor ↑Arzt.

Viehhabe ↑Vieh.

Viehmarkt ↑Markt.

Viehstall ↑Stall.

Viehstand ↑Vieh.

Viehwirtschaft: ↑Landwirtschaft, ↑Milchwirtschaft.

Viehzeug: ↑Kleinvieh, ↑Ungeziefer.

Viehzucht ↑Landwirtschaft.

viel: ↑reichlich, ↑Viel-; -en Dank [für die Blumen]! ↑danke!; -e Grüße ↑hochachtungsvoll; -e Wenig machen ein Viel ↑lohnend [sein]; dazu gehört nicht v. ↑schwierig; v. um die Ohren haben ↑arbeiten; mit jmdm. ist nicht mehr v. los ↑hinfällig [sein]; v. vertragen [können] ↑dickfellig [sein]; nicht v. ↑wenig.

Viel-, Poly-, Multi-; ↑viel.

vieldeutig ↑mehrdeutig.

Vieldeutigkeit ↑Mehrdeutigkeit.

viele, zahlreiche, nicht wenige, eine große Zahl, unzählige, ungezählte, zahllose, Abertausende, Tausende, Aberhunderte, Hunderte, abertausend, tausend *(ugs.),* aberhundert, hundert *(ugs.),* tausend und abertausend, hundert und abertausend, Tausende und Abertausende, Hunderte und Aberhunderte, eine [ganze] Reihe, ein ganzer Stall voll *(ugs.),* Heerscharen, Legionen / Myriaden von, eine Menge / Anzahl / [endlose] Folge, eine breite Palette von, ein Ende *(ugs.),* ein Rattenschwanz *(ugs.);* ↑einige.

Vielehe ↑Ehe.

vielenorts ↑überall.

vielerlei ↑allerlei.

vielerorts ↑überall.

vieles ↑allerlei.

vielfach ↑oft.

Vielfalt, Mannigfaltigkeit, Vielgestaltigkeit, Verschiedenartigkeit, Diversifikation, Buntheit, Reichtum; ↑Spektrum; ↑mannigfaltig.

vielfältig: ↑mannigfaltig, ↑oft.

vielförmig ↑mannigfaltig.

Vielfraß, Nimmersatt; ↑Feinschmecker; ↑unersättlich.

vielgestaltig ↑mannigfaltig.

Vielgestaltigkeit ↑Vielfalt.

¹vielleicht, eventuell, unter Umständen, möglicherweise, womöglich, wenn es geht, es ist

möglich / ist denkbar; es besteht die Möglichkeit, dass ...; es kann sein, es lässt sich denken, es ist nicht auszuschließen, gegebenenfalls, notfalls, allenfalls, allfällig *(österr., schweiz.);* ↑anscheinend, ↑etwaig, ↑tunlichst, ↑ungewiss; ↑vermuten.

²vielleicht: ↑etwa, ↑ungefähr.

Vielleser ↑Leser.

vielmals: danke v.! ↑danke!

vielmehr, mehr, eher, lieber, im Gegenteil.

viel sagend, bedeutungsvoll; ↑bedeuten.

vielseitig: v. sein ↑aufgeschlossen [sein].

vielsprachig ↑polyglott.

viel vermögend ↑mächtig.

viel versprechend ↑aussichtsreich.

Vielvölkerstaat ↑Staat.

Vielzahl ↑Anzahl.

vier: unter v. Augen ↑Verschwiegenheit; die v. Buchstaben ↑Gesäß; in v. Teile teilen ↑vierteilen; in seinen v. Wänden ↑daheim, ↑Privatleben; in alle v. Winde ↑überallhin; alle -e von sich strecken ↑liegen; auf allen -en ↑kriechen; Gespräch unter v. Augen ↑Gespräch.

Vierachteltakt ↑Takt.

Vieraugengespräch ↑Gespräch.

Vierbeiner ↑Hund.

Viercicero ↑Schriftgrad.

¹Viereck, Parallelogramm · *rechtwinkliges mit vier gleich langen Seiten:* Quadrat, Karree, Karo · *schiefwinkliges mit vier gleich langen Seiten:* Raute, Rhombus · *rechtwinkliges, in dem die beiden gegenüberliegenden Seiten gleich lang sind:* Rechteck.

²Viereck ↑geometrische Figur.

Vierer ↑Kajak.

Viererbob ↑Schlitten.

Viererkajak ↑Kajak.

Vierertreffen ↑Gipfeltreffen.

Vierfarbendruck ↑Druckverfahren.

Vierfarbenstift ↑Schreibstift.

Vierhalbetakt ↑Takt.

Vierheber ↑Vers.

Vierhundertmeterhürdenlauf: 400-m-Hürdenlauf ↑Lauf.

Vierhundertmeterlauf: 400-m-Lauf ↑Lauf, ↑Zehnkampf.

Vierkanalstereophonie ↑Stereophonie.

Vierklang ↑Akkord.

Vierlinge ↑Geschwister.

Viermächteabkommen ↑Abmachung.

Viermächtestadt ↑Berlin.

Vierradbremse ↑Bremse.

vierschrötig ↑plump.

Viersektorenstadt ↑Berlin.

vierte: 4. Advent ↑Kirchenjahr; -r Fall ↑Akkusativ.

¹vierteilen, vierteln, in vier Teile teilen; ↑teilen.

²vierteilen ↑töten.

Viertel: ↑Notenzeichen, ↑Stadtteil; erstes / letztes V. ↑Mond.

Viertelcicero ↑Schriftgrad.
Viertele ↑Hohlmaß.
Vierteljahresschrift ↑Zeitschrift.
Viertelliter ↑Hohlmaß.
vierteln ↑vierteilen.
Viertelnote ↑Notenzeichen.
Viertelpetit ↑Schriftgrad.
Vierundsechzigstel ↑Notenzeichen.
Vierundsechzigstelnote ↑Notenzeichen.
vierundzwanzig: v. Stunden ↑Tag; v. Uhr ↑Mitternacht; um v. Uhr ↑mitternachts.
Vierungsturm ↑Turm.
Viervierteltakt ↑Takt.
Vierzeiler ↑Lied.
vierzig: die v. Tage vor Ostern ↑Passionszeit.
vif ↑lebhaft.
Vigil ↑Gottesdienst.
vigilant ↑schlau.
Vignette ↑Zeichnung.
Vikar: ↑Geistlicher, ↑Stellvertreter.
Viktualien ↑Lebensmittel.
Villa: ↑Haus; V. Hammerschmidt ↑Regierung.
Villanelle ↑Lied.
vinkulieren: vinkulierte Namensaktie ↑Wertpapier.
Viola: [V. d'Amore] ↑Streichinstrument.
Viola da Gamba ↑Streichinstrument.
Viola tricolor ↑Stiefmütterchen.
¹violett, lila, aubergine, mauve, heliotrop, flieder, fliederfarben, malvenfarbig, lavendel, amethystfarben, amethystviolett, parmaviolett, blassviolett, dunkelviolett, tiefviolett, rotviolett, glockenblumenviolett, blauviolett, pflaumenfarben, helllila, mattlila, rotlila, bischofslila, orchideenlila, parmalila; ↑blau, ↑bunt, ↑einfarbig, ↑rosa, ↑rot.
²violett: Violetter Ritterling ↑Ständerpilz.
Violettblindheit ↑Farbenblindheit.
violettrosa ↑rosa.
Violine ↑Streichinstrument.
Violinist ↑Musizierender.
Violinschlüssel ↑Notenschlüssel.
Violinsonate ↑Sonate.
Violinvirtuose ↑Musizierender.
Violoncello ↑Streichinstrument.
Violone ↑Streichinstrument.
V. I. P.: [VIP] ↑Berühmtheit.
Viper: ↑Rauschgiftsüchtiger, ↑Schlange.
Viraginität ↑Zwittertum.
Virgel ↑Satzzeichen.
Virginiatabak ↑Tabak.
Virginität, Jungfräulichkeit, Keuschheit, Unschuld, Unberührtheit; ↑Hymen; ↑deflorieren; ↑jungfräulich.
viril ↑männlich.
Virilisation ↑Zwittertum.
Virilisierung ↑Zwittertum.
Virilismus ↑Zwittertum.
Virologe ↑Arzt.
virtuell: ↑möglich, ↑potenziell.
virtuos ↑meisterhaft.

Virtuose ↑Musizierender.
Virtuosität ↑Meisterhaftigkeit.
virulent, eine Krankheit erregend, giftig, ansteckend; ↑Krankheitserreger.
Virus ↑Krankheitserreger.
Visage ↑Gesicht.
vis-a-vis ↑gegenüber.
Vis-a-vis-Wagen ↑Kutsche.
Vision ↑Einbildung.
Visionär ↑Wahrsager.
Visite: ↑Besuch; V. machen ↑besuchen.
¹Visitenkarte, Besuchskarte, Visitkarte *(österr.)*, Geschäftskarte; ↑besuchen.
²Visitenkarte ↑Ansehen.
Visitkarte ↑Visitenkarte.
viskos ↑flüssig.
viskös: ↑flüssig, ↑träge.
Viskosität ↑Flüssigsein.
Visualiser ↑Zeichner.
visuell ↑optisch.
Visum, Sichtvermerk; ↑Ausweis.
Viszeroptose ↑Eingeweidesenkung.
Vita activa ↑Leben.
Vita communis ↑Leben.
Vita contemplativa ↑Leben.
vital ↑lebhaft.
Vitalität: ↑Lebenswille, ↑Temperament.
¹Vitamin, Spurenelement, Mineralstoff.
²Vitamin: V. B haben ↑Beziehung[en haben]; mit -en anreichern ↑vitaminieren.
Vitamin-A-Avitaminose ↑Xerophthalmie.
Vitamin-A-Mangel-Krankheit ↑Xerophthalmie.
Vitamin-B₁-Avitaminose ↑Beriberi.
Vitamin-B₁-Mangel-Krankheit ↑Beriberi.
Vitamin-B₂-Avitaminose, Ariboflavinose; ↑Pellagra.
Vitamin-B₂-Mangel-Krankheit, Ariboflavinose, ↑Pellagra.
Vitamin-B₁₂-Avitaminose ↑Perniziosa.
Vitamin-B₁₂-Mangel-Krankheit ↑Perniziosa.
Vitamin-C-Avitaminose ↑Skorbut.
Vitamin-C-Mangel-Krankheit ↑Skorbut.
Vitamin-D-Mangel-Krankheit ↑Rachitis.
vitaminieren, vitaminisieren, mit Vitaminen anreichern.
vitaminisieren ↑vitaminieren.
Vitaminmangelkrankheit ↑Avitaminose.
Vitaminmilch ↑Milch.
vitiös ↑lästerlich.
Vitrine ↑Schaufenster.
Vitus ↑Nothelfer.
vivace ↑lebhaft.
Vivarium · *für Wassertiere:* Aquarium · *für Reptilien u.a.:* Terrarium; ↑Behälter, ↑Käfig.
vivisezieren ↑operieren.
Vize ↑Stellvertreter.
Vizeadmiral: ↑Dienstgrad, ↑Seeoffizier.
VL ↑Versuchsleiter.
Vlies ↑Fell.
Vlieseline ↑Stoff.

V-Mann ↑Gewährsmann.

V-Milch ↑Milch.

¹Vogel, Piepmatz *(Kinderspr.),* Piepvogel *(Kinderspr.)* · · · **Specht** · Grünspecht, Grauspecht, Schwarzspecht, Buntspecht, Mittelspecht, Weißrückenspecht, Kleinspecht, Dreizehenspecht, Wendehals · · **Lerche** · Dupont-Lerche, Stummellerche, Kurzzehenlerche, Kalanderlerche, Weißflügellerche, Mohrenlerche, Ohrenlerche, Heidelerche, Haubenlerche, Theklalerche, Feldlerche · · **Schwalbe** · Uferschwalbe, Felsenschwalbe, Rauchschwalbe, Rötelschwalbe, Mehlschwalbe · · **Stelze** · Schafstelze, Gebirgsstelze, Bachstelze, Spornpieper, Brachpieper · · **Würger** · Neuntöter, Raubwürger ·¨· Seidenschwanz · · Wasseramsel · · Zaunkönig · · Braunelle · · **Sänger** · Schwirl, Gelbspötter, Orpheusspötter, Olivenspötter, Blassspötter, Grasmücke, Zilpzalp, Fitislaubsänger, Schnäpper, Schwarzkehlchen, Braunkehlchen, Blaukehlchen, Rotkehlchen, Blauschwanz, Nachtigall, Sprosser, Schmätzer, Heckensänger, Blaumerle, Drossel, Amsel · · **Meise** · Haubenmeise, Sumpfmeise, Weidenmeise, Trauermeise, Lapplandmeise, Blaumeise, Lasurmeise, Kohlmeise, Tannenmeise · · Schwanzmeise · · Beutelmeise · · **Spechtmeise** · Kleiber, Mauerläufer · · Baumläufer · · **Ammer** · Grauammer, Goldammer, Zaunammer, Ortolan · · **Fink** · Buchfink, Bergfink · Girlitz, Kanarengirlitz, Kanarienvogel, Kanari *(ugs.),* Harzer Roller · Grünling, Stieglitz, Zeisig, Hänfling, Gimpel, Kreuzschnabel, Kernbeißer · · Webervogel · **Sperling** · Spatz, Haussperling, Feldsperling, Riedsperling, Rohrsperling · · Star · · Pirol · · **Rabenvögel** · Rabe, Krähe, Elster, Häher, Dohle · Unglückshäher, Eichelhäher, Tannenhäher, Alpenkrähe, Alpendohle, Saatkrähe, Aaskrähe, Kolkrabe · · **Seetaucher** · Prachttaucher, Eistaucher, Sterntaucher · · **Lappentaucher** · Haubentaucher, Rothalstaucher, Ohrentaucher, Schwarzhalstaucher, Zwergtaucher · · **Sturmschwalbe** · Wellenläufer · · **Sturmvogel** · Sturmtaucher, Eissturmvogel · · Tölpel, Basstölpel · · Kormoran · Krähenscharbe, Zwergscharbe · · Pelikan · · **Reiher** · Rohrdommel · Fischreiher, Purpurreiher, Silberreiher, Seidenreiher, Rallenreiher, Kuhreiher, Nachtreiher, Zwergdommel · · **Storch** · Weißstorch, Schwarzstorch · Löffler, Ibis, Sichler · · Flamingo · · **Schwan** · Höckerschwan, Singschwan, Zwergschwan · **Gans** · Saatgans, Kurzschnabelgans, Blässgans, Zwerggans, Graugans, Schneegans, Kanadagans, Nonnengans, Ringelgans, Rothalsgans, Rostgans, Brandgans · **Ente** · Mandarinente, Pfeifente, Schnatterente, Gluckente, Krickente, Stockente, Spießente, Knäkente, Blauflügelente, Löffelente, Marmelente, Kolbenente, Tafelente, Moorente, Reiherente, Bergente, Eiderente, Scheckente, Kragenente, Eisente, Trauerente,

Samtente, Brillenente, Spatelente, Schellente · **Säger** · Zwergsäger, Mittelsäger, Gänsesäger, Ruderente · · **Greifvögel** · Adler, Aar *(dichter.),* König der Lüfte *(dichter.),* Geier, Bussard, Habicht, Weih, Weihe · Schmutzgeier, Gänsegeier, Mönchsgeier, Bartgeier, Steinadler, Kaiseradler, Steppenadler, Schelladler, Schreiadler, Zwergadler, Habichtsadler, Mäusebussard, Raufußbussard, Adlerbussard, Sperber, Milan, Seeadler, Gleitaar, Wespenbussard, Rohrweihe, Kornweihe, Steppenweihe, Wiesenweihe, Schlangenadler, Fischadler · · **Falke** · Baumfalke, Eleonorenfalke, Wanderfalke, Lanner, Würgfalke, Gerfalke, Merlin, Rotfußfalke, Rötelfalke, Turmfalke · · **Fasan** · Raufußhuhn, Feldhuhn · Moorschneehuhn, Alpenschneehuhn, Birkhuhn, Auerhuhn, Haselhuhn, Steinhuhn, Felsenhuhn, Rothuhn, Rebhuhn, Rebhendl *(österr.),* Wachtel · · Kampfwachtel, Laufhühnchen · · Kranich · · **Ralle** · Wasserralle, Tüpfelsumpfhuhn, Zwergsumpfhuhn, Wachtelkönig, Purpurhuhn, Teichhuhn, Blässhuhn · Trappe · · Austernfischer · · **Regenpfeifer** · Kiebitz, Spornkiebitz, Steppenkiebitz · · **Schnepfe** · Brachvogel, Uferschnepfe, Wasserläufer, Strandläufer · Steinwälzer, Bekassine, Doppelschnepfe, Zwergschnepfe, Waldschnepfe, Prärieläufer, Regenbrachvogel, Pfuhlschnepfe, Schlammläufer, Rotschenkel, Grünschenkel, Gelbschenkel, Knutt, Grasläufer, Sumpfläufer, Kampfläufer · · Säbelschnäbler, Stelzenläufer · Thorshühnchen, Odinshühnchen · · Triel · · Brachschwalbe, Rennvogel · · **Möwe** · Elfenbeinmöwe, Mantelmöwe, Heringsmöwe, Silbermöwe, Polarmöwe, Eismöwe, Sturmmöwe, Korallenmöwe, Schwarzkopfmöwe, Bonapartemöwe, Lachmöwe, Dünnschnabelmöwe, Zwergmöwe, Rosenmöwe, Schwalbenmöwe, Dreihزehenmöwe · · Raubmöwe, Skua · · Seeschwalbe · · **Alk** · Tordalk, Krabbentaucher, Trottellumme, Gryllteiste, Papageitaucher · · Flughuhn, Steppenhuhn · · **Taube** · Hohltaube, Felsentaube, Ringeltaube, Türkentaube, Palmtaube, Lachtaube · · **Kuckuck** · Häherkuckuck, Gelbschnabelkuckuck · · **Eule** · Schleiereule, Zwergohreule, Uhu, Schnee-Eule, Sperbereule, Sperlingskauz, Steinkauz, Waldkauz, Habichtskauz, Waldohreule, Sumpfohreule, Raufußkauz, Kanincheneule · · Ziegenmelker · **Segler** · Mauersegler, Fahlsegler, Alpensegler · Eisvogel · · Bienenfresser · Racke, Blauracke · Wiedehopf · Albatros · Emu · Flamingo · Marabu · Nandu · Paradiesvogel · Pinguin · Strauß · Pfefferfresser, Tukan · · **Papagei** · Paperl *(veraltend, österr.),* Kakadu, Ara, Sittich, Wellensittich; ↑Auerhuhn, ↑Brieftaube, ↑Vogelkunde.

²Vogel: lustiger V. ↑Mensch (der); der V. ist ausgeflogen ↑weg [sein]; wie der V. im Hanfsamen leben ↑leben; den V. abschießen ↑siegen, ↑übertreffen; einen V. haben ↑verrückt [sein].

Vogelauge ↑ Stoffmuster.
Vogelbauer ↑ Käfig.
Vogelfalle ↑ Falle.
vogelfrei: für v. erklären ↑ ausschließen.
Vogelgehege ↑ Käfig.
Vogelgesicht ↑ Kleinwuchs.
Vogelkäfig ↑ Käfig.
Vogelkunde, Ornithologie; ↑ Vogel.
vögeln ↑ koitieren.
Vogelnest, Nest, Brutstelle, Brutplatz, Nist-
platz · Adlerhorst, Horst.
Vogelnestfarn ↑ Farn.
Vogelschauer ↑ Wahrsager.
Vogel-Strauß-Politik: V. treiben ↑ entziehen
(sich).
Vögerl: spanisches V. ↑ Rinderbraten.
Vogerlsalat ↑ Feldsalat.
Vogt ↑ Vormund.
vogtländisch: -e Spitze ↑ Spitzenstickerei.
Vögtling ↑ Mündel.
Voile ↑ Stoff.
Vokabel: ↑ Begriff, ↑ Wort.
Vokabelheft ↑ Heft.
Vokabular: ↑ Nachschlagewerk, ↑ Wortschatz.
Vokabularium ↑ Nachschlagewerk.
Vokal, Selbstlaut, Monophthong; ↑ Buchstabe,
↑ Diphthong · Ggs. ↑ Konsonant.
Vokalist ↑ Sänger.
Vokalistin ↑ Sängerin.
Vokalmusik ↑ Musik.
Vokativ ↑ Kasus.
Vokativus ↑ Schlaukopf.
Volambite ↑ Ehe.
Volant: ↑ Besatz, ↑ Steuer.
Volapük ↑ Sprache.
Voliere ↑ Käfig.
¹Volk, Nationalität, Nation, Völkerschaft,
Volksstamm, Stamm, Volksgemeinschaft; ↑ Be-
wohner, ↑ Nationalismus.
²Volk: ↑ Bienenvolk, ↑ Menge; die Völker der
Erde ↑ Menschheit; junge Völker ↑ Entwick-
lungsländer; Held des -es ↑ Volksheld.
Völkerball ↑ Ballspiel.
Völkerfamilie ↑ Internationalismus.
Völkerfreundschaft ↑ Internationalismus.
Völkergemeinschaft ↑ Internationalismus.
Völkerkunde, Ethnologie; ↑ Volkskunde.
Völkermord ↑ Austilgung.
Völkerpsychologie ↑ Psychologie.
Völkerrecht ↑ Rechtsgebiet.
Völkerschaft ↑ Volk.
völkisch ↑ national.
volkreich ↑ bevölkert.
Volksabstimmung ↑ Volksentscheid.
Volksaktie ↑ Wertpapier.
Volksarmee: [Nationale V.] ↑ Militär.
Volksaufstand ↑ Verschwörung.
Volksaufwiegler ↑ Redner.
Volksausgabe ↑ Edition.
Volksbad ↑ Bad.
Volksbefragung ↑ Umfrage.

Volksbegehren ↑ Volksentscheid.
Volksbibliothek ↑ Bibliothek.
Volksbücherei ↑ Bibliothek.
Volksbühne ↑ Theater.
Volksdemokratie ↑ Herrschaft.
volksdemokratisch ↑ volksnah.
Volkseigentum: in V. überführen ↑ enteignen.
Volksentscheid, Volksabstimmung, Volksbe-
gehren, Initiative *(schweiz.),* Referendum, Ple-
biszit; ↑ Wahl, ↑ Wahlbeteiligung.
Volksepos ↑ Erzählung.
Volkserhebung ↑ Verschwörung.
Volksfeind ↑ Hochverräter.
Volksfest ↑ Jahrmarkt.
Volksgemeinschaft ↑ Volk.
Volksglaube ↑ Aberglaube.
Volksheer ↑ Militär.
Volksheld, Nationalheld, Held des Volkes / der
Nation; ↑ Held.
Volkshochschule, Abendakademie; ↑ Fortbil-
dung.
Volkskalender ↑ Kalender.
Volkskrieg ↑ Krieg.
Volkskunde, Folklore; ↑ Völkerkunde.
volksläufig ↑ populär.
Volkslied ↑ Lied.
Volksliedstrophe ↑ Strophe.
Volksmärchen ↑ Märchen.
Volksmasse ↑ Menge.
Volksmenge ↑ Menge.
Volksmiliz ↑ Militär.
Volksmusik ↑ Musik.
volksnah, bürgernah, bürgerfreundlich, demo-
kratisch, volksdemokratisch, basisdemokra-
tisch.
Volkspolizei ↑ Polizist.
Volkspolizist ↑ Polizist.
Volksrepublik China ↑ China.
Volksscharen ↑ Menge.
Volksschule ↑ Schule.
Volksschullehrer ↑ Lehrer.
Volksseele: die kochende V. ↑ Erregung.
Volkssprache ↑ Landessprache.
Volksstamm ↑ Volk.
Volksstück ↑ Schauspiel.
Volkssturm ↑ Militär.
Volkstanz ↑ Tanz.
volkstümlich: ↑ angesehen, ↑ populär; -e Musik
↑ Musik; v. machen ↑ popularisieren.
Volkstümlichkeit ↑ Beliebtheit.
volksverbunden ↑ angesehen.
Volksverdummung ↑ Propaganda.
Volksverführer: ↑ Hetzer, ↑ Redner.
Volksverführung ↑ Propaganda.
Volksverhetzung ↑ Propaganda.
Volksvertreter ↑ Abgeordneter.
Volksvertretung, Parlament, das Hohe Haus,
Abgeordnetenhaus, Volkskammer (DDR
ehem.), Knesset[h] (Israel), Sejm (Polen), Sob-
ranje (Bulgarien), Storting (Norwegen) · Bun-
destag (Deutschland), Nationalrat (Österreich,

Schweiz), Unterhaus (Großbritannien) ·· Senat (USA, Kanada, Australien, Belgien), Bundesrat (BRD, Österreich), Ständerat (Schweiz), Oberhaus (Großbritannien), Repräsentantenhaus (USA) ·· Bundesversammlung (BRD, Österreich, Schweiz), Kongress (USA) ·· *eines Bundeslandes:* Landtag (BRD, Österreich), Abgeordnetenhaus (Berlin), Bürgerschaft (Bremen, Hamburg); ↑Abgeordneter, ↑Regierung.

Volkswirtschaft: ↑Wirtschaft, ↑Wirtschaftswissenschaft.

volkswirtschaftlich: -er Unterbau eines Landes ↑Infrastruktur.

Volkszählung ↑Zählung.

[1]voll, dicht gedrängt, dicht bei dicht, Kopf an Kopf, Mann an Mann, Schulter an Schulter, brechend / knüppeldick[e] / geknüppelt / zum Platzen / gerammelt / gestopft voll *(ugs.),* proppenvoll *(ugs.);* ↑besetzt, ↑dicht; **v. sein,** überfüllt sein, kein Apfel / keine Stecknadel kann zur Erde fallen.

[2]voll: ↑besetzt, ↑betrunken, ↑ganz, ↑satt, ↑überladen; v. Blut ↑blutig; aus -em Hals ↑laut; [sein Geld] mit -en Händen ausgeben ↑verschwenden; v. Schwung ↑beschwingt; v. Sehnsucht ↑Sehnsucht; in -em Umfang ↑vollinhaltlich; in die Vollen gehen ↑[nicht] sparen; v. wie eine Haubitze / bis an die Kiemen sein, den Kanal v. haben ↑betrunken [sein]; jetzt ist das Maß v. ↑statthaft; den Rachen nicht v. kriegen ↑unersättlich [sein]; v. drauf sein ↑begierig; v. und ganz ↑ganz; nicht für v. nehmen ↑missachten.

vollauf ↑ganz.

Vollbart ↑Bart.

voll bepackt ↑beladen.

vollbeschäftigt, ausgelastet, ausgebucht; ↑fleißig; ↑arbeiten.

voll besetzt ↑besetzt.

Vollblüter ↑Pferd.

vollblütig ↑lebhaft.

Vollblütigkeit ↑Blutandrang.

vollbringen ↑bewältigen.

Volldampf: mit V. voraus! ↑ankurbeln.

[1]vollenden, zu Ende führen, fertig machen, fertig stellen, den letzten Schliff geben, letzte Hand an etwas legen / anlegen; **etwas nicht v.,** auf halbem Weg stehen bleiben; **etwas nicht v. können,** auf halbem Weg stecken bleiben; ↑beenden, ↑bewältigen.

[2]vollenden: sein Leben / Dasein v. ↑sterben.

vollendet: ↑meisterhaft, ↑vollkommen; -e Tatsache ↑Tatsache; -e Vergangenheit ↑Tempus.

Vollendetheit: ↑Meisterhaftigkeit, ↑Untadeligkeit.

Vollendung: ↑Meisterhaftigkeit, ↑Untadeligkeit; in höchster V. ↑schlechthin.

Völlerei ↑Genuss.

Volleyball ↑Faustball.

voll fressen: sich v. f. ↑essen.

vollführen, aufführen, verrichten, tun, machen; ↑befassen (sich mit), ↑bewerkstelligen.

voll füllen ↑tanken.

voll gepackt ↑beladen.

Vollgummireifen ↑Autoreifen.

voll hauen: jmdm. den Frack v. h. ↑schlagen.

Vollidiot ↑Dummkopf.

völlig: ↑ganz, ↑grundlegend.

vollinhaltlich, in vollem Umfang, in jeder Hinsicht / Beziehung, vollumfänglich *(schweiz.);* ↑ganz.

volljährig, großjährig, majorenn, mündig; ↑erwachsen, ↑geschlechtsreif, ↑minderjährig, ↑reif; ↑Jüngling.

voll jammern: jmdm. die Ohren v. j. ↑klagen.

voll kleckern: sich v. k. ↑besudeln (sich).

[1]vollkommen, vollendet, perfekt, fehlerlos, einwandfrei, tadellos, untad[e]lig, untadelhaft, tadelfrei, makellos, lupenrein, mustergültig, perfektionistisch *(abwertend);* ↑ideal, ↑meisterhaft; ↑Meisterhaftigkeit, ↑Untadeligkeit.

[2]vollkommen: ↑ganz, ↑göttlich, ↑grundlegend, ↑ideal, ↑meisterhaft; v. glatte See ↑Seegang.

Vollkommenheit: ↑Gotteseigenschaften, ↑Meisterhaftigkeit, ↑Musterhaftigkeit, ↑Untadeligkeit.

Vollkonserve ↑Konserve.

Vollkornbrot ↑Brot.

Vollkornmehl ↑Mehl.

voll krakeln ↑beschreiben.

voll kritzeln ↑beschreiben.

voll laden ↑laden.

voll laufen: sich [den Kanal] v. l. lassen ↑betrinken (sich).

voll machen: sich v. m. ↑besudeln (sich); das Maß v. m. ↑statthaft.

[1]Vollmacht, Ermächtigungsgesetz; ↑Berechtigung, ↑Freibrief.

[2]Vollmacht: ↑Berechtigung; V. erteilen / verleihen ↑ermächtigen.

Vollmatrose ↑Matrose.

Vollmond ↑Mond.

voll packen ↑laden.

Vollporträt ↑Bildnis.

vollreif ↑reif.

Vollreinigung ↑Reinigung.

voll saufen: sich die Hucke v. s. ↑betrinken (sich).

voll schlabbern: sich v. s. ↑besudeln (sich).

voll schlagen: sich den Bauch v. s. ↑essen; jmdm. den Frack v. s. ↑schlagen; sich den Wamst v. s. ↑essen.

vollschlank ↑dick.

voll schmieren ↑beschmutzen.

voll schreiben ↑beschreiben.

voll schütten ↑tanken.

Vollschwester ↑Krankenschwester.

voll spritzen ↑beschmutzen.

vollständig ↑ganz.

[1]Vollständigkeit, Geschlossenheit; ↑Ganzheit, ↑Totalität; ↑insgesamt.

[2]Vollständigkeit: ↑Ganzheit, ↑Totalität.

Vollstein ↑Baustein.

voll stopfen: mit Möbeln v. s. ↑einrichten.
vollstrecken: ↑verwirklichen; die Todesstrafe v. ↑töten.
Vollstrecker ↑Ausführender.
Vollstreckungsbeamter ↑Vollziehungsbeamter.
Volltreffer: ↑Hauptgewinn; ein V. sein ↑wirken.
volltrunken ↑betrunken.
Volltrunkener ↑Betrunkener.
vollumfänglich ↑vollinhaltlich.
Vollverb ↑Verb.
Vollversammlung ↑Tagung.
Vollwaise ↑Waise.
Vollwertkost ↑Nahrung.
vollzählig: ↑alle, ↑komplett.
Vollziegel ↑Ziegelstein.
vollziehen: ↑verwirklichen; den Akt v. ↑koitieren; die Taufe v. ↑taufen; an jmdm. die Todesstrafe v. ↑töten.
Vollziehungsbeamter, Vollstreckungsbeamter, Ammann *(schweiz.)* · *bei Gericht:* Gerichtsvollzieher, Exekutor *(österr.).*
Vollzug ↑Koitus.
Vollzugsanstalt ↑Strafanstalt.
Volumen ↑Fassungsvermögen.
voluminös: ↑dick, ↑gewaltig.
Volutengiebel ↑Giebel.
Volvox ↑Alge.
vomieren ↑übergeben (sich).
Vomitio ↑Erbrechen.
Vomitus ↑Erbrechen.
¹von, aus der Feder / geschrieben / verfasst / komponiert / gezeichnet / gemalt von (Abk. p. oder pinx. = pinxit); ↑Künstler, ↑Schriftsteller.
²von: v. allein / selbst, v. sich aus ↑per se; v. dem Zeitpunkt an ↑seither; v. ... her ↑wegen; v. überallher ↑überallher.
vonstatten: v. gehen ↑geschehen.
Vopo ↑Polizist.
vor: ↑wegen; v. allem ↑jedenfalls; nicht v. ↑frühestens; noch das ganze Leben v. sich haben ↑jung [sein].
vorab ↑zunächst.
vorahnend: ↑ahnungsvoll, ↑prophetisch.
Vorahnung ↑Ahnung.
voran: ↑vorwärts; ↑weiter; mit dem Kopf v. ↑kopfüber.
Vorangegangener · *in einem Amt o. Ä.:* Vorgänger · · *in einer Entwicklung:* Vorläufer, Vorbote, Schrittmacher, Wegbereiter, Vorkämpfer, Avantgardist, Avantgarde, Protagonist, Bahnbrecher, Wegbahner *(schweiz.),* Vorbereiter, Vorbild, Pionier; ↑Schrittmacher · *in der Abstammung:* Aszendent, Vorfahr, Ahn, Ahnherr, Urvater, Väter, die Altvorderen · Ggs. ↑Nachfolger.
¹vorangehen, vorankommen, vorwärts gehen, vorwärts kommen, weiterkommen, Fortschritte machen, vom Fleck kommen *(ugs.),* etwas fleckt / flutscht *(ugs., landsch.),* es geht wie

nach Noten *(ugs.),* etwas geht wie geschmiert *(ugs.);* ↑avancieren; **nicht v.,** auf der Stelle treten, nicht von der Stelle kommen, ein Stillstand ist eingetreten; **nur langsam v.,** etwas dauert seine Zeit / geht nicht so schnell, nicht hexen können, mühsam baut sich das Eichhörnchen sein Nest, mühsam nährt sich das Eichhörnchen *(scherzh.),* gut Ding will Weile haben; ↑langsam.
²vorangehen ↑vorwegnehmen.
vorankommen ↑vorangehen.
Voranschlag: ↑Etat, ↑Kalkulation.
voranstellen: ↑vorausschicken; vorangestellte Worte ↑Einleitung.
vorantreiben: ↑ankurbeln, ↑verstärken.
Vorarbeiter ↑Leiter (der).
voraus: mit Volldampf v.! ↑ankurbeln.
Vorausabteilung ↑Abteilung.
vorausahnen ↑voraussehen.
vorausahnend: ↑ahnungsvoll, ↑prophetisch.
vorausbemerken ↑vorausschicken.
vorausberechenbar ↑absehbar.
vorausberechnen ↑ausrechnen.
Vorausberechnung ↑Kalkulation.
vorausbestellen ↑bestellen.
Vorausbestellung ↑Reservierung.
vorausblickend ↑weitblickend.
vorausgesetzt ↑erfunden.
voraussagbar ↑absehbar.
Voraussage, Vorhersage, Prognose, Präkognition, Prophezeiung, Weissagung, Orakel, Offenbarung, Manifestation · *in der Astrologie:* Horoskop; ↑Astrologie, ↑Ausspruch, ↑Diagnose; ↑voraussehen.
voraussagen ↑voraussehen.
vorausschauend ↑weitblickend.
vorausschicken, vorwegsagen, vorausbemerken, einleitend bemerken, voranstellen, an den Anfang stellen; ↑mitteilen.
voraussehbar ↑absehbar.
voraussehen, vorausahnen, vorhersehen, absehen, vorhersagen, voraussagen, prophezeien, prognostizieren, wahrsagen, hellsehen, weissagen, orakeln, die Zukunft deuten, sich etwas denken [können], sich etwas ausrechnen / an den zehn Fingern abzählen können, Gedanken lesen, etwas kommen sehen, unken *(ugs.),* schwarzsehen, den Teufel an die Wand malen; ↑auslegen, ↑merken, ↑vermuten; ↑absehbar, ↑ahnungsvoll, ↑defätistisch, ↑prophetisch; ↑Ahnung, ↑Astrologie, ↑Pessimist, ↑Telepathie, ↑Voraussage.
voraussehend ↑weitblickend.
¹voraussetzen, ausgehen von, als selbstverständlich ansehen / betrachten.
²voraussetzen: etwas setzt etwas voraus ↑erfordern.
Voraussetzung: ↑Bedingung, ↑Grundlage; die V. schaffen für ↑möglich [machen].
voraussetzungslos ↑vorbehaltlos.
voraussichtlich ↑anscheinend.

vorauswerfen: etwas wirft seine Schatten voraus ↑bevorstehen.

¹Vorauszahlung, Voreinsendung, Vorkasse *(schweiz.)* · *eines Teils des Betrags:* Anzahlung, Akonto, Angabe *(österr.);* ↑Eintreibung, ↑Zahlung; ↑zahlen (in Raten zahlen).

²Vorauszahlung: ↑Anleihe, ↑Zahlung.

vorauszusehen ↑absehbar.

Vorbau ↑Busen.

vorbauen ↑sichern.

Vorbedingung: ↑Bedingung; ohne V. ↑vorbehaltlos.

¹Vorbehalt, Einschränkung, Bedingung, Auflage, Klausel, Kautel, Reservatio mentalis; ↑Bedenken, ↑Bedingung.

²Vorbehalt: ↑Klausel; ohne V. ↑vorbehaltlos; unter V. ↑vorbehaltlich.

vorbehalten: etwas ist jmdm. v. ↑überlassen (jmdm. etwas); sich etwas v. ↑ausbitten (sich etwas); sich Maßnahmen / Schritte v. ↑Maßnahme.

vorbehaltlich, unter Vorbehalt, bedingt, eingeschränkt, nicht uneingeschränkt, mit Einschränkungen, cum grano salis, nicht ganz wörtlich zu nehmen · Ggs. ↑vorbehaltlos.

vorbehaltlos, bedingungslos, rückhaltlos, voraussetzungslos, ohne Einschränkung / Vorbehalt / Vorbedingung / Bedingungen, auf Gedeih und Verderb, ohne Wenn und Aber; ↑anstandslos; ↑Vorbehalt.

vorbei ↑überlebt.

vorbeibenehmen: sich v. ↑benehmen (sich).

vorbeifahren: ↑passieren; an jmdm. v. ↑überholen (jmdn.).

vorbeigehen: ↑passieren, ↑vergehen.

vorbeigelungen ↑verfehlt.

vorbeigreifen ↑treffen.

vorbeihauen ↑treffen.

vorbeikommen ↑besuchen.

vorbeilaufen: an jmdm. v. ↑überholen.

Vorbeimarsch ↑Parade.

vorbeischießen ↑treffen.

vorbeischlagen ↑treffen.

vorbeitreffen ↑treffen.

vorbeizielen ↑treffen.

vorbelastet: ↑parteiisch, ↑veranlagt.

Vorbelastetsein ↑Veranlagung.

Vorbelastung ↑Veranlagung.

Vorbemerkung ↑Einleitung.

vorbereiten: ↑bereitstellen, ↑planen; sich v. ↑wappnen (sich); vorbereitet ↑vorgefertigt.

Vorbereiter ↑Schrittmacher.

Vorbereitung: ↑Ausbildung; die nötigen -en treffen für ↑planen; -en zu etwas treffen ↑anschicken (sich, etwas zu tun); ohne V. ↑improvisiert.

vorbestellen ↑Anspruch [geltend machen].

Vorbestellung ↑Reservierung.

vorbestraft, schon einmal bestraft; ↑straffällig; **v. sein,** bei der Polizei kein Unbekannter / kein unbeschriebenes Blatt mehr sein; ↑Strafe.

vorbeugend, prophylaktisch, krankheitsverhütend, präventiv, auf Verdacht *(scherzh.);* ↑Verhütung; ↑Vorbeugungsmittel.

Vorbeugung ↑Verhütung.

Vorbeugungshaft ↑Freiheitsentzug.

Vorbeugungsmittel, Prophylaktikum; ↑Verhütung; ↑vorbeugend.

¹Vorbild, Musterbild, Beispiel; **V. für jmdn. sein,** sich ein Beispiel an jmdm. nehmen, sich von jmdm. eine Scheibe abschneiden können *(ugs.).*

²Vorbild: ↑Muster, ↑Schrittmacher; V. sein ↑nachahmen; sich jmdn. zum V. nehmen ↑nachahmen.

vorbildlich, mustergültig, musterhaft, beispielhaft, beispielgebend, beispiellos, exemplarisch, nachahmenswert, unnachahmlich; ↑bahnbrechend, ↑kennzeichnend, ↑richtungweisend; ↑Musterhaftigkeit.

Vorbildlichkeit ↑Musterhaftigkeit.

Vorbote: ↑Anzeichen, ↑Vorangegangener.

vorbringen: ↑mitteilen, ↑vorschlagen; Beschwerden v. ↑beanstanden.

Vordach ↑Dach.

vordem: ↑damals, ↑vorher.

Vordenker: ↑Berater, ↑Schrittmacher.

Vordenkerin ↑Schrittmacher.

Vorderansicht ↑Vorderseite.

vordere: -r Backenzahn ↑Zahn; Vorderer Orient ↑Orient; -r Teil ↑Vorderteil.

Vorderfront ↑Vorderseite.

Vordergrund: im V. ↑vorn; sich in den V. schieben ↑exponieren (sich); sich in den V. stellen ↑prahlen.

vordergründig, durchschaubar, durchsichtig, fadenscheinig *(abwertend),* schwach, lendenlahm *(ugs., abwertend),* positivistisch; ↑Durchschaubarkeit, ↑Positivismus · Ggs. ↑hintergründig.

Vordergründigkeit: ↑Durchschaubarkeit, ↑Positivismus.

vorderhand ↑zunächst.

Vorderhauptslage ↑Kindslage.

Vorderhirn ↑Gehirn.

Vorderindien ↑Indien.

Vordermann: ↑Nebenmann; auf V. bringen ↑lenken.

Vorderrad ↑Rad.

Vorderradbremse ↑Bremse.

Vorderschinken ↑Schinken.

Vorderseite · *eines Gebäudes:* Fassade, Vorderfront, Front, Stirnseite, Vorderansicht, Straßenseite · *beim Stoff:* Oberseite, rechte Seite · *eines Buches:* Frontispiz · *einer Münze oder Medaille:* Avers; ↑Vorderteil; ↑frontal · Ggs. ↑Hinterseite, ↑Rückseite.

Vordersteven ↑Vorderteil.

Vorderteil, vorderer Teil · *eines Schiffes:* Bug, Vordersteven; ↑Vorderseite · Ggs. ↑Hinterteil.

Vordruck ↑Formular.

vorehelich ↑unehelich.

voreilig ↑schnell.
Voreiligkeit ↑Ungeduld.
voreingenommen ↑parteiisch.
Voreingenommenheit ↑Vorurteil.
Voreinsendung ↑Vorauszahlung.
vorenthalten: jmdm. etwas v. ↑aufbewahren.
Vorentscheidung: -en treffen für ↑planen.
Vorerbe ↑Erbe (der).
vorerst ↑zunächst.
vorerwähnt ↑obig.
vorfabriziert ↑vorgefertigt.
Vorfahr ↑Angehöriger.
vorfahren: jmdm. v. ↑überholen (jmdn.).
Vorfahrt ↑Vorfahrtsrecht.
Vorfahrtsrecht, Vorfahrt, Vortritt *(schweiz.),* Vorrang *(österr.),* Vortrittsrecht *(schweiz.);* ↑Straße.
Vorfall ↑Ereignis.
vorfallen ↑geschehen.
Vorfeld ↑Schützengraben.
Vorfilm ↑Kinofilm.
vorfinden: ↑antreffen, ↑finden.
vorflüstern ↑vorsprechen.
Vorfreude, Erwartung; **in V. sein,** in freudiger Erregung sein, sich freuen auf; ↑Lust; ↑freuen (sich).
Vorfrühlingstag ↑Tag.
vorfühlen, [das Terrain] sondieren, einen Versuchsballon aufsteigen / steigen lassen (oder:) starten, die Fühler ausstrecken; sich umsehen, wie die Verhältnisse sind; ↑auskundschaften, ↑bemühen (sich um).
Vorführdame ↑Mannequin.
vorführen ↑konfrontieren.
Vorführgerät ↑Projektionsapparat.
Vorgang, Prozess, Action, Verlauf, Ablauf, Hergang, Gang, Lauf; ↑Ereignis, ↑Fortschritt; ↑geschehen.
Vorgänger ↑Vorangegangener.
Vorgangsverb ↑Verb.
Vorgangswort ↑Verb.
Vorgarten ↑Garten.
vorgaukeln ↑vortäuschen.
vorgeben: ↑vortäuschen; wie man vorgibt ↑angeblich.
vorgeblich ↑angeblich.
vorgefertigt, vorfabriziert, präfabriziert, vorbereitet; ↑Herstellung; ↑anfertigen.
Vorgefühl ↑Ahnung.
vorgehen: ↑geschehen, ↑verfahren, ↑vorrücken; diplomatisch / vorsichtig v. ↑lavieren; strenger v. ↑eingreifen; nicht zeigen, was in einem vorgeht ↑unterdrücken; v. gegen ↑ankämpfen (gegen etwas), ↑einschreiten; mit Gewalt gegen jmdn. v. ↑einschreiten; mit Gewalt v. ↑nötigen.
Vorgehen: ↑Aktion, ↑Maßnahme, ↑Strategie.
vorgenannt ↑obig.
Vorgericht, Vorspeise, Beigericht, Zwischengericht, Horsd'œuvre, Entree; ↑Essen · Ggs. ↑Dessert.

vorgerückt: im -en Alter sein ↑alt [sein].
Vorgeschichte: ↑Entstehung, ↑Geschichte.
vorgeschichtlich: -er Fund ↑Bodenfund.
Vorgeschichtsfund ↑Bodenfund.
¹vorgeschrieben, festgesetzt, festgelegt, bestimmt; **v. sein,** verlangt werden, Pflicht / Bestimmung sein; ↑vorschreiben.
²vorgeschrieben: wie v. ↑ordnungsgemäß.
Vorgesetzter: ↑Leiter, ↑Respektsperson; die Vorgesetzten ↑Obrigkeit.
vorgestellt ↑gedacht.
vorgreifen ↑vorwegnehmen.
vorhaben, beabsichtigen, intendieren, bezwecken, den Zweck haben / verfolgen, die Absicht haben, etwas ist vorgesehen, es ist daran gedacht, planen, große Rosinen im Kopf haben, schwanger gehen mit *(ugs.),* etwas in Aussicht nehmen, sich etwas vornehmen / vorsetzen / zum Ziel setzen / in den Kopf setzen, zielen / abzielen / hinzielen / *(landsch.)* abheben auf, Pläne machen / schmieden, neigen zu, tendieren, sich mit dem Gedanken tragen, ins Auge fassen, im Auge haben, denken / gedenken [zu tun], im Sinn haben / tragen, sinnen auf, in petto / *(ugs.)* auf der Pfanne haben, im Schilde führen, ansteuern; ↑entschließen (sich), ↑entwerfen, ↑erwägen, ↑münzen, ↑wünschen; **nicht v.,** das ist nicht beabsichtigt / geplant / vorgesehen, daran ist nicht gedacht; ↑absichtlich.
Vorhaben ↑Absicht.
Vorhalle ↑Diele.
Vorhalt ↑Vorwurf.
vorhalten ↑schelten.
Vorhaltung: ↑Vorwurf; jmdm. -en machen ↑schelten, ↑vorwerfen (jmdm. etwas).
vorhanden: ↑wirklich; v. sein ↑existieren, ↑herrschen; etwas ist im / in Überfluss v. ↑Überfluss [haben]; im Unterbewusstsein v. ↑unterbewusst; noch v. ↑restlich.
Vorhandensein ↑Vorkommen.
Vorhang: ↑Gardine; Eiserner V. ↑Grenze; Länder hinter dem Eisernen V. ↑Osten.
Vorhangbogen ↑Bogen.
Vorhängeschloss ↑Schloss.
Vorhangstange ↑Gardinenleiste.
Vorhaus: ↑Diele, ↑Hausflur.
Vorhaut, Präputium; ↑Glans.
Vorhautverengung, Phimose; ↑Vorhaut.
Vorhemd ↑Jabot.
¹vorher, zuvor, vordem, davor, im Vorhinein *(bes. österr.),* nicht ↑jetzt; ↑bereits, ↑damals, ↑längst · Ggs. ↑hinterher.
²vorher: genauso schlau sein wie v. ↑wissen; der v. Genannte ↑derselbe.
Vorherbestimmung ↑Schicksal.
Vorherrschaft, Übergewicht, Überlegenheit, Hegemonie, Vorrangstellung, Prävalenz, Dominanz, Prädomination.
vorherrschen: ↑überwiegen; im Geschmack v. ↑vorschmecken; das Vorherrschen ↑Prävalenz.

vorhersagbar ↑absehbar.
Vorhersage ↑Voraussage.
vorhersagen ↑voraussehen.
vorhersehbar ↑absehbar.
vorhersehen ↑voraussehen.
Vorherwissen ↑Ahnung.
vorherzusehen ↑absehbar.
vorhin ↑kürzlich.
Vorhinein: im V. ↑vorher.
Vorhof ↑Herz.
Vorhölle ↑Fegefeuer.
Vorhut ↑Abteilung.
vorig, letzte, vergangen, verflossen, abhin *(schweiz.; z.B.* ein Brief vom 4. August abhin); ↑altmodisch, ↑überlebt.
Vorjahr: ↑Frühling, im V. ↑[letztes] Jahr.
Vorkammer ↑Herz.
Vorkämpfer ↑Schrittmacher.
vorkämpferisch ↑fortschrittlich.
Vorkasse ↑Vorauszahlung.
Vorkehr: -en treffen ↑anordnen.
Vorkehrung: -en treffen ↑anordnen, ↑sichern.
vorknöpfen: sich jmdn. v. ↑schelten.
¹vorkommen, auftreten, sich finden, erscheinen, auftauchen, zu finden sein, auf den Plan treten, aufscheinen *(österr.);* ↑begegnen; ↑Vorkommen.
²vorkommen: ↑existieren; es kommt jmdm. vor ↑vermuten; das kommt in den besten Familien vor ↑verzeihlich [sein]; etwas ist jmdm. noch nicht vorgekommen ↑unterkommen.
Vorkommen, Vorhandensein, Existenz; ↑vorkommen.
Vorkommnis ↑Ereignis.
vorladen ↑beordern.
Vorladung, Ladung, Zitation; ↑beordern.
¹Vorlage, Muster, Schablone, Schema, Sample, Pattern, Paradigma, Simile *(veraltet, österr.),* Schimmel *(jurist., Jargon);* ↑Muster, ↑Schnittmuster; ↑berufen (sich auf).
²Vorlage: ↑Beschaffung, ↑Grundlage, ↑Teppich.
Vorläufer ↑Vorangegangener.
vorläufig: ↑notdürftig, ↑zunächst.
vorlaut ↑frech.
Vorlegegabel ↑Gabel.
Vorlegemesser ↑Messer.
¹vorlegen, abgeben, einreichen, überreichen, präsentieren, produzieren *(schweiz.).*
²vorlegen: ↑vorschlagen, ↑zahlen; den Riegel v. ↑abschließen.
Vorleger: ↑Fußabstreifer, ↑Teppich.
vorlesen ↑vortragen.
Vorlesung: ↑Rede, ↑Unterricht; V. halten ↑lehren.
Vorliebe: ↑Neigung; Kind mit V. ↑Kind; eine V. haben für ↑mögen (etwas); eine V. für etwas haben ↑bevorzugen.
vorlieb nehmen: v. n. mit ↑zufrieden geben (sich).
vorliegen ↑unerledigt [sein].

vormachen: ↑lehren, ↑vortäuschen; jmdm. blauen Dunst v. ↑lügen; sich nichts / sich kein X für ein U v. lassen ↑schlau [sein]; jmdm. ein X für ein U v. ↑betrügen.
vormalig ↑gewesen.
vormals ↑damals.
vormarschieren ↑vorrücken.
¹vormerken, vornotieren, auf die Warteliste setzen; **vorgemerkt sein,** auf der Warteliste stehen, auf Erledigung warten, anstehen; ↑Kalender.
²vormerken: ↑reservieren; v. lassen ↑Anspruch [geltend machen].
Vormerkkalender ↑Kalender.
Vormerkung ↑Reservierung.
Vormittag: ↑Morgen; am V. ↑morgens; immer am V. ↑allmorgendlich.
vormittags: ↑morgens; immer v. ↑allmorgendlich.
Vormittagsveranstaltung, Morgenvorstellung, Matinee, Akademie *(österr.).*
Vormund, Kurator, Tutor *(jurist.),* Vogt *(schweiz.);* ↑Vormundschaft · Ggs. ↑Mündel.
Vormundschaft, Pflegschaft, Kuratel, Tutel; ↑Mündel, ↑Vormund.
Vormundschaftsgericht ↑Gericht.
¹vorn, vorne, im Vordergrund; ↑frontal · Ggs. ↑hinten.
²vorn: es jmdm. v. und hinten reinstecken ↑verwöhnen; die Nase v. haben ↑Erfolg [haben]; nach v. ↑vorwärts; die Flucht nach v. antreten ↑attackieren; von v. bis hinten ↑A.
Vorname, Name, Rufname, Taufname, Kosename, Koseform; ↑Familienname, ↑Spitzname.
vorne: ↑vorn; die Flucht nach v. antreten ↑attackieren; von v. ↑frontal.
vornehm: ↑geschmackvoll, ↑gewählt.
vornehmen: ↑vorhaben; sich etwas v. ↑entschließen (sich); sich jmdn. v. ↑koitieren, ↑schelten; eine Abwertung v. ↑abwerten; eine Aufwertung v. ↑aufwerten; einen Austausch v. ↑austauschen; eine Impfung v. ↑impfen; einen Tapetenwechsel v. ↑übersiedeln, ↑zerstreuen (sich); die Taufe v. ↑taufen; eine Untersuchung v. ↑untersuchen.
¹Vornehmheit, Noblesse, Adel, Würde, Stolz, Hoheit, Grandezza, Majestät, Unantastbarkeit, Höhe, Erhabenheit, Distinktion, Individualität, Menschenwürde.
²Vornehmheit ↑Exklusivität.
vornehmlich ↑besonders.
Vorneverteidigung ↑Angriff.
vorneweg: mit dem Mund v. sein ↑frech [sein].
vornotieren ↑vormerken.
¹Vorort, Vorstadt, Grüngürtel, Bannmeile, Stadtrand, Peripherie, Trabantenstadt, Satellitenstadt, Suburb · Hinterland, Einzugsgebiet · Vorwerk; ↑Innenstadt, ↑Stadtteil.
²Vorort ↑Vorstand.
Vorortbahn ↑Verkehrsmittel.

Vorortzug ↑ Eisenbahnzug.
Vorplatz ↑ Platz.
¹Vorrang, Priorität, Vorrangigkeit, Erstrangigkeit, Schwerpunkt, Schwergewicht, Hauptgewicht; ↑ Hauptsache, ↑ Mittelpunkt, ↑ Prävalenz, ↑ Primus inter Pares, ↑ Staatsräson, ↑ Vorrecht; **V. haben,** an erster Stelle stehen / rangieren, obenan stehen, zuallererst kommen, von vorrangiger Bedeutung sein.
²Vorrang: ↑ Prävalenz, ↑ Vorfahrtsrecht; den V. geben / haben ↑ bevorzugen.
vorrangig: von -er Bedeutung sein ↑ Vorrang [haben].
Vorrangigkeit ↑ Vorrang.
Vorrangstellung ↑ Vorherrschaft.
Vorrat, Bestand, Reservoir, Rücklage, Fonds, Topf *(ugs.),* Potenzial, Reserve, Material, Menge, Stock, Lager, Store, Supply · *an Geldmitteln, über den die Regierung keine Rechenschaft ablegen muss:* Reptilienfonds · *an einstudierten, aufführungsbereiten Stücken:* Repertoire; ↑ Beitrag, ↑ Ersatz, ↑ Fassungsvermögen, ↑ Ressourcen, ↑ Warenlager.
Vorratskammer: ↑ Abstellraum, ↑ Speisekammer.
Vorratsraum ↑ Abstellraum.
Vorraum: ↑ Diele, ↑ Foyer.
Vorrecht, Erstrecht, Ausnahme, Privileg, Vergünstigung, Sonderrecht, Domäne, Monopol; ↑ Anspruch, ↑ Erlaubnis, ↑ Marktform, ↑ Vorrang, ↑ Zuständigkeit; **Vorrechte genießen,** privilegiert sein; ↑ befugt [sein].
Vorrede: ↑ Einleitung; sich nicht lange mit der V. aufhalten ↑ Einleitung.
Vorreiter ↑ Schrittmacher.
Vorrichtung ↑ Apparat.
vorrücken, vorgehen, vormarschieren, angreifen; ↑ kommen.
Vorruhestand ↑ Lebensabend.
¹vorsagen, zuflüstern, einblasen *(ugs.),* einsagen *(südd., österr.);* ↑ absehen.
²vorsagen ↑ vorsprechen.
Vorsaison ↑ Saison.
Vorsatz ↑ Absicht.
vorsätzlich ↑ absichtlich.
Vorsätzlichkeit ↑ Absichtlichkeit.
Vorschein: zum V. kommen ↑ entstehen, ↑ hervortreten.
vorschieben: den Riegel v. ↑ abschließen.
vorschießen ↑ zahlen.
¹Vorschlag, Empfehlung, Denkmodell, Rat, Ratschlag, Tipp, Ezzes *(jidd.)* · *negativ empfundener:* Ansinnen, Zumutung; ↑ Angebot, ↑ Gegenvorschlag, ↑ Hinweis, ↑ Lebenshilfe.
²Vorschlag: einen V. annehmen, auf einen V. eingehen ↑ billigen; den / einen V. machen, in V. bringen ↑ vorschlagen.
vorschlagen, einen Vorschlag machen, in Vorschlag bringen, einen Plan unterbreiten, anregen, eine Anregung geben, aufs Tapet bringen, zur Sprache bringen, anraten, raten, einen Rat

geben / erteilen, empfehlen, anempfehlen, jmdm. etwas ans Herz legen / nahe legen / zu verstehen geben / *(ugs.)* beibringen / *(salopp)* beibiegen / *(salopp)* stecken · *ein Gesetz o. Ä.:* einbringen, vorlegen, vorbringen · *zur Wahl:* portieren *(schweiz.),* proponieren *(schweiz.);* ↑ anordnen, ↑ anregen, ↑ beeinflussen, ↑ billigen, ↑ erwähnen, ↑ hinweisen, ↑ verlangen, ↑ zuraten; ↑ Angebot, ↑ Empfehlungsschreiben, ↑ Hinweis, ↑ Vorschlag.
vorschmecken, herausschmecken, durchschmecken, im Geschmack vorherrschen; ↑ Geschmack.
vorschnell ↑ schnell.
vorschreiben, zudiktieren, fordern, verlangen; ↑ vorgeschrieben.
vorschreibend ↑ präskriptiv.
Vorschrift: ↑ Brauch, ↑ Weisung; laut / nach V. ↑ ordnungsgemäß; Dienst nach V. ↑ Streik.
vorschriftsmäßig ↑ ordnungsgemäß.
Vorschub: einer Sache V. leisten ↑ unterstützen (etwas).
Vorschubleistung ↑ Beihilfe.
Vorschulalter ↑ Lebensalter.
Vorschuss ↑ Anleihe.
Vorschusslorbeer: [-en] ↑ Lob.
vorschützen: ↑ vortäuschen; keine Müdigkeit v.! ↑ weiter.
vorschwindeln: jmdm. etwas v. ↑ lügen.
¹vorsehen (sich), vorsichtig sein, sich hüten vor, sich in Acht nehmen, aufpassen, auf der Hut / Wacht sein; **sich vor jmdm. v. müssen,** jmd. ist nur mit Vorsicht zu genießen.
²vorsehen: ↑ ansetzen; etwas ist vorgesehen, das ist nicht vorgesehen ↑ vorhaben; v. für ein Amt ↑ designieren.
Vorsehung ↑ Schicksal.
vorsetzen: ↑ servieren; sich etwas v. ↑ vorhaben.
Vorsicht: ↑ Achtsamkeit; aus V. ↑ vorsichtshalber, ↑ vorsorglich; mit V. ↑ umsichtig; jmd. ist nur mit V. zu genießen ↑ vorsehen (sich); aller V. nach ↑ anscheinend.
vorsichtig: ↑ behutsam, ↑ umsichtig; v. sein ↑ verfahren, ↑ vorsehen (sich); in der Wahl seiner Eltern v. gewesen sein ↑ reich [sein]; v. vorgehen ↑ lavieren.
vorsichtshalber, für / auf alle Fälle, sicherheitshalber, aus Vorsicht, klugerweise, schlauerweise; ↑ umsichtig, ↑ vorsorglich, ↑ weitblickend.
Vorsilbe: ↑ Affix, ↑ Silbe.
vorsingen ↑ vortragen.
vorsintflutlich ↑ altmodisch.
¹Vorsitz, Präsidentschaft, Präsidium, Leitung, Ehrenvorsitz, Altersvorsitz, Ehrenpräsidium; ↑ Leitung, ↑ Vorsitzender.
²Vorsitz: ↑ Leitung; den V. führen ↑ vorstehen.
Vorsitzender, Vorsitzer, Präsident, Chairman, Obmann, Ehrenvorsitzender, Altersvorsitzen-

der, Alterspräsident · *eines Studentenkommer-ses:* Präside; ↑Leiter, ↑Leitung, ↑Oberhaupt, ↑Primus inter Pares, ↑Vorsitz, ↑Vorstand.

Vorsitzer ↑Vorsitzender.

Vorsorge: ↑Vorsorgeuntersuchung; V. treffen ↑sichern.

vorsorgen: ↑sichern; -d ↑vorsorglich.

¹Vorsorgeuntersuchung, Vorsorge, Voruntersuchung, Routineuntersuchung, Reihenuntersuchung; ↑Behandlung · Ggs. ↑Nachsorgeuntersuchung.

²Vorsorgeuntersuchung ↑Untersuchung.

vorsorglich, vorsorgend, aus Vorsicht / Bedachtsamkeit / Angst; ↑umsichtig, ↑vorsichtshalber.

¹Vorspann, Titelvorspann, Ansage, Ankündigung · Ggs. ↑Nachspann.

²Vorspann ↑Einleitung.

Vorspeise ↑Vorgericht.

vorspiegeln ↑vortäuschen.

Vorspiegelung ↑Mystifikation.

Vorspiel: ↑Einleitung, ↑Liebesspiel.

vorspielen ↑vortragen.

¹vorsprechen, vorsagen, vorflüstern, zuflüstern, soufflieren, einsagen; ↑Souffleur.

²vorsprechen: ↑besuchen; bei jmdm. v. ↑herantreten (an).

Vorsprung ↑Vorteil.

Vorstadt ↑Vorort.

¹Vorstand, Vorsteher, Vorort *(schweiz.),* Präsident, Wortführer, Sprecher, Speaker · *geistlicher:* Präses; ↑Leitung, ↑Vorsitzender.

²Vorstand ↑Leitung.

Vorstecknadel ↑Brosche.

vorstehen (einer Institution), leiten, präsidieren, [den Vorsitz] führen, dirigieren; ↑regieren; ↑Arbeitgeber, ↑Leiter.

vorstehend ↑obig.

Vorsteher: ↑Leiter, ↑Vorstand; V. eines Departements ↑Minister.

Vorsteherdrüse ↑Prostata.

Vorstehhunde ↑Hunderassen.

Vorstehung: ↑Leitung, ↑Obrigkeit.

¹vorstellen (sich etwas), sich etwas ausmalen / denken / ins Bewusstsein bringen, sich ein Bild / einen Begriff / eine Vorstellung machen von, sich etwas vergegenwärtigen / vor Augen führen (oder:) halten, jmdn. / etwas fantasieren, Revue passieren / an seinem geistigen Auge vorüberziehen lassen, sich einer Sache bewusst werden, realisieren; ↑erkennen, ↑merken, ↑verstehen; ↑gedacht.

²vorstellen: ↑bedeuten; vorgestellt werden ↑kennenlernen; sich v. ↑präsentieren (sich); etwas v. ↑auffallen; jmdm. etwas v. ↑vorwerfen (jmdm. etwas).

vorstellig: v. werden ↑bitten.

Vorstellung: ↑Ansicht, ↑Aufführung, ↑Einbildung; sich eine V. machen von ↑vorstellen (sich etwas); in der V. ↑Einbildung.

Vorstellungsablauf ↑Gedankengang.

Vorstoß: ↑Angriff, ↑Versuch.

vorstrecken ↑zahlen.

Vorstufe ↑Grundlage.

Vortag: am V. ↑kürzlich.

Vortänzerin ↑Go-go-Girl.

¹vortäuschen, heucheln, fingieren, vorgeben, vorspiegeln, vorgaukeln, vormachen, sich verstellen, schauspielern, Komödie / Theater spielen, den Schein wahren, so tun als ob, sich den Anstrich geben, sich stellen [als ob], simulieren, mimen, vorschützen; ↑anführen, ↑äußern (sich), ↑einreden (jmdm. etwas), ↑lügen, ↑schlau [sein], ↑vertuschen; ↑Ansehen, ↑Strohmann.

²vortäuschen: vorgetäuscht ↑erfunden.

Vortäuschung ↑Heuchelei.

¹Vorteil, Nutzen, Profit, Plus, Bonus, Vorsprung, Trumpf; ↑Ertrag, ↑Gewinnspanne, ↑Möglichkeit, ↑Vorzug · Ggs. ↑Mangel; **im V. sein,** alle Trümpfe in der Hand / in [den] Händen halten (oder:) haben, Oberwasser haben; **Vorteile und Nachteile einer Sache,** Für und Wider, Pro und Kontra; ↑erfreulich, ↑nützlich.

²Vorteil: ↑Vorzug; sich -e verschaffen ↑bereichern (sich); aus etwas / jmdm. V. ziehen ↑ausnutzen; seinen V. aus etwas ziehen ↑kommerzialisieren; auf den eigenen V. bedacht ↑eigennützig; zum V. gereichen ↑nützlich [sein]; sich zu seinem V. verändern ↑entwickeln (sich).

vorteilhaft: ↑erfreulich; v. kaufen ↑billig [kaufen]; es ist -er ↑besser.

Vortrag: ↑Rede; einen V. halten ↑vortragen.

¹vortragen, eine Rede / einen Vortrag / eine Ansprache / ein Referat halten, das Wort nehmen / ergreifen, etwas zum Besten geben / zu Gehör bringen, rezitieren, deklamieren, lesen, vorlesen, ablesen, verlesen, zur Verlesung bringen · *auswendig:* aufsagen, hersagen, herunterleiern *(abwertend),* ableiern *(abwertend),* abhaspeln, herunterschnurren, etwas wie am Schnürchen können · *in Bezug auf musikalische Darbietungen:* vorspielen, vorsingen; ↑extemporieren, ↑mitteilen, ↑predigen, ↑sprechen.

²vortragen: ↑mitteilen, ↑sprechen.

Vortragender ↑Redner.

Vortragskünstler, Deklamator, Rezitator, Diseur, Chansonnier; ↑Ansager, ↑Sänger, ↑Vortragskünstlerin.

Vortragskünstlerin, Diseuse, Chansonnière, Chansonsängerin; ↑Ansager, ↑Sängerin, ↑Vortragskünstler.

vortrefflich: ↑bravo!, ↑trefflich.

vortreten ↑treten.

Vortritt ↑Vorfahrtsrecht.

Vortrittsrecht ↑Vorfahrtsrecht.

vorüber, aus, zu Ende, [aus und] vorbei; ↑fertig.

vorüberfahren ↑passieren.

vorübergehen: ↑passieren, ↑vergehen; nicht v.
an ↑berücksichtigen; an der Mode v. ↑altmodisch [sein]; im Vorübergehen ↑Hast.

¹vorübergehend, flüchtig, kurz, auf / für kurze Zeit, eine [kurze] Weile, eine Zeit lang, kurze
Zeit, auf / für einen Augenblick, auf ein
Schwätzchen, kurzfristig, für den / als Übergang, nicht für dauernd / immer, auf Zeit, saisonal, saisonbedingt, zeitweilig, zeitweise, zeitenweise *(landsch.),* passager; ↑kurz, ↑kurzlebig, ↑manchmal, ↑vergänglich, ↑zunächst; ↑Ereignis; **nicht nur v.,** für immer, auf Dauer; ↑treu,
↑unaufhörlich..

²vorübergehend ↑notdürftig.
Vorübergehender ↑Passant.
vorüberziehen: an seinem geistigen Auge v.
lassen ↑vorstellen (sich etwas).
Voruntersuchung: ↑Experiment, ↑Nachforschung, ↑Vorsorgeuntersuchung,
Vorurteil, Voreingenommenheit, Parteilichkeit, Feindbild, Befangenheit, Einseitigkeit,
Engherzigkeit; ↑Abneigung, ↑Spießer, ↑Unduldsamkeit, ↑Verurteilung; ↑engherzig · Ggs.
↑unparteiisch.
vorurteilsfrei ↑aufgeklärt.
vorurteilslos ↑aufgeklärt.
Vorurteilslosigkeit ↑Objektivität.
Vorvergangenheit ↑Tempus.
Vorverkaufskasse ↑Kasse.
Vorverurteilung ↑Verurteilung.
vorwagen: sich v. ↑wagen.
Vorwand: ↑Ausflucht, ↑Beschönigung, ↑Mittel.
¹vorwärts, nach vorn, voran · Ggs. ↑rückwärts.
²vorwärts ↑weiter.
Vorwärtsellipse ↑Auslassung.
vorwärts gehen ↑vorangehen.
vorwärts kommen: ↑avancieren, ↑vorangehen.
Vorwärtskommen ↑Aufstieg.
Vorwärtsverteidigung ↑Krieg.
vorwegnehmen, vorgreifen, antizipieren,
zuvorkommen, vorangehen · *eine richterliche Entscheidung:* präjudizieren · Ggs. ↑überlebt.
vorwegsagen ↑vorausschicken.
Vorweihnachtszeit ↑Adventszeit.
Vorweis ↑Vorweisung.
vorweisen, zeigen; etwas v. können, mit etwas
aufwarten können; ↑Vorweisung.
Vorweisen ↑Vorweisung.
Vorweisung, Vorweisen, Vorzeigen, Vorweis
(schweiz.); ↑vorweisen.
¹vorwerfen (jmdm. etwas), jmdm. etwas vorstellen / vorhalten / vor Augen halten, jmdm.
Vorhaltungen / Vorwürfe machen, jmdm. etwas
hindrücken / hinreiben / unter die Nase reiben /
aufs Butterbrot schmieren *(ugs.);* ↑mitteilen,
↑schelten; ↑Schuldgefühl.
²vorwerfen: jmdm. etwas v. ↑schelten.

Vorwerk ↑Vorort.
vorwiegen ↑überwiegen.
vorwiegend ↑oft.
Vorwitz ↑Frechheit.
vorwitzig ↑frech.
vorwölben: sich v. ↑bauschen (sich).
Vorwort: ↑Einleitung, ↑Wortart.
¹Vorwurf, Beanstandung, Beanständung *(österr.),* Ausstellung, Bemängelung, Monitum,
Vorhaltung, Vorhalt *(schweiz.),* Anwurf, Tadel, Rüge, Verweis, Zurechtweisung, Rüffel, Anpfiff *(ugs.),* Anschnauzer *(ugs.),* Zigarre
(salopp), Anschiss *(derb);* ↑Aufruf, ↑Maßregelung.
²Vorwurf: Vorwürfe machen ↑schelten; jmdm.
Vorwürfe machen ↑vorwerfen (jmdm. etwas);
sich Vorwürfe machen ↑Schuldgefühl.
Vorzeichen ↑Anzeichen.
vorzeigen ↑aufdecken.
Vorzeigen ↑Vorweisung.
Vorzeit: aus grauer V. ↑altmodisch.
vorzeitig, vor der Zeit, verfrüht, zu ↑früh.
vorziehen ↑bevorzugen.
¹Vorzimmer, Sekretariat, Chefsekretariat, Anmeldung, Anmelderaum; ↑Büro, ↑Leitung,
↑Sekretärin.
²Vorzimmer: ↑Diele, ↑Raum.
Vorzimmerdame ↑Sekretärin.
Vorzimmerwand ↑Garderobe.
¹Vorzug, Vorteil; ↑Vorteil · Ggs. ↑Mangel.
²Vorzug: ↑Eisenbahnzug; den V. geben ↑bevorzugen.
vorzüglich: ↑schmackhaft, ↑trefflich; mit -er
Hochachtung ↑hochachtungsvoll.
Vorzugsaktie ↑Wertpapier.
Vorzugsmilch ↑Milch.
Vorzugspreis ↑Preis.
Vorzugsschüler ↑Schüler.
vorzugsweise ↑besonders.
Vorzukunft ↑Tempus.
votieren ↑wählen.
Votivbild, Votivtafel, Exvoto, Bildstock, Marterl *(bayr., österr.);* ↑Andachtsbild.
Votum ↑Urteil.
Voyeur ↑Zuschauer.
Voyeurismus ↑Perversität.
VP ↑Versuchsobjekt.
Vulcanus ↑Gott.
vulgär ↑gewöhnlich.
Vulgärausdruck, Fäkalsprache, Gossenausdruck, Gossenwort, [unanständiger] Ausdruck, unanständiges / ordinäres / unfeines /
derbes Wort, Kraftausdruck, Kraftwort, Vulgarismus; ↑Wort.
Vulgarisator ↑Popularisator.
vulgarisieren ↑popularisieren.
Vulgarismus ↑Vulgärausdruck.
Vulgärsprache ↑Ausdrucksweise.
Vulgata ↑Bibelübersetzung.
¹Vulkan, Feuer speiender Berg; ↑Vulkanausbruch.

²**Vulkan:** auf einem V. leben ↑leben; Tanz auf dem V. ↑Ausgelassenheit.

Vulkanausbruch, Ausbruch, Eruption; ↑Vulkan.

Vulva, Scham, Mäuschen *(ugs.),* Muschi *(ugs.),* Möse *(derb);* ↑Genitalien, ↑Vagina.

¹**Waage,** Schweremesser · Haushaltswaage, Küchenwaage, Babywaage, Personenwaage, Standwaage, Münzwaage, Brückenwaage, Dezimalwaage, Schnellwaage, Federwaage, Zugfederwaage, Druckwaage, Senkwaage, Präzisionswaage, Briefwaage, Juwelierwaage, Goldwaage, Apothekerwaage; ↑Gewicht, ↑Gewichtseinheit; ↑abwiegen, ↑wiegen.

²**Waage:** ↑Eislauf, ↑Sternbild, ↑Tierkreiszeichen; das Zünglein an der W. sein ↑maßgeblich [sein]; auf die W. legen ↑abwiegen; auf die W. steigen / klettern, sich auf die W. stellen ↑Gewicht; ein bestimmtes Gewicht auf die W. bringen ↑wiegen.

Waagepirouette ↑Eislauf.

waagerecht *(bes. nordd.),* waagrecht *(bes. südd.),* horizontal; ↑Waagerechte · Ggs. ↑senkrecht.

Waagerechte *(bes. nordd.),* Waagrechte *(bes. südd.),* Horizontale; ↑waagerecht · Ggs. ↑Senkrechte.

waagrecht ↑waagerecht.

Waagrechte ↑Waagerechte.

Waagschale: sein ganzes Gewicht in die W. werfen ↑Einfluss [ausüben].

wabbelig ↑weich.

Wabenhonig ↑Honig.

Wabenschwamm ↑Schwamm.

Waberl ↑Frau.

wabern: ↑brennen, ↑brodeln.

¹**wach,** munter, ausgeschlafen, hellwach · Ggs. ↑müde; **w. werden,** erwachen, aufwachen, zu sich kommen, munter werden, die Augen aufmachen · Ggs. ↑einschlafen; **w. sein,** wachen, wach liegen, keinen Schlaf finden, kein Auge zutun können *(ugs.),* auf sein, aufsitzen, aufbleiben, nicht ↑schlafen; **w. bleiben,** sich wach halten.

²**wach:** w. machen ↑aufwecken.

Wachablösung ↑Nachfolge.

Wachauer ↑Brötchen.

Wachboot ↑Kriegsschiff.

¹**Wache,** Wacht *(dichter.);* **W. haben,** Wache stehen, auf der Wache / *(dichter.)* Wacht sein, Wache halten / *(ugs.)* schieben.

²**Wache:** ↑Wachtposten; auf die W. mitnehmen, mit auf die W. nehmen, zur W. bringen ↑abführen.

Wachebeamter ↑Polizist.

Wach-Eeg ↑Elektrogramm.

Wach-EEG ↑Elektrogramm.

Wachelektroenzephalogramm ↑Elektrogramm.

wachen ↑wach [sein].

Wachfeuer ↑Feuer.

wach halten, aufrechterhalten, nicht der Vergessenheit anheim fallen lassen; ↑erinnern (sich), ↑fortsetzen, ↑wachrufen; ↑Erinnerung, ↑Gedächtnis.

Wachhunde ↑Hunderassen.

Wachmann ↑Polizist.

Wacholder: ↑Alkohol, ↑Nadelhölzer.

Wacholderbeere ↑Gewürz.

¹**wachrufen,** wecken, in Erinnerung / ins Bewusstsein bringen (oder:) rufen, wieder hervorrufen; ↑aufrütteln, ↑wach halten.

²**wachrufen:** etwas ruft etwas in jmdm. wach ↑gemahnen.

wachrütteln ↑aufrütteln.

Wachs, Bohnerwachs, Fußbodenwachs · *aus dem Kerzen hergestellt werden:* Kerzenwachs, Stearin · *für Autos:* Autowachs · *für Skier:* Skiwachs, Gleitwachs; ↑säubern.

wachsam, hellhörig, aufmerksam, achtsam; **w. sein,** auf der Hut / auf dem Quivive / auf dem Posten sein; Holzauge, sei wachsam! *(ugs.);* ↑Achtsamkeit; ↑Acht geben.

Wachsamkeit ↑Achtsamkeit.

wachsbleich ↑blass.

wachseln ↑wachsen.

¹**wachsen,** einwachsen, mit Wachs einreiben, einbohnern *(landsch.),* einlassen *(österr.),* wachseln *(österr.);* ↑bohnern, ↑polieren; ↑Bohnerbesen.

²**wachsen:** ↑entwickeln (sich), ↑gedeihen, ↑groß [werden]; gut gew. ↑sportlich; w., blühen und gedeihen ↑florieren; über etwas Gras w. lassen ↑vertuschen; über etwas ist Gras gew. ↑vergessen; er soll hingehen / bleiben, wo der Pfeffer wächst ↑willkommen; jmdn. dorthin wünschen, wo der Pfeffer wächst ↑verwünschen (jmdn.); das Gras w. hören ↑wissen; sich über etwas / wegen etwas keine grauen Haare w. lassen ↑sorgen (sich); jmdm. ans Herz gew. sein ↑lieb [sein]; etwas ist nicht auf jmds. Mist gew. ↑stammen (von); wie aus dem Boden gew. ↑plötzlich; dafür sorgen, dass die Bäume nicht in den Himmel w. ↑einschränken; jmdm. über den Kopf w. ↑selbstständig; etwas wächst jmdm. über den Kopf ↑bewältigen.

Wachsfigur, Wachspuppe; ↑Puppe.

Wachsfigurenkabinett, ↑Panoptikum.

Wachskerze ↑Kerze.

Wachskitt ↑Bindemittel.
Wachskreide ↑Kreide.
Wachsleinwand ↑Wachstuch.
Wachsmalstift ↑Zeichenstift.
Wachspapier ↑Einwickelpapier.
Wachsperle ↑Perle.
Wachspuppe ↑Wachsfigur.
Wachsstreichholz ↑Streichholz.
Wachstation ↑Krankenhaus.
Wachstuch, Wachsleinwand *(österr.),* Wichsleinwand *(österr.);* ↑Leinen.
Wachstum: ↑Entwicklung, ↑Steigerung, ↑Zunahme.
Wachszünsler ↑Schmetterling.
Wacht: ↑Wache; auf der W. sein ↑vorsehen (sich), ↑Wache [haben].
Wachtel ↑Vogel.
Wachtelkönig ↑Vogel.
Wächter, Hüter, Türhüter, Zerberus *(scherzh.),* Aufseher, Wärter, Pfleger, Schließer · *in der Kirche:* Küster, Kirchendiener · *im Museum, in der Bibliothek:* Kustos, Kustode · *im Gefängnis:* Gefängniswärter, Gefängnisaufseher, Kerkermeister, Gefangenenaufseher, Gefangenenwärter · *im Londoner Tower:* Beefeater · *vor dem Harem:* Eunuch, Verschnittener, Haremswächter · *auf Parkplätzen:* Parkplatzwächter · *in Parks:* Parkwächter; ↑Bewacher, ↑Leibwache, ↑Wachtposten; ↑beobachten, ↑kümmern (sich um jmdn.).
Wächterlied ↑Lied.
Wachtmeister ↑Polizist.
Wachtposten, Posten, Wache; ↑Wächter.
Wachtraum ↑Traum.
Wachtturm ↑Turm.
wackelig: ↑hinfällig, ↑lose, ↑wacklig; etwas ist w. ↑ungewiss [sein].
wackeln: ↑schwingen; der Haussegen wackelt ↑Stimmung; wie ein Lämmerschwanz w. ↑schwingen.
Wackelpeter ↑Dessert.
wacker ↑ehrenhaft.
Wackerstein ↑Stein.
Wackes ↑Elsässer.
¹wacklig, wackelig, kippelig *(ugs.),* kipplig *(ugs.),* nicht fest stehend, schwankend, wankend; ↑schwingen.
²wacklig: ↑hinfällig, ↑lose; etwas ist w. ↑ungewiss [sein]; etwas steht auf -en Füßen ↑glaubwürdig, ↑unsicher [sein].
Wadenstrumpf ↑Strumpf.
Wädli ↑Eisbein.
Waffe: ↑Schusswaffe; die W. auf etwas richten ↑zielen; die -n ruhen lassen ↑Frieden [schließen]; die -n strecken ↑nachgeben; jmdn. mit seinen eigenen -n schlagen ↑wehren (sich); zu den -n eilen ↑Soldat [werden]; zu den -n rufen ↑einberufen.
Waffel ↑Gebäck.
Waffelplissee ↑Falte.
Waffen, strategische / konventionelle Waffen,

atomare / biologische / chemische Waffen, ABC-Waffen, nukleare Waffen, Nuklearwaffen, Kernwaffen; ↑Schusswaffe; ↑Kampfmittel.
Waffengattung ·· technische Aufklärungstruppe · Fernmeldetruppe · Heeresfliegertruppe · Feldjägertruppe · Infanterie · Panzertruppe · Artillerie, Ari *(Soldatenspr.)* · Pioniertruppe · ABC-Abwehrtruppe · Heeresflugabwehrtruppe · technische Truppe · Sanitätstruppe; ↑Dienstgrad, ↑Soldat.
Waffengewalt ↑Gewalt.
Waffenkammer ↑Warenlager.
Waffenlärm ↑Schlachtgewühl.
Waffenmeister ↑Verwalter.
Waffenruhe ↑Waffenstillstand.
Waffenschmied ↑Schmied.
waffenstarrend ↑kampfbereit.
Waffenstillstand, Waffenruhe, Einstellung der Feindseligkeiten, Frieden, Friedensschluss; ↑Frieden, ↑Friedenssymbol, ↑Kampf.
wäg ↑tüchtig.
Wagemut ↑Mut.
wagemutig ↑mutig.
¹wagen, sich trauen / getrauen, sich unterstehen / vorwagen / erdreisten / erkühnen, etwas riskieren, ein Risiko eingehen, etwas aufs Spiel setzen, Kopf und Kragen riskieren / wagen, alles auf eine Karte setzen, Vabanque spielen, etwas kann Kopf und Kragen kosten, sein Leben einsetzen; ↑entschließen (sich), ↑überwinden (sich), ↑exponieren (sich), ↑gefährden, ↑probieren; **alles w. [können],** nichts zu verlieren haben; **etwas nicht w.,** sich etwas nicht zutrauen, auf Nummer Sicher gehen *(ugs.),* keine Experimente machen, kein Fiduz haben *(ugs.);* ↑Gefahr, ↑Mut, ↑Wagnis.
²wagen: den Sprung w. ↑entschließen (sich); ein Tänzchen w. ↑tanzen.
¹Wagen, Gefährt, Rikscha, Leiterwagen, Karren, Karre, Handwagen, Ziehwagen, Blockwagen *(landsch.),* Bollerwagen *(landsch.)* · *kleiner, mit dem man sein Gepäck auf Bahnsteigen befördern kann:* Kofferkuli; ↑Auto, ↑Kutsche, ↑Schubkarre.
²Wagen: ↑Auto; Großer / Kleiner W. ↑Sternbild; das fünfte Rad am W. sein ↑überflüssig [sein].
wägen: ↑abwiegen, ↑erwägen.
Wagenaufbau ↑Karosserie.
Wagenbauer ↑Wagner.
Wagenburg ↑Wall.
Wagendecke ↑Plane.
Wagenfahrt ↑Fahrt.
Wagenhalle ↑Remise.
Wagenladung ↑Ladung.
Wagenoberbau ↑Karosserie.
Wagenpferd ↑Pferd.
Wagenplache ↑Plane.
Wagenplane ↑Plane.
Wagenrad ↑Kopfbedeckung.

Wagenschuppen ↑Remise.

Waggon ↑Eisenbahnwagen.

waghalsig ↑mutig.

Wagner, Stellmacher *(landsch.),* Wagenbauer; ↑Handwerker.

Wagnis, Risiko, Experiment; ↑Experiment, ↑Gefahr (Sicherheitsrisiko), ↑Versuch; ↑wagen.

¹Wahl, Urnengang · Abstimmung, Urabstimmung · Bundestagswahl, Landtagswahl · Testwahl, Richtungswahl · Nachwahl · *erneute, wenn kein Kandidat die notwendige Mehrheit erreicht hat:* Stichwahl · *durch Betreten des Saales durch eine bestimmte Tür im Parlament:* Hammelsprung; ↑Abgeordneter, ↑Anwärter, ↑Verhältniswahl, ↑Volksentscheid, ↑Wahlbeteiligung, ↑Wahlberechtigter, ↑Wähler, ↑Wahlrecht; ↑kandidieren.

²Wahl: ↑Auswahl; keine andere W. haben ↑notgedrungen [etwas tun müssen]; die W. treffen, jmds. W. fällt auf ↑auswählen; nach W. ↑beliebig; in der W. seiner Eltern vorsichtig gewesen sein ↑reich [sein].

wahlberechtigt, stimmberechtigt, abstimmungsberechtigt, stimmfähig *(schweiz.);* ↑Wahlberechtigter.

Wahlberechtigter, Stimmberechtigter, Abstimmungsberechtigter, Stimmbürger *(schweiz.),* Stimmfähiger *(schweiz.)* · *erstmals:* Jungwähler, Jungbürger *(österr.);* ↑Verhältniswahl, ↑Wahl, ↑Wähler; ↑wahlberechtigt.

Wahlbeteiligung, Stimmbeteiligung *(schweiz.);* ↑Stimmenthaltung, ↑Verhältniswahl, ↑Volksentscheid, ↑Wahl.

Wahleltern ↑Adoptiveltern.

¹wählen, seine Stimme abgeben, abstimmen, stimmen *(bes. schweiz.),* optieren, votieren · *wobei man einem Wahlkandidaten mehrere Stimmen gibt:* kumulieren · *wobei man seine Stimme für Kandidaten verschiedener Parteien abgibt:* panaschieren; **nicht w.,** sich der Stimme enthalten, einen weißen / ungültigen Stimmzettel abgeben; ↑erwählen; ↑Verhältniswahl, ↑Wahlrecht.

²wählen: ↑auswählen, ↑erwählen; den zweiten Bildungsweg w. ↑weiterbilden (sich); einen Beruf w. ↑werden (etwas).

Wähler, Wahlvolk, Stimmvolk, Wählerschaft, Souverän *(schweiz.),* Stimmvieh *(abwertend),* Mehrheitsbeschaffer · Jungwähler · Wechselwähler, Protestwähler · · *Anzahl, die zur Beschlussfähigkeit erforderlich ist:* Quorum *(schweiz.);* ↑Abgeordneter, ↑Verhältniswahl, ↑Wahl, ↑Wahlberechtigter, ↑Wahlrecht; ↑bemühen (sich um).

Wahlergebnis ↑Ergebnis.

¹wählerisch, verwöhnt, mäklig *(ugs.),* kiesetig *(nordd.),* kiesetsch *(nordostd.),* heikel *(südd., österr.),* extra *(bayr., österr.),* schleckig *(landsch.),* schnäkisch *(südd.),* schnaukig *(landsch.),* schnäubig *(hess.),* krüsch *(niederd.);* ↑empfind-

lich; **w. sein;** was der Bauer nicht kennt, das frisst er nicht *(ugs.).*

²wählerisch ↑anspruchsvoll.

Wählerschaft ↑Wähler.

Wählerstimme: -n gewinnen ↑gewinnen.

Wählerumfrage ↑Umfrage.

Wahlgeschenk, Wahlversprechen, Wahlzuckerl *(österr.);* ↑Wahl.

Wahlgrab ↑Grab.

Wahlheimat ↑Heimat.

Wahlhelfer, Wahlkämpfer, Schlepper.

Wahlkämpfer ↑Wahlhelfer.

Wahlkind ↑Kind.

Wahlkonsul ↑Diplomat.

Wahlkonsulat ↑Botschaft.

Wahllokomotive ↑Glanzpunkt.

wahllos: ↑unbesonnen, ↑willkürlich.

Wahlmagnet ↑Glanzpunkt.

Wahlplakat ↑Plakat.

Wahlrecht, Stimmrecht, Frauenwahlrecht, Frauenstimmrecht · *bei dem Stimmenmehrheit entscheidet:* Mehrheitswahlrecht, Direktwahlrecht · *bei dem das Verhältnis der abgegebenen Stimmen entscheidet:* Verhältniswahlrecht · *das nach Steuerstufen abgestuft ist:* Dreiklassenwahlrecht *(hist.);* ↑Verhältniswahl, ↑Verhältniswahlrecht, ↑Wahl, ↑Wähler; ↑wählen.

Wahlsieg ↑Sieg.

Wahlspruch ↑Ausspruch.

Wahlversprechen ↑Wahlgeschenk.

Wahlverteidiger ↑Jurist.

Wahlvolk: ↑Menge, ↑Wähler.

wahlweise, alternativ, wechselweise, abwechselnd; ↑abwechselnd.

Wahlzuckerl ↑Wahlgeschenk.

Wahn ↑Einbildung.

wähnen ↑vermuten.

Wahnidee ↑Bewusstseinstrübung.

wahnsinnig ↑verrückt.

Wahnsinns-: ↑verrückt.

Wahnvorstellung: ↑Bewusstseinstrübung; -en haben ↑fantasieren.

¹wahr, wirklich, gewiss, unleugbar, unwiderleglich, tatsächlich, den Tatsachen entsprechend, belegt, beglaubigt, zutreffend, richtig, nicht übertrieben, glaubhaft, glaubwürdig, zuverlässig, nicht ↑falsch; **w. sein;** etwas ist wahr, etwas ist über jeden Verdacht / Zweifel erhaben.

²wahr: ↑aufrichtig; sein -es Gesicht zeigen ↑erkennen; im -sten Sinne des Wortes ↑schlechthin; an etwas ist kein -es Wort ↑erfunden [sein]; w. sein ↑stimmen; etwas wird w. ↑eintreffen; etwas ist nicht w. ↑erfunden [sein]; das kann / darf doch nicht w. sein! ↑überrascht [sein]; als w. bescheinigen ↑beglaubigen; als w. bescheinigt ↑bezeugt; sich als w. erweisen / herausstellen ↑bewahrheiten (sich); für w. halten ↑möglich; w. machen ↑verwirklichen.

wahren: das Gesicht w. ↑unterdrücken; den Schein w. ↑vortäuschen.

währen ↑andauern.

¹während, bei, in, im Verlauf, indem; ↑als, ↑indem, ↑inzwischen, ↑weil.

²während: immer w. der Nacht ↑allnächtlich; w. des Tages ↑täglich.

währenddem ↑inzwischen.

währenddessen ↑inzwischen.

wahrhaben: etwas nicht w. wollen ↑erkennen.

wahrhaft ↑aufrichtig.

wahrhaftig: ↑aufrichtig, ↑wahrlich.

Wahrheit: ↑Gotteseigenschaften; Dichtung und W. ↑Lüge; die W. sagen, der W. die Ehre geben, mit der W. nicht hinter dem Berge halten ↑aufrichtig [sein]; nicht die W. sagen, nicht bei der W. bleiben, es mit der W. nicht so genau nehmen ↑lügen; etwas schlägt der W. ins Gesicht ↑erfunden [sein]; in Tat und W. ↑wahrlich.

wahrlich, bestimmt, mit Sicherheit, gewiss, wirklich, in der Tat, tatsächlich, ungelogen, ohne dass ich lüge, ohne Übertreibung, nicht übertrieben, weiß Gott, bei Gott, unweigerlich, fürwahr, traun [fürwahr] *(scherzh., veraltend),* beim Barte des Propheten! *(scherzh.),* wenn ich dir [doch] sage *(ugs.),* ehrlich [wahr] *(ugs.),* auf Ehre und Gewissen, sage und schreibe *(ugs.),* Hand aufs Herz!, in Tat und Wahrheit *(schweiz.),* wahrhaftig; ↑erwartungsgemäß, ↑ja, ↑wirklich.

¹wahrnehmen, bemerken, sehen, gewahren, ausnehmen *(österr.),* gewahr werden, innewerden, ansichtig werden, zu Gesicht / zu sehen bekommen; ↑erfahren, ↑finden, ↑hören, ↑merken, ↑sehen; ↑Augenlicht.

²wahrnehmen: die Gelegenheit w. ↑ausnutzen, ↑auswerten.

¹Wahrnehmung, Sinneseindruck, Eindruck, Perzeption, das Erfassen / Aufnehmen, Apperzeption; ↑Impression.

²Wahrnehmung ↑Impression.

wahrsagen ↑voraussehen.

¹Wahrsager, Prophet, Hellseher, Visionär, Seher, Sterndeuter, Astrologe, Vogelschauer, Augur, Haruspex; ↑Artist, ↑Geisterbeschwörung, ↑Hellsehen, ↑Spiritist, ↑Telepathie, ↑Wahrsagerin.

²Wahrsager ↑Artist.

Wahrsagerin, Kartenlegerin, Astrologin, Kartenschlägerin *(abwertend),* Pythia, Sibylle, Kassandra; ↑Wahrsager.

währschaft: ↑gediegen, ↑haltbar.

Währschaft ↑Sicherheit.

wahrscheinlich: ↑anscheinend; nicht w. ↑schwerlich.

Wahrscheinlichkeit: aller W. nach ↑anscheinend.

Wahrscheinlichkeitsrechnung ↑Mathematik.

Währung: ↑Zahlungsmittel; ausländische W. ↑Devisen; die W. betreffend ↑monetär.

Währungsreform: die Zeit vor der W. ↑Nachkriegszeit.

Wahrzeichen ↑Abzeichen.

Waidmann ↑Jäger.

Waidmannssprache ↑Gruppensprache.

Waise, Waisenkind, Findling *(veraltet),* Findelkind *(veraltet);* Vollwaise, Halbwaise · *aufgrund der Scheidung der Eltern ohne Elternhaus:* Scheidungswaise *(Jargon).*

Waisenkind ↑Waise.

Waisenknabe: ein / der reine / der reinste W. gegen jmdn. sein ↑erreichen.

¹Wal, Walfisch ·· Zahnwal · Pottwal, Narwal, Tümmler, Delphin · Bartenwal, Blauwal, Riesenwal, Finnwal, Grönlandwal; ↑Fisch.

²Wal: ↑Sternbild.

¹Wald, Waldung, Forst, Hain *(dichter.),* Tann *(dichter.),* Holz, Gehölz, Nadelwald, Laubwald, Mischwald, Eichenwald, Buchenwald, Kastanienwald, Birkenwald, Kiefernwald, Fichtenwald, Tannenwald, Tannicht *(dichter.),* Hochwald, Niederwald, Buschwald, Jungwald, Maiß *(bayr., österr.)* · Gemeindewald, Staatswald, Staatsforst · *junger, geschützter:* Schonung, Schonwald, Hegewald; ↑Dickicht, ↑Landschaft, ↑Urwald.

²Wald: den W. vor lauter Bäumen nicht sehen ↑erkennen, ↑[nicht] verstehen; im W. und auf der Heide, in Feld und W. ↑Natur; sich benehmen wie die Axt im -e ↑benehmen (sich); nicht um einen W. voll / von Affen ↑nein; die Stadt zwischen W. und Reben ↑Stuttgart; den W. vor lauter Bäumen nicht sehen ↑[nicht] verstehen.

Waldarbeiter ↑Holzfäller.

Waldblume ↑Blume.

Waldbrand ↑Schadenfeuer.

Waldchampignon ↑Ständerpilz.

Walderdbeere ↑Erdbeere.

Waldfriedhof ↑Friedhof.

Waldgang ↑Spaziergang.

Waldhonig ↑Honig.

Waldhufendorf ↑Dorf.

Waldkauz: ↑Kauz, ↑Vogel.

Waldlandschaft ↑Landschaft.

Waldlauf ↑Training.

Waldmaus ↑Maus.

Waldmeister ↑Gewürz.

Waldohreule ↑Vogel.

Waldorfsalat ↑Salat.

Waldpförtner ↑Schmetterling.

Waldportier ↑Schmetterling.

Waldschachtelhalm ↑Schachtelhalm.

Waldschlag ↑Schneise.

Waldschnepfe: ↑Vogel, ↑Wild.

Waldspaziergang ↑Spaziergang.

Waldsteppe ↑Steppe.

Waldsterben ↑Umweltverschmutzung.

Waldtundra ↑Steppe.

Waldung ↑Wald.

Waldveilchen ↑Veilchen.

Waldvöglein ↑Orchidee.

Waldwanderung ↑Spaziergang.

Waldwiese ↑Wiese.

Waldzecke ↑Zecke.
Walfangschiff ↑Fischereischiff.
Walhalla ↑Himmel.
Walkie-Talkie ↑Sprechfunkgerät.
Walkung ↑Massage.
Walküre ↑Frau.
¹Wall, Erdwall, Grenzwall, Schutzwall, Festungswall, Stadtmauer, Ringwall, Rundwall, Wagenburg; ↑Grenze, ↑Grenzbefestigung, ↑Mauer · ↑Wehr.
²Wall: ↑Hindernis, ↑Hürde, ↑Mauer.
Wallach ↑Pferd.
wallen: ↑brodeln, ↑fließen, ↑fortbewegen (sich).
Waller ↑Fisch.
Wallerfisch ↑Fisch.
wallfahren ↑pilgern.
Wallfahrt, Pilgerzug, Pilgerfahrt; ↑pilgern.
wallfahrten ↑pilgern.
Wallfahrtskirche ↑Gotteshaus.
wallraffen ↑nachforschen.
Wallung: das Blut in W. bringen ↑ärgern, ↑erregen.
Walmdach ↑Dach.
Walmziegel ↑Dachziegel.
Walnuss ↑Nuss.
Walöl ↑Speiseöl.
Walstatt ↑Schlachtfeld.
walten: ↑herrschen; über etwas waltet ein Verhängnis ↑gelingen.
Walzbruder ↑Vagabund.
wälzen: sich w. ↑rollen.
Walzer: langsamer / Wiener W. ↑Tanz.
Wälzer ↑Buch.
Walzerstadt ↑Wien.
Wamme ↑Bauch.
Wampe ↑Bauch.
Wams: ↑Jacke, ↑Kleidung.
Wand: ↑Hürde, ↑Mauer; spanische W. ↑Wandschirm; weiß wie die W. sein ↑blass [sein]; da kann man doch die Wände / an den Wänden hochgehen; es ist, um die Wände / an den Wänden hochzugehen ↑unerträglich [sein]; jmdn. ärgert / stört die Fliege an der W. ↑ärgerlich [sein]; jmdn. an die W. spielen ↑Einfluss; mit dem Kopf durch die W. wollen ↑unzugänglich [sein]; gegen eine W. / zu leeren Wänden reden ↑sprechen; in seinen vier Wänden ↑daheim.
Wandale: wie die -n hausen ↑zerstören.
Wandalismus ↑Zerstörungswut.
Wandbehang ↑Wandteppich.
Wandbett ↑Bett.
Wandel: ↑Veränderung; Handel und W. ↑Wirtschaft; im W. begriffen sein ↑wandeln (sich).
Wandelaltar ↑Altar.
wandelbar: ↑labil, ↑veränderlich.
Wandelbarkeit ↑Unbeständigkeit.
Wandelgang ↑Foyer.
Wandelhalle ↑Foyer.
Wandelmonat ↑April.
¹wandeln (sich), sich entwickeln / ändern / verändern, im Gang / in der Entwicklung / im Fluss sein, im Wandel begriffen / noch nicht abgeschlossen sein; ↑verändern; ↑Entwicklung.
²wandeln: ↑ändern, ↑fortbewegen (sich), ↑verändern; sich w. ↑bessern (sich), ↑entwickeln (sich); Wandelndes Blatt ↑Heuschrecke; auf ausgetretenen Pfaden w. ↑schöpferisch [sein]; auf dem Pfad der Tugend w. ↑anständig [sein]; in jmds. Spuren w. ↑nachahmen.
Wandelstern: ↑Himmelskörper, ↑Planet.
Wanderbühne ↑Theater.
Wanderbursche ↑Vagabund.
Wanderdüne ↑Wall.
¹Wanderer, Spaziergänger, Ausflügler; ↑Bergsteiger, ↑Urlauber.
²Wanderer ↑Urlauber.
Wanderfalke ↑Vogel.
Wanderfalter ↑Schmetterling.
Wanderherz ↑Herzsenkung.
Wanderheuschrecke ↑Heuschrecke.
Wanderkarte ↑Landkarte.
Wanderkino ↑Kino.
Wanderleber ↑Eingeweidesenkung.
Wanderlust ↑Reiselust.
Wandermilz ↑Eingeweidesenkung.
wandern: ↑spazieren gehen; -d ↑ambulant.
Wanderniere ↑Eingeweidesenkung.
Wanderratte ↑Nagetier.
Wandersaibling ↑Fisch.
Wanderstab ↑Spazierstock.
Wandertrieb: ↑Anankasmus, ↑Reiselust.
Wanderung: ↑Spaziergang; eine W. machen ↑spazieren gehen.
Wandervogel ↑Jugendbewegung.
Wanderzirkus ↑Zirkus.
Wandhaken ↑Haken.
Wandkalender ↑Kalender.
Wandkarte ↑Landkarte.
Wandlampe ↑Lampe.
Wandleuchte ↑Lampe.
¹Wandlung, Konsekration, Transsubstantiation; ↑Abendmahl; ↑Umwandlung.
²Wandlung: ↑Umwandlung, ↑Veränderung.
Wandmalerei: ↑Felszeichnung, ↑Malerei, ↑Maltechnik.
Wandpfeiler ↑Säule.
Wandpfeilerkirche ↑Gotteshaus.
Wandschirm, spanische Wand, Paravent, Ofenschirm.
Wandschrank ↑Schrank.
Wandspruch, Graffiti; ↑Losung.
Wandteppich, Wandbehang, Bildteppich, Arazzo, Tapisserie, Verdure, Gobelin, Kelim; ↑Orientteppich, ↑Teppich.
Wanduhr ↑Uhr.
Wandvase ↑Blumenvase.
Wange, Backe, Bäckchen *(landsch.)*, Apfelbäckchen *(scherzh.);* ↑Gesicht.
Wangenrot ↑Röte.
Wangenröte ↑Röte.
Wank: keinen W. tun ↑träge [sein].
Wankelmut ↑Untreue.

wankelmütig ↑untreu.
Wankelmütigkeit ↑Untreue.
wanken: ↑schwanken; nicht w. und weichen ↑standhalten; ins Wanken bringen ↑untergraben; etwas gerät ins Wanken ↑ungewiss [sein].
wankend ↑wacklig.
wann: dann und w. ↑manchmal.
Wanne: ↑Gefäß; in die W. steigen ↑baden.
Wanst: ↑Bauch; sich den W. voll schlagen ↑essen.
Wanze: ↑Abhörgerät, ↑Reißzwecke, ↑Ungeziefer; angeben wie eine Tüte voll -n ↑prahlen.
Wappenkunde, Heraldik, Heroldskunde.
Wappenseite ↑Rückseite.
¹wappnen (sich), sich rüsten / vorbereiten, sich auf etwas einstellen.
²wappnen: sich mit Geduld w. ↑warten [können].
¹Ware, Artikel, Erzeugnis, Industrieerzeugnis, Produkt, Handelsgut, Handelsware, Importartikel, Exportartikel, Importware, Exportware, Fabrikat, Marke, Markenware, Markenartikel, Massenware, Massenartikel, Dutzendware *(abwertend),* Konsumgut · *neutral verpackte, ohne Firmen- oder Markenzeichen:* No-name-Produkt, weiße Ware · *den Soldaten zum Kauf angebotene:* Marketenderware; ↑Güteklasse, ↑Produktionsmittel (die), ↑Schleuderware, ↑Warenzeichen; ↑verkaufen.
²Ware: heiße W. ↑Raub; ↑Schmuggelware; schlechte W. ↑Schleuderware.
Warenabkommen ↑Abmachung.
Warenhaus ↑Laden.
Warenlager, Lagerhaus, Lager, Lagerraum, Banse *(landsch.),* Niederlage, Zeughaus, Magazin, Arsenal, Waffenkammer, Depot, Silo; ↑Abstellraum, ↑Aufbewahrungsort, ↑Vorrat.
Warenprobe ↑Postsendung.
Warensendung ↑Postsendung.
Warensperre ↑Vergeltungsmaßnahmen.
Warenstand ↑Verkaufsstand.
Warenzeichen, Schutzmarke, Handelsmarke, Handelszeichen, Herstellermarke, registered [trademark], ® · *bei Papier:* Wasserzeichen · *der Verlage:* Signet, Verlegerzeichen, Druckerzeichen; ↑Patent, ↑Ware.
¹warm, heiß, sommerlich, sömmerlich *(schweiz.),* mollig *(ugs.),* bullenheiß *(salopp),* lauwarm, lau, überschlagen, verschlagen, handwarm, kuchenwarm, pudelwarm, nicht ↑kalt; ↑schwül; **w. sein,** es ist wie im Backofen.
²warm: ↑erhitzt, ↑heiß; -er Bruder ↑Homosexueller; mit den wärmsten Empfehlungen ↑hochachtungsvoll; -es sommertrockenes / warmes wintertrockenes Klima ↑Klimazone; etwas geht weg wie -e Semmeln ↑verkaufen; wärmsten Dank! ↑danke!; sich -e Gedanken machen ↑wärmen (sich); sich w. laufen, ins Warme gehen ↑wärmen (sich); w. machen ↑aufwärmen, ↑heizen; w. werden ↑herausgehen (aus

sich); mit jmdm. w. werden ↑kennen lernen, ↑Kontakt [finden].
Warmblüter ↑Pferd.
¹Wärme, Hitze, Gluthitze, Glut, Schwüle, Bruthitze *(ugs.),* Bullenhitze *(salopp),* Knallhitze *(ugs.),* Affenhitze *(salopp)* · *die bei einem wärmetechnischen Prozess entsteht, aber nicht genutzt wird:* Abwärme; ↑brennen, ↑schwitzen; ↑warm.
²Wärme ↑Freundlichkeit.
Wärmeabnahme ↑Abkühlung.
Wärmebehandlung ↑Thermotherapie.
Wärmeentziehung: ↑Unterkühlung, ↑Wärmeentzug.
¹Wärmeentzug, Wärmeentziehung, Kühlung, Einfrierung, Tiefkühlung, Vereisung; ↑Abkühlung, ↑Kälte, ↑Kälteeinbruch; ↑tiefkühlen.
²Wärmeentzug ↑Unterkühlung.
Wärmeheilbehandlung ↑Thermotherapie.
Wärmemesser, Verdunstungsmesser, Wärmezähler · Thermostat, Wärmeregler.
¹wärmen (sich), sich aufwärmen, ins Warme gehen, sich warm laufen, sich warme Gedanken machen *(scherzh.);* ↑frieren.
²wärmen: ↑aufwärmen, ↑heizen.
Wärmeplatte, Rechaud, Stövchen, Stovchen, Teewärmer; ↑Kaffeewärmer.
Wärmepol ↑Pol.
Wärmeregler ↑Wärmemesser.
Wärmestar ↑Katarakt.
Wärmestauung ↑Überhitzung.
Wärmestrahler ↑Heizgerät.
Wärmezähler ↑Wärmemesser.
Warmfront ↑Wetterfront.
warmgemäßigt: -e Klimate ↑Klimazone.
Warmhalteteller ↑Teller.
warmherzig ↑gütig.
Warmherzigkeit ↑Freundlichkeit.
Warmleim ↑Bindemittel.
Warmluftglocke ↑Kopfbedeckung.
Warmluftheizung ↑Heizung.
Warmwasserbehandlung ↑Hydrotherapie.
Warmwasserbereiter ↑Heißwasserbereiter.
Warmwasserheizung ↑Heizung.
Warmwasserspeicher ↑Heißwasserbereiter.
Warnblinklicht ↑Signallicht.
Warnboje ↑Warnzeichen.
warnen ↑abraten.
Warnlicht ↑Signallicht.
Warnruf ↑Alarm.
Warnschuss: ↑Schuss, ↑Warnung.
Warnstreik ↑Streik.
¹Warnung, Mahnung, Abschreckung, abschreckendes Beispiel, Warnschuss; ↑Alarm; ↑abraten.
²Warnung ↑Alarm.
Warnzeichen, Boje, Bake, Warnboje, Leuchtboje, Leuchtbake, Feuerbake, Tonnenbake, Treibbake, Seenotbake, Rettungsboje, Heulboje; ↑Lichtzeichen, ↑Signallicht.
Warschau, Warszawa *(poln.);* ↑Stadt.

Warszawa ↑Warschau.
Warteliste: auf die W. setzen, auf der W. stehen ↑vormerken.
¹warten, warten auf, erwarten, abwarten, zuwarten, verharren, ausharren, harren, passen *(ugs., österr.),* sich anstellen, anstehen, Schlange stehen, stehen, sich die Füße / die Beine in den Bauch stehen *(ugs., abwertend),* Queue bilden · *voller Ungeduld:* das ist eine Geduldsprobe, wie auf glühenden Kohlen sitzen, von einem Fuß auf den anderen treten, Hummeln haben *(ugs., landsch.);* **w. können,** sich gedulden, geduldig sein, sich mit Geduld wappnen, Geduld haben; ↑abwarten, ↑erwarten; ↑beharrlich; ↑Geduld, ↑Ungeduld, ↑Wartezeit.
²warten: ↑pflegen; na, warte! ↑wehe!; w. auf ↑erwarten; auf Erledigung w. ↑vormerken.
Wärter ↑Wächter.
Warteraum ↑Raum.
Wartesaal ↑Raum.
Wartezeit, Übergangszeit, Übergang, Überbrückung, Überbrückungszeit, Karenzzeit, Karenz, Durststrecke *(ugs.),* Inkubationszeit; ↑Geduld; ↑warten.
Wartezimmer ↑Raum.
Wartsaal ↑Raum.
Wartung ↑Instandhaltung.
warum, weshalb, weswegen, wozu, wofür, zu welchem Ende / Zweck, was solls *(salopp),* wogegen, wieso, aus welchem Grund, wie kommt es, dass ...; ↑wodurch.
Warze, Verruca, Stielwarze; ↑Hautblüte.
was: [w. meinen Sie?, w. haben Sie gesagt?, w. ist gefällig?] ↑bitte?; w. solls? ↑warum; w. denn sonst ↑ja.
Was ↑Rauschgift.
Waschautomat ↑Waschmaschine.
Waschbär ↑Pelz.
Waschbecken, Wasserbecken, Bassena *(wiener.)* · Waschschüssel, Lavoir · *für den Intimbereich:* Bidet; ↑Bassin.
Waschbeutel ↑Kulturbeutel.
Waschcreme ↑Schönheitspflegemittel.
Wäsche: ↑Unterwäsche; [große / kleine] W. haben / halten ↑waschen (Wäsche); seine schmutzige W. [vor anderen Leuten] waschen ↑erörtern; dumm aus der W. gucken / kucken ↑überrascht [sein]; bei der W. zusammenschnurren ↑einlaufen.
Wäschebeschließerin ↑Verwalterin.
waschecht: ↑echt, ↑farbecht, ↑kochecht; nicht w. sein ↑abfärben.
Wäscheklammer, Klammer, Wäschekluppe *(bayr., österr.),* Kluppe *(bayr., österr.).*
Wäschekorb ↑Korb.
Wäschekünstlerin ↑Stripteasetänzerin.
¹waschen (Wäsche), [kleine / große] Wäsche haben / halten, Waschtag haben, durchwaschen, durchziehen, auswaschen, in die Waschmaschine stecken *(ugs.);* ↑spülen; ↑sauber; ↑Waschmaschine.

²waschen (sich, jmdn.), sich erfrischen, sich das Gesicht, die Hände / von Kopf bis Fuß waschen, sich abseifen · *flüchtig:* Katzenwäsche machen *(ugs.).*
³waschen: ↑säubern; seine Hände in Unschuld w. ↑schuldlos; seine schmutzige Wäsche [vor anderen Leuten] w. ↑erörtern; beim Waschen zusammenschnurren ↑einlaufen.
Wäscherei ↑Reinigung.
Wäscherolle ↑Bügelmaschine.
Wäscheschleuder, Schleuder, Zentrifuge, Ausschwingmaschine *(schweiz.).*
Wäscheschrank ↑Schrank.
Waschküche ↑Nebel.
Waschlappen: ↑Feigling; ein W. sein ↑willensschwach [sein].
waschlappig ↑willensschwach.
Waschleder ↑Leder.
¹Waschmaschine, Waschautomat; ↑waschen.
²Waschmaschine: in die W. stecken ↑waschen.
Waschmittel, Waschpulver, Seifenmittel, Seifenartikel, Seifenpulver, Feinwaschmittel, Vorwaschmittel, Seifenflocken, Schmierseife; ↑Seife.
Waschpulver ↑Waschmittel.
Waschsamt ↑Stoff.
Waschseife ↑Seife.
Waschtag: W. haben ↑waschen (Wäsche).
Waschung ↑Läuterung.
Waschzettel ↑Prospekt.
Waschzwang ↑Anankasmus.
Wasen: ↑Jahrmarkt, ↑Nebel, ↑Rasen.
Wasenmeister ↑Abdecker.
Waserl ↑Schlafmütze.
¹Wasser, Nass *(scherzh.),* Gänsewein *(ugs., scherzh.),* Quellwasser, Brunnenwasser, Leitungswasser, Trinkwasser, Hahnenwasser *(ugs., landsch.),* Grundwasser, Zisternenwasser, Regenwasser, Schneewasser, Flusswasser, Meerwasser, Süßwasser, Salzwasser, Heilwasser · *an Kohlendioxid reiches:* Sauerwasser, Sauerbrunnen, Säuerling · *chemisch reines:* Aqua destillata, destilliertes Wasser, Aqua dest. *(Fachspr.),* H_2O · *für Dusche, Badewasser, Waschwasser, WC usw.:* Brauchwasser; ↑Feuchtigkeit, ↑Wasserreservoir.
²Wasser: ↑Gewässer, ↑Mineralwasser, ↑Urin; ablaufendes W. ↑Ebbe; auflaufendes W. ↑Flut; Kölnisch W. ↑Parfum; bis dahin fließt noch viel W. den Berg (oder:) den Rhein hinab / hinunter ↑dauern; das ist W. auf jmds. Mühle ↑nützlich [sein]; ein stilles W. sein ↑verschlossen [sein]; stilles W. ↑Mineralwasser; das W. steht jmdm. bis zum Hals ↑schulden (jmdm. etwas); jmdm. läuft das W. im Munde zusammen ↑Appetit [haben]; jmdm. das W. abgraben ↑Konkurrenz [machen]; W. in den Wein gießen ↑ernüchtern; Rotz und W. heulen ↑weinen; W. lassen ↑urinieren; jmdm. das W. nicht reichen können ↑erreichen (jmds. Leistung); W. in ein Sieb / mit ei-

nem Sieb schöpfen ↑tun; Blut und W. schwitzen ↑Angst [haben]; [dicht] am / ans W. gebaut haben ↑weinen; aus dem W. ziehen ↑länden; wie aus dem W. gezogen ↑verschwitzt; bei W. und Brot sitzen ↑abbüßen; sich fühlen wie der Fisch im W. ↑wohl fühlen (sich); munter wie ein Fisch im W. sein ↑gesund [sein]; Schlag ins W. ↑Misserfolg; etwas ist ein Schlag ins W. ↑nutzlos [sein], ↑wirkungslos [bleiben]; ins W. fallen ↑ausfallen, ↑scheitern; ins W. gehen ↑entleiben (sich); mit allen -n gewaschen sein ↑schlau [sein]; mit kochendem W. übergießen ↑blanchieren; sich über W. halten ↑leben.
Wasseramsel ↑Vogel.
Wasserangst ↑Phobie.
Wasseranwendung ↑Kurmittel.
Wasserarm ↑Fluss.
Wasserbad: im W. erhitzen ↑aufwärmen.
Wasserball: ↑Fußballspiel, ↑Spielball.
wasserblau ↑blau.
Wasserblüte ↑Spaltpflanze.
Wasserburg ↑Burg.
Wässerchen: jmd. sieht aus, als ob er kein W. trüben könnte ↑harmlos [aussehen].
wasserdicht ↑undurchlässig.
Wasserfahrzeug ↑Schiff.
¹Wasserfall, Wassersturz, Kaskade, Katarakt, Stromschnelle; ↑Wirbel.
²Wasserfall: ↑Feuerwerkskörper; reden wie ein W. ↑sprechen.
Wasserfarn ↑Farn.
Wasserfrosch: Grüner W. ↑Frosch.
Wassergeist · *männlicher:* Wassermann, Neptun, Nöck, Triton · *weiblicher:* Wasserjungfrau, Meerjungfrau, Undine, Melusine, Nixe, Seejungfrau, Nymphe, Najade, Nereide.
Wassergeld ↑Nebenkosten.
Wasserglas: Sturm im W. ↑Erregung, ↑Getue.
Wasserglätte ↑Aquaplaning.
Wassergraben: ↑Graben, ↑Hindernis, ↑Kanal.
Wasserheilkunde ↑Hydrotherapie.
Wasserheilmethode ↑Hydrotherapie.
Wasserheilverfahren ↑Hydrotherapie.
Wasserhochbehälter ↑Wasserreservoir.
Wasserhochreservoir ↑Wasserreservoir.
Wasserhose ↑Wirbelwind.
Wasserjagd ↑Jagd.
Wasserjungfer: ↑Insekt, ↑Libelle.
Wasserjungfrau ↑Wassergeist.
Wasserkakao ↑Kakao.
Wasserkraft ↑Energie.
Wasserkur ↑Hydrotherapie.
Wasserlatte ↑Penis.
Wasserlauf ↑Fluss.
Wasserläufer ↑Vogel.
Wasserlöscher ↑Feuerlöscher.
Wassermann: ↑Sternbild, ↑Tierkreiszeichen, ↑Wassergeist.
Wassermarder ↑Raubtier.
Wassermelone ↑Melone.

Wassermühle ↑Windmühle.
wassern ↑landen.
wässern ↑sprengen.
Wassernetz ↑Alge.
Wasserpfeife ↑Tabakspfeife.
Wasserpolizei ↑Polizeibehörde.
Wasserpumpe, Handpumpe, Saugpumpe, Druckpumpe, Flügelpumpe, Pumpe; ↑absaugen.
Wasserralle ↑Vogel.
Wasserratte ↑Nagetier.
Wasserreis ↑Schössling.
Wasserreservoir, Wasserhochreservoir, Wasserhochbehälter, Hochbehälter, Wasserturm; ↑Behälter, ↑Wasser.
Wasserrose, Seerose, Teichrose; ↑Blüte.
Wasserrübe ↑Gemüse.
Wasserscheu ↑Phobie.
Wasserschi ↑Ski.
Wasserschimmel ↑Algenpilz.
Wasserschimmelpilz ↑Algenpilz.
Wasserschlange: Weibliche / Nördliche / Männliche / Südliche W. ↑Sternbild.
Wasserschlauch ↑Schlauch.
Wasserschnecke ↑Schnecke.
Wasserschoss ↑Schössling.
Wasserski: ↑Ski, ↑Wassersport.
¹Wassersport, Windsurfing, Surfing · Wasserski; ↑Boot, ↑Ski; **W. treiben,** ↑Boot [fahren], windsurfen.
²Wassersport ↑Koitus.
wasserstoffblond ↑blond.
Wasserstoffbombe ↑Bombe.
Wasserstraße ↑Kanal.
Wassersturz ↑Wasserfall.
Wasserträger ↑Helfer.
Wassertrog ↑Hindernis.
Wasserturm: ↑Turm, ↑Wasserreservoir.
Wasseruhr ↑Uhr.
Wasserverseuchung ↑Umweltverschmutzung.
Wasserweg ↑Kanal.
Wasserwelle ↑Frisur.
Wasserwerfer ↑Kampfmittel.
Wasserwiesel ↑Raubtier.
Wasserzähler ↑Zähler.
Wasserzeichen ↑Warenzeichen.
wässrig: ↑fade; jmdm. den Mund w. machen ↑reizen.
waten ↑fortbewegen (sich).
Waterloo ↑Debakel.
waterproof ↑undurchlässig.
Watsche ↑Ohrfeige.
watscheln ↑fortbewegen (sich).
watschen ↑schlagen.
Watschengesicht ↑Gesicht.
Watschenmann: ↑Kraftspiel, ↑Prügelknabe.
Watschenpappen ↑Gesicht.
Watt: ↑Maßeinheit, ↑Wattenmeer.
Watte: W. in den Ohren haben ↑reagieren; jmdn. in W. packen ↑umgehen (mit jmdm.).

Watten ↑Kartenspiel.
Wattenmeer, Watt · Flachmeer, Schelfmeer, Schelf; ↑Ebbe.
Watten- und Fördenküste ↑Ufer.
Wattierleinen ↑Stoff.
Watz ↑Schwein.
Wauwau ↑Hund.
Waxdick ↑Fisch.
WC: ↑Nasszelle, ↑Toilette.
Webarbeit: ↑Handarbeit; eine W. machen ↑weben.
Webbär ↑Schmetterling.
Webe ↑Leinen.
Webekante ↑Webkante.
¹weben, wirken, eine Webarbeit machen; ↑Gewebe.
²weben ↑handarbeiten.
Weberknoten ↑Knoten.
Webervogel ↑Vogel.
Webkante, Webekante, Salband *(landsch.),* Selband *(landsch.),* Salleiste *(landsch.),* Sahlleiste *(landsch.),* Salkante *(landsch.),* Selfkante *(landsch.).*
Webleinstek ↑Knoten.
Webpelz ↑Pelz.
Webspitze ↑Spitzenstickerei.
Webwaren ↑Textilien.
¹Wechsel, Akzept, Appoint, Kambio · *ohne Angabe der Summe:* Blankoakzept · *gezogener:* Tratte, Rimesse · *vom Aussteller auf sich selbst gezogener:* Solawechsel; ↑Scheck.
²Wechsel: ↑Alternation, ↑Veränderung; im W. mit ↑abwechselnd.
¹Wechselbeziehung, Korrelation; **in W. stehen,** korrelieren, sich bedingen.
²Wechselbeziehung ↑Verhältnis.
wechselhaft: ↑unausgeglichen, ↑veränderlich.
Wechselhaftigkeit: ↑Unbeständigkeit, ↑Zerfahrenheit.
Wechseljahre ↑Klimakterium.
Wechselkröte ↑Frosch.
Wechselkurs · stabiler / fester Wechselkurs · flexibler / schwankender Wechselkurs, Floating; ↑Konvertierbarkeit, ↑Wechselkurs, ↑Zahlungsmittel.
¹wechseln, tauschen, abtauschen *(schweiz.)* · *den Besitzer:* in andere Hände übergehen; ↑austauschen, ↑kaufen, ↑tauschen, ↑verkaufen.
²wechseln: ↑einwechseln, ↑fluktuieren, ↑tauschen; etwas wechselt ↑ändern; Bäumchen w. ↑Fangspiel; [den Beruf] w. ↑umsatteln; Briefe w. ↑korrespondieren; die Farbe w. ↑blass [werden]; die Federn w. ↑mausern (sich); die Gesinnung w. ↑umfallen; seine Gesinnung [wie das / wie sein Hemd] w. ↑Opportunist [sein], ↑umschwenken; den Glauben / die Konfession w. ↑konvertieren; die Kleider w. ↑umziehen (sich); die Tapeten w. ↑reisen, ↑übersiedeln, ↑umsatteln; [den Zug] w. ↑umsteigen.
Wechselschuldner ↑Schuldner.
wechselseitig, abwechselnd, gegenseitig, as-
soziativ, reziprok, mutual; ↑abwechselnd, ↑gegensätzlich, ↑ursächlich, ↑untereinander; ↑Wechselseitigkeit; ↑abwechseln.
Wechselseitigkeit, Gegenseitigkeit, Reziprozität, Mutualität; ↑wechselseitig.
Wechselstrom ↑Elektrizität.
Wechselstube, Exchange, Geldwechselstelle; ↑Geldinstitut, ↑Konvertierbarkeit, ↑Wechselkurs, ↑Zahlungsmittel.
Wechseltierchen ↑Einzeller.
wechselvoll ↑veränderlich.
Wechselwähler ↑Wähler.
wechselweise ↑wahlweise.
Wechte ↑Schneewehe.
Weck ↑Brötchen.
Weckamin ↑Aufputschmittel.
wecken: ↑aufwecken, ↑wachrufen.
Wecken: ↑Brot, ↑Brötchen.
Wecker: ↑Uhr; jmdm. auf den W. fallen / gehen ↑ärgern.
Weckerl ↑Brötchen.
Weckglas ↑Einmachglas.
Weckmittel ↑Aufputschmittel.
Weckruf ↑Aufruf.
Weckuhr ↑Uhr.
Wedel ↑Schwanz.
Wedgewood ↑Steingut.
Weekend ↑Wochenende.
¹weg!, fort!, hau ab! *(salopp),* verschwinde!, geh mir aus den Augen!, ab trimo! *(berlin.);* mach, dass du wegkommst! *(salopp);* mach die Tür von außen / draußen zu! *(ugs.),* ab durch die Mitte! *(ugs.),* dein Typ wird hier nicht verlangt! *(salopp),* ab die Post! *(ugs.),* ab nach Kassel! *(ugs.);* **weg sein,** fort / über alle Berge / verschwunden / auf und davon sein, der Vogel ist ausgeflogen, von dannen / von hinnen gegangen sein; ↑abwesend, ↑aushäusig, ↑fern; ↑verloren sein.
²weg: ↑unterwegs; w. sein ↑verloren [sein]; vom Fleck w. ↑gleich; w. vom Fenster sein ↑angesehen.
¹Weg, Gehweg, Fahrweg, Radfahrweg, Fahrradweg, Feldweg, Trampelpfad *(ugs.),* Pfad, Steig · *entlang einem Fluss:* Treidelweg, Treppelweg *(österr.),* Treidelpfad, Leinpfad · *in Schlangenlinie ansteigender:* Serpentine · *der länger ist als der gerade:* Umweg, Schlenke *(salopp);* ↑Durchgang, ↑Kurve, ↑Straße; ↑abkürzen.
²Weg: ↑Marschroute, ↑Verfahren; gangbarer W. ↑Abmachung; einen neuen W. / neue Wege beschreiten, einen neuen W. / neue Wege einschlagen ↑richtungweisend [sein]; jmdm. die -e ebnen ↑fördern; den kürzeren W. fahren / gehen / nehmen ↑abkürzen; Mittel und -e finden ↑Lösung; einen bestimmten W. einschlagen ↑verfahren; den W. allen / alles Fleisches gehen ↑sterben; den W. alles Irdischen gehen ↑faulen; den W. des geringsten Widerstandes gehen ↑entziehen (sich); mit etwas hat es noch gute -e

↑eilen; seinen W. machen ↑Erfolg [haben]; den W. verfehlen, vom -e abkommen / abirren ↑verirren (sich); einen W. zurücklegen ↑Strecke; seiner -e gehen ↑weggehen; des -es kommen ↑kommen; sich auf halbem W. entgegenkommen ↑übereinkommen; jmdm. auf halbem -e entgegenkommen ↑nachgeben; sich auf den W. machen ↑weggehen; auf halbem W. stehen bleiben / stecken bleiben ↑vollenden; auf ungesetzlichem -e ↑gesetzwidrig; aus dem -e gehen ↑ausweichen, ↑entziehen (sich); jmdn. aus dem W. räumen ↑töten; jmdm. im W. sein / stehen ↑Last; jmdm. Steine in den W. legen / keinen Stein in den Weg legen ↑einschränken; in die -e leiten ↑anfangen, ↑anordnen, ↑bewerkstelligen; über den W. laufen ↑unterkommen; jmdm. nicht über den W. trauen ↑argwöhnisch [sein]; jmdm. vom rechten W. abbringen ↑verleiten; vom rechten W. abkommen ↑verwahrlosen.

wegbegeben: sich w. ↑weggehen.
wegbekommen: sein Fett w. ↑bestrafen.
Wegbereiter ↑Schrittmacher.
Wegbiegung ↑Kurve.
wegblasen: wie weggeblasen sein ↑verloren [sein].
wegbleiben: weggeblieben sein ↑abwesend [sein].
wegbringen: ↑entfernen, ↑entsorgen; von hier bringen mich keine zehn Pferde weg ↑weilen.
Wegbringung ↑Beseitigung.
Wegebahner ↑Schrittmacher.
Wegelagerer ↑Dieb.
wegen, aufgrund, auf Grund, durch, infolge, angesichts, dank, kraft, aus, vor, von [... her], auf [... hin], halber, um ... willen, [um ...] zu, zwecks, ob, von wegen *(salopp);* ↑deshalb, ↑vermittels, ↑weil.
Wegesprung: [Holsteiner W.] ↑Hindernis.
wegfahren: ↑abgehen, ↑abreisen.
Wegfall: in W. kommen ↑wegfallen.
wegfallen, fortfallen, in Wegfall / Fortfall kommen, unter den Tisch fallen *(ugs.),* flachfallen *(salopp);* ↑eintreffen.
wegfliegen: ↑abgehen, ↑abreisen.
wegfließen ↑fließen.
Weggabe ↑Entäußerung.
Weggabelung ↑Gabelung.
Weggang ↑Abwanderung.
weggeben ↑schenken.
Weggefährte: ↑Ehemann, ↑Freund.
Weggefährtin ↑Ehefrau.
¹weggehen, fortgehen, gehen, davongehen, ausziehen, von dannen gehen, von hinnen gehen, seiner Wege gehen, den Rücken kehren, aufbrechen, abmarschieren, sich entfernen, zurückziehen / absetzen / absentieren / verfügen / fortbegeben / wegbegeben / trollen / aufmachen / *(ugs.)* fortmachen / *(ugs., österr.)* verzupfen / *(salopp, österr.)* drehen / *(ugs., österr.)* schleichen / auf den Weg / *(ugs.)* auf die Strümpfe (oder:) auf die Socken machen /

(derb) verpissen, den Staub von den Füßen schütteln, abhauen *(salopp),* die Flatter machen *(ugs),* abzittern *(salopp),* absocken *(salopp),* abzwitschern *(salopp),* abschieben *(salopp),* abschwirren *(salopp),* abschwimmen *(salopp),* absegeln *(salopp),* losziehen *(ugs.),* abdampfen *(ugs.),* lostigern *(salopp),* abrücken *(ugs.),* Leine ziehen *(salopp),* weglaufen, laufen, davonlaufen, rennen, wegrennen, abzischen *(salopp),* das Weite suchen, Fersengeld geben, ausrücken *(ugs.),* ausreißen *(ugs.),* Reißaus nehmen *(ugs.),* ausbüxen *(salopp),* auskneifen *(salopp),* auswichsen *(salopp),* durchbrennen *(salopp),* durchgehen *(salopp),* auskratzen *(salopp),* die Kurve kratzen *(salopp),* sich fortstehlen / fortschleichen / wegstehlen / davonstehlen / *(ugs.)* [seitwärts] in die Büsche schlagen / auf Französisch empfehlen / *(ugs.)* davonmachen / *(ugs.)* aus dem Staube machen / *(ugs.)* verkrümeln / *(salopp)* verdrücken / *(salopp)* verdünnisieren / *(salopp)* dünn machen / *(salopp)* flüssig machen / *(salopp)* verzieren / fortscheren / wegscheren, [von der Bildfläche] verschwinden *(ugs.),* abtauchen, untertauchen, stiften gehen *(salopp),* verduften *(salopp),* die Reihen lichten sich, abpaschen *(ugs., österr.),* palisieren *(veraltend, österr.),* nicht ↑einnisten (sich); ↑abwandern, ↑auswandern, ↑gehen, ↑fliehen, ↑fortbewegen (sich), ↑reisen, ↑trennen (sich); ↑Abwanderung.
²weggehen: ↑abwandern, ↑kündigen, ↑trennen (sich); etwas geht weg wie warme Semmeln ↑verkaufen.
Weggen ↑Brötchen.
Weggenosse ↑Freund.
Weggli ↑Brötchen.
weghaben: die Ruhe w. ↑dickfellig [sein].
wegjagen ↑vertreiben.
wegkehren: sich w. ↑abwenden.
wegkommen: ↑verloren gehen; [bei etwas] w. ↑abschneiden; mach, dass du wegkommst! ↑weg!; nicht w. ↑hängen bleiben; schlecht w. ↑zurückstehen.
Wegkreuzung ↑Kreuzung.
Wegkrümmung ↑Kurve.
weglassen ↑aussparen.
weglaufen ↑weggehen.
weglegen, beiseite / ad acta / zu den Akten legen, abtun, fallen lassen, als erledigt betrachten, nicht mehr berücksichtigen, sich nicht mehr um etwas kümmern; ↑fertig.
wegleitend ↑richtungweisend.
Wegleiter ↑Wegweiser.
Wegleitung ↑Weisung.
weglos ↑undurchdringlich.
Wegmarkierung ↑Wegweiser.
¹wegnehmen, nehmen · *mit Gewalt, unrechtmäßig:* ausrauben, rauben, ausplündern, plündern, brandschatzen, marodieren, ausräubern, räubern, ausräumen, räumen aus, nehmen, abnehmen, abjagen, filzen *(ugs.),* entreißen, entwinden, unterschlagen, veruntreuen, stehlen

[wie ein Rabe], bestehlen, erleichtern *(scherzh.)*, berauben, fleddern *(abwertend)*, fladern *(salopp, österr.)*, grapsen *(österr.)*, Diebstahl begehen, mitnehmen, auf die Seite bringen, beiseite bringen / schaffen, einsacken, einstecken, entwenden, klauen *(salopp)*, klemmen *(salopp)*, krallen *(salopp)*, kratzen *(salopp)*, stenzen *(salopp)*, lange / krumme Finger machen *(ugs.)*, atzeln *(landsch.)*, mitgehen heißen / lassen *(ugs.)*, in die Kasse greifen, Mein und Dein verwechseln, mausen *(ugs.)*, mopsen *(ugs.)*, stibitzen *(ugs.)*, an etwas gehen *(ugs.)*, strenzen *(landsch.)*, stripsen *(landsch.)*, striezen *(landsch.)*, ausführen *(ugs.)*, abstauben *(salopp)*, organisieren *(salopp)*, besorgen *(ugs.)*; ↑ablisten, ↑annektieren, ↑auswählen, ↑beschlagnahmen, ↑beschneiden, ↑bestehlen, ↑betrügen, ↑entfernen, ↑mitnehmen, ↑unterschlagen, ↑usurpieren; ↑Diebstahl, ↑Raub.

²wegnehmen: ↑entnehmen, ↑mitnehmen.

wegordnen ↑ablegen.

wegpumpen ↑absaugen.

wegputzen ↑aufessen.

wegräumen: ↑entfernen, ↑wegstellen.

Wegräumung ↑Beseitigung.

wegreißen ↑niederreißen.

wegrennen ↑weggehen.

wegsacken ↑untergehen.

wegsaugen ↑absaugen.

wegschaffen ↑entfernen, ↑entsorgen.

Wegschaffung ↑Beseitigung.

Wegscheid ↑Gabelung.

wegschenken ↑schenken.

wegscheren: sich w. ↑weggehen.

wegschleudern ↑werfen.

wegschmeißen ↑wegwerfen.

wegschnappen ↑nehmen.

Wegschnecke ↑Schnecke.

wegschwimmen: jmdm. schwimmen die Felle weg ↑Misserfolg [haben].

wegstecken: sich w. ↑koitieren.

wegstehen ↑abstehen.

wegstehlen: sich w. ↑weggehen.

wegstellen, wegräumen, verräumen *(landsch.)*, beiseite stellen, auf die Seite stellen, verstellen *(schweiz.)*.

wegstrecken ↑abspreizen.

wegtragen: das kann eine Katze auf dem Schwanz w. ↑wenig.

wegtreten: geistig weggetreten sein ↑begriffsstutzig [sein], ↑unaufmerksam [sein].

wegtun ↑wegwerfen.

wegweisend ↑richtungweisend.

¹Wegweiser, Richtungsanzeiger, Wegleiter *(schweiz.)*, Hinweistafel, Hinweisschild, Ortsschild · *auf Wanderwegen:* Markierung, Wegmarkierung; ↑Kilometerstein, ↑Verkehrszeichen.

²Wegweiser ↑Ratgeber.

Wegwerf- ↑Einweg-.

wegwerfen, fortwerfen, wegtun, wegschmei-

ßen *(salopp)*, aussondern, ausrangieren *(ugs.)*, zum alten Eisen werfen; ↑aussortieren, ↑auswählen, ↑entfernen, ↑werfen.

wegwerfend ↑abschätzig.

Wegwerfflasche ↑Flasche.

Wegwerfgesellschaft: ↑Gesellschaft, ↑Wohlstandsgesellschaft.

wegwischen ↑säubern.

wegzählen ↑subtrahieren.

Wegzehrung ↑Nahrung.

wegziehen: ↑abwandern, ↑übersiedeln.

Wegzug ↑Abwanderung.

weh: jmdm. ist wind und w. ↑Angst [haben]; jmdm. wird wind und w. ↑Angst [bekommen]; w. tun ↑schmerzen; jmdm. tut kein Zahn mehr w. ↑tot [sein]; w. dir! ↑wehe!

Weh: ↑Leid; mit Ach und W. ↑kaum.

wehe!, weh dir!, na, warte!, du wirst / sollst mich kennen lernen!, dir werde ich es zeigen!; ↑drohen.

¹wehen, säuseln, fächeln; ↑stürmen; ↑luftig; ↑Laut, ↑Wind.

²wehen: ↑flattern; wissen, woher der Wind weht ↑wissen; mit -den Fahnen zum Gegner / in das andere Lager übergehen ↑umschwenken; sich den Wind um die Nase w. lassen ↑erleben; auf das Land zu -d ↑auflandig; vom Lande her -d ↑ablandig.

Wehen ↑Geburtswehen.

Wehklage ↑Klage.

wehklagen ↑klagen.

Wehlaut ↑Klagelaut.

wehleidig, zimperlich, empfindlich, überempfindlich, klagend, jammernd, pimpelig *(ugs.)*; ↑empfindlich, ↑unleidlich, ↑weinerlich; **w. sein,** nichts vertragen / nichts aushalten können, nichts abkönnen *(salopp, nordd.)*; ↑klagen; ↑Klage, ↑Zimperlichkeit.

Wehleidigkeit ↑Zimperlichkeit.

Wehmut ↑Trauer.

wehmütig ↑schwermütig.

¹Wehr, Wuhr *(südd., schweiz.)*, Buhne *(nordd.)*; ↑Damm.

²Wehr: sich zur W. setzen ↑wehren (sich).

Wehrbeauftragter ↑Vertrauensmann.

Wehrdienst: ↑Militärdienst; den W. ableisten / leisten ↑Soldat [sein].

Wehrdienstverweigerer, Kriegsdienstverweigerer, Zivildienstleistender, Zivi *(ugs.)*, Pazifist · Bausoldat *(DDR, ehem.)*; **W. sein,** Ersatzdienst leisten; ↑Soldat.

¹wehren (sich), sich verteidigen / rechtfertigen / verantworten / zur Wehr setzen / seiner Haut wehren / *(ugs.)* auf die Hinterbeine stellen / *(ugs.)* nicht die Butter vom Brot nehmen lassen / nichts gefallen lassen, seine Unschuld beweisen / sich rein waschen wollen, Widerstand leisten, aufmucken · *indem man seinerseits mit den gleichen Methoden angreift:* den Spieß umdrehen, jmdn. mit seinen eigenen Waffen schlagen; ↑abwehren, ↑aufbegehren,

↑behüten, ↑bestrafen, ↑murren, ↑schlagen, ↑verteidigen (sich); ↑unzulänglich.

²wehren: sich w. ↑einschränken, ↑verteidigen (sich); sich [mit Händen und Füßen] w. ↑aufbegehren; wehret den Anfängen ↑gegen.

wehrhaft ↑kampfbereit.

Wehrhaftigkeit ↑Kampfbereitschaft.

Wehrkirche: ↑Fluchtburg, ↑Gotteshaus.

wehrlos ↑unsicher.

Wehrlosigkeit ↑Ungesichertheit.

Wehrmacht ↑Militär.

Wehrpflichtiger ↑Soldat.

wehrsam ↑bekömmlich.

¹Wehrsold, Sold, Löhnung; ↑Einkünfte, ↑Gehalt.

²Wehrsold ↑Gehalt.

Wehrturm ↑Turm.

wehselig ↑schwermütig.

Wehwehchen ↑Krankheit.

Weib: ↑Ehefrau, ↑Frau; W. und Kind ↑Familie.

Weibchen ↑Hund.

Weibel ↑Amtsdiener.

weibeln ↑propagieren.

Weiberknoten ↑Knoten.

¹weiblich, fraulich, feminin, nicht ↑männlich.

²weiblich: -er Akt ↑Nackte; -er Orden ↑Nonnenorden; Weibliche Wasserschlange ↑Sternbild; -es Wesen ↑Frau.

Weiblichkeit: die [holde] W. ↑Frauen (die).

Weibsbild ↑Frau.

¹weich, samten, samtweich, seidenweich, unfest, butterweich, wabbelig, schwabbelig, quabbelig, breiig, matschig, schwammig, teigig, nicht ↑fest; ↑biegsam, ↑flaumweich, ↑schlaff.

²weich: ↑mild, ↑mürbe, ↑willensschwach; -e Droge ↑Rauschgift; -e Hirnhaut / Rückenmarkshaut ↑Meninx; -er Puls ↑Pulsschlag; -e Welle ↑Duldsamkeit; -e Werbung ↑Werbung; einen -en Keks haben ↑verrückt [sein]; w. werden ↑nachgeben, ↑weichen; in den Knien w. werden ↑Angst [bekommen]; w. gebettet sein ↑leben; w. kochen ↑sieden.

Weichbild ↑Stadtgebiet.

Weiche: ↑Flanke; die -n stellen ↑planen.

¹weichen, aufweichen, weich werden.

²weichen: nicht wanken und w. ↑standhalten.

weichherzig ↑gütig.

Weichherzigkeit ↑Güte.

Weichkäse ↑Käse.

weich machen ↑zermürben.

Weichporzellan ↑Porzellan.

weichspülen ↑spülen.

Weichtiere, Mollusken; ↑Kopffüßer, ↑Muschel, ↑Schnecke.

¹Weide, Salweide, Silberweide, Korbweide, Kopfweide, Trauerweide; ↑Laubhölzer.

²Weide: ↑Bienenweide, ↑Laubhölzer, ↑Wiese.

Weidemonat ↑Mai.

weiden: ↑beaufsichtigen, ↑essen; sich w. an ↑freuen (sich).

Weidenbohrer ↑Schmetterling.

Weidenkorb ↑Korb.

Weidenmeise ↑Vogel.

Weidewirtschaft ↑Landwirtschaft.

Weidmann ↑Jäger.

Weidmannsheil! ↑Gruß.

Weidmannssprache ↑Gruppensprache.

weigern: sich w. ↑ablehnen.

Weigerung ↑Ablehnung.

Weih ↑Vogel.

Weihe ↑Vogel.

weihen, segnen, einsegnen, konsekrieren; ↑segnen.

Weiher ↑See.

Weihestätte ↑Kultstätte.

¹Weihnachten, Weihnachtsfest, Christfest, Jul *(skand.),* Julfest *(skand.),* die Weihnachtstage · Weihnachtsabend, Christabend, Heiligabend, Heilige Nacht · 1. Weihnachtsfeiertag, 1. Weihnachtsfesttag, 1. Weihnachtstag, 1. Festtag, 1. Feiertag, 1. Christtag · 2. Weihnachtsfeiertag, Stephanstag, 2. Weihnachtstag, 2. Weihnachtsfesttag, 2. Festtag, 2. Feiertag, 2. Christtag; ↑Adventszeit, ↑Kirchenfest, ↑Kirchenjahr, ↑Raunächte, ↑Weihnachtsabend, ↑Weihnachtsbaum, ↑Weihnachtsgeschenk, ↑Weihnachtsmann.

²Weihnachten: ↑Feiertag, ↑Kirchenjahr, ↑Weihnachtsgeschenk; die Zeit zwischen W. und Dreikönigsfest ↑Raunächte.

Weihnachtsabend, Christabend, Heiligabend, Heilige Nacht; ↑Weihnachtsbaum.

Weihnachtsbäckerei ↑Gebäck.

Weihnachtsbaum, Christbaum, Tannenbaum, Lichterbaum; **den W. schmücken,** den Weihnachtsbaum / Baum putzen *(landsch.);* **den W. abschmücken,** den Weihnachtsbaum / Baum abputzen *(landsch.);* ↑Weihnachten, ↑Weihnachtsabend.

Weihnachtsfeiertag: 1. / 2. W. ↑Weihnachten.

Weihnachtsfest ↑Weihnachten.

Weihnachtsfesttag: 1. / 2. W. ↑Weihnachten.

Weihnachtsgebäck ↑Gebäck.

Weihnachtsgeld ↑Gratifikation.

Weihnachtsgeschenk, Christkind, Christkindchen, Julklapp, Christkindle *(südd.),* Weihnachten *(ugs.);* ↑Weihnachten, ↑Weihnachtsmann.

Weihnachtsgruß ↑Kartengruß.

Weihnachtskerze ↑Kerze.

Weihnachtslied ↑Lied.

¹Weihnachtsmann, Knecht Ruprecht, Christkind, Christkindchen, Christkindl *(südd.)* · *in Russland:* Väterchen Frost; ↑Knecht Ruprecht, ↑Nikolaus, ↑Weihnachten, ↑Weihnachtsgeschenk.

²Weihnachtsmann: ↑Dummkopf, ↑Nikolaus.

Weihnachtsmarkt ↑Jahrmarkt.

Weihnachtspapier ↑Einwickelpapier.

Weihnachtsspiel ↑Drama.

Weihnachtstag: die -e, 1. / 2. W. ↑Weihnachten.

weil, da; ↑denn, ↑indem, ↑während, ↑wegen.
weiland ↑damals.

¹Weile, Augenblick, Moment, Dauer, Zeitspanne; Spanne; ↑Augenblick, ↑Frist, ↑Zeitraum.

²Weile: eine [kurze] W. ↑vorübergehend; gut Ding will W. haben ↑vorangehen; mit etwas hat es noch gute W. ↑eilen; das ist noch eine W. hin ↑dauern; eile mit W. ↑ruhig; vor einer W. ↑kürzlich.

¹weilen, verweilen, sich aufhalten, sich häuslich niederlassen, von hier bringen mich keine zehn Pferde fort / weg (salopp), verbringen, verleben, sich aufhalten, zubringen, bleiben, verharren, sein, leben, wohnen, hausen, sitzen (ugs.); ↑befinden (sich), ↑beherbergen, ↑erleben, ↑residieren, ↑übernachten, ↑übersiedeln, ↑wohnen; ↑bevölkert; ↑Wohnung.

²weilen: nicht mehr unter den Lebenden w., nicht mehr unter uns w. ↑tot [sein].

Weiler ↑Dorf.

¹Wein, Rebensaft, Gewächs, Naturwein, Landwein, Krätzer, Tafelwein, Tischwein, Dessertwein, Bratenwein, Kabinettwein, Edelwein, Spitzenwein, Damenwein, Spätlese, Trockenbeerenauslese, Beerenauslese, Eiswein · *bestimmter Sorte:* Muskateller, Silvaner, Ruländer, Riesling, Traminer, Rheinwein, Moselwein, Nahewein, Kaiserstühler, Pfälzer Wein, Pfälzer · *neuer:* Federweißer, Reißer, Junger, Neuer, Heuriger (bes. österr.), Most (schwäb., schweiz.), Rauscher (rhein.), Sauser (schweiz.), Sturm (österr.) · *von einzeln abgenommenen Trauben:* Gerebelter (österr.) · *roter:* Rotwein, Burgunder, Beaujolais, Bordeaux, Chianti · *hellroter:* Weißherbst, Rosé, Schiller, Schilcher (österr.) · *weißer:* Weißwein, weißer Burgunder, Chablis (Niederburgund), Fendant (Wallis), Clairette (franz.), Retsina (griech., geharzter) · *süßer:* Süßwein, Lacrimae Christi, Malaga, Samos, Marsala, Madeira, Portwein, Port, Malvasier, Tokaier · *bitterer:* Wermutwein, Pepsinwein · *moussierender:* Schaumwein, Sekt [brut], Champagner, Schampus (ugs.), Perlwein · *mit Mineralwasser, Soda:* Schorlemorle, Schorle, Gespritzter (bes. österr.) · *aus Trestern gewonnener:* Lauer, Nachwein; ↑Alkohol, ↑Getränk, ↑Gewürzwein, ↑Obstwein, ↑Weinbrand; ↑umschlagen.

²Wein: Brot und W. ↑Abendmahl; jmdm. reinen W. einschenken ↑mitteilen; Wasser in den W. gießen ↑ernüchtern.

Weinbau, Rebbau (schweiz.); ↑Weinberg, ↑Weinlese, ↑Winzer.

Weinbauer ↑Winzer.

Weinbeere, Traube (landsch.) ·· *getrocknete:* Rosine · *große:* Zibebe · *kleine, schwarze:* Korinthe · *gelbe, kernlose:* Sultanine.

Weinbeißer: ↑Feinschmecker, ↑Gebäck.

Weinberg, Weingarten, Wingert (südd., schweiz., westd.), Rebberg (schweiz.), Rebhang (schweiz.), Ried (österr.); ↑Weinbau, ↑Weinlese, ↑Winzer.

Weinbergschnecke ↑Schnecke.

¹Weinbrand, Kognak, Cognac; ↑Alkohol, ↑Wein.

²Weinbrand ↑Alkohol.

weinen, Tränen vergießen, in Tränen zerfließen, sich in Tränen auflösen, sich ausweinen, sich ausheulen (salopp), es gibt Tränen, heulen (ugs.), flennen (ugs., abwertend), greinen (ugs.), plärren (ugs.), Konzert machen (ugs.), platzen (ugs., österr.), schluchzen, piensen (landsch.), pinsen (landsch.), plinsen (landsch.), wie ein Schlosshund heulen (ugs.), Rotz und Wasser heulen (derb), weinen, dass es einen Stein erweichen könnte · *heuchlerisch:* Krokodilstränen weinen / vergießen · *leicht:* [dicht] am / ans Wasser gebaut haben; **zu w. beginnen,** in Tränen ausbrechen; ↑schreien; ↑weinerlich; ↑Laut, ↑Träne.

weinerlich, larmoyant, weichlich, piensen; ↑unleidlich, ↑wehleidig; ↑empfindsam, ↑weinen.

Weinerlichkeit ↑Rührseligkeit.
Weinernte ↑Weinlese.
Weinfass ↑Fass.
Weingarten ↑Weinberg.
Weinglas ↑Trinkgefäß.
Weinhauer ↑Winzer.
Weinhefe: ↑Gärstoff, ↑Schlauchpilz.
Weinkenner ↑Feinschmecker.
Weinkönigin ↑Mädchen.
Weinkraut ↑Gemüse.
Weinlaube ↑Laube.

¹Weinlese, Traubenlese, Lese, Beerenlese, Weinernte, Wimmet (schweiz.); ↑Ernte, ↑Weinbau, ↑Weinberg.

²Weinlese ↑Ernte.
Weinmonat ↑Oktober.
Weinmond ↑Oktober.
Weinrose ↑Rose.
weinrot ↑rot.
Weinsauerkraut ↑Gemüse.
Weinschaum ↑Soße.
Weinstube ↑Gaststätte.
Weintrinker ↑Trinker.
Weinzierl ↑Winzer.

Weis: aus der W. ↑übertrieben.
weise: w. Frau ↑Hebamme.
Weise: ↑Lied; Art und W. ↑Beschaffenheit, ↑Manier, ↑Modalität; auf diese W. ↑so; in keiner W. ↑keineswegs, ↑nein.

weisen: von sich w. ↑abstreiten, ↑verabscheuen; etwas ist nicht von der Hand zu w. ↑missachten.

Weiser: ↑Biene, ↑Denker; Stein der Weisen ↑Zaubermittel.

Weisheit: ↑Erfahrung, ↑Gotteseigenschaften; der W. letzter Schluss ↑Entschließung; die W. nicht mit Löffeln gegessen / gefressen haben ↑dumm [sein]; mit seiner W. am Ende sein ↑ratlos [sein].

Weisheitszahn ↑Zahn.
weismachen: sich nichts w. lassen ↑schlau [sein].

¹**weiß,** weißlich, rein weiß, schneeweiß, weiß wie Schnee, blütenweiß, perlweiß, lilienweiß, schwanenweiß, atlasweiß, silberweiß, kalkweiß, grauweiß, gelblich weiß, marmorweiß, alabasterfarben, champagnerfarben; ↑beige, ↑blass (kreideweiß), ↑bunt, ↑einfarbig, ↑grau.

²**weiß:** ↑blass, ↑jungfräulich, ↑verschneit, ↑weißhaarig; -e Blutkörperchen ↑Blutkörperchen; -er Burgunder ↑Wein; -e Johannisbeere ↑Johannisbeere; Weißes Haus ↑Regierung; Weißer Knollenblätterpilz ↑Ständerpilz; -e Maus ↑Polizist; -e Pocken ↑Pocken; -er Rabe ↑Seltenheit; -e Rasse ↑Rasse; -e Ware ↑Ware; Weißer Sonntag ↑Kirchenjahr; -er Sport ↑Tennisspiel; einen -en Stimmzettel abgeben ↑wählen; der -e Tod ↑Erfrierungstod; eine -e Weste haben ↑ehrenhaft [sein]; -er Fleck ↑Sperma; Weißer Wiener ↑Kaninchen; w. wie die Wand sein ↑blass [sein]; schwarz auf w. erbringen ↑nachweisen [können]; Männer in Weiß ↑Arzt.

weissagen ↑voraussehen.
Weissagung ↑Voraussage.
Weißbier ↑Bier.
Weißbinder: ↑Böttcher, ↑Maler.
Weißblütigkeit ↑Leukämie.
Weißbrot: ↑Brot; französisches W. ↑Kaviarbrot.
Weißbuch ↑Dokumentensammlung.
Weißbuche ↑Buche.
Weißdornhecke ↑Hecke.
Weiße: Berliner W. [mit Schuss] ↑Bier.
Weißei ↑Eiweiß.
Weiße-Kragen-Kriminalität ↑Betrug.
Weißeler ↑Maler.
weißeln ↑streichen.
weißen ↑streichen.
¹**Weißer,** Bleichgesicht (scherzh.), Europäer; ↑Rasse.
²**Weißer** ↑Maler.
Weißfisch ↑Fisch.
Weißfleckigkeit: W. der Nägel ↑Nagelkrankheit.
Weißflügellerche ↑Vogel.
Weißgerber ↑Gerber.
Weißglut: zur W. bringen ↑ärgern.
weißhaarig, weiß, schlohweiß, silberhaarig; ↑grauhaarig; ↑Haar.
Weißherbst ↑Wein.
weißigen ↑streichen.
Weißkabis ↑Kohl.
¹**Weißkäse,** weißer Käse, Quark, Topfen (bayr., österr.), Schotten (bayr., österr.), Glumse (ostpr.), Zibbeleskäs (fränk.), Lukeleskäs (aleman.), Bibeleskäs (aleman.), Zi[e]ger (schweiz.); ↑Brotaufstrich, ↑Käse.
²**Weißkäse** ↑Käse.
Weißkohl ↑Kohl.
Weißkraut ↑Kohl.

Weißlachs ↑Fisch.
weißlich ↑weiß.
Weißling ↑Schmetterling.
Weißmehl ↑Mehl.
Weißmoos ↑Moos.
Weißrückenspecht ↑Vogel.
Weißstorch ↑Vogel.
Weißtanne ↑Nadelhölzer.
Weißtannenhonig ↑Honig.
Weißwein ↑Wein.
Weißweinglas ↑Trinkgefäß.

¹**Weisung,** Auftrag, Anweisung, Direktive, Verhaltensmaßregel, Verhaltungsmaßregel (veraltend), Ukas, Order, Unterrichtung, Belehrung, Instruktion, Reglement, Gebot, Geheiß, Aufforderung, Satzung, Statut, Anordnung, Diktat, Befehl, Kommando, Gesetz, Lex, Wegleitung (schweiz.), Vorschrift, Mussvorschrift, Kannvorschrift, Verordnung, Notverordnung, Regulativ, Edikt, Erlass, Bestimmung, Mussbestimmung, Sollbestimmung, Kannbestimmung, Verfügung, Reskript, Dekret · noch nicht in Kraft getretene: Gesetzentwurf, Gesetzesvorlage · vertrauliche: Geheimauftrag, Geheimbefehl; ↑Abmachung, ↑Aufruf, ↑Ausbildung, ↑Befehlsgewalt, ↑Gesuch, ↑Novelle, ↑Propaganda, ↑Regel, ↑Regie, ↑Testament, ↑Unterricht, ↑Zwang. **nach W. von,** im Namen von, im Auftrag, in Vertretung; ↑befehlsgemäß.
²**Weisung:** auf W. ↑befehlsgemäß.
weisungsgemäß ↑befehlsgemäß.

weit: ↑fern, ↑geräumig, ↑sehr; einen -en Horizont haben ↑aufgeschlossen [sein]; in -em Umkreis, w. und breit ↑überall, ↑weitum; w. verbreitet ↑üblich; mit den Gedanken w. fort sein ↑unaufmerksam [sein]; w. [weg] sein ↑fern [sein]; zu w. gehen ↑übertreiben; etwas geht jmdm. zu w. ↑unerhört [sein]; so w. das Auge reicht ↑überallhin; das Weite gewinnen ↑entkommen; das Weite suchen ↑weggehen; nur einen Katzensprung / eine Sekunde w. ↑nahe; ↑nahebei.
Weit ↑Springen (das).
weitab ↑fern.
Weitblick: ↑Erfahrung, ↑Scharfsinn, ↑Umsicht.
¹**weit blickend,** weitsichtig, weit schauend, vorausschauend, vorausblickend, vorausschauend, nicht ↑kurzsichtig; ↑klug, ↑scharfsinnig, ↑umsichtig, ↑vorsichtshalber; ↑Erfahrung, ↑Umsicht.
²**weit blickend** ↑umsichtig.
Weite: ↑Ausmaß, ↑Ferne, ↑Größe.
¹**weiter,** voran, vorwärts, fürbass (scherzh.); **nur immer w.!,** keine Müdigkeit vorschützen!; ↑stocken.
²**weiter:** ↑außerdem; bis hierher und nicht w. ↑halt; nicht w. wissen ↑ratlos [sein]; des Weiteren ↑außerdem; bis auf -es ↑zunächst; ohne -es ↑anstandslos, ↑kurzerhand; ohne -es bereit ↑bereitwillig.

Weiterbestehen ↑Fortbestand.

weiterbilden (sich), sich fortbilden, den zweiten Bildungsweg beschreiten / wählen, sich auf dem Laufenden halten; ↑Fortbildung.

Weiterbildung ↑Fortbildung.

weitere, andere, zusätzlich; ↑zusätzlich.

¹weitererzählen, weitersagen, weiter tragen, weitergeben, hinterbringen, zutragen; ↑mitteilen, reden (tratschen); **nicht w.**, etwas bleibt unter uns / (ugs.) in der Familie, vertraulich behandeln, etwas ist [streng] vertraulich; ↑Verschwiegenheit.

²weitererzählen: [etwas brühwarm w.] ↑mitteilen.

weiterfahren: ↑fortsetzen; [mit einem anderen Zug w.] ↑umsteigen.

Weiterfahrt ↑Fahrt.

weiterführen: ↑fortsetzen, ↑überliefern; -de Schule ↑Schule.

Weiterführung: ↑Fortsetzung, ↑Tradierung.

Weitergabe: ↑Delegierung, ↑Lieferung, ↑Tradierung.

weitergeben: ↑mitteilen, ↑schicken, ↑überliefern, ↑weitererzählen; w. an ↑übertragen.

weitergehen: nicht w. ↑eingehen.

weiterhin: ↑außerdem, ↑später.

Weiterklingen ↑Nachhall.

weiterkommen ↑vorangehen.

weiterleiten ↑schicken.

Weiterleitung ↑Lieferung.

weitermachen ↑fortsetzen.

weiterreichen ↑schicken.

weiters ↑außerdem.

weitersagen: ↑mitteilen, ↑weitererzählen.

weitertragen: ↑mitteilen, ↑weitererzählen.

Weiterung ↑Folge.

weiterverfolgen ↑fortsetzen.

weiter wursteln ↑behelfen (sich).

weitgehend ↑generell.

weitherum ↑weitum.

weitherzig: ↑freigebig, ↑tolerant.

weithin ↑generell.

weitläufig: ↑ausführlich; w. verwandt ↑verwandt.

Weitling ↑Schüssel.

weit schauend ↑weitblickend.

weitschweifig ↑ausführlich.

Weitsicht: ↑Erfahrung, ↑Umsicht.

weitsichtig ↑weitblickend.

Weitsichtigkeit ↑Fehlsichtigkeit.

Weitsprung: ↑Fünfkampf, ↑Leichtathletik, ↑Springen (das), ↑Zehnkampf.

weitum, weit und breit, weitherum (schweiz.), in weitem Umkreis; landauf, landab; das Gäu hinauf und hinab (schweiz.), im ganzen Gäu (schweiz.).

weit verbreitet ↑üblich.

weit verzweigt, ausgedehnt, breite Streuung habend, über die ganze Welt verstreut; ↑Ausdehnung; ↑ausdehnen.

Weizen: ↑Getreide; ↑Bier; türkischer W. ↑Getreide; jmds. W. blüht ↑Erfolg [haben]; die Spreu vom W. trennen / scheiden / sondern ↑aussortieren.

Weizenbier ↑Bier.

Weizenbrot ↑Brot.

Weizenflocken ↑Getreideflocken.

Weizenkeimöl ↑Speiseöl.

Weizenschrotbrot ↑Brot.

Weizenstärke ↑Stärke.

Weka ↑Militärdienst.

¹welch, was für ein; ↑dieser, ↑jener.

²welch: zu -em Ende / Zweck, aus -em Grund ↑warum.

welfen ↑gebären.

welk: ↑faltig, ↑verwelkt; w. werden ↑welken.

welken, welk werden, verwelken, verblühen, abblühen; ↑abnehmen, ↑eingehen, ↑trocknen, ↑zusammenschrumpfen.

Welkheit ↑Zerfurchtheit.

well done ↑gar.

¹Welle, Woge, Brecher, Grundwelle, Flutwelle, Sturzwelle, Brandung, Gischt; ↑Meer, ↑Seegang.

²Welle: ↑Aufschwung, ↑Packen; weiche W. ↑Duldsamkeit; -n legen ↑frisieren; sein Grab in den -n finden ↑ertrinken.

wellen: ↑frisieren; sich w. ↑locken (sich).

Wellenbewegung ↑Seegang.

Wellengang ↑Seegang.

Wellenlänge: die gleiche W. haben ↑Gemeinsamkeit.

Wellenläufer ↑Vogel.

Wellensittich ↑Vogel.

wellig: ↑bergig, ↑lockig.

Wellpappe ↑Pappe.

Wels ↑Fisch.

welsch: ↑schweizerisch; -e Zwiebel ↑Gemüse; -e Haube ↑Dach.

Welschkohl ↑Wirsing.

Welschkorn ↑Getreide.

Welschnuss ↑Nuss.

welschschweizerisch ↑schweizerisch.

¹Welt, Erde, Mundus, Erdkreis, Erdball, Erdenrund (dichter.), das irdische Jammertal (dichter.), das Diesseits (geh.) · in der Allegorie: Frau Welt; ↑Erdball, ↑Weltall.

²Welt: alle W. ↑alle; die Alte W. ↑Europa; die Dritte W. ↑Entwicklungsländer; die freie W. ↑Westmächte (die); die heile W. ↑Weltbild; W. des Films ↑Traumfabrik; dort ist die W. mit Brettern vernagelt ↑abgelegen [sein]; Bretter, die die W. bedeuten ↑Theater; das kostet nicht die W. ↑teuer; Gott und die W. kennen ↑betriebsam [sein]; die W. aus den Angeln heben ↑ändern; der W. entsagen ↑abkapseln (sich), ↑Mönch [werden], ↑Nonne [werden]; am Arsch / am Ende der W. sein ↑abgelegen [sein]; das Dach der W. ↑Tibet; das älteste Gewerbe der W. ↑Prostitution; aus allen Teilen der W. ↑überallher; die sündigste Meile der W. ↑Reeperbahn; in alle Teile der W. ↑überallhin; Fürst dieser W. ↑Teufel; auf die / zur W. kommen ↑geboren [werden]; aus dieser W. gehen ↑sterben; [einen Streit] aus der W. schaffen ↑bereinigen; das ist nicht aus der W. ↑möglich [sein]; in einer anderen W. leben ↑unrealistisch [sein]; [ein Gerücht] in die W. setzen ↑verbreiten; ein Kind in die W. setzen ↑schwängern; nicht um alles in der W. ↑nein; mit sich und der W. zerfallen sein ↑unzufrieden [sein]; mit der W. zerfallen sein ↑schwermütig [sein]; über Gott und die W. reden / sprechen ↑unterhalten (sich); über die ganze W. verstreut ↑weit verzweigt; etwas von der W. sehen ↑herumkommen; nicht von dieser W. sein ↑unrealistisch [sein]; Mann von W. ↑Gentleman; vor aller W. ↑öffentlich; sich vor der W. verschließen ↑abkapseln (sich); das Tor zur W. ↑Hamburg.

weltabgewandt ↑zurückgezogen.

Weltall, All, Weltraum, Raum, Weltenraum, Kosmos, Makrokosmos, Universum; ↑Astronaut, ↑Welt, ↑Weltraumstation.

¹Weltanschauung, Lehre, System; ↑Marxismus, ↑Sozialist.

²Weltanschauung ↑Denkweise.

Weltatlas ↑Atlas.

Weltbad ↑Badeort.

weltbekannt ↑bekannt.

weltberühmt ↑bekannt.

Weltberühmtheit ↑Bekanntheit.

Weltbild · *unrealistisches:* die heile Welt; ↑Denkweise.

Weltblatt ↑Zeitung.

Weltbrand ↑Krieg.

Weltbürger, Kosmopolit; ↑Weltreisender.

Welte-Lichtton-Orgel ↑Elektroorgel.

Weltenbummler ↑Weltreisender.

Weltenraum ↑Weltall.

Weltergewicht ↑Ringen.

weltfremd ↑unrealistisch.

Weltfremdheit, Wirklichkeitsfremdheit, Wirklichkeitsferne, Elfenbeinturm, L' art pour l' art, Esoterik, Glasperlenspiel; ↑Oberschicht; ↑unrealistisch.

Weltgeltung: ↑Bekanntheit; von W. ↑bekannt.

Weltgeschichte: ↑Geschichte; viel in der W. herumreisen ↑reisen.

weltgewandt ↑gewandt.

¹Weltgewandtheit, Gewandtheit, Weltläufigkeit, Weltmännischkeit, Urbanität, sicheres Auftreten, Sicherheit, Geschliffenheit, Chevalerie, alte Schule; ↑Erfahrung, ↑Wendigkeit; ↑gewandt.

²Weltgewandtheit ↑Erfahrung.

Welthandel: ↑Handel; [Hochschule für] W. ↑Hochschule.

Welthilfssprache ↑Sprache.

Welthistorie ↑Geschichte.

Weltkarte ↑Landkarte.

Weltkenntnis ↑Erfahrung.

Weltkrieg: ↑Krieg; die Jahre / die Zeit nach dem Ersten (oder:) Zweiten W. ↑Nachkriegszeit; Literatur nach dem Zweiten W. ↑Literaturepochen.

Weltkugel ↑Erdball.

weltläufig ↑gewandt.

Weltläufigkeit: ↑Benehmen, ↑Erfahrung, ↑Weltgewandtheit.

¹weltlich, profan, säkular, irdisch, diesseitig, fleischlich, unheilig, nicht ↑sakral.

²weltlich: in -en Besitz umwandeln ↑säkularisieren; -e Lyrik ↑Lyrik; -e Musik ↑Musik.

Weltliteratur ↑Literatur.

Weltmacht, Großmacht, Supermacht; ↑Staat.

Weltmachtstreben ↑Imperialismus.

Weltmann ↑Gentleman.

weltmännisch ↑gewandt.

Weltmännischkeit ↑Weltgewandtheit.

Weltmarkt ↑Absatzgebiet.

¹Weltmeer · · · die sieben Weltmeere · · Nordatlantischer Ozean, Nordatlantik · Südatlantischer Ozean, Südatlantik · Nordpazifischer Ozean, Nordpazifik · Südpazifischer Ozean, Südpazifik · Indischer Ozean, Indik *(veraltet)* · Arktischer Ozean, Nordpolarmeer, Nördliches Eismeer · Südpolarmeer, Südliches Eismeer; ↑Atlantik, ↑Meer, ↑Pazifik.

²Weltmeer ↑Meer.

Weltmeister ↑Sieger.

Weltniveau ↑Qualität.

Weltrang: ↑Bekanntheit; von W. ↑bekannt.

Weltraum ↑Weltall.

weltraum-: ↑kosmisch.

Weltraumfahrer ↑Astronaut.

Weltraumfahrerin ↑Astronaut.

Weltraumfahrt ↑Raumfahrt.

Weltraumstation, Orbitalstation, Satellit.

Weltreich ↑Staat.

Weltreise ↑Reise.

Weltreisender, Weltenbummler, Globetrotter; ↑Weltbürger, ↑Zuschauer (Schlachtenbummler).

Weltreligion · Christentum, christliche Religion · Judentum, Mosaismus *(veraltet)*, mosaische Religion · Islam, Schiismus, Sunnismus, Schamanismus · Hinduismus · Konfuzianismus · Buddhismus · Schintoismus · Taoismus; ↑Glaube, ↑Mohammedaner.

Weltruf: ↑Bekanntheit; von W. ↑bekannt.

Weltschmerz: W. haben ↑deprimiert [sein].

Weltstadt: ↑Stadt; W. mit Herz ↑München.

weltstädtisch ↑städtisch.

weltumfassend ↑allgemein.

weltumspannend ↑allgemein.

Weltuntergangsstimmung: in W. sein ↑deprimiert [sein].

weltweit ↑allgemein.

Weltwirtschaft ↑Wirtschaft.

Wemfall ↑Dativ.

wen: w. juckts? ↑unwichtig [sein].

Wende: ↑Eislauf, ↑Turnübung, ↑Veränderung.

Wendehals ↑Vogel.

Wendeltreppe ↑Treppe.
wenden: sich w. ↑umkehren; sich w., den Rücken w. ↑abwenden; sich w. an ↑bitten, ↑herantreten (an); sich an das Gericht w. ↑prozessieren; sich im Gebet an Gott w. ↑beten; sich nach rückwärts w. ↑zurückbeugen (sich); kein Auge von jmdm. / etwas w. ↑ansehen; sich w. zu ↑hinwenden (sich).
Wendepunkt ↑Höhepunkt.
Wendeschwung ↑Turnübung.
wendig ↑geschickt.
¹Wendigkeit, Gewandtheit, Beweglichkeit, Mobilität, Flexibilität, Agilität, Geschicklichkeit, Geschick, Geschicktheit; ↑Erfahrung, ↑Körperbeherrschung, ↑Kunstfertigkeit, ↑Weltgewandtheit; ↑geschickt, ↑gewandt.
²Wendigkeit ↑Körperbeherrschung.
Wendung: ↑Redensart; [feste / idiomatische W.] ↑Redewendung.
Wenfall ↑Akkusativ.
¹wenig, eine Spur von, eine Idee ..., ein Hauch von, ein Quäntchen, ein Körnchen ..., zu wenig, bitterwenig, blutwenig, spottwenig, lächerlich wenig, kaum etwas, nicht genug / genügend, gering, nicht viel, das ist nicht zum Fettwerden *(ugs.);* ↑klein, ↑minimal · Ggs. ↑reichlich; **zu w. sein,** ein Tropfen auf einen heißen Stein sein, für die Katz sein *(emotional),* das kann eine Katze auf dem Schwanz forttragen / wegtragen; etwas ist zum Leben zu wenig, zum Sterben zu viel.
²wenig: ↑karg; [herzlich w.] ↑klein; ein [ganz klein] w. ↑etwas; ein w. ↑minimal; nicht w. ↑reichlich; -er werden ↑abnehmen; immer er werden ↑schlank [werden]; w. kosten ↑billig [sein]; zu w. Wert legen auf ↑missachten; nicht -e ↑viele; etwas zu w. überlegt haben ↑übereilen; mehr oder -er ↑generell; viele Wenig machen ein Viel ↑lohnend [sein]; das wenigste ↑Minimum; zum -sten ↑wenigstens.
Wenigkeit: meine W. ↑ich.
¹wenigstens, mindestens, zum wenigsten / mindesten, zumindest, gut, gut und gern, mehr als; ↑reichlich.
²wenigstens ↑aber.
¹wenn, falls, sofern, wofern; für den Fall / im Falle, dass ↑deshalb.
²wenn: ↑als; wie w. ↑gleichsam.
Wenn: ohne W. und Aber ↑vorbehaltlos.
wenngleich ↑obgleich.
wennschon ↑obgleich.
Wenzel ↑Penis.
wer: w. auch immer ↑alle.
Werbeberater ↑Werbefachmann.
Werbefachmann, Verkaufsförderer, Kontakter, Salespromoter, Werbeberater, Marketingstratege; ↑Publicrelations, ↑Werbung.
Werbefeldzug ↑Werbung; einen W. starten ↑Werbung [treiben].

Werbefilm ↑Kinofilm.
Werbefotograf ↑Fotograf.
Werbegrafik ↑Druckgrafik.
Werbegrafiker ↑Zeichner.
Werbekampagne: ↑Versuch, ↑Werbung; eine W. starten ↑Werbung [treiben].
Werbekaufmann ↑Büroangestellter.
¹werben, sich um jmdn. bewerben, Brautschau halten, auf Brautschau / Freiersfüßen gehen *(scherzh.),* freien, sich eine Frau suchen, sich nach einer Frau umsehen, heiratslustig sein, heiraten wollen, um jmdn. anhalten, einen Heiratsantrag machen; ↑flirten, ↑heiraten, ↑umwerben.
²werben: ↑propagieren, ↑überreden, ↑Werbung [treiben]; jmdn. für etwas w. ↑gewinnen (jmdn. für etwas); w. um ↑umwerben.
Werbeplakat ↑Plakat.
Werbepsychologie ↑Psychologie.
Werber: ↑Handelsvertreter, ↑Propagandist.
Werbeschönheit ↑Glamourgirl.
Werbeschrift ↑Prospekt.
Werbeslogan ↑Werbetext.
Werbespot ↑Anpreisung.
Werbespruch: ↑Anpreisung, ↑Werbetext.
¹Werbetext, Werbespruch, Werbeslogan, Spot; ↑Angebot, ↑Anpreisung, ↑Werbung.
²Werbetext ↑Anpreisung.
Werbetexter ↑Schriftsteller.
Werbetrommel: die W. rühren ↑Werbung [treiben].
Werbevertreter ↑Handelsvertreter.
werbewirksam ↑zugkräftig.
Werbewirksamkeit ↑Zugkraft.
Werbezettel ↑Prospekt.
Werbung, Direktwerbung, Kundenwerbung, Kundenfang, Reklame, Propaganda, Advertising, Publicity, PR, Publicrelations, Öffentlichkeitsarbeit, Kontaktpflege, Werbekampagne, Promotion, Salespromotion, Verkaufsförderung, Werbefeldzug, Türk *(schweiz.),* Türgg *(schweiz.)* · *Werbung, die sich nicht offen als Werbung deklariert:* Schleichwerbung, Productplacement, weiche Werbung · *Ausschalten der Werbung im Fernsehen, Umschalten auf ein anderes Programm:* Zapping; **W. treiben,** einen Werbefeldzug / eine Werbekampagne starten, werben, Reklame machen, die Werbetrommel rühren, Reklame schieben *(salopp, berlin.)* · *durch Inserat:* inserieren, anzeigen; ↑Angebot, ↑Anpreisung, ↑Interessenvertretung, ↑Litfaßsäule, ↑Publicrelations, ↑Werbefachmann, ↑Werbetext; ↑annoncieren.
Werdegang ↑Laufbahn.
¹werden (etwas), etwas lernen, einen Beruf wählen / ergreifen / erlernen; ↑avancieren.
²werden: ↑entstehen, ↑geraten; etwas w. ↑avancieren; Mutter w. ↑schwanger [sein]; alt geworden ↑altbacken; dünner w. ↑schlank [werden]; kleiner w. ↑schrumpfen; w. zu ↑auswachsen (sich zu); etwas w. ↑lebenstüchtig [sein]; die

Tür wird geöffnet ↑Passiv; etwas verspricht zu w. ↑offenbar; jetzt wird Pause gemacht! ↑Imperativ.

Werden ↑Entstehung.

Werder ↑Insel.

Werfall ↑Nominativ.

¹werfen, hinwerfen, schleudern, hinschleudern, wegschleudern, katapultieren, schmeißen *(salopp),* hinschmeißen *(salopp),* feuern *(salopp),* hinfeuern *(salopp),* pfeffern *(salopp),* hinpfeffern *(salopp),* schupfen *(oberd.);* ↑wegwerfen; ↑Spielball.

²werfen: ↑gebären; den alten Adam von sich w. ↑bessern (sich); alles in einen Topf w. ↑unterscheiden; Anker w. ↑ankern; ein / das Auge w. auf ↑verlieben (sich); den Bengel [zu hoch] w. ↑fordern; Blasen w. ↑brodeln; die Flinte ins Korn w. ↑Mut [verlieren]; das Handtuch w. ↑beenden; jmdm. Knüppel / einen Knüppel zwischen die Beine w. ↑einschränken; jmdm. den ganzen Kram / Krempel vor die Füße w. ↑kündigen; ein schlechtes Licht w. auf ↑zurückfallen (auf); jmdm. etwas an den Kopf w. ↑schelten; w. auf ↑bewerfen; in den Briefkasten w. ↑einwerfen; sich in die Brust w. ↑prahlen; sich in Schale w. ↑anziehen; in einen Topf w. ↑verquicken; ins Gefängnis / in den Kerker w. ↑festsetzen; etwas über den Haufen w. ↑verändern; mit gelehrten Brocken um sich w. ↑prahlen; zum alten Eisen w. ↑wegwerfen.

Werfen ↑Leichtathletik.

¹Werk, Arbeit, Œuvre, Opus, das Schaffen, Gesamtwerk, Gesamtœuvre, Hauptwerk, ...ana (z.B. Goetheana), ...iana (z.B. Mozartiana) · Erstling, Erstlingswerk, Frühwerk, Jugendwerk · Fleißarbeit · Spätwerk, Alterswerk · *schlechtes:* Machwerk *(abwertend),* Elaborat *(abwertend);* ↑Aufsatz, ↑Besprechung, ↑Doktorarbeit, ↑Entwurf, ↑Skript, ↑Veröffentlichung.

²Werk: ↑Buch, ↑Fabrik; ins W. setzen ↑verwirklichen.

Werkdruckpapier ↑Druckpapier.

Werkel ↑Leierkasten.

Werkelmann ↑Leierkastenmann.

werkeln ↑arbeiten.

werken ↑arbeiten.

Werkfeuerwehr ↑Feuerwehr.

Werkraum, Bastelraum, Bastelzimmer, Hobbyraum; ↑Raum.

Werksarzt ↑Arzt.

Werksatz ↑Schriftsatz.

Werksbibliothek ↑Bücherbestand.

Werksittlichkeit ↑Pflichtbewusstsein.

Werkstatt, Werkstätte, Atelier, Studio, Arbeitsraum.

Werkstätte ↑Werkstatt.

Werkstattflug ↑Flug.

Werkstoff, Rohstoff; ↑Kunststoff.

Werkstudent ↑Student.

Werktag, Wochentag, Alltag, Arbeitstag; ↑Ruhetag, ↑Sonnabend, ↑Tag.

werktags ↑wochentags.

Werktagskleid ↑Kleid.

werktätig ↑berufstätig.

Werktisch ↑Tisch.

Werkzeug ↑Gerätschaft.

Wermutbruder ↑Vagabund.

Wermuttee ↑Tee.

Wermutwein ↑Wein.

wert: ↑lieb, ↑verehrt; einen Dreck / keinen luckerten (oder:) roten Heller / nichts / keinen Pfifferling / keinen Schuss Pulver w. sein ↑wertlos [sein]; nichts mehr w. sein ↑hinfällig [sein]; etwas wäre w., [überdacht] zu werden ↑müssen; etwas ist nicht der Rede w. ↑unwichtig [sein].

Wert: ↑Qualität; W. legen auf ↑bemühen (sich um); von gleichem / entsprechendem W. ↑gleichwertig.

wertbeständig: ↑bleibend, ↑gediegen.

Wertbrief ↑Postsendung.

¹werten, bewerten, eine Wertung [nach Punkten] vornehmen · *zu positiv:* etwas in rosigem Licht sehen; ↑euphorisch; ↑Optimist; **nicht gewertet werden,** aus der Wertung fallen; ↑beurteilen, ↑teilnehmen (außer Konkurrenz starten).

²werten ↑beurteilen.

wertentsprechend ↑gleichwertig.

wertfrei ↑unparteiisch.

¹wertlos, minderwertig, schlecht; ↑ungeeignet · Ggs. ↑kostbar; **w. sein,** nichts wert sein, keinen Schuss Pulver / Pfifferling wert sein, keinen roten / *(österr.)* luckerten Heller wert sein, einen Dreck wert sein *(salopp).*

²wertlos: w. [geworden] sein ↑Geltung.

Wertlosigkeit ↑Bedeutungslosigkeit.

Wertminderung ↑Beeinträchtigung.

wertneutral ↑unparteiisch.

Wertpaket ↑Postsendung.

Wertpapier, Wertschrift *(schweiz.),* Effekten, Aktie, Inhaberaktie, [vinkulierte] Namensaktie, Stammaktie, Vorzugsaktie, junge Aktie, Volksaktie, Quotenaktie, Belegschaftsaktie, Anleihe, Sparbrief, Pfandbriefe, Bundesschatzbriefe, Staatsobligationen, Investmentpapier, Obligationen, Schuldverschreibung, Kommunalobligationen, Industrieobligationen, Hypothekenpfandbriefe, Staatsanleihe, Provinzanleihe, Gemeindeanleihe, festverzinsliche Renten; ↑Vermögen.

Wertpapierbörse ↑Börse.

Wertschätzung: ↑Achtung, ↑Anerkennung.

Wertschrift ↑Wertpapier.

Wertsendung ↑Postsendung.

Wertung: eine W. [nach Punkten] vornehmen, aus der W. fallen ↑werten.

wertvoll ↑kostbar.

Wertzeichen ↑Briefmarke.

werweißen ↑denken.

¹Wesen, Wesensart, Art, Gepräge, Gemütsart, Natur, Naturell, Typ, Charakter, Temperament, Eigenart, Anlage, Veranlagung; ↑Bedeutung, ↑Denkweise; ↑Gestalt, ↑Merkmal, ↑Seltsamkeit, ↑Veranlagung; ↑veranlagt.

²Wesen: ↑Geschöpf; höchstes W. ↑Gottheit; kindisches W. ↑Albernheit; [menschliches W.] ↑Mensch; weibliches W. ↑Frau; -[s] machen aus / von ↑übertreiben; ohne viel -s zu machen ↑unbemerkt.

wesenhaft ↑wichtig.

wesenlos: ↑grundlos, ↑immateriell.

Wesensart ↑Wesen.

wesensgemäß ↑kennzeichnend.

wesensgleich ↑geistesverwandt.

Wesensgleichheit ↑Identität.

Wesenswort ↑Leitwort.

wesentlich: ↑wichtig; das Wesentliche ↑Hauptsache.

Wesfall ↑Genitiv.

weshalb ↑warum.

Wespe ↑Hautflügler.

Wespenbussard ↑Vogel.

Wespenschwärmer ↑Schmetterling.

West: ↑Himmelsrichtung, ↑Wind.

West-Coast-Jazz ↑Jazz.

¹Weste, Gilet *(veraltet)*, Leibchen *(veraltet, österr.)* · *zum Schutz gegen Gewehrkugeln:* kugelsichere Weste, Panzerweste; ↑Jacke, ↑Strickweste.

²Weste: ↑Strickweste; eine reine / weiße W. haben ↑ehrenhaft [sein]; jmdm. etwas unter die W. jubeln ↑aufbürden.

Westen: ↑Himmelsrichtung; der W. ↑Westmächte (die).

Westentasche: etwas wie seine W. kennen ↑auskennen (sich).

Western: ↑Kinofilm, ↑Wildwestfilm.

westeuropäisch: -e Zeit ↑Zeit.

westlich: -e Hemisphäre.

Westmächte (die; *hist.*), die Alliierten, der Westen, die westliche Hemisphäre, die freie Welt *(hist.)*; · Ggs. ↑Osten *(hist.)*.

Westnordwest ↑Himmelsrichtung.

Westnordwesten ↑Himmelsrichtung.

Westover ↑Pullover.

Westsüdwest ↑Himmelsrichtung.

Westsüdwesten ↑Himmelsrichtung.

Westwind ↑Wind.

weswegen ↑warum.

Wettbewerb: ↑Konkurrenz, ↑Preisausschreiben.

Wettbewerber ↑Geschäftsmann.

wettbewerbsfähig ↑konkurrenzfähig.

wettbewerbsorientiert ↑konkurrenzfähig.

Wettbewerbsrecht ↑Rechtsgebiet.

Wette: ↑Glücksspiel; eine W. abschließen ↑wetten.

Wetteifer ↑Konkurrenz.

wetteifern: w. mit ↑übertreffen.

¹wetten, eine Wette abschließen · *im Toto oder Lotto:* tippen; ↑Glücksspiel.

²wetten: zehn gegen eins w., dass ↑zweifeln.

¹Wetter, Wetterlage, Großwetterlage, Wettergeschehen, Witterung, Klima, Aprilwetter, Regenwetter, Frostwetter, Tauwetter, Frühlingswetter, Sommerwetter, Herbstwetter, Winterwetter, Erntewetter, Reisewetter, Badewetter · *schlechtes:* Hundewetter, Dreckwetter *(salopp, abwertend)*, Sauwetter *(derb, abwertend)*, Mistwetter *(derb, abwertend)*, Unwetter, Blitz und Donner · *schönes:* Mützenwetter *(landsch.)*, Kaiserwetter *(veraltet, aber noch scherzh.)*; ↑Eisheilige, ↑Gewitter, ↑Kälte, ↑Klima, ↑Klimazone, ↑Niederschlag, ↑Schlechtwetter, ↑Schönwetter, ↑Wetterbericht, ↑Wetterfront, ↑Wetterumschwung; ↑aufhellen (sich); ↑sonnig.

²Wetter: das W. ist schön, es ist strahlendes W. ↑sonnig [sein]; gegen W. empfindlich ↑wetterempfindlich.

Wetterbericht, Wettervorhersage, Wettervoraussage, Wetterprognose, Wetterdienst; ↑Wetter, ↑Wetterfront, ↑Wetterkunde.

Wetterdienst ↑Wetterbericht.

wetterempfindlich ↑wetterfühlig.

Wetterempfindlichkeit ↑Wetterfühligkeit.

Wetterfahne, Windfahne, Wetterhahn, Turmhahn.

Wetterfisch ↑Fisch.

Wetterfleck: ↑Mantel, ↑Umhang.

Wetterfront, Störungsfront, Warmfront, Kaltfront, Gewitterfront, Regenfront; ↑Kälteeinbruch, ↑Meteorologie, ↑Wetter, ↑Wetterbericht, ↑Wetterkunde.

Wetterfrosch ↑Meteorologe.

wetterfühlig, wetterempfindlich, föhnempfindlich, gegen Wetter empfindlich; ↑Wetterfühligkeit.

Wetterfühligkeit, Wetterempfindlichkeit, Witterungsneurose, Zyklonose, Meteoropathie, Meteorotropismus, meteorotrope Krankheit, Föhnkrankheit, Föhnempfindlichkeit; ↑wetterfühlig.

Wettergeschehen ↑Wetter.

Wettergott: der W. meints gut [mit uns] ↑sonnig [sein].

Wetterhahn ↑Wetterfahne.

Wetterkarte, Satellitenbild; ↑Meteorologe, ↑Wetterkunde.

Wetterkunde, Meteorologie; ↑Meteorologe, ↑Radiosonde, ↑Wetterbericht, ↑Wetterwarte, ↑Wissenschaft, ↑Wolken.

Wetterkundler ↑Meteorologe.

Wetterlage ↑Wetter.

Wetterleuchten ↑Gewitter.

Wettermantel ↑Mantel.

wettern ↑schelten.

Wetterprognose ↑Wetterbericht.

Wetterprophet ↑Meteorologe.

Wettersäule ↑Wirbelwind.

Wettersturz ↑Wetterumschwung.

Wetterumbruch ↑Wetterumschwung.

Wetterumschlag ↑Wetterumschwung.

Wetterumschwung, Witterungsumschlag, Wettersturz, Wetterumbruch *(bes. schweiz.);* ↑Abkühlung, ↑Kälteeinbruch, ↑Wetter.

Wettervoraussage ↑Wetterbericht.

Wettervorhersage ↑Wetterbericht.

Wetterwarte, Observatorium; ↑Sternwarte, ↑Wetterkunde.

wetterwendisch: ↑launisch, ↑unausgeglichen.

Wettkampf: ↑Konkurrenz, ↑Preisausschreiben, ↑Spiel; einen W. austragen ↑kämpfen.

Wettkämpfer ↑Sportler.

Wettkampfstätte ↑Sportfeld.

wettmachen: ↑aufholen, ↑belohnen.

Wettspiel ↑Spiel.

Wettstreit ↑Konkurrenz.

wetzen: ↑fortbewegen (sich), ↑schärfen.

Wetzstein ↑Schleifstein.

WEZ ↑Zeit.

WG ↑Kommune.

Whipcord ↑Stoff.

Whippet ↑Hunderassen.

Whiskey ↑Alkohol.

Whisky ↑Alkohol.

Whist ↑Kartenspiel.

White-Collar-Crime ↑Betrug.

Wichs: ↑Kleidung; sich in W. werfen / schmeißen ↑schönmachen.

Wichse: ↑Schläge; W. kriegen ↑schlagen.

wichsen ↑masturbieren.

Wichsfleck ↑Sperma.

Wichsgriffel ↑Finger.

Wichsleinwand ↑Wachstuch.

Wichsvorlage: ↑Bildnis, ↑Fotografie.

Wicht: ↑Kind, ↑Zwerg; ein W. sein ↑schmächtig [sein].

Wichtel ↑Zwerg.

Wichtelmännchen ↑Zwerg.

¹wichtig, belangvoll, bedeutungsvoll, bedeutsam, führend, Schlüssel- (z. B. Schlüsselindustrie), gewichtig, folgenreich, folgenschwer, wesentlich, zentral, essenziell, wesenhaft, substanziell, relevant, signifikant, nicht ↑unwichtig; ↑außergewöhnlich, ↑interessant, ↑maßgeblich, ↑stichhaltig; **w. sein,** eine Rolle spielen, Bedeutung / Gewicht haben, von Bedeutung / bedeutsam / von Wichtigkeit sein, etwas (oder:) jmd. wiegt etwas, zählen, ins Gewicht fallen, zu Buch schlagen, etwas wird großgeschrieben, jmdm. liegt etwas an jmdm. / etwas, jmd. möchte nicht versäumen ..., jmd. will / möchte ..., etwas liegt jmdm. an, etwas liegt jmdm. am Herzen, etwas ist jmds. Anliegen; ↑bedeuten.

²wichtig: sich w. machen ↑prahlen; das Wichtigste ↑Hauptsache.

Wichtigkeit: ↑Ansehen, ↑Autorität, ↑Bedeutsamkeit; von W. sein ↑wichtig [sein].

Wichtigmacher ↑Besserwisser.

Wichtigtuer ↑Besserwisser.

Wichtigtuerei, Sprüchemacherei, Sprücheklopferei, Besserwisserei, Rechthaberei, Alleswisserei, Klugschnackerei *(nordd.),* Klugscheißerei *(derb);* ↑Besserwisser, ↑Nörgler.

wichtigtuerisch ↑dünkelhaft.

¹Wickel, Umschlag, Einpackung, Packung, Epithema *(selten) · feuchter:* Kompresse · *warmer:* Fomentation, Fomentum *(selten) · mit breiförmigem Wärmeträger:* Breiumschlag, Kataplasma.

²Wickel: ↑Blütenstand; beim W. kriegen ↑ergreifen (jmdn.).

Wickelfalz ↑Falte.

Wickelkind: ↑Kind; kein W. mehr sein ↑erwachsen [sein].

wickeln: w. auf ↑aufwickeln; in Papier w. ↑einpacken; jmdn. um den Finger w. ↑bezirzen; w. von ↑abwickeln.

Wickelrock ↑Rock.

Wickelstrumpf ↑Strumpf.

Wickler ↑Schmetterling.

Widder: ↑Schaf, ↑Sternbild, ↑Tierkreiszeichen.

Widderchen ↑Schmetterling.

wider ↑entgegen.

Wider: Für und W. ↑Vorteil.

widerborstig ↑unzugänglich.

Widerborstigkeit ↑Eigensinn.

widerfahren: etwas widerfährt jmdm. ↑begegnen; jmdm. Gerechtigkeit w. lassen ↑gerecht [sein].

¹Widerhall, Resonanz, Echo [auf]; ↑Geräusch, ↑Klang, ↑Nachhall, ↑Raumakustik, ↑Resonanz; ↑schallen.

²Widerhall ↑Nachhall.

Widerhallen (das): ↑Nachhall.

Widerklage ↑Anklage.

widerlegen, ad absurdum führen, entwaffnen, jmdm. den Wind aus den Segeln nehmen, jmdn. / etwas Lügen strafen, entkräften, [einem Verdacht] den Boden entziehen, das Gegenteil beweisen, Gegenargumente vorbringen; ↑abstreiten, ↑antworten.

widerlich: ↑abscheulich, ↑ekelhaft; w. sein ↑anwidern.

Widerlichkeit ↑Abscheulichkeit.

Widerling ↑Mann.

widernatürlich ↑pervers.

Widerpart: ↑Gegner; W. bieten ↑aufbegehren.

widerraten ↑abraten.

widerrechtlich: -e Aneignung ↑Diebstahl.

Widerruf, Zurücknahme, Dementi, Absage, Ableugnung, Zurückziehung, Rückzug *(schweiz.),* Sinneswechsel, Sinneswandel; ↑abstreiten, ↑berichtigen.

widerrufen, zurücknehmen, revozieren, dementieren; ↑absagen, ↑abstreiten, ↑antworten, ↑berichtigen.

Widersacher: ↑Gegner, ↑Teufel.

Widerschein ↑Spiegelung.

widersetzen: sich w. ↑aufbegehren.

widersetzlich ↑unzugänglich.

Widersetzlichkeit ↑Eigensinn.

Widersinn ↑Zusammenhanglosigkeit.

widersinnig ↑gegensätzlich.

Widersinnigkeit ↑Absurdität.

widerspenstig ↑unzugänglich.
Widerspenstigkeit ↑Eigensinn.
widerspiegeln ↑spiegeln.
widersprechen: ↑antworten; etwas widerspricht einer Sache ↑entgegenstehen.
widersprechend ↑gegensätzlich.
Widerspruch: ↑Gegensätzlichkeit; W. erheben ↑antworten; im W. zu ↑entgegen; etwas steht im W. zu etwas ↑entgegenstehen.
widersprüchlich ↑gegensätzlich.
Widersprüchlichkeit: ↑Gegensätzlichkeit, ↑Inkonsequenz.
Widerspruchsgeist ↑Querulant.
widerspruchsvoll ↑gegensätzlich.
¹Widerstand, gewaltloser Widerstand, gewaltfreier Ungehorsam, Obstruktion, Gehorsamsverweigerung, Insubordination, Auflehnung; ↑Abwehr, ↑Eigensinn, ↑Verschwörung, ↑Widerstandsbewegung.
²Widerstand: ↑Abwehr, ↑Widerstandsbewegung; W. leisten ↑verteidigen (sich), ↑wehren (sich); den Weg des geringsten -es gehen ↑entziehen (sich); ohne W. ↑widerstandslos.
Widerstandsbewegung, Widerstand · *in Frankreich gegen den Nationalsozialismus:* Résistance, Maquis · *im Deutschland der 60er-Jahre:* außerparlamentarische Opposition, APO, Apo · *in Amerika gegen die Rassendiskriminierung:* Blackpower, Black Panther, Black Moslems · *in Ostafrika gegen die Herrschaft der Weißen:* Mau-Mau; ↑Gegner (Dissident), ↑Geheimbund, ↑Pazifismus (Friedensbewegung), ↑Selbsthilfe (Bürgerinitiative), ↑Widerstand.
widerstandsfähig, abgehärtet, gestählt, unempfindlich, stabil, resistent, gefeit, unempfänglich, immun, nicht ↑anfällig; ↑biegsam, ↑stark, ↑wirkungslos · Ggs. ↑veränderlich; **w. machen,** immunisieren, abhärten, stählen; ↑Widerstandsfähigkeit.
¹Widerstandsfähigkeit, Resistenz, Stabilität, Unempfindlichkeit, Unempfänglichkeit, Immunität, Abgehärtetsein, Gestähltsein, Gefeitsein; ↑Abhärtung, ↑Durchsetzungskraft; ↑widerstandsfähig.
²Widerstandsfähigkeit ↑Durchsetzungskraft.
Widerstandskämpfer ↑Partisan.
Widerstandskraft ↑Durchsetzungskraft; jmds. W. brechen ↑zermürben.
widerstandslos, kampflos, ohne Gegenwehr / Widerstand.
widerstehen: etwas widersteht jmdm. ↑schmecken.
widerstreben: einer Sache w. ↑unzugänglich [sein].
widerstrebend ↑widerwillig.
Widerstreit ↑Zwiespalt.
Widertonmoos ↑Moos.
widerwärtig: ↑ekelhaft; w. finden ↑verabscheuen.
Widerwärtigkeit: ↑Abscheulichkeit, ↑Unannehmlichkeiten.

¹Widerwille, Widerwilligkeit, Ungeneigtheit, Abgeneigtheit, Abneigung, Unlust, Lustlosigkeit, Unwilligkeit; ↑Abneigung; ↑widerwillig.
²Widerwille: ↑Abneigung, ↑Überdruss; -n empfinden ↑verabscheuen; mit -n ↑widerwillig.
widerwillig, unwillig, ungeneigt, abgeneigt, ungern, unlustig, lustlos, mit Todesverachtung, widerstrebend, mit Widerwillen / Unlust; ↑ängstlich, ↑ärgerlich, ↑notgedrungen; ↑Widerwille · Ggs. ↑lustvoll.
Widerwilligkeit ↑Widerwille.
¹widmen, zueignen, dedizieren; ↑abgeben, ↑schenken, ↑spenden, ↑teilen; ↑Zueignung.
²widmen: sich jmdm. / einer Sache w. ↑befassen.
Widmung ↑Zueignung.
widrig ↑böse.
Widrigkeit ↑Unannehmlichkeiten.
wie: ↑als, ↑nämlich, ↑und; w. beliebten?, w. [bitte]?, w. meinen? ↑bitte?; w. im Bilderbuch ↑ideal; w. auch immer, w. dem auch sei ↑gleichviel; ebenso / genau w. ↑à la ...
Wiedehopf ↑Vogel.
¹wieder, wiederum, abermals, nochmals, noch einmal, zum x-ten Mal, erneut, aufs Neue, von neuem, da capo, neuerlich; ↑abermalig, ↑oft; ↑gedeihen, ↑wiederholen.
²wieder: immer w. ↑oft; w. auf dem Damm sein ↑gesund [sein].
¹Wiederaufbau, Aufbau, Wiederherstellung, Rekonstruktion; ↑bauen.
²Wiederaufbau: die Zeit des -s ↑Nachkriegszeit.
Wiederaufbereitung ↑Wiederverwertung.
wieder aufnehmen ↑aufrollen.
Wiederausrenkung ↑Verrenkung.
¹Wiederbelebung, Reanimation; ↑Atem; ↑atmen.
²Wiederbelebung ↑Neubelebung.
wiederbringen ↑zurückgeben.
Wiedereinpflanzung ↑Implantation.
Wiedereinsetzung ↑Wiederherstellung.
wieder erscheinen ↑wieder erstehen.
wieder erstehen, auferstehen, wieder erscheinen, aus der Versenkung auftauchen *(ugs.)* · *nach einem Zusammenbruch:* wie Phönix aus der Asche steigen.
Wiedererstehen (das): ↑Neubelebung.
Wiedererweckung ↑Neubelebung.
wiedererzählen ↑rekonstruieren.
Wiedergabe ↑Reproduktion.
wiedergeben: ↑abbilden, ↑zurückgeben.
¹Wiedergeburt, Reinkarnation, Wiederverkörperung.
²Wiedergeburt ↑Neubelebung.
wieder gutmachen: ↑belohnen, ↑einstehen; nicht wieder gutzumachen ↑irreparabel.
Wiedergutmachung: ↑Ersatz, ↑Sühne.
Wiederherrichtung: ↑Renovierung, ↑Wiederherstellung.
wiederherstellbar ↑reparabel.

wiederherstellen: ↑erneuern, ↑gesund [machen], ↑rekonstruieren.

¹Wiederherstellung, Wiederherrichtung, Instandsetzung, Instandstellung *(schweiz.),* Sanierung, Rekonstruktion, Erneuerung, Reorganisation, Renovierung, Restauration, Instauration, Restitution, Reparatur · *vergangener Zustände:* Repristination · *der Gesundheit:* Gesundung, Genesung, Rekonvaleszenz, Regeneration, Rehabilitation, Schonung, Schonzeit · *der Ehre, des guten Rufs:* Ehrenrettung, Rehabilitierung, Wiedereinsetzung; ↑Instandhaltung, ↑Neubelebung, ↑Umgestaltung; ↑rekonstruieren.

²Wiederherstellung ↑Wiederaufbau.

¹wiederholen, repetieren, rekapitulieren, nachmachen, noch einmal machen · *ein Schuljahr:* sitzen bleiben, nicht versetzt werden, kleben bleiben *(salopp),* picken bleiben *(salopp, österr.),* hocken bleiben *(ugs., landsch.);* ↑reproduzieren; ↑wieder.

²wiederholen: ↑nachsprechen; sich -d ↑formelhaft.

wiederholt ↑oft.

Wiederholung ↑Sendung.

Wiederholungskurs ↑Militärdienst.

Wiederholungstäter ↑Verbrecher.

Wiederholungszeichen ↑Satzzeichen.

Wiederhören: auf W. ↑Gruß.

Wiederkehr: ↑Rückfall, ↑Rückkehr.

wiederkehren: ↑zurückkommen; [immer] -d ↑formelhaft; regelmäßig -d ↑periodisch.

wiederkommen: ↑zurückkommen; jmd. ist nicht wiedergekommen ↑sterben.

Wiederkreuz ↑Kreuzzeichen.

wieder sehen ↑finden.

¹Wiedersehen, Treffen, Begegnung, Meeting, Jamboree, Beisammensein; ↑Verabredung.

²Wiedersehen: auf W.! ↑Gruß; Auf W. sagen ↑trennen (sich).

wiederum: ↑aber, ↑wieder.

Wiederverkäufer ↑Einzelhändler.

Wiederverkörperung ↑Wiedergeburt.

wieder verwenden ↑verwerten.

Wiederverwendung ↑Wiederverwertung.

wieder verwerten ↑verwerten.

Wiederverwertung, Wiederaufbereitung, Recycling, Wiederverwendung; ↑Entsorgung, ↑Müllabladeplatz; ↑entsorgen, ↑verwerten.

Wiege: ↑Bett; die Grazien haben nicht an jmds. W. gestanden ↑anziehend.

Wiegemesser ↑Messer.

¹wiegen, ein bestimmtes Gewicht haben / *(ugs.)* auf die Waage bringen, jmds. Gewicht (oder:) das Gewicht von etwas beträgt / ist ...; ↑abwiegen; ↑Gewicht, ↑Gewichtseinheit, ↑Waage.

²wiegen: ↑abwiegen; etwas / jmd. wiegt etwas ↑wichtig [sein]; viel w. ↑schwer [sein]; nicht viel w. ↑federleicht [sein]; zu viel w. ↑dick [sein]; sich w. ↑Gewicht; sich in Sicherheit w. ↑sicher.

Wiegendruck ↑Druck.

Wiegenfest ↑Geburtstag.

Wiegenlied ↑Lied.

wiehern: ↑lachen, ↑Laut.

Wien, Kaiserstadt, Donaustadt, Walzerstadt, Donaumetropole, Hauptstadt [von Österreich], Landeshauptstadt [von Niederösterreich].

¹Wiener: Blauer / Weißer W. ↑Kaninchen.

²Wiener: W. Schnitzel ↑Fleischgericht; W. Walzer ↑Tanz; [W. Würstchen] ↑Würstchen.

wienern: ↑polieren; jmdm. eine w. ↑schlagen.

Wiesbaden, Landeshauptstadt [von Hessen]; ↑Stadt.

wiescherln ↑urinieren.

Wiese, Wiesenstück, Grasstück *(landsch.),* Wiesenland, Grasland, Waldwiese, Weide, Weideland, Hutweide, Hutung *(landsch.),* Wiesenland *(schweiz.),* Wiesland *(schweiz.),* Koppel, Trift, Anger, Rain, Gstätten *(abwertend, ugs., österr.);* ↑Bergwiese, ↑Rasen, ↑Steppe.

Wiesel ↑Raubtier.

wieselflink ↑schnell.

Wiesenblume ↑Blume.

Wiesenchampignon ↑Ständerpilz.

Wiesenheuschrecke ↑Heuschrecke.

Wiesenland ↑Wiese.

Wiesenmoor ↑Sumpf.

Wiesenstück ↑Wiese.

Wiesenweihe ↑Vogel.

Wiesenzeitlose ↑Herbstzeitlose.

Wiesland ↑Wiese.

wieso ↑warum.

wiewohl ↑obgleich.

Wigwam ↑Zelt.

Wikingerschiff ↑Kriegsschiff.

¹wild, ungezähmt, ungebändigt, unzivilisiert; ↑Raubtier · Ggs. ↑zahm.

²wild: ↑blindwütig, ↑hemmungslos, ↑lebhaft; -e Ehe ↑Ehe; den -en Mann spielen ↑ärgerlich [sein]; -e Rockenbolle ↑Gemüse; -er Streik ↑Streik; w. sein auf / nach ↑begierig [sein]; w. werden ↑ärgerlich [werden]; den Schimmel w. machen ↑Angst.

Wild ·· Hochwild · Rotwild, Elchwild, Damwild, Muffelwild, Gamswild, Schwarzwild ·· Niederwild · Rehwild, ↑Hase, ↑Kaninchen, Murmeltier, ↑Fuchs, ↑Dachs, Otter, Marder, Iltis, Wildkatze, Fasan, Rebhuhn, Waldschnepfe, ↑Ente, ↑Gans; ↑Gämse, ↑Hirsch, ↑Nagetier, ↑Raubtier, ↑Reh, ↑Schaf, ↑Schwein, ↑Vogel.

Wildbach ↑Bach.

Wildbrühe ↑Suppe.

Wilddieb ↑Wilderer.

wilddieben ↑jagen.

Wilde: Neue / Junge W. ↑Malerei.

Wilder ↑Kannibale.

Wilderer, Wilddieb, Wildschütz, Jagdfrevler, Wildfrevler; ↑Dieb, ↑Falle.

wildern ↑jagen.

Wildfalle ↑Falle.

Wildfang ↑Kind.

wildfremd ↑fremd.
Wildfrevler ↑Wilderer.
Wildgehege ↑Freigehege.
Wildhefe ↑Schlauchpilz.
Wildhüter ↑Förster.
Wildkalb ↑Hirsch.
Wildkaninchen ↑Kaninchen.
Wildkanzel ↑Hochsitz.
Wildkatze: ↑Raubtier, ↑Wild.
Wildkraftbrühe ↑Suppe.
Wildleder ↑Leder.
Wildledermantel ↑Mantel.
Wildnis ↑Urwald.
Wildpferd ↑Pferd.
Wildrose ↑Rose.
Wildsau ↑Schwein.
Wildschaf ↑Schaf.
Wildschütz: ↑Förster, ↑Wilderer.
Wildschwein ↑Schwein.
Wildseide ↑Seide.
Wildsuppe ↑Suppe.
Wildwasserkajak ↑Kajak.
¹Wildwestfilm, Western, Edelwestern, Italo-
western; ↑Gruselfilm, ↑Kinofilm, ↑Kriminal-
stück.
²Wildwestfilm ↑Kinofilm.
Wildwestheld ↑Cowboy.
Wilhelm: falscher W. ↑Haarzopf; seinen
[Friedrich] W. darunter setzen / druntersetzen
↑unterschreiben.
¹Wille, Willen, das Wollen; ↑Entschlusskraft.
²Wille: böser / übler W. ↑Übelwollen; letzter W.
↑Testament; schwacher W. ↑Willenlosigkeit;
der W. zu leben ↑Lebenswille; seinen -n durchsetzen / durchdrücken / bekommen / haben
↑durchsetzen (sich); mit -n ↑absichtlich; jmdm.
zu -n sein ↑koitieren.
Willen ↑Wille.
willenlos ↑willensschwach.
¹Willenlosigkeit, Willensschwäche, schwacher
Wille, Energielosigkeit, Nachgiebigkeit, Schwäche, Haltlosigkeit; ↑Antriebsschwäche, ↑Unfä-
higkeit; ↑willensschwach.
²Willenlosigkeit ↑Antriebsschwäche.
willens: w. sein ↑bereit [sein].
Willensäußerung ↑Entschließung.
Willensbestimmung ↑Entschließung.
Willenserklärung ↑Entschließung.
Willenskraft ↑Tatkraft.
Willenslähmung ↑Antriebsschwäche.
Willensmensch ↑Kämpfernatur.
willensschwach, haltlos, willenlos, energielos, nachgiebig, weich, pflaumenweich *(ugs.,
abwertend)*, schlappig *(ugs., abwertend)*,
nicht ↑stark, nicht ↑zielstrebig; ↑anfällig, ↑be-
reit, ↑feige, ↑gütig, ↑kraftlos, ↑unselbstständig;
w. sein, ohne Rückgrat / ein Schwächling / *(abwertend)* ein Schlappschwanz / *(abwertend)* ein
Waschlappen sein; ↑Antriebsschwäche.
Willensschwäche: ↑Antriebsschwäche, ↑Un-
fähigkeit, ↑Willenlosigkeit.

willensstark ↑zielstrebig.
Willensvollstrecker ↑Ausführender.
willentlich ↑absichtlich.
willfahren ↑nachgeben.
willfährig ↑bereit.
Willfährigkeit: ↑Bereitschaft, ↑Gehorsam.
willig ↑bereit.
Willigkeit ↑Bereitschaft.
Willkomm, Bewillkommnung, Begrüßung,
Empfang, Aufnahme · *bei der Ankunft einer
hoch gestellten Persönlichkeit durch viele Personen:* großer Bahnhof; ↑Begrüßung; ↑begrüßen.
¹willkommen, gelegen, erwünscht, gern gesehen, lieb; ↑gebeten · Ggs. ↑ungeladen; **w. sein,**
wie gerufen kommen, ein gefundenes Fressen
sein *(ugs.),* mit offenen Armen aufgenommen
werden; ↑beliebt [sein]; **bei jmdm. nicht w. sein,**
er soll hingehen / bleiben, wo der Pfeffer wächst
(ugs.); ↑unbeliebt [sein].
²willkommen: ↑erfreulich, ↑gebeten; w. heißen
↑begrüßen; w. sein ↑angesehen [sein]; herzlich
w.! ↑Gruß.
Willkür: ↑Gewalt, ↑Subjektivität.
¹willkürlich, wahllos, ohne Überlegung, unkritisch, unüberlegt; ↑Subjektivität.
²willkürlich: ↑arbiträr, ↑totalität.
wimmeln: es wimmelt von ↑überhand nehmen.
Wimmerl ↑Hautblüte.
wimmern: ↑stöhnen; ↑Laut; das Wimmern
↑Klagelaut.
Wimmet: ↑Ernte, ↑Weinlese.
Wimpel: ↑Fahne; mit -n schmücken ↑beflag-
gen.
Wimper: ohne mit der W. zu zucken ↑kurzer-
hand, ↑ruhig.
Wimpertierchen ↑Einzeller.
wind: jmdm. ist w. und weh ↑Angst [haben];
jmdm. wird w. und weh ↑Angst [bekommen].
¹Wind, Nordwind, Nord, Ostwind, Ost, Westwind, West, Südwind, Süd, Landwind, Seewind, Abendwind, Bergwind, Sausewind
(Kinderspr.), Brausewind *(Kinderspr.)* · Monsun, Monsunwind, Passat, Passatwind, Bise
(schweiz.), Biswind *(schweiz.)* · Rückenwind,
Rückwind *(schweiz.),* Gegenwind, Seitenwind ·
leichter: Lufthauch, Luftzug, Windhauch, Lüftchen, Zephir *(dichter.),* Windstoß, Brise · · *hef-
tiger:* Sturm, Sturmwind, Bö, Orkan · Sandsturm · Schneesturm, Blizzard (Nordamerika)
· · *warmer:* Schirokko (Mittelmeergebiet), Gibli (nördliche Sahara), Leste (aus der Sahara in
Richtung der Kanarischen Inseln), Harmattan
(Oberguinea), Samum (Nordafrika und Vor-
derasien), Chamsin (Nordafrika), Kamsin, Afghane (Mittelasien) · · *kalter:* Tramontana,
Sarma (Sibirien), Pampero (Argentinien) · *lo-
kaler am Schweizer Jura:* Joran; ↑Fallwind
(Föhn) ↑Himmelsrichtung, ↑Luft, ↑Windstär-
ke, ↑Wirbelwind; ↑stürmen, ↑wehen, ↑luftig.
²Wind: ↑Darmwind; starker / steifer / stürmischer W. ↑Windstärke; wissen, woher / wie der

W. weht ↑schnell; W. bekommen von ↑erfahren; W. machen ↑prahlen, ↑übertreiben; jmdm. den W. aus den Segeln nehmen ↑widerlegen; sich den W. um die Nase wehen lassen ↑erleben, ↑herumkommen; dem W. abgekehrte Seite ↑Lee; dem W. zugekehrte Seite ↑Luv; drei Meilen gegen den W. stinken ↑riechen; in alle vier -e ↑überallhin; in den W. reden ↑sprechen; in den W. schlagen ↑missachten; in den W. schreiben ↑abschreiben; mit dem W. segeln, sein Fähnchen / den Mantel nach dem W. hängen ↑Opportunist [sein].

Windbeutel: ↑Angeber, ↑Gebäck.

Windbluse ↑Anorak.

Windchen ↑Darmwind.

Winde, Flaschenzug, Aufzug, Elevator · *bei Schiffen:* Ankerwinde, Spill *(Seemannsspr.),* Gangspill *(Seemannsspr.);* ↑Aufzug.

Windei ↑Hühnerei.

winden: sich w. wie ein Aal ↑sprechen; sich w. um ↑schlingen (sich um).

Windenergie ↑Energie.

Windenschwärmer ↑Schmetterling.

Winder ↑Nase.

Windfahne ↑Wetterfahne.

Windfang: ↑Diele, ↑Nase.

windgeschützt ↑windstill.

Windgeschwindigkeit ↑Windstärke.

Windharfe ↑Äolsharfe.

Windhauch ↑Wind.

Windhose ↑Wirbelwind.

Windhund: ↑Frauenheld, ↑Leichtfuß; Afghanischer W. ↑Hunderassen.

windig: ↑luftig, ↑ungewiss, ↑unzuverlässig.

Windigkeit ↑Pflichtvergessenheit.

Windjacke ↑Anorak.

Windjammer ↑Segelschiff.

Windmonat ↑November.

Windmond: ↑Oktober, ↑November.

¹Windmühle, Mühle, Wassermühle, Ölmühle, Getreidemühle; ↑mahlen.

²Windmühle: gegen -n kämpfen ↑ankämpfen (gegen etwas).

Windmühlenflügel: gegen W. kämpfen ↑ankämpfen (gegen etwas).

Windowshopping ↑Bummel.

Windpocken ↑Kinderkrankheit.

Windsbraut ↑Wirbelwind.

Windschatten: im W. liegen ↑windstill [sein].

Windscheibe ↑Windschutzscheibe.

windschief ↑schräg.

Windschirmzelt ↑Zelt.

Windschutzscheibe, Scheibe, Windscheibe *(schweiz.).*

Windsee ↑Seegang.

Windspiel ↑Hunderassen.

Windstärke, Windgeschwindigkeit ·· Windstille, Kalme, Flaute · leiser Zug · leichte Brise · schwache Brise · mäßige Brise · frische Brise · starker Wind · steifer Wind · stürmischer Wind · Sturm · schwerer Sturm · orkanartiger Sturm · Orkan; ↑Seegang, ↑Wind.

windstill, windgeschützt, geschützt · Ggs. ↑luftig; **w. sein,** im Windschatten liegen; ↑Windstille.

¹Windstille, Flaute, Kalme; ↑Windstärke; ↑windstill · Ggs. ↑luftig.

²Windstille ↑Windstärke.

Windstoß ↑Wind.

Windsurfing ↑Wassersport.

Windung ↑Gewinde.

Wingert ↑Weinberg.

Wingerter ↑Winzer.

Wink: ↑Hinweis; ein W. des Himmels, einen W. geben ↑Hinweis; W. mit dem Zaunpfahl ↑Impuls.

Winkel: ↑Stelle; rosa W. ↑Kennzeichen; aus dem hintersten W. ↑überallher; bis in den hintersten W. ↑überallhin.

Winkeladvokat ↑Jurist.

Winkelmaß ↑Sternbild.

Winkelrahmenbühne ↑Bühne.

Winkelschreiber ↑Jurist.

Winkelzug ↑Arglist.

¹winken, zuwinken, ein Zeichen geben, sich bemerkbar machen; ↑Gebärde.

²winken: der Bettzipfel winkt ↑müde [sein].

winseln: ↑bellen; w. um ↑bitten.

Winter ↑Jahreszeit.

Winterapfel ↑Apfel.

Winterendivie ↑Gemüse.

Winterfeldzug ↑Feldzug.

Winterferien ↑Ferien.

winterfeuchtkalt: -es Klima ↑Klimazone.

Wintergarten ↑Veranda.

Winterhafen ↑Hafen.

Winterkleid ↑Kleid.

Winterkohl ↑Grünkohl.

Winterkostüm ↑Kostüm.

Winterkurort ↑Kurort.

winterlich: ↑kalt, ↑verschneit.

Winterlinde ↑Linde.

Wintermantel ↑Mantel.

Wintermonat: ↑Dezember, ↑Januar, ↑November.

Wintermond ↑Dezember.

Winterpneu ↑Winterreifen.

¹Winterreifen, Schneereifen, Matsch-und-Schnee-Reifen, M-und-S-Reifen, Schneepneu *(schweiz.),* Winterpneu *(schweiz.),* Spikereifen; ↑Autoreifen.

²Winterreifen ↑Autoreifen.

Winterreise ↑Reise.

Wintersaison ↑Saison.

Winterschlacht ↑Kampf.

Winterschlaf ↑Heilschlaf.

Winterschlussverkauf ↑Ausverkauf.

Winterschuh ↑Schuh.

Wintersonne ↑Sonnenlicht.

Wintersport, Schlittschuhlaufen, Rodeln, Skilaufen, Ski, Abfahrtslauf, Langlauf · *Kombination aus Skilanglauf und Scheibenschießen als wintersportliche Disziplin:* Biathlon; ↑Schlitten.

Wintertag ↑Tag.

wintertrocken: warmes -es Klima ↑Klimazone.

wintertrockenkalt: -es Klima ↑Klimazone.

Winterwetter ↑Wetter.

Winterzwiebel: ↑Gemüse, ↑Zwiebel.

Winzer, Weinbauer, Weinhauer *(südd., österr.),* Hauer *(südd., österr.),* Weinzierl *(mundartl., österr.),* Rebbauer *(schweiz.),* Wingerter *(schweiz.),* Wimmer *(mundartl.);* ↑Weinbau, ↑Weinberg.

winzig ↑klein.

Winzigkeit: eine W. ↑etwas.

Wipfel, Baumwipfel, Krone, Baumkrone, Spitze; ↑Laub.

Wippchen ↑Unsinn.

Wippe ↑Schaukel.

wippen ↑schaukeln.

wir ↑ich.

¹Wirbel, Strudel, Strömung, Drift; ↑Wasserfall.

²Wirbel: ↑Ereignis, ↑Getue, ↑Hast; vom W. bis zur Zehe ↑ganz.

Wirbelknochen, Halswirbel, Rückenwirbel, Brustwirbel, Lendenwirbel; ↑Knochen, ↑Wirbelsäule.

wirbeln: in die Höhe w. ↑aufwirbeln.

¹Wirbelsäule, Rückgrat, Säule *(ugs.);* ↑Wirbelknochen.

²Wirbelsäule ↑Rückgrat.

Wirbelsturm ↑Wirbelwind.

¹Wirbelwind, Wirbelsturm, Windsbraut *(dichter.),* Windhose, Trombe, Wasserhose, Seehose, Wettersäule, Typhon, Zyklon, Taifun, Tornado, Hurrikan; ↑Fallwind, ↑Wind.

²Wirbelwind ↑Mensch.

Wirgefühl ↑Gemeinsinn.

¹wirken, einwirken, wirksam werden, sich auswirken, zur Auswirkung / zur Wirkung / zum Tragen kommen, auf fruchtbaren Boden fallen, hinhauen *(ugs.),* hinziehen *(ugs.),* sitzen *(ugs.),* ziehen *(ugs.),* seine Wirkung nicht verfehlen, eine Wirkung haben / erzielen, Einfluss ausüben, einen Effekt haben / erzielen, etwas bewirken · *Aufsehen erregend:* wie eine Bombe einschlagen, ein Volltreffer / ein Treffer sein; ↑beeinflussen; **w. lassen,** zur Einwirkung kommen / einwirken lassen; ↑nachhaltig, ↑zugkräftig; ↑Einfluss.

²wirken: ↑agieren, ↑arbeiten; nicht w. ↑wirkungslos [bleiben]; obstipierend / verstopfend w. ↑obstipieren; etwas wirkt [wie] ↑vermuten; wie eine kalte Dusche w. ↑ernüchtern; wie ein rotes Tuch auf jmdn. w. ↑ärgern (jmdn.).

¹wirklich, tatsächlich, in der Tat, de facto, in praxi, realiter, faktisch, effektiv, vorhanden, real, existent, bestehend, gegenständlich, konkret, nicht ↑unwirklich; ↑auch, ↑erwartungsgemäß, ↑ganz, ↑klar, ↑wahrlich, ↑zweifellos; **nicht w.,** nicht eigentlich, in Anführungszeichen, [nur] zum Schein, pro forma, [nur] der Form halber; ↑Erfahrung.

²wirklich: ↑wahr, ↑wahrlich.

Wirklichkeit: ↑Tatsache; als W. denken ↑hypostasieren; W. werden lassen ↑verwirklichen; auf den Boden der W. zurückbringen ↑ernüchtern.

Wirklichkeitsferne ↑Weltfremdheit.

Wirklichkeitsform ↑Modus.

wirklichkeitsfremd ↑unrealistisch.

Wirklichkeitsfremdheit ↑Weltfremdheit.

wirklichkeitsnah: ↑anschaulich, ↑realistisch.

Wirklichkeitsnähe ↑Anschaulichkeit.

wirksam: ↑nachhaltig, ↑probat, ↑zugkräftig; w. werden ↑wirken.

Wirksamkeit: ↑Arbeit, ↑Erfolg.

Wirkung: ↑Ausstrahlungskraft, ↑Einfluss, ↑Erfolg, ↑Folge, ↑Reaktion; eine W. erzielen / haben ↑wirken; seine W. verfehlen ↑wirkungslos [bleiben]; seine W. nicht verfehlen ↑wirken; keine W. haben / zeigen, ohne W. bleiben ↑wirkungslos [bleiben]; das Bedachtsein auf W. ↑Effekthascherei; zur W. kommen ↑wirken.

¹Wirkungsbereich, Wirkungskreis, Aktionsradius, Aktionsbereich, Tätigkeitsbereich; ↑agieren, ↑arbeiten.

²Wirkungsbereich ↑Beruf.

Wirkungskreis: ↑Beruf, ↑Umwelt, ↑Wirkungsbereich.

wirkungslos, unwirksam, zwecklos, erfolglos, ergebnislos; ↑aussichtslos, ↑nutzlos, ↑widerstandsfähig; **w. sein,** etwas hat keinen / wenig Sinn, das macht den Kohl nicht fett *(ugs.),* was ist das schon, etwas nützt / ändert gar nichts; **w. bleiben,** versanden, im Sande verlaufen, ausgehen wie das Hornberger Schießen, keine Wirkung haben / zeigen, seine Wirkung verfehlen, etwas ist ein Rohrkrepierer, etwas ist ein Schuss in den Ofen, etwas ist ein Schlag ins Wasser, keinen Erfolg zeitigen, ohne Folgen / ohne Wirkung bleiben, nicht wirken; ↑Erfolg, ↑Misserfolg, ↑Unwirksamkeit.

Wirkungslosigkeit ↑Unwirksamkeit.

Wirkungssucht ↑Effekthascherei.

wirkungsvoll: ↑kunstvoll, ↑nachdrücklich, ↑zugkräftig.

Wirkware: ↑Unterwäsche; -n ↑Textilien.

¹wirr, verfahren, heillos, schlimm, verwickelt, unklar, undurchschaubar, unübersichtlich, schwierig; ↑Heillosigkeit.

²wirr ↑durcheinander.

Wirrkopf ↑Mensch (der).

Wirrnis ↑Verwirrung.

Wirrsal ↑Verwirrung.

Wirrwarr ↑Verwirrung.

Wirsing, Wirsingkohl, Kohl *(südd., österr.),* Welschkohl, Savoyerkohl, Herzkohl; ↑Blumenkohl, ↑Gemüse, ↑Grünkohl, ↑Kohl, ↑Rosenkohl, ↑Rotkohl.

Wirsingkohl ↑Wirsing.

¹Wirt, Gastwirt, Restaurateur, Schenkwirt, Schankwirt *(südd., österr.),* Kneipenwirt, Kneipier *(ugs.),* Krüger *(nordd.),* Beizer *(schweiz.),*

Kretschmer *(ostmitteld.)* · Branntweiner *(österr.)* · *eines Cafés:* Cafetier *(landsch.),* Kaffeesieder *(veraltend, österr.);* ↑Café, ↑Gaststätte.

²Wirt: ↑Gastgeber, ↑Hausbesitzer; die Rechnung ohne den W. machen ↑irren (sich).

¹Wirtschaft, Volkswirtschaft, Industrie, Schwerindustrie, Handel und Wandel · *der Welt in ihrer Gesamtheit:* Weltwirtschaft; ↑Absatzgebiet, ↑Fabrik, ↑Handel, ↑Infrastruktur, ↑Marktform, ↑Unternehmen, ↑Wirtschaftswissenschaft.

²Wirtschaft: ↑Gaststätte, ↑Haushalt, ↑Ziererei.

wirtschaften: ↑hantieren, ↑haushalten; in die eigene Tasche w. ↑bereichern (sich).

Wirtschafterin: ↑Hausangestellte, ↑Verwalterin.

wirtschaftlich: ↑finanziell, ↑kommerziell, ↑sparsam.

Wirtschaftlichkeit, Effizienz, Efficiency; ↑sparen; ↑sparsam.

Wirtschaftsabkommen ↑Abmachung.

Wirtschaftsfilm ↑Kinofilm.

Wirtschaftsführer: ↑Führungskraft, ↑Manager.

Wirtschaftsgeld, Haushaltsgeld; ↑Bargeld, ↑Etat, ↑Geld, ↑Taschengeld.

Wirtschaftsgymnasium ↑Schule.

Wirtschaftshochschule ↑Hochschule.

Wirtschaftsjournalist ↑Berichter.

Wirtschaftskampf ↑Konkurrenz.

Wirtschaftskapitän ↑Manager.

Wirtschaftskriminalität ↑Betrug.

Wirtschaftsoberschule ↑Schule.

Wirtschaftsprüfer, Prüfer, Buchprüfer, Revisor, Steuerprüfer, Steuerberater, Helfer in Steuersachen, Fakturist *(bes. österr.);* ↑kontrollieren.

Wirtschaftsrecht ↑Rechtsgebiet.

Wirtschaftswissenschaft, Volkswirtschaft, Nationalökonomie, Sozialökonomie, Betriebswirtschaft; ↑Wirtschaft, ↑Wissenschaft.

Wirtschaftswunderknabe ↑Emporkömmling.

Wirtschaftszweig ↑Bereich.

Wirtshaus ↑Gaststätte.

Wirtshausrauferei ↑Schlägerei.

Wisch ↑Schreiben.

wischen: Staub w. ↑abstauben; w. von ↑säubern; jmdm. eine w. ↑schlagen.

Wischiwaschi ↑Gewäsch.

Wischlappen ↑Putzlappen.

Wischtuch ↑Putzlappen.

Wischwasch ↑Gewäsch.

Wisent ↑Bison.

wispern ↑flüstern.

Wissbegier ↑Neugier.

Wissbegierde: ↑Bildungsdrang, ↑Neugier.

wissbegierig: ↑bildungshungrig, ↑neugierig.

¹wissen, Kenntnis haben von, Bescheid wissen; wissen, wie der Hase läuft / woher der Wind weht / was die Glocke geschlagen hat; unterrichtet / orientiert / informiert / eingeweiht / ins Geheimnis gezogen / auf dem Laufenden sein, Kontrolle haben über, kennen, gehört / erfahren haben von, Einblick gewinnen [in], im Bilde sein · *in Bezug auf etwas, was in Zukunft angeblich eintreffen soll:* das Gras wachsen / die Flöhe husten hören; **nicht w.,** etwas entzieht sich jmds. Kenntnis, überfragt sein, im Dunkeln tappen, genauso schlau sein wie vorher, keine Ahnung / *(österr.)* keinen Tau / *(schweiz.)* keinen Hochschein / *(ugs.)* keinen [blassen] Schimmer haben, mein Name ist Hase, was weiß ich; weiß Gott, was ... *(ugs.)* · *etwas Unangenehmes:* [noch gar] nichts von seinem Glück wissen *(iron.);* ↑aufweisen, ↑auskennen, ↑erfahren, ↑haben, ↑mitteilen; ↑Gewährsmann.

²wissen: auswendig w. ↑Gedächtnis; w., wie mans macht ↑geschickt [sein]; nicht w., wie man jmdm. etwas beibringen soll ↑mitteilen; nicht w., was sich gehört ↑unhöflich [sein]; nicht mehr w. ↑vergessen; nicht aus noch ein / nicht weiter / sich nicht zu helfen / sich keinen Rat w. ↑ratlos [sein]; jmdn. etwas w. lassen ↑mitteilen; [kund und] zu tun w. ↑mitteilen; wie man weiß, du musst / ihr müsst / Sie müssen w. ↑denn; sich für wer weiß was halten ↑überschätzen (sich); Dank w. ↑danken; sich zu helfen w. ↑bewältigen.

Wissen ↑Erfahrung.

wissend: ↑aufgeklärt, ↑verständnisvoll.

¹Wissenschaft, Lehre · *die sich mit der Erforschung der Krankheiten und ihrer Heilung beschäftigt:* Medizin · *die sich mit den körperlichen oder organischen Missbildungen beschäftigt:* Teratologie; ↑Heilkunde ·· *die sich mit den Erscheinungsformen des Rechts beschäftigt:* ↑Rechtswissenschaft ·· *die sich mit den Ursachen, der Aufklärung und Bekämpfung von Verbrechen beschäftigt:* ↑Kriminalistik ·· *die sich mit den Wirtschaftsformen und Wissenschaftssystemen beschäftigt:* ↑Wirtschaftswissenschaft ·· *die sich mit den Erscheinungen und Gesetzmäßigkeiten in der Natur beschäftigt:* Naturwissenschaft · *die sich mit den Gesetzlichkeiten der Lebewesen beschäftigt:* Biologie, Biowissenschaft, Neurowissenschaft; ↑Naturkunde · ↑Pflanzenkunde, ↑Tierkunde · *die sich mit den Wechselbeziehungen zwischen den Lebewesen und ihrer Umwelt beschäftigt:* Ökologie · *die sich mit mathematischen Mitteln die Grundgesetze der Natur untersucht:* Physik · *die sich mit den Raum- und Zahlengrößen beschäftigt:* ↑Mathematik · *die sich mit der Untersuchung und Umwandlung der Stoffe und ihrer Verbindungen beschäftigt:* Chemie · *die sich mit der Wirkung und Anwendung der Arzneimittel beschäftigt:* ↑Pharmazeutik · *die sich mit der Ernährung und Hauswirtschaft beschäftigt:* ↑Ökotrophologie · *die sich mit der Wirtschaft beschäftigt:* Ökonomie · *die sich mit der Entwicklung und dem Bau der Erde beschäf-*

tigt: Geologie · *die sich nach physikalischen Gesichtspunkten mit den Vorgängen und Gesetzmäßigkeiten in der Lufthülle der Erde beschäftigt:* ↑Wetterkunde · *die sich mit der Verteilung und Bewegung der Materie im Weltraum beschäftigt:* ↑Astronomie · · *die sich mit den Gebieten der Kultur beschäftigt:* Geisteswissenschaft · *die sich mit den Glaubensvorstellungen der [christlichen] Religion beschäftigt:* ↑Theologie · *die sich um die Erkenntnis des Zusammenhangs der Dinge in der Welt bemüht:* Philosophie · *nach der der Mensch höhere seelische Fähigkeiten entwickeln und dadurch übersinnliche Erkenntnisse erlangen kann:* Anthroposophie · *die sich mit der Sprache und Literatur beschäftigt:* ↑Philologie · *die sich mit dem Entwicklungsprozess sozialer Gebilde beschäftigt:* ↑Geschichte · *die sich mit der Beschreibung der Erdoberfläche, der Länder, Meere o. Ä. beschäftigt:* ↑Erdkunde · *die sich mit der geschichtlichen Entwicklung der bildenden Kunst beschäftigt:* Kunstgeschichte · *die sich mit der Erforschung alter Kulturen beschäftigt:* ↑Archäologie · *die sich mit der geschichtlichen Entwicklung der Musik beschäftigt:* Musikwissenschaft · *die sich mit der Erforschung und Darstellung der Mythen beschäftigt:* Mythologie · *die sich mit dem bewussten und unbewussten Seelenleben beschäftigt:* ↑Psychologie · *die sich mit den Seelenstörungen und Geisteskrankheiten beschäftigt:* Psychiatrie; ↑Heilkunde · *die sich mit Theorie und Praxis der Erziehung und Bildung beschäftigt:* ↑Pädagogik · *die sich mit den Formen gesellschaftlichen Zusammenlebens beschäftigt:* ↑Gesellschaftswissenschaft · *die sich mit der Politik beschäftigt:* ↑Politologie · *die sich mit den zukünftigen Entwicklungen auf technischem und wirtschaftlichem Gebiet beschäftigt:* Futurologie.
²**Wissenschaft:** christliche W. ↑Religionsgemeinschaft; politische W. ↑Politologie; etwas ist eine W. für sich ↑schwierig [sein]; Mann der W. ↑Gelehrter.
Wissenschafter ↑Gelehrter.
Wissenschaftler ↑Gelehrter.
¹**wissenschaftlich,** akademisch, gelehrt, fachwissenschaftlich; ↑gebildet, ↑geistreich.
²**wissenschaftlich:** ↑theoretisch; -er Rat ↑Ausschuss; -er Satz ↑Schriftsatz.
Wissenschaftsjournalist ↑Berichter.
Wissensdrang ↑Neugier.
Wissensdurst: ↑Bildungsdrang, ↑Neugier.
wissensdurstig: ↑bildungshungrig, ↑neugierig.
Wissensmangel ↑Unkenntnis.
wissenswert ↑interessant.
Wissenszweig ↑Fachrichtung.
wissentlich ↑absichtlich.
Witfrau ↑Witwe.
Witib ↑Witwe.
Witmann ↑Witwer.
¹**wittern,** Witterung nehmen, die Spur / die Fährte / die Witterung aufnehmen; ↑beriechen.

²**wittern:** ↑atmen, ↑merken.
¹**Witterung,** Geruchssinn, Geruch; ↑beriechen, ↑wittern.
²**Witterung:** ↑Gefühl, ↑Wetter; W. nehmen, die W. aufnehmen ↑wittern.
Witterungslage ↑Klima.
Witterungsneurose ↑Wetterfühligkeit.
Witterungsumschlag ↑Wetterumschwung.
Wittib ↑Witwe.
Wittiber ↑Witwer.
¹**Witwe,** Witfrau, Witib *(veraltet),* Wittib *(veraltet, österr.);* ↑Ehefrau, ↑Witwer.
²**Witwe:** grüne W. ↑Ehefrau.
Witwenschleier ↑Schleier.
Witwentröster ↑Frauenheld.
Witwer, Witmann *(veraltet),* Wittiber *(veraltet, österr.);* ↑Ehemann, ↑Witwe.
¹**Witz** · *fauler:* Kalauer, Calembour · *unanständiger:* Zote; ↑Erzählung, ↑Scherz, ↑Wortspiel; ↑spaßen.
²**Witz:** ↑Humor, ↑Vernunft, ↑Zeichnung; -e erzählen / reißen ↑spaßen; das ist der W. [bei] der Sache ↑Hauptsache; -e machen ↑spaßen.
Witzblatt ↑Zeitung.
Witzbold ↑Spaßvogel.
witzeln ↑aufziehen.
witzig: ↑geistreich, ↑spaßig.
witzlos: ↑kindisch, ↑langweilig, ↑unsinnig.
Witzlosigkeit ↑Absurdität.
Witzzeichnung ↑Zeichnung.
WK ↑Militärdienst.
WNW ↑Himmelsrichtung.
wo ↑als.
woanders ↑anderwärts.
wobei ↑wodurch.
Woche: ↑Zeitraum; in / unter der W. ↑wochentags.
Wochenabonnement ↑Abonnement.
Wochenblatt ↑Zeitung.
Wochenendausflug ↑Ausflug.
Wochenende, Weekend; ↑Sonnabend.
Wochenendhaus ↑Haus.
Wochenfest ↑Feiertag.
Wochenkalender ↑Kalender.
Wochenkarte ↑Fahrkarte.
Wochenlohn ↑Lohn.
Wochenmarkt ↑Markt.
Wochenschrift ↑Zeitschrift.
Wochentag ↑Werktag.
wochentags, werktags, alltags, in / *(landsch.)* unter der Woche; ↑sonntags, ↑montags, ↑dienstags, ↑mittwochs, ↑donnerstags, ↑freitags, ↑sonnabends.
Wochentölpel ↑Ohrspeicheldrüsenentzündung.
Wochenzeitschrift ↑Zeitschrift.
Wochenzeitung: ↑Zeitschrift, ↑Zeitung.
Wodan ↑Gott.
Wodka ↑Alkohol.
wodurch, womit, wovon, wobei, woher, wonach, woran, worauf, woraus, worin, worüber,

worum, worunter, wovor · durch was *(ugs.)*, mit was *(ugs.)*, von was *(ugs.)*; ↑warum.

wofern ↑wenn.

wofür ↑warum.

Woge ↑Welle.

wogegen ↑warum.

wogen ↑fließen.

woher ↑wodurch.

wohl: ↑anscheinend; sehr w. ↑ja; w. nicht ↑schwerlich; w. sein ↑gesund [sein]; sich in seiner Haut w. fühlen ↑zufrieden [sein]; sich in seiner Haut nicht w. fühlen ↑unzufrieden [sein]; w. oder übel ↑notgedrungen.

Wohl: ↑Glück; das leibliche W. ↑Nahrung; auf dein / auf Ihr / zum W. ↑prost.

Wohlanständigkeit ↑Anständigkeit.

wohl artikuliert ↑verständlich.

wohlauf: w. sein ↑gesund [sein].

Wohlbefinden ↑Gesundheit.

Wohlbehagen ↑Heiterkeit.

wohl bekannt ↑bekannt.

wohlbeleibt ↑dick.

wohlehrwürdig: Wohlehrwürdige Frau ... ↑Anrede.

wohlen ↑wohl tun (jmdm.).

wohlerzogen ↑artig.

Wohlfahrt ↑Sozialhilfe.

Wohlfahrtsmarke ↑Briefmarke.

Wohlfahrtsstaat ↑Staat.

wohlfeil ↑billig.

wohl fühlen (sich), sich behaglich / heimisch / wie zu Hause fühlen, in seinem Element sein, sich aalen, sich rekeln, sich räkeln, sich sonnen, sich kannibalisch wohl fühlen, sich pudelwohl fühlen, sich sauwohl fühlen *(salopp)*, sich fühlen wie der Fisch im Wasser, gut drauf sein *(ugs.)*; ↑leben.

Wohlgefallen: ↑Zuneigung; W. haben an ↑freuen (sich); sich in W. auflösen ↑defekt [werden].

wohlgeformt ↑ebenmäßig.

Wohlgeformtheit ↑Ebenmäßigkeit.

wohl gegliedert ↑abgestimmt.

wohlgelitten: ↑beliebt; w. sein ↑angesehen [sein].

wohlgenährt ↑dick.

Wohlgenährtheit ↑Wohlgenährtsein.

Wohlgenährtsein, Wohlgenährtheit, Dicklichkeit, Molligkeit, Rundlichkeit, Üppigkeit, Drallheit, Pummeligkeit, Fülligkeit; ↑Fettleibigkeit, ↑Gedunsenheit; ↑aufgedunsen, ↑dick.

Wohlgeruch ↑Geruch.

wohlgesinnt ↑entgegenkommend.

wohlgestalt ↑schön.

Wohlgestalt ↑Wohlgestaltetheit.

wohlgestaltet ↑schön.

Wohlgestaltetheit, Wohlgestalt, Ebenmäßigkeit, Formschönheit, Schönheit; ↑Ebenmäßigkeit, ↑Herrlichkeit; ↑ebenmäßig, ↑schön.

wohlhabend ↑reich.

wohlig ↑gemütlich.

Wohlklang, Wohllaut, Euphonie; ↑wohlklingend · Ggs. ↑Missklang.

wohlklingend, wohllautend, euphonisch, klangvoll; ↑Wohlklang · Ggs. ↑misstönend.

Wohllaut ↑Wohlklang.

wohllautend ↑wohlklingend.

Wohlleben: ein W. führen ↑leben.

wohlmeinend ↑entgegenkommend.

wohlproportioniert ↑ebenmäßig.

Wohlproportioniertheit ↑Ebenmäßigkeit.

wohlriechend ↑duftend.

wohlschmeckend ↑schmackhaft.

Wohlsein ↑Gesundheit.

wohlsinnig ↑entgegenkommend.

Wohlstandsgesellschaft, Konsumgesellschaft, Überflussgesellschaft, Wegwerfgesellschaft; ↑Überfluss, ↑Verbrauch.

Wohltat ↑Trost.

Wohltäter: ↑Gönner; [W. der Menschheit] ↑Philanthrop.

wohltätig: ↑gemeinnützig, ↑menschlich.

Wohltätigkeit ↑Nächstenliebe.

Wohltätigkeitsveranstaltung, Benefizveranstaltung, Benefiz.

wohltuend ↑gemütlich.

wohl tun (jmdm.), gut tun, wohlen *(schweiz.)*, etwas ist jmdm. angenehm, gefallen, taugen *(österr.)*.

wohl überlegt: ↑absichtlich, ↑ausgewogen.

wohlverdient ↑verdient.

Wohlverhalten ↑Benehmen.

wohlweislich ↑absichtlich.

Wohlwollen ↑Zuneigung.

wohlwollend ↑entgegenkommend.

¹wohnen, bewohnen · *im letzten Stockwerk:* unterm Dachjuchhe wohnen *(ugs.)* · *mit jmdm. zusammen:* mit jmdm. unter einem Dach wohnen / das Zimmer teilen; **allein w.,** eine sturmfreie Bude haben *(salopp)*; ↑befinden (sich), ↑besiedeln, ↑einmieten (sich), ↑einziehen, ↑niederlassen (sich), ↑residieren.

²wohnen ↑hausen.

Wohngemeinschaft ↑Kommune.

Wohngruppe ↑Kommune.

wohnhaft ↑einheimisch.

Wohnhaus ↑Haus.

Wohnheim ↑Heim.

Wohnküche ↑Küche.

wohnlich: ↑behaglich, ↑gemütlich.

Wohnlichkeit ↑Gemütlichkeit.

Wohnmaschine ↑Haus.

Wohnort ↑Heimatort.

Wohnpartei ↑Mieter.

Wohnraum ↑Raum.

Wohnsilo ↑Haus.

¹Wohnsitz, Behausung, Domizil, Heim, Daheim *(bes. südd.)*, Zuhause, Wohnung; Stelle, wo man hingehört; ↑Unterkunft.

²Wohnsitz: ↑Heimatort; seinen W. verlegen ↑übersiedeln; Person ohne festen W. ↑Vagabund.

Wohnsitzwechsel ↑Mobilität.

¹Wohnung, Mietwohnung, Sozialwohnung, Zinswohnung *(oberd.),* Eigentumswohnung · *sehr große:* Zimmerflucht, Suite, Appartement · *exklusive unter oder auf dem Dach eines Hochhauses:* Penthouse · *aus zwei Etagen bestehende:* Maisonette · *kleine, nur aus einem Zimmer bestehende:* Kleinwohnung, Einzimmerwohnung, Apartment, Flat, Garçonniere *(österr.)* · *unterm Dach:* Mansarde, Mansardenwohnung · *in einem Einfamilienhaus abgeteilte:* Einliegerwohnung; ↑Anschrift, ↑Gaststätte, ↑Geschoss, ↑Hotel, ↑Küche, ↑Raum, ↑Unterkunft, ↑Wohnwagen; **ohne W.,** wohnungslos, obdachlos, unterstandslos *(österr.);* ↑beherbergen, ↑einziehen, ↑übersiedeln, ↑weilen.

²Wohnung: ↑Wohnsitz; seine W. aufgeben ↑übersiedeln; seine W. aufschlagen, W. nehmen ↑niederlassen (sich); W. nehmen ↑einmieten (sich).

Wohnungsangabe ↑Anschrift.

Wohnungseinrichtung ↑Mobiliar.

Wohnungsinhaber ↑Mieter.

wohnungslos ↑Wohnung.

Wohnungsloser ↑Vagabund.

Wohnungsschlüssel ↑Schlüssel.

Wohnungszins ↑Mietzins.

Wohnwagen, Reisewohnwagen, Caravan; ↑Auto, ↑Campinglager, ↑Campingplatz, ↑Wohnung, ↑Zelt.

Wohnzimmer ↑Raum.

Wohnzimmerschrank ↑Schrank.

Woilach ↑Decke.

wölben: sich w. ↑bauschen (sich).

Wölbung ↑Gewölbe.

¹Wolf, Isegrim; ↑Raubtier.

²Wolf: ↑Sternbild; durch den W. drehen ↑besprechen; mit den Wölfen heulen ↑Opportunist [sein]; nicht mit den Wölfen heulen ↑entgegenstellen (sich).

wölfen ↑gebären.

Wolfsbarsch ↑Fisch.

Wolfsfalle ↑Falle.

Wolfshunger ↑Hunger.

Wolfsmilchschwärmer ↑Schmetterling.

Wolfswindhund: Irischer W. ↑Hunderassen.

Wolgograd *(seit 1961),* Stalingrad *(1925–1961),* Zarizyn *(1589–1925);* ↑Stadt.

Wolke: aus allen -n fallen ↑überrascht [sein]; etwas ist 'ne W. ↑trefflich [sein].

Wolken, Bewölkung, Wolkendecke, Gewölk *(dichter.),* Regenwolken, Gewitterwolken, Schönwetterwolken · *aus einzelnen Eisfasern bestehende:* Zirrus · *durchsichtige, strukturlose, große Teile des Himmels überziehende:* Zirrostratus · *in einzelne sehr feine Ballen oder „Schäfchen" aufgelöste:* Schäfchen, Lämmerwölkchen, Schäfchenwolken, Federwolken, Zirrokumulus · *als Schicht in „Schäfchen" aufgelöste:* Altokumulus · *gleichmäßige, struktur-*

lose: Altostratus · *als trübe, gleichmäßig strukturlose Schicht, aus der Niederschlag fällt:* Nimbostratus · *in tieferen, gröberen „Schäfchen":* Stratokumulus · *als tiefe, gleichmäßige Schicht:* Stratus · *in Haufen mit glatter Untergrenze bei schönem Wetter:* Haufenwolken, Kumulus · *aufgetürmte, aus denen Schauer oder Gewitter niedergehen:* Kumulonimbus, Ambosswolken; ↑Wetterkunde.

Wolkenblitz ↑Blitz.

Wolkenbruch: ↑Niederschlag; Himmel, Arsch und W.! ↑verflucht!

Wolkendecke ↑Wolken.

Wolkenfeld ↑Wolken.

Wolkenkratzer ↑Haus.

Wolkenkuckucksheim: ↑Einbildung; im W. leben ↑abkapseln.

wolkenlos: ↑sonnig; der Himmel ist w. ↑sonnig [sein].

Wolkenmassen ↑Wolken.

Wolkenmeer ↑Wolken.

Wolkenornament ↑Fries.

Wolkenschieber ↑Träumer.

wolkig: ↑bewölkt; w. werden ↑bewölken (sich).

Wolldecke ↑Decke.

¹Wolle, Schafwolle, Lammwolle, Shetlandwolle, Kaschmirwolle, Angorawolle, Merinowolle, Mohairwolle, Mohärwolle, Alpakawolle, Schurwolle · *aus gebrauchten Wolltextilien gewonnene:* Reißwolle, Altwolle, Lumpenwolle; ↑Gewebe, ↑Stoff, ↑Textilien.

²Wolle: ↑Hochzeitstag; in der W. gefärbt ↑verbürgt; sich in die W. kriegen ↑zanken (sich).

wollen: ↑bereit [sein], ↑vorhaben, ↑wünschen; nicht w. ↑gekränkt [sein]; wie du willst ↑ja; jmd. will ... ↑wichtig [sein]; wir w. gehen! ↑Imperativ; ob man will oder nicht ↑notgedrungen; kostes, was es wolle ↑unbedingt; etwas haben w. ↑erwarten; jmdm. nichts w. können ↑schaden; etwas will jmdm. nicht in den Kopf ↑verstehen; das Wollen ↑Wille.

Wollfädchen ↑Fluse.

Wollfaser ↑Faser.

Wollfluse ↑Fluse.

Wollfussel ↑Fluse.

Wollhandkrabbe ↑Krebs.

Wollhaube ↑Kopfbedeckung.

Wollhemd ↑Oberhemd.

Wolljäckchen ↑Strickweste.

Wolljacke ↑Strickweste.

Wollkleid ↑Kleid.

Wollpulli ↑Pullover.

Wollpullover ↑Pullover.

Wollschal ↑Halstuch.

Wollsocke ↑Strumpf.

Wollspitze ↑Spitzenstickerei.

Wollstoff ↑Stoff.

Wollsträhne ↑Strähne.

Wollstrumpf ↑Strumpf.

wollüstig ↑begierig.

Wollweste ↑Strickweste.

womit ↑wodurch.

womöglich ↑vielleicht.

Wonne: ↑Freude, ↑Lust.

Wonnemond ↑Mai.

Woog ↑See.

woran ↑wodurch.

worauf ↑wodurch.

woraus ↑wodurch.

Worcestersoße ↑Soße.

worin ↑wodurch.

Workaholic ↑Arbeitstier.

Workshop: ↑Arbeitskreis, ↑Unterricht.

Workstation ↑Computer.

¹Wort, Ausdruck, Vokabel, Bezeichnung · *neu geprägtes:* Neubildung, Neuprägung, Neuschöpfung, Neuwort, Neologismus · *aus dem vorausgehenden Sprachzustand überkommenes:* Erbwort, indigenes Wort · *aus einer fremden Sprache übernommenes, das sich im Unterschied zum Fremdwort der einheimischen Sprache angeglichen hat und dessen fremder Ursprung nicht erkennbar ist:* Lehnwort · *aus einer anderen Sprache in die eigene nicht oder nur wenig verändert übernommenes:* Fremdwort, Internationalismus; ↑Überlagerung (Interferenz) · *aus den Anfangsbuchstaben mehrerer Wörter gebildetes:* Initialwort, Kurzwort, Akronym · *schwer auszusprechendes:* Zungenbrecher · *das vorwärts und rückwärts gelesen [den gleichen] Sinn ergibt:* Palindrom · *das für eine gewisse Zeit sehr im Schwange ist:* Modewort · *eingeschobenes, das einer Aussage eine leicht emotionale Färbung gibt:* Füllwort, Flickwort, Füllsel, Würzwort, Modalpartikel, Gesprächswort; ↑Gedicht, ↑Provinzialismus, ↑Verb, ↑Vulgarismus, ↑Wortart, ↑Wortbedeutung, ↑Wortbildung; ↑eindeutschen.

²Wort: ↑Begriff, ↑Bibelabschnitt, ↑Zusicherung; derbes / unfeines / ordinäres / unanständiges W. ↑Vulgärausdruck; einführende -e ↑Einleitung; geflügeltes W. ↑Ausspruch; geflügelte -e ↑Nachschlagewerk; vorangestellte -e ↑Einleitung; W. Gottes ↑Bibel; an etwas ist kein wahres W. ↑erfunden [sein]; jmdm. das W. abschneiden / ins Wort fallen ↑dazwischenreden; ein W. einlegen für ↑vermitteln; das W. entziehen ↑verbieten; das W. ergreifen / nehmen ↑vortragen; keine -e finden [können] ↑überrascht [sein]; das große W. führen ↑prahlen; sein W. geben ↑versprechen; ein W. nicht gebrauchen ↑aussprechen; hast du [da] noch -e! ↑überrascht [sein]; kein W. herausbringen ↑sprechen; jmdm. das W. im Mund herumdrehen ↑verfälschen; bei jmdm. jedes W. auf die Goldwaage legen müssen ↑behutsam [sein müssen]; einer Sache das W. reden ↑annehmen (sich einer Sache); mit anderen -en ↑klar; mit jmdm. noch ein Wörtchen zu reden haben ↑schelten; das W. an jmdn. richten ↑ansprechen; das W. Gottes verkünden / verkündigen ↑predigen; das W. über

etwas verlieren ↑schweigen; sein W. verpfänden ↑versprechen; im wahrsten Sinne des -es ↑schlechthin; jmdn. beim W. nehmen ↑festlegen; nicht für Geld und gute -e ↑nein; in -e fassen / kleiden ↑formulieren; mit einem W. ↑kurzum; mit ergreifenden -en ↑nachdrücklich; mit [leeren] -en abspeisen ↑vertrösten; nicht zu W. kommen ↑äußern (sich).

Wört ↑Insel.

Wortart · Verb, Zeitwort, Tätigkeitswort, Aussagewort, Tuwort · Adjektiv, Eigenschaftswort, Eindruckswort, Beiwort, Qualitativ · Adverb, Umstandswort, Situativ · Substantiv, Hauptwort, Dingwort, Nomen, Nennwort · Pronomen, Fürwort, Formwort · Präposition, Verhältniswort, Vorwort *(österr.)*, Fügewort, Beziehungswort · Konjunktion, Bindewort · Artikel, Geschlecht, Geschlechtswort, Genus · Numerale, Zahlwort, Kardinalzahl, Grundzahl, Ordinalzahl, Ordnungszahl · Interjektion, Ausrufewort, Empfindungswort; ↑Beugung, ↑Verb, ↑Verkleinerungsform, ↑Wort, ↑Wortbildung; ↑beugen.

Wortbedeutung, Bedeutung, Wortinhalt, Denotation · *neu aufgekommene:* Neubedeutung · *aus einer fremden Sprache übernommene:* Lehnbedeutung; ↑Auslegung, ↑Bedeutung (Konnotation), ↑Redewendung, ↑Wort, ↑Wortbildung.

¹Wortbedeutungslehre, Bedeutungslehre, Semasiologie, Semantik, Sematologie, Glossologie, Rhematik, Rhematologie · ↑Namenkunde, ↑Semiologie, ↑Sprachwissenschaft, ↑Wortgeschichte, ↑Wortgleichheit, ↑Wortstamm · Ggs. ↑Bezeichnungslehre.

²Wortbedeutungslehre ↑Sprachwissenschaft.

Wortbegehren ↑Wortmeldung.

Wortbestand ↑Wortschatz.

Wortbildung, Wortschöpfung, Neubildung, Neuschöpfung, Nachbildung · *nach dem Vorbild einer fremden Sprache:* Lehnbildung, Lehnformung, Lehnprägung, Lehnschöpfung, Lehnübersetzung, Lehnübertragung · Kompositum, Zusammensetzung (z.B. Fensterrahmen) · Zusammenbildung (z.B. Arbeitnehmer) · Zusammenrückung (z.B. Brecht-Aufführung); ↑Affix, ↑Affixoid, ↑Redewendung, ↑Wort, ↑Wortbedeutung.

Wortbildungsmittel: ↑Affix, ↑Affixoid.

Wortbildungsstörung ↑Aphasie.

Wortblindheit ↑Aphasie.

Wortblock ↑Abschnitt.

wortbrüchig ↑untreu.

Wortbrüchigkeit ↑Untreue.

Wörtchen: ein W. mitzureden haben ↑Entscheidung.

Wörterbuch ↑Nachschlagewerk.

Worterklärung ↑Auslegung.

Wörterverzeichnis ↑Nachschlagewerk.

Wortführer ↑Vorstand.

Wortgebrauch ↑Sprachspiel.

Wortgefecht ↑Streit.

Wortgeschichte, Etymologie, Wortherkunft, Herkunft; ↑Sprachwissenschaft, ↑Wortbedeutungslehre, ↑Wortstamm.

wortgetreu ↑wortwörtlich.

wortgewandt ↑beredt.

Wortgewandtheit ↑Redegewandtheit.

Wortgleichheit, Homonymie · *in der Lautung:* Homophonie · *in der Schreibung:* Homographie · *durch mehrfache Entstehung gleich lautender Beziehungen:* Isonymie; ↑Homonym, ↑Wortbedeutungslehre; ↑synonym.

Wortgruppenlexem ↑Redewendung.

Wortgut ↑Wortschatz.

Wörth ↑Insel.

Wortherkunft ↑Wortgeschichte.

Wortinhalt ↑Wortbedeutung.

wortkarg, einsilbig, schweigsam, lakonisch, maulfaul *(ugs.),* mundfaul *(salopp);* **w. sein,** jmd. lässt sich die Würmer aus der Nase ziehen *(ugs.);* ↑ruhig, ↑still, ↑verschlossen, ↑wortlos; ↑Wortkargheit; ↑schweigen.

Wortkargheit, Einsilbigkeit, Lakonismus, Schweigsamkeit, Zugeknöpftheit, Stummheit; ↑wortkarg.

Wortklauberei ↑Pedanterie.

wortklauberisch ↑spitzfindig.

Wortkreuzung ↑Kontamination.

Wortlaut, Formulierung, Text, Fassung.

wörtlich: nicht ganz w. zu nehmen ↑vorbehaltlich.

wortlos, stumm, stumm wie ein Fisch, grußlos, stillschweigend, schweigend; ↑wortkarg.

Wortmaterial ↑Wortschatz.

Wortmeldung, Wortbegehren *(schweiz.);* ↑Gespräch.

Wortmischung ↑Kontamination.

wortreich ↑ausführlich.

Wortschatz, Vokabular, Wortmaterial, Wortgut, Wortbestand; ↑Ausdrucksweise.

Wortschöpfung ↑Wortbildung.

Wortschwall: ↑Gerede, ↑Tirade.

Wortspiel, Paronomasie, Annomination, Parechese, Amphibolie; ↑Ausdrucksweise, ↑Scherz, ↑Witz.

Wortstamm, Stamm, Wurzel, Etymon; ↑Wortbedeutungslehre, ↑Wortgeschichte.

Wortstreit ↑Streit.

Wortverdreher, Rabulist, Rechtsverdreher, Sophist, Jesuit; ↑Pedant.

Wortverdreherei ↑Spiegelfechterei.

Wortwechsel ↑Streit.

wortwörtlich, wortgetreu, buchstäblich, buchstabengetreu.

worüber ↑wodurch.

worum ↑wodurch.

worunter ↑wodurch.

Wotan ↑Gott.

wovon ↑wodurch.

wovor ↑wodurch.

wozu ↑warum.

Wrack ↑Trümmer.

Wrasen ↑Nebel.

Wratt ↑Ungeziefer.

wriggen ↑Boot [fahren].

Wrocław ↑Breslau.

Wruke ↑Kohlrübe.

WSW ↑Himmelsrichtung.

Wubartl ↑Knecht Ruprecht.

¹Wucher, Geldschneiderei, Beutelschneiderei, Preistreiberei, Wurzerei *(bayr., österr.);* ↑Wucherer; **mit etwas W. treiben,** wuchern, bewuchern *(selten),* [den Preis] überhöhen / überteuern / *(schweiz.)* übersetzen / zu hoch ansetzen, zu viel [Geld] für etwas nehmen, wurzen *(bayr., österr.),* abreißen *(schweiz.);* ↑ausbeuten, ↑habgierig [sein].

²Wucher: W. treiben ↑habgierig [sein].

¹Wucherer, Halsabschneider, Beutelschneider, Finanzhyäne; ↑Betrüger, ↑Erpresser, ↑Wucher.

²Wucherer ↑Verleiher.

¹wuchern, üppig / *(landsch.)* geil werden, ins Kraut schießen; ↑gedeihen, ↑sprießen; ↑Vegetation.

²wuchern: ↑habgierig [sein], ↑überhand nehmen, ↑Wucher.

wuchernd ↑überladen.

Wucherpreis ↑Preis.

Wuchs: ↑Gestalt; von gutem W. ↑sportlich; von hohem W. ↑groß.

Wucht: etwas ist 'ne W. ↑trefflich [sein]; eine W. kriegen ↑schlagen.

wuchtig ↑schwer.

Wühlarbeit ↑Propaganda.

wühlen ↑suchen.

Wühler ↑Hetzer.

Wühlmaus: ↑Maus, ↑Nagetier.

Wühltisch ↑Ladentisch.

Wuhr ↑Wehr.

¹wund, entzündet, wund gescheuert, aufgescheuert, aufgeschürft, aufgerissen, offen; ↑verletzt.

²wund: -er Punkt ↑Achillesferse.

¹Wunde, Verwundung, Verletzung, Trauma, Läsion, Blessur · Hiebwunde, Schlagwunde, Stichwunde, Schusswunde, Brandwunde, Schürfwunde, Quetschwunde, Schnittwunde, Platzwunde, Bisswunde, Kratzwunde; ↑Krankheit, ↑Narbe, ↑Schramme, ↑Verletzung; ↑abheilen; ↑abgeheilt.

²Wunde: ↑Verletzung; eine W. beibringen ↑verletzen; an eine alte W. rühren ↑erwähnen; den Finger auf die W. legen ↑hinweisen (auf).

¹Wunder, Mirakel, Spektakulum; ↑Mysterium.

²Wunder: sein blaues W. erleben ↑überrascht [sein].

Wunderarzt ↑Arzt.

Wunderdoktor ↑Arzt.

Wunderfitz: aus W. ↑Neugier.

Wunderglaube ↑Aberglaube.

wunderhalber ↑Neugier.

Wunderkerze ↑Feuerwerkskörper.
Wunderkind ↑Kind.
Wunderknabe ↑Kind.
Wunderland ↑Fabelland.
wunderlich ↑seltsam.
Wunderlichkeit: ↑Seltsamkeit, ↑Spleen.
wundern: sich w., du wirst dich noch w.! ↑überrascht [sein]; es wundert jmdn. ↑neugierig [sein].
wundernehmen: es nimmt jmdn. wunder ↑neugierig [sein]; etwas nimmt wunder ↑befremden.
wundersam: ↑seltsam, ↑übernatürlich.
wunderschön ↑schön.
wund gescheuert ↑wund.
Wundnarbe: ↑Hautblüte, ↑Narbe.
Wundstar ↑Katarakt.
Wundverband ↑Verband.
¹Wunsch, Begehren, Begehr *(veraltet),* Verlangen, Herzenswunsch, Wunschdenken; ↑Hoffnung, ↑Illusion; ↑wünschen.
²Wunsch: ↑Bitte; jmdm. jeden W. vom Mund / von den Lippen ablesen ↑verwöhnen; einem W. entsprechen ↑billigen; einem W. Ausdruck verleihen ↑gratulieren; auf jmds. Wünsche eingehen ↑nachgeben; nach W. ↑beliebig; nach W. gehen ↑gelingen; ohne weitere Wünsche ↑zufrieden.
Wunsch-: ↑ersehnt.
Wunschdenken ↑Wunsch.
Wünschelrute ↑Messgerät.
¹wünschen, begehren, ersehnen, erträumen, erhoffen, [haben] wollen, etwas sticht jmdm. ins Auge / in die Augen, sein Herz an etwas hängen, mögen, versucht sein zu tun, etwas liegt jmdm. am Herzen; ↑anordnen, ↑anstrengen, ↑begierig [sein], ↑bemühen (sich um), ↑billigen, ↑bitten, ↑hoffen, ↑müssen, ↑streben, ↑verlangen, ↑vorhaben; ↑begehrt.
²wünschen: Glück w. ↑gratulieren; jmdn. zur Hölle / zum Kuckuck / zum Teufel -; jmdn. dorthin w., wo der Pfeffer wächst ↑verwünschen (jmdn.).
wünschenswert ↑begehrt.
wunschgemäß: ↑beliebig; w. verlaufen ↑gelingen.
Wunschkind ↑Kind.
wunschlos ↑zufrieden.
Wunschsendung, Wunschkonzert, Erbschleichersendung *(scherzh., österr.);* ↑Rundfunksendung.
Wunschtraum ↑Einbildung.
Würde: ↑Ansehen, ↑Ernst, ↑Vornehmheit; in Amt und -n sein ↑Anstellung; unter aller W. ↑minderwertig.
¹würdelos, unwürdig, menschenunwürdig; ↑unterwürfig.
²würdelos ↑ehrlos.
Würdenträger: geistlicher W. ↑Geistlicher.
würdevoll ↑majestätisch.
würdig ↑erhaben.

würdigen: ↑achten, ↑besprechen, ↑beurteilen, ↑honorieren, ↑loben; jmdn. keines Blickes w. ↑ignorieren.
Würdigung: ↑Anerkennung, ↑Besprechung, ↑Nachruf.
¹Würfel, Kubus, Hexaeder, Sechsflächner · *beim Spiel:* Knobel *(veraltet),* Knöchel *(veraltet);* ↑würfeln.
²Würfel: ↑geometrische Figur; die W. sind gefallen ↑entschließen (sich); W. spielen ↑würfeln.
Würfelfries ↑Fries.
Würfelkapitell ↑Kapitell.
¹würfeln, Würfel spielen, trudeln *(ugs., berlin.),* knobeln *(ugs.),* knöcheln *(ugs., mitteld.);* ↑Würfel.
²würfeln: das Würfeln ↑Glücksspiel.
Würfelspiel · Gleichpasch, Mensch, ärgere dich nicht; Fang den Hut, Monopoly; ↑Brettspiel, ↑Kartenspiel, ↑Glücksspiel.
Würfelzucker ↑Zucker.
Wurfspieß ↑Wurfwaffe.
Wurfwaffe, Speer, Lanze, Wurfspieß, Spieß, Ger, Pike, Harpune, Katapult; ↑Hiebwaffe, ↑Schusswaffe, ↑Stichwaffe.
Würgegriff ↑Polizeigriff.
würgen: mit Hängen und Würgen ↑kaum.
Würger: ↑Mörder, ↑Vogel.
Würgfalke ↑Vogel.
Wurlitzer-Orgel ↑Elektroorgel.
¹Wurm · · · Plattwurm · Bandwurm, Rinderbandwurm, Schweinebandwurm, Hundebandwurm · Saugwurm, Leberegel · Strudelwurm · Rundwurm, Hohlwurm, Schlauchwurm · Fadenwurm, Essigälchen, Trichine, Spulwurm, Medinawurm · Rädertierchen · · Gliederwurm, Ringelwurm · Borstenwurm, Regenwurm, Palolowurm, Röhrenwurm · Egel, Blutegel, Pferdeegel, Landblutegel.
²Wurm: ↑Kind; da ist der W. drin ↑Ordnung; den W. baden ↑fangen; jmd. lässt sich die Würmer aus der Nase ziehen ↑wortkarg [sein].
Würmchen: jmdm. die W. abtreiben ↑zusetzen (jmdm.).
wurmen: etwas wurmt jmdn. ↑ärgern.
Wurmfarn ↑Farn.
Wurmfortsatz ↑Darm.
wurmfräßig ↑ungenießbar.
wurmig ↑ungenießbar.
wurmstichig: ↑defekt, ↑ungenießbar.
wurstegal: jmdm. ist etwas w. ↑unwichtig [sein].
¹Wurst · Streichwurst, Leberwurst, Kalbsleberwurst, Mettwurst, Teewurst · Hartwurst, Dauerwurst, Salami, Zervelat, Schlackwurst · Zungenwurst, Blutwurst, Blunze *(bayr., österr.),* Kabanossi, Rotwurst, Griebenwurst · Schinkenwurst, Jagdwurst, Lyoner, Extrawurst *(österr.)* · zubereitet zum Essen: Schlachtplatte; ↑Brotaufstrich, ↑Brotbelag, ↑Würstchen.

²**Wurst:** jmdm. ist etwas W. ↑unwichtig; es geht um die W. ↑ernst [werden].

Wurstaufschnitt ↑Brotbelag.

Wurstblatt ↑Zeitung.

Wurstbrot ↑Schnitte.

Würstchen, Würstel *(südd., österr.)*, Bockwurst, Knackwurst, Knacker, Burenwurst *(österr.)*, Klobasse *(österr.)*, Bratwurst, Rostbratwurst, Landjäger, Polnische · Frankfurter / Wiener [Würstchen], Hotdog · Pinkel (die) · *einzelnes von einem Paar:* Einspänner; ↑Wurst.

Würstchenbude ↑Verkaufsstand.

Würstchenstand ↑Verkaufsstand.

Wurstel ↑Kasper.

Würstel ↑Würstchen.

Wurster ↑Fleischer.

Wursterei ↑Fleischerei.

Wurstmesser ↑Messer.

Wurstsalat ↑Salat.

Wurstsuppe ↑Suppe.

Würze: ↑Geschmack, ↑Gewürz; einer Sache fehlt die rechte W. ↑geistreich.

¹**Wurzel,** Wurzelstock, Pfahlwurzel, Luftwurzel, Stützwurzel, Atemwurzel, Zugwurzel, Blattwurzel; ↑Pflanze, ↑Zweig.

²**Wurzel:** ↑Mohrrübe, ↑Wortstamm; seine W. haben in ↑abstammen (von); -n schlagen ↑niederlassen; die W. ziehen ↑radizieren.

Würzelchen ↑Mohrrübe.

Wurzelgemüse ↑Gemüse.

wurzellos ↑ungeborgen.

Wurzellosigkeit ↑Ungeborgenheit.

Wurzelqualle ↑Hohltier.

Wurzelstock ↑Wurzel.

Wurzelwerk ↑Suppengemüse.

Wurzelziehen ↑Rechenverfahren.

wurzen ↑Wucher.

¹**würzen,** salzen, pfeffern, paprizieren · *zu stark:* versalzen; ↑braten, ↑kochen, ↑kosten; ↑scharf; ↑Geschmack, ↑Piment.

²**würzen:** gewürzt ↑scharf; [stark] gewürzt ↑würzig.

Wurzerei ↑Wucher.

würzig, aromatisch, herzhaft, rezent, prickelnd, feurig, pikant, scharf, stark [gewürzt], gewürzt, beißend, raß *(oberd.)*, räß *(oberd.)* · blumig, parfümiert; ↑duftend, ↑schmackhaft; ↑Geruch, ↑Geschmack.

Würzpilz ↑Pilz.

Würzwort ↑Wort.

Wuschelhaar ↑Haar.

Wuschelkopf ↑Haar.

wüst: ↑anstößig, ↑böse, ↑übermütig.

Wüste: ↑Einöde; in die W. schicken ↑entlassen; in der W. predigen ↑sprechen.

Wüstenei ↑Einöde.

wüstenhaft ↑unfruchtbar.

Wüstenklima ↑Klimazone.

Wüstenlandschaft ↑Landschaft.

Wüstenschiff ↑Kamel.

Wüstensteppe ↑Steppe.

Wüstling ↑Frauenheld.

Wut: ↑Ärger; in W. bringen ↑ärgern; in W. geraten ↑ärgerlich [werden]; ich könnte mir vor W. in den Hintern beißen ↑ärgerlich [sein].

¹**Wutanfall,** Wutausbruch, Zornausbruch, Zornesausbruch, Tobsuchtsanfall, Koller *(ugs.)*, Rappel *(salopp)*, Raptus; ↑Anfall, ↑Ärger, ↑Raserei, ↑Verfärbung.

²**Wutanfall** ↑Raserei.

Wutausbruch ↑Wutanfall.

wüten: ↑ärgerlich [sein], ↑brausen, ↑überhand nehmen; gegen sich selbst -d ↑selbstzerstörerisch.

wütend: ↑ärgerlich, ↑blindwütig; w. machen ↑ärgern.

wutentbrannt ↑ärgerlich.

Wüterich: ↑Rohling, ↑Tobsüchtiger.

-wütig ↑übertrieben.

wutschäumend ↑ärgerlich.

wutschnaubend ↑ärgerlich.

Wutz ↑Schwein.

wuzeln: sich w. ↑drücken.

Wuzerl ↑Kind.

wuzerldick ↑dick.

X: jmdm. ein X für ein U vormachen ↑betrügen; sich kein X für ein U vormachen lassen ↑schlau [sein].

Xanadu ↑Palast.

Xanthippe ↑Ehefrau.

Xanthozyanopie ↑Farbenblindheit.

Xenion ↑Epigramm.

Xenologie ↑Geisterbeschwörung.

Xenon ↑Edelgas.

Xerokopie ↑Reproduktion.

xerokopieren ↑ablichten.

Xerom ↑Xerophthalmie.

Xerophthalmie, Vitamin-A-Mangel-Krankheit, Vitamin-A-Avitaminose, Avitaminose A, Keratomalazie, Xerophthalmus, Xerom, Augendarre, Augenbindehautxerose; ↑Avitaminose.

Xi ↑Buchstabe.

x-mal ↑oft.

x-ten Mal: zum x. ↑wieder.

Xylographie: ↑Grafik, ↑Holzschnitt.

Xylophon ↑Schlaginstrument.

Yankee ↑Amerikaner.
Yen ↑Zahlungsmittel.
Yogaübung ↑Entspannungsübung.
Ypsilon ↑Buchstabe.
Ysop ↑Küchengewürz.
Yuppie ↑Emporkömmling.
Yürück ↑Orientteppich.

Zabig ↑Abendessen.
zach ↑zäh.
Zack: auf Z. sein ↑schlau [sein].
Zacken: ↑Gipfel; jmdm. bricht kein Z. aus der Krone ↑erniedrigen (sich).
Zackenbogen ↑Bogen.
Zackenfirn ↑Schnee.
Zackenkrone ↑Krone.
Zackenlinie ↑Linie.
zackig ↑schwungvoll.
zag ↑ängstlich.
Zagel ↑Schwanz.
zagen ↑zögern.
zaghaft ↑ängstlich.
¹zäh, zäh wie Leder / wie Juchtenleder, ledern, lederartig, sehnig (Fleisch), zach *(oberd.)* zadderig, zaddrig.
²zäh: ↑beharrlich, ↑stark.
zähflüssig: ↑flüssig, ↑träge.
Zähflüssigkeit ↑Flüssigsein.
Zähigkeit: ↑Beharrlichkeit, ↑Kohäsion.
¹Zahl, runde / ganze / gerade / ungerade / natürliche / imaginäre / gebrochene / gemischte Zahl, arabische Zahl (1, 2, 3 usw.), römische Zahl (I, II, III usw.) · Grundzahl, Kardinalzahl · Ordnungszahl, Ordinalzahl · Primzahl · Dezimalzahl, Bruchzahl, Bruch · Distributivzahl, Multiplikativzahl, Ziffer, Zahlzeichen, Nummer, Chiffre · *die aus den gleichen Ziffern besteht* (z. B. 44): Schnapszahl.

²Zahl: ↑Anzahl; die Z. ist Legion ↑Überfluss [haben]; in großer Z. ↑reichlich, ↑viele; in den roten -en sein / stecken ↑Fehlbetrag; schwarze -en haben ↑[keinen] Fehlbetrag [haben]; in ungerader Z. vorhanden ↑unpaarig; mit einer Z. versehen ↑nummerieren.
¹zahlen, bezahlen, begleichen, entrichten, erlegen, blechen *(salopp)*, in die Tasche greifen, berappen *(salopp)*, brandeln *(salopp, österr.)*, hinterlegen, hinblättern *(ugs.)*, auf den Tisch des Hauses legen, abzahlen, abbezahlen, in Raten zahlen, abstottern *(salopp)*, abtragen, seine Schulden bezahlen, sich ehrlich machen, nachzahlen, nachbezahlen, draufzahlen *(ugs.)*, zuzahlen, aufzahlen *(österr.)*, drauflegen *(ugs.)*, ausgeben, ans Bein binden *(ugs.)*, verbraten *(salopp)*, aufwenden, anlegen, verausgaben, investieren, Geld in etwas stecken / reinstecken *(ugs.)*, etwas springen lassen *(salopp)*, loseisen *(ugs.)*, lockermachen *(salopp)*, ausschütten, ausrichten *(schweiz.)*, bestreiten, finanzieren, subventionieren, bezuschussen, [für die Kosten] aufkommen, unterstützen, die Kosten tragen, erstatten, zurückerstatten, zurückzahlen · *etwas selbst:* etwas aus dem eigenen / aus eigener Tasche bezahlen · *für jmdn.:* auslegen, vorlegen, verauslagen, in Vorlage bringen, vorstrecken *(ugs.)*, vorschießen *(ugs.)* · *für eine Leistung:* entlohnen, entlöhnen *(schweiz.)*, besolden, salarieren *(schweiz.)*, honorieren, vergüten; **z. müssen,** zur Kasse gebeten werden, eine Zahlungsaufforderung / einen Zahlungsbefehl bekommen, bis aufs Hemd ausgezogen werden; ↑ausgeben, ↑belohnen, ↑danken, ↑durchbringen, ↑einbüßen, ↑ernähren, ↑kaufen, ↑leihen, ↑stiften, ↑unterschlagen, ↑verkaufen, ↑zuzahlen; ↑finanziell; ↑Etat, ↑Gehalt, ↑Portemonnaie, ↑Unkosten.
²zahlen: jmdm. eine Abfindung / Schmerzensgeld z. ↑befriedigen; Lehrgeld z. müssen ↑lernen; Lösegeld z. ↑freikaufen (sich, jmdn.); ohne einen Pfennig zu z. ↑kostenlos; z. für ↑einstehen.
¹zählen, abzählen, durchzählen; ↑Anzahl, ↑Inventur.
²zählen: ↑wichtig [sein]; bei jmdm. kann man alle Rippen z. ↑schlank [sein]; jmds. Tage sind gezählt ↑krank; jmdm. die Bissen in den Mund z. ↑geizig [sein]; z. auf ↑glauben; nicht bis drei z. können ↑dumm [sein]; z. zu ↑angehören.
Zahlengedächtnis ↑Erinnerungsvermögen.
Zahlenlehre ↑Mathematik.
Zahlenlotterie ↑Glücksspiel.
Zahlenrätsel ↑Rätsel.
Zahlenrechnung ↑Mathematik.
Zahlentheorie ↑Mathematik.
Zahlenwimpel ↑Fahne.
Zähler · Zählwerk · Gaszähler · Stromzähler · Wasserzähler.
Zahlgrenze, Tarifgrenze, Streckenabschnitt; ↑Strecke.
Zählkandidat: Z. sein ↑kandidieren.

Zahlkarte, Erlagschein *(österr.),* Einzahlungsschein *(schweiz.)* · Zahlungsanweisung, Postanweisung; ↑Postsendung, ↑Zahlung.
Zahlkellner ↑Bedienung.
zahllos: ↑reichlich, ↑unendlich; -e ↑viele.
Zahllosigkeit ↑Unbegrenztheit.
zahlreich: -e ↑einige.
Zahltag, Lohntag · *von Wechseln:* Fälligkeitstag; ↑Lohntüte.
Zahltagssäcklein ↑Lohntüte.
Zahlung, Bezahlung, Begleichung · *in bar:* Barzahlung · *unbar:* Scheckzahlung, Überweisung, Einzahlung · *im Voraus:* Vorauszahlung · *in Raten:* Ratenzahlung, Teilzahlung, Akontozahlung, Abzahlung, Abschlagszahlung, Anzahlung · *nachträgliche:* Nachzahlung · *bei Aushändigung einer Postsendung:* Nachnahme · *geliehenen Geldes:* Rückzahlung · *ins Ausland in fremder Währung:* Transfer, Transferierung; ↑Eintreibung, ↑Vorauszahlung, ↑Zahlkarte; ↑zahlen.
Zählung · Volkszählung, Mikrozensus, Schätzung *(veraltet)* · Verkehrszählung.
Zahlungsabkommen ↑Abmachung.
Zahlungsanweisung ↑Zahlkarte.
Zahlungsaufforderung: eine Z. bekommen ↑zahlen [müssen].
Zahlungsaufschub ↑Stundung.
Zahlungsbefehl: einen Z. bekommen ↑zahlen.
zahlungsbereit ↑zahlungsfähig.
zahlungsfähig, liquid, solvent, flüssig, zahlungsbereit, nicht ↑zahlungsunfähig.
Zahlungsfähigkeit, Liquidität, Bonität, Solvenz; ↑zahlen; ↑zahlungsfähig · Ggs. ↑Zahlungsunfähigkeit.
zahlungskräftig ↑reich.
¹**Zahlungsmittel,** Valuta, [harte / frei konvertierbare] Währung · *in Ägypten:* ägyptisches Pfund, Piastre, Millième · *in Albanien:* Lek · *in Algerien:* algerischer Dinar, Centime · *in Argentinien:* argentinischer Peso, Centavo · *in Belgien:* belgischer Franc, Centime · *in Bolivien:* Peso Boliviano, Centavo · *in Brasilien:* Cruzeiro, Centavo · *in Bulgarien:* Lew, St'otinka · *in Chile:* chilenischer Escudo, Centésimo · *in China* (Volksrepublik): Jen-Min-Pi, Tsjao, Fyng · *in Dänemark:* dänische Krone, Öre · *in Deutschland:* Deutsche Mark, D-Mark, DM (Abk.), Pfennig · *in Deutschland vor 1945:* Reichsmark, RM (Abk.), Rentenmark · *in der DDR bis 1989:* Mark, M (Abk.), Mark der deutschen Notenbank (bis 1967), MDN (Abk.), Ostmark, Pfennig · *in Ecuador:* Sucre, Centavo · *in Finnland:* Finnmark, Penni · *in Frankreich:* Franc, Centime · *in Griechenland:* Drachme, Lepton · *in Großbritannien:* Pfund [Sterling], Pence, Shilling (bis 1971) · *in Guatemala:* Quetzal, Centavo · *in Indien:* indische Rupie, Paise · *in Indonesien:* Rupiah, Sen · *im Irak:* Irak-Dinar, Fils · *im Iran:* Rial, Dinar · *in Irland:* irisches Pfund, Shilling, Pence · *in Island:* islän-

dische Krone, Aurar · *in Israel:* israelisches Pfund, Agorot · *in Italien:* Lira, Centesimo · *in Japan:* Yen, Sen · *in Jordanien:* Jordan-Dinar, Fils · *in Jugoslawien:* jugoslawischer Dinar, Para · *in Kanada:* kanadischer Dollar, Cent · *in Kolumbien:* kolumbianischer Peso, Centavo · *in Luxemburg:* luxemburgischer Franc, Centime · *in Marokko:* Dirham, Franc · *in Mexiko:* mexikanischer Peso, Centavo · *in Monaco:* Franc, Centime · *in den Niederlanden:* Gulden, Cent · *in Norwegen:* norwegische Krone, Öre · *in Österreich:* Schilling, Groschen · *in Pakistan:* pakistanische Rupie · *in Paraguay:* Guaraní, Céntimo · *in Peru:* Sol, Centavo · *auf den Philippinen:* philippinischer Peso, Centavo · *in Polen:* Zloty, Grosz · *in Portugal:* Escudo, Centavo · *in Rumänien:* Leu, Ban · *in Rußland:* Rubel, Kopeke · *in Saudi-Arabien:* Saudi Riyal · *in Schweden:* schwedische Krone, Öre · *in der Schweiz, in Liechtenstein:* Schweizer Franken, Rappen · *in Spanien:* Peseta, Céntimo · *in Sri Lanka:* Sri-Lanka-Rupie, Cent · *in Südafrika:* Rand, Cent · *in Syrien:* syrisches Pfund, Piastre · *in Thailand:* Baht, Stang · *in Tschechien:* tschechische Krone, Haléř · *in Tunesien:* tunesischer Dinar, Millime · *in der Türkei:* türkisches Pfund, Kurus · *in Ungarn:* Forint, Fillér · *in Uruguay:* uruguayischer Peso, Centésimo · *in Venezuela:* Bolivar, Céntimo · *in den Vereinigten Staaten von Amerika:* Dollar, Cent, Buck (= 1 Dollar), Half Dollar (= 50 Cents), Quarter (= 25 Cents), Dime (= 10 Cents), Nickel (= 5 Cents), Penny (= 1 Cent); ↑Devisen, ↑Geld, ↑Konvertierbarkeit, ↑Münze, ↑Schilling, ↑Vermögen, ↑Wechselkurs, ↑Wechselstube; ↑zahlen; ↑finanziell, ↑monetär.
²**Zahlungsmittel:** ausländische Z. ↑Devisen.
zahlungsunfähig, illiquid, insolvent, bankrott, abgebrannt *(ugs.),* blank *(salopp),* pleite *(salopp),* machulle *(salopp),* stier *(oberd.),* nicht ↑zahlungsfähig · ↑abgewirtschaftet; **z. werden,** Konkurs machen, [in] Konkurs gehen, Bankrott gehen / machen, den Offenbarungseid leisten, bankrott werden, fallieren *(veraltet),* Pleite machen / gehen, pleite werden *(ugs.),* bei jmdm. sitzt der Pleitegeier auf dem Dach *(ugs.),* jmdm. geht die Luft aus *(ugs.),* die Pforten schließen, zumachen *(ugs.),* abwirtschaften, herunterwirtschaften, abhausen *(oberd.),* baden gehen *(salopp),* auf die Gant kommen *(oberd.);* **z. sein,** Konkurs anmelden; ↑aufgeben (Geschäft).
Zahlungsunfähigkeit, Illiquidität, Insolvenz, Nonvalenz, Bankrott, Bankrotterklärung, Konkurs, Ruin, Pleite *(salopp);* ↑Mangel, ↑Versteigerung; ↑abgewirtschaftet, ↑zahlungsunfähig · Ggs. ↑Zahlungsfähigkeit.
Zahlungsverpflichtung ↑Schuldschein.
Zählwerk ↑Zähler.
Zahlwort ↑Wortart.
Zahlzeichen ↑Zahl.
Zählzwang ↑Anankasmus.

zahm, gezähmt, domestiziert, gebändigt, fromm, lammfromm, kirre *(ugs.);* ↑artig; ↑beruhigen, ↑lenken · Ggs. ↑wild; **sich z. geben,** Kreide gefressen haben; ↑vortäuschen.
zähmen, domestizieren, bändigen, an den Menschen gewöhnen; ↑Domestikation.
Zähmen (das): ↑Domestikation.
Zähmung ↑Domestikation.
¹Zahn, Dens *(Med.),* Beißerchen *(Kinderspr.),* Hauerchen *(Kinderspr.),* Hackerle *(Kinderspr.),* Hackerchen *(Kinderspr., landsch.)* · *großer:* Pferdezahn · *vom ersten Gebiss:* Milchzahn · *vom zweiten Gebiss:* bleibender Zahn ·· *im vorderen Teil des Gebisses:* Schneidezahn, Inzisiv *(Med.),* Eckzahn, Hakenzahn, Hundszahn, Kaninus *(Med.),* Augenzahn · *im seitlichen Teil des Gebisses:* Backenzahn, Backzahn *(landsch.),* Stockzahn *(österr.),* vorderer / kleiner Backenzahn, Prämolarzahn *(Med.),* Prämolar *(Med.),* Biskuspidatus *(Med.),* hinterer / großer Backenzahn, Molarzahn *(Med.),* Molar *(Med.),* Mahlzahn · *hinterster, der oft erst nach dem 20. Lebensjahr durchbricht:* Weisheitszahn, Serotinus *(Med.),* Sophronetikus *(Med.)* · *sehr großer:* Hauer *(ugs.)* · *sehr großer Eckzahn:* Vampirzahn *(scherzh.);* ↑Karies, ↑Kauwerkzeuge, ↑Parodontose, ↑Zahnersatz, ↑Zahnpasta; ↑zahnlos; ↑zahnen.
²Zahn: ↑Geliebte; dritte Zähne ↑Zahnersatz; steiler Z. ↑Mädchen; Zähne ↑Kauwerkzeuge; Zähne bürsten / putzen / reinigen ↑säubern; jmdm. schlagen die Zähne aufeinander ↑frieren; jmdm. tut kein Z. mehr weh ↑tot [sein]; Zähne bekommen / kriegen ↑zahnen; die Zähne blecken / zeigen ↑fletschen (die Zähne); einen guten Z. draufhaben ↑fahren; jmdm. die Zähne zeigen ↑aufbegehren; jmdm. den Z. ziehen ↑ernüchtern; bis an die Zähne bewaffnet ↑kampfbereit; die Zähne zusammenbeißen ↑mutig [sein]; jmdm. auf den Z. fühlen ↑prüfen; Haare auf den Zähnen haben ↑unhöflich [sein]; mit den Zähnen klappern ↑frieren; ohne Zähne ↑zahnlos.
Zahnarzt ↑Arzt.
Zahnbelag, Plaque; ↑Karies.
Zahnbetterkrankung ↑Parodontopathie.
Zahnbettschwund: dystrophischer Z. ↑Parodontose.
Zahnblutung ↑Blutung.
Zahnbürste, elektrische Zahnbürste · Munddusche; ↑säubern.
Zahnchirurg ↑Arzt.
Zahnchirurgie ↑Heilkunde.
Zahncreme ↑Zahnpasta.
zähneklappernd ↑ängstlich.
zähneknirschend ↑ärgerlich.
zahnen, Zähne bekommen / kriegen; ↑Zahn; ↑zahnlos.
Zahnersatz, Ersatz, [falsches / künstliches] Gebiss, dritte Zähne *(scherzh.),* falsche / künstliche Zähne, Zahnprothese, Prothese, Stift-

zahn, Goldzahn, Brücke · Zahnfüllung, Füllung, Plombe, Goldplombe, Goldfüllung, Gussfüllung, Porzellanfüllung, Inlay · Krone, Goldkrone, Porzellankrone, Jacketkrone; ↑Zahn.
Zahnfäule ↑Karies.
Zahnfleisch: auf dem Z. gehen ↑erschöpft [sein].
Zahnfleischbluten ↑Blutung.
Zahnfleischschwund ↑Parodontose.
Zahnfüllung ↑Zahnersatz.
Zahngranulat ↑Zahnpasta.
zahnlos, zahnluckert *(ugs., österr.),* ohne Zähne; ↑Zahn; ↑zahnen.
zahnluckert ↑zahnlos.
Zahnmedizin ↑Heilkunde.
Zahnpasta, Zahnpaste, Zahncreme · Zahnpulver, Zahnreinigungspulver, Zahngranulat · Mundwasser; ↑Zahn.
Zahnpaste ↑Zahnpasta.
Zahnprothese ↑Zahnersatz.
Zahnpulver ↑Zahnpasta.
Zahnradbahn ↑Verkehrsmittel.
Zahnreinigungspulver ↑Zahnpasta.
Zahnspinner ↑Schmetterling.
Zahnwal ↑Wal.
Zähre ↑Träne.
Zährte ↑Fisch.
Zaine ↑Korb.
Zambo ↑Mischling.
Zampano ↑Angeber.
Zander ↑Fisch.
Zange: ↑Kneifzange; jmdn. in die Z. nehmen ↑zusetzen (jmdm.); jmdn. / etwas nicht mit der Z. anfassen mögen ↑verabscheuen.
Zangenfries ↑Fries.
Zangengeburt ↑Geburt.
Zank ↑Streit.
Zankapfel ↑Streitobjekt.
¹zanken (sich), in Streit geraten, aneinander geraten, zusammenstoßen, sich streiten / *(landsch.)* kabbeln / *(ugs.)* beharken / *(ugs.)* strubeln / *(ugs.)* in den Haaren liegen / *(ugs.)* die Haare geraten (oder:) kriegen / *(ugs.)* in die Wolle kriegen, einen Auftritt haben mit; ↑eingreifen, ↑erörtern; ↑böse; ↑Streit.
²zanken: ↑schelten; sich z. ↑kämpfen; sich [nicht] z. ↑vertragen (sich).
Zänker ↑Querulant.
Zankerei ↑Streit.
zänkisch ↑unverträglich.
Zanksucht ↑Streitsucht.
zanksüchtig ↑streitbar.
Zanksüchtigkeit ↑Streitsucht.
Zankteufel ↑Querulant.
Zapf ↑Stöpsel.
Zäpfchen ↑Medikament.
zapfen ↑ausschenken.
Zapfen: ↑Kälte, ↑Nagel, ↑Penis, ↑Stöpsel, ↑Tannenzapfen.
Zapfenblindheit ↑Farbenblindheit.

Zapfenmuster ↑Stoffmuster.
Zapfenstreich ↑Signal.
Zapfenträger ↑Nadelhölzer.
Zapfenzieher ↑Flaschenöffner.
Zapfsäule ↑Tanksäule.
Zapfstelle ↑Tankstelle.
zappe: jetzt ist es z. ↑ratlos.
zappeln: ↑strampeln; jmdn. z. lassen ↑neugierig [machen], ↑vertrösten.
Zappelphilipp ↑Kind.
zappenduster: ↑dunkel; jetzt ist es z. ↑ratlos [sein]; es ist z. ↑aussichtslos.
Zapping ↑Werbung.
zapplig ↑aufgeregt.
Zar ↑Oberhaupt.
-zar ↑Unternehmer.
Zarewitsch ↑Thronfolger.
Zarizyn ↑Wolgograd.
¹zart, zierlich, zartgliedrig, feingliedrig, grazil, zerbrechlich, fragil; ↑empfindlich.
²zart: ↑duftig; -e Hirnhaut, -e Rückenmarkshaut ↑Meninx; nicht z. ↑rau.
zart besaitet ↑empfindlich.
zart fühlend ↑rücksichtsvoll.
Zartgefühl ↑Höflichkeit.
zartgelb ↑gelb.
zartgliedrig ↑zart.
¹Zartheit, Schmächtigkeit, Zierlichkeit, Grazilität; ↑Schlankheit.
²Zartheit ↑Anmut.
zärtlich: z. sein ↑liebkosen.
Zärtlichkeit, Liebkosung; ↑liebkosen.
zartrosa ↑rosa.
Zase ↑Fluse.
Zasel ↑Fluse.
Zaser ↑Fluse.
Zaster ↑Geld.
Zäsur ↑Einschnitt.
Zauber: ↑Anmut, ↑Reiz, ↑Zauberei; fauler Z. ↑Hokuspokus.
¹Zauberei, Zauber, Zauberkunst, Zauberwesen, Hexenwerk, Hexerei, Teufelswerk, Teufelskunst, Teufelspakt, Magie, schwarze Kunst; ↑Aberglaube, ↑Zauberer, ↑Zauberin, ↑Zaubermittel; ↑zaubern.
²Zauberei: Z. betreiben / treiben ↑zaubern.
¹Zauberer, Zaubrer, Zauberpriester, Schamane, Magier, Hexenmeister, Hexer; ↑Artist, ↑Zauberei, ↑Zauberin, ↑Zauberkünstler; ↑zaubern.
²Zauberer ↑Zauberkünstler.
Zauberformel ↑Zaubermittel.
zauberhaft ↑charmant.
Zauberin, Hexe, Drude, böse Fee · *in der antiken Mythologie:* Kirke, Circe; ↑Zauberei, ↑Zauberer; ↑zaubern.
Zauberkunst ↑Zauberei.
Zauberkünstler, Zauberer, Schwarzkünstler, Taschenspieler, Eskamoteur; ↑Artist.
Zaubermittel, Zauberstab, Zaubertrank, Zauberwurzel, Zauberformel, magische Formel,

Zauberwort, Zauberspruch, Beschwörungsformel, Johannishändchen, Stein der Weisen, Abwehrzauber, Drudenfuß, Pentagramm, Tetragrammaton, magisches Zeichen; ↑Aberglaube, ↑Alraune, ↑Amulett, ↑Hokuspokus, ↑Zauberei; ↑zaubern.
zaubern, hexen, Zauberei betreiben / treiben, den Zauberstab schwingen; ↑bannen; ↑Hokuspokus; ↑Zauberei, ↑Zauberer, ↑Zauberin, ↑Zaubermittel.
Zauberpriester ↑Zauberer.
Zauberspruch ↑Zaubermittel.
Zauberstab: ↑Zaubermittel; den Z. schwingen ↑zaubern.
Zaubertrank ↑Zaubermittel.
Zauberwesen ↑Zauberei.
Zauberwort ↑Zaubermittel.
Zauberwurzel ↑Zaubermittel.
Zaubrer ↑Zauberer.
Zauderer, Unentschlossener, Kunktator, Bremser; ↑zögern.
zaudern: ↑zögern; ohne Zaudern ↑rundheraus.
Zaum: ↑Zaumzeug; im Z. halten ↑bändigen; sich im Z. halten ↑ruhig [bleiben].
Zäumung ↑Zaumzeug.
Zaumzeug, Zaum, Zäumung, Riemenzeug; ↑Pferd.
¹Zaun, Gartenzaun, Bauzaun, Bretterzaun, Lattenzaun, Gitterzaun, Drahtzaun, Stacheldrahtzaun, Drahtverhau, Gitter, Gatter, Hecke, Hag *(schweiz.),* Heckenzaun, lebender Zaun, Einfriedung, Einzäunung, Knick *(nordd.),* Staketenzaun; ↑Draht, ↑Einfassung, ↑Hecke, ↑Hürde, ↑Mauer; ↑einzäunen.
²Zaun: mit einem Z. versehen ↑einzäunen; Streit vom Z. brechen ↑provozieren; einen Streit vom Z. brechen ↑Streit.
Zaunammer ↑Vogel.
zaundürr ↑schlank.
Zauneidechse ↑Eidechse.
Zaungast ↑Zuschauer.
Zaunkönig ↑Vogel.
Zaunpfahl: Wink mit dem Z. ↑Impuls; mit dem Z. winken ↑hinweisen (auf).
Zaunrose ↑Rose.
Zaunschere ↑Gartenschere.
Zausel ↑Greis.
zausen ↑zerzausen.
Zebaoth: Herr Z. ↑Gott.
Zebedäus ↑Penis.
Zebrakärpfling ↑Fisch.
Zebrastreifen ↑Fußgängerübergang.
Zechbeere ↑Blaubeere.
Zechbruder ↑Zecher.
Zeche: ↑Bergwerk, ↑Verzehr; die Z. bezahlen müssen ↑Folge.
zechen ↑trinken.
Zecher, Trinkgenosse, Zechgenosse, Zechkumpan, Zechbruder *(ugs.),* Saufkumpan *(derb),* Saufkumpel *(derb);* ↑Freund, ↑Trinker; ↑trinken.

Zechgelage ↑Trinkgelage.
Zechgenosse ↑Zecher.
Zechkumpan ↑Zecher.
Zechpreller ↑Betrüger.
Zechtour ↑Trinkgelage.
Zeck ↑Fangspiel.
Zecke, Holzbock, Schildzecke, Waldzecke.
Zeder ↑Nadelhölzer.
zedieren ↑übertragen.
Zeh, Zehe, großer Zeh, großer Onkel *(scherzh.),* kleiner Zeh; ↑Fuß.
Zehe: ↑Zeh; auf -n gehen ↑fortbewegen (sich); vom Wirbel bis zur Z. ↑ganz.
Zehenspitze: auf -n gehen ↑fortbewegen (sich).
zehn: die -te Muse ↑Kabarett; z. gegen eins wetten, dass ↑zweifeln.
Zehner ↑Münze.
Zehnerjause ↑Zwischenmahlzeit.
Zehnkampf · 100-m-Lauf, Weitsprung, Kugelstoßen, Hochsprung, 400-m-Lauf, 110-m-Hürdenlauf, Diskuswerfen, Stabhochsprung, Speerwerfen, 1500-m-Lauf; ↑Fünfkampf.
Zehnpfennigstück ↑Münze.
Zehnsilbler ↑Vers.
zehntausend: die oberen Zehntausend ↑Oberschicht.
Zehntausendmeterlauf: 10000-m-Lauf ↑Lauf.
zehnte: die z. Muse ↑Kabarett.
¹zehren: etwas zehrt / schwächt / kostet Kräfte / verzehrt die Kräfte / etwas zehrt an den Kräften / entkräftet / ist strapaziös / ist anstrengend / greift an / reibt auf; ↑beschwerlich [sein].
²zehren: z. von ↑erinnern (sich).
¹Zeichen, Symbol, Namenszeichen, Märke *(österr.)* · *geheimes:* Geheimzeichen, Chiffre, Code, Kode; ↑Abzeichen, ↑Davidsstern, ↑Erkennungszeichen, Hörzeichen, ↑Klartext, ↑Lichtzeichen, ↑Losung; ↑chiffrieren, ↑dechiffrieren · *diakritisches:* Akut, Gravis, Accent aigu (é), Accent grave (è), Zirkumflex, Accent circonflexe (â), Cedille (ç), Haken, Häkchen, Háček (č), Tilde (ñ), Trema (ë).
²Zeichen: ↑Anzeichen, ↑Bekundung, ↑Gebärde, ↑Sinnbild, ↑Unterpfand; magisches Z. ↑Zaubermittel; etwas ist ein Z. von etwas ↑zeigen; wenn nicht alle Z. trügen ↑anscheinend; ein Z. geben ↑winken; ein Z. machen ↑markieren; in Z. setzen ↑richtungweisend [sein]; Verständigung durch Z. ↑Zeichensprache].
zeichenhaft ↑sinnbildlich.
Zeichenheft ↑Heft.
Zeichenkohle ↑Zeichenstift.
Zeichenpapier ↑Schreibpapier.
Zeichensetzung, Interpunktion; ↑Satzzeichen.
Zeichensprache, Gebärdensprache, Körpersprache, Gestensprache, Mienensprache, Mienenspiel, Klopfsprache, Fingersprache, Verständigung durch Zeichen; ↑Sprache.

Zeichenstift, Malstift, Farbstift, Buntstift, Filzstift, Wachsmalstift, Rötelstift, Silberstift, Pastellstift, Zeichenkohle; ↑Kreide, ↑Schreibstift.
Zeichentrickfilm ↑Kinofilm.
¹zeichnen, abzeichnen, nachzeichnen, aufzeichnen, einzeichnen · *als Skizze:* skizzieren · *als Illustration:* illustrieren · *ein Porträt:* porträtieren · *mit Tusche:* tuschen · *eine Linie in kurzen aufeinander folgenden Linien:* stricheln, strichlieren *(österr.)* · *mehrere parallele Striche:* schraffieren · *durch Ritzen und Färben auf die Haut:* tätowieren; ↑anmalen, ↑anstreichen, ↑malen, ↑schminken, ↑streichen; ↑Bild, ↑Zeichner.
²zeichnen: ↑kaufen; gezeichnet von ↑von.
Zeichner, technischer Zeichner, Bauzeichner · Modezeichner · *künstlerischer Leiter,* Artdirector, Grafiker, Werbegrafiker, Layouter, Visualizer, Gebrauchsgrafiker · *von Karikaturen:* Karikaturist, Cartoonist · *von Gebrauchsgegenständen oder Autos:* Designer, Formgestalter, Formgeber, Musterzeichner, Stylist, Karosserieschneider · *von Illustrationen:* Illustrator · *von Landkarten:* Kartograph; ↑Druckgrafik, ↑Künstler, ↑Maler; ↑zeichnen.
Zeichnung, Grafik · *flüchtig entworfene:* Skizze · *kleine, zierliche:* Miniatur · *satirische oder witzige:* Karikatur, Cartoon, Witz, Witzzeichnung, Drudel · *an der Wand [von Renaissancebauten]:* Sgraffito · *auf Metall, Stein:* Gravur · *als Entwurf für die Gestaltung von Gebrauchsgegenständen:* Dessin · *als Verzierung des Titels oder Randes in Druckschriften:* Vignette; ↑Bild, ↑Felszeichnung, ↑Grafik, ↑Gravüre, ↑Kunstdruck, ↑Maler, ↑Schattenriss, ↑Schautafel, ↑Zeichner; ↑malen, ↑zeichnen.
Zeidelbär ↑Bär.
Zeidler ↑Imker.
Zeigefinger: ↑Finger; Brot belegt mit Daumen und Z. ↑Schnitte; mit erhobenem Z. ↑streng.
¹zeigen: etwas zeigt / beweist etwas / zeugt von etwas / ist Beweis für etwas / legt Zeugnis ab von etwas / *(geh.)* kündet von etwas / ist ein Zeichen von etwas.
²zeigen: ↑aufweisen, ↑bekunden, ↑hinweisen (auf), ↑lehren; sich z. ↑benehmen (sich), ↑entstehen, ↑offenbar [werden], ↑präsentieren (sich), ↑vorweisen; dir werde ich es z.! ↑wehe!; sich interessiert z. ↑aufgeschlossen [sein], ↑bemühen (sich um); nicht z. ↑unterdrücken; seinen Ausweis z. ↑legitimieren (sich); seine Dankbarkeit z. ↑danken; Flagge z. ↑eintreten (für), ↑mitteilen; Gegenwirkung z. ↑reagieren; sein wahres Gesicht z. ↑erkennen; Interesse z. [für] ↑aufgeschlossen [sein]; Lebensart z. ↑benehmen (sich); [ein Stück] z. ↑aufführen; eine Überreaktion z. ↑reagieren; Verständnis z. für ↑entgegenkommen (jmdm.); keine Wirkung z. ↑wirkungslos [bleiben]; die Zähne z. ↑fletschen (die Zähne); jmdm. die Zähne z. ↑aufbegehren.

Zeiger: [kleiner / großer Z.] ↑Uhrzeiger.
zeihen ↑verdächtigen.
¹Zeile · *letzte eines Absatzes, die auf einer neuen Seite steht:* Hurenkind · *erste eines neuen Absatzes, die als letzte Zeile auf einer Seite steht:* Schusterjunge; ↑Fehler, ↑Reihe.
²Zeile: ↑Linie; -n ↑Schreiben; ein paar -n schreiben ↑korrespondieren; zwischen den -n lesen ↑Acht geben.
Zeilendorf ↑Dorf.
Zeilengusssatz ↑Schriftsatz.
Zeiselbär ↑Bär.
Zeisig ↑Vogel.
¹Zeit, Uhrzeit · Normalzeit, Ortszeit, mitteleuropäische / osteuropäische / westeuropäische Zeit, MEZ, OEZ, WEZ; ↑Uhr.
²Zeit: ↑Augenblick, ↑Frist, ↑Muße, ↑Zeitraum; frühere / gewesene / verflossene / vergangene Z. (oder:) Zeiten ↑Vergangenheit; gegenwärtige Z. ↑Gegenwart; die gute alte Z. ↑Gründerzeit; kommende -en ↑Nachwelt; kommende / zukünftige Z. ↑Zukunft; die närrische Z. ↑Fastnacht; die schlechte Z., die Z. nach dem Krieg, die Z. nach dem Zweiten Weltkrieg, die Z. des Wiederaufbaus / vor der Währungsreform ↑Nachkriegszeit; unsere Z. ↑Gegenwart; die Z. zwischen Weihnachten und Dreikönigsfest ↑Raunächte; bis dahin vergeht noch einige Z. ↑dauern; es ist höchste Z. ↑spät; seine Z. absitzen ↑abbüßen; etwas dauert seine Z. ↑vorangehen; etwas hat noch Z. ↑eilen; viel Z. kostend / in Anspruch nehmend ↑zeitraubend; sich Z. lassen ↑anstrengen (sich), ↑langsam [arbeiten]; sich die Z. lang werden lassen, die Z. totschlagen ↑langweilen (sich); dem lieben Gott die Z. stehlen ↑faulenzen; keine Z. verlieren / versäumen dürfen, keine Z. zu verlieren haben ↑beeilen (sich); die Z. verschlafen ↑verspäten (sich); Zug der Z. ↑Neigung; im Laufe der Z. ↑allmählich; auf Z., [auf] kurze Z. ↑vorübergehend; auf längere Z. ↑langfristig; aus Großmutters / Großvaters / Omas / Opas -en sein ↑überlebt [sein]; bei / zu nachtschlafender Z. ↑nachts; für Z. und Ewigkeit ↑bleibend; für alle -en ↑bleibend; für längere Z. ↑langfristig; hinter seiner / der Z. zurückbleiben ↑rückschrittlich [sein]; in absehbarer / kurzer Z. ↑später; in letzter Z. ↑kürzlich, ↑neuerdings; in der Z. von ↑binnen; mit der Z. gehen / Schritt halten ↑fortschrittlich [sein]; seit längerer Z. ↑längst; von Z. zu Zeit ↑manchmal; jenseits von Raum und Z. ↑ewig; vor der Z. ↑vorzeitig; vor kurzer Z. ↑kürzlich; zu gegebener / zu seiner Z., wenn die Z. dafür gekommen / reif ist ↑Augenblick; zu keiner Z. ↑niemals; zu Olims -en ↑damals; zu unpassender Z. kommen ↑stören (jmdn.); zurzeit ↑jetzt; zur [rechten] Z. ↑früh; zur rechten / vereinbarten Z. ↑pünktlich; nicht zur rechten / vereinbarten Z. ↑säumig.
Zeitabschnitt ↑Zeitraum.
Zeitabstand ↑Intervall.

Zeitalter: ↑Zeitraum; technisches Z. ↑Atomzeitalter.
Zeitaufnahme ↑Fotografie.
Zeitbombe ↑Sprengkörper.
Zeitdauer ↑Dauer.
Zeitdruck: unter Z. ↑schnell; unter Z. stehen ↑beeilen (sich).
Zeiteinteilung ↑Zeitplanung.
Zeiterfassungsuhr ↑Stempeluhr.
Zeitform ↑Tempus.
zeitgebunden: nicht z. ↑zeitlos.
Zeitgeist ↑Denkweise.
zeitgemäß ↑fortschrittlich.
Zeitgenosse, Mitlebender, Mitmensch; ↑Bewohner, ↑Staatsbürger; ↑zeitgenössisch.
zeitgenössisch, gegenwärtig, heutig, Gegenwarts-; ↑modern; ↑Zeitgenosse.
zeitgerecht ↑pünktlich.
Zeitgeschichte ↑Geschichte.
zeitgleich ↑gleichzeitig.
Zeitglocke ↑Uhr.
zeitig ↑früh.
zeitigen: ↑verursachen; keinen Erfolg z. ↑wirkungslos [bleiben]; etwas zeitigt ein gutes Ergebnis ↑Erfolg [haben].
Zeitkarte ↑Fahrkarte.
Zeit lang: eine Z. ↑vorübergehend.
zeitlebens: ↑bleibend, ↑unaufhörlich.
zeitlich: ↑vergänglich; z. begrenzen ↑befristen; das Zeitliche segnen ↑defekt [werden], sterben.
Zeitlichkeit ↑Vergänglichkeit.
Zeitlohn ↑Lohn.
¹zeitlos, nicht zeitgebunden, nicht der Mode unterworfen, nicht betont modisch; ↑bleibend.
²zeitlos: [raum- und Z.] ↑ewig.
Zeitlosigkeit: [Raum- und Z.] ↑Ewigkeit.
Zeitlupe ↑Filmaufnahme.
Zeitmesser ↑Uhr.
Zeitplanung, Zeiteinteilung, Planung, Timing.
Zeitpunkt: ↑Augenblick, ↑Frist; den richtigen Z. verpassen ↑versäumen; seit dem Z., von dem Z. an ↑seither; zu keinem Z. ↑niemals.
Zeitraffer ↑Filmaufnahme.
zeitraubend, langwierig, viel Zeit kostend / in Anspruch nehmend; ↑lange; **z. sein,** etwas hält auf.
Zeitraum, Zeitalter, Ära, Epoche, Zeit, Zeitabschnitt, Periode, Phase, Zeitspanne, Äon *(dichter.)* · Jahrtausend, Millennium · Jahrhundert, Säkulum · Jahrzehnt, Dezennium · Jahr, gregorianisches / julianisches / anomalistisches / siderisches / tropisches Jahr, Mondjahr · Monat · *von sechs Monaten:* Halbjahr, Semester (im Unterrichtswesen) · *von drei Monaten:* Trimester (im Unterrichtswesen) · Woche, sieben Tage, acht Tage · Tag · Stunde · Minute · Sekunde; ↑Frist, ↑Intervall, ↑Jahreszeit, ↑Kalenderjahr, ↑Monat, ↑Weile.
Zeitrechnung: ... nach / vor der Z. ↑Jahr.
Zeitroman ↑Roman.
Zeitschrift, Periodikum, Illustrierte, illustrier-

te Zeitung / Zeitschrift, illustriertes Blatt, Wochenzeitschrift, Wochenzeitung, Wochenschrift, Monatsschrift, Zweimonatsschrift, Vierteljahresschrift, Journal, Magazin, Nachrichtenmagazin, Wochenmagazin · Fachzeitschrift, Fachzeitung, Fachblatt, Fachorgan · *für Schüler von Schülern geschriebene und hergestellte:* Schülerzeitung; ↑Buch, ↑Modejournal, ↑Redaktion, ↑Zeitung.

Zeitschriftenabonnement ↑Abonnement.

Zeitsoldat ↑Soldat.

Zeitspanne: ↑Weile, ↑Zeitraum.

¹Zeitung, Blatt, Organ, Gazette, Blättchen *(abwertend),* Lokalblatt, Lokalzeitung, Provinzblatt, Tageszeitung, Tageblatt, Morgenzeitung, Morgenblatt, Abendzeitung, Abendblatt, Nachtausgabe, Stadtzeitung, Wochenzeitung, Intelligenzblatt, Wochenblatt, Boulevardblatt, Weltblatt, Käseblatt *(abwertend),* Wurstblatt *(abwertend),* Revolverblatt (abwertend), Groschenblatt *(abwertend),* Witzblatt, Parteiblatt, Kirchenblatt, Propagandablatt, Extrablatt, Extraausgabe; ↑Buch, ↑Feuilleton, ↑Massenmedien, ↑Modejournal, ↑Presse, ↑Redaktion, ↑Schlagzeile, ↑Zeitschrift, ↑Zeitungsbeilage, ↑Zeitungswesen.

²Zeitung: illustrierte Z. ↑Zeitschrift.

Zeitungsabonnement ↑Abonnement.

Zeitungsartikel, Leitartikel, Editorial, Beitrag, Kommentar, Glosse, Spitze, Kolumne, Klatschspalte · *von geringem Umfang:* Kurzartikel, Kurzbericht, Entrefilet *(veraltet)* · *von einem Redaktionsmitglied verfasster, nicht von einer Agentur übernommener:* Eigenbericht, Spezialbericht *(schweiz.);* ↑Bericht, ↑Nachricht, ↑Redaktion.

Zeitungsbeilage, Beilage, Beiblatt, Literaturbeilage, Kulturbeilage, Unterhaltungsbeilage, Sonntagsbeilage, Reisebeilage, Frauenbeilage, Jugendbeilage, Kinderbeilage, Kunstbeilage, Sportbeilage; ↑Feuilleton, ↑Zeitung.

Zeitungsbude ↑Verkaufsstand.

Zeitungsdruckpapier ↑Druckpapier.

Zeitungskiosk ↑Verkaufsstand.

Zeitungsmann ↑Berichter.

Zeitungsmensch ↑Berichter.

Zeitungspapier: platt sein wie Z. ↑überrascht [sein].

Zeitungssatz ↑Schriftsatz.

Zeitungsschreiber ↑Berichter.

Zeitungsstand ↑Verkaufsstand.

Zeitungswesen, Pressewesen, Journalistik; ↑Berichter, ↑Presse, ↑Zeitung.

Zeitvertreib ↑Unterhaltung.

zeitweilig ↑vorübergehend.

zeitweise ↑vorübergehend.

Zeitwert ↑Neuwert.

Zeitwort ↑Verb.

Zelebrität ↑Berühmtheit.

Zelle: ↑Körperzelle, ↑Strafanstalt; graue -n ↑Gehirn; rote Z. ↑Arbeitskreis.

Zellengewölbe ↑Gewölbe.

Zellenspitze ↑Spitzenstickerei.

Zeller ↑Gemüse.

Zellleib ↑Protoplasma.

Zellplasma ↑Protoplasma.

Zelltherapie ↑Behandlung.

Zellulartherapie ↑Behandlung.

Zellulitis, Orangenhaut, Matratzenhaut, Matratzenphänomen; ↑Epidermis.

Zellulosepapier ↑Papier.

Zellwolle ↑Stoff.

Zelot ↑Eiferer.

¹Zelt, Campingzelt, Stangenzelt, Windschirmzelt · *der Indianer:* Wigwam, Tipi · *asiatischer Nomaden:* Kibitka, Jurte; ↑Haus, ↑Wohnwagen; ↑zelten.

²Zelt: seine -e abbrechen ↑übersiedeln; seine -e aufschlagen ↑einziehen, ↑niederlassen.

Zeltdach ↑Dach.

¹zelten, campen, Camping machen *(ugs.),* campieren *(bes. österr., schweiz.),* biwakieren; ↑Camping, ↑Zelt.

²zelten: das Zelten ↑Camping.

Zelten ↑Lebkuchen.

Zelter ↑Pferd.

Zeltlager ↑Campinglager.

Zeltlein ↑Bonbon.

Zeltler: ↑Bäcker, ↑Camper.

Zeltli ↑Bonbon.

Zeltpflock, Pflock, Hering.

Zeltplatz ↑Campingplatz.

Zement: ↑Beton, ↑Bindemittel.

Zementboden ↑Fußboden.

zementgrau ↑grau.

zementieren: ↑festigen, ↑pflastern.

Zenit: den Z. erreichen ↑gipfeln.

Zenotaph ↑Grabstein.

Zenotaphion ↑Grabstein.

Zenotaphium ↑Grabstein.

¹zensieren, benoten, beurteilen, zensurieren *(österr.),* eine Note geben; ↑prüfen.

²zensieren ↑prüfen.

zensiert, zensuriert *(österr.),* gekürzt · *bei Filmen:* geschnitten; ↑unvollständig; ↑beanstanden.

Zensor ↑Kritiker.

¹Zensur, Note, Zeugnisnote, Nummer, Benotung, Bewertung; ↑Bescheinigung, ↑Hochschulreife, ↑Reifezeugnis, ↑Urkunde.

²Zensur ↑Kontrolle.

zensurieren ↑zensieren.

zensuriert ↑zensiert.

Zentaur: ↑Fabelwesen, ↑Sternbild.

Zenterhalf ↑Fußballspieler.

Zenterstürmer ↑Fußballspieler.

Zentifolie ↑Rose.

Zentigramm ↑Gewichtseinheit.

Zentimeter ↑Längenmaß.

Zentimetermaß ↑Metermaß.

Zentner ↑Gewichtseinheit.

Zentnerlast ↑Last.

zentnerschwer ↑sorgenvoll.

¹zentral, im Mittelpunkt, im Zentrum; ↑in; ↑Mittelpunkt.

²zentral: ↑wichtig; -e Sprachstörung ↑Aphasie.

Zentralbahnhof ↑Bahnhof.

¹Zentrale, Terminal, Zentralbank, Datenbank, Samenbank, Spermabank, Blutbank, Augenbank, Organbank; ↑Konserve.

²Zentrale: ↑Hauptgeschäftsstelle, ↑Mittelpunkt, ↑Telefonzentrale.

Zentralfrage ↑Schwierigkeit.

Zentralheizung ↑Heizung.

Zentralisation ↑Zentralisierung.

zentralisieren, zusammenziehen, in einem Mittelpunkt vereinigen, von einem Zentrum aus leiten / verwalten; ↑Mittelpunkt, ↑Zentralisierung · Ggs. ↑entflechten.

Zentralisieren (das): ↑Zentralisierung.

Zentralisierung, Zentralisation, Zentralisieren (das), Zusammenziehung; ↑zentralisieren · Ggs. Dezentralisierung; ↑entflechten.

Zentralkomitee ↑Leitung.

Zentralnervensystem ↑Nervensystem.

Zentralproblem ↑Schwierigkeit.

Zentralpunkt ↑Mittelpunkt.

Zentralschule ↑Schule.

Zentralschweiz ↑Innerschweiz.

-zentriert · (z. B. personenzentriert, patientenzentriert), -bezogen, -nah, -betont, -orientiert, -bewusst.

Zentrifugalkraft ↑Schwungkraft.

Zentrifuge ↑Wäscheschleuder.

zentrovertiert ↑selbstbezogen.

Zentrum: ↑Innenstadt, ↑Mittelpunkt; im Z. ↑zentral; von einem Z. aus leiten / verwalten ↑zentralisieren.

Zephanja ↑Prophet.

Zephir ↑Wind.

Zeppelin ↑Luftschiff.

¹Zepter, Herrscherstab; ↑Abzeichen.

²Zepter: das Z. schwingen ↑maßgeblich [sein].

zerbersten ↑platzen.

Zerberus ↑Wächter.

¹zerbrechen, entzweibrechen, brechen, bersten, platzen, zerplatzen, springen, zerspringen, splittern, zersplittern; ↑platzen; ↑zerbrechlich.

²zerbrechen: ↑zerstören; sich den Kopf z. ↑denken; z. an ↑scheitern.

¹zerbrechlich, fragil, brechbar, splitterig, splitterig, gläsern; ↑zerbrechen.

²zerbrechlich ↑zart.

zerbrochen ↑defekt.

zerbröckeln: ↑zerfallen, ↑zerlegen.

zerdehnt ↑gedehnt.

zerdrücken ↑zermalmen.

zerdrückt ↑zerknittert.

Zerealien ↑Getreideflocken.

Zerebrum ↑Gehirn.

Zeremonie ↑Brauch.

zeremoniell ↑formell.

Zeremoniell: ↑Benehmen, ↑Brauch.

zeremoniös ↑formell.

zerfahren ↑unaufmerksam.

¹Zerfahrenheit, Wechselhaftigkeit, Sprunghaftigkeit, Oberflächlichkeit, Flatterhaftigkeit · Geistesabwesenheit; ↑Gedankenlosigkeit, ↑Unausgeglichenheit, ↑Zerstreutheit; ↑labil, ↑unaufmerksam.

²Zerfahrenheit ↑Zerstreutheit.

¹zerfallen, zerbröckeln, abbröckeln, auseinander bröckeln; ↑morsch.

²zerfallen: ↑morsch; mit der Welt z. sein ↑schwermütig [sein]; mit sich und der Welt z. sein ↑unzufrieden [sein].

zerfetzen ↑zerlegen.

zerfledern ↑zerlegen.

zerfleischen: ↑zerlegen; sich selbst -d ↑selbstzerstörerisch.

zerfließen: ↑schmelzen; in Tränen z. ↑weinen.

zerfranst ↑ausgefranst.

zerfressen: ↑annagen; von Rost z. ↑rostig.

zerfurcht ↑faltig.

Zerfurchtheit, Runz[e]ligkeit, Schrump[e]ligkeit, Faltigkeit, Zerknittertheit, Knitterigkeit, Schlaffheit, Welkheit; ↑Chalodermie, ↑Runzel; ↑faltig.

zergehen: ↑schmelzen; im Mund / auf der Zunge z. lassen ↑lutschen.

¹zergliedern, zerlegen, erklären, entwirren, zerpflücken, analysieren; ↑aufrollen, ↑forschen, ↑kontrollieren.

²zergliedern ↑entflechten.

Zergliederung ↑Analyse.

zerhacken ↑zerlegen.

zerhauen: den gordischen Knoten z. ↑Lösung.

zerkleinern: ↑mahlen, ↑zerlegen.

zerklopfen ↑zermahlen.

zerklüftet ↑faltig.

zerknallen ↑platzen.

zerknautschen ↑zerknittern.

zerknautscht ↑zerknittert.

zerknirscht ↑schuldbewusst.

Zerknirschtheit ↑Schuldgefühl.

Zerknirschung ↑Schuldgefühl.

zerknittern, knittern, zerknüllen, knüllen, knautschen, zerknautschen, verknautschen, verkrumpeln (ugs.), verkrunkeln (ugs., berlin.); ↑falten.

¹zerknittert, knittrig, zerdrückt, verdrückt, knautschig, zerknautscht, verknautscht, geknautscht, krump[e]lig (ugs.), verkrumpelt (ugs.), verkrunkelt (ugs., berlin.); ↑faltig; ↑zerknittern.

²zerknittert ↑faltig.

Zerknittertheit ↑Zerfurchtheit.

zerknüllen ↑zerknittern.

zerkratzen ↑kratzen.

zerkrümeln ↑zerlegen.

zerlassen, auslassen, schmelzen, flüssig machen, verflüssigen; ↑schmelzen.

zerlaufen ↑schmelzen.

¹zerlegen, auseinander nehmen, zertrennen,

zerteilen, demontieren, abtakeln, abbauen, auflösen, dekomponieren, zerschneiden, zerschnippeln *(salopp)*, auseinander schneiden, zerreißen, in Stücke reißen, zerpflücken, zerzupfen, zerrupfen, zerfetzen, zerfledern, zerstückeln, zerfleischen, zerhacken, zerkleinern, schnitzeln, schnetzeln *(schweiz.)*, ausbeinen *(österr.)*, zerbröckeln, zerkrümeln · *von geschlachteten Tieren:* aushacken *(österr.)*, auslösen *(österr.)*, ausschroten *(österr.)* · *von Esswaren:* aufschneiden, in Scheiben / Stücke schneiden, tranchieren, transchieren *(österr.)*, abmontieren; ↑niederreißen, ↑defekt [werden], ↑öffnen, ↑schneiden, ↑spalten, ↑zermahlen, ↑zerstören; ↑Zerlegung.

²zerlegen ↑zergliedern.

¹Zerlegung, Demontage, Abbau, Abbruch, Zerstückelung, Zerteilung, Zertrennung, Auflösung, Dekomposition; ↑zerlegen.

²Zerlegung ↑Analyse.

zermahlen, zerreiben, pulverisieren, zerstoßen, zerstampfen, zerklopfen; ↑mahlen, ↑zerlegen, ↑zermalmen, ↑zerstören.

zermalmen, zerquetschen, zerdrücken, zu Mus / Brei machen, breitdrücken, breitquetschen, breitwalzen, zermatschen; ↑quetschen, ↑zermahlen, ↑zerstören.

zermartern: sich das Hirn z. ↑denken.

zermatschen ↑zermalmen.

zermürben, mürbe machen, weich machen *(salopp)*, kleinkriegen *(salopp)*, jmds. Widerstandskraft brechen; ↑überreden.

zermürbt, mürbe, demoralisiert, entnervt; ↑erschöpft.

Zermürbungskrieg ↑Krieg.

zernieren ↑einkreisen.

Zero ↑Null.

zerpflücken: ↑zergliedern, ↑zerlegen.

zerplatzen: ↑platzen, ↑zerbrechen.

zerquetschen: ↑zermalmen; ein paar Zerquetschte ↑Münze.

zerraufen ↑zerzausen.

Zerrbild, Fratze, Verhöhnung, Spottbild, Verfälschung, Verzerrung, Karikatur, Verunstaltung, Entstellung; ↑Beleidigung, ↑Entstellung, ↑Nachahmung, ↑Satire, ↑Zeichnung; ↑verfälschen.

zerreden ↑zerstören.

zerreiben ↑zermahlen.

zerreißen: ↑zerlegen; sich z. [nach] ↑streben; sich z. für ↑eintreten (für).

Zerreißprobe ↑Anstrengung.

Zerreißung ↑Verletzung.

zerren, ziehen, zupfen, ziepen *(ugs.)*, reißen, rupfen; ↑zerzausen, ↑ziehen; ↑strubbelig.

zerrissen: ↑defekt; [innerlich] z. sein ↑zwiespältig [sein].

Zerrissenheit ↑Unausgeglichenheit.

Zerrung ↑Verletzung.

zerrupfen ↑zerlegen.

zerrütten ↑schaden.

Zerrüttung ↑Vernichtung.

zerschlagen: ↑zerstören; z. sein ↑erschöpft [sein]; etwas zerschlägt sich ↑scheitern; Porzellan z. ↑benehmen (sich).

Zerschlagenheit ↑Erschöpfung.

Zerschlagung ↑Vernichtung.

zerschlissen ↑abgenutzt.

zerschmeißen ↑zerstören.

zerschmelzen ↑schmelzen.

zerschmettern ↑zerstören.

zerschneiden: ↑durchschneiden, ↑zerlegen; den gordischen Knoten z. ↑Lösung; das Tischtuch zwischen sich und jmdm. z. ↑beenden.

zerschnippeln ↑zerlegen.

zersetzen: ↑untergraben; sich z. ↑faulen.

zersetzend ↑umstürzlerisch.

Zersetzung: ↑Vernichtung, ↑Zerstörung.

zersplittern ↑zerbrechen.

zersprageln: sich z. ↑eintreten (für).

zerspringen: ↑platzen, ↑zerbrechen.

zerstampfen: ↑zermahlen, ↑zerstören.

zerstäuben, sprühen, versprühen, sprayen; ↑Spray.

¹zerstören, vernichten, zugrunde richten, destruieren, ruinieren, verwüsten, verheeren, wie die Hunnen / Wandalen hausen, zerschlagen, zerbrechen, zerteppern *(ugs.)*, zerschmeißen *(salopp)*, zerschmettern, zertreten, zerstampfen, zertrampeln *(ugs.)*, eintreten, dem Erdboden gleichmachen, keinen Stein auf dem anderen lassen, ausradieren, mit Stumpf und Stiel ausrotten *(emotional)*, niedermähen, niederwalzen, hinmachen *(ugs.)*, [in die Luft] sprengen, zertrümmern, einschlagen, demolieren, kaputtmachen *(ugs.)*, einer Sache den Rest geben *(ugs.)*, Kleinholz machen *(ugs.)*, alles kurz und klein schlagen *(ugs.)*, zusammenschießen · *von Gedrucktem:* einstampfen · *durch vieles Reden:* zerreden; ↑ausrotten, ↑beschädigen, ↑besiegen, ↑defekt [werden], ↑niederreißen, ↑verunstalten, ↑zerlegen, ↑zermahlen, ↑zermalmen; ↑Bücherverbrennung, ↑Vernichtung.

²zerstören: am Boden zerstört sein ↑erschöpft [sein]; etwas z. ↑verstoßen (gegen etwas).

Zerstörer ↑Kriegsschiff.

zerstörerisch: ↑todbringend, ↑umstürzlerisch.

¹Zerstörung, Destruktion, Zersetzung · *der Erdoberfläche durch Wasser, Wind und Eis:* Erosion · *der Oberfläche von Gesteinen, Metallen o. Ä. durch chemische Einwirkung:* Korrosion; ↑Vernichtung.

²Zerstörung ↑Vernichtung.

Zerstörungslust ↑Zerstörungswut.

Zerstörungstrieb ↑Zerstörungswut.

Zerstörungswut, Zerstörungstrieb, Zerstörungslust, Vernichtungswahn, Wandalismus, Barbarei; ↑Grausamkeit.

zerstoßen ↑zermahlen.

zerstreiten: sich z. ↑entzweien (sich).

¹zerstreuen (sich), sich ablenken, einen Tapetenwechsel vornehmen *(ugs.)*, für Abwechslung sorgen, einmal etwas anderes hören und sehen; ↑vergnügen (sich).

²zerstreuen: ↑erheitern, ↑verstreuen; sich z. ↑vergnügen (sich).

zerstreut ↑unaufmerksam.

Zerstreutheit, Zerfahrenheit, Unaufmerksamkeit, Abgelenktheit, Unkonzentriertheit, mangelnde Sammlung / Konzentration, Konzentrationsschwäche, Geistesabwesenheit, Absence; ↑Gedankenlosigkeit, ↑Zerfahrenheit; ↑unaufmerksam.

Zerstreuung ↑Unterhaltung.

Zerstreuungslinse ↑Linse.

zerstritten ↑verfeindet.

zerstückeln ↑zerlegen.

Zerstückelung ↑Zerlegung.

zerteilen ↑zerlegen.

Zerteilung ↑Zerlegung.

zerteppern ↑zerstören.

Zertifikat ↑Bescheinigung.

zertrampeln ↑zerstören.

zertrennen ↑zerlegen.

Zertrennung ↑Zerlegung.

zertreten ↑zerstören.

zertrümmern ↑zerstören.

Zertrümmerung ↑Vernichtung.

Zervelat ↑Wurst.

Zerwürfnis ↑Streit.

zerzausen, zausen, zerraufen, verstrubbeln, strubbeln *(landsch.);* ↑frisieren, ↑zerren.

zerzaust ↑strubbelig.

zerzupfen ↑zerlegen.

Zession ↑Abtretung.

Zet ↑Freiheitsentzug.

Zeta ↑Buchstabe.

Zeter: Z. und Mordio schreien ↑schreien.

Zetermordio: Z. schreien ↑schreien.

zetern ↑schelten.

Zettel ↑Papierschnitzel.

Zettelkartei ↑Kartei.

Zettelkasten ↑Kartei.

Zettelkatalog ↑Kartei.

Zeug ↑Kleidung, ↑Kram, ↑Material; dummes Z. ↑Unsinn; was das Z. hält ↑sehr; das Z. zu etwas haben ↑begabt; dummes Z. reden ↑sprechen; jmdm. etwas am -e flicken ↑beanstanden; sich ins Z. legen ↑anstrengen (sich).

¹Zeuge, Kronzeuge, Hauptzeuge, Augenzeuge, Ohrenzeuge, Tatzeuge, Belastungszeuge, Entlastungszeuge; ↑beobachten, ↑zeugen (für, gegen), ↑zuschauen.

²Zeuge: ↑Zuschauer; Z. Jehovas ↑Angehöriger; Z. sein, als Z. auftreten / aussagen ↑zeugen (für, gegen).

Zeugeglied ↑Penis.

¹zeugen (für, gegen), Zeuge sein, Zeugnis ablegen *(geh., veraltend),* als Zeuge aussagen / auftreten, etwas bezeugen; ↑Zeuge.

²zeugen: ↑schwängern; etwas zeugt von etwas ↑zeigen; etwas zeugt von Geschmacklosigkeit ↑geschmacklos (sein).

Zeughaus ↑Warenlager.

¹Zeugnis, Schulzeugnis, Prüfungszeugnis, Semesterzeugnis, Abgangszeugnis, Abschlusszeugnis, Lehrbrief, Zwischenzeugnis, Ausweis *(österr.);* ↑Bescheinigung (Zertifikat), ↑Reifezeugnis, ↑Zensur.

²Zeugnis: ↑Befähigungsnachweis, ↑Bescheinigung; Z. ablegen ↑zeugen (für, gegen); etwas legt Z. ab von etwas ↑zeigen.

Zeugnisnote ↑Zensur.

Zeugung ↑Befruchtung.

zeugungsfähig: ↑fruchtbar, ↑geschlechtsreif.

Zeugungsfähigkeit: ↑Fähigkeit, ↑Fertilität.

Zeugungskraft ↑Fähigkeit.

zeugungsunfähig ↑impotent.

Zeugungsunfähigkeit ↑Impotenz.

Zeus: ↑Gott; „was tun?", spricht Z. ↑unentschlossen [sein]; beim Z.! ↑versprechen.

Zfünfi ↑Zwischenmahlzeit.

Zibbe: ↑Kaninchen, ↑Schaf.

Zibbeleskäs ↑Weißkäse.

Zibebe ↑Weinbeere.

Zichorienkaffee ↑Kaffee.

Zicke: -n machen ↑Unsinn [machen].

Zickel ↑Ziege.

Zickelleder ↑Leder.

Zickenbart ↑Bart.

zickig ↑tantenhaft.

Zicklein ↑Ziege.

Zickzackblitz ↑Blitz.

Zickzackfalz ↑Falte.

Zickzackfries ↑Fries.

Zickzackkurve ↑Kurve.

Zickzackspinner ↑Schmetterling.

Zieche ↑Bezug.

¹Ziege, Geiß, Hippe *(landsch.),* Kuh des kleinen Mannes *(scherzh.),* Hausziege, Angoraziege, Bezoarziege, Zwergziege · *männliche:* Ziegenbock, Geißbock, Bock · *junge:* Zickel, Zicklein; ↑Kleinvieh.

²Ziege: ↑Fisch; dumme Z. ↑Dummkopf.

Ziegel: ↑Dachziegel, ↑Ziegelstein.

ziegelbraun ↑braun.

Ziegeldach ↑Dach.

Ziegelmauer ↑Mauer.

ziegelrot: ↑rot; Ziegelroter Rißpilz / Schwefelkopf ↑Ständerpilz.

Ziegelstein, Ziegel, Backstein, Klinker, Klinkerstein, Mauerziegel, Vollziegel, Lochziegel, Lehmziegel; ↑Baustein.

Ziegenbart: ↑Bart; Gelber Z. ↑Ständerpilz.

Ziegenbock ↑Ziege.

Ziegenfleisch ↑Fleisch.

Ziegenhirt ↑Hirt.

Ziegenkäse ↑Käse.

Ziegenleder ↑Leder.

Ziegenlippe ↑Ständerpilz.

Ziegenmelker ↑Vogel.

Ziegenmilch ↑Milch.

Ziegenpeter ↑Ohrspeicheldrüsenentzündung.

Zieger ↑Weißkäse.

Ziehamriemen ↑Tasteninstrument.

Ziehbrunnen ↑Brunnen.

¹ziehen, ins Schlepptau nehmen, abschleppen, nachschleifen, schleifen; ↑abmachen, ↑zerren.

²ziehen: ↑hervorziehen, ↑strecken, ↑übersiedeln, ↑wirken, ↑zerren, ↑züchten; es zieht [wie Hechtsuppe] ↑Durchzug; Nebelschwaden z. ↑nebeln; z. lassen ↑sieden; einen z. lassen ↑Darmwind [entweichen lassen]; die Aufmerksamkeit auf sich z. ↑exponieren (sich); Bilanz z. ↑überprüfen; jmdm. das Fell über die Ohren z. ↑ausbeuten; ein ... Gesicht z. ↑aussehen; Gewinn / Nutzen z. aus ↑Profit [machen]; Gewinn aus etwas z. ↑kommerzialisieren; den Hut z. ↑begrüßen; vor jmdm., vor etwas den Hut z. ↑Achtung [haben]; die Karre aus dem Dreck z. ↑Ordnung; das Los z. ↑losen; das große Los gezogen haben mit jmdm. / etwas ↑auswählen; die Notbremse z. ↑anhalten (etwas / jmdn.); alle Register z. ↑anwenden; andere Register z. ↑eingreifen; seine Schlüsse / die Schlussfolgerung z. ↑folgern; einen Strich darunter z. ↑beenden; seinen Vorteil aus etwas z. ↑kommerzialisieren; die Wurzel z. ↑radizieren; jmdm. den Zahn z. ↑ernüchtern; am gleichen / am selben Strang z. ↑streben; an sich z. ↑umfassen; an Land / aus dem Wasser z. ↑länden; sich aus der Affäre z. ↑Lage; aus dem Verkehr z. ↑gebrauchen; wie aus dem Wasser gezogen ↑verschwitzt; durch den Kakao / in den Dreck / in den Schmutz z. ↑schlecht machen; in Betracht / Erwägung z. ↑erwägen; in die Länge gezogen ↑gedehnt; in Mitleidenschaft gezogen werden ↑verschonen; ins Geheimnis gezogen sein ↑wissen; ins Land z. ↑vergehen; jmdn. ins Vertrauen z. ↑mitteilen; vom Leder z. ↑schelten; von Lokal zu Lokal z. ↑bummeln; zur Rechenschaft / zur Verantwortung z. ↑belangen, ↑bestrafen, ↑Rechenschaft; jmdn. zur Verantwortung z. ↑prozessieren; über den Tisch z. ↑betrügen.

Ziehharmonika ↑Tasteninstrument.

Ziehharmonikahose ↑Hose.

Ziehkind ↑Kind.

Ziehmutter ↑Mutter.

Ziehtochter ↑Tochter.

Ziehung, Verlosung, Auslosung, Ausspielung; ↑Los.

Ziehvater ↑Vater.

Ziehwagen ↑Wagen.

¹Ziel · Reiseziel, Zielort, Bestimmungsort, Zielbahnhof, Bestimmungsbahnhof, Bestimmungshafen, Zielhafen, Endstation.

²Ziel: ↑Absicht, ↑Frist, ↑Zweck; das Z. erreichen ↑bewältigen, ↑treffen; ein Z. ins Auge fassen ↑zielen; ein Z. vor Augen haben, nicht von seinem Z. abzubringen sein ↑zielstrebig [sein]; weder Maß noch Z. kennen ↑hemmungslos [sein]; ein Z. setzen ↑befristen; das Z. verfehlen ↑treffen; das gleiche Z. verfolgen ↑streben; geradewegs auf sein Z. losgehen ↑Einleitung; ohne Maß und Z. sein ↑hemmungslos [sein]; übers

Z. hinausschießen ↑überhand nehmen, ↑übertreiben; sich etwas zum Z. setzen ↑vorhaben.

Zielbahnhof: ↑Bahnhof, ↑Ziel.

zielbewusst ↑zielstrebig.

Zielbewusstsein ↑Beharrlichkeit.

Zieldrama ↑Drama.

¹zielen, ein Ziel ins Auge fassen, die Waffe / den Lauf auf etwas richten; ↑schießen, ↑treffen; ↑Munition.

²zielen: -des Verb ↑Verb; z. auf ↑abzielen (auf), ↑vorhaben; etwas zielt auf jmdn. ↑münzen.

Zielfernrohr ↑Fernglas.

Zielflug ↑Flug.

Zielhafen: ↑Hafen, ↑Ziel.

Zielkurve ↑Kurve.

Ziellandung ↑Landung.

ziellos ↑unbesonnen.

Zielort ↑Ziel.

Zielscheibe ↑Prügelknabe.

zielsetzend ↑richtungweisend.

Zielsetzung ↑Absicht.

zielsicher ↑zielstrebig.

zielstrebig, zielbewusst, zielsicher, unbeirrt, energisch, resolut, zupackend, zugriffig *(schweiz.),* tatkräftig, entschlossen, nachdrücklich, konsequent, willensstark, rücksichtslos *(abwertend),* nicht ↑willensschwach; ↑beharrlich, ↑bereit, ↑mutig, ↑totalitär, ↑unbarmherzig; **z. sein,** von etwas / seinem Ziel abzubringen sein, ein Ziel vor Augen haben, sich durch nichts anfechten / ablenken lassen, rangehen wie Blücher / wie Hektor an die Buletten *(ugs.).*

Zielstrebigkeit ↑Beharrlichkeit.

Zielwasser ↑Alkohol.

ziemen (sich): etwas ziemt sich / schickt sich / gehört sich; ↑angemessen, ↑anständig.

Ziemer ↑Peitsche.

ziemlich: ↑einigermaßen; z. [groß, hoch] ↑ansehnlich; z. grobe See ↑Seegang.

Ziepchen ↑Huhn.

Ziepelchen ↑Huhn.

Zieraffe ↑Geck.

Zierbengel ↑Geck.

Zierde ↑Verzierung.

Zierdecke: ↑Bettdecke, ↑Tischtuch.

zieren: ↑schmücken; sich ↑schämen (sich).

¹Ziererei, Getue, Gehabe, Mache *(abwertend),* Umstände, Wirtschaft *(ugs., abwertend),* Menkenke *(landsch., ugs.),* Zimperlichkeit, Prüderie; ↑Ausflucht.

²Ziererei ↑Gespreiztheit.

Zierfarn ↑Farn.

Zierfisch ↑Fisch.

Ziergarten ↑Garten.

Ziergewächs ↑Zierstrauch.

Ziergiebel ↑Giebel.

zierlich ↑zart.

Zierlichkeit ↑Zartheit.

Zierpflanze ↑Zierstrauch.

Zierrat: ↑Flitter, ↑Schmuck, ↑Verzierung.

Zierstaude ↑Zierstrauch.

Zierstrauch, Zierstaude, Zierpflanze, Zierge-
wächs · Ginster · Forsythie; ↑Busch, ↑Pflanze.
Ziertaschentuch ↑Taschentuch.
Ziertuch ↑Taschentuch.
Ziesel ↑Pelz.
Ziffer ↑Zahl.
Zigan ↑Zigeuner.
Zigany ↑Zigeuner.
Zigarette, Stäbchen *(ugs.),* Glimmstengel
(ugs.), Nikotinspargel *(scherzh.),* Sargnagel
(scherzh.), Spreiz *(ugs., landsch.),* Tschik *(ugs.,
österr., abwertend)* · *mit Filter:* Filterzigarette,
Kastrierte *(ugs., scherzh.)* · *selbst gedrehte:* Ei-
genbau *(scherzh.),* Selbstgedrehte · *nicht selbst
gedrehte:* Fabrikzigarette, Aktive *(ugs.)* · *russi-
sche mit langem Hohlmundstück aus Pappe:* Pa-
pirossa · *mit Rauschgift:* Joint · *letzter Rest:*
Zigarettenstummel, Stummel, Kippe *(ugs.),*
Tschik *(ugs., österr.);* ↑Raucher, ↑Tabak, ↑Ta-
bakspfeife, ↑Tabakwaren, ↑Zigarre; ↑rauchen.
Zigarettenautomat ↑Automat.
Zigarettendose ↑Behälter.
Zigarettenkiosk ↑Verkaufsstand.
Zigarettenpause: ↑Pause; eine Z. einlegen
↑Pause [machen].
Zigarettenraucher ↑Raucher.
Zigarettenstummel ↑Zigarette.
Zigarettentabak ↑Tabak.
Zigarillo ↑Zigarre.
¹Zigarre, Stumpen, Importe, Havannazigarre,
Havanna, Brissago, Sumatrazigarre, Sumatra,
Brasilzigarre, Brasil, Trabuko *(österr.),* Rauch-
rolle *(scherzh.),* Stinkrolle *(ugs.),* Giftnudel
(ugs., scherzh.), Lötkolben *(ugs., scherzh.)* · *klei-
ne:* Zigarillo; ↑Raucher, ↑Tabak, ↑Tabakspfei-
fe, ↑Tabakwaren, ↑Zigarette; ↑rauchen.
²Zigarre ↑Vorwurf.
Zigarrenraucher ↑Raucher.
Ziger ↑Weißkäse.
Zigeuner *(vom Zentralrat Deutscher Sinti und
Roma als diskriminierend abgelehnte Bezeich-
nung),* Cigány *(ung.),* Zigany, Zigan · *deutsch-
stämmiger:* Sinto (Plural: Sinti) · *nicht deutsch-
stämmiger:* Rom (Plural: Roma).
Zigeunerkapelle ↑Orchester.
Zigeunerschinken ↑Schinken.
Zigeunerschnitzel ↑Fleischgericht.
zigmal ↑oft.
Zikade ↑Grille.
Zikatrix: ↑Hautblüte, ↑Narbe.
Zille: ↑Boot, ↑Schiff.
Zilpzalp ↑Vogel.
Zimbal ↑Saiteninstrument.
Zimmer: ↑Raum, ↑Stück; das Z. hüten ↑krank
[sein]; sich ein Z. nehmen ↑mieten; mit jmdm.
das Z. teilen ↑wohnen; ans Z. gefesselt sein
↑krank [sein]; jmdn. auf sein Z. nehmen ↑koitie-
ren.
Zimmerantenne ↑Antenne.
Zimmerarrest ↑Freiheitsentzug.
Zimmerblume ↑Topfpflanze.

Zimmerbrand ↑Schadenfeuer.
Zimmerdecke, Decke, Plafond *(österr.)* · Holz-
decke, Balkendecke, Dippelbalkendecke, Rip-
penbalkendecke, Rippendecke, Stahlbetonde-
cke, Stahlbetonrippendecke, Massivdecke,
Kassettendecke, Stützdecke, Kappdecke;
↑Raum.
Zimmerflak ↑Schusswaffe.
Zimmerflucht ↑Wohnung.
Zimmerherr ↑Untermieter.
Zimmerkellner ↑Bedienung.
Zimmerlampe ↑Lampe.
Zimmerlautstärke: in Z. ↑gedämpft.
Zimmerluft ↑Luft.
Zimmermädchen ↑Putzfrau.
Zimmermann: jmdm. zeigen, wo der Z. das
Loch gelassen hat ↑hinauswerfen.
Zimmermannsknoten ↑Knoten.
Zimmermannsnagel ↑Nagel.
Zimmermannsstift: ↑Nagel, ↑Schreibstift.
zimmern ↑bauen.
Zimmerofen ↑Ofen.
Zimmerpflanze ↑Topfpflanze.
Zimmertheater: ↑Theater, ↑Theatergebäude.
Zimmerverlesen ↑Appell.
Zimmervermieterin, Vermieterin, Wirtin,
Hausfrau *(bayr., österr.),* Zimmerfrau *(österr.);*
↑Untermieter.
Zimmerwand ↑Mauer.
zimperlich: ↑engherzig, ↑wehleidig.
¹Zimperlichkeit, Wehleidigkeit, Empfindlich-
keit, Überempfindlichkeit, Pimpeligkeit *(ugs.);*
↑Empfindsamkeit, ↑Unleidlichkeit; **ohne Z.,**
unter Männern; ↑wehleidig.
²Zimperlichkeit ↑Ziererei.
Zimperliese ↑Mädchen.
Zimt: ↑Gewürz, ↑Kram.
zimtfarben ↑braun.
Zimtrose ↑Rose.
Zimtstern: -e ↑Gebäck.
Zingel ↑Fisch.
zinken: ↑markieren; mit gezinkten Karten
spielen ↑betrügen.
Zinken ↑Nase.
Zinksarg ↑Sarg.
Zinn ↑Hochzeitstag.
Zinne ↑Gipfel.
Zinnenfries ↑Fries.
zinnern: -e Hochzeit ↑Hochzeitstag.
Zinnfigur, Bleifigur, Zinnsoldat, Bleisoldat;
↑Spielzeug.
Zinnfolie ↑Folie.
Zinnkraut ↑Schachtelhalm.
zinnober ↑orange.
Zinnober ↑Kram.
zinnoberrot ↑rot.
Zinnsoldat ↑Zinnfigur.
Zinnteller ↑Teller.
Zins ↑Mietzins.
Zinseszinsrechnung ↑Mathematik.
Zinsfuß ↑Zinssatz.

Zinshaus ↑Haus.

Zinskaserne ↑Haus.

Zinsrechnung ↑Mathematik.

Zinssatz, Zinsfuß, Prozentsatz · Diskontsatz · Lombardsatz.

Zinswohnung ↑Wohnung.

Zionist ↑Israelit.

Zipfel, Ecke, Ende, Eckstück; ↑Rand.

Zipfelmütze ↑Kopfbedeckung.

Zipferl ↑Penis.

Zipp ↑Reißverschluss.

Zipperlein ↑Arthritis.

Zippverschluss ↑Reißverschluss.

Zirbe ↑Nadelhölzer.

Zirbel ↑Nadelhölzer.

Zirbelkiefer ↑Nadelhölzer.

Zirene ↑Flieder.

zirka ↑ungefähr.

Zirkel: ↑Ausschuss, ↑Sternbild.

Zirkelschluss ↑Teufelskreis.

Zirkon ↑Schmuckstein.

Zirkular ↑Umlaufschreiben.

Zirkulation, Umlauf, Kreisumlauf, das Zirkulieren; ↑kursieren.

zirkulieren ↑kursieren.

Zirkulieren (das): ↑Zirkulation.

Zirkumflex ↑Zeichen.

Zirkumzision ↑Operation.

¹Zirkus, Wanderzirkus, Hippodrom; ↑Artist, ↑Jahrmarkt, ↑Revue, ↑Schausteller, ↑Tierbändiger.

²Zirkus ↑Getue.

Zirkusakrobat ↑Artist.

Zirkusbesitzer ↑Schausteller.

Zirkuskünstler ↑Artist.

Zirkusreiterin ↑Reiterin.

Zirm ↑Nadelhölzer.

Zirn ↑Nadelhölzer.

zirpen ↑Laut.

Zirrokumulus ↑Wolken.

Zirrostratus ↑Wolken.

Zirrus ↑Wolken.

zischeln ↑flüstern.

zischen: ↑auspfeifen, ↑fauchen, ↑flüstern; einen z. ↑trinken; eine Molle z. ↑Bier.

ziselieren ↑eingravieren.

Zisterne ↑Brunnen.

Zisternenwasser ↑Wasser.

Zisterzienser ↑Mönchsorden.

Zisterzienserinnen ↑Nonnenorden.

Zisterzienserorden ↑Mönchsorden.

Zitadelle ↑Festung.

¹Zitat, Ausschnitt, Auszug, Textstelle, Stelle; ↑Beleg, ↑Bescheinigung.

²Zitat: ↑Ausspruch, ↑Beleg.

Zitatenlexikon ↑Nachschlagewerk.

Zitatenschatz ↑Nachschlagewerk.

Zitation ↑Vorladung.

Zither ↑Zupfinstrument.

zitieren: ↑erwähnen, ↑heranziehen; [vor jmdn.] z. ↑beordern.

Zitierkartell ↑Bund.

Zitrin ↑Schmuckstein.

Zitronat, Sukkade, Cedrat; ↑Orangeat, ↑Zitrone.

Zitrone, Zitrusfrucht · *dickschalige:* Limone · *süße:* Lumie; ↑Apfelsine, ↑Mandarine, ↑Pampelmuse, ↑Südfrucht, ↑Zitronat.

Zitronenbaum ↑Laubhölzer.

Zitronenfalter ↑Schmetterling.

zitronengelb ↑gelb.

Zitronenmelisse ↑Küchengewürz.

Zitronenpresse ↑Saftpresse.

Zitrulle ↑Gemüse.

Zitrusfrucht ↑Zitrone.

Zittergreis ↑Greis.

zitterig: [alt und z.] ↑hinfällig.

zittern, wie Espenlaub zittern, beben, erzittern, erbeben, zucken, den Tatterich haben *(ugs.),* vibrieren, bibbern *(ugs.),* es schaudert / durchschüttelt jmdn.; ↑frieren; ↑konvulsiv.

Zitterrochen ↑Fisch.

Zitze, Strich *(oberd.),* Dutte *(landsch.);* ↑Brustwarze, ↑Melker.

Ziu ↑Gott.

Zivi ↑Wehrdienstverweigerer.

zivil: zu -en Preisen ↑billig.

Zivil ↑Kleidung.

Zivilbevölkerung ↑Bewohner.

Zivilcourage ↑Mut.

Zivildienstleistender ↑Wehrdienstverweigerer.

Zivilehe ↑Ehe.

Zivilflughafen ↑Flugplatz.

Zivilisation ↑Kultur.

zivilisationskrank ↑umweltgeschädigt.

zivilisieren ↑verfeinern.

Zivilisierung ↑Verfeinerung.

Zivilist, Zivilperson, Bürger, nicht ↑Soldat.

Zivilkammer ↑Gericht.

Zivilklage ↑Anklage.

Zivilperson ↑Zivilist.

Zivilprozess ↑Gerichtsverfahren.

Zivilprozessrecht ↑Rechtsgebiet.

Zivilrecht ↑Rechtsgebiet.

Zivilsenat ↑Gericht.

Zivilstand ↑Personenstand.

Ziviltrauung ↑Vermählung.

Zivilverfahren ↑Gerichtsverfahren.

zizerlweis ↑allmählich.

ZK ↑Leitung.

zleidwerken ↑schaden.

Zloty ↑Zahlungsmittel.

Zmittag ↑Mittagessen.

Znacht ↑Abendessen.

ZNS ↑Nervensystem.

Znüni ↑Zwischenmahlzeit.

Zobel: ↑Fisch, ↑Pelz.

zockeln ↑fortbewegen (sich).

Zocker ↑Spieler.

Zofe ↑Kammerzofe.

Zoff ↑Streit.
zögerlich ↑unentschlossen.
¹zögern, zaudern, zagen, schwanken, unentschlossen / unschlüssig sein, Bedenken tragen, tatenlos / untätig zusehen (oder:) dabeistehen, säumen, häsitieren *(veraltet),* retardieren · Ggs. ↑eingreifen; **nicht z.,** keine Bedenken haben; nicht anstehen, etwas zu tun; ↑unentschlossen; ↑Zauderer.
²zögern: ohne Zögern ↑rundheraus; ohne zu z. ↑bereitwillig; ohne lange zu z. ↑kurzerhand.
zögernd ↑unentschlossen.
Zögling ↑Schüler.
Zölibat ↑Ehelosigkeit.
Zölioskopie ↑Ausspiegelung.
Zoll: ↑Abgabe, ↑Längenmaß; Z. bezahlen / entrichten ↑versteuern.
Zollbeamter ↑Zöllner.
zollen: Beifall z. ↑applaudieren; Dank z. ↑danken; Tribut z. ↑honorieren, ↑Opfer [bringen].
Zoller ↑Zöllner.
Zollflagge ↑Fahne.
Zollhafen ↑Hafen.
Zöllner, Zollbeamter, Zollwachebeamter *(Amtsspr., österr.),* Finanzer *(österr.),* Zoller *(schweiz.);* ↑Abgabe.
Zollstock ↑Metermaß.
Zollverschluss, Plombe · Banderole, Steuerband, Kontrollpapierstreifen · Siegel; ↑Abgabe.
Zollwachebeamter ↑Zöllner.
Zömeterium: ↑Begräbnisstätte, ↑Friedhof.
Zone: ↑Deutschland, ↑Gebiet; verkehrsberuhigte Z. ↑Straße.
Zonengrenze ↑Grenze.
Zoo ↑Tiergarten.
Zoologie ↑Tierkunde.
zoologisch: -er Garten ↑Tiergarten.
zoomen ↑fotografieren.
Zoon politikon ↑Mensch.
Zootoxin ↑Gift.
Zope ↑Fisch.
Zopf: Zöpfe ↑Frisur; [falscher Z.] ↑Haarzopf; die alten Zöpfe abschneiden ↑abschaffen.
zopfig ↑altmodisch.
Zopfperücke ↑Perücke.
Zores: ↑Abschaum, ↑Unannehmlichkeiten.
Zorn: ↑Ärgernis; einen Z. haben ↑grollen.
Zornausbruch ↑Wutanfall.
Zornesausbruch ↑Wutanfall.
Zornesröte ↑Verfärbung.
Zornesträne ↑Träne.
zornig: ↑ärgerlich; -e junge Männer ↑Lostgeneration.
Zosse ↑Pferd.
Zote ↑Witz.
zotig ↑anstößig.
Zottelbär ↑Bär.
Zottelhaar ↑Haar.
zotteln ↑fortbewegen (sich).
Zotteltrab ↑Gangart.

zottig ↑strubbelig.
zu: ↑à; zu Recht ↑füglich; zu sein ↑geschlossen [sein].
zuallererst: z. kommen ↑Vorrang [haben].
zuballern ↑schließen.
zubauen ↑verbarrikadieren.
Zubehör, Zugehör *(österr., schweiz.),* Utensilien (Plural), Requisit, Extra, Accessoires (Plural); ↑Beigabe, ↑Bühnendekoration, ↑Nebenumstände, ↑Zutaten; **mit allem Z.,** mit allem Drum und Dran *(ugs.),* mit allen Schikanen *(ugs.),* mit allem Pipapo *(salopp).*
zubeißen ↑beißen.
¹zubekommen, zukriegen, geschenkt kriegen, als Zugabe / Draufgabe bekommen, etwas extra kriegen; ↑geben, ↑schenken.
²zubekommen: nicht z. ↑schließen.
zubenannt ↑genannt.
Zuber ↑Gefäß.
zubereiten: ↑anfertigen; das Essen z. ↑kochen.
zubilligen ↑billigen.
zubinden ↑verschnüren.
zubringen: ↑liefern, ↑weilen.
Zubringerlinie ↑Bahnlinie.
Zubringerstraße ↑Straße.
Zubrot: ↑Beilage, ↑Nebeneinnahme.
Zubuße ↑Zuschuss.
zubuttern: ↑einbüßen, ↑zuzahlen.
Zucchini ↑Gemüse.
Zucchino ↑Gemüse.
Zucht: ↑Benehmen, ↑Disziplin, ↑Züchtung.
Zuchtbulle ↑Rind.
züchten, ziehen, kreuzen, veredeln, okulieren, propfen, pelzen, pfelzen *(österr.);* ↑Gestüt, ↑Hund (Promenadenmischung), ↑Züchtung.
Zuchthaus: ↑Freiheitsentzug, ↑Strafanstalt; im Z. sitzen ↑abbüßen.
Zuchthäusler ↑Gefangener.
Zuchthausstrafe ↑Freiheitsentzug.
Zuchthengst: ↑Beischläfer, ↑Pferd.
züchtig ↑anständig.
züchtigen ↑bestrafen.
Züchtigung, Prügelstrafe, Körperstrafe, Strafe, Bestrafung, Schläge, Stockschläge, Hiebe; ↑Maßregelung, ↑Schläge, ↑Strafe, ↑Vergeltung; ↑bestrafen.
Züchtigungsrecht: von seinem Z. Gebrauch machen ↑schlagen.
zuchtlos ↑anstößig.
Zuchtlosigkeit ↑Sittenlosigkeit.
Zuchtperle ↑Perle.
Zuchtstier ↑Rind.
Zuchtstute ↑Pferd.
Züchtung, Zucht, Neuzüchtung, Aufzucht, Anzucht; ↑Gestüt; ↑züchten.
zuchtvoll ↑diszipliniert.
zuckeln ↑fortbewegen (sich).
zucken: ↑zittern; ohne mit der Wimper zu z. ↑kurzerhand, ↑ruhig.
zücken ↑hervorziehen.
zuckend ↑konvulsiv.

¹**Zucker,** Fabrikzucker *(abwertend),* Industriezucker *(abwertend),* Rohrzucker, Rübenzucker, Zuckerraffinade, Raffinade, Würfelzucker, Puderzucker, Staubzucker, Kandiszucker, Kandis, Zuckerkandis *(österr.),* Zuckerkandel *(österr.),* Zuckerhut, Vanillezucker, Fruchtzucker, Fruktose, Lävulose, Dextrose, Stärkezucker, Glukose, Glykose, Dextropur®, Traubenzucker, Milchzucker; ↑Bonbon, ↑Süßigkeiten, ↑Traubenzucker.

²**Zucker:** ↑Hochzeitstag; dem Affen Z. geben ↑spielen; mit Z. bestreuen ↑zuckern.

Zuckerbäcker ↑Bäcker.

Zuckerbäckerei ↑Bäckerei.

Zuckererbse ↑Gemüse.

Zuckergurke ↑Gurke.

Zuckerguss ↑Guss.

Zuckerhut ↑Zucker.

Zuckerinsel ↑Kuba.

Zuckerkandel ↑Zucker.

Zuckerkandis ↑Zucker.

Zuckerkuchen ↑Gebäck.

Zuckerl ↑Bonbon.

Zuckermelone ↑Melone.

zuckern, süßen, überzuckern, verzuckern, kandieren, mit Zucker bestreuen; ↑Orangeat.

Zuckerraffinade ↑Zucker.

Zuckerrohrstaublunge ↑Staublungenerkrankung.

Zuckerrose ↑Rose.

Zuckerrübe ↑Rübe.

Zuckerstar ↑Katarakt.

Zuckerstein ↑Bonbon.

zuckersüß ↑süß.

Zuckertang ↑Alge.

Zuckerwerk ↑Bonbon.

Zuckerzeug ↑Bonbon.

Zudeck ↑Federbett.

zudecken: ↑bedecken, ↑einschneien, ↑vertuschen; sich gut z. ↑einhüllen (sich); mit dem Mantel der christlichen Nächstenliebe z. ↑vertuschen.

zudem ↑außerdem.

zudiktieren: ↑vorschreiben; Strafe z. ↑bestrafen.

zudrehen: sich jmdm. z. ↑hinwenden (sich).

zudringlich ↑aufdringlich.

Zudringlichkeit, Aufdringlichkeit, Annäherungsversuch, Belästigung, Anmache *(Jargon);* ↑aufdringlich.

zudrücken: ein Auge z. ↑tolerant [sein]; die Gurgel z. ↑ausbeuten.

zueignen ↑widmen.

Zueignung, Widmung, Dedikation; ↑widmen.

¹**zuerkennen,** zusprechen, adjuzieren, sprechen *(schweiz.).*

²**zuerkennen:** etwas wird jmdm. zuerkannt ↑zufallen.

zuerst: ↑zunächst; mit dem Kopf z. ↑kopfüber.

Zufahrt: ↑Auffahrt; die Z. behindern ↑verstellen.

Zufahrtsstraße ↑Straße.

Zufall ↑Ereignis.

zufallen: etwas fällt jmdm. zu / entfällt auf jmdn. / fällt an jmdn. / fließt jmdm. zu / kommt jmdm. zugute / kommt an jmdn. / geht an jmdn. / wird jmdm. zugesprochen / wird jmdm. zugeteilt / wird jmdm. zuerkannt / geht in jmds. Besitz über; ↑erwerben.

zufällig: ↑unwichtig; wie z. ↑nebenbei.

Zufallsergebnis ↑Ergebnis.

Zufallstäter ↑Verbrecher.

zufassen ↑greifen.

zufleiß ↑absichtlich.

zufliegen: jmdm. fliegen alle Herzen zu ↑sympathisch [sein]; etwas fliegt jmdm. zu ↑bewältigen.

zufließen: etwas fließt jmdm. zu ↑zufallen.

¹**Zuflucht,** Zufluchtsort, Zufluchtsstätte, Refugium, Freistatt, Asyl, Versteck, Schlupfloch, Schlupfwinkel, Unterschlupf; ↑Wohnsitz.

²**Zuflucht:** Z. suchen unter ↑unterstellen (sich).

Zufluchtshafen ↑Hafen.

Zufluchtsort ↑Zuflucht.

Zufluchtsstätte ↑Zuflucht.

zuflüstern ↑vorsprechen.

zufolge ↑gemäß.

¹**zufrieden,** befriedigt, genügsam, selbstgenügsam, bescheiden, wunschlos [glücklich], ohne weitere Wünsche, sorgenfrei; ↑glücklich; *sein,* sich in seiner Haut wohl fühlen; ↑zufriedengeben (sich).

²**zufrieden:** ↑glücklich; mit etwas z. gewesen sein ↑Erfahrung; mit etwas nicht z. sein ↑beanstanden.

¹**zufriedengeben** (sich), sich begnügen / bescheiden, vorlieb nehmen mit, fürlieb nehmen mit *(veraltend),* sich genügen lassen / genug sein lassen an; ↑zurückstecken; ↑zufrieden.

²**zufriedengeben:** sich z. begnügen (sich).

Zufriedenheit: ↑Befriedigung, ↑Bescheidenheit, ↑Heiterkeit.

zufriedenstellen ↑befriedigen.

zufügen: ↑beimischen; Schaden z. ↑schaden.

Zufuhr ↑Lieferung.

zuführen: einer Klärung z. ↑berichtigen; der Verwertung z. ↑verwerten.

Zuführung ↑Lieferung.

Zug: ↑Abteilung, ↑Durchzug, ↑Herde, ↑Neigung, ↑Straßenbahn, ↑Verkehrsmittel; [durchgehender] Z. ↑Eisenbahnzug; leiser Z. ↑Windstärke; Z. der Zeit ↑Neigung; einen Z. machen ↑rauchen; ein Z. durch die Gemeinde ↑Bummel; der Z. ist abgefahren ↑versäumen; einen Z. durch die Gemeinde machen ↑besuchen; in den letzten Zügen liegen ↑sterben; in knappen / kurzen / groben / großen Zügen ↑kurz; zum -e kommen ↑aktiv [werden]; Z. um Zug ↑nacheinander.

¹**Zugabe,** Draufgabe *(österr.),* Dreingabe, Dakapo, Zuwaage *(ugs., österr.);* ↑Beigabe.

²**Zugabe:** als ↑kostenlos; als Z. bekommen ↑zubekommen.

Zugang: ↑Auffahrt, ↑Neuer, ↑Tür; den Z. behindern ↑verstellen; keinen Z. zu etwas finden ↑unzugänglich; sich Z. verschaffen ↑eindringen.

zugange: z. sein ↑auf sein, ↑geschehen.

zugänglich: ↑aufgeschlossen, ↑begehbar.

Zugangsweg ↑Straße.

Zugbrücke ↑Brücke.

zugeben: ↑beimischen, ↑beitragen, ↑billigen, ↑gestehen, ↑schenken.

zugegeben ↑zwar.

zugegen: z. sein ↑anwesend [sein].

Zugegensein ↑Anwesenheit.

zugehen: z. lassen ↑schicken; es geht in bestimmter Weise zu ↑verlaufen.

Zugeherin ↑Putzfrau.

Zugehfrau ↑Putzfrau.

zugehören ↑angehören.

zugehörig, dazugehörend, assoziiert, integriert, angeschlossen, eingemeindet, zugewandt *(schweiz.)*; ↑Eingemeindung; ↑verbünden (sich) · Ggs. ↑überflüssig.

zugeknöpft ↑unzugänglich.

Zugeknöpftheit: ↑Verschlossenheit, ↑Wortkargheit.

Zügel: keine Z. anlegen ↑einschränken; die Z. straffer anziehen ↑streng; die Z. fest in der Hand ↑führen; die Z. schleifen lassen ↑nachlässig [werden].

zügellos ↑hemmungslos.

Zügellosigkeit: ↑Ausschweifung, ↑Ungezügeltheit.

zügeln: ↑bändigen, ↑übersiedeln; sich z. ↑ruhig [bleiben].

zugenäht: verdammt / verflixt und z.! ↑verflucht!

Zugereister: ↑Fremder, ↑Zugezogener.

zugeschlossen ↑geschlossen.

zugeschneit ↑verschneit.

¹zugesellen (sich), sich gesellen zu, kommen zu; ↑Kontakt [aufnehmen], ↑verbünden (sich).

²zugesellen: sich jmdm. z. ↑begleiten.

zugesperrt ↑geschlossen.

¹zugespitzt, pointiert, betont, akzentuiert, prononciert, ausgeprägt, plakativ, demonstrativ.

²zugespitzt ↑spitz.

¹Zugeständnis, Konzession, Entgegenkommen; ↑Anpassung, ↑Bekenntnis, ↑Berechtigung, ↑Erlaubnis, ↑Gesinnungswandel.

²Zugeständnis: -se machen ↑nachgeben.

zugestehen ↑gewähren.

zugetan: z. sein ↑lieben.

Zugewanderter ↑Zugezogener.

zugewandt ↑zugehörig.

Zugewinngemeinschaft ↑Ehegemeinschaft.

Zugezogener, Ortsfremder, Zugewanderter, Zuzügler, Zuzüger *(schweiz.)*, Zugereister, Hereingeschmeckter *(schwäbisch)*, Reingeschmeckter *(schwäbisch)*; ↑Neuer.

Zugfederwaage ↑Waage.

zugig ↑luftig.

zügig: ↑biegsam, ↑schnell, ↑zugkräftig.

¹Zugkraft, Werbewirksamkeit, Anreiz, Anziehungskraft, Attraktion; ↑zugkräftig.

²Zugkraft ↑Anziehungskraft.

zugkräftig, werbewirksam, wirkungsvoll, wirksam, effizient, anreizend, anfeuernd, anspornend, inzentiv, zügig *(schweiz.)*; ↑anziehend, ↑einleuchtend, ↑einträglich, ↑probat, ↑reißerisch; ↑Zugkraft; ↑wirken.

¹zugleich, gleichzeitig, unter einem *(österr.)*, in einem Aufwaschen / Aufwasch *(ugs.)*, das ist ein Abwasch *(ugs.)*.

²zugleich ↑und.

Züglete ↑Umzug.

Zugluft ↑Durchzug.

Zugmaschine ↑Traktor.

Zugnummer ↑Glanzpunkt.

Zugpferd: ↑Glanzpunkt, ↑Pferd.

zugriffig ↑zielstrebig.

zugrunde: z. gehen ↑sterben; z. richten ↑ausbeuten, ↑zerstören.

Zugschaffner ↑Schaffner.

Zugstück ↑Glanzpunkt.

Zugsverbindung ↑Verkehrsverbindung.

Zugtelefon ↑Fernsprecher.

zugucken ↑zuschauen.

zugunfähig ↑handlungsunfähig.

Zugunglück ↑Unglück.

zugute: etwas kommt jmdm. z. ↑zufallen.

Zugverbindung ↑Verkehrsverbindung.

Zugwurzel ↑Wurzel.

Zugzwang ↑Zwang.

zuhalten ↑einteilen.

Zuhälter, Strizzi, Stenz, Louis *(Jargon)*, Loddel *(Jargon)*, Lude *(Jargon)*, Mädchenhirt *(schweiz.)*; ↑Prostituierte.

Zuhause ↑Wohnsitz.

¹zuhören, anhören, hinhören, ganz Ohr sein, die Ohren spitzen *(ugs.)*, jmdm. Gehör schenken / sein Ohr leihen, ein offenes Ohr haben für, die Ohren aufsperren *(salopp)*, an jmds. Lippen hängen · *ohne rechte Aufmerksamkeit:* mit halbem Ohr zuhören / hinhören.

²zuhören: ↑Acht geben, ↑hören.

Zuhörer ↑Publikum.

Zuhörerschaft ↑Publikum.

zukehren: ↑besuchen, ↑Pause [machen].

¹zukleben, verkleben, bekleben.

²zukleben ↑verschließen.

zuklinken ↑schließen.

zuknallen ↑schließen.

zukneifen: den Arsch z. ↑sterben.

zukommen: z. lassen ↑zuschicken; etwas kommt jmdm. zu ↑zustehen; etwas kommt auf jmdn. zu ↑begegnen, ↑bevorstehen.

Zukost ↑Beilage.

zukriegen: ↑zubekommen; nicht z. ↑schließen; du kriegst die Tür nicht zu! ↑überrascht [sein].

¹Zukunft, zukünftige / kommende Zeit · Ggs. ↑Vergangenheit.

²**Zukunft:** ↑Nachwelt, ↑Schicksal, ↑Tempus; die Z. deuten ↑voraussehen; sich die Z. verbauen ↑verderben; in Z. ↑später.

¹**zukünftig,** in Zukunft / *(österr.)* Hinkunft, hinkünftig *(österr.),* von nun an, ab jetzt.

²**zukünftig:** ↑später; -e Zeit ↑Zukunft.

Zukünftige ↑Braut.

Zukünftiger ↑Bräutigam.

Zukunftsglaube ↑Optimismus.

zukunftsgläubig ↑zuversichtlich.

Zukunftsgläubiger ↑Optimist.

Zukunftsroman: ↑Literatur, ↑Roman.

Zukunftsvision ↑Einbildung.

Zulage: ↑Beigabe, ↑Gratifikation.

zulassen: ↑billigen, ↑zurückhalten; für den Gebrauch nicht mehr z. ↑gebrauchen.

zulässig ↑statthaft.

Zulassungsbeschränkung, Zulassungssperre, Numerus clausus; ↑Hochschule, ↑Student.

Zulassungssperre ↑Zulassungsbeschränkung.

Zulauf: ↑Zustrom; Z. haben ↑angesehen [sein], ↑frequentieren.

zulegen: ↑[Wählerstimmen] gewinnen; sich jmdn. z. ↑anbandeln; sich etwas z. ↑kaufen.

zuleide: jmdm. etwas z. tun ↑schaden; keiner Fliege etwas z. tun [können] ↑friedfertig [sein].

Zuleitung ↑Lieferung.

zuletzt ↑spät.

zuliebe: mir z. ↑meinetwegen.

Zulu ↑Schwarzer.

¹**zumachen** (Geschäft), schließen, [die Bude] dichtmachen *(ugs.).*

²**zumachen:** ↑abschließen, ↑schließen, ↑verschließen, ↑zahlungsunfähig [werden]; die Augen z. ↑sterben.

zumauern ↑verbarrikadieren.

zumeist ↑oft.

zumessen ↑einteilen.

Zumessung ↑Zuteilung.

zumindest ↑wenigstens.

zumuten: sich zu viel z. ↑übernehmen (sich); jmdm. etwas z. ↑verlangen.

Zumutung: ↑Vorschlag; etwas ist eine Z. ↑rücksichtslos [sein], ↑unerhört [sein], ↑unzumutbar [sein].

¹**zunächst,** zuerst, fürs Erste, als Erstes / Nächstes, für einmal *(schweiz.),* vorerst, vorab, vorderhand, vorläufig, bis auf weiteres.

²**zunächst** ↑nahe.

zunachten ↑dunkel [werden].

zunageln ↑verbarrikadieren.

¹**Zunahme,** Zuwachs, Wachstum; ↑Ausdehnung.

²**Zunahme** ↑Steigerung.

Zuname ↑Familienname.

Zündblättchen ↑Feuerwerkskörper.

zündeln ↑anzünden.

zünden: ↑anzünden; es hat gezündet ↑erkennen; spät z. ↑begriffsstutzig [sein].

Zunder ↑Geld.

Zünder ↑Streichholz.

Zündholz ↑Streichholz.

Zündhölzchen ↑Streichholz.

Zündstoff: etwas enthält Z. ↑brisant [sein].

¹**zunehmen,** sich vermehren / vervielfachen / vergrößern / ausweiten, Platz greifen, eskalieren, anwachsen, ansteigen, anschwellen; ↑ausdehnen, ↑dick [werden], ↑steigern, ↑überhand nehmen, ↑vermehren; ↑Ausdehnung, ↑Steigerung · Ggs. ↑abnehmen, ↑verringern.

²**zunehmen:** ↑dick [werden]; -der Mond ↑Mond.

¹**Zuneigung,** Sympathie, Philia, Liebe, Hassliebe, Interesse, Liebesgefühle, Frühlingsgefühle *(scherzh.),* Strebung, Geschmack, Anhänglichkeit, Attachement, Neigung, Gewogenheit, Wohlgefallen, Gefallen, Gout, Wohlwollen, Verliebtheit, Schwäche für, Faible · *unter Jugendlichen:* erste / junge Liebe · *rasch gefasste:* Liebe auf den ersten Blick; ↑Achtung, ↑Anmut, ↑Begeisterung, ↑Familienanhänglichkeit, ↑Freundschaft, ↑Geneigtheit, ↑Leidenschaft, ↑Liebe, ↑Liebelei, ↑Mitgefühl, ↑Neigung, ↑Patriotismus, ↑Tierpflege · Ggs. ↑Abneigung; **nicht aus** *Z.* **zu jmdm.,** nicht wegen jmds. schöner Augen / um jmds. schöner Augen willen; ↑freuen (sich), ↑lieben, ↑verlieben (sich); ↑anziehend, ↑hübsch, ↑verliebt.

²**Zuneigung:** Z. fassen ↑verlieben (sich).

Zunft: ↑Genossenschaft, ↑Zweckverband.

zünftig: ↑fachmännisch, ↑trefflich.

Zunge: ↑Lasche, ↑Sinnesorgan; böse -n ↑Lästerer; jmdm. klebt die Z. am Gaumen ↑Durst [haben]; sich eher die Z. abbeißen, als ↑mitteilen; das Herz auf der Z. haben ↑gesprächig [sein]; auf der Z. zergehen lassen ↑lutschen.

zungenfertig ↑beredt.

Zungenfertigkeit ↑Redegewandtheit.

Zungenkuss ↑Kuss.

Zungenpapillen ↑Sinnesorgan.

Zungenschlag: falscher Z. ↑Versprecher.

Zungenwurst ↑Wurst.

Zünglein: das Z. an der Waage sein ↑maßgeblich [sein].

zunichte: z. machen ↑verhindern.

Zünsler ↑Schmetterling.

zunutze: sich etwas z. machen ↑anwenden, ↑ausnutzen, ↑auswerten.

zupacken ↑helfen.

zupackend ↑zielstrebig.

zupass: z. kommen ↑passen.

zupfen: ↑zerren; z. aus ↑herausreißen.

Zupfinstrument, Harfe, Zither, Gitarre, Sitar, Laute, Mandoline, Balalaika, Banjo, Hawaiigitarre, Ukulele, Lyra, Leier, Psalter; Musikinstrument, ↑Saiteninstrument.

Zupfinstrumentenmacher ↑Musikinstrumentenbauer.

zuprosten ↑zutrinken.

zuraten, raten zu, zureden, aufmuntern, ermuntern, ermutigen, Mut machen, etwas befürworten, jmdn. in etwas bestärken, jmdn. zu etwas einladen, jmdm. den Rücken stärken / steifen, auffordern, einreden auf jmdn., mit Engelszungen reden, jmdm. etwas einreden / suggerieren, jmdm. zureden wie einem kranken Ross / Pferd *(ugs.)*, jmdm. zureden wie einem kranken / lahmen Schimmel *(ugs.)*, nicht ↑abraten; ↑anordnen, ↑anregen, ↑anrichten, ↑anstacheln, ↑beeinflussen, ↑bitten, ↑mahnen, ↑nötigen, ↑überreden, ↑vorschlagen; ↑Beauftragter · Ggs. ↑abschreiben.

zurechnungsfähig: nicht z. sein ↑geistig behindert [sein].

zurechtbiegen ↑bereinigen.

zurechtkommen: ↑übereinkommen; mit etwas gut zurechtgekommen sein ↑Erfahrung; jmd. kommt mit etwas nicht zurecht ↑schwer fallen; mit dem Leben z. ↑lebenstüchtig [sein].

zurechtmachen ↑schönmachen.

zurechtrücken: ↑bereinigen; jmdm. den Kopf z. ↑schelten.

zurechtsetzen: jmdm. den Kopf z. ↑schelten.

zurechtstutzen: ↑beschneiden; jmdn. z. ↑schelten.

zurechtweisen ↑schelten.

Zurechtweisung: ↑Maßregelung, ↑Vorwurf.

zureden: jmdm. z. wie einem kranken Ross / Pferd / Schimmel (oder:) wie einem lahmen Schimmel ↑zuraten.

zureichend ↑ausreichend.

Zureicher ↑Hilfskraft.

zuriegeln ↑abschließen.

zürnen: ↑ärgerlich [sein], ↑grollen.

Zurschaustellung ↑Entblößung.

zurück: ↑heimwärts; ↑rückwärts; hin und z. ↑hin.

zurückbegeben (sich), zurückgehen, zurücklaufen, zurückfahren, sich auf den Rückweg / Heimweg / Nachhauseweg begeben (oder:) machen, sich heimbegeben / nach Hause begeben, heimgehen, heimlaufen, heimfahren, nach Hause gehen / laufen / fahren, heimwärts gehen / laufen / fahren; ↑umkehren, ↑zurückkommen; ↑heimwärts; ↑Rückweg.

zurückbehalten ↑aufbewahren.

zurückbeugen (sich), sich zurückneigen / zurückwenden / nach rückwärts wenden, retrovertieren.

zurückbleiben: ↑zurücklassen; zurückgeblieben ↑verkümmert; hinter seiner / der Zeit z. ↑rückschrittlich [sein].

zurückblicken ↑erinnern (sich).

zurückbringen: ↑zurückgeben; auf den Boden der Wirklichkeit z. ↑ernüchtern.

zurückdenken ↑erinnern (sich).

zurückdrehen: das Rad der Geschichte lässt sich nicht z. ↑Entwicklung.

zurückerinnern: sich z. ↑erinnern (sich).

zurückerobern ↑retten.

zurückerstatten ↑zahlen.

zurückfahren ↑zurückbegeben (sich).

¹**zurückfallen** (auf), ein schlechtes Licht werfen auf, sich rächen an, treffen.

²**zurückfallen** ↑Rückgang.

zurückfordern ↑verlangen.

zurückführbar, rückführbar, reduzibel, ableitbar, zuweisbar, bestimmbar, erklärbar, begründet; ↑erklärlich; ↑Folgerung; ↑folgern · Ggs. ↑irreduktibel.

zurückführen: z. auf ↑folgern; zurückzuführen sein auf ↑stammen (von).

Zurückführung ↑Folgerung.

Zurückgabe ↑Rückgabe.

¹**zurückgeben**, wiedergeben, zurückbringen, wiederbringen, zurücksenden, retournieren *(bes. österr.)*, zurückstellen *(österr.);* ↑stornieren; ↑Rückgabe.

²**zurückgeben** ↑antworten.

zurückgeblieben: ↑karg, ↑rückschrittlich; [geistig] z. ↑stumpfsinnig.

Zurückgebliebenheit ↑Rückständigkeit.

zurückgehen: ↑abnehmen, ↑zurückbegeben (sich); -d ↑nachlassend; z. auf ↑stammen (von); in seinen Forderungen z. ↑zurückstecken.

zurückgezogen, eingezogen *(veraltet)*, für sich [lebend], einsam, vereinsamt, einsiedlerisch, abgeschieden, weltabgewandt; ↑abgelegen.

Zurückgezogenheit ↑Einsamkeit.

¹**zurückhalten**, behalten, einbehalten, gehalten *(mundartl., bayr., österr.)*, nicht herausgeben / *(salopp)* herausrücken, auf etwas den Daumen halten / haben, nicht ↑geben; **nicht mehr z.**, freigeben, zulassen.

²**zurückhalten**: ↑aufbewahren, ↑aufstauen, ↑bändigen; sich z. ↑bescheiden [sein], ↑ruhig [bleiben], ↑sparen; jmdn. z. ↑abschrecken; sich z. ↑[sich nicht] äußern.

¹**zurückhaltend**, bescheiden, unaufdringlich, dezent, nicht ↑aufdringlich; ↑anständig, ↑enthaltsam.

²**zurückhaltend** ↑passiv.

Zurückhaltung: ↑Bedenken, ↑Bescheidenheit, ↑Passivität, ↑Scheu, ↑Verschwiegenheit.

zurückholen ↑einschränken.

zurückkehren ↑zurückkommen.

zurückkommandieren ↑einschränken.

zurückkommen, wiederkommen, nach Hause kommen, zurückkehren, wiederkehren, heimkehren, heimkommen, heimfinden; ↑umkehren, ↑zurückbegeben (sich).

¹**zurücklassen** (jmdn.), hinterlassen; **zurückgelassen werden**, zurückbleiben, übrig bleiben; ↑hinterlassen, ↑sterben.

²**zurücklassen**: ↑hinterlassen, ↑übrig lassen; jmdn. z. ↑überholen (jmdn.).

zurücklaufen ↑zurückbegeben (sich).

¹**zurücklegen**, beiseite legen, aufheben, reservieren, aufsparen, erübrigen; ↑aufbewahren.

²**zurücklegen**: ↑reservieren, ↑sparen; sein Amt z. ↑kündigen; eine Strecke / einen Weg z. ↑Strecke.

Zurücknahme ↑Widerruf.

851

zusammenhängend

zurücknehmen ↑widerrufen.
zurückneigen: sich z. ↑zurückbeugen (sich).
zurückpfeifen ↑einschränken.
zurückrufen: ↑anrufen, ↑einschränken, ↑telefonieren.
zurückschauen ↑erinnern (sich).
zurückscheuen: z. vor ↑Angst [haben]; nicht z. vor ↑erdreisten (sich).
zurückschießen ↑antworten.
zurückschneiden ↑beschneiden.
zurückschrecken: z. vor ↑Angst [haben]; nicht z. vor ↑erdreisten (sich).
zurücksenden ↑zurückgeben.
zurücksetzen: ↑diskriminieren; zurückgesetzt werden ↑zurückstehen.
Zurücksetzung ↑Benachteiligung.
¹zurückstecken, sich bescheiden, in seinen Forderungen zurückgehen, Abstriche machen, kleinere / kleine Brötchen backen, sich mäßigen, bescheidener werden; ↑zurückstehen, ↑zufrieden geben (sich).
²zurückstecken ↑nachgeben.
zurückstehen, zu kurz kommen, zurückgesetzt / hintangesetzt / benachteiligt werden, schlecht wegkommen *(ugs.),* ins Hintertreffen geraten; ↑bekommen, ↑nachgeben, ↑zurückstecken.
zurückstellen: ↑verschieben, ↑zurückgeben.
Zurückstellung ↑Rückgabe.
zurückstrahlen ↑spiegeln.
zurückstufen ↑degradieren.
zurücktreten: ↑kündigen, ↑treten; z. müssen ↑entlassen [werden]; z. von etwas ↑abschreiben.
zurückverlangen ↑verlangen.
zurückweisen: ↑ablehnen, ↑abstreiten, ↑verabscheuen; mit Abscheu z. ↑Angst [haben vor].
Zurückweisung ↑Ablehnung.
zurückwenden: sich z. ↑zurückbeugen (sich).
zurückwerfen ↑spiegeln.
zurückzahlen ↑zahlen.
¹zurückziehen (sich), sich distanzieren von, abrücken von, sich innerlich entfernen von, mit etwas nichts zu tun / zu schaffen haben wollen, Abstand nehmen von etwas, ein Rückzugsgefecht machen; ↑nachgeben.
²zurückziehen: sich z. ↑abkapseln, ↑schlafen [gehen], ↑weggehen; sich aufs Altenteil / ins Stöckli z. ↑pensionieren; sich ins Privatleben z. ↑kündigen; sich in den Schmollwinkel z. ↑gekränkt [sein].
Zurückziehung ↑Widerruf.
zurüsten ↑appretieren.
Zurüstung ↑Appretur.
Zusage: ↑Zusicherung; eine Z. zurücknehmen ↑absagen.
zusagen: ↑gefallen, ↑schmecken, ↑versprechen.
zusammen: ↑beieinander, ↑gemeinsam; z. mit ↑samt.
Zusammenarbeit: ↑Arbeit, ↑Mitarbeit; in Z. mit ↑gemeinsam.

Zusammenballung ↑Verklebung.
zusammenbeißen: die Zähne z. ↑mutig [sein].
Zusammenbildung ↑Kompositum.
zusammenbinden: ↑anbinden, ↑bündeln.
zusammenbrauen: ↑mischen; etwas braut sich zusammen ↑heraufziehen.
zusammenbrechen ↑ohnmächtig [werden].
zusammenbringen ↑beschaffen.
Zusammenbruch: ↑Debakel, ↑Unglück.
zusammenfahren: ↑erschrecken, ↑gerinnen, ↑überfahren, ↑zusammenstoßen.
Zusammenfall, Zusammentreffen, Koinzidenz · *der Gegensätze:* Coincidentia Oppositorum *(Philos.).*
zusammenfallen: ↑einstürzen, ↑fallen, ↑überschneiden (sich); -d ↑übereinstimmend; etwas fällt wie ein Kartenhaus zusammen ↑scheitern.
zusammenfalten, falten, zusammenlegen, zusammenklappen ↑falten.
zusammenfantasieren ↑lügen.
zusammenfassen: ↑bündeln, ↑subsumieren; -d ↑abschließend.
¹Zusammenfassung, Abriss, Kurzfassung, Inhaltsangabe, Resümee, Extrakt; ↑Kurzfassung.
²Zusammenfassung: ↑Einordnung, ↑Ratgeber, ↑Zusammenlegung.
zusammenfinden: sich z. ↑zusammentreffen.
zusammenflechten ↑binden.
zusammenflicken ↑zusammenfügen.
zusammenfügen, zusammensetzen, zusammenheften, zusammenkoppeln, kuppeln, koppeln, aneinander fügen · *schlecht, notdürftig:* zusammenstücken *(ugs.),* zusammenstückeln *(ugs.),* zusammenflicken *(ugs.),* zusammenschustern *(ugs., abwertend),* zusammenstoppeln *(ugs., abwertend);* ↑verknüpfen.
Zusammenfügung ↑Synthese.
zusammengehen ↑trauen.
zusammengebrochen ↑gescheitert.
zusammengehen: ↑gerinnen, ↑verbünden (sich).
Zusammengehörigkeit ↑Gemeinsinn.
Zusammengehörigkeitsgefühl ↑Gemeinsinn.
zusammengeschlossen ↑vereinigt.
zusammengesetzt: ↑komplex; -e Ähre / Dolde ↑Blütenstand.
Zusammenhalt ↑Kohäsion.
zusammenhalten: [wie Pech und Schwefel z.] ↑unzertrennlich [sein].
Zusammenhang: ↑Kontext, ↑Verhältnis; in Z. stehen mit ↑zusammenhängen (mit).
¹zusammenhängen (mit), in Zusammenhang stehen mit, gebunden sein an, abhängig sein von, verquickt sein mit; ↑komplex.
²zusammenhängen: etwas hängt zusammen mit ↑betreffen; alles, was damit zusammenhängt ↑Nebenumstände.
zusammenhängend: ↑nacheinander, ↑organisch.

zusammenhanglos: ↑diskontinuierlich, ↑unzusammenhängend.

Zusammenhanglosigkeit, Beziehungslosigkeit, Ungereimtheit, Widersinn; ↑Absurdität, ↑Unsinn; ↑unzusammenhängend.

zusammenheften ↑zusammenfügen.

zusammenkitten ↑kleben (etwas).

Zusammenklang ↑Akkord.

zusammenklappen: ↑ohnmächtig [werden], ↑zusammenfalten.

zusammenkleben: ↑fest [sein], ↑kleben (etwas).

zusammenkleistern ↑kleben (etwas).

zusammenknallen ↑zusammenstoßen.

zusammenknoten ↑binden.

zusammenknüpfen ↑binden.

¹zusammenkommen: [Geld] kommt zusammen / kommt ein / geht ein / sammelt sich an; ↑buchen.

²zusammenkommen: ↑versammeln (sich), ↑zusammenlaufen; mit jmdm. z. ↑verkehren (mit).

zusammenkoppeln ↑zusammenfügen.

zusammenkrachen: ↑einstürzen, ↑zusammenstoßen.

zusammenkratzen ↑beschaffen.

Zusammenkunft: ↑Verabredung, ↑Versammlung.

¹zusammenlaufen, zusammenströmen, herbeieilen, sich zusammenscharen / zusammenrotten; ↑tragen, ↑verbünden (sich).

²zusammenlaufen: ↑gerinnen; jmdm. läuft das Wasser im Mund zusammen ↑Appetit [haben].

zusammenlegen: ↑zusammenfalten; zusammengelegt werden ↑verbünden (sich).

¹Zusammenlegung, Zusammenfassung, Vereinigung, Pool.

²Zusammenlegung ↑Flurbereinigung.

zusammenlöten ↑löten.

zusammennehmen: sich z. ↑ruhig [bleiben]; sich nicht z. ↑unbeherrscht [sein]; seine Gedanken z. ↑Acht geben, ↑denken; seine fünf Sinne z. ↑Acht geben.

zusammenpappen ↑fest [sein].

zusammenpassen: ↑harmonieren; zusammenpassend ↑abgestimmt; nicht zusammenpassend ↑ungleich.

Zusammenprall ↑Zusammenstoß.

zusammenprallen ↑zusammenstoßen.

zusammenraffen ↑nehmen.

zusammenraufen: sich z. ↑übereinkommen.

zusammenrauschen ↑zusammenstoßen.

zusammenreimen: sich etwas z. ↑vermuten.

zusammenreißen: sich z. ↑anstrengen (sich).

zusammenrotten: sich z. ↑verbünden (sich), ↑zusammenlaufen.

Zusammenrottung ↑Ansammlung.

Zusammenrückung ↑Kompositum.

zusammenrühren ↑rühren.

zusammenrutschen ↑zusammensinken.

zusammensacken: ↑ohnmächtig [werden], ↑zusammensinken.

zusammenscharen: sich z. ↑zusammenlaufen.

zusammenschießen: ↑töten, ↑zerstören.

zusammenschlagen: ↑schlagen; die Hacken z. ↑strammstehen; etwas schlägt über jmdm. Kopf z. ↑betroffen [sein].

zusammen ↑bewältigen; die Hände über dem Kopf z. ↑betroffen [sein].

zusammenschließen: ↑vereinigen; sich z. ↑verbünden (sich).

Zusammenschluss ↑Bund.

zusammenschnurren: beim Waschen / bei der Wäsche z. ↑einlaufen.

zusammenschreiben ↑schreiben.

¹zusammenschrumpfen, schrumpfen, schrumpeln *(ugs.)*, verschrumpeln *(ugs.)*; ↑welken.

²zusammenschrumpfen: ↑abnehmen, ↑einlaufen, ↑welken.

zusammenschustern ↑zusammenfügen.

zusammenschweißen ↑löten.

zusammen sein: mit jmdm. z. ↑koitieren.

¹zusammensetzen (sich aus), bestehen aus, sich rekrutieren aus, gebildet werden von; ↑entstehen.

²zusammensetzen: ↑zusammenfügen; sich z. ↑tragen.

Zusammensetzspiel ↑Geduldspiel.

Zusammensetzung ↑Kompositum.

zusammensinken, zusammenrutschen, zusammensacken; ↑einstürzen, ↑umfallen.

zusammenspannen: mit jmdm. z. ↑konspirieren.

zusammenstauchen ↑schelten.

zusammenstellen: ↑aufräumen, ↑aufschreiben; jmdm. eine Rechnung z. ↑Unkosten.

Zusammenstellung ↑Verzeichnis.

zusammenstimmen: ↑harmonieren; -d ↑abgestimmt.

zusammenstoppeln ↑zusammenfügen.

¹Zusammenstoß, Zusammenprall, Aufprall, Aufschlag, Anprall, Kollision, Karambolage, Massenkarambolage, Auffahrunfall, Frontalzusammenstoß; ↑Havarie, ↑Stoß, ↑Unfallschaden, ↑Unglück; ↑zusammenstoßen.

²Zusammenstoß ↑Streit.

¹zusammenstoßen, kollidieren, auffahren [auf], anfahren, rammen, zusammenfahren, zusammenprallen, zusammenknallen, zusammenkrachen, fahren / prallen / knallen / *(salopp)* rumsen auf, aufeinander rumsen *(salopp)*, zusammenrauschen *(ugs.)*, sich ineinander verkeilen; ↑berühren; ↑Havarie, ↑Zusammenstoß.

²zusammenstoßen ↑zanken (sich).

zusammenströmen ↑zusammenlaufen.

zusammenstückeln ↑zusammenfügen.

zusammenstücken ↑zusammenfügen.

zusammenstürzen ↑einstürzen.

zusammentreffen: ↑überschneiden (sich), ↑versammeln (sich).

¹Zusammentreffen, Gleichzeitigkeit, Simultaneität · *zweier gleichartiger Ereignisse:* Duplizität; ↑gleichzeitig.

²Zusammentreffen: ↑Versammlung, ↑Zusammenfall.

zusammentreten ↑tagen.

zusammentun: sich z. ↑verbünden (sich).

zusammenziehen: ↑zentralisieren; -der Muskel ↑Muskel.

Zusammenziehung ↑Zentralisierung.

zusammenzucken ↑erschrecken.

Zusatz ↑Anmerkung.

Zusatzabkommen ↑Abmachung.

Zusatzbremsleuchte ↑Rückleuchte.

¹zusätzlich, außertourlich *(österr.),* außer der Reihe, Extra-; ↑weitere.

²zusätzlich: ↑und, ↑weitere.

zuschanzen: jmdm. etwas z. ↑zuschieben (jmdm. etwas).

zuschauen, zugucken, zusehen, gaffen, [dastehen und] glotzen, Maulaffen feilhalten *(abwertend);* ↑beobachten; ↑Zeuge.

¹Zuschauer, Betrachter, Beschauer, Augenzeuge, Zeuge, Gaffer, Neugieriger, Sehleute *(scherzh.),* Adabei *(österr.),* Schaulustiger, Beobachter · *von Ferne zuschauender:* Zaungast · *als Anhänger einer sportlichen Mannschaft bei Auswärtsspielen:* Schlachtenbummler · *beim Kartenspiel:* Kiebitz · *in sexueller Hinsicht:* Spanner, Voyeur; ↑Person, ↑Publikum, ↑Weltreisender.

²Zuschauer: sich mit der Rolle des -s begnügen ↑teilnehmen.

Zuschauerdemokratie ↑Herrschaft.

Zuschauertribüne ↑Tribüne.

Zuschauerumfrage ↑Umfrage.

zuscheln ↑schlittern.

zuschicken ↑schicken.

¹zuschieben (jmdm. etwas), jmdm. etwas zustecken / übertragen / zuschanzen / zuspielen / an die Hand geben / zur Verfügung stellen; ↑geben.

²zuschieben ↑aufbürden.

zuschießen ↑zuzahlen.

¹Zuschlag, Aufschlag, Aufgeld, Aufpreis, Erhöhung, Aufzahlung *(südd., österr.),* Mehrpreis; ↑Preisanstieg; ↑aufschlagen.

²Zuschlag: ↑Vergabe, ↑Zuschuss; jmdm. den Z. geben ↑vergeben.

zuschlagen: [sich] bedienen, ↑eingreifen, ↑schlagen, ↑schließen, ↑vergeben; jmdm. die Tür vor der Nase z. ↑ablehnen.

zuschließen ↑abschließen.

zuschmeißen ↑schließen.

zuschmettern ↑schließen.

zuschnappen ↑beißen.

zuschneiden: etwas ist zugeschnitten auf ↑passen.

Zuschneideschere ↑Schere.

Zuschneidetisch ↑Tisch.

zuschneien ↑einschneien.

Zuschnitt: ↑Form, ↑Manier.

zuschnüren: ↑verschnüren; jmdm. ist die Kehle wie zugeschnürt ↑Angst [haben]; die Gurgel z. ↑ausbeuten.

zuschrauben ↑verschließen.

zuschreiben, nachsagen, jmdm. etwas in den Mund legen; **jmdm. wird etwas zugeschrieben,** jmd. soll etwas gesagt haben, jmdm. etwas unterstellen; ↑beimessen.

Zuschrift ↑Schreiben.

Zuschuss, Unterstützung, Beitrag, Beihilfe, Subvention, Finanzspritze, Zubuße, Zuschlag, Zustupf *(schweiz.)* · *für wirtschaftlich unterentwickelte Länder:* Entwicklungshilfe; ↑Entwicklungsländer, ↑Gratifikation, ↑Vergütung.

zuschustern ↑einbüßen.

zuschweißen ↑einpacken.

zusehen: ↑anstrengen (sich), ↑zuschauen; z., dass ... ↑beeilen (sich); tatenlos / untätig z. ↑zögern; z. müssen ↑bekommen; mit verschränkten Armen z. ↑faulenzen.

zusenden ↑schicken.

Zusendung ↑Lieferung.

¹zusetzen (jmdm.), drängen, bedrängen, jmdm. die Hölle heiß machen, keine Ruhe geben, jmdm. keine Ruhe lassen, jmdn. nicht in Ruhe lassen, nicht nachlassen / aufhören mit, insistieren, bohren, jmdn. in die Mangel / Zange nehmen, jmdn. hart herannehmen, jmdm. die Würmchen abtreiben *(salopp),* das Letzte aus jmdm. herausholen; ↑behelligen, ↑bestehen (auf), ↑bitten, ↑fragen.

²zusetzen: ↑beimischen, ↑bitten, ↑einbüßen, ↑zuzahlen.

zusichern: ↑versprechen; zugesichert ↑verbrieft.

Zusicherung, Versprechen, Zusage, Versprechungen, Verheißung, Gelöbnis, Ehrenwort, Wort, Beteuerung; ↑Erlaubnis; ↑versprechen.

zusperren ↑abschließen.

¹zuspielen, zustecken, heimlich geben.

²zuspielen: jmdm. etwas z. ↑zuschieben (jmdm. etwas).

zuspitzen ↑spitz [machen].

zusprechen: ↑einteilen, ↑zuerkennen; etwas wird jmdm. zugesprochen ↑zufallen; Mut z. ↑Trost [geben].

Zuspruch: ↑Trost; Z. haben ↑angesehen [sein].

¹Zustand, Status, Stand, Großwetterlage · *im Augenblick des Entstehens:* Status Nascendi · *gegenwärtiger:* Status quo · *vor dem bezeichneten Tatbestand oder Ereignis:* Status quo ante · *schlechterer gegenüber dem gegenwärtigen:* Status quo minus; ↑Lage; ↑herrschen.

²Zustand: ↑Beschaffenheit, ↑Lage; deliranter Z. ↑Bewusstseinstrübung; flüssiger Z. ↑Flüssigsein; geordneter Z. ↑Ordnung; Zustände kriegen ↑ärgerlich [werden]; in unbeschreiblichem Z. ↑schmutzig; in üblem Z. ↑abgewirtschaftet.

zustande: z. bringen ↑verwirklichen; z. kommen ↑geschehen; das Gespräch kommt nicht z. ↑telefonieren (mit jmdm.).

zuständig: ↑befugt; z. nach ↑einheimisch; -e Stelle ↑Amt.

Zuständigkeit, Kompetenz, Verantwortlichkeit; ↑Berechtigung, ↑Vorrecht; ↑befugt.

Zustandsverb ↑Verb.

zustatten: z. kommen ↑nützlich [sein].

zustecken: ↑geben, ↑zuspielen; jmdm. etwas z. ↑zuschieben (jmdm. etwas).

zustehen: etwas steht / kommt jmdm. zu, etwas gebührt jmdm., etwas ist jmds. gutes Recht; ↑bekommen.

zusteigen ↑besteigen.

zustellen: ↑austragen, ↑liefern, ↑verbarrikadieren.

Zusteller, Brieftrager, Postbote, Briefbote *(landsch.),* Briefzusteller, Paketzusteller, Geldbriefträger, Eilbote, Telegrammbote; ↑Bote, ↑Postbeamter, ↑Postsendung; ↑austragen.

Zustellung ↑Lieferung.

zustimmen: ↑billigen; -d ↑beifällig.

Zustimmung: ↑Erlaubnis; Z. finden ↑Beifall [finden]; seine Z. geben ↑billigen.

zustoßen: ↑sterben; etwas stößt jmdm. zu ↑begegnen.

zustreben ↑streben.

zustreifen ↑liefern.

Zustrom, Andrang, Zulauf, Run, Ansturm, Sturm, Geriss *(ugs., österr.);* ↑Ansammlung.

Zustupf ↑Zuschuss.

zutage: z. treten ↑hervortreten.

Zutat ↑Beigabe.

Zutaten, Ingredienzen, Beimengungen, Beimischungen, Bestandteile, Zusammensetzung; ↑Bestandteil, ↑Zubehör.

zuteil: etwas wird jmdm. z. ↑begegnen; z. werden lassen ↑abgeben; z. werden [lassen] ↑gewähren; jmdm. eine Ehre z. werden lassen ↑Gunst.

zuteilen: ↑einteilen, ↑vergeben; etwas wird jmdm. zugeteilt ↑zufallen.

¹Zuteilung, Zuweisung, Zumessung, Bemessung, Verteilung, Umverteilung, Austeilung, Ausgabe, Verabreichung, Verabfolgung; ↑Aushändigung, ↑Lieferung, ↑Vergabe; ↑abgeben, ↑geben, ↑verabreichen.

²Zuteilung ↑Vergabe.

zutiefst ↑sehr.

zutragen: ↑geschehen, ↑mitteilen, ↑weitererzählen.

Zuträger: ↑Denunziant, ↑Verräter.

zuträglich ↑bekömmlich.

Zuträglichkeit ↑Unschädlichkeit.

¹zutrauen (jmdn. etwas), an jmdn. / an jmds. Fähigkeiten glauben, zumuten *(schweiz.).*

²zutrauen: sich etwas nicht z. ↑wagen.

Zutrauen ↑Hoffnung.

zutreffen ↑stimmen.

zutreffend: ↑wahr; z. sein ↑stimmen.

zutrinken, zuprosten, jmdm. Bescheid tun, prosten, einen Trinkspruch / Toast / ein Hoch auf jmdn. ausbringen, jmdn. hochleben lassen,

auf jmds. Wohl trinken / anstoßen; ↑trinken; ↑Trinkspruch.

Zutritt: sich Z. verschaffen ↑eindringen.

Zutrittsverbot ↑Aussperrung.

zutun: sich etwas z. ↑kaufen.

Zutun: ohne jmds. Z. ↑Hilfe.

zuverlässig: ↑aufrichtig, ↑erprobt, ↑glaubwürdig, ↑verbürgt, ↑verantwortungsbewusst, ↑wahr.

Zuverlässigkeit: ↑Authentizität, ↑Pflichtbewusstsein.

Zuversicht ↑Hoffnung.

zuversichtlich, hoffnungsvoll, hoffnungsfroh, unverzagt, getrost, optimistisch, zukunftsgläubig, fortschrittsgläubig, lebensbejahend; ↑gutgläubig · Ggs. ↑schwermütig; **z. sein,** Hoffnung schöpfen, [wieder] Land / einen Silberstreif am Horizont sehen, guten Mutes / guter Dinge sein, etwas durch eine rosa Brille sehen; ↑Optimismus, ↑Optimist.

Zuversichtlichkeit ↑Optimismus.

zu viel: ↑überladen, ↑überschüssig; etwas ist zum Leben zu wenig, zum Sterben z. ↑wenig; z. haben ↑Überfluss [haben]; z. werden ↑überhand nehmen; z. wiegen ↑dick; etwas wird jmdm. z. ↑ärgern.

zuvor ↑vorher.

zuvorkommen ↑vorwegnehmen.

zuvorkommend ↑höflich.

Zuvorkommenheit ↑Höflichkeit.

Zuwaage ↑Zugabe.

Zuwachs: ↑Steigerung, ↑Zunahme; Z. erwarten / bekommen / kriegen ↑schwanger [sein].

zuwarten ↑warten.

zuwege: z. bringen ↑verwirklichen.

zuweilen ↑manchmal.

zuweisbar ↑zurückführbar.

zuweisen: ↑einteilen; einen Platz z. ↑platzieren; Quartier z. ↑einquartieren; jmdm. einen Standort z. ↑stationieren.

Zuweisung: ↑Folgerung, ↑Zuteilung.

zuwenden: sich jmdm. z. ↑hinwenden (sich).

Zuwendung: ↑Gratifikation, ↑Pflege; jmdm. -en machen ↑helfen.

zu wenig: ↑wenig; etwas ist zum Leben z., zum Sterben zu viel ↑wenig.

zuwerfen ↑schließen.

zuwider: z. sein ↑anwidern; jmdm. z. sein ↑verabscheuen, ↑unbeliebt [sein]; etwas ist jmdm. z. ↑schmecken; der Anblick ist jmdm. z. ↑unerträglich [sein].

zuwiderhandeln: einer Sache z. ↑verstoßen (gegen etwas).

Zuwiderhandlung: ↑Außerachtlassung, ↑Verstoß.

zuwiderlaufen ↑entgegenstehen.

zuwinken ↑winken.

¹zuzahlen, zusetzen, zuschießen, draufzahlen *(ugs.),* drauflegen *(ugs.),* zubuttern *(ugs.);* **nichts z.,** auf seine Kosten / Rechnung kommen; ↑zahlen.

²**zuzahlen** ↑zahlen.

zuzeiten ↑manchmal.

Zuzel ↑Schnuller.

zuzeln: ↑lutschen, ↑stottern.

zuziehen: ↑einwandern; sich etwas z. ↑einhandeln (sich etwas), ↑krank [werden]; sich eine Erkältung z. ↑erkälten (sich); sich eine Geschlechtskrankheit z. ↑Geschlechtskrankheit.

Zuzler ↑Schauspieler.

Zuzug ↑Hilfe.

Zuzüger ↑Zugezogener.

Zuzügler ↑Zugezogener.

¹**zuzüglich,** ungerechnet, hinzukommend, mit Hinzurechnung von; ↑ausgenommen · Ggs. ↑abzüglich.

²**zuzüglich** ↑einschließlich.

Zvieri ↑Zwischenmahlzeit.

zwacken ↑kneifen.

¹**Zwang,** Nötigung, das Muss, Zugzwang, Ananke, Drohung, Druck, Gebundenheit, Einengung, Dirigismus, Pression, Kompulsion; ↑Anankasmus, ↑Beengung, ↑Erfordernis, ↑Neigung, ↑Phobie, ↑Weisung; ↑bedrängt · Ggs. ↑Freiheit; ↑ungezwungen.

²**Zwang:** ↑Gewalt, ↑Vergeltungsmaßnahmen; Z. ausüben ↑nötigen; Z. ausübend ↑repressiv; ohne Z. ↑freiheitlich.

zwängen ↑quetschen.

zwanglos ↑ungezwungen.

Zwanglosigkeit: ↑Freiheit, ↑Ungezwungenheit.

Zwangsarbeit, Fron (hist.), Frondienst (hist.), Fronarbeit (hist.), Robot (hist.);↑Arbeit.

Zwangsbefürchtung ↑Phobie.

Zwangshandlung ↑Anankasmus.

Zwangslage ↑Not.

zwangsläufig: ↑automatisch, ↑notgedrungen.

Zwangsmaßnahme: -n ↑Vergeltungsmaßnahmen.

Zwangsneurose: ↑Anankasmus, ↑Gemütskrankheit.

Zwangsräumung, Exmittierung; ↑hinauswerfen.

Zwangsverschickung ↑Deportation.

Zwangsversteigerung ↑Versteigerung.

Zwangsverwaltung ↑Sequestration.

Zwangsvorstellung ↑Anankasmus.

zwangsweise ↑notgedrungen.

zwanzig: die goldenen Zwanziger, die goldenen Zwanzigerjahre ↑Belle Époque.

Zwanzigmarkschein ↑Papiergeld.

¹**zwar,** wohl, gewiss, sicher, freilich, allerdings, natürlich, zugegeben; ↑aber.

²**zwar:** und z. ↑nämlich.

Zwarte Pitt ↑Knecht Ruprecht.

¹**Zweck,** Sinn, Ziel, Absicht, Zweck und Sinn, Funktion · Funktionalismus; ↑Absicht; ↑zweckmäßig.

²**Zweck:** ↑Absicht; etwas hat den Z. ↑dienen; den Z. haben / verfolgen ↑vorhaben; zu diesem Z. ↑deshalb; [eigens] zum diesen Z. ↑hierfür; für

seine -e ausnutzen / ausschlachten ↑vermarkten; zu welchem Z. ↑warum; Mittel zum Z. ↑Mittel.

zweckdienlich ↑zweckmäßig.

Zwecke ↑Reißzwecke.

zweckentsprechend ↑zweckmäßig.

zwecklos ↑wirkungslos.

zweckmäßig, opportun, vernünftig, sinnvoll, handlich, angemessen, gegeben, tauglich, geeignet, zweckentsprechend, zweckdienlich, sachdienlich, praktikabel, rationell, brauchbar, praktisch; ↑annehmbar, ↑anstellig, ↑erfreulich, ↑geeignet, ↑notdürftig, ↑nützlich, ↑planmäßig, ↑tunlichst · Ggs. ↑theoretisch; **z. sein,** ratsam / empfehlenswert sein, es empfiehlt sich, es ist angezeigt / geraten / tunlich; ↑Brauchbarkeit, ↑Zweck.

Zweckoptimismus ↑Optimismus.

Zweckpessimismus ↑Pessimismus.

zwecks ↑wegen.

Zweckverband, Gilde, Innung, Zunft; ↑Bund.

¹**zwei,** zwo, beide; ↑zweierlei.

²**zwei:** nicht auf z. Hochzeiten tanzen können ↑entschließen (sich); zwischen z. Stühlen sitzen ↑Lage.

Zweiachteltakt ↑Takt.

zweideutig: ↑anstößig, ↑mehrdeutig.

Zweideutigkeit: ↑Anstößigkeit, ↑Mehrdeutigkeit.

Zweidrittelmehrheit ↑Mehrheit.

Zweier: ↑Boot, ↑Kajak.

Zweierbeziehung ↑Lebensgemeinschaft.

Zweierbob ↑Schlitten.

Zweierkajak ↑Kajak.

¹**zweierlei,** beiderlei; ↑zwei.

²**zweierlei:** mit z. Maß messen ↑beurteilen.

Zweierspiel ↑Spiel.

zweifach: -e Kombination ↑Hindernis.

Zweifel: ↑Verdacht; ohne Z. ↑zweifellos; etwas ist über jeden Z. erhaben ↑wahr [sein].

zweifelhaft: ↑anrüchig, ↑ungewiss.

Zweifelhaftigkeit ↑Ungewissheit.

zweifellos, zweifelsohne, zweifelsfrei, ohne Zweifel, fraglos, gewiss, sicher, sicherlich, unbestritten, unbestreitbar, unstreitig, natürlich, axiomatisch; es ist doch offenbar so, dass ...; es darf doch als sicher angenommen werden, dass ...; es kann doch wohl nicht bezweifelt werden, dass ...; ↑einleuchtend, ↑ja, ↑wirklich; ↑zweifeln ↑gewiss.

zweifeln, bezweifeln, anzweifeln, infrage / in Frage stellen, in Zweifel ziehen; ich fresse einen Besen [samt der Putzfrau], wenn ... (salopp); ↑antworten, ↑beanstanden; **an etwas nicht z.,** sichergehen, sicher sein; fest überzeugt sein, dass ...; zehn gegen eins wetten, dass ... (ugs.); Gift darauf nehmen, dass ... (ugs.); jmdm. Brief und Siegel darauf geben, dass ...; ↑ungewiss, ↑zweifellos.

zweifelsfrei ↑zweifellos.

zweifelsohne ↑zweifellos.

Zweifingerfaultier ↑Faultier.
Zweiflügler ↑Insekt.
Zweifrankenstück ↑Franken.
Zweifränkler ↑Franken.
Zweifrontenkrieg ↑Krieg.
¹Zweig, Ast, Spross, Geäst, Gezweig, Astwerk, Arm *(dichter.),* Astgabel; ↑Pflanze, ↑Stamm, ↑Wurzel.
²Zweig: ↑Art, ↑Ausläufer; auf keinen grünen Z. kommen ↑avancieren.
Zweigadler ↑Vogel.
zweigeschlechtig ↑zwittrig.
zweigeteilt ↑geteilt.
¹Zweigstelle, Filiale, Niederlassung, Geschäftsstelle, Nebenstelle, Geschäftsnebenstelle, Agentur, Außenstelle, Ablage *(schweiz.),* Agentie *(veraltend, österr.),* Expositur *(österr.),* Niederlage · Vertretung, Generalvertretung, Repräsentanz, Generalrepräsentanz; ↑Annahmestelle, ↑Fabrik, ↑Geschäftsvermittler, ↑Hauptgeschäftsstelle, ↑Unternehmen, ↑Vermittlungsstelle.
²Zweigstelle ↑Unternehmen.
Zweihalbetakt ↑Takt.
Zweihundertachtzehner ↑Engelmacher.
Zweihundertmeterhürdenlauf: 200-m-Hürdenlauf ↑Lauf.
Zweihundertmeterlauf: 200-m-Lauf ↑Fünfkampf, ↑Lauf.
Zweikampf, Duell; ↑Kampf.
Zweiklanghorn ↑Hupe.
Zweimarkstück ↑Münze.
Zweimonatsschrift ↑Zeitschrift.
Zweiphasenstrom ↑Elektrizität.
Zweipunktgurt ↑Sicherheitsgurt.
Zweisamkeit ↑Ehe.
zweiseitig ↑bilateral.
zweisprachig: -es Wörterbuch ↑Nachschlagewerk.
Zweisprachigkeit, Bilingualismus; ↑Spracherziehung; ↑sprechen.
Zweitdruck ↑Druck.
zweite: 2. Advent ↑Kirchenjahr; -r Bildungsweg ↑Schule; den -n Bildungsweg beschreiten / wählen ↑weiterbilden (sich); 2. Christtag / Feiertag / Festtag / Weihnachtsfeiertag / Weihnachtsfesttag / Weihnachtstag ↑Weihnachten; -r Fall ↑Genitiv; -r Frühling ↑Geschlechtstrieb; -s Frühstück ↑Zwischenmahlzeit; -s Futur, z. Vergangenheit ↑Tempus; z. Garnitur ↑Stellvertreter; -r Geiger ↑Musizierender; -s Gesicht ↑Hellsehen; aus -r Hand ↑antiquarisch; -r Konjunktiv ↑Modus; -r Mann ↑Stellvertreter; z. Miete ↑Nebenkosten; z. Mutter ↑Mutter; 2. Ostertag ↑Ostern; 2. Pfingsttag ↑Pfingsten; an -r Stelle stehen, erst in -r Linie in Betracht kommen ↑sekundär [sein]; 2. Tageshälfte ↑Nachmittag; in der -n Tageshälfte ↑nachmittags; -r Vater ↑Vater; die Jahre / die Zeit nach dem Zweiten Weltkrieg ↑Nachkriegszeit; zur -n Natur werden ↑üblich [werden].

zweiteilen ↑halbieren.
zweiteln ↑halbieren.
Zweiter-Klasse-Abteil ↑Eisenbahnabteil.
Zweiter-Klasse-Wagen ↑Eisenbahnwagen.
Zweitfrisur ↑Perücke.
Zweitimpfung ↑Impfung.
Zweitmöglichkeit ↑Gegenvorschlag.
zweitrangig ↑sekundär.
Zweitschrift ↑Abschrift.
Zweitwagen ↑Auto.
Zweiunddreißigstel ↑Notenzeichen.
Zweiunddreißigstelnote ↑Notenzeichen.
Zweivierteltakt ↑Takt.
Zweizeiler ↑Epigramm.
Zwerchdach ↑Dach.
Zwerchfellbruch ↑Bruch.
Zwerchgiebel ↑Giebel.
¹Zwerg, Liliputaner, Gnom, Kobold, Däumling, Knirps, Stöpsel · *im Märchen:* Graumännchen, Erdmännchen, Erdwichtel, Erdbiberli *(landsch.),* Wicht, Wichtel, Wichtelmännchen, Heinzelmännchen · *beim Zweiten Deutschen Fernsehen:* Mainzelmännchen; ↑Mann · Ggs. ↑Riese.
²Zwerg, ↑Fabelwesen.
Zwergbaum ↑Baum.
Zwergbrombeere ↑Brombeere.
Zwergdommel ↑Vogel.
Zwerggans ↑Vogel.
Zwergmotte ↑Schmetterling.
Zwergmöwe ↑Vogel.
Zwergohreule ↑Vogel.
Zwergotter ↑Raubtier.
Zwergpalme ↑Palme.
Zwergpinscher ↑Hunderassen.
Zwergpudel ↑Hunderassen.
Zwergrose ↑Rose.
Zwergsäger ↑Vogel.
Zwergscharbe ↑Vogel.
Zwergschnepfe ↑Vogel.
Zwergschule ↑Schule.
Zwergschwan ↑Vogel.
Zwergspaniel ↑Hunderassen.
Zwergspitz ↑Hunderassen.
Zwergstichling ↑Fisch.
Zwergsumpfhuhn ↑Vogel.
Zwergtaucher ↑Vogel.
Zwergwachtel ↑Hunderassen.
Zwergwuchs ↑Kleinwuchs.
Zwergziege ↑Ziege.
Zwetsche ↑Obst.
Zwetschenkern ↑Kern.
Zwetschenkraut ↑Brotaufstrich.
Zwetschenpfeffer ↑Pflaumenmus.
Zwetschge ↑Obst.
Zwetschgenwasser ↑Alkohol.
Zwetschke ↑Obst.
Zwetschkenknödel ↑Kloß.
Zwetschkenmus ↑Pflaumenmus.
Zwetschkenröster ↑Pflaumenmus.
Zwickel ↑Münze.

zwicken: ↑entwerten, ↑kneifen.

Zwicker ↑Kneifer.

Zwickmühle: ↑Brettspiel, ↑Not.

Zwieback ↑Gebäck.

¹Zwiebel, Bolle *(nordd.),* Bölle *(schweiz.),* Ünne *(westd.),* Öllich *(westd.),* Knolle, Zwiebelhäuptel *(österr.),* Häuptel *(österr.)* · Perlzwiebel, Steckzwiebel, Schlottenzwiebel, Gartenzwiebel, Sommerzwiebel, Winterzwiebel, Speisezwiebel, Küchenzwiebel; ↑Porree.

²Zwiebel: ↑Gemüse, ↑Dutt, ↑Uhr.

Zwiebeldach ↑Dach.

Zwiebelfisch: ↑Buchstabe, ↑Fehler.

Zwiebelkuchen ↑Gebäck.

Zwiebelkuppel ↑Kuppel.

zwiebeln ↑schikanieren.

Zwiebelsuppe ↑Suppe.

Zwiedenken ↑Denkvorgang.

Zwielaut ↑Diphthong.

Zwielicht ↑Dämmerung.

zwielichtig ↑dunkel.

Zwiesel ↑Astgabel.

zwieseln: sich z. ↑gabeln (sich).

Zwiespalt, Konflikt, Interessenkonflikt, Widerstreit; ↑Schwierigkeit.

zwiespältig, gespalten, unharmonisch; ↑ungewiss; **z. sein,** mit sich selbst uneins sein, zwei Seelen in seiner Brust haben, zweierlei Sinnes sein, [innerlich] zerrissen sein.

Zwiespältigkeit ↑Unausgeglichenheit.

Zwiesprache: Z. halten ↑unterhalten (sich).

Zwietracht: ↑Streit; Z. säen ↑aufwiegeln.

Zwilling ↑Doppelgänger.

Zwillinge, eineiige Z., zweieiige Z., siamesische Z.; ↑Geschwister, ↑Sternbild, ↑Tierkreiszeichen.

Zwingburg ↑Burg.

zwingen: ↑nötigen; gezwungen sein ↑müssen; sich z. ↑überwinden (sich); in die Knie / unter das Joch z. ↑besiegen.

zwingend ↑stichhaltig.

Zwinger ↑Freigehege.

zwinkern ↑blinzeln.

Zwirbelbart ↑Bart.

zwirbelig ↑benommen.

Zwirn: ↑Faden, ↑Geld; Himmel, Arsch und Z.! ↑verflucht!

zwischen ↑in.

Zwischenbrandmauer ↑Mauer.

Zwischendeck ↑Geschoss.

Zwischending ↑Mittelding.

zwischendrein ↑inzwischen.

zwischendrin ↑inzwischen.

zwischendurch ↑inzwischen.

Zwischenergebnis ↑Ergebnis.

Zwischenfall ↑Ereignis.

Zwischenfrage ↑Frage.

Zwischengericht ↑Vorgericht.

Zwischengeschoss ↑Geschoss.

Zwischenhandel: ↑Großhandel, ↑Transithandel.

Zwischenhändler ↑Großhändler.

Zwischenhirn ↑Gehirn.

Zwischenlandung ↑Fahrtunterbrechung.

Zwischenmahlzeit, Zwischenverpflegung *(schweiz.)* ·· *am Vormittag:* [zweites] Frühstück, Gabelfrühstück, Brotzeit *(bayr.),* Zehnerjause *(österr.),* Jause *(österr.),* Marende *(tirol.),* Znüni *(schweiz.)* · *mit Sekt:* Sektfrühstück ·· *am Nachmittag:* Vesper *(bes. südwestd.),* Jause *(österr.),* Zvieri *(schweiz.),* Zfünfi *(schweiz.),* Kaffee, Nachmittagskaffee, Tee, Fünfuhrtee, Five o'clock; ↑Essen, ↑Imbiss, ↑Kaffeekränzchen; **eine Z. einnehmen,** frühstücken, Brotzeit machen *(bayr.),* vespern *(bes. südwestd.),* jausen *(österr.),* jausnen *(österr.),* Kaffee / Tee trinken; ↑essen, ↑Frühstück [einnehmen].

Zwischenmauer ↑Mauer.

zwischenmenschlich: ↑menschlich; -e Beziehungen ↑Kontakt.

Zwischenraum ↑Intervall.

Zwischensatz ↑Satz.

¹Zwischenspiel, Intermezzo, Interludium, Episode; ↑Einleitung (Vorspiel), ↑Folge (Nachspiel).

²Zwischenspiel ↑Ereignis.

Zwischensprache ↑Sprache.

zwischenstaatlich ↑bilateral.

Zwischenträger ↑Denunziant.

Zwischenverpflegung ↑Zwischenmahlzeit.

Zwischenwand ↑Mauer.

Zwischenzeit: ↑Intervall; in der Z. ↑inzwischen.

zwischenzeitlich ↑inzwischen.

Zwischenzeugnis ↑Zeugnis.

Zwist: ↑Streit; den Z. begraben ↑bereinigen.

Zwistigkeit ↑Streit.

zwitschern: ↑singen; wie die Alten sungen, so z. auch die Jungen ↑ähneln; einen z. ↑trinken.

Zwitterbildung ↑Zwittertum.

Zwittertum, Zwittrigkeit, Zwitterbildung, Doppelgeschlechtlichkeit, Hermaphroditismus, Hermaphrodismus, Intersexualität · *unechtes:* Scheinzwittertum, Scheinzwittrigkeit, Pseudohermaphroditismus, Pseudohermaphrodismus; Androgynie, Androgynismus · *bei Frauen:* Maskulinismus, Maskulinisierung, Maskulinisation *(selten),* Virilismus, Virilisierung, Virilisation, Viraginität, Androphanie *(selten)* · *bei Männern:* Gynandrie, Gynandrismus, Gynandromorphismus, Gynanthropismus, Gynanthropie *(selten).*

zwittrig, zweigeschlechtig, androgyn, doppelgeschlechtig; ↑andersgeschlechtlich, ↑gleichgeschlechtlich, ↑sexuell.

Zwittrigkeit ↑Zwittertum.

zwo ↑zwei.

Zwockel ↑Österreicher.

zwölf: ↑Mittag, ↑Mitternacht; die Zwölf Nächte ↑Raunächte; z. Uhr [mittags] ↑Mit-

tag; um z. Uhr [mittags] ↑mittags; um z. Uhr [nachts] ↑mitternachts; es ist fünf Minuten vor z. ↑spät.
Zwölfender ↑Soldat.
Zwölffingerdarm ↑Darm.
Zwölfsilber ↑Vers.
Zwölfte: die -n ↑Raunächte.
Zwölftonmusik ↑Musik.
zyanblau ↑blau.
Zyane ↑Kornblume.
Zyanhidrose ↑Transpiration.
Zyanidrose ↑Transpiration.
Zyankali ↑Gift.
Zygote ↑Leibesfrucht.
Zyklon ↑Wirbelwind.
Zyklonose ↑Wetterfühligkeit.
Zyklopenmauer ↑Mauer.
zyklopisch ↑groß.
¹Zyklus, Kreislauf, Reihenfolge, Folge; ↑Reihenfolge.

²Zyklus ↑Menstruation.
Zylinder: ↑geometrische Figur, ↑Kopfbedeckung, ↑Rohr.
Zylinderschloss ↑Schloss.
Zyma ↑Gärstoff.
Zymbal ↑Saiteninstrument.
Zyniker ↑Spötter.
zynisch ↑spöttisch.
Zynismus ↑Humor.
Zyprer, Zyprier, Zypriot.
Zypresse ↑Nadelhölzer.
Zyprier ↑Zyprer.
Zypriot ↑Zyprer.
Zyste ↑Geschwulst.
Zystektomie ↑Operation.
Zystolith ↑Harnstein.
Zystorrhagie ↑Blutung.
Zystoskopie ↑Ausspiegelung.
Zytase ↑Antikörper.
Zytoplasma ↑Protoplasma.

Die universellen Seiten der deutschen Sprache
DUDEN-Universalwörterbuch

Deutsche Sprache, wie sie im Buche steht. Dieses umfassende Bedeutungswörterbuch ist ein unentbehrliches Nachschlagewerk für alle, die mit der deutschen Sprache arbeiten oder an der Sprache interessiert sind. Auf der Grundlage der Neuregelung der deutschen Rechtschreibung sind hier über 120 000 Stichwörter, mehr als 500 000 Angaben zu Rechtschreibung, Aussprache, Herkunft, Grammatik und Stil zu finden. 150 000 Anwendungsbeispiele beschreiben den richtigen Gebrauch der Wörter. Auf 1 826 Seiten wird der Wortschatz der deutschen Sprache in seiner ganzen Vielschichtigkeit dargestellt. Eine Grammatik für Wörterbuchbenutzer rundet den Band ab.

DUDENVERLAG
Mannheim · Leipzig · Wien · Zürich

DUDEN Band 1-12

DUDENVERLAG
Mannheim · Leipzig · Wien · Zürich

DUDEN Band 8:
Die sinn- und sachverwandten Wörter

„Interessant, anregend, ansprechend, spannend, fesselnd, reizvoll, entzückend ...": Dieser DUDEN ist ein Wortwahlwörterbuch, in dem sinn- und sachverwandte Wörter in Gruppen zusammengestellt sind. Es hilft all denen, die den passenden Ausdruck suchen oder denen das Wort für eine bestimmte Sache gerade nicht einfällt. Mit rund 82 000 Wörtern und Wendungen, Angaben zur Stilschicht und Hinweisen zur Bedeutung ist dieses Synonymwörterbuch unentbehrlich für alle, die ihren Wortschatz erweitern und ihre Texte lebendig gestalten wollen.
801 Seiten.

DUDEN Band 9:
Richtiges und gutes Deutsch

Schreibt man „italienischer" oder „Italienischer Salat"? Heißt es „Die Indizien, auf Grund deren ..." oder „Die Indizien, auf Grund derer sie verurteilt wurde, reichen nicht aus"? Ob neue Rechtschreibung, Stil oder Grammatik: Dieser DUDEN gibt Sicherheit in allen sprachlichen Zweifelsfällen. Darüber hinaus enthält er eine Fülle nützlicher Hinweise, etwa zum Gebrauch von Fremdwörtern oder zum Verfassen eines Bewer-

bungsschreibens. Ein unentbehrliches Nachschlagewerk für alle, die richtiges und gutes Deutsch schreiben wollen. 803 Seiten.

DUDEN Band 10:
Das Bedeutungswörterbuch

Dieses moderne Lernwörterbuch ist wichtig für den Spracherwerb und fördert den schöpferischen Umgang mit der deutschen Sprache. Auf einem Grundwortschatz von rund 16 000 Wörtern aufbauend, bietet der Band einen Aufbauwortschatz mit 75 000 sinn- und sachverwandten Wörtern und Wortzusammensetzungen. Außerdem enthält er die produktiven Wortbildungsmittel der deutschen Sprache. Mit Anwendungsbeispielen und Abbildungen.
797 Seiten.

DUDEN Band 11:
Redewendungen und sprichwörtliche Redensarten

Mit diesem Band der DUDEN-Reihe kann Ihnen so schnell niemand mehr ein X für ein U vormachen. Denn dieses Wörterbuch enthält die geläufigen Redewendungen der deutschen Sprache

wie „auf Draht sein", „kalter Kaffee", „bei Nacht und Nebel" oder „seinem Affen Zucker geben". Alle Einträge werden in ihrer Bedeutung, Herkunft und Anwendung genau und leicht verständlich erklärt. Wer Sprache kreativ einsetzen will oder muss, findet in diesem Band treffende und bildhafte Redewendungen, „wie sie im Buche stehen". Mehr als 10 000 feste Wendungen, Redensarten und Sprichwörter.
864 Seiten.

DUDEN Band 12:
Zitate und Aussprüche

Wie oft grübeln wir darüber nach, von wem ein bestimmtes Zitat oder ein bestimmter Ausspruch stammt? Wer sagte „... denn bei uns liegen Sie richtig"? Wer rief „O Herr, er will mich fressen!", und woher stammt eigentlich die Erkenntnis „Der nächste Winter kommt bestimmt"? Vom „Klassiker" bis zum modernen Zitat aus Film, Fernsehen oder Werbung: Der 12. Band der DUDEN-Reihe verrät die Herkunft und erläutert den aktuellen Gebrauch der im Deutschen geläufigen Zitate. Darüber hinaus enthält er eine Sammlung geistreicher Aussprüche, Bonmots und Aphorismen, mit denen sich eine festliche Rede ebenso ausschmücken lässt wie ein Referat, ein Diskussionsbeitrag oder Ähnliches.
832 Seiten.

DUDENVERLAG
Mannheim · Leipzig · Wien · Zürich

Band 1:
Komma, Punkt und alle anderen Satzzeichen
Die neuen Regeln der Zeichensetzung mit umfangreicher Beispielsammlung.
256 Seiten.

Band 2:
Wie sagt man noch?
Sinn- und sachverwandte Wörter und Wendungen.
219 Seiten.

Band 4:
Lexikon der Vornamen
Herkunft, Bedeutung und Gebrauch von mehr als 3 000 Vornamen.
239 Seiten.

Band 8:
Wie sagt man in Österreich?
Wörterbuch der österreichischen Besonderheiten.
252 Seiten.

Band 9:
Wie gebraucht man Fremdwörter richtig?
Ein Wörterbuch mit mehr als 30 000 Anwendungsbeispielen.
368 Seiten.

Band 10:
Wie sagt der Arzt?
Kleines Synonymwörterbuch der Medizin.
176 Seiten.

Band 11:
Wörterbuch der Abkürzungen
Rund 38 000 Abkürzungen und was sie bedeuten.
288 Seiten.

Band 15:
Wie sagt man anderswo?
Landschaftliche Unterschiede im deutschen Sprachgebrauch. 190 Seiten.

Band 17:
Leicht verwechselbare Wörter
In Gruppen dargestellt und ausführlich erläutert.
334 Seiten.

Band 21:
Wie verfaßt man wissenschaftliche Arbeiten?
Ein Leitfaden von der ersten Semesterarbeit bis zur Promotion. 216 Seiten.

Band 22:
Wie sagt man in der Schweiz?
Wörterbuch der schweizerischen Besonderheiten.
380 Seiten.

Band 23:
Wörter und Gegenwörter
Gegensatzpaare der deutschen Sprache.
267 Seiten.

Band 24:
Jiddisches Wörterbuch
Mit Hinweisen zu Schreibung, Grammatik und Aussprache.
204 Seiten.

Band 25:
Geographische Namen in Deutschland
Herkunft und Bedeutung der Namen von Ländern, Städten, Bergen und Gewässern.
296 Seiten.

Band 26:
Die Neuregelung der deutschen Rechtschreibung
Regeln, Kommentar und Verzeichnis wichtiger Neuschreibungen.
320 Seiten.

Band 27:
Schriftliche Arbeiten im technisch-naturwissenschaftlichen Studium
Ein Leitfaden zur effektiven Erstellung von schriftlichen Arbeiten und zum Einsatz moderner Arbeitsmittel.
176 Seiten.

Band 28:
Die neue amtliche Rechtschreibung
Regeln und Wörterverzeichnis nach der zwischenstaatlichen Absichtserklärung vom 1. Juli 1996.
288 Seiten.

DUDENVERLAG
Mannheim · Leipzig · Wien · Zürich

Ein Buch mit mehr als 80 000 Fremdwörtern

DUDEN -
Das Große Fremdwörterbuch

Auf 1552 Seiten werden in mehr als 80 000 Artikeln neben den modernen auch
die Fremdwörter des ausgehenden 18. und 19. Jahrhunderts behandelt. Das Werk
enthält Angaben zu Rechtschreibung, Aussprache, Herkunft, Bedeutung und
zum richtigen Wortgebrauch. In einem „umgekehrten Wörterbuch" wird von
deutschen Wörtern auf fremdsprachliche Wörter verwiesen, sodass der Benutzer die Möglichkeit hat, eine fremdsprachliche Entsprechung für ein deutsches
Wort zu finden, wenn er zum Beispiel eigene Texte sprachlich variieren will.

DUDENVERLAG
Mannheim·Leipzig·Wien·Zürich